Le Robert
& Collins

les pratiques
maxi

allemand

français-allemand / allemand-français

le Robert   Collins

HarperCollins Publishers
Westerhill Road
Bishopbriggs
Glasgow
G64 2QT
Great Britain

Fünfte Auflage/Cinquième édition 2007

Reprint 10 9 8 7 6 5 4 3 2 1 0

www.collins.co.uk

Dictionnaires Le Robert
25, avenue Pierre de Coubertin
75211 Paris cedex 13
France

ISBN 978-2-84902-282-5

Dépôt légal janvier 2007
Achevé d'imprimer en janvier 2007

Fotosatz/Photocomposition
Davidson's Prepress, Glasgow

Druck: Legoprint S.p.A.

Imprimé en Italie par Legoprint S.p.A.

PROJEKTLEITUNG/CHEF DE PROJET
Michela Clari

REDAKTION/RÉDACTION
Sabine Citron
Ulrike Seeberger

ANDERE MITARBEITER/AUTRES
COLLABORATEURS
Jean-François Allain
Alexa Barnes
Jean Dewitz
Joachim Klink
Horst Kopleck
Ariane Niehoff-Hack
Marie-Pascale Prisset

GESAMTLEITUNG/COLLECTION DIRIGÉE PAR
Lorna Sinclair Knight

MANUSKRIPTBEARBEITUNG/SECRÉTARIAT DE
RÉDACTION
Val McNulty
Joyce Littlejohn
Sandra Harper
Susan Dunsmore
Irene Lakhani
Maggie Seaton

KOORDINATION/COORDINATION
Maree Airlie

DATENVERARBEITUNG/INFORMATIQUE
ÉDITORIALE
Thomas Callan

Inhalt

Table des matières

Einleitung

Sie möchten Französisch lernen oder vielleicht bereits vorhandene Kenntnisse vertiefen. Sie möchten sich auf Französisch ausdrücken, französische Texte lesen oder übersetzen, oder Sie möchten sich ganz einfach mit Französisch sprechenden Menschen unterhalten können. Ganz gleich ob Sie Französisch in der Schule oder auf der Universität lernen, in einem Büro oder in einem Unternehmen tätig sind: Sie haben sich den richtigen Begleiter für Ihre Arbeit ausgesucht! Dieses Buch ist der ideale Helfer, wenn Sie sich in französischer Sprache ausdrücken und verständlich machen wollen, ob Sie nun sprechen oder schreiben. Unser Wörterbuch ist ganz bewusst praktisch und modern, es räumt vor allem der Alltagssprache und der Sprache, wie sie Ihnen in Zeitungen und Nachrichten, im Geschäftsleben, im Büro und im Urlaub begegnet, großen Raum ein. Wie in allen unseren Wörterbüchern haben wir das Hauptgewicht auf zeitgenössische Sprache und idiomatische Redewendungen gelegt.

Wie man dieses Buch benutzt

Wir möchten Ihnen im Folgenden einige kurze Erklärungen über die Art und Weise geben, wie wir Ihnen die Informationen in Ihrem Wörterbuch präsentieren. Unser Ziel: Wir wollen Ihnen so viel Information wie möglich bieten, ohne dabei an Klarheit und Verständlichkeit einzubüßen.

Die Wörterbucheinträge

Hier also die verschiedenen Grundelemente, aus denen sich ein typischer Eintrag in Ihrem Wörterbuch zusammensetzt:

Lautschrift

Wie die meisten modernen Wörterbücher geben wir die Aussprache mit Zeichen an, die zum „internationalen phonetischen Alphabet" gehören. Weiter unten (auf den Seiten xiv-xv) finden Sie eine vollständige Liste der Zeichen, die in diesem System benutzt werden. Die Aussprache französischer Wörter geben wir auf der französisch-deutschen Seite unmittelbar hinter dem jeweiligen Wort in eckigen Klammern an. Die deutsche Aussprache erscheint im deutsch-französischen Teil ebenfalls auf diese Weise unmittelbar hinter den Worteinträgen. Allerdings wird sie nicht immer angegeben, zum Beispiel bei zusammengesetzten Wörtern wie **Liebesbrief**, deren Bestandteile schon an anderer Stelle im Wörterbuch zu finden sind.

Grammatik-Information

Alle Wörter gehören zu einer der folgenden grammatischen Klassen: Substantiv, Verb, Adjektiv, Adverb, Pronomen, Artikel, Konjunktion, Präposition, Abkürzung. Substantive können im Deutschen männlich, weiblich oder sächlich, im

Französischen männlich oder weiblich sein; sie können im Singular oder Plural stehen. Verben können transitiv, intransitiv, reflexiv oder auch unpersönlich sein. Die grammatische Klasse der Wörter wird jeweils gleich hinter dem Wort in *Kursivschrift* angezeigt.

Es kommt oft vor, dass ein Wort in verschiedene grammatische Klassen unterteilt wird. So kann z.B. das französische Wort **creux** ein Adjektiv (deutsch: „hohl") sein oder ein männliches Substantiv (deutsch: „Loch"); und das deutsche Wort **einfach** kann ein Adjektiv (französisch: „simple") oder ein Adverb (französisch: „simplement") sein. Ebenso kann z.B. das Verb **leiden** manchmal transitiv sein („jdn/etw nicht leiden können"), manchmal intransitiv („unter etw *Dat* leiden"). Damit Sie immer genau die Bedeutung finden, die Sie gerade suchen, und damit der Text leichter überschaubar wird, haben wir die verschiedenen grammatischen Kategorien durch das Symbol ▷ gegeneinander abgegrenzt; alle Beispielsätze und zusammengesetzten Wörter werden gesammelt am Ende des Eintrags gegeben.

Bedeutungsunterschiede

Die meisten Wörter haben mehr als eine Bedeutung. So kann z.B. „Rad" einen Teil eines Autos oder Fahrrades bezeichnen, aber auch ein Wort für das ganze Fahrrad sein. Oder Wörter müssen je nach dem Zusammenhang, in dem sie gebraucht werden, anders übersetzt werden: so muss z.B. das französische Wort **partir** für Fußgänger mit „gehen" oder „weggehen", für Autofahrer mit „wegfahren" übersetzt werden. Damit Sie in jedem Zusammenhang immer die richtige Übersetzung finden, haben wir die Einträge nach Bedeutungen eingeteilt: jede Kategorie wird durch einen „Verwendungshinweis" bestimmt, der *kursiv* gedruckt ist und in Klammern steht. Die beiden Beispiele von oben sehen dann so aus:

> **Rad** *nt* roue *f*; (*Fahrrad*) vélo *m*
> **partir** *vi* gehen; weggehen; (*en voiture etc*) wegfahren

Außerdem haben manche Wörter eine andere Bedeutung und müssen im Französischen anders übersetzt werden, wenn sie in einem bestimmten Bereich verwendet werden. Ein Beispiel dafür wäre **Rezept**, das einmal die Anleitung sein kann, nach der Sie etwa einen Kuchen backen, in medizinischen Zusammenhängen jedoch angibt, welche Tabletten Ihnen ein Arzt verschreibt. Wir zeigen Ihnen, welche Übersetzung Sie auswählen sollten, indem wir wieder in Klammern solche Fachgebiete in kursiven Buchstaben angeben, mit dem Anfangsbuchstaben großgeschrieben, im vorigen Fall *Koch* als Abkürzung für *Kochen* und *Med* als Abkürzung für *Medizin*:

> **Rezept** *nt* (*Koch*) recette *f*, (*Med*) ordonnance *f*

Sie finden eine Liste aller in diesem Wörterbuch benutzten Abkürzungen für solche Gebiete auf den Seiten xi bis xiii.

Übersetzungen

Die meisten deutschen Wörter können mit einem einzigen französischen Wort übersetzt werden und umgekehrt. Aber manchmal gibt es in der Zielsprache kein Wort, das dem Wort der Ausgangssprache genau entspricht. In solchen Fällen haben wir ein ungefähres Äquivalent angegeben, das durch das Zeichen ≈ gekennzeichnet ist, so z.b. beim deutschen Wort **Abitur**, dessen ungefähres französisches Äquivalent „baccalauréat" ist. Hier handelt es sich aber nur um eine ungefähre Entsprechung, nicht um eine „echte" Übersetzung, weil die beiden Schulsysteme sich stark unterscheiden:

Abitur *nt* ≈ baccalauréat *m*

Manchmal kann man nicht einmal ein ungefähres Äquivalent finden. Besonders oft ist das der Fall beim Essen, insbesondere bei lokalen Spezialitäten wie z.b. bei der folgenden arabisch beeinflussten Süßspeise:

baba au rhum *nm rumgetränkter Kuchen*

Hier wird statt einer Übersetzung (die es einfach gar nicht gibt) eine Erklärung gegeben, die in *Kursivschrift* gesetzt ist.

Manchmal ist es auch wichtig, ein Wort nicht nur für sich allein, sondern auch in einem bestimmten Zusammenhang zu übersetzen. So wird z. B. das deutsche Wort **Hand** im Französischen mit „main" übersetzt, aber **freie Hand haben** nicht mit „avoir main libre", sondern mit „avoir carte blanche". Manchmal haben auch einfache Zusammensetzungen völlig andere Übersetzungen: so wird **Handschuh** eben nicht mit „soulier de main" übersetzt, sondern mit „gant" und **doigt de pied** mit „Zeh" und nicht mit „Fußfinger". Gerade in diesen Bereichen werden Sie feststellen, dass Ihr Wörterbuch ganz besonders hilfreich und vollständig ist. Wir haben uns nämlich bemüht, so viele zusammengesetzte Wörter, Redewendungen und idiomatische Ausdrücke aufzunehmen wie möglich.

Sprachniveau

Im Deutschen wissen Sie ganz genau, in welchen Situationen Sie den Ausdruck **ich habe genug** verwenden, wann Sie **mir langts** sagen und wann **ich hab die Nase voll**. Aber wenn Sie versuchen, jemanden zu verstehen, der Französisch redet, oder wenn Sie selbst versuchen, sich auf Französisch auszudrücken, dann sollten Sie wirklich gesagt bekommen, welcher Ausdruck höflich ist und welcher weniger höflich. Wir haben also bei Wörtern, die aus der Umgangssprache stammen, die Kennzeichung (*umg*) oder (*fam*) hinzugefügt, und bei besonders groben Ausdrücken zur Warnung auch noch ein zusätzliches Ausrufungszeichen, (*umg!*) oder (*fam!*), und zwar sowohl in der Ausgangs- als auch in der Zielsprache, um Ihnen anzudeuten, dass diese Ausdrücke mit Vorsicht zu verwenden sind. Bitte beachten Sie ansonsten: Wenn das Sprachniveau der Übersetzung dem des übersetzten Ausdrucks entspricht, finden Sie die Kennzeichnungen (*umg*) und (*fam*) nur in der Ausgangssprache.

Schlüsselwörter

Es fällt Ihnen sicher auf, dass verschiedene Wörter sind als „Schlüsselwörter" gekennzeichnet. Das sind ganz besonders komplizierte oder ganz besonders wichtige Wörter wie z. B. **sein** oder **machen** und ihre französischen Entsprechungen **être** oder **faire**, die wir besonders eingehend behandelt haben, weil sie grundlegende Elemente der Sprache sind.

Landeskundliche Informationen

In vom restlichen Text durch eine senkrechte Reihe schattierter Punkte abgesetzten Artikeln werden landeskundliche Aspekte in deutsch- und französischsprachigen Ländern behandelt. Die Themen umfassen Politik, Ausbildung, Medien und Feiertage, z. B. **Bundestag, Abitur, France télévision** und **la fête des rois**.

Introduction

Vous désirez apprendre l'allemand ou approfondir des connaissances déjà solides. Vous voulez vous exprimer dans la langue de Goethe, lire ou rédiger des textes allemands ou converser avec des interlocuteurs germanophones. Que vous soyez lycéen, étudiant, touriste, secrétaire, homme ou femme d'affaires, vous venez de choisir le compagnon de travail idéal pour vous exprimer et pour communiquer en allemand, oralement ou par écrit. Résolument pratique et moderne, votre dictionnaire fait une large place au vocabulaire de tous les jours, aux domaines de l'actualité, des affaires, de la bureautique et du tourisme. Comme dans tous nos dictionnaires, nous avons mis l'accent sur la langue contemporaine et sur les expressions idiomatiques.

Mode d'emploi

Vous trouverez ci-dessous quelques explications sur la manière dont les informations sont présentées dans votre dictionnaire. Notre objectif: vous donner un maximum d'informations dans une présentation aussi claire que possible.

Les articles

Voici les différents éléments dont est composé un article type dans votre dictionnaire:

Transcription phonétique

La prononciation des mots allemands suit des règles relativement systématiques. Nous avons donc choisi de ne pas donner la prononciation de tous les mots de la même famille lorsqu'ils sont juxtaposés; nous avons ainsi donné la prononciation de **Liebe** ("amour"), mais non celle de **Liebesbrief** ("lettre d'amour") dont les deux éléments se trouvent ailleurs dans le dictionnaire. La prononciation du français étant beaucoup plus imprévisible, nous avons donné à l'intention des utilisateurs allemands une transcription phonétique de tous les mots français.

La prononciation des mots figure, entre crochets, immédiatement après l'entrée. Comme la plupart des dictionnaires modernes, nous avons opté pour le système dit "alphabet phonétique international". Vous trouverez ci-dessous, aux pages xiv et xv, une liste complète des caractères utilisés dans ce système.

Données grammaticales

Les mots appartiennent tous à une catégorie grammaticale donnée: substantif, verbe, adjectif, adverbe, pronom, article, conjonction, abréviation. Les substantifs peuvent être masculins ou féminins ou, en allemand, neutres; ils peuvent être singuliers ou pluriels. Les verbes peuvent être transitifs, intransitifs, pronominaux (ou réfléchis) ou encore impersonnels. La catégorie grammaticale des mots est indiquée en *italique*, immédiatement après le mot.

Souvent un mot se subdivise en plusieurs catégories grammaticales. Ainsi le français **creux** peut-il être un adjectif ou un nom masculin et l'allemand **einfach** peut-il être soit un adjectif ("simple"), soit un adverbe ("simplement"). De même le verbe **fumer** est parfois transitif ("fumer un cigare"), parfois intransitif ("défense de fumer"). Pour vous permettre de trouver plus rapidement le sens que vous cherchez, et pour aérer la présentation, nous avons séparé les différentes catégories grammaticales par le symbole ▷. Les phrases et les mots composés sont tous regroupés à la fin de l'article.

Subdivisions sémantiques

La plupart des mots ont plus d'un sens; ainsi **bouchon** peut être un objet en liège servant à boucher une bouteille, ou un embouteillage. D'autres mots se traduisent différemment selon le contexte dans lequel ils sont employés: **partir** se traduira en allemand "weggehen" ou "wegfahren" selon que l'on part à pied ou en voiture. Pour vous permettre de choisir la bonne traduction dans tous les contextes, nous avons subdivisé les articles en catégories de sens: chaque catégorie est introduite par une "indication d'emploi" entre parenthèses et en *italique*. Pour les exemples ci-dessus, les articles se présenteront donc comme suit:

> **bouchon** *nm (en liège)* Korken *m*; *(embouteillage)* Stau *m*
> **partir** *vi* gehen, weggehen; *(en voiture etc)* wegfahren

De même certains mots changent de sens lorsqu'ils sont employés dans un domaine spécifique, comme par exemple **rue** que nous employons tous les jours dans son acception de "voie publique", mais qui est aussi une plante. Pour montrer à l'utilisateur quelle traduction choisir, nous avons donc ajouté, en italiques entre parenthèses, une indication de domaine, à savoir dans ce cas particulier (*Botanique*), que nous avons abrégé pour gagner de la place en (*Bot*):

> **rue** *nf (Straße) f; (Bot)* Raute *f*

Une liste complète des abréviations dont nous nous sommes servis dans ce dictionnaire figure ci-dessous, aux pages xi à xiii.

Traductions

La plupart des mots français se traduisent par un seul mot allemand, et vice-versa, comme dans les exemples ci-dessus. Parfois cependant il n'y a pas d'équivalent exact dans la langue d'arrivée et nous avons donné un équivalent approximatif, indiqué par le signe ≈; c'est le cas par exemple pour le mot **baccalauréat** dont l'équivalent allemand est "Abitur": il ne s'agit pas d'une traduction à proprement parler puisque nos deux systèmes scolaires sont différents:

> **baccalauréat** *nm* ≈ Abitur *nt*

Parfois, il est même impossible de trouver un équivalent approximatif. C'est le cas par exemple pour les noms de plats régionaux, comme le dessert autrichien suivant:

Kaisserschmarren *nm morceaux de crêpe aux raisins secs*

L'explication remplace ici une traduction (qui n'existe pas); pour plus de clarté, cette explication, ou glose, est donnée en *italique*.

Souvent aussi, on ne peut traduire isolément un mot, ou une acception particulière d'un mot. La traduction allemande de **copain**, par exemple, est "Freund"; cependant **être copain avec qn** se traduit "mit jdm gut befreundet sein". Même une expression toute simple comme **doigt de pied** nécessite une traduction séparée, en l'occurrence "Zeh" (et non "Fußfinger"). C'est là que votre dictionnaire se révélera particulièrement utile et complet, car il contient un maximum de composés, de phrases et d'expressions idiomatiques.

Registre

En français, vous saurez instinctivement quand dire **j'en ai assez** et quand dire **j'en ai marre** ou **j'en ai ras le bol**. Mais lorsque vous essayez de comprendre quelqu'un qui s'exprime en allemand, ou de vous exprimer vous-même en allemand, il est particulièrement important de savoir ce qui est poli et ce qui l'est moins. Nous avons donc ajouté l'indication (*fam*) ou (*umg*) aux expressions de langue familière; les expressions particulièrement grossières se voient dotées d'un point d'exclamation supplémentaire (*fam!*) ou (*umg!*) (dans la langue de départ comme dans la langue d'arrivée), vous incitant à une prudence accrue. Notez que les indications (*fam*) ou (*umg*) ne sont pas répétées dans la langue d'arrivée lorsque le registre de la traduction est le même que celui du mot ou de l'expression traduits.

Mots-clés

Vous constaterez que certains mots sont intitulés "mots-clés". Il s'agit de mots particulièrement complexes ou importants, comme **être** et **faire** ou leurs équivalents allemands **sein** et **machen**, que nous avons traités d'une manière plus approfondie parce que ce sont des éléments de base de la langue.

Notes culturelles

Les articles séparés du texte principal par une ligne pointillée verticale décrivent certaines caractéristiques culturelles des pays francophones et germaniques. La politique, l'éducation, les médias et les fêtes figurent parmi les sujets traités. Exemples : **Bundestag**, **Abitur**, **France télévision** et **la fête des rois**.

Abkürzungen   Abréviations

Abkürzung	abk, abr	abréviation
Akkusativ	*acc*	accusatif
Adjektiv	*adj*	adjectif
Verwaltung	*Admin*	administration
Adverb	*adv*	adverbe
Landwirtschaft	*Agr*	agriculture
Akkusativ	*Akk*	accusatif
Anatomie	*Anat*	anatomie
Architektur	*Archit*	architecture
Artikel	*art*	article
Astrologie	*Astrol*	astrologie
Astronomie	*Astron*	astronomie
attributiv	*attrib*	qualificatif
Kraftfahrzeuge	*Aut*	automobile
Hilfsverb	*aux*	auxiliaire
Luftfahrt	*Aviat*	aviation
Bergbau	*Bergb*	mines
besonders	*bes*	en particulier
bestimmt	*best*	défini
Biologie	*Biol*	biologie
Botanik	*Bot*	botanique
Chemie	*Chem, Chim*	chimie
Film	*Ciné*	cinéma
Handel	*Comm*	commerce
Komparativ	*comp*	comparatif
Computer	*Comput*	informatique
Konjunktion	*conj*	conjonction
Bauwesen	*Constr*	construction
Kochen und Backen	*Culin*	cuisine
Dativ	*Dat, dat*	datif
bestimmt	*déf*	défini
Dialekt	*dial*	dialectal
Wirtschaft	*Écon*	économie
Eisenbahnwesen	*Eisenb*	chemins de fer
Elektrizität	*Elek, Élec*	électricité
und so weiter	*etc*	et cetera
etwas	*etw*	quelque chose
Euphemismus	*euph*	euphémisme
Interjektion	*excl*	exclamation
Femininum, weiblich	*f*	féminin
umgangssprachlich	*fam*	familier
derb	*fam!*	vulgaire
figurativ	*fig*	figuré
Film	*Film*	cinéma
Finanzen	*Fin*	finance
Luftfahrt	*Flug*	aviation

Abkürzungen Abréviations

gehoben	*geh*	style soutenu
Genitiv	*Gen, gén*	génitif
allgemein	*gén*	en général
Geografie	*Geog, Géo*	géographie
Geologie	*Geol, Géol*	géologie
Geometrie	*Geom, Géom*	géométrie
Grammatik	*Gram*	grammaire
Geschichte	*Hist*	histoire
scherzhaft	*hum*	humoristique
unbestimmt	*indéf*	indéfini
Computer	*Inform*	informatique
Interjektion	*interj*	exclamation
interrogativ	*interrog*	interrogatif
unveränderlich	*inv*	invariable
ironisch	*iro*	ironique
jemand, jemandem, jemanden, jemandes	*jd, jdm, jdn, jds*	quelqu'un
Rechtswesen	*Jur*	juridique
Kochen und Backen	*Koch*	cuisine
Komparativ	*komp*	comparatif
Konjunktion	*konj*	conjunction
Sprachwissenschaft	*Ling*	linguistique
Literatur	*Litt*	littérature
literarisch	*litt*	littéraire
Maskulinum, männlich	*m*	masculin
Mathematik	*Math*	mathématiques
Medizin	*Med, Méd*	médecine
Meteorologie	*Met, Météo*	météorologie
Militärwesen	*Mil*	domaine militaire
Musik	*Mus*	musique
Substantiv	*n*	nom
nautisch	*Naut*	nautisme
Norddeutschland	*Nordd*	Allemagne du Nord
Neutrum, sächlich	*nt*	neutre
Zahlwort	*num*	numéral
Österreich	*Österr*	Autriche
Parlament	*Parl*	parlement
pejorativ	*pej, péj*	péjoratif
persönlich	*pers*	personnel
Pharmakologie	*Pharm*	pharmacologie
Philosophie	*Philos*	philosophie
Fotografie	*Phot(o)*	photographie
Physik	*Phys*	physique
Physiologie	*Physiol*	physiologie
Plural	*pl*	pluriel
Politik	*Pol*	politique

Abkürzungen   Abréviations

Partizip Perfekt	*pp*	participe passé
Präfix	*präf, préf*	préfixe
Präposition	*präp, prép*	préposition
Pronomen	*pron*	pronom
Psychologie	*Psych*	psychologie
etwas	*qch*	quelque chose
jemand	*qn*	quelqu'un
Eisenbahn	*Rail*	chemins de fer
Religion	*Rel*	religion
Relativ-	*rel*	relatif
Rundfunk	*Rundf*	radio
Schulwesen	*Sch, Scol*	enseignement
Schweiz	*Schweiz*	Suisse
Singular	*sg*	singulier
Konjunktiv	*sub*	subjonctif
Süddeutschland	*Südd*	Allemagne du Sud
Suffix	*suff*	suffixe
Subjekt	*subj, suj*	sujet
Superlativ	*superl*	superlatif
Technik	*Tech*	technique
Telefon, Nachrichtentechnik	*Tel, Tél*	télécommunications
Theater	*Theat, Théât*	théâtre
Fernsehen	*TV*	télévision
Typografie	*Typ(o)*	typographie
umgangssprachlich	*umg*	familier
derb	*umg!*	vulgaire
unbestimmt	*unbest*	indéfini
Universität	*Univ*	université
unpersönlich	*unpers*	impersonnel
unregelmäßig	*unreg*	irrégulier
untrennbar	*untr*	non séparable
unveränderlich	*unver*	invariable
siehe	*v*	voir
Verb	*vb*	verbe
intransitives Verb	*vi*	verbe intransitif
reflexives Verb	*vpr, vr*	verbe pronominal ou réfléchi
transitives Verb	*vt*	verbe transitif
Wirtschaft	*Wirts*	économie
Zoologie	*Zool*	zoologie
zusammengesetztes Wort	*zW*	mot composé
ungefähre Entsprechung	≈	indique une équivalence culturelle
eingetragenes Warenzeichen	®	marque déposée

Lautschrift

Konsonanten   Consonnes

Pakt	p	*poupée*
Ball	b	*bombe*
Tal	t	*tente thermal*
dann	d	*dinde*
kalt	k	*coq qui képi*
Gast	g	*gag bague*
Rasse	s	*sale ce nation*
Hase	z	*rose zéro*
Schal	ʃ	*tache chat*
Genie	ʒ	*gilet juge*
Fass	f	*fer phare*
was	v	*valve*
Last	l	*lent salle*
	ʀ	*rare rentrer*
rennen	r	
Mast	m	*maman femme*
Nuss	n	*non nonne*
	ɲ	*agneau vigne*
la*ng*	ŋ	*camping*
Herr	h	
ja	j	*yeux paille pied*
	w	*nouer oui*
	ɥ	*huile lui*
Lo*ch*	x	
mi*ch*	ç	

Transcription phonétique

Vokale		Voyelles
viel	i	ici vie *lyre*
Kiste	ɪ	
Metall	e	jou*er été*
hässlich	ɛ	*lait jouet merci*
Hast Bahn	a	*plat amour*
	ɑ	*bas pâte*
bitte	ə	*le premier*
Post	ɔ	*or homme*
Moral Mode	o	*mot eau gauche*
kulant Hut	u	*ours genou*
Mutter	ʊ	
physisch	y	*rue urne*
Müll	Y	
gönnen	œ	*beurre peur*
ökonomisch höhnen	ø	*peu deux*
weit	aɪ	
aus draußen	aʊ	
Heu treu	ɔY	

Nasale		Nasales
Cousin	ɛ̃	*matin plein*
	œ̃	*brun*
Ensemble	ã ɑ̃	*dans jambe*
Champignon Salon	õ	*non pompe*

Verschiedenes		Divers
Knacklaut	ǀ	coup de glotte
im Framzösischen: 'h aspiré'	'	pour l'allemand: precede la
(wird mit dem vorgehenden		syllable accentuée
Wort nicht zusammen-		
gezogen)		
Längenzeichen	:	indique une voyelle longue

Verbes irréguliers allemands

Infinitiv	Präsens 2., 3. Singular	Imperfekt	Partizip Perfekt
		* avec "sein"	
ausbedingen	bedingst aus, bedingt aus	bedang *od* bidingt aus	ausbedungen
backen	bäckst, bäckt	backte *od* buk	gebacken
befehlen	befiehlst, befiehlt	befahl	befohlen
beginnen	beginnst, beginnt	begann	begonnen
beißen	beißt, beißt	biss	gebissen
bergen	birgst, birgt	barg	geborgen
bersten*	birst, birst	barst	geborsten
bewegen	bewegst, bewegt	bewog	bewogen
biegen	biegst, biegt	bog	gebogen
bieten	bietest, bietet	bot	geboten
binden	bindest, bindet	band	gebunden
bitten	bittest, bittet	bat	gebeten
blasen	bläst, bläst	blies	geblasen
bleiben*	bleibst, bleibt	blieb	geblieben
braten	brätst, brät	briet	gebraten
brechen*	brichst, bricht	brach	gebrochen
brennen	brennst, brennt	brannte	gebrannt
bringen	bringst, bringt	brachte	gebracht
denken	denkst, denkt	dachte	gedacht
dreschen	drisch(e)st, drischt	drosch	gedroschen
dringen*	dringst, dringt	drang	gedrungen
dürfen	darfst, darf	durfte	gedurft
empfehlen	empfiehlst, empfiehlt	empfahl	empfohlen
empfinden	empfindest, empfindet	empfand	empfunden
erbleichen*	erbleichst, erbleicht	erbleichte	erblichen
erloschen*	erlischst, erlischt	erlosch	erloschen
erschrecken*	erschrickst, erschrickt	erschrak	erschrocken
essen	isst, isst	aß	gegessen
fahren*	fährst, fährt	fuhr	gefahren
fallen*	fällst, fällt	fiel	gefallen
fangen	fängst, fängt	fing	gefangen
fechten	fichst, ficht	focht	gefochten
finden	findest, findet	fand	gefunden
flechten	flichtst, flicht	flocht	geflochten
fliegen*	fliegst, fliegt	flog	geflogen
fliehen*	fliehst, flieht	floh	geflohen
fließen*	fließt, fließt	floss	geflossen
fressen	frisst, frisst	fraß	gefressen
frieren	frierst, friert	fror	gefroren
gären*	gärst, gärt	gor	gegoren
gebären	gebierst, gebiert	gebar	geboren
geben	gibst, gibt	gab	gegeben
gedeihen*	gedeihst, gedeiht	gedieh	gediehen
gehen*	gehst, geht	ging	gegangen

Infinitiv	Präsens 2., 3. Singular	Imperfekt	Partizip Perfekt
	* avec "sein"		
gelingen*	–, gelingt	gelang	gelungen
gelten	giltst, gilt	galt	gegolten
genesen*	gene(se)st, genest	genas	genesen
genießen	genießt, genießt	genoss	genossen
geraten*	gerätst, gerät	geriet	geraten
geschehen*	–, geschieht	geschah	geschehen
gewinnen	gewinnst, gewinnt	gewann	gewonnen
gießen	gießt, gießt	goss	gegossen
gleichen	gleichst, gleicht	glich	geglichen
gleiten*	gleitest, gleitet	glitt	geglitten
glimmen	glimmst, glimmt	glomm	geglommen
graben	gräbst, gräbt	grub	gegraben
greifen	greifst, greift	griff	gegriffen
haben	hast, hat	hatte	gehabt
halten	hältst, hält	hielt	gehalten
hängen	hängst, hängt	hing	gehangen
hauen	haust, haut	haute	gehauen
heben	hebst, hebt	hob	gehoben
heißen	heißt, heißt	hieß	geheißen
helfen	hilfst, hilft	half	geholfen
kennen	kennst, kennt	kannte	gekannt
klimmen*	klimmst, klimmt	klomm	geklommen
klingen	klingst, klingt	klang	geklungen
kneifen	kneifst, kneift	kniff	gekniffen
kommen*	kommst, kommt	kam	gekommen
können	kannst, kann	konnte	gekonnt
kriechen*	kriechst, kriecht	kroch	gekrochen
laden	lädst, lädt	lud	geladen
lassen	lässt, lässt	ließ	gelassen
laufen*	läufst, läuft	lief	gelaufen
leiden	leidest, leidet	litt	gelitten
leihen	leihst, leiht	lieh	geliehen
lesen	liest, liest	las	gelesen
liegen*	liegst, liegt	lag	gelegen
lügen	lügst, lügt	log	gelogen
mahlen	mahlst, mahlt	mahlte	gemahlen
meiden	meidest, meidet	mied	gemieden
melken	milkst, milkt	(melkte od) molk	gemolken
messen	misst, misst	maß	gemessen
misslingen*	–, misslingt	misslang	misslungen
mögen	magst, mag	mochte	gemocht
müssen	musst, muss	musste	gemusst
nehmen	nimmst, nimmt	nahm	genommen
nennen	nennst, nennt	nannte	genannt
pfeifen	pfeifst, pfeift	pfiff	gepfiffen
preisen	preist, preist	pries	gepriesen
quellen*	quillst, quillt	quoll	gequollen
raten	rätst, rät	riet	geraten

Infinitiv	Präsens 2., 3. Singular	Imperfekt	Partizip Perfekt
		* avec "sein"	
reiben	reibst, reibt	rieb	gerieben
reißen*	reißt, reißt	riss	gerissen
reiten*	reitest, reitet	ritt	geritten
rennen*	rennst, rennt	rannte	gerannt
riechen	riechst, riecht	roch	gerochen
ringen	ringst, ringt	rang	gerungen
rinnen*	rinnst, rinnt	rann	geronnen
rufen	rufst, ruft	rief	gerufen
salzen	salzt, salzt	salzte	gesalzen
saufen	säufst, säuft	soff	gesoffen
saugen	saugst, saugt	sog od saugte	gesogen od gesaugt
schaffen	schaffst, schafft	schuf	geschaffen
schallen	schallst, schallt	scholl	geschollen
scheiden*	scheidest, scheidet	schied	geschieden
scheinen	scheinst, scheint	schien	geschienen
scheißen	scheißt, scheißt	schiss	geschissen
schelten	schiltst, schilt	schalt	gescholten
scheren	scherst, schert	schor	geschoren
schieben	schiebst, schiebt	schob	geschoben
schießen	schießt, schießt	schoss	geschossen
schinden	schindest, schindet	schindete	geschunden
schlafen	schläfst, schläft	schlief	geschlafen
schlagen	schlägst, schlägt	schlug	geschlagen
schleichen*	schleichst, schleicht	schlich	geschlichen
schleifen	schleifst, schleift	schliff	geschliffen
schließen	schließt, schließt	schloss	geschlossen
schlingen	schlingst, schlingt	schlang	geschlungen
schmeißen	schmeißt, schmeißt	schmiss	geschmissen
schmelzen*	schmilzt, schmilzt	schmolz	geschmolzen
schneiden	schneidest, schneidet	schnitt	geschnitten
schreiben	schreibst, schreibt	schrieb	geschrieben
schreien	schreist, schreit	schrie	geschrie(e)n
schreiten	schreitest, schreitet	schritt	geschritten
schweigen	schweigst, schweigt	schwieg	geschwiegen
schwellen*	schwillst, schwillt	schwoll	geschwollen
schwimmen*	schwimmst, schwimmt	schwamm	geschwommen
schwinden*	schwindest, schwindet	schwand	geschwunden
schwingen	schwingst, schwingt	schwang	geschwungen
schwören	schwörst, schwört	schwör	geschworen
sehen	siehst, sieht	sah	gesehen
sein*	bist, ist	war	gewesen
senden	sendest, sendet	sandte	gesandt
singen	singst, singt	sang	gesungen
sinken*	sinkst, sinkt	sank	gesunken
sinnen	sinnst, sinnt	sann	gesonnen
sitzen*	sitzt, sitzt	saß	gesessen
sollen	sollst, soll	sollte	gesollt
speien	speist, speit	spie	gespie(e)n

Infinitiv	Präsens 2., 3. Singular	Imperfekt	Partizip Perfekt
		* avec "sein"	
spinnen	spinnst, spinnt	spann	gesponnen
sprechen	sprichst, spricht	sprach	gesprochen
sprießen*	sprießt, sprießt	spross	gesprossen
springen*	springst, springt	sprang	gesprungen
stechen	stichst, sticht	stach	gestochen
stecken	steckst, steckt	steckte od stack	gesteckt
stehen	stehst, steht	stand	gestanden
stehlen	stiehlst, stiehlt	stahl	gestohlen
steigen*	steigst, steigt	stieg	gestiegen
sterben*	stirbst, stirbt	starb	gestorben
stinken	stinkst, stinkt	stank	gestunken
stoßen	stößt, stößt	stieß	gestoßen
streichen	streichst, streicht	strich	gestrichen
streiten	streitest, streitet	stritt	gestritten
tragen	trägst, trägt	trug	getragen
treffen	triffst, trifft	traf	getroffen
treiben*	treibst, treibt	trieb	getrieben
treten*	trittst, tritt	trat	getreten
trinken	trinkst, trinkt	trank	getrunken
trügen	trügst, trügt	trog	getrogen
tun	tust, tut	tat	getan
verderben	verdirbst, verdirbt	verdarb	verdorben
verdrießen	verdrießt, verdrießt	verdross	verdrossen
vergessen	vergisst, vergisst	vergaß	vergessen
verlieren	verlierst, verliert	verlor	verloren
verschleißen	verschleißt, verschleißt	verschliss	verschlissen
wachsen*	wächst, wächst	wuchs	gewachsen
wägen	wägst, wägt	wog	gewogen
waschen	wäschst, wäscht	wusch	gewaschen
weben	webst, webt	webte od wob	gewoben
weichen*	weichst, weicht	wich	gewichen
weisen	weist, weist	wies	gewiesen
wenden	wendest, wendet	wandte	gewandt
werben	wirbst, wirbt	warb	geworben
werden*	wirst, wird	wurde	geworden
werfen	wirfst, wirft	warf	geworfen
wiegen	wiegst, wiegt	wog	gewogen
winden	windest, windet	wand	gewunden
wissen	weißt, weiß	wusste	gewusst
wollen	willst, will	wollte	gewollt
wringen	wringst, wringt	wrang	gewrungen
zeihen	zeihst, zeiht	zieh	geziehen
ziehen*	ziehst, zieht	zog	gezogen
zwingen	zwingst, zwingt	zwang	gezwungen

Französische Verben

1 Participe présent **2** Participe passé **3** Présent **4** Imparfait **5** Futur **6** Conditionnel **7** Subjonctif présent

acquérir **1** acquérant **2** acquis **3** acquiers, acquérons, acquièrent **4** acquérais **5** acquerrai **7** acquière

ALLER **1** allant **2** allé **3** vais, vas, va, allons, allez, vont **4** allais **5** irai **6** irais **7** aille

asseoir **1** asseyant **2** assis **3** assieds, asseyons, asseyez, asseyent **4** asseyais **5** assiérai **7** asseye

atteindre **1** atteignant **2** atteint **3** atteins, atteignons **4** atteignais **7** atteigne

AVOIR **1** ayant **2** eu **3** ai, as, a, avons, avez, ont **4** avais **5** aurai **6** aurais **7** aie, aies, ait, ayons, ayez, aient

battre **1** battant **2** battu **3** bats, bat, battons **4** battais **7** batte

boire **1** buvant **2** bu **3** bois, buvons, boivent **4** buvais **7** boive

bouillir **1** bouillant **2** bouilli **3** bous, bouillons **4** bouillais **7** bouille

conclure **1** concluant **2** conclu **3** conclus, concluons **4** concluais **7** conclue

conduire **1** conduisant **2** conduit **3** conduis, conduisons **4** conduisais **7** conduise

connaître **1** connaissant **2** connu **3** connais, connaît, connaissons **4** connaissais **7** connaisse

coudre **1** cousant **2** cousu **3** couds, cousons, cousez, cousent **4** cousais **7** couse

courir **1** courant **2** couru **3** cours, courons **4** courais **5** courrai **7** coure

couvrir **1** couvrant **2** couvert **3** couvre, couvrons **4** couvrais **7** couvre

craindre **1** craignant **2** craint **3** crains, craignons **4** craignais **7** craigne

croire **1** croyant **2** cru **3** crois, croyons, croient **4** croyais **7** croie

croître **1** croissant **2** crû, crue, crus, crues **3** croîs, croissons **4** croissais **7** croisse

cueillir **1** cueillant **2** cueilli **3** cueille, cueillons **4** cueillais **5** cueillerai **7** cueille

devoir **1** devant **2** dû, due, dus, dues **3** dois, devons, doivent **4** devais **5** devrai **7** doive

dire **1** disant **2** dit **3** dis, disons, dites, disent **4** disais **7** dise

dormir **1** dormant **2** dormi **3** dors, dormons **4** dormais **7** dorme

écrire **1** écrivant **2** écrit **3** écris, écrivons **4** écrivais **7** écrive

ÊTRE **1** étant **2** été **3** suis, es, est, sommes, êtes, sont **4** étais **5** serai **6** serais **7** sois, sois, soit, soyons, soyez, soient

FAIRE **1** faisant **2** fait **3** fais, fais, fait, faisons, faites, font **4** faisais **5** ferai **6** ferais **7** fasse

falloir **2** fallu **3** faut **4** fallait **5** faudra **7** faille

FINIR **1** finissant **2** fini **3** finis, finis, finit, finissons, finissez, finissent **4** finissais **5** finirai **6** finirais **7** finisse

fuir **1** fuyant **2** fui **3** fuis, fuyons, fuient **4** fuyais **7** fuie

joindre **1** joignant **2** joint **3** joins, joignons **4** joignais **7** joigne

lire **1** lisant **2** lu **3** lis, lisons **4** lisais **7** lise

luire **1** luisant **2** lui **3** luis, luisons **4** luisais **7** luise

maudire **1** maudissant **2** maudit **3** maudis, maudissons **4** maudissait **7** maudisse

mentir **1** mentant **2** menti **3** mens, mentons **4** mentais **7** mente

mettre **1** mettant **2** mis **3** mets, mettons **4** mettais **7** mette

mourir **1** mourant **2** mort **3** meurs, mourons, meurent **4** mourais **5** mourrai **7** meure

naître **1** naissant **2** né **3** nais, naît, naissons **4** naissais **7** naisse

offrir **1** offrant **2** offert **3** offre, offrons **4** offrais **7** offre

PARLER **1** parlant **2** parlé **3** parle, parles, parle, parlons, parlez, parlent **4** parlais, parlais, parlait, parlions, parliez, parlaient **5** parlerai, parleras, parlera, parlerons, parlerez, parleront **6** parlerais, parlerais, parlerait, parlerions, parleriez, parleraient

7 parle, parles, parle, parlions, parliez, parlent *impératif* parle, parlez

partir **1** partant **2** parti **3** pars, partons **4** partais **7** parte

plaire **1** plaisant **2** plus **3** plais, plaît, plaisons **4** plaisais **7** plaise

pleuvoir **1** pleuvant **2** plu **3** pleut, pleuvent **4** pleuvait **5** pleuvra **7** pleuve

pourvoir **1** pourvoyant **2** pourvu **3** pourvois, pourvoyons, pourvoient **4** pourvoyais **7** pourvoie

pouvoir **1** pouvant **2** pu **3** peux, peut, pouvons, peuvent **4** pouvais **5** pourrai **7** puisse

prendre **1** prenant **2** pris **3** prends, prenons, prennent **4** prenais **7** prenne

prévoir *comme* **voir** **5** prévoirai

RECEVOIR **1** recevant **2** reçu **3** reçois, reçois, reçoit, recevons, recevez, reçoivent **4** recevais **5** recevrai **6** recevrais **7** reçoive

RENDRE **1** rendant **2** rendu **3** rends, rends, rend, rendons, rendez, rendent **4** rendais **5** rendrai **6** rendrais **7** rende

résoudre **1** résolvant **2** résolu **3** résous, résout, résolvons **4** résolvais **7** résolve

rire **1** riant **2** ri **3** ris, rions **4** riais **7** rie

savoir **1** sachant **2** su **3** sais, savons, savent **4** savais **5** saurai **7** sache *impératif* sache, sachons, sachez

servir **1** servant **2** servi **3** sers, servons **4** servais **7** serve

sortir **1** sortant **2** sorti **3** sors, sortons **4** sortais **7** sorte

souffrir **1** souffrant **2** souffert **3** souffre, souffrons **4** souffrais **7** souffre

suffire **1** suffisant **2** suffi **3** suffis, suffisons **4** suffisais **7** suffise

suivre **1** suivant **2** suivi **3** suis, suivons **4** suivais **7** suive

taire **1** taisant **2** tu **3** tais, taisons **4** taisais **7** taise

tenir **1** tenant **2** tenu **3** tiens, tenons, tiennent **4** tenais **5** tiendrai **7** tienne

vaincre **1** vainquant **2** vaincu **3** vaincs, vainc, vainquons **4** vainquais **7** vainque

valoir **1** valant **2** valu **3** vaux, vaut, valons **4** valais **5** vaudrai **7** vaille

venir **1** venant **2** venu **3** viens, venons, viennent **4** venais **5** viendrai **7** vienne

vivre **1** vivant **2** vécu **3** vis, vivons **4** vivais **7** vive

voir **1** voyant **2** vu **3** vois, voyons, voient **4** voyais **5** verrai **7** voie

vouloir **1** voulant **2** voulu **3** veux, veut, voulons, veulent **4** voulais **5** voudrai **7** veuille *impératif* veuille

Zahlen

Les nombres

ein(s)	1	un(e)
zwei	2	deux
drei	3	trois
vier	4	quatre
fünf	5	cinq
sechs	6	six
sieben	7	sept
acht	8	huit
neun	9	neuf
zehn	10	dix
elf	11	onze
zwölf	12	douze
dreizehn	13	treize
vierzehn	14	quatorze
fünfzehn	15	quinze
sechzehn	16	seize
siebzehn	17	dix-sept
achtzehn	18	dix-huit
neunzehn	19	dix-neuf
zwanzig	20	vingt
einundzwanzig	21	vingt et un(e)
zweiundzwanzig	22	vingt-deux
dreißig	30	trente
vierzig	40	quarante
fünfzig	50	cinquante
sechzig	60	soixante
siebzig	70	soixante-dix
einundsiebzig	71	soixante et onze
zweiundsiebzig	72	soixante-douze
achtzig	80	quatre-vingts
einundachtzig	81	quatre-vingt-un(e)
neunzig	90	quatre-vingt-dix
einundneunzig	91	quatre-vingt-onze
hundert	100	cent
hunderteins	101	cent un(e)
zweihundert	200	deux cents
zweihunderteins	201	deux cent un(e)
dreihundert	300	trois cents
dreihunderteins	301	trois cent un(e)

Zahlen

Les nombres

tausend	**1 000**	mille
tausend(und)eins	**1 001**	mille un(e)
fünftausend	**5 000**	cinq mille
eine Million	**1 000 000**	un million

erste(r, s), 1.	premier (première), 1er (1ère)
zweite(r, s), 2.	deuxième, 2e, 2ème
dritte(r, s), 3.	troisième, 3e, 3ème
vierte(r, s)	quatrième
fünfte(r, s)	cinquième
sechste(r, s)	sixième
siebte(r, s)	septième
achte(r, s)	huitième
neunte(r, s)	neuvième
zehnte(r, s)	dixième
elfte(r, s)	onzième
zwölfte(r, s)	douzième
dreizehnte(r, s)	treizième
vierzehnte(r, s)	quartorzième
fünfzehnte(r, s)	quinzième
sechzehnte(r, s)	seizième
siebzehnte(r, s)	dix-septième
achtzehnte(r, s)	dix-huitième
neunzehnte(r, s)	dix-neuvième
zwanzigste(r, s)	vingtième
einundzwanzigste(r, s)	vingt et unième
zweiundzwanzigste(r, s)	vingt-deuxième
dreißigste(r, s)	trentième
hundertste(r, s)	centième
hunderterste(r, s)	cent-unième
tausendste(r, s)	millième

Uhrzeit

wie viel Uhr ist es?, wie spät ist es?
es ist ...

Mitternacht, zwölf Uhr nachts
ein Uhr (morgens *ou* früh)
fünf nach eins, ein Uhr fünf
zehn nach eins, ein Uhr zehn
Viertel nach eins, ein Uhr fünfzehn

fünf vor halb zwei, ein Uhr
  fünfundzwanzig
halb zwei, ein Uhr dreißig
fünf nach halb zwei, ein Uhr
  fünfunddreißig
zwanzig vor zwei, ein Uhr vierzig

Viertel vor zwei, ein Uhr
  fünfundvierzig
zehn vor zwei, ein Uhr fünfzig

zwölf Uhr (mittags), Mittag
halb eins (mittags *ou* nachmittags),
  zwölf Uhr dreißig
zwei Uhr (nachmittags)
sieben Uhr (abends)

um wie viel Uhr?

um Mitternacht
um sieben Uhr
in zwanzig Minuten
vor zehn Minuten

Datum

heute
morgen
übermorgen
gestern
vorgestern
am Vortag
am nächsten Tag
morgens
abends
heute Morgen

L'heure

quelle heure est-il?
il est ...

minuit
une heure du matin
une heure cinq
une heure dix
une heure et quart

une heure vingt-cinq

une heure et demie, une heure trente
une heures moins vingt-cinq, une
  heure trente-cinq
deux heures moins vingt, une
heure quarante
deux heures moins vingt-cinq, une
  heure quarante-cinq
duex heures moins dix, une heure
  cinquante

midi
midi et demi

deux heures (de l'après-midi)
sept heures (du soir)

à quelle heure?

à minuit
à sept heures
dans vingt minutes
il y a dix minutes

La date

aujourd'hui
demain
après-demain
hier
avant-hier
la veille
le lendemain
le matin
le soir
ce matin

Datum

heute Abend
heute Nachmittag
gestern Morgen
gestern Abend
morgen Vormittag
morgen Abend
in der Nacht von Samstag auf
   Sonntag
er kommt am Samstag
samstags
jeden Samstag
letzten Samstag
nächsten Samstag
   Samstag in einer Woche
Samstag in zwei Wochen
von Montag bis Samstag
jeden Tag
einmal in der Woche
einmal im Monat
zweimal in der Woche
vor einer Woche *ou* acht Tagen
vor zwei Wochen *ou* vierzehn Tagen
letztes Jahr
in zwei Tagen
in acht Tagen *ou* einer Woche
in vierzehn Tagen *ou* zwei Wochen
nächsten Monat
nächstes Jahr

den Wievielten haben wir heute?,
   der Wievielte ist heute?

der 1./24 . Oktober 2006
ich bin am 1. Oktober 1995 geboren
Berlin, den 24. Oktober 2006
in 2006
neunzehnhundert(und)
   fünfundneunzig
zweitausend(und)drei
44 v. Chr.
14 n. Chr.
im 19. Jahrhundert
in den 30er-Jahren
es war einmal ...

La date

ce soir
cet après-midi
hier matin
hier soir
demain matin
demain soir
dans la nuit de samedi à dimanche

il viendra samedi
le samedi
tous les samedis
samedi dernier
samedi prochain
samedi en huit
samedi en quinze
du lundi au samedi
tous les jours
une fois par semaine
une fois par mois
deux fois par semaine
il y a une semaine *od* huit jours
il y a quinze jours
l'année passée *od* dernière
dans deux jours
gans huit jours *od* une semaine
dans quinze jours
le mois prochain
l'année prochaine

quel jour sommes-nous?

le 1er/24 octobre 2006
je suis né le 1er octobre 1995
Berlin, le 24 octobre 2006 *(lettre)*
en 2006
mille neuf cent quatre-vingt-quinze

deux mille trois
44 av. J.-C
14 ap. J.-C
au XIXe (siècle)
dans les années trente
il était une fois ...

Terminaisons régulières des noms allemands

nom		gen	pl
-ant	*m*	-anten	-anten
-anz	*f*	-anz	-anzen
-ar	*m*	-ar(e)s	-are
-chen	*nt*	-chens	-chen
-e	*f*	-e	-en
-ei	*f*	-ei	-eien
-elle	*f*	-elle	-ellen
-ent	*m*	-enten	-enten
-enz	*f*	-enz	-enzen
-ette	*f*	-ette	-etten
-eur	*m*	-eurs	-eure
-euse	*f*	-euse	-eusen
-heit	*f*	-heit	-heiten
-ie	*f*	-ie	-ien
-ik	*f*	-ik	-iken
-in	*f*	-in	-innen
-ine	*f*	-ine	-inen
-ion	*f*	-ion	-ionen
-ist	*m*	-isten	-isten
-ium	*nt*	-iums	-ien
-ius	*m*	-ius	-iusse
-ive	*f*	-ive	-iven
-keit	*f*	-keit	-keiten
-lein	*nt*	-leins	-lein
-ling	*m*	-lings	-linge
-ment	*nt*	-ments	-mente
-mus	*m*	-mus	-men
-schaft	*f*	-schaft	-schaften
-tät	*f*	-tät	-täten
-tor	*m*	-tors	-toren
-ung	*f*	-ung	-ungen
-ur	*f*	-ur	-uren

Aa

A¹, a¹ [a] *nm inv* (*lettre*) A, a *nt*; **A comme Anatole** ≈ A wie Anton; **de A à Z** von A bis Z; **prouver qch par A + b** etw schlüssig beweisen

A² [a] *abr* = **ampère;** (= *autoroute*) A

a² [a] *vb voir* **avoir**

🅞 MOT-CLÉ

à [a] (*à + le* = **au**, *à + les* = **aux**) *prép* **1** (*lieu: situation*) in +*dat*; **être à Paris/au Portugal** in Paris/Portugal sein; **être à l'école/au bureau** in der Schule/im Büro sein; **être à la campagne/maison** auf dem Land/zu Hause sein; **c'est à 10 km (d'ici)** das ist 10 km (von hier) entfernt; **il habite à cinq minutes de la gare** er wohnt fünf Minuten vom Bahnhof (entfernt); **ils vivent à deux heures de Paris, par la route** sie wohnen zwei Autostunden von Paris (entfernt); **à la radio/télévision** im Radio/Fernsehen

2 (*lieu: direction*) in +*acc*; (*avec villes et pays*) nach; **aller à l'école/au bureau** in die Schule/ins Büro gehen; **aller à Paris/au Portugal** nach Paris/Portugal fahren; **aller à la campagne** aufs Land fahren; **rentrer à la maison** nach Hause gehen

3 (*temps*): **à 3 heures/minuit** um 3 Uhr/Mitternacht; **à midi** mittags; **au printemps/mois de juin** im Frühling/im Juni; **à demain/lundi/la semaine prochaine!** bis morgen/Montag/nächste Woche!

4 (*attribution, appartenance*): **donner qch à qn** jdm etw geben; **ce livre est à Paul/lui/moi** das Buch gehört Paul/ihm/mir; **un ami à moi** ein Freund von mir

5 (*moyen*) mit; **se chauffer au gaz/à l'électricité** mit Gas/Strom heizen; **à la main/machine** mit der Hand/Maschine; **à bicyclette** mit dem Fahrrad; **à pied** zu Fuß

6 (*provenance*) aus; **prendre de l'eau à la fontaine** Wasser aus dem Brunnen holen; **boire à la bouteille** aus der Flasche trinken

7 (*caractérisation, manière*): **l'homme aux yeux bleus/à la casquette rouge** der Mann mit den blauen Augen/der roten Mütze; **à l'européenne/la russe** auf europäische/russische Art; **à ma grande surprise** zu meiner großen Überraschung; **à ce qu'il prétend** so behauptet er jedenfalls; **ils sont arrivés à quatre** sie sind zu viert gekommen; **à nous trois nous n'avons pas su le faire** zu dritt haben wir es nicht geschafft

8 (*but, destination*): **tasse à café** Kaffeetasse f; **maison à vendre** Haus zu verkaufen; **je n'ai rien à lire** ich habe nichts zu lesen

9 (*rapport, distribution etc*) pro; **100 km/unités à l'heure** 100 km/Einheiten in der *ou* pro Stunde; **payé au mois/à l'heure** monatlich/nach Stunden bezahlt; **4 à 5 heures/kilos** 4 bis 5 Stunden/Kilo

AB [abe] *abr* (= *assez bien*) ≈ befriedigend

abaissement [abɛsmɑ̃] *nm* Sinken *nt*; (*de l'âge de la retraite*) Senken *nt*

abaisser [abese] *vt* senken; (*vitre*) herunterlassen; (*manette*) nach unten drücken; (*fig*) demütigen; **s'abaisser** *vpr* (*descendre*) sich senken; (*diminuer*) abnehmen; **s'~ à faire qch** sich herablassen, etw zu tun; **s'~ à qch** sich zu etw herablassen

abandon [abɑ̃dɔ̃] *nm* Verlassen *nt*; (*d'un projet*) Aufgeben *nt*; (*Sport*) Aufgabe *f*; **être à l'~** verwahrlost sein; **laisser à l'~** vernachlässigen; **dans un moment d'~** in einem unbeherrschten Augenblick

abandonné, e [abɑ̃dɔne] *adj* verlassen

abandonner [abɑ̃dɔne] *vt* verlassen; (*activité*) aufgeben; (*céder*) überlassen ▷ *vi* (*Sport*) aufgeben; (*Inform*) abbrechen; **s'abandonner** *vpr* sich gehen lassen; **s'~ à** sich hingeben +*dat*

abasourdi, e [abazurdi] *adj* betäubt, benommen; **rester ~** wie betäubt dastehen

abasourdir [abazurdir] *vt* betäuben, benommen machen

abat [aba] *vb voir* **abattre**

abat-jour [abaʒur] *nm inv* Lampenschirm *m*

abats [aba] *vb voir* **abattre** ▷ *nmpl* (*viande*) Innereien *pl*; **~ de poulet/d'oie** Hühner-/Gänseklein *nt*

abattage [abataʒ] *nm* (*du bois*) Fällen *nt*; (*d'un animal*) Schlachten *nt*; **avoir de l'~** (*entrain*) Schwung haben

abattant [abatɑ̃] *vb voir* **abattre** ▷ *nm* Ausziehplatte *f*

abattement [abatmã] nm (moral)
Niedergeschlagenheit f; (physique) Schwächung f;
(déduction) Abzug m; ~ fiscal Steuerfreibetrag m
abattis [abati] vb voir **abattre** ▷ nmpl: ~ de poulet
Hühnerklein nt
abattoir [abatwaʀ] nm Schlachthof m
abattre [abatʀ] vt (arbre) fällen; (mur, maison)
einreißen, abreißen; (avion) abschießen; (animal)
schlachten; (personne: tuer) niederschießen;
(: déprimer) fertigmachen; (: épuiser) erschöpfen;
s'abattre vpr (personne, oiseau) stürzen; (mât,
malheur) niederstürzen; **s'~ sur** (suj: pluie)
niederprasseln auf +acc; (: coups, injures)
herunterhageln auf +acc; ~ **ses cartes** seine
Karten aufdecken ou auf den Tisch legen; ~ **du
travail** ou **de la besogne** arbeiten wie ein Pferd
abattu, e [abaty] pp de **abattre** ▷ adj (déprimé)
entmutigt; (fatigué) erschöpft
abbatiale [abasjal] nf Abteikirche f
abbaye [abei] nf Abtei f
abbé [abe] nm (d'une abbaye) Abt m; (de paroisse)
Pfarrer m; **M. l'~** Herr Pfarrer; **M. l'~ a dit** der
Herr Pfarrer hat gesagt
abbesse [abɛs] nf Äbtissin f
abc, ABC [abese] nm (livre) Fibel f; (rudiments)
Grundzüge pl
abcès [apsɛ] nm Abszess m
abdication [abdikasjɔ̃] nf Abdankung f,
Rücktritt m
abdiquer [abdike] vi abdanken, zurücktreten
▷ vt verzichten auf +acc
abdomen [abdɔmɛn] nm Unterleib m, Bauch m
abdominal, e, -aux [abdɔminal, o] adj
Unterleibs-; **abdominaux** nmpl Bauchmuskeln
pl; **cavité ~e** Bauchhöhle f; **faire des
abdominaux** die Bauchmuskeln trainieren
abécédaire [abesedɛʀ] nm Fibel f
abeille [abɛj] nf Biene f
aberrant, e [abeʀɑ̃, ɑ̃t] adj absurd
aberration [abeʀasjɔ̃] nf (anomalie) Abweichung f,
Aberration f
abêtir [abetiʀ] vt verblöden (lassen); **s'abêtir** vpr
verblöden
abêtissant, e [abetisɑ̃, ɑ̃t] adj verblödend
abhorrer [abɔʀe] vt verabscheuen
abîme [abim] nm Abgrund m
abîmer [abime] vt beschädigen; **s'abîmer** vpr
sich abnutzen; (fruits) verrotten; (navire)
versinken; (dans ses pensées) sich vertiefen; **s'~ les
yeux** sich dat die Augen verderben
abject, e [abʒɛkt] adj verabscheuungswürdig
abjurer [abʒyʀe] vt abschwören +dat
ablatif [ablatif] nm Ablativ m
ablation [ablasjɔ̃] nf Entfernen nt
ablutions [ablysjɔ̃] nfpl: **faire ses ~** seine
Waschungen vornehmen
abnégation [abnegasjɔ̃] nf Entsagung f
aboie [abwa] vb voir **aboyer**
aboiement [abwamɑ̃] nm Bellen nt
abois [abwa] nmpl: **être aux ~** (fig) in die Enge
getrieben sein
abolir [abɔliʀ] vt abschaffen

abolition [abɔlisjɔ̃] nf Abschaffung f
abominable [abɔminabl] adj abscheulich
abomination [abɔminasjɔ̃] nf Gräuel m,
Scheußlichkeit f
abondamment [abɔ̃damɑ̃] adv reichlich
abondance [abɔ̃dɑ̃s] nf (grande quantité) Fülle f;
(richesse) Reichtum m; **en ~** in Hülle und Fülle;
société d'~ Überflussgesellschaft f
abondant, e [abɔ̃dɑ̃, ɑ̃t] adj reichlich
abonder [abɔ̃de] vi im Überfluss vorhanden sein;
~ **en** wimmeln von; **il a abondé dans mon sens**
er war ganz meiner Meinung
abonné, e [abɔne] nm/f (du téléphone)
Teilnehmer(in) m(f); (à un journal) Abonnent(in)
m(f) ▷ adj: **être ~ au téléphone** einen
Telefonanschluss haben; **être ~ à un journal**
eine Zeitung abonniert haben
abonnement [abɔnmɑ̃] nm Abonnement nt; (de
transports en commun) Zeitkarte f
abonner [abɔne] vt: ~ **qn à** jdm ein Abonnement
schenken für; **s'~ à qch** etw abonnieren
abord [abɔʀ] nm: **être d'un ~ facile/difficile**
leicht/schwer zugänglich sein; **abords** nmpl
(d'un lieu) Umgebung f; **d'~** zuerst; **tout d'~** zuerst
einmal; **de prime ~, au premier ~** auf den
ersten Blick
abordable [abɔʀdabl] adj (prix, marchandise)
erschwinglich; (personne) umgänglich
abordage [abɔʀdaʒ] nm (assaut) Entern nt;
(collision) Kollision f
aborder [abɔʀde] vi einlaufen ▷ vt (sujet, problème,
vie) angehen; (personne) ansprechen; (Naut:
attaquer) entern; (: heurter) kollidieren mit; (virage)
anfahren
aborigène [abɔʀiʒɛn] nm Eingeborene(r) f(m)
aboulique [abulik] adj willenlos
aboutir [abutiʀ] vi erfolgreich sein; ~ **à/dans**
enden in +dat
aboutissants [abutisɑ̃] nmpl voir **tenant**
aboutissement [abutismɑ̃] nm (End)ergebnis nt,
Resultat nt
aboyer [abwaje] vi bellen
abracadabrant, e [abʀakadabʀɑ̃, ɑ̃t] adj
unglaublich, unwahrscheinlich
abrasif, -ive [abʀazif, iv] adj Schleif-
abrégé [abʀeʒe] nm Abriss m; **en ~** (kurz)
zusammengefasst, im Abriss
abréger [abʀeʒe] vt (texte, discours) (ver)kürzen;
(mot) abkürzen; (réunion, voyage, vie) verkürzen
abreuver [abʀœve] vt (animal) tränken;
s'abreuver vpr saufen; ~ **qn de** (injures etc) jdn
überschütten mit
abreuvoir [abʀœvwaʀ] nm Tränke f
abréviation [abʀevjasjɔ̃] nf Abkürzung f
abri [abʀi] nm Schutz m; (lieu couvert) Unterstand
m; (cabane) (Schutz)hütte f; **être à l'~ (de)**
geschützt sein (vor +dat); **se mettre à l'~ (de)**
sich in Sicherheit bringen (vor +dat)
abribus [abʀibys] nm Wartehäuschen nt
abricot [abʀiko] nm Aprikose f
abricotier [abʀikɔtje] nm Aprikosenbaum m
abrité, e [abʀite] adj geschützt

abriter [abʀite] vt schützen; (recevoir, loger)
unterbringen; **s'abriter** vpr Schutz suchen; **s'~
derrière la loi** sich hinter dem Gesetz
verschanzen
abrogation [abʀɔgasjɔ̃] nf Außerkraftsetzung f
abroger [abʀɔʒe] vt außer Kraft setzen
abrupt, e [abʀypt] adj (falaise, mur) steil; (personne,
ton) schroff, brüsk
abruti, e [abʀyti] (fam) nm/f Idiot(in) m(f)
abrutir [abʀytiʀ] vt (fatiguer) benommen machen;
(abêtir) verblöden
abrutissant, e [abʀytisɑ̃, ɑ̃t] adj (bruit)
ohrenbetäubend; (travail) abstumpfend
abscisse [apsis] nf Abszisse f
absence [apsɑ̃s] nf Abwesenheit f; (Méd) Absence
f, Absenz f; ~ **(de)** Mangel m (an +dat); **elle a des
~s** sie ist öfters geistesabwesend; **en l'~ de** in
Ermangelung von
absent, e [apsɑ̃, ɑ̃t] adj (personne) abwesend;
(chose) fehlend; (distrait aussi) zerstreut ▷ nm/f
Abwesende(r) f(m)
absentéisme [apsɑ̃teism] nm häufiges Fehlen nt
(bei der Arbeit, in der Schule etc)
absenter [apsɑ̃te]: **s'~** vpr weggehen; (pour
maladie etc) sich dat freinehmen
abside [apsid] nf Apsis f
absinthe [apsɛ̃t] nf (boisson) Absinth m; (Bot)
Wermut m
absolu, e [apsɔly] adj absolut ▷ nm: **l'~** das
Absolute; **dans l'~** absolut gesehen
absolument [apsɔlymɑ̃] adv (oui) genau;
(complètement) völlig, absolut; (sans faute)
unbedingt; ~ **pas** auf gar keinen Fall
absolution [apsɔlysjɔ̃] nf (Rel) Absolution f; (Jur)
Freispruch m
absolutisme [apsɔlytism] nm Absolutismus m
absolvais [apsɔlvɛ] vb voir **absoudre**
absolve etc [apsɔlv] vb voir **absoudre**
absorbant, e [apsɔʀbɑ̃, ɑ̃t] adj (matière)
saugfähig; (tâche, travail) fesselnd
absorbé, e [apsɔʀbe] adj in Gedanken versunken
absorber [apsɔʀbe] vt (manger, boire) zu sich
nehmen; (résorber: liquide) absorbieren,
aufnehmen; (accaparer: temps, argent)
verschlingen; (: personne) in Anspruch nehmen
absorption [apsɔʀpsjɔ̃] nf Absorption f
absoudre [apsudʀ] vt (Rel) lossprechen; (Jur)
freisprechen
absous, -oute [apsu, ut] pp de **absoudre**
abstenir [apstəniʀ]: **s'~** vpr (Pol) sich der Stimme
enthalten; **s'~ de qch** sich einer Sache gén
enthalten; **s'~ de fumer** das Rauchen
unterlassen
abstention [apstɑ̃sjɔ̃] nf (Pol)
(Stimm)enthaltung f
abstentionnisme [apstɑ̃sjɔnism] nm
Wahlverdrossenheit f
abstentionniste [apstɑ̃sjɔnist] nm/f
Nichtwähler(in) m(f)
abstenu, e [apstəny] pp de **abstenir**
abstiendrai etc [apstjɛ̃dʀe] vb voir **abstenir**
abstiens etc [apstjɛ̃] vb voir **abstenir**

abstinence [apstinɑ̃s] nf (Rel) Abstinenz f; **faire
~** Abstinenz halten
abstint [apstɛ̃] vb voir **abstenir**
abstraction [apstʀaksjɔ̃] nf Abstraktion f; (idée)
Abstraktum nt; **faire ~ de qch** etw
beiseitelassen; ~ **faite de** abgesehen von
abstraire [apstʀɛʀ] vt abstrahieren; **s'abstraire
(de)** vpr (s'isoler) sich zurückziehen (von)
abstrait, e [apstʀɛ, ɛt] pp de **abstraire** ▷ adj
abstrakt ▷ nm: abstrakt gesehen
abstrayais etc [apstʀɛjɛ] vb voir **abstraire**
absurde [apsyʀd] adj absurd ▷ nm: **l'~** das
Absurde; **raisonnement par l'~** Beweisführung f
dadurch, dass man das Gegenteil ad absurdum führt
absurdité [apsyʀdite] nf Absurdität f
abus [aby] nm (d'alcool, de médicaments etc)
Missbrauch m; (injustices: gén pl) Missstand m; **il y
a de l'~!** (fam) das geht zu weit!; ~ **de confiance**
Vertrauensmissbrauch m; ~ **de pouvoir**
Machtmissbrauch m
abuser [abyze] vt (tromper) täuschen; (duper)
betrügen ▷ vi (dépasser la mesure) zu weit gehen;
s'abuser vpr sich täuschen, sich irren; ~ **de**
missbrauchen; **si je ne m'abuse** wenn ich nicht
irre
abusif, -ive [abyzif, iv] adj (prix) unverschämt,
maßlos; (mère) besitzergreifend; **usage ~** (de
drogue, pouvoir, mot) Missbrauch m
abusivement [abyzivmɑ̃] adv missbräuchlich
AC [ɑse] sigle f (= appellation contrôlée)
Qualitätsauszeichnung
acabit [akabi] nm: **de cet ~, du même ~** vom
gleichen Schlag
acacia [akasja] nm Akazie f
académicien, ne [akademisjɛ̃, jɛn] nm/f
Akademiemitglied nt
académie [akademi] nf Akademie f; (Univ:
circonscription) ≈ Hochschulamt nt; (Art: nu) Akt m;
l'A~ (française) die Académie Française; siehe
Info-Artikel

⬤ **ACADÉMIE FRANÇAISE**
⬤
⬤ Die Académie française wurde 1635 von Kardinal
⬤ Richelieu unter König Louis III gegründet.
⬤ Sie besteht aus 40 gewählten Gelehrten und
⬤ Schriftstellern, die als les Quarante oder les
⬤ Immortels bekannt sind. Eine der
⬤ Hauptaufgaben der Académie ist die
⬤ Entwicklung der französischen Sprache zu
⬤ regulieren. Ihre Empfehlungen werden
⬤ häufig heftig öffentlich diskutiert. Die
⬤ Académie hat mehrere Ausgaben ihres
⬤ berühmten Wörterbuchs herausgegeben und
⬤ verleiht verschiedene literarische Preise.

académique [akademik] adj (Univ) akademisch;
(péj aussi) konventionell; (de l'Académie française) der
Académie Française
Acadie [akadi] nf (au Canada) Akadien nt
acadien, ne [akadjɛ̃, jɛn] adj akadisch
acajou [akaʒu] nm Mahagoni nt

acariâtre [akaʀjɑtʀ] *adj* griesgrämig

accablant, e [akɑblɑ̃, ɑ̃t] *adj* (*chaleur, poids*) unerträglich; (*preuve*) niederschmetternd

accablement [akɑbləmɑ̃] *nm* (*abattement*) Niedergeschlagenheit *f*

accabler [akɑble] *vt* belasten; ~ **qn d'injures/de travail** jdn mit Beleidigungen/mit Arbeit überhäufen; **accablé de dettes/de soucis** mit Schulden/Sorgen überhäuft; **accablé de fatigue** todmüde

accalmie [akalmi] *nf* Flaute *f*

accaparant, e [akapaʀɑ̃, ɑ̃t] *adj* (*travail*) viel Zeit und Energie fordernd

accaparer [akapaʀe] *vt* (*produits*) hamstern; (*pouvoir, marché*) an sich *acc* reißen; (*occuper*) (völlig) in Anspruch nehmen

accéder [aksede]: ~ **à** *vt* (*lieu, indépendance*) erreichen; (*poste, pouvoir*) kommen zu, gelangen zu; (*accorder: requête*) nachkommen +*dat*; (: *désirs*) nachgeben +*dat*

accélérateur [akseleʀatœʀ] *nm* (*Auto*) Gaspedal *nt*; (*de particules*) Beschleuniger *m*

accélération [akseleʀasjɔ̃] *nf* Beschleunigung *f*

accéléré [akseleʀe] *nm*: **en ~** (*Ciné*) im Zeitraffer

accélérer [akseleʀe] *vt, vi* beschleunigen

accent [aksɑ̃] *nm* Akzent *m*; (*inflexions*) Tonfall *m*; (*intonation*) Betonung *f*; **mettre l'~ sur qch** (*fig*) etw betonen; ~ **aigu** Akut *m*, Accent aigu *m*; ~ **circonflexe/grave** Accent circonflexe/grave *m*

accentuation [aksɑ̃tɥasjɔ̃] *nf* Betonung *f*; (*aggravation*) Steigerung *f*

accentué, e [aksɑ̃tɥe] *adj* betont

accentuer [aksɑ̃tɥe] *vt* betonen; (*orthographe*) mit Akzent schreiben; (*augmenter*) steigern; **s'accentuer** *vpr* (*augmenter*) zunehmen

acceptable [akseptabl] *adj* annehmbar

acceptation [akseptasjɔ̃] *nf* (*d'invitation, condition, offre*) Annahme *f*; (*de risque, responsabilité; tolérance, intégration*) Akzeptieren *nt*; (*de fait, hypothèse*) Anerkennung *f*

accepter [aksepte] *vt* (*condition, offre, proposition, invitation*) annehmen; (*risque, responsabilité*) auf sich *acc* nehmen; (*fait, hypothèse*) anerkennen; (*personne, échec, danger etc*) akzeptieren; ~ **de faire qch** einwilligen, etw zu tun

acception [aksepsjɔ̃] *nf* Bedeutung *f*; **dans toute l'~ du terme** im vollen Wortsinn, im vollen Sinn des Wortes

accès [akse] *nm* (*à un lieu*) Zugang *m*; (*routes*) Zufahrt(sstraße) *f*; (*Inform*) Zugriff *m*; (*de fièvre etc*) Anfall *m*; **d'~ facile/malaisé** leicht/schwer zugänglich; **"l'~ aux quais est interdit"** „Zutritt zu den Bahnsteigen verboten"; **donner ~ à** (*lieu*) Zugang gewähren zu; (*situation, carrière*) die Türen öffnen für; **avoir ~ auprès de qn** Zugang zu jdm haben; ~ **de colère/de toux** Wut-/Hustenanfall *m*

accessible [aksesibl] *adj* (*lieu*) leicht zu erreichen; (*personne*) zugänglich; (*peu cher*) erschwinglich; ~ (**à qn**) (*intellectuellement*) zugänglich (für jdn); **être ~ à la pitié/l'amour** für Mitleid/Liebe empfänglich sein

accession [aksesjɔ̃] *nf*: ~ **au pouvoir** Machtübernahme *f*; ~ **au trône** Thronbesteigung *f*; ~ **à la propriété** Eigentumserwerb *m*

accessit [aksesit] *nm* ≈ lobende Erwähnung *f*

accessoire [akseswaʀ] *adj* zweitrangig ▷ *nm* (*pièce*) Zubehörteil *nt*; (*Théât*) Requisit *nt*; (*vestimentaire etc*) Accessoire *nt*

accessoirement [akseswaʀmɑ̃] *adv* zweitrangig

accessoiriste [akseswaʀist] *nm/f* Requisiteur(in) *m(f)*

accident [aksidɑ̃] *nm* (*de voiture, d'avion etc*) Unfall *m*; (*événement fortuit*) Zufall *m*; **par ~** zufällig(erweise), durch Zufall; ~ **de la route** Verkehrsunfall *m*; ~ **de parcours** Missgeschick *nt*; ~ **du travail** Arbeitsunfall *m*; **~s de terrain** Unebenheiten *pl*

accidenté, e [aksidɑ̃te] *adj* (*relief, terrain*) uneben; (*voiture, personne*) an einem Unfall beteiligt ▷ *nm/f* Verunglückte(r) *f(m)*; **un ~ de la route** ein Unfallopfer *nt*

accidentel, le [aksidɑ̃tel] *adj* (*par accident*) durch Unfall, Unfall-; (*fortuit*) zufällig

accidentellement [aksidɑ̃telmɑ̃] *adv* (*par hasard*) zufällig; (*mourir*) durch einen Unfall

accise [aksiz] *nf* (*Belgique, Canada*) Genussmittelsteuer *f*

acclamation [aklamasjɔ̃] *nf*: **par ~** durch Akklamation; **acclamations** *nfpl* (*hourras*) Beifall *m*

acclamer [aklame] *vt* zujubeln +*dat*

acclimatation [aklimatasjɔ̃] *nf* Akklimatisierung *f*

acclimater [aklimate] *vt* (*animaux, plantes*) heimisch machen, eingewöhnen; **s'acclimater** *vpr* sich akklimatisieren

accointances [akwɛ̃tɑ̃s] *nfpl*: **avoir des ~ avec** Verbindungen haben zu

accolade [akɔlad] *nf* Umarmung *f*; (*Typo*) geschweifte Klammer *f*; **donner l'~ à qn** jdn zum Ritter schlagen

accoler [akɔle] *vt* anfügen

accommodant, e [akɔmɔdɑ̃, ɑ̃t] *adj* zuvorkommend

accommodement [akɔmɔdmɑ̃] *nm* Vereinbarung *f*

accommoder [akɔmɔde] *vt* (*Culin*) zubereiten; **s'accommoder** *vpr*: **s'~ de qch** sich mit etw abfinden; **~ qch à** etw anpassen an +*acc*

accompagnateur, -trice [akɔ̃paɲatœʀ, tʀis] *nm/f* Begleiter(in) *m(f)*; (*de voyage organisé*) Reisebegleiter(in) *m(f)*

accompagnement [akɔ̃paɲmɑ̃] *nm* (*Mus*) Begleitung *f*; (*Culin*) Beilagen *pl*; (*escorte*) Geleit *nt*

accompagner [akɔ̃paɲe] *vt* begleiten; **s'accompagner** *vpr* (*Mus*) sich begleiten; **s'~ de** (*avoir pour conséquence*) mit sich bringen

accompli, e [akɔ̃pli] *adj*: **musicien ~** vollendeter Musiker *m*; **fait ~** vollendete Tatsache *f*

accomplir [akɔ̃pliʀ] *vt* ausführen; **s'accomplir** *vpr* in Erfüllung gehen

accomplissement [akɔ̃plismɑ̃] *nm* (*d'une obligation*) Erfüllung *f*; (*d'un rêve*) Verwirklichung *f*

accord [akɔʀ] *nm* (*entente, Gram*)
Übereinstimmung *f*; (*contrat*) Abkommen *nt*;
(*autorisation*) Zustimmung *f*; (*Mus*) Akkord *m*;
être d'~ (*s'entendre*) sich einig sein, einer
Meinung sein; **être d'~ avec qn** mit jdm einer
Meinung sein; **être d'~ (pour faire qch)**
einverstanden sein(, etw zu tun); **d'~!**
einverstanden!; **mettre deux personnes d'~**
zwei Personen miteinander in Einklang
bringen; **se mettre d'~** sich einigen; **d'un**
commun ~ einstimmig; **en ~ avec qn** in
Übereinstimmung mit jdm; **~ en genre et en**
nombre Übereinstimmung in Geschlecht und
Zahl; **~ parfait** (*Mus*) Dreiklang *m*
accord-cadre [akɔʀkadʀ] (*pl* **accords-cadres**) *nm*
Rahmenabkommen *nt*
accordéon [akɔʀdeõ] *nm* (*Mus*) Akkordeon *nt*; **en**
~ in Ziehharmonikafalten
accordéoniste [akɔʀdeɔnist] *nm/f*
Akkordeonspieler(in) *m(f)*
accorder [akɔʀde] *vt* (*donner*) bewilligen;
(: *importance, valeur*) beimessen; (*harmoniser*)
abstimmen; (*Mus: instrument*) stimmen; (*Gram*)
abstimmen; **s'accorder** *vpr* (*s'entendre*) sich
verstehen; (*être, se mettre d'accord*) sich
übereinstimmen; (*couleurs, caractères*)
harmonisieren; (*s'octroyer*) sich *dat* zugestehen;
je vous accorde que ... ich gestehe Ihnen zu,
dass ...; **le verbe s'accorde avec le sujet** das
Verb richtet sich nach dem Substantiv
accordeur [akɔʀdœʀ] *nm* Stimmer(in) *m(f)*
accoster [akɔste] *vt* (*Naut*) anlaufen; (*personne*)
ansprechen ▷ *vi* anlegen
accotement [akɔtmã] *nm* (*de route*) Seitenstreifen
m; **"~ stabilisé/non stabilisé"** „Seitenstreifen
befahrbar/nicht befahrbar"
accoter [akɔte] *vt*: **~ qch contre/à qch** eine
Sache gegen/an etw *acc* lehnen
accouchement [akuʃmã] *nm* Entbindung *f*; **~ à**
terme fristgemäße Entbindung; **~ sans**
douleur schmerzfreie Geburt *f*
accoucher [akuʃe] *vi* niederkommen, entbinden
▷ *vt* entbinden; **~ d'une fille** ein Mädchen
gebären *ou* zur Welt bringen
accoucheur [akuʃœʀ] *nm*: **(médecin) ~**
Geburtshelfer(in) *m(f)*
accoucheuse [akuʃøz] *nf* (*sage-femme*) Hebamme *f*
accouder [akude]: **s'~** *vpr*: **s'~ à/contre/sur qch**
sich mit den Ellbogen auf etw *acc* stützen;
accoudé à la fenêtre ins Fenster gelehnt
accoudoir [akudwaʀ] *nm* Armlehne *f*
accouplement [akupləmã] *nm* Paarung *f*; (*Tech*)
Kopplung *f*
accoupler [akuple] *vt* (*moteurs, bœufs*)
(zusammen)koppeln; (*animaux: faire copuler*)
(miteinander) paaren; **s'accoupler** *vpr* sich
paaren
accourir [akuʀiʀ] *vi* herbeilaufen
accoutrement [akutʀəmã] (*péj*) *nm* Aufzug *m*,
Ausstaffierung *f*
accoutrer [akutʀe] (*péj*) *vt* auftakeln;
s'accoutrer *vpr* sich auftakeln

accoutumance [akutymãs] *nf* (*fait de s'habituer*)
Gewöhnung *f*; (*à une drogue*) Sucht *f*
accoutumé, e [akutyme] *adj* gewohnt; **comme**
à l'~e wie gewohnt
accoutumer [akutyme] *vt*: **~ qn à qch** jdn an etw
acc gewöhnen; **s'accoutumer** *vpr*: **s'~ à qch** sich
an etw *acc* gewöhnen; **être accoutumé à qch** an
etw *acc* gewöhnt sein; **être accoutumé à faire**
qch gewöhnlich etw tun; **~ qn à faire qch** jdn
daran gewöhnen, etw zu tun; **s'~ à faire qch**
sich daran gewöhnen, etw zu tun
accréditer [akʀedite] *vt* (*nouvelle*) glaubwürdig
erscheinen lassen; **~ qn (auprès de)** jdn
akkreditieren (bei)
accro [akʀo] (*fam*) *adj*: **être ~** ein Junkie sein
accroc [akʀo] *nm* (*déchirure*) Riss *m*; **sans ~s** (*fig*)
ohne Probleme, reibungslos; **faire un ~ à**
(*vêtement*) einen Riss machen in +*acc*; (*tricot, bas*)
einen Faden ziehen in +*dat*; (*fig: règle etc*) ein
bisschen beugen
accrochage [akʀɔʃaʒ] *nm* (*d'un tableau, d'une*
remorque) Aufhängen *nt*; (*Auto: accident*)
Zusammenstoß *m*; (*Mil*) kleines Gefecht *nt*;
(*dispute*) Auseinandersetzung *f*
accroche-cœur [akʀɔʃkœʀ] (*pl* **~s**) *nm*
Schmachtlocke *f*
accrocher [akʀɔʃe] *vt* (*suspendre*) aufhängen;
(*attacher*) festmachen; (*heurter: véhicule, objet*)
anstoßen an +*dat*; (: *piéton*) anfahren; (*Mil*) ein
Gefecht liefern +*dat*; (*fig: regard*) auf sich *acc*
ziehen; (*client*) anlocken ▷ *vi* (*fermeture éclair*)
klemmen; (*pourparlers etc*) hängen, zäh werden;
(*disque, slogan*) einschlagen; **s'accrocher** *vpr* (*se*
disputer, Mil) sich *dat* ein Gefecht liefern; (*ne pas*
céder) nicht lockerlassen; **~ qch à** (*suspendre*) etw
aufhängen an +*dat*; (*attacher*) etw anhängen an
+*dat*; (*déchirer*) mit etw hängen bleiben an +*dat*;
s'~ à hängen bleiben an +*dat*; (*agripper*) sich
hängen an +*acc*; (*fig*) sich klammern an +*acc*; **il**
faut s'~ (*fam*) da muss man dranbleiben
accrocheur, -euse [akʀɔʃœʀ, øz] *adj* (*vendeur,*
concurrent) beharrlich, ausdauernd; (*publicité, titre*)
zugkräftig
accroire [akʀwaʀ] *vt*: **faire** *ou* **laisser ~ qch à qn**
jdn etw glauben machen
accrois *etc* [akʀwa] *vb voir* **accroître**
accroissais *etc* [akʀwasɛ] *vb voir* **accroître**
accroissement [akʀwasmã] *nm* (*de la population*)
Zuwachs *m*
accroître [akʀwatʀ] *vt* vergrößern; **s'accroître**
vpr anwachsen, stärker werden
accroupi, e [akʀupi] *adj* hockend
accroupir [akʀupiʀ] *vpr*: **s'~** hocken, kauern
accru, e [akʀy] *pp de* **accroître**
accu [aky] (*fam*) *nm* = **accumulateur**
accueil [akœj] *nm* Empfang *m*; **centre d'~**
Begrüßungszentrum *nt*; **comité d'~**
Empfangskomitee *nt*
accueillant, e [akœjã, ãt] *adj* gastfreundlich
accueillir [akœjiʀ] *vt* begrüßen; (*loger*)
aufnehmen, unterbringen
acculer [akyle] *vt*: **~ qn à qch** jdn an *ou* gegen *acc*

etw treiben *ou* drängen; *(fig)* jdn zu etw treiben
accumulateur [akymylatœʀ] *nm*
Akku(mulator) *m*
accumulation [akymylasjɔ̃] *nf (de chaleur)*
Speichern *nt*; *(de preuves etc)* Sammeln *nt*; **une ~
de** *(quantité)* eine Anhäufung von; **chauffage/
radiateur à ~** Nachtstromspeicherheizung *f*/
Nachtspeicherofen *m*
accumuler [akymyle] *vt (chaleur)* speichern;
(preuves etc) sammeln; **s'accumuler** *vpr (argent,
preuves)* sich ansammeln; *(retard)* sich vergrößern;
(chaleur) gespeichert werden; **~ les erreurs**
haufenweise Fehler machen
accusateur, -trice [akyzatœʀ, tʀis] *nm/f*
Ankläger(in) *m(f)* ▷ *adj (regard)* anklagend;
(document, preuve) belastend
accusatif [akyzatif] *nm* Akkusativ *m*
accusation [akyzasjɔ̃] *nf* Beschuldigung *f*,
Anschuldigung *f*; *(Jur)* Anklage *f*; **mettre en ~**
unter Anklage stellen; **acte d'~** Anklageschrift *f*
accusé, e [akyze] *nm/f* Angeklagte(r) *f(m)*; **~ de
réception** *nm* Empfangsbestätigung *f*
accuser [akyze] *vt* beschuldigen; *(Jur)* anklagen;
(souligner) betonen; **s'accuser** *vpr (s'accentuer)* sich
verschlimmern; **~ qn de qch** jdn einer Sache *gén*
beschuldigen; *(Jur)* jdn einer Sache *gén* anklagen;
il accuse la fatigue man sieht, dass er müde ist;
il accuse son âge man sieht ihm sein Alter an;
~ réception de qch den Empfang einer Sache *gén*
bestätigen; **~ le coup** *(fig)* sehr mitgenommen
sein; **s'~ de qch** sich einer Sache *gén* bezichtigen;
s'~ d'avoir fait qch sich bezichtigen, etw getan
zu haben
acerbe [asɛʀb] *adj* bissig
acéré, e [aseʀe] *adj* scharf; *(fig: plume)*
schneidend, spitz
acétate [asetat] *nm* Acetat *nt*, Azetat *nt*
acétique [asetik] *adj*: **acide ~** Acetatsäure *f*,
Azetatsäure *f*
acétone [asetɔn] *nf* Aceton *nt*, Azeton *nt*
acétylène [asetilɛn] *nm* Acetylen *nt*, Azetylen *nt*
achalandé, e [aʃalɑ̃de] *adj*: **bien/mal ~** gut/
schlecht ausgestattet
acharné, e [aʃaʀne] *adj (lutte, adversaire)*
erbarmungslos, unerbittlich; *(travail)*
unermüdlich
acharnement [aʃaʀnəmɑ̃] *nm (de lutte)*
Unerbittlichkeit *f*; *(de travail)* Unermüdlichkeit *f*
acharner [aʃaʀne]: **s'~** *vpr*: **s'~ contre** *ou* **sur qn**
jdn unerbittlich verfolgen; *(suj: malchance)* jdn
(ständig) verfolgen; **s'~ à faire qch** etw
unbedingt tun wollen
achat [aʃa] *nm (action)* Kauf *m*; *(article acheté)*
(Ein)kauf *m*; **faire l'~ de qch** etw kaufen; **faire
des ~s** einkaufen
acheminement [aʃ(ə)minmɑ̃] *nm (du courrier)*
Beförderung *f*
acheminer [aʃ(ə)mine] *vt* befördern;
s'acheminer *vpr*: **s'~ vers** zusteuern auf +*acc*
acheter [aʃ(ə)te] *vt* kaufen; **~ à crédit** auf Raten
ou auf Kredit kaufen; **~ qch à qn** *(chez)* etw bei
jdm kaufen; *(pour)* etw für jdn kaufen

acheteur, -euse [aʃ(ə)tœʀ, øz] *nm/f* Käufer(in)
m(f); *(professionnel)* Einkäufer(in) *m(f)*
achevé, e [aʃ(ə)ve] *adj*: **d'un ridicule ~** völlig
lächerlich; **d'un comique ~** ungeheuer komisch
achèvement [aʃɛvmɑ̃] *nm (de travaux)*
Beendigung *f*, Vollendung *f*
achever [aʃ(ə)ve] *vt* beenden; *(tuer)* den
Gnadenstoß geben +*dat*; **s'achever** *vpr* zu Ende
gehen; **~ de faire qch** *(finir)* bald mit einer Sache
fertig sein; **c'est ce qui a achevé de
m'exaspérer** das gab mir den Rest
achoppement [aʃɔpmɑ̃] *nm*: **pierre d'~** Stein *m*
des Anstoßes
acide [asid] *adj* sauer; *(ton)* sauer, säuerlich ▷ *nm*
Säure *f*
acidifier [asidifje] *vt* säuern
acidité [asidite] *nf* Säure *f*
acidulé [asidyle] *adj* säuerlich
acier [asje] *nm* Stahl *m*; **~ inoxydable** nicht
rostender Stahl
aciérie [asjeʀi] *nf* Stahlwerk *nt*
acné [akne] *nf* Akne *f*; **~ juvénile** Jugendakne *f*
acolyte [akɔlit] *(péj) nm* Komplize *m*, Komplizin *f*
acompte [akɔ̃t] *nm* Anzahlung *f*; *(sur salaire)*
Vorauszahlung *f*
acoquiner [akɔkine]: **s'~** *vpr (péj)*: **s'~ avec qn**
sich mit jdm einlassen
Açores [asɔʀ] *nfpl*: **les ~** die Azoren *pl*
à-côté [akote] *(pl* **~s)** *nm (question)*
Nebensächlichkeit *f*; *(gain)* zusätzliche
Einnahmen *fpl*
à-coup [aku] *(pl* **~s)** *nm* Ruck *m*; **sans ~s** glatt; **par
~s** unregelmäßig
acoustique [akustik] *nf* Akustik *f* ▷ *adj*
akustisch; *(Anat)* Gehör-
acquéreur [akeʀœʀ] *nm* Käufer(in) *m(f)*; **se
porter ~ de qch** als Käufer einer Sache *gén*
auftreten; **se rendre ~ de qch** sich in den Besitz
einer Sache *gén* bringen
acquérir [akeʀiʀ] *vt* erwerben; *(droit, certitude,
valeur)* erlangen; *(habitude)* annehmen
acquiers *etc* [akjɛʀ] *vb voir* **acquérir**
acquiescement [akjɛsmɑ̃] *nm* Zustimmung *f*;
en signe d'~ als Zeichen der Zustimmung
acquiescer [akjese] *vi* zustimmen
acquis, e [aki, iz] *pp de* **acquérir** ▷ *nm (expérience)*
Erfahrung *f* ▷ *adj (biens)* erworben; *(droit)*
unwiderruflich; **tenir qch pour ~** *(comme allant
de soi)* etw für selbstverständlich halten; *(comme
décidé)* etw für beschlossene Sache halten; **être ~
à qch** *(personne)* von etw überzeugt sein;
caractère ~ erworbene Eigenschaft *f*; **vitesse ~e**
(Momentan)geschwindigkeit *f*
acquisition [akizisjɔ̃] *nf* Erwerb *m*; *(par achat)*
Kauf *m*; *(de droit)* Erlangen *nt*; **faire l'~ de qch**
etw erwerben
acquit [aki] *vb voir* **acquérir** ▷ *nm* Quittung *f*;
pour ~ *(Comm)* Betrag (dankend) erhalten; **par ~
de conscience** zur Beruhigung des Gewissens
acquittement [akitmɑ̃] *nm (d'un accusé)*
Freispruch *m*; *(de facture)* Begleichen *nt*; *(de
promesse)* Einlösen *nt*; *(de tâche)* Ausführung *f*

acquitter [akite] vt (accusé) freisprechen; (payer) begleichen; **s'acquitter de** vpr (promesse) einlösen; (tâche) ausführen

âcre [ɑkʀ] adj bitter; (fumée) beißend

âcreté [ɑkʀəte] nf Bitterkeit f

acrimonie [akʀimɔni] nf Bitterkeit f

acrobate [akʀɔbat] nm/f Akrobat(in) m(f)

acrobatie [akʀɔbasi] nf Akrobatik f; (exercice) akrobatisches Kunststück nt; **~ aérienne** Luftakrobatik f

acrobatique [akʀɔbatik] adj akrobatisch

acronyme [akʀɔnim] nm Akronym nt

acrylique [akʀilik] nm Acryl nt, Akryl nt

acte [akt] nm Tat f, Handlung f; (document) Akte f; (Théât) Akt m; **actes** nmpl (compte-rendu) Protokoll nt; **prendre ~ de qch** (noter) etw zur Kenntnis nehmen, sich dat etw gut merken; (Jur) etw zu Protokoll nehmen; **faire ~ de présence** sich sehen lassen; **faire ~ de candidature** sich als Kandidat vorstellen; **~ d'accusation** Anklageschrift f; **~ de baptême** Taufschein m; **~ de mariage/de naissance** Heirats-/ Geburtsurkunde f; **~ de vente** Kaufvertrag m

acteur, -trice [aktœʀ, tʀis] nm/f Schauspieler(in) m(f)

actif, -ive [aktif, iv] adj aktiv ▷ nm (Comm) Aktiva pl; (Ling) Aktiv nt; **prendre une part active à qch** sich aktiv an etw dat beteiligen; **l'~ et le passif** (Comm) Aktiva und Passiva

action [aksjɔ̃] nf (acte) Tat f; (activité) Tätigkeit f; (effet sur qch) Wirkung f; (de pièce, roman) Handlung f; (Comm) Aktie f; (Jur) Verfahren nt; **une bonne/ mauvaise ~** eine gute/schlechte Tat; mettre en ~ (réaliser) in die Tat umsetzen; **passer à l'~** zur Tat schreiten; **un homme d'~** ein Mann der Tat; **sous l'~ de** unter der Einwirkung von; **un film d'~** ein Actionfilm m; **~ de grâce(s)** (Rel) Danksagung f; **~ en diffamation** (Jur) Verleumdungsklage f

actionnaire [aksjɔnɛʀ] nm/f Aktionär(in) m(f)

actionner [aksjɔne] vt betätigen

active [aktiv] adj voir **actif**

activement [aktivmɑ̃] adv aktiv

activer [aktive] vt (accélérer) beschleunigen; (Chim) aktivieren; **s'activer** vpr sich dat zu schaffen machen, sich betätigen

activisme [aktivism] nm Aktivismus m

activiste [aktivist] nm/f Aktivist(in) m(f)

activité [aktivite] nf Aktivität f; (occupation, loisir) Betätigung f; **en ~** aktiv; (volcan aussi) tätig

actrice [aktʀis] nf voir **acteur**

actualiser [aktɥalize] vt aktualisieren

actualité [aktɥalite] nf (d'un problème) Aktualität f; (événements actuels) Tagesgeschehen nt; **les actualités** nfpl die Nachrichten pl; **l'~ politique** aktuelle Politik; **d'~** aktuell

actuariel, le [aktɥaʀjɛl] adj: **taux ~** versicherungsmathematische Zahlenangaben pl

actuel, le [aktɥɛl] adj (présent) augenblicklich; (d'actualité) aktuell; **à l'heure ~le** zu diesem Zeitpunkt

actuellement [aktɥɛlmɑ̃] adv derzeit, augenblicklich

acuité [akɥite] nf (des sens) Schärfe f; (d'une crise, douleur) Intensität f

acuponcteur [akypɔ̃ktœʀ] nm Akupunkteur m, Akupunkteuse f

acuponcture [akypɔ̃ktyʀ] nf Akupunktur f

acupuncteur [akypɔ̃ktœʀ] nm = **acuponcteur**

acupuncture [akypɔ̃ktyʀ] nf = **acuponcture**

adage [adaʒ] nm Redensart f

adagio [ada(d)ʒjo] nm Adagio nt

adaptable [adaptabl] adj anpassungsfähig; (chose) anpassbar

adaptateur, -trice [adaptatœʀ, tʀis] nm/f (Théât etc) Bearbeiter(in) m(f) ▷ nm (Élec) Adapter m

adaptation [adaptasjɔ̃] nf Anpassung f; (œuvre) Bearbeitung f

adapter [adapte] vt (œuvre) bearbeiten; **s'adapter (à)** vpr (suj: personne) sich anpassen (an +acc); (: objet, prise etc) passen (an +acc); **~ qch à** (rendre conforme) etw anpassen an +acc; (fixer) etw anbringen auf ou an +dat

addenda [adɛ̃da] nm Nachtrag m, Addendum nt

Addis-Ababa [adisababa], **Addis-Abeba** [adisabeba] n Addis Abeba nt

additif [aditif] nm Zusatz m; **~ alimentaire** Lebensmittelzusatz m

addition [adisjɔ̃] nf (fait d'ajouter) Hinzufügen nt; (Math) Addition f; (au café etc) Rechnung f

additionnel, le [adisjɔnɛl] adj zusätzlich

additionner [adisjɔne] vt addieren; **s'additionner** vpr sich häufen; **~ un produit de sucre** einem Produkt Zucker hinzufügen; **~ son vin d'eau** seinen Wein mit Wasser verdünnen

adduction [adyksjɔ̃] nf (de gaz, d'eau) Zuleitung f

adepte [adɛpt] nm/f Anhänger(in) m(f)

adéquat, e [adekwa(t), at] adj angebracht, angemessen

adéquation [adekwasjɔ̃] nf Angemessenheit f

adhérence [adeʀɑ̃s] nf (des pneus) Haftung f, Haften nt; **assurer une bonne ~** gute Haftfähigkeit garantieren

adhérent, e [adeʀɑ̃, ɑ̃t] nm/f (de club) Mitglied nt

adhérer [adeʀe] vi haften; **~ à** haften an +dat; (approuver) unterstützen; (devenir membre de) Mitglied werden bei; (être membre de) Mitglied sein bei

adhésif, -ive [adezif, iv] adj haftend ▷ nm Klebstoff m

adhésion [adezjɔ̃] nf (à un club) Beitritt m; (à une opinion) Unterstützung f

ad hoc [adɔk] adj inv ad hoc

adieu [adjø] excl tschüs(s) ▷ nm Abschied m; **adieux** nmpl: **faire ses ~x à qn** sich von jdm verabschieden; **dire ~ à qn/qch** jdm/etw Lebewohl sagen

adipeux, -euse [adipø, øz] adj (Anat) Fett-; (obèse) fett

adjacent, e [adʒasɑ̃, ɑ̃t] adj: **~ à** angrenzend an +acc, neben +dat; **angles ~s** Nebenwinkel pl

adjectif, -ive [adʒɛktif, iv] adj adjektivisch, Adjektiv- ▷ nm Adjektiv nt; **~ attribut** attributives Adjektiv nt; **~ démonstratif**

Demonstrativpronomen *nt*; ~ **épithète**
prädikatives Adjektiv *nt*; ~ **numéral** Zahlwort *nt*;
~ **possessif** Possessivpronomen *nt*
adjectival, e, -aux [adʒɛktival, o] *adj*
adjektivisch
adjoignais *etc* [adʒwaɲɛ] *vb voir* **adjoindre**
adjoindre [adʒwɛ̃dʀ] *vt* (*ajouter*) hinzufügen;
s'adjoindre *vpr*: **s'~ un collaborateur** *etc* sich *dat*
einen Mitarbeiter *etc* berufen; ~ **qn à** (*un comité*)
jdn berufen zu
adjoint, e [adʒwɛ̃, wɛ̃t] *nm/f* Stellvertreter(in)
m(f); **directeur** ~ stellvertretender Direktor *m*;
~ **au maire** Zweiter *ou* stellvertretender
Bürgermeister *m*
adjonction [adʒɔ̃ksjɔ̃] *nf* Hinzufügen *nt*; **sans** ~
de sucre ohne Zusatz von Zucker
adjudant [adʒydɑ̃] *nm* Feldwebel *m*
adjudant-chef (*pl* **adjudants-chefs**) *nm*
Oberfeldwebel *m*
adjudicataire [adʒydikatɛʀ] *nm/f* (*aux enchères*)
Ersteigerer *m*; (*pour travaux*) Auftragnehmer *m*,
Submittent *m*
adjudicateur, -trice [adʒydikatœʀ, tʀis] *nm/f*
(*aux enchères*) Versteigerer *m*
adjudication [adʒydikasjɔ̃] *nf* (*vente aux enchères*)
Versteigerung *f*; (: *attribution*) Zuschlag *m*; (*de
travaux*) Ausschreibung *f*; (: *attribution*) Vergabe *f*
adjuger [adʒyʒe] *vt* vergeben; (*lors d'une vente*)
zusprechen; **s'adjuger** *vpr* sich *dat* aneignen;
adjugé! verkauft!
adjurer [adʒyʀe] *vt*: ~ **qn de faire qch** jdn
anflehen, etw zu tun
adjuvant [adʒyvɑ̃] *nm* (*médicament*) zusätzliches
Mittel *nt*; (*additif*) Zusatz *m*; (*stimulant*)
Hilfsmittel *nt*
admettre [admɛtʀ] *vt* (*laisser entrer*) hereinlassen;
(*candidat*) zulassen; (*nouveau membre*) aufnehmen;
(*supposer*) zugeben; (*tolérer*) dulden, zulassen;
(*reconnaître*) anerkennen, zugeben; **je n'admets
pas ce genre de conduite** ich lasse mir dieses
Benehmen nicht gefallen; **admettons**
zugegeben; **admettons qu'il ait raison**
zugegeben, er hat recht
administrateur, -trice [administʀatœʀ, tʀis]
nm/f Verwalter(in) *m(f)*; ~ **délégué**
(geschäftsführender) Direktor *m*; ~ **judiciaire**
Konkursverwalter *m*
administratif, -ive [administʀatif, iv] *adj*
administrativ, Verwaltungs-; (*péj*) bürokratisch
administration [administʀasjɔ̃] *nf* Verwaltung
f; **l'A**~ der Staatsdienst
administré, e [administʀe] *nm/f*: **ses** ~**s** die
Bürger(innen) in seinem Verwaltungsbezirk
administrer [administʀe] *vt* (*entreprise*) führen,
leiten; (*biens*) verwalten; (*remède, correction*)
verabreichen; (*sacrement*) spenden
admirable [admiʀabl] *adj* bewundernswert
admirablement [admiʀabləmɑ̃] *adv*
bewundernswert
admirateur, -trice [admiʀatœʀ, tʀis] *nm/f*
Bewunderer *m*, Bewunderin *f*
admiratif, -ive [admiʀatif, iv] *adj* bewundernd

admiration [admiʀasjɔ̃] *nf* Bewunderung *f*; **être
en** ~ **devant qch** etw voller Bewunderung
betrachten
admirer [admiʀe] *vt* bewundern
admis, e [admi, iz] *pp de* **admettre**
admissibilité [admisibilite] *nf* Zulassung *f*
admissible [admisibl] *adj* (*comportement, attitude*)
zulässig; (*candidat*) (zur mündlichen Prüfung)
zugelassen
admission [admisjɔ̃] *nf* (*d'une personne*) Einlass *m*;
(*d'un liquide etc*) Einlassen *nt*; (*candidat reçu*)
Zulassung *f*; **tuyau** *etc* **d'**~ (*Tech*) Einlassventil *nt*;
demande d'~ Antrag *m* auf Zulassung
admonester [admɔnɛste] *vt* ermahnen
ADN [adeɛn] *sigle m* (= *acide désoxyribonucléique*)
DNS *f*
ado [ado] (*fam*) *nm/f* = **adolescent**
adolescence [adɔlesɑ̃s] *nf* Jugend *f*
adolescent, e [adɔlesɑ̃, ɑ̃t] *nm/f* Jugendliche(r)
f(m)
adonner [adɔne]: **s'**~ **à** *vpr* (*sport*) sich
hingebungsvoll widmen +*dat*; (*boisson*) sich
ergeben +*dat*
adopter [adɔpte] *vt* (*motion etc*) verabschieden;
(*politique, attitude*) annehmen; (*Jur: enfant, gén*)
adoptieren; (*nouveau venu*) aufnehmen
adoptif, -ive [adɔptif, iv] *adj* (*fils, parents*)
Adoptiv-; **c'est sa patrie adoptive** das Land ist
seine Wahlheimat
adoption [adɔpsjɔ̃] *nf* (*de motion etc*)
Verabschiedung *f*; (*de politique, attitude*) Annahme
f; (*d'un enfant*) Adoption *f*; (*d'un nouveau-venu*)
Aufnahme *f*; **c'est sa patrie d'**~ das Land ist
seine Wahlheimat
adorable [adɔrabl] *adj* bezaubernd
adoration [adɔrasjɔ̃] *nf* (*Rel*) Anbetung *f*; (*gén*)
Verehrung *f*; **être en** ~ **devant** abgöttisch
verehren
adorer [adɔre] *vt* anbeten; (*aimer beaucoup*: *les frites
etc*) furchtbar gernhaben
adosser [adose] *vt*: ~ **qch à/contre qch** (*mur,
pente*) eine Sache an etw *acc*/gegen etw lehnen;
s'adosser *vpr*: **s'**~ **à/contre** sich mit dem Rücken
lehnen an +*acc*; **être adossé à/contre** angelehnt
sein an +*acc*
adoucir [adusiʀ] *vt* (*mœurs, caractère*) verfeinern;
(*température*) mildern; (*peau*) zart machen; (*voix*)
sanfter machen; (*avec du sucre*) (ver)süßen; (*peine,
douleur*) versüßen, erleichtern; (*eau*) enthärten,
weicher machen; **s'adoucir** *vpr* (*v vt*) feiner
werden; milder werden; zart werden; sanft
werden; süßer werden; erleichtert werden;
weicher werden
adoucissement [adusismɑ̃] *nm* Milderung *f*
adoucisseur [adusisœʀ] *nm*: ~ (**d'eau**)
(Wasser)enthärter *m*
adr. *abr* (= *adresse*) Adr
adrénaline [adʀenalin] *nf* Adrenalin *nt*
adresse [adʀɛs] *nf* (*habileté*) Geschick *nt*; (*domicile,
Inform*) Adresse *f*; **à l'**~ **de** (*fig: pour*) an die Adresse
von; **"parti sans laisser d'**~**"** „unbekannt
verzogen"

adresser [adʀese] *vt* (*expédier*) schicken; (*écrire l'adresse sur*) adressieren; **~ à qn** (*injure, compliments*) an jdn richten; **~ qn à un spécialiste** jdn zu einem Facharzt überweisen; **~ qn à un bureau** jdn zu einem Büro verweisen; **~ la parole à qn** jdn ansprechen; **s'adresser** *vpr*: **s'~ à** (*parler à*) ansprechen; (*s'informer auprès de*) sich wenden an *+acc*; (*être destiné à*) sich richten an *+acc*

Adriatique [adʀijatik] *nf*: **l'~** die Adria *f*

adroit, e [adʀwa, wat] *adj* geschickt

adroitement [adʀwatmã] *adv* geschickt

ADSL [adeɛsɛl] *sigle m* (= *Assymetrical Digital Subscriber Line*) ADSL *f*

aduler [adyle] *vt* verherrlichen

adulte [adylt] *nm/f* Erwachsene(r) *f(m)* ▷ *adj* (*personne*) erwachsen; (*chien, arbre*) ausgewachsen; (*attitude*) reif; **l'âge ~** das Erwachsenenalter; **formation des** *ou* **pour ~s** Erwachsenenbildung *f*

adultère [adyltɛʀ] *adj* ehebrecherisch ▷ *nm* Ehebruch *m*

adultérin, e [adylteʀɛ̃, in] *adj* außerehelich

advenir [advəniʀ] *vi* sich ereignen; **quoi qu'il advienne** was auch immer geschieht *ou* geschehen mag

adventice [advãtis] *adj* wild wachsend

adventiste [advãtist] *nm/f* Adventist(in) *m(f)*

adverbe [advɛʀb] *nm* Adverb *nt*; **~ de manière** Adverb *nt* der Art und Weise

adverbial, e, -aux [advɛʀbjal, o] *adj* adverbial

adversaire [advɛʀsɛʀ] *nm/f* Gegner(in) *m(f)*

adverse [advɛʀs] *adj* gegnerisch; **la partie ~** (*Jur*) die Gegenpartei *f*

adversité [advɛʀsite] *nf* Not *f*

AELE [aəlɛə] *sigle f* (= *Association européenne de libre-échange*) EFTA *f*

aérateur [aeʀatœʀ] *nm* Ventilator *m*

aération [aeʀasjɔ̃] *nf* Lüften *nt*; (*circulation de l'air*) Luftstrom *m*; **conduit d'~** Lüftung *f*; **bouche d'~** Lüftungsschacht *m*

aéré, e [aeʀe] *adj* (*gut*) gelüftet; **centre ~** = Erholungszentrum *nt* (*für Stadtkinder*)

aérer [aeʀe] *vt* lüften; (*fig: style, texte*) auflockern; **s'aérer** *vpr* an die frische Luft gehen

aérien, ne [aeʀjɛ̃, jɛn] *adj* (*Aviat*) Luft-; (*câble*) überirdisch; (*grâce*) federleicht, duftig; **métro ~** Hochbahn *f*; **compagnie ~ne** Luftfahrtgesellschaft *f*; **ligne ~ne** Fluglinie *f*

aéro- [aeʀo] *préf* Aero-

aérobic [aeʀɔbik] *nm ou f* Aerobic *nt*

aérobie [aeʀɔbi] *adj* aerobisch

aéro-club [aeʀoklœb] (*pl* **~s**) *nm* Flugsportklub *m*

aérodrome [aeʀodʀom] *nm* Flugplatz *m*

aérodynamique [aeʀodinamik] *adj* aerodynamisch ▷ *nf* Aerodynamik *f*

aérofrein [aeʀofʀɛ̃] *nm* Bremsklappe *f*, Landeklappe *f*

aérogare [aeʀogaʀ] *nf* (*à l'aéroport*) Terminal *nt*

aéroglisseur [aeʀoglisœʀ] *nm* Luftkissenboot *nt*

aérogramme [aeʀogʀam] *nm* Luftpostleichtbrief *m*

aéromodélisme [aeʀomɔdelism] *nm* Modellflugzeugbau *m*

aéronaute [aeʀonot] *nm* Luftschiffer(in) *m(f)*

aéronautique [aeʀonotik] *adj* Luftfahrt-, aeronautisch ▷ *nf* Luftfahrt *f*

aéronaval, e, -aux [aeʀonaval, o] *adj* Luft- und See- ▷ *nf*: **l'A~e** die Luft- und Seestreitkräfte *pl*

aéronef [aeʀɔnɛf] *nm* Luftschiff *nt*

aérophagie [aeʀofaʒi] *nf* Blähungen *pl*

aéroport [aeʀɔpɔʀ] *nm* Flughafen *m*; **~ d'embarquement** Ausgangsflughafen *m*

aéroporté, e [aeʀopɔʀte] *adj* Luftlande-

aéroportuaire [aeʀopɔʀtɥɛʀ] *adj* Flughafen-

aéropostal, e, -aux [aeʀopɔstal, o] *adj* Luftpost-

aérosol [aeʀɔsɔl] *nm* (*suspension*) Aerosol *nt*; (*bombe*) Spraydose *f*

aérospatial, e, -aux [aeʀospasjal, jo] *adj* Raumfahrt- ▷ *nf* Raumfahrt *f*

aérostat [aeʀɔsta] *nm* Ballon *m*

aérotrain® [aeʀotʀɛ̃] *nm* Luftkissenzug *m*

AF *sigle fpl* (= *allocations familiales*) *voir* **allocation**

AFAT [afat] *sigle f* (= *Auxiliaire féminin de l'armée de terre*) weibliche Armeeangehörige

affabilité [afabilite] *nf* Umgänglichkeit *f*

affable [afabl] *adj* umgänglich

affabulation [afabylasjɔ̃] *nf* (*mensonge*) Märchen *nt*; (*de roman*) Handlung *f*

affabuler [afabyle] *vi* Märchen erzählen

affacturage [afaktyʀaʒ] *nm* Factoring *nt*

affadir [afadiʀ] *vt* fade machen

affaiblir [afebliʀ] *vt* schwächen; **s'affaiblir** *vpr* schwächer werden

affaiblissement [afeblismã] *nm* Schwächung *f*; (*de la vue, mémoire etc*) Nachlassen *nt*

affaire [afɛʀ] *nf* (*question*) Angelegenheit *f*; (*scandale*) Affäre *f*; (*criminelle, judiciaire*) Fall *m*; (*entreprise, transaction*) Geschäft *nt*; (*occasion intéressante*) (*günstige*) Gelegenheit *f*; **affaires** *nfpl* (*activités commerciales*) Geschäfte *pl*; (*effets*) Sachen *pl*; **ce sont mes/tes ~s** (*cela me/te concerne*) das ist meine/deine Sache *ou* Angelegenheit; **tirer qn/se tirer d'~** jdn/sich aus der Affäre ziehen; **faire son ~ de qch** (*s'en occuper*) sich einer Sache *dat* annehmen; **il en a fait toute une ~** er hat eine große Affäre daraus gemacht; **avoir ~ à qn/qch** es mit jdm/etw zu tun haben; **tu auras ~ à moi!** dann bekommst du es mit mir zu tun!; **c'est une ~ de goût** das ist Geschmackssache; **c'est l'~ d'une minute** das ist eine Sache von einer Minute, das ist in einer Minute erledigt; **toutes ~s cessantes** umgehend, unverzüglich; **il est venu pour ~s** er ist geschäftlich hier; **un déjeuner d'~s** ein Arbeitsessen *nt*; **les A~s étrangères** (*Pol*) auswärtige Angelegenheiten *pl*; **ministre des A~s étrangères** Außenminister(in) *m(f)*

affairé, e [afeʀe] *adj* geschäftig

affairer [afeʀe]: **s'~** *vpr* geschäftig hin und her eilen

affairisme [afeʀism] *nm* Geschäftemacherei *f*

affaissement [afɛsmã] *nm*: **~ de terrain** Erdrutsch *m*

affaisser [afese]: **s'~** *vpr* (*terrain, immeuble*) einstürzen; (*personne*) zusammenbrechen

affaler [afale]: **s'~** *vpr*: **s'~ dans/sur qch** sich
erschöpft in/auf etw *acc* fallen lassen
affamé, e [afame] *adj* ausgehungert
affamer [afame] *vt* aushungern, hungern lassen
affectation [afɛktasjɔ̃] *nf* (*de crédits*)
(Zweck)bindung *f*; (*à un poste*) Zuweisung *f*;
(*manque de naturel*) Geziertheit *f*; (*simulation*)
Heuchelei *f*
affecté, e [afɛkte] *adj* (*prétentieux*) gekünstelt,
geziert; (*feint*) geheuchelt
affecter [afɛkte] *vt* (*toucher*) berühren, treffen;
(*feindre*) vortäuschen; (*prendre: forme etc*)
aufweisen; **~ à** (*personne, crédits*) zuteilen +*dat*;
~ qch d'un coefficient/indice etw mit einem
Koeffizienten/Index versehen
affectif, -ive [afɛktif, iv] *adj* affektiv
affection [afɛksjɔ̃] *nf* Zuneigung *f*; (*Méd*) Leiden
nt; **avoir de l'~ pour** mögen; **prendre en ~** lieb
gewinnen
affectionner [afɛksjɔne] *vt* mögen
affectueusement [afɛktɥøzmɑ̃] *adv* liebevoll;
(*formule épistolaire*) mit lieben Grüßen
affectueux, -euse [afɛktɥø, øz] *adj* liebevoll
afférent, e [afeʀɑ̃, ɑ̃t] *adj*: **~ à** verbunden mit
affermir [afɛʀmiʀ] *vt* festigen
affichage [afiʃaʒ] *nm* (*des prix*) Aushang *m*;
(*électronique*) Anzeige *f*; **"~ interdit"** „Plakate
ankleben ou Plakatieren verboten"; **panneau** *ou*
tableau d'~ Anschlagbrett *nt*, Schwarzes Brett
nt; **~ à cristaux liquides** Flüssigkristallanzeige *f*;
~ digital Digitalanzeige *f*
affiche [afiʃ] *nf* Plakat *nt*; (*officielle*) Aushang *m*;
être à l'~ gespielt werden, auf dem Spielplan
stehen; **tenir l'~** lange laufen, lange auf dem
Spielplan stehen
afficher [afiʃe] *vt* anschlagen; (*électroniquement*)
anzeigen; (*attitude*) zur Schau stellen; **s'afficher**
vpr (*péj*) sich zur Schau stellen; **"défense d'~"**
„Plakate ankleben ou Plakatieren verboten"
affichette [afiʃɛt] *nf* kleines Plakat *nt*
affilé, e [afile] *adj* scharf
affilée [afile]: **d'~** *adv* an einem Stück
affiler [afile] *vt* schärfen
affiliation [afiljasjɔ̃] *nf* Mitgliedschaft *f*
affilié, e [afilje] *adj*: **être ~ à** Mitglied sein in +*dat*
▷ *nm/f* (*adhérent*) Mitglied *nt*
affilier [afilje]: **s'~ à** *vpr* Mitglied werden bei
affiner [afine] *vt* (*fromage*) (ab)lagern; (*métal*)
veredeln, läutern; (*analyse*) präzisieren; (*goût,
esprit, manières*) verfeinern; **s'affiner** *vpr* (*fromage*)
reifen; (*manières*) sich verfeinern
affinité [afinite] *nf* (*entre individus*) Verbundenheit
f; (*entre problèmes*) Ähnlichkeit *f*; **les A~s électives**
die Wahlverwandtschaften *pl*
affirmatif, -ive [afiʀmatif, iv] *adj* positiv;
(*réponse aussi*) bejahend; (*personne*) bestimmt
affirmation [afiʀmasjɔ̃] *nf* Behauptung *f*;
(*manifestation*) Geltendmachung *f*
affirmative [afiʀmativ] *nf*: **répondre par l'~** Ja
sagen, mit Ja antworten; **dans l'~** im Fall einer
positiven Antwort
affirmativement [afiʀmativmɑ̃] *adv* bejahend;

il a répondu **~** er hat Ja gesagt
affirmer [afiʀme] *vt* behaupten; (*autorité etc*)
geltend machen; **s'affirmer** *vpr* (*prendre de
l'assurance*) selbstsicher werden
affleurer [aflœʀe] *vi* sich an der Oberfläche
zeigen
affliction [afliksjɔ̃] *nf* Kummer *m*
affligé, e [afliʒe] *adj* bedrückt, bekümmert;
~ d'une maladie/tare an einer Krankheit/einem
Gebrechen leidend
affligeant, e [afliʒɑ̃, ɑ̃t] *adj* traurig, schmerzlich
affliger [afliʒe] *vt* (*peiner*) zutiefst bekümmern
affluence [aflyɑ̃s] *nf*: **heure d'~** Stoßzeit *f*
affluent [aflyɑ̃] *nm* Nebenfluss *m*
affluer [aflye] *vi* (*secours, biens*) eintreffen; (*gens,
sang*) strömen
afflux [afly] *nm* (*de gens, de capitaux*) Zustrom *m*;
~ de sang Blutandrang *m*
affolant, e [afɔlɑ̃, ɑ̃t] *adj* erschreckend
affolé, e [afɔle] *adj* kopflos, durcheinander
affolement [afɔlmɑ̃] *nm* Panik *f*
affoler [afɔle] *vt* verrückt machen; **s'affoler** *vpr*
durchdrehen
affranchir [afʀɑ̃ʃiʀ] *vt* (*lettre, paquet*) frankieren;
(*esclave*) freilassen; (*fig*) befreien; (*fam: mettre au
courant*) informieren; **s'affranchir** *vpr*: **s'~ de** sich
befreien von, sich freimachen von
affranchissement [afʀɑ̃ʃismɑ̃] *nm* (*v vt*)
Frankieren *nt*; Freilassung *f*; Befreiung *f*; (*Postes:
prix payé*) Porto *nt*; **tarifs d'~** Postgebühren *pl*;
"~ insuffisant" „nicht ausreichend frankiert"
affres [afʀ] *nfpl*: **dans les ~ de la jalousie** von
Eifersucht gequält
affréter [afʀete] *vt* mieten
affreusement [afʀøzmɑ̃] *adv* schrecklich
affreux, -euse [afʀø, øz] *adj* (*laid*) hässlich,
abstoßend; (*épouvantable*) schrecklich
affriolant, e [afʀijɔlɑ̃, ɑ̃t] *adj* aufreizend
affront [afʀɔ̃] *nm* Beleidigung *f*
affrontement [afʀɔ̃tmɑ̃] *nm* Konfrontation *f*
affronter [afʀɔ̃te] *vt* (*adversaire*) entgegentreten
+*dat*; (*tempête, difficultés etc*) standhalten +*dat*;
s'affronter *vpr* (*adversaires*) einander
konfrontieren; (*théories*) einander widersprechen
affubler [afyble] (*péj*) *vt*: **~ qn de** (*accoutrement*)
jdn ausstaffieren mit; (*surnom*) jdn versehen mit
affût [afy] *nm* (*de canon*) Lafette *f*; **à l'~** auf der
Lauer; **être à l'~ de qn/qch** jdm/etw auflauern;
(*fig*) auf jdn/etw lauern
affûter [afyte] *vt* schärfen
afghan, e [afgɑ̃, an] *adj* afghanisch
Afghanistan [afganistɑ̃] *nm*: **l'~** Afghanistan *nt*
afin [afɛ̃]: **~ que** *conj* sodass, damit; **~ de faire
qch** um etw zu tun
AFNOR [afnɔʀ] *sigle f* (= *Association française de
normalisation*) Organisation für Industrienormen
a fortiori [afɔʀsjɔʀi] *adv* umso mehr, a fortiori
AFP [aɛfpe] *sigle f* (= *Agence France-Presse*) französische
Presseagentur
AFPA [afpa] *sigle f* (= *Association pour la formation
professionnelle des adultes*) Organisation für
Erwachsenenbildung

africain, e [afʀikɛ̃, ɛn] adj afrikanisch ▷ nm/f: **Africain, e** Afrikaner(in) m(f)

afrikaans [afʀikɑ̃s] nm (Ling) Afrikaans nt

Afrique [afʀik] nf: **l'~** Afrika nt; **~ australe/du Sud** Südafrika nt; **~ du Nord** Nordafrika nt

afro [afʀo] adj inv: **coiffure ~** Frisur f im Afro-Look

afro-américain, e [afʀoameʀikɛ̃, ɛn] (pl **~s, es**) adj afroamerikanisch ▷ nm/f: **Afro-américain, e** Afroamerikaner(in) m(f)

AG [aʒe] sigle f (= assemblée générale) Generalversammlung f

agaçant, e [agasɑ̃, ɑ̃t] adj ärgerlich; **c'est ~ das** geht einem auf die Nerven

agacement [agasmɑ̃] nm Gereiztheit f

agacer [agase] vt aufregen; (aguicher) reizen

agapes [agap] nfpl (hum) Festmahl nt

agate [agat] nf Achat m

âge [aʒ] nm Alter nt; (ère) Zeitalter nt; **quel ~ as-tu?** wie alt bist du?; **une femme d'un certain ~** eine Frau im gewissen Alter; **bien porter son ~** gut aussehen für sein Alter; **prendre de l'~** altern, alt werden; **limite d'~** Altersbeschränkung f; **dispense d'~** Aufheben nt der Altersbeschränkung; **troisième ~** Seniorenalter nt; **~ ingrat: l'~ ingrat** die Flegeljahre pl, die Pubertät f; **~ légal** Volljährigkeit f; **~ mental** geistiges Alter; **~ mûr: l'~ mûr** das reife Alter

âgé, e [aʒe] adj alt; **~ de 10 ans** 10 Jahre alt

agence [aʒɑ̃s] nf Agentur f; (succursale) Filiale f; **~ immobilière** Maklerbüro nt; **~ matrimoniale** Heiratsvermittlung f, Ehe(anbahnungs)institut nt; **~ de placement** Stellenvermittlung f; **~ de publicité** Werbeagentur f; **~ de voyages** Reisebüro nt

agencé, e [aʒɑ̃se] adj: **bien/mal ~** (texte, phrase, éléments) gut/schlecht zusammengefügt, gut/schlecht arrangiert; (appartement etc) gut/schlecht eingerichtet

agencement [aʒɑ̃smɑ̃] nm (de pièce, appartement etc) Einrichtung f

agencer [aʒɑ̃se] vt (éléments, texte) zusammenfügen, arrangieren; (appartement) einrichten

agenda [aʒɛ̃da] nm (calepin) Taschenkalender m; (programme) Tagesordnung f

agenouiller [aʒ(ə)nuje]: **s'~** vpr niederknien

agent [aʒɑ̃] nm (élément, facteur) (wirkende) Kraft f; **~ d'assurances** Versicherungsmakler(in) m(f); **~ de change** Börsenmakler(in) m(f); **~ commercial** Handelsvertreter(in) m(f); **~ immobilier** Immobilienmakler(in) m(f); **~ (de police)** Polizist(in) m(f); **~ (secret)** (Geheim)agent(in) m(f)

agglo [aglo] nm = **aggloméré**

agglomérat [aglɔmeʀa] nm Agglomerat nt

agglomération [aglɔmeʀasjɔ̃] nf Ortschaft f; **l'~ parisienne** das Stadtgebiet von Paris

aggloméré [aglɔmeʀe] nm (bois) Pressspan m

agglomérer [aglɔmeʀe] vt anhäufen; (Tech) zusammenpressen; **s'agglomérer** vpr sich anhäufen

agglutiner [aglytine] vt zusammenkleben; **s'agglutiner** vpr (foule) sich zusammendrängen

aggravant, e [agʀavɑ̃, ɑ̃t] adj: **circonstances ~es** erschwerende Umstände pl

aggravation [agʀavasjɔ̃] nf Verschlimmerung f, Verschlechterung f

aggraver [agʀave] vt verschlimmern; **s'aggraver** vpr sich verschlechtern; **~ son cas** seine Lage verschlechtern

agile [aʒil] adj beweglich

agilement [aʒilmɑ̃] adv (körperlich) geschickt

agilité [aʒilite] nf Beweglichkeit f

agio [aʒjo] nm Agio nt, Aufgeld nt

agir [aʒiʀ] vi (se comporter) sich verhalten; (entrer en action) handeln; (avoir de l'effet) wirken; **il s'agit de** es handelt sich um; **il s'agit de faire qch** es geht darum, etw zu machen; **de quoi s'agit-il?** worum geht es?, um was handelt es sich?; **s'agissant de qch** was etw betrifft

agissements [aʒismɑ̃] nmpl (gén péj) Machenschaften pl

agitateur, -trice [aʒitatœʀ, tʀis] nm/f Agitator(in) m(f)

agitation [aʒitasjɔ̃] nf (remue-ménage) Bewegung f; (excitation) Erregung f; (politique) Aufruhr m

agité, e [aʒite] adj (remuant: personne, sommeil) unruhig; (troublé, excité) aufgeregt, erregt; (vie, journée) bewegt; (mer) aufgewühlt

agiter [aʒite] vt (bouteille) schütteln; (mouchoir) schwenken; (bras, mains) ausschütteln; (débattre) diskutieren, besprechen; (préoccuper, exciter) beunruhigen; **s'agiter** vpr unruhig sein; **"~ avant l'emploi"** „vor Gebrauch schütteln"

agneau [aɲo] nm Lamm nt; (Culin) Lamm(fleisch) nt; (laine) Lammwolle f, Lambswool f; (fourrure) Lammfell nt

agnelet [aɲ(ə)lɛ] nm Lämmchen nt

agnostique [agnɔstik] adj agnostisch ▷ nm/f Agnostiker(in) m(f)

agonie [agɔni] nf Todeskampf m

agonir [agɔniʀ] vt: **~ qn d'injures** jdn mit Beleidigungen überhäufen

agoniser [agɔnize] vi in den letzten Zügen liegen

agrafe [agʀaf] nf (de bureau) Heftklammer f; (de vêtement) Haken m; (bijou) Spange f; (Méd) Klammer f

agrafer [agʀafe] vt (feuilles de papier) (zusammen)heften; (vêtement) zuhalten; (fam: attraper) schnappen

agrafeuse [agʀaføz] nf Heftmaschine f, Tacker m

agraire [agʀɛʀ] adj Agrar-; (surface) landwirtschaftlich; **réforme ~** Bodenreform f

agrandir [agʀɑ̃diʀ] vt vergrößern; (domaine, entreprise aussi) erweitern; **s'agrandir** vpr größer werden; **(faire) ~ sa maison** anbauen

agrandissement [agʀɑ̃dismɑ̃] nm Vergrößerung f; (d'une maison) Anbau m

agrandisseur [agʀɑ̃disœʀ] nm (Photo) Vergrößerungsgerät nt

agréable [agʀeabl] adj angenehm

agréablement [agʀeabləmɑ̃] adv angenehm

agréé, e [agʀee] adj: **concessionnaire ~**

Vertragshändler *m*

agréer [aɡʀee] *vt* (*requête, excuse*) annehmen; (*demande*) stattgeben +*dat*; ~ **à qn** (*daté*) jdm zusagen, jdm genehm sein; **veuillez ~ ...** (*formule épistolaire*) ≈ mit freundlichen Grüßen

agrég [aɡʀeɡ] *abr f* = **agrégation**

agrégat [aɡʀeɡa] *nm* (*Géo*) Aggregat *nt*; (*béton*) Zuschlagstoff *m*

agrégation [aɡʀeɡasjɔ̃] *nf* (*Univ*) höchste Lehramtsbefähigung; *siehe Info-Artikel*

● **AGRÉGATION**

● Die *agrégation* oder umgangssprachlich die
● *agrég* ist eine hoch angesehene Prüfung für
● zukünftige Dozenten in Frankreich. Die
● Anzahl der Prüfungskandidaten übersteigt
● immer weit die Anzahl der freien Stellen. Die
● meisten Lehrer der *classes préparatoires* und
● Universitätsdozenten haben die *agrégation*.

agrégé, e [aɡʀeʒe] *nm/f* (*Univ*) Lehrer(in) mit der höchsten Lehramtsbefähigung, der agrégation

agréger [aɡʀeʒe] *s'~ vpr* (*éléments*) sich ansammeln

agrément [aɡʀemɑ̃] *nm* (*accord*) Zustimmung *f*; (*plaisir*) Vergnügen *nt*; **voyage/jardin d'~** Vergnügungsreise *f*/Vergnügungspark *m*

agrémenter [aɡʀemɑ̃te] *vt* ausschmücken

agrès [aɡʀɛ] *nmpl* (*Sport*) (Turn)geräte *pl*

agresser [aɡʀese] *vt* angreifen

agresseur [aɡʀesœʀ] *nm* Angreifer(in) *m(f)*; (*Pol, Mil*) Aggressor *m*

agressif, -ive [aɡʀesif, iv] *adj* aggressiv; (*couleur*) laut, schreiend

agression [aɡʀesjɔ̃] *nf* Aggression *f*; (*attaque*) Angriff *m*

agressivement [aɡʀesivmɑ̃] *adv* aggressiv

agressivité [aɡʀesivite] *nf* Aggressivität *f*

agreste [aɡʀɛst] *adj* ländlich

agricole [aɡʀikɔl] *adj* landwirtschaftlich

agriculteur, -trice [aɡʀikyltœʀ, tʀis] *nm/f* Landwirt(in) *m(f)*

agriculture [aɡʀikyltyʀ] *nf* Landwirtschaft *f*

agripper [aɡʀipe] *vt, vr*: ~ **qch, s'~ à qch** sich an etw *acc* klammern

agro-alimentaire [aɡʀoalimɑ̃tɛʀ] (*pl* **~s**) *adj* Lebensmittel-

agronomie [aɡʀɔnɔmi] *nf* Agronomie *f*

agrumes [aɡʀym] *nmpl* Zitrusfrüchte *pl*

aguerrir [aɡeʀiʀ] *vt* abhärten, stählen; **s'aguerrir** *vpr*: **s'~ (contre)** sich stählen (gegen)

aguets [aɡɛ] *nmpl*: **être aux ~** auf der Lauer liegen

aguichant, e [aɡiʃɑ̃, ɑ̃t] *adj* aufreizend

aguicher [aɡiʃe] *vt* reizen

aguicheur, -euse [aɡiʃœʀ, øz] *adj* verführerisch

ah [ʼɑ] *excl* oh; **ah bon?** ach ja?; **ah non!** oh nein!

ahuri, e [aʀyʀi] *adj* (*stupéfait*) verblüfft, verdattert; (*stupide*) blöd

ahurir [aʀyʀiʀ] *vt* verdattern, verdutzen

ahurissant, e [aʀyʀisɑ̃, ɑ̃t] *adj* verblüffend

ai [ɛ] *vb voir* **avoir**

aide [ɛd] *nf* Hilfe *f*; (*financière*) Unterstützung *f* ▷ *nm/f* Assistent(in) *m(f)*; **à l'~ de qch** mithilfe einer Sache *gén*; **à l'~!** (zu) Hilfe!; **appeler qn à l'~** jdn zu Hilfe rufen; **appeler à l'~** um Hilfe rufen; **venir en ~ à qn** jdm zu Hilfe kommen; **~ de camp** *nm* Adjutant *m*; **~ familiale/ménagère** *nf* Haushaltshilfe *f*; **~ judiciaire** *nf* Rechtshilfe *f*; **~ de laboratoire** *nm/f* Laborant(in) *m(f)*; **~ sociale** *nf* Sozialhilfe *f*

aide-comptable [ɛdkɔ̃tabl(ə)] (*pl* **aides-comptables**) *nm/f* Buchhaltungsgehilfe(-in) *m(f)*

aide-éducateur, -trice [ɛdedykatœʀ, tʀis] *nm/f* Erziehungshelfer(in) *m(f)*

aide-électricien [ɛdeleltʀisjɛ̃] (*pl* **aides-électriciens**) *nm* Elektrikergehilfe *m*

aide-mémoire [ɛdmemwaʀ] *nm inv* Gedächtnisstütze *f*

aider [ede] *vt* helfen +*dat*; **s'aider de** *vpr* (*se servir de*) benutzen; **~ qn à faire qch** jdm helfen, etw zu tun; **~ à** (*contribuer à*) beitragen zu

aide-soignant, e [ɛdswaɲɑ̃, [ɑ̃t]] (*pl* **aides-soignants, es**) *nm/f* Krankenpfleger(in) *m(f)*

aie *etc* [ɛ] *vb voir* **avoir**

aïe [aj] *excl* au

AIEA [aiəa] *sigle f* (= *Agence internationale de l'énergie atomique*) IAEA *f* (= *International Atomenergiebehörde*)

aïeul, e [ajœl] (*pl* **~s, ~es**) *nm/f* (*grand-père*) Großvater *m*; (*grand-mère*) Großmutter *f*

aïeux [ajø] *nmpl* Ahnen *pl*

aigle [ɛgl] *nm* Adler *m*

aiglefin [ɛglfɛ̃] *nm* = **églefin**

aigre [ɛgʀ] *adj* sauer, säuerlich; (*fig*) schneidend, ätzend ▷ *nm*: **tourner à l'~** (*fig*) sich verschärfen

aigre-doux, -douce [ɛgʀədu, dus] (*pl* **aigres-doux, -douces**) *adj* süßsauer; (*propos*) säuerlich

aigrefin [ɛgʀəfɛ̃] *nm* Schwindler *m*, Gauner *m*

aigrelet, te [ɛgʀəlɛ, ɛt] *adj* säuerlich; (*voix*) sauer

aigrette [ɛgʀɛt] *nf* (*plumes*) Federbusch *m*

aigreur [ɛgʀœʀ] *nf* säuerlicher Geschmack *m*; (*d'un propos*) Schärfe *f*; **~s d'estomac** Sodbrennen *nt*

aigri, e [ɛgʀi] *adj* verbittert

aigrir [egʀiʀ] *vt, vr* (*fig*) verbittern

aigu, -uë [egy] *adj* (*objet, angle arête*) spitz; (*son, voix*) hoch; (*douleur, intelligence*) scharf

aigue-marine [ɛgmaʀin] (*pl* **aigues-marines**) *nf* Aquamarin *m*

aiguillage [eɡɥijaʒ] *nm* Weiche *f*

aiguille [eɡɥij] *nf* Nadel *f*; (*de montre, compteur*) Zeiger *m*; (*montagne*) (Fels)nadel *f*; **~ à tricoter** Stricknadel *f*

aiguiller [eɡɥije] *vt* (*Rail*) rangieren; (*fig*) dirigieren

aiguillette [eɡɥijɛt] *nf* (*Culin: de canard*) Bruststreifen *m*; (*de bœuf*) Filetspitze *f*

aiguilleur [eɡɥijœʀ] *nm* (*Rail*) Rangierer *m*; **~ du ciel** Fluglotse(-lotsin) *m(f)*

aiguillon [eɡɥijɔ̃] *nm* (*d'abeille*) Stachel *m*; (*fig: de la peur, du désir*) Ansporn *m*

aiguillonner [eɡɥijɔne] *vt* (*fig*) anspornen

aiguiser [egize] vt schleifen, schärfen; (appétit, esprit) anregen

aiguisoir [egizwaʀ] nm Schleifstein m

aïkido [aikido] nm Aikido nt

ail [aj] nm Knoblauch m

aile [ɛl] nf Flügel m; (de voiture) Kotflügel m; **battre de l'~** (fam) auf der Nase liegen; **voler de ses propres ~s** auf eigenen Füßen stehen

ailé, e [ele] adj geflügelt

aileron [ɛlʀɔ̃] nm (de requin) Flosse f; (d'avion) Querruder nt; (de voiture) Spoiler m

ailette [ɛlɛt] nf (Tech) Rippe f; (de turbine) Schaufel f

ailier [elje] nm (Sport) Flügelspieler(in) m(f); **~ droit/gauche** Rechts-/Linksaußen m

aille etc [aj] vb voir **aller**

ailleurs [ajœʀ] adv woanders, anderswo; **partout ~** überall anderswo; **nulle part ~** nirgendwo anders; **d'~** (du reste) übrigens; **par ~** (d'autre part) überdies, zudem

ailloli [ajɔli] nm Knoblauchmayonnaise f

aimable [ɛmabl] adj freundlich; **vous êtes bien ~** das ist wirklich sehr nett von Ihnen

aimablement [ɛmabləmɑ̃] adv freundlich

aimant, e [ɛmɑ̃, ɑ̃t] nm Magnet m ▷ adj liebevoll

aimanté, e [ɛmɑ̃te] adj magnetisiert

aimanter [ɛmɑ̃te] vt magnetisieren

aimer [eme] vt (d'amour) lieben; (d'amitié, affection) mögen; (chose, activité) gernhaben; **s'aimer** vpr sich lieben; **~ faire qch** etw gern tun; **~ que ... es** gernhaben, dass ...; **bien ~ qn** jdn mögen; **bien ~ qch** etw gernhaben; **~iez-vous que je vous accompagne?** hätten ou möchten Sie gerne, dass ich Sie begleite?; **j'~ais bien le voir** ich würde ihn gerne sehen; **j'~ais (bien) m'en aller** ich würde gerne gehen; **j'aime mieux** ou **autant vous dire que** ich sage Ihnen lieber, dass; **j'~ais autant y aller maintenant** ich würde jetzt lieber gehen; **j'aime assez aller au cinéma** ich gehe ziemlich gerne ins Kino; **j'aime mieux Paul que Pierre** ich mag Paul lieber als Pierre; **je n'aime pas beaucoup Paul** ich mag Paul nicht besonders

aine [ɛn] nf Leiste f

aîné, e [ene] adj älter; (le plus âgé) älteste(r, s) ▷ nm/f ältestes Kind nt, Älteste(r) f(m); **aînés** nmpl (litt: anciens) Ahnen pl; **il est mon ~ (de 2 ans)** er ist (2 Jahre) älter als ich

aînesse [enɛs] nf: **droit d'~** Erstgeburtsrecht nt

ainsi [ɛ̃si] adv (de cette façon) so; (ce faisant) damit; (en conséquence) deshalb, daher; **~ que** (comme) wie; (et aussi) und; **pour ~ dire** sozusagen; **~ donc** also; **~ soit-il** (Rel) amen; **et ~ de suite** und so weiter

aïoli [ajɔli] nm = **ailloli**

air [ɛʀ] nm (atmosphérique, ciel) Luft f; (brise) Lüftchen nt, Brise f; (expression) (Gesichts)ausdruck m; (mélodie) Melodie f; **prendre l'~** Luft schnappen, an die frische Luft gehen; **dans l'~** (fig) in der Luft; **regarder/tirer en l'~** in die Luft gucken/schießen; **paroles/menaces en l'~** leere Worte pl/Drohungen pl; **prendre de grands ~s avec qn** jdn herablassend

behandeln; **prendre de grands ~s** herablassend tun; **avoir l'~** (sembler) scheinen; **il a l'~ de dormir** er scheint zu schlafen; **avoir l'~ d'un clown** aussehen wie ein Clown; **avoir l'~ triste** traurig aussehen; **ils ont un ~ de famille** sie haben eine Familienähnlichkeit; **courant d'~** Luftzug m; **le grand ~** das Freie; **mal de l'~** Luftkrankheit f; **~ comprimé** Druckluft f; **~ conditionné** ≈ Klimaanlage f; **~ liquide** flüssiger Stickstoff m

airbag [ɛʀbag] nm Airbag m; **~ conducteur/passager** Fahrer-/Beifahrerairbag m

aire [ɛʀ] nf Fläche f; (domaine) Gebiet nt; (nid) Horst m; **~ d'atterrissage** Landebahn f; (pour hélicoptère) Landefläche f; **~ de jeu** Spielplatz m; **~ de lancement** Abschussrampe f; **~ de stationnement** Parkplatz m

airelle [ɛʀɛl] nf: **~ rouge** Preiselbeere f

aisance [ɛzɑ̃s] nf (facilité) Leichtigkeit f; (adresse) Geschicklichkeit f; (richesse) Wohlstand m; **vivre dans l'~** in guten Verhältnissen leben

aise [ɛz] adj: **être bien ~ de/que** erfreut sein über +acc/erfreut sein, dass ▷ nf: **prendre/aimer ses ~s** es sich dat gut gehen lassen/es sich dat gern gut gehen lassen; **soupirer d'~** vor Wohlbehagen seufzen; **être à l'~** ou **à son ~** sich wohlfühlen; (financièrement) gut gestellt sein, gut situiert sein; **se mettre à l'~** es sich dat bequem machen; **être mal à l'~** ou **à son ~** sich unbehaglich fühlen; **mettre qn à l'~** jdm über seine Verlegenheit hinweghelfen; **mettre qn mal à l'~** jdn in Verlegenheit bringen; **à votre ~** wie Sie wünschen; **en faire à son ~** machen, was man will; **en prendre à son ~ avec qch** es sich dat mit etw leicht machen

aisé, e [eze] adj (facile) leicht; (naturel) ungezwungen; (assez riche) gut situiert

aisément [ezemɑ̃] adv leicht

aisselle [ɛsɛl] nf Achselhöhle f

ait [ɛ] vb voir **avoir**

ajonc [aʒɔ̃] nm (gén pl) Stechginster m

ajouré, e [aʒuʀe] adj durchbrochen

ajournement [aʒuʀnəmɑ̃] nm Vertagen nt

ajourner [aʒuʀne] vt (réunion, décision) vertagen; (candidat, conscrit) einen späteren Termin geben +dat

ajout [aʒu] nm Zusatz m

ajouter [aʒute] vt hinzufügen; (Inform) anfügen; **s'ajouter** vpr: **s'~ à** hinzukommen zu; **~ que ...** hinzufügen, dass ...; **~ à** (augmenter) vermehren; **~ foi à** Glauben schenken +dat

ajustage [aʒystaʒ] nm Justieren nt, Einrichten nt

ajusté, e [aʒyste] adj (robe etc) eng anliegend

ajustement [aʒystəmɑ̃] nm (statistique, prix) Anpassung f, Einstellen nt, Justierung f

ajuster [aʒyste] vt (Tech: régler) justieren, einstellen; (vêtement) anpassen; (: cravate) richten; (cible) anvisieren; (coup de feu) ausrichten; **~ qch à** (adapter) etw anpassen an +acc

ajusteur [aʒystœʀ] nm Metallarbeiter m

al [al] abr = **année-lumière**

alaise [alɛz] nf voir **alèse**

13

alambic [alãbik] *nm* Destillierapparat *m*
alambiqué, e [alãbike] *adj (style)* geschraubt
alangui, e [alãgi] *adj (attitude, geste)* müde, schlapp
alanguir [alãgiʀ] *vt* ermüden, müde machen; **s'alanguir** *vpr* müde werden
alarmant, e [alaʀmã, ãt] *adj* beunruhigend
alarme [alaʀm] *nf (signal)* Alarm *m*; *(inquiétude)* Sorge *f*, Beunruhigung *f*; **donner l'~** Alarm schlagen; **à la première ~** beim ersten (An)zeichen von Gefahr
alarmer [alaʀme] *vt (inquiéter)* beunruhigen, erschrecken; **s'alarmer** *vpr* sich *dat* Sorgen machen
alarmiste [alaʀmist] *adj* Unheil prophezeiend
albanais, e [albanɛ, ɛz] *adj* albanisch ▷ *nm* (Ling) Albanisch *nt* ▷ *nm/f*: **Albanais, e** Albaner(in) *m(f)*
Albanie [albani] *nf*: **l'~** Albanien *nt*
albâtre [albɑtʀ] *nm* Alabaster *m*
albatros [albatʀos] *nm* Albatros *m*
albigeois, e [albiʒwa, waz] *adj* aus Albi ▷ *nm/f*: **Albigeois, e** (Hist) Albigenser *m*
albinos [albinos] *nm/f* Albino *m*
album [albɔm] *nm* Album *nt*; **~ de timbres** Briefmarkenalbum *nt*
albumen [albymɛn] *nm* Eiweiß *nt*
albumine [albymin] *nf* Albumin *nt*; **avoir ou faire de l'~** Eiweiß im Urin haben
alcalin, e [alkalɛ̃, in] *adj* alkalisch
alchimie [alʃimi] *nf* Alchimie *f*
alchimiste [alʃimist] *nm/f* Alchimist(in) *m(f)*
alcool [alkɔl] *nm* Alkohol *m*; **un ~** *(boisson)* ≈ ein Schnaps *m*; **~ à 90°** Wundbenzin *nt*; **~ à brûler** Brennspiritus *m*; **~ camphré** Kampferspiritus *m* *(zum Einreiben)*; **~ de poire** Birnengeist *m*; **~ de prune** Zwetschgenwasser *nt*
alcoolémie [alkɔlemi] *nf*: **taux d'~** Alkoholspiegel *m (im Blut)*
alcoolique [alkɔlik] *adj* alkoholisch; *(personne)* alkoholsüchtig ▷ *nm/f* Alkoholiker(in) *m(f)*
alcoolisé, e [alkɔlize] *adj (boisson)* alkoholisch, alkoholhaltig; **fortement/peu ~** mit hohem/ niedrigem Alkoholgehalt
alcoolisme [alkɔlism] *nm* Alkoholismus *m*
alco(o)test® [alkɔtɛst] *nm (épreuve)* Alkoholtest *m*; *(objet)* Teströhrchen *nt (für den Alkoholtest)*
alcôve [alkɔv] *nf* Alkoven *m*
aléas [alea] *nmpl* Gefahren *pl*, Risiken *pl*
aléatoire [aleatwaʀ] *adj* zufällig; *(Inform, Stat)* Zufalls-
alémanique [alemanik] *adj* alemannisch
alentour [alãtuʀ] *adv* in der Umgebung; **alentours** *nmpl* Umgebung *f*; **aux ~s de** in der Umgebung von; *(temps)* gegen
alerte [alɛʀt] *adj* aufgeweckt ▷ *nf (signal)* Alarm *m*; *(inquiétude)* Beunruhigung *f*; **donner l'~** Alarm schlagen; **à la première ~** beim ersten (An)zeichen von Gefahr
alerter [alɛʀte] *vt (pompiers etc)* alarmieren; *(informer, prévenir)* (darauf) aufmerksam machen
alésage [alezaʒ] *nm* Bohrung *f*; *(diamètre intérieur)* Innendurchmesser *m*

alèse [alɛz] *nf* Unterlaken *nt*
aléser [aleze] *vt* ausbohren
alevin [alvɛ̃] *nm* (junger) Zuchtfisch *m*
alevinage [alvinaʒ] *nm (pisciculture)* Fischkultur *f*, Fischzucht *f*
alexandrin [alɛksãdʀɛ̃] *nm* Alexandriner *m*
alezan, e [alzã, an] *adj* fuchsrot
algarade [algaʀad] *nf (dispute)* Auseinandersetzung *f*
algèbre [alʒɛbʀ] *nf* Algebra *f*
algébrique [alʒebʀik] *adj* algebraisch
Alger [alʒe] *n* Algier *nt*
Algérie [alʒeʀi] *nf*: **l'~** Algerien *nt*
algérien, ne [alʒeʀjɛ̃, jɛn] *adj* algerisch ▷ *nm/f*: **Algérien, ne** Algerier(in) *m(f)*
algérois, e [alʒeʀwa, waz] *adj* aus Algier
algorithme [algɔʀitm] *nm* Algorithmus *m*
algue [alg] *nf* Alge *f*
alias [aljas] *adv* alias
alibi [alibi] *nm* Alibi *nt*
aliénation [aljenasjɔ̃] *nf (vvb)* Veräußerung *f*; Aufgabe *f*; Entfremdung *f*; **~ mentale** Geistesgestörtheit *f*
aliéné, e [aljene] *nm/f (fou)* Geistesgestörte(r) *f(m)*
aliéner [aljene] *vt (bien)* veräußern; *(liberté, indépendance)* aufgeben; *(Philos)* entfremden; **s'aliéner** *vpr (un ami)* sich entfremden +*dat*; *(les sympathies)* sich *dat* verscherzen
alignement [aliɲ(ə)mã] *nm (vvb)* Ausrichtung *f*; Aufstellung *f*; Aneinanderreihung *f*; Angleichung *f*; **se mettre à l'~** sich ausrichten
aligner [aliɲe] *vt (mettre en ligne)* in einer Reihe ausrichten; *(équipe)* aufstellen; *(idées, chiffres)* aneinanderreihen; **s'aligner** *vpr (soldats etc, Pol)* sich ausrichten; *(concurrents)* sich aufstellen; **~ qch sur** etw angleichen an +*acc*
aliment [alimã] *nm* Nahrungsmittel *nt*; *(fig)* Nahrung *f*; **~ complet** Vollwertnahrung *f*
alimentaire [alimãtɛʀ] *adj* Nahrungs-; *(péj: besogne)* lukrativ; **produits ou denrées ~s** Nahrungsmittel *pl*; **régime ~** Diät *f*
alimentation [alimãtasjɔ̃] *nf* Ernährung *f*; *(produits)* Lebensmittel *pl*; *(en eau, en électricité, Comm)* Versorgung *f*; *(Inform)* Spannungsversorgung *f*; **~ de base** Grundnahrungsmittel *pl*; **~ en continu** (Inform) Endlospapiereinzug *m*; **~ à feuille** (Inform) Einzelblatteinzug *m*; **"~ générale"** „Lebensmittel"; **~ en papier** Papiereinzug *m*
alimenter [alimãte] *vt* ernähren; *(Tech)* versorgen; *(conversation)* in Gang halten; *(haine etc)* nähren; **s'alimenter** *vpr* Nahrung aufnehmen
alinéa [alinea] *nm* Absatz *m*; **"nouvel ~"** "(neuer) Absatz"
aliter [alite] *vt*: **s'~** *vpr* sich ins Bett legen; **alité** *(malade)* bettlägerig
alizé [alize] *adj, nm*: **(vent) ~** Passat(wind) *m*
allaitement [alɛtmã] *nm (de bébé)* Stillen *nt*; **~ maternel** Stillen *nt*; **~ mixte** Mischernährung *f*
allaiter [alɛte] *vt* stillen; *(animal)* säugen
allant [alã] *nm* Elan *m*

alléchant, e [aleʃɑ̃, ɑ̃t] adj verlockend
allécher [aleʃe] vt anlocken
allée [ale] nf Allee f; **allées** nfpl: ~**s et venues** Hin und Her nt
allégation [a(l)legasjɔ̃] nf Behauptung f
allégé, e [aleʒe] adj (yaourt etc) leicht
allégeance [aleʒɑ̃s] nf Treue f
alléger [aleʒe] vt leichter machen; (dette, impôt) senken; (souffrance) lindern
allégorie [a(l)legɔʀi] nf Allegorie f
allégorique [a(l)legɔʀik] adj allegorisch
allègre [a(l)lɛgʀ] adj (joyeux) fröhlich
allégresse [a(l)legʀɛs] nf Fröhlichkeit f
allegretto [al(l)egʀɛ(t)to] nm Allegretto nt ▷ adv allegretto
allegro [a(l)legʀo] nm Allegro nt ▷ adv allegro
alléguer [a(l)lege] vt (fait) anführen; (prétexte) vorbringen
Allemagne [almaɲ] nf: **l'~** Deutschland nt; **l'~ de l'Est/de l'Ouest** Ost-/Westdeutschland nt; **l'~ fédérale** die Bundesrepublik Deutschland
allemand, e [almɑ̃, ɑ̃d] adj deutsch ▷ nm (Ling) Deutsch nt ▷ nm/f: **Allemand, e** Deutsche(r) f(m); **A~(e) de l'Est/de l'Ouest** Ost-/Westdeutsche(r) f(m)

🔵 **MOT-CLÉ**

aller [ale] vi **1** (se rendre: avec complément de lieu) gehen; (en voiture, train etc) fahren; **aller à la chasse** auf die Jagd gehen; **aller à la pêche** angeln gehen; **aller au théâtre/concert/cinéma** ins Theater/Konzert/Kino gehen; **aller à l'école** in die Schule gehen; **aller jusqu'à Paris** bis Paris fahren; **aller jusqu'à 100 euros** bis 100 Euro gehen; **aller voir/chercher qn** jdn besuchen/abholen gehen
2 (état): **il va bien/mal/mieux** es geht ihm gut/schlecht/besser; **comment allez-vous/vas-tu?** wie geht es (Ihnen/dir)?; **comment ça va?** wie gehts?; **ça va? — oui, ça va** wie gehts? — gut; **ça va bien/mal** es geht mir gut/nicht gut; **tout va bien** alles läuft bestens; **ça ne va pas!** (exclamatif) du spinnst wohl!
3 (convenir) passen +dat; (suj: style, couleur etc) stehen +dat; **cette robe vous va très bien** dieses Kleid steht Ihnen sehr gut; **cela me va** das passt mir; **aller avec** passen zu
4 (futur proche): **je vais y aller/me fâcher/le faire** ich werde hingehen/mich ärgern/das machen; **je vais m'en occuper demain** ich kümmere mich morgen darum
5 (progression): **aller en empirant/augmentant** immer schlimmer/mehr werden
6 (exclamation): **allons!** los!; **allez!** los!; **allons-y!** auf gehts!; **allons donc!** ach, komm!; **allez, fais un effort!** Mensch, streng dich ein bisschen an!; **allez, je m'en vais** also, ich gehe jetzt; **allez, au revoir** na dann, auf Wiedersehen
7 (locutions): **il n'y en est pas allé par quatre chemins** er hat nicht lange gefackelt; **tu y vas un peu trop fort** du gehst ein bisschen weit; **se**

laisser aller (se négliger) sich gehen lassen; **il y va de leur vie** es geht um ihr Leben; **ça ne va pas sans difficultés/protestations** das geht nicht ohne Schwierigkeiten/Proteste ab; **ça va de soi** das versteht sich von selbst; **ça va sans dire** das versteht sich von selbst, das ist selbstverständlich; **il va sans dire que ...** es versteht sich von selbst, dass ...
▷ vpr: **s'en aller 1** (partir) weggehen
2 (disparaître) verschwinden
▷ nm **1** (trajet) Hinweg m
2 (billet) einfache Fahrkarte f; **aller simple** einfache Fahrkarte; **aller et retour** Rückfahrkarte f

allergène [alɛʀʒɛn] nm Allergen nt
allergie [alɛʀʒi] nf Allergie f
allergique [alɛʀʒik] adj allergisch; ~ **à** allergisch auf +acc
alliage [aljaʒ] nm Legierung f
alliance [aljɑ̃s] nf (Mil, Pol) Allianz f; (mariage) Ehebund m; (bague) Ehering m; **neveu par ~** angeheirateter Neffe m
allié, e [alje] adj verbündet; (par mariage) angeheiratet ▷ nm/f Verbündete(r) f(m); **les A~s** (Hist) die Alliierten pl; **parents et ~s** Eltern und angeheiratete Verwandte pl
allier [alje] vt verbünden; (métaux) legieren; (éléments) verbinden; (qualités) gemeinsam haben; **s'allier** vpr (pays, personnes) sich verbünden; (éléments, caractéristiques) sich verbinden; **s'~ à qn** sich mit jdm verbünden
alligator [aligatɔʀ] nm Alligator m
allitération [a(l)liteʀasjɔ̃] nf Alliteration f
allô [alo] excl hallo
allocataire [alɔkatɛʀ] nm/f Empfänger(in) m(f) (einer Beihilfe)
allocation [alɔkasjɔ̃] nf (somme allouée) Unterstützung f, Beihilfe f; (action) Zuteilung f, Zuweisung f; ~ **(de) chômage** Arbeitslosenunterstützung f; ~ **(de) logement** Wohngeld nt; ~ **de maternité** Mutterschaftsgeld nt; ~**s familiales** Familienhilfe f
allocution [a(l)lɔkysjɔ̃] nf kurze Ansprache f; ~ **télévisée** Fernsehansprache f
allongé, e [alɔ̃ʒe] adj (étendu) ausgestreckt; (oblong) länglich; **rester ~** liegen bleiben; (se reposer) sich ausruhen; **mine ~e** langes Gesicht nt
allonger [alɔ̃ʒe] vt verlängern; (étendre: bras, jambe) ausstrecken; (fam: donner: coup) austeilen; (: argent) hinblättern; **s'allonger** vpr (se coucher) sich hinlegen ou ausstrecken; **le pas** seinen Schritt beschleunigen; ~ **la sauce** (fig) alles breit auswalzen
allouer [alwe] vt: ~ **qch à qn** jdm etw zuweisen ou zuteilen
allumage [alymaʒ] nm (Auto) Zündung f
allume-cigare [alymsigaʀ] nm inv Zigarrenanzünder m
allume-gaz [alymgɑz] nm inv Gasanzünder m
allumer [alyme] vt anzünden; (lampe, radio) einschalten; (chauffage) anschalten, anmachen;

s'allumer *vpr* angehen; ~ **(la lumière** *ou*
l'électricité) das Licht anmachen; ~ **le feu** das
Feuer anmachen; ~ **un feu** ein Feuer machen
allumette [alymɛt] *nf* Streichholz *nt*; ~s **au**
fromage Käsestangen *pl*
allumeur [alymœR] *nm* (*Auto*) Zündung *f*
allumeuse [alymøz] *nf* Vamp *m*
allure [alyR] *nf* (*vitesse*) Geschwindigkeit *f*;
(*démarche*) Gang *m*; (*aspect*) Aussehen *nt*; **avoir de**
l'~ Stil haben; **à toute** ~ mit voller
Geschwindigkeit
allusion [a(l)lyzjɔ̃] *nf* Anspielung *f*; **faire** ~ **à qch**
auf etw *acc* anspielen
alluvions [a(l)lyvjɔ̃] *nfpl* Anschwemmung *f*
almanach [almana] *nm* Almanach *m*
aloès [alɔɛs] *nm* Aloe *f*
aloi [alwa] *nm*: **de mauvais** ~ miserabel; **de bon** ~
wirklich gut
alors [alɔR] *adv* (*à ce moment-là*) damals ▷ *conj* (*par*
conséquent) dann; **il habitait** ~ **à Paris** er lebte
damals *ou* zu der Zeit in Paris; **tu as fini?** ~ **je**
m'en vais bist du fertig? dann gehe ich; **et** ~?
und dann?; (*indifférence*) ja *ou* na und?; ~ **que** (*au*
moment où) als; (*pendant que*) während, als; (*tandis*
que) während; **il est arrivé** ~ **que je partais** er
kam, als ich gerade ging; ~ **qu'il était à Paris, il**
a visité ... während *ou* als er in Paris war, hat er
... besucht; ~ **que son frère travaillait dur, lui**
se reposait während sein Bruder hart arbeitete,
ruhte er sich aus
alouette [alwɛt] *nf* Lerche *f*
alourdir [aluRdiR] *vt* beschweren; (*style, démarche*)
schwerfällig machen; **s'alourdir** *vpr* schwerer
werden
aloyau [alwajo] *nm* Lendenfilet *nt*
alpaga [alpaga] *nm* (*tissu*) Alpaka *nt*
alpage [alpaʒ] *nm* Alm *f*
Alpes [alp] *nfpl*: **les** ~ die Alpen *pl*
alpestre [alpɛstR] *adj* alpin, Alpen-
alphabet [alfabɛ] *nm* Alphabet *nt*; (*livre*) Fibel *f*
alphabétique [alfabetik] *adj* alphabetisch; **par**
ordre ~ in alphabetischer Reihenfolge
alphabétisation [alfabetizasjɔ̃] *nf*
Alphabetisierung *f*
alphabétiser [alfabetize] *vt* alphabetisieren, das
Lesen und Schreiben beibringen +*dat*
alphanumérique [alfanymeRik] *adj*
alphanumerisch
alpin, e [alpɛ̃, in] *adj* Alpen-, alpin; **club** ~
Alpenverein *m*
alpinisme [alpinism] *nm* Bergsteigen *nt*
alpiniste [alpinist] *nm/f* Bergsteiger(in) *m(f)*
Alsace [alzas] *nf*: **l'**~ das Elsass
alsacien, ne [alzasjɛ̃, jɛn] *adj* elsässisch ▷ *nm/f*:
Alsacien, ne Elsässer(in) *m(f)*
altercation [altɛRkasjɔ̃] *nf* (heftige)
Auseinandersetzung *f*
alter ego [altɛRego] *nm* Alter Ego *nt*
altérer [altere] *vt* (*faits*) (ab)ändern; (*vérité*)
verdrehen; (*qualité*) beeinträchtigen; **s'altérer**
vpr sich verschlechtern
altermondialisme [altɛRmɔ̃djalism] *nm*

alternative Globalisierung *f*
altermondialiste [altɛRmɔ̃djalist] *nm/f*
Globalisierungskritiker(in) *m(f)* ▷ *adj*
globalisierungskritisch
alternance [altɛRnɑ̃s] *nf* Abwechseln *nt*; **en** ~
abwechselnd
alternateur [altɛRnatœR] *nm*
Wechselstromgenerator *m*
alternatif, -ive [altɛRnatif, iv] *adj* wechselnd;
courant ~ Wechselstrom *m*
alternative [altɛRnativ] *nf* Alternative *f*; (*entre*
deux possibilités) Wahl *f*
alternativement [altɛRnativmɑ̃] *adv*
abwechselnd
alterner [altɛRne] *vt* abwechseln ▷ *vi* sich
abwechseln; ~ **avec qch** sich mit etw
abwechseln
Altesse [altɛs] *nf*: **Son** ~ **le roi** Seine Hoheit, der
König; **Son** ~ **la reine** Ihre Hoheit, die Königin
altier, -ière [altje, jɛR] *adj* hochmütig
altimètre [altimɛtR] *nm* Höhenmesser *m*
altiport [altipɔR] *nm* *Landeplatz im Hochgebirge*
altiste [altist] *nm/f* Bratschist(in) *m(f)*
altitude [altityd] *nf* Höhe *f* (über dem Meeresspiegel);
à 500 m d'~ in 500 m Höhe; **en** ~ in großer Höhe;
perdre/prendre de l'~ an Höhe verlieren/
gewinnen; **voler à haute/basse** ~ hoch/tief
fliegen
alto [alto] *nm* (*instrument*) Bratsche *f* ▷ *nf*
(*chanteuse*) Altistin *f*
altruisme [altRɥism] *nm* Altruismus *m*
altruiste [altRɥist] *adj* altruistisch
aluminium [alyminjɔm] *nm* Aluminium *nt*
alun [alœ̃] *nm* Alaun *nt*
alunir [alyniR] *vi* auf dem Mond landen
alunissage [alynisaʒ] *nm* Mondlandung *f*
alvéole [alveɔl] *nf* (*de ruche etc*) (Bienen)wabe *f*;
(*pulmonaire*) Alveole *f*
alvéolé, e [alveɔle] *adj*: **carton** ~ Wellpappe *f*
amabilité [amabilite] *nf* Liebenswürdigkeit *f*; **il**
a eu l'~ **de** ... er war so liebenswürdig zu ...
amadou [amadu] *nm* Zunder *m*
amadouer [amadwe] *vt* beschwichtigen
amaigrir [amegRiR] *vt* abmagern
amaigrissant, e [amegRisɑ̃, ɑ̃t] *adj*: **régime** ~
Abmagerungskur *f*
amalgame [amalgam] *nm* Amalgam *nt*; (*de gens,*
d'idées) Mischung *f*
amalgamer [amalgame] *vt* vermischen
amande [amɑ̃d] *nf* Mandel *f*; (*de noyau de fruit*)
Kern *m*; **en** ~ mandelförmig
amandier [amɑ̃dje] *nm* Mandelbaum *m*
amanite [amanit] *nf* Pilz der Gattung Amanita;
~ **tue-mouches** Fliegenpilz *m*
amant, e [amɑ̃, ɑ̃t] *nm/f* Geliebte(r) *f(m)*
amarrer [amaRe] *vt* (*Naut*) festmachen; (*paquet,*
valise) festbinden
amarres [amaR] (*Naut*) *nfpl* Leinen *pl*
amaryllis [amaRilis] *nf* Amaryllis *f*
amas [amɑ] *nm* Haufen *m*
amasser [amɑse] *vt* anhäufen; **s'amasser** *vpr*
(*choses, preuves*) sich anhäufen; (*foule*) sich

versammeln

amateur [amatœʀ] *nm* Amateur(in) *m(f)*; **en ~** *(péj)* amateurhaft; **musicien ~** Laienmusiker(in) *m(f)*; **sportif ~** Amateursportler(in) *m(f)*; **~ de musique/de sport** Musik-/Sportfreund(in) *m(f)*

amateurisme [amatœʀism] *nm* (Sport) Amateurstatus *m*; *(péj)* Laienhaftigkeit *f*

Amazone [amazon] *nf* Amazonas *m*

amazone [amazon] *nf*: **en ~** im Damensitz

Amazonie [amazɔni] *nf*: **l'~** Amazonien *nt*

ambages [ãbaʒ]: **sans ~** *adv* frei von der Leber weg

ambassade [ãbasad] *nf* Botschaft *f*; **secrétaire/ attaché d'~** Botschaftssekretär *m/* Botschaftsattaché *m*

ambassadeur, -drice [ãbasadœʀ, dʀis] *nm/f* Botschafter(in) *m(f)*

ambiance [ãbjãs] *nf* Atmosphäre *f*; **il y a de l'~** *(fam)* es ist Stimmung in der Bude

ambiant, e [ãbjã, jãt] *adj* umgebend; **milieu ~** Umgebung *f*

ambidextre [ãbidɛkstʀ] *adj* mit beiden Händen gleich geschickt

ambigu, -uë [ãbigy] *adj* zweideutig, doppeldeutig

ambiguïté [ãbigɥite] *nf* Doppeldeutigkeit *f*

ambitieux, -euse [ãbisjø, jøz] *adj* ehrgeizig ▷ *nm/f* ehrgeiziger Mensch *m*

ambition [ãbisjɔ̃] *nf* Ehrgeiz *m*; **une ~** *(but)* eine Ambition

ambitionner [ãbisjɔne] *vt* anstreben

ambivalent, e [ãbivalã, ãt] *adj* ambivalent

amble [ãbl] *nm*: **aller l'~** im Passgang gehen

ambre [ãbʀ] *nm*: **~ jaune** Bernstein *m*; **~ gris** Amber *m*, Ambra *f*

ambré, e [ãbʀe] *adj* *(couleur)* bernsteinfarben; *(parfum)* mit Ambra

ambulance [ãbylãs] *nf* Krankenwagen *m*

ambulancier, -ière [ãbylãsje, jɛʀ] *nm/f* Sanitäter(in) *m(f)*

ambulant, e [ãbylã, ãt] *adj* *(cirque)* Wander-; *(marchand, bureau)* fliegend

âme [ɑm] *nf* Seele *f*; **rendre l'~** den Geist aufgeben; **joueur dans l'~** Spieler *m* mit Leib und Seele; **tricheur dans l'~** Betrüger *m* durch und durch; **une bonne ~** eine treue Seele; **~ sœur** verwandte Seele

amélioration [ameljɔʀasjɔ̃] *nf* Verbesserung *f*

améliorer [ameljɔʀe] *vt* verbessern; **s'améliorer** *vpr* besser werden, sich bessern

aménagement [amenaʒmã] *nm* *(d'un local)* Ausstattung *f*; *(d'un espace, d'un terrain)* Einrichtung *f*; **l'~ du territoire** ≈ Raumplanung *f (für Frankreich)*; **~s fiscaux** Finanzplanung *f*

aménager [amenaʒe] *vt* *(local)* einrichten; *(espace, terrain)* anlegen; *(mansarde, vieux bâtiment)* umbauen; *(coin-cuisine, placards)* einbauen

amende [amãd] *nf* Geldstrafe *f*; **mettre à l'~** bestrafen; **faire ~ honorable** sich öffentlich schuldig bekennen

amendement [amãdmã] *nm* (Jur) Gesetzesänderung *f*

amender [amãde] *vt* *(loi)* ändern; *(terre)* verbessern; **s'amender** *vpr* sich bessern

amène [amɛn] *adj*: **peu ~** wenig liebenswert

amener [am(ə)ne] *vt* mitbringen; *(occasionner)* mit sich führen; *(drapeau, voiles)* abnehmen; **s'amener** *(fam)* *vpr* aufkreuzen; **~ qn à faire qch** jdn dazu bringen, etw zu tun

amenuiser [amənɥize]: **s'~** *vpr* *(ressources)* sich erschöpfen; *(chances)* schwinden

amer, amère [amɛʀ] *adj* bitter

américain, e [ameʀikɛ̃, ɛn] *adj* amerikanisch ▷ *nm* (Ling) amerikanisches Englisch *nt* ▷ *nm/f*: **Américain, e** Amerikaner(in) *m(f)*; **en vedette ~e** als besonderer Gast

américaniser [ameʀikanize] *vt* amerikanisieren

américanisme [ameʀikanism] *nm* (Ling) Amerikanismus *m*

amérindien, ne [ameʀɛ̃djɛ̃, jɛn] *adj* indianisch

Amérique [ameʀik] *nf* Amerika *nt*; **l'~ centrale** Zentralamerika *nt*; **l'~ latine** Lateinamerika *nt*; **l'~ du Nord/du Sud** Nord-/Südamerika *nt*

Amerloque [ameʀlɔk] *(péj)* *nm/f* Ami *m*

amerrir [ameʀiʀ] *vi* wassern

amerrissage [ameʀisaʒ] *nm* Wassern *nt*

amertume [ameʀtym] *nf* Bitterkeit *f*

améthyste [ametist] *nf* Amethyst *m*

ameublement [amœbləmã] *nm* Einrichtung *f*; **articles d'~** Möbelstücke *pl*; **tissu d'~** Möbelstoff *m*

ameublir [amœbliʀ] *vt* lockern

ameuter [amøte] *vt* *(attrouper)* zusammenlaufen lassen; *(soulever)* aufwiegeln

ami, e [ami] *nm/f* Freund(in) *m(f)* ▷ *adj* befreundet; **être (très) ~ avec qn** mit jdm gut befreundet sein; **un ~ des arts** ein Kunstfreund *m*; **petit ~/petite ~e** *(fam)* Liebchen *nt*

amiable [amjabl] *adj*: **à l'~** gütlich

amiante [amjãt] *nm* Asbest *m*

amibe [amib] *nf* Amöbe *f*

amical, e, -aux [amikal, o] *adj* *(personne)* freundlich; *(conseil, attitude)* freundschaftlich

amicale [amikal] *nf* Verein *m*

amicalement [amikalmã] *adv* freundschaftlich; *(formule épistolaire)* ≈ mit freundlichen Grüßen

amidon [amidɔ̃] *nm* Stärke *f*

amidonner [amidɔne] *vt* stärken

amincir [amɛ̃siʀ] *vt* *(objet)* dünn machen; *(personne)* schlank machen; **s'amincir** *vpr* *(objet)* dünner werden; *(personne)* schlanker werden

amincissant, e [amɛ̃sisã, ãt] *adj* Schlankheits-

aminé, e [amine] *adj*: **acide ~** Aminosäure *f*

amiral, -aux [amiʀal, o] *nm* Admiral *m*

amirauté [amiʀote] *nf* Admiralität *f*

amitié [amitje] *nf* Freundschaft *f*; **avoir de l'~ pour qn** Freundschaft für jdn empfinden; **faire ses ~s à qn** jdm herzliche Grüße übermitteln *ou* ausrichten; **~s** *(formule épistolaire)* ≈ herzliche Grüße

ammoniac [amɔnjak] *nm*: **(gaz) ~** Ammoniak *m*

ammoniaque [amɔnjak] *nf* Salmiakgeist *m*

amnésie [amnezi] *nf* Gedächtnisverlust *m*

amnésique [amnezik] *adj*: **elle est ~** sie hat ihr

Gedächtnis verloren

amniocentèse [amnjosɛ̃tɛz] *nf* Amniozentese *f*

amnistie [amnisti] *nf* Amnestie *f*

amnistier [amnistje] *vt* amnestieren

amocher [amɔʃe] *(fam) vt (paysage, objet)* kaputt machen; *(personne)* ramponieren, zurichten

amoindrir [amwɛ̃dʀiʀ] *vt* vermindern

amollir [amɔliʀ] *vt* weich machen

amonceler [amɔ̃s(ə)le] *vt* anhäufen; **s'amonceler** *vpr (nuages)* sich auftürmen; *(en tas)* sich anhäufen

amoncellement [amɔ̃sɛlmɑ̃] *nm (tas)* Häufung *f*

amont [amɔ̃] *adv:* **en ~** *(sur un cours d'eau)* stromaufwärts; *(sur une pente)* bergauf; **en ~ de** *(sur un cours d'eau)* stromaufwärts von; *(sur une pente)* weiter oben als

amoral, e, -aux [amɔʀal, o] *adj* amoralisch

amorce [amɔʀs] *nf (sur un hameçon)* Köder *m*; *(explosif)* Zünder *m*; *(: de pistolet d'enfant)* Knallplättchen *nt*; *(fig: début)* Anfänge *pl*

amorcer [amɔʀse] *vt (négociations)* in die Wege leiten; *(virage)* anfahren; **~ un hameçon** einen Köder an den Angelhaken hängen

amorphe [amɔʀf] *adj* träge, passiv

amortir [amɔʀtiʀ] *vt (choc, bruit)* dämpfen; *(dette)* abbezahlen; *(mise de fonds, matériel)* abschreiben; **~ un abonnement** ein Abonnement (voll) ausnutzen

amortissable [amɔʀtisabl] *adj (Comm)* abschreibbar

amortissement [amɔʀtismɑ̃] *nm (de choc)* Dämpfen *nt*; *(d'une dette)* Abbezahlen *nt*

amortisseur [amɔʀtisœʀ] *nm (Auto)* Stoßdämpfer *m*

amour [amuʀ] *nm* Liebe *f*; *(statuette etc)* Amorette *f*; **faire l'~** sich lieben; **un ~ de petit chat/de petite fille** ein süßes kleines Kätzchen/Mädchen; **l'~ libre** die freie Liebe; **filer le parfait ~** die wahre Liebe gefunden haben; **~ platonique** platonische Liebe

amouracher [amuʀaʃe]: **s'~ de** *vpr (fam)* sich verschießen in +*acc*

amourette [amuʀɛt] *nf (flirt)* Liebelei *f*

amoureusement [amuʀøzmɑ̃] *adv* verliebt; *(avec soin)* liebevoll

amoureux, -euse [amuʀø, øz] *adj* verliebt; *(vie)* Liebes- ▷ *nm/f* Geliebte(r) *f(m)* ▷ *nmpl* Liebespaar *nt*; **problèmes ~** Liebeskummer *m*; **être ~ (de qn)** (in jdn) verliebt sein; **tomber ~ (de qn)** sich (in jdn) verlieben; **un ~ de la nature** ein Naturliebhaber *m*

amour-propre [amuʀpʀɔpʀ] *(pl* **amours-propres)** *nm* Selbstachtung *f*

amovible [amɔvibl] *adj* abnehmbar; *(fonctionnaire)* versetzbar

ampère [ɑ̃pɛʀ] *nm* Ampere *nt*

ampèremètre [ɑ̃pɛʀmɛtʀ] *nm* Amperemeter *nt*

amphétamine [ɑ̃fetamin] *nf* Amphetamin *nt*, Aufputschmittel *nt*

amphi [ɑ̃fi] *(fam) nm* Hörsaal *m*

amphibie [ɑ̃fibi] *nm (Zool)* Amphibie *f* ▷ *adj:* **véhicule ~** Amphibienfahrzeug *nt*

amphibien [ɑ̃fibjɛ̃] *nm* Amphibie *f*

amphithéâtre [ɑ̃fiteatʀ] *nm* Amphitheater *nt*; *(Univ)* Hörsaal *m*

amphore [ɑ̃fɔʀ] *nf* Amphore *f*

ample [ɑ̃pl] *adj (vêtement)* weit; *(gestes, mouvement)* ausladend; *(ressources)* üppig, reichlich

amplement [ɑ̃pləmɑ̃] *adv (abondamment)* reichlich

ampleur [ɑ̃plœʀ] *nf (de vêtement)* Weite *f*; *(d'un désastre, d'une manifestation)* Ausmaß *nt*

ampli [ɑ̃pli] *abr m* = **amplificateur**

amplificateur [ɑ̃plifikatœʀ] *nm* Verstärker *m*

amplification [ɑ̃plifikasjɔ̃] *nf* Verstärkung *f*; *(fig)* Vergrößerung *f*

amplifier [ɑ̃plifje] *vt (son, oscillation)* verstärken; *(importance, quantité)* vergrößern

amplitude [ɑ̃plityd] *nf (Phys)* Amplitude *f*; *(des températures)* Schwankung *f*

ampoule [ɑ̃pul] *nf (Élec)* (Glüh)birne *f*; *(de médicament)* Ampulle *f*; *(aux mains, pieds)* Blase *f*

ampoulé, e [ɑ̃pule] *(péj) adj (style, discours)* geschwollen, schwülstig

amputation [ɑ̃pytasjɔ̃] *nf (Méd)* Amputation *f*; *(de budget etc)* drastische Kürzung *f*

amputer [ɑ̃pyte] *vt (Méd)* amputieren; *(texte, budget)* drastisch kürzen

Amsterdam [amstɛʀdam] *n* Amsterdam *nt*

amusant, e [amyzɑ̃, ɑ̃t] *adj* amüsant, komisch; *(jeu)* unterhaltsam

amuse-gueule [amyzgœl] *nm inv* Appetithappen *m*

amusement [amyzmɑ̃] *nm (hilarité)* Belustigung *f*; *(jeu, divertissement)* Unterhaltung *f*

amuser [amyze] *vt (divertir)* unterhalten; *(faire rire)* belustigen; *(détourner l'attention de)* zerstreuen; **s'amuser** *vpr (jouer)* spielen; *(se divertir)* sich amüsieren; **s'~ de qch** sich über etw *acc* amüsieren; **s'~ de qn** sich über jdn lustig machen

amusette [amyzɛt] *nf* Zeitvertreib *m*

amuseur [amyzœʀ] *nm* Spaßmacher *m*

amygdale [amidal] *nf (Rachen)*mandel *f*; **opérer qn des ~s** jdm die Mandeln herausnehmen

amygdalite [amidalit] *nf* Mandelentzündung *f*

AN [aɛn] *sigle f (= Assemblée nationale)* voir **assemblée**

an [ɑ̃] *nm* Jahr *nt*; **en l'an 1980** (im Jahre) 1980

anabolisants [anabɔlizɑ̃] *nmpl* Anabolika *pl*

anachronique [anakʀɔnik] *adj* nicht zeitgemäß, anachronistisch

anachronisme [anakʀɔnism] *nm* Anachronismus *m*

anaconda [anakɔ̃da] *nm* Anakonda *f*

anaérobie [anaeʀɔbi] *adj* anaerobisch

anagramme [anagʀam] *nf* Anagramm *nt*

anal, e, -aux [anal, o] *adj* anal

analgésique [analʒezik] *nm* Schmerzmittel *nt*

anallergique [analɛʀʒik] *adj* antiallergisch

analogie [analɔʒi] *nf* Analogie *f*

analogique [analɔʒik] *adj* analog, Analog-; **calculateur ~** Analogrechner *m*; **montre ~** Uhr *f* mit Zeigern

analogiquement [analɔʒikmã] adv analog
analogue [analɔg] adj analog, Analog-; ~ **à** analog zu
analphabète [analfabɛt] nm/f Analphabet(in) m(f)
analphabétisme [analfabetism] nm Analphabetentum nt
analyse [analiz] nf Analyse f; (Math) Infinitesimalrechnung f; (Psych) (Psycho)analyse f; **faire l'~ de qch** etw analysieren; **en dernière ~** nach reiflicher Überlegung; **avoir l'esprit d'~** einen analytischen Verstand haben
analyser [analize] vt analysieren
analyste [analist] nm/f (Psych) Analytiker(in) m(f)
analyste-programmeur, -euse [analistprɔgramœr, øz] (pl **analystes-programmeurs, -euses**) nm/f Programmanalytiker(in) m(f)
analytique [analitik] adj (esprit, table) analytisch
analytiquement [analitikmã] adv analytisch
ananas [anana(s)] nm Ananas f
anarchie [anarʃi] nf Anarchie f
anarchique [anarʃik] adj anarchisch
anarchisme [anarʃism] nm Anarchismus m
anarchiste [anarʃist] adj anarchistisch ▷ nm/f Anarchist(in) m(f)
anathème [anatɛm] nm: **jeter l'~ sur qn** jdn mit dem Bann belegen
anatomie [anatɔmi] nf Anatomie f; (formes corporelles) Figur f
anatomique [anatɔmik] adj anatomisch
ancestral, e, -aux [ãsɛstral, o] adj (des ancêtres) Ahnen-
ancêtre [ãsɛtr] nm/f Vorfahr m; **ancêtres** nmpl Vorfahren pl, Ahnen pl; **l'~ de** (fig) der Vorgänger ou Vorläufer von
anche [ãʃ] nf Rohrblatt nt
anchois [ãʃwa] nm Sardelle f
ancien, ne [ãsjɛ̃, jɛn] adj alt; (de l'antiquité) antik; (précédent) ehemalig ▷ nm/f (personne) Älteste(r) f(m) ▷ nm: **l'~** Antiquitäten pl; **mon ~ne voiture** mein altes ou früheres Auto; **être plus ~ que qn** (dans une entreprise) dienstälter sein als jd; **~ combattant** Veteran m; **~ (élève)** Ehemalige(r) f(m)
anciennement [ãsjɛnmã] adv früher
ancienneté [ãsjɛnte] nf (d'une coutume) Alter nt; (temps de service) Dienstalter nt
ancrage [ãkraʒ] nm (Naut) Ankern nt; (d'un câble, Constr) Verankerung f
ancre [ãkr] nf (Naut) Anker m; **jeter/lever l'~** den Anker werfen/lichten; **à l'~** vor Anker
ancrer [ãkre] vt verankern; **s'ancrer** vpr Anker werfen; (fig) sich festsetzen
andalou, -ouse [ãdalu, uz] adj andalusisch
Andalousie [ãdaluzi] nf: **l'~** Andalusien nt
Andes [ãd] nfpl Anden pl
Andorre [ãdɔr] nf Andorra nt
andouille [ãduj] nf Art Wurst (mit Innereien); (fam) Trottel m
andouiller [ãduje] nm Geweihstange f
andouillette [ãdujɛt] nf Art Würstchen (mit Innereien)

âne [ɑn] nm Esel m
anéantir [aneãtir] vt vernichten; (espoirs) zunichtemachen; (déprimer) fertigmachen
anecdote [anɛkdɔt] nf Anekdote f
anecdotique [anɛkdɔtik] adj anekdotisch
anémie [anemi] nf Anämie f
anémié, e [anemje] adj anämisch; (fig) entkräftet
anémique [anemik] adj anämisch
anémone [anemɔn] nf Anemone f; **~ de mer** Seeanemone f
ânerie [ɑnri] nf Eselei f, Dummheit f
ânesse [ɑnɛs] nf Eselin f
anesthésie [anɛstezi] nf Narkose f, Betäubung f; **sous ~** unter Narkose; **~ générale** Vollnarkose f; **~ locale** Lokalanästhesie f, örtliche Betäubung
anesthésier [anɛstezje] vt betäuben
anesthésique [anɛstezik] nm Narkose f
anesthésiste [anɛstezist] nm/f Anästhesist(in) m(f)
anfractuosité [ãfraktɥozite] nf Spalte f
ange [ãʒ] nm Engel m; **être aux ~s** im siebten Himmel sein, auf Wolken schweben; **~ gardien** Schutzengel m
angélique [ãʒelik] adj engelgleich ▷ nf (Bot) Engelwurz f; (Culin) Angelika nt
angelot [ãʒ(ə)lo] nm Putte f
angélus [ãʒelys] nm (cloches) Angelusläuten nt
angevin, e [ãʒ(ə)vɛ̃, in] adj aus Anjou ▷ nm/f: **Angevin, e** Person f aus Anjou
angine [ãʒin] nf Angina f; **~ de poitrine** Angina pectoris f
angiome [ãʒjom] nm Feuermal nt, Gefäßgeschwulst f
anglais, e [ãglɛ, ɛz] adj englisch ▷ nm (Ling) Englisch nt ▷ nm/f: **Anglais, e** Engländer(in) m(f); **anglaises** nfpl (coiffure) Schillerlocken pl; **filer à l'~e** sich (auf) Französisch verabschieden; **à l'~e** (Culin) à l'Anglaise, gedünstet
angle [ãgl] nm (Math) Winkel m; (coin) Ecke f; (fig: point de vue) Blickwinkel m; **~ aigu** spitzer Winkel; **~ droit** rechter Winkel; **~ mort** toter Winkel; **~ obtus** stumpfer Winkel
Angleterre [ãglətɛr] nf: **l'~** England nt
anglican, e [ãglikã, an] adj anglikanisch ▷ nm/f Anglikaner(in) m(f)
anglicanisme [ãglikanism] nm Anglikanismus m
anglicisme [ãglisism] nm Anglizismus m
angliciste [ãglisist] nm/f (étudiant) Anglistikstudent(in) m(f); (spécialiste) Anglist(in) m(f)
anglo [ãglɔ] préf anglo-, Anglo-
anglo-américain, e [ãgloamerikɛ̃, ɛn] (pl **~s, -es**) adj angloamerikanisch ▷ nm (Ling) amerikanisches Englisch nt
anglo-canadien, ne [ãglokanadjɛ̃, jɛn] (pl **~s, -ennes**) adj anglokanadisch ▷ nm (Ling) kanadisches Englisch nt
anglo-normand, e [ãglonɔrmã, ãd] (pl **~s, -es**) adj: **les îles ~es** die Kanalinseln pl
anglophile [ãglɔfil] adj anglophil

anglophobe [ɑ̃glɔfɔb] *adj* anglophob
anglophone [ɑ̃glɔfɔn] *adj* englischsprachig
anglo-saxon, -onne [ɑ̃glosaksɔ̃, ɔn] (*pl* **~s,
-onnes**) *adj* angelsächsisch
angoissant, e [ɑ̃gwasɑ̃, ɑ̃t] *adj* beängstigend
angoisse [ɑ̃gwas] *nf* Angst *f*; **avoir des ~s** Ängste
ausstehen
angoissé, e [ɑ̃gwase] *adj* (*geste, voix etc*)
angsterfüllt; (*personne*) verängstigt
angoisser [ɑ̃gwase] *vt* beängstigen
Angola [ɑ̃gɔla] *nm*: **l'~** Angola *nt*
angolais, e [ɑ̃gɔlɛ, ɛz] *adj* angolanisch
angora [ɑ̃gɔʀa] *adj* Angora- ▷ *nm* Angorawolle *f*
anguille [ɑ̃gij] *nf* Aal *m*; **il y a ~ sous roche** da ist
etwas im Busch; **~ de mer** Meeraal *m*
angulaire [ɑ̃gylɛʀ] *adj* (*forme*) eckig
anguleux, -euse [ɑ̃gylø, øz] *adj* kantig
anhydride [anidʀid] *nm* Anhydrid *nt*
anicroche [anikʀɔʃ] *nf*: **sans ~s** reibungslos
animal, e, -aux [animal, o] *nm* Tier *nt* ▷ *adj*
(*chaleur, instinct*) tierisch; (*règne*) Tier-;
~ domestique Haustier *nt*; **~ sauvage** wildes Tier
animalier [animalje] *adj*: **peintre ~** Tiermaler(in)
m(f)
animateur, -trice [animatœʀ, tʀis] *nm/f* (*TV, de
music-hall*) Conférencier *m*; (*de groupe*) Leiter(in)
m(f), Animateur *m*; (*Ciné: technicien*) Animator(in)
m(f) (*von Zeichentrickfilmen*); **c'est un ~ né** (*personne
dynamique*) er ist die ideale Führungskraft
animation [animasjɔ̃] *nf* (*de rue*) Belebtheit *f*; (*de
réunion, discussion*) Lebhaftigkeit *f*; (*Ciné*)
Animation *f*, Zeichentrick *m*
animé, e [anime] *adj* (*rue, lieu*) belebt; (*conversation,
réunion*) lebhaft; (*opposé à inanimé*) lebendig
animer [anime] *vt* (*donner de la vie à*) lebhaft
machen, beleben; (*pousser*) anfeuern; (*sentiment
etc*) anregen; **s'animer** *vpr* lebhaft werden; (*rue,
ville*) sich beleben
animisme [animism] *nm* Animismus *m*
animosité [animozite] *nf* Feindseligkeit *f*
anis [ani(s)] *nm* Anis *m*
anisette [anizɛt] *nf* Anislikör *m*
Ankara [ɑ̃kaʀa] *n* Ankara *nt*
ankyloser [ɑ̃kiloze]: **s'~** *vpr* steif werden
annales [anal] *nfpl* Annalen *pl*
anneau, x [ano] *nm* Ring *m*; (*de chaîne*) Glied *nt*;
anneaux *nmpl* (*Sport*) Ringe *pl*
année [ane] *nf* Jahr *nt*; **souhaiter la bonne ~ à
qn** jdm ein frohes neues Jahr wünschen;
~ scolaire/fiscale Schuljahr/Finanzjahr *nt*
année-lumière [anelymjɛʀ] (*pl* **années-lumière**)
nf Lichtjahr *nt*
annexe [anɛks] *adj* (*secondaire*) dazugehörig;
(*attaché*) angefügt; (*salle*) Neben- ▷ *nf* (*bâtiment*)
Anbau *m*; (*de document, ouvrage*) Anhang *m*; (*de
lettre, dossier*) Anlage *f*
annexer [anɛkse] *vt* (*pays*) annektieren;
s'annexer *vpr* sich *dat* einverleiben; **~ qch à**
(*document*) etw anhängen an +*acc*
annexion [anɛksjɔ̃] *nf* Annektion *f*
annihiler [aniile] *vt* vernichten
anniversaire [anivɛʀsɛʀ] *nm* (*d'une personne*)

Geburtstag *m*; (*d'un événement, bâtiment*) Jahrestag
m ▷ *adj*: **fête/jour ~** Geburtstagsfeier *f*/
Geburtstag *m*
annonce [anɔ̃s] *nf* (*action*) Verkünden *nt*; (*signe*)
Vorbote *m*, Anzeichen *nt*; (*avis*) Ankündigung *f*;
(*aussi*: **annonce publicitaire**) Annonce *f*, Anzeige
f; (*Cartes*) Ansage *f*; **les petites ~s** die
Kleinanzeigen *pl*
annoncer [anɔ̃se] *vt* (*nouvelle, décision*) verkünden;
(*pluie, changement, visiteur*) ankündigen; (*Cartes*)
ansagen; **s'annoncer** *vpr*: **s'~ bien/difficile**
vielversprechend/schwierig aussehen; **je vous
annonce que** ich teile Ihnen hiermit mit, dass;
~ la couleur (*fig*) Farbe bekennen
annonceur, -euse [anɔ̃sœʀ, øz] *nm/f* (*speaker*)
Ansager(in) *m(f)*; (*publicitaire*) Inserent(in) *m(f)*
annonciateur, -trice [anɔ̃sjatœʀ, tʀis] *adj*:
~ d'un événement Vorbote *m* eines Ereignisses
Annonciation [anɔ̃sjasjɔ̃] *nf*: **l'~** (*jour*) Fest *nt* der
Verkündigung Mariä
annotation [anɔtasjɔ̃] *nf* Randbemerkung *f*
annoter [anɔte] *vt* mit Anmerkungen versehen
annuaire [anɥɛʀ] *nm* Jahrbuch *nt*;
~ électronique ≈ Telefonbuch *nt* auf
Bildschirmtext; **~ téléphonique** Telefonbuch *nt*
annuel, le [anɥɛl] *adj* jährlich; **vacances ~les**
Jahresurlaub *m*
annuellement [anɥɛlmɑ̃] *adv* jährlich
annuité [anɥite] *nf* Jahresrate *f*
annulaire [anylɛʀ] *nm* Ringfinger *m*
annulation [anylasjɔ̃] *nf* (*d'un rendez-vous*)
Absagen *nt*; (*d'un voyage*) Stornieren *nt*; (*d'un
contrat*) Annullieren *nt*
annuler [anyle] *vt* (*rendez-vous*) absagen; (*voyage*)
stornieren; (*mariage, contrat, résultat*) annullieren;
(*Math, Phys*) aufheben; **s'annuler** *vpr* (*Math, Phys*)
sich (gegenseitig) aufheben
anoblir [anɔbliʀ] *vt* adeln
anode [anɔd] *nf* Anode *f*
anodin, e [anɔdɛ̃, in] *adj* (*inoffensif*) unschädlich,
ungefährlich; (*sans importance*) unbedeutend
anomalie [anɔmali] *nf* Anomalie *f*
ânon [ɑnɔ̃] *nm* Eselchen *nt*
ânonner [anɔne] *vi* stottern ▷ *vt* stotternd
aufsagen
anonymat [anɔnima] *nm* Anonymität *f*; **garder
l'~** die Anonymität wahren
anonyme [anɔnim] *adj* anonym; (*fig: sans
caractère*) unpersönlich
anonymement [anɔnimmɑ̃] *adv* anonym
anorak [anɔʀak] *nm* Anorak *m*
anorexie [anɔʀɛksi] *nf* Magersucht *f*
anormal, e, -aux [anɔʀmal, o] *adj* anormal,
abnorm; (*injuste*) nicht normal
anormalement [anɔʀmalmɑ̃] *adv*
ungewöhnlich
ANPE [aɛnpe] *sigle f* (= *Agence nationale pour l'emploi*)
≈ Bundesanstalt *f* für Arbeit
anse [ɑ̃s] *nf* Henkel *m*; (*Géo*) (kleine) Bucht *f*
antagonisme [ɑ̃tagɔnism] *nm* Antagonismus *m*,
Feindseligkeit *f*
antagoniste [ɑ̃tagɔnist] *adj* feindselig ▷ *nm/f*

Gegner(in) *m(f)*

antan [ātā]: **d'~** *adj* der vergangenen Zeit

antarctique [ātaʀktik] *adj* antarktisch ▷ *nm*:
l'A~ die Antarktis *f*

antécédent [ātesedā] *nm* (*Ling*) Bezugswort *nt*;
antécédents *nmpl* (*d'une personne*) Vorleben *nt*;
(*d'une affaire*) Vorgeschichte *f*; (*Méd*)
Krankengeschichte *f*, Vorgeschichte; **~s**
professionnels bisherige Beschäftigungen *pl*

antédiluvien, ne [ātedilyvjɛ̃, jɛn] *adj*
vorsintflutlich

antenne [ātɛn] *nf* Antenne *f*; (*d'insecte*) Fühler *m*;
(*poste avancé*) Vorposten *m*; (*agence*) Filiale *f*; **avoir/**
passer à l'~ auf Sendung sein/gehen; **prendre**
l'~ übernehmen; **2 heures d'~** 2 Stunden
Sendezeit; **hors ~** im Off; **~ chirurgicale** (*Mil*)
(vorgeschobener) Sanitätsposten *m*;
~ parabolique (*TV*) Parabolantenne *f*,
Satellitenschüssel *f*

antépénultième [ātepenyltjɛm] *adj*
drittletzte(r, s)

antérieur, e [āteʀjœʀ] *adj* (*d'avant*) vorhergehend;
(*de devant*) vordere(r, s); **~ à** vor +*dat*; **passé/futur**
~ unvollendete Vergangenheit *f*/Zukunft *f*

antérieurement [āteʀjœʀmā] *adv* früher; **~ à**
vor +*dat*

antériorité [āteʀjɔʀite] *nf* (*d'un fait*) zeitlicher
Vorrang *m*

anthologie [ātɔlɔʒi] *nf* Anthologie *f*

anthracite [ātʀasit] *nm* Anthrazit *m* ▷ *adj*: (**gris**)
~ anthrazit(farben)

anthropocentrisme [ātʀɔpɔsātʀism] *nm*
Anthropozentrismus *m*

anthropologie [ātʀɔpɔlɔʒi] *nf* Anthropologie *f*

anthropologue [ātʀɔpɔlɔg] *nm/f*
Anthropologe(-in) *m(f)*

anthropométrie [ātʀɔpɔmetʀi] *nf*
Anthropometrie *f*

anthropométrique [ātʀɔpɔmetʀik] *adj*: **fiche/**
signalement ~ anthropometrische Unterlagen
pl/Beschreibung *f*

anthropomorphisme [ātʀɔpɔmɔʀfism] *nm*
Anthropomorphismus *m*

anthropophage [ātʀɔpɔfaʒ] *adj* kannibalisch
▷ *nm/f* Kannibale *m*, Kannibalin *f*

anthropophagie [ātʀɔpɔfaʒi] *nf* Kannibalismus *m*

anti [āti] *préf* anti, Anti

antiaérien, ne [ātiaeʀjɛ̃, jɛn] *adj* (*canon, ouvrage*)
Luftabwehr-; **défense ~ne** Luftabwehr *f*; **abri ~**
Luftschutzbunker *m*

antialcoolique [ātialkɔlik] *adj* antialkoholisch;
ligue ~ Liga *f* der Antialkoholiker

antiatomique [ātiatɔmik] *adj*: **abri ~**
Atomschutzbunker *m*

antibiotique [ātibjɔtik] *nm* Antibiotikum *nt*
▷ *adj* antibiotisch

antibrouillard [ātibʀujaʀ] *adj inv*: **phare ~**
Nebelscheinwerfer *m*

antibruit [ātibʀ4i] *adj inv*: **mur ~**
Lärmschutzmauer *f*

antibuée [ātib4e] *adj inv*: **dispositif ~**

Antibeschlagvorrichtung *f*

anticancéreux, -euse [ātikāseʀø, øz] *adj* krebs-,
Krebs-; **centre ~** Krebszentrum *nt*

anticasseur [ātikasœʀ] *adj*: **loi/mesure ~(s)**
Gesetz/Maßnahme gegen Randalierer

antichambre [ātiʃābʀ] *nf* Vorzimmer *nt*; **faire ~**
antichambrieren

antichar [ātiʃaʀ] *adj inv* Panzerabwehr-

antichoc [ātiʃɔk] *adj* (*montre*) stoßfest

anticipation [ātisipasjɔ̃] *nf* Vorwegnahme *f*; **par**
~ (*rembourser etc*) im Voraus; **livre d'~**
Zukunftsroman *m*; **film d'~** Science-Fiction-
Film *m*

anticipé, e [ātisipe] *adj* Voraus-, voraus-; (*joie etc*)
Vor-; **avec mes remerciements ~s** mit
herzlichem Dank im Voraus

anticiper [ātisipe] *vt* vorausnehmen,
vorwegnehmen; (*en imaginant*) vorausahnen;
(*paiement*) im Voraus machen ▷ *vi*: **~ sur qch** auf
etw *acc* vorgreifen

anticlérical, e, -aux [ātikleʀikal, o] *adj*
antiklerikal

anticoagulant, e [ātikɔagylā, āt] *adj*
gerinnungshemmend ▷ *nm*
gerinnungshemmendes Mittel *nt*

anticolonialisme [ātikɔlɔnjalism] *nm*
Antikolonialismus *m*

anticonceptionnel, le [ātikɔ̃sɛpsjɔnɛl] *adj*
empfängnisverhütend

anticonformisme [ātikɔ̃fɔʀmism] *nm*
Nonkonformismus *m*

anticonstitutionnel, le [ātikɔ̃stitysjɔnɛl] *adj*
verfassungswidrig

anticorps [ātikɔʀ] *nm* Antikörper *m*

anticyclone [ātisiklon] *nm* Antizyklon *m*

antidater [ātidate] *vt* (zu)rückdatieren

antidémocratique [ātidemɔkʀatik] *adj*
antidemokratisch

antidérapant, e [ātideʀapā, āt] *adj* rutschfest;
pneu ~ Haftreifen *m*

antidopage [ātidɔpaʒ] *adj* gegen Doping;
contrôle ~ Dopingkontrolle *f*

antidote [ātidɔt] *nm* Gegengift *nt*, Gegenmittel
nt

antienne [ātjɛn] *nf* (*Rel*) Wechselgesang *m*; (*fig*)
Lied *nt*

antigang [ātigāg] *adj inv*: **brigade ~** *Truppe zur*
Bekämpfung des Bandenunwesens

antigel [ātiʒɛl] *nm* Frostschutzmittel *nt*

antigène [ātiʒɛn] *nm* Antigen *nt*

antigouvernemental, e, -aux [ātiguvɛʀnə-
mātal, o] *adj* oppositionell

antihistaminique [ātiistaminik] *nm*
Antihistamin *nt*

anti-inflammatoire [ātiɛ̃flamatwaʀ] (*pl* **~s**) *nm*
entzündungshemmendes Mittel *nt*

anti-inflationniste [ātiɛ̃flasjɔnist] (*pl* **~s**) *adj* zur
Bekämpfung der Inflation

antillais, e [ātijɛ, ɛz] *adj* der Antillen ▷ *nm/f*:
Antillais, e Antillenbewohner(in) *m(f)*

Antilles [ātij] *nfpl* Antillen *pl*; **les grandes/**
petites ~ die Großen/Kleinen Antillen

antilope [ɑ̃tilɔp] *nf* Antilope *f*
antimilitarisme [ɑ̃timilitaʀism] *nm* Antimilitarismus *m*
antimilitariste [ɑ̃timilitaʀist] *adj* antimilitaristisch
antimissile [ɑ̃timisil] *adj* Raketenabwehr-
antimite(s) [ɑ̃timit] *nm, adj*: **(produit) antimite** Mottenschutzmittel *nt*
antimondialisation [ɑ̃timɔ̃djalizasjɔ̃] *nf* Antiglobalisierung *f*
antinomique [ɑ̃tinɔmik] *adj* widersprüchlich
antiparasite [ɑ̃tipaʀazit] *adj* (*Radio, TV*) Entstör-
antipathie [ɑ̃tipati] *nf* Antipathie *f*
antipathique [ɑ̃tipatik] *adj* unsympathisch
antipelliculaire [ɑ̃tipelikylɛʀ] *adj* Schuppen-
antiphrase [ɑ̃tifʀaz] *nf*: **par ~** ironisch
antipodes [ɑ̃tipɔd] *nmpl* Antipoden *pl*; **être aux ~ de** meilenweit entfernt sein von
antipoison [ɑ̃tipwazɔ̃] *adj inv*: **centre ~** Entgiftungszentrum *nt*
antipoliomyélitique [ɑ̃tipɔljɔmjelitik] *adj* gegen Kinderlähmung
antiquaire [ɑ̃tikɛʀ] *nm/f* Antiquar(in) *m(f)*
antique [ɑ̃tik] *adj* (*gréco-romain*) antik; (*très vieux*) uralt
antiquité [ɑ̃tikite] *nf* Antiquität *f*; **l'A~** die Antike *f*; **magasin d'~s** Antiquitätengeschäft *nt*; **marchand d'~s** Antiquitätenhändler(in) *m(f)*
antirabique [ɑ̃tiʀabik] *adj* gegen Tollwut
antiraciste [ɑ̃tiʀasist] *adj* antirassistisch
antireflet [ɑ̃tiʀəflɛ] *adj*: **verre ~** entspiegeltes Glas *nt*
antirépublicain, e [ɑ̃tiʀepyblikɛ̃, ɛn] *adj* antirepublikanisch
antirides [ɑ̃tiʀid] *adj* gegen Falten, Falten-
antirouille [ɑ̃tiʀuj] *adj inv* Rostschutz-
antisémite [ɑ̃tisemit] *adj* antisemitisch
antisémitisme [ɑ̃tisemitism] *nm* Antisemitismus *m*
antiseptique [ɑ̃tisɛptik] *adj* keimtötend, antiseptisch ▷ *nm* Antiseptikum *nt*
antisocial, e, -aux [ɑ̃tisɔsjal, jo] *adj* unsozial
antispasmodique [ɑ̃tispasmɔdik] *adj* krampflösend
antisportif, -ive [ɑ̃tispɔʀtif, iv] *adj* unsportlich
antitétanique [ɑ̃titetanik] *adj* Tetanus-
antithèse [ɑ̃titɛz] *nf* Antithese *f*
antitrust [ɑ̃titʀœst] *adj inv*: **loi ~** Kartellgesetz *nt*
antituberculeux, -euse [ɑ̃titybɛʀkylø, øz] *adj* gegen Tuberkulose; **centre ~** Tuberkulosezentrum *nt*
antitussif, -ive [ɑ̃titysif, iv] *adj* gegen Husten, Husten-
antivariolique [ɑ̃tivaʀjɔlik] *adj* gegen Pocken, Pocken-
antivirus [ɑ̃tiviʀys] (*Inform*) *adj* Antiviren- ▷ *nm* Anti-Viren-Software *f*
antivol [ɑ̃tivɔl] *nm, adj*: **(dispositif) ~** Diebstahlsicherung *f*
antonyme [ɑ̃tɔnim] *nm* Antonym *nt*
antre [ɑ̃tʀ] *nm* Höhle *f*
anus [anys] *nm* Anus *m*

Anvers [ɑ̃vɛʀ] *n* Antwerpen *nt*
anxiété [ɑ̃ksjete] *nf* Bangigkeit *f*
anxieusement [ɑ̃ksjøzmɑ̃] *adv* ängstlich, bang
anxieux, -euse [ɑ̃ksjø, jøz] *adj* ängstlich; **être ~ de faire qch** bestrebt sein, etw zu tun
AOC [aose] *sigle f* (= *appellation d'origine contrôlée*) ≈ QbA; *siehe Info-Artikel*

● **AOC**
●
● Die AOC (Appellation d'Origine Contrôlée) ist
● die höchste französische
● Weinklassifizierung. Sie zeigt an, dass der
● Wein strengen Vorschriften in Bezug auf das
● Weinanbaugebiet, die Weinsorte, das
● Herstellungsverfahren und den
● Alkoholgehalt genügt.

aorte [aɔʀt] *nf* Aorta *f*
août [u(t)] *nm* August *m*; *voir aussi* **juillet**
aoûtien, ne [ausjɛ̃, jɛn] *nm/f* Person, die im August in Urlaub geht
AP [ape] *sigle f* (= *Assistance publique*) *voir* **assistance**
apaisant, e [apɛzɑ̃, ɑ̃t] *adj* beruhigend
apaisement [apɛzmɑ̃] *nm* Beruhigung *f*; Nachlassen *nt*; (*Pol*) Appeasement *nt*; **apaisements** *nmpl* (*déclarations*) Beschwichtigungen *pl*
apaiser [apeze] *vt* beruhigen; (*colère*) beschwichtigen; (*faim*) stillen; (*douleur*) lindern; **s'apaiser** *vpr* sich beruhigen; (*tempête, bruit, faim*) nachlassen
apanage [apanaʒ] *nm*: **être l'~ de qn** jds Vorrecht *ou* Privileg sein
aparté [apaʀte] *nm* (*Théât*) beiseite Gesprochene(s) *nt*; (*entretien*) private Unterhaltung *f*; **en ~** beiseite
apartheid [apaʀtɛd] *nm* Apartheid *f*
apathie [apati] *nf* Apathie *f*
apathique [apatik] *adj* apathisch
apatride [apatʀid] *nm/f* Staatenlose(r) *f(m)*
APCE [apeseə] *sigle f* (= *agence pour la création d'entreprises*) Agentur zur Unterstützung neu gegründeter Firmen
Apennins [apenɛ̃] *nmpl*: **les ~** die Apenninen *pl*
apercevoir [apɛʀsəvwaʀ] *vt* sehen, erblicken; (*saisir*) bemerken; **s'apercevoir** *vpr*: **s'~ de** bemerken; **s'~ que** bemerken, dass; **sans s'en ~** ohne es zu merken
aperçu [apɛʀsy] *pp de* **apercevoir** ▷ *nm* (*vue d'ensemble*) Überblick *m*; (*idée*) Einsicht *f*
apéritif, -ive [apeʀitif, iv] *nm* (*boisson*) Aperitif *m* ▷ *adj* appetitanregend; **prendre l'~** einen Aperitif trinken
apesanteur [apəzɑ̃tœʀ] *nf* Schwerelosigkeit *f*
à-peu-près [apøpʀɛ] (*péj*) *nm inv* (*travail*) halbe Sache *f*
apeuré, e [apœʀe] *adj* verängstigt, eingeschüchtert
aphasie [afazi] *nf* Aphasie *f*
aphone [afɔn] *adj* völlig heiser; (*Ling*) stimmlos
aphorisme [afɔʀism] *nm* Aphorismus *m*

aphrodisiaque [afʀɔdizjak] *adj* aphrodisisch
▷ *nm* Aphrodisiakum *nt*; **boisson ~**
Aphrodisiakum
aphte [aft] *nm* Aphthe *f*, Bläschen *nt* auf der
Mundschleimhaut
aphteuse [aftøz] *adj*: **fièvre ~** Maul- und
Klauenseuche *f*
à-pic [apik] *nm inv* Klippe *f*
apicole [apikɔl] *adj* Imker-
apiculteur, -trice [apikyltœʀ, tʀis] *nm/f*
Imker(in) *m(f)*
apiculture [apikyltyʀ] *nf* Imkerei *f*
apitoiement [apitwamã] *nm* Mitleid *nt*
apitoyer [apitwaje] *vt* (zu Mitleid) rühren;
s'apitoyer *vpr* Mitleid verspüren; ~ **qn** jds
Mitleid erregen; **s'~ sur qn/qch** mit jdm/etw
Mitleid haben
ap. J.-C. *abr* (= *après Jésus-Christ*) n. Chr.
APL [apeɛl] *sigle f* (= *aide personnalisée au logement*)
Wohngeldzuschuss *m*
aplanir [aplaniʀ] *vt* (*surface*) einebnen; (*difficultés*)
aus dem Weg räumen, beseitigen
aplati, e [aplati] *adj* platt, flach
aplatir [aplatiʀ] *vt* flach machen, plätten; (*fam*:
vaincre) niedermachen; **s'aplatir** *vpr* (*devenir plus
plat*) platter *ou* flacher werden; (*être écrasé*) völlig
vernichtet sein; (*s'allonger*) flach *ou* platt auf dem
Boden liegen; (*fam*: *tomber*) hinsegeln; (*péj*:
s'humilier) zu Kreuze kriechen; **s'~ contre** (*voiture*)
knallen gegen +*acc*
aplomb [aplɔ̃] *nm* Senkrechte *f*; (*équilibre*)
Gleichgewicht *nt*; (*sang-froid*) Gleichmütigkeit *f*,
Sicherheit *f*; (*péj*) Unverfrorenheit *f*; **d'~** (*corps*)
im Gleichgewicht; (*mur*) senkrecht, lotrecht
apocalypse [apɔkalips] *nf* Apokalypse *f*
apocalyptique [apɔkaliptik] *adj* apokalyptisch
apocryphe [apɔkʀif] *adj* apokryph
apogée [apɔʒe] *nm* (*Astron*) größte Erdferne *f*; (*fig*)
Höhepunkt *m*
apolitique [apɔlitik] *adj* (*indifférent*) unpolitisch;
(*indépendant*) unabhängig
apologie [apɔlɔʒi] *nf* Verteidigungsrede *f*
apoplexie [apɔplɛksi] *nf*: (**attaque d'**)~
Schlaganfall *m*
a posteriori [aposteʀjɔʀi] *adv* a posteriori, im
Nachhinein
apostolat [apɔstɔla] *nm* (*Rel*) Apostolat *nt*; (*fig*)
Berufung *f*
apostolique [apɔstɔlik] *adj* apostolisch
apostrophe [apɔstʀɔf] *nf* (*signe*) Apostroph *m*;
(*interpellation*) (rüde) Zwischenbemerkung *f*
apostropher [apɔstʀɔfe] *vt* anfahren,
anraunzen
apothéose [apɔteoz] *nf* (*consécration*) Apotheose *f*;
(*fig*) krönender Abschluss *m*, Krönung *f*
apothicaire [apɔtikɛʀ] *nm* Apotheker *m*
apôtre [apotʀ] *nm* Apostel *m*; **se faire l'~ de qch**
(*fig*) sich zum Anwalt einer Sache *gén* machen
apparaître [apaʀɛtʀ] *vi* erscheinen, sich zeigen;
(*sembler*) scheinen; **il apparaît que** es scheint,
dass; **il m'apparaît que** mir scheint, dass
apparat [apaʀa] *nm*: **tenue/dîner d'~**

Galakleidung *f*/Galadiner *nt*
appareil [apaʀɛj] *nm* Apparat *m*; (*électrique*) Gerät
nt; (*avion*) Maschine *f*; (*dentaire*) Zahnspange *f*;
qui est à l'~? wer ist am Apparat?, wer spricht
bitte?; **dans le plus simple ~** (*hum*) im
Adamskostüm/Evaskostüm; **~ digestif**
Verdauungsapparat *m*; **~ photo(graphique)**
Fotoapparat *m*; **~ reproducteur**
Fortpflanzungsorgane *pl*
appareillage [apaʀɛjaʒ] *nm* Anlage *f*; (*départ*)
Ablegen *nt*
appareiller [apaʀeje] *vi* (*Naut*) ablegen ▷ *vt*
(*assortir*) zusammenstellen
apparemment [apaʀamã] *adv* anscheinend
apparence [apaʀãs] *nf* (*aspect*) Aussehen *nt*;
(*semblant*) Anschein *m*; **malgré les ~s** obwohl es
nicht so aussieht; **en ~** scheinbar
apparent, e [apaʀã, ãt] *adj* (*visible*) sichtbar;
(*évident*) offensichtlich; (*illusoire, superficiel*)
anscheinend; **coutures ~es** sichtbare
(Zier)nähte *pl*; **poutres/pierres ~es** frei *ou* offen
liegende Balken/Mauersteine
apparenté, e [apaʀãte] *adj*: **~ à** verschwägert
mit; (*fig*) verwandt mit
apparenter [apaʀãte] *vpr*: **s'~ à** verwandt sein
mit
apparier [apaʀje] *vt* zu einem Paar/zu Paaren
zusammenstellen
appariteur [apaʀitœʀ] *nm* Pedell *m*
apparition [apaʀisjɔ̃] *nf* Erscheinen *nt*;
(*surnaturelle*) Erscheinung *f*; **faire une ~** (*visite
rapide*) sich nur kurz blicken lassen; **faire son ~**
(*personne*) sich blicken lassen, sein Gesicht
zeigen; (*symptôme, fièvre*) auftreten
appartement [apaʀtəmã] *nm* Wohnung *f*
appartenance [apaʀtənãs] *nf*: **~ à** Zugehörigkeit
zu
appartenir [apaʀtəniʀ]: **~ à** *vt* gehören +*dat*;
(*faire partie de, être membre de*) gehören zu; **il lui
appartient de faire ça** es ist seine Sache, das zu
tun; **il ne m'appartient pas de répondre** es
steht mir nicht zu, zu antworten
appartiendrai *etc* [apaʀtjɛ̃dʀe] *vb voir* **appartenir**
appartiens *etc* [apaʀtjɛ̃] *vb voir* **appartenir**
apparu, e [apaʀy] *pp de* **apparaître**
appas [apɑ] *nmpl* (*d'une femme*) Reize *pl*
appât [apɑ] *nm* Köder *m*
appâter [apɑte] *vt* (*poisson, personne*) ködern
appauvrir [apovʀiʀ] *vt* arm machen, verarmen;
(*sol*) auslaugen; **s'appauvrir** *vpr* verarmen, arm
werden
appauvrissement [apovʀismã] *nm* Verarmung *f*
appeau [apo] *nm* (*fig*) Lockvogel *m*
appel [apɛl] *nm* (*cri, interpellation*) Ruf *m*; (*incitation,
Tél*) Anruf *m*; (*nominal*) (namentlicher) Aufruf *m*;
(*Mil*: *recrutement*) Einberufung *f*; (*Jur*) Berufung *f*;
faire ~ à (*invoquer*) anrufen, appellieren an +*acc*;
(*avoir recours à*) sich wenden an +*acc*; (*nécessiter*)
erfordern; **faire l'~** die Namensliste verlesen,
einen namentlichen Aufruf machen; **faire ou
interjeter ~** (*Jur*) Berufung einlegen; **sans ~**
ohne Berufung; **faire un ~ de phares** ein

Lichtzeichen geben; **indicatif d'**~ Rufzeichen nt;
numéro d'~ Rufnummer f; ~ **d'air** Luftzug m;
~ **d'offres** Ausschreibung f; ~ **(téléphonique)**
Anruf m
appelé [ap(ə)le] nm (Mil) Eingezogene(r) m
appeler [ap(ə)le] vt rufen; (Tél) anrufen; (qualifier)
nennen; (nécessiter) fordern; **s'appeler** vpr (se
nommer) heißen; ~ **qn à l'aide** ou **au secours** jdn
zu Hilfe rufen; ~ **qn à un poste/des fonctions**
jdn auf einen Posten/zu einem Amt berufen;
être appelé à (fig) berufen sein zu; ~ **qn à**
comparaître (comme témoin) jdn als Zeugen
vorladen; **en** ~ **à** appellieren an +acc; **il**
s'appelle/je m'appelle Paul er heißt/ich heiße
Paul; **comment ça s'appelle?** wie heißt das?,
wie nennt man das?; ~ **police-secours** den
Polizei-Notruf anrufen; **voilà ce que j'appelle**
un bon exemple! das nenne ich einmal ein
gutes Beispiel!
appellation [apelasjɔ̃] nf (d'un produit)
Bezeichnung f; **vin d'**~ **contrôlée**
≈ Prädikatswein m
appelle [apɛl] vb voir **appeler**
appendice [apɛ̃dis] nm (Anat) Blinddarm m; (d'un
livre) Anhang m
appendicite [apɛ̃disit] nf
Blinddarmentzündung f
appentis [apɑ̃ti] nm (bâtiment) (angebauter)
Schuppen m
appert [apɛʀ] vb: **il** ~ **que** es steht fest, dass
appesantir [apəzɑ̃tiʀ]: **s'**~ **sur** vpr (insister) sich
lang und breit auslassen über +acc
appétissant, e [apetisɑ̃, ɑ̃t] adj appetitlich,
appetitanregend
appétit [apeti] nm Appetit m; **avoir un gros/**
petit ~ viel/wenig Appetit haben; **couper l'**~ **à**
qn jdm den Appetit verderben; **bon** ~! guten
Appetit!
applaudimètre [aplodimɛtʀ] nm
Applausmesser m
applaudir [aplodiʀ] vt Beifall spenden +dat ▷ vi
klatschen, applaudieren; ~ **à** gutheißen; ~ **à**
tout rompre stürmisch applaudieren
applaudissements [aplodismɑ̃] nmpl Applaus m,
Beifall m
applicable [aplikabl] adj anwendbar
applicateur [aplikatœʀ] nm (de tampon)
Einführhülse f
application [aplikasjɔ̃] nf (d'une loi, méthode,
théorie) Anwendung f; (de papier peint etc)
Anbringen nt, Ankleben nt; (attention) Fleiß m,
Hingabe f; **mettre en** ~ anwenden, in
Anwendung bringen
applique [aplik] nf (Élec) Wandlampe f
appliqué, e [aplike] adj (élève, ouvrier) fleißig;
(science) angewandt
appliquer [aplike] vt (mettre en pratique)
anwenden; (poser) anbringen; (donner: gifle,
châtiment) verabreichen, geben; **s'appliquer** vpr
(élève, ouvrier) sich anstrengen; **s'**~ **à** (loi, remarque)
sich beziehen auf +acc; **s'**~ **à faire qch** (se
consacrer) sich große Mühe geben, etw zu tun; **s'**~

sur passen über ou auf +acc
appoint [apwɛ̃] nm (aide, secours) Zuschuss m;
avoir l'~ (en payant) es genau passend haben;
faire l'~ (en payant) mit abgezähltem Geld
bezahlen; **chauffage/lampe d'**~ zusätzliche
Heizung f/Lampe f; **salaire d'**~ Zusatzverdienst m
appointements [apwɛ̃tmɑ̃] nmpl Gehalt nt
appontage [apɔ̃taʒ] nm Landung f (auf einem
Flugzeugträger)
appontement [apɔ̃tmɑ̃] nm Landungsbrücke f
apponter [apɔ̃te] vi landen (auf einem
Flugzeugträger)
apport [apɔʀ] nm (contribution) Beitrag m; ~ **(de)**
(capitaux, chaleur etc) Versorgung f (mit)
apporter [apɔʀte] vt bringen; (soutien) geben;
(preuve) beibringen; (changement) mit sich bringen
apposer [apoze] vt (signature) hinzufügen
apposition [apozisjɔ̃] nf (Ling) Apposition f; **en** ~
als Apposition
appréciable [apʀesjabl] adj (important)
nennenswert, beträchtlich
appréciation [apʀesjasjɔ̃] nf (d'immeuble, de
distance etc) Schätzung f; (de situation, personne)
Einschätzung f; **appréciations** nfpl (commentaire)
Würdigung f
apprécier [apʀesje] vt (gentillesse etc) zu schätzen
wissen; (personne) schätzen; (distance) abschätzen;
(importance) einschätzen
appréhender [apʀeɑ̃de] vt (craindre) fürchten;
(aborder) erfassen; (Jur: arrêter) festnehmen; ~ **que**
befürchten, dass; ~ **de faire qch** sich davor
fürchten, etw zu tun
appréhension [apʀeɑ̃sjɔ̃] nf (crainte) Angst f,
Besorgnis f
apprendre [apʀɑ̃dʀ] vt lernen; (nouvelle)
erfahren; ~ **qch à qn** (informer) jdm etw
mitteilen; (enseigner) jdm etw beibringen; ~
faire qch lernen, etw zu tun; ~ **à qn à faire qch**
jdn lehren, etw zu tun; ~ **à qn à lire/conduire**
jdm das Lesen/Autofahren beibringen; **tu me**
l'apprends! was du nicht sagst!
apprenti, e [apʀɑ̃ti] nm/f Lehrling m,
Auszubildende(r) f(m); (débutant) Anfänger(in) m(f)
apprentissage [apʀɑ̃tisaʒ] nm (d'un métier) Lehre
f; (période) Lehrzeit f; **faire l'**~ **de qch** (fig) etw
erlernen; **c'est l'**~ **de la vie** so lernt man das
Leben kennen; **école** ou **centre d'**~
≈ Berufsschule f
apprêt [apʀɛ] nm (sur un cuir, une étoffe, un papier)
Appretur f; (sur un mur) Grundierung f; **sans** ~ (fig)
ungekünstelt
apprêté, e [apʀete] adj (personne) affektiert; (style)
geziert, gekünstelt
apprêter [apʀete] vt (cuir, étoffe, papier)
appretieren; **s'apprêter** vpr: **s'**~ **à qch** sich für
etw fertig machen; **s'**~ **à faire qch** sich
anschicken, etw zu tun
appris, e [apʀi, iz] pp de **apprendre**
apprivoisé, e [apʀivwaze] adj zahm
apprivoiser [apʀivwaze] vt zähmen, bändigen
approbateur, -trice [apʀɔbatœʀ, tʀis] adj
zustimmend

approbatif, -ive [apʀɔbatif, iv] *adj* zustimmend
approbation [apʀɔbasjɔ̃] *nf* Zustimmung *f*;
digne d'~ lobenswert
approchant, e [apʀɔʃɑ̃, ɑ̃t] *adj* vergleichbar,
ähnlich; **ou quelque chose d'~** oder so ähnlich
approche [apʀɔʃ] *nf* Herannahen *nt*; *(d'un avion)*
Landeanflug *m*; *(d'un problème)* Angehen *nt*;
approches *nfpl (abords)* unmittelbare Umgebung
f; **à l'~ de Noël** da Weihnachten immer näher
rückte; **à l'~ de la nuit** beim Einbruch der
Nacht; **à l'~ de l'hiver** beim Wintereinbruch; **à
l'~ du bateau/de l'ennemi** beim Herannahen
des Bootes/Feindes; **travaux d'~** *(fig)* Manöver *pl*;
être d'~ difficile/aisée schwer/leicht
zugänglich sein
approché, e [apʀɔʃe] *adj (approximatif)* annähernd
approcher [apʀɔʃe] *vi* sich nähern, näher
kommen; *(vacances, date)* nahen, näher rücken
▷ *vt (personne)* herantreten an *+acc*; **s'approcher
de** *vpr* sich nähern *+dat*; **~ qch (de qch)** etw
näher (heran)rücken (an etw *acc*); **approchez-
vous** kommen *ou* treten Sie näher
approfondi, e [apʀɔfɔ̃di] *adj* vertieft;
(connaissance, étude) gründlich
approfondir [apʀɔfɔ̃diʀ] *vt* vertiefen, tiefer
machen; *(fig: sujet, question)* gründlicher
untersuchen; **sans ~** oberflächlich
appropriation [apʀɔpʀijasjɔ̃] *nf (d'un bien)*
Aneignung *f*
approprié, e [apʀɔpʀije] *adj* angemessen; **~ à**
angemessen *+dat*
approprier [apʀɔpʀije] *vt (adapter)* anpassen;
s'approprier *vpr* sich *dat* aneignen
approuver [apʀuve] *vt (loi)* annehmen,
verabschieden; *(projet)* genehmigen; *(être d'accord
avec)* zustimmen *+dat*; *(trouver louable)* billigen; **je
vous approuve entièrement** ich bin völlig Ihrer
Meinung; **je ne vous approuve pas** ich bin
nicht Ihrer Meinung; **lu et approuvé** gelesen
und einverstanden
approvisionnement [apʀɔvizjɔnmɑ̃] *nm*
Belieferung *f*; *(provisions)* Vorräte *pl*
approvisionner [apʀɔvizjɔne] *vt* beliefern,
versorgen; *(compte bancaire)* auffüllen; **~ qn en**
jdn versorgen *ou* beliefern mit; **s'approvisionner**
vpr: **s'~ dans un magasin/au marché** in einem
Geschäft/auf dem Markt Besorgungen machen;
s'~ en bois sich *dat* einen Holzvorrat anlegen
approximatif, -ive [apʀɔksimatif, iv] *adj*
ungefähr
approximation [apʀɔksimasjɔ̃] *nf* Näherung *f*
approximativement [apʀɔksimativmɑ̃] *adv*
ungefähr
appt *abr* = **appartement**
appui [apɥi] *nm (fig: soutien)* Unterstützung *f*;
prendre ~ sur sich stützen auf *+acc*; **point d'~**
Stützpunkt *m*; **à l'~ de** *(pour prouver)* zur
Bestätigung *+gén*; **~ de fenêtre** Fensterbrett *nt*
appuie [apɥi] *vb voir* **appuyer**
appuie-tête [apɥitɛt] *(pl* **~s***) nm* Kopfstütze *f*
appuyé, e [apɥije] *adj (insistant)* nachdrücklich;
(excessif) übertrieben

appuyer [apɥije] *vt (exercer une pression)* drücken;
(soutenir: personne, demande) unterstützen, stützen;
s'appuyer *vpr*: **s'~ sur** *(s'accouder à)* sich
(auf)stützen auf *+acc*; *(se baser sur)* sich stützen
auf *+acc*; *(compter sur)* sich verlassen auf *+acc*;
~ sur *(bouton)* drücken auf *+acc*; *(frein)* betätigen;
(mot, détail) betonen, unterstreichen; *(peser sur)*
ruhen auf *+dat*; **~ qch sur** etw stützen auf *+acc*;
~ qch contre/à etw lehnen gegen/an *+acc*; **s'~
sur qn** *(fig)* sich auf jdn stützen; **~ sur le
champignon** auf die Tube drücken
âpre [ɑpʀ] *adj (goût, fruit, vin)* herb; *(voix)* rau; *(froid)*
bitter; *(discussion, lutte)* erbittert; **~ au gain**
habgierig
après [apʀɛ] *prép* nach *+dat*; *(plus loin que)* hinter
+dat ▷ *adv (ensuite)* danach; *(plus tard)* später;
(espace) dahinter; *(poursuite)* hinterher; **2 heures
~ 2** Stunden später; **~ qu'il est** *ou* **soit parti**
nachdem er weggegangen ist; **~ avoir lu la
lettre, elle ...** nachdem sie den Brief gelesen
hatte, ...; **courir ~ qn** jdm nachlaufen, jdm
hinterherlaufen; **être toujours ~ qn** *(critiquer)*
an jdm ständig etwas auszusetzen haben;
~ quoi danach; **d'~** nach; **d'~ lui** ihm zufolge,
seiner Meinung nach; **d'~ moi** meiner Meinung
nach; **~ coup** hinterher; **~ tout** *adv (au fond)*
schließlich; **et (puis) ~?** na und?, und dann?
après-demain [apʀɛdmɛ̃] *adv* übermorgen
après-guerre [apʀɛgɛʀ] *(pl* **~s***) nm* Nachkriegszeit
f; **d'~** Nachkriegs-
après-midi [apʀɛmidi] *nm ou f inv* Nachmittag *m*
après-rasage [apʀɛʀazaʒ] *(pl* **~s***) nm* Aftershave
nt
après-shampooing [apʀɛʃɑ̃pwɛ̃] *nm*
Haarspülung *f*
après-ski [apʀɛski] *(pl* **~s***) nm (chaussure)* Après-
Ski-Stiefel *m*; *(moment)* Après-Ski *nt*
après-soleil [apʀɛsɔlɛj] *adj* After-Sun- ▷ *nm*
After-Sun-Lotion *f*
après-vente [apʀɛvɑ̃t] *adj inv*: **service ~**
Kundendienst *m*
âpreté [ɑpʀəte] *nf (v adj)* Herbheit *f*; Rauheit *f*;
Strenge *f*; Heftigkeit *f*
a priori [apʀijɔʀi] *adv* a priori, von vornherein
à-propos [apʀopo] *nm inv (d'une remarque)*
Schlagfertigkeit *f*; **faire preuve d'~** seine
Geistesgegenwart beweisen; **avec ~** schlagfertig
apte [apt] *adj*: **~ à qch** zu etw fähig; **~ à faire qch**
dazu fähig, etw zu tun; **~ (au service)** *(Mil)*
tauglich
aptitude [aptityd] *nf* Fähigkeit *f*; *(Mil)*
Tauglichkeit *f*; **avoir des ~s pour** eine Begabung
haben für
apurer [apyʀe] *vt (Comm)* klären
aquaculture [akwakyltyʀ] *nf* Fischzucht *f (im
Meer)*
aquaplanage [akwaplanaʒ] *nm* Aquaplaning *nt*
aquaplane [akwaplan] *nm (planche)* Monoski *m*;
(Sport) Wasserskilaufen *nt (auf dem Monoski)*
aquaplaning [akwaplaniŋ] *nm* = **aquaplanage**
aquarelle [akwaʀɛl] *nf* Aquarellmalerei *f*;
(tableau) Aquarell *nt*

aquarelliste [akwaʀelist] *nm/f* Aquarellmaler(in) *m(f)*

aquarium [akwaʀjɔm] *nm* Aquarium *nt*

aquatique [akwatik] *adj* Wasser-

aqueduc [ak(ə)dyk] *nm* Aquädukt *nt*

aqueux, -euse [akø, øz] *adj* wäss(e)rig

aquilin [akilɛ̃] *adj m*: **nez ~** Adlernase *f*

AR [aɛʀ] *sigle m* (= *aller (et) retour*) *voir* **aller**

arabe [aʀab] *adj* arabisch; (*cheval*) Araber- ▷ *nm* (*Ling*) Arabisch *nt* ▷ *nm/f*: **A~** Araber(in) *m(f)*

arabesque [aʀabɛsk] *nf* Arabeske *f*

Arabie [aʀabi] *nf*: **l'~** Arabien *nt*; **l'~ saoudite** *ou* **séoudite** Saudi-Arabien *nt*

arable [aʀabl] *adj* bebaubar

arachide [aʀaʃid] *nf* (*noix*) Erdnuss *f*

araignée [aʀeɲe] *nf* Spinne *f*; **~ de mer** Spinnenkrabbe *f*

araser [aʀɑze] *vt* (*mur*) einreißen, dem Erdboden gleichmachen; (*en rabotant*) glatt hobeln

aratoire [aʀatwaʀ] *adj*: **instrument ~** Ackergerät *nt*

arbalète [aʀbalɛt] *nf* Armbrust *f*

arbitrage [aʀbitʀaʒ] *nm* (*de conflit*) Schlichtung *f*; (*de débat*) Gesprächsführung *f*; **erreur d'~** Schiedsrichterirrtum *m*

arbitraire [aʀbitʀɛʀ] *adj* willkürlich

arbitrairement [aʀbitʀɛʀmɑ̃] *adv* willkürlich

arbitre [aʀbitʀ] *nm* Schlichter *m*; (*Sport*) Schiedsrichter(in) *m(f)*; (: *Boxe*) Ringrichter(in) *m(f)*; (*fig*) Vermittler(in) *m(f)*

arbitrer [aʀbitʀe] *vt* (*conflit*) schlichten; (*débat, confrontation*) die Gesprächsführung haben bei; (*Sport*) als Schiedsrichter leiten; (: *Boxe*) als Ringrichter leiten

arborer [aʀbɔʀe] *vt* (*drapeau, enseigne*) gehisst haben; (*vêtement, chapeau, attitude*) zur Schau stellen; (*sourire*) aufsetzen

arboricole [aʀbɔʀikɔl] *adj* (*technique etc*) Baumzucht-; (*animal*) auf Bäumen lebend

arboriculture [aʀbɔʀikyltyʀ] *nf* Baumzucht *f*; **~ fruitière** Obstbaumzucht *f*

arbre [aʀbʀ] *nm* Baum *m*; (*Tech*) Welle *f*; **~ à cames** Nockenwelle *f*; **~ fruitier** Obstbaum *m*; **~ généalogique** Stammbaum *m*; **~ de Noël** Weihnachtsbaum *m*; **~ de transmission** Kardanwelle *f*

arbrisseau [aʀbʀiso] *nm* Strauch *m*

arbuste [aʀbyst] *nm* Strauch *m*

arc [aʀk] *nm* Bogen *m*; **~ de cercle** Kreisbogen *m*; **en ~ de cercle** halbkreisförmig; **~ de triomphe** Triumphbogen *m*

arcade [aʀkad] *nf* Arkade *f*; (*d'un pont*) Bogen *m*; **~ sourcilière** Augenbrauenbogen *m*

arcanes [aʀkan] *nmpl* Geheimnisse *pl*

arc-boutant [aʀkbutɑ̃] (*pl* **arcs-boutants**) *nm* Strebebogen *m*

arc-bouter [aʀkbute]: **s'arc-bouter** *vpr* sich aufstemmen; **s'~ contre** sich stemmen gegen

arceau [aʀso] *nm* (*de voûte*) Gewölbebogen *m*; (*métallique etc*) Tor *nt*

arc-en-ciel [aʀkɑ̃sjɛl] (*pl* **arcs-en-ciel**) *nm* Regenbogen *m*

archaïque [aʀkaik] *adj* archaisch, veraltet

archaïsme [aʀkaism] *nm* Archaische(s) *nt*; (*Ling*) veraltete (Rede)wendung *f*

archange [aʀkɑ̃ʒ] *nm* Erzengel *m*

arche [aʀʃ] *nf* (*Archit*) Brückenbogen *m*; **~ de Noé** Arche *f* Noah

archéologie [aʀkeɔlɔʒi] *nf* Archäologie *f*

archéologique [aʀkeɔlɔʒik] *adj* archäologisch

archéologue [aʀkeɔlɔg] *nm/f* Archäologe *m*, Archäologin *f*

archer [aʀʃe] *nm* Bogenschütze *m*

archet [aʀʃɛ] *nm* (*Mus*) Bogen *m*

archétype [aʀketip] *nm* Urbild *nt*, Urform *f*

archevêché [aʀʃəveʃe] *nm* (*territoire*) Erzbistum *nt*

archevêque [aʀʃəvɛk] *nm* Erzbischof *m*

archi [aʀʃi] *préf* (*très*) erz-, Erz-

archibondé, e [aʀʃibɔ̃de] *adj* knüppelvoll

archiduc, -duchesse [aʀʃidyk, dyʃɛs] *nm/f* Erzherzog(in) *m(f)*

archipel [aʀʃipɛl] *nm* Archipel *m*

archisimple [aʀʃisɛ̃pl] *adj* kinderleicht

architecte [aʀʃitɛkt] *nm* Architekt(in) *m(f)*

architectural, e, -aux [aʀʃitɛktyʀal, o] *adj* architektonisch

architecture [aʀʃitɛktyʀ] *nf* Architektur *f*; (*fig*: *structure, agencement*) Struktur *f*, Aufbau *m*

archiver [aʀʃive] *vt* archivieren

archives [aʀʃiv] *nfpl* Archiv *nt*

archiviste [aʀʃivist] *nm/f* Archivar(in) *m(f)*

arçon [aʀsɔ̃] *nm* *voir* **cheval**

arctique [aʀktik] *adj* arktisch ▷ *nm*: **l'A~** die Arktis *f*

ardemment [aʀdamɑ̃] *adv* (*aimer*) heiß, glühend; (*souhaiter*) brennend, sehnlich

ardent, e [aʀdɑ̃, ɑ̃t] *adj* (*feu, soleil, amour*) glühend, heiß; (*lutte*) erbittert; (*prière*) inbrünstig

ardeur [aʀdœʀ] *nf* (*du soleil, feu*) Glut *f*, Hitze *f*; (*fig*: *ferveur*) Leidenschaft *f*, Heftigkeit *f*; **~ au travail** (*enthousiasme*) Eifer *m* bei der Arbeit

ardoise [aʀdwaz] *nf* (*matière*) Schiefer *m*; (*de toit*) Schindel *f*; (*d'écolier*) Schiefertafel *f*; **avoir une ~ de 50 euros** mit 50 Euro in der Kreide stehen

ardu, e [aʀdy] *adj* (*travail, problème*) schwierig; (*pente*) steil

are [aʀ] *nm* (*mesure*) Ar *nt ou m*

arène [aʀɛn] *nf* Arena *f*; **arènes** *nfpl* (*de corrida*) Stierkampfarena *f*; **l'~ politique/littéraire** die politische/literarische Arena *ou* Szene *f*

arête [aʀɛt] *nf* (*de poisson*) Gräte *f*; (*montagne*) Grat *m*, Kamm *m*; (*d'un solide*) Kante *f*

argent [aʀʒɑ̃] *nm* (*métal*) Silber *nt*; (*monnaie*) Geld *nt*; **en avoir pour son ~** etwas für sein Geld bekommen; **payer ~ comptant** bar zahlen; **~ liquide** Bargeld *nt*; **~ de poche** Taschengeld *nt*

argenté, e [aʀʒɑ̃te] *adj* (*métal*) versilbert; (*couleur*) silbern, silbrig; (*cheveux*) silbergrau

argenter [aʀʒɑ̃te] *vt* (*métal*) versilbern

argenterie [aʀʒɑ̃tʀi] *nf* Silber *nt*, Silberzeug *nt*

argentin, e [aʀʒɑ̃tɛ̃, in] *adj* (*son*) silberhell; (*d'Argentine*) argentinisch ▷ *nm/f*: **Argentin, e** Argentinier(in) *m(f)*

Argentine [aʀʒɑ̃tin] *nf*: **l'~** Argentinien *nt*

argentique [aʀʒɑ̃tik] *adj* (*appareil-photo*) Analog-

argile [aʀʒil] *nf* Ton *m*

argileux, -euse [aʀʒilø, øz] *adj* Ton-

argot [aʀgo] *nm* ≈ Slang *m*

argotique [aʀgɔtik] *adj* ≈ Slang-

arguer [aʀgɥe]: **~ de** *vt* vorbringen, anführen; **~ que** (als Argument) anführen, dass

argument [aʀgymɑ̃] *nm* Argument *nt*; (*sommaire*) Aussage *f*

argumentaire [aʀgymɑ̃tɛʀ] *nm* (*brochure*) (Verkaufs)broschüre *f*

argumentation [aʀgymɑ̃tasjɔ̃] *nf* Argumentation *f*, Beweisführung *f*

argumenter [aʀgymɑ̃te] *vi* argumentieren

argus [aʀgys] *nm* (*Auto*) Zeitschrift mit Preisen für Gebrauchtwagen

arguties [aʀgysi] (*péj*) *nfpl* Spitzfindigkeiten *pl*

aride [aʀid] *adj* (*sol, pays, sujet*) trocken; (*cœur*) gefühllos, hart

aridité [aʀidite] *nf* (*v adj*) Trockenheit *f*; Hartherzigkeit *f*

aristocrate [aʀistɔkʀat] *nm/f* Aristokrat(in) *m(f)*

aristocratie [aʀistɔkʀasi] *nf* Aristokratie *f*, Adel *m*

aristocratique [aʀistɔkʀatik] *adj* aristokratisch

arithmétique [aʀitmetik] *adj* arithmetisch ▷ *nf* Arithmetik *f*

armada [aʀmada] *nf* Armada *f*

armagnac [aʀmaɲak] *nm* Armagnac *m*

armateur [aʀmatœʀ] *nm* Reeder *m*

armature [aʀmatyʀ] *nf* Gerüst *nt*; (*de tente*) Gestänge *nt*; (*de soutien-gorge*) Verstärkung *f*; (*Mus*) Vorzeichen *pl* (*der Tonart*)

arme [aʀm] *nf* Waffe *f*; (*section de l'armée*) Waffengattung *f*; **armes** *nfpl* (*blason*) Wappen *nt*; (*Mil: profession*) Militär *nt*; **à ~s égales** mit gleichen Waffen; **en ~s** unter Waffen; **passer qn par les ~s** jdn vor ein Exekutionskommando stellen; **prendre les ~s** zu den Waffen greifen; **présenter les ~s** die Waffe präsentieren; **présentez ~s!** präsentiert das Gewehr!; **sous les ~s** beim Militär; **~s de destruction massive** Massenvernichtungswaffen *pl*; **~ blanche** Stichwaffe *f*; **~ à feu** Feuerwaffe *f*

armé, e [aʀme] *adj* bewaffnet; **~ de** (*garni, équipé*) ausgerüstet mit, versehen mit

armée [aʀme] *nf* Armee *f*; **~ de l'air** Luftwaffe *f*; **~ du Salut** Heilsarmee *f*; **~ de terre** Heer *nt*

armement [aʀməmɑ̃] *nm* (*armes*) Bewaffnung *f*, Waffen *pl*; (*action d'équiper: d'un navire*) Ausrüsten *nt*; (: *d'un pays*) Rüsten *nt*; **course aux ~s** Wettrüsten *nt*

Arménie [aʀmeni] *nf*: **l'~** Armenien *nt*

arménien, ne [aʀmenjɛ̃, jɛn] *adj* armenisch ▷ *nm/f*: **Arménien, ne** Armenier(in) *m(f)*

armer [aʀme] *vt* bewaffnen; (*équiper*) ausstatten mit, ausrüsten mit; (*arme à feu, appareil-photo*) spannen; **s'armer** *vpr*: **s'~ de** (*bâton, fusil*) sich bewaffnen mit; (*courage, patience*) sich wappnen mit

armistice [aʀmistis] *nm* Waffenstillstand *m*; **l'A~** der Waffenstillstand (*im 1. Weltkrieg*)

armoire [aʀmwaʀ] *nf* Schrank *m*; **~ à glace** (*fig*) Kleiderschrank *m*; **~ à pharmacie** Hausapotheke *f*, Arzneischränkchen *nt*

armoiries [aʀmwaʀi] *nfpl* Wappen *nt*

armure [aʀmyʀ] *nf* Rüstung *f*

armurerie [aʀmyʀʀi] *nf* (*fabrique*) Rüstungsfabrik *f*; (*magasin*) Waffenhandlung *f*

armurier [aʀmyʀje] *nm* (*fabricant*) Rüstungsfabrikant *m*; (*marchand*) Waffenhändler *m*; (*Mil*) Waffenmeister *m*

ARN [aɛʀɛn] *sigle m* (= *acide ribonucléique*) RNS *f*

arnaque [aʀnak] (*fam*) *nf*: **c'est de l'~** das ist (doch) Betrug

arnaquer [aʀnake] (*fam*) *vt*: **se faire ~** sich übers Ohr hauen lassen

arnaqueur [aʀnakœʀ] (*fam*) *nm* Schwindler *m*, Gauner *m*

arnica [aʀnika] *nm* Arnika *nt*

arobase [aʀobaz] *nf* (*Typo*) At-Zeichen *nt*, Klammeraffe *m*

aromates [aʀɔmat] *nmpl* (*épices*) Gewürze *pl*

aromatique [aʀɔmatik] *adj* aromatisch

aromatisé, e [aʀɔmatize] *adj* aromatisiert

aromatiser [aʀɔmatize] *vt* aromatisieren

arôme [aʀom] *nm* Aroma *nt*

arpège [aʀpɛʒ] *nm* Arpeggio *nt*

arpentage [aʀpɑ̃taʒ] *nm* Vermessung *f*

arpenter [aʀpɑ̃te] *vt* (*parcourir*) auf und ab gehen

arpenteur [aʀpɑ̃tœʀ] *nm* Landvermesser *m*, Geometer *m*

arqué, e [aʀke] *adj* (*dos*) krumm; (*forme*) gebogen, gekrümmt; **jambes ~es** O-Beine *pl*

arrachage [aʀaʃaʒ] *nm*: **~ des mauvaises herbes** (Unkraut)jäten *nt*

arraché [aʀaʃe] *nm* (*Sport: haltérophilie*) Reißen *nt*; **obtenir à l'~** (*fig*) ergattern

arrachement [aʀaʃmɑ̃] *nm* (*séparation*) schmerzlicher Abschied *m*

arrache-pied [aʀaʃpje]: **d'~** *adv* unablässig, unermüdlich

arracher [aʀaʃe] *vt* wegreißen; (*déplanter*) herausziehen; (*dent*) ziehen; (*souche, page etc*) herausreißen; (*par explosion, accident: joue, bras*) wegreißen, abreißen; (*fig: obtenir: augmentation, promesse*) abringen, abnötigen; **s'arracher** *vpr* (*personne, article très recherché*) sich prügeln um; **~ qch à qn** jdm etw wegreißen; (*fig*) jdm etw entreißen; **~ qn à** (*solitude, rêverie*) jdn herausreißen aus; (*famille etc*) jdn entreißen +*dat*; **s'~ de** (*lieu*) sich losreißen von; (*habitude*) sich *dat* abgewöhnen

arraisonner [aʀɛzɔne] *vt* (*bateau*) überprüfen, kontrollieren

arrangeant, e [aʀɑ̃ʒɑ̃, ɑ̃t] *adj* verträglich, umgänglich

arrangement [aʀɑ̃ʒmɑ̃] *nm* (*agencement*) Anordnung *f*; (*d'appartement*) Einrichtung *f*; (*compromis*) Vereinbarung *f*; (*Mus*) Arrangement *nt*

arranger [aʀɑ̃ʒe] *vt* (*appartement etc*) einrichten; (*rendez-vous, rencontre*) arrangieren, vereinbaren; (*voyage*) organisieren; (*réparer*) in Ordnung bringen; (*problème, difficulté*) regeln, in Ordnung bringen; (*pièce de musique, fleurs*) arrangieren;

s'arranger *vpr* (*se mettre d'accord*) sich einigen; (*s'améliorer*) sich einrenken; (*convenir à*): **cela m'arrange** das passt mir gut; **s'~ pour que** es so einrichten, dass; **je vais m'~** ich werde es einrichten; **ça va s'~** das wird schon; **~ qn de la belle manière** jdn übel zurichten; **il s'est fait drôlement ~** (*fam*) er wurde übel zugerichtet

arrangeur, -euse [aRɑ̃ʒœR, øz] *nm/f* (*Mus*) Arrangeur(in) *m(f)*

arrestation [aRɛstasjɔ̃] *nf* Verhaftung *f*, Festnahme *f*

arrêt [aRɛ] *nm* (*de projet, construction*) Einstellung *f*; (*de croissance, hémorragie, trafic*) Stillstand *m*; (*de voiture, montre*) Stehenbleiben *nt*; (*Comm, Fin*) Abschluss *m*; (*Couture*) Vernähen *nt*; (*de bus etc*) Haltestelle *f*; (*Jur: décision*) Urteil *nt*, Entscheidung *f*; (*Football*) Parade *f*; **arrêts** *nmpl* (*Mil*) Arrest *m*; **jouer les ~s de jeu** die Verletzungszeit nachspielen; **être à l'~** stillstehen; **rester** *ou* **tomber en ~ devant qch** vor etw *dat* plötzlich stehen bleiben; **sans ~** ununterbrochen, unaufhörlich; **~ d'autobus** Bushaltestelle *f*; **~ facultatif** Bedarfshaltestelle *f*; **~ de mort** Todesurteil *nt*; **~ de travail** Arbeitsniederlegung *f* *ou* -einstellung *f*

arrêté, e [aRete] *adj* (*idées*) unerschütterlich ▷ *nm* (*Jur*) Erlass *m*, Verordnung *f*; **~ municipal** städtische Verordnung

arrêter [aRete] *vt* anhalten, stoppen; (*projet, construction*) einstellen; (*croissance, hémorragie, maladie, trafic*) zum Stillstand bringen; (*chauffage etc*) ausschalten; (*Comm: compte*) abschließen; (*Couture: point*) vernähen; (*date*) festlegen; (*choix*) treffen; (*suspect, criminel*) verhaften, festnehmen; **s'arrêter** *vpr* (*voiture, personne*) anhalten, stehen bleiben; (*montre*) stehen bleiben; (*s'interrompre*) einhalten; (*pluie, bruit*) aufhören; **~ de faire qch** aufhören, etw zu tun; **arrête de te plaindre** hör auf, dich zu beklagen; **arrête!** hör auf!; **ne pas ~ de faire qch** etw immerzu tun; **s'~ sur** (*suj: choix, regard*) fallen auf +*acc*; **s'~ court** *ou* **net** abrupt stehen bleiben *ou* innehalten; (*bruit etc*) abrupt aufhören

arrhes [aR] *nfpl* Anzahlung *f*

arrière [aRjɛR] *adj inv:* **feu/siège ~** Rücklicht *nt*/ Rücksitz *m* ▷ *nm* (*Sport*) Verteidiger *m*; **roue ~** Hinterrad *nt*; **protéger ses ~s** sich +*dat* den Rücken schützen; **à l'~** (*derrière*) hinten; **en ~** (*regarder, tomber*) nach hinten; (*aller*) rückwärts; **en ~ de** (*derrière*) hinter +*dat*

arriéré, e [aRjere] *adj* rückständig ▷ *nm* (*d'argent*) (Zahlungs)rückstand *m*

arrière-boutique [aRjɛRbutik] (*pl* ~s) *nf* Hinterzimmer *nt* (*eines Ladens*)

arrière-cour [aRjɛRkuR] (*pl* ~s) *nf* Hinterhof *m*

arrière-cuisine [aRjɛRkɥizin] (*pl* ~s) *nf* Spülküche *f*

arrière-garde [aRjɛRgaRd] (*pl* ~s) *nf* Nachhut *f*

arrière-goût [aRjɛRgu] (*pl* ~s) *nm* Nachgeschmack *m*

arrière-grand-mère [aRjɛRgRɑ̃mɛR] (*pl* **arrière-grands-mères**) *nf* Urgroßmutter *f*

arrière-grand-père [aRjɛRgRɑ̃pɛR] (*pl* **arrière-grands-pères**) *nm* Urgroßvater *m*

arrière-grands-parents [aRjɛRgRɑ̃paRɑ̃] *nmpl* Urgroßeltern *pl*

arrière-pays [aRjɛRpei] *nm inv* Hinterland *nt*

arrière-pensée [aRjɛRpɑ̃se] (*pl* ~s) *nf* Hintergedanke *m*

arrière-petite-fille [aRjɛRpətitfij] (*pl* **arrière-petites-filles**) *nf* Urenkelin *f*

arrière-petit-fils [aRjɛRpətifis] (*pl* **arrière-petits-fils**) *nm* Urenkel *m*

arrière-petits-enfants [aRjɛRpətizɑ̃fɑ̃] *nmpl* Urenkel *pl*

arrière-plan [aRjɛRplɑ̃] (*pl* ~s) *nm* Hintergrund *m*; **à l'~** im Hintergrund

arrière-saison [aRjɛRsɛzɔ̃] (*pl* ~s) *nf* Nachsaison *f*

arrière-salle [aRjɛRsal] (*pl* ~s) *nf* Hinterzimmer *nt*

arrière-train [aRjɛRtRɛ̃] (*pl* ~s) *nm* Hinterteil *nt*

arrimer [aRime] *vt* (*chargement*) festzurren

arrivage [aRivaʒ] *nm* Eingang *m*

arrivant, e [aRivɑ̃, ɑ̃t] *nm/f* Ankömmling *m*

arrivée [aRive] *nf* Ankunft *f*; (*Sport*) Ziel *nt*; **courrier à l'~** Posteingang *m*; **à mon ~** bei meiner Ankunft; **~ d'air** Luftzufuhr *f*; **~ de gaz** Gaszufuhr *f*

arriver [aRive] *vi* ankommen; (*survenir*) geschehen, sich ereignen; **j'arrive!** komme sofort!; **il arrive à Paris à 8 h** er kommt um 8 Uhr in Paris an; **~ à destination** sein Ziel erreichen; **~ à** (*endroit*) erreichen; **j'arrive à qch** etw gelingt mir; **j'arrive à faire qch** es gelingt mir, etw zu tun; **j'arrive de Strasbourg** ich komme gerade aus Straßburg (an); **il lui arrive de rire** es kommt (manchmal) vor, dass er lacht; **je n'y arrive pas** ich schaffe es (einfach) nicht; **~ à échéance** fällig werden; **en ~ à faire qch** so weit kommen, etw zu tun

arrivisme [aRivism] *nm* Strebertum *nt*

arriviste [aRivist] *nm/f* Streber *m*, Ehrgeizling *m*

arrogance [aRɔgɑ̃s] *nf* Arroganz *f*

arrogant, e [aRɔgɑ̃, ɑ̃t] *adj* arrogant

arroger [aRɔʒe] **s'~** *vpr* sich *dat* anmaßen

arrondi, e [aRɔ̃di] *adj* rund, rundlich ▷ *nm* (*forme*) Rundheit *f*, runde Form *f*

arrondir [aRɔ̃diR] *vt* (*forme, objet*) runden; (*somme: en augmentant*) aufrunden; (*: en diminuant*) abrunden; **s'arrondir** *vpr* (*dos, ventre*) sich runden, rund werden; **~ ses fins de mois** ein bisschen (nebenbei) dazuverdienen

arrondissement [aRɔ̃dismɑ̃] *nm* (*Admin*) ≈ Verwaltungsbezirk *m*; (*à Paris*) Arrondissement *nt*

arrosage [aRozaʒ] *nm* Gießen *nt*; **tuyau d'~** Gartenschlauch *m*

arroser [aRoze] *vt* gießen; (*Culin, fêter*) begießen; (*suj: fleuve, rivière*) durchfließen; **se faire ~** (*fam*) patschnass werden

arroseur [aRozœR] *nm* (*tourniquet*) Sprenkler *m*

arroseuse [aRozøz] *nf* Sprengwagen *m*

arrosoir [aRozwaR] *nm* Gießkanne *f*

arrt *abr* = **arrondissement**

arsenal, -aux [aRsənal, o] *nm* (*dépôt d'armes*)

Waffenlager nt, Arsenal nt; (Naut) Marinewerft f; (fam: matériel) Ausrüstung f

arsenic [aʀsənik] nm Arsen nt

art [aʀ] nm Kunst f; **avoir l'~ de faire qch** (ein) Geschick dafür haben, etw zu tun; **les ~s et métiers** die angewandten Künste; **~ dramatique** dramatische Kunst; **~s ménagers** Hauswirtschaft(slehre) f; **~s plastiques** bildende Kunst

art. abr = **article**

artère [aʀtɛʀ] nf Arterie f; (rue) Verkehrsader f

artériel, le [aʀteʀjɛl] adj arteriell

artériosclérose [aʀteʀjoskleʀoz] nf Arteriosklerose f, Arterienverkalkung f

arthrite [aʀtʀit] nf Arthritis f

arthrose [aʀtʀoz] nf Arthrose f

artichaut [aʀtiʃo] nm Artischocke f

article [aʀtikl] nm Artikel m; (Jur: d'une loi, d'un règlement) Paragraf m; **faire l'~** (Comm) seine Waren anpreisen; **à l'~ de la mort** an der Schwelle des Todes; **~ défini/indéfini** bestimmter/unbestimmter Artikel m; **~ de fond** Leitartikel m; **~s de bureau** Büroartikel pl; **~s de voyage** Reisebedarf m

articulaire [aʀtikylɛʀ] adj Gelenk-

articulation [aʀtikylasjɔ̃] nf Gelenk nt; (d'un texte, discours) Gliederung f; (prononciation) Artikulation f

articulé, e [aʀtikyle] adj (membre) Gelenk-; (poupée) Glieder-

articuler [aʀtikyle] vt (mot, phrase) aussprechen, artikulieren; **s'articuler** vpr: **s'~ sur** basieren auf; **s'~ autour de** (fig) hängen an +dat

artifice [aʀtifis] nm List f, Trick m

artificiel, le [aʀtifisjɛl] adj künstlich; (péj) gekünstelt

artificiellement [aʀtifisjɛlmɑ̃] adv künstlich; (péj) gekünstelt

artificier [aʀtifisje] nm Pyrotechniker(in) m(f)

artificieux, -euse [aʀtifisjø, jøz] adj hinterhältig, tückisch

artillerie [aʀtijʀi] nf Artillerie f

artilleur [aʀtijœʀ] nm Artillerist m

artimon [aʀtimɔ̃] nm Besan m

artisan [aʀtizɑ̃] nm Handwerker(in) m(f); **l'~ de la victoire** (auteur) der Vater m des Sieges; **l'~ du malheur** der Urheber m des Unglücks

artisanal, e, -aux [aʀtizanal, o] adj handwerklich, Handwerks-

artisanalement [aʀtizanalmɑ̃] adv handwerklich

artisanat [aʀtizana] nm Handwerk nt

artiste [aʀtist] nm/f Künstler(in) m(f); (fig: bohème) Künstlernatur f

artistique [aʀtistik] adj künstlerisch

aryen, ne [aʀjɛ̃, jɛn] adj arisch

AS [aɛs] sigle f (= association sportive) ≈ SV

as [ɑs] vb voir **avoir** ▷ nm Ass nt

ascendance [asɑ̃dɑ̃s] nf (origine) Abstammung f, Herkunft f

ascendant, e [asɑ̃dɑ̃, ɑ̃t] adj aufsteigend ▷ nm (Astrol) Aszendent m; (influence) Einfluss m

ascenseur [asɑ̃sœʀ] nm Aufzug m

ascension [asɑ̃sjɔ̃] nf (d'une montagne) Besteigung f; (d'un ballon etc) Aufstieg m; **l'A~** (Rel) (Christi) Himmelfahrt f

ascète [asɛt] nm/f Asket(in) m(f)

ascétique [asetik] adj asketisch

ascétisme [asetism] nm Askese f

ascorbique [askɔʀbik] adj: **acide ~** Ascorbinsäure f, Askorbinsäure f

ASE [aɛsə] sigle f (= Agence spatiale européenne) ESA f

asepsie [asɛpsi] nf Asepsis f

aseptique [asɛptik] adj keimfrei, aseptisch

aseptiser [asɛptize] vt (pièce) keimfrei machen; (pansement, ustensile) sterilisieren; (plaie) desinfizieren, keimfrei machen

asexué, e [asɛksɥe] adj ungeschlechtlich

asiatique [azjatik] adj asiatisch ▷ nm/f: **A~** Asiat m, Asiatin f

Asie [azi] nf: **l'~** Asien nt

asile [azil] nm Zuflucht f; (Pol) Asyl nt; (pour malades mentaux) Anstalt f, Heim nt; (pour vieillards) (Alters)heim nt; **droit d'~** Asylrecht nt; **accorder l'~ politique à qn** jdm politisches Asyl gewähren

asocial, e, -aux [asɔsjal, jo] adj asozial

aspect [aspɛ] nm (apparence, air) Aussehen nt; (point de vue) Aspekt m, Gesichtspunkt m; (Ling) Aspekt

asperge [aspɛʀʒ] nf Spargel m

asperger [aspɛʀʒe] vt (surface) besprengen; (personne) bespritzen

aspérité [asperite] nf Unebenheit f

asphalte [asfalt] nm Asphalt m

asphalter [asfalte] vt asphaltieren

asphyxiant, e [asfiksjɑ̃, jɑ̃t] adj erstickend

asphyxie [asfiksi] nf Ersticken nt; (fig) Lähmung f

asphyxier [asfiksje] vt ersticken; (fig) lähmen; **mourir asphyxié** ersticken

aspic [aspik] nm (Zool) Natter f; (Culin) Aspik m, Sülze f

aspirant, e [aspiʀɑ̃, ɑ̃t] adj: **pompe ~e** Saugpumpe f ▷ nm (Naut) Offiziersanwärter m

aspirateur [aspiʀatœʀ] nm Staubsauger m

aspiration [aspiʀasjɔ̃] nf (d'air) Einatmen nt; (de liquide, poussière etc) Aufsaugen nt; **~s** (ambitions) Ziele pl

aspirer [aspiʀe] vt aufsaugen; (respirer) einatmen; **~ à qch** nach etw streben; **~ à faire qch** danach streben, etw zu tun

aspirine [aspiʀin] nf Aspirin® nt

assagir [asaʒiʀ] vt beruhigen; **s'assagir** vpr ruhiger werden

assaillant, e [asajɑ̃, ɑ̃t] nm/f Angreifer(in) m(f)

assaillir [asajiʀ] vt angreifen; **~ qn de** (questions, reproches) jdn überschütten mit

assainir [aseniʀ] vt säubern; (finances) sanieren

assainissement [asenismɑ̃] nm Säuberung f; (de ville, finances) Sanierung f

assaisonnement [asɛzɔnmɑ̃] nm (de plat) Gewürz nt; (de salade) Salatsoße f

assaisonner [asɛzɔne] vt (plat) würzen; (salade) anmachen; **bien assaisonné** gut gewürzt

assassin [asasɛ̃] nm Mörder m

assassinat [asasina] *nm* Ermordung *f*

assassiner [asasine] *vt* ermorden

assaut [aso] *nm* (*Mil*) Sturmangriff *m*; (*fig*) Angriff *m*; **prendre d'~** stürmen; **donner l'~ à** anstürmen gegen +*acc*; **faire ~ de** (*rivaliser*) einander zu überbieten suchen in +*dat*

assèchement [asɛʃmɑ̃] *nm* Trockenlegung *f*

assécher [aseʃe] *vt* trockenlegen

ASSEDIC [asedik] *sigle f* (= *Association pour l'emploi dans l'industrie et le commerce*) ≈ Arbeitslosenversicherung *f*

assemblage [asɑ̃blaʒ] *nm* (*action d'assembler*) Zusammenfügen *nt*, Zusammensetzen *nt*; (*menuiserie*) Verbindung *f*; (*fig*) Ansammlung *f*; **langage d'~** (*Inform*) Assemblersprache *f*

assemblée [asɑ̃ble] *nf* Versammlung *f*; **~ des fidèles** Gemeinde *f*; **l'A~ nationale** die (französische) Nationalversammlung *f*; *siehe Info-Artikel*

◉ **ASSEMBLÉE NATIONALE**
◉
◉ Die *Assemblée nationale* ist das Unterhaus des
◉ französischen Parlaments, das Oberhaus ist
◉ der *Sénat*. Sie tagt im Palais Bourbon in Paris
◉ und besteht aus ungefähr 580 *députés*
◉ (Abgeordneten), die alle fünf Jahre gewählt
◉ werden.

assembler [asɑ̃ble] *vt* zusammensetzen; (*mots, idées*) verbinden; (*amasser*) zusammenstellen; **s'assembler** *vpr* (*personnes*) sich versammeln

assembleur [asɑ̃blœʀ] *nm* Assembler *m*

assener [asene] *vt*: **~ un coup à qn** jdm einen Schlag versetzen

asséner [asene] *vt* = **assener**

assentiment [asɑ̃timɑ̃] *nm* Einwilligung *f*; (*approbation*) Zustimmung *f*

asseoir [aswaʀ] *vt* hinsetzen; (*fig: autorité, réputation*) festigen; **s'asseoir** *vpr* sich hinsetzen; (*personne couchée*) sich aufsetzen; **faire ~ qn** jdn bitten, sich hinzusetzen; **~ qn sur** jdn setzen auf +*acc*; **~ qch sur** (*fig*) etw gründen auf +*dat*

assermenté, e [asɛʀmɑ̃te] *adj* beeidigt, vereidigt

assertion [asɛʀsjɔ̃] *nf* Behauptung *f*

asservir [asɛʀviʀ] *vt* unterjochen, knechten

asservissement [asɛʀvismɑ̃] *nm* (*action*) Unterjochung *f*; (*état*) Knechtschaft *f*

assesseur [asesœʀ] *nm* Beisitzer(in) *m(f)*

asseyais [asɛje] *vb voir* **asseoir**

assez [ase] *adv* (*suffisamment*) genug; (*avec adj, adv*) ziemlich; **~! das reicht!, das langt!**; **est-il ~ fort/rapide?** ist es stark/schnell genug?; **~ de pain/livres** genug Brot/Bücher, genügend Brot/Bücher; **vous en avez ~** Sie haben genug davon; **en avoir ~ de qch** von etw genug haben, etw satthaben; **~ grand pour** alt genug, um zu

assidu, e [asidy] *adj* (*zélé*) fleißig, eifrig; (*ponctuel*) gewissenhaft; (*soins, travail*) beharrlich, beständig; **être ~ auprès de qn** (*empressé*) sich eifrig um jdn bemühen

assiduité [asidɥite] *nf* (*v adj*) Fleiß *m*, Eifer *m*; Gewissenhaftigkeit *f*; **assiduités** *nfpl* (*péj*) ständige Bemühungen *pl*

assidûment [asidymɑ̃] *adv* (*v adj*) fleißig; gewissenhaft

assied *etc* [asje] *vb voir* **asseoir**

assiégé, e [asjeʒe] *adj* belagert

assiéger [asjeʒe] *vt* (*Mil*) belagern; (*suj: foule*) überschwemmen

assiérai *etc* [asjeʀe] *vb voir* **asseoir**

assiette [asjɛt] *nf* Teller *m*; (*d'un cavalier*) Sitz *m*; (*d'un navire*) Trimm *m*; **~ anglaise** ≈ kalte Platte *f*; **~ creuse** tiefer Teller *m*; **~ à dessert** Dessertteller *m*; **~ de l'impôt** Steuerveranlagung *f*; **~ plate** flacher Teller *m*

assiettée [asjete] *nf* Teller(voll) *m*

assignation [asiɲasjɔ̃] *nf* (*Jur*) Vorladung *f*; **~ à résidence** Hausarrest *m*

assigner [asiɲe] *vt* zuweisen, zuteilen; (*valeur, importance*) zumessen; (*limites*) festlegen, festsetzen; (*cause, effet*) zuschreiben; **~ qn à un poste** jdm einen Posten zuweisen; **~ qn à résidence** jdn unter Hausarrest stellen

assimilable [asimilabl] *adj* (*nourriture*) leicht verdaulich; (*connaissances*) leicht zu verarbeiten

assimilation [asimilasjɔ̃] *nf* (*v vb*) Verdauen *nt*; Verarbeiten *nt*; Integration *f*

assimiler [asimile] *vt* (*aliments*) verdauen; (*connaissances, idée*) verarbeiten; (*immigrants, nouveaux-venus*) integrieren, aufnehmen; **~ qch/qn à** (*comparer*) etw/jdn gleichstellen mit; **s'assimiler** *vpr* (*s'intégrer*) sich integrieren; **ils sont assimilés aux infirmiers** sie sind den Krankenpflegern gleichgestellt

assis, e [asi, iz] *pp de* **asseoir** ▷ *adj* sitzend; **être ~** sitzen; **être ~ en tailleur** mit übereinandergeschlagenen Beinen sitzen

assise [asiz] *nf* (*d'une maison*) Unterbau *m*; (*fig*) Grundlage *f*; **assises** *nfpl* (*Jur*) ≈ Schwurgericht *nt*; (*congrès*) Tagung *f*

assistanat [asistana] *nm* Assistentenstelle *f*

assistance [asistɑ̃s] *nf* (*public*) Publikum *nt*; (*aide*) Hilfe *f*, Beistand *m*; **porter/prêter ~ à qn** jdm Hilfe leisten, jdm helfen; **A~ (publique)** ≈ Fürsorge *f*; **~ technique** Entwicklungshilfe *f*

assistant, e [asistɑ̃, ɑ̃t] *nm/f* Assistent(in) *m(f)*; (*d'un médecin*) Arzthelfer(in) *m(f)*; **assistants** *nmpl* (*auditeurs etc*) Publikum *nt*; **~(e) social(e)** Sozialarbeiter(in) *m(f)*

assisté, e [asiste] *adj* (*Auto*) Servo- ▷ *nm/f* ≈ Sozialhilfeempfänger(in) *m(f)*

assister [asiste] *vt* (*seconder*) helfen +*dat*; **~ à** (*voir*) beiwohnen +*dat*, dabei sein bei; (*participer à*) teilnehmen an +*dat*

association [asɔsjasjɔ̃] *nf* Vereinigung *f*; (*de mots*) Assoziation *f*; **~ d'idées** Gedankenassoziation *f*

associé, e [asɔsje] *adj* (*personne*) verbunden; (*Comm*) assoziiert ▷ *nm/f* Partner(in) *m(f)*

associer [asɔsje] *vt* (*entreprises, personnes*) vereinigen; (*mots, idées*) verbinden; **s'associer** *vpr* (*suj: personnes, entreprises*) sich zusammenschließen, sich verbinden; (*un collaborateur*) aufnehmen; **~ qn à** (*projets, profits*) jdn beteiligen an +*dat*; (*affaire*) jdn zum Partner machen in +*dat*; (*joie, triomphe*) jdn teilnehmen *ou* teilhaben lassen an +*dat*; **~ qch à** (*joindre, allier*) etw anschließen an +*acc*; **s'~ à qch** (*se joindre à*) sich an etw *acc* anschließen; (*se combiner avec*) sich mit etw verbinden

assoie [aswa] *vb voir* **asseoir**

assoiffé, e [aswafe] *adj* durstig; **~ de sang** blutrünstig; **~ de gloire** nach Ruhm dürstend

assoirai *etc* [aswaʀe] *vb voir* **asseoir**

assois *etc* [aswa] *vb voir* **asseoir**

assolement [asɔlmɑ̃] *nm* Fruchtfolge *f*

assombrir [asɔ̃bʀiʀ] *vt* verdunkeln; (*fig*) überschatten; **s'assombrir** *vpr* (*ciel*) sich zuziehen, dunkel werden; (*visage*) sich verfinstern

assommer [asɔme] *vt* niederschlagen; (*suj: médicament etc*) betäuben, benommen machen; (*fam: ennuyer*) tödlich langweilen

Assomption [asɔ̃psjɔ̃] *nf:* **l'~** Mariä Himmelfahrt *f*; *siehe Info-Artikel*

⊕ **ASSOMPTION**
⊕
⊕ *La fête de l'Assomption* oder üblicher *le 15 août* am
⊕ 15. August ist ein gesetzlicher Feiertag in
⊕ Frankreich. Traditionsgemäß beginnen an
⊕ diesem Tag sehr viele Franzosen ihren
⊕ Sommerurlaub, sodass es häufig zu
⊕ chaotischen Zuständen auf Frankreichs
⊕ Straßen kommt.

assorti, e [asɔʀti] *adj* (*en harmonie*) zusammenpassend; **fromages/légumes ~s** Käse-/Gemüseplatte *f*; **~ à** passend zu, abgestimmt auf +*acc*; **~ de** begleitet von; **ils sont bien/mal ~s** sie passen gut/schlecht zusammen

assortiment [asɔʀtimɑ̃] *nm* (*choix*) Auswahl *f*; (*ensemble*) Satz *m*; (*Comm*) Sortiment *nt*

assortir [asɔʀtiʀ] *vt* zusammenstellen; **s'assortir** *vpr* (*aller ensemble*) zusammenpassen; **~ qch à** etw abstimmen auf +*acc*; **~ qch de** (*conseils etc*) etw verbinden mit; **s'~ de** (*s'accompagner de*) verbunden sein mit

assoupi, e [asupi] *adj* dösend, schlummernd

assoupir [asupiʀ]: **s'~** *vpr* einschlummern

assoupissement [asupismɑ̃] *nm* (*sommeil*) Schlummer *m*; (*fig: somnolence*) Benommenheit *f*

assouplir [asupliʀ] *vt* geschmeidig machen; (*fig: règlement, discipline*) lockern; (: *caractère*) gefügig machen; **s'assouplir** *vpr* (*v vt*) geschmeidig/locker/gefügig werden

assouplissant [asuplisɑ̃] *nm* Weichspüler *m*

assouplissement [asuplismɑ̃] *nm* (*v vt*) Geschmeidigmachen *nt*; Lockerung *f*; Gefügigmachen *nt*; **exercices d'~** Lockerungsübungen *pl*

assourdir [asuʀdiʀ] *vt* (*étouffer*) dämpfen, abschwächen; (*rendre sourd*) taub machen

assourdissant, e [asuʀdisɑ̃, ɑ̃t] *adj* (*bruit*) ohrenbetäubend

assouvir [asuviʀ] *vt* stillen

assoyais [aswajɛ] *vb voir* **asseoir**

assujetti, e [asyʒeti] *adj* (*peuple, pays*) unterworfen; **être ~ à** (*règle*) unterstehen +*dat*; **~ à l'impôt** steuerpflichtig

assujettir [asyʒetiʀ] *vt* (*peuple, pays*) unterwerfen; (*fixer*) befestigen, festmachen; **~ qn à qch** (*règle*) jdn einer Sache *dat* unterwerfen; (*impôt*) jdm etw auferlegen

assujettissement [asyʒetismɑ̃] *nm* (*contrainte*) Unterwerfung *f*

assumer [asyme] *vt* übernehmen; (*conséquence, situation*) auf sich *acc* nehmen; **s'assumer** *vpr* sich annehmen

assurance [asyʀɑ̃s] *nf* (*certitude*) Gewissheit *f*; (*confiance en soi*) Selbstbewusstsein *nt*, Selbstsicherheit *f*; (*contrat, garantie*) Versicherung *f*; **prendre une ~ contre** sich versichern gegen; **~ contre l'incendie** Feuerversicherung *f*; **~ maladie** Krankenversicherung *f*; **~ au tiers** Haftpflichtversicherung *f*; **~ tous risques** Vollkaskoversicherung *f*; **~ contre le vol** Diebstahlversicherung *f*; **~s sociales** Sozialversicherung *f*

assurance-vie [asyʀɑ̃svi] (*pl* **assurances-vie**) *nf* Lebensversicherung *f*

assurance-vol [asyʀɑ̃svɔl] (*pl* **assurances-vol**) *nf* Diebstahlversicherung *f*

assuré, e [asyʀe] *adj* (*sûr*) sicher, gewiss; (*démarche, voix*) selbstbewusst, selbstsicher; (*couvert par une assurance*) versichert ▷ *nm/f* (*couvert par une assurance*) Versicherte(r) *f(m)*; **~ de** (*certain de qch*) einer Sache *gén* sicher; **~ social** Sozialversicherte(r) *f(m)*

assurément [asyʀemɑ̃] *adv* sicherlich, ganz gewiss

assurer [asyʀe] *vt* (*contre un risque*) versichern; (*stabiliser, protéger*) absichern; (*rendre certain: succès, victoire*) sichern; (*s'occuper de: service, garde*) sorgen für; **s'assurer** *vpr*: **s'~ (contre)** sich versichern (gegen); **~ à qn que** (*jdm*) versichern, dass; **~ qn de qch** jdm etw zusichern; (*garantir*) jdm etw zusichern; (*certifier*) jdm etw versichern; **je vous assure que si/non** ich versichere Ihnen, dass es stimmt/nicht stimmt; **~ ses arrières** (*fig*) sich absichern; **s'~ de** sich überzeugen von; **s'~ que** sich davon überzeugen, dass; **s'~ de qch** (*faire en sorte que l'on obtienne*) sich *dat* etw sichern; **s'~ sur la vie** sein Leben versichern; **s'~ le concours/la collaboration de qn** sich *dat* jds Mitarbeit/Zusammenarbeit sichern

assureur [asyʀœʀ] *nm* (*agent*) Versicherungsvertreter *m*; (*société*) Versicherungsträger *m*

Assyrie [asiʀi] *nf:* **l'~** Assyrien *nt*

Assyrien, ne [asiʀjɛ̃, jɛn] *nm/f* Assyrer(in) *m(f)*

astérisque [asteʀisk] *nm* Sternchen *nt*

astéroïde [asteʀɔid] *nm* Asteroid *m*

asthénique [astenik] *adj* kraftlos

asthmatique [asmatik] *adj* asthmatisch

asthme [asm] *nm* Asthma *nt*

asticot [astiko] *nm* Made *f*

asticoter [astikɔte] vt (tracasser) schikanieren
astigmate [astigmat] adj: **être ~** einen Astigmatismus haben
astiquer [astike] vt polieren
astrakan [astrakã] nm Persianer m
astral, e, -aux [astral, o] adj astral, Stern-
astre [astr] nm Stern m, Gestirn nt
astreignant, e [astrɛɲã, ãt] adj (tâche) anstrengend; (règle) streng
astreindre [astrɛ̃dr] vt: **~ qn à qch** jdn zu etw zwingen; **s'astreindre** vpr: **s'~ à qch** sich einer Sache dat unterziehen; **~ qn à faire qch** jdn dazu zwingen, etw zu tun; **s'~ à faire qch** sich zwingen, etw zu tun
astringent, e [astrɛ̃ʒã, ãt] adj adstringierend
astrologie [astrɔlɔʒi] nf Astrologie f
astrologique [astrɔlɔʒik] adj astrologisch
astrologue [astrɔlɔg] nm/f Astrologe(-in) m(f)
astronaute [astronot] nm/f Astronaut(in) m(f)
astronautique [astronotik] nf Raumfahrt f
astronome [astrɔnɔm] nm/f Astronom(in) m(f)
astronomie [astrɔnɔmi] nf Astronomie f
astronomique [astrɔnɔmik] adj astronomisch
astrophysicien, ne [astrofizisjɛ̃, jɛn] nm/f Astrophysiker(in) m(f)
astrophysique [astrofizik] nf Astrophysik f
astuce [astys] nf (ingéniosité) Findigkeit f; (truc) Trick m, Kniff m; (plaisanterie) Witz m
astucieusement [astysjøzmã] adv schlau, pfiffig
astucieux, -euse [astysjø, jøz] adj schlau, pfiffig
asymétrique [asimetrik] adj asymmetrisch
AT sigle m (= Ancien Testament) AT
atavisme [atavism] nm Atavismus m; **c'est de l'~** das ist pure Vererbung
atelier [atəlje] nm Werkstatt f; (de peintre) Atelier nt; **~ de musique** Musikstudio nt; **~ de poterie** Töpferwerkstatt f
atermoiements [atɛrmwamã] nmpl Verzögerungen pl
atermoyer [atɛrmwaje] vi Ausflüchte machen
athée [ate] adj atheistisch ▷ nm/f Atheist(in) m(f)
athéisme [ateism] nm Atheismus m
Athènes [atɛn] n Athen nt
athlète [atlɛt] nm/f Athlet(in) m(f)
athlétique [atletik] adj (Sport) leichtathletisch; (fort, puissant) athletisch, kräftig
athlétisme [atletism] nm Leichtathletik f; **tournoi d'~** Leichtathletikwettkampf m; **faire de l'~** Leichtathletik betreiben
atlantique [atlãtik] adj atlantisch, Atlantik-; (pacte) Atlantik- ▷ nm: **l'(océan) A~** der Atlantik, der Atlantische Ozean
atlantiste [atlãtist] adj der/die den Atlantikpakt befürwortet ▷ nm/f Befürworter(in) m(f) des Atlantikpaktes
Atlas [atlɑs] nm: **l'~** der Atlas, das Atlasgebirge
atlas [atlɑs] nm Atlas m
atmosphère [atmɔsfɛr] nf Atmosphäre f; (air) Luft f
atmosphérique [atmɔsferik] adj atmosphärisch
atoll [atɔl] nm Atoll nt
atome [atom] nm Atom nt

atomique [atɔmik] adj Atom-; **nombre ~** Ordnungszahl f
atomiseur [atɔmizœr] nm Zerstäuber m
atone [atɔn] adj (regard) kraftlos; (Ling) unbetont
atours [atur] nmpl (vêtements) Klamotten pl
atout [atu] nm Trumpf m; **~ pique/trèfle** Pik/Kreuz ist Trumpf
âtre [ɑtr] nm Feuerstelle f, Kamin m
atroce [atrɔs] adj grausam, entsetzlich
atrocement [atrɔsmã] adv furchtbar
atrocité [atrɔsite] nf (d'un crime) Grausamkeit f, Entsetzlichkeit f; (gén pl: actes atroces) Gräuel(taten pl) pl
atrophie [atrɔfi] nf (Méd) Atrophie f, Verkümmerung f
atrophier [atrɔfje]: **s'~** vpr verkümmern
attabler [atable]: **s'~** vpr sich an den Tisch setzen; **s'~ à la terrasse** sich an einen Tisch auf der Terrasse setzen
ATTAC [atak] sigle f (= Association pour la Taxation des Transactions pour l'Aide aux Citoyens) Attac f, globalisierungskritische Organisation
attachant, e [ataʃã, ãt] adj liebenswert
attache [ataʃ] nf (agrafe) (Heft)klammer f; (fig: lien) Bindung f, Band nt; **attaches** nfpl (relations) Bindungen pl; **à l'~** (chien) angebunden, an der Leine
attaché, e [ataʃe] adj: **être ~ à** (aimer) sehr hängen an +dat ▷ nm (Admin) Attaché m; **~ d'ambassade** Botschaftsattaché m; **~ commercial** Handelsattaché m; **~ de presse** Presseattaché m
attaché-case [ataʃekɛz] (pl **attachés-cases**) nm Aktenkoffer m, Diplomatenkoffer m
attachement [ataʃmã] nm (affection) Zuneigung f
attacher [ataʃe] vt (chien) anbinden, festbinden; (bateau) festmachen; (fixer) befestigen; (colis) zuschnüren; (mains, prisonnier etc) fesseln; (ceinture, tablier) umbinden; (souliers) binden, zuschnüren ▷ vi (riz, sucre) kleben; **s'attacher** vpr (robe etc) zumachen; **~ qch à** (fixer) etw festmachen ou befestigen an +dat; **~ qn à** jdn binden an +acc; **~ du prix/de l'importance à** Wert/Wichtigkeit zumessen +dat; **s'~ à** (par affection) Zuneigung fassen zu; **s'~ à faire qch** sich bemühen, etw zu tun
attaquant [atakã] nm (Mil) Angreifer m; (Sport) Stürmer m
attaque [atak] nf Angriff m; (Méd: cardiaque) Anfall m; (: cérébrale) Schlaganfall m; **se sentir d'~** sich in Höchstform fühlen; **~ à main armée** bewaffneter Überfall m
attaquer [atake] vt angreifen; (travail) in Angriff nehmen ▷ vi angreifen; **s'~ à** (personne) angreifen; (épidémie, misère) bekämpfen; **~ qn en justice** jdn gerichtlich belangen
attardé, e [atarde] adj (enfant, classe) zurückgeblieben; (péj: conceptions etc) veraltet; (promeneur) verspätet
attarder [atarde]: **s'~** vpr sich lange aufhalten
atteignais etc [atɛɲɛ] vb voir **atteindre**
atteindre [atɛ̃dr] vt erreichen; (blesser) treffen;

(*contacter*) sich in Verbindung setzen mit;
(*émouvoir*) betreffen, betroffen machen
atteint, e [atɛ̃, ɛ̃t] *pp de* **atteindre** ▷ *adj* (*Méd*):
être ~ de leiden an +*dat*
atteinte [atɛ̃t] *nf* Angriff *m*; (*Méd*: *crise*) Anfall *m*;
hors d'~ außer Reichweite; **porter ~ à** angreifen
attelage [at(ə)laʒ] *nm* (*animaux*) Gespann *nt*;
(*dispositif*) Geschirr *nt*; (*action*) Anschirren *nt*,
Anspannen *nt*
atteler [at(ə)le] *vt* (*cheval, bœufs*) anschirren;
(*wagons*) anspannen; **s'~ à** (*travail*) sich
hineinknien in +*acc*
attelle [atɛl] *nf* Schiene *f*
attenant, e [at(ə)nɑ̃, ɑ̃t] *adj* angrenzend; **~ à**
angrenzend an +*acc*
attendre [atɑ̃dʀ] *vt* warten auf +*acc*; (*être destiné ou
réservé à, espérer*) erwarten ▷ *vi* warten; **s'attendre**
vpr: **s'~ à** rechnen mit; **~ qch de qn/qch** etw von
jdm/einer Sache *dat* erwarten; **attendez que je
réfléchisse** warten Sie, lassen Sie mich
nachdenken; **je ne m'y attendais pas** darauf
war ich nicht gefasst, damit habe ich nicht
gerechnet; **ce n'est pas ce à quoi je
m'attendais** das ist nicht, was ich erwartet
hatte; **~ un enfant** (*grossesse*) ein Kind erwarten;
~ de pied ferme eisern warten; **~ de faire qch**
darauf warten, etw zu tun; **~ que** warten, bis;
faire ~ qn jdn warten lassen; **se faire ~** auf sich
acc warten lassen; **en attendant** inzwischen;
(*quoi qu'il en soit*) jedenfalls; **s'~ à ce que** damit
rechnen, dass, darauf gefasst sein, dass
attendri, e [atɑ̃dʀi] *adj* gerührt
attendrir [atɑ̃dʀiʀ] *vt* (*personne*) rühren; (*viande*)
zart machen; **s'attendrir** *vpr*: **s'~ (sur)** gerührt
sein (von)
attendrissant, e [atɑ̃dʀisɑ̃, ɑ̃t] *adj* rührend
attendrissement [atɑ̃dʀismɑ̃] *nm* Rührung *f*
attendrisseur [atɑ̃dʀisœʀ] *nm* Fleischklopfer *m*
attendu, e [atɑ̃dy] *pp de* **attendre** ▷ *adj* erwartet;
attendus *nmpl* (*Jur*) Gründe *pl*; **~ que** in
Anbetracht der Tatsache, dass
attentat [atɑ̃ta] *nm* Attentat *nt*, Anschlag *m*; **~ à
la bombe** Bombenanschlag *m*; **~ à la pudeur**
Sittlichkeitsvergehen *nt*; **~ suicide**
Selbstmordattentat *nt*
attente [atɑ̃t] *nf* Warten *nt*; (*espérance*) Erwartung
f; **contre toute ~** entgegen allen Erwartungen
attenter [atɑ̃te]: **~ à** *vt* (*liberté*) antasten; **~ à la
vie de qn** einen Anschlag auf jds Leben *acc*
machen; **~ à ses jours** einen Selbstmordversuch
machen
attentif, -ive [atɑ̃tif, iv] *adj* (*personne*)
aufmerksam; (*soins, travail*) sorgfältig, sorgsam;
~ à (*scrupuleux*) sorgfältig bedacht auf +*acc*; **~ à ses
devoirs** (*sehr*) pflichtbewusst
attention [atɑ̃sjɔ̃] *nf* Aufmerksamkeit *f*; **à l'~ de**
zu Händen von; **attirer l'~ de qn sur qch** jds
Aufmerksamkeit auf etw *acc* ziehen; **faire ~ à**
(*remarquer*) beachten; (*prendre garde à*) achtgeben
auf +*acc*; **faire ~ (à ce) que** (*veiller*) aufpassen,
dass; **~!** Vorsicht!, Achtung!; **mériter ~**
Beachtung verdienen

attentionné, e [atɑ̃sjɔne] *adj* aufmerksam,
zuvorkommend
attentisme [atɑ̃tism] *nm* Abwartepolitik *f*
attentiste [atɑ̃tist] *adj* (*politique*) abwartend
▷ *nm/f* Mensch, der immer eine abwartende Haltung
einnimmt
attentivement [atɑ̃tivmɑ̃] *adv* aufmerksam
atténuant, e [atenɥɑ̃, ɑ̃t] *adj*: **circonstances ~es**
mildernde Umstände *pl*
atténuer [atenɥe] *vt* (*douleur*) lindern; (*force*)
abschwächen; (*bruit*) dämpfen; (*conséquences*)
mildern; **s'atténuer** *vpr* (*bruit, force*) schwächer
werden; (*douleur, violence etc*) abklingen
atterrer [ateʀe] *vt* bestürzen
atterrir [ateʀiʀ] *vi* landen
atterrissage [ateʀisaʒ] *nm* Landung *f*; **~ forcé**
Notlandung *f*; **~ sur le ventre** Bauchlandung *f*;
~ sans visibilité Blindlandung *f*,
Instrumentenlandung *f*
attestation [atɛstasjɔ̃] *nf* Bescheinigung *f*;
~ d'un médecin Attest *nt*
attester [atɛste] *vt* bestätigen; (*suj: chose*)
beweisen, zeugen von; **~ que** bestätigen *ou*
bescheinigen, dass
attiédir [atjediʀ] *vt* (*eau, air*) leicht erwärmen;
(*sentiments*) abkühlen
attifé, e [atife] (*fam*) *adj* aufgedonnert
attifer [atife] *vt* aufdonnern
attique [atik] *nm*: **appartement en ~**
Dachwohnung *f*
attirail [atiʀaj] *nm* Ausrüstung *f*; (*péj*) Zeug *nt*
attirance [atiʀɑ̃s] *nf* (*pouvoir de séduction*) Reiz *m*;
(*vers qch*) Anziehungskraft *f*
attirant, e [atiʀɑ̃, ɑ̃t] *adj* reizvoll
attirer [atiʀe] *vt* anlocken; (*suj: chose, aimant etc*)
anziehen; **~ qn dans un coin/vers soi** jdn in
eine Ecke/zu sich ziehen; **~ l'attention de qn
sur qch** jds Aufmerksamkeit auf etw *acc* lenken;
~ des ennuis à qn jdm Ärger einhandeln; **s'~
des ennuis** sich *dat* Ärger einhandeln
attiser [atize] *vt* schüren
attitré, e [atitʀe] *adj* (*marchand*) Stamm-
attitude [atityd] *nf* (*comportement*) Verhalten *nt*;
(*position du corps*) Haltung *f*; (*état d'esprit*)
Einstellung *f*, Haltung
attouchements [atuʃmɑ̃] *nmpl* Berührungen *pl*
attractif, -ive [atʀaktif, iv] *adj* (*prix, salaire*)
verlockend, reizvoll
attraction [atʀaksjɔ̃] *nf* (*attirance*) Reiz *m*,
Anziehung *f*; (*Phys*) Anziehungskraft *f*; (*de foire*)
Attraktion *f*; (*de cabaret, cirque*) Nummer *f*
attrait [atʀɛ] *nm* Reiz *m*; **éprouver de l'~ pour**
sich hingezogen fühlen zu
attrape [atʀap] *nf voir* **farce**
attrape-nigaud [atʀapnigo] (*pl ~s*) *nm*
Bauernfänger *m*
attraper [atʀape] *vt* (*balle, voleur, animal*) fangen;
(*train, maladie, amende*) bekommen; (*habitude*)
annehmen; (*réprimander*) sich *dat* vornehmen;
(*duper*) hereinlegen
attrayant, e [atʀɛjɑ̃, ɑ̃t] *adj* attraktiv, reizvoll
attribuer [atʀibɥe] *vt* (*prix*) verleihen; (*rôle, tâche*)

zuweisen, übertragen; (*conséquence, fait*)
zuschreiben; (*qualité, importance*) geben;
s'attribuer *vpr* (*s'approprier*) für sich in Anspruch
nehmen
attribut [atʀiby] *nm* Merkmal *nt*, Kennzeichen
nt; (*Ling*) Attribut *nt*
attribution [atʀibysjɔ̃] *nf* (*d'un prix*) Verleihung *f*;
attributions *nfpl* (*Admin*) Zuständigkeit *f*
attristant, e [atʀistɑ̃, ɑ̃t] *adj* betrüblich
attrister [atʀiste] *vt* traurig machen, betrüben;
s'attrister *vpr*: **s'~ de qch** wegen einer Sache
traurig werden
attroupement [atʀupmɑ̃] *nm*
Menschenauflauf *m*
attrouper [atʀupe]: **s'~** *vpr* sich versammeln,
zusammenlaufen
au [o] *prép+dét voir* **à**
aubade [obad] *nf* Ständchen *nt* (*im Morgengrauen*)
aubaine [obɛn] *nf* unverhoffter Glücksfall *m*
aube [ob] *nf* Morgengrauen *nt*; (*de communiant*)
Albe *f*; **à l'~** bei Tagesanbruch, im
Morgengrauen; **à l'~ de** bei Anbruch +*gén*; (*fig*)
am Anfang +*gén*
aubépine [obepin] *nf* Hagedorn *m*; (*fleur*)
Hagedornblüte *f*
auberge [obɛʀʒ] *nf* Gasthaus *nt*, Herberge *f*; **~ de
jeunesse** Jugendherberge *f*
aubergine [obɛʀʒin] *nf* Aubergine *f*
aubergiste [obɛʀʒist] *nm/f* Gastwirt(in) *m(f)*
auburn [obœrn] *adj inv* rotbraun
aucun, e [okœ̃, yn] *adj* kein(e) ▷ *pron* keine(r, s);
sans ~ doute ohne jeden Zweifel, zweifellos;
plus qu'~ autre (homme) mehr als jeder andere
(Mann), mehr als irgendein andrer (Mann);
~ des deux/participants keiner von beiden/der
Teilnehmer; **d'~s** (*certains*) einige
aucunement [okynmɑ̃] *adv* in keinster Weise
audace [odas] *nf* (*hardiesse*) Wagemut *m*,
Kühnheit *f*; (*péj: culot*) Dreistigkeit *f*, Frechheit *f*;
(*innovation*) kühne Idee *f*; **il a eu l'~ de rire** er
hatte die Stirn *ou* Dreistigkeit zu lachen; **vous
ne manquez pas d'~!** frech sind Sie gar nicht!
audacieux, -euse [odasjø, jøz] *adj* (*personne*)
kühn, wagemutig; (*entreprise, solution*) kühn,
gewagt
au-dedans [odədɑ̃] *adv* innen
au-dehors [odəɔʀ] *adv* draußen
au-delà [od(ə)la] *adv* weiter ▷ *nm inv*: **l'~** das
Jenseits *nt*; **~ de** jenseits von; (*de limite, somme etc*)
über +*dat*
au-dessous [odsu] *adv* darunter, unten; **~ de** *prép*
unter +*dat*; (*avec verbe de mouvement*) unter +*acc*; (*de
limite, somme etc*) unterhalb von
au-dessus [odsy] *adv* darüber, oben; **~ de** über
+*dat*; (*avec verbe de mouvement*) über +*acc*; (*de limite,
somme etc*) oberhalb von
au-devant [od(ə)vɑ̃] *prép*: **aller ~ de** (*personne*)
entgegengehen +*dat*; (*danger*) sich begeben in
+*acc*; (*désirs*) zuvorkommen +*dat*
audible [odibl] *adj* hörbar
audience [odjɑ̃s] *nf* (*auditeurs, lecteurs*) Publikum
nt; (*entrevue*) Audienz *f*; (*Jur: séance*) Sitzung *f*;

(*attention*) Aufmerksamkeit *f*; **trouver ~ auprès
de** bei jdm gut aufgenommen werden
audimat® [odimat] *nm inv* (*taux d'écoute*)
Einschaltquote *f*
audiométrie [odjometʀi] *nf* Audiometrie *f*
audiovisuel, le [odjovizɥɛl] *adj* audiovisuell
▷ *nm* (*méthodes*) audiovisuelle Methoden *pl*; **l'~**
(*médias*) Funk und Fernsehen *pl*
auditeur, -trice [oditœʀ, tʀis] *nm/f* (*de la radio*)
(Zu)hörer(in) *m(f)*; (*d'une conférence*)
Teilnehmer(in) *m(f)*; **~ libre** Gasthörer(in) *m(f)*
auditif, -ive [oditif, iv] *adj* Hör-; **appareil ~**
Hörgerät *nt*, Hörhilfe *f*
audition [odisjɔ̃] *nf* (*ouïe*) Gehör *nt*; (*écoute*)
Anhören *nt*; (*Jur: de témoins*) Anhörung *f*; (*Mus*)
Vorspielen *nt*; (: *de chanteur*) Vorsingen *nt*; (*Théât*)
Vorsprechen *nt*
auditionner [odisjone] *vt* (*Mus*) vorspielen
lassen; (: *chanteur*) vorsingen lassen; (*Théât*)
vorsprechen lassen ▷ *vi* (*vvt*) vorspielen;
vorsingen; vorsprechen
auditoire [oditwaʀ] *nm* (*public*) Publikum *nt*
auditorium [oditɔʀjɔm] *nm* Sendesaal *m*
auge [oʒ] *nf* Trog *m*
augmentation [ɔgmɑ̃tasjɔ̃] *nf* (*action*) Erhöhen
nt; (*résultat*) Erhöhung *f*; **~ (de salaire)**
Gehaltserhöhung *f*
augmenter [ɔgmɑ̃te] *vt* erhöhen, vergrößern;
(*grandeur*) erweitern; (*mailles*) zunehmen ▷ *vi*
(*vitesse, prix*) sich erhöhen, steigen; **~ un
employé/salarié** einem Angestellten eine
Gehaltserhöhung geben; **~ de poids** zunehmen;
~ de volume anwachsen
augure [ogyʀ] *nm* (*prophète*) Wahrsager(in) *m(f)*;
être de bon/mauvais ~ ein gutes/schlechtes
Zeichen sein
augurer [ogyʀe] *vt*: **~ bien de qch** etw Gutes für
eine Sache verheißen
auguste [ogyst] *adj* erhaben
aujourd'hui [oʒuʀdɥi] *adv* heute; (*de nos jours*)
heutzutage; **~ en huit** heute in einer Woche;
~ en quinze heute in vierzehn Tagen; **à dater** *ou*
partir d'~ ab heute
aumône [omon] *nf* Almosen *nt*; **faire l'~ à qn**
jdm ein Almosen geben
aumônerie [omonʀi] *nf* (*v aumônier*) Amt *nt* (*eines
Anstalts- oder Feldgeistlichen*)
aumônier [omonje] *nm* (*de prison*)
Anstaltsgeistliche(r) *m*; (*militaire*)
Feldgeistliche(r) *m*
aune [on] *nf*: **à l'~ de** mit dem Maßstab +*gén*
auparavant [oparavɑ̃] *adv* vorher, zuvor
auprès [opʀɛ]: **~ de** *prép* bei; (*en comparaison de*) im
Vergleich zu, neben +*dat*
auquel [okɛl] *prép+pron voir* **lequel**
aurai *etc* [ɔʀe] *vb voir* **avoir**
auréole [ɔʀeɔl] *nf* Heiligenschein *m*; (*tache*)
Ring *m*
auréolé, e [ɔ(o)ʀeɔle] *adj*: **~ de gloire** mit Ruhm
bekränzt
auriculaire [ɔʀikylɛʀ] *nm* kleiner Finger *m*
aurons *etc* [ɔʀɔ̃] *vb voir* **avoir**

aurore [ɔrɔr] *nf* (*aube*) Morgendämmerung *f*;
~ **boréale** Nordlicht *nt*
ausculter [ɔskylte] *vt* abhorchen
auspices [ɔspis] *nmpl*: **sous les** ~ **de** unter der
Schirmherrschaft von; **sous de bons/mauvais** ~
unter günstigen/schlechten Vorzeichen
aussi [osi] *adv* auch, ebenfalls; (*dans comparaison*)
(genau)so; (*si, tellement*) so ▷ *conj* daher, deshalb;
~ **fort/rapidement que** genauso stark/schnell
wie; **lui** ~ er auch; ~ **bien que** so gut wie
aussitôt [osito] *adv* sofort, sogleich; ~ **que**
sobald; ~ **envoyé** sobald es abgeschickt war *ou* ist
austère [ostɛr] *adj* (*personne*) streng; (*monument*)
schmucklos; (*paysage*) karg; (*période, budget*)
knapp
austérité [osterite] *nf* (*v adj*) Strenge *f*;
Schmucklosigkeit *f*; Kargheit *f*; Knappheit *f*;
plan d'~ Sparmaßnahmen *pl*
austral, e [ostral] *adj* südlich, Süd-
Australie [ostrali] *nf*: **l'**~ Australien *nt*
australien, ne [ostraljɛ̃, jɛn] *adj* australisch
▷ *nm/f*: **Australien, ne** Australier(in) *m(f)*
autant [otɑ̃] *adv* so viel; ~ (**que**) genauso viel
(wie); ~ (**de**) (*nombre*) so viele; (*quantité*) so viel;
n'importe qui aurait pu en faire ~ jeder andere
hätte es genauso gut machen können; ~ **partir/**
ne rien dire (*il vaut mieux*) es ist besser
abzufahren/nichts zu sagen; **fort** ~ **que**
courageux ebenso stark wie mutig; **il n'est pas**
découragé pour ~ trotzdem ist er nicht
entmutigt; **pour** ~ **que** soviel, soweit; **d'**~ **plus/**
moins/mieux (que) umso mehr/weniger/besser
(als); ~ **il aime les chiens,** ~ **il déteste les chats**
so sehr er Hunde mag, so sehr hasst er Katzen;
tout ~ genauso
autarcie [otarsi] *nf* Autarkie *f*
autarcique [otarsik] *adj* autark
autel [otɛl] *nm* Altar *m*
auteur [otœr] *nm* (*écrivain*) Autor(in) *m(f)*; (*d'un*
crime) Täter(in) *m(f)*; (*d'une découverte*)
Entdecker(in) *m(f)*; **droit d'**~ Urheberrecht *nt*
auteur-compositeur [otœrkɔ̃pozitœr]
(*pl* **auteurs-compositeurs**) *nm*
≈ Liedermacher(in) *m(f)*
authenticité [otɑ̃tisite] *nf* (*v adj*) Echtheit *f*;
Wahrheit *f*
authentifier [otɑ̃tifje] *vt* (*tableau*) für echt
befinden; (*signature*) beglaubigen
authentique [otɑ̃tik] *adj* echt; (*véridique*) wahr;
œuvre/tableau ~ Originalwerk *nt*/-gemälde *nt*
authentiquement [otɑ̃tikmɑ̃] *adv* echt,
wahrheitsgemäß
autiste [otist] *adj* autistisch
auto[1] [oto] *nf* Auto *nt*; ~**s tamponneuses**
Autoskooter *pl*
auto[2] [oto] *préf* auto-, Auto-, selbst-, Selbst-
autobiographie [otobjɔɡrafi] *nf* Autobiografie *f*
autobiographique [otobjɔɡrafik] *adj*
autobiografisch
autobus [otɔbys] *nm* Bus *m*; **ligne d'**~ Buslinie *f*
autocar [otɔkar] *nm* Reisebus *m*
autocensure [otosɑ̃syr] *nf* Selbstzensur *f*

autochtone [otɔktɔn] *adj* eingeboren ▷ *nm/f*
Eingeborene(r) *f(m)*
autoclave [otoklav] *nm* Autoklav *m*
autocollant, e [otokɔlɑ̃, ɑ̃t] *adj* selbstklebend
▷ *nm* Aufkleber *m*
auto-couchettes [otokuʃɛt] *adj inv*: **train** ~
Autoreisezug *m*
autocratique [otokratik] *adj* (*pouvoir*)
autokratisch; (*personne*) selbstherrlich
autocritique [otokritik] *nf* Selbstkritik *f*
autocuiseur [otokɥizœr] *nm* Schnellkochtopf *m*
autodafé [otodafe] *nm* Autodafé *nt*,
Ketzerverbrennung *f*
autodéfense [otodefɑ̃s] *nf* Selbstverteidigung *f*;
groupe d'~ Bürgerwehr *f*
autodétermination [otodetɛrminasjɔ̃] *nf*
Selbstbestimmung *f*
autodidacte [otodidakt] *nm/f* Autodidakt(in)
m(f)
autodiscipline [otɔdisiplin] *nf* Selbstdisziplin *f*
autodrome [otodrom] *nm* Autorennbahn *f*
auto-école [otoekɔl] (*pl* ~**s**) *nf* Fahrschule *f*
autofinancement [otofinɑ̃smɑ̃] *nm*
Eigenfinanzierung *f*
autogéré, e [otɔʒere] *adj* selbst verwaltet
autogestion [otoʒɛstjɔ̃] *nf* Selbstverwaltung *f*
autographe [otɔɡraf] *nm* (*signature*) Autogramm
nt
autoguidé, e [otogide] *adj* selbst gesteuert
automate [otɔmat] *nm* Automat *m*
automatique [otɔmatik] *adj* automatisch ▷ *nm*
(*pistolet*) automatische Waffe *f*; **l'**~ (*téléphone*) die
automatische Vermittlung *f*, das
Selbstwählsystem *nt*
automatiquement [otɔmatikmɑ̃] *adv*
automatisch
automatisation [otɔmatizasjɔ̃] *nf*
Automatisierung *f*
automatiser [otɔmatize] *vt* automatisieren
automatisme [otɔmatism] *nm* (*geste, attitude*)
Automatismus *m*; (*de machine*) Automatik *f*; **c'est**
un ~ das macht man automatisch
automédication [otomedikasjɔ̃] *nf*
Selbstverordnung *f* von Arzneimitteln
automitrailleuse [otomitrajøz] *nf*
Panzerwagen *m*
automnal, e, -aux [otɔnal, o] *adj* herbstlich
automne [otɔn] *nm* Herbst *m*
automobile [otɔmɔbil] *nf* Auto(mobil) *nt*;
(*industrie*) Automobilindustrie *f* ▷ *adj* Automobil-
automobiliste [otɔmɔbilist] *nm/f* Autofahrer(in)
m(f)
autonettoyant, e [otonetwajɑ̃, ɑ̃t] *adj*: **four** ~
selbstreinigender Backofen *m*
autonome [otɔnɔm] *adj* (*Pol*) autonom; (*groupe,*
budget, société) eigenständig; (*appareil, système*)
unabhängig
autonomie [otɔnɔmi] *nf* Unabhängigkeit *f*; (*Pol*)
Autonomie *f*; ~ **de vol** Flugradius *m*
autonomiste [otɔnɔmist] *nm/f* Separatist(in)
m(f)
autoportrait [otopɔrtrɛ] *nm* Selbstbildnis *nt*

autopsie [ɔtɔpsi] *nf* Autopsie *f*
autopsier [ɔtɔpsje] *vt* eine Autopsie vornehmen an +*dat*
autoradio [otoRadjo] *nm* Autoradio *nt*
autorail [otoRaj] *nm* Schienenbus *m*
autorisation [ɔtɔRizasjɔ̃] *nf* Genehmigung *f*, Erlaubnis *f*; **donner à qn l'~ de faire qch** jdm genehmigen, etw zu tun; **avoir l'~ de faire qch** die Erlaubnis haben, etw zu tun
autorisé, e [ɔtɔRize] *adj* (*source*) offiziell; (*opinion*) maßgeblich; **~ (à faire qch)** berechtigt(, etw zu tun); **dans les milieux ~s** in gut unterrichteten Kreisen
autoriser [ɔtɔRize] *vt* genehmigen, erlauben; (*suj: chose*) berechtigen zu; **~ qn à faire qch** jdm gestatten, etw zu tun
autoritaire [ɔtɔRitɛR] *adj* autoritär
autoritairement [ɔtɔRitɛRmɑ̃] *adv* autoritär
autoritarisme [ɔtɔRitaRism] *nm* Autoritarismus *m*
autorité [ɔtɔRite] *nf* Autorität *f*; (*de président, chef etc*) Machtbefugnis *f*; **les ~s** die Behörden *pl*; **faire ~** maßgeblich sein; **d'~** (*de façon impérative*) autoritär
autoroute [otoRut] *nf* Autobahn *f*; **~ de l'information** Datenautobahn *f*
autoroutier, -ière [otoRutje, jɛR] *adj* Autobahn-
autosatisfaction [otosatisfaksjɔ̃] *nf* Selbstzufriedenheit *f*
auto-stop [otostɔp] *nm inv*: **l'~** Trampen *nt*; **faire de l'~** per Anhalter fahren; **prendre qn en ~** jdn (als Anhalter) mitnehmen
auto-stoppeur, -euse [otostɔpœR, øz] (*pl* **~s**, **-euses**) *nm/f* Anhalter(in) *m(f)*, Tramper(in) *m(f)*
autosuffisant, e [otosyfizɑ̃, ɑ̃t] *adj* selbstversorgend, autark
autosuggestion [otosygʒɛstjɔ̃] *nf* Autosuggestion *f*
autour [otuR] *adv* herum, umher; **~ de qch** um etw *acc* herum; (*environ*) etwa etw; **tout ~** rundherum
autre [otR] *adj, pron* andere(r, s); **je voudrais un ~ verre d'eau** (*supplémentaire*) ich möchte noch ein Glas Wasser; **je préférerais un ~ verre** ich möchte lieber ein anderes Glas; **~ chose** etwas anderes; **penser à ~ chose** an etwas anderes denken; **~ part** anderswo; **d'~ part** andererseits; **un(e) ~** ein(e) anderer(r, s); **nous/vous ~s** wir/ihr; **d'~s** andere; **l'~** der/die/das andere; **les ~s** die anderen; **l'un et l'~** beide; **se détester l'un l'~/les uns les ~s** einander verabscheuen; **la difficulté est ~** die Schwierigkeit liegt woanders; **d'une semaine/minute à l'~** von einer Woche/Minute auf die andere; (*bientôt*) jede Woche/Minute; **entre ~s** unter anderem; **j'en ai vu d'~s** ich habe schon Schlimmeres gesehen; **à d'~s!** das kannst du mir nicht weismachen!; **ni l'un ni l'~** (*personnes*) weder der eine noch der andere; **donnez-m'en un ~** geben Sie mir ein anderes; **de temps à ~** von Zeit zu Zeit
autrefois [otRəfwa] *adv* früher, einst

autrement [otRəmɑ̃] *adv* (*d'une manière différente*) anders; (*sinon*) sonst; **je n'ai pas pu faire ~** ich konnte nicht anders; **~ dit** anders ausgedrückt
Autriche [otRiʃ] *nf*: **l'~** Österreich *nt*
autrichien, ne [otRiʃjɛ̃, jɛn] *adj* österreichisch ▷ *nm/f*: **Autrichien, ne** Österreicher(in) *m(f)*
autruche [otRyʃ] *nf* Strauß *m*; **faire l'~** den Kopf in den Sand stecken
autrui [otRɥi] *pron* die anderen *pl*
auvent [ovɑ̃] *nm* (*de maison*) Vordach *nt*; (*de tente*) Vorzelt *nt*
auvergnat, e [ovɛRɲa, at] *adj* aus der Auvergne
Auvergne [ovɛRɲ] *nf*: **l'~** die Auvergne *f*
aux [o] *prép* +*dét* voir **à**
auxiliaire [ɔksiljɛR] *adj* Hilfs-; (*poste, personnel aussi*) Aushilfs- ▷ *nm/f* (*Admin*) Hilfskraft *f*; (*aide, adjoint*) Helfer(in) *m(f)*; (*Ling*) Hilfsverb *nt*
auxquels, auxquelles [okɛl] *prép* +*pron* voir **lequel**
av. *abr* = **avenue**
avachi, e [avaʃi] *adj* (*chaussure, vêtement*) formlos; **~ sur qch** auf etw *dat* zusammengesunken
aval [aval] *nm* (*accord*) Bürgschaft *f*, Unterstützung *f*; **en ~** flussabwärts; (*sur une pente*) bergab(wärts); (*d'un processus*) im Folgenden; **en ~ de** flussabwärts von; (*sur une pente*) bergab(wärts) von
avalanche [avalɑ̃ʃ] *nf* Lawine *f*; (*fig*) Flut *f*
avaler [avale] *vt* (*ver*)schlucken; (*livre*) verschlingen; (*croire*) schlucken
avaliser [avalize] *vt* (*plan, entreprise*) unterstützen; (*Comm, Jur*) bürgen für
avance [avɑ̃s] *nf* (*de troupes etc*) Vormarsch *m*, Vorrücken *nt*; (*sur un concurrent*) Vorsprung *m*; (*progrès*) Fortschritt *m*; (*d'argent*) Vorschuss *m*; (*opposé à retard*) Verfrühung *f*; **avances** *nfpl* (*ouvertures*) Annäherungsversuche *pl*; **être en ~** (*sur l'heure fixée*) zu früh dran sein; (*sur un programme*) einen Vorsprung haben; **être en ~ sur qn** jdm voraus sein; **il est en ~ pour son âge** er ist vorgeschritten für sein Alter; **à l'~**, **d'~**, **par ~** im Voraus; **~ (du) papier** (*Inform*) Papiervorschub *m*
avancé, e [avɑ̃se] *adj* (*technique, opinions*) fortschrittlich; (*civilisation*) hoch entwickelt; (*fruit, fromage*) überreif; (*saison*) vorgerückt; (*heure, travail*) fortgeschritten
avancée [avɑ̃se] *nf* Vorsprung *m*
avancement [avɑ̃smɑ̃] *nm* (*professionnel*) Beförderung *f*; (*de travaux*) Fortschritt *m*
avancer [avɑ̃se] *vi* sich vorwärtsbewegen; (*dans le temps*) voranschreiten; (*être en saillie, surplomb*) vorstehen; (*montre, réveil*) vorgehen ▷ *vt* (*objet, pion, troupes etc*) vorschieben; (*date, rencontre*) vorverlegen; (*hypothèse*) aufstellen; (*idée, argument*) vorbringen; (*argent*) vorstrecken; (*montre*) vorstellen; (*travail etc*) voranbringen; **s'avancer** *vpr* (*s'approcher*) näher kommen; (*fig: se hasarder*) sich vorwagen; (*être en saillie, surplomb*) herausragen; **j'avance (d'une heure)** meine Uhr geht (eine Stunde) vor
avanies [avani] *nfpl* Demütigung *f*
avant [avɑ̃] *prép* vor +*dat*; (*avec verbe de mouvement*)

vor +acc ⊳ adv: **plus** ~ weiter vorn ⊳ adj inv: **siège/roue** ~ Vordersitz m/Vorderrad nt ⊳ nm (d'un véhicule) Vorderteil nt; (d'un bâtiment) Vorderseite f; (Sport: joueur) Stürmer m; ~ **tout** vor allem; **en** ~ nach vorne; **en** ~ **de** vor +dat; **trop** ~ zu weit vorn; **à l'** ~ **du train** vorne im Zug; **aller de l'** ~ vorpreschen; ~ **que:** ~ **qu'il (ne) pleuve** bevor es zu regnen anfängt; ~ **qu'il (ne) parte** ehe ou bevor er geht

avantage [avɑ̃taʒ] nm Vorteil m; (supériorité) Überlegenheit f; **à l'** ~ **de qn** zu jds Vorteil; **être à son** ~ zu seinem Vorteil sein; **tirer** ~ **de** Vorteil ziehen aus; **vous auriez** ~ **à** es wäre vorteilhaft für Sie, wenn Sie; ~**s en nature** zusätzliche Leistungen pl; ~**s sociaux** Sozialleistungen pl

avantager [avɑ̃taʒe] vt (favoriser) bevorzugen, begünstigen; (embellir) schmeicheln +dat

avantageux, -euse [avɑ̃taʒø, øz] adj vorteilhaft; **conditions avantageuses** Vorzugsbedingungen pl

avant-bras [avɑ̃bʀa] nm inv Unterarm m

avant-centre [avɑ̃sɑ̃tʀ] (pl ~**s**) nm Mittelstürmer m

avant-coureur [avɑ̃kuʀœʀ] adj inv (bruit etc) vorausgehend; **signe** ~ Vorzeichen nt

avant-dernier, -ière [avɑ̃dɛʀnje, jɛʀ] (pl ~**s, -ières**) adj vorletzte(r, s) ⊳ nm/f Vorletzte(r) f(m)

avant-garde [avɑ̃gaʀd] (pl ~**s**) nf (Mil) Vorhut f; (fig) Avantgarde f, Vorreiter pl; **d'** ~ avantgardistisch

avant-goût [avɑ̃gu] (pl ~**s**) nm Vorgeschmack m

avant-hier [avɑ̃tjɛʀ] adv vorgestern

avant-poste [avɑ̃pɔst] (pl ~**s**) nm Vorposten m

avant-première [avɑ̃pʀəmjɛʀ] (pl ~**s**) nf (de film) Voraufführung f; **en** ~ in der Vorschau

avant-projet [avɑ̃pʀɔʒe] (pl ~**s**) nm Vorstudie f

avant-propos [avɑ̃pʀɔpo] nm inv Vorwort nt

avant-veille [avɑ̃vɛj] (pl ~**s**) nf: **l'** ~ zwei Tage davor

avare [avaʀ] adj geizig ⊳ nm/f Geizhals m; **être** ~ **de compliments/caresses** mit Komplimenten/Liebkosungen geizen

avarice [avaʀis] nf Geiz m

avarié, e [avaʀje] adj (viande, fruits) verdorben; (navire) beschädigt

avaries [avaʀi] nfpl (Naut) Schaden m

avatar [avataʀ] nm (malheur) Missgeschick m

avec [avɛk] prép mit; (en plus de, à l'égard de) zu; ~ **habilité** geschickt; ~ **lenteur** langsam; ~ **ce vent, la lessive séchera vite** bei diesem Wind trocknet die Wäsche schnell; **et** ~ **ça?** (dans magasin) (darf es) sonst noch etwas (sein)?; ~ **l'été, les noyades se multiplient** mit dem Sommer nimmt auch wieder die Zahl der Badeunfälle zu

avenant, e [av(ə)nɑ̃, ɑ̃t] adj freundlich ⊳ nm (d'assurance) Zusatzvertrag m; **le reste à l'** ~ der Rest (ist) entsprechend

avènement [avɛnmɑ̃] nm (d'un roi) Thronbesteigung f

avenir [avniʀ] nm Zukunft f; **à l'** ~ in Zukunft; **sans** ~ ohne Zukunft; **politicien d'** ~ Politiker m mit Zukunft; **métier d'** ~ Zukunftsberuf m

Avent [avɑ̃] nm Advent m

aventure [avɑ̃tyʀ] nf Abenteuer nt; **partir à l'** ~ ins Blaue fahren; **roman/film d'** ~ Abenteuerroman m/-film m

aventurer [avɑ̃tyʀe] vt riskieren; **s'aventurer** vpr sich wagen; **s'** ~ **à faire qch** es wagen, etw zu tun

aventureux, -euse [avɑ̃tyʀø, øz] adj (personne) abenteuerlustig; (projet, vie) abenteuerlich

aventurier, -ière [avɑ̃tyʀje, jɛʀ] nm/f Abenteurer(in) m(f)

avenu, e [av(ə)ny] adj: **nul et non** ~ null und nichtig

avenue [avny] nf Allee f

avéré, e [aveʀe] adj erwiesen; **il est** ~ **que** es ist erwiesen, daß

avérer [aveʀe]: **s'** ~ vpr: **s'** ~ **faux/coûteux** sich als falsch/kostspielig erweisen

averse [avɛʀs] nf Regenschauer m

aversion [avɛʀsjɔ̃] nf Abneigung f

averti, e [avɛʀti] adj (expert) erfahren

avertir [avɛʀtiʀ] vt benachrichtigen; ~ **qn de qch** jdn vor etw dat warnen; ~ **qn que** jdn warnen, dass

avertissement [avɛʀtismɑ̃] nm Warnung f; (blâme) Mahnung f; (d'un livre) Vorwort nt

avertisseur [avɛʀtisœʀ] nm (Auto) Hupe f; (d'incendie) Feueralarm m

aveu [avø] nm Geständnis nt; **passer aux** ~**x** ein Geständnis ablegen; **de l'** ~ **de** nach Aussage von

aveuglant, e [avœglɑ̃, ɑ̃t] adj blendend

aveugle [avœgl] adj blind ⊳ nm/f Blinde(r) f(m); **mur** ~ blinde Mauer; **test en (double)** ~ (doppelter) Blindversuch m

aveuglement [avœgləmɑ̃] nm Blindheit f

aveuglément [avœgləmɑ̃] adv (sans réfléchir) blindlings; (fidèlement) blind

aveugler [avœgle] vt blenden; (fig: amour, colère) blind machen

aveuglette [avœglɛt]: **à l'** ~ adv blind, tastend; (fig) blindlings

avez [ave] vb voir **avoir**

aviateur, -trice [avjatœʀ, tʀis] nm/f Flieger(in) m(f)

aviation [avjasjɔ̃] nf Luftfahrt f; (Mil) Luftwaffe f; (sport, métier de pilote) Fliegen nt; **terrain d'** ~ Flugplatz m; ~ **de chasse** Jagdflieger pl

avicole [avikɔl] adj Geflügelzucht-

aviculture [avikyltyʀ] nf Geflügelzucht f

avide [avid] adj begierig; (péj) gierig; ~ **d'honneurs** gierig nach Ehren; ~ **d'argent** geldgierig; ~ **de sang** blutrünstig; ~ **de connaître qn/d'apprendre qch** darauf erpicht, jdn kennenzulernen/etw zu lernen

avidité [avidite] nf Begierde f

avilir [aviliʀ] vt erniedrigen, entwürdigen

avilissant, e [avilisɑ̃, ɑ̃t] adj erniedrigend, entwürdigend

aviné, e [avine] adj betrunken; (teint) Trinker-

avion [avjɔ̃] nm Flugzeug nt; **par** ~ mit ou per Luftpost; **aller (à Pise) en** ~ (nach Pisa) fliegen; ~ **de chasse** Jagdflugzeug nt; ~ **de ligne**

Linienflugzeug *nt*; ~ **à réaction** Düsenflugzeug *nt*; ~ **supersonique** Überschallflugzeug *nt*

avion-cargo [avjɔ̃kaʀgo] (*pl* **avions-cargos**) *nm* Transportflugzeug *nt*

avion-citerne [avjɔ̃sitɛʀn] (*pl* **avions-citernes**) *nm* Tankflugzeug *nt*

aviron [aviʀɔ̃] *nm* Ruder *nt*; (*sport*) Rudern *nt*

avis [avi] *nm* (*point de vue*) Meinung *f*, Ansicht *f*; (*conseil*) Rat(schlag) *m*; (*notification*) Mitteilung *f*; **à mon** ~ meiner Meinung nach; **j'aimerais avoir l'~ de Paul** ich würde gerne Pauls Meinung hören; **je suis de votre** ~ ich bin ganz Ihrer Meinung, **être d'~ que** der Meinung sein, dass; **changer d'~** seine Meinung ändern; **vous ne me ferez pas changer d'~** Sie können mich nicht umstimmen; **sauf ~ contraire** sofern nichts Gegenteiliges bekannt wird; **sans ~ préalable** ohne vorherige Benachrichtigung; **jusqu'à nouvel** ~ bis auf Weiteres; **~ de crédit/débit** Gutschrift-/Lastschriftanzeige *f*; **~ de décès** Todesanzeige *f*

avisé, e [avize] *adj* (*sensé*) vernünftig; **être bien/mal ~ de faire qch** gut/schlecht beraten sein, etw zu tun

aviser [avize] *vt* (*voir*) bemerken ▷ *vi* (*réfléchir*) (nach)denken; **s'aviser** *vpr*: **s'~ de qch/que** (*remarquer*) etw bemerken *ou* entdecken/bemerken *ou* entdecken, dass; **~ qn de qch/que** jdn von etw in Kenntnis setzen/jdn davon in Kenntnis setzen, dass; **s'~ de faire qch** (*s'aventurer à*) es sich *dat* einfallen lassen, etw zu tun

aviver [avive] *vt* (*douleur, chagrin*) verschärfen; (*colère, querelle*) schüren; (*intérêt, désir*) beleben; (*couleur*) auffrischen

av. J.-C. *abr* (= *avant Jésus-Christ*) v. Chr.

avocat, e [avɔka, at] *nm/f* (*Jur*) Rechtsanwalt *m*, Rechtsanwältin *f*; (*fig*) Verfechter(in) *m(f)* ▷ *nm* (*Culin*) Avocado *f*; **se faire l'~ du diable** des Teufels Advokat spielen; **~ d'affaires** = Syndikus *m*; **~ de la défense** Verteidiger *m*; **~ de la partie civile** Anwalt *m* des Klägers; **~ général** ≈ Staatsanwalt *m*

avocat-conseil [avɔkakɔ̃sɛj] (*pl* **avocats-conseils**) *nm* ≈ Rechtsbeistand *m*

avocat-stagiaire [avɔkastaʒjɛʀ] (*pl* **avocats-stagiaires**) *nm* ≈ Assessor(in) *m(f)*

avoine [avwan] *nf* Hafer *m*

 MOT-CLÉ

avoir [avwaʀ] *vt* **1** haben; **elle a deux enfants/une belle maison** sie hat zwei Kinder/ein schönes Haus; **il a les yeux gris** er hat graue Augen; **vous avez du sel?** haben Sie Salz?; **avoir du courage/de la patience** Mut/Geduld haben; **avoir faim/peur** Hunger/Angst haben; **avoir les cheveux blancs/un chapeau rouge** weiße Haare/einen roten Hut haben; **avoir du goût** einen guten Geschmack haben; **avoir horreur de** verabscheuen; **avoir rendez-vous** eine Verabredung haben; **avoir qch à faire** etw zu tun haben

2 (*âge, dimensions*): **il a 3 ans** er ist 3 Jahre alt; **le mur a 3 mètres de haut** die Mauer ist 3 m hoch

3 (*fam: duper*) hereinlegen; **on vous a eu!** man hat Sie hereingelegt!

4 (*obtenir, attraper: train, prix, renseignement*) bekommen

5: **en avoir: en avoir après** *ou* **contre qn** es auf jdn abgesehen haben; **en avoir assez** genug haben; **j'en ai pour une demi-heure** ich habe damit noch eine halbe Stunde zu tun

▷ *vb aux* **1** haben; **avoir mangé/dormi** gegessen/geschlafen haben

2 (*avoir à +infinitif*): **avoir à faire qch** etw tun müssen; **vous n'avez qu'à lui demander** Sie brauchen ihn nur zu fragen; **tu n'as pas à me poser de questions** du hast mir keine Fragen zu stellen; **tu n'as pas à le savoir** das brauchst du nicht zu wissen

▷ *vb impers* **1**: **il y a** es gibt; **il y a du sable** da ist Sand; **il y a un homme sur le toit** da ist ein Mann auf dem Dach; **il y a des hommes, qui ...** es gibt Männer, die ...; **qu'y a-t-il?** was gibts?; **qu'est-ce qu'il y a?** was gibts?; **il doit y avoir une explication** es muss eine Erklärung geben; **il n'y a qu'à faire qch** man muss nur etw tun, man braucht nur etw zu tun; **il ne peut y en avoir qu'un** es kann nur einen geben

2 (*temporel*): **il y a 10 ans** vor 10 Jahren; **il y a longtemps/10 ans que je le sais** ich weiß es schon lange/10 Jahre; **il y a 10 ans qu'il est arrivé** er ist vor 10 Jahren angekommen

▷ *nm* Vermögen *nt*; (*Comm*) Guthaben *nt*; **avoir fiscal** Steuerguthaben *nt*

avoisinant, e [avwazinɑ̃, ɑ̃t] *adj* angrenzend

avoisiner [avwazine] *vt* (*lieu*) angrenzen an +*acc*; (*limite, nombre*) sich nähern +*dat*; (*l'indifférence, l'insolence*) grenzen an +*acc*

avons [avɔ̃] *vb voir* **avoir**

avortement [avɔʀtəmɑ̃] *nm* Abtreibung *f*

avorter [avɔʀte] *vi* (*de manière provoquée*) abtreiben, eine Abtreibung vornehmen; (*spontanément*) eine Fehlgeburt haben; (*fig*) misslingen, scheitern; **faire ~** abtreiben; (*fig*) scheitern lassen; **se faire ~** abtreiben

avorton [avɔʀtɔ̃] (*péj*) *nm* (kleiner) Wicht *m*

avouable [avwabl] *adj* untadelig

avoué, e [avwe] *adj* (*reconnu*) erklärt ▷ *nm* (*Jur*) nicht plädierender Anwalt

avouer [avwe] *vt* gestehen, zugeben ▷ *vi* (*se confesser*) ein Geständnis ablegen; (*admettre*) gestehen; **s'avouer** *vpr*: **s'~ vaincu** sich geschlagen geben; **~ avoir fait qch/que** gestehen, etw getan zu haben/dass; **s'~ incompétent** zugeben, dass man inkompetent ist

avril [avʀil] *nm* April *m*; *voir aussi* **juillet**

axe [aks] *nm* Achse *f*; (*fig*) Leitgedanke *m*; **dans l'~ de** (*prolongement*) in Verlängerung von; **~ routier** Hauptverkehrsader *f*; **~ de symétrie** Symmetrieachse *f*

axer [akse] *vt* (*centrer*): **~ qch sur** etw ausrichten auf +*acc*

axial, e, -aux [aksjal, jo] *adj* Achsen-
axiome [aksjom] *nm* Axiom *nt*
ayant [ɛjɑ̃] *vb voir* **avoir**
ayant droit [ɛjɑ̃dʀwa] (*pl* **ayants droit**) *nm*
  Empfangsberechtigte(r) *f(m)*; ~ **à** mit
  Berechtigung auf *+acc*
ayons *etc* [ɛjɔ̃] *vb voir* **avoir**
azalée [azale] *nf* Azalee *f*

azimut [azimyt] *nm* (*Astron*) Azimut *m*; **tous ~s**
  adj Rundum- ▷ *adv* mit allen Kräften
azote [azɔt] *nm* Stickstoff *m*
azoté, e [azɔte] *adj* stickstoffhaltig
aztèque [astɛk] *adj* aztekisch
azur [azyʀ] *nm* (*couleur*) Azur(blau) *nt*,
  Himmelsblau *nt*; (*ciel*) Himmel *m*
azyme [azim] *adj*: **pain ~** ungesäuertes Brot *nt*

Bb

B¹, b [be] *nm inv* (*lettre*) B, b *nt*; **B comme Berthe** ≈ B wie Bertha

B² [be] *abr* (= *bien*) gut

BA [bea] *sigle f* (= *bonne action*) gute Tat *f*

baba [baba] *adj inv*: être ~ (*fam*) völlig platt *ou* verblüfft sein ▷ *nm*: ~ **au rhum** rumgetränkter Kuchen

babil [babil] *nm* Brabbeln *nt*

babillage [babijaʒ] *nm* Plappern *nt*

babiller [babije] *vi* plappern

babines [babin] *nfpl* Lefzen *pl*

babiole [babjɔl] *nf* Kleinigkeit *f*

bâbord [babɔʀ] *nm*: à *ou* par ~ backbord

babouin [babwɛ̃] *nm* Pavian *m*

baby-foot [babifut] *nm inv* Tischfußball *m*

baby-sitter [babisitœʀ] (*pl* ~s) *nm/f* Babysitter(in) *m(f)*

baby-sitting [babisitiŋ] (*pl* ~s) *nm* Babysitten *nt*

bac¹ *nm* (*bateau*) Fähre *f*; (*récipient*) Behälter *m*; ~ à **glace** Eisschale *f*; ~ à **légumes** Gemüsefach *nt*

bac² [bak] *abr m* (= *baccalauréat*) ≈ Abi *nt*

baccalauréat [bakalɔʀea] *nm* ≈ Abitur *nt*; *siehe Info-Artikel*

BACCALAURÉAT

Das *baccalauréat* oder kurz *bac* ist das Schulabgangszeugnis, das man an einem „lycée" im Alter von 18 Jahren erhält. Eine Vielzahl von Fächerkombinationen ist möglich. Mit diesem Zeugnis besitzt man die Zugangsberechtigung für eine Hochschule.

bâche [baʃ] *nf* (*toile*) Plane *f*

bachelier, -ière [baʃəlje, jɛʀ] *nm/f* ≈ Abiturient(in) *m(f)*

bâcher [baʃe] *vt* mit einer Plane abdecken

bachot [baʃo] (*fam*) *nm* = **bac²**

bachotage [baʃɔtaʒ] (*fam*) *nm* Büffeln *nt*

bachoter [baʃɔte] (*fam*) *vt* büffeln

bacille [basil] *nm* Bazillus *m*

bâcler [bakle] *vt* pfuschen

bacon [bekɔn] *nm* Schinkenspeck *m*

bactéricide [bakteʀisid] *adj* keimtötend ▷ *nm* keimtötendes Mittel *nt*

bactérie [bakteʀi] *nf* Bakterie *f*

bactérien, ne [bakteʀjɛ̃, jɛn] *adj* Bakterien-

bactériologique [bakteʀjɔlɔʒik] *adj* bakteriologisch; **armes ~s** biologische Waffen *pl*

bactériologiste [bakteʀjɔlɔʒist] *nm/f* Bakteriologe *m*, Bakteriologin *f*

badaud, e [bado, od] *nm/f* Schaulustige(r) *f(m)*

baderne [badɛʀn] (*péj*) *nf*: **vieille ~** alter Trottel *m*

badge [badʒ] *nm* Button *m*

badigeon [badiʒɔ̃] *nm* Tünche *f*

badigeonner [badiʒɔne] *vt* tünchen; (*Méd*) bepinseln

badin, e [badɛ̃, in] *adj* scherzhaft

badinage [badinaʒ] *nm* Geplänkel *nt*

badine [badin] *nf* Gerte *f*

badiner [badine] *vi* scherzen; (**ne pas**) ~ **avec qch** mit etw (keinen) Scherz treiben

badminton [badmintɔn] *nm* Badminton *nt*

baffe [baf] (*fam*) *nf* Ohrfeige *f*

baffle [bafl] *nm* (*haut-parleur*) Lautsprecherkette *f*

bafouer [bafwe] *vt* lächerlich machen

bafouillage [bafujaʒ] *nm* Gestammel *nt*

bafouiller [bafuje] *vi, vt* stammeln

bâfrer [bafʀe] (*fam*) *vi* fressen ▷ *vt* herunterschlingen

bagage [bagaʒ] *nm*: ~ **littéraire** literarisches Wissen *nt*; **bagages** *nmpl* Gepäck *nt*; **~s à main** Handgepäck *nt*

bagarre [bagaʀ] *nf* Rauferei *f*; **il aime la ~** er ist rauflustig

bagarrer [bagaʀe]: **se ~** *vpr* sich raufen

bagarreur, -euse [bagaʀœʀ, øz] *adj* rauflustig ▷ *nm/f* Raufbold *m*

bagatelle [bagatɛl] *nf* Kleinigkeit *f*

Bagdad [bagdad] *n* Bagdad *nt*

bagnard [baɲaʀ] *nm* Sträfling *m*

bagne [baɲ] *nm* Strafkolonie *f*; **c'est le ~!** das ist die reinste Hölle!

bagnole [baɲɔl] (*fam*) *nf* Auto *nt*

bagout [bagu] *nm*: **avoir du ~** ein geschmiertes *ou* gutes Mundwerk haben

bague [bag] *nf* Ring *m*; **~ de fiançailles** Verlobungsring *m*; **~ de serrage** Klammer *f*

baguenauder [bagnode]: **se ~** *vpr* herumschlendern, bummeln

baguer [bage] *vt* beringen

baguette [bagɛt] *nf* (*petit bâton*) Stab *m*; (*cuisine* *chinoise*) (Ess)stäbchen *nt*; (*de chef d'orchestre*) Taktstock *m*; (*pain*) Stangenweißbrot *nt*; (*Constr: moulure*) (Zier)leiste *f*; **mener qn à la ~** jdn an der Kandare halten; **~ magique** Zauberstab *m*; **~ de sourcier** Wünschelrute *f*; **~ de tambour** Trommelstock *m*

Bahamas [baamas] *nfpl*: **les (îles) ~** die Bahamas *pl*

Bahreïn [baʀɛn] *nm* Bahrein *nt*

bahut [bay] *nm* Truhe *f*

bai, e [bɛ] *adj* braunrot

baie [bɛ] *nf* (*Géo*) Bucht *f*; (*fruit*) Beere *f*; **~ (vitrée)** großes Fenster *nt*

baignade [bɛɲad] *nf* Baden *nt*; **"~ interdite"** „Baden verboten"

baigné, e [beɲe] *adj*: **~ de sueur/de sang** schweißgebadet/blutdurchtränkt; **~ de larmes** tränenüberströmt; **~ de lumière** lichtumflutet

baigner [beɲe] *vt* baden ▷ *vi*: **~ dans son sang** im eigenen Blut schwimmen; **se baigner** *vpr* schwimmen; (*dans une baignoire*) baden; **~ dans la brume** in Nebel (ein)gehüllt sein; **tout baigne!** (*fam*) es läuft alles wie geschmiert!

baigneur, -euse [bɛɲœʀ, øz] *nm/f* Badende(r) *f(m)* ▷ *nm* (*poupée*) Babypuppe *f* (*aus Zelluloid*)

baignoire [beɲwaʀ] *nf* Badewanne *f*; (*Théât*) Parterreloge *f*

bail, baux [baj, bo] *nm* Mietvertrag *m*; **donner qch à ~** etw verpachten; **prendre qch à ~** etw pachten; **ça fait un ~ que** es ist eine Ewigkeit her, dass; **~ commercial** Geschäftsraummiete *f*

bâillement [bajmã] *nm* Gähnen *nt*

bâiller [baje] *vi* gähnen; (*être ouvert*) offen stehen

bailleur [bajœʀ] *nm* Verpächter *m*; **~ de fonds** Geldgeber *m*

bâillon [bajɔ̃] *nm* Knebel *m*

bâillonner [bajɔne] *vt* knebeln; (*fig*) mundtot machen

bain [bɛ̃] *nm* Bad *nt*; (*dans une piscine, dans la mer*) Baden *nt*; **prendre un ~** ein Bad nehmen, baden; **se mettre dans le ~** (*fig*) sich mit einer Sache vertraut machen; **~ de bouche** Mundwasser *nt*; **~ de foule** Bad in der Menge; **~ de jouvence** Jungbrunnen *m*; **~ moussant** Schaumbad *nt*; **~ de pieds** Fußbad *nt*; **prendre un ~ de pieds** (*au bord de la mer*) im Wasser waten; **~ de siège** Sitzbad *nt*; **~ de soleil** Sonnenbad *nt*; **prendre un ~ de soleil** sonnenbaden; **~s de mer** Baden im Meer; **~s(-douches) municipaux** (städtische) Badeanstalt *f*

bain-marie [bɛ̃maʀi] (*pl* **bains-marie**) *nm* Wasserbad *nt*; **faire chauffer au ~** im Wasserbad erhitzen

baïonnette [bajɔnɛt] *nf* Bajonett *nt*; **douille à ~** Bajonettfassung *f*; **ampoule à ~** Glühbirne *f* mit Bajonettfassung

baisemain [bɛzmɛ̃] *nm* Handkuss *m*

baiser [beze] *nm* Kuss *m* ▷ *vt* (*embrasser*) küssen; (*fam!: coucher avec*) bumsen (*fam!*), ficken (*fam!*)

baisse [bɛs] *nf* Sinken *nt*, Fallen *nt*; **"~ sur la viande"** „Fleisch im Sonderangebot"; **être en ~** *ou* **à la ~** sinken, fallen

baisser [bese] *vt* (*store, vitre*) herunterlassen; (*tête,*

yeux, voix) senken; (*radio*) leiser stellen; (*chauffage*) niedriger stellen; (*prix*) herabsetzen; (*phares*) abblenden ▷ *vi* fallen; (*température*) sinken, fallen; (*facultés, santé, vue*) nachlassen; (*jour*) sich neigen; (*lumière*) schwächer werden; **se baisser** *vpr* sich bücken

bajoues [baʒu] *nfpl* Backen *pl*; (*péj*) Hängebacken *pl*

bakchich [bakʃiʃ] (*fam*) *nm* Trinkgeld *nt*

bal [bal] *nm* Ball *m*; **~ costumé** Kostümball *m*; **~ masqué** Maskenball *m*; **~ musette** volkstümlicher Ball mit Akkordeonmusik

balade [balad] *nf* Spaziergang *m*; (*en voiture*) Spazierfahrt *f*; **faire une ~** einen Spaziergang *ou* eine Spazierfahrt machen

balader [balade] *vt* (*traîner*) mit sich herumschleppen; (*promener*) spazieren führen; **se balader** *vpr* spazieren gehen; (*en voiture*) spazieren fahren

baladeur [baladœʀ] *nm* Walkman® *m*; **~ numérique** MP3-Spieler *m*

baladeuse [baladøz] *nf* Kontrollampe *f*

baladin [baladɛ̃] *nm* Gaukler *m*

balafre [balafʀ] *nf* Schnitt *m*; (*cicatrice*) Narbe *f*

balafrer [balafʀe] *vt* eine Schnittwunde beibringen +*dat*

balai [balɛ] *nm* Besen *m*; (*Auto*) Scheibenwischerblatt *nt*; **donner un coup de ~** dans ausfegen

balai-brosse [balɛbʀɔs] (*pl* **balais-brosses**) *nm* Schrubber *m*

balance [balɑ̃s] *nf* Waage *f*; (*fig*) Gleichgewicht *nt*; **la B~** (*Astrol*) die Waage; **être (de la) B~** Waage sein; **~ commerciale** Bilanz *f*; **~ des paiements** Zahlungsbilanz *f*; **~ (de précision)** Präzisionswaage *f*; **~ romaine** Handwaage *f*

balancelle [balɑ̃sɛl] *nf* Hollywoodschaukel *f*

balancer [balɑ̃se] *vt* (*bras, jambes etc*) baumeln lassen; (*encensoir etc*) schwenken; (*fam: lancer*) werfen; (*: renvoyer, jeter*) wegwerfen ▷ *vi* (*hésiter*) abwägen; **se balancer** *vpr* sich hin- und herbewegen; (*bateau, sur une balançoire*) schaukeln; **se ~ de qch** (*fam*) sich um etw einen Dreck scheren

balancier [balɑ̃sje] *nm* (*de pendule*) Pendel *nt*; (*de montre*) Unruh *f*; (*perche*) Balancierstange *f*

balançoire [balɑ̃swaʀ] *nf* (*suspendue*) Schaukel *f*; (*sur pivot*) Wippe *f*

balayage [balɛjaʒ] *nm* Fegen *nt*; (*électronique*) Abtasten *nt*

balayer [baleje] *vt* (*feuilles etc*) zusammenfegen; (*pièce, cour*) ausfegen; (*soucis etc*) vertreiben; (*suj: vent, torrent etc*) wegfegen; (*: radar, phares*) absuchen

balayette [balɛjɛt] *nf* Handfeger *m*

balayeur, -euse [balɛjœʀ, øz] *nm/f* Straßenkehrer(in) *m(f)* ▷ *nf* (*engin*) Straßenkehrmaschine *f*

balayures [balejyʀ] *nfpl* Kehricht *m*

balbutiements [balbysimã] *nmpl* Stammelei *f*; (*fig: débuts*) allererste Anfänge *pl*

balbutier [balbysje] *vi, vt* stammeln

balcon [balkɔ̃] *nm* Balkon *m*; (*Théât*) erster Rang *m*

baldaquin [baldakẽ] *nm* Baldachin *m*
Bâle [bɑl] *n* Basel *nt*
Baléares [baleaʀ] *nfpl*: **les (îles)** ~ die Balearen *pl*
baleine [balɛn] *nf* Wal(fisch *m*) *m*; (*de parapluie*) Speiche *f*
baleinier [balenje] *nm* (*Naut*) Walfischfänger *m*
baleinière [balenjɛʀ] *nf* (*Naut*) Walfischboot *nt*
balisage [balizaʒ] *nm* (*v balise*) Bakenlegen *nt*; Befeuerung *f*; Markierung *f*
balise [baliz] *nf* (*Naut*) Bake *f*, Seezeichen *nt*; (*Aviat*) Befeuerungslicht *nt*; (*Auto, Ski*) Markierung *f*
baliser [balize] *vt* (*v balise*) mit Baken versehen; befeuern; markieren; (*fam*: *avoir peur*) kalte Füße bekommen
balistique [balistik] *adj* ballistisch ▷ *nf* Ballistik *f*
balivernes [balivɛʀn] *nfpl* Geschwätz *nt*
balkanique [balkanik] *adj* balkan-, Balkan-
Balkans [balkɑ̃] *nmpl*: **les** ~ die Balkanländer *pl*
ballade [balad] *nf* Ballade *f*
ballant, e [balɑ̃, ɑ̃t] *adj*: **les bras** ~**s** mit baumelnden Armen; (*fig*) mit den Händen im Schoß; **les jambes** ~**es** mit baumelnden Beinen
ballast [balast] *nm* Schotter *m*; (*Rail*) Bettung(sschotter *m*) *f*
balle [bal] *nf* Ball *m*; (*de fusil*) Kugel *f*; (*du blé*) Spreu *f*; (*paquet*) Ballen *m*; **balles** *nfpl* (*fam*: *francs*) Francs *pl*; **tu as cent** ~**s?** (*fam*) ≈ hast du mal 100 Mäuse?; ~ **perdue** verirrte Kugel
ballerine [bal(ə)ʀin] *nf* (*danseuse*) Ballerina *f*; (*chaussure*) leichter, flacher Damenschuh
ballet [balɛ] *nm* Ballett *nt*; ~ **diplomatique** diplomatisches Hin und Her *nt*
ballon [balɔ̃] *nm* Ball *m*; (*Aviat*) Ballon *m*; (*de vin*) (Wein)glas *nt*; ~ **d'essai** (*Météo*) Wetterballon *m*; (*fig*) Versuchsballon *m*; ~ **de football** Fußball *m*
ballonner [balɔne] *vt*: **j'ai le ventre ballonné** ich habe einen Blähbauch
ballon-sonde [balɔ̃sɔ̃d] (*pl* **ballons-sondes**) *nm* Registrierballon *m*
ballot [balo] *nm* Ballen *m*; (*péj*) Blödmann *m*
ballottage [balɔtaʒ] *nm* (*Pol*) Stichwahl *f*
ballotter [balɔte] *vi* hin- und herrollen ▷ *vt* durcheinanderwerfen; **être ballotté entre** (*indécis*) hin- und hergerissen sein zwischen
ballottine [balɔtin] *nf*: ~ **de volaille** Geflügelrollbraten *m*
ball-trap [baltʀap] (*pl* ~**s**) *nm* (*appareil*) Wurftaubenanlage *f*; (*tir*) Tontaubenschießen *nt*
balluchon [balyʃɔ̃] *nm* Bündel *nt*; **faire son** ~ sein Bündel schnüren
balnéaire [balneɛʀ] *adj* bade-, Bade-
balnéothérapie [balneoteʀapi] *nf* Bäderkur *f*
balourd, e [baluʀ, uʀd] *adj* tappig, linkisch ▷ *nm/f* Trampel *m*, Trottel *m*
balourdise [baluʀdiz] *nf* (*maladresse*) Unbeholfenheit *f*, Schwerfälligkeit *f*
balte [balt] *adj* baltisch ▷ *nm/f*: **B~** Balte *m*, Baltin *f*
baltique [baltik] *adj* baltisch ▷ *nf*: **la (mer) B~** die Ostsee *f*
baluchon [balyʃɔ̃] *nm* = **balluchon**

balustrade [balystʀad] *nf* Geländer *nt*
bambin [bɑ̃bẽ] *nm* kleines Kind *nt*
bambou [bɑ̃bu] *nm* Bambus *m*
ban [bɑ̃] *nm*: **ouvrez le** ~! (und jetzt ein großer) Applaus!; **bans** *nmpl* (*de mariage*) Aufgebot *nt*; **être au** ~ **de** ausgestoßen sein aus; **mettre au** ~ **de** ausstoßen aus; **le** ~ **et l'arrière-** ~ **de sa famille** seine/ihre gesammelte Verwandtschaft
banal, e [banal] *adj* banal; (*péj*) abgedroschen
banalement [banalmɑ̃] *adv* banal
banalisé, e [banalize] *adj* banalisiert; (*voiture de police*) (als Zivilfahrzeug) getarnt
banaliser [banalize] *vt* (*rendre banal*) banal machen
banalité [banalite] *nf* Banalität *f*, Abgedroschenheit *f*; (*remarque*) Binsenweisheit *f*
banane [banan] *nf* Banane *f*
bananeraie [bananʀɛ] *nf* Bananenplantage *f*
bananier [bananje] *nm* (*arbre*) Bananenstaude *f*; (*cargo*) Bananendampfer *m*
banc [bɑ̃] *nm* Bank *f*; (*de poissons*) Schwarm *m*; ~ **des accusés** Anklagebank *f*; ~ **d'essai** Prüfstand *m*; ~ **de sable** Sandbank *f*; ~ **des témoins** Zeugenbank *f*
bancaire [bɑ̃kɛʀ] *adj* bank-, Bank-
bancal, e [bɑ̃kal] *adj* wackelig
bandage [bɑ̃daʒ] *nm* (*pansement*) Verband *m*; ~ **herniaire** Bruchband *nt*
bande [bɑ̃d] *nf* (*de tissu etc*) Streifen *m*, Band *nt*; (*Méd*: *pour panser*) Binde *f*; (*magnétique*) Tonband *nt*; (*Ciné*) Filmstreifen *m*; (*Radio*) Band, Bereich *m*; (*motif, dessin*) Streifen; (*groupe*) Gruppe *f*; **une** ~ **de** (*péj*) eine Horde *ou* Bande von; **donner de la** ~ (*Naut*) krängen; **par la** ~ (*indirectement*) auf Umwegen; **faire** ~ **à part** sich absondern; ~ **d'arrêt d'urgence** Seitenstreifen *m*; ~ **dessinée** Comic *m*; ~ **perforée** Lochstreifen *m*; ~ **de roulement** (*de pneu*) Reifendecke *f*; ~ **sonore** Tonspur *f*; ~ **de terre** Landstreifen *m*; ~ **Velpeau®** Kreppbinde *f*
bandé, e [bɑ̃de] *adj* verbunden; **les yeux** ~**s** blindlings, mit verbundenen Augen
bande-annonce [bɑ̃danɔ̃s] (*pl* **bandes-annonces**) *nf* Vorschau *f*
bandeau [bɑ̃do] *nm* (*ruban*) Stirnband *nt*; (*sur les yeux*) Augenbinde *f*; (*Méd*) Kopfverband *m*
bandelette [bɑ̃dlet] *nf* Bändchen *nt*
bander [bɑ̃de] *vt* (*blessure*) verbinden; (*muscle etc*) anspannen; (*arc*) spannen ▷ *vi* (*fam!*) einen stehen haben (*fam*); ~ **les yeux à qn** jdm die Augen verbinden
banderille [bɑ̃dʀij] *nf* Banderilla *f*
banderole [bɑ̃dʀɔl] *nf* (*dans un défilé etc*) Spruchband *nt*
bande-son [bɑ̃dsɔ̃] (*pl* **bandes-son**) *nf* Tonspur *f*
bande-vidéo [bɑ̃dvideo] (*pl* **bandes-vidéo**) *nf* Video(band) *nt*
bandit [bɑ̃di] *nm* Bandit *m*; (*fig*: *escroc*) Gauner *m*
banditisme [bɑ̃ditism] *nm* Banditenunwesen *nt*
bandoulière [bɑ̃duljɛʀ] *nf*: **en** ~ umgehängt
Bangladesh [bɑ̃gladeʃ] *nm*: **le** ~ Bangladesch *nt*
banjo [bɑ̃(d)ʒo] *nm* Banjo *nt*

banlieue [bɑ̃ljø] *nf* Vorort *m*; **Paris et sa** ~ Paris und seine nähere Umgebung; **quartier de** ~ Vorstadtviertel *nt*; **lignes de** ~ Vorortlinien *pl*; **trains de** ~ Vorortzüge *pl*
banlieusard, e [bɑ̃ljøzaʀ, aʀd] *nm/f (habitant)* Vorortbewohner(in) *m(f)*; *(voyageur)* Pendler(in) *m(f)*
bannière [banjɛʀ] *nf* Banner *nt*
bannir [baniʀ] *vt* verbannen
banque [bɑ̃k] *nf* Bank *f*; *(activités)* Bankgeschäfte *pl*; ~ **d'affaires** Handelsbank *f*; ~ **de données** Datenbank *f*; ~ **d'émission** Notenbank *f*; ~ **d'organes** Organbank *f*; ~ **du sang** Blutbank *f*
banqueroute [bɑ̃kʀut] *nf* Bankrott *m*
banquet [bɑ̃kɛ] *nm* Festmahl *nt*, Bankett *nt*; *(de noces)* Hochzeitsessen *nt*
banquette [bɑ̃kɛt] *nf* Sitzbank *f*
banquier [bɑ̃kje] *nm* Bankier *m*
banquise [bɑ̃kiz] *nf* Packeis *nt*
baptême [batɛm] *nm* Taufe *f*; *(d'un navire)* Schiffstaufe *f*; *(d'une cloche)* Glockenweihe *f*; ~ **de l'air** Jungfernflug *m*
baptiser [batize] *vt* taufen; *(cloche)* weihen
baptiste [batist] *nm/f* Baptist(in) *m(f)*
baquet [bakɛ] *nm* Zuber *m*, Kübel *m*
bar [baʀ] *nm* Bar *f*; *(comptoir)* Tresen *m*; *(poisson)* Barsch *m*
baragouin [baʀagwɛ̃] *nm* Kauderwelsch *nt*
baragouiner [baʀagwine] *vi*, *vt* radebrechen
baraque [baʀak] *nf (cabane, hutte)* Hütte *f*; *(fam: maison)* Bude *f*; ~ **foraine** Jahrmarktsbude *f*
baraqué, e [baʀake] *(fam) adj* gut beieinander
baraquements [baʀakmɑ̃] *nmpl* Barackensiedlung *f*
baratin [baʀatɛ̃] *(fam) nm (boniment)*: **faire du** ~ **à qn** jdn beschwatzen
baratiner [baʀatine] *(fam) vt* einreden auf+*acc*, beschwatzen
baratte [baʀat] *nf* Butterfass *nt*
Barbade [baʀbad] *nf*: **la** ~ Barbados *nt*
barbant, e [baʀbɑ̃, ɑ̃t] *(fam) adj* (tod)langweilig
barbare [baʀbaʀ] *adj* barbarisch; *(inculte)* unzivilisiert ▷ *nm/f* Barbar(in) *m(f)*
barbarie [baʀbaʀi] *nf (inculture)* Unkultur *f*; *(cruauté)* Barbarei *f*, Grausamkeit *f*
barbarisme [baʀbaʀism] *nm (Ling)* Barbarismus *m*
barbe [baʀb] *nf* Bart *m*; **au nez et à la** ~ **de qn** *(fig)* vor jds Nase *dat*; **quelle** ~ ! *(fam)* so ein Mist!; ~ **à papa** Zuckerwatte *f*
barbecue [baʀbəkju] *nm* Barbecue *nt*; *(appareil)* Grill *m*
barbelé [baʀbəle] *nm* Stacheldraht *m*
barber [baʀbe] *(fam) vt* tödlich langweilen
barbiche [baʀbiʃ] *nf* Spitzbart *m*
barbichette [baʀbiʃɛt] *nf* Kinnbärtchen *nt*
barbiturique [baʀbityʀik] *nm* Schlafmittel *nt*
barboter [baʀbote] *vi* waten ▷ *vt (fam: voler)* klauen
barboteuse [baʀbotøz] *nf* Strampelanzug *m*
barbouiller [baʀbuje] *vt* beschmieren; **avoir l'estomac barbouillé** sich *dat* den Magen verdorben haben

barbu, e [baʀby] *adj* bärtig
barbue [baʀby] *nf (poisson)* Glattbutt *m*
Barcelone [baʀsəlɔn] *n* Barcelona *nt*
barda [baʀda] *(fam) nm* Zeug *nt*, Krempel *m*
barde [baʀd] *nf (Culin)* Speckstreifen *m* ▷ *nm (poète)* Barde *m*
bardé, e [baʀde] *adj*: ~ **de médailles** mit Orden übersät
bardeaux [baʀdo] *nmpl* Schindeln *pl*
barder [baʀde] *vi (fam)*: **ça va** ~ das gibt Ärger ▷ *vt (rôti, volaille)* mit Speckstreifen umwickeln
barème [baʀɛm] *nm* Tabelle *f*, Skala *f*; ~ **des cotisations** Beitragstabelle *f*; ~ **des notes** Bewertungsskala *f*; ~ **des salaires** Lohnskala *f*
barge [baʀʒ] *nf* Barke *f*
baril [baʀi(l)] *nm (de pétrole)* Barrel *nt*
barillet [baʀijɛ] *nm (de revolver)* Trommel *f*
bariolé, e [baʀjɔle] *adj* bunt
barman [baʀman] *nm* Barkeeper *m*
baromètre [baʀɔmɛtʀ] *nm* Barometer *nt*
baron [baʀɔ̃] *nm* Baron *m*
baronne [baʀɔn] *nf* Baronin *f*
baroque [baʀɔk] *adj (Art)* barock; *(fig: péj)* bizarr, seltsam
baroud [baʀud] *nm*: ~ **d'honneur** ehrenhaftes letztes Gefecht *nt*
baroudeur [baʀudœʀ] *(fam) nm* Kämpfernatur *f*
barque [baʀk] *nf* Barke *f*
barquette [baʀkɛt] *nf (tartelette)* Obsttörtchen in Schiffsform; *(en aluminium, en bois)* Körbchen *nt*
barrage [baʀaʒ] *nm* Damm *m*; *(sur route)* Straßensperre *f*; ~ **de police** Polizeisperre *f*
barre [baʀ] *nf* Stange *f*; *(Naut)* Ruderpinne *f*; *(écrite)* (Feder)strich *m*; **être à** *ou* **tenir la** ~ *(Naut)* am Ruder sein; **comparaître à la** ~ vor Gericht erscheinen; ~ **fixe** Reck *nt*; ~ **de mesure** *(Mus)* Taktstrich *m*; ~**s parallèles** Barren *m*
barreau, x [baʀo] *nm* Stab *m*; *(Jur)* Anwaltschaft *f*
barrer [baʀe] *vt (route etc)* (ab)sperren; *(mot)* (durch)streichen; *(chèque)* zur Verrechnung ausstellen; *(Naut)* steuern; **se barrer** *vpr (fam)* abhauen; ~ **le passage** *ou* **la route à qn** jdm im Weg stehen
barrette [baʀɛt] *nf (pour les cheveux)* Spange *f*; *(Rel: bonnet)* Birett *nt*; *(broche)* Barettnadel *f*
barreur [baʀœʀ] *nm* Steuermann *m*
barricade [baʀikad] *nf* Barrikade *f*
barricader [baʀikade] *vt* verbarrikadieren; **se barricader** *vpr*: **se** ~ **chez soi** sich verbarrikadieren
barrière [baʀjɛʀ] *nf* Zaun *m*, Absperrung *f*; *(porte)* Tor *nt*; *(de passage à niveau)* Schranke *f*; *(obstacle)* Hindernis *nt*; ~ **de dégel** Straßensperre bei Tauwetter; ~**s douanières** Zollschranken *pl*
barrique [baʀik] *nf* Fass *nt*
barrir [baʀiʀ] *vi* trompeten
baryton [baʀitɔ̃] *nm* Bariton *m*
bas, basse [bɑ, bɑs] *adj* niedrig; *(température, ton)* tief; *(action)* niedrig, niederträchtig ▷ *nm (chaussette)* Strumpf *m*; *(partie inférieure)*: **le** ~ **de ...** der untere Teil von ... ▷ *adv (v adj)* niedrig; tief; **plus** ~ weiter unten; *(dans un texte)* unten; **parler**

plus ~ leiser sprechen; **la tête ~se** mit gesenktem Kopf; **avoir la vue ~se** kurzsichtig sein; **au ~ mot** mindestens; **enfant en ~ âge** Kleinkind *nt*; **en ~** unten; **en ~ de** unterhalb von; **de ~ en haut** von oben bis unten; **des hauts et des ~** Höhen und Tiefen *pl*; **mettre ~** *(accoucher)* (Junge) werfen; **"à ~ la dictature/l'école!"** „nieder mit der Diktatur/Schule!"; **un ~ de laine** *(fig)* ein Sparstrumpf; **~ morceaux** *(viande)* billige Fleischstücke *pl*

basalte [bazalt] *nm* Basalt *m*

basané, e [bazane] *adj* braun gebrannt; *(péj)* dunkelhäutig

bas-côté [bakote] *(pl* **~s)** *nm (de route)* Rand *m*; *(d'église)* Seitenschiff *nt*

bascule [baskyl] *nf:* **(jeu de)** ~ Wippe *f*; **(balance à)** ~ (Balken)waage *f*; **fauteuil à ~** Schaukelstuhl *m*

basculer [baskyle] *vi* (um)fallen; *(benne etc)* (um)kippen ▷ *vt (faire basculer)* (um)kippen

base [baz] *nf* Basis *f*; *(d'édifice)* Fundament *nt*; *(de montagne)* Fuß *m*; *(de triangle)* Grundlinie *f*; *(militaire)* Stützpunkt *m*; *(fondement, principe)* Grundlage *f*; *(Chim)* Base *f*; *(de maquillage)* Grundierung *f*; **jeter les ~s de** das Fundament legen für; **sur la ~ de** ausgehend von; **principe de ~** Grundprinzip *nt*; **à ~ de café/sucre** auf Kaffee-/Zuckerbasis; **~ de données** Datenbank *f*; **~ de lancement** Abschussbasis *f*

base-ball [bezbol] *(pl* **~s)** *nm* Baseball *m*

baser [baze] *vt:* ~ **qch sur** etw gründen auf +*acc*, etw basieren auf +*acc*; **se baser** *vpr:* **se ~ sur** *(données, preuves)* sich stützen auf +*acc*; **être basé à** *(Mil)* stationiert sein in +*dat*

bas-fond [bafɔ̃] *(pl* **~s)** *nm (Naut)* Untiefe *f*; **bas-fonds** *nmpl (fig)* Abschaum *m*

basilic [bazilik] *nm (Culin)* Basilikum *nt*; *(Zool)* Basilisk *m*

basilique [bazilik] *nf* Basilika *f*

basket [basket] *nm* = **basket-ball**

basket-ball [basketbol] *(pl* **~s)** *nm* Basketball *m*

baskets [basket] *nfpl (chaussures)* Turnschuhe *pl*

basketteur, -euse [basketœr, øz] *nm/f* Basketballspieler(in) *m(f)*

basquaise [baskez] *adj f* baskisch ▷ *nf:* **B~** Baskin *f*

basque [bask] *adj* baskisch ▷ *nm (Ling)* Baskisch *nt* ▷ *nm/f* Baske *m*, Baskin *f*; **le Pays ~** das Baskenland *nt*

basques [bask] *nfpl:* **être pendu aux ~ de qn** jdm nicht von der Pelle weichen

bas-relief [baʀəljɛf] *(pl* **~s)** *nm* Basrelief *nt*

basse [bas] *adj f voir* **bas** ▷ *nf (Mus)* Bass *m*

basse-cour [baskuʀ] *(pl* **basses-cours)** *nf (cour)* (Hühner)hof *m*; *(animaux)* Kleinvieh *nt*

bassement [basmɑ̃] *adv* gemein, niederträchtig

bassesse [bases] *nf* Niedrigkeit *f*; *(acte, vulgarité)* Gemeinheit *f*, Niederträchtigkeit *f*

basset [base] *nm* Basset *m*

bassin [basɛ̃] *nm* Becken *nt*; *(pièce d'eau)* Bassin *nt*; *(portuaire)* Hafenbecken; **~ houiller** Steinkohlenrevier *nt*

bassine [basin] *nf* Wanne *f*, Schüssel *f*

bassiner [basine] *vt (plaie)* auswaschen; *(fam: importuner)* langweilen

bassiste [basist] *nm/f* Kontrabassspieler(in) *m(f)*

basson [basɔ̃] *nm (instrument)* Fagott *nt*; *(musicien)* Fagottist(in) *m(f)*

bastide [bastid] *nf (maison)* kleines Landhaus *nt (in der Provence)*; *(ville) befestigte Stadt in SW Frankreich*

bastingage [bastɛ̃gaʒ] *nm* Reling *f*

bastion [bastjɔ̃] *nm* Bastion *f*; *(fig: Pol)* Bollwerk *nt*

bas-ventre [bavɑ̃tʀ] *(pl* **~s)** *nm* Unterleib *m*

bat [ba] *vb voir* **battre**

bât [ba] *nm* Packsattel *m*

bataille [bataj] *nf* Schlacht *f*; *(fig, Pol)* Kampf *m*; **en ~** *(en désordre)* in völliger Unordnung; **~ rangée** offener Kampf

bataillon [batajɔ̃] *nm* Bataillon *nt*

bâtard, e [batar, ard] *adj (solution, fig)* Misch- ▷ *nm/f (enfant)* Bastard *m* ▷ *nm (Culin) besonders geformtes Halbpfundbrot*; *(chien)* Mischling *m*, Promenadenmischung *f*

batavia [batavja] *nf* Bataviasalat *m*

bateau, x [bato] *nm* Boot *nt*; *(grand)* Schiff *nt*; *(du trottoir)* Bordsteinabsenkung *f* ▷ *adj (banal, rebattu)* abgedroschen; **~ à moteur** Motorboot *nt*; **~ de pêche** Fischerboot *nt*

bateau-mouche [batomuʃ] *(pl* **bateaux-mouches)** *nm* Ausflugsdampfer auf der Seine

bateau-pilote [batopilɔt] *(pl* **bateaux-pilotes)** *nm* Lotsenboot *nt*

bateleur, -euse [batlœr, øz] *nm/f* Gaukler *m*

batelier, -ière [batəlje, jɛr] *nm/f (de bac)* Flussschiffer(in) *m(f)*

bâti, e [bati] *adj (terrain)* bebaut ▷ *nm (armature)* Rahmen *m*; *(Couture)* Heftfaden *m*; **bien ~** *(personne)* gut gebaut

batifoler [batifole] *vi* herumalbern

batik [batik] *nm* Batik(arbeit) *f*

bâtiment [batimɑ̃] *nm* Gebäude *nt*; *(Naut)* Schiff *nt*; **le ~** *(industrie)* das Baugewerbe *nt*

bâtir [batir] *vt* bauen; *(plan, hypothèse)* aufstellen, entwerfen; *(Couture)* heften; **fil à ~** Heftfaden *m*

bâtisse [batis] *nf* Bau *m*

bâtisseur, -euse [batisœr, øz] *nm/f* Erbauer *m*; *(fig)* Gründer *m*

batiste [batist] *nf* Batist *m*

bâton [batɔ̃] *nm* Stock *m*; *(d'agent de police)* (Gummi)knüppel *m*; **mettre des ~s dans les roues de qn** jdm Knüppel zwischen die Beine werfen; **parler à ~s rompus** über dies und das reden; **~ de rouge (à lèvres)** Lippenstift *m*; **~ de ski** Skistock *m*

bâtonnet [batɔnɛ] *nm* Stäbchen *nt*

bâtonnier [batɔnje] *nm (Jur)* ≈ Präsident *m* der Anwaltskammer

batraciens [batrasjɛ̃] *nmpl* Amphibien *pl*

bats [ba] *vb voir* **battre**

battage [bataʒ] *nm* Werbung *f*

battant, e [batɑ̃, ɑ̃t] *vb voir* **battre** ▷ *adj:* **pluie ~e** Platzregen *m*; ~ **(de cloche)** Klöppel *m*; *(de volet, de porte)* Flügel *m*; *(personne)* Kämpfernatur *f*; **porte à double ~** zweiflügelige Tür *f*; **tambour ~** forsch

batte [bat] *nf* (*Sport*) Kricketschläger *m*

battement [batmã] *nm* (*de cœur*) Schlagen *nt*; **10 minutes de** ~ 10 Minuten Zeit; **~ de paupières** Blinzeln *nt*

batterie [batʀi] *nf* (*Mil, Élec*) Batterie *f*; (*Mus*) Schlagzeug *nt*; **~ de tests** Testreihe *f*; **~ de cuisine** Küchenutensilien *pl*

batteur [batœʀ] *nm* (*Mus*) Schlagzeuger(in) *m(f)*; (*Culin*) Rührgerät *nt*

batteuse [batøz] *nf* (*Agr*) Dreschmaschine *f*

battoir [batwaʀ] *nm* (*à linge, tapis*) Klopfer *m*

battre [batʀ] *vt* schlagen; (*vaincre*) schlagen, besiegen; (*blé*) dreschen; (*tapis*) klopfen; (*fer*) hämmern; (*cartes*) mischen; (*les fourrés, la campagne*) durchkämmen; **se battre** *vpr* sich schlagen; **~ des mains** in die Hände klatschen; **~ de l'aile** (*fig*) auf der Nase liegen; **~ des ailes** mit den Flügeln schlagen; **~ froid à qn** jdm die kalte Schulter zeigen; **~ la mesure** den Takt schlagen; **~ en brèche** (*Mil: mur*) einreißen; (*fig*) zunichtemachen; **~ son plein** in vollem Schwung sein; **~ pavillon britannique** unter britischer Flagge segeln; **~ la semelle** (mit den Füßen) stampfen; **~ en retraite** den Rückzug antreten

battu, e [baty] *pp de* battre

battue [baty] *nf* (*chasse*) Treibjagd *f*; (*policière etc*) Suchaktion *f*

baud [bo] *nm* Baud *nt*

baudruche [bodʀyʃ] *nf* (*personne*) Schaumschläger *m*; **ballon de** ~ großer Kinderballon *m*

baume [bom] *nm* Balsam *m*

bauxite [boksit] *nf* Bauxit *m*

bavard, e [bavaʀ, aʀd] *adj* schwatzhaft

bavardage [bavaʀdaʒ] *nm* Geschwätz *nt*, Gerede *nt*

bavarder [bavaʀde] *vi* schwatzen; (*indiscrètement*) klatschen, tratschen

bavarois, e [bavaʀwa, waz] *adj* bay(e)risch ▷ *nf* (*Culin*) Bayerische Creme *f*

bave [bav] *nf* Speichel *m*; (*de chien etc*) Geifer *m*; (*d'escargot etc*) Schleim *m*

baver [bave] *vi* sabbern; (*encre, couleur*) auslaufen; **en** ~ (*fam*) ganz schön ins Schwitzen kommen

bavette [bavɛt] *nf* (*de bébé*) Lätzchen *nt*; (*de tablier, salopette*) Brustlatz *m*

baveux, -euse [bavø, øz] *adj* sabbernd; (*omelette*) flüssig

Bavière [bavjɛʀ] *nf*: **la** ~ Bayern *nt*

bavoir [bavwaʀ] *nm* Lätzchen *nt*

bavure [bavyʀ] *nf* (*tache*) Fleck *m*; (*fig*) Schnitzer *m*

bayer [baje] *vi*: **~ aux corneilles** Maulaffen feilhalten

bazar [bazaʀ] *nm* Basar *m*; (*fam: désordre*) Durcheinander *nt*

bazarder [bazaʀde] (*fam*) *vt* rauswerfen; (*vendre*) verschleudern

BCBG [besebeʒe] *sigle* (= *bon chic bon genre*) chic, schick

BCE [beseeə] *sigle f* (= *Banque centrale européenne*) EZB *f*

BCG [beseʒe] *sigle m* (= *bacille Calmette-Guérin*) BCG, Tuberkuloseimpfstoff

bcp *abr* = **beaucoup**

BD [bede] *sigle f* (= *bande dessinée*) *voir* **bande** (= *base de données*) Datenbank *f*

bd *abr* = **boulevard**

b.d.c. *abr* (= *bas de casse*) klein

béant, e [beã, ãt] *adj* weit offen, klaffend

béarnais, e [beaʀnɛ, ɛz] *adj* béarnaisisch, aus dem Béarn; **sauce ~e** Sauce béarnaise *f*

béat, e [bea, at] *adj* (*sourire etc*) (glück)selig

béatitude [beatityd] *nf* Glückseligkeit *f*; **les B~s** die Seligpreisungen *pl*

beau, bel, belle, beaux [bo, bɛl] *adj* schön; (*homme*) gut aussehend; (*moralement*) gut ▷ *nm*: **avoir le sens du** ~ Sinn für das Schöne haben ▷ *nf* (*Sport*): **la belle** das Entscheidungsspiel; **il fait** ~ es ist schönes Wetter; **un ~ geste** eine noble Geste; **un ~ gâchis** (*iro*) ein schöner Schlamassel; **un ~ rhume** (*iro*) ein ordentlicher Schnupfen; **le ~ monde** die feine Gesellschaft; **un ~ jour** eines schönen Tages; **bel et bien** (*vraiment*) wahrhaftig; **le plus ~ c'est que** das Schönste daran ist, dass; **c'est du ~!** das ist (ja) ein starkes Stück!; **nous avons eu ~ essayer ça n'a rien donné** wie sehr wir uns auch bemüht haben, es hat nichts genutzt; **il a ~ jeu de protester** *etc* er hat gut protestieren; **en faire de belles** schöne Geschichten machen; **de plus belle** umso mehr; **faire le** ~ (*chien*) Männchen machen; **~ parleur** Schönredner *m*

beaucoup [boku] *adv* viel; **~ plus grand** viel größer; **~ plus de** viel mehr; **~ trop de** (*nombre*) viel zu viele; (*quantité*) viel zu; **~ de** (*nombre*) viele; (*quantité*) viel; **de** ~ bei Weitem

beau-fils [bofis] (*pl* **beaux-fils**) *nm* Schwiegersohn *m*; (*d'un remariage*) Stiefsohn *m*

beau-frère [bofʀɛʀ] (*pl* **beaux-frères**) *nm* Schwager *m*

beau-père [bopɛʀ] (*pl* **beaux-pères**) *nm* Schwiegervater *m*; (*d'un remariage*) Stiefvater *m*

beauté [bote] *nf* Schönheit *f*; **de toute** ~ wunderbar; **finir en** ~ mit einem eleganten Schwung abschließen; (*brillamment*) glänzend abschließen

beaux-arts [bozaʀ] *nmpl* schöne Künste *pl*

beaux-parents [bopaʀã] *nmpl* Schwiegereltern *pl*

bébé [bebe] *nm* Baby *nt*

bébé-éprouvette [bebepʀuvɛt] (*pl* **bébés-éprouvette**) *nm* Retortenbaby *nt*

bec [bɛk] *nm* Schnabel *m*; (*de plume*) Spitze *f*; (*de cafetière*) Tülle *f*; (*de clarinette etc*) Mundstück *nt*; **clouer le** ~ **à qn** jdm das Maul stopfen; **ouvrir le** ~ den Schnabel aufmachen; **~ de gaz** Gaslaterne *f*; **~ verseur** Schnabel

bécane [bekan] (*fam*) *nf* (*vélo*) Fahrrad *nt*

bécarre [bekaʀ] *nm* Auflösungszeichen *nt*

bécasse [bekas] *nf* (*Zool*) Waldschnepfe *f*; (*fig*) dumme Gans *f*

bec-de-cane [bɛkdəkan] (*pl* **becs-de-cane**) *nm* (*poignée*) Türgriff *m*

bec-de-lièvre [bɛkdəljɛvʀ] (*pl* **becs-de-lièvre**) *nm* Hasenscharte *f*

béchamel [beʃamɛl] *nf*: (**sauce**) ~ Bechamelsoße *f*

bêche | bermuda

bêche [bɛʃ] *nf* Spaten *m*
bêcher [beʃe] *vt* (*terre*) umgraben; (*fam: snober*) hochnäsig behandeln
bêcheur, -euse [bɛʃœʀ, øz] (*fam*) *adj* hochnäsig ▷ *nm/f* eingebildeter Affe *m*, eingebildete Ziege *f*
bécoter [bekɔte]: **se ~** *vpr* sich abküssen
becquée [beke] *nf*: **donner la ~ à** füttern
becqueter [bɛkte] (*fam: manger*) *vt* schnabulieren
bedaine [bədɛn] *nf* Wanst *m*
bédé [bede] (*fam*) *nf* (= *bande dessinée*) *voir* **bande**
bedeau, x [bədo] *nm* Küster *m*, Kirchendiener *m*
bedonnant, e [bədɔnɑ̃, ɑ̃t] *adj* dick(bäuchig)
bée [be] *adj*: **bouche ~** mit offenem Mund
beffroi [befʀwa] *nm* Glockenturm *m*
bégaiement [begɛmɑ̃] *nm* Stottern *nt*
bégayer [begeje] *vi, vt* stottern, stammeln
bégonia [begɔnja] *nm* Begonie *f*
bègue [bɛg] *adj, nm/f*: **être ~** stottern
bégueule [begœl] *adj* prüde, zimperlich
béguin [begɛ̃] *nm*: **avoir le ~ pour** schwärmen für
beige [bɛʒ] *adj* beige
beignet [bɛɲɛ] *nm* Krapfen *m*
bel [bɛl] *adj m voir* **beau**
bêler [bele] *vi* (*mouton*) blöken; (*chèvre*) meckern; (*fam: se plaindre*) zetern
belette [bəlɛt] *nf* Wiesel *nt*
belge [bɛlʒ] *adj* belgisch; *siehe Info-Artikel* ▷ *nm/f*: **B~** Belgier(in) *m(f)*

● **FÊTE NATIONALE BELGE**

La fête nationale belge am 21. Juli ist in Belgien ein Feiertag zur Erinnerung an den 21. Juli 1831, an dem Leopold von Sachsen-Coburg Gotha König Leopold I wurde.

Belgique [bɛlʒik] *nf*: **la ~** Belgien *nt*
Belgrade [bɛlgʀad] *n* Belgrad *nt*
bélier [belje] *nm* Widder *m*; (*engin*) Rammbock *m*; **être (du) B~** (*Astrol*) Widder sein
Belize [beliz] *nm*: **le ~** Belize *nt*
bellâtre [belɑtʀ] *nm* Geck *m*
belle [bɛl] *adj f voir* **beau**
belle-famille [bɛlfamij] (*pl* **belles-familles**) *nf* angeheiratete Verwandtschaft *f*
belle-fille [bɛlfij] (*pl* **belles-filles**) *nf* Schwiegertochter *f*; (*d'un remariage*) Stieftochter *f*
belle-mère [bɛlmɛʀ] (*pl* **belles-mères**) *nf* Schwiegermutter *f*; (*d'un remariage*) Stiefmutter *f*
belle-sœur [bɛlsœʀ] (*pl* **belles-sœurs**) *nf* Schwägerin *f*
belliciste [belisist] *adj* kriegshetzerisch
belligérant [beliʒeʀɑ̃] *nm* Krieg führendes Land *nt*
belliqueux, -euse [belikø, øz] *adj* (*peuple, politique*) kriegerisch; (*personne, humeur*) streitbar
belote [bəlɔt] *nf* Kartenspiel mit 32 Karten
belvédère [bɛlvedɛʀ] *nm* Aussichtspunkt *m*
bémol [bemɔl] *nm* b *nt*, Erniedrigungszeichen *nt*
ben [bɛ̃] (*fam*) *excl* na ja
bénédiction [benediksjɔ̃] *nf* Segen *m*
bénéfice [benefis] *nm* (*Comm*) Gewinn *m*;

bénéficiaire [benefisjɛʀ] *nm* Nutznießer *m*
bénéficier [benefisje] *vi*: **~ de** (*avoir*) genießen; (*tirer profit de*) Nutzen ziehen aus; (*obtenir*) erhalten
bénéfique [benefik] *adj* wohltuend; (*avantageux*) vorteilhaft
Benelux [benelyks] *nm*: **le ~** die Beneluxländer *pl*
benêt [bənɛ] *adj m* einfältig
bénévolat [benevɔla] *nm* ehrenamtliche Tätigkeit *f*
bénévole [benevɔl] *adj* freiwillig
bénévolement [benevɔlmɑ̃] *adv* freiwillig
Bengale [bɛ̃gal] *nm*: **le ~** Bengalen *nt*; **le golfe du ~** der Golf von Bengalen
Bénin [benɛ̃] *nm*: **le ~** Benin *nt*
bénin, -igne [benɛ̃, iɲ] *adj* gütig; (*Méd*) gutartig
béninois, e [beninwa, az] *adj* beninisch ▷ *nm/f*: **Béninois, e** Beniner(in) *m(f)*
bénir [beniʀ] *vt* segnen; (*Dieu*) preisen; **Dieu te bénisse!** Gott segne dich!
bénit, e [beni, it] *adj*: **eau ~e** Weihwasser *nt*
bénitier [benitje] *nm* Weihwasserbecken *nt*
benjamin, e [bɛ̃zamɛ̃, in] *nm/f* Benjamin *m*
benne [bɛn] *nf* (*de camion*) Kipplader *m*; (*de téléphérique*) Gondel *f*; **~ basculante** Kipplore *f*
benzine [bɛ̃zin] *nf* Leichtbenzin *nt*
béotien, ne [beɔsjɛ̃, jɛn] *nm/f* Banause *m*, Banausin *f*
BEP [beøpe] *sigle m* (= *brevet d'études professionnelles*) Zeugnis einer technischen Schule
BEPC [beøpese] *sigle m* (= *brevet d'études du premier cycle*) ≈ mittlere Reife *f*
béquille [bekij] *nf* Krücke *f*; (*de bicyclette*) Ständer *m*
berbère [bɛʀbɛʀ] *adj* Berber-, berber- ▷ *nm/f*: **B~** Berber(in) *m(f)*
bercail [bɛʀkaj] *nm*: **rentrer au ~** in den Schoß der Familie zurückkehren
berceau, x [bɛʀso] *nm* Wiege *f*
bercer [bɛʀse] *vt* wiegen; (*suj: musique etc*) einlullen; **~ qn de promesses** jdn mit Versprechungen irreführen
berceur, -euse [bɛʀsœʀ, øz] *adj* einlullend
berceuse [bɛʀsøz] *nf* (*chanson*) Wiegenlied *nt*
béret [beʀe] *nm*: **~ (basque)** Baskenmütze *f*
bergamote [bɛʀgamɔt] *nf* Bergamotte *f*
berge [bɛʀʒ] *nf* Ufer *nt*; (*de chemin, fossé*) Böschung *f*; (*fam: an*) Jahr *nt*
berger, -ère [bɛʀʒe, ɛʀ] *nm/f* Schäfer(in) *m(f)*; **~ allemand** (*chien*) Schäferhund *m*
bergerie [bɛʀʒəʀi] *nf* Schafstall *m*
bergeronnette [bɛʀʒəʀɔnɛt] *nf* Bachstelze *f*
béribéri [beʀibeʀi] *nm* Beriberi *f*
Berlin [bɛʀlɛ̃] *n* Berlin *nt*; **~ Est/Ouest** Ost-/Westberlin *nt*
berline [bɛʀlin] *nf* (*Auto*) Limousine *f*
berlingot [bɛʀlɛ̃go] *nm* (*emballage*) Tetrapack® *nt*; (*bonbon*) Bonbon *m ou nt*
berlinois, e [bɛʀlinwa, waz] *adj* Berliner ▷ *nm/f*: **Berlinois, e** Berliner(in) *m(f)*
berlue [bɛʀly] *nf*: **avoir la ~** Gespenster sehen
bermuda [bɛʀmyda] *nm* (*short*) Bermudas *pl*

Bermudes [bɛʀmyd] *nfpl*: **les (îles)** ~ die Bermudas *pl*

Berne [bɛʀn] *n* Bern *nt*

berne [bɛʀn] *nf*: **en** ~ auf halbmast; **mettre en** ~ halbmast flaggen

berner [bɛʀne] *vt* zum Narren halten

bernois, e [bɛʀnwa, waz] *adj* Berner

berrichon, ne [beʀiʃɔ̃, ɔn] *adj* aus Berry ▷ *nm/f*: **Berrichon°, ne** Bewohner(in) *m(f)* des Berry

besace [bəzas] *nf* Bettelsack *m*

besogne [bəzɔɲ] *nf* Arbeit *f*

besogneux, -euse [bəzɔɲø, øz] *adj* (*travailleur*) fleißig

besoin [bəzwɛ̃] *nm* Bedürfnis *nt*; (*pauvreté*) Bedürftigkeit *f*; **au** ~ notfalls; **avoir** ~ **de qch** etw nötig haben; **avoir** ~ **de faire qch** etw tun müssen; **il n'y a pas** ~ **de faire qch** es besteht keine Notwendigkeit, etw zu tun; **faire ses** ~**s** seine Notdurft verrichten; **pour les** ~**s de la cause** für diese Zwecke

bestial, e, -aux [bɛstjal, jo] *adj* bestialisch

bestiaux [bɛstjo] *nmpl* Vieh *nt*

bestiole [bɛstjɔl] *nf* Tierchen *nt*

bétail [betaj] *nm* Vieh *nt*

bétaillère [betajɛʀ] *nf* Viehwagen *m*

bête [bɛt] *nf* Tier *nt* ▷ *adj* dumm, blöd; **les** ~**s** (*bétail*) das Vieh *nt*; **chercher la petite** ~ übergenau sein; **c'est ma** ~ **noire** das ist für mich ein rotes Tuch; ~ **de somme** Lasttier *nt*; ~**s sauvages** wilde Tiere *pl*

bêtement [bɛtmɑ̃] *adv* dumm; **tout** ~ schlicht und ergreifend

bêtifier [betifje] *vi* dummes Zeug reden

bêtise [betiz] *nf* Dummheit *f*; (*bagatelle*) Kleinigkeit *f*; **faire une** ~ eine Dummheit machen; **dire une** ~ Unsinn reden

béton [betɔ̃] *nm* Beton *m*; **en** ~ (*alibi, argument*) hieb- und stichfest; ~ **armé** Stahlbeton *m*; ~ **précontraint** Spannbeton *m*

bétonner [betone] *vt* betonieren

bétonnière [betɔnjɛʀ] *nf* Betonmischmaschine *f*

bette [bɛt] *nf* Mangold *m*

betterave [bɛtʀav] *nf*: ~ **fourragère** Futterrübe *f*; ~ **(rouge)** Rote Bete *f*; ~ **sucrière** Zuckerrübe *f*

beuglement [bøgləmɑ̃] *nm* (*vi*) Brüllen *nt*; Plärren *nt*

beugler [bøgle] *vi* brüllen; (*péj: personne, radio*) plärren ▷ *vt* (*péj: chanson etc*) grölen

Beur [bœʀ] *nm/f* junger Franzose/junge Franzosin, dessen/deren Eltern aus dem Maghreb stammen; siehe Info-Artikel

○ **BEUR**
○
○
○ *Beur* ist die Bezeichnung für jemanden, der in
○ Frankreich geboren wurde und dessen Eltern
○ aus Nordafrika stammen. Es ist kein
○ rassistischer Ausdruck und wird oft von den
○ Medien, Anti-Rassismus-Gruppen und den
○ „Beurs" selbst benutzt.

beurre [bœʀ] *nm* Butter *f*; **mettre du** ~ **dans les**

épinards (*fig*) die Kasse etwas aufbessern; ~ **de cacao** Kakaobutter *f*; ~ **noir** braune Butter

beurrer [bœʀe] *vt* buttern

beurrier [bœʀje] *nm* Butterdose *f*

beuverie [bøvʀi] *nf* Sauferei *f*

bévue [bevy] *nf* Schnitzer *m*

Beyrouth [beʀut] *n* Beirut *nt*

Bhoutan [butɑ̃] *nm*: **le** ~ Bhutan *nt*

bi [bi] *préf* bi, Bi

Biafra [bjafʀa] *nm*: **le** ~ Biafra *nt*

biafrais, e [bjafʀɛ, ɛz] *adj* biafranisch ▷ *nm/f*: **Biafrais, e** Biafraner(in) *m(f)*

biais [bjɛ] *nm* (*d'un tissu*) Fadenlauf *m*; (*bande de tissu*) Schrägstreifen *m*; (*fig: moyen*) Kniff *m*; (*: aspect*) Blickwinkel *m*; **en** ~, **de** ~ (*obliquement*) schräg

biaiser [bjeze] *vi* (*fig*) ausweichen

bibelot [biblo] *nm* Ziergegenstand *m*

biberon [bibʀɔ̃] *nm* (Saug)flasche *f*; **nourrir au** ~ mit der Flasche ernähren

bible [bibl] *nf* Bibel *f*

biblio [biblijɔ] *préf* biblio, Biblio

bibliobus [biblijobys] *nm* Fahrbücherei *f*

bibliographie [biblijɔgʀafi] *nf* Bibliografie *f*

bibliophile [biblijɔfil] *nm/f* Bücherfreund(in) *m(f)*

bibliothécaire [biblijɔtekɛʀ] *nm/f* Bibliothekar(in) *m(f)*

bibliothèque [biblijɔtɛk] *nf* (*meuble*) Bücherschrank *m*; (*institution*) Bibliothek *f*; ~ **municipale** Stadtbücherei *f*

biblique [biblik] *adj* biblisch

bic® [bik] *nm* Kugelschreiber *m*

bicarbonate [bikaʀbɔnat] *nm*: ~ **(de soude)** Natron *nt*

bicentenaire [bisɑ̃t(ə)nɛʀ] *nm* Zweihundertjahrfeier *f*

biceps [bisɛps] *nm* Bizeps *m*

biche [biʃ] *nf* Hirschkuh *f*

bichonner [biʃone] *vt* (*personne*) verhätscheln

bicolore [bikɔlɔʀ] *adj* zweifarbig

bicoque [bikɔk] *(péj) nf* Bruchbude *f*

bicorne [bikɔʀn] *nm* Zweispitz *m*

bicyclette [bisiklɛt] *nf* Fahrrad *nt*

bidasse [bidas] *(fam) nm* Soldat *m*

bide [bid] *(fam) nm* (*ventre*) Bauch *m*; (*Théât*) Reinfall *m*

bidet [bidɛ] *nm* Bidet *nt*

bidoche [bidɔʃ] *(fam) nf* Fleisch *nt*

bidon [bidɔ̃] *nm* Kanister *m* ▷ *adj inv* (*fam*) Schein-; **c'est du** ~! (*fam*) das ist alles Quatsch!

bidonnant, e [bidɔnɑ̃, ɑ̃t] *(fam) adj* umwerfend komisch

bidonville [bidɔ̃vil] *nm* Slumvorstadt *f*

bidule [bidyl] *(fam) nm* Dingsda *nt*

bielle [bjɛl] *nf* Pleuelstange *f*; (*Auto*) Spurstange *f*

 MOT-CLÉ

bien [bjɛ̃] *nm* **1** (*avantage, profit*): **faire du bien à qn** jdm gut tun; **dire du bien de qn/qch** gut von jdm/etw sprechen; **c'est pour son bien que ...**

es ist zu seinem Guten, dass ...; **changer en bien** sich zum Guten wenden; **il a changé en bien** er hat sich zu seinem Vorteil verändert; **mener à bien** zum guten Ende führen; **je te veux du bien** ich meine es gut mit dir

2 (*possession, patrimoine*) Besitz *m*; **son bien le plus précieux** sein kostbarstes Gut *nt*; **avoir du bien** Besitz haben; **biens de consommation** Verbrauchsgüter *pl*; **les biens de ce monde** die Güter *pl* dieser Welt

3 (*moral*): **le bien** das Gute; **distinguer le bien du mal** Gut und Böse unterscheiden; **faire le bien** Gutes tun; **le bien public** das Allgemeinwohl

▷ *adv* **1** (*de façon satisfaisante*) gut; **elle travaille/ mange bien** sie arbeitet/isst gut; **vite fait, bien fait** hopplahopp; **croyant bien faire, je ... in** bester Absicht habe ich ...; **croire/vouloir bien faire** es gut meinen

2 (*valeur intensive*) sehr; **bien jeune** ein bisschen (zu) jung; **bien souvent** sehr oft; **j'en ai bien assez** ich habe wirklich genug davon; **bien mieux** sehr viel besser; **bien sûr!** sicher!; **c'est bien fait!** er *etc* verdient es!; **j'espère bien y aller** ich hoffe doch, dass ich dort hingehe; **je veux bien le faire** (*concession*) ich will es ja gerne machen; **il y a bien deux ans** das ist gut und gerne zwei Jahre her; **Paul est bien venu, n'est-ce pas?** Paul ist doch gekommen, oder?; **tu as eu bien raison de faire cela** du hast gut daran getan, das zu tun; **j'ai bien téléphoné** ich habe wirklich telefoniert; **il faut bien l'admettre** *ou* **le reconnaître** das muss man einfach zugeben; **se donner bien du mal** sich *dat* sehr viel Mühe geben; **où peut-il bien être passé?** wo kann er nur sein?

3 (*beaucoup*): **bien du temps/des gens** viel Zeit/ viele Leute

4: **bien que** obwohl

▷ *adj inv* **1** (*en bonne forme, à l'aise*): **être/se sentir bien** sich wohlfühlen; **je ne me sens pas bien** mir ist nicht gut; **on est bien dans ce fauteuil** in diesem Sessel sitzt man sehr bequem

2 (*joli, beau*) schön; **tu es bien dans cette robe** in diesem Kleid siehst du gut aus; **elle est bien, cette femme** das ist eine hübsche Frau

3 (*satisfaisant, adéquat*) gut; **elle est bien, cette maison** dieses Haus ist genau richtig; **mais non, c'est très bien** aber nein, das ist sehr gut so; **c'est très bien (comme ça)** das ist sehr gut so

4 (*juste, moral*) anständig; **ce n'est pas bien de faire ça** das macht man nicht, es gehört sich nicht, das zu tun

5 (*convenable: parfois péj*): **des gens bien** feine Leute *pl*

6 (*en bons termes*): **être bien avec qn** auf freundschaftlichem Fuß mit jdm stehen

bien-être [bjɛ̃ɛtʀ] *nm* (*sensation*) Wohlbefinden *nt*
bienfaisance [bjɛ̃fəzɑ̃s] *nf* Wohltätigkeit *f*
bienfaisant, e [bjɛ̃fəzɑ̃] *adj* (*chose*) gut, zuträglich

bienfait [bjɛ̃fɛ] *nm* (*acte*) gute Tat; (*avantage*) Vorteil *m*
bienfaiteur, -trice [bjɛ̃fɛtœʀ, tʀis] *nm/f* Wohltäter(in) *m(f)*
biennal, e, -aux [bjenal, o] *adj* (*plan*) Zweijahres-; (*exposition*) alle zwei Jahre stattfindend
bien-pensant, e [bjɛ̃pɑ̃sɑ̃, ɑ̃t] (*pl* ~**s, es**) *adj* spießbürgerlich ▷ *nm/f*: **les ~s** die Spießbürger *pl*
bienséance [bjɛ̃seɑ̃s] *nf* Anstand *m*; **bienséances** *nfpl* (*convenances*) gute Sitten *pl*
bienséant, e [bjɛ̃seɑ̃, ɑ̃t] *adj* anständig
bientôt [bjɛ̃to] *adv* bald; **à ~** bis bald
bienveillance [bjɛ̃vɛjɑ̃s] *nf* Wohlwollen *nt*
bienveillant, e [bjɛ̃vɛjɑ̃, ɑ̃t] *adj* wohlwollend
bienvenu, e [bjɛ̃vny] *adj* willkommen ▷ *nm/f*: **être le ~/la ~e** willkommen sein ▷ *nf*: **souhaiter la ~e à qn** jdn willkommen heißen; **~e à Bienne** willkommen in Biel
bière [bjɛʀ] *nf* (*boisson*) Bier *nt*; (*cercueil*) Sarg *m*; ~ **blonde** helles Bier; ~ **brune** dunkles Bier; ~ **(à la) pression** Bier vom Fass
biffer [bife] *vt* durchstreichen
bifteck [biftɛk] *nm* Beefsteak *nt*
bifurcation [bifyʀkasjɔ̃] *nf* Gabelung *f*; (*fig*) Neuorientierung *f*
bifurquer [bifyʀke] *vi* (*route*) sich gabeln; (*véhicule*) abbiegen; (*fig: personne*) eine andere Richtung einschlagen
bigame [bigam] *adj* bigamistisch
bigamie [bigami] *nf* Bigamie *f*
bigarré, e [bigaʀe] *adj* (*bariolé*) kunterbunt; (*disparate*) bunt (gemischt)
bigarreau, x [bigaʀo] *nm* Herzkirsche *f*
bigleux, -euse [biglø, øz] *adj*: **petit ~!** du Brillenschlange!
bigorneau, x [bigɔʀno] *nm* Strandschnecke *f*
bigot, e [bigo, ɔt] (*péj*) *adj* bigott ▷ *nm/f* Frömmler(in) *m(f)*
bigoterie [bigɔtʀi] *nf* Frömmelei *f*
bigoudi [bigudi] *nm* Lockenwickler *m*
bigrement [bigʀəmɑ̃] (*fam*) *adv* verdammt
bijou, x [biʒu] *nm* Schmuckstück *nt*; (*fig*) Juwel *nt*; **mes ~x** mein Schmuck *m*
bijouterie [biʒutʀi] *nf* (*bijoux*) Schmuckhandel *m*; (*magasin*) Juwelierladen *m*
bijoutier, -ière [biʒutje, jɛʀ] *nm/f* Juwelier *m*
bikini [bikini] *nm* Bikini *m*
bilan [bilɑ̃] *nm* Bilanz *f*; **faire le ~ de** die Bilanz ziehen aus; **déposer son ~** Konkurs anmelden; **~ de santé** Check-up *m*, Checkup *m*
bilatéral, e, -aux [bilateʀal, o] *adj* (*stationnement*) auf beiden Straßenseiten; (*contrat*) bilateral
bilboquet [bilbɔkɛ] *nm* (*jouet*) Art Fangspiel mit einer Kugel
bile [bil] *nf* Galle *f*; **se faire de la ~** sich *dat* große Sorgen machen
biliaire [biljɛʀ] *adj* Gallen-, gallen-
bilieux, -euse [biljø, øz] *adj* (*teint*) gelblich; (*tempérament*) aufbrausend
bilingue [bilɛ̃g] *adj* zweisprachig
bilinguisme [bilɛ̃gɥism] *nm* Zweisprachigkeit *f*
billard [bijaʀ] *nm* Billard *nt*; (*table*) Billardtisch *m*;

passer sur le ~ *(fam)* auf den Operationstisch *ou* unters Messer kommen; **~ électrique** Flipper *m*
bille [bij] *nf* Kugel *f*; *(de verre)* Murmel *f*, Klicker *m*; *(de bois)* Holzklotz *m*; **jouer aux ~s** mit Murmeln *ou* Klickern spielen
billet [bijε] *nm* *(argent)* Banknote *f*; *(de cinéma, musée etc)* Eintrittskarte *f*; *(de bus etc)* Fahrkarte *f*; *(courte lettre)* Notiz *f*; **~ d'avion** Flugticket *nt*, Flugschein *m*; **~ de banque** Banknote *f*; **~ circulaire** Rundreiseticket *nt*; **~ de commerce** Schuldschein *m*; **~ doux** Liebesbrief *m*; **~ électronique** E-Ticket *nt*; **~ de faveur** Freikarte *f*; **~ de loterie** Lotterielos *nt*; **~ à ordre** Wechsel *m*; **~ de train** Fahrkarte
billetterie [bijεtRi] *nf* *(pour spectacle)* Kasse *f*; *(Banque)* Geldautomat *m*
billion [biljɔ̃] *nm* Billion *f*
billot [bijo] *nm* Klotz *m*
bimbeloterie [bɛ̃blɔtRi] *nf* *(objets)* Nippes *pl*
bimensuel, le [bimɑ̃sɥεl] *adj* vierzehntägig
bimestriel, le [bimεstRijεl] *adj* zweimonatlich
bimoteur [bimɔtœR] *adj* zweimotorig
binaire [binεR] *adj* binär
biner [bine] *vt* hacken
binette [binεt] *nf* *(outil)* Hacke *f*
binoclard, e [binɔklaR, aRd] *(fam)* *nm/f* Brillenschlange *f*
binocle [binɔkl] *nm* Kneifer *m*
binoculaire [binɔkylεR] *adj* *(vision)* beidäugig; *(microscope)* binokular
binôme [binom] *nm* Binom *nt*
bio [bjo] *(fam)* *adj* *(produits, aliments)* Bio-
biocarburant [bjokaRbyRɑ̃] *nm* Biokraftstoff *m*
biochimie [bjoʃimi] *nf* Biochemie *f*
biochimique [bjoʃimik] *adj* biochemisch
biochimiste [bjoʃimist] *nm/f* Biochemiker(in) *m(f)*
biodégradable [bjodegRadabl] *adj* biologisch abbaubar
biographe [bjɔgRaf] *nm/f* Biograf(in) *m(f)*
biographie [bjɔgRafi] *nf* Biografie *f*
biographique [bjɔgRafik] *adj* biografisch
biologie [bjɔlɔʒi] *nf* Biologie *f*
biologique [bjɔlɔʒik] *adj* biologisch; *(agriculture, alimentation)* biodynamisch
biologiste [bjɔlɔʒist] *nm/f* Biologe *m*, Biologin *f*
biomasse [bjomas] *nf* Biomasse *f*
biopsie [bjɔpsi] *nf* Biopsie *f*
biosphère [bjɔsfεR] *nf* Biosphäre *f*
biotechnologie [bjotεknɔlɔʒi] *nf* Biotechnologie *f*
bioterrorisme [bjotεRɔRism] *nm* Bioterrorismus *m*
bioterroriste [bjotεRɔRist] *nm/f* Bioterrorist(in) *m(f)*
biotope [bjotɔp] *nm* Biotop *m ou nt*
bipartisme [bipaRtism] *nm* Zweiparteiensystem *nt*
bipartite [bipaRtit] *adj* *(gouvernement)* Zweiparteien-; *(accord)* zweiseitig
bipède [bipεd] *nm* Zweibeiner *m*
biphasé [bifaze] *adj* zweiphasig

biplace [biplas] *adj* *(avion)* zweisitzig
biplan [biplɑ̃] *nm* *(avion)* Doppeldecker *m*
bique [bik] *nf* Ziege *f*
biquet, te [bikε, εt] *nm/f* Zicklein *nt*; **mon ~** mein Kleines
biréacteur [biReaktœR] *nm* zweimotoriges Düsenflugzeug *nt*
birman, e [biRmɑ̃, an] *adj* birmanisch ▷ *nm/f*: **Birman, e** Birmane *m*, Birmanin *f*
Birmanie [biRmani] *nf*: **la ~** Birma *nt*
bis, e [adj bi, biz adv, excl, nm bis] *adj* *(couleur)* graubraun ▷ *adv* *(après un chiffre)*: **12 ~** = 12 a ▷ *excl* Zugabe, da capo ▷ *nm* Zugabe *f*
bisaïeul, e [bizajœl] *nm/f* Urgroßvater *m*, Urgroßmutter *f*
bisannuel, le [bizanɥεl] *adj* zweijährlich
bisbille [bisbij] *nf*: **être en ~ avec qn** sich mit jdm in den Haaren liegen
biscornu, e [biskɔRny] *adj* unförmig, ungestalt; *(péj: idée, esprit)* bizarr
biscotte [biskɔt] *nf* Zwieback *m*
biscuit [biskɥi] *nm* Keks *m ou nt*; *(gâteau)* Biskuit *nt ou m*; *(porcelaine)* Biskuitporzellan *nt*; **~ à la cuiller** Löffelbiskuit *m*
biscuiterie [biskɥitRi] *nf* *(fabrique)* Keksfabrik *f*
bise [biz] *adj f voir* **bis** ▷ *nf* *(baiser)* Kuss *m*; *(vent)* Nordwind *m*; **faire la ~ à qn** jdm einen Kuss geben; **grosses ~s** viele Grüße
biseau, x [bizo] *nm* abgeschrägte Kante *f*; **en ~** abgeschrägt
biseauter [bizote] *vt* abschrägen
bisexué, e [bisεksɥe] *adj* bisexuell
bisexuel, le [bisεksɥεl] *adj* bisexuell
bismuth [bismyt] *nm* Wismut *nt*
bison [bizɔ̃] *nm* Bison *nt*
bisou [bizu] *(fam)* *nm* Küsschen *nt*
bisque [bisk] *nf*: **~ d'écrevisses/de homard** Garnelen-/Hummersuppe *f*
bissectrice [bisεktRis] *nf* Halbierende *f*
bisser [bise] *vt* *(faire rejouer)* um eine Zugabe bitten; *(rejouer)* noch einmal spielen
bissextile [bisεkstil] *adj*: **année ~** Schaltjahr *nt*
bistouri [bisturi] *nm* Lanzette *f*
bistre [bistR] *adj* *(couleur)* schwarzbraun; *(peau, teint)* braun gebrannt
bistro(t) [bistRo] *nm* Lokal *nt*
BIT [beite] *sigle m* (= *Bureau international du travail*) IAA *nt*
bit [bit] *nm* Bit *nt*
bitte [bit] *nf*: **~ d'amarrage** Poller *m*
bitume [bitym] *nm* Asphalt *m*
bitumer [bityme] *vt* asphaltieren
bivalent, e [bivalɑ̃, ɑ̃t] *adj* zweiwertig
bivouac [bivwak] *nm* Biwak *nt*
bivouaquer [bivwake] *vi* biwakieren
bizarre [bizaR] *adj* bizarr, seltsam
bizarrement [bizaRmɑ̃] *adv* merkwürdig, bizarr
bizarrerie [bizaRRi] *nf* Merkwürdigkeit *f*
blackbouler [blakbule] *vt* *(à une élection)* stimmen gegen
blafard, e [blafaR, aRd] *adj* bleich
blague [blag] *(fam)* *nf* Witz *m*; *(farce)* Streich *m*;

sans ~! (fam) mach keine Witze!; **~ à tabac**
Tabakbeutel m
blaguer [blage] (fam) vi Witze machen ▷ vt
necken, verspotten
blagueur, -euse [blagœʀ, øz] (fam) adj neckend
▷ nm/f Witzbold m
blair [blɛʀ] (fam) nm Nase f
blaireau, x [blɛʀo] nm (Zool) Dachs m; (brosse)
Rasierpinsel m
blairer [blɛʀe] (fam) vt: **je ne peux pas le ~** ich
kann ihn nicht riechen ou ausstehen
blâmable [blɑmabl] adj tadelnswert
blâme [blɑm] nm Tadel m; (sanction) Verweis m
blâmer [blɑme] vt (réprouver) tadeln; (réprimander)
einen Verweis erteilen +dat
blanc, blanche [blɑ̃, blɑ̃ʃ] adj weiß; (non imprimé)
leer; (innocent) rein ▷ nm/f Weiße(r) f(m) ▷ nm
(couleur) Weiß nt; (linge) Weißwäsche f; (espace non
écrit) freier Raum m; (aussi: **blanc d'œuf**) Eiweiß
nt; (aussi: **blanc de poulet**) Hühnerbrust f; (aussi:
vin blanc) Weißwein m ▷ adv: **à ~** (chauffer) bis zur
Weißglut; (tirer) mit Platzpatronen; **d'une voix
~he** mit tonloser Stimme; **laisser en ~** frei
lassen; **chèque en ~** Blankoscheck m; **saigner à
~** völlig ausnehmen; **~ cassé** gebrochenes Weiß;
le ~ de l'œil das Weiße im Auge
blanc-bec [blɑ̃bɛk] (pl **blancs-becs**) nm
Grünschnabel m
blanchâtre [blɑ̃ʃɑtʀ] adj weißlich
blanche [blɑ̃ʃ] adj f voir **blanc** ▷ nf (Mus) halbe
Note f
blancheur [blɑ̃ʃœʀ] nf Weiß nt
blanchir [blɑ̃ʃiʀ] vt weiß machen; (linge, argent)
waschen; (Culin) blanchieren; (disculper) rein
waschen ▷ vi weiß werden; (cheveux) grau
werden; **blanchi à la chaux** geweißelt
blanchissage [blɑ̃ʃisaʒ] nm (du linge) Waschen nt
blanchisserie [blɑ̃ʃisʀi] nf Wäscherei f
blanchisseur, -euse [blɑ̃ʃisœʀ, øz] nm/f
Wäscher(in) m(f)
blanc-seing [blɑ̃sɛ̃] (pl **blancs-seings**) nm
Blankovollmacht f
blanquette [blɑ̃kɛt] nf: **~ de veau** Kalbsragout nt
blasé, e [blɑze] adj blasiert
blaser [blɑze] vt blasiert machen
blason [blɑzɔ̃] nm Wappen nt
blasphématoire [blasfematwaʀ] adj
gotteslästerlich, blasphemisch ·
blasphème [blasfɛm] nm Blasphemie f,
Gotteslästerung f
blasphémer [blasfeme] vi Gott lästern
blatte [blat] nf Schabe f
blazer [blazɛʀ] nm Blazer m
blé [ble] nm Weizen m; **~ en herbe** Weizen auf
dem Halm; (fig) junges Volk nt; **~ noir**
Buchweizen m
bled [blɛd] nm (péj) Kaff nt; **le ~** (en Afrique du nord)
das Hinterland
blême [blɛm] adj blass
blêmir [blemiʀ] vi erbleichen
blennorragie [blenɔʀaʒi] nf Gonnorrhö(e) f,
Tripper m

blessant, e [blesɑ̃, ɑ̃t] adj verletzend
blessé, e [blese] adj verletzt ▷ nm/f Verletzte(r)
f(m); **un ~ grave, un grand ~** ein
Schwerverletzter m
blesser [blese] vt verletzen; (suj: souliers etc)
Schmerzen bereiten +dat; (offenser) kränken; **se
blesser** vpr sich verletzen; **se ~ au pied/doigt**
sich dat den Fuß/Finger verletzen
blessure [blesyʀ] nf Wunde f, Verletzung f
blet, blette [blɛ, blɛt] adj überreif
blette [blɛt] nf (Bot) = **bette**
bleu, e [blø] adj blau; (bifteck) blutig ▷ nm (couleur)
Blau nt; (contusion) blauer Fleck m; (novice)
Grünschnabel m; (vêtement) Blaumann m; **au ~**
(Culin) blau; **une peur ~e** Todesangst f;
~ d'Auvergne/de Bresse Blauschimmelkäse aus der
Auvergne/aus Bresse; **~ marine** marineblau; **~ de
méthylène** Methylblau nt; **~ nuit** nachtblau;
~ roi königsblau
bleuâtre [bløɑtʀ] adj bläulich
bleuet [bløɛ] nm Kornblume f
bleuir [bløiʀ] vt blau machen ▷ vi blau werden
bleuté, e [bløte] adj bläulich
blindage [blɛ̃daʒ] nm Panzerung f
blindé, e [blɛ̃de] adj gepanzert; (fig) abgehärtet
▷ nm Panzer m; **les ~s** (Mil) die Panzertruppen pl
blinder [blɛ̃de] vt panzern; (fig) abhärten
blizzard [blizaʀ] nm Schneesturm m
bloc [blɔk] nm Block m; **refuser en ~** in Bausch
und Bogen ablehnen; **faire ~** zusammenhalten;
serré à ~ fest angezogen; **~ opératoire** OP-
Komplex m
blocage [blɔkaʒ] nm (v bloquer) Blockieren nt;
Sperren nt; (Psych) Sperre f; **~ des prix/des
salaires** Preis-/Lohnstopp m
bloc-cuisine [blɔkkɥizin] (pl **blocs-cuisines**) nm
Küchenblock m
bloc-cylindres [blɔksilɛ̃dʀ] (pl **blocs-cylindres**)
nm (Auto) Zylinderblock m
bloc-évier [blɔkevje] (pl **blocs-éviers**) nm Spüle f
bloc-moteur [blɔkmɔtœʀ] (pl **blocs-moteurs**) nm
(Auto) Motorblock m
bloc-notes [blɔknɔt] (pl **blocs-notes**) nm
Notizblock m
blocus [blɔkys] nm Blockade f
blog [blɔg] nm Blog m, Weblog m
bloguer [blɔge] vi bloggen
blond, e [blɔ̃, blɔ̃d] adj blond; (sable, blés) golden
▷ nm/f Blonde(r) m, Blondine f ▷ nm (couleur)
Blond nt; **~ cendré** aschblond
blondeur [blɔ̃dœʀ] nf Blondheit f
blondinet, te [blɔ̃dinɛ, ɛt] nm/f hellblonde(r)
Junge m/hellblonde(s) Mädchen nt
blondir [blɔ̃diʀ] vi blond werden
bloquer [blɔke] vt blockieren; (crédits, compte)
sperren; (jours de congé) zusammenfassen;
(personne, négociation etc) aufhalten, behindern;
~ les freins eine Vollbremsung machen
blottir [blɔtiʀ] vpr: **se ~** sich verkriechen
blousant, e [bluzɑ̃, ɑ̃t] adj blusig
blouse [bluz] nf (de travail) Kittel m; (chemisier)
Bluse f

blouser [bluze] *vi* sich bauschen
blouson [bluzõ] *nm* Blouson *nt*; ~ **noir** Halbstarke(r) *m*
blue-jean(s) [bludʒin(s)] *nm* (Blue)jeans *pl*, (Blue) Jeans *pl*
blues [bluz] *nm* Blues *m*
bluet [blyɛ] *nm* = **bleuet**
bluff [blœf] *nm* Bluff *m*
bluffer [blœfe] *vi, vt* bluffen
BNF [beɛnɛf] *sigle f* (= *Bibliothèque nationale de France*) französische Nationalbibliothek
boa [bɔa] *nm* (*tour de cou*) (Feder)boa *f*; (*Zool*): ~ **(constricteur)** Boa *f* (Constrictor)
bob [bɔb] *nm* = **bobsleigh**
bobard [bɔbaʀ] (*fam*) *nm* Lügenmärchen *nt*
bobèche [bɔbɛʃ] *nf* Kerzenmanschette *f*; (*fam: tête*) Rübe *f*
bobine [bɔbin] *nf* Spule *f*; ~ **(d'allumage)** Zündspule *f*; ~ **de pellicule** Rollfilm *m*
bobo [bɔbo] *nm* (*langage enfantin*) Wehweh *nt*
bobsleigh [bɔbslɛg] *nm* Bob *m*
bocage [bɔkaʒ] *nm* (*Géo*) Heckenlandschaft *f*; (*bois*) Hain *m*
bocal, -aux [bɔkal, o] *nm* Glasbehälter *m*; (*à confiture*) Glas *nt*
bock [bɔk] *nm* (*récipient*) Bierglas *nt*; (*contenu*) Glas *nt* Bier
bœuf [bœf] *nm* (*animal*) Ochse *m*; (*Culin*) Rindfleisch *nt*
bof [bɔf] (*fam*) *excl* nicht besonders
bogue [bɔg] *nf* (*Bot*) äußere Kastanienschale *f* ▷ *nm* (*Inform*) Fehler *m* im Programm; ~ **de l'an 2000** Jahrtausendfehler *m*
Bohème [bɔɛm] *nf*: **la** ~ Böhmen *nt*
bohème [bɔɛm] *adj* unkonventionell, unbürgerlich
bohémien, ne [bɔemjɛ̃, jɛn] *nm/f* Zigeuner(in) *m/f*
boire [bwaʀ] *vt* trinken; (*s'imprégner de*) aufsaugen ▷ *vi* trinken; **aller** ~ **un coup** einen trinken gehen
bois [bwa] *vb voir* **boire** ▷ *nm* (*matière*) Holz *nt*; (*forêt*) Wald *m*; (*Zool*) (Hirsch)geweih *nt*; **les** ~ (*Mus*) die Holzbläser *pl*; **de** *ou* **en** ~ aus Holz; ~ **de lit** Bettgestell *nt*; ~ **mort** totes Holz; ~ **vert** grünes Holz
boisé, e [bwaze] *adj* bewaldet
boiser [bwaze] *vt* (*chambre*) (mit Holz) täfeln; (*galerie de mine*) abstützen; (*terrain*) aufforsten
boiseries [bwazʀi] *nfpl* (Holz)vertäfelung *f*
boisson [bwasõ] *nf* Getränk *nt*; **pris de** ~ betrunken; ~**s alcoolisées** alkoholische Getränke *pl*; ~**s gazeuses** Sprudelgetränke *pl*
boit [bwa] *vb voir* **boire**
boîte [bwat] *nf* Schachtel *f*; (*de conserve*) Dose *f*; (*fam: entreprise*) Laden *m*; **aliments en** ~ Büchsenkost *f*; **mettre qn en** ~ jdn auf die Schippe nehmen; ~ **d'allumettes** Streichholzschachtel *f*; ~ **de conserve** Konservendose *f*; ~ **crânienne** Schädel(kapsel *f*) *m*; ~ **à gants** Handschuhkasten *m*; ~ **aux lettres** Briefkasten *m*; ~ **à musique** Spieldose *f*; ~ **noire**

Flugschreiber *m*; ~ **(de nuit)** Nachtklub *m*; ~ **à ordures** Mülleimer *m*; ~ **de petits pois** Dose *f* Erbsen; ~ **postale** Postfach *nt*; ~ **de sardines** Sardinenbüchse *f*; ~ **de vitesses** Getriebe *nt*; ~ **vocale** (*dispositif*) Voicemail *f*
boiter [bwate] *vi* (*personne*) hinken; (*raisonnement etc*) wackeln
boiteux, -euse [bwatø, øz] *adj* (*vvb*) hinkend; wackelig
boîtier [bwatje] *nm* (*d'appareil-photo*) Gehäuse *nt*; ~ **de montre** Uhrgehäuse *nt*
boitiller [bwatije] *vi* leicht hinken
boive *etc* [bwav] *vb voir* **boire**
bol [bɔl] *nm* Schale *f*; (*fam: chance*) Glück *nt*; **un** ~ **de café** (*contenu*) eine Schale Kaffee; **un** ~ **d'air** ein bisschen frische Luft; **avoir du** ~ Schwein haben; **en avoir ras le** ~ (*fam*) die Nase vollhaben
bolée [bɔle] *nf* Schale(voll) *f*
bolet [bɔlɛ] *nm* Röhrling *m*
bolide [bɔlid] *nm* Rennwagen *m*; **comme un** ~ rasend schnell
Bolivie [bɔlivi] *nf*: **la** ~ Bolivien *nt*
bolivien, ne [bɔlivjɛ̃, jɛn] *adj* bolivisch ▷ *nm/f*: **Bolivien, ne** Bolivier(in) *m(f)*
bombardement [bõbaʀdəmã] *nm* Bombardierung *f*
bombarder [bõbaʀde] *vt* bombardieren; ~ **qn de** (*cailloux etc*) jdn bewerfen mit; (*lettres etc*) jdn überhäufen mit; ~ **qn directeur** jdn auf den Posten des Direktors katapultieren
bombardier [bõbaʀdje] *nm* (*avion*) Bomber *m*
bombe [bõb] *nf* Bombe *f*; (*atomiseur*) Spraydose *f*; (*Équitation*) Reitkappe *f*; **faire la** ~ (*fam*) einen draufmachen, auf Sauftour gehen; ~ **atomique** Atombombe *f*; ~ **à retardement** Zeit(zünder)bombe *f*
bombé, e [bõbe] *adj* gewölbt
bomber [bõbe] *vi* sich wölben ▷ *vt* (*graffiti*) sprühen; ~ **le torse** sich (zu voller Größe) aufblasen

 MOT-CLÉ

bon, bonne [bõ, bɔn] *adj* **1** gut; **un bon repas/ restaurant** ein gutes Essen/Restaurant; **être bon en maths** gut in Mathematik sein; **être bon (envers)** gut sein (zu); **vous êtes trop bon** (Sie sind) zu gütig; **avoir bon goût** (*fruit etc*) gut schmecken; (*fig: personne*) einen guten Geschmack haben

2 (*approprié, apte*): **bon à/pour** gut zu/für; **à quoi bon?** was soll das?

3 (*correct*) richtig; **le bon moment** der richtige Augenblick; **juger bon de faire qch** es für richtig halten, etw zu tun

4 (*souhaits*): **bon anniversaire!** herzlichen Glückwunsch zum Geburtstag!; **bon voyage!** gute Reise!; **bonne chance!** viel Glück!; **bonne année!** ein gutes Neues Jahr!; **bonne nuit!** gute Nacht!

5 (*composés*): **bon enfant** *adj inv* gutmütig; **de**

bonne heure früh; **bon marché** *adj inv, adv* preiswert; **bon mot** Bonmot *nt*; **bon sens** gesunder Menschenverstand *m*; **bon vivant** Lebenskünstler *m*
▷ *adv*: **il fait bon** es ist schön warm; **sentir bon** gut riechen; **tenir bon** aushalten
▷ *excl*: **bon! gut!; ah bon?** ach ja?; **bon, je reste** na gut, ich bleibe noch
▷ *nm* **1** (*billet*) Bon *m*; **bon cadeau** Geschenkgutschein *m*; **bon d'essence** Benzingutschein *m*; **bon de caisse** Kassenbon *m*, Kassenzettel *m*; **bon du Trésor** Schatzschein *m*; **bon à tirer** Druckgenehmigung *f*
2: **avoir du bon** etwas für sich haben; **il y a du bon dans ce qu'il dit** an dem, was er sagt, ist etwas dran; **il y a du bon dans tout cela** das hat etwas Gutes für sich; **pour de bon** für immer; *voir aussi* **bonne**

bonasse [bɔnas] *adj* (*viel zu*) gutmütig
bonbon [bɔ̃bɔ̃] *nm* Bonbon *m ou nt*
bonbonne [bɔ̃bɔn] *nf* Korbflasche *f*
bonbonnière [bɔ̃bɔnjɛʀ] *nf* Bonbo(n)niere *f*
bond [bɔ̃] *nm* Sprung *m*; (*fig: progression*) Sprung nach vorne; **faire un ~** einen Sprung machen; **d'un seul ~** mit einem Satz; **~ en avant** (*progrès*) Sprung nach vorne
bonde [bɔ̃d] *nf* (*d'évier etc*) Stöpsel *m*; (: *trou*) Abfluss *m*; (*de tonneau*) Spund *m*
bondé, e [bɔ̃de] *adj* (*salle, train*) überfüllt
bondieuserie [bɔ̃djøzʀi] (*péj*) *nf* (*objet*) Devotionalie *f*
bondir [bɔ̃diʀ] *vi* springen; **~ de joie** einen Freudensprung machen; **~ de colère** vor Wut schäumen
bonheur [bɔnœʀ] *nm* Glück *nt*; **avoir le ~ de faire qch** das Glück haben, etw zu tun; **porter ~ (à qn)** (jdm) Glück bringen; **au petit ~** auf gut Glück; **par ~** glücklicherweise, zum Glück
bonhomie [bɔnɔmi] *nf* Gutmütigkeit *f*
bonhomme [bɔnɔm] (*pl* **bonshommes** [bɔ̃zɔm]) *nm* Mensch *m*, Typ *m* ▷ *adj* gutmütig; **un vieux ~** ein altes Männchen *nt*; **aller son ~ de chemin** gemächlich seinen Weg gehen; **~ de neige** Schneemann *m*
boni [bɔni] *nm* Profit *m*
bonification [bɔnifikasjɔ̃] *nf* (*somme*) Bonus *m*
bonifier [bɔnifje] *vt* verbessern; **se bonifier** *vpr* (*immer*) besser werden
boniment [bɔnimɑ̃] *nm* Sprüche *pl*
bonjour [bɔ̃ʒuʀ] *excl, nm* (*matin*) guten Morgen; **dire ~ à qn** jdn grüßen; **donner ou souhaiter le ~ à qn** jdm guten *ou* Guten Tag sagen; **~, Monsieur** guten *ou* Guten Tag
Bonn [bɔn] *n* Bonn *nt*
bonne [bɔn] *adj f voir* **bon** ▷ *nf* (*domestique*) (Haus)mädchen *nt*
bonne-maman [bɔnmamɑ̃] (*pl* **bonnes-mamans**) *nf* Oma *f*
bonnement [bɔnmɑ̃] *adv*: **tout ~** ganz einfach
bonnet [bɔnɛ] *nm* Mütze *f*; (*de soutien-gorge*) Körbchen *nt*; **~ d'âne** Hut, *der früher dem*
schlechtesten Schüler zur Strafe aufgesetzt wurde; **~ de bain** Badekappe *f*, Bademütze *f*; **~ de nuit** Nachtmütze *f*
bonneterie [bɔnɛtʀi] *nf* Strumpfhandlung *f*
bon-papa [bɔ̃papa] (*pl* **bons-papas**) *nm* Opa *m*
bonsoir [bɔ̃swaʀ] *excl, nm* guten Abend; *voir aussi* **bonjour**
bonté [bɔ̃te] *nf* Güte *f*; (*gén pl*: *attention, gentillesse*) Freundlichkeit *f*; **avoir la ~ de faire qch** so freundlich *ou* so gut sein und etw tun
bonus [bɔnys] *nm* Bonus *m*
bonze [bɔ̃z] *nm* Bonze *m*
boomerang [bumʀɑ̃g] *nm* Bumerang *m*
boots [buts] *nmpl* Boots *pl*
borborygme [bɔʀbɔʀigm] *nm* Magenknurren *nt*
bord [bɔʀ] *nm* Rand *m*; (*de rivière, lac*) Ufer *nt*; (*de vêtement*) Saum *m*; (*de chapeau*) Krempe *f*; **au ~ de la mer** am Meer; **au ~ de la route** am Straßenrand; **à ~** (Naut) an Bord; **monter à ~** an Bord gehen; **jeter par-dessus ~** über Bord werfen; **le commandant du ~** der Kapitän; **les hommes du ~** die Mannschaft; **du même ~** (*fig*) der gleichen Meinung *gén*; **être au ~ des larmes** den Tränen nahe sein; **sur les ~s** (*légèrement*) ein klein wenig; **de tous ~s** aller Richtungen
bordages [bɔʀdaʒ] *nmpl* (Naut: *planches*) Planken *pl*
bordeaux [bɔʀdo] *nm* (*vin*) Bordeaux *m* ▷ *adj inv* (*couleur*) weinrot
bordée [bɔʀde] *nf*: **une ~ d'injures** eine Flut von Beschimpfungen; **tirer une ~** (*fam*) auf eine Kneipentour gehen
bordel [bɔʀdɛl] *nm* (*fam*) Bordell *nt*; (*désordre*) heilloses Durcheinander *nt* ▷ *excl* (*fam!*) verdammte Scheiße; **mettre le ~** einen Saustall machen
bordelais, e [bɔʀdəlɛ, ez] *adj* aus Bordeaux ▷ *nm/f*: **Bordelais, e** Bewohner(in) *m(f)* von Bordeaux
bordélique [bɔʀdelik] (*fam*) *adj* heillos unordentlich
border [bɔʀde] *vt* (*être le long de*) säumen; (*qn dans son lit*) zudecken; (*le lit de qn*) einschlagen; **~ qch de** (*garnir*) etw einfassen mit
bordereau, x [bɔʀdəʀo] *nm* (*formulaire*) Zettel *m*; (*relevé*) Aufstellung *f*; (*facture*) Rechnung *f*
bordure [bɔʀdyʀ] *nf* Umrandung *f*; (*sur un vêtement*) Bordüre *f*; **en ~ de** am Rand von; **~ de trottoir** Bordstein *m*
boréal, e, -aux [bɔʀeal, o] *adj* Nord-, nord-
borgne [bɔʀɲ] *adj* einäugig; (*fenêtre*) blind; **hôtel ~** Absteige *f*
bornage [bɔʀnaʒ] *nm* (*d'un terrain*) Abgrenzung *f*
borne [bɔʀn] *nf* Grenzstein *m*; (*kilométrique*) Kilometerstein *m*; **dépasser les ~s** (*fig*) zu weit gehen; **sans ~(s)** grenzenlos
borné, e [bɔʀne] *adj* borniert, engstirnig
borner [bɔʀne] *vt* (*délimiter*) be-ou eingrenzen; (*fig*) einschränken; **se borner** *vpr*: **se ~ à faire qch** (*se contenter de*) sich damit begnügen, etw zu tun; (*se limiter à*) sich darauf beschränken, etw tun
bosniaque [bɔznjak] *adj* bosnisch
Bosnie [bɔzni] *nf* Bosnien *nt*

Bosnie-Herzégovine [bɔsniɛʀzegɔvin] *nf*
Bosnien und Herzegowina *nt*
Bosphore [bɔsfɔʀ] *nm*: **le** ~ der Bosporus *m*
bosquet [bɔskɛ] *nm* Wäldchen *nt*
bosse [bɔs] *nf* (*de terrain, sur un objet etc*) Unebenheit
f; (*enflure*) Beule *f*; (*du bossu*) Buckel *m*; (*du chameau*)
Höcker *m*; **avoir la** ~ **des maths** (*fam*) ein Talent
für Mathe haben; **rouler sa** ~ (*fam*) immer auf
Achse sein
bosseler [bɔsle] *vt* (*ouvrer*) treiben; (*abîmer*)
verbeulen
bosser [bɔse] (*fam*) *vi* (*travailler*) schuften
bosseur, -euse [bɔsœʀ, øz] *nm/f* Arbeitstier *nt*
bossu, e [bɔsy] *adj* buckelig ▷ *nm/f* Bucklige(r)
f(m)
bot [bo] *adj m*: **pied** ~ Klumpfuß *m*
botanique [bɔtanik] *nf* Botanik *f* ▷ *adj* botanisch
botaniste [bɔtanist] *nm/f* Botaniker(in) *m(f)*
Botswana [bɔtswana] *nm*: **le** ~ Botswana *nt*
botte [bɔt] *nf* (*soulier*) Stiefel *m*; (*Escrime: coup*) Stoß
m; (*gerbe*) Bündel *nt*; ~ **d'asperges** Bündel *nt*
Spargel; ~ **de paille** Strohbündel *nt*; ~ **de radis**
Bund *nt* Radieschen; ~**s de caoutchouc**
Gummistiefel *pl*
botter [bɔte] *vt* Stiefel anziehen +*dat*; (*donner un
coup de pied à*) einen Tritt versetzen +*dat*; **ça me
botte** (*fam*) das reizt mich, das macht mich an
bottier [bɔtje] *nm* (*magasin*) Schuhboutique *f*
bottillon [bɔtijɔ̃] *nm* Halbstiefel *m*; (*de bébé*)
Babyschühchen *nt*
bottin [bɔtɛ̃] *nm* (*annuaire*) Telefonbuch *nt*
bottine [bɔtin] *nf* Stiefelette *f*
botulisme [bɔtylism] *nm* Fleischvergiftung *f*
bouc [buk] *nm* Ziegenbock *m*; (*barbe*) Spitzbart *m*;
~ **émissaire** Sündenbock *m*
boucan [bukɑ̃] *nm* Lärm *m*, Radau *m*
bouche [buʃ] *nf* Mund *m*; (*de volcan, four etc*)
Öffnung *f*; **une** ~ **à nourrir** ein hungriges Maul
zu stopfen; **de** ~ **à oreille** von Mund zu Mund;
faire venir l'eau à la ~ **de qn** jdm den Mund
wässrig machen; ~ **cousue!** kein Sterbenswörtchen!; ~ **d'aération** Lüftungsschacht *m*;
~ **de chaleur** Heißluftöffnung *f*; ~ **d'égout**
Kanalschacht *m*; ~ **d'incendie** Hydrant *m*; ~ **de
métro** Eingang *m* zur U-Bahn
bouché, e [buʃe] *adj* (*tuyau, nez etc*) verstopft; (*vin,
cidre*) verkorkt; (*temps, ciel*) bewölkt; (*carrière*)
blockiert; (*péj: personne*) vernagelt; (*trompette*) mit
Dämpfer
bouche-à-bouche [buʃabuʃ] *nm inv*: **faire du** ~ **à
qn** bei jdm Mund-zu-Mund-Beatmung machen
bouchée [buʃe] *nf* Bissen *m*; **ne faire qu'une** ~ **de**
schnell fertig werden mit; **pour une** ~ **de pain**
für ein Butterbrot; ~**s à la reine**
Königinpastetchen *pl*
boucher [buʃe] *nm* Metzger *m* ▷ *vt* (*mettre un
bouchon*) verkorken; (*colmater*) abdichten; (*passage,
porte*) versperren; (*tuyau, lavabo*) verstopfen;
(*suj: chose*) versperren; **se boucher** *vpr* (*tuyau etc*)
sich verstopfen; **se** ~ **le nez** sich *dat* die Nase
zuhalten
bouchère [buʃɛʀ] *nf* Metzgerin *f*; (*femme du

boucher) Metzgersfrau *f*
boucherie [buʃʀi] *nf* (*magasin*) Metzgerei *f*; (*métier*)
Metzgerhandwerk *nt*; (*fig*) Gemetzel *nt*
bouche-trou [buʃtʀu] (*pl* ~**s**) *nm* (*fig*) Notbehelf *m*
bouchon [buʃɔ̃] *nm* (*en liège*) Korken *m*; (*autre
matière*) Stöpsel *m*; (*embouteillage*) Stau *m*; (*Pêche*)
Schwimmer *m*; ~ **doseur** Dosierkorken *m*
bouchonner [buʃɔne] *vt* (*frotter*) abreiben ▷ *vi*
einen Stau verursachen
bouchot [buʃo] *nm* Austernbank *f*
bouclage [bukla3] *nm* (*d'un quartier*) Umzingeln *nt*;
(*d'un journal*) Redaktionsschluss *m*
boucle [bukl] *nf* Schleife *f*; (*objet*) Schnalle *f*,
Spange *f*; (: *de ceinture*) Schnalle, Schließe *f*; ~ **(de
cheveux)** Locke *f*; ~**s d'oreilles** Ohrringe *pl*
bouclé, e [bukle] *adj* lockig; (*tapis*) mit
Schlingenflor
boucler [bukle] *vt* (*ceinture etc*) zumachen;
(*magasin*) (ab)schließen; (*affaire*) abschließen;
(*circuit*) schließen; (*budget*) ausgleichen; (*enfermer*)
einsperren; (*quartier*) abriegeln ▷ *vi* (*cheveux*) sich
kräuseln; **arriver à** ~ **ses fins de mois** (am
Monatsende) gerade noch mit dem Geld
auskommen
bouclier [buklije] *nm* Schild *m*
bouddha [buda] *nm* Buddha *m*
bouddhisme [budism] *nm* Buddhismus *m*
bouddhiste [budist] *nm/f* Buddhist(in) *m(f)*
bouder [bude] *vi* schmollen ▷ *vt* (*chose, personne*)
nichts zu tun haben wollen mit
bouderie [budʀi] *nf* Schmollen *nt*
boudeur, -euse [budœʀ, øz] *adj* schmollend
boudin [budɛ̃] *nm* (*Culin*) = Blutwurst *f*; (*Tech*)
Spirale *f*; ~ **blanc** = Weißwurst *f*
boudiné, e [budine] *adj* (*doigt*) Wurst-; **elle était
~e dans sa robe** ihr Kleid saß wie eine
Wurstpelle
boudoir [budwaʀ] *nm* Boudoir *nt*; (*biscuit*)
= Löffelbiskuit *m*
boue [bu] *nf* Schlamm *m*; ~**s industrielles**
(Industrie)schlamm *m*
bouée [bwe] *nf* (*balise*) Boje *f*; (*de baigneur*)
Schwimmreifen *m*; ~ **(de sauvetage)**
Rettungsring *m*
boueux, -euse [bwø, øz] *adj* schlammig ▷ *nm*
Müllmann *m*
bouffant, e [bufɑ̃, ɑ̃t] *adj* bauschig
bouffarde [bufaʀd] *nf* Tabakspfeife *f*
bouffe [buf] (*fam*) *nf* Essen *nt*
bouffée [bufe] *nf* (*d'air*) Hauch *m*; (*de pipe*)
Schwade *f*; ~ **de chaleur** (*Méd*) fliegende Hitze *f*;
~ **de fièvre** Fieberanfall *m*; ~ **de honte** Anfall *m*
von Scham; ~ **d'orgueil** Anfall *m* von Stolz
bouffer [bufe] *vi* (*cheveux*) locker sein; (*jupe*)
bauschig sein ▷ *vt* (*fam: manger*) futtern
bouffi, e [bufi] *adj* geschwollen
bouffon, ne [bufɔ̃, ɔn] *adj* possenhaft ▷ *nm*
Narr *m*
bouge [bu3] *nm* (*taudis*) Bruchbude *f*; (*bar louche*)
Spelunke *f*
bougeoir [bu3waʀ] *nm* Kerzenhalter *m*
bougeotte [bu3ɔt] *nf*: **avoir la** ~ kein Sitzfleisch

haben, Hummeln in der Hose haben
bouger [buʒe] *vi* sich bewegen; *(dent etc)* wackeln; *(voyager)* herumreisen; *(changer)* sich ändern; *(agir)* sich regen ▷ *vt (fam)* bewegen; **se bouger** *vpr (fam: se déplacer)* Platz machen
bougie [buʒi] *nf* Kerze *f*; *(Auto)* Zündkerze *f*
bougon, ne [bugɔ̃, ɔn] *adj* mürrisch, grantig
bougonner [bugɔne] *vi* murren, brummen
bougre [bugʀ] *(fam) nm* Kerl *m*; **ce ~ de** dieser verfluchte
boui-boui [bwibwi] *(pl* **bouis-bouis***) (fam) nm* Tingeltangel *nt*
bouillabaisse [bujabɛs] *nf* Bouillabaisse *f*
bouillant, e [bujɑ̃, ɑ̃t] *adj (qui bout)* kochend; *(très chaud)* siedend heiß; **~ de colère** schäumend vor Wut
bouille [buj] *(fam) nf* Birne *f*, Rübe *f*
bouilleur [bujœʀ] *nm:* **~ de cru** Schnapsbrenner *m*
bouillie [buji] *nf* Brei *m*; *(de bébé)* Breichen *nt*; **en ~** zermatscht
bouillir [bujiʀ] *vi* kochen ▷ *vt* kochen; *(pour stériliser)* abkochen; **~ de colère** vor Wut kochen *ou* schäumen
bouilloire [bujwaʀ] *nf* Kessel *m*
bouillon [bujɔ̃] *nm (Culin)* Bouillon *f*; *(bulles, écume)* Bläschen *nt*; **~ de culture** Nährlösung *f*
bouillonnement [bujɔnmɑ̃] *nm (d'un liquide)* Aufwallen *nt*; *(des idées)* Gären *nt*
bouillonner [bujɔne] *vi* schäumen
bouillotte [bujɔt] *nf* Wärmflasche *f*
boulanger, -ère [bulɑ̃ʒe, ɛʀ] *nm/f* Bäcker(in) *m(f)*
boulangerie [bulɑ̃ʒʀi] *nf* Bäckerei *f*; *(commerce, branche)* Bäckerhandwerk *nt*
boulangerie-pâtisserie [bulɑ̃ʒʀipɑtisʀi] *(pl* **boulangeries-pâtisseries***) nf* Bäckerei und Konditorei *f*
boule [bul] *nf* Ball *m*; *(pour jouer)* Kugel *f*; *(de machine à écrire)* Kugelkopf *m*; **roulé en ~** zusammengerollt; **se mettre en ~** an die Decke gehen; **perdre la ~** *(fig)* durchdrehen; **~ de gomme** *(bonbon)* Hustenbonbon *m ou nt*; **~ de neige** Schneeball *m*; **faire ~ de neige** lawinenartig anwachsen
bouleau, x [bulo] *nm* Birke *f*
bouledogue [buldɔg] *nm* Bulldogge *f*
bouler [bule] *(fam) vt:* **envoyer ~ qn** jdn zum Teufel jagen
boulet [bulɛ] *nm (de canon)* Kanonenkugel *f*; *(de bagnard)* Fußfessel *f* (mit Kugel); *(charbon)* Eierbrikett *nt*
boulette [bulɛt] *nf (petite boule)* Bällchen *nt*; *(fam: gaffe)* Schnitzer *m*; **~ de viande** Fleischklößchen *nt*
boulevard [bulvaʀ] *nm* Boulevard *m*
bouleversant, e [bulvɛʀsɑ̃, ɑ̃t] *adj* erschütternd
bouleversé, e [bulvɛʀse] *adj (ému)* erschüttert
bouleversement [bulvɛʀsəmɑ̃] *nm (politique, social)* Aufruhr *m*
bouleverser [bulvɛʀse] *vt* erschüttern; *(émouvoir)* aufwühlen; *(pays, vie, objets)* durcheinanderbringen, auf den Kopf stellen
boulier [bulje] *nm* Abakus *m*
boulimie [bulimi] *nf* Bulimie *f*

boulimique [bulimik] *adj* bulimiekrank
bouliste [bulist] *nm/f* Boulespieler(in) *m(f)*
boulocher [bulɔʃe] *vi (laine etc)* kleine Kügelchen bilden
boulodrome [bulodʀɔm] *nm* Bouleplatz *m*
boulon [bulɔ̃] *nm* Bolzen *m*
boulonner [bulɔne] *vt* anschrauben
boulot¹ [bulo] *(fam) nm* Arbeit *f*
boulot², te [bulo, ɔt] *adj* rundlich
boum [bum] *excl* rums ▷ *nm* (dumpfer) Knall *m* ▷ *nf* Fete *f*
bouquet [bukɛ] *nm (de fleurs)* (Blumen)strauß *m*; *(de persil)* Bund *nt*; *(de parfum)* Bukett *nt*; **c'est le ~!** das ist doch wirklich die Höhe!; **~ garni** gemischtes Kräuterbund mit Thymian, Majoran, Lorbeer
bouquetin [buk(ə)tɛ̃] *nm* Steinbock *m*
bouquin [bukɛ̃] *(fam) nm* Buch *nt*
bouquiner [bukine] *(fam) vi* lesen, schmökern
bouquiniste [bukinist] *nm* (antiquarischer) Buchhändler *m*
bourbeux, -euse [buʀbø, øz] *adj* schlammig
bourbier [buʀbje] *nm* Morast *m*
bourde [buʀd] *(fam) nf (erreur)* (übler) Schnitzer *m*; *(gaffe)* Fauxpas *m*
bourdon [buʀdɔ̃] *nm* Hummel *f*; **avoir le ~** *(fam)* Trübsal blasen
bourdonnement [buʀdɔnmɑ̃] *nm (v vb)* Summen *nt*; Sausen *nt*; Dröhnen *nt*; **avoir des ~s d'oreilles** Ohrensausen haben
bourdonner [buʀdɔne] *vi (abeilles etc)* summen; *(oreilles)* sausen; *(moteur)* dröhnen
bourg [buʀ] *nm* Stadt *f*
bourgade [buʀgad] *nf* kleiner Marktflecken *m*
bourgeois, e [buʀʒwa, waz] *adj (souvent péj)* bürgerlich, spießig; *(maison etc)* Bürger- ▷ *nm/f (autrefois)* Bürger(in) *m(f)*; *(péj)* Spießbürger(in) *m(f)*
bourgeoisie [buʀʒwazi] *nf* Bürgertum *nt*, Bourgeoisie *f*; **petite ~** Kleinbürgertum *nt*
bourgeon [buʀʒɔ̃] *nm* Knospe *f*
bourgeonner [buʀʒɔne] *vi* knospen
bourgmestre [buʀgmɛstʀ] *nm* Bürgermeister *m*
Bourgogne [buʀgɔɲ] *nf:* **la ~** Burgund *nt* ▷ *nm:* **bourgogne** *(vin)* Burgunder *m*
bourguignon, ne [buʀgiɲɔ̃, ɔn] *adj* burgundisch ▷ *nm/f:* **Bourguignon, ne** Burgunder(in) *m(f)*; **(bœuf) ~** Rindfleisch *nt* Burgunder Art *(in Rotwein)*
bourlinguer [buʀlɛ̃ge] *(fam) vi (voyager)* herumziehen
bourrade [buʀad] *nf* Schubs *m*
bourrage [buʀaʒ] *nm (action)* Ausstopfen *nt*; *(papier etc)* Material *nt* zum Ausstopfen; **~ de crâne** Gehirnwäsche *f*
bourrasque [buʀask] *nf* Bö(e) *f*
bourratif, -ive [buʀatif, iv] *(fam) adj* stopfend
bourre [buʀ] *nf (de coussin, matelas etc)* Füllung *f*; **être à la ~** *(fam)* in Arbeit ertrinken
bourré, e [buʀe] *adj (fam: ivre)* besoffen, voll; **~ de** *(rempli)* vollgestopft mit
bourreau [buʀo] *nm (qui torture)* Folterknecht *m*; *(qui tue)* Henker *m*; *(fig)* Peiniger *m*; **~ de travail**

Arbeitstier *nt*

bourreler [buʀle] *vt:* **être bourrelé de remords** von Gewissensbissen gepeinigt sein

bourrelet [buʀlɛ] *nm (isolant)* Dichtungsband *nt;* *(de peau)* Wulst *m*

bourrer [buʀe] *vt* vollstopfen; *(pipe)* stopfen; *(poêle)* füllen; **~ qn de coups** Schläge auf jdn einhageln lassen; **~ le crâne à qn** *(endoctriner)* jdm alles Mögliche einreden

bourrichon [buʀiʃɔ̃] *(fam) nm:* **se monter le ~** sich *dat* etwas einbilden

bourricot [buʀiko] *nm* Eselchen *nt*

bourrique [buʀik] *nf (ânesse)* Eselin *f*

bourru, e [buʀy] *adj* mürrisch, missmutig

bourse [buʀs] *nf (subvention)* Stipendium *nt;* *(porte-monnaie)* Geldbeutel *m*, Geldbörse *f;* **la B~** die Börse *f;* **sans ~ délier** ohne einen Pfennig Geld auszugeben; **B~ du travail** ≈ Gewerkschaftshaus *nt*

boursicoter [buʀsikɔte] *vi* an der Börse spekulieren

boursier, -ière [buʀsje, jɛʀ] *adj (Scol)* Stipendien-, stipendien-; *(Comm)* Börsen-, börsen- ▷ *nm/f* *(Scol)* Stipendiat(in) *m(f)*

boursouflé, e [buʀsufle] *adj* aufgedunsen; *(style aussi)* geschwollen

boursoufler [buʀsufle] *vt* anschwellen lassen; **se boursoufler** *vpr (visage)* anschwellen; *(peinture etc)* Blasen werfen

boursouflure [buʀsuflyʀ] *nf (du visage)* Schwellung *f;* *(de la peinture)* Blasenwerfen *nt;* *(du style)* Geschwulstheit *f*

bous [bu] *vb voir* **bouillir**

bousculade [buskylad] *nf (précipitation)* Hast *f;* *(mouvements de foule)* Gedränge *nt*

bousculer [buskyle] *vt* anrempeln; *(fig: presser)* drängeln

bouse [buz] *nf:* **~ (de vache)** Kuhmist *m*

bousiller [buzije] *(fam) vt* kaputt machen

boussole [busɔl] *nf* Kompass *m*

bout [bu] *vb voir* **bouillir** ▷ *nm (extrémité)* Ende *nt;* *(morceau)* Stück *nt;* *(de pied, bâton)* Spitze *f;* **au ~ de** *(après)* nach; **au ~ du compte** schließlich und endlich; **être à ~** am Ende sein; **pousser qn à ~** jdn zur Weißglut bringen; **venir à ~ de qch/qn** mit etw/jdm fertig werden; **~ à ~** aneinander; **à tout ~ de champ** bei jeder Gelegenheit; **d'un ~ à l'autre, de ~ en ~** von Anfang bis Ende; **à ~ portant** aus nächster Nähe; **un ~ de chou** *(enfant)* ein Dreikäsehoch *m;* **~ filtre** Filter *m*

boutade [butad] *nf* witzige Bemerkung *f*

boute-en-train [butɑ̃tʀɛ̃] *nm inv* Betriebsnudel *f*

bouteille [butɛj] *nf* Flasche *f;* **prendre de la ~** in die Jahre kommen

boutique [butik] *nf* Laden *m*, Geschäft *nt;* *(de grand couturier, de mode)* Boutique *f*

boutoir [butwaʀ] *nm:* **coup de ~** *(choc)* Stoß *m;* *(fig: propos)* verletzende Äußerung *f*

bouton [butɔ̃] *nm* Knopf *m;* *(Bot)* Knospe *f;* *(Méd: sur la peau)* Pickel *m;* *(de porte)* Knauf *m;* **~ de manchette** Manschettenknopf *m;* **~ d'or** *(Bot)* Butterblume *f*

boutonnage [butɔnaʒ] *nm* Zuknöpfen *nt*

boutonner [butɔne] *vt* zuknöpfen; **se boutonner** *vpr* sich zuknöpfen

boutonneux, -euse [butɔnø, øz] *adj* pickelig

boutonnière [butɔnjɛʀ] *nf* Knopfloch *nt*

bouton-pression [butɔ̃pʀesjɔ̃] *(pl* **boutons-pression)** *nm* Druckknopf *m*

bouture [butyʀ] *nf* Ableger *m;* **faire des ~s** Ableger nehmen

bouvreuil [buvʀœj] *nm* Dompfaff *m*

bovidé [bɔvide] *nm (gén pl)* Rind *nt*

bovin, e [bɔvɛ̃, in] *adj* Rinder-; *(péj: air)* blöd; **bovins** *nmpl* Rinder *pl*

bowling [buliŋ] *nm* Bowling *nt;* *(salle)* Bowlinghalle *f*

box [bɔks] *nm (de salle, dortoir)* abgeteilter Raum *m;* *(d'écurie)* Box *f;* **le ~ des accusés** die Anklagebank *f*

box(-calf) [bɔks(kalf)] *nm inv* Boxcalf *nt*

boxe [bɔks] *nf* Boxen *nt*

boxer [*vb* bɔkse, *n* bɔksɛʀ] *vi* boxen ▷ *nm (chien)* Boxer *m*

boxeur [bɔksœʀ] *nm* Boxer *m*

boyau, x [bwajo] *nm (Mus, de raquette)* Saite *f;* *(galerie)* Gang *m;* *(de bicyclette)* Schlauch *m;* **boyaux** *nmpl (viscères)* Eingeweide *pl*

boycottage [bɔjkɔtaʒ] *nm* Boykott *m*

boycotter [bɔjkɔte] *vt* boykottieren

BP [bepe] *sigle f (= boîte postale)* Postfach *nt*

brabançon, ne [bʀabɑ̃sɔ̃, ɔn] *adj* aus Brabant

Brabant [bʀabɑ̃] *nm:* **le ~** Brabant *nt*

bracelet [bʀaslɛ] *nm* Armband *nt*

bracelet-montre [bʀaslemɔ̃tʀ] *(pl* **bracelets-montres)** *nm* Armbanduhr *f*

braconnage [bʀakɔnaʒ] *nm* Wilderei *f*

braconner [bʀakɔne] *vi* wildern

braconnier [bʀakɔnje] *nm* Wilderer *m*

brader [bʀade] *vt* verschleudern

braderie [bʀadʀi] *nf* Straßenverkauf *zu* stark herabgesetzten Preisen

braguette [bʀagɛt] *nf* Hosenschlitz *m*

braillard, e [bʀajaʀ, aʀd] *adj* brüllend

braille [bʀaj] *nm* Blindenschrift *f*

braillement [bʀajmɑ̃] *nm (cris)* Geschrei *nt*, Gegröle *nt*

brailler [bʀaje] *vi* grölen, schreien ▷ *vt* brüllen, grölen

braire [bʀɛʀ] *vi* schreien

braise [bʀɛz] *nf* Glut *f*

braiser [bʀeze] *vt* schmoren; **bœuf braisé** geschmortes Rindfleisch *nt*

bramer [bʀame] *vi* röhren; *(se lamenter)* heulen

brancard [bʀɑ̃kaʀ] *nm (civière)* Bahre *f*

brancardier [bʀɑ̃kaʀdje] *nm* Krankenträger(in) *m(f)*

branchages [bʀɑ̃ʃaʒ] *nmpl* Astwerk *nt*

branche [bʀɑ̃ʃ] *nf* Ast *m;* *(de lunettes)* Bügel *m;* *(d'enseignement, de science)* Zweig *m*

branché, e [bʀɑ̃ʃe] *(fam) adj* voll im Trend

branchement [bʀɑ̃ʃmɑ̃] *nm* Anschluss *m*

brancher [bʀɑ̃ʃe] *vt* anschließen; **~ qch sur** etw anschließen an +*acc;* **~ qn sur un sujet** jdm das Stichwort für ein Thema geben

branchies [brɑ̃ʃi] nfpl Kiemen pl
brandade [brɑ̃dad] nf: ~ **(de morue)** Stockfischpüree
brandebourgeois, e [brɑ̃dburʒwa, waz] adj brandenburgisch
brandir [brɑ̃diʀ] vt schwenken, herumwedeln mit; (arme) fuchteln mit
brandon [brɑ̃dɔ̃] nm Feuerbrand m
branlant, e [brɑ̃lɑ̃, ɑ̃t] adj wackelig
branle [brɑ̃l] nm: **mettre en** ~ in Gang bringen; **donner le** ~ **à** in Bewegung setzen
branle-bas [brɑ̃lba] nm inv Aufregung f, Durcheinander nt
branler [brɑ̃le] vi wackeln ▷ vt: ~ **la tête** mit dem Kopf wackeln
braquage [braka3] nm (fam: attaque) Überfall m; (Auto) Lenkradschloss nt
braque [brak] nm (Zool) Vorstehhund m
braquer [brake] vi (Auto) steuern ▷ vt (fam: attaquer) überfallen; **se braquer** vpr: **se** ~ **(contre)** sich widersetzen (+dat); ~ **qch sur** etw richten auf +acc; ~ **qn** (mettre en colère) jdn aufbringen
bras [brɑ] nm Arm m; (d'électrophone) Tonarm m; (de fauteuil) Lehne f; (de fleuve) (Fluss)arm m ▷ nmpl (travailleurs) Arbeitskräfte pl; ~ **dessus** ~ **dessous** Arm in Arm; **avoir le** ~ **long** (fig) viel Einfluss haben; **à** ~ **raccourcis** mit aller Gewalt; **à tour de** ~ mit voller Wucht; **baisser les** ~ die Arme sinken lassen; ~ **droit** (fig) rechte Hand f; ~ **de fer** = Fingerhakeln nt; ~ **de levier** Hebel(arm) m; ~ **de mer** Meeresarm m
brasero [brazeʀo] nm Wärmeöfchen nt
brasier [braзje] nm Feuersbrunst f
bras-le-corps [brɑlkɔʀ] adv: **à** ~ mitten um den Leib
brassage [brasa3] nm (de la bière) Maischen nt; (fig) Vermischung f
brassard [brasaʀ] nm Armbinde f
brasse [brɑs] nf (nage) Brustschwimmen nt; (mesure) Faden m; ~ **papillon** Schmetterlingsstil m, Butterfly nt
brassée [brase] nf Armvoll m
brasser [brase] vt (bière) maischen; (remuer) mischen; ~ **l'argent** viel Geld im Umlauf bringen; ~ **des affaires** groß im Geschäft sein
brasserie [brasri] nf (restaurant) Gaststätte f; (usine) Brauerei f
brasseur [brasœʀ] nm (de bière) Brauer m; ~ **d'affaires** wichtiger Geschäftsmann m
brassière [brasjɛʀ] nf (de bébé) Babyjäckchen nt; (de sauvetage) Schwimmweste f
bravache [bravaʃ] nm Prahlhans m
bravade [bravad] nf: **par** ~ aus Mutwillen
brave [brav] adj (courageux) mutig; (bon, gentil) lieb, brav
bravement [bravmɑ̃] adv tapfer; (résolument) ohne Zögern
braver [brave] vt (ordre) sich widersetzen +dat; (danger) trotzen +dat
bravo [bravo] excl bravo ▷ nm Bravoruf m
bravoure [bravuʀ] nf Tapferkeit f, Mut m
break [brɛk] nm (Auto) Kombi m

brebis [brəbi] nf (Mutter)schaf nt; ~ **galeuse** schwarzes Schaf nt
brèche [brɛʃ] nf Öffnung f; **être sur la** ~ (fig) auf Trab sein
bredouille [brəduj] adj mit leeren Händen
bredouiller [brəduje] vi, vt murmeln
bref, brève [brɛf, ɛv] adj kurz ▷ adv kurz und gut; **d'un ton** ~ kurz angebunden; **en** ~ kurz (gesagt); **à** ~ **délai** in Kürze
brelan [brəlɑ̃] nm: **un** ~ drei gleiche Karten pl; **un** ~ **d'as** drei Asse pl
breloque [brələk] nf Anhänger m
brème [brɛm] nf (poisson) Brasse f
Brésil [brezil] nm: **le** ~ Brasilien nt
brésilien, ne [breziljɛ̃, jɛn] adj brasilianisch ▷ nm/f: **Brésilien, ne** Brasilianer(in) m(f)
bressan, e [brɛsɑ̃, an] adj aus Bresse ▷ nm/f: **Bressan, e** Einwohner(in) m(f) von Bresse
Bretagne [brətaɲ] nf Bretagne f
bretelle [brətɛl] nf (de vêtement) Träger m; (de fusil etc) Schulterriemen m; (d'autoroute) Verbindung f; **bretelles** nfpl (pour pantalon) Hosenträger pl; ~ **de raccordement** Zubringer m
breton, ne [brətɔ̃, ɔn] adj bretonisch ▷ nm/f: **Breton, ne** Bretone m, Bretonin f
breuvage [brœvaʒ] nm Getränk nt
brève [brɛv] adj f voir **bref** ▷ nf (nouvelle) Kurzinformation f; **(voyelle)** ~ kurzer Vokal m
brevet [brəvɛ] nm Diplom nt; ~ **d'apprentissage** Gesellenbrief m; ~ **(des collèges)** Zeugnis nt; ~ **d'études du premier cycle** = mittlere Reife f; ~ **(d'invention)** Patent nt
breveté, e [brəv(ə)te] adj (invention) patentiert; (diplômé) diplomiert
breveter [brəv(ə)te] vt (invention) patentieren
bréviaire [brevjɛʀ] nm Brevier nt
briard, e [brijaʀ, aʀd] adj aus Brie ▷ nm (chien) Schäferhund mit langen Haaren
bribes [brib] nfpl (de conversation) Bruchstücke pl; **par** ~ stückweise
bric [brik] adv: **de** ~ **et de broc** planlos
bric-à-brac [brikabrak] nm inv Trödel m
bricolage [brikɔlaʒ] nm Basteln nt; (péj) Bastelei f
bricole [brikɔl] nf Kleinigkeit f
bricoler [brikɔle] vi (petits travaux) herumwerkeln; (en amateur) herumbasteln; (passe-temps) basteln ▷ vt (réparer) herumwerkeln an +dat; (mal réparer, trafiquer) herumpfuschen an +dat
bricoleur, -euse [brikɔlœʀ, øz] nm/f Bastler(in) m(f) ▷ adj Bastler-
bride [brid] nf Zaum m; (d'un bonnet) Band nt; **à** ~ **abattue** (Équitation) mit hängendem Zügel; **tenir en** ~ im Zaum halten; **lâcher la** ~ **à** die Zügel locker lassen bei
bridé, e [bride] adj: **yeux** ~**s** Schlitzaugen pl
brider [bride] vt (réprimer) zügeln; (cheval) aufzäumen; (Culin: volaille) dressieren
bridge [bridʒ] nm (jeu) Bridge nt; (dentaire) Brücke f
bridger [bridʒe] vi Bridge spielen
brie [bri] nm Brie(käse) m
brièvement [brijɛvmɑ̃] adv kurz

brièveté [bʀijɛvte] *nf* Kürze *f*
brigade [bʀigad] *nf* (*Police*) Trupp *m*; (*Mil*) Brigade *f*; (*équipe*) Gruppe *f*
brigadier [bʀigadje] *nm* (*Police*) = Polizeimeister *m*; (*Mil*) = Gefreite(r) *m*
brigadier-chef [bʀigadjeʃɛf] (*pl* **brigadiers-chefs**) *nm* = Obergefreite(r) *m*
brigand [bʀigã] *nm* Räuber *m*
brigandage [bʀigãdaʒ] *nm* Raub *m*
briguer [bʀige] *vt* (*poste*) anstreben; (*suffrages*) werben für
brillamment [bʀijamã] *adv* glänzend, großartig
brillant, e [bʀijã, ãt] *adj* (*soleil*) strahlend; (*luisant*) glänzend; (*yeux*) funkelnd; (*remarquable*) erstklassig ▷ *nm* (*diamant*) Brillant *m*
briller [bʀije] *vi* leuchten, glänzen; (*yeux aussi*) funkeln; (*fig*) brillieren, sich auszeichnen
brimade [bʀimad] *nf* (*vexation*) Schikane *f*
brimbaler [bʀɛ̃bale] *vb* = **bringuebaler**
brimer [bʀime] *vt* schikanieren
brin [bʀɛ̃] *nm* (*de laine, ficelle etc*) Faden *m*; **un ~ de** (*un peu*) ein bisschen; **un ~ mystérieux** ein kleines bisschen geheimnisvoll; **~ d'herbe** Grashalm *m*; **~ de muguet** Zweig *m* Maiglöckchen; **~ de paille** Strohhalm *m*
brindille [bʀɛ̃dij] *nf* Zweig *m*
bringue [bʀɛ̃g] (*fam*) *nf*: **faire la ~** einen draufmachen
bringuebaler [bʀɛ̃g(ə)bale] *vi* wackeln ▷ *vt* hin und her schleppen
brio [bʀijo] *nm* Brillanz *f*; (*Mus*) Brio *nt*; **avec ~** großartig, brillant
brioche [bʀijɔʃ] *nf* Brioche *f*, *Art* Brötchen; (*fam: ventre*) Bauch *m*
brioché, e [bʀijɔʃe] *adj* Brioche-
brique [bʀik] *nf* Ziegelstein *m* ▷ *adj inv* (*couleur*) ziegelrot
briquer [bʀike] (*fam*) *vt* (*nettoyer*) polieren
briquet [bʀikɛ] *nm* Feuerzeug *nt*
briqueterie [bʀik(ə)tʀi] *nf* Ziegelei *f*
bris [bʀi] *nm*: **~ de clôture** (*Jur*) = unbefugtes Betreten *nt*; **~ de glaces** Glasbruch *m*
brisant [bʀizã] *nm* Brandung *f*
brise [bʀiz] *nf* Brise *f*
brisé, e [bʀize] *adj* gebrochen; **d'une voix ~e** mit gebrochener Stimme; **~ (de fatigue)** todmüde, gerädert; **pâte ~e** Mürbeteig *m*
brisées [bʀize] *nfpl*: **aller** *ou* **marcher sur les ~ de qn** jdm ins Gehege kommen; **suivre les ~ de qn** in jds Fußstapfen *acc* treten
brise-glace(s) [bʀizglas] *nm inv* Eisbrecher *m*
brise-jet [bʀizʒɛ] *nm inv* Wasserstrahlregler *m*
brise-lames [bʀizlam] *nm inv* Wellenbrecher *m*
briser [bʀize] *vt* zerbrechen; (*fig*) zerstören; (: *volonté, grève, résistance*) brechen; (*fatiguer*) erschöpfen; **se briser** *vpr* brechen; (*espoir*) sich zerschlagen
brise-tout [bʀiztu] *nm inv* Raubein *nt*
briseur, -euse [bʀizœʀ, øz] *nm/f*: **~ de grève** Streikbrecher(in) *m(f)*
brise-vent [bʀizvã] *nm inv* Windschirm *m*
bristol [bʀistɔl] *nm* (*carte de visite*) Visitenkarte *f*

britannique [bʀitanik] *adj* britisch ▷ *nm/f*: **B~** Brite *m*, Britin *f*
broc [bʀo] *nm* Kanne *f*
brocante [bʀɔkãt] *nf* (*objets*) Trödel *m*; (*commerce*) Handel *m* mit Trödel
brocanteur, -euse [bʀɔkãtœʀ, øz] *nm/f* Trödler(in) *m(f)*
brocart [bʀɔkaʀ] *nm* Brokat *m*
broche [bʀɔʃ] *nf* Brosche *f*; (*Culin*) Bratspieß *m*; (*Élec*) Pin *m*; (*Méd*) Nagel *m*; **à la ~** am Spieß
broché, e [bʀɔʃe] *adj* (*livre*) broschiert; (*tissu*) durchwirkt, Brokat-
brochet [bʀɔʃɛ] *nm* Hecht *m*
brochette [bʀɔʃɛt] *nf* (*Culin*) Schaschlik *m ou nt*; **~ de décorations** Reihe *f* von Orden
brochure [bʀɔʃyʀ] *nf* Broschüre *f*
brocoli [bʀɔkɔli] *nm* Brokkoli *m*
brodequins [bʀɔdkɛ̃] *nmpl* (*de marche*) (Schnür)stiefel *pl*
broder [bʀɔde] *vt* sticken ▷ *vi* sticken; **~ (sur des faits/une histoire)** (die Tatsachen/eine Geschichte) ausschmücken
broderie [bʀɔdʀi] *nf* Stickerei *f*
bromure [bʀɔmyʀ] *nm* Brom *nt*
broncher [bʀɔ̃ʃe] *vi*: **sans ~** ohne mit der Wimper zu zucken
bronches [bʀɔ̃ʃ] *nfpl* Bronchien *pl*
bronchite [bʀɔ̃ʃit] *nf* Bronchitis *f*
broncho-pneumonie [bʀɔ̃kopnømɔni] (*pl* **~s**) *nf* schwere Bronchitis *f*, Bronchopneumonie *f*
bronzage [bʀɔ̃zaʒ] *nm* (*hâle*) Sonnenbräune *f*
bronze [bʀɔ̃z] *nm* Bronze *f*
bronzé, e [bʀɔ̃ze] *adj* sonnengebräunt, braun
bronzer [bʀɔ̃ze] *vt* (*peau*) bräunen; (*métal*) bronzieren ▷ *vi* (*peau, personne*) braun werden; **se bronzer** *vpr* sich bräunen
brosse [bʀɔs] *nf* Bürste *f*; **donner un coup de ~ à qch** etw abbürsten; (**avec**) **les cheveux en ~** mit Bürstenschnitt; **~ à cheveux** Haarbürste *f*; **~ à dents** Zahnbürste *f*; **~ à habits** Kleiderbürste *f*
brosser [bʀɔse] *vt* (ab)bürsten; (*fig: tableau, bilan etc*) in groben Zügen zeichnen; **se brosser** *vpr* sich bürsten; **se ~ les dents** sich *dat* die Zähne putzen; **tu peux te ~!** (*fam*) da kannst du lange warten!
brou [bʀu] *nm*: **~ de noix** (*pour bois*) Walnussbeize *f*; (*liqueur*) Walnusslikör *m*
brouette [bʀuɛt] *nf* Schubkarren *m*
brouhaha [bʀuaa] *nm* Tumult *m*
brouillage [bʀujaʒ] *nm* (*d'une émission*) Störung *f*
brouillard [bʀujaʀ] *nm* Nebel *m*; **être dans le ~** (*fig*) nicht durchblicken
brouille [bʀuj] *nf* Streit *m*, Zerwürfnis *nt*
brouillé, e [bʀuje] *adj* (*teint*) unrein; (*fâché*): **il est ~ avec ses parents** er ist mit seinen Eltern verkracht
brouiller [bʀuje] *vt* (*embrouiller*) durcheinanderbringen, vermischen; (*Radio*) stören; (*rendre confus*) trüben; (*désunir*) entzweien; **se brouiller** *vpr* (*ciel, temps*) sich zuziehen; (*vue*) sich verschlechtern; (*détails*) durcheinandergeraten; **se ~ (avec)** sich

verkrachen (mit); ~ **les pistes** die Spuren
verwischen

brouillon, ne [bʀujɔ̃, ɔn] *adj* unordentlich ▷ *nm*
(*écrit*) Konzept *nt*; **cahier de** ~ Vorschreibheft *nt*

broussailles [bʀusɑj] *nfpl* Gestrüpp *nt*, Gebüsch *nt*

broussailleux, -euse [bʀusɑjø, øz] *adj* buschig

brousse [bʀus] *nf* Busch *m*

brouter [bʀute] *vt* fressen ▷ *vi* (*Auto, Tech*) ruckeln

broutille [bʀutij] *nf* Lappalie *f*

broyer [bʀwaje] *vt* zerkleinern; ~ **du noir**
grübeln

bru [bʀy] *nf* Schwiegertochter *f*

brugnon [bʀynɔ̃] *nm* Nektarine *f*

bruine [bʀɥin] *nf* Nieselregen *m*

bruiner [bʀɥine] *vb*: **il bruine** es nieselt

bruire [bʀɥiʀ] *vi* (*eau*) rauschen; (*feuilles, étoffe*)
rascheln

bruissement [bʀɥismɑ̃] *nm* (*v bruire*) Rauschen *nt*;
Rascheln *nt*

bruit [bʀɥi] *nm* Geräusch *nt*; (*désagréable*) Lärm *m*;
(*fig: rumeur*) Gerücht *nt*; **pas/trop de** ~ kein/zu viel
Lärm; **sans** ~ geräuschlos; **faire du** ~ (*fig*) von
sich *dat* reden machen; **faire grand** ~ **de** (*fig*) viel
hermachen von; ~ **de fond**
Hintergrundgeräusch *nt*

bruitage [bʀɥitaʒ] *nm* Toneffekte *pl*

bruiter [bʀɥite] *vt* (*film*) mit Toneffekten
versehen

brûlant, e [bʀylɑ̃, ɑ̃t] *adj* siedend heiß; (*liquide*)
kochend heiß; (*regard*) feurig, leidenschaftlich;
(*fiévreux*) glühend; (*sujet*) heiß

brûlé, e [bʀyle] *adj* (*fig: démasqué*) entlarvt ▷ *nm*:
odeur de ~ Brandgeruch *m*; **les grands** ~**s** die
Verletzten mit Verbrennungen dritten Grades

brûle-pourpoint [bʀylpuʀpwɛ̃] *adv*: **à** ~ direkt

brûler [bʀyle] *vt* verbrennen; (*suj: eau bouillante*)
verbrühen; (*endommager: linge, rôti etc*) anbrennen;
(*consommer: charbon, essence, électricité*) verbrauchen;
(*feu rouge, signal*) überfahren ▷ *vi* brennen;
(*combustible*) verbrennen; (*être brûlant, ardent*)
glühen; **se brûler** *vpr* sich verbrennen; (*avec de
l'eau bouillante*) sich verbrühen; **tu brûles** (*jeu*) (es
wird) heiß; **se** ~ **la cervelle** sich *dat* eine Kugel in
den Kopf jagen; ~ **les étapes** ein paar Stufen
überspringen; ~ (**d'impatience) de faire qch**
darauf brennen, etw zu tun

brûleur [bʀylœʀ] *nm* Brenner *m*

brûlure [bʀylyʀ] *nf* (*lésion*) Verbrennung *f*;
(*sensation*) Brennen *nt*; ~**s d'estomac** Sodbrennen
nt

brume [bʀym] *nf* Nebel *m*

brumeux, -euse [bʀymø, øz] *adj* neblig; (*fig*)
unklar, verschwommen

brumisateur [bʀymizatœʀ] *nm* Zerstäuber *m*

brun, e [bʀœ̃, bʀyn] *adj* braun; (*personne*) brünett
▷ *nm* (*couleur*) Braun *nt*

brunâtre [bʀynɑtʀ] *adj* bräunlich

brunch [bʀœntʃ] *nm* Brunch *m*

brune [bʀyn] *nf* (*femme*) Brünette *f*; (*bière*) dunkles
Bier *nt*

Brunei [bʀunɛi] *nm*: **le** ~ Brunei *nt*

brunette [bʀynɛt] *nf* Brünette *f*

brunir [bʀyniʀ] *vi* braun werden ▷ *vt* bräunen

brushing [bʀœʃiŋ] *nm* Föhnwelle *f*; **se faire faire
un** ~ sich *dat* eine Föhnwelle machen lassen

brusque [bʀysk] *adj* (*rude*) schroff, brüsk; (*soudain*)
plötzlich

brusquement [bʀyskəmɑ̃] *adv* (*soudain*) plötzlich

brusquer [bʀyske] *vt* (*personne*) hetzen, drängen;
ne rien ~ nichts überstürzen

brusquerie [bʀyskəʀi] *nf* Barschheit *f*,
Schroffheit *f*

brut, e [bʀyt] *adj* roh; (*diamant*) ungeschliffen,
Roh-; (*soie, métal, données*) Roh-; (*Comm: bénéfice,
salaire, poids*) Brutto- ▷ *nm*: (**champagne**) ~
trockener Champagner *m*; (**pétrole**) ~ Rohöl *nt*

brutal, e, -aux [bʀytal, o] *adj* brutal; (*franchise*)
rücksichtslos; (*choc*) hart

brutalement [bʀytalmɑ̃] *adv* brutal

brutaliser [bʀytalize] *vt* brutal *ou* grob
behandeln

brutalité [bʀytalite] *nf* (*v adj*) Brutalität *f*;
Rücksichtslosigkeit *f*; Härte *f*; **brutalités** *nfpl*
(*violences*) Gewalttätigkeiten *pl*

brute [bʀyt] *adj f voir* **brut** ▷ *nf* Bestie *f*

Bruxelles [bʀysɛl] *n* Brüssel *nt*

bruxellois, e [bʀysɛlwa, waz] *adj* Brüsseler
▷ *nm/f*: **Bruxellois, e** Brüsseler(in) *m(f)*

bruyamment [bʀyjamɑ̃] *adv* laut

bruyant, e [bʀyjɑ̃, ɑ̃t] *adj* laut

bruyère [bʀyjɛʀ] *nf* Heidekraut *nt*, Erika *f*

BT [bete] *sigle m* (= *brevet de technicien*) *Zeugnis einer
technischen Schule*

BTA [betea] *sigle m* (= *brevet de technicien agricole*)
Zeugnis einer Landwirtschaftsschule

BTP [betepe] *sigle mpl* (= *bâtiments et travaux publics*)
≈ öffentliches Bauwesen *nt*

BTS [beteɛs] *sigle m* (= *brevet de technicien supérieur*)
Abschlusszeugnis einer technischen Schule

BU [bey] *sigle f* (= *bibliothèque universitaire*) UB *f*

bu, e [by] *pp de* **boire**

buanderie [bɥɑ̃dʀi] *nf* Waschküche *f*

Bucarest [bykaʀɛst] *n* Bukarest *nt*

buccal, e, -aux [bykal, o] *adj* (*cavité etc*) Mund-

bûche [byʃ] *nf* Holzscheit *nt*; **prendre une** ~ (*fam*)
auf die Nase fallen; ~ **de Noël** Weihnachtskuchen *in
Form eines Holzscheites*

bûcher [byʃe] *nm* Scheiterhaufen *m*; (*remise*)
Holzschuppen *m* ▷ *vi, vt* (*fam: étudier*) büffeln

bûcheron [byʃʀɔ̃] *nm* Holzfäller *m*

bûchette [byʃɛt] *nf* (*de bois*) Stöckchen *nt*; (*pour
compter*) Stab *m*

bûcheur, -euse [byʃœʀ, øz] (*fam*) *nm/f* (*étudiant*)
Arbeitstier *nt* ▷ *adj* emsig, bienenfleißig

bucolique [bykɔlik] *adj* ländlich

Budapest [bydapɛst] *n* Budapest *nt*

budget [bydʒɛ] *nm* Etat *m*, Haushalt *m*

budgétaire [bydʒetɛʀ] *adj* Etat-, Haushalts-

budgétiser [bydʒetize] *vt* veranschlagen

buée [bɥe] *nf* (*sur une vitre*) Kondensation *f*;
(*haleine*) Dampf *m*

buffet [byfɛ] *nm* (*meuble*) Anrichte *f*; (*de réception*)
Büfett *nt*; ~ (**de gare**) Bahnhofsgaststätte *f*

buffle [byfl] *nm* Büffel *m*

buis [bɥi] *nm* (*Bot*) Buchsbaum *m*; (*bois*) Buchsbaumholz *nt*

buisson [bɥisɔ̃] *nm* Busch *m*

buissonnière [bɥisɔnjɛʀ] *adj f*: **faire l'école** ~ die Schule schwänzen

bulbe [bylb] *nm* (*Bot*) Zwiebel *f*; (*coupole*) Zwiebelturm *m*; ~ **pileux** Haarwurzel *f*; ~ **rachidien** (*Méd*) Medulla *f*

bulgare [bylgaʀ] *adj* bulgarisch ▷ *nm/f*: **B**~ Bulgare *m*, Bulgarin *f*

Bulgarie [bylgaʀi] *nf*: **la** ~ Bulgarien *nt*

bulldozer [buldozɛʀ] *nm* Bulldozer *m*

bulle [byl] *nf* Blase *f*; (*de bande dessinée*) Sprechblase *f*; (*Hist: papale*) Bulle *f* ▷ *nm*: (**papier**) ~ Packpapier *nt*; ~ **de savon** Seifenblase *f*

bulletin [byltɛ̃] *nm* (*Scol*) Zeugnis *nt*; (*communiqué*) Bulletin *nt*; (*papier*) Zettel *m*, Schein *m*; (*de bagages*) Gepäckschein *m*; ~ **de naissance** Geburtsurkunde *f*; ~ **de salaire** Lohnstreifen *m*; ~ **de santé** (ärztliches) Gesundheitszeugnis *nt*; ~ **de vote** Stimmzettel *m*; ~ **météorologique** Wetterbericht *m*; ~ **réponse** Antwortformular *nt*

buraliste [byʀalist] *nm/f* (*de bureau de tabac*) Tabakwarenhändler(in) *m(f)*; (*de poste*) Postbeamte(r) *f(m)*

bure [byʀ] *nf* grober Wollstoff *m*

bureau, x [byʀo] *nm* (*meuble*) Schreibtisch *m*; (*pièce, d'une entreprise*) Büro *nt*; (*service administratif*) Dienststelle *f*, Abteilung *f*; (*responsables d'une association*) Vorstand *m*; ~ **de change** Wechselstube *f*; ~ **d'embauche** Personalbüro *nt*; ~ **de location** Reservierungsbüro *nt*; ~ **de placement** Arbeitsvermittlung *f*; ~ **de poste** Postamt *nt*; ~ **de tabac** Tabakwarenhandlung *f*; ~ **de vote** Wahllokal *nt*

bureaucrate [byʀokʀat] *nm* Bürokrat *m*

bureaucratie [byʀokʀasi] *nf* Bürokratie *f*

bureaucratique [byʀokʀatik] *adj* bürokratisch

bureautique [byʀotik] *nf* Technik *f* im Büro, Büroautomation *f*

burette [byʀɛt] *nf* (*de mécanicien*) Ölkanne *f*; (*de chimiste*) Bürette *f*

burin [byʀɛ̃] *nm* Stichel *m*, Meißel *m*; (*Art*) Kaltnadel *f*

buriné, e [byʀine] *adj* (*visage*) zerfurcht

burkinabé [byʀkinabe] *adj* burkinisch ▷ *nm/f*: **B**~ Burkiner(in) *m(f)*

Burkina(-Faso) [byʀkina(faso)] *nm*: **le Burkina(-**

Faso) Burkina Faso *nt*

burlesque [byʀlɛsk] *adj* lächerlich; (*Litt*) burlesk

burnous [byʀnu(s)] *nm* Burnus *m*

burundais, e [byʀundɛ, ɛz] *adj* burundisch ▷ *nm/f*: **Burundais, e** Burunder(in) *m(f)*

Burundi [byʀundi] *nm*: **le** ~ Burundi *nt*

bus [bys] *vb voir* **boire** ▷ *nm* Bus *m*; (*Inform*) (Daten)bus *m*

busard [byzaʀ] *nm* Feldweih *m*

buse [byz] *nf* Bussard *m*

busqué, e [byske] *adj*: **nez** ~ Hakennase *f*

buste [byst] *nm* (*Anat*) Brustkorb *m*; (: *de femme*) Brust *f*; (*sculpture*) Büste *f*

bustier [bystje] *nm* (*soutien-gorge*) Bustier *m*

but [by(t)] *vb voir* **boire** ▷ *nm* (*cible*) Zielscheibe *f*; (*fig*) Ziel *nt*; (*Football etc*) Tor *nt*; **de** ~ **en blanc** geradeheraus; **avoir pour** ~ **de faire qch** zum Ziel haben, etw zu tun; **dans le** ~ **de** mit der Absicht zu; **gagner par 3** ~**s à 2** (mit) 3 zu 2 (Toren) gewinnen

butane [bytan] *nm* Butan *nt*; (*domestique*) Propangas *nt*

buté, e [byte] *adj* stur, eigensinnig

butée [byte] *nf* (*de pont*) Pfeiler *m*

buter [byte] *vi*: ~ **contre/sur qch** gegen/auf etw *acc* stoßen; (*fig*) über etw *acc* stolpern ▷ *vt* (*fig: personne*) aufbringen; **se buter** *vpr* sich stur stellen

buteur [bytœʀ] *nm* (*Football*) Torjäger *m*

butin [bytɛ̃] *nm* Beute *f*

butiner [bytine] *vi* Honig sammeln

butor [bytɔʀ] (*péj*) *nm* Trampel *nt*, Tölpel *m*

butte [byt] *nf* Hügel *m*; **être en** ~ **à** ausgesetzt sein +*dat*

buvable [byvabl] *adj* trinkbar; (*Méd: ampoule etc*) zum Einnehmen

buvais *etc* [byvɛ] *vb voir* **boire**

buvard [byvaʀ] *nm* Löschpapier *nt*

buvette [byvɛt] *nf* Erfrischungsraum *m*

buveur, -euse [byvœʀ, øz] *nm/f* (*consommateur*) Trinker(in) *m(f)*; (*péj*) Säufer(in) *m(f)*; ~ **de cidre/ de vin** Cidre-/Weintrinker(in) *m(f)*

buvons [byvɔ̃] *vb voir* **boire**

BVP [bevepe] *sigle m* (= *Bureau de vérification de la publicité*) Werbekontrollbehörde *f*

Byzance [bizãs] *n* Byzanz *nt*

byzantin, e [bizãtɛ̃, in] *adj* byzantinisch

BZH *abr* (= *Breizh*) Bretagne *f*

Cc

C¹, c [se] *nm inv* (*lettre*) C, c *nt*; **C comme Célestin** ≈ C wie Caesar

C² [se] *abr* (= *Celsius*) C

c' [s] *dét voir* **ce**

CA [sea] *sigle m* (= *chiffre d'affaires*) *voir* **chiffre** (= *conseil d'administration*) *voir* **conseil**

ça [sa] *pron* das; (*plus loin*) das da; (*sujet indéfini*) es; **ça m'étonne que** es wundert mich, dass; **ça va?** wie gehts?; **ça alors!** na so was!; **c'est ça** richtig; **ça fait une heure que j'attends** jetzt warte ich schon eine Stunde

çà [sa] *adv*: **çà et là** hier und da

cabale [kabal] *nf* Intrige *f*

cabalistique [kabalistik] *adj*: **signe ~** magisches Zeichen *nt*

caban [kabã] *nm* Seemannsjacke *f*

cabane [kaban] *nf* Hütte *f*

cabanon [kabanɔ̃] *nm* (*petite hutte*) Häuschen *nt*; (*en Provence*) Landhäuschen *nt* (*in der Provence*); (*remise*) Schuppen *m*

cabaret [kabaʀɛ] *nm* Nachtklub *m*

cabas [kaba] *nm* Einkaufstasche *f*

cabestan [kabɛstã] *nm* Poller *m*

cabillaud [kabijo] *nm* Kabeljau *m*

cabine [kabin] *nf* Kabine *f*; (*de plage, de piscine etc*) (Umkleide)kabine; (*de camion*) Führerhaus *nt*; (*de train*) Führerstand *m*; (*d'avion*) Cockpit *nt*; **~ (d'ascenseur)** Kabine; **~ d'essayage** (Umkleide)kabine; **~ de projection** Vorführraum *m*; **~ spatiale** Raumkapsel *f*; **~ (téléphonique)** Telefonzelle *f*

cabinet [kabinɛ] *nm* (*petite pièce*) Kammer *f*; (*de médecin*) Praxis *f*; (*d'avocat, de notaire etc*) Büro *nt*; (: *clientèle*) Praxis; (*Pol*) Kabinett *nt*; (*d'un ministre*) (Berater)stab *m*; **cabinets** *nmpl* (*W.C.*) Toiletten *pl*; **~ d'affaires** Geschäftspartnerschaft *f*; **~ de toilette** Kabine mit Waschbecken; **~ de travail** Arbeitszimmer *nt*

câble [kabl] *nm* Kabel *nt*; (*TV*) Kabelfernsehen *nt*

câblé, e [kable] *adj* (*branché*) mega-in; (*TV*) verkabelt

câbler [kable] *vt* (*nouvelle*) telegrafisch übermitteln, kabeln; (*TV*) verkabeln

cabosser [kabɔse] *vt* verbeulen

cabot [kabo] *nm* (*péj*) (*chien*) Töle *f*

cabotage [kabɔtaʒ] *nm* Küstenschifffahrt *f*

caboteur [kabɔtœʀ] *nm* (*bateau*) Küstenmotorschiff *nt*

cabotin [kabɔtɛ̃] (*péj*) *nm* (*personne maniérée*) Angeber *m*; (*acteur*) Schmierenkomödiant *m*

cabotinage [kabɔtinaʒ] *nm* (*v cabotin*) Angeberei *f*; übertriebene Theatralik *f*

cabrer [kabʀe] *vt* (*cheval*) steigen lassen; (*avion*) hochziehen; **se cabrer** *vpr* (*cheval*) sich aufbäumen; (*fig*) sich auflehnen

cabri [kabʀi] *nm* Zicklein *nt*

cabriole [kabʀijɔl] *nf* (*bond*) Luftsprung *m*; (*culbute*) Salto *m*

cabriolet [kabʀijɔlɛ] *nm* (*Auto*) Kabriolett *nt*

CAC [kak] *sigle f* (= *Compagnie des agents de change*) Institut für Börsenmakler

caca [kaka] *nm* (*langage enfantin*) Aa *nt*; **faire ~** Aa machen; **~ d'oie** (*couleur*) kackgrün

cacahuète [kakaɥɛt] *nf* Erdnuss *f*

cacao [kakao] *nm* Kakao *m*

cachalot [kaʃalo] *nm* Pottwal *m*

cache [kaʃ] *nm* Maske *f*; (*pour protéger l'objectif*) Kappe *f* ▷ *nf* (*cachette*) Versteck *nt*

caché, e [kaʃe] *adj* versteckt; (*masqué, voilé*) verdeckt

cache-cache [kaʃkaʃ] *nm inv*: **jouer à ~** Verstecken spielen

cache-col [kaʃkɔl] *nm inv* Halstuch *nt*

cachemire [kaʃmiʀ] *nm* (*tissu*) Kaschmir *m*; (*Géo*) C~ Kaschmir *m* ▷ *adj* Kaschmir-

cache-nez [kaʃne] *nm inv* Schal *m*

cache-pot [kaʃpo] *nm inv* Blumenübertopf *f*

cache-prise [kaʃpʀiz] *nm inv* Steckdosenabdeckung *f*

cacher [kaʃe] *vt* verstecken; (*intention*) verbergen; (*masquer, voiler*) verdecken; **se cacher** *vpr* (*personne, soleil*) sich verstecken; (*être caché*) verdeckt sein; **~ qch à qn** etw vor jdm verbergen; **je ne vous cache pas que** ich verhehle nicht, dass; **~ son jeu** *ou* **ses cartes** nicht mit offenen Karten spielen; **se ~ de qn pour faire qch** etw hinter jds Rücken *dat* tun; **il ne s'en cache pas** er verheimlicht es nicht

cache-sexe [kaʃsɛks] *nm inv* Minislip *m*

cachet [kaʃɛ] *nm* (*comprimé*) Tablette *f*; (*sceau: du roi*) Siegel *nt*; (: *de la poste*) Stempel *m*; (*rétribution*) Gage *f*; (*fig: caractère*) Stil *m*

cacheter [kaʃte] vt (lettre) versiegeln
cachette [kaʃɛt] nf (lieu) Versteck nt; **en ~** heimlich
cachot [kaʃo] nm Verlies nt
cachotterie [kaʃɔtʀi] nf (gén pl) Geheimnis nt; **faire des ~s** heimlichtun
cachottier, -ière [kaʃɔtje, jɛʀ] adj heimlichtuerisch
cachou [kaʃu] nm: **pastille de ~** Cachoubonbon m ou nt, Art Fruchtbonbon
cacophonie [kakɔfɔni] nf Kakofonie f
cacophonique [kakɔfɔnik] adj kakofonisch
cactus [kaktys] nm inv Kaktus m
c.-à-d. abr (= c'est-à-dire) d. h.
cadastral, e, -aux [kadastʀal, o] adj Kataster-
cadastre [kadastʀ] nm Kataster nt ou m, Grundbuch nt
cadavérique [kadaveʀik] adj (teint, visage) totenbleich
cadavre [kadavʀ] nm Leiche f
caddie [kadi] nm, **caddy** [kadi] Einkaufswagen m (im Supermarkt)
cadeau, x [kado] nm Geschenk nt; **faire un ~ à qn** jdm ein Geschenk machen, jdm etwas schenken; **faire ~ de qch à qn** jdm etw schenken; **ne pas faire de ~ à qn** (fig) jdm nichts schenken
cadenas [kadna] nm Vorhängeschloss nt
cadenasser [kadnase] vt (mit einem Vorhängeschloss) verschließen
cadence [kadɑ̃s] nf (Mus etc) Kadenz f; (rythme) Rhythmus m; (de travail etc) Takt m; **cadences** nfpl (en usine) Produktionsrate f; **en ~** (ensemble, en mesure) im Takt; **à la ~ de 10 par jour** mit einer Rate von 10 pro Tag
cadencé, e [kadɑ̃se] adj (Mus etc) rhythmisch; **au pas ~** (Mil) im Eilschritt
cadet, te [kadɛ, ɛt] adj (plus jeune) jüngere(r, s); (le plus jeune) jüngste(r, s) ▷ nm/f (de la famille): **le ~/la ~te** der/die Jüngste; **il est mon ~ (de deux ans)** er ist (zwei Jahre) jünger als ich; **les ~s** (Sport) die Jugend f; **le ~ de mes soucis** meine geringste Sorge
cadrage [kadʀaʒ] nm (Photo) Zentrieren nt (des Bildes)
cadran [kadʀɑ̃] nm (de pendule, montre, compteur) Zifferblatt nt; (du téléphone) Wählscheibe f; **~ solaire** Sonnenuhr f
cadre [kadʀ] nm Rahmen m; (environnement) Umgebung f; (Admin: personne) Führungskraft f ▷ adj: **loi ~** Rahmengesetz nt; **rayer qn des ~s** jdn entlassen; **dans le ~ de** (fig) im Rahmen von; **~ moyen** mittlere(r) Angestellte(r) f(m); **~ supérieur** gehobene(r) Angestellte(r) f(m)
cadrer [kadʀe] vi: **~ avec qch** einer Sache dat entsprechen ▷ vt (Ciné) zentrieren
cadreur, -euse [kadʀœʀ, øz] nm/f (Ciné) Kameramann m, Kamerafrau f
caduc, -uque [kadyk] adj (théorie, loi) veraltet; **arbre à feuilles caduques** Laubbaum m
CAF [seaɛf] sigle f (= Caisse d'allocations familiales) ≈ Familienhilfe f des Sozialamtes ▷ abr (= coût,

assurance, fret) cif
cafard [kafaʀ] nm Schabe f; **avoir le ~** (tristesse) deprimiert sein
cafardeux, -euse [kafaʀdø, øz] adj (personne) deprimiert; (ambiance) deprimierend
café [kafe] nm Kaffee m; (bistro) Gastwirtschaft f ▷ adj (couleur) kaffeebraun; **~ au lait** Milchkaffee m; **~ crème** Kaffee mit Milch; **~ en grains** Bohnenkaffee m; **~ en poudre** Pulverkaffee m; **~ liégeois** Eiskaffee m; **~ noir** schwarzer Kaffee; **~ tabac** Gastwirtschaft mit Tabak- und Zeitungsverkauf
café-concert [kafekɔ̃sɛʀ] (pl **cafés-concerts**) nm (aussi: **caf' conc'**) ≈ Varieté nt
caféine [kafein] nf Koffein nt
cafétéria [kafeteʀja] nf Cafeteria f
café-théâtre [kafeteatʀ] (pl **cafés-théâtres**) nm kleines Experimentiertheater
cafetier, -ière [kaftje, jɛʀ] nm/f Besitzer(in) m(f) einer Gastwirtschaft
cafetière [kaftjɛʀ] nf (pot) Kaffeekanne f
cafouillage [kafujaʒ] nm Durcheinander nt
cafouiller [kafuje] vi (personne) alles durcheinanderbringen; (appareil, projet) nur ab und zu funktionieren
cage [kaʒ] nf Käfig m; **en ~** im Käfig; **~ d'ascenseur** Aufzugsschacht m; **~ d'escalier** Treppenhaus nt; **~ (des buts)** (Football) Tor nt; **~ thoracique** Brustkorb m
cageot [kaʒo] nm Lattenkiste f
cagibi [kaʒibi] (fam) nm Kämmerchen nt
cagneux, -euse [kaɲø, øz] adj x-beinig; **jambes cagneuses** X-Beine pl
cagnotte [kaɲɔt] nf gemeinsame Kasse f; (aux cartes) Spielkasse f
cagoule [kagul] nf (de moine) Kutte f; (de bandit) Maske f; (passe-montagne) Kapuzenmütze f
cahier [kaje] nm (de classe) (Schul)heft nt; (Typo) Signatur f; **~ d'exercices** Übungsheft nt; **~ de brouillon** Schmierheft nt; **~ de doléances** Beschwerdebuch nt; **~ de revendications** Liste f von Beschwerden und Anregungen; **~ des charges** Vertragsbedingungen pl
cahin-caha [kaɛ̃kaa] adv (fig) soso, lala
cahot [kao] nm (secousse) Stoß m
cahoter [kaɔte] vi holpern ▷ vt hin und her schütteln
cahoteux, -euse [kaɔtø, øz] adj holperig
cahute [kayt] nf Hütte f
caïd [kaid] (fam) nm (fam: meneur) Boss m
caillasse [kajas] nf (pierraille) Geröll nt
caille [kaj] nf Wachtel f
caillé, e [kaje] adj: **lait ~** saure Milch f
caillebotis [kajbɔti] nm Laufrost m
cailler [kaje] vi (lait, sang) gerinnen; (fam: avoir froid) frieren; **on caille** es ist klapperkalt
caillot [kajo] nm (de sang) (Blut)gerinsel nt
caillou, x [kaju] nm (kleiner) Stein m; (galet) Kieselstein m
caillouter [kajute] vt schottern
caillouteux, -euse [kajutø, øz] adj steinig
cailloutis [kajuti] nm (petits graviers) Kies m
caïman [kaimɑ̃] nm Kaiman m

Caïmans [kaimɑ̃] *nfpl*: **les îles ~** die Kaimaninseln *pl*
Caire [kɛR] *nm*: **Le ~** Kairo *nt*
caisse [kɛs] *nf* Kasse *f*; *(de banque aussi)* Kassenschalter *m*; *(Tech)* Gehäuse *nt*; *(cageot, boîte)* Kiste *f*; **faire sa ~** Kasse machen; **~ claire** *(Mus)* kleine Trommel *f*; **~ d'épargne/de retraite** Spar-/Pensionskasse *f*; **~ enregistreuse** Registrierkasse *f*; **~ noire** schwarze Kasse
caissier, -ière [kesje, jɛR] *nm/f* Kassierer(in) *m(f)*
caisson [kɛsɔ̃] *nm (caisse)* Kiste *f*; **~ de décompression** Dekompressionskammer *f*
cajoler [kaʒɔle] *vt (personne)* besonders lieb sein zu
cajoleries [kaʒɔlRi] *nfpl (paroles)* Schmeicheleien *pl*; *(manières)* Zärtlichkeiten *pl*
cajou [kaʒu] *nm*: **(noix de) cajou** Cashewnuss *f*
cake [kɛk] *nm* englischer Kuchen *m*
cal¹ [kal] *nm* Schwiele *f*
cal² [kal] *abr* *(= calorie)* cal
calamar [kalamaR] *nm* = **calmar**
calaminé, e [kalamine] *adj (Auto: bougies)* verrußt
calamité [kalamite] *nf* Katastrophe *f*
calandre [kalɑ̃dR] *nf (Auto)* Kühlergrill *m*; *(machine)* Kalander *m*
calanque [kalɑ̃k] *nf kleine Felsenbucht am Mittelmeer*
calcaire [kalkɛR] *nm* Kalkstein *m* ▷ *adj (eau)* kalkhaltig; *(terrain)* kalkig
calciné, e [kalsine] *adj* verkohlt
calcium [kalsjɔm] *nm* Kalzium *nt*
calcul [kalkyl] *nm* Rechnung *f*; *(Scol)* Rechnen *nt*; *(fig: préméditation, plan)* Berechnung *f*; **d'après mes ~s** nach meinen Berechnungen; **~ biliaire** Gallenstein *m*; **~ différentiel** Differenzialrechnung *f*; **~ intégral** Integralrechnung *f*; **~ mental** Kopfrechnen *nt*; **~ rénal** Nierenstein *m*
calculateur [kalkylatœR] *nm (machine)* Rechner *m*
calculatrice [kalkylatRis] *nf (machine)* Taschenrechner *m*
calculé, e [kalkyle] *adj*: **risque ~** kalkuliertes Risiko *nt*
calculer [kalkyle] *vt* berechnen; *(combiner, arranger)* kalkulieren ▷ *vi* rechnen; **~ qch de tête** etw im Kopf ausrechnen
calculette [kalkylɛt] *nf* Taschenrechner *m*
cale [kal] *nf (de bateau)* Laderaum *m*; *(en bois)* Keil *m*; **~ de radoub** Trockendock *nt*; **~ sèche** Trockendock *nt*
calé, e [kale] *adj (bloqué)* verkeilt; *(moteur)* abgewürgt; *(fam: instruit)* bewandert; *(: difficile)* verzwickt
calebasse [kalbɑs] *nf* Kalebasse *f*
calèche [kalɛʃ] *nf* Kutsche *f*
caleçon [kalsɔ̃] *nm (sous-vêtement)* Unterhose *f*; *(pantalon)* Leggings *pl*
calembour [kalɑ̃buR] *nm* Wortspiel *nt*
calendes [kalɑ̃d] *nfpl*: **renvoyer qch aux ~ grecques** etw auf den St. Nimmerleinstag verschieben
calendrier [kalɑ̃dRije] *nm* Kalender *m*; *(programme)* Zeitplan *m*

cale-pied [kalpje] *nm inv (vélo)* Rennbügel *m*
calepin [kalpɛ̃] *nm* Notizbuch *nt*
caler [kale] *vt (fixer)* festkeilen; *(avec des coussins)* stützen ▷ *vi* nicht mehr können; **se caler** *vpr*: **se ~ dans un fauteuil** sich in einen Sessel zwängen; **~ (son moteur/véhicule)** den Motor abwürgen
calfater [kalfate] *vt* kalfatern
calfeutrage [kalføtRaʒ] *nm* Abdichten *nt*
calfeutrer [kalføtRe] *vt* abdichten; **se calfeutrer** *vpr (s'enfermer)* es sich *dat* behaglich machen
calibre [kalibR] *nm* Kaliber *nt*; *(d'un fruit)* Größe *f*
calibrer [kalibRe] *vt (fruits)* nach der Größe sortieren
calice [kalis] *nm* Kelch *m*
calicot [kaliko] *nm (tissu)* Kaliko *m*
calife [kalif] *nm* Kalif *m*
Californie [kalifɔRni] *nf*: **la ~** Kalifornien *nt*
califourchon [kalifuRʃɔ̃]: **à ~** *adv* rittlings; **à ~ sur** rittlings auf +*dat*
câlin, e [kɑlɛ̃, in] *adj (qui aime les caresses)* anschmiegsam, verschmust; *(qui câline)* verschmust ▷ *nm*: **faire un ~** *ou* **des ~s à qn** mit jdm schmusen
câliner [kɑline] *vt (enfant)* schmusen mit
câlineries [kɑlinRi] *nfpl* Liebkosungen *pl*
calisson [kalisɔ̃] *nm* Plätzchen aus gemahlenen Mandeln mit Zuckerguss
calleux, -euse [kalø, øz] *adj* schwielig
calligraphie [ka(l)ligRafi] *nf* Kalligrafie *f*
calligraphier [ka(l)ligRafje] *vt* kalligrafisch schreiben
callosité [kalozite] *nf* Schwiele *f*
calmant, e [kalmɑ̃, ɑ̃t] *adj (tranquillisant)* beruhigend; *(contre la douleur)* schmerzlindernd ▷ *nm (tranquillisant)* Beruhigungsmittel *nt*; *(contre la douleur)* Schmerzmittel *nt*
calmar [kalmaR] *nm* Tintenfisch *m*
calme [kalm] *adj* ruhig ▷ *nm* Ruhe *f*; **sans perdre son ~** ohne aus der Ruhe zu kommen; **du ~!** immer mit der Ruhe!; **~ plat** *(Naut)* Flaute *f*; *(fig)* Totenstille *f*
calmement [kalməmɑ̃] *adv* ruhig
calmer [kalme] *vt* lindern, mildern; *(personne)* beruhigen; **se calmer** *vpr (personne, mer)* sich beruhigen; *(vent, colère etc)* sich legen
calomniateur, -trice [kalɔmnjatœR, tRis] *nm/f* Verleumder(in) *m(f)*
calomnie [kalɔmni] *nf* Verleumdung *f*
calomnier [kalɔmnje] *vt* verleumden
calomnieux, -euse [kalɔmnjø, jøz] *adj* verleumderisch
calorie [kalɔRi] *nf* Kalorie *f*
calorifère [kalɔRifɛR] *nm* Ofen *m*
calorifique [kalɔRifik] *adj* wärmeerzeugend
calorifuge [kalɔRify3] *adj* wärmedämmend ▷ *nm (isolant)* Wärmeisolierung *f*
calot [kalo] *nm (Mil)* Käppi *nt*
calotte [kalɔt] *nf (coiffure)* Scheitelkäppchen *nt*; *(fam: gifle)* Ohrfeige *f*; **la ~** *(péj: clergé)* die Pfaffen *pl*; **~ glaciaire** Gletscherkappe *f*
calque [kalk] *nm (aussi:* **papier calque**)

Pauspapier nt; (dessin) Pause f; (fig: double) Nachahmung f, Kopie f

calquer [kalke] vt (dessin) durchpausen; (fig) nachahmen, kopieren

calvados [kalvados] nm Calvados m

calvaire [kalvɛʀ] nm (croix) Wegkreuz nt; (fig) Martyrium nt

calvitie [kalvisi] nf Kahlköpfigkeit f

camaïeu [kamajø] nm: **en ~** monochrom

camarade [kamaʀad] nm/f (ami) Kumpel m; (Pol) Genosse m, Genossin f; **~ d'école** Schulkamerad(in) m(f); **~ de jeu** Spielkamerad(in) m(f)

camaraderie [kamaʀadʀi] nf Freundschaft f

camarguais, e [kamaʀgɛ, ɛz] adj aus der Camargue

Camargue [kamaʀg] nf: **la ~** die Camargue f

cambiste [kãbist] nm Devisenhändler m

Cambodge [kãbɔdʒ] nm: **le ~** Kambodscha nt

cambodgien, ne [kãbɔdʒjɛ̃, jɛn] adj kambodschanisch ▷ nm/f: **Cambodgien, ne** Kambodschaner(in) m(f)

cambouis [kãbwi] nm Ölschmiere f

cambré, e [kãbʀe] adj: **avoir les reins ~s** ein Hohlkreuz haben; **avoir le pied très ~** einen sehr hohen Spann haben

cambrer [kãbʀe] vt (pied) krümmen; **se cambrer** vpr sich krümmen; **~ la taille** ou **les reins** den Rücken krümmen

cambriolage [kãbʀijɔlaʒ] nm Einbruch m

cambrioler [kãbʀijɔle] vt einbrechen in +dat; (personne) einbrechen bei

cambrioleur, -euse [kãbʀijɔlœʀ, øz] nm/f Einbrecher(in) m(f)

cambrure [kãbʀyʀ] nf (du pied) Wölbung f; (de la route aussi) Krümmung f; **~ des reins** Kreuz nt

cambuse [kãbyz] nf (Naut) Kombüse f; (fam) Bude f

came [kam] nf (fam: drogue) Koks m; **arbre à ~s** (Auto) Nockenwelle f

camée [kame] nm Kamee f

caméléon [kameleɔ̃] nm Chamäleon nt

camélia [kamelja] nm Kamelie f

camelot [kamlo] nm Hausierer m

camelote [kamlɔt] nf Ramsch m

camembert [kamãbɛʀ] nm Camembert m

caméra [kameʀa] nf Kamera f

caméraman [kameʀaman] nm Kameramann m

Cameroun [kamʀun] nm: **le ~** Kamerun nt

camerounais, e [kamʀunɛ, ɛz] adj kamerunisch ▷ nm/f: **Camerounais, e** Kameruner(in) m(f)

caméscope [kameskɔp] nm Videokamera f

camion [kamjɔ̃] nm Lastwagen m

camion-citerne [kamjɔ̃sitɛʀn] (pl **camions-citernes**) nm Tankwagen m, Tanklaster m

camionnage [kamjɔnaʒ] nm: **frais de ~** Transportkosten pl; **entreprise de ~** Spedition f

camionnette [kamjɔnɛt] nf Kleintransporter m

camionneur [kamjɔnœʀ] nm (chauffeur) Fernfahrer(in) m(f), Lkw-Fahrer(in) m(f); (entrepreneur) Spediteur m

camisole [kamizɔl] nf: **~ de force** Zwangsjacke f

camomille [kamɔmij] nf (Bot) Kamille f; (boisson) Kamillentee m

camouflage [kamuflaʒ] nm Tarnung f

camoufler [kamufle] vt tarnen; (fig: sentiment, impression) verhüllen

camouflet [kamuflɛ] nm: **infliger un ~ à qn** jdn brüskieren

camp [kã] nm Lager nt; **~ de concentration** Konzentrationslager nt, KZ nt; **~ de nudistes** FKK-Zentrum nt; **~ de vacances** Ferienlager nt

campagnard, e [kãpaɲaʀ, aʀd] adj (air) Land-; (mœurs) ländlich ▷ nm/f Landbewohner(in) m(f)

campagne [kãpaɲ] nf Land nt; (paysage) Landschaft f; (opération) Kampagne f, Feldzug m; **en ~** (Mil) im Feld; **à la ~** auf dem Land; **faire ~ pour** sich einsetzen für; **~ de publicité** Werbekampagne f ou -feldzug m; **~ électorale** Wahlkampf m

campanile [kãpanil] nm Glockenturm m

campé, e [kãpe] adj: **bien ~** gut gezeichnet

campement [kãpmã] nm Lager nt

camper [kãpe] vi zelten ▷ vt (chapeau, casquette) kess aufsetzen; (dessin, tableau, personnage) skizzieren; **se camper** vpr: **se ~ devant qn/qch** sich vor jdm/etw aufpflanzen

campeur, -euse [kãpœʀ, øz] nm/f Camper(in) m(f)

camphre [kãfʀ] nm Kampfer m

camphré, e [kãfʀe] adj mit Kampfer

camping [kãpiŋ] nm (activité) Camping nt; **(terrain de) ~** Campingplatz m; **faire du ~** zelten, campen; **faire du ~ sauvage** wild campen

camping-car [kãpiŋkaʀ] (pl **~s**) nm Wohnmobil nt

camping-gaz [kãpiŋgaz] nm Campingkocher m

campus [kãpys] nm Universitätsgelände nt

camus, e [kamy, yz] adj: **nez ~** Boxernase f

Canada [kanada] nm: **le ~** Kanada nt

canadien, ne [kanadjɛ̃, jɛn] adj kanadisch ▷ nm/f: **Canadien, ne** Kanadier(in) m(f) ▷ nf (veste) gefütterte Schaffelljacke f

canaille [kanaj] nf (crapule) Schurke m ▷ adj (air, sourire) verwegen

canal, -aux [kanal, o] nm Kanal m; **par le ~ de** über +acc; **~ de distribution** (Comm) Verteiler m; **~ de Panama** Panamakanal m; **~ de Suez** Suezkanal m; **~ de télévision** Fernsehkanal m

canalisation [kanalizasjɔ̃] nf (action) Kanalisieren nt; (tuyau) Leitung f

canaliser [kanalize] vt (eau) kanalisieren; (fig: efforts, renseignements, foule) lenken

canapé [kanape] nm (fauteuil) Sofa nt; (Culin) belegtes Brot nt

canapé-lit [kanapeli] (pl **canapés-lits**) nm Bettsofa nt

canaque [kanak] adj kanakisch ▷ nm/f: **C~** Kanake m, Kanakin f

canard [kanaʀ] nm Ente f; (fam: journal) Zeitung f

canari [kanaʀi] nm Kanarienvogel m

Canaries [kanaʀi] nfpl: **les (îles) ~** die Kanarischen Inseln pl

cancaner [kãkane] vi tratschen; (canard) quaken

63

cancanier, -ière [kãkanje, jɛʀ] *adj* tratschend
cancans [kãkã] *nmpl* (*ragots*) Tratsch *m*
cancer [kãsɛʀ] *nm* Krebs *m*; **il a un ~** er hat Krebs;
être (du) C~ (*Astrol*) Krebs sein
cancéreux, -euse [kãseʀø, øz] *adj* Krebs-;
(*malade*) krebskrank ▷ *nm/f* (*personne*)
Krebskranke(r) *f(m)*
cancérigène [kãseʀiʒɛn] *adj* krebserregend
cancérologue [kãseʀɔlɔg] *nm/f*
Krebsspezialist(in) *m(f)*
cancre [kãkʀ] *nm* Niete *f*
cancrelat [kãkʀəla] *nm* (*Zool*) Schabe *f*
candélabre [kãdelabʀ] *nm* Kandelaber *m*;
(*lampadaire*) Straßenlaterne *m*
candeur [kãdœʀ] *nf* Naivität *f*
candi [kãdi] *adj inv*: **sucre ~** Kandiszucker *m*
candidat, e [kãdida, at] *nm/f* Kandidat(in) *m(f)*;
(*à un poste*) Bewerber(in) *m(f)*
candidature [kãdidatyʀ] *nf* (*Pol*) Kandidatur *f*; (*à
un poste*) Bewerbung *f*; **poser sa ~** (*à un poste*) sich
bewerben
candide [kãdid] *adj* naiv, unbefangen
cane [kan] *nf* Ente *f*
caneton [kantɔ̃] *nm* Entenküken *nt*, Entchen *nt*
canette [kanɛt] *nf* (*de bière*) Bierflasche *f* (*mit
Kippverschluss*); (*de machine à coudre*) Spule *f*
canevas [kanva] *nm* (*couture*) Stickleinen *nt*; (*fig:
d'un texte, récit*) Struktur *f*
caniche [kaniʃ] *nm* Pudel *m*
caniculaire [kanikylɛʀ] *adj* glühend heiß
canicule [kanikyl] *nf* (*chaleur*) brütende Hitze *f*;
(*période*) Hundstage *pl*
canif [kanif] *nm* Taschenmesser *nt*
canin, e [kanɛ̃, in] *adj* (*de chien*) Hunde- ▷ *nf* (*dent*)
Eckzahn *m*; **exposition ~e** Hundeausstellung *f*
caniveau [kanivo] *nm* Rinnstein *m*, Gosse *f*
cannabis [kanabis] *nm* Cannabis *m*
canne [kan] *nf* (*bâton*) Stock *m*; **~ à pêche**
Angelrute *f*; **~ à sucre** Zuckerrohr *nt*
canné, e [kane] *adj* (*chaise*) Rohr-
cannelé, e [kanle] *adj* kanneliert
cannelle [kanɛl] *nf* Zimt *m*
cannelure [kan(ə)lyʀ] *nf* Kannelierung *f*
canner [kane] *vt* (*chaise*) mit Weidenrohr
beziehen; (*réparer*) mit Weidenrohr reparieren
cannibale [kanibal] *adj* kannibalisch ▷ *nm/f*
Kannibale *m*, Kannibalin *f*
cannibalisme [kanibalism] *nm*
Kannibalismus *m*
canoë [kanɔe] *nm* (*bateau*) Kanu *nt*; **~ (kayak)**
(*Sport*) Kanufahren *nt*, Kajakfahren *nt*
canon [kanɔ̃] *nm* (*arme*) Kanone *f*; (*d'une arme*) Lauf
m; (*Mus*) Kanon *m*; (*fig: de la beauté etc*) Vorbild *nt*;
(*fam: petit verre de vin*) Gläschen (Wein) *nt* ▷ *adj*:
droit ~ kanonisches Recht *nt*; **~ rayé** gezogener
Lauf
canonique [kanɔnik] *adj*: **âge ~** ehrwürdiges
Alter *nt*
canoniser [kanɔnize] *vt* heiligsprechen
canonnade [kanɔnad] *nf* Kanonade *f*
canonnier [kanɔnje] *nm* (*personne*) Kanonier *m*
canonnière [kanɔnjɛʀ] *nf* Kanonenboot *nt*

canot [kano] *nm* Boot *nt*; **~ de sauvetage**
Rettungsboot *nt*; **~ pneumatique** Schlauchboot
nt
canotage [kanɔtaʒ] *nm* Rudern *nt*
canoter [kanɔte] *vi* rudern gehen
canotier [kanɔtje] *nm* Kreissäge *f* (*Hut*)
Cantal [kãtal] *nm*: **le ~** das Cantal *nt*
cantate [kãtat] *nf* Kantate *f*
cantatrice [kãtatʀis] *nf* Sängerin *f*
cantilène [kãtilɛn] *nf* Kantilene *f*
cantine [kãtin] *nf* Kantine *f*; (*d'école*) Schulküche
f; (*malle*) Überseekoffer *m* (*aus Metall*); **manger à
la ~** in der Kantine/Schulküche essen
cantique [kãtik] *nm* Kirchenlied *nt*
canton [kãtɔ̃] *nm* (*en France*) Verwaltungsbezirk, *der
mehrere Gemeinden umfasst*; (*en Suisse*) Kanton *m*;
siehe Info-Artikel

○ **CANTON**
○
○ Ein *canton* ist in Frankreich die
○ Verwaltungseinheit, die von einem
○ Abgeordneten in dem *Conseil général* vertreten
○ wird. Der *canton* umfasst eine Anzahl von
○ *communes* und ist wiederum eine
○ Unterabteilung des *arrondissement*. In der
○ Schweiz sind die Kantone die 23
○ selbstständigen politischen Einheiten, die
○ die schweizerische Eidgenossenschaft
○ ausmachen.

cantonade [kãtɔnad]: **à la ~** *adv* in aller
Öffentlichkeit
cantonais, e [kãtɔnɛ, ɛz] *adj* kantonesisch
cantonal, e, -aux [kãtɔnal, o] *adj* (*en France*)
Bezirks-; (*en Suisse*) kantonal
cantonnement [kãtɔnmã] *nf* (*Mil: lieu*) Quartier
nt
cantonner [kãtɔne] *vt* (*Mil*) einquartieren; **se
cantonner dans** *vpr* (*maison*) sich zurückziehen
in +*acc*; (*études, attitude*) sich zurückziehen auf
+*acc*
cantonnier [kãtɔnje] *nm* Straßenwärter *m*
canular [kanylaʀ] *nm* Streich *m*
canule [kanyl] *nf* Kanüle *f*
CAO [seao] *sigle f* (= *conception assistée par ordinateur*)
CAD *nt*
caoutchouc [kautʃu] *nm* (*matière*) Kautschuk *m*;
(*bande élastique*) Gummiband *nt*; **en ~** aus Gummi;
~ mousse® Schaumgummi *m*
caoutchouté, e [kautʃute] *adj* mit Gummi
beschichtet
caoutchouteux, -euse [kautʃutø, øz] *adj*
gummiartig
CAP [seape] *sigle m* (= *certificat d'aptitude
professionnelle*) Zeugnis einer technischen Schule
cap [kap] *nm* Kap *nt*; (*promontoire*) Landspitze *f*;
(*Naut*) Kurs *m*; **changer de ~** den Kurs ändern;
doubler *ou* **passer le ~** (*fig*) über das Schlimmste
hinweg sein; **mettre le ~ sur** Kurs nehmen auf
+*acc*; **le ~ de Bonne Espérance** das Kap der
Guten Hoffnung

capable [kapabl] *adj* (*compétent*) fähig; **~ de faire qch** fähig, etw zu tun; **il est ~ de l'oublier** er ist imstande und vergisst es
capacité [kapasite] *nf* (*aptitude*) Fähigkeit *f*; (*Jur*) Berechtigung *f*; (*d'un récipient*) Fassungsvermögen *nt*; (*Inform*) Kapazität *f*; **~ (en droit)** (*diplôme*) unterstes juristisches *Examen*
caparaçonner [kaparasɔne] *vt* (*fig*) bekleiden
cape [kap] *nf* Cape *nt*; **rire sous ~** sich *dat* ins Fäustchen lachen
capeline [kaplin] *nf* Schlapphut *m*
CAPES [kapes] *sigle m* (= *certificat d'aptitude au professorat de l'enseignement du second degré*) Staatsexamen für Sekundarstufe zwei; siehe *Info-Artikel*

⬤ **CAPES**
⬤
⬤ Die *CAPES* (Certificat d'Aptitude au
⬤ Professorat de l'Enseignement du Second
⬤ Degré) ist eine Prüfung für zukünftige
⬤ französische Gymnasiallehrer. Sie wird nach
⬤ der *licence* abgelegt. Erfolgreiche Kandidaten
⬤ werden dann *professeurs certifiés*.

capésien, ne [kapesjɛ̃, jɛn] *nm/f* ≈ Lehrer(in) *m(f)* für die Sekundarstufe
CAPET [kapɛt] *sigle m* (= *certificat d'aptitude au professorat de l'enseignement technique*) Staatsexamen für Lehrer an technischen Schulen
capharnaüm [kafarnaɔm] *nm* heilloses Durcheinander *nt*
capillaire [kapilɛr] *adj* Haar-; (*Anat: vaisseau etc*) Kapillar- ▷ *nm* (*fougère*) Frauenhaar(farn *m*) *nt*
capillarité [kapilarite] *nf* Kapillarwirkung *f*
capilliculteur [kapilikyltœr] *nm* Spezialist *m* für Haarpflege
capitaine [kapitɛn] *nm* (*Naut*) Kapitän *m*; (*Mil, de gendarmerie, pompiers*) Hauptmann *m*; (*Sport*) (Mannschafts)kapitän *m*; **~ au long cours** Kapitän
capitainerie [kapitɛnri] *nf* (*du port*) Hafenmeisterei *f*
capital, e, -aux [kapital, o] *adj* (*essentiel*) wesentlich ▷ *nm* Kapital *nt*; **capitaux** *nmpl* (*fonds*) Gelder *pl*; **les sept péchés capitaux** die sieben Todsünden *pl*; **peine ~e** Todesstrafe *f*; **~ d'exploitation** Betriebskapital *nt*; **~ (social)** Gesellschaftskapital *nt*
capitale [kapital] *nf* (*ville*) Hauptstadt *f*; (*lettre*) Großbuchstabe *m*
capitaliser [kapitalize] *vt* (*Comm*) in Kapital verwandeln; (*expériences, connaissances*) Kapital schlagen aus
capitalisme [kapitalism] *nm* Kapitalismus *m*
capitaliste [kapitalist] *adj* kapitalistisch ▷ *nm/f* Kapitalist(in) *m(f)*
capiteux, -euse [kapitø, øz] *adj* (*parfum, vin*) berauschend; (*sensuel*) sinnlich
capitonnage [kapitɔnaʒ] *nm* Polsterung *f*
capitonné, e [kapitɔne] *adj* gepolstert, Polster-
capitonner [kapitɔne] *vt* polstern
capitulation [kapitylasjɔ̃] *nf* Kapitulation *f*

capituler [kapityle] *vi* kapitulieren
caporal, -aux [kapɔral, o] *nm* Gefreite(r) *m*
caporal-chef [kapɔralʃef] (*pl* **caporaux-chefs**) *nm* Obergefreite(r) *m*
capot [kapo] *nm* (*de voiture*) Kühlerhaube *f* ▷ *adj inv*: **être ~** (*Cartes*) verlieren, ohne einen einzigen Stich gemacht zu haben
capote [kapɔt] *nf* (*de voiture, de landau*) Verdeck *nt*; (*de soldat*) Überzieher *m*; **~ (anglaise)** (*fam*) Pariser *m*
capoter [kapɔte] *vi* (*voiture*) sich überschlagen; (*négociations*) scheitern
câpre [kɑpr] *nf* Kaper *f*
caprice [kapris] *nm* Laune *f*; **caprices** *nmpl* (*de la mode etc*) Launen *pl*; **faire un ~** einen Wutanfall haben; **faire des ~s** launisch sein
capricieux, -euse [kaprisjø, jøz] *adj* launisch
Capricorne [kaprikɔrn] *nm*: **le ~** (*Astrol*) Steinbock *m*; **être (du) ~** Steinbock sein
capsule [kapsyl] *nf* (*de bouteille*) Verschluss *m*; (*spatiale*) Raumkapsel *f*; (*amorce*) Zündhütchen *nt*; (*Bot*) Kapsel *f*
captage [kaptaʒ] *nm* (*v vt*) Fassen *nt*; Einfangen *nt*; Erregen *nt*
capter [kapte] *vt* (*eau*) fassen; (*ondes radio*) einfangen; (*fig: attention, intérêt*) erregen
capteur [kaptœr] *nm*: **~ solaire** Sonnenkollektor *m*
captieux, -euse [kapsjø, jøz] *adj* fadenscheinig
captif, -ive [kaptif, iv] *adj* gefangen ▷ *nm/f* Gefangene(r) *f(m)*
captivant, e [kaptivɑ̃, ɑ̃t] *adj* fesselnd, faszinierend
captiver [kaptive] *vt* fesseln, faszinieren
captivité [kaptivite] *nf* Gefangenschaft *f*; **en ~** in Gefangenschaft
capture [kaptyr] *nf* Gefangennahme *f*
capturer [kaptyre] *vt* einfangen
capuche [kapyʃ] *nf* (*de manteau*) Kapuze *f*
capuchon [kapyʃɔ̃] *nm* (*de vêtement*) Kapuze *f*; (*de stylo*) Kappe *f*
capucin [kapysɛ̃] *nm* (*moine*) Kapuziner *m*
capucine [kapysin] *nf* (*fam*) Kapuzinerkresse *f*
Cap-Vert [kabvɛr] *nm*: **le ~, les îles du ~** die Kapverdischen Inseln *pl*
caquelon [kaklɔ̃] *nm* Fonduetopf *m*
caquet [kakɛ] *nm*: **rabattre le ~ à qn** jdm einen Dämpfer verpassen
caqueter [kakte] *vi* (*poule*) gackern; (*fig*) plappern
car [kar] *nm* Reisebus *m* ▷ *conj* weil, da; **~ de police** Mannschaftswagen *m* (*der Polizei*); **~ de reportage** Ü-Wagen *m*
carabine [karabin] *nf* Karabiner *m*; **~ à air comprimé** Luftgewehr *nt*
carabiné, e [karabine] *adj* (*fam*) heftig
caraco [karako] *nm* weit geschnittene Bluse *f*
caracoler [karakɔle] *vi* (herum)tänzeln
caractère [karaktɛr] *nm* Charakter *m*; (*fermeté*) Charakterfestigkeit *f*; (*Typo*) Schriftzeichen *nt*; **avoir bon/mauvais ~** gutmütig sein/ein übles Wesen haben; **~s/seconde** Zeichen *pl* pro Sekunde; **en ~s gras** fett gedruckt; **en petits ~s**

in Kleinbuchstaben; **en ~s d'imprimerie** in Druckschrift; **avoir du ~** (personne) Charakter haben

caractériel, le [kaʀakteʀjɛl] adj (enfant) gestört ▷ nm/f Problemkind nt; **troubles ~s** Verhaltensstörungen pl

caractérisé, e [kaʀakteʀize] adj: **c'est une grippe/de l'insubordination ~e** das ist ein klarer Fall von Grippe/von Ungehorsam

caractériser [kaʀakteʀize] vt charakterisieren; **se caractériser par** vpr sich auszeichnen durch

caractéristique [kaʀakteʀistik] adj charakteristisch, typisch ▷ nf typisches Merkmal nt

caractérologie [kaʀakteʀɔlɔʒi] nf Charakterologie f

carafe [kaʀaf] nf, **carafon** [kaʀafɔ̃] nm Karaffe f

caraïbe [kaʀaib] adj karibisch ▷ nf: **les C~s** die Antillen pl, die Karibischen Inseln pl; **la mer des C~s** die Karibik f

carambolage [kaʀɑ̃bɔlaʒ] nm Karambolage f

caramel [kaʀamɛl] nm (bonbon) Karamellbonbon m ou nt; (substance) Karamell m ▷ adj inv (couleur) karamellfarben

caraméliser [kaʀamelize] vt (sucre) karamellisieren; (moule) mit Karamell überziehen

carapace [kaʀapas] nf Panzer m

carapater [kaʀapate] (fam): **se ~** vpr abhauen

carat [kaʀa] nm Karat nt; **or à 18 ~s** 18-karätiges Gold nt; **pierre de 12 ~s** 12-karätiger Edelstein m

caravane [kaʀavan] nf (de chameaux) Karawane f; (camping) Wohnwagen m

caravanier [kaʀavanje] nm (camping) Wohnwagencamper m

caravaning [kaʀavaniŋ] nm (camping) Campen nt mit dem Wohnwagen; (terrain) Campingplatz m für Wohnwagen

caravelle [kaʀavɛl] nf Karavelle f

carbonate [kaʀbɔnat] nm Karbonat nt

carbone [kaʀbɔn] nm (Chim) Kohlenstoff m; (aussi: **papier carbone**) Kohlepapier nt; (double) Durchschlag m

carbonique [kaʀbɔnik] adj Kohlen-; **gaz ~** Kohlensäure f; **neige ~** Trockeneis nt

carbonisé, e [kaʀbɔnize] adj (rôti) völlig verbrannt; **mourir ~** verbrennen

carboniser [kaʀbɔnize] vt (bois, substance) zu Kohle machen; (forêt, maison) völlig verbrennen

carburant [kaʀbyʀɑ̃] nm Treibstoff m

carburateur [kaʀbyʀatœʀ] nm Vergaser m

carburation [kaʀbyʀasjɔ̃] nf Vergasen nt

carburer [kaʀbyʀe] vi: **ce moteur carbure bien/mal** bei diesem Motor ist der Vergaser gut/schlecht eingestellt; **il carbure au whisky** (fam) er lebt von Whisky

carcan [kaʀkɑ̃] nm (fig) Joch nt

carcasse [kaʀkas] nf (d'animal) Kadaver m; (de voiture etc) Karosserie f

carcéral, e, -aux [kaʀseʀal, o] adj Gefängnis-

carcinogène [kaʀsinɔʒɛn] adj krebserregend

cardan [kaʀdɑ̃] nm Kardangelenk nt

carder [kaʀde] vt (laine) kämmen

cardiaque [kaʀdjak] adj Herz- ▷ nm/f Herzpatient(in) m(f); **être ~** herzkrank sein

cardigan [kaʀdigɑ̃] nm Strickjacke f

cardinal, e, -aux [kaʀdinal, o] adj (nombre) Kardinal- ▷ nm (Rel) Kardinal m

cardiologie [kaʀdjɔlɔʒi] nf Kardiologie f

cardiologue [kaʀdjɔlɔg] nm/f Kardiologe m, Kardiologin f

cardio-vasculaire [kaʀdjovaskylɛʀ] (pl ~s) adj kardiovaskulär

cardon [kaʀdɔ̃] nm Kardone f

carême [kaʀɛm] nm: **le ~** die Fastenzeit f

carénage [kaʀenaʒ] nm (de voiture) Stromlinienform f; (Naut) Überholung f

carence [kaʀɑ̃s] nf Mangel m; (inefficacité, incapacité) Unfähigkeit f; **~ vitaminique** Vitaminmangel m

carène [kaʀɛn] nf Schiffskörper m

caréner [kaʀene] vt (carrosserie) windschlüpfrig machen; (Naut) überholen

caressant, e [kaʀesɑ̃, ɑ̃t] adj zärtlich

caresse [kaʀɛs] nf Liebkosung f, Zärtlichkeit f

caresser [kaʀese] vt streicheln; (fig: projet, espoir) liebäugeln mit

cargaison [kaʀgɛzɔ̃] nf (marchandise) (Schiffs)fracht f

cargo [kaʀgo] nm Frachtschiff nt, Frachter m; **~ mixte** Frachter, der auch Passagiere befördert

cari [kaʀi] nm = **curry**

caricatural, e, -aux [kaʀikatyʀal, o] adj überzeichnet, karikaturhaft

caricature [kaʀikatyʀ] nf (dessin) Karikatur f

caricaturer [kaʀikatyʀe] vt karikieren

caricaturiste [kaʀikatyʀist] nm/f Karikaturist(in) m(f)

carie [kaʀi] nf: **la ~ (dentaire)** Karies f; **une ~** ein Loch nt im Zahn

carié, e [kaʀje] adj: **dent ~e** kariöser Zahn m

carillon [kaʀijɔ̃] nm (d'église) Glockenspiel nt; (pendule) Schlag m; **~ (électrique)** (sonnerie de porte) Türglocke f

carillonner [kaʀijone] vi läuten ▷ vt (heure) schlagen; (fig: nouvelle) ankündigen

caritatif, -ive [kaʀitatif, iv] adj wohltätig, Wohltätigkeits-

carlingue [kaʀlɛ̃g] nf (d'avion) Cockpit nt

carmélite [kaʀmelit] nf Karmeliterin f

carmin [kaʀmɛ̃] adj inv karminrot

carnage [kaʀnaʒ] nm Blutbad nt

carnassier, -ière [kaʀnasje, jɛʀ] adj fleischfressend ▷ nm Fleischfresser m

carnaval [kaʀnaval] nm Karneval m

carné, e [kaʀne] adj (alimentation) Fleisch-

carnet [kaʀnɛ] nm (calepin) Notizheft nt; (de tickets, timbres etc) Heftchen nt; (d'école) Schulheft nt; **~ à souches** Heftchen mit Kontrollabschnitten; **~ d'adresses** Adressbuch nt; **~ de chèques** Scheckbuch nt; **~ de commandes** (Comm) Auftragsbuch nt; **~ de notes** (Scol) Zeugnisheft nt

carnier [kaʀnje] nm Jagdtasche f

carnivore [kaʀnivɔʀ] *adj* fleischfressend ▷ *nm* (*espèce*) Fleischfresser *m*
carotide [kaʀɔtid] *nf* Halsschlagader *f*
carotte [kaʀɔt] *nf* (*légume*) Möhre *f*, Mohrrübe *f*; (*fig: appât*) Versprechung *f*
Carpates [kaʀpat] *nfpl*: **les** ~ die Karpaten *pl*
carpe [kaʀp] *nf* Karpfen *m*
carpette [kaʀpɛt] *nf* (*tapis*) Läufer *m*
carquois [kaʀkwa] *nm* Köcher *m*
carre [kaʀ] *nf* (*de ski*) Kante *f*
carré, e [kaʀe] *adj* quadratisch; (*Math: mètre, racine etc*) Quadrat-; (*visages, épaules*) eckig; (*fig: direct, franc*) geradeaus, aufrichtig ▷ *nm* Quadrat *nt*; (*de terrain, jardin*) Stück *nt*; (*Naut: salle*) Offiziersmesse *f*; **le** ~ (**d'un nombre**) das Quadrat (einer Zahl); **élever un nombre au** ~ eine Zahl ins Quadrat erheben, eine Zahl quadrieren; **mètre/ kilomètre** ~ Quadratmeter *m*/Quadratkilometer *m*; ~ **d'agneau** Lendenstück *nt* vom Lamm; ~ **d'as** vier Asse *pl*; ~ **de soie** (viereckiges) Seidentuch *nt*
carreau, x [kaʀo] *nm* (*par terre*) Fliese *f*; (*au mur*) Kachel *f*; (*de fenêtre*) Scheibe *f*; (*Cartes*) Karo *nt*; **papier à** ~**x** kariertes Papier *nt*; **tissu à** ~**x** Karostoff *m*
carrefour [kaʀfuʀ] *nm* (*routier*) Kreuzung *f*; (*fig*) Kreuzungspunkt *m*
carrelage [kaʀlaʒ] *nm* Fliesen *pl*; (*action*) Fliesen *nt*
carreler [kaʀle] *vt* fliesen
carrelet [kaʀlɛ] *nm* (*filet*) viereckiges *Fischnetz*; (*poisson*) Scholle *f*
carreleur [kaʀlœʀ] *nm* Fliesenleger *m*
carrément [kaʀemã] *adv* geradeheraus; (*nettement*) ganz einfach; **il l'a** ~ **mis à la porte** er hat ihn ganz einfach *ou* glatt herausgeworfen
carrer [kaʀe]: **se** ~ *vpr*: **se** ~ **dans un fauteuil** sich in einen Sessel kuscheln
carrier [kaʀje] *nm*: (**ouvrier**) ~ Steinbrucharbeiter *m*
carrière [kaʀjɛʀ] *nf* (*de craie, sable*) Steinbruch *m*; (*métier*) Karriere *f*; **militaire de** ~ Berufssoldat *m*; **faire** ~ **dans** Karriere machen in +*dat*
carriériste [kaʀjeʀist] *adj* karrieresüchtig
carriole [kaʀjɔl] *(péj) nf* (*charrette*) Karre *f*
carrossable [kaʀɔsabl] *adj* befahrbar
carrosse [kaʀɔs] *nm* Kutsche *f*
carrosserie [kaʀɔsʀi] *nf* (*de voiture*) Karosserie *f*; (*activité, commerce*) Karosseriebau *m*; **atelier de** ~ Karosseriewerkstatt *f*
carrossier [kaʀɔsje] *nm* Karosseriebauer *m*; (*dessinateur*) Karosseriedesigner *m*
carrousel [kaʀuzɛl] *nm* Karussell *nt*
carrure [kaʀyʀ] *nf* Statur *f*; (*d'un vêtement*) Schulterbreite *f*; **de** ~ **athlétique** mit athletischem Körperbau
cartable [kaʀtabl] *nm* Schultasche *f*
carte [kaʀt] *nf* Karte *f*; (*de fichier*) Karteikarte *f*; (*d'électeur, de parti*) Ausweis *m*; (*au restaurant*) Speisekarte *f*; (*aussi*: **carte de visite**) (Visiten)karte *f*; **avoir** ~ **blanche** freie Hand haben; **donner** ~ **blanche à qn** jdm freie Hand *ou* eine Blankovollmacht geben; **jouer aux** ~**s**

Karten spielen; **jouer** ~**s sur table** (*fig*) die Karten auf den Tisch legen; **tirer les** ~**s à qn** jdm die Karten legen; **à la** ~ (*au restaurant*) à la carte; ~ **à puce** Platine *f*; ~ **bancaire** Scheckkarte *f*; **C~ Bleue®** Kundenkarte *f*; ~ **d'état-major** ≈ Messtischblatt *nt*; ~ **d'identité** Personalausweis *m*; ~ **de crédit** Kreditkarte *f*; ~ **de fidélité** Kundenkarte *f*; ~ **de séjour** Aufenthaltsgenehmigung *f*; ~ **SIM** SIM-Karte *f*; ~ **téléphonique** Telefonkarte *f*; ~ **des vins** Weinkarte *f*; ~ **grise** ≈ Kraftfahrzeugschein *m*; ~ **orange** Zeitkarte *für den Pariser Verkehrsverbund*; ~ **perforée** Lochkarte *f*; ~ **postale** Postkarte *f*; ~ **routière** Straßenkarte *f*; ~ **Vermeil** ≈ Seniorenpass *m*; ~ **verte** grüne Versicherungskarte *f*
cartel [kaʀtɛl] *nm* Kartell *nt*
carte-lettre [kaʀtəlɛtʀ] (*pl* **cartes-lettres**) *nf* Briefkarte *f*
carter [kaʀtɛʀ] *nm* Gehäuse *nt*
carte-réponse [kaʀt(ə)ʀepɔ̃s] (*pl* **cartes-réponses**) *nf* Antwortkarte *f*
cartésien, ne [kaʀtezjɛ̃, jɛn] *adj* kartesisch
cartilage [kaʀtilaʒ] *nm* Knorpel *m*
cartilagineux, -euse [kaʀtilaʒinø, øz] *adj* (*viande*) knorpelig
cartographe [kaʀtɔgʀaf] *nm* Kartograf(in) *m(f)*
cartographie [kaʀtɔgʀafi] *nf* Kartografie *f*
cartomancie [kaʀtɔmãsi] *nf* Wahrsagerei *f* (*aus Karten*)
cartomancien, ne [kaʀtɔmãsjɛ̃, jɛn] *nm/f* Kartenleger(in) *m(f)*
carton [kaʀtɔ̃] *nm* (*matériau*) Karton *m*, Pappe *f*; (*boîte*) Karton; (*d'invitation*) Karte *f*; (*de tapisserie, mosaïque*) Vorlage *f*; **en** ~ aus Pappe *ou* Karton; **faire un** ~ schießen; ~ (**à dessin**) Mappe *f*
cartonnage [kaʀtɔnaʒ] *nm* (*emballage*) Verpackungskarton *m*
cartonné, e [kaʀtɔne] *adj* (*livre*) kartoniert
carton-pâte [kaʀtɔ̃pat] (*pl* **cartons-pâtes**) *nm* (*matériau*) Pappkarton *m*; **de** ~ (*fig*) Papp-
cartouche [kaʀtuʃ] *nf* (*de fusil, de stylo*) Patrone *f*; (*de cigarettes*) Stange *f*; (*de film, de ruban encreur*) Kassette *f*
cartouchière [kaʀtuʃjɛʀ] *nf* (*ceinture*) Patronengürtel *m*; (*sac*) Patronentasche *f*
cas [kɑ] *nm* Fall *m*; **faire peu de** ~/**grand** ~ **de** viel/wenig Aufhebens machen um; **le** ~ **échéant** im Fall *des Falles*; **en aucun** ~ keinesfalls; **au** ~ **où** falls; **dans ce** ~ in diesem Fall; **en** ~ **de** im Falle +*gén*; **en** ~ **de besoin** bei Bedarf; **en** ~ **d'urgence** notfalls; **en ce** ~ in diesem Fall; **en tout** ~ auf alle Fälle, auf jeden Fall; ~ **de conscience** Gewissensfrage *f*; ~ **de force majeure** Fall von höherer Gewalt; ~ **limite** Grenzfall *m*; ~ **social** Sozialfall *m*
casanier, -ière [kazanje, jɛʀ] *adj* häuslich
casaque [kazak] *nf* (*de jockey*) Jockeyjacke *f*
cascade [kaskad] *nf* Wasserfall *m*; (*fig*) Flut *f*
cascadeur, -euse [kaskadœʀ, øz] *nm/f* Stuntman *m*/-girl *nt*, Double *nt*
case [kaz] *nf* (*hutte*) Hütte *f*; (*compartiment*) Fach *nt*;

(*sur un formulaire, de mots croisés, d'échiquier*) Kästchen *nt*; **cochez la ~ réservée à cet effet** kreuzen Sie das entsprechende Kästchen an

caséine [kazein] *nf* Kasein *nt*

casemate [kazmat] *nf* Kasematte *f*

caser [kaze] *vt* (*ranger*) einordnen; (*loger*) unterbringen, einquartieren; (*placer, marier*) unterbringen; **se caser** *vpr* (*personne*) sich niederlassen; (*péj*) sich einnisten

caserne [kazɛrn] *nf* Kaserne *f*

casernement [kazɛrnəmɑ̃] *nm* Kasernierung *f*

cash [kaʃ] *adv*: **payer ~** bar zahlen

casier [kazje] *nm* (*à journaux*) Ständer *m*; (*de bureau*) Ablageschrank *m*; (: *à cases*) Fächer *pl*; (*case*) Fach *nt*; (*fermant à clef*) Schließfach *nt*; (*Pêche*) Hummerkorb *m*; **~ à bouteilles** Flaschenregal *nt*; **~ judiciaire** Vorstrafenregister *nt*

casino [kazino] *nm* Kasino *nt*

casque [kask] *nm* Helm *m*; (*de motocycliste etc*) Sturzhelm *m*; (*chez le coiffeur*) Trockenhaube *f*; (*pour audition*) Kopfhörer *m*; **les C~s bleus** die Blauhelme *pl*

casquer [kaske] (*fam*) *vt* hinblättern

casquette [kaskɛt] *nf* Kappe *f*

cassable [kasabl] *adj* zerbrechlich

cassant, e [kasɑ̃, ɑ̃t] *adj* (*fragile*) zerbrechlich; (*fig: personne, voix*) schroff

cassate [kasat] *nf* Cassata *f*

cassation [kasasjɔ̃] *nf*: **se pourvoir en ~** Berufung einlegen; **recours en ~** Berufung *f* beim Höchsten Gerichtshof; **cour de ~** Berufungsgericht *nt*

casse [kas] *nf*: **mettre à la ~** verschrotten; **il y a eu de la ~** es hat viel Bruch gegeben; **haut/bas de ~** (*Typo*) groß/klein

cassé, e [kase] *adj* (*verre, jouet*) kaputt; (*voix, vieillard*) gebrochen; **blanc ~** gebrochen weiß

casse-cou [kasku] *adj inv* (*dangereux*) halsbrecherisch; (*imprudent*) waghalsig ▷ *nm inv* (*personne*) Waghals *m*; **crier ~ à qn** jdn warnen

casse-croûte [kaskrut] *nm inv* Imbiss *m*

casse-noisette(s) [kasnwazɛt] *nm* Nussknacker *m*

casse-noix [kasnwa] *nm inv* Nussknacker *m*

casse-pieds [kaspje] (*fam*) *adj, n inv*: **il est ~, c'est un ~** er ist ein Nervtöter, er kann einem wirklich auf den Wecker gehen

casser [kase] *vt* (*verre*) zerbrechen; (*os*) brechen; (*œuf*) aufschlagen; (*Admin: gradé*) degradieren, herunterstufen; (*Jur: arrêt, décision*) aufheben ▷ *vi* (*corde etc*) reißen; **se casser** *vpr* (*vase*) zerbrechen; (*corde*) reißen; (*fam: partir*) abhauen; (*être fragile*) zerbrechlich sein; **~ les prix** die Preise brechen; **se ~ la jambe** *ou* **une jambe** sich *dat* ein Bein *ou* das Bein brechen; **à tout ~** (*tout au plus*) mindestens

casserole [kasrɔl] *nf* Kochtopf *m*; **à la ~** (*Culin*) gedünstet

casse-tête [kastɛt] *nm inv* (*problème difficile*) harte Nuss *f*; (*jeu*) Denksportaufgabe *f*

cassette [kasɛt] *nf* Kassette *f*; (*coffret*) Schatulle *f*

casseur [kasœr] *nm* (*Pol*) Hooligan *m*

cassis [kasis] *nm* (*Bot*) Schwarze Johannisbeere *f*; (*liqueur*) Cassis *m*; (*Auto: de la route*) Unebenheit *f*

cassonade [kasɔnad] *nf* brauner Zucker *m*

cassoulet [kasulɛ] *nm* Ragout mit weißen Bohnen und Gänse-, Enten-, Hammel- oder Schweinefleisch

cassure [kasyr] *nf* (*fissure*) Riss *m*

castagnettes [kastaɲɛt] *nfpl* Kastagnetten *pl*

caste [kast] *nf* Kaste *f*

Castille [kastij] *nf*: **la ~** Kastilien *nt*

castor [kastɔr] *nm* Biber *m*

castrer [kastre] *vt* kastrieren

cataclysme [kataklism] *nm* Verheerung *f*

catacombes [katakɔ̃b] *nfpl* Katakomben *pl*

catadioptre [katadjɔptr] *nm* = **cataphote**

catafalque [katafalk] *nm* Katafalk *m*

catalan, e [katalɑ̃, an] *adj* katalanisch

catalepsie [katalɛpsi] *nf*: **tomber en ~** einen kataleptischen Anfall haben

Catalogne [katalɔɲ] *nf*: **la ~** Katalanien *nt*

catalogue [katalɔg] *nm* Katalog *m*

cataloguer [kataloge] *vt* katalogisieren; **~ qn** (*péj*) jdn in eine Schublade einordnen

catalyse [kataliz] *nf* Katalyse *f*

catalyseur [katalizœr] *nm* Katalysator *m*

catamaran [katamarɑ̃] *nm* (*voilier*) Katamaran *m*

cataphote [katafot] *nm* Katzenauge *nt*

cataplasme [kataplasm] *nm* Umschlag *m*

catapulte [katapylt] *nf* Katapult *nt*

catapulter [katapylte] *vt* katapultieren

cataracte [katarakt] *nf* (*Méd*) grauer Star *m*; (*cascade*) Wasserfall *m*; **opérer qn de la ~** jdn am grauen Star operieren, jdm den grauen Star stechen

catarrhe [katar] *nm* Katarrh *m*

catarrheux, -euse [katarø, øz] *adj* an Katarrh erkrankt

catastrophe [katastrɔf] *nf* Katastrophe *f*; **atterrir en ~** eine Notlandung machen; **partir en ~** Hals über Kopf aufbrechen

catastrophé [katastrɔfe] (*fam*) *adj* wie vom Donner gerührt

catastrophique [katastrɔfik] *adj* katastrophal

catch [katʃ] *nm* (*Sport*) Catchen *nt*

catcheur, -euse [katʃœr, øz] *nm/f* Catcher(in) *m(f)*

catéchiser [kateʃize] *vt* (*Rel*) katechisieren; (*endoctriner*) belehren

catéchisme [kateʃism] *nm* (*instruction*) Religionsunterricht *m*

catéchumène [katekymɛn] *nm/f* Katechumene *m*, Katechumenin *f*

catégorie [kategɔri] *nf* Kategorie *f*; (*Sport*) Klasse *f*; **morceaux de première/deuxième ~** = Fleischstücke der Handelsklasse A/B

catégorique [kategɔrik] *adj* kategorisch

catégoriquement [kategɔrikmɑ̃] *adv* kategorisch

catégoriser [kategɔrize] *vt* in Kategorien einordnen

caténaire [katenɛr] *nf* (*Rail*) Oberleitungskabel *nt*

cathédrale [katedral] *nf* Kathedrale *f*

cathéter [katetɛʀ] *nm* Katheter *m*
cathode [katɔd] *nf* Kat(h)ode *f*
cathodique [katɔdik] *adj*: **rayons ~s**
Kat(h)odenstrahlen *pl*; **tube/écran ~**
Kat(h)odenstrahlröhre *f*/-bildschirm *m*
catholicisme [katɔlisism] *nm* Katholizismus *m*
catholique [katɔlik] *adj* katholisch ▷ *nm/f*
Katholik(in) *m(f)*; **pas très ~** *(louche)* nicht ganz
astrein
catimini [katimini]: **en ~** *adv* heimlich, still und
leise
catogan [katɔgɑ̃] *nm* Pferdeschwanz *m*
Caucase [kokaz] *nm*: **le ~** der Kaukasus *m*
caucasien, ne [kokazjɛ̃, jɛn] *adj* kaukasisch
cauchemar [koʃmaʀ] *nm* Albtraum *m*
cauchemardesque [koʃmaʀdɛsk] *adj* grauenvoll
causal, e, s *ou* **-aux** [kozal, o] *adj* kausal
causalité [kozalite] *nf* Kausalität *f*
causant, e [kozɑ̃, ɑ̃t] *(fam) adj* schwatzhaft
cause [koz] *nf* Grund *m*; *(d'un accident etc)* Ursache
f; *(Jur)* Fall *m*, Sache *f*; **être (la) ~ de** der Grund *ou*
die Ursache sein für; **à ~ de** wegen +*gén ou* dat;
pour ~ de wegen +*gén ou* dat; **(et) pour ~** (und) zu
Recht; **être en ~** *(personne)* verwickelt sein;
(intérêts, honnêteté) auf dem Spiel stehen; **la
qualité est en ~** es geht hier um die Qualität;
mettre en ~ verwickeln; **remettre en ~** infrage
stellen; **en tout état de ~** jedenfalls; **faire ~
commune avec qn** mit jdm gemeinsame Sache
machen
causer [koze] *vt* verursachen ▷ *vi* plaudern; *(péj)*
tratschen
causerie [kozʀi] *nf (conférence)* Plauderei *f*;
(conversation) Gespräch *nt*
causette [kozɛt] *nf*: **faire la ~** *ou* **un brin de ~**
schwatzen
caustique [kostik] *adj (personne, remarque)* bissig,
ätzend; **soude ~** Ätznatron *nt*
cauteleux, -euse [kotlø, øz] *adj* hinterlistig
cautère [kotɛʀ] *nm*: **c'est un ~ sur une jambe de
bois** das ist so unnütz wie ein Kropf
cautériser [koteʀize] *vt* kauterisieren
caution [kosjɔ̃] *nf* Kaution *f*; *(fig: soutien, appui)*
Unterstützung *f*; **payer la ~ de qn** für jdn die
Kaution hinterlegen; **se porter ~ pour qn** für
jdn bürgen; **libéré sous ~** gegen Kaution
freigelassen; **sujet à ~** *(bisher)* unbestätigt
cautionnement [kosjɔnmɑ̃] *nm* Unterstützung *f*
cautionner [kosjɔne] *vt* unterstützen
cavalcade [kavalkad] *nf (fig)* (ungeordneter)
Haufen *m*
cavale [kaval] *(fam) nf*: **en ~** auf der Flucht
cavalerie [kavalʀi] *nf* Kavallerie *f*
cavalier, -ière [kavalje, jɛʀ] *adj (désinvolte)*
unbekümmert ▷ *nm/f (à cheval)* Reiter(in) *m(f)*;
(au bal) Partner(in) *m(f)* ▷ *nm (Échecs)* Springer *m*;
faire ~ seul es im Alleingang versuchen; **allée**
ou **piste cavalière** Reitbahn *f*
cavalièrement [kavaljɛʀmɑ̃] *adv* unbekümmert
cave [kav] *nf* Keller *m*; *(réserve de vins)* (Wein)keller
m; *(cabaret)* Kellerbar *f* ▷ *adj*: **yeux ~s** tief liegende
Augen *pl*; **joues ~s** eingefallene Wangen *pl*

caveau, x [kavo] *nm* Gruft *f*
caverne [kavɛʀn] *nf* Höhle *f*
caverneux, -euse [kavɛʀnø, øz] *adj*: **voix
caverneuse** hohle Stimme *f*
caviar [kavjaʀ] *nm* Kaviar *m*
cavité [kavite] *nf* Hohlraum *m*
CB [sibi] *sigle f (= citizens' band, canaux banalisés)* CB
nt; *(= carte bancaire)* Bankkarte *f*
CC [sese] *sigle m (= corps consulaire)* CC
CCI [sesei] *sigle f (= Chambre de commerce et d'industrie)*
≈ IHK *f*
CCP [sesepe] *sigle m (= compte chèque postal)* voir
compte
CD [sede] *sigle m (= compact disc)* CD *f*; *(Pol: = corps
diplomatique)* CD
CDD [sedede] *sigle m (= contrat à durée déterminée)*
befristeter Arbeitsvertrag *m*
CDI [sedei] *sigle m (= centre de documentation et
d'information)* Schulbücherei *f*; *(= contrat à durée
indéterminée)* unbefristeter Arbeitsvertrag *m*
CD-ROM [sedeʀɔm] *abr m (= Compact Disc Read Only
Memory)* CD-ROM *f*
CDS [sedeɛs] *sigle m (= Centre des démocrates sociaux)*
politische Partei
CE [seə] *sigle f (= Communauté européenne)* EG *f* ▷ *sigle
m (= Conseil de l'Europe)* Europarat *m*; *(= comité
d'entreprise)* voir **comité**; *(= cours élémentaire)* voir
cours

⬤ MOT-CLÉ

ce, c', cette [sə, s, sɛt] *(devant nm* **cet** + *voyelle ou h
aspiré; pl* **ces***) adj* diese(r, s); *(pl)* diese; **cette
maison(-ci/là)** dieses Haus da; **cet homme**
dieser Mann; **cette nuit** *(qui vient)* heute Nacht;
(dernière) heute *ou* letzte Nacht
▷ *pron* **1**: **c'est** das ist, es ist; **c'est un peintre** das
ist ein Maler; **ce sont des peintres** das sind
Maler; **c'est une voiture/girafe** das ist ein
Auto/eine Giraffe; **c'est un brave homme** er ist
ein guter Mensch; **c'est un peintre qui me l'a
donné** das hat mir ein Maler gegeben; **c'est
petit/grand** das ist klein/groß; **c'est le facteur** es
ist der Briefträger; **qui est-ce?** wer ist das?; *(en
désignant)* wer ist das?; **qu'est-ce?** was ist das?;
c'est toi qui le dis das sagst du; **c'est toi qui lui
as parlé** du hast mit ihm gesprochen; **sur ce**
darüber; *(à cet instant)* darauf; **si ce n'est ...**
außer ...
2: **ce qui** was; **ce que** was; **tout ce qui bouge**
alles was sich bewegt; **tout ce que je sais** alles,
was ich weiß; **ce dont j'ai parlé** (das) wovon ich
gesprochen habe; **ce que c'est grand!** das ist
aber groß!; **veiller à ce que ...** darauf aufpassen,
dass ...

CEA [seəa] *sigle m (= Commissariat à l'énergie atomique)*
AEA *f*
ceci [səsi] *pron* dies
cécité [sesite] *nf* Blindheit *f*
céder [sede] *vt* aufgeben ▷ *vi* nachgeben; **~ à**
erliegen +*dat*; **~ à qn** jdm nachgeben

cédérom [sederɔm] *nm* CD-ROM *f*

CEDEX [sedɛks] *sigle m* (= *courrier d'entreprise à distribution exceptionnelle*) Postzustellung für Großkunden

cédille [sedij] *nf* Cedille *f*

cédrat [sedʀa] *nm* große Zitrone

cèdre [sedʀ] *nm* Zeder *f*

CEE [seəə] *sigle f* (= *Communauté économique européenne*) EWG *f*

CEI [seəi] *sigle f* (= *Communauté des Etats indépendants*) GUS *f*

ceindre [sẽdʀ] *vt* (*mettre*) herumlegen; (*entourer*) umgürten

ceinture [sẽtyʀ] *nf* Gürtel *m*; (*taille*) Taille *f*; (*d'un pantalon, d'une jupe*) Bund *m*; **~ de sauvetage** Schwimmweste *f*; **~ de sécurité** Sicherheitsgurt *m*; **~ (de sécurité) à enrouleur** Trägheitsgurt *m*; **~ noire** (*Judo*) schwarzer Gürtel; **~ verte** Grüngürtel *m*

ceinturer [sẽtyʀe] *vt* (*saisir*) (um die Taille) packen; (*entourer*) umgürten

ceinturon [sẽtyʀɔ̃] *nm* Gürtel *m*

cela [s(ə)la] *pron* das; (*sujet indéfini*) es; **~ m'étonne que** es erstaunt mich, dass; **où ~?** wo denn?

célébrant [selebʀã] *nm* Zelebrant *m*

célébration [selebʀasjɔ̃] *nf* (*fête*) Feier *f*; (*de messe*) Feiern *nt*

célèbre [selebʀ] *adj* berühmt

célébrer [selebʀe] *vt* feiern; (*messe*) lesen

célébrité [selebʀite] *nf* Berühmtheit *f*

céleri [sɛlʀi] *nm*: **~(-rave)** (Knollen)sellerie *f ou m*; **~ en branche** Staudensellerie *f ou m*

célérité [seleʀite] *nf* Geschwindigkeit *f*

céleste [selɛst] *adj* himmlisch

célibat [seliba] *nm* Zölibat *nt*; (*de prêtre*) Ehelosigkeit *f*

célibataire [selibatɛʀ] *adj* unverheiratet, ledig; (*Admin*) ledig ▷ *nm/f* Junggeselle(-in) *m(f)*; **mère ~** ledige Mutter *f*

celle, celles [sɛl] *pron voir* **celui**

cellier [selje] *nm* Speisekammer *f*

cellophane® [selɔfan] *nf* Cellophan® *nt*

cellulaire [selylɛʀ] *adj* (*Biol*) Zell-; **voiture** *ou* **fourgon ~** grüne Minna *f*; **régime ~** Arrest *m*

cellule [selyl] *nf* Zelle *f*; **~ (photo-électrique)** Fotozelle *f*; **~ souche** Stammzelle *f*

cellulite [selylit] *nf* Cellulitis *f*

celluloïd® [selylɔid] *nm* Celluloid® *nt*

cellulose [selyloz] *nf* Zellulose *f*

celte [sɛlt], **celtique** [sɛltik] *adj* keltisch

 MOT-CLÉ

celui, celle [səlɥi] (*mpl* **ceux**, *fpl* **celles**) *pron* **1**: **celui-ci/là, celle-ci/là** der/die/das; **ceux-ci, celles-ci** die; **ceux-là, celles-là** die; **celui de mon frère** der/die/das von meinem Bruder; **ce n'est pas mon livre, c'est celui de mon frère** das ist nicht mein Buch, es ist das von meinem Bruder; **celui du salon** der/die/das im Wohnzimmer

2: **quel oiseau? — celui qui chante** welcher

Vogel? — der, der singt; **celui que je vois** (*m*) der, den ich sehe; (*f*) die, die ich sehe; (*nt*) das, das ich sehe; **celui/celle dont je parle** (*personne*) der/die, von dem/der ich spreche; (*chose*) der/die/das, von dem/der/dem ich spreche

3 (*valeur indéfinie*): **celui qui veut** wer will

cénacle [senakl] *nm* literarischer Kreis *m*

cendre [sãdʀ] *nf* Asche *f*; **cendres** *nfpl* (*d'un foyer*) Asche; **sous la ~** in der Glut

cendré, e [sãdʀe] *adj* (*couleur*) aschgrau; (*piste*) **~e** (*Sport*) Aschenbahn *f*

cendrier [sãdʀije] *nm* Aschenbecher *m*

cène [sɛn] *nf* Abendmahl *nt*

censé, e [sãse] *adj*: **être ~ faire qch** etw tun sollen

censément [sãsemã] *adv* angeblich

censeur [sãsœʀ] *nm* Zensor *m*; (*du lycée*) stellvertretender Direktor *m*

censure [sãsyʀ] *nf* Zensur *f*

censurer [sãsyʀe] *vt* zensieren; (*Pol: gouvernement*) das Misstrauen aussprechen +*dat*

cent [sã] *num* hundert; **pour ~** Prozent *nt*; **faire les ~ pas** auf und ab gehen

centaine [sãtɛn] *nf*: **une ~ (de)** hundert; (*environ 100*) etwa hundert; **plusieurs ~s (de)** mehrere Hundert; **des ~s (de)** Hunderte (von)

centenaire [sãt(ə)nɛʀ] *adj* hundertjährig ▷ *nm/f* (*personne*) Hundertjährige(r) *f(m)* ▷ *nm* (*anniversaire*) hundertster Geburtstag *m*

centième [sãtjɛm] *num* hundertste(r, s)

centigrade [sãtigʀad] *nm* Grad *m* Celsius

centigramme [sãtigʀam] *nm* Zentigramm *nt*

centilitre [sãtilitʀ] *nm* Zentiliter *m*

centime [sãtim] *nm* Centime *m*; (*suisse*) Rappen *m*; **~ d'euro** (Euro)cent *m*

centimètre [sãtimetʀ] *nm* Zentimeter *m ou nt*; (*ruban*) Zentimetermaß *nt*

centrafricain, e [sãtʀafʀikɛ̃, ɛn] *adj* zentralafrikanisch

central, e, -aux [sãtʀal, o] *adj* zentral ▷ *nm*: **~ (téléphonique)** (Telefon)zentrale *f*

centrale [sãtʀal] *nf* (*prison*) Gefängnis *nt*; **~ électrique** Elektrizitätswerk *nt*; **~ nucléaire** Kernkraftwerk *nt*; **~ syndicale** Gewerkschaftszentrale *f*

centralisation [sãtʀalizasjɔ̃] *nf* Zentralisierung *f*

centraliser [sãtʀalize] *vt* zentralisieren

centraméricain, e [sãtʀameʀikɛ̃, ɛn] *adj* mittelamerikanisch

centre [sãtʀ] *nm* (*Géom, gén*) Mittelpunkt *m*, Mitte *f*; (*de ville, Pol, fig*) Zentrum *nt*; (*Football: joueur*) Mittelfeldspieler *m*; (: *passe*) Pass *m* zur Mitte; **~ aéré** ≈ Sommerfrische *f* für Stadtkinder; **~ commercial** Geschäftszentrum *nt*; **~ culturel** Kulturzentrum *nt*; **~ d'appels** Callcenter *nt*; **~ d'apprentissage** Ausbildungszentrum *nt*; **~ d'éducation surveillée** Besserungsanstalt *f*; **~ de détention** Gefängnis *nt*; **~ de gravité** Schwerpunkt *m*; **~ de semi-liberté** offene Anstalt *f*; **~ de tri** (*Postes*) Sortieramt *nt*; **~ hospitalier** Krankenhaus *nt*; **~ sportif** Sportzentrum *nt*; **~s**

nerveux Nervenzentren *pl*
centrer [sãtʀe] *vt* zentrieren ▷ *vi* (*Football*) ins Mittelfeld spielen; ~ **sur** (*débat, problème*) lenken auf +*acc*
centre-ville [sãtʀəvil] *nm* Stadtzentrum *nt*
centrifuge [sãtʀify3] *adj*: **force ~** Zentrifugalkraft *f*
centrifuger [sãtʀify3e] *vt* zentrifugieren
centrifugeuse [sãtʀify3øz] *nf* (*pour fruits*) Entsafter *m*
centripète [sãtʀipɛt] *adj*: **force ~** Zentripetalkraft *f*
centrisme [sãtʀism] *nm* Zentrumspolitik *f*
centriste [sãtʀist] *adj* (*Pol*) Zentrums- ▷ *nm/f* Zentrumspolitiker(in) *m(f)*
centuple [sãtypl] *nm*: **le ~ de qch** das Hundertfache von etw; **au ~** mal hundert
centupler [sãtyple] *vi* sich hundertfach vergrößern ▷ *vt* mit hundert multiplizieren
CEP [seape] *sigle m* (= *Certificat d'études primaires*) Abschlusszeugnis *der Grundschule*
cep [sɛp] *nm* (*de vigne*) Rebstock *m*
cépage [sepa3] *nm* Rebsorte *f*
cèpe [sɛp] *nm* (*champignon*) Steinpilz *m*
cependant [s(ə)pãdã] *adv* jedoch
céramique [seʀamik] *nf* Keramik *f*
céramiste [seʀamist] *nm/f* Töpfer(in) *m(f)*
cerbère [sɛʀbɛʀ] (*péj*) *nm* (*fig*) Zerberus *m*
cerceau, x [sɛʀso] *nm* Reifen *m*
cercle [sɛʀkl] *nm* Kreis *m*; (*objet circulaire*) Reifen *m*; (*club*) Zirkel *m*; **décrire un ~** (*avion*) kreisen; (*projectile*) einen Kreis beschreiben; **~ d'amis** Freundeskreis *m*; **~ de famille** Kreis der Familie; **~ vicieux** Teufelskreis *m*
cercler [sɛʀkle] *vt*: **lunettes cerclées d'or** Goldrandbrille *f*
cercueil [sɛʀkœj] *nm* Sarg *m*
céréale [seʀeal] *nf* Getreide *nt*
céréalier, -ière [seʀealje, jɛʀ] *adj* Getreide-
cérébral, e, -aux [seʀebʀal, o] *adj* (*Anat*) Gehirn-, Hirn-; (*fig: intellectuel*) intellektuell
cérémonial [seʀemɔnjal] *nm* Zeremonie *f*
cérémonie [seʀemɔni] *nf* Zeremonie *f*; **cérémonies** *nfpl* (*péj: façons*) Theater *nt*, Umstände *pl*
cérémonieux, -euse [seʀemɔnjø, jøz] (*péj*) *adj* (über)förmlich
cerf [sɛʀ] *nm* Hirsch *m*
cerfeuil [sɛʀfœj] *nm* Kerbel *m*
cerf-volant [sɛʀvɔlã] (*pl* **cerfs-volants**) *nm* Drachen *m*; **jouer au ~** (einen) Drachen steigen lassen
cerisaie [s(ə)ʀize] *nf* Kirschgarten *m*
cerise [s(ə)ʀiz] *nf* Kirsche *f* ▷ *adj inv* kirschrot
cerisier [s(ə)ʀizje] *nm* Kirschbaum *m*
CERN [sɛʀn] *sigle m* (= *Centre européen de recherche nucléaire*) CERN *m*
cerné, e [sɛʀne] *adj* (*ville, armée*) umzingelt, eingeschlossen; (*yeux*) mit dunklen Ringen
cerner [sɛʀne] *vt* (*armée, ville*) umzingeln; (*problème, question*) einkreisen; (*suj: chose: être autour*) umgeben

cernes [sɛʀn] *nmpl*: ~ **sous les yeux** (dunkle) Ringe *pl* unter den Augen
certain, e [sɛʀtɛ̃, ɛn] *adj* sicher; (*précis: avec art indéf*): **un ~ Georges** ein gewisser Georges; ~ **(de qch/que)** sicher (einer Sache *gén*/dass); **un ~ courage** eine ordentliche Portion Mut; **certains** *pron pl* manche; ~**s cas** gewisse Fälle *pl*; **d'un ~ âge** in einem gewissen Alter; **un ~ temps** eine bestimmte Zeit; **sûr et** ~ absolut sicher
certainement [sɛʀtɛnmã] *adv* sicher
certes [sɛʀt] *adv* sicherlich; (*réponse*) aber sicher
certificat [sɛʀtifika] *nm* Zeugnis *nt*; ~ **d'études (primaires)** ≈ Abschlusszeugnis *nt der* Primarstufe; ~ **de fin d'études secondaires** ≈ Abiturzeugnis *nt*; ~ **de vaccination** ≈ Impfpass *m*; ~ **médical** ärztliche Bescheinigung *f*, ärztliches Attest *nt*
certifié, e [sɛʀtifje] *adj*: **professeur ~** ≈ staatlich geprüfter Lehrer *m*; **copie ~e conforme (à l'original)** beglaubigte Kopie *f*
certifier [sɛʀtifje] *vt* bestätigen; (*Jur: document, signature*) beglaubigen; ~ **à qn que** jdm bestätigen, dass; ~ **qch à qn** jdm etw bestätigen
certitude [sɛʀtityd] *nf* (*chose*) Gewissheit *f*; (*conviction*) Überzeugung *f*
cérumen [seʀymɛn] *nm* Ohrenschmalz *m*
cerveau, x [sɛʀvo] *nm* Gehirn *nt*; (*fig*) Kopf *m*
cervelas [sɛʀvəla] *nm* Zervelat(wurst) *f*
cervelle [sɛʀvɛl] *nf* Gehirn *nt*; (*Culin*) Hirn *nt*; **se creuser la ~** sich *dat* das Hirn zermartern
cervical, e, -aux [sɛʀvikal, o] *adj* (*du cou*) Hals-
cervidés [sɛʀvide] *nmpl* Hirsche *pl*
CES [seəes] *sigle m* (= *collège d'enseignement secondaire*) ≈ Realschule *f*
ces [se] *dét voir* **ce**
césarienne [sezaʀjɛn] *nf* Kaiserschnitt *m*
cessantes [sɛsãt] *adj fpl*: **toutes affaires ~** umgehend
cessation [sesasjõ] *nf* Einstellung *f*; ~ **de commerce** Einstellung der Geschäftstätigkeit; ~ **de paiements** Einstellung der Zahlungen; ~ **des hostilités** Einstellung der Feindseligkeiten
cesse [sɛs] *nm*: **sans ~** *adv* ohne Unterlass, unaufhörlich; **n'avoir de ~ que** nicht eher ruhen, als
cesser [sese] *vt* aufhören mit, einstellen ▷ *vi* aufhören; ~ **de faire qch** aufhören, etw zu tun; **faire ~** ein Ende setzen +*dat*
cessez-le-feu [sesel(ə)fø] *nm inv* Waffenruhe *f*
cession [sesjõ] *nf* Abtreten *nt*
c'est [sɛ] *pron* +*vb voir* **ce**
c'est-à-dire [sɛtadiʀ] *adv* das heißt; ~ **que** das heißt *ou* bedeutet, dass; (*excuse*) ja, das heißt, dass
CET [seəte] *sigle m* (= *collège d'enseignement technique*) technische Schule
cet [sɛt] *dét voir* **ce**
cétacé [setase] *nm* (*Zool*) Wal *m*
cette [sɛt] *dét voir* **ce**
ceux [sø] *pron voir* **celui**
Cévennes [seven] *nfpl* Cevennen *pl*
cévenol, e [sevnɔl] *adj* aus den Cevennen

cf [seɛf] *abr* (= *confer*) s

CFAO [seɛfao] *sigle f* (= *conception et fabrication assistées par ordinateur*) CAM *nt*

CFDT [seɛfdete] *sigle f* (= *Confédération française et démocratique du travail*) Gewerkschaft

CFF [seɛfɛf] *sigle m* (= *Chemins de fer fédéraux*) Schweizer Bundesbahn *f*

CFP [seɛfpe] *sigle m* (= *centre de formation professionnelle*) Berufsausbildungszentrum *nt*

CFTC [seɛftese] *sigle f* (= *Confédération française des travailleurs chrétiens*) Gewerkschaft

CGC [segese] *sigle f* (= *Confédération générale des cadres*) Angestelltengewerkschaft

CGT [seʒete] *sigle f* (= *Confédération générale du travail*) Gewerkschaft

CH *abr* (= *Confédération helvétique*) CH

chacal [ʃakal] *nm* Schakal *m*

chacun, e [ʃakœ̃, yn] *pron* jede(r, s)

chagrin [ʃagʀɛ̃] *nm* Kummer *m* ▷ *adj* (*morose*) missmutig; **avoir du ~** Kummer haben

chagriner [ʃagʀine] *vt* bekümmern; (*contrarier*) Sorgen machen +*dat*

chahut [ʃay] *nm* (*tapage*) Radau *m*; (*Scol*) Krawall *m*

chahuter [ʃayte] *vt* (*professeur*) auf die Nase herumtanzen +*dat*

chai [ʃɛ] *nm* Wein- und Spirituosenlager *nt*

chaîne [ʃɛn] *nf* Kette *f*; (*Radio, TV*) Programm *nt*; **chaînes** *nfpl* (*liens*) Bindungen *pl*; (*Auto*) Schneeketten *pl*; **travail à la ~** Fließbandarbeit *f*; **réactions en ~** Kettenreaktionen *pl*; **faire la ~** eine Kette bilden; **~ audio** Stereoanlage *f*; **~ de caractères** Zeichenfolge *f*; **~ (de fabrication)** Fließband *nt*; **~ (hi-fi)** Hi-Fi-Anlage *f*; **~ (de montage)** Montageband *nt*; **~ de montagnes** Bergkette *f*; **~ de solidarité** Solidaritätsnetz *nt*; **~ stéréo** Stereoanlage *f*

chaînette [ʃɛnɛt] *nf* (*bijou*) Kettchen *nt*

chaînon [ʃɛnɔ̃] *nm* (*fig*) Verbindungsglied *nt*

chair [ʃɛʀ] *nf* Fleisch *nt* ▷ *adj*: (**couleur**) **~** fleischfarben; **avoir la ~ de poule** eine Gänsehaut haben; **être bien en ~** gut beieinander sein; **en ~ et en os** leibhaftig; **~ à saucisses** Mett *nt*

chaire [ʃɛʀ] *nf* (*d'église*) Kanzel *f*; (*Univ: poste*) Lehrstuhl *m*

chaise [ʃɛz] *nf* Stuhl *m*; **~ de bébé** Babystuhl *m*; **~ électrique** elektrischer Stuhl *m*; **~ longue** Liegestuhl *m*

chaland [ʃalɑ̃] *nm* (*bateau*) Lastkahn *m*

châle [ʃal] *nm* Schultertuch *nt*

chalet [ʃalɛ] *nm* Chalet *nt*

chaleur [ʃalœʀ] *nf* (*température*) Hitze *f*; (*modérée, fig: Phys*) Wärme *f*; (*ardeur, emportement*) Feuer *nt*; **en ~** (*Zool*) läufig

chaleureusement [ʃalœʀøzmɑ̃] *adv* warm, herzlich

chaleureux, -euse [ʃalœʀø, øz] *adj* warmherzig, herzlich

challenge [ʃalɑ̃ʒ] *nm* (*Sport*) Wettkampf *m*

challenger [ʃalɑ̃ʒœʀ] *nm* (*Sport*) Herausforderer *m*

chaloupe [ʃalup] *nf* (*de sauvetage*) Rettungsboot *nt*

chalumeau, x [ʃalymo] *nm* (*outil*) Lötlampe *f*

chalut [ʃaly] *nm* Schleppnetz *nt*; **pêcher au ~** mit dem Schleppnetz fischen

chalutier [ʃalytje] *nm* Fischdampfer *m*; (*pêcheur*) Trawlerfischer *m*

chamade [ʃamad] *nf*: **battre la ~** wild schlagen

chamailler [ʃamaje]: **se ~** *vpr* sich streiten

chamarré, e [ʃamaʀe] *adj* (*étoffe*) reich verbrämt

chambardement [ʃɑ̃baʀdəmɑ̃] (*fam*) *nm*: **c'est le grand ~** alles ist im Umbruch

chambarder [ʃɑ̃baʀde] (*fam*) *vt* (*objets*) auf den Kopf stellen; (*projets*) über den Haufen werfen

chambouler [ʃɑ̃bule] (*fam*) *vt* (*objets*) auf den Kopf stellen; (*projets*) über den Haufen werfen

chambranle [ʃɑ̃bʀɑ̃l] *nm* (*de porte*) (Tür)rahmen *m*

chambre [ʃɑ̃bʀ] *nf* Zimmer *nt*; (*Tech, Jur, Pol, Comm*) Kammer *f*; **faire ~ à part** getrennte Schlafzimmer haben; **stratège en ~** Salon- *ou* Stammtischstratege *m*; **alpiniste en ~** Alpinist *m* mit dem Finger auf der Landkarte; **~ à air** Schlauch *m*; **~ à coucher** Schlafzimmer *nt*; **~ à gaz** Gaskammer *f*; **~ à un lit/deux lits** (*à l'hôtel*) Einzelzimmer/Zweibettzimmer *nt*; **~ d'accusation** Kriminalgericht *nt*; **~ d'agriculture** Landwirtschaftskammer *f*; **~ d'amis** Gästezimmer *nt*; **~ de combustion** Verbrennungsraum *m*; **~ de commerce et d'industrie** Industrie- und Handelskammer *f*; **C~ des députés** ≈ Bundestag *m*; **~ des machines** Maschinenraum *m*; **~ des métiers** Handwerkskammer *f*; **~ forte** Stahlkammer *f*; **~ frigorifique** *ou* **froide** Kühlraum *m*; **~ meublée** möbliertes Zimmer; **~ noire** (*Photo*) Dunkelkammer *f*; **~ pour une/deux personne(s)** Einzel-/Doppelzimmer *nt*

chambrée [ʃɑ̃bʀe] *nf* (*Mil*) Stube *f*

chambrer [ʃɑ̃bʀe] *vt* (*vin*) auf Zimmertemperatur bringen, chambrieren

chameau, x [ʃamo] *nm* Kamel *nt*

chamois [ʃamwa] *nm* (*Zool*) Gämse *f* ▷ *adj inv*: (**couleur**) **~** chamois(weiß)

champ [ʃɑ̃] *nm* Feld *nt*; (*domaine*) Gebiet *nt*; (*Inform*) (Daten)feld *nt*; **les ~s** (*la campagne*) das Land; **laisser le ~ libre à qn** jdm freie Hand lassen; **dans le ~** (*Photo*) im Bild; **~ d'action** Betätigungsfeld *nt*; **~ d'honneur** Feld der Ehre; **~ de bataille** Schlachtfeld *nt*; **~ de courses** Rennbahn *f*; **~ de manœuvre** (*Mil*) Manövergebiet *nt*; **~ de mines** Minenfeld *nt*; **~ de tir** Schießstand *m*; **~ visuel** Sichtfeld *nt*

Champagne [ʃɑ̃paɲ] *nf*: **la ~** die Champagne *f*

champagne [ʃɑ̃paɲ] *nm* (*vin*) Champagner *m*

champenois, e [ʃɑ̃pənwa, waz] *adj* aus der Champagne ▷ *nm/f*: **Champenois, e** Bewohner(in) *m(f)* der Champagne; **méthode ~e** (*vin*) Champagnermethode *f*, Flaschengärung *f*

champêtre [ʃɑ̃pɛtʀ] *adj* (*campagnard*) ländlich

champignon [ʃɑ̃piɲɔ̃] *nm* Pilz *m*; (*fam: accélérateur*) Gas(pedal) *nt*; **~ de couche** *ou* **de Paris** Champignon *m*; **~ vénéneux** Giftpilz *m*

champion, ne [ʃɑ̃pjɔ̃, jɔn] *nm/f* (*Sport*) Champion *m*, Meister(in) *m(f)*; (*d'une cause*) Verfechter(in) *m(f)*; **~ du monde** Weltmeister(in) *m(f)*

championnat [ʃɑ̃pjɔna] *nm* (*Sport*) Meisterschaft *f*

chance [ʃɑ̃s] *nf* (*bonne fortune*) Glück *nt*; (*hasard*) Zufall *m*; **chances** *nfpl* (*probabilités*) Chancen *pl*; **bonne ~!** viel Glück!; **avoir de la ~** Glück haben; **il a des ~s de gagner** er hat gute Aussichten zu gewinnen; **je n'ai pas de ~** (*une fois*) ich habe kein Glück gehabt; (*toujours*) ich habe einfach immer Pech; **donner sa ~ à qn** jdm eine Chance geben

chancelant, e [ʃɑ̃s(ə)lɑ̃, ɑ̃t] *adj* (*personne*) wackelig; (*pas*) unsicher

chanceler [ʃɑ̃s(ə)le] *vi* (*personne*) wackelig auf den Beinen sein; (*meuble, mur*) wackeln

chancelier [ʃɑ̃səlje] *nm* (*allemand*) (Bundes)kanzler *m*; (*d'ambassade*) Sekretär *m*

chancellerie [ʃɑ̃sɛlʁi] *nf* (*en France*) Justizministerium *m*; (*en Allemagne*) Bundeskanzleramt *nt*; (*d'ambassade*) Kanzlei *f*

chanceux, -euse [ʃɑ̃sø, øz] *adj* glücklich

chancre [ʃɑ̃kʁ] *nm* Geschwür *nt*

chandail [ʃɑ̃daj] *nm* dicker Pullover *m*

Chandeleur [ʃɑ̃dlœʁ] *nf*: **la ~** Mariä Lichtmess *nt*

chandelier [ʃɑ̃dəlje] *nm* (*à une branche*) Kerzenständer *m ou* -halter *m*; (*à plusieurs branches*) (Kerzen)leuchter *m*

chandelle [ʃɑ̃dɛl] *nf* (*bougie*) Kerze *f*; **dîner aux ~s** Abendessen *nt* bei Kerzenschein; **faire une ~** (*Tennis*) einen Lob spielen; **monter en ~** (*Aviat*) kerzengerade aufsteigen; **tenir la ~** (*hum*) den Anstandswauwau spielen

change [ʃɑ̃ʒ] *nm* (*Comm*) Wechseln *nt*; **opérations de ~** Devisentransaktionen *pl*; **le contrôle des ~s** die Devisenkontrolle *f*; **gagner/perdre au ~** (*fig*) sich dabei gut/schlecht stehen; **donner le ~ à qn** (*fig*) jdn an der Nase herumführen

changeant, e [ʃɑ̃ʒɑ̃, ɑ̃t] *adj* (*personne, humeur*) wankelmütig

changement [ʃɑ̃ʒmɑ̃] *nm* Änderung *f*; **~ de vitesses** (*dispositif*) (Gang)schaltung *f*; (*action*) Schalten *nt*

changer [ʃɑ̃ʒe] *vt* (*modifier*) ändern; (*remplacer, échanger*) wechseln; (*rhabiller*) umziehen; (*bébé*) wickeln ▷ *vi* sich ändern; **se changer** *vpr* sich umziehen; **~ de nom** seinen Namen ändern; **~ de côté** die Seite wechseln; **~ d'adresse** umziehen; **~ de voiture** sich *dat* ein neues Auto zulegen; **~ de métier** einen anderen Beruf ergreifen; **~ d'air** sich *dat* eine Luftveränderung gönnen; **~ d'idée** es sich *dat* anders überlegen; **~ de couleur/direction** die Farbe/Richtung ändern; **~ de vêtements** sich umziehen; **~ de place avec qn** mit jdm den Platz tauschen; **~ de vitesse** (*Auto*) schalten; **~ qn/qch de place** jdn/ etw an einen anderen Ort bringen; **~ qch en** (*transformer*) etw verwandeln in +*acc*; **~ (de train)** umsteigen; **il faut ~ à Lyon** Sie müssen in Lyon umsteigen; **cela me change** das ist einmal etwas anderes für mich

changeur [ʃɑ̃ʒœʁ] *nm* (*personne*) Geldwechsler *m*; **~ automatique** Geldwechselautomat *m*

chanoine [ʃanwan] *nm* Kanon *m*

chanson [ʃɑ̃sɔ̃] *nf* Lied *nt*

chansonnette [ʃɑ̃sɔnɛt] *nf* Liedchen *nt*

chansonnier [ʃɑ̃sɔnje] *nm* (*de cabaret*) Chansonsänger *m*; (*livre*) Liederbuch *nt*

chant [ʃɑ̃] *nm* Gesang *m*; (*chanson*) Lied *nt*; (: *d'église*) Kirchenlied *nt*; (: *folklorique*) Volkslied *nt*; **posé de ou sur ~** (*Tech*) auf die Schmalseite gestellt; **~ de Noël** Weihnachtslied *nt*

chantage [ʃɑ̃taʒ] *nm* Erpressung *f*; **faire du ~** erpresserische Methoden anwenden

chantant, e [ʃɑ̃tɑ̃, ɑ̃t] *adj* singend

chanter [ʃɑ̃te] *vt* singen; (*vanter*) besingen ▷ *vi* singen; **~ juste/faux** richtig/falsch singen; **si cela lui chante** (*fam*) wenn es ihm gerade passt; **faire ~ qn** (*par chantage*) jdn erpressen

chanterelle [ʃɑ̃tʁɛl] *nf* Pfifferling *m*

chanteur, -euse [ʃɑ̃tœʁ, øz] *nm/f* Sänger(in) *m(f)*; **~ de charme** Schnulzensänger *m*

chantier [ʃɑ̃tje] *nm* Baustelle *f*; **être en ~** in Arbeit sein; **mettre en ~** die Arbeit beginnen an +*dat*; **~ naval** Werft *f*

chantilly [ʃɑ̃tiji] *nf*: **(crème) ~** Schlagsahne *f*

chantonner [ʃɑ̃tɔne] *vi, vt* summen

chanvre [ʃɑ̃vʁ] *nm* Hanf *m*

chaos [kao] *nm* Chaos *nt*

chaotique [kaɔtik] *adj* chaotisch

chapardage [ʃapaʁdaʒ] (*fam*) *nm* Klauen *nt*

chaparder [ʃapaʁde] (*fam*) *vt* klauen

chapeau, x [ʃapo] *nm* Hut *m*; (*Presse*) Einleitung *f*; **~!** Hut ab!; **partir sur les ~x de roues** plötzlich losbrausen; **~ melon** Melone *f*; **~ mou** Filzhut *m*

chapeauter [ʃapote] *vt* (*Admin*) übergeordnet sein +*dat*

chapelain [ʃaplɛ̃] *nm* Kaplan *m*

chapelet [ʃaplɛ] *nm* Rosenkranz *m*; **un ~ de** (*fig*) ein Kranz *m* von; **dire son ~** den Rosenkranz beten

chapelier, -ère [ʃapəlje, jɛʁ] *nm/f* Hutmacher(in) *m(f)*

chapelle [ʃapɛl] *nf* Kapelle *f*; **~ ardente** Leichenhalle *f*

chapellerie [ʃapɛlʁi] *nf* Hutboutique *f*

chapelure [ʃaplyʁ] *nf* Paniermehl *nt*

chaperon [ʃapʁɔ̃] *nm* (*femme*) Anstandsdame *f*

chaperonner [ʃapʁɔne] *vt* (*accompagner*) (als Anstandsdame) begleiten

chapiteau, x [ʃapito] *nm* (*Archit*) Kapitell *nt*; (*de cirque*) (Zirkus)zelt *nt*

chapitre [ʃapitʁ] *nm* Kapitel *nt*; (*fig: sujet*) Thema *nt*; **avoir voix au ~** ein Wörtchen mitzureden haben

chapitrer [ʃapitʁe] *vt* (*sermonner*) abkanzeln

chapon [ʃapɔ̃] *nm* Kapaun *m*

chaque [ʃak] *adj* jede(r, s)

char [ʃaʁ] *nm* Wagen *m*; (*aussi*: **char d'assaut**) Panzer *m*; (*de carnaval*) Festwagen *m*

charabia [ʃaʁabja] (*péj*) *nm* Kauderwelsch *nt*

charade [ʃaʁad] *nf* Scharade *f*

charbon [ʃaʁbɔ̃] *nm* Kohle *f*; **~ de bois** Holzkohle *f*

charbonnage [ʃaʁbɔnaʒ] *nm*: **les C~s de France** (*compagnie*) Dachverband *der französischen* Kohleindustrie

charbonnier, -ière [ʃaʁbɔnje, jɛʁ] *adj* Kohle-

▷ *nm/f* Kohlenhändler(in) *m(f)*

charcuterie [ʃaʀkytʀi] *nf (magasin)* (Schweine)metzgerei *f*; *(produits)* Wurstwaren *pl*

charcutier, -ière [ʃaʀkytje, jɛʀ] *nm/f* Schweinemetzger(in) *m(f)*; *(traiteur)* Delikatessenhändler(in) *m(f)*

chardon [ʃaʀdɔ̃] *nm* Distel *f*

chardonneret [ʃaʀdɔnʀɛ] *nm* Distelfink *m*

charentais, e [ʃaʀɑ̃tɛ, ɛz] *adj* aus der Charente ▷ *nm/f*: **Charentais, e** Bewohner(in) *m(f)* der Charente

charentaise [ʃaʀɑ̃tɛz] *nf (pantoufle)* Pantoffel *m*

charge [ʃaʀʒ] *nf (fardeau)* Last *f*; *(Élec: explosif)* Ladung *f*; *(rôle, mission)* Aufgabe *f*, Auftrag *m*; *(Mil: attaque)* Angriff *m*; *(Jur: présomption)* Anklagepunkt *m*; **charges** *nfpl (du loyer)* Nebenkosten *pl*; *(d'un commerçant)* Geschäftskosten *pl*; **à la ~ de** *(dépendant de)* abhängig von; *(aux frais de)* zulasten von; **prise en ~** *(par la Sécurité sociale)* Übernahme *f* der Kosten; **à ~ de revanche** auf Gegenseitigkeit; **prendre en ~** übernehmen; **revenir à la ~** wieder zum Angriff übergehen; **témoin à ~** Zeuge *m*/Zeugin *f* der Anklage; **~s sociales** Sozialabgaben *pl*; **~ utile** Nutzlast *f*

chargé, e [ʃaʀʒe] *adj* beladen; *(fusil)* geladen; *(batterie)* aufgeladen; *(emploi du temps, journée)* vollgepackt; *(estomac)* voll; *(langue)* belegt; *(décoration, style)* überladen ▷ *nm*: **~ d'affaires** Chargé d'affaires *m*; **~ de** *(responsable de)* beauftragt mit; **~ de cours** *nm (Univ)* ≈ Privatdozent(in) *m(f)*

chargement [ʃaʀʒəmɑ̃] *nm* Ladung *f*; *(action)* Beladen *nt*

charger [ʃaʀʒe] *vt (voiture, animal, personne)* beladen; *(fusil)* laden; *(batterie)* aufladen; *(caméra)* einen Film einlegen in +*acc*, laden; *(Jur: accuser)* anklagen; *(un portrait, une description)* übertreiben, überziehen ▷ *vi* angreifen; **se charger** *vpr*: **se ~ de** sich kümmern um; **se ~ de faire qch** es auf sich *acc* nehmen, etw zu tun; **~ qn de qch/faire qch** jdn mit etw beauftragen/jdn beauftragen, etw zu tun

chargeur [ʃaʀʒœʀ] *nm (d'arme à feu)* Magazin *nt*; *(Photo)* Kassette *f*; **~ de batterie** Ladegerät *nt*

chariot [ʃaʀjo] *nm* Wagen *m*; *(à bagages)* Kofferkuli *m*; *(à provisions)* Einkaufswagen; *(charrette)* Karren *m*; **~ élévateur** Gabelstapler *m*

charisme [kaʀism] *nm* Charisma *nt*

charitable [ʃaʀitabl] *adj* karitativ, wohltätig; *(gentil)* freundlich

charité [ʃaʀite] *nf (vertu)* Nächstenliebe *f*; *(aumône)* Almosen *nt*; **faire la ~ à qn** jdm ein Almosen geben; **fête/vente de ~** Wohltätigkeitsveranstaltung *f*/-basar *m*

charivari [ʃaʀivaʀi] *nm* Spektakel *m*

charlatan [ʃaʀlatɑ̃] *nm* Scharlatan *m*

charlotte [ʃaʀlɔt] *nf* Charlotte *f*

charmant, e [ʃaʀmɑ̃, ɑ̃t] *adj* charmant

charme [ʃaʀm] *nm (d'une personne)* Charme *m*; *(d'un endroit, d'une activité)* Reiz *m*, Zauber *m*; *(envoûtement)* Reiz, Anziehungskraft *f*; *(Bot)* Hainbuche *f*; **charmes** *nmpl* Reize *pl*; **c'est ce**

qui en fait le ~ das ist ja gerade das Reizvolle daran; **faire du ~ à qn** mit jdm flirten; **se porter comme un ~** vor Gesundheit nur so strotzen

charmer [ʃaʀme] *vt* bezaubern; **je suis charmé de vous voir** *(enchanté)* ich bin hocherfreut, Sie zu sehen

charmeur, -euse [ʃaʀmœʀ, øz] *adj (sourire, manières)* verführerisch ▷ *nm/f (séducteur)* Charmeur *m*; **~ de serpents** Schlangenbeschwörer(in) *m(f)*

charnel, le [ʃaʀnɛl] *adj* fleischlich

charnier [ʃaʀnje] *nm* Massengrab *nt*

charnière [ʃaʀnjɛʀ] *nf (de porte)* Türangel *f*; *(fig: du texte, siècle)* Wendepunkt *m*

charnu, e [ʃaʀny] *adj* fleischig

charogne [ʃaʀɔɲ] *nf (dépouille)* Aas *nt*; *(fam!)* Aas *(fam!)*, Mistvieh *(fam!)* *nt*

charolais, e [ʃaʀɔlɛ, ɛz] *adj* aus dem Charolais ▷ *nmpl (bétail)* Rinder *pl* aus dem Charolais

charpente [ʃaʀpɑ̃t] *nf* Gerüst *nt*; *(d'un roman, d'une pièce etc)* Grundgerüst *nt*; *(carrure)* Statur *f*

charpenté, e [ʃaʀpɑ̃te] *adj*: **bien/solidement ~** *(personne)* gut beieinander; *(texte)* gut aufgebaut

charpenterie [ʃaʀpɑ̃tʀi] *nf* Zimmerhandwerk *nt*

charpentier [ʃaʀpɑ̃tje] *nm* Zimmermann *m*

charpie [ʃaʀpi] *nf*: **mettre en ~** in Stücke reißen

charretier [ʃaʀtje] *nm* Droschkenkutscher *m*; **de ~** *(péj)* ungehobelt

charrette [ʃaʀɛt] *nf* Karren *m*

charrier [ʃaʀje] *vt (suj: camion)* transportieren; *(: fleuve etc)* mit sich führen; *(fam)* verspotten ▷ *vi (fam)* wild übertreiben

charrue [ʃaʀy] *nf* Pflug *m*

charte [ʃaʀt] *nf* Charta *f*

charter [ʃaʀtɛʀ] *nm (vol)* Charterflug *m*; *(avion)* Charterflugzeug *nt*

chas [ʃa] *nm* Öhr *nt*

chasse [ʃas] *nf* Jagd *f*; *(période)* Jagdsaison *f*; *(aussi:* **chasse d'eau***)* (Wasser)spülung *f*; **la ~ est ouverte** die Jagdsaison ist eröffnet; **la ~ est fermée** es ist Schonzeit; **aller à la ~** auf die Jagd gehen; **prendre en ~** jagen, verfolgen; **donner la ~ à** verfolgen; **tirer la ~ (d'eau)** die Wasserspülung betätigen; **~ à courre** Hetzjagd *f*; **~ à l'homme** Menschenjagd *f*; **~ gardée** private Jagdgründe *pl*

châsse [ʃas] *nf* Reliquienschrein *m*

chassé-croisé [ʃasekʀwaze] *(pl* **chassés-croisés***)* *nm (Danse)* Quadrillenfigur *f*; *(fig)* gegenseitiges Verpassen *nt*

chasse-neige [ʃasnɛʒ] *nm inv* Schneepflug *m*

chasser [ʃase] *vt (gibier)* jagen; *(personne)* verjagen; *(intrus, idée)* vertreiben; *(employé)* hinauswerfen; *(nuages, scrupules)* vertreiben, zerstreuen ▷ *vi* jagen; *(Auto: déraper)* schleudern

chasseur, -euse [ʃasœʀ, øz] *nm/f* Jäger(in) *m(f)* ▷ *nm (avion)* Jagdflieger *m*; *(domestique)* Page *m*; **~ d'images** rasender Fotoreporter *m*; **~ de son** Tonbandfreak *m*; **~ de têtes** Kopfjäger *m*; **~s alpins** *(Mil)* Gebirgsjäger *m*

chassieux, -ieuse [ʃasjø, jøz] *adj* verklebt

châssis [ʃasi] *nm* (*de voiture*) Chassis *nt*; (*cadre*) Rahmen *m*; (*de jardin*) Frühbeet *nt*

chaste [ʃast] *adj* keusch

chasteté [ʃastəte] *nf* Keuschheit *f*

chasuble [ʃazybl] *nf* (*Rel*) Messgewand *nt*; **robe ~** Trägerkleid *nt*

chat¹ [ʃa] *nm* Katze *f*; **avoir un ~ dans la gorge** einen Frosch im Hals haben; **avoir d'autres ~s à fouetter** andere Sachen im Kopf haben; **~ sauvage** Wildkatze *f*

chat² [tʃat] *nm* (*Inform*) Chat *m*

chatter [tʃat] *vi* (*Inform*) chatten

châtaigne [ʃatɛɲ] *nf* Kastanie *f*

châtaignier [ʃatɛɲe] *nm* Kastanienbaum *m*

châtain [ʃatɛ̃] *adj inv* kastanienbraun

château, x [ʃato] *nm* Schloss *nt*; (*forteresse*) Burg *f*; **~ d'eau** Wasserschloss *nt*; **~ de sable** Sandburg *f*; **~ fort** Festung *f*

châtelain, e [ʃat(ə)lɛ̃, ɛn] *nm/f* Schlossherr(in) *m(f)* ▷ *nf* (*ceinture*) Gürtelkette *f*

châtier [ʃatje] *vt* (*punir*) bestrafen; (*son style, langage*) den letzten Schliff geben +*dat*

chatière [ʃatjɛʀ] *nf* (*porte*) Katzenklappe *f*

châtiment [ʃatimɑ̃] *nm* Bestrafung *f*; **~ corporel** Prügelstrafe *f*

chatoiement [ʃatwamɑ̃] *nm* (*des couleurs*) Schimmern *nt*

chaton [ʃatɔ̃] *nm* Kätzchen *nt*; (*de bague*) Fassung *f*

chatouillement [ʃatujmɑ̃] *nm* Kitzeln *nt*

chatouiller [ʃatuje] *vt* kitzeln; (*tissu*) kratzen

chatouilleux, -euse [ʃatujø, øz] *adj* kitzelig; (*fig: susceptible*) empfindlich

chatoyant, e [ʃatwajɑ̃, ɑ̃t] *adj* schimmernd

chatoyer [ʃatwaje] *vi* (*couleur*) schimmern

châtrer [ʃatʀe] *vt* kastrieren

chatte [ʃat] *nf* Katze *f*

chatter [tʃate] *vi* (*Inform*) chatten

chatterton [ʃatɛʀtɔn] *nm* Isolierband *nt*

chaud, e [ʃo, ʃod] *adj* warm; (*très chaud*) heiß; (*félicitations*) herzlich ▷ *nm* (*chaleur*) Wärme *f*; **il fait ~** es ist warm/heiß; **manger/boire ~** warm essen/heiß trinken; **j'ai ~** mir ist warm; **tenir ~** warm halten; **tenir au ~** warm halten; **ça me tient ~** das hält mich warm; **rester au ~** im Warmen bleiben; **~ et froid** (*Méd*) (fiebrige) Erkältung *f*

chaudement [ʃodmɑ̃] *adv* (*s'habiller*) warm; (*féliciter, recommander*) herzlich, wärmstens; (*avec passion*) leidenschaftlich

chaudière [ʃodjɛʀ] *nf* (*de chauffage central*) Boiler *m*; (*de bateau*) Dampfkessel *m*

chaudron [ʃodʀɔ̃] *nm* großer Kessel *m*

chaudronnerie [ʃodʀɔnʀi] *nf* (*usine*) Kesselschmiede *f*; (*activité*) Kesselschmieden *nt*

chauffage [ʃofaʒ] *nm* (*appareils*) Heizung *f*; **arrêter le ~** die Heizung ausschalten; **~ au charbon** Kohleheizung *f*; **~ au gaz** Gasheizung *f*; **~ central** Zentralheizung *f*; **~ électrique** Elektroheizung *f*; **~ par le sol** Fußbodenheizung *f*

chauffagiste [ʃofaʒist] *nm* (*installateur*) Heizungsmonteur *m*

chauffant, e [ʃofɑ̃, ɑ̃t] *adj*: **couverture/plaque ~e** Heizdecke *f*/-platte *f*

chauffard [ʃofaʀ] (*péj*) *nm* Verkehrsrowdy *m*; (*après un accident*) Fahrer, der Fahrerflucht begeht

chauffe-bain [ʃofbɛ̃] (*pl* **~s**) *nm* = **chauffe-eau**

chauffe-biberon [ʃofbibʀɔ̃] (*pl* **~s**) *nm inv* Babyflaschenwärmer *m*

chauffe-eau [ʃofo] *nm inv* Heißwasserbereiter *m*

chauffe-plats [ʃofpla] *nm inv* Warmhalteplatte *f*

chauffer [ʃofe] *vt* (*appartement*) heizen; (*eau*) erhitzen ▷ *vi* sich erwärmen; (*moteur*) sich überhitzen, kochen; **se chauffer** *vpr* (*sportif*) sich aufwärmen; (*au soleil*) sich wärmen; **se ~ à l'électricité/au gaz** elektrisch/mit Gas heizen

chaufferie [ʃofʀi] *nf* Kesselraum *m*

chauffeur, -euse [ʃofœʀ, øz] *nm/f* Fahrer(in) *m(f)*; (*privé*) Chauffeur *m*; **voiture avec/sans ~** Wagen *m* mit/ohne Chauffeur

chauffeuse [ʃoføz] *nf* niedriger Stuhl beim Kamin

chauler [ʃole] *vt* (*mur*) weißen; (*terre*) mit Kalk bestreuen

chaume [ʃom] *nm* (*du toit*) Stroh *nt*; (*tiges*) Stoppeln *pl*

chaumière [ʃomjɛʀ] *nf* strohgedecktes Haus *nt*

chaussée [ʃose] *nf* Fahrbahn *f*; (*digue*) Damm *m*

chausse-pied [ʃospje] (*pl* **~s**) *nm* Schuhlöffel *m*

chausser [ʃose] *vt* (*bottes, skis*) anziehen; (*enfant*) die Schuhe anziehen +*dat*; (*suj: soulier*) passen; **se chausser** *vpr* (*mettre ses souliers*) sich *dat* die Schuhe anziehen; **~ du 38/42** Schuhgröße 38/42 haben; **~ grand** (*suj: soulier*) zu groß sein; **~ bien** gut passen

chausse-trappe [ʃostʀap] (*pl* **~s**) *nf* Falle *f*

chaussette [ʃosɛt] *nf* Socke *f*; (*jusqu'au genou*) Kniestrumpf *m*

chausseur [ʃosœʀ] *nm* (*marchand*) Schuhhändler *m*

chausson [ʃosɔ̃] *nm* (*pantoufle*) Pantoffel *m*; (*de bébé*) Babyschuh *m*; **~ (aux pommes)** Apfeltasche *f*

chaussure [ʃosyʀ] *nf* Schuh *m*; **la ~** (*Comm*) der Schuhhandel; **~s basses** Halbschuhe *pl*; **~s de ski** Skistiefel *pl*; **~s montantes** Halbstiefel *pl*

chaut [ʃo] *vt*: **peu me ~** es ist mir einerlei

chauve [ʃov] *adj* kahl(köpfig)

chauve-souris [ʃovsuʀi] (*pl* **chauves-souris**) *nf* Fledermaus *f*

chauvin, e [ʃovɛ̃, in] *adj* chauvinistisch (*nationalistisch*) ▷ *nm/f* Chauvinist(in) *m(f)*

chauvinisme [ʃovinism] *nm* Chauvinismus *m* (*Nationalismus*)

chaux [ʃo] *nf* Kalk *m*; **blanchi à la ~** geweißelt

chavirer [ʃaviʀe] *vi* kentern

chef [ʃɛf] *nm* (*d'armée, parti, groupe*) Führer(in) *m(f)*; (*patron*) Chef(in) *m(f)*; (*de cuisine*) Koch *m*, Köchin *f*; **au premier ~** in höchstem Maße; **de son propre ~** auf eigene Faust; **général** *ou* **commandant en ~** Oberbefehlshaber *m*; **~ d'accusation** (*Jur*) Anklage *f*; **~ d'atelier** Vorarbeiter(in) *m(f)*; **~ d'entreprise** Geschäftsführer(in) *m(f)*; **~ d'équipe** (*Sport*) Mannschaftskapitän *m*; **~ d'État** Staatschef(in) *m(f)*; **~ d'orchestre** Dirigent(in) *m(f)*; **~ de**

bureau Bürovorsteher(in) *m(f)*; **~ de clinique**
≈ Oberarzt *m*, Oberärztin *f*; **~ de famille**
Familienoberhaupt *nt*; **~ de file** (*de parti etc*)
Parteichef(in) *m(f)*; **~ de gare**
Bahnhofsvorsteher(in) *m(f)*; **~ de rayon**
Abteilungsleiter(in) *m(f)*; **~ de service**
Abteilungsleiter(in) *m(f)*
chef-d'œuvre [ʃɛdœvʀ] (*pl* **chefs-d'œuvre**) *nm*
Meisterwerk *nt*
chef-lieu [ʃɛfljø] (*pl* **chefs-lieux**) *nm* (*Admin*)
≈ Kreisstadt *f*, Hauptstadt *eines französischen*
Departements
cheftaine [ʃɛftɛn] *nf* (*scout*) Pfadfinderführerin *f*
cheikh [ʃɛk] *nm* Scheich *m*
chemin [ʃ(ə)mɛ̃] *nm* Weg *m*; **en ~** unterwegs; **~**
faisant unterwegs; **~(s) de fer** Eisenbahn *f*; **~ de**
terre unbefestigte Straße *f*
cheminée [ʃ(ə)mine] *nf* Schornstein *m*; (*à*
l'intérieur) Kamin *m*
cheminement [ʃ(ə)minmɑ̃] *nm* (*d'une idée*)
Entwicklung *f*
cheminer [ʃ(ə)mine] *vi* (*personne*) gehen
cheminot [ʃ(ə)mino] *nm* (*employé SNCF*)
Eisenbahner *m*
chemise [ʃ(ə)miz] *nf* (*vêtement*) Hemd *nt*; (*dossier*)
Aktendeckel *m*; **~ de nuit** Nachthemd *nt*
chemiserie [ʃ(ə)mizʀi] *nf* (*magasin*)
Herrenbekleidungsgeschäft *nt*
chemisette [ʃ(ə)mizɛt] *nf* kurzärmliges Hemd *nt*
chemisier [ʃ(ə)mizje] *nm* Bluse *f*
chenal, -aux [ʃənal, o] *nm* Kanal *m*
chenapan [ʃ(ə)napɑ̃] *nm* (*péj: vaurien*) Taugenichts *m*
chêne [ʃɛn] *nm* Eiche *f*
chenet [ʃ(ə)nɛ] *nm* Feuerbock *m*
chenil [ʃ(ə)nil] *nm* (*cage*) Hundezwinger *m*;
(*élevage*) Hundeheim *nt*
chenille [ʃ(ə)nij] *nf* Raupe *f*; (*de char, chasse-neige*)
(Raupen)kette *f*; **véhicule à ~s** Kettenfahrzeug *nt*
chenillette [ʃ(ə)nijɛt] *nf* (*véhicule*) Kettenfahrzeug
nt
cheptel [ʃɛptɛl] *nm* Vieh(bestand *m*) *nt*
chèque [ʃɛk] *nm* Scheck *m*; **faire/toucher un ~**
einen Scheck ausstellen/einlösen; **par ~** mit
Scheck; **~ au porteur** Inhaberscheck *m*; **~ barré**
gesperrter Scheck; **~ de voyage** Reisescheck *m*,
Travellerscheck *m*; **~ en blanc** Blankoscheck *m*;
~ postal Postscheck *m*; **~ sans provision**
ungedeckter Scheck
chèque-cadeau [ʃɛkkado] (*pl* **chèques-cadeaux**)
nm Geschenkgutschein *m*
chèque-repas [ʃɛkʀəpa] (*pl* **chèques-repas**) *nm*,
chèque-restaurant [ʃɛkʀɛstɔʀɑ̃] (*pl* **chèques-**
restaurant) ▷ *nm* Essensbon *m*,
Essensgutschein *m*
chéquier [ʃekje] *nm* Scheckbuch *nt*
cher, chère [ʃɛʀ] *adj* (*aimé*) lieb; (*coûteux*) teuer
▷ *adv*: **coûter/payer ~** teuer sein/bezahlen; **mon**
~/ma chère mein Lieber/meine Liebe
chercher [ʃɛʀʃe] *vt* suchen; (*gloire etc*) erstreben;
~ la bagarre Streit suchen; **aller ~** holen; **~ à**
faire qch versuchen, etw zu tun

chercheur, -euse [ʃɛʀʃœʀ, øz] *nm/f* (*scientifique*)
Forscher(in) *m(f)*; **~ d'or** Goldsucher(in) *m(f)*
chère [ʃɛʀ] *nf*: **la bonne ~** gute Kost *f*; *voir aussi*
cher
chèrement [ʃɛʀmɑ̃] *adv* teuer
chéri, e [ʃeʀi] *adj* (*aimé*) geliebt; **(mon) ~**
Liebling *m*
chérir [ʃeʀiʀ] *vt* lieben
cherté [ʃɛʀte] *nf*: **la ~ de la vie** die hohen
Lebenshaltungskosten *pl*
chérubin [ʃeʀybɛ̃] *nm* (*enfant*) Engelchen *nt*
chétif, -ive [ʃetif, iv] *adj* (*personne*) schwächlich
cheval, -aux [ʃ(ə)val, o] (*pl* **chevaux-~**) *nm*
Pferd *nt*; **10 chevaux (fiscaux)** 10 Pferdestärken
pl; **faire du ~** reiten; **à ~** auf dem Pferd; **à ~ sur**
(*mur etc*) rittlings auf +*dat*; (*fig: périodes, domaines*)
sich überschneidend mit; **monter sur ses**
grands chevaux auf dem hohen Ross sitzen; **~ à**
bascule Schaukelpferd *nt*; **~ d'arçons** Pferd; **~ de**
bataille (*fig*) Steckenpferd *nt*; **chevaux de bois**
(*manège*) Pferdekarussell *nt*; **~ de course**
Rennpferd *nt*
chevaleresque [ʃ(ə)valʀɛsk] *adj* ritterlich
chevalerie [ʃ(ə)valʀi] *nf* Rittertum *nt*
chevalet [ʃ(ə)valɛ] *nm* (*du peintre*) Staffelei *f*
chevalier [ʃ(ə)valje] *nm* Ritter *m*; **~ servant**
Kavalier *m*
chevalière [ʃ(ə)valjɛʀ] *nf* Siegelring *m*
chevalin, e [ʃ(ə)valɛ̃, in] *adj* Pferde-; **boucherie**
~e Pferdemetzgerei *f*
cheval-vapeur [ʃəvalvapœʀ] *nm* Pferdestärke *f*
chevauchée [ʃ(ə)voʃe] *nf* Ritt *m*
chevauchement [ʃ(ə)voʃmɑ̃] *nm* (*fig*)
Überschneidung *f*
chevaucher [ʃ(ə)voʃe] *vi* (*aussi:* **se chevaucher**)
sich überlappen, sich überschneiden ▷ *vt* (*cheval,*
âne) (rittlings) sitzen auf +*dat*
chevaux [ʃəvo] *nmpl voir* **cheval**
chevelu, e [ʃəv(ə)ly] *adj* (*gén*) behaart; (*péj*) haarig
chevelure [ʃəv(ə)lyʀ] *nf* Haar *nt*
chevet [ʃ(ə)vɛ] *nm* (*d'église*) Apsis *f*; **au ~ de qn** an
jds Bett *dat*; **lampe de ~** Nachttischlampe *f*;
livre de ~ Bettlektüre *f*; **table de ~**
Nachttischchen *nt*
cheveu, x [ʃ(ə)vø] *nm* Haar *nt*; **cheveux** *nmpl*
(*chevelure*) Haar, Haare *pl*; **se faire couper les ~x**
sich *dat* die Haare schneiden lassen; **avoir les ~x**
courts/en brosse kurze Haare/einen
Bürstenschnitt haben; **tiré par les ~x** (*histoire*)
an den Haaren herbeigezogen; **~x d'ange**
(*vermicelle*) Fadennudeln *pl*; (*décoration*)
Engelshaar *nt*
cheville [ʃ(ə)vij] *nf* (*Anat*) Knöchel *m*; (*de bois*) Stift
m; (*pour enfoncer une vis*) Dübel *m*; **être en ~ avec**
qn mit jdm unter einer Decke stecken;
~ ouvrière Stütze *f*
chèvre [ʃɛvʀ] *nf* Ziege *f* ▷ *nm* (*fromage*) Ziegenkäse
m; **ménager la ~ et le chou** es allen recht
machen wollen
chevreau, x [ʃəvʀo] *nm* Zicklein *nt*; (*peau*)
Glacéleder *nt*
chèvrefeuille [ʃɛvʀəfœj] *nm* Geißblatt *nt*

chevreuil [ʃəvʀœj] *nm* Reh *nt*; (Culin) Reh(fleisch) *nt*

chevron [ʃəvʀɔ̃] *nm* (poutre) Sparren *m*; (galon) Winkel *m*; (motif) Fischgrätmuster *nt*; **à ~s** im Fischgrätmuster

chevronné, e [ʃəvʀɔne] *adj* erfahren

chevrotant, e [ʃəvʀɔtɑ̃, ɑ̃t] *adj* bebend, zitternd

chevroter [ʃəvʀɔte] *vi* zittern, beben

chevrotine [ʃəvʀɔtin] *nf* Rehposten *m*, grober Schrot *m*

chewing-gum [ʃwiŋɡɔm] (pl **~s**) *nm* Kaugummi *m* ou *nt*

chez [ʃe] *prép* bei; (direction) zu; **~ moi/toi** bei mir/dir (zu Hause); (direction) zu mir/dir (nach Hause); **rester ~ soi** zu Hause bleiben; **rentrer ~ soi** nach Hause gehen; **~ Racine/les renards** bei Racine/den Füchsen; **~ le dentiste** beim Zahnarzt; **aller ~ le dentiste** zum Zahnarzt gehen

chez-soi [ʃeswa] *nm inv* Zuhause *nt*, Heim *nt*

chiader [ʃjade] (fam) *vt* pauken für

chialer [ʃjale] (fam) *vt* flennen

chiant, e [ʃjɑ̃, ʃjɑ̃t] (fam!) *adj* beschissen (fam!), Scheiß- (fam!)

chic [ʃik] *adj inv* (élégant) chic, schick; (de la bonne société) fein; (généreux) anständig ▷ *nm* (élégance) Schick *m*; **avoir le ~ pour faire qch** (ein) Talent haben, etw zu tun; **~!** toll!, fantastisch!

chicane [ʃikan] *nf* (obstacle) Hindernis *nt*; (querelle) Streitigkeit *f*

chicaner [ʃikane] *vi*: **~ sur** (ergoter) herumkritteln an +dat; **se chicaner** *vpr* (fam) (sich) streiten

chiche [ʃiʃ] *adj* (avare) knauserig; **~!** (en réponse à un défi) wetten, dass?; **tu n'es pas ~ de lui parler!** wetten, dass du nicht mit ihm sprichst?

chichement [ʃiʃmɑ̃] *adv* (pauvrement) kümmerlich; (mesquinement) gemein

chichis [ʃiʃi] *nmpl*: **faire des ~** viel Theater machen

chicorée [ʃikɔʀe] *nf* (café) Zichorienkaffee *m*; (salade) Endiviensalat *m*; **~ frisée** Endiviensalat

chicot [ʃiko] *nm* (dent) Stumpf *m*

chien [ʃjɛ̃] *nm* Hund *m*; (de pistolet) Hammer *m*; **temps de ~** Mistwetter *nt*; **vie de ~** Hundeleben *nt*; **couché en ~ de fusil** zusammengerollt; **entre ~ et loup** in der Dämmerung; **~ d'aveugle** Blindenhund *m*; **~ de chasse** Jagdhund *m*; **~ de garde** Wachhund *m*; **~ de race** Rassehund *m*; **~ de traîneau** Schlittenhund *m*; **~ policier** Polizeihund *m*

chiendent [ʃjɛ̃dɑ̃] *nm* Quecke *f*

chien-loup [ʃjɛ̃lu] (pl **chiens-loups**) *nm* Schäferhund *m*

chienne [ʃjɛn] *nf* Hündin *f*

chier [ʃje] (fam!) *vi* scheißen (fam!); **faire ~ qn** (importuner) jdm auf den Wecker gehen; (causer des ennuis à) jdn herumschikanieren; **se faire ~** (s'ennuyer) sich tödlich langweilen

chiffe [ʃif] *nf*: **il est mou comme une ~, c'est une ~ molle** er ist ein totaler Waschlappen

chiffon [ʃifɔ̃] *nm* (de ménage) Lappen *m*

chiffonné, e [ʃifɔne] *adj* (visage) müde

chiffonner [ʃifɔne] *vt* zerknittern; (tracasser) Sorgen machen +dat

chiffonnier [ʃifɔnje] *nm* Lumpensammler *m*; (meuble) Frisierkommode *f*

chiffrable [ʃifʀabl] *adj* in Zahlen auszudrücken

chiffre [ʃifʀ] *nm* (représentant un nombre, d'un code) Ziffer *f*; (montant, total) Summe *f*; **en ~s ronds** in runden Zahlen; **écrire un nombre en ~s** ein Zahl in Ziffern schreiben; **le ~ des naissances** die Geburtsziffern *pl*; **~s arabes** arabische Ziffern *pl*; **~ d'affaires** Umsatz *m*; **~ de ventes** Verkaufszahlen *pl*; **~s romains** römische Ziffern ou Zahlen *pl*

chiffrer [ʃifʀe] *vt* (dépense) beziffern; (message) chiffrieren, verschlüsseln; **se chiffrer à** *vpr* ergeben

chignole [ʃiɲɔl] *nf* (outil) Bohrer *m*

chignon [ʃiɲɔ̃] *nm* Knoten *m*

chiite [ʃiit] *adj* schiitisch

Chili [ʃili] *nm*: **le ~** Chile *nt*

chilien, ne [ʃiljɛ̃, ɛn] *adj* chilenisch

chimère [ʃimɛʀ] *nf* (utopie) Hirngespinst *nt*; (illusion, rêve) Trugbild *nt*

chimérique [ʃimeʀik] *adj* (utopique) fantastisch; (imaginaire) illusorisch

chimie [ʃimi] *nf* Chemie *f*

chimio(thérapie) [ʃimjoteʀapi] *nf* Chemotherapie *f*

chimique [ʃimik] *adj* chemisch; **produits ~s** Chemikalien *pl*

chimiste [ʃimist] *nm/f* Chemiker(in) *m(f)*

chimpanzé [ʃɛ̃pɑ̃ze] *nm* Schimpanse *m*

chinchilla [ʃɛ̃ʃila] *nm* Chinchilla *m*

Chine [ʃin] *nf*: **la ~** China *nt*; **la ~ nationaliste** Nationalchina *nt*, Taiwan *nt*; **la république populaire de ~** die Volksrepublik *f* China

chine [ʃin] *nm* (papier) Chinapapier *nt*; (porcelaine) Porzellan *nt* ▷ *nf* (brocante) Trödel *m*

chiné, e [ʃine] *adj* (laine) geflammt

chiner [ʃine] *vt* (taquiner) sich lustig machen über +acc

chinois, e [ʃinwa, waz] *adj* chinesisch ▷ *nm*: **le ~** (Ling) Chinesisch *nt* ▷ *nm/f*: **Chinois, e** Chinese *m*, Chinesin *f*

chinoiserie [ʃinwazʀi] (péj) *nf* (gén pl) Theater *nt*

chiot [ʃjo] *nm* Hündchen *nt*

chiper [ʃipe] (fam) *vt* klauen

chipie [ʃipi] *nf* Xanthippe *f*

chipolata [ʃipɔlata] *nf* Chipolata *f*, kleine Wurst

chipoter [ʃipɔte] *vi* (manger) (herum)knabbern; (ergoter) herumstreiten; (marchander) feilschen

chips [ʃips] *nfpl* (aussi: **pommes chips**) Chips *pl*

chique [ʃik] *nf* (tabac) Priem *m*

chiquenaude [ʃiknod] *nf* Schnipser *m*

chiquer [ʃike] *vi* Tabak kauen ▷ *vt* kauen

chiromancie [kiʀɔmɑ̃si] *nf* Handlesen *nt*

chiromancien, ne [kiʀɔmɑ̃sjɛ̃, jɛn] *nm/f* Handleser(in) *m(f)*

chiropracteur [kiʀɔpʀaktœʀ] *nm* voir **chiropraticien**

chiropraticien, ne [kiʀɔpʀatisjɛ̃, jɛn] *nm/f* Chiropraktiker(in) *m(f)*

chirurgical, e, -aux [ʃiʀyʀʒikal, o] *adj* chirurgisch

chirurgie [ʃiʀyʀʒi] *nf* Chirurgie *f*; **~ esthétique** Schönheitschirurgie *f*

chirurgien, ne [ʃiʀyʀʒjɛ̃, jɛn] *nm/f* Chirurg(in) *m(f)*; **~ dentiste** Zahnarzt *m*, Zahnärztin *f*

chiure [ʃjyʀ] *nf*: **~s de mouche** Fliegendreck *m*

ch.-l. *abr* = **chef-lieu**

chlore [klɔʀ] *nm* Chlor *nt*

chloroforme [klɔʀɔfɔʀm] *nm* Chloroform *nt*

chlorophylle [klɔʀɔfil] *nf* Chlorophyll *nt*

chlorure [klɔʀyʀ] *nm* Chlorid *nt*

choc [ʃɔk] *nm* (d'objets; bruit d'impact) Aufprall *m*; (de véhicules) Zusammenprall *m*; (moral) Schock *m* ▷ *adj*: **prix ~** Sonderpreise *pl*; **troupe de ~** Kampftruppe *f*; **traitement de ~** Schockbehandlung *f*; **patron de ~** Spitzenchef *m*; **~ en retour** (fig) Gegenreaktion *f*; **~ nerveux** Nervenschock *m*; **~ opératoire** postoperativer Schock *m*

chocolat [ʃɔkɔla] *nm* Schokolade *f*; **~ à croquer** (Zart)bitterschokolade *f*; **~ au lait** Milchschokolade *f*; **~ en poudre** Trinkschokolade *f*

chocolaté, e [ʃɔkɔlate] *adj* Schokoladen-

chocolaterie [ʃɔkɔlatʀi] *nf* (fabrique) Schokoladenfabrik *f*

chocolatier, -ière [ʃɔkɔlatje, jɛʀ] *nm/f* Schokoladenhersteller(in) *m(f)*

chœur [kœʀ] *nm* Chor *m*; **en ~** im Chor

choir [ʃwaʀ] *vi*: **laisser ~** fallen lassen

choisi, e [ʃwazi] *adj* ausgewählt

choisir [ʃwaziʀ] *vt* auswählen; (nommer) wählen; (décider de) sich entscheiden für; **~ de faire qch** sich entscheiden, etw zu tun

choix [ʃwa] *nm* Auswahl *f*; **avoir le ~** die Wahl haben; **je n'avais pas le ~** ich hatte keine andere Wahl; **de ~** auserlesen; **de premier ~** erster Wahl; **au ~** zur Auswahl; **de mon/son ~** meiner/seiner Wahl

choléra [kɔleʀa] *nm* Cholera *f*

cholestérol [kɔlesteʀɔl] *nm* Cholesterin *nt*

chômage [ʃomaʒ] *nm* Arbeitslosigkeit *f*; **mettre au ~** arbeitslos machen; **être au ~** arbeitslos sein; **~ partiel** Kurzarbeit *f*; **~ structurel** strukturell bedingte Arbeitslosigkeit; **~ technique** Feierschicht *f*

chômé, e [ʃome] *adj*: **jour ~** Feiertag *m*

chômer [ʃome] *vi* (travailleur) arbeitslos sein; (équipements) stillstehen

chômeur, -euse [ʃomœʀ, øz] *nm/f* Arbeitslose(r) *f(m)*

chope [ʃɔp] *nf* (verre) Schoppenglas *nt*

choquant, e [ʃɔkɑ̃, ɑ̃t] *adj* schockierend

choquer [ʃɔke] *vt* schockieren; (commotionner) erschüttern

choral, e [kɔʀal] *adj* Chor- ▷ *nm* Choral *m*

chorale [kɔʀal] *nf* Chor *m*

chorégraphe [kɔʀegʀaf] *nm/f* Choreograf(in) *m(f)*

chorégraphie [kɔʀegʀafi] *nf* Choreografie *f*

choriste [kɔʀist] *nm/f* Chorsänger(in) *m(f)*

chorus [kɔʀys] *nm*: **faire ~ avec** lautstark beipflichten +*dat*

chose [ʃoz] *nf* (objet) Ding *nt*; (sujet, matière) Sache *f*; (événement, histoire) Ereignis *nt* ▷ *nm* (fam: machin) Dings *nt*; **les choses** (situation) die Dinge *pl*; **se sentir tout ~** (bizarre) sich ein bisschen komisch fühlen; **dire bien des ~s à qn** (salutations) jdn schön grüßen; **bien faire les ~s** keine halben Sachen machen; **parler de ~s et d'autres** über dies und das reden; **c'est peu de ~** das ist nicht der Rede wert

chou, x [ʃu] *nm* Kohl *m* ▷ *adj inv* süß; **mon petit ~** mein Süßer *m*, meine Süße *f*; **faire ~ blanc** eine Niete ziehen; **bout de ~** (fam) Winzling *m*; **feuille de ~** (fig) Käseblatt *nt*; **~ (à la crème)** Windbeutel *m*; **~ de Bruxelles** Rosenkohl *m*

choucas [ʃuka] *nm* Dohle *f*

chouchou, te [ʃuʃu, ut] (fam) *nm/f* (Scol) Liebling *m*

chouchouter [ʃuʃute] (fam) *vt* vorziehen

choucroute [ʃukʀut] *nf* Sauerkraut *nt*; **~ garnie** Sauerkraut mit Fleisch

chouette [ʃwɛt] *nf* (Zool) Eule *f* ▷ *adj* (fam) prima; **~! toll!**

chou-fleur [ʃuflœʀ] (pl choux-fleurs) *nm* Blumenkohl *m*

chou-rave [ʃuʀav] (pl choux-raves) *nm* Kohlrabi *m*

choyer [ʃwaje] *vt* (dorloter) liebevoll umsorgen

CHR [seaʃɛʀ] *sigle m* (= centre hospitalier régional) Regionalkrankenhaus *nt*

chrétien, ne [kʀetjɛ̃, jɛn] *adj* christlich ▷ *nm/f* Christ(in) *m(f)*

chrétiennement [kʀetjɛnmɑ̃] *adv* christlich

chrétienté [kʀetjɛ̃te] *nf* Christenheit *f*

Christ [kʀist] *nm*: **le ~** Christus *m*; (Art): **christ** Christusdarstellung *f*; **Jésus ~** Jesus Christus

christianiser [kʀistjanize] *vt* christianisieren

christianisme [kʀistjanism] *nm* Christentum *nt*

Christmas [kʀistmas] *nf*: **(l'île) ~** die Weihnachtsinsel *f*

chromatique [kʀɔmatik] *adj* (Mus) chromatisch; (des couleurs) Farben-

chrome [kʀom] *nm* Chrom *nt*

chromé, e [kʀome] *adj* verchromt

chromosome [kʀomozom] *nm* Chromosom *nt*

chronique [kʀɔnik] *adj* chronisch ▷ *nf* (de journal) Kolumne *f*; (historique) Chronik *f*; **~ sportive** Sportbericht *m*; **~ théâtrale** Theaterübersicht *f*; **~ locale** Lokalnachrichten *pl*

chroniqueur [kʀɔnikœʀ] *nm* (de journal) Kolumnist(in) *m(f)*; (historique) Chronist *m*

chrono [kʀɔnɔ] *nm* = **chronomètre**

chronologie [kʀɔnɔlɔʒi] *nf* Chronologie *f*

chronologique [kʀɔnɔlɔʒik] *adj* chronologisch; **tableau ~** chronologisch geordnete Tabelle *f*

chronologiquement [kʀɔnɔlɔʒikmɑ̃] *adv* chronologisch

chronomètre [kʀɔnɔ(mɛtʀ)] *nm* Stoppuhr *f*

chronométrer [kʀɔnɔmetʀe] *vt* mit der Stoppuhr messen, stoppen

chronométreur [kʀɔnɔmetʀœʀ] *nm* Zeitnehmer *m*

chrysalide [kʀizalid] *nf* Puppe *f*

chrysanthème [kʀizɑ̃tɛm] *nm* Chrysantheme *f*
CHU [seaʃy] *sigle m* (= *centre hospitalo-universitaire*) Universitätsklinik *f*
chuchotement [ʃyʃɔtmɑ̃] *nm* Flüstern *nt*
chuchoter [ʃyʃɔte] *vt, vi* flüstern
chuintement [ʃɥɛ̃tmɑ̃] *nm* Zischen *nt*
chuinter [ʃɥɛ̃te] *vi* zischen
chut [ʃyt] *excl* pst
chute [ʃyt] *nf* Sturz *m*; (*des feuilles, des prix, de la température etc*) Fallen *nt*; (*déchet*) Stückchen *nt*; **la ~ des cheveux** der Haarausfall; **faire une ~ (de 10 m)** (10 m tief) stürzen; **~ (d'eau)** Wasserfall *m*; **~ des reins** Kreuz *nt*; **~ libre** freier Fall *m*; **~s de neige** Schneefall *m*; **~s de pluie** Regenfall *m*
Chypre [ʃipʀ] *n* Zypern *nt*
chypriote [ʃipʀiɔt] *adj, nm/f* = **cypriote**
ci [si] *adv*: **ce garçon/cet homme-ci** dieser Junge/Mann (da); **cette femme-ci** diese Frau; **ces hommes/femmes-ci** diese Männer/Frauen; *voir aussi* **comme; par**
CIA [seia] *sigle f* CIA *m ou f*
ciao [tʃao] (*fam*) *excl* tschau
ci-après [siapʀɛ] *adv* im Folgenden
cibiste [sibist] *nm* CB-Funker(in) *m(f)*
cible [sibl] *nf* Zielscheibe *f*
cibler [sible] *vt* abzielen auf +*acc*
ciboire [sibwaʀ] *nm* Ziborium *nt*
ciboule [sibul] *nf* Winterlauch *m*
ciboulette [sibulɛt] *nf* Schnittlauch *m*
ciboulot [sibulo] (*fam*) *nm* Rübe *f*
cicatrice [sikatʀis] *nf* Narbe *f*
cicatriser [sikatʀize] *vt* heilen; **se cicatriser** *vpr* (ver)heilen
ci-contre [sikɔ̃tʀ] *adv* gegenüber
CICR [seiseɛʀ] *sigle m* (= *Comité international de la Croix-Rouge*) IKRK *nt*
ci-dessous [sidəsu] *adv* unten
ci-dessus [sidəsy] *adv* oben
CIDJ [seideʒi] *sigle m* (= *centre d'information et de documentation de la jeunesse*) Berufsberatungsstelle *für* Jugendliche
cidre [sidʀ] *nm* Apfelwein *m*
cidrerie [sidʀəʀi] *nf* Apfelweinkelterei *f*
Cie *abr* (= *compagnie*) Co
ciel [sjɛl] (*pl* **~s** *ou* (*litt*) **cieux**) *nm* Himmel *m*; **cieux** *nmpl* Himmel *pl*; **à ~ ouvert** Freiluft-; (*mine*) im Tagebau; **tomber du ~** (*arriver à l'improviste*) hereingeschneit kommen; (*être stupéfait*) aus allen Wolken fallen; **~!** du lieber Himmel!; **~ de lit** Betthimmel *m*
cierge [sjɛʀʒ] *nm* Kerze *f*; **~ pascal** Osterkerze *f*
cieux [sjø] *nmpl voir* **ciel**
cigale [sigal] *nf* Zikade *f*
cigare [sigaʀ] *nm* Zigarre *f*
cigarette [sigaʀɛt] *nf* Zigarette *f*; **~ (à) bout filtre** Filterzigarette *f*
ci-gît [siʒi] *adv*+*vb* hier ruht
cigogne [sigɔɲ] *nf* Storch *m*
ciguë [sigy] *nf* Schierling *m*
ci-inclus, e [siɛ̃kly, yz] *adj, adv* beiliegend
ci-joint, e [siʒwɛ̃, ɛ̃t] *adj, adv* beiliegend; **veuillez trouver ~** in der Anlage finden Sie

cil [sil] *nm* (Augen)wimper *f*
ciller [sije] *vi* blinzeln
cimaise [simɛz] *nf* Hängeleiste *f*
cime [sim] *nf* (*d'arbre*) Wipfel *m*; (*de montagne*) Gipfel *m*
ciment [simɑ̃] *nm* Zement *m*; **~ armé** Stahlbeton *m*
cimenter [simɑ̃te] *vt* zementieren
cimenterie [simɑ̃tʀi] *nf* Zementwerk *nt*
cimetière [simtjɛʀ] *nm* Friedhof *m*; **~ de voitures** Autofriedhof *m*
cinéaste [sineast] *nm/f* Filmemacher(in) *m(f)*
ciné-club [sineklœb] (*pl* **~s**) *nm* Filmklub *m*
cinéma [sinema] *nm* (*salle*) Kino *nt*; (*Art*) Film *m*; **aller au ~** ins Kino gehen
cinémascope® [sinemaskɔp] *nm* Breitwand *f*
cinémathèque [sinematɛk] *nf* Kinemathek *f*
cinématographie [sinematɔgʀafi] *nf* Filmkunst *f*
cinématographique [sinematɔgʀafik] *adj* Film-
cinéphile [sinefil] *nm/f* Filmfreund(in) *m(f)*
cinétique [sinetik] *adj* kinetisch
cing(h)alais, e [sɛ̃galɛ, ɛz] *adj* singhalesisch ▷ *nm/f*: **Cing(h)alais, e** Singhalese *m*, Singhalesin *f*
cinglant, e [sɛ̃glɑ̃, ɑ̃t] *adj* (*froid*) klirrend; (*vent*) peitschend; (*propos, ironie*) beißend; (*échec*) vernichtend
cinglé, e [sɛ̃gle] (*fam*) *adj* verrückt
cingler [sɛ̃gle] *vt* peitschen; (*fig: suj: insulte etc*) treffen ▷ *vi*: **~ vers** (*Naut*) Kurs nehmen auf +*acc*
cinq [sɛ̃k] *num* fünf
cinquantaine [sɛ̃kɑ̃tɛn] *nf*: **une ~ (de)** etwa fünfzig; **avoir la ~** um die fünfzig (Jahre alt) sein
cinquante [sɛ̃kɑ̃t] *num* fünfzig
cinquantenaire [sɛ̃kɑ̃tnɛʀ] *adj* fünfzigjährig ▷ *nm/f* Fünfzigjährige(r) *f(m)*
cinquantième [sɛ̃kɑ̃tjɛm] *num* fünfzigste(r, s)
cinquième [sɛ̃kjɛm] *num* fünfte(r, s) ▷ *nf* (*Scol*) ≈ Quinta *f* ▷ *nm* Fünftel *nt*
cinquièmement [sɛ̃kjɛmmɑ̃] *adv* fünftens
cintre [sɛ̃tʀ] *nm* (*à vêtement*) Kleiderbügel *m*; **plein ~** (*Archit*) (Halbkreis)bogen *m*
cintré, e [sɛ̃tʀe] *adj* (*chemise*) tailliert; (*bois*) gewölbt
CIO [seio] *sigle m* (= *Comité international olympique*) IOK *nt*
cirage [siʀaʒ] *nm* (*pour parquet*) Bohnerwachs *nt*; (*pour chaussures*) Schuhcreme *f*
circoncire [siʀkɔ̃siʀ] *vt* beschneiden
circoncis, e [siʀkɔ̃si, iz] *adj* beschnitten
circoncision [siʀkɔ̃sizjɔ̃] *nf* Beschneidung *f*
circonférence [siʀkɔ̃feʀɑ̃s] *nf* Umfang *m*
circonflexe [siʀkɔ̃flɛks] *adj*: **accent ~** Zirkumflex *m*
circonlocutions [siʀkɔ̃lɔkysjɔ̃] *nfpl* Umschweife *pl*
circonscription [siʀkɔ̃skʀipsjɔ̃] *nf*: **~ électorale** Wahlkreis *m*
circonscrire [siʀkɔ̃skʀiʀ] *vt* (*incendie*) eindämmen; (*propriété*) abstecken; (*sujet*) einkreisen

circonspect, e [siʀkɔ̃spɛ(kt), ɛkt] *adj* umsichtig
circonspection [siʀkɔ̃spɛksjɔ̃] *nf* Umsichtigkeit *f*
circonstance [siʀkɔ̃stɑ̃s] *nf* Umstand *m*; **œuvre de** ~ für einen speziellen Anlass verfasstes Werk; **air de** ~ der Gelegenheit entsprechender Gesichtsausdruck, passendes Gesicht; **~s atténuantes** mildernde Umstände *pl*
circonstancié, e [siʀkɔ̃stɑ̃sje] *adj* ausführlich, eingehend
circonstanciel, le [siʀkɔ̃stɑ̃sjɛl] *adj*: **complément** ~ adverbiales Attribut *nt*; **proposition ~le** Umstandssatz *m*
circonvenir [siʀkɔ̃v(ə)niʀ] *vt* umstimmen
circonvolutions [siʀkɔ̃vɔlysjɔ̃] *nfpl* Windungen *pl*
circuit [siʀkɥi] *nm* (*trajet*) Rundgang *m*; (*Élec*) Stromkreis *m*; (*des capitaux*) Kreislauf *m*; **~ automobile** Rennstrecke *f*; **~ de distribution** Vertriebsnetz *nt*; **~ fermé** geschlossener Schaltkreis *m*; **~ intégré** integrierter Schaltkreis *m*
circulaire [siʀkylɛʀ] *adj* (*objet, surface*) kreisförmig; (*regard*) im Kreis herum; (*mouvement*) Kreis- ▷ *nf* Rundschreiben *nt*
circulation [siʀkylasjɔ̃] *nf* (*Auto*) Verkehr *m*; (*de personnes*) Herumgehen *nt*; (*Méd: du sang*) Durchblutung *f*; (*capitaux*) Umlauf *m*; **il y a beaucoup de** ~ es ist viel Verkehr; **mettre en** ~ (*argent*) in Umlauf bringen; (*livre, journal, produit*) verbreiten
circulatoire [siʀkylatwaʀ] *adj*: **avoir des troubles ~s** Kreislaufprobleme haben
circuler [siʀkyle] *vi* (*personne*) (herum)gehen; (*voiture*) fahren; (*train etc*) fahren, verkehren; (*sang, électricité etc*) fließen, zirkulieren; (*bruit, nouvelle*) im Umlauf sein, herumgehen; (*devises, capitaux*) im Umlauf sein; **faire** ~ (*nouvelle*) verbreiten; (*badauds*) zum Weitergehen auffordern; (*capitaux, document, pétition*) in Umlauf bringen; (*plat*) herumreichen
cire [siʀ] *nf* Wachs *nt*; (*pour meubles*) Möbelpolitur *f*; (*cérumen*) (Ohr)wachs *nt*; **~ à cacheter** Siegellack *m*
ciré, e [siʀe] *adj* (*parquet*) gewachst ▷ *nm* (*vêtement*) Ölzeug *nt*
cirer [siʀe] *vt* (*parquet*) wachsen, bohnern; (*souliers*) putzen
cireur, -euse [siʀœʀ, øz] *nm/f* (*de chaussures*) Schuhputzer(in) *m(f)*
cireuse [siʀøz] *nf* (*appareil*) Bohnermaschine *f*
cireux, -euse [siʀø, øz] *adj* (*teint*) talgig
cirque [siʀk] *nm* Zirkus *m*; (*arène*) Arena *f*; (*Géo*) Kar *nt*; (*fig: désordre*) Chaos *nt*
cirrhose [siʀoz] *nf*: **~ du foie** Leberzirrhose *f*
cisailler [sizaje] *vt* trimmen
cisaille(s) [sizaj] *nf* (*de jardin*) Heckenschere *f*
ciseau, x [sizo] *nm*: **~ (à bois)** Meißel *m*; **ciseaux** *nmpl* Schere *f*; **sauter en ~x** im Scherensprung springen
ciseler [siz(ə)le] *vt* ziselieren
ciselure [siz(ə)lyʀ] *nf* (*sur argenterie*) Gravur *f*; (*sur bois*) Schnitzarbeit *f*
Cisjordanie [sisʒɔʀdani] *nf*: **la** ~ die Westbank *f*

citadelle [sitadɛl] *nf* Zitadelle *f*; (*fig*) Hochburg *f*
citadin, e [sitadɛ̃, in] *nm/f* Städter(in) *m(f)* ▷ *adj* städtisch
citation [sitasjɔ̃] *nf* (*d'auteur*) Zitat *nt*; (*Jur*) Vorladung *f*; (*Mil*) ehrenvolle Erwähnung *f*
cité [site] *nf* (*ville*) Stadt *f*; **~ ouvrière** Arbeitersiedlung *f*; **~ universitaire** Studentenviertel *nt*
cité-dortoir [sitedɔʀtwaʀ] (*pl* **cités-dortoirs**) *nf* Schlafstadt *f*
cité-jardin [siteʒaʀdɛ̃] (*pl* **cités-jardins**) *nf* Gartenstadt *f*
citer [site] *vt* (*se référer à*) zitieren; (*nommer*) benennen; (*Jur*) vorladen; **~ (en exemple)** als Beispiel anführen; **je ne veux ~ personne** ich möchte keine Namen nennen
citerne [sitɛʀn] *nf* Zisterne *f*
cithare [sitaʀ] *nf* Zither *f*
citoyen, ne [sitwajɛ̃, jɛn] *nm/f* Bürger(in) *m(f)*
citoyenneté [sitwajɛnte] *nf* Staatsbürgerschaft *f*
citrique [sitʀik] *adj*: **acide** ~ Zitronensäure *f*
citron [sitʀɔ̃] *nm* Zitrone *f*; **~ pressé** (frisch gepresster) Zitronensaft *m*; **~ vert** Limone *f*
citronnade [sitʀɔnad] *nf* Zitronenlimonade *f*
citronné, e [sitʀɔne] *adj* (*boisson*) mit Zitronengeschmack; (*eau de toilette*) mit Zitronenduft
citronnelle [sitʀɔnɛl] *nf* Zitronenmelisse *f*
citronnier [sitʀɔnje] *nm* Zitronenbaum *m*
citrouille [sitʀuj] *nf* Kürbis *m*
cive [siv] *nf* Schnittlauch *m*
civet [sivɛ] *nm* Wildragout mit Wein; **~ de lièvre** Hasenragout *nt*
civette [sivɛt] *nf* (*Bot, Culin*) Schnittlauch *m*; (*Zool*) Zibetkatze *f*
civière [sivjɛʀ] *nf* Bahre *f*
civil, e [sivil] *adj* Zivil-, zivil-; (*poli*) höflich ▷ *nm* (*Mil: personne*) Zivilist(in) *m(f)*; **habillé en** ~ in Zivil; **dans le** ~ im Privatleben; **mariage** ~ standesamtliche Trauung *f*; **enterrement** ~ nicht kirchliche Bestattung *f*
civilement [sivilmɑ̃] *adv* (*poliment*) höflich; **se marier** ~ standesamtlich heiraten
civilisation [sivilizasjɔ̃] *nf* Zivilisation *f*
civilisé, e [sivilize] *adj* zivilisiert; (*bien élevé*) höflich
civiliser [sivilize] *vt* zivilisieren
civilité [sivilite] *nf* (*politesse*) Höflichkeit *f*; **présenter ses ~s** sich empfehlen
civique [sivik] *adj* staatsbürgerlich; **instruction** ~ (*Scol*) Staatsbürgerkunde *f*
civisme [sivism] *nm* vorbildliches staatsbürgerliches Verhalten *nt*
cl *abr* (= *centilitre*) cl
clafoutis [klafuti] *nm* ≈ Kirschmichel *m*, *Art Kirschauflauf*
claie [klɛ] *nf* (*à fromage*) Abtropfsieb *nt*
clair, e [klɛʀ] *adj* hell; (*fig*) klar ▷ *adv*: **voir** ~ klar ou deutlich sehen ▷ *nm*: **~ de lune** Mondschein *m*; **y voir** ~ klar sehen; **bleu/rouge** ~ hellblau-/rot; **par temps** ~ bei klarem Wetter; **tirer qch au** ~ etw aufklären; **mettre au** ~ in Ordnung

bringen; **le plus ~ de son temps/argent** die meiste Zeit/das meiste Geld; **en ~** im Klartext

claire [klɛʀ] *nf*: (**huître de**) **~** Zuchtauster *f*

clairement [klɛʀmɑ̃] *adv* klar

claire-voie [klɛʀvwa] *adv*: **à ~** lichtdurchlässig

clairière [klɛʀjɛʀ] *nf* Lichtung *f*

clair-obscur [klɛʀɔpskyʀ] (*pl* **clairs-obscurs**) *nm* Zwielicht *nt*

clairon [klɛʀɔ̃] *nm* Bügelhorn *nt*

claironner [klɛʀɔne] *vt* (*fig*) heraustrompeten

clairsemé, e [klɛʀsəme] *adj* (*cheveux, applaudissements, auditoire*) spärlich; (*herbe, maisons, population*) dünn gesät

clairvoyance [klɛʀvwajɑ̃s] *nf* Hellsichtigkeit *f*

clairvoyant, e [klɛʀvwajɑ̃, ɑ̃t] *adj* (*perspicace*) hellsichtig; (*doué de vision*) hellseherisch

clam [klam] *nm* Venusmuschel *f*

clamer [klame] *vt* verkünden

clameur [klamœʀ] *nf* (*tumulte*) Lärm *m*

clan [klɑ̃] *nm* Clan *m*

clandestin, e [klɑ̃dɛstɛ̃, in] *adj* heimlich; (*Pol*) Untergrund-; (*commerce*) Schwarz-; **passager ~** blinder Passagier *m*; **immigration ~e** schleichende Einwanderung *f*

clandestinement [klɑ̃dɛstinmɑ̃] *adv* heimlich

clandestinité [klɑ̃dɛstinite] *nf*: **dans la ~** (*vivre*) im Untergrund; **entrer dans la ~** in den Untergrund gehen

clapet [klapɛ] *nm* (*Tech*) Ventilklappe *f*

clapier [klapje] *nm* (Kaninchen)stall *m*

clapotement [klapɔtmɑ̃] *nm* Plätschern *nt*

clapoter [klapɔte] *vi* plätschern

clapotis [klapɔti] *nm* Plätschern *nt*

claquage [klakaʒ] *nm* (*Méd*) Muskelzerrung *f*

claque [klak] *nf* (*gifle*) Klaps *m*, Schlag *m* ▷ *nm* (*chapeau*) Chapeau Claque *m*; **la ~** (*Théât*) die Claque *f*

claquement [klakmɑ̃] *nm* (*de porte*) Schlagen *nt*

claquemurer [klakmyʀe]: **se ~** *vpr* sich einschließen

claquer [klake] *vi* (*drapeau, coup de feu*) knattern; (*porte*) schlagen ▷ *vt* (*porte*) zuschlagen; **se claquer** *vpr*: **se ~ un muscle** sich *dat* einen Muskel zerren; **elle claquait des dents** ihr klapperten die Zähne; **~ des doigts** mit den Fingern knipsen

claquettes [klakɛt] *nfpl* Stepptanz *m*

clarification [klaʀifikasjɔ̃] *nf* (*fig*) Klärung *f*

clarifier [klaʀifje] *vt* (*fig*) klären

clarinette [klaʀinɛt] *nf* Klarinette *f*

clarinettiste [klaʀinetist] *nm/f* Klarinettist(in) *m(f)*

clarté [klaʀte] *nf* (*d'une pièce*) Helligkeit *f*; (*d'un son, de l'eau*) Klarheit *f*; (*d'une explication*) Verständlichkeit *f*

classe [klas] *nf* Klasse *f*; (*local*) Klassenzimmer *nt*; (*leçon*) Unterrichtsstunde *f*; **un (soldat de) deuxième ~** ein gemeiner Soldat *m*; **1ère/2ème ~** erste/zweite Klasse; **faire la ~** (*Scol*) unterrichten; **aller en ~** (*Scol*) in die Schule gehen; **faire ses ~s** (*Mil*) seine Grundausbildung absolvieren; **aller en ~ verte/de neige/de mer**

mit der Schule ins Grüne/zum Skifahren/ans Meer fahren; **~ dirigeante** herrschende Klasse; **~ grammaticale** grammatische Kategorie *f*; **~ ouvrière** Arbeiterklasse *f*; **~ sociale** soziale Schicht *f*; **~s préparatoires** *siehe Info-Artikel*; **~ touriste** Touristenklasse *f*

⊙ **CLASSES PRÉPARATOIRES**
⊙
⊙ *Classes préparatoires* sind zweijährige Kurse,
⊙ in denen intensiv gelernt wird um die
⊙ Aufnahmeprüfungen für die *grandes écoles* zu
⊙ bestehen. Es handelt sich dabei um äußerst
⊙ anstrengende Kurse, die man nach dem
⊙ bestandenen *baccalauréat* im *lycée* belegt.
⊙ Schulen, die solche Kurse anbieten, sind
⊙ besonders hoch angesehen.

classement [klasmɑ̃] *nm* (*action*) Einteilung *f*; (*rang*) Einstufung *f*; (*Sport*) Platzierung *f*; **premier au ~ général** Gesamtsieger *m*

classer [klase] *vt* einordnen; (*livres*) einteilen; (*plantes, insectes*) bestimmen; (*candidat, concurrent*) einstufen; (*Jur: affaire*) abschließen; **se classer** *vpr*: **se ~ premier/dernier** als Beste(r)/ Schlechteste(r) abschließen; (*Sport*) als Erste(r)/ Letzte(r) ankommen

classeur [klasœʀ] *nm* (*cahier*) Aktenordner *m*; (*meuble*) Aktenschrank *m*; **~ à feuillets mobiles** Ringbuch *nt*

classification [klasifikasjɔ̃] *nf* Klassifizierung *f*

classifier [klasifje] *vt* klassifizieren

classique [klasik] *adj* klassisch; (*habituel*) üblich ▷ *nm* (*œuvre, auteur*) Klassiker *m*; **études ~s** Altphilologie *f*

clause [kloz] *nf* Klausel *f*

claustrophobie [klostʀɔfɔbi] *nf* Klaustrophobie *f*

clavecin [klav(ə)sɛ̃] *nm* Cembalo *nt*

claveciniste [klav(ə)sinist] *nm/f* Cembalospieler(in) *m(f)*

clavicule [klavikyl] *nf* Schlüsselbein *nt*

clavier [klavje] *nm* (*de piano*) Klaviatur *f*; (*de machine*) Tastatur *f*

clé, clef [kle] *nf* Schlüssel *m*; (*Mus*) Notenschlüssel; (*de boîte de conserves*) Öffner *m*; (*de mécanicien*) Schraubenschlüssel ▷ *adj*: **problème/ position clef** Schlüsselproblem *nt*/-position *f*; **mettre sous clef** unter Verschluss nehmen; **prendre la clef des champs** sich aus dem Staub machen; **prix clefs en main** (*d'une voiture*) Endpreis *m*; (*d'un appartement*) schlüsselfertiger Preis *m*; **livre/film à clef** Schlüsselroman *m*/ Schlüsselfilm *m*; **clef anglaise** *ou* **à molette** verstellbarer Schraubenschlüssel *m*, Engländer *m*; **clef de contact** (*Auto*) Zündschlüssel; **clef de fa** Bassschlüssel *m*; **clef de sol** Violinschlüssel *m*; **clef USB** USB-Stick *m*; **clef de voûte** Schlussstein *m*

clématite [klematit] *nf* Klematis *f*

clémence [klemɑ̃s] *nf* Nachsichtigkeit *f*; (*du temps*) Milde *f*

clément, e [klemɑ̃, ɑ̃t] *adj* mild

clémentine [klemãtin] nf Klementine f
cleptomane [klɛptɔman] nm/f = **kleptomane**
clerc [klɛʀ] nm: ~ **de notaire** Notariatsangestellte(r) f(m)
clergé [klɛʀʒe] nm Klerus m
clérical, e, -aux [kleʀikal, o] adj geistlich
cliché [klife] nm (Typo, fig) Klischee nt; (Photo) Negativ nt
client, e [klijã, klijãt] nm/f (d'un magasin, restaurant) Kunde m, Kundin f; (d'hôtel) Gast m; (de médecin) Patient(in) m(f); (d'avocat) Klient(in) m(f)
clientèle [klijãtɛl] nf Kundschaft f; (d'un hôtel) Gäste pl; (de médecin, d'avocat) Klientel f; **accorder sa ~ à** Kunde/Patient/Klient sein bei; **retirer sa ~ à** nicht mehr Kunde/Patient/Klient sein bei
cligner [kliɲe] vi: ~ **des yeux** blinzeln; ~ **de l'œil** (mit dem Auge) zwinkern
clignotant, e [kliɲɔtã, ãt] adj (lumière) Blink-▷ nm (Auto) Blinker m; (indice de danger) Warnzeichen nt
clignoter [kliɲɔte] vi (étoiles etc) funkeln; (lumière) blinken; (: vaciller) flackern; (yeux) zwinkern
climat [klima] nm Klima nt
climatique [klimatik] adj klimatisch, Klima-
climatisation [klimatizasjɔ̃] nf Klimaanlage f
climatisé, e [klimatize] adj mit Klimaanlage
climatiser [klimatize] vt klimatisieren
climatiseur [klimatizœʀ] nm Klimaanlage f
clin d'œil [klɛ̃dœj] nm (Augen)zwinkern nt; **en un ~** im Nu
clinique [klinik] adj klinisch ▷ nf Klinik f
cliniquement [klinikmã] adv klinisch
clinquant, e [klɛ̃kã, ãt] adj auffällig
clip [klip] nm (pince) Clip m, Klipp m; (vidéo) Videoclip m
clique [klik] nf (péj) Clique f; **prendre ses ~s et ses claques** seine Siebensachen einpacken
cliquer [klike] vi (Inform) klicken; ~ **deux fois** doppelklicken
cliquet [klikɛ] nm Sperrklinke f
cliqueter [klik(ə)te] vi (ferraille, clefs) klirren; (monnaie) klimpern; (moteur) klingeln
cliquetis [klik(ə)ti] nm (v vi) Klirren nt; Klimpern nt; Klingeln nt
clitoris [klitɔʀis] nm Klitoris f, Kitzler m
clivage [klivaʒ] nm Kluft f
cloaque [klɔak] nm (fig) Sumpf m
clochard, e [klɔʃaʀ, aʀd] nm/f Stadtstreicher(in) m(f), Penner(in) m(f)
cloche [klɔʃ] nf Glocke f; (chapeau) Topfhut m; (fam: niais) Trottel m; (: les clochards) die Penner pl; **se faire sonner les ~s** (fam) die Leviten gelesen bekommen; ~ **à fromage** Käseglocke f
cloche-pied [klɔʃpje]: **à ~** adv auf einem Bein hüpfend
clocher [klɔʃe] nm Kirchturm m ▷ vi (fam) nicht hinhauen; **de ~** (péj) Kirchturm-
clocheton [klɔʃtɔ̃] nm (Archit) Fiale f
clochette [klɔʃɛt] nf (kleinere) Glocke f; (de fleur) Glöckchen nt
clodo [klodo] (fam) nm = **clochard**
cloison [klwazɔ̃] nf Trennwand f; (fig) Mauer f;

~ **étanche** (fig) undurchdringliche Mauer
cloisonner [klwazɔne] vt abtrennen
cloître [klwatʀ] nm Kreuzgang m
cloîtrer [klwatʀe]: **se ~** vpr sich ein- ou abschließen; (Rel) in ein Kloster eintreten
clonage [klonaʒ] nm Klonen nt
clone [klon] nm Klon m
cloner [klone] vt klonen
clope [klɔp] (fam) nf Fluppe f
clopin-clopant [klɔpɛ̃klɔpã] adv humpelnd
clopiner [klɔpine] vi hinken, humpeln
cloporte [klɔpɔʀt] nm Bohrassel f
cloque [klɔk] nf Blase f
cloqué, e [klɔke] adj (étoffe) Krepp-
cloquer [klɔke] vi Blasen bekommen
clore [klɔʀ] vt abschließen; ~ **une session** (Inform) eine Arbeitssitzung beenden; **la séance est close** die Sitzung ist geschlossen
clos, e [klo, kloz] adj geschlossen; (fini) beendet ▷ nm abgeschlossenes Feld nt
clôt [klo] vb voir **clore**
clôture [klotyʀ] nf (barrière) Zaun m; (d'un festival, d'une manifestation) Abschluss m
clôturer [klotyʀe] vt (terrain) umfrieden, umzäunen; (festival, débats) abschließen
clou [klu] nm Nagel m; (Méd: furoncle) Furunkel m ou nt; **clous** nmpl Zebrastreifen m; **pneus à ~s** Spikes pl; **le ~ du spectacle** der Höhepunkt m der Veranstaltung; ~ **de girofle** (Gewürz)nelke f
clouer [klue] vt nageln; (fig: immobiliser) festnageln
clouté, e [klute] adj (semelle) genagelt; (ceinture) mit Nägeln verziert
clown [klun] nm Clown m; **faire le ~** den Clown spielen
clownerie [klunʀi] nf: **faire des ~s** herumblödeln
club [klœb] nm Klub m
CM [seɛm] sigle m (= cours moyen) voir **cours**
cm abr (= centimètre) cm
CNC [seɛnse] sigle m (= Conseil national de la consommation) Verbraucherorganisation
CNDP [seɛndepe] sigle m (= Centre national de documentation pédagogique) Zentralstelle für Lehrmittel
CNED [seɛnfde] sigle m (= Centre national d'enseignement à distance) ≈ Fernuniversität f
CNIL [seɛniɛl] sigle f (= Commission nationale de l'informatique et des libertés) nationale Datenschutzkommission
CNIT [knit] sigle m (= Centre national des industries et des techniques) Ausstellungsgelände in Paris
CNRS [seɛnɛʀɛs] sigle m (= Centre national de la recherche scientifique) ≈ Wissenschaftsrat m
c/o abr (= care of) bei
coagulant [kɔagylã] nm gerinnungsförderndes Mittel nt
coaguler [kɔagyle] vi (aussi: **se coaguler**) koagulieren, gerinnen
coaliser [kɔalize]: **se ~** vpr (Pol) koalieren
coalition [kɔalisjɔ̃] nf Koalition f
coasser [kɔase] vi quaken
coauteur [kootœʀ] nm Mitautor(in) m(f)

coaxial, e, -aux [kɔaksjal, jo] *adj (câble)* Koaxial-
cobalt [kɔbalt] *nm* Kobalt *nt*
cobaye [kɔbaj] *nm (Zool)* Meerschweinchen *nt*;
  (fig) Versuchskaninchen *nt*
cobra [kɔbʀa] *nm* Kobra *f*
coca® [kɔka] *nm* Cola *f*
cocagne [kɔkaɲ] *nf*: **pays de ~** Schlaraffenland
  nt; **mât de ~** *Klettermast, an dem Preise aufgehängt sind*
cocaïne [kɔkain] *nf* Kokain *nt*
cocarde [kɔkaʀd] *nf* Kokarde *f*
cocardier, -ère [kɔkaʀdje, jɛʀ] *adj*
  chauvinistisch *(übertrieben nationalistisch)*
cocasse [kɔkas] *adj* komisch, spaßig
coccinelle [kɔksinɛl] *nf* Marienkäfer *m*
coccyx [kɔksis] *nm* Steißbein *nt*
coche [kɔʃ] *nm*: **manquer le ~** den Zug verpassen
cocher [kɔʃe] *nm* Kutscher *m* ▷ *vt* abhaken
cochère [kɔʃɛʀ] *adj f*: **porte ~** Hoftor *nt*
cochon, ne [kɔʃɔ̃, ɔn] *adj* schweinisch ▷ *nm*
  Schwein *nt*; **~ d'Inde** Meerschweinchen *nt*; **~ de**
  lait Spanferkel *nt*
cochonnaille [kɔʃɔnaj] *nf* Wurstwaren *pl*
cochonnerie [kɔʃɔnʀi] *(fam) nf (saleté, grivoiserie)*
  Schweinerei *f*; *(camelote)* Mist *m*
cochonnet [kɔʃɔnɛ] *nm (Boules)* Zielkugel *f*
cocker [kɔkɛʀ] *nm* Cocker(spaniel) *m*
cocktail [kɔktɛl] *nm (boisson)* Cocktail *m*; *(réception)*
  Cocktailparty *f*
coco [kɔko] *nm voir* **noix** *(fam: individu)* Typ *m*
cocon [kɔkɔ̃] *nm* Kokon *m*
cocorico [kɔkɔʀiko] *excl* kikeriki ▷ *nm* Kikeriki *nt*
cocotier [kɔkɔtje] *nm* Kokospalme *f*
cocotte [kɔkɔt] *nf (en fonte)* Kasserolle *f*; **ma ~**
  (fam) meine Süße; **~ en papier** *gefaltetes Papier*;
  ~ (minute)® Schnellkochtopf *m*
cocu, e [kɔky] *(fam) adj* gehörnt ▷ *nm* Hahnrei *m*,
  betrogener Ehemann *m*
codage [kɔdaʒ] *nm* Codierung *f*
code [kɔd] *nm* Code *m*; *(Jur)* Gesetzbuch *nt*;
  (conventions) Kodex *m*; *(Auto)* Abblendlicht *nt*; **se**
  mettre en ~(s) abblenden; **phares ~(s)**
  Abblendlicht; **~ à barres** Balkencode *m*; **~ civil**
  bürgerliches Gesetzbuch *nt*; **~ de caractère**
  (Inform) Zeichencode *m*; **~ de la route**
  Straßenverkehrsordnung *f*; **~ machine**
  Maschinencode *m*; **~ pénal** Strafgesetzbuch *nt*;
  ~ postal Postleitzahl *f*; **~ secret** Geheimcode *m*
codéine [kɔdein] *nf* Codein *nt*
coder [kɔde] *vt* codieren
codétenu, e [kɔdet(ə)ny] *nm/f* Mitgefangene(r)
  f(m)
codicille [kɔdisil] *nm* handschriftlicher Zusatz *m*
  (zu einem Testament)
codifier [kɔdifje] *vt* kodifizieren
codirecteur, -trice [kɔdiʀɛktœʀ, tʀis] *nm/f*
  Mitdirektor(in) *m(f)*
coéditeur, -trice [kɔeditœʀ, tʀis] *nm/f*
  Mitherausgeber(in) *m(f)*; *(rédacteur)*
  Mitredakteur(in) *m(f)*
coefficient [kɔefisjɑ̃] *nm* Koeffizient *m*;
  (d'examen) Wichtungsfaktor *m*; **~ d'erreur**
  Fehlerspielraum *m*

coéquipier, -ière [koekipje, jɛʀ] *nm/f*
  Mannschaftskamerad(in) *m(f)*
coercition [kɔɛʀsisjɔ̃] *nf* Zwang *m*
cœur [kœʀ] *nm* Herz *nt*; **affaire de ~**
  Herzensangelegenheit *f*; **avoir bon** *ou* **du ~**
  gutherzig sein, ein gutes Herz haben; **j'ai mal**
  au ~ mir ist schlecht; **contre son ~** ans Herz;
  opérer qn à ~ ouvert bei jdm eine Operation am
  offenen Herzen durchführen; **parler à ~ ouvert**
  sein Herz ausschütten; **de tout son ~** von
  ganzem Herzen; **elle a le ~ gros** *ou* **serré** ihr ist
  schwer ums Herz; **je veux en avoir le ~ net** ich
  will der Sache auf den Grund gehen; **avoir le ~**
  sur la main sehr freigebig sein; **par ~**
  auswendig; **de bon** *ou* **grand ~** bereitwillig,
  gern; **avoir à ~ de faire qch** Wert darauf legen,
  etw zu tun; **cela lui tient à ~** das liegt ihm (sehr)
  am Herzen; **prendre les choses à ~** die Dinge zu
  Herzen nehmen; **à ~ joie** nach Herzenslust; **être**
  de (tout) ~ avec qn mit jdm völlig
  übereinstimmen; **au ~ de l'été** im
  Hochsommer; **au ~ de la forêt** in der Mitte des
  Waldes; **~ d'artichaut** Artischockenherz *nt*; **~ de**
  laitue Herz des Salates
coexistence [kɔɛgzistɑ̃s] *nf* Koexistenz *f*;
  ~ pacifique friedliche Koexistenz
coexister [kɔɛgziste] *vi* koexistieren
coffrage [kɔfʀaʒ] *nm (dispositif)* Verschalung *f*
coffre [kɔfʀ] *nm (meuble)* Truhe *f*; *(coffre-fort)* Tresor
  m; *(d'auto)* Kofferraum *m*; **avoir du ~** *(fam)* gut bei
  Puste sein
coffre-fort [kɔfʀəfɔʀ] *(pl* **coffres-forts**) *nm*
  Tresor *m*
coffrer [kɔfʀe] *(fam) vt* einsperren
coffret [kɔfʀɛ] *nm* Schatulle *f*; **~ à bijoux**
  Schmuckschatulle *f*
cogérant, e [kɔʒeʀɑ̃, ɑ̃t] *nm/f* Mitverwalter(in)
  m(f)
cogestion [kɔʒɛstjɔ̃] *nf* gemeinschaftliche
  Verwaltung *f*
cogiter [kɔʒite] *(fam) vi* nachdenken ▷ *vt*
  nachdenken über *+acc*
cognac® [kɔɲak] *nm* Cognac® *m*, Kognak *m*
cogner [kɔɲe] *vt (verres etc)* aneinanderstoßen ▷ *vi*
  (volet, battant) schlagen; *(moteur)* klopfen; **se**
  cogner *vpr* sich stoßen; **il cogne dur** *(fam)* er
  schlägt hart zu; **~ sur un clou** auf einen Nagel
  schlagen *ou* hämmern; **~ à la porte/fenêtre** an
  die Tür/das Fenster klopfen
cohabitation [kɔabitasjɔ̃] *nf* Zusammenleben *nt*
cohabiter [kɔabite] *vi* zusammenleben
cohérence [kɔeʀɑ̃s] *nf* Zusammenhang *m*,
  Kohärenz *f*
cohérent, e [kɔeʀɑ̃, ɑ̃t] *adj (discours, texte)*
  zusammenhängend; *(politique)* einheitlich
cohésion [kɔezjɔ̃] *nf* Zusammenhalt *m*
cohorte [kɔɔʀt] *nf* Truppe *f*
cohue [kɔy] *nf* Menge *f*
coi, coite [kwa, kwat] *adj*: **il en est resté ~** das
  verschlug ihm die Sprache
coiffe [kwaf] *nf* Haube *f*
coiffé, e [kwafe] *adj*: **bien ~** frisiert; **mal ~**

unfrisiert; **être ~ d'un béret** eine Baskenmütze auf dem Kopf tragen; **être ~ d'un chapeau** einen Hut tragen; **être ~ en arrière** die Haare nach hinten zurückgekämmt tragen; **être ~ en brosse** einen Bürstenschnitt haben

coiffer [kwafe] vt (peigner) frisieren; (fig: colline, sommet) bedecken; (Admin: sections, organismes) umfassen; **se coiffer** vpr (se peigner) sich frisieren; **~ qn au poteau** jdn um Haaresbreite schlagen; **~ qn d'un chapeau/béret** jdm einen Hut/eine Baskenmütze aufsetzen

coiffeur, -euse [kwafœr, øz] nm/f Friseur m, Friseuse f ▷ nf (table) Frisiertisch m

coiffure [kwafyʀ] nf (cheveux) Frisur f; (chapeau) Kopfbedeckung f; **la ~** (art) das Friseurhandwerk nt

coin [kwɛ̃] nm Ecke f; (pour caler, fendre le bois) Keil m; (poinçon) Stempel m; **l'épicerie du ~** der (kleine) Laden m an der Ecke; **dans le ~** in der Ecke ou Gegend; **au ~ du feu** am Kamin; **du ~ de l'œil** aus dem Augenwinkel; **regard en ~** Blick m von der Seite; **sourire en ~** verstohlenes Lächeln

coincé, e [kwɛ̃se] adj klemmend, verklemmt; (fig: inhibé) verklemmt

coincer [kwɛ̃se] vt (tiroir, fiche) einklemmen; (fam: qn) in die Enge treiben; **se coincer** vpr klemmen, sich verklemmen

coïncidence [kɔɛ̃sidɑ̃s] nf Zufall m

coïncider [kɔɛ̃side] vi (témoignages etc) übereinstimmen; **~ avec** zusammenfallen mit

coin-coin [kwɛ̃kwɛ̃] nm inv Quakquak nt

coing [kwɛ̃] nm Quitte f

coït [kɔit] nm Koitus m

coite [kwat] adj f voir **coi**

coke¹ [kɔk] nm Koks m

coke² [kɔk] (fam) nf (cocaïne) Koks m

col [kɔl] nm Kragen m; (encolure, de bouteille) Hals m; (de montagne) Pass m; **~ de l'utérus** Gebärmutterhals m; **~ du fémur** Oberschenkelhals m; **~ roulé** Rollkragen m

coléoptère [kɔleɔptɛr] nm Käfer m

colère [kɔlɛr] nf Wut f; **une ~** ein Wutanfall m; **être en ~ (contre qn)** (auf jdn) wütend sein; **mettre qn en ~** jdn wütend machen; **se mettre en ~** wütend werden

coléreux, -euse [kɔlerø, øz], **colérique** [kɔlerik] adj jähzornig

colibacille [kɔlibasil] nm Kolibakterie f

colibacillose [kɔlibasiloz] nf Kolisepsis f

colifichet [kɔlifiʃɛ] nm (bijou) Flitterzeug nt; (babiole) Schnickschnack m

colimaçon [kɔlimasɔ̃] nm: **escalier en ~** Wendeltreppe f

colin [kɔlɛ̃] nm Seehecht m

colin-maillard [kɔlɛ̃majaʀ] (pl **~s**) nm Blindekuh(spiel) nt

colique [kɔlik] nf (diarrhée) Durchfall m; (douleurs) Kolik f; **~ néphrétique** Nierenkolik f

colis [kɔli] nm Paket nt; **par ~ postal** mit Paketpost

colistier [kɔlistje] nm Mitbewerber(in) m(f)

colite [kɔlit] nf Kolitis f

collaborateur, -trice [kɔ(l)labɔʀatœʀ, tʀis] nm/f Mitarbeiter(in) m(f); (Pol: péj) Kollaborateur(in) m(f); (d'une revue) Mitwirkende(r) f(m)

collaboration [kɔ(l)labɔʀasjɔ̃] nf Mitarbeit f; (Pol: péj) Kollaboration f; **en ~ avec** in Zusammenarbeit mit

collaborer [kɔ(l)labɔʀe] vi zusammenarbeiten; (Pol: péj) kollaborieren; **~ à** (travail) mitarbeiten an +dat; (revue) mitwirken in +dat

collage [kɔlaʒ] nm Collage f

collagène [kɔlaʒɛn] nm Kollagen nt

collant, e [kɔlɑ̃, ɑ̃t] adj klebrig; (robe etc) hauteng; (péj: personne) aufdringlich ▷ nm (bas) Strumpfhose f; (de danseur) Trikot nt

collatéral, e, -aux [kɔ(l)lateral, o] adj: **les parents collatéraux** die Seitenverwandten pl

collation [kɔlasjɔ̃] nf (repas) Imbiss m

colle [kɔl] nf Klebstoff m; (à papiers peints) (Tapeten)kleister m; (fam: devinette) harte Nuss f; (: Scol: punition) Nachsitzen nt; **~ forte** Alleskleber m; **~ forte** Sekundenkleber m

collecte [kɔlɛkt] nf Kollekte f; **faire une ~** eine Kollekte machen

collecter [kɔlɛkte] vt sammeln

collecteur [kɔlɛktœʀ] nm (égout) Abwasserkanal m

collectif, -ive [kɔlɛktif, iv] adj Kollektiv-; (visite) Gruppen-; (nom, terme) Sammel- ▷ nm (groupe de personnes) Kollektiv nt; **~ immeuble** Wohnblock m; **~ budgétaire** Gesamtetat m

collection [kɔlɛksjɔ̃] nf Sammlung f; (Édition) Reihe f; (Comm: échantillons) Warenangebot nt; (de mode) Kollektion f; **pièce de ~** Sammlerstück nt; **faire (la) ~ de qch** etw sammeln; **(toute) une ~ de** eine ganze Sammlung von

collectionner [kɔlɛksjɔne] vt sammeln

collectionneur, -euse [kɔlɛksjɔnœʀ, øz] nm/f Sammler(in) m(f)

collectivement [kɔlɛktivmɑ̃] adv kollektiv

collectiviser [kɔlɛktivize] vt verstaatlichen

collectivisme [kɔlɛktivism] nm Kollektivismus m

collectivité [kɔlɛktivite] nf Gemeinschaft f; **la ~** (le public) die Öffentlichkeit f; (l'ensemble des citoyens) das Volk nt; **~s locales** (Admin) Gemeinden pl

collège [kɔlɛʒ] nm (école) höhere Schule f; (assemblée) Kollegium nt; siehe Info-Artikel; **~ d'enseignement secondaire (CES)** ≈ Sekundarstufe 1 f; **~ électoral** Wahlmännerkollegium nt

● **COLLÈGE**

● Le collège ist eine staatliche Schule für Kinder
● im Alter von 11 bis 15 Jahren. Schüler werden
● nach einem vorgeschriebenen nationalen
● Lehrplan, der Pflicht- und Wahlfächer
● enthält, unterrichtet. Ein collège kann seinen
● eigenen Stundenplan aufstellen und seine
● eigenen Unterrichtsmethoden auswählen.
● Das brevet des collèges ist das Abschlusszeugnis,
● das die Schüler nach ihren bestandenen
● Prüfungen erhalten.

collégial, e, -aux [kɔleʒjal, jo] adj (direction) Kollegial-; (pouvoir) Kollektiv-
collégien, ne [kɔleʒjē] nm/f Gymnasiast(in) m(f)
collègue [kɔ(l)lɛg] nm/f Kollege m, Kollegin f
coller [kɔle] vt (papier) kleben; (timbre) aufkleben; (affiche) ankleben; (enveloppe) zukleben; (papier peint) (an)kleben; (morceaux) zusammenkleben; (fam: mettre, fourrer) schmeißen; (: par une devinette) erwischen; (: élève) nachsitzen lassen ▷ vi (être collant) kleben; (adhérer) festkleben; **~ qch sur** etw kleben auf +acc; **~ à** kleben an +dat
collerette [kɔlʀɛt] nf Halskrause f; (Tech) Flansch m
collet [kɔlɛ] nm (piège) Falle f; **prendre qn au ~** jdn an der Gurgel packen; **~ monté** förmlich, steif
colleter [kɔlte] vt (adversaire) (am Kragen) fassen; **se colleter** vpr: **se ~ avec** kämpfen mit
colleur, -euse [kɔlœʀ, øz] nm/f: **~ d'affiches** Plakatkleber(in) m(f)
collier [kɔlje] nm (bijou) Halskette f; (de chien) Halsband nt; (de tuyau) Bund m; **~ (de barbe), barbe en ~** kurz gestutzter Vollbart; **~ de serrage** Schraubzwinge f
collimateur [kɔlimatœʀ] nm: **être dans le ~** (fig) im Kreuzfeuer stehen; **avoir qn/qch dans le ~** (fam) jdn/etw auf dem Kieker haben
colline [kɔlin] nf Hügel m
collision [kɔlizjɔ̃] nf (de véhicules) Zusammenstoß m; (d'intérêts) Konflikt m; **entrer en ~ (avec qch)** (mit etw) zusammenstoßen
colloque [kɔ(l)lɔk] nm Kolloquium nt
collusion [kɔlyzjɔ̃] nf (geheime) Absprache f
collutoire [kɔlytwaʀ] nm (Méd) Medikament nt zum Auspinseln des Mundes; (en bombe) Mundspray nt
collyre [kɔliʀ] nm (Méd) Augentropfen pl
colmater [kɔlmate] vt (fuite) versiegeln; (brèche) zustopfen
Cologne [kɔlɔɲ] n Köln nt
colombage [kɔlɔ̃baʒ] nm Fachwerk nt
colombe [kɔlɔ̃b] nf Taube f
Colombie [kɔlɔ̃bi] nf: **la ~** Kolumbien nt
colombien, ne [kɔlɔ̃bjē, jɛn] adj kolumbianisch ▷ nm/f: **Colombien, ne** Kolumbianer(in) m(f)
colon [kɔlɔ̃] nm Siedler(in) m(f); (enfant pionnier) Ferienkind nt
côlon [kɔlɔ̃] nm Kolon nt, Dickdarm m
colonel [kɔlɔnɛl] nm Oberst m
colonial, e, -aux [kɔlɔnjal, jo] adj kolonial, Kolonial-; **casque ~** Tropenhelm m
colonialisme [kɔlɔnjalism] nm Kolonialismus m
colonialiste [kɔlɔnjalist] adj kolonialistisch
colonie [kɔlɔni] nf Kolonie f; **~ (de vacances)** Ferienkolonie f
colonisation [kɔlɔnizasjɔ̃] nf Kolonialisierung f
coloniser [kɔlɔnize] vt kolonialisieren
colonnade [kɔlɔnad] nf Säulengang m
colonne [kɔlɔn] nf Säule f; (sur une page) Spalte f; (de soldats, camions) Kolonne f; **se mettre en ~ par deux/quatre** sich in Zweier-/Viererreihen aufstellen; **~ de secours** Rettungstrupp m;

~ (vertébrale) Wirbelsäule f
colophane [kɔlɔfan] nf Kolophonium nt
colorant, e [kɔlɔʀɑ̃, ɑ̃t] adj (substances) Farb-; (matières) färbend; (shampooing) Färbe-, Tönungs- ▷ nm (alimentaire) Farbstoff m
coloration [kɔlɔʀasjɔ̃] nf Färbung f; **se faire faire une ~** (chez le coiffeur) sich dat die Haare färben lassen
coloré, e [kɔlɔʀe] adj farbig
colorer [kɔlɔʀe] vt färben; **se colorer** vpr (ciel) sich verfärben; (joues, tomates, raisins) Farbe bekommen
coloriage [kɔlɔʀjaʒ] nm Kolorieren nt, Ausmalen nt; (dessin) ausgemalte Zeichnung f
colorier [kɔlɔʀje] vt (dessin) (bunt) ausmalen; **album à ~** Malbuch nt
coloris [kɔlɔʀi] nm Farbe f
coloriste [kɔlɔʀist] nm/f Farbkünstler(in) m(f)
colossal, e, -aux [kɔlɔsal, o] adj riesig, ungeheuer
colosse [kɔlɔs] nm Riese m
colostrum [kɔlɔstʀɔm] nm Kolostrum nt
colporter [kɔlpɔʀte] vt (marchandises) hausieren mit; (nouvelle) verbreiten
colporteur, -euse [kɔlpɔʀtœʀ, øz] nm/f Hausierer(in) m(f)
colt [kɔlt] nm Revolver m
coltiner [kɔltine] vt herumschleppen; **se coltiner** vpr (un travail) aufgehalst bekommen
colza [kɔlza] nm Raps m
coma [kɔma] nm Koma nt; **être dans le ~** im Koma liegen
comateux, -euse [kɔmatø, øz] adj komatös
combat [kɔ̃ba] vb voir **combattre** ▷ nm (Mil) Gefecht nt; (fig) Kampf m; **~ de boxe** Boxkampf m; **~s de rues** Straßenkämpfe pl
combatif, -ive [kɔ̃batif, iv] adj kämpferisch
combativité [kɔ̃bativite] nf Kampflust f
combattant, e [kɔ̃batɑ̃, ɑ̃t] vb voir **combattre** ▷ adj kämpfend ▷ nm Kämpfer m; **ancien ~** Kriegsveteran m
combattre [kɔ̃batʀ] vt bekämpfen ▷ vi kämpfen
combien [kɔ̃bjē] adv (interrogatif: quantité) wie viel; (: nombre) wie viele; (exclamatif: comme) wie; **~ d'argent/de personnes** wie viel Geld/wie viele Personen; **~ de temps** wie viel Zeit; **~ coûte/pèse ceci?** wie viel kostet/wiegt das?; **vous mesurez ~?** welche Größe haben Sie?; **ça fait ~?** (prix) was macht das?; **~ il a changé!** wie er sich verändert hat!
combinaison [kɔ̃binɛzɔ̃] nf Kombination f; (moyen) Mittel nt; (astuce) Trick m; (de femme) Unterrock m; (spatiale, d'homme-grenouille) Anzug m; (bleu de travail) Overall m
combine [kɔ̃bin] nf Trick m
combiné [kɔ̃bine] nm (téléphonique) Hörer m; (Ski) Kombination f
combiner [kɔ̃bine] vt kombinieren, zusammenstellen; (projet, rencontre) planen
comble [kɔ̃bl] adj (salle) brechend voll; (maison) vollgestopft; (bus) überfüllt ▷ nm (du bonheur, plaisir) Höhepunkt m; **combles** nmpl (Constr)

Dachboden *m*; **pour ~ de malchance** zu allem
Unglück (auch noch); **c'est le ~!** das ist wirklich
der Gipfel *ou* die Höhe!; **sous les ~s** unter dem
Dach; **de fond en ~** von oben bis unten
combler [kɔ̃ble] *vt* (*trou*) zustopfen; (*fig: lacune,
déficit*) ausgleichen; (*besoin*) erfüllen; (*désirs,
personne*) zufriedenstellen; **~ qn de joie/
d'honneurs** jdn mit Freude erfüllen/mit
Ehrungen überhäufen
combustible [kɔ̃bystibl] *adj* brennbar ▷ *nm*
Brennstoff *m*
combustion [kɔ̃bystjɔ̃] *nf* Verbrennung *f*
comédie [kɔmedi] *nf* Komödie *f*; (*fig: simulation*)
Theater *nt*; **jouer la ~** Theater spielen; **C~
française** *siehe Info-Artikel*; **~ musicale** Musical *nt*

COMÉDIE FRANÇAISE

La Comédie française, die 1680 von Louis XIV
gegründet wurde, ist das französische
Nationaltheater. Das staatlich
subventionierte Ensemble tritt meist im
Palais-Royal in Paris auf und führt in erster
Linie klassische französische Stücke auf.

comédien, ne [kɔmedjɛ̃, jɛn] *nm/f*
Schauspieler(in) *m(f)*; (*comique*) Komiker(in) *m(f)*;
(*pitre*) Komödiant(in) *m(f)*
comédon [kɔmedɔ̃] *nm* Mitesser *m*
comestible [kɔmɛstibl] *adj* essbar, genießbar;
comestibles *nmpl* Lebensmittel *pl*
comète [kɔmɛt] *nf* Komet *m*
comice [kɔmis] *nm*: **~s agricoles**
Landwirtschaftsschau *f*
comique [kɔmik] *adj* komisch ▷ *nm* (*artiste*)
Komiker(in) *m(f)*; **le ~ de qch** das Komische an
einer Sache
comité [kɔmite] *nm* Komitee *nt*; **en petit ~** im
kleinen Kreis; **~ d'entreprise** Betriebsrat *m*;
~ des fêtes Festausschuss *m*; **~ directeur**
Leitungsteam *nt*
commandant [kɔmɑ̃dɑ̃] *nm* (*gén: Mil*)
Kommandant *m*; (*Naut*) Fregattenkapitän *m*;
~ (de bord) (*Aviat*) Kapitän *m*
commande [kɔmɑ̃d] *nf* (*Comm*) Bestellung *f*;
(*Inform*) Befehl *m*; **commandes** *nfpl* (*de voiture,
d'avion*) Steuerung *f*; **passer une ~ (de qch)** (etw)
bestellen; **sur ~** auf Befehl; **véhicule à double ~**
Fahrzeug *nt* mit doppelter Steuerung; **~ à
distance** Fernsteuerung *f*
commandement [kɔmɑ̃dmɑ̃] *nm* (*d'une armée*)
Kommando *nt*; (*ordre*) Befehl *m*; (*Rel*) Gebot *nt*
commander [kɔmɑ̃de] *vt* (*Comm: produit*)
bestellen; (*: travail*) in Auftrag geben; (*armée*)
kommandieren; (*bateau, avion*) das Kommando
führen bei; (*contrôler*) steuern; **~ à** (*Mil*) befehlen
+*dat*; **~ à qn de faire qch** jdm befehlen, etw zu
tun; **~ le respect** Respekt gebieten; **~
l'admiration** Bewunderung hervorrufen
commanditaire [kɔmɑ̃ditɛʀ] *nm* stiller
Teilhaber *m*
commandite [kɔmɑ̃dit] *nf*: **(société en) ~**

Kommanditgesellschaft *f*
commanditer [kɔmɑ̃dite] *vt* als stiller Teilhaber
beteiligt sein an +*dat*
commando [kɔmɑ̃do] *nm* Kommando *nt*

○ MOT-CLÉ

comme [kɔm] *prép* **1** (*comparaison, manière*) wie;
comme mon père wie mein Vater; **fort comme
un bœuf** stark wie ein Ochse; **joli/bête comme
tout** unheimlich hübsch/dumm; **comme c'est
pas permis** (*fam*) wie verrückt; **comme ça** so;
faites(-le) comme ça machen Sie es so; **comme
ci, comme ça** so, lala; **on ne parle pas comme
ça à ...** so redet man nicht mit ...; **ce n'est pas
comme ça qu'on va réussir** so kommen wir
nicht zum Ziel; **comme cela** *ou* **ça, on n'aura
pas d'ennuis** auf diese Weise gibt es keine
Probleme
2 (*en tant que*) als; **donner comme prix/raison**
als Preis/Grund angeben; **travailler comme
secrétaire** als Sekretärin arbeiten
▷ *conj* **1** (*ainsi que*) wie; **elle écrit comme elle
parle** sie schreibt, wie sie spricht; **comme dit/
dirait ma mère** wie meine Mutter sagt/sagen
würde; **comme on dit** wie man so sagt; **comme
si** als ob; **comme quoi** (*disant que*) wonach; (*d'où il
s'ensuit que*) woraus folgt, dass; **comme il faut**
wie es sich gehört
2 (*au moment où, alors que*) als; **il est parti comme
j'arrivais** er ging, als ich ankam
3 (*parce que, puisque*) da; **comme il était en retard**
da er zu spät kam
▷ *adv* (*exclamation*): **comme c'est bon!** das ist
aber gut!; **comme il est petit/fort!** wie klein/
stark er ist!

commémoratif, -ive [kɔmemɔʀatif, iv] *adj*
Gedenk-
commémoration [kɔmemɔʀasjɔ̃] *nf* (*cérémonie*)
Gedenkfeier *f*
commémorer [kɔmemɔʀe] *vt* gedenken +*gén*
commencement [kɔmɑ̃smɑ̃] *nm* Anfang *m*
commencer [kɔmɑ̃se] *vt* anfangen; (*être placé au
début de*) beginnen ▷ *vi* anfangen, beginnen; **~ à**
ou **de faire qch** beginnen *ou* anfangen, etw zu
tun; **~ par qch** mit etw anfangen; **~ par faire
qch** etw zuerst tun
comment [kɔmɑ̃] *adv* (*interrogatif*) wie; **~?** (*que
dites-vous?*) wie bitte?; **et ~!** und wie!; **(mais) ~
donc!** (*bien sûr*) aber sicher doch!
commentaire [kɔmɑ̃tɛʀ] *nm* (*gén pl*) Kommentar
m; **~ (de texte)** Texterläuterung *f*; **~ sur image**
Bildbeschreibung *f*
commentateur, -trice [kɔmɑ̃tatœʀ, tʀis] *nm/f*
Kommentator(in) *m(f)*
commenter [kɔmɑ̃te] *vt* kommentieren
commérages [kɔmeʀaʒ] *nmpl* Tratsch *m*,
Klatsch *m*
commerçant, e [kɔmɛʀsɑ̃, ɑ̃t] *adj* (*rue, personne*)
Geschäfts-; (*ville*) Handels- ▷ *nm/f* (*marchand*)
Geschäftsmann *m*, Geschäftsfrau *f*

commerce [kɔmɛʀs] *nm* (*activité*) Handel *m*;
(*boutique*) Geschäft *nt*; (*fig: rapports*) Umgang *m*; **le**
petit ~ die kleinen Geschäfte; **faire ~ de**
handeln mit; (*péj*) Profit schlagen aus; **chambre**
de ~ Handelskammer *f*; **livres de ~**
Geschäftsbücher *pl*; **vendu dans le ~** im Handel
erhältlich; **vendu hors ~** nur im Direktverkauf;
~ équitable Fairer Handel; **~ en** *ou* **de gros**
Großhandel *m*; **~ extérieur** Außenhandel *m*;
~ intérieur Binnenhandel *m*
commercer [kɔmɛʀse] *vi*: **~ avec** handeln mit
commercial, e, -aux [kɔmɛʀsjal, jo] *adj*
Handels-; (*péj: livre, film*) kommerziell ▷ *nm*: **les**
commerciaux die Handelsabteilung *f* ▷ *nf*
(*véhicule*) Lieferwagen *m*
commercialisable [kɔmɛʀsjalizabl] *adj*
absetzbar
commercialisation [kɔmɛʀsjalizasjɔ̃] *nf*
Vermarktung *f*
commercialiser [kɔmɛʀsjalize] *vt* (*brevet, produit*)
auf den Markt bringen; (*idée*) vermarkten
commère [kɔmɛʀ] *nf* Klatschbase *f*
commettant [kɔmetɑ̃] *vb voir* **commettre** ▷ *nm*
(*Jur*) Mandant *m*
commettre [kɔmɛtʀ] *vt* begehen; **se commettre**
vpr (*se compromettre*) sich kompromittieren;
avocat commis d'office vom Gericht bestellter
Anwalt *m*
commis [kɔmi] *vb voir* **commettre** ▷ *nm* (*de*
magasin) Verkäufer(in) *m(f)*; (*de banque*)
Angestellte(r) *f(m)*; **~ voyageur**
Handlungsreisende(r) *m*
commisération [kɔmizeʀasjɔ̃] *nf* Mitleid *nt*
commissaire [kɔmisɛʀ] *nm* (*de police*)
≈ Kommissar(in) *m(f)*; (*de course, compétition*)
Ordner(in) *m(f)*; **~ aux comptes** Buchprüfer(in)
m(f); **~ du bord** (*Naut*) Zahlmeister *m*
commissaire-priseur [kɔmisɛʀpʀizœʀ] (*pl*
commissaires-priseurs) *nm* Auktionator *m*
commissariat [kɔmisaʀja] *nm* (*de police*)
Polizeiwache *f*
commission [kɔmisjɔ̃] *nf* (*comité*) Kommission *f*;
(*pourcentage*) Provision *f*; (*message*) Botschaft *f*;
commissions *nfpl* (*achats*) Besorgungen *pl*;
~ d'examen Prüfungsausschuss *m*
commissionnaire [kɔmisjɔnɛʀ] *nm* (*livreur,*
messager) Bote *m*; (*de transport*) Lieferfirma *f*
commissure [kɔmisyʀ] *nf*: **la ~ des lèvres** die
Mundwinkel *pl*
commode [kɔmɔd] *adj* (*pratique*) praktisch; (*facile,*
aisé) bequem, leicht; (*aimable*) umgänglich ▷ *nf*
(*meuble*) Kommode *f*; **pas ~** schwierig
commodités [kɔmɔdite] *nfpl* (*aise, confort*)
Annehmlichkeiten *pl*
commotion [kɔmosjɔ̃] *nf*: **~ (cérébrale)**
Gehirnerschütterung *f*
commotionné, e [kɔmosjɔne] *adj*: **être ~** einen
Schock erlitten haben
commuer [kɔmɥe] *vt* (*Jur*) umwandeln
commun, e [kɔmœ̃, yn] *adj* (*à plusieurs*)
gemeinsam; (*ordinaire, vulgaire*) gewöhnlich ▷ *nm*:
cela sort du ~ das ist außergewöhnlich;

communs *nmpl* (*bâtiments*) Nebengebäude *pl*;
sans ~e mesure unvergleichlich; **bien ~**
Gemeingut *nt*; **être ~ à** gemeinsam sein +*dat*; **en**
~ (*faire*) gemeinsam, miteinander; (*mettre*)
zusammen; **peu ~** ungewöhnlich; **d'un ~**
accord geschlossen; **le ~ des mortels** der
gewöhnliche *ou* normale Sterbliche
communal, e, -aux [kɔmynal, o] *adj* Gemeinde-,
Kommunal-
communard, e [kɔmynaʀ, aʀd] *nm/f*
Kommunarde *m*, Kommunardin *f*
communautaire [kɔmynotɛʀ] *adj* (*vie*)
Gemeinschafts-; (*de la CE*) EG-
communauté [kɔmynote] *nf* Gemeinschaft *f*;
(*Rel*) Ordensgemeinschaft *f*; **régime de la ~**
gemeinsamer Güterstand *m*; **C~ européenne**
Europäische Gemeinschaft *f*
commune [kɔmyn] *adj f voir* **commun** ▷ *nf* (*Admin*)
Gemeinde *f*; (: *urbaine*) Stadtbezirk *m*
communément [kɔmynemɑ̃] *adv* allgemein
communiant, e [kɔmynjɑ̃, jɑ̃t] *nm/f*
Kommunikant(in) *m(f)*; **premier ~**
Kommunionkind *nt*
communicant, e [kɔmynikɑ̃, ɑ̃t] *adj*
(*miteinander*) verbunden
communicatif, -ive [kɔmynikatif, iv] *adj*
(*personne*) mitteilsam, gesprächig; (*rire*)
ansteckend
communication [kɔmynikasjɔ̃] *nf*
Kommunikation *f*, Verständigung *f*; (*message*)
Mitteilung *f*; (*téléphonique*) (Telefon)gespräch *nt*;
(*moyen de liaison*) Verbindung *f*; **communications**
nfpl Verbindungen *pl*, Verkehr *m*; **avoir la ~ (avec**
qn) (mit jdm) in Verbindung stehen; **vous avez**
la ~ ich verbinde; **donnez-moi la ~ avec**
verbinden Sie mich bitte mit; **mettre qn en ~**
avec qn (*en contact*) jdn mit jdm in Verbindung
bringen; (*au téléphone*) jdn mit jdm verbinden;
~ avec préavis Gespräch *nt* mit Voranmeldung;
~ interurbaine Ferngespräch *nt*
communier [kɔmynje] *vi* (*Rel*) zur Kommunion
gehen, kommunizieren
communion [kɔmynjɔ̃] *nf* (*Rel*) Kommunion *f*;
(*fig*) Einigkeit *f*; **première ~** Erstkommunion *f*;
~ solennelle feierliches Glaubensbekenntnis *nt*
communiqué [kɔmynike] *nm* Kommuniqué *nt*;
~ de presse Pressemitteilung *f*, (amtliche)
Presseverlautbarung *f*
communiquer [kɔmynike] *vt* (*annoncer*)
mitteilen; (*transmettre*) übermitteln; (*dossier*)
überreichen, übergeben; (*maladie, sentiment,*
mouvement) übertragen ▷ *vi* (*salles*) miteinander
verbunden sein; (*personnes*) in Verbindung
stehen, Kontakt haben; **se communiquer à** *vpr*
(*se propager*) übergreifen auf +*acc*; **~ avec** (*suj: salle*)
Verbindung haben mit
communisme [kɔmynism] *nm* Kommunismus *m*
communiste [kɔmynist] *adj* kommunistisch
▷ *nm/f* Kommunist(in) *m(f)*
commutateur [kɔmytatœʀ] *nm* Schalter *m*
commutation [kɔmytasjɔ̃] *nf* (*Inform*) Schalten *nt*
Comores [kɔmɔʀ] *nfpl*: **les (îles) ~** die Komoren *pl*

compact, e [kɔ̃pakt] adj (matière) dicht; (véhicule, appareil) kompakt; (foule) dicht gedrängt

compagne [kɔ̃paɲ] nf (camarade) Kameradin f; (concubine, partenaire) Partnerin f

compagnie [kɔ̃paɲi] nf Gesellschaft f; (Mil) Kompanie f; **homme/femme de ~** Begleitung f; **tenir ~ à qn** jdm Gesellschaft leisten; **fausser ~ à qn** jdm entwischen; **en ~ de** in Begleitung von; **Dupont et ~** ou **Cie** Dupont & Co; **~ aérienne** Fluggesellschaft f

compagnon [kɔ̃paɲɔ̃] nm (de voyage) Begleiter m, Gefährte m; (de classe) Klassenkamerad m; (époux, partenaire) Partner m; (autrefois: ouvrier) Geselle m

comparable [kɔ̃paʀabl] adj: **~ (à)** vergleichbar (mit), zu vergleichen (mit)

comparaison [kɔ̃paʀɛzɔ̃] nf Vergleich m; **en ~ (de)** im Vergleich (mit); **par ~ (à)** im Vergleich (mit); **sans ~** unvergleichlich

comparaître [kɔ̃paʀɛtʀ] vi: **~ (devant)** erscheinen (vor +dat)

comparatif, -ive [kɔ̃paʀatif, iv] adj vergleichend ▷ nm (Ling) Komparativ m

comparativement [kɔ̃paʀativmã] adv vergleichsweise; **~ à** im Vergleich zu

comparé, e [kɔ̃paʀe] adj: **littérature/grammaire ~e** vergleichende Literaturwissenschaft f/Grammatik f

comparer [kɔ̃paʀe] vt vergleichen; **~ qch/qn à** ou **et qch/qn** etw/jdn mit etw/jdm vergleichen

comparse [kɔ̃paʀs] (péj) nm/f Komplize m, Komplizin f

compartiment [kɔ̃paʀtimã] nm (de train) Abteil nt; (case) Fach nt

compartimenté, e [kɔ̃paʀtimãte] adj unterteilt

comparu [kɔ̃paʀy] pp de **comparaître**

comparution [kɔ̃paʀysjɔ̃] nf Erscheinen nt vor Gericht

compas [kɔ̃pa] nm (Math) Zirkel m; (boussole) Kompass m

compassé, e [kɔ̃pase] adj steif, förmlich

compassion [kɔ̃pasjɔ̃] nf Mitgefühl nt

compatibilité [kɔ̃patibilite] nf Verträglichkeit f

compatible [kɔ̃patibl] adj (Inform) kompatibel; **~ (avec)** vereinbar (mit)

compatir [kɔ̃patiʀ] vi: **~ (à)** Anteil nehmen (an +dat)

compatissant, e [kɔ̃patisã, ãt] adj mitfühlend

compatriote [kɔ̃patʀijɔt] nm/f Landsmann m, Landsmännin f

compensateur, -trice [kɔ̃pãsatœʀ, tʀis] adj ausgleichend

compensation [kɔ̃pãsasjɔ̃] nf (dédommagement) Entschädigung f; (d'une dette) Ausgleichen nt; (Fin) Ausgleich m; **en ~** zur Entschädigung

compensé, e [kɔ̃pãse] adj: **semelle ~e** Plateausohle f

compenser [kɔ̃pãse] vt ausgleichen; (dette) begleichen

compère [kɔ̃pɛʀ] nm (complice) Komplize m, Helfershelfer m

compétence [kɔ̃petãs] nf (aptitude) Fähigkeit f; (Jur) Kompetenz f, Zuständigkeit f

compétent, e [kɔ̃petã, ãt] adj (apte) fähig; (Jur) zuständig

compétitif, -ive [kɔ̃petitif, iv] adj (Comm) wettbewerbsfähig

compétition [kɔ̃petisjɔ̃] nf (concurrence) Wettbewerb m, Konkurrenz f; **être en ~ avec** in Konkurrenz stehen mit; (Sport) einen Wettkampf austragen mit; **~ automobile** Autorennen nt

compétitivité [kɔ̃petitivite] nf Wettbewerbsfähigkeit f

compilateur [kɔ̃pilatœʀ] nm (Inform) Compiler m

compiler [kɔ̃pile] vt kompilieren

complainte [kɔ̃plɛ̃t] nf (Mus) Klage(lied nt) f

complaire [kɔ̃plɛʀ]: **se ~** vpr: **se ~ dans** Gefallen finden an +dat; **se ~ parmi** sich wohlfühlen bei

complaisais [kɔ̃plɛzɛ] vb voir **complaire**

complaisamment [kɔ̃plɛzamã] adv gefällig

complaisance [kɔ̃plɛzãs] nf (amabilité) Entgegenkommen nt, Gefälligkeit f; (péj: indulgence) Nachsichtigkeit f; (: fatuité) Selbstgefälligkeit f; **attestation de ~** aus Gefälligkeit ausgestellte Bescheinigung; **pavillon de ~** Billigflagge f

complaisant, e [kɔ̃plɛzã, ãt] vb voir **complaire** ▷ adj (aimable) gefällig, zuvorkommend; (péj: indulgent) nachsichtig; (: fat) selbstzufrieden

complaît [kɔ̃plɛ] vb voir **complaire**

complément [kɔ̃plemã] nm Ergänzung f; (reste) Rest m; **~ (circonstanciel) de lieu** adverbiale Ortsbestimmung f; **~ d'information** zusätzliche ou ergänzende Informationen pl; **~ (d'objet) direct** Akkusativobjekt nt; **~ (d'objet) indirect** Dativobjekt nt; **~ de nom** Possessivergänzung f

complémentaire [kɔ̃plemãtɛʀ] adj (additionnel) ergänzend, zusätzlich; (couleurs, angles) Komplementär-

complet, -ète [kɔ̃plɛ, ɛt] adj (entier) vollständig, komplett; (total) völlig, total; (hôtel, cinéma) voll ▷ nm (costume) Anzug m; **au (grand) ~** insgesamt

complètement [kɔ̃plɛtmã] adv völlig; (à fond) gründlich; **~ nu** völlig nackt

compléter [kɔ̃plete] vt vervollständigen; **se compléter** vpr (personnes) einander ergänzen; (collection etc) sich vervollständigen

complet-veston [kɔ̃plevɛstɔ̃] (pl **complets-veston**) nm Anzug m

complexe [kɔ̃plɛks] adj kompliziert, komplex; (Biol) komplex ▷ nm Komplex m; **~ industriel/portuaire/hospitalier** Industrie-/Hafen-/Krankenhauskomplex m

complexé, e [kɔ̃plɛkse] adj verdreht

complexité [kɔ̃plɛksite] nf Kompliziertheit f

complication [kɔ̃plikasjɔ̃] nf (d'une situation) Kompliziertheit f; (difficulté, ennui) Komplikation f; **complications** nfpl (Méd) Komplikationen pl

complice [kɔ̃plis] nm/f (comparse) Komplize m, Komplizin f, Mittäter(in) m(f)

complicité [kɔ̃plisite] nf Mittäterschaft f

compliment [kɔ̃plimã] nm Kompliment nt; **mes compliments!** herzlichen Glückwunsch!

complimenter [kɔ̃plimãte] vt: **~ qn (sur** ou **de)**

jdm Komplimente machen (über +*acc*)
compliqué, e [kɔ̃plike] *adj* kompliziert
compliquer [kɔ̃plike] *vt* komplizieren; **se**
compliquer *vpr* sich komplizieren; **se ~ la vie**
sich *dat* das Leben schwer machen
complot [kɔ̃plo] *nm* Komplott *nt*, Verschwörung *f*
comploter [kɔ̃plɔte] *vi* sich verschwören ▷ *vt*
(heimlich) planen
complu [kɔ̃ply] *pp de* **complaire**
comportement [kɔ̃pɔrtəmɑ̃] *nm* Verhalten *nt*
comporter [kɔ̃pɔrte] *vt* (*se composer de*) sich
zusammensetzen aus; (*être équipé de*) haben;
(*impliquer*) umfassen; **se comporter** *vpr* sich
verhalten; (*Tech*) funktionieren
composant [kɔ̃pozɑ̃] *nm* Bestandteil *m*
composante [kɔ̃pozɑ̃t] *nf* Komponente *f*
composé, e [kɔ̃poze] *adj* zusammengesetzt;
(*visage, air*) affektiert ▷ *nm* (*Chim*) Verbindung *f*;
(*Ling*: *nom*) Zusammensetzung *f*; ~ **de**
zusammengesetzt aus
composer [kɔ̃poze] *vt* (*musique*) komponieren;
(*texte*) schreiben; (*former, assembler*)
zusammenstellen; (*constituer*) bilden; (*Typo*)
setzen ▷ *vi* (*Scol*) eine Klassenarbeit schreiben;
(*transiger*) sich abfinden; **se composer** *vpr*: **se ~**
de sich zusammensetzen aus; ~ **un numéro** (*au*
téléphone) eine Nummer wählen
composite [kɔ̃pozit] *adj* verschiedenartig
compositeur, -trice [kɔ̃pozitœr, tris] *nm/f* (*Mus*)
Komponist(in) *m(f)*; (*Typo*) Setzer(in) *m(f)*
composition [kɔ̃pozisjɔ̃] *nf* (*action*: *v vt*)
Komponieren *nt*; Schreiben *nt*;
Zusammenstellen *nt*; Bilden *nt*; Setzen *nt*; (*d'une*
équipe etc) Zusammenstellung *f*; (*d'un dessin etc*)
Anordnung *f*; (*Scol*) Klassenarbeit *f*; (*Mus*)
Komposition *f*; **de bonne ~** (*accommodant*)
verträglich; **~ française** (*Scol*) französischer
Aufsatz *m*
compost [kɔ̃pɔst] *nm* Kompost *m*
composter [kɔ̃pɔste] *vt* (*dater*) mit dem Datum
stempeln; (*poinçonner*) entwerten
composteur [kɔ̃pɔstœr] *nm* (*timbre dateur*)
Datumsstempel *m*; (*poinçon*) Entwerter *m*
compote [kɔ̃pɔt] *nf* Kompott *nt*; ~ **de pommes**
Apfelkompott *nt*
compotier [kɔ̃pɔtje] *nm* Kompottschale *f*
compréhensible [kɔ̃preɑ̃sibl] *adj* verständlich
compréhensif, -ive [kɔ̃preɑ̃sif, iv] *adj*
verständnisvoll
compréhension [kɔ̃preɑ̃sjɔ̃] *nf* Verständnis *nt*
comprendre [kɔ̃prɑ̃dr] *vt* verstehen; (*inclure*)
umfassen; **se faire ~** sich verständlich machen;
mal ~ missverstehen
compresse [kɔ̃pres] *nf* Kompresse *f*
compresser [kɔ̃prese] *vt* (*Inform*) komprimieren
compresseur [kɔ̃presœr] *adj m voir* **rouleau** ▷ *nm*
(*Tech*) Kompressor *m*
compressible [kɔ̃presibl] *adj* (*Phys*)
komprimierbar; (*dépenses*) zu verringern
compression [kɔ̃presjɔ̃] *nf* (*d'un gaz*)
Kompression *f*, Verdichtung *f*; (*des effectifs*)
Verringerung *f*; (*de crédits etc*) Kürzung *f*

comprimé, e [kɔ̃prime] *adj*: **air ~** Pressluft *f* ▷ *nm*
(*Méd*) Tablette *f*
comprimer [kɔ̃prime] *vt* (*presser*)
zusammenpressen; (*air*) komprimieren,
verdichten; (*crédits*) einschränken; (*effectifs*)
verringern
compris, e [kɔ̃pri, iz] *pp de* **comprendre** ▷ *adj*:
~ **entre** (*situé*) gelegen zwischen +*dat*; **la maison**
~**e, y ~ la maison** einschließlich des Hauses,
mitsamt dem Haus; **non ~ la maison, la**
maison non ~e das Haus nicht mitgerechnet,
ohne das Haus; **service ~** inklusive Bedienung;
100 euros tout ~ alles in allem 100 Euro
compromettant, e [kɔ̃prɔmetɑ̃, ɑ̃t] *adj*
kompromittierend
compromettre [kɔ̃prɔmetr] *vt* (*personne*)
kompromittieren; (*plan, chances*) gefährden
compromis [kɔ̃prɔmi] *vb voir* **compromettre**
▷ *nm* Kompromiss *m*
compromission [kɔ̃prɔmisjɔ̃] *nf* fauler
Kompromiss *m*
comptabiliser [kɔ̃tabilize] *vt* verbuchen
comptabilité [kɔ̃tabilite] *nf* Buchhaltung *f*,
Buchführung *f*; (*comptes*) Geschäftsbücher *pl*;
~ **en partie double** doppelte Buchführung
comptable [kɔ̃tabl] *nm/f* Buchhalter(in) *m(f)*
▷ *adj* (*plan, période*) Rechnungs-; ~ **de** (*responsable*)
verantwortlich für
comptant [kɔ̃tɑ̃] *adv*: **payer ~** bar bezahlen;
acheter ~ gegen bar kaufen
compte [kɔ̃t] *nm* (*dénombrement*) Zählung *f*; (*total,*
montant) Betrag *m*, Summe *f*; (*bancaire*) Konto *nt*;
(*facture*) Rechnung *f*; **comptes** *nmpl* (*comptabilité*)
Geschäftsbücher *pl*; **ouvrir un ~** ein Konto
eröffnen; **rendre des ~s à qn** (**de qch**) jdm
Rechenschaft ablegen (über etw *acc*); **faire le ~**
de zählen; **tout ~ fait** alles in allem; **à ce ~-là**
(*dans ce cas*) in diesem Fall; (*à ce train-là*) auf diese
Weise; **en fin de ~** schließlich, letztlich; **à bon ~**
günstig; (*fig*) glimpflich; **pour le ~ de qn** in jds
Interesse *dat*, (*fig*) (*à son sujet*) über jdn; **sur un sujet**)
über jdn; **travailler à son ~** selb(st)ständig sein;
au bout du ~ am Ende; **mettre qch sur le ~ de**
qch einer Sache *dat* zuschreiben; **trouver**
son ~ à sich sanieren bei; **rendre ~ (à qn) de qch**
(jdm) über etw *acc* Rechenschaft ablegen; **tenir**
~ **de qch** etw in Betracht ziehen; ~ **tenu de son**
âge wenn man sein Alter in Betracht zieht; ~ **à**
rebours Countdown *m*; ~ **chèque postal**
Postscheckkonto *nt*; ~ **chèques** *ou* **courant**
Girokonto *nt*; ~ **d'exploitation** Betriebskonto *nt*;
~ **de dépôt** Sparkonto *nt*; ~ **rendu** (*de film, livre*)
Besprechung *f*
compte-gouttes [kɔ̃tgut] *nm inv* (*Méd*)
Tropfenzähler *m*; **au ~** kleckerweise
compter [kɔ̃te] *vt* zählen; (*facturer*) berechnen;
(*avoir à son actif*) aufweisen; (*comporter*) haben;
(*prévoir*) rechnen mit; (*tenir compte de, inclure*) in
Betracht ziehen ▷ *vi* (*calculer*) rechnen; (*être*
économe) Haus halten; (*être non négligeable*) zählen,
ins Gewicht fallen; ~ **pour** wert sein; ~ **parmi**
zählen zu; ~ **réussir/revenir** hoffen, dass man

Erfolg hat/zurückkehrt; ~ **sur** rechnen mit, sich verlassen auf +acc; ~ **avec/sans qch/qn** mit etw/ jdm rechnen/nicht rechnen; **sans ~ que** abgesehen davon, dass; **à ~ du 10 janvier** vom 10. Januar an gerechnet; **ça compte beaucoup pour moi** das ist mir viel wert, daran liegt mit viel; **je compte bien que** ich rechne damit, dass

compte-tours [kɔ̃ttuʀ] nm inv Drehzahlmesser m, Tourenmesser m

compteur [kɔ̃tœʀ] nm Zähler m; ~ **de vitesse** Tachometer m ou nt

comptine [kɔ̃tin] nf Abzählreim m

comptoir [kɔ̃twaʀ] nm (de magasin) Ladentisch m; (de café) Theke f; (ville coloniale) Handelskontor nt

compulser [kɔ̃pylse] vt konsultieren

comte, comtesse [kɔ̃t, kɔ̃tɛs] nm/f Graf m, Gräfin f

con, ne [kɔ̃, kɔn] (fam!) adj bescheuert (fam) ▷ nm/f Arschloch nt (fam!)

concasser [kɔ̃kase] vt (pierre, sucre) zerstoßen; (poivre) mahlen

concave [kɔ̃kav] adj konkav

concéder [kɔ̃sede] vt zugestehen; ~ **que** zugeben, dass

concélébrer [kɔ̃selebʀe] vt gemeinsam zelebrieren

concentration [kɔ̃sɑ̃tʀasjɔ̃] nf Konzentration f

concentrationnaire [kɔ̃sɑ̃tʀasjɔnɛʀ] adj Konzentrationslager-, KZ-

concentré, e [kɔ̃sɑ̃tʀe] adj konzentriert ▷ nm (de tomate) Püree nt; (d'orange) Konzentrat nt

concentrer [kɔ̃sɑ̃tʀe] vt konzentrieren; (population aussi) versammeln; (pouvoirs) vereinigen, vereinen; **se concentrer** vpr sich konzentrieren

concentrique [kɔ̃sɑ̃tʀik] adj konzentrisch

concept [kɔ̃sɛpt] nm Begriff m

concepteur, -trice [kɔ̃sɛptœʀ, tʀis] nm/f Designer(in) m(f)

conception [kɔ̃sɛpsjɔ̃] nf (d'un projet) Konzeption f; (d'un enfant) Empfängnis f; (d'une machine etc) Design nt

concernant [kɔ̃sɛʀnɑ̃] prép betreffend +acc

concerner [kɔ̃sɛʀne] vt betreffen, angehen; **en ce qui me concerne** was mich betrifft; **en ce qui concerne qch** was etw betrifft

concert [kɔ̃sɛʀ] nm Konzert nt; **de ~** (ensemble) gemeinsam; (d'un commun accord) einstimmig

concertation [kɔ̃sɛʀtasjɔ̃] nf Meinungsaustausch m; (rencontre) Treffen nt

concerter [kɔ̃sɛʀte] vt (action) absprechen, abstimmen; **se concerter** vpr sich absprechen

concertiste [kɔ̃sɛʀtist] nm/f konzertierende(r) Künstler(in) m(f)

concerto [kɔ̃sɛʀto] nm Konzert nt

concession [kɔ̃sesjɔ̃] nf Zugeständnis nt; (terrain, exploitation) Konzession f

concessionnaire [kɔ̃sesjɔnɛʀ] nm/f Inhaber(in) m(f) einer Konzession

concevable [kɔ̃s(ə)vabl] adj denkbar

concevoir [kɔ̃s(ə)vwaʀ] vt (projet, idée) sich dat ausdenken, konzipieren; (méthode, plan

d'appartement, décoration) entwerfen; (enfant) empfangen; (éprouver) empfinden; (comprendre, saisir) begreifen; **appartement bien/mal conçu** gut/schlecht geschnittene Wohnung

concierge [kɔ̃sjɛʀʒ] nm/f ≈ Hausmeister(in) m(f); (d'hôtel) Portier m

conciergerie [kɔ̃sjɛʀʒəʀi] nf (de lycée, château) ≈ Hausmeisterwohnung f

concile [kɔ̃sil] nm Konzil nt

conciliable [kɔ̃siljabl] adj vereinbar

conciliabules [kɔ̃siljabyl] nmpl vertrauliche Besprechungen pl

conciliant, e [kɔ̃siljɑ̃, jɑ̃t] adj versöhnlich

conciliateur, -trice [kɔ̃siljatœʀ, tʀis] nm/f Vermittler(in) m(f)

conciliation [kɔ̃siljasjɔ̃] nf Vermittlung f

concilier [kɔ̃silje] vt in Einklang bringen, miteinander vereinbaren; **se ~ qn** jdn für sich gewinnen; **se ~ les bonnes grâces de qn** jds Gunst erlangen

concis, e [kɔ̃si, iz] adj kurz, knapp

concision [kɔ̃sizjɔ̃] nf Knappheit f, Kürze f

concitoyen, ne [kɔ̃sitwajɛ̃, jɛn] nm/f Mitbürger(in) m(f)

conclave [kɔ̃klav] nm Konklave f

concluant, e [kɔ̃klyɑ̃, ɑ̃t] vb voir **conclure** ▷ adj schlüssig, überzeugend

conclure [kɔ̃klyʀ] vt (signer) schließen; (terminer) (ab)schließen; ~ **qch de qch** (déduire) etw aus etw folgern ou schließen; ~ **un marché** ein Geschäft abschließen; **j'en conclus que** daraus schließe ich, dass; ~ **à l'acquittement** auf Freispruch befinden; ~ **au suicide** auf Selbstmord acc befinden

conclusion [kɔ̃klyzjɔ̃] nf Schluss m; (d'un accord, d'une enquête) Abschluss m; **conclusions** nfpl (Jur) Schlüsse pl; **en ~** zum Abschluss

concocter [kɔ̃kɔkte] vt zusammenbrauen

conçois etc [kɔ̃swa] vb voir **concevoir**

conçoive etc [kɔ̃swav] vb voir **concevoir**

concombre [kɔ̃kɔ̃bʀ] nm (Salat)gurke f

concomitant, e [kɔ̃kɔmitɑ̃, ɑ̃t] adj Begleit-

concordance [kɔ̃kɔʀdɑ̃s] nf Übereinstimmung f; **la ~ des temps** (Ling) die Zeitenfolge f

concordant, e [kɔ̃kɔʀdɑ̃, ɑ̃t] adj übereinstimmend

concorde [kɔ̃kɔʀd] nf Eintracht f

concorder [kɔ̃kɔʀde] vi ou übereinstimmen

concourir [kɔ̃kuʀiʀ] vi an einem Wettkampf teilnehmen; ~ **à** beitragen zu

concours [kɔ̃kuʀ] vb voir **concourir** ▷ nm Wettbewerb m; (Scol) Auswahlprüfung f; (aide: de qn) Hilfe f, Unterstützung f; **recrutement par voie de ~** Platz- ou Stellenvergabe f auf Grundlage einer Auswahlprüfung; **apporter son ~ à** beitragen zu; ~ **de circonstances** Zusammentreffen von Umständen; ~ **hippique** Reitturnier nt

concret, -ète [kɔ̃kʀɛ, ɛt] adj konkret

concrètement [kɔ̃kʀɛtmɑ̃] adv konkret

concrétisation [kɔ̃kʀetizasjɔ̃] nf Verwirklichung f

concrétiser [kɔ̃kʀetize] *vt* konkretisieren; **se concrétiser** *vpr* Gestalt annehmen

conçu, e [kɔ̃sy] *pp de* **concevoir**

concubin, e [kɔ̃kybɛ̃, in] *nm/f (Jur)* Partner(in) *m(f) (in einer eheähnlichen Gemeinschaft)*

concubinage [kɔ̃kybinaʒ] *nm* eheähnliche Gemeinschaft *f*

concupiscence [kɔ̃kypisɑ̃s] *nf* Lüsternheit *f*

concurremment [kɔ̃kyʀamɑ̃] *adv (en même temps)* gleichzeitig

concurrence [kɔ̃kyʀɑ̃s] *nf* Konkurrenz *f*; **en ~ avec** in Konkurrenz mit; **jusqu'à ~ de** bis zur Höhe von; **~ déloyale** unlauterer Wettbewerb *m*

concurrencer [kɔ̃kyʀɑ̃se] *vt* Konkurrenz machen +*dat*

concurrent, e [kɔ̃kyʀɑ̃, ɑ̃t] *nm/f* Konkurrent(in) *m(f); (Sport)* Teilnehmer(in) *m(f)*

concurrentiel, le [kɔ̃kyʀɑ̃sjɛl] *adj* konkurrenzfähig

conçus [kɔ̃sy] *vb voir* **concevoir**

condamnable [kɔ̃danabl] *adj* tadelnswert

condamnation [kɔ̃danasjɔ̃] *nf* Verurteilung *f*; **~ à mort** Todesurteil *nt*

condamné, e [kɔ̃dane] *nm/f (Jur)* Verurteilte(r) *f(m)*

condamner [kɔ̃dane] *vt* verurteilen; *(malade, fig)* aufgeben; *(porte, ouverture)* zumauern; *(interdire)* (unter Strafandrohung) verbieten; **~ qn à qch/ faire qch** jdn zu etw verurteilen/jdn dazu verurteilen, etw zu tun; **~ qn à deux ans de prison/une amende** jdn zu zwei Jahren Freiheitsentzug/zu einer Geldstrafe verurteilen

condensateur [kɔ̃dɑ̃satœʀ] *nm* Kondensator *m*

condensation [kɔ̃dɑ̃sasjɔ̃] *nf* Kondensation *f*

condensé, e [kɔ̃dɑ̃se] *adj (lait)* Kondens- ▷ *nm* Zusammenfassung *f*

condenser [kɔ̃dɑ̃se] *vt (discours, texte)* zusammenfassen; *(gaz etc)* kondensieren; **se condenser** *vpr* sich kondensieren

condescendance [kɔ̃desɑ̃dɑ̃s] *nf* Herablassung *f*

condescendant, e [kɔ̃desɑ̃dɑ̃, ɑ̃t] *adj* herablassend

condescendre [kɔ̃desɑ̃dʀ] *vi*: **~ à qch** sich zu etw herablassen; **~ à faire qch** sich dazu herablassen, etw zu tun

condiment [kɔ̃dimɑ̃] *nm* Gewürz *nt*

condisciple [kɔ̃disipl] *nm/f (Scol)* Mitschüler(in) *m(f); (Univ)* Kommilitone *m*, Kommilitonin *f*

condition [kɔ̃disjɔ̃] *nf (clause)* Bedingung *f; (état)* Zustand *m; (rang social)* Stand *m*, Rang *m; (situation)* Stand *m*; **conditions** *nfpl (tarif, prix)* Bedingungen *pl; (circonstances)* Bedingungen, Umstände *pl*; **sans ~** *adj, adv* bedingungslos; **à ~ de/que** unter der Bedingung +*gén/*, dass; **en bonne ~** in gutem Zustand; **mettre en ~** *(Sport)* fit machen; *(Psych)* konditionieren; **~s atmosphériques** Wetterbedingungen *pl*; **~s de vie** Lebensumstände *pl*

conditionné, e [kɔ̃disjɔne] *adj (produit)* verpackt; **air ~** Klimaanlage *f*; **réflexe ~** bedingter Reflex *m*

conditionnel, le [kɔ̃disjɔnɛl] *adj (assorti de conditions)* bedingt ▷ *nm (Ling)* Konditional *nt*

conditionnement [kɔ̃disjɔnmɑ̃] *nm (emballage)* Verpackung *f; (fig)* Konditionierung *f*

conditionner [kɔ̃disjɔne] *vt (déterminer)* bestimmen; *(Comm: produit)* verpacken; *(fig: personne)* konditionieren

condoléances [kɔ̃dɔleɑ̃s] *nfpl* Beileid *nt*

conducteur, -trice [kɔ̃dyktœʀ, tʀis] *adj (Élec)* leitend, Leiter- ▷ *nm (Élec)* Leiter *m* ▷ *nm/f (Auto etc)* Fahrer(in) *m(f); (machine)* Führer(in) *m(f)*

conduire [kɔ̃dɥiʀ] *vt (véhicule, passager)* fahren; *(diriger, transmettre)* leiten; *(délégation, troupeau, société)* führen; *(orchestre)* dirigieren; **se conduire** *vpr* sich betragen, sich benehmen; **~ à** *(suj: route, sentier)* führen ou gehen nach +*dat*; *(: attitude, erreur, études)* führen zu; **~ qn quelque part** jdn irgendwohin führen; *(en voiture)* jdn irgendwohin fahren; **se ~ bien/mal** sich gut/ schlecht betragen ou benehmen

conduit [kɔ̃dɥi] *pp de* **conduire** ▷ *nm (Tech)* Leitung *f*, Rohr *nt; (Anat)* Gang *m*, Kanal *m*

conduite [kɔ̃dɥit] *nf (comportement)* Verhalten *nt*, Betragen *nt; (d'eau, gaz)* Leitung *f*, Rohr *nt; (en auto)* Fahren *nt*; **sous la ~ de** unter der Leitung von; **~ à gauche** *(Auto)* Linkssteuerung *f*; **~ forcée** Druckleitung *f*; **~ intérieure** Limousine *f*

cône [kon] *nm* Kegel *m*; **en forme de ~** kegelförmig; **~ de déjection** Schwemmkegel *m*

confection [kɔ̃fɛksjɔ̃] *nf (fabrication)* Herstellung *f*; **la ~** *(secteur)* die Konfektion *f*, die Bekleidungsindustrie *f*; **vêtement de ~** Kleidung *f* von der Stange

confectionner [kɔ̃fɛksjɔne] *vt* herstellen

confédération [kɔ̃fedeʀasjɔ̃] *nf (Pol)* Bündnis *nt*, Bund *m; (syndicale)* Bündnis; **la C~ helvétique** die Schweizerische Eidgenossenschaft

conférence [kɔ̃feʀɑ̃s] *nf (exposé)* Vortrag *m; (pourparlers)* Konferenz *f*; **~ au sommet** Gipfelkonferenz *f*; **~ de presse** Pressekonferenz *f*

conférencier, -ère [kɔ̃feʀɑ̃sje, jɛʀ] *nm/f* Redner(in) *m(f)*

conférer [kɔ̃feʀe] *vt* verleihen

confesser [kɔ̃fese] *vt (avouer)* gestehen, zugeben; *(Rel: péché, faute)* beichten; *(: personne)* die Beichte abnehmen +*dat*; **se confesser** *vpr (Rel)* beichten (gehen)

confesseur [kɔ̃fesœʀ] *nm (prêtre)* Beichtvater *m*

confession [kɔ̃fesjɔ̃] *nf (vvb)* Geständnis *nt*; Beichte *f; (croyance)* Bekenntnis *nt*, Konfession *f*

confessionnal, -aux [kɔ̃fesjɔnal, o] *nm* Beichtstuhl *m*

confessionnel, le [kɔ̃fesjɔnɛl] *adj (non laïque)* kirchlich

confetti [kɔ̃feti] *nm* Konfetti *nt*

confiance [kɔ̃fjɑ̃s] *nf* Vertrauen *nt*; **avoir ~ en** Vertrauen haben zu, vertrauen +*dat*; **faire ~ à** vertrauen +*dat*; **en toute ~** ganz beruhigt; **mettre qn en ~** jds Vertrauen gewinnen; **(digne) de ~** verlässlich, vertrauenswürdig; **question de ~** *(Pol)* Vertrauensfrage *f*; **vote de ~** *(Pol)* Misstrauensvotum *nt*; **inspirer ~ à** Vertrauen einflößen +*dat*; **~ en soi** Selbstvertrauen *nt*

confiant, e [kɔ̃fjɑ̃, jɑ̃t] *adj* vertrauensvoll; *(en soi-même)* zuversichtlich

confidence [kɔ̃fidɑ̃s] *nf* vertrauliche Mitteilung *f*; **faire des ~s à qn** sich jdm anvertrauen; **en ~** im Vertrauen

confident, e [kɔ̃fidɑ̃, ɑ̃t] *nm/f* Vertraute(r) *f(m)*

confidentiel, le [kɔ̃fidɑ̃sjɛl] *adj* vertraulich

confidentiellement [kɔ̃fidɑ̃sjɛlmɑ̃] *adv* vertraulich, im Vertrauen

confier [kɔ̃fje] *vt* anvertrauen; *(travail, responsabilité)* betrauen mit; **se ~ à qn** sich jdm anvertrauen

configuration [kɔ̃figyRasjɔ̃] *nf* *(du terrain)* Beschaffenheit *f*; *(Inform)* Konfiguration *f*

confiné [kɔ̃fine] *adj* *(atmosphère)* drückend; *(air)* verbraucht

confiner [kɔ̃fine] *vt*: **~ à** grenzen an +*acc*; *(toucher)* berühren; **se confiner dans** *ou* **à** *vpr* *(se restreindre)* sich beschränken auf +*acc*

confins [kɔ̃fɛ̃] *nmpl*: **aux ~ de** an der Grenze zwischen +*dat*

confire [kɔ̃fiR] *vt* *(au sucre)* kandieren; *(au vinaigre)* einlegen

confirmation [kɔ̃fiRmasjɔ̃] *nf* Bestätigung *f*; *(Rel: catholique)* Firmung *f*; *(: protestante)* Konfirmation *f*

confirmer [kɔ̃fiRme] *vt* bestätigen; **~ qch à qn** jdm etw bestätigen; **~ qn dans une croyance/ ses fonctions** jdn in seinem Glauben/seinem Amt bestätigen

confiscation [kɔ̃fiskasjɔ̃] *nf* Konfiszierung *f*, Beschlagnahmung *f*

confiserie [kɔ̃fizRi] *nf* *(magasin)* Süßwarenladen *m*; *(activité)* Süßwarenbranche *f*; **confiseries** *nfpl* *(bonbons)* Süßigkeiten *pl*

confiseur, -euse [kɔ̃fizœR, øz] *nm/f* ≈ Konditor(in) *m(f)*

confisquer [kɔ̃fiske] *vt* *(Jur)* konfiszieren, beschlagnahmen; *(à un enfant)* wegnehmen

confit, e [kɔ̃fi, it] *adj*: **fruits ~s** kandierte Früchte *pl*; **~ d'oie** une eingelegte Gans *f*

confiture [kɔ̃fityR] *nf* Konfitüre *f*, Marmelade *f*

conflagration [kɔ̃flagRasjɔ̃] *nf* Verheerung *f*

conflictuel, le [kɔ̃fliktɥel] *adj* konfliktgeladen

conflit [kɔ̃fli] *nm* Konflikt *m*; **~ armé** bewaffneter Konflikt

confluent [kɔ̃flyɑ̃] *nm* Zusammenfluss *m*

confondre [kɔ̃fɔ̃dR] *vt* verwechseln; *(dates, faits aussi)* durcheinanderbringen; *(témoin, menteur)* entlarven; **se confondre** *vpr* *(silhouettes, couleurs)* ineinander übergehen; *(faits)* durcheinandergeraten; **se ~ en excuses** sich vielmals entschuldigen; **se ~ en remerciements** sich überschwänglich bedanken

confondu, e [kɔ̃fɔ̃dy] *pp de* **confondre** ▷ *adj* *(déconcerté)* überwältigt; **toutes catégories ~es** wenn man alle Kategorien zusammennimmt

conformation [kɔ̃fɔRmasjɔ̃] *nf* Bau *m*

conforme [kɔ̃fɔRm] *adj*: **~ à** übereinstimmend mit; **copie certifiée ~** beglaubigte Abschrift *f*

conformé, e [kɔ̃fɔRme] *adj*: **bien ~** gut gebaut

conformément [kɔ̃fɔRmemɑ̃] *adv*: **~ à**

entsprechend +*dat*

conformer [kɔ̃fɔRme] *vt*: **~ qch à** etw anpassen an +*acc*; **se conformer à** *vpr* sich richten nach

conformisme [kɔ̃fɔRmism] *nm* Konformismus *m*

conformiste [kɔ̃fɔRmist] *adj* konformistisch ▷ *nm/f* Konformist(in) *m(f)*

conformité [kɔ̃fɔRmite] *nf* Übereinstimmung *f*; *(harmonie)* Einklang *m*; **en ~ avec** in Übereinstimmung mit

confort [kɔ̃fɔR] *nm* Komfort *m*; **tout ~** mit allem Komfort

confortable [kɔ̃fɔRtabl] *adj* *(fauteuil etc)* bequem; *(hôtel)* komfortabel; *(fig: somme)* ausreichend

confortablement [kɔ̃fɔRtabləmɑ̃] *adv* komfortabel; *(payé)* anständig

conforter [kɔ̃fɔRte] *vt* bestärken

confrère [kɔ̃fRɛR] *nm* Kollege *m*

confrérie [kɔ̃fReRi] *nf* *(Rel)* Bruderschaft *f*

confrontation [kɔ̃fRɔ̃tasjɔ̃] *nf* Gegenüberstellung *f*

confronté, e [kɔ̃fRɔ̃te] *adj*: **~ à** konfrontiert mit

confronter [kɔ̃fRɔ̃te] *vt* gegenüberstellen

confus, e [kɔ̃fy, yz] *adj* *(vague)* wirr, verworren; *(embarrassé)* verlegen

confusément [kɔ̃fyzemɑ̃] *adv* *(vaguement)* unbestimmt; *(parler)* wirr

confusion [kɔ̃fyzjɔ̃] *nf* *(caractère confus)* Verworrenheit *f*; *(erreur)* Verwechslung *f*; *(embarras)* Verwirrung *f*, Verlegenheit *f*; **~ des peines** *(Jur)* Vereinigung *f* von Strafen

congé [kɔ̃ʒe] *nm* Urlaub *m*; *(vacances)* Ferien *pl*; *(avis de départ)* Kündigung *f*; **en ~** *(en vacances)* auf Urlaub; *(en arrêt de travail)* beurlaubt; **j'ai une semaine/un jour de ~** ich habe eine Woche/ einen Tag Urlaub *ou* frei; **prendre ~ de qn** sich von jdm verabschieden; **donner son ~ à qn** jdm kündigen; **être en ~ maladie** krankgeschrieben sein; **~ de maternité** Mutterschaftsurlaub *m*; **~ parental** Elternzeit *f*; **~s payés** bezahlter Urlaub

congédier [kɔ̃ʒedje] *vt* *(employé)* entlassen

congélateur [kɔ̃ʒelatœR] *nm* *(armoire)* Gefriertruhe *f*; *(compartiment)* Gefrierfach *nt*

congélation [kɔ̃ʒelasjɔ̃] *nf* *(de l'eau)* Gefrieren *nt*; *(d'aliments)* Einfrieren *nt*

congeler [kɔ̃ʒ(ə)le] *vt* einfrieren

congénère [kɔ̃ʒeneR] *nm/f* Artgenosse *m*, Artgenossin *f*

congénital, e, -aux [kɔ̃ʒenital, o] *adj* angeboren

congère [kɔ̃ʒeR] *nf* Schneewehe *f*

congestion [kɔ̃ʒɛstjɔ̃] *nf*: **~ cérébrale** Schlaganfall *m*; **~ pulmonaire** Lungenemphysem *nt*

congestionner [kɔ̃ʒɛstjɔne] *vt* *(Méd)* Blutandrang verursachen in +*dat*; *(rue)* verstopfen

conglomérat [kɔ̃glɔmeRa] *nm* Konglomerat *nt*

Congo [kɔ̃gɔ] *nm*: **le ~** der Kongo

congolais, e [kɔ̃gɔlɛ, ɛz] *adj* kongolanisch ▷ *nm/f*: **Congolais, e** Kongolaner(in) *m(f)*

congre [kɔ̃gR] *nm* Meeraal *m*

congrégation [kɔ̃gRegasjɔ̃] *nf* *(Rel)* Bruderschaft *f*

congrès [kɔ̃gRɛ] nm Kongress m, Tagung f
congressiste [kɔ̃gRɛsist] nm/f
Kongressteilnehmer(in) m(f)
congru, e [kɔ̃gRy] adj: **portion ~e** Hungerlohn m
conifère [kɔnifɛR] nm Nadelbaum m
conique [kɔnik] adj kegelförmig
conjecture [kɔ̃ʒɛktyR] nf Vermutung f,
Mutmaßung f
conjecturer [kɔ̃ʒɛktyRe] vt mutmaßen
conjoint, e [kɔ̃ʒwɛ̃, wɛ̃t] adj (commun)
gemeinsam ▷ nm/f (époux) Ehegatte m,
Ehegattin f
conjointement [kɔ̃ʒwɛ̃tmɑ̃] adv gemeinsam
conjonctif, -ive [kɔ̃ʒɔ̃ktif, iv] adj: **tissu ~**
Bindegewebe nt
conjonction [kɔ̃ʒɔ̃ksjɔ̃] nf (Ling) Konjunktion f,
Bindewort nt; (Astrol) Konjunktion f
conjonctivite [kɔ̃ʒɔ̃ktivit] nf
Bindehautentzündung f
conjoncture [kɔ̃ʒɔ̃ktyR] nf Umstände pl, Lage f;
la ~ économique die Konjunktur f
conjoncturel, le [kɔ̃ʒɔ̃ktyRɛl] adj Konjunktur-
conjugaison [kɔ̃ʒygɛzɔ̃] nf (Ling) Konjugation f
conjugal, e, -aux [kɔ̃ʒygal, o] adj ehelich
conjugué, e [kɔ̃ʒyge] adj (commun) vereint
conjuguer [kɔ̃ʒyge] vt (Ling) konjugieren; (fig:
efforts) vereinen
conjuration [kɔ̃ʒyRasjɔ̃] nf Verschwörung f
conjuré, e [kɔ̃ʒyRe] nm/f Verschwörer(in) m(f)
conjurer [kɔ̃ʒyRe] vt (sort, maladie) abwenden;
~ qn de faire qch jdn beschwören, etw zu tun
connais [kɔnɛ] vb voir **connaître**
connaissais [kɔnɛsɛ] vb voir **connaître**
connaissance [kɔnɛsɑ̃s] nf (savoir) Kenntnis f;
(personne connue) Bekannte(r) f(m), Bekanntschaft
f; (conscience) Bewusstsein nt; **connaissances** nfpl
(savoir) Wissen nt; **être sans ~** (Méd) bewusstlos
sein; **perdre/reprendre ~** das Bewusstsein
verlieren/wieder zu Bewusstsein kommen; **à
ma/sa ~** meines/seines Wissens, soviel ich/er
weiß; **faire ~ avec qn** ou **la ~ de qn** (rencontrer)
jdn kennenlernen, jds Bekanntschaft machen;
(apprendre à connaître) jdn kennenlernen; **avoir/
prendre ~ de qch** von etw Kenntnis haben/etw
zur Kenntnis nehmen; **en ~ de cause** in
Kenntnis der Sachlage
connaissant [kɔnɛsɑ̃] vb voir **connaître**
connaissement [kɔnɛsmɑ̃] nm (Comm)
Frachtbrief m, Konnossement nt
connaisseur, -euse [kɔnɛsœR, øz] nm/f
Kenner(in) m(f) ▷ adj kennerisch
connaître [kɔnɛtR] vt kennen; (l'amour, la gloire etc)
kennenlernen; **se connaître** vpr sich ou einander
kennen; (soi-même) sich kennen; (se rencontrer)
sich kennenlernen; **~ qn de nom/vue** jdn dem
Namen nach/vom Sehen kennen; **~ le succès/
une fin tragique** Erfolg haben/ein tragisches
Ende nehmen; **ils se sont connus à Genève** sie
haben sich in Genf kennengelernt; **s'y ~ en qch**
sich mit etw auskennen
connard, connasse [kɔnaR, -as] (fam!) nm/f
blöde Sau f (fam!)

connecté, e [kɔnɛkte] adj (Inform) on line
connecter [kɔnɛkte] vt (Élec) anschließen ▷ vr:
se ~ à Internet sich ins Internet einloggen
connerie [kɔnRi] (fam!) nf totaler Quatsch m (fam)
connexe [kɔnɛks] adj (damit) verbinden
connexion [kɔnɛksjɔ̃] nf Verbindung f
connivence [kɔnivɑ̃s] nf stillschweigendes
Einverständnis nt
connotation [kɔ(n)nɔtasjɔ̃] nf Assoziation f
connu, e [kɔny] pp de **connaître** ▷ adj bekannt
conque [kɔ̃k] nf (coquille) Trompetenschnecke f
conquérant, e [kɔ̃keRɑ̃, ɑ̃t] (péj) adj großtuerisch
conquérir [kɔ̃keRiR] vt (pays) erobern; (droit)
erkämpfen; (public, personne) für sich gewinnen,
erobern
conquerrai [kɔ̃kɛRRe] vb voir **conquérir**
conquête [kɔ̃kɛt] nf Eroberung f
conquière etc [kɔ̃kjɛR] vb voir **conquérir**
conquiers etc [kɔ̃kje] vb voir **conquérir**
conquis, e [kɔ̃ki, iz] pp de **conquérir**
consacré, e [kɔ̃sakRe] adj (béni) geweiht; (habituel,
accepté) üblich; **~ à** gewidmet +dat
consacrer [kɔ̃sakRe] vt (Rel) weihen; (sanctionner)
sanktionieren; (dévouer) widmen; **se consacrer**
vpr: **se ~ à qch** sich einer Sache dat widmen
consanguin, e [kɔ̃sɑ̃gɛ̃, in] adj: **frère ~**
Halbbruder m (väterlicherseits); **mariage ~** Heirat f
unter Blutsverwandten
consciemment [kɔ̃sjamɑ̃] adv bewusst
conscience [kɔ̃sjɑ̃s] nf Bewusstsein nt; (morale)
Gewissen nt; **avoir/prendre ~ de** sich einer
Sache gén bewusst sein/werden; **perdre/
reprendre ~** das Bewusstsein verlieren/
wiedererlangen; **avoir bonne/mauvaise ~** ein
gutes/schlechtes Gewissen haben; **avoir qch
sur la ~** etw auf dem Gewissen haben;
~ professionnelle Berufsethos nt
consciencieux, -euse [kɔ̃sjɑ̃sjø, jøz] adj
gewissenhaft
conscient, e [kɔ̃sjɑ̃, jɑ̃t] adj (Méd) bei
Bewusstsein; (délibéré) bewusst; **être ~ de qch**
sich dat einer Sache gén bewusst sein
conscription [kɔ̃skRipsjɔ̃] nf Einberufung f
conscrit [kɔ̃skRi] nm (Mil) Rekrut m
consécration [kɔ̃sekRasjɔ̃] nf Weihe f; (d'un
talent) Bestätigung f
consécutif, -ive [kɔ̃sekytif, iv] adj
aufeinanderfolgend; **~ à** folgend auf +acc
consécutivement [kɔ̃sekytivmɑ̃] adv
nacheinander; **~ à** folgend auf +acc
conseil [kɔ̃sɛj] nm (avis) Rat m, Ratschlag m;
(assemblée) Rat, Versammlung f; (expert) Berater m
▷ adj: **ingénieur-~** beratender Ingenieur m;
tenir ~ sich beraten; (se réunir) eine Sitzung
abhalten; **donner un ~/des ~s à qn** jdm einen
Rat/Ratschläge geben; **demander ~ à qn** jdn um
Rat bitten; **prendre ~ (auprès de qn)** sich dat
(bei jdm) Rat holen; **~ d'administration**
Aufsichtsrat m; **~ de classe** Treffen von Lehrern, Eltern
und Schülervertretern; **~ de discipline**
Disziplinarausschuss m; **~ de guerre** Kriegsrat
m; **~ de révision** Musterungskommission f; **~ des**

ministres Ministerrat *m*; **~ en recrutement**
Personalberater(in) *m(f)*; **C~ général** *siehe Info-
Artikel*; **~ municipal** = Stadtrat *m*; **~ régional**
= Kreistag *m*

⦿ **CONSEIL GÉNÉRAL**

⦿
⦿
⦿ Ein *Conseil général* ist eine gewählte
⦿ Versammlung in jedem *département* und
⦿ besteht aus *conseillers généraux*, die wiederum
⦿ jeweils ein *canton* vertreten. Ein *Conseil* ist für
⦿ sechs Jahre gewählt und die Hälfte der
⦿ Ratsmitglieder werden alle drei Jahre neu
⦿ gewählt. Die Aufgaben des *Conseil général*
⦿ umfassen Verwaltungsangelegenheiten wie
⦿ Personalfragen, Infrastruktur,
⦿ Wohnungsbau und wirtschaftliches
⦿ Wachstum.

conseiller¹ [kɔ̃seje] *vt* (*qn*) raten +*dat*, einen Rat
geben +*dat*; (*qch*) anraten, empfehlen; **~ qch à qn**
jdm etw raten, jdm zu etw raten; **~ à qn de faire
qch** jdm raten, etw zu tun
conseiller²,-ère [kɔ̃seje, ɛʀ] *nm/f* Ratgeber(in)
m(f), Berater(in) *m(f)*; (*membre d'un conseil*) Rat *m*,
Rätin *f*; **~ matrimonial** Eheberater(in) *m(f)*;
~ municipal Stadtrat *m*, Stadträtin *f*
consensus [kɔ̃sɛ̃sys] *nm* Übereinstimmung *f*
consentement [kɔ̃sɑ̃tmɑ̃] *nm* Zustimmung *f*,
Einwilligung *f*
consentir [kɔ̃sɑ̃tiʀ] *vt*: **~ à qch** einer Sache *dat*
zustimmen, in etw *acc* einwilligen; **~ à faire qch**
sich einverstanden erklären, etw zu tun; **~ qch à
qn** jdm etw zugestehen, jdm etw gewähren
conséquence [kɔ̃sekɑ̃s] *nf* Konsequenz *f*,
Folgerung *f*; **conséquences** *nfpl* Konsequenzen
pl; **en ~** (*donc*) also, folglich; (*de façon appropriée*)
entsprechend; **ne pas tirer à ~** keine Folgen
haben; **lourd de ~s** folgenschwer
conséquent, e [kɔ̃sekɑ̃, ɑ̃t] *adj* (*personne, attitude*)
konsequent; (*fam: important*) wichtig; **par ~**
folglich
conservateur, -trice [kɔ̃sɛʀvatœʀ, tʀis] *adj*
(*traditionaliste*) konservativ; (*produit*)
konservierend, Konservierungs- ▷ *nm/f* (*Pol*)
Konservative(r) *f(m)*; (*de musée*) Kustos *m*
conservation [kɔ̃sɛʀvasjɔ̃] *nf* (*action*) Erhaltung *f*;
(*état*) Konservierung *f*
conservatisme [kɔ̃sɛʀvatism] *nm*
Konservativismus *m*
conservatoire [kɔ̃sɛʀvatwaʀ] *nm* (*de musique*)
Konservatorium *nt*; (*de théâtre*)
Schauspielakademie *f*
conserve [kɔ̃sɛʀv] *nf* Konserve *f*; **en ~** Dosen-,
Büchsen-; **de ~** (*ensemble*) gemeinsam; (*naviguer*)
im Verband
conservé, e [kɔ̃sɛʀve] *adj*: **bien ~** (*personne*) gut
erhalten
conserver [kɔ̃sɛʀve] *vt* behalten; (*habitude*)
beibehalten; (*préserver*) konservieren, frisch
halten; (*Culin*) einmachen, konservieren; **se
conserver** *vpr* (*aliments*) frisch bleiben; **"~ au**

frais" „kühl aufbewahren"
conserverie [kɔ̃sɛʀvəʀi] *nf* (*usine*)
Konservenfabrik *f*
considérable [kɔ̃sideʀabl] *adj* beträchtlich,
ansehnlich
considérablement [kɔ̃sideʀabləmɑ̃] *adv*
beträchtlich
considération [kɔ̃sideʀasjɔ̃] *nf* Erwägung *f*;
(*estime*) Achtung *f*; **considérations** *nfpl* (*remarques,
réflexions*) Betrachtungen *pl*; **prendre qch en ~**
etw in Betracht *ou* Erwägung ziehen; **en ~ de** in
Erwägung +*gén*
considéré, e [kɔ̃sideʀe] *adj* (*respecté*) geachtet;
tout bien ~ alles in allem
considérer [kɔ̃sideʀe] *vt* (*étudier, regarder*)
betrachten; (*tenir compte de*) berücksichtigen;
~ que meinen, dass; **~ qch comme terminé** etw
für beendet halten
consigne [kɔ̃siɲ] *nf* (*de bouteilles etc*) Pfand *nt*; (*de
gare*) Gepäckaufbewahrung *f*; (*Scol, Mil: retenue*)
Arrest *m*; (*ordre*) Anweisung *f*; **~ automatique**
Schließfächer *pl*; **~s de sécurité**
Sicherheitsbestimmungen *pl*
consigné, e [kɔ̃siɲe] *adj* (*bouteille*) Pfand-;
(*emballage*) mit Pfand; **non ~** Einweg-
consigner [kɔ̃siɲe] *vt* (*noter*) notieren; (*punir: Mil*)
mit Arrest bestrafen; (*: élève*) nachsitzen lassen;
(*emballage*) Pfand verlangen für
consistance [kɔ̃sistɑ̃s] *nf* Konsistenz *f*; **sans ~**
(*rumeur*) nicht stichhaltig
consistant, e [kɔ̃sistɑ̃, ɑ̃t] *adj* (*liquide*) dickflüssig;
(*repas, nourriture*) solide; (*argument*) stichhaltig
consister [kɔ̃siste] *vi*: **~ en** bestehen aus; **~ à
faire qch** daraus bestehen, etw zu tun
consœur [kɔ̃sœʀ] *nf* Kollegin *f*
consolation [kɔ̃sɔlasjɔ̃] *nf* Trost *m*; **lot** *ou* **prix de
~** Trostpreis *m*
console [kɔ̃sɔl] *nf* (*table*) Konsole *f*; (*Constr*)
Kragstein *m*; (*d'enregistrement*) Schaltpult *nt*; **~ de
visualisation** Monitor *m*; **~ graphique**
Grafikmonitor *m*
consoler [kɔ̃sɔle] *vt* trösten; **se consoler** *vpr*: **se ~
(de qch)** (über etw *acc*) hinwegkommen
consolider [kɔ̃sɔlide] *vt* (*maison*) befestigen;
(*meuble*) verstärken; (*fig*) stärken; **bilan
consolidé** konsolidierte Bilanz *f*
consommateur, -trice [kɔ̃sɔmatœʀ, tʀis] *nm/f*
Verbraucher(in) *m(f)*, Konsument(in) *m(f)*; (*dans
un café*) Gast *m*
consommation [kɔ̃sɔmasjɔ̃] *nf* Verbrauch *m*; (*de
café*) Genuss *m*; (*de viande etc*) Verzehr *m*; (*d'un
mariage*) Vollzug *m*; **régler les ~s** (*dans un café*) (für
die Getränke) zahlen; **de ~** Konsum-; **~ aux 100
km** (Benzin)verbrauch *m* auf 100 km
consommé, e [kɔ̃sɔme] *adj* (*art, talent*) vollendet,
vollkommen ▷ *nm* (*potage*) Kraftbrühe *f*
consommer [kɔ̃sɔme] *vt* (*manger*) verzehren;
(*brûler, utiliser*) verbrauchen; (*mariage*) vollziehen
▷ *vi* (*dans un café*) etwas verzehren
consonance [kɔ̃sɔnɑ̃s] *nf* Konsonanz *f*; **nom à ~
étrangère** ausländisch klingender Name
consonne [kɔ̃sɔn] *nf* Konsonant *m*, Mitlaut *m*

consortium [kɔ̃sɔʀsjɔm] *nm* Konsortium *nt*
consorts [kɔ̃sɔʀ] *(péj) nmpl*: **et ~** und Konsorten
conspirateur, -trice [kɔ̃spiʀatœʀ, tʀis] *nm/f*
Verschwörer(in) *m(f)*
conspiration [kɔ̃spiʀasjɔ̃] *nf* Verschwörung *f*
conspirer [kɔ̃spiʀe] *vi* sich verschwören; **tout
conspire à faire qch** alles kommt zusammen,
um etw zu tun
conspuer [kɔ̃spɥe] *vt* ausbuhen
constamment [kɔ̃stamɑ̃] *adv* ständig,
andauernd
constance [kɔ̃stɑ̃s] *nf* Standhaftigkeit *f*;
constant, e [kɔ̃stɑ̃, ɑ̃t] *adj (personne)* standhaft;
(température) gleichbleibend; *(augmentation)*
konstant; *(préoccupation, intérêt)* beständig
constante [kɔ̃stɑ̃t] *nf* Konstante *f*
constat [kɔ̃sta] *nm (après un accident)* Aufnahme *f*
des Tatbestands; **~ à l'amiable** gemeinsamer
Unfallbericht *m* für Versicherungszwecke;
~ d'échec Eingeständnis *nt* einer Niederlage
constatation [kɔ̃statasjɔ̃] *nf* Feststellung *f*
constater [kɔ̃state] *vt* feststellen; *(attester)*
bestätigen; **~ que** feststellen, dass
constellation [kɔ̃stelasjɔ̃] *nf (Astron)*
Konstellation *f*
constellé, e [kɔ̃stele] *adj*: **~ de** übersät mit
consternant, e [kɔ̃stɛʀnɑ̃, ɑ̃t] *adj* bestürzend
consternation [kɔ̃stɛʀnasjɔ̃] *nf* Bestürzung *f*
consterner [kɔ̃stɛʀne] *vt* bestürzen
constipation [kɔ̃stipasjɔ̃] *nf* Verstopfung *f*
constipé, e [kɔ̃stipe] *adj* verstopft; *(fig)* steif
constiper [kɔ̃stipe] *vt* verstopfen
constituant, e [kɔ̃stitɥɑ̃, ɑ̃t] *adj (élément)*
einzeln; **assemblée ~e** konstituierende
Versammlung *f*
constitué, e [kɔ̃stitɥe] *adj*: **~ de**
zusammengesetzt aus; **bien/mal ~** mit guter/
schlechter Konstitution
constituer [kɔ̃stitɥe] *vt (comité, équipe)* bilden,
aufstellen; *(dossier, collection)* zusammenstellen;
(suj: éléments, parties) bilden, ausmachen; **se
constituer** *vpr*: **se ~ partie civile** ≈ eine
Zivilklage einreichen; **~ une panacée/un début**
ein Allheilmittel/ein Anfang sein; **se ~
prisonnier** sich stellen
constitution [kɔ̃stitysjɔ̃] *nf (action: d'une équipe)*
Aufstellung *f*; (: *d'un dossier)* Zusammenstellen *nt*;
(santé) Konstitution *f*, Gesundheit *f*; *(composition)*
Zusammensetzung *f*; *(Pol)* Verfassung *f*
constitutionnel, le [kɔ̃stitysjɔnɛl] *adj (Pol, Jur)*
Verfassungs-
constructeur [kɔ̃stʀyktœʀ] *nm* Hersteller *m*;
~ automobile Autohersteller *m*
constructible [kɔ̃stʀyktibl] *adj* bebaubar
constructif, -ive [kɔ̃stʀyktif, iv] *adj* konstruktiv
construction [kɔ̃stʀyksjɔ̃] *nf* Bau *m*; *(de phrase)*
Aufbau *m*
construire [kɔ̃stʀɥiʀ] *vt (bâtiment, pont, navire)*
bauen; *(histoire)* sich *dat* ausdenken; *(phrase)*
konstruieren; *(théorie)* aufbauen; **se construire**
vpr: **ça s'est beaucoup construit dans la région**
es ist in der Gegend viel gebaut worden

consul [kɔ̃syl] *nm* Konsul *m*
consulaire [kɔ̃sylɛʀ] *adj* konsularisch
consulat [kɔ̃syla] *nm* Konsulat *nt*
consultant, e [kɔ̃syltɑ̃, ɑ̃t] *adj (expert)* beratend
consultatif, -ive [kɔ̃syltatif, iv] *adj* beratend
consultation [kɔ̃syltasjɔ̃] *nf (d'un expert)*
Konsultation *f*; *(séance: médicale)* Untersuchung *f*;
(: *juridique, astrologique)* Beratung *f*; **consultations**
nfpl (Pol: pourparlers) Gespräche *pl*; **d'un
dictionnaire** Nachschlagen *nt* in einem
Wörterbuch; **être en ~** *(délibération)* sich
besprechen; *(Méd)* Sprechstunde haben; **aller à
la ~** *(Méd)* in die Sprechstunde *ou* zum Arzt
gehen; **heures de ~** *(Méd)* Sprechstunden *pl*
consulter [kɔ̃sylte] *vt (médecin, avocat, conseiller)*
konsultieren, zurate ziehen; *(dictionnaire,
annuaire)* nachschlagen in *+dat*; *(plan)* nachsehen
auf *+dat*; *(baromètre, montre)* sehen auf *+acc* ▷ *vi
(médecin)* Sprechstunden haben; **se consulter** *vpr
(délibérer)* sich besprechen, miteinander beraten
consumer [kɔ̃syme] *vt (brûler)* verbrennen; **se
consumer** *vpr (feu)* verbrennen; **se ~ de chagrin/
douleur** sich vor Kummer/Schmerz verzehren
consumérisme [kɔ̃symeʀism] *nm* Konsum *m*
contact [kɔ̃takt] *nm* Kontakt *m*; **au ~ de l'air/de
la peau** wenn es mit der Luft/der Haut in
Berührung kommt; **au ~ de gens** durch Kontakt
mit Menschen; **mettre/couper le ~** den Motor
anlassen/ausschalten; **entrer en ~** *(objets)* in
Berührung kommen; **se mettre en ~ avec qn**
(Radio) mit jdm Verbindung aufnehmen;
prendre ~ avec *(relation d'affaires)* mit jdm
Verbindungen aufnehmen; *(connaissance)* sich
mit jdm in Verbindung setzen
contacter [kɔ̃takte] *vt* sich in Verbindung setzen
mit
contagieux, -euse [kɔ̃taʒjø, jøz] *adj* ansteckend
contagion [kɔ̃taʒjɔ̃] *nf* Ansteckung *f*
contamination [kɔ̃taminasjɔ̃] *nf* Infektion *f*
contaminer [kɔ̃tamine] *vt* infizieren, anstecken
conte [kɔ̃t] *nm* Geschichte *f*, Erzählung *f*; **~ de
fées** Märchen *nt*
contemplatif, -ive [kɔ̃tɑ̃platif, iv] *adj (Rel)*
kontemplativ
contemplation [kɔ̃tɑ̃plasjɔ̃] *nf* Betrachtung *f*;
(Rel, Philos) Kontemplation *f*; **être en ~ devant**
betrachten
contempler [kɔ̃tɑ̃ple] *vt* betrachten
contemporain, e [kɔ̃tɑ̃pɔʀɛ̃, ɛn] *adj*
zeitgenössisch ▷ *nm/f* Zeitgenosse *m*,
Zeitgenossin *f*
contenance [kɔ̃t(ə)nɑ̃s] *nf (d'un récipient)*
Fassungsvermögen *nt*; *(attitude)* Haltung *f*;
perdre ~ die Fassung verlieren; **se donner une ~**
Haltung bewahren; **faire bonne ~ devant** eine
tapfere Miene zur Schau stellen bei
conteneur [kɔ̃t(ə)nœʀ] *nm (container)* Container *m*
conteneurisation [kɔ̃tnœʀizasjɔ̃] *nf*
Containerisierung *f*
contenir [kɔ̃t(ə)niʀ] *vt (suj: récipient)* enthalten,
fassen; (: *local)* fassen; *(texte, lettre etc)* enthalten;
(retenir) unter Kontrolle bringen, beherrschen; **se**

contenir *vpr* sich beherrschen

content, e [kɔ̃tɑ̃, ɑ̃t] *adj* zufrieden; ~ **de qn/qch** mit jdm/etw zufrieden; ~ **de soi** selbstzufrieden; **je serais ~ que tu** ich würde mich freuen, wenn du

contentement [kɔ̃tɑ̃tmɑ̃] *nm* Zufriedenheit *f*

contenter [kɔ̃tɑ̃te] *vt* (*personne*) zufriedenstellen; (*envie, caprice*) befriedigen; **se contenter de** *vpr* sich zufriedengeben mit

contentieux [kɔ̃tɑ̃sjø] *nm* (*service*) ≈ Rechtsabteilung *f*

contenu, e [kɔ̃t(ə)ny] *pp de* **contenir** ▷ *adj* (*colère, sentiments*) beherrscht, kontrolliert ▷ *nm* Inhalt *m*; (*chargement*) Ladung *f*

conter [kɔ̃te] *vt* erzählen; **en ~ de(s) belles à qn** jdm Märchen erzählen

contestable [kɔ̃testabl] *adj* bestreitbar, anfechtbar

contestataire [kɔ̃testatɛʀ] *adj* (*journal*) (regierungs)kritisch; (*étudiant*) rebellisch, protestierend ▷ *nm/f* Protestler(in) *m(f)*

contestation [kɔ̃testasjɔ̃] *nf* (*d'un résultat*) Anfechten *nt*; (*discussion*) Diskussion *f*; **la ~** (*Pol*) der Protest *m*

conteste [kɔ̃test]: **sans ~** *adv* zweifellos

contesté, e [kɔ̃teste] *adj* umstritten

contester [kɔ̃teste] *vt* (*résultat*) anfechten; (*autorité*) infrage stellen ▷ *vi* protestieren

conteur, -euse [kɔ̃tœʀ, øz] *nm/f* (*écrivain*) Geschichtenschreiber(in) *m(f)*; (*narrateur*) Geschichtenerzähler(in) *m(f)*

contexte [kɔ̃tekst] *nm* Zusammenhang *m*

contiendrai *etc* [kɔ̃tjɛ̃dʀe] *vb voir* **contenir**

contiens *etc* [kɔ̃tjɛ̃] *vb voir* **contenir**

contigu, -uë [kɔ̃tigy] *adj* (*choses*) aneinandergrenzend, benachbart; (*fig*) benachbart; ~ **à** grenzend an +*acc*

continent [kɔ̃tinɑ̃] *nm* Kontinent *m*

continental, e, -aux [kɔ̃tinɑ̃tal, o] *adj* kontinental; (*climat*) Land-

contingences [kɔ̃tɛ̃ʒɑ̃s] *nfpl* Eventualitäten *pl*

contingent [kɔ̃tɛ̃ʒɑ̃] *nm* (*Mil*) Truppenkontingent *nt*; (*Comm*) Kontingent *nt* ▷ *adj* (*sans importance*) beiläufig

contingenter [kɔ̃tɛ̃ʒɑ̃te] *vt* (*importations, exportations*) kontingentieren; (*produits, matière première*) einteilen

contins *etc* [kɔ̃tɛ̃] *vb voir* **contenir**

continu, e [kɔ̃tiny] *adj* ständig, dauernd; (*ligne*) ununterbrochen; (**courant**) ~ Gleichstrom *m*

continuation [kɔ̃tinɥasjɔ̃] *nf* Fortsetzung *f*

continuel, le [kɔ̃tinɥel] *adj* ständig, fortwährend

continuellement [kɔ̃tinɥelmɑ̃] *adv* ständig, fortwährend

continuer [kɔ̃tinɥe] *vt* weitermachen mit; (*voyage, études etc*) fortsetzen; (*politique, tradition*) fortführen; (*alignement, rue*) verlängern ▷ *vi* nicht aufhören; (*pluie*) anhalten; (*vie*) weitergehen; (*voyageur*) weiterreisen; **se continuer** *vpr* sich fortsetzen; ~ **à** *ou* **de faire qch** etw weiterhin tun; **vous continuez tout droit** gehen/fahren Sie geradeaus weiter

continuité [kɔ̃tinɥite] *nf* Kontinuität *f*

contondant, e [kɔ̃tɔ̃dɑ̃, ɑ̃t] *adj*: **arme ~e** stumpfer Gegenstand *m*

contorsion [kɔ̃tɔʀsjɔ̃] *nf* (*gén pl*) Verrenkung *f*

contorsionner [kɔ̃tɔʀsjɔne]: **se ~** *vpr* sich verrenken

contorsionniste [kɔ̃tɔʀsjɔnist] *nm/f* Schlangenmensch *m*

contour [kɔ̃tuʀ] *nm* Umriss *m*, Kontur *f*; **contours** *nmpl* (*rivière etc*) Windungen *pl*

contourner [kɔ̃tuʀne] *vt* umgehen

contraceptif, -ive [kɔ̃tʀaseptif, iv] *adj* empfängnisverhütend ▷ *nm* Verhütungsmittel *nt*

contraception [kɔ̃tʀasepsjɔ̃] *nf* Empfängnisverhütung *f*

contracté, e [kɔ̃tʀakte] *adj* (*muscle*) angespannt; (*personne*) verkrampft; (*Ling*) zusammengezogen

contracter [kɔ̃tʀakte] *vt* (*muscle*) anspannen, zusammenziehen; (*visage*) verziehen; (*maladie, habitude*) sich *dat* zuziehen; (*dette*) machen; (*obligation*) eingehen; (*assurance*) abschließen; **se contracter** *vpr* (*métal, muscles*) sich zusammenziehen; (*personne*) sich verkrampfen

contraction [kɔ̃tʀaksjɔ̃] *nf* (*d'un muscle, d'un métal*) Zusammenziehen *nt*; (*spasme*) Krampf *m*; **contractions** *nfpl* (*de l'accouchement*) Wehen *pl*

contractuel, le [kɔ̃tʀaktɥel] *adj* vertraglich ▷ *nm/f* (*agent*) Verkehrspolizist(in) *m(f)*; (*employé*) Angestellte(r) *f(m)* mit Zeitvertrag

contradicteur, -trice [kɔ̃tʀadiktœʀ, tʀis] *nm/f* Opponent(in) *m(f)*, Gegner(in) *m(f)*

contradiction [kɔ̃tʀadiksjɔ̃] *nf* Widerspruch *m*; **en ~ avec** in Widerspruch zu

contradictoire [kɔ̃tʀadiktwaʀ] *adj* widersprüchlich; **débat ~** Diskussion *f*, Debatte *f*

contraignant, e [kɔ̃tʀɛɲɑ̃, ɑ̃t] *vb voir* **contraindre** ▷ *adj* Zwangs-

contraindre [kɔ̃tʀɛ̃dʀ] *vt*: ~ **qn à qch/faire qch** jdn zu etw zwingen/jdn zwingen, etw zu tun

contraint, e [kɔ̃tʀɛ̃, ɛ̃t] *pp de* **contraindre** ▷ *adj* (*mine, sourire*) gezwungen, steif

contrainte [kɔ̃tʀɛ̃t] *nf* (*coercition*) Zwang *m*; **sans ~** zwanglos

contraire [kɔ̃tʀɛʀ] *adj* entgegengesetzt ▷ *nm* Gegenteil *nt*; ~ **à** (*loi, raison*) gegen +*acc*, wider +*acc*; (*santé*) schädlich für; **au ~** im Gegenteil; **le ~ de** das Gegenteil von

contrairement [kɔ̃tʀɛʀmɑ̃] *adv*: ~ **à** im Gegensatz zu

contralto [kɔ̃tʀalto] *nm* (*voix*) Alt *m*; (*personne*) Altistin *f*

contrariant, e [kɔ̃tʀaʀjɑ̃, jɑ̃t] *adj* (*personne*) widerborstig; (*incident*) ärgerlich

contrarier [kɔ̃tʀaʀje] *vt* (*irriter*) ärgern; (*mouvement, action*) stören

contrariété [kɔ̃tʀaʀjete] *nf* Ärger *m*

contraste [kɔ̃tʀast] *nm* Kontrast *m*, Gegensatz *m*; (*Ciné*) Kontrast

contraster [kɔ̃tʀaste] *vi*: ~ (**avec**) kontrastieren (mit), im Gegensatz stehen (zu)

contrat [kɔ̃tʀa] *nm* Vertrag *m*; ~ **à durée**

déterminée Zeitverlag *m*; **~ de mariage**
Ehevertrag *m*; **~ de travail** Arbeitsvertrag *m*
contravention [kɔ̃tʀavɑ̃sjɔ̃] *nf* (*infraction*) Verstoß
m; (*amende*) Geldstrafe *f*; (*pour stationnement interdit*)
gebührenpflichtige Verwarnung *f*, Strafzettel *m*;
dresser ~ à (*automobiliste*) einen Strafzettel
ausstellen +*dat*
contre [kɔ̃tʀ] *prép* gegen; **par ~** hingegen
contre-amiral [kɔ̃tʀamiʀal] (*pl* **contre-amiraux**)
nm Konteradmiral *m*
contre-attaque [kɔ̃tʀatak] (*pl* **~s**) *nf*
Gegenangriff *m*
contre-attaquer [kɔ̃tʀatake] *vi* zurückschlagen
contre-balancer [kɔ̃tʀəbalɑ̃se] *vt* ausgleichen
contrebande [kɔ̃tʀəbɑ̃d] *nf* Schmuggeln *nt*,
Schmuggel *m*; (*marchandise*) Schmuggelware *f*;
faire la ~ de qch etw schmuggeln
contrebandier, -ière [kɔ̃tʀəbɑ̃dje, jɛʀ] *nm/f*
Schmuggler(in) *m(f)*
contrebas [kɔ̃tʀəba]: **en ~** *adv* unten
contrebasse [kɔ̃tʀəbas] *nf* Kontrabass *m*
contrebassiste [kɔ̃tʀəbasist] *nm/f*
Kontrabassist(in) *m(f)*
contre-braquer [kɔ̃tʀəbʀake] *vi* gegensteuern
contrecarrer [kɔ̃tʀəkaʀe] *vt* (*action*) vereiteln
contrechamp [kɔ̃tʀəʃɑ̃] *nm* (*Ciné*) Aufnahme *f* in
die umgekehrte Richtung
contrecœur [kɔ̃tʀəkœʀ]: **à ~** *adv* widerwillig,
ungern
contrecoup [kɔ̃tʀəku] *nm* Nachwirkung *f*; **par ~**
als indirekte Folge
contre-courant [kɔ̃tʀəkuʀɑ̃] (*pl* **~s**) *nm*
Gegenströmung *f*; **à ~** (*Naut*) gegen den Strom
contredire [kɔ̃tʀədiʀ] *vt* widersprechen +*dat*; (*suj:
chose*) im Widerspruch stehen zu; **se contredire**
vpr einander widersprechen
contredit, e [kɔ̃tʀədi, it] *pp de* **contredire** ▷ *nm*:
sans ~ ohne Widerspruch
contrée [kɔ̃tʀe] *nf* (*région*) Gegend *f*
contre-écrou [kɔ̃tʀekʀu] (*pl* **~s**) *nm*
Kontermutter *f*
contre-enquête [kɔ̃tʀɑ̃kɛt] (*pl* **~s**) *nf*
Gegenuntersuchung *f*
contre-espionnage [kɔ̃tʀɛspjɔnaʒ] (*pl* **~s**) *nm*
Spionageabwehr *f*
contre-exemple [kɔ̃tʀɛgzɑ̃pl(ə)] (*pl* **~s**) *nm*
Gegenbeispiel *nt*
contre-expertise [kɔ̃tʀɛkspɛʀtiz] (*pl* **~s**) *nf*
Gegengutachten *nt*
contrefaçon [kɔ̃tʀəfasɔ̃] *nf* (*objet*) Fälschung *f*;
(*action*) Fälschen *nt*; **~ de brevet**
Patentverletzung *f*
contrefaire [kɔ̃tʀəfɛʀ] *vt* (*document, signature*)
fälschen; (*personne, démarche*) nachahmen,
nachmachen; (*sa voix, son écriture*) verstellen
contrefait, e [kɔ̃tʀəfɛ, ɛt] *pp de* **contrefaire** ▷ *adj*
(*difforme*) missgestaltet
contrefasse *etc* [kɔ̃tʀəfas] *vb voir* **contrefaire**
contreferai *etc* [kɔ̃tʀəfʀe] *vb voir* **contrefaire**
contre-filet [kɔ̃tʀəfilɛ] (*pl* **~s**) *nm* Filet *nt*
contreforts [kɔ̃tʀəfɔʀ] *nmpl* (Gebirgs)ausläufer *pl*
contre-haut [kɔ̃tʀəo]: **en ~** *adv* (ganz) oben

contre-indication [kɔ̃tʀɛ̃dikasjɔ̃] (*pl* **~s**) *nf*
Kontraindikation *f*, Gegenanzeige *f*
contre-indiqué, e [kɔ̃tʀɛ̃dike] (*pl* **~s, es**) *adj* (*Méd*)
nicht empfehlenswert; (*déconseillé*) abzuraten
contre-interrogatoire [kɔ̃tʀɛ̃teʀɔgatwaʀ] (*pl* **~s**)
nm Kreuzverhör *nt*; **faire subir un ~ à qn** jdn
einem Kreuzverhör unterziehen
contre-jour [kɔ̃tʀəʒuʀ]: **à ~** *adv* im Gegenlicht;
(*travailler, lire*) mit dem Rücken zum Licht
contremaître [kɔ̃tʀəmɛtʀ] *nm* Vorarbeiter(in)
m(f)
contre-manifestant, e [kɔ̃tʀəmanifɛstɑ̃, ɑ̃t] (*pl*
~s, es) *nm/f* Gegendemonstrant(in) *m(f)*
contre-manifestation [kɔ̃tʀəmanifɛstasjɔ̃] (*pl*
~s) *nf* Gegendemonstration *f*
contremarque [kɔ̃tʀəmaʀk] *nf* (*ticket*)
Kontrollkarte *f*
contre-offensive [kɔ̃tʀɔfɑ̃siv] (*pl* **~s**) *nf* (*Mil*)
Gegenoffensive *f*; (*gén*) Gegenangriff *m*
contre-ordre [kɔ̃tʀɔʀdʀ] (*pl* **~s**) *nm* = **contrordre**
contrepartie [kɔ̃tʀəpaʀti] *nf*: **en ~** (*en échange*)
dafür; (*en revanche*) zum Ausgleich
contre-performance [kɔ̃tʀəpɛʀfɔʀmɑ̃s] (*pl* **~s**) *nf*
(*Sport*) unterdurchschnittliche Leistung *f*
contrepèterie [kɔ̃tʀəpetʀi] *nf* Schüttelreim *m*
contre-pied [kɔ̃tʀəpje] (*pl* **~s**) *nm* (*Sport*) falscher
Fuß *m*; **prendre le ~ de** das genaue Gegenteil
tun *ou* sagen von
contre-plaqué [kɔ̃tʀəplake] (*pl* **~s**) *nm* Sperrholz
nt
contre-plongée [kɔ̃tʀəplɔ̃ʒe] (*pl* **~s**) *nf* (*Ciné*)
Aufnahme *f* steil von unten nach oben
contrepoids [kɔ̃tʀəpwa] *nm* Gegengewicht *nt*;
faire ~ als Gegengewicht dienen
contre-poil [kɔ̃tʀəpwal]: **à ~** *adv* gegen den
Strich
contrepoint [kɔ̃tʀəpwɛ̃] *nm* Kontrapunkt *m*
contrepoison [kɔ̃tʀəpwazɔ̃] *nm* Gegengift *nt*
contrer [kɔ̃tʀe] *vt* (*adversaire*) (erfolgreich)
kontern +*dat*
contre-révolution [kɔ̃tʀəʀevɔlysjɔ̃] (*pl* **~s**) *nf*
Gegenrevolution *f*
contre-révolutionnaire [kɔ̃tʀəʀevɔlysjɔnɛʀ] (*pl*
~s) *n* Gegenrevolutionär(in) *m(f)*
contresens [kɔ̃tʀəsɑ̃s] *nm* (*erreur*) Fehldeutung *f*;
(*de traduction*) Fehlübersetzung *f*; (*absurdité*)
Unsinn *m*; **à ~** (*à l'envers*) verkehrt
contresigner [kɔ̃tʀəsiɲe] *vt* gegenzeichnen
contretemps [kɔ̃tʀətɑ̃] *nm* (*complication*)
Zwischenfall *m*; **à ~** (*Mus*) gegen den Takt; (*fig*)
zur Unzeit, im falschen Augenblick
contre-terrorisme [kɔ̃tʀəteʀɔʀism] *nm*
Bekämpfung *f* des Terrorismus
contre-terroriste [kɔ̃tʀəteʀɔʀist(ə)] (*pl* **~s**) *nm/f*
Antiterrorkämpfer(in) *m(f)*
contre-torpilleur [kɔ̃tʀətɔʀpijœʀ] (*pl* **~s**) *nm*
Zerstörer *m*
contrevenant, e [kɔ̃tʀəv(ə)nɑ̃, ɑ̃t] *vb voir*
contrevenir ▷ *nm/f* Zuwiderhandelnde(r) *f(m)*
contrevenir [kɔ̃tʀəv(ə)niʀ]: **~ à** *vt* verstoßen
gegen
contre-voie [kɔ̃tʀəvwa]: **à ~** *adv* (*en sens inverse*) in

der entgegengesetzten Richtung; *(du mauvais côté)* auf der falschen Seite
contribuable [kɔ̃tʀibɥabl] *nm/f* Steuerzahler(in) *f(m)*
contribuer [kɔ̃tʀibɥe]: **~ à** *vt* beitragen zu; *(dépense, frais)* beisteuern zu
contribution [kɔ̃tʀibysjɔ̃] *nf* Beitrag *m*; **les contributions** *(bureaux)* ≈ das Finanzamt *nt*; **mettre qn à ~** jds Dienste in Anspruch nehmen; **~s directes/indirectes** *(impôts)* direkte/indirekte Steuern *pl*
contrit, e [kɔ̃tʀi, it] *adj* reuig, zerknirscht
contrôlable [kɔ̃tʀolabl] *adj* kontrollierbar
contrôle [kɔ̃tʀol] *nm* Kontrolle *f*, Überprüfung *f*; *(surveillance)* Überwachung *f*; *(maîtrise)* Beherrschung *f*; **perdre le ~ de son véhicule** die Kontrolle *ou* Gewalt über sein Fahrzeug verlieren; **~ continu** *(Scol)* begleitende Benotung *f*; **~ d'identité** Ausweiskontrolle *f*; **~ des changes** Devisenkontrolle *f*; **~ des naissances** Geburtenkontrolle *f*; **~ des prix** Preiskontrolle *f*; **~ judiciaire** Rechtsaufsicht *f*
contrôler [kɔ̃tʀole] *vt* *(vérifier)* kontrollieren, überprüfen; *(surveiller)* überwachen, beaufsichtigen; *(maîtriser)* beherrschen; *(Comm)* kontrollieren; **se contrôler** *vpr* *(personne)* sich beherrschen, sich in der Gewalt haben
contrôleur, -euse [kɔ̃tʀolœʀ, øz] *nm/f* *(de train, bus)* Schaffner(in) *m(f)*; **~ aérien** *ou* **de la navigation aérienne** Fluglotse *m*; **~ financier** Finanzkontrolleur *m*
contrordre [kɔ̃tʀɔʀdʀ] *nm* Gegenbefehl *m*; **sauf ~** wenn nicht anders angewiesen
controverse [kɔ̃tʀɔvɛʀs] *nf* Kontroverse *f*, Streitigkeit *f*
controversé, e [kɔ̃tʀɔvɛʀse] *adj* umstritten
contumace [kɔ̃tymas]: **par ~** *adv* in Abwesenheit
contusion [kɔ̃tyzjɔ̃] *nf* *(Méd)* Prellung *f*
contusionné, e [kɔ̃tyzjɔne] *adj* geprellt
conurbation [kɔnyʀbasjɔ̃] *nf* Ballungsgebiet *nt*
convaincant, e [kɔ̃vɛ̃kɑ̃, ɑ̃t] *vb voir* **convaincre** ▷ *adj* überzeugend
convaincre [kɔ̃vɛ̃kʀ] *vt*: **~ qn (de qch)** jdn (von etw) überzeugen; *(de délit)* jdn (einer Sache *gén*) überführen; **~ qn de faire qch** jdn überreden, etw zu tun
convaincu, e [kɔ̃vɛ̃ky] *pp de* **convaincre** ▷ *adj* überzeugt; **~ de** überzeugt von; **d'un ton ~** im Brustton der Überzeugung
convainquais [kɔ̃vɛ̃kɛ] *vb voir* **convaincre**
convalescence [kɔ̃valesɑ̃s] *nf* Genesung *f*, Rekonvaleszenz *f*; **maison de ~** Erholungsheim *nt*
convalescent, e [kɔ̃valesɑ̃, ɑ̃t] *adj* genesend ▷ *nm/f* Genesende(r) *f(m)*
convecteur [kɔ̃vɛktœʀ] *nm* *(Élec)* Heizlüfter *m*
convenable [kɔ̃vnabl] *adj* anständig; *(approprié)* passend
convenablement [kɔ̃vnabləmɑ̃] *adv* *(placé, choisi)* gut; *(s'habiller, s'exprimer)* passend; *(payé, logé)* anständig, angemessen
convenance [kɔ̃vnɑ̃s] *nf*: **à ma/votre ~** nach

(meinem/Ihrem) Belieben; **convenances** *nfpl* *(bienséance)* Schicklichkeit *f*, Anstand *m*; **pour ~s personnelles** aus persönlichen Gründen
convenir [kɔ̃vniʀ] *vi* passen; **~ à** passen +*dat*; **il convient de faire qch** *(bienséant)* es gehört sich, etw zu tun; **~ de** *(admettre)* zugeben; *(fixer)* vereinbaren; **~ que** *(admettre)* zugeben, dass; **~ de faire qch** übereinkommen, etw zu tun; **il a été convenu que** es wurde vereinbart, dass; **comme convenu** wie vereinbart
convention [kɔ̃vɑ̃sjɔ̃] *nf* *(accord, entente)* Abkommen *nt*, Vereinbarung *f*; *(procédé)* Konvention *f*; *(assemblée)* Versammlung *f*; **conventions** *nfpl* *(règles, convenances)* Konventionen *pl*; **de ~** üblich; *(péj)* konventionell; **~ collective** Tarifvertrag *m*
conventionnalisme [kɔ̃vɑ̃sjɔnalism(ə)] *nm* Konventionalismus *m*
conventionné, e [kɔ̃vɑ̃sjɔne] *adj* *(médecin)* ≈ Kassen-; *(clinique, pharmacie)* mit staatlich festgelegten Leistungen
conventionnel, le [kɔ̃vɑ̃sjɔnɛl] *adj* konventionell; *(convenu)* vertraglich (vereinbart)
conventionnellement [kɔ̃vɑ̃sjɔnɛlmɑ̃] *adv* üblicherweise
conventuel, le [kɔ̃vɑ̃tɥɛl] *adj* *(vie, règle)* klösterlich, Kloster-; *(bâtiment)* Kloster-
convenu, e [kɔ̃vny] *pp de* **convenir** ▷ *adj* vereinbart, festgesetzt
convergent, e [kɔ̃vɛʀʒɑ̃, ɑ̃t] *adj* konvergierend, konvergent
converger [kɔ̃vɛʀʒe] *vi* konvergieren; *(efforts, idées)* sich einander annähern; **~ vers** *ou* **sur** zustreben +*dat*
conversation [kɔ̃vɛʀsasjɔ̃] *nf* Gespräch *nt*; *(style)* gesprochene Sprache *f*; **avoir de la ~** ein guter Gesprächspartner/eine gute Gesprächspartnerin sein
converser [kɔ̃vɛʀse] *vi* sich unterhalten
conversion [kɔ̃vɛʀsjɔ̃] *nf* *(action de convertir)* Umwandlung *f*; *(action de se convertir)* Verwandlung *f*; *(Ski)* Kehre *f*
convertible [kɔ̃vɛʀtibl] *adj* *(Écon)* konvertibel, konvertierbar; **canapé ~** Sofabett *nt*
convertir [kɔ̃vɛʀtiʀ] *vt*: **~ qn (à)** jdn bekehren (zu); **~ qch en** etw umwandeln in +*acc*; **se convertir (à)** *vpr* *(Rel)* konvertieren (zu)
convertisseur [kɔ̃vɛʀtisœʀ] *nm* *(Élec)* Konverter *m*
convexe [kɔ̃vɛks] *adj* konvex
conviction [kɔ̃viksjɔ̃] *nf* Überzeugung *f*; **sans ~** ohne (innere) Überzeugung
conviendrai etc [kɔ̃vjɛ̃dʀe] *vb voir* **convenir**
convienne etc [kɔ̃vjɛn] *vb voir* **convenir**
conviens etc [kɔ̃vjɛ̃] *vb voir* **convenir**
convier [kɔ̃vje] *vt*: **~ qn à** *(dîner etc)* jdn einladen zu; **~ qn à faire qch** jdn dazu auffordern, etw zu tun
convint [kɔ̃vɛ̃] *vb voir* **convenir**
convive [kɔ̃viv] *nm/f* Gast *m* bei Tisch
convivial, e, -aux [kɔ̃vivjal, jo] *adj* gesellig; *(Inform)* benutzerfreundlich
convocation [kɔ̃vɔkasjɔ̃] *nf* *(papier, document)*

Vorladung f; (d'une assemblée) Einberufung f

convoi [kɔ̃vwa] nm Konvoi m, Kolonne f; (train) Zug m; ~ **(funèbre)** Leichenzug m

convoiter [kɔ̃vwate] vt begehren

convoitise [kɔ̃vwatiz] nf Begehrlichkeit f; (sexuelle aussi) Lüsternheit f

convoler [kɔ̃vɔle] vi: ~ **en justes noces** sich vermählen

convoquer [kɔ̃vɔke] vt (assemblée, comité) einberufen; (candidat à un examen) kommen lassen; (subordonné, prévenu) kommen lassen, zu sich bestellen ou zitieren; (témoin) vorladen; (patient) kommen lassen, bestellen; ~ **qn à** (réunion) jdn einladen zu

convoyer [kɔ̃vwaje] vt (escorter) begleiten

convoyeur [kɔ̃vwajœR] nm (Naut) Begleitschiff nt; (bande de transport) Fließband nt; ~ **de fonds** Sicherheitsbeamte(r) m

convulsé, e [kɔ̃vylse] adj (visage) verzerrt

convulsif, -ive [kɔ̃vylsif, iv] adj krampfartig

convulsions [kɔ̃vylsjɔ̃] nfpl (Méd) Zuckungen pl, Krämpfe pl

cool [kul] (fam) adj cool<TLRR> fam

coopérant, e [kɔɔpeRɑ̃, ɑ̃t] nm/f ≈ Entwicklungshelfer(in) m(f)

coopératif, -ive [kɔɔpeRatif, iv] adj kooperativ

coopération [kɔɔpeRasjɔ̃] nf Kooperation f, Unterstützung f; **la ~ militaire/technique** die militärische/technische Entwicklungshilfe f

coopérative [kɔɔpeRativ] nf Kooperative f

coopérer [kɔɔpeRe] vi zusammenarbeiten; ~ **à** mitarbeiten an +dat

coordination [kɔɔRdinasjɔ̃] nf Koordination f

coordonnateur, -trice [kɔɔRdɔnatœR, tRis] nm/f Koordinator(in) m(f)

coordonné, e [kɔɔRdɔne] adj koordiniert; **coordonnés** nmpl (vêtements) Kleidung f zum Kombinieren ▷ nf (Ling) Nebensatz m; **coordonnées** nfpl (Math, gén) Koordinaten pl; (détails personnels) Angaben pl zur Person

coordonner [kɔɔRdɔne] vt koordinieren

copain, copine [kɔpɛ̃, kɔpin] nm/f Freund(in) m(f) ▷ adj: **être ~ avec qn** mit jdm gut befreundet sein

copeau, x [kɔpo] nm Hobelspan m; (de métal) Span m

Copenhague [kɔpənag] n Kopenhagen nt

copie [kɔpi] nf Kopie f; (Scol: feuille d'examen) Blatt nt, Bogen m; (devoir) Schularbeit f; (Journalisme) Artikel m; ~ **certifiée conforme** beglaubigte Kopie; ~ **papier** (Inform) Hardcopy f, Hard Copy f

copier [kɔpje] vt kopieren ▷ vi (Scol: tricher) abschreiben; ~ **sur** abschreiben von

copieur [kɔpjœR] nm Fotokopiergerät nt, Fotokopierer m

copieusement [kɔpjøzmɑ̃] adv reichlich

copieux, -euse [kɔpjø, jøz] adj (repas, portion) reichlich; (notes) ausführlich

copilote [kɔpilɔt] nm (Aviat) Kopilot(in) m(f); (Auto) Beifahrer(in) m(f)

copinage [kɔpinaʒ] (péj) nm Vetternwirtschaft f

copine [kɔpin] voir **copain**

copiste [kɔpist] nm/f Kopist(in) m(f)

coproduction [kɔpRɔdyksjɔ̃] nf (Ciné) Koproduktion f

copropriétaire [kɔpRɔpRijetɛR] nm/f Miteigner(in) m(f)

copropriété [kɔpRɔpRijete] nf Miteigentum nt, Mitbesitz m; **acheter un appartement en ~** eine Eigentumswohnung erwerben

copulation [kɔpylasjɔ̃] nf Kopulation f

copuler [kɔpyle] vi kopulieren

copyright [kɔpiRajt] nm Copyright nt

coq [kɔk] nm Hahn m ▷ adj inv: **poids ~** (Boxe) Bantamgewicht nt; ~ **au vin** Coq m au Vin; ~ **de bruyère** Waldhuhn nt; ~ **de village** (péj) Gockel m

coq-à-l'âne [kɔkalɑn] nm inv abrupter Themawechsel m

coque [kɔk] nf (de noix) Schale f; (de bateau, d'avion) Rumpf m; (mollusque) Herzmuschel f; **à la ~** (Culin) weich gekocht

coquelet [kɔklɛ] nm Hähnchen nt

coquelicot [kɔkliko] nm Mohn m

coqueluche [kɔklyʃ] nf Keuchhusten m; **être la ~ de qn** (fig) jds Liebling sein

coquet, te [kɔkɛ, ɛt] adj (bien habillé) adrett; (qui veut plaire) kokett; (joli) hübsch, nett; (pas négligeable) hübsch

coquetier [kɔk(ə)tje] nm Eierbecher m

coquettement [kɔkɛtmɑ̃] adv (s'habiller) adrett; (sourire, regarder) kokett; (meubler) hübsch

coquetterie [kɔketRi] nf Koketterie f

coquillage [kɔkijaʒ] nm Muschel f

coquille [kɔkij] nf Schale f; (Typo) Druckfehler m; ~ **d'œuf** (couleur) eierschalenfarben; ~ **de noix** (Naut) Nussschale f; ~ **Saint-Jacques** Jakobsmuschel f

coquillettes [kɔkijɛt] nfpl Muschelnudeln pl

coquin, e [kɔkɛ̃, in] adj schelmisch, spitzbübisch; (polisson: histoire) pikant ▷ nm/f (enfant) Spitzbube m

cor [kɔR] nm (Mus) Horn nt; ~ **(au pied)** Hühnerauge nt; **réclamer à ~ et à cri** lautstark fordern; ~ **anglais** Englischhorn nt; ~ **de chasse** Jagdhorn nt

corail, -aux [kɔRaj, o] nm Koralle f

Coran [kɔRɑ̃] nm Koran m

coraux [kɔRo] npl de **corail**

corbeau, x [kɔRbo] nm Rabe m; (fig) Pfaffe m

corbeille [kɔRbɛj] nf Korb m; (Théât) Rang m; (Inform) Papierkorb m; **la ~** (à la Bourse) das Parkett (der Pariser Börse); ~ **à ouvrage** Handarbeitskörbchen nt; ~ **à pain** Brotkorb m; ~ **à papiers** Papierkorb m; ~ **de mariage** Hochzeitsgeschenke pl

corbillard [kɔRbijaR] nm Leichenwagen m

cordage [kɔRdaʒ] nm Seil nt; **cordages** nmpl (de voilure) Tauwerk nt

corde [kɔRd] nf Seil nt, Strick m; (de violon, raquette) Saite f; (d'arc) Sehne f; (trame) Faden(lauf) m; (Athlétisme, Auto) Innenbahn f; **les ~s** (Boxe) die Seile pl; **toucher la ~ sensible** die richtige Saite berühren; **les (instruments à) ~s** (Mus) die Streicher pl; **tapis de ~** geflochtener Teppich m;

semelles de ~ geflochtene Sohlen pl; **tenir la ~** (Athlétisme, Auto) auf der Innenbahn sein; **il tombe des ~s** es regnet Bindfäden; **tirer sur la ~** es zu weit treiben; **usé jusqu'à la ~** völlig abgewetzt; **~ à linge** Wäscheleine f; **~ à nœuds** Kletterseil nt (mit Knoten); **~ à sauter** Springseil nt; **~ lisse** Kletterseil nt; **~ raide** (Draht)seil nt; **~s vocales** Stimmbänder pl

cordeau, x [kɔʀdo] nm Richtschnur f; **tracé au ~** schnurgerade

cordée [kɔʀde] nf (d'alpinistes) Seilschaft f

cordelette [kɔʀdəlɛt] nf Schnur f

cordelière [kɔʀdəljɛʀ] nf Kordel f

cordial, e, -aux [kɔʀdjal, jo] adj herzlich ▷ nm Stärkungsmittel nt

cordialement [kɔʀdjalmɑ̃] adv herzlich; (formule épistolaire) mit herzlichen Grüßen

cordialité [kɔʀdjalite] nf Herzlichkeit f

cordillère [kɔʀdijɛʀ] nf: **la ~ des Andes** die Kordillieren pl

cordon [kɔʀdɔ̃] nm Schnur f; **~ de police** Polizeikordon m, Postenkette f; **~ littoral** Sandbank f; **~ ombilical** Nabelschnur f; **~ sanitaire** Sperrgürtel m (um ein Seuchengebiet)

cordon-bleu [kɔʀdɔ̃blø] nm Meisterkoch m, Meisterköchin f

cordonnerie [kɔʀdɔnʀi] nf Schuster(laden) m

cordonnet [kɔʀdɔnɛ] nm Kordel f

cordonnier [kɔʀdɔnje] nm Schuster m, Schuhmacher m

Corée [kɔʀe] n: **la ~** Korea nt; **la ~ du Sud/du Nord** Süd-/Nordkorea nt

coréen, ne [kɔʀeɛ̃, ɛn] adj koreanisch ▷ nm/f: **Coréen, ne** Koreaner(in) m(f)

coreligionnaire [kɔʀ(ə)lijɔnɛʀ] nm/f Glaubensbruder m, Glaubensschwester f

coriace [kɔʀjas] adj zäh; (adversaire, problème aussi) hartnäckig

coriandre [kɔʀjɑ̃dʀ] nf Koriander m

cormoran [kɔʀmɔʀɑ̃] nm Kormoran m

cornac [kɔʀnak] nm Elefantenführer m

corne [kɔʀn] nf Horn nt; **~ d'abondance** Füllhorn nt; **~ de brume** Nebelhorn nt

cornée [kɔʀne] nf Hornhaut f

corneille [kɔʀnɛj] nf Krähe f

cornélien, ne [kɔʀneljɛ̃, jɛn] adj (débat etc) zwischen Pflicht und Neigung

cornemuse [kɔʀnəmyz] nf Dudelsack m; **joueur de ~** Dudelsackspieler m

corner[1] [kɔʀnɛʀ] nm (Football) Ecke f

corner[2] [kɔʀne] vt (pages) ein Eselsohr nt machen in +acc ▷ vi (klaxonner) hupen

cornet [kɔʀne] nm Tüte f; (de glace) Eistüte f; **~ à piston** (Mus) Kornett nt

cornette [kɔʀnɛt] nf Schwesternhaube f

corniaud [kɔʀnjo] nm (chien) Promenadenmischung f; (péj) Schwachkopf m, Trottel m

corniche [kɔʀniʃ] nf (route) Küstenstraße f; (d'armoire, neigeuse) Sims m ou nt

cornichon [kɔʀniʃɔ̃] nm Gewürzgurke f

Cornouailles [kɔʀnwaj] nfpl: **les ~** Cornwall nt

cornue [kɔʀny] nf Retorte f

corollaire [kɔʀɔlɛʀ] nm (Math) Korollar nt; (fig) logische Folge f

corolle [kɔʀɔl] nf Blumenkrone f

coron [kɔʀɔ̃] nm (maison) Bergarbeiterhäuschen nt; (quartier) Bergarbeitersiedlung f

coronaire [kɔʀɔnɛʀ] adj der Herzkranzgefäße gén

corporation [kɔʀpɔʀasjɔ̃] nf (d'artisans etc) Innung f; (au Moyen Âge) Zunft f

corporel, le [kɔʀpɔʀɛl] adj (odeurs) Körper-; (besoin, blessures) körperlich; **soins ~s** Körperpflege f; **punition ~le** Prügelstrafe f

corps [kɔʀ] nm Körper m; (cadavre) Leiche f; (d'un bâtiment) Hauptgebäude nt; (d'un texte, discours) Hauptteil m; **à son ~ défendant** widerwillig, ungern; **à ~ perdu** blindlings; **perdu ~ et biens** (Naut) mit Mann und Maus gesunken; **prendre ~** Gestalt annehmen; **~ et âme** mit Leib und Seele; **~ à ~** nm Nahkampf m, Handgemenge nt ▷ adv im Handgemenge ou Nahkampf; **~ consulaire** konsularisches Korps nt; **~ d'armée** Armeekorps nt; **~ de ballet** Corps de Ballet nt; **le ~ diplomatique** das diplomatische Korps; **~ du délit** (Jur) Tatwaffe f, Corpus Delicti nt; **~ électoral** Wählerschaft f; **~ enseignant** Lehrkörper m, Lehrerschaft f; **~ étranger** Fremdkörper m; **~ expéditionnaire** Spezialeinheit f; **~ médical** Ärzteschaft f

corpulence [kɔʀpylɑ̃s] nf Körperbau m; (embonpoint) Korpulenz f; **de forte ~** wohlbeleibt, sehr korpulent

corpulent, e [kɔʀpylɑ̃, ɑ̃t] adj korpulent, wohlbeleibt

corpus [kɔʀpys] nm Korpus m

corpusculaire [kɔʀpyskylɛʀ] adj Teilchen-

correct, e [kɔʀɛkt] adj (exact) richtig; (bienséant, honnête) korrekt; (passable) ausreichend

correctement [kɔʀɛktəmɑ̃] adv korrekt, richtig

correcteur, -trice [kɔʀɛktœʀ, tʀis] nm/f (Scol) Prüfer(in) m(f); (Typo) Korrektor(in) m(f)

correctif, -ive [kɔʀɛktif, iv] adj (gymnastique) Ausgleichs- ▷ nm (mise au point) Korrektiv nt

correction [kɔʀɛksjɔ̃] nf Korrektur f; (de faute, erreur) Berichtigung f, Verbesserung f; (coups, punition) Züchtigung f, Schläge pl; (fait d'être correct) Korrektheit f; **~ (des épreuves)** Korrekturlesen nt; **~ sur écran** (Inform) Korrektur am Bildschirm

correctionnel, le [kɔʀɛksjɔnɛl] adj: **tribunal ~** Strafgericht nt

corrélation [kɔʀelasjɔ̃] nf (rapport) Wechselbeziehung f, direkter Zusammenhang m

correspondance [kɔʀɛspɔ̃dɑ̃s] nf (analogie, rapport) Entsprechung f; (échange de lettres) Korrespondenz f, Briefwechsel m; (de train, d'avion) Anschluss m, Verbindung f; **ce train assure la ~ avec** mit diesem Zug hat man Anschluß an +acc; **cours par ~** Fernkurs m; **vente par ~** Versandhandel m

correspondant, e [kɔʀɛspɔ̃dɑ̃, ɑ̃t] adj entsprechend ▷ nm/f (épistolaire) Brieffreund(in) m(f); (au téléphone) Gesprächspartner(in) m(f); (journaliste) Korrespondent(in) m(f)

correspondre [kɔʀɛspɔ̃dʀ] vi (données, témoignages) übereinstimmen; (chambres) miteinander verbunden sein; **~ à** entsprechen +dat; **~ avec qn** (relations épistolaires) mit jdm korrespondieren, mit jdm in Briefwechsel stehen

Corrèze [kɔʀɛz] nf Corrèze nt

corrézien, ne [kɔʀezjɛ̃] adj aus Corrèze

corrida [kɔʀida] nf Stierkampf m

corridor [kɔʀidɔʀ] nm Korridor m, Gang m

corrigé [kɔʀiʒe] nm (Scol) Berichtigung f; (Typo: épreuve) Korrekturabzug m

corriger [kɔʀiʒe] vt korrigieren; (erreur, défaut) berichtigen, verbessern; (punir) züchtigen; **se corriger** vpr: **se ~ de qch** sich dat etw abgewöhnen; **~ qn de** (défaut) jdn von etw heilen

corroborer [kɔʀɔbɔʀe] vt bestätigen

corroder [kɔʀɔde] vt zerfressen

corrompre [kɔʀɔ̃pʀ] vt (dépraver) verderben, korrumpieren; (soudoyer) bestechen

corrompu, e [kɔʀɔ̃py] adj korrupt

corrosif, -ive [kɔʀozif, iv] adj ätzend

corrosion [kɔʀozjɔ̃] nf Korrosion f

corruption [kɔʀypsjɔ̃] nf Korruption f; (de témoin, fonctionnaire) Bestechung f; (des mœurs, de la jeunesse) Verderbtheit f

corsage [kɔʀsaʒ] nm (d'une robe) Oberteil nt; (chemisier) Bluse f

corsaire [kɔʀsɛʀ] nm Pirat m, Korsar m

corse [kɔʀs] adj korsisch ▷ nm/f: **C~** Korse m, Korsin f ▷ nf: **la C~** Korsika nt

corsé, e [kɔʀse] adj (café etc) kräftig (im Geschmack); (compliqué) heikel; (scabreux) pikant

corselet [kɔʀsəlɛ] nm Korselett nt

corser [kɔʀse] vt (difficulté) erhöhen; (histoire, récit, sauce) würzen; (intrigue) verstärken

corset [kɔʀsɛ] nm Korsett nt; (d'une robe) Mieder nt; **~ orthopédique** Stützkorsett nt

corso [kɔʀso] nm: **~ fleuri** Blumenkorso m

cortège [kɔʀtɛʒ] nm Zug m

corticostéroïde [kɔʀtikosteʀɔid] nm (Kortiko)steroid nt

cortisone [kɔʀtizɔn] nf Kortison nt

corvée [kɔʀve] nf lästige Aufgabe f; (Mil) Arbeitsdienst m

cosaque [kɔzak] nm Kosake m

cosignataire [kosiɲatɛʀ] adj mitunterzeichnend ▷ nm/f Mitunterzeichner(in) m(f)

cosinus [kɔsinys] nm Kosinus m

cosmétique [kɔsmetik] nm Kosmetikprodukt nt

cosmétologie [kɔsmetɔlɔʒi] nf Schönheitspflege f

cosmique [kɔsmik] adj kosmisch

cosmonaute [kɔsmɔnot] nm/f Kosmonaut(in) m(f)

cosmopolite [kɔsmɔpɔlit] adj kosmopolitisch

cosmos [kɔsmos] nm Kosmos m, Weltall nt

cosse [kɔs] nf (Bot) Hülse f, Schote f; (Élec) Klemme f

cossu, e [kɔsy] adj (maison) prunkvoll

Costa Rica [kɔstaʀika] nm: **le ~** Costa Rica nt

costaricien, ne [kɔstaʀisjɛ̃, jɛn] adj costaricanisch

costaud, e [kɔsto, od] adj (personne) stämmig, kräftig; (objet) stabil

costume [kɔstym] nm (régional, traditionnel etc) Tracht f; (d'homme) Anzug m; (de théâtre) Kostüm nt

costumé, e [kɔstyme] adj kostümiert, verkleidet

costumer [kɔstyme] vt kostümieren, verkleiden; **se costumer** vpr (se déguiser) sich verkleiden; (acteur) sich das Kostüm anziehen; **se ~ en qn/qch** sich als jd/etw verkleiden

costumier, -ière [kɔstymje, jɛʀ] nm/f (fabricant) (Kostüm)schneider(in) m(f); (loueur) Kostümverleiher m; (Théât) Garderobier(e) m(f)

cotangente [kɔtɑ̃ʒɑ̃t] nf Kotangens m

cotation [kɔtasjɔ̃] nf Notierung f

cote [kɔt] nf (d'une valeur boursière) Börsennotierung f; (d'une voiture, d'un timbre) Marktwert m; (d'un cheval) Gewinnquote f; (d'un candidat etc) Chancen pl; (Géo) Höhenmarkierung f; (d'un document) Kennziffer f; **avoir la ~** gut angeschrieben sein; **inscrit à la ~** an der Börse notiert; **la ~ de Lucifer** (Courses) die Gewinnquote auf Lucifer; **~ d'alerte** Hochwassermarke f; **~ de popularité** Beliebtheitsgrad m; **~ mal taillée** (fig) fauler Kompromiss m

côte [kot] nf (rivage) Küste f; (pente) Gefälle nt; (: sur une route) Steigung f; (Anat, Tricot) Rippe f; (d'agneau, de porc) Rippchen nt; **~ à ~** Seite an Seite; **la C~ (d'Azur)** die Côte d'Azur f; **la C~ d'Ivoire** die Elfenbeinküste f

coté, e [kɔte] adj: **être ~ en Bourse** an der Börse notiert sein; **être bien/mal ~** hoch/niedrig notiert sein

côté [kote] nm Seite f; (direction) Richtung f; **de 10 m de ~** von 10 m Seitenlänge; **des deux ~s de la route/frontière** auf beiden Seiten der Straße/Grenze; **de tous les ~s** auf allen Seiten, von allen Seiten; **de quel ~ est-il parti?** in welche Richtung ist er gegangen?; **de ce/de l'autre ~** auf dieser/auf der anderen Seite; (mouvement) in diese/die andere Richtung; **d'un ~ ... de l'autre (~)** (alternative) einerseits ... andererseits; **du ~ de ...** (provenance) von ... her; (direction) in Richtung von ... +acc; (proximité) in der Nähe von; **de ~** (marcher, se tourner) zur Seite; (regarder) von der Seite; (être, se tenir) abseits, seitlich; **laisser de ~** beiseitelassen; **mettre de ~** auf die Seite legen, zurücklegen; **du ~ gauche** auf der linken Seite; **de mon ~** (quant à moi) meinerseits; **à ~** (pièce ou maison adjacente) nebenan; (de la cible) daneben; **à ~ de** neben +dat; **être aux ~s de qn** an jds Seite dat sein, jdm zur Seite stehen

coteau [kɔto] nm Hügel m, Anhöhe f

côtelé, e [kot(ə)le] adj (pull, velours) gerippt; **pantalons en velours ~** Cord(samt)hosen pl

côtelette [kotlɛt] nf Kotelett nt

coter [kɔte] vt notieren

coterie [kɔtʀi] nf Clique f

côtier, -ière [kotje, jɛʀ] adj Küsten-

cotillons [kɔtijɔ̃] nmpl (serpentins etc) Luftschlangen, Konfetti etc für Feste

cotisation [kɔtizasjɔ̃] *nf* Beitrag *m*

cotiser [kɔtize] *vi*: ~ **à** seinen Beitrag bezahlen +*dat*; **se cotiser** *vpr* zusammenlegen

coton [kɔtɔ̃] *nm* Baumwolle *f*; **drap/robe de ~** Baumwollstoff *m*/-kleid *nt*; **~ hydrophile** Verbandwatte *f*

cotonnade [kɔtɔnad] *nf* Baumwollstoff *m*

Coton-Tige® [kɔtɔ̃tiʒ] (*pl* **Cotons-Tiges**) *nm* Wattestäbchen *nt*

côtoyer [kotwaje] *vt* (*rencontrer*) zusammenkommen mit; (*longer*) entlangfahren, entlanggehen; (*fig: friser*) grenzen an +*acc*

cotte [kɔt] *nf*: **~ de mailles** Kettenhemd *nt*

cou [ku] *nm* Hals *m*

couac [kwak] (*fam*) *nm* Kiekser *m*

couard, e [kwaʀ, kwaʀd] *adj* feige

couchant [kuʃɑ̃] *adj*: **soleil ~** Sonnenuntergang *m*

couche [kuʃ] *nf* Schicht *f*; (*de bébé*) Windel *f*; **couches** *nfpl* (*Méd*) Entbindung *f*, Niederkunft *f*; **~s sociales** Gesellschaftsschichten *pl*

couché, e [kuʃe] *adj* (*au lit*) im Bett; **être ~ par terre/sur son lit** auf dem Boden/dem Bett liegen; **~!** (*chien*) hinlegen!

couche-culotte [kuʃkylɔt] (*pl* **couches-culottes**) *nf* Windel *f*

coucher [kuʃe] *vt* (*mettre au lit*) ins *ou* zu Bett bringen; (*étendre*) hinlegen; (*loger*) unterbringen; (*objet*) hinlegen; (*écrire*) niederschreiben ▷ *vi* (*dormir*) schlafen; **se coucher** *vpr* (*pour dormir*) schlafen gehen, zu Bett gehen; (*pour se reposer*) sich hinlegen; (*se pencher*) sich neigen; (*soleil*) untergehen ▷ *nm*: **~ de soleil** Sonnenuntergang *m*; **~ avec qn** mit jdm schlafen; **à prendre avant le ~** (*Méd*) vor dem Schlafengehen ein(zu)nehmen

couchette [kuʃɛt] *nf* (*de train*) Liegewagenplatz *m*; (*de bateau*) Koje *f*

coucheur [kuʃœʀ] *nm*: **être mauvais ~** griesgrämig sein

couci-couça [kusikusa] (*fam*) *adv* so, lala

coucou [kuku] *nm* Kuckuck *m* ▷ *excl* kuckuck

coude [kud] *nm* Ellbogen *m*; (*de tuyau*) Knie *nt*; (*de route*) Kurve *f*; **~ à ~** Seite an Seite, Schulter an Schulter

coudée [kude] *nf*: **avoir les ~s franches** freie Hand haben

cou-de-pied [kudpje] (*pl* **cous-de-pied**) *nm* Spann *m*, Rist *m*

coudoyer [kudwaje] *vt* (*gens*) in Berührung kommen mit

coudre [kudʀ] *vt* nähen; (*bouton*) annähen ▷ *vi* nähen

couenne [kwan] *nf* Schwarte *f*

couette [kwɛt] *nf* (*édredon*) Steppdecke *f*; **couettes** *nfpl* (*cheveux*) Rattenschwänze *pl*

couffin [kufɛ̃] *nm* Körbchen *nt*

couilles [kuj] (*fam!*) *nfpl* Eier *pl* (*fam!*)

couiner [kwine] *vi* (*animal*) quieken

coulage [kulaʒ] *nm* (*Comm*) Verlust *m* (*durch Diebstahl oder Nachlässigkeit*)

coulant, e [kulɑ̃, ɑ̃t] *adj* (*indulgent*) gelassen; (*fromage etc*) sehr weich; (*style*) flüssig

coulée [kule] *nf* (*de métal*) Guss *m*; (*de lave*) Fluss *m*; (*de neige*) Rutsch *m*

couler [kule] *vi* fließen; (*fuir*) auslaufen, lecken; (*nez*) laufen; (*sombrer: bateau*) untergehen ▷ *vt* (*métal, cloche, sculpture*) gießen; (*bateau*) versenken; (*fig: magasin, entreprise*) zugrunde richten; (: *candidat*) durchfallen lassen; **se couler dans** *vpr* (*interstice etc*) hineinfallen in +*acc*; **faire ~** (*eau*) laufen lassen; (*bain*) einlaufen lassen; **~ de source** logisch folgen; **~ à pic** bis zum Grund sinken; **~ une vie heureuse** sich eines glücklichen Lebens erfreuen; **il a coulé une bielle** (*Auto*) seine Pleuelstange ist gebrochen

couleur [kulœʀ] *nf* Farbe *f*; **couleurs** *nfpl* (*du teint*) Gesichtsfarbe *f*; (*Mil*) Nationalfarben *pl*; **film/télévision en ~(s)** Farbfilm *m*/-fernsehen *nt*; **de ~** (*personne*) farbig; **sous ~ de faire qch** unter dem Vorwand, etw zu tun

couleuvre [kulœvʀ] *nf* Natter *f*

coulissant, e [kulisɑ̃, ɑ̃t] *adj* (*porte*) Schiebe-

coulisse [kulis] *nf* (*Tech*) Laufschiene *f*, Führungsleiste *f*; **coulisses** *nfpl* (*Théât*) Kulissen *pl*; **dans les ~s** im Hintergrund; **porte à ~** Schiebetür *f*

coulisser [kulise] *vi* (in einer Führungsschiene) gleiten

couloir [kulwaʀ] *nm* (*de maison*) Flur *m*, Gang *m*; (*de bus*) Gang; (: *sur la route*) Busspur *f*; (*Sport*) Spur *f*; (*Géo: ravin*) Schlucht *f*; **~ aérien** Luftkorridor *m*; **~ d'avalanche** Lawinenkorridor *m*; **~ de navigation** Schifffahrtsweg *m*

coulpe [kulp] *nf*: **battre sa ~** sich an die Brust schlagen

 MOT-CLÉ

coup [ku] *nm* **1** (*heurt, choc, Tennis, Golf, Boxe*) Schlag *m*; **coup de poing** Faustschlag *m*; **coup de pied** Fußtritt *m*; **coup de coude** Stoß *m* mit dem Ellbogen; **un coup sec** ein kurzer Schlag; **coup de couteau** Messerstich *m*; **à coups de hache/marteau** mit der Hacke/dem Hammer; **donner un coup de corne à qn** jdm einen Stoß mit den Hörnern versetzen; **coup de vent** Windstoß *m*; **en coup de vent** in Windeseile

2 (*Football, avec arme à feu*) Schuss *m*; (*Échecs*) Zug *m*; **coup franc** Freistoß *m*; **coup d'envoi** Anstoß *m*; **coup de feu** Schuss; **coup de fusil** (Gewehr)schuss *m*

3 (*bruit: à la porte etc*) Schlag *m*; (*frappé par une horloge*) (Stunden)schlag *m*; **coup de sonnette** Klingeln *nt*; **coup de tonnerre** Donner(-schlag) *m*

4 (*fam: fois*) Mal *nt*; **d'un seul coup** mit einem Schlag, auf einmal; **du premier coup** auf Anhieb; **du même coup** gleichzeitig; **après coup** hinterher; **à tous les coups** jedes Mal; **coup sur coup** Schlag auf Schlag

5 (*locutions*): **donner un coup de balai/chiffon** fegen/staubwischen; **avoir le coup** (*fig*) den Dreh heraushaben; **être dans le/hors du coup** auf dem/nicht auf dem Laufendem sein; **du**

coup (fam) daraufhin; **boire un coup** einen Schluck trinken; **à coup sûr** bestimmt, ganz sicher; **être sur un coup** einer Sache dat auf der Spur sein; **sur le coup** auf der Stelle; **sous le coup de** (surprise etc) unter dem Eindruck +gén; **tomber sous le coup de la loi** (Jur) eine Straftat sein; **pour le coup** (für) diesmal; **il a raté son coup** er hat die Sache vermasselt; **faire un coup bas à qn** (fig) jdm einen Tiefschlag versetzen; **faire un coup fourré à qn** jdm in den Rücken fallen

6 (composés): **coup de chance** Glücksfall m; **coup de chapeau** Kompliment nt; **coup de crayon** Bleistiftstrich m; **coup d'éclat** Großtat f; **coup d'essai** erster Versuch m; **coup d'État** Staatsstreich m; **coup de fil** Anruf m; **donner** ou **passer un coup de fil (à qn)** (jdn) anrufen; **coup de filet** Fang m; **coup de foudre** Liebe f auf den ersten Blick; **coup de frein: donner un coup de frein** (Auto) scharf bremsen; **coup de grâce** Gnadenstoß m; **coup du lapin** Schlag m ins Genick; **coup de main: donner un coup de main à qn** jdm helfen; **coup de maître** Meisterstück nt; **coup d'œil** Blick m; **coup de pinceau** Pinselstrich m; **coup de soleil** Sonnenbrand m; **coup de téléphone** Anruf m; **donner un coup de téléphone à qn** jdn anrufen; **coup de tête** (fig) impulsive Entscheidung f; **sur un coup de tête** im Affekt; **coup de théâtre** (fig) Knalleffekt m; **coup dur** harter Schlag m

coupable [kupabl] adj schuldig; (pensée, passion) verboten ▷ nm/f Schuldige(r) f(m); **~ de** schuldig +gén

coupant, e [kup̃ɑ, ̃ɑt] adj (lame) scharf; (fig: voix, ton aussi) schneidend

coupe [kup] nf (verre) Kelch m (à fruits) Schale f; (Sport) Pokal m; (de cheveux, vêtement) Schnitt m; (pièce de tissu) Stück nt; (graphique, plan) Querschnitt m; **vu en ~** im Querschnitt; **être sous la ~ de qn** unter jds Fuchtel dat stehen; **faire des ~s sombres dans qch** etw drastisch kürzen

coupé, e [kupe] adj (communications, route) abgeschnitten ▷ nm (Auto) Coupé nt; **bien/mal ~** gut/schlecht geschnitten

coupe-circuit [kupsiʀkɥi] nm inv (Élec) Unterbrecher m

coupe-feu [kupfø] nm inv Feuerschneise f

coupe-gorge [kupgɔʀʒ] nm inv gefährliche Gasse f

coupelle [kupɛl] nf (coupe) Becherchen nt

coupe-ongles [kupɔ̃gl] nm inv (pince) Nagelzwicker m; (ciseaux) Nagelschere f

coupe-papier [kuppapje] nm inv Brieföffner m

couper [kupe] vt schneiden; (tissu) zuschneiden; (livre broché) aufschneiden; (tranche, morceau, route, retraite) abschneiden; (retrancher) ausschneiden; (communication) unterbrechen; (eau, courant) sperren, abstellen; (fièvre) senken; (ajouter de l'eau: vin) pan(t)schen; (Tennis etc) anschneiden ▷ vi

schneiden; (prendre un raccourci) eine Abkürzung nehmen; (Cartes) abheben; (: avec l'atout) stechen; **se couper** vpr sich schneiden; (se contredire) sich verraten, sich versprechen; **se faire ~ les cheveux** sich dat die Haare schneiden lassen; **~ l'appétit à qn** jdm den Appetit verderben; **~ la parole à qn** jdm ins Wort fallen; **~ les vivres à qn** jdm den Lebensunterhalt streichen; **~ le contact** ou **l'allumage** (Auto) die Zündung ausstellen; **~ les ponts (avec qn)** alle Brücken (zu jdm) abbrechen

couperet [kupʀɛ] nm Hackbeil nt

couperosé, e [kupʀoze] adj blutunterlaufen

couple [kupl] nm Paar nt; (époux) Ehepaar nt; **~ de torsion** Drehmoment nt

coupler [kuple] vt (Tech) zusammenkoppeln

couplet [kuplɛ] nm (Mus) Strophe f; (péj) Tirade f

coupleur [kuplœʀ] nm: **~ acoustique** akustischer Koppler m

coupole [kupɔl] nf Kuppel f

coupon [kupɔ̃] nm (ticket) Abschnitt m; (de tissu: rouleau) Ballen m; (: reste) Restcoupon m

coupon-réponse [kupɔ̃ʀepɔ̃s] nm (pl **coupons-réponse**) nm Antwortschein m

coupure [kupyʀ] nf (blessure) Schnittwunde f; (entaille, Ciné) Schnitt m; (billet de banque) Banknote f; (de journal, de presse) Ausschnitt m; **~ d'eau** Abstellen nt des Wassers; **~ de courant** Stromsperre f

cour [kuʀ] nf Hof m; (Jur) Gericht nt; **faire la ~ à qn** jdm den Hof machen; **~ d'appel** Berufungsgericht nt; **~ d'assises** Schwurgericht nt; **~ de cassation** Berufungsgericht nt; **~ de récréation** (Scol) Schulhof m, Pausenhof m; **~ martiale** Kriegsgericht nt

courage [kuʀaʒ] nm Mut m

courageusement [kuʀaʒøzmɑ̃] adv mutig

courageux, -euse [kuʀaʒø, øz] adj mutig

couramment [kuʀamɑ̃] adv (souvent) oft, häufig; (parler) fließend

courant, e [kuʀɑ̃, ̃ɑt] adj (fréquent) häufig; (normal) geläufig, gebräuchlich; (en cours) laufend ▷ nm (Élec) Strom m; (de rivière etc) Strömung f; **être au ~ (de)** auf dem Laufenden sein (über +acc); **mettre qn au ~ (de)** (fait, nouvelle) jdn auf den neuesten Stand bringen (über +acc); (nouveau travail etc) jdn einweisen (in +acc); **se tenir au ~ (de)** sich auf dem Laufenden halten (über +acc); **dans le ~ de** (pendant) im Laufe +gén; **~ octobre** im Laufe des Monats Oktober; **le 10 ~** (Comm) am 10. des laufenden Monats; **~ d'air** Durchzug m; **~ électrique** (elektrischer) Strom m

courbaturé, e [kuʀbatyʀe] adj steif

courbatures [kuʀbatyʀ] nfpl Muskelkater m

courbe [kuʀb] nf Kurve f ▷ adj gebogen, geschwungen; **~ de niveau** Höhenlinie f

courber [kuʀbe] vt biegen; **se courber** vpr (branche etc) sich biegen; (personne) sich herabbeugen; **~ la tête** den Kopf senken

courbette [kuʀbɛt] nf tiefe Verbeugung f

coure [kuʀ] vb voir **courir**

coureur, -euse [kuʀœʀ, øz] nm/f (cycliste)

Radrennfahrer(in) *m(f)*; *(automobile)*
Rennfahrer(in) *m(f)*; *(à pied)* Läufer(in) *m(f)*; *(péj:
dragueur)* Schürzenjäger *m*, Mannstolle *f*
courge [kuRʒ] *nf* Kürbis *m*
courgette [kuRʒɛt] *nf* Zucchini *f*; **des ~s**
Zucchini *pl*
courir [kuRiR] *vi* laufen, rennen; *(Sport: athlète,
cheval)* laufen; *(: coureur, cycliste, automobile)* ein
Rennen fahren; *(rumeur)* im Umlauf sein; *(Comm:
intérêt)* sich anhäufen ▷ *vt* *(Sport: épreuve)*
bestreiten; *(danger)* sich aussetzen +*dat*; *(risque)*
eingehen; **~ les cafés/bals** sich ständig in Cafés/
auf Bällen herumtreiben; **~ les magasins** alle
Geschäfte abklappern; **le bruit court que** es
geht das Gerücht um, dass; **par les temps qui
courent** heutzutage; **~ après qn** hinter jdm
herlaufen; *(péj)* jdm hinterherlaufen; **tu peux
(toujours) ~!** klarer Fall von denkste!
couronne [kuRɔn] *nf* Krone *f*; *(de fleurs)* Kranz *m*,
Kreis *m*; **~ (funéraire ou mortuaire)** Kranz
couronnement [kuRɔnmã] *nm* Krönung *f*
couronner [kuRɔne] *vt* *(roi)* krönen; *(lauréat,
ouvrage)* auszeichnen; *(carrière, efforts)* der
Höhepunkt *ou* die Krönung sein von
courons *etc* [kuRɔ̃] *vb voir* **courir**
courrai *etc* [kuRe] *vb voir* **courir**
courre [kuR] *vb voir* **chasse**
courriel [kuRjɛl] *nm* E-Mail *f*; **envoyer qch par ~**
etw per E-Mail schicken
courrier [kuRje] *nm* Post *f*, Briefe *pl*; *(rubrique)*
Spalte *f*; **qualité ~** *(Inform)* Briefqualität *f*; **long/
moyen ~** *(Aviat)* Kurz-/Langstrecke *f*; **~ du cœur**
Kummerkasten *m*; **~ électronique** E-Mail *f*
courroie [kuRwa] *nf* Riemen *m*; **~ de
transmission** Antriebsriemen *m*; **~ de
ventilateur** Keilriemen *m*
courrons *etc* [kuRɔ̃] *vb voir* **courir**
courroucé, e [kuRuse] *adj* zornig
cours [kuR] *vb voir* **courir** ▷ *nm* Kurs *m*; *(leçon)*
Unterrichtsstunde *f*; *(établissement: de danse, privé
etc)* Schule *f*; *(d'une rivière)* Lauf *m*; *(avenue)*
Chaussee *f*; *(Comm)* Preis *m*; *(déroulement)* Verlauf
m; *(: des saisons)* Abfolge *f*; **donner libre ~ à qch**
einer Sache *dat* freien Lauf lassen; **avoir ~**
(monnaie) gesetzliches Zahlungsmittel sein; *(fig)*
gebräuchlich sein; *(Scol)* Unterricht haben; **en ~**
laufend; **en ~ de route** unterwegs; **au ~ de** im
Verlauf +*gén*; **~ d'eau** Wasserweg *m*; **~ du change**
Wechselkurs *m*; **~ du soir** Abendkurs *m*; **~
élémentaire** 2. *und* 3. Grundschuljahr; **~ moyen** 4. *und*
5. Grundschuljahr; **~ préparatoire** 1. Grundschuljahr
course [kuRs] *nf* *(action de courir)* Wettlauf *m*;
(Sport: discipline) Laufen *nt*; *(épreuve)* Rennen *nt*;
(trajet: du soleil) Lauf *m*; *(: d'un projectile)* Flugbahn *f*;
(: d'une pièce mécanique) Hub *m*; *(excursion)* Bergtour
f; *(d'un taxi, autocar)* Fahrt *f*; *(petite mission)*
Besorgung *f*; **courses** *nfpl* *(achats)* Einkäufe *pl*;
(Hippisme) Pferderennen; **faire les** *ou* **ses ~s**
einkaufen gehen; **jouer aux ~s** auf Pferde
wetten; **à bout de ~** *(épuisé)* völlig erschöpft; **~ à
pied** Jogging *nt*; **~ automobile** Autorennen *nt*;
~ d'étapes Etappenrennen *nt*; **~ de côte** *(Auto)*

Bergrennen *nt*; **~ de vitesse** Sprint *m*; **~
d'obstacles** Hindernisrennen *nt*; **~ par étapes**
Etappenrennen *nt*; **~s de chevaux** Pferderennen
nt
coursier, -ière [kuRsje, jɛR] *nm/f* Bote *m*, Botin *f*
coursive [kuRsiv] *nf* *(Naut)* Laufgang *m*
court, e [kuR, kuRt] *adj* kurz ▷ *adv* kurz ▷ *nm* *(de
tennis)* (Tennis)platz *m*; **tourner ~** plötzlich *ou*
abrupt aufhören; **couper ~** à abbrechen; **être à
~ d'argent/de papier** kein Geld/kein Papier
mehr haben; **prendre qn de ~** jdn überraschen;
avoir le souffle ~ kurzatmig sein; **tirer à la ~e
paille** den Kürzeren ziehen; **faire la ~e échelle à
qn** jdm eine Räuberleiter machen; **~ métrage**
(Ciné) Kurzfilm *m*
courtage [kuRtaʒ] *nm* *(commission)*
Vermittlungsgebühr *f*
court-bouillon [kuRbujɔ̃] *(pl* **courts-bouillons)**
nm Fischbouillon *f*
court-circuit [kuRsiRkɥi] *(pl* **courts-circuits)** *nm*
Kurzschluss *m*
court-circuiter [kuRsiRkɥite] *vt* *(fig)* umgehen
courtier, -ière [kuRtje, jɛR] *nm/f* Makler(in) *m(f)*
courtisan [kuRtizã] *nm* Höfling *m*; *(fig)*
Schmeichler *m*
courtisane [kuRtizan] *nf* Kurtisane *f*
courtiser [kuRtize] *vt* den Hof machen +*dat*
courtois, e [kuRtwa, waz] *adj* höflich
courtoisement [kuRtwazmã] *adv* höflich
courtoisie [kuRtwazi] *nf* Höflichkeit *f*
couru [kuRy] *pp de* **courir** ▷ *adj* *(spectacle etc)*
beliebt; **c'est ~ (d'avance)!** *(fam)* darauf kannst
du wetten!
cousais *etc* [kuzɛ] *vb voir* **coudre**
couscous [kuskus] *nm* Kuskus *m ou nt*
cousin, e [kuzɛ̃, in] *nm/f* Vetter *m*, Cousine *f* ▷ *nm*
(Zool) (Stech)mücke *f*; **~ germain** Vetter/Cousine
ersten Grades; **~ issu de germain** Vetter/Cousine
zweiten Grades
cousons [kuzɔ̃] *vb voir* **coudre**
coussin [kusɛ̃] *nm* Kissen *nt*; **~ d'air** Luftkissen *nt*
cousu, e [kuzy] *pp de* **coudre** ▷ *adj*: **être ~ d'or** im
Geld nur so schwimmen
coût [ku] *nm* Kosten *pl*; **le ~ de la vie** die
Lebenshaltungskosten *pl*
coûtant [kutã] *adj m*: **au prix ~** zum
Selbstkostenpreis
couteau, x [kuto] *nm* Messer *nt*; **~ à cran d'arrêt**
Klappmesser *nt*; **~ à pain** Brotmesser *nt*; **~ de
cuisine** Küchenmesser *nt*; **~ de poche**
Taschenmesser *nt*
couteau-scie [kutosi] *(pl* **couteaux-scies)** *nm*
Sägemesser *nt*
coutelier, -ière [kutəlje, jɛR] *nm/f* *(fabricant)*
Messerschmied *m*; *(marchand)* Besteckhändler *m*
coutellerie [kutɛlRi] *nf* *(magasin)* Besteckgeschäft
nt; *(produits)* Besteck *nt*
coûter [kute] *vt, vi* kosten; **~ à qn** *(décision etc)* jdm
schwerfallen; **~ cher** teuer sein; **~ cher à qn** *(fig)*
jdn teuer zu stehen kommen; **combien ça
coûte?** wie viel kostet das?; **coûte que coûte**
koste es, was es wolle, um jeden Preis

coûteusement [kutøzmã] *adv* teuer
coûteux, -euse [kutø, øz] *adj* teuer, kostspielig
coutume [kutym] *nf* Sitte *f*, Brauch *m*; **la ~** *(Jur)* das Gewohnheitsrecht *nt*; **de ~** gewöhnlich
coutumier, -ière [kutymje, jɛʀ] *adj* üblich, gewohnt; **elle est coutumière du fait** das ist ihre übliche Masche
couture [kutyʀ] *nf (activité)* Nähen *nt*; *(art)* Schneiderhandwerk *nt*; *(ouvrage)* Näharbeit *f*; *(points)* Naht *f*
couturier [kutyʀje] *nm* Couturier *m*, Modeschöpfer *m*
couturière [kutyʀjɛʀ] *nf* Schneiderin *f*, Näherin *f*
couvée [kuve] *nf* Brut *f*
couvent [kuvã] *nm* Kloster *nt*
couver [kuve] *vt (œufs, maladie)* ausbrüten; *(personne)* verzärteln ▷ *vi (feu)* schwelen, glimmen; *(révolte)* sich zusammenbrauen; **~ qn/ qch des yeux** jdn/etw zärtlich ansehen; *(convoiter)* jdn/etw mit begehrlichen Blicken betrachten
couvercle [kuvɛʀkl] *nm* Deckel *m*
couvert, e [kuvɛʀ, ɛʀt] *pp de* **couvrir** ▷ *adj (ciel, temps)* bedeckt, bewölkt; *(protégé)* beschützt ▷ *nm (ustensiles)* Besteck *nt*; *(place à table)* Gedeck *nt*; *(au restaurant)* Aufschlag *m* für ein Gedeck; **couverts** *nmpl (ustensiles)* Gedeck; **~ de** bedeckt mit; **bien ~** *(habillé)* warm angezogen; **rester ~** seinen Hut aufbehalten; **à mots ~s** andeutungsweise; **mettre le ~** den Tisch decken; **à ~** geschützt, sicher; **sous le ~ de** im Schutze *+gén*, unter dem Deckmantel von
couverture [kuvɛʀtyʀ] *nf (de lit)* Decke *f*; *(de bâtiment)* Dach *nt*; *(de livre)* Einband *m*; *(de cahier)* Umschlag *m*; *(fig: d'un espion)* Tarnung *f*; *(Assurances)* (Versicherungs)schutz *m*; *(Presse: d'un événement)* Berichterstattung *f*; **de ~** *(lettre etc)* Begleit-; **~ chauffante** Heizdecke *f*
couveuse [kuvøz] *nf (à poules)* Bruthenne *f*; *(pour bébé)* Brutkasten *m*
couvre [kuvʀ] *vb voir* **couvrir**
couvre-chef [kuvʀəʃɛf] *(pl* **~s)** *nm* Kopfbedeckung *f*
couvre-feu [kuvʀəfø] *(pl* **~x)** *nm* Ausgangssperre *f*
couvre-lit [kuvʀəli] *(pl* **~s)** *nm* Tagesdecke *f*
couvre-pieds [kuvʀəpje] *nm inv* Steppdecke *f*
couvreur [kuvʀœʀ] *nm* Dachdecker *m*
couvrir [kuvʀiʀ] *vt* bedecken; *(protéger: Zool: s'accoupler à)* decken; *(voix, pas)* überdecken; *(erreur)* vertuschen; *(frais)* aufkommen für, tragen; *(distance)* durchlaufen, zurücklegen; decken; **se couvrir** *vpr (temps, ciel)* sich bedecken, sich bewölken; *(s'habiller)* sich anziehen; *(se coiffer)* sich *dat* einen Hut aufsetzen; *(par une assurance)* sich absichern; **se ~ de** *(fleurs, boutons)* übersät werden mit; **~ qn/qch de** *(fig)* jdn/etw überhäufen mit
cover-girl [kɔvœʀgœʀl] *(pl* **~s)** *nf* Titelmädchen *nt*
cow-boy [kobɔj] *(pl* **~s)** *nm* Cowboy *m*
coyote [kɔjɔt] *nm* Kojote *m*
CP [sepe] *sigle m (= cours préparatoire) voir* **cours**
CPAM [sepeaɛm] *sigle f (= Caisse primaire d'assurances maladie)* Krankenkasse
CQFD [sekyɛfde] *abr (= ce qu'il fallait démontrer)* QED
crabe [kʀɑb] *nm* Krabbe *f*
crachat [kʀaʃa] *nm* Spucke *f*
craché, e [kʀaʃe] *adj*: **c'est son père tout ~** er ist seinem Vater wie aus dem Gesicht geschnitten
cracher [kʀaʃe] *vi* spucken ▷ *vt* ausspucken; *(lave)* speien; *(injures)* ausstoßen; **~ du sang** Blut spucken
crachin [kʀaʃɛ̃] *nm* Sprühregen *m*
crachiner [kʀaʃine] *vi* nieseln
crachoir [kʀaʃwaʀ] *nm (de dentiste)* Spuckbecken *nt*
crachotement [kʀaʃɔtmã] *nm* Knacken *nt*
crachoter [kʀaʃɔte] *vi* knacken
crack [kʀak] *nm (fam: intellectuel)* Genie *nt*; *(: sportif)* Ass *nt*; *(poulain)* Favorit *m*
Cracovie [kʀakɔvi] *n* Krakau *nt*
cradingue [kʀadɛ̃g] *(fam) adj* dreckig
craie [kʀɛ] *nf* Kreide *f*
craignais [kʀɛɲɛ] *vb voir* **craindre**
craindre [kʀɛ̃dʀ] *vt* fürchten, sich fürchten vor; *(chaleur, froid)* nicht vertragen; **~ de faire qch** Angst haben, etw zu tun; **~ que** befürchten, dass; **je crains que vous (ne) fassiez erreur** ich fürchte, Sie irren sich; **je crains qu'il ne vienne** ich fürchte, er kommt
crainte [kʀɛ̃t] *nf* Furcht *f*; **soyez sans ~** nur keine Angst; **de ~ de/que** aus Furcht vor/aus Furcht, dass
craintif, -ive [kʀɛ̃tif, iv] *adj* furchtsam, ängstlich
craintivement [kʀɛ̃tivmã] *adv* furchtsam, ängstlich
cramer [kʀame] *(fam) vi* verbrennen
cramoisi, e [kʀamwazi] *adj* puterrot, dunkelrot
crampe [kʀɑ̃p] *nf* Krampf *m*; **~ d'estomac** Magenkrampf *m*
crampon [kʀɑ̃pɔ̃] *nm (de semelle)* Stollen *m*; *(Alpinisme)* Steigeisen *nt*
cramponner [kʀɑ̃pɔne]: **se ~ (à)** *vpr* sich klammern (an *+acc*)
cran [kʀɑ̃] *nm (entaille)* Kerbe *f*, Einschnitt *m*; *(trou)* Loch *nt*; *(courage)* Schneid *m*, Mumm *m*; **être à ~** nervös sein; **~ d'arrêt** *ou* **de sûreté** Sicherung *f*
crâne [kʀɑn] *nm* Schädel *m*
crâner [kʀɑne] *(fam) vi* angeben
crânien, ne [kʀɑnjɛ̃, jɛn] *adj* Schädel-
crapaud [kʀapo] *nm* Kröte *f*
crapule [kʀapyl] *nf* Schuft *m*
crapuleux, -euse [kʀapylø, øz] *adj*: **crime ~** scheußliches Verbrechen *nt*
craquelure [kʀaklyʀ] *nf (fissure)* Sprung *m*, Riss *m*
craquement [kʀakmã] *nm (bruit)* Krachen *nt*; *(du plancher)* Knarren *nt*
craquer [kʀake] *vi (bois, plancher)* knacken, knarren; *(fil, couture)* (zer)reißen; *(branche)* brechen; *(fig: s'effondrer)* zusammenbrechen; *(fam: être enthousiasmé)* schwach werden ▷ *vt*: **~ une allumette** ein Streichholz anzünden
crasse [kʀas] *nf* Schmutz *m*, Dreck *m* ▷ *adj (ignorance)* krass
crasseux, -euse [kʀasø, øz] *adj* dreckig, schmutzig

crassier [kʀasje] nm Schlackenhalde f
cratère [kʀatɛʀ] nm Krater m
cravache [kʀavaʃ] nf Reitgerte f
cravacher [kʀavaʃe] vt mit der Gerte schlagen
cravate [kʀavat] nf Krawatte f, Schlips m
cravater [kʀavate] vt eine Krawatte umbinden
+dat; (fig: attaquer) am Hals packen
crawl [kʀol] nm Kraulen nt
crawlé, e [kʀole] adj: dos ~ Rückenschwimmen nt
crayeux, -euse [kʀɛjø, øz] adj kreidig,
kreidehaltig; (teint) kreidig
crayon [kʀɛjɔ̃] nm Bleistift m; (de rouge à lèvres etc)
Stift m; **écrire au** ~ mit dem Bleistift schreiben;
~ **à bille** Kugelschreiber m; ~ **de couleur** Buntstift
m, Farbstift m; ~ **noir** ou **à papier** Bleistift m;
~ **optique** Lichtgriffel m
crayon-feutre [kʀɛjɔ̃føtʀ] (pl **crayons-feutres**)
nm Filzstift m
crayonner [kʀɛjɔne] vt (hin)kritzeln
CRDP [seɛʀdepe] sigle m (= Centre régional de
documentation pédagogique) Informationszentrum für
Lehrer
créance [kʀeɑ̃s] nf (Comm) Anspruch m; **donner** ~
à qch jdm Glaubwürdigkeit verleihen
créancier, -ière [kʀeɑ̃sje, jɛʀ] nm/f Gläubiger(in)
m(f)
créateur, -trice [kʀeatœʀ, tʀis] adj schöpferisch
▷ nm/f Schöpfer(in) m(f); **le C~** der Schöpfer
créatif, -ive [kʀeatif, iv] adj kreativ, schöpferisch
création [kʀeasjɔ̃] nf Schöpfung f; (d'entreprise,
emplois etc) Schaffung f; (nouvelle robe, voiture etc)
Kreation f
créativité [kʀeativite] nf Kreativität f
créature [kʀeatyʀ] nf Geschöpf nt, Lebewesen nt
crécelle [kʀesɛl] nf Rassel f
crèche [kʀɛʃ] nf (de Noël) Krippe f; (garderie)
Kinderkrippe f
crédence [kʀedɑ̃s] nf Anrichte f
crédibilité [kʀedibilite] nf Glaubwürdigkeit f
crédible [kʀedibl] adj glaubwürdig
crédit [kʀedi] nm (prêt) Kredit m; (d'un compte
bancaire) Guthaben nt; (confiance, autorité) Ansehen
nt; **crédits** nmpl (fonds) Mittel pl, Gelder pl; **payer**
à ~ in Raten zahlen; **acheter à** ~ auf Kredit
kaufen; **faire** ~ **à qn** jdm Kredit geben ou
gewähren
crédit-bail [kʀedibaj] (pl **crédits-bails**) nm
Leasing nt, Mietkauf m
créditer [kʀedite] vt: ~ **un compte d'une**
somme einem Konto einen Betrag gutschreiben
créditeur, -trice [kʀeditœʀ, tʀis] adj (personne)
Kredit habend; (compte, solde) Kredit- ▷ nm/f
Schuldner(in) m(f)
credo [kʀedo] nm Glaubensbekenntnis nt
crédule [kʀedyl] adj leichtgläubig
crédulité [kʀedylite] nf Leichtgläubigkeit f
créer [kʀee] vt schaffen; (Rel) erschaffen;
(problème, besoins etc aussi) verursachen; (entreprise)
aufbauen; (produit, marque) herausbringen;
(Théât: spectacle) uraufführen; (: rôle) spielen
crémaillère [kʀemajɛʀ] nf Zahnstange f;
direction à ~ (Auto) Zahnstangenlenkung f;

pendre la ~ seinen Einzug im neuen Haus feiern
crémation [kʀemasjɔ̃] nf Einäscherung f
crématoire [kʀematwaʀ] adj: **four** ~
Krematorium nt
crématorium [kʀematɔʀjɔm] nm Krematorium
nt
crème [kʀɛm] nf (du lait) Sahne f, Rahm m; (de
beauté, entremets) Creme f; (Pharm) Salbe f ▷ adj inv
cremefarben; **un (café)** ~ ein Kaffee m mit Milch;
~ **à raser** Rasiercreme f; ~ **Chantilly** ou **fouettée**
Schlagsahne f; ~ **glacée** Eiscreme f
crémerie [kʀɛmʀi] nf (magasin) Milchhandlung f
crémeux, -euse [kʀemø, øz] adj sahnig
crémier, -ière [kʀemje, jɛʀ] nm/f Milchmann m,
Milchfrau f
créneau, x [kʀeno] nm (de fortification) Zinne f; (fig)
Lücke f; (Comm: de vente) Marktlücke f; **faire un** ~
(Auto) sein Auto rückwärts (in eine Lücke)
einparken
créole [kʀeɔl] adj kreolisch ▷ nm/f: **C~** Kreole m,
Kreolin f
crêpe [kʀɛp] nf (galette) (dünner) Pfannkuchen m,
Crêpe f ▷ nm (tissu) Krepp m; (de deuil) Trauerflor
m; **semelle (de)** ~ Kreppsohle f; ~ **de Chine** Crêpe
de Chine m
crêpé, e [kʀepe] adj (cheveux) toupiert
crêperie [kʀɛpʀi] nf Crêperie f
crépi [kʀepi] nm (Ver)putz m
crépir [kʀepiʀ] vt verputzen
crépitement [kʀepitmɑ̃] nm (du feu) Prasseln nt;
(d'une mitrailleuse) Knattern nt
crépiter [kʀepite] vi (pluie) prasseln; (huile)
zischen; (mitrailleuse) knattern; (radio) knacken
crépon [kʀepɔ̃] nm (tissu) Kräuselkrepp m; **papier**
~ Krepppapier nt
crépu, e [kʀepy] adj kraus, gekräuselt
crépuscule [kʀepyskyl] nm (Abend)dämmerung f
crescendo [kʀeʃendo] nm (Mus) Crescendo nt
▷ adv (Mus) crescendo; **aller** ~ anwachsen
cresson [kʀesɔ̃] nm Brunnenkresse f
Crète [kʀɛt] nf: **la** ~ Kreta nt
crête [kʀɛt] nf Kamm m
crétin, e [kʀetɛ̃, in] nm/f Schwachkopf m; (péj)
Idiot m
cretonne [kʀɔtɔn] nf Cretonne f ou m, Kretonne f
ou m
creuser [kʀøze] vt (trou, tunnel) graben; (sol)
graben in +dat; (fig: approfondir) vertiefen; **se**
creuser vpr: **se** ~ **la cervelle** ou **la tête** sich dat
den Kopf zerbrechen; **ça creuse** das macht
Hunger
creuset [kʀøzɛ] nm Schmelztiegel m
creux, creuse [kʀø, kʀøz] adj hohl; (fig) leer ▷ nm
Loch nt; (sur graphique, dans statistiques) Tief nt;
heures creuses stille ou ruhige Zeit f, Flaute f;
(pour électricité, téléphone) verbilligte Zeit
crevaison [kʀəvɛzɔ̃] nf Reifenpanne f
crevant, e [kʀəvɑ̃, ɑ̃t] (fam) adj (fatigant)
ermüdend; (amusant) umwerfend komisch
crevasse [kʀəvas] nf (dans le sol) Spalte f; (de
glacier) Gletscherspalte f; (sur la peau) Schrunde f,
Riss m

crevé, e [kʀəve] *adj* (*pneu*) platt; **je suis ~** (*fam*) ich bin fix und fertig *ou* total kaputt

crève-cœur [kʀɛvkœʀ] *nm inv:* **c'est un ~ pour lui** das zerreißt ihm das Herz

crever [kʀəve] *vt* (*ballon, tambour*) zerplatzen lassen; (*pneu*) durchstechen ▷ *vi* (*pneu, automobiliste*) einen Platten haben; (*abcès, nuage*) aufbrechen; (*outre*) platzen; (*fam: mourir*) krepieren; **~ un œil à qn** jdm ein Auge ausstechen; **~ d'envie** vor Neid platzen; **~ de peur** vor Angst umkommen; **~ de faim/de soif/de froid** vor Hunger/Durst/Kälte beinahe umkommen; **~ l'écran** auf dem Bildschirm toll aussehen; **cela lui a crevé un œil** dadurch hat er ein Auge verloren; **ça crève les yeux** (*fig*) das fällt ins Auge

crevette [kʀəvɛt] *nf:* **~ (rose)** Krabbe *f*; **~ grise** Garnele *f*, Krevette *f*

cri [kʀi] *nm* Schrei *m*; **à grands ~s** lautstark; **~s d'enthousiasme** Begeisterungsschreie *pl*; **~s de protestation** Protestrufe *pl*; **c'est le dernier ~** das ist der letzte Schrei

criant, e [kʀijɑ̃, kʀijɑ̃t] *adj* (*injustice*) schreiend

criard, e [kʀijaʀ, kʀijaʀd] *adj* (*couleur*) schreiend, grell; (*voix*) schrill, kreischend

crible [kʀibl] *nm* Sieb *nt*; **passer qch au ~** etw durchsieben

criblé, e [kʀible] *adj:* **~ de** (*de balles*) durchlöchert von; **être ~ de dettes** bis über die Ohren in Schulden stecken

cric [kʀik] *nm* Wagenheber *m*

cricket [kʀikɛt] *nm* Kricket *nt*

criée [kʀije] *nf:* **(vente à la) ~** Versteigerung *f*, Auktion *f*

crier [kʀije] *vi* schreien; (*pour appeler*) rufen; (*fig: grincer*) quietschen ▷ *vt* (*ordre*) brüllen; (*injure*) ausstoßen; **sans ~ gare** ohne Vorwarnung; **~ au secours** um Hilfe rufen; **~ famine** über Hungersnot klagen; **~ grâce** um Gnade flehen; **~ au scandale** Krawall schlagen

crieur [kʀijœʀ] *nm:* **~ de journaux** Zeitungsverkäufer *m* (auf der Straße)

crime [kʀim] *nm* Verbrechen *nt*

Crimée [kʀime] *nf* Krim *f*

criminalité [kʀiminalite] *nf* Kriminalität *f*

criminel, le [kʀiminɛl] *adj* (*acte*) strafbar; (*poursuites; fig: blâmable*) kriminell; (*droit*) Kriminal- ▷ *nm/f* Kriminelle(r) *f(m)*, Verbrecher(in) *m(f)*; **~ de guerre** Kriegsverbrecher *m*

criminologie [kʀiminɔlɔʒi] *nf* Kriminologie *f*

criminologue [kʀiminɔlɔg] *nm/f* Kriminologe *m*, Kriminologin *f*

crin [kʀɛ̃] *nm* (*Mähnen*)haar *nt*; (*fibre*) Rosshaar *nt*; **à tous ~s** *ou* **tout ~** durch und durch, mit Haut und Haar

crinière [kʀinjɛʀ] *nf* Mähne *f*

crique [kʀik] *nf* kleine Bucht *f*

criquet [kʀikɛ] *nm* Grille *f*

crise [kʀiz] *nf* Krise *f*; (*Méd*) Anfall *m*; **~ cardiaque** Herzanfall *m*; **~ de foie** Leberbeschwerden *pl*; **~ de nerfs** Nervenanfall *m*

crispant, e [kʀispɑ̃, ɑ̃t] *adj* ärgerlich

crispation [kʀispasjɔ̃] *nf* (*spasme*) Zucken *nt*; (*contraction*) Zusammenziehen *nt*

crispé, e [kʀispe] *adj* angespannt

crisper [kʀispe] *vt* (*visage*) verzerren; (*muscle*) anspannen; (*poings*) ballen; **se crisper** *vpr* (*sourire, visage*) sich verkrampfen; (*poing*) sich ballen

crissement [kʀismɑ̃] *nm* (*des pneus*) Quietschen *nt*

crisser [kʀise] *vi* (*neige*) knirschen; (*pneu*) quietschen; (*tissu*) rascheln

cristal, -aux [kʀistal, o] *nm* Kristall *nt*; **cristaux** *nmpl* (*objets de verre*) Kristall; **~ de plomb** Bleikristall *nt*; **~ de roche** Bergkristall *nt*; **cristaux de soude** Waschsoda *nt*

cristallin, e [kʀistalɛ̃, in] *adj* kristallklar ▷ *nm* (*Anat*) Augenlinse *f*

cristalliser [kʀistalize] *vi* (*aussi:* **se cristalliser**) sich kristallisieren ▷ *vt* (*Chim*) kristallisieren

critère [kʀitɛʀ] *nm* Kriterium *nt*

critérium [kʀiteʀjɔm] *nm* Ausscheidungswettkampf *m*

critiquable [kʀitikabl] *adj* tadelnswert

critique [kʀitik] *adj* kritisch ▷ *nf* Kritik *f* ▷ *nm/f* (*de théâtre, musique*) Kritiker(in) *m(f)*; **la ~** (*personnes*) die Kritiker *pl*

critiquer [kʀitike] *vt* (*dénigrer*) kritisieren; (*évaluer, juger*) (kritisch) beurteilen

croasser [kʀɔase] *vi* krächzen

croate [kʀɔat] *adj* kroatisch; **C~** *nm/f* Kroate *m*, Kroatin *f*

Croatie [kʀɔasi] *nf:* **la ~** Kroatien *nt*

croc [kʀo] *nm* (*dent*) Zahn *m*; (*de boucher*) Haken *m*

croc-en-jambe [kʀɔkɑ̃ʒɑ̃b] (*pl* **crocs-en-jambe**) *nm:* **faire un ~ à qn** jdm ein Bein stellen

croche [kʀɔʃ] *nf* Achtel(note *f*) *nt*; **double/triple ~** Sechzehntel-/Zweiunddreißigstel(note *f*) *nt*

croche-pied [kʀɔʃpje] (*pl* **~s**) *nm* = **croc-en-jambe**

crochet [kʀɔʃɛ] *nm* Haken *m*; (*tige, clef*) Dietrich *m*; (*détour*) Abstecher *m*; (*Tricot: aiguille*) Häkelnadel *f*; (*: technique*) Häkeln *nt*; **crochets** *nmpl* (*Typo*) eckige Klammern *pl*; **vivre aux ~s de qn** auf jds Kosten *acc* leben; **~ du gauche** (*Boxe*) linker Haken

crocheter [kʀɔʃte] *vt* (*serrure*) mit dem Dietrich öffnen

crochu, e [kʀɔʃy] *adj* (*nez*) Haken-; (*mains, doigts*) verkrümmt

crocodile [kʀɔkɔdil] *nm* Krokodil *nt*; (*peau*) Krokodilleder *nt*

crocus [kʀɔkys] *nm* Krokus *m*

croire [kʀwaʀ] *vt* glauben; (*personne*) glauben +*dat*; **se croire** *vpr:* **se ~ fort** sich für stark halten, denken, dass man stark ist; **~ que** glauben, dass; **~ à** *ou* **en** glauben an +*acc*; **~ en Dieu** an Gott glauben; **~ qn honnête** jdn für ehrlich halten; **je n'aurais pas cru cela de lui** das hätte ich von ihm nicht gedacht *ou* geglaubt; **vous croyez?** wirklich?; **~ bien faire** es gut meinen

croîs [kʀwa] *vb voir* **croître**

croisade [kʀwazad] *nf* Kreuzzug *m*

croisé, e [kʀwaze] *adj* (*race*) gekreuzt; (*pull, veste*) zweireihig ▷ *nm* (*guerrier*) Kreuzritter *m*

croisée [kʀwaze] *nf* (*fenêtre*) Fensterrahmen *m*; **à la ~ des chemins** an der Kreuzung; **~ d'ogives** Spitzbogen *m*

croisement [kʀwazmɑ̃] *nm* Kreuzung *f*

croiser [kʀwaze] *vt* (*personne, voiture*) begegnen +dat; (*route; Biol*) kreuzen; (*jambes*) übereinanderschlagen; (*bras*) verschränken ▷ *vi* (*Naut*) kreuzen; **se croiser** *vpr* (*personnes, véhicules*) einander begegnen; (*routes, lettres, regards*) sich kreuzen; **se ~ les bras** (*fig*) die Hände in den Schoß legen

croiseur [kʀwazœʀ] *nm* Kreuzer *m*

croisière [kʀwazjɛʀ] *nf* Kreuzfahrt *f*; **vitesse de ~** Reisegeschwindigkeit *f*

croisillon [kʀwazijɔ̃] *nm*: **motif à ~s** Gittermuster *nt*; **fenêtre à ~s** Sprossenfenster *nt*

croissais [kʀwasɛ] *vb voir* **croître**

croissance [kʀwasɑ̃s] *nf* Wachstum *nt*; **troubles** *ou* **maladie de ~** Wachstumsstörungen *pl*; **~ économique** Wirtschaftswachstum *nt*

croissant, e [kʀwasɑ̃, ɑ̃t] *vb voir* **croître** ▷ *adj* wachsend, zunehmend; (*chaleur*) steigend ▷ *nm* (*gâteau*) Croissant *nt*, Hörnchen *nt*; (*motif*) Mondsichel *f*; **~ de lune** Mondsichel *f*

croître [kʀwatʀ] *vi* wachsen; (*lune, fig*) zunehmen; (*jours*) länger werden

croix [kʀwa] *nf* Kreuz *nt*; **en ~** über Kreuz, kreuzweise; **la C~ Rouge** das Rote Kreuz

croquant, e [kʀɔkɑ̃, ɑ̃t] *adj* (*pomme*) knackig; (*croûte*) knusprig ▷ *nm* (*péj*) Tölpel *m*, Tollpatsch *m*

croque-madame [kʀɔkmadam] *nm inv* überbackener Käsetoast mit Schinken und Spiegelei

croque-mitaine [kʀɔkmitɛn] (*pl ~s*) *nm* Buhmann *m*

croque-monsieur [kʀɔkməsjø] *nm inv* überbackener Käsetoast mit Schinken

croque-mort [kʀɔkmɔʀ] (*pl ~s*) (*fam*) *nm* Sargträger *m*

croquer [kʀɔke] *vt* (*manger*) knabbern, knuspern; (*dessiner*) skizzieren ▷ *vi* knirschen; **chocolat à ~** Bitterschokolade *f*

croquet [kʀɔke] *nm* Krocket(spiel) *nt*

croquette [kʀɔkɛt] *nf* Krokette *f*

croquis [kʀɔki] *nm* Skizze *f*

cross(-country) [kʀɔs(kuntʀi)] *nm* Querfeldeinrennen *nt*, Geländelauf *m*

crosse [kʀɔs] *nf* (*de fusil*) Kolben *m*; (*de revolver*) Griff *m*; (*d'évêque*) Stab *m*; (*de hockey*) Schläger *m*

crotale [kʀɔtal] *nm* Klapperschlange *f*

crotte [kʀɔt] *nf* Kot *m*; **~!** (*fam*) Mist!

crotté, e [kʀɔte] *adj* schmutzig, verdreckt

crottin [kʀɔtɛ̃] *nm* (*de cheval*) Pferdeäpfel *pl*; (*fromage*) kleiner Ziegenkäse

croulant, e [kʀulɑ̃, ɑ̃t] (*fam*) *nm/f* Grufti *m*

crouler [kʀule] *vi* (*s'effondrer*) einstürzen; (*être délabré*) verfallen; **~ sous (le poids de) qch** unter dem Gewicht einer Sache *gén* zusammenbrechen

croupe [kʀup] *nf* Kruppe *f*; **monter en ~** hinten aufsitzen

croupi, e [kʀupi] *adj* faulig

croupier [kʀupje] *nm* Croupier *m*

croupion [kʀupjɔ̃] *nm* Bürzel *nt*

croupir [kʀupiʀ] *vi* (*eau*) faulig werden; (*fig: personne*) stillstehen, stagnieren

CROUS [kʀus] *sigle m* (= *Centre régional des œuvres universitaires et scolaires*) Schüler- und Studentenvertretung

croustade [kʀustad] *nf* Überbackene(s) *nt*

croustillant, e [kʀustijɑ̃, ɑ̃t] *adj* knusprig; (*fig: histoire*) pikant

croustiller [kʀustije] *vi* knusprig sein

croûte [kʀut] *nf* (*du fromage*) Rinde *f*; (*du pain*) Kruste *f*; (*de vol-au-vent*) Pastete *f*; (*couche*) Schicht *f*; (*Méd*) Schorf *m*; (*péj: peinture*) Kleckserei *f*; **en ~** (*Culin*) im Teigmantel; **~ au fromage** Käsetoast *m*; **~ aux champignons** Champignontoast *m*; **~ de pain** (*morceau*) Stückchen *nt* Brot; **~ terrestre** Erdkruste *f*

croûton [kʀutɔ̃] *nm* (*Culin*) Crouton *m*; (*bout du pain*) Brotkanten *m*

croyable [kʀwajabl] *adj* glaubwürdig

croyais [kʀwajɛ] *vb voir* **croire**

croyance [kʀwajɑ̃s] *nf* Glaube *m*

croyant, e [kʀwajɑ̃, ɑ̃t] *vb voir* **croire** ▷ *adj* (*Rel*): **être/ne pas être ~** gläubig/ungläubig sein ▷ *nm/f* (*Rel*) Gläubige(r) *f(m)*

CRS [seeʀɛs] *sigle m* (= *Compagnies républicaines de sécurité*) ≈ Bereitschaftspolizist *m*

cru, e [kʀy] *pp de* **croire** ▷ *adj* (*non cuit*) roh; (*lumière, couleur*) grell; (*description*) grob; (*paroles, langage: franc*) unverblümt; (*: grossier*) derb ▷ *nm* (*vignoble*) (Wein)lage *f*; (*vin*) Wein(sorte *f*) *m*; **c'est de son (propre) ~** (*fig*) es stammt von ihm/ihr; **du ~** aus der Gegend

crû [kʀy] *pp de* **croître**

cruauté [kʀyote] *nf* Grausamkeit *f*

cruche [kʀyʃ] *nf* Krug *m*

crucial, e, -aux [kʀysjal, jo] *adj* entscheidend

crucifier [kʀysifje] *vt* kreuzigen

crucifix [kʀysifi] *nm* Kruzifix *nt*

crucifixion [kʀysifiksjɔ̃] *nf* Kreuzigung *f*

cruciforme [kʀysifɔʀm] *adj* kreuzförmig

cruciverbiste [kʀysivɛʀbist] *nm/f* Kreuzworträtselfanatiker(in) *m(f)*

crudité [kʀydite] *nf* (*d'un éclairage, d'une couleur*) Grelle *nt*; **crudités** *nfpl* (*Culin*) Rohkostplatte *f* (*als Vorspeise*)

crue [kʀy] *adj f voir* **cru** ▷ *nf* (*d'un cours d'eau*) Hochwasser *nt*; **être en ~** Hochwasser führen

cruel, le [kʀyɛl] *adj* grausam; (*froid aussi*) bitter

cruellement [kʀyɛlmɑ̃] *adv* grausam

crûment [kʀymɑ̃] *adv* (*nettement*) offen heraus, unverblümt; (*grossièrement*) derb

crus *etc* [kʀy] *vb voir* **croire**

crûs *etc* [kʀy] *vb voir* **croître**

crustacés [kʀystase] *nmpl* Schaltiere *pl*; (*Culin*) Meeresfrüchte *pl*

crypte [kʀipt] *nf* Krypta *f*

crypté, e [kʀipte] *adj* (*chaîne de* TV) codiert; (*message*) verschlüsselt

CSA [seesa] *sigle f* (= *Conseil supérieur de l'audiovisuel*) Fernseh-Aufsichtsgremium

CSG [seesʒe] *sigle f* (= *contribution sociale généralisée*) zusätzliche Sozialabgabe

CSM [seɛsɛm] *sigle m* (= *Conseil supérieur de la magistrature*) oberster Rat der Staatsanwaltschaft

Cuba [kyba] *nf ou m* Kuba *nt*

cubage [kybaʒ] *nm* Rauminhalt *m*

cubain, e [kybɛ̃, ɛn] *adj* kubanisch ▷ *nm/f*: **Cubain, e** Kubaner(in) *m(f)*

cube [kyb] *nm* Würfel *m*; *(jouet)* Bauklotz *m*; **élever au ~** *(Math)* in die dritte Potenz erheben, hoch drei nehmen; **2 au ~ = 8** 2 hoch 3 = 8; **mètre ~** Kubikmeter *m*; **gros ~** schweres Motorrad *nt*

cubique [kybik] *adj* würfelförmig

cubisme [kybism] *nm* Kubismus *m*

cubiste [kybist] *nm/f* Kubist(in) *m(f)*

cubitus [kybitys] *nm* Elle *f*

cueillette [kœjɛt] *nf* Ernte *f*

cueillir [kœjiʀ] *vt* pflücken; *(fam)* fangen

cuiller [kɥijɛʀ] *nf* Löffel *m*; **~ à café** Kaffeelöffel, Teelöffel; **~ à soupe** Esslöffel

cuillère [kɥijɛʀ] *nf* = **cuiller**

cuillerée [kɥijʀe] *nf* Löffel *m*; **une ~ à soupe/café de** ein Esslöffel *m*/Teelöffel *m*

cuir [kɥiʀ] *nm* Leder *nt*; *(avant tannage)* Haut *f*; **~ chevelu** Kopfhaut *f*

cuirasse [kɥiʀas] *nf* Harnisch *m*

cuirassé [kɥiʀase] *nm* Schlachtschiff *nt*

cuire [kɥiʀ] *vt* *(aliments)* kochen; *(au four)* backen; *(poterie)* brennen ▷ *vi* kochen; **bien cuit** *(viande)* gut durch; **trop cuit** zu stark gebraten; **pas assez cuit** nicht durch; **cuit à point** medium

cuisant, e [kɥizā, āt] *vb voir* **cuire** ▷ *adj (douleur)* stechend, brennend; *(souvenir, échec)* schmerzlich

cuisine [kɥizin] *nf* Küche *f*; *(nourriture)* Kost *f*; **faire la ~** kochen

cuisiné, e [kɥizine] *adj*: **plat ~** Fertiggericht *nt*

cuisiner [kɥizine] *vt* zubereiten; *(fam: interroger)* ins Gebet *ou* Verhör nehmen ▷ *vi* kochen

cuisinette [kɥizinɛt] *nf* Kochnische *f*

cuisinier, -ière [kɥizinje, jɛʀ] *nm/f* Koch *m*, Köchin *f*

cuisinière [kɥizinjɛʀ] *nf* *(fourneau)* (Küchen)herd *m*

cuissardes [kɥisaʀd] *nfpl* *(de pêcheur)* Watstiefel *pl*; *(de femme)* Schaftstiefel *pl*

cuisse [kɥis] *nf* Oberschenkel *m*; *(Culin: de mouton, poulet)* Keule *f*

cuisson [kɥisɔ̃] *nf* Kochen *nt*; *(temps)* Kochzeit *f*; *(de poterie)* Brennen *nt*

cuissot [kɥiso] *nm* Keule *f*

cuistre [kɥistʀ] *nm* *(péj)* Pedant *m*

cuit, e [kɥi, kɥit] *pp de* **cuire** ▷ *adj (légumes)* gekocht; *(pain)* gebacken; **bien ~** *(viande)* gut gebraten *ou* durch

cuite [kɥit] *(fam)* *nf*: **prendre une ~** sich besaufen *(fam)*

cuivre [kɥivʀ] *nm* Kupfer *nt*; **les ~s** *(Mus)* das Blech, die Blechbläser *pl*; **~ jaune** Messing *nt*; **~ rouge** Kupfer

cuivré, e [kɥivʀe] *adj (teint, peau)* bräunlich; *(reflet)* kupferfarben, kupferrot

cul [ky] *(fam!)* *nm* Arsch *m (fam!)*; **~ de bouteille** Flaschenboden *m*

culasse [kylas] *nf* *(Auto)* Zylinderkopf *m*; *(de fusil)* Verschluss *m*

culbute [kylbyt] *nf* *(en jouant)* Purzelbaum *m*; *(accidentelle)* Sturz *m*

culbuter [kylbyte] *vi* *(tomber)* hinfallen, hinpurzeln

culbuteur [kylbytœʀ] *nm* *(Auto)* Unterbrecherhebel *m*

cul-de-jatte [kydʒat] *(pl* **culs-de-jatte)** *nm* Krüppel *m (ohne Beine)*

cul-de-sac [kydsak] *(pl* **culs-de-sac)** *nm* Sackgasse *f*

culinaire [kylinɛʀ] *adj* kulinarisch

culminant [kylminā] *adj*: **point ~** höchster Punkt *m*

culminer [kylmine] *vi* den höchsten Punkt erreichen; *(fig)* seinen Höhepunkt erreichen, gipfeln

culot [kylo] *nm* *(d'ampoule)* Sockel *m*; *(effronterie)* Frechheit *f*; **il a du ~** der hat vielleicht Nerven

culotte [kylɔt] *nf* *(pantalon)* Kniehose *f*; **petite ~** *(slip)* Schlüpfer *m*, Unterhose *f*; **~ de cheval** Reithose *f*

culotté, e [kylɔte] *adj (pipe)* geschwärzt; *(cuir)* abgegriffen; *(effronté)* frech

culpabiliser [kylpabilize] *vt*: **~ qn** jdm Schuldgefühle geben

culpabilité [kylpabilite] *nf* Schuld *f*

culte [kylt] *nm* Verehrung *f*, Kult *m*; *(service)* Gottesdienst *m*

cultivable [kyltivabl] *adj* kultivierbar, bebaubar

cultivateur, -trice [kyltivatœʀ, tʀis] *nm/f* Landwirt(in) *m(f)*

cultivé, e [kyltive] *adj (terre)* bebaut; *(personne)* kultiviert, gebildet

cultiver [kyltive] *vt* *(terre)* bebauen, bestellen; *(légumes etc)* anbauen, anpflanzen; *(esprit, mémoire)* entwickeln

culture [kyltyʀ] *nf* Kultur *f*; *(du blé etc)* Anbau *m*; **~s** bebaute Felder *pl*; **~ physique** Leibesübungen *pl*

culturel, le [kyltyʀɛl] *adj* kulturell, Kultur-

culturisme [kyltyʀism] *nm* Bodybuilding *nt*

culturiste [kyltyʀist] *nm/f* Bodybuilder(in) *m(f)*

cumin [kymɛ̃] *nm* Kümmel *m*

cumul [kymyl] *nm* Anhäufung *f*; **~ de peines** Strafhäufung *f*

cumulable [kymylabl] *adj* kombinierbar

cumuler [kymyle] *vt* *(emplois, honneurs)* gleichzeitig innehaben; *(salaires)* gleichzeitig beziehen; *(droits)* anhäufen

cupide [kypid] *adj* gierig, habgierig

cupidité [kypidite] *nf* Habgier *f*

curable [kyʀabl] *adj* heilbar

curaçao [kyʀaso] *nm* Curaçao *m*

curare [kyʀaʀ] *nm* Curare *m*

curatif, -ive [kyʀatif, iv] *adj* heilend, Heil-

cure [kyʀ] *nf* Kur *f*; *(maison)* Pfarrhaus *nt*; **faire une ~ de fruits** eine Obstkur machen; **n'avoir ~ de** sich nicht kümmern um; **~ d'amaigrissement** Abmagerungs- *ou* Schlankheitskur *f*; **~ de repos** Liegekur *f*; **~ de sommeil** Schlafkur *f*; **~ thermale: faire une ~ thermale** eine Badekur machen

curé [kyʀe] *nm* Pfarrer *m*
cure-dent [kyʀdɑ̃] (*pl* ~**s**) *nm* Zahnstocher *m*
curée [kyʀe] *nf (fig)* Kampf *m* um die Beute
cure-ongles [kyʀɔ̃gl] *nm inv* Nagelreiniger *m*
cure-pipe [kyʀpip] (*pl* ~**s**) *nm* Pfeifenreiniger *m*
curer [kyʀe] *vt* säubern, reinigen; **se curer** *vpr*:
  se ~ les dents in den Zähnen stochern
curetage [kyʀtaʒ] *nm* Ausschabung *f*
curieusement [kyʀjøzmɑ̃] *adv*
  merkwürdigerweise
curieux, -euse [kyʀjø, jøz] *adj (étrange)*
  eigenartig, seltsam; *(indiscret, intéressé)* neugierig
  ▷ *nmpl (badauds)* Schaulustige *pl*, Gaffer *pl*
curiosité [kyʀjozite] *nf (indiscrète)* Neugier(de) *f*;
  (objet) Kuriosität *f*; *(site)* Sehenswürdigkeit *f*;
  (intellectuelle) Wissbegier(de) *f*
curiste [kyʀist] *nm/f* Kurgast *m*
curriculum vitae [kyʀikylɔmvite] *nm inv*
  Lebenslauf *m*
curry [kyʀi] *nm* Curry *m* ou *nt*; **poulet au ~**
  Curryhuhn *nt*
curseur [kyʀsœʀ] *nm (Inform)* Cursor *m*; *(de règle, de*
  fermeture éclair) Schieber *m*
cursif, -ive [kyʀsif, iv] *adj*: **écriture cursive**
  kursive Schrift *f*
cursus [kyʀsys] *nm* Universitätsstudium *nt*
curviligne [kyʀviliɲ] *adj* kurvenförmig
cutané, e [kytane] *adj* Haut-
cuti-réaction [kytiʀeaksjɔ̃] (*pl* ~**s**) *nf* Hauttest *m*
cuve [kyv] *nf* Bottich *m*; *(à mazout etc)* Tank *m*
cuvée [kyve] *nf* Jahrgang *m*
cuvette [kyvɛt] *nf (récipient)* Becken *nt*, Schüssel *f*;
  (du lavabo) Waschbecken; *(des W.-C.)* Schüssel;
  (Géo) Becken, Mulde *f*
CV [seve] *sigle* = **cheval-vapeur; curriculum**
  vitae
cyanure [sjanyʀ] *nm* Zyanid *nt*
cybercafé [sibɛʀkafe] *nm* Internet-Café *nt*
cyberculture [sibɛʀkyltyʀ] *nf* Cyberkultur *f*

cyberespace [sibɛʀɛspas] *nm* Cyberspace *m*
cybernaute [sibɛʀnot] *nm/f* Internetsurfer(in)
  m(f)
cybernétique [sibɛʀnetik] *nf* Kybernetik *f*
cyclable [siklabl] *adj*: **piste ~** Radweg *m*
cyclamen [siklamɛn] *nm (Bot)* Alpenveilchen *nt*
cycle [sikl] *nm* Zyklus *m*, Kreislauf *m*; *(vélo)*
  (Fahr)rad *nt*; **1er/2ème ~** = Unter-/Mittelstufe *f*
cyclique [siklik] *adj* zyklisch
cyclisme [siklism] *nm* Radfahren *nt*; *(Sport)*
  Radrennfahren *nt*
cycliste [siklist] *nm/f* Radfahrer(in) *m(f)* ▷ *adj*:
  coureur ~ Radrennfahrer(in) *m(f)*
cyclo-cross [siklokʀɔs] *nm inv (Sport)*
  Querfeldein(rad)fahren *nt*; *(épreuve)*
  Querfeldein(rad)rennen *nt*
cyclomoteur [siklomɔtœʀ] *nm* Mofa *nt (bis 50*
  Kubik)
cyclomotoriste [siklomɔtɔʀist] *nm/f*
  Mofafahrer(in) *m(f)*
cyclone [siklon] *nm* Zyklon *m*, Wirbelsturm *m*
cyclotourisme [siklotuʀism(ə)] *nm*
  Fahrradtourismus *m*
cygne [siɲ] *nm* Schwan *m*
cylindre [silɛ̃dʀ] *nm* Zylinder *m*; **moteur à 4 ~s**
  4-Zylinder-Motor *m*
cylindrée [silɛ̃dʀe] *nf* Hubraum *m*; **une grosse ~**
  ein Auto *nt* mit großem Hubraum
cylindrique [silɛ̃dʀik] *adj* zylindrisch
cymbale [sɛ̃bal] *nf* Becken *nt*
cynique [sinik] *adj* zynisch
cyniquement [sinikmɑ̃] *adv* zynisch
cynisme [sinism] *nm* Zynismus *m*
cyprès [sipʀɛ] *nm* Zypresse *f*
cypriote [sipʀijɔt] *adj* zypriotisch
cyrillique [siʀilik] *adj* kyrillisch
cystite [sistit] *nf* Blasenentzündung *f*
cytise [sitiz] *nm* Goldregen *m*
cytologie [sitɔlɔʒi] *nf* Zytologie *f*

Dd

D, d [de] *nm inv* (*lettre*) D, d *nt*; **D comme Désirée**
≈ D wie Dora

d' [d] *prép voir* **de**

dactylo [daktilo] *nf* (*dactylographe*) Stenotypistin
f; (*dactylographie*) Maschineschreiben *nt*

dactylographier [daktilɔgʀafje] *vt* mit der
Maschine schreiben

dada [dada] *nm* (*marotte*) Steckenpferd *nt*

dadais [dadɛ] *nm* Tollpatsch *m*

dague [dag] *nf* Dolch *m*

dahlia [dalja] *nm* Dahlie *f*

dahoméen, ne [daɔmeɛ̃, ɛn] *adj* dahomeisch

Dahomey [daɔme] *nm*: **le ~** Dahome *nt*, Dahomey
nt

daigner [deɲe] *vt* sich herablassen zu; **~ faire
qch** sich (dazu) herablassen, etw zu tun

daim [dɛ̃] *nm* (*Zool*) Damhirsch *m*; (*peau*)
Wildleder *nt*

dais [dɛ] *nm* Baldachin *m*

Dakar [dakaʀ] *n* Dakar *nt*

dallage [dalaʒ] *nm* (*sol*) Fliesenboden *m*

dalle [dal] *nf* (Stein)platte *f*, Fliese *f*

daller [dale] *vt* mit Platten belegen *ou* auslegen

Dalmatie [dalmasi] *nf*: **la ~** Dalmatien *nt*

dalmatien [dalmasjɛ̃] *nm* (*chien*) Dalmatiner *m*

daltonien, ne [daltɔnjɛ̃, jen] *adj* farbenblind
▷ *nm/f* Farbenblinde(r) *f(m)*

daltonisme [daltɔnism] *nm* Farbenblindheit *f*

dam [dɑ̃] *nm*: **au grand ~ de** (*au détriment de*) sehr
zum Nachteil von; (*au déplaisir de*) sehr zum
Ärgernis von

damas [dama(s)] *nm* (*étoffe*) Damast *m*

damassé, e [damase] *adj* damastartig

dame [dam] *nf* Dame *f*; **dames** *nfpl* (*jeu*)
Dame(spiel) *nt*; **les (toilettes des) ~s** die
Damentoiletten *pl*; **jouer aux ~s** Dame spielen;
~ de compagnie Gesellschaftsdame *f*

dame-jeanne [damʒan] (*pl* **dames-jeannes**) *nf*
Korbflasche *f*

damer [dame] *vt* (*sol*, *piste*) feststampfen; **~ le
pion à qn** jdn ausstechen, jdm den Rang
ablaufen

damier [damje] *nm* (*échiquier*) Schachbrett *nt*;
(*dessin*) Schachbrettmuster *nt*; **en ~** im
Schachbrettmuster

damner [dɑne] *vt* verdammen

dancing [dɑ̃siŋ] *nm* Tanzlokal *nt*

dandinement [dɑ̃dinmɑ̃] *nm* Schwanken *nt*

dandiner [dɑ̃dine]: **se ~** *vpr* hin und her
schwanken; (*en marchant*) schaukelnd gehen

dandy [dɑ̃di] *nm* Dandy *m*

Danemark [danmaʀk] *nm*: **le ~** Dänemark *nt*

danger [dɑ̃ʒe] *nm* Gefahr *f*; **être en ~** in Gefahr
sein; **mettre en ~** gefährden; **être hors de ~**
außer Gefahr sein; **~ de mort** Lebensgefahr *f*

dangereusement [dɑ̃ʒʀøzmɑ̃] *adv* gefährlich

dangereux, -euse [dɑ̃ʒʀø, øz] *adj* gefährlich

danois, e [danwa, waz] *adj* dänisch ▷ *nm* (*Ling*)
Dänisch *nt*; (*chien*) Dänische Dogge *f* ▷ *nm/f*:
Danois, e Däne *m*, Dänin *f*

 MOT-CLÉ

dans [dɑ̃] *prép* **1** (*lieu: sans mouvement*) in +*dat*; **dans
le tiroir** in der Schublade; **dans l'enveloppe** im
Umschlag; **dans la rue** auf der Straße; **je l'ai lu
dans un journal** ich habe es in der Zeitung
gelesen

2 (*lieu: avec mouvement*) in +*acc*; **mettre une lettre
dans une enveloppe** einen Brief in einen
Umschlag stecken; **dans la rue** auf die Straße;
monter dans une voiture/le bus in ein Auto/
den Bus einsteigen; **elle a couru dans le salon**
sie ist ins Wohnzimmer gelaufen

3 (*lieu: provenance*) aus; **je l'ai pris dans le tiroir/
salon** ich habe es aus der Schublade/dem
Wohnzimmer geholt; **boire dans un verre** aus
einem Glas trinken

4 (*temps*) in +*dat*; **dans deux mois** in zwei
Monaten; **dans quelques instants** in einigen
Augenblicken; **dans quelques jours** in einigen
Tagen; **il part dans quinze jours** er fährt in
vierzehn Tagen ab

5 (*approximation*) ungefähr; **dans les 20 euros/4
mois** etwa 20 Euro/4 Monate

6: **dans le but de faire qch** in *ou* mit der Absicht,
etw zu tun

dansant, e [dɑ̃sɑ̃, ɑ̃t] *adj*: **soirée ~e** Tanzabend *m*;
(*bal*) Ball *m*

danse [dɑ̃s] *nf* Tanz *m*; (*activité*) Tanzen *nt*; **~ du
ventre** Bauchtanz *m*

danser [dɑ̃se] *vt, vi* tanzen

danseur, -euse [dɑ̃sœʀ, øz] *nm/f* Tänzer(in) *m(f)*; **en danseuse** *(cyclisme)* in den Pedalen stehend; **~ de claquettes** Stepptänzer(in) *m(f)*

Danube [danyb] *nm* Donau *f*

DAO [deao] *sigle m* (= *dessin assisté par ordinateur*) CAD *nt*

dard [daʀ] *nm* (*Zool*) Stachel *m*

Dardanelles [daʀdanɛl] *nfpl* Dardanellen *pl*

darder [daʀde] *vt* (*regard*) werfen; (*rayon*) aussenden

dare-dare [daʀdaʀ] (*fam*) *adv* auf die Schnelle

darne [daʀn] *nf* (Fisch)steak *nt*

darse [daʀs] *nf* Hafenbecken *nt*

dartre [daʀtʀ] *nf* (Pilz)flechte *f*

datation [datasjɔ̃] *nf* Datieren *nt*

date [dat] *nf* Datum *nt*; **de longue ~** seit vielen Jahren; (*amis*) langjährig; **le premier en ~** der Erste; **prendre ~ (avec qn)** (mit jdm) einen Termin ausmachen; **faire ~** Epoche machen; **~ limite** (Schluss)termin *m*; (*de vente*) Haltbarkeitsdatum *nt*; **~ de naissance** Geburtsdatum *nt*

dater [date] *vt* datieren ▷ *vi* (*être démodé*) veraltet sein; **~ de** (*remonter à*) stammen aus; **à ~ de juin** von Juni an

dateur [datœʀ] *nm* (*timbre*) Datumsstempel *m*; (*de montre*) Datumsanzeige *f*

datif [datif] *nm* Dativ *m*

datte [dat] *nf* Dattel *f*

dattier [datje] *nm* Dattelpalme *f*

daube [dob] *nf*: **bœuf en ~** Rinderschmorbraten *m* (*in Rotwein*)

dauphin [dofɛ̃] *nm* (*Zool*) Delfin *m*; (*Hist*) Dauphin *m*; (*fig*) Kronprinz *m*

Dauphiné [dofine] *nm*: **le ~** die Dauphiné *f*

dauphinois, e [dofinwa, waz] *adj* aus der Dauphiné; **gratin ~** Kartoffelgratin *nt*

daurade [doʀad] *nf* Goldbrasse *f*

davantage [davɑ̃taʒ] *adv* (*plus*) mehr; (*plus longtemps*) länger; **~ de** mehr; **~ que** mehr als; (*plus longtemps que*) länger als

DCA [desea] *sigle f* (= *défense contre avions*) Flugabwehr *f*

DDASS [dɑs] *sigle f* (= *Direction départementale de l'action sanitaire et sociale*) ≈ Sozialamt *nt*

DDT [dedete] *sigle m* (= *dichloro-diphényl-trichloréthane*) DDT *nt*

 MOT-CLÉ

de [də] (*de +le* = **du**, *de +les* = **des**) *prép* **1** (*appartenance*) +gén; **le toit de la maison** das Dach des Hauses; **la voiture d'Anna** Annas Auto; **la voiture de mes parents** das Auto meiner Eltern
2 (*moyen*): **suivre des yeux** mit den Augen folgen
3 (*provenance, point de départ*) aus; **il vient de Londres/d'Angleterre** er kommt aus London/England; **il est sortie du cinéma** sie kam aus dem Kino; **de Paris à Nice** von Paris nach Nizza; **de la table à la fenêtre** vom Tisch (bis) zum Fenster; **tomber du ciel** vom Himmel fallen;

sauter du toit vom Dach springen; **de 14 à 18 heures** von 14 bis 18 Uhr
4 (*caractérisation, mesure*): **un mur de brique** eine Mauer aus Backsteinen, eine Backsteinmauer; **un bureau d'acajou** ein Schreibtisch aus Mahagoni, ein Mahagonischreibtisch; **un billet de 50 euros** eine 50-Euro-Note; **12 mois de crédit/travail** 12 Monate Kredit/Arbeit; **3 jours de libres** 3 Tage frei; **une pièce de 2m de large** ou **large de 2m** ein 2 m breites Zimmer; **un bébé de 10 mois** ein 10 Monate altes Baby; **un séjour de deux ans** ein Aufenthalt von zwei Jahren, ein zweijähriger Aufenthalt; **augmenter de 10 euros** 10 Euro teurer werden; **être payé 20 euros de l'heure** 20 Euro pro Stunde ou die Stunde bekommen; **de nos jours** heutzutage
5 (*cause*): **elle est morte d'une pneumonie** sie ist an einer Lungenentzündung gestorben; **elle est morte de peur** sie ist starr vor Schreck
6 (*avec infinitif*) zu; **il refuse de parler** er weigert sich zu reden; **il est impossible de partir aujourd'hui** es ist unmöglich heute abzufahren
▷ *dét* **1** (*phrases affirmatives et interrogatives*): **du vin/de l'eau/des pommes** Wein/Wasser/Äpfel; **des enfants sont venus** es sind Kinder gekommen; **il mange de tout** er isst von allem; **pendant des mois** monatelang; **y a-t-il du vin?** ist Wein da?
2 (*phrases négatives et interro-négatives*): **il ne veut pas d'enfants/de femme** er möchte keine Kinder/keine Frau; **il n'y a pas de vin/pommes?** gibt es keinen Wein/keine Äpfel?; **il n'a pas de chance** er hat kein Glück

dé [de] *nm* Würfel *m*; (*à coudre*) Fingerhut *m*; **jouer aux dés** würfeln, Würfel spielen; **couper en dés** (*Culin*) in Würfel schneiden

DEA [deəa] *sigle m* (= *diplôme d'études approfondies*) Universitätsdiplom

déambuler [deãbyle] *vi* umherziehen

débâcle [debakl] *nf* (*dégel*) Eisschmelze *f*; (*Mil*) Debakel *nt*

déballage [debalaʒ] *nm* Auspacken *nt*

déballer [debale] *vt* auspacken

débandade [debɑ̃dad] *nf* (*déroute*) (wilde) Flucht *f*

débander [debɑ̃de] *vt* (*plaie*) den Verband entfernen von; (*yeux*) die Binde entfernen von

débaptiser [debatize] *vt* umbenennen

débarbouillage [debaʀbujaʒ] *nm* Waschen *nt*

débarbouiller [debaʀbuje]: **se débarbouiller** *vpr* sich waschen

débarcadère [debaʀkadɛʀ] *nm* Landungsbrücke *f*

débardeur [debaʀdœʀ] *nm* Dockarbeiter *m*, Docker *m*; (*maillot*) Pullunder *m*

débarquement [debaʀkəmɑ̃] *nm* (*de personnes*) Aussteigen *nt*; (*arrivée*) Ankunft *f*; (*de marchandises*) Entladen *nt*; (*Mil*) Landung *f*; **le D~** *die Landung der alliierten Truppen in der Normandie 1944*

débarquer [debaʀke] *vt* (*marchandises*) ausladen, entladen; (*personnes*) aussteigen lassen ▷ *vi* (*d'un avion, bateau*) von Bord gehen, aussteigen; (*d'un train*) aussteigen; (*fam: arriver*) (plötzlich) ankommen

débarras [debaʀɑ] *nm (pièce)* Rumpelkammer *f*; *(remise)* Schuppen *m*; **bon ~!** den/die/das sind wir glücklich los!

débarrasser [debaʀɑse] *vt (local)* räumen; *(personne)* befreien; *(la table)* abräumen, abdecken ▷ *vi (enlever le couvert)* den Tisch abräumen; **se débarrasser de** *vpr* loswerden; *(vêtement)* ausziehen; **~ qn de qch** *(vêtements, paquets)* jdm etw abnehmen; *(habitude, ennemi)* jdn von etw befreien; **~ qch de** etw befreien von

débat [deba] *nm* Debatte *f*, Diskussion *f*

débattre [debatʀ] *vt (question)* diskutieren *ou* debattieren über *+acc*; *(prix)* verhandeln über *+acc*; **se débattre** *vpr* kämpfen

débauchage [deboʃaʒ] *nm (de personnel)* Entlassung *f*

débauche [deboʃ] *nf (libertinage)* Ausschweifung *f*; *(profusion)* Überfülle *f*; **une ~ de** *(fig)* eine Überfülle an *+dat*

débauché, e [deboʃe] *adj (libertin)* ausschweifend, zügellos ▷ *nm/f* Wüstling *m*

débaucher [deboʃe] *vt (licencier)* entlassen; *(corrompre)* verderben; *(inciter à la grève)* zum Streik anstiften

débile [debil] *adj (fam: idiot)* schwachsinnig; *(faible)* schwach, schwächlich ▷ *nm/f*: **débile mental(e)** Geistesgestörte(r) *f(m)*

débilitant, e [debilitɑ̃, ɑ̃t] *adj (climat)* kräftezehrend; *(fig: atmosphère)* lähmend

débilité [debilite] *nf (fam: idiotie)* Schwachsinnigkeit *f*; **~ mentale** Geistesgestörtheit *f*

débit [debi] *nm (de rivière, barrage etc)* Flussvolumen *nt*; *(de route)* Verkehrsaufkommen *nt*; *(élocution)* Redefluss *m*; *(d'un magasin)* Absatz *m*, Umsatz *m*; *(bancaire)* Debet *nt*, Soll *nt*; **avoir un ~ de 10 euros** ein Schuldenkonto von 10 Euro haben; **~ de boissons** (Getränke)ausschank *m*; **~ de données** *(Inform)* Datenausgabe *f*; **~ de tabac** Tabakladen *m*

débiter [debite] *vt (compte)* belasten; *(liquide, gaz)* ausstoßen; *(couper)* zerkleinern; *(vendre)* verkaufen, abgeben; *(péj: discours)* von sich geben

débiteur, -trice [debitœR, tʀis] *nm/f* Schuldner(in) *m(f)* ▷ *adj (compte)* Schulden-

déblaiement [deblɛmɑ̃] *nm* Räumung *f*; **travaux de ~** Räumungsarbeiten *pl*

déblais [deblɛ] *nmpl (débris)* Schutt *msg*

déblatérer [deblateʀe] *vi*: **~ contre** schimpfen auf *+acc*

déblayer [debleje] *vt (lieu, passage)* räumen; **~ le terrain** *(fig)* den Boden bereiten; **deblayez!** haut ab!

déblocage [deblɔkaʒ] *nm (v vt)* Lösen *nt*; Freigabe *f*; Bewilligung *f*; Lösung *f*

débloquer [deblɔke] *vt (frein)* losmachen, lösen; *(prix, salaires)* freigeben; *(crédits)* bewilligen; *(situation, problème)* lösen ▷ *vi (fam)* dummes Zeug daherreden

débobiner [debɔbine] *vt* abspulen

déboires [debwaʀ] *nmpl (échecs)* Rückschläge *pl*; *(ennuis)* Schwierigkeiten *pl*; **essuyer des ~**

Rückschläge erleiden

déboisement [debwazmɑ̃] *nm (de forêt)* Abholzen *nt*; *(de région)* Entwaldung *f*

déboiser [debwaze] *vt (forêt)* abholzen; *(région)* entwalden; **se déboiser** *vpr* sich entwalden

déboîter [debwate] *vi (Auto)* ausscheren; **se déboîter** *vpr (genou etc)* sich *dat* ausrenken *ou* auskugeln

débonnaire [debɔnɛʀ] *adj* sehr gutmütig

débordant, e [debɔʀdɑ̃, ɑ̃t] *adj (joie)* überströmend; *(activité)* übergroß

débordé, e [debɔʀde] *adj*: **être ~** überlastet sein

débordement [debɔʀdəmɑ̃] *nm (de rivière)* Überschwemmung *f*; **~ d'enthousiasme** übergroße Begeisterung *f*; **~ de vitalité** überströmende Lebendigkeit *f*

déborder [debɔʀde] *vi (rivière)* über die Ufer treten; *(eau, lait)* überlaufen ▷ *vt (Mil)* überflügeln; **~ (de) qch** *(dépasser)* über etw *+acc* hinausgehen; **~ de joie/zèle** sich vor Freude/Eifer überschlagen

débouché [debuʃe] *nm (gén pl: marché)* Absatzmarkt *m*; *(perspectives d'emploi)* (Berufs)aussichten *pl*; **au ~ de la vallée** am Ausgang des Tales

déboucher [debuʃe] *vt (évier, tuyau etc)* frei machen; *(bouteille)* entkorken ▷ *vi (aboutir)* herauskommen; **~ sur** *(rue)* münden in *+acc*; *(fig)* hinführen auf *+acc*

débouler [debule] *vi, vt* herunterkugeln; *(sans tomber)* herunterflitzen

déboulonner [debulɔne] *vt* auseinanderschrauben; *(fam: renvoyer)* absägen; *(: détruire le prestige de)* vernichten

débours [debuʀ] *nmpl* Auslagen *pl*

débourser [debuʀse] *vt* ausgeben

déboussoler [debusɔle] *vt* völlig verwirren, verstören

debout [d(ə)bu] *adv*: **être ~** stehen; *(levé, éveillé)* auf sein; **mettre qch ~** etw aufstellen; **se mettre ~** aufstehen; **~! auf!**; *(du lit)* aufstehen!; **cette histoire ne tient pas ~** diese Geschichte ist doch nicht hieb- und stichfest

débouter [debute] *vt*: **~ qn de sa demande** jds Forderung zurückweisen

déboutonner [debutɔne] *vt* aufknöpfen; **se déboutonner** *vpr* seine Kleider aufknöpfen; *(fig)* auspacken

débraillé, e [debʀaje] *adj* schlampig

débrancher [debʀɑ̃ʃe] *vt* abschalten

débrayage [debʀɛjaʒ] *nm (Auto)* Kupplung *f*; *(: action)* Kuppeln *nt*; *(grève)* Arbeitsniederlegung *f*

débrayer [debʀeje] *vi (Auto)* kuppeln; *(cesser le travail)* die Arbeit niederlegen

débridé, e [debʀide] *adj (effréné)* ungezügelt

débrider [debʀide] *vt (cheval)* abzäumen; *(Culin: volaille, rôti)* die Dressierung entfernen von; **sans ~** ohne Unterbrechung

débris [debʀi] *nm (fragment)* Scherbe *f* ▷ *nmpl (déchets)* Trümmer *pl*

débrouillard, e [debʀujaʀ, aʀd] *adj* einfallsreich, findig

débrouillardise [debʀujaʀdiz] nf Findigkeit f
débrouiller [debʀuje] vt (affaire, cas) klären;
(écheveau) entwirren; **se débrouiller** vpr
zurechtkommen, klarkommen
débroussailler [debʀusaje] vt (terrain) das
Gestrüpp entfernen von
débusquer [debyske] vt aufscheuchen
début [deby] nm Anfang m, Beginn m; **débuts**
nmpl (Ciné, Sport etc) Debüt nt; (de carrière) Anfang;
un bon/mauvais ~ ein guter/schlechter Anfang;
faire ses ~s sein Debüt machen; **au ~** am
Anfang; **dès le ~** von Anfang an
débutant, e [debytã, ãt] adj Anfänger- ▷ nm/f
Anfänger(in) m(f)
débuter [debyte] vi anfangen, beginnen;
(personne) debütieren
deçà [dəsa]: **en ~** adv diesseits; **en ~ de** auf dieser
Seite +gén, diesseits +gén; **en ~ de la vérité** nicht
ganz der Wahrheit entsprechend
décacheter [dekaʃ(ə)te] vt öffnen
décade [dekad] nf (10 jours) 10 Tage pl; (10 ans)
Dekade f
décadence [dekadãs] nf Dekadenz f
décadent, e [dekadã, ãt] adj dekadent
décaféiné, e [dekafeine] adj koffeinfrei ▷ nm
koffeinfreier Kaffee
décalage [dekalaʒ] nm (écart) Unterschied m;
(désaccord) mangelnde Übereinstimmung f;
~ horaire Zeitverschiebung f
décalaminer [dekalamine] vt entrußen
décalcifiant, e [dekalsifjã] adj entkalkend
décalcification [dekalsifikasjɔ̃] nf Kalkmangel m
décalcifier [dekalsifje] vt zu Kalkmangel
führen bei; **se décalcifier** vpr an Kalkmangel
leiden
décalcomanie [dekalkɔmani] nf (image)
Abziehbild nt
décaler [dekale] vt verschieben; (avancer)
vorrücken; **~ de 10 cm** um 10 cm verschieben;
~ de 2 heures (rendez-vous) um 2 Stunden
verschieben; (montre) um 2 Stunden verstellen
décalitre [dekalitʀ] nm 10 Liter pl
décalogue [dekalɔg] nm: **le ~** die Zehn Gebote pl
décalque [dekalk] nm Pausbild nt
décalquer [dekalke] vt (avec papier transparent)
abpausen; (par pression) durchpausen
décamètre [dekametʀ] nm 10 Meter pl; (chaîne ou
ruban d'acier) Metermaß nt (von 10 m Länge)
décamper [dekãpe] vi abziehen
décan [dekã] nm (Astrol) Dekade f
décanter [dekãte] vt (liquide) sich setzen lassen;
se décanter vpr sich setzen, sich klären; (fig:
idées, problèmes) sich klären
décapage [dekapaʒ] nm Abbeizen nt
décapant [dekapã] nm (abrasif) Abbeizmittel nt
décaper [dekape] vt abbeizen; (avec abrasif)
abscheuern; (avec papier de verre) abschmirgeln
décapiter [dekapite] vt enthaupten; (par accident,
fig: arbres etc) köpfen; (: une organisation) der
Führung gén berauben
décapotable [dekapɔtabl] adj, nf: **(voiture) ~**
Kabriolett nt

décapoter [dekapɔte] vt das Verdeck +gén
zurückklappen
décapsuler [dekapsyle] vt den Deckel abnehmen
von, öffnen
décapsuleur [dekapsylœʀ] nm Flaschenöffner m
décarcasser [dekaʀkase]: **se ~** vpr sich dat die
Beine ausreißen
décathlon [dekatlɔ̃] nm Zehnkampf m
décati, e [dekati] adj (personne) verblüht
décatir [dekatiʀ] vt: **se ~** verblühen
décédé, e [desede] adj verstorben
décéder [desede] vi sterben
décelable [des(ə)labl] adj erkennbar
déceler [des(ə)le] vt entdecken; (montrer)
erkennen lassen
décélération [deseleʀasjɔ̃] nf Verlangsamung f
décélérer [deseleʀe] vi langsamer werden
décembre [desãbʀ] nm Dezember m; voir aussi
juillet
décemment [desamã] adv anständig;
(raisonnablement) wirklich
décence [desãs] nf Anstand m
décennal, e, -aux [desenal, o] adj (qui dure 10 ans)
zehnjährig; (qui revient tous les 10 ans) zehnjährlich
décennie [deseni] nf 10 Jahre pl, Dekade f
décent, e [desã, ãt] adj anständig
décentralisation [desãtʀalizasjɔ̃] nf
Dezentralisierung f
décentraliser [desãtʀalize] vt dezentralisieren
décentrer [desãtʀe] vt dezentrieren
déception [desɛpsjɔ̃] nf Enttäuschung f
décerner [deseʀne] vt (prix) verleihen;
(compliment) aussprechen
décès [desɛ] nm Ableben nt; **acte de ~**
Sterbeurkunde f
décevant, e [des(ə)vã, ãt] adj enttäuschend
décevoir [des(ə)vwaʀ] vt enttäuschen
déchaîné, e [deʃene] adj (mer) tosend; (passions,
foule) entfesselt; (opinion publique) tobend
déchaînement [deʃɛnmã] nm Ausbruch m
déchaîner [deʃene] vt (passions, colère) entfesseln;
(rires) auslösen; **se déchaîner** vpr (tempête)
losbrechen; (mer) tosen; (passions, colère etc)
ausbrechen; (se mettre en colère) wütend werden;
se ~ contre qn gegen jdn toben
déchanter [deʃãte] vi desillusioniert werden
décharge [deʃaʀʒ] nf (dépôt d'ordures) Mülldeponie
f; (aussi: **décharge électrique**) Schock m; (salve)
(Gewehr)salve f; **à la ~ de** zur Entlastung von
déchargement [deʃaʀʒəmã] nm (de marchandises)
Ausladen nt
décharger [deʃaʀʒe] vt entladen; (marchandises)
ausladen; (arme: faire feu) abfeuern; (Jur)
entlasten; **se décharger** vpr: **se ~ dans** (se
déverser) sich ergießen in +acc; **~ qn de** jdn
befreien von; **~ sa colère (sur)** (fig) seinen Zorn
abladen (auf +acc); **~ sa conscience** sein
Gewissen erleichtern; **se ~ d'une affaire sur qn**
eine Angelegenheit auf jdn abwälzen
décharné, e [deʃaʀne] adj hager, abgezehrt
déchaussé, e [deʃose] adj (dent) wackelig, lose
déchausser [deʃose] vt (personne) die Schuhe

ausziehen +*dat*; *(skis)* ausziehen, abschnallen; **se déchausser** *vpr (personne)* (sich *dat*) die Schuhe ausziehen; *(dent)* wackelig werden

dèche [dɛʃ] *(fam) nf*: **être dans la ~** völlig abgebrannt *ou* pleite sein

déchéance [deʃeɑ̃s] *nf (déclin)* Verfall *m*

déchet [deʃɛ] *nm (de bois)* Abfall *m*; *(de tissu, laine)* Rest *m*; *(perte)* Verlust *m*; **déchets** *nmpl (ordures)* Müll *m*; **~s radioactifs** radioaktiver Müll, Atommüll

déchiffrage [deʃifʀaʒ] *nm (Mus)* (vom Blatt) Lesen *nt*

déchiffrement [deʃifʀəmɑ̃] *nm* Entziffern *nt*

déchiffrer [deʃifʀe] *vt (nouvelle, dépêche)* dechiffrieren; *(texte illisible)* entziffern; *(Mus)* vom Blatt lesen *ou* spielen

déchiqueté, e [deʃik(ə)te] *adj* zerrissen, zerfetzt

déchiqueter [deʃik(ə)te] *vt* zerreißen, zerfetzen

déchirant, e [deʃiʀɑ̃, ɑ̃t] *adj* herzzerreißend; *(cri)* schrill

déchiré, e [deʃiʀe] *adj* zerrissen; *(muscle)* gezerrt; *(fig)* zerrüttet

déchirement [deʃiʀmɑ̃] *nm (chagrin)* große(r) Kummer *m*; *(gén pl: conflit)* Zerrüttung *f*

déchirer [deʃiʀe] *vt* zerreißen; *(livre)* zerfleddern; *(pour ouvrir)* aufreißen; *(pays, peuple)* zerrütten; **se déchirer** *vpr* reißen; *(peuple, amants)* sich zerfleischen; **se ~ un muscle/tendon** sich *dat* einen Muskel/eine Sehne zerren

déchirure [deʃiʀyʀ] *nf (accroc)* Riss *m*; **~ musculaire** Muskelzerrung *f*

déchoir [deʃwaʀ] *vi (personne)* sich erniedrigen; **~ de son rang** seine Stellung verlieren

déchu, e [deʃy] *pp de* **déchoir** ⊳ *adj* gefallen; *(roi)* abgesetzt; **~ de** *(d'un droit, de la nationalité)* verlustig +*gén*

décibel [desibɛl] *nm* Dezibel *nt*

décidé, e [deside] *adj (personne, air)* entschlossen; **c'est ~** es ist beschlossen, das ist beschlossene Sache; **être ~ à faire qch** (dazu) entschlossen sein, etw zu tun

décidément [desidemɑ̃] *adv (en fait)* wahrhaftig

décider [deside] *vt* beschließen; *(qn)* überreden; **se décider** *vpr* sich entschließen; *(suj: problème, affaire, départ)* sich entscheiden; **~ que** beschließen, dass; **~ qn à faire qch** jdn dazu überreden, etw zu tun; **~ de faire qch** sich entschließen, etw zu tun; **~ de qch** *(suj: personne)* etw entscheiden; *(: chose)* über etw *acc* entscheiden; **se ~ à qch/faire qch** sich zu etw entschließen/sich entschließen, etw zu tun; **se ~ pour qch** sich für etw entscheiden; **décide-toi!** nun entscheide dich schon!

décideur [desidœʀ] *nm* Entscheidungsträger *m*

décilitre [desilitʀ] *nm* Deziliter *m*

décimal, e, -aux [desimal, o] *adj* dezimal

décimale [desimal] *nf* Dezimalstelle *f*

décimaliser [desimalize] *vt* dezimalisieren

décimer [desime] *vt* dezimieren

décimètre [desimɛtʀ] *nm* Dezimeter *m*; **double ~** Lineal von 20 cm Länge

décisif, -ive [desizif, iv] *adj (mesure, argument)*

ausschlaggebend; *(victoire)* entscheidend

décision [desizjɔ̃] *nf* Entscheidung *f*; *(fermeté)* Entschiedenheit *f*; **prendre la ~ de faire qch** die Entscheidung treffen, etw zu tun

déclamation [deklamasjɔ̃] *nf* Deklamation *f*; *(péj)* Tiraden *pl*

déclamatoire [deklamatwaʀ] *adj (ton, style)* deklamatorisch; *(péj)* theatralisch

déclamer [deklame] *vt* deklamieren; *(péj)* theatralisch reden

déclarable [deklaʀabl] *adj (marchandise)* zollpflichtig; *(revenus)* steuerpflichtig

déclaration [deklaʀasjɔ̃] *nf* Erklärung *f*; **~ (d'amour)** Liebeserklärung *f*; **~ (de changement de domicile)** Anmeldung *f*; **~ de décès/naissance** Meldung *f* (eines Todesfalles/einer Geburt); **~ de guerre** Kriegserklärung *f*; **~ (de perte)** Verlustmeldung *f*; **~ (de sinistre)** Schadensmeldung *f*; **~ (de vol)** Anzeige *f* (eines Diebstahls); **~ d'impôts** Steuererklärung *f*; **~ de revenus** Einkommensteuererklärung *f*

déclaré, e [deklaʀe] *adj (ennemi, athée)* erklärt

déclarer [deklaʀe] *vt* erklären; *(à la police)* melden, zur Anzeige bringen; *(Admin: revenus, employés etc)* angeben; *(: décès, naissance)* melden; **se déclarer** *vpr (feu, maladie)* sich zeigen; *(amoureux)* eine Liebeserklärung machen; **~ qn/qch inutile** *etc* jdn/etw für unnütz *etc* erklären; **~ que** verkünden, dass; **se ~ favorable à** sich aussprechen für; **se ~ prêt à** sich bereit erklären zu; **~ la guerre** den Krieg erklären

déclassé, e [deklase] *adj* heruntergestuft

déclassement [deklasmɑ̃] *nf* Herabstufung *f* der Klasse

déclasser [deklase] *vt* niedriger einstufen; *(déranger)* durcheinanderbringen

déclenchement [deklɑ̃ʃmɑ̃] *nm (v vb)* Auslösen *nt*; Losgehen *nt*

déclencher [deklɑ̃ʃe] *vt* auslösen; **se déclencher** *vpr* losgehen

déclencheur [deklɑ̃ʃœʀ] *nm* Auslöser *m*

déclic [deklik] *nm (mécanisme)* Auslöser *m*, Auslöservorrichtung *f*; *(bruit)* Klicken *nt*

déclin [deklɛ̃] *nm (d'empire)* Verfall *m*; *(du jour)* Ende *nt*; *(du soleil)* Untergehen *nt*

déclinaison [deklinɛzɔ̃] *nf* Deklination *f*

décliner [dekline] *vi (santé)* sich verschlechtern; *(jour)* sich neigen; *(soleil)* sinken ⊳ *vt (invitation, responsabilité)* ablehnen; *(identité)* angeben; *(Ling)* deklinieren; **se décliner** *vpr (Ling)* dekliniert werden

déclivité [deklivite] *nf* Abschüssigkeit *f*, Gefälle *nt*

décloisonner [deklwazɔne] *vt (fig)* (wieder) zusammenfassen

déclouer [deklue] *vt (chaise)* auseinandernehmen; *(caisse)* öffnen *(durch Herausziehen von Nägeln)*

décocher [dekɔʃe] *vt (flèche)* abschießen; *(regard)* werfen

décoction [dekɔksjɔ̃] *nf (liquide)* Gebräu *nt*

décodage [dekɔdaʒ] *nm* Decodierung *f*,

115

Entschlüsselung f

décoder [dekɔde] vt (message) decodieren, entschlüsseln; (code) entschlüsseln

décodeur [dekɔdœʀ] nm Decoder m

décoiffé, e [dekwafe] adj: **elle est toute ~e** ihre Haare sind ganz zerzaust

décoiffer [dekwafe] vt: **~ qn** (déranger la coiffure) jdm die Haare zerzausen; (enlever le chapeau) jdm den Hut vom Kopf wehen; **se décoiffer** vpr (se découvrir) den Hut abnehmen

décoincer [dekwɛ̃se] vt (fam: personne) entspannen

déçois etc [deswa] vb voir **décevoir**

déçoive etc [deswav] vb voir **décevoir**

décolérer [dekɔleʀe] vi: **il ne décolère pas** er hat sich immer noch nicht beruhigt

décollage [dekɔlaʒ] nm (avion) Abflug m; (Écon) wirtschaftlicher Aufschwung m

décollé, e [dekɔle] adj: **oreilles ~es** abstehende Ohren pl

décollement [dekɔlmɑ̃] nm: **~ de la rétine** Netzhautablösung f

décoller [dekɔle] vt lösen ▷ vi (avion) abheben; (Écon) Aufschwung nehmen; **se décoller** vpr sich lösen, abgehen

décolletage [dekɔltaʒ] nm (Tech) Ausstanzen nt

décolleté, e [dekɔlte] adj (robe) dekolletiert, ausgeschnitten ▷ nm Dekolleté nt

décolleter [dekɔlte] vt (vêtement) dekolletieren; (Tech) ausstanzen

décolonisation [dekɔlɔnizasjɔ̃] nf Entkolonialisierung f

décoloniser [dekɔlɔnize] vt entkolonialisieren

décolorant, e [dekɔlɔʀɑ̃, ɑ̃t] adj bleichend ▷ nm Bleichmittel nt, Entfärber m

décoloration [dekɔlɔʀasjɔ̃] nf: **se faire faire une ~** (chez le coiffeur) sich dat die Haare bleichen lassen

décoloré, e [dekɔlɔʀe] adj gebleicht

décolorer [dekɔlɔʀe] vt (tissu, cheveux) bleichen; **se décolorer** vpr verblassen

décombres [dekɔ̃bʀ] nmpl Ruinen pl, Trümmer pl

décommander [dekɔmɑ̃de] vt (marchandise) abbestellen; (réception) absagen; (invités) ausladen; **se décommander** vpr (invité) absagen

décomposé, e [dekɔ̃poze] adj (pourri) verdorben; (visage) verzerrt; (cadavre) verwest

décomposer [dekɔ̃poze] vt (Sciences) zerlegen; (analyser) analysieren; (pourrir) zersetzen; (visage, traits) verzerren; **se décomposer** vpr (pourrir) sich zersetzen, verwesen; (visage, traits) sich verzerren; (société) sich auflösen

décomposition [dekɔ̃pozisjɔ̃] nf (v vb) Zerlegen nt; Analyse f; Zersetzung f; Verwesung f; **en ~** (organisme) in Verwesung

décompresser [dekɔ̃pʀese] vt dekomprimieren ▷ vi (fam) sich entspannen

décompresseur [dekɔ̃pʀesœʀ] nm Entspannungsventil nt

décompression [dekɔ̃pʀesjɔ̃] nf Dekompression f

décomprimer [dekɔ̃pʀime] vt dekomprimieren

décompte [dekɔ̃t] nm (déduction) Abzug m; (facture

détaillée) aufgeschlüsselte Rechnung f

décompter [dekɔ̃te] vt abziehen

déconcentration [dekɔ̃sɑ̃tʀasjɔ̃] nf Entflechtung f; **~ des pouvoirs** Gewaltenteilung f

déconcentré, e [dekɔ̃sɑ̃tʀe] adj (sportif, artiste) unkonzentriert

déconcentrer [dekɔ̃sɑ̃tʀe] vt (Admin) dezentralisieren; **se déconcentrer** vpr (sportif, artiste) seine Konzentration verlieren

déconcertant, e [dekɔ̃sɛʀtɑ̃, ɑ̃t] adj beunruhigend

déconcerter [dekɔ̃sɛʀte] vt aus der Fassung bringen

déconditionner [dekɔ̃disjɔne] vt dekonditionieren

déconfit, e [dekɔ̃fi, it] adj geknickt

déconfiture [dekɔ̃fityʀ] nf Ruin m

décongélation [dekɔ̃ʒelasjɔ̃] nf Auftauen nt

décongeler [dekɔ̃ʒ(ə)le] vt auftauen

décongestionner [dekɔ̃ʒɛstjɔne] vt (Méd) abschwellen lassen; (rue) entlasten

déconnecter [dekɔnɛkte] vt abschalten, abkoppeln

déconner [dekɔne] (fam!) vi (en parlant) dummes Zeug reden (fam); (faire des bêtises) Mist ou Unfug machen (fam); **sans ~** ohne Scheiß (fam!)

déconseiller [dekɔ̃seje] vt: **~ qch (à qn)** (jdm) von etw abraten; **~ à qn de faire qch** jdm davon abraten, etw zu tun; **c'est déconseillé** das ist nicht ratsam

déconsidérer [dekɔ̃sideʀe] vt in Misskredit ou Verruf bringen

déconsigner [dekɔ̃siɲe] vt (valise) von der Gepäckaufbewahrung abholen; (bouteille) Pfand herausgeben für

décontamination [dekɔ̃taminasjɔ̃] nf Dekontaminierung f

décontaminer [dekɔ̃tamine] vt dekontaminieren

décontenancer [dekɔ̃t(ə)nɑ̃se] vt aus der Fassung bringen

décontracté, e [dekɔ̃tʀakte] adj entspannt

décontracter [dekɔ̃tʀakte] vt entspannen; **se décontracter** vpr sich entspannen

décontraction [dekɔ̃tʀaksjɔ̃] nf (de muscle) Entspannen nt; (de personne) Entspannung f

déconvenue [dekɔ̃v(ə)ny] nf Enttäuschung f

décor [dekɔʀ] nm (paysage) Umgebung f; (Ciné) Szene f; (Théât) Bühnenbild nt; (d'un palais etc) Ausstattung f; **changement de ~** (fig) Tapetenwechsel m; **aller** ou **partir dans le ~** von der Straße abkommen; **en ~ naturel** (Ciné) nicht im Studio

décorateur, -trice [dekɔʀatœʀ, tʀis] nm/f (d'intérieur) Dekorateur(in) m(f); (Ciné) Bühnenbildner(in) m(f)

décoratif, -ive [dekɔʀatif, iv] adj dekorativ; **arts ~s** Kunsthandwerk nt

décoration [dekɔʀasjɔ̃] nf (v vt) Schmücken nt; Dekorieren nt; (guirlande) Schmuck m; (médaille) Auszeichnung f

décorer [dekɔʀe] vt (orner) schmücken; (médailler) dekorieren, auszeichnen

décortiqué, e [dekɔʀtike] adj geschält

décortiquer [dekɔʀtike] vt (noix, crevettes) schälen; (fig) analysieren

décorum [dekɔʀɔm] nm Etikette f

décote [dekɔt] nf (fisc) Steuererleichterung f

découcher [dekuʃe] vi auswärts schlafen

découdre [dekudʀ] vt (vêtement, couture) auftrennen; (bouton) abtrennen; **se découdre** vpr (vêtement, couture) aufgehen; (bouton) abgehen; **en ~** (fig) sich prügeln

découler [dekule] vi: **~ de** folgen aus

découpage [dekupaʒ] nm (v vb) Ausschneiden nt; Zerschneiden nt; Zerteilen nt; (gén pl: image) Ausschneidebildchen nt; **~ électoral** Wahlkreiseinteilung f

découper [dekupe] vt ausschneiden; (papier, tissu) zerschneiden; (volaille, viande) zerteilen; **se découper** vpr: **se ~ sur** sich abzeichen gegen, sich abheben von

découplé, e [dekuple] adj: **bien ~** wohlproportioniert

décourageant, e [dekuʀaʒɑ̃, ɑ̃t] adj entmutigend

découragement [dekuʀaʒmɑ̃] nm Entmutigung f

décourager [dekuʀaʒe] vt entmutigen; (dissuader) abhalten; **se décourager** vpr den Mut verlieren, mutlos werden; **~ qn de faire qch** jdn davon abhalten, etw zu tun; **~ qn de qch** jdn von etw abhalten

décousu, e [dekuzy] pp de **découdre** ▷ adj (bouton, poche) abgetrennt; (fig: discours etc) zusammenhanglos

découvert, e [dekuvɛʀ, ɛʀt] pp de **découvrir** ▷ adj (tête) bloß; (lieu) kahl, nackt ▷ nm (bancaire) Kontoüberziehung f; **à ~** (Mil) ungeschützt; (Comm) überzogen; **à visage ~** (franchement) offen heraus

découverte [dekuvɛʀt(ə)] nf Entdeckung f; **partir à la ~** eine Entdeckungstour machen

découvrir [dekuvʀiʀ] vt entdecken; (enlever ce qui couvre ou protège) abdecken, aufdecken; (casserole) den Deckel abnehmen von; (montrer) freilegen, enthüllen; (voiture) das Schiebedach öffnen von; **se découvrir** vpr (ôter son chapeau) den Hut lüften; (se déshabiller) sich ausziehen; (au lit) sich aufdecken; (ciel) sich aufklären; **~ que** entdecken ou herausfinden, dass; **se ~ des talents** versteckte Talente in sich dat entdecken

décrasser [dekʀase] vt reinigen

décrêper [dekʀepe] vt (cheveux) die Krause herausziehen aus

décrépi, e [dekʀepi] adj (mur, façade) ohne Putz

décrépit, e [dekʀepi, it] adj altersschwach

décrépitude [dekʀepityd] nf (de personne) Altersschwäche f; (d'institution) Verfall m; (de quartier) Baufälligkeit f

decrescendo [dekʀeʃɛndo] nm (Mus) Decrescendo nt; **aller ~** (fig) auf dem absteigenden Ast sein

décret [dekʀɛ] nm Verordnung f, Dekret nt

décréter [dekʀete] vt (Jur) verfügen; (ordonner) anordnen; **~ que** anordnen, dass

décret-loi [dekʀɛlwa] (pl **décrets-lois**) nm Notverordnung f

décrié, e [dekʀije] adj (dénigré) verunglimpft, herabgewürdigt

décrire [dekʀiʀ] vt (dépeindre) beschreiben

décrochement [dekʀɔʃmɑ̃] nm Verschiebung f

décrocher [dekʀɔʃe] vt herunternehmen, abhängen; (obtenir) bekommen ▷ vi (téléphone) abnehmen; (fam: abandonner) aufgeben; (perdre sa concentration) (sich) ausklinken; **se décrocher** vpr (tableau, rideau) vom Haken fallen; **~ le téléphone** den Hörer abnehmen

décroîs etc [dekʀwa] vb voir **décroître**

décroiser [dekʀwaze] vt (bras, jambes) (verschränkte Arme/übereinandergeschlagene Beine) entwirren

décroissant, e [dekʀwasɑ̃, ɑ̃t] vb voir **décroître** ▷ adj abnehmend; **par ordre ~** in abnehmender ou absteigender Reihenfolge

décroître [dekʀwatʀ] vi abnehmen; (niveau d'eau) zurückgehen

décrotter [dekʀɔte] vt (chaussure) abkratzen

décru [dekʀy] pp de **décroître**

décrue [dekʀy] nf (de l'eau) Sinken nt

décrypter [dekʀipte] vt entziffern

déçu, e [desy] pp de **décevoir** ▷ adj enttäuscht; (espoir aussi) vereitelt

déculotter [dekylɔte] vt: **~ qn** jdm die Hosen ausziehen; **se déculotter** vpr sich dat die Hosen ausziehen

déculpabiliser [dekylpabilize] vt (personne) von Schuldgefühlen befreien

décuple [dekypl] nm: **le ~ de** das Zehnfache von; **au ~** zehnfach

décupler [dekyple] vt verzehnfachen ▷ vi sich verzehnfachen

déçut etc [desy] vb voir **décevoir**

dédaignable [dedɛɲabl] adj: **pas ~** nicht zu verachten

dédaigner [dedɛɲe] vt verachten; (négliger) verschmähen; **~ de faire qch** sich nicht herablassen, etw zu tun

dédaigneusement [dedɛɲøzmɑ̃] adv verächtlich

dédaigneux, -euse [dedɛɲø, øz] adj verächtlich

dédain [dedɛ̃] nm Verachtung f

dédale [dedal] nm Labyrinth nt

dedans [dədɑ̃] adv (à l'intérieur) innen; (pas en plein air) drinnen ▷ nm Innere(s) nt; **là-~** dort drinnen; **au ~** drinnen; **en ~** (vers l'intérieur) nach innen

dédicace [dedikas] nf Widmung f

dédicacer [dedikase] vt (livre) mit einer Widmung versehen; (à qn) widmen

dédié, e [dedje] adj (Inform) spezialisiert

dédier [dedje] vt: **~ qch à** etw widmen +dat

dédire [dediʀ]: **se ~** vpr sein Wort zurücknehmen

dédit [dedi] pp de **dédire** ▷ nm Widerruf m; (somme) Konventionalstrafe f

dédommagement [dedɔmaʒmɑ̃] nm Entschädigung f

dédommager [dedɔmaʒe] vt: **~ qn (de)** jdn

entschädigen (für)

dédouaner [dedwane] vt (marchandise) zollamtlich abfertigen

dédoublement [dedubləmã] nm (d'une classe) Halbierung f; (d'un train) Einsatz eines Ersatzzuges; ~ **de la personnalité** Persönlichkeitsspaltung f

dédoubler [deduble] vt (classe, effectifs) halbieren; (couverture etc) auseinanderfalten; **se dédoubler** vpr (Psych) eine gespaltene Persönlichkeit haben; ~ **un train/les trains** einen/mehrere zusätzliche Züge einsetzen

dédramatiser [dedʀamatize] vt (situation) entspannen, entkrampfen; (mort etc) die Angst nehmen vor +dat

déductible [dedyktibl] adj (Fin) (von der Steuer) absetzbar

déduction [dedyksjɔ̃] nf (d'argent) Abzug m; (raisonnement) Folgerung f

déduire [deduiʀ] vt: ~ **qch (de)** (ôter) etw abziehen (von); (conclure) etw folgern (aus)

déesse [dees] nf Göttin f

défaillance [defajãs] nf (syncope) Ohnmacht f; (fatigue) Schwächeanfall m; (technique) Versagen nt; (morale) Verfehlung f; ~ **cardiaque** Herzversagen nt

défaillant, e [defajã, ãt] adj (mémoire, personne) schwach; (Jur: témoin) säumig

défaillir [defajiʀ] vi (s'évanouir) ohnmächtig werden, in Ohnmacht fallen; (mémoire etc) versagen

défaire [defeʀ] vt (installation, échafaudage etc) abmontieren; (paquet, bagages etc) auspacken; (nœud, vêtement) aufmachen; (ouvrage, cheveux) in Unordnung bringen; **se défaire** vpr (cheveux, nœud) aufgehen; (mariage etc) zerbrechen; **se ~ de** loswerden; ~ **le lit** (pour changer les draps) das Bett abziehen; (pour se coucher) das Bett aufdecken

défait, e [defε, εt] pp de **défaire** ▷ adj (paquet) ausgepackt; (lit) zerwühlt; (nœud) aufgeknüpft; (visage) verzerrt

défaite [defεt] nf Niederlage f

défaites [defεt] vb voir **défaire**

défaitisme [defetism] nm Defätismus m

défaitiste [defetist] adj defätistisch ▷ nm/f Defätist(in) m(f)

défalcation [defalkasjɔ̃] nf Abzüge pl

défalquer [defalke] vt abziehen

défasse [defas] vb voir **défaire**

défausser [defose] se ~ vpr (roue etc) gerade biegen; **se ~ à pic** Pik abwerfen

défaut [defo] nm Fehler m; (Inform) Vorgabe(einstellung) f; ~ **de** (manque) Mangel an +dat; **en ~** im Unrecht; **faire ~** (manquer) fehlen; **à ~** anderenfalls; **à ~ de** mangels +gén, in Ermangelung von; **par ~** (Jur) in Abwesenheit; (Inform) als Vorgabe

défaveur [defavœʀ] nf Ungnade f

défavorable [defavoʀabl] adj (conditions) ungünstig; (jury) nicht gut gesinnt, voreingenommen; (avis) negativ

défavorablement [defavoʀabləmã] adv ungünstig

défavoriser [defavoʀize] vt benachteiligen

défécation [defekasjɔ̃] nf Stuhlgang m

défectif, -ive [defektif, iv] adj: **verbe ~** defektives Verb nt

défection [defεksjɔ̃] nf (abandon) Abfall m, Abtrünnigwerden nt; (absence) Nichterscheinen nt; **faire ~** (d'un parti etc) abtrünnig werden +dat

défectueux, -euse [defεktɥø, øz] adj defekt, fehlerhaft

défectuosité [defεktɥozite] nf (imperfection) Fehlerhaftigkeit f; (défaut) Defekt m

défendable [defãdabl] adj vertretbar, verfechtbar

défendeur, -eresse [defãdœʀ, dʀεs] nm/f (Jur) Beklagte(r) f(m)

défendre [defãdʀ] vt (soutenir) verteidigen; (opinion, théorie) vertreten; (interdire) untersagen, verbieten; **se défendre** vpr sich verteidigen; ~ **qch à qn** jdm etw verbieten; ~ **à qn de faire qch** jdm verbieten, etw zu tun; **il est défendu de cracher** Spucken verboten; **c'est défendu** das ist verboten; **ça se défend** (fig) das hat was für sich; **se ~ de/contre qch** (se protéger) sich vor etw dat/gegen etw schützen; **se ~ de** (se garder de) sich enthalten +gén; (nier) leugnen

défendu, e [defãdy] adj voir **défendre**

défenestrer [defənεstʀe] vt aus dem Fenster werfen

défense [defãs] nf Verteidigung f; (protection) Schutz m; (de théorie, opinion) Vertreten nt; (Mil: fortification etc) Verteidigungsanlage f; (d'éléphant) Stoßzahn m; **ministre de la D~** Verteidigungsminister m; **"~ de fumer/cracher"** „Rauchen/Spucken verboten"; **prendre la ~ de qn** jdn verteidigen; ~ **des consommateurs** Verbraucherschutz m

défenseur [defãsœʀ] nm Verteidiger m

défensif, -ive [defãsif, iv] adj (arme, système) Verteidigungs-; (attitude) defensiv ▷ nf: **être sur la défensive** in der Defensive sein

déféquer [defeke] vi Stuhlgang haben

déferai [defʀe] vb voir **défaire**

déférence [deferãs] nf Achtung f, Ehrerbietung f; **par ~ pour** aus Achtung für

déférent, e [deferã, ãt] adj (poli) ehrerbietig, respektvoll

déférer [defeʀe] vt: ~ **à** (requête, décision) sich beugen +dat; ~ **qn à la justice** jdn vor Gericht bringen

déferlant, e [defεʀlã, ãt] adj: **vague ~e** brechende Welle f

déferlement [defεʀləmã] nm (de vague) Brechen nt; (de foule) Strömen nt

déferler [defεʀle] vi (vagues) brechen; (foule) strömen

défi [defi] nm (provocation) Herausforderung f; (bravade) Trotz m; **mettre qn au ~ de faire qch** wetten, dass jd etw nicht macht; **relever un ~** eine Herausforderung annehmen

défiance [defjãs] nf Misstrauen nt

déficeler [defis(ə)le] vt aufschnüren

déficience [defisjãs] nf Mangel m

déficient, e [defisjã, jãt] adj (organisme, intelligence) schwach; (*argumentation*) mangelhaft

déficit [defisit] *nm* (*Comm*) Defizit *nt*; **être en ~** im Defizit sein; **~ budgétaire** (Etat)defizit *nt*

déficitaire [defisitɛʀ] *adj* (*entreprise, budget*) Verlust-; (*année, récolte*) schlecht

défier [defje] *vt* (*provoquer*) herausfordern; (*fig*: *mort, autorité*) trotzen +*dat*; **se défier de** *vpr* (*se méfier*) misstrauen +*dat*; **~ qn de faire qch** jdn herausfordern, etw zu tun; **~ toute comparaison** sich jedem Vergleich entziehen, unvergleichlich sein; **~ toute concurrence** über jede Konkurrenz erhaben sein

défigurer [defigyʀe] *vt* (*personne*) entstellen; (*œuvre, vérité*) verfälschen

défilé [defile] *nm* (*Géo*) Schlucht *f*; (*soldats, manifestants*) Vorbeimarsch *m*

défiler [defile] *vi* vorbeiziehen; (*troupes aussi*) vorbeimarschieren; **se défiler** *vpr* (*fam*: *se dérober*) sich verdrücken; **faire ~** (*Inform*) rollen

défini, e [defini] *adj* bestimmt

définir [definiʀ] *vt* definieren

définissable [definisabl] *adj* definierbar

définitif, -ive [definitif, iv] *adj* endgültig

définition [definisjɔ̃] *nf* Definition *f*; (*de mots croisés*) Frage *f*; (*TV*) Zeilenzahl *f*

définitive [definitiv] *nf*: **en ~** letztlich, eigentlich

définitivement [definitivmɑ̃] *adv* endgültig

déflagration [deflagʀasjɔ̃] *nf* Explosion *f*

déflation [deflasjɔ̃] *nf* Deflation *f*

déflationniste [deflasjɔnist] *adj* deflationistisch

déflecteur [deflɛktœʀ] *nm* (*Aut*) Ausstellfenster *nt*

déflorer [deflɔʀe] *vt* (*jeune fille*) entjungfern; (*sujet*) den Reiz nehmen +*dat*

défoncé, e [defɔ̃se] *adj* (*route*) umgepflügt; (*fam*: *drogué*) high

défoncer [defɔ̃se] *vt* (*caisse, porte*) aufbrechen; (*lit, fauteuil*) ausleiern; (*terrain, route*) umpflügen; **se défoncer** *vpr* (*se donner à fond*) sich *dat* ein Bein ausreißen; (*fam*: *se droguer*) sich dopen

défont [defɔ̃] *vb voir* **défaire**

déformant, e [defɔʀmɑ̃, ɑ̃t] *adj*: **miroir ~** Zerrspiegel *m*

déformation [defɔʀmasjɔ̃] *nf* (*vt*) Verformung *f*; Verzerrung *f*; **~ professionnelle** Berufsblindheit *f*

déformer [defɔʀme] *vt* (*objet, corps*) verformen, aus der Form bringen; (*pensée, fait*) verdrehen, verzerrt darstellen; **se déformer** *vpr* sich verformen

défoulement [defulmɑ̃] *nm* Abreagieren *nt*

défouler [defule]: **se ~** *vpr* sich abreagieren

défraîchi, e [defʀeʃi] *adj* (*peinture*) verblasst; (*article à vendre*) angestaubt

défraîchir [defʀeʃiʀ]: **se ~** *vpr* (*couleur, tissu*) verbleichen, verschießen

défrayer [defʀeje] *vt*: **~ qn (de)** jdn entschädigen (für); **~ la chronique** von sich reden machen

défrichement [defʀiʃmɑ̃] *nm* Roden *nt*

défricher [defʀiʃe] *vt* roden; **~ le terrain** den Boden bereiten

défriser [defʀize] *vt* (*cheveux*) die Krause herausnehmen aus; (*fig*) stören

défroisser [defʀwase] *vt* glätten

défroque [defʀɔk] *nf* (*vieil habit*) alter Fetzen *m*

défroqué [defʀɔke] *adj*: **un prêtre/moine ~** ein ehemaliger Priester/Mönch

défroquer [defʀɔke]: **se défroquer** *vpr die Mönchskutte oder den Priesterrock ablegen*

défunt, e [defœ̃, œ̃t] *adj*: **son ~ père** sein verstorbener Vater ▷ *nm/f* Verstorbene(r) *f(m)*

dégagé, e [degaʒe] *adj* (*ciel*) klar, wolkenlos; (*vue*) frei; (*ton, air*) lässig, ungezwungen

dégagement [degaʒmɑ̃] *nm*: **voie de ~** Zufahrtsstraße *f*; **itinéraire de ~** Entlastungsroute *f*

dégager [degaʒe] *vt* (*délivrer*) befreien; (*désencombrer*) räumen; (*crédits*) freisetzen; (*exhaler*) aussenden, ausströmen; (*sa responsabilité*) ablehnen; (*sa parole*) zurücknehmen; (*mettre en valeur*) herausarbeiten; **se dégager** *vpr* (*odeur*) sich ausbreiten; (*se libérer*) sich befreien; (*ciel*) sich aufklären; **~ qn de** (*parole, engagement etc*) jdn entbinden von; **dégagé des obligations militaires** aus dem Militärdienst entlassen; **se ~ de** (*fam*: *responsabilité, engagement*) sich frei machen von; (*promesse*) zurücknehmen

dégaine [degɛn] *nf*: **quelle ~!** der/die sieht vielleicht komisch aus!

dégainer [degene] *vt* ziehen

dégarni, e [degaʀni] *adj* (*crâne, tempes*) kahl

dégarnir [degaʀniʀ] *vt* (*vider*) leeren, räumen; **se dégarnir** *vpr* (*salle, rayons*) sich leeren; (*tempes, crâne*) sich lichten

dégâts [dega] *nmpl*: **faire des ~** Schaden anrichten

dégauchir [degoʃiʀ] *vt* (*Tech*) glätten

dégazage [degazaʒ] *nm* (*de pétrolier*) Entgasung *f*

dégazer [degaze] *vt* (*pétrolier*) entgasen

dégel [deʒɛl] *nm* Tauwetter *nt*; (*fig*) Auftauen *nt*

dégeler [deʒ(ə)le] *vi* auftauen ▷ *vt* (*prix, dossiers*) freigeben; (*atmosphère*) entspannen, auftauen; **se dégeler** *vpr* (*fig*) auftauen, sich entspannen

dégénéré, e [deʒenere] *adj* degeneriert ▷ *nm/f* degenerierter Mensch *m*

dégénérer [deʒenere] *vi* degenerieren; (*violence, situation*) ausarten; **~ en** ausarten in +*acc*

dégénérescence [deʒeneʀesɑ̃s] *nf* Degeneration *f*

dégingandé, e [deʒɛ̃gɑ̃de] *adj* schlaksig

dégivrage [deʒivʀaʒ] *nm* Abtauen *nt*

dégivrer [deʒivʀe] *vt* (*frigo*) abtauen, entfrosten; (*vitres*) enteisen

dégivreur [deʒivʀœʀ] *nm* Enteiser *m*

déglinguer [deglɛ̃ge] *vt* (*fam*) kaputt machen

déglutir [deglytiʀ] *vi* (hinunter)schlucken

déglutition [deglytisjɔ̃] *nf* (Ver)schlucken *nt*

dégobiller [degɔbije] (*fam!*) *vi* kotzen (*fam!*)

dégonflé, e [degɔ̃fle] *adj* (*pneu*) platt ▷ *nm/f* (*fam*: *lâche*) Feigling *m*

dégonfler [degɔ̃fle] *vt* (*pneu, ballon*) die Luft herauslassen aus ▷ *vi* (*enflure*) zurückgehen; **se dégonfler** (*fam*) ▷ *vpr* kneifen

dégorger [degɔʀʒe] *vi*: **faire ~** (*Culin*) wässern ▷ *vt* (*déverser*) ausströmen; **se ~ dans** (*rivière etc*) fließen in +*acc*

dégoter [degɔte] (*fam*) *vt* ausgraben

dégouliner [deguline] *vi* tropfen; ~ **de** triefen vor

dégoupiller [degupije] *vt* (*grenade*) den Sicherungsstift reißen aus

dégourdi, e [deguʀdi] *adj* (*malin*) gewitzt, gerissen

dégourdir [deguʀdiʀ] *vt* (*membres*) auflockern; (*eau*) aufwärmen; (*personne*) die Hemmungen nehmen +*dat*; **se dégourdir** *vpr*: **se ~ les jambes** sich *dat* die Beine vertreten

dégoût [degu] *nm* (*pour nourriture*) Ekel *m*; (*aversion*) Widerwille *m*, Abneigung *f*

dégoûtant, e [degutã, ãt] *adj* widerlich, ekelhaft; (*injuste*) empörend, gemein

dégoûté, e [degute] *adj* angewidert; ~ **de** angewidert von

dégoûter [degute] *vt* anwidern, anekeln; (*fig: procédé, injustice*) empören; **se dégoûter** *vpr*: **se ~ de qch** (*se lasser de*) einer Sache *gén* überdrüssig werden; ~ **qn de qch** jdm etw verleiden; ~ **qn de faire qch** es jdm verleiden, etw zu tun

dégoutter [degute] *vi* tropfen; ~ **de** triefen vor

dégradant, e [degʀadã, ãt] *adj* erniedrigend

dégradation [degʀadasjõ] *nf* (*v vb*) Degradierung *f*; Verunstaltung *f*; Verschlechterung *f*; (*gén pl*: *dégâts*) Schaden *m*

dégradé, e [degʀade] *adj* (*teintes*) schattiert; (*cheveux*) gestuft (geschnitten) ▷ *nm* (*en peinture*) Farbabstufung *f*; (*de coiffure*) Stufenschnitt *m*

dégrader [degʀade] *vt* (*Mil: officier*) degradieren; (*abîmer*) verunstalten; (*avilir*) erniedrigen; **se dégrader** *vpr* (*roche, substance*) erodieren; (*relations, situation*) sich verschlechtern; (*Phys: énergie*) schwächer werden

dégrafer [degʀafe] *vt* aufhaken

dégraissage [degʀesaʒ] (*fam*) *nm* (*réduction d'effectifs*) Abspecken *nt*

dégraissant [degʀesã] *nm* Fleckenmittel *nt*

dégraisser [degʀese] *vt* (*soupe*) entfetten; (*fam: entreprise*) abspecken

degré [dəgʀe] *nm* Grad *m*; (*escalier, échelon*) Stufe *f*; **brûlure du 1er/2ème ~** Verbrennung *f* ersten/ zweiten Grades; **équation du 1er/2ème ~** Gleichung *f* ersten/zweiten Grades; **le premier ~** (*Scol*) ≈ die Grundschule *f*; **alcool à 90 ~s** 90-prozentiger Alkohol *m*; **vin de 10 ~s** Wein *m* mit 10 Volumenprozent Alkohol; **par ~(s)** (*graduellement*) nach und nach

dégressif, -ive [degʀesif, iv] *adj* (*impôts, taux*) degressiv; **tarif ~** gestaffelter Tarif *m*

dégrèvement [degʀevmã] *nm* Steuerermäßigung *f*, Steuernachlass *m*

dégrever [degʀəve] *vt* steuerlich entlasten

dégriffé, e [degʀife] *adj*: **robe ~e** Designermodell *nt* ohne Label

dégringolade [degʀɛ̃gɔlad] *nf* Herunterpurzeln *nt*; (*fig: de prix, Bourse etc*) Sturz *m*

dégringoler [degʀɛ̃gɔle] *vi* (*personne*) hinpurzeln; (*fig: prix, Bourse etc*) fallen, purzeln ▷ *vt* (*escalier*) herunterpurzeln

dégriser [degʀize] *vt* nüchtern machen

dégrossir [degʀosiʀ] *vt* (*bois*) (grob) zurechtsägen; (*fig: ébaucher*) die Vorarbeit leisten für; **mal dégrossi** (*personne*) ohne Schliff

déguenillé, e [deg(ə)nije] *adj* zerlumpt

déguerpir [degɛʀpiʀ] *vi* sich aus dem Staub machen

dégueulasse [degœlas] (*fam!*) *adj* widerlich, zum Kotzen (*fam!*)

dégueuler [degœle] (*fam!*) *vi* kotzen (*fam!*)

déguisé, e [degize] *adj* verkleidet; ~ **en** verkleidet als

déguisement [degizmã] *nm* (*vêtement*) Verkleidung *f*

déguiser [degize] *vt* (*personne*) verkleiden; (*fig: réalité, fait*) verschleiern; **se déguiser** *vpr* sich verkleiden; **se ~ en** sich verkleiden als

dégustation [degystasjõ] *nf*: ~ **de vin(s)** Weinprobe *f*

déguster [degyste] *vt* (*vin, fromage etc*) kosten, probieren; (*savourer*) genießen ▷ *vi* (*fam: avoir mal*) leiden

déhancher [deɑ̃ʃe]: **se ~** *vpr* sich in den Hüften wiegen

dehors [dəɔʀ] *adv* (*en plein air*) draußen ▷ *nm* Äußere(s) *nt* ▷ *nmpl* (*apparences*) Äußerlichkeiten *pl*; **mettre** *ou* **jeter ~** hinauswerfen; **au ~** (*en apparence*) nach außen hin; **au ~ de** außerhalb von; **de ~** von draußen; **en ~** (*vers l'extérieur*) nach draußen; **en ~ de** (*hormis*) mit Ausnahme von

déifier [deifje] *vt* vergöttern

déiste [deist] *adj* deistisch

déjà [deʒa] *adv* schon, bereits; **comment vous appelez-vous, ~?** wie war noch mal Ihr Name?; **c'est ~ pas mal** das ist schon einmal ganz gut; **es-tu ~ allée en France?** warst du schon einmal in Frankreich?; **c'est ~ quelque chose** das ist doch schon einmal was

déjanter [deʒɑ̃te]: **se ~** *vpr* (*pneu*) von den Felgen gehen

déjeuner [deʒœne] *vi* zu Mittag essen ▷ *nm* Mittagessen *nt*; **petit ~** Frühstück *nt*; ~ **d'affaires** Arbeitsessen *nt*

déjouer [deʒwe] *vt* (*complot*) vereiteln; (*attention*) sich entziehen +*dat*

déjuger [deʒyʒe]: **se ~** *vpr* seine Meinung ändern

delà [dəla] *adv*: **par-~**, **au-~ de**, **en ~ de** jenseits von, jenseits +*gén*; **en ~** jenseits davon; **au-~** jenseits davon; (*en plus*) darüber hinaus

délabré, e [delabʀe] *adj* (*maison, mur*) verfallen, baufällig; (*mobilier*) klapperig; (*matériel*) brüchig

délabrement [delabʀəmã] *nm* Baufälligkeit *f*

délabrer [delabʀe]: **se ~** *vpr* (*maison*) baufällig werden

délacer [delase] *vt* (*chaussures*) aufschnüren

délai [dele] *nm* (*attente*) Wartezeit *f*; (*sursis*) Aufschub *m*; (*temps accordé*) Frist *f*; **sans ~** unverzüglich; **à bref ~** kurzfristig; **dans les ~s** innerhalb der Frist, fristgemäß; **dans un ~ de 30 jours** innerhalb von 30 Tagen; ~ **de livraison** Lieferfrist *f*

délaissé, e [delese] *adj* vernachlässigt

délaisser [delese] *vt* vernachlässigen

délassant, e [delasɑ̃, ɑ̃t] *adj* entspannend
délassement [delasmɑ̃] *nm* Entspannung *f*
délasser [delase] *vt* entspannen; **se délasser** *vpr*
sich entspannen
délateur, -trice [delatœʀ, tʀis] *nm/f*
Denunziant(in) *m(f)*
délation [delasjɔ̃] *nf* Denunziation *f*
délavé, e [delave] *adj* (*couleur*) verwaschen; (*jean*)
vorgewaschen
délayage [delɛjaʒ] *nm* (*de couleur*) Verdünnung *f*
délayer [deleje] *vt* (*Culin*) mit Wasser verrühren;
(*couleur, peinture*) verdünnen; (*fig: discours, idée*)
strecken, ausdehnen
delco® [dɛlko] *nm* (*Aut*) Verteiler *m*
délectation [delɛktasjɔ̃] *nf* Genuss *m*
délecter [delɛkte]: **se ~** *vpr*: **se ~ de** genießen
délégation [delegasjɔ̃] *nf* (*groupe*) Delegation *f*,
Abordnung *f*; (*de pouvoirs, autorité*) Übertragung *f*;
~ de pouvoir (*document*) Vollmacht *f*
délégué, e [delege] *nm/f* Vertreter(in) *m(f)*;
ministre ~ à la Culture Minister *m* mit dem
Kulturaufgabenbereich
déléguer [delege] *vt* (*personne*) abordnen,
delegieren; (*pouvoir, autorité*) übertragen,
delegieren
délestage [delɛstaʒ] *nm*: **itinéraire de ~**
Entlastungsroute *f*
délester [delɛste] *vt* (*navire*) Ballast abwerfen von;
(*route*) entlasten
Delhi [dɛli] *n* Delhi *nt*
délibérant, e [deliberɑ̃, ɑ̃t] *adj*: **assemblée ~e**
beratende Versammlung *f*
délibératif, -ive [deliberatif, iv] *adj*: **avoir voix**
délibérative stimmberechtigt sein
délibération(s) [deliberasjɔ̃] *nf(pl)* (*réflexions*)
Beratung *f*
délibéré, e [delibere] *adj* (*conscient*) wohlüberlegt;
(*déterminé*) bewusst, absichtlich; **de propos ~**
absichtlich
délibérément [deliberemɑ̃] *adv* mit Absicht,
bewusst
délibérer [delibere] *vi* (*jury, assemblée*) sich beraten
délicat, e [delika, at] *adj* (*odeur, goût*) fein; (*peau,*
fleur, santé) zart; (*manipulation, problème*) delikat,
heikel; (*démarche: embarrassant*) peinlich; (*personne:*
difficile) heikel; (: *attentionné*) feinfühlig;
procédés peu ~s unfeine Methoden *pl*
délicatement [delikatmɑ̃] *adv* (*avec douceur*) zart
délicatesse [delikatɛs] *nf* (*v adj*) Feinheit *f*;
Zartheit *f*; Feinfühligkeit *f*; (*gén pl: attentions*)
Aufmerksamkeiten *pl*
délice [delis] *nm* Freude *f*; **délices** *nfpl* (*plaisirs*)
Freuden *pl*, Genüsse *pl*
délicieusement [delisjøzmɑ̃] *adv* wunderbar
délicieux, -euse [delisjø, jøz] *adj* (*goût*) köstlich,
lecker; (*sensation, femme, robe*) wunderbar, herrlich
délictueux, -euse [deliktɥø, øz] *adj* kriminell
délié, e [delje] *adj* (*taille*) schlank; (*doigts etc*) flink,
leicht ▷ *nm*: **les ~s** die (feinen) Aufstriche *pl*
délier [delje] *vt* (*ruban, ficelle*) aufbinden; **~ qn**
d'un serment jdn von einem Schwur entbinden
délimitation [delimitasjɔ̃] *nf* Abgrenzung *f*

délimiter [delimite] *vt* (*territoire, sujet*) abgrenzen;
(*suj: chose*) begrenzen
délinquance [delɛ̃kɑ̃s] *nf* Kriminalität *f*;
~ juvénile Jugendkriminalität *f*
délinquant, e [delɛ̃kɑ̃, ɑ̃t] *nm/f* Delinquent(in)
m(f)
déliquescence [delikesɑ̃s] *nf*: **en ~** im Verfall *ou*
in der Auflösung begriffen
déliquescent, e [delikesɑ̃, ɑ̃t] *adj* (*décadent*)
verfallend
délirant, e [delirɑ̃, ɑ̃t] *adj* (*imagination*) zügellos,
wild; (*fam: déraisonnable*) wahnsinnig; **fièvre ~e**
Delirium *nt*
délire [deliʀ] *nm* (*fièvre*) Delirium *nt*; (*fig: folie*)
Wahnsinn *m*
délirer [delire] *vi* (wild) fantasieren; (*fig*)
spinnen
délirium tremens [delirjɔmtʀemɛ̃s] *nm*
Delirium tremens *nt*
délit [deli] *nm* Delikt *nt*, Straftat *f*; **~ de fuite**
Fahrerflucht *f*; **~ politique** politische Straftat;
~ de presse Verletzung *f* der Pressegesetze
délivrance [delivrɑ̃s] *nf* (*v vb*) Entlassung *f*;
Ausstellen *nt*; (*sentiment*) Erleichterung *f*
délivrer [delivre] *vt* (*prisonnier*) entlassen;
(*passeport, certificat*) ausstellen; **~ qn de** jdn
befreien von; (*responsabilité*) jdm abnehmen
délocalisation [delɔkalizasjɔ̃] *nf* Auslagerung *f*
délocaliser [delɔkalize] *vt* (*entreprise, emplois*)
auslagern
déloger [delɔʒe] *vt* (*ennemi*) vertreiben; (*locataire*)
ausquartieren; (*objet coincé*) lösen
déloyal, e, -aux [delwajal, o] *adj* (*personne,*
conduite) illoyal; (*procédé*) unlauter; **concurrence**
~e unlauterer Wettbewerb *m*
delta [dɛlta] *nm* Delta *nt*
deltaplane® [dɛltaplan] *nm* Deltaflieger *m*
déluge [delyʒ] *nm* (*Bible*) Sintflut *f*; (*pluie*)
sintflutartiger Regen *m*; **un ~ de** eine Flut von
déluré, e [delyre] *adj* gewitzt, clever; (*péj*) dreist
démagnétiser [demaɲetize] *vt*
entmagnetisieren
démagogie [demagɔʒi] *nf* Demagogie *f*
démagogique [demagɔʒik] *adj* demagogisch
démagogue [demagɔg] *adj* demagogisch ▷ *nm/f*
Demagoge *m*, Demagogin *f*
démaillé, e [demaje] *adj* (*bas*) mit Laufmaschen;
ses bas sont ~s ihre Strümpfe haben
Laufmaschen
démailloter [demajɔte] *vt* (*enfant*) die Windeln
ausziehen +*dat*
demain [d(ə)mɛ̃] *adv* morgen; **~ matin/midi/**
soir morgen früh/Mittag/Abend; **à ~!** bis
morgen!
demande [d(ə)mɑ̃d] *nf* Forderung *f*; (*Admin:*
formulaire) Antrag *m*; **la ~** (*Écon*) die Nachfrage *f*; **à**
la ~ générale auf allgemeinen Wunsch; **faire sa**
~ (en mariage) einen Heiratsantrag machen;
~ d'emploi (*candidature*) Bewerbung *f*; **"~s**
d'emploi" „Stellengesuche"; **~ de**
naturalisation Antrag auf Einbürgerung; **~ de**
poste Stellengesuch *nt*

demandé, e [d(ə)mɑ̃de] *adj:* **très ~** sehr gefragt
demander [d(ə)mɑ̃de] *vt* bitten um;
(*renseignement*) fragen nach; (*salaire*) verlangen;
(Jur: *exiger*) fordern; (*médecin, plombier, infirmier*)
rufen; (*personnel*) suchen; (*de l'habileté, du courage*)
erfordern; **~ qch à qn** jdn um etw bitten; **~ à qn
de faire qch** jdn darum bitten, etw zu tun; **~ que**
verlangen, dass; **~ la main de qn** (*fig*) um jds
Hand anhalten; **~ des nouvelles de qn** sich
nach jdm erkundigen; **~ l'heure/son chemin**
nach der Uhrzeit/dem Weg fragen; **~ pardon à
qn** jdn um Verzeihung bitten; **~ à** *ou* **de voir/
faire qch** etw zu sehen verlangen/etw tun
wollen; **se demander** *vpr:* **se ~ si/pourquoi** sich
fragen, ob/warum; **~ la parole** um das Wort
bitten; **~ la permission de faire qch** um die
Erlaubnis bitten, etw tun zu dürfen; **je me
demande comment tu as pu** ich möchte
wirklich wissen, wie du es geschafft hast; **je me
le demande** das frage ich mich (auch); **on vous
demande au téléphone** Sie werden am Telefon
verlangt
demandeur, -euse [dəmɑ̃dœʀ, øz] *nm/f:*
~ d'emploi Stellensuchende(r) *f(m)*
démangeaison [demɑ̃ʒɛzɔ̃] *nf* Jucken *nt*,
Juckreiz *m*
démanger [demɑ̃ʒe] *vi* jucken; **la main me
démange** mir juckt die Hand; **l'envie** *ou* **ça le
démange de ...** es reizt ihn sehr, zu ...
démantèlement [demɑ̃tɛlmɑ̃] *nm* Zerstörung *f*
démanteler [demɑ̃t(ə)le] *vt* (*bâtiment*)
demontieren; (*organisation*) auflösen
démaquillant, e [demakijɑ̃, ɑ̃t] *adj* Reinigungs-
▷ *nm* Reinigungsmilch *f*
démaquiller [demakije] *vt* abschminken; **se
démaquiller** *vpr* sich abschminken
démarcage [demaʀkaʒ] *nm* = **démarquage**
démarcation [demaʀkasjɔ̃] *nf* (*limite*)
Abgrenzung *f*, Demarkation *f*; **ligne de ~**
Demarkationslinie *f*
démarchage [demaʀʃaʒ] *nm* (*Comm*)
Haustürhandel *m*
démarche [demaʀʃ] *nf* (*allure*) Gang *m*;
(*intervention, requête*: *gén pl*) Schritt *m*; (*intellectuelle
etc*) Denkweise *f*; **faire** *ou* **entreprendre des ~s
auprès de qn** bei jdm vorstellig werden
démarcheur, -euse [demaʀʃœʀ, øz] *nm/f* (*Comm*:
vendeur) Kundenwerber(in) *m(f)*; (*Pol*)
Stimmenwerber(in) *m(f)*
démarquage [demaʀkaʒ] *nm* (*Sport*) Freispielen
nt
démarque [demaʀk] *nf* (*Comm*)
Preisermäßigung *f*
démarqué, e [demaʀke] *adj* (*Football*)
freigespielt; **prix ~s** heruntergesetzte Preise *pl*
démarquer [demaʀke] *vt* (*prix*) heruntersetzen;
(*Sport: joueur*) freispielen; **se démarquer** *vpr* (*fig*)
sich unterscheiden
démarrage [demaʀaʒ] *nm* (*d'une voiture*) Anfahren
nt; **~ en côte** Anfahren *nt* am Berg
démarrer [demaʀe] *vi* (*conducteur*) losfahren,
starten; (*véhicule*) anfahren; (*coureur*) loslaufen,

starten; (*travaux, affaire*) losgehen, anfangen
▷ *vt* (*voiture*) anlassen; (*travail*) in die Wege leiten
démarreur [demaʀœʀ] *nm* (*Auto*) Anlasser *m*
démasquer [demaske] *vt* entlarven; **se
démasquer** *vpr* (*fig*) sich verraten
démâter [demɑte] *vt* entmasten ▷ *vi* seinen
Mast verlieren
démêlant, e [demɛlɑ̃, ɑ̃t] *adj:* **baume ~**
Haarbalsam *m*
démêler [demele] *vt* (*fil, cheveux*) entwirren;
(*problèmes*) auseinanderdröseln
démêlés [demele] *nmpl* Auseinandersetzung *f*
démembrement [demɑ̃bʀəmɑ̃] *nm* Aufteilung *f*
démembrer [demɑ̃bʀe] *vt* (*fig: diviser*) aufteilen
déménagement [demenaʒmɑ̃] *nm* Umzug *m*;
entreprise de ~ Umzugsfirma *f*; **camion de ~**
Möbelwagen *m*
déménager [demenaʒe] *vi* umziehen ▷ *vt*
(*meubles*) umziehen
déménageur [demenaʒœʀ] *nm* Möbelpacker *m*;
(*entrepreneur*) Möbelspediteur *m*
démence [demɑ̃s] *nf* Wahnsinn *m*
démener [dem(ə)ne]: **se ~** *vpr* (*remuer*) um sich
schlagen; (*fig*) sich *dat* ein Bein ausreißen
dément¹, e [demɑ̃, ɑ̃t] *vb voir* **démentir**
dément², e [demɑ̃, ɑ̃t] (*fam*) *adj* (*fou*) irre
démenti, e [demɑ̃ti] *nm* Dementi *nt*
démentiel, le [demɑ̃sjɛl] *adj* wahnsinnig
démentir [demɑ̃tiʀ] *vt* (*nier: nouvelle etc*)
dementieren; (*témoin*) widersprechen +*dat*;
(*contredire: suj: faits etc*) widerlegen; **se démentir**
vpr: **ne pas se ~** (*ne pas cesser*) nicht nachlassen
démerder [demɛʀde] (*fam!*) *vi:* **se ~** sich
durchschlagen
démériter [demeʀite] *vi:* **~ auprès de qn** in jds
Achtung *dat* sinken
démesure [dem(ə)zyʀ] *nf* Maßlosigkeit *f*
démesuré, e [dem(ə)zyʀe] *adj* maßlos; (*taille*)
übermäßig
démesurément [dem(ə)zyʀemɑ̃] *adv* (*voir adj*)
maßlos; übermäßig
démettre [demɛtʀ] *vt:* **~ qn de** (*fonction, poste*) jdn
entheben +*gén*; **se démettre** *vpr* (*épaule etc*) sich
dat ausrenken; **se ~ de ses fonctions** das *ou* sein
Amt niederlegen
demeurant [d(ə)mœʀɑ̃]: **au ~** *adv* im Übrigen
demeure [d(ə)mœʀ] *nf* (*maison*) Wohnung *f*,
Wohnsitz *m*; **dernière ~** letzte Ruhestatt *f*;
mettre qn en ~ de faire qch jdn anweisen, etw
zu tun; **à ~** auf Dauer
demeuré, e [d(ə)mœʀe] *adj* geistig
zurückgeblieben ▷ *nm/f* Schwachkopf *m*
demeurer [d(ə)mœʀe] *vi* (*habiter*) wohnen;
(*séjourner*) sich aufhalten; (*rester*) bleiben; **en ~ là**
dabeibleiben
demi, e [d(ə)mi] *adj:* **trois jours/bouteilles et
~(e)** dreieinhalb Tage/Flaschen ▷ *nm* (*Football*)
Mittelfeldspieler *m* ▷ *adv* halb; **un ~** (*bière*) ein
kleines Bier *nt*; **il est 2 heures et ~e/midi et ~** es
ist halb drei/eins; **à ~** *adj* halb-; **à la ~e** (*heure*)
um halb; **~ de mêlée** (*Rugby*) Gedränge-
halbspieler *m*; **~ d'ouverture** (*Rugby*)

Mittelstürmer *m*

demi-bouteille [d(ə)mibutɛj] (*pl* **~s**) *nf* halbe Flasche *f*

demi-cercle [d(ə)misɛʀkl] (*pl* **~s**) *nm* Halbkreis *m*; **en ~** *adj* halbkreisförmig ▷ *adv* im Halbkreis

demi-douzaine [d(ə)miduzɛn] (*pl* **~s**) *nf* halbe(s) Dutzend *nt*

demi-finale [d(ə)mifinal] (*pl* **~s**) *nf* Halbfinale *nt*, Semifinale *nt*

demi-finaliste [d(ə)mifinalist] (*pl* **~s**) *nm/f* Halbfinalist(in) *m(f)*

demi-fond [d(ə)mifɔ̃] *nm inv* (*Sport*) Mittelstrecke *f*

demi-frère [d(ə)mifʀɛʀ] (*pl* **~s**) *nm* Halbbruder *m*

demi-gros [d(ə)migʀo] *nm inv* Zwischenhandel *m*

demi-heure [d(ə)mijœʀ] (*pl* **~s**) *nf* halbe Stunde *f*

demi-jour [d(ə)miʒuʀ] (*pl* **~(s)**) *nm* Zwielicht *nt*

demi-journée [d(ə)miʒuʀne] (*pl* **~s**) *nf* halbe(r) Tag *m*

démilitariser [demilitaʀize] *vt* entmilitarisieren

demi-litre [d(ə)militʀ] (*pl* **~s**) *nm* halbe(r) Liter *m*

demi-livre [d(ə)milivʀ] (*pl* **~s**) *nf* halbe(s) Pfund *nt*

demi-longueur [d(ə)milɔ̃gœʀ] (*pl* **~s**) *nf* (*Sport*) halbe Länge *f*

demi-lune [d(ə)milyn] *nf*: **en ~** halbmondförmig

demi-mal [d(ə)mimal] (*pl* **demi-maux**) *nm*: **il n'y a que ~** es ist alles nur halb so schlimm

demi-mot [d(ə)mimo] *nm*: **à ~** andeutungsweise

déminer [demine] *vt* entminen

démineur [deminœʀ] *nm* Minenräumer *m*

demi-pension [d(ə)mipɑ̃sjɔ̃] (*pl* **~s**) *nf* (*hôtel*) Halbpension *f*; (*lycée*) Tagesschule mit Mittagstisch; **être en ~** in der Schule zu Mittag essen

demi-pensionnaire [d(ə)mipɑ̃sjɔnɛʀ] (*pl* **~s**) *nm/f* (*lycée*) Tagesschüler(in) *m(f)* (*der/die in der Schule zu Mittag isst*)

demi-place [d(ə)miplas] (*pl* **~s**) *nf* Platz *m* zum halben Preis; (*Transports*) Fahrkarte *f* zum halben Preis

démis, e [demi, iz] *pp de* **démettre** ▷ *adj* (*épaule etc*) ausgerenkt

demi-saison [d(ə)misɛzɔ̃] (*pl* **~s**) *nf*: **vêtements de ~** Übergangskleidung *f*

demi-sel [d(ə)misɛl] *adj inv* (*beurre, fromage*) leicht gesalzen

demi-sœur [d(ə)misœʀ] (*pl* **~s**) *nf* Halbschwester *f*

demi-sommeil [d(ə)misɔmɛj] (*pl* **~s**) *nm* Halbschlaf *m*

demi-soupir [d(ə)misupiʀ] (*pl* **~s**) *nm* Achtelpause *f*

démission [demisjɔ̃] *nf* Rücktritt *m*; **donner sa ~** seinen Rücktritt erklären

démissionnaire [demisjɔnɛʀ] *adj* zurückgetreten, abgedankt ▷ *nm/f* Zurückgetretene(r) *f(m)*

démissionner [demisjɔne] *vi* zurücktreten, abdanken

demi-tarif [d(ə)mitaʀif] (*pl* **~s**) *nm* halber Preis *m*; **voyager à ~** zum halben Preis fahren

demi-ton [d(ə)mitɔ̃] (*pl* **~s**) *nm* Halbton *m*

demi-tour [d(ə)mituʀ] (*pl* **~s**) *nm* Kehrtwendung *f*; **faire un ~** (*Mil etc*) kehrtmachen; **faire ~** umkehren; (*Auto*) wenden

démobilisation [demɔbilizasjɔ̃] *nf* Demobilisierung *f*; (*fig*) Apathie *f*

démobiliser [demɔbilize] *vt* (*Mil*) demobilisieren; (*fig*) (wieder) teilnahmslos machen

démocrate [demɔkʀat] *adj* demokratisch ▷ *nm/f* Demokrat(in) *m(f)*

démocrate-chrétien, ne [demɔkʀatkʀetjɛ̃, jɛn] (*pl* **démocrates-chrétiens, -ennes**) *adj* christdemokratisch ▷ *nm/f* Christdemokrat(in) *m(f)*

démocratie [demɔkʀasi] *nf* Demokratie *f*; **~ populaire** Volksdemokratie

démocratique [demɔkʀatik] *adj* demokratisch; (*sport*) Volks-; (*moyen de transport etc*) allen zugänglich

démocratiquement [demɔkʀatikmɑ̃] *adv* demokratisch

démocratisation [demɔkʀatizasjɔ̃] *nf* Demokratisierung *f*

démocratiser [demɔkʀatize] *vt* demokratisieren

démodé, e [demɔde] *adj* altmodisch

démoder [demɔde]: **se ~** *vpr* altmodisch werden, aus der Mode kommen

démographe [demɔgʀaf] *nm/f* Demograf(in) *m(f)*

démographie [demɔgʀafi] *nf* Demografie *f*

démographique [demɔgʀafik] *adj* demografisch; **poussée ~** Bevölkerungszuwachs *m*

demoiselle [d(ə)mwazɛl] *nf* Fräulein *nt*; **~ d'honneur** Ehrenjungfrau *f*

démolir [demɔliʀ] *vt* (*bâtiment*) abreißen, einreißen; (*fig*) vernichten

démolisseur [demɔlisœʀ] *nm* (*ouvrier*) Abbrucharbeiter *m*

démolition [demɔlisjɔ̃] *nf* (*de bâtiment*) Abbruch *m*; **entreprise de ~** Abbruchunternehmen *nt*

démon [demɔ̃] *nm* (*diable*) Dämon *m*; (*enfant*) (kleiner) Teufel *m*; **le D~** der Teufel; **le ~ du jeu** der Spielteufel

démonétiser [demɔnetize] *vt* (*monnaie*) aus dem Verkehr ziehen

démoniaque [demɔnjak] *adj* dämonisch

démonstrateur, -trice [demɔ̃stʀatœʀ, tʀis] *nm/f* Vorführer(in) *m(f)*

démonstratif, -ive [demɔ̃stʀatif, iv] *adj* demonstrativ ▷ *nm* Demonstrativ(pronomen) *nt*

démonstration [demɔ̃stʀasjɔ̃] *nf* (*d'une expérience*) Demonstration *f*; (*Math*) Beweis *m*; (*dans un magasin*) Vorführung *f*; (*aérienne, navale*) Schau *f*

démontable [demɔ̃tabl] *adj* (*table, lit*) zerlegbar

démontage [demɔ̃taʒ] *nm* Auseinandernehmen *nt*

démonté, e [demɔ̃te] *adj* (*mer*) tobend; (*fig*) rasend

démonte-pneu [demɔ̃t(ə)pnø] (*pl* **~s**) *nm* Montiereisen *nt*

démonter [demɔ̃te] *vt* auseinandernehmen; (*pneu*) abnehmen; (*porte*) aushängen; (*fig: discours, théorie*) zerlegen; (*: personne*) aus der Fassung bringen; (*cavalier*) abwerfen; **se démonter** *vpr* (*personne*) die Fassung verlieren

démontrable [demɔ̃tʀabl] *adj* beweisbar

démontrer | dép.

démontrer [demɔ̃tʀe] vt beweisen
démoralisant, e [demɔʀalizɑ̃, ɑ̃t] adj entmutigend
démoralisateur, -trice [demɔʀalizatœʀ, tʀis] adj entmutigend
démoraliser [demɔʀalize] vt entmutigen
démordre [demɔʀdʀ] vi: **ne pas ~ de** beharren auf +dat
démoulage [demulaʒ] nm Entfernen nt aus der Form
démouler [demule] vt aus der Form nehmen
démultiplicateur, -trice [demyltiplikatœʀ, tʀis] adj (effet) reduzierend
démultiplication [demyltiplikasjɔ̃] nf (procédé) Reduzierung f; (rapport) Reduzierungsverhältnis nt
démuni, e [demyni] adj (sans argent) mittellos; **~ de** beraubt +gén
démunir [demyniʀ] vt (de qch) berauben +gén; **se démunir** vpr: **se ~ de** (argent, meubles) sich trennen von
démuseler [demyzle] vt den Maulkorb abnehmen +dat
démystifier [demistifje] vt (détromper) die Augen öffnen +dat
démythifier [demitifje] vt entmythisieren
dénatalité [denatalite] nf Geburtenrückgang m
dénationalisation [denasjɔnalizasjɔ̃] nf Privatisierung f
dénationaliser [denasjɔnalize] vt privatisieren
dénaturé, e [denatyʀe] adj (alcool) denaturiert; (goûts) verdorben
dénaturer [denatyʀe] vt (goût) verderben; (fig: pensée, fait) verfälschen, vollkommen verändern
dénégations [denegasjɔ̃] nfpl Leugnen nt
déneigement [denɛʒmɑ̃] nm (Schnee)räumen nt
déneiger [deneʒe] vt vom Schnee räumen
déni [deni] nm: **~ (de justice)** Rechtsverweigerung f
déniaiser [denjeze] vt: **~ qn** jdn aufklären
dénicher [deniʃe] vt aufstöbern, ausgraben
dénicotinisé, e [denikɔtinize] adj: **cigarette ~e** nikotinarme Zigarette f
denier [dənje] nm (monnaie) Scherflein nt; (de bas) Denierzahl f; **de ses (propres) ~s** mit seinem eigenen Geld, aus eigener Tasche; **~ du culte** jährlich bezahltes Kirchgeld; **~s publics** öffentliche Mittel pl
dénier [denje] vt (faute) leugnen; (responsabilité) ablehnen; **~ qch à qn** jdm etw verweigern
dénigrement [denigʀəmɑ̃] nm Verunglimpfung f; **campagne de ~** Hetzkampagne f
dénigrer [denigʀe] vt verunglimpfen
dénivelé, e [denivle] adj uneben ▷ nm Höhenunterschied m
déniveler [deniv(ə)le] vt uneben machen
dénivellation [denivelasjɔ̃] nf (différence de niveau) Höhenunterschied m; (pente) Gefälle nt; (creux) Unebenheit f
dénivellement [denivelmɑ̃] nm = **dénivellation**
dénombrer [denɔ̃bʀe] vt (compter) zählen; (énumérer) aufzählen

dénominateur [denɔminatœʀ] nm (Math) Nenner m; **~ commun** gemeinsame(r) Nenner
dénomination [denɔminasjɔ̃] nf Bezeichnung f
dénommé, e [denɔme] adj: **le ~ Dupont** ein gewisser Dupont
dénoncer [denɔ̃se] vt (personne) anzeigen; (abus, erreur) anprangern; **se dénoncer** vpr sich stellen
dénonciateur, -trice [denɔ̃sjatœʀ, tʀis] nm/f Denunziant(in) m(f)
dénonciation [denɔ̃sjasjɔ̃] nf Denunziation f
dénoter [denɔte] vt anzeigen
dénouement [denumɑ̃] nm Ausgang m
dénouer [denwe] vt (ficelle) aufknoten; (fig: intrigue, affaire) entwirren, auflösen
dénoyauter [denwajote] vt entsteinen, entkernen; **appareil à ~** Entsteiner m
dénoyauteur [denwajotœʀ] nm Entsteiner m
denrée [dɑ̃ʀe] nf Lebensmittel nt; **~s alimentaires** Nahrungsmittel pl
dense [dɑ̃s] adj dicht; (foule) dicht gedrängt; (style) gedrängt
densité [dɑ̃site] nf Dichte f
dent [dɑ̃] nf Zahn m; (de fourchette) Zinken m; (de timbre) Zacken m; **faire ses ~s** zahnen; **avoir une ~ contre qn** gegen jdn einen Groll haben; **avoir les ~s longues** sehr ehrgeizig sein; **se mettre qch sous la ~** etw zwischen die Zähne bekommen; **être sur les ~s** auf dem Zahnfleisch gehen; **à belles ~s** mit sichtlichem Genuss; **en ~s de scie** Sägezahn-; (irrégulier) gezackt; **~ de lait** Milchzahn m; **~ de sagesse** Weisheitszahn m
dentaire [dɑ̃tɛʀ] adj Zahn-; **cabinet ~** Zahnarztpraxis f; **école ~** zahnmedizinische Hochschule f
denté, e [dɑ̃te] adj: **roue ~e** Zahnrad nt
dentelé, e [dɑ̃t(ə)le] adj (côte, feuille) gezackt
dentelle [dɑ̃tɛl] nf Spitze f
dentier [dɑ̃tje] nm Gebiss nt
dentifrice [dɑ̃tifʀis] nm (aussi: **pâte dentifrice**) Zahnpasta f ▷ adj: **eau dentifrice** f Mundwasser nt
dentiste [dɑ̃tist] nm/f Zahnarzt m, Zahnärztin f
dentition [dɑ̃tisjɔ̃] nf (dents) Zähne pl; (formation) Zahnen nt
dénucléariser [denykleaʀize] vt atomwaffenfrei machen; **zone dénucléarisée** atomwaffenfreie Zone f
dénudé, e [denyde] adj (crâne, colline) kahl; (fil électrique) blank, nackt
dénuder [denyde] vt (corps) entblößen; (sol) kahl machen; (fil électrique) abisolieren; **se dénuder** vpr (personne) sich entblößen
dénué, e [denɥe] adj: **~ de** bar +gén, ohne; **~ d'intérêt** völlig uninteressant
dénuement [denymɑ̃] nm (misère) bittere Not f, Elend nt
dénutrition [denytʀisjɔ̃] nf Unterernährung f
déodorant [deɔdɔʀɑ̃] nm (corporel) Deodorant nt
déontologie [deɔ̃tɔlɔʒi] nf (professionnelle) Berufsethos nt; **~ médicale** ärztliche(s) Berufsethos
dép. abr = **département;** (= départ) Abf.

dépannage [depanaʒ] *nm* (*v vb*) Reparatur *f*; Hilfe *f*; **service de ~** (*Auto*) Pannendienst *m*; **camion de ~** (*Auto*) Abschleppwagen *m*

dépanner [depane] *vt* (*voiture, télévision*) reparieren; (*automobiliste*) (bei einer Panne) helfen +*dat*; (*fam: personne*) aus der Patsche helfen +*dat*

dépanneur [depanœʀ] *nm* (*Auto*) Pannenhelfer(in) *m*(*f*); (*TV*) Fernsehmechaniker(in) *m*(*f*)

dépanneuse [depanøz] *nf* Abschleppwagen *m*

dépareillé, e [depaʀeje] *adj* (*collection, service*) unvollständig; (*gant, volume*) einzeln

déparer [depaʀe] *vt* verderben

départ [depaʀ] *nm* (*d'un voyageur etc*) Abreise *f*; (*d'un employé*) Ausscheiden *nt*; (*Sport*) Start *m*; (*sur un horaire*) Abfahrt *f*; **à son ~** bei seiner Abreise; **au ~** (*au début*) am Anfang, zu Beginn

départager [depaʀtaʒe] *vt* (*concurrents*) entscheiden zwischen +*dat*

département [depaʀtəmã] *nm* (*administratif*) Departement *nt*, ≈ Regierungsbezirk *m*; *siehe Info-Artikel*; (*de ministère*) Abteilung *f*, Referat *nt*; (*d'université, de magasin*) Abteilung; **~ d'outre-mer** in Übersee gelegenes Departement

● **DÉPARTEMENTS**
●
● *Les départements* sind die 96
● Verwaltungseinheiten, in die Frankreich
● aufgeteilt ist. Diese *départements* werden von
● ernannten *préfets* geleitet und von einem
● gewählten *Conseil général* verwaltet. Die
● *départements* werden meistens nach
● geografischen Besonderheiten, wie einem
● Fluss oder einer Gebirgskette benannt.

départemental, e, -aux [depaʀtəmãtal, o] *adj* ≈ Bezirks-

départir [depaʀtiʀ]: **se ~ de** *vpr* verlieren

dépassé, e [depase] *adj* (*démodé*) veraltet, überholt; (*fig: affolé*) überfordert

dépassement [depasmã] *nm* (*d'une limite, de crédits*) Überschreiten *nt*; (*Auto*) Überholen *nt*; (*de soi*) Überwindung *f*

dépasser [depase] *vt* (*véhicule, concurrent*) überholen; (*endroit*) vorübergehen/-fahren an +*dat*; (*somme, limite fixée, prévisions*) überschreiten; (*fig: en intelligence, beauté etc*) übertreffen; (*être en saillie sur*) überragen ▷ *vi* (*Auto*) überholen; (*ourlet, jupon*) hervorschauen; **se dépasser** *vpr* (*se surpasser*) sich selbst übertreffen; **être dépassé** altmodisch sein, veraltet sein; **cela me dépasse** das geht über meinen Verstand

dépassionner [depasjɔne] *vt* (*débat etc*) (wieder) abkühlen

dépaver [depave] *vt* die Pflastersteine herausreißen aus

dépaysé, e [depeize] *adj* verloren, orientierungslos

dépaysement [depeizmã] *nm* Verwirrung *f*

dépayser [depeize] *vt* (*désorienter*) verwirren,

befremden; (*changer agréablement*) eine Abwechslung bieten +*dat*

dépecer [depəse] *vt* (*suj: boucher*) zerlegen; (*: animal*) zerfleischen

dépêche [depɛʃ] *nf* Depesche *f*

dépêcher [depeʃe] *vt* (*messager etc*) senden, schicken; **se dépêcher** *vpr* sich beeilen; **se ~ de faire qch** sich beeilen, etw zu tun

dépeindre [depɛ̃dʀ] *vt* schildern

dépendance [depãdãs] *nf* (*aussi Méd*) Abhängigkeit *f*; (*bâtiment*) Nebengebäude *nt*

dépendant, e [depãdã, ãt] *vb voir* **dépendre** ▷ *adj* abhängig

dépendre [depãdʀ] *vt* (*tableau*) abhängen, abnehmen; **~ de** abhängen von; (*financièrement*) abhängig sein von; **ça dépend** das kommt ganz drauf an

dépens [depã] *nmpl*: **aux ~ de qn** auf jds Kosten *acc*

dépense [depãs] *nf* Ausgabe *f*; (*de gaz, eau*) Verbrauch *m*; (*de temps, de forces*) Aufwand *m*; **pousser qn à la ~** jdn zum Kaufen anregen; **~s de fonctionnement** Betriebskosten *pl*; **~s d'investissement** Kapitalaufwendungen *pl*; **~s publiques** öffentliche Ausgaben *pl*

dépenser [depãse] *vt* (*argent*) ausgeben; (*énergie, courage*) aufwenden; **se dépenser** *vpr* sich verausgaben, sich anstrengen

dépensier, -ière [depãsje, jɛʀ] *adj*: **il est ~** er ist ein Verschwender

déperdition [depɛʀdisjɔ̃] *nf* (*d'énergie*) Verlust *m*

dépérir [depeʀiʀ] *vi* verkümmern

dépersonnaliser [depɛʀsɔnalize] *vt* entpersönlichen

dépêtrer [depetʀe]: **se ~ de** *vpr* (*situation*) sich befreien aus

dépeuplé, e [depœple] *adj* entvölkert

dépeuplement [depœpləmã] *nm* Entvölkerung *f*

dépeupler [depœple] *vt* entvölkern; **se dépeupler** *vpr* (*pays, ville*) seine Bevölkerung verlieren; (*rivière, forêt*) sich entvölkern, seine Fauna und Flora verlieren

déphasage [defazaʒ] *nm* (*fig*) Realitätsverlust *m*

déphasé, e [defaze] *adj* (*Phys*) phasenverschoben; (*fig: désorienté*) aus dem Tritt

déphaser [defaze] *vt* (*fig*) aus dem Tritt bringen

dépilation [depilasjɔ̃] *nf* Enthaarung *f*

dépilatoire [depilatwaʀ] *adj*: **crème/lait ~** Enthaarungscreme *f*/-milch *f*

dépistage [depistaʒ] *nm* (*Méd*) Früherkennung *f*

dépister [depiste] *vt* (*détecter*) entdecken; (*Méd*) erkennen; (*voleur*) finden; (*poursuivants*) von der Fährte abbringen

dépit [depi] *nm*: **par ~** aus Trotz; **en ~ de** (*malgré*) trotz +*gén*; **en ~ du bon sens** gegen alle Vernunft

dépité, e [depite] *adj* verärgert, verdrossen

dépiter [depite] *vt* verdrießen

déplacé, e [deplase] *adj* (*inopportun*) unangebracht, deplatziert; **personne ~e** Vertriebene(r) *f*(*m*)

déplacement [deplasmã] *nm* (*d'un objet*) Verschieben *nt*; (*voyage*) Reise *f*; **en ~** auf Reisen;

~ **de vertèbre** Bandscheibenvorfall *m*
déplacer [deplase] *vt* umstellen, woanders hinstellen; *(employé)* versetzen; **se déplacer** *vpr (objet)* sich verschieben; *(personne)* sich bewegen; *(: voyager)* verreisen; **se ~ en voiture/avion** im Auto/mit dem Flugzeug reisen
déplaire [deplɛʀ] *vi* missfallen *+dat;* **se déplaire** *vpr (quelque part)* sich nicht wohlfühlen; ~ **à qn** jdm nicht gefallen
déplaisant, e [deplɛzɑ̃, ɑ̃t] *vb voir* **déplaire** ▷ *adj* unangenehm
déplaisir [depleziʀ] *nm* Missfallen *nt*
déplaît [deplɛ] *vb voir* **déplaire**
dépliant [deplijɑ̃] *nm* Faltblatt *nt*
déplier [deplije] *vt* auseinanderfalten; *(journal)* aufschlagen; **se déplier** *vpr (parachute)* sich entfalten
déplisser [deplise] *vt* glätten
déploiement [deplwamɑ̃] *nm (v déployer)* Ausbreiten *nt;* Setzen *nt;* Einsatz *m;* Beweis *m*
déplomber [deplɔ̃be] *vt (caisse, compteur)* das Siegel entfernen von
déplorable [deplɔʀabl] *adj (triste)* beklagenswert; *(blâmable)* bedauerlich
déplorer [deplɔʀe] *vt (regretter)* beklagen; *(pleurer sur, compatir à)* beweinen
déployer [deplwaje] *vt (aile, carte)* ausbreiten; *(voile)* setzen; *(troupes)* einsetzen; *(force, courage)* zeigen, beweisen
déplu [deply] *pp de* **déplaire**
dépoli, e [depɔli] *adj:* **verre** ~ Milchglas *nt*
dépolitiser [depɔlitize] *vt* entpolitisieren
dépopulation [depɔpylasjɔ̃] *nf* Entvölkerung *f*
déportation [depɔʀtasjɔ̃] *nf* Deportation *f*
déporté [depɔʀte] *nm/f* (in ein Konzentrationslager) Deportierte(r) *f(m)*
déporter [depɔʀte] *vt (Pol)* deportieren; *(voiture)* vom Weg abbringen; **se déporter** *vpr (voiture)* vom Weg abkommen
déposant, e [depozɑ̃, ɑ̃t] *nm/f (épargnant)* Einzahler(in) *m(f)*
dépose [depoz] *nf (d'un moteur)* Ausbauen *nt*
déposé, e [depoze] *adj:* **marque ~e** eingetragene(s) Warenzeichen *nt*
déposer [depoze] *vt (mettre, poser)* legen, stellen; *(à la banque)* einzahlen; *(à la consigne)* aufgeben; *(caution)* hinterlegen; *(passager, roi)* absetzen; *(démonter: serrure, moteur)* herausnehmen, ausbauen; *(: rideau)* abnehmen, abhängen; *(Admin, Jur: faire enregistrer)* einreichen ▷ *vi (vin etc)* sich absetzen; ~ **(contre)** *(Jur)* aussagen (gegen); **se déposer** *vpr (calcaire, poussière)* sich ablagern; ~ **son bilan** Konkurs anmelden
dépositaire [depoziteʀ] *nm/f (d'un secret)* Wahrer(in) *m(f);* ~ **agréé** Vertragshändler *m*
déposition [depozisjɔ̃] *nf (d'un témoin)* Aussage *f*
déposséder [deposede] *vt* enteignen
dépôt [depo] *nm (de sable, poussière)* Ablagerung *f;* *(de candidature)* Einreichen *nt;* *(d'argent)* Einzahlung *f;* *(entrepôt, réserve)* (Waren)lager *nt,* Depot *nt;* *(prison)* Polizeigefängnis *nt;* ~ **bancaire** Bankguthaben *nt;* ~ **de bilan**

Konkursanmeldung *f;* ~ **légal** *Hinterlegung von Pflichtexemplaren;* ~ **d'ordures** Mülldeponie *f*
dépoter [depote] *vt (plante)* austopfen, aus dem Topf nehmen
dépotoir [depotwaʀ] *nm (décharge)* Müllabladeplatz *m*
dépouille [depuj] *nf (d'animal)* Balg *m,* abgezogene Haut *f;* ~ **(mortelle)** sterbliche Überreste *pl*
dépouillé, e [depuje] *adj (style)* nüchtern, schmucklos; ~ **de** ohne, beraubt *+gén*
dépouillement [depujmɑ̃] *nm (de scrutin)* Auszählen *nt*
dépouiller [depuje] *vt (animal)* häuten; *(personne)* berauben; *(résultats, documents)* sorgfältig durchsehen; ~ **le scrutin** die Stimmen auszählen
dépourvu, e [depuʀvy] *adj:* ~ **de** ohne ▷ *nm:* **prendre qn au** ~ jdn unvorbereitet finden, jdn überraschen
dépoussiérer [depusjeʀe] *vt* abstauben
dépravation [depʀavasjɔ̃] *nf* Verderbtheit *f*
dépravé, e [depʀave] *adj* verderbt
dépraver [depʀave] *vt* verderben
dépréciation [depʀesjasjɔ̃] *nf* Wertminderung *f*
déprécier [depʀesje] *vt (personne)* herabsetzen; *(chose)* entwerten, im Wert mindern; **se déprécier** *vpr (biens, argent)* an Wert verlieren
déprédations [depʀedasjɔ̃] *nfpl (dégâts)* Schaden *m*
dépressif, -ive [depʀesif, iv] *adj* depressiv
dépression [depʀesjɔ̃] *nf (Psych)* Depression *f;* *(creux)* Vertiefung *f;* *(Écon)* Flaute *f,* Depression; *(Météo)* Tief(druckgebiet) *nt;* **faire une ~ nerveuse** einen Nervenzusammenbruch haben
déprimant, e [depʀimɑ̃, ɑ̃t] *adj* deprimierend
déprime [depʀim] *(fam) nf:* **faire de la ~** ein Tief haben
déprimé, e [depʀime] *adj* deprimiert
déprimer [depʀime] *vt* deprimieren
déprogrammer [depʀɔgʀame] *vt (supprimer)* vom Programm nehmen *ou* streichen
dépt *abr* = **département**
dépuceler [depys(ə)le] *(fam) vt* entjungfern

 MOT-CLÉ

depuis [dəpɥi] *prép* **1** *(temps)* seit; **il habite Paris depuis 1983** er wohnt seit 1983 in Paris; **il habite Paris depuis 5 ans/l'an dernier** er lebt seit 5 Jahren/seit letztem Jahr in Paris; **depuis quand le connaissez-vous?** seit wann kennen Sie ihn?; **depuis quand?** *(excl)* seit wann denn das?
2 *(lieu):* **elle a téléphoné depuis Valence** sie hat aus Valence angerufen; **il a plu depuis Metz** ab Metz hat es (nur) geregnet
3 *(quantité, rang)* von; **depuis les plus petits jusqu'aux plus grands** vom Kleinsten bis zum Größten
▷ *adv (temps)* seither, seitdem; **je ne lui ai pas parlé depuis** ich habe seitdem *ou* seither nicht mehr mit ihm gesprochen; **depuis lors** seitdem; **depuis que** seit; **depuis qu'il me l'a dit** seit er es mir gesagt hat

dépuratif, -ive [depyʀatif, iv] *adj* blutreinigend
députation [depytasjɔ̃] *nf (groupe)* Abordnung *f*; *(fonction)* Parlamentssitz *m*
député, e [depyte] *nm* Abgeordnete(r) *f(m)*; **~(e) européen(e)** Europaabgeordnete(r) *f(m)*
députer [depyte] *vt (déléguer)* abordnen, entsenden; **~ qn à** jdn abordnen zu
déraciné, e [deʀasine] *adj* entwurzelt
déracinement [deʀasinmã] *nm* Entwurzelung *f*
déraciner [deʀasine] *vt (arbre, personne)* entwurzeln; *(fig: idée, tabou)* (mit Stumpf und Stiel) ausrotten
déraillement [deʀajmã] *nm* Entgleisen *nt*
dérailler [deʀaje] *vi (train)* entgleisen; *(fam: divaguer)* dummes Zeug faseln
dérailleur [deʀajœʀ] *nm (de vélo)* Kettenschaltung *f*
déraison [deʀɛzɔ̃] *nf* Unvernunft *f*
déraisonnable [deʀɛzɔnabl] *adj* unvernünftig
déraisonner [deʀɛzɔne] *vi* Unsinn reden
dérangement [deʀãʒmã] *nm* Störung *f*; **en ~** *(téléphone)* gestört
déranger [deʀãʒe] *vt (objets)* durcheinanderbringen; *(personne)* stören; **se déranger** *vpr:* **se ~ pour faire qch** sich die Mühe machen, etw zu tun; **est-ce que cela vous dérange si ...?** würde es Sie sehr stören, wenn...?; **ça te dérangerait de faire ...?** würde es dir etwas ausmachen, ... zu machen?; **ne vous dérangez pas pour moi** machen Sie sich meinetwegen keine Umstände
dérapage [deʀapaʒ] *nm* Schleudern *nt*; *(des prix)* Ausbrechen *nt*; **~ contrôlé** *(Auto)* kontrollierte(s) Schleudern
déraper [deʀape] *vi (voiture)* schleudern; *(personne)* ausrutschen; *(semelles, couteau etc)* wegrutschen, abrutschen; *(économie etc)* außer Kontrolle geraten
dératé, e [deʀate] *nm/f:* **courir comme un ~** wie von der Tarantel gestochen rennen
dératiser [deʀatize] *vt* von Ratten befreien
derby [dɛʀbi] *nm (Sport)* Derby *nt*
déréglé, e [deʀegle] *adj (estomac)* verdorben; *(mœurs, vie)* ausschweifend, zügellos; **ma montre est ~e** meine Uhr geht falsch; **le mécanisme est ~** der Mechanismus funktioniert nicht richtig
dérèglement [deʀɛgləmã] *nm (d'un mécanisme)* Funktionsstörung *f*; *(de l'estomac)* Verderben *nt*; *(de mœurs, vie)* Zügellosigkeit *f*
dérégler [deʀegle] *vt (mécanisme)* außer Betrieb setzen; *(estomac)* nicht bekommen +*dat*; **se dérégler** *vpr (mécanisme)* nicht mehr richtig funktionieren; *(mœurs, vie)* zügellos werden
dérider [deʀide] *vt (personne)* aufheitern, aufmuntern; **se dérider** *vpr* fröhlicher werden
dérision [deʀizjɔ̃] *nf* Spott *m*; **par ~** spöttisch; **tourner en ~** verspotten
dérisoire [deʀizwaʀ] *adj* lächerlich, lachhaft
dérivatif [deʀivatif] *nm* Ablenkung *f*
dérivation [deʀivasjɔ̃] *nf (d'un cours d'eau)* Umleitung *f*; *(Ling)* Ableitung *f*
dérive [deʀiv] *nf (Naut: de dériveur)* Kielschwert *nt*;

aller à la ~ sich treiben lassen; **~ des continents** Kontinentaldrift *f*
dérivé, e [deʀive] *adj (Ling, Math)* abgeleitet; *(Chim)* derivativ ▷ *nm (Ling)* Derivat *nt*, abgeleitetes Wort *nt*; *(Chim)* Derivat; *(Tech)* Nebenprodukt *nt*
dérivée [deʀive] *nf* Ableitung *f*
dériver [deʀive] *vt (Math)* ableiten, differenzieren; *(cours d'eau etc)* umleiten ▷ *vi (bateau, avion)* abgetrieben werden; **~ de** stammen von; *(Ling)* sich ableiten von; *(Chim)* ein Derivat *nt* sein von
dériveur [deʀivœʀ] *nm (Naut: bateau)* Boot *nt* mit Schwert
dermatite [dɛʀmatit] *nf* Dermatitis *f*, Hautentzündung *f*
dermato [dɛʀmato] *(fam) nm/f* = **dermatologue**
dermatologie [dɛʀmatɔlɔʒi] *nf* Dermatologie *f*
dermatologue [dɛʀmatɔlɔg] *nm/f* Hautarzt *m*, Hautärztin *f*
dermatose [dɛʀmatoz] *nf* Hautkrankheit *f*
dermite [dɛʀmit] *nf* = **dermatite**
dernier, -ière [dɛʀnje, jɛʀ] *adj* letzte(r, s); *(le plus récent)* neueste(r, s); *(ultime: effort etc)* äußerste(r, s) ▷ *nm/f* Letzte(r) *f(m)*; *(précédent)* Vorige(r) *f(m)*; *(enfant)* Jüngste(r) *f(m)*; **lundi/le mois ~** letzten *ou* vorigen Montag/Monat; **du ~ chic** äußerst chic *ou* schick; **le ~ cri** der letzte Schrei; **les ~s honneurs** die letzte Ehre *f*; **le ~ soupir** der letzte Atemzug; **rendre le ~ soupir** seinen letzten Atemzug tun; **en ~** zuletzt; **en ~ ressort** als Letztes; **avoir le ~ mot** das letzte Wort haben; **ce ~, cette dernière** Letzerer, Letztere
dernièrement [dɛʀnjɛʀmã] *adv* kürzlich
dernier-né, dernière-née [dɛʀnjene, dɛʀnjɛʀne] *(pl* **derniers-nés, dernières-nées)** *nm/f (enfant)* Nesthäkchen *nt*, Letztgeborene(r) *f(m)*; *(fig: voiture etc)* neuestes Modell *nt*
dérobade [deʀɔbad] *nf* Ausweichmanöver *nt*
dérobé, e [deʀɔbe] *adj (porte, escalier)* geheim, versteckt ▷ *nf:* **à la ~e** verstohlen, heimlich
dérober [deʀɔbe] *vt* stehlen; **se dérober** *vpr (s'esquiver)* sich wegstehlen; **~ qch à la vue de qn** *(cacher)* etw vor jdm verbergen; **se ~ sous** *(s'effondrer)* nachgeben unter +*dat*; **se ~ à** *(justice, regards, obligation)* sich entziehen +*dat*
dérogation [deʀɔgasjɔ̃] *nf* Sondergenehmigung *f*
déroger [deʀɔʒe] *vi:* **~ à** abweichen von
dérouiller [deʀuje] *vt:* **se ~ les jambes** die Beine strecken
déroulement [deʀulmã] *nm (d'une opération etc)* Ablaufen *nt*, Ablauf *m*
dérouler [deʀule] *vt (ficelle, papier)* aufrollen; **se dérouler** *vpr* stattfinden
déroutant, e [deʀutã, ãt] *adj (question etc)* verwirrend
déroute [deʀut] *nf (de troupes, manifestants)* heillose Flucht *f*; *(d'entreprise, parti)* völlige(r) Zusammenbruch *m*; **mettre en ~** in die Flucht schlagen
dérouter [deʀute] *vt (avion, navire)* umleiten; *(personne)* aus der Fassung bringen

derrick [deʀik] *nm* Bohrturm *m*
derrière [dɛʀjɛʀ] *prép* (*position*) hinter + *dat*;
(*direction*) hinter +*acc* ▷ *adv* hinten ▷ *nm* (*d'une
maison*) Rückseite *f*; (*postérieur*) Hinterteil *nt*; **les
pattes de** ~ die Hinterbeine *pl*; **par** ~ von hinten
derviche [dɛʀviʃ] *nm* Derwisch *m*
DES [deəɛs] *sigle m* (= *diplôme d'études supérieures*)
Universitätsdiplom
des [de] *dét, prép* + *dét voir* **de**
dès [dɛ] *prép* ab; (*dans le passé*) seit; ~ **que** sobald;
~ **à présent** ab jetzt; ~ **son retour** gleich nach
seiner Rückkehr; ~ **lors** seitdem; (*en conséquence*)
daher; ~ **lors que** (*puisque*) da
désabusé, e [dezabyze] *adj* desillusioniert
désaccord [dezakɔʀ] *nm* (*mésentente*)
Meinungsverschiedenheit *f*; (*contraste*)
Diskrepanz *f*
désaccordé, e [dezakɔʀde] *adj* (*instrument*)
verstimmt
désacraliser [desakʀalize] *vt* entweihen;
(*profession, institution*) den Heiligenschein nehmen
+*dat*
désaffecté, e [dezafɛkte] *adj* (*église, gare etc*) leer
stehend
désaffection [dezafɛksjɔ̃] *nf*: ~ **pour** Verlust *m* an
Beliebtheit für
désagréable [dezagʀeabl] *adj* unangenehm;
(*personne aussi*) unfreundlich
désagréablement [dezagʀeabləmã] *adv*
unangenehm
désagrégation [dezagʀegasjɔ̃] *nf*
Auseinanderbröckeln *nt*; (*fig*) Zerfall *m*
désagréger [dezagʀeʒe]: **se** ~ *vpr* (*roche, pierre*)
auseinanderbröckeln; (*société, système*) sich
auflösen, zerfallen
désagrément [dezagʀemã] *nm* Ärger *m*
désaltérant, e [dezalteʀã, ãt] *adj* durstlöschend
désaltérer [dezalteʀe] *vt*: ~ **qn** jds Durst stillen
▷ *vi* den Durst stillen; **se désaltérer** *vpr* seinen
Durst löschen; **ça désaltère** das löscht den
Durst
désamorcer [dezamɔʀse] *vt* entschärfen
désappointé, e [dezapwɛ̃te] *adj* enttäuscht
désappointement [dezapwɛ̃tmã] *nm*
Enttäuschung *f*
désappointer [dezapwɛ̃te] *vt* enttäuschen
désapprobateur, -trice [dezapʀɔbatœʀ, tʀis] *adj*
missbilligend
désapprobation [dezapʀɔbasjɔ̃] *nf*
Missbilligung *f*
désapprouver [dezapʀuve] *vt* missbilligen
désarçonner [dezaʀsɔne] *vt* abwerfen; (*fig*) aus
dem Konzept bringen
désargenté, e [dezaʀʒãte] (*fam*) *adj* abgebrannt
désarmant, e [dezaʀmã, ãt] *adj* entwaffnend
désarmé, e [dezaʀme] *adj* entwaffnet
désarmement [dezaʀməmã] *nm* (*d'un pays*)
Abrüstung *f*; (*d'un navire*) Abtakeln *nt*
désarmer [dezaʀme] *vt* (*soldat*) entwaffnen;
(*pays*) abrüsten; (*navire*) abtakeln; (*fusil*) entladen;
(: *mettre le cran de sûreté*) sichern; (*fig: toucher*)
entwaffnen, besänftigen ▷ *vi* (*pays*) abrüsten;

(*haine*) abflauen; (*personne*) nachgeben
désarroi [dezaʀwa] *nm* Ratlosigkeit *f*
désarticulé, e [dezaʀtikyle] *adj* (*pantin*)
ausgerenkt; (*corps*) verrenkt
désarticuler [dezaʀtikyle]: **se** ~ *vpr* sich
verrenken
désassorti, e [dezasɔʀti] *adj* (*incomplet*)
unvollständig; (*magasin, marchand*) mit
beschränktem Warenangebot; **assiettes ~es**
nicht zusammenpassende Teller
désastre [dezastʀ] *nm* Katastrophe *f*
désastreux, -euse [dezastʀø, øz] *adj*
katastrophal
désavantage [dezavãtaʒ] *nm* Nachteil *m*
désavantager [dezavãtaʒe] *vt* benachteiligen
désavantageux, -euse [dezavãtaʒø, øz] *adj*
nachteilig
désaveu [dezavø] *nm* Widerruf *m*
désavouer [dezavwe] *vt* (*personne, conduite*) sich
distanzieren von; (*paternité*) leugnen
désaxé, e [dezakse] *adj* (*personne*) geistesgestört
▷ *nm/f* (*fig*) Geistesgestörte(r) *f(m)*
désaxer [dezakse] *vt* (*roue*) eiern lassen
descendance [desãdãs] *nf* Nachkommen *pl*
descendant, e [desãdã, ãt] *vb voir* **descendre**
▷ *nm/f* Nachkomme *m*
descendeur, -euse [desãdœʀ, øz] *nm/f* (*cycliste,
skieur*) Abfahrtsspezialist(in) *m(f)*
descendre [desãdʀ] *vt* (*escalier, rue*)
hinuntergehen; (*en voiture, bateau*)
hinunterfahren; (*montagne*) hinuntersteigen
von; (*objet*) hinuntertragen, hinunterbringen;
(*étagère etc*) tiefer hängen; (*fam: abattre*)
abschießen; (: *boire*) (hinunter)kippen ▷ *vi*
hinuntergehen; (*passager*) aussteigen; (*avion*)
absteigen; (*voiture*) hinunterfahren; (*route,
chemin*) hinunterführen; (*niveau, température,
marée*) sinken; (*nuit*) sich senken; ~ **de** (*famille*)
abstammen von; ~ **du train/de cheval** aus dem
Zug/vom Pferd steigen; ~ **d'un arbre** von einem
Baum heruntersteigen; ~ **à l'hôtel** in einem
Hotel absteigen; ~ **dans l'estime de qn** in jds
Achtung *dat* sinken; ~ **dans la rue** (*manifester*)
auf die Straße gehen; ~ **dans le Midi** in den
Süden (hinunter)fahren; ~ **en ville** in die Stadt
gehen
descente [desãt] *nf* Abstieg *m*; (*Ski*) Abfahrt *f*; **au
milieu de la** ~ mitten im Abstieg; **freinez dans
les ~s** bremsen Sie bei Gefälle; ~ **de lit**
Bettvorleger *m*; ~ **de police** Razzia *f*
descriptif, -ive [dɛskʀiptif, iv] *adj*: **linguistique
descriptive** beschreibende Linguistik *f* ▷ *nm*
Beschreibung *f*; **mathématique descriptive**
darstellende Mathematik *f*
description [dɛskʀipsjɔ̃] *nf* Beschreibung *f*
désembourber [dezãbuʀbe] *vt* aus dem
Schlamm ziehen
désembuer [dezãbɥe] *vt* freimachen
désemparé, e [dezãpaʀe] *adj* ratlos; (*bateau,
avion*) außer Kontrolle
désemparer [dezãpaʀe] *vi*: **sans** ~
ununterbrochen

désemplir [dezɑ̃pliʀ] vi: **ne pas** ~ nicht leer
werden
désenchanté, e [dezɑ̃ʃɑ̃te] adj ernüchtert
désenchantement [dezɑ̃ʃɑ̃tmɑ̃] nm
Ernüchterung f
désenclaver [dezɑ̃klave] vt aus der Isolierung
befreien
désencombrer [dezɑ̃kɔ̃bʀe] vt freimachen
désenfler [dezɑ̃fle] vi abschwellen
désengagement [dezɑ̃gaʒmɑ̃] nm (Pol)
Loslösung f
désensibiliser [desɑ̃sibilize] vt (dent)
desensibilisieren; (fig) abstumpfen
désenvenimer [dezɑ̃v(ə)nime] vt (plaie) (vom
Gift) säubern; (fig) entspannen
désépaissir [dezepesiʀ] vt (cheveux) ausdünnen
déséquilibre [dezekilibʀ] nm
Unausgeglichenheit f; **en** ~ aus dem
Gleichgewicht; (Fin) nicht ausgeglichen
déséquilibré, e [dezekilibʀe] nm/f
Geistesgestörte(r) f(m)
déséquilibrer [dezekilibʀe] vt (personne) aus dem
seelischen Gleichgewicht bringen
désert, e [dezɛʀ, ɛʀt] adj verlassen ▷ nm Wüste f
déserter [dezɛʀte] vi (Mil) desertieren ▷ vt
verlassen
déserteur [dezɛʀtœʀ] nm Deserteur m
désertion [dezɛʀsjɔ̃] nf (Mil) Desertion f,
Desertieren nt
désertique [dezɛʀtik] adj Wüsten-
désescalade [dezeskalad] nf Deeskalation f
désespérant, e [dezɛspeʀɑ̃, ɑ̃t] adj hoffnungslos
désespéré, e [dezɛspeʀe] adj verzweifelt; (état)
hoffnungslos ▷ nm/f verzweifelte Person f
désespérément [dezɛspeʀemɑ̃] adv verzweifelt
désespérer [dezɛspeʀe] vi verzweifeln ▷ vt zur
Verzweiflung bringen; **se désespérer** vpr
verzweifeln; ~ **de qn/qch** an jdm/etw
verzweifeln; ~ **de (pouvoir) faire qch** alle
Hoffnung verlieren, etw tun zu können
désespoir [dezɛspwaʀ] nm Verzweiflung f; **être**
ou **faire le** ~ **de qn** jdn zur Verzweiflung bringen;
en ~ **de cause** aus reiner Verzweiflung
déshabillé, e [dezabije] adj unbekleidet ▷ nm
Negligé nt
déshabiller [dezabije] vt ausziehen;
se déshabiller vpr sich ausziehen
déshabituer [dezabitɥe] **se** ~ vpr: **se** ~ **de qch**
sich dat etw abgewöhnen; **se** ~ **de faire qch** sich
dat abgewöhnen, etw zu tun
désherbant [dezɛʀbɑ̃] nm
Unkrautvernichtungsmittel nt
désherber [dezɛʀbe] vt vom Unkraut befreien
déshérité, e [dezeʀite] adj (héritier) enterbt
▷ nm/f: **les** ~**s** die Unterprivilegierten pl
déshériter [dezeʀite] vt enterben
déshonneur [dezɔnœʀ] nm Schande f
déshonorant, e [dezɔnɔʀɑ̃, ɑ̃t] adj schändlich
déshonorer [dezɔnɔʀe] vt Schande machen +dat,
Schande bringen über +acc; **se déshonorer** vpr
Schande über sich acc bringen
déshumaniser [dezymanize] vt

entmenschlichen
déshydratation [dezidʀatasjɔ̃] nf (Méd)
Dehydration f; (de denrées alimentaires) Trocknen nt
déshydraté, e [dezidʀate] adj (personne, animal)
dehydriert; (aliment) Trocken-
déshydrater [dezidʀate] vt (aliment) trocknen;
(personne, animal) austrocknen, dehydrieren
desiderata [dezideʀata] nmpl (revendications)
Wünsche pl
design [dizajn] nm Design nt ▷ adj (mobilier)
Designer-
désignation [deziɲasjɔ̃] nf (à un poste) Ernennung
f; (signe, mot) Bezeichnung f
designer [dizajnœʀ] nm Designer(in) m(f)
désigner [deziɲe] vt (montrer) zeigen, deuten auf
+acc; (dénommer) bezeichnen; (nommer) ernennen
désillusion [dezi(l)lyzjɔ̃] nf Desillusion f
désillusionner [dezi(l)lyzjɔne] vt
desillusionieren
désincarné, e [dezɛ̃kaʀne] adj körperlos
désinence [dezinɑ̃s] nf Endung f
désinfectant, e [dezɛ̃fɛktɑ̃, ɑ̃t] adj
desinfizierend ▷ nm Desinfektionsmittel nt
désinfecter [dezɛ̃fɛkte] vt desinfizieren
désinfection [dezɛ̃fɛksjɔ̃] nf Desinfizieren nt
désinformation [dezɛ̃fɔʀmasjɔ̃] nf
Fehlinformation f
désintégration [dezɛ̃tegʀasjɔ̃] nf Zerfall m
désintégrer [dezɛ̃tegʀe] vt (Phys) spalten; **se**
désintégrer vpr zerfallen
désintéressé, e [dezɛ̃teʀese] adj (généreux)
uneigennützig, selbstlos
désintéressement [dezɛ̃teʀesmɑ̃] nm (générosité)
Uneigennützigkeit f, Selbstlosigkeit f
désintéresser [dezɛ̃teʀese] vt: **se** ~ **(de qn/qch)**
das Interesse (an jdm/etw) verlieren
désintérêt [dezɛ̃teʀe] nm (indifférence)
Gleichgültigkeit f
désintoxication [dezɛ̃tɔksikasjɔ̃] nf (Méd)
Entziehung f; **faire une cure de** ~ eine
Entziehungskur machen
désinvolte [dezɛ̃vɔlt] adj (personne, attitude) lässig
désinvolture [dezɛ̃vɔltyʀ] nf Lässigkeit f
désir [deziʀ] nm (fort, sensuel) Verlangen nt;
(souhait) Wunsch m
désirable [deziʀabl] adj begehrenswert
désirer [deziʀe] vt wünschen; (sexuellement)
begehren; **je désire ...** ich möchte gerne ...;
~ **que** (sich) wünschen, dass; **il désire que tu**
l'aides er möchte (gern), dass du ihm hilfst;
~ **faire qch** etw gern tun wollen; **ça laisse à** ~
das lässt zu wünschen übrig
désireux, -euse [deziʀø, øz] adj: ~ **de faire qch**
bestrebt, etw zu tun
désistement [dezistəmɑ̃] nm Rücktritt m
désister [deziste]: **se** ~ vpr zurücktreten
désobéir [dezɔbeiʀ] vi nicht gehorchen
désobéissance [dezɔbeisɑ̃s] nf Ungehorsam m
désobéissant, e [dezɔbeisɑ̃, ɑ̃t] adj ungehorsam
désobligeant, e [dezɔbliʒɑ̃, ɑ̃t] adj unfreundlich
désobliger [dezɔbliʒe] vt kränken
désodorisant, e [dezɔdɔʀizɑ̃, ɑ̃t] adj

deodorierend ▷ *nm* Deodorant *nt*; (*d'appartement*) Raumspray *nt*

désodorisé, e [dezɔdɔʀize] *adj* (*essence, huile*) geruchlos

désodoriser [dezɔdɔʀize] *vt* deodorieren

désœuvré, e [dezœvʀe] *adj* müßig, untätig ▷ *nm/f* Nichtstuer(in) *m(f)*

désœuvrement [dezœvʀəmɑ̃] *nm* Müßiggang *m*

désolant, e [dezɔlɑ̃, ɑ̃t] *adj* (*affligeant*) schlimm; **c'est ~!** das ist wirklich schlimm

désolation [dezɔlasjɔ̃] *nf*: **paysage de ~** Bild *nt* der Verwüstung

désolé, e [dezɔle] *adj* (*paysage*) trostlos; (*personne*) traurig; **je suis ~, il n'y en a plus** es tut mir furchtbar leid, es sind keine mehr da

désoler [dezɔle] *vt* Kummer bereiten +*dat*; **se désoler** *vpr* sich sorgen

désolidariser [desɔlidaʀize] *vt*: **se ~ de** *ou* **d'avec** sich distanzieren von

désopilant, e [dezɔpilɑ̃, ɑ̃t] *adj* urkomisch

désordonné, e [dezɔʀdɔne] *adj* (*personne, maison*) unordentlich; (*fuite, combat*) ungeregelt

désordre [dezɔʀdʀ] *nm* Unordnung *f*; (*anarchie*) Durcheinander *nt*; **désordres** *nmpl* (*Pol*) Unruhen *pl*; **en ~** unordentlich, durcheinander; **dans le ~** (*tiercé*) nicht in der richtigen Reihenfolge

désorganisation [dezɔʀganizasjɔ̃] *nf* Durcheinander *nt*

désorganiser [dezɔʀganize] *vt* durcheinanderbringen

désorienté, e [dezɔʀjɑ̃te] *adj* (*fig*) verwirrt

désorienter [dezɔʀjɑ̃te] *vt* (*fig*) verwirren

désormais [dezɔʀmɛ] *adv* von jetzt an, in Zukunft

désosser [dezɔse] *vt* (*viande*) entbeinen; **côtelette désossée** Kotelett *nt* ohne Knochen

désoxyder [dezɔkside] *vt* desoxidieren

despote [dɛspɔt] *nm* Despot *m*

despotique [dɛspɔtik] *adj* despotisch

despotisme [dɛspɔtism] *nm* Despotismus *m*, Tyrannei *f*

desquamer [dɛskwame]: **se ~** *vpr* abschuppen

desquelles [dekɛl] *prép* + *pron* *voir* **lequel**

desquels [dekɛl] *prép* + *pron* *voir* **lequel**

DESS [deøesəs] *sigle m* (= *diplôme d'études supérieures spécialisées*) Universitätsdiplom

dessaisir [desɛziʀ] *vt*: **~ un tribunal d'une affaire** einem Gericht eine Angelegenheit entziehen; **se dessaisir de** *vpr* verzichten auf +*acc*

dessaler [desale] *vt* (*eau de mer*) entsalzen; (*Culin*: *morue etc*) wässern; (*fam*: *délurer*) aufklären

desséché, e [deseʃe] *adj* (*arbre*) ausgedorrt, vertrocknet; (*vieillard*) verschrumpelt

dessèchement [desɛʃmɑ̃] *nm* (*de la peau*) Austrocknen *nt*

dessécher [deseʃe] *vt* austrocknen; (*volontairement*: *aliments etc*) trocknen; (*fig*: *cœur*) hart werden lassen; **se dessécher** *vpr* austrocknen

dessein [desɛ̃] *nm* Absicht *f*; **dans le ~ de faire**

qch mit der Absicht, etw zu tun; **à ~** absichtlich

desseller [desele] *vt* absatteln

desserrer [deseʀe] *vt* lockern; (*frein, poings*) lösen; (*dents*) auseinandernehmen; (*objets alignés*) Abstand lassen zwischen; **ne pas ~ les dents** die Zähne nicht auseinanderbekommen

dessert [desɛʀ] *vb voir* **desservir** ▷ *nm* Nachtisch *m*, Dessert *nt*

desserte [desɛʀt] *nf* (*table*) Anrichte *f*; **un car assure la ~ du village** (*transport*) der Bus ist die Verkehrsverbindung für das Dorf

desservir [desɛʀviʀ] *vt* (*table*) abräumen, abdecken; (*suj*: *moyen de transport*) versorgen; (: *voie de communication*) anbinden; (*prêtre*) dienen +*dat*; (*nuire à*) schaden +*dat*, einen schlechten Dienst erweisen +*dat*

dessiccation [desikasjɔ̃] *nf* Austrocknen *nt*

dessiller [desije] *vt*: **~ les yeux à qn** jdm die Augen öffnen

dessin [desɛ̃] *nm* (*œuvre*) Zeichnung *f*; (*art*) Zeichnen *nt*; (*motif*) Muster *nt*; (*de la bouche, du visage*) Umriss *m*; **~ industriel** technische(s) Zeichnen; **~ animé** Zeichentrick(film) *m*; **~ humoristique** Zeichenwitz *m*

dessinateur, -trice [desinatœʀ, tʀis] *nm/f* (*artistique*) Zeichner(in) *m(f)*; **~ industriel** technische(r) Zeichner(in) *m(f)*; **dessinatrice de mode** Modezeichner(in) *m(f)*

dessiner [desine] *vt* zeichnen; **se dessiner** *vpr* sich abzeichnen

dessoûler [desule] *vt* ernüchtern, nüchtern machen ▷ *vi* (wieder) nüchtern werden

dessous [d(ə)su] *adv* darunter ▷ *nm* (*de table, voiture*) Unterseite *f* ▷ *nmpl* (*fig*: *de la politique, d'une affaire*) Hintergründe *pl*; (*sous-vêtements*) Unterwäsche *f*; **en ~** (*sous*) darunter; (*plus bas*) weiter unten; **l'appartement du ~** die Wohnung darunter; **par-~** *adv* unterhalb ▷ *prép* unterhalb von; **de ~ le lit** unter dem Bett hervor; **au-~** darunter; **au-~ de** unter +*dat*; **au-~ de tout** unter aller Kritik

dessous-de-bouteille [dəsudbutɛj] *nm inv* Untersetzer *m*

dessous-de-plat [dəsudpla] *nm inv* Untersetzer *m*

dessous-de-table [dəsudtabl] *nm inv* Schmiergeld *nt*

dessus [d(ə)sy] *adv* oben; (*collé, écrit*) darüber ▷ *nm* (*de table, voiture*) Oberteil *nt*; **l'appartement du ~** die Wohnung darüber; **en ~** obendrauf; **par-~** *adv* darüber ▷ *prép* über +*acc*; **au-~** über +*acc*; **au-~ de** über +*dat*; **de ~** von oben; **avoir/prendre/ reprendre le ~** die Oberhand haben/gewinnen/ wiedergewinnen; **bras ~ bras dessous** eingehakt, Arm in Arm; **sens ~ dessous** völlig auf den Kopf gestellt

dessus-de-lit [dəsydli] *nm inv* Bettüberwurf *m*

déstabiliser [destabilize] *vt* (*Pol*) entstabilisieren

destin [dɛstɛ̃] *nm* Schicksal *nt*; **le ~** die Vorsehung *f*

destinataire [dɛstinatɛʀ] *nm/f* (*Postes*) Empfänger(in) *m(f)*

destination [dɛstinasjɔ̃] *nf (lieu)*
Bestimmungsort *m*; *(usage)* Zweck *m*; **à ~ de**
(avion, train, bateau) in Richtung; *(voyageur)* mit
dem Reiseziel
destiné, e [dɛstine] *adj*: ~ **à** *(personne)* ausersehen
für; *(outil, objet)* bestimmt zu
destinée [dɛstine] *nf* Schicksal *nt*
destiner [dɛstine] *vt*: ~ **qn à** *(poste, sort)* jdn
bestimmen für; ~ **qn/qch à** *(prédestiner)* jdn/etw
ausersehen für; ~ **qch à qn** *(envisager de donner)*
etw für jdn bestimmen; *(adresser)* etw an jdn
richten; **se destiner** *vpr*: **se ~ à l'enseignement**
den Lehrerberuf ergreifen wollen; **être destiné
à** bestimmt sein für
destituer [dɛstitɥe] *vt* absetzen; ~ **qn de ses
fonctions** jdn seiner Ämter *gén* entheben
destitution [dɛstitysjɔ̃] *nf* Absetzung *f*
destroyer [dɛstʀwaje] *nm* Zerstörer *m*
destructeur, -trice [dɛstʀyktœʀ, tʀis] *adj*
zerstörerisch
destructif, -ive [dɛstʀyktif, iv] *adj* destruktiv,
zerstörerisch
destruction [dɛstʀyksjɔ̃] *nf* Zerstörung *f*
déstructurer [destʀyktyʀe] *vt*
auseinandernehmen
désuet, -ète [dezɥe, ɛt] *adj* veraltet, altmodisch
désuétude [desɥetyd] *nf*: **tomber en ~** veralten
désuni, e [dezyni] *adj* entzweit
désunion [dezynjɔ̃] *nf* Entzweiung *f*
désunir [dezyniʀ] *vt (brouiller)* entzweien; **se
désunir** *vpr (athlète)* aus dem Schritt kommen
détachable [detaʃabl] *adj (coupon etc)* Abreiß-,
zum Abreißen; *(capuche)* abnehmbar, zum
Abnehmen
détachant [detaʃɑ̃] *nm* Fleckenmittel *nt*
détaché, e [detaʃe] *adj (air, ton)* distanziert, kühl
détachement [detaʃmɑ̃] *nm (désintéressement)*
Gleichgültigkeit *f*; *(Mil)* (Sonder)kommando *nt*;
être en ~ *(fonctionnaire, employé)* abgestellt sein
détacher [detaʃe] *vt (enlever)* abmachen, lösen;
(: selon pointillé) abtrennen; *(wagon, remorque)*
abkoppeln; *(ceinture)* aufmachen; *(chien)*
losmachen; *(prisonnier)* befreien; *(yeux, regard)*
abwenden; *(nettoyer)* Flecken entfernen aus; **se
détacher** *vpr (Sport)* sich absetzen; *(chien)* sich
losmachen; *(prisonnier)* ausbrechen; *(se défaire)*
abgehen, sich ablösen; ~ **qn (auprès de)** *(Admin)*
jdn abordnen (zu); *(Mil)* jdn abkommandieren
(zu); **se ~ de qn** *ou* **qch** *(se désintéresser)* sich
(innerlich) von jdm *ou* etw lösen; **se ~ sur** *(se
dessiner)* sich abzeichnen auf +*dat*
détail [detaj] *nm* Detail *nt*, Einzelheit *f*; *(Comm)*
Einzelhandel *m*; **prix de ~** Einzelhandelspreis *m*;
au ~ *(Comm)* im Einzelhandel; *(individuellement)*
einzeln; **en ~** im Einzelnen; **donner le ~ de**
(énumérer) einzeln aufführen; *(compte, facture)*
genau aufschlüsseln
détaillant, e [detajɑ̃, ɑ̃t] *nm/f* Einzelhändler(in)
m(f)
détaillé, e [detaje] *adj* detailliert
détailler [detaje] *vt (Comm)* einzeln verkaufen;
(les éléments d'un ensemble) einzeln aufführen;

(examiner) von Kopf bis Fuß mustern
détaler [detale] *vi (lapin etc)* weglaufen; *(fam:
personne)* Fersengeld geben
détartrant [detaʀtʀɑ̃] *nm* Entkalker *m*
détartrer [detaʀtʀe] *vt (radiateur)* entkalken;
(dents) den Zahnstein entfernen von
détaxe [detaks] *nf (réduction)* Nachlass *m*;
(suppression) Erlass *m*; *(remboursement)* Erstattung *f*
détaxer [detakse] *vt* die Steuern erlassen für
détecter [detɛkte] *vt* wahrnehmen
détecteur [detɛktœʀ] *nm (Tech)* Detektor *m*; **~ de
mensonges** Lügendetektor *m*; **~ de mines**
Minensuchgerät *nt*
détection [detɛksjɔ̃] *nf* Wahrnehmung *f*
détective [detɛktiv] *nm*: ~ **(privé)** Detektiv *m*
déteindre [detɛ̃dʀ] *vi* verblassen; *(au lavage)*
(aus)färben; ~ **sur** abfärben auf +*acc*
déteint, e [detɛ̃, ɛ̃t] *pp de* **déteindre**
dételer [det(ə)le] *vt (cheval)* ausspannen; *(voiture,
wagon)* abschirren ▷ *vi (fam: s'arrêter)* ausspannen
détendeur [detɑ̃dœʀ] *nm (de bouteille à gaz)*
Reduktionsventil *nt*
détendre [detɑ̃dʀ] *vt (relaxer)* entspannen; *(fil,
élastique)* lockern; *(lessive, linge)* abhängen; *(gaz)*
den Druck vermindern von, entspannen; **se
détendre** *vpr (ressort)* sich lockern; *(personne)* sich
entspannen
détendu, e [detɑ̃dy] *adj* entspannt
détenir [det(ə)niʀ] *vt* besitzen; *(otage, prisonnier)*
festhalten; *(record)* halten, innehaben; ~ **le
pouvoir** die Macht innehaben
détente [detɑ̃t] *nf* Entspannung *f*; *(d'une arme)*
Abzug *m*; *(d'un athlète qui saute)* Absprung *m*
détenteur, -trice [detɑ̃tœʀ, tʀis] *nm/f*
Inhaber(in) *m(f)*
détention [detɑ̃sjɔ̃] *nf (possession)* Besitz *m*;
(captivité) Haft *f*; **~ préventive**
Untersuchungshaft *f*
détenu, e [det(ə)ny] *pp de* **détenir** ▷ *nm/f*
(prisonnier) Häftling *m*
détergent [detɛʀʒɑ̃] *nm (lessive)* Waschmittel *nt*
détérioration [deteʀjɔʀasjɔ̃] *nf (d'objet)*
Beschädigung *f*; *(de situation, santé etc)*
Verschlechterung *f*
détériorer [deteʀjɔʀe] *vt (abîmer, casser)*
beschädigen; *(santé)* schaden +*dat*; **se détériorer**
vpr (fig: situation, relations, santé) sich
verschlechtern
déterminant, e [detɛʀminɑ̃, ɑ̃t] *adj*
ausschlaggebend, entscheidend ▷ *nm*
Determinante *f*; **un facteur ~** ein
entscheidender Faktor
détermination [detɛʀminasjɔ̃] *nf (de nombre, lieu)*
Festlegung *f*; *(fermeté)* Entschiedenheit *f*,
Entschlossenheit *f*; *(résolution)* Entscheidung *f*
déterminé, e [detɛʀmine] *adj (résolu)*
entschlossen; *(précis)* bestimmt; *(fixé)* festgelegt
déterminer [detɛʀmine] *vt (fixer)* bestimmen,
festlegen; **se déterminer** *vpr*: **se ~ à faire qch**
sich entschließen, etw zu tun; ~ **qn à faire qch**
jdn veranlassen, etw zu tun
déterminisme [detɛʀminism] *nm*

Determinismus *m*

déterministe [detɛʀminist] *adj* deterministisch ▷ *nm/f* Determinist(in) *m(f)*

déterré, e [deteʀe] *nm/f*: **avoir une mine de ~** aussehen wie der Tod auf Urlaub

déterrer [deteʀe] *vt* ausgraben

détersif, -ive [detɛʀsif, iv] *adj* schmutzlösend ▷ *nm* Reinigungsmittel *nt*

détestable [detɛstabl] *adj* abscheulich, verabscheuenswürdig

détester [detɛste] *vt (haïr)* verabscheuen; *(sens affaibli)* nicht ausstehen können

détiendrai *etc* [detjɛ̃dʀe] *vb voir* **détenir**

détiens *etc* [detjɛ̃] *vb voir* **détenir**

détonant, e [detɔnɑ̃, ɑ̃t] *adj*: **mélange ~ explosive(s)** Gemisch *nt*

détonateur [detɔnatœʀ] *nm (de bombe)* Zündkapsel *f*, Sprengkapsel *f*

détonation [detɔnasjɔ̃] *nf* Detonation *f*

détoner [detɔne] *vi* detonieren

détonner [detɔne] *vi (Mus)* falsch singen; *(fig)* nicht harmonieren

détortiller [detɔʀtije] *vt* aufdrehen

détour [detuʀ] *nm* Umweg *m*; *(courbe)* Schleife *f*, Kurve *f*; **détours** *nmpl (subterfuges)* Ausflüchte *pl*, Umschweife *pl*; **au ~ du chemin** an der Wegbiegung; **sans ~** *(fig)* ohne Umschweife

détourné, e [detuʀne] *adj*: **sentier ~** Umweg *m*; **par des moyens ~s** auf Umwegen

détournement [detuʀnəmɑ̃] *nm (de circulation)* Umleitung *f*; **~ d'avion** Flugzeugentführung *f*; **~ de fonds** Unterschlagung *f* von Geldern; **~ de mineur** *(perversion)* Verführung *f* Minderjähriger; *(rapt)* Kindesentführung *f*

détourner [detuʀne] *vt (rivière, trafic)* umleiten; *(avion)* entführen; *(yeux, tête)* abwenden; *(de l'argent)* unterschlagen; **se détourner** *vpr (tourner la tête)* sich abwenden; **~ la conversation** das Gespräch auf ein anderes Thema lenken; **~ qn de son devoir/travail** jdn von seinen Pflichten ablenken/von der Arbeit abhalten; **~ l'attention de qn** jds Aufmerksamkeit ablenken

détracteur, -trice [detʀaktœʀ, tʀis] *nm/f* Verleumder(in) *m(f)*

détraqué, e [detʀake] *adj (appareil)* kaputt; *(santé)* zerrüttet; *(estomac)* verdorben ▷ *nm/f (malade mental)* Verrückte(r) *f(m)*

détraquer [detʀake] *vt (appareil)* kaputt machen; *(estomac)* verderben; **se détraquer** *vpr (appareil)* kaputtgehen; **se ~ l'estomac** sich *dat* den Magen verderben

détrempe [detʀɑ̃p] *nf (Art)* Tempera(farbe) *f*

détrempé, e [detʀɑ̃pe] *adj (sol)* durchweicht

détremper [detʀɑ̃pe] *vt (peinture)* mit Wasser verdünnen

détresse [detʀɛs] *nf (désarroi)* Verzweiflung *f*; *(misère)* Not *f*; **en ~** *(équipe, avion, bateau)* in Not; **appel de ~** Notruf *m*; **signal de ~** SOS-Signal *nt*

détriment [detʀimɑ̃] *nm*: **au ~ de** zum Schaden von

détritus [detʀity(s)] *nmpl (ordures)* Abfall *m*, Müll *m*

détroit [detʀwa] *nm* Meerenge *f*; **le ~ de Behring** *ou* **de Béring** die Be(h)ringstraße; **le ~ de Gibraltar** die Straße von Gibraltar; **le ~ de Magellan** die Magellanroute; **le ~ du Bosphore** der Bosporus

détromper [detʀɔ̃pe] *vt* eines Besseren belehren; **se détromper** *vpr*: **détrompez-vous** lassen Sie sich eines Besseren belehren

détrôner [detʀone] *vt* entthronen

détrousser [detʀuse] *vt* berauben

détruire [detʀɥiʀ] *vt* zerstören; *(hypothèse, espoir)* zunichtemachen; *(santé, réputation)* ruinieren, zerstören

détruit, e [detʀɥi, it] *pp de* **détruire**

dette [dɛt] *nf* Schuld *f*; **~ de l'État** Staatsverschuldung *f*; **~ publique** Schulden *pl* der öffentlichen Hand

DEUG [dœg] *sigle m (= diplôme d'études universitaires générales)* ≈ Zwischenprüfung *f*

deuil [dœj] *nm (chagrin)* Trauer *f*; *(période)* Trauerzeit *f*; *(perte)* Trauerfall *m*; **porter le ~** Trauer tragen; **être en ~** trauern

DEUST [dœst] *sigle m (= diplôme d'études universitaires scientifiques et techniques)* ≈ Zwischenprüfung *f (in wissenschaftlichen Fächern)*

deux [dø] *num* zwei; **les ~** die beiden, beide; **ses ~ mains** seine beiden Hände; **à ~ pas** gleich um die Ecke, ganz in der Nähe; **~ points** Doppelpunkt *m*

deuxième [døzjɛm] *adj* zweite(r, s) ▷ *nm/f* Zweite(r) *f(m)*; **~ classe** zweite Klasse *f*

deuxièmement [døzjɛmmɑ̃] *adv* zweitens

deux-pièces [døpjɛs] *nm inv (tailleur, maillot de bain)* Zweiteiler *m*; *(appartement)* Zweizimmerwohnung *f*

deux-roues [døʀu] *nm inv* Zweirad *nt*

deux-temps [døtɑ̃] *adj inv*: **moteur ~** Zweitaktmotor *m*

devais [dəvɛ] *vb voir* **devoir**

dévaler [devale] *vt* hinunterrennen

dévaliser [devalize] *vt* berauben

dévalorisant, e [devalɔʀizɑ̃, ɑ̃t] *adj* erniedrigend

dévalorisation [devalɔʀizasjɔ̃] *nf* Erniedrigung *f*

dévaloriser [devalɔʀize] *vt* mindern, herabsetzen; *(monnaie)* entwerten; *(talent etc)* herabwerten; **se dévaloriser** *vpr (monnaie)* Kaufkraft verlieren

dévaluation [devalɥasjɔ̃] *nf* Abwertung *f*

dévaluer [devalɥe] *vt* abwerten; **se dévaluer** *vpr (monnaie)* an Wert verlieren

devancer [d(ə)vɑ̃se] *vt (distancer)* hinter sich lassen; *(arriver avant)* ankommen vor +dat; *(prévenir, anticiper)* zuvorkommen +dat; **~ l'appel** *(Mil)* sich vor der Einberufung melden

devancier, -ière [d(ə)vɑ̃sje, jɛʀ] *nm/f* Vorläufer(in) *m(f)*

devant [d(ə)vɑ̃] *vb voir* **devoir** ▷ *adv (en tête)* vorne ▷ *prép* vor +dat; *(avec mouvement)* vor +acc; *(fig: danger, situation etc)* angesichts +gén ▷ *nm* Vorderseite *f*; **prendre les ~s** vorangehen; **de ~** Vorder-; **par ~** vorne; **aller au-~ de qn** jdm entgegenkommen; **aller au-~ de qch** *(désirs)* etw

+*dat* entgegenkommen; (*ennuis, difficultés*) etw
+*dat* zuvorkommen

devanture [d(ə)vɑ̃tyʀ] *nf* (*étalage*) Auslage *f*;
(*vitrine*) Schaufenster *nt*

dévastateur, -trice [devastatœʀ, tʀis] *adj*
verheerend

dévastation [devastasjɔ̃] *nf* Verheerungen *pl*

dévasté, e [devaste] *adj* (*maison, pays*) verwüstet;
(*récoltes*) vernichtet

dévaster [devaste] *vt* (*maison, pays*) verheeren,
verwüsten; (*récoltes*) vernichten

déveine [devɛn] (*fam*) *nf* Künstlerpech *nt*

développement [dev(ə)lɔpmɑ̃] *nm* Entwicklung
f; (*exposé*) Abhandlung *f*

développer [dev(ə)lɔpe] *vt* entwickeln; **se
développer** *vpr* sich entwickeln

devenir [dəv(ə)niʀ] *vt* werden; **que sont-ils
devenus?** was ist aus ihnen geworden?; ~
médecin Arzt werden; ~ **vieux/grand** alt/groß
werden

devenu [dəvny] *pp de* **devenir**

dévergondé, e [devɛʀgɔ̃de] *adj* schamlos

dévergonder [devɛʀgɔ̃de] *vt*: **se** ~ alle Scham
verlieren

déverrouiller [deveʀuje] *vt* aufsperren

devers [dəvɛʀ] *adv*: **par-~ soi** für sich

déverser [devɛʀse] *vt* (*liquide*) ausgießen; (*ordures*)
ausschütten; (*injures, colère*) abladen; **se** ~ **dans**
(*fleuve, mer*) münden in +*acc*

déversoir [devɛʀswaʀ] *nm* Überlauf *m*

dévêtir [devetiʀ] *vt* ausziehen; **se dévêtir** *vpr*
sich ausziehen

devez [d(ə)ve] *vb voir* **devoir**

déviation [devjasjɔ̃] *nf* Abweichung *f*; (*Auto*)
Umleitung *f*; ~ **de la colonne (vertébrale)**
Rückgratverkrümmung *f*

déviationnisme [devjasjɔnism] *nm*
Abweichlertum *nt*

déviationniste [devjasjɔnist] *nm/f*
Abweichler(in) *m(f)*

dévider [devide] *vt* abwickeln

dévidoir [devidwaʀ] *nm* Rolle *f*, Spule *f*

deviendrai *etc* [dəvjɛ̃dʀe] *vb voir* **devenir**

devienne *etc* [dəvjɛn] *vb voir* **devenir**

deviens *etc* [d(ə)vjɛ̃] *vb voir* **devenir**

dévier [devje] *vt* (*fleuve, circulation*) umleiten;
(*coup*) ablenken ▷ *vi* (*projectile*) abgelenkt werden;
(*véhicule*) vom Kurs abkommen

devin [dəvɛ̃] *nm* Hellseher *m*

deviner [d(ə)vine] *vt* raten

devinette [d(ə)vinɛt] *nf* Rätsel *nt*

devint *etc* [dəvɛ̃] *vb voir* **devenir**

devis [d(ə)vi] *nm* Kostenvoranschlag *m*;
~ **descriptif** detaillierter Kostenvoranschlag;
~ **estimatif** vorläufiger Kostenvoranschlag

dévisager [deviʒaʒe] *vt* mustern, anstarren

devise [dəviz] *nf* (*formule*) Devise *f*, Motto *nt*; (*Écon*:
monnaie) Devise; **devises** *nfpl* (*argent*) Devisen *pl*

deviser [dəvize] *vi* sich unterhalten, plaudern

dévisser [devise] *vt* aufschrauben ▷ *vi* (*alpiniste*)
abstürzen

de visu [devizy] *adv*: **se rendre compte de qch** ~

etw in Augenschein nehmen

dévitaliser [devitalize] *vt* (*dent*) den Nerv töten in
+*dat*

dévoiler [devwale] *vt* enthüllen

devoir [d(ə)vwaʀ] *nm* Pflicht *f*; (*Scol*)
Hausaufgabe *f*; (: *en classe*) Klassenarbeit *f* ▷ *vb aux*
müssen ▷ *vt* (*argent, respect*) schulden; **se devoir**
vpr: **se** ~ **de faire qch** sich verpflichtet fühlen,
etw zu tun; **se faire un** ~ **de faire qch** es zu
seiner Pflicht machen, etw zu tun; **se mettre en**
~ **de faire qch** sich anschicken, etw zu tun;
rendre les derniers ~**s à qn** jdm die letzte Ehre
erweisen; **il doit le faire** er muss es machen;
cela devait arriver das musste ja so kommen;
il doit partir demain er muss morgen abreisen;
il doit être tard es muss schon spät sein; **je
devrais le faire** ich sollte es machen; **tu
n'aurais pas dû** das hättest du nicht machen
sollen; (*pas nécessaire*) das hättest du nicht
machen müssen; **vous devriez lui en parler** Sie
sollten mit ihm darüber sprechen; **je lui dois
beaucoup** ich habe ihm viel zu verdanken; ~**s de
vacances** Hausaufgaben *pl* über die Ferien

dévolu, e [devɔly] *adj*: **à qn/qch** für jdn/etw
vorgesehen ▷ *nm*: **jeter son** ~ **sur** +*acc* sein
Augenmerk richten auf +*acc*

devons [d(ə)vɔ̃] *voir* **devoir**

dévorant, e [devɔʀɑ̃, ɑ̃t] *adj* rasend

dévorer [devɔʀe] *vt* verschlingen; (*suj: feu, soucis*)
verzehren; ~ **qn/qch des yeux** *ou* **du regard** jdn/
etw mit den Augen verschlingen

dévot, e [devo, ɔt] *adj* fromm ▷ *nm/f* Fromme(r)
f(m); **un faux** ~ ein Scheinheiliger *m*

dévotion [devosjɔ̃] *nf* (*piété*) Frömmigkeit *f*; **avoir
une** ~ **pour qn** jdn verehren

dévoué, e [devwe] *adj* (*personne*) ergeben; **être** ~ **à
qn** jdm ergeben sein

dévouement [devumɑ̃] *nm* Ergebenheit *f*

dévouer [devwe]: **se** ~ **(pour)** *vpr* sich aufopfern
(für); **se** ~ **à** sein Leben widmen +*dat*

dévoyé, e [devwaje] *adj* gestrauchelt ▷ *nm/f*
Gestrauchelte(r) *f(m)*

dévoyer [devwaje] *vt* irreführen ▷ *vi*: **se** ~ in die
Irre gehen; ~ **l'opinion publique** die
Öffentlichkeit in die Irre führen

devrai [d(ə)vʀe] *vb voir* **devoir**

dextérité [dekstɛʀite] *nf* Geschicklichkeit *f*

dézipper [dezipe] *vt* (*Inform*) entzippen

DG [deʒe] *sigle m* (= *directeur général*) *voir* **directeur**

DGE [deʒeə] *sigle f* (= *dotation globale d'équipement*)
staatlicher Zuschuss zum Kommunalhaushalt

DGSE [deʒeɛsə] *sigle f* (= *Direction générale de la
sécurité extérieure*) französischer Auslandsgeheimdienst

diabète [djabɛt] *nm* Diabetes *m*,
Zuckerkrankheit *f*

diabétique [djabetik] *adj* diabetisch,
zuckerkrank ▷ *nm/f* Diabetiker(in) *m(f)*,
Zuckerkranke(r) *f(m)*

diable [djabl] *nm* Teufel *m*; (*chariot*) Karren *m*;
(**petit**) ~ (*enfant*) kleines Teufelchen *nt*; **pauvre** ~
armer Teufel; **un vacarme de tous les** ~**s** ein
Höllenlärm *m*; **il fait une chaleur du** ~ es ist

höllisch heiß; **avoir le ~ au corps** den Teufel im Leib haben; **au ~** am Ende der Welt

diablement [djɑbləmɑ̃] *adv* teuflisch

diableries [djɑbləʀi] *nfpl (d'enfant)* Teufeleien *pl*

diablesse [djɑblɛs] *nf (petite fille)* kleines Teufelchen *nt*

diablotin [djɑblɔtɛ̃] *nm (enfant)* kleiner Teufel *m*; *(pétard)* Knallbonbon *m ou nt*

diabolique [djɑbɔlik] *adj* teuflisch; *(invention)* Teufels-

diabolo [djɑbɔlo] *nm (jeu)* Diabolo *nt*; *(boisson)* Limonade mit Sirup; **~ menthe** Limonade mit Pfefferminzsirup

diacre [djɑkʀ] *nm* Diakon *m*

diadème [djɑdɛm] *nm* Diadem *nt*

diagnostic [djagnɔstik] *nm* Diagnose *f*

diagnostiquer [djagnɔstike] *vt* diagnostizieren

diagonal, e, -aux [djagɔnal, o] *adj* diagonal

diagonale [djagɔnal] *nf* Diagonale *f*; **en ~** diagonal; **lire en ~** diagonal lesen, überfliegen

diagramme [djagʀam] *nm* Diagramm *nt*

dialecte [djalɛkt] *nm* Dialekt *m*

dialectique [djalɛktik] *adj* dialektisch

dialogue [djalɔg] *nm* Dialog *m*; **cesser/ reprendre le ~** den Dialog abbrechen/wieder aufnehmen; **~ de sourds** fruchtloses Unterfangen *nt*

dialoguer [djalɔge] *vi* miteinander reden; *(Pol)* im Dialog stehen

dialoguiste [djalɔgist] *nm/f* Dialogautor(in) *m(f)*

dialyse [djaliz] *nf* Dialyse *f*, Blutwäsche *f*

diamant [djamɑ̃] *nm* Diamant *m*

diamantaire [djamɑ̃tɛʀ] *nm (vendeur)* Diamanthändler *m*

diamétralement [djametʀalmɑ̃] *adv* diametral; **~ opposés** *(opinions)* diametral entgegengesetzt

diamètre [djamɛtʀ] *nm* Durchmesser *m*

diapason [djapazɔ̃] *nm (Mus: instrument)* Stimmgabel *f*; **être au ~ de qn** nach jdm ausgerichtet sein; **se mettre au ~ de qn** sich nach jdm richten

diaphane [djafan] *adj* durchscheinend

diaphragme [djafʀagm] *nm (Anat)* Zwerchfell *nt*; *(Photo)* Blende *f*; *(contraceptif)* Diaphragma *nt*, Pessar *nt*; **ouverture du ~** *(Photo)* Blende

diapo [djapo] *nf* Dia *nt*

diaporama [djapɔʀama] *nm* Diashow *f*

diapositive [djapozitiv] *nf* Dia(positiv) *nt*

diapré, e [djapʀe] *adj* schimmernd

diarrhée [djaʀe] *nf* Durchfall *m*

diatribe [djatʀib] *nf* Schmährede *f*

dichotomie [dikɔtɔmi] *nf* Dichotomie *f*

dictaphone® [diktafɔn] *nm* Diktafon *nt*, Diktiergerät *nt*

dictateur [diktatœʀ] *nm* Diktator *m*

dictatorial, e, -aux [diktatɔʀjal, jo] *adj* diktatorisch

dictature [diktatyʀ] *nf* Diktatur *f*

dictée [dikte] *nf* Diktat *nt*; **prendre sous (la) ~** nach Diktat schreiben

dicter [dikte] *vt* diktieren; *(conditions)* vorschreiben

diction [diksjɔ̃] *nf* Diktion *f*; **cours de ~** Sprecherziehung *f*

dictionnaire [diksjɔnɛʀ] *nm* Wörterbuch *nt*; **~ bilingue** zweisprachige(s) Wörterbuch; **~ encyclopédique** Enzyklopädie *f*; **~ de langue** Wörterbuch

dicton [diktɔ̃] *nm* Redensart *f*

didacticiel [didaktisjɛl] *nm* pädagogische Software *f*

didactique [didaktik] *adj* didaktisch

dièse [djɛz] *nm* Kreuz(chen) *nt*

diesel [djezɛl] *nm (carburant)* Diesel(öl) *nt*; **un ~ (véhicule/moteur)** ~ ein Diesel *m*

diète [djɛt] *nf (régime)* Diät *f*; *(jeûne)* Fasten *nt*; *(assemblée politique)* Reichstag *m*; **être à la ~** Diät leben

diététicien, ne [djetetisjɛ̃, jɛn] *nm/f* Diätist(in) *m(f)*

diététique [djetetik] *adj* diätetisch, Diät- ▷ *nf* Diätkunde *f*; **magasin ~** ≈ Reformhaus *nt*

dieu, x [djø] *nm* Gott *m*; *(fig: du stade, de la scène)* Idol *nt*; **le bon D~** der liebe Gott; **mon D~!** ach du lieber Gott!, oh Gott!

diffamant, e [difamɑ̃, ɑ̃t] *adj* verleumderisch

diffamateur, -trice [difamatœʀ, tʀis] *adj* verleumderisch ▷ *nm/f* Verleumder(in) *m(f)*

diffamation [difamasjɔ̃] *nf* Verleumdung *f*

diffamatoire [difamatwaʀ] *adj* verleumderisch

diffamer [difame] *vt* verleumden

différé, e [difeʀe] *adj*: **traitement ~** *(Inform)* Stapelverarbeitung *f* ▷ *nm*: **en ~** *(TV)* als Aufzeichnung

différemment [difeʀamɑ̃] *adv* anders

différence [difeʀɑ̃s] *nf* Unterschied *m*; *(Math)* Differenz *f*; **à la ~ de** im Unterschied zu

différenciation [difeʀɑ̃sjasjɔ̃] *nf* Unterscheidung *f*; *(Biol)* Differenzierung *f*

différencier [difeʀɑ̃sje] *vt* unterscheiden; **se différencier** *vpr (cellules)* sich differenzieren; **se ~ de** sich unterscheiden von

différend [difeʀɑ̃] *nm* Meinungsverschiedenheit *f*

différent, e [difeʀɑ̃, ɑ̃t] *adj* verschieden; **~ de** verschieden von; **~s objets/personnages** verschiedene *ou* mehrere Gegenstände/ Personen; **à ~es reprises** bei mehreren *ou* verschiedenen Gelegenheiten; **pour ~es raisons** aus verschiedenen Gründen

différentiel, le [difeʀɑ̃sjɛl] *adj (Math)* Differenzial-; *(tarif, droit)* unterschiedlich ▷ *nm (Auto)* Differenzial *nt*

différer [difeʀe] *vt* aufschieben, verschieben ▷ *vi*: **~ (de)** sich unterscheiden (von)

difficile [difisil] *adj* schwierig; **faire le** *ou* **la ~** Schwierigkeiten machen

difficilement [difisilmɑ̃] *adv* schwer; **~ compréhensible/lisible** schwer verständlich/ zu lesen

difficulté [difikylte] *nf* Schwierigkeit *f*; **en ~** *(bateau)* in Seenot; *(alpiniste)* in Bergnot; **avoir de la ~ à faire qch** Schwierigkeiten damit haben, etw zu tun

difforme [difɔʀm] *adj* deformiert, missgebildet

difformité [difɔʀmite] nf Missbildung f
diffracter [difʀakte] vt (lumière) brechen
diffus, e [dify, yz] adj diffus
diffuser [difyze] vt verbreiten; (émission, musique) ausstrahlen; (livres, journaux) vertreiben
diffuseur [difyzœʀ] nm (Tech) Diffusor m; (Comm) Vertrieb m
diffusion [difyzjɔ̃] nf (vvb) Verbreitung f; Ausstrahlung f; Vertrieb m; **journal/magazine à grande** ~ Zeitung f/Zeitschrift f mit großer Verbreitung
digérer [diʒeʀe] vt verdauen; (fam: accepter) schlucken
digeste [diʒɛst] adj leicht verdaulich
digestible [diʒɛstibl] adj leicht verdaulich
digestif, -ive [diʒɛstif, iv] adj (fonction, troubles) Verdauungs- ▷ nm (alcool) Verdauungsschnaps m
digestion [diʒɛstjɔ̃] nf Verdauung f; **avoir une bonne/mauvaise** ~ eine gute/schlechte Verdauung haben
digital, e, -aux [diʒital, o] adj digital; **empreinte ~e** Fingerabdruck m
digitale [diʒital] nf Fingerhut m
digitaline [diʒitalin] nf Digitalis nt
digne [diɲ] adj (respectable) würdig; ~ **d'intérêt** beachtenswert; ~ **d'admiration** bewundernswert; ~ **de foi** glaubwürdig; ~ **de qn** jds würdig
dignitaire [diɲitɛʀ] nm Würdenträger m
dignité [diɲite] nf Würde f
digression [digʀesjɔ̃] nf Abschweifung f
digue [dig] nf Damm m; (pour protéger la côte) Deich m
dijonnais, e [diʒɔnɛ, ɛz] adj aus Dijon ▷ nm/f: **Dijonnais, e** Bewohner(in) m(f) von Dijon
diktat [diktat] nm Diktat nt
dilapidation [dilapidasjɔ̃] nf Verschwendung f
dilapider [dilapide] vt (gaspiller) verschwenden
dilater [dilate] vt (gaz) ausdehnen; (joues, ballon) aufblasen; (narines, pupilles etc) erweitern; **se dilater** vpr (Phys) sich (aus)dehnen
dilatoire [dilatwaʀ] adj Hinhalte-, Verzögerungs-
dilemme [dilɛm] nm Dilemma nt
dilettante [diletɑ̃t] nm/f Amateur(in) m(f); **en** ~ (péj) dilettantisch
dilettantisme [diletɑ̃tism] nm Dilettantismus m
diligence [diliʒɑ̃s] nf (véhicule) Postkutsche f; (empressement) Eifer m; **faire** ~ sich beeilen
diligent, e [diliʒɑ̃, ɑ̃t] adj fleißig
diluant [dilɥɑ̃] nm Verdünner m
diluer [dilɥe] vt verdünnen; (péj: discours etc) verwässern
dilution [dilysjɔ̃] nf Verdünnung f
diluvien, ne [dilyvjɛ̃, jɛn] adj: **pluie ~ne** Wolkenbruch m
dimanche [dimɑ̃ʃ] nm Sonntag m; **le ~ de Pâques** der Ostersonntag m; voir aussi **lundi**
dîme [dim] nf Zehnte(r) m (für die Kirche)
dimension [dimɑ̃sjɔ̃] nf (grandeur) Größe f; (gén pl: Math, fig) Dimension f
diminué, e [diminɥe] adj (personne) angegriffen, geschwächt
diminuer [diminɥe] vt verringern; (ardeur) abschwächen, dämpfen; (personne) schwächen, angreifen; (dénigrer) herabsetzen; (tricot) abnehmen ▷ vi abnehmen
diminutif [diminytif] nm (Ling) Verkleinerungsform f, Diminutiv m; (surnom) Kosename m
diminution [diminysjɔ̃] nf Abnahme f, Rückgang m; (tricot) Abnehmen nt
dînatoire [dinatwaʀ] adj: **goûter** ~ (frühes) Abendessen nt
dinde [dɛ̃d] nf Truthenne f
dindon [dɛ̃dɔ̃] nm Truthahn m, Puter m
dindonneau [dɛ̃dɔno] nm Truthahnküken nt
dîner [dine] nm Abendessen nt ▷ vi zu Abend essen; ~ **d'affaires** Arbeitsessen nt; ~ **de famille** Familienessen nt
dînette [dinɛt] nf: **jouer à la** ~ mit der Puppenküche spielen
dîneur, -euse [dinœʀ, øz] nm/f Speisende(r) f(m)
dinghy [dingi] nm Dingi nt
dingue [dɛ̃g] (fam) adj verrückt
dinosaure [dinozɔʀ] nm Dinosaurier m
diocèse [djɔsɛz] nm Diözese f
diode [djɔd] nf Diode f
diphasé, e [difaze] adj (Élec) zweiphasig
diphtérie [diftɛʀi] nf Diphtherie f
diphtongue [diftɔ̃g] nf Diphthong m
diplomate [diplɔmat] adj diplomatisch ▷ nm/f Diplomat(in) m(f) ▷ nm (Culin) Creme mit Keksen und Früchten
diplomatie [diplɔmasi] nf Diplomatie f
diplomatique [diplɔmatik] adj diplomatisch
diplôme [diplom] nm Diplom nt; **avoir des ~s** Qualifikationen haben
diplômé, e [diplome] adj Diplom- ▷ nm/f Diplomierte(r) f(m)
dire [diʀ] vt sagen; (secret, mensonge) erzählen; (réciter) aufsagen; (indiquer) anzeigen ▷ nm: **au ~ des témoins** Zeugenaussagen zufolge; **se dire** vpr (à soi-même) sich dat sagen; ~ **qch à qn** jdm etw sagen; **leurs ~s** ihre Aussagen; **se ~ malade** angeblich krank sein; **ça se dit ... en allemand** das heißt auf Deutsch ...; ~ **qch à qn** jdm etw sagen; ~ **à qn qu'il fasse** ou **de faire qch** jdm sagen, dass er etw tun soll; **vouloir ~ que** bedeuten, dass; **cela me/lui dit de faire qch** ich/er hätte Lust, etw zu tun; **que diriez-vous de ...?** was würden Sie von ... halten?; **dis pardon/merci** sag' Entschuldigung/Danke schön; **on dit que** man sagt ou es heißt, dass; **comme on dit** wie man so sagt; **on dirait que** man könnte meinen, dass; **on dirait du vin** man könnte es für Wein halten; **ça ne me dit rien** (plaire) ich habe keine Lust dazu; (rappeler qch) das sagt mir gar nichts; **à vrai ~** offen gestanden; **pour ainsi ~** sozusagen; **cela va sans ~** das versteht sich von selbst; **dis/dites donc!** (pour attirer l'attention) sag/sagen Sie mal!; (agressif) na hör/na hören Sie mal!; **et ~ que ...** es ist kaum zu glauben, dass ...; **ceci** ou **cela dit**

andererseits; **il n'y a pas à** ~ da gibts nichts zu
sagen; **c'est beaucoup/peu** ~ das ist zu viel/zu
wenig gesagt; **se** ~ **au revoir** Auf Wiedersehen
sagen; **c'est toi qui le dis!** das sagst du!; **je ne
vous le fais pas** ~ das meine ich auch; **je te
l'avais bien dit** ich habe es dir ja gesagt; **je ne
peux pas** ~ **le contraire** ich kann nichts
Gegenteiliges sagen; **tu peux le** ~**!, à qui le dis-
tu!** das kann man wohl sagen!

direct, e [diʀɛkt] *adj* direkt; *(cause, relation)*
unmittelbar ▷ *nm (train)* ≈ D-Zug *m*; *(émission,
reportage)* Direktübertragung *f*; ~ **du gauche/du
droit** *(Boxe)* linke/rechte Gerade *f*; **train** ~
durchgehender Zug *m*; **en** ~ **live**

directement [diʀɛktəmɑ̃] *adv* direkt

directeur, -trice [diʀɛktœʀ, tʀis] *adj (principe, fil)*
Leit- ▷ *nm/f* Direktor(in) *m(f)*; *(d'école primaire)*
Rektor(in) *m(f)*; **comité** ~ Direktion *f*; ~
commercial Geschäftsführer(in) *m(f)*; ~ **général**
Generaldirektor(in) *m(f)*; ~ **du personnel**
Personalchef(in) *m(f)*; ~ **de thèse** Betreuer(in)
m(f), Doktorvater *m*

direction [diʀɛksjɔ̃] *nf (de travaux, d'entreprise)*
Leitung *f*; *(de personnes etc)* Führung *f*; *(Auto)*
Lenkung *f*; *(directeurs, bureaux)* Geschäftsleitung *f*,
Direktion *f*; *(sens)* Richtung *f*; **sous la** ~ **de** *(Mus)*
unter der Leitung von; **en** ~ **de** in Richtung;
"toutes ~s" *(Auto)* „alle Richtungen"

directionnel, le [diʀɛksjɔnɛl] *adj (antenne)* Richt-

directive [diʀɛktiv] *nf (gén pl)* Direktive *f*

directoire [diʀɛktwaʀ] *nm* Vorstand *m*

directorial, e, -aux [diʀɛktɔʀjal, jo] *adj (bureau)*
Direktions-

directrice [diʀɛktʀis] *adj, nf voir* **directeur**

dirent [diʀ] *vb voir* **dire**

dirigeable [diʀiʒabl] *adj* lenkbar ▷ *nm (ballon)*
Luftschiff *nt*, Zeppelin *m*

dirigeant, e [diʀiʒɑ̃, ɑ̃t] *adj* führend, leitend
▷ *nm/f (d'un parti etc)* Vorsitzende(r) *f(m)*;
(d'entreprise) Leiter(in) *m(f)*

diriger [diʀiʒe] *vt (entreprise, recherches, travaux)*
leiten; *(personnes, véhicule)* führen; *(orchestre)*
dirigieren; **se diriger** *vpr (s'orienter)* sich
orientieren; ~ **sur** *(braquer)* richten auf +*acc*;
~ **contre** richten gegen; **se** ~ **vers** *ou* **sur** sich
zubewegen auf +*acc*

dirigisme [diʀiʒism] *nm* Dirigismus *m*

dirigiste [diʀiʒist] *adj* dirigistisch

dis [di] *vb voir* **dire**

discal, e, -aux [diskal, o] *adj* Bandscheiben-;
hernie ~**e** Bandscheibenvorfall *m*

discernable [disɛʀnabl] *adj* wahrnehmbar,
deutlich

discernement [disɛʀnəmɑ̃] *nm (bon sens)*
Verstand *m*

discerner [disɛʀne] *vt* wahrnehmen

disciple [disipl] *nm/f* Jünger *m*

disciplinaire [disiplinɛʀ] *adj (mesure, sanction)*
disziplinarisch, Straf-

discipline [disiplin] *nf* Disziplin *f*

discipliné, e [disipline] *adj* diszipliniert

discipliner [disipline] *vt (personne, instinct)*

disziplinieren; *(cheveux)* bändigen

discobole [diskɔbɔl] *nm* Diskuswerfer *m*

discographie [diskɔgʀafi] *nf* Diskografie *f*

discontinu, e [diskɔ̃tiny] *adj (bruit, effort)* mit
Unterbrechungen; *(bande: sur la route)*
unterbrochen

discontinuer [diskɔ̃tinɥe] *vi:* **sans** ~
ununterbrochen

disconvenir [diskɔ̃v(ə)niʀ] *vi:* **ne pas** ~ **de qch**
etw nicht leugnen; **ne pas** ~ **que** nicht leugnen,
dass

discordance [diskɔʀdɑ̃s] *nf* Missklang *m*

discordant, e [diskɔʀdɑ̃, ɑ̃t] *adj* nicht
harmonierend

discorde [diskɔʀd] *nf* Zwist *m*

discothèque [diskɔtɛk] *nf (boîte de nuit)* Diskothek
f; *(disques)* Plattensammlung *f*; ~ **(de prêt)**
Schallplattenverleih *m*

discourais [diskuʀɛ] *vb voir* **discourir**

discourir [diskuʀiʀ] *vi* reden

discours [diskuʀ] *vb voir* **discourir** ▷ *nm* Rede *f*
▷ *nmpl (bavardages)* Gerede; ~ **direct/indirect**
direkte/indirekte Rede

discourtois, e [diskuʀtwa, waz] *adj* unhöflich

discrédit [diskʀedi] *nm:* **jeter le** ~ **sur** in
Misskredit bringen

discréditer [diskʀedite] *vt* in Misskredit
bringen; **se discréditer** *vpr:* **se** ~ **aux yeux de** *ou*
auprès de qn sich in jds Augen *dat* in Misskredit
bringen

discret, -ète [diskʀɛ, ɛt] *adj (pas indiscret)* diskret;
(réservé, modéré) zurückhaltend; *(musique, style)*
dezent; **un endroit** ~ ein stilles *ou*
verschwiegenes Plätzchen *nt*

discrètement [diskʀɛtmɑ̃] *adv (sans attirer
l'attention)* diskret; *(sobrement)* dezent

discrétion [diskʀesjɔ̃] *nf (v adj)* Diskretion *f*,
Zurückhaltung *f*; **à** ~ in beliebigen Mengen; **à la**
~ **de qn** nach jds Gutdünken *dat*

discrétionnaire [diskʀesjɔnɛʀ] *adj (pouvoir)*
unumschränkt

discrimination [diskʀiminasjɔ̃] *nf (raciale, sociale)*
Diskriminierung *f*; *(distinction)*
Unterscheidung *f*; **sans** ~ unterschiedslos

discriminatoire [diskʀiminatwaʀ] *adj (mesures)*
diskriminierend

disculper [diskylpe] *vt* entlasten; **se disculper**
vpr sich entlasten

discussion [diskysjɔ̃] *nf* Diskussion *f*;
discussions *nfpl (négociations)* Verhandlungen *pl*

discutable [diskytabl] *adj (contestable)*
anfechtbar; *(douteux, mauvais)* zweifelhaft

discuté, e [diskyte] *adj* umstritten

discuter [diskyte] *vt (problème)* diskutieren über
+*acc*; *(débattre)* verhandeln über +*acc*; *(contester)*
infrage stellen ▷ *vi* diskutieren; *(Inform)* chatten;
~ **de** diskutieren über +*acc*

dise [diz] *vb voir* **dire**

disert, e [dizɛʀ, ɛʀt] *adj* redegewandt

disette [dizɛt] *nf (famine)* Hungersnot *f*

diseuse [dizøz] *nf:* ~ **de bonne aventure**
Wahrsagerin *f*

disgrâce [disgʀɑs] nf Ungnade f; **être tombée en ~** in Ungnade gefallen sein

disgracié, e [disgʀasje] adj (en disgrâce) in Ungnade gefallen

disgracieux, -euse [disgʀasjø, jøz] adj (personne) unansehnlich

disjoindre [disʒwɛ̃dʀ] vt auseinandernehmen; **se disjoindre** vpr auseinandergehen

disjoint, e [disʒwɛ̃, wɛ̃t] pp de **disjoindre** ▷ adj lose

disjoncteur [disʒɔ̃ktœʀ] nm Unterbrecher m

dislocation [dislɔkasjɔ̃] nf (d'une articulation) Auskugeln nt

disloquer [dislɔke] vt (membre) ausrenken; (chaise) auseinandernehmen; (troupes, manifestants) zerstreuen; **se disloquer** vpr (parti, empire) auseinanderfallen; **se ~ l'épaule** sich dat die Schulter ausrenken

disons [dizɔ̃] vb voir **dire**

disparaître [dispaʀɛtʀ] vi verschwinden; (mourir) sterben; **faire ~** verschwinden lassen

disparate [dispaʀat] adj (objets, meubles) nicht zusammenpassend; (couleurs) ungleich

disparité [dispaʀite] nf (contraste) Ungleichheit f

disparition [dispaʀisjɔ̃] nf Verschwinden nt; (mort) Sterben nt

disparu, e [dispaʀy] pp de **disparaître** ▷ nm/f (défunt) Verstorbene(r) f(m); (dont on a perdu la trace) Vermisste(r) f(m); **être porté ~** als vermisst gelten

dispendieux, -euse [dispɑ̃djø, jøz] adj kostspielig

dispensaire [dispɑ̃sɛʀ] nm ≈ Ambulanz f

dispense [dispɑ̃s] nf (exemption) Befreiung f; (permission) Erlaubnis f; **~ d'âge** Aufhebung f der Altersbeschränkung

dispenser [dispɑ̃se] vt (distribuer) gewähren; (exempter): **~ qn de qch** jdm etw erlassen; **~ qn de faire qch** jdm erlassen, etw zu tun; **se dispenser** vpr: **se ~ de qch** sich einer Sache dat entziehen; **se ~ de faire qch** sich der Pflicht entziehen, etw zu tun; **se faire ~ de qch** sich von etw befreien lassen

dispersant [dispɛʀsɑ̃] nm Dispersionsmittel nt

dispersé, e [dispɛʀse] adj (épars) verstreut

disperser [dispɛʀse] vt zerstreuen; (troupes, manifestants) zersprengen, auseinandertreiben; **se disperser** vpr sich zerstreuen

dispersion [dispɛʀsjɔ̃] nf (v vt) Zerstreuen nt; Auseinandertreiben nt; Zerstreuung f

disponibilité [dispɔnibilite] nf Verfügbarkeit f; **mettre en ~** (zeitweilig) beurlauben; **disponibilités** nfpl (Comm) flüssige ou verfügbare Gelder pl

disponible [dispɔnibl] adj verfügbar, zur Verfügung

dispos [dispo] adj m: **frais et ~** frisch und munter

disposé, e [dispoze] adj (arrangé d'une certaine manière) angeordnet; **bien/mal ~** gut/schlecht aufgelegt; **il est bien/mal ~ envers moi** ich bin gut/schlecht bei ihm angeschrieben; **~ à** (prêt à) bereit zu

disposer [dispoze] vt (arranger) anordnen ▷ vi: **vous pouvez ~** Sie können gehen; **se disposer** vpr: **se ~ à faire qch** sich darauf vorbereiten, etw zu tun; **~ qn à faire qch** jdn in die Lage versetzen, etw zu tun; **~ de** (avoir) verfügen über +acc; (utiliser) sich bedienen +gén

dispositif [dispozitif] nm Vorrichtung f; (policier, de contrôle) Einsatzplan m; **~ de sûreté** Sicherheitsvorrichtung f

disposition [dispozisjɔ̃] nf (arrangement) Anordnung f; (humeur) Stimmung f; (tendance) Neigung f; **dispositions** nfpl (intentions) Absichten pl; (mesures) Maßnahmen pl; (précautions) Vorsorge f; (aptitudes) Anlagen pl; (d'une loi, d'un testament) Verfügungen pl; **à la ~ de qn** zu jds Verfügung; **avoir qch à sa ~** etw zur Verfügung (stehen) haben; **se mettre à la ~ de qn** sich jdm zur Verfügung stellen; **être à la ~ de qn** jdm zur Verfügung stehen

disproportion [dispʀɔpɔʀsjɔ̃] nf Missverhältnis nt

disproportionné, e [dispʀɔpɔʀsjone] adj (punition, réaction etc) unverhältnismäßig

dispute [dispyt] nf Streit m

disputer [dispyte] vt (match, combat, course) austragen; **se disputer** vpr (personnes) sich streiten; (match, combat, course) stattfinden; **~ qch à qn** mit jdm um etw kämpfen

disquaire [diskɛʀ] nm/f Schallplattenhändler(in) m(f)

disqualification [diskalifikasjɔ̃] nf Disqualifizierung f

disqualifier [diskalifje] vt (Sport) disqualifizieren; **se disqualifier** vpr sich disqualifizieren

disque [disk] nm (Mus) Schallplatte f; (Inform) Diskette f; (forme, Tech) Scheibe f; (Sport) Diskus m; **le lancement du ~** das Diskuswerfen nt; **~ compact** ou **laser** Compact Disc f, CD f; **~ d'embrayage** (Auto) Kupplungsscheibe; **~ de stationnement** Parkscheibe f; **~ dur** Festplatte f; **~ système** Systemdiskette

disquette [diskɛt] nf Diskette f; **~ à double/ simple densité** Diskette f mit doppelter/ einfacher Schreibdichte

dissection [disɛksjɔ̃] nf (Méd) Sezieren nt

dissemblable [disɑ̃blabl] adj verschieden

dissemblance [disɑ̃blɑ̃s] nf Unterschied m

dissémination [diseminasjɔ̃] nf (v vb) Verbreitung f; Zerstreuung f

disséminer [disemine] vt (éparpiller, répandre) verbreiten; (chasser) zerstreuen

dissension [disɑ̃sjɔ̃] nf (gén pl) Meinungsverschiedenheit f

disséquer [diseke] vt (Méd) sezieren; (fig: analyser) zergliedern

dissertation [disɛʀtasjɔ̃] nf (Scol) Aufsatz m

disserter [disɛʀte] vi (discuter) diskutieren; (Scol: écrire) einen Aufsatz schreiben; **~ sur** erörtern

dissidence [disidɑ̃s] nf Rebellion f

dissident, e [disidɑ̃, ɑ̃t] adj abtrünnig ▷ nm/f Dissident(in) m(f)

dissimilitude [disimilityd] nf Verschiedenheit f
dissimulateur, -trice [disimylatœʀ, tʀis] adj
heuchlerisch ▷ nm/f Heuchler(in) m(f)
dissimulation [disimylasjɔ̃] nf (de sentiments, faits)
Verheimlichung f; (duplicité) Heuchelei f; ~ **de**
bénéfices Verschweigen nt von Einkünften; ~ **de**
revenus Steuerhinterziehung f
dissimuler [disimyle] vt (taire, cacher)
verschweigen, verheimlichen; (masquer à la vue)
verbergen; **se dissimuler** vpr sich verbergen
dissipation [disipasjɔ̃] nf (indiscipline)
Unaufmerksamkeit f; (débauche) Zügellosigkeit f;
(du brouillard etc) Aufklären nt
dissipé, e [disipe] adj (indiscipliné) unaufmerksam
dissiper [disipe] vt (doutes, brouillard) zerstreuen;
(fortune) durchbringen; **se dissiper** vpr (brouillard)
sich auflösen; (doutes) sich zerstreuen; (élève)
sich leicht ablenken lassen
dissocier [disɔsje] vt trennen; **se dissocier** vpr
auseinandergehen; **se ~ de** sich distanzieren
von
dissolu, e [disɔly] adj (vie, personne) zügellos,
freizügig
dissolution [disɔlysjɔ̃] nf (de sucre, sel) Auflösen nt;
(Pol, Jur) Auflösung f; (débauche) Zügellosigkeit f
dissolvant, e [disɔlvɑ̃, ɑ̃t] vb voir **dissoudre** ▷ nm
(Chim) Lösungsmittel nt
dissonant, e [disɔnɑ̃, ɑ̃t] adj (Mus) dissonant;
(couleurs) nicht harmonierend
dissoudre [disudʀ] vt auflösen; **se dissoudre** vpr
sich auflösen
dissous [disu] pp de **dissoudre**
dissuader [disɥade] vt: ~ **qn de faire qch** jdn
davon abbringen, etw zu tun; ~ **qn de qch** jdn
von etw abbringen
dissuasif, -ive [disɥazif, iv] adj abschreckend
dissuasion [disɥazjɔ̃] nf Abschreckung f; **force**
de ~ Abschreckungspotenzial nt
dissymétrie [disimetʀi] nf Asymmetrie f
dissymétrique [disimetʀik] adj asymmetrisch
distance [distɑ̃s] nf Entfernung f; (Sport: à
parcourir) Distanz f; (fig) Abstand m; **à ~** auf
Distanz; (mettre en marche, commander) von
Weitem; (commande) Fern-; **tenir qn à ~** Distanz
zu jdm halten; **se tenir à ~** sich auf Distanz
halten; **prendre ses ~s** Abstand halten; **garder**
ses ~s Abstand halten; **tenir la ~** durchhalten; **à**
une ~ de 10 km 10 km entfernt; ~ **focale** (Photo)
Brennweite f
distancer [distɑ̃se] vt (concurrent) hinter sich dat
lassen; **se laisser ~** sich abhängen lassen
distancier [distɑ̃sje]: **se ~** vpr sich distanzieren
distant, e [distɑ̃, ɑ̃t] adj (éloigné) entfernt; (fig:
réservé) distanziert; ~ **de 5 km** (d'un lieu) 5 km
entfernt
distendre [distɑ̃dʀ] vt dehnen; **se distendre** vpr
sich lockern
distillation [distilasjɔ̃] nf Destillation f
distillé, e [distile] adj: **eau ~e** destilliertes Wasser
nt
distiller [distile] vt destillieren; (fig: venin, suc etc)
tropfenweise absondern

distillerie [distilʀi] nf Destillerie f
distinct, e [distɛ̃(kt), ɛ̃kt] adj (différent)
verschieden, unterschiedlich; (clair, net) deutlich,
klar
distinctement [distɛ̃ktəmɑ̃] adv (voir, parler)
deutlich
distinctif, -ive [distɛ̃ktif, iv] adj (signe)
Unterscheidungs-, unterscheidend; (caractère)
eigen
distinction [distɛ̃ksjɔ̃] nf (différence) Unterschied
m; (différenciation) Unterscheidung f; (bonnes
manières) Vornehmheit f; (médaille, honneur etc)
Auszeichnung f; **sans ~** ohne Unterschied
distingué, e [distɛ̃ge] adj (raffiné, élégant)
distinguiert, vornehm; (éminent) von hohem
Rang
distinguer [distɛ̃ge] vt (apercevoir) erkennen;
(différencier) unterscheiden; (permettre de
reconnaître) auszeichnen; **se distinguer** vpr
(s'illustrer) sich auszeichnen, sich hervorheben;
se ~ de (différer) sich unterscheiden von
distinguo [distɛ̃go] nm Unterscheidung f
distorsion [distɔʀsjɔ̃] nf (fig: écart) Verzerrung f
distraction [distʀaksjɔ̃] nf (passe-temps)
Zeitvertreib m; (diversion) Zerstreuung f; (manque
d'attention) Zerstreutheit f
distraire [distʀɛʀ] vt (déranger, dissiper) ablenken;
(amuser, divertir) unterhalten; (détourner: somme
d'argent) veruntreuen ▷ vi (déranger) ablenken;
(amuser) unterhalten; **se distraire** vpr (s'amuser)
sich unterhalten; ~ **qn de qch** jdn von etw
ablenken; ~ **l'attention de qn** jds
Aufmerksamkeit ablenken
distrait, e [distʀɛ, ɛt] pp de **distraire** ▷ adj
zerstreut
distraitement [distʀɛtmɑ̃] adv zerstreut
distrayant, e [distʀɛjɑ̃, ɑ̃t] vb voir **distraire** ▷ adj
unterhaltsam
distribuer [distʀibɥe] vt verteilen; (gifles, coups)
austeilen; (Cartes) geben; (courrier) austragen,
zustellen; (Comm: film, livre) vertreiben
distributeur, -trice [distʀibytœʀ, tʀis] nm/f
(Comm) Vertreiber m ▷ nm (Auto) Verteiler m;
~ **(automatique)** Münzautomat m; ~ **de billets**
(Rail) Fahrkartenautomat m; (Banque)
Geldautomat m
distribution [distʀibysjɔ̃] nf Verteilen nt; (de
cartes) Geben nt; (du courrier) Austragen nt; (d'un
livre, film) Vertrieb m; (choix d'acteurs) Besetzung f;
(répartition) Aufteilung f; **circuits de ~** (Comm)
Absatzwege pl; ~ **des prix** Preisverleihung f
district [distʀikt] nm Bezirk m, Gebiet nt
dit [di] pp de dire ▷ adj: **à l'heure ~e** zur
vereinbarten Zeit; ~ **Pierre** genannt Pierre
dites [dit] vb voir **dire**
dithyrambique [ditiʀɑ̃bik] adj überschwänglich
diurétique [djyʀetik] adj harntreibend ▷ nm
harntreibendes Mittel nt
diurne [djyʀn] adj Tages-, Tag-
divagations [divagasjɔ̃] nfpl Abschweifungen pl
divaguer [divage] vi (malade) fantasieren; (péj:
fam) (unzusammenhängendes Zeug) faseln

divan [divɑ̃] nm Diwan m

divan-lit [divɑ̃li] nm Liege f

divergence [diveʁʒɑ̃s] nf (d'opinion)
Meinungsverschiedenheit f; (Géom, Optique)
Divergenz f

divergent, e [diveʁʒɑ̃, ɑ̃t] adj (rayons, lignes)
divergent; (opinions, interprétations)
unterschiedlich

diverger [diveʁʒe] vi (personnes, idées) voneinander
abweichen; (rayons, lignes) divergieren

divers, e [diveʁ, ɛʁs] adj (varié) verschieden;
(différent aussi) unterschiedlich; "~"
„Verschiedenes"; **frais ~** Verschiedenes nt,
sonstige Kosten pl

diversement [diveʁsəmɑ̃] adv auf verschiedene
Art

diversification [diveʁsifikasjɔ̃] nf (Écon)
Erweiterung f des Betätigungsfeldes

diversifier [diveʁsifje] vt abwechslungsreicher
gestalten; **se diversifier** vpr seinen
Tätigkeitsbereich erweitern

diversion [diveʁsjɔ̃] nf (dérivatif) Ablenkung f;
(Mil etc) Ablenkungsmanöver nt; **faire ~** ablenken

diversité [diveʁsite] nf Vielfalt f

divertir [diveʁtiʁ] vt (amuser) unterhalten; **se
divertir** vpr sich amüsieren

divertissant, e [diveʁtisɑ̃, ɑ̃t] adj amüsant

divertissement [diveʁtismɑ̃] nm (amusement)
Unterhaltung f; (passe-temps) Zeitvertreib m;
(Mus) Divertissement nt

dividende [dividɑ̃d] nm (Math) Zähler m; (Comm)
Dividende f

divin, e [divɛ̃, in] adj göttlich

divinateur, -trice [divinatœʁ, tʁis] adj
weissagend, voraussagend

divination [divinasjɔ̃] nf (magie) Wahrsagerei f

divinatoire [divinatwaʁ] adj (art, science)
Weissage-; **baguette ~** Wünschelrute f

divinement [divinmɑ̃] adv göttlich

divinisation [divinizasjɔ̃] nf Vergötterung f

diviniser [divinize] vt vergöttern

divinité [divinite] nf (dieu) Gott m, Göttin f;
(caractère divin) Gottheit f

divisé, e [divize] adj (opinions) geteilt

diviser [divize] vt (Math) teilen, dividieren;
(morceler) aufteilen; (subdiviser) unterteilen;
(brouiller, opposer) entzweien; **se diviser** vpr: **se ~
en** sich unterteilen in +acc; **~ un nombre par un
autre** eine Zahl durch eine andere teilen ou
dividieren

diviseur [divizœʁ] nm (Math) Teiler m, Nenner m

divisible [divizibl] adj teilbar

division [divizjɔ̃] nf (Math) Division f; (de somme,
terrain) Aufteilung f; (d'ensemble, d'éléments)
Unterteilung f; (secteur, branche, graduation)
(Unter)abteilung f; (Mil) Division f; (désaccord)
Uneinigkeit f; **1ère/2ème ~** (Sport) = Erste/Zweite
Liga f; **~ du travail** Arbeitsteilung f

divisionnaire [divizjɔnɛʁ] adj: **commissaire ~**
= Hauptkommissar m

divorce [divɔʁs] nm Scheidung f

divorcé, e [divɔʁse] adj geschieden ▷ nm/f

Geschiedene(r) f(m)

divorcer [divɔʁse] vi sich scheiden lassen; **~ de**
ou **d'avec qn** sich von jdm scheiden lassen

divulgation [divylgasjɔ̃] nf Veröffentlichung f

divulguer [divylge] vt veröffentlichen

dix [dis] num zehn

dix-huit [dizɥit] num achtzehn

dix-huitième [dizɥitjɛm] adj achtzehnte(r, s)
▷ nm (fraction) Achtzehntel nt

dixième [dizjɛm] adj zehnte(r, s) ▷ nm (fraction)
Zehntel nt

dixièmement [dizjɛmmɑ̃] adv zehntens

dix-neuf [diznœf] num neunzehn

dix-neuvième [diznœvjɛm] adj neunzehnte(r, s)
▷ nm (fraction) Neunzehntel nt

dix-sept [di(s)sɛt] num siebzehn

dix-septième [di(s)sɛtjɛm] adj siebzehnte(r, s)
▷ nm (fraction) Siebzehntel nt

dizaine [dizɛn] nf: **une ~ de** zehn; (environ 10) etwa
zehn

Djakarta [dʒakaʁta] n Jakarta nt

Djibouti [dʒibuti] n Dschibuti nt

dl abr (= décilitre) dl

DM (Hist) abr (= deutschmark) DM

dm abr (= décimètre) dm

do [do] nm (Mus) C nt; (: en chantant la gamme) Do nt

doberman [dɔbɛʁman] nm Dobermann m

docile [dɔsil] adj gefügig

docilement [dɔsilmɑ̃] adv brav

docilité [dɔsilite] nf Gefügigkeit f

dock [dɔk] nm (bassin) Dock nt; **~ flottant**
Schwimmdock nt

docker [dɔkɛʁ] nm Docker m, Dockarbeiter m

docte [dɔkt] adj gelehrt

docteur [dɔktœʁ] nm (médecin) Arzt m, Ärztin f;
(titre) Doktor m; **~ en médecine** Doktor der
Medizin

doctoral, e, -aux [dɔktɔʁal, o] adj Doktor-

doctorat [dɔktɔʁa] nm Doktorwürde f; **~ d'État
de troisième cycle** Doktortitel m

doctoresse [dɔktɔʁɛs] nf Ärztin f

doctrinaire [dɔktʁinɛʁ] adj doktrinär; (péj: ton,
personne) rechthaberisch

doctrinal, e, -aux [dɔktʁinal, o] adj doktrinell

doctrine [dɔktʁin] nf Doktrin f

document [dɔkymɑ̃] nm Dokument nt

documentaire [dɔkymɑ̃tɛʁ] adj dokumentarisch
▷ nm (film) Dokumentarfilm m

documentaliste [dɔkymɑ̃talist] nm/f
Archivar(in) m(f); (Presse, TV) Rechercheur m

documentation [dɔkymɑ̃tasjɔ̃] nf (documents)
Dokumente pl; (service) Dokumentation f

documenté, e [dɔkymɑ̃te] adj (personne)
bewandert

documenter [dɔkymɑ̃te] vt (personne) mit
Informationen versorgen; **se ~ (sur)** sich dat
Unterlagen verschaffen (zu)

dodeliner [dɔd(ə)line] vi: **~ de la tête** mit dem
Kopf wackeln

dodo [dɔdo] nm: **aller faire ~** in die Heia gehen

dodu, e [dɔdy] adj gut gepolstert

dogmatique [dɔgmatik] adj dogmatisch

dogmatiquement [dɔgmatikmɑ̃] *adv* dogmatisch

dogmatisme [dɔgmatism] *nm* Dogmatik *f*

dogme [dɔgm] *nm* Dogma *nt*

dogue [dɔg] *nm* Dogge *f*

doigt [dwa] *nm* Finger *m*; **le petit ~** der kleine Finger; **un ~ de lait/whisky** ein Tropfen Milch/ Whisky; **être à deux ~ de faire qch** um ein Haar etw tun; **au ~ et à l'œil** (*obéir*) wie auf Kommando; **montrer du ~** mit dem Finger zeigen auf +*acc*; **connaître qch sur le bout du ~** etw wie seine Westentasche kennen; **~ de pied** Zeh *m*, Zehe *f*

doigté [dwate] *nm* (*Mus*) Fingersatz *m*; (*habileté*) Fingerspitzengefühl *nt*

doigtier [dwatje] *nm* Fingerling *m*

dois *etc* [dwa] *vb voir* **devoir**

doit *etc* [dwa] *vb voir* **devoir**

doive *etc* [dwav] *vb voir* **devoir**

doléances [dɔleɑ̃s] *nfpl* Beschwerden *pl*

dolent, e [dɔlɑ̃, ɑ̃t] *adj* (*voix*) klagend

dollar [dɔlaʀ] *nm* Dollar *m*

dolmen [dɔlmɛn] *nm* Dolmen *m*

DOM [dɔm] *sigle m ou mpl* = **département(s) d'outre-mer**

domaine [dɔmɛn] *nm* (*propriété*) Grundbesitz *m*; (*champ, sphère*) Gebiet *nt*, Domäne *f*; **tomber dans le ~ public** Gemeineigentum werden; **dans tous les ~s** in allen Bereichen

domanial, e, -aux [dɔmanjal, jo] *adj* (*forêt, biens*) Staats-

dôme [dom] *nm* Kuppel *f*

domestication [dɔmɛstikasjɔ̃] *nf* (*d'animal*) Domestizierung *f*

domesticité [dɔmɛstisite] *nf* (*domestiques*) Dienerschaft *f*, Hauspersonal *nt*

domestique [dɔmɛstik] *adj* (*animal*) Haus-; (*travaux, soucis, accidents*) häuslich, Haus-; (*marché*) Binnen-; (*consommation*) Eigen- ▷ *nm/f* (*serviteur*) Hausangestellte(r) *f(m)*

domestiquer [dɔmɛstike] *vt* (*animal*) domestizieren

domicile [dɔmisil] *nm* Wohnsitz *m*; **à ~** zu Hause; **élire ~ à Rouen** sich in Rouen niederlassen, Rouen als Wohnsitz wählen; **sans ~ fixe** ohne festen Wohnsitz; **~ conjugal** eheliche Wohnung *f*; **~ légal** Gerichtsstand *m*

domicilié, e [dɔmisilje] *adj*: **être ~ à** seinen Wohnsitz haben in +*dat*

dominant, e [dɔminɑ̃, ɑ̃t] *adj* (*gouvernant*) dominierend; (*fig: principal*) vorherrschend, Haupt-; (*Génétique*) dominant

dominante [dɔminɑ̃t] *nf* (*trait*) dominante(s) Merkmal *nt*; (*couleur*) vorherrschende Farbe *f*; (*Mus*) Dominante *f*

dominateur, -trice [dɔminatœʀ, tʀis] *adj* (*qui aime à dominer*) dominant

domination [dɔminasjɔ̃] *nf* (*autorité*) Domination *f*, Vorherrschaft *f*; (*fig: influence*) Einfluss *m*

dominer [dɔmine] *vt* (*soumettre, maîtriser*) beherrschen; (*surpasser*) übertreffen; (*surplomber*) überragen ▷ *vi* (*être le meilleur*) dominieren; (*Sport aussi*) das Spiel beherrschen; (*être plus nombreux*) in der Überzahl sein; **se dominer** *vpr* (*se maîtriser*) sich beherrschen

dominicain, e [dɔminikɛ̃, ɛn] *adj* (*Géo*) dominikanisch ▷ *nm/f*: **Dominicain, e** (*Géo, Rel*) Dominikaner(in) *m(f)*

dominical, e, -aux [dɔminikal, o] *adj* Sonntags-

Dominique [dɔminik] *nf*: **la ~** die Dominikanische Republik *f*

domino [dɔmino] *nm* (*pièce*) Dominostein *m*; **dominos** *nmpl* (*jeu*) Domino *nt*

dommage [dɔmaʒ] *nm* (*préjudice*) Schaden *m*; **c'est ~ que** es ist schade, dass; **~s corporels** Personenschaden *m*; **~s matériels** Sachschaden *m*

dommages-intérêts [dɔmaʒ(əz)ɛ̃teʀɛ] *nmpl* Schaden(s)ersatz *m*

dompter [dɔ̃(p)te] *vt* (*animal*) bändigen; (*fig: passions*) zügeln

dompteur, -euse [dɔ̃(p)tœʀ, øz] *nm/f* Dompteur(-euse) *m(f)*

DOM-ROM [dɔmʀɔm], **DOM-TOM** [dɔmtɔm] *sigle m ou mpl* (= *département(s) et région(s)/territoire(s) d'outre-mer*) siehe Info-Artikel

⬤ **DOM-TOM, ROM, COM**
⬤
⬤ Es gibt vier *Départements d'outre-mer*:
⬤ Guadeloupe, Martinique, Réunion and
⬤ Französisch-Guayana. Diese werden in
⬤ gleicher Weise wie die *départements* geleitet
⬤ und ihre Bewohner sind französische
⬤ Staatsbürger. Verwaltungsmäßig zählen sie
⬤ als *Régions* und werden als solche ebenfalls als
⬤ ROM (Régions d'outre-mer") bezeichnet.
⬤
⬤ Der Begriff *DOM-TOM* ist ebenfalls noch
⬤ gebräuchlich, aber der Begriff *Territoire d'outre-*
⬤ *mer* wurde ersetzt durch *Collectivité d'outre-mer*
⬤ (COM). COM umfasst Französisch-
⬤ Polynesien, Wallis und Futuna,
⬤ Neukaledonien sowie Polargebiete. Sie sind
⬤ unabhängig, befinden sich jedoch unter
⬤ Aufsicht eines Repräsentanten der
⬤ französischen Regierung.

don [dɔ̃] *nm* (*aptitude*) Gabe *f*, Talent *nt*; (*charité*) Spende *f*; (*cadeau*) Geschenk *nt*; **avoir des ~s pour** begabt sein für, Talent haben für; **faire ~ de** verschenken; **~ en argent** Geldgeschenk *nt*

donateur, -trice [dɔnatœʀ, tʀis] *nm/f* Spender(in) *m(f)*

donation [dɔnasjɔ̃] *nf* Schenkung *f*

donc [dɔ̃k] *conj* (*en conséquence*) daher, deshalb; (*après une digression*) also; **voilà ~ la solution** das wäre also die Lösung; **je disais ~ que** wie ich sagte; **venez ~ dîner à la maison** kommen Sie doch zu uns zum Essen; **faites ~** machen Sie schon!; **allons ~!** na oder/hören Sie mal!

donjon [dɔ̃ʒɔ̃] *nm* Bergfried *m*

don Juan [dɔ̃ʒɥɑ̃] *nm* Don Juan *m*

donnant, e [dɔnɑ̃, ɑ̃t] *adj*: **~, ~** von nichts kommt nichts

donne [dɔn] *nf* (*Cartes*) Geben *nt*; **il y a eu mauvaise** *ou* **fausse ~ es** ist falsch gegeben worden

donné, e [dɔne] *adj*: **le prix/jour ~** der vereinbarte Preis/Tag; **c'est ~** (*pas cher*) das ist geschenkt; **étant ~ que ...** angesichts der Tatsache, dass ...

donnée [dɔne] *nf* (*Math*) bekannte Größe *f*; **données** *nfpl* (*Inform*) Daten *pl*; (*d'un problème etc*) Fakten *pl*

donner [dɔne] *vt* geben; (*en cadeau*) schenken; (*vieux habits etc*) weggeben; (*dire: nom, renseignements*) (an)geben; (*diffuser: film, spectacle*) zeigen; (*produire: récolte, résultats*) (er)geben ▷ *vi* (*regarder*): **la chambre donne sur la mer** das Zimmer hat einen Blick aufs Meer; **se donner** *vpr*: **se ~ à fond (à son travail)** sich (seiner Arbeit *dat*) ganz widmen; **~ dans** (*piège etc*) geraten in +*acc*; **~ l'heure à qn** jdm die Uhrzeit sagen; **~ le ton** (*fig*) den Ton angeben; **se ~ du mal** *ou* **de la peine (pour faire qch)** sich *dat* Mühe geben (, etw zu tun); **~ à entendre que** zu verstehen geben, dass

donneur, -euse [dɔnœʀ, øz] *nm/f* (*Méd*) Spender(in) *m(f)*; (*Cartes*) Geber(in) *m(f)*; **~ de sang** Blutspender(in) *m(f)*

 MOT-CLÉ

dont [dɔ̃] *pron relatif* **1** (*appartenance*): **dont le/la** (*possesseur m ou nt sg*) dessen; (*possesseur pl ou f sg*) deren; **la maison dont le toit est rouge** das Haus, dessen Dach rot ist; **l'homme dont je connais la sœur** der Mann, dessen Schwester ich kenne; **le chat dont le maître habite en face** die Katze, deren Herrchen gegenüber wohnt
2 (*parmi lesquels*): **deux livres, dont l'un est gros** zwei Bücher, von denen eines dick ist; **il y avait plusieurs personnes, dont Gabrielle** es waren mehrere Leute da, (unter anderen) auch Gabrielle; **10 blessés, dont 2 grièvement** 10 Verletzte, davon 2 schwer verletzt
3 (*provenance, origine*): **le pays dont il est originaire** das Land, aus dem er stammt
4 (*façon*): **la façon dont il l'a fait** die Art und Weise, wie er es gemacht hat
5 (*au sujet de qui ou quoi*): **le voyage dont je t'ai parlé** die Reise, von der ich dir erzählt habe; **ce dont je parle** (das,) wovon ich spreche; **le fils/livre dont il est si fier** der Sohn/das Buch, auf den/das er so stolz ist

donzelle [dɔ̃zɛl] (*péj*) *nf* Mamsell *f*
dopage [dɔpaʒ] *nm* (*doping*) Doping *nt*
dopant, e [dɔpɑ̃, ɑ̃t] *adj* Doping- ▷ *nm* Dopingmittel *nt*
doper [dɔpe] *vt* dopen; **se doper** *vpr* Dopingmittel nehmen
doping [dɔpiŋ] *nm* (*action*) Doping *nt*
dorade [dɔʀad] *nf* = **daurade**
doré, e [dɔʀe] *adj* (*couleur, or*) golden; (*plaqué*)

vergoldet
dorénavant [dɔʀenavɑ̃] *adv* von nun an
dorer [dɔʀe] *vt* (*cadre*) vergolden ▷ *vi*: **faire ~** goldbraun backen; **se dorer** *vpr*: **se ~ au soleil** sich in der Sonne bräunen; **~ la pilule à qn** jdm die bittere Pille versüßen
dorloter [dɔʀlɔte] *vt* verhätscheln, verwöhnen; **se faire ~** sich verwöhnen lassen
dormant, e [dɔʀmɑ̃, ɑ̃t] *adj*: **eau ~e** stehendes Gewässer *nt* ▷ *nm* (*de porte*) Rahmen *m*
dorme [dɔʀm] *vb voir* **dormir**
dormeur, -euse [dɔʀmœʀ, øz] *nm/f* Schläfer(in) *m(f)*
dormir [dɔʀmiʀ] *vi* schlafen; (*fig*) ruhen; **~ à poings fermés** fest schlafen
dorsal, e, -aux [dɔʀsal, o] *adj* (*nageoire*) Rücken-
dortoir [dɔʀtwaʀ] *nm* Schlafsaal *m*; **cité ~** Schlafstadt *f*
dorure [dɔʀyʀ] *nf* (*technique*) Vergolden *nt*; (*revêtement*) Vergoldung *f*
doryphore [dɔʀifɔʀ] *nm* Kartoffelkäfer *m*
dos [do] *nm* Rücken *m*; (*d'un papier, chèque*) Rückseite *f*; **voir au ~** siehe Rückseite; **de ~** von hinten; **~ à ~** Rücken an Rücken; **sur le ~** (*s'allonger*) auf den Rücken; **à ~ de** (*chameau*) auf dem Rücken +*gén*; **avoir bon ~** ein breites Kreuz haben; **se mettre qn à ~** jdn gegen sich aufbringen; **~ d'âne: pont en ~-d'âne** gewölbte Brücke *f*
dosage [dozaʒ] *nm* Dosierung *f*
dose [doz] *nf* Dosis *f*; **forcer la ~** (*fig*) es übertreiben
doser [doze] *vt* abmessen, dosieren; (*fig: efforts*) dosieren
doseur [dozœʀ] *nm* Maß *nt*; **bouchon ~** Messkappe *f*
dossard [dosaʀ] *nm* Rückennummer *f*
dossier [dosje] *nm* (*de chaise*) Rückenlehne *f*; (*documents*) Akte *f*; (*classeur*) Aktendeckel *m*; (*Presse*) Feature *nt*; **le ~ social** (*fig*) die soziale Frage; **le ~ monétaire** (*fig*) die Finanzfrage; **~ suspendu** Hängeordner *m*
dot [dɔt] *nf* Mitgift *f*
dotation [dɔtasjɔ̃] *nf* (*institution*) Stiftung *f*
doté, e [dɔte] *adj*: **~ de** ausgestattet mit
doter [dɔte] *vt*: **~ qn/qch de** jdn/etw ausstatten mit
douairière [dwɛʀjɛʀ] *nf* (*adlige*) Witwe *f*
douane [dwan] *nf* Zoll *m*; **passer la ~** durch den Zoll gehen; **en ~** (*marchandises, entrepôt*) unter Zollverschluss
douanier, -ière [dwanje, jɛʀ] *adj* Zoll- ▷ *nm* Zollbeamte(r) *m*, Zollbeamtin *f*
doublage [dublaʒ] *nm* (*film*) Synchronisieren *nt*
double [dubl] *adj* doppelt ▷ *adv*: **voir ~** doppelt sehen ▷ *nm*: **le ~ (de)** doppelt so viel (wie), das Doppelte (von); (*autre exemplaire*) Duplikat *nt*, Doppel *nt*; (*sosie*) Doppelgänger(in) *m(f)*; **~ messieurs/mixte** (*Tennis*) Herrendoppel/gemischtes Doppel; **en ~** in zweifacher Ausfertigung; **à ~ sens** zweideutig; **à ~ tranchant** zweischneidig; **faire ~ emploi**

überflüssig sein; **~ toit** (tente) Überzelt nt; **~ vue** Zweite(s) Gesicht nt

doublé, e [duble] adj (lettre) verdoppelt; (vêtement) gefüttert; (film) synchronisiert; **~ de** gefüttert mit

double-cliquer vt, vi doppelklicken; **~ sur un dossier** einen Ordner doppelklicken

doublement [dubləmã] adv doppelt

doubler [duble] vt (multiplier par deux) verdoppeln; (vêtement, chaussures) füttern; (voiture, concurrent) überholen; (film) synchronisieren; (acteur) doubeln ▷ vi (devenir double) sich verdoppeln; **se doubler** vpr: **se ~ de** gekoppelt sein mit; **~ (la classe)** (Scol) (die Klasse) wiederholen; **~ un cap** (Naut) ein Kap umrunden; (fig) eine Klippe überwinden

doublure [dublyʀ] nf (de vêtement) Futter nt; (acteur) Double nt

douce [dus] adj voir **doux**

douceâtre [dusɑtʀ] adj süßlich

doucement [dusmã] adv (délicatement) behutsam; (à voix basse) leise; (lentement) langsam; (graduellement) allmählich

doucereux, -euse [dus(ə)ʀø, øz] (péj) adj süßlich

douceur [dusœʀ] nf (de peau, parfum, couleur) Zartheit f; (de personne) Sanftheit f; (de vent, temps, climat) Milde f; (de voix, gâteau) Süße f; **douceurs** nfpl (friandises) Süßigkeiten pl; **en ~** glatt

douche [duʃ] nf Dusche f; **prendre une ~** duschen; **~ écossaise** (fig) Wechselbad nt; **~ froide** (fig) kalte Dusche

doucher [duʃe] vt duschen; (mouiller) durchnässen; (fig) ernüchtern; **se doucher** vpr duschen

doudoune [dudun] nf Daunenjacke f

doué, e [dwe] adj (talentueux) begabt, talentiert; **être ~ de** besitzen; **être ~ pour** begabt sein ou eine Begabung haben für

douille [duj] nf (Élec) Fassung f; (de projectile) Hülse f

douillet, te [dujɛ, ɛt] adj (péj: personne) empfindlich; (lit, maison) gemütlich, behaglich

douleur [dulœʀ] nf Schmerz m; **ressentir des ~s** Schmerzen empfinden; **il a eu la ~ de perdre son père** er hat den schmerzlichen Verlust seines Vaters zu beklagen

douloureux, -euse [duluʀø, øz] adj (traitement, blessure) schmerzhaft; (membre) schmerzend; (séparation, perte) schmerzlich

doute [dut] nm Zweifel m; **sans ~** zweifellos; **sans nul** ou **aucun ~** ohne jeden Zweifel; **hors de ~** außer Zweifel; **nul ~ que** es steht außer Zweifel, dass; **mettre en ~** anzweifeln

douter [dute] vt: **~ de** zweifeln an +dat; **~ que** bezweifeln, dass; **j'en doute** ich bezweifle das meine Zweifel; **se douter** vpr: **se ~ de** qch/que etw ahnen/ahnen, dass; **je m'en doutais** ich habe es gewusst

douteux, -euse [dutø, øz] adj (incertain) zweifelhaft; (discutable) fraglich; (péj: sale, peu solide etc) fragwürdig

douve [duv] nf (de château) Wassergraben m; (de tonneau) Fassdaube f

doux, douce [du, dus] adj (personne) sanft; (gestes) behutsam; (vent, climat, région, moutarde etc) mild; (pente) leicht; (peau, voix, parfum, couleur) zart; (sucré: saveur, fruit etc) süß; (non calcaire: eau) weich; **en douce** heimlich, still und leise; **tout ~!** vorsichtig!

douzaine [duzɛn] nf: **une ~ (de)** (12) ein Dutzend nt; (environ 12) etwa zwölf

douze [duz] num zwölf

douzième [duzjɛm] adj zwölfte(r, s) ▷ nm Zwölftel nt

doyen, ne [dwajɛ̃, jɛn] nm/f (en âge) Älteste(r) f(m); (en ancienneté) Dienstälteste(r) f(m); (de faculté) Dekan m

DPLG [depeɛlʒe] sigle (= diplômé par le gouvernement) ≈ staatl. gepr.

Dr abr (= docteur) Dr.

dr. abr (= droite) r.

draconien, ne [dʀakɔnjɛ̃, jɛn] adj drakonisch

dragée [dʀaʒe] nf (bonbon) Zuckermandel f; (Méd) Dragee nt

dragon [dʀagɔ̃] nm Drache m

drague [dʀag] nf (filet) Schleppnetz nt; (bateau) Schwimmbagger m; (fam: pour séduire) Anmachen nt

draguer [dʀage] vt (pour nettoyer) ausbaggern; (pour trouver qch) abfischen; (fam: qn) anmachen, aufreißen ▷ vi (fam) Frauen/Männer anmachen

dragueur, -euse [dʀagœʀ, øz] nm/f (fam: séducteur) Aufreißertyp m, Anmacherin f ▷ nm (de mines) Minensuchboot nt

drain [dʀɛ̃] nm (Méd) Drän m, Drain m

drainage [dʀɛnaʒ] nm (du sol) Entwässerung f; (des capitaux) Schwund m

drainer [dʀɛne] vt (sol) entwässern; (Méd: plaie) dränieren, drainieren; (visiteurs, région) ausnehmen; (capitaux) anzapfen

dramatique [dʀamatik] adj dramatisch ▷ nf (TV) Fernsehspiel nt

dramatiquement [dʀamatikmã] adv dramatisch

dramatisation [dʀamatizasjɔ̃] nf Dramatisierung f

dramatiser [dʀamatize] vt dramatisieren

dramaturge [dʀamatyʀʒ] nm/f Dramaturg(in) m(f)

drame [dʀam] nm (catastrophe) Drama nt, Tragödie f; (Théât) Drama; **~ familial** Familiendrama

drap [dʀa] nm (de lit) Bettlaken nt, Leintuch nt; (tissu) (Woll)stoff m; **~ de dessous/dessus** Unterlaken nt/Oberlaken nt; **~ de plage** Strandtuch nt

drapé [dʀape] nm Faltenwurf m

drapeau, x [dʀapo] nm Fahne f; **sous les ~x** beim Militär; **le ~ blanc** die weiße Fahne

draper [dʀape] vt drapieren

draperies [dʀapʀi] nfpl (tenture) Vorhang m

drap-housse [dʀaus] (pl **draps-housses**) nm Spannbetttuch nt

drapier [dʀapje] nm (fabricant) Textilfabrikant m; (marchand) Textilhändler m

drastique [dʀastik] *adj* drastisch
dressage [dʀesaʒ] *nm* (*d'un animal*) Dressur *f*
dresser [dʀese] *vt* (*établir, ériger, lever*) aufstellen; (*animal*) dressieren; **se dresser** *vpr* (*église, obstacle*) emporragen; (*personne*) sich aufrichten; ~ **l'oreille** die Ohren spitzen; ~ **la table** den Tisch decken; ~ **qn contre qn** jdn gegen jdn aufbringen; ~ **un procès-verbal** *ou* **une contravention à qn** jdm einen Strafzettel geben; **se ~ sur la pointe des pieds** sich auf die Zehenspitzen stellen
dresseur, -euse [dʀesœʀ, øz] *nm/f* (*d'animal*) Dompteur *m*
dressoir [dʀeswaʀ] *nm* Anrichte *f*
dribble [dʀibl] *nm* Dribbeln *nt*
dribbler [dʀible] *vt, vi* dribbeln
dribbleur [dʀiblœʀ] *nm* Dribbler *m*
drille [dʀij] *nm*: **joyeux ~** fröhlicher Typ *m*
drogue [dʀɔg] *nf* Droge *f*; (*péj: médicament*) Wundermedizin *f*; **la ~** Drogen *pl*; ~ **douce/dure** weiche/harte Droge
drogué, e [dʀɔge] *nm/f* Drogensüchtige(r) *f(m)*, Drogenabhängige(r) *f(m)*
droguer [dʀɔge] *vt* (*victime*) betäuben; (*malade*) mit Medikamenten vollpumpen +*dat*; **se droguer** *vpr* Drogen nehmen; (*péj: de médicaments*) sich mit Medikamenten vollstopfen
droguerie [dʀɔgʀi] *nf* Drogerie *f*
droguiste [dʀɔgist] *nm/f* Drogist(in) *m(f)*
droit, e [dʀwa, dʀwat] *adj* (*non courbe*) gerade; (*vertical*) senkrecht; (*opposé à gauche*) rechte(r, s); (*loyal, franc*) aufrecht ▷ *adv* (*marcher*) gerade; (*écrire*) steil ▷ *nm*: **un ~** (*prérogative*) ein Recht *nt*; **le ~** (*les lois*) das Gesetz; (*matière d'étude*) Jura *nt*, Jurisprudenz *f*; **droits** *nmpl* (*taxes*) Abgaben *pl*; ~ **au but** *ou* **au fait** gleich zur Sache; **direct du ~** (*Boxe*) rechte Gerade *f*; **crochet du ~** rechte(r) Haken *m*; **avoir le ~ de faire qch** das Recht haben, etw zu tun; **avoir ~ à** ein Anrecht haben auf +*acc*; **être en ~ de faire qch** berechtigt sein, etw zu tun; **être dans son ~** im Recht sein; **à bon ~** mit gutem Recht; **de quel ~?** mit welchem Recht?; **à qui de ~** an die betreffende Person; ~ **coutumier** Gewohnheitsrecht *nt*; ~ **de regard** Zugang *m*; ~ **de réponse** Recht auf Erwiderung; ~ **de visite** Besuchsrecht *nt*; ~ **de vote** Stimmrecht *nt*; **~s d'auteur** Tantiemen *pl*; **~s de douane** Zoll(gebühren *pl*) *m*; **~s d'inscription** Einschreibegebühren *pl*
droite [dʀwat] *nf* (*Math*) Gerade *f*; **à ~** nach rechts; **à ~ de** rechts von; **la ~** (*Pol*) die Rechte *f*; **de ~** (*Pol*) rechtsgerichtet
droitier, -ière [dʀwatje, jɛʀ] *adj* rechtshändig ▷ *nm/f* Rechtshänder(in) *m(f)*
droiture [dʀwatyʀ] *nf* Aufrichtigkeit *f*
drôle [dʀol] *adj* komisch; **un ~ de ...** (*bizarre*) ein komischer *ou* eigenartiger ...; (*fam: intensif*) ein toller ...
drôlement [dʀolmɑ̃] *adv* komisch; **il fait ~ froid** (*fam*) es ist echt kalt
drôlerie [dʀolʀi] *nf* (*action*) Kasperei *f*
dromadaire [dʀɔmadɛʀ] *nm* Dromedar *nt*

dru, e [dʀy] *adj* (*cheveux*) dicht; (*pluie*) stark ▷ *adv* (*pousser*) stark; (*tomber*) hart
drugstore [dʀœgstɔʀ] *nm* Drugstore *m*
druide [dʀ‿id] *nm* Druide *m*
DST [deɛste] *sigle f* (= *Direction de la surveillance du territoire*) ≈ BND *m*
du [dy] *prép* + *dét, dét voir* **de**
dû, e [dy] *pp de* **devoir** ▷ *adj* (*somme*) schuldig; (: *venant à échéance*) fällig ▷ *nm* Schuld *f*; **dû à** (*causé par*) wegen +*gén ou dat*
dualisme [dɥalism] *nm* Dualismus *m*
dubitatif, -ive [dybitatif, iv] *adj* zweifelnd
duc [dyk] *nm* Herzog *m*
duché [dyʃe] *nm* Herzogtum *nt*
duchesse [dyʃɛs] *nf* Herzogin *f*
duel [dɥel] *nm* Duell *nt*
duettiste [dɥetist] *nm/f* Duo-Spieler(in) *m(f)*
duffel-coat, duffle-coat [dœfœlkot] (*pl* **~s**) *nm* Dufflecoat *m*
dûment [dymɑ̃] *adv* ordnungsgemäß
dumping [dœmpiŋ] *nm* Dumping *nt*
dune [dyn] *nf* Düne *f*
Dunkerque [dœ̃kɛʀk] *n* Dünkirchen *nt*
duo [dɥo] *nm* Duo *nt*
duodénal, e, -aux [dɥɔdenal, o] *adj* Zwölffingerdarm-
dupe [dyp] *nf* Betrogene(r) *f(m)* ▷ *adj*: **(ne pas) être ~ de** (nicht) auf etw *acc* hereinfallen
duper [dype] *vt* betrügen
duperie [dypʀi] *nf* Betrügerei *f*, Betrug *m*
duplex [dyplɛks] *nm* (*appartement*) Wohnung *f* auf zwei Etagen; **émission en ~** Direktverbindung *f*
duplicata [dyplikata] *nm* Duplikat *nt*, Doppel *nt*
duplicateur [dyplikatœʀ] *nm* Vervielfältigungsapparat *m*
duplicité [dyplisite] *nf* Doppelspiel *nt*
duquel [dykɛl] *prép* + *pron voir* **lequel**
dur, e [dyʀ] *adj* hart; (*difficile*) schwierig; (*sévère*) streng; (*climat*) rau; (*col*) steif; (*viande*) zäh ▷ *adv* hart ▷ *nm*: **en ~** Massiv-, massiv ▷ *nf*: **avoir été élevé à la ~e** eine harte Kindheit hinter sich haben; **vivre à la ~e** ein hartes Leben führen; **mener la vie ~e à qn** jdm das Leben schwer machen; ~ **d'oreille** schwerhörig
durabilité [dyʀabilite] *nf* Dauerhaftigkeit *f*
durable [dyʀabl] *adj* dauerhaft
durablement [dyʀabləmɑ̃] *adv* dauerhaft
duralumin [dyʀalymɛ̃] *nm* Duralumin® *nt*
durant [dyʀɑ̃] *prép* während +*gén ou dat*; ~ **des mois, des mois ~** monatelang
durcir [dyʀsiʀ] *vt* härten; (*politique etc*) verhärten ▷ *vi* (*colle*) hart werden; **se durcir** *vpr* hart werden
durcissement [dyʀsismɑ̃] *nm* Hartwerden *nt*; (*fig*) Verhärtung *f*
durée [dyʀe] *nf* Dauer *f*; (*d'une pile etc*) Lebensdauer *f*; **de courte/longue ~** kurz/lang; **pile de longue ~** Batterie *f* mit langer Lebensdauer; **pour une ~ illimitée** für unbeschränkte Zeit
durement [dyʀmɑ̃] *adv* hart
durent [dyʀ] *vb voir* **devoir**
durer [dyʀe] *vi* dauern

dureté [dyʀte] *nf* (*v adj*) Härte *f*; Strenge *f*;
Grausamkeit *f*; Rauheit *f*
durillon [dyʀijɔ̃] *nm* Schwiele *f*
durit® [dyʀit] *nm* (*Auto*) Kühlschlauch *m*
DUT [deyte] *sigle m* (= *diplôme universitaire de
technologie*) Diplom einer technischen Hochschule
dut *etc* [dy] *vb voir* **devoir**
duvet [dyvɛ] *nm* Daunen *pl*; (*sac de couchage*)
Daunenschlafsack *m*
duveteux, -euse [dyv(ə)tø, øz] *adj* flauschig
DVD [devede] *sigle m* (= *digital versatile disc*) DVD *f*

dynamique [dinamik] *adj* dynamisch
dynamiser [dinamize] *vt* in Schwung bringen
dynamisme [dinamism] *nm* Dynamik *f*
dynamite [dinamit] *nf* Dynamit *nt*
dynamiter [dinamite] *vt* mit Dynamit sprengen
dynamo [dinamo] *nf* Dynamo *m*
dynastie [dinasti] *nf* Dynastie *f*
dysenterie [disɑ̃tʀi] *nf* Ruhr *f*
dyslexie [dislɛksi] *nf* Legasthenie *f*
dyslexique [dislɛksik] *adj* legasthenisch
dyspepsie [dispɛpsi] *nf* Verdauungsstörung *f*

Ee

E¹ [ə], **e** *nm inv (lettre)* E, e *nt*; **E comme Eugène** ≈ E wie Emil

E² [ə] *abr (= Est)* O

EAO [əao] *sigle m* (= *enseignement assisté par ordinateur*) CAL *nt*

EAU [əay] *sigle mpl* = **Émirats arabes unis**

eau, x [o] *nf* Wasser *nt*; **prendre l'~** *(chaussure etc)* nicht wasserdicht sein; **prendre les ~x** eine (Brunnen)kur machen; **tomber à l'~** *(fig)* ins Wasser fallen; **à l'~ de rose** *(roman, histoire)* süßlich, kitschig; **~ bénite** Weihwasser *nt*; **~ courante** fließendes Wasser; **~ de Cologne** Kölnischwasser *nt*; **~ de javel** Chlorbleiche *f*; **~ de pluie** Regenwasser *nt*; **~ de toilette** Eau de Toilette *nt*; **~ distillée** destilliertes Wasser; **~ douce** Süßwasser *nt*; **~ gazeuse** Sprudelwasser *nt*; **~ lourde** schweres Wasser; **~ minérale** Mineralwasser *nt*; **~ oxygénée** Wasserstoff(su)peroxid *nt*; **~ plate** stilles Wasser; **~ salée** Salzwasser *nt*; **les E~x et Forêts** *(Admin)* die Forst- und Gewässerverwaltung *f*; **~x ménagères** Abwasser *nt*; **~x territoriales** Hoheitsgewässer *pl*; **~x usées** Abwasser *nt*

eau-de-vie [odvi] *(pl* **eaux-de-vie***) nf* Schnaps *m*

eau-forte [ofɔʀt] *(pl* **eaux-fortes***) nf* Radierung *f*

ébahi, e [ebai] *adj* verblüfft

ébahir [ebaiʀ] *vt* verblüffen

ébats [eba] *vb voir* **ébattre** ▷ *nmpl* Herumtollen *nt*

ébattre [ebatʀ]: **s'~** *vpr* sich tummeln, herumtollen

ébauche [eboʃ] *nf* Entwurf *m*

ébaucher [eboʃe] *vt* entwerfen; **s'ébaucher** *vpr* sich abzeichnen; **~ un sourire/geste** ein Lächeln/eine Geste andeuten

ébène [eben] *nf* Ebenholz *nt*

ébéniste [ebenist] *nm/f* Möbeltischler(in) *m(f)*

ébénisterie [ebenist(ə)ʀi] *nf (métier)* (Möbel)tischlerei *f*; *(meuble)* Tischlerarbeit *f*

éberlué, e [ebeʀlɥe] *adj* verblüfft

éblouir [ebluiʀ] *vt* blenden

éblouissant, e [ebluisɑ̃, ɑ̃t] *adj* blendend; *(blancheur aussi)* strahlend

éblouissement [ebluismɑ̃] *nm (faiblesse)* Schwindelanfall *m*; **ce fut un véritable ~** das war ein herrlicher Anblick

ébonite [ebɔnit] *nf* Hartgummi *m ou nt*, Ebonit *nt*

éborgner [ebɔʀɲe] *vt*: **~ qn** jdm ein Auge ausstechen

éboueur [ebwœʀ] *nm* Müllmann *m*

ébouillanter [ebujɑ̃te] *vt* verbrühen; *(légumes)* kurz überbrühen; **s'ébouillanter** *vpr (se brûler)* sich verbrühen

éboulement [ebulmɑ̃] *nm (de construction)* Einsturz *m*; *(de pierres)* Steinschlag *m*; *(amas)* Geröll *nt*

ébouler [ebule]: **s'~** *vpr (coteau, pente etc)* abbröckeln

éboulis [ebuli] *nm* Geröll *nt*

ébouriffé, e [ebuʀife] *adj* zerzaust

ébouriffer [ebuʀife] *vt (cheveux)* zerzausen

ébranlement [ebʀɑ̃lmɑ̃] *nm (tremblement)* Beben *nt*

ébranler [ebʀɑ̃le] *vt (vitres)* erbeben lassen; *(immeuble)* erschüttern; *(rendre instable)* ins Wanken bringen; *(; santé)* untergraben; **s'ébranler** *vpr (train)* abfahren; *(troupe)* abziehen

ébrécher [ebʀeʃe] *vt* anschlagen

ébriété [ebʀijete] *nf*: **en état d'~** in betrunkenem Zustand

ébrouer [ebʀue]: **s'~** *vpr (souffler)* schnauben; *(s'agiter)* sich schütteln

ébruiter [ebʀɥite] *vt* verbreiten; **s'ébruiter** *vpr* sich verbreiten

ébullition [ebylisjɔ̃] *nf* Siedepunkt *m*; **être en ~** sieden; *(fig)* in Aufruhr sein

écaille [ekaj] *nf (de poisson, reptile)* Schuppe *f*; *(matière)* Schildpatt *nt*; *(de peinture etc)* Splitter *m*

écaillé, e [ekaje] *adj (peinture)* bröckelig

écailler [ekaje] *vt (poisson)* schuppen; *(huître)* öffnen; *(peinture)* abblättern lassen; **s'écailler** *vpr (peinture)* abblättern

écarlate [ekaʀlat] *adj* scharlachrot

écarquiller [ekaʀkije] *vt*: **~ les yeux** die Augen (weit) aufreißen

écart [ekaʀ] *nm (de temps, dans l'espace)* Abstand *m*; *(de prix etc)* Unterschied *m*, Differenz *f*; *(embardée, mouvement)* Schlenker *m*; **à l'~** abseits; **à l'~ de** abseits von; **faire le grand ~** Spagat machen; **~ de conduite** Vergehen *nt*

écarté, e [ekaʀte] *adj (isolé)* abgelegen; **les jambes ~es** mit gespreizten Beinen; **les bras ~s** mit offenen Armen

écarteler [ekaʀtəle] *vt* vierteilen; *(fig)* hin- und

herreißen

écartement [ekaʀtəmã] nm Abstand m; ~ **(des rails)** Spurweite f

écarter [ekaʀte] vt (éloigner) entfernen; (jambes) spreizen; (bras) öffnen, aufhalten; (rideaux) öffnen; (candidat, possibilité) ausscheiden; (Cartes) ablegen; **s'écarter** vpr (parois) sich öffnen; (jambes) sich spreizen; **s'~ de** sich entfernen von

ecchymose [ekimoz] nf Bluterguss m

ecclésiastique [eklezjastik] adj kirchlich ▷ nm Geistliche(r) f(m)

écervelé, e [esɛʀvəle] adj leichtsinnig

échafaud [eʃafo] nm Schafott nt

échafaudage [eʃafodaʒ] nm Gerüst nt

échafauder [eʃafode] vt (fig: plan) entwerfen, skizzieren

échalas [eʃala] nm Pfahl m; (personne) Bohnenstange f

échalote [eʃalɔt] nf Schalotte f

échancré, e [eʃãkʀe] adj (robe, corsage) ausgeschnitten; (côte) zerklüftet

échancrer [eʃãkʀe] vt ausschneiden

échancrure [eʃãkʀyʀ] nf (de robe) Ausschnitt m; (de côte, arête rocheuse) Einbuchtung f

échange [eʃãʒ] nm Austausch m; (de timbres etc) Tausch m; (de propos) Wortwechsel m; **en ~** dafür; **en ~ de** für; **libre ~** (Comm) freier Handel m; **~s commerciaux** Handelsaustausch; **~s culturels** Kulturaustausch; **~s de lettres** Briefwechsel m; **~ de politesses** Austausch von Höflichkeiten; **~ de vues** Meinungsaustausch

échangeable [eʃãʒabl] adj austauschbar

échanger [eʃãʒe] vt (timbres etc) tauschen; (lettres, cadeaux, idées) austauschen; (propos) wechseln; **~ qch (contre)** (troquer) etw eintauschen (gegen); **~ qch avec qn** (clin d'œil, lettres etc) etw mit jdm wechseln

échangeur [eʃãʒœʀ] nm (d'autoroute) Autobahnkreuz nt

échantillon [eʃãtijõ] nm (Comm) Muster nt; (: d'étoffe) (Stoff)muster nt; (Stat) Stichprobe f; (fig) Probe f

échantillonnage [eʃãtijɔnaʒ] nm (collection) Musterkollektion f

échappatoire [eʃapatwaʀ] nf Ausrede f

échappée [eʃape] nf (vue) Ausblick m; (Cyclisme) Ausbruch m

échappement [eʃapmã] nm (Auto) Auspuff m

échapper [eʃape]: **~ à** vt entkommen +dat; (punition, péril etc) entgehen +dat; **s'échapper** vpr (prisonnier) fliehen; (gaz, eau) entweichen; **~ à qn** (suj: détail, sens) jdm entgehen; (: objet) jdm entgleiten; (: mot, remarque) jdm entfallen; **~ des mains de qn** jdm aus der Hand fallen; **laisser ~** entkommen lassen; (cri etc) ausstoßen; **l'~ belle** mit knapper Not davonkommen

écharde [eʃaʀd] nf Splitter m

écharpe [eʃaʀp] nf (cache-nez) Schal m; (de maire) Schärpe f; **avoir un bras en ~** einen Arm in der Schlinge tragen; **prendre en ~** (voiture) seitlich zusammenstoßen mit

écharper [eʃaʀpe] vt zusammenschlagen; (fig) in

Stücke reißen

échasse [eʃas] nf (bâton) Stelze f

échassier [eʃasje] nm Stelzvogel m

échauder [eʃode] vt: **se faire ~** sich dat die Finger verbrennen; **chat échaudé craint l'eau froide** ein gebranntes Kind scheut das Feuer

échauffement [eʃofmã] nm (de moteur, pièce mécanique) Überhitzen nt; (Sport) Aufwärmen nt

échauffer [eʃofe] vt (moteur) überhitzen; (corps, personne) aufwärmen; (fig: exciter) erregen; **s'échauffer** vpr (Sport) sich aufwärmen; (dans la discussion) sich erhitzen, sich aufregen

échauffourée [eʃofuʀe] nf (Mil) Gefecht nt

échéance [eʃeãs] nf (d'un paiement: date) Fälligkeit f; (: somme due) fällige Zahlung f; (fig: d'engagements, promesses) Termin m; **à brève/longue ~** adj kurz-/langfristig ▷ adv auf kurze/lange Sicht

échéancier [eʃeãsje] nm Terminkalender m

échéant [eʃeã]: **le cas ~** adv gegebenenfalls

échec [eʃɛk] nm Misserfolg m; (Échecs) Schach nt; **échecs** nmpl (jeu) Schach(spiel) nt; **~ et mat** schachmatt; **~ au roi** Schach dem König; **mettre en ~** schachmatt setzen; **tenir en ~** in Schach halten; **faire ~ à qn** jdm einen Strich durch die Rechnung machen

échelle [eʃɛl] nf Leiter f; (de valeurs, sociale) Ordnung f; (des prix, salaires) Skala f; (d'une carte) Maßstab m; **à l'~ de** im Maßstab von; **sur une grande/petite ~** in großem/kleinem Maßstab; **faire la courte ~ à qn** jdm eine Räuberleiter halten; **~ de corde** Strickleiter f

échelon [eʃ(ə)lõ] nm (d'échelle) Sprosse f; (grade) Rang m

échelonner [eʃ(ə)lɔne] vt (départs, paiements) staffeln; **versement échelonné** Ratenzahlung f

écheveau, x [eʃ(ə)vo] nm Strang m

échevelé, e [eʃəv(ə)le] adj zerzaust; (fig) wild

échine [eʃin] nf Rückgrat nt

échiner [eʃine]: **s'~** vpr sich abrackern

échiquier [eʃikje] nm (Échecs) Schachbrett nt

écho [eko] nm Echo nt; (potin) Gerücht nt; **échos** nmpl (Presse: rubrique) Klatschspalte f; **rester sans ~** keinen Anklang finden; **se faire l'~ de** wiederholen

échographie [ekɔgʀafi] nf Ultraschalluntersuchung f

échoir [eʃwaʀ] vi (dette) fällig werden; (délais) ablaufen; **~ à** zufallen +dat

échoppe [eʃɔp] nf (boutique) Stand m

échouer [eʃwe] vi (tentative, candidat etc) scheitern; (bateau) auf Grund laufen; (débris) stranden; (aboutir quelque part) landen ▷ vt (bateau) auf Grund laufen lassen; **s'échouer** vpr (bateau) auf Grund laufen

échu, e [eʃy] pp de **échoir**

échut [eʃy] vb voir **échoir**

éclabousser [eklabuse] vt bespritzen; (fig) beflecken

éclaboussure [eklabusyʀ] nf Spritzer m; (fig) Schandfleck m

éclair [eklɛʀ] nm Blitz m; (gâteau) Liebesknochen

m, Eclair *nt* ▷ *adj inv* (*voyage etc*) Blitz-; ~ **de génie** Geistesblitz *m*

éclairage [eklɛraʒ] *nm* Beleuchtung *f*; (*Ciné, fig*) Licht *nt*; ~ **indirect** indirekte Beleuchtung *f*

éclairagiste [eklɛraʒist] *nm/f* Beleuchter(in) *m(f)*

éclaircie [eklɛrsi] *nf* Aufheiterung *f*

éclaircir [eklɛrsir] *vt* (*couleur, pièce*) aufhellen; (*fig: énigme*) aufklären; (*pensée, situation*) erhellen, erklären; (*sauce*) verdünnen; **s'éclaircir** *vpr* sich aufklären; (*cheveux*) sich lichten; **s'~ la voix** sich räuspern

éclaircissement [eklɛrsismɑ̃] *nm* (*d'une couleur*) Aufhellen *nt*; **éclaircissements** *nmpl* (*explication*) Erklärung *f*

éclairer [eklere] *vt* beleuchten; (*instruire*) aufklären; (*rendre compréhensible*) erklären ▷ *vi*: ~ **bien/mal** gutes/schlechtes Licht geben; **s'éclairer** *vpr* (*situation etc*) sich klären; **s'~ à la bougie/l'électricité** Kerzenbeleuchtung/ elektrisches Licht haben

éclaireur, -euse [eklɛrœr, øz] *nm* (*Mil*) Kundschafter *m* ▷ *nm/f* (*scout*) ≈ Pfadfinder(in) *m(f)*; **partir en** ~ auskundschaften gehen

éclat [ekla] *nm* (*de bombe, verre*) Splitter *m*; (*du soleil, d'une couleur etc*) Leuchten *nt*; (*d'une cérémonie*) Pracht *f*; **faire un** ~ (*scandale*) Aufsehen erregen; **action d'~** Aufsehen erregende Aktion *f*; **voler en ~s** in tausend Stücke zerspringen; **~s de rire** schallendes Gelächter *nt*; **~s de verre** Glassplitter *pl*; **~s de voix** laute Stimmen *pl*

éclatant, e [eklatɑ̃, ɑ̃t] *adj* (*couleur, lumière*) hell, strahlend; (*voix, son*) hell; (*vérité*) offensichtlich; (*succès*) aufsehenerregend; (*revanche*) niederschmetternd

éclater [eklate] *vi* (*pneu, ballon*) platzen; (*bombe*) explodieren; (*guerre, épidémie*) ausbrechen; (*groupe, parti*) auseinanderbrechen; **s'éclater** *vpr* (*fam*) sich prima amüsieren; ~ **de rire** auflachen; ~ **en sanglots** aufschluchzen

éclectique [eklɛktik] *adj* eklektisch

éclipse [eklips] *nf* (*Astron*) Finsternis *f*; (*fig*) Verschwinden *nt*

éclipser [eklipse] *vt* (*Astron*) verfinstern; (*fig*) in den Schatten stellen; **s'éclipser** *vpr* verschwinden

éclopé, e [eklope] *adj* hinkend

éclore [eklɔr] *vi* (*œuf*) aufbrechen; (*fleur*) aufblühen, aufgehen

éclosion [eklozjɔ̃] *nf* (*de fleur*) Aufblühen *nt*

écluse [eklyz] *nf* Schleuse *f*

éclusier, -ière [eklyzje, jɛr] *nm/f* Schleusenwärter(in) *m(f)*

écœurant [ekœrɑ̃] *adj* (*gâteau etc*) übersüß; (*odeur*) ekelerregend

écœurement [ekœrmɑ̃] *nm* Ekel *m*

écœurer [ekœre] *vt* anekeln; (*personne, attitude*) anwidern

école [ekɔl] *nf* Schule *f*; **aller à l'~** in die Schule gehen; **faire** ~ Schule machen; **les grandes ~s** *die Elitefachschulen*; ~ **de danse** Tanzschule; ~ **de dessin** Kunstschule; ~ **de musique** Musikschule; ~ **de secrétariat** Sekretärinnenschule;

~ **élémentaire** Grundschule; ~ **hôtelière** Hotelfachschule; ~ **maternelle** Kindergarten *m*; ~ **normale (d'instituteurs)** ≈ pädagogische Hochschule; ~ **normale supérieure** Hochschule *für Sekundarlehrer*; ~ **primaire** Grundschule; ~ **privée** Privatschule; ~ **publique** staatliche Schule; ~ **secondaire** höhere Schule

écolier, -ière [ekɔlje, jɛr] *nm/f* Schüler(in) *m(f)*

écolo [ekɔlo] *nm/f* Öko *m(f)*

écologie [ekɔlɔʒi] *nf* Ökologie *f*

écologique [ekɔlɔʒik] *adj* ökologisch

écologiste [ekɔlɔʒist] *nm/f* Ökologe *m*, Ökologin *f*

éconduire [ekɔ̃dɥir] *vt* abweisen

économat [ekɔnɔma] *nm* (*fonction*) Verwalterposten *m* (*in einer Schule oder im Krankenhaus*); (*bureau*) Verwaltungsbüro *nt*; (*magasin*) Laden mit verbilligtem Warenangebot *für Betriebsangehörige*

économe [ekɔnɔm] *adj* sparsam, wirtschaftlich ▷ *nm/f* Finanzverwalter(in) *m(f)*

économétrie [ekɔnɔmetri] *nf* Ökonometrie *f*

économie [ekɔnɔmi] *nf* (*vertu*) Sparsamkeit *f*; (*gain*) Ersparnis *f*; (*science*) Wirtschaftswissenschaft *f*; (*situation économique*) Wirtschaft *f*; (*plan d'ensemble*) Aufbau *m*; **économies** *nfpl* (*pécule*) Ersparnisse *pl*; **une ~ de temps/d'argent** eine Zeit-/Geldersparnis *f*; ~ **dirigée** Planwirtschaft *f*

économique [ekɔnɔmik] *adj* wirtschaftlich

économiquement [ekɔnɔmikmɑ̃] *adv* wirtschaftlich; **les ~ faibles** die wirtschaftlich Schwachen *pl*

économiser [ekɔnɔmize] *vt, vi* sparen

économiseur [ekɔnɔmizœr] *nm* (*Inform*): ~ **d'écran** Bildschirmschoner *m*

économiste [ekɔnɔmist] *nm/f* Wirtschaftswisse nschaftler(in) *m(f)*

écoper [ekɔpe] *vt* (*Naut*) ausschöpfen ▷ *vi* (*Naut*) Wasser schöpfen; ~ **de** (*recevoir*) bekommen

écorce [ekɔrs] *nf* Rinde *f*; (*de fruit*) Schale *f*

écorché [ekɔrʃe] *nm*: **c'est un ~ vif** er ist eine gequälte Seele

écorcher [ekɔrʃe] *vt* (*animal*) häuten; (*égratigner*) aufschürfen; (*fig: une langue*) gebrochen sprechen; **s'~ le genou** *etc* sich *dat* das Knie *etc* aufschürfen

écorchure [ekɔrʃyr] *nf* Schürfwunde *f*

écorner [ekɔrne] *vt* (*livre*) Eselsohren machen in +*acc*

écossais, e [ekɔse, ɛz] *adj* schottisch; (*écharpe, tissu*) (schottisch) kariert ▷ *nm* (*tissu*) Schottenstoff *m* ▷ *nm/f*: **Écossais, e** Schotte *m*, Schottin *f*

Écosse [ekɔs] *nf*: **l'~** Schottland *nt*

écosser [ekɔse] *vt* enthülsen

écosystème [ekosistɛm] *nm* Ökosystem *nt*

écot [eko] *nm*: **payer son** ~ sein Scherflein beisteuern

écoulement [ekulmɑ̃] *nm* (*d'un liquide*) Ausfließen *nt*; (*faux billets*) Verbreitung *f*; (*stock*) Verkaufen *nt*

écouler [ekule] *vt* (*stock*) absetzen; (*faux billets*) in Umlauf bringen; **s'écouler** *vpr* (*eau*) abfließen; (*ruisseau*) fließen; (*foule*) sich ergießen; (*jours,* *temps*) vergehen

écourter [ekuʀte] *vt* (*visite*) abkürzen

écoute [ekut] *nf* (*Naut: cordage*) Schot *f*; **heure de grande** ~ Haupteinschaltzeit *f*; **prendre l'** ~ einschalten; **être à l'** ~ **de qch** etw aufmerksam verfolgen; **rester à l'** ~ weiter folgen; ~**s téléphoniques** Abhören *nt* der Telefone

écouter [ekute] *vt* (*disque, radio etc*) hören; (*personne, conversation etc*) zuhören *dat*; (*suivre les conseils de*) hören auf +*acc* ▷ *vi* hören; **s'écouter** *vpr* (*s'apitoyer*) sich bemitleiden; ~ **la pluie tomber** hören, wie der Regen fällt: **si je m'écoutais** wenn es nach mir ginge; **s'**~ **parler** sich gerne reden hören

écouteur [ekutœʀ] *nm* (*téléphone*) Hörer *m*; **écouteurs** *nmpl* (*Radio*) Kopfhörer *pl*

écoutille [ekutij] *nf* (*Naut*) Luke *f*

écrabouiller [ekʀabuje] *vt* zerquetschen

écran [ekʀɑ̃] *nm* (*de cinéma*) Leinwand *f*; (*de télé*) Bildschirm *m*; (*Inform*) Bildschirm, Monitor *m*; (*barrière*) Abschirmung *f*; **porter à l'** ~ (*Ciné*) für den Film bearbeiten; **faire** ~ als Abschirmung dienen; **le petit** ~ das Fernsehen, die Mattscheibe; ~ **de fumée/d'eau** Rauch-/Wasserwand *f*

écrasant, e [ekʀazɑ̃, ɑ̃t] *adj* erdrückend

écraser [ekʀaze] *vt* (*broyer*) zerquetschen, zerdrücken; (*piéton*) überfahren; (*ennemi, équipe adverse*) vernichten; (*Inform*) überschreiben; (*suj: travail, impôts, responsabilités*) erdrücken; **s'écraser** *vpr*: **s'**~ **(au sol)** (*avion*) (auf dem Boden) zerschellen; **se faire** ~ überfahren werden; **s'**~ **contre/sur** (*suj*) knallen gegen/auf +*acc*

écrémé, e [ekʀeme] *adj* (*lait*) entrahmt, Mager-

écrémer [ekʀeme] *vt* (*lait*) entrahmen

écrevisse [ekʀəvis] *nf* Krebs *m*

écrier [ekʀije]: **s'**~ *vpr* ausrufen

écrin [ekʀɛ̃] *nm* Schatulle *f*

écrire [ekʀiʀ] *vt, vi* schreiben; **s'écrire** *vpr* (*réciproque*) sich schreiben; ~ **à qn (que)** jdm schreiben(, dass); **ça s'écrit comment?** wie wird das geschrieben?

écrit¹ [ekʀi] *nm* (*texte*) Schriftstück *nt*; (*examen*) schriftliche Prüfung *f*; **par** ~ schriftlich

écrit², e [ekʀi] *pp de* **écrire** ▷ *adj*: **bien/mal** ~ gut/schlecht geschrieben

écriteau, x [ekʀito] *nm* Schild *nt*

écriture [ekʀityʀ] *nf* Schrift *f*; (*style*) Schreibstil *m*; (*Comm: inscription*) Eintrag *m*; **écritures** *nfpl* (*Comm*) Konten *pl*; **les Écritures, l'Écriture (sainte)** die Heilige Schrift

écrivain [ekʀivɛ̃] *nm* Schriftsteller(in) *m(f)*

écrivais [ekʀive] *vb voir* **écrire**

écrou [ekʀu] *nm* (*Schrauben*)mutter *f*

écrouer [ekʀue] *vt* (*Jur*) inhaftieren

écroulement [ekʀulmɑ̃] *nm* (*v vb*) Einsturz *m*; Zusammenbrechen *nt*; Scheitern *nt*

écrouler [ekʀule]: **s'**~ *vpr* (*mur*) einstürzen; (*personne, animal*) zusammenbrechen; (*projet etc*) scheitern

écru [ekʀy] *adj* (*toile*) ungebleicht; (*couleur*) eierschalenfarben

ECU [eky] *abr m* (*Hist.* = *European Currency Unit*) Ecu *m*

écu [eky] *nm* (*bouclier*) Schild *m*; (*monnaie: ancienne*) ≈ Krone *f*; (*: de la CE*) Ecu *m*

écueil [ekœj] *nm* Riff *nt*; (*fig*) Falle *f*

écuelle [ekɥel] *nf* Schüssel *f*

éculé, e [ekyle] *adj* (*chaussure*) abgelaufen; (*fig: péj*) abgedroschen

écume [ekym] *nf* Schaum *m*; (*sur la mer*) Gischt *m ou f*; ~ **de mer** (*silicate*) Meerschaum *m*

écumer [ekyme] *vt* (*Culin*) abschöpfen; (*fig: région etc*) ausplündern ▷ *vi* (*mer, personne*) schäumen

écumoire [ekymwaʀ] *nf* Schaumlöffel *m*

écureuil [ekyʀœj] *nm* Eichhörnchen *nt*

écurie [ekyʀi] *nf* Pferdestall *m*; (*de course*) Stall *m*

écusson [ekysɔ̃] *nm* Wappen *nt*

écuyer, -ère [ekɥije, ɛʀ] *nm/f* Reiter(in) *m(f)*

eczéma [ɛgzema] *nm* Ekzem *nt*

éd. *abr* (= *édition*) Aufl.; (= *éditeur*) Hrsg

edelweiss [edɛlvajs] *nm inv* Edelweiß *nt*

éden [edɛn] *nm* Paradies *nt*

édenté, e [edɑ̃te] *adj* zahnlos

EDF [ədeɛf] *sigle f* (= *Électricité de France*) französisches Elektrizitätswerk

édicter [edikte] *vt* verordnen

édifiant, e [edifjɑ̃, jɑ̃t] *adj* erbaulich; (*iro*) aufschlussreich

édification [edifikasjɔ̃] *nf* (*v vb*) Erbauen *nt*; Aufstellen *nt*; Aufklären *nt*

édifice [edifis] *nm* Gebäude *nt*

édifier [edifje] *vt* (*bâtiment*) erbauen; (*plan, théorie*) aufstellen; (*personne*) erbauen, aufklären

édiles [edil] *nmpl* Stadtväter *pl*

édit [edi] *nm* Edikt *nt*, Erlass *m*

éditer [edite] *vt* (*texte*) redigieren; (*publier*) herausgeben; (*auteur, musicien*) herausbringen; (*Inform*) editieren

éditeur, -trice [editœʀ, tʀis] *nm/f* (*de livre, disque, texte*) Herausgeber(in) *m(f)*; (*maison d'édition*) Verlag *m*; (*de journal*) Redakteur(in) *m(f)*; (*Inform*) Editor *m*

édition [edisjɔ̃] *nf* (*publication*) Herausgeben *nt*; (*industrie du livre*) Verlagswesen *nt*; (*préparation, Inform*) Bearbeiten *nt*; (*série d'exemplaires*) Auflage *f*; (*version d'un texte*) Ausgabe *f*; ~ **sur écran** Bearbeiten *nt* auf dem Bildschirm

édito [edito] (*fam*) *nm* = **éditorial**

éditorial, -aux [editɔʀjal, jo] *nm* Leitartikel *m*

éditorialiste [editɔʀjalist] *nm/f* Leitartikler(in) *m(f)*

édredon [edʀədɔ̃] *nm* Federbett *nt*, Daunendecke *f*

éducateur, -trice [edykatœʀ, tʀis] *nm/f* (*de don, faculté*) Entwicklung *f*; (*formation: musicale, sexuelle etc*) Unterricht *m*; **bonne/mauvaise** ~ gute/schlechte Erziehung *ou* Kinderstube; **sans** ~ (*mal élevé*) schlecht erzogen, ohne Kinderstube; **l'Éducation (nationale)** (*Admin*) das Erziehungswesen; ~ **permanente** Fortbildung *f*; ~ **physique** Sport *m*, Leibesübungen *pl*

éducatif, -ive [edykatif, iv] *adj* erzieherisch

éducation [edykasjɔ̃] *nf* Erziehung *f*; (*de don, faculté*) Entwicklung *f*; (*formation: musicale, sexuelle etc*) Unterricht *m*; **bonne/mauvaise** ~ gute/schlechte Erziehung *ou* Kinderstube; **sans** ~ (*mal élevé*) schlecht erzogen, ohne Kinderstube; **l'Éducation (nationale)** (*Admin*) das Erziehungswesen; ~ **permanente** Fortbildung *f*; ~ **physique** Sport *m*, Leibesübungen *pl*

édulcorer [edylkɔʀe] vt süßen; (fig) abmildern
éduquer [edyke] vt (personne) erziehen; (faculté, don) entwickeln
effacé, e [efase] adj (fig) zurückhaltend
effacer [efase] vt (dessin) ausradieren; (tache) entfernen; (bande magnétique, Inform) löschen; (fig: souvenir, erreur) tilgen, auslöschen; **s'effacer** vpr (s'estomper) verblassen; (pour laisser passer) zurücktreten
effarant, e [efaʀɑ̃, ɑ̃t] adj beunruhigend
effaré, e [efaʀe] adj beunruhigt
effarement [efaʀmɑ̃] nm Beunruhigung f
effarer [efaʀe] vt beunruhigen
effaroucher [efaʀuʃe] vt aufschrecken
effectif, -ive [efɛktif, iv] adj effektiv, wirkungsvoll ▷ nm (Mil, Scol, Comm: gén pl) Bestand m
effectivement [efɛktivmɑ̃] adv (d'une manière effective) effektiv, wirkungsvoll; (en effet) tatsächlich
effectuer [efɛktɥe] vt (travail, opération, mission) ausführen; (déplacement, trajet etc) unternehmen; (mouvement) machen; **s'effectuer** vpr (v vt) ausgeführt werden; unternommen werden; gemacht werden
efféminé, e [efemine] adj weibisch
effervescence [efɛʀvesɑ̃s] nf: **en ~** in Aufruhr
effervescent, e [efɛʀvesɑ̃, ɑ̃t] adj (cachet, boisson) sprudelnd; (fig) überschäumend
effet [efɛ] nm (résultat, impression) Wirkung f; (Science) Effekt m; **effets** nmpl (vêtements etc) Kleidung f; **avec ~ rétroactif** rückwirkend; **faire de l'~** wirken; **sous l'~ de** unter dem Einfluss von; **à cet ~** zu diesem Zweck; **en ~** (effectivement) tatsächlich; **donner de l'~ à une balle** (Tennis) einen Ball anschneiden; **~ de commerce** Wechsel m; **~ de couleur** Farbeffekt m; **~ de lumière** Lichteffekt m; **~ de style** Stilmittel nt; **~s spéciaux** (Ciné) Spezialeffekte pl
effeuiller [efœje] vt (arbre) entlauben; (fleur) die Blätter abzupfen von
efficace [efikas] adj wirksam; (personne) tüchtig, kompetent
efficacité [efikasite] nf (v adj) Wirksamkeit f; Tüchtigkeit f, Kompetenz f
effigie [efiʒi] nf Bildnis nt; **brûler qn en ~** jds Puppe verbrennen
effilé, e [efile] adj (doigt) dünn; (pointe) zugespitzt; (carrosserie) stromlinienförmig
effiler [efile] vt (cheveux) ausdünnen; (tissu) ausfransen
effilocher [efilɔʃe]: **s'~** vpr ausfransen
efflanqué, e [eflɑ̃ke] adj hager
effleurement [eflœʀmɑ̃] nm: **touche à ~** Berührungstaste f
effleurer [eflœʀe] vt streifen; **~ qn** (idée, pensée) jdm in den Sinn kommen
effluves [eflyv] nmpl Ausdünstungen pl
effondré, e [efɔ̃dʀe] adj (par un malheur) (zusammen)gebrochen
effondrement [efɔ̃dʀəmɑ̃] nm (v vb) Einsturz m; Sturz m; Zusammenbruch m

effondrer [efɔ̃dʀe]: **s'~** vpr (mur, bâtiment) einstürzen; (prix, marché) stürzen; (personne) zusammenbrechen
efforcer [efɔʀse]: **s'~** vpr: **s'~ de faire qch** sich bemühen, etw zu tun
effort [efɔʀ] nm Anstrengung f; **faire un ~** sich bemühen, sich anstrengen; **faire l'~ de faire qch** sich die Mühe machen, etw zu tun; **sans ~** mühelos; **~ de volonté** Willensanstrengung f
effraction [efʀaksjɔ̃] nf Einbruch m; **s'introduire par ~ dans** einbrechen in +acc
effrangé, e [efʀɑ̃ʒe] adj (effiloché) ausgefranst
effrayant, e [efʀejɑ̃, ɑ̃t] adj schrecklich
effrayer [efʀeje] vt erschrecken; **s'effrayer (de)** vpr erschrecken (über +acc)
effréné, e [efʀene] adj wild, zügellos
effritement [efʀitmɑ̃] nm (voir vb) Bröckeln nt; Nachgeben nt
effriter [efʀite]: **s'~** vpr (mur, roche) bröckeln; (monnaie, valeurs) nachgeben
effroi [efʀwa] nm panische Angst f
effronté, e [efʀɔ̃te] adj unverschämt
effrontément [efʀɔ̃temɑ̃] adv unverschämt
effronterie [efʀɔ̃tʀi] nf Unverschämtheit f
effroyable [efʀwajabl] adj grauenvoll
effusion [efyzjɔ̃] nf (gén pl: d'affection) überschwänglicher Gefühlsausbruch m; **avec ~** überschwänglich; **sans ~ de sang** ohne Blutvergießen
égal, e, -aux [egal, o] adj gleich; (plan) eben; (constant) gleichmäßig; (ayant les mêmes droits) gleichberechtigt ▷ nm/f Gleichgestellte(r) f(m); **être ~ à zéro** gleich null sein; **ça lui/nous est ~** das ist ihm/uns egal; **sans ~** ohnegleichen, unvergleichlich; **à l'~ de** genauso wie; **d'~ à ~** auf gleichem Fuß
également [egalmɑ̃] adv (de manière égale) genauso; (aussi) auch
égaler [egale] vt (personne) gleichkommen +dat; (record) einstellen; **3 plus 3 égalent 6** 3 plus 3 ist (gleich) 6
égalisateur, -trice [egalizatœʀ, tʀis] adj (Sport): **but ~** Ausgleichstor nt
égalisation [egalizasjɔ̃] nf (Sport) Ausgleich m
égaliser [egalize] vt (sol) einebnen; (salaires, chances) ausgleichen; (cheveux) gerade schneiden ▷ vi (Sport) ausgleichen
égalitaire [egalitɛʀ] adj egalitär
égalitarisme [egalitaʀism] nm Egalitarismus m
égalité [egalite] nf Gleichheit f; **être à ~ (de points)** punktegleich sein; **~ d'humeur** Gleichmut m; **~ de droits** Gleichberechtigung f
égard [egaʀ] nm Rücksicht f; **égards** nmpl (marques de respect) Rücksicht; **à cet ~/certains ~s/ tous ~s** in dieser/in mancher/in jeder Hinsicht; **eu ~ à** mit Rücksicht auf +acc; **par ~ pour** aus Rücksicht für; **sans ~ pour** ohne Rücksicht auf +acc; **à l'~ de** (envers) gegenüber +dat
égaré, e [egaʀe] adj (personne, animal) verirrt; (air, regard) verloren, verwirrt
égarement [egaʀmɑ̃] nm (d'esprit) Verwirrung f; (gén pl: débauche) Ausschweifung f

égarer [egaʀe] vt verlegen; (moralement) irreleiten; **s'égarer** vpr (perdre son chemin) sich verirren; (se perdre) verloren gehen; (dans une discussion etc) vom Thema abkommen, abschweifen

égayer [egeje] vt (divertir) erheitern, belustigen; (rendre gai) aufheitern

Égée [eʒe] nf: **la mer ~** die Ägäis f

égérie [eʒeʀi] nf Muse f

égide [eʒid] nf: **sous l'~ de** unter der Ägide ou Schirmherrschaft von

églantier [eglɑ̃tje] nm Heckenrose f, Wildrose f

églantine [eglɑ̃tin] nf Heckenrose f, Wildrose f

églefin [egləfɛ̃] nm Schellfisch m

église [egliz] nf Kirche f; **aller à l'~** in die Kirche gehen; **l'Église catholique** die katholische Kirche

égocentrique [egosɑ̃tʀik] adj egozentrisch

égocentrisme [egosɑ̃tʀism] nm Egozentrik f

égoïne [egɔin] nf Handsäge f

égoïsme [egɔism] nm Egoismus m

égoïste [egɔist] adj egoistisch ▷ nm/f Egoist(in) m(f)

égoïstement [egɔistəmɑ̃] adv egoistisch

égorger [egɔʀʒe] vt die Kehle durchschneiden +dat

égosiller [egozije]: **s'~** vpr sich heiser schreien

égotisme [egɔtism] nm Egoismus m

égout [egu] nm Abwasserkanal m; **eaux d'~** Abwasser nt

égoutier [egutje] nm Kanalarbeiter m

égoutter [egute] vt (linge) auswringen; (vaisselle, fromage) abtropfen lassen ▷ vi abtropfen; **s'égoutter** vpr (vaisselle, fromage) abtropfen; (eau) tropfen

égouttoir [egutwaʀ] nm: **~ (à vaisselle)** Geschirrkorb m

égratigner [egʀatiɲe] vt zerkratzen; (fig) verletzen; **s'égratigner** vpr sich kratzen

égratignure [egʀatiɲyʀ] nf Kratzer m

égrener [egʀəne] vt (blé) entkörnen; (raisin) abzupfen; (notes etc) erklingen lassen; (chapelet) beten; **s'égrener** vpr (heures etc) vergehen; (notes) erklingen; (se disperser) sich auseinanderziehen

égrillard, e [egʀijaʀ, aʀd] adj deftig, zotig

Égypte [eʒipt] nf: **l'~** Ägypten nt

égyptien, ne [eʒipsjɛ̃, jɛn] adj ägyptisch ▷ nm/f: **Égyptien, ne** Ägypter(in) m(f)

égyptologie [eʒiptɔlɔʒi] nf Ägyptologie f

égyptologue [eʒiptɔlɔg] nm/f Ägyptologe m, Ägyptologin f

eh [e] excl he; **eh bien** (donc) na gut, also; **eh bien!** (surprise etc) na so was!; **eh bien?** (attente, doute etc) und?, also?

éhonté, e [eɔ̃te] adj schamlos

éjaculation [eʒakylasjɔ̃] nf Ejakulation f

éjaculer [eʒakyle] vi ejakulieren

éjectable [eʒɛktabl] adj: **siège ~** Schleudersitz m

éjecter [eʒɛkte] vt (Tech) auswerfen, ausstoßen; (fam) hinauswerfen

éjection [eʒɛksjɔ̃] nf (vvt) Auswerfen nt; Hinauswurf m

élaboration [elabɔʀasjɔ̃] nf (vvt) Ausarbeitung f; Produktion f

élaboré, e [elabɔʀe] adj (complexe) ausgeklügelt

élaborer [elabɔʀe] vt ausarbeiten; (Biol: substance) produzieren

élagage [elagaʒ] nm Stutzen nt; (fig) Kürzen nt

élaguer [elage] vt (arbre) (zurecht)stutzen; (fig) zusammenstreichen

élan [elɑ̃] nm (Zool) Elch m; (Sport) Anlauf m; (d'objet en mouvement) Schwung m; (fig: amoureux, de tendresse, patriotique) Anwandlung f; **prendre son ~** Anlauf nehmen

élancé, e [elɑ̃se] adj schlank

élancement [elɑ̃smɑ̃] nm (gén pl: douleur) stechender Schmerz m

élancer [elɑ̃se]: **s'~** vpr sich stürzen; (arbre, clocher) (hoch) aufragen

élargir [elaʀʒiʀ] vt verbreitern; (vêtement) weiter machen; (groupe) vergrößern; (débat) ausweiten; (Jur) freilassen; **s'élargir** vpr breiter werden; (vêtement) weiter werden

élargissement [elaʀʒismɑ̃] nm Verbreiterung f; (libération) Freilassung f

élasticité [elastisite] nf Elastizität f; (Écon) Flexibilität f

élastique [elastik] adj elastisch; (fig) flexibel ▷ nm (de bureau) Gummiring m; (pour la couture) Gummiband nt

élastomère [elastɔmeʀ] nm Elastomer nt

Elbe [ɛlb] nf: **l'île d'~** (die Insel f) Elba nt; **l'~** (fleuve) die Elbe f

électeur, -trice [elɛktœʀ, tʀis] nm/f Wähler(in) m(f)

électif, -ive [elɛktif, iv] adj gewählt

élection [elɛksjɔ̃] nf Wahl f; **élections** nfpl Wahlen pl; **ma patrie d'~** meine Wahlheimat f; **~ partielle** Nachwahl f; **~s législatives** ≈ Parlamentswahlen pl; siche Info-Artikel

⬤ ÉLECTIONS LÉGISLATIVES

Élections législatives werden in Frankreich alle fünf Jahre abgehalten um *députés* (Abgeordnete) für die *Assemblée nationale* zu wählen. Der Präsident wird in der *élection présidentielle*, die ebenfalls alle fünf Jahre stattfindet, gewählt. Die Wahlen werden nach einem allgemeinen direkten Wahlrecht in zwei Durchgängen durchgeführt und finden an einem Sonntag statt.

électoral, e, -aux [elɛktɔʀal, o] adj Wahl-

électoralisme [elɛktɔʀalism] nm Wahlpropaganda f

électorat [elɛktɔʀa] nm Wählerschaft f

électricien, ne [elɛktʀisjɛ̃, jɛn] nm/f Elektriker(in) m(f)

électricité [elɛktʀisite] nf Elektrizität f; **avoir l'~** an das Stromnetz angeschlossen sein, Strom haben; **fonctionner à l'~** elektrisch betrieben werden, elektrisch sein; **allumer/éteindre l'~** das Licht anschalten/ausschalten; **~ statique**

statische Elektrizität f
électrification [elɛktʀifikasjɔ̃] nf (Rail)
Elektrifizierung f; (d'un village etc) Anschluss m an
das Stromnetz
électrifier [elɛktʀifje] vt (Rail) elektrifizieren;
(village etc) an das Stromnetz anschließen
électrique [elɛktʀik] adj elektrisch
électriser [elɛktʀize] vt elektrisieren
électro [elɛktʀɔ] préf Elektro, elektro
électro-aimant [elɛktʀɔɛmɑ̃] (pl ~s) nm
Elektromagnet m
électrocardiogramme [elɛktʀɔkaʀdjɔgʀam] nm
Elektrokardiogramm nt
électrochoc [elɛktʀɔʃɔk] nm Elektroschock m
électrocuter [elɛktʀɔkyte] vt durch einen
Stromschlag töten
électrocution [elɛktʀɔkysjɔ̃] nf Stromschlag m
électrode [elɛktʀɔd] nf Elektrode f
électroencéphalogramme
[elɛktʀɔɑ̃sefalɔgʀam] nm
Elektroenzephalogramm nt
électrogène [elɛktʀɔʒɛn] adj voir **groupe**
électrolyse [elɛktʀɔliz] nf Elektrolyse f
électromagnétique [elɛktʀɔmaɲetik] adj
elektromagnetisch
électroménager [elɛktʀɔmenaʒe] adj: **appareils**
~s elektrische Haushaltsgeräte pl, Elektrogeräte
pl ▷ nm: **l'**~ (secteur commercial) die
Elektrogeräteindustrie f
électron [elɛktʀɔ̃] nm Elektron nt
électronicien, ne [elɛktʀɔnisjɛ̃, jɛn] nm/f
Elektroniker(in) m(f)
électronique [elɛktʀɔnik] adj elektronisch ▷ nf
(science) Elektronik f
électronucléaire [elɛktʀɔnykleɛʀ] nm: **l'**~ die
Kernkraft f, die Atomkraft f
électrophone [elɛktʀɔfɔn] nm Plattenspieler m
électrostatique [elɛktʀɔstatik] adj
elektrostatisch
élégamment [elegamɑ̃] adv elegant
élégance [elegɑ̃s] nf Eleganz f
élégant, e [elegɑ̃, ɑ̃t] adj elegant
élément [elemɑ̃] nm Element nt; (composante)
Bestandteil m; **éléments** nmpl (eau, air etc)
Elemente pl; (rudiments) Grundzüge pl,
Grundbegriffe pl
élémentaire [elemɑ̃tɛʀ] adj (simple) einfach,
simpel; (fondamental) grundlegend; (Chim)
Grundstoff-
éléphant [elefɑ̃] nm Elefant m; ~ **de mer** See-
Elefant m
éléphanteau, x [elefɑ̃to] nm Elefantenjunge(s)
nt
éléphantesque [elefɑ̃tɛsk] adj riesig
élevage [el(ə)vaʒ] nm Zucht f
élévateur [elevatœʀ] nm Aufzug m, Fahrstuhl m
élévation [elevasjɔ̃] nf Erhöhung f; (d'un
monument) Errichtung f; (monticule) Anhöhe f;
(Géom: plan) Aufriss m; (Rel) Einsetzung f (der
Hostie)
élève [elɛv] nm/f Schüler(in) m(f); (disciple) Jünger
m; ~ **infirmière** Schwesternschülerin f

élevé, e [el(ə)ve] adj hoch; (fig: noble) erhaben;
bien/mal ~ gut/schlecht erzogen
élever [el(ə)ve] vt (enfant) aufziehen; (animaux)
züchten; (taux, niveau etc) erhöhen; (âme, esprit)
erheben; (monument) errichten; **s'élever** vpr
(avion, alpiniste) hochsteigen; (clocher, montagne)
aufragen; (cri, protestations) erschallen, sich
erheben; (niveau, température) steigen; (difficultés)
auftreten; ~ **la voix/le ton** die Stimme/den Ton heben; ~ **qn**
au rang de héros national jdn in den Rang
eines Nationalhelden erheben; ~ **un nombre au**
carré eine Zahl quadrieren ou ins Quadrat
erheben; ~ **un nombre au cube** eine Zahl hoch
drei nehmen; **s'**~ **contre qch** sich gegen etw
erheben; **s'**~ **à** (suj: frais, dégâts) steigen auf +acc
éleveur, -euse [el(ə)vœʀ, øz] nm/f (de bétail)
Viehzüchter(in) m(f)
elfe [ɛlf] nm Elfe f
élidé, e [elide] adj: **article/pronom** ~ Artikel/
Pronomen, bei dem ein Vokal ausgelassen wird
élider [elide] s'~ vpt wegfallen
éligibilité [eliʒibilite] nf Wählbarkeit f
éligible [eliʒibl] adj wählbar
élimé, e [elime] adj abgetragen, abgewetzt
élimination [eliminasjɔ̃] nf Ausscheiden nt
éliminatoire [eliminatwaʀ] adj (épreuve)
Ausscheidungs- ▷ nf (Sport)
Ausscheidungswettkampf m; **note** ~
unterdurchschnittliche Note in einem Hauptfach, die zum
Nichtbestehen der Prüfung führt
éliminer [elimine] vt ausscheiden lassen;
(possibilité; Méd: déchets etc) ausscheiden; (tuer, faire
disparaître) beseitigen
élire [eliʀ] vt wählen; ~ **domicile à** seinen
Wohnsitz wählen in +dat
élision [elizjɔ̃] nf Weglassen nt eines Vokals
élite [elit] nf Elite f; **tireur d'**~ Scharfschütze m
élitisme [elitism] nm Elitedenken nt
élitiste [elitist] adj elitär
élixir [eliksiʀ] nm Elixier nt

🔵 **MOT-CLÉ**

elle [ɛl] pron **1** (sujet: personne) sie; (: chose: selon le
genre du mot allemand) er/sie/es; **elle me l'a dit** sie
hat es mir gesagt; **c'est elle qui me l'a dit** sie
hat es mir gesagt; **elle-même** sie selbst; **je**
mange une pomme; elle est aigre ich esse
einen Apfel; er ist sauer
2 (avec préposition: personne: accusatif) sie; (: datif) ihr;
(: chose: accusatif) ihn/sie/es; (: datif) ihm/ihr/ihm;
pour elle für sie; **avec elle** mit ihr
3: **elles** (pl: nominatif, accusatif) sie; (: datif) ihnen;
pour elles für sie; **à cause d'elles** wegen ihnen

elle-même [ɛlmɛm] nf (pl **elles-mêmes**) sie selbst
ellipse [elips] nf Ellipse f
elliptique [eliptik] adj elliptisch; (sous-entendu)
angedeutet
élocution [elɔkysjɔ̃] nf Vortragsweise f; **défaut**
d'~ Sprachfehler m

éloge [elɔʒ] nm Lob nt; (discours) Lobrede f; **faire l'~ de qn/qch** jdn loben/etw preisen

élogieux, -euse [elɔʒjø, jøz] adj lobend

éloigné, e [elwaɲe] adj weit (entfernt); (famille, parent) entfremdet

éloignement [elwaɲmã] nm Entfernung f

éloigner [elwaɲe] vt entfernen; (fig: échéance, but) verschieben; (: soupçons, danger) abwenden; **s'éloigner** vpr (personne) sich entfernen; (: affectivement) sich entfremden; (véhicule) wegfahren; (époque, souvenir) immer ferner werden; **s'~ de** sich entfernen von; (sujet, but) abkommen von

élongation [elɔ̃gasjɔ̃] nf (Méd) Überdehnung f

éloquence [elɔkãs] nf Beredtheit f; (art, de qn) Redekunst f

éloquent, e [elɔkã, ãt] adj (personne) beredt, wortgewandt; (discours, mot, attitude) vielsagend

élu, e [ely] pp de **élire** ▷ nm/f (Pol) Abgeordnete(r) f(m); (Rel) Auserwählte(r) f(m)

élucider [elyside] vt aufklären

élucubrations [elykybʀasjɔ̃] nfpl Hirngespinste pl

éluder [elyde] vt ausweichen +dat

élus [ely] vb voir **élire**

élusif, -ive [elyzif, iv] adj ausweichend

Élysée [elize] nm: **l'~, le palais de l'~** der Élyséepalast; siehe Info-Artikel

émacié, e [emasje] adj ausgemergelt, ausgezehrt

émail, -aux [emaj, o] nm (substance) Email nt; (des dents) Zahnschmelz m; (Art: objet) Emailarbeit f

e-mail [imɛl] nm E-Mail f; **envoyer qch par ~** etw per E-Mail schicken

émaillé, e [emaje] adj emailliert; **~ de** übersät mit

émailler [emaje] vt (casserole, plat) emaillieren; **~ de** übersäen mit

émanation [emanasjɔ̃] nf (gén pl: exhalaisons) Ausdünstung f; **être l'~ de qch** (fig) der Ausdruck einer Sache gén sein

émancipation [emãsipasjɔ̃] nf (de mineur) Mündigsprechung f; (des femmes) Emanzipation f

émancipé, e [emãsipe] adj (femme) emanzipiert

émanciper [emãsipe] vt (Jur) mündig sprechen; (libérer) befreien; **s'émanciper** vpr (de contraintes morales) sich befreien, sich frei machen; (femmes) sich emanzipieren

émaner [emane]: **~ de** vt herrühren von

émasculer [emaskyle] vt kastrieren, entmannen; (fig) entkräften

emballage [ãbalaʒ] nm Verpackung f; (action d'emballer) Einpacken nt; **~ perdu**

Einwegverpackung f

emballer [ãbale] vt einpacken, verpacken; (moteur) hochjagen; (fam: enthousiasmer) mitreißen, packen; **s'emballer** vpr (moteur, cheval) jagen; (fam: personne) sich hinreißen lassen

emballeur, -euse [ãbalœʀ, øz] nm/f Packer(in) m(f)

embarcadère [ãbaʀkadɛʀ] nm Anlegestelle f

embarcation [ãbaʀkasjɔ̃] nf kleines Boot nt

embardée [ãbaʀde] nf Schlenker m; **faire une ~** einen Schlenker machen

embargo [ãbaʀgo] nm Embargo nt; **mettre l'~ sur** ein Embargo verhängen über +acc

embarquement [ãbaʀkəmã] nm Einsteigen nt; (des voitures) Einschiffung f; **"vol AF 321: ~ immédiat, porte 30"** „Aufruf für Passagiere des Flugs AF 321, sich zum Flugsteig 30 zu begeben"

embarquer [ãbaʀke] vt (personne) einsteigen lassen; (marchandise) verladen, einschiffen; (fam: voler) mitgehen lassen; (: arrêter) hoppnehmen ▷ vi einsteigen, an Bord gehen; **s'embarquer** vpr an Bord gehen; **s'~ dans** (affaire, aventure) sich einlassen auf

embarras [ãbaʀa] nm (gén pl: obstacle) Hindernis nt; (gêne) Verlegenheit f; **être dans l'~** (gêne financière) in (finanzieller) Verlegenheit sein; **n'avoir que l'~ du choix** die Qual der Wahl haben; **~ gastrique** Magenverstimmung f

embarrassant, e [ãbaʀasã, ãt] adj peinlich

embarrassé, e [ãbaʀase] adj (encombré) behindert; (gêné) verlegen; (explications etc) peinlich

embarrasser [ãbaʀase] vt (encombrer) behindern; (gêner) in Verlegenheit bringen; **s'~ de** (paquets, objets) sich bepacken mit; (fig: scrupules, problèmes) sich +dat aufladen ou aufhalsen

embauche [ãboʃ] nf (d'ouvrier) Einstellen nt; (travail) Anstellung f; **bureau d'~** Stellenvermittlung f

embaucher [ãboʃe] vt (ouvrier etc) einstellen; **s'embaucher** vpr: **s'~ comme** eingestellt werden als

embauchoir [ãboʃwaʀ] nm Schuhspanner m

embaumer [ãbome] vt (corps) einbalsamieren; (lieu) mit Duft erfüllen ▷ vi duften; **~ la lavande** nach Lavendel duften

embellie [ãbeli] nf Aufheiterung f

embellir [ãbeliʀ] vt verschönern; (idéaliser) schöner erscheinen lassen; (: histoire) ausschmücken ▷ vi schöner werden

embellissement [ãbelismã] nm Verschönerung f

embêtant, e [ãbetã, ãt] adj ärgerlich

embêtement [ãbetmã] nm (gén pl: ennui) Unannehmlichkeit f

embêter [ãbete] vt ärgern; (ennuyer) langweilen; **s'embêter** vpr (s'ennuyer) sich langweilen; **il ne s'embête pas!** der hat keinen Grund zur Klage!

emblée [ãble]: **d'~** adv sofort

emblème [ãblɛm] nm Emblem nt; (fig) Wahrzeichen nt

embobiner [ãbɔbine] vt (fam) jdn um den kleinen Finger wickeln

emboîtable [ãbwatabl] *adj* ineinandergreifend
emboîter [ãbwate] *vt* (*assembler*) einfügen; ~ **le pas à qn** jdm auf den Fersen folgen; **s'~ dans** passen in +*acc*; **s'~ (l'un dans l'autre)** ineinanderpassen
embolie [ãbɔli] *nf* Embolie *f*
embonpoint [ãbɔ̃pwɛ̃] *nm* Korpulenz *f*, Fülligkeit *f*; **prendre de l'~** füllig *ou* korpulent werden
embouché, e [ãbuʃe] *adj*: **mal ~** unflätig, vulgär
embouchure [ãbuʃyʀ] *nf* (*Géo*) Mündung *f*; (*Mus*) Mundstück *nt*
embourber [ãbuʀbe]: **s'~** *vpr* im Morast stecken bleiben; **s'~ dans** (*fig*) versinken in +*dat*
embourgeoiser [ãbuʀʒwaze]: **s'~** *vpr* bürgerlich *ou* spießig werden
embout [ãbu] *nm* Spitze *f*
embouteillage [ãbutɛjaʒ] *nm* (*de voitures*) (Verkehrs)stau *m*
embouteiller [ãbuteje] *vt* (*route*) verstopfen, blockieren
emboutir [ãbutiʀ] *vt* (*Tech*) treiben; (*entrer en collision avec*) prallen *ou* krachen gegen +*acc*
embranchement [ãbʀãʃmã] *nm* (*routier*) Abzweigung *f*
embraser [ãbʀaze]: **s'~** *vpr* Feuer fangen
embrassade [ãbʀasad] *nf* (*gén pl*) Umarmung *f* mit Küssen
embrasse [ãbʀas] *nf* (*de rideau*) Schlaufe *f*
embrasser [ãbʀase] *vt* küssen; (*fig: contenir*) umfangen, umfassen; **s'embrasser** *vpr* sich küssen; ~ **une carrière** eine Laufbahn einschlagen; ~ **du regard** mit einem Blick erfassen
embrasure [ãbʀɑzyʀ] *nf* Öffnung *f*; **dans l'~ de la porte** in der Tür
embrayage [ãbʀɛjaʒ] *nm* Kupplung *f*
embrayer [ãbʀeje] *vi* (*Auto*) kuppeln
embrigader [ãbʀigade] *vt* anwerben
embrocher [ãbʀɔʃe] *vt* aufspießen
embrouillamini [ãbʀujamini] (*fam*) *nm* Durcheinander *nt*
embrouillé, e [ãbʀuje] *adj* verworren, durcheinander
embrouiller [ãbʀuje] *vt* (*personne aussi*) verwirren; (*objets, idées*) durcheinanderbringen; **s'embrouiller** *vpr* (*personne*) konfus werden
embroussaillé, e [ãbʀusaje] *adj* (*terrain*) überwuchert; (*cheveux*) zottig
embruns [ãbʀœ̃] *nmpl* Gischt *m ou f*
embryologie [ãbʀijɔlɔʒi] *nf* Embryologie *f*
embryon [ãbʀijɔ̃] *nm* Embryo *m*; (*fig*) Keim *m*
embryonnaire [ãbʀijɔnɛʀ] *adj* embryonal; (*fig*) keimend
embûches [ãbyʃ] *nfpl* Fallen *pl*
embué, e [ãbɥe] *adj* beschlagen; **les yeux ~s de larmes** mit tränenverschleierten Augen
embuscade [ãbyskad] *nf* Hinterhalt *m*; **tendre une ~ à qn** jdm (in einem Hinterhalt) auflauern
embusquer [ãbyske] *vt* (*Mil etc*) in einen Hinterhalt legen; **s'embusquer** *vpr* sich in den Hinterhalt legen; (*péj*) sich aus der Schusslinie verziehen

éméché, e [emeʃe] (*fam*) *adj* beschwipst
émeraude [em(ə)ʀod] *nf* Smaragd *m* ▷ *adj inv* smaragdgrün
émergence [emɛʀʒãs] *nf* (*fig*) Auftauchen *nt*
émerger [emɛʀʒe] *vi* (*de l'eau*) auftauchen; (*faire saillie, aussi fig*) herausragen, hervorstechen
émeri [em(ə)ʀi] *nm*: **papier ~** Schmirgelpapier *nt*
émérite [emeʀit] *adj* ausgezeichnet, hervorragend
émerveillement [emɛʀvɛjmã] *nm* (*enchantement*) Staunen *nt*; (*vision*) wunderschöner Anblick *m*
émerveiller [emɛʀveje] *vt* in Bewunderung versetzen; **s'émerveiller** *vpr*: **s'~ de qch** über etw *acc* staunen
émet [emɛ] *vb voir* **émettre**
émétique [emetik] *nm* Brechmittel *nt*
émetteur, -trice [emetœʀ, tʀis] *adj* (*poste, station*) Sende- ▷ *nm* (*poste*) Sender *m*
émetteur-récepteur [emetœʀʀesɛptœʀ] (*pl* **émetteurs-récepteurs**) *nm* Sende- und Empfangsgerät *nt*
émettre [emɛtʀ] *vt* (*son, lumière*) aussenden, ausstrahlen; (*Radio, TV*) senden; (*billet, timbre, emprunt*) ausgeben; (*chèque*) ausstellen; (*hypothèse, avis, vœu*) zum Ausdruck bringen ▷ *vi* (*Radio, TV*) senden; ~ **sur ondes courtes** auf Kurzwelle senden
émeus *etc* [emø] *vb voir* **émouvoir**
émeute [emøt] *nf* Aufruhr *m*
émeutier, -ère [emøtje, jɛʀ] *nm/f* Aufrührer(in) *m(f)*
émeuve [emœv] *vb voir* **émouvoir**
émietter [emjete] *vt* (*pain, terre*) zerkrümeln; (*fig*) zersplittern; **s'émietter** *vpr* (*pain, terre*) krümeln
émigrant, e [emigʀã, ãt] *nm/f* Emigrant(in) *m(f)*
émigration [emigʀasjɔ̃] *nf* Emigration *f*, Auswanderung *f*
émigré, e [emigʀe] *nm/f* Emigrant(in) *m(f)*
émigrer [emigʀe] *vi* auswandern
émincé [emɛ̃se] *nm* (*Culin*) Geschnetzeltes *nt*
émincer [emɛ̃se] *vt* (*Culin*) in Stücke schneiden
éminemment [eminamã] *adv* überaus
éminence [eminãs] *nf* (*colline*) Erhebung *f*; **Son/Votre Éminence** Seine/Eure Eminenz; ~ **grise** graue Eminenz *f*
éminent, e [eminã, ãt] *adj* (*hoch*) angesehen
émir [emiʀ] *nm* Emir *m*
émirat [emiʀa] *nm* Emirat *nt*; **les Émirats arabes unis** die Vereinigten Arabischen Emirate *pl*
émis, e [emi] *pp de* **émettre**
émissaire [emisɛʀ] *nm* (*agent*) Sendbote *m*, Emissär *m*
émission [emisjɔ̃] *nf* (*TV, Radio*) Sendung *f*; (*d'un son*) Aussenden *nt*; (*d'un timbre etc*) Ausgabe *f*
émit [emi] *vb voir* **émettre**
emmagasinage [ãmagazinaʒ] *nm* (Ein)lagerung *f*
emmagasiner [ãmagazine] *vt* (*marchandises*) einlagern; (*souvenirs, connaissances*) sammeln
emmailloter [ãmajɔte] *vt* (*doigt etc*) einwickeln; (*bébé*) wickeln

emmanchure [ãmãʃyʀ] nf (de vêtement) Armloch nt
emmêlement [ãmelmã] nm (état) Wirrwarr m
emmêler [ãmele] vt verheddern; (fig: idées, affaires) verwirren; **s'emmêler** vpr (fils etc) sich verheddern
emménagement [ãmenaʒmã] nm Einzug m
emménager [ãmenaʒe] vi einziehen; ~ **dans** einziehen in +acc
emmener [ãm(ə)ne] vt mitnehmen; (Sport, Mil: guider) anführen; ~ **qn au cinéma** jdn ins Kino mitnehmen, mit jdm ins Kino gehen; ~ **qn au restaurant** jdn in ein Restaurant mitnehmen, mit jdm in ein Restaurant gehen
emment(h)al [emɛtal] nm (fromage) Emmentaler m
emmerder [ãmɛʀde] (fam!) vt (importuner) ankotzen (fam!); (ennuyer) tödlich langweilen; **s'emmerder** vpr (s'ennuyer) sich tödlich langweilen; **je t'emmerde!** du kannst mich mal! (fam!)
emmitoufler [ãmitufle] vt warm einpacken; **s'emmitoufler** vpr sich warm einpacken, sich einmummeln
émoi [emwa] nm Aufregung f; **en** ~ in Aufruhr, in heller Aufregung
émollient, e [emɔljã, jãt] adj lindernd
émoluments [emɔlymã] nmpl Vergütung f
émonder [emõde] vt (arbre) beschneiden; (amande etc) blanchieren
émoticone [emɔticon] nm Emoticon nt
émotif, -ive [emɔtif, iv] adj (personne) emotional, gefühlsbetont; (troubles etc) emotional
émotion [emosjõ] nf (vif sentiment) Gefühl nt, Emotion f; (réaction affective) Bewegtheit f, Gefühlsbewegung f; **donner des** ~**s à qn** jdn ängstigen; **son** ~ **a été vive** er/sie war sehr erregt
émotionnant, e [emosjɔnã, ãt] adj aufwühlend
émotionnel, le [emosjɔnɛl] adj emotional
émotionner [emosjɔne] vt aufwühlen, aufregen
émoulu, e [emuly] adj: **frais** ~ **de** frisch entlassen aus, frisch von
émoussé, e [emuse] adj (couteau, lame) stumpf
émousser [emuse] vt (couteau, lame) stumpf machen; (fig) abstumpfen
émoustiller [emustije] vt anregen
émouvant, e [emuvã, ãt] adj rührend, bewegend
émouvoir [emuvwaʀ] vt bewegen; (attendrir aussi) rühren; **s'émouvoir** vpr gerührt sein; **sans s'**~ ungerührt
empailler [ãpaje] vt (animal) ausstopfen
empailleur, -euse [ãpajœʀ, øz] nm/f (d'animaux) Präparator(in) m(f)
empaler [ãpale] vt aufspießen; **s'empaler sur** vpr sich aufspießen auf +dat
empaquetage [ãpaktaʒ] nm Verpackung f
empaqueter [ãpakte] vt verpacken
emparer [ãpaʀe]: **s'**~ **de** vpr packen, ergreifen; (otage etc) sich bemächtigen +gén, nehmen; (ville, position) einnehmen; (suj: peur, colère, doute) überkommen, übermannen
empâter [ãpate]: **s'**~ vpr dicker werden
empattement [ãpatmã] nm (Auto) Radabstand

m; (Typo) Serife f
empêchement [ãpɛʃmã] nm Hindernis nt, Schwierigkeit f
empêcher [ãpeʃe] vt verhindern; ~ **qn de faire qch** jdn daran hindern ou davon abhalten, etw zu tun; ~ **que qch (n')arrive/qn (ne) fasse qch** verhindern, dass etw geschieht/jd etw macht; **il n'empêche que** trotzdem; **je ne peux pas m'**~ **de penser** ich kann nicht umhin, zu denken; **il n'a pas pu s'**~ **de rire** er konnte nicht anders, er musste lachen
empêcheur [ãpɛʃœʀ] nm: ~ **de tourner en rond** Spielverderber m
empeigne [ãpeɲ] nf Oberleder nt
empennage [ãpenaʒ] nm (Aviat) Stabilisator m
empereur [ãpʀœʀ] nm Kaiser m
empesé, e [ãpəze] adj (fig) steif
empeser [ãpəze] vt stärken
empester [ãpeste] vt (lieu) verstänkern ▷ vi stinken; ~ **le tabac/le vin** nach Tabak/Wein stinken
empêtrer [ãpetʀe]: **s'**~ **dans** vpr (fils, explications) sich verheddern in +dat
emphase [ãfaz] nf Pathos nt; **avec** ~ mit Pathos
emphatique [ãfatik] adj (style, mot) emphatisch
empiècement [ãpjesmã] nm Passe f
empierrer [ãpjeʀe] vt (route) schottern
empiéter [ãpjete] vi: ~ **sur** übergreifen auf +acc
empiffrer [ãpifʀe] (fam): **s'**~ vpr sich vollstopfen
empiler [ãpile] vt aufstapeln, anhäufen; **s'empiler** vpr sich ansammeln, sich häufen
empire [ãpiʀ] nm Reich nt; (fig: influence) Einfluss m; **style E**~ Empire-Stil m; **sous l'**~ **de la colère** unter dem Einfluss der Wut
empirer [ãpiʀe] vi sich verschlechtern
empirique [ãpiʀik] adj empirisch
empirisme [ãpiʀism] nm Empirismus m
emplacement [ãplasmã] nm Platz m, Stelle f; **sur l'**~ **de** am Ort +gén
emplâtre [ãplatʀ] nm (Méd) Packung f
emplette [ãplɛt] nf: **faire des** ~**s** Besorgungen machen, einkaufen; **faire l'**~ **de** kaufen
emplir [ãpliʀ] vt füllen; (fig: cœur) erfüllen; **s'emplir (de)** vpr sich füllen (mit)
emploi [ãplwa] nm Gebrauch m; (poste) Anstellung f, Stelle f; **d'**~ **facile/délicat** leicht/ schwierig zu benutzen; **offre d'**~ Stellenangebot nt; **demande d'**~ Stellengesuch nt; **le plein** ~ die Vollbeschäftigung f; ~ **du temps** Zeitplan m
emploie [ãplwa] vb voir **employer**
employé, e [ãplwaje] nm/f Angestellte(r) f(m); ~ **de banque** Bankangestellte(r) f(m); ~ **de bureau** Büroangestellte(r) f(m); ~ **de maison** Hausangestellte(r) f(m)
employer [ãplwaje] vt verwenden, gebrauchen; (ouvrier, main-d'œuvre) beschäftigen, anstellen; **s'employer** vpr: **s'**~ **à qch** sich einer Sache dat widmen; ~ **la force** Gewalt anwenden; ~ **les grands moyens** große Mittel aufbringen
employeur, -euse [ãplwajœʀ, øz] nm/f Arbeitgeber(in) m(f)
empocher [ãpɔʃe] vt einstecken

empoignade [ɑ̃pwaɲad] *nf* Rauferei *f*
empoigne [ɑ̃pwaɲ] *nf*: **foire d'~** Gerangel *nt*
empoigner [ɑ̃pwaɲe] *vt* packen, greifen;
s'empoigner *vpr* sich packen
empois [ɑ̃pwa] *nm* Stärke *f*
empoisonnement [ɑ̃pwazɔnmɑ̃] *nm* (*intoxication*)
Vergiftung *f*; (*crime*) Giftmord *m*; (*fam: ennui*)
Ärger *m*
empoisonner [ɑ̃pwazɔne] *vt* vergiften; (*empester*)
verpesten; **s'empoisonner** *vpr* (*suicide*) Gift
nehmen; (*accidentellement*) sich *dat* eine
Vergiftung zuziehen; **~ qn** (*fam*) jdm auf die
Nerven gehen; **~ l'atmosphère** die Atmosphäre
vergiften; **il nous empoisonne l'existence** er
macht uns das Leben zur Hölle
emporté, e [ɑ̃pɔʀte] *adj* (*personne, caractère*)
jähzornig
emportement [ɑ̃pɔʀtəmɑ̃] *nm* Zorn *m*
emporte-pièce [ɑ̃pɔʀtəpjɛs] *nm inv* (*Tech*)
Locheisen *nt*; **à l'~** (*fig*) beißend
emporter [ɑ̃pɔʀte] *vt* mitnehmen; (*blessés,
voyageurs*) wegbringen; (*entraîner*) mitreißen;
(*arracher*) fortreißen; (*Mil: position*) einnehmen;
s'emporter *vpr* (*de colère*) aufbrausen; **la maladie
qui l'a emporté** die Krankheit, die ihn
dahingerafft hat; **l'~** (*vaincre*) die Oberhand
gewinnen; **l'~ sur** (*adversaire*) die Oberhand
gewinnen über +*acc*; (*méthode etc*) besser sein als;
boissons/plats à ~ Getränke/Speisen zum
Mitnehmen
empoté, e [ɑ̃pɔte] *adj* (*fam: maladroit*) trottelig
empourpré, e [ɑ̃puʀpʀe] *adj* purpurrot
empreint, e [ɑ̃pʀɛ̃, ɛ̃t] *adj*: **~ de** voller
empreinte [ɑ̃pʀɛ̃t] *nf* (*de pied, main*) Abdruck *m*;
(*fig*) Spuren *pl*; **~s digitales** Fingerabdrücke *pl*
empressé, e [ɑ̃pʀese] *adj* beflissen
empressement [ɑ̃pʀɛsmɑ̃] *nm* Eifer *m*; (*hâte*)
Eile *f*
empresser [ɑ̃pʀese]: **s'~** *vpr*: **s'~ de faire qch** sich
beeilen, etw zu tun; **s'~ auprès de** sich eifrig um
jdn bemühen
emprise [ɑ̃pʀiz] *nf* Einfluss *m*; **sous l'~ de** unter
dem Einfluss von
emprisonnement [ɑ̃pʀizɔnmɑ̃] *nm* Haft *f*
emprisonner [ɑ̃pʀizɔne] *vt* einsperren
emprunt [ɑ̃pʀœ̃] *nm* Anleihe *f*; (*Finance aussi*)
Darlehen *nt*; (*Ling*) Lehnwort *nt*; **nom d'~**
angenommener Name *m*; **~ d'État** Staatsanleihe
f; **~ public à 5%** öffentliche Anleihe zu 5%
emprunté, e [ɑ̃pʀœ̃te] *adj* (*gauche*) unbeholfen
emprunter [ɑ̃pʀœ̃te] *vt* leihen; (*route,
itinéraire*) einschlagen; (*style, manière, idée*)
entlehnen
emprunteur, -euse [ɑ̃pʀœ̃tœʀ, øz] *nm/f*
Kreditnehmer(in) *m(f)*
empuantir [ɑ̃pɥɑ̃tiʀ] *vt* verpesten
ému, e [emy] *pp de* **émouvoir** ▷ *adj* bewegt,
gerührt
émulation [emylasjɔ̃] *nf* Nacheifern *nt*
émule [emyl] *nm/f* Nachahmer(in) *m(f)*
émulsion [emylsjɔ̃] *nf* Emulsion *f*; (*Photo*)
lichtempfindliche Schicht *f*

émut [emy] *vb voir* **émouvoir**
EN *sigle f* (= *Education nationale*) *voir* **éducation**

 MOT-CLÉ

en [ɑ̃] *prép* **1** (*endroit, pays: situation*) in +*dat*;
(*direction*) in +*acc*; (: *pays*) nach; **habiter en
France/ville** in Frankreich/in der Stadt leben;
aller en ville/France in die Stadt/nach
Frankreich gehen
2 (*temps*) in +*dat*; **en 3 jours/20 ans** in 3 Tagen/20
Jahren; **en été/juin** im Sommer/Juni
3 (*moyen de transport*) en; **en avion/taxi** im
Flugzeug/Taxi
4 (*composition*) aus; **c'est en verre/bois** das ist
aus Glas/Holz; **un collier en argent** eine
Halskette aus Silber
5 (*description, état*): **une femme (habillée) en
rouge** eine Frau in Rot; **peindre qch en rouge**
etw rot anstreichen; **en étoile** in Sternform; **en
T** in T-Form; **en chemise** im Hemd; **en
chaussettes** auf Strümpfen; **en soldat** als
Soldat; **en réparation** in Reparatur; **partir en
vacances** in die Ferien fahren; **en deuil** in
Trauer; **le même en plus grand** das Gleiche in
größer; **en bon diplomate, il n'a rien dit** als
guter Diplomat hat er nichts gesagt; **fort en
maths** gut in Mathematik; **en bonne santé** bei
guter Gesundheit; **en deux volumes** in zwei
Bänden; **en une pièce** an einem Stück; **se
casser en deux/plusieurs morceaux** in zwei/
mehrere Stücke zerbrechen
6 (*avec gérondif*): **en travaillant** bei der Arbeit; **en
dormant** im Schlaf; **en apprenant la nouvelle/
sortant** als er/sie *etc* die Nachricht hörte/
wegging; **sortir en courant** herausrennen
▷ *pron* **1** (*indéfini*): **j'en ai/veux** (*des livres etc*) ich
habe welche/möchte welche; (*du sable, lait etc*) ich
habe/möchte davon; **en veux-tu?** (*v ci-dessus*)
möchtest du welche/davon?; **je n'en veux pas**
(*v ci-dessus*) ich möchte keine/nichts davon; **j'en
ai deux** ich habe zwei; **j'en ai assez** ich habe
genug (davon); (*j'en ai marre*) mir reichts; **en
vouloir à qn** etwas gegen jdn haben; **où en
étais-je?** wo war ich stehen geblieben?; **ne pas
s'en faire** sich *dat* keine Gedanken machen; **j'en
viens à penser que ...** ich komme langsam zu
dem Schluss, dass ...
2 (*provenance*): **j'en viens** ich komme daher
3 (*cause*): **il en est malade/perd le sommeil** er
ist deswegen krank/kann deswegen nicht
schlafen
4 (*autre complément*): **j'en connais les dangers/
défauts** ich kenne die Gefahren/Fehler (dieser
Sache); **j'en suis fier** ich bin stolz darauf; **j'en ai
besoin** ich brauche es

ENA [ena] *sigle f* (= *École nationale d'administration*)
Eliteschule für Verwaltungskräfte
énarque [enaʀk] *nm/f* Absolvent(in) *m(f)* der ENA
encablure [ɑ̃kablyʀ] *nf* (*Naut*) Taulänge *f*
encadrement [ɑ̃kadʀəmɑ̃] *nm* (*de porte*) Rahmen

m; **~ du crédit** Kreditrahmen *m*

encadrer [ākɑdʀe] *vt (tableau, image)* einrahmen; *(entourer)* umgeben; *(former)* ausbilden

encadreur [ākɑdʀœʀ] *nm* Rahmer(in) *m(f)*

encaisse [ākɛs] *nf* Geldbestände *pl;* **~ or** Goldreserven *pl*

encaissé, e [ākese] *adj (vallée)* steil; *(rivière)* tief eingeschnitten

encaisser [ākese] *vt (chèque)* einlösen; *(argent)* einstreichen; *(coup, défaite)* einstecken

encaisseur [ākɛsœʀ] *nm* Schuldeneintreiber *m*

encan [ākā]: **à l'~** an den Meistbietenden

encanailler [ākanaje]: **s'~** *vi* vulgär werden

encart [ākaʀ] *nm* Einlage *f;* **~ publicitaire** Werbebeilage *f*

encarter [ākaʀte] *vt* einfügen; *(boutons)* auf eine Karte nähen

en-cas [ākɑ] *nm inv (repas)* kleine Zwischenmahlzeit *f*

encastrable [ākastʀabl] *adj (four, élément)* Einbau-

encastré [ākastʀe] *adj (four, baignoire)* eingebaut

encastrer [ākastʀe] *vt:* **~ qch dans** etw einbauen in *+acc; (mur)* etw einlassen in *+acc;* **s'encastrer** *vpr:* **s'~ dans** hineinpassen in *+acc; (heurter)* hineinprallen in *+acc*

encaustique [ākostik] *nf* (Bohner)wachs *nt*

encaustiquer [ākostike] *vt* wachsen

enceinte [āsɛ̃t] *adj f* schwanger ▷ *nf (mur)* Mauer *f; (espace)* Umfriedung *f;* **~ de six mois** im 6. Monat schwanger; **~ (acoustique)** Lautsprecher *pl*

encens [āsā] *nm* Weihrauch *m*

encenser [āsāse] *vt* beweihräuchern

encensoir [āsāswaʀ] *nm* Weihrauchfass *nt*

encéphalogramme [āsefalɔgʀam] *nm* Enzephalogramm *nt*

encercler [āsɛʀkle] *vt* umzingeln

enchaînement [āʃɛnmā] *nm (d'idées, de mouvements)* Verknüpfung *f; (de séquences, morceaux de musique)* Überleitung *f*

enchaîner [āʃene] *vt* in Ketten legen; *(mouvements, séquence)* (miteinander) verknüpfen

enchanté, e [āʃāte] *adj (ravi)* entzückt, hocherfreut; *(ensorcelé)* bezaubert; **~** *(de faire votre connaissance)* angenehm

enchantement [āʃātmā] *nm* Zauber *m;* **comme par ~** wie durch Zauber

enchanter [āʃāte] *vt (ravir)* (hoch) erfreuen

enchanteur, -eresse [āʃātœʀ, tʀɛs] *adj* zauberhaft

enchâsser [āʃase] *vt (diamant)* fassen; **~ qch dans** etw einfügen/einsetzen in *+acc*

enchère [āʃɛʀ] *nf* höheres Gebot *nt;* **vente aux ~s** Versteigerung *f;* **faire une ~** ein höheres Gebot machen, höher bieten; **mettre** *ou* **vendre aux ~s** versteigern; **faire monter les ~s** *(fig)* den Preis in die Höhe treiben

enchérir [āʃeʀiʀ] *vi:* **~ sur qn** jdn überbieten

enchevêtrement [āʃ(ə)vɛtʀəmā] *nm* Durcheinander *nt*

enchevêtrer [āʃ(ə)vɛtʀe] *vt* durcheinanderbringen; **s'enchevêtrer** *vpr*

durcheinanderkommen

enclave [āklav] *nf* Enklave *f*

enclaver [āklave] *vt (entourer)* umgeben

enclencher [āklāʃe] *vt* auslösen; **s'enclencher** *vpr* sich einschalten

enclin, e [āklɛ̃, in] *adj:* **être ~ à qch** zu etw neigen; **être ~ à faire qch** dazu neigen, etw zu tun

enclore [āklɔʀ] *vt (champs)* einzäunen

enclos [āklo] *nm* Einfriedung *f*

enclume [āklym] *nf* Amboss *m*

encoche [ākɔʃ] *nf* Kerbe *f*

encoder [ākɔde] *vt* codieren, verschlüsseln

encodeur [ākɔdœʀ] *nm* Codierer *m*

encoignure [ākɔɲyʀ] *nf* Ecke *f*

encoller [ākɔle] *vt (papier peint)* mit Leim einstreichen

encolure [ākɔlyʀ] *nf (mesure)* Kragenweite *f; (fam)* Kragen *m; (cou)* Hals *m*

encombrant, e [ākɔ̃bʀā, āt] *adj* sperrig

encombre [ākɔ̃bʀ]: **sans ~** *adv* ohne Zwischenfälle

encombré, e [ākɔ̃bʀe] *adj (pièce, passage)* blockiert; *(lignes téléphoniques)* überlastet; *(marché)* gesättigt

encombrement [ākɔ̃bʀəmā] *nm (d'un lieu)* Überfüllung *f; (de circulation)* Verkehrsstockung *f; (des lignes téléphoniques)* Überlastung *f; (dimensions)* Größe *f*

encombrer [ākɔ̃bʀe] *vt (couloir, rue)* versperren; *(mémoire, marché etc)* überlasten; *(personne)* behindern; **s'encombrer de** *vpr (bagages etc)* sich beladen mit; **~ le passage** den Weg versperren

encontre [ākɔ̃tʀ]: **à l'~ de** *prép (contre)* gegen; *(contrairement à)* im Gegensatz zu

encorbellement [ākɔʀbɛlmā] *nm* Erker *m;* **fenêtre en ~** Erkerfenster *nt*

encorder [ākɔʀde]: **s'~** *vpr* sich anseilen

 MOT-CLÉ

encore [ākɔʀ] *adv* **1** *(continuation)* noch; **il y travaille encore** er arbeitet noch daran; **pas encore** noch nicht; **encore deux jours** noch zwei Tage

2 *(pas plus tard que):* **hier encore** erst gestern

3 *(de nouveau)* wieder, erneut; **encore un effort** noch ein bisschen; **elle a encore acheté un nouveau chapeau** sie hat schon wieder einen neuen Hut gekauft; **encore!** *(insatisfaction)* nicht schon wieder!; **(et puis) quoi encore?** was noch?; **encore une fois** noch einmal

4 *(intensif):* **encore plus fort/mieux** noch lauter/ besser

5 *(aussi):* **non seulement ..., mais encore** nicht nur ..., sondern auch

6 *(restriction)* freilich, allerdings; **encore pourrais-je le faire, si ...** *(litt)* freilich könnte ich das machen, wenn ...; **si encore** wenn nur; **encore que** obwohl

encourageant, e [ākuʀaʒā, āt] *adj* ermutigend

encouragement [ākuʀaʒmā] *nm* Ermutigung *f;*

(récompense) Ansporn m

encourager [ɑ̃kuRaʒe] vt ermutigen; (activité, tendance) fördern; ~ **qn à faire qch** jdn dazu ermutigen, etw zu tun

encourir [ɑ̃kuRiR] vt sich dat zuziehen, auf sich acc ziehen

encrasser [ɑ̃kRase] vt verrußen

encre [ɑ̃kR] nf Tinte f; ~ **de Chine** Tusche f; ~ **indélébile** wasserunlösliche Tinte; ~ **sympathique** unsichtbare Tinte

encrer [ɑ̃kRe] vt einschwärzen

encreur [ɑ̃kRœR] adj m: **rouleau** ~ Farbroller m

encrier [ɑ̃kRije] nm Tintenfass nt

encroûter [ɑ̃kRute]: **s'~** vpr (personne) in einen festen Trott geraten

encyclique [ɑ̃siklik] nf Enzyklika f

encyclopédie [ɑ̃siklɔpedi] nf Enzyklopädie f

encyclopédique [ɑ̃siklɔpedik] adj umfassend

endémique [ɑ̃demik] adj (Méd) endemisch; (fig) weitverbreitet

endetté, e [ɑ̃dete] adj verschuldet; **être très ~ envers qn** (fig) tief in jds Schuld dat stehen

endettement [ɑ̃dɛtmɑ̃] nm Schulden pl

endetter [ɑ̃dete] vt in Schulden stürzen +dat; **s'endetter** vpr sich verschulden

endeuiller [ɑ̃dœje] vt in tiefe Trauer versetzen; **une manifestation endeuillée par qch** eine Veranstaltung, die von etw tragisch überschattet wurde

endiablé, e [ɑ̃djable] adj (allure, rythme) leidenschaftlich

endiguer [ɑ̃dige] vt eindeichen; (fig) eindämmen

endimancher [ɑ̃dimɑ̃ʃe]: **s'~** vpr seinen Sonntagsstaat anziehen

endive [ɑ̃div] nf Chicorée m

endocrine [ɑ̃dɔkRin] adj f: **glande** ~ endokrine Drüse f

endoctrinement [ɑ̃dɔktRinmɑ̃] nm Indoktrinierung f

endoctriner [ɑ̃dɔktRine] vt indoktrinieren

endolori, e [ɑ̃dɔlɔRi] adj schmerzlich

endommager [ɑ̃dɔmaʒe] vt beschädigen

endormant, e [ɑ̃dɔRmɑ̃, ɑ̃t] adj einschläfernd

endormi, e [ɑ̃dɔRmi] pp de **endormir** ▷ adj (personne) schlafend; (indolent, lent) schlafmützig; (main, pied) eingeschlafen

endormir [ɑ̃dɔRmiR] vt (enfant) zum Schlafen bringen; (suj: chaleur etc) schläfrig machen; (soupçons, ennemi etc) einlullen; (ennuyer) langweilen; (Méd: anesthésier) betäuben; **s'endormir** vpr einschlafen

endoscope [ɑ̃dɔskɔp] nm Endoskop nt

endoscopie [ɑ̃dɔskɔpi] nf Endoskopie f

endosser [ɑ̃dose] vt (responsabilité) übernehmen; (chèque) indossieren, gegenzeichnen; (uniforme, tenue) anlegen

endroit [ɑ̃dRwa] nm Ort m; (emplacement) Stelle f; (opposé à l'envers) rechte Seite f; **à l'~** (pas à l'envers) richtig herum; **à l'~ de** (à l'égard de) gegenüber +dat; **par ~s** stellenweise

enduire [ɑ̃dɥiR] vt: ~ **qch de** etw bestreichen mit; **s'enduire de** vpr sich einreiben mit

enduit, e [ɑ̃dɥi, ɥit] pp de **enduire** ▷ nm Überzug m

endurance [ɑ̃dyRɑ̃s] nf Durchhaltevermögen nt, Ausdauer f

endurant, e [ɑ̃dyRɑ̃, ɑ̃t] adj ausdauernd, zäh

endurci, e [ɑ̃dyRsi] adj: **buveur** ~ abgehärteter Trinker m; **célibataire** ~ eingefleischter Junggeselle m

endurcir [ɑ̃dyRsiR] vt abhärten; **s'endurcir** vpr hart ou zäh werden

endurer [ɑ̃dyRe] vt erdulden, ertragen

énergétique [enɛRʒetik] adj (ressources, problèmes) Energie-; (aliment) Energie spendend

énergie [enɛRʒi] nf Energie f

énergique [enɛRʒik] adj energisch

énergiquement [enɛRʒikmɑ̃] adv energisch

énergisant, e [enɛRʒizɑ̃, ɑ̃t] adj Energie spendend

énergumène [enɛRgymɛn] nm Unruhestifter m

énervant, e [enɛRvɑ̃, ɑ̃t] adj irritierend

énervé, e [enɛRve] adj aufgeregt; (agacé) verärgert

énervement [enɛRvəmɑ̃] nm Irritation f

énerver [enɛRve] vt aufregen, nervös machen; **s'énerver** vpr sich aufregen

enfance [ɑ̃fɑ̃s] nf Kindheit f; (fig) Anfangsstadium nt; (enfants) Kinder pl; **c'est l'~ de l'art** das ist kinderleicht; **petite** ~ frühe Kindheit f; **souvenir d'** ~ Kindheitserinnerung f; **ami d'** ~ Freund m aus Kindertagen; **retomber en** ~ seine zweite Kindheit erleben

enfant [ɑ̃fɑ̃] nm/f Kind nt; **bon** ~ gutmütig; ~ **adoptif** Adoptivkind; ~ **de chœur** (Rel) Ministrant m, Messdiener m; (fig) Musterknabe m; ~ **naturel** uneheliches Kind; ~ **prodige** Wunderkind; ~ **unique** Einzelkind

enfanter [ɑ̃fɑ̃te] vi ein Kind gebären ▷ vt (œuvre) gebären, hervorbringen

enfantillage [ɑ̃fɑ̃tijaʒ] (péj) nm Kinderei f

enfantin, e [ɑ̃fɑ̃tɛ̃, in] adj (d'enfant) kindlich; (péj: réaction etc) kindisch; (simple) kinderleicht; (langage) Kinder-

enfer [ɑ̃fɛR] nm Hölle f; **allure/bruit d'~** Höllentempo nt/-lärm m

enfermer [ɑ̃fɛRme] vt einschließen; (prisonnier) einsperren; **s'enfermer** vpr sich einschließen; **s'~ à clef** sich einschließen; **s'~ dans la solitude** sich in die Einsamkeit zurückziehen; **s'~ dans le mutisme** sich in Schweigen hüllen

enferrer [ɑ̃feRe]: **s'~** vpr: **s'~ dans** (des explications, mensonges) sich verstricken in +dat

enfiévré, e [ɑ̃fjevRe] adj (fig) fiebrig

enfilade [ɑ̃filad] nf: **une** ~ **de ruelles** eine Reihe von Gassen; **une** ~ **de maisons** eine Häuserzeile; **en** ~ in einer Reihe; **prendre des rues en** ~ von einer Straße in die nächste gehen/fahren

enfiler [ɑ̃file] vt (perles etc) auffädeln; (aiguille) einfädeln; (vêtement) schlüpfen in +acc; (rue, couloir) einbiegen in +acc; **s'enfiler dans** vpr schlüpfen in +acc; ~ **qch dans** etw einfügen in +acc

enfin [ɑ̃fɛ̃] adv endlich; (en dernier lieu) schließlich; (de restriction) oder aber; **mais ~!** also bitte!

enflammé, e [ɑ̃flɑme] *adj* (*torche, allumette*)
brennend; (*Méd: plaie*) entzündet; (*nature*) feurig;
(*discours, déclaration*) flammend

enflammer [ɑ̃flɑme] *vt* in Brand setzen; (*Méd:
fig*) entzünden; **s'enflammer** *vpr* (*v vt*) Feuer
fangen; sich entzünden

enflé, e [ɑ̃fle] *adj* (an)geschwollen; (*péj: style*)
geschwollen

enfler [ɑ̃fle] *vi* anschwellen

enflure [ɑ̃flyʀ] *nf* (*Méd*) Schwellung *f*

enfoncé, e [ɑ̃fɔ̃se] *adj* (*toit, paroi*) eingerissen;
(*crâne, côtes*) eingeschlagen; (*yeux*) tief liegend

enfoncement [ɑ̃fɔ̃smɑ̃] *nm* (*recoin*) Ecke *f*

enfoncer [ɑ̃fɔ̃se] *vt* (*clou, porte, plancher etc*)
einschlagen; (*côtes, lignes ennemies*) zerschlagen;
(*fam: surpasser*) schlagen, übertreffen ▷ *vi*
versinken; **s'enfoncer** *vpr* versinken; **s'~ dans**
(*neige, vase etc*) versinken in +dat; (*forêt, ville*)
verschwinden in +dat; (*mensonge, erreur*) sich
verstricken in +dat; **~ qch dans** etw versenken in
+acc

enfouir [ɑ̃fwiʀ] *vt* (*dans le sol*) vergraben; (*dans un
tiroir, une poche etc*) verstecken; **s'enfouir** *vpr*: **~s'
dans/sous** sich vergraben in +dat/unter +dat

enfourcher [ɑ̃fuʀʃe] *vt* besteigen, steigen auf
+acc; **~ son dada** bei seinem Lieblingsthema sein

enfourner [ɑ̃fuʀne] *vt* (*pain*) in den Ofen
schieben; (*poterie*) in den Brennofen schieben;
(*fam: enfoncer*) schieben; **s'enfourner** *vpr*: **s'~ dans**
(*suj: personne*) verschwinden in +dat

enfreignais [ɑ̃fʀɛɲɛ] *vb voir* **enfreindre**

enfreindre [ɑ̃fʀɛ̃dʀ] *vt* übertreten, verletzen

enfuir [ɑ̃fɥiʀ]: **s'~** *vpr* fliehen, weglaufen

enfumer [ɑ̃fyme] *vt* (*salle, personnes*) einräuchern;
(*pour faire sortir*) ausräuchern

enfuyais [ɑ̃fɥijɛ] *vb voir* **enfuir**

engagé, e [ɑ̃gaʒe] *adj* (*littérature, politique*)
engagiert ▷ *nm* (*Mil*) Freiwillige(r) *m*

engageant, e [ɑ̃gaʒɑ̃, ɑ̃t] *adj* (*attrayant*)
verführerisch

engagement [ɑ̃gaʒmɑ̃] *nm* (*politique*)
Engagement *nt*; (*promesse*) Versprechen *nt*,
Zusage *f*; (*contrat professionnel*) Vertrag *m*; (*financier*)
Verpflichtung *f*; (*Mil: combat*) Gefecht *nt*;
(*: recrutement*) Einstellung *f*, Anstellung *f*; (*Sport*)
Anstoß *m*; **prendre l'~ de faire qch** sich
verpflichten, etw zu tun; **sans ~** (*Comm*) ohne
Verpflichtung

engager [ɑ̃gaʒe] *vt* (*embaucher*) anstellen,
einstellen; (*commencer: débat, hostilités, négociations*)
beginnen, anfangen; (*lier*) binden, verpflichten;
(*entraîner*) beteiligen, verwickeln; (*investir: argent*)
investieren, anlegen; (*Sport: concurrents, chevaux*)
melden; **s'engager** *vpr* (*s'embaucher*) eingestellt
werden; (*Mil*) sich melden; (*politiquement*) sich
engagieren; (*promettre*) sich verpflichten;
(*débuter: négociations*) beginnen; **~ qn à faire qch/à
qch** jdn drängen, etw zu tun/jdn zu etw
drängen; **~ qch dans** etw hineinstecken in +acc;
s'~ à faire qch sich verpflichten, etw zu tun; **s'~
dans** (*rue, passage*) einbiegen in +acc; (*s'emboîter*)
hineinpassen in +acc; (*carrière, affaire*) sich

verlegen auf +acc; (*discussion*) sich einlassen auf
+acc

engazonner [ɑ̃gazɔne] *vt* mit Rasen bedecken

engeance [ɑ̃ʒɑ̃s] *nf* Meute *f*

engelures [ɑ̃ʒlyʀ] *nfpl* Frostbeulen *pl*

engendrer [ɑ̃ʒɑ̃dʀe] *vt* zeugen; (*fig*)
hervorbringen

engin [ɑ̃ʒɛ̃] *nm* Gerät *nt*; (*véhicule*) Fahrzeug *nt*;
(*péj*) Ding *nt*; (*missile*) Rakete *f*; **~ blindé**
Panzerfahrzeug *nt*; **~ de terrassement**
Planierfahrzeug *nt*; **~ explosif** Sprengkörper *m*;
~s spéciaux Raketen *pl*

englober [ɑ̃glɔbe] *vt* umfassen, einschließen

engloutir [ɑ̃glutiʀ] *vt* verschlingen; **s'engloutir**
vpr verschwinden

englué, e [ɑ̃glye] *adj* (*doigts etc*) klebrig

engoncé, e [ɑ̃gɔ̃se] *adj*: **~ dans** eingezwängt in
+acc

engorgement [ɑ̃gɔʀʒəmɑ̃] *nm* (*v vt*) Verstopfung
f; Sättigung *f*; (*Méd*) Schwellung *f*

engorger [ɑ̃gɔʀʒe] *vt* (*tuyau, rue*) verstopfen;
(*saturer: marché*) sättigen; **s'engorger** *vpr*
verstopft werden

engouement [ɑ̃gumɑ̃] *nm* Begeisterung *f*,
Schwärmerei *f*

engouffrer [ɑ̃gufʀe] *vt* (*engloutir*) verschlingen;
s'engouffrer dans *vpr* hineinströmen in +acc

engourdi, e [ɑ̃guʀdi] *adj* (*mains etc*) gefühllos,
taub

engourdir [ɑ̃guʀdiʀ] *vt* (*membres, mains*)
einschlafen lassen, taub werden lassen; (*esprit*)
abstumpfen; **s'engourdir** *vpr* (*v vt*) einschlafen,
taub werden; abstumpfen

engrais [ɑ̃gʀɛ] *nm* Dünger *m*; **~ chimique**
Kunstdünger; **~ naturel** Naturdünger;
~ organique organischer Dünger; **~ vert**
Gründüngung *f*

engraisser [ɑ̃gʀese] *vt* (*animal*) mästen; (*terre*)
düngen ▷ *vi* (*grossir*) dicker werden

engranger [ɑ̃gʀɑ̃ʒe] *vt* (*foin*) einbringen; (*fig*)
sammeln

engrenage [ɑ̃gʀənaʒ] *nm* (*dispositif*) Getriebe *nt*;
l'~ de la violence die Kette der Gewalt

engueuler [ɑ̃gœle] (*fam!*) *vt* anschnauzen (*fam*)

enguirlander [ɑ̃giʀlɑ̃de] (*fam*) *vt* anschnauzen,
ausschimpfen

enhardir [ɑ̃aʀdiʀ] *vt* Mut machen +dat;
s'enhardir *vpr* keck werden

énième [ɛnjɛm] *adj voir* **nième**

énigmatique [enigmatik] *adj* rätselhaft

énigmatiquement [enigmatikmɑ̃] *adv*
rätselhaft

énigme [enigm] *nf* Rätsel *nt*

enivrant, e [ɑ̃nivʀɑ̃, ɑ̃t] *adj* berauschend

enivrer [ɑ̃nivʀe] *vt* (*rendre ivre*) betrunken
machen; (*suj: parfums, vitesse, succès*) berauschen;
s'enivrer *vpr* (*en buvant*) sich betrinken; **s'~ de**
sich berauschen an +dat

enjambée [ɑ̃ʒɑ̃be] *nf* Schritt *m*; **d'une ~** mit
einem Schritt

enjamber [ɑ̃ʒɑ̃be] *vt* überschreiten; (*suj: pont*)
überspannen

enjeu, x [ãʒø] *nm* Einsatz *m*
enjoindre [ãʒwɛ̃dʀ] *vt*: ~ **à qn de faire qch** jdn eindringlich mahnen, etw zu tun
enjôler [ãʒole] *vt* überreden, beschwatzen
enjôleur, -euse [ãʒolœʀ, øz] *adj* gewinnend
enjolivement [ãʒolivmã] *nm* Ausschmückung *f*
enjoliver [ãʒolive] *vt* ausschmücken
enjoliveur [ãʒolivœʀ] *nm* (*Auto*) Radkappe *f*
enjoué, e [ãʒwe] *adj* fröhlich
enlacer [ãlase] *vt* (*personne*) umarmen; (*suj: corde, liane*) umschlingen
enlaidir [ãlediʀ] *vt* verunstalten ▷ *vi* hässlich werden
enlevé, e [ãl(ə)ve] *adj* (*morceau de musique*) hinreißend gespielt
enlèvement [ãlɛvmã] *nm* (*rapt*) Entführung *f*; **l'~ des ordures ménagères** die Müllabfuhr
enlever [ãl(ə)ve] *vt* (*ôter, déplacer*) wegnehmen; (*vêtement*) ausziehen; (*lunettes*) absetzen; (*faire disparaître; Méd: organe*) entfernen; (*ordures, meubles à déménager*) abholen; (*kidnapper*) entführen; (*obtenir*) davontragen; (*Mil: position ennemie*) einnehmen; (*morceau de piano, etc*) hinreißend spielen; **s'enlever** *vpr* (*tache*) herausgehen; ~ **qch à qn** jdm etw wegnehmen; (*espoir etc*) jdm etw nehmen; **la maladie qui nous l'a enlevé** (*euphémisme*) die Krankheit, die ihn uns entrissen hat
enliser [ãlize]: **s'~** *vpr* versinken
enluminure [ãlyminyʀ] *nf* Buchmalerei *f*, Illumination *f*
enneigé, e [ãneʒe] *adj* (*pente, col*) verschneit; (*maison*) eingeschneit
enneigement [ãnɛʒmã] *nm* Schnee *m*; **bulletin d'~** Schneebericht *m*
ennemi, e [ɛnmi] *adj* feindlich ▷ *nm/f* Feind(in) *m(f)*; **être ~ de** ein Feind sein von
ennoblir [ãnɔbliʀ] *vt* adeln
ennui [ãnɥi] *nm* (*lassitude*) Langeweile *f*; (*difficulté*) Schwierigkeit *f*; **avoir/s'attirer des ~s** Schwierigkeiten haben/bekommen
ennuie [ãnɥi] *vb voir* **ennuyer**
ennuyé, e [ãnɥije] *adj*: **je suis bien ~** (*gêné*) es ist mir peinlich
ennuyer [ãnɥije] *vt* ärgern; (*lasser*) langweilen; **s'ennuyer** *vpr* sich langweilen; **si cela ne vous ennuie pas** wenn es Ihnen keine Umstände macht; **s'~ de qn/qch** (*regretter*) jdn/etw vermissen
ennuyeux, -euse [ãnɥijø, øz] *adj* (*lassant*) langweilig; (*contrariant*) ärgerlich
énoncé [enɔ̃se] *nm* (*d'un problème, d'une loi*) Wortlaut *m*; (*Ling*) Aussage *f*
énoncer [enɔ̃se] *vt* ausdrücken; (*conditions*) formulieren
enorgueillir [ãnɔʀɡœjiʀ]: **s'~ de** *vpr* sich rühmen +*gén*
énorme [enɔʀm] *adj* enorm, gewaltig
énormément [enɔʀmemã] *adv* ungeheuer; ~ **de neige/gens** ungeheuer viel Schnee/viele Menschen
énormité [enɔʀmite] *nf* (*d'une faute etc*)

ungeheure(s) Ausmaß *nt*; (*propos incongru*) Ungeheuerlichkeit *f*
en part. *abr* (= *en particulier*) bes
enquérir [ãkeʀiʀ]: **s'~ de** *vpr* sich erkundigen nach +*dat ou* über +*acc*
enquête [ãkɛt] *nf* (*judiciaire, de police*) Untersuchung *f*, Ermittlung *f*; (*de journaliste*) Nachforschungen *pl*; (*sondage d'opinion*) (Meinungs)umfrage *f*
enquêter [ãkete] *vi* ermitteln; (*journaliste*) Nachforschungen anstellen; (*faire un sondage*) eine Umfrage machen; ~ **sur** Nachforschungen anstellen über +*acc*
enquêteur, -euse *ou* **-trice** [ãkɛtœʀ, øz, tʀis] *nm/f* Ermittler(in) *m(f)*; (*de sondage*) Meinungsforscher(in) *m(f)*
enquière *etc* [ãkjɛʀ] *vb voir* **enquérir**
enquiers *etc* [ãkje] *vb voir* **enquérir**
enquiquiner [ãkikine] *vt* (*fam*) ärgern
enquis [ãki] *pp de* **enquérir**
enraciné, e [ãʀasine] *adj* tief verwurzelt
enragé [ãʀaʒe] *adj* (*Méd: qui a la rage*) tollwütig; (*furieux*) tobend; (*passionné*) fanatisch; ~ **de** (*fam*) verrückt nach
enrageant, e [ãʀaʒã, ãt] *adj* ärgerlich
enrager [ãʀaʒe] *vi* rasend *ou* wütend sein; **faire ~ qn** jdn wütend machen, jdn zum Rasen bringen
enrayer [ãʀeje] *vt* (*maladie, processus*) aufhalten, stoppen; **s'enrayer** *vpr* (*arme à feu, mécanisme*) klemmen
enrégimenter [ãʀeʒimãte] (*péj*) *vt* rekrutieren
enregistrement [ãʀ(ə)ʒistʀəmã] *nm* Aufnahme *f*; (*d'une plainte*) Registrierung *f*; ~ **des bagages** (à *l'aéroport*) Gepäckaufgabe *f*
enregistrer [ãʀ(ə)ʒistʀe] *vt* (*Mus, commande*) aufnehmen; (*Inform*) sichern; (*remarquer*) registrieren, bemerken; (*Admin: prendre acte de*) eintragen, registrieren; (*mémoriser*) sich *dat* merken; (*bagages*) aufgeben
enregistreur, -euse [ãʀ(ə)ʒistʀœʀ, øz] *adj* (*machine*) Aufnahme- ▷ *nm* (*appareil*) Schreiber *m*, Aufzeichnungsgerät *nt*; ~ **de vol** Flugschreiber *m*
enrhumé, e [ãʀyme] *adj* erkältet
enrhumer [ãʀyme]: **s'~** *vpr* sich erkälten
enrichi, e [ãʀiʃi] *adj* (*Chim*) angereichert
enrichir [ãʀiʃiʀ] *vt* reich machen; (*moralement*) bereichern; (*connaissances*) erweitern; **s'enrichir** *vpr* reich werden
enrichissant, e [ãʀiʃisã, ãt] *adj* bereichernd
enrichissement [ãʀiʃismã] *nm* Bereicherung *f*
enrober [ãʀɔbe] *vt*: ~ **qch de** etw umhüllen mit; (*fig*) etw verhüllen mit
enrôlement [ãʀolmã] *nm* (*inscription*) Aufnahme *f*
enrôler [ãʀole] *vt* aufnehmen; **s'enrôler** *vpr*: **s'~ (dans)** sich anmelden (bei)
enroué, e [ãʀwe] *adj* heiser
enrouer [ãʀwe]: **s'~** *vpr* heiser werden
enrouler [ãʀule] *vt* (*fil, corde*) aufwickeln; **s'enrouler** *vpr* sich aufspulen; ~ **qch autour de** etw herumwickeln um
enrouleur, -euse [ãʀulœʀ, øz] *adj* (*Tech*) Wickel- ▷ *nm voir* **ceinture**

enrubanné, e [ãʀybane] *adj* mit Bändern besetzt
ENS [eɛnɛs] *sigle f* (= *École normale supérieure*) *voir*
école
ensabler [ãsable] *vt* (*port, canal*) versanden lassen;
(*embarcation*) auf eine Sandbank auflaufen
lassen; **s'ensabler** *vpr* (*v vt*) versanden; auf eine
Sandbank auflaufen
ensacher [ãsaʃe] *vt* eintüten
ensanglanté, e [ãsãglãte] *adj* blutbefleckt
enseignant, e [ãsɛɲã, ãt] *adj* (*personnel*)
Lehr- ▷ *nm/f* Lehrer(in) *m(f)*; **le corps** ~ der
Lehrkörper *m*
enseigne [ãsɛɲ] *nf* Geschäftsschild *nt* ▷ *nm*: ~ **de**
vaisseau Leutnant *m* zur See; **à telle** ~ **que** so
sehr, dass; **être logé à la même** ~ (*fig*) im
gleichen Boot sitzen; ~ **lumineuse**
Leuchtreklame *f*
enseignement [ãsɛɲ(ə)mã] *nm* Unterricht *m*;
(*conclusion*) Lehre *f*; (*profession*) Lehrerberuf *m*;
(*administration*) Unterrichtswesen *nt*; ~ **ménager**
Hauswirtschaftslehre *f*; ~ **primaire**
≈ Grundschulerziehung *f*; ~ **privé**
Privaterziehung *f*; ~ **public** staatliche
Schulerziehung *f*; ~ **secondaire**
≈ Sekundarerziehung *f*; ~ **technique**
≈ Berufsschulunterricht *m*
enseigner [ãsɛɲe] *vt* unterrichten; (*suj: choses*)
lehren, beibringen ▷ *vi* (*être professeur*)
unterrichten; ~ **qch à qn** jdm etw beibringen; ~
à qn que jdm beibringen, dass, jdn lehren, dass
ensemble [ãsãbl] *adv* zusammen ▷ *nm* (*groupe,*
assemblage) Komplex *m*; (*Math*) Menge *f*; (*vêtement*
féminin) Ensemble *nt*; (*unité, harmonie*) Einheit *f*;
(*résidentiel*) Siedlung *f*; **l'~ du/de la ...** der/die/das
ganze ...; **aller** ~ zusammenpassen;
impression/idée d'~ Gesamteindruck *m*/
Gesamtidee *f*; **dans l'~** im Ganzen; **dans son** ~
insgesamt; ~ **instrumental** Instrumental-
ensemble *nt*; ~ **vocal** Vokalensemble *nt*
ensemblier [ãsãblije] *nm* Innenarchitekt(in) *m(f)*
ensemencer [ãs(ə)mãse] *vt* besäen
enserrer [ãseʀe] *vt* fest umschließen
ensevelir [ãsəv(ə)liʀ] *vt* begraben
ensoleillé, e [ãsɔleje] *adj* sonnig
ensoleillement [ãsɔlɛjmã] *nm* Sonnenstunden *pl*
ensommeillé, e [ãsɔmeje] *adj* schläfrig,
verschlafen
ensorceler [ãsɔʀsəle] *vt* verzaubern
ensuite [ãsɥit] *adv* dann
ensuivre [ãsɥivʀ]: **s'~** *vpr* folgen, sich ergeben;
il s'ensuit que daraus ergibt sich, dass, deshalb;
et tout ce qui s'ensuit und so weiter
entaché, e [ãtaʃe] *adj*: ~ **de nullité** null und
nichtig
entacher [ãtaʃe] *vt* beschmutzen
entaille [ãtaj] *nf* (*encoche*) Kerbe *f*; (*blessure*)
Schnitt *m*; **se faire une** ~ sich schneiden
entailler [ãtaje] *vt* einkerben; **s'entailler** *vpr*: **s'~**
le doigt *etc* sich am *ou* in den Finger *etc*
schneiden
entamer [ãtame] *vt* (*pain*) anschneiden; (*bouteille*)
anbrechen; (*hostilités, pourparlers*) eröffnen;

(*altérer*) beeinträchtigen
entartrer [ãtaʀtʀe]: **s'~** *vpr* Kesselstein ansetzen;
(*dents*) Zahnstein ansetzen
entassement [ãtasmã] *nm* (*tas*) Anhäufung *f*
entasser [ãtase] *vt* (*empiler*) anhäufen,
aufhäufen; (*prisonniers etc*) zusammenpferchen;
s'entasser *vpr* (*v vt*) sich anhäufen;
zusammengepfercht werden; **s'~ dans** sich
hineinquetschen in +*acc*
entendement [ãtãdmã] *nm* Verständnis *nt*
entendre [ãtãdʀ] *vt* hören; (*Jur: accusé, témoin*)
anhören, vernehmen; (*comprendre*) verstehen;
(*vouloir dire*) meinen; **s'entendre** *vpr* (*sympathiser*)
sich verstehen; (*se mettre d'accord*)
übereinkommen, sich einigen; **j'ai entendu**
dire que ich habe gehört *ou* sagen hören, dass;
~ **être obéi/que** (*vouloir*) Gehorsam wollen/wollen,
dass; **s'y** ~ sich darauf verstehen; ~ **parler de**
hören von; ~ **raison** Vernunft annehmen; **je**
m'entends ich meine; **entendons-nous** seien
wir uns darüber im Klaren; **cela s'entend** das
versteht sich (von selbst); **laisser** ~ *ou* **donner à**
~ **que** zu verstehen geben, dass; **ce qu'il ne faut**
pas ~! was es nicht alles gibt!; **j'ai mal entendu**
ich habe das nicht gut verstanden; **je suis**
heureux de vous l'~ dire ich freue mich, dass
Sie das sagen; **je vous entends très mal** ich
verstehe Sie sehr schlecht
entendu, e [ãtãdy] *pp de* **entendre** ▷ *adj* (*réglé*)
abgemacht; (*au courant: air*) wissend; **étant** ~ **que**
wenn man davon ausgeht, dass; ~**!** (*d'accord*)
einverstanden!; **bien** ~**!** selbstverständlich!
entente [ãtãt] *nf* (*entre amis, pays*) Einvernehmen
nt; (*accord, traité*) Vertrag *m*; **à double** ~ (*sens*)
doppeldeutig
entériner [ãteʀine] *vt* (*Jur*) bestätigen
entérite [ãteʀit] *nf* Enteritis *f*
enterrement [ãtɛʀmã] *nm* Begräbnis *nt*
enterrer [ãteʀe] *vt* begraben; (*trésor etc*)
vergraben
entêtant, e [ãtɛtã, ãt] *adj* berauschend
en-tête [ãtɛt] (*pl* ~**s**) *nm*: **papier à** ~ Papier *nt* mit
Briefkopf
entêté, e [ãtete] *adj* dickköpfig
entêtement [ãtɛtmã] *nm* Dickköpfigkeit *f*
entêter [ãtete]: **s'~** *vpr* dickköpfig sein; **s'~ à**
faire qch sich darauf versteifen, etw zu tun
enthousiasmant, e [ãtuzjasmã, ãt] *adj*
begeisternd
enthousiasme [ãtuzjasm] *nm* Begeisterung *f*,
Enthusiasmus *m*; **avec** ~ begeistert
enthousiasmé, e [ãtuzjasme] *adj* begeistert
enthousiasmer [ãtuzjasme] *vt* begeistern;
s'enthousiasmer *vpr*: **s'~ (pour qch)** sich (für
etw) begeistern
enthousiaste [ãtuzjast] *adj* begeistert ▷ *nm/f*
Enthusiast(in) *m(f)*
enticher [ãtiʃe]: **s'~ de** *vpr* sich vernarren in +*acc*
entier, -ère [ãtje, jɛʀ] *adj* ganz; (*intact, complet*)
vollständig; (*personne, caractère*) geradlinig ▷ *nm*
(*Math*) ganze Zahl *f*; **en** ~ vollständig; **se donner**
tout ~ **à qch** sich einer Sache *dat* ganz weihen;

lait ~ Vollmilch f; **nombre** ~ ganze Zahl
entièrement [ãtjɛʀmã] adv vollständig, völlig
entité [ãtite] nf Wesen nt
entomologie [ãtɔmɔlɔʒi] nf Insektenkunde f
entomologiste [ãtɔmɔlɔʒist] nm/f
Insektenforscher(in) m(f)
entonner [ãtɔne] vt (chanson) anstimmen
entonnoir [ãtɔnwaʀ] nm Trichter m
entorse [ãtɔʀs] nf (Méd) Verstauchung f; ~ **à la loi**
Gesetzesverletzung f; ~ **au règlement**
Regelverstoß m; **se faire une** ~ **à la cheville/au
poignet** sich dat den Knöchel/das Handgelenk
verstauchen
entortiller [ãtɔʀtije] vt: ~ **qch dans** etw
einwickeln in +acc; ~ **qch autour de** etw
(herum)wickeln um; ~ **qn** (fam) jdn einwickeln;
s'entortiller dans vpr (draps) sich verwickeln in
+acc; (réponses) sich verstricken in +acc
entourage [ãtuʀaʒ] nm (personnes proches)
Umgebung f
entouré, e [ãtuʀe] adj (recherché, admiré) populär;
~ **de** umgeben von
entourer [ãtuʀe] vt umgeben; (cerner)
umzingeln; (faire cercle autour de) umkreisen;
(apporter son soutien à) umsorgen; **s'entourer** vpr:
s'~ **de** (collaborateurs, amis) sich umgeben mit; ~
qch de (clôture, trait) etw umfassen mit; ~ **qn de
soins** jdn umsorgen; ~ **qn de prévenances** jdn
umhegen; **s'**~ **de mystère/luxe** sich mit dem
Schleier des Geheimnisvollen/mit Luxus
umgeben; **s'**~ **de précautions** alle möglichen
Vorsichtsmaßnahmen treffen
entourloupette [ãtuʀlupɛt] nf (gén pl) übler
Trick m
entournures [ãtuʀnyʀ] nfpl: **gêné aux** ~
(financièrement) in Geldschwierigkeiten
entracte [ãtʀakt] nm Pause f
entraide [ãtʀɛd] nf gegenseitige Hilfe f
entraider [ãtʀede]: **s'**~ vpr sich gegenseitig
helfen
entrailles [ãtʀaj] nfpl (intestins) Innereien pl,
Eingeweide pl; (fig) Innere(s) nt
entrain [ãtʀɛ̃] nm Elan m, Schwung m; **avec** ~ mit
Schwung; **sans** ~ lustlos, ohne Schwung
entraînant, e [ãtʀenã, ãt] adj mitreißend
entraînement [ãtʀenmã] nm Training nt;
manquer d'~ nicht fit sein; ~ **à chaîne/galet**
Ketten-/Radantrieb m; ~ **par ergots/friction**
Dorn-/Reibungsantrieb m
entraîner [ãtʀene] vt (tirer) ziehen; (Tech:
actionner) antreiben; (emmener) mitschleppen;
(mener à l'assaut) anführen; (Sport) trainieren;
(influencer) mitreißen; (impliquer) mit sich
bringen; (causer) verursachen; **s'entraîner** vpr
(Sport) trainieren; ~ **qn à** (inciter) jdn zu etw
bringen; ~ **qn à faire qch** jdn dazu bringen, etw
zu tun; **s'**~ **à qch** (s'exercer) sich in etw dat üben;
s'~ **à faire qch** sich darin üben, etw zu tun
entraîneur, -euse [ãtʀenœʀ, øz] nm/f (Sport)
Trainer(in) m(f) ▷ nf (de bar) Animierdame f
entrapercevoir [ãtʀapɛʀsəvwaʀ] vt einen Blick
erhaschen von

entrave [ãtʀav] nf (obstacle) Behinderung f
entraver [ãtʀave] vt behindern
entre [ãtʀ] prép zwischen +dat; (parmi) unter +dat;
(avec mouvement) zwischen +acc; **l'un d'**~ **eux** einer
von ou unter ihnen; **le meilleur d'**~ **eux** der
Beste unter ihnen; **ils préfèrent rester** ~ **eux**
sie bleiben lieber unter sich; ~ **autres (choses)**
unter anderem; ~ **nous** (soit dit) unter uns
gesagt; **ils se battent** ~ **eux** sie schlagen sich
(untereinander); ~ **ces deux solutions, il n'y a
guère de différence** es gibt zwischen diesen
beiden Lösungen kaum einen Unterschied
entrebâillé, e [ãtʀəbaje] adj angelehnt
entrebâillement [ãtʀəbajmã] nm: **dans l'**~ **de la
porte** in der halb offenen Tür
entrebâiller [ãtʀəbaje] vt anlehnen
entrechat [ãtʀəʃa] nm Sprung m
entrechoquer [ãtʀəʃɔke]: **s'**~ vpr
aneinanderstoßen
entrecôte [ãtʀəkot] nf Entrecôte nt
entrecoupé, e [ãtʀəkupe] adj (paroles)
unterbrochen; (voix) gebrochen
entrecouper [ãtʀəkupe] vt: ~ **qch de** etw
unterbrechen mit; **s'entrecouper** vpr sich
schneiden
entrecroiser [ãtʀəkʀwaze] vt (fils, rubans)
(miteinander) verschlingen; **s'entrecroiser** vpr
sich ineinander verschlingen
entrée [ãtʀe] nf (accès, porte) Eingang m; (d'une
personne) Eintreten nt; (d'un véhicule) Einfahrt f;
(billet) Eintrittskarte f; (Culin: mets) Vorspeise f;
(Inform) Eingabe f; **entrées** nfpl: **avoir ses** ~**s chez
ou auprès de** ein willkommener Gast ou
willkommen sein bei; **faire son** ~ **dans** (société)
eingeführt werden in +acc; **d'**~ (dès l'abord) von
Anfang an; ~ **de service** Dienstboteneingang;
~ **des artistes** Künstlereingang; ~ **en matière**
Einführung f, Einleitung f; ~ **en scène** Auftritt
m; ~ **en vigueur** Inkrafttreten nt; **"**~ **interdite"**
„Eintritt verboten"; **"**~ **libre"** „Eintritt frei"
entrefaites [ãtʀəfɛt]: **sur ces** ~ adv dann
entrefilet [ãtʀəfilɛ] nm (article) Notiz f
entregent [ãtʀəʒã] nm: **avoir de l'**~ umgängliche
Manieren haben
entre-jambes [ãtʀəʒãb] nm inv (Couture) Schritt m
entrelacement [ãtʀəlasmã] nm: **un** ~ **de** ein
Netz nt von
entrelacer [ãtʀəlase] vt (fils) ineinander
verschlingen; **s'entrelacer** vpr sich miteinander
verschlingen
entrelarder [ãtʀəlaʀde] vt (viande) spicken;
entrelardé de (fig) gespickt mit
entremêler [ãtʀəmele] vt (fils) miteinander
verschlingen; (mélanger) vermischen
entremets [ãtʀəmɛ] nm Nachspeise f
entremetteur, -euse [ãtʀəmɛtœʀ, øz] nm/f
Vermittler(in) m(f); (péj) Kuppler(in) m(f)
entremettre [ãtʀəmɛtʀ]: **s'**~ vpr vermitteln; (péj)
sich einmischen
entremise [ãtʀəmiz] nf (intervention) Vermittlung
f; **par l'**~ **de** durch Vermittlung +gén
entrepont [ãtʀəpõ] nm (Naut) Zwischendeck nt

entreposer [ãtʀəpoze] *vt* einlagern
entrepôt [ãtʀəpo] *nm* (*hangar*) Lagerhaus *nt*;
~ **frigorifique** Kühlhaus *nt*
entreprenant, e [ãtʀəpʀənã, ãt] *vb voir*
entreprendre ▷ *adj* (*actif*) unternehmungslustig;
(*trop galant*) dreist
entreprendre [ãtʀəpʀãdʀ] *vt* (*se lancer dans*)
machen, unternehmen; (*commencer*) angehen;
~ **qn sur un sujet** jdn auf ein Thema ansprechen;
~ **de faire qch** sich daranmachen, etw zu tun
entrepreneur [ãtʀəpʀənœʀ] *nm*
Unternehmer(in) *m(f)*; ~ **de pompes funèbres**
Bestattungsunternehmer *m*; ~ **(en bâtiment)**
Bauunternehmer *m*
entreprise [ãtʀəpʀiz] *nf* Unternehmen *nt*;
~ **agricole** Agrarunternehmen *nt*; ~ **de travaux
publics** Hoch- und Tiefbauunternehmen *nt*
entrer [ãtʀe] *vi* hereinkommen; (*véhicule*)
hereinfahren; (*pénétrer, s'enfoncer*) eindringen
▷ *vt* (*marchandises*) einführen; (*Inform: données*)
eingeben; ~ **qch dans** etw hineintun in +*acc*;
~ **dans** (*suj: personne*) kommen in +*acc*; (*: véhicule*)
fahren in +*acc*; (*: marchandises*) eingeführt werden
in +*acc*; (*pénétrer dans*) eindringen in +*acc*; (*fig: parti,
profession, phase*) eintreten in +*acc*; (*: famille etc*) ein
Teil werden von; (*heurter*) zusammenstoßen mit;
(*faire partie de*) ein Teil sein von; ~ **au couvent/à
l'hôpital** in ein Kloster eintreten/ins
Krankenhaus gehen; ~ **en fureur** wütend
werden; ~ **en ébullition** zum Kochen kommen;
~ **en scène** (*acteur*) auftreten; (*fig*) auf der
Bildfläche erscheinen; ~ **dans le système**
(*Inform*) (sich) einloggen; **laisser ~ qn** (*visiteur etc*)
jdn einlassen; **laisser ~ qch** etw hereinlassen;
faire ~ qn jdn hereinbitten
entresol [ãtʀəsɔl] *nm* Zwischengeschoss *nt*
(*zwischen Erdgeschoss und erstem Stock*)
entre-temps [ãtʀətã] *adv* in der Zwischenzeit,
inzwischen
entretenir [ãtʀət(ə)niʀ] *vt* (*faire vivre*)
unterhalten; (*: maîtresse*) aushalten; (*feu*) am
Leben halten; (*amitié, relations*) aufrechterhalten;
s'entretenir *vpr*: **s'~ (de qch)** sich unterhalten
(über etw *acc*); ~ **qn (de qch)** (*lui parler*) jdn
unterhalten (mit etw); ~ **qn dans l'erreur** jdn
im Irrtum belassen
entretenu, e [ãtʀət(ə)ny] *pp de* **entretenir** ▷ *adj*
(*femme*) ausgehalten; (*maison, jardin*): **bien ~** gut
gepflegt; **mal ~** ungepflegt
entretien [ãtʀətjɛ̃] *nm* (*d'une maison, d'une famille*)
Unterhalt *m*; (*discussion*) Unterhaltung *f*;
(*audience*) Unterredung *f*, Gespräch *nt*; (*service*)
Wartung *f*; **~s** (*pourparlers: gén pl*) Gespräche *pl*;
frais d'~ Wartungskosten *pl*
entretiendrai [ãtʀətjɛ̃dʀe] *vb voir* **entretenir**
entretiens [ãtʀətjɛ̃] *vb voir* **entretenir**
entretuer [ãtʀətɥe]: **s'~** *vpr* sich gegenseitig
umbringen
entreverrai [ãtʀəveʀe] *vb voir* **entrevoir**
entrevit [ãtʀəvi] *vb voir* **entrevoir**
entrevoir [ãtʀəvwaʀ] *vt* (*à peine*) (kaum)
ausmachen; (*brièvement*) kurz sehen; (*fig: solution,

problème) ahnen
entrevu, e [ãtʀəvy] *pp de* **entrevoir**
entrevue [ãtʀəvy] *nf* Gespräch *nt*; (*audience*)
Interview *m*
entrouvert, e [ãtʀuvɛʀ, ɛʀt] *pp de* **entrouvrir**
▷ *adj* halb offen *ou* halb geöffnet
entrouvrir [ãtʀuvʀiʀ] *vt* halb öffnen;
s'entrouvrir *vpr* halb aufgehen
énumération [enymeʀasjɔ̃] *nf* Aufzählung *f*
énumérer [enymeʀe] *vt* aufzählen
énurésie [enyʀezi] *nf* Bettnässen *nt*
énurétique [enyʀetik] *adj*: **un enfant ~** ein
Bettnässer *m*
envahir [ãvaiʀ] *vt* überfallen, einfallen in +*acc*;
(*suj: végétation, paperasse etc*) sich ausbreiten in +*dat*;
(*: marchandises*) überschwemmen; (*: inquiétude,
peur*) überkommen
envahissant, e [ãvaisã, ãt] *adj* (*péj*) aufdringlich
envahissement [ãvaismã] *nm* Invasion *f*
envahisseur [ãvaisœʀ] *nm* Angreifer *m*
envasement [ãvazmã] *nm* Verschlammung *f*
envaser [ãvaze]: **s'~** *vpr* (*véhicule, bateau*) im
Schlamm stecken bleiben; (*lac, rivière*)
verschlammen
enveloppe [ãv(ə)lɔp] *nf* (*de lettre*) (Brief)umschlag
m; (*revêtement, gaine*) Gehäuse *nt*, Hülle *f*; **mettre
sous ~** in einen Umschlag stecken; ~ **à fenêtre**
Fensterumschlag *m*; ~ **autocollante**
selbstklebender Umschlag *m*; ~ **budgétaire** Etat *m*
envelopper [ãv(ə)lɔpe] *vt* (*emballer*) einpacken;
(*entourer*) einhüllen; **s'~ dans un châle/une
couverture** sich in einen Schal/eine Decke
hüllen
envenimer [ãv(ə)nime] *vt* (*situation, relations*)
verschlimmern; **s'envenimer** *vpr* (*plaie*)
schwären; (*situation, relations*) sich
verschlechtern
envergure [ãveʀgyʀ] *nf* (*d'un oiseau, avion*)
Spannweite *f*; (*d'un projet, d'une action*) Tragweite *f*,
Ausmaß *nt*; (*d'une personne*) Kaliber *nt*
enverrai *etc* [ãveʀe] *vb voir* **envoyer**
envers [ãveʀ] *prép* gegenüber +*dat* ▷ *nm* (*d'une
feuille*) Rückseite *f*; (*d'une étoffe, d'un vêtement*) linke
Seite *f*; (*d'un problème*) Kehrseite *f*; **à l'~** (*vêtement*)
links *ou* verkehrt herum; (*objet*) verkehrt herum;
~ **et contre tous** gegen Gott und die Welt; ~ **et
contre tout** gegen alle Widerstände
enviable [ãvjabl] *adj* beneidenswert; **peu ~** nicht
zu beneiden
envie [ãvi] *nf* (*jalousie*) Neid *m*; (*souhait, désir*)
Verlangen *nt*; (*tache sur la peau*) Muttermal *nt*;
(*autour des ongles*) Niednagel *m*; **avoir ~ de qch**
Lust auf etw *acc* haben; **avoir ~ de faire qch** Lust
(darauf) haben, etw zu tun; **avoir ~ que** (sich
dat) wünschen, dass; **donner à qn l'~ de faire
qch** jdn veranlassen, etw zu tun; **ça lui fait ~** er
hätte Lust darauf
envier [ãvje] *vt* (*personne*) beneiden; ~ **qch à qn**
jdn um etw beneiden; **n'avoir rien à ~ à** in
nichts nachstehen +*dat*
envieux, -euse [ãvjø, jøz] *adj* neidisch ▷ *nm/f*
Neider(in) *m(f)*

environ [ɑ̃viʀɔ̃] *adv* etwa, ungefähr; **environs**
nmpl (*alentours*) Umgebung *f*; **aux ~s de** in der
Umgebung von; **aux ~s de Noël** um
Weihnachten herum

environnant, e [ɑ̃viʀɔnɑ̃, ɑ̃t] *adj* umgebend,
umliegend; (*milieu*) umgebend

environnement [ɑ̃viʀɔnmɑ̃] *nm* Umwelt *f*

environner [ɑ̃viʀɔne] *vt* umgeben

envisageable [ɑ̃vizaʒabl] *adj* vorstellbar

envisager [ɑ̃vizaʒe] *vt* sich vorstellen, sich vor
Augen führen; **~ de faire qch** vorhaben, etw zu
tun

envoi [ɑ̃vwa] *nm* (*action*) Versand *m*; (*paquet, colis*)
Paket *nt*, Sendung *f*; **~ contre remboursement**
Nachnahme(sendung) *f*

envoie [ɑ̃vwa] *vb voir* **envoyer**

envol [ɑ̃vɔl] *nm* Abflug *m*

envolée [ɑ̃vɔle] *nf* (*lyrique*) Höhenflug *m*

envoler [ɑ̃vɔle]: **s'~** *vpr* (*oiseau*) abfliegen,
wegfliegen; (*avion*) abfliegen; (*papier, feuille*)
wegfliegen; (*fig: espoir, illusions*) sich verflüchtigen

envoûtant, e [ɑ̃vutɑ̃, ɑ̃t] *adj* bezaubernd

envoûtement [ɑ̃vutmɑ̃] *nm* Verzauberung *f*

envoûter [ɑ̃vute] *vt* verzaubern

envoyé, e [ɑ̃vwaje] *nm/f* (*Pol*) Gesandte(r) *f(m)*
▷ *adj*: **bien ~** (*remarque, réponse*) geschickt;
~ permanent ständiger Berichterstatter *m*;
~ spécial Sonderberichterstatter *m*

envoyer [ɑ̃vwaje] *vt* schicken; (*émissaire, délégué,
mission*) entsenden; (*ballon*) werfen; (*projectile*)
abschießen; **s'envoyer** *vpr* (*fam: repas etc*) sich *dat*
genehmigen; **~ chercher qn/qch** nach jdm/
einer Sache schicken; **~ une gifle à qn** jdm eine
Ohrfeige verabreichen; **~ les couleurs** die Fahne
hissen; **~ par le fond** (*bateau*) versenken

enzyme [ɑ̃zim] *nf ou m* (*Chim*) Enzym *nt*

éolien, ne [eɔljɛ̃, jɛn] *adj* Wind-; **énergie ~ne**
Windkraft *f* ▷ *nf* Windrad *nt*

éolienne [eɔljɛn] *nf* Windrad *nt*

épagneul, e [epaɲœl] *nm/f* Spaniel *m*

épais, se [epɛ, ɛs] *adj* dick; (*sauce, liquide*)
dickflüssig; (*fumée, brouillard, ténèbres, forêt*) dicht;
(*foule*) dicht gedrängt; (*péj: esprit*) schwerfällig

épaisseur [epesœʀ] *nf* (*d'un mur*) Dicke *f*; (*du
brouillard*) Dichte *f*

épaissir [epesiʀ] *vt* (*sauce*) andicken ▷ *vi* (*sauce,
partie du corps, etc*) dick werden; **s'épaissir** *vpr*
(*sauce*) dicker werden; (*brouillard*) dichter werden

épaississement [epesismɑ̃] *nm* (*du brouillard*)
Verdichten *nt*; (*de la peau, taille*) Dickerwerden *nt*

épanchement [epɑ̃ʃmɑ̃] *nm* (*fig: du cœur*) Erguss *m*;
épanchements *nmpl* (*fig*) (sentimentale) Ergüsse
pl; **~ de synovie** Wasser *nt* im Knie

épancher [epɑ̃ʃe] *vt* (*douleur, joie*) zum Ausdruck
bringen; **s'épancher** *vpr* (*personne*) sich
aussprechen; (*liquide*) herausströmen

épandage [epɑ̃daʒ] *nm* Düngen *nt* (*mit Jauche*)

épanoui, e [epanwi] *adj* (*fleur*) blühend; (*personne,
visage, sourire*) strahlend

épanouir [epanwiʀ]: **s'~** *vpr* aufblühen; (*visage*)
sich erhellen

épanouissement [epanwismɑ̃] *nm* (*de personne*)

Aufblühen *nt*

épargnant, e [epaʀɲɑ̃, ɑ̃t] *nm/f* Sparer(in) *m(f)*

épargne [epaʀɲ] *nf*: **l'~** das Sparen *nt*; **l'~-
logement** das Bausparen *nt*

épargner [epaʀɲe] *vt* sparen; (*ne pas tuer ou
détruire*) verschonen ▷ *vi* sparen; **~ qch à qn** jdm
etw ersparen

éparpillement [epaʀpijmɑ̃] *nm* (*des efforts*)
Verschwendung *f*

éparpiller [epaʀpije] *vt* verstreuen; (*pour répartir*)
streuen; (*efforts*) verschwenden, vergeuden;
s'éparpiller *vpr* sich zerstreuen; (*foule,
manifestants etc*) sich verlaufen; (*étudiant, chercheur
etc*) sich verzetteln

épars, e [epaʀ, aʀs] *adj* (*maisons*) verstreut

épatant, e [epatɑ̃, ɑ̃t] (*fam*) *adj* fantastisch,
super

épaté, e [epate] *adj*: **nez ~** platte (breite) Nase *f*

épater [epate] *vt* (*étonner*) in Erstaunen versetzen;
(*impressionner*) beeindrucken

épaule [epol] *nf* Schulter *f*

épaulé-jeté [epoleʒ(ə)te] (*pl* **épaulés-jetés**) *nm*
(*Sport*) Stoßen *nt*

épaulement [epolmɑ̃] *nm* (*Mil*)
Befestigungsmauer *f*; (*Géo*) Schulter *f*

épauler [epole] *vt* (*aider*) unterstützen; (*arme*)
anlegen ▷ *vi* (*avec arme*) anlegen

épaulette [epolɛt] *nf* (*Mil*) Epaulette *f*,
Schulterstück *nt*; (*rembourrage*) Schulterpolster *nt*

épave [epav] *nf* Wrack *nt*

épée [epe] *nf* Schwert *nt*

épeler [ep(ə)le] *vt* buchstabieren

éperdu, e [epɛʀdy] *adj* (*personne, regard*)
verzweifelt; (*sentiment*) überschwänglich; (*fuite*)
überstürzt

éperdument [epɛʀdymɑ̃] *adv*: **~ amoureux** bis
über beide Ohren verliebt; **s'en ficher ~** (*fam*)
sich einen Dreck (darum) scheren

éperlan [epɛʀlɑ̃] *nm* Stint *m*

éperon [epʀɔ̃] *nm* Sporn *m*; (*de navire*)
Wellenbrecher *m*

éperonner [epʀɔne] *vt* (*cheval*) die Sporen geben
+*dat*; (*navire*) rammen; (*fig*) anspornen

épervier [epɛʀvje] *nm* (*Zool*) Sperber *m*; (*Pêche*)
Wurfnetz *nt*

éphèbe [efɛb] *nm* (*fig*) Adonis *m*

éphémère [efemɛʀ] *adj* (*vie*) kurz; (*succès*)
kurzlebig

éphéméride [efemeʀid] *nf* (*calendrier*)
Abreißkalender *m*

épi [epi] *nm* (*de blé, d'orge*) Ähre *f*; **stationnement
en ~** schräges Parken *nt*; **se garer en ~** schräg
parken; **~ de cheveux** Haarbüschel *nt*

épice [epis] *nf* Gewürz *nt*

épicé, e [epise] *adj* pikant

épicéa [episea] *nm* Fichte *f*

épicentre [episɑ̃tʀ] *nm* Epizentrum *nt*

épicer [epise] *vt* würzen

épicerie [episʀi] *nf* (*magasin*)
Lebensmittelgeschäft *nt*; (*produits*) Lebensmittel
pl; **~ fine** Feinkostgeschäft *nt*

épicier, -ière [episje, jɛʀ] *nm/f*

Lebensmittelhändler(in) *m(f)*

épicurien, ne [epikyʀjɛ̃, jɛn] *adj* epikureisch

épidémie [epidemi] *nf* Epidemie *f*

épidémique [epidemik] *adj* epidemisch

épiderme [epidɛʀm] *nm* Haut *f*

épidermique [epidɛʀmik] *adj* (*Méd*) Haut-; (*réaction*) empfindlich

épier [epje] *vt* (*personne*) bespitzeln; (*arrivée, changement*) gespannt erwarten; (*occasion*) lauern auf +*acc*

épieu, x [epjø] *nm* Speer *m*

épigramme [epigʀam] *nf* Epigramm *nt*

épigraphe [epigʀaf] *nf* Inschrift *f*

épilation [epilasjɔ̃] *nf* Enthaarung *f*, Enthaaren *nt*

épilatoire [epilatwaʀ] *adj* (*crème, lait*) Enthaarungs-

épilepsie [epilɛpsi] *nf* Epilepsie *f*

épileptique [epilɛptik] *adj* epileptisch ⊳ *nm/f* Epileptiker(in) *m(f)*

épiler [epile] *vt* (*jambes*) enthaaren; (*sourcils*) zupfen; **s'épiler** *vpr*: **s'~ les jambes** (sich *dat*) die Beine enthaaren; **s'~ les sourcils** (sich *dat*) die Augenbrauen zupfen; **se faire ~** (sich *dat*) die Haare entfernen lassen; **crème à ~** Enthaarungscreme *f*; **pince à ~** Pinzette *f* (*zum Augenbrauenzupfen*)

épilogue [epilɔg] *nm* (*Théât*) Epilog *m*; (*fig*) Ausgang *m*

épiloguer [epilɔge] *vi*: **~ sur** sich auslassen über +*acc*

épinard [epinaʀ] *nm* Spinat *m*; **~s** Spinat

épine [epin] *nf* (*de rose*) Dorne *f*; (*d'oursin*) Stachel *m*; **~ dorsale** Rückgrat *nt*

épineux, -euse [epinø, øz] *adj* dornig; (*problème*) haarig

épinglage [epɛ̃glaʒ] *nm* Stecken *nt*

épingle [epɛ̃gl] *nf* Nadel *f*; **tirer son ~ du jeu** sich aus der Affäre ziehen; **tiré à quatre ~s** wie aus dem Ei gepellt; **monter qch en ~** auf etw *dat* herumreiten; **~ à chapeau** Hutnadel; **~ à cheveux** Haarnadel; **virage en ~ à cheveux** Haarnadelkurve *f*; **~ de cravate** Krawattennadel; **~ de nourrice** *ou* **de sûreté** *ou* **double** Sicherheitsnadel

épingler [epɛ̃gle] *vt* (*Couture*) stecken; **~ qch sur** etw feststecken auf +*dat*

épinière [epinjɛʀ] *adj f voir* **moelle**

Épiphanie [epifani] *nf* Dreikönigsfest *nt*

épiphénomène [epifenɔmɛn] *nm* Nebenwirkung *f*

épique [epik] *adj* (*Litt*) episch; (*fig: extraordinaire*) ungeheuer; (*hum*) abenteuerlich

épiscopal, e, -aux [episkɔpal, o] *adj* Bischofs-, bischöflich

épiscopat [episkɔpa] *nm* Bischofsamt *nt*; (*évêques*) Episkopat *nt*

épisode [epizɔd] *nm* (*de récit, film*) Abschnitt *m*; (*dans la vie, l'histoire*) Episode *f*; **roman à ~s** Fortsetzungsroman *m*; **film à ~s** Filmserie *f*

épisodique [epizɔdik] *adj* (*intermittent*) gelegentlich; (*accessoire*) nebensächlich

épisodiquement [epizɔdikmã] *adv* hin und wieder

épissure [episyʀ] *nf* Spleiß *m*, Verbindung *f*

épistémologie [epistemɔlɔʒi] *nf* Erkenntnistheorie *f*

épistolaire [epistɔlɛʀ] *adj* brieflich, Brief-; **être en relations ~s avec qn** mit jdm korrespondieren *ou* im Briefwechsel stehen

épitaphe [epitaf] *nf* Epitaph *m*

épithète [epitɛt] *nf* (*Ling*) Attribut *nt*; (*nom, surnom*) Name *m* ⊳ *adj*: **adjectif ~** attributives Adjektiv *nt*

épître [epitʀ] *nf* Epistel *f*; (*Litt*) Brief *m* (*in Versform*)

épizootie [epizɔɔti] *nf* Epidemie *f* (*bei Tieren*)

éploré, e [eplɔʀe] *adj* (*personne, lettre*) weinerlich; (*visage*) verweint

épluchage [eplyʃaʒ] *nm* (*de légumes*) Schälen *nt*; (*de dossier etc*) sorgfältiges Durcharbeiten *nt*

épluche-légumes [eplyʃlegym] *nm inv* Kartoffelschäler *m*

éplucher [eplyʃe] *vt* (*fruit, légumes*) schälen; (*texte, comptes*) sorgfältig durcharbeiten, genau unter die Lupe nehmen

éplucheur [eplyʃœʀ] *nm* Kartoffelschäler *m*

épluchures [eplyʃyʀ] *nfpl* Schalen *pl*

épointer [epwɛ̃te] *vt* stumpf machen

éponge [epɔ̃ʒ] *nf* Schwamm *m* ⊳ *adj*: **tissu ~** Frottee *m ou nt*; **passer l'~ sur** (*fig*) hinweggehen über +*acc*; **jeter l'~** (*fig*) das Handtuch werfen; **serviette ~** Frotteehandtuch *nt*

éponger [epɔ̃ʒe] *vt* (*liquide*) aufsaugen; (*surface*) (mit dem Schwamm) abwischen; (*dette, déficit*) absorbieren, auffangen; **s'~ le front** sich *dat* die Stirn abwischen

épopée [epɔpe] *nf* Epos *nt*

époque [epɔk] *nf* (*de l'histoire*) Epoche *f*, Ära *f*; (*de l'année, la vie*) Zeit *f*; **d'~** (*meuble etc*) Stil-; **à cette ~** in dieser Zeit; **à l'~ où** zu der Zeit als; **à l'~ de** zur Zeit +*gén*; **faire ~** Epoche *ou* Geschichte machen

épouiller [epuje] *vt* entlausen

époumoner [epumɔne]: **s'~** *vpr* sich heiser schreien

épouse [epuz] *nf* Gattin *f*, Ehefrau *f*

épouser [epuze] *vt* heiraten; (*idées, vues*) sich *dat* zu eigen machen; (*forme, mouvement*) sich anpassen an +*acc*

épousseter [epustaʒ] *nm* Abstauben *nt*

épousseter [epuste] *vt* abstauben

époustouflant, e [epustuflã, ãt] *adj* atemberaubend, umwerfend

époustoufler [epustufle] *vt* den Atem rauben +*dat*

épouvantable [epuvãtabl] *adj* (*horrible*) schrecklich, entsetzlich; (*sens affaibli*) furchtbar

épouvantablement [epuvãtabləmã] *adj* schrecklich

épouvantail [epuvãtaj] *nm* Vogelscheuche *f*; (*fig*) Schreckgespenst *nt*

épouvante [epuvãt] *nf* Schrecken *m*; **film/livre d'~** Horrorfilm *m*/Horrorroman *m*

épouvanter [epuvãte] *vt* (*terrifier*) in Angst und Schrecken versetzen; (*sens affaibli*) erschrecken

époux, -ouse [epu, uz] *nm/f* Ehemann *m*, Ehefrau *f* ▷ *nmpl*: **les ~** die Eheleute *pl*, das Ehepaar

éprendre [epʀɑ̃dʀ]: **s'~ de** *vpr* sich verlieben in +*acc*

épreuve [epʀœv] *nf* Prüfung *f*; (*Sport*) Wettkampf *m*; (*Photo*) Abzug *m*; (*Typo*) Fahne *f*; **à l'~ des balles** kugelsicher; **à l'~ du feu** feuerfest; **à toute ~** unfehlbar; **mettre ~ à l'~** auf die Probe stellen; **~ de force** Kraftprobe *f*; **~ de résistance** Test *m* auf Widerstandsfähigkeit, Härtetest *m*; **~ de sélection** (*Sport*) Ausscheidung *f*

épris [epʀi] *vb voir* **éprendre** ▷ *adj*: **~ de** verliebt in +*acc*; **être ~ de justice** ein Verfechter *m* der Gerechtigkeit sein

éprouvant, e [epʀuvɑ̃, ɑ̃t] *adj* (*pénible*) unangenehm

éprouvé, e [epʀuve] *adj* (*sûr*) erprobt, bewährt

éprouver [epʀuve] *vt* (*fatigue, douleur etc*) verspüren, fühlen; (*sentiment*) verspüren; (*difficultés etc*) begegnen +*dat*; (*faire souffrir, marquer*) Kummer machen +*dat*; (*mettre à l'épreuve: personne*) prüfen; (: *métal*) testen, erproben

éprouvette [epʀuvɛt] *nf* Reagenzglas *nt*

EPS [əpeɛs] *sigle f* (= *éducation physique et sportive*) Sportunterricht *m*

épuisant, e [epɥizɑ̃, ɑ̃t] *adj* (*fatiguant*) erschöpfend

épuisé, e [epɥize] *adj* erschöpft; (*livre*) vergriffen

épuisement [epɥizmɑ̃] *nm* Erschöpfung *f*; **jusqu'à ~ du stock** *ou* **des stocks** solange der Vorrat reicht

épuiser [epɥize] *vt* (*fatiguer*) ermüden; (*stock, ressources etc*) ausschöpfen; (*matière, sujet*) erschöpfen; **s'épuiser** *vpr* (*se fatiguer*) müde werden; (*stock*) ausgehen

épuisette [epɥizɛt] *nf* (*Pêche*) Reuse *f*

épuration [epyʀasjɔ̃] *nf* (*v vt*) Reinigung *f*; Säuberung *f*

épure [epyʀ] *nf* Detailzeichnung *f*

épurer [epyʀe] *vt* (*liquide*) reinigen; (*fig*) säubern

équarrir [ekaʀiʀ] *vt* (*tronc d'arbre, pierre*) vierkantig zuschneiden; (*animal*) zerlegen

Équateur [ekwatœʀ] *nm*: **l'~** Ecuador *nt*, Ekuador *nt*

équateur [ekwatœʀ] *nm* Äquator *m*

équation [ekwasjɔ̃] *nf* Gleichung *f*; **mettre en ~** gleichsetzen; **~ du premier/second degré** Gleichung ersten/zweiten Grades

équatorial, e, -aux [ekwatɔʀjal, jo] *adj* äquatorial, Äquatorial-

équatorien, ne [ekwatɔʀjɛ̃, jɛn] *adj* ecuadorianisch, ekuadorianisch

équerre [ekɛʀ] *nf* (*pour dessiner*) Reißschiene *f*; (*pour mesurer*) Winkel *m*; (*pour fixer*) Winkeleisen *nt*; **en ~** (*à angle droit*) rechtwinklig; **d'~** rechtwinklig, im rechten Winkel; **double ~** (*outil*) Reißschiene

équestre [ekɛstʀ] *adj* Reiter-; **statue ~** Reiterstandbild *nt*

équeuter [ekøte] *vt* entstielen

équidé [ekide] *nm* Unpaarzeher *m*

équidistance [ekɥidistɑ̃s] *nf*: **à ~ (de)** gleich weit entfernt (von)

équidistant, e [ekɥidistɑ̃, ɑ̃t] *adj* gleich weit entfernt; **~ de** gleich weit entfernt von

équilatéral, e, -aux [ekɥilateʀal, o] *adj* gleichseitig

équilibrage [ekilibʀaʒ] *nm*: **~ des roues** Auswuchten *nt* der Reifen

équilibre [ekilibʀ] *nm* Gleichgewicht *nt*; **être en ~** im Gleichgewicht sein; **mettre en ~** ausgleichen; **avoir le sens de l'~** einen guten Gleichgewichtssinn haben; **garder/perdre l'~** das Gleichgewicht halten/verlieren; **en ~ instable** im instabilen Gleichgewicht; **~ budgétaire** ausgeglichener Etat *m*

équilibré, e [ekilibʀe] *adj* ausgeglichen

équilibrer [ekilibʀe] *vt* ausgleichen; **s'équilibrer** *vpr* (*poids*) sich ausbalancieren; (*fig: défauts etc*) sich ausgleichen

équilibriste [ekilibʀist] *nm/f* Seiltänzer(in) *m(f)*

équinoxe [ekinɔks] *nm* Tagundnachtgleiche *f*; **~ d'automne** Winteranfang *m*; **~ de printemps** Sommeranfang *m*

équipage [ekipaʒ] *nm* Mannschaft *f*; **en grand ~** im großen Staat

équipe [ekip] *nf* (*de joueurs*) Mannschaft *f*; (*au travail*) Team *nt*; (*bande*) Gruppe *f*; **travailler par ~s** *ou* **en ~** im Team arbeiten; **faire ~ avec** sich zusammenschließen mit; **~ de chercheurs** Forschungsteam *nt*; **~ de sauveteurs** *ou* **de secours** Rettungsmannschaft *f*

équipé, e [ekipe] *adj* ausgestattet

équipée [ekipe] *nf* Eskapade *f*

équipement [ekipmɑ̃] *nm* Ausrüstung *f*; (*aménagement*) Ausstattung *f*; **biens d'~** Kapitalgüter *pl*; **dépenses d'~** Ausstattungskosten *pl*; **~s sportifs/collectifs** Sporteinrichtungen *pl*/ Gemeinschaftseinrichtungen *pl*

équiper [ekipe] *vt* (*personne*) ausrüsten; (*voiture, cuisine, région*) ausstatten; **s'équiper** *vpr* (*sportif*) sich ausrüsten; (*région, pays*) sich ausstatten; **~ qn de** jdn ausrüsten mit; **~ qch de** etw ausstatten mit

équipier, -ière [ekipje, jɛʀ] *nm/f* Mannschaftsmitglied *nt*

équitable [ekitabl] *adj* gerecht, fair

équitablement [ekitabləmɑ̃] *adv* gerecht, fair

équitation [ekitasjɔ̃] *nf* Reiten *nt*; **faire de l'~** reiten

équité [ekite] *nf* Fairness *f*

équivaille [ekivaj] *vb voir* **équivaloir**

équivalence [ekivalɑ̃s] *nf* Äquivalenz *f*; (*de diplômes*) Gleichwertigkeit *f*

équivalent, e [ekivalɑ̃, ɑ̃t] *adj* äquivalent, gleichwertig ▷ *nm*: **l'~ de qch** das Äquivalent einer Sache *gén*

équivaloir [ekivalwaʀ]: **~ à** *vt* entsprechen +*dat*; (*refus etc*) gleichkommen +*dat*

équivaut [ekivo] *vb voir* **équivaloir**

équivoque [ekivɔk] *adj* (*ambigu*) doppeldeutig; (*louche*) zweideutig ▷ *nf* (*v adj*) Doppeldeutigkeit *f*;

Zweideutigkeit f

érable [eʀabl] nm Ahorn(baum) m

éradication [eʀadikasjɔ̃] nf (d'une maladie) Ausmerzung f

éradiquer [eʀadike] vt (Méd) ausmerzen

érafler [eʀafle] vt zerkratzen; **s'~ la main/les jambes** sich dat die Hand/die Beine zerkratzen

éraflure [eʀaflyʀ] nf Kratzer m

éraillé, e [eʀaje] adj (voix) heiser

ère [ɛʀ] nf Ära f, Zeitalter nt; **en l'an 1050 de notre ~** im Jahr 1050 unserer Zeitrechnung; **~ chrétienne: l'~ chrétienne** das christliche Zeitalter

érection [eʀɛksjɔ̃] nf (d'une statue) Errichten nt; (Phys) Erektion f

éreintant, e [eʀɛ̃tɑ̃, ɑ̃t] adj erschöpfend

éreinté, e [eʀɛ̃te] adj erschöpft

éreinter [eʀɛ̃te] vt (fatiguer) erschöpfen; (critiquer) verreißen; **s'éreinter** vpr: **s'~ à faire qch** sich dabei verausgaben, etw zu tun

ergonomie [ɛʀgɔnɔmi] nf Ergonomie f

ergonomique [ɛʀgɔnɔmik] adj ergonomisch

ergonomiste [ɛʀgɔnɔmist] nm/f Arbeitswissensc haftler(in) m(f)

ergot [ɛʀgo] nm (de coq) Sporn m; (Tech) Klappe f; **~ du seigle** Mutterkorn nt

ergoter [ɛʀgɔte] vi Haare spalten

ergoteur, -euse [ɛʀgɔtœʀ, øz] nm/f Haarspalter(in) m(f)

ergothérapie [ɛʀgɔteʀapi] nf Ergotherapie f

ériger [eʀiʒe] vt errichten; **~ qch en principe/loi** etw zum Prinzip/Gesetz erheben; **s'ériger** vpr: **s'~ en juge/critique** sich zum Richter/Kritiker aufspielen

ermitage [ɛʀmitaʒ] nm (d'ermite) Einsiedelei f; (fig) Zufluchtsort m

ermite [ɛʀmit] nm Einsiedler m

éroder [eʀɔde] vt erodieren

érogène [eʀɔʒɛn] adj erogen

érosion [eʀozjɔ̃] nf Erosion f; (monétaire) Wertverlust m

érotique [eʀɔtik] adj erotisch; (film) Erotik-

érotiser [eʀɔtize] vt erotisieren

érotisme [eʀɔtism] nm Erotik f

errance [eʀɑ̃s] nf Irrungen pl

errant, e [eʀɑ̃, ɑ̃t] adj: **chien ~** streunender Hund m

errata [eʀata] nm ou nmpl (liste) Fehlerverzeichnis nt

erratum [eʀatɔm] (pl **errata**) nm (erreur) Fehler m, Erratum nt

errements [ɛʀmɑ̃] nmpl (fig) Verirrungen pl

errer [eʀe] vi (personne) umherirren; (pensées) schweifen

erreur [eʀœʀ] nf (gén, Inform) Fehler m; (de jugement) Irrtum m; **~s morales** Verfehlungen pl; **tomber dans l'~** in einen Irrtum verfallen; **être dans l'~** im Irrtum sein ou sich irren; **induire qn en ~** jdn irreführen; **par ~** irrtümlicherweise; **faire ~** sich irren; **~ d'impression** Druckfehler; **~ de date** Irrtum im Datum; **~ de fait** falsche Tatsache f; **~ de jugement** Fehleinschätzung f;

~ judiciaire Justizirrtum; **~ tactique** taktischer Irrtum

erroné, e [eʀɔne] adj irrig, falsch

ersatz [ɛʀzats] nm Ersatz m

éructer [eʀykte] vi rülpsen ▷ vt (fig: injures etc) hervorstoßen

érudit, e [eʀydi, it] adj gelehrt, gebildet ▷ nm/f Gelehrte(r) f(m)

érudition [eʀydisjɔ̃] nf Gelehrsamkeit f

éruptif, -ive [eʀyptif, iv] adj (Géo) Eruptions-; (Méd) mit Ausschlag

éruption [eʀypsjɔ̃] nf Ausbruch m; **~ de boutons** Ausschlag m

es [ɛ] vb voir **être**

ès [ɛs] prép: **licencié ès lettres** ≈ Magister m (der Geisteswissenschaften); **docteur ès lettres/ sciences** Dr. phil./Dr. rer. nat.

esbroufe [ɛsbʀuf] nf: **faire de l'~** angeben

escabeau, x [ɛskabo] nm (tabouret) Hocker m; (échelle) Küchenleiter f

escadre [ɛskadʀ] nf (Naut) Geschwader nt; (Aviat) Staffel f

escadrille [ɛskadʀij] nf (Aviat) Formation f

escadron [ɛskadʀɔ̃] nm (Mil) Schwadron f

escalade [ɛskalad] nf (action) Besteigen nt; (en montagne) Bergsteigen nt; **l'~ de la guerre/ violence** die Eskalation f des Krieges/der Gewalt; **~ artificielle** Klettern nt (mit Hilfsmitteln); **~ libre** freies Klettern

escalader [ɛskalade] vt klettern auf +acc

escalator [ɛskalatɔʀ] nm Rolltreppe f

escale [ɛskal] nf (Naut) Zwischenhalt machen (in +dat); (Aviat) zwischenlanden (in +dat); **vol sans ~** Nonstop-Flug m; **~ technique** Zwischenlandung f zum Auftanken

escalier [ɛskalje] nm Treppe f; **dans l'~** ou **les ~s** auf der Treppe; **descendre l'~** ou **les ~s** die Treppe hinuntergehen; **~ de secours** Feuerleiter f; **~ de service** Hintertreppe, Dienstbotentreppe; **~ en colimaçon** Wendeltreppe; **~ mécanique** ou **roulant** Rolltreppe

escalope [ɛskalɔp] nf Schnitzel nt

escamotable [ɛskamɔtabl] adj (train d'atterrissage, antenne) einfahrbar, Teleskop-; (table) Auszieh-; (lit) Klapp-

escamoter [ɛskamɔte] vt (problème, questions) umgehen, ausweichen +dat; (train d'atterrissage) einfahren; (mots) auslassen; (suj: illusionniste) wegzaubern; (dérober) verschwinden lassen

escapade [ɛskapad] nf: **faire une ~** (écolier etc) ausreißen

escarbille [ɛskaʀbij] nf Fünkchen nt Glut

escarcelle [ɛskaʀsɛl] nf: **tomber dans l'~ de qn** jdm zufallen

escargot [ɛskaʀgo] nm Schnecke f

escarmouche [ɛskaʀmuʃ] nf (Mil) Gefecht nt, Scharmützel nt; (fig: propos hostiles) Wortwechsel m

escarpé, e [ɛskaʀpe] adj steil

escarpement [ɛskaʀpəmɑ̃] nm (pente) Steilhang m

escarpin [ɛskaʀpɛ̃] nm Pumps m

escarre [ɛskaʀ] nf wund gelegene Stelle f

Escaut [ɛsko] *nm*: **l'~** die Schelde *f*

escient [esjã] *nm*: **à bon ~** aus gutem Grund

esclaffer [ɛsklafe]: **s'~** *vpr* schallend loslachen

esclandre [ɛsklãdʀ] *nm*: **faire un ~** eine Szene machen

esclavage [ɛsklavaʒ] *nm* Sklaverei *f*

esclavagiste [ɛsklavaʒist] *adj* die Sklaverei befürwortend ▷ *nm/f* Befürworter(in) *m(f)* der Sklaverei

esclave [ɛsklav] *nm/f* Sklave *m*, Sklavin *f*

escogriffe [ɛskɔgʀif] *(péj)* *nm* Bohnenstange *f*

escomptable [ɛskõtabl] *adj (papier, valeur)* abschreibbar

escompte [ɛskõt] *nm (Fin)* Skonto *m ou nt*; *(Comm: remise)* Rabatt *m*

escompter [ɛskõte] *vt (Comm)* nachlassen; *(espérer)* erwarten, zählen auf *+acc*; **~ que** erwarten *ou* sich *dat* erhoffen, dass

escorte [ɛskɔʀt] *nf* Eskorte *f*; **faire ~ à** Geleitschutz geben *+dat*

escorter [ɛskɔʀte] *vt* eskortieren, Geleitschutz geben *+dat*

escorteur [ɛskɔʀtœʀ] *nm (Naut)* Geleitschiff *nt*

escouade [ɛskwad] *nf* Trupp *m*

escrime [ɛskʀim] *nf* Fechten *nt*; **faire de l'~** fechten

escrimer [ɛskʀime]: **s'~** *vpr*: **s'~ à faire qch** sich anstrengen, etw zu tun

escrimeur, -euse [ɛskʀimœʀ, øz] *nm/f* Fechter(in) *m(f)*

escroc [ɛskʀo] *nm* Schwindler(in) *m(f)*

escroquer [ɛskʀɔke] *vt*: **~ qn (de qch)** jdn (um etw) beschwindeln; **~ qch (à qn)** (von jdm) etw erschwindeln

escroquerie [ɛskʀɔkʀi] *nf* Betrug *m*

ésotérique [ezɔteʀik] *adj* esoterisch

ésotérisme [ezɔteʀism] *nm* Esoterik *f*

espace [ɛspas] *nm* Raum *m*; *(occupé par qch)* Platz *m*; *(écartement)* Zwischenraum *m*; *(intersidéral)* Weltraum *m*; **manquer d'~** nicht genug Platz haben; **~ publicitaire** Werbefläche *f*; **~ vital** Lebensraum *m*

espacé, e [ɛspase] *adj* weit auseinanderliegend

espacement [ɛspasmã] *nm (intervalle)* Zwischenraum *m*, Abstand *m*; **~ proportionnel** Proportionalabstand *m*

espacer [ɛspase] *vt (spatialement)* (räumlich) verteilen; *(dans le temps)* (zeitlich) verteilen; **s'espacer** *vpr* immer seltener werden

espadon [ɛspadõ] *nm* Schwertfisch *m*

espadrille [ɛspadʀij] *nf* Espadrille *f*

Espagne [ɛspaɲ] *nf*: **l'~** Spanien *nt*

espagnol, e [ɛspaɲɔl] *adj* spanisch ▷ *nm (Ling)* Spanisch *nt* ▷ *nm/f*: **Espagnol, e** Spanier(in) *m(f)*

espagnolette [ɛspaɲɔlɛt] *nf* Fensterriegel *m*; **fermé à l'~** verriegelt

espalier [ɛspalje] *nm* Spalier *nt*; **culture en ~** Spalierzucht *f*

espèce [ɛspɛs] *nf (aussi Biol)* Art *f*; *(Rel)* Gestalt *f*; **espèces** *nfpl (Comm)* Bargeld *nt*; **une ~ de ...** eine Art ...; *(péj)* ein alter .../eine alte .../ein altes ...; **~ de maladroit!** du altes Trampel!; **~ de brute!**

du brutaler Kerl!; **en l'~** *(dans ce cas particulier)* im vorliegenden Fall; **cas d'~** Einzelfall *m*; **payer en ~s** bar zahlen; **l'~ humaine** die Menschheit *f*

espérance [ɛspeʀãs] *nf* Hoffnung *f*; **contre toute ~** gegen alle Hoffnung; **~ de vie** Lebenserwartung *f*

espérantiste [ɛspeʀãtist] *adj* Esperanto- ▷ *nm/f* Esperantosprecher(in) *m(f)*

espéranto [ɛspeʀãto] *nm* Esperanto *nt*

espérer [ɛspeʀe] *vt* erhoffen, hoffen auf *+acc* ▷ *vi* hoffen; **j'espère (bien)** das hoffe ich (doch), das will ich doch hoffen; **~ que** hoffen, dass; **~ en qn/qch** seine Hoffnung auf jdn/etw setzen; **je n'en espérais pas tant** das hatte ich nicht erwartet

espiègle [ɛspjɛgl] *adj* schelmisch, verschmitzt

espièglerie [ɛspjɛgləʀi] *nf* Streich *m*

espion, ne [ɛspjõ, jɔn] *nm/f* Spion(in) *m(f)* ▷ *adj*: **bateau/avion ~** Spionageschiff *nt/* Spionageflugzeug *nt*

espionnage [ɛspjɔnaʒ] *nm* Spionage *f*; **film/roman d'~** Spionagefilm *m*/Spionageroman *m*; **~ industriel** Industriespionage *f*

espionner [ɛspjɔne] *vt* ausspionieren

espionnite [ɛspjɔnit] *nf* übertriebene Furcht *f* vor Spionen

esplanade [ɛsplanad] *nf* Promenade *f*

espoir [ɛspwaʀ] *nm* Hoffnung *f*; **l'~ de qch** die Hoffnung auf etw *+acc*; **avoir bon ~ que** hoffen, dass; **garder l'~ que** die Hoffnung nicht verlieren, dass; **dans l'~ de/que** in der Hoffnung auf *+acc*/in der Hoffnung, dass; **reprendre ~** wieder Hoffnung schöpfen; **un ~ de la boxe/du ski** eine Hoffnung im Boxen/Skifahren; **c'est sans ~** das ist hoffnungslos

esprit [ɛspʀi] *nm* Geist *m*; *(humour, ironie)* Witz *m*; **paresse/vivacité d'~** geistige Trägheit *f*/ Lebhaftigkeit *f*; **l'~ d'une loi/réforme** der Geist eines Gesetzes/einer Reform; **l'~ d'équipe/de compétition/d'entreprise** Team-/ Wettbewerbs-/Unternehmungsgeist *m*; **dans mon ~** *(selon moi)* meiner Meinung nach; **faire de l'~** geistvolle Bemerkungen machen; **reprendre ses ~s** (wieder) zu sich kommen; **perdre l'~** den Verstand verlieren; **avoir l'~ critique** ein kritischer Geist sein; **~s chagrins** kritische Geister *pl*; **~ de contradiction** Widerspruchsgeist; **~ de corps** Esprit de corps *m*; **~ de famille** Familiensinn *m*; **~ malin: l'~ malin** der Böse *m*

esquif [ɛskif] *nm* Skiff *nt*

esquimau, x, -aude [ɛskimo, od] *adj* Eskimo- ▷ *nm (glace)* Eislutscher *m* ▷ *nm/f*: **Esquimau, -aude** Eskimo *m*, Eskimofrau *f*; **chien ~** Schlittenhund *m*

esquinter [ɛskɛ̃te] *(fam) vt* erledigen; **s'esquinter** *vpr*: **s'~ à faire qch** sich völlig fertigmachen, um etw zu tun

esquisse [ɛskis] *nf* Skizze *f*; **l'~ d'un sourire/ changement** die Andeutung *f* eines Lächelns/ einer Veränderung

esquisser [ɛskise] *vt* skizzieren; **s'esquisser** *vpr* (*changement*) sich abzeichnen; ~ **un geste/un sourire** eine Geste/ein Lächeln andeuten

esquive [ɛskiv] *nf* (*Boxe*) Körperparade *f*; (*fig*) Ausweichen *nt*

esquiver [ɛskive] *vt* ausweichen +*dat*; **s'esquiver** *vpr* (*partir*) sich wegstehlen

essai [esɛ] *nm* (*tentative*) Versuch *m*; (*d'un vêtement*) Anprobe *f*; (*d'une voiture*) Probefahrt *f*; (*Litt*) Essay *m*; **essais** *nmpl* (*Sport*) Qualifikationswettbewerb *m*; (*Auto*) Qualifikationsrennen *nt*; **à l'~** versuchsweise; ~ **gratuit** kostenlose Probe *f*

essaim [esɛ̃] *nm* Schwarm *m*

essaimer [eseme] *vi* (*abeilles*) (aus)schwärmen; (*fig*) expandieren

essayage [esejaʒ] *nm* (*d'un vêtement*) Anprobe *f*; **salon** *ou* **cabine d'~** Anprobekabine *f*

essayer [eseje] *vt* (*aus*)probieren; (*vêtement, chaussures*) anprobieren ▷ *vi* probieren, versuchen; ~ **de faire qch** probieren, etw zu tun; **essayez un peu!** (*menace*) versuchen Sie das bloß nicht!; **s'~ à faire qch** sich daran versuchen, etw zu tun; **s'~ à qch** sich an etw *dat* versuchen

essayeur, euse [esejœʀ, øz] *nm/f* Schneider(in) *m(f)*

essayiste [esejist] *nm/f* Essayist(in) *m(f)*

ESSEC [esɛk] *sigle f* (= *École supérieure des sciences économiques et sociales*) Eliteschule für Betriebswirtschaftslehre

essence [esɑ̃s] *nf* (*carburant*) Benzin *nt*; (*d'une plante*) Essenz *f*; (*d'une chose, d'un être*) Wesen *nt*; (*Biol: d'arbre*) Art *f*; **par ~** im Wesentlichen; **prendre de l'~** tanken; ~ **de café** Kaffee-Extrakt *m*; ~ **de citron** Zitronenöl *nt*; ~ **de lavande** Lavendelöl *nt*; ~ **de térébenthine** Terpentin *nt*

essentiel, -le [esɑ̃sjɛl] *adj* (*indispensable*) unbedingt notwendig; (*de base*) wesentlich ▷ *nm*: **l'~ de** das Wesentliche +*gen*; **être ~ à** wesentlich sein für; **l'~ d'un discours** der Hauptteil *m* eines Vortrags; **emporter/acheter l'~** das Nötigste mitnehmen/einkaufen; **c'est l'~** das ist das Wesentliche

essentiellement [esɑ̃sjɛlmɑ̃] *adv* im Wesentlichen

esseulé, e [esœle] *adj* einsam und verlassen

essieu, x [esjø] *nm* (*Auto*) Achse *f*

essor [esɔʀ] *nm* (*de l'économie etc*) Aufschwung *m*; **prendre son ~** (*oiseau*) auffliegen

essorage [esɔʀaʒ] *nm* Auswringen *nt*; (*dans une essoreuse*) Schleudern *nt*

essorer [esɔʀe] *vt* (*linge*) auswringen; (: *dans une essoreuse*) schleudern

essoreuse [esɔʀøz] *nf* (*à tambour*) Schleuder *f*

essouffler [esufle] *vt* außer Atem bringen, den Atem nehmen +*dat*; **s'essouffler** *vpr* außer Atem kommen; (*fig*) den Schwung verlieren

essuie [esɥi] *vb voir* **essuyer**

essuie-glace [esɥiglas] *nm inv* Scheibenwischer *m*

essuie-mains [esɥimɛ̃] *nm inv* Handtuch *nt*

essuierai *etc* [esɥiʀe] *vb voir* **essuyer**

essuie-tout [esɥitu] *nm inv* Küchenrolle *f*

essuyage [esɥijaʒ] *nm* (*de vaisselle, mains*) Abtrocknen *nt*; (*de surface mouillée*) Abwischen *nt*

essuyer [esɥije] *vt* (*vaisselle, mains etc*) abtrocknen; (*meuble, surface etc*) abwischen; (*fig: subir*) erleiden; **s'essuyer** *vpr* (*après un bain*) sich abtrocknen; ~ **la vaisselle** (*Geschirr*) abtrocknen

est¹ [ɛ] *vb voir* **être**

est² [ɛst] *nm* Osten *m* ▷ *adj inv* ost-, Ost-; (*région*) östlich; **à l'~** im Osten; (*direction*) nach Osten; **à l'~ de** östlich von; **les pays de l'E~** der Osten

estafette [ɛstafɛt] *nf* (*Mil*) Kurier *m*

estafilade [ɛstafilad] *nf* Schmiss *m*

est-allemand, e [ɛstalmɑ̃] (*pl* **~s, es**) *adj* ostdeutsch

estaminet [ɛstaminɛ] *nm* Kneipe *f*, Schenke *f*

estampe [ɛstɑ̃p] *nf* (*image*) Druck *m*

estamper [ɛstɑ̃pe] *vt* (*monnaies etc*) prägen; (*fam: escroquer*) übers Ohr hauen

estampille [ɛstɑ̃pij] *nf* Stempel *m*

est-ce que [ɛskə] *adv voir* **être**

este [ɛst] *adj* estnisch ▷ *nm/f*: **E~** Este *m*, Estin *f*

esthète [ɛstɛt] *nm/f* Ästhet(in) *m(f)*

esthéticien, ne [ɛstetisjɛ̃, jɛn] *nm/f* (*Art*) Ästhet(in) *m(f)* ▷ *nf* (*d'institut de beauté*) Kosmetikerin *f*

esthétique [ɛstetik] *adj* (*sens, jugement*) Schönheits-; (*joli, décoratif*) schön, ästhetisch ▷ *nf* Ästhetik *f*; ~ **industrielle** Industriedesign *nt*

esthétiquement [ɛstetikmɑ̃] *adv* ästhetisch

estimable [ɛstimabl] *adj* (*digne d'estime*) hoch geschätzt; (*que l'on peut évaluer*) schätzbar

estimatif, -ive [ɛstimatif, iv] *adj* geschätzt

estimation [ɛstimasjɔ̃] *nf* Schätzen *nt*, Schätzung *f*; **d'après mes ~s** meiner Schätzung nach

estime [ɛstim] *nf* Wertschätzung *f*; **avoir de l'~ pour qn** jdn schätzen

estimer [ɛstime] *vt* schätzen; ~ **que/être** meinen, dass/meinen, zu sein; **s'~ heureux** sich glücklich schätzen

estival, e, -aux [ɛstival, o] *adj* sommerlich; **station ~e** Sommerfrische *f*

estivant, e [ɛstivɑ̃, ɑ̃t] *nm/f* Sommerfrischler(in) *m(f)*

estocade [ɛstɔkad] *nf*: **donner l'~ à** den Todesstoß versetzen +*dat*

estomac [ɛstɔma] *nm* Magen *m*; **avoir l'~ creux** *ou* **vide** einen leeren Magen haben; **avoir mal à l'~** Magenschmerzen haben

estomaqué, e [ɛstɔmake] *adj* verblüfft, platt

estompe [ɛstɔ̃p] *nf* (*Art*) Wischzeichnung *f*

estompé, e [ɛstɔ̃pe] *adj* verwischt, undeutlich

estomper [ɛstɔ̃pe] *vt* verwischen; (*Photo*) schattieren; (*fig: souvenir, sentiment*) trüben; **s'estomper** *vpr* undeutlich werden; (*fig: sentiment, souvenir*) nachlassen

Estonie [ɛstɔni] *nf*: **l'~** Estland *nt*

estonien, ne [ɛstɔnjɛ̃, jɛn] *adj* estnisch ▷ *nm/f*: **Estonien, ne** Este *m*, Estin *f*

estrade [ɛstʀad] *nf* Podium *nt*, Plattform *f*

estragon [ɛstʀagɔ̃] *nm* Estragon *m*

estropié, e [ɛstʀɔpje] *nm/f* Krüppel *m*

estropier [ɛstʀɔpje] *vt* verkrüppeln; (*mot, texte*) entstellen, verdrehen

estuaire [ɛstɥɛʀ] *nm* Mündung *f*
estudiantin, e [ɛstydjɑ̃tɛ̃, in] *adj* studentisch
esturgeon [ɛstyʀʒɔ̃] *nm* Stör *m*
et [e] *conj* und; **et puis?** und dann?; **et alors** *ou*
  (puis) après? *(qu'importe!)* na und?; *(ensuite)* und
  dann?
ét. *abr* = **étage**
ETA [ətea] *sigle m* ETA *f*
étable [etabl] *nf* Kuhstall *m*
établi [etabli] *nm* Werkbank *f*
établir [etabliʀ] *vt* *(papiers d'identité, facture)*
  ausstellen; *(liste, programme, gouvernement, record)*
  aufstellen; *(règlement)* einführen; *(entreprise)*
  gründen; *(atelier)* einrichten; *(camp)* errichten;
  (réputation) sich *dat* verschaffen; *(usage, droit)*
  durchsetzen; *(fait, culpabilité)* beweisen; *(personne:
  aider à s'établir)* einführen; *(relations, liens d'amitié)*
  anknüpfen; **s'établir** *vpr (entente, silence)*
  eintreten; **s'~ (à son compte)** sich
  selb(st)ständig machen; **s'~ à/près de** sich
  niederlassen in +*dat*/in der Nähe von
établissement [etablismã] *nm (entreprise)*
  Unternehmen *nt*; *(institution)* Einrichtung *f*; *(vvt)*
  Ausstellen *nt*; Aufstellen *nt*; Einführung *f*;
  Gründung *f*; Einrichten *nt*; Errichten *nt*;
  Verschaffen *nt*; Durchsetzen *nt*; Beweis *m*;
  Einführung; Anknüpfen *nt*; **~ commercial**
  Handelsunternehmen *nt*; **~ de crédit**
  Kreditinstitut *nt*; **~ hospitalier** Krankenhaus *nt*;
  ~ industriel Industrieunternehmen *nt*; **~ public**
  öffentliche Einrichtung *f*; **~ scolaire** schulische
  Einrichtung, Schule *f*
étage [etaʒ] *nm* Etage *f*, Stockwerk *nt*; *(de fusée,
  Géo)* Stufe *f*; **habiter à l'~/au deuxième ~** oben/
  im zweiten Stock(werk) wohnen; **maison à
  deux ~s** zweistöckiges Haus, Haus mit zwei
  Etagen; **de bas ~** niedrig
étagement [etaʒmã] *nm* Abstufung *f*
étager [etaʒe] *vt (prix)* abstufen, staffeln; *(cultures)*
  verschieden hoch anlegen; **s'étager** *vpr (zones,
  cultures)* verschieden hoch liegen; *(prix)* gestaffelt
  sein
étagère [etaʒɛʀ] *nf (rayon)* (Regal)brett *nt*; *(meuble)*
  Regal *nt*
étai [etɛ] *nm* Stütze *f*
étain [etɛ̃] *nm (métal)* Zinn *nt*; **pot en ~** Zinnkrug *m*
étais *etc* [etɛ] *vb voir* **être**
étal [etal] *nm (de marché)* Stand *m*
étalage [etalaʒ] *nm (de magasin)* Auslage *f*; *(de
  richesses, de connaissances)* Zur-Schau-Stellen *nt*;
  faire ~ de qch etw zur Schau stellen
étalagiste [etalaʒist] *nm/f* Dekorateur(in) *m(f)*
étale [etal] *adj* ruhig
étalement [etalmã] *nm (de carte, nappe)*
  Ausbreiten *nt*; *(échelonnement)* Verteilen *nt*
étaler [etale] *vt (carte, nappe)* ausbreiten; *(peinture,
  beurre, liquide)* verstreichen; *(paiements, dates,
  vacances)* verteilen; *(exposer: marchandises)*
  ausstellen; *(: richesses, connaissances)* zur Schau
  stellen; **s'étaler** *vpr (liquide)* sich ausbreiten;
  (fam: tomber) auf die Nase fliegen; **s'~ sur** *(se
  répartir)* sich verteilen über +*acc*

étalon [etalɔ̃] *nm (mesure)* Standard *m*; *(cheval)*
  Zuchthengst *m*; **l'~-or** der Goldstandard *m*
étalonner [etalɔne] *vt (graduer)* eichen
étamer [etame] *vt* verzinnen
étameur [etamœʀ] *nm* Zinnschmied *m*
étamine [etamin] *nf (de fleur)* Staubgefäß *nt*
étanche [etãʃ] *adj* wasserdicht; *(cloison)*
  undurchdringlich
étanchéité [etãʃeite] *nf* Wasserdichtigkeit *f*
étancher [etãʃe] *vt (liquide, sang)* aufhalten; **~ sa
  soif** seinen Durst löschen
étançon [etãsɔ̃] *nm* Stütze *f*
étançonner [etãsɔne] *vt* abstützen
étang [etã] *nm* Teich *m*
étant [etã] *vb voir* **être**
étape [etap] *nf* Etappe *f*; *(lieu d'arrivée)* Rastplatz *m*;
  faire ~ à Rast machen in +*dat*; **brûler les ~s** *(fig)*
  Abkürzungen nehmen
état [eta] *nm (condition)* Zustand *m*; *(condition
  sociale)* Stand *m*; *(liste, inventaire)*
  Bestandsaufnahme *f*; **État** *(Pol)* Staat *m*; **être
  boucher de son ~** Metzger von Beruf sein; **en
  bon/mauvais ~** in gutem/schlechtem Zustand;
  en ~ (de marche) in Ordnung; **remettre en ~**
  reparieren, instand setzen; **être en ~ de faire
  qch** in der Lage sein, etw zu tun; **être hors d'~
  de faire qch** außerstande sein, etw zu tun; **en
  tout ~ de cause** auf alle Fälle; **être dans tous
  ses ~s** Zustände haben; **faire ~ de** *(alléguer)*
  vorbringen; **en ~ de grâce** *(Rel)* im Zustand der
  Gnade; **en ~ d'ivresse** unter Alkoholeinfluss;
  ~ civil Personenstand *m*; **~ d'urgence** Notstand
  m; **~ d'alerte** Alarmzustand *m*; **~ d'esprit**
  Geisteszustand *m*; **~ de guerre** Kriegszustand *m*;
  ~ de santé Gesundheitszustand *m*; **~ de siège**
  Belagerungszustand *m*; **~ de veille** Wachzustand
  m; **~ des lieux** bewegliches Inventar *nt*; **États
  du Golfe** Golfstaaten *pl*; **~s de service**
  Dienstzeugnis *nt*
étatique [etatik] *adj* staatlich
étatisation [etatizasjɔ̃] *nf* Verstaatlichung *f*
étatiser [etatize] *vt* verstaatlichen
étatisme [etatism] *nm* Staatskontrolle *f*
état-major [etamaʒɔʀ] *(pl* **états-majors)** *nm (Mil)*
  Stab *m*; *(de parti, d'entreprise)* Mitarbeiterstab *m*
État-providence [etapʀɔvidɑ̃s] *nm*
  Wohlfahrtsstaat *m*
États-Unis [etazyni] *nmpl*: **les ~ (d'Amérique)**
  die Vereinigten Staaten *pl* (von Amerika)
étau, x [eto] *nm* Schraubstock *m*
étayer [eteje] *vt* abstützen; *(fig)* unterstützen
etc. [ɛtseteʀa] *abr* (= *et c(a)etera*) usw
et c(a)etera [ɛtseteʀa] *adv* und so weiter
été [ete] *pp de* **être** ▷ *nm* Sommer *m*; **en ~** im
  Sommer
éteignais [eteɲɛ] *vb voir* **éteindre**
éteignoir [eteɲwaʀ] *nm (objet)* Kerzenlöscher *m*;
  (péj: personne) Spielverderber(in) *m(f)*
éteindre [etɛ̃dʀ] *vt* ausmachen; *(radio)*
  ausschalten, ausmachen; *(chauffage)*
  ausmachen, abstellen; *(incendie, bougie, dette, aussi
  fig)* löschen; **s'éteindre** *vpr* ausgehen; *(incendie)*

verlöschen; (mourir) verscheiden

éteint, e [etɛ̃, ɛ̃t] pp de **éteindre** ▷ adj (personne, regard, voix) matt, stumpf; (volcan) erloschen; **tous feux ~s** ohne Licht

étendard [etɑ̃daʀ] nm Standarte f

étendre [etɑ̃dʀ] vt (pâte, liquide) streichen; (déployer: carte, tapis) ausbreiten; (lessive, linge) aufhängen; (bras, jambes) ausstrecken; (blessé, malade) hinlegen; (vin, sauce) strecken, verdünnen; (agrandir) ausweiten; (fam: adversaire) zu Boden strecken; **s'étendre** vpr (augmenter, se propager) sich ausweiten, sich ausdehnen; (terrain, forêt etc) sich erstrecken; (s'allonger) sich hinlegen; (se reposer) sich ausstrecken; (sur un sujet, problème) sich ausdehnen

étendu, e [etɑ̃dy] adj (terrain) ausgedehnt; (connaissances, pouvoirs etc) umfassend, umfangreich

étendue [etɑ̃dy] nf Ausmaß nt; (surface: d'eau, de sable) Fläche f

éternel, le [etɛʀnɛl] adj ewig; **les neiges ~les** der ewige Schnee m

éternellement [etɛʀnɛlmɑ̃] adv ewig

éterniser [etɛʀnize]: **s'~** vpr (débat, situation) ewig andauern; (visiteur) ewig lang bleiben

éternité [etɛʀnite] nf Ewigkeit f; **il y a** ou **ça fait une ~ que** es ist schon ewig lang her, dass; **de toute ~** seit Urzeiten

éternuement [etɛʀnymɑ̃] nm Niesen nt

éternuer [etɛʀnɥe] vi niesen

êtes [ɛt] vb voir **être**

étêter [etete] vt (arbre) kappen; (clou, poisson) den Kopf abschneiden von

éther [etɛʀ] nm Äther m

éthéré, e [etere] adj (regard, personne) vergeistigt

Éthiopie [etjɔpi] nf: **l'~** Äthiopien nt

éthiopien, ne [etjɔpjɛ̃, jɛn] adj äthiopisch ▷ nm/f: **Éthiopien, ne** Äthiopier(in) m(f)

éthique [etik] adj ethisch ▷ nf Ethik f

ethnie [ɛtni] nf ethnische Gruppe f

ethnique [ɛtnik] adj ethnisch

ethnographe [ɛtnɔgʀaf] nm/f Ethnograf(in) m(f)

ethnographie [ɛtnɔgʀafi] nf Ethnografie f

ethnographique [ɛtnɔgʀafik] adj ethnografisch

ethnologie [ɛtnɔlɔʒi] nf Völkerkunde f

ethnologique [ɛtnɔlɔʒik] adj ethnologisch, völkerkundlich

ethnologue [ɛtnɔlɔg] nm/f Völkerkundler(in) m(f)

éthologie [etɔlɔʒi] nf Verhaltensforschung f

éthylique [etilik] adj Äthyl-; **alcool ~** Äthylalkohol m

éthylisme [etilism] nm Alkoholismus m

étiage [etjaʒ] nm Niedrigwasser nt

étiez [etje] vb voir **être**

étincelant, e [etɛ̃s(ə)lɑ̃, ɑ̃t] adj funkelnd, glitzernd

étinceler [etɛ̃s(ə)le] vi funkeln, glitzern

étincelle [etɛ̃sɛl] nf Funke m

étiolement [etjɔlmɑ̃] nm (v vr) Verwelken nt; Ermüden nt

étioler [etjɔle]: **s'~** vpr (plante) verwelken; (enfant, esprit) verkümmern

étique [etik] adj dürr

étiquetage [etik(ə)taʒ] nm (action) Beschriften nt

étiqueter [etik(ə)te] vt (paquet, boîte) beschriften; (péj: personne) abstempeln

étiqueteuse [etiktøz] nf (machine) Etikettiermaschine f

étiquette [etikɛt] nf (à coller) Aufkleber m; (fig) Etikett nt; (protocole) Etikette f; **sans ~** (Pol) parteilos

étirer [etiʀe] vt dehnen; **s'étirer** vpr (personne) sich strecken; **s'~ sur plusieurs kilomètres** sich über mehrere Kilometer erstrecken

étoffe [etɔf] nf Stoff m; **avoir l'~ d'un chef** das Zeug zum Chef haben; **avoir de l'~** Persönlichkeit haben

étoffer [etɔfe] vt (discours, récit etc) ausfüllen, anreichern; **s'étoffer** vpr (grossir) füllig werden

étoile [etwal] nf Stern m; (vedette) Star m ▷ adj: **danseur/danseuse ~** Startänzer m/-tänzerin f; **à la belle ~** im Freien, unter freiem Himmel; **~ de mer** Seestern m; **~ filante** Sternschnuppe f; **~ polaire** Polarstern m

étoilé, e [etwale] adj (ciel) Sternen-; (nuit) sternklar

étoiler [etwale] vt (parsemer) übersäen; (fêler) zersplittern

étole [etɔl] nf Stola f

étonnamment [etɔnamɑ̃] adv erstaunlich

étonnant, e [etɔnɑ̃, ɑ̃t] adj erstaunlich

étonné, e [etɔne] adj erstaunt

étonnement [etɔnmɑ̃] nm Erstaunen nt; **à mon grand ~** zu meinem großen Erstaunen, zu meiner großen Verwunderung

étonner [etɔne] vt erstaunen, verwundern; **s'~ que/de** erstaunt sein, dass/über +acc; **cela m'~ait (que)** es würde mich wundern (wenn)

étouffant, e [etufɑ̃, ɑ̃t] adj erstickend; (fig) bedrückend

étouffé, e [etufe] adj erstickt; (cris, rires aussi) unterdrückt

étouffée [etufe]: **à l'~** adv gedünstet

étouffement [etufmɑ̃] nm (asphyxie) Ersticken nt; (difficulté à respirer) Atemnot f

étouffer [etufe] vt ersticken; (bruit) dämpfen; (nouvelle, scandale) vertuschen, unterdrücken ▷ vi (respirer avec difficulté) Atembeschwerden haben; (avoir trop chaud) vor Hitze fast ersticken; (être mal à l'aise) sich sehr unwohl fühlen; **s'étouffer** vpr sich verschlucken

étouffoir [etufwaʀ] nm (Mus) Dämpfer m

étoupe [etup] nf Werg m

étourderie [etuʀdəʀi] nf Schusseligkeit f; **faute d'~** Flüchtigkeitsfehler m

étourdi, e [etuʀdi] adj (distrait) schusselig

étourdiment [etuʀdimɑ̃] adv unüberlegt

étourdir [etuʀdiʀ] vt (suj: bruit, choc) benommen machen, betäuben; (: éloges, vitesse) schwindelig machen

étourdissant, e [etuʀdisɑ̃, ɑ̃t] adj atemberaubend; (bruit) ohrenbetäubend

étourdissement [etuʀdismɑ̃] nm Schwindelgefühl nt

étourneau, x [etuʀno] *nm* Star *m*
étrange [etʀɑ̃ʒ] *adj* sonderbar, eigenartig
étrangement [etʀɑ̃ʒmɑ̃] *adv* sonderbar, eigenartig
étranger, -ère [etʀɑ̃ʒe, ɛʀ] *adj* (*d'un autre pays*) ausländisch; (*pas de la famille*) fremd ▷ *nm/f* (*v adj*) Ausländer(in) *m(f)*; Fremde(r) *f(m)* ▷ *nm*: **l'~** die Fremde *f*; **à l'~** im Ausland, in der Fremde; (*direction*) ins Ausland, in die Fremde; **de l'~** aus dem Ausland; **~ à** fremd +*dat*
étrangeté [etʀɑ̃ʒte] *nf* Fremdheit *f*
étranglé, e [etʀɑ̃gle] *adj*: **d'une voix ~e** mit erstickter Stimme
étranglement [etʀɑ̃gləmɑ̃] *nm* (*v vt*) Erwürgen *nt*; Ersticken *nt*; (*d'une vallée, de canalisation*) Verengung *f*
étrangler [etʀɑ̃gle] *vt* (*intentionnellement*) erwürgen; (*accidentellement*) ersticken; (*fig: presse, libertés*) unterdrücken; **s'étrangler** *vpr* (*en mangeant etc*) sich verschlucken
étrave [etʀav] *nf* Vordersteven *m*

 MOT-CLÉ

être [ɛtʀ] *vi* **1** sein; **il est fort** er ist stark; **il est instituteur** er ist Lehrer; **vous êtes fatigué** Sie sind müde; **elle est à Paris/au salon** sie ist in Paris/im Wohnzimmer; **je ne serai pas ici demain** ich bin morgen nicht hier
2: **être à** (*appartenir*) gehören +*dat*; **ce livre est à Paul** das Buch gehört Paul; **c'est à moi/eux** das gehört mir/ihnen
3: **il est de Paris/de la même famille** er ist aus Paris/stammt aus der gleichen Familie; **il est des nôtres** er ist einer von uns
4 (*date*): **nous sommes le 5 juin** wir haben den 5. Juni
▷ *vb aux* **1** sein; **être arrivé/allé** angekommen/gegangen sein; **elle est partie** sie ist weggegangen
2 (*forme passive*) werden; **être mangé (par)** gegessen werden (von); **il a été promu** er ist befördert worden
3 (*obligation*): **c'est à faire** das muss gemacht werden; **c'est à essayer** das wäre zu versuchen; **il est à espérer/souhaiter que** es ist zu hoffen/wünschen, dass
▷ *vb impers* **1**: **il est** (*+adjectif*) es ist; **il est impossible de le faire** es ist unmöglich, das zu tun; **il serait facile de le faire** es wäre einfach, das zu tun; **il serait souhaitable que** es wäre zu wünschen, dass
2 (*heure*): **il est 10 heures/1 heure/minuit** es ist 10 Uhr/1 Uhr/Mitternacht
3 (*emphatique*): **c'est moi** ich bins; **c'est à lui de le faire/de décider** er muss es machen/entscheiden
▷ *nm* (*individu*) Wesen *nt*

étreindre [etʀɛ̃dʀ] *vt* (*amoureusement, amicalement*) umarmen; (*pour s'accrocher, retenir*) festhalten, umklammern; (*suj: douleur, peur*) ergreifen;

s'étreindre *vpr* (*amants, amis*) sich umarmen
étreinte [etʀɛ̃t] *nf* (*amicale, amoureuse*) Umarmung *f*; (*pour s'accrocher, retenir*) Griff *m*; **resserrer son ~ autour de** immer mehr umzingeln
étrenner [etʀene] *vt* (*vêtement*) zum ersten Mal tragen
étrennes [etʀɛn] *nfpl* (*cadeaux*) Neujahrsgeschenke *pl*; (*gratifications*) ≈ Weihnachtsgeld *nt*
étrier [etʀije] *nm* Steigbügel *m*
étriller [etʀije] *vt* (*cheval*) striegeln; (*fam: battre*) vernichten
étriper [etʀipe] *vt* auswaiden; (*fam*) abstechen
étriqué, e [etʀike] *adj* knapp; (*fig*) dürftig
étroit, e [etʀwa, wat] *adj* eng; (*surveillance, subordination*) streng; **à l'~** eng, beschränkt; **~ d'esprit** engstirnig
étroitement [etʀwatmɑ̃] *adv* (*fig: intimement*) eng; (*surveiller etc*) streng
étroitesse [etʀwatɛs] *nf* Enge *f*; **~ d'esprit** Engstirnigkeit *f*
étrusque [etʀysk] *adj* etruskisch
étude [etyd] *nf* (*action*) Studieren *nt*; (*ouvrage*) Untersuchung *f*, Studie *f*; (*de notaire*) Büro *nt*, Kanzlei *f*; (*salle de travail*) Studierzimmer *nt*; (*Mus*) Etüde *f*; **études** *nfpl* Studium *nt*; **faire des ~s** studieren; **être à l'~** geprüft werden; **faire des ~s de droit/médecine** Jura/Medizin studieren; **~s secondaires/supérieures** ≈ Oberstufenerziehung *f*/höhere Erziehung *f*; **~ de cas** Fallstudie *f*; **~ de faisabilité** Machbarkeitsstudie *f*; **~ de marché** Marktstudie *f*
étudiant, e [etydjɑ̃, jɑ̃t] *nm/f* Student(in) *m(f)* ▷ *adj* Studenten-
étudié, e [etydje] *adj* (*air*) gespielt; (*démarche, système*) wohldurchdacht; (*prix*) niedrig
étudier [etydje] *vt* (*élève*) lernen; (*analyser: problème, question*) untersuchen ▷ *vi* (*Scol*) studieren
étui [etɥi] *nm* Etui *nt*
étuve [etyv] *nf* Dampfbad *nt*; (*appareil*) Sterilisator *m*, Autoklav *m*
étuvée [etyve] **à l'~** *adv* gedämpft
étymologie [etimɔlɔʒi] *nf* (*science*) Etymologie *f*; (*origine*) Ursprung *m*
étymologique [etimɔlɔʒik] *adj* etymologisch
eu, eue [y] *pp de* **avoir**
E.-U.(A.) [əya] *sigle mpl* (= États-Unis (d'Amérique)) USA *pl*
eucalyptus [økaliptys] *nm* Eukalyptus *m*
Eucharistie [økaʀisti] *nf* Eucharistie *f*, Altarssakrament *nt*
eucharistique [økaʀistik] *adj* eucharistisch
euclidien, ne [øklidjɛ̃, jɛn] *adj*: **géométrie ~ne** euklidische Geometrie *f*
eugénique [øʒenik] *adj* eugenisch
eugénisme [øʒenism] *nm* Eugenik *f*
euh [ø] *excl* äh
eunuque [ønyk] *nm* Eunuch *m*
euphémique [øfemik] *adj* beschönigend
euphémisme [øfemism] *nm* Euphemismus *m*, Beschönigung *f*

euphonie [øfɔni] *nf* Wohlklang *m*
euphorbe [øfɔrb] *nf* Wolfsmilch *f*
euphorie [øfɔri] *nf* Euphorie *f*
euphorique [øfɔrik] *adj* euphorisch
euphorisant, e [øfɔrizɑ̃, ɑ̃t] *adj* aufputschend
eurafricain, e [ørafrikɛ̃, ɛn] *adj* euro-afrikanisch
eurasiatique [ørazjatik] *adj* eurasisch
Eurasie [ørazi] *nf*: **l'~** Eurasien *nt*
eurasien, ne [ørazjɛ̃, jɛn] *adj* eurasisch
Euratom [øratom] *siglef* EURATOM *nt*
eurent [yr] *vb voir* **avoir**
euro [øro] *nm* (monnaie) Euro *m*
eurocrate [ørɔkrat] (péj) *nm/f* Eurokrat(in) *m(f)*
eurodevise [ørodəviz] *nf* Eurowährung *f*
eurodollar [ørodɔlar] *nm* Eurodollar *m*
Euroland [ørolɑ̃d] *nm* Eurozone *f*
Europe [ørɔp] *nf*: **l'~** Europa *nt*; **~ centrale**: **l'~ centrale** Mitteleuropa *nt*
européanisation [ørɔpeanizasjɔ̃] *nf* Europäisierung *f*
européaniser [ørɔpeanize] *vt* europäisieren; **s'européaniser** *vpr* sich europäisieren
européen, ne [ørɔpeɛ̃, ɛn] *adj* europäisch ▷ *nm/f*: **Européen, ne** Europäer(in) *m(f)*
Eurovision [ørovizjɔ̃] *nf* Eurovision *f*
eus *etc* [y] *vb voir* **avoir**
euthanasie [øtanazi] *nf* Euthanasie *f*
eux [ø] *pron* sie; (objet indirect, après prép +dat) ihnen; **avec ~** mit ihnen
évacuation [evakɥasjɔ̃] *nf* (vvt) Räumung *f*; Evakuierung *f*; Ausscheiden *nt*
évacué, e [evakɥe] *adj* evakuiert
évacuer [evakɥe] *vt* (salle, région) räumen; (population, occupants) evakuieren; (Méd) ausscheiden
évadé, e [evade] *adj* entwichen ▷ *nm/f* entwichener Häftling *m*
évader [evade]: **s'~** *vpr* entweichen; (fig) fliehen, flüchten
évaluation [evalɥasjɔ̃] *nf* Einschätzung *f*
évaluer [evalɥe] *vt* einschätzen
évanescent, e [evanesɑ̃, ɑ̃t] *adj* vergänglich
évangélique [evɑ̃ʒelik] *adj* evangelisch
évangélisateur, -trice [evɑ̃ʒelizatœr, tris] *adj* evangelisierend ▷ *nm* Evangelist *m*
évangélisation [evɑ̃ʒelizasjɔ̃] *nf* Evangelisierung *f*
évangéliser [evɑ̃ʒelize] *vt* evangelisieren
évangéliste [evɑ̃ʒelist] *nm* Evangelist *m*
évangile [evɑ̃ʒil] *nm* Evangelium *nt*; **tout ce qu'il dit n'est pas parole d'Evangile** man kann ihn nicht immer beim Wort nehmen
évanoui, e [evanwi] *adj* bewusstlos, ohnmächtig; **tomber ~** in Ohnmacht fallen
évanouir [evanwir]: **s'~** *vpr* in Ohnmacht fallen, ohnmächtig werden; (fig: disparaître) schwinden
évanouissement [evanwismɑ̃] *nm* (Méd) Ohnmacht *f*
évaporation [evapɔrasjɔ̃] *nf* Verdampfen *nt*, Verdunsten *nt*
évaporé, e [evapɔre] (péj) *adj* (personne) zerfahren

évaporer [evapɔre]: **s'~** *vpr* verdampfen, verdunsten
évasé, e [evɑze] *adj* (jupe) ausgestellt
évaser [evɑze] *vt* (tuyau) ausweiten; (jupe, pantalon) ausstellen; **s'évaser** *vpr* weiter werden, sich weiten
évasif, -ive [evazif, iv] *adj* ausweichend
évasion [evazjɔ̃] *nf* (d'un prisonnier) Flucht *f*; **littérature d'~** Literatur, die eine Ausflucht aus der Wirklichkeit darstellt; **~ des capitaux** Kapitalflucht *f*; **~ fiscale** Steuerflucht *f*
évasivement [evazivmɑ̃] *adv* ausweichend
évêché [eveʃe] *nm* (territoire) Bistum *nt*; (fonction) Bischofsamt *nt*; (palais, édifice) Bischofssitz *m*
éveil [evɛj] *nm* Erwachen *nt*; **être en ~** wachsam sein; **mettre qn en ~**, **donner l'~ à qn** jds Aufmerksamkeit erregen; **activités d'~** frühkindliche Aktivitäten *pl*
éveillé, e [eveje] *adj* (réveillé) wach; (vif) aufgeweckt
éveiller [eveje] *vt* (personne) (auf)wecken; (curiosité, méfiance etc) wecken, erregen; **s'éveiller** *vpr* (se réveiller, aussi fig) aufwachen
événement [evɛnmɑ̃] *nm* Ereignis *nt*
éventail [evɑ̃taj] *nm* (Fächer *m*; (fig: choix) Spektrum *nt*; **en ~** fächerförmig
éventaire [evɑ̃tɛr] *nm* (étalage) Stand *m*
éventé, e [evɑ̃te] *adj* (parfum, vin) schal; (secret) aufgedeckt
éventer [evɑ̃te] *vt* (secret, complot) aufdecken; **s'éventer** *vpr* (vin, parfum) abstehen; (avec un éventail) sich *dat* Luft zufächeln
éventrer [evɑ̃tre] *vt* (animal, personne) den Bauch aufschlitzen +dat; (sac, maison etc) aufreißen
éventualité [evɑ̃tɥalite] *nf* Eventualität *f*; **dans l'~ de** im Falle +gén; **parer à toute ~** auf alle Eventualitäten vorbereitet sein
éventuel, le [evɑ̃tɥel] *adj* eventuell, möglich
éventuellement [evɑ̃tɥelmɑ̃] *adv* eventuell, möglicherweise
évêque [evɛk] *nm* Bischof *m*
Everest [ev(ə)rɛst] *nm*: **l'~** Mount Everest *m*
évertuer [evertɥe]: **s'~** *vpr*: **s'~ à faire qch** sich anstrengen, etw zu tun
éviction [eviksjɔ̃] *nf* (de locataire) Hinauswurf *m*; (de rival) Ausschalten *nt*
évidemment [evidamɑ̃] *adv* (de toute évidence) offensichtlich; (bien sûr) natürlich
évidence [evidɑ̃s] *nf* Offensichtlichkeit *f*; (fait) Tatsache *f*; **se rendre à l'~** sich den Tatsachen beugen; **nier l'~** die Tatsachen leugnen; **à l'~** offensichtlich; **de toute ~** ganz offensichtlich; **mettre en ~** aufzeigen
évident, e [evidɑ̃, ɑ̃t] *adj* offensichtlich; **ce n'est pas ~** das ist nicht so einfach
évider [evide] *vt* aushöhlen
évier [evje] *nm* Spülbecken *nt*
évincer [evɛ̃se] *vt* (candidat, rival) ausschalten
évitable [evitabl] *adj* vermeidbar
éviter [evite] *vt* ausweichen +dat; (obstacle, ville) meiden, umgehen; (catastrophe, malheur) verhindern; **~ de faire qch** vermeiden, etw zu

tun; ~ **que qch ne se passe** verhindern, dass etw geschieht; ~ **qch à qn** jdm etw ersparen

évocateur, -trice [evɔkatœʀ, tʀis] adj (image) anschaulich

évocation [evɔkasjɔ̃] nf (v vt) Ansprechen nt; Heraufbeschwören nt

évolué, e [evɔlɥe] adj (esprit, peuple) hoch entwickelt; (personne) aufgeschlossen

évoluer [evɔlɥe] vi sich entwickeln; (aller et venir: danseur, avion etc) kreisen

évolutif, -ive [evɔlytif, iv] adj sich entwickelnd; (maladie) fortschreitend

évolution [evɔlysjɔ̃] nf Entwicklung f; **évolutions** nfpl (de danseur, avion) Kreise pl

évolutionnisme [evɔlysjɔnism] nm Evolutionstheorie f

évolutionniste [evɔlysjɔnist] adj evolutionistisch ▷ nm/f Anhänger(in) m(f) der Evolutionstheorie

évoquer [evɔke] vt (mentionner) ansprechen; (suggérer, faire penser à) heraufbeschwören

ex [eks] préf: **ex-ministre** Exminister m; **ex-président** Expräsident m; **son ex-mari** ihr Exmann m; **son ex-femme** seine Exfrau f

ex. abr (= exemple) Beisp.

exacerbé, e [egzasɛʀbe] adj erhöht, gesteigert

exacerber [egzasɛʀbe] vt steigern, verschlimmern

exact, e [egza(kt), egzakt] adj (précis) exakt, genau; (correct) exakt; (ponctuel) genau; **l'heure ~e** die genaue Uhrzeit f

exactement [egzaktəmɑ̃] adv genau, exakt; (pour confirmer) genau

exaction [egzaksjɔ̃] nf (gén pl) Machtmissbrauch m zur persönlichen Bereicherung

exactitude [egzaktityd] nf (v adj) Genauigkeit f; Exaktheit f

ex aequo [egzeko] adv (classer) gleich ▷ adj inv: **être classé premier ~** sich den ersten Platz mit jemandem teilen

exagération [egzaʒeʀasjɔ̃] nf Übertreibung f

exagéré, e [egzaʒeʀe] adj übertrieben

exagérément [egzaʒeʀemɑ̃] adv übertrieben

exagérer [egzaʒeʀe] vt übertreiben ▷ vi übertreiben; (dépasser les bornes) zu weit gehen; **sans ~** ohne zu übertreiben; **s'~ qch** etw übertreiben; **il ne faut rien ~** nur nicht übertreiben

exaltant, e [egzaltɑ̃, ɑ̃t] adj begeisternd, mitreißend

exaltation [egzaltasjɔ̃] nf Begeisterung f, Hochstimmung f

exalté, e [egzalte] adj erregt, überhitzt ▷ nm/f (péj) exaltierte Person f

exalter [egzalte] vt (enthousiasmer) begeistern, erregen; (glorifier) preisen; **s'exalter** vpr sich begeistern

examen [egzamɛ̃] nm (d'un dossier, d'un problème) Untersuchung f; (Scol) Prüfung f; **à l'~** auf Probe; **être à l'~** (dossier, projet) (derzeit) geprüft werden; **~ blanc** Scheinprüfung f; **~ d'entrée** Aufnahmeprüfung f; **~ de conscience** Gewissensprüfung f; **~ de la vue** Sehtest m; **~ final** Abschlussprüfung f; **~ médical** ärztliche Untersuchung

examinateur, -trice [egzaminatœʀ, tʀis] nm/f (Scol) Prüfer(in) m(f)

examiner [egzamine] vt prüfen; (malade, problème, question) untersuchen

exaspérant, e [egzaspeʀɑ̃, ɑ̃t] adj überaus ärgerlich

exaspération [egzaspeʀasjɔ̃] nf (irritation) Ärger m, Verärgerung f

exaspérer [egzaspeʀe] vt (irriter) zur Verzweiflung bringen

exaucer [egzose] vt (vœu) erfüllen; **~ qn** jdn erhören

ex cathedra [ekskatedʀa] adv ex cathedra

excavateur [ekskavatœʀ] nm Bagger m

excavation [ekskavasjɔ̃] nf Ausgrabung f

excavatrice [ekskavatʀis] nf = **excavateur**

excédent [eksedɑ̃] nm Überschuss m; **en ~** überschüssig; **~ commercial** Handelsüberschuss m; **~ de bagages** Übergepäck nt; **~ de poids** Übergewicht nt

excédentaire [eksedɑ̃tɛʀ] adj überschüssig

excéder [eksede] vt (dépasser) überschreiten; (agacer) zur Verzweiflung bringen; **excédé de fatigue** erschöpft; **excédé de travail** überarbeitet

excellence [ekselɑ̃s] nf (qualité) hervorragende Qualität f; **son E~** Exzellenz f; **par ~** par excellence

excellent, e [ekselɑ̃, ɑ̃t] adj ausgezeichnet, hervorragend

exceller [eksele] vi: **~ (en ou dans)** sich auszeichnen (in +dat)

excentricité [eksɑ̃tʀisite] nf Exzentrizität f

excentrique [eksɑ̃tʀik] adj exzentrisch; (quartier) Außen-

excentriquement [eksɑ̃tʀikmɑ̃] adv exzentrisch

excepté, e [eksɛpte] adj: **les élèves/dictionnaires ~s** ausgenommen Schüler/Wörterbücher ▷ prép: **~ les élèves** ausgenommen die Schüler; **~ si** es sei denn; **~ quand** außer wenn

excepter [eksɛpte] vt ausnehmen

exception [eksɛpsjɔ̃] nf Ausnahme f; **faire ~** eine Ausnahme sein; **faire une ~** eine Ausnahme machen; **sans ~** ohne Ausnahme, ausnahmslos; **à l'~ de** mit der Ausnahme von; **mesure d'~** außergewöhnliche Maßnahme f; **loi d'~** Ausnahmegesetz nt

exceptionnel, le [eksɛpsjɔnɛl] adj (inhabituel) außergewöhnlich; (excellent) außerordentlich

exceptionnellement [eksɛpsjɔnɛlmɑ̃] adv außergewöhnlich; (par exception) außerordentlich

excès [eksɛ] nm Überschuss m ▷ nmpl (abus) Exzesse pl, Ausschweifungen pl; **à l'~** übertreiben; **tomber dans l'~ inverse** ins andere Extrem verfallen; **sans ~** mäßig; **~ de langage** sprachliche Entgleisung f; **~ de pouvoir** Überschreitung f der Machtbefugnisse; **~ de**

vitesse Geschwindigkeitsüberschreitung f; **~ de zèle** Übereifer m
excessif, -ive [ɛksesif, iv] adj überhöht
excessivement [ɛksesivmã] adv übertrieben
excipient [ɛksipjã] nm Trägersubstanz f
exciser [ɛksize] vt herausschneiden
excision [ɛksizjɔ̃] nf Beschneidung f (von Mädchen)
excitant [ɛksitã] nm Aufputschmittel nt
excitation [ɛksitasjɔ̃] nf (v vt) Aufregung f; Erregung f
excité, e [ɛksite] adj (v vt) aufgeregt; erregt
exciter [ɛksite] vt aufregen; (sexuellement) erregen; (Physiol) anregen; **s'exciter** vpr (personne) sich erregen, sich aufregen; **~ qn à** jdn anstiften ou aufhetzen zu
exclamatif, -ive [ɛksklamatif, iv] adj (Ling) Ausruf-
exclamation [ɛksklamasjɔ̃] nf Ausruf m
exclamer [ɛksklame]: **s'~** vpr schreien; **"zut"**, **s'exclama-t-il** „Mist", rief er
exclu, e [ɛkskly] pp de **exclure** ▷ adj: **il est/n'est pas ~ que** es ist ausgeschlossen/nicht ausgeschlossen, dass; **ce n'est pas ~** das lässt sich nicht ausschließen
exclure [ɛksklyʀ] vt ausschließen; (faire sortir) hinausweisen
exclusif, -ive [ɛksklyzif, iv] adj exklusiv; **dans le but ~ de faire qch** einzig und allein, um etw zu tun
exclusion [ɛksklyzjɔ̃] nf (d'une personne indésirable) Ausschluss m; **à l'~ de** mit Ausnahme von
exclusivement [ɛksklyzivmã] adv (seulement) ausschließlich; (en exclusivité) exklusiv; (non inclus) nicht inklusive
exclusivité [ɛksklyzivite] nf Exklusivität f; (Comm) Alleinvertretung f; **film passant en ~ dans un cinéma** Film, der exklusiv in einem bestimmten Kino gezeigt wird
excommunier [ɛkskɔmynje] vt exkommunizieren
excréments [ɛkskʀemã] nmpl Exkremente pl
excréter [ɛkskʀete] vt ausscheiden
excroissance [ɛkskʀwasãs] nf Wucherung f
excursion [ɛkskyʀsjɔ̃] nf Ausflug m; **faire une ~** einen Ausflug machen
excursionniste [ɛkskyʀsjɔnist] nm/f Ausflügler(in) m(f)
excusable [ɛkskyzabl] adj entschuldbar
excuse [ɛkskyz] nf Entschuldigung f; (prétexte aussi) Ausrede f; **excuses** nfpl Entschuldigung; **faire des ~s** sich entschuldigen; **mot d'~** Entschuldigung; **faire** ou **présenter ses ~s à qn** jdn um Entschuldigung bitten; **lettre d'~s** Entschuldigung(sschreiben nt) f
excuser [ɛkskyze] vt (pardonner: personne) verzeihen +dat; (: faute) verzeihen +acc; (justifier) entschuldigen; **s'excuser** vpr sich entschuldigen; **~ qn de qch** (dispenser) jdn von etw befreien; **excusez-moi** Entschuldigung; **je m'excuse d'arriver si tôt** entschuldigen Sie, dass ich so früh komme; **se faire ~** sich entschuldigen lassen

exécrable [ɛgzekʀabl] adj (très mauvais) scheußlich, grässlich
exécrer [ɛgzekʀe] vt verabscheuen
exécutant, e [ɛgzekytã, ãt] nm/f Ausführende(r) f(m)
exécuter [ɛgzekyte] vt (prisonnier) hinrichten; (ordre, mission, travail, Inform) ausführen; (opération) durchführen; (Mus: jouer) vortragen; **s'exécuter** vpr sich fügen
exécuteur, -trice [ɛgzekytœʀ, tʀis] nm/f (testamentaire) Vollstrecker m ▷ nm (bourreau) Scharfrichter m
exécutif, -ive [ɛgzekytif, iv] adj exekutiv ▷ nm: **l'~** (Pol) die Exekutive f
exécution [ɛgzekysjɔ̃] nf (v vt) Hinrichtung f; Ausführung f; Durchführung f; Vortrag m; **mettre à ~** ausführen, durchführen; **~ capitale** Hinrichtung f
exécutoire [ɛgzekytwaʀ] adj rechtlich verbindlich
exégèse [ɛgzeʒɛz] nf Exegese f, Auslegung f
exégète [ɛgzeʒɛt] nm Exeget m
exemplaire [ɛgzãplɛʀ] adj beispielhaft, vorbildlich; (châtiment) exemplarisch ▷ nm (d'ouvrage etc) Exemplar nt; **en deux/trois ~s** in zweifacher/dreifacher Ausfertigung
exemplairement [ɛgzãplɛʀmã] adv vorbildlich, beispielhaft; (punir) exemplarisch
exemplarité [ɛgzãplaʀite] nf (Jur: d'une peine) Beispielcharakter m
exemple [ɛgzãpl] nm Beispiel nt; (précédent aussi) Vorbild nt; **par ~** zum Beispiel; **donner l'~** ein Vorbild sein, ein Beispiel geben; **prendre ~ sur qn** sich an jdm ein Beispiel nehmen; **suivre l'~ de qn** jds Beispiel dat folgen; **à l'~ de** genau wie; **servir d'~ (à qn)** (jdm) als Beispiel dienen; **pour l'~** (punir)
exempt, e [ɛgzã, ã(p)t] adj: **~ de** (dispensé de) befreit von; (sans) frei von; **~ de taxes** steuerfrei
exempter [ɛgzã(p)te] vt: **~ qn de** jdn befreien von
exercé, e [ɛgzɛʀse] adj (yeux, oreilles) geübt, geschult
exercer [ɛgzɛʀse] vt ausüben; (droit, prérogative) geltend machen; (personne, faculté) trainieren ▷ vi (médecin) praktizieren; **s'exercer** vpr (musicien) üben; (sportif) trainieren; (se faire sentir: pression, poussée etc) sich auswirken; **s'~ à faire qch** üben, etw zu tun
exercice [ɛgzɛʀsis] nm Übung f; (de métier) Ausübung f; (physique) Bewegung f; (Comm, Admin: période) Finanzjahr nt; **aller à l'~** (Mil) auf Manöver gehen; **en ~** (juge, médecin) im Amt; **dans l'~ de ses fonctions** in der Ausübung seines Amtes; **~s d'assouplissement** Aufwärmübungen pl
exergue [ɛgzɛʀg] nm: **mettre une inscription en ~ à** mit einer Inschrift versehen
exhalaison [ɛgzalɛzɔ̃] nf Gerüche pl
exhaler [ɛgzale] vt (parfum) ausströmen; (souffle) ausatmen; (son, soupir) ausstoßen
exhausser [ɛgzose] vt (construction) aufstocken
exhaustif, -ive [ɛgzostif, iv] adj erschöpfend

exhaustivement [ɛgzostivmã] adv erschöpfend
exhiber [ɛgzibe] vt (montrer) vorzeigen, vorlegen; (péj) zur Schau stellen; **s'exhiber** vpr (personne) sich zur Schau stellen; (exhibitionniste) sich entblößen
exhibitionnisme [ɛgzibisjɔnism] nm Exhibitionismus m
exhibitionniste [ɛgzibisjɔnist] nm/f Exhibitionist(in) m(f)
exhortation [ɛgzɔRtasjɔ̃] nf Flehen nt
exhorter [ɛgzɔRte] vt: ~ qn à faire qch jdn anflehen, etw zu tun
exhumer [ɛgzyme] vt (déterrer) ausgraben
exigeant, e [ɛgziʒã, ãt] adj anspruchsvoll
exigence [ɛgziʒãs] nf Forderung f
exiger [ɛgziʒe] vt fordern, erfordern
exigible [ɛgziʒibl] adj fällig
exigu, ë [ɛgzigy] adj eng, winzig
exiguïté [ɛgziguite] nf Enge f
exil [ɛgzil] nm Exil nt; **en ~** im Exil
exilé, e [ɛgzile] nm/f Exilant(in) m(f)
exiler [ɛgzile] vt verbannen; **s'exiler** vpr ins Exil gehen
existant, e [ɛgzistã, ãt] adj (présent) bestehend
existence [ɛgzistãs] nf (fait d'exister) Existenz f; (vie) Leben nt, Dasein nt; **moyens d'~** Lebensunterhalt m
existentialisme [ɛgzistãsjalism] nm Existenzialismus m
existentiel, le [ɛgzistãsjɛl] adj existenziell
exister [ɛgziste] vi existieren; (vivre) leben; **il existe** (il y a) es gibt
exode [ɛgzɔd] nm: ~ **rural** Landflucht f
exonération [ɛgzɔneRasjɔ̃] nf (d'impôts) Befreiung f
exonéré [ɛgzɔneRe] adj: ~ **de TVA** von der Mehrwertsteuer befreit
exonérer [ɛgzɔneRe] vt: ~ **de** befreien von
exorbitant, e [ɛgzɔRbitã, ãt] adj astronomisch, ungeheuer
exorbité, e [ɛgzɔRbite] adj: **yeux ~s** weit aufgerissene Augen pl
exorciser [ɛgzɔRsize] vt exorzieren
exorde [ɛgzɔRd] nm Einführung f
exotique [ɛgzɔtik] adj exotisch
exotisme [ɛgzɔtism] nm Exotik f
expansif, -ive [ɛkspãsif, iv] adj (personne) mitteilsam
expansion [ɛkspãsjɔ̃] nf Expansion f
expansionniste [ɛkspãsjɔnist] adj expansionistisch
expansivité [ɛkspãsivite] nf Mitteilsamkeit f
expatrié, e [ɛkspatRije] nm/f im Ausland Lebende(r) f(m)
expatrier [ɛkspatRije] vt (argent) ins Ausland verschieben; **s'expatrier** vpr ins Ausland gehen
expectative [ɛkspɛktativ] nf: **être dans l'~** abwarten
expectorant, e [ɛkspɛktɔRã, ãt] adj: **sirop ~** Hustensaft m
expectorer [ɛkspɛktɔRe] vt ausspeien
expédient [ɛkspedjã] nm (parfois péj) Notbehelf m;

vivre d'~s von Gelegenheitsarbeiten leben
expédier [ɛkspedje] vt (lettre, paquet) abschicken; (troupes, renfort) entsenden, schicken; (péj: faire rapidement) kurzen Prozess machen mit
expéditeur, -trice [ɛkspeditœR, tRis] nm/f Absender(in) m(f)
expéditif, -ive [ɛkspeditif, iv] adj schnell, prompt
expédition [ɛkspedisjɔ̃] nf Expedition f; (d'une lettre) Absenden nt
expéditionnaire [ɛkspedisjɔnɛR] adj: **corps ~** Expeditionskorps nt
expérience [ɛkspeRjãs] nf Erfahrung f; (scientifique) Experiment nt; **avoir de l'~** Erfahrung haben; **avoir l'~ de** aus Erfahrung kennen; **faire l'~ de qch** die Erfahrung einer Sache gén machen
expérimental, e, -aux [ɛkspeRimãtal, o] adj experimentell
expérimentalement [ɛkspeRimãtalmã] adv experimentell
expérimenté, e [ɛkspeRimãte] adj (personne) erfahren
expérimenter [ɛkspeRimãte] vt (méthode, médicament) erproben
expert, e [ɛkspɛR, ɛRt] adj: **être ~ en** gut Bescheid wissen über +acc ▷ nm Experte m, Expertin f; ~ **en assurances** Versicherungsexperte m
expert-comptable [ɛkspɛRkɔ̃tabl] (pl **experts-comptable**) nm Wirtschaftsprüfer(in) m(f)
expertise [ɛkspɛRtiz] nf Gutachten nt
expertiser [ɛkspɛRtize] vt (tableau, objet de valeur) schätzen; (dégâts) abschätzen
expier [ɛkspje] vt sühnen, büßen
expiration [ɛkspiRasjɔ̃] nf (de passeport, bail) Ablaufen nt; (de souffle) Ausatmen nt
expirer [ɛkspiRe] vi (passeport, bail) ablaufen; (respirer) ausatmen; (mourir) verscheiden
explétif [ɛkspletif] nm (Ling) Füllwort nt
explicable [ɛksplikabl] adj erklärlich
explicatif, -ive [ɛksplikatif, iv] adj erklärend
explication [ɛksplikasjɔ̃] nf Erklärung f; (discussion) Aussprache f; ~ **de texte** (Scol) Textanalyse f
explicite [ɛksplisit] adj explizit, ausdrücklich
explicitement [ɛksplisitmã] adv ausdrücklich
expliciter [ɛksplisite] vt deutlich machen
expliquer [ɛksplike] vt erklären; (justifier) rechtfertigen; **s'expliquer** vpr (se comprendre) verständlich sein; (parler clairement) sich ausdrücken; (discuter, se disputer) sich aussprechen; **je ne m'explique pas son retard** ich kann mir seine Verspätung nicht erklären; ~ **(à qn) comment/que** (qn) erklären, wie/dass
exploit [ɛksplwa] nm Großtat f; (Sport) Leistung f
exploitable [ɛksplwatabl] adj (domaine, forêt) der/die/das ausgebeutet werden kann; ~ **par machine** maschinenlesbar
exploitant [ɛksplwatã] nm (Agr) Landwirt m; **les petits ~s** die Kleinbauern pl
exploitation [ɛksplwatasjɔ̃] nf (entreprise) Betrieb

m; (*v vt*) Ausbeutung *f*; Betreiben *nt*; Nutzung *f*; Ausnutzen *nt*; ~ **agricole** landwirtschaftlicher Betrieb *m*

exploiter [ɛksplwate] *vt* (*aussi péj*) ausbeuten; (*entreprise, ferme*) betreiben; (*dons, facultés etc*) nutzen; (*erreur, faiblesse*) Nutzen ziehen aus, ausnützen

exploiteur, -euse [ɛksplwatœʀ, øz] (*péj*) *nm/f* Ausbeuter(in) *m(f)*

explorateur, -trice [ɛksplɔʀatœʀ, tʀis] *nm/f* Forscher(in) *m(f)*

exploration [ɛksplɔʀasjɔ̃] *nf* Erforschung *f*

explorer [ɛksplɔʀe] *vt* erforschen

exploser [ɛksploze] *vi* explodieren; (*fig: joie, colère*) ausbrechen; **faire ~** (*bombe*) zum Explodieren bringen; (*véhicule etc*) sprengen

explosif, -ive [ɛksplozif, iv] *adj* explosiv ▷ *nm* Sprengstoff *m*

explosion [ɛksplozjɔ̃] *nf* Explosion *f*; ~ **de colère** Wutausbruch *m*; ~ **de joie** Freudenausbruch *m*; ~ **démographique** Bevölkerungsexplosion *f*

exponentiel, le [ɛksponɑ̃sjɛl] *adj* exponentiell

exportateur, -trice [ɛkspɔʀtatœʀ, tʀis] *adj* Export- ▷ *nm* (*personne*) Exporteur *m*

exportation [ɛkspɔʀtasjɔ̃] *nf* Export *m*

exporter [ɛkspɔʀte] *vt* exportieren

exposant [ɛkspozɑ̃] *nm* (*personne*) Aussteller *m*; (*Math*) Exponent *m*

exposé, e [ɛkspoze] *adj* (*orienté*) ausgerichtet ▷ *nm* (*conférence*) Referat *nt*; **être ~ à l'est/au sud** nach Osten/Süden gehen *ou* liegen

exposer [ɛkspoze] *vt* (*présenter*) ausstellen; (*parler de*) darlegen; (*mettre en danger*) aufs Spiel setzen; (*orienter*) ausrichten; (*Photo*) belichten; **s'exposer à** *vpr* sich aussetzen +*dat*; ~ **qn/qch à** jdn/etw aussetzen +*dat*

exposition [ɛkspozisjɔ̃] *nf* Ausstellung *f*; (*de problème, situation*) Darlegung *f*; (*de maison*) Ausrichtung *f*; (*Photo*) Belichtung *f*; **temps d'~** Belichtungszeit *f*

exprès¹ [ɛkspʀɛ] *adv* (*délibérément*) absichtlich; (*spécialement*) speziell; **faire ~ de faire qch** etw absichtlich tun; **il l'a fait/ne l'a pas fait ~** das hat er absichtlich getan/nicht absichtlich getan

exprès², -esse [ɛkspʀɛs] *adj* (*ordre, défense*) ausdrücklich ▷ *adj inv*: **lettre ~** Eilbrief *m*; **colis ~** Schnellpaket *nt*; **envoyer qch en ~** etw per Eilboten schicken

express [ɛkspʀɛs] *adj, nm*: (**café**) **~** Espresso *m*; (**train**) **~** Express(zug) *m*

expressément [ɛkspʀesemɑ̃] *adv* ausdrücklich

expressif, -ive [ɛkspʀesif, iv] *adj* ausdrucksvoll

expression [ɛkspʀesjɔ̃] *nf* Ausdruck *m*; **réduit à sa plus simple ~** (*Math*) gekürzt; (*fig*) kurz gesagt; **liberté d'~** Meinungsfreiheit *f*; **moyens d'~** Ausdrucksmittel *pl*; ~ **toute faite** (stehende) Redewendung *f*

expressionnisme [ɛkspʀesjonism] *nm* Expressionismus *m*

expressivité [ɛkspʀesivite] *nf* (*d'un regard*) Ausdrucksstärke *f*

exprimer [ɛkspʀime] *vt* ausdrücken; **s'exprimer**

vpr (*personne*) sich ausdrücken; **bien s'~** sich gut ausdrücken

expropriation [ɛkspʀopʀijasjɔ̃] *nf* Enteignung *f*; **frapper d'~** enteignen

exproprier [ɛkspʀopʀije] *vt* enteignen

expulser [ɛkspylse] *vt* (*d'une salle*) verweisen; (*d'un groupe*) ausschließen; (*locataire*) hinauswerfen; (*Football*) vom Platz stellen *ou* verweisen

expulsion [ɛkspylsjɔ̃] *nf* (*v vt*) Verweis *m*; Ausschluss *m*; Platzverweis *m*

expurger [ɛkspyʀʒe] *vt* (*livre*) zensieren

exquis, e [ɛkski, iz] *adj* exquisit, herrlich; (*personne, temps*) reizend

exsangue [ɛksɑ̃g] *adj* blutleer

exsuder [ɛksyde] *vt* ausströmen

extase [ɛkstɑz] *nf* Ekstase *f*; **être en ~** in Ekstase sein

extasier [ɛkstɑzje]: **s'~** *vpr*: **s'~ sur** in Ekstase geraten über +*acc*

extatique [ɛkstatik] *adj* ekstatisch

extenseur [ɛkstɑ̃sœʀ] *nm* (*Sport*) Expander *m*

extensible [ɛkstɑ̃sibl] *adj* dehnbar

extensif, -ive [ɛkstɑ̃sif, iv] *adj* extensiv

extension [ɛkstɑ̃sjɔ̃] *nf* (*d'un muscle, ressort*) Strecken *nt*; (*fig: développement*) Expansion *f*; **à l'~** im Streckverband

exténuant, e [ɛkstenyɑ̃, ɑ̃t] *adj* erschöpfend

exténuer [ɛkstenye] *vt* erschöpfen

extérieur, e [ɛksteʀjœʀ] *adj* Außen-; (*influences, pressions*) äußere(r, s); (*superficiel*) äußerlich ▷ *nm* (*d'une maison, d'un récipient*) Außenseite *f*; (*d'une personne: apparence*) Äußere(s) *nt*; **contacts avec l'~** Kontakte *pl* mit der Außenwelt; **à l'~** (*dehors*) draußen; (*Sport: coureur, cheval*) auf der Außenbahn

extérieurement [ɛksteʀjœʀmɑ̃] *adv* (*en apparence*) äußerlich

extérioriser [ɛksteʀjoʀize] *vt* (*sentiment*) nach außen (hin) zeigen; (*idée*) ausdrücken

extermination [ɛksteʀminasjɔ̃] *nf* Ausrottung *f*

exterminer [ɛksteʀmine] *vt* ausrotten

externat [ɛksteʀna] *nm* Tagesschule *f*

externe [ɛksteʀn] *adj* extern ▷ *nm/f* (*Scol*) Externe(r) *f(m)*, Tagesschüler(in) *m(f)*; (*étudiant en médecine*) ≈ Medizinstudent(in) *m(f)* (*im praktischen Jahr*)

extincteur [ɛkstɛ̃ktœʀ] *nm* Feuerlöscher *m*

extinction [ɛkstɛ̃ksjɔ̃] *nf* (*d'un incendie*) Löschen *nt*; (*d'une race*) Aussterben *nt*; (*d'une dette*) Tilgung *f*; ~ **de voix** (*Méd*) Stimmverlust *m*

extirper [ɛkstiʀpe] *vt* (*plante*) ausreißen; (*préjugés*) ausrotten; (*tumeur*) entfernen

extorquer [ɛkstoʀke] *vt*: ~ **qch à qn** etw von jdm erpressen

extorsion [ɛkstoʀsjɔ̃] *nf*: ~ **de fonds** Erpressung *f* von Geldern

extra [ɛkstʀa] *adj inv* erstklassig ▷ *nm* Aushilfe *f* ▷ *préf* extra-, Extra-

extraction [ɛkstʀaksjɔ̃] *nf* (*v extraire*) Gewinnung *f*; Ziehen *nt*; Herausziehen *nt*

extrader [ɛkstʀade] *vt* ausliefern

extradition [ɛkstʀadisjɔ̃] *nf* Auslieferung *f*

extra-fin, e [ɛkstRafē, in] (pl ~s, es) adj
extrafein
extra-fort, e [ɛkstRafɔR, ɔRt] (pl ~s, es) adj
(moutarde) extrascharf
extraire [ɛkstRɛR] vt (minerai) gewinnen; (dent)
ziehen; (Math: racine) ziehen; ~ qch de (balle, corps
étranger) etw herausziehen aus; (citation etc) etw
entnehmen +dat
extrait, e [ɛkstRɛ, ɛt] pp de extraire ▷ nm (de
plante) Extrakt m, Auszug m; (de film, livre) Auszug
m; ~ de naissance Geburtsurkunde f
extra-lucide [ɛkstRalysid] (pl ~s) adj: voyante ~
Hellseherin f
extraordinaire [ɛkstRaɔRdinɛR] adj
außergewöhnlich; par ~ zufälligerweise;
mission ~ Sondermission f; envoyé ~
Sonderbeauftragte(r) m; assemblée ~
Sondersitzung f
extraordinairement [ɛkstRaɔRdinɛRmā] adv
außergewöhnlich
extrapoler [ɛkstRapɔle] vi extrapolieren
extra-sensoriel, le [ɛkstRasāsɔRjɛl] (pl ~s, les) adj
außersinnlich
extra-terrestre [ɛkstRatɛRɛstR(ə)] (pl ~s) nm/f
Außerirdische(r) f(m)
extra-utérin, e [ɛkstRaytɛRē, in] (pl ~s, es) adj
extrauterin
extravagance [ɛkstRavagās] nf Extravaganz f
extravagant, e [ɛkstRavagā, āt] adj extravagant
extraverti, e [ɛkstRavɛRti] adj extrovertiert

extrayais etc [ɛkstRejɛ] vb voir extraire
extrême [ɛkstRɛm] adj extrem; (limite)
äußerste(r, s) ▷ nm: les ~s die Extreme pl; d'une
~ simplicité/brutalité von äußerster
Einfachheit/Brutalität; d'un ~ à l'autre von
einem Extrem ins andere; à l'~ extrem; à l'~
rigueur im äußersten Fall
extrêmement [ɛkstRɛmmā] adv extrem
extrême-onction [ɛkstRɛmɔ̄ksjɔ̄] (pl ~s) nf Letzte
Ölung f
Extrême-Orient [ɛkstRɛmɔRjā] nm: l'~ der Ferne
Osten m
extrême-oriental, e, -aux [ɛkstRɛmɔRjātal] adj
fernöstlich
extrémisme [ɛkstRemism] nm Extremismus m
extrémiste [ɛkstRemist] adj extremistisch
▷ nm/f Extremist(in) m(f)
extrémité [ɛkstRemite] nf (bout) äußerstes Ende
nt; (situation) äußerste Not f; (action désespérée)
Verzweiflungstat f; extrémités nfpl (pieds et
mains) Extremitäten pl; à la dernière ~ (à l'agonie)
in den letzten Zügen
exubérance [ɛgzybeRās] nf
Überschwänglichkeit f
exubérant, e [ɛgzybeRā, āt] adj (végétation) üppig;
(caractère) überschwänglich
exulter [ɛgzylte] vi frohlocken
exutoire [ɛgzytwaR] nm (fig) Ventil nt
ex-voto [ɛksvɔto] nm inv Votivbild nt
eye-liner [ajlajnœR] (pl ~s) nm Lidstrich m

Ff

F¹, f [ɛf] *nm inv* (*lettre*) F, f *nt*; **F comme François** ≈ F wie Friedrich

F² [ɛf] *abr* = *franc* (= *Fahrenheit*) F; (*appartement*): **un F2/F3** eine 2-/3-Zimmer-Wohnung

fa [fɑ] *nm inv* (*Mus*) F *nt*; (: *en chantant la gamme*) Fa *nt*

fable [fabl] *nf* Fabel f; (*mensonge*) Lügengeschichte f

fabricant [fabʀikã] *nm* Hersteller m

fabrication [fabʀikasjɔ̃] *nf* Herstellung f

fabrique [fabʀik] *nf* Fabrik f

fabriquer [fabʀike] *vt* herstellen; (*construire*) bauen; (*fig: inventer*) erfinden; **~ en série** in Serie herstellen; **qu'est-ce qu'il fabrique?** (*fam*) was macht er jetzt schon wieder?

fabulateur, -trice [fabylatœʀ, tʀis] *nm/f* Fabulant m

fabulation [fabylasjɔ̃] *nf* Fabulieren *nt*

fabuleusement [fabyløzmã] *adv* fantastisch, unwahrscheinlich

fabuleux, -euse [fabylø, øz] *adj* (*récit etc*) Fabel-; (*somme, quantité etc*) sagenhaft, märchenhaft

fac [fak] (*fam*) *abr f* = **faculté**

façade [fasad] *nf* Fassade f

face [fas] *nf* (*côté*) Seite f; (*visage*) Gesicht *nt*; (*fig: d'un problème*) Gesichtspunkt m ▷ *adj:* **le côté ~** die Vorderseite; **perdre/sauver la ~** das Gesicht verlieren/wahren; **regarder qn en ~** jdm ins Gesicht sehen; **la maison/le trottoir d'en ~** das Haus/der Gehweg gegenüber; **en ~ de** gegenüber von; (*fig*) im Angesicht +*gén*; **de ~** (*portrait*) von vorn; (*place dans train*) nach vorne; **~ à** gegenüber von; (*fig*) angesichts +*gén*; **faire ~ à qn/qch** jdm/ etw gegenüberstehen; **faire ~ à la demande** (*Comm*) der Nachfrage *dat* nachkommen; **~ à ~** *nm inv* Streitgespräch *nt* ▷ *adv* einander gegenüber

facéties [fasesi] *nfpl* (*plaisanteries*) Witze pl

facétieux, -euse [fasesjø, jøz] *adj* spöttisch

facette [fasɛt] *nf* (*d'un diamant*) Facette f; (*d'un problème*) Seite f

fâché, e [faʃe] *adj* wütend, böse; **être ~ avec qn** mit jdm zerstritten sein

fâcher [faʃe] *vt* ärgern; **se fâcher** *vpr* wütend werden; **se ~ contre qn** sich über jdn ärgern; **se ~ avec qn** sich mit jdm zerstreiten

fâcherie [faʃʀi] *nf* (*brouille*) Streit m

fâcheusement [faʃøzmã] *adv* unangenehm

fâcheux, -euse [faʃø, øz] *adj* (*regrettable*) bedauerlich; (*ennuyeux*) ärgerlich; **avoir une fâcheuse tendance à faire qch** die bedauerliche Angewohnheit haben, etw zu tun

facho [faʃo] (*fam*) *adj, nm/f* = **fasciste**

facial, e, -aux [fasjal, jo] *adj* Gesichts-

faciès [fasjɛs] *nm* (*visage*) Gesichtszüge pl

facile [fasil] *adj* leicht, einfach; (*péj: littérature, effet*) seicht; **une femme ~** ein leichtes Mädchen; **~ à faire** leicht (zu machen); **il est ~ à vivre** man kommt gut mit ihm aus

facilement [fasilmã] *adv* leicht; **se fâcher ~** leicht ärgerlich werden

facilité [fasilite] *nf* (*aise*) Leichtigkeit f; (*disposition, don*) Begabung f; (*moyen, occasion, possibilité*) Möglichkeit f; **facilités** *nfpl* (*possibilités*) Möglichkeiten pl; (*Comm: délais, conditions*) Bedingungen pl; **~s de crédit** günstige Kreditbedingungen pl; **~s de paiement** günstige Zahlungsbedingungen pl

faciliter [fasilite] *vt* erleichtern

façon [fasɔ̃] *nf* (*manière*) (Art und) Weise f; (*coupe*) Schnitt m; **façons** *nfpl* Benehmen *nt*; **faire des ~s** (*péj: être affecté*) affektiert sein; (: *faire des histoires*) sich anstellen; **châle ~ cachemire** Schal m aus Kaschmirimitat; **de quelle ~ l'a-t-il fait?** wie hat er es gemacht?; **sans ~** *adv* ohne Umstände ▷ *adj* schlicht; **de toute ~** auf jeden Fall; **d'une autre ~** anders; **en aucune ~** auf keinen Fall; **de ~ agréable/agressive** auf angenehme/aggressive Weise, angenehm/ aggressiv; **de ~ à faire** um etw zu tun; **de (telle) ~ que** so, dass; **de ~ à ce que** so daß; **c'est une ~ de parler** das sagt man (nur) so

faconde [fakɔ̃d] *nf* Redseligkeit f

façonner [fasɔne] *vt* (*fabriquer*) herstellen; (*travailler*) bearbeiten; (*fig*) formen

fac-similé [faksimile] (*pl* **~s**) *nm* Faksimile *nt*

facteur [faktœʀ] *nm* (*postier*) Briefträger m; (*Math, fig*) Faktor m; **~ d'orgues/de pianos** Orgel-/ Klavierbauer m; **~ rhésus** Rhesusfaktor m

factice [faktis] *adj* (*bijou etc*) imitiert, nachgemacht; (*situation, sourire*) gekünstelt

faction [faksjɔ̃] *nf* (*groupe*) (Splitter)gruppe f; (*garde*) Wache f; **être en ou de ~** Wache stehen

factoriel, le [faktɔʀjɛl] adj faktoriell
factotum [faktɔtɔm] nm Faktotum nt
factuel, le [faktɥɛl] adj Tatsachen-
facturation [faktyʀasjõ] nf Berechnung f;
(bureau) Rechnungsabteilung f
facture [faktyʀ] nf (à payer) Rechnung f; (d'un
artisan, artiste) Technik f
facturer [faktyʀe] vt berechnen, in Rechnung
stellen
facturier, -ière [faktyʀje, jɛʀ] nm/f (employé)
Fakturist(in) m(f)
facultatif, -ive [fakyltatif, iv] adj freiwillig;
(arrêt) Bedarfs-
faculté [fakylte] nf (possibilité, pouvoir) Fähigkeit f,
Vermögen nt; (Univ) Fakultät f; **facultés** nfpl
(moyens intellectuels) (geistige) Fähigkeiten pl
fadaises [fadɛz] nfpl dummes Zeug nt
fade [fad] adj fad
fading [fadiŋ] nm (Radio) Ausblenden nt
fagot [fago] nm (de bois) Reisigbündel nt
fagoté, e [fagɔte] (fam) adj: **drôlement ~**
unmöglich gekleidet
Fahrenheit [faʀɛnajt] adj Fahrenheit
faible [fɛbl] adj schwach; (moralement)
(willens)schwach, charakterschwach ▷ nm: **le ~
de qn/qch** die schwache Stelle von jdm/etw;
avoir un ~ pour qn/qch eine Schwäche ou ein
Faible für jdn/etw haben; **~ d'esprit** dümmlich
faiblement [fɛbləmã] adv schwach
faiblesse [fɛblɛs] nf Schwäche f
faiblir [febliʀ] vi schwächer werden; (vent,
résistance, intérêt) nachlassen; (ennemi) erlahmen
faïence [fajãs] nf Töpferware f
faignant, e [fɛɲã, ãt] nm/f, adj = **fainéant**
faille [faj] vb voir **falloir** ▷ nf (Géo) Verwerfung f;
(fig: d'un système, d'une théorie) Schwachstelle f
failli, e [faji] adj bankrott ▷ nm/f Bankrotteur m
faillible [fajibl] adj fehlbar
faillir [fajiʀ] vi: **j'ai failli tomber** ich wäre
beinahe hingefallen; **j'ai failli lui dire que ...**
ich hätte ihm fast gesagt, dass ...; **~ à une
promesse** ein Versprechen nicht halten; **~ à un
engagement** eine Verabredung nicht einhalten
faillite [fajit] nf Bankrott m; **être en ~** bankrott
sein; **faire ~** Bankrott machen
faim [fɛ̃] nf Hunger m; **~ d'amour/de richesses**
Verlangen nt ou Hunger m nach Liebe/Reichtum;
avoir ~ Hunger haben; **rester sur sa ~** noch
nicht genug haben; **~ de loup** Bärenhunger m
fainéant, e [fɛneã, ãt] adj faul ▷ nm/f
Faulenzer(in) m(f)
fainéantise [fɛneãtiz] nf Faulenzerei f

 MOT-CLÉ

faire [fɛʀ] vt **1** machen; **que fait-il?** was macht
er?; **qu'allons-nous faire?** was sollen wir tun?;
qu'a-t-il fait de sa sœur/valise? was hat er mit
seiner Schwester/mit seinem Koffer gemacht?;
que faire? was tun?; **que faites-vous?** was
machen Sie (gerade)?; (quel métier) was machen
Sie (beruflich)?; **faire un travail** eine Arbeit
machen; **faire le ménage** die Hausarbeit
erledigen; **faire du bruit** Krach machen; **faire
une faute** einen Fehler machen; **faire une
offre** ein Angebot machen; **faire des dégâts**
Schaden anrichten; **faire la lessive** Wäsche
waschen; **faire la cuisine** kochen; **faire les
courses** einkaufen; **faire les magasins** einen
Einkaufsbummel machen; **faire l'Europe**
Europa durchstreifen; **faire une remarque** eine
Bemerkung machen; **il ne fait que critiquer** er
kritisiert immer nur; **n'avoir que faire de qch**
etw nicht nötig haben
2 (produire) erzeugen; **faire du vin** Wein
erzeugen; **faire un film** einen Film drehen; **fait
à la main** Handarbeit; **fait à la machine** mit der
Maschine gefertigt
3 (études) betreiben; (sport) treiben; (musique)
machen; **faire du droit/du français** Jura/
Französisch studieren; **faire du rugby** Rugby
spielen; **faire du ski** Ski laufen; **faire du
violon/piano** Geige/Klavier spielen
4 (maladie) haben; **faire du diabète/de la
tension/de la fièvre** Diabetes/Bluthochdruck/
Fieber haben
5 (simuler): **faire le malade/l'ignorant** den
Kranken/Unwissenden spielen
6 (transformer, avoir un effet sur): **faire de qn un
frustré** jdn frustrieren; **faire de qn un avocat**
jdn Anwalt werden lassen; **ça ne me fait rien**
das ist mir egal; **ça ne me fait ni chaud ni froid**
das ist mir egal; **ça ne fait rien** das macht
nichts
7 (calculs, prix, mesures): **2 et 2 font 4** 2 und 2 macht
ou ist 4; **9 divisé par 3 fait 3** 9 geteilt durch 3
macht ou ist 3; **ça fait 10 m** das sind 10 m; **ça fait
15 euros** das macht 15 Euro; **je vous le fais (à) 10
euros** ich gebe es Ihnen für 10 Euro
8 (dire) sagen; **"vraiment?" fit-il** „wirklich?"
sagte er
▷ vi **1** (agir, s'y prendre) machen; **il faut faire vite**
wir müssen uns beeilen; **je n'ai pas pu faire
autrement** es ging nicht anders; **comment a-t-
il fait pour ...?** wie hat er es geschafft, zu ...?; **tu
fais bien de me le dire** gut, dass du mir das
gesagt hast; **faites comme chez vous** fühlen
Sie sich wie zu Hause
2 (ses besoins) machen
3 (paraître) aussehen; **faire vieux/démodé/petit**
alt/altmodisch/klein aussehen; **ça fait bien** das
sieht gut aus
▷ vb substitut machen; **remets-le en place — je
viens de le faire** tu es zurück — ich habs gerade
ou schon gemacht; **je peux le voir? — faites!**
kann ich es sehen? — bitte!
▷ vb impers **1**: **il fait beau** es ist schönes Wetter; **il
fait froid/chaud** es ist kalt/warm; **il fait jour** es
ist Tag
2 (temps écoulé, durée): **ça fait cinq heures qu'il
est parti** er ist vor fünf Stunden weggefahren;
ça fait deux ans/heures qu'il y est er ist schon
zwei Jahre/Stunden dort
3 (avoir pour conséquence): **faire que** bewirken, dass

▷ *vb semi-aux* (*avec infinitif*) lassen; **faire tomber qch** etw fallen lassen; **faire démarrer un moteur** einen Motor anlassen; **faire chauffer de l'eau** Wasser aufsetzen; **que veux-tu me faire croire?** was willst du mich glauben machen?; **cela fait dormir** das macht schläfrig; **cela fait tomber la fièvre** das bringt das Fieber zum Sinken; **essayer de faire tomber/bouger qch** versuchen, etwas zu Fall/in Bewegung zu bringen; **cela le fait ressembler à un clown** damit sieht er wie ein Clown aus; **faire faire la vaisselle à qn** jdn Geschirr spülen lassen; **faire réparer qch** etw reparieren lassen; **il m'a fait ouvrir la porte** (*contraindre*) er hat mich gezwungen, die Tür zu öffnen; **il m'a fait traverser la rue** (*aider*) er hat mir geholfen, die Straße zu überqueren
se faire *vpr* 1 (*vin, fromage*) reifen
2: **cela se fait beaucoup** das sieht man oft; **cela ne se fait pas** das macht man nicht
3 (*+nom ou pronom*): **se faire une jupe** sich *dat* einen Rock machen *ou* nähen; **se faire des amis** Freunde gewinnen; **se faire du souci** sich *dat* Sorgen machen; **il ne s'en fait pas** er macht sich keine Sorgen; **sans s'en faire** ohne Bedenken; **se faire des illusions** sich *dat* Illusionen machen; **se faire beaucoup d'argent** sich *dat* viel Geld verdienen
4 (*+adj*): **se faire vieux** (langsam) alt werden; **se faire beau** sich schön machen
5: **se faire à** (*s'habituer*) sich gewöhnen an +acc; **je n'arrive pas à me faire à la nourriture/au climat** ich kann mich einfach nicht an das Essen/Klima gewöhnen
6 (*+infinitif*): **se faire opérer** sich operieren lassen; **se faire couper les cheveux** sich *dat* die Haare schneiden lassen; **il s'est fait aider (par Simon)** er hat sich *dat* (von Simon) helfen lassen; **se faire montrer/expliquer qch** sich *dat* etw zeigen/erklären lassen; **se faire faire un vêtement** sich *dat* ein Kleidungsstück anfertigen lassen; **je vais me faire punir/gronder** ich werde noch bestraft/ausgeschimpft (werden)
7 (*impersonnel*): **comment se fait-il/faisait-il que ...?** wie kommt/kam es, dass ...?; **il peut se faire que ...** es kann sein, dass ...

faire-part [fɛʀpaʀ] *nm inv*: **~ de mariage/décès** Heiratsanzeige *f*/Todesanzeige *f*
fair-play [fɛʀplɛ] *adj inv* fair
fais [fɛ] *vb voir* **faire**
faisabilité [fəzabilite] *nf* Machbarkeit *f*
faisable [fəzabl] *adj* machbar
faisais [fəzɛ] *vb voir* **faire**
faisan, e [fəzɑ̃, an] *nm/f* Fasan *m*
faisandé, e [fəzɑ̃de] *adj* angegangen; (*fig: péj*) verdorben
faisceau, x [fɛso] *nm* (*de lumière, électronique etc*) Strahl *m*; (*de branches etc*) Bündel *nt*
faiseur, -euse [fəzœʀ, øz] *nm/f*: **~ d'embarras/de projets** (*péj*) Unruhestifter(in) *m(f)*/

Ränkeschmied *m*; **faiseuse d'anges** Engelmacherin *f*
faisons [f(ə)zɔ̃] *vb voir* **faire**
faisselle [fɛsɛl] *nf* Käsesieb *nt*
fait¹ [fɛ] *vb voir* **faire** ▷ *nm* (*événement*) Ereignis *nt*; (*réalité, donnée*) Tatsache *f*; **le ~ que** die Tatsache, dass; **le ~ de manger/travailler** das Essen/das Arbeiten; **être le ~ de** (*typique de*) typisch sein für; (*causé par*) verursacht sein von; **être au ~ de** Bescheid wissen über +acc; **au ~** übrigens; **aller droit au ~** sofort zur Sache kommen; **mettre qn au ~** jdn ins Bild setzen; **de ~** tatsächlich; **du ~ que** weil; **du ~ de** wegen +gén *ou* dat; **de ce ~** deswegen; **en ~** tatsächlich; **en ~ de repas/vacances** als Mahlzeit/Ferien; **c'est un ~** das ist eine Tatsache; **le ~ est que** die Tatsache ist, dass; **prendre ~ et cause pour qn** für jdn Partei ergreifen; **prendre qn sur le ~** jdn auf frischer Tat ertappen; **hauts ~s** (*exploits*) Großtaten *pl*; **dire son ~ à qn** jdm die Meinung sagen; **les ~s et gestes de qn** jds Tun und Treiben *nt*; **~ accompli** vollendete Tatsache; **"~ divers"** „Vermischtes"
fait², e [fɛ, fɛt] *pp de* **faire** ▷ *adj* (*mûr: fromage*) reif; (*maquillé: yeux*) geschminkt; (*vernis: ongles*) lackiert; **un homme bien ~** ein gut aussehender Mann; **être ~ pour** (*conçu*) gemacht sein für; (*doué*) begabt sein für; **c'est en ~ de lui/notre tranquillité** damit war es um ihn/unsere Ruhe geschehen; **tout(e) ~(e)** (*préparé à l'avance*) Fertig-; **idée toute ~e** vorgefasste Idee *f*; **c'est bien ~ pour lui/eux** das geschieht ihm/ihnen ganz recht
faîte [fɛt] *nm* (*d'arbre*) Wipfel *m*; (*du toit*) Giebel *m*; **au ~ de la gloire** auf dem Gipfel des Ruhms
faites [fɛt] *vb voir* **faire**
faîtière [fɛtjɛʀ] *nf* (*de tente*) Firststange *f*
faitout, fait-tout [fɛtu] *nm inv* großer Kochtopf *m*
falaise [falɛz] *nf* Klippe *f*
falbalas [falbala] *nmpl* (*ornements excessifs*) Kinkerlitzchen *pl*; (*grande toilette*) Flitterkram *m*
fallacieux, -euse [fa(l)lasjø, jøz] *adj* (*raisonnement*) irrig; (*apparences, espoir*) trügerisch
falloir [falwaʀ] *vb impers*: **il va ~ 100 euros** (*besoin*) es werden 100 Euro nötig sein; **il doit ~ du temps pour faire cela** es muss Zeit kosten, das zu tun; **il faut faire les lits** (*obligation*) die Betten müssen gemacht werden; **il faut qu'il ait oublié** (*hypothèse*) er muss es (wohl) vergessen haben; **il faut qu'il soit malade** er muss (wohl) krank sein; **il a fallu qu'il l'apprenne** (*fatalité*) er hat es dann doch erfahren; **il me faut/faudrait 100 euros/de l'aide** ich brauche/bräuchte 100 Euro/Hilfe; **il vous faut tourner à gauche après l'église** nach der Kirche müssen Sie links abbiegen; **nous avons ce qu'il (nous) faut** wir haben alles, was wir brauchen; **il faut que je fasse les lits** ich muss die Betten machen; **il a fallu que je parte** ich musste gehen; **il faudrait qu'elle rentre** sie sollte wirklich nach Hause gehen; **il faut toujours qu'il s'en mêle** er muss sich (ja)

immer einmischen; **comme il faut** wie sichs gehört; **il s'en faut/s'en est fallu de cinq minutes/100 euros (pour que)** es fehlten fünf Minuten/100 Euro(, damit); **il ne fallait pas** (pour remercier) das war doch nicht nötig; **faut le faire!** (fam) da gehört schon was dazu!; **il s'en faut de beaucoup qu'elle soit riche** sie ist (wirklich und) wahrhaftig nicht reich; **il s'en est fallu de peu que** es hat nicht viel gefehlt und; **tant s'en faut!** weit gefehlt!; **ou peu s'en faut** oder jedenfalls beinahe

fallu [faly] pp de **falloir**

falot, e [falo, ɔt] adj (personne) farblos ▷ nm (lanterne) Laterne f

falsification [falsifikasjɔ̃] nf Fälschung f

falsifier [falsifje] vt fälschen

famé, e [fame] adj: **mal ~** zwielichtig

famélique [famelik] adj ausgehungert, halb verhungert

fameux, -euse [famø, øz] adj (illustre) berühmt; (bon: repas, plat etc) ausgezeichnet, erstklassig; **un ~ problème** (intensif) ein echtes Problem; **pas ~** nicht berühmt

familial, e, -aux [familjal, jo] adj Familien- ▷ nf (Auto) Kombi m

familiariser [familjarize] vt: **~ qn avec qch** jdn mit etw vertraut machen; **se familiariser** vpr: **se ~ avec** vertraut werden mit

familiarité [familjarite] nf (intimité) Vertraulichkeit f; (connaissance) Vertrautheit f; **familiarités** nfpl (privautés) (plumpe) Vertraulichkeiten pl

familier, -ière [familje, jɛʀ] adj (connu) vertraut; (dénotant une certaine intimité) vertraulich; (Ling) umgangssprachlich; (cavalier, impertinent) plumpvertraulich ▷ nm (de lieu) regelmäßiger Gast m

familièrement [familjɛʀmɑ̃] adv (simplement) zwanglos; (cavalièrement) plumpvertraulich; (sans recherche: s'exprimer) umgangssprachlich

famille [famij] nf Familie f; **il a de la ~ à Paris** er hat Verwandte in Paris; **de ~** Familien-

famine [famin] nf Hungersnot f

fan [fan] nm/f Fan m

fana [fana] (fam) abr m/f = **fanatique**

fanal, -aux [fanal, o] nm (sur un mât) Leuchtfeuer nt; (à main) Laterne f

fanatique [fanatik] adj fanatisch ▷ nm/f (intolérant) Fanatiker(in) m(f); **~ de rugby/de voile** Rugby-/Segelfan m

fanatiquement [fanatikmɑ̃] adv fanatisch

fanatiser [fanatize] vt fanatisieren

fanatisme [fanatism] nm Fanatismus m

fane [fan] nf Grün nt

fané, e [fane] adj (fleur) verwelkt

faner [fane]: **se ~** vpr (fleur) verwelken, verblühen; (couleur, tissu) verblassen

faneuse [fanøz] nf (Tech) Heuwender m

fanfare [fɑ̃faʀ] nf (orchestre) Blaskapelle f; (musique) Fanfare f; **en ~** mit Getöse

fanfaron, ne [fɑ̃faʀɔ̃, ɔn] nm/f Angeber(in) m(f)

fanfaronnades [fɑ̃faʀɔnad] nfpl Prahlerei f,

Großsprecherei f

fanfreluches [fɑ̃fʀəlyʃ] nfpl Firlefanz m

fange [fɑ̃ʒ] nf Morast m

fanion [fanjɔ̃] nm Wimpel m

fanon [fanɔ̃] nm (de baleine) (Wal)barte f; (de bœuf etc) Wamme f

fantaisie [fɑ̃tezi] nf Fantasie f, Einfallsreichtum m; (caprice) Laune f; (Mus, Litt) Fantasie(stück nt) f ▷ adj: **bijou ~** Modeschmuck m; **agir selon sa ~** nach Lust und Laune handeln

fantaisiste [fɑ̃tezist] adj (péj) unseriös ▷ nm (de music-hall) Varietékünstler(in) m(f)

fantasmagorique [fɑ̃tasmagɔʀik] adj fantastisch

fantasme [fɑ̃tasm] nm Hirngespinst nt

fantasmer [fɑ̃tasme] vi fantasieren

fantasque [fɑ̃task] adj (humeur, caractère) launisch

fantassin [fɑ̃tasɛ̃] nm Infanterist m

fantastique [fɑ̃tastik] adj fantastisch

fantoche [fɑ̃tɔʃ] (péj) nm Marionette f

fantomatique [fɑ̃tomatik] adj gespenstisch

fantôme [fɑ̃tom] nm Gespenst nt, Geist m; **gouvernement ~** Schattenkabinett nt

FAO [efao] sigle f (= Food and Agricultural Organization) FAO f

faon [fɑ̃] nm Hirschkalb nt, Rehkitz nt

FAQ [fak] sigle f (Inform: = foire aux questions) FAQ pl

faramineux, -euse [faraminø, øz] (fam) adj kolossal, phänomenal

farandole [faʀɑ̃dɔl] nf (Mus) Farandola f (provenzalischer Tanz)

farce [faʀs] nf (Culin) Füllung f; (blague) Streich m; (Théât) Farce f, Possenspiel nt; **faire une ~ à qn** jdm einen Streich spielen; **~s et attrapes** Scherzartikel pl

farceur, -euse [faʀsœʀ, øz] nm/f Spaßvogel m; (fumiste) Sprüchemacher m

farci, e [faʀsi] adj (Culin) gefüllt

farcir [faʀsiʀ] vt (Culin) füllen; **se farcir** vpr (fam): **je me suis farci la vaisselle** das Geschirrspülen blieb an mir hängen; (fig): **~ qch de** etw spicken mit

fard [faʀ] nm Schminke f; **~ à joues** Rouge nt

fardeau, x [faʀdo] nm Last f

farder [faʀde] vt schminken; (vérité) verfälschen; **se farder** vpr sich schminken

farfelu, e [faʀfəly] adj exzentrisch

farfouiller [faʀfuje] (péj) vi herumwühlen

fariboles [faʀibɔl] nfpl Unsinn m

farine [faʀin] nf Mehl nt; **~ de blé** Weizenmehl nt; **~ de maïs** Maismehl nt; **~ lactée** (pour bouillie) Babybrei m

fariner [faʀine] vt mit Mehl bestäuben

farineux, -euse [faʀinø, øz] adj (pomme etc) mehlig ▷ nmpl (catégorie d'aliments) Hülsenfrüchte und Kartoffeln

farniente [faʀnjɛ̃te] nm Nichtstun nt

farouche [faʀuʃ] adj (sauvage) scheu; (déterminé) stark, heftig

farouchement [faʀuʃmɑ̃] adv heftig

fart [faʀt] nm Skiwachs nt

fartage [faʀtaʒ] nm (action) Wachsen nt; (résultat)

Wachs nt

farter [faʀte] vt wachsen

fascicule [fasikyl] nm Heft nt

fascinant, e [fasinã, ãt] adj faszinierend

fascination [fasinasjɔ̃] nf Faszination f

fasciner [fasine] vt faszinieren

fascisant, e [faʃizã, ãt] adj faschistoïd

fascisme [faʃism] nm Faschismus m

fasciste [faʃist] adj faschistisch ▷ nm/f
Faschist(in) m(f)

fasse etc [fas] vb voir **faire**

faste [fast] nm Pracht f ▷ adj: **un jour ~** ein
Glückstag m

fastidieux, -euse [fastidjø, jøz] adj langweilig

fastueux, -euse [fastɥø, øz] adj prunkvoll,
prächtig

fat [fa(t)] adj m selbstgefällig

fatal, e [fatal] adj (maladie) tödlich; (erreur) fatal;
(inévitable) unvermeidlich, unabwendbar

fatalement [fatalmã] adv unvermeidbar

fatalisme [fatalism] nm Fatalismus m

fataliste [fatalist] adj fatalistisch

fatalité [fatalite] nf (destin) Schicksal nt;
(coïncidence fâcheuse) Verhängnis nt

fatidique [fatidik] adj schicksalhaft

fatigant, e [fatigã, ãt] adj ermüdend; (agaçant)
nervtötend

fatigue [fatig] nf Müdigkeit f; (d'un matériau)
Ermüdung f; **les ~s du voyage** die Strapazen pl
der Reise

fatigué, e [fatige] adj müde; (estomac, foie)
verstimmt

fatiguer [fatige] vt ermüden, müde machen;
(Tech) überbeanspruchen, überlasten; (fig:
importuner) belästigen, zur Last fallen +dat ▷ vi
(moteur) überlastet sein; **se fatiguer** vpr müde
werden, ermüden; **se ~ de** müde ou überdrüssig
werden +gén; **se ~ à faire qch** sich dabei
verausgaben, etw zu tun

fatras [fatʀɑ] nm Durcheinander nt

fatuité [fatɥite] nf Selbstgefälligkeit f

faubourg [fobuʀ] nm Vorstadt f

faubourien, ne [fobuʀjɛ̃, jɛn] adj (accent)
(Pariser) Vorstadt-

fauché, e [foʃe] (fam) adj abgebrannt, blank

faucher [foʃe] vt (herbe, champs) mähen; (suj: mort,
véhicule) niedermähen; (fam: voler) mopsen

faucheur, -euse [foʃœʀ, øz] nm/f Mäher(in) m(f),
Schnitter(in) m(f) ▷ nf (machine) Mähmaschine f

faucheux [foʃø] nm (Zool) Weberknecht m

faucille [fosij] nf Sichel f

faucon [fokɔ̃] nm (Zool) Falke m

faudra [fodʀa] vb voir **falloir**

faufil [fofil] nm Heftfaden m

faufilage [fofilaʒ] nm Heften nt

faufiler [fofile] vt (Couture) heften; **se faufiler** vpr:
se ~ dans/parmi sich einschleichen in +acc; **se ~
entre** hindurchschlüpfen durch +acc

faune [fon] nf (Zool) Fauna f, Tierwelt f; (péj)
Haufen m ▷ nm Faun m; **~ marine** Meeresfauna f,
Meerestiere pl

faussaire [fosɛʀ] nm/f Fälscher(in) m(f)

fausse [fos] adj voir **faux**

faussement [fosmã] adv (accuser) fälschlich;
(croire) irrtümlich

fausser [fose] vt (serrure, objet) verbiegen; (résultat,
données) verfälschen; **~ compagnie à qn** jdm
entkommen

fausset [fosɛ] nm: **voix de ~** Falsett(stimme f) nt

fausseté [foste] nf Falschheit f

faut [fo] vb voir **falloir**

faute [fot] nf Fehler m; (mauvaise action)
Verfehlung f, Verstoß m; (Football etc)
Regelverstoß m; **par la ~ de Pierre** (responsabilité)
durch Pierres Schuld; **c'est de sa/ma ~** das ist
seine/meine Schuld; **être en ~** im Unrecht sein;
prendre qn en ~ jdn ertappen; **~ de** aus Mangel
an +dat, mangels +gén; **~ de mieux** aus Mangel an
etwas Besserem; **sans ~** (à coup sûr) ganz
bestimmt; **~ d'inattention** Flüchtigkeitsfehler
m; **~ d'orthographe** Schreibfehler m; **~ de frappe**
Tippfehler m; **~ de goût** Geschmacksverirrung f;
~ professionnelle berufliches Fehlverhalten nt

fauteuil [fotœj] nm Sessel m; **~ à bascule**
Schaukelstuhl m; **~ club** Klubsessel m;
~ d'orchestre (Théât) Sperrsitz m; **~ roulant**
Rollstuhl m

fauteur [fotœʀ] nm: **~ de troubles**
Unruhestifter m

fautif, -ive [fotif, iv] adj (responsable) schuldig;
(incorrect) fehlerhaft ▷ nm/f (coupable) Schuldige(r)
f(m)

fauve [fov] nm (animal) Raubkatze f ▷ adj (couleur)
rehbraun; **F~** (peintre) Maler des Fauvismus,
Fauvist m

fauvette [fovɛt] nf Grasmücke f

fauvisme [fovism] nm Fauvismus m

faux¹ [fo] nf (Agr) Sense f

faux², fausse [fo, fos] adj falsch; (falsifié)
gefälscht; (Mus: piano) verstimmt; (: voix) unrein
▷ adv (Mus): **jouer/chanter ~** falsch spielen/
singen ▷ nm (copie) Fälschung f; (opposé au vrai)
Unwahrheit f; **faire fausse route** vom rechten
Weg abkommen; **faire ~ bond à qn** jdn hängen
lassen; **fausse alerte** blinder Alarm m; **fausse
clé** Dietrich m; **fausse couche** nf Fehlgeburt f;
fausse joie eitle Freude f; **fausse note** falsche
Note f; **~ amis** (Ling) ähnliche Ausdrücke, die in zwei
Sprachen verschiedene Bedeutungen haben; **~ col**
abnehmbarer Kragen m; **~ départ** Fehlstart m;
~ frais nmpl Nebenausgaben pl; **~ frère** (péj)
falscher Freund m; **~ mouvement** falsche
Bewegung f; **~ nez** falsche Nase f; **~ nom** falscher
Name m; **~ pas** Stolpern nt; (fig) Fauxpas m,
Fehltritt m; **~ témoignage** falsches Zeugnis nt

faux-filet [fofilɛ] (pl **~s**) nm (Culin) ≈ Lendenstück nt

faux-fuyant [fofɥijã] (pl **~s**) nm Ausflucht f

faux-monnayeur [fomɔnɛjœʀ] (pl **~s**) nm
Falschmünzer m

faux-semblant [fosãblã] (pl **~s**) nm Vorwand m

faux-sens [fosãs] nm inv schiefe Übersetzung f

faveur [favœʀ] nf (bienfait) Gunst f; (ruban)
schmales Band nt; **faveurs** nfpl Gunst; **avoir la ~
de qn** sich jds Gunst gén erfreuen; **régime/**

traitement de ~ Bevorzugung *f*; **à la ~ de**
begünstigt durch; *(grâce à)* dank +*dat*; **en ~ de qn/
qch** zu jds Gunsten/zugunsten einer Sache *gén*
favorable [favɔRabl] *adj (propice)* günstig; *(bien
disposé)* wohlwollend; **être ~ à qch** einer Sache
dat positiv gegenüberstehen
favorablement [favɔRabləmɑ̃] ´*adv (v adj)*
günstig; wohlwollend
favori, -ite [favɔRi, it] *adj (préféré)* Lieblings-
▷ *nm* Favorit(in) *m(f)*; **favoris** *nmpl (sur la joue)*
Koteletten *pl*
favoriser [favɔRize] *vt (personne)* bevorzugen;
(activité) fördern; *(suj: chance, événements)*
begünstigen
favorite [favɔRit] *nf (du roi)* Favoritin *f*
favoritisme [favɔRitism] *(péj) nm*
Vetternwirtschaft *f*
fax [faks] *nm* fax *nt*
faxer [fakse] *vt* faxen
fayot [fajo] *(fam: péj) nm* Speichellecker *m*
FB *abr (= franc belge)* BF
FBI [εfbiaj] *sigle m (= Federal Bureau of Investigation)*
FBI *nt*
fébrifuge [febRify3] *nm* fiebersenkend
fébrile [febRil] *adj (activité, attitude)* fieberhaft;
(personne) aufgeregt
fébrilement [febRilmɑ̃] *adv* fieberhaft
fécal, e, -aux [fekal, o] *adj voir* **matière**
fécond, e [fekɔ̃, ɔ̃d] *adj* fruchtbar; *(imagination)*
blühend; *(auteur)* produktiv
fécondation [fekɔ̃dasjɔ̃] *nf* Befruchtung *f*
féconder [fekɔ̃de] *vt* befruchten
fécondité [fekɔ̃dite] *nf* Fruchtbarkeit *f*
fécule [fekyl] *nf* Stärke *f*
féculent [fekylɑ̃] *nm* stärkehaltiges *Nahrungsmittel*
fédéral, e, -aux [fedeRal, o] *adj (Pol)* Bundes-
fédéralisme [fedeRalism] *nm* Föderalismus *m*
fédéraliste [fedeRalist] *adj* föderalistisch
fédération [fedeRasjɔ̃] *nf (sportive, de chasse)*
Verband *m*; *(Pol)* Staatenbund *m*, Föderation *f*;
la F~ française de football französischer
Fußballverband
fée [fe] *nf* Fee *f*
féerie [fe(e)Ri] *nf (Théât)* Ausstattungsstück *nt*
(mit Märchenthemen), märchenhafte Szene *f*
féerique [fe(e)Rik] *adj* zauberhaft, märchenhaft
feignant, e [fεɲɑ̃, ɑ̃t] *nm/f, adj =* **fainéant**
feindre [fɛ̃dR] *vt (simuler)* vortäuschen; **~ de faire
qch** vorgeben, etw zu tun
feint, e [fɛ̃, fɛ̃t] *pp de* **feindre** ▷ *adj* vorgetäuscht
feinte [fɛ̃t] *nf* Finte *f*
feinter [fɛ̃te] *vi (Sport)* eine Finte anwenden
fêlé, e [fele] *adj*: **être ~** einen Sprung haben
fêler [fele] *vt (verre, assiette)* einen Sprung machen
in +*acc*; *(os)* anbrechen; **se fêler** *vpr (v vt)* einen
Sprung bekommen; angebrochen sein
félicitations [felisitasjɔ̃] *nfpl* Glückwünsche *pl*
félicité [felisite] *nf* Seligkeit *f*
féliciter [felisite] *vt* beglückwünschen,
gratulieren +*dat*; **se féliciter** *vpr*: **se ~ de qch/
d'avoir fait qch** froh über etw sein/darüber sein,
etw getan zu haben; **~ qn de qch** jdm zu etw

gratulieren, jdn zu etw beglückwünschen; **~ qn
d'avoir fait qch** jdm dazu gratulieren *ou* jdn
dazu beglückwünschen, etw getan zu haben
félin, e [felɛ̃, in] *adj* Katzen-, katzenartig ▷ *nm*
(Zool) Katze *f*
félon, ne [felɔ̃, ɔn] *adj* treulos, verräterisch
félonie [felɔni] *nf* Verrat *m*
fêlure [felyR] *nf (de vase, verre)* Sprung *m*; *(d'os)*
Knacks *m*
femelle [fəmεl] *nf (d'animal)* Weibchen *nt* ▷ *adj*:
souris/perroquet ~ Mäuseweibchen *nt*/
Papageienweibchen *nt*; **prise ~** Steckdose *f*
féminin, e [feminɛ̃, in] *adj* weiblich; *(équipe,
vêtements etc)* Frauen-; *(Ling)* feminin, weiblich
▷ *nm (Ling)* Femininum *nt*; **elle est peu ~e** sie
wirkt nicht sehr feminin
féminiser [feminize] *vt (rendre efféminé)*
verweiblichen; **se féminiser** *vpr*: **cette
profession se féminise** mehr und mehr Frauen
ergreifen diesen Beruf
féminisme [feminism] *nm* Feminismus *m*
féministe [feminist] *adj* feministisch ▷ *nf*
Feministin *f*
féminité [feminite] *nf* Weiblichkeit *f*
femme [fam] *nf* Frau *f*; **être très ~** sehr feminin
sein; **devenir ~** Frau werden; **jeune ~** junge
Frau; **~ au foyer** Hausfrau *f*; **~ célibataire**
Junggesellin *f*; **~ d'affaires** Geschäftsfrau *f*; **~ de
chambre** Zimmermädchen *nt*; **~ de ménage**
Putzfrau *f*; **~ de tête** energische Frau; **~ du
monde** Frau von Welt; **~ fatale** Femme fatale *f*;
~ mariée verheiratete Frau
fémoral, e, -aux [femɔRal, o] *adj* Oberschenkel-
fémur [femyR] *nm* Oberschenkel *m*
FEN [fɛn] *sigle f (= Fédération de l'éducation nationale)*
Lehrergewerkschaft
fenaison [fənεzɔ̃] *nf* Heumachen *nt*
fendillé, e [fɑ̃dije] *adj* aufgesprungen
fendiller [fɑ̃dije]: **se ~** *vpr* aufspringen
fendre [fɑ̃dR] *vt* spalten; *(foule)* sich *dat* einen
Weg bahnen durch; *(flots)* durchpflügen; **se
fendre** *vpr* bersten, zerspringen; **~ l'air** durch
die Luft schießen
fendu, e [fɑ̃dy] *adj (sol, mur)* rissig; *(crâne)*
gespalten; *(lèvre)* aufgesprungen; *(jupe)*
geschlitzt
fenêtre [f(ə)nεtR] *nf* Fenster *nt*; **regarder par la ~**
aus dem Fenster schauen; **~ à guillotine**
Schiebefenster *nt*
fennec [fenεk] *nm* Wüstenfuchs *m*
fenouil [fənuj] *nm* Fenchel *m*
fente [fɑ̃t] *nf (fissure)* Riss *m*, Sprung *m*; *(de boîte à
lettres, dans un vêtement etc)* Schlitz *m*
féodal, e, -aux [feɔdal, o] *adj* Lehns-
féodalisme [feɔdalism] *nm* Lehnswesen *nt*
féodalité [feɔdalite] *nf* Lehnswesen *nt*
fer [fɛR] *nm* Eisen *nt*; *(de cheval)* Hufeisen *nt*; **de** *ou*
en ~ aus Eisen; **santé/main de ~** eiserne
Gesundheit *f*/Hand *f*; **mettre aux ~s** in Ketten
legen; **marquer au ~ rouge** brandmarken; **~ à
cheval** Hufeisen; **en ~ à cheval** hufeisenförmig;
~ à friser Lockenschere *f*; **~ (à repasser)**

Bügeleisen *nt*; **~ à souder** Lötkolben *m*; **~ à
vapeur** Dampfbügeleisen *nt*; **~ de lance** (*Mil*)
Angriffsspitze *f*; (*fig*) Vorreiter *m*; **~ forgé**
Schmiedeeisen *nt*
ferai *etc* [f(ə)ʀe] *vb voir* **faire**
fer-blanc [fɛʀblɑ̃] (*pl* **fers-blancs**) *nm* Blech *nt*
ferblanterie [fɛʀblɑ̃tʀi] *nf* (*métier*) Klempnerei *f*;
(*produit*) Blech *nt*
ferblantier [fɛʀblɑ̃tje] *nm* Klempner *m*, Spengler *m*
férié, e [feʀje] *adj*: **jour ~** Feiertag *m*
ferions *etc* [fəʀjɔ̃] *vb voir* **faire**
férir [feʀiʀ] *adv*: **sans coup ~** ohne Widerstand,
ohne Schwierigkeiten
fermage [fɛʀmaʒ] *nm* (*loyer*) Pacht *f*
ferme [fɛʀm] *nf* (*exploitation*) Bauernhof *m*;
(*maison*) Bauernhaus *nt* ▷ *adj* fest; (*personne*)
entschieden ▷ *adv*: **travailler ~** hart arbeiten;
discuter ~ heftig diskutieren; **tenir ~** fest
bleiben; **avoir la ~ intention de faire qch** die
feste Absicht haben, etw zu tun
fermé, e [fɛʀme] *adj* geschlossen; (*gaz, eau etc*)
abgestellt; (*personne, visage*) verschlossen
fermement [fɛʀməmɑ̃] *adv* (*v adj*) fest;
entschieden; **être ~ opposé à** ein entschiedener
Gegner sein von
ferment [fɛʀmɑ̃] *nm* Ferment *nt*
fermentation [fɛʀmɑ̃tasjɔ̃] *nf* Gärung *f*
fermenter [fɛʀmɑ̃te] *vi* gären
fermer [fɛʀme] *vt* schließen, zumachen;
(*parapluie aussi*) zuklappen; (*rideaux aussi*) zuziehen;
(*eau, électricité, robinet*) abstellen; (*aéroport, route*)
sperren ▷ *vi* (*porte, valise*) zugehen; (*entreprise*)
schließen, zumachen; **se fermer** *vpr* (*yeux, fleur*)
sich schließen; (*blessure, plaie aussi*) zuheilen; **~ à
clef** etw zuschließen *ou* abschließen; **~ la
lumière/radio/télévision** das Licht/das Radio/
den Fernseher ausschalten; **~ les yeux (sur qch)**
die Augen verschließen (vor etw *dat*); **se ~ à** sich
verschließen +*dat*
fermeté [fɛʀməte] *nf* (*v adj*) Festigkeit *f*;
Entschiedenheit *f*; **avec ~** mit Entschiedenheit,
entschieden
fermette [fɛʀmɛt] *nf* kleines Bauernhaus *nt*
fermeture [fɛʀmətyʀ] *nf* Schließen *nt*; (*d'eau, gaz
etc*) Abstellen *nt*; (*d'aéroport, route*) Sperren *nt*;
(*dispositif*) Verschluss *m*; **jour de ~** (*Comm*)
Ruhetag *m*; **~ à glissière, ~ éclair**®
Reißverschluss *m*
fermier, -ière [fɛʀmje, jɛʀ] *nm/f* Bauer *m*,
Bäuerin *f*; (*locataire*) Pächter(in) *m(f)* ▷ *adj*:
beurre/cidre ~ Landbutter *f*/Cidre *m* vom Land
fermoir [fɛʀmwaʀ] *nm* Verschluss *m*, Schließe *f*
féroce [feʀɔs] *adj* wild; (*appétit*) unbändig
férocement [feʀɔsmɑ̃] *adv* wild
férocité [feʀɔsite] *nf* Wildheit *f*
ferons [f(ə)ʀɔ̃] *vb voir* **faire**
ferrage [feʀaʒ] *nm* (*d'un cheval*) Beschlagen *nt*
ferraille [feʀaj] *nf* Schrott *m*, Alteisen *nt*; **mettre
à la ~** verschrotten; **bruit de ~** Scheppern *nt*
ferrailleur [feʀajœʀ] *nm* Schrotthändler *m*
ferrant [fɛʀɑ̃] *adj m voir* **maréchal**
ferré, e [feʀe] *adj* (*chaussure*) genagelt; (*canne*) mit

Eisen beschlagen; **~ en** (*fam: savant*) beschlagen
ou bewandert in +*dat*
ferrer [feʀe] *vt* (*cheval, canne*) beschlagen;
(*chaussure*) nageln
ferreux, -euse [feʀø, øz] *adj* eisenhaltig
ferronnerie [feʀɔnʀi] *nf* Schmiedeeisen *nt*; **~
d'art** Kunstschmiedearbeit *f*
ferronnier [feʀɔnje] *nm* (*ouvrier*)
Kunstschmied(in) *m(f)*; (*commerçant*)
Eisenwarenhändler(in) *m(f)*
ferroviaire [feʀɔvjɛʀ] *adj* Eisenbahn-
ferrugineux, -euse [feʀyʒinø, øz] *adj*
eisenhaltig
ferrure [feʀyʀ] *nf* (*garniture*) Eisenbeschlag *m*
ferry [feʀi] (*pl* **ferries**), **ferry-boat** [feʀibot] (*pl*
~-boats) *nm* Fähre *f*
fertile [fɛʀtil] *adj* (*aussi fig*) fruchtbar; **~ en
événements/incidents** ereignisreich
fertilisant [fɛʀtilizɑ̃] *nm* Dünger *m*
fertilisation [fɛʀtilizasjɔ̃] *nf* Düngen *nt*
fertiliser [fɛʀtilize] *vt* (*terre*) düngen
fertilité [fɛʀtilite] *nf* (*aussi fig*) Fruchtbarkeit *f*
féru, e [feʀy] *adj*: **~ de** begeistert von
férule [feʀyl] *nf*: **être sous la ~ de qn** unter jds
Fuchtel *dat* stehen
fervent, e [fɛʀvɑ̃, ɑ̃t] *adj* (*prière*) inbrünstig;
(*admirateur*) glühend
ferveur [fɛʀvœʀ] *nf* Inbrunst *f*
fesse [fɛs] *nf* Hinterbacke *f*; **les ~s** das Hinterteil *nt*
fessée [fese] *nf* Schläge *pl* (*auf das Hinterteil*);
donner une ~ à qn jdm den Hintern versohlen
fessier [fesje] (*fam*) *nm* Hinterteil *nt*
festin [fɛstɛ̃] *nm* Festmahl *nt*
festival [fɛstival] *nm* Festival *nt*, Festspiele *pl*
festivalier [fɛstivalje] *nm* Festivalbesucher(in)
m(f)
festivités [fɛstivite] *nfpl* Festlichkeiten *pl*
feston [fɛstɔ̃] *nm* (*Archit, Couture*) Feston *m*;
(*décoration*) Girlande *f*
festoyer [fɛstwaje] *vi* schmausen
fêtard [fɛtaʀ] *nm* Feiernde(r) *m*
fête [fɛt] *nf* (*publique*) Feiertag *m*; (*en famille*) Feier *f*;
(*kermesse*) Fest *nt*; (*d'une personne*) Namenstag *m*;
faire la ~ in Saus und Braus leben; **faire ~ à qn**
jdn herzlich empfangen; **se faire une ~ de** sich
freuen auf +*acc*; **jour de ~** Festtag *m*, Feiertag *m*;
les ~s (de fin d'année) die (Weihnachts)-
feiertage *pl*; **salle/comité des ~s** Festsaal *m*/
Festausschuss *m*; **la ~ des Mères/Pères** der
Mutter-/Vatertag *m*; **la ~ nationale** der
Nationalfeiertag *m*; **~ de charité**
Wohltätigkeitsbasar *m*; **~ foraine** Jahrmarkt *m*;
~ mobile beweglicher Feiertag *m*; **~ de la
musique** *siehe Info-Artikel*

⬤ **FÊTE DE LA MUSIQUE**
⬤
⬤ *La fête de la musique* ist ein Musikfestival, das
⬤ seit dem 21. Juni 1981 alljährlich stattfindet.
⬤ In ganz Frankreich veranstalten Musiker
⬤ kostenlose Konzerte in Parks und auf Straßen
⬤ und Plätzen.

Fête-Dieu [fɛtdjø] (pl **Fêtes-Dieu**) nf: la ~ Fronleichnam m

fêter [fete] vt feiern

fétiche [fetiʃ] nm Fetisch m; animal/objet ~ Fetisch

fétichisme [fetiʃism] nm (Rel) Fetischkult m; (Psych) Fetischismus m

fétichiste [fetiʃist] adj fetischistisch

fétide [fetid] adj (odeur) übel; (haleine) übel riechend

fétu [fety] nm: ~ **de paille** Strohhalm m

feu¹ [fø] adj inv: ~ **le roi** der verstorbene König; ~ **son père** sein verstorbener Vater

feu², x [fø] nm Feuer nt; (Naut) (Leucht)feuer nt; (de voiture, avion) Licht nt; (de circulation) Ampel f; (de cuisinière) (Herd)platte f; (sensation de brûlure) Brennen nt; **feux** nmpl (éclat, lumière) Licht; (de circulation) Ampel; **tous ~x éteints** ohne Licht; **au ~!** Feuer, Feuer!; **à ~ doux/vif** auf kleiner/ großer Flamme; **à petit ~** (Culin) auf Sparflamme; (fig) langsam; **faire ~** (avec arme) feuern; **ne pas faire long ~** (fig: ne pas durer) nicht von langer Dauer sein; **tué au ~** im Gefecht gefallen; **mettre à ~** (fusée) abfeuern; ~ **nourri** anhaltendes Feuer; **pris entre deux ~x** zwischen zwei Feuern; **être tout ~ tout flamme (pour)** Feuer und Flamme sein (für); **avoir le ~ sacré** Feuereifer haben; **en ~** in Brand; **prendre ~** Feuer fangen; **mettre le ~ à** in Brand stecken; **faire du ~** Feuer machen; **avez-vous du ~?** (pour cigarette) haben Sie Feuer?; **donner le ~ vert à** grünes Licht geben +dat; **s'arrêter aux ~x au ~ rouge** an der roten Ampel stehen bleiben; ~ **arrière** (Auto) Rücklicht nt; ~ **de camp** Lagerfeuer nt; ~ **de cheminée** Kaminfeuer nt; ~ **de joie** Freudenfeuer nt; ~ **de paille** Strohfeuer nt; ~ **orange/rouge/vert** gelbes/rotes/grünes Licht nt; ~**x d'artifice** Feuerwerk nt; ~**x de brouillard** Nebelscheinwerfer pl; ~**x de croisement** Abblendlicht nt; ~**x de position** Parklicht nt; ~**x de route** Fernlicht nt; ~**x de stationnement** Standlicht nt

feuillage [fœjaʒ] nm Laub nt, Blätter pl

feuille [fœj] nf Blatt nt; **rendre ~ blanche** (Scol) ein leeres Blatt abgeben; ~ **d'impôts** Steuerbescheid m; ~ **de chou** (péj: journal) Käseblatt nt; ~ **de maladie** vom Arzt ausgestelltes Formular zur Vorlage bei der Sozialversicherung zwecks Kostenerstattung; ~ **(de papier)** Blatt Papier; ~ **de paye** Gehaltsabrechnung f; ~ **de température** Fieberkurve f; ~ **de vigne** Weinblatt nt; (sur statue) Feigenblatt nt; ~ **morte** welkes Blatt; ~ **volante** loses Blatt

feuillet [fœjɛ] nm Blatt nt, Seite f

feuilleté, e [fœjte] adj (Culin) Blätterteig-; (verre) Verbund- ▷ nm (pâtisserie) Blätterteiggebäck nt

feuilleter [fœjte] vt (livre) durchblättern

feuilleton [fœjtɔ̃] nm (roman) Fortsetzungsroman m; (TV, Radio) Serie f

feuillette [fœjɛt] vb voir **feuilleter**

feuillu, e [fœjy] adj belaubt ▷ nm (Bot) Laubbaum m

feutre [føtʀ] nm (matière) Filz m; (chapeau) Filzhut m; (stylo) Filzstift m

feutré, e [føtʀe] adj (tissu etc) filzartig; (pas, voix, atmosphère) gedämpft

feutrer [føtʀe] vt (revêtir de feutre) mit Filz auslegen; (bruits) dämpfen ▷ vi verfilzen; **se feutrer** vpr (tissu) verfilzen

feutrine [føtʀin] nf (dünner) Filz m

fève [fɛv] nf dicke Bohne f; (dans la galette des Rois) Glücksbohne f (im Dreikönigskuchen)

février [fevʀije] nm Februar m; voir aussi **juillet**

fez [fɛz] nm Fes m

FF [ɛfɛf] abr (= franc français) FF

FFA sigle fpl (= Forces françaises en Allemagne) in Deutschland stationierte französische Truppen

FFF abr = **Fédération française de football**

FFI sigle fpl (= Forces françaises de l'intérieur (1942–45)) Truppen der französischen Widerstandsbewegung

fi [fi] excl: **faire fi de** nicht befolgen

fiabilité [fjabilite] nf Zuverlässigkeit f

fiable [fjabl] adj zuverlässig

fiacre [fjakʀ] nm Pferdedroschke f

fiançailles [fjɑ̃sɑj] nfpl Verlobung f; (période) Verlobungszeit f

fiancé, e [fjɑ̃se] nm/f Verlobte(r) f(m) ▷ adj: **être ~ (à)** verlobt sein (mit)

fiancer [fjɑ̃se]: **se ~** vpr: **se ~ (à** ou **avec)** sich verloben (mit)

fiasco [fjasko] nm Fiasko nt, Misserfolg m

fiasque [fjask] nf Chiantiflasche f

fibre [fibʀ] nf Faser f; **avoir la ~ paternelle** der geborene Vater sein; ~ **de verre** Glasfaser f; ~ **optique** optische Faser

fibreux, -euse [fibʀø, øz] adj faserig

fibrillation [fibʀijasjɔ̃] nf Herzflattern nt

fibrome [fibʀom] nm Fibrom nt

ficelage [fis(ə)laʒ] nm (de paquet) Verschnüren nt; (de rôti, poulet) Umwickeln nt mit Faden; (liens) Schnur f

ficelé, e [fisle] (fam) adj: **bien/mal ~** (roman) gut/ schlecht geschrieben; (film) gut/schlecht gemacht

ficeler [fis(ə)le] vt (paquet) verschnüren; (rôti, poulet) mit einem Faden umwickeln; (prisonnier) fesseln

ficelle [fisɛl] nf Schnur f, Bindfaden m; (pain) Stangenweißbrot nt; **ficelles** nfpl (procédés cachés) Tricks und Kniffe pl; **tirer les ~s** (fig) die Fäden ziehen

fiche [fiʃ] nf (carte) Karteikarte f; (formulaire) Formular nt; (Élec) Stecker m; ~ **de paye** Gehaltsabrechnung f; ~ **signalétique** (Police) Personenbeschreibung f; ~ **technique** technisches Merkblatt nt

ficher [fiʃe] vt (renseignement) aufschreiben (auf eine Karteikarte); (suj: police) in die Akten aufnehmen; (planter) hineinstecken; (fam: faire) machen; **se ficher** vpr: **se ~ de** (fam: se moquer) sich lustig machen über +acc; (: être indifférent) sich nicht scheren um; **fiche-la dans un coin** tu es in die Ecke; ~ **qn à la porte** (fam) jdn zur Tür rauswerfen; **fiche(-moi) le camp!** (fam) hau ab!;

fiche-moi la paix (fam) lass mich in Ruhe ou Frieden

fichier [fiʃje] nm Kartei f; (Inform) Datei f; **~ d'adresses** (Inform) Adressendatei f

fichu, e [fiʃy] pp de **ficher** ▷ adj (fam: inutilisable) kaputt ▷ nm (foulard) Kopftuch nt; **n'être pas ~ de faire qch** (fam) nicht imstande ou in der Lage sein, etw zu tun; **mal/bien ~** (fam: personne: malade) schlecht/gut drauf; (: appareil etc) schlecht/gut gemacht; **~ temps/caractère** Mistwetter nt/mieser Charakter m

fictif, -ive [fiktif, iv] adj fiktiv

fiction [fiksjɔ̃] nf Fiktion f

fictivement [fiktivmɑ̃] adv fiktiv

fidèle [fidɛl] adj (loyal) treu; (appareil) zuverlässig; (mémoire, historien, traducteur, récit) zuverlässig, genau ▷ nm/f: **les ~s** (Rel) die Gläubigen pl; (à l'église) die Gemeinde f; (clients) die Stammkunden pl; **être ~ à** (personne, époux) treu sein +dat; (parole donnée) halten; (ses habitudes, sa nature) treu bleiben +dat

fidèlement [fidɛlmɑ̃] adv (v adj) treu; zuverlässig

fidélité [fidelite] nf (v adj) Treue f; Zuverlässigkeit f; Genauigkeit f; **~ conjugale** eheliche Treue

Fidji [fidʒi] nfpl: **les îles ~** die Fidschi-Inseln pl

fiduciaire [fidysjɛʀ] adj treuhänderisch

fief [fjɛf] nm (Hist) Lehen nt; (fig: zone d'influence) Herrschaftsgebiet nt; (Pol) Hochburg f

fieffé, e [fjefe] adj Erz-

fiel [fjɛl] nm Galle f; (fig: animosité) Bitterkeit f, Groll m

fiente [fjɑ̃t] nf (Vogel)mist m

fier¹ [fje]: **se ~ à** vpr sich verlassen auf +acc

fier², fière [fje, fjɛʀ] adj stolz; **~ de qch/qn** stolz auf etw/jdn; **avoir fière allure** eine gute Figur machen

fièrement [fjɛʀmɑ̃] adv stolz

fierté [fjɛʀte] nf Stolz m

fièvre [fjevʀ] nf Fieber nt; **avoir de la ~/39 de ~** Fieber/39 (Grad) Fieber haben; **~ jaune** Gelbfieber nt; **~ typhoïde** Typhus m

fiévreusement [fjevʀøzmɑ̃] adv fieberhaft

fiévreux, -euse [fjevʀø, øz] adj (Méd) fiebrig; (fig) fieberhaft

FIFA [fifa] sigle f (= Fédération internationale de football association) FIFA f

fifre [fifʀ] nm (instrument) Querpfeife f; (personne) Querpfeifenspieler(in) m(f)

fig abr (= figure) Abb

figer [fiʒe] vt (sang) gerinnen lassen; (fixer, immobiliser) lähmen; (fig: personne) erstarren lassen, **se figer** vpr (sang) gerinnen; (huile) fest werden; (personne, sourire, institutions) erstarren; **une situation figée** eine festgefahrene Situation

fignoler [fiɲɔle] vt den letzten Schliff geben +dat

figue [fig] nf Feige f

figuier [figje] nm Feigenbaum m

figurant, e [figyʀɑ̃, ɑ̃t] nm/f Statist(in) m(f)

figuratif, -ive [figyʀatif, iv] adj (art) gegenständlich

figuration [figyʀasjɔ̃] nf (Théât, Ciné) Statistenrolle f

figure [figyʀ] nf (visage) Gesicht nt; (image, forme, tracé) Figur f; (illustration, dessin) Abbildung f; (fig: aspect) Aussehen nt; (personnage) Gestalt f; **se casser la ~** (fam) auf die Nase fallen; **faire ~ de** durchgehen für; **faire bonne ~** eine gute Figur machen; **faire triste ~** ein Trauerbild sein; **prendre ~** Gestalt annehmen; **~ de rhétorique** rhetorischer Ausdruck m; **~ de style** Stilmittel nt

figuré, e [figyʀe] adj (Ling) übertragen

figurer [figyʀe] vi (apparaître) erscheinen ▷ vt (représenter) darstellen; **se ~ qch** sich dat etw vorstellen; **se ~ que** sich dat vorstellen, dass; **figurez-vous que** stellen Sie sich vor, dass

figurine [figyʀin] nf Figurine f

fil [fil] nm Faden m; (du téléphone) Leitung f; (tissu) Leinen nt; (tranchant) Schneide f; **au ~ des heures/années** im Laufe der Stunden/Jahre; **le ~ d'une histoire/de ses pensées** der rote Faden einer Geschichte/seiner Gedanken; **au ~ de l'eau** mit dem Strom; **de ~ en aiguille, nous sommes arrivé à (parler de)** wir kamen vom Hundertsten ins Tausendste und (sprachen schließlich über +acc); **ne tenir qu'à un ~** an einem seidenen Faden hängen; **donner du ~ à retordre à qn** jdm das Leben schwer machen; **donner un coup de ~** anrufen; **recevoir un coup de ~** angerufen werden; **~ à coudre** Nähgarn nt; **~ à pêche** Angelschnur f; **~ à plomb** Lot nt, Senkblei nt; **~ à souder** Lot; **~ de fer** Draht m; **~ de fer barbelé** Stacheldraht m; **~ dentaire** Zahnseide f; **~ électrique** Leitungsdraht m

filage [filaʒ] nm (de la laine etc) Spinnen nt

filament [filamɑ̃] nm (Élec) Glühfaden m; (de liquide etc) Faden m

filandreux, -euse [filɑ̃dʀø, øz] adj (viande) faserig

filasse [filas] adj inv: **cheveux (couleur) ~** strohblondes Haar nt

filature [filatyʀ] nf (fabrique) Spinnerei f; (d'un suspect) Beschattung f; **prendre qn en ~** jdn beschatten

file [fil] nf Reihe f; (d'attente) Schlange f; **prendre la ~ d'attente** sich in die Schlange stellen; **prendre la ~ de droite** sich rechts einreihen; **se mettre en ~** sich einreihen; **stationner en double ~** in der zweiten Reihe parken; **à la ~** hintereinander; **en ~ indienne** im Gänsemarsch; **~ d'attente** Warteschlange f

filer [file] vt spinnen; (Mus: note) aushalten; (prendre en filature) beschatten; (fam: donner) geben ▷ vi (bas) eine Laufmasche haben; (maille) fallen; (liquide, pâte) Fäden ziehen; (aller vite) flitzen; (fam: partir) abhauen, sich aus dem Staub machen; **~ trente nœuds** (Naut) dreißig Knoten machen; **~ à l'anglaise** sich auf Französisch verabschieden; **~ doux** sich ducken; **~ un mauvais coton** auf die schiefe Bahn geraten sein

filet [file] nm (de pêche etc) Netz nt; (à cheveux) (Haar)netz nt; (Culin) Filet nt; (d'eau, sang) Rinnsal nt; **tendre un ~** (suj: police) eine Falle stellen; **~ à bagages** Gepäcknetz nt; **~ à provisions** Einkaufsnetz nt

filetage [filtaʒ] *nm* (*ensemble des filets*) Gewinde *nt*

fileter [filte] *vt* ein Gewinde schneiden in +*acc*

filial, e, -aux [filjal, jo] *adj* Kindes- ▷ *nf* Filiale *f*

filiation [filjasjɔ̃] *nf* Abstammung *f*; (*fig*) Abfolge *f*

filière [filjɛR] *nf* (*hiérarchique, administrative*) Wege *pl*; **suivre la ~** von der Pike auf dienen

filiforme [filifɔRm] *adj* fadenförmig, fadendünn

filigrane [filigRan] *nm* (*d'un billet, timbre*) Wasserzeichen *nt*; **en ~** (*fig*) zwischen den Zeilen

filin [filɛ̃] *nm* (*Naut*) Tau *nt*

fille [fij] *nf* (*opposé à garçon*) Mädchen *nt*; (*opposé à fils*) Tochter *f*; (*vieilli: opposé à femme mariée*) (*alte*) Jungfer *f*; **petite ~** kleines Mädchen; **vieille ~** (*alte*) Jungfer; **~ de joie** Dirne *f*; **~ de salle** (*dans un restaurant*) Kellnerin *f*; (*dans un hôpital*) Krankenpflegerin *f*

fille-mère [fijmɛR] (*pl* **filles-mères**) (*péj*) *nf* ledige Mutter *f*

fillette [fijɛt] *nf* kleines Mädchen *nt*

filleul, e [fijœl] *nm/f* Patenkind *nt*

film [film] *nm* Film *m*; **~ d'animation** Zeichentrickfilm *m*; **~ muet/parlant** Stummfilm *m*/Tonfilm *m*; **~ policier** Kriminalfilm *m*

filmer [filme] *vt* filmen

filon [filɔ̃] *nm* (*de mine*) Ader *f*; (*fig*) Goldgrube *f*

filou [filu] *nm* Gauner *m*

fils [fis] *nm* Sohn *m*; **le F~ de Dieu** der Sohn Gottes; **~ à papa** (*péj*) verzogenes Kind *nt* reicher Eltern; **~ de famille** junger Mann *m* aus gutem Hause

filtrage [filtRaʒ] *nm* (*liquide, nouvelles*) Filtern *nt*; (*de visiteurs*) Überprüfung *f*

filtrant, e [filtRɑ̃, ɑ̃t] *adj* (*huile solaire etc*) mit Filterwirkung

filtre [filtR] *nm* Filter *m*; **avec ou sans ~?** (*cigarette*) mit oder ohne Filter?; **~ à air** Luftfilter *m*

filtrer [filtRe] *vt* filtern; (*fig: candidats, nouvelles etc*) sieben ▷ *vi* (*lumière*) durchschimmern, durchscheinen; (*bruit, liquide, nouvelle*) durchsickern

fin¹ [fɛ̃] *nf* Ende *nt*; (*but*) Ziel *nt*; **fins** *nfpl* (*desseins*) Ziele *pl*; **(à la) ~ mai/juin** Ende Mai/Juni; **en ~ de journée/semaine** am Ende des Tages/der Woche; **prendre ~** ein Ende nehmen, zu Ende gehen; **mener à bonne ~** zu einem guten Ende bringen; **toucher à sa ~** sich seinem Ende nähern; **mettre ~ à qch** einer Sache *dat* ein Ende machen; **mettre ~ à ses jours** sein Leben beenden; **à la ~** schließlich; **sans ~** ohne Ende; **à cette ~** dazu, zu diesem Zweck; **à toutes ~s utiles** zur Information; **~ de non-recevoir** (*Jur*) Abweisung *f*; (*Admin*) abschlägiger Bescheid *m*

fin², e [fɛ̃, fin] *adj* (*papier, couche, cheveux*) dünn; (*visage*) fein geschnitten; (*taille*) schmal, zierlich; (*poudre, sable, sel*) fein; (*pointe, pinceau*) fein, spitz; (*esprit, personne, remarque*) feinsinnig ▷ *adv* fein; **vouloir jouer au plus ~ avec qn** jdn zu überlisten versuchen; **c'est ~!** (*iro*) das ist aber toll!; **avoir l'ouïe ~e** ein feines Gehör haben; **au ~ fond de** mitten in +*dat*; **savoir le ~ mot de**

l'histoire die wahre Geschichte kennen; **la ~e fleur de ...** die Elite *f* +*gén*; **or/linge ~** Feingold *nt*/Feinwäsche *f*; **vin/repas ~** erlesener Wein *m*/köstliches Essen *nt*; **~ gourmet** großer Feinschmecker *m*; **~e mouche** (*fig*) raffinierte Person *f*; **~ prêt** gestiefelt und gespornt; **~es herbes** fein gehackte Kräuter *pl*; **~ soûl** völlig betrunken

final, e [final] *adj* letzte(r, s); (*Philos*) final ▷ *nm* (*Mus*) Finale *nt*; **cause ~e** Urgrund *m*, letztlicher Grund *m*

finale [final] *nf* (*Sport*) Finale *nt*; **quart/huitièmes de ~** Viertel-/Achtelfinale *nt*; **seizièmes de ~** erste Runde *f* (*in einem 5-Runden-Wettbewerb*)

finalement [finalmɑ̃] *adv* schließlich; (*après tout*) letzten Endes

finaliste [finalist] *nm/f* Endrundenteilnehmer(in) *m(f)*

finalité [finalite] *nf* (*Philos*) Finalität *f*

finance [finɑ̃s] *nf* Finanz(welt) *f*; **finances** *nfpl* (*situation*) Finanzen *pl*; (*secteur, activités*) Finanz *f*; **moyennant ~** gegen Zahlung *ou* Entgelt

financement [finɑ̃smɑ̃] *nm* Finanzierung *f*

financer [finɑ̃se] *vt* finanzieren

financier, -ière [finɑ̃sje, jɛR] *adj* Finanz- ▷ *nm* Finanzier *m*

financièrement [finɑ̃sjɛRmɑ̃] *adv* finanziell

finasser [finase] (*péj*) *vi* Tricks anwenden

finaud, e [fino, od] *adj* listig, schlau

fine [fin] *adj f voir* **fin²** ▷ *nf* (*alcool*) erlesener Branntwein *m*

finement [finmɑ̃] *adv* fein

finesse [finɛs] *nf* Feinheit *f*; **finesses** *nfpl* (*subtilités*) Feinheiten *pl*; **~ d'esprit** Scharfsinnigkeit *f*; **~ de goût** erlesener Geschmack *m*

fini, e [fini] *adj* (*terminé*) fertig; (*sans avenir*) erledigt; (*Math, Philos*) endlich ▷ *nm* (*d'un objet manufacturé*) Verarbeitung *f*; **bien/mal ~** (*vêtement, ouvrage*) gut/schlecht verarbeitet; **un égoïste ~** ein ausgemachter Egoist *m*

finir [finiR] *vt* (*travail, opération*) fertig machen, beenden; (*vie, études*) beenden; (*repas, paquet de bonbons etc*) aufessen; (*être placé en fin de*) abschließen ▷ *vi* (*se terminer*) zu Ende gehen, aufhören; **~ quelque part** (*fam*) irgendwo enden *ou* landen; **~ de faire qch** (*terminer*) etw beenden *ou* zu Ende machen; (*cesser*) aufhören, etw zu tun; **~ par qch** enden in etw *dat ou* mit etw; **~ par faire qch** schließlich etw tun; **il finit par m'agacer** es geht mir allmählich auf die Nerven; **~ en pointe** spitz auslaufen; **~ en tragédie** in *ou* mit einer Tragödie enden; **en ~ avec qch** etw beenden; **à n'en plus ~** endlos, nicht enden wollend; **il n'a pas encore fini de parler** er redet immer noch; **il finit de manger** er ist gleich mit dem Essen fertig; **cela/il va mal ~** das/er wird ein böses Ende nehmen; **c'est bientôt fini?** (*reproche*) hört das bald auf?

finish [finiʃ] *nm* Finish *nt*

finissage [finisaʒ] nm Fertigstellung f, letzter Schliff m

finisseur, -euse [finisœR, øz] nm/f (Sport): **c'est un bon ~ er** ist gut im Finish

finition [finisjɔ̃] nf Fertigstellung f, Vollendung f

finlandais, e [fɛ̃lɑ̃dɛ, ɛz] adj finnisch ▷ nm/f: **Finlandais, e** Finne m, Finnin f

Finlande [fɛ̃lɑ̃d] nf: **la ~** Finnland nt

finnois, e [finwa, waz] adj finnisch ▷ nm (Ling) Finnisch nt

fiole [fjɔl] nf Fläschchen nt

fiord [fjɔR(d)] nm voir **fjord**

fioriture [fjɔRityR] nf (ornement) Schnörkel m; (Mus) Verzierung f

fioul [fjul] nm Heizöl nt

firent [fiR] vb voir **faire**

firmament [fiRmamɑ̃] nm Firmament nt

firme [fiRm] nf Firma f

fis [fi] vb voir **faire**

fisc [fisk] nm: **le ~** der Fiskus m, die Steuerbehörde f

fiscal, e, -aux [fiskal, o] adj Steuer-; **l'année ~e** das Finanzjahr nt

fiscaliser [fiskalize] vt besteuern

fiscaliste [fiskalist] nm/f (système) Steuerberater(in) m(f)

fiscalité [fiskalite] nf (système) Steuerwesen nt; (charges) Steuerlast f

fissible [fisibl] adj spaltbar

fission [fisjɔ̃] nf Spaltung f

fissure [fisyR] nf (lézarde, cassure) Sprung m; (crevasse) Riss m; (fig) Bruch m

fissurer [fisyRe]: **se ~** vpr Risse bekommen, rissig werden

fiston [fistɔ̃] (fam) nm Söhnchen nt

fistule [fistyl] nf Fistel f

fit [fi] vb voir **faire**

FIV [ɛfive] abr f (= fécondation in vitro) In-vitro-Fertilisation f

fixage [fiksaʒ] nm (Photo) Fixieren nt

fixateur [fiksatœR] nm (Photo) Fixiermittel nt; (pour cheveux) Festiger m

fixatif [fiksatif] nm Fixativ nt

fixation [fiksasjɔ̃] nf (d'un objet) Befestigung f; (d'une date, d'un prix) Festlegung f; (de ski) Bindung f ▷ nf (Psych) Fixierung f

fixe [fiks] adj fest; (regard) starr ▷ nm (salaire) Grundgehalt nt; **à date/heure ~** zu einem bestimmten Datum/zu einer bestimmten Uhrzeit; **menu à prix ~** Menü nt zu einem festen Preis

fixé, e [fikse] adj: **être ~ (sur)** (savoir à quoi s'en tenir) genau Bescheid wissen (über +acc); **à l'heure ~e** zur festgesetzten ou festgelegten Stunde; **au jour ~** am festgesetzten Tag

fixement [fiksəmɑ̃] adv (regarder) starr

fixer [fikse] vt (attacher) festmachen, befestigen; (déterminer) festlegen, festsetzen; (Chim, Photo) fixieren; (poser son regard sur) fixieren, anstarren; **se fixer** vpr (s'établir) sich niederlassen; **~ son attention sur** seine Aufmerksamkeit richten auf +acc; **~ son choix sur** seine Wahl fallen lassen auf +acc; **se ~ sur** (suj: regard, attention)

verweilen bei

fixité [fiksite] nf (d'un regard) Starrheit f

fjord [fjɔR(d)] nm Fjord m

flacon [flakɔ̃] nm Fläschchen nt; (de parfum) Flakon m

flagada [flagada] adj inv (fam) hundemüde, schlapp

flagellation [flaʒelasjɔ̃] nf Geißelung f

flageller [flaʒele] vt geißeln

flageolant, e [flaʒɔlɑ̃, ɑ̃t] adj (jambes) schlotternd

flageoler [flaʒɔle] vi (jambes) schlottern

flageolet [flaʒɔlɛ] nm (Mus) Flageolett nt; (Culin) Zwergbohne f

flagornerie [flagɔRnəRi] nf Schmeicheleien pl

flagorneur, -euse [flagɔRnœR, øz] nm/f Schmeichler(in) m(f)

flagrant, e [flagRɑ̃, ɑ̃t] adj (erreur, injustice) himmelschreiend; **prendre qn en ~ délit** jdn auf frischer Tat ertappen

flair [flɛR] nm (du chien) Geruchssinn m; (fig) Gespür nt

flairer [flɛRe] vt (humer) beschnuppern; (détecter) aufspüren; (fig: danger, piège) wittern

flamand, e [flamɑ̃, ɑ̃d] adj flämisch ▷ nm (Ling) Flämisch nt ▷ nm/f: **Flamand, e** Flame m, Flamin f

flamant [flamɑ̃] nm Flamingo m

flambant [flɑ̃bɑ̃] adv: **~ neuf** brandneu, funkelnagelneu

flambé, e [flɑ̃be] adj flambiert

flambeau, x [flɑ̃bo] nm Fackel f; **passer le ~ à qn** die Tradition an jdn weiterreichen

flambée [flɑ̃be] nf (feu) (hell aufloderndes) Feuer nt; **~ de violence** Aufflackern nt von Gewalt; **~ des prix** Emporschießen nt der Preise

flamber [flɑ̃be] vi (feu) auflodern; (maison) abbrennen ▷ vt (poulet) absengen; (banane, crêpe) flambieren; (aiguille) (in der Flamme) keimfrei machen

flambeur, -euse [flɑ̃bœR, øz] nm/f Spieler(in) m(f) (um große Einsätze)

flamboyant, e [flɑ̃bwajɑ̃, ɑ̃t] adj (couleur) leuchtend; **~ de haine/de colère** funkelnd vor Hass/Wut

flamboyer [flɑ̃bwaje] vi (couleur) (auf)leuchten; (feu) (auf)lodern; (soleil) leuchten, gleißen; (yeux) funkeln

flamenco [flamɛnko] nm Flamenco m

flamingant, e [flamɛ̃gɑ̃, ɑ̃t] adj flämischsprachig ▷ nm/f: **Flamingant, e** Flämischsprachige(r) m(f)

flamme [flɑm] nf Flamme f; (fig: ardeur) Glut f, Leidenschaft f; **en ~s** in Flammen

flammèche [flamɛʃ] nf Funken m

flammerole [flamRɔl] nf Irrlicht nt

flan [flɑ̃] nm (Culin) Pudding m; **en rester comme deux ronds de ~** völlig baff sein

flanc [flɑ̃] nm (Anat) Seite f; (d'une armée, montagne) Flanke f; **à ~ de coteau** am Hang; **tirer au ~** (fam) sich drücken; **prêter le ~ à** (fig) sich aussetzen +dat

flancher [flɑ̃ʃe] vi (armée) zurückweichen; (cœur)

versagen, aussetzen; (*moral*) nachlassen

Flandre [flɑ̃dʀ] *nf*: **la ~**, **les ~s** Flandern *nt*

flanelle [flanɛl] *nf* Flanell *m*

flâner [flɑne] *vi* bummeln, umherschlendern

flânerie [flɑnʀi] *nf* Bummel *m*

flâneur, -euse [flɑnœʀ, øz] *adj* bummelnd ▷ *nm/f* Spaziergänger(in) *m(f)*

flanquer [flɑ̃ke] *vt* (*être accolé à*) flankieren; **~ qch sur/dans** (*fam*) etw schmeißen auf +*acc*/in +*acc*; **~ qch par terre** etw auf den Boden schmeißen; **~ qn à la porte** (*fam*) jdn zur Tür hinauswerfen; **~ la frousse à qn** (*fam*) jdm eine Heidenangst einjagen; **être flanqué de** (*suj: personne*) gefolgt sein von; **il est toujours flanqué de sa mère** er hat immer seine Mutter im Schlepptau

flapi, e [flapi] *adj* hundemüde

flaque [flak] *nf* (*d'eau*) Pfütze *f*, Lache *f*; (*d'huile, de sang etc*) Lache

flash [flaʃ] (*pl* **~es**) *nm* (*Photo*) Blitz(licht *nt*) *m*; **au ~** mit Blitz(licht); **~ d'information** Kurznachrichten *pl*; **~ publicitaire** Werbespot *m*

flasque [flask] *adj* schlaff ▷ *nf* (*flacon*) Fläschchen *nt*

flatter [flate] *vt* (*personne*) schmeicheln +*dat*; (*animal*) streicheln; **se flatter** *vpr*: **se ~ de qch** sich einer Sache *gén* rühmen; **se ~ de pouvoir faire qch** sich rühmen, etw tun zu können

flatterie [flatʀi] *nf* Schmeichelei *f*

flatteur, -euse [flatœʀ, øz] *adj* (*photo, portrait*) schmeichelhaft; (*éloges*) schmeichlerisch ▷ *nm/f* Schmeichler(in) *m(f)*

flatulence [flatylɑ̃s] *nf*, **flatuosités** [flatɥozite] ▷ *nfpl* Blähungen *pl*

fléau, x [fleo] *nm* (*calamité*) Geißel *f*, Plage *f*; (*de balance*) (Waage)balken *m*; (*pour le blé*) Dreschflegel *m*

fléchage [fleʃaʒ] *nm* Ausschilderung *f*

flèche [flɛʃ] *nf* Pfeil *m*; (*de clocher*) Turmspitze *f*; (*de grue*) Ausleger *m*, Arm *m*; (*trait d'esprit*) Pfeilspitze *f*; **monter en ~** blitzschnell ansteigen

flécher [fleʃe] *vt* ausschildern

fléchette [fleʃɛt] *nf* Wurfpfeil *m*; **fléchettes** *nfpl* (*jeu*) Pfeilwurfspiel *nt*, Dartspiel *nt*; **jouer aux ~s** Darts spielen

fléchir [fleʃiʀ] *vt* (*corps, genou*) beugen; (*personne, détermination de qn*) schwächen ▷ *vi* (*poutre*) durchhängen, sich durchbiegen; (*courage, prix etc*) nachlassen; (*personne*) schwach werden

fléchissement [fleʃismɑ̃] *nm* (*v vt, vi*) Beugen *nt*; Schwächung *f*; Durchhängen *nt*; Nachlassen *nt*; Schwachwerden *nt*; (*de l'économie*) Flaute *f*

flegmatique [flɛgmatik] *adj* phlegmatisch

flegme [flɛgm] *nm* Phlegma *nt*

flemmard, e [flemaʀ, aʀd] *adj* (*fam*) stinkfaul ▷ *nm/f* Faulpelz *m*

flemme [flɛm] *nf*: **j'ai la ~ de le faire** ich habe keinen Bock, es zu tun

flétan [fletɑ̃] *nm* Heilbutt *m*

flétri, e [fletʀi] *adj* (*feuilles, fleur*) verwelkt, welk; (*fruit, peau, visage*) runzlig

flétrir [fletʀiʀ] *vt* (*fleur*) verwelken lassen; (*fruit, peau, visage*) runzlig machen; **se flétrir** *vpr* (*v vt*)

verwelken; runzlig werden; (*mémoire, réputation*) verunglimpfen

fleur [flœʀ] *nf* Blume *f*; (*d'un arbre*) Blüte *f*; **être en ~** blühen; **tissu à ~s** geblümter Stoff *m*; **papier à ~s** Papier *nt* mit Blümchenmuster; **être ~ bleue** sehr sentimental sein; **il a une sensibilité à ~ de peau** er ist sehr empfindlich; **faire une ~ à qn** jdm einen unerwarteten Gefallen tun; **~ de lis** bourbonische Lilie *f*

fleurer [flœʀe] *vt*: **~ bon la lavande** nach Lavendel duften *ou* riechen

fleuret [flœʀɛ] *nm* (*arme*) Florett *nt*; (*Sport*) Florett(fechten) *nt*

fleurette [flœʀɛt] *nf*: **conter ~ à qn** jdm den Hof machen

fleuri, e [flœʀi] *adj* (*jardin*) blühend, in voller Blüte; (*maison, balcon*) blumengeschmückt; (*papier, tissu*) geblümt; (*fig: style, propos*) blumig; (*péj: teint, nez*) gerötet

fleurir [flœʀiʀ] *vi* blühen; (*fig: arts etc*) seine Blütezeit haben ▷ *vt* (*tombe, chambre*) mit Blumen schmücken

fleuriste [flœʀist] *nm/f* (*vendeur*) Blumenhändler(in) *m(f)*, Florist(in) *m(f)*

fleuron [flœʀɔ̃] *nm* (*fig*) Schmuckstück *nt*

fleuve [flœv] *nm* Fluss *m*; (*fig*): **~ de sang** Blutstrom *m*; **~ de boue** Strom von Schlamm *m*; **roman-~** Saga *f*; **discours-~** Redefluss *m*

flexibilité [flɛksibilite] *nf* (*v adj*) Biegsamkeit *f*; Elastizität *f*; Flexibilität *f*

flexible [flɛksibl] *adj* (*objet*) biegsam; (*matériau*) elastisch; (*personne, caractère*) flexibel

flexion [flɛksjɔ̃] *nf* Biegung *f*; (*Ling*) Flexion *f*, Beugung *f*

flibustier [flibystje] *nm* (*pirate*) Freibeuter *m*

flic [flik] (*fam*) *nm* Polyp *m*, Bulle *m*

flingue [flɛ̃g] (*fam*) *nm* Knarre *f*

flipper [nm flipœʀ, vb flipe] *nm* (*billard électrique*) Flipper *m* ▷ *vi* (*fam: être déprimé*) ein Tief haben

flirt [flœʀt] *nm* Flirt *m*

flirter [flœʀte] *vi* flirten

FLN [ɛfɛlɛn] *sigle m* (= *Front de libération nationale*) nationale Befreiungsfront

FLNKS [ɛfɛlɛnkaɛs] *sigle m* (= *Front de libération nationale kanak et socialiste*) Befreiungsbewegung in Neukaledonien

flocon [flɔkɔ̃] *nm* Flocke *f*; (*de laine etc*) Flöckchen *nt*; **~s d'avoine** Haferflocken *pl*

floconneux, -euse [flɔkɔnø, øz] *adj* flockig

flonflons [flɔ̃flɔ̃] *nmpl* grelle Klänge *pl*

flopée [flɔpe] *nf* (*fam*): **une ~ de** ein Haufen *m*

floraison [flɔʀɛzɔ̃] *nf* Blütezeit *f*

floral, e, -aux [flɔʀal, o] *adj* Blumen-

floralies [flɔʀali] *nfpl* Blumenschau *f*

flore [flɔʀ] *nf* (*plantes*) Flora *f*, Pflanzenwelt *f*; **~ intestinale** (*Méd*) Darmflora *f*

Florence [flɔʀɑ̃s] *n* Florenz *nt*

florentin, e [flɔʀɑ̃tɛ̃, in] *adj* florentinisch

floriculture [flɔʀikyltyʀ] *nf* Blumenzucht *f*

florifère [flɔʀifɛʀ] *adj* blühend

florilège [flɔʀilɛʒ] *nm* Auslese *f*

florissant, e [flɔʀisɑ̃, ɑ̃t] *vb voir* **fleurir** ▷ *adj* *(entreprise, commerce)* blühend, florierend; *(santé, teint)* blühend

flot [flo] *nm* Flut *f*; **flots** *nmpl (de la mer)* Fluten *pl*, Wellen *pl*; **à ~s** in Strömen; **être à ~** *(Naut)* flott sein; *(fig)* flüssig sein; **mettre à ~** *(Naut)* flott machen

flottage [flɔtaʒ] *nm (du bois)* Flößen *nt*

flottaison [flɔtɛzɔ̃] *nf*: **ligne de ~** Wasserlinie *f*

flottant, e [flɔtɑ̃, ɑ̃t] *adj (vêtement)* lose, wallend; *(non fixe)* schwankend

flotte [flɔt] *nf (Naut)* Flotte *f*; *(fam: eau)* Wasser *nt*; *(: pluie)* Regen *m*

flottement [flɔtmɑ̃] *nm (fig: hésitation)* Schwanken *nt*, Zögern *nt*; *(Écon)* Floating *nt*

flotter [flɔte] *vi (bateau, bois)* schwimmen; *(dans l'air: nuage, odeur)* schweben; *(: drapeau, cheveux)* wehen, flattern; *(vêtements)* wallen; *(monnaie)* floaten ▷ *vt (bois)* flößen ▷ *vb impers (fam: pleuvoir)*: **il flotte** es regnet

flotteur [flɔtœʀ] *nm (d'hydravion etc)* Schwimmkörper *m*; *(de canne à pêche)* Schwimmer *m*

flottille [flɔtij] *nf* Flottille *f*

flou, e [flu] *adj* verschwommen; *(robe)* lose

flouer [flue] *vt (fam)* betrügen

fluctuant, e [flyktɥɑ̃, ɑ̃t] *adj* schwankend

fluctuation [flyktɥasjɔ̃] *nf* Schwankung *f*

fluctuer [flyktɥe] *vi* schwanken

fluet, te [flyɛ, ɛt] *adj (personne)* zart, zerbrechlich; *(voix)* dünn

fluide [flɥid] *adj* flüssig ▷ *nm (Phys)* Flüssigkeit *f*; *(force invisible)* Fluidum *nt*

fluidifier [flɥidifje] *vt* verflüssigen

fluidité [flɥidite] *nf* Flüssigkeit *f*

fluor [flyɔʀ] *nm* Fluor *nt*

fluoration [flyɔʀasjɔ̃] *nf* Fluorzusatz *m*

fluoré, e [flyɔʀe] *adj* fluoriert

fluorescent, e [flyɔʀesɑ̃, ɑ̃t] *adj* fluoreszierend, Leucht-

flûte [flyt] *nf* Flöte *f*; *(pain)* Stangenbrot *nt*; **~!** *(zut)* Mist!; **petite ~** Piccoloflöte *f*; **~ à bec** Blockflöte *f*; **~ de Pan** Panflöte *f*; **~ traversière** Querflöte *f*

flûtiste [flytist] *nm/f* Flötist(in) *m(f)*

fluvial, e, -aux [flyvjal, jo] *adj* Fluss-

flux [fly] *nm* Flut *f*; *(écoulement)* Fluss *m*, Fließen *nt*; **le ~ et le re~** Ebbe *f* und Flut; *(fig)* das Auf und Ab

fluxion [flyksjɔ̃] *nf*: **~ de poitrine** Lungenentzündung *f*

FM [ɛfɛm] *sigle f (= fréquence modulée)* FM

FMI [ɛfɛmi] *sigle m (= Fonds monétaire international)* IWF *m*

FN [ɛfɛn] *sigle m (= Front national)* rechtsradikale politische Bewegung

FNAC [fnak] *sigle f (= Fédération nationale des achats des cadres)* Kette von Buchläden

FNSEA [ɛfɛnɛsəa] *sigle f (= Fédération nationale des syndicats d'exploitants agricoles)* Bauernverband

FO [ɛfo] *sigle f (= Force ouvrière)* Gewerkschaft

foc [fɔk] *nm (Naut)* Klüver *m*

focal, e, -aux [fɔkal, o] *adj* Brenn- ▷ *nf* Brennweite *f*

focaliser [fɔkalize] *vt (fig)* fokussieren

foehn [føn] *nm* Föhn *m*

fœtal, e, -aux [fetal, o] *adj* Fötus-

fœtus [fetys] *nm* Fötus *m*

foi [fwa] *nf* Glaube *m*; **sous la ~ du serment** unter Eid; **avoir ~ en** *(confiance)* vertrauen auf *+acc*; **ajouter ~ à** Glauben schenken *+dat*; **faire ~** als Nachweis gelten; **digne de ~** glaubwürdig; **sur la ~ de** aufgrund *+gén*; **être de bonne/ mauvaise ~** guten Glaubens sein/nicht guten Glaubens sein

foie [fwa] *nm* Leber *f*; **~ gras** Gänseleber *f*

foin [fwɛ̃] *nm* Heu *nt*; **faire les ~s** Heu machen; **faire du ~** *(fam)* Krach schlagen

foire [fwaʀ] *nf (marché)* Markt *m*; *(fête foraine)* Jahrmarkt *m*; *(exposition)* Messe *f*; *(fam: désordre, confusion)* völliges Durcheinander *nt*; **faire la ~** *(fig: fam)* auf die Pauke hauen

fois [fwa] *nf*: **une ~** einmal; **deux ~** zweimal; **trois ~** dreimal; **vingt ~** zwanzigmal; **2 ~ 2** 2 mal 2; **deux/quatre ~ plus grand (que)** zweimal/ viermal so groß (wie); **encore une ~** noch einmal; **cette ~** diesmal; **la ~ suivante** das nächste Mal, nächstes Mal; **des ~** manchmal; **chaque ~ que** jedes Mal, wenn; **une (bonne) ~ pour toutes** ein für alle Mal; **une ~ que c'est fait** wenn es einmal gemacht ist; **une ~ qu'il sera parti** wenn er gegangen ist; **à la ~** auf einmal; **à la ~ grand et beau** groß und schön zugleich; **si des ~** *(fam)* wenn (zufällig); **non mais, des ~!** *(fam)* also, hören Sie mal!; **il était une ~** es war einmal

foison [fwazɔ̃] *nf*: **une ~ de** eine Fülle von; **à ~** in Hülle und Fülle

foisonnement [fwazɔnmɑ̃] *nm (abondance)* Fülle *f*

foisonner [fwazɔne] *vi (abonder)* in Hülle und Fülle vorhanden sein; **~ en** *ou* **de** reich sein an *+dat*

fol [fɔl] *adj voir* **fou**

folâtre [fɔlɑtʀ] *adj* ausgelassen

folâtrer [fɔlɑtʀe] *vi* umhertollen

folichon, ne [fɔliʃɔ̃, ɔn] *adj*: **ça n'a rien de ~** das ist nicht gerade umwerfend

folie [fɔli] *nf* Verrücktheit *f*; *(maladie)* Wahnsinn *m*; **faire des ~s** *(dépenses extravagantes)* ein Vermögen ausgeben; **~ des grandeurs** Größenwahn *m*

folklore [fɔlklɔʀ] *nm* Folklore *f*

folklorique [fɔlklɔʀik] *adj* Volks-, volkstümlich; *(fam: péj)* seltsam

folle [fɔl] *adj f, nf voir* **fou**

follement [fɔlmɑ̃] *adv* wahnsinnig

follet [fɔlɛ] *adj m*: **feu ~** Irrlicht *nt*

fomentateur, -trice [fɔmɑ̃tatœʀ, tʀis] *nm/f* Unruhestifter(in) *m(f)*

fomenter [fɔmɑ̃te] *vt* schüren

foncé, e [fɔ̃se] *adj* dunkel; **bleu/rouge ~** dunkelblau/dunkelrot

foncer [fɔ̃se] *vt (couleur, tissu)* dunkler machen; *(Culin: moule etc)* auslegen ▷ *vi (tissu, teinte)* dunkler werden; *(fam: aller vite)* flitzen, rasen; **~ sur** *(fam)* sich stürzen auf *+acc*

fonceur, -euse [fɔ̃sœʀ, øz] *nm/f (fam)*

Tatmensch *m*

foncier, -ière [fɔsje, jɛʀ] *adj (honnêteté, malhonnêteté)* grundlegend, fundamental; *(propriétaire, impôt)* Grund-

foncièrement [fɔsjɛʀmɑ̃] *adv* von Grund auf

fonction [fɔksjɔ̃] *nf* Funktion *f; (profession)* Amt *nt; (poste)* Posten *m;* **fonctions** *nfpl (activité, pouvoirs)* Aufgaben *pl,* Funktionen *pl; (corporelles, biologiques)* Funktionen *pl;* **entrer en ~s** sein Amt antreten; **reprendre ses ~s** seine Tätigkeit wiederaufnehmen; **voiture/maison de ~** Dienstwagen *m*/Dienstwohnung *f;* **être ~ de** abhängen von; **en ~ de** *(par rapport à)* entsprechend +*dat;* **faire ~ de** *(suj: personne)* fungieren als; *(: chose)* dienen als; **la ~ publique** der öffentliche Dienst *m*

fonctionnaire [fɔksjɔnɛʀ] *nm/f* ≈ Beamte(r) *m,* Beamtin *f*

fonctionnariat [fɔksjɔnaʀja] *nm* ≈ Beamtentum *nt*

fonctionnariser [fɔksjɔnaʀize] *vt (personne)* in den Staatsdienst übernehmen; *(profession)* als staatliche Aufgabe übernehmen

fonctionnel, le [fɔksjɔnɛl] *adj (Physiol)* Funktions-; *(bien conçu)* funktionell

fonctionnellement [fɔksjɔnɛlmɑ̃] *adv* funktionell

fonctionnement [fɔksjɔnmɑ̃] *nm* Funktionieren *nt; (d'une entreprise)* Betrieb *m*

fonctionner [fɔksjɔne] *vi (machine, système)* funktionieren; *(entreprise, institution)* laufen; **faire ~** bedienen

fond [fɔ̃] *nm (d'un récipient, trou)* Boden *m; (d'une salle, d'un tableau, décor)* Hintergrund *m; (opposé à la forme)* Inhalt *m; (Sport)* Langstreckenlauf *m;* **course** *ou* **épreuve de ~** Langstreckenrennen *nt;* **un ~ de bouteille** ein Tropfen in der Flasche; **au ~ de** *(récipient)* auf dem Grund *ou* Boden +*gén; (salle)* im hinteren Teil +*gén;* **aller au ~ des choses/du problème** den Dingen/dem Problem auf den Grund gehen; **le ~ de sa pensée** seine wahren Gedanken; **il a un ~ d'honnêteté** er ist im Grunde anständig; **sans ~** bodenlos; **toucher le ~ du désespoir** in äußerste Verzweiflung geraten; **envoyer par le ~** *(Naut)* versenken; **à ~** *(connaître, soutenir)* gründlich, von Grund auf; *(appuyer, visser)* kräftig, fest; **à ~ (de train)** *(fam)* mit Höchstgeschwindigkeit, mit Karacho; **dans le** *ou* **au ~** im Grunde; **de ~ en comble** *(fouiller)* von oben bis unten; **~ de teint** Grundierung *f;* **~ sonore** Geräuschkulisse *f*

fondamental, e, -aux [fɔdamɑ̃tal, o] *adj* grundlegend, fundamental

fondamentalement [fɔdamɑ̃talmɑ̃] *adv* grundlegend

fondant, e [fɔdɑ̃, ɑ̃t] *adj (neige, glace)* schmelzend; *(au goût: fruit)* auf der Zunge zergehend ▷ *nm (bonbon)* Fondant *m*

fondateur, -trice [fɔdatœʀ, tʀis] *nm/f* Gründer(in) *m(f);* **groupe ~** Gründergruppe *f;* **membre ~** Gründungsmitglied *nt*

fondation [fɔdasjɔ̃] *nf* Gründung *f; (établissement)* Stiftung *f;* **fondations** *nfpl (d'une maison)*

Fundament *nt;* **travaux de ~** Arbeiten *pl* am Fundament

fondé, e [fɔde] *adj* begründet ▷ *nm:* **~ de pouvoir** Prokurist(in) *m(f);* **bien ~** wohlbegründet; **mal ~** ungenügend begründet; **être ~ à croire** Grund zu der Annahme haben, daß

fondement [fɔdmɑ̃] *nm (base, motif)* Grund *m; (postérieur)* Hinterteil *nt;* **fondements** *nmpl (d'un édifice)* Fundament *nt; (fig: bases)* Grundlage *f;* **sans ~** unbegründet, grundlos

fonder [fɔde] *vt* gründen; **se fonder** *vpr:* **se ~ sur qch** *(suj: personne)* sich stützen auf +*acc;* **~ qch sur** *(fig: baser)* etw stützen auf +*acc;* **~ un foyer** eine Familie gründen

fonderie [fɔdʀi] *nf* Gießerei *f*

fondeur, -euse [fɔdœʀ, øz] *nm/f (skieur)* Langläufer(in) *m(f)* ▷ *nm:* **(ouvrier)** ~ Gießer *m*

fondre [fɔdʀ] *vt* schmelzen; *(fig: mélanger)* vermischen ▷ *vi* schmelzen; *(dans de l'eau)* sich auflösen; *(fig: argent, courage)* zerrinnen, dahinschmelzen; **se fondre** *vpr (se confondre)* miteinander verschmelzen; **~ sur** herfallen über +*acc;* **faire ~** schmelzen; *(dans de l'eau)* auflösen; **~ en larmes** in Tränen ausbrechen

fondrière [fɔdʀijɛʀ] *nf* Schlagloch *nt*

fonds [fɔ̃] *nm (de bibliothèque)* Sammlung *f;* **fonds** *nmpl (argent)* Kapital *nt,* Gelder *pl;* **~ (de commerce)** Geschäft *nt;* **être en ~** zahlungsfähig sein; **à ~ perdus** auf Nimmerwiedersehen; **mise de ~** Kapitalaufwand *m;* **le F~ monétaire international** der Internationale Währungsfonds; **~ de roulement** Betriebskapital *nt;* **~ publics** Gelder der öffentlichen Hand, öffentliche Gelder

fondu, e [fɔdy] *adj* geschmolzen; *(fig: couleurs)* verschwommen, verfließend ▷ *nm (Ciné: ouverture)* Einblendung *f; (fermeture)* Ausblendung *f;* **~ enchaîné** Überblendung *f*

fondue [fɔdy] *nf:* **~ (savoyarde)/bourguignonne** Käse/Fleischfondue *nf*

fongicide [fɔ̃ʒisid] *nm* Fungizid *nt; (Méd)* Hautpilzmittel *nt*

font [fɔ̃] *vb voir* **faire**

fontaine [fɔ̃tɛn] *nf (source)* Quelle *f; (construction)* Brunnen *m*

fontanelle [fɔ̃tanɛl] *nf* Fontanelle *f*

fonte [fɔ̃t] *nf* Schmelze *f,* Schmelzen *nt; (métal)* Gusseisen *nt;* **en ~ émaillée** aus emailliertem Gusseisen; **la ~ des neiges** die Schneeschmelze *f*

fonts baptismaux [fɔ̃batismo] *nmpl* Taufbecken *nt*

foot(ball) [fut(bol)] *nm* Fußball *m;* **jouer au foot(ball)** Fußball spielen

footballeur, -euse [futbolœʀ, øz] *nm/f* Fußballspieler(in) *m(f)*

footing [futiŋ] *nm:* **faire du ~** joggen, Dauerlauf machen

for [fɔʀ] *nm:* **dans** *ou* **en mon/son ~ intérieur** in meinem/seinem *(ou ihrem)* Innersten

forage [fɔʀaʒ] *nm (d'objet, rocher)* Durchbohren *nt;* **~ pétrolier** Ölbohrung *f*

forain, e [fɔRɛ̃, ɛn] adj Jahrmarkts- ▷ nm/f (marchand) Schausteller(in) m(f); (bateleur) Jahrmarktsunterhalter(in) m(f)

forban [fɔRbã] nm (escroc) Gauner m

forçat [fɔRsa] nm (au bagne) Sträfling m

force [fɔRs] nf Kraft f; (degré de puissance) Stärke f; (violence) Gewalt f; (Élec) Starkstrom m; **forces** nfpl (physiques) Kräfte pl; (Mil) Streitkräfte pl; **~s de police** Polizeikräfte pl; **avoir de la ~** Kraft haben, stark sein; **ménager ses ~s** mit seinen Kräften Haus halten; **reprendre des ~s** wieder zu Kräften kommen; **être à bout de ~** am Ende seiner Kräfte sein; **c'est au-dessus de mes ~s** das geht über meine Kräfte; **de toutes mes/ses ~s** aus Leibeskräften; **à la ~ du poignet** (fig) im Schweiße seines Angesichtes; **à ~ de le critiquer** wenn man ihn fortwährend kritisiert; **à ~ d'essayer, il a réussi** durch wiederholtes Probieren hat er es geschafft; **arriver en ~** in Scharen ankommen; **de ~** mit Gewalt; **par la ~** durch Gewaltanwendung; **à toute ~** unbedingt; **un cas de ~ majeure** ein Fall von höherer Gewalt; **faire ~ de rames** kräftig rudern; **faire ~ de voiles** mit vollen Segeln fahren; **être de ~ à faire qch** imstande sein, etw zu tun; **dans la ~ de l'âge** in der Blüte seiner (ihrer) Jahre; **par la ~ des choses** zwangsläufig; **la ~ de l'habitude** die Macht der Gewohnheit; **les ~s armées** die Streitkräfte pl; **la ~ publique** die öffentliche Gewalt; **les ~s de l'ordre** die Polizei f, die Ordnungskräfte pl; **~ centrifuge** Zentrifugalkraft f; **~ d'âme** Seelengröße f, Seelenstärke f; **~ d'inertie** Trägheit f; **~ de caractère** Charakterstärke f; **~ de dissuasion** Abschreckungskraft f; **~ de frappe** Militärmacht f; **~ de la nature** Naturwunder nt; **~s d'intervention** schnelle Eingreiftruppe f

forcé, e [fɔRse] adj (rire, attitude) gezwungen; (bain) unfreiwillig; (atterrissage) Not-; (comparaison) an den Haaren herbeigezogen; **c'est ~!** (inévitable) das geht gar nicht anders!

forcément [fɔRsemã] adv (bien sûr) ganz bestimmt; **pas ~** nicht unbedingt

forcené, e [fɔRsəne] adj zwanghaft ▷ nm/f Wahnsinnige(r) f(m)

forceps [fɔRsɛps] nm Geburtszange f

forcer [fɔRse] vt (porte, serrure) aufbrechen; (moteur) überfordern; (voix) überanstrengen; (plante) verfrühen ▷ vi (Sport) sich verausgaben; **se forcer** vpr: **se ~ à qch/faire qch** sich zu etw zwingen/sich dazu zwingen, etw zu tun; **~ qn à qch** jdn zu etw zwingen; **~ qn à faire qch** jdn dazu zwingen, etw zu tun; **~ la main à qn** jdm die Entscheidung abnehmen; **~ la dose** (fam) es übertreiben; **~ l'allure** die Geschwindigkeit erhöhen; **~ le destin** den Lauf der Dinge bestimmen; **~ l'attention** die Aufmerksamkeit auf sich ziehen; **~ le respect** Respekt abnötigen; **~ la consigne** Befehlen zuwiderhandeln

forcing [fɔRsiŋ] nm: **faire du ~** Druck machen

forcir [fɔRsiR] vi (enfant) kräftiger werden; (vent) auffrischen

forclore [fɔRklɔR] vt (Jur) ausschließen

forclos, e [fɔRklo] adj (Jur) ausgeschlossen

forclusion [fɔRklyzjɔ̃] nf (Jur) Verwirkung f (eines Rechts)

forer [fɔRe] vt (objet, rocher) durchbohren; (trou, puits) bohren

forestier, -ière [fɔRɛstje, jɛR] adj Forst-, Wald-

foret [fɔRɛ] nm Bohrer m

forêt [fɔRɛ] nf Wald m; **~ vierge** Urwald m

Forêt-Noire [fɔRɛnwaR] nf (Géo) Schwarzwald m

forêt-noire [fɔRɛnwaR] nf (Culin) Schwarzwälder Kirschtorte f

foreuse [fɔRøz] nf Bohrmaschine f

forfait [fɔRfɛ] nm (Comm) Pauschalpreis m; (crime) Verbrechen nt, Schandtat f; **déclarer ~** nicht antreten, zurücktreten; **gagner par ~** gewinnen, weil der Gegner nicht angetreten ist; **travailler à ~** für eine Pauschale arbeiten; **vendre/acheter à ~** für einen Pauschalpreis kaufen/verkaufen

forfaitaire [fɔRfɛtɛR] adj Pauschal-

forfait-vacances [fɔRfɛvakãs] (pl **forfaits-vacances**) nm Pauschalreise f

forfanterie [fɔRfãtRi] nf Prahlerei f

forge [fɔRʒ] nf (du forgeron) Schmiede f

forgé, e [fɔRʒe] adj: **fer ~** Schmiedeeisen nt; **~ de toutes pièces** von A bis Z erfunden

forger [fɔRʒe] vt (métal, grille; plan) schmieden; (personnalité, moral) formen; (prétexte, alibi) erfinden

forgeron [fɔRʒəRɔ̃] nm Schmied m

formaliser [fɔRmalize]: **se ~** vpr gekränkt sein; **se ~ de qch** an etw Anstoß nehmen

formalisme [fɔRmalism] nm (artistique) Formalismus m; (administratif etc) Förmlichkeit f

formaliste [fɔRmalist] adj formalistisch

formalité [fɔRmalite] nf Formalität f; **c'est une simple ~** das ist nur eine Formalität

format [fɔRma] nm Format nt; **petit ~** Kleinformat nt

formater [fɔRmate] vt (disque) formatieren; **non formaté** unformatiert

formateur, -trice [fɔRmatœR, tRis] adj (influence, expérience) Bildungs- ▷ nm/f Erzieher(in) m(f)

formation [fɔRmasjɔ̃] nf Bildung f; (groupe) Gruppe f; (éducation, apprentissage) Ausbildung f; (Géo) Formation f; **en ~** (Mil, Aviat) in Formation; **la ~ permanente/continue** berufsbegleitende/weiterführende Ausbildung; **la ~ professionnelle** die Berufsausbildung; **la ~ des adultes** die Erwachsenenbildung

forme [fɔRm] nf Form f; (genre) Art f; **formes** nfpl (bonnes manières) Umgangsformen pl; (d'une femme) Kurven pl; **en ~ de poire** birnenförmig; **sous ~ de** in der Form von; **être en ~, avoir la ~** gut in Form sein; **être en pleine ~** in Topform sein; **en bonne et due ~** in gebührender Form, förmlich; **y mettre les ~s** so taktvoll wie möglich sein; **sans autre ~ de procès** ohne Weiteres; **pour la ~** um der Form willen, um der Form Genüge zu tun; **prendre ~** (objet, projet) Gestalt annehmen

formel, le [fɔRmɛl] adj (preuve, décision) ausdrücklich, klar; (logique) formal; (politesse) förmlich, formell

formellement [fɔRmɛlmã] *adv* (*interdit*) ausdrücklich

former [fɔRme] *vt* bilden; (*projet, idée*) entwickeln; (*personne*) ausbilden, entwickeln; (*caractère, intelligence, goût*) ausbilden, entwickeln; (*lettre etc*) gestalten; **se former** *vpr* (*apparaître*) sich bilden, entstehen; (*se développer*) sich entwickeln

formidable [fɔRmidabl] *adj* (*important*) gewaltig, ungeheuer; (*excellent*) wunderbar, toll

formidablement [fɔRmidabləmã] *adv* wunderbar

formol [fɔRmɔl] *nm* Formalin *nt*

Formose [fɔRmoz] *n* Formosa *nt*

formulaire [fɔRmylɛR] *nm* Formular *nt*

formulation [fɔRmylasjõ] *nf* Formulierung *f*; (*de pensée*) Ausdruck *m*

formule [fɔRmyl] *nf* (*Science*) Formel *f*; (*de crédit*) System *nt*; (*paroles rituelles*) Floskel *f*; (*formulaire*) Formular *nt*; **selon la ~ consacrée** wie man so sagt; **~ de politesse** Höflichkeitsfloskel *f*; (*en fin de lettre*) Briefschluss *m*; **~ de vacances** Urlaubsprogramm *nt*

formuler [fɔRmyle] *vt* ausdrücken, formulieren

forniquer [fɔRnike] *vi* Unzucht treiben

forsythia [fɔRsisja] *nm* Forsythie *f*

fort, e [fɔR, fɔRt] *adj* stark; (*gros*) füllig; (*doué*) begabt; (*important*) beträchtlich, groß; (*sauce etc*) scharf ▷ *adv* (*frapper, serrer*) kräftig; (*sonner, parler*) laut; (*beaucoup, très*) sehr ▷ *nm* (*édifice*) Fort *nt*, Festung *f*; (*point fort*) starke Seite *f*, Stärke *f*; **être ~ en histoire/maths** gut in Geschichte/ Mathematik sein; **c'est un peu ~!** das ist wirklich ein starkes Stück!; **à plus ~e raison** umso mehr; **avoir ~ à faire avec qn** Schwierigkeiten mit jdm haben; **se faire ~ de faire** damit angeben, etw zu tun; **~ bien/peu** sehr gut/wenig; **au plus ~ de** mitten in +*dat*; **~e tête** Dickschädel *m*

forte [fɔRte] *nm* Forte *nt*

fortement [fɔRtəmã] *adv* (*désirer, espérer*) sehr; (*conseiller*) stark; (*s'intéresser, marquer*) sehr, stark

forteresse [fɔRtəRɛs] *nf* (*citadelle*) Festung *f*

fortifiant, e [fɔRtifjã, jãt] *adj* stärkend ▷ *nm* (*Méd*) Stärkungsmittel *nt*

fortifications [fɔRtifikasjõ] *nfpl* Befestigungsanlagen *pl*

fortifier [fɔRtifje] *vt* stärken; (*Mil*) befestigen; **se fortifier** *vpr* (*personne*) stärker werden

fortin [fɔRtɛ̃] *nm* kleines Fort *nt*

fortiori [fɔRsjɔRi]: **à ~** *adv* um so mehr

FORTRAN [fɔRtRã] *nm* FORTRAN *nt*

fortuit, e [fɔRtɥi, it] *adj* zufällig

fortuitement [fɔRtɥitmã] *adv* zufällig

fortune [fɔRtyn] *nf* (*richesse*) Vermögen *nt*; (*destin*) Schicksal *nt*; **faire ~** reich werden; **de ~** (*improvisé*) improvisiert; (*compagnon*) zufällig; **bonne/mauvaise ~** Glück *nt*/Unglück *nt*

fortuné, e [fɔRtyne] *adj* wohlhabend

forum [fɔRɔm] *nm* Forum *nt*; (*TV: débat*) Diskussionsforum *nt*

fosse [fos] *nf* (*grand trou*) Grube *f*; (*Géo*) Graben *m*;

(*tombe*) Grab *nt*, Gruft *f*; **~ à purin** Jauchegrube *f*; **~ aux lions/ours** Löwen-/Bärengrube *f*; **~ commune** Gemeinschaftsgrab *nt*; **~ d'orchestre** Orchestergraben *m*; **~ septique** Klärgrube *f*; **~s nasales** Nasennebenhöhlen *pl*

fossé [fose] *nm* Graben *m*, Kluft *f*

fossette [fosɛt] *nf* Grübchen *nt*

fossile [fosil] *nm* Fossil *nt*, Versteinerung *f* ▷ *adj*: **animal/coquillage ~** versteinertes Tier *nt*/ versteinerte Muschel *f*

fossilisé, e [fosilize] *adj* versteinert

fossoyeur [foswajœR] *nm* Totengräber *m*

fou, fol, folle [fu, fɔl] *adj* verrückt; (*regard, tentative, pensée*) irr; (*fam: extrême*) wahnsinnig ▷ *nm/f* Verrückte(r) *f(m)* ▷ *nm* (*d'un roi*) Hofnarr *m*; (*Échecs*) Läufer *m*; **ça prend un temps ~** das dauert irre lang; **il a eu un succès ~** er hatte einen wahnsinnigen Erfolg; **mèche/aiguille folle** widerspenstige Haarsträhne/stark ausschlagende Nadel; **herbe folle** Wildgras *nt*; **~ à lier** völlig verrückt; **~ furieux/folle furieuse** völlig verrückt; **être ~ de** (*sport, art etc*) verrückt sein auf +*acc*; (*personne*) verrückt sein nach; **~ de chagrin/colère** verrückt vor Kummer/Wut; **~ de joie** toll vor Freude; **faire le ~** (*enfant etc*) Unsinn machen; **avoir le ~ rire** einen Lachkrampf haben; **~ de Bassan** (Bass)tölpel *m*

foucade [fukad] *nf* Laune *f*

foudre [fudR] *nf*: **la ~** der Blitz; **s'attirer les ~s de qn** jds Zorn auf sich *acc* ziehen

foudroyant, e [fudRwajã, ãt] *adj* (*rapidité, succès*) überwältigend; (*maladie, poison*) sofort tödlich; (*regard*) vernichtend

foudroyer [fudRwaje] *vt* (*suj: foudre*) erschlagen; (*: crise cardiaque etc*) niederstrecken; **~ qn du regard** jdm einen vernichtenden Blick zuwerfen

fouet [fwɛ] *nm* Peitsche *f*; (*Culin*) Schneebesen *m*; **de plein ~** (*se heurter, entrer en collision*) frontal

fouettement [fwɛtmã] *nm* (*de la pluie*) Peitschen *nt*

fouetter [fwete] *vt* peitschen; (*personne*) auspeitschen; (*Culin: sauce etc*) schlagen

fougère [fuʒɛR] ▷ *nf* Farn *m*

fougue [fug] *nf* Schwung *m*

fougueusement [fugøzmã] *adv* feurig

fougueux, -euse [fugø, øz] *adj* feurig, ungestüm

fouille [fuj] *nf* (*de police, douane*) Durchsuchung *f*; **fouilles** *nfpl* (*archéologiques*) Ausgrabungen *pl*

fouillé, e [fuje] *adj* (*analyse*) gründlich

fouiller [fuje] *vt* (*personne, local*) durchsuchen; (*sol*) durchwühlen; (*fig: étude etc*) vertiefen; **~ dans/ parmi** herumwühlen in +*dat*/zwischen +*dat*

fouillis [fuji] *nm* Durcheinander *nt*

fouine [fwin] *nf* Steinmarder *m*

fouiner [fwine] (*péj*) *vi*: **~ dans** herumschnüffeln in +*dat*

fouineur, -euse [fwinœR, øz] (*péj*) *adj* neugierig

fouir [fwiR] *vt* wühlen

fouisseur, -euse [fwisœR, øz] *adj* Wühl-

foulage [fulaʒ] *nm* (*du raisin*) Stampfen *nt*

foulante [fulãt] *adj f*: **pompe ~** Druckpumpe *f*

foulard [fulaR] *nm* (*carré*) (Schulter)tuch *nt*;

(*étoffe*) Foulardseide *f*

foule [ful] *nf* Menschenmenge *f*; **une ~ de**
(*beaucoup*) eine Menge (von); **les ~s** die Massen *pl*;
venir en ~ in Scharen kommen

foulée [fule] *nf* (*Sport*) Schritt *m*; **dans la ~ de** in
der Folge +*gén*

fouler [fule] *vt* (*raisin*) keltern; (*blé*) dreschen;
se fouler *vpr* (*fam: se fatiguer*) sich kaputtmachen;
se ~ la cheville/le bras sich *dat* den Knöchel/den
Arm verstauchen; **~ aux pieds** (*fig*) mit Füßen
treten; **~ le sol de son pays** seinen Fuß auf
heimatliche Erde setzen

foulure [fulyʀ] *nf* Verstauchung *f*

four [fuʀ] *nm* (Back)ofen *m*; (*de potier*) Brennofen
m; (*échec*) Reinfall *m*; **plat allant au ~** feuerfeste
Schüssel

fourbe [fuʀb] *adj* (*personne*) betrügerisch; (*regard*)
verschlagen

fourberie [fuʀbəʀi] *nf* Betrügerei *f*

fourbi [fuʀbi] (*fam*) *nm* Krempel *m*

fourbir [fuʀbiʀ] *vt* (*polir*) blank putzen, polieren;
~ ses armes (*fig*) sich zum Kampf rüsten

fourbu, e [fuʀby] *adj* erschöpft

fourche [fuʀʃ] *nf* (*à foin*) Heugabel *f*; (*à fumier*)
Mistgabel *f*; (*de bicyclette*) Gabel *f*; (*d'une route*)
Gabelung *f*

fourcher [fuʀʃe] *vi*: **ma langue a fourché** da
habe ich mich versprochen

fourchette [fuʀʃet] *nf* Gabel *f*; (*Statistique*) Spanne
f; **~ à dessert** Kuchengabel *f*

fourchu, e [fuʀʃy] *adj* (*cheveu*) gespalten; (*arbre,
chemin etc*) gegabelt

fourgon [fuʀgɔ̃] *nm* (*Auto*) Lieferwagen *m*; (*Rail*)
Gepäckwagen *m*; **~ mortuaire** *ou* **funéraire**
Leichenwagen *m*

fourgonnette [fuʀgɔnɛt] *nf* Lieferwagen *m*

fourmi [fuʀmi] *nf* Ameise *f*; **j'ai des ~s dans les
jambes** (*fig*) mir sind die Beine eingeschlafen

fourmilière [fuʀmiljɛʀ] *nf* Ameisenhaufen *m*;
(*fig*) Bienenhaus *nt*

fourmillement [fuʀmijmɑ̃] *nm* (*démangeaison*)
Kribbeln *nt*; (*grouillement*) Gewimmel *nt*,
Wimmeln *nt*

fourmiller [fuʀmije] *vi* (*abonder, grouiller*)
wimmeln; **ce texte fourmille de fautes** in
diesem Text wimmelt es von Fehlern

fournaise [fuʀnɛz] *nf* Feuersbrunst *f*; (*lieu très
chaud*) Treibhaus *nt*

fourneau, x [fuʀno] *nm* (*de cuisine*) Herd *m*

fournée [fuʀne] *nf* (*de pain*) Schub *m*; (*de touristes*)
Schwung *m*

fourni, e [fuʀni] *adj* (*barbe, cheveux*) dicht; **bien/
mal ~ (en)** gut/schlecht ausgestattet (mit)

fournil [fuʀni] *nm* Backstube *f*

fourniment [fuʀnimɑ̃] *nm* Ausrüstung *f*

fournir [fuʀniʀ] *vt* (*procurer*) geben; (*provisions*)
liefern; (*travail, main-d'œuvre*) machen; (*produire*)
hervorbringen; **se fournir** *vpr*: **se ~ chez**
einkaufen bei; **~ un effort** sich anstrengen; **~ en**
beliefern mit; **~ qch à qn** jdm etw geben; **~ qn
en qch** jdn mit etw beliefern

fournisseur, -euse [fuʀnisœʀ, øz] *nm/f*

Lieferant(in) *m(f)*

fourniture [fuʀnityʀ] *nf* Lieferung *f*; **fournitures**
nfpl Ausstattung *f*; **~s de bureau** Bürobedarf *m*,
Büromaterial *nt*; **~s scolaires** Schreibwaren *pl*
(*für die Schule*)

fourrage [fuʀaʒ] *nm* (Vieh)futter *nt*

fourrager¹ [fuʀaʒe] *vi*: **~ dans/parmi**
herumwühlen in +*dat*/zwischen +*dat*

fourrager², -ère [fuʀaʒe, ɛʀ] *adj* Futter-

fourré, e [fuʀe] *adj* (*bonbon, chocolat etc*) gefüllt;
(*manteau, botte etc*) gefüttert ▷ *nm* Dickicht *nt*

fourreau, x [fuʀo] *nm* (*d'épée*) Scheide *f*; (*de
parapluie*) Futteral *nt*; **robe/jupe ~** Etuikleid *nt*/
enger Rock *m*

fourrer [fuʀe] (*fam*) *vt*: **~ qch dans** etw stecken in
+*acc*; **se fourrer** *vpr*: **se ~ dans** sich verkriechen
in +*dat*; (*mauvaise situation*) hineingeraten in +*acc*;
se ~ sous sich verkriechen unter +*acc*

fourre-tout [fuʀtu] *nm inv* (*sac*) Reisetasche *f*;
(*fig*) Mischmasch *m*

fourreur [fuʀœʀ] *nm* Kürschner(in) *m(f)*

fourrière [fuʀjɛʀ] *nf* (*pour chiens*) städtischer
Hundezwinger *m*; (*pour voitures*) Abstellplatz *m* für
abgeschleppte Fahrzeuge

fourrure [fuʀyʀ] *nf* (*pelage*) Fell *nt*; (*matériau,
manteau*) Pelz *m*; **manteau/col de ~** Pelzmantel
m/Pelzkragen *m*

fourvoyer [fuʀvwaje]: **se ~** *vpr* sich verirren; **se ~
dans** sich verirren in +*dat*

foutre [futʀ] (*fam!*) *vt* = **ficher**

foutu, e [futy] (*fam!*) *adj* = **fichu**

foyer [fwaje] *nm* (*d'une cheminée, d'un four*)
Feuerstelle *f*; (*d'incendie, d'infection*) Herd *m*;
(*famille, domicile*) Heim *nt*; (*Théât*) Foyer *nt*; (*local de
réunion*) Klub *m*, Zentrum *nt*; (*résidence*)
Wohnheim *nt*; (*Optique, Photo*) Brennpunkt *m*;
lunettes à double ~ Bifokalbrille *f*

FPA [ɛfpea] *sigle f* (= *formation professionnelle pour
adultes*) Erwachsenenbildung *f*

fracas [fʀaka] *nm* Krach *m*, Getöse *nt*

fracassant, e [fʀakasɑ̃, ɑ̃t] *adj* (*bruit*)
ohrenbetäubend; (*succès*) sensationell

fracasser [fʀakase] *vt* (*porte etc*) zertrümmern;
(*verre*) zerschlagen; **se fracasser** *vpr*: **se ~ contre**
ou **sur** (*suj: bateau, véhicule*) zerschellen an +*dat*; **se
~ la tête/le bras** sich *dat* den Kopf/den Arm
aufschlagen

fraction [fʀaksjɔ̃] *nf* (*Math*) Bruch *m*; (*partie*)
Bruchteil *m*; **une ~ de seconde** der Bruchteil
einer Sekunde

fractionnaire [fʀaksjɔnɛʀ] *adj* (*Math: nombre*)
Bruch-

fractionnement [fʀaksjɔnmɑ̃] *nm* Aufteilung *f*,
Spaltung *f*

fractionner [fʀaksjɔne] *vt* aufteilen; **se
fractionner** *vpr* sich spalten

fracture [fʀaktyʀ] *nf* (*Méd*) Bruch *m*; **~ de la
jambe** Beinbruch *m*; **~ du crâne** Schädelbruch *m*;
~ ouverte offener Bruch *m*

fracturer [fʀaktyʀe] *vt* (*coffre, serrure*) aufbrechen;
(*os, membre*) brechen; **se ~ la jambe** sich *dat* ein
Bein brechen; **se ~ le crâne** einen Schädelbruch

erleiden

fragile [fʀaʒil] *adj* *(objet)* zerbrechlich; *(estomac)* empfindlich; *(santé)* schwach, zart; *(personne)* zart, zerbrechlich; *(fig: équilibre, situation)* unsicher

fragiliser [fʀaʒilize] *vt* schwächen

fragilité [fʀaʒilite] *nf* *(v adj)* Zerbrechlichkeit *f*; Empfindlichkeit *f*; Zartheit *f*; Unsicherheit *f*

fragment [fʀagmɑ̃] *nm* *(morceau)* (Bruch)stück *nt*, Teil *m*; *(extrait)* Auszug *m*

fragmentaire [fʀagmɑ̃tɛʀ] *adj* bruchstückhaft, unvollständig

fragmenter [fʀagmɑ̃te] *vt* *(texte, territoire)* aufteilen; *(roches)* spalten; **se fragmenter** *vpr* zerbrechen

frai [fʀɛ] *nm* *(ponte)* Laichen *nt*; *(œufs)* Laich *m*

fraîche [fʀɛʃ] *adj voir* **frais**

fraîchement [fʀɛʃmɑ̃] *adv* *(sans enthousiasme)* kühl, zurückhaltend; *(récemment)* kürzlich, neulich

fraîcheur [fʀɛʃœʀ] *nf* Frische *f*

fraîchir [fʀeʃiʀ] *vi* abkühlen; *(vent)* auffrischen

frais¹, fraîche [fʀɛ, fʀɛʃ] *adj* frisch; *(dénué d'enthousiasme)* kühl, zurückhaltend ▷ *nm*: **mettre au ~** *(au réfrigérateur)* kühl lagern; **il fait ~** es ist kühl; **le voilà ~!** *(iro)* jetzt sitzt er schön in der Patsche!; **des troupes fraîches** frische Truppen *pl*; **~ et dispos** frisch und munter; **à boire/servir ~** gut gekühlt trinken/servieren; **~ débarqué de sa province** frisch aus der Provinz eingetroffen; **prendre le ~** frische Luft schöpfen *ou* schnappen

frais² [fʀɛ] *nmpl* *(dépenses)* Kosten *pl*, Ausgaben *pl*; **faire des ~** Geld ausgeben; **à grands/peu de ~** unter großen/geringen Kosten; **faire les ~ de** die Kosten tragen für; **faire les ~ de la conversation** das Hauptgesprächsthema sein; **rentrer dans ses ~** auf seine Kosten kommen; **tous ~ payés** *(voyage)* kostenlos; **en être pour ses ~** *(fig)* seine Zeit verschwenden; **~ d'entretien** laufende Kosten; **~ de déplacement** Fahrtkosten *pl*; **~ de scolarité** Schulgeld *nt*; **~ de subsistance** Unterhaltskosten *pl*; **~ fixes** Festkosten *pl*; **~ généraux** allgemeine Unkosten *pl*

fraise [fʀɛz] *nf* Erdbeere *f*; *(Tech)* Fräse *f*; *(de dentiste)* Bohrer *m*; **~ des bois** Walderdbeere *f*

fraiser [fʀeze] *vt* *(Tech)* fräsen

fraiseuse [fʀezøz] *nf* Fräse *f*

fraisier [fʀezje] *nm* Erdbeerpflanze *f*

framboise [fʀɑ̃bwaz] *nf* Himbeere *f*

framboisier [fʀɑ̃bwazje] *nm* Himbeerstrauch *m*

franc, franche [fʀɑ̃, fʀɑ̃ʃ] *adj* *(personne)* offen, aufrichtig; *(visage)* offen; *(rire, attitude)* offen, freimütig; *(refus, couleur)* klar; *(coupure)* sauber; *(péj: complet)* völlig; *(zone, port)* Frei- ▷ *adv*: **à parler ~** und ehrlich gesagt ▷ *nm* *(monnaie)* Franc *m*; **~ de port** portofrei, gebührenfrei; **ancien ~, ~ léger** alter Franc; **nouveau ~, ~ lourd** neuer Franc; **~ belge** belgischer Franc; **~ français** französischer Franc; **~ suisse** Schweizer Franken *m*

français, e [fʀɑ̃sɛ, ɛz] *adj* französisch ▷ *nm* *(Ling)* Französisch *nt* ▷ *nm/f*: **Français, e** Franzose *m*,

Französin *f*

franc-comtois, e [fʀɑ̃kɔ̃twa, waz] *(pl* **francs-comtois, es)** *adj* aus der Franche-Comté ▷ *nm/f*: **Franc-Comtois, e** Bewohner(in) *m(f)* der Franche-Comté

France [fʀɑ̃s] *nf*: **la ~** Frankreich *nt*; **~ 2, ~ 3** *siehe Info-Artikel*

● **FRANCE TÉLÉVISION**

● *France 2* und *France 3* sind öffentlich-rechtliche
● Fernsehkanäle. France 2 sendet Programme
● von allgemeinem Interesse sowie
● Unterhaltungssendungen; France 3 bringt
● sowohl Regionalnachrichten und
● -programme als auch landesweit
● ausgestrahlte Sendungen.

franche [fʀɑ̃ʃ] *adj f voir* **franc**

Franche-Comté [fʀɑ̃ʃkɔ̃te] *nf*: **la ~** Franche-Comté *f*

franchement [fʀɑ̃ʃmɑ̃] *adv* *(avec franchise)* offen; *(tout à fait)* ausgesprochen; *(excl)* ehrlich gesagt

franchir [fʀɑ̃ʃiʀ] *vt* *(obstacle, distance, fig)* überwinden; *(seuil, ligne, rivière)* überschreiten

franchisage [fʀɑ̃ʃizaʒ] *nm* Konzession *f*

franchise [fʀɑ̃ʃiz] *nf* *(sincérité)* Offenheit *f*, Aufrichtigkeit *f*; *(douanière, d'impôt)* (Gebühren)freiheit *f*; *(Assurances)* Selbstbeteiligung *f*; *(Comm)* Konzession *f*; **en toute ~** ehrlich gesagt; **~ de bagages** erlaubte Gepäckmenge *f*; **~ postale** Portofreiheit *f*

franchissable [fʀɑ̃ʃisabl] *adj* *(obstacle)* überwindbar

franciscain, e [fʀɑ̃siskɛ̃, ɛn] *adj* franziskanisch ▷ *nm* Franziskaner *m*

franciser [fʀɑ̃size] *vt* französisieren

franc-jeu [fʀɑ̃ʒø] *(pl* **francs-jeux)** *nm*: **jouer ~** fair sein

franc-maçon [fʀɑ̃masɔ̃] *(pl* **~s)** *nm* Freimaurer *m*

franc-maçonnerie [fʀɑ̃masɔnʀi] *(pl* **~s)** *nf* Freimaurerei *f*

franco¹ [fʀɑ̃ko] *adv*: **~ (de port)** franko, gebührenfrei

franco² [fʀɑ̃ko] *préf* französisch

franco-canadien [fʀɑ̃kokanadjɛ̃] *nm* *(Ling)* kanadisches Französisch *nt*

francophile [fʀɑ̃kɔfil] *adj* frankophil

francophobe [fʀɑ̃kɔfɔb] *adj* frankophob

francophone [fʀɑ̃kɔfɔn] *adj* französischsprachig, Französisch sprechend ▷ *nm/f* Französischsprachige(r) *f(m)*

francophonie [fʀɑ̃kɔfɔni] *nf* Gesamtheit *der Französisch sprechenden Bevölkerungsgruppen*

franco-québécois [fʀɑ̃kokebekwa] *nm* *(Ling)* Französisch *nt* des Quebec

franc-parler [fʀɑ̃paʀle] *nm inv* Freimütigkeit *f*, Unverblümtheit *f*

franc-tireur [fʀɑ̃tiʀœʀ] *(pl* **francs-tireurs)** *nm* *(Mil)* Freischärler(in) *m(f)*; *(fig)* Einzelkämpfer(in) *m(f)*

frange [fʀɑ̃ʒ] *nf* *(de vêtement, tissu etc)* Franse *f*; *(de*

cheveux) Pony(franse f) m; (*fig*) Rand m
frangé, e [fʀɑ̃ʒe] *adj*: ~ **de** (*tapis, nappe*) mit einem
Rand aus
frangin [fʀɑ̃ʒɛ̃] *nm* (*fam*) Bruder m
frangine [fʀɑ̃ʒin] *nf* (*fam*) Schwester f
frangipane [fʀɑ̃ʒipan] *nf* (*crème*) Mandelcreme f
franglais [fʀɑ̃glɛ] *nm* Französisch mit vielen
Anglizismen
franquette [fʀɑ̃kɛt]: **à la bonne ~** *adv* ohne
Umstände, ganz zwanglos
frappant, e [fʀapɑ̃, ɑ̃t] *adj* frappierend
frappe [fʀap] *nf* Anschlag m; (*Boxe*) Schlag m;
(*Football*) Stoß m; (*péj: voyou*) rauer Kerl m; **la
lettre est à la ~** der Brief wird gerade getippt
frappé, e [fʀape] *adj* (*vin*) mit Eis gekühlt; (*café*)
Eis-; ~ **de panique** von Panik gerührt; ~ **de
stupeur** wie vom Donner gerührt
frapper [fʀape] *vt* schlagen; (*étonner*)
beeindrucken, auffallen +*dat*; (*atteindre*) treffen;
(*suj: impôt*) treffen; (*monnaie*) prägen; **se frapper**
vpr (*s'inquiéter*) sich aufregen; (*s'étonner*) sich
wundern; ~ **à la porte** an die Tür klopfen,
anklopfen; ~ **dans ses mains** in die Hände
klatschen; ~ **du poing sur** mit der Faust
schlagen auf +*acc*; ~ **un grand coup** (*fig*) einen
entscheidenden Schlag anbringen
frasques [fʀask] *nfpl* Eskapaden *pl*; **faire des ~**
Eskapaden machen
fraternel, le [fʀatɛʀnɛl] *adj* brüderlich
fraternellement [fʀatɛʀnɛlmɑ̃] *adv* brüderlich
fraterniser [fʀatɛʀnize] *vi* (*avec*)
freundschaftlichen Umgang haben; (*ensemble*)
sich anfreunden
fraternité [fʀatɛʀnite] *nf* Brüderlichkeit f
fratricide [fʀatʀisid] *adj* brudermörderisch
fraude [fʀod] *nf* Betrug m; (*Scol*)
Täuschungsversuch m; **passer qch en ~** etw
herein- *ou* herausschmuggeln; ~ **électorale**
Wahlfälschung f; ~ **fiscale** Steuerbetrug m,
Steuerhinterziehung f
frauder [fʀode] *vt, vi* betrügen; ~ **le fisc** Steuern
hinterziehen
fraudeur, -euse [fʀodœʀ, øz] *nm/f* Betrüger(in)
m(f); (*élève, candidat*) Schummler(in) m(f); (*au fisc*)
Steuerbetrüger(in) m(f)
frauduleusement [fʀodyløzmɑ̃] *adv*
betrügerisch, unlauter
frauduleux, -euse [fʀodylø, øz] *adj*
betrügerisch, unlauter
frayer [fʀeje] *vt* (*passage*) bahnen, schaffen; (*voie*)
erschließen, auftun ▷ *vi* (*poisson*) laichen; **se
frayer** *vpr*: **se ~ un passage/chemin dans** sich
dat einen Weg bahnen durch; ~ **avec qn** mit jdm
verkehren
frayeur [fʀejœʀ] *nf* Schrecken m
fredaines [fʀədɛn] *nfpl* Unfug m
fredonner [fʀədone] *vt* summen
freezer [fʀizœʀ] *nm* Gefrierfach nt
frégate [fʀegat] *nf* (*Hist*) Fregatte f; (*moderne*)
U-Bootjäger m
frein [fʀɛ̃] *nm* Bremse f; **mettre un ~ à** bremsen;
sans ~ (*sans limites*) grenzenlos, ungezügelt; ~ **à**

main Handbremse f; ~ **moteur** Motorbremse f;
~**s à disques** Scheibenbremse f; ~**s à tambours**
Trommelbremse f
freinage [fʀɛnaʒ] *nm* Bremsen nt; **distance de ~**
Bremsweg m; **traces de ~** Bremsspuren *pl*
freiner [fʀene] *vi, vt* bremsen
frelaté, e [fʀəlate] *adj* (*vin*) gepan(t)scht; (*produit*)
verfälscht; (*milieu, société*) verdorben
frêle [fʀɛl] *adj* (*plante*) zart; (*personne aussi*)
zerbrechlich
frelon [fʀəlɔ̃] *nm* Hornisse f
freluquet [fʀəlykɛ] (*péj*) *nm* Kerlchen nt
frémir [fʀemiʀ] *vi* beben; (*de peur, de froid*) zittern;
(*eau*) sieden; ~ **de colère** vor Zorn beben
frémissement [fʀemismɑ̃] *nm* (*frisson, agitation*)
Beben nt
frêne [fʀɛn] *nm* Esche f
frénésie [fʀenezi] *nf* Raserei f
frénétique [fʀenetik] *adj* (*passion, sentiments*)
rasend, wahnsinnig; (*musique, applaudissements*)
frenetisch, rasend
frénétiquement [fʀenetikmɑ̃] *adv* frenetisch
fréquemment [fʀekamɑ̃] *adv* oft, häufig
fréquence [fʀekɑ̃s] *nf* Häufigkeit f; (*Phys*)
Frequenz f; **haute/basse ~** Hoch-/
Niederfrequenz f
fréquent, e [fʀekɑ̃, ɑ̃t] *adj* häufig
fréquentable [fʀekɑ̃tabl] *adj*: **c'est un individu
peu ~** er ist kein guter Umgang
fréquentation [fʀekɑ̃tasjɔ̃] *nf* (*d'un lieu*) häufiger
Besuch m; (*d'une personne*) Umgang m; **mauvaises
~s** schlechter Umgang; **la ~ de ces gens** der
Umgang mit diesen Leuten
fréquenté, e [fʀekɑ̃te] *adj*: **très ~** (*rue, plage*)
belebt, geschäftig; (*établissement*) gut besucht;
un endroit mal ~ ein Ort, den man meiden
sollte
fréquenter [fʀekɑ̃te] *vt* (*lieu*) häufig besuchen;
(*personne*) Umgang haben mit; (*courtiser*) gehen
mit; **se fréquenter** *vpr* sich häufig sehen
frère [fʀɛʀ] *nm* Bruder m; (*Rel*) (Kloster)bruder m;
partis ~s Schwesterparteien *pl*; **pays ~**
Bruderländer *pl*
fresque [fʀɛsk] *nf* (*Art*) Fresko nt; (*Litt*)
Sittengemälde nt
fret [fʀɛ(t)] *nm* Fracht f
fréter [fʀete] *vt* (*navire, avion*) chartern
frétiller [fʀetije] *vi* (*poisson etc*) zappeln; (*de joie*)
springen, hüpfen; ~ **de la queue** mit dem
Schwanz wedeln
fretin [fʀətɛ̃] *nm*: **le menu ~** kleine Fische *pl*
freudien, ne [fʀødjɛ̃, jɛn] *adj* Freudsch
freux [fʀø] *nm* Saatkrähe f
friable [fʀijabl] *adj* (*matière*) bröckelig; (*os*)
brüchig
friand, e [fʀijɑ̃, fʀijɑ̃d] *adj*: **être ~ de qch** etw
sehr gern mögen ▷ *nm* (*Culin*) Fleischpastetchen
nt; (: *sucré*) Mandelpastetchen nt
friandise [fʀijɑ̃diz] *nf* Leckerei f
fric [fʀik] (*fam*) *nm* Mäuse *pl*, Knete f
fricassée [fʀikase] *nf* Frikassee nt
fric-frac [fʀikfʀak] *nm inv* (*fam*) Einbruch m

friche [fʀiʃ] nf: **en ~** brachliegend

friction [fʀiksjɔ̃] nf (massage) Abreiben nt; (chez le coiffeur) Massage f; (Tech: frottement) Reibung f; (fig: heurts) Reiberei f

frictionner [fʀiksjɔne] vt abreiben

frigidaire® [fʀiʒidɛʀ] nm Kühlschrank m

frigide [fʀiʒid] adj frigide

frigidité [fʀiʒidite] nf Frigidität f

frigo [fʀigo] abr m (= réfrigérateur) Kühlschrank m

frigorifier [fʀigɔʀifje] vt (produit) tiefkühlen; (fam): **être frigorifié** frieren wie ein Schneider

frigorifique [fʀigɔʀifik] adj (armoire, entrepôt) Kühl-

frileusement [fʀiløzmɑ̃] adv verfroren

frileux, -euse [fʀilø, øz] adj verfroren; (péj) übervorsichtig

frimas [fʀima] nmpl Raureif m

frime [fʀim] (fam) nf: **c'est de la ~** das ist alles nur Schau; **pour la ~** nur zur Schau

frimer [fʀime] (fam) vi eine Schau abziehen

frimeur, -euse [fʀimœʀ, øz] nm/f Angeber(in) m(f)

frimousse [fʀimus] nf Gesichtchen nt

fringale [fʀɛ̃gal] nf (fam): **avoir la ~** Heißhunger haben

fringant, e [fʀɛ̃gɑ̃, ɑ̃t] adj (personne) munter, flott

fringues [fʀɛ̃g] (fam) nfpl Klamotten pl

fripé, e [fʀipe] adj zerknittert

friperie [fʀipʀi] nf (commerce) Secondhandladen m; (vêtements) Kleider pl aus zweiter Hand

fripes [fʀip] nf (vêtements) Klamotten pl

fripier, -ière [fʀipje, jɛʀ] nm/f Kleiderhändler(in) m(f) (mit Secondhandkleidern)

fripon, ne [fʀipɔ̃, ɔn] adj spitzbübisch, schelmisch ▷ nm/f (enfant) Schlingel m, kleiner Schelm m

fripouille [fʀipuj] (péj) nf Schurke m

frire [fʀiʀ] vt, vi braten, fritieren

frise [fʀiz] nf Fries m

frisé, e [fʀize] adj lockig; **(chicorée) ~e** Friséesalat m

friser [fʀize] vt (cheveux) eindrehen; (frôler) streifen; (fig) grenzen an ▷ vi (cheveux) lockig sein, sich locken; (enfant) Locken haben; **se faire ~** sich Locken legen lassen; **il a frisé la mort** er wäre um ein Haar gestorben; **~ la quarantaine** fast vierzig sein

frisette [fʀizɛt] nf Löckchen nt

frisotter [fʀizɔte] vi (cheveux) sich kräuseln

frisquet [fʀiskɛ] adj kühl, frisch

frisson [fʀisɔ̃] nm (de peur) Schaudern nt; (de froid) Schauer m; (de douleur) Erbeben nt

frissonnement [fʀisɔnmɑ̃] nm (v frisson) Schaudern nt; Schauer m; Erbeben nt

frissonner [fʀisɔne] vi (personne: v frisson) schaudern; erschauern; erbeben; (eau, feuillage) rauschen

frit, e [fʀi, fʀit] pp de **frire** ▷ adj fritiert ▷ nf (aussi: **pomme frite**) Pomme frite f, Fritte f

friterie [fʀitʀi] nf (boutique) Pommes-frites-Bude f

friteuse [fʀitøz] nf Fritteuse f; **~ électrique** elektrische Fritteuse

friture [fʀityʀ] nf (huile) Bratfett nt; (Radio) Rauschen nt; (plat) Gebratenes nt; **~ (de poissons)** gebratene Fische pl

frivole [fʀivɔl] adj oberflächlich, leichtfertig

frivolité [fʀivɔlite] nf Oberflächlichkeit f, Leichtfertigkeit f

froc [fʀɔk] nm (Rel) Kutte f; (fam: pantalon) Hosen pl

froid, e [fʀwa, fʀwad] adj kalt; (fig: personne, accueil) kühl ▷ nm: **le ~** die Kälte f; **il fait ~** es ist kalt; **manger ~** kalt essen; **avoir ~** frieren; **j'ai ~** mir ist kalt, ich friere; **prendre ~** sich erkälten; **à ~** (démarrer) kalt; (sans préparation) ohne Vorbereitung; **les grands ~s** die kalte Jahreszeit f; **jeter un ~** (fig) wie eine kalte Dusche wirken; **être en ~ avec qn** mit jdm zerstritten sein; **battre ~ à qn** jdm die kalte Schulter zeigen

froidement [fʀwadmɑ̃] adv (accueillir) kühl; (décider) mit kühlem Kopf, besonnen

froideur [fʀwadœʀ] nf Kühle f

froisser [fʀwase] vt zerknittern; (vexer) kränken; **se froisser** vpr (tissu) knittern; (se vexer) gekränkt sein, beleidigt sein; **se ~ un muscle** sich dat einen Muskel zerren

frôlement [fʀolmɑ̃] nm (leichte) Berührung f

frôler [fʀole] vt streifen, leicht berühren; (catastrophe, échec) nahe sein an +dat

fromage [fʀɔmaʒ] nm Käse m; **~ blanc** ≈ Quark m; **~ de tête** ≈ Presskopf m, Sülze f

fromager, -ère [fʀɔmaʒe, ɛʀ] nm/f (marchand) Käsehändler(in) m(f) ▷ adj (industrie) Käse-

fromagerie [fʀɔmaʒʀi] nf Käserei f; (boutique) Käseladen m

froment [fʀɔmɑ̃] nm Weizen m

fronce [fʀɔ̃s] nf (de tissu) geraffte Falte f

froncement [fʀɔ̃smɑ̃] nm: **~ de sourcils** Stirnrunzeln nt

froncer [fʀɔ̃se] vt (tissu) raffen; **~ les sourcils** die Stirn runzeln

frondaisons [fʀɔ̃dɛzɔ̃] nfpl (feuillage) Laub nt, Blätter pl

fronde [fʀɔ̃d] nf (lance-pierre) Schleuder f; **esprit de ~** aufrührerischer Geist m

frondeur, -euse [fʀɔ̃dœʀ, øz] adj aufrührerisch

front [fʀɔ̃] nm (Anat) Stirn f; (Mil, Météo, Pol) Front f; **aller au ~** (Mil) an die Front gehen; **avoir le ~ de faire qch** die Stirn haben, etw zu tun; **de ~** (se heurter, attaquer, aborder etc) frontal; (rouler) Kopf an Kopf; (simultanément) gleichzeitig, zugleich; **faire ~ à** (adversaire) die Stirn bieten +dat; (épreuve, difficultés) sich stellen +dat; **~ de libération** Befreiungsfront f; **~ de mer** Küstenstrich m

frontal, e, -aux [fʀɔ̃tal, o] adj (Anat) Stirn-; (choc, attaque) frontal, Frontal-

frontalier, -ière [fʀɔ̃talje, jɛʀ] adj Grenz- ▷ nm/f Grenzgänger(in) m(f)

frontière [fʀɔ̃tjɛʀ] nf Grenze f; **poste/ville ~** Grenzposten m/Grenzstadt f; **à la ~** an der Grenze

frontispice [fʀɔ̃tispis] nm Titelblatt nt

fronton [fʀɔ̃tɔ̃] nm (Archit) Giebel m

frottement [fʀɔtmɑ̃] nm (friction) Reiben nt; (bruit) Kratzen nt; **frottements** nmpl (fig: difficultés) Reibereien pl

frotter [fʀɔte] vi reiben ▷ vt reiben; (pour nettoyer)
scheuern; (meuble) polieren; (avec une brosse)
bürsten; **se frotter** vpr: **se ~ à qn** (fig: souvent péj)
sich mit jdm einlassen; **se ~ à qch** sich auf etw
acc einlassen; **~ une allumette** ein Streichholz
anzünden ou anreißen; **se ~ les mains** sich dat
die Hände reiben

frottis [fʀɔti] nm (Méd) Abstrich m

frottoir [fʀɔtwaʀ] nm (d'allumettes) Reibfläche f

frou-frou [fʀufʀu] (pl **frous-frous**) nm (bruissement)
Rascheln nt

frousse [fʀus] (fam) nf (peur) Muffe f; **avoir la ~**
Muffensausen haben

fructifier [fʀyktifje] vi (argent) Zinsen tragen;
(propriété) an Wert zunehmen; (arbre) Früchte
tragen; **faire ~** (argent) gewinnbringend anlegen

fructueux, -euse [fʀyktɥø, øz] adj (opération
financière) einträglich; (travaux, efforts, essai)
erfolgreich

frugal, e, -aux [fʀygal, o] adj (repas) frugal,
einfach; (vie, personne) schlicht, genügsam

frugalement [fʀygalmɑ̃] adv schlicht, einfach

frugalité [fʀygalite] nf (v adj) Einfachheit f;
Genügsamkeit f

fruit [fʀɥi] nm Frucht f; (fig: du travail, de l'effort)
Früchte pl; **fruits** nmpl Obst nt; (de la terre) Ertrag
m; **~s de mer** Meeresfrüchte pl; **~s secs** Dörrobst nt

fruité, e [fʀɥite] adj fruchtig

fruiterie [fʀɥitʀi] nf Obstgeschäft nt

fruitier, -ière [fʀɥitje, jɛʀ] adj: **arbre ~**
Obstbaum m ▷ nm/f (marchand) Obsthändler(in)
m(f)

fruste [fʀyst] adj ungehobelt, roh

frustrant, e [fʀystʀɑ̃, ɑ̃t] adj frustrierend

frustration [fʀystʀasjɔ̃] nf Frustration f

frustré, e [fʀystʀe] adj frustriert

frustrer [fʀystʀe] vt (Psych) frustrieren; (espoirs
etc) zunichtemachen; **~ qn de qch** (priver) jdn um
etw bringen

FS abr (= franc suisse) SFr

fuchsia [fyʃja] nm Fuchsie f

fuel(-oil) [fjul(ɔjl)] (pl **fuels(-oils)**) nm Heizöl nt

fugace [fygas] adj flüchtig

fugitif, -ive [fyʒitif, iv] adj (lueur, amour) flüchtig,
vergänglich; (prisonnier etc) flüchtig, entflohen
▷ nm/f Ausbrecher(in) m(f)

fugue [fyg] nf (d'un enfant) Ausreißen nt; (Mus)
Fuge f; **faire une ~** ausreißen

fuir [fɥiʀ] vt fliehen ou flüchten vor;
(responsabilités) sich entziehen +dat ▷ vi (personne)
fliehen; (gaz, eau) entweichen; (robinet) tropfen;
(tuyau) lecken, undicht sein

fuite [fɥit] nf Flucht f; (écoulement) Entweichen nt;
(divulgation) Indiskretion f; **être en ~** auf der
Flucht sein; **mettre en ~** in die Flucht schlagen;
prendre la ~ die Flucht ergreifen; **~ des
capitaux** Kapitalflucht f

fulgurant, e [fylgyʀɑ̃, ɑ̃t] adj (vitesse, progrès)
atemberaubend

fulminant, e [fylminɑ̃, ɑ̃t] adj (lettre) Protest-;
(regard) drohend; **~ de colère** wutschnaubend

fulminer [fylmine] vi: **~ contre** wettern gegen

fumant, e [fymɑ̃, ɑ̃t] adj (bûches, cendres)
rauchend; (liquide) dampfend; **un coup ~** (fam)
ein echtes Meisterstück

fumé, e [fyme] adj (Culin) geräuchert; (verres)
getönt

fume-cigarette [fymsigaʀɛt] nm inv
Zigarettenspitze f

fumée [fyme] nf Rauch m; **partir en ~** (fig) sich
in Rauch auflösen

fumer [fyme] vi rauchen; (liquide) dampfen ▷ vt
(cigarette, pipe) rauchen; (jambon, poisson) räuchern;
(terre, champ) düngen

fumerie [fymʀi] nf: **~ d'opium** Opiumhöhle f

fumerolles [fymʀɔl] nfpl Rauch m (aus einem
Vulkan)

fûmes [fym] vb voir **être**

fumet [fymɛ] nm Aroma nt

fumeur, -euse [fymœʀ, øz] nm/f Raucher(in)
m(f); **compartiment (pour) ~s** Raucherabteil nt

fumeux, -euse [fymø, øz] (péj) adj
verschwommen, nebulös

fumier [fymje] nm (engrais) Dünger m, Dung m

fumigation [fymigasjɔ̃] nf (Méd) Inhalieren nt

fumigène [fymiʒɛn] adj (appareil, bombe) Rauch-

fumiste [fymist] nm/f Faulpelz m

fumisterie [fymistəʀi] (péj) nf Schwindel m

fumoir [fymwaʀ] nm Rauchzimmer nt

funambule [fynãbyl] nm Seiltänzer m

funèbre [fynɛbʀ] adj (service, marche etc) Trauer-;
(fig: lugubre) düster, finster

funérailles [fyneʀaj] nfpl Begräbnis nt,
Beerdigung f

funéraire [fyneʀɛʀ] adj Bestattungs-

funeste [fynɛst] adj (erreur, conséquence) tödlich,
fatal; (pressentiment) ungut

funiculaire [fynikylɛʀ] nm Seilbahn f

FUNU [fyny] sigle f (= Force d'urgence des Nations
unies) Einsatztruppe der UNO

fur [fyʀ] nm: **au ~ et à mesure** nach und nach; **au
~ et à mesure que** sobald; **au ~ et à mesure de
leur progression** je weiter sie vordrangen, im
Laufe ihres Vordringens

furax [fyʀaks] (fam) adj inv fuchsteufelswild

furent [fyʀ] vb voir **être**

furet [fyʀɛ] nm Frettchen nt

fureter [fyʀ(ə)te] (péj) vi herumschnüffeln

fureur [fyʀœʀ] nf (colère) Wut f; **faire ~** Furore
machen, in sein

furibard, e [fyʀibaʀ, aʀd], **furibond, e** [fyʀibɔ̃,
ɔ̃d] (fam) adj stinkwütend

furie [fyʀi] nf (colère) Wut f; (femme) Furie f; **en ~**
(mégère, mer) tobend

furieusement [fyʀjøzmɑ̃] adv wütend

furieux, -euse [fyʀjø, jøz] adj wütend; (combat)
wild, erbittert; (tempête) heftig; **être ~ contre qn**
auf jdn wütend sein

furoncle [fyʀɔ̃kl] nm Furunkel m ou nt

furtif, -ive [fyʀtif, iv] adj verstohlen

furtivement [fyʀtivmɑ̃] adv verstohlen

fus [fy] vb voir **être**

fusain [fyzɛ̃] nm (Art) Zeichenkohle f; (Bot)
Deutscher Buchsbaum m

fuseau, x [fyzo] *nm* (*pour filer*) Spindel *f*; (*pantalon*) Keilhose *f*; **en ~** (*jambes*) schlank; (*colonne*) gebaucht; **~ horaire** Zeitzone *f*

fusée [fyze] *nf* Rakete *f*; **~ éclairante** Leuchtrakete *f*

fuselage [fyz(ə)laʒ] *nm* (*d'avion*) (Flugzeug)rumpf *m*

fuselé, e [fyz(ə)le] *adj* (*doigts, jambes*) schlank

fuser [fyze] *vi* (*rires*) hervorbrechen; (*questions*) niederhageln

fusible [fyzibl] *nm* (*fil*) Schmelzdraht *m*; (*fiche*) Sicherung *f*

fusil [fyzi] *nm* Gewehr *nt*; **~ à deux coups** doppelläufiges Gewehr; **~ de chasse** Jagdgewehr *nt*, Jagdflinte *f*; **~ sous-marin** Harpune *f*

fusilier [fyzilje] *nm* Schütze *m*; **~ marin** Marinesoldat *m*

fusillade [fyzijad] *nf* Gewehrfeuer *nt*

fusiller [fyzije] *vt* (*exécuter*) erschießen; **~ qn du regard** jdn mit Blicken durchbohren

fusil-mitrailleur [fyzimitʀajœʀ] (*pl* **fusils-mitrailleurs**) *nm* Maschinengewehr *nt*

fusion [fyzjõ] *nf* (*d'un métal*) Schmelzen *nt*; (*Comm, Science*) Fusion *f*; (*fig*) Zusammenschluss *m*; **en ~** schmelzend; **entrer en ~** schmelzen, flüssig werden

fusionner [fyzjɔne] *vi* (*sociétés, groupes: Comm*) fusionieren

fustiger [fystiʒe] *vt* (*critiquer*) tadeln

fut [fy] *vb voir* **être**

fût [fy] *vb voir* **être** ▷ *nm* (*tonneau*) Fass *nt*; (*de canon, de colonne*) Schaft *m*; (*d'arbre*) Stamm *m*

futaie [fytɛ] *nf* Hochwald *m*

futé, e [fyte] *adj* schlau, gerissen

fûtes [fyt] *vb voir* **être**

futile [fytil] *adj* (*personne*) oberflächlich; (*prétexte, activité, propos*) nebensächlich

futilement [fytilmɑ̃] *adv* unnütz

futilité [fytilite] *nf* (*v adj*) Nebensächlichkeit *f*; (*de personne*) Oberflächlichkeit *f*

futur, e [fytyʀ] *adj* zukünftig ▷ *nm* (*Ling aussi*) Zukunft *f*, Futur *nt*; **son ~ époux** ihr zukünftiger Ehemann; **un ~ ministre** ein zukünftiger Minister *m*; **un ~ artiste** ein werdender Künstler *m*; **au ~** (*Ling*) im Futur; **~ antérieur** vollendete Zukunft, Futur zwei

futuriste [fytyʀist] *adj* futuristisch

futurologie [fytyʀɔlɔʒi] *nf* Futurologie *f*

fuyant, e [fɥijɑ̃, ɑ̃t] *vb voir* **fuir** ▷ *adj* (*regard*) ausweichend; (*personne*) schwer fassbar; (*lignes etc*) fliehend; **perspective ~e** (*Art*) Fluchtlinien *pl*

fuyard, e [fɥijaʀ, aʀd] *nm/f* (*fugitif*) Ausreißer(in) *m(f)*

fuyons [fɥijõ] *vb voir* **fuir**

Gg

G, g¹ [ʒe] *nm inv* (*lettre*) G, g *nt*; **G comme Gaston** ≈ G wie Gustav

g² *abr* (= *gramme*) g; (= *gauche*) l

gabardine [gabaʀdin] *nf* (*tissu*) Gabardine *m*

gabarit [gabaʀi] *nm* (*taille*) Größe *f*; (*valeur*) Kaliber *nt*; **du même ~** vom gleichen Kaliber *ou* Schlag

gabegie [gabʒi] (*péj*) *nf* Chaos *nt*, Durcheinander *nt*

Gabon [gabɔ̃] *nm*: **le ~** Gabun *nt*

gabonais, e [gabɔnɛ, ɛz] *adj* gabunisch ▷ *nm/f*: **Gabonais, e** Gabuner(in) *m(f)*

gâcher [gɑʃe] *vt* (*gâter*) verderben; (*vie*) ruinieren; (*gaspiller*) verschwenden; (*plâtre, mortier*) anrühren

gâchette [gɑʃɛt] *nf* Abzug *m*

gâchis [gɑʃi] *nm* (*désordre*) Durcheinander *nt*; (*gaspillage*) Verschwendung *f*

gadget [gadʒɛt] *nm* (*machin*) Dingsda *nt*; (*nouveauté*) (technische) Spielerei *f*

gadin [gadɛ̃] (*fam*) *nm*: **prendre un ~** (voll) auf die Nase fallen

gadoue [gadu] *nf* (*boue*) Schlamm *m*

gaélique [gaelik] *adj* gälisch ▷ *nm* (*Ling*) Gälisch *nt*

gaffe [gaf] *nf* (*instrument*) Bootshaken *m*; (*fam: erreur*) Schnitzer *m*; **faire ~** (*fam*) aufpassen

gaffer [gafe] *vi* einen Schnitzer machen

gaffeur, -euse [gafœʀ, øz] *nm/f* (*fam*) Trampel *nt*

gag [gag] *nm* Gag *m*

gaga [gaga] (*fam*) *adj* verkalkt

gage [gaʒ] *nm* (*dans un jeu*) Pfand *nt*; (*de fidélité*) Zeichen *nt*, Unterpfand *nt*; **gages** *nmpl* (*salaire*) Lohn *m*; **mettre en ~** verpfänden; **laisser en ~** als Sicherheit hinterlegen

gager [gaʒe] *vt*: **~ que** wetten, dass

gageure [gaʒyʀ] *nf* Herausforderung *f*

gagnant, e [gaɲɑ̃, ɑ̃t] *nm/f* Gewinner(in) *m(f)* ▷ *adj*: **billet/numéro ~** Gewinnlos *nt/* Gewinnzahl *f* ▷ *adv*: **jouer ~** (*aux courses*) ein sicherer Gewinner sein

gagne-pain [gaɲpɛ̃] *nm inv* Broterwerb *m*

gagne-petit [gaɲpəti] (*péj*) *nm inv* Kleinverdiener *m*

gagner [gaɲe] *vt* gewinnen; (*somme d'argent, revenu*) verdienen; (*aller vers: lieu*) erreichen; (*suj: maladie, feu*) angreifen, übergreifen auf +*acc*; (: *sommeil, faim, fatigue*) überwältigen ▷ *vi* gewinnen; **~ du temps** Zeit gewinnen; **~ de la** place Platz sparen; **~ sa vie** sich *dat* seinen Lebensunterhalt verdienen; **~ du terrain** (an) Boden gewinnen; **~ qn** jdn für sich gewinnen; **~ le large** die offene See erreichen; **~ qn de vitesse** jdm zuvorkommen; **~ à faire qch** sich besser stehen, wenn man etw macht; **~ en élégance/rapidité** eleganter/schneller werden

gagneur, -euse [gaɲœʀ, øz] *nm/f* Gewinner(in) *m(f)*

gai, gaie [ge] *adj* fröhlich; (*soirée, vie*) heiter; (*livre, pièce de théâtre*) lustig, heiter; (*un peu ivre*) angeheitert

gaiement [gemɑ̃] *adv* fröhlich

gaieté [gete] *nf* (*v adj*) Fröhlichkeit *f*; Heiterkeit *f*; **de ~ de cœur** leichten Herzens

gaillard, e [gajaʀ, aʀd] *adj* (*robuste*) kräftig; (*grivois*) derb ▷ *nm* Kerl *m*

gaillardement [gajaʀdəmɑ̃] *adv* fröhlich

gain [gɛ̃] *nm* (*revenu: gén pl*) Einkünfte *pl*; (*au jeu*) Gewinn(e *pl*) *m*; (*lucre*) Profit *m*; **~ de temps** Zeitgewinn *m*; **~ de place** Platzersparnis *f*; **avoir *ou* obtenir ~ de cause** seinen Willen durchsetzen

gaine [gɛn] *nf* (*corset*) Hüfthalter *m*; (*fourreau*) Scheide *f*; (*de fil électrique etc*) Mantel *m*

gaine-culotte [gɛnkylɔt] (*pl* **gaines-culottes**) *nf* Miederhöschen *nt*

gainer [gene] *vt* umhüllen

gala [gala] *nm* Gala(veranstaltung) *f*; **soirée de ~** Galaabend *m*

galamment [galamɑ̃] *adv* galant

galant, e [galɑ̃, ɑ̃t] *adj* galant; **en ~e compagnie** (*homme*) in Damenbegleitung; (*femme*) in Herrenbegleitung

galanterie [galɑ̃tʀi] *nf* Galanterie *f*

galantine [galɑ̃tin] *nf* (*Culin*) Fleisch in Aspik

Galapagos [galapagɔs] *nfpl*: **les (îles) ~** die Galapagosinseln *pl*

galaxie [galaksi] *nf* Galaxie *f*

galbe [galb] *nm* Rundung *f*

galbé, e [galbe] *adj* wohlgerundet

gale [gal] *nf* (*Méd*) Krätze *f*; (*de chien*) Räude *f*

galéjade [galeʒad] *nf* Lügengarn *nt*

galère [galɛʀ] *nf* Galeere *f*; (*fam*) Schlamassel *m*

galérer [galeʀe] (*fam*) *vi* schuften

galerie [galʀi] *nf* Galerie *f*; (*Théât*) Rang *m*; (*de* *voiture)* (Dach)gepäckträger *m*; *(fig: spectateurs)* Publikum *nt*; **~ de peinture** Gemäldegalerie *f*; **~ marchande** Einkaufspassage *f*

galérien [galɛʀjɛ̃] *nm* Galeerensklave *m*

galet [galɛ] *nm* Kiesel(stein) *m*; *(Tech)* Rad *nt*, Rolle *f*; **galets** *nmpl* Kies *m*

galette [galɛt] *nf (gâteau)* runder flacher Kuchen; **~ des Rois** Kuchen zum Dreikönigstag

galeux, -euse [galø, øz] *adj (chien)* räudig

Galice [galis] *nf:* **la ~** Galicien *nt*

Galicie [galisi] *nf:* **la ~** Galizien *nt*

galimatias [galimatja] *(péj) nm* Kauderwelsch *nt*

galipette [galipɛt] *nf:* **faire des ~s** Purzelbäume schlagen

Galles [gal] *nfpl:* **le pays de ~** Wales *nt*

gallicisme [ga(l)lisism] *nm (Ling)* idiomatische Redewendung *f*; *(: dans une langue étrangère)* Gallizismus *m*

gallois, e [galwa, waz] *adj* walisisch ▷ *nm/f:* **Gallois, e** Waliser(in) *m(f)*

gallo-romain, e [ga(l)lɔʀɔmɛ̃, ɛn] *(pl ~s, es) adj* galloromanisch

galoche [galɔʃ] *nf* Schuh *m* mit Holzsohle

galon [galɔ̃] *nm (Mil)* Dienstgradabzeichen *nt*; *(décoratif)* Borte *f*; **prendre du ~** befördert werden

galop [galo] *nm* Galopp *m*; **au ~** im Galopp

galopade [galɔpad] *nf (fig)* Galopp *m*

galopant, e [galɔpɑ̃, ɑ̃t] *adj (inflation, démographie)* galoppierend

galoper [galɔpe] *vi* galoppieren; *(courir vite)* rennen

galopin [galɔpɛ̃] *(péj) nm* Strolch *m*, Straßenjunge *m*

galvaniser [galvanize] *vt* galvanisieren; *(fig: foule, public)* elektrisieren

galvaudé, e [galvode] *adj* abgedroschen

galvauder [galvode] *vt (talents)* verschwenden; *(réputation)* in den Schmutz ziehen

gambade [gɑ̃bad] *nf:* **faire des ~s** herumspringen, herumtollen

gambader [gɑ̃bade] *vi* herumspringen, herumtollen

gamberger [gɑ̃bɛʀʒe] *(fam) vt* grübeln

Gambie [gɑ̃bi] *nf (pays):* **la ~** Gambia *nt*

gamelle [gamɛl] *nf (de soldat, campeur)* Kochgeschirr *nt*; *(d'ouvrier)* Henkelmann *m*; **ramasser une ~** auf die Nase fallen *(fam)*

gamin, e [gamɛ̃, in] *nm/f* Kind *m* ▷ *adj (puéril)* kindisch

gaminerie [gaminʀi] *nf* Kinderei *f*

gamme [gam] *nf (Mus)* Tonleiter *f*; *(fig)* Skala *f*

gammé, e [game] *adj:* **croix ~e** Hakenkreuz *nt*

Gand [gɑ̃] *n* Gent *nt*

gang [gɑ̃g] *nm* Bande *f*, Gang *f*

Gange [gɑ̃ʒ] *nm:* **le ~** der Ganges

ganglion [gɑ̃glijɔ̃] *nm (lymphatique)* Lymphknoten *m*; **avoir des ~s** geschwollene Drüsen haben

gangrène [gɑ̃gʀɛn] *nf (Méd)* (Wund)brand *m*; *(fig)* Krebsübel *nt*

gangrener [gɑ̃gʀəne] *vt (Méd)* brandig machen; *(fig)* zerfressen; **se gangrener** *vpr (Méd)* brandig werden

gangreneux, -euse [gɑ̃gʀənø, øz] *adj* brandig

gangster [gɑ̃gstɛʀ] *nm* Gangster *m*

gangstérisme [gɑ̃gsteʀism] *nm* Gangsterunwesen *nt*

gangue [gɑ̃g] *nf (Minéralogie)* Ganggestein *nt*, Hülle *f*

ganse [gɑ̃s] *nf* Borte *f*

gant [gɑ̃] *nm* Handschuh *m*; **prendre des ~s avec qn** *(fig)* jdn mit Samthandschuhen anfassen; **relever le ~** die Herausforderung annehmen; **~ de crin** Massagehandschuh *m*; **~ de toilette** Waschhandschuh *m*; **~s de boxe** Boxhandschuhe *pl*; **~s de caoutchouc** Gummihandschuhe *pl*

ganté, e [gɑ̃te] *adj:* **~ de blanc** mit weißen Handschuhen

ganterie [gɑ̃tʀi] *nf (commerce)* Handschuhhandel *m*; *(magasin)* Handschuhgeschäft *nt*

garage [gaʀaʒ] *nm (abri)* Garage *f*; *(entreprise)* Autowerkstatt *f*; **~ à vélos** Fahrradschuppen *m*

garagiste [gaʀaʒist] *nm/f (propriétaire)* Werkstattbesitzer(in) *m(f)*; *(mécanicien)* Automechaniker(in) *m(f)*

garance [gaʀɑ̃s] *adj inv* krapprot

garant, e [gaʀɑ̃, ɑ̃t] *nm/f* Bürge *m*, Bürgin *f*; **se porter ~ de qch** für etw bürgen

garantie [gaʀɑ̃ti] *nf* Garantie *f*; *(gage)* Sicherheit *f*; **(bon de) ~** Garantieschein *m*

garantir [gaʀɑ̃tiʀ] *vt* garantieren; *(Comm: appareil)* eine Garantie geben für; *(attester: fait)* versichern; **~ de qch** vor etw *dat* schützen; **je vous garantis que** ich versichere Ihnen, daß; **garanti 2 ans** 2 Jahre Garantie; **garanti pure laine** reine Wolle *f* (mit Wollsiegel)

garce [gaʀs] *(péj) nf* Schlampe *f*

garçon [gaʀsɔ̃] *nm* Junge *m*; *(fils)* Sohn *m*; *(célibataire)* Junggeselle *m*; **un gentil ~** *(jeune homme)* ein netter junger Mann; **petit ~** kleiner Junge; **~ boucher** Metzgerjunge *m*; **~ coiffeur** Friseurlehrling *m*; **~ d'écurie** Stallbursche *m*; **~ de café** Kellner *m*; **~ de courses** Laufbursche *m*, Botenjunge *m*; **un ~ manqué** ein halber Junge *m*

garçonnet [gaʀsɔnɛ] *nm* kleiner Junge *m*

garçonnière [gaʀsɔnjɛʀ] *nf* Junggesellenwohnung *f*

garde [gaʀd(ə)] *nm (de prisonnier)* Aufseher *m*, Wächter *m*; *(de domaine etc)* Aufseher; *(soldat, sentinelle)* Wache *f*, Wachtposten *m* ▷ *nf* Bewachung *f*; *(soldats)* Wache; *(faction)* Garde *f*; *(Boxe, Escrime)* Deckung *f*; *(d'une arme)* Heft *nt*; *(Typo: page ou feuille de garde)* Vorsatzblatt *nt*; **de ~** im Dienst; **mettre en ~** warnen; **mise en ~** Warnung *f*; **prendre ~ à** achten auf *+acc*; **prendre ~ à ne pas faire qch** darauf bedacht sein, etw nicht zu tun; **être sur ses ~s** auf der Hut sein; **monter la ~** Wache stehen; **avoir la ~ des enfants** *(après divorce)* das Sorgerecht für die Kinder haben; **~ à vue** *nm* Polizeigewahrsam *m*; **~ champêtre** *nm* Landpolizist *m*; **~ d'enfants** *nf* Tagesmutter *f*; **~ d'honneur** *nf* Ehrengarde *f*; **~ des Sceaux** *nm* ≈ Justizminister *m*; **~ du corps** *nm* Leibwache *f*; **~ forestier** *nm* Förster *m*;

~ **mobile** *nm ou nf* Bereitschaftspolizei *f*

gardé, e [gaʀde] *adj*: **pêche/chasse ~e** privates Fisch-/Jagdgebiet *nt*

garde-à-vous [gaʀdavu] *nm inv*: **être/se mettre au ~** stillstehen; **~!** stillgestanden!

garde-barrière [gaʀdəbaʀjɛʀ] (*pl* **gardes-barrière(s)**) *nm/f* Bahnwärter(in) *m(f)*

garde-boue [gaʀdəbu] *nm inv* Schutzblech *nt*

garde-chasse [gaʀdəʃas] (*pl* **gardes-chasse(s)**) *nm* Jagdaufseher *m*

garde-côte [gaʀdəkot] (*pl* **~s**) *nm* Küstenwache *f*

garde-feu [gaʀdəfø] *nm inv* Funkenschirm *m*

garde-fou [gaʀdəfu] (*pl* **~s**) *nm* Geländer *nt*

garde-malade [gaʀdəmalad] (*pl* **gardes-malade(s)**) *nm/f* Krankenschwester *f* (im Hause), Krankenpfleger *m*

garde-manger [gaʀdmɑ̃ʒe] *nm inv* Speisekammer *f*

garde-meuble [gaʀdəmœbl] (*pl* **~(s)**) *nm* Möbellager *nt*

garde-pêche [gaʀdəpɛʃ] *nm inv* (*personne*) Fischereiaufseher *m*; (*navire*) Fischereischutzboot *nt*

garder [gaʀde] *vt* halten; (*surveiller*) bewachen; (*: enfants*) hüten, aufpassen auf +*acc*; (*vêtement, chapeau*) anbehalten; (*attitude*) nicht ablegen, beibehalten; **se garder** *vpr* (*se conserver*) sich halten; **~ qn à dîner** jdn zum Essen dabehalten; **~ le lit** das Bett hüten; **~ la chambre** das Haus hüten; **~ la ligne** seine Figur behalten; **~ le silence** das Schweigen wahren; **~ à vue** (*Jur*) in Gewahrsam halten; **se ~ de faire qch** sich hüten, etw zu tun

garderie [gaʀdəʀi] *nf* Kinderkrippe *f*

garde-robe [gaʀdəʀɔb] (*pl* **~s**) *nf* Garderobe *f*

gardeur, -euse [gaʀdœʀ] *nm/f* Hirte *m*, Hirtin *f*

gardian [gaʀdjɑ̃] *nm* Hirte *m* (in der Camargue)

gardien, ne [gaʀdjɛ̃, jɛn] *nm/f* (*de prison*) Aufseher(in) *m(f)*, Wärter(in) *m(f)*; (*de musée*) Wärter(in); (*de domaine, réserve*) Aufseher(in); (*d'immeuble*) Hausmeister(in) *m(f)*; (*de phare, cimetière*) Wächter(in) *m(f)*; (*fig: garant*) Hüter(in) *m(f)*; **~ de but** Torwart *m*; **~ de la paix** Polizist(in) *m(f)*; **~ de nuit** Nachtwächter *m*

gardiennage [gaʀdjenaʒ] *nm* (*d'immeuble*) Hauswartposten *m*; (*service de surveillance*) Bewachungsdienst *m*

gardon [gaʀdɔ̃] *nm* (*Zool*) Plötze *f*

gare¹ [gaʀ] *nf* (*Rail*) Bahnhof *m*; **~ de triage** Verschiebebahnhof *m*; **~ maritime** Hafenbahnhof *m*; **~ routière** Busbahnhof *m*; (*camions*) Speditionshof *m*

gare² [gaʀ] *excl*: **~ à toi!** pass bloß auf!; **~ à ne pas** ... Achtung, nicht ...; **sans crier ~** ohne jede Vorwarnung

garenne [gaʀɛn] *nf voir* **lapin**

garer [gaʀe] *vt* parken; **se garer** *vpr* parken; (*pour laisser passer*) ausweichen

gargantuesque [gaʀgɑ̃tɥɛsk] *adj* riesig

gargariser [gaʀgaʀize]: **se ~** *vpr* gurgeln; **se ~ de** (*fig*) seine helle Freude haben an +*dat*

gargarisme [gaʀgaʀism] *nm* Gurgeln *nt*; (*produit*) Gurgelwasser *nt*

gargote [gaʀgɔt] *nf* (*billige*) Kneipe *f*

gargouille [gaʀguj] *nf* Wasserspeier *m*

gargouillement [gaʀgujmɑ̃] *nm* = **gargouillis**

gargouiller [gaʀguje] *vi* (*estomac*) knurren; (*eau*) gurgeln

gargouillis [gaʀguji] *nm* (*gén pl*: v vi) Knurren *nt*; Gurgeln *nt*

garnement [gaʀnəmɑ̃] *nm* Racker *m*, Schlingel *m*

garni, e [gaʀni] *adj* (*plat*) mit Beilagen ▷ *nm* (*chambre*) möbliertes Zimmer *nt*

garnir [gaʀniʀ] *vt* (*décorer, orner*) schmücken; (*remplir*) füllen; (*recouvrir*) bedecken; (*pourvoir, approvisionner*) ausstatten; (*renforcer aussi*) verstärken; (*Culin*) garnieren; **se garnir** *vpr* (*pièce, salle*) sich füllen

garnison [gaʀnizɔ̃] *nf* Garnison *f*

garniture [gaʀnityʀ] *nf* (*décoration*) Verzierung *f*; (*protection*) Beschlag *m*; (*Culin*: *légumes*) Beilagen *pl*; (*: persil etc*) Garnierung *f*; (*: farce*) Füllung *f*; **~ de cheminée** ≈ Nippes *pl*; **~ de frein** Bremsbelag *m*; **~ périodique** (*Monats*)binde *f*

garrigue [gaʀig] *nf* strauchige Heide in Südfrankreich

garrot [gaʀo] *nm* (*Méd*) Aderpresse *f*; (*torture*) Garrotte *f*

garrotter [gaʀote] *vt* (*fig*) fesseln

gars [gɑ] *nm* Bursche *m*

Gascogne [gaskɔɲ] *nf*: **la ~** die Gascogne

gascon, ne [gaskɔ̃, ɔn] *adj* Gascogner ▷ *nm/f*: **Gascon, ne** Gascogner(in) *m(f)*

gas-oil [gazwal] *nm* Diesel(kraftstoff) *m*

gaspillage [gaspijaʒ] *nm* Verschwendung *f*

gaspiller [gaspije] *vt* verschwenden

gaspilleur, -euse [gaspijœʀ, øz] *adj* verschwenderisch

gastrique [gastʀik] *adj* Magen-, gastrisch

gastro-entérite [gastʀoɑ̃teʀit] (*pl* **~s**) *nf* Gastroenteritis *f*

gastro-intestinal, e, -aux [gastʀoɛ̃tɛstinal, o] *adj* Magen-Darm-

gastronome [gastʀɔnɔm] *nm/f* Gastronom(in) *m(f)*

gastronomie [gastʀɔnɔmi] *nf* Gastronomie *f*

gastronomique [gastʀɔnɔmik] *adj*: **menu ~** Feinschmeckermenü *nt*

gâteau, x [gɑto] *nm* Kuchen *m* ▷ *adj inv*: **papa-~** Vater *m*, der die Kinder verhätschelt; **~ d'anniversaire** Geburtstagstorte *f*; **~ de riz** Reisbrei *m*; **~ sec** Keks *m ou nt*, Plätzchen *nt*

gâter [gɑte] *vt* (*enfant etc*) verwöhnen; (*gâcher*) verderben; **se gâter** *vpr* (*dent, fruit*) schlecht werden; (*temps, situation*) schlechter werden, sich verschlechtern

gâterie [gɑtʀi] *nf* kleine Freude *f*

gâteux, -euse [gɑtø, øz] *adj* senil

gâtisme [gɑtism] *nm* Senilität *f*

GATT [gat] *sigle m* (= *General Agreement on Tariffs and Trade*) GATT *nt*

gauche [goʃ] *adj* linke(r, s); (*maladroit*) linkisch ▷ *nm*: **direct du ~** (*Boxe*) linke Gerade *f* ▷ *nf* (*Pol*) Linke *f*; **à ~** links; (*direction*) nach links; **à la ~ de** links von; **de ~** (*Pol*) linke(r, s)

gauchement [goʃmɑ̃] *adv* linkisch, ungeschickt
gaucher, -ère [goʃe, ɛʀ] *adj* linkshändig ▷ *nm/f*
Linkshänder(in) *m(f)*
gaucherie [goʃʀi] *nf* Ungeschicklichkeit *f*
gauchir [goʃiʀ] *vt* (*planche, objet*) verbiegen; (*fait, idée*) verdrehen
gauchisant, e [goʃizɑ̃, ɑ̃t] *adj* linkslastig
gauchisme [goʃism] *nm* (*Pol*) linke Gesinnung *f*
gauchiste [goʃist] *adj* linksradikal ▷ *nm/f*
Linke(r) *f(m)*
gaufre [gofʀ] *nf* (*pâtisserie*) Waffel *f*
gaufrer [gofʀe] *vt* prägen
gaufrette [gofʀɛt] *nf* Waffel *f*
gaufrier [gofʀije] *nm* (*moule*) Waffeleisen *nt*
Gaule [gol] *nf*: **la ~** Gallien *nt*
gaule [gol] *nf* (*perche*) Stange *f*; (*canne à pêche*) Rute *f*
gauler [gole] *vt* (*fruits*) mit einer Stange herunterholen
gaullisme [golism] *nm* Gaullismus *m*
gaulliste [golist] *adj* gaullistisch ▷ *nm/f*
Gaullist(in) *m(f)*
gaulois, e [golwa, waz] *adj* gallisch; (*grivois*) derb
▷ *nm/f*: **Gaulois, e** Gallier(in) *m(f)*
gauloiserie [golwazʀi] *nf* Derbheit *f*
gausser [gose]: **se ~ de** *vpr* sich lustig machen über +*acc*
gaver [gave] *vt* mästen; **se gaver** *vpr*: **se ~ de** sich vollstopfen mit; **~ de** (*fig*) vollstopfen mit
gay [gɛ] *adj* schwul
gaz [gɑz] *nm inv* Gas *nt* ▷ *nmpl* (*flatulences*)
Blähungen *pl*; **mettre les ~** (*Auto*) aufs Gas steigen; **chambre/masque à ~** Gaskammer *f*/
Gasmaske *f*; **~ carbonique** Kohlegas *nt*; **~ de ville**
Stadtgas *nt*; **~ en bouteilles** Flaschengas *nt*;
~ hilarant/lacrymogène Lach-/Tränengas *nt*;
~ naturel/propane Erd-/Propangas *nt*
gaze [gɑz] *nf* (*pansement*) Verbandsmull *m*; (*étoffe*)
Gaze *f*
gazéifié, e [gazeifje] *adj* kohlensäurehaltig
gazelle [gazɛl] *nf* Gazelle *f*
gazer [gɑze] *vt* vergasen ▷ *vi* (*fam: bien marcher*)
(wie geschmiert) laufen
gazette [gazɛt] *nf* (*hum*) Zeitung *f*
gazeux, -euse [gɑzø, øz] *adj* gasförmig; **eau/**
boisson gazeuse Mineralwasser *nt*/Getränk *nt*
mit Kohlensäure
gazoduc [gɑzodyk] *nm* Gasleitung *f*
gazole [gazɔl] *nm* = **gas-oil**
gazomètre [gɑzomɛtʀ] *nm* Gaszähler *m*
gazon [gɑzɔ̃] *nm* (*herbe*) Gras *nt*; (*pelouse*) Rasen *m*;
motte de ~ Grassode *f*
gazonner [gɑzone] *vt* (*terrain*) mit Rasen
bepflanzen
gazouillement [gazujmɑ̃] *nm* (*v vi*) Zwitschern
nt; Plappern *nt*
gazouiller [gazuje] *vi* (*oiseau*) zwitschern; (*enfant*)
plappern
gazouillis [gazuji] *nmpl* (*d'un oiseau*) Zwitschern *nt*
gd *abr* (= *grand*) gr. (= *groß*)
GDF [ʒedeɛf] *sigle m* (= *Gaz de France*) französisches
Gaswerk
geai [ʒɛ] *nm* Eichelhäher *m*

géant, e [ʒeɑ̃, ɑ̃t] *adj* riesig ▷ *nm/f* Riese *m*,
Riesin *f*
geignement [ʒɛɲmɑ̃] *nm* Stöhnen *nt*
geindre [ʒɛ̃dʀ] *vi* ächzen, stöhnen
gel [ʒɛl] *nm* (*temps*) Frost *m*; (*produit de beauté*) Gel *nt*;
(*fig: des salaires, prix*) Einfrieren *nt*; **~ douche**
Duschgel *nt*
gélatine [ʒelatin] *nf* Gelatine *f*
gélatineux, -euse [ʒelatinø, øz] *adj* gallertartig
gelé, e [ʒ(ə)le] *adj* (*liquide*) gefroren; (*lac*)
zugefroren; (*fig: prix, emprunts, crédits*) eingefroren;
je suis ~ mir ist eiskalt; **j'ai les doigts ~s** ich
habe eiskalte Finger
gelée [ʒ(ə)le] *nf* (*Météo: gel*) Frost *m*; (*de viande*)
Gelee *nt*, Aspik *m*; (*de fruits*) Gelee; **viande en ~**
Fleisch *nt* in Aspik; **~ blanche** Raureif *m*; **~ royale**
Gelee royale
geler [ʒ(ə)le] *vt* (*sol, liquide*) gefrieren lassen; (*prix, salaires, crédits, capitaux*) einfrieren; (*négociations*)
stocken lassen ▷ *vi* (*sol, eau*) gefrieren; (*personne*)
frieren ▷ *vb impers*: **il gèle** es friert
gélule [ʒelyl] *nf* Kapsel *f*
gelures [ʒəlyʀ] *nfpl* Frostbeulen *pl*
Gémeaux [ʒemo] *nmpl*: **les ~** die Zwillinge *pl*;
être (des) ~ Zwilling sein
gémir [ʒemiʀ] *vi* stöhnen
gémissant, e [ʒemisɑ̃, ɑ̃t] *adj* stöhnend
gémissement [ʒemismɑ̃] *nm* Stöhnen *nt*
gemme [ʒɛm] *nf* Edelstein *m*; *voir aussi* **sel**
gémonies [ʒemoni] *nfpl*: **vouer qn aux ~** jdn der
öffentlichen Schande preisgeben
gén. *abr* (= *généralement*) allg
gênant, e [ʒɛnɑ̃, ɑ̃t] *adj* (*meuble, objet*) hinderlich;
(*situation*) peinlich; (*témoin*) unangenehm
gencive [ʒɑ̃siv] *nf* Zahnfleisch *nt*
gendarme [ʒɑ̃daʀm] *nm* Polizist *m*
gendarmer [ʒɑ̃daʀme]: **se ~** *vpr* Theater machen
gendarmerie [ʒɑ̃daʀməʀi] *nf* (*corps*) (Land)polizei
f; (*caserne, bureaux*) Polizeiwache *f*
gendre [ʒɑ̃dʀ] *nm* Schwiegersohn *m*
gène [ʒɛn] *nm* Gen *nt*; **~ dominant/récessif**
dominantes/rezessives Gen
gêne [ʒɛn] *nf* (*embarras, confusion*) Verlegenheit *f*;
(*manque d'argent*) (Geld)verlegenheit *f*; **sans ~**
ungeniert; **avoir une certaine ~ à respirer**
Schwierigkeiten beim Atmen haben
gêné, e [ʒene] *adj* (*embarrassé*) verlegen; (*dépourvu*
d'argent) in Geldverlegenheit
généalogie [ʒenealɔʒi] *nf* Genealogie *f*
généalogique [ʒenealɔʒik] *adj* genealogisch
gêner [ʒene] *vt* (*déranger*) stören; (*encombrer*)
behindern; (*embarrasser*) in Verlegenheit bringen,
verlegen machen; **se gêner** *vpr* sich *dat* Mühe
machen; **je vais me ~!** (*iro*) nichts kann mich
davon abhalten!; **ne vous gênez pas!** (*iro*) tun
Sie sich keinen Zwang an!
général, e, -aux [ʒeneʀal, o] *adj* allgemein ▷ *nm*
(*Mil*) General *m* ▷ *nf*: (**répétition**) **~e**
Generalprobe *f*; **en ~** im Allgemeinen; **à la**
satisfaction ~e zur allgemeinen Zufriedenheit;
à la demande ~e auf allgemeinen Wunsch;
assemblée ~e Vollversammlung *f*; **grève ~e**

Generalstreik *m*; **culture/médecine ~e**
Allgemeinbildung *f*/Allgemeinmedizin *f*
généralement [ʒeneʁalmɑ̃] *adv* allgemein;
~ parlant allgemein gesprochen
généralisable [ʒeneʁalizabl] *adj*: **cette
observation n'est pas ~** diese Beobachtung lässt
sich nicht verallgemeinern
généralisation [ʒeneʁalizasjɔ̃] *nf*
Verallgemeinerung *f*
généralisé, e [ʒeneʁalize] *adj* ausgeweitet,
übergreifend
généraliser [ʒeneʁalize] *vt, vi* verallgemeinern;
se généraliser *vpr* sich ausweiten, sich
ausbreiten
généraliste [ʒeneʁalist] *nm* (*Méd*) praktischer
Arzt *m*, praktische Ärztin *f*
généralité [ʒeneʁalite] *nf*: **la ~ des ...** (*la majorité*)
die meisten ...; **généralités** *nfpl* (*banalités*)
Allgemeinplätze *pl*; (*introduction*) allgemeine
Einführung *f*; **dans la ~ des cas** in den meisten
Fällen
générateur, -trice [ʒeneʁatœʁ, tʁis] *adj*: **être ~
de** die Ursache sein von
génération [ʒeneʁasjɔ̃] *nf* (*d'hommes*) Generation
f; (*Inform*) Erzeugung *f*, Generieren *nt*
génératrice [ʒeneʁatʁis] *nf* (*Élec*) Generator *m*
généreusement [ʒeneʁøzmɑ̃] *adv* großzügig
généreux, -euse [ʒeneʁø, øz] *adj* großzügig
générique [ʒeneʁik] *adj* artgemäß ▷ *nm* (*Ciné, TV*:
au début du film) Vorspann *m*; (*après le film*)
Nachspann *m*
générosité [ʒeneʁozite] *nf* Großzügigkeit *f*
Gênes [ʒɛn] *n* Genua *nt*
genèse [ʒənɛz] *nf* Entstehung *f*
genêt [ʒ(ə)nɛ] *nm* Ginster *m*
généticien, ne [ʒenetisjɛ̃, jɛn] *nm/f*
Genetiker(in) *m(f)*
génétique [ʒenetik] *adj* genetisch ▷ *nf* Genetik *f*
génétiquement [ʒenetikmɑ̃] *adv* genetisch
gêneur, -euse [ʒɛnœʁ, øz] *nm/f* (*qui gêne*)
Hindernis *nt*; (*importun*) Eindringling *m*
Genève [ʒ(ə)nɛv] *n* Genf *nt*
genevois, e [ʒən(ə)vwa, waz] *adj* Genfer ▷ *nm/f*
Genfer(in) *m(f)*
genévrier [ʒənevʁije] *nm* Wacholder *m*
génial, e, -aux [ʒenjal, jo] *adj* genial; (*fam*:
formidable) fantastisch
génie [ʒeni] *nm* (*personne*) Genie *nt*; (*don*)
Begabung *f*; **le ~** (*Mil*) die Pioniere *pl*; **de ~**
(*homme, idée etc*) genial; **être le bon/mauvais ~ de
qn** jds guter/böser Geist sein; **avoir du ~** genial
veranlagt sein; **~ civil** Hoch- und Tiefbau *m*
genièvre [ʒənjɛvʁ] *nm* Wacholder *m*; (*boisson*)
Wacholder(schnaps) *m*
génisse [ʒenis] *nf* Färse *f*; **foie de ~** Rindsleber *f*
génital, e, -aux [ʒenital, o] *adj* genital
génitif [ʒenitif] *nm* Genitiv *m*
génocide [ʒenɔsid] *nm* Völkermord *m*
génois, e [ʒenwa, waz] *adj* genuesisch ▷ *nf*
(*gâteau*) Biskuitkuchen *m*
genou, x [ʒ(ə)nu] *nm* Knie *nt*; **à ~x** auf (den)
Knien; **se mettre à ~x** sich hinknien,

niederknien; **prendre qn sur ses ~x** jdn auf den
Schoß nehmen
genouillère [ʒ(ə)nujɛʁ] *nf* (*Sport*) Knieschützer *m*
genre [ʒɑʁ] *nm* Art *f*; (*Ling*) Genus *nt*, Geschlecht
nt; (*Art*) Genre *nt*; (*Zool etc*) Gattung *f*; **avoir bon/
mauvais ~** einen netten/üblen Eindruck
machen
gens [ʒɑ̃] *nmpl* Leute *pl*, Menschen *pl*; **de braves ~**
nette Leute; **les ~ d'Église** der Klerus; **les ~ du
monde** Leute von Welt; **jeunes ~** junge Leute
gentiane [ʒɑ̃sjan] *nf* Enzian *m*
gentil, le [ʒɑ̃ti, ij] *adj* (*aimable*) nett; **c'est très ~ à
vous** das ist sehr nett von Ihnen
gentilhommière [ʒɑ̃tijɔmjɛʁ] *nf* (kleiner)
Landsitz *m*
gentillesse [ʒɑ̃tijɛs] *nf* (*amabilité*) Nettigkeit *f*
gentillet, te [ʒɑ̃tijɛ, ɛt] *adj*: **une maison ~te** ein
nettes kleines Häuschen
gentiment [ʒɑ̃timɑ̃] *adv* nett
génuflexion [ʒenyflɛksjɔ̃] *nf* Kniebeuge *f*
géodésique [ʒeɔdezik] *adj* geodäsisch
géographe [ʒeɔgʁaf] *nm/f* Geograf(in) *m(f)*
géographie [ʒeɔgʁafi] *nf* Geografie *f*
géographique [ʒeɔgʁafik] *adj* geografisch
geôlier [ʒolje] *nm* Gefängniswärter *m*
géologie [ʒeɔlɔʒi] *nf* Geologie *f*
géologique [ʒeɔlɔʒik] *adj* geologisch
géologiquement [ʒeɔlɔʒikmɑ̃] *adv* geologisch
géologue [ʒeɔlɔg] *nm/f* Geologe *m*, Geologin *f*
géomètre [ʒeɔmɛtʁ] *nm/f*: **(arpenteur-)~**
Landvermesser(in) *m(f)*
géométrie [ʒeɔmetʁi] *nf* Geometrie *f*; **à ~
variable** (*Aviat*) mit ausfahrbaren Tragflächen
géométrique [ʒeɔmetʁik] *adj* geometrisch
géomorphologie [ʒeɔmɔʁfɔlɔʒi] *nf*
Geomorphologie *f*
géophysique [ʒeɔfizik] *nf* Geophysik *f*
géopolitique [ʒeɔpɔlitik] *nf* Geopolitik *f*
Géorgie [ʒeɔʁʒi] *nf*: **la ~** Georgien *nt*
géorgien, ne [ʒeɔʁʒjɛ̃, jɛn] *adj* georgisch ▷ *nm/f*:
Géorgien, ne Georgier(in) *m(f)*
géostationnaire [ʒeɔstasjɔnɛʁ] *adj* geostationär
géothermique [ʒeɔtɛʁmik] *adj*: **énergie ~**
Erdwärme *f*
gérance [ʒeʁɑ̃s] *nf* Verwaltung *f*; **mettre en ~**
verwalten lassen; **prendre en ~** verwalten
géranium [ʒeʁanjɔm] *nm* Geranie *f*
gérant, e [ʒeʁɑ̃, ɑ̃t] *nm/f* Leiter(in) *m(f)*,
Manager(in) *m(f)*; **~ d'immeuble**
Hausverwalter(in) *m(f)*
gerbe [ʒɛʁb] *nf* (*de fleurs*) Strauß *m*; (*de blé*) Garbe *f*;
(*d'eau*) Fontäne *f*
gercé, e [ʒɛʁse] *adj* aufgesprungen, rau
gercer [ʒɛʁse] *vi* (*aussi*: **se gercer**) aufspringen
gerçure [ʒɛʁsyʁ] *nf* Riss *m*
gérer [ʒeʁe] *vt* (*budget*) verwalten; (*entreprise*)
leiten
gériatrie [ʒeʁjatʁi] *nf* Geriatrie *f*,
Altersheilkunde *f*
gériatrique [ʒeʁjatʁik] *adj* geriatrisch
germain, e [ʒɛʁmɛ̃, ɛn] *adj voir* **cousin**
germanique [ʒɛʁmanik] *adj* germanisch

germaniste [ʒɛʀmanist] *nm/f* Germanist(in) *m(f)*
germe [ʒɛʀm] *nm* Keim *m*; *(fig aussi)* Saat *f*
germer [ʒɛʀme] *vi (plante)* keimen; *(projet)* sich entwickeln
gérondif [ʒeʀɔ̃dif] *nm* Gerundium *nt*
gérontologie [ʒeʀɔ̃tɔlɔʒi] *nf* Gerontologie *f*
gérontologue [ʒeʀɔ̃tɔlɔg] *nm/f* Gerontologe *m*, Gerontologin *f*
gésier [ʒezje] *nm* Muskelmagen *m*
gésir [ʒeziʀ] *vi* ruhen; *voir* **ci-gît**
gestation [ʒɛstasjɔ̃] *nf (d'un animal)* Trächtigkeit *f*; *(d'une femme)* Schwangerschaft *f*; *(fig)* Reifungsprozess *m*; **en ~** in Vorbereitung
geste [ʒɛst] *nm* Geste *f*; **~ de générosité** großzügige Geste *f*; **s'exprimer par ~s** etwas mit den Händen ausdrücken; **faire un ~ de refus** eine ablehnende Geste machen; **il fit un ~ de la main pour m'appeler** er rief mich mit einer Handbewegung zu sich; **pas un ~!** keine Bewegung!
gesticuler [ʒɛstikyle] *vi* gestikulieren
gestion [ʒɛstjɔ̃] *nf (d'entreprise)* Leitung *f*; *(de budget)* Verwaltung *f*, Leitung *f*; **~ de fichier(s)** Dateiverwaltung *f*
gestionnaire [ʒɛstjɔnɛʀ] *nm/f* Verwalter(in) *m(f)*
geyser [ʒezɛʀ] *nm* Geysir *m*, Geiser *m*
Ghana [gana] *nm*: **le ~** Ghana *nt*
ghetto [geto] *nm* G(h)etto *nt*
gibecière [ʒib(ə)sjɛʀ] *nf (de chasseur)* Jagdtasche *f*; *(sac en bandoulière)* Schultertasche *f*
gibelotte [ʒiblɔt] *nf (Culin)* Hasenpfeffer *m* (in Weißwein)
gibet [ʒibɛ] *nm* Galgen *m*
gibier [ʒibje] *nm (animaux)* Wild *nt*; *(fig)* Beute *f*
giboulée [ʒibule] *nf* Regenschauer *m*
giboyeux, -euse [ʒibwajø, øz] *adj* wildreich
Gibraltar [ʒibʀaltaʀ] *nm* Gibraltar *nt*
giclée [ʒikle] *nf* Spritzer *m*
gicler [ʒikle] *vi* spritzen
gicleur [ʒiklœʀ] *nm (Auto)* Einspritzdüse *f*
GIE [ʒeia] *sigle m* (= *groupement d'intérêt économique*) *voir* **groupement**
gifle [ʒifl] *nf* Ohrfeige *f*; *(affront)* Beleidigung *f*
gifler [ʒifle] *vt* ohrfeigen
gigantesque [ʒigɑ̃tɛsk] *adj* riesig
gigantisme [ʒigɑ̃tism] *nm* Riesenwuchs *m*
GIGN [ʒeiʒeɛn] *sigle m* (= *Groupe d'intervention de la gendarmerie nationale*) Antiterroristentruppe
gigogne [ʒigɔɲ] *adj*: **lits ~s** ausziehbare Betten *pl*; **tables ~s** Satz *m* von Tischen; **poupées ~s** Babuschkapuppen *pl*
gigolo [ʒigolo] *nm* Gigolo *m*
gigot [ʒigo] *nm (de mouton, d'agneau)* Keule *f*
gigoter [ʒigɔte] *vi* zappeln
gilet [ʒilɛ] *nm (de costume)* Weste *f*; *(pull)* Strickjacke *f*; *(sous-vêtement)* Unterhemd *nt*; **~ de sauvetage** Schwimmweste *f*; **~ pare-balles** kugelsichere Weste
gin [dʒin] *nm* Gin *m*
gingembre [ʒɛ̃ʒɑ̃bʀ] *nm* Ingwer *m*
gingivite [ʒɛ̃ʒivit] *nf* Zahnfleischentzündung *f*
girafe [ʒiʀaf] *nf* Giraffe *f*

giratoire [ʒiʀatwaʀ] *adj*: **sens ~** Kreisverkehr *m*
girofle [ʒiʀɔfl] *nf*: **clou de ~** (Gewürz)nelke *f*
giroflée [ʒiʀɔfle] *nf* Goldlack *m*, Levkoje *f*
girolle [ʒiʀɔl] *nf* Pfifferling *m*
giron [ʒiʀɔ̃] *nm (genoux)* Schoß *m*; *(fig: sein)* Busen *m*
Gironde [ʒiʀɔ̃d] *nf*: **la ~** die Gironde *f*
girouette [ʒiʀwɛt] *nf* Wetterfahne *f*; *(fig)* Fahne *f* im Wind
gisait *etc* [ʒizɛ] *vb voir* **gésir**
gisement [ʒizmɑ̃] *nm* Ablagerung *f*
gît [ʒi] *vb voir* **gésir**
gitan, e [ʒitɑ̃, an] *nm/f* Zigeuner(in) *m(f)*
gîte [ʒit] *nm (maison)* Unterkunft *f*; *(du lièvre)* Bau *m*; **~ rural** Ferienhaus *nt* auf dem Lande
gîter [ʒite] *vi (Naut)* Schlagseite haben
givrage [ʒivʀaʒ] *nm* Vereisen *nt*
givrant, e [ʒivʀɑ̃, ɑ̃t] *adj*: **brouillard ~** gefrierende Nässe *f*
givre [ʒivʀ] *nm* Raureif *m*
givré, e [ʒivʀe] *adj (fam: un peu fou)* bekloppt; **citron ~/orange ~e** Zitronen-/Orangeneis (in der Fruchtschale)
glabre [glɑbʀ] *adj (menton)* glatt rasiert
glaçage [glasaʒ] *nm (Culin)* Überzug *m* aus Zuckerguss
glace [glas] *nf* Eis *nt*; *(verre)* Glasscheibe *f*; *(miroir)* Spiegel *m*; *(de voiture)* Fenster *nt*; **glaces** *nfpl (Géo)* Eisfelder *pl*; **rester de ~** unbewegt *ou* eiskalt bleiben; **rompre la ~** *(fig)* das Eis brechen
glacé, e [glase] *adj (lac, eau)* zugefroren; *(boisson)* eisgekühlt; *(main)* eiskalt; *(rire, accueil)* eisig, eiskalt
glacer [glase] *vt (main, visage etc)* eiskalt werden lassen; *(boisson)* (mit Eis) kühlen; *(gâteau)* mit Zuckerguss überziehen; *(papier, tissu)* appretieren; **~ qn** jdm das Blut in den Adern gefrieren lassen
glaciaire [glasjɛʀ] *adj* Gletscher-; **ère ~** Eiszeit *f*
glacial, e [glasjal, jo] *adj (froid, temps)* eiskalt; *(accueil aussi)* eisig
glacier [glasje] *nm (Géo)* Gletscher *m*; *(marchand)* Eismann *m*
glacière [glasjɛʀ] *nf (garde-manger)* Eisschrank *m*
glaçon [glasɔ̃] *nm* Eiszapfen *m*; *(pour boisson)* Eiswürfel *m*
gladiateur [gladjatœʀ] *nm* Gladiator *m*
glaïeul [glajœl] *nm* Gladiole *f*
glaire [glɛʀ] *nf (Méd)* Schleim *m*
glaise [glɛz] *nf* Lehm *m*
glaive [glɛv] *nm* zweischneidiges Schwert *nt*
gland [glɑ̃] *nm (de chêne, Anat)* Eichel *f*; *(décoration)* Quaste *f*
glande [glɑ̃d] *nf* Drüse *f*
glander [glɑ̃de] *(fam) vi* rumhängen
glaner [glane] *vi (Agr)* nachlesen, Nachlese halten ▷ *vt (prix, récompenses)* einsammeln
glapir [glapiʀ] *vi* kläffen
glapissement [glapismɑ̃] *nm* Kläffen *nt*
glas [glɑ] *nm* Totenglocke *f*; **sonner le ~** die Totenglocke läuten
glauque [glok] *adj* meergrün; *(fig)* trübselig
glissade [glisad] *nf (par jeu)* Schlittern *nt*; *(chute)* Schlitterbahn *f*; **faire des ~s** schlittern

glissant, e [glisɑ̃, ɑ̃t] *adj* rutschig, schlüpfrig
glisse [glis] *nf:* **sports de ~** Gleitsportarten
glissement [glismɑ̃] *nm* (*fig: de sens, tendance*) Verschiebung *f;* **~ de terrain** Erdrutsch *m*
glisser [glise] *vi* (*avancer, coulisser*) gleiten; (*tomber*) rutschen; (*déraper*) ausrutschen; (*être glissant*) rutschig *ou* glatt sein ▷ *vt* (*fig: mot, conseil*) zuflüstern; **se glisser** *vpr* (*suj: erreur etc*) sich einschleichen; **~ sous/dans** etw schieben unter +*acc*/in +*acc*; **~ sur** (*fig: détail, fait*) leicht hinweggehen über +*acc*; **se ~ dans/entre** (*suj: personne*) sich schlüpfen in +*acc*/zwischen +*acc*
glissière [glisjɛR] *nf* Gleitschiene *f;* **porte/ fenêtre à ~** Schiebetür *f*/Schiebefenster *nt;* **~ de sécurité** (*Auto*) Leitplanke *f*
glissoire [gliswaR] *nf* Schlitterbahn *f*
global, e, -aux [glɔbal, o] *adj* Gesamt-
globalement [glɔbalmɑ̃] *adv* insgesamt
globe [glɔb] *nm* (*Géo*) Globus *m;* (*d'une pendule, d'un objet*) Glasglocke *f;* **sous ~** unter Glas; **~ oculaire** Augapfel *m;* **~ terrestre** Erdball *m*
globe-trotter [glɔbtRɔtœR] (*pl* **~s**) *nm* Globetrotter(in) *m(f)*
globulaire [glɔbylɛR] *adj:* **numération ~** Blutbild *nt*
globule [glɔbyl] *nm:* **~ blanc/rouge** weißes/rotes Blutkörperchen *nt*
globuleux, -euse [glɔbylø, øz] *adj:* **yeux ~** Glupschaugen *pl*
gloire [glwaR] *nf* Ruhm *m;* (*mérite*) Verdienst *m;* (*personne*) Berühmtheit *f*
glorieux, -euse [glɔRjø, jøz] *adj* glorreich
glorifier [glɔRifje] *vt* rühmen, preisen; **se glorifier de** *vpr* sich rühmen +*gén*
gloriole [glɔRjɔl] *nf* Eitelkeit *f*
glose [gloz] *nf* Glosse *f*
glossaire [glɔsɛR] *nm* Glossar *nt*
glotte [glɔt] *nf* Glottis *f*, Stimmritze *f*
glouglouter [gluglute] *vi* gluckern
gloussement [glusmɑ̃] *nm* Glucksen *nt*
glousser [gluse] *vi* gackern; (*rire*) glucksen
glouton, ne [glutɔ̃, ɔn] *adj* gefräßig
gloutonnerie [glutɔnRi] *nf* Gefräßigkeit *f*
glu [gly] *nf* Kleber *m*
gluant, e [glyɑ̃, ɑ̃t] *adj* klebrig
glucide [glysid] *nm* Kohle(n)hydrat *nt*
glucose [glykoz] *nm* Glukose *f*
gluten [glytɛn] *nm* Gluten *nt*
glycérine [gliserin] *nf* Glyzerin *nt*
glycine [glisin] *nf* Glyzinie *f*
GMT [ʒeɛmte] *sigle* (= *Greenwich Mean Time*) GMT
gnangnan [ɲɑ̃ɲɑ̃] (*fam*) *adj inv* quengelig
GNL [ʒeɛnɛl] *sigle m* (= *gaz naturel liquéfié*) verflüssigtes Erdgas
gnôle [ɲol] (*fam*) *nf:* **un petit verre de ~** ein Schnäpschen *nt*
gnome [gnom] *nm* Gnom *m*
gnon [ɲɔ̃] (*fam*) *nm* Hieb *m*
GO [ʒeo] *sigle fpl* (= *grandes ondes*) LW ▷ *sigle m* (= *gentil organisateur*) Titel der Animatoren des Club Méditerranée
Go *abr* (*Inform*: = *gigaoctet*) GB, Gigabyte *nt*

go [go]: **tout de go** *adv* ohne Umschweife
goal [gol] *nm* Tor *nt*
gobelet [gɔblɛ] *nm* Becher *m;* (*à dés*) (Würfel)becher *m*
gober [gɔbe] *vt* (*œuf*) roh essen; (*fig: croire facilement*) schlucken
goberger [gɔbɛRʒe]: **se ~** *vpr* es sich *dat* gut gehen lassen
Gobi [gɔbi] *n:* **désert de ~** Wüste *f* Gobi
godasse [gɔdas] (*fam*) *nf* Latsche *f*
godet [gɔde] *nm* (*récipient*) Becher *m;* (*Couture*) weiche Falte *f*
godiller [gɔdije] *vi* (*Naut*) rudern; (*Ski*) wedeln
goéland [gɔelɑ̃] *nm* Seemöwe *f*
goélette [gɔelɛt] *nf* Schoner *m*
goémon [gɔemɔ̃] *nm* Tang *m*
gogo [gogo]: **à ~** *adv* in Hülle und Fülle
goguenard, e [gɔg(ə)naR, aRd] *adj* spöttisch
goguette [gɔgɛt] *nf:* **en ~** angesäuselt
goinfre [gwɛ̃fR] *adj* gefräßig ▷ *nm* Vielfraß *m*
goinfrer [gwɛ̃fRe]: **se ~** *vpr* sich vollfressen; **se ~ de** sich vollstopfen mit
goitre [gwatR] *nm* Kropf *m*
golf [gɔlf] *nm* (*jeu*) Golf *nt;* (*terrain*) Golfplatz *m;* **~ miniature** Minigolf *nt*
golfe [gɔlf] *nm* Golf *m;* **le ~ de Gascogne** die (Bucht von) Biskaya *f;* **le ~ Persique** der Persische Golf
golfeur, -euse [gɔlfœR, øz] *nm/f* Golfer(in) *m(f)*
gominé, e [gɔmine] *adj* (mit Pomade) angeklatscht
gommage [gɔmaʒ] *nm* (*de la peau*) Peeling *nt*
gomme [gɔm] *nf* (*à effacer*) Radiergummi *m ou nt;* (*résine*) Gummi *m;* **boule** *ou* **pastille de ~** Halsbonbon *nt;* **~ à mâcher** Kaugummi *m ou nt*
gommé, e [gɔme] *adj:* **papier ~** gummiertes Papier *nt*
gommer [gɔme] *vt* (*effacer*) ausradieren; (*enduire de gomme*) gummieren
gond [gɔ̃] *nm* (*de porte, fenêtre*) Angel *f;* **sortir de ses ~s** (*fig*) an die Decke gehen
gondole [gɔ̃dɔl] *nf* Gondel *f;* (*Comm*) Regal *nt* (*in einem Supermarkt*)
gondoler [gɔ̃dɔle] *vi* sich wellen, sich verziehen; **se gondoler** *vpr* sich wellen, sich verziehen; (*fam: rire*) sich schieflachen
gonflable [gɔ̃flabl] *adj* (*bateau*) Gummi-; (*matelas*) Luft-
gonflage [gɔ̃flaʒ] *nm* (*des pneus*) Aufpumpen *nt*
gonflé, e [gɔ̃fle] *adj* (*yeux, visage*) geschwollen; (*ventre*) aufgebläht; **être ~** (*fam: culotté*) gute Nerven haben
gonflement [gɔ̃fləmɑ̃] *nm* (v *vt*) Aufpumpen *nt;* Vergrößerung *f;* (*Méd*) Schwellung *f*
gonfler [gɔ̃fle] *vt* (*pneu, ballon*) aufpumpen; (*nombre*) vergrößern; (*importance*) vermehren ▷ *vi* (*partie du corps*) anschwellen, aufgehen
gonfleur [gɔ̃flœR] *nm* (*appareil*) Luftpumpe *f*
gong [gɔ̃g(g)] *nm* Gong *m*
gonzesse [gɔ̃zɛs] (*fam*) *nf* Mieze *f*, Tussi *f*
goret [gɔRɛ] *nm* Ferkel *nt*
gorge [gɔRʒ] *nf* (*Anat*) Kehle *f*, Hals *m;* (*poitrine*)

Brust f; (Géo) Schlucht f; (rainure) Rille f; **avoir mal à la ~** Halsschmerzen haben; **avoir la ~ serrée** einen Kloß im Hals haben

gorgé, e [gɔRƷe] adj: **~ de** gefüllt mit; (d'eau) durchtränkt mit

gorgée [gɔRƷe] nf Schluck m; **boire à petites/ grandes ~s** in ou mit großen/kleinen Schlucken trinken

gorille [gɔRij] nm Gorilla m

gosier [gozje] nm Kehle f

gosse [gɔs] nm/f Kind nt

gothique [gɔtik] adj gotisch ▷ nm (style) Gotik f; **~ flamboyant** Flamboyantstil m

gouache [gwaʃ] nf Gouache f, Guasch f

gouaille [gwaj] nf Mundwerk nt

goudron [gudRɔ̃] nm Teer m

goudronner [gudRɔne] vt teeren, asphaltieren

gouffre [gufR] nm Abgrund m

goujat [guƷa] nm Rüpel m

goujon [guƷɔ̃] nm Gründling m

goulée [gule] nf Schluck m

goulet [gule] nm (de port) Hafeneinfahrt f; **~ d'étranglement** Engpass m

goulot [gulo] nm Flaschenhals m; **boire au ~** aus der Flasche trinken

goulu, e [guly] adj gierig

goulûment [gulymɑ̃] adv gierig

goupille [gupij] nf Stift m

goupiller [gupije] vt nageln; (fam: combiner) arrangieren, hinkriegen

goupillon [gupijɔ̃] nm (Rel) Weihwasserwedel m

gourd, e [guR, guRd] adj steif

gourde [guRd] nf (récipient) Feldflasche f; (fam) taube Nuss f

gourdin [guRdɛ̃] nm Knüppel m

gourmand, e [guRmɑ̃, ɑ̃d] adj naschhaft

gourmandise [guRmɑ̃diz] nf Gefräßigkeit f; (bonbon) Leckerei f

gourmet [guRmɛ] nm Gourmet m, Feinschmecker m

gourmette [guRmɛt] nf Armband nt

gourou [guRu] nm Guru m

gousse [gus] nf (de vanille etc) Schote f; **~ d'ail** Knoblauchzehe f

gousset [gusɛ] nm (de gilet) Tasche f

goût [gu] nm Geschmack m; **goûts** nmpl: **chacun ses ~s** jeder nach seinem Geschmack; **le (bon) ~** der (gute) Geschmack; **de bon ~** geschmackvoll; **de mauvais ~** geschmacklos; **avoir du ~** Geschmack haben; **manquer de ~** keinen Geschmack haben; **avoir bon/mauvais ~** (aliment) gut/schlecht schmecken; (personne) einen guten/keinen guten Geschmack haben; **avoir du ~ pour** Gefallen haben an +dat; **prendre ~ à** Gefallen finden an +dat

goûter [gute] vt (essayer) versuchen, probieren; (apprécier) genießen ▷ vi (à 4 heures) eine Nachmittags-mahlzeit einnehmen, vespern ▷ nm (à 4 heures) Vesper f ou nt, Nachmittags-mahlzeit f; **~ à** versuchen, kosten; **~ de qch** etw probieren; **~ d'anniversaire** Geburtstagsschmaus m; **~ d'enfants** Kinderfest nt

goutte [gut] nf Tropfen m; (d'alcool) Tröpfchen nt; (Méd: maladie) Gicht f; **gouttes** nfpl (Méd: médicament) Tropfen pl; **une ~ de whisky** ein Tröpfchen Whisky; **~ à ~** tröpfchenweise; **tomber ~ à ~** tröpfeln

goutte-à-goutte [gutagut] nm inv (Méd) Tropf m; **alimenter au ~** über den ou am Tropf ernähren

gouttelette [gut(ə)lɛt] nf Tröpfchen nt

goutter [gute] vi tropfen

gouttière [gutjɛR] nf Dachrinne f

gouvernail [guvɛRnaj] nm Ruder nt

gouvernant, e [guvɛRnɑ̃, ɑ̃t] adj herrschend ▷ nf Gouvernante f

gouverne [guvɛRn] nf: **pour votre ~** zu Ihrer Orientierung

gouvernement [guvɛRnəmɑ̃] nm Regierung f

gouvernemental, e, -aux [guvɛRnəmɑ̃tal, o] adj Regierungs-; (journal) regierungsfreundlich

gouverner [guvɛRne] vt (pays, peuple) regieren; (diriger) lenken, steuern; (fig: personne, conduite) lenken, leiten

gouverneur [guvɛRnœR] nm (Admin, Pol) Gouverneur m; (Mil) Befehlshaber m

goyave [gɔjav] nf Gua(ja)ve f

GPL [Ʒepeɛl] sigle m (= gaz de pétrole liquéfié) LPG nt

grabataire [gRabatɛR] adj bettlägerig

grâce [gRɑs] nf (charme) Grazie f, Anmut f; (Rel) Gnade f; (faveur) Gunst f; (bienfait) Gefallen m; (bienveillance) Wohlwollen nt, Gunst; (Jur) Begnadigung f; **grâces** nfpl (Rel) Dankgebet nt; **de bonne ~** bereitwillig; **de mauvaise ~** widerstrebend; **dans les bonnes ~s de qn** in jds Gunst dat; **faire ~ à qn de qch** jdm etw ersparen; **rendre ~(s) à** danksagen +dat; **demander ~** um Gnade bitten; **droit de/recours en ~** (Jur) Gnadenrecht nt/Gnadengesuch nt; **~ à** (avec l'aide de) dank +gén

gracier [gRasje] vt begnadigen

gracieusement [gRasjøzmɑ̃] adv (aimablement) gefällig; (gratuitement) gratis; (avec grâce) graziös

gracieux, -euse [gRasjø, jøz] adj (charmant, élégant) graziös, anmutig; (aimable) freundlich; **à titre ~** kostenlos, gratis; **concours ~** kostenlose Hilfe f

gracile [gRasil] adj grazil

gradation [gRadasjɔ̃] nf Abstufung f

grade [gRad] nm Rang m; **monter en ~** befördert werden

gradé, e [gRade] adj Unteroffizier m

gradin [gRadɛ̃] nm (dans un théâtre) Rang m; (de stade) Terrasse f; **gradins** nmpl (de stade) die Terrassen pl; **en ~s** terrassenförmig

graduation [gRadɥasjɔ̃] nf Maßeinteilung f

gradué, e [gRadɥe] adj (exercices) (nach Schwierigkeitsgrad) gestaffelt; (thermomètre) in Grad eingeteilt; **règle ~e** Messlatte f; **verre ~** Messbecher m

graduel, le [gRadɥɛl] adj allmählich

graduellement [gRadɥɛlmɑ̃] adv allmählich

graduer [gRadɥe] vt (règle, verre) mit Maßzahlen versehen; (exercices) nach Schwierigkeitsgrad staffeln; (effort etc) allmählich steigern

graffiti [gʀafiti] nmpl Graffiti pl
grain [gʀɛ̃] nm (de blé, d'orge etc) Korn nt; (d'un papier,
tissu) Körnung f; (de chapelet) Perle f; (averse)
Wolkenbruch m; **un ~ de** (petite quantité) ein
Körnchen nt; **mettre son ~ de sel** (fig) seinen
Senf dazugeben; **~ de beauté** Schönheitsfleck m;
~ de café Kaffeebohne f; **~ de poivre** Pfefferkorn
nt; **~ de poussière** Staubkörnchen nt; **~ de raisin**
Traube f; **~ de sable** Sandkorn nt
graine [gʀɛn] nf (Bot) Samen m; **une ~ de voyou**
ein zukünftiger Gauner; **casser la ~** (fam)
mampfen
graineterie [gʀɛntʀi] nf Samenhandlung f
grainetier, -ière [gʀɛntje, jɛʀ] nm/f
Samenhändler(in) m(f)
graissage [gʀɛsaʒ] nm Abschmieren nt
graisse [gʀɛs] nf Fett nt; (lubrifiant) (Schmier)fett nt
graisser [gʀese] vt (machine, auto) abschmieren;
(tacher) fettig machen
graisseux, -euse [gʀesø, øz] adj (taché de graisse)
fettig; (Anat) Fett-
grammaire [gʀa(m)mɛʀ] nf Grammatik f
grammatical, e, -aux [gʀamatikal, o] adj
grammatisch
gramme [gʀam] nm Gramm nt
grand, e [gʀɑ̃, gʀɑ̃d] adj groß; (voyage) lang ▷ adv:
~ ouvert weit offen; **voir ~** großzügig denken;
en ~ in großem Maßstab; **un ~ homme/artiste**
ein großer Mann m/Künstler m; **avoir ~ besoin
de qch** etw dringend nötig haben; **il est ~
temps de** es ist höchste Zeit, zu; **mon ~ frère**
mein großer Bruder; **il est assez ~ pour** er ist
(schon) groß genug, um; **au ~ air** im Freien; **au ~
jour** (fig) in aller Öffentlichkeit; **~ blessé**
Schwerverletzte(r) f(m); **~ brûlé** Verletzte(r) f(m)
mit schweren Verbrennungen; **~ écart** Spagat m
ou nt; **~ ensemble** Wohnsiedlung f; **~ livre**
(Comm) Hauptbuch nt; **~ magasin** Kaufhaus nt;
~ malade Schwerkranke(r) f(m); **~ mutilé**
Schwerbehinderte(r) f(m); **~ public** allgemeine
Öffentlichkeit f; **~e personne** Erwachsene(r)
f(m); **~e surface** Supermarkt m; **~es écoles**
renommierte Hochschulen mit Eingangsprüfungen; siehe
Info-Artikel; **~es lignes** (Rail) Hauptstrecken pl;
~es vacances große Ferien pl

⊕ **GRANDES ÉCOLES**
⊕
⊕ Les grandes écoles sind hoch angesehene
⊕ französische Bildungsstätten, die Studenten
⊕ auf bestimmte Karrieren vorbereiten.
⊕ Studenten, die nach ihrem baccalauréat zwei
⊕ Jahre lang die classes préparatoires absolviert
⊕ haben, werden nach einem
⊕ Auswahlverfahren aufgenommen.
⊕ Studenten der grandes écoles haben ein starkes
⊕ Zugehörigkeitsgefühl und bilden die
⊕ intellektuelle und politische Elite des Landes.

grand-angle [gʀɑ̃tɑ̃gl] (pl **grands-angles**),
grand-angulaire [gʀɑ̃tɑ̃gylɛʀ] (pl **grands-
angles**) nm Weitwinkel(objektiv) nt

grand-chose [gʀɑ̃ʃoz] n inv: **pas ~** nichts
Besonderes
Grande-Bretagne [gʀɑ̃dbʀətaɲ] nf: **la ~**
Großbritannien nt
grandement [gʀɑ̃dmɑ̃] adv (tout à fait) völlig;
(largement) sehr; (généreusement) großzügig
grandeur [gʀɑ̃dœʀ] nf Größe f; **~ nature** adj
lebensgroß
grand-guignolesque [gʀɑ̃giɲɔlɛsk] (pl **~s**) adj
grotesk
grandiloquent, e [gʀɑ̃dilɔkɑ̃, ɑ̃t] adj
hochtrabend
grandiose [gʀɑ̃djoz] adj großartig, grandios
grandir [gʀɑ̃diʀ] vi (enfant, arbre) wachsen; (bruit,
hostilité) zunehmen ▷ vt (suj: vêtement, chaussure)
größer erscheinen lassen; (fig) größer machen
grandissant, e [gʀɑ̃disɑ̃, ɑ̃t] adj (bruit)
zunehmend; (impatience) wachsend
grand-mère [gʀɑ̃mɛʀ] (pl **grand(s)-mères**) nf
Großmutter f
grand-messe [gʀɑ̃mɛs] (pl **grand(s)-messes**) nf
Hochamt nt
grand-oncle [gʀɑ̃tõkl(ə)] (pl **grands-oncles**) nm
Großonkel m
grand-peine [gʀɑ̃pɛn]: **à ~** adv mühselig,
mühsam
grand-père [gʀɑ̃pɛʀ] (pl **grands-pères**) nm
Großvater m
grand-route [gʀɑ̃ʀut] nf Haupt(verkehrs)straße f
grand-rue [gʀɑ̃ʀy] nf Hauptstraße f
grands-parents [gʀɑ̃paʀɑ̃] nmpl Großeltern pl
grand-tante [gʀɑ̃tɑ̃t] (pl **grand(s)-tantes**) nf
Großtante f
grand-voile [gʀɑ̃vwal] (pl **grand(s)-voiles**) nf
Großsegel nt
grange [gʀɑ̃ʒ] nf Scheune f
granit [gʀanit] nm Granit m
granité [gʀanite] nm (sorbet) Gramolata f
granitique [gʀanitik] adj Granit-
granule [gʀanyl] nm (Méd) Kügelchen nt
granulé [gʀanyle] nm: **des ~s** Granulat nt
granuleux, -euse [gʀanylø, øz] adj granuliert
graphe [gʀaf] nm Graph m
graphie [gʀafi] nf Schreibung f
graphique [gʀafik] adj grafisch ▷ nm Grafik f
graphisme [gʀafism] nm (art) Grafik f; (écriture)
Handschrift f
graphiste [gʀafist] nm/f Grafiker(in) m(f)
graphite [gʀafit] nm Grafit m
graphologie [gʀafɔlɔʒi] nf Grafologie f
graphologique [gʀafɔlɔʒik] adj grafologisch
graphologue [gʀafɔlɔg] nm/f Grafologe m,
Grafologin f
grappe [gʀap] nf Traube f; (fig aussi) Ansammlung
f; **~ de raisin** (Wein)traube f
grappiller [gʀapije] vt nachlesen
grappin [gʀapɛ̃] nm (Tech) Draggen m; **mettre le
~ sur** (fig) in die Finger bekommen
gras, grasse [gʀa, gʀas] adj fett; (surface, main,
cheveux) fettig; (terre) ertragreich; (toux) lose; (rire)
kehlig; (plaisanterie) derb; (crayon) weich; (Typo)
fett gedruckt ▷ nm (Culin) Fett nt; **faire la ~se**

matinée lang ausschlafen; **corps** ~ Fett; **matière** ~se Fett

gras-double [gʀadubl] (*pl* ~s) *nm* Pansen *m*

grassement [gʀasmɑ̃] *adv* (*rire*) breit; ~ **payé** sehr gut bezahlt

grassouillet, te [gʀasujɛ, ɛt] *adj* rundlich, dicklich

gratifiant, e [gʀatifjɑ̃, jɑ̃t] *adj* befriedigend

gratification [gʀatifikasjɔ̃] *nf* Gratifikation *f*

gratifier [gʀatifje] *vt:* ~ **qn de qch** jdm etw gewähren; (*sourire etc*) jdm etw schenken

gratin [gʀatɛ̃] *nm* (*Culin*) Gratin *nt*; **au** ~ gratiniert, au gratin; **le** ~ (*fam: élite*) die Crème (de la Crème)

gratiné, e [gʀatine] *adj* (*Culin*) überbacken, gratiniert; (*fam*) höllisch

gratinée [gʀatine] *nf* (*soupe*) überbackene Zwiebelsuppe *f*

gratis [gʀatis] *adv, adj* gratis

gratitude [gʀatityd] *nf* Dankbarkeit *f*

gratte-ciel [gʀatsjɛl] *nm inv* Wolkenkratzer *m*

grattement [gʀatmɑ̃] *nm* Kratzen *nt*

gratte-papier [gʀatpapje] (*péj*) *nm inv* Schreiberling *m*

gratter [gʀate] *vt* (*frotter*) kratzen; (*enlever*) abkratzen; (*bras, bouton etc*) sich kratzen an +*dat*; **se gratter** *vpr* sich kratzen

grattoir [gʀatwaʀ] *nm* (*outil*) Spachtel *m*

gratuit, e [gʀatɥi, ɥit] *adj* (*entrée*) frei; (*hypothèse, idée*) ungerechtfertigt, unbegründet; **billet** ~ Freikarte *f*

gratuité [gʀatɥite] *nf* Gebührenfreiheit *f*

gratuitement [gʀatɥitmɑ̃] *adv* (*sans payer*) gratis, kostenlos; (*sans preuve, motif*) unbegründet

gravats [gʀava] *nmpl* Trümmer *pl*

grave [gʀav] *adj* (*maladie, accident, faute*) schwer; (*sérieux*) ernst; (*voix, son*) tief ▷ *nm* (*Mus*) tiefe Töne *pl*; **ce n'est pas (si)** ~ **(que ça)!** das ist doch alles nicht so schlimm!; **blessé** ~ Schwerverletzte(r) *f(m)*

graveleux, -euse [gʀav(ə)lø, øz] *adj* (*terre*) steinig; (*fruit*) grobkörnig; (*chanson, propos*) schmutzig

gravement [gʀavmɑ̃] *adv* (*v adj*) schwer; ernst

graver [gʀave] *vt* (*plaque*) gravieren; (*nom*) eingravieren; (*CD, DVD*) brennen; ~ **qch dans son esprit** *ou* **sa mémoire** sich *dat* etw einprägen

graveur [gʀavœʀ] *nm* Graveur *m*; ~ **de CD/DVD** CD/DVD-Brenner *m*

gravier [gʀavje] *nm* Kies *m*

gravillons [gʀavijɔ̃] *nmpl* Schotter *m*

gravir [gʀaviʀ] *vt* hinaufsteigen auf +*acc*

gravitation [gʀavitasjɔ̃] *nf* Schwerkraft *f*, Gravitation *f*

gravité [gʀavite] *nf* (*v adj*) Schwere *f*; Ernst *m*; (*Phys*) Gravitation *f*

graviter [gʀavite] *vi:* ~ **autour de** (*soleil*) sich drehen um; (*personne*) sich sammeln um

gravure [gʀavyʀ] *nf* (*reproduction*) Stich *m*; (*action*) Gravieren *nt*; (: *d'un disque*) Prägen *nt*

gré [gʀe] *nm:* **à mon** ~ (*goût*) nach meinem

Geschmack; **à votre** ~ (*désir*) wie Sie wünschen; **au** ~ **de qch** mit etw; contre le ~ **de qn** gegen jds Willen; **de son (plein)** ~ aus freien Stücken; **de** ~ **ou de force** wohl oder übel; **de bon** ~ bereitwillig; **bon** ~ **mal** ~ wohl oder übel; **de** ~ **à** ~ (*Comm*) nach gemeinsamer Übereinkunft; **savoir** ~ **à qn de qch** jdm wegen einer Sache *gén ou dat* sehr dankbar sein

grec, grecque [gʀɛk] *adj* griechisch ▷ *nm* (*Ling*) Griechisch *nt* ▷ *nm/f:* **Grec, Grecque** Grieche *m*, Griechin *f*

Grèce [gʀɛs] *nf:* **la** ~ Griechenland *nt*

gredin, e [gʀədɛ̃] *nm/f* Bösewicht *m*

gréement [gʀemɑ̃] *nm* Takelung *f*

greffe [gʀɛf] *nf* (*Agr*) Pfropfreis *nt*; (: *action*) Pfropfen *nt*; (*Méd: du cœur, rein*) Transplantation *f*, Verpflanzung *f*; (: *organe*) Transplantat *nt* ▷ *nm* (*Jur*) Kanzlei *f*; ~ **du rein** Nierentransplantation *f*, Nierenverpflanzung *f*

greffer [gʀefe] *vt* (*Bot*) pfropfen; (*Méd: tissu, organe*) verpflanzen, transplantieren; **se greffer** *vpr:* **se** ~ **sur qch** (*fig*) sich einer Sache dat hinzufügen

greffier, -ière [gʀefje, jɛʀ] *nm/f* (*Jur*) Gerichtsschreiber(in) *m(f)*

grégaire [gʀegɛʀ] *adj* gesellig; **instinct** ~ Herdentrieb *m*

grège [gʀɛʒ] *adj:* **soie** ~ Rohseide *f*

grêle [gʀɛl] *adj* mager ▷ *nf* Hagel *m*

grêlé, e [gʀɛle] *adj* pockennarbig

grêler [gʀele] *vb impers:* **il grêle** es hagelt

grêlon [gʀɛlɔ̃] *nm* Hagelkorn *nt*

grelot [gʀəlo] *nm* Glöckchen *nt*

grelottant, e [gʀəlɔtɑ̃] *adj* zitternd, schlotternd

grelotter [gʀəlɔte] *vi* (*trembler*) zittern, schlottern

grenade [gʀənad] *nf* (*explosive*) Granate *f*; (*Bot*) Granatapfel *m*; ~ **lacrymogène** Tränengasgranate *f*

grenadier [gʀənadje] *nm* (*Mil*) Grenadier *m*; (*Bot*) Granatapfelbaum *m*

grenadine [gʀənadin] *nf* (*boisson*) Grenadine *f*

grenat [gʀəna] *adj inv* granatrot

grenier [gʀənje] *nm* (*de maison*) Speicher *m*; (*de ferme*) Kornspeicher *m*

grenouille [gʀənuj] *nf* Frosch *m*

grenouillère [gʀənujɛʀ] *nf* (*de bébé*) Strampelanzug *m*

grenu, e [gʀəny] *adj* grobkörnig

grès [gʀɛ] *nm* (*roche*) Sandstein *m*; (*poterie*) Steingut *nt*

grésil [gʀezil] *nm* Graupeln *pl*

grésillement [gʀezijmɑ̃] *nm* (*Culin*) Brutzeln *nt*; (*Radio*) Rauschen *nt*

grésiller [gʀezije] *vi* (*Culin*) brutzeln; (*Radio*) knacken, rauschen

grève [gʀɛv] *nf* (*arrêt du travail*) Streik *m*; (*plage*) Ufer *nt*; **se mettre en** *ou* **faire** ~ streiken; ~ **bouchon** Schwerpunktstreik *m*; ~ **de la faim** Hungerstreik *m*; ~ **de solidarité** Sympathiestreik *m*; ~ **du zèle** ≈ Dienst m nach Vorschrift; ~ **perlée** Bummelstreik *m*; ~ **sauvage** wilder Streik; ~ **sur le tas** Sitzstreik *m*; ~ **surprise** Blitzstreik *m*; ~ **tournante** Schachbrettstreik *m*

grever [gʀəve] vt (budget, économie) belasten; **grevé d'impôts** mit Steuern (schwer) belastet; **grevé d'hypothèques** mit Hypotheken überfrachtet

gréviste [gʀevist] nm/f Streikende(r) f(m)

gribouillage [gʀibujaʒ] nm (dessin) Kritzelei f; (écriture) Gekritzel nt

gribouiller [gʀibuje] vt, vi kritzeln

gribouillis [gʀibuji] nm (dessin) Kritzelei f; (écriture) Gekritzel nt

grief [gʀijɛf] nm Klage f; **faire ~ à qn de qch** jdm etw vorwerfen

grièvement [gʀijɛvmɑ̃] adv: **~ blessé** schwer verletzt

griffe [gʀif] nf (d'animal) Kralle f; (fig: d'un couturier, parfumeur) Markenzeichen nt

griffé, e [gʀife] adj (fig) Designer-

griffer [gʀife] vt kratzen

griffon [gʀifɔ̃] nm (oiseau) Greif m

griffonnage [gʀifɔnaʒ] nm Gekritzel nt

griffonner [gʀifɔne] vt hinkritzeln

griffure [gʀifyʀ] nf Kratzspur f

grignoter [gʀiɲɔte] vt herumnagen an +dat; (argent, temps) aufzehren ▷ vi (chipoter) knabbern; **~ du terrain** allmählich Raum gewinnen

gril [gʀil] nm Grill m

grillade [gʀijad] nf Gegrilltes nt

grillage [gʀijaʒ] nm (treillis) Gitter nt; (clôture) Drahtzaun m

grillager [gʀijaʒe] vt vergittern

grille [gʀij] nf (portail) Tor nt; (clôture) Gitterzaun m; (fig: de mots croisés) Kästchen pl; **~ (des programmes)** (Sende)programm nt; **~ des salaires** Gehaltstabelle f

grille-pain [gʀijpɛ̃] nm inv Toaster m

griller [gʀije] vt (pain) toasten; (viande etc) grillen; (café) rösten; (ampoule, résistance) durchbrennen lassen; (feu rouge) überfahren ▷ vi (brûler) gegrillt werden; **faire ~** (pain) toasten; (viande) grillen

grillon [gʀijɔ̃] nm Grille f

grimace [gʀimas] nf Grimasse f; **faire des ~s** Grimassen schneiden

grimacier, -ière [gʀimasje, jɛʀ] adj: **cet enfant est ~** dieses Kind schneidet immer Gesichter

grimer [gʀime] vt schminken

grimoire [gʀimwaʀ] nm unleserliche Schrift f

grimpant, e [gʀɛ̃pɑ̃, ɑ̃t] adj (fig) plante **~e** Kletterpflanze f; **rosier ~** Kletterrose f

grimper [gʀɛ̃pe] vt steigen ▷ vi (route, terrain) ansteigen; (fig: prix, nombre) steigen; **~ à/sur** klettern auf +acc

grimpeur, -euse [gʀɛ̃pœʀ, øz] nm/f (alpiniste) Bergsteiger(in) m(f); (cycliste) Bergspezialist(in) m(f)

grinçant, e [gʀɛ̃sɑ̃, ɑ̃t] adj (fig) beißend, ätzend

grincement [gʀɛ̃smɑ̃] nm (v vi) Quietschen nt; Knarren nt; **~ de dents** Zähneknirschen nt

grincer [gʀɛ̃se] vi (porte, roue) quietschen; (plancher) knarren; **~ des dents** mit den Zähnen knirschen

grincheux, -euse [gʀɛ̃ʃø, øz] adj mürrisch, knurrig

gringalet [gʀɛ̃galɛ] adj m mickrig

griotte [gʀijɔt] nf Sauerkirsche f

grippal, e, -aux [gʀipal, o] adj (état) grippeartig

grippe [gʀip] nf Grippe f; **avoir la ~** die ou eine Grippe haben; **prendre qn/qch en ~** (fig) einen plötzlichen Widerwillen gegen jdn/etw entwickeln; **~ aviaire** Vogelgrippe f

grippé, e [gʀipe] adj: **être ~** die ou eine Grippe haben; (moteur) festgefressen sein

gripper [gʀipe] vi (moteur etc) sich festfressen

grippe-sou [gʀipsu] (pl **~s**) nm Pfennigfuchser m

gris, e [gʀi, gʀiz] adj grau; (ivre) beschwipst ▷ nm (couleur) Grau nt; **il fait ~** es ist grau ou trüb; **faire ~e mine** eine mürrische Miene machen; **faire ~e mine à qn** jdm einen kühlen Empfang bereiten; **~ perle** perlgrau

grisaille [gʀizaj] nf Trübheit f

grisant, e [gʀizɑ̃, ɑ̃t] adj berauschend

grisâtre [gʀizatʀ] adj (temps, ciel, jour) trüb

griser [gʀize] vt berauschen; **se griser de** vpr sich berauschen an +dat

griserie [gʀizʀi] nf Rausch m

grisonnant, e [gʀizɔnɑ̃, ɑ̃t] adj ergrauend

grisonner [gʀizɔne] vi (cheveux) grau werden; (personne) ergrauen

Grisons [gʀizɔ̃] nmpl: **les ~** Graubünden nt

grisou [gʀizu] nm Grubengas nt

gris-vert [gʀivɛʀ] adj graugrün

grive [gʀiv] nf Drossel f

grivois, e [gʀivwa, waz] adj derb

grivoiserie [gʀivwazʀi] nf Zote f

Groenland [gʀɔenlɑ̃d] nm: **le ~** Grönland nt

groenlandais, e [gʀɔenlɑ̃dɛ, ɛz] adj grönländisch ▷ nm/f: **Groenlandais, e** Grönländer(in) m(f)

grog [gʀɔg] nm Grog m

groggy [gʀɔgi] adj inv groggy

grogne [gʀɔɲ] nf (fam) Unruhe f

grognement [gʀɔɲmɑ̃] nm Knurren nt

grogner [gʀɔɲe] vi (animal) knurren; (personne) murren

grognon, ne [gʀɔɲɔ̃, ɔn] adj mürrisch, knurrig

groin [gʀwɛ̃] nm Rüssel m

grommeler [gʀɔm(ə)le] vi grummeln

grondement [gʀɔ̃dmɑ̃] nm (de tonnerre) Grollen nt

gronder [gʀɔ̃de] vi (canon, moteur) donnern; (tonnerre) grollen; (animal) knurren; (révolte, mécontentement) gären, grollen ▷ vt (enfant) ausschimpfen

groom [gʀum] nm Page m

gros, grosse [gʀo, gʀos] adj dick; (volumineux, grand) groß; (travaux) umfangreich; (orage) schwer; (bruit) gewaltig ▷ adv: **risquer/gagner ~** viel riskieren/verdienen ▷ nm (Comm) Großhandel m; **par ~ temps/~se mer** bei schlechtem Wetter/stürmischer See; **le ~ de** der Großteil +gén; **en avoir ~ sur le cœur** sehr betrübt sein; **écrire ~** in großen Buchstaben schreiben, großschreiben; **vente en ~** Verkauf m en gros; **prix de ~** Großhandelspreis m; **~ intestin** Dickdarm m; **~ lot** großes Los nt; **~ mot** Schimpfwort nt; **~ œuvre** (Constr) Rohbau m; **~**

plan (*Photo*) Nahaufnahme *f*; **~ porteur** (*Aviat*)
Jumbojet *m*; **~ sel** Kochsalz *nt*; **~ titre** Schlagzeile
f; **~ se caisse** (*Mus*) große Trommel *f*
groseille [gʀozɛj] *nf*: **~ (rouge)** Rote
Johannisbeere *f*; **~ (blanche)** Weiße
Johannisbeere; **~ à maquereau** Stachelbeere *f*
groseillier [gʀozeje] *nm* (*v nf*)
Johannisbeerstrauch *m*; Stachelbeerstrauch *m*
gros-grain [gʀogʀɛ̃] (*pl* **~s**) *nm* (*ruban*)
Seidenripsband *nt*
grosse [gʀos] *adj voir* **gros** ▷ *nf* (*Comm*) Gros *nt*
grossesse [gʀosɛs] *nf* Schwangerschaft *f*
grosseur [gʀosœʀ] *nf* (*v adj*) Dicke *f*; Größe *f*;
(*tumeur*) Geschwulst *f*
grossier, -ière [gʀosje, jɛʀ] *adj* (*vulgaire*) derb;
(*laine*) grob; (*travail, finition*) schludrig; (*erreur,
faute*) krass
grossièrement [gʀosjɛʀmɑ̃] *adv* (*v adj*) derb; grob;
schludrig; (*à peu près*) grob
grossièreté [gʀosjɛʀte] *nf* Derbheit *f*; (*mot, propos*)
Grobheit *f*
grossir [gʀosiʀ] *vi* (*nombre*) zunehmen; (*bruit*)
anwachsen; (*rivière, eaux*) steigen ▷ *vt* (*personne*)
jdn dicker erscheinen lassen, dicker machen;
(*nombre, importance*) erhöhen; (*erreur*) übertreiben;
(*suj: microscope, lunette*) vergrößern
grossissant, e [gʀosisɑ̃, ɑ̃t] *adj* Vergrößerungs-
grossissement [gʀosismɑ̃] *nm* (*optique*)
Vergrößerung *f*
grossiste [gʀosist] *nm/f* Großhändler(in) *m(f)*
grosso modo [gʀosomɔdo] *adv* ungefähr
grotesque [gʀotɛsk] *adj* grotesk
grotte [gʀɔt] *nf* Höhle *f*
grouiller [gʀuje] *vi* (*foule*) umherlaufen; (*fourmis*)
herumwuseln; **se grouiller** *vpr* (*fam*) sich sputen;
~ de wimmeln vor +*dat*
groupe [gʀup] *nm* Gruppe *f*; **~ de pression**
Interessengruppe *f*; **~ électrogène** Generator *m*;
~ sanguin Blutgruppe *f*; **~ scolaire** Schulgebäude
pl
groupement [gʀupmɑ̃] *nm* Vereinigung *f*;
~ d'intérêt économique wirtschaftliche
Interessengemeinschaft *f*
grouper [gʀupe] *vt* gruppieren; (*personnes*)
versammeln; (*ressources, moyens*)
zusammenlegen, vereinigen; **se grouper** *vpr*
sich versammeln
groupuscule [gʀupyskyl] (*péj*) *nm* (*Pol*)
Splittergruppe *f*
gruau [gʀyo] *nm*: **farine de ~** Weizenmehl *nt*
grue [gʀy] *nf* (*de chantier*) Kran *m*; (*Ciné*)
Kamerabaum *m*; (*Zool*) Kranich *m*; **faire le pied
de ~** (*fam*) sich *dat* die Beine in den Bauch stehen
gruger [gʀyʒe] *vt* übertölpeln
grumeaux [gʀymo] *nmpl* (*Culin*) Klumpen *pl*
grumeleux, -euse [gʀym(ə)lø, øz] *adj* (*sauce etc*)
klumpig; (*peau etc*) uneben
grutier [gʀytje] *nm* Kranführer *m*
gruyère [gʀyjɛʀ] *nm* Gruyère *m*, Greyerzer(käse) *m*
Guadeloupe [gwadlup] *nf*: **la ~** Guadeloupe *nt*
guadeloupéen, ne [gwadlupeɛ̃, ɛn] *adj* aus
Guadeloupe ▷ *nm/f*: **Guadeloupéen, ne**

Bewohner(in) *m(f)* von Guadeloupe
Guatemala [gwatemala] *nm*: **le ~** Guatemala *nt*
guatémaltèque [gwatemaltɛk] *adj*
guatemaltekisch
gué [ge] *nm* Furt *f*; **passer à ~** an einer Furt
überqueren
guenilles [gənij] *nfpl* Lumpen *pl*
guenon [gənɔ̃] *nf* Äffin *f*
guépard [gepaʀ] *nm* Gepard *m*
guêpe [gɛp] *nf* Wespe *f*
guêpier [gepje] *nm* (*fig*) Falle *f*
guère [gɛʀ] *adv*: **ne ... ~** kaum; **il n'y a ~ que lui
qui soit resté** außer ihm ist kaum jemand
dageblieben
guéri, e [geʀi] *adj* (*personne*) geheilt; **être ~ de** (*fig*)
von etw kuriert sein
guéridon [geʀidɔ̃] *nm* Sockeltisch *m*
guérilla [geʀija] *nf* Guerilla *f*
guérillero [geʀijeʀo] *nm* Guerillero *m*
guérir [geʀiʀ] *vt* (*Méd*) heilen ▷ *vi* (*personne*)
gesund werden; (*plaie*) heilen; **~ de** (*Méd*)
genesen von; **~ qn de** jdn heilen von
guérison [geʀizɔ̃] *nf* Genesung *f*
guérissable [geʀisabl] *adj* heilbar
guérisseur, -euse [geʀisœʀ, øz] *nm/f* Heiler(in)
m(f)
guérite [geʀit] *nf* (*Mil*) Wachhäuschen *nt*; (*sur un
chantier*) Baubude *f*
Guernesey [gɛʀn(ə)zɛ] *nf* Guernsey *nt*
guernesiais, e [gɛʀnəzje, ɛz] *adj* aus Guernsey
guerre [gɛʀ] *nf* (*Mil*) Krieg *m*; **en ~** im
Kriegszustand; **faire la ~ à** Krieg führen mit; **de
~ lasse** vom langen Hin und Her ermüdet; **de
bonne ~** (nur) fair; **~ atomique** Atomkrieg *m*;
~ civile Bürgerkrieg *m*; **~ d'usure**
Zermürbungskrieg *m*; **~ de religion**
Religionskrieg *m*; **~ de tranchées** Grabenkrieg *m*;
~ froide kalter Krieg; **~ mondiale** Weltkrieg *m*;
~ sainte Heiliger Krieg; **~ totale** totaler Krieg
guerrier, -ière [gɛʀje, jɛʀ] *adj* kriegerisch ▷ *nm/f*
Krieger(in) *m(f)*
guerroyer [gɛʀwaje] *vi* Krieg führen
guet [gɛ] *nm*: **faire le ~** auf der Lauer liegen
guet-apens [gɛtapɑ̃] *nm inv* Hinterhalt *m*
guêtre [gɛtʀ(ə)] *nf* Gamasche *f*
guetter [gete] *vt* (*épier*) lauern auf +*acc*; (*attendre*)
warten auf +*acc*; (*pour surprendre*) auflauern +*dat*;
(*suj: maladie, scandale*) drohen +*dat*
guetteur [getœʀ] *nm* Wachtposten *m*
gueule [gœl] *nf* (*d'animal*) Maul *nt*; (*du canon,
tunnel*) Öffnung *f*; (*fam: visage*) Visage *f*; (*: bouche*)
Klappe *f*, Maul; **ta ~!** (*fam*) halts Maul!,
Schnauze!; **~ de bois** (*fam*) Kater *m*
gueule-de-loup [gœldəlu] (*pl* **gueules-de-loup**)
nf Löwenmäulchen *nt*
gueuler [gœle] (*fam*) *vi* schreien, plärren
gueuleton [gœltɔ̃] (*fam*) *nm* Fresserei *f*
gueux [gø] *nm* Bettler *m*; (*coquin*) Schurke *m*
gui [gi] *nm* Mistel *f*
guibole [gibɔl] (*fam*) *nf* Bein *nt*
guichet [gifɛ] *nm* Schalter *m*; (*d'une porte*)
Fenster(chen) *nt*; (*au théâtre*) Kasse *f*; **jouer à ~s**

fermés vor ausverkauftem Haus spielen
guichetier, -ière [giʃ(ə)tje, jɛʀ] nm/f
Schalterbeamte(r) f(m)
guide [gid] nm Führer(in) m(f); (livre) Führer m
▷ nf (fille scout) Pfadfinderin f; **guides** nfpl (d'un cheval) Zügel pl
guider [gide] vt führen
guidon [gidɔ̃] nm (de vélo) Lenkstange f
guigne [giɲ] nf (fam): **avoir la ~** Pech haben
guignol [giɲɔl] nm Kasper m; (fig) Clown m
guillemets [gijmɛ] nmpl: **entre ~** in Anführungszeichen
guilleret, te [gijʀɛ, ɛt] adj munter
guillotine [gijɔtin] nf Guillotine f
guillotiner [gijɔtine] vt enthaupten
guimauve [gimov] nf (Bot) Eibisch m; (fig) Schmalz nt
guimbarde [gɛ̃baʀd] nf (vieille voiture) Klapperkiste f
guindé, e [gɛ̃de] adj gekünstelt
Guinée [gine] nf: **la (République de) ~** Guinea nt; **la ~ équatoriale** Äquatorialguinea nt
Guinée-Bissau [ginebiso] nf: **la ~** Guinea-Bissau nt
guinéen, ne [gineɛ̃, ɛn] adj guineisch ▷ nm/f: **Guinéen, ne** Guineer(in) m(f)
guingois [gɛ̃gwa]: **de ~** adv schief
guinguette [gɛ̃gɛt] nf Gartenlokal nt
guirlande [giʀlɑ̃d] nf Girlande f; **~ de Noël** Weihnachtsgirlande f; **~ lumineuse** Lichterkette f

guise [giz] nf: **à votre ~** wie Sie wollen ou wünschen; **en ~ de** (comme) als; (à la place de) anstelle von
guitare [gitaʀ] nf Gitarre f; **~ sèche** Gitarre ohne Verstärker
guitariste [gitaʀist] nm/f Gitarrist(in) m(f)
gustatif, -ive [gystatif, iv] adj Geschmacks-
guttural, -e, -aux [gytyʀal, o] adj guttural
guyanais, e [gɥijanɛ, ɛz] adj guayanisch; (français) französisch-guayanisch ▷ nm/f: **Guyanais, e** Guayaner(in) m(f)
Guyane [gɥijan] nf: **la ~** Guayana nt; **la ~ française** Französisch-Guayana nt
gym [ʒim] nf (exercices) Gymnastik f
gymkhana [ʒimkana] nm ≈ Sportfest nt; **~ motocycliste** Geschicklichkeitswettbewerb m für Motorradfahrer
gymnase [ʒimnɑz] nm Turnhalle f
gymnaste [ʒimnast] nm/f Turner(in) m(f)
gymnastique [ʒimnastik] nf (Scol) Turnen nt; (au réveil etc) Gymnastik f; **~ corrective** Heilgymnastik f; **~ rythmique** Eur(h)ythmie f
gymnique [ʒimnik] adj gymnastisch
gynécologie [ʒinekɔlɔʒi] nf Gynäkologie f
gynécologique [ʒinekɔlɔʒik] adj gynäkologisch
gynécologue [ʒinekɔlɔg] nm/f Gynäkologe m, Gynäkologin f
gypse [ʒips] nm Gips m
gyrocompas [ʒiʀokɔ̃pa] nm Kreiselkompass m
gyrophare [ʒiʀofaʀ] nm (sur une voiture) ≈ Blaulicht nt

Hh

H¹, h¹ [aʃ] *nm inv* (*lettre*) H, h *nt*; **H comme Henri** ≈ H wie Heinrich

H² [aʃ] *abr* (= *hydrogène*) H; **bombe H** Wasserstoffbombe *f*

h² *abr* = **heure**

ha *abr* (= *hectare*) ha.

hab. *abr* = **habitant** Einw.

habile [abil] *adj* geschickt; (*malin*) gerissen

habilement [abilmɑ̃] *adv* (*v adj*) geschickt; gerissen

habileté [abilte] *nf* (*v adj*) Geschick *nt*; Gerissenheit *f*

habilité, e [abilite] *adj*: **~ à faire qch** ermächtigt, etw zu tun

habiliter [abilite] *vt* ermächtigen

habillage [abijaʒ] *nm* (*d'une personne*) Ankleiden *nt*; (*d'un objet*) Verkleidung *f*

habillé, e [abije] *adj* (*vêtu*) gekleidet; (*robe, costume: chic*) elegant; **~ de** (*Tech*) verkleidet mit; **trop ~** zu vornehm angezogen

habillement [abijmɑ̃] *nm* (*vêtements*) Kleidung *f*; (*profession*) Bekleidung *f*

habiller [abije] *vt* anziehen; (*objet*) verkleiden; (*fournir en vêtements*) einkleiden; **s'habiller** *vpr* sich anziehen; (*se déguiser*) sich verkleiden; (*mettre des vêtements chic*) sich chic anziehen; **s'~ de noir** schwarz tragen; **s'~ chez Chanel** seine Kleidung bei Chanel kaufen

habilleuse [abijøz] *nf* Garderobiere *f*

habit [abi] *nm* (*costume*) Kostüm *nt*; **habits** *nmpl* (*vêtements*) Kleidung *f*, Kleider *pl*; **prendre l'~** (*Rel*) ins Kloster gehen; **~ (de soirée)** Abendanzug *m*

habitable [abitabl] *adj* bewohnbar

habitacle [abitakl] *nm* (*de voiture*) Führerhaus *nt*; (*Aviat*) Cockpit *nt*

habitant, e [abitɑ̃, ɑ̃t] *nm/f* Einwohner(in) *m(f)*; (*d'une maison*) Bewohner(in) *m(f)*; **loger chez l'~** privat untergebracht sein

habitat [abita] *nm* Lebensraum *m*; (*Bot, Zool*) Habitat *nt*

habitation [abitasjɔ̃] *nf* (*fait de résider*) Wohnen *nt*; (*demeure*) Wohnsitz *m*; (*bâtiment*) Wohngebäude *nt*

habité, e [abite] *adj* bewohnt

habiter [abite] *vt* (*maison*) bewohnen, wohnen in +*dat*; (*ville*) wohnen in +*dat*; (*suj: sentiment, envie*)

innewohnen +*dat* ▷ *vi*: **~ à/dans** wohnen in +*dat*; **~ chez qn** bei jdm wohnen; **~ rue Montmartre** in der rue Montmartre wohnen

habitude [abityd] *nf* Gewohnheit *f*; **avoir l'~ de faire qch** etw gewöhnlich tun; (*expérience*) gewohnt sein, etw zu tun; **avoir l'~ des enfants** Kinder gewöhnt sein; **prendre l'~ de faire qch** sich angewöhnen, etw zu tun; **perdre une ~** sich etwas abgewöhnen; **d'~** gewöhnlich; **comme d'~** wie gewöhnlich; **par ~** aus purer Gewohnheit

habitué, e [abitɥe] *adj*: **être ~ à** gewöhnt sein an +*acc* ▷ *nm/f* (*d'une maison*) regelmäßige(r) Besucher(in) *m(f)*; (*d'un café etc*) Stammgast *m*

habituel, le [abitɥɛl] *adj* üblich

habituellement [abitɥɛlmɑ̃] *adv* üblicherweise; (*presque toujours*) normalerweise

habituer [abitɥe] *vt*: **~ qn à qch/faire qch** jdn an etw *acc* gewöhnen/jdn daran gewöhnen, etw zu tun; **s'habituer** *vpr*: **s'~ à qch** sich an etw *acc* gewöhnen; **s'~ à faire qch** sich daran gewöhnen, etw zu tun

hâbleur, -euse ['ɑblœʀ, øz] *adj* angeberisch

hache ['aʃ] *nf* Axt *f*, Beil *nt*

haché, e ['aʃe] *adj* (*Culin*) gehackt; (*phrase, style*) abgehackt; **viande ~e** Hackfleisch *nt*

hache-légumes ['aʃlegym] *nm inv* Gemüsezerkleinerer *m*

hacher ['aʃe] *vt* (*viande, persil*) hacken; (*entrecouper*) zerhacken; **~ menu** fein hacken

hachette ['aʃɛt] *nf* Hackbeil *nt*

hache-viande ['aʃvjɑ̃d] *nm inv* Fleischwolf *m*; (*couteau*) Hackmesser *nt*

hachis ['aʃi] *nm* (*viande*) Hackfleisch *nt*; (*légumes*) fein gehacktes Gemüse *nt*; **~ de bœuf** Rinderhackfleisch *nt*

hachisch ['aʃiʃ] *nm* = **haschisch**

hachoir ['aʃwaʀ] *nm* (*instrument*) Hackmesser *nt*; (*appareil*) Fleischwolf *m*; (*planche*) Hackbrett *nt*

hachurer ['aʃyʀe] *vt* schraffieren

hachures ['aʃyʀ] *nfpl* Schraffur *f*

hagard, e ['agaʀ, aʀd] *adj* verstört

haie ['ɛ] *nf* Hecke *f*; (*Sport*) Hürde *f*; (*fig: rangée*) Reihe *f*, Spalier *nt*; **400 m ~s** 400 m Hürden *pl*; **~ d'honneur** Spalier

haillons ['ajɔ̃] *nmpl* Lumpen *pl*

haine ['ɛn] *nf* Hass *m*
haineux,-euse ['ɛnø, øz] *adj* hasserfüllt
haïr ['aiʀ] *vt* hassen; **se haïr** *vpr* sich hassen
hais ['ɛ] *vb voir* **haïr**
haïs ['ai] *vb voir* **haïr**
haïssable ['aisabl] *adj* verabscheuungswürdig
Haïti [aiti] *n* Haiti *nt*
haïtien,ne [aisjɛ̃, ɛn] *adj* haitianisch ▷ *nm/f*:
  Haïtien,ne Haitianer(in) *m(f)*
halage ['alaʒ] *nm*: **chemin de ~** Treidelpfad *m*
hâle ['ɑl] *nm* (Sonnen)bräune *f*
hâlé,e ['ɑle] *adj* braun, sonnengebräunt
haleine [alɛn] *nf* Atem *m*; **perdre ~** atemlos
  werden; **à perdre ~** bis zum Umfallen; **avoir
  mauvaise ~** Mundgeruch haben; **reprendre ~**
  (wieder) Atem schöpfen; **hors d'~** außer Atem;
  tenir en ~ fesseln; *(en attente)* zappeln lassen; **de
  longue ~** langwierig
haler ['ale] *vt (câble)* einholen; *(bateau)* schleppen
haleter ['alte] *vi* keuchen
hall ['ol] *nm* Halle *f*
hallali [alali] *nm* Halali *nt*
halle ['al] *nf* Markthalle *f*; **halles** *nfpl (marché)*
  städtische Markthallen *pl*
hallebarde ['albaʀd] *nf* Hellebarde *f*; **il pleut des
  ~s** es gießt (wie aus Kübeln)
hallucinant,e [alysinɑ̃, ɑ̃t] *adj* verblüffend
hallucination [alysinasjɔ̃] *nf* Halluzination *f*,
  Sinnestäuschung *f*; **~ collective** Massenwahn *m*
hallucinatoire [alysinatwaʀ] *adj*
  halluzinatorisch
halluciné,e [alysine] *nm/f* Person *f* mit
  Wahnvorstellungen; *(fou)* Verrückte(r) *f(m)*
hallucinogène [a(l)lysinɔʒɛn] *adj* halluzinogen
  ▷ *nm* Halluzinogen *nt*
halo ['alo] *nm (de lumière)* Hof *m*
halogène [alɔʒɛn] *nm*: **lampe (à) ~**
  Halogenlampe *f*
halte ['alt] *nf* Rast *f*; *(escale)* Zwischenstation *f*;
  (Rail) Haltepunkt *m* ▷ *excl* halt; **faire ~** halten
halte-garderie ['altgaʀdəʀi] *(pl* **haltes-garderies)**
  nf Kinderkrippe *f*
haltère [altɛʀ] *nm* Hantel *f*; **faire des ~s**
  Gewichte heben
haltérophile [alteʀɔfil] *nm* Gewichtheber *m*
haltérophilie [alteʀɔfili] *nf* Gewichtheben *nt*
hamac ['amak] *nm* Hängematte *f*
Hambourg ['ɑ̃buʀ] *n* Hamburg *nt*
hambourgeois,e ['ɑ̃buʀʒwa, waz] *adj*
  Hamburger
hamburger ['ɑ̃buʀgœʀ] *nm* Hamburger *m*
hameau,x ['amo] *nm* Weiler *m*
hameçon [amsɔ̃] *nm* Angelhaken *m*; **mordre à
  l'~** anbeißen
hampe ['ɑ̃p] *nf (de drapeau)* Stange *f*; *(de lance)*
  Schaft *m*
hamster ['amstɛʀ] *nm* Hamster *m*
hanche ['ɑ̃ʃ] *nf (Anat)* Hüfte *f*
handball ['ɑ̃dbal] *nm* Handball *m*
handballeur,-euse ['ɑ̃dbalœʀ, øz] *nm/f*
  Handballer(in) *m(f)*
handicap ['ɑ̃dikap] *nm* Handicap *nt*

handicapé,e ['ɑ̃dikape] *adj* behindert ▷ *nm/f*
  Behinderte(r) *f(m)*; **~ mental** geistig Behinderter
  m; **~ moteur** Spastiker *m*; **~ physique**
  Körperbehinderter *m*
handicaper ['ɑ̃dikape] *vt* behindern
hangar ['ɑ̃gaʀ] *nm* Schuppen *m*; *(Aviat)* Hangar *m*,
  Flugzeughalle *f*
hanneton ['antɔ̃] *nm* Maikäfer *m*
Hanovre ['anɔvʀ] *n* Hannover *nt*
hanovrien,ne ['anɔvʀjɛ̃, ɛn] *adj* hannoverisch
hanter ['ɑ̃te] *vt (suj: fantôme)* spuken in +*dat*,
  umgehen in +*dat*; (: *idée, souvenir)* verfolgen, keine
  Ruhe lassen +*dat*
hantise ['ɑ̃tiz] *nf* (übertriebene) Angst *f*
happer ['ape] *vt (avec la bouche)* schnappen; *(suj:
  train, voiture)* erfassen
harangue ['aʀɑ̃g] *nf* feierliche Rede *f*;
  (remontrance) Sermon *m*
haranguer ['aʀɑ̃ge] *vt* eine Rede halten +*dat*;
  (sermonner) eine Strafpredigt halten +*dat*
haras ['aʀɑ] *nm* Gestüt *nt*
harassant,e ['aʀasɑ̃, ɑ̃t] *adj* erschöpfend
harassé,e ['aʀase] *adj* erschöpft; **être ~ de**
  (travail etc) (völlig) überhäuft sein mit
harcèlement ['aʀsɛlmɑ̃] *nm (Mil)* ständige
  Überfälle *pl*; *(fig)* Bedrängen *nt*; **~ sexuel** sexuelle
  Belästigung *pl*
harceler ['aʀsəle] *vt (Mil)* immer wieder
  überfallen; *(Chasse)* unerbittlich jagen; *(fig:
  importuner)* bedrängen; **~ de questions** mit
  Fragen bestürmen
hardes ['aʀd] *(péj) nfpl* (alte) Klamotten *pl*,
  Lumpen *pl*
hardi,e ['aʀdi] *adj (courageux)* kühn, tapfer;
  (décolleté, passage) gewagt; *(style)* kühn
hardiesse ['aʀdjɛs] *nf (courage)* Kühnheit *f*,
  Tapferkeit *f*; *(de style)* Kühnheit; *(péj:* effronterie)
  Unverfrorenheit *f*; **hardiesses** *nfpl* Frechheiten
  pl
hardiment ['aʀdimɑ̃] *adv* tapfer
harem ['aʀɛm] *nm* Harem *m*
hareng ['aʀɑ̃] *nm* Hering *m*; **~ saur**
  Räucherhering *m*, Bückling *m*
hargne ['aʀɲ] *nf* Gehässigkeit *f*
hargneusement ['aʀɲøzmɑ̃] *adv* gehässig
hargneux,-euse ['aʀɲø, øz] *adj* gehässig
haricot ['aʀiko] *nm* Bohne *f*; **~ blanc** weiße
  Bohne; **~ rouge** Kidneybohne *f*; **~ vert** grüne
  Bohne, Stangenbohne *f*
harmonica [aʀmɔnika] *nm* Mundharmonika *f*
harmonie [aʀmɔni] *nf* Harmonie *f*; *(Mus: théorie)*
  Harmonielehre *f*; (: *d'un morceau)* Harmonien *pl*
harmonieusement [aʀmɔnjøzmɑ̃] *adv*
  harmonisch
harmonieux,-euse [aʀmɔnjø, øz] *adj*
  harmonisch
harmonique [aʀmɔnik] *nm (Mus)* Oberton *m*
harmoniser [aʀmɔnize] *vt (morceau de musique)*
  arrangieren; *(couleurs)* aufeinander abstimmen;
  s'harmoniser *vpr* harmonieren
harmonium [aʀmɔnjɔm] *nm* Harmonium *nt*
harnaché,e ['aʀnaʃe] *adj (péj)* aufgetakelt

harnachement ['aʀnaʃmɑ̃] *nm* (*habillement*) Aufmachung f; (*équipement*) Ausrüstung f
harnacher ['aʀnaʃe] *vt* (*cheval*) anschirren
harnais ['aʀnɛ] *nm* Geschirr *nt*
haro ['aʀo] *nm*: **crier ~ sur** wüst beschimpfen
harpe ['aʀp] *nf* Harfe f
harpie ['aʀpi] *nf* Harpyie f
harpiste ['aʀpist] *nm/f* Harfenist(in) *m(f)*
harpon ['aʀpɔ̃] *nm* Harpune f
harponner ['aʀpɔne] *vt* harpunieren; (*fam*) aufhalten
hasard ['azaʀ] *nm* Zufall *m*; **au ~** (*sans but*) auf gut Glück; (*à l'aveuglette*) planlos; **par ~** zufällig; **comme par ~** wie durch Zufall; **à tout ~** (*en cas de besoin*) für alle Fälle; (*en espérant trouver qch*) auf gut Glück
hasarder ['azaʀde] *vt* (*mot, regard*) riskieren; (*vie, fortune*) aufs Spiel setzen; **se ~ à faire qch** es wagen, etw zu tun
hasardeux, -euse ['azaʀdø, øz] *adj* (*entreprise*) riskant; (*hypothèse*) gewagt
haschisch ['aʃiʃ] *nm* Haschisch *nt*
hâte ['at] *nf* Eile f, Hast f; **à la ~** hastig; **en ~** in aller Eile; **j'ai ~ de faire qch** ich kann es nicht abwarten, etw zu tun
hâter ['ate] *vt* beschleunigen; **se hâter** *vpr* sich beeilen; **se ~ de faire qch** schnell etw tun
hâtif, -ive ['atif, iv] *adj* (*travail*) gepfuscht; (*décision*) übereilt; (*fruit, légume*) frühreif
hâtivement ['ativmɑ̃] *adv* (*travailler*) überschnell; (*décider*) übereilt
hauban ['obɑ̃] *nm* (*Naut*) Want f
hausse ['os] *nf* Anstieg *m*; (*de fusil*) Visier *nt*; **en ~** steigend
hausser ['ose] *vt* (*voix*) erheben; **se hausser** *vpr*: **se ~ sur la pointe des pieds** sich auf die Zehenspitzen stellen; **~ les épaules** mit den Schultern zucken; **~ le ton** die Stimme erheben
haut, e ['o, 'ot] *adj* hoch ▷ *adv*: **monter/lever ~** hochsteigen/-heben ▷ *nm* (*d'un objet*) oberer Teil *m*; (*d'un arbre*) Wipfel *m*; **~ de 2 m/5 étages** 2 m/5 Stockwerke hoch; **en ~e montagne** im Hochgebirge; **en ~ lieu** an höchster Stelle; **à ~e voix** mit lauter Stimme; **tout ~** laut; **un personnage ~ en couleur** eine sehr schillernde Persönlichkeit; **un mur de 3 m de ~** eine 3 m hohe Mauer; **des ~s et des bas** Höhen und Tiefen *pl*; **du ~ de ... von ... herab**; **tomber de ~** von oben herunterfallen; (*fig*) tief fallen; **prendre qch de (très) ~** auf etw *acc* hochmütig reagieren; **traiter qn de ~** jdn von oben herab behandeln; **de ~ en bas** (*regarder*) von oben bis unten; (*lire*) von Anfang bis Ende; (*frapper*) von oben nach unten; **en ~** oben; (*mouvement*) nach oben; **en ~ de** auf +*dat*; (*mouvement*) auf +*acc*; **dire qch bien ~** etw laut sagen; **plus ~** höher; (*position, aussi dans un texte*) weiter oben; (*parler*) lauter; **~ les mains!** Hände hoch!; **~e couture** Haute Couture f; **~e fidélité** High Fidelity f; **~e finance** Hochfinanz f; **~e trahison** Hochverrat *m*
hautain, e ['otɛ̃, ɛn] *adj* hochmütig
hautbois ['obwa] *nm* Oboe f
hautboïste ['oboist] *nm/f* Oboist(in) *m(f)*
haut-débit ['odebi] (*Inform*) Breitband *nt*
haut-de-forme ['odfɔʀm] (*pl* **hauts-de-forme**) *nm* Zylinder *m*
haute-contre ['otkɔ̃tʀ] (*pl* **hautes-contre**) *nf* Kontratenor *m*
hautement ['otmɑ̃] *adv* (*très*) höchst
hauteur ['otœʀ] *nf* Höhe f; (*arrogance*) Hochmut *m*; **à ~ de** auf der Höhe von; **à ~ des yeux** in Augenhöhe; **être à la ~** auf der gleichen Höhe liegen wie; (*fig*) gewachsen sein +*dat*; **à la ~** (*fig*) der Situation gewachsen
haut-fond ['ofɔ̃] (*pl* **hauts-fonds**) *nm* Untiefe f
haut-fourneau ['ofuʀno] (*pl* **hauts-fourneaux**) *nm* Hochofen *m*
haut-le-cœur ['olkœʀ] *nm inv* Würgen *nt*, Brechreiz *m*
haut-le-corps ['olkɔʀ] *nm inv* Aufschrecken *nt*, Auffahren *nt*
haut-parleur ['opaʀlœʀ] (*pl* **~s**) *nm* Lautsprecher *m*
hauturier, -ière ['otyʀje, jɛʀ] *adj* (*navigation*) Hochsee-
Havane ['avan] *nf*: **la ~** Havanna *nt* ▷ *nm* (*cigare*) Havanna f
hâve ['av] *adj* hager
havrais, e ['avʀɛ, ɛz] *adj* aus Le Havre ▷ *nm/f*: **Havrais, e** Einwohner(in) *m(f)* von Le Havre
havre ['avʀ] *nm* (*fig*) Oase f
havresac ['avʀəsak] *nm* Rucksack *m*
Haye ['ɛ] *n*: **La ~** Den Haag *nt*
hayon ['ɛjɔ̃] *nm* (*Auto*) Hecktür f
HCR [aʃseɛʀ] *sigle m* (= *Haut-Commissariat des Nations unies pour les réfugiés*) UN-Flüchtlingskommissariat f
hé ['e] *excl* he
hebdo [ɛbdo] (*fam*) *nm* Wochenzeitschrift f
hebdomadaire [ɛbdɔmadɛʀ] *adj* wöchentlich ▷ *nm* (*journal*) Wochenzeitschrift f
hébergement [ebɛʀʒəmɑ̃] *nm* (*logement*) Beherbergen *nt*, Aufnahme f
héberger [ebɛʀʒe] *vt* (bei sich) aufnehmen, beherbergen
hébergeur [ebɛʀʒœʀ] *nm* (*Inform*) Host *m*
hébété, e [ebete] *adj* benommen
hébétude [ebetyd] *nf* Benommenheit f
hébraïque [ebʀaik] *adj* hebräisch
hébreu, x [ebʀø] *adj* hebräisch ▷ *nm* (*Ling*) Hebräisch *nt*
HEC ['aʃese] *sigle fpl* (= *École des hautes études commerciales*) Eliteschule für Betriebswirte
hécatombe [ekatɔ̃b] *nf* Blutbad *nt*
hectare [ɛktaʀ] *nm* Hektar *nt* ou *m*
hecto [ɛkto] *préf* hekto-
hédoniste [edɔnist] *adj* hedonistisch
hégémonie [eʒemɔni] *nf* Vorherrschaft f
hein ['ɛ̃] *excl*: **~?** (*comment?*) wie (bitte)?, was?; **tu m'approuves, ~?** du bist doch einverstanden, oder?; **Paul est venu, ~?** Paul ist gekommen, oder?; **que fais-tu, ~?** was machst du jetzt, na?
hélas ['elɑs] *excl* ach; **~ non/oui!** leider nicht/leider!

héler ['ele] *vt* herbeirufen
hélice [elis] *nf* (*de bateau*) Schiffsschraube *f*;
(*d'avion*) Propeller *m*; **escalier en ~** Wendeltreppe *f*
hélicoïdal, e, -aux [elikɔidal, o] *adj*
schneckenförmig
hélicoptère [elikɔptɛʀ] *nm* Hubschrauber *m*
hélio(gravure) [eljɔgʀavyʀ] *nf* Heliogravüre *f*
héliomarin, e [eljɔmaʀɛ̃, in] *adj*: **centre ~**
Seekurort *m*
héliotrope [eljɔtʀɔp] *nm* Heliotrop *nt*
héliport [elipɔʀ] *nm* Hubschrauberlandeplatz *m*
héliporté, e [elipɔʀte] *adj* per Hubschrauber
befördert
hélium [eljɔm] *nm* Helium *nt*
hellébore [e(ɛl)lebɔʀ] *nm* Nieswurz *f*
hellénique [elenik] *adj* hellenisch
helléniste [elenist] *nm/f* Hellenist(in) *m(f)*
Helsinki [ɛlzinki] *n* Helsinki *nt*
helvète [ɛlvɛt] *adj* helvetisch ▷ *nm/f*: **H~**
Helvetier(in) *m(f)*
Helvétie [ɛlvesi] *nf*: **l'~** Helvetien *nt*
helvétique [ɛlvetik] *adj* schweizerisch
hématologie [ematɔlɔʒi] *nf* Hämatologie *f*
hématome [ematom] *nm* Bluterguss *m*
hémicycle [emisikl] *nm* Halbkreis *m*; **l'~** (*Pol*) *das*
französische Parlament
hémiplégie [emipleʒi] *nf* halbseitige Lähmung *f*
hémisphère [emisfɛʀ] *nm*: **~ nord/sud**
nördliche/südliche Hemisphäre *f ou* Halbkugel *f*
hémisphérique [emisferik] *adj* halbkugelförmig
hémoglobine [emɔglɔbin] *nf* Hämoglobin *nt*
hémophile [emɔfil] *adj* bluterkrank; **il est ~** er
ist Bluter
hémophilie [emɔfili] *nf* Bluterkrankheit *f*
hémorragie [emɔʀaʒi] *nf* starke Blutung *f*;
~ cérébrale Gehirnblutung *f*; **~ interne** innere
Blutung
hémorroïdes [emɔʀɔid] *nfpl* Hämorr(ho)iden *pl*
hémostatique [emɔstatik] *adj* blutstillend
henné ['ene] *nm* Henna *f*
hennir ['eniʀ] *vi* wiehern
hennissement ['enismã] *nm* Wiehern *nt*
hep ['ɛp] *excl* he
hépatique [epatik] *adj* Leber-
hépatite [epatit] *nf* Hepatitis *f*
héraldique [eʀaldik] *nf* Heraldik *f*
herbacé, e [ɛʀbase] *adj* (*Bot*) krautig
herbage [ɛʀbaʒ] *nm* Weide *f*
herbe [ɛʀb] *nf* Gras *nt*; (*Culin, Méd*) Kraut *nt*; **en ~**
unreif; (*fig*) angehend
herbeux, -euse [ɛʀbø, øz] *adj* grasbestanden
herbicide [ɛʀbisid] *nm*
Unkrautvertilgungsmittel *nt*
herbier [ɛʀbje] *nm* Herbarium *nt*
herbivore [ɛʀbivɔʀ] *nm* Pflanzenfresser *m*
herboriser [ɛʀbɔʀize] *vi* botanisieren
herboriste [ɛʀbɔʀist] *nm/f* Naturheilkundige(r)
f(m)
herboristerie [ɛʀbɔʀistʀi] *nf* (*magasin*)
Naturheilladen *m*
herculéen, ne [ɛʀkyleɛ̃, ɛn] *adj* (*fig*) Riesen-
hère ['ɛʀ] *nm*: **pauvre ~** armer Teufel *m*

héréditaire [eʀediteʀ] *adj* erblich
hérédité [eʀedite] *nf* Vererbung *f*
hérésie [eʀezi] *nf* Ketzerei *f*
hérétique [eʀetik] *nm/f* Ketzer(in) *m(f)*
hérissé, e ['eʀise] *adj* (*poil, cheveux*) borstig,
struppig; **~ de** (*piquants, clous*) gespickt mit;
(*pièges, difficultés*) voller
hérisser ['eʀise] *vt*: **~ qn** (*fig*) jdn aufbringen; **se**
hérisser *vpr* (*poils*) sich sträuben
hérisson ['eʀisɔ̃] *nm* Igel *m*
héritage [eʀitaʒ] *nm* Erbschaft *f*; (*fig: culturel,*
politique) Erbe *nt*; (*legs*) Vermächtnis *nt*; **faire un**
(petit) ~ eine (kleine) Erbschaft machen
hériter [eʀite] *vi*: **~ de qch** etw erben; **~ qch de**
qn etw von jdm erben; **~ de qn** jdn beerben
héritier, -ière [eʀitje, jɛʀ] *nm/f* Erbe *m*, Erbin *f*
hermaphrodite [ɛʀmafʀɔdit] *nm* Zwitter *m*
hermétique [ɛʀmetik] *adj* (*à l'air*) luftdicht; (*à*
l'eau) wasserdicht; (*visage*) verschlossen; (*écrivain,*
style) schwer zugänglich
hermétiquement [ɛʀmetikmã] *adv* (*à l'air*)
luftdicht; (*à l'eau*) wasserdicht
hermine [ɛʀmin] *nf* Hermelin *nt*
hernie ['ɛʀni] *nf* Bruch *m*
héroïne [eʀɔin] *nf* Heldin *f*; (*drogue*) Heroin *nt*
héroïnomane [eʀɔinɔman] *nm/f*
Heroinsüchtige(r) *f(m)*
héroïque [eʀɔik] *adj* heldenhaft, heroisch
héroïquement [eʀɔikmã] *adv* heldenhaft
héroïsme [eʀɔism] *nm* Heldentum *nt*
héron ['eʀɔ̃] *nm* Reiher *m*
héros ['eʀo] *nm* Held *m*
herpès [ɛʀpɛs] *nm* Herpes *m*
herse ['ɛʀs] *nf* (*Agr*) Egge *f*; (*de château*) Fallgitter *nt*
hertz [ɛʀts] *nm* Hertz *nt*
hertzien, ne [ɛʀtsjɛ̃, ɛn] *adj* elektromagnetisch
hésitant, e [ezitã, ãt] *adj* zögernd
hésitation [ezitasjɔ̃] *nf* Zögern *nt*
hésiter [ezite] *vi* zögern; **~ à faire qch** zögern,
etw zu tun; **sans ~** ohne Zögern; **~ sur qch**
unschlüssig sein über +*acc*; **~ entre** schwanken
zwischen +*dat*
hétéro [eteʀo] *adj inv* = **hétérosexuel**
hétéroclite [eteʀoklit] *adj* (*ensemble*) heterogen;
(*objets*) zusammengewürfelt
hétérogène [eteʀoʒɛn] *adj* heterogen
hétérosexuel, le [eteʀosɛkɥɛl] *adj* heterosexuell
hêtre ['ɛtʀ] *nm* Buche *f*
heure [œʀ] *nf* Stunde *f*; (*Scol*) (Schul)stunde *f*;
(*moment*) Zeit *f*; **c'est l'~** es ist Zeit; **quelle - est-**
il? wie viel Uhr ist es?, wie spät ist es?; **pourriez-**
vous me donner l'~, s'il vous plaît? können Sie
mir bitte sagen, wie spät es ist?; **2 ~s (du matin)**
2 Uhr (morgens); **être à l'~** pünktlich sein;
(*montre*) richtig gehen; **mettre à l'~** stellen; **100**
km à l'~ 100 Stundenkilometer; **à toute ~** den
ganzen Tag (lang); **24 ~s sur 24** 24 Stunden am
Tag, rund um die Uhr; **à l'~ qu'il est** im
Augenblick; **sur l'~** sofort; **pour l'~** im
Augenblick; **d'~ en ~, d'une ~ à l'autre** von
einer Stunde zur anderen; **de bonne ~**
frühzeitig; **à l'~ actuelle** gegenwärtig; **~ d'été**

Sommerzeit *f*; **~ de pointe** Hauptverkehrszeit *f*;
~ locale Ortszeit *f*; **~s de bureau** Bürozeiten *pl*,
Bürostunden *pl*; **~s supplémentaires**
Überstunden *pl*

heureusement [œʀøzmɑ̃] *adv* glücklicherweise;
~ qu'il est parti glücklicherweise ist er
gegangen

heureux, -euse [œʀø, øz] *adj* glücklich; *(nature,
caractère)* fröhlich; **être ~ de qch/faire qch** sich
über etw freuen/sich darüber freuen, etw zu tun;
être ~ que glücklich sein, dass; **s'estimer ~ de
qch** sich über etw *acc* glücklich schätzen; **encore
~ que** ein Glück, dass

heurt [ˈœʀ] *nm (choc)* Zusammenstoß *m*; **heurts**
nmpl (désaccord) Reibereien *pl*

heurté, e [ˈœʀte] *adj (style, discours)* sprunghaft;
(couleurs) sich beißend

heurter [ˈœʀte] *vt (mur, porte)* stoßen gegen;
(personne) zusammenstoßen mit; (: *fig)* verletzen;
se heurter *vpr* sich stoßen; *(voitures, personnes)*
zusammenstoßen; *(couleurs, tons)* nicht
zusammenpassen, sich beißen; **se ~ à** *(fig)*
stoßen auf *+acc*; **~ qn de front** frontal mit jdm
zusammenstoßen

heurtoir [ˈœʀtwaʀ] *nm* Türklopfer *m*

hévéa [evea] *nm* Hevea *f*

hexagonal, e, -aux [ɛgzagɔnal, o] *adj*
sechseckig; *(français)* französisch

hexagone [ɛgzagɔn] *nm* Sechseck *nt*; **l'H~** *(la
France)* Frankreich *nt (wegen seiner annähernd
sechseckigen Form)*

HF [ˈaʃɛf] *sigle f* (= *haute fréquence*) HF

hiatus [ˈjatys] *nm* Hiatus *m*

hibernation [ibɛʀnasjɔ̃] *nf* Winterschlaf *m*

hiberner [ibɛʀne] *vi* Winterschlaf halten

hibiscus [ibiskys] *nm* Hibiskus *m*

hibou, x [ˈibu] *nm* Eule *f*

hic [ˈik] *(fam) nm* Haken *m*

hideusement [ˈidøzmɑ̃] *adv* abscheulich

hideux, -euse [ˈidø, øz] *adj* abscheulich

hier [jɛʀ] *adv* gestern; **~ matin/soir/midi** gestern
Morgen/Abend/Mittag; **toute la journée d'~**
den ganzen gestrigen Tag lang

hiérarchie [ˈjeʀaʀʃi] *nf* Hierarchie *f*

hiérarchique [ˈjeʀaʀʃik] *adj* hierarchisch

hiérarchiquement [ˈjeʀaʀʃikmɑ̃] *adv*
hierarchisch

hiérarchisation [ˈjeʀaʀʃizasjɔ̃] *nf* hierarchische
Organisation *f*

hiérarchiser [ˈjeʀaʀʃize] *vt* hierarchisch
organisieren

hiéroglyphe [ˈjeʀɔglif] *nm* Hieroglyphe *f*

hiéroglyphique [ˈjeʀɔglifik] *adj* hieroglyphisch

hi-fi [ˈifi] *nf inv* Hi-Fi *nt*

hilarant, e [ilaʀɑ̃, ɑ̃t] *adj (amusant)* sehr komisch

hilare [ilaʀ] *adj* grinsend

hilarité [ilaʀite] *nf* Heiterkeit *f*

Himalaya [imalaja] *nm*: **l'~** der Himalaja

himalayen, ne [imalajɛ̃, ɛn] *adj* Himalaja-

hindou, e [ɛ̃du] *adj* Hindu-; *(indien)* indisch
▷ *nm/f*: **Hindou, e** *(Indien)* Inder(in) *m(f)*; *(croyant)*
Hindu *m*

hindouisme [ɛ̃duism] *nm* Hinduismus *m*

hippie [ˈipi] *adj* Hippie- ▷ *nm/f* Hippie *m*

hippique [ipik] *adj* Pferde-

hippisme [ipism] *nm* Pferdesport *m*

hippocampe [ipɔkɑ̃p] *nm* Seepferdchen *nt*

hippodrome [ipɔdʀom] *nm* Hippodrom *nt*

hippophagique [ipɔfaʒik] *adj*: **boucherie ~**
Pferdemetzgerei *f*

hippopotame [ipɔpɔtam] *nm* Nilpferd *nt*

hirondelle [iʀɔ̃dɛl] *nf* Schwalbe *f*

hirsute [iʀsyt] *adj (personne, tête)* strubbelig;
(barbe) struppig

hispanique [ispanik] *adj* hispanisch

hispaniste [ispanist] *nm/f* Hispanist(in) *m(f)*

hisser [ˈise] *vt* hissen; **se ~ sur** sich hochziehen
auf *+acc*

histoire [istwaʀ] *nf* Geschichte *f*; **histoires** *nfpl*
(chichis) Theater *nt*; *(ennuis)* Scherereien *pl*, Ärger
m; **l'~ de France** die französische Geschichte; **l'~
sainte** die biblische Geschichte

histologie [istɔlɔʒi] *nf* Histologie *f*

historien, ne [istɔʀjɛ̃, ɛn] *nm/f* Historiker(in) *m(f)*

historiographe [istɔʀjɔgʀaf] *nm*
Geschichtsschreiber *m*

historique [istɔʀik] *adj* historisch ▷ *nm*: **faire l'~
de** den Hintergrund geben zu

historiquement [istɔʀikmɑ̃] *adv* historisch

hit-parade [ˈitpaʀad] *(pl* **~s**) *nm* Hitparade *f*

hiver [ivɛʀ] *nm* Winter *m*; **en ~** im Winter

hivernal, e, -aux [ivɛʀnal, o] *adj* winterlich,
Winter-

hivernant, e [ivɛʀnɑ̃, ɑ̃t] *nm/f* Wintergast *m*

hiverner [ivɛʀne] *vi* überwintern

HLM [ˈaʃɛlɛm] *sigle m ou f* (= *habitation à loyer modéré*)
≈ Sozialwohnung *f*

hobby [ˈɔbi] *nm* Hobby *nt*

hobereau [ˈɔbʀo] *nm (petit seigneur)* Gutsherr *m*

hochement [ˈɔʃmɑ̃] *nm*: **~ de tête** *(v vt)* Nicken *nt*;
Kopfschütteln *nt*

hocher [ˈɔʃe] *vt*: **~ la tête** mit dem Kopf nicken;
(signe négatif ou dubitatif) den Kopf schütteln

hochet [ˈɔʃe] *nm (jouet)* Rassel *f*

hockey [ˈɔke] *nm*: **~ sur glace/gazon** Eishockey
nt/Feldhockey *nt*

hockeyeur, -euse [ˈɔkɛjœʀ, øz] *nm/f*
Hockeyspieler(in) *m(f)*; *(sur glace)*
Eishockeyspieler(in) *m(f)*

holà [ˈɔlaˈ ɔla] *nm*: **mettre le ~ à qch** einer
Sache *dat* ein Ende setzen

holding [ˈɔldiŋ] *nm* Holding(gesellschaft *f*) *nt*

hold-up [ˈɔldœp] *nm inv* Raubüberfall *m*

hollandais, e [ˈɔlɑ̃dɛ, ɛz] *adj* holländisch ▷ *nm*
(Ling) Holländisch *nt* ▷ *nm/f*: **Hollandais, e**
Holländer(in) *m(f)*

Hollande [ˈɔlɑ̃d] *nf*: **la ~** Holland *nt*

hollande [ˈɔlɑ̃d] *nm (fromage)* Holländer (Käse) *m*

holocauste [ɔlɔkost] *nm* Holocaust *m*

hologramme [ɔlɔgʀam] *nm* Hologramm *nt*

homard [ˈɔmaʀ] *nm* Hummer *m*

homélie [ɔmeli] *nf* Predigt *f*

homéopathe [ɔmeɔpat] *nm/f* Homöopath(in) *m(f)*

homéopathie [ɔmeɔpati] *nf* Homöopathie *f*

homéopathique [ɔmeɔpatik] *adj* homöopathisch
homérique [ɔmeʀik] *adj* homerisch
homicide [ɔmisid] *nm* Mord *m*; ~ **involontaire** Totschlag *m*
hommage [ɔmaʒ] *nm* Huldigung *f*; **présenter ses ~s à qn** jdn grüßen; **rendre ~ à qn** jdm huldigen
homme [ɔm] *nm* (*individu*) Mann *m*; (*espèce*) Mensch *m*; **l'~ de la rue** der Mann auf der Straße; ~ **d'affaires** Geschäftsmann *m*; ~ **d'État** Staatsmann *m*; ~ **de loi** Jurist *m*; ~ **de main** Handlanger *m*; ~ **de paille** Strohmann *m*; ~ **des cavernes** Höhlenmensch *m*
homme-grenouille [ɔmgʀənuj] (*pl* **hommes-grenouilles**) *nm* Froschmann *m*
homme-orchestre [ɔmɔʀkɛstʀ] (*pl* **hommes-orchestres**) *nm* Einmannband *f*
homme-sandwich [ɔmsɑ̃dwitʃ] (*pl* **hommes-sandwichs**) *nm* Plakatträger *m*
homo [ɔmo] (*fam*) *abr adj, nm* = **homosexuel**
homogène [ɔmɔʒɛn] *adj* homogen
homogénéisé, e [ɔmɔʒeneize] *adj* homogenisiert
homogénéité [ɔmɔʒeneite] *nf* Homogenität *f*
homologation [ɔmɔlɔgasjɔ̃] *nf* (*v homologuer*) Bestätigung *f*; Anerkennung *f*
homologue [ɔmɔlɔg] *nm/f* Gegenstück *nt*
homologué, e [ɔmɔlɔge] *adj* (*Sport*) offiziell anerkannt; (*tarif*) genehmigt
homologuer [ɔmɔlɔge] *vt* (*Jur*) sanktionieren, bestätigen; (*Sport*) offiziell anerkennen
homonyme [ɔmɔnim] *nm* (*Ling*) Homonym *nt*; (*d'une personne*) Namensvetter *m*, Namensschwester *f*
homosexualité [ɔmɔsɛksɥalite] *nf* Homosexualität *f*
homosexuel, le [ɔmɔsɛksɥɛl] *adj* homosexuell ▷ *nm/f* Homosexuelle(r) *f(m)*
Honduras ['ɔ̃dyʀas] *nm*: **le ~** Honduras *nt*
Hong-Kong ['ɔ̃gkɔ̃] *n* Hongkong *nt*
hongre ['ɔ̃gʀ] *adj* (*cheval*) kastriert ▷ *nm* (*cheval*) Wallach *m*
Hongrie ['ɔ̃gʀi] *nf*: **la ~** Ungarn *nt*
hongrois, e ['ɔ̃gʀwa, waz] *adj* ungarisch ▷ *nm* (*Ling*) Ungarisch *nt* ▷ *nm/f*: **Hongrois, e** Ungar(in) *m(f)*
honnête [ɔnɛt] *adj* ehrlich; (*juste, satisfaisant*) anständig, zufriedenstellend
honnêtement [ɔnɛtmɑ̃] *adv* (*v adj*) ehrlich, anständig
honnêteté [ɔnɛtte] *nf* Ehrlichkeit *f*
honneur [ɔnœʀ] *nm* Ehre *f*; (*considération*) Ehrung *f*; **honneurs** *nmpl* (*marques de distinction*) Ehrungen *pl*; **l'~ lui revient** ihm kommt die Ehre zu; **à qui ai-je l'~?** mit wem habe ich die Ehre?; **cela me/te fait** ~ das ehrt mich/dich; **j'ai l'~ de ...** ich habe die große Ehre, ...; **en l'~ de** zu Ehren von; **faire ~ à** (*engagements*) einhalten; (*famille, professeur*) Ehre machen +*dat*; (*repas etc*) zu würdigen wissen; **être à l'~** den Ehrenplatz einnehmen; **être en ~** in Mode sein; **membre**

d'~ Ehrenmitglied *nt*; **table d'~** Ehrentisch *m*
honorable [ɔnɔʀabl] *adj* (*personne*) ehrenhaft; (*suffisant*) zufriedenstellend, anständig
honorablement [ɔnɔʀabləmɑ̃] *adv* (*v adj*) ehrenhaft; zufriedenstellend
honoraire [ɔnɔʀɛʀ] *adj* ehrenamtlich; **honoraires** *nmpl* Honorar *nt*; **professeur ~** emeritierter Professor *m*
honorer [ɔnɔʀe] *vt* (*adorer*) verehren; (*estimer*) schätzen; (*faire honneur à*) Ehre machen +*dat*; (*Comm*) einlösen, bezahlen; **s'honorer** *vpr*: **s'~ de** sich rühmen +*gén*; ~ **qn de** jdn beehren mit
honorifique [ɔnɔʀifik] *adj* Ehren-
honte ['ɔ̃t] *nf* Schande *f*; **avoir ~ de** sich schämen +*gén*; **faire ~ à qn** jdm Schande machen
honteusement ['ɔ̃tøzmɑ̃] *adv* schändlich
honteux, -euse ['ɔ̃tø, øz] *adj* (*personne*) beschämt; (*conduite, acte*) schändlich
hôpital, -aux [ɔpital, o] *nm* Krankenhaus *nt*
hoquet ['ɔkɛ] *nm* Schluckauf *m*; **avoir le ~** (einen) Schluckauf haben
hoqueter ['ɔkte] *vi* (einen) Schluckauf haben
horaire [ɔʀɛʀ] *adj* Stunden- ▷ *nm* (*emploi du temps*) Zeitplan *m*; (*Scol*) Stundenplan *m*; (*de transports*) Fahrplan *m*; (*Aviat*) Flugplan *m*; **horaires** *nmpl* (*heures de travail*) Arbeitszeit *f*; ~ **à la carte** *ou* **flexible** *ou* **mobile** Gleitzeit *f*
horde ['ɔʀd] *nf* Horde *f*
horizon [ɔʀizɔ̃] *nm* Horizont *m*; (*paysage*) Landschaft *f*; **horizons** *nmpl* Horizonte *pl*; **sur l'~** am Horizont
horizontal, e, -aux [ɔʀizɔ̃tal, o] *adj* horizontal ▷ *nf*: **à l'~e** in der Horizontale
horizontalement [ɔʀizɔ̃talmɑ̃] *adv* horizontal
horloge [ɔʀlɔʒ] *nf* Uhr *f*; ~ **normande** Standuhr *f*; ~ **parlante** Zeitansage *f*
horloger, -ère [ɔʀlɔʒe, ɛʀ] *nm/f* Uhrmacher(in) *m(f)*
horlogerie [ɔʀlɔʒʀi] *nf* (*industrie*) Uhrenindustrie *f*; (*magasin*) Uhrengeschäft *nt*; **pièces d'~** Uhrteile *pl*
hormis ['ɔʀmi] *prép* außer +*dat*
hormonal, e, -aux [ɔʀmɔnal, o] *adj* hormonell
hormone [ɔʀmɔn] *nf* Hormon *nt*
horodaté, e [ɔʀɔdate] *adj* (*ticket*) mit Zeitangabe; (*stationnement*) mit Parkticket
horodateur, -trice [ɔʀɔdatœʀ, tʀis] *adj* (*appareil*) mit Zeitstempel ▷ *nm* Automat *m* mit Zeitstempel
horoscope [ɔʀɔskɔp] *nm* Horoskop *nt*
horreur [ɔʀœʀ] *nf* Entsetzen *nt*; (*objet*) Abscheulichkeit *f*; **l'~ d'une action/d'une scène** die Entsetzlichkeit einer Tat/einer Szene; **quelle ~!** wie entsetzlich!; **avoir ~ de qch** etw verabscheuen; **cela me fait ~** das widert mich an
horrible [ɔʀibl] *adj* (*épouvantable*) schrecklich, grauenhaft; (*laid*) grässlich
horriblement [ɔʀibləmɑ̃] *adv* schrecklich, grauenhaft; (*extrêmement*) furchtbar
horrifiant, e [ɔʀifjɑ̃, ɑ̃t] *adj* entsetzlich
horrifier [ɔʀifje] *vt* entsetzen
horrifique [ɔʀifik] *adj* entsetzlich

horripilant, e [ɔʀipilã, ãt] *adj* nervtötend
horripiler [ɔʀipile] *vt* zur Verzweiflung bringen
hors ['ɔʀ] *prép* (*sauf*) außer +*dat*; ~ **de** außerhalb
von; ~ **de propos** unpassend; **être** ~ **de soi**
außer sich *dat* sein; ~ **d'usage** defekt; ~ **ligne**
außergewöhnlich; (*Inform*) offline; ~ **pair**
außerordentlich; ~ **série** (*sur mesure*) nach Maß;
(*exceptionnel*) außergewöhnlich; ~ **service** außer
Betrieb
hors-bord ['ɔʀbɔʀ] *nm inv* Außenborder *m*
hors-concours ['ɔʀkɔ̃kuʀ] *adj inv* außer
Konkurrenz
hors-d'œuvre ['ɔʀdœvʀ] *nm inv* Vorspeise *f*,
Horsd'œuvre *nt*
hors-jeu ['ɔʀʒø] *nm inv* Abseits *nt*
hors-la-loi ['ɔʀlalwa] *nm inv* Geächteter *m*
hors-piste(s) ['ɔʀpist] *nm inv* (*Ski*) Skilaufen *nt*
abseits der Pisten
hors-taxe [ɔʀtaks] *adj* (*article, boutique*) zollfrei;
(*prix*) ohne Zoll
hors-texte ['ɔʀtɛkst] *nm inv* Tafel *f*
hortensia [ɔʀtãsja] *nm* Hortensie *f*
horticole [ɔʀtikɔl] *adj* Gartenbau-
horticulteur, -trice [ɔʀtikyltœʀ, tʀis] *nm/f*
Gärtner(in) *m(f)*
horticulture [ɔʀtikyltyʀ] *nf* Gartenbau *m*
hospice [ɔspis] *nm* (*de vieillards*) Heim *nt*; (*asile*)
Hospiz *nt*
hospitalier, -ière [ɔspitalje, jɛʀ] *adj* (*accueillant*)
gastfreundlich; (*Méd*) Krankenhaus-
hospitalisation [ɔspitalizasjɔ̃] *nf* Einweisung *f*
ins Krankenhaus
hospitaliser [ɔspitalize] *vt* ins Krankenhaus
einweisen
hospitalité [ɔspitalite] *nf* (*accueil*)
Gastfreundschaft *f*; **offrir l'~ à qn** jdn bewirten
hostie [ɔsti] *nf* Hostie *f*
hostile [ɔstil] *adj* feindselig; ~ **à** gegen +*acc*
hostilité [ɔstilite] *nf* Feindseligkeit *f*; **hostilités**
nfpl Feindseligkeiten *pl*
hôte [ot] *nm* (*maître de maison*) Gastgeber *m* ▷ *nm/f*
(*invité*) Gast *m*; (*client*) Kunde(-in) *m(f)*; (*fig:
occupant*) Bewohner(in) *m(f)*; ~ **payant** zahlender
Gast
hôtel [otɛl] *nm* Hotel *nt*; ~ **de ville** Rathaus *nt*;
~ **(particulier)** Villa *f*
hôtelier, -ière [otəlje, jɛʀ] *adj* Hotel- ▷ *nm/f*
Hotelier *m*
hôtellerie [otɛlʀi] *nf* (*profession*) Hotelgewerbe *nt*;
(*auberge*) Gasthaus *nt*
hôtesse [otɛs] *nf* (*maîtresse de maison*) Gastgeberin
f; (*dans une agence, une foire*) Hostess *f*; ~ **d'accueil**
Hostess *f*; ~ **de l'air** Stewardess *f*
hotte ['ɔt] *nf* (*panier*) Kiepe *f*; (*de cheminée*)
Abzugshaube *f*; ~ **aspirante** Dunstabzugshaube *f*
houblon ['ublɔ̃] *nm* Hopfen *m*
houe ['u] *nf* Hacke *f*
houille ['uj] *nf* Kohle *f*; ~ **blanche** Wasserkraft *f*
houiller, -ère ['uje, ɛʀ] *adj* Kohle-; (*terrain*) Kohle
führend ▷ *nf* (*mine*) Kohlebergwerk *nt*
houle ['ul] *nf* Dünung *f*
houlette ['ulɛt] *nf:* **sous la ~ de** unter der

Führung von
houleux, -euse ['ulø, øz] *adj* (*mer*) wogend,
unruhig; (*fig*) erregt
houppe ['up] *nf* (*cheveux*) Büschel *nt*; (*pour la poudre*)
Puderquaste *f*
houppette ['upɛt] *nf* (*pour la poudre*) Puderquaste *f*
hourra ['uʀa] *excl* hurra ▷ *nm* Hurra *nt*
houspiller ['uspije] *vt* ausschimpfen
housse ['us] *nf* Bezug *m*; (*pour protéger
temporairement*) Schonbezug *m*; ~ **penderie**
Kleidersack *m*
houx ['u] *nm* Stechpalme *f*
HS [aʃɛs] *abr* (= *hors service*) *voir* **hors**
H.T. ['aʃte] *abr* = **hors-taxe**
hublot ['yblo] *nm* (*Naut*) Bullauge *nt*; (*Aviat*)
Fenster *nt*
huche ['yʃ] *nf:* ~ **à pain** Brotkasten *m*
huées ['ɥe] *nfpl* Buhrufe *pl*
huer ['ɥe] *vt* ausbuhen ▷ *vi* (*hibou etc*) rufen
huile [ɥil] *nf* Öl *nt*; (*toile*) Ölgemälde *nt*; (*fam:
personne importante*) hohe(s) Tier *nt*; **mer d'~**
spiegelglatte See *f*; **faire tache d'~** sich
ausbreiten; ~ **d'arachide** Erdnussöl *nt*; ~ **de foie
de morue** Lebertran *m*; ~ **de ricin** Rizinusöl *nt*;
~ **de table** Salatöl *nt*; ~ **essentielle** ätherisches Öl;
~ **solaire** Sonnenöl *nt*
huiler [ɥile] *vt* ölen
huilerie [ɥilʀi] *nf* (*usine*) Ölmühle *f*
huileux, -euse [ɥilø, øz] *adj* ölig
huilier [ɥilje] *nm* Essig- und Ölflaschen *pl*
huis [ɥi] *nm:* **à ~ clos** unter Ausschluss der
Öffentlichkeit
huissier [ɥisje] *nm* Amtsdiener *m*; (*Jur*)
≈ Gerichtsvollzieher *m*
huit ['ɥi(t)] *num* acht; **dans ~ jours** in acht Tagen,
in einer Woche; **samedi en ~** Samstag in einer
Woche, Samstag in acht Tagen
huitaine ['ɥitɛn] *nf:* **une ~ de** ungefähr acht;
une ~ de jours etwa eine Woche *ou* acht Tage
huitante ['ɥitãt] *num* (*Suisse*) achtzig
huitième ['ɥitjɛm] *num* achte(r, s) ▷ *nm* Achtel *nt*
huître [ɥitʀ] *nf* Auster *f*
hululement ['ylylmã] *nm* Schreien *nt*
hululer ['ylyle] *vi* schreien
humain, e [ymɛ̃, ɛn] *adj* (*d'homme*) menschlich;
(*compatissant*) human ▷ *nm* Mensch *m*,
menschliches Wesen *nt*
humainement [ymɛnmã] *adv* (*v adj*) menschlich;
human
humanisation [ymanizasjɔ̃] *nf* Humanisierung *f*
humaniser [ymanize] *vt* humanisieren,
menschlicher machen
humaniste [ymanist] *nm/f* Humanist(in) *m(f)*
humanitaire [ymanitɛʀ] *adj* humanitär
humanitarisme [ymanitaʀism] *nm*
Humanitarismus *m*
humanité [ymanite] *nf* Menschheit *f*; (*sensibilité*)
Menschlichkeit *f*
humanoïde [ymanɔid] *nm/f* menschenähnliches
Wesen *nt*
humble [œ̃bl] *adj* bescheiden
humblement [œ̃bləmã] *adv* bescheiden

humecter [ymɛkte] vt anfeuchten; **s'humecter**
vpr: **s'~ les lèvres** sich dat die Lippen anfeuchten
humer ['yme] vt einatmen
humérus [ymɛʀys] nm Oberarmknochen m
humeur [ymœʀ] nf (momentanée) Laune f,
Stimmung f; (irritation) schlechte Laune;
(tempérament) Wesen nt; **être de mauvaise/
bonne ~** schlechte/gute Laune haben; **cela m'a
mis de mauvaise/bonne ~** das hat mir die Laune
verdorben/mir die Stimmung gebessert; **être
d'~ à faire qch** in der Stimmung sein, etw zu tun
humide [ymid] adj feucht; (terre, route) nass;
(saison) regnerisch
humidificateur [ymidifikatœʀ] nm Verdunster m
humidifier [ymidifje] vt befeuchten
humidité [ymidite] nf Feuchtigkeit f
humiliant, e [ymiljɑ̃, ɑ̃t] adj demütigend
humiliation [ymiljasjɔ̃] nf Demütigung f
humilier [ymilje] vt demütigen; **s'humilier** vpr:
s'~ devant qn sich vor jdm erniedrigen
humilité [ymilite] nf Bescheidenheit f
humoriste [ymɔʀist] nm/f Humorist(in) m(f)
humoristique [ymɔʀistik] adj humoristisch
humour [ymuʀ] nm Humor m; **avoir de l'~**
Humor haben; **il a un ~ particulier** er hat einen
ganz eigenen Humor; **~ noir** schwarzer Humor
humus [ymys] nm Humus m
huppé, e ['ype] (fam) adj vornehm
hurlement ['yʀləmɑ̃] nm Heulen nt
hurler ['yʀle] vi (animal, vent) heulen; (personne:
couleurs) schreien; **~ à la mort** (suj: chien) den
Mond anjaulen
hurluberlu [yʀlybɛʀly] (péj) nm Spinner m
hutte ['yt] nf Hütte f
hybride [ibʀid] adj hybrid
hydratant, e [idʀatɑ̃, ɑ̃t] adj Feuchtigkeits-
hydrate [idʀat] nm: **~s de carbone**
Kohle(n)hydrate pl
hydrater [idʀate] vt Feuchtigkeit verleihen +dat
hydraulique [idʀolik] adj hydraulisch
hydravion [idʀavjɔ̃] nm Wasserflugzeug nt
hydro [idʀo] préf Hydro-, hydro-
hydrocarbure [idʀokaʀbyʀ] nm
Kohlenwasserstoff m
hydrocution [idʀokysjɔ̃] nf Synkope f beim
Schwimmen
hydro-électrique [idʀoelɛktʀik] adj
hydroelektrisch
hydrogène [idʀɔʒɛn] nm Wasserstoff m
hydroglisseur [idʀoglisœʀ] nm Gleitboot nt
hydrographie [idʀɔgʀafi] nf (d'un pays) Gewässer pl
hydrographique [idʀɔgʀafik] adj hydrografisch

hydrophile [idʀɔfil] adj voir **coton**
hyène [jɛn] nf Hyäne f
hygiène [iʒjɛn] nf Hygiene f; **~ corporelle**
Körperpflege f; **~ intime** Intimpflege f
hygiénique [iʒenik] adj hygienisch
hygromètre [igʀomɛtʀ] nm Hygrometer nt
hymne [imn] nm Hymne f; **~ national**
Nationalhymne f
hyper [ipɛʀ] préf hyper-, Hyper-
hyperlien [ipɛʀljɛ̃] nm Hyperlink m
hypermarché [ipɛʀmaʀʃe] nm Supermarkt m
hypermétrope [ipɛʀmetʀɔp] adj weitsichtig
hypernerveux, -euse [ipɛʀnɛʀvø, øz] adj
hypernervös
hypersensible [ipɛʀsɑ̃sibl] adj hypersensibel
hypertendu, e [ipɛʀtɑ̃dy] adj mit zu hohem
Blutdruck
hypertension [ipɛʀtɑ̃sjɔ̃] nf Bluthochdruck m
hypertexte [ipɛʀtɛkst] nm (Inform) Hypertext m
hypertrophié, e [ipɛʀtʀɔfje] adj vergrößert
hypnose [ipnoz] nf Hypnose f
hypnotique [ipnɔtik] adj hypnotisch
hypnotiser [ipnɔtize] vt hypnotisieren
hypnotiseur [ipnɔtizœʀ] nm Hypnotiseur m
hypnotisme [ipnɔtism] nm Hypnotismus m
hypocondriaque [ipokɔ̃dʀijak] adj
hypochondrisch ▷ nm/f Hypochonder m
hypocrisie [ipokʀizi] nf Heuchelei f
hypocrite [ipokʀit] adj heuchlerisch ▷ nm/f
Heuchler(in) m(f)
hypocritement [ipokʀitmɑ̃] adv heuchlerisch
hypotendu, e [ipotɑ̃dy] adj mit zu niedrigem
Blutdruck
hypotension [ipotɑ̃sjɔ̃] nf niedriger Blutdruck m
hypoténuse [ipotenyz] nf Hypotenuse f
hypothécaire [ipotekɛʀ] adj: **garantie/prêt ~**
Hypothekengarantie f/Hypothekenanleihe f
hypothèque [ipotɛk] nf Hypothek f
hypothéquer [ipoteke] vt mit einer Hypothek
belasten
hypothermie [ipotɛʀmi] nf Hypothermie f
hypothèse [ipotɛz] nf Hypothese f; (possibilité)
Möglichkeit f; **dans l'~ où** gesetzt den Fall, dass
hypothétique [ipotetik] adj hypothetisch
hypothétiquement [ipotetikmɑ̃] adv
hypothetisch
hystérectomie [isteʀɛktɔmi] nf Hysterektomie
f, Totaloperation f
hystérie [isteʀi] nf Hysterie f; **~ collective**
Massenhysterie f
hystérique [isteʀik] adj hysterisch
Hz abr (= Hertz) Hz

I, i [i] *nm inv (lettre)* I, i *nt;* **I comme Irma** ≈ I wie Ida

IAC [iase] *sigle f* (= *insémination artificielle entre conjoints*) künstliche Befruchtung durch den Samen des Ehemanns

IAD [iade] *sigle f* (= *insémination artificielle par donneur extérieur*) künstliche Befruchtung durch den Samen eines Spenders

ibère [ibɛʀ] *adj* iberisch

ibérique [iberik] *adj:* **la péninsule I**~ die Iberische Halbinsel *f*

ibid. [ibid] *abr* (= *ibidem*) ibid.

iceberg [ajsbɛʀg] *nm* Eisberg *m*

ici [isi] *adv* hier; **jusqu'**~ bis hier; *(temporel)* bis jetzt; **d'**~ **là** bis dahin; **d'**~ **peu** in Kürze

icône [ikon] *nf* Ikone *f;* *(Inform)* Ikon *nt*

iconoclaste [ikɔnɔklast] *nm/f* Bilderstürmer(in) *m(f)*

iconographie [ikɔnɔɡʀafi] *nf (science)* Ikonografie *f;* *(illustrations)* Abbildungen *pl*

id. [id] *abr* (= *idem*) id.

idéal, e, -aux [ideal, o] *adj* ideal ▷ *nm* Ideal *nt;* *(système de valeurs)* Ideale *pl;* **l'**~ **serait que** es wäre ideal, wenn

idéalement [idealmɑ̃] *adv* ideal

idéalisation [idealizasjɔ̃] *nf* Idealisierung *f*

idéaliser [idealize] *vt* idealisieren

idéalisme [idealism] *nm* Idealismus *m*

idéaliste [idealist] *adj* idealistisch ▷ *nm/f* Idealist(in) *m(f)*

idée [ide] *nf* Idee *f;* **se faire des** ~**s** sich *dat* Sachen einbilden; **agir selon son** ~ nach Gutdünken handeln; **avoir dans l'**~ **que** das Gefühl haben, dass; **je n'en ai pas la moindre** ~ ich habe nicht die geringste Ahnung; **à l'**~ **que** beim (bloßen) Gedanken, dass; **en voilà des** ~**s!** *(désapprobation)* der bloße Gedanke!; **avoir des** ~**s larges** offen sein; **avoir des** ~**s étroites** engstirnig denken; **venir à l'**~ **de qn** jdm in den Sinn kommen; ~ **fixe** fixe Idee; ~**s noires** schwarze Gedanken *pl;* ~**s reçues** konventionelle Ansichten *pl*

identifiable [idɑ̃tifjabl] *adj* identifizierbar

identifiant [idɑ̃tifjɑ̃] *nm (Inform)* Login *nt*, Benutzername *m*

identification [idɑ̃tifikasjɔ̃] *nf* (v vb) Gleichsetzung *f;* Identifizierung *f;* Ausmachen

nt; Bestimmung *f*

identifier [idɑ̃tifje] *vt (cadavre, voleur, empreintes)* identifizieren; *(bruit, accent)* ausmachen; *(échantillons)* bestimmen; **s'identifier** *vpr:* **s'**~ **avec** *ou* **à qch/qn** sich mit etw/jdm identifizieren; ~ **à** *(assimiler)* gleichsetzen mit

identique [idɑ̃tik] *adj* identisch; ~ **à** identisch mit

identité [idɑ̃tite] *nf (de vues, goûts)* Übereinstimmung *f;* *(d'une personne)* Identität *f;* ~ **judiciaire** Kriminaldienststelle zur Führung der Verbrecherkartei

idéogramme [ideɔɡʀam] *nm* Ideogramm *nt*

idéologie [ideɔlɔʒi] *nf* Ideologie *f*

idéologique [ideɔlɔʒik] *adj* ideologisch

idiomatique [idjɔmatik] *adj:* **expression** ~ idiomatischer Ausdruck *m*

idiome [idjom] *nm* Idiom *nt*

idiot, e [idjo, idjɔt] *adj* idiotisch ▷ *nm/f* Idiot(in) *m(f)*

idiotie [idjɔsi] *nf* Idiotie *f*

idiotisme [idjɔtism] *nm* idiomatischer Ausdruck *m*

idoine [idwan] *adj* passend

idolâtrer [idolɑtʀe] *vt* vergöttern

idolâtrie [idolɑtʀi] *nf (Rel)* Götzenverehrung *f;* *(amour passionné)* Vergötterung *f*

idole [idɔl] *nf (Rel)* Götzenbild *nt;* *(vedette)* Idol *nt*

idylle [idil] *nf (amourette)* Idyll *nt*, Romanze *f*

idyllique [idilik] *adj* idyllisch

if [if] *nm* Eibe *f*

IFOP [ifɔp] *sigle m* (= *Institut français d'opinion publique*) französisches Meinungsforschungsinstitut

igloo [iglu] *nm* Iglu *nt ou m*

IGN [iʒɛn] *sigle m* (= *Institut géographique national*) topografisches Institut

ignare [iɲaʀ] *adj* ungebildet, unwissend

ignifuge [iɲifyʒ] *adj* feuerfest ▷ *nm* feuerfestes Material *nt*

ignifugé, e [iɲifyʒe] *adj* feuerfest (gemacht)

ignifuger [iɲifyʒe] *vt* feuerfest machen

ignoble [iɲɔbl] *adj* niederträchtig; *(taudis, nourriture)* furchtbar

ignoblement [iɲɔblǝmɑ̃] *adv* gemein

ignominie [iɲɔmini] *nf* Schmach *f*, Schande *f;* *(action)* Schandtat *f*

ignominieux, -euse [iɲɔminjø, jøz] *adj*
schändlich

ignorance [iɲɔʀɑ̃s] *nf* (*d'un fait*) Unkenntnis *f*;
(*manque d'instruction*) Unwissenheit *f*, Ignoranz *f*;
tenir qn dans l'~ de qch jdn in Unkenntnis über
etw lassen

ignorant, e [iɲɔʀɑ̃, ɑ̃t] *adj* dumm ▷ *nm/f*
Ignorant(in) *m(f)*; **être ~ de** nichts wissen über
+*acc*; **être ~ en** (*une matière*) sich nicht auskennen
in +*dat*; **faire l'~** den Dummen spielen

ignoré, e [iɲɔʀe] *adj* unbekannt

ignorer [iɲɔʀe] *vt* nie gehört haben von; (*bouder*)
ignorieren; **j'ignore comment/si** ich weiß
nicht, wie/ob; **~ que** nicht wissen, dass; **je
n'ignore pas que** ich weiß sehr wohl, dass; **je
l'ignore** das weiß ich nicht; **tout ~ de qch**
überhaupt nichts über etw *acc* wissen

IGPN [iʒepeɛn] *sigle f* (= *Inspection générale de la police
nationale*) Disziplinarbehörde der Polizei

IGS [iʒeɛs] *sigle f* (= *Inspection générale des services*)
Disziplinarbehörde der Polizei

iguane [igwan] *nm* Leguan *m*

il [il] *pron* er; (*selon le genre du nom allemand*) er/sie/es;
(*impersonnel*) es; **ils** sie; **il neige** es schneit; **il y a**
(*v avoir*) es gibt

île [il] *nf* Insel *f*; **les Îles** die Westindischen Inseln
pl; **l'~ de Beauté** Korsika *nt*; **l'~ Maurice**
Mauritius *nt*; **les ~s anglo-normandes** die
Kanalinseln *pl*; **les ~s Britanniques** die
Britischen Inseln *pl*; **les ~s Shetland** die
Shetlandinseln *pl*; **les ~s Sorlingues** die
Schillen *pl*; **les ~s Vierges** die Jungferninseln *pl*

iliaque [iljak] *adj*: **os/artère ~** Beckenknochen
m/-arterie *f*

illégal, e, -aux [i(l)legal, o] *adj* illegal; (*décision
etc*) unrechtmäßig

illégalement [i(l)legalmɑ̃] *adv* illegal

illégalité [i(l)legalite] *nf* (*v adj*) Illegalität *f*;
Unrechtmäßigkeit *f*; **être dans l'~** in der
Illegalität *ou* außerhalb des Gesetzes leben

illégitime [i(l)leʒitim] *adj* (*enfant*) unehelich;
(*pouvoir, revendications*) unrechtmäßig; (*craintes,
optimisme*) ungerechtfertigt

illégitimement [i(l)leʒitimmɑ̃] *adv*
unrechtmäßig

illégitimité [i(l)leʒitimite] *nf* (*de pouvoir*)
Unrechtmäßigkeit *f*; **gouverner dans l'~**
unrechtmäßig regieren

illettré, e [i(l)letʀe] *adj* (*analphabète*)
analphabetisch ▷ *nm/f* Analphabet(in) *m(f)*

illicite [i(l)lisit] *adj* verboten

illicitement [i(l)lisitmɑ̃] *adv* verbotenerweise

illico [i(l)liko] (*fam*) *adv* auf der Stelle

illimité, e [i(l)limite] *adj* unbegrenzt; (*confiance*)
grenzenlos

illisible [i(l)lizibl] *adj* unleserlich; (*roman*)
unlesbar

illisiblement [i(l)lizibləmɑ̃] *adv* unleserlich

illogique [i(l)lɔʒik] *adj* unlogisch

illogisme [i(l)lɔʒism] *nm* Unlogik *f*

illumination [i(l)lyminasjɔ̃] *nf* (*d'un monument etc*)
Beleuchtung *f*; (*inspiration*) Erleuchtung *f*;

illuminations *nfpl* (*lumières*) Lichter *pl*

illuminé, e [i(l)lymine] *adj* beleuchtet; (*inspiré*)
erleuchtet ▷ *nm/f* (*péj*) Spinner(in) *m(f)*

illuminer [i(l)lymine] *vt* beleuchten; (*visage,
regard*) aufhellen; **s'illuminer** *vpr* (*visage, ciel*) sich
erhellen; (*rue, vitrine*) beleuchtet werden

illusion [i(l)lyzjɔ̃] *nf* Illusion *f*; **se faire des ~s**
sich *dat* Illusionen machen; **faire ~** täuschen,
irreführen; **~ d'optique** optische Täuschung *f*

illusionner [i(l)lyzjɔne] *vt* täuschen;
s'illusionner *vpr* sich täuschen

illusionnisme [i(l)lyzjɔnism] *nm* Zauberei *f*

illusionniste [i(l)lyzjɔnist] *nm/f*
Zauberkünstler(in) *m(f)*

illusoire [i(l)lyzwaʀ] *adj* illusorisch

illusoirement [i(l)lyzwaʀmɑ̃] *adv* illusorisch

illustrateur, -trice [i(l)lystʀatœʀ, tʀis] *nm/f*
Illustrator(in) *m(f)*

illustratif, -ive [i(l)lystʀatif, iv] *adj* erläuternd

illustration [i(l)lystʀasjɔ̃] *nf* Illustration *f*,
Abbildung *f*; (*Art*) Illustrieren *nt*; (*d'une théorie*)
Erläuterung *f*

illustre [i(l)lystʀ] *adj* berühmt

illustré, e [i(l)lystʀe] *adj* illustriert ▷ *nm*
(*périodique*) Illustrierte *f*; (*pour enfants*) Comicheft *nt*

illustrer [i(l)lystʀe] *vt* (*ouvrage*) illustrieren;
(*éclairer*) erläutern; **s'illustrer** *vpr* sich
auszeichnen, sich hervortun

îlot [ilo] *nm* (*petite île*) Inselchen *nt*; (*bloc de maisons*)
(Häuser)block *m*; **un ~ de verdure** ein
Grasfleckchen *nt*

ils [il] *pron voir* **il**

image [imaʒ] *nf* Bild *nt*; (*reflet*) (Spiegel)bild *nt*;
(*tableau, représentation*): **~ de** Bildnis *nt* +*gén*,
Darstellung *f* +*gén*; **~ d'Épinal** Stereotyp *nt*; **~ de
marque** Image *nt*; **~ pieuse** Votivbild *nt*

imagé, e [imaʒe] *adj* bildreich

imaginable [imaʒinabl] *adj* vorstellbar;
difficilement ~ schwer vorstellbar

imaginaire [imaʒinɛʀ] *adj* imaginär; (*maux,
maladie, crainte*) eingebildet

imaginatif, -ive [imaʒinatif, iv] *adj* fantasievoll

imagination [imaʒinasjɔ̃] *nf* Fantasie *f*;
(*invention*) Einbildung *f*; **avoir de l'~** Fantasie
haben

imaginer [imaʒine] *vt* (*se représenter*) sich *dat*
vorstellen; (*inventer*) sich *dat* ausdenken;
s'imaginer *vpr* sich *dat* vorstellen; **~ que** sich *dat*
vorstellen, dass; **j'imagine qu'il a voulu
plaisanter** ich nehme an, er hat Spaß gemacht;
~ de faire qch daran denken, etw zu tun;
qu'allez-vous ~ là? was denken Sie sich bloß
dabei?; **s'~ que** meinen, dass; **s'~ pouvoir faire
qch** meinen, dass man etw tun kann; **s'~ à 60
ans** sich *dat* vorstellen, dass man 60 Jahre alt
wäre; **ne t'imagine pas que** glaub bloß nicht,
dass

imbattable [ɛ̃batabl] *adj* unschlagbar

imbécile [ɛ̃besil] *adj* blödsinnig ▷ *nm/f* Idiot(in)
m(f)

imbécillité [ɛ̃besilite] *nf* Blödsinnigkeit *f*; (*action,
propos, film*) Idiotie *f*

imberbe [ɛ̃bɛʀb] *adj* bartlos
imbiber [ɛ̃bibe] *vt* tränken; **s'imbiber de** *vpr* sich vollsaugen mit; ~ **qch de** etw tränken mit; **imbibé d'eau** (*chaussures, étoffe*) durchnässt; (*terre*) wassergetränkt
imbriqué, e [ɛ̃bʀike] *adj* (*v vr*) sich überschneidend; überlappend
imbriquer [ɛ̃bʀike] *vt* (*cubes*) ineinandersetzen; (*plaques*) überlappen lassen; **s'imbriquer** *vpr* überlappen
imbroglio [ɛ̃bʀɔljo] *nm* Durcheinander *nt*; (*Théât*) Intrigenspiel *nt*
imbu, e [ɛ̃by] *adj*: ~ **de** voller; ~ **de soi-même** selbstzufrieden; ~ **de sa supériorité** von seiner Überlegenheit überzeugt
imbuvable [ɛ̃byvabl] *adj* ungenießbar
imitable [imitabl] *adj* nachahmbar; **facilement** ~ leicht zu imitieren
imitateur, -trice [imitatœʀ, tʀis] *nm/f* Nachahmer(in) *m(f)*; (*Music-Hall*) Imitator(in) *m(f)*
imitation [imitasjɔ̃] *nf* Nachahmung *f*, Imitation *f*; (*pastiche, sketch, tableau etc*) Imitation *f*; (*contrefacture*) Fälschung *f*; **un sac ~ cuir** eine Tasche aus Kunstleder *ou* Lederimitat; **à l' ~ de** wie
imiter [imite] *vt* nachahmen, imitieren; (*contrefaire*) imitieren, fälschen; (*suj: chose: ressembler à*) gleichen +*dat*; **il se leva et je l'imitai** er stand auf, und ich folgte seinem Beispiel
immaculé, e [imakyle] *adj* blütenrein, blütenweiß; **l'I~e Conception** die Unbefleckte Empfängnis *f*
immanent, e [imanɑ̃, ɑ̃t] *adj* immanent, innewohnend
immangeable [ɛ̃mɑ̃ʒabl] *adj* ungenießbar
immanquable [ɛ̃mɑ̃kabl] *adj* (*cible, but*) unverfehlbar, nicht zu verfehlen; (*fatal*) unvermeidlich
immanquablement [ɛ̃mɑ̃kabləmɑ̃] *adv* unfehlbar
immatériel, le [i(m)mateʀjɛl] *adj* (*légèreté, minceur*) körperlos; (*Philos*) immateriell
immatriculation [imatʀikylasjɔ̃] *nf* (*v vt*) Anmeldung *f*; Einschreibung *f*
immatriculer [imatʀikyle] *vt* anmelden; (*à l'université*) einschreiben, immatrikulieren; **faire** ~ anmelden; immatrikulieren, einschreiben; **se faire** ~ sich anmelden; sich immatrikulieren, sich einschreiben; **une voiture immatriculée dans l'Ain** ein Auto mit Kennzeichen des Bezirks Ain
immature [imatyʀ] *adj* unreif
immaturité [imatyʀite] *nf* Unreife *f*
immédiat, e [imedja, jat] *adj* unmittelbar ▷ *nm*: **dans l'~** augenblicklich; **dans le voisinage** ~ **de** in der unmittelbaren Umgebung von
immédiatement [imedjatmɑ̃] *adv* (*aussitôt*) sofort; (*sans intermédiaire*) direkt, unmittelbar
immémorial, e, -aux [i(m)memɔʀjal, jo] *adj* uralt
immense [i(m)mɑ̃s] *adj* riesig; (*influence, chagrin, succès*) ungeheuer

immensément [i(m)mɑ̃semɑ̃] *adv* ungeheuer
immensité [i(m)mɑ̃site] *nf* ungeheure Größe *f*; (*de la mer*) Weite *f*
immergé, e [imɛʀʒe] *adj* unter Wasser; (*terres*) überschwemmt
immerger [imɛʀʒe] *vt* eintauchen; (*déchets*) versenken; **s'immerger** *vpr* (*sous-marin*) (ab)tauchen
immérité, e [imeʀite] *adj* unverdient
immersion [imɛʀsjɔ̃] *nf* Eintauchen *nt*; (*de déchets*) Versenken *nt*
immettable [ɛ̃metabl] *adj* (*vêtement*) untragbar
immeuble [imœbl] *nm* Gebäude *nt* ▷ *adj* (*bien*) unbeweglich; ~ **de rapport** Investitionsobjekt *nt*; ~ **locatif** Wohnblock *m*
immigrant, e [imigʀɑ̃, ɑ̃t] *nm/f* Einwanderer *m*, Einwanderin *f*
immigration [imigʀasjɔ̃] *nf* Einwanderung *f*
immigré, e [imigʀe] *nm/f* Einwanderer *m*, Einwanderin *f*
immigrer [imigʀe] *vi* einwandern
imminence [iminɑ̃s] *nf* unmittelbares Bevorstehen *nt*
imminent, e [iminɑ̃, ɑ̃t] *adj* unmittelbar bevorstehend; (*conclusion*) bevorstehend
immiscer [imise]: **s'~ dans** *vpr* sich einmischen in +*acc*
immixtion [imiksjɔ̃] *nf* Einmischung *f*
immobile [i(m)mɔbil] *adj* (*personne*) regungslos; (*eau, mer*) still; (*pièce de machine*) unbeweglich; **rester** *ou* **se tenir** ~ sich nicht bewegen
immobilier, -ière [imɔbilje, jɛʀ] *adj* Immobilien-; (*biens*) unbeweglich ▷ *nm* (*Comm*) Immobilienhandel *m*; (*Jur*) Immobilienbesitz *m*
immobilisation [imɔbilizasjɔ̃] *nf* (*d'un membre blessé*) Ruhigstellung *f*; (*de la circulation*) Lahmlegen *nt*; (*de capitaux*) Festlegen *nt*; **immobilisations** *nfpl* (*Comm*) (feste) Wertanlagen *pl*
immobiliser [imɔbilize] *vt* lahmlegen; (*membre blessé*) ruhig stellen; (*stopper, empêcher de fonctionner*) zum Stillstand bringen; (*capitaux, actions*) festlegen; **s'immobiliser** *vpr* stehen bleiben
immobilisme [imɔbilism] *nm* Änderungsfeindlichkeit *f*
immobilité [imɔbilite] *nf* (*v adj*) Reglosigkeit *f*; Stille *f*; Unbeweglichkeit *f*
immodéré, e [imɔdeʀe] *adj* übermäßig, übertrieben
immodérément [imɔdeʀemɑ̃] *adv* übermäßig
immoler [imɔle] *vt* (*Rel*) opfern
immonde [i(m)mɔ̃d] *adj* (*ruelle, taudis*) ekelhaft; (*trafic, propos*) widerlich
immondices [imɔ̃dis] *nfpl* (*ordures*) Müll *m*, Abfall *m*; (*saletés*) Dreck *m*
immoral, e, -aux [i(m)mɔʀal, o] *adj* unmoralisch
immoralement [i(m)mɔʀalmɑ̃] *adv* unmoralisch
immoralisme [i(m)mɔʀalism] *nm* Unmoral *f*
immoralité [i(m)mɔʀalite] *nf* Unmoral *f*
immortaliser [imɔʀtalize] *vt* unsterblich machen

immortel, le [imɔʀtɛl] *adj* unsterblich ▷ *nf* Strohblume *f*

immuable [imyabl] *adj* unveränderlich; **rester ~ dans ses convictions** unverrückbar an seinen Überzeugungen festhalten

immunisation [imynizasjɔ̃] *nf* Immunisierung *f*

immunisé, e [im(m)ynize] *adj*: **~ contre** immun gegen

immuniser [imynize] *vt* immunisieren; *(fig)* immun machen gegen

immunitaire [imynitɛʀ] *adj* Immun-

immunité [imynite] *nf* Immunität *f*; **~ diplomatique** diplomatische Immunität; **~ parlementaire** parlamentarische Immunität

immunologie [imynɔlɔʒi] *nf* Immunologie *f*

immutabilité [i(m)mytabilite] *nf* Unveränderlichkeit *f*

impact [ɛ̃pakt] *nm (d'une nouvelle)* Auswirkung *f*; *(de la publicité, psychologique)* Wirkung *f*; *(d'une personne)* Ausstrahlung *f*; **point d'~** Aufprallstelle *f*

impair, e [ɛ̃pɛʀ] *adj* ungerade ▷ *nm (gaffe)* Fehler *m*, Schnitzer *m*

impalpable [ɛ̃palpabl] *adj* kaum spürbar

imparable [ɛ̃paʀabl] *adj* unaufhaltbar

impardonnable [ɛ̃paʀdɔnabl] *adj* unverzeihlich; *(personne)* unentschuldbar; **vous êtes ~ d'avoir fait cela** es ist unverzeihlich, dass Sie das getan haben

imparfait, e [ɛ̃paʀfɛ, ɛt] *adj (inachevé, incomplet)* unvollständig; *(défectueux, grossier)* unvollkommen, mangelhaft ▷ *nm (Ling)* Imperfekt *nt*

imparfaitement [ɛ̃paʀfɛtmɑ̃] *adv* unvollkommen

impartial, e, -aux [ɛ̃paʀsjal, jo] *adj* unparteiisch, unvoreingenommen

impartialement [ɛ̃paʀsjalmɑ̃] *adv* unparteiisch

impartialité [ɛ̃paʀsjalite] *nf* Unparteilichkeit *f*, Unvoreingenommenheit *f*

impartir [ɛ̃paʀtiʀ] *vt (don)* zukommen lassen; *(Jur: délai)* gewähren; **dans les délais impartis** in der gewährten *ou* zugestandenen Zeit

impasse [ɛ̃pas] *nf* Sackgasse *f*; **être dans l'~** *(négociations)* festgefahren sein; **~ budgétaire** Etatdefizit *nt*

impassibilité [ɛ̃pasibilite] *nf (v adj)* Gelassenheit *f*; Unbeweglichkeit *f*

impassible [ɛ̃pasibl] *adj (calme, imperturbable)* gelassen, ungerührt; *(fermé, impénétrable)* unbeweglich

impassiblement [ɛ̃pasibləmɑ̃] *adv* gelassen

impatiemment [ɛ̃pasjamɑ̃] *adv* ungeduldig

impatience [ɛ̃pasjɑ̃s] *nf* Ungeduld *f*; **avec ~** ungeduldig; **attendre qch/qn avec ~** sich sehr auf etw/jdn freuen; **mouvement d'~** ungeduldige Bewegung; **signe d'~** ungeduldiges Zeichen

impatient, e [ɛ̃pasjɑ̃, jɑ̃t] *adj* ungeduldig; **être ~ de faire qch** darauf brennen, etw zu tun

impatienter [ɛ̃pasjɑ̃te] *vt* ärgern; **s'impatienter** *vpr* ungeduldig werden; **s'~ de/contre** die Geduld verlieren mit

impayable [ɛ̃pɛjabl] *adj* unbezahlbar, köstlich

impayé, e [ɛ̃peje] *adj (Comm)* unbezahlt; **impayés** *nmpl (Comm)* Außenstände *pl*

impeccable [ɛ̃pekabl] *adj* tadellos

impeccablement [ɛ̃pekabləmɑ̃] *adv* tadellos

impénétrable [ɛ̃penetʀabl] *adj (forêt)* undurchdringlich; *(impossible à comprendre)* unergründlich

impénitent, e [ɛ̃penitɑ̃, ɑ̃t] *adj* unverbesserlich; *(pécheur)* reuelos

impensable [ɛ̃pɑ̃sabl] *adj (inconcevable)* undenkbar; *(incroyable)* unglaublich

imper [ɛ̃pɛʀ] *abr m* = **imperméable**

impératif, -ive [ɛ̃peʀatif, iv] *adj (consigne, besoin)* dringend; *(disposition, loi)* zwingend, obligatorisch; *(ton, geste)* herrisch ▷ *nm (Ling)* Imperativ *m*; **impératifs** *nmpl (d'une charge)* Voraussetzungen *pl*, Erfordernisse *pl*; *(de la mode)* Zwänge *pl*

impérativement [ɛ̃peʀativmɑ̃] *adv* dringend

impératrice [ɛ̃peʀatʀis] *nf* Kaiserin *f*

imperceptible [ɛ̃pɛʀsɛptibl] *adj* kaum wahrnehmbar

imperceptiblement [ɛ̃pɛʀsɛptibləmɑ̃] *adv* beinahe unmerklich

imperdable [ɛ̃pɛʀdabl] *adj* der/die/das nicht zu verlieren ist

imperfectible [ɛ̃pɛʀfɛktibl] *adj* der/die/das nicht weiter vervollkommnet werden kann

imperfection [ɛ̃pɛʀfɛksjɔ̃] *nf* Unvollkommenheit *f*

impérial, e, -aux [ɛ̃peʀjal, jo] *adj* kaiserlich

impériale [ɛ̃peʀjal] *nf (d'un autobus)* Oberdeck *nt*; **autobus à ~** Doppeldecker(bus) *m*

impérialisme [ɛ̃peʀjalism] *nm* Imperialismus *m*

impérialiste [ɛ̃peʀjalist] *adj* imperialistisch

impérieusement [ɛ̃peʀjøzmɑ̃] *adv*: **avoir ~ besoin de qch** etw dringend nötig haben

impérieux, -euse [ɛ̃peʀjø, jøz] *adj (caractère, air, ton)* herrisch, gebieterisch; *(obligation, besoin)* dringend

impérissable [ɛ̃peʀisabl] *adj* unvergänglich

imperméabilisation [ɛ̃pɛʀmeabilizasjɔ̃] *nf* Imprägnierung *f*

imperméabiliser [ɛ̃pɛʀmeabilize] *vt* imprägnieren, wasserdicht machen

imperméable [ɛ̃pɛʀmeabl] *adj (terrain, sol)* undurchlässig; *(toile, tissu)* wasserdicht ▷ *nm (vêtement)* Regenmantel *m*; **~ à** *(personne)* unzugänglich für

impersonnel, le [ɛ̃pɛʀsɔnɛl] *adj* unpersönlich

impertinemment [ɛ̃pɛʀtinamɑ̃] *adv* unverschämt

impertinence [ɛ̃pɛʀtinɑ̃s] *nf* Unverschämtheit *f*

impertinent, e [ɛ̃pɛʀtinɑ̃, ɑ̃t] *adj* unverschämt, impertinent

imperturbable [ɛ̃pɛʀtyʀbabl] *adj* unerschütterlich; **rester ~** sich nicht erschüttern lassen

imperturbablement [ɛ̃pɛʀtyʀbabləmɑ̃] *adv*

unerschütterlich

impétrant, e [ɛ̃petʀɑ̃, ɑ̃t] *nm/f* Empfänger(in) *m(f)*

impétueux, -euse [ɛ̃petɥø, øz] *adj* feurig, ungestüm

impétuosité [ɛ̃petɥozite] *nf* Ungestüm *nt*

impie [ɛ̃pi] *adj* gottlos

impiété [ɛ̃pjete] *nf* Gottlosigkeit *f*

impitoyable [ɛ̃pitwajabl] *adj* unerbittlich; *(critique, observateur)* schonungslos; *(regard, argumentation)* erbarmungslos

impitoyablement [ɛ̃pitwajabləmɑ̃] *adv* erbarmungslos

implacable [ɛ̃plakabl] *adj* unerbittlich; *(haine)* unversöhnlich

implacablement [ɛ̃plakabləmɑ̃] *adv* unerbittlich

implant [ɛ̃plɑ̃] *nm* Implantat *nt*

implantation [ɛ̃plɑ̃tasjɔ̃] *nf (d'usine, industrie)* Ansiedlung *f*; *(Méd)* Einpflanzen *nt*, Implantation *f*

implanter [ɛ̃plɑ̃te] *vt (usine, industrie)* ansiedeln; *(usage, mode)* einführen; *(idée, préjugé)* einpflanzen; *(Méd)* einpflanzen, implantieren; **s'implanter** *vpr (usine, industrie)* sich niederlassen

implication [ɛ̃plikasjɔ̃] *nf (dans une affaire, un procès)* Verwicklung *f*; *(Math)* Implikation *f*; **implications** *nfpl* Folgen *pl*, Auswirkungen *pl*

implicite [ɛ̃plisit] *adj* implizit

implicitement [ɛ̃plisitmɑ̃] *adv* implizit

impliquer [ɛ̃plike] *(compromettre)* verwickeln *vt* *(supposer, entraîner)* voraussetzen; *(Math)* implizieren; *(signifier)* bedeuten; **~ que** bedeuten, dass

implorant, e [ɛ̃plɔʀɑ̃, ɑ̃t] *adj* flehentlich

implorer [ɛ̃plɔʀe] *vt (personne, dieu)* anflehen; *(aide, faveur, appui)* flehen *ou* bitten um

imploser [ɛ̃ploze] *vi* implodieren

implosion [ɛ̃plozjɔ̃] *nf* Implosion *f*

impoli, e [ɛ̃poli] *adj* unhöflich

impoliment [ɛ̃polimɑ̃] *adj* unhöflich

impolitesse [ɛ̃polites] *nf* Unhöflichkeit *f*

impondérable [ɛ̃pɔ̃deʀabl] *adj* unwägbar; **impondérables** *nmpl (facteurs)* Unwägbarkeiten *pl*; *(événements impondérables)* unvorhersehbare Ereignisse *pl*

impopulaire [ɛ̃pɔpylɛʀ] *adj (personne)* unbeliebt; *(gouvernement, mesure)* unpopulär

impopularité [ɛ̃pɔpylaʀite] *nf (v adj)* Unbeliebtheit *f*; Unpopularität *f*

importable [ɛ̃pɔʀtabl] *adj* importierbar; *(immettable)* untragbar

importance [ɛ̃pɔʀtɑ̃s] *nf* Wichtigkeit *f*, Bedeutung *f*; *(de somme, effectif)* Beträchtlichkeit *f*; *(de désastre, dégâts)* Ausmaß *nt*; **avoir de l'~** wichtig *ou* bedeutend sein; **sans ~** unbedeutend, unwichtig; **quelle ~?** na und?; **d'~** wichtig, bedeutend

important, e [ɛ̃pɔʀtɑ̃, ɑ̃t] *adj* wichtig, bedeutend; *(somme, effectifs)* bedeutend, beträchtlich; *(dégâts, retard)* groß, beträchtlich; *(péj: airs, ton)* wichtigtuerisch ▷ *nm*: **l'~ (est de/que)** das Wichtigste (ist, zu/dass)

importateur, -trice [ɛ̃pɔʀtatœʀ, tʀis] *adj (pays)* importierend, Import- ▷ *nm/f (Comm)* Importeur(in) *m(f)*; **pays ~ de blé** Getreide importierendes Land *nt*

importation [ɛ̃pɔʀtasjɔ̃] *nf* Import *m*, Einfuhr *f*; *(d'animaux, de plantes)* Einführen *nt*; *(de maladies)* Einschleppen *nt*

importer [ɛ̃pɔʀte] *vt (Comm)* importieren, einführen; *(maladies)* einschleppen; *(plantes)* einführen ▷ *vi (être important)* von Bedeutung sein, wichtig sein; **~ à qn** für jdn wichtig sein; **il importe de/que** es ist wichtig, zu/dass; **peu m'importe** das ist mir egal *ou* gleich; **peu importe!** macht nichts!; **peu importe que** es macht nichts, dass; **peu importe le prix** der Preis spielt keine Rolle; *voir aussi* **n'importe**

import-export [ɛ̃pɔʀɛkspɔʀ] *(pl* imports-exports) *nm* Import-Export-Geschäft *nt*

importun, e [ɛ̃pɔʀtœ̃, yn] *adj (curiosité, présence)* aufdringlich; *(visite)* ungelegen; *(personne)* lästig, aufdringlich ▷ *nm* Eindringling *m*

importuner [ɛ̃pɔʀtyne] *vt* belästigen; *(interruptions, remarques etc)* lästig sein +*dat*

imposable [ɛ̃pozabl] *adj* steuerpflichtig

imposant, e [ɛ̃pozɑ̃, ɑ̃t] *adj* beeindruckend; *(service d'ordre, majorité)* eindrucksvoll; *(personne, taille)* imposant

imposé, e [ɛ̃poze] *adj (soumis à l'impôt)* besteuert; *(prix etc)* vorgeschrieben; **les figures ~es** *(Patinage)* Pflicht *f*

imposer [ɛ̃poze] *vt (taxer)* besteuern; *(faire accepter par force etc)* aufzwingen; *(prix)* bestimmen; *(Rel: mains)* auflegen; **s'imposer** *vpr (être nécessaire)* erforderlich sein; *(montrer sa prééminence)* sich durchsetzen; *(se faire connaître)* bekannt werden; *(être importun)* sich aufdrängen; **~ qch à qn** jdm etw auferlegen; *(façon de voir, présence)* jdm etw aufdrängen; jdm etw aufzwingen; *(conditions, décision, volonté)* jdm etw aufzwingen; **en ~ (à qn)** Eindruck machen (auf jdn); **ça s'impose!** das muss sein!

imposition [ɛ̃pozisjɔ̃] *nf (taxation)* Besteuerung *f*; **l'~ des mains** das Handauflegen *nt*

impossibilité [ɛ̃posibilite] *nf* Unmöglichkeit *f*; **être dans l'~ de faire qch** nicht in der Lage sein, etw zu tun

impossible [ɛ̃posibl] *adj* unmöglich ▷ *nm*: **l'~ das** Unmögliche *nt*; **~ à faire** unmöglich; **il est ~ que/de** es ist unmöglich, dass/zu; **il m'est ~ de le faire** ich kann das unmöglich machen, es ist mir nicht möglich, das zu machen; **faire l'~** sein Möglichstes tun; **si, par ~** wenn wunderbarerweise

imposteur [ɛ̃postœʀ] *nm* Hochstapler *m*

imposture [ɛ̃postyʀ] *nf* Hochstapelei *f*

impôt [ɛ̃po] *nm* Steuer *f*; **impôts** *nmpl* Steuern *pl*; **payer des ~s** Steuern zahlen; **payer 1000 euros d'~s** 1.000 Euro Steuern zahlen; **~ direct** direkte Steuer; **~ foncier** Grundsteuer *f*; **~ indirect** indirekte Steuer; **~ sur la fortune** Vermögenssteuer *f*; **~ sur le chiffre d'affaires** Umsatzsteuer *f*; **~ sur le revenu**

Einkommensteuer f; **~ sur le RPP** Lohnsteuer f;
~ sur les plus-values Kapitalertragssteuer f;
~ sur les sociétés Firmensteuer f; **~s locaux**
Gemeindesteuern pl

impotence [ɛ̃pɔtɑ̃s] nf Behinderung f

impotent, e [ɛ̃pɔtɑ̃, ɑ̃t] adj behindert

impraticable [ɛ̃pʀatikabl] adj (projet, idée) nicht
machbar; (route) nicht befahrbar; (sentier) nicht
begehbar

imprécation [ɛ̃pʀekasjɔ̃] nf Verwünschung f

imprécis, e [ɛ̃pʀesi, iz] adj ungenau

imprécision [ɛ̃pʀesizjɔ̃] nf Ungenauigkeit f

imprégner [ɛ̃pʀeɲe] vt tränken ▷ vt (lieu, air)
erfüllen; (suj: amertume, ironie etc) durchziehen;
s'imprégner de vpr (d'eau) sich vollsaugen mit;
(air, lieu) erfüllt sein mit; (fig: assimiler) in sich
aufnehmen

imprenable [ɛ̃pʀənabl] adj (forteresse, citadelle)
uneinnehmbar; **vue ~** unverbaubarer Ausblick m

imprésario [ɛ̃pʀesaʀjo] nm Impresario m

imprescriptible [ɛ̃pʀɛskʀiptibl] adj (Jur)
unveräußerlich

impression [ɛ̃pʀesjɔ̃] nf Eindruck m; (d'un ouvrage,
tissu) Druck m; **faire** ou **produire une vive ~**
einen lebhaften Eindruck machen; **faire
bonne/mauvaise ~** einen guten/schlechten
Eindruck machen; **donner l'~ d'être ...** den
Eindruck machen, ... zu sein; **donner l'~ que**
den Eindruck machen, als ob; **avoir l'~ que** den
Eindruck haben, dass; **faire ~** Eindruck machen,
beeindrucken; **~s de voyage** Reiseeindrücke pl

impressionnable [ɛ̃pʀesjɔnabl] adj leicht zu
beeindrucken; (Photo) lichtempfindlich

impressionnant, e [ɛ̃pʀesjɔnɑ̃, ɑ̃t] adj
eindrucksvoll; (bouleversant) bestürzend

impressionner [ɛ̃pʀesjɔne] vt (frapper)
beeindrucken; (bouleverser) bestürzen; (Photo)
belichten

impressionnisme [ɛ̃pʀesjɔnism] nm
Impressionismus m

impressionniste [ɛ̃pʀesjɔnist] nm/f
Impressionist(in) m(f)

imprévisible [ɛ̃pʀevizibl] adj unvorhersehbar

imprévoyance [ɛ̃pʀevwajɑ̃s] nf Sorglosigkeit f

imprévoyant, e [ɛ̃pʀevwajɑ̃, ɑ̃t] adj sorglos

imprévu, e [ɛ̃pʀevy] adj (événement)
unvorhergesehen, unerwartet; (dépense, réaction)
unvorhergesehen; (geste, succès) unerwartet
▷ nm: **l'~** das Unerwartete nt; **un ~** ein
unerwartetes Ereignis nt; **en cas d'~** falls etwas
dazwischenkommt; **sauf ~** falls nichts
dazwischenkommt

imprimante [ɛ̃pʀimɑ̃t] nf Drucker m; **~ à jet
d'encre** Tintenstrahldrucker m; **~ à marguerite**
Typenraddrucker m; **~ (à) laser** Laserdrucker m;
~ ligne par ligne Zeilendrucker m; **~ matricielle**
Matrixdrucker m; **~ thermique** Thermodrucker m

imprimé, e [ɛ̃pʀime] adj (motif) (auf)gedruckt;
(tissu) bedruckt; (livre, ouvrage) gedruckt ▷ nm
(formulaire) Formular nt; (Poste) Drucksache f;
(tissu) bedruckter Stoff m; (dans une bibliothèque)
Druckwerk nt; **un ~ à fleurs/pois** (tissu) ein Stoff

mit Blumen-/Pünktchenmuster

imprimer [ɛ̃pʀime] vt drucken; (tissu) bedrucken;
(Inform) (aus)drucken; (empreinte, marque)
hinterlassen; (visa, cachet) aufstempeln;
(communiquer: mouvement, impulsion, vitesse)
übermitteln; (direction) geben

imprimerie [ɛ̃pʀimʀi] nf (technique) Drucken nt,
Druck m; (établissement) Druckerei f

imprimeur [ɛ̃pʀimœʀ] nm Drucker m

imprimeur-éditeur [ɛ̃pʀimœʀeditœʀ] nm
Verleger m

imprimeur-libraire [ɛ̃pʀimœʀlibʀɛʀ] nm
Verleger und Buchhändler m

improbable [ɛ̃pʀɔbabl] adj unwahrscheinlich

improductif, -ive [ɛ̃pʀɔdyktif, iv] adj (terre)
unfruchtbar; (travail, personne) unproduktiv;
(capital, richesses) nicht gewinnbringend

impromptu, e [ɛ̃pʀɔ̃pty] adj improvisiert

imprononçable [ɛ̃pʀɔnɔ̃sabl] adj unmöglich
auszusprechen

impropre [ɛ̃pʀɔpʀ] adj (incorrect) falsch; **~ à**
ungeeignet für

improprement [ɛ̃pʀɔpʀəmɑ̃] adv falsch

impropriété [ɛ̃pʀɔpʀijete] nf: **~ (de langage)**
falscher Sprachgebrauch m

improvisation [ɛ̃pʀɔvizasjɔ̃] nf Improvisation f

improvisé, e [ɛ̃pʀɔvize] adj improvisiert; **avec
des moyens ~s** provisorisch

improviser [ɛ̃pʀɔvize] vt, vi improvisieren;
s'improviser vpr (secours, réunion etc) improvisiert
werden; **s'~ cuisinier** spontan als Koch
fungieren; **~ qn cuisinier** jdn zum Koch
ernennen

improviste [ɛ̃pʀɔvist]: **à l'~** adv unerwartet

imprudemment [ɛ̃pʀydamɑ̃] adv (conduire,
circuler) leichtsinnig; (parler) unklug,
unvorsichtig

imprudence [ɛ̃pʀydɑ̃s] nf Leichtsinn m; (action
imprudente) Unvorsichtigkeit f

imprudent, e [ɛ̃pʀydɑ̃, ɑ̃t] adj leichtsinnig;
(remarque) unklug, unvorsichtig

impubère [ɛ̃pybɛʀ] adj vorpubertär

impubliable [ɛ̃pyblijabl] adj nicht zu
veröffentlichen

impudemment [ɛ̃pydamɑ̃] adv unverschämt

impudence [ɛ̃pydɑ̃s] nf Unverschämtheit f

impudent, e [ɛ̃pydɑ̃, ɑ̃t] adj unverschämt

impudeur [ɛ̃pydœʀ] nf Schamlosigkeit f

impudique [ɛ̃pydik] adj (indécent) schamlos

impudiquement [ɛ̃pydikmɑ̃] adv schamlos

impuissance [ɛ̃pɥisɑ̃s] nf (v adj) Hilflosigkeit f;
Wirkungslosigkeit f; Impotenz f

impuissant, e [ɛ̃pɥisɑ̃, ɑ̃t] adj (faible) hilflos,
schwach; (sans effet) wirkungslos, ineffektiv;
(sexuellement) impotent ▷ nm Impotente(r) m; **~ à
faire qch** nicht in der Lage, etw zu tun,
außerstande, etw zu tun

impulsif, -ive [ɛ̃pylsif, iv] adj impulsiv

impulsion [ɛ̃pylsjɔ̃] nf Impuls m; **~ donnée aux
affaires** wirtschaftlicher Aufschwung m; **sous
l'~ de leurs chefs** unter dem Einfluss ihrer
Vorgesetzten

impulsivement [ɛ̃pylsivmɑ̃] adv impulsiv
impulsivité [ɛ̃pylsivite] nf Impulsivität f
impunément [ɛ̃pynemɑ̃] adv ungestraft
impuni, e [ɛ̃pyni] adj unbestraft
impunité [ɛ̃pynite] nf Straffreiheit f; **en toute ~**
ungestraft
impur, e [ɛ̃pyʀ] adj unrein, verunreinigt; (race)
nicht rein; (impudique) unzüchtig, unrein
impureté [ɛ̃pyʀte] nf Unreinheit f
imputable [ɛ̃pytabl] adj: ~ **à** (attribuable)
zuzuschreiben +dat; ~ **sur** (somme) zu berechnen
+dat
imputation [ɛ̃pytasjɔ̃] nf (Comm: d'un paiement)
Verrechnung f; (allégation, accusation)
Anschuldigung f
imputer [ɛ̃pyte] vt (attribuer) zuschreiben; (frais,
dépenses) anrechnen
imputrescible [ɛ̃pytʀesibl] adj unverweslich
in [in] adj inv in, modern
INA [ina] sigle m (= Institut national de l'audiovisuel)
Nationales Radio- und Fernseharchiv
inabordable [inabɔʀdabl] adj (lieu) unerreichbar;
(cher) unerschwinglich
inaccentué, e [inaksɑ̃tɥe] adj (Ling) unbetont
inacceptable [inakseptabl] adj unannehmbar
inaccessible [inaksesibl] adj (endroit)
unerreichbar; (fig: obscur, inabordable)
unzugänglich; ~ **à** (insensible à) unberührt von
inaccoutumé, e [inakutyme] adj ungewohnt
inachevé, e [inaʃ(ə)ve] adj unvollendet; (maison)
unfertig
inactif, -ive [inaktif, iv] adj untätig; (commerce)
bewegungslos; (inefficace) wirkungslos
inaction [inaksjɔ̃] nf Untätigkeit f
inactivité [inaktivite] nf (Admin): **être en ~** im
zeitweiligen Ruhestand sein; **se faire mettre
en ~** sich in den zeitweiligen Ruhestand
versetzen lassen
inadapté, e [inadapte] adj (Psych)
verhaltensgestört ▷ nm/f (péj: adulte) Außenseiter
m; ~ **à** nicht geeignet für; (personne) unfähig zu
inadéquat, e [inadekwa(t), kwat] adj
unangemessen
inadéquation [inadekwasjɔ̃] nf
Unangemessenheit f
inadmissible [inadmisibl] adj unzulässig
inadvertance [inadvɛʀtɑ̃s]: **par ~** adv
versehentlich, aus Versehen
inaliénable [inaljenabl] adj unveräußerlich
inaltérable [inalteʀabl] adj unveränderlich; ~ **à
l'air/la chaleur** luft-/hitzebeständig
inamovibilité [inamɔvibilite] nf Amt nt auf
Lebenszeit
inamovible [inamɔvibl] adj (magistrat, sénateur)
auf Lebenszeit; (fonction, emploi) unkündbar
inanimé, e [inanime] adj (matière) unbelebt;
(corps, personne) leblos; **tomber ~** in Ohnmacht
fallen
inanité [inanite] nf (d'un espoir, d'une illusion)
Vergeblichkeit f; (d'une conversation) Leere f
inanition [inanisjɔ̃] nf: **tomber d'~** vor Hunger
in Ohnmacht fallen; **mourir d'~** verhungern

inaperçu, e [inapɛʀsy] adj: **passer ~** unbemerkt
bleiben
inappétence [inapetɑ̃s] nf Appetitlosigkeit f;
(fig) Lustlosigkeit f
inapplicable [inaplikabl] adj nicht anwendbar
inapplication [inaplikasjɔ̃] nf (d'écolier)
Unaufmerksamkeit f; (de loi, règlement)
Unanwendbarkeit f
inappliqué, e [inaplike] adj (écolier)
unaufmerksam; (procédé, loi) nicht angewandt
inappréciable [inapʀesjabl] adj unschätzbar
inapte [inapt] adj (Mil) untauglich; ~ **à qch/faire
qch** unfähig zu etw/dazu, etw zu tun
inaptitude [inaptityd] nf Unfähigkeit f; (Mil)
Untauglichkeit f
inarticulé, e [inaʀtikyle] adj undeutlich,
unartikuliert
inassimilable [inasimilabl] adj (notions)
unverständlich; (substance) nicht organisch
abbaubar; (immigrants) nicht integrierbar
inassouvi, e [inasuvi] adj ungestillt
inattaquable [inatakabl] adj unangreifbar;
(argument) unschlagbar; (réputation, personne)
unantastbar
inattendu, e [inatɑ̃dy] adj unerwartet ▷ nm: **l'~**
das Unerwartete nt
inattentif, -ive [inatɑ̃tif, iv] adj unaufmerksam;
~ **à qch** ohne auf etw acc zu achten,
unbekümmert um etw
inattention [inatɑ̃sjɔ̃] nf Unaufmerksamkeit f,
Unachtsamkeit f; **une minute d'~** eine Minute
der Unaufmerksamkeit; **par ~** aus Flüchtigkeit;
faute ou **erreur d'~** Flüchtigkeitsfehler m
inaudible [inodibl] adj (son) unhörbar; (murmure)
kaum hörbar
inaugural, e, -aux [inogyʀal, o] adj (séance,
cérémonie) Eröffnungs-; (vol, voyage) Jungfern-;
discours ~ (d'un député) Jungfernrede f,
Antrittsrede f; (lors d'une inauguration)
Eröffnungsansprache f
inauguration [inogyʀasjɔ̃] nf Eröffnung f
inaugurer [inogyʀe] vt (monument, statue)
enthüllen; (exposition) eröffnen; (route, usine)
einweihen, eröffnen; (nouvelle politique) einführen
inauthenticité [inotɑ̃tisite] nf Unechtheit f
inavouable [inavwabl] adj schändlich
inavoué, e [inavwe] adj uneingestanden
INC [iɛ̃se] sigle m (= Institut national de la
consommation) Institut für Verbraucherforschung
inca [ɛ̃ka] adj Inka- ▷ nmpl: **les I~s** die Inkas pl
incalculable [ɛ̃kalkylabl] adj (impossible à calculer)
unberechenbar; (conséquences) unabsehbar; **un
nombre ~ d'étoiles** unzählbar viele Sterne
incandescence [ɛ̃kɑ̃desɑ̃s] nf Weißglut f; **en ~**
weiß glühend; **porter qch à ~** etw zur Weißglut
erhitzen; **lampe/manchon à ~** Glühlampe f/
Glühstrumpf m
incandescent [ɛ̃kɑ̃desɑ̃] adj weiß glühend
incantation [ɛ̃kɑ̃tasjɔ̃] nf Zauberspruch m
incantatoire [ɛ̃kɑ̃tatwaʀ] adj Zauber-
incapable [ɛ̃kapabl] adj (inapte) unfähig; (Jur)
unzurechnungsfähig; ~ **de faire qch** unfähig,

etw zu tun; *(empêché)* nicht in der Lage, etw zu tun

incapacitant, e [ɛ̃kapasitɑ̃, ɑ̃t] *adj (Mil)* lähmend

incapacité [ɛ̃kapasite] *nf (incompétence)* Unfähigkeit *f*; **être dans l'~ de faire qch** außerstande sein, etw zu tun; **~ de travail** Arbeitsunfähigkeit *f*; **~ électorale** Entzug *m* des Wahlrechts; **~ partielle** teilweise Arbeitsunfähigkeit; **~ permanente** andauernde Arbeitsunfähigkeit; **~ totale** völlige Arbeitsunfähigkeit

incarcération [ɛ̃kaʀseʀasjɔ̃] *nf* Inhaftierung *f*

incarcérer [ɛ̃kaʀseʀe] *vt* inhaftieren

incarnation [ɛ̃kaʀnasjɔ̃] *nf* Inkarnation *f*, Menschwerdung *f*

incarné, e [ɛ̃kaʀne] *adj* fleischgeworden; **ongle ~** eingewachsener Nagel *m*

incarner [ɛ̃kaʀne] *vt (représenter)* verkörpern; **s'incarner** *vpr*: **s'~ dans** *(Rel)* erscheinen in +*dat*

incartade [ɛ̃kaʀtad] *nf (écart de conduite)* Ausrutscher *m*; *(Équitation)* Ausbrechen *nt*

incassable [ɛ̃kasabl] *adj* unzerbrechlich; *(fil)* reißfest

incendiaire [ɛ̃sɑ̃djɛʀ] *adj (balle, bombe)* Brand-; *(propos, déclarations)* Hetz-; *(œillade)* heiß ▷ *nm/f* Brandstifter(in) *mf*

incendie [ɛ̃sɑ̃di] *nm (feu)* Feuer *nt*, Brand *m*; **~ criminel** Brandstiftung *f*; **~ de forêt** Waldbrand *m*

incendier [ɛ̃sɑ̃dje] *vt (mettre le feu à)* in Brand setzen; *(brûler complètement)* niederbrennen; *(accabler de reproches)* grillen; *(visage, pommette)* glühen machen

incertain, e [ɛ̃sɛʀtɛ̃, ɛn] *adj (indéterminé)* unbestimmt; *(douteux)* ungewiss; *(imprécis)* unbestimmt, ungenau; *(temps)* unbeständig; *(personne, pas, démarche)* unsicher

incertitude [ɛ̃sɛʀtityd] *nf (d'une personne)* Unsicherheit *f*; *(d'un résultat, d'un fait)* Ungewissheit *f*; **incertitudes** *nfpl* Ungewissheiten *pl*

incessamment [ɛ̃sesamɑ̃] *adj* unverzüglich

incessant, e [ɛ̃sesɑ̃, ɑ̃t] *adj* unaufhörlich

incessible [ɛ̃sesibl] *adj (Jur)* nicht übertragbar

inceste [ɛ̃sɛst] *nm* Inzest *m*

incestueux, -euse [ɛ̃sɛstɥø, øz] *adj* inzestuös

inchangé, e [ɛ̃ʃɑ̃ʒe] *adj* unverändert

inchantable [ɛ̃ʃɑ̃tabl] *adj* unsingbar

inchauffable [ɛ̃ʃofabl] *adj* nicht heizbar

incidemment [ɛ̃sidamɑ̃] *adv* nebenbei

incidence [ɛ̃sidɑ̃s] *nf* Effekt *m*, Wirkung *f*; *(Phys)* Einfall *m*

incident, e [ɛ̃sidɑ̃, ɑ̃t] *adj (Jur, Ling)* Neben- ▷ *nm* Ereignis *nt*, Begebenheit *f*; *(petite difficulté)* Vorfall *m*; *(Pol: désordre)* Zwischenfall *m*; **sans ~** ohne Zwischenfall; **~ de frontière** Grenzzwischenfall *m*; **~ de parcours** kleiner Zwischenfall; **~ diplomatique** diplomatischer Zwischenfall; **~ technique** technisches Problem *nt*

incinérateur [ɛ̃sineʀatœʀ] *nm* Müllverbrennungsanlage *f*

incinération [ɛ̃sineʀasjɔ̃] *nf (d'ordures)* Müllverbrennung *f*; *(crémation)* Einäscherung *f*

incinérer [ɛ̃sineʀe] *vt* verbrennen; *(défunt)* einäschern

incise [ɛ̃siz] *nf (Ling)* Einschub *m*

inciser [ɛ̃size] *vt (Bot)* beschneiden; *(Méd)* aufschneiden

incisif, -ive [ɛ̃sizif, iv] *adj (ironie, style)* scharf, schneidend; *(personne)* schneidend, beißend

incision [ɛ̃sizjɔ̃] *nf (Bot)* Schnitt *m*; *(d'un abcès)* Aufschneiden *nt*

incisive [ɛ̃siziv] *nf* Schneidezahn *m*

incitation [ɛ̃sitasjɔ̃] *nf (encouragement)* Ansporn *m*; *(provocation)* Anstiftung *f*

inciter [ɛ̃site] *vt*: **~ qn à faire qch** jdn dazu veranlassen, etw zu tun; **~ qn à qch** jdn zu etw veranlassen; *(à la révolte etc)* jdn zu etw anstiften

incivil, e [ɛ̃sivil] *adj* unhöflich

incivilité [ɛ̃sivilite] *nf (grossièreté)* Unhöflichkeit *f*; **incivilités** *nfpl* dissoziales Verhalten *nt*

inclinable [ɛ̃klinabl] *adj*: **siège à dossier ~** Stuhl *m* mit verstellbarer Rückenlehne

inclinaison [ɛ̃klinezɔ̃] *nf (d'un toit, d'un mur)* Neigung *f*; *(d'une route)* Gefälle *nt*; *(d'un plan, d'une pente)* Steigung *f*; *(de la tête)* Neigen *nt*; *(d'un navire)* Neigung *f*

inclination [ɛ̃klinasjɔ̃] *nf (penchant)* Neigung *f*; **montrer de l'~ pour les sciences** eine Neigung zu den Naturwissenschaften haben; **~ de (la) tête** Neigen *nt* des Kopfes; **~ (du buste)** Verbeugung *f*

incliner [ɛ̃kline] *vt* neigen; *(navire)* zum Neigen bringen ▷ *vi*: **~ à qch** zu etw neigen; **s'incliner** *vpr (personne)* sich beugen; *(chemin, pente, toit)* Gefälle haben; **~ à faire qch** dazu neigen, etw zu tun; **~ la tête** *ou* **le front** mit dem Kopf nicken; **s'~ devant qn** sich vor jdm verbeugen; *(s'avouer battu)* sich jdm beugen; **s'~ devant qch** sich vor etw *dat* verbeugen; *(céder)* sich einer Sache *dat* beugen

inclure [ɛ̃klyʀ] *vt* einschließen; *(joindre à un envoi)* beilegen; *(contenir)* enthalten

inclus, e [ɛ̃kly, yz] *pp de* **inclure** ▷ *adj (joint à un envoi)* beigefügt; *(compris)* inklusive; **jusqu'au troisième chapitre ~** bis zum dritten Kapitel einschließlich; **jusqu'au 10 mars ~** bis einschließlich 10. März

inclusion [ɛ̃klyzjɔ̃] *nf (v inclure)* Einschließen *nt*; Beilegen *nt*

inclusivement [ɛ̃klyzivmɑ̃] *adv* inklusive

inclut [ɛ̃kly] *vb voir* **inclure**

incoercible [ɛ̃kɔɛʀsibl] *adj* nicht zu unterdrücken

incognito [ɛ̃kɔɲito] *adv* inkognito ▷ *nm*: **garder l'~** sein Inkognito wahren

incohérence [ɛ̃kɔeʀɑ̃s] *nf* Zusammenhanglosigkeit *f*

incohérent, e [ɛ̃kɔeʀɑ̃, ɑ̃t] *adj (discours, ouvrage)* unzusammenhängend

incollable [ɛ̃kɔlabl] *adj (riz)* nicht klebend; **il est ~** *(fam: personne)* er ist einfach unschlagbar

incolore [ɛ̃kɔlɔʀ] *adj (aussi fig)* farblos; *(verre)* nicht getönt

incomber [ɛ̃kɔ̃be] *vi*: **~ à qn** jdm obliegen

incombustible [ɛ̃kɔ̃bystibl] *adj* unbrennbar
incommensurable [ɛ̃kɔmɑ̃syʀabl] *adj* unermesslich
incommodant, e [ɛ̃kɔmɔdɑ̃, ɑ̃t] *adj* lästig, störend
incommode [ɛ̃kɔmɔd] *adj (peu pratique)* unpraktisch; *(inconfortable)* unbequem; *(Jur: établissement)* belästigend
incommodément [ɛ̃kɔmɔdemɑ̃] *adv* unbequem
incommoder [ɛ̃kɔmɔde] *vt* stören, lästig fallen +*dat*
incommodité [ɛ̃kɔmɔdite] *nf (d'une position)* Unbequemlichkeit *f*
incommunicable [ɛ̃kɔmynikabl] *adj (caractères, droits)* nicht übertragbar; *(pensée)* nicht mitteilbar
incomparable [ɛ̃kɔpaʀabl] *adj (dissemblable)* nicht zu vergleichen, nicht vergleichbar; *(inégalable)* unvergleichlich
incomparablement [ɛ̃kɔpaʀabləmɑ̃] *adv* unvergleichlich
incompatibilité [ɛ̃kɔpatibilite] *nf (v adj)* Unvereinbarkeit *f*; Unverträglichkeit *f*; ~ **d'humeur** Unvereinbarkeit
incompatible [ɛ̃kɔpatibl] *adj* nicht (miteinander) vereinbar; *(Jur: fonctions, mandats)* unvereinbar; *(Méd: groupes sanguins)* nicht miteinander verträglich, unverträglich; ~ **avec** unvereinbar/unverträglich mit
incompétence [ɛ̃kɔpetɑ̃s] *nf (v adj)* Inkompetenz *f*; Unfähigkeit *f*; mangelnde Zuständigkeit *f*
incompétent, e [ɛ̃kɔpetɑ̃, ɑ̃t] *adj (ignorant)* inkompetent; *(incapable)* unfähig; *(Jur)* nicht zuständig
incomplet, -ète [ɛ̃kɔplɛ, ɛt] *adj* unvollständig; *(récit, œuvre)* unvollendet
incomplètement [ɛ̃kɔplɛtmɑ̃] *adv* nicht völlig, nicht ganz
incompréhensible [ɛ̃kɔpʀeɑ̃sibl] *adj* unverständlich; *(personne, accident)* unbegreiflich
incompréhensif, -ive [ɛ̃kɔpʀeɑ̃sif, iv] *adj (intransigeant)* verständnislos; *(peu coopératif)* stur
incompréhension [ɛ̃kɔpʀeɑ̃sjɔ̃] *nf* Sturheit *f*
incompressible [ɛ̃kɔpʀesibl] *adj (fluide)* nicht komprimierbar; *(dépenses)* nicht zu reduzieren; *(peine)* nicht zu verkürzen
incompris, e [ɛ̃kɔpʀi, iz] *adj* unverstanden
inconcevable [ɛ̃kɔs(ə)vabl] *adj (mystère, notion etc)* unvorstellbar; *(conduite etc)* unfassbar; *(chapeau etc)* unglaublich
inconciliable [ɛ̃kɔsiljabl] *adj (principes, intérêts)* unvereinbar; *(ennemis)* unversöhnlich
inconditionnel, le [ɛ̃kɔ̃disjɔnɛl] *adj (ordre, soumission)* bedingungslos; *(appui, soutien, partisan)* uneingeschränkt ▷ *nm/f (partisan)* blinder Fan *m*
inconditionnellement [ɛ̃kɔ̃disjɔnɛlmɑ̃] *adv* uneingeschränkt
inconduite [ɛ̃kɔ̃dɥit] *nf* liederlicher Lebenswandel *m*
inconfort [ɛ̃kɔ̃fɔʀ] *nm* Unbequemlichkeit *f*
inconfortable [ɛ̃kɔ̃fɔʀtabl] *adj* unbequem
inconfortablement [ɛ̃kɔ̃fɔʀtabləmɑ̃] *adv* unbequem

incongru, e [ɛ̃kɔ̃gʀy] *adj* unschicklich; *(remarque)* unpassend
incongruité [ɛ̃kɔ̃gʀyite] *nf* Unschicklichkeit *f*; *(parole, action incongrue)* Ungeschicklichkeit *f*
inconnu, e [ɛ̃kɔny] *adj* unbekannt ▷ *nm/f* Unbekannte(r) *f(m)*; *(étranger, tiers)* Fremde(r) *f(m)* ▷ *nm*: l'~ das Unbekannte *nt* ▷ *nf (Math)* Unbekannte *f*
inconsciemment [ɛ̃kɔ̃sjamɑ̃] *adv* unbewusst
inconscience [ɛ̃kɔ̃sjɑ̃s] *nf (physique)* Bewusstlosigkeit *f*; *(morale)* Gedankenlosigkeit *f*
inconscient, e [ɛ̃kɔ̃sjɑ̃, jɑ̃t] *adj (évanoui)* bewusstlos; *(irréfléchi)* gedankenlos; *(instinctif, spontané)* unbewusst ▷ *nm*: l'~ das Unbewusste *nt*; ~ **de ...** *(événement extérieur)* ohne ... zu bemerken; *(conséquences)* ohne ... zu bedenken
inconséquence [ɛ̃kɔ̃sekɑ̃s] *nf* Inkonsequenz *f*; *(action, parole)* Gedankenlosigkeit *f*
inconséquent, e [ɛ̃kɔ̃sekɑ̃, ɑ̃t] *adj (illogique)* inkonsequent; *(irréfléchi)* gedankenlos
inconsidéré, e [ɛ̃kɔ̃sideʀe] *adj* unüberlegt, unbedacht
inconsidérément [ɛ̃kɔ̃sideʀemɑ̃] *adv* unüberlegt
inconsistant, e [ɛ̃kɔ̃sistɑ̃, ɑ̃t] *adj (raisonnement, accusation)* nicht stichhaltig; *(caractère, personne)* unentschlossen; *(crème, bouillie)* zu flüssig
inconsolable [ɛ̃kɔ̃sɔlabl] *adj* untröstlich
inconstance [ɛ̃kɔ̃stɑ̃s] *nf* Unbeständigkeit *f*
inconstant, e [ɛ̃kɔ̃stɑ̃, ɑ̃t] *adj* unbeständig
inconstitutionnel, le [ɛ̃kɔ̃stitysjɔnɛl] *adj* verfassungswidrig
inconstitutionnellement [ɛ̃kɔ̃stitysjɔnɛlmɑ̃] *adv* verfassungswidrig
inconstructible [ɛ̃kɔ̃stʀyktibl] *adj* nicht bebaubar
incontestable [ɛ̃kɔ̃tɛstabl] *adj* unbestreitbar
incontestablement [ɛ̃kɔ̃tɛstabləmɑ̃] *adv* unbestreitbar
incontesté, e [ɛ̃kɔ̃tɛste] *adj* unbestritten, unangefochten
incontinence [ɛ̃kɔ̃tinɑ̃s] *nf* Inkontinenz *f*
incontinent, e [ɛ̃kɔ̃tinɑ̃, ɑ̃t] *adj (Méd)* inkontinent ▷ *adv (tout de suite)* unverzüglich
incontournable [ɛ̃kɔ̃tuʀnabl] *adj* unausweichlich
incontrôlable [ɛ̃kɔ̃tʀolabl] *adj* nicht verifizierbar
inconvenance [ɛ̃kɔ̃v(ə)nɑ̃s] *nf* Unschicklichkeit *f*
inconvenant, e [ɛ̃kɔ̃v(ə)nɑ̃, ɑ̃t] *adj* unpassend; *(tenue)* unschicklich; *(personne)* unanständig
inconvénient [ɛ̃kɔ̃venjɑ̃] *nm* Nachteil *m*; **si vous n'y voyez pas d'~** wenn Sie nichts dagegen einzuwenden haben, wenn Sie keine Einwände dagegen haben; **verrais-tu un ~ à ce que ...?** hättest du etwas dagegen, wenn ...?
inconvertible [ɛ̃kɔ̃vɛʀtibl] *adj* nicht konvertierbar
incorporation [ɛ̃kɔʀpɔʀasjɔ̃] *nf (Mil)* Einberufung *f*
incorporé, e [ɛ̃kɔʀpɔʀe] *adj (micro etc)* eingebaut
incorporel, le [ɛ̃kɔʀpɔʀɛl] *adj*: **biens ~s** immaterielle Güter *pl*

incorporer [ɛ̃kɔʀpɔʀe] vt (*mélanger*) einrühren; (*paragraphe*) aufnehmen; (*territoire*) einverleiben, eingliedern; (*personne*) aufnehmen; (*Mil: recrue*) aufrufen, einziehen; (: *affecter*) aufrufen

incorrect, e [ɛ̃kɔʀɛkt] adj (*impropre, faux*) falsch; (*inconvenant*) unpassend; (*impoli*) ungehobelt; (*déloyal*) unkorrekt

incorrectement [ɛ̃kɔʀɛktəmɑ̃] adv (v adj) falsch; unpassend; ungehobelt; unkorrekt

incorrection [ɛ̃kɔʀɛksjɔ̃] nf (*terme impropre*) falscher Ausdruck m; (*action, remarque inconvenante*) Unkorrektheit f

incorrigible [ɛ̃kɔʀiʒibl] adj unverbesserlich

incorruptible [ɛ̃kɔʀyptibl] adj unbestechlich

incrédibilité [ɛ̃kʀedibilite] nf Unglaubwürdigkeit f

incrédule [ɛ̃kʀedyl] adj (Rel) ungläubig; (*sceptique*) skeptisch, zweifelnd

incrédulité [ɛ̃kʀedylite] nf (v adj) Ungläubigkeit f; Skepsis f; **avec ~** ungläubig

increvable [ɛ̃kʀəvabl] adj (*ballon*) unzerstörbar; (*pneu*) pannensicher; (*fam: personne*) unverwüstlich

incriminer [ɛ̃kʀimine] vt (*personne*) belasten; (*action, conduite*) beanstanden; (*bonne foi, honnêteté*) in Zweifel ziehen

incrochetable [ɛ̃kʀɔʃ(ə)tabl] adj einbruchsicher

incroyable [ɛ̃kʀwajabl] adj unglaublich

incroyablement [ɛ̃kʀwajabləmɑ̃] adv unglaublich

incroyant, e [ɛ̃kʀwajɑ̃, ɑ̃t] nm/f Ungläubige(r) f(m)

incrustation [ɛ̃kʀystasjɔ̃] nf (Art) Einlegearbeit f

incruster [ɛ̃kʀyste] vt (Art) einlegen; (*récipient, radiateur*) Kesselstein verursachen in +dat; **s'incruster** vpr (*invité*) sich einnisten; **s'~ dans** (*corps étranger, caillou*) sich einnisten in +dat

incubateur [ɛ̃kybatœʀ] nm Inkubator m, Brutkasten m

incubation [ɛ̃kybasjɔ̃] nf (Méd) Inkubation f; (*d'un œuf*) Ausbrüten nt; (*fig: d'une insurrection*) Aushecken nt; **période d'~** (Méd) Inkubationszeit f

inculpation [ɛ̃kylpasjɔ̃] nf Anklage f; **sous l'~ de** unter der Anklage +gén

inculpé, e [ɛ̃kylpe] nm/f Angeklagte(r) f(m)

inculper [ɛ̃kylpe] vt: **~ qn (de)** Anklage erheben gegen jdn (wegen +gén)

inculquer [ɛ̃kylke] vt: **~ qch à qn** jdm etw einprägen

inculte [ɛ̃kylt] adj (*région, terre, sol*) unbebaut; (*personne, peuple*) ungebildet; (*cheveux, barbe*) zerzaust

incultivable [ɛ̃kyltivabl] adj (*terrain*) nicht bebaubar

inculture [ɛ̃kyltyʀ] nf Bildungsmangel m

incurable [ɛ̃kyʀabl] adj unheilbar

incurie [ɛ̃kyʀi] nf Nachlässigkeit f

incursion [ɛ̃kyʀsjɔ̃] nf Einfall m; (*fig: entrée brusque*) Hereinstürmen nt

incurvé, e [ɛ̃kyʀve] adj geschwungen

incurver [ɛ̃kyʀve] vt (*barre de fer*) biegen; **s'incurver** vpr (*planche*) sich (ver)biegen; (*route*) eine Biegung machen

Inde [ɛ̃d] nf: **l'~** Indien nt

indécemment [ɛ̃desamɑ̃] adv unanständig

indécence [ɛ̃desɑ̃s] nf Unständigkeit f

indécent, e [ɛ̃desɑ̃, ɑ̃t] adj unanständig; (*déplacé*) unangebracht

indéchiffrable [ɛ̃deʃifʀabl] adj nicht zu entziffern; (*fig: pensée, personnage*) unergründlich

indéchirable [ɛ̃deʃiʀabl] adj reißfest

indécis, e [ɛ̃desi, iz] adj (*personne*) unentschlossen; (*paix, victoire*) zweifelhaft; (*temps*) unbeständig; (*contours, formes*) undeutlich

indécision [ɛ̃desizjɔ̃] nf (*de personne*) Unentschlossenheit f

indéclinable [ɛ̃deklinabl] adj nicht deklinierbar

indécomposable [ɛ̃dekɔ̃pozabl] adj unzerteilbar; **un tout ~** (*fig*) ein unteilbares Ganzes nt

indécrottable [ɛ̃dekʀɔtabl] (*fam*) adj unverbesserlich

indéfectible [ɛ̃defɛktibl] adj (*attachement*) unzerstörbar

indéfendable [ɛ̃defɑ̃dabl] adj unhaltbar

indéfini, e [ɛ̃defini] adj (*imprécis, incertain*) undefiniert; (*illimité, Ling*) unbestimmt

indéfiniment [ɛ̃definimɑ̃] adv unbegrenzt lange

indéfinissable [ɛ̃definisabl] adj (*mot*) nicht zu definieren; (*couleur, saveur*) undefinierbar; (*charme, émotion, trouble*) unerklärlich; (*personne*) unergründlich

indéformable [ɛ̃defɔʀmabl] adj formfest

indélébile [ɛ̃delebil] adj (*marque, tache*) nicht zu entfernen; (*encre, couleur*) waschecht; (*souvenir*) unauslöschlich

indélicat, e [ɛ̃delika, at] adj (*grossier*) taktlos; (*malhonnête*) unredlich

indélicatesse [ɛ̃delikatɛs] nf (v adj) Taktlosigkeit f; Unredlichkeit f

indémaillable [ɛ̃demajabl] adj maschenfest

indemne [ɛ̃dɛmn] adj unverletzt, unversehrt

indemnisable [ɛ̃dɛmnizabl] adj entschädigungsberechtigt

indemnisation [ɛ̃dɛmnizasjɔ̃] nf Entschädigung f

indemniser [ɛ̃dɛmnize] vt entschädigen; **~ qn de qch** jdn für etw entschädigen; **se faire ~** eine Entschädigung bekommen

indemnité [ɛ̃dɛmnite] nf Entschädigung f; (*allocation*) Zuschuss m; **~ de licenciement** Abfindung f; **~ de logement** Wohngeld nt; **~ de chômage** Arbeitslosengeld nt; **~ parlementaire** Abgeordnetenbezüge pl

indémontable [ɛ̃demɔ̃tabl] adj nicht auseinanderzunehmen

indéniable [ɛ̃denjabl] adj unleugbar, unbestreitbar

indéniablement [ɛ̃denjabləmɑ̃] adv unbestreitbar

indépendamment [ɛ̃depɑ̃damɑ̃] adv unabhängig; **~ de** (*en faisant abstraction de*) abgesehen von; (*par surcroît, en plus*) zusätzlich zu

indépendance [ε̃depɑ̃dɑ̃s] *nf* Unabhängigkeit *f*;
~ matérielle finanzielle Unabhängigkeit
indépendant, e [ε̃depɑ̃dɑ̃, ɑ̃t] *adj* unabhängig;
(emploi) selb(st)ständig; **~ de** unabhängig von;
travailleur ~ Freiberufler(in) *m(f)*; **chambre ~e**
Zimmer *nt* mit separatem Eingang
indépendantiste [ε̃depɑ̃dɑ̃tist] *adj*
separatistisch ▷ *nm/f* Separatist(in) *m(f)*
indéracinable [ε̃deʀasinabl] *adj (fig)*
unausrottbar
indéréglable [ε̃deʀeglabl] *adj* unverwüstlich
indescriptible [ε̃dεskʀiptibl] *adj*
unbeschreiblich
indésirable [ε̃deziʀabl] *adj* unerwünscht
indestructible [ε̃dεstʀyktibl] *adj* unzerstörbar;
(marque, impression) unauslöschlich
indéterminable [ε̃detεʀminabl] *adj*
(indéfinissable) undefinierbar
indétermination [ε̃detεʀminasjɔ̃] *nf (d'une
personne)* Unentschlossenheit *f*
indéterminé, e [ε̃detεʀmine] *adj* unbestimmt;
(sens d'un mot, d'un passage) ungewiss
index [ε̃dεks] *nm (doigt)* Zeigefinger *m*; *(d'un livre
etc)* Index *m*; *(Rel)*: **l'I~** der Index; **mettre qn/qch
à l'~** *(fig)* jdn/etw auf den Index setzen
indexation [ε̃dεksasjɔ̃] *nf* Anpassung *f*
indexé, e [ε̃dεkse] *adj*: **~ (sur)** angepasst (an +acc)
indexer [ε̃dεkse] *vt*: **~ (sur)** anpassen (an +acc)
indicateur, -trice [ε̃dikatœʀ, tʀis] *nm/f (de la
police)* Informant *m*, Spitzel *m*; *(livre, brochure)*
Verzeichnis *nt*; *(instrument)* Messinstrument *nt*;
(Écon) Index *m* ▷ *adj*: **poteau ~** Straßenschild *nt*;
tableau ~ Hinweisschild *nt*; **~ de changement
de direction** *(Auto)* Blinker *m*; **~ de vitesse/de
pression/de niveau** Geschwindigkeits-/Druck-/
Höhenmesser *m*; **~ immobilier/des chemins de
fer/des rues** Immobilienverzeichnis *nt*/
Kursbuch *nt*/Straßenverzeichnis *nt*
indicatif [ε̃dikatif] *nm (Ling)* Indikativ *m*; *(Radio:
d'une émission)* Erkennungsmelodie *f*; *(Tél)*
Vorwahl *f* ▷ *adj*: **à titre ~** zur Information;
~ d'appel *(Radio)* Rufzeichen *nt*
indication [ε̃dikasjɔ̃] *nf (notification)* Angabe *f*;
(mode d'emploi) Anweisung *f*; *(marque, signe)*
Zeichen *nt*; *(renseignement)* Auskunft *f*; *(d'un
médicament, d'une cure)* Anwendung *f*; **indications**
nfpl (directives) Anweisungen *pl*; **~ d'origine**
Angabe des Herkunftslandes
indice [ε̃dis] *nm (marque, signe)* Zeichen *nt*; *(Jur:
preuve)* Indiz *nt*; *(Écon, Sciences)* Index *m*; **~ d'octane**
Oktanzahl *f*; **~ de la production industrielle**
industrielle Produktionsziffern *pl*; **~ de
réfraction** Brechungsindex *m*; **~ des prix**
Preisindex *m*; **~ du coût de la vie**
Lebenshaltungsindex *m*
indicible [ε̃disibl] *adj* unsagbar
indien, ne [ε̃djε̃, jεn] *adj (d'Inde)* indisch;
(d'Amérique) indianisch ▷ *nm/f*: **Indien, ne** *(d'Inde)*
Inder(in) *m(f)*; *(d'Amérique)* Indianer(in) *m(f)*
indifféremment [ε̃difeʀamɑ̃] *adv* wahllos
indifférence [ε̃difeʀɑ̃s] *nf* Gleichgültigkeit *f*
indifférencié, e [ε̃difeʀɑ̃sje] *adj* undifferenziert

indifférent, e [ε̃difeʀɑ̃, ɑ̃t] *adj* gleichgültig; **être
~ à qn/qch** *(personne: insensible)* ungerührt von
jdm/einer Sache sein; **ça m'est ~** das ist mir
völlig egal
indifférer [ε̃difeʀe] *vt*: **cela m'indiffère** das ist
mir gleichgültig
indigence [ε̃diʒɑ̃s] *nf*: **vivre dans l'~** in Armut
leben
indigène [ε̃diʒεn] *adj (population, main-d'œuvre etc)*
einheimisch; *(coutume etc)* der Einheimischen
▷ *nm/f* Einheimische(r) *f(m)*
indigent, e [ε̃diʒɑ̃, ɑ̃t] *adj* arm
indigeste [ε̃diʒεst] *adj* unverdaulich
indigestion [ε̃diʒεstjɔ̃] *nf* Magenverstimmung *f*;
avoir une ~ sich das den Magen verdorben haben
indignation [ε̃diɲasjɔ̃] *nf* Entrüstung *f*,
Empörung *f*; **avec ~** entrüstet, empört;
~ générale allgemeine Entrüstung *ou* Empörung
indigne [ε̃diɲ] *adj* unwürdig; **~ de** *(de confiance,
poste)* unwürdig +gén; *(de personne)* nicht würdig
+gén
indigné, e [ε̃diɲe] *adj* empört, entrüstet
indignement [ε̃diɲmɑ̃] *adv* unwürdig
indigner [ε̃diɲe] *vt* aufbringen, entrüsten;
s'indigner *vpr*: **s'~ (de qch/contre qn)** sich (über
etw/jdn) aufregen *ou* empören
indignité [ε̃diɲite] *nf (acte)* Niederträchtigkeit *f*,
Gemeinheit *f*
indigo [ε̃digo] *nm* Indigo(blau) *nt*
indiqué, e [ε̃dike] *adj (date, lieu)* angegeben;
(adéquat) angemessen; **ce n'est pas très ~** das ist
nicht ratsam; **remède ~** *(prescrit)* verschriebenes
Mittel *nt*; **traitement ~** verschriebene
Behandlung *f*
indiquer [ε̃dike] *vt (désigner)* (an)zeigen; *(médecin,
livre, hôtel)* empfehlen; *(solution)* mitteilen; *(suj:
étiquette, plan)* angeben, zeigen; **~ qch/qn du
doigt/de la main** auf jdn/etw mit dem Finger/
mit der Hand zeigen; **~ qn/qch du regard** mit
den Augen auf jdn/etw *acc* deuten; **à l'heure
indiquée** zur angegebenen Stunde; **pourriez-
vous m'~ les toilettes?** könnten Sie mir sagen,
wo die Toiletten sind?
indirect, e [ε̃diʀεkt] *adj* indirekt; **complément
d'objet ~** Dativobjekt *nt*
indirectement [ε̃diʀεktəmɑ̃] *adv* indirekt
indiscernable [ε̃disεrnabl] *adj (identique)* nicht zu
unterscheiden; *(insaisissable)* kaum
wahrnehmbar
indiscipline [ε̃disiplin] *nf* Disziplinlosigkeit *f*
indiscipliné, e [ε̃disipline] *adj* undiszipliniert,
disziplinlos; *(cheveux etc)* unbändig
indiscret, -ète [ε̃diskʀε, εt] *adj* indiskret
indiscrétion [ε̃diskʀesjɔ̃] *nf* Indiskretion *f*; **sans
~, ...** ich will nicht indiskret sein, aber ...
indiscutable [ε̃diskytabl] *adj* unbestreitbar
indiscutablement [ε̃diskytabləmɑ̃] *adv*
unbestreitbar
indiscuté, e [ε̃diskyte] *adj* unbestritten
indispensable [ε̃dispɑ̃sabl] *adj (garanties,
précautions)* unerlässlich; *(connaissances, objet,
vêtement)* unbedingt erforderlich; *(condition)*

unverzichtbar; *(personne)* unersetzlich; ~ **à qn**
unersetzlich für jdn; ~ **pour faire qch**
unbedingt erforderlich, um etw zu tun
indisponibilité [ɛ̃dispɔnibilite] *nf*
Unabkömmlichkeit *f*
indisponible [ɛ̃dispɔnibl] *adj (local)* nicht frei;
(personne, ouvrier) unabkömmlich; *(capitaux)*
gebunden
indisposé, e [ɛ̃dispoze] *adj* unpässlich
indisposer [ɛ̃dispoze] *vt (incommoder)* nicht
bekommen +*dat*; *(mécontenter)* verärgern
indisposition [ɛ̃dispozisjɔ̃] *nf* Unpässlichkeit *f*
indissociable [ɛ̃disɔsjabl] *adj* untrennbar
indissoluble [ɛ̃disɔlybl] *adj* unauflöslich
indissolublement [ɛ̃disɔlybləmɑ̃] *adv*
unauflöslich
indistinct, e [ɛ̃distɛ̃(kt), ɛ̃kt] *adj* undeutlich
indistinctement [ɛ̃distɛ̃ktəmɑ̃] *adv (peu
clairement)* undeutlich; **tous les Français ~** alle
Franzosen ohne Unterschied
individu [ɛ̃dividy] *nm* Individuum *nt*; **l'~ et la
société** der Einzelne und die Gesellschaft
individualiser [ɛ̃dividɥalize] *vt*
individualisieren; *(personnaliser)* individuell
gestalten; **s'individualiser** *vpr* sich individuell
entwickeln
individualisme [ɛ̃dividɥalism] *nm*
Individualismus *m*
individualiste [ɛ̃dividɥalist] *adj*
individualistisch ▷ *nm/f* Individualist(in) *m(f)*
individualité [ɛ̃dividɥalite] *nf (originalité,
particularité)* Individualität *f*
individuel, le [ɛ̃dividɥɛl] *adj* individuell;
(personnel) persönlich; *(isolé)* einzeln; **chambre
~le** Einzelzimmer *nt*; **maison ~le** einzeln
stehendes Haus *nt*; **propriété ~le** persönliches
Eigentum *nt*
individuellement [ɛ̃dividɥelmɑ̃] *adv* individuell
indivis, e [ɛ̃divi, iz] *adj (bien, propriété, succession)*
unteilbar; *(cohéritiers, propriétaires)* gemeinsam
indivisible [ɛ̃divizibl] *adj* unauflöslich
Indochine [ɛ̃dɔʃin] *nf*: **l'~** Indochina *nt*
indochinois, e [ɛ̃dɔʃinwa, waz] *adj*
indochinesisch
indocile [ɛ̃dɔsil] *adj* widerspenstig
indo-européen, ne [ɛ̃doøʀɔpeɛ̃, ɛn] *(pl* **~s, nes)**
adj indoeuropäisch, indogermanisch ▷ *nm (Ling)*
Indogermanisch *nt*
indolence [ɛ̃dɔlɑ̃s] *nf (v adj)* Trägheit *f*; Lässigkeit *f*
indolent, e [ɛ̃dɔlɑ̃, ɑ̃t] *adj (personne, élève)* träge,
faul; *(regard, air, démarche)* lässig
indolore [ɛ̃dɔlɔʀ] *adj* schmerzlos
indomptable [ɛ̃dɔ̃(p)tabl] *adj (fauve)* unzähmbar;
(caractère, orgueil) unbezähmbar; *(volonté, résistance)*
unbeugsam
indompté, e [ɛ̃dɔ̃(p)te] *adj (cheval)* nicht
zugeritten
Indonésie [ɛ̃dɔnezi] *nf*: **l'~** Indonesien *nt*
indonésien, ne [ɛ̃dɔnezjɛ̃, jen] *adj* indonesisch
▷ *nm/f*: **Indonésien, ne** Indonesier(in) *m(f)*
indu, e [ɛ̃dy] *adj*: **à des heures ~es** zu einer
unchristlichen Zeit

indubitable [ɛ̃dybitabl] *adj* unzweifelhaft; **il est
~ que** es steht außer Zweifel, dass
indubitablement [ɛ̃dybitabləmɑ̃] *adv*
unzweifelhaft, zweifellos
induction [ɛ̃dyksjɔ̃] *nf* Induktion *f*
induire [ɛ̃dɥiʀ] *vt*: ~ **qch de** etw schließen aus;
~ **qn en erreur** jdn irreführen
indulgence [ɛ̃dylʒɑ̃s] *nf (v adj)* Nachsichtigkeit *f*;
Milde *f*; **avec ~** nachsichtig; milde
indulgent, e [ɛ̃dylʒɑ̃, ɑ̃t] *adj (parent, professeur,
regard)* nachsichtig; *(juge, examinateur)* milde
indûment [ɛ̃dymɑ̃] *adv (à tort)* ungebührlich;
(injustement) zu unrecht
industrialisation [ɛ̃dystʀijalizasjɔ̃] *nf*
Industrialisierung *f*
industrialisé, e [ɛ̃dystʀijalize] *adj*
industrialisiert
industrialiser [ɛ̃dystʀijalize] *vt*
industrialisieren; **s'industrialiser** *vpr*
industrialisiert werden
industrie [ɛ̃dystʀi] *nf (Écon)* Industrie *f*; **petite ~**
Kleingewerbe *nt*; **moyenne ~** mittlere Industrie;
grande ~ Großindustrie *f*; ~ **automobile**
Automobilindustrie *f*; ~ **du livre** Verlagswesen
nt; ~ **du spectacle** Unterhaltungsindustrie *f*;
~ **légère** Leichtindustrie *f*; ~ **lourde**
Schwerindustrie *f*; ~ **textile** Textilindustrie *f*
industriel, le [ɛ̃dystʀijɛl] *adj* Industrie-; *(activité)*
industriell; *(pain etc)* Fabrik- ▷ *nm* Industrielle(r)
f(m)
industriellement [ɛ̃dystʀijɛlmɑ̃] *adv* industriell
industrieux, -euse [ɛ̃dystʀijø, ijøz] *adj* fleißig
inébranlable [inebʀɑ̃labl] *adj* unerschütterlich;
(masse, colonne) solid, fest
inédit, e [inedi, it] *adj (non publié)* (bisher)
unveröffentlicht; *(spectacle, moyen)* neuartig
ineffable [inefabl] *adj* unbeschreiblich
ineffaçable [inefasabl] *adj* unauslöschlich
inefficace [inefikas] *adj* wirkungslos; *(machine,
employé)* wenig leistungsfähig
inefficacité [inefikasite] *nf (v adj)*
Wirkungslosigkeit *f*; geringe Leistungsfähigkeit *f*
inégal, e, -aux [inegal, o] *adj* ungleich; *(côtés,
jours)* verschieden lang; *(rugueux)* uneben;
(irrégulier) unregelmäßig; *(humeur)*
unausgeglichen
inégalable [inegalabl] *adj* einzigartig,
unerreichbar
inégalé, e [inegale] *adj* unerreicht,
unübertroffen
inégalement [inegalmɑ̃] *adv (différemment)*
verschieden; *(injustement)* ungleich;
(irrégulièrement) unregelmäßig
inégalité [inegalite] *nf* Ungleichheit *f*; *(de
sommes)* Verschiedenheit *f*; *(de hauteur)*
Unterschied *m*; *(de terrain)* Unebenheit *f*; **~s
d'humeur** Unausgeglichenheit *f*; **~s de terrain**
Unebenheiten *pl*
inélégance [inelegɑ̃s] *nf (v adj)* Uneleganz *f*;
Unhöflichkeit *f*
inélégant, e [inelegɑ̃, ɑ̃t] *adj (sans grâce)*
unelegant; *(indélicat)* unhöflich

inéligible [ineliʒibl] *adj* (*Pol*) nicht wählbar
inéluctable [inelyktabl] *adj* unausweichlich
inéluctablement [inelyktabləmā] *adv*
  unausweichlich
inemployé, e [inãplwaje] *adj* ungenutzt
inénarrable [inenaRabl] *adj* urkomisch
inepte [inɛpt] *adj* (*histoire, raisonnement*) unsinnig;
  (*personne*) unfähig
ineptie [inɛpsi] *nf* Unsinn *m*
inépuisable [inepɥizabl] *adj* unerschöpflich; **il
  est ~ sur ce sujet** über dieses Thema kann er
  stundenlang reden
inéquitable [inekitabl] *adj* ungerecht
inerte [inɛRt] *adj* (*corps, membre*) unbeweglich;
  (*fig: personne*) apathisch, träge; (*Phys: masse*) träge;
  (: *force, moment*) Trägheits-; (*Chim: gaz*) Edel-;
  (: *liquide*) inaktiv
inertie [inɛRsi] *nf* (*de personne, Phys*) Trägheit *f*
inescompté, e [inɛskõte] *adj* unverhofft
inespéré, e [inɛspeRe] *adj* unverhofft
inesthétique [inɛstetik] *adj* unschön
inestimable [inɛstimabl] *adj* unschätzbar
inévitable [inevitabl] *adj* unvermeidlich;
  (*obstacle*) unausweichlich
inévitablement [inevitabləmā] *adv*
  zwangsläufig
inexact, e [inɛgza(kt), akt] *adj* ungenau; (*calcul*)
  falsch; (*non ponctuel*) unpünktlich
inexactement [inɛgzaktəmā] *adv* ungenau
inexactitude [inɛgzaktityd] *nf* (*v adj*)
  Ungenauigkeit *f*; Fehlerhaftigkeit *f*;
  Unpünktlichkeit *f*; (*erreur*) Fehler *m*
inexcusable [inɛkskyzabl] *adj* (*personne*)
  unentschuldbar; (*faute, négligence*)
  unentschuldbar, unverzeihlich
inexécutable [inɛgzekytabl] *adj* (*plan, projet*)
  unausführbar; (*musique*) unspielbar
inexistant, e [inɛgzistā, āt] *adj* nicht vorhanden,
  wertlos
inexorable [inɛgzɔRabl] *adj* (*juge etc*) unerbittlich;
  (*destin etc*) unabwendbar
inexorablement [inɛgzɔRabləmā] *adv*
  unerbittlich
inexpérience [inɛkspeRjās] *nf* Unerfahrenheit *f*
inexpérimenté, e [inɛkspeRimāte] *adj* (*ignorant,
  naïf*) unerfahren; (*alpiniste, geste*) ungeübt; (*arme,
  procédé*) unerprobt
inexplicable [inɛksplikabl] *adj* unerklärlich
inexplicablement [inɛksplikabləmā] *adv* auf
  unerklärliche Weise
inexpliqué, e [inɛksplike] *adj* unerklärlich
inexploitable [inɛksplwatabl] *adj* nicht nutzbar;
  (*inutilisable*) unbrauchbar
inexploité, e [inɛksplwate] *adj* ungenutzt
inexploré, e [inɛksplɔRe] *adj* unerforscht
inexpressif, -ive [inɛkspResif, iv] *adj*
  ausdruckslos
inexpressivité [inɛkspResivite] *nf*
  Ausdruckslosigkeit *f*
inexprimable [inɛkspRimabl] *adj*
  unbeschreiblich
inexprimé, e [inɛkspRime] *adj* unausgesprochen

inexpugnable [inɛkspygnabl] *adj*
  uneinnehmbar
inextensible [inɛkstãsibl] *adj* nicht dehnbar
in extenso [inɛkstēso] *adv* ganz, vollständig ▷ *adj*
  vollständig
inextinguible [inɛkstēgibl] *adj* (*soif*) unstillbar
in extremis [inɛkstRemis] *adv* in letzter Minute;
  (*mariage, testament*) auf dem Sterbebett
inextricable [inɛkstRikabl] *adj* unentwirrbar;
  (*fig: affaire*) verwickelt, verworren
inextricablement [inɛkstRikabləmā] *adv*
  unentwirrbar
infaillibilité [ēfajibilite] *nf* Unfehlbarkeit *f*
infaillible [ēfajibl] *adj* unfehlbar
infailliblement [ēfajibləmā] *adv* garantiert
infaisable [ēfəzabl] *adj* unmöglich
infamant, e [ēfamā, āt] *adj* verleumderisch
infâme [ēfam] *adj* (*détestable, odieux*)
  niederträchtig, gemein; (*malpropre, sale*) übel
infamie [ēfami] *nf* Niederträchtigkeit *f*,
  Gemeinheit *f*
infanterie [ēfātRi] *nf* Infanterie *f*
infanticide [ēfātisid] *adj* Kinder mordend
  ▷ *nm/f* Kindesmörder(in) *m(f)* ▷ *nm* (*meurtre*)
  Kindsmord *m*
infantile [ēfātil] *adj* (*Méd*) Kinder-; (*Psych*)
  infantil, kindlich; (*péj*) kindisch
infantilisme [ēfātilism] *nm* (*comportement*)
  kindisches Benehmen *nt*
infarctus [ēfaRktys] *nm*: ~ **(du myocarde)**
  Herzinfarkt *m*
infatigable [ēfatigabl] *adj* unermüdlich
infatigablement [ēfatigabləmā] *adv*
  unermüdlich
infatué, e [ēfatɥe] *adj* eingebildet; **être ~ de son
  importance** sehr von sich eingenommen sein
infécond, e [ēfekõ, õd] *adj* unfruchtbar; (*esprit*)
  unproduktiv
infect, e [ēfɛkt] *adj* (*cloaque, bourbier*) übel,
  ekelhaft; (*odeur, goût*) ekelhaft, widerlich; (*repas,
  vin, temps*) scheußlich, widerlich; (*personne*)
  widerlich
infecter [ēfɛkte] *vt* (*atmosphère, eau*)
  verunreinigen, verseuchen; (*Méd: personne*)
  infizieren, anstecken; (: *plaie*) infizieren;
  s'infecter *vpr* (*plaie*) sich infizieren
infectieux, -euse [ēfɛksjø, jøz] *adj* (*germe*)
  Ansteckungs-; (*maladie*) ansteckend
infection [ēfɛksjõ] *nf* (*Méd*) Infektion *f*,
  Entzündung *f*
inféoder [ēfeɔde]: **s'~** *vpr*: **s'~ à qn/qch** jdm/einer
  Sache treu geloben
inférer [ēfeRe] *vt*: ~ **qch de** etw schließen aus
inférieur, e [ēfeRjœR] *adj* untere(r, s); (*partie,
  étage, couche*) Unter-, untere(r, s); (*qualité*)
  minderwertig; (*nombre*) niedriger; (*intelligence,
  esprit*) geringer, unterlegen ▷ *nm/f*
  Untergebene(r) *f(m)*; ~ **à** (*nombre, somme, quantité*)
  kleiner als; (*moins bon que*) schlechter als; (*pas à la
  hauteur de*) nicht gewachsen +*dat*
infériorité [ēfeRjɔRite] *nf* (*d'une personne*)
  Minderwertigkeit *f*; ~ **en nombre** zahlenmäßige

Unterlegenheit f

infernal, e, -aux [ɛ̃fɛʀnal, o] *adj* höllisch; *(satanique)* teuflisch

infester [ɛ̃fɛste] *vt:* **infesté de moustiques/rats** von Mücken heimgesucht/mit Ratten verseucht

infidèle [ɛ̃fidɛl] *adj (ami)* treulos; *(mari, femme)* untreu; *(traducteur, récit)* ungenau; *(Rel)* ungläubig

infidélité [ɛ̃fidelite] *nf (d'ami)* Treulosigkeit f; *(en amour)* Untreue f; *(erreur, inexactitude)* Ungenauigkeit f

infiltration [ɛ̃filtʀasjɔ̃] *nf (de vent, lumière, ennemis)* Eindringen nt; *(de liquide)* Einsickern nt; *(Méd)* Infiltration f

infiltrer [ɛ̃filtʀe]: **s'~** *vpr:* **s'~ dans** eindringen in +acc; *(liquide)* einsickern in +acc; *(fig: noyauter)* sich einschleichen in +acc

infime [ɛ̃fim] *adj (minuscule)* winzig; *(niveau)* niedrig

infini, e [ɛ̃fini] *adj* unendlich; *(conversation, prétentions etc)* endlos ▷ *nm* Unendliche(s) nt; **à l'~** *(Math)* bis unendlich; *(discourir)* endlos, ohne Ende; *(agrandir, varier, multiplier)* unendlich; **s'étendre à l'~** sich bis ins Unendliche erstrecken; **un nombre ~ de** unendlich viele

infiniment [ɛ̃finimɑ̃] *adv (sans borne)* grenzenlos; *(extrêmement)* unendlich; **~ grand/petit** unendlich groß/klein; **~ plus/mieux** unendlich viel mehr/unendlich viel besser

infinité [ɛ̃finite] *nf:* **une ~ de** unendliche viele

infinitésimal, e, -aux [ɛ̃finitezimal, o] *adj (quantité)* winzig

infinitif, -ive [ɛ̃finitif, iv] *nm* Infinitiv m ▷ *adj* Infinitiv-

infirme [ɛ̃fiʀm] *adj* behindert ▷ *nm/f* Behinderte(r) f(m); **~ de guerre** Kriegsversehrte(r) f(m), Kriegsinvalide m; **~ du travail** Arbeitsinvalide m; **~ mental** geistig Behinderte(r); **~ moteur** Körperbehinderte(r) f(m)

infirmer [ɛ̃fiʀme] *vt (preuve, témoignage)* entkräften; *(jugement)* für ungültig erklären

infirmerie [ɛ̃fiʀməʀi] *nf* Krankenrevier nt, Krankenstation f

infirmier, -ière [ɛ̃fiʀmje] *nm/f* Krankenpfleger m, Krankenschwester f ▷ *adj:* **élève infirmier, -ière** Krankenpflegeschüler m, Schwesternschülerin f; **infirmière chef** Oberschwester f; **infirmière diplômée** ≈ staatlich geprüfte Krankenschwester; **infirmière visiteuse** Krankenschwester *(die Hausbesuche macht)*

infirmité [ɛ̃fiʀmite] *nf* Behinderung f

inflammable [ɛ̃flamabl] *adj* leicht entzündlich

inflammation [ɛ̃flamasjɔ̃] *nf (Méd)* Entzündung f

inflammatoire [ɛ̃flamatwaʀ] *adj* Entzündungs-

inflation [ɛ̃flasjɔ̃] *nf* Inflation f; **~ galopante** galoppierende Inflation; **~ rampante** schleichende Inflation

inflationniste [ɛ̃flasjɔnist] *adj* Inflations-

infléchir [ɛ̃fleʃiʀ] *vt (politique)* umorientieren; **s'infléchir** *vpr (poutre, tringle)* sich biegen

infléchissement [ɛ̃fleʃismɑ̃] *nm (de politique)* Umlenken nt

inflexibilité [ɛ̃flɛksibilite] *nf (d'une règle)* Unbiegsamkeit f; *(d'une attitude, personne)* Unbeugsamkeit f

inflexible [ɛ̃flɛksibl] *adj (personne, volonté)* unbeugsam; *(justice, règle, logique)* unbiegsam, unerbittlich

inflexion [ɛ̃flɛksjɔ̃] *nf (de la voix)* Tonfall m; **~ de la tête** Neigen nt des Kopfes, Nicken nt; **point d'~** Wendepunkt m

infliger [ɛ̃fliʒe] *vt:* **~ qch à qn** jdm etw auferlegen; *(affront)* jdm etw zufügen; **~ un démenti à qn** jdn widerlegen

influençable [ɛ̃flyɑ̃sabl] *adj* beeinflussbar

influence [ɛ̃flyɑ̃s] *nf* Einfluss m

influencer [ɛ̃flyɑ̃se] *vt* beeinflussen

influent, e [ɛ̃flyɑ̃, ɑ̃t] *adj* einflussreich

influer [ɛ̃flye] *vi:* **~ sur** Einfluss haben auf +acc

infobulle [ɛ̃fobyl] *nf* Tool-Tipp m

infographie® [ɛ̃foɡʀafi] *nf* Computergrafik f

informateur, -trice [ɛ̃fɔʀmatœʀ, tʀis] *nm/f* Informant(in) m(f); *(péj)* Spitzel m

informaticien, ne [ɛ̃fɔʀmatisjɛ̃, jɛn] *nm/f* Informatiker(in) m(f)

informatif, -ive [ɛ̃fɔʀmatif, iv] *adj* Informations-

information [ɛ̃fɔʀmasjɔ̃] *nf (renseignement)* Auskunft f, Information f; *(Inform)* Information; *(diffusion de renseignements)* Informationen pl; *(Jur)* Untersuchung f; **informations** nfpl Nachrichten pl; **journal d'~** (seriöse) Tageszeitung f; **~s politiques/sportives** politische Nachrichten/Sportnachrichten pl

informatique [ɛ̃fɔʀmatik] *nf* Informatik f

informatisation [ɛ̃fɔʀmatizasjɔ̃] *nf* Umstellung f auf Computer

informatiser [ɛ̃fɔʀmatize] *vt* auf Computer umstellen

informe [ɛ̃fɔʀm] *adj* formlos; *(plan)* unförmig

informé, e [ɛ̃fɔʀme] *adj:* **jusqu'à plus ample ~** bis auf Weiteres

informel, le [ɛ̃fɔʀmɛl] *adj* informell

informer [ɛ̃fɔʀme] *vt:* **~ qn (de)** jdn informieren (über +acc) ▷ *vi:* **~ contre qn/sur qch** *(Jur)* gegen jdn/über etw +acc Ermittlungen einleiten; **s'informer** *vpr:* **s'~ (de)** sich erkundigen (über +acc); **s'~ sur** sich informieren über +acc

informulé, e [ɛ̃fɔʀmyle] *adj* unausgesprochen

infortune [ɛ̃fɔʀtyn] *nf* Missgeschick nt

infos [ɛ̃fo] *nfpl* (= *informations*) *voir* **information**

infraction [ɛ̃fʀaksjɔ̃] *nf (Jur)* Straftat f; **~ à** *(violation)* Verstoß m gegen; **être en ~** *(Auto)* gegen die Straßenverkehrsordnung verstoßen

infranchissable [ɛ̃fʀɑ̃ʃisabl] *adj* unüberwindlich; *(distance)* unüberbrückbar

infrarouge [ɛ̃fʀaʀuʒ] *adj* infrarot ▷ *nm* Infrarot nt

infrason [ɛ̃fʀasɔ̃] *nf* Ultraschall m

infrastructure [ɛ̃fʀastʀyktyʀ] *nf (Constr)* Unterbau m; *(Aviat)* Bodenanlagen pl; *(Mil, Écon)* Infrastruktur f; **infrastructures** nfpl Infrastruktur

infréquentable [ɛ̃fʀekɑ̃tabl] *adj:* **ils sont ~s** mit ihnen sollte man sich nicht abgeben

infroissable [ɛ̃fʀwasabl] *adj* knitterfrei

infructueux, -euse [ɛ̃fʀyktɥø, øz] *adj* fruchtlos

infus, e [ɛ̃fy, yz] *adj*: **avoir la science ~e** angeborenes Wissen haben

infuser [ɛ̃fyze] *vt* ziehen lassen ▷ *vi* ziehen

infusion [ɛ̃fyzjɔ̃] *nf* Kräutertee *m*

ingambe [ɛ̃gɑ̃b] *adj* rüstig

ingénier [ɛ̃ʒenje]: **s'~** *vpr*: **s'~ à faire qch** bemüht sein, etw zu tun

ingénierie [ɛ̃ʒeniʀi] *nf* Ingenieurwesen *nt*; **~ génétique** Gentechnologie *f*

ingénieur [ɛ̃ʒenjœʀ] *nm* Ingenieur(in) *m(f)*; **~ agronome** Agronom(in) *m(f)*; **~ chimiste** Chemieingenieur(in) *m(f)*; **~ des mines** Bergbauingenieur(in) *m(f)*; **~ du son** Toningenieur(in) *m(f)*

ingénieur-conseil [ɛ̃ʒenjœʀkɔ̃sɛj] *(pl* **ingénieurs-conseils)** *nm* beratender Ingenieur *m*

ingénieusement [ɛ̃ʒenjøzmɑ̃] *adv* genial

ingénieux, -euse [ɛ̃ʒenjø, jøz] *adj* genial; *(personne)* erfinderisch

ingéniosité [ɛ̃ʒenjozite] *nf (v adj)* Genialität *f*; Einfallsreichtum *m*

ingénu, e [ɛ̃ʒeny] *adj* naiv

ingénue [ɛ̃ʒeny] *nf*: **jouer les ~s** die jugendliche Naive spielen

ingénuité [ɛ̃ʒenɥite] *nf* Naivität *f*

ingénument [ɛ̃ʒenymɑ̃] *adv* naiv

ingérence [ɛ̃ʒeʀɑ̃s] *nf* Einmischung *f*

ingérer [ɛ̃ʒeʀe]: **s'~** *vpr*: **s'~ dans** sich einmischen in *+acc*

ingouvernable [ɛ̃guvɛʀnabl] *adj* nicht regierbar

ingrat, e [ɛ̃gʀa, at] *adj* undankbar; *(sol, terre)* unfruchtbar; *(visage, mine)* unerfreulich; **~ envers** undankbar gegen

ingratitude [ɛ̃gʀatityd] *nf* Undank *m*, Undankbarkeit *f*

ingrédient [ɛ̃gʀedjɑ̃] *nm (Culin)* Zutat *f*; *(d'un médicament)* Bestandteil *m*

inguérissable [ɛ̃geʀisabl] *adj* unheilbar

ingurgiter [ɛ̃gyʀʒite] *vt (nourriture)* herunterschlingen; *(boisson)* herunterstürzen; **faire ~ qch à qn** jdm etw (mit Gewalt) einflößen; *(fig)* jdn vollstopfen mit etw

inhabile [inabil] *adj* ungeschickt

inhabitable [inabitabl] *adj* unbewohnbar

inhabité, e [inabite] *adj* unbewohnt

inhabituel, le [inabitɥɛl] *adj* ungewöhnlich

inhalateur [inalatœʀ] *nm* Inhalator *m*; **~ d'oxygène** *(Aviat)* Sauerstoffmaske *f*

inhalation [inalasjɔ̃] *nf (aspiration)* Einatmen *nt*; **faire une ~** *ou* **des ~s** inhalieren

inhaler [inale] *vt* einatmen

inhérent, e [ineʀɑ̃, ɑ̃t] *adj*: **~ à** innewohnend *+dat*

inhibé, e [inibe] *adj* gehemmt

inhiber [inibe] *vt* hemmen

inhibition [inibisjɔ̃] *nf* Hemmung *f*

inhospitalier, -ière [inɔspitalje, jɛʀ] *adj* ungastlich

inhumain, e [inymɛ̃, ɛn] *adj* unmenschlich

inhumation [inymasjɔ̃] *nf* Bestattung *f*

inhumer [inyme] *vt* bestatten

inimaginable [inimaʒinabl] *adj* unvorstellbar

inimitable [inimitabl] *adj* unnachahmlich; *(qualité)* unnachahmbar

inimitié [inimitje] *nf* Feindschaft *f*

ininflammable [inɛ̃flamabl] *adj* nicht brennbar

inintelligent, e [inɛ̃teliʒɑ̃, ɑ̃t] *adj* unintelligent

inintelligible [inɛ̃teliʒibl] *adj* unverständlich

inintelligiblement [inɛ̃teliʒibləmɑ̃] *adv* unverständlich

inintéressant, e [inɛ̃teʀesɑ̃, ɑ̃t] *adj* uninteressant

ininterrompu, e [inɛ̃teʀɔ̃py] *adj (continu)* ununterbrochen; *(effort, travail)* unermüdlich

iniquité [inikite] *nf (d'un jugement, loi)* Ungerechtigkeit *f*; *(crime, usurpation)* Ungeheuerlichkeit *f*

initial, e, -aux [inisjal, jo] *adj (état, cause)* Anfangs-, anfänglich; *(lettre)* Anfangs-; **initiales** *nfpl* Initialen *pl*

initialement [inisjalmɑ̃] *adv* anfänglich, anfangs

initialiser [inisjalize] *vt (Inform)* initialisieren

initiateur, -trice [inisjatœʀ, tʀis] *nm/f* Initiator(in) *m(f)*; **~ d'une mode/technique** Wegbereiter *m* einer Mode/Technik

initiation [inisjasjɔ̃] *nf (v vb)* Initiation *f*; Einweihung *f*; Einweisung *f*; Erlernen *nt*

initiatique [inisjatik] *adj (rites)* Initiations-; *(épreuves)* Aufnahme-

initiative [inisjativ] *nf* Initiative *f*; **prendre l'~ de faire qch** die Initiative ergreifen, etw zu tun; **avoir de l'~** Initiative haben; **esprit d'~** Unternehmungsgeist *m*; **qualités d'~** Initiative *f*; **à** *ou* **sur l'~ de qn** auf jds Initiative *acc* (hin); **de sa propre ~** auf eigene Initiative

initié, e [inisje] *adj* eingeweiht ▷ *nm/f* Eingeweihte(r) *f(m)*

initier [inisje] *vt*: **~ qn à** *(religion)* jdn feierlich aufnehmen in *+acc*; *(secret, procédé, art, jeu)* jdn einweihen in *+acc*; *(science)* jdn einweisen in *+acc*; **s'initier à** *vpr (métier, technique)* erlernen

injectable [ɛ̃ʒɛktabl] *adj* zum Injizieren

injecté, e [ɛ̃ʒɛkte] *adj*: **yeux ~s de sang** blutunterlaufene Augen *pl*

injecter [ɛ̃ʒɛkte] *vt* einspritzen; *(Méd)* injizieren, spritzen

injection [ɛ̃ʒɛksjɔ̃] *nf (Méd, Écon)* Injektion *f*; *(de ciment etc)* Einspritzen *nt*; *(piqûre)*: **~ intraveineuse/sous-cutanée** intravenöse/subkutane Injektion *f ou* Spritze *f*

injonction [ɛ̃ʒɔ̃ksjɔ̃] *nf* Anordnung *f*; **~ de payer** Zahlungsanordnung *f*

injouable [ɛ̃ʒwabl] *adj* unspielbar

injure [ɛ̃ʒyʀ] *nf* Beleidigung *f*; *(invective)* Schimpfwort *nt*

injurier [ɛ̃ʒyʀje] *vt* beschimpfen

injurieux, -euse [ɛ̃ʒyʀjø, jøz] *adj* beleidigend

injuste [ɛ̃ʒyst] *adj* ungerecht; **~ avec** *ou* **envers qn** ungerecht gegen jdn

injustement [ɛ̃ʒystəmɑ̃] *adv* ungerecht

injustice [ɛ̃ʒystis] *nf* Ungerechtigkeit *f*; *(acte, jugement)* Unrecht *nt*; **haïr l'~** Unrecht hassen

injustifiable [ɛ̃ʒystifjabl] *adj* nicht zu rechtfertigen

injustifié, e [ɛ̃ʒystifje] *adj* ungerechtfertigt

inlassable [ɛ̃lɑsabl] *adj* unermüdlich

inlassablement [ɛ̃lɑsabləmɑ̃] *adv* unermüdlich

inné, e [i(n)ne] *adj* angeboren

innocemment [inɔsamɑ̃] *adv* unschuldig

innocence [inɔsɑ̃s] *nf* Unschuld *f*

innocent, e [inɔsɑ̃, ɑ̃t] *adj* unschuldig ▷ *nm/f* Unschuldige(r) *f(m)*; ~ **de qch** einer Sache *gén* nicht schuldig; **faire l'** ~ die Unschuld spielen

innocenter [inɔsɑ̃te] *vt* (*Jur: accusé*) für unschuldig erklären; (*suj: déclaration etc*) jds Unschuld beweisen

innocuité [inɔkɥite] *nf* Harmlosigkeit *f*

innombrable [i(n)nɔ̃bʀabl] *adj* unzählig; (*foule*) unübersehbar

innommable [i(n)nɔmabl] *adj* unbeschreiblich

innovateur, -trice [inɔvatœʀ, tʀis] *adj* innovativ

innovation [inɔvasjɔ̃] *nf* Neuerung *f*

innover [inɔve] *vi*: ~ **en art** *ou* **en matière d'art** Neuerungen in der Kunst einführen

inobservable [inɔpsɛʀvabl] *adj* unbeobachtbar

inobservance [inɔpsɛʀvɑ̃s] *nf* Nicht(be)achtung *f*

inobservation [inɔpsɛʀvasjɔ̃] *nf* Nichtbeachtung *f*

inoccupé, e [inɔkype] *adj* (*logement*) unbewohnt, leer stehend; (*siège, emplacement*) frei, nicht besetzt; (*personne, vie*) untätig

inoculer [inɔkyle] *vt*: ~ **un virus à qn** (*volontairement*) jdm einen Virus einimpfen; ~ **une maladie à qn** (*volontairement*) jdn gegen eine Krankheit impfen; ~ **qn contre qch** jdn gegen etw impfen

inodore [inɔdɔʀ] *adj* geruchlos

inoffensif, -ive [inɔfɑ̃sif, iv] *adj* harmlos

inondable [inɔ̃dabl] *adj* Überschwemmungs-

inondation [inɔ̃dasjɔ̃] *nf* Überschwemmung *f*; (*afflux massif*) Flut *f*

inonder [inɔ̃de] *vt* überschwemmen; (*personne: suj: pluie*) bis auf die Haut durchnässen; (*fig*) strömen in +*acc*; ~ **de** überschwemmen mit

inopérable [inɔpeʀabl] *adj* inoperabel

inopérant, e [inɔpeʀɑ̃, ɑ̃t] *adj* unwirksam, wirkungslos

inopiné, e [inɔpine] *adj* unerwartet

inopinément [inɔpinemɑ̃] *adv* unerwartet

inopportun, e [inɔpɔʀtœ̃, yn] *adj* ungelegen

inorganisation [inɔʀganizasjɔ̃] *nf* Mangel *m* an Organisation

inorganisé, e [inɔʀganize] *adj* (*non syndiqué*) nicht gewerkschaftlich organisiert; (*désordonné*) chaotisch

inoubliable [inublijabl] *adj* unvergesslich

inouï, e [inwi] *adj* unglaublich, unerhört; (*événement, circonstances*) unerhört

inox [inɔks] *nm* Nirosta® *nt*

inoxydable [inɔksidabl] *adj* rostfrei ▷ *nm* (*Comm*) Nirosta® *nt*

inqualifiable [ɛ̃kalifjabl] *adj* unbeschreiblich, abscheulich

inquiet, -ète [ɛ̃kjɛ, ɛ̃kjɛt] *adj* besorgt; (*par nature*)

unruhig ▷ *nm/f* unruhiger Geist *m*; ~ **de qch/au sujet de qn** besorgt über etw *acc*/jdn

inquiétant, e [ɛ̃kjetɑ̃, ɑ̃t] *adj* beunruhigend; (*avenir, état d'un malade*) besorgniserregend; (*mine, visage, expression*) finster

inquiéter [ɛ̃kjete] *vt* (*alarmer*) beunruhigen, Sorgen machen +*dat*; (*harceler*) schikanieren; **s'inquiéter** *vpr* (*s'alarmer*) sich *dat* Sorgen machen; **s'** ~ **de** (*se soucier*) sich *dat* Sorgen ou Gedanken machen über +*acc*; (*s'enquérir*) sich erkundigen über +*acc*

inquiétude [ɛ̃kjetyd] *nf* Besorgnis *f*; **donner de l'** ~ ou **des** ~**s à** Sorgen machen +*dat*; **avoir de l'** ~ ou **des** ~**s au sujet de** besorgt sein wegen +*gén* ou *dat*

inquisiteur, -trice [ɛ̃kizitœʀ, tʀis] *adj* neugierig

inquisition [ɛ̃kizisjɔ̃] *nf* Untersuchung *f*

INRA [inʀa] *sigle m* (= *Institut national de la recherche agronomique*) internationales Forschungsinstitut für Agronomie

inracontable [ɛ̃ʀakɔ̃tabl] *adj* nicht zu erzählen

insaisissable [ɛ̃sezisabl] *adj* (*fugitif, ennemi*) flüchtig; (*nuance, différence*) schwer fassbar; (*Jur: bien*) nicht pfändbar

insalubre [ɛ̃salybʀ] *adj* ungesund

insalubrité [ɛ̃salybʀite] *nf*: **l'** ~ **de son logement** seine ungesunden Wohnverhältnisse

insanité [ɛ̃sanite] *nf* Wahnsinn *m*

insatiable [ɛ̃sasjabl] *adj* unersättlich; (*soif, faim*) unstillbar

insatisfaction [ɛ̃satisfaksjɔ̃] *nf* (*v adj*) Unbefriedigtheit *f*; Unzufriedenheit *f*

insatisfait, e [ɛ̃satisfɛ, ɛt] *adj* (*non comblé*) unbefriedigt; (*mécontent*) unzufrieden

inscription [ɛ̃skʀipsjɔ̃] *nf* (*sur mur, écriteau*) Inschrift *f*; (*à une institution*) Einschreibung *f*, Anmeldung *f*

inscrire [ɛ̃skʀiʀ] *vt* (*marquer: nom, date*) aufschreiben; (*sur un mur, une affiche etc*) schreiben; (*dans la pierre, le marbre*) einmeißeln; (*dans le métal*) eingravieren; (*dépenses: à un budget*) aufnehmen; (*nom: sur une liste*) einschreiben; (*personne: sur une liste d'attente, pour un rendez-vous*) eintragen; **s'inscrire** *vpr* sich anmelden; ~ **qn à** (*un club, la cantine, l'université*) jdn einschreiben in +*dat*; (*enfant: l'école*) jdn anmelden in +*dat*; (*un examen, concours*) jdn anmelden für; **s'** ~ **(à)** (*un club, parti*) beitreten (+*dat*); (*à l'université*) sich immatrikulieren ou einschreiben (an +*dat*); (*à un examen, concours*) sich anmelden (zu); **s'** ~ **dans** (*s'insérer: suj: projet etc*) fallen unter +*acc*; **s'** ~ **en faux contre qch** etw anfechten

inscrit, e [ɛ̃skʀi, it] *pp de* **inscrire** ▷ *adj* (*étudiant*) eingeschrieben; (*électeur*) registriert

insécable [ɛ̃sekabl] *adj*: **espace** ~ (*Inform*) feste Leerstelle *f*

insecte [ɛ̃sɛkt] *nm* Insekt *nt*

insecticide [ɛ̃sɛktisid] *adj* Insektenvernichtungs- ▷ *nm* Insektenvernichtungsmittel *nt*, Insektizid *nt*

insécurité [ɛ̃sekyʀite] *nf* Unsicherheit *f*; **vivre dans l'** ~ in der Ungewissheit leben

INSEE [inse] *sigle m* (= *Institut national de la statistique et des études économiques) nationales Institut für Statistik und Wirtschaftsstudien*

insémination [ɛseminasjɔ̃] *nf* Befruchtung *f*; **~ artificielle** künstliche Befruchtung *ou* Besamung *f*

insensé, e [ɛ̃sɑ̃se] *adj* (*projet, espoir, désir*) wahnsinnig, unsinnig; (*personne*) wahnsinnig; (*propos*) unsinnig

insensibiliser [ɛ̃sɑ̃sibilize] *vt* (*membre, nerf, malade*) betäuben; (*à une allergie*) desensibilisieren; **~ qn à qch** jdn gegen etw abstumpfen

insensibilité [ɛ̃sɑ̃sibilite] *nf* (*v adj*) Taubheit *f*; Gefühllosigkeit *f*; Unempfänglichkeit *f*

insensible [ɛ̃sɑ̃sibl] *adj* (*nerf, membre*) taub; (*personne: dur, sévère*) gefühllos; (*pouls*) nicht *ou* kaum wahrnehmbar; (*mouvement, progrès*) unmerklich; **~ aux compliments** unempfänglich für Komplimente; **~ à la poésie** ohne jeglichen Sinn für Poesie; **~ au froid/à la chaleur** gegen Kälte/Hitze unempfindlich

insensiblement [ɛ̃sɑ̃sibləmɑ̃] *adv* unmerklich

inséparable [ɛ̃sepaʀabl] *adj* (*amis, couple*) unzertrennlich; **~ de** (*objet*) fest verbunden mit, untrennbar von; **inséparables** *nmpl* (*oiseaux*) Unzertrennliche *pl*

insérer [ɛ̃seʀe] *vt* einfügen; (*dans un livre etc*) einlegen; (*dans une enveloppe*) hineinstecken; (*dans un journal*) aufnehmen; **s'~ dans qch** (*fig*) im Rahmen einer Sache *gén* geschehen

INSERM [insɛʀm] *sigle m* (= *Institut national de la santé et de la recherche médicale*) *nationales medizinisches Forschungsinstitut*

insertion [ɛ̃seʀsjɔ̃] *nf* (*d'une personne*) Integration *f*

insidieusement [ɛ̃sidjøzmɑ̃] *adv* heimtückisch

insidieux, -euse [ɛ̃sidjø, jøz] *adj* heimtückisch, hinterhältig; (*maladie, fièvre*) schleichend, heimtückisch

insigne [ɛ̃siɲ] *nm* (*d'un parti, club*) Abzeichen *nt* ▷ *adj* hervorragend

insignifiant, e [ɛ̃siɲifjɑ̃, jɑ̃t] *adj* unbedeutend; (*paroles, visage, roman etc*) nichtssagend

insinuant, e [ɛ̃sinɥɑ̃, ɑ̃t] *adj* anzüglich

insinuation [ɛ̃sinɥasjɔ̃] *nf* Anspielung *f*; **procéder par ~s** Anspielungen machen

insinuer [ɛ̃sinɥe] *vt*: **que voulez-vous ~?** was wollen Sie damit andeuten?; **s'insinuer** *vpr*: **s'~ dans** sich einschleichen in *+acc*

insipide [ɛ̃sipid] *adj* fad(e); (*film, œuvre*) fad(e), öde; (*personne*) nichtssagend

insistance [ɛ̃sistɑ̃s] *nf* (*d'une personne*) Beharren *nt*, Nachdruck *m*; **avec ~** mit Nachdruck, nachdrücklich

insistant, e [ɛ̃sistɑ̃, ɑ̃t] *adj* aufdringlich

insister [ɛ̃siste] *vi* bestehen, beharren; (*s'obstiner*) beharrlich sein; **~ sur** (*détail, note*) betonen; **~ pour faire qch** darauf beharren, etw zu tun

insociable [ɛ̃sɔsjabl] *adj* ungesellig

insolation [ɛ̃sɔlasjɔ̃] *nf* (*Méd*) Sonnenstich *m*; (*ensoleillement*) Sonnenschein *m*

insolence [ɛ̃sɔlɑ̃s] *nf* Unverschämtheit *f*; **avec ~** unverschämt, frech

insolent, e [ɛ̃sɔlɑ̃, ɑ̃t] *adj* unverschämt, frech ▷ *nm/f* unverschämte Person *f*

insolite [ɛ̃sɔlit] *adj* (*inhabituel*) ungewöhnlich; (*étrange, anormal*) ausgefallen

insoluble [ɛ̃sɔlybl] *adj* (*problème*) unlösbar; **~ dans** nicht löslich in *+dat*

insolvable [ɛ̃sɔlvabl] *adj* zahlungsunfähig

insomniaque [ɛ̃sɔmnjak] *adj* schlaflos

insomnie [ɛ̃sɔmni] *nf* Schlaflosigkeit *f*; **avoir des ~s** an Schlaflosigkeit leiden

insondable [ɛ̃sɔ̃dabl] *adj* (*mystère, secret*) unergründlich; (*maladresse, bêtise*) unermesslich

insonore [ɛ̃sɔnɔʀ] *adj* schalldicht

insonorisation [ɛ̃sɔnɔʀizasjɔ̃] *nf* Schalldämmung *f*

insonoriser [ɛ̃sɔnɔʀize] *vt* schalldicht machen

insouciance [ɛ̃susjɑ̃s] *nf* (*v adj*) Sorglosigkeit *f*; Leichtsinn *m*

insouciant, e [ɛ̃susjɑ̃, jɑ̃t] *adj* (*nonchalant*) sorglos, unbekümmert; (*imprévoyant*) leichtsinnig

insoumis, e [ɛ̃sumi, iz] *adj* (*caractère, enfant*) widerspenstig, rebellisch; (*contrée, tribu*) unbezwungen ▷ *nm* (*Mil*) Soldat, *der seinen Einberufungsbefehl nicht befolgt*

insoumission [ɛ̃sumisjɔ̃] *nf* (*indiscipline, rébellion*) Rebellion *f*; (*Mil*) Nichtbefolgen *nt* des Einberufungsbefehls

insoupçonnable [ɛ̃supsɔnabl] *adj* über jeden Verdacht erhaben

insoupçonné, e [ɛ̃supsɔne] *adj* ungeahnt

insoutenable [ɛ̃sut(ə)nabl] *adj* (*opinion, théorie*) unhaltbar; (*effort, chaleur, spectacle*) unerträglich

inspecter [ɛ̃spɛkte] *vt* (*contrôler*) kontrollieren; (*examiner avec attention*) (genau) untersuchen

inspecteur, -trice [ɛ̃spɛktœʀ, tʀis] *nm/f* Inspektor(in) *m(f)*; **~ d'Académie** ≈ Schulrat *m*, ≈ Schulrätin *f*; **~ (de police)** (Polizei)inspektor(in) *m(f)*; **~ des finances** Steuerprüfer(in) *m(f)*; **~ (de l'enseignement) primaire** ≈ Schulrat, ≈ Schulrätin

inspection [ɛ̃spɛksjɔ̃] *nf* Prüfung *f*, Kontrolle *f*; **~ des Finances** ≈ Finanzamt *nt*; **~ du Travail** ≈ Gewerbeaufsichtsamt *nt*

inspirateur, -trice [ɛ̃spiʀatœʀ, tʀis] *nm/f* Inspiration *f*; (*instigateur*) Initiator(in) *m(f)*

inspiration [ɛ̃spiʀasjɔ̃] *nf* (*divine*) Erleuchtung *f*, Eingebung *f*; (*d'un écrivain, chercheur*) Inspiration *f*; (*idée*) Eingebung *f*; (*Physiol: aspiration*) Einatmen *nt*; **sous l'~ de qn** auf jds Anregung hin; **mode d'~ orientale** orientalisch angehauchte Mode, vom Orient inspirierte Mode

inspiré, e [ɛ̃spiʀe] *adj*: **être bien/mal ~ de faire qch** gut/schlecht beraten sein, etw zu tun

inspirer [ɛ̃spiʀe] *vt* (*prophète*) erleuchten; (*poète*) inspirieren, anregen; (*ressentiment, pitié, amour*) erwecken; (*inquiétude etc*) Anlass geben zu ▷ *vi* (*aspirer*) einatmen; **s'inspirer** *vpr*: **s'~ de qch** (*suj: romancier, artiste*) sich von etw inspirieren lassen; (*: mode, tableau*) von etw inspiriert sein; **~ qch à qn** (*œuvre, projet, action*) jdn zu etw anregen; (*crainte, horreur*) etw in jdm erwecken; **ça ne**

m'inspire pas beaucoup/vraiment pas davon
bin ich nicht gerade/überhaupt nicht begeistert
instabilité [ɛ̃stabilite] *nf* Unbeständigkeit *f*;
(*d'équilibre, Psych*) Instabilität *f*; (*de meuble*)
Wackeligkeit *f*
instable [ɛ̃stabl] *adj* unbeständig; (*meuble*)
wackelig; (*équilibre: personne, caractère*) instabil
installateur [ɛ̃stalatœR] *nm* Installateur *m*
installation [ɛ̃stalasjɔ̃] *nf* (vvt) Installation *f*;
Unterbringung *f*; Niederlassung *f*; Einzug *m*;
(*ameublement etc*): **une ~ de fortune/provisoire**
eine provisorische Einrichtung; **~s électriques**
Elektroanlagen *pl*; **~s portuaires** Hafenanlagen
pl; **~s industrielles** Industrieanlagen *pl*
installé, e [ɛ̃stale] *adj*: **bien/mal ~** (*maison, cuisine
etc*) gut/schlecht ausgestattet; (*personne*) gut/
schlecht eingerichtet
installer [ɛ̃stale] *vt* (*gaz, électricité, téléphone*)
installieren, anschließen; (*appartement*)
einrichten; (*fonctionnaire, magistrat*) einsetzen;
(*rideaux etc*) anbringen; (*meuble, tente*) aufstellen;
(*caser, loger: personne*) unterbringen; (*coucher*)
legen; (*asseoir*) setzen; **s'installer** *vpr* (*s'établir*)
sich niederlassen; (*emménager*) einziehen; (*sur un
siège*) sich hinsetzen; (*fig: maladie, grève*) sich
einnisten; **~ une salle de bains dans une pièce**
in einem Zimmer ein Bad installieren; **s'~ à
l'hôtel/chez qn** sich im Hotel/bei jdm
einquartieren
instamment [ɛ̃stamɑ̃] *adv* eindringlich
instance [ɛ̃stɑ̃s] *nf* (*Jur*) Verfahren *nt*; **instances**
nfpl (*prières*) inständige Bitten *pl*; **les ~s
internationales** die internationalen Instanzen
pl; **affaire en ~** schwebendes Verfahren;
courrier en ~ versandfertige Post *f*; **être en ~ de
divorce** in Scheidung leben; **train en ~ de
départ** abfahrbereiter Zug *m*; **en première ~**
(*Jur*) in der ersten Instanz
instant, e [ɛ̃stɑ̃, ɑ̃t] *adj* (*prière etc*) eindringlich
▷ *nm* Augenblick *m*; **sans perdre un ~** ohne eine
Sekunde zu zögern; **en un ~** im Nu; **dans un ~** in
einem Augenblick; **je l'ai vu à l'~** ich habe ihn
eben gesehen; **à l'~** (**même**) **où** im (gleichen) *ou*
in dem Moment, wo; **à chaque** *ou* **tout ~**
jederzeit; **pour l'~** im Augenblick, im Moment;
par ~s manchmal; **de tous les ~s** ständig,
fortwährend; **dès l'~ où** *ou* **que** seit dem
Moment *ou* Augenblick, wo
instantané, e [ɛ̃stɑ̃tane] *adj* (*lait, café*) Instant-;
(*explosion, mort*) unmittelbar, sofortig ▷ *nm* (*Photo*)
Momentaufnahme *f*
instantanément [ɛ̃stɑ̃tanemɑ̃] *adv* sofort
instar [ɛ̃staR] *nm*: **à l'~ de ...** dem Beispiel von ...
folgend
instaurer [ɛ̃stɔRe] *vt* (*usage*) einführen;
(*république*) einrichten
instigateur, -trice [ɛ̃stigatœR, tRis] *nm/f* (*d'un
mouvement, d'une théorie*) Initiator(in) *m(f)*; (*d'une
révolution, de troubles*) Anstifter(in) *m(f)*
instigation [ɛ̃stigasjɔ̃] *nf*: **à l'~ de qn** auf jds
Betreiben *acc*
instillation [ɛ̃stilasjɔ̃] *nf* (*Méd*) Einträufelung *f*

instiller [ɛ̃stile] *vt* (*Méd*) einträufeln
instinct [ɛ̃stɛ̃] *nm* Instinkt *m*; **avoir l'~ des
affaires** einen ausgeprägten Geschäftssinn
haben; **d'~** instinktiv; **faire qch d'~** etw
instinktiv tun; **~ grégaire** Herdentrieb *m*; **~ de
conservation** Selbsterhaltungstrieb *m*
instinctif, -ive [ɛ̃stɛ̃ktif, iv] *adj* instinktiv
instinctivement [ɛ̃stɛ̃ktivmɑ̃] *adv* instinktiv
instituer [ɛ̃stitɥe] *vt* einsetzen; (*débat*) beginnen;
(*jeux*) einführen; (*organisme*) gründen; **s'instituer**
vpr: **s'~ défenseur d'une cause** sich zum
Verteidiger einer Sache *gén* machen
institut [ɛ̃stity] *nm* Institut *nt*; **membre de l'I-**
Mitglied *nt* des Institut de France; **~ de beauté**
Kosmetiksalon *m*, Schönheitsinstitut *nt*;
~ médico-légal Leichenschauhaus *nt*; **I-
universitaire de technologie** ≈ technische
Hochschule *f ou* Universität *f*
instituteur, -trice [ɛ̃stitytœR, tRis] *nm/f*
≈ Grundschullehrer(in) *m(f)*
institution [ɛ̃stitysjɔ̃] *nf* Einrichtung *f*,
Institution *f*; (*collège, école privée*) Privatschule *f*;
institutions *nfpl* (*structures politiques et sociales*)
Institutionen *pl*
institutionnaliser [ɛ̃stitysjɔnalize] *vt*
institutionalisieren
instructeur [ɛ̃stRyktœR] *adj*: **officier ~** (*Mil*)
Ausbilder *m* ▷ *nm* Lehrer *m*; **juge ~**
Untersuchungsrichter *m*
instructif, -ive [ɛ̃stRyktif, iv] *adj* lehrreich,
instruktiv
instruction [ɛ̃stRyksjɔ̃] *nf* (*enseignement*)
Unterricht *m*; (*savoir, connaissances*) Bildung *f*; (*Jur:
d'une cause*) Ermittlungen *pl*; (*Inform*) Anweisung
f, Befehl *m*; **instructions** *nfpl* (*directives*)
Anweisungen *pl*; (*mode d'emploi*)
Gebrauchsanweisung *f*; **~ civique**
Staatsbürgerkunde *f*, Gemeinschaftskunde *f*;
~ ministérielle/préfectorale ministerielle
Anordnung *f*/Anordnung *f* der Präfektur;
~ publique/primaire staatliche Schulen *pl*/
Volksschulen *pl*; **~ religieuse**
Religionsunterricht *m*
instruire [ɛ̃stRɥiR] *vt* (*élèves*) unterrichten,
lehren; (*Mil: recrues*) ausbilden; (*Jur: affaire, procès*)
ermitteln in +*dat*; **s'instruire** *vpr* (*se cultiver*) sich
bilden; **~ qn de qch** (*informer*) jdn über etw *acc*
informieren
instruit, e [ɛ̃stRɥi, it] *pp de* **instruire** ▷ *adj* (*cultivé*)
gebildet
instrument [ɛ̃stRymɑ̃] *nm* (*outil*) Werkzeug *nt*;
(*moyen, exécutant, Mus*) Instrument *nt*; **~ à cordes**
Saiteninstrument *nt*; **~ à percussion**
Schlaginstrument *nt*; **~ à vent** Blasinstrument
nt; **~ de mesure** Messinstrument *nt*, Messgerät
nt; **~ de musique** Musikinstrument *nt*; **~ de
travail** Werkzeug
instrumental, e, -aux [ɛ̃stRymɑ̃tal, o] *adj*:
musique ~e Instrumentalmusik *f*
instrumentation [ɛ̃stRymɑ̃tasjɔ̃] *nf*
Instrumentierung *f*
instrumentiste [ɛ̃stRymɑ̃tist] *nm/f*

Instrumentalist(in) *m(f)*

insu [ɛsy] *nm*: **à l'~ de qn** ohne jds Wissen; **à mon
~** ohne mein Wissen

insubmersible [ɛsybmɛʀsibl] *adj* unsinkbar

insubordination [ɛsybɔʀdinasjɔ̃] *nf (Mil)*
Befehlsverweigerung *f*; *(d'un élève)* Aufsässigkeit *f*

insubordonné, e [ɛsybɔʀdɔne] *adj (v
insubordination)* befehlsverweigernd; aufsässig

insuccès [ɛsyksɛ] *nm* Misserfolg *m*

insuffisamment [ɛsyfizamã] *adv* unzureichend

insuffisance [ɛsyfizãs] *nf* unzureichende Menge
f; **insuffisances** *nfpl (déficiences, lacunes)*
Unzulänglichkeiten *pl*, Mängel *pl*; **~ cardiaque**
Herzinsuffizienz *f*, Herzschwäche *f*; **~ hépatique**
Leberschaden *m*

insuffisant, e [ɛsyfizã, ãt] *adj* unzureichend;
(lumière) nicht ausreichend; *(connaissances, travail)*
mangelhaft, unzulänglich

insuffler [ɛsyfle] *vt*: **~ qch (dans)** etw einblasen
(in *+acc*); **~ qch à qn** jdm etw einflößen

insulaire [ɛsylɛʀ] *adj* Insel-

insularité [ɛsylaʀite] *nf (d'une île)* Insellage *f*; *(d'un
peuple)* Inselmentalität *f*

insuline [ɛsylin] *nf* Insulin *nt*

insultant, e [ɛsyltã, ãt] *adj* beleidigend

insulte [ɛsylt] *nf* Beleidigung *f*

insulter [ɛsylte] *vt* beschimpfen, beleidigen

insupportable [ɛsypɔʀtabl] *adj* unerträglich

insurgé, e [ɛsyʀʒe] *adj* aufständisch ▷ *nm/f*
Aufständische(r) *f(m)*

insurger [ɛsyʀʒe]: **s'~ (contre)** *vpr (gouvernement)*
sich erheben (gegen); *(pouvoir, abus)* sich
auflehnen (gegen)

insurmontable [ɛsyʀmɔ̃tabl] *adj*
unüberwindlich

insurpassable [ɛsyʀpasabl] *adj* unübertrefflich

insurrection [ɛsyʀɛksjɔ̃] *nf* Aufstand *m*

insurrectionnel, le [ɛsyʀɛksjɔnɛl] *adj* Aufstands-

intact, e [ɛtakt] *adj* unversehrt, intakt

intangible [ɛtãʒibl] *adj (impalpable)* nicht greifbar;
(sacré) unantastbar

intarissable [ɛtaʀisabl] *adj* unerschöpflich; **être
~ sur qch** stundenlang über etw *acc* reden
können

intégral, e, -aux [ɛtegʀal, o] *adj (complet)*
vollständig; *(bronzage)* total ▷ *nf (Math)* Integral
nt; *(œuvres complètes)* Gesamtwerk *nt*

intégralement [ɛtegʀalmã] *adv* völlig

intégralité [ɛtegʀalite] *nf* Gesamtheit *f*; **dans
son ~** in seiner/ihrer Gesamtheit

intégrant, e [ɛtegʀã, ãt] *adj*: **faire partie ~e de
qch** ein fester Bestandteil von etw sein

intégration [ɛtegʀasjɔ̃] *nf* Integration *f*

intégrationniste [ɛtegʀasjɔnist] *adj*
(manifestation) für die Rassenintegration;
(politique) (Rassen)integrations-

intègre [ɛtegʀ] *adj (honnête)* rechtschaffen,
integer

intégré, e [ɛtegʀe] *adj* integriert; **circuit ~**
integrierter Schaltkreis *m*

intégrer [ɛtegʀe] *vt (incorporer)* integrieren ▷ *vi*
(argot universitaire) aufgenommen werden;

s'intégrer *vpr*: **s'~ à** *ou* **dans qch** sich in etw *acc*
integrieren *ou* eingliedern

intégrisme [ɛtegʀism] *nm* Fundamentalismus *m*

intégriste [ɛtegʀist] *adj* fundamentalistisch
▷ *nm/f* Fundamentalist(in) *m(f)*

intégrité [ɛtegʀite] *nf (de personne)* Integrität *f*;
(d'un territoire, d'une doctrine) Unantastbarkeit *f*

intellect [ɛtelɛkt] *nm* Intellekt *m*

intellectualiser [ɛtelɛktɥalize] *vt*
intellektualisieren

intellectualisme [ɛtelɛktɥalism] *nm*
Intellektualismus *m*

intellectuel, le [ɛtelɛktɥɛl] *adj* intellektuell
▷ *nm/f* Intellektuelle(r) *f(m)*

intellectuellement [ɛtelɛktɥɛlmã] *adv*
intellektuell

intelligemment [ɛteliʒamã] *adv* intelligent

intelligence [ɛteliʒãs] *nf* Intelligenz *f*; *(personne)*
kluger Kopf *m*; **~ de qch** Verständnis *nt* einer
Sache *gén*; **regard/sourire d'~** wissender Blick
m/wissendes Lächeln *nt*; **vivre en bonne ~ avec
qn** mit jdm gut auskommen; **avoir des ~s dans
la place** Geheimkontakte vor Ort haben;
~ artificielle künstliche Intelligenz

intelligent, e [ɛteliʒã, ãt] *adj* intelligent,
gescheit

intelligentsia [ɛteliʒɛnsja] *nf* Intelligenzler *pl*

intelligible [ɛteliʒibl] *adj (proposition etc)*
verständlich; *(distinctement perçu)* deutlich

intello [ɛtelo] *(fam) adj (schrecklich)* intellektuell
▷ *nm/f* Hirni *m*, Intelligenzbestie *f*

intempérance [ɛtãpeʀãs] *nf* Unmäßigkeit *f*

intempérant, e [ɛtãpeʀã, ãt] *adj* unmäßig,
zügellos

intempéries [ɛtãpeʀi] *nfpl* schlechtes Wetter *nt*

intempestif, -ive [ɛtãpɛstif, iv] *adj* unpassend

intenable [ɛt(ə)nabl] *adj (position)* unhaltbar;
(situation, chaleur, enfant) unerträglich

intendance [ɛtãdãs] *nf (Mil: service)*
Versorgungstruppen *pl*; *(: bureau)* Verwaltung *f*;
(Scol) Finanzverwaltung *f*; *(Pol: tâches économiques)*
Finanzfragen *pl*

intendant, e [ɛtãdã] *nm/f* Verwalter(in) *m(f)*;
(Scol) Finanzverwalter(in) *m(f)*

intense [ɛtãs] *adj (froid)* groß; *(lumière)* hell,
intensiv; *(circulation)* stark; *(activité)* heftig; *(joie,
plaisir)* intensiv

intensément [ɛtãsemã] *adv* intensiv

intensif, -ive [ɛtãsif, iv] *adj* intensiv; **cours ~**
Intensivkurs *m*; **~ en capital** kapitalintensiv;
~ en main-d'œuvre arbeitsintensiv

intensification [ɛtãsifikasjɔ̃] *nf* Intensivierung *f*

intensifier [ɛtãsifje] *vt* intensivieren;
s'intensifier *vpr* intensiver werden

intensité [ɛtãsite] *nf* Intensität *f*; *(d'un courant
électrique)* Stromstärke *f*; *(d'une expression)* Stärke *f*

intensivement [ɛtãsivmã] *adv* intensiv

intenter [ɛtãte] *vt*: **~ un procès/une action à qn**
einen Prozess/einen Vorgang gegen jdn
anstrengen

intention [ɛtãsjɔ̃] *nf* Absicht *f*; *(Jur)* Vorsatz *m*;
avec *ou* **dans l'~ de nuire** mit dem Vorsatz zu

schaden; **avoir l'~ de faire qch** beabsichtigen *ou* die Absicht haben, etw zu tun; **dans l'~ de faire qch** in der Absicht, etw zu tun; **à l'~ de qn** für jdn; **à cette ~** zu diesem Zweck; **sans ~** unabsichtlich; **agir dans une bonne ~** in guter Absicht handeln

intentionné, e [ɛ̃tɑ̃sjɔne] *adj*: **bien/mal ~** wohlgesinnt/nicht wohlgesinnt

intentionnel, le [ɛ̃tɑ̃sjɔnɛl] *adj* absichtlich; (*Jur*) vorsätzlich

intentionnellement [ɛ̃tɑ̃sjɔnɛlmɑ̃] *adv* (*voir adj*) absichtlich; vorsätzlich

inter [ɛ̃tɛʀ] *nm* (*Sport*): **~ gauche** Halblinker *m*; **~ droit** Halbrechter *m*

interactif, -ive [ɛ̃tɛʀaktif, iv] *adj* interaktiv

interaction [ɛ̃tɛʀaksjɔ̃] *nf* Wechselwirkung *f*

interarmes [ɛ̃tɛʀaʀm] *adj inv* kombiniert (*zwischen verschiedenen Waffengattungen*)

interbancaire [ɛ̃tɛʀbɑ̃kɛʀ] *adj* zwischen Banken

intercalaire [ɛ̃tɛʀkalɛʀ] *adj* (*feuillet*) Einleg-; (*fiche*) Trenn- ▷ *nm* (*feuille, feuillet*) Einlegblatt *nt*

intercaler [ɛ̃tɛʀkale] *vt*: **~ (dans)** einfügen (in +*acc*); **s'intercaler** *vpr*: **s'~ entre** sich schieben zwischen +*acc*

intercéder [ɛ̃tɛʀsede] *vi*: **~ pour qn** sich für jdn verwenden

intercepter [ɛ̃tɛʀsɛpte] *vt* abfangen; (*lumière, son, chaleur*) abhalten

intercepteur [ɛ̃tɛʀsɛptœʀ] *nm* (*Aviat*) Abfangjäger *m*

interception [ɛ̃tɛʀsɛpsjɔ̃] *nf* Abfangen *nt*; **avion d'~** Abfangjäger *m*

intercession [ɛ̃tɛʀsesjɔ̃] *nf* Eintreten *nt*

interchangeabilité [ɛ̃tɛʀʃɑ̃ʒabilite] *nf* Austauschbarkeit *f*

interchangeable [ɛ̃tɛʀʃɑ̃ʒabl] *adj* austauschbar

interclasse [ɛ̃tɛʀklas] *nm* (*Scol*) kurze Pause *f* (*zwischen Schulstunden*)

interclubs [ɛ̃tɛʀklœb] *adj* zwischen verschiedenen Klubs

intercommunal, e, -aux [ɛ̃tɛʀkɔmynal, o] *adj* zwischen verschiedenen Gemeinden

intercommunautaire [ɛ̃tɛʀkɔmynotɛʀ] *adj* zwischen verschiedenen Gemeinschaften

intercontinental, e, -aux [ɛ̃tɛʀkɔ̃tinɑ̃tal, o] *adj* Interkontinental-

intercostal, e, -aux [ɛ̃tɛʀkɔstal, o] *adj* zwischen den Rippen

interdépartemental, e, -aux [ɛ̃tɛʀdepaʀtə matal, o] *adj* zwischen verschiedenen Departementen

interdépendance [ɛ̃tɛʀdepɑ̃dɑ̃s] *nf* wechselseitige Abhängigkeit *f*

interdépendant, e [ɛ̃tɛʀdepɑ̃dɑ̃, ɑ̃t] *adj* (wechselseitig) voneinander abhängig

interdiction [ɛ̃tɛʀdiksjɔ̃] *nf* Verbot *nt*; **~ de faire qch** Verbot, etw zu tun; **~ de séjour** Aufenthaltsverbot *nt*

interdire [ɛ̃tɛʀdiʀ] *vt* verbieten; (*passage*) sperren; (*personne*) suspendieren; (*aliéné*) entmündigen; **s'interdire** *vpr* (*excès etc*) sich *dat* versagen; **~ qch à qn** jdm etw verbieten; **~ à qn de faire qch** jdm

verbieten, etw zu tun; (*suj: chose*) jdn daran hindern, etw zu tun; **il s'interdit d'y penser** er vermeidet es, daran zu denken

interdisciplinaire [ɛ̃tɛʀdisiplinɛʀ] *adj* interdisziplinär

interdit, e [ɛ̃tɛʀdi, it] *pp de* **interdire** ▷ *adj* verboten; (*stupéfait*) erstaunt, verblüfft; (*prêtre*) verbannt; (*aliéné*) entmündigt ▷ *nm* (*interdiction*) Bann *m*; **prononcer l'~ contre qn** jdn ausschließen; **film ~ aux moins de 18 ans** Film nur für Jugendliche über 18 Jahren; **sens/ stationnement ~** Einbahnstraße *f*/Parkverbot *nt*; **il est ~ de chéquier** sein Scheckbuch ist gesperrt; **être ~ de séjour** Aufenthaltsverbot haben

intéressant, e [ɛ̃teʀesɑ̃, ɑ̃t] *adj* interessant; **faire l'~** das Interesse auf sich *acc* lenken

intéressé, e [ɛ̃teʀese] *adj* interessiert; (*service, amitié, motifs*) eigennützig; (*puissances, parties, personnes*) betroffen ▷ *nm/f*: **l'intéressé, e** der/die Beteiligte *m/f*; **les ~s** die Beteiligten *pl*

intéressement [ɛ̃teʀesmɑ̃] *nm* (*aux bénéfices*) (Gewinn)beteiligung *f*

intéresser [ɛ̃teʀese] *vt* interessieren; (*élèves, public*) das Interesse +*gén* wecken; (*Admin: concerner*) betreffen; (*Comm: aux bénéfices*) beteiligen; **s'intéresser** *vpr*: **s'~ à qn/qch** sich für jdn/etw interessieren; **ça n'intéresse personne** das interessiert doch niemanden; **s'~ à ce que fait qn** sich dafür interessieren, was jd macht

intérêt [ɛ̃teʀɛ] *nm* Interesse *nt*; (*importance, avantage*) Bedeutung *f*; (*Comm*) Anteil *m*; (*dividende*) Zinsen *pl*, Zins *m*; (*cupidité, égoïsme*) Eigennutz *m*; **intérêts** *nmpl* (*avantage*) Interessen *pl*; (*Comm: part, argent*) Anteile *pl*; (*dividende*) Zinsen *pl*; **avoir ~ à faire qch** besser daran tun, etw zu tun; **~s composés** Zinseszins *m*

interface [ɛ̃tɛʀfas] *nf* (*Inform*) Schnittstelle *f*

interférence [ɛ̃tɛʀfeʀɑ̃s] *nf* Interferenz *f*

interférer [ɛ̃tɛʀfeʀe] *vi* interferieren

intergouvernemental, e, -aux [ɛ̃tɛʀguvɛʀnə matal, o] *adj* zwischen den Regierungen

intérieur, e [ɛ̃teʀjœʀ] *adj* innere(r, s); (*commerce, communication, navigation*) Binnen-; (*politique, cour*) Innen- ▷ *nm*: **l'~** das Innere *nt*; **ministère de l'I~** Innenministerium *nt*; **un ~ bourgeois/ confortable** bürgerliche/bequeme (Innen)einrichtung *f*; **à l'~ (de)** im Inneren (von *ou* +*gén*); (*avec mouvement*) ins Innere (von *ou* +*gén*); **de l'~** (*fig*) von innen; **tourner (une scène) en ~** (eine Szene) im Studio drehen; **vêtement/ chaussures d'~** Hausbekleidung *f*/Hausschuhe *pl*

intérieurement [ɛ̃teʀjœʀmɑ̃] *adv* (*secrètement*) innerlich

intérim [ɛ̃teʀim] *nm* (*intervalle*) Zwischenzeit *f*; (*travail*) Zeitarbeit *f*; **travailler en ~** als Aushilfe arbeiten; **assurer l'~ (de qn)** die Vertretung (für jdn) übernehmen; **par ~** *adj, adv* vorläufig

intérimaire [ɛ̃teʀimɛʀ] *adj* (*fonction, charge*) stellvertretend ▷ *nm/f* (*personne*) Zeitarbeiter(in) *m(f)*; **personnel ~** Zeitpersonal *nt*

intérioriser [ɛ̃teʁjɔʁize] vt verinnerlichen
interjection [ɛ̃teʁʒɛksjɔ̃] nf Ausruf m
interjeter [ɛ̃teʁʒəte] vt: ~ **appel** Einspruch
einlegen
interligne [ɛ̃teʁliɲ] nm Zwischenraum m;
simple/double ~ einfacher/doppelter
Zeilenabstand m
interlocuteur, -trice [ɛ̃teʁlɔkytœʁ, tʁis] nm/f
Gesprächspartner(in) m(f); (Théât)
Dialogpartner(in) m(f)
interlope [ɛ̃teʁlɔp] adj (illégal) illegal; (milieu, bar)
zwielichtig
interloquer [ɛ̃teʁlɔke] vt sprachlos machen
interlude [ɛ̃teʁlyd] nm Zwischenspiel nt,
Intermezzo nt
intermède [ɛ̃teʁmɛd] nm (interruption) Pause f;
(interlude) Zwischenspiel nt
intermédiaire [ɛ̃teʁmedjɛʁ] adj (position, couleur)
Zwischen-; (solution) Kompromiss- ▷ nm/f
(médiateur) Vermittler(in) m(f); (Comm)
Mittelsmann m, Zwischenhändler m ▷ nm: **sans**
~ direkt, ohne Zwischenhandel; **par l'** ~ **de** durch
(die) Vermittlung von
interminable [ɛ̃teʁminabl] adj endlos
interministériel, le [ɛ̃teʁministeʁjɛl] adj:
comité ~ Komitee nt, an dem mehrere
Ministerien beteiligt sind
intermittence [ɛ̃teʁmitɑ̃s] nf: **par** ~ (travailler)
unregelmäßig; (entendre etc) in unregelmäßigen
Abständen
intermittent, e [ɛ̃teʁmitɑ̃, ɑ̃t] adj (fièvre, bruit)
periodisch auftretend; (pouls, efforts)
unregelmäßig; (source, fontaine) unregelmäßig
sprudelnd; (lumière) flackernd
internat [ɛ̃teʁna] nm (Scol: établissement) Internat
nt; (Méd: fonction) ≈ Stelle f eines
Medizinalassistenten; (: concours)
≈ Aufnahmeprüfung f für die klinischen
Semester
international, e, -aux [ɛ̃teʁnasjɔnal, o] adj
international ▷ nm/f (Sport: joueur)
Nationalspieler(in) m(f)
internationalisation [ɛ̃teʁnasjɔnalizasjɔ̃] nf
internationale Ausweitung f
internationaliser [ɛ̃teʁnasjɔnalize] vt (débat etc)
international ausweiten; (port, zone)
international machen
internationalisme [ɛ̃teʁnasjɔnalism] nm
Internationalismus m
internaute [ɛ̃teʁnot] nm/f Internetsurfer(in) m(f)
interne [ɛ̃teʁn] adj innere(r, s); (Anat, politique)
Innen-; (troubles) innenpolitisch ▷ nm/f (Scol:
élève) Internatsschüler(in) m(f); (Méd)
≈ Medizinalassistent(in) m(f)
internement [ɛ̃teʁnəmɑ̃] nm Internierung f;
(Méd) Einweisung f
interner [ɛ̃teʁne] vt (Pol) internieren; (Méd) in
eine Anstalt einweisen
Internet [ɛ̃teʁnɛt] nm: l'~ das Internet
interparlementaire [ɛ̃teʁpaʁləmɑ̃tɛʁ] adj
interparlamentarisch
interpellation [ɛ̃teʁpelasjɔ̃] nf (apostrophe)

(schroffe) Anrede f; (Pol) Anfrage f
interpeller [ɛ̃teʁpəle] vt (appeler) zurufen +dat;
(apostropher) beschimpfen; (suj: police: arrêter)
festnehmen; (Pol) befragen
interphone [ɛ̃teʁfɔn] nm
(Wechsel)sprechanlage f
interplanétaire [ɛ̃teʁplanetɛʁ] adj
interplanetarisch
Interpol [ɛ̃teʁpɔl] sigle m Interpol f
interposer [ɛ̃teʁpoze] vt dazwischentun;
s'interposer vpr (obstacle) dazwischenkommen;
(dans une bagarre, discussion) dazwischenfahren;
(s'entremettre) sich einmischen; **par personnes
interposées** durch Mittelsmänner
interprétariat [ɛ̃teʁpʁetaʁja] nm Dolmetschen nt
interprétation [ɛ̃teʁpʁetasjɔ̃] nf Interpretation f;
(interprétariat) Dolmetschen nt
interprète [ɛ̃teʁpʁɛt] nm/f (traducteur)
Dolmetscher(in) m(f); (Mus, Théât, Ciné)
Interpret(in) m(f); (d'un texte) Ausleger(in) m(f);
(d'un rêve, présage) Deuter(in) m(f); (porte-parole)
Sprecher(in) m(f)
interpréter [ɛ̃teʁpʁete] vt interpretieren; (songes,
présages) deuten
interprofessionnel, le [ɛ̃teʁpʁɔfesjɔnɛl] adj
berufsübergreifend
interrogateur, -trice [ɛ̃teʁɔgatœʁ, tʁis] adj
fragend ▷ nm/f (Scol: examinateur) Prüfer(in) m(f)
interrogatif, -ive [ɛ̃teʁɔgatif, iv] adj fragend;
(Ling) Frage-
interrogation [ɛ̃teʁɔgasjɔ̃] nf (v vt) Befragung f;
Verhör nt, Vernehmung f; Abfrage f; Prüfung f;
~ **écrite/orale** (Scol) schriftliche/mündliche
Prüfung f; ~ **directe/indirecte** direkte/indirekte
Frage f
interrogatoire [ɛ̃teʁɔgatwaʁ] nm Verhör nt; (au
tribunal) Vernehmung f
interroger [ɛ̃teʁɔʒe] vt (personne) befragen;
(inculpé) verhören, vernehmen; (données,
ordinateur) abfragen; (candidat) prüfen;
s'interroger vpr sich dat Gedanken machen;
~ **qn sur qch** jdn über etw acc befragen; ~ **qn du
regard** jdm einen fragenden Blick zuwerfen
interrompre [ɛ̃teʁɔ̃pʁ] vt unterbrechen;
s'interrompre vpr aufhören
interrupteur [ɛ̃teʁyptœʁ] nm Schalter m; ~ **à
bascule** Kippschalter m
interruption [ɛ̃teʁypsjɔ̃] nf Unterbrechung f;
sans ~ ohne Unterbrechung; ~ **de grossesse**
Schwangerschaftsabbruch m; ~ **volontaire de
grossesse** Schwangerschaftsabbruch,
Abtreibung f
interscolaire [ɛ̃teʁskɔlɛʁ] adj zwischen
verschiedenen Schulen
intersection [ɛ̃teʁsɛksjɔ̃] nf Schnittpunkt m;
(croisement) Kreuzung f
intersidéral, e, -aux [ɛ̃teʁsideʁal, o] adj
interstellar
interstice [ɛ̃teʁstis] nm Zwischenraum m,
Spalt m
intersyndical, e, -aux [ɛ̃teʁsɛ̃dikal, o] adj
zwischen verschiedenen Gewerkschaften

intertitre [ɛ̃tɛʀtitʀ] *nm* Zwischentitel *m*
interurbain, e [ɛ̃tɛʀyʀbɛ̃, ɛn] *adj (communication)* Fern- ▷ *nm:* **l'~** der Fernmeldedienst *m*
intervalle [ɛ̃tɛʀval] *nm (espace)* Zwischenraum *m; (de temps)* Abstand *m; (Mus)* Intervall *nt;* **à deux mois d'~** im Abstand von zwei Monaten; **à ~s rapprochés** in kurzen Abständen; **par ~s** von Zeit zu Zeit; **dans l'~** inzwischen
intervenant, e [ɛ̃tɛʀvənɑ̃, ɑ̃t] *nm/f (conférencier)* Sprecher(in) *m(f)*
intervenir [ɛ̃tɛʀvəniʀ] *vi (s'immiscer)* eingreifen; *(police, pompiers)* einschreiten; *(Pol)* intervenieren; *(intercéder)* sich verwenden; *(Méd)* einen Eingriff vornehmen; *(se produire)* sich ereignen; *(jouer un rôle)* dazwischenkommen; *(prononcer une conférence)* einen Vortrag halten; **~ auprès de qn/ en faveur de qn** sich bei jdm/für jdn verwenden
intervention [ɛ̃tɛʀvɑ̃sjɔ̃] *nf (vvi)* Eingreifen *nt;* Einschreiten *nt;* Intervention *f; (conférence)* Vortrag *m;* **~ (chirurgicale)** (chirurgischer) Eingriff *m;* **~ armée** bewaffnete Intervention
interventionnisme [ɛ̃tɛʀvɑ̃sjɔnism] *nm* Interventionismus *m*
interventionniste [ɛ̃tɛʀvɑ̃sjɔnist] *adj* interventionistisch
intervenu [ɛ̃tɛʀv(ə)ny] *pp de* **intervenir**
intervertir [ɛ̃tɛʀvɛʀtiʀ] *vt* umkehren; **~ les rôles** die Rollen vertauschen
interviendrai [ɛ̃tɛʀvjɛ̃dʀɛ] *vb voir* **intervenir**
interviens [ɛ̃tɛʀvjɛ̃] *vb voir* **intervenir**
interview [ɛ̃tɛʀvju] *nf* Interview *nt*
interviewer [*vt* ɛ̃tɛʀvjuve, *nm* ɛ̃tɛʀvjuvœʀ] *vt* interviewen ▷ *nm* Interviewer *m*
intervins [ɛ̃tɛʀvɛ̃] *vb voir* **intervenir**
intestat [ɛ̃tɛsta] *adj:* **mourir ~** sterben, ohne ein Testament zu hinterlassen
intestin, e [ɛ̃tɛstɛ̃, in] *adj:* **querelles/luttes ~es** innere Kämpfe *pl* ▷ *nm* Darm *m;* **~ grêle** Dünndarm *m*
intestinal, e, -aux [ɛ̃tɛstinal, o] *adj* Darm-; **occlusion/perforation ~e** Darmverschluss *m/* Darmdurchbruch *m*
intime [ɛ̃tim] *adj* intim; *(convictions)* innerste(r, s) ▷ *nm/f* Vertraute(r) *f(m),* enger Freund *m,* enge Freundin *f*
intimement [ɛ̃timmɑ̃] *adv (profondément)* zutiefst; *(étroitement)* intim
intimer [ɛ̃time] *vt (citer)* vorladen; *(signifier légalement)* offiziell mitteilen; **~ à qn l'ordre de faire qch** jdm den Befehl zukommen lassen, etw zu tun
intimidant, e [ɛ̃timidɑ̃, ɑ̃t] *adj* einschüchternd
intimidation [ɛ̃timidasjɔ̃] *nf:* **manœuvres d'~** Einschüchterungsversuch *m*
intimider [ɛ̃timide] *vt* einschüchtern
intimité [ɛ̃timite] *nf (familiarité)* enge *ou* intime Freundschaft *f; (vie privée)* Privatleben *nt,* Intimität *f; (d'un endroit)* Intimität; **dans l'~** privat; *(sans formalités)* im kleinen Kreis
intitulé [ɛ̃tityle] *nm* Titel *m*
intituler [ɛ̃tityle] *vt:* **comment a-t-il intitulé son livre?** welchen Titel hat er seinem Buch

gegeben?; **s'intituler** *vpr (ouvrage)* den Titel tragen; *(personne)* sich nennen
intolérable [ɛ̃tɔleʀabl] *adj* unerträglich; *(pratique)* unzulässig
intolérance [ɛ̃tɔleʀɑ̃s] *nf* Intoleranz *f;* **avoir une ~ à la pénicilline** Penizillin nicht vertragen
intolérant, e [ɛ̃tɔleʀɑ̃, ɑ̃t] *adj* intolerant
intonation [ɛ̃tɔnasjɔ̃] *nf* Tonfall *m; (Ling)* Intonation *f*
intouchable [ɛ̃tuʃabl] *adj* unantastbar; *(Rel)* unberührbar
intoxication [ɛ̃tɔksikasjɔ̃] *nf* Vergiftung *f; (fig)* Gehirnwäsche *f;* **~ alimentaire** Lebensmittelvergiftung *f*
intoxiqué, e [ɛ̃tɔksike] *adj (par la drogue, le tabac etc)* süchtig ▷ *nm/f* Süchtige(r) *f(m),* Suchtkranke(r) *f(m)*
intoxiquer [ɛ̃tɔksike] *vt* vergiften; *(fig)* indoktrinieren; **s'intoxiquer** *vpr* sich vergiften
intradermique [ɛ̃tʀadɛʀmik] *adj:* **injection ~** Spritze *f* unter die Haut
intraduisible [ɛ̃tʀadɥizibl] *adj (mot, auteur)* unübersetzbar; *(fig)* nicht übertragbar
intraitable [ɛ̃tʀɛtabl] *adj (intransigeant)* unnachgiebig; *(impitoyable)* unerbittlich; **~ sur** unnachgiebig in Bezug auf +*acc;* **demeurer ~** hart bleiben, nicht nachgeben
intramusculaire [ɛ̃tʀamyskylɛʀ] *adj:* **injection ~** Spritze *f* in den Muskel
intranet [ɛ̃tʀanɛt] *nm* Intranet *nt*
intransigeance [ɛ̃tʀɑ̃ziʒɑ̃s] *nf (v adj)* Sturheit *f;* Kompromisslosigkeit *f*
intransigeant, e [ɛ̃tʀɑ̃ziʒɑ̃, ɑ̃t] *adj* unnachgiebig, stur; *(intolérant)* kompromisslos
intransitif, -ive [ɛ̃tʀɑ̃zitif, iv] *adj (Ling)* intransitiv
intransportable [ɛ̃tʀɑ̃spɔʀtabl] *adj (blessé)* nicht transportfähig; *(objet)* nicht zu transportieren
intraveineux, -euse [ɛ̃tʀavɛnø, øz] *adj:* **injection intraveineuse** intravenöse Spritze *f* ▷ *nf* intravenöse Spritze *f*
intrépide [ɛ̃tʀepid] *adj* mutig, beherzt
intrépidité [ɛ̃tʀepidite] *nf* Mut *m,* Beherztheit *f*
intrigant, e [ɛ̃tʀigɑ̃, ɑ̃t] *adj* intrigant
intrigue [ɛ̃tʀig] *nf (manœuvre)* Intrige *f; (scénario)* Handlung *f; (liaison)* Abenteuer *nt*
intriguer [ɛ̃tʀige] *vi* intrigieren ▷ *vt* neugierig machen
intrinsèque [ɛ̃tʀɛ̃sɛk] *adj* immanent
introduction [ɛ̃tʀɔdyksjɔ̃] *nf (d'un ouvrage, exposé)* Einleitung *f; (action)* Einführen *nt; (de marchandise)* Einfuhr *f; (dans club, auprès de qn)* Einführung *f;* **~ aux mathématiques** Einführung in die Mathematik; **paroles d'~** einleitende Worte *pl; (d'un livre)* **chapitre d'~** Einleitung(skapitel *nt) f;* **lettre** *ou* **mot d'~** Einführungsschreiben *nt*
introduire [ɛ̃tʀɔdɥiʀ] *vt* einführen; *(visiteur)* hereinführen; *(Inform)* eingeben; **s'introduire** *vpr (usages, idées)* in Gebrauch kommen; **~ qch dans** etw stecken in +*acc;* **~ à qch** bekannt machen mit etw; **~ qn auprès de qn/dans un**

club jdn bei jdm einführen/in einem Klub einführen; **s'~ dans** (*personne, eau, fumée*) eindringen in +*acc*; (*dans un groupe*) sich *dat* Zutritt verschaffen in

introduit, e [ɛ̃tʀɔdɥi, it] *pp de* **introduire** ▷ *adj*: **être bien ~ dans** Zugang haben zu

introniser [ɛ̃tʀɔnize] *vt* einsetzen, inthronisieren

introspection [ɛ̃tʀɔspɛksjɔ̃] *nf* Selbstbeobachtung *f*

introuvable [ɛ̃tʀuvabl] *adj* unauffindbar; (*édition*) schwer auffindbar

introverti, e [ɛ̃tʀɔvɛʀti] *adj* introvertiert ▷ *nm/f* Introvertierte(r) *f(m)*

intrus, e [ɛ̃tʀy, yz] *nm/f* Eindringling *m*

intrusion [ɛ̃tʀyzjɔ̃] *nf* (*dans une société, un groupe*) Eindringen *nt*; (*ingérence*) Einmischung *f*

intuitif, -ive [ɛ̃tɥitif, iv] *adj* intuitiv

intuition [ɛ̃tɥisjɔ̃] *nf* Intuition *f*, Vorahnung *f*; **avoir une ~** eine Ahnung haben; **avoir l'~ de qch** etw ahnen; **avoir de l'~** Intuition haben

intuitivement [ɛ̃tɥitivmɑ̃] *adv* intuitiv

inusable [inyzabl] *adj* unverwüstlich

inusité, e [inyzite] *adj* ungebräuchlich

inutile [inytil] *adj* unnütz; (*superflu*) unnötig

inutilement [inytilmɑ̃] *adv* unnütz

inutilisable [inytilizabl] *adj* unbrauchbar

inutilisé, e [inytilize] *adj* nicht gebraucht

inutilité [inytilite] *nf* Nutzlosigkeit *f*

invaincu, e [ɛ̃vɛ̃ky] *adj* unbesiegt

invalide [ɛ̃valid] *adj* körperbehindert ▷ *nm/f* Körperbehinderte(r) *f(m)*; **~ de guerre** Kriegsbehinderte(r) *m*, Invalide *m*; **~ du travail** Arbeitsunfähige(r) *f(m)*

invalider [ɛ̃valide] *vt* für ungültig erklären; (*donation, contrat, élection*) ungültig machen

invalidité [ɛ̃validite] *nf* (*Körper*)behinderung *f*

invariable [ɛ̃vaʀjabl] *adj* unveränderlich

invariablement [ɛ̃vaʀjabləmɑ̃] *adv* unveränderlich

invasion [ɛ̃vazjɔ̃] *nf* Invasion *f*

invective [ɛ̃vɛktiv] *nf* Beschimpfung *f*

invectiver [ɛ̃vɛktive] *vt* beschimpfen ▷ *vi*: **~ contre qch/qn** schimpfen gegen etw/jdn

invendable [ɛ̃vɑ̃dabl] *adj* unverkäuflich

invendu, e [ɛ̃vɑ̃dy] *adj* unverkauft

invendus ▷ *nmpl* (*Comm*) unverkaufte Waren *pl*

inventaire [ɛ̃vɑ̃tɛʀ] *nm* Inventar *nt*; (*Jur, fig*) Bestandsaufnahme *f*; (*Comm: liste*) Warenliste *f*; (*: opération*) Inventur *f*; **faire un ~** eine Bestandsaufnahme machen; (*Comm*) Inventur machen; **procéder à l'~** eine Bestandsaufnahme machen

inventer [ɛ̃vɑ̃te] *vt* erfinden; (*imaginer*) sich *dat* ausdenken; (*subterfuge, moyen*) finden; **~ de faire qch** auf den Gedanken kommen, etw zu tun

inventeur, -trice [ɛ̃vɑ̃tœʀ, tʀis] *nm/f* Erfinder(in) *m(f)*

inventif, -ive [ɛ̃vɑ̃tif, iv] *adj* (*créateur*) schöpferisch; (*ingénieux*) erfinderisch, einfallsreich

invention [ɛ̃vɑ̃sjɔ̃] *nf* Erfindung *f*; (*découverte*)

Entdeckung *f*; **manquer d'~** wenig einfallsreich sein

inventivité [ɛ̃vɑ̃tivite] *nf* Erfindungsreichtum *m*

inventorier [ɛ̃vɑ̃tɔʀje] *vt* (*marchandises*) inventarisieren; (*succession, manuscrits*) auflisten

invérifiable [ɛ̃veʀifjabl] *adj* nicht überprüfbar

inverse [ɛ̃vɛʀs] *adj* (*ordre, rapport*) umgekehrt; (*sens*) entgegengesetzt ▷ *nm*: **l'~** das Gegenteil *nt*; **en proportion ~** umgekehrt proportional; **dans l'ordre ~** in umgekehrter Reihenfolge; **dans le sens ~** in entgegengesetzter Richtung; **dans le sens ~ des aiguilles d'une montre** gegen den Uhrzeigersinn; **en sens ~** in die entgegengesetzte Richtung; **à l'~** im Gegenteil

inversement [ɛ̃vɛʀsəmɑ̃] *adv* umgekehrt

inverser [ɛ̃vɛʀse] *vt* umkehren

inversion [ɛ̃vɛʀsjɔ̃] *nf* Umkehrung *f*; (*d'un groupe de mots*) Inversion *f*

invertébré, e [ɛ̃vɛʀtebʀe] *adj* wirbellos ▷ *nm* wirbelloses Tier *nt*

inverti, e [ɛ̃vɛʀti] *nm/f* Homosexuelle(r) *f(m)*

investigation [ɛ̃vɛstigasjɔ̃] *nf* Untersuchung *f*

investir [ɛ̃vɛstiʀ] *vi* (*Comm*) investieren ▷ *vt* (*personne*) nominieren; (*Mil*) belagern; (*Comm*) investieren; **s'investir** *vpr* (*Psych*) sich engagieren, sich einbringen; **~ qn de** (*d'une fonction*) jdn betrauen mit, jdn einsetzen in +*acc*; (*d'un pouvoir*) jdn ausstatten mit

investissement [ɛ̃vɛstismɑ̃] *nm* (*financier*) Investition *f*; (*Psych*) Engagement *nt*

investisseur [ɛ̃vɛstisœʀ] *nm* Investor(in) *m(f)*

investiture [ɛ̃vɛstityʀ] *nf* Einsetzung *f*; (*à une élection*) Nominierung *f*

invétéré, e [ɛ̃veteʀe] *adj* eingefleischt

invincible [ɛ̃vɛ̃sibl] *adj* (*ennemi, armée*) unbezwingbar, unbesiegbar; (*argument*) unschlagbar; (*obstacle*) unüberwindlich; (*irrésistible*) unwiderstehlich

invinciblement [ɛ̃vɛ̃sibləmɑ̃] *adv* (*fig*: *irrésistiblement*) unwiderstehlich

inviolabilité [ɛ̃vjɔlabilite] *nf*: **~ parlementaire** parlamentarische Immunität *f*

inviolable [ɛ̃vjɔlabl] *adj* (*droit, secret, asile*) unverletzlich, unantastbar; (*parlementaire, diplomate*) immun

invisible [ɛ̃vizibl] *adj* unsichtbar; **il est ~ aujourd'hui** heute ist er nicht zu sprechen

invitation [ɛ̃vitasjɔ̃] *nf* Einladung *f*; **à ou sur l'~ de qn** (*exhortation*) auf jds Aufforderung *acc* hin; **lettre d'~** Einladung

invite [ɛ̃vit] *nf* Aufforderung *f*

invité, e [ɛ̃vite] *nm/f* Gast *m*

inviter [ɛ̃vite] *vt* einladen; **~ qn à faire qch** (*exhorter*) jdn auffordern, etw zu tun; (*suj: chose*) jdn dazu einladen, etw zu tun

invivable [ɛ̃vivabl] *adj* unerträglich

involontaire [ɛ̃vɔlɔ̃tɛʀ] *adj* (*mouvement, acte*) unwillkürlich; (*peine, insulte*) unbeabsichtigt; (*témoin, complice*) unfreiwillig

involontairement [ɛ̃vɔlɔ̃tɛʀmɑ̃] *adv* unwillkürlich

invoquer [ɛ̃vɔke] vt (Dieu, muse) anrufen; (excuse, argument) anbringen; (témoignage) aufrufen; (loi, texte, ignorance) sich berufen auf +acc; **~ la clémence/le secours de qn** jdn um Nachsicht/ Hilfe bitten

invraisemblable [ɛ̃vʀɛsɑ̃blabl] adj unwahrscheinlich; (fantastique, inimaginable) unglaublich

invraisemblance [ɛ̃vʀɛsɑ̃blɑ̃s] nf Unwahrscheinlichkeit f

invulnérable [ɛ̃vylneʀabl] adj (position) unangreifbar; **~ à** (personne) gefeit gegen

iode [jɔd] nm Jod nt

iodé, e [jɔde] adj mit Jod angereichert

ion [jɔ̃] nm Ion nt

ionique [jɔnik] adj (Archit) ionisch; (Science) Ionen-

iota [jɔta] nm Jota nt

irai etc [iʀe] vb voir **aller**

Irak [iʀak] nm: **l'~** Irak m

irakien, ne [iʀakjɛ̃, jɛn] adj irakisch ▷ nm/f: **Irakien, ne** Iraker(in) m(f)

Iran [iʀɑ̃] nm: **l'~** Iran m

iranien, ne [iʀanjɛ̃, jɛn] adj iranisch ▷ nm/f: **Iranien, ne** Iraner(in) m(f)

Iraq [iʀak] nm = **Irak**

iraquien, ne [iʀakjɛ̃, jɛn] = **irakien**

irascible [iʀasibl] adj jähzornig

irions etc [iʀjɔ̃] vb voir **aller**

iris [iʀis] nm (Bot) Iris f, Schwertlilie f; (Anat) Iris, Regenbogenhaut f

irisé, e [iʀize] adj (in allen Regenbogenfarben) schillernd

irlandais, e [iʀlɑ̃dɛ, ɛz] adj irisch ▷ nm/f: **Irlandais, e** Ire m, Irin f

Irlande [iʀlɑ̃d] nf: **l'~** Irland nt; **la mer d'~** die Irische See f; **l'~ du Nord** Nordirland nt

ironie [iʀɔni] nf Ironie f; **~ du sort** Ironie des Schicksals

ironique [iʀɔnik] adj ironisch

ironiquement [iʀɔnikmɑ̃] adv ironisch

ironiser [iʀɔnize] vi spotten

irons etc [iʀɔ̃] vb voir **aller**

IRPP [iɛʀpepe] sigle m (= impôt sur le revenu des personnes physiques) Einkommensteuer f

irradiation [iʀadjasjɔ̃] nf Bestrahlung f

irradier [iʀadje] vi ausstrahlen ▷ vt bestrahlen

irraisonné, e [iʀɛzɔne] adj (geste, acte) unüberlegt; (crainte) unbegründet, unsinnig

irrationnel, le [iʀasjɔnɛl] adj irrational

irrattrapable [iʀatʀapabl] adj (retard) unaufholbar; (bévue) nicht wiedergutzumachen

irréalisable [iʀealizabl] adj (désir, souhait) unerfüllbar; (projet) undurchführbar

irréalisme [iʀealism] nm Realitätsferne f

irréaliste [iʀealist] adj unrealistisch

irréalité [iʀealite] nf Unwirklichkeit f

irrecevable [iʀəs(ə)vabl] adj unannehmbar

irréconciliable [iʀekɔ̃siljabl] adj unversöhnlich

irrécouvrable [iʀekuvʀabl] adj nicht zurückzubekommen

irrécupérable [iʀekypeʀabl] adj (outil, voiture)

nicht mehr zu reparieren; (personne) nicht mehr zu retten

irrécusable [iʀekyzabl] adj (personne) glaubwürdig; (témoignage, preuve) unanfechtbar, nicht widerlegbar

irréductible [iʀedyktibl] adj (obstacle) unbezwingbar; (volonté) unbeugsam; (opposition, ennemi) unversöhnlich; (Méd) nicht zu richten; (Math) nicht reduzierbar

irréductiblement [iʀedyktiblmɑ̃] adv erbittert

irréel, le [iʀeɛl] adj unwirklich; **mode ~** Irrealis m

irréfléchi, e [iʀefleʃi] adj (personne) gedankenlos; (geste, mouvement) unwillkürlich; (parole, propos, acte) unüberlegt, gedankenlos

irréfutable [iʀefytabl] adj unwiderlegbar

irréfutablement [iʀefytablmɑ̃] adv unwiderlegbar

irrégularité [iʀegylaʀite] nf (v adj) Unregelmäßigkeit f; Unebenheit f; Unbeständigkeit f; Ungesetzlichkeit f; **irrégularités** nfpl (actions) Unregelmäßigkeiten pl; (inégalités) Unebenheiten pl

irrégulier, -ière [iʀegylje, jɛʀ] adj unregelmäßig; (surface, terrain) uneben; (non constant) unbeständig, wechselhaft; (illégitime) ungesetzlich; (peu honnête) zwielichtig; (troupes, soldats) irregulär

irrégulièrement [iʀegyljɛʀmɑ̃] adv unregelmäßig

irrémédiable [iʀemedjabl] adj nicht wiedergutzumachen

irrémédiablement [iʀemedjablmɑ̃] adv unrettbar

irremplaçable [iʀɑ̃plasabl] adj unersetzlich

irréparable [iʀepaʀabl] adj irreparabel; (fig) nicht wiedergutzumachen

irrépréhensible [iʀepʀeɑ̃sibl] adj untadelig

irrépressible [iʀepʀesibl] adj unbezähmbar

irréprochable [iʀepʀɔʃabl] adj (honnête, parfait) untadelig, einwandfrei; (tenue, toilette) untadelig, tadellos

irrésistible [iʀezistibl] adj unwiderstehlich; (preuve, logique) zwingend

irrésistiblement [iʀezistiblmɑ̃] adv unwiderstehlich

irrésolu, e [iʀezɔly] adj unentschlossen

irrésolution [iʀezɔlysjɔ̃] nf Unentschlossenheit f

irrespectueux, -euse [iʀɛspɛktɥø, øz] adj respektlos

irrespirable [iʀɛspiʀabl] adj nicht zu atmen; (fig) bedrückend, erstickend

irresponsabilité [iʀɛspɔ̃sabilite] nf (v adj) Strafunmündigkeit f; Unzurechnungsfähigkeit f; Unverantwortlichkeit f; Verantwortungslosigkeit f

irresponsable [iʀɛspɔ̃sabl] adj (enfant) nicht strafmündig; (aliéné) nicht zurechnungsfähig; (politique, morale) unverantwortlich; (irréfléchi) verantwortungslos

irrévérencieux, -euse [iʀeveʀɑ̃sjø, jøz] adj respektlos

irréversible [iʀevɛʀsibl] adj (processus, opération)

nicht rückgängig zu machen; (*réaction chimique*)
irreversibel

irréversiblement [iʀevɛʀsibləmɑ̃] *adv*
irreversibel

irrévocable [iʀevɔkabl] *adj* unwiderruflich

irrévocablement [iʀevɔkabləmɑ̃] *adv*
unwiderruflich

irrigation [iʀigasjɔ̃] *nf* Bewässerung *f*

irriguer [iʀige] *vt* bewässern

irritabilité [iʀitabilite] *nf* Reizbarkeit *f*

irritable [iʀitabl] *adj* reizbar

irritant, e [iʀitɑ̃, ɑ̃t] *adj* irritierend; (*Méd*) Reiz-

irritation [iʀitasjɔ̃] *nf* (*exaspération*) Gereiztheit *f*;
(*inflammation*) Reizung *f*

irrité, e [iʀite] *adj* gereizt

irriter [iʀite] *vt* reizen; **s'irriter** *vpr*: **s'~ contre
qn/de qch** sich über jdn/etw ärgern

irruption [iʀypsjɔ̃] *nf* Eindringen *nt*; **faire ~ dans
un endroit/chez qn** plötzlich an einem Ort/bei
jdm erscheinen

ISBN [iɛsbeɛn] *sigle m* (= *International Standard Book
Number*) ISBN

ISF [iɛsɛf] *sigle m* (= *impôt de solidarité sur la fortune*)
Vermögensteuer *f*

Islam [islam] *nm* Islam *m*

islamique [islamik] *adj* islamisch

islamophobie [islamɔfɔbi] *j* Islamophobie *f*

islandais, e [islɑ̃dɛ, ɛz] *adj* isländisch ▷ *nm* (*Ling*)
Isländisch *nt* ▷ *nm/f*: **Islandais, e** Isländer(in) *m(f)*

Islande [islɑ̃d] *nf*: **l'~** Island *nt*

isocèle [izɔsɛl] *adj* gleichseitig

isolant, e [izɔlɑ̃, ɑ̃t] *adj* isolierend; (*insonorisant*)
schalldämmend ▷ *nm* Isoliermaterial *nt*

isolateur [izɔlatœʀ] *nm* Isolator *m*

isolation [izɔlasjɔ̃] *nf*: **~ acoustique**
Schalldämmung *f*; **~ thermique**
Wärmeisolierung *f*

isolationnisme [izɔlasjɔnism] *nm* (*Pol*)
Isolationismus *m*

isolé, e [izɔle] *adj* isoliert; (*séparé*) einzeln
stehend, einzeln; (*éloigné*) abgelegen; (*fait, cas*)
Einzel-

isolement [izɔlmɑ̃] *nm* (*action d'isoler*) Isolieren *nt*;
(*de lieu, maison*) Abgelegenheit *f*; (*de personne*)
Isoliertheit *f*; (*en prison*) Einzelhaft *f*

isolément [izɔlemɑ̃] *adv* isoliert

isoler [izɔle] *vt* isolieren; (*prisonnier*) in Einzelhaft
nehmen, isolieren; (*fig*) für sich nehmen;
s'isoler *vpr* sich absondern

isoloir [izɔlwaʀ] *nm* Wahlkabine *f*

isorel® [izɔʀɛl] *nm* Pressspanplatte *f*

isotherme [izɔtɛʀm] *adj* (*camion*) Kühl-

Israël [isʀaɛl] *nm* Israel *nt*

israélien, ne [isʀaeljɛ̃, jɛn] *adj* israelisch ▷ *nm/f*:
Israélien, ne Israeli *m/f*

israélite [isʀaelit] *adj* israelitisch, jüdisch ▷ *nm/f*:
I~ Israelit(in) *m(f)*

issu, e [isy] *adj*: **être ~ de** abstammen von;
(*résultant de*) herrühren von

issue [isy] *nf* Ausgang *m*; (*d'une rue*) Ausfahrt *f*;
(*résultat*) Ergebnis *nt*; **à l'~ de** am Ende von;
chemin/rue sans ~ Sackgasse *f*; **~ de secours**
Notausgang *m*

Istamboul, Istanbul [istãbul] *nm* Istanbul *nt*

isthme [ism] *nm* Landenge *f*

Italie [itali] *nf*: **l'~** Italien *nt*

italien, ne [italjɛ̃, jɛn] *adj* italienisch ▷ *nm* (*Ling*)
Italienisch *nt* ▷ *nm/f*: **Italien, ne** Italiener(in)
m(f)

italique [italik] *nm*: **en ~(s)** kursiv

item [itɛm] *adv* dito, desgleichen

itératif, -ive [iteʀatif, iv] *adj* iterativ

itinéraire [itineʀɛʀ] *nm* Route *f*

itinérant, e [itineʀɑ̃, ɑ̃t] *adj* Wander-

IUT [iyte] *sigle m* (= *Institut universitaire de technologie*)
voir **institut**

IVG [iveʒe] *sigle f* (= *interruption volontaire de grossesse*)
voir **interruption**

ivoire [ivwaʀ] *nm* Elfenbein *nt*; (*Anat*)
Zahnschmelz *m*

ivoirien, ne [ivwaʀjɛ̃, jɛn] *adj* von der
Elfenbeinküste ▷ *nm/f*: **Ivoirien, ne**
Einwohner(in) *m(f)* der Elfenbeinküste

ivraie [ivʀɛ] *nf*: **séparer le bon grain de l'~** die
Spreu vom Weizen scheiden

ivre [ivʀ] *adj* betrunken; **~ de colère**
wutentbrannt; **~ de bonheur** freudentrunken;
~ mort sturzbetrunken

ivresse [ivʀɛs] *nf* Trunkenheit *f*

ivrogne [ivʀɔɲ] *nm/f* Trinker(in) *m(f)*

Jj

J', j [ʒi] *nm inv* (*lettre*) J, j *nt;* **jour J** Tag *m* X; **J comme Joseph** ≈ J wie Julius

J² *abr* (= *Joule*) J

j' [ʒ] *pron voir* **je**

jabot [ʒabo] *nm* (Zool) Kropf *m*; (*de vêtement*) Jabot *nt,* Spitzenrüsche *f*

jacasser [ʒakase] *vi* (*bavarder*) schwatzen

jachère [ʒaʃɛʀ] *nf:* (**être**) **en ~** brach(liegen)

jacinthe [ʒasɛ̃t] *nf* Hyazinthe *f;* **~ des bois** Sternhyazinthe *f*

jack [(d)ʒak] *nm* Jack *m*

jacquard [ʒakaʀ] *adj inv* (*tricot*) im Shetlandmuster; (*chandail*) aus Jacquardgewebe

jacquerie [ʒakʀi] *nf* Bauernaufstand *m*

jade [ʒad] *nm* Jade *m ou f*

jadis [ʒadis] *adv* einst(mals)

jaguar [ʒagwaʀ] *nm* Jaguar *m*

jaillir [ʒajiʀ] *vi* (*liquide*) herausspritzen, hervorsprudeln; (*lumière*) hervorscheinen; (*cri*) erschallen; (*foule*) hervorbrechen; (*gratte-ciel etc*) emporragen

jaillissement [ʒajismɑ̃] *nm* (*d'eau*) Aufspritzen *nt,* Emporschießen *nt*

jais [ʒɛ] *nm* Gagat *m,* Pechkohle *f;* (**d'un noir**) **de ~** kohl(pech)rabenschwarz

jalon [ʒalɔ̃] *nm* Markierungspfosten *m;* **poser des ~s** (*fig*) Zeichen setzen

jalonner [ʒalɔne] *vt* markieren; (*fig*) abstecken

jalousement [ʒaluzmɑ̃] *adv* eifersüchtig

jalouser [ʒaluze] *vt* eifersüchtig sein auf +*acc*

jalousie [ʒaluzi] *nf* Eifersucht *f;* (*store*) Jalousie *f*

jaloux, -se [ʒalu, uz] *adj* eifersüchtig; **être ~ de qn/qch** eifersüchtig auf jdn/etw sein; **être ~ de qch** (*attaché à*) eifersüchtig über etw *acc* wachen

jamaïquain, e, jamaïcain, e [ʒamaikɛ̃, ɛn] *adj* jamaikanisch ▷ *nm/f:* **Jamaïquain, e** Jamaikaner(in) *m(f)*

Jamaïque [ʒamaik] *nf:* **la ~** Jamaika *nt*

jamais [ʒamɛ] *adv* nie, niemals; (*sans négation*) je(mals); **~ de la vie!** nie im Leben!; **ne ... ~** niemals; **si ~ ...** wenn ... je(mals); **à (tout) ~, pour ~** auf (immer und) ewig

jambage [ʒɑ̃baʒ] *nm* (*de lettre*) Abstrich *m;* (*de porte etc*) Pfosten *m*

jambe [ʒɑ̃b] *nf* Bein *nt;* **à toutes ~s** so schnell einen die Füße tragen

jambières [ʒɑ̃bjɛʀ] *nfpl* (Sport) Beinschiene *f*

jambon [ʒɑ̃bɔ̃] *nm* Schinken *m;* **~ cru/fumé** roher/geräucherter Schinken

jambonneau, x [ʒɑ̃bɔno] *nm* (gekochtes) Eisbein *nt*

jante [ʒɑ̃t] *nf* Felge *f*

janvier [ʒɑ̃vje] *nm* Januar *m; voir aussi* **juillet**

Japon [ʒapɔ̃] *nm:* **le ~** Japan *nt*

japonais, e [ʒaponɛ, ɛz] *adj* japanisch ▷ *nm/f:* **Japonais, e** Japaner(in) *m(f)*

japonaiserie [ʒaponɛzʀi] *nf* (*bibelot*) japanischer Ziergegenstand *m*

jappement [ʒapmɑ̃] *nm* Gekläff *nt*

japper [ʒape] *vi* kläffen

jaquette [ʒakɛt] *nf* (*de cérémonie*) Cut(away) *m;* (*de livre*) Schutzumschlag *m*

jardin [ʒaʀdɛ̃] *nm* Garten *m;* **~ botanique** botanischer Garten; **~ d'acclimatation** zoologischer Garten; **~ d'enfants** Kindergarten *m;* **~ potager** Gemüsegarten *m;* **~ public** Park *m;* **~ zoologique** zoologischer Garten; **~s suspendus** hängende Gärten *pl*

jardinage [ʒaʀdinaʒ] *nm* Gartenarbeit *f*

jardiner [ʒaʀdine] *vi* im Garten arbeiten

jardinet [ʒaʀdinɛ] *nm* Gärtchen *nt*

jardinier, -ière [ʒaʀdinje, jɛʀ] *nm/f* Gärtner(in) *m(f)* ▷ *nf* (*de fenêtre*) Blumenkasten *m;* **~ paysagiste** Landschaftsgärtner *m;* **jardinière d'enfants** Kindergärtnerin *f;* **jardinière (de légumes)** gemischtes Gemüse *nt*

jargon [ʒaʀgɔ̃] *nm* Jargon *m*

jarre [ʒaʀ] *nf* (Ton)krug *m*

jarret [ʒaʀɛ] *nm* (Anat) Kniekehle *f;* (Culin) Haxe *f,* Hachse *f*

jarretelle [ʒaʀtɛl] *nf* Strumpfhalter *m*

jarretière [ʒaʀtjɛʀ] *nf* Strumpfband *nt*

jars [ʒaʀ] *nm* Gänserich *m*

jaser [ʒaze] *vi* schwatzen; (*indiscrètement*) klatschen

jasmin [ʒasmɛ̃] *nm* Jasmin *m*

jaspe [ʒasp] *nm* Jaspis *m*

jatte [ʒat] *nf* Napf *m,* Schale *f*

jauge [ʒoʒ] *nf* (*instrument*) Messstab *m;* (*d'un récipient*) Rauminhalt *m;* (*d'un navire*) Tonnage *f;* **~ (de niveau) d'huile** Ölmessstab *m*

jauger [ʒoʒe] *vt* (*mesurer*) messen; (*juger*)

beurteilen ▷ *vi*: ~ **6 mètres/3000 tonneaux** (*Naut*) 6 Meter Tiefgang/3000 Tonnen (Fassungsvermögen) haben

jaunâtre [ʒonɑtʀ] *adj* gelblich

jaune [ʒon] *adj* gelb ▷ *nm* Gelb *nt*; (*d'œuf*) Eigelb *nt*, Dotter *m ou nt*; (*péj: briseur de grève*) Streikbrecher *m* ▷ *adv*: **rire** ~ gezwungen lachen

jaunir [ʒoniʀ] *vt* gelb färben ▷ *vi* gelb werden, vergilben

jaunisse [ʒonis] *nf* Gelbsucht *f*

java [ʒava] *nf*: **faire la** ~ (*fam*) einen draufmachen

Javel [ʒavɛl] *nf voir* **eau**

javelliser [ʒavelize] *vt* (*eau*) chloren

javelot [ʒavlo] *nm* Speer *m*; **faire du** ~ den Speer werfen

jazz [dʒɑz] *nm* Jazz *m*

J.-C. *abr* = **Jésus-Christ**

je [ʒə], **j'** (*avant voyelle ou h muet*) *pron* ich

jean [dʒin] *nm* (*pantalon*) Jeans *f ou pl*; (*tissu*) Jeansstoff *m*

jeannette [ʒanɛt] *nf* (*planche*) Ärmelbrett *nt*

jeep [(d)ʒip] *nf* Jeep *m*

jérémiades [ʒeʀemjad] *nfpl* Gejammer *nt sg*

jerrycan [dʒeʀikan] *nm* (Benzin)kanister *m*

Jersey [ʒɛʀzɛ] *nf* Jersey *nt*

jersey [ʒɛʀzɛ] *nm* (*tissu*) Jersey *m*; (*chandail*) Pullover *m*; **point de** ~ glatt rechts gestricktes Muster *nt*

jésuite [ʒezɥit] *nm* Jesuit *m*; (*péj*) Heuchler *m*

Jésus-Christ [ʒezykʀi(st)] *n* Jesus Christus *m*; **600 avant/après** ~ 600 vor/nach Christus *ou* Christi Geburt

jet¹ [dʒɛt] *nm* (*avion*) Jet *m*

jet² [ʒɛ] *nm* (*action*) Werfen *nt*; (*son résultat, distance*) Wurf *m*; (*jaillissement*) Strahl *m*; **arroser au** ~ abspritzen; **d'un (seul)** ~ in einem Anlauf; **premier** ~ erster Entwurf *m*; **du premier** ~ auf Anhieb; ~ **d'eau** Wasserstrahl *m*; (*fontaine*) Fontäne *f*

jetable [ʒ(ə)tabl] *adj* (*briquet, rasoir*) Wegwerf-, Einweg-

jeté [ʒ(ə)te] *nm*: ~ **de lit** Tagesdecke *f*; ~ **de table** Tischläufer *m*

jetée [ʒəte] *nf* (*digue*) Mole *f*

jeter [ʒ(ə)te] *vt* (*lancer*) werfen; (: *violemment*) schleudern; (*se défaire de*) wegwerfen; (*passerelle, pont etc*) schlagen; (*bases, fondations*) legen; (*cri, insultes*) ausstoßen; (*lumière*) ausstrahlen; **se jeter** *vpr*: **se** ~ **contre/dans qch** sich gegen etw/in etw werfen; **se** ~ **dans** (*suj: fleuve*) münden in +*acc*; **se** ~ **sur** herfallen über +*acc*; ~ **qch à qn** jdm etw zuwerfen; (*de façon agressive*) jdm etw hinschleudern; ~ **l'ancre** den Anker werfen; ~ **un coup d'œil à** einen Blick werfen auf +*acc*; ~ **le trouble parmi** Unruhe stiften unter +*dat*; ~ **l'effroi parmi** Schrecken verbreiten unter +*dat*; ~ **un sort à qn** jdn behexen; ~ **qn dans la misère/l'embarras** jdn ins Unglück stürzen/in Verlegenheit bringen; ~ **qn dehors** jdn hinauswerfen; ~ **qn en prison** jdn ins Gefängnis werfen; ~ **l'éponge** (*fig*) das Handtuch werfen;

~ **des fleurs à qn** (*fig*) jdn mit Komplimenten überhäufen; ~ **la pierre à qn** den ersten Stein auf jdn werfen; **se** ~ **par la fenêtre** sich aus dem Fenster stürzen; **se** ~ **à l'eau** (*fig*) ins kalte Wasser springen

jeton [ʒ(ə)tɔ̃] *nm* (*au jeu*) Spielmarke *f*; (*de téléphone*) Telefonmarke *f*, Jeton *m*; **avoir les** ~**s** (*fam*) Schiss haben; ~**s de présence** Direktorengehalt *nt*

jette *etc* [ʒɛt] *vb voir* **jeter**

jeu, x [ʒø] *nm* Spiel *nt*; (*cartes d'un joueur*) Blatt *nt*; (*d'un ressort*) Bewegung *f*; (*marge*) Spielraum *m*; **le** ~ (*au casino*) das Glücksspiel; **un** ~ **de clés/ d'aiguilles** ein Satz *m* Schlüssel/ein Spiel *nt* Nadeln; **par** ~ zum Spaß; **d'entrée de** ~ von Anfang an; **cacher son** ~ sich *dat* nicht in die Karten sehen lassen; **c'est le** ~ *ou* **la règle du** ~ so ist das Spiel; **c'est un** ~ **(d'enfant)** das ist ein Kinderspiel; **il a beau** ~ **de protester maintenant** jetzt hat er leicht protestieren; **être en** ~ (*Football*) im Spiel sein; (*fig*) auf dem Spiel stehen; **entrer en** ~ (*fig*) ins Spiel kommen; **mettre en** ~ (*fig*) aufs Spiel setzen; **remettre en** ~ (*Football*) einwerfen; **entrer dans le** ~ **de qn** (*fig*) jds Spiel mitspielen; **se piquer** *ou* **se prendre au** ~ auf den Geschmack kommen; **jouer gros** ~ ein gewagtes Spiel spielen; ~ **d'échecs** Schachspiel *nt*; ~ **d'écritures** (*Comm*) Umschreibung *f*, Überbuchung *f*; ~ **d'orgue** (*Orgel*)register *nt*; ~ **de boules** Boulespiel *nt*; (*endroit*) Boulespielplatz *m*; ~ **de cartes** Kartenspiel *nt*; ~ **de construction** Baukasten *m*; ~ **de hasard** Glücksspiel *nt*; ~ **de l'oie** Art Würfelspiel *nt*; ~ **de massacre** Schießbude *f*; ~ **de mots** Wortspiel *nt*; ~ **de patience** Geduldsspiel *nt*; ~ **de société** Gesellschaftsspiel *nt*; ~**x de lumière** Lichteffekte *pl*; **J-x olympiques** Olympische Spiele *pl*

jeu-concours [ʒøkɔ̃kuʀ] (*pl* **jeux-concours**) *nm* Wettspiel *nt*

jeudi [ʒødi] *nm* Donnerstag *m*; ~ **saint** Gründonnerstag *m*; *voir aussi* **lundi**

jeun [ʒœ̃]: **à** ~ *adv* (*être*) nüchtern; (*prendre*) auf nüchternen Magen

jeune [ʒœn] *adj* jung ▷ *adv*: **faire** ~ jugendlich *ou* jung aussehen ▷ *nmpl*: **les** ~**s** die Jugend *f*, die Jugendlichen *pl*; **s'habiller** ~ sich jugendlich kleiden; ~ **fille** (*junges*) Mädchen *nt*; ~ **homme** junger Mann *m*; ~ **premier** jugendlicher Liebhaber *m*; ~**s gens** Jugendliche *pl*; ~**s mariés** Jungverheiratete *pl*

jeûne [ʒøn] *nm* Fasten *nt*

jeûner [ʒøne] *vi* fasten

jeunesse [ʒœnɛs] *nf* Jugend *f*; (*apparence*) Jugendlichkeit *f*

jf *sigle f* (= *jeune fille*) *voir* **jeune**

jh *sigle m* (= *jeune homme*) *voir* **jeune**

jiu-jitsu [ʒjyʒitsy] *nm inv* Jujutsu *nt*

JO [ʒio] *sigle m* (= *Journal officiel*) Veröffentlichung für amtliche Verlautbarungen ▷ *sigle mpl* (= *Jeux olympiques*) *voir* **jeu**

joaillerie [ʒoajʀi] *nf* (*art*) Juwelierarbeit *f*; (*métier, commerce*) Juwelierberuf *m*; (*magasin*)

Juweliergeschäft nt
joaillier, -ière [ʒɔaje, jɛʀ] nm/f (fabricant)
Goldschmied(in) m(f); (commerçant) Juwelier m
job [dʒɔb] (fam) nm Job m
jobard, e [ʒɔbaʀ, aʀd] (péj) adj einfältig
jockey [ʒɔkɛ] nm Jockey m
jogging [dʒɔgiŋ] nm Jogging nt; **faire du** ~ joggen
joie [ʒwa] nf Freude f
joignais [ʒwaɲɛ] vb voir **joindre**
joindre [ʒwɛ̃dʀ] vt verbinden; (efforts etc)
vereinigen; (à une lettre) beifügen; (réussir à
contacter) erreichen ▷ vi (planches etc) (gut)
schließen; **se joindre** vpr: **se** ~ **à** sich
anschließen +dat; **se** ~ **à qch** (participer à) bei etw
mitmachen; ~ **les mains** die Hände falten; ~ **les
deux bouts** (fig) (gerade) eben mit seinem Geld
auskommen; ~ **un fichier à un mail** (Inform)
eine Datei an eine E-mail anhängen
joint, e [ʒwɛ̃, ɛ̃t] pp de **joindre** ▷ adj (à lettre)
beigefügt ▷ nm (articulation, assemblage) Gelenk nt;
(ligne) Naht f; (en ciment etc) Fuge f; (de robinet)
Dichtung f; (fam: drogue) Joint m; **sauter à pieds
~s** mit geschlossenen Füßen springen; ~ **à**
(paquet, lettre etc) beigefügt +dat; **pièce ~e** (de lettre)
Anlage f; (Inform) Anhang m; **trouver le** ~ (fig)
auf den Dreh kommen; ~ **de cardan**
Kardangelenk nt; ~ **de culasse**
Zylinderkopfdichtung f
jointure [ʒwɛ̃tyʀ] nf (Anat) Gelenk nt; (Tech: ligne)
Naht f
joker [(d)ʒɔkɛʀ] nm (Cartes) Joker m; (Inform)
Wildcard f, Jokerzeichen nt
joli, e [ʒɔli] adj hübsch; **c'est du ~!** das ist ja
reizend!; **un ~ gâchis** ein schöner Schlamassel;
c'est bien ~, mais das ist ja schön und gut, aber
joliment [ʒɔlimã] adv hübsch; (fam: très) ganz
schön
jonc [ʒɔ̃] nm (Schilf)rohr nt
joncher [ʒɔ̃ʃe] vt (être épars sur) verstreut liegen auf
+dat; **jonché de** bestreut mit
jonction [ʒɔ̃ksjɔ̃] nf (de routes) Kreuzung f; (de
fleuves) Zusammenfluss m; (action de joindre)
Verbindung f; **opérer une** ~ (Mil etc) eine
Verbindung herstellen
jongler [ʒɔ̃gle] vi jonglieren
jongleur, -euse [ʒɔ̃glœʀ, øz] nm/f Jongleur(in)
m(f)
jonquille [ʒɔ̃kij] nf Osterglocke f
Jordanie [ʒɔʀdani] nf: **la** ~ Jordanien nt
jordanien, ne [ʒɔʀdanjɛ̃, jɛn] adj jordanisch
▷ nm/f: **Jordanien, ne** Jordanier(in) m(f)
jouable [ʒwabl] adj (pièce etc) aufführbar, spielbar
joue [ʒu] nf (Anat) Backe f, Wange f; **mettre en** ~
zielen auf +acc
jouer [ʒwe] vt spielen; (somme d'argent) setzen;
(réputation etc) aufs Spiel setzen; (simuler)
heucheln, vortäuschen ▷ vi spielen; (se voiler: bois,
porte) sich verziehen; (avoir du jeu) Spiel haben;
(avoir un effet: temps, argument etc) seine Wirkung
zeigen; **se jouer** vpr: **se** ~ **de** (difficultés) spielend
fertig werden mit; **se** ~ **de qn** jdn zum Narren
halten; ~ **sur** setzen auf +acc; ~ **de** (Mus) spielen;

~ **à** spielen; ~ **avec** (sa santé etc) aufs Spiel setzen;
~ **un tour à qn** jdm einen Streich spielen; ~ **la
comédie** Theater spielen; ~ **au héros** den
Helden spielen; ~ **des coudes** seine Ellbogen
gebrauchen; ~ **de malchance/malheur** vom
Pech/Unglück verfolgt sein; ~ **sur les mots** mit
Worten spielen; **à toi/nous de** ~ du bist/wir sind
dran; ~ **aux courses** auf Pferde setzen
jouet [ʒwɛ] nm Spielzeug nt; **être le** ~ **de** (fig) das
Opfer sein +gén
joueur, -euse [ʒwœʀ, øz] nm/f Spieler(in) m(f);
(fig): **être beau/mauvais** ~ ein guter/schlechter
Verlierer sein ▷ adj (enfant, chat) verspielt
joufflu, e [ʒufly] adj pausbäckig
joug [ʒu] nm Joch nt; **sous le** ~ **de** unter dem Joch
+gén
jouir [ʒwiʀ] vi (sexuellement) kommen ▷ vt: ~ **de**
(avoir) haben; (savourer) genießen, sich erfreuen
+gén
jouissance [ʒwisãs] nf (plaisir) Freude f; (sexuelle)
Höhepunkt m; (Jur: usage) Nutznießung f
jouisseur, -euse [ʒwisœʀ, øz] (péj) nm/f
Genussmensch m
joujou, x [ʒuʒu] (fam) nm Spielzeug nt
jour [ʒuʀ] nm Tag m; (clarté) Tageslicht nt;
(ouverture) Öffnung f; (: décorative) Durchbruch m;
(Couture) Durchbrucharbeit f; **sous un ~
favorable/nouveau** in einem günstigen/neuen
Licht; **de nos** ~s heutzutage; **un** ~ eines Tages;
tous les ~s jeden Tag; **de** ~ tagsüber; **de** ~ **en** ~
von Tag zu Tag; **d'un** ~ **à l'autre** von einem Tag
zum anderen; **du** ~ **au lendemain** von heute auf
morgen; **au** ~ **le** ~ von einem Tag zum anderen;
il fait ~ es ist Tag; **en plein** ~ am helllichten
Tage; **au petit** ~ bei Tagesanbruch, am frühen
Morgen; **au grand** ~ am helllichten Tage; **venir
au** ~ ans Licht kommen; **mettre au** ~ ans Licht
bringen; **être à** ~ auf dem Laufenden sein;
mettre à ~ auf den neuesten Stand bringen;
donner le ~ **à** das Leben schenken +dat; **voir le** ~
das Licht der Welt erblicken; **se faire** ~ zutage
treten; ~ **férié** Feiertag m; ~ **ouvrable** Arbeitstag m
journal, -aux [ʒuʀnal, o] nm Zeitung f; (personnel)
Tagebuch nt; **le J~ officiel (de la République
française)** das Gesetz und Verordnungsblatt
Frankreichs; ~ **de bord** Logbuch nt; ~ **parlé**
(Rundfunk)nachrichten pl; ~ **télévisé**
(Fernseh)nachrichten pl
journalier, -ière [ʒuʀnalje, jɛʀ] adj täglich;
(banal) alltäglich ▷ nm/f Tagelöhner(in) m(f)
journalisme [ʒuʀnalism] nm Journalismus m
journaliste [ʒuʀnalist] nm/f Journalist(in) m(f)
journalistique [ʒuʀnalistik] adj journalistisch
journée [ʒuʀne] nf Tag m; **la ~ continue**
Achtstundentag ohne große Mittagspause
journellement [ʒuʀnɛlmã] adv (tous les jours) Tag
für Tag; (souvent) tagtäglich
joute [ʒut] nf (tournoi) Lanzenstechen nt (zu
Pferde); (verbale) Wortgefecht nt
jouvence [ʒuvãs] nf: **bain de** ~ Jungbrunnen m
jouxter [ʒukste] vt angrenzen an +acc
jovial, e, -aux [ʒɔvjal, jo] adj jovial

jovialité [ʒɔvjalite] *nf* Jovialität *f*
joyau, x [ʒwajo] *nm* Juwel *nt*
joyeusement [ʒwajøzmã] *adv* (*célébrer*) vergnügt
joyeux, -euse [ʒwajø, øz] *adj* fröhlich; (*nouvelle*) freudig; ~ **Noël!** frohe *ou* fröhliche Weihnachten!; ~ **anniversaire!** alles Gute zum Geburtstag!
JT [ʒite] *sigle m* (= *journal télévisé*) *voir* **journal**
jubilation [ʒybilasjɔ̃] *nf* Jubel *m*, Jauchzen *nt*
jubilé [ʒybile] *nm* Jubiläum *nt*
jubiler [ʒybile] *vi* jubilieren, jauchzen
jucher [ʒyʃe] *vt*: ~ **sur** hinaufsetzen auf +*acc*; **se jucher** *vpr*: **se** ~ **sur** sich setzen auf +*acc*
judaïque [ʒydaik] *adj* (*loi*) judaisch, jüdisch; (*religion*) jüdisch
judaïsme [ʒydaism] *nm* Judentum *nt*
judas [ʒyda] *nm* (*trou*) Guckloch *nt*
judéo- [ʒydeɔ] *préf* jüdisch
judéo-allemand, e [ʒydeɔalmã, ãd] (*pl* ~**s, es**) *adj* jiddisch ▷ *nm* (*Ling*) Jiddisch *nt*
judéo-chrétien, ne [ʒydeokʀetjɛ̃, ɛn] (*pl* ~**s, nes**) *adj* jüdisch-christlich
judiciaire [ʒydisjɛʀ] *adj* gerichtlich, Justiz-
judicieusement [ʒydisjøzmã] *adv* klug, umsichtig
judicieux, -euse [ʒydisjø, jøz] *adj* klug, gescheit
judo [ʒydo] *nm* Judo *nt*
judoka [ʒydɔka] *nm/f* Judokämpfer(in) *m(f)*
juge [ʒyʒ] *nm* Richter(in) *m(f)*; (*Sport*) Kampfrichter(in) *m(f)*; ~ **d'instruction** Untersuchungsrichter(in) *m(f)*; ~ **de paix** Friedensrichter(in) *m(f)*; ~ **de touche** (*Football*) Linienrichter *m*; ~ **des enfants** Jugendrichter(in) *m(f)*
jugé [ʒyʒe]: **au** ~ *adv* aufs Geratewohl
jugement [ʒyʒmã] *nm* Urteil *nt*; (*perspicacité*) Urteilsvermögen *nt*; ~ **de valeur** Werturteil *nt*
jugeote [ʒyʒɔt] (*fam*) *nf* Grips *m*
juger [ʒyʒe] *vt* beurteilen; (*affaire*) entscheiden über +*acc*, beurteilen ▷ *nm*: **au** ~ aufs Geratewohl; ~ **qn/qch satisfaisant** *etc* jdn/etw für zufriedenstellend *etc* halten; ~ **bon de faire qch** es für richtig halten, etw zu tun; ~ **que** meinen, dass, der Ansicht sein, dass; **jugez de ma surprise** stellen Sie sich meine Überraschung vor
jugulaire [ʒygylɛʀ] *nf* (*Anat*) Halsschlagader *f*; (*Mil*) Kinnband *nt*
juguler [ʒygyle] *vt* in den Griff bekommen; (*inflation*) eindämmen
juif, -ive [ʒɥif, ʒɥiv] *adj* jüdisch ▷ *nm/f* Jude *m*, Jüdin *f*
juillet [ʒɥijɛ] *nm* Juli *m*; **en** ~ im Juli; **au mois de** ~ im Monat Juli; **arriver le 17** ~ am 17. Juli ankommen; **Genève, le 17** ~ (*lettre*) Genf, den 17. Juli; **début/fin** ~ Anfang/Ende Juli; *siehe Info-Artikel*

● **14 JUILLET**
●
● *Le 14 juillet* ist ein Nationalfeiertag in
● Frankreich, zum Gedenken an den Sturm auf
● die Bastille während der französischen

● Revolution. Im ganzen Land gibt es Feste,
● Paraden, Musik- und Tanzaufführungen und
● Feuerwerk. In Paris findet entlang der
● Champs-Élysées eine Militärparade, der der
● Präsident beiwohnt, statt.

juin [ʒɥɛ̃] *nm* Juni *m*; *voir aussi* **juillet**
jumeau, -elle, x [ʒymo, ɛl] *nm/f* Zwilling *m* ▷ *adj* (*frère, sœur*) Zwillings-; **maisons jumelles** Doppelhaus *nt*
jumelage [ʒym(ə)laʒ] *nm* (Städte)partnerschaft *f*
jumeler [ʒym(ə)le] *vt* (*Tech*) koppeln, miteinander verbinden; (*villes*) zu Partnerstädten machen; **roues jumelées** Zwillingsreifen *pl*; **billets de loterie jumelés** Doppellos *nt*; **pari jumelé** gekoppelte Wette *f*
jumelle [ʒymɛl] *adj, nf, nfpl voir* **jumeau**
jumelles [ʒymɛl] *nfpl* Fernglas *nt*
jument [ʒymã] *nf* Stute *f*
jungle [ʒɔ̃gl] *nf* Dschungel *m*
junior [ʒynjɔʀ] *adj* (*Sport*) Junioren-; (*mode, style*) Junior- ▷ *nm/f* (*Sport*) Junior(in) *m(f)*
junte [ʒɔ̃t] *nf* Junta *f*
jupe [ʒyp] *nf* (*vêtement*) Rock *m*
jupe-culotte [ʒypkylɔt] (*pl* **jupes-culottes**) *nf* Hosenrock *m*
jupette [ʒypɛt] *nf* Röckchen *nt*
jupon [ʒypɔ̃] *nm* Unterrock *m*
Jura [ʒyʀa] *nm*: **le** ~ der Jura
jurassien, ne [ʒyʀasjɛ̃, jɛn] *adj* aus dem Jura
juré [ʒyʀe] *nm* Geschworene(r) *f(m)* ▷ *adj*: **ennemi** ~ Erzfeind *m*
jurer [ʒyʀe] *vt* schwören, geloben ▷ *vi* schwören; (*dire des jurons*) fluchen; ~ (**avec**) (*être mal assorti*) sich beißen (mit); ~ **de faire qch** schwören, etw zu tun; ~ **que** schwören, dass; ~ **de qch** (*s'en porter garant*) etw versichern; **ils ne jurent que par lui** sie schwören auf ihn; **je vous jure!** (*fam*) (also) ehrlich!
juridiction [ʒyʀidiksjɔ̃] *nf* (*compétence juridique*) Rechtsprechung *f*; (*ensemble de tribunaux*) Gerichtsbarkeit *f*, Jurisdiktion *f*
juridique [ʒyʀidik] *adj* juristisch; (*études*) Jura-
juridiquement [ʒyʀidikmã] *adv* (*devant la justice*) gerichtlich; (*du point de vue du droit*) rechtlich
jurisconsulte [ʒyʀiskɔ̃sylt] *nm* Rechtsberater *m*
jurisprudence [ʒyʀispʀydãs] *nf* (*Jur: décisions*) (vorangegangene) Rechtsprechung *f*; (*principes*) Rechtsprechung *f*; **faire** ~ einen Präzedenzfall schaffen
juriste [ʒyʀist] *nm/f* Jurist(in) *m(f)*
juron [ʒyʀɔ̃] *nm* Fluch *m*
jury [ʒyʀi] *nm* (*Jur*) Geschworene *pl*; (*Scol*) Prüfungsausschuss *m*
jus [ʒy] *nm* Saft *m*; ~ **d'orange** Orangensaft *m*; ~ **de fruits** Fruchtsaft *m*; ~ **de pommes** Apfelsaft *m*; ~ **de viande** Bratensaft *m*
jusant [ʒyzã] *nm* Ebbe *f*
jusqu'au-boutiste [ʒyskobutist] *adj* extremistisch ▷ *nm/f* Extremist(in) *m(f)*
jusque [ʒysk]: **jusqu'à** *prép* (*endroit*) bis (an) +*acc*; (: *ville, pays*) bis (nach); (*moment*) bis, bis (zu);

(*limite*) bis zu; **jusqu'au matin/soir** bis zum Morgen/Abend; **jusqu'à ce que** bis; **jusqu'à présent** *ou* **maintenant** bis jetzt; ~ **sur/dans** bis zu/in +*acc*; ~ **vers** bis (hin) zu; **~-là** (*temps*) bis jetzt; (*espace*) bis hier; **jusqu'ici** (*temps*) bis jetzt; (*espace*) bis hierher

justaucorps [ʒystokɔʀ] *nm* Trikot *nt*

juste [ʒyst] *adj* (*équitable*) gerecht; (*légitime*) gerechtfertigt, legitim; (*exact, précis*) genau; (*vrai, correct*) richtig; (*étroit, insuffisant*) knapp ▷ *adv* (*avec exactitude*) genau, richtig; (*étroitement*) knapp; (*chanter*) richtig; (*seulement*) nur, bloß; ~ **assez** gerade genug; **pouvoir tout ~ faire qch** etw gerade noch schaffen; **au ~** genau; **le ~ milieu** die goldene Mitte; **à ~ titre** mit vollem *ou* gutem Recht

justement [ʒystəmɑ̃] *adv* (*avec raison*) zu Recht; (*avec justice*) gerecht; **c'est ~ ce qu'il fallait faire** (*précisément*) genau das musste gemacht werden

justesse [ʒystɛs] *nf* (*exactitude*) Richtigkeit *f*; (*précision*) Genauigkeit *f*; (*d'une opinion*) Scharfsinn *m*; **de ~** mit knapper Not, gerade noch

justice [ʒystis] *nf* (*équité*) Gerechtigkeit *f*; (*pouvoir judiciaire*) Justiz *f*; (*exercice du pouvoir judiciaire*) Rechtsprechung *f*; **rendre la ~** Recht sprechen; **traduire en ~** vor Gericht bringen; **obtenir ~** sein Recht bekommen; **rendre ~ à qn** jdm Recht widerfahren lassen; **se faire ~** (*se venger*) das Recht in die eigenen Hände nehmen; (*se suicider*) sich (selbst) richten

justiciable [ʒystisjabl] *adj*: **être ~ des tribunaux français** der französischen Gerichtsbarkeit unterworfen sein; **être ~ de** (*fig*) sich verantworten müssen vor +*dat*

justicier, -ière [ʒystisje, jɛʀ] *nm/f* Kämpfer(in) *m(f)* für die Gerechtigkeit

justifiable [ʒystifjabl] *adj* zu rechtfertigen, vertretbar

justificatif, -ive [ʒystifikatif, iv] *adj* (*document etc*) unterstützend ▷ *nm* Beleg *m*

justification [ʒystifikasjɔ̃] *nf* Rechtfertigung *f*; (*Typo*) Ausrichtung *f*

justifier [ʒystifje] *vt* rechtfertigen; (*prouver*) beweisen; **se justifier** *vpr* sich rechtfertigen; **justifié à droite/gauche** (*Typo*) rechts/links ausgerichtet

jute [ʒyt] *nm* Jute *f*

juteux, -euse [ʒytø, øz] *adj* saftig; (*fam*) einträglich

juvénile [ʒyvenil] *adj* jugendlich

juxtaposer [ʒykstapoze] *vt* (*objets*) nebeneinanderstellen

juxtaposition [ʒykstapozisjɔ̃] *nf* Nebeneinander *nt*

K¹, k [kɑ] *nm inv (lettre)* K, k *nt;* **K comme Kléber**
≈ K wie Konrad
K² [kɑ] *abr (= kilo)* k
Kaboul [kabul] *n* Kabul *nt*
kabyle [kabil] *adj* kabylisch ▷ *nm/f:* **K~** Kabyle *m,*
Kabylin *f*
Kabylie [kabili] *nf:* **la ~** Kabylien *nt*
kafkaïen, ne [kafkajɛ̃, jɛn] *adj (fig)* kafkaesk
kaki [kaki] *adj inv* kaki
kaléidoscope [kaleidɔskɔp] *nm* Kaleidoskop *nt*
Kampuchéa [kɑ̃putʃea] *nm:* **le ~** Kambodscha *nt*
kangourou [kɑ̃guʀu] *nm* Känguru *nt*
kaolin [kaɔlɛ̃] *nm (roche)* Kaolin *nt*
karaté [kaʀate] *nm* Karate *nt*
kart [kaʀt] *nm* Gokart *m*
karting [kaʀtiŋ] *nm* Gokartfahren *nt*
kascher [kaʃɛʀ] *adj inv* koscher
kayak [kajak] *nm* Kajak *m*
Kenya [kenja] *nm:* **le ~** Kenia *nt*
képi [kepi] *nm* Käppi *nt*
kermesse [kɛʀmɛs] *nf (villageoise)* Kirmes *f; (de
bienfaisance)* Wohltätigkeitsbasar *m*
kérosène [keʀozɛn] *nm* Kerosin *nt*
kg *abr (= kilogramme)* kg
KGB [kaʒebe] *sigle m (= Komitet Gossoudarstvennoï
Bezopasnosti)* KGB *m*
khmer, -ère [kmɛʀ] *adj* Khmer- ▷ *nm/f:* **Khmer,
-ère** Khmer *m(f)*
khôl [kol] *nm* Kajal *nt*
kidnapper [kidnape] *vt* entführen, kidnappen
kidnappeur, -euse [kidnapœʀ, øz] *nm/f*
Entführer(in) *m(f),* Kidnapper(in) *m(f)*
kidnapping [kidnapiŋ] *nm* Kindesentführung *f*
kilo [kilo] *nm* Kilo *nt*
kilogramme [kilɔgʀam] *nm* Kilogramm *nt*
kilométrage [kilɔmetʀaʒ] *nm (au compteur)*
Kilometerstand *m*
kilomètre [kilɔmɛtʀ] *nm* Kilometer *m;* **~s (à
l')heure** Stundenkilometer *pl*

kilométrique [kilɔmetʀik] *adj (borne, compteur)*
Kilometer-; *(distance)* in Kilometern
kilooctet [kilɔɔktɛ] *nm* Kilobyte *nt*
kilowatt [kilowat] *nm* Kilowatt *nt*
kinésithérapeute [kineziteʀapøt] *nm/f*
Physiotherapeut(in) *m(f)*
kinésithérapie [kineziteʀapi] *nf*
Physiotherapie *f*
kiosque [kjɔsk] *nm (à journaux, fleurs)* Kiosk *m;
(de jardin)* Pavillon *m*
kir [kiʀ] *nm* Kir *m*
kirsch [kiʀʃ] *nm* Kirschwasser *nt*
kitchenette [kitʃ(ə)nɛt] *nf* Kochnische *f*
kiwi [kiwi] *nm (Zool)* Kiwi *m; (Bot)* Kiwi *f*
klaxon [klaksɔn] *nm* Hupe *f*
klaxonner [klaksɔne] *vi* hupen ▷ *vt* anhupen
kleptomane [klɛptɔman] *nm/f* Kleptomane *m,*
Kleptomanin *f*
km *abr (= kilomètre)* km
km/h *abr (= kilomètres/heure)* km/h
knock-out [nɔkaut] *nm inv (Boxe)* Knock-out *m*
K.-O. [kao] *adj inv* k. o.
Ko *abr (Inform: = kilooctet)* KB, Kilobyte *nt*
koala [kɔala] *nm* Koala(bär) *m*
kosovar [kɔsɔvaʀ] *adj* kosovarisch
Kosovo [kɔsɔvo] *nm:* **le ~** der Kosovo *m*
Koweit [kɔwɛt] *nm:* **le ~** Kuwait *nt*
koweïtien, ne [kɔwɛtjɛ̃, jɛn] *adj* kuwaitisch
▷ *nm/f:* **Koweitien, ne** Kuwaiter(in) *m(f)*
krach [kʀak] *nm (Écon)* Börsenkrach *m*
kraft [kʀaft] *nm:* **papier ~** Packpapier *nt*
Kremlin [kʀɛmlɛ̃] *nm* Kreml *m*
kurde [kyʀd] *adj* kurdisch ▷ *nm/f:* **K~** Kurde *m,*
Kurdin *f*
kW *abr (= kilowatt)* kW
K-way® [kawɛ] *nm* Windhemd *nt*
kW/h *abr (= kilowatt heure)* kWh
kyrielle [kiʀjɛl] *nf:* **une ~ de** ein Strom von
kyste [kist] *nm* Zyste *f*

Ll

L, l' [ɛl] *nm inv (lettre)* L, l *nt*; **L comme Louis** ≈ L
wie Ludwig

l² [ɛl] *abr* (= *litre*) l

l' [l] *dét voir* **le**

la [la] *nm (Mus)* A *nt*; (: *en chantant la gamme*) La *nt*
▷ *art, pron voir* **le**

là [la] *adv (voir aussi -ci, celui)* dort, da; (*ici*) da, hier;
est-ce que Catherine est là? ist Catherine da?;
elle n'est pas là sie ist nicht da; **c'est là que**
dort; **là où** da, wo; **de là** (*fig*) daher; **tout est là**
es ist alles da; (*fig*) darum geht es ja gerade

là-bas [labɑ] *adv* dort

label [label] *nm* Siegel *nt*; **~ de qualité**
Gütezeichen *nt ou* -siegel *nt*

labeur [labœʀ] *nm* Mühe *f*, Arbeit *f*

labo [labo] *abr m* = **laboratoire**

laborantin, e [labɔʀɑ̃tɛ̃, in] *nm/f* Laborant(in) *m(f)*

laboratoire [labɔʀatwaʀ] *nm* Labor(atorium) *nt*;
~ d'analyses Untersuchungslabor *nt*; **~ de**
langues Sprachlabor *nt*

laborieusement [labɔʀjøzmɑ̃] *adv* mühsam,
mühselig

laborieux, -euse [labɔʀjø, jøz] *adj (tâche)*
mühsam, mühselig; (*personne*) fleißig; **les**
classes laborieuses die Arbeiterklasse *f*

labour [labuʀ] *nm* Pflügen *nt*; **labours** *nmpl*
(*champs*) gepflügte Felder

labourable [labuʀabl] *adj* bestellbar, kultivierbar

labourage [labuʀaʒ] *nm* Pflügen *nt*

labourer [labuʀe] *vt* pflügen; (*fig*) zerfurchen

labrador [labʀadɔʀ] *nm (chien)* Labrador *m*; **le L~**
(*Géo*) Labrador

labyrinthe [labiʀɛ̃t] *nm* Labyrinth *nt*

lac [lak] *nm* See *m*; **~ Léman** Genfer See

lacer [lase] *vt* zubinden, zuschnüren

lacérer [laseʀe] *vt* zerreißen, zerfetzen

lacet [lasɛ] *nm (de chaussure)* Schnürsenkel *m*; (*de*
route) Serpentine *f*; (*piège*) Schlinge *f*; **chaussures**
à ~s Schnürschuhe *pl*

lâche [lɑʃ] *adj* locker; (*poltron*) feige; (*vêtement*) lose
▷ *nm/f* Feigling *m*

lâchement [lɑʃmɑ̃] *adv* feige

lâcher [lɑʃe] *vt* loslassen; (*ce qui tombe, remarque*)
fallen lassen; (*ce qui s'envole*) fliegen lassen;
(*animal*) freilassen; (*Sport: distancer*) hinter sich *dat*
lassen; (*abandonner*) fallen lassen ▷ *vi (fil, amarres)*
reißen; (*freins*) versagen ▷ *nm (de ballons, d'oiseaux)*
Fliegenlassen *nt*; **~ les amarres** (die Leinen)
losmachen; **~ les chiens après qn** die Hunde
auf jdn hetzen; **~ prise** loslassen

lâcheté [lɑʃte] *nf (faiblesse)* Feigheit *f*

lacis [lasi] *nm* Netz *nt*

laconique [lakɔnik] *adj* lakonisch

laconiquement [lakɔnikmɑ̃] *adv* lakonisch

lacrymal, e, -aux [lakʀimal, o] *adj* Tränen-

lacrymogène [lakʀimɔʒɛn] *adj (gaz)* Tränen-;
(*bombe, grenade*) Tränengas-

lacs [lɑ] *nm* Schlinge *f*

lactation [laktasjɔ̃] *nf* Milchabsonderung *f*

lacté, e [lakte] *adj* Milch-

lactique [laktik] *adj*: **acide ~** Milchsäure *f*;
ferment ~ Milchsäurebakterien *pl*

lactose [laktoz] *nm* Milchzucker *m*

lacune [lakyn] *nf* Lücke *f*

lacustre [lakystʀ] *adj (plante)* Teich-; (*village*)
Pfahl-

lad [lad] *nm* Stallbursche *m*

là-dedans [laddɑ̃] *adv* drinnen; (*avec mouvement*)
hinein; (*fig*) darin

là-dehors [ladəɔʀ] *adv* da draußen

là-derrière [ladɛʀjɛʀ] *adv* dahinter

là-dessous [ladsu] *adv* darunter; (*fig*) dahinter

là-dessus [ladsy] *adv* darüber; (*fig*) darauf

là-devant [ladvɑ̃] *adv* da vorn, vorn

ladite [ladit] *adj voir* **ledit**

ladre [lɑdʀ] *adj* knauserig

lagon [lagɔ̃] *nm* Lagune *f (hinter einem Korallenriff)*

lagune [lagyn] *nf* Lagune *f*

là-haut [lao] *adv* da oben *ou* dort oben

laïc [laik] *adj, nm* = **laïque**

laïcisation [laisizasjɔ̃] *nf* Säkularisierung *f*

laïciser [laisize] *vt* säkularisieren

laïcité [laisite] *nf (caractère laïque)* Weltlichkeit *f*;
(*séparation*) Trennung *f* von Kirche und Staat

laid, e [lɛ, lɛd] *adj* hässlich; (*acte*) abscheulich,
gemein

laideron [lɛdʀɔ̃] *nm* hässliches Mädchen *nt*

laideur [lɛdœʀ] *nf* Hässlichkeit *f*; (*bassesse*)
Gemeinheit *f*

laie [lɛ] *nf* Bache *f*, Wildsau *f*

lainage [lenaʒ] *nm (vêtement)* wollenes
Kleidungsstück *nt*; (*étoffe*) Wollstoff *m*

laine [lɛn] nf Wolle f; **pure** ~ reine Wolle; **~ à tricoter** Strickwolle f; **~ de verre** Glaswolle f; **~ peignée** Kammgarn nt; **~ vierge** Schurwolle f
laineux, -euse [lɛnø, øz] adj (étoffe) Woll-; (cheveux) wollig
lainier, -ière [lɛnje, jɛʀ] adj Woll-
laïque [laik] adj weltlich, Laien-; (école, enseignement) staatlich ▷ nm/f Laie m
laisse [lɛs] nf (de chien) Leine f; **tenir en** ~ an der Leine führen
laissé-pour-compte, laissée-pour-compte [lesepuʀkɔ̃t] (pl **laissés-pour-compte**) adj (Comm) unverkauft; (: refusé) zurückgegeben ▷ nm Ausgestoßene(r) f(m); **les laissés-pour-compte de la reprise économique** diejenigen, die am Wirtschaftsaufschwung nicht teilhaben
laisser [lese] vt, vb aux lassen; **se laisser** vpr: **se ~ exploiter** sich ausbeuten lassen; **~ qn tranquille** jdn in Ruhe lassen; **~ qn faire** jdn machen lassen; **se ~ aller** sich gehen lassen; **rien ne laissait penser que** nichts deutete darauf hin, dass; **cela ne laisse pas de surprendre** es ist wirklich überraschend
laisser-aller [leseale] nm inv (désinvolture) Unbekümmertheit f; (péj) Schlamperei f
laisser-faire, laissez-faire [lesefɛʀ] nm inv Wirtschaftsliberalismus m, Laissez-faire nt
laissez-passer [lesepase] nm inv Passierschein m
lait [lɛ] nm Milch f; **frère/sœur de** ~ Milchbruder m/-schwester f; **~ concentré** ou **condensé** Büchsenmilch f, Kondensmilch f; **~ de beauté** Schönheitslotion f; **~ de chèvre** Ziegenmilch f; **~ de vache** Kuhmilch f; **~ démaquillant** Reinigungsmilch f; **~ écrémé** Magermilch f; **~ en poudre** Milchpulver nt; **~ entier** Vollmilch f; **~ maternel** Muttermilch f
laitage [lɛtaʒ] nm Milchprodukt nt
laiterie [lɛtʀi] nf (usine) Molkerei f
laiteux, -euse [lɛtø, øz] adj milchig
laitier, -ière [letje, lɛtjɛʀ] adj Milch- ▷ nm/f Milchmann m, Milchfrau f, Milchhändler(in) m(f)
laiton [lɛtɔ̃] nm Messing nt
laitue [lety] nf (salade) (Kopf)salat m
laïus [lajys] (péj) nm Sermon m
lama [lama] nm Lama nt
lambeau, x [lãbo] nm (aussi fig) Fetzen m; **en ~x** in Fetzen, zerfetzt
lambin, e [lãbɛ̃, in] (péj) adj tranig
lambiner [lãbine] (péj) vi bummeln, trödeln
lambris [lãbʀi] nm Täfelung f
lambrissé, e [lãbʀise] adj getäfelt
lame [lam] nf Klinge f; (lamelle) (dünne) Platte f; (vague) Welle f; **~ de fond** Dünung f; **~ de rasoir** Rasierklinge f
lamé, e [lame] adj mit Lamé durchwirkt ▷ nm Lamé m
lamelle [lamɛl] nf (petite lame) Lamelle f, Blättchen nt; (petit morceau) kleiner Streifen m; (Bot) Lamelle; **couper en ~s** in dünne Scheiben schneiden
lamentable [lamãtabl] adj erbärmlich
lamentablement [lamãtabləmã] adv erbärmlich

lamentation [lamãtasjɔ̃] nf (gémissement) Klagen nt; (récrimination) Wehklage f
lamenter [lamãte]: **se ~** vpr: **se ~ (sur)** klagen (über +acc)
lamifié, e [lamifje] adj Verbund- ▷ nm Laminat nt
laminage [laminaʒ] nm Walzen nt
laminer [lamine] vt (fer, acier) walzen; (fig) niederwalzen
lamineur [laminœʀ] nm (ouvrier) Walzwerker m
laminoir [laminwaʀ] nm Walzwerk nt; **passer au** ~ (fig) durch die Mangel gedreht werden
lampadaire [lãpadɛʀ] nm (de salon) Stehlampe f; (dans la rue) Straßenlaterne f
lampe [lãp] nf Lampe f; (Tech) Röhre f; **~ à arc** Bogenlampe f; **~ à bronzer** Höhensonne f; **~ à pétrole** Petroleumlampe f; **~ à souder** Lötlampe f; **~ de poche** Taschenlampe f; **~ halogène** Halogenleuchte f; **~ témoin** Kontrolllampe f
lampée [lãpe] nf Schluck m
lampe-tempête [lãptãpɛt] (pl **lampes-tempêtes**) nf Sturmlampe f
lampion [lãpjɔ̃] nm Lampion m
lampiste [lãpist] nm (Rail) Lampenwärter(in) m(f); (Théât) Beleuchter(in) m(f); (fig) kleine(r) Untergebene(r) f(m)
lamproie [lãpʀwa] nf Neunauge nt
lance [lãs] nf Speer m, Lanze f; **~ à eau** Wasserschlauch m; **~ d'arrosage** Gartenschlauch m; **~ d'incendie** Feuerwehrschlauch m
lancée [lãse] nf: **continuer sur sa** ~ weitermachen
lance-flammes [lãsflam] nm inv Flammenwerfer m
lance-fusées [lãsfyze] nm inv Raketenwerfer m
lance-grenades [lãsgʀənad] nm inv Granatenwerfer m
lancement [lãsmã] nm (d'un produit, d'une voiture) Einführung f; (d'un bateau) Stapellauf m; (d'une fusée) Abschuss m; **offre de** ~ Einführungsangebot nt; **~ du disque/javelot/marteau** Diskus-/Speer-/Hammerwerfen nt
lance-missiles [lãsmisil] nm inv Raketenwerfer m
lance-pierres [lãspjɛʀ] nm inv Steinschleuder f
lancer [lãse] vt werfen; (cri, injure) ausstoßen; (bateau) vom Stapel lassen; (fusée) abschießen; (moteur) anlassen; (qn sur un sujet) bringen; (produit, mode) auf den Markt bringen; (artiste) herausbringen, lancieren; (mandat d'arrêt) erlassen; (emprunt) herausbringen, auflegen ▷ nm (Sport) Wurf m; (Pêche) Angeln nt; **se lancer** vpr (prendre de l'élan) losstürmen; **~ qch à qn** (ballon etc) jdm etw zuwerfen; (de façon agressive) etw auf jdn schleudern; **~ un appel à qn** einen Appell an jdn richten; **se ~ sur** ou **contre** losstürmen auf +acc; **se ~ dans** sich stürzen in +acc; **~ du poids** nm Kugelstoßen nt
lance-roquettes [lãsʀɔkɛt] nm inv Raketenwerfer m
lance-torpilles [lãstɔʀpij] nm inv Torpedorohr nt
lanceur, -euse [lãsœʀ, øz] nm/f (Sport) Werfer(in) m(f) ▷ nm (Espace) Trägerakete f
lancinant, e [lãsinã, ãt] adj (douleur) stechend;

(*regrets etc*) quälend
lanciner [lãsine] *vi* (*douleur*) stechen; (*fig*) quälen
landais, e [lãdɛ, ɛz] *adj* aus den Landes
landau [lãdo] *nm* (*de bébé*) Kinderwagen *m*
lande [lãd] *nf* Heide *f*; **les L~s** *nfpl* die Landes *pl*
langage [lãgaʒ] *nm* Sprache *f*; **changer de ~**
einen anderen Ton anschlagen; **~ d'assemblage**
Assemblersprache *f*; **~ de programmation**
Programmiersprache *f*; **~ évolué** (*Inform*) höhere
Programmiersprache; **~ machine**
Maschinensprache *f*
lange [lãʒ] *nm* Wickeltuch *nt*; **langes** *nmpl*
Windeln *pl*
langer [lãʒe] *vt* wickeln; **table à ~** Wickeltisch *m*
langoureusement [lãguʀøzmã] *adv*
schmachtend
langoureux, -euse [lãguʀø, øz] *adj*
schmachtend
langouste [lãgust] *nf* Languste *f*
langoustine [lãgustin] *nf* Garnele *f*
langue [lãg] *nf* (*Anat, Culin*) Zunge *f*; (*Ling*) Sprache
f; **~ de terre** Landzunge *f*; **tirer la ~ (à)** die Zunge
herausstrecken (+*dat*); **donner sa ~ au chat**
aufgeben, klein beigeben; **de ~ française**
französischsprachig; **mauvaise ~** Lästermaul *nt*;
~ de bois Bürokratensprache *f*; **~ maternelle**
Muttersprache *f*; **~ verte** Slang *m*; **~ vivante**
lebende Sprache; **~s étrangères** Fremdsprachen *pl*
langue-de-chat [lãgdəʃa] (*pl* **langues-de-chat**) *nf*
Löffelbiskuit *m*
languedocien, ne [lãgdɔsjɛ̃, jɛn] *adj* aus dem
Languedoc
languette [lãgɛt] *nf* Lasche *f*; (*de chaussure*) Zunge *f*
langueur [lãgœʀ] *nf* (*mélancolie*) Wehmut *f*;
(*abattement*) Mattigkeit *f*
languir [lãgiʀ] *vi* matt sein, verkümmern;
(*conversation*) erlahmen; **se languir** *vpr* sich
sehnen; **faire ~ qn** jdn lange schmachten lassen
languissant, e [lãgisã, ãt] *adj* schwach, matt
lanière [lanjɛʀ] *nf* Riemen *m*
lanoline [lanɔlin] *nf* Lanolin *nt*
lanterne [lãtɛʀn] *nf* (*portable*) Laterne *f*; (*électrique*)
Lampe *f*; (*de voiture*) Parkleuchte *f*; **~ rouge** (*fig*)
Schlusslicht *nt*
lanterneau, x [lãtɛʀno] *nm* (*Archit*) Oberlicht *nt*
lanterner [lãtɛʀne] *vi* bummeln; **faire ~ qn** jdn
warten lassen
Laos [laɔs] *nm*: **le ~** Laos *nt*
laotien, ne [laɔsjɛ̃, jɛn] *adj* laotisch
lapalissade [lapalisad] *nf* Binsenwahrheit *f*
laper [lape] *vt* auflecken
lapereau, x [lapʀo] *nm* junges Kaninchen *nt*
lapidaire [lapidɛʀ] *adj* Stein-; (*fig*) kurz und
bündig, knapp; **musée ~** Skulpturenmuseum *nt*
lapider [lapide] *vt* (*attaquer*) mit Steinen
bewerfen; (*tuer*) steinigen
lapin [lapɛ̃] *nm* Kaninchen *nt*; **coup du ~** (*fam*)
Nackenschlag *m*; **poser un ~ à qn** (*fam*) jdn
versetzen; **~ de garenne** Wildkaninchen *nt*
lapis(-lazuli) [lapis(lazyli)] *nm inv* Lapislazuli *m*
lapon, ne [lapɔ̃, ɔn] *adj* lapp(länd)isch ▷ *nm/f*:
Lapon, ne Lappe *m*, Lappin *f*

Laponie [lapɔni] *nf*: **la ~** Lappland *nt*
laps [laps] *nm*: **~ de temps** Zeitraum *m*
lapsus [lapsys] *nm* (*parlé*) Versprecher *m*; (*écrit*)
Lapsus *m*
laquais [lakɛ] *nm* Lakai *m*
laque [lak] *nf* Lack *m*; (*pour cheveux*) Haarlack *m*,
Haarspray *nt* ▷ *nm* (*objet*) Lackarbeit *f*
laqué, e [lake] *adj* lackiert
laquelle [ləkɛl] *pron voir* **lequel**
larbin [laʀbɛ̃] (*péj*) *nm* Domestik *m*
larcin [laʀsɛ̃] *nm* kleiner Diebstahl *m*
lard [laʀ] *nm* Speck *m*
larder [laʀde] *vt* (*Culin*) spicken
lardon [laʀdɔ̃] *nm* (*Culin*) Speckstreifen *m*; (*fam*:
enfant) Sprössling *m*
large [laʀʒ] *adj* breit; (*vêtement*) weit; (*généreux*)
großzügig ▷ *adv*: **calculer/voir ~** großzügig
berechnen/sehen ▷ *nm*: **5 m de ~** 5 m breit; **le ~**
(*mer*) das offene Meer; **au ~ de** in Höhe von; **ne**
pas en mener ~ sich gar nicht wohl in seiner
Haut fühlen; **~ d'esprit** offen, liberal
largement [laʀʒəmã] *adv* (*amplement*) weit; (*au*
minimum, sans compter) reichlich; (*de loin*)
beträchtlich; **il a ~ 3000 euros par mois** er
verdient locker seine 3000 Euro im Monat; **il a ~**
le temps er hat reichlich Zeit; **il a ~ de quoi**
vivre er hat ein sehr gutes Auskommen
largesse [laʀʒɛs] *nf* Großzügigkeit *f*; **largesses**
nfpl großzügige Gaben *pl*
largeur [laʀʒœʀ] *nf* Breite *f*; (*impression visuelle*)
Großzügigkeit *f*; (*fig: de vue, d'esprit*) Weite *f*
larguer [laʀge] *vt* (*fam: se débarrasser de*) loswerden;
~ les amarres die Leinen losmachen
larme [laʀm] *nf* Träne *f*; **une ~ de** ein Tröpfchen
nt; **en ~s** in Tränen; **pleurer à chaudes ~s** in
Tränen aufgelöst sein, in Tränen zerfließen
larmoyant, e [laʀmwajã, ãt] *adj* weinerlich
larmoyer [laʀmwaje] *vi* (*yeux*) tränen; (*se plaindre*)
jammern
larron [laʀɔ̃] *nm* Spitzbube *m*
larve [laʀv] *nf* Larve *f*; (*fig*) elender Wurm *m*
larvé, e [laʀve] *adj* (*fig*) latent, versteckt
laryngite [laʀɛ̃ʒit] *nf* Kehlkopfentzündung *f*
laryngologiste [laʀɛ̃gɔlɔʒist] *nm/f* Laryngologe
m, Laryngologin *f*
larynx [laʀɛ̃ks] *nm* Kehlkopf *m*
las, lasse [lɑ, lɑs] *adj* müde, matt; **~ de qn/qch**
jds/einer Sache *gén* überdrüssig; **être ~ de faire**
qch es satthaben, etw zu tun
lasagne [lazaɲ] *nf* Lasagne *f*
lascar [laskaʀ] *nm* Spitzbube *m*; (*malin*) Schlingel *m*
lascif, -ive [lasif, iv] *adj* lasziv, sinnlich
laser [lazɛʀ] *nm* Laser *m*; **rayon ~** Laserstrahl *m*;
disque ~ CD *f*
lassant, e [lɑsã, ãt] *adj* ermüdend
lasse [lɑs] *adj f voir* **las**
lasser [lɑse] *vt* (*ennuyer*) ermüden, müde machen;
(*décourager*) erschöpfen; **se lasser** *vpr*: **se ~ de qch**
einer Sache *gén* überdrüssig werden, etw leid
werden
lassitude [lɑsityd] *nf* Müdigkeit *f*
lasso [laso] *nm* Lasso *nt*; **prendre au ~** mit dem

Lasso fangen

latent, e [latɑ̃, ɑ̃t] *adj* latent

latéral, e, -aux [lateʀal, o] *adj* seitlich

latéralement [lateʀalmɑ̃] *adv* seitlich; *(arriver)* von der Seite

latex [latɛks] *nm inv* Latex *m*

latin, e [latɛ̃, in] *adj* lateinisch ▷ *nm (Ling)* Latein *nt*; **y perdre son ~** rein gar nichts mehr verstehen

latiniste [latinist] *nm/f* Latinist(in) *m(f)*

latino-américain, e [latinoameʀikɛ̃, ɛn] *(pl ~s, es) adj* lateinamerikanisch

latitude [latityd] *nf* Breite *f*; **à 48 degrés de ~ Nord** bei 48 Grad nördlicher Breite; **sous toutes les ~s** in allen Breiten; **avoir la ~ de faire qch** völlig freie Hand haben, etw zu tun

latrines [latʀin] *nfpl* Latrinen *pl*

latte [lat] *nf* Latte *f*; *(de plancher)* Brett *nt*

lattis [lati] *nm* Lattenwerk *nt*

laudanum [lodanɔm] *nm* Laudanum *nt*

laudatif, -ive [lodatif, iv] *adj* lobend

lauréat, e [lɔʀea, at] *nm/f* Gewinner(in) *m(f)*

laurier [lɔʀje] *nm (Bot)* Lorbeer(baum) *m*; *(Culin)* Lorbeerblatt *nt*; **lauriers** *nmpl (fig)* Lorbeeren *pl*

laurier-rose [lɔʀjeʀoz] *(pl lauriers-roses) nm* Oleander *m*

laurier-tin [lɔʀjetɛ̃] *(pl lauriers-tins) nm* Steinlorbeer *m*

lavable [lavabl] *adj* waschbar

lavabo [lavabo] *nm* Waschbecken *nt*; **lavabos** *nmpl (toilettes)* Toiletten *pl*; *(dans une pension, un lycée)* Waschräume *pl*

lavage [lavaʒ] *nm* Waschen *nt*; **~ d'estomac** Magenspülung *f*; **~ de cerveau** Gehirnwäsche *f*

lavallière [lavaljɛʀ] *nf (cravate)* Künstlerkrawatte *f (mit großer Schleife)*

lavande [lavɑ̃d] *nf* Lavendel *m*

lavandière [lavɑ̃djɛʀ] *nf* Waschfrau *f*

lave [lav] *nf* Lava *f*

lave-glace [lavglas] *(pl ~s) nm* Scheibenwaschanlage *f*

lave-linge [lavlɛ̃ʒ] *nm inv* Waschmaschine *f*

lavement [lavmɑ̃] *nm* Klistier *nt*, Einlauf *m*

laver [lave] *vt* waschen; *(dents)* putzen; *(tache)* abwaschen; *(baigner)* baden; *(fig: affront)* rächen; **se laver** *vpr* sich waschen; **~ la vaisselle** Geschirr spülen; **~ le linge** Wäsche waschen; **~ qn de** *(accusation)* jdn freisprechen von; **se ~ les dents** sich *dat* die Zähne putzen; **se ~ les mains** sich *dat* die Hände waschen; **se ~ les mains de qch** *(fig)* seine Hände wegen etw *dat ou gén* in Unschuld waschen

laverie [lavʀi] *nf*: **~ (automatique)** Waschsalon *m*

lavette [lavɛt] *nf (chiffon)* Abwaschlappen *m*; *(brosse)* Spülbürste *f*; *(fig: péj)* Waschlappen *m*

laveur, -euse [lavœʀ, øz] *nm/f*: **~ de carreaux** Fensterputzer *m*; **~ de voitures** Autowäscher *m*

lave-vaisselle [lavvɛsɛl] *nm inv* Geschirrspülmaschine *f*

lavis [lavi] *nm (technique)* Tuschzeichnen *nt*; *(dessin)* Tuschezeichnung *f*

lavoir [lavwaʀ] *nm (dehors)* Waschplatz *m*; *(bac)*

Waschzuber *m*; *(édifice)* Waschhaus *nt*

laxatif, -ive [laksatif, iv] *adj* abführend, Abführ- ▷ *nm* Abführmittel *nt*

laxisme [laksism] *nm* Laxheit *f*

laxiste [laksist] *adj* lax

layette [lɛjɛt] *nf* Babyausstattung *f*

layon [lɛjɔ̃] *nm* Waldpfad *m*

 MOT-CLÉ

le [lə]**, la, l'** *(avant voyelle ou h muet) (pl* **les)** *art déf*
1 der *m*, die *f*, das *nt*; **le livre** das Buch; **la pomme** der Apfel; **l'amitié** die Freundschaft; **les étudiants/étudiantes** die Studenten/Studentinnen

2 *(indiquant la possession)*: **se casser la jambe** sich *dat* das *ou* ein Bein brechen; **levez la main** heben Sie die Hand; **avoir les yeux gris/le nez rouge** graue Augen/eine rote Nase haben; **avoir la conscience tranquille** ein gutes Gewissen haben

3 *(temps)*: **le matin/soir** am Morgen/Abend; **le jeudi/dimanche** *(d'habitude)* donnerstags/sonntags; *(ce jeudi-là/dimanche-là)* am Donnerstag/Sonntag

4 *(distribution, fraction)* pro; **10 euros le mètre/kilo** 10 Euro pro Meter/Kilo; **le tiers/quart de** ein Drittel/Viertel von

▷ *pron* **1** *(personne: mâle)* ihn; *(: femelle)* sie; *(: pluriel)* sie; **je le/la/les vois** ich sehe ihn/sie/sie; **je l'écoute/les écoute** ich höre ihm *ou* ihr/ihnen zu
2 *(animal, chose: singulier: selon le genre du mot allemand)* ihn/sie/es; *(: pluriel)* sie; **je le** *ou* **la vois** ich sehe ihn/sie/es; **je les vois** ich sehe sie
3 *(remplaçant une phrase)*: **je ne le savais pas** ich wusste es *ou* das nicht; **il était riche et ne l'est plus** er war reich und ist es nun nicht mehr

lé [le] *nm (de tissu)* Breite *f*; *(de papier peint)* Bahn *f*

leader [lidœʀ] *nm (Pol)* Parteiführer *m*; *(Sport)* Anführer *m*

leadership [lidœʀʃip] *nm (Pol)* führende Rolle *f*

leasing [liziŋ] *nm* Leasing *nt*; **acheter en ~** im Mietkauf erwerben

lèche-bottes [lɛʃbɔt] *nm inv* Speichellecker *m*

lèchefrite [lɛʃfʀit] *nf* Tropfpfanne *f*

lécher [leʃe] *vt (passer la langue sur)* ablecken; *(laper)* auflecken, aufschlecken; *(suj: flamme)* lecken an +*dat*, streifen; *(fam: fignoler)* sehr sorgfältig ausarbeiten; **se lécher** *vpr (doigts, lèvres)* sich *dat* lecken; **s'en ~ les doigts** sich *dat* die Finger danach lecken

lèche-vitrines [lɛʃvitʀin] *nm inv*: **faire du ~** einen Schaufensterbummel machen

leçon [l(ə)sɔ̃] *nf (heure de classe)* Stunde *f*; *(devoir)* Lektion *f*; *(enseignement, cours)* Unterricht *m*; *(avertissement)* Lehre *f*; *(conseils)* Belehrung *f*; **faire la ~** unterrichten; **faire la ~ à** *(fig)* einen langen Vortrag halten +*dat*; **~ de choses** Sachunterricht *m*; **~s particulières** Privatstunden *pl*, Nachhilfestunden *pl*

lecteur, -trice [lɛktœʀ, tʀis] *nm/f (de journal, livre)*

Leser(in) *m(f)*; (*de manuscrits*) Lektor(in) *m(f)* ▷ *nm*:
~ de cassettes Tonkopf *m*; **~ de disquette(s)**
Diskettenlaufwerk *nt*; **~ de CD/DVD** CD/DVD-
Spieler *m*; **~ de CD-ROM** CD/DVD-Laufwerk *nt*;
~ MP3 MP3-Spieler *m*

lecture [lɛktyʀ] *nf* Lesen *nt*, Lektüre *f*; **en
première/seconde ~** (*Pol*) in erster/zweiter
Lesung

LED [lɛd] *sigle f* (= *light emitting diode*) LED *f*

ledit, ladite [lədi] (*pl* **lesdits, lesdites**) *adj*
besagte(r, s)

légal, e, -aux [legal, o] *adj* gesetzlich; (*médecine*)
Gerichts-; **heure ~e** Normalzeit *f*

légalement [legalmã] *adv* gesetzmäßig,
rechtmäßig

légalisation [legalizasjɔ̃] *nf* Legalisierung *f*

légaliser [legalize] *vt* legalisieren

légalité [legalite] *nf* Legalität *f*; **être dans la ~**
gesetzmäßig sein; **sortir de la ~** außerhalb der
Legalität sein

légat [lega] *nm* Legat *nt*

légataire [legatɛʀ] *nm*: **~ universel** Alleinerbe *m*

légation [legasjɔ̃] *nf* Gesandtschaft *f*

légendaire [leʒãdɛʀ] *adj* legendär; (*fig*) berühmt

légende [leʒãd] *nf* Legende *f*; (*de monnaie, médaille*)
Randschrift *f*; (*de dessin*) Text *m*

léger, -ère [leʒe, ɛʀ] *adj* leicht; (*thé, boisson,
parfum*) schwach; (*personne, ton*) leichtfertig;
(*femme, mœurs*) locker, lose; (*peu sérieux*)
oberflächlich; **à la légère** leichthin,
gedankenlos

légèrement [leʒɛʀmã] *adv* (*marcher, sauter*) leicht,
locker; (*parler, agir*) leichthin; **~ plus grand** ein
bisschen größer; **~ en retard** leicht im Verzug,
leicht verspätet

légèreté [leʒɛʀte] *nf* Leichtigkeit *f*; (*d'étoffe*)
Duftigkeit *f*; (*péj*) Leichtfertigkeit *f*

légiférer [leʒifeʀe] *vi* Gesetze erlassen

légion [leʒjɔ̃] *nf* (*Mil*) Legion *f*; **être ~** sehr
zahlreich sein; **L~ d'honneur** Ehrenlegion *f*; *siehe
Info-Artikel*; **~ étrangère** Fremdenlegion *f*

LÉGION D'HONNEUR

La *Légion d'honneur*, die 1802 von Napoleon
geschaffen wurde ist ein hoch angesehener
französischer Orden. Der Präsident der
Republik, der *Grand Maître*, ist das Oberhaupt
dieses Ordens. Mitglieder erhalten jedes Jahr
eine nominelle steuerfreie Bezahlung.

légionnaire [leʒjɔnɛʀ] *nm* Legionär *m*

législateur [leʒislatœʀ] *nm* Gesetzgeber *m*

législatif, -ive [leʒislatif, iv] *adj* (*fonction*)
gesetzgebend

législation [leʒislasjɔ̃] *nf* Gesetzgebung *f*, Gesetze
pl

législatives [leʒislativ] *nfpl* (allgemeine)
Parlamentswahlen *pl*

législature [leʒislatyʀ] *nf* Legislative *f*

légiste [leʒist] *adj*: **médecin ~**
Gerichtsmediziner(in) *m(f)*

légitime [leʒitim] *adj* legitim; (*enfant*) ehelich;
(*fig*) berechtigt; **en état de ~ défense** in
Notwehr

légitimement [leʒitimmã] *adv* rechtmäßig

légitimer [leʒitime] *vt* (*enfant*) für ehelich
erklären; (*justifier*) rechtfertigen, begründen

légitimité [leʒitimite] *nf* (*Jur*) Rechtmäßigkeit *f*,
Legitimität *f*

legs [lɛg] *nm* Erbe *nt*, Vermächtnis *nt*

léguer [lege] *vt*: **~ qch à qn** jdm etw vermachen;
(*fig*) etw an jdn vererben

légume [legym] *nm* Gemüse *nt*; **une grosse ~**
(*fam*) ein hohes Tier; **~s secs** Hülsenfrüchte *pl*; **~s
verts** Grüngemüse *nt*

légumier [legymje] *nm* (*plat*) Gemüseschüssel *f*

légumineuses [legyminøz] *nfpl* Hülsenfrüchte *pl*

leitmotiv [lejtmotiv] *nm* Leitmotiv *nt*

Léman [lemã] *nm*: **le lac ~** der Genfer See

lendemain [lãdmɛ̃] *nm*: **le ~** am folgenden *ou*
nächsten Tag; **le ~ matin/soir** am nächsten
Morgen/Abend; **le ~ de** am Tag nach; **au ~ de** in
den Tagen nach; **penser au ~** an die Zukunft
denken; **sans ~** kurzlebig; **de beaux ~s**
vielversprechende Aussichten; **des ~s qui
chantent** eine rosige Zukunft

lénifiant, e [lenifjã, jãt] *adj* (*propos*) beruhigend,
besänftigend; (*climat*) lindernd

léninisme [leninism] *nm* Leninismus *m*

léniniste [leninist] *adj* leninistisch

lent, e [lã, lãt] *adj* langsam; (*administration*)
schwerfällig

lente [lãt] *nf* Nisse *f*

lentement [lãtmã] *adv* langsam

lenteur [lãtœʀ] *nf* (*v adj*) Langsamkeit *f*;
Schwerfälligkeit *f*; **lenteurs** *nfpl*
Schwerfälligkeit

lentille [lãtij] *nf* Linse *f*; **~ d'eau** Wasserlinse *f*; **~s
(de contact)** Kontaktlinsen *pl*

léonin, e [leɔnɛ̃, in] *adj* (*contrat*) einseitig

léopard [leɔpaʀ] *nm* Leopard *m*; **tenue ~** (*Mil*)
Tarnanzug *m*

lèpre [lɛpʀ] *nf* Lepra *f*

lépreux, -euse [lepʀø, øz] *nm/f* Leprakranke(r)
f(m); *adj* (*mur*) abblätternd

léproserie [lepʀozʀi] *nf* Leprakrankenhaus *nt*

( ) **MOT-CLÉ**

lequel, laquelle [ləkɛl] (*mpl* **lesquels**) (*fpl*
lesquelles) (*à* + *lequel* = **auquel**, *de* + *lequel* = **duquel**
etc) *pron* **1** (*interrogatif: sujet*) welche(r, s);
(: *accusatif*) welchen/welche/welches; (: *datif*)
welchem/welcher/welchem; (: *pl*) welche; **dans
lequel de ces hôtels avez-vous logé?** in
welchem dieser Hotels haben Sie gewohnt?
2 (*relatif: sujet*) der/die/das; (: *accusatif*) den/die/
das; (: *datif*) dem/der/den; **la femme à laquelle
j'ai acheté mon chien** die Frau, von der ich
meinen Hund gekauft habe

▷ *adj* (*relatif*): **auquel cas** in diesem Fall; **il prit
un livre, lequel livre ...** er nahm ein Buch, und
dieses Buch ...

les [le] *art voir* **le**
lesbienne [lɛsbjɛn] *nf* Lesbierin *f*
lesdits, lesdites [ledi, ledit] *adj voir* **ledit**
lèse-majesté [lɛzmaʒɛste] *nf inv*: **crime de ~**
Majestätsbeleidigung *f*
léser [leze] *vt* (*frustrer*) unrecht tun +*dat*; (*blesser*)
verletzen
lésiner [lezine] *vi*: **~ (sur)** sparen (an +*dat*)
lésion [lezjɔ̃] *nf* (*Méd*) Verletzung *f*; **~s cérébrales**
Gehirnverletzungen *pl*
Lesotho [lezɔto] *nm*: **le ~** Lesotho *nt*
lesquels, lesquelles [lekɛl] *pron voir* **lequel**
lessivable [lesivabl] *adj* abwaschbar
lessivage [lesivaʒ] *nm* (Ab)waschen *nt*
lessive [lesiv] *nf* (*poudre*) Waschpulver *nt*; (*linge*)
Wäsche *f*; (*opération*) Waschen *nt*; **faire la ~**
(Wäsche) waschen
lessivé, e [lesive] (*fam*) *adj* erledigt, schlapp
lessiver [lesive] *vt* (*sol*) aufwischen; (*mur*)
abwaschen
lessiveuse [lesivøz] *nf* Waschkessel *m*
lessiviel, le [lesivjɛl] *adj* Waschmittel-
lest [lɛst] *nm* Ballast *m*; **jeter** *ou* **lâcher du ~** (*fig*)
Ballast abwerfen
leste [lɛst] *adj* (*personne, mouvement*) flink,
behände; (*manières*) unbekümmert,
ungezwungen; (*plaisanterie*) anzüglich
lestement [lɛstəmɑ̃] *adv* flink, behände
lester [lɛste] *vt* mit Ballast beladen
léthargie [letaʀʒi] *nf* (*Méd*) Lethargie *f*; (*torpeur*)
Dumpfheit *f*, Teilnahmslosigkeit *f*
léthargique [letaʀʒik] *adj* träge
letton, ne [letɔ̃, ɔn] *adj* lettisch ▷ *nm/f*: **Letton,**
ne Lette *m*, Lettin *f*
Lettonie [letɔni] *nf*: **la ~** Lettland *nt*
lettre [lɛtʀ] *nf* (*missive*) Brief *m*; (*caractère*)
Buchstabe *m*; **lettres** *nfpl* (*Art*) Literatur *f*; (*Scol*)
Geisteswissenschaften *pl*; **à la ~** buchstäblich;
(*prendre*) wörtlich; **par ~** schriftlich; **en ~s**
majuscules *ou* **capitales** in Großbuchstaben;
en toutes ~s ausgeschrieben; **~ anonyme**
anonymer Brief; **~ de change** Wechsel *m*; **~ de**
crédit Kreditbrief *m*; **~ de voiture** Frachtbrief *m*;
~ morte: **rester ~ morte** unbeachtet bleiben;
~ ouverte offener Brief; **~ piégée** Briefbombe *f*
lettré, e [letʀe] *adj* gebildet, belesen
leu *nm* [lø] *voir* **queue**
leucémie [løsemi] *nf* Leukämie *f*
leucémique [løsemik] *adj* leukämisch

MOT-CLÉ

leur [lœʀ] *adj possessif* (*selon le genre de l'objet en*
allemand) ihr/ihre/ihr; (*pluriel*) ihre; **leur maison**
ihr Haus; **leurs amis** ihre Freunde; **dans leur**
maison/cuisine in ihrem Haus/ihrer Küche; **à**
leurs amis ihren Freunden; **à leur approche**
als sie näher kamen
▷ *pron* **1** (*objet indirect*) ihnen; **je leur ai dit la**
vérité ich habe ihnen die Wahrheit gesagt; **je le**
leur ai donné ich habe es ihnen gegeben
2 (*possessif*): **le/la leur** ihre(r,s); **les leurs** ihre

leurre [lœʀ] *nm* Köder *m*; (*illusion*) Blendwerk *nt*
leurrer [lœʀe] *vt* blenden, täuschen; **se leurrer**
vpr sich *dat* etwas vormachen
levain [ləvɛ̃] *nm* Sauerteig *m*; **sans ~** ungesäuert
levant, e [ləvɑ̃] *adj*: **soleil ~** aufgehende Sonne *f*
▷ *nm*: **le L~** (*Géo*) der Orient
levé, e [ləve] *adj*: **être ~** auf (den Beinen) sein
▷ *nm*: **~ de terrain** Landvermessung *f*; **à mains**
~es (*vote*) durch Handheben; **au pied ~**
stehenden Fußes
levée [ləve] *nf* (*Postes*) Leerung *f*; (*Cartes*) Stich *m*;
~ d'écrou Haftentlassung *f*; **~ de boucliers** (*fig*)
Welle *f* des Protests; **~ de terre** Bodenerhebung *f*;
~ de troupes Truppenaushebung *f*; **~ du corps**
Abholung *f* des Leichnams; **~ en masse** (*Mil*)
(General)mobilmachung *f*
lever [l(ə)ve] *vt* aufheben; (*vitre*) hochkurbeln;
(*bras*) hochheben; (*difficulté*) beseitigen; (*impôts*)
erheben; (*armée*) ausheben; (*lièvre*) aufstöbern;
(*perdrix*) aufscheuchen; (*fam: fille*) aufgabeln ▷ *vi*
aufgehen ▷ *nm*: **au ~** beim Aufstehen; **se lever**
vpr (*personne*) aufstehen; (*soleil*) aufgehen; (*jour*)
anbrechen; (*brouillard*) sich auflösen; **ça va se ~**
das Wetter klärt sich auf; **~ de rideau** (*pièce*)
kurzes Vorspiel *nt*; **~ de soleil** Sonnenaufgang *m*;
~ du jour Tagesanbruch *m*; **~ du rideau** Beginn *m*
der Vorstellung, Anfangsvorhang *m*
lève-tard [lɛvtaʀ] *nm/f inv* Langschläfer(in) *m(f)*
lève-tôt [lɛvto] *nm/f inv* Frühaufsteher(in) *m(f)*
levier [ləvje] *nm* Hebel *m*; **faire ~ sur** hebeln an
+*dat*; **~ de changement de vitesse** Schalthebel *m*;
~ de commande Schalthebel; **être aux ~s de**
commande an den Schalthebeln der Macht
sitzen
lévitation [levitasjɔ̃] *nf* Schweben *nt*
levraut [ləvʀo] *nm* Häschen *nt*
lèvre [lɛvʀ] *nf* Lippe *f*; (*d'une plaie*) Wundrand *m*;
du bout des ~s (*manger*) widerwillig; (*parler,*
répondre) gezwungen; **petites/grandes ~s** (*Anat*)
kleine/große Schamlippen *pl*
lévrier [levʀije] *nm* Windhund *m*
levure [l(ə)vyʀ] *nf* Hefe *f*; **~ chimique** Backpulver
nt; **~ de bière** Bierhefe *f*
lexical, e, -aux [lɛksikal, o] *adj* Wortschatz-
lexicographe [lɛksikɔgʀaf] *nm/f* Lexikograf(in)
m(f)
lexicographie [lɛksikɔgʀafi] *nf* Lexikografie *f*
lexicologie [lɛksikɔlɔʒi] *nf* Lexikologie *f*
lexique [lɛksik] *nm* Glossar *nt*; (*Ling*) Wortschatz *m*
lézard [lezaʀ] *nm* Eidechse *f*; (*peau*)
Eidechsenleder *nt*
lézarde [lezaʀd] *nf* Riss *m*, Spalte *f*
lézardé, e [lezaʀde] *adj* rissig
lézarder [lezaʀde] *vi* sich in der Sonne aalen; **se**
lézarder *vpr* einen Sprung bekommen
liaison [ljɛzɔ̃] *nf* Verbindung *f*; (*amoureuse*) Liaison
f; (*Culin*) Binden *nt*; (*Phonétique*) Bindung *f*;
entrer/être en ~ avec in Kontakt treten/sein
mit; **~ de transmission (de données)**
Verbindung *f* (zur Datenübertragung); **~ radio**
Funkverbindung *f*; **~ téléphonique**
Telefonverbindung *f*

liane [ljan] *nf* Liane *f*
liant, e [ljã, ljãt] *adj* umgänglich, gesellig
liasse [ljas] *nf* Bündel *nt*
Liban [libã] *nm*: **le** ~ Libanon *m*
libanais, e [libanɛ, ɛz] *adj* libanesisch ▷ *nm/f*:
  Libanais, e Libanese *m*, Libanesin *f*
libations [libasjõ] *nfpl*: **faire des** ~ zechen
libelle [libɛl] *nm* Schmähschrift *f*
libellé [libele] *nm* Wortlaut *m*
libeller [libele] *vt* (*lettre, rapport*) formulieren;
  ~ **(au nom de)** (*chèque, mandat*) (auf jdn) ausstellen
libellule [libelyl] *nf* Libelle *f*
libéral, e, -aux [libeʀal, o] *adj* (*personne, attitude*)
  großzügig; (*économie, politique*) liberal ▷ *nm/f* (Pol)
  Liberale(r) *f(m)*; **les professions ~es** die
  gehobenen Berufe *pl*
libéralement [libeʀalmã] *adv* großzügig
libéralisation [libeʀalizasjõ] *nf* Liberalisierung *f*
libéraliser [libeʀalize] *vt* liberalisieren
libéralisme [libeʀalism] *nm* (Pol, Écon)
  Liberalismus *m*; (*tolérance*) Großzügigkeit *f*
libéralité [libeʀalite] *nf* (*générosité*) Großzügigkeit
  f; (*cadeau*) großzügige Gabe *f*
libérateur, -trice [libeʀatœʀ, tʀis] *adj* befreiend
  ▷ *nm/f* Befreier(in) *m(f)*
libération [libeʀasjõ] *nf* Befreiung *f*; (*de prisonnier*)
  Freilassung *f*; (*de cran d'arrêt, levier*) Lösen *nt*; **la L~**
  die Befreiung (Frankreichs 1945); ~ **conditionnelle**
  bedingte Haftentlassung *f*
libéré, e [libeʀe] *adj* (*détenu*) entlassen; (*territoire,*
  zone) befreit; (*femme*) emanzipiert; ~ **de** (*libre de*)
  befreit von; **être** ~ **sous caution/sur parole**
  gegen Kaution/auf Ehrenwort freigelassen
  werden
libérer [libeʀe] *vt* befreien; (*prisonnier*) freilassen;
  (*soldat*) entlassen; (*gaz*) freisetzen; (*cran d'arrêt,*
  levier) lösen; (*Écon*) liberalisieren; **se libérer** *vpr*
  (*de rendez-vous*) sich freimachen; ~ **qn de** (*liens,*
  dette) jdn befreien von; (*promesse*) jdn entbinden
  von
Libéria [libeʀja] *nm*: **le** ~ Liberia *nt*
libérien, ne [libeʀjẽ, jɛn] *adj* liberisch,
  liberianisch
libertaire [libɛʀtɛʀ] *adj* libertär, anarchistisch
liberté [libɛʀte] *nf* Freiheit *f*; (*loisir*) Freizeit *f*;
  libertés *nfpl* (*privautés*) Freiheiten *pl*; **être en** ~
  frei sein; **mettre en** ~ freilassen; **en** ~
  provisoire auf Kaution freigelassen; **en** ~
  surveillée mit Meldeverpflichtung freigelassen;
  en ~ **conditionnelle** auf Bewährung
  freigelassen; ~ **d'action** Handlungsfreiheit *f*;
  ~ **d'association** Versammlungsfreiheit *f*;
  ~ **d'esprit** geistige Unabhängigkeit *f*; ~ **d'opinion**
  Meinungsfreiheit *f*; ~ **de conscience**
  Gewissensfreiheit *f*; ~ **de culte** Glaubensfreiheit
  f; ~ **de la presse** Pressefreiheit *f*; ~ **de réunion**
  Versammlungsfreiheit *f*; ~ **syndicale** Freiheit
  des gewerkschaftlichen Zusammenschlusses;
  ~**s individuelles** individuelle (staatsbürgerliche)
  Grundrechte *pl*
libertin, e [libɛʀtẽ, in] *adj* zügellos
libertinage [libɛʀtinaʒ] *nm* Zügellosigkeit *f*

libidineux, -euse [libidinø, øz] *adj* lüstern
libido [libido] *nf* Libido *f*
libraire [libʀɛʀ] *nm/f* Buchhändler(in) *m(f)*
libraire-éditeur [libʀɛʀeditœʀ] (*pl* **libraires-**
  éditeurs) *nm* Verlagsbuchhändler *m*
librairie [libʀɛʀi] *nf* Buchhandlung *f*
librairie-papeterie [libʀɛʀipapetʀi] (*pl* **librairies-**
  papeteries) *nf* Buch- und
  Schreibwarenhandlung *f*
libre [libʀ] *adj* frei; (*enseignement, école*) Privat-; **de**
  ~ (*place*) frei; ~ **de** frei von; **être** ~ **de faire qch**
  frei sein, etw zu tun; **avoir le champ** ~ freie
  Hand haben; **en vente** ~ (*produit*) im freien
  Verkauf; ~ **arbitre** freier Wille *m*; ~ **concurrence**
  freier Wettbewerb *m*; ~ **entreprise** freies
  Unternehmertum *nt*
libre-échange [libʀeʃãʒ] *nm* Freihandel *m*
librement [libʀəmã] *adv* frei
libre-penseur, -euse [libʀəpãsœʀ, øz] (*pl* **libres-**
  penseurs, euses) *nm/f* Freigeist *m*
libre-service [libʀəsɛʀvis] (*pl* **libres-services**) *nm*
  (*magasin*) Selbstbedienungsladen *m*; (*restaurant*)
  Selbstbedienungsrestaurant *nt*
librettiste [libʀetist] *nm* Librettist *m*
Libye [libi] *nf*: **la** ~ Libyen *nt*
libyen, ne [libjẽ, ɛn] *adj* libysch ▷ *nm/f*: **Libyen,**
  ne Libyer(in) *m(f)*
lice [lis] *nf*: **entrer en** ~ (*fig*) auf dem Plan
  erscheinen
licence [lisãs] *nf* (*permis*) Erlaubnis *f*, Befugnis *f*;
  (Comm, Sport) Lizenz *f*; (*liberté, aussi poétique,*
  orthographique) Freiheit *f*; (*des mœurs*)
  Zügellosigkeit *f*; ~ **poétique** dichterische
  Freiheit *f*; siehe Info-Artikel

● **LICENCE**
●
● *La licence* ist ein Hochschulabschluss, den
● französische Studenten nach drei Jahren
● Studium machen.

licencié, e [lisãsje] *nm/f* (*Sport*) Lizenzspieler(in)
  m(f); ~ **ès lettres/en droit** ≈ Absolvent(in) *m(f)*
  des philosophischen/juristischen
  Staatsexamens
licenciement [lisãsimã] *nm* Entlassung *f*,
  Kündigung *f*
licencier [lisãsje] *vt* entlassen, kündigen +*dat*
licencieux, -euse [lisãsjø, jøz] *adj* unzüchtig
lichen [likɛn] *nm* Flechte *f*
licite [lisit] *adj* gesetzlich, erlaubt
licorne [likɔʀn] *nf* Einhorn *nt*
licou [liku] *nm* Halfter *m ou nt*
lie [li] *nf* Bodensatz *m*
lié, e [lje] *adj*: **être très** ~ **avec qn** mit jdm sehr
  eng verbunden sein; **être** ~ **par** verpflichtet *ou*
  gebunden sein durch; **avoir partie** ~**e avec qn**
  mit jdm gemeinsame Sache machen
Liechtenstein [liʃtɛnʃtajn] *nm*: **le** ~ Liechtenstein
  nt
lie-de-vin [lidvẽ] *adj inv* weinrot
Liège [ljɛʒ] *n* Lüttich *n*

liège [ljɛʒ] *nm* Kork *m*
liégeois, e [ljeʒwa, waz] *adj* aus Lüttich ▷ *nm/f:* **Liégeois, e** Lütticher(in) *m(f)*; **café/chocolat ~** Mokka-/Schokoladeneis *nt* mit Schlagsahne
lien [ljɛ̃] *nm* Band *nt*; (*fig*) Bande *pl*, Verbindung *f*; **~s de famille** *ou* **de parenté** Familienbande *pl*
lier [lje] *vt* binden; (*paquet*) zubinden; (*fig*) verbinden; **se ~ (avec qn)** Freundschaft schließen (mit jdm); **~ amitié (avec) qn** mit jdm Freundschaft schließen; **~ conversation (avec)** eine Unterhaltung anknüpfen (mit); **~ connaissance (avec)** eine Bekanntschaft anknüpfen (mit)
lierre [ljɛʀ] *nm* Efeu *m*
liesse [ljɛs] *nf:* **être en ~** in einem Freudentaumel sein
lieu, x [ljø] *nm* Ort *m*; **lieux** *nmpl:* **vider** *ou* **quitter les ~x** die Räumlichkeiten verlassen; **arriver/être sur les ~x** am Schauplatz ankommen/sein; **en ~ sûr** an sicherer Stelle; **en haut ~** an maßgeblicher Stelle; **en premier ~** erstens; **en dernier ~** schließlich; **avoir ~** stattfinden; **avoir ~ de faire qch** Grund haben, etw zu tun; **tenir ~ de qch** als etw fungieren *ou* dienen; **donner ~ à** Veranlassung geben zu; **au ~ de** statt +*gén ou dat*; **au ~ qu'il y aille** anstatt zu gehen; **~ commun** Gemeinplatz *m*; **~ de départ** Abfahrtspunkt *m*; **~ de naissance** Geburtsort *m*; **~ de rendez-vous** Treffpunkt *m*; **~ de travail** Arbeitsstelle *f*; **~ géométrique** geometrischer Ort; **~ public** öffentlicher Ort
lieu-dit [ljødi] (*pl* **lieux-dits**) *nm* Weiler *m*
lieue [ljø] *nf* Meile *f*
lieutenant [ljøt(ə)nã] *nm* ≈ Oberleutnant *m*; **~ de vaisseau** ≈ Kapitänleutnant *m*
lieutenant-colonel [ljøtnãkɔlɔnɛl] (*pl* **lieutenants-colonels**) *nm* ≈ Oberstleutnant *m*
lièvre [ljɛvʀ] *nm* (Feld)hase *m*; (*coureur*) Schrittmacher *m*; **lever un ~** (*fig*) ein heikles Thema anschneiden
liftier [liftje] *nm* Liftboy *m*
lifting [liftiŋ] *nm* (Face)lift *m*
ligament [ligamã] *nm* Band *nt*
ligature [ligatyʀ] *nf* (*Méd*) Ligatur *f*
ligaturer [ligatyʀe] *vt* (*Méd*) abbinden
ligne [liɲ] *nf* Linie *f*; (*Transports: liaison*) Verbindung *f*; (: *trajet*) Strecke *f*, Linie; (*de texte*) Zeile *f*; (*de téléphone*) Leitung *f*; **garder la ~** seine Figur halten; **en ~** (*Inform*) online; **en ~ droite** in gerader Linie; **à la ~** neue Zeile; **entrer en ~ de compte** in Betracht gezogen werden; **~ fixe** (*Tél*) Festnetz *nt*; **~ d'arrivée** Ziellinie *f*; **~ d'horizon** Horizont *m*; **~ de but** Torlinie *f*; **~ de conduite** Lebensregel *f*, Richtschnur *f*; **~ de départ** Startlinie *f*; **~ de flottaison** Wasserlinie *f*; **~ de mire** Visierlinie *f*; **~ de touche** Seitenlinie *f*; **~ directrice** Leitlinie *f*; **~ médiane** Mittellinie *f*
ligné, e [liɲe] *adj:* **papier ~** liniertes Papier *nt*
lignée [liɲe] *nf* (*race, famille*) Linie *f*, Geschlecht *nt*; (*postérité*) Nachkommenschaft *f*
ligneux, -euse [liɲø, øz] *adj* holzig, holzartig
lignite [liɲit] *nm* Braunkohle *f*

ligoter [ligɔte] *vt* binden, fesseln; (*fig*) knebeln
ligue [lig] *nf* Bund *m*, Liga *f*
liguer [lige] *vpr:* **se ~** sich verbünden; **se ~ contre** sich verbünden gegen
lilas [lila] *nm* Flieder *m*
lillois, e [lilwa, waz] *adj* aus Lille ▷ *nm/f:* **Lillois, e** Einwohner(in) *m(f)* von Lille
limace [limas] *nf* Nacktschnecke *f*
limaille [limaj] *nf:* **~ de fer** Eisen(feil)späne *pl*
limande [limãd] *nf* (*poisson*) Scharbe *f*
limande-sole [limãdsɔl] *nf* Rotzunge *f*
limbes [lɛ̃b] *nmpl:* **être dans les ~** in der Schwebe sein
lime [lim] *nf* (*Tech*) Feile *f*; (*Bot*) Limette *f*; **~ à ongles** Nagelfeile *f*
limer [lime] *vt* feilen
limier [limje] *nm* (*Zool*) Spürhund *m*; (*détective*) Schnüffler *m*
liminaire [liminɛʀ] *adj* einführend
limitatif, -ive [limitatif, iv] *adj* einschränkend
limitation [limitasjɔ̃] *nf* Beschränkung *f*; **sans ~ de temps** zeitlich unbegrenzt; **~ de vitesse** Geschwindigkeitsbegrenzung *f*; **~ des armements** Rüstungsbeschränkung *f*; **~ des naissances** Geburtenregelung *f*
limite [limit] *nf* Grenze *f*; **dans la ~ de** im Rahmen +*gén*; **à la ~** zur Not, notfalls; **sans ~s** grenzenlos; **vitesse ~** Höchstgeschwindigkeit *f*; **charge ~** Höchstlast *f*; **cas ~** Grenzfall *m*; **date ~ de vente** Verkaufsdatum *nt*; **date ~ de consommation** Haltbarkeitsdatum *nt*; **~ d'âge** Altersgrenze *f*
limiter [limite] *vt* (*délimiter*) begrenzen; **se limiter** *vpr* (*chose*) beschränkt sein auf +*acc*; **~ qch (à)** (*restreindre*) etw beschränken (auf +*acc*); **se ~ à qch** sich auf etw *acc* beschränken; **se ~ à faire qch** sich damit begnügen, etw zu tun
limitrophe [limitʀɔf] *adj* angrenzend, Nachbar-; **~ de** angrenzend an +*acc*
limogeage [limɔʒaʒ] *nm* Entlassung *f*
limoger [limɔʒe] *vt* entlassen
limon [limɔ̃] *nm* (*Géol*) Schlick *m*
limonade [limɔnad] *nf* Limonade *f*
limoneux, -euse [limɔnø, øz] *adj* (*eau*) schlammig
limousin, e [limuzɛ̃, in] *adj* aus dem Limousin ▷ *nm* (*région*) Limousin *nt*
limousine [limuzin] *nf* Limousine *f*
limpide [lɛ̃pid] *adj* klar
lin [lɛ̃] *nm* (*Bot*) Flachs *m*, Lein *m*; (*tissu*) Leinen *nt*
linceul [lɛ̃sœl] *nm* Leichentuch *nt*
linéaire [lineɛʀ] *adj* linear ▷ *nm:* **~ (de vente)** Regalplatz *m*
linge [lɛ̃ʒ] *nm* (*lessive*) Wäsche *f*; (*draps*) Bettwäsche *f*; (*pièce de tissu*) Tuch *nt*; (*aussi:* **linge de corps**) Unterwäsche *f*; (*aussi:* **linge de toilette**) Handtücher *pl*; **~ sale** schmutzige Wäsche *f*
lingère [lɛ̃ʒɛʀ] *nf* Weißnäherin *f*
lingerie [lɛ̃ʒʀi] *nf* (Unter)wäsche *f*
lingot [lɛ̃go] *nm* Barren *m*
linguiste [lɛ̃gɥist] *nm/f* Linguist(in) *m(f)*
linguistique [lɛ̃gɥistik] *adj* linguistisch; (*séjour,*

vacances) Sprach- ▷ *nf* Linguistik *f*
lino(léum) [lino(leɔm)] *nm* Linoleum *nt*
linotte [linɔt] *nf:* tête de ~ Schussel *m*, Trottel *m*
linteau [lɛ̃to] *nm* (*Tech: de porte, fenêtre*) Sturz *m*
lion, ne [ljɔ̃, ljɔn] *nm/f* Löwe *m*, Löwin *f*; **être du
L~** (*Astrol*) Löwe sein; **~ de mer** Seelöwe *m*
lionceau, x [ljɔ̃so] *nm* Löwenjunges *nt*
lippu, e [lipy] *adj* mit wulstigen Lippen
liquéfier [likefje] *vt* verflüssigen; **se liquéfier** *vpr*
flüssig werden; (*fig: personne*) jeglichen
Widerstand aufgeben
liqueur [likœR] *nf* Likör *m*
liquidateur, -trice [likidatœR, tRis] *nm/f:*
~ judiciaire (gerichtlich bestellte(r))
Konkursverwalter(in) *m(f)*
liquidation [likidasjɔ̃] *nf* (*Comm*) Liquidation *f*;
(*règlement*) Regelung *f*, Erledigung *f*; (*vente au
rabais*) (Räumungs)verkauf *m*; (*meurtre*)
Beseitigung *f*, Liquidierung *f*; **~ judiciaire**
gerichtliche Abwicklung *f*, Liquidierung
liquide [likid] *adj* flüssig ▷ *nm* Flüssigkeit *f*;
(*argent*) Bargeld *nt*; **en ~** in bar; **air ~** flüssige Luft *f*
liquider [likide] *vt* (*société, biens*) verkaufen;
(*compte, dettes*) regeln, bezahlen; (*affaire, travail,
problème*) erledigen; (*Comm*) ausverkaufen; (*tuer*)
beseitigen, liquidieren
liquidités [likidite] *nfpl* (*Comm*) frei verfügbare
Mittel *pl*
liquoreux, -euse [likɔRø, øz] *adj* (*vin etc*)
likörartig
lire [liR] *vt, vi* lesen ▷ *nf* (*monnaie italienne*) Lira *f*;
~ qch à qn jdm etw vorlesen
lis [lis] *vb voir* **lire** ▷ *nm* = **lys**
lisais [lizɛ] *vb voir* **lire**
Lisbonne [lisbɔn] *n* Lissabon *nt*
lise [liz] *vb voir* **lire**
liseré [lizRe] *nm* (*ruban*) Litze *f*; (*bande*) Borte *f*
liseron [lizRɔ̃] *nm* Winde *f*
liseuse [lizøz] *nf* (*couvre-livre*) Buchhülle *f*; (*veste*)
Bettjäckchen *nt*
lisible [lizibl] *adj* lesbar; (*digne d'être lu*) lesenswert
lisiblement [lizibləmɑ̃] *adv* leserlich
lisière [lizjɛR] *nf* (*de forêt, bois*) Rand *m*; (*de tissu*)
Kante *f*, Saum *m*
lisons [lizɔ̃] *vb voir* **lire**
lisse [lis] *adj* glatt; (*pneu*) abgefahren
lisser [lise] *vt* (*moustache, vêtement*) glatt streichen;
(*plumes*) putzen; (*cheveux*) kämmen
listage [listaʒ] *nm* Auflisten *nt*, Listing *nt*
liste [list] *nf* Liste *f*; (*Inform*) Listing *nt*; **faire la ~
de** eine Liste machen von; **~ civile** Zivilliste *f*;
~ d'attente Warteliste *f*; **~ de mariage**
Hochzeitsliste *f*; **~ électorale** Wählerverzeichnis
nt; **~ noire** schwarze Liste
lister [liste] *vt* auflisten
listing [listiŋ] *nm* Listing *nt*; **qualité ~**
Entwurfqualität *f*
lit [li] *nm* Bett *nt*; **faire son ~** sein Bett machen;
aller *ou* **se mettre au ~** ins Bett gehen; **prendre
le ~** sich ins Bett legen; **d'un premier ~** (*Jur*) aus
erster Ehe; **~ d'enfant** Kinderbett *nt*; **~ de camp**
Feldbett *nt*

litanie [litani] *nf* Litanei *f*
lit-cage [likaʒ] (*pl* **lits-cages**) *nm* Faltbett *nt* (*aus
Metall*)
litchi [litʃi] *nm* Litschi *f*
literie [litRi] *nf* Bettzeug *nt*
litho(graphie) [litɔ(gRafi)] *nf* Lithografie *f*
lithographier [litɔgRafje] *vt* als Lithografie
drucken
litière [litjɛR] *nf* (*paille*) Streu *f*; (*pour chats*)
Katzenstreu *f*
litige [litiʒ] *nm* Rechtsstreit *m*; **en ~** (*point*) strittig
litigieux, -euse [litiʒjø, jøz] *adj* umstritten,
strittig
litote [litɔt] *nf* Untertreibung *f*
litre [litR] *nm* Liter *m*; (*récipient*) Litergefäß *nt*; **un
~ de vin/bière** ein Liter Wein/Bier
littéraire [liteRɛR] *adj* literarisch
littéral, e, -aux [liteRal, o] *adj* wörtlich
littéralement [liteRalmɑ̃] *adv* (*textuellement*)
wörtlich; (*au sens propre*) buchstäblich
littérature [liteRatyR] *nf* Literatur *f*
littoral, e, -aux [litɔRal, o] *adj* Küsten- ▷ *nm*
Küste *f*
Lituanie [litɥani] *nf:* **la ~** Litauen *nt*
lituanien, ne [litɥanjɛ̃, jen] *adj* litauisch ▷ *nm/f:*
Lituanien, ne Litauer(in) *m(f)*
liturgie [lityRʒi] *nf* Liturgie *f*
liturgique [lityRʒik] *adj* liturgisch
livide [livid] *adj* blass, bleich
living [liviŋ], **living-room** [liviŋRum]
(*pl* **~-rooms**) *nm* Wohnzimmer *nt*
livrable [livRabl] *adj* lieferbar
livraison [livRɛzɔ̃] *nf* Lieferung *f*; **~ à domicile**
Lieferung ins Haus
livre [livR] *nm* Buch *nt* ▷ *nf* Pfund *nt*; **traduire
qch à ~ ouvert** etw aus dem Stegreif übersetzen;
~ blanc Weißbuch *nt*; **~ d'or** Goldenes Buch; **~ de
bord** Logbuch *nt*; **~ de chevet** Lieblingsbuch *nt*; **~
de comptes** Rechnungsbuch *nt*; **~ de cuisine**
Kochbuch *nt*; **~ de messe** Messbuch *nt*; **~ de
poche** Taschenbuch *nt*
livrée [livRe] *nf* Livree *f*
livrer [livRe] *vt* (*marchandises*) liefern; (*client*)
beliefern; (*otage, coupable*) ausliefern; (*complice*)
verraten; (*secret, information*) verraten, preisgeben;
se livrer à *vpr* (*se confier à*) sich anvertrauen +*dat*;
(*se rendre*) sich stellen +*dat*; (*s'abandonner à*) sich
hingeben +*dat*; (*se consacrer à*) sich widmen +*dat*;
(*enquête*) durchführen; **~ bataille** eine Schlacht
schlagen; **livré à soi-même** sich *dat* selbst
überlassen
livresque [livRɛsk] (*péj*) *adj* Buch-
livret [livRɛ] *nm* (*petit livre*) Broschüre *f*; (*d'opéra*)
Libretto *nt*; **~ de caisse d'épargne** Sparbuch *nt*;
~ de famille Familienstammbuch *nt*; **~ scolaire**
Zeugnisheft *nt*
livreur, -euse [livRœR, øz] *nm/f* Lieferant(in) *m(f)*
lob [lɔb] *nm* (*Tennis*) Lob *m*
lobe [lɔb] *nm:* **~ de l'oreille** Ohrläppchen *nt*
lobé, e [lɔbe] *adj* lappig, gelappt
lober [lɔbe] *vt* (*balle*) hoch spielen; (*adversaire,
gardien de but*) den Ball heben über +*acc*

local, e, -aux [lɔkal, o] *adj* lokal; *(anesthésie)* Lokal-, örtlich ▷ *nm (salle)* Raum *m*; **locaux** *nmpl* Räumlichkeiten *pl*

localement [lɔkalmɑ̃] *adv* lokal; *(par endroits)* mancherorts

localisé, e [lɔkalize] *adj (douleur)* lokal; *(conflit)* begrenzt

localiser [lɔkalize] *vt (dans l'espace)* lokalisieren; *(dans le temps)* datieren; *(limiter)* eindämmen

localité [lɔkalite] *nf* Örtlichkeit *f*, Ortschaft *f*

locataire [lɔkatɛʀ] *nm/f (de chambre)* Mieter(in) *m(f)*

locatif, -ive [lɔkatif, iv] *adj* Miet-; *(réparations)* zu Lasten des Mieters gehend

location [lɔkasjɔ̃] *nf* Mieten *nt*; *(par le propriétaire)* Vermieten *nt*; *(de billets, places)* Reservieren *nt*; *(bureau)* Vorverkaufskasse *f*; **~ de voitures** Autoverleih *m*

location-vente [lɔkasjɔ̃vɑ̃t] *(pl* **locations-ventes***)* *nf* Mietkauf *m*

lock-out [lɔkaut] *nm inv* Aussperrung *f*

lock-outer [lɔkaute] *vt (atelier, usine)* schließen; *(employés)* aussperren

locomoteur, -trice [lɔkɔmɔtœʀ, tʀis] *adj (Anat, Méd)* Bewegungs-

locomotion [lɔkɔmosjɔ̃] *nf* Fortbewegung *f*

locomotive [lɔkɔmɔtiv] *nf (Rail)* Lokomotive *f*; *(fig)* Schrittmacher *m*

locomotrice [lɔkɔmɔtʀis] *nf (Rail)* Triebwagen *m*

locuteur, -trice [lɔkytœʀ, tʀis] *nm/f* Sprecher(in) *m(f)*; **~ natif** Muttersprachler(in) *m(f)*

locution [lɔkysjɔ̃] *nf* Ausdruck *m*

loden [lɔdɛn] *nm (tissu)* Loden *m*; *(manteau)* Lodenmantel *m*

lof [lɔf] *nm (Naut)* Luvseite *f*; **aller au ~** luven; **virer ~ pour ~** vor dem Wind kreuzen

lofer [lɔfe] *vi (Naut)* luven

logarithme [lɔgaʀitm] *nm* Logarithmus *m*

loge [lɔʒ] *nf* Loge *f*; *(d'artiste)* Ankleideraum *m*

logeable [lɔʒabl] *adj (endroit)* bewohnbar

logement [lɔʒmɑ̃] *nm* Unterkunft *f*; *(maison, appartement)* Wohnung *f*; *(Admin)* Wohnungsmarkt *m*; **chercher un ~** eine Wohnung suchen; **crise du ~** Wohnungsnot *f*; **~ de fonction** Dienstwohnung *f*

loger [lɔʒe] *vt* unterbringen; *(suj: hôtel, école etc)* aufnehmen ▷ *vi (habiter)* wohnen; **se loger** *vpr*: **trouver à se ~** eine Unterkunft finden; **se ~ dans** *(suj: balle, flèche etc)* stecken bleiben in +*dat*

logeur, -euse [lɔʒœʀ, øz] *nm/f* Vermieter(in) *m(f)*

loggia [lɔdʒja] *nf* Loggia *f*

logiciel [lɔʒisjɛl] *nm* Software *f*

logicien, ne [lɔʒisjɛ̃, jɛn] *nm/f* Logiker(in) *m(f)*

logique [lɔʒik] *adj* logisch ▷ *nf* Logik *f*; *(fam: normal)*: **c'est ~** das ist doch klar *ou* logisch; **la ~ de qch** die Logik einer Sache *gén*

logiquement [lɔʒikmɑ̃] *adv* logischerweise; *(de façon cohérente: raisonner etc)* logisch; *(normalement)* eigentlich

logis [lɔʒi] *nm* Wohnung *f*

logisticien, ne [lɔʒistisjɛ̃, jɛn] *adj* logistisch ▷ *nm/f* Logistiker(in) *m(f)*

logistique [lɔʒistik] *nf* Logistik *f* ▷ *adj*: **soutien ~** *(Mil)* logistische Unterstützung *f*

logo [lɔgo], **logotype** [lɔgɔtip] *nm (Comm)* Logo *nt*

loi [lwa] *nf* Gesetz *nt*; **les ~s de la mode** das Modediktat *nt*; **avoir force de ~** Gesetzeskraft haben; **faire la ~** das Sagen haben; **la ~ de la jungle/du plus fort** das Gesetz des Dschungels/Stärkeren

loi-cadre [lwakɑdʀ(ə)] *(pl* **lois-cadres***)* *nf* Rahmengesetz *nt*

loin [lwɛ̃] *adv (dans l'espace)* weit; *(dans le temps: passé)* weit zurück; (: *futur)* fern; **plus ~** weiter; **moins ~ (que)** nicht so weit (wie); **~ de** weit von; **pas ~ de 1000 euros** an die 1.000 Euro; **au ~** in der Ferne; **de ~** von Weitem; *(de beaucoup)* bei Weitem; **il revient de ~** *(fig)* er kommt von weit her; **de ~ en ~** *(par intervalles)* hier und da; *(de temps en temps)* von Zeit zu Zeit; **aussi ~ que** so weit wie; **~ de là** weit gefehlt

lointain, e [lwɛ̃tɛ̃, ɛn] *adj* entfernt; *(voyage)* weit; *(dans le passé)* weit zurückliegend ▷ *nm*: **dans le ~** in der Ferne

loi-programme [lwapʀɔgʀam] *(pl* **lois-programmes***)* *nf* Programmgesetz *nt*

loir [lwaʀ] *nm* Siebenschläfer *m*

Loire [lwaʀ] *nf* Loire *f*

loisible [lwazibl] *adj*: **il vous est ~ de** es steht Ihnen frei, zu

loisir [lwaziʀ] *nm*: **heures de ~** Mußestunden *pl*; **loisirs** *nmpl (temps libre)* Freizeit *f*; *(activités)* Freizeitgestaltung *f*; **avoir le ~ de faire qch** Zeit haben, etw zu tun; **(tout) à ~** *(en prenant son temps)* in (aller) Ruhe; *(autant qu'on le désire)* nach Belieben

lombaire [lɔ̃bɛʀ] *adj (région, douleur)* Kreuz-; *(vertèbre)* Lenden-

lombalgie [lɔ̃balʒi] *nf* Kreuzschmerzen *pl*

Londres [lɔ̃dʀ] *n* London *nt*

long, longue [lɔ̃, lɔ̃g] *adj* lang ▷ *adv*: **en dire ~** viel sagen ▷ *nm*: **de 5 m de ~** 5 m lang ▷ *nf*: **à la ~ue** auf die Dauer; **faire ~ feu** im Sande verlaufen; **ne pas faire ~ feu** nicht lange dauern; **de ~ue date** alt; **de ~ue durée** von langer Dauer; **de ~ue haleine** langfristig; **être ~ à faire qch** lange dazu brauchen, etw zu tun; **en savoir ~** sehr gut Bescheid wissen; **en ~** längs; **(tout) le ~ de la rue** die Straße entlang; **tout au ~ de l'année/la vie** das ganze Jahr/Leben lang; **de ~ en large** kreuz und quer; **en ~ et en large** *(fig)* ausführlich

longanimité [lɔ̃ganimite] *nf* Langmut *f*

long-courrier [lɔ̃kuʀje] *(pl* **~s***)* *nm (Aviat)* Langstreckenflugzeug *nt*

longe [lɔ̃ʒ] *nf (pour attacher)* Strick *m*; *(pour mener)* Longe *f*; *(Culin)* Lende *f*

longer [lɔ̃ʒe] *vt (en voiture)* entlangfahren an +*dat*; *(à pied)* entlanggehen; *(suj: mur, route)* entlangführen an +*dat*

longévité [lɔ̃ʒevite] *nf* Langlebigkeit *f*

longiligne [lɔ̃ʒilin] *adj* langgliedrig

longitude [lɔ̃ʒityd] *nf* Länge *f*; **à 45 degrés de ~ nord** bei 45 Grad nördlicher Länge

longitudinal, e, -aux [lɔ̃ʒitydinal, o] *adj (en long)*

261

Längen-; (entaille, vallée) Längs-
longtemps [lɔ̃tɑ̃] adv lange; **avant** ~ bald;
pendant ~ lange; **je n'en ai pas pour** ~ ich
brauche ou es dauert nicht lange; **mettre** ~ **à**
faire qch lange brauchen, um etw zu tun; **ça ne**
va pas durer ~ das dauert nicht lange; **il y a** ~
que je travaille ich arbeite schon lange; **il n'y a**
pas ~ **que je travaille** ich arbeite noch nicht
lange; **il y a** ~ **que je n'ai pas travaillé** ich
arbeite schon lange nicht mehr
longue [lɔ̃g] adj, nf voir **long**
longuement [lɔ̃gmɑ̃] adv (longtemps) lang; (en
détail) ausführlich
longueur [lɔ̃gœʀ] nf Länge f; **longueurs** nfpl
Längen pl; **une** ~ **(de piscine)** eine Länge f; **tirer**
en ~ sich in die Länge ziehen; **à** ~ **de journée** den
lieben langen Tag, den ganzen Tag lang; **battre**
qn d'une ~ jdn um eine Länge schlagen;
~ **d'onde** Wellenlänge f
longue-vue [lɔ̃gvy] (pl **longues-vues**) nf
Fernrohr nt
looping [lupiŋ] nm Looping m
lopin [lɔpɛ̃] nm: ~ **de terre** Stück nt Land
loquace [lɔkas] adj redselig
loque [lɔk] nf (fig: personne) Wrack nt; **loques** nfpl
(habits) Fetzen pl; **tomber en** ~**s** in Fetzen sein
loquet [lɔkɛ] nm Riegel m
lorgner [lɔʀɲe] vt (regarder) anstarren; (convoiter)
liebäugeln mit
lorgnette [lɔʀɲɛt] nf Opernglas nt
lorgnon [lɔʀɲɔ̃] nm (face-à-main) Lorgnette f;
(pince-nez) Zwicker m
loriot [lɔʀjo] nm Pirol m
lorrain, e [lɔʀɛ̃, ɛn] adj lothringisch ▷ nf: **la L~**
Lothringen nt ▷ nm/f: **Lorrain, e** Lothringer(in)
m(f); **quiche** ~**e** Quiche Lorraine f
lors [lɔʀ] adv: ~ **de** (au moment de) anlässlich +gén,
bei; (pendant) während +gén; ~ **même que** selbst
(dann), wenn
lorsque [lɔʀsk] conj (passé) als; (présent et futur) wenn
losange [lozɑ̃ʒ] nm Rhombus m, Raute f; **en** ~
rautenförmig
lot [lo] nm (part, portion) Anteil m; (de loterie) Los nt;
(destin) Los, Schicksal nt; (Comm) Sortiment nt;
(Inform) Batch nt; **un** ~ **de** (quantité) einige; ~ **de**
consolation Trostpreis m
loterie [lɔtʀi] nf (tombola) Lotterie f; (fig)
Glückssache f; **L~ nationale** (französische)
Staatslotterie f
loti, e [lɔti] adj: **être bien/mal** ~ es gut/schlecht
getroffen haben
lotion [losjɔ̃] nf Lotion f; ~ **après rasage**
Rasierwasser nt, Aftershave nt; ~ **capillaire**
Haarwasser nt
lotir [lɔtiʀ] vt (diviser) parzellieren; (vendre)
parzellenweise verkaufen
lotissement [lɔtismɑ̃] nm (terrains bâtis) Siedlung
f; (parcelle) Parzelle f
loto [lɔto] nm (jeu d'enfant) Lottospiel nt; (loterie)
Lotto nt
lotte [lɔt] nf (de rivière) Quappe f; (de mer)
Meereslotte f

louable [lwabl] adj (appartement, garage) zu
vermieten; (digne de louange) lobenswert; ~ **à**
l'année mit Jahresmietvertrag zu vermieten
louage [lwaʒ] nm: **voiture de** ~ Mietwagen m
louange [lwɑ̃ʒ] nf Lob nt; **louanges** nfpl Lob nt; **à**
la ~ **de qn** zu jds Lob
loubard [lubaʀ] nm (junger) Rowdy m
louche [luʃ] adj zwielichtig, dubios ▷ nf
Schöpflöffel m
loucher [luʃe] vi (personne) schielen; ~ **sur qch**
nach etw schielen
louer [lwe] vt (suj: propriétaire) vermieten;
(: locataire) mieten; (réserver) reservieren; (faire
l'éloge de: personne) loben; (: qualités, bontés, Dieu)
preisen; **se** ~ **de qch** sich dat zu etw gratulieren,
se ~ **d'avoir fait qch** sich dat dazu gratulieren,
etw getan zu haben; **à** ~ zu vermieten
loufoque [lufɔk] (fam) adj verrückt
loukoum [lukum] nm türkischer Honig m
loulou [lulu] nm (chien): ~ **de Poméranie** Spitz m
loup [lu] nm Wolf m; (poisson) Barsch m; (masque)
Halbmaske f; **jeune** ~ Jungdynamiker m; ~ **de**
mer (marin) Seebär m
loupe [lup] nf Lupe f; **à la** ~ (fig) bis in die kleinste
Einzelheit; ~ **de noyer** (Walnuss)wurzelholz nt
louper [lupe] (fam) vt (train etc) verpassen; (examen
etc) durchfallen durch
lourd, e [luʀ, luʀd] adj schwer; (démarche, gestes)
schwerfällig; (chaleur, temps) schwül, drückend;
(nourriture, boisson) schwer (verdaulich); (style,
plaisanterie) plump, schwerfällig ▷ adv: **peser** ~
schwer wiegen ou sein; ~ **de conséquences**
folgenschwer; ~ **de menaces** Unheil
verkündend, bedrohlich
lourdaud, e [luʀdo, od] (péj) adj (au physique)
schwerfällig; (au moral) flegelhaft
lourdement [luʀdəmɑ̃] adv schwer; (insister,
appuyer) heftig
lourdeur [luʀdœʀ] nf Schwere f; (de démarche,
gestes, style) Schwerfälligkeit f; ~ **d'estomac**
Magendrücken nt
loustic [lustik] (fam) nm (farceur) Spaßmacher m;
(type) Kerl m
loutre [lutʀ] nf Fischotter m; (fourrure) Otterfell nt
louve [luv] nf Wölfin f
louveteau, x [luv(ə)to] nm Wolfsjunges nt; (scout)
Wölfling m
louvoyer [luvwaje] vi (Naut) kreuzen; (fig)
geschickt taktieren
lover [lɔve]: **se** ~ vpr (serpent) sich
zusammenrollen
loyal, e, -aux [lwajal, o] adj (fidèle) loyal, treu;
(fair-play) fair
loyalement [lwajalmɑ̃] adv (v adj) loyal; fair
loyalisme [lwajalism] nm Loyalität f, Treue f
loyauté [lwajote] nf (v adj) Loyalität f, Treue f;
Fairness f
loyer [lwaje] nm Miete f; ~ **de l'argent** Zinssatz m
LSD [ɛlɛsde] sigle m (= Lysergsäurediäthylamid) LSD nt
lu [ly] pp de **lire**
lubie [lybi] nf Marotte f
lubricité [lybʀisite] nf Lüsternheit f

lubrifiant [lybʀifjã] *nm* Schmiermittel *nt*
lubrifier [lybʀifje] *vt* schmieren
lubrique [lybʀik] *adj* lüstern
lucarne [lykaʀn] *nf* kleines Dachfenster *nt*
lucide [lysid] *adj* (*esprit*) klar; (*personne: conscient*)
bei klarem Verstand; (: *perspicace*) hellsichtig
lucidité [lysidite] *nf* (*v adj*) Klarheit *f*; klarer
Verstand *m*
luciole [lysjɔl] *nf* Glühwürmchen *nt*
lucratif, -ive [lykʀatif, iv] *adj* lukrativ,
einträglich; **à but non** ~ = gemeinnützig
ludique [lydik] *adj* Spiel-
ludothèque [lydɔtɛk] *nf* Spielothek *f*
luette [lɥɛt] *nf* Zäpfchen *nt*
lueur [lɥœʀ] *nf* (*pâle, d'espoir*) Schimmer *m*;
(*rougeoyante, chaude*) Glühen *nt*; (*de désir, colère*)
Anflug *m*; (*de raison, d'intelligence*) Hauch *m*
luge [lyʒ] *nf* Schlitten *m*; **faire de la** ~ Schlitten
fahren, rodeln
lugeur, -euse [lyʒœʀ, øz] *nm/f* Rodler(in) *m(f)*
lugubre [lygybʀ] *adj* finster; (*voix, musique*) düster
lui¹ [lɥi] *pp de* **luire**

  MOT-CLÉ

lui² [lɥi] *pron* **1** (*objet indirect: personne: mâle*) ihm;
(: *femelle*) ihr; (: *chose, animal: selon le genre du mot
allemand*) ihm/ihr/ihm; **il lui a offert un cadeau**
er hat ihm/ihr ein Geschenk gemacht
2 (*après préposition: avec accusatif*) ihn; (: *avec datif*)
ihm; **elle est contente de lui** sie ist zufrieden
mit ihm
3 (*dans comparaison*): **je la connais mieux que lui**
(*que je ne le connais*) ich kenne sie besser als ihn;
(*qu'il ne la connaît*) ich kenne sie besser als er; **elle
est comme lui** sie ist wie er
4 (*forme emphatique*) er; **lui, il est à Paris** er, er ist
in Paris; **c'est lui qui l'a fait** er hat es gemacht

lui-même [lɥimɛm] *pron* er selbst; **il a une
haute opinion de** ~ er hat eine hohe Meinung
von sich; **il se contredit** ~ er widerspricht sich
selbst; **il a agi de** ~ er hat aus eigenem Antrieb
gehandelt
luire [lɥiʀ] *vi* scheinen, leuchten; (*surface mouillée
ou polie, reflet métallique*) glänzen; (*en rougeoyant*)
glühen; (*yeux*) glänzen, leuchten
luisant, e [lɥizã, ãt] *vb voir* **luire** ▷ *adj* (*métal*)
glänzend; (*meuble*) schimmernd; (*étoiles*)
leuchtend
lumbago [lɔ̃bago] *nm* Hexenschuss *m*
lumière [lymjɛʀ] *nf* Licht *nt*; (*éclaircissement*)
Erleuchtung *f*; (*personne intelligente*) Leuchte *f*;
lumières *nfpl* (*d'une personne*) Geistesgaben *pl*; **à la
~ de** (*fig*) im Lichte +*gén*; **à la ~ électrique** bei
elektrischem Licht; **faire de la ~** Licht geben;
faire (toute) la ~ sur (*fig*) gänzlich aufklären
+*acc*; **mettre qch en** ~ (*fig*) etw ans Licht
bringen; **le Siècle des ~s** die Aufklärung *f*; **~ du
jour** Tageslicht *nt*; **~ du soleil** Sonnenlicht *nt*
luminaire [lyminɛʀ] *nm* (*appareil*) Lampe *f*, Licht
nt

luminescent, e [lyminesã, ãt] *adj* (*tube*)
Leuchtstoff-
lumineux, -euse [lyminø, øz] *adj* (*corps, cadran,
enseigne*) Leucht-; (*ciel, journée, couleur*) hell; (*Phys*)
Licht-; (*regard, teint*) klar
luminosité [lyminozite] *nf* (*Tech*) Lichtstärke *f*
lump [lœp] *nm*: **œufs de** ~ deutscher Kaviar *m*
lunaire [lynɛʀ] *adj* Mond-
lunatique [lynatik] *adj* launisch
lunch [lœntʃ] *nm* (*réception*) Gabelfrühstück *nt*
lundi [lœdi] *nm* Montag *m*; **on est** ~ heute ist
Montag; **il est venu** ~ er ist am Montag
gekommen; **le** ~ (*chaque lundi*) montags; **à** ~! bis
Montag!; **~ de Pâques** Ostermontag *m*; **~ de
Pentecôte** Pfingstmontag *m*
lune [lyn] *nf* Mond *m*; **pleine** ~ Vollmond *m*;
nouvelle ~ Neumond *m*; **être dans la** ~ (*distrait*)
in höheren Regionen schweben; **~ de miel**
Flitterwochen *pl*
luné, e [lyne] *adj*: **bien/mal** ~ gut/schlecht
gelaunt
lunette [lynɛt] *nf*: **~s** *nfpl* Brille *f*; (*protectrices*)
Schutzbrille *f*; **~ arrière** (*Auto*) Heckscheibe *f*;
~ d'approche Teleskop *nt*; **~s de plongée**
Taucherbrille *f*; **~s de soleil** Sonnenbrille *f*; **~s
noires** dunkle Brille
lurent [lyʀ] *vb voir* **lire**
lurette [lyʀɛt] *nf*: **il y a belle** ~ vor zig Jahren
luron [lyʀɔ̃] *nm*: **joyeux** *ou* **gai** ~ lockerer Vogel *m*
lus [ly] *vb voir* **lire**
lustre [lystʀ] *nm* (*de plafond*) Kronleuchter *m*; (*fig:
éclat*) Glanz *m*
lustrer [lystʀe] *vt* (*faire briller*) polieren; (*poil d'un
animal*) striegeln; (*user*) glänzend machen
lut [ly] *vb voir* **lire**
luth [lyt] *nm* Laute *f*
luthier [lytje] *nm* Geigenbauer *m*
lutin [lytɛ̃] *nm* Kobold *m*
lutrin [lytʀɛ̃] *nm* Lesepult *nt*
lutte [lyt] *nf* Kampf *m*; (*Sport*) Ringen *nt*; **de
haute** ~ nach einem harten Kampf; **~ des
classes** Klassenkampf *m*; **~ libre** (*Sport*)
Freistilringen *nt*
lutter [lyte] *vi* kämpfen; (*Sport*) ringen; **~ pour/
contre** kämpfen für/gegen
lutteur, -euse [lytœʀ, øz] *nm/f* (*Sport*) Ringer(in)
m(f); (*fig*) Kämpfer(in) *m(f)*
luxation [lyksasjɔ̃] *nf* Ausrenken *nt*
luxe [lyks] *nm* Luxus *m*; **de** ~ Luxus-
Luxembourg [lyksãbuʀ] *nm*: **le** ~ (*pays*)
Luxemburg *nt*
luxembourgeois, e [lyksãbuʀʒwa, waz] *adj*
luxemburgisch ▷ *nm/f*: **Luxembourgeois, e**
Luxemburger(in) *m(f)*
luxer [lykse] *vt*: **se** ~ **l'épaule/le genou** sich *dat*
die Schulter/das Knie ausrenken
luxueusement [lyksɥøzmã] *adv* luxuriös
luxueux, -euse [lyksɥø, øz] *adj* luxuriös; (*maison*)
prachtvoll
luxure [lyksyʀ] *nf* Wollust *f*
luxuriant, e [lyksyʀjã, jãt] *adj* üppig
luzerne [lyzɛʀn] *nf* Luzerne *f*

lycée | lys

lycée [lise] *nm* Gymnasium *nt*; *siehe Info-Artikel*;
~ **technique** ≈ naturwissenschaftlich-
technisches Gymnasium

⊚ LYCÉE
⊚
⊚ *Le lycée* ist eine Art Oberstufengymnasium,
⊚ an dem französische Schüler die letzten drei
⊚ Jahre vor ihrem *baccalauréat* verbringen. Es
⊚ gibt verschiedene Arten von *lycée*, wie z.B.
⊚ die *lycées d'enseignement technologique*, die
⊚ technische Kurse anbieten, und die *lycées*
⊚ *d'enseignement professionnel*, die berufsbildende
⊚ Kurse anbieten.

lycéen, ne [liseɛ̃, ɛn] *nm/f* Gymnasiast(in) *m(f)*
lymphatique [lɛ̃fatik] *adj* (*fig*) apathisch, träge
lyncher [lɛ̃ʃe] *vt* lynchen
lynx [lɛ̃ks] *nm* Luchs *m*
Lyon [liɔ̃] *n* Lyon *nt*
lyonnais, e [liɔnɛ, ɛz] *adj* aus Lyon ▷ *nm/f*:
  Lyonnais, e Einwohner(in) *m(f)* von Lyon
lyophilisé, e [ljɔfilize] *adj* gefriergetrocknet
lyre [liʀ] *nf* Leier *f*
lyrique [liʀik] *adj* lyrisch; **artiste** ~
  Opernsänger(in) *m(f)*; **comédie** ~ komische
  Oper *f*
lyrisme [liʀism] *nm* Lyrik *f*
lys [lis] *nm* Lilie *f*

Mm

M¹, m¹ [ɛm] *nm inv (lettre)* M, m *nt*; **M comme Marcel** = M wie Martha
M² [ɛm] *abr* = **Monsieur**
m² [ɛm] *abr* (= *mètre*) m; (= *million*) Mio
m' [m] *pron voir* **me**
MA [ɛma] *sigle m* (= *maître auxiliaire*) *voir* **maître**
ma [mɔ] *adj voir* **mon**
maboul, e [mabul] *(fam) adj* bekloppt
macabre [makɑbʀ] *adj* makaber
macadam [makadam] *nm* Makadam *m*
macaron [makaʀɔ̃] *nm (gâteau)* Makrone *f*; (*insigne*) rundes Etikett *nt*; (*natte*) (Haar)schnecke *f*
macaroni [makaʀɔni] *nm* Makkaroni *pl*; **~ au fromage** Käsemakkaroni *pl*; **~ au gratin** Makkaroniauflauf *m*
macédoine [masedwan] *nf*: **~ de fruits** Obstsalat *m*; **~ de légumes** gemischtes Gemüse *nt*
macérer [maseʀe] *vt* einlegen ▷ *vi* eingelegt sein
mâchefer [maʃfɛʀ] *nm* Schlacke *f*
mâcher [maʃe] *vt* kauen; **ne pas ~ ses mots** kein Blatt vor den Mund nehmen; **~ le travail à qn** jdm alles vorkauen
machiavélique [makjavelik] *adj* machiavellistisch
machin [maʃɛ̃] *(fam) nm* Ding(s) *nt*, Dingsda *nt*; **M~** (*fam: personne*) der Dingsda
machinal, e, -aux [maʃinal, o] *adj* mechanisch
machination [maʃinasjɔ̃] *nf* Machenschaften *pl*
machine [maʃin] *nf* Maschine *f*; (*locomotive*) Lokomotive *f*; (*fig: rouages*) Maschinerie *f*; **M~** (*fam: personne*) die Dingsda *f*; **faire ~ arrière** (*Naut*) rückwärtsfahren; (*fig*) einen Rückzieher machen; **~ à coudre** Nähmaschine *f*; **~ à écrire** Schreibmaschine *f*; **~ à laver** Waschmaschine *f*; **~ à sous** Spielautomat *m*; **~ à tricoter** Strickmaschine *f*; **~ à vapeur** Dampfmaschine *f*
machine-outil [maʃinuti] (*pl* **machines-outils**) *nf* Werkzeugmaschine *f*
machinerie [maʃinʀi] *nf* Maschinen *pl*; (*d'un navire*) Maschinenraum *m*
machinisme [maʃinism] *nm* Mechanisierung *f*
machiniste [maʃinist] *nm* (*Théât*) Bühnentechniker *m*; (*de bus, métro*) Busfahrer *m*
mâchoire [maʃwaʀ] *nf* Kiefer *m*; (*Tech*) Backe *f*; **~ de frein** Bremsbacke *f*
mâchonner [maʃɔne] *vt* herumkauen auf +*dat*

mâcon [mɑkɔ̃] *nm* Macon-Wein *m*
maçon [masɔ̃] *nm* Maurer *m*
maçonner [masɔne] *vt (revêtir)* verputzen; (*boucher*) zumauern
maçonnerie [masɔnʀi] *nf (activité)* Maurerarbeit *f*; (*murs*) Mauerwerk *nt*
maçonnique [masɔnik] *adj* Freimaurer-
macramé [makʀame] *nm* Makramee *nt*
macrobiotique [makʀɔbjɔtik] *adj* makrobiotisch
macrocosme [makʀɔkɔsm] *nm* Makrokosmos *m*
macro-économie [makʀoekɔnɔmi] *nf* Makroökonomie *f*
macrophotographie [makʀofɔtɔgʀafi] *nf* Vergrößerungsfotografie *f*
macroscopique [makʀɔskɔpik] *adj* makroskopisch
maculer [makyle] *vt* beschmutzen; (*Typo*) verschmieren
Madagascar [madagaskaʀ] *nf* Madagaskar *nt*
Madame [madam] (*pl* **Mesdames**) *nf*: **~ Dupont** Frau Dupont; **occupez-vous de ~** würden Sie bitte die Dame bedienen; **bonjour, ~** guten Tag; (*si le nom est connu*) guten Tag, Frau X; **madame!** (*pour appeler*) Entschuldigung!; (**chère**) **~** (*sur lettre*) Sehr geehrte Frau X; **madame la directrice** Frau Direktor; **Mesdames** meine Damen
Madeleine [madlɛn] *nf*: **les îles de la ~** die Magdalenen-Inseln *pl*
madeleine [madlɛn] *nf* Madeleine *nt* (*kleines rundes Sandplätzchen*)
Mademoiselle [madmwazɛl] (*pl* **Mesdemoiselles**) *nf* Fräulein *nt* (*ne s'utilise pratiquement plus*), Frau *f*; *voir aussi* **Madame**
madère [madɛʀ] *nm* Madeira *m*
madone [madɔn] *nf* Madonna *f*
madré, e [madʀe] *adj* schlau, raffiniert
Madrid [madʀid] *n* Madrid *nt*
madrier [madʀije] *nm* Balken *m*
madrigal, -aux [madʀigal, o] *nm* Madrigal *nt*
madrilène [madʀilɛn] *adj* Madrider
maestria [maɛstʀija] *nf* Meisterschaft *f*, Kunstfertigkeit *f*
maestro [maɛstʀo] *nm* Maestro *m*
maf(f)ia [mafja] *nf* Maf(f)ia *f*
magasin [magazɛ̃] *nm (boutique)* Geschäft *nt*,

Laden *m*; (*entrepôt*) Lager *nt*; (*d'une arme, Photo*) Magazin *nt*; **en ~** auf Lager; **faire les ~s** einen Einkaufsbummel machen; **~ d'alimentation** Lebensmittelgeschäft *nt*

magasinier [magazinje] *nm* Lagerist *m*

magazine [magazin] *nm* (*revue*) Zeitschrift *f*; (*radiodiffusé, télévisé*) Magazin *nt*

mage [maʒ] *nm*: **les Rois ~s** die Heiligen Drei Könige *pl*

Maghreb [magʀɛb] *nm* Maghreb *m*

maghrébin, e [magʀebɛ̃, in] *adj* maghrebinisch ▷ *nm/f*: **Maghrébin, e** ≈ Nordafrikaner(in) *m(f)*, Maghrebiner(in) *m(f)*

magicien, ne [maʒisjɛ̃, jɛn] *nm/f* Zauberer *m*, Zauberin *f*

magie [maʒi] *nf* (*alchimie, sorcellerie*) Magie *f*; (*charme, séduction*) Zauber *m*; **~ noire** schwarze Magie

magique [maʒik] *adj* (*occulte*) magisch; (*fig*) wunderbar

magistral, e, -aux [maʒistral, o] *adj* (*œuvre, adresse*) meisterhaft; (*ton*) meisterlich; (*gifle etc*) kräftig; **enseignement/cours ~** Vorlesung *f*/ Kursus *m*

magistralement [maʒistralmã] *adv* meisterlich

magistrat [maʒistra] *nm* (*Jur*) ≈ (Friedens)richter *m*

magistrature [maʒistratyʀ] *nf* (*charge*) Richteramt *nt*; (*corps*) Gerichtswesen *nt*; **~ assise** Richterstand *m*; **~ debout** Staatsanwaltschaft *f*

magma [magma] *nm* Magma *nt*; (*fig*) (unentwirrbares) Durcheinander *nt*

magnanime [maɲanim] *adj* großmütig, großherzig

magnanimité [maɲanimite] *nf* Großmut *f*, Großherzigkeit *f*

magnat [magna] *nm* Magnat *m*; **~ de la presse** Pressezar *m*

magner [maɲe] : **se ~** (*fam*) *vpr* sich beeilen

magnésie [maɲezi] *nf* Magnesia *f*

magnésium [maɲezjɔm] *nm* Magnesium *nt*

magnétique [maɲetik] *adj* magnetisch; (*champ*) Magnet-

magnétiser [maɲetize] *vt* magnetisieren; (*fig: fasciner*) faszinieren

magnétiseur, -euse [maɲetizœʀ, øz] *nm/f* ≈ Handaufleger(in) *m(f)*

magnétisme [maɲetism] *nm* Magnetismus *m*; (*fig: charme, fascination*) Faszination *f*, Anziehungskraft *f*

magnéto [maɲeto] *nf* Magnetzünder *m*

magnétocassette [maɲetokasɛt] *nm* Kassettenrekorder *m*

magnétophone [maɲetofɔn] *nm* Tonbandgerät *nt*; **~ à cassettes** Kassettenrekorder *m*

magnétoscope [maɲetoskɔp] *nm* Videorekorder *m*

magnificence [maɲifisãs] *nf* (*splendeur*) Pracht *f*; (*générosité*) Freigebigkeit *f*

magnifier [maɲifje] *vt* (*glorifier*) verherrlichen; (*idéaliser*) idealisieren

magnifique [maɲifik] *adj* (*somptueux*) großartig; (*splendide*) herrlich

magnifiquement [maɲifikmã] *adv* (*très bien*) wunderbar

magnolia [maɲɔlja] *nm* Magnolie *f*

magnum [magnɔm] *nm* Magnum(flasche) *f*

magot [mago] *nm* (*somme d'argent*) Geldberge *pl*; (*économies*) Erspartes *nt*

magouille [maguj] (*fam*) *nf* finstere Geschäfte *pl*

magret [magʀɛ] *nm*: **~ de canard** Entenbrust *f*

mahométan, e [maɔmetã, an] *adj* mohammedanisch

mai [mɛ] *nm* Mai *m*; *siehe Info-Artikel*; *voir aussi* **juillet**

⏺ **Le premier mai**

Le premier mai ist ein gesetzlicher Feiertag in Frankreich, an dem an die Demonstrationen der Gewerkschaften für einen Achtstundentag in den USA im Jahre 1886 erinnert wird. Es ist Tradition, an diesem Tag Maiglöckchen auszutauschen. *Le 8 mai* ist ebenfalls ein gesetzlicher Feiertag in Frankreich, zur Erinnerung an das Ende des Zweiten Weltkriegs im Mai 1945. Die sozialen Unruhen im Mai und Juni 1968, mit Studentendemonstrationen, Streiks und allgemeinem Aufruhr werden mit *les événements de mai 68* umschrieben. De Gaulles Regierung überlebte, aber die Ereignisse führten zu Reformen im Ausbildungssystem und größerer Dezentralisierung.

maigre [mɛgʀ] *adj* mager; (*repas, végétation, moisson etc*) dürftig, spärlich ▷ *adv*: **faire ~** kein Fleisch essen; **jours ~s** Fastentage *pl*

maigrelet, -ette [mɛgʀəlɛ, ɛt] *adj* dürr

maigreur [mɛgʀœʀ] *nf* (*de personne, viande*) Magerkeit *f*; (*de repas, végétation*) Spärlichkeit *f*, Dürftigkeit *f*

maigrichon, -onne [megʀiʃɔ̃, ɔn] *adj* schmächtig, mickerig

maigrir [megʀiʀ] *vi* abnehmen, abmagern ▷ *vt*: **~ qn** (*vêtement*) jdn schlank machen

mail [mɛl] *nm* E-mail *f*

mailing [meliŋ] *nm* Postwurfsendung *f*

maille [maj] *nf* Masche *f*; (*dans un filet etc*) Loch *nt*; **avoir ~ à partir avec qn** noch ein Hühnchen mit jdm zu rupfen haben; **~ à l'endroit/à l'envers** rechte/linke Masche

maillechort [majʃɔʀ] *nm* Neusilber *nt*

maillet [majɛ] *nm* (*outil*) Holzhammer *m*; (*de croquet*) Schläger *m*

maillon [majɔ̃] *nm* (*d'une chaîne*) Glied *nt*

maillot [majo] *nm* (*de corps*) Unterhemd *nt*; (*de danseur*) Trikot *nt*; (*de sportif*) (Sport)trikot; **~ de bain** Badeanzug *m*; (*d'homme*) Badehose *f*; **~ de corps** Unterhemd; **~ deux pièces** zweiteiliger Badeanzug, Bikini *m*; **~ jaune** Gelbes Trikot

main [mɛ̃] *nf* Hand *f*; (*Typo: de papier*) Buch *nt* (25 *Blatt Papier*); **la ~ dans la ~** Hand in Hand; **à deux ~s** mit beiden Händen; **à la ~** (*tenir, avoir*) in den Händen, in der Hand; (*faire, tricoter etc*) von Hand; **se donner la ~** sich *dat* die Hand geben; **donner**

ou **tendre la ~ à qn** jdm die Hand reichen; **se serrer la ~** sich die Hände schütteln; **serrer la ~ à qn** jdm die Hand geben; **demander la ~ d'une femme** um die Hand einer Frau *gén* anhalten; **sous la ~** unter der Hand ~s! Hände hoch!; **à ~ levée** (*Art*) Freihand-; **à ~s levées** (*voter*) durch Handheben; **attaque à ~ armée** bewaffneter Überfall *m*; **à ~ droite/gauche** nach rechts/links; **de première ~** aus erster Hand; **de ~ de maître** meisterlich; **à remettre en ~s propres** eigenhändig zu übergeben; **faire ~ basse sur qch** sich bedienen bei etw; **mettre la dernière ~ à qch** letzte Hand an etw *acc* legen; **mettre la ~ à la pâte** (*fig*) ordentlich zupacken; **avoir qch/qn bien en ~** etw/jdn gut in der Hand haben; **prendre qch en ~** etw in die Hand nehmen; **avoir/céder** *ou* **passer la ~** (*Cartes*) herauskommen/abgeben; **forcer la ~ à qn** jdn zwingen; **s'en laver les ~s** (*fig*) seine Hände in Unschuld waschen; **se faire la ~** sich einarbeiten; **perdre la ~** die Übung verlieren; **en un tour de ~** im Handumdrehen; **kit** *nm* **~s libres** Freisprechanlage *f*; **~ courante** Handlauf *m*
mainate [mɛnat] *nm* Hirtenstar *m*
main-d'œuvre [mɛ̃dœvʀ] (*pl* **mains-d'œuvre**) *nf* (*façon*) Arbeit *f*; (*ouvriers*) Arbeitskräfte *pl*
main-forte [mɛ̃fɔʀt] *nf*: **prêter ~ à qn** jdm beistehen
mainmise [mɛ̃miz] *nf* Inbesitznahme *f*; **avoir la ~ sur** die Macht haben über *+acc*
maint, e [mɛ̃, mɛ̃t] *adj* manche(r, s); **à ~es reprises** immer wieder
maintenance [mɛ̃t(ə)nɑ̃s] *nf* (*entretien*) Wartung *f*
maintenant [mɛ̃t(ə)nɑ̃] *adv* jetzt; **~ que** jetzt, wo *ou* da
maintenir [mɛ̃t(ə)niʀ] *vt* halten; (*garder, affirmer, confirmer*) aufrechterhalten; **se maintenir** *vpr* anhalten, andauern; (*santé*) gleich bleiben; (*préjugé, malade*) sich halten
maintien [mɛ̃tjɛ̃] *nm* Haltung *f*; (*d'opinion etc*) Aufrechterhaltung *f*; **~ de l'ordre** Aufrechterhaltung der Ordnung
maintiendrai [mɛ̃tjɛ̃dʀe] *vb voir* **maintenir**
maintiens [mɛ̃tjɛ̃] *vb voir* **maintenir**
maire [mɛʀ] *nm* Bürgermeister(in) *m(f)*
mairie [meʀi] *nf* (*endroit*) Rathaus *nt*; (*administration*) Stadtverwaltung *f*
mais [mɛ] *conj* aber; **~ non!** nein, nein!; **~ enfin!** (*indignation*) also wirklich!
maïs [mais] *nm* Mais *m*
maison [mɛzɔ̃] *nf* (*bâtiment*) Haus *nt*; (*chez-soi, demeure*) Zuhause *nt*; (*Comm*) Firma *f* ▷ *adj inv* (*fam*: *bagarre etc*) wahnsinnig; **pâté/tarte ~** selbst gemachte Pastete *f*/Torte *f*; (*dans un restaurant*) Pastete/Torte Hausmacherart; **à la ~** zu Hause; (*direction*) nach Hause; **fils/ami de la ~** Sohn/ Freund des Hauses; **M~ Blanche** Weißes Haus *nt*; **~ centrale** Zuchthaus *nt*; **~ close** Freudenhaus *nt*; **~ d'arrêt** Untersuchungsgefängnis *nt*; **~ de campagne** Landhaus *nt*; **~ de correction** Besserungsanstalt *f*; **~ de la culture** ≈ Kulturzentrum *nt*; **~ de passe** Freudenhaus;

~ de repos Erholungsheim *nt*; **~ de retraite** Altersheim *nt*; **~ de santé** Heilanstalt *f*; **~ des jeunes et de la culture** Jugend- und Kulturzentrum *nt*; *siehe Info-Artikel*; **~ mère** Stammhaus *nt*

⬤ **MAISONS DES JEUNES**
⬤
⬤ Les maisons des jeunes et de la culture sind
⬤ Jugendzentren, die gleichzeitig als
⬤ Kunstzentren dienen. Es werden dort eine
⬤ Vielzahl von Sport- und
⬤ Kulturveranstaltungen, wie Theater,
⬤ Konzerte und Ausstellungen, organisiert. Die
⬤ Zentren werden zum Teil staatlich finanziert.

maisonnée [mɛzɔne] *nf* Haushalt *m*
maisonnette [mɛzɔnɛt] *nf* Häuschen *nt*
maître, -esse [mɛtʀ, mɛtʀɛs] *nm/f* (*dirigeant*) Herr(in) *m(f)*; (*propriétaire*) Eigentümer(in) *m(f)*; (*Scol*) Lehrer(in) *m(f)* ▷ *nm* (*artiste*) Meister *m* ▷ *nf* (*amante*) Geliebte *f*, Mätresse *f* ▷ *adj* (*principal, essentiel*) wesentlich, Haupt-; (*carte*) Trumpf-; **M~** (*titre*: *Jur*) Herr *m* (*vor dem Namen eines Rechtsanwaltes oder Notars*); **maison de ~** Herrenhaus *nt*; **être ~ de** beherrschen; **être/rester ~ de la situation** Herr der Lage sein/bleiben; **se rendre ~ de qch** etw unter Kontrolle bekommen; **être passé ~ dans l'art de qch** etw meisterhaft beherrschen; **une maîtresse femme** eine energische Frau; **~ à penser** geistiger Führer *m*; **~ assistant** (*Univ*) ≈ Dozent(in) *m(f)*; **~ auxiliaire** (*Scol*) Aushilfslehrer *m*; **~ chanteur** Erpresser *m*; **~ d'armes** Fechtmeister *m*; **~/maîtresse d'école** Lehrer(in) *m(f)*; **~ d'hôtel** (*domestique*) Butler *m*; (*restaurant*) Oberkellner *m*; **~ d'œuvre** (*Constr*) Vorarbeiter *m*; **~ d'ouvrage** (*Constr*) Bauherr *m*; **~ de chapelle** Chorleiter *m*; **~ de conférences** (*Univ*) Dozent(in) *m(f)*; **~/maîtresse de maison** Hausherr(in) *m(f)*; **~ nageur** Rettungsschwimmer *m*; **~ queux** Chefkoch *m*
maître-autel [mɛtʀotɛl] (*pl* **maîtres-autels**) *nm* Hochaltar *m*
maîtresse [mɛtʀɛs] *nf voir* **maître**
maîtrise [metʀiz] *nf* (*aussi*: **maîtrise de soi**) Selbstbeherrschung *f*; (*habileté*) Können *nt*; (*domination*) Herrschaft *f*; (*diplôme*) ≈ Magisterwürde *f*; *siehe Info-Artikel* (*contremaîtres et chefs d'équipe*) Aufsicht *f*

⬤ **MAÎTRISE**
⬤
⬤ La maîtrise ist ein französischer
⬤ Universitätsabschluss nach einem
⬤ erfolgreichen zweijährigen Studium und
⬤ dem DEUG. Studenten, die eine Doktorarbeit
⬤ schreiben wollen, brauchen dazu eine
⬤ maîtrise.

maîtriser [metʀize] *vt* (*cheval, forcené etc*) bändigen; (*incendie*) unter Kontrolle bringen; (*sujet*) meistern, beherrschen; (*émotion*)

beherrschen; **se maîtriser** vpr sich beherrschen
majesté [maʒɛste] nf Majestät f; **Sa/Votre M~**
Seine/Ihre Majestät
majestueusement [maʒɛstɥøzmɑ̃] adv
majestätisch
majestueux, -euse [maʒɛstɥø, øz] adj
majestätisch
majeur, e [maʒœʀ] adj (important) wichtig; (Jur)
mündig; (fig) verantwortlich; (Mus: intervalle)
groß; (: gamme) Dur- ▷ nm/f (Jur) Volljährige(r)
f(m) ▷ nm (doigt) Mittelfinger m; **en ~e partie**
größtenteils; **la ~e partie de** der größere Teil
+gén
major [maʒɔʀ] nm (Mil) Major m; **~ de la
promotion** Jahrgangsbester m
majoration [maʒɔʀasjɔ̃] nf Erhöhung f
majorer [maʒɔʀe] vt erhöhen
majorette [maʒɔʀɛt] nf Majorette f
majoritaire [maʒɔʀitɛʀ] adj Mehrheits-;
système ou **scrutin ~** Mehrheitssystem nt
majorité [maʒɔʀite] nf Mehrheit f; (Jur)
Volljährigkeit f; **en ~** hauptsächlich; **avoir la ~**
die Mehrheit haben; **la ~ silencieuse** die
schweigende Mehrheit; **~ absolue** absolute
Mehrheit; **~ civile** Bürgerrechte pl; **~ électorale**
Wahlrecht nt; **~ pénale** Strafmündigkeit f; **~
relative** relative Mehrheit
Majorque [maʒɔʀk] nf Mallorca nt
majuscule [maʒyskyl] adj, nf: **(lettre) ~**
Großbuchstabe m
mal, maux [mal, mo] nm Böse nt; (malheur) Übel
nt; (douleur physique) Schmerz m; (maladie)
Krankheit f; (difficulté, peine) Schwierigkeit f,
Mühe f; (souffrance morale) Leiden nt ▷ adv
schlecht ▷ adj inv (opposé à bien): **c'est ~ (de faire
qch)** es ist schlecht(, etw zu tun); **être ~** (mal
installé) sich nicht wohlfühlen; **se sentir** ou **se
trouver ~** sich nicht wohlfühlen; **être ~ avec qn**
mit jdm schlecht stehen; **il comprend ~** er
versteht schlecht; **il a ~ compris** er hat es
missverstanden; **~ tourner** sich zum Schlechten
wenden; **craignant ~ faire** aus Angst, etwas
falsch zu machen; **~ en point** nicht in
Höchstform; **dire du ~ de qn** schlecht von jdm
reden; **ne vouloir de ~ à personne** niemandem
übelwollen; **il n'a rien fait de ~** er hat nichts
Böses getan; **penser du ~ de qn** über jdn
schlecht denken; **ne voir aucun ~ à** nichts
Schlechtes sehen in +dat; **avoir du ~ à faire qch**
Mühe haben, etw zu tun; **sans penser** ou **songer
à ~** ohne sich etwas Schlimmes dabei zu denken;
faire du ~ à qn jdm wehtun; **il n'y a pas de ~** da
ist nichts Schlimmes dabei; **se donner du ~
pour faire qch** sich Mühe geben, etw zu tun; **se
faire ~** sich wehtun; **se faire ~ au pied** sich am
Fuß verletzen; **ça fait ~** das tut weh; **j'ai ~ (ici)**
mir tut es (hier) weh; **j'ai ~ au dos** ich habe
Rückenschmerzen; **avoir ~ à la tête/aux dents**
Kopf-/Zahnschmerzen haben; **avoir des maux
de ventre** Bauchschmerzen haben; **j'ai ~ au
cœur** mir ist schlecht; **avoir le ~ de l'air**
luftkrank sein; **avoir le ~ du pays** Heimweh

haben; **elle a pris ~** es wurde ihr schlecht; **~ de
la route** Reisekrankheit f (beim Autofahren); **~ de
mer** Seekrankheit f
malabar [malabaʀ] nm (fam) Muskelprotz m
malade [malad] adj krank ▷ nm/f Kranke(r) f(m);
tomber ~ krank werden; **être ~ du cœur**
herzleidend ou herzkrank sein; **~ mental**
Geisteskranke(r) f(m); **grand ~** Schwerkranke(r)
f(m)
maladie [maladi] nf Krankheit f; **~ infantile**
Kinderkrankheit f; **~ de peau** Hautkrankheit f
maladif, -ive [maladif, iv] adj (personne)
kränkelnd; (pâleur) kränklich; (curiosité, besoin,
peur) krankhaft
maladresse [maladʀɛs] nf Ungeschicklichkeit f
maladroit, e [maladʀwa, wat] adj ungeschickt;
(balourd) linkisch
maladroitement [maladʀwatmɑ̃] adv
ungeschickt
mal-aimé, e [maleme] (pl **~s, es**) nm/f
Ungeliebte(r) f(m)
malais, e [malɛ, ɛz] adj malaiisch ▷ nm/f: **Malais,
e** Malaie m, Malaiin f
malaise [malɛz] nm (Méd) Unwohlsein nt;
(inquiétude) Unbehagen nt; (mécontentement)
Unzufriedenheit f; **avoir un ~** sich nicht
wohlfühlen
malaisé, e [maleze] adj schwer, schwierig
Malaisie [malɛzi] nf: **la péninsule de ~** die
Malaysische Halbinsel f
malappris, e [malapʀi, iz] nm/f Flegel m
malaria [malaʀja] nf Malaria f
malavisé, e [malavize] adj unbedacht
Malawi [malawi] nm: **le ~** Malawi nt
malaxer [malakse] vt (pétrir) weich kneten;
(mêler) verkneten
malaxeur [malaksœʀ] nm (Tech) Mischer m
Malaysia [malɛzja] nf: **la ~** Malaysia nt
malbouffe [malbuf] nf (fam): **la ~** Junkfood nt
malchance [malʃɑ̃s] nf Pech nt; (mésaventure)
Ungeschick nt; **par ~** unglücklicherweise;
quelle ~! so ein Pech!
malchanceux, -euse [malʃɑ̃sø, øz] adj
unglücklich
malcommode [malkɔmɔd] adj unpraktisch
Maldives [maldiv] nfpl Malediven pl
maldonne [maldɔn] nf (Cartes) falsches Geben nt;
il y a ~ (fig) es liegt ein Missverständnis vor
mâle [mɑl] nm Mann m ▷ adj männlich; **prise ~**
(Élec) Stecker m; **souris ~** Mäuserich m
malédiction [malediksjɔ̃] nf Fluch m
maléfice [malefis] nm Verhexung f,
Verzauberung f
maléfique [malefik] adj böse
malencontreusement [malɑ̃kɔ̃tʀøzmɑ̃] adv
unglückseligerweise
malencontreux, -euse [malɑ̃kɔ̃tʀø, øz] adj
unangenehm, ärgerlich
malentendant, e [malɑ̃tɑ̃dɑ̃, ɑ̃t] nm/f: **les ~s** die
Schwerhörigen pl
malentendu [malɑ̃tɑ̃dy] nm Missverständnis nt
malfaçon [malfasɔ̃] nf Fehler m

malfaisant, e [malfəzã, ãt] *adj* (*être*) boshaft; (*idées, influence*) schädlich

malfaiteur [malfɛtœʀ] *nm* Übeltäter *m*

malfamé, e [malfame] *adj* anrüchig, verrufen

malformation [malfɔʀmasjɔ̃] *nf* Missbildung *f*

malfrat [malfʀa] *nm* (*fam*) Gauner *m*

malgache [malgaʃ] *adj* madegassisch ▷ *nm/f:*
Malgache Madegasse *m*, Madegassin *f*

malgré [malgʀe] *prép* trotz +*gén ou dat*; **~ soi/lui** gegen seinen Willen; **~ tout** trotz allem

malhabile [malabil] *adj* unbeholfen

malheur [malœʀ] *nm* Unglück *nt*; **par ~** unglücklicherweise; **quel ~!** so ein Unglück!; **faire un ~** (*fam: un éclat*) Unheil anrichten; (: *avoir du succès*) großes Aufsehen erregen

malheureusement [malœʀøzmã] *adv* unglücklicherweise, leider

malheureux, -euse [malœʀø, øz] *adj* unglücklich; (*regrettable*) bedauerlich; (*malchanceux: personne*) glücklos; (: *entreprise, tentative*) un(glück)selig; (*insignifiant*) unbedeutend ▷ *nm/f* Arme(r) *f(m)*; **la malheureuse femme/victime** die arme Frau/das arme Opfer

malhonnête [malɔnɛt] *adj* unredlich, unlauter

malhonnêtement [malɔnɛtmã] *adv* unredlich

malhonnêteté [malɔnɛtte] *nf* Unredlichkeit *f*, Unlauterkeit *f*

Mali [mali] *nm:* **le ~** Mali *nt*

malice [malis] *nf* Bosheit *f*; **par ~** aus purer Bosheit; **sans ~** ohne Arg

malicieusement [malisjøzmã] *adv* schelmisch

malicieux, -ieuse [malisjø, jøz] *adj* schelmisch

malien, ne [maljɛ̃, ɛn] *adj* aus Mali ▷ *nm/f:*
Malien, ne Einwohner(in) *m(f)* von Mali

malin, -igne [malɛ̃, maliɲ] *adj* clever, schlau; (*malicieux*) schalkhaft; (*Méd*) bösartig; **faire le ~** angeben; **éprouver un ~ plaisir à** etw mit Schadenfreude tun; **c'est ~!** (*iro*) das ist ja genial!

malingre [malɛ̃gʀ] *adj* schwächlich

malintentionné, e [malɛ̃tãsjɔne] *adj* böswillig, bösartig

malle [mal] *nf* großer Reisekoffer *m*; **~ arrière** (*Auto*) Kofferraum *m*

malléable [maleabl] *adj* formbar; (*personne, caractère*) beeinflussbar, formbar

mallette [malɛt] *nf* (*valise*) Köfferchen *nt*; (*pour documents*) Aktenkoffer *m*; **~ de voyage** Handkoffer *m*

malmener [malməne] *vt* (*maltraiter*) grob behandeln; (*fig*) hart angreifen

malnutrition [malnytʀisjɔ̃] *nf* schlechte Ernährung *f*

malodorant, e [malɔdɔʀã, ãt] *adj* übelriechend

malotru, e [malɔtʀy] *nm/f* Lümmel *m*, Flegel *m*

malouin, e [malwɛ̃, in] *adj* aus Saint-Malo ▷ *nm/f* Einwohner(in) *m(f)* von Saint-Malo ▷ *nfpl:* **les Malouines** die Falklandinseln *pl*

malpoli, e [malpɔli] *adj* unhöflich

malpropre [malpʀɔpʀ] *adj* schmutzig; (*travail*) gepfuscht; (*malhonnête*) unanständig

malpropreté [malpʀɔpʀəte] *nf* Unsauberkeit *f*

malsain, e [malsɛ̃, ɛn] *adj* (*humidité, logement*) gesundheitsschädlich; (*esprit, curiosité*) krankhaft

malséant, e [malseã, ãt] *adj* unschicklich

malsonnant, e [malsɔnã, ãt] *adj* anstößig

malt [malt] *nm* Malz *nt*; **whisky pur ~** Maltwhisky *m*

maltais, e [maltɛ, ɛz] *adj* maltesisch ▷ *nm/f:* **Maltais, e** Malteser(in) *m(f)*

Malte [malt] *nf* Malta *nt*

malté, e [malte] *adj* gemalzt

maltraiter [maltʀete] *vt* misshandeln; (*fig*) hart angreifen

malus [malys] *nm* *Erhöhung der Versicherungsprämie nach Autounfällen*

malveillance [malvejãs] *nf* (*hostilité*) Feindseligkeit *f*; (*intention de nuire*) Böswilligkeit *f*; (*Jur*) böse Absicht *f*

malveillant, e [malvejã, ãt] *adj* feindselig

malvenu, e [malvəny] *adj:* **être ~ de** *ou* **à faire qch** nicht das Recht haben, etw zu tun

malversation [malvɛʀsasjɔ̃] *nf* Unterschlagung *f*, Veruntreuung *f*

mal-vivre [malvivʀ] *nm inv* Unbehagen *nt*

maman [mamã] *nf* Mama *f*

mamelle [mamɛl] *nf* Zitze *f*

mamelon [mam(ə)lɔ̃] *nm* (*Anat*) Brustwarze *f*; (*petite colline*) Hügel *m*

mamie [mami] (*fam*) *nf* Oma *f*

mammifère [mamifɛʀ] *nm* Säugetier *nt*

mammouth [mamut] *nm* Mammut *nt*

manager [manadʒɛʀ] *nm* Manager(in) *m(f)*; (*Sport*) Trainer(in) *m(f)*; **~ commercial** Marketingmanager *m*

manceau, -elle [mãso, ɛl] *adj* aus le Mans ▷ *nm/f:* **Manceau, -elle** Bewohner(in) *m(f)* von le Mans

manche [mãʃ] *nf* Ärmel *m*; (*d'un jeu, tournoi*) Runde *f* ▷ *nm* Griff *m*; (*de violon, guitare*) Hals *m*; **la M~** (*Géo*) der Ärmelkanal; **faire la ~** den Hut herumgehen lassen; **se débrouiller comme un ~** (*maladroit*) zwei linke Hände haben; **~ à air** *nf* (*Aviat*) Windsack *m*; **~ à balai** *nm* (*Aviat*) Steuerknüppel *m*; (*Inform*) Joystick *m*

manchette [mãʃɛt] *nf* (*de chemise*) Manschette *f*; (*coup*) Schlag *m* (mit dem Unterarm); (*titre*) Schlagzeile *f*; **faire la ~ des journaux** in die Schlagzeilen kommen

manchon [mãʃɔ̃] *nm* (*de fourrure*) Muff *m*; **~ (à incandescence)** Glühstrumpf *m*

manchot, e [mãʃo, ɔt] *adj* (*d'un bras*) einarmig ▷ *nm* (*Zool*) Pinguin *m*

mandarine [mãdaʀin] *nf* Mandarine *f*

mandat [mãda] *nm* (*postal*) Postanweisung *f*; (*d'un député, président*) Mandat *nt*; (*procuration*) Vollmacht *f*; **toucher un ~** eine Postanweisung erhalten; **~ d'amener** Vorladung *f*; **~ d'arrêt** Haftbefehl *m*; **~ de perquisition** Durchsuchungsbefehl *m*

mandataire [mãdatɛʀ] *nm/f* Bevollmächtigte(r) *f(m)*, Vertreter(in) *m(f)*

mandat-carte [mãdakaʀt] (*pl* **mandats-cartes**) *nm* Postanweisung *f* als Postkarte

mandater [mãdate] *vt* bevollmächtigen; (*député*) ein Mandat geben +*dat*

269

mandat-lettre [mɑ̃dalɛtʀ] (*pl* **mandats-lettres**) *nm* Postanweisung *f*

mandchou, e [mɑ̃tʃu] *adj* mandschurisch

mander [mɑ̃de] *vt* kommen lassen

mandibule [mɑ̃dibyl] *nf* (*de personne*) Unterkiefer(knochen) *m*; (*d'insecte*) Mundwerkzeuge *pl*

mandoline [mɑ̃dɔlin] *nf* Mandoline *f*

manège [manɛʒ] *nm* (*école d'équitation*) Reitschule *f*; (*à la foire*) Manege *f*; (*d'un cirque*) Karussell *nt*; (*fig: manœuvre*) Schliche *pl*; **faire un tour de ~** Karussell fahren; **~ de chevaux de bois** Pferdekarussell *nt*

manette [manɛt] *nf* Hebel *m*; **~ de jeu** Joystick *m*

manganèse [mɑ̃ganɛz] *nm* Mangan *nt*

mangeable [mɑ̃ʒabl] *adj* essbar

mangeaille [mɑ̃ʒaj] (*péj*) *nf* Fraß *m*

mangeoire [mɑ̃ʒwaʀ] *nf* Futtertrog *m*

manger [mɑ̃ʒe] *vt* essen; (*ronger, attaquer*) zerfressen; (*utiliser, consommer*) verschlingen ▷ *vi* essen

mange-tout [mɑ̃ʒtu] *nm inv*: **pois ~** Zuckererbse *f*; **haricot ~** Gartenbohne *f*

mangeur, -euse [mɑ̃ʒœʀ, øz] *nm/f* Esser(in) *m(f)*

mangouste [mɑ̃gust] *nf* (*Zool*) Mungo *m*

mangue [mɑ̃g] *nf* Mango *f*

maniabilité [manjabilite] *nf* (*de voiture, voilier*) Wendigkeit *f*

maniable [manjabl] *adj* (*outil*) handlich; (*voiture, voilier*) wendig; (*personne*) lenksam, fügsam

maniaque [manjak] *adj* (*pointilleux*) pingelig ▷ *nm/f* (*obsédé, fou*) Wahnsinnige(r) *f(m)*; (*méticuleux*) Pingelskrämer *m*

manie [mani] *nf* Manie *f*; (*Méd*) Wahn *m*

maniement [manimɑ̃] *nm* Umgang *m*; **~ d'armes** (*Mil*) Waffenübung *f*

manier [manje] *vt* umgehen mit; (*péj: peuple, foule*) manipulieren; **se manier** *vpr* (*fam*) sich beeilen

manière [manjɛʀ] *nf* Art *f*, Weise *f*; (*style*) Stil *m*; **manières** *nfpl* (*attitude*) Benehmen *nt*, Manieren *pl*; (*chichis*) Theater *nt*; **de ~ à** sodass, damit; **de telle ~ que** sodass; **de cette ~** auf diese Weise; **d'une ~ générale** ganz allgemein; **de toute ~** auf alle Fälle, jedenfalls; **d'une certaine ~** in gewisser Weise; **manquer de ~s** kein Benehmen *ou* keine Manieren haben; **faire des ~s** Theater machen; **sans ~s** zwanglos; **employer la ~ forte** hart durchgreifen; **complément/adverbe de ~** Attribut/Adverb der Art und Weise

maniéré, e [manjere] *adj* manieriert

manif [manif] (*abr de manifestation*) Demo *f*

manifestant, e [manifɛstɑ̃, ɑ̃t] *nm/f* Demonstrant(in) *m(f)*

manifestation [manifɛstasjɔ̃] *nf* (*de joie, mécontentement*) Ausdruck *m*; (*symptôme*) Symptom *nt*; (*fête, réunion etc*) Ereignis *nt*; (*Pol*) Demonstration *f*

manifeste [manifɛst] *adj* offenbar, offensichtlich ▷ *nm* Manifest *nt*

manifestement [manifɛstəmɑ̃] *adv* offenbar

manifester [manifɛste] *vt* kundtun, zum

Ausdruck bringen; (*révéler*) zeigen, zum Ausdruck bringen ▷ *vi* (*Pol*) demonstrieren; **se manifester** *vpr* (*émotion, symptômes*) sich zeigen; (*difficultés*) auftauchen; (*personne, témoin etc*) sich melden

manigancer [manigɑ̃se] *vt* einfädeln

manigances [manigɑ̃s] *nfpl* Tricks *pl*

manioc [manjɔk] *nm* Maniok *m*

manipulateur, -trice [manipylatœʀ, tʀis] *nm/f* (*technicien*) Techniker(in) *m(f)*; (*prestidigitateur*) Zauberkünstler(in) *m(f)*; (*péj*) Manipulator(in) *m(f)*

manipulation [manipylasjɔ̃] *nf* (*Tech*) Handhabung *f*; (*de colis, Méd*) Manipulation *f*; **~s électorales** (*péj*) Wahlmanipulierung *f*; **~ génétique** Genmanipulierung *f*

manipuler [manipyle] *vt* handhaben

manivelle [manivɛl] *nf* Kurbel *f*

manne [man] *nf* Manna *nt*

mannequin [mankɛ̃] *nm* (*Couture*) Schneiderpuppe *f*; (*d'un étalage*) Schaufensterpuppe *f*; (*femme*) Mannequin *nt*; **taille ~** perfekte Figur *f*

manœuvrable [manœvʀabl] *adj* (*bateau, véhicule*) gut zu steuern

manœuvre [manœvʀ] *nf* (*opération*) Bedienung *f*; (*Auto*) Steuern *nt*; (*Rail*) Rangieren *nt*; (*Mil, fig*) Manöver *nt* ▷ *nm* (*ouvrier*) Handlanger *m*; **fausse ~** Fehlhandlung *f*, Fehler *m*

manœuvrer [manœvʀe] *vt* (*cordage, bateau, voiture*) steuern; (*levier, machine*) bedienen; (*personne*) manipulieren ▷ *vi* manövrieren; (*agir adroitement*) geschickt zu Werke gehen; (*Mil*) ein Manöver veranstalten

manoir [manwaʀ] *nm* Landsitz *m*

manomètre [manɔmɛtʀ] *nm* Manometer *nt*

manquant, e [mɑ̃kɑ̃, ɑ̃t] *adj* fehlend

manque [mɑ̃k] *nm* Mangel *m*; (*Méd*) Entzug *m*; **manques** *nmpl* (*lacunes*) Mängel *pl*; **~ de** Mangel an *+dat*; **par ~ de** aus Mangel an; **~ à gagner** Gewinnausfall *m*

manqué, e [mɑ̃ke] *adj* verfehlt; (*essai*) gescheitert; **garçon ~** halber Junge *m*

manquement [mɑ̃kmɑ̃] *nm*: **~ à** Verstoß *m ou* Verfehlung *f* gegen

manquer [mɑ̃ke] *vi* fehlen; (*échouer*) fehlschlagen ▷ *vt* (*coup, objectif*) verfehlen; (*personne*) verpassen, verfehlen; (*cours, réunion*) versäumen; (*occasion*) verpassen ▷ *vb impers*: **il (nous) manque encore 100 euros** es fehlen (uns) noch 100 Euro; **il manque des pages** es fehlen Seiten; **l'argent qui leur manque** das Geld, das ihnen fehlt; **la voix lui manqua** die Stimme versagte ihm; **il/cela me manque** er/es fehlt mir; **~ à** (*règles etc*) verstoßen gegen; **~ de** (*argent, preuves*) nicht genug haben, Mangel haben an *+dat*; (*d'un article*) nicht genug haben von; (*patience, imagination, audace etc*) nicht haben; **ne pas ~ qn** (*se venger*) jdn nicht ungeschoren davonkommen lassen; **il n'a pas manqué de le lui dire** er hat es nicht versäumt, es ihm zu sagen; **il a manqué (de) se tuer** er wäre beinahe

tödlich verunglückt; **il ne ~ait plus que ça**
gerade noch das hätte gefehlt; **je n'y ~ai pas** ich
werde es nicht versäumen
mansarde [mɑ̃saʀd] *nf* Mansarde *f*
mansardé, e [mɑ̃saʀde] *adj*: **chambre ~e**
Mansardenzimmer *nt*
mansuétude [mɑ̃sɥetyd] *nf* Milde *f*
mante [mɑ̃t] *nf*: **~ religieuse** Gottesanbeterin *f*
manteau, x [mɑ̃to] *nm* Mantel *m*; (*de cheminée*)
Kaminsims *nt*; **sous le ~** heimlich
mantille [mɑ̃tij] *nf* Mantilla *f*
manucure [manykyʀ] *nf* Maniküre *f*
manuel, le [manɥɛl] *adj* (*travail, habileté*) manuell;
(*commande*) Hand- ▷ *nm/f* (*travailleur*)
Handarbeiter(in) *m(f)* ▷ *nm* (*ouvrage*) Handbuch
nt; **travailleur ~** Arbeiter *m*
manuellement [manɥɛlmɑ̃] *adv* von Hand
manufacture [manyfaktyʀ] *nf* (*établissement*)
Fabrik *f*
manufacturé, e [manyfaktyʀe] *adj*: **produit ~**
Fertigerzeugnis *nt*
manuscrit, e [manyskʀi, it] *adj* handschriftlich
▷ *nm* Manuskript *nt*
manutention [manytɑ̃sjɔ̃] *nf* (*Comm:
manipulation*) Verladen *nt*
manutentionnaire [manytɑ̃sjɔnɛʀ] *nm/f*
Verladearbeiter(in) *m(f)*
manutentionner [manytɑ̃sjɔne] *vt* verladen
mappemonde [mapmɔ̃d] *nf* (*carte*) Weltkarte *f*;
(*sphère*) Globus *m*
maquereau, x [makʀo] *nm* (*Zool*) Makrele *f*;
(*souteneur*) Zuhälter *m*
maquerelle [makʀɛl] *nf* (*fam*) Puffmutter *f*
maquette [makɛt] *nf* Modell *nt*; (*Typo*) Layout *nt*
maquettiste [maketist] *nm/f* Modellbauer(in)
m(f); **~ publicitaire** Layouter(in) *m(f)*
maquignon [makiɲɔ̃] *nm* (*marchand*)
Pferdehändler *m*; (*péj*) Rosstäuscher *m*
maquillage [makijaʒ] *nm* Schminken *nt*; (*de
passeport, papiers*) Fälschen *nt*; (*produits*) Make-up *nt*
maquiller [makije] *vt* schminken, fälschen; **se
maquiller** *vpr* sich schminken
maquilleur, -euse [makijœʀ, øz] *nm/f*
Maskenbildner(in) *m(f)*
maquis [maki] *nm* Dickicht *nt*; (*Hist: résistance*)
französische Widerstandsbewegung im 2. Weltkrieg
maquisard, e [makizaʀ] *nm/f* französischer
Widerstandskämpfer(in) *m(f)* (*im 2. Weltkrieg*)
marabout [maʀabu] *nm* Marabu *m*
maraîchage [maʀeʃaʒ] *nm* Gemüseanbau *m*
maraîcher, -ère [maʀeʃe, ɛʀ] *adj* Gemüse- ▷ *nm/f*
Gemüsegärtner(in) *m(f)*
marais [maʀɛ] *nm* Sumpf *m*, Moor *nt*; **~ salant**
Salzsumpf *m*
marasme [maʀasm] *nm* (*Écon, Pol*) Stagnation *f*;
(*apathie*) Lustlosigkeit *f*
marathon [maʀatɔ̃] *nm* Marathon *m*
marâtre [maʀɑtʀ] *nf* (*péj*) Rabenmutter *f*
maraude [maʀod] *nf* (*de volailles etc*) Diebstahl *m*;
(*dans un verger*) Felddiebstahl *m*; (*vagabondage*)
Herumstreunen *nt*; **en ~** herumstreunend; (*taxi*)
auf Fahrgastsuche

maraudeur, -euse [maʀodœʀ, øz] *nm/f* Dieb(in)
m(f)
marbre [maʀbʀ] *nm* Marmor *m*; (*statue de marbre*)
Marmorstatue *f*; (*Typo*) Stehsatz *m*; **rester de ~**
keine Miene verziehen
marbrer [maʀbʀe] *vt* marmorieren
marbrerie [maʀbʀəʀi] *nf* (*atelier*)
Steinmetzwerkstatt *f*
marbrier [maʀbʀije] *nm* Steinmetz *m*
marbrière [maʀbʀijɛʀ] *nf* Marmorsteinbruch *m*
marbrures [maʀbʀyʀ] *nfpl* (*marques*)
Marmorierung *f*
marc [maʀ] *nm* (*de raisin, pommes*) Obstwasser *nt*;
~ de café Kaffeesatz *m*
marcassin [maʀkasɛ̃] *nm* Frischling *m*
marchand, e [maʀʃɑ̃, ɑ̃d] *nm/f* Händler(in) *m(f)*
▷ *adj*: **prix ~** Handelspreis *m*; **valeur ~e**
Marktwert *m*; **qualité ~e** gängige Qualität *f*;
~ au détail Einzelhändler *m*; **~ de biens**
Grundstücksmakler *m*; **~ de canons** (*péj*)
Waffenhändler *m*; **~ de charbon** Kohlenhändler
m; **~ de cycles** Fahrradhändler *m*; **~ de fruits**
Obsthändler *m*; **~ de journaux** Zeitungshändler
m; **~ de légumes** Gemüsehändler *m*; **~ de poisson**
Fischhändler *m*; **~ de sable** Sandmann *m*; **~ de
tableaux** Kunsthändler *m(f)*; **~ de tapis**
Teppichhändler *m*; (*péj*) Händlernatur *f*; **~ de
vins** Weinhändler *m*; **~ des quatre saisons** Obst-
und Gemüsehändler *m*; **~ en gros** Großhändler *m*
marchandage [maʀʃɑ̃daʒ] *nm* Handeln *nt*; (*péj:
électoral*) Feilschen *nt*
marchander [maʀʃɑ̃de] *vt* handeln *ou* feilschen
um; (*éloges*) geizen mit ▷ *vi* handeln, feilschen
marchandise [maʀʃɑ̃diz] *nf* Ware *f*
marchant, e [maʀʃɑ̃] *adj*: **aile ~e** (*d'un parti*)
aktiver Flügel *m*
marche [maʀʃ] *nf* (*d'escalier*) Stufe *f*; (*activité*)
Gehen *nt*; (*promenade*) Spaziergang *m*; (*allure,
démarche, fonctionnement*) Gang *m*; (*d'un train, navire*)
Fahrt *f*; (*du temps, progrès*) Lauf *m*; (*d'un service*)
Verlauf *m*; (*Mil, Mus*) Marsch *m*; **ouvrir/fermer
la ~** als Erster/Letzter marschieren; **à une heure
de ~** zu Fuß eine Stunde entfernt; **dans le sens
de la ~** in Fahrtrichtung; **prendre le train en
~** während der Fahrt aufspringen; **mettre en ~**
in Gang setzen; **remettre qch en ~** etw wieder
in Gang setzen; **se mettre en ~** (*personne*)
aufbrechen; **~ à suivre** (*sur notice*)
Gebrauchsanweisung *f*; **~ arrière**
Rückwärtsgang *m*; **faire ~ arrière** (*Auto*)
rückwärtsfahren; (*fig*) einen Rückzieher machen
marché [maʀʃe] *nm* Markt *m*; (*accord, affaire*)
Geschäft *nt*; **par dessus le ~** obendrein, noch
dazu; **faire son ~** einkaufen; **mettre le ~ en
main à qn** jdn vor ein Ultimatum stellen; **~ à
terme** Termingeschäft *nt*; **~ aux fleurs**
Blumenmarkt *m*; **~ aux puces** Flohmarkt *m*;
M~ commun Gemeinsamer Markt; **~ du travail**
Arbeitsmarkt *m*; **~ noir** Schwarzmarkt *m*; **faire
du ~ noir** Schwarzhandel betreiben
marchepied [maʀʃəpje] *nm* (*Rail*) Trittbrett *nt*;
servir de ~ à qn (*fig*) jdm als Sprungbrett dienen

marcher [maʀʃe] vi (*personne*) (zu Fuß) gehen; (: *se promener*) spazieren gehen; (*Mil*) marschieren; (*fonctionner*) laufen; (*fam: consentir*) mitmachen; (: *croire naïvement*) darauf hereinfallen; ~ **sur** gehen auf +dat; (*mettre le pied sur*) treten auf +acc; (*Mil: ville etc*) zumarschieren auf +acc; ~ **dans** (*herbe etc*) gehen in +dat; (*flaque*) treten in +acc; **faire ~ qn** (*pour rire*) jdn auf den Arm nehmen; (*pour tromper*) jdn an der Nase herumführen

marcheur, -euse [maʀʃœʀ, øz] nm/f Wanderer m, Wanderin f

marcotte [maʀkɔt] nf Senker m, Ableger m

marcotter [maʀkɔte] vt absenken

mardi [maʀdi] nm Dienstag m; **M~ gras** Fastnachtsdienstag m; *voir aussi* **lundi**

mare [maʀ] nf (*d'eau*) Tümpel m; ~ **de sang** Blutlache f

marécage [maʀekaʒ] nm Sumpf m, Moor nt

marécageux, -euse [maʀekaʒø, øz] adj sumpfig

maréchal, -aux [maʀeʃal, o] nm Marschall m; ~ **des logis** (*Mil*) ≈ Feldwebel m

maréchal-ferrant [maʀeʃalfeʀɑ̃] (pl **maréchaux-ferrants**) nm Schmied m

maréchaussée [maʀeʃose] nf (*hum*) Gendarmerie f

marée [maʀe] nf Gezeiten pl; (*poissons*) frische Seefische pl; ~ **basse** Niedrigwasser nt; ~ **descendante** Ebbe f; ~ **haute** Hochflut f; ~ **humaine** Menschenmenge f; ~ **montante** Flut f; ~ **noire** Ölteppich m

marelle [maʀel] nf: **jouer à la** ~ ≈ Himmel und Hölle spielen

marémotrice [maʀemɔtʀis] adj: **usine/énergie** ~ Gezeitenkraftwerk nt/-energie f

mareyeur, -euse [maʀejœʀ, øz] nm/f Fischgroßhändler(in) m(f)

margarine [maʀgaʀin] nf Margarine f

marge [maʀʒ] nf Rand m; (*fig*) Spielraum m; **en** ~ am Rande; **en** ~ **de** am Rande +gén; (*qui se rapporte à*) im Zusammenhang mit; ~ **bénéficiaire** Gewinnspanne f; ~ **d'erreur** zulässige Fehlergrenze f; ~ **de sécurité** Sicherheitsabstand m

margelle [maʀʒel] nf (*de puits*) Brunnenrand m

margeur [maʀʒœʀ] nm (*de machine à écrire*) Randsteller m

marginal, e, -aux [maʀʒinal, o] adj Rand-; (*secondaire*) Neben- ▷ nm/f Aussteiger m

marguerite [maʀgəʀit] nf (*Bot*) Margerite f

marguillier [maʀgije] nm Kirchendiener m

mari [maʀi] nm (Ehe)mann m

mariage [maʀjaʒ] nm (*union, état*) Ehe f; (*noce*) Heirat f, Hochzeit f; (*fig*) Verbindung f; ~ **blanc** nicht vollzogene Ehe; ~ **civil** standesamtliche Trauung f; ~ **d'amour** Liebesheirat f; ~ **d'intérêt** Geldheirat f; ~ **de raison** Vernunftehe f; ~ **religieux** kirchliche Trauung

marié, e [maʀje] adj verheiratet ▷ nm/f Bräutigam m/Braut f (am Hochzeitstag); **les ~s** das Brautpaar; **les jeunes ~s** die Frisch- ou Jungvermählten pl

marier [maʀje] vt (*suj: prêtre etc*) trauen; (*suj: parents*) verheiraten; (*fig: combiner*) vereinen;

se marier vpr heiraten; **se ~ avec** heiraten +acc

marijuana [maʀiʒɥana] nf Marihuana nt

marin, e [maʀɛ̃, in] adj (*sel*) Meer-; (*animal*) Meeres-; (*carte, map*) See- ▷ nm (*navigateur*) Seemann m; (*matelot*) Matrose m ▷ nf Marine f; (*Art*) Seestück nt ▷ nm (*Mil*) Marinesoldat m; (**bleu**) ~**e** marineblau; ~**e à voiles** Segelflotte f; ~**e de guerre** Kriegsmarine f; ~**e marchande** Handelsmarine f

marina [maʀina] nf Jachthafen m

marinade [maʀinad] nf Marinade f

marine [maʀin] *adj, nf voir* **marin**

mariner [maʀine] vi (*Culin*) in einer Marinade liegen ▷ vt (*Culin*) marinieren; **faire** ~ marinieren; (*fam: qn*) endlos warten lassen

marinier [maʀinje] nm (*fleuve*) Flussschiffer m

marinière [maʀinjeʀ] nf (*blouse*) Windjacke f; **moules** ~ Miesmuscheln pl in Weinsud

marionnette [maʀjɔnet] nf Marionette f; **marionnettes** nfpl (*spectacle*) Puppentheater nt

marital, e, -aux [maʀital, o] adj: **autorisation** ~**e** Zustimmung f des Ehemanns

maritalement [maʀitalmɑ̃] adv: **vivre** ~ in eheähnlicher Gemeinschaft leben

maritime [maʀitim] adj See-

marjolaine [maʀʒɔlen] nf Majoran m

mark [maʀk] nm inv Mark f

marketing [maʀketiŋ] nm Marketing nt

marmaille [maʀmaj] (*péj*) nf Gören pl

marmelade [maʀməlad] nf (*compote*) Kompott nt; (*confiture*) Marmelade f; **en** ~ (*fig*) zu Brei geschlagen

marmite [maʀmit] nf Topf m

marmiton [maʀmitɔ̃] nm Küchenjunge m

marmonner [maʀmɔne] vt, vi murmeln

marmot [maʀmo] (*fam*) nm Kind nt

marmotte [maʀmɔt] nf Murmeltier nt

marmotter [maʀmɔte] vt, vi murmeln

Maroc [maʀɔk] nm: **le** ~ Marokko nt

marocain, e [maʀɔkɛ̃, en] adj marokkanisch ▷ nm/f: **Marocain, e** Marokkaner(in) m(f)

maroquin [maʀɔkɛ̃] nm (*peau*) Saffian m, Maroquin m; (*portefeuille de ministre*) Ministerposten m

maroquinerie [maʀɔkinʀi] nf (*industrie*) Lederverarbeitung f; (*boutique*) Lederwarengeschäft nt; (*articles*) Lederwaren pl

maroquinier [maʀɔkinje] nm (*fabricant*) Lederwarenfabrikant m; (*marchand*) Lederwarenhändler m

marotte [maʀɔt] nf Marotte f

marquage [maʀkaʒ] nm Kennzeichnung f

marquant, e [maʀkɑ̃, ɑ̃t] adj markant, auffallend

marque [maʀk] nf Zeichen nt; (*de pas, doigts*) Abdruck m; (*insigne, signe*) Abzeichen nt; (*décompte des points*) (Spiel)stand m; (*Comm*) Marke f; (: *de disques*) Label nt; ~ **du pluriel** (*Ling*) Pluralzeichen nt; ~ **d'affection/de joie** Zeichen der Zuneigung/ der Freude; **à vos ~s!** (*Sport*) auf die Plätze!; **de** ~ adj (*Comm*) Marken-; (*fig: personnage, hôte*) bedeutend; ~ **de fabrique** Marken- ou

Firmenzeichen *nt*; **~ déposée** eingetragenes
Warenzeichen *nt*
marqué, e [maʀke] *adj (linge, drap, visage)*
gezeichnet; *(taille)* betont; *(différence, préférence)*
deutlich; *(personne: politiquement etc)*
abgestempelt; **il n'y a rien de ~** hier steht nichts
marquer [maʀke] *vt (noter)* aufschreiben;
(: frontières) einzeichnen; *(linge, drap etc)* zeichnen;
(bétail) brandmarken, kennzeichnen;
(endommager) beschädigen; *(impressionner)*
beeindrucken; *(indiquer)* anzeigen; *(anniversaire)*
(festlich) begehen; *(Sport: but, essai, panier)*
schießen; *(: joueur)* decken; *(souligner: différence)*
aufzeigen; *(: taille)* betonen, hervorheben;
(manifester) ausdrücken, zeigen ▷ *vi (coup)* sitzen;
(événement, personnalité) von Bedeutung sein;
(Sport: joueur) ein Tor schießen; **~ qn de son
influence** jdn beeinflussen; **~ qn de son
empreinte** jdm seinen Stempel aufdrücken;
~ un temps d'arrêt für einen Augenblick
pausieren; **~ le pas** *(fig)* auf der Stelle treten; **~ le
coup** *(fêter)* gebührend feiern; **~ d'une pierre
blanche** im Kalender rot anstreichen; **~ les
points** *(tenir la marque)* den Spielstand
aufschreiben; **~ des points** Punkte gewinnen
marqueté, e [maʀkəte] *adj* Intarsien-
marqueterie [maʀketʀi] *nf* Intarsienarbeit *f*
marqueur, -euse [maʀkœʀ, øz] *nm/f (Sport: de
but)* Torschütze *m* ▷ *nm (feutre)* Marker *m*
marquis, e [maʀki] *nm/f* Marquis *m*, Marquise *f*
▷ *nf (auvent)* Markise *f*; **les (îles) M~es** die
Marquesasinseln *pl*
marraine [maʀɛn] *nf (d'un enfant)* Patentante *f*,
Patin *f*
Marrakech [maʀakɛʃ] *n* Marrakesch *nt*
marrant, e [maʀɑ̃, ɑ̃t] *adj (fam)* lustig; **pas ~**
(personne) griesgrämig
marre [maʀ] *(fam) adv*: **en avoir ~ de** die Nase
vollhaben von
marrer [maʀe] *(fam)*: **se ~** *vpr* sich kugeln
marron [maʀɔ̃] *nm* Esskastanie *f* ▷ *adj inv (couleur)*
braun ▷ *adj (péj)* krumm; *(: faux)* falsch; **~s glacés**
kandierte Kastanien *pl*
marronnier [maʀɔnje] *nm* (Ess)kastanie(nbaum
m) f
Mars [maʀs] *nm ou f* Mars *m*
mars [maʀs] *nm* März *m*; *voir aussi* **juillet**
marseillais, e [maʀsɛje, ɛz] *adj* aus Marseille
▷ *nm/f*: **Marseillais, e** Einwohner(in) *m(f)* von
Marseille ▷ *nf*: **la M~e** die Marseillaise *f*; *siehe
Info-Artikel*

⬤ **MARSEILLAISE**
⬤
⬤ *La Marseillaise* ist seit 1879 die Nationalhymne
⬤ Frankreichs. Der Text des „Chant de guerre de
⬤ l'armée du Rhin", wie das Lied ursprünglich
⬤ hieß, wurde zu einer anonymen Melodie von
⬤ dem Hauptmann Rouget de Lisle 1792
⬤ geschrieben. Es wurde von dem Bataillon von
⬤ Marseille als Marschlied benutzt und wurde
⬤ schließlich als die *Marseillaise* bekannt.

Marseille [maʀsɛj] *n* Marseille *nt*
marsouin [maʀswɛ̃] *nm* Tümmler *m*
marsupiaux [maʀsypjo] *nmpl* Beuteltiere *pl*
marteau [maʀto] *nm* Hammer *m*; *(de porte)*
Türklopfer *m*; **~ pneumatique**
Presslufthammer *m*
marteau-pilon [maʀtopilɔ̃] *(pl* **marteaux-pilons***)
nm* Maschinenhammer *m*
marteau-piqueur [maʀtopikœʀ] *(pl* **marteaux-
piqueurs***) nm* Presslufthammer *m*
martel [maʀtɛl] *nm*: **se mettre ~ en tête** sich *dat*
Sorgen machen
martèlement [maʀtɛlmɑ̃] *nm* Hämmern *nt*; *(de
pas etc)* Dröhnen *nt*
marteler [maʀtəle] *vt (métal)* hämmern; *(frapper à
coups répétés)* einhämmern auf +*acc*; *(mots, phrases)*
scharf artikulieren
martial, e, -aux [maʀsjal, jo] *adj (allure, voix etc)*
kriegerisch; **arts martiaux** Kampfsportarten *pl*;
loi ~e Kriegsgesetz *nt*; **cour ~e** Kriegsgericht *nt*
martien, ne [maʀsjɛ̃, jɛn] *adj* Mars-
martinet [maʀtine] *nm (fouet)* (mehrschwänzige)
Peitsche *f*; *(Zool)* Mauersegler *m*
martingale [maʀtɛ̃gal] *nf (Couture)* Halbgürtel *m*;
(Jeu) Gewinnsystem *nt*
martiniquais, e [maʀtinikɛ, ɛz] *adj* aus
Martinique ▷ *nm/f*: **Martiniquais, e**
Einwohner(in) *m(f)* von Martinique
Martinique [maʀtinik] *nf*: **la ~** Martinique
martin-pêcheur [maʀtɛ̃pɛʃœʀ] *(pl* **martins-
pêcheurs***) nm* Eisvogel *m*
martre [maʀtʀ] *nf (Zool)* Marder *m*; *(fourrure)*
Marderfell *nt*; **~ zibeline** Zobel *m*
martyr, e [maʀtiʀ] *nm/f* Märtyrer(in) *m(f)* ▷ *adj*
grausam behandelt; **enfants ~s** misshandelte
Kinder *pl*
martyre [maʀtiʀ] *nm* Martyrium *nt*; **souffrir le
~** Höllenqualen erleiden
martyriser [maʀtiʀize] *vt (Rel)* martern; *(enfant)*
misshandeln; *(fig)* peinigen
marxisme [maʀksism] *nm* Marxismus *m*
marxiste [maʀksist] *adj* marxistisch ▷ *nm/f*
Marxist(in) *m(f)*
mas [mɑ(s)] *nm* südfranzösisches Bauernhaus
mascara [maskaʀa] *nm* Wimperntusche *f*
mascarade [maskaʀad] *nf (accoutrement)*
Maskerade *f*; *(hypocrisie)* Heuchelei *f*
mascotte [maskɔt] *nf* Maskottchen *nt*
masculin, e [maskylɛ̃, in] *adj* männlich; *(équipe,
vêtements, métier)* Männer-; *(Ling)* maskulin ▷ *nm*
Maskulinum *nt*
masochisme [mazɔism] *nm* Masochismus *m*
masochiste [mazɔist] *adj* masochistisch ▷ *nm/f*
Masochist(in) *m(f)*
masque [mask] *nm* Maske *f*; **~ à gaz**
Gasmaske *f*; **~ à oxygène** Sauerstoffmaske *f*;
~ de beauté Gesichtsmaske *f*; **~ de plongée**
Tauchermaske *f*
masqué, e [maske] *adj* maskiert; **bal ~**
Maskenball *m*
masquer [maske] *vt (cacher)* verbergen; *(goût,
odeur)* übertönen

massacrant, e [masakʀɑ̃, ɑ̃t] *adj*: **être d'une humeur ~e** äußerst schlecht *ou* übel gelaunt sein

massacre [masakʀ] *nm* Massaker *nt*; *(d'adversaire)* Niedermetzeln *nt*; *(de volaille)* Schlachten *nt*; **jeu de ~** *(à la foire)* Ballwurfspiel *nt*

massacrer [masakʀe] *vt* massakrieren; *(fig: adversaire)* niedermetzeln; *(volaille)* schlachten; *(paysage)* verschandeln; *(texte)* verhunzen

massage [masaʒ] *nm* Massage *f*

masse [mɑs] *nf* Masse *f*; *(d'eau, de rocher, d'air)* Massen *pl*; *(de cailloux, documents, mots)* Berge *pl*; *(maillet)* Vorschlaghammer *m*; **les ~s laborieuses** die Arbeitermassen *pl*; **la grande ~ des ...** die Masse +*gén*; **une ~** *ou* **des ~s de** *(fam)* jede Menge; **en ~** adv en masse, in Scharen ▷ *adj* *(exécutions, production)* Massen-; **~ monétaire** *(Fin)* Geldvolumen *nt*; **~ salariale** Lohnaufkommen *nt*

massepain [maspɛ̃] *nm* Marzipan *nt*

masser [mase] *vt* *(assembler)* versammeln; *(pétrir)* massieren; **se masser** *vpr* sich versammeln

masseur, -euse [masœʀ, øz] *nm/f* *(personne)* Masseur(in) *m(f)* ▷ *nm* *(appareil)* Massagegerät *nt*

massicot [masiko] *nm* *(Typo)* Papierschneidemaschine *f*, Guillotine *f*

massif, -ive [masif, iv] *adj* massiv; *(visage, silhouette)* massig; *(départs, déportations etc)* Massen- ▷ *nm* *(montagneux)* Massiv *nt*; *(de fleurs)* Beet *nt*

massivement [masivmɑ̃] *adv* massiv

mass média [masmedja] *nmpl* Massenmedien *pl*

massue [masy] *nf* Keule *f*; **argument ~** schlagendes Argument *nt*

mastic [mastik] *nm* *(pour vitres)* Kitt *m*; *(pour fentes)* Spachtelmasse *f*

masticage [mastikaʒ] *nm* *(de fente)* Verspachteln *nt*; *(de vitre)* Verkitten *nt*

mastication [mastikasjɔ̃] *nf* Kauen *nt*

mastiquer [mastike] *vt* *(aliment)* kauen; *(fente)* verspachteln; *(vitre)* kitten

mastoc [mastɔk] *(fam) adj inv* feist

mastodonte [mastɔdɔ̃t] *nm* *(personne)* Koloss *m*; *(machine, véhicule)* Gigant *m*

masturbation [mastyʀbasjɔ̃] *nf* Onanie *f*

masturber [mastyʀbe] *vt*: **se ~** masturbieren, onanieren

m'as-tu-vu [matyvy] *nm/f inv* Wichtigtuer(in) *m(f)*, Angeber(in) *m(f)*

masure [mɑzyʀ] *nf* Bruchbude *f*

mat, e [mat] *adj* matt; *(peau)* braun; *(bruit, son)* dumpf ▷ *adj inv*: **être ~** *(Échecs)* schachmatt sein

mât [mɑ] *nm* *(Naut)* Mast *m*; *(poteau, perche)* Stange *f*

matamore [matamɔʀ] *nm* Maulheld *m*

match [matʃ] *nm* Spiel *nt*; **~ aller** Hinspiel *nt*; **~ nul** unentschiedenes Spiel; **faire ~ nul** unentschieden spielen; **~ retour** Rückspiel *nt*

matelas [mat(ə)la] *nm* Matratze *f*; **~ à ressorts** Sprungfedermatratze *f*; **~ pneumatique** Luftmatratze *f*

matelasser [mat(ə)lase] *vt* *(fauteuil)* polstern; *(manteau)* füttern

matelassier, -ière [mat(ə)lasje, jɛʀ] *nm/f* Polsterer(in) *m(f)*

matelot [mat(ə)lo] *nm* Matrose *m*

mater [mate] *vt* *(personne, prisonniers)* bändigen; *(incendie, révolte, passions)* unter Kontrolle bringen; *(fam: regarder)* angucken

matérialisation [mateʀjalizasjɔ̃] *nf* Verwirklichung *f*; *(Spiritisme)* Materialisation *f*

matérialiser [mateʀjalize] *vt* verwirklichen; **se matérialiser** *vpr* sich materialisieren

matérialisme [mateʀjalism] *nm* Materialismus *m*

matérialiste [mateʀjalist] *adj* materialistisch ▷ *nm/f* Materialist(in) *m(f)*

matériau [mateʀjo] *nm* *(Constr)* Baumaterial *nt*; **matériaux** *nmpl* *(documents)* Materialien *pl*; **~x de construction** Baumaterialien *pl*

matériel, le [mateʀjɛl] *adj* materiell; *(impossibilité, organisation, aide)* praktisch; *(preuve)* greifbar; *(péj: personne)* materialistisch ▷ *nm* Material *nt*; *(de camping, pêche)* Ausrüstung *f*; *(Inform)* Hardware *f*; **il n'a pas le temps ~ de le faire** er hat effektiv keine Zeit, es zu machen; **~ d'exploitation** Betriebsmittel *pl*; **~ roulant** *(Rail)* rollendes Material

matériellement [mateʀjɛlmɑ̃] *adv* (*v adj*) in materieller Hinsicht; praktisch; materialistisch; **c'est ~ impossible** das ist praktisch unmöglich

maternel, le [matɛʀnɛl] *adj* mütterlich; *(grand-père, oncle)* mütterlicherseits ▷ *nf (aussi:* **école maternelle)** Kindergarten *m*

materner [matɛʀne] *vt* bemuttern

maternisé, e [matɛʀnize] *adj*: **lait ~** Flaschennahrung *f*

maternité [matɛʀnite] *nf* *(état, qualité de mère)* Mutterschaft *f*; *(grossesse)* Schwangerschaft *f*; *(établissement)* Entbindungsheim *nt*; *(service)* Entbindungsstation *f*

math [mat] *abr fpl* *(fam: = mathématiques)* Mathe *f*

mathématicien, ne [matematisjɛ̃, jɛn] *nm/f* Mathematiker(in) *m(f)*

mathématique [matematik] *adj* mathematisch ▷ *nf* Mathematik *f*; **mathématiques** *nfpl* Mathematik; **~s modernes** moderne Mathematik

matheux, -euse [matø, øz] *(fam) nm/f* Mathestudent(in) *m(f)*; *(fort en maths)* Mathegenie *nt*

maths [mat] *abr fpl* = **math**

matière [matjɛʀ] *nf* *(Phys)* Materie *f*; *(Comm, Tech)* Material *nt*; *(d'un livre etc)* Stoff *m*; *(Scol: discipline)* Fach *nt*; **en ~ de** auf dem Gebiet +*gén*; **donner ~ à** Anlass geben zu; **~ grise** graue Zellen *pl*; *(fig)* Verstand *m*; **~ plastique** Kunststoff *m*; **~s grasses** Fett *nt*; **~s premières** Rohstoffe *pl*

MATIF [matif] *sigle m* (*= Marché à terme international de France*) Kontrollorgan der französischen Börse

Matignon [matiɲɔ̃] *nm* Amtssitz des französischen Premierministers; *siehe Info-Artikel*

HÔTEL MATIGNON

L'hôtel Matignon ist das Pariser Büro und der Wohnsitz des französischen Premierministers. Der Begriff *Matignon* wird oft für den Premierminister oder seinen Stab verwendet.

matin [matɛ̃] *nm* Morgen *m*, Vormittag *m*; **le ~** *(moment)* am Morgen, morgens; **jusqu'au ~** bis (früh)morgens; **le lendemain ~** am nächsten Morgen; **hier ~** gestern Morgen; **demain ~** morgen früh; **du ~ au soir** von morgens bis abends; **tous les ~s** jeden Morgen; **une heure du ~** ein Uhr nachts; **à demain ~!** bis morgen früh!; **un beau ~** eines schönen Morgens; **de grand** *ou* **bon ~** am frühen Morgen

matinal, e, -aux [matinal, o] *adj (toilette, gymnastique)* morgendlich, Morgen-; *(de bonne heure)* Früh-; **être ~** früh auf den Beinen sein; *(habituellement)* Frühaufsteher sein

mâtiné, e [matine] *adj* Mischlings-

matinée [matine] *nf (matin)* Morgen *m*, Vormittag *m*; *(spectacle)* Matinee *f*; **en ~** in der Frühvorstellung *ou* Matinee

matois, e [matwa, waz] *adj* schlau, gewitzt

matou [matu] *nm* Kater *m*

matraquage [matrakaʒ] *nm* Knüppeln *nt*; **~ publicitaire** massive Werbung *f*

matraque [matrak] *nf (de malfaiteur)* Knüppel *m*; *(de policier)* Schlagstock *m*, Gummiknüppel *m*

matraquer [matrake] *vt (niederknüppeln; (touristes etc)* ausnehmen; *(disque etc)* immer wieder spielen

matriarcal, e, -aux [matrijarkal, o] *adj* matriarchalisch

matrice [matris] *nf (Anat)* Gebärmutter *f*; *(Tech: moule)* Form *f*; *(Math)* Matrix *f*

matricule [matrikyl] *nf (aussi:* **registre matricule)** Aufnahmeregister *nt* ▷ *nm (aussi:* **numéro matricule)** Kennnummer *f*

matrimonial, e, -aux [matrimɔnjal, jo] *adj* ehelich, Ehe-

matrone [matrɔn] *nf* Matrone *f*

mature [matyr] *adj* reif

mâture [matyr] *nf (Naut)* Masten *pl*

maturité [matyrite] *nf* Reife *f*; *(âge mur)* reifes Alter *nt*; *(circonspection, sagesse)* Weisheit *f*; *(Suisse:* baccalauréat) ≈ Abitur *nt*

maudire [modir] *vt* verfluchen

maudit, e [modi, it] *adj (réprouvé)* verdammt; *(fam: satané)* verflucht

maugréer [mogree] *vi* murren

mauresque [mɔrɛsk] *adj* maurisch

Maurice [mɔris] *nf:* **l'île ~** Mauritius *nt*

mauricien, ne [mɔrisjɛ̃, jɛn] *adj* mauritisch ▷ *nm/f:* **Mauricien, ne** Mauritier(in) *m(f)*

Mauritanie [mɔritani] *nf:* **la ~** Mauretanien *nt*

mauritanien, ne [mɔritanjɛ̃, jɛn] *adj* mauretanisch ▷ *nm/f:* **Mauritanien, ne** Mauretanier(in) *m(f)*

mausolée [mozɔle] *nm* Mausoleum *nt*

maussade [mosad] *adj* mürrisch; *(ciel, temps)* unfreundlich

mauvais, e [mɔvɛ, ɛz] *adj* schlecht; *(faux)* falsch; *(méchant, malveillant)* böse, übel ▷ *nm:* **le ~** das Schlechte ▷ *adv:* **sentir ~** schlecht riechen; **le ~ numéro** die falsche Nummer; **le ~ moment** der falsche Augenblick; **il fait ~** es ist schlechtes Wetter; **la mer est ~e** das Meer ist stürmisch; **faire un ~ coup à qn** jdn aufs Kreuz legen; **~ coucheur** übler Kunde *m*; **~ garçon** schwerer Junge *m*; **~ joueur** schlechte Verlierer *m*; **~ pas** Klemme *f*; **~ traitements** Misshandlungen *pl*; **~e herbe** Unkraut *nt*; **~e langue** Lästermaul *nt*; **~e passe** schwierige Situation *f*; *(période)* schlimme Zeit *f*; **~e tête** Dickschädel *m*

mauve [mov] *nm* Mauve *nt* ▷ *nf (Bot)* Malve *f* ▷ *adj (couleur)* malvenfarbig, mauve

mauviette [movjɛt] *(péj) nf* Schwächling *m*

maux [mo] *nmpl voir* **mal**

max. [maks] *abr (= maximum)* max

maximal, e, -aux [maksimal, o] *adj* maximal

maxime [maksim] *nf* Maxime *f*

maximum [maksimɔm] *adj* maximal, Höchst- ▷ *nm* Maximum *nt*; **au ~** *adv (le plus possible)* bis zum Äußersten; *(tout au plus)* höchstens, maximal

Mayence [majɑ̃s] *n* Mainz *nt*

mayonnaise [majɔnɛz] *nf* Mayonnaise *f*

mazout [mazut] *nm* Heizöl *nt*; **poêle à ~** Ölofen *m*

MDM [ɛmdeɛm] *sigle mpl (= Médecins du monde)* Ärzteorganisation für die Dritte Welt

Me *abr =* **maître**

me [mə], **m'** *(avant voyelle ou h muet) pron (acc)* mich; *(dat)* mir; **il me voit** er sieht mich; **il me donne un livre** er gibt mir ein Buch

méandres [meɑ̃dr] *nmpl (d'un cours d'eau)* Windungen *pl*; *(fig: de la politique, pensée)* Winkelzüge *pl*

mec [mɛk] *(fam) nm* Typ *m*, Kerl *m*

mécanicien, ne [mekanisjɛ̃, jɛn] *nm/f* Mechaniker(in) *m(f)*; *(Rail)* Lokomotivführer(in) *m(f)*; **~ navigant** *ou* **de bord** Bordingenieur *m*

mécanicien-dentiste [mekanisjɛ̃dɑ̃tist] *(pl* **mécaniciens-dentistes)** *nm* Zahntechniker *m*

mécanicienne-dentiste [mekanisjɛn-] *(pl* **mécaniciennes-dentistes)** *nf* Zahntechnikerin *f*

mécanique [mekanik] *adj (tissage etc)* maschinell; *(jouet, geste etc)* mechanisch ▷ *nf (science)* Mechanik *f*; *(technologie)* Maschinenbau *m*; *(mécanisme)* Mechanismus *m*; **s'y connaître en ~** technisch geschickt *ou* versiert sein; **ennui ~** Motorschaden *m*; **~ hydraulique** Hydraulik *f*; **~ ondulatoire** Wellenmechanik *f*

mécaniquement [mekanikmɑ̃] *adv (agir, répondre)* mechanisch

mécanisation [mekanizasjɔ̃] *nf* Mechanisierung *f*

mécaniser [mekanize] *vt* mechanisieren

mécanisme [mekanism] *nm (d'une serrure, horloge)* Mechanismus *m*; *(biologique, économique)* Prozess *m*; **~ du taux de change**

Wechselkursmechanismus *m*

mécano [mekano] *(fam) nm (mécanicien)* Mechaniker(in) *m(f)*

mécanographie [mekanɔgʀafi] *nf* maschinelle Datenverarbeitung *f*

mécanographique [mekanɔgʀafik] *adj (fiche)* Buchungs-

mécène [mesɛn] *nm* Gönner *m*, Mäzen *m*

méchamment [meʃamã] *adv* böse, bösartig

méchanceté [meʃãste] *nf* Gemeinheit *f*

méchant, e [meʃã, ãt] *adj (personne, sourire)* boshaft, gemein; *(enfant)* unartig, böse; *(animal)* bösartig; *(fam: avant le nom: affaire, humeur)* übel; *(: intensif)* toll

mèche [mɛʃ] *nf (d'une lampe, bougie)* Docht *m; (d'un explosif)* Zündschnur *f; (Méd)* Tupfer *m; (de vilebrequin, perceuse, de dentiste)* Bohrer *m; (de cheveux: coupés)* Locke *f; (: d'une autre couleur)* Strähne *f;* **se faire faire des ~s** sich *dat* Strähnchen machen lassen; **vendre la ~** aus der Schule plaudern; **être de ~ avec qn** mit jdm unter einer Decke stecken

méchoui [meʃwi] *nm* Fest, *an dem ein am Spieß gebratenes Schaf verzehrt wird*

mécompte [mekɔ̃t] *nm (erreur de calcul)* Rechenfehler *m; (déception)* Enttäuschung *f*

méconnais [mekɔnɛ] *vb voir* **méconnaître**

méconnaissable [mekɔnɛsabl] *adj* unkenntlich

méconnaissais [mekɔnɛsɛ] *vb voir* **méconnaître**

méconnaissance [mekɔnɛsãs] *nf* Unkenntnis *f*

méconnaître [mekɔnɛtʀ] *vt* verkennen

méconnu, e [mekɔny] *pp de* **méconnaître** ▷ *adj (génie etc)* verkannt

mécontent, e [mekɔ̃tã, ãt] *adj:* **~ (de)** *(insatisfait)* unzufrieden (mit); *(contrarié)* verärgert (über) ▷ *nm* Unzufriedener *m*

mécontentement [mekɔ̃tãtmã] *nm (déplaisir)* Ärger *m; (insatisfaction)* Unzufriedenheit *f*

mécontenter [mekɔ̃tãte] *vt* verärgern

Mecque [mɛk] *nf:* **la ~** Mekka *nt*

mécréant, e [mekʀeã, ãt] *adj (fam: peuple)* ungläubig; *(: personne)* atheistisch

médaille [medaj] *nf* Medaille *f*

médaillé, e [medaje] *nm/f (Sport)* Medaillenträger(in) *m(f)*

médaillon [medajɔ̃] *nm* Medaillon *nt*

médecin [med(ə)sɛ̃] *nm* Arzt *m;* **~ de famille** Hausarzt *m;* **~ du bord** Schiffsarzt *m;* **~ généraliste** praktischer Arzt; **~ légiste** Gerichtsmediziner *m;* **~ traitant** behandelnder Arzt

médecine [med(ə)sin] *nf (science)* Medizin *f; (profession)* Arztberuf *m;* **~ du travail** Arbeitsmedizin *f;* **~ générale** Allgemeinmedizin *f;* **~ infantile** Kinderheilkunde *f;* **~ légale** Gerichtsmedizin *f;* **~ préventive** vorbeugende Medizin

MEDEF [medɛf] *sigle m (= Mouvement des entreprises de France)* französischer Arbeitgeberverband

médian, e [medjã, jan] *adj (Math)* halbierend

médias [medja] *nmpl* Medien *pl*

médiateur, -trice [medjatœʀ, tʀis] *nm/f (arbitre)*

Mittelsmann *m*, Vermittler *m*

médiathèque [medjatɛk] *nf* Mediothek *f*

médiation [medjasjɔ̃] *nf (arbitrage)* Schlichtung *f*

médiatique [medjatik] *adj* Medien-

médiator [medjatɔʀ] *nm* Plektron *nt*

médical, e, -aux [medikal, o] *adj (soin, profession)* ärztlich

médicalement [medikalmã] *adv* aus medizinischer Sicht, medizinisch

médicament [medikamã] *nm* Medikament *nt*

médicamenteux, -euse [medikamãtø, øz] *adj (produit)* Arznei-; *(traitement)* medikamentös

médication [medikasjɔ̃] *nf (traitement)* medikamentöse Behandlung *f*

médicinal, e, -aux [medisinal, o] *adj (herbe, plante)* Heil-

médico-légal, e, -aux [medikɔlegal, o] *adj* gerichtsmedizinisch

médico-social, e, -aux [medikɔsɔsjal, o] *adj* sozialmedizinisch

médiéval, e, -aux [medjeval, o] *adj* mittelalterlich

médiocre [medjɔkʀ] *adj* mittelmäßig

médiocrité [medjɔkʀite] *nf* Mittelmäßigkeit *f*

médire [mediʀ] *vt:* **~ de** *vt* herziehen über +*acc*

médisance [medizãs] *nf* üble Nachrede *f*

médisant, e [medizã, ãt] *vb voir* **médire** ▷ *adj* verleumderisch

médit [medi] *pp de* **médire**

méditatif, -ive [meditatif, iv] *adj* nachdenklich, grüblerisch

méditation [meditasjɔ̃] *nf* Meditation *f;* **se livrer à de longues ~s** lange nachdenken *ou* nachsinnen; **entrer en ~** sich sammeln

méditer [medite] *vt (approfondir)* meditieren *ou* nachdenken über +*acc; (préparer)* planen ▷ *vi (réfléchir)* nachdenken, meditieren; **~ sur qch** über etw *acc* nachdenken *ou* meditieren

Méditerranée [mediteʀane] *nf:* **la (mer) ~** das Mittelmeer

méditerranéen, ne [mediteʀaneɛ̃, ɛn] *adj* Mittelmeer- ▷ *nm/f:* **Méditerranéen, ne** Mittelmeeranrainer(in) *m(f)*

médium [medjɔm] *nm* Medium *nt*

médius [medjys] *nm* Mittelfinger *m*

méduse [medyz] *nf* Qualle *f*

méduser [medyze] *vt* sprachlos machen

meeting [mitiŋ] *nm* Treffen *nt;* **~ aérien** Flugschau *f*

méfait [mefɛ] *nm (faute)* Missetat *f;* **méfaits** *nmpl (ravages)* Schäden *pl*

méfiance [mefjãs] *nf* Misstrauen *nt*

méfiant, e [mefjã, jãt] *adj* misstrauisch

méfier [mefje] *:* **se ~** *vpr* sich in Acht nehmen, achtgeben; **se ~ de** misstrauen +*dat; (faire attention)* aufpassen auf

mégalomane [megalɔman] *adj* größenwahnsinnig

mégalomanie [megalɔmani] *nf* Größenwahn *m*

mégalopole [megalɔpɔl] *nf* moderne Riesenstadt *f*

méga-octet [megaɔktɛ] *nm* Megabyte *nt*

mégarde [megaʀd] nf: **par ~** aus Versehen, versehentlich

mégatonne [megatɔn] nf Megatonne f

mégère [meʒɛʀ] (péj) nf Megäre f

mégot [mego] nm Kippe f

mégoter [megɔte] (fam) vi kleinlich sein

meilleur, e [mɛjœʀ] adj (comparatif) bessere(r, s)
▷ adv: **il fait ~ qu'hier** es ist schöner als gestern
▷ nm/f: **le ~, la ~e** (personne) der/die Beste; (chose) der/die/das Beste; **le ~ (de)** der/die/das Beste (von); **le ~ des deux** der/die/das bessere von beiden; **c'est la ~e!** das ist ja wohl die Höhe!; **~ marché** billiger

méjuger [meʒyʒe] vt falsch beurteilen

mél [mɛl] nm E-Mail f

mélancolie [melɑ̃kɔli] nf Melancholie f, Schwermut f

mélancolique [melɑ̃kɔlik] adj (personne) melancholisch, schwermütig; (regard, air) schwermütig; (Méd) melancholisch

Mélanésie [melanezi] nf: **la ~** Melanesien nt

mélange [melɑ̃ʒ] nm Mischung f; (opération) Mischen nt; **sans ~** unverdünnt; (bonheur etc) ungetrübt

mélangé, e [melɑ̃ʒe] adj gemischt; (laine) Misch-

mélanger [melɑ̃ʒe] vt mischen; (mettre en désordre, confondre) durcheinanderbringen; **se mélanger** vpr (liquides, couleurs) sich vermengen

mélanine [melanin] nf Melanin nt

mélasse [melas] nf Melasse f

mêlée [mele] nf (bataille, cohue) (Hand)gemenge nt; (Rugby) offenes Gedränge nt

mêler [mele] vt (ver)mischen; (réunir) vermengen, vermischen; (embrouiller) verwirren, durcheinanderbringen; **se mêler** vpr sich vermischen; **~ à** (hinzu)mischen zu; **se ~ à** ou **avec** (suj: chose) sich vermischen mit; **se ~ à** (suj: personne) sich mischen unter +acc; (: odeurs etc) sich vermischen mit; **se ~ de** (suj: personne) sich mischen in +acc; **~ qn à une affaire** jdn in eine Sache verwickeln; **mêle-toi de tes affaires!** kümmere dich um deine eigenen Angelegenheiten!

mélodie [melɔdi] nf Melodie f

mélodieux, -euse [melɔdjø, jøz] adj melodisch

mélodique [melɔdik] adj melodisch

mélodramatique [melɔdʀamatik] adj melodramatisch

mélodrame [melɔdʀam] nm Melodrama nt

mélomane [melɔman] nm/f Musikfreund(in) m(f)

melon [m(ə)lɔ̃] nm Melone f; **~ d'eau** Wassermelone f

mélopée [melɔpe] nf eintöniger Gesang m

membrane [mɑ̃bʀan] nf Membran f

membre [mɑ̃bʀ] nm (Anat) Glied nt; (personne, pays, élément) Mitglied nt ▷ adj (pays, état) Mitglieds-; **être ~ de** ein Mitglied sein von; **~ de phrase** Satzglied nt; **~ (viril)** Glied nt

mémé [meme] (fam) nf Oma f

même [mɛm] adj **1**: **le/la même ...** (identique) der/die/das gleiche ...; (semblable) derselbe/dieselbe/dasselbe ...; **ils ont les mêmes goûts** sie haben den gleichen Geschmack; **en même temps** gleichzeitig
2 (après le nom: renforcement): **il est la loyauté même** er ist die Treue selbst; **ce sont ses paroles mêmes** das sind genau seine Worte; **ce sont celles-là mêmes** das sind dieselben
▷ pron: **le/la même** (semblable) der/die/das Gleiche; (identique) derselbe/dieselbe/dasselbe; **les mêmes** (semblables) die Gleichen; (identiques) dieselben; **cela revient au même** das kommt aufs Gleiche heraus; **ce sont toujours les mêmes qui ...** es sind immer dieselben, die ...
▷ adv **1** (renforcement): **il n'a même pas pleuré** er hat nicht einmal geweint; **même André l'a dit** sogar André hat es gesagt; **ici même** genau hier; **même si** auch wenn
2: **à même la bouteille** direkt aus der Flasche; **à même la peau** direkt auf der Haut; **être à même de faire qch** in der Lage sein, etw zu tun
3: **faire de même** das Gleiche tun; **lui de même** er auch; **de même que** wie auch; **il en va/est allé de même pour** das Gleiche gilt für/traf zu auf +acc

mémento [meme̅to] nm (note) Notiz f

mémoire [memwaʀ] nf Gedächtnis nt; (Inform) Speicher m; (souvenir) Erinnerung f ▷ nm (Admin, Jur) Memorandum nt; (Scol) Aufsatz m; **mémoires** nmpl Memoiren pl; **avoir la ~ des visages/chiffres** ein gutes Personengedächtnis/Zahlengedächtnis haben; **n'avoir aucune ~** ein furchtbar schlechtes Gedächtnis haben; **avoir de la ~** ein gutes Gedächtnis haben; **à la ~ de** zur Erinnerung an +acc; **pour ~** übrigens; **de ~** auswendig; **de ~ d'homme** seit Menschengedenken; **mettre en ~** (Inform) abspeichern; **~ morte** ROM nt, Lesespeicher m; **~ rémanente** Magnetspeicher m, Festspeicher m; **~ vive** RAM nt, Lese-Schreibspeicher m

mémorable [memɔʀabl] adj denkwürdig

mémorandum [memɔʀɑ̃dɔm] nm (d'un diplomate) Memorandum nt; (carnet) Notizbuch nt

mémorial, e, -aux [memɔʀjal, jo] nm Denkmal nt

mémorialiste [memɔʀjalist] nm/f Memoirenschreiber(in) m(f)

mémoriser [memɔʀize] vt sich dat einprägen; (Inform) (ab)speichern

menaçant, e [mənasɑ̃, ɑ̃t] adj drohend; (temps) bedrohlich

menace [mənas] nf Drohung f; (danger) Bedrohung f; **~ en l'air** leere Drohung

menacer [mənase] vt drohen +dat; (mettre en danger) bedrohen; **~ qn de qch** jdn mit etw bedrohen; **~ qn de faire qch** jdm drohen, etw zu tun

ménage [menaʒ] nm (travail) Haushalt m, Hausarbeit f; (couple) Ehepaar nt; (famille, Admin)

Haushalt; **faire le ~** den Haushalt machen;
faire des ~s Putzstellen haben; **monter son ~**
sich einrichten, seinen Haushalt einrichten; **se
mettre en ~ avec qn** mit jdm einen
gemeinsamen Hausstand gründen; **heureux en
~** glücklich verheiratet; **faire bon/mauvais ~
avec qn** sich mit jdm gut/schlecht vertragen; **~ à
trois** Dreierbeziehung *f*

ménagement [menaʒmã] *nm* Rücksicht *f*;
ménagements *nmpl* Umsicht *f*; **avec ~**
rücksichtsvoll; **sans ~** rücksichtslos

ménager¹ [menaʒe] *vt* (*traiter avec mesure*)
schonend behandeln, schonen; (*vêtements, santé*)
schonen; (*temps, argent*) sparen; (*surprise*) bereiten;
(*installer*) anbringen; **se ménager** *vpr* (*prendre soin
de sa santé*) sich schonen; **se ~ qch** (*réserver*) sich
dat etw sichern

ménager², -ère [menaʒe] *adj* Haushalts- ▷ *nf*
(*femme*) Hausfrau *f*; (*service de couverts*)
Besteckkasten *m*

ménagerie [menaʒʀi] *nf* (*lieu*) Tierpark *m*;
(*animaux*) Menagerie *f*

mendiant, e [mãdjã, jãt] *nm/f* (*personne*)
Bettler(in) *m(f)* ▷ *nm* (*aussi:* **les quatres
mendiants**) = Studentenfutter *nt*

mendicité [mãdisite] *nf* Bettelei *f*

mendier [mãdje] *vi* betteln ▷ *vt* betteln um

menées [məne] *nfpl* Schliche *pl*

mener [m(ə)ne] *vt* (*diriger*) leiten; (*cortège, file*)
(an)führen; (*enquête*) durchführen; (*vie*) führen
▷ *vi* (*Sport*) führen, die Führung haben; **~ à/chez**
(*suj: personne*) mitnehmen nach/zu; (: *train, bus,
métro*) fahren nach/zu; **~ qch à bonne fin** *ou* **à
terme** *ou* **à bien** etw glücklich zu Ende führen;
~ à rien zu nichts führen; **~ à tout** alle
Möglichkeiten bieten

meneur, -euse [mənœʀ, øz] *nm/f* (*chef, dirigeant*)
Anführer(in) *m(f)*; (*péj: agitateur*) Rädelsführer(in)
m(f); **~ d'hommes** geborener Menschenführer *m*;
~ de jeu (*Radio, TV*) Quizmaster *m*

menhir [meniʀ] *nm* Menhir *m*

méningite [menēʒit] *nf* Hirnhautentzündung *f*,
Meningitis *f*

ménisque [menisk] *nm* Meniskus *m*

ménopause [menopoz] *nf* Wechseljahre *pl*

menotte [mənɔt] *nf* (*main*) Händchen *nt*;
menottes *nfpl* Handschellen *pl*; **passer les ~s à
qn** jdm (die) Handschellen anlegen

mens [mã] *vb voir* **mentir**

mensonge [mãsɔ̃ʒ] *nm* Lüge *f*; **le ~** (das) Lügen *nt*

mensonger, -ère [mãsɔ̃ʒe, ɛʀ] *adj* verlogen,
falsch

menstruation [mãstʀyasjɔ̃] *nf* Menstruation *f*,
Monatsblutung *f*

menstruel, le [mãstʀyɛl] *adj* (*cycle*)
Menstruations-, Monats-

mensualiser [mãsɥalize] *vt* (*salaire*) monatlich
zahlen; (*ouvrier, salarié*) monatlich bezahlen

mensualité [mãsɥalite] *nf* (*traite*) Monatsrate *f*;
(*salaire: d'ouvrier*) Monatslohn *m*; (: *de salarié*)
Monatsgehalt *nt*

mensuel, le [mãsɥɛl] *adj* monatlich, Monats-

▷ *nm/f* (*employé*) monatlich bezahlte(r)
Angestellte(r) *f(m)* ▷ *nm* (*Presse*)
Monatszeitschrift *f*

mensuellement [mãsɥɛlmã] *adv* jeden Monat,
monatlich

mensurations [mãsyʀasjɔ̃] *nfpl* (Körper)maße *pl*

mentais [mãtɛ] *vb voir* **mentir**

mental, e, -aux [mãtal, o] *adj* (*calcul*) Kopf-;
(*maladie*) Geistes-; (*âge*) geistig; (*restriction*)
innerlich

mentalement [mãtalmã] *adv* (*réciter*) auswendig;
(*compter*) im Kopf

mentalité [mãtalite] *nf* Denkweise *f*, Mentalität
f; **quelle ~!** was für eine Einstellung!

menteur, -euse [mãtœʀ, øz] *nm/f* Lügner(in)
m(f)

menthe [mãt] *nf* Minze *f*; **~ à l'eau**
Pfefferminzsirup *m* (*mit Wasser*)

mentholé, e [mãtɔle] *adj* (*cigarette*) Menthol-

mention [mãsjɔ̃] *nf* (*note*) Vermerk *m*; (*référence*)
Erwähnung *f*; **~ passable/assez bien/bien/très
bien** (*Scol*) = Note ausreichend/befriedigend/gut/
sehr gut; **faire ~ de** erwähnen; **"rayer la ~
inutile"** „Nichtzutreffendes bitte streichen"

mentionner [mãsjɔne] *vt* erwähnen

mentir [mãtiʀ] *vi* lügen; **~ à qn** jdn belügen *ou*
anlügen

menton [mãtɔ̃] *nm* Kinn *nt*; **double ~**
Doppelkinn *nt*

mentonnière [mãtɔnjɛʀ] *nf* (*d'un casque*)
Kinnriemen *m*

menu, e [məny] *adj* (*très petit*) winzig; (*mince*)
dünn; (*peu important*) gering(fügig) ▷ *adv*: **hacher
~** fein hacken ▷ *nm* (*liste de mets*) Speisekarte *f*; (*à
prix fixe*) Menü *nt*; **par le ~** (*raconter*) bis ins
kleinste Detail; **~ touristique** Touristenmenü *nt*;
~e monnaie Kleingeld *nt*

menuet [mənɥɛ] *nm* Menuett *nt*

menuiserie [mənɥizʀi] *nf* (*métier*)
Schreinerhandwerk *f*; (*Constr*) Schreinerei *f*;
(*d'amateur*) Schreinern *nt*; (*local*)
Schreinerwerkstatt *f*; **plafond en ~** Holzdecke *f*

menuisier [mənɥizje] *nm* Schreiner *m*

méprendre: **se ~** *vpr* sich irren; **se ~
sur** sich täuschen in +*dat*; **se ressembler à s'y ~**
sich zum Verwechseln ähnlich sehen

mépris [mepʀi] *pp de* **méprendre** ▷ *nm*
(*dédain*) Verachtung *f*; **le ~ de** (*indifférence*) die
Missachtung +*gén*; **au ~ de** ohne Rücksicht -
auf +*acc*

méprisable [mepʀizabl] *adj* verachtenswert

méprisant, e [mepʀizã, ãt] *adj* verächtlich

méprise [mepʀiz] *nf* (*confusion*) Irrtum *m*;
(*malentendu*) Missverständnis *nt*

mépriser [mepʀize] *vt* verachten; (*gloire, danger*)
missachten, verachten

mer [mɛʀ] *nf* Meer *nt*; **en ~** auf See; **prendre la ~**
in See stechen; **en haute** *ou* **pleine ~** auf hoher
See; **la ~ Adriatique** die Adria *f*; **la ~ des
Antilles** *ou* **des Caraïbes** die Karibik *f*; **la ~
Baltique** die Ostsee *f*; **la ~ Caspienne** das
Kaspische Meer; **la ~ Égée** die Ägäis *f*; **la ~ Morte**

das Tote Meer; **la ~ Noire** das Schwarze Meer; **la ~ du Nord** die Nordsee f; **la ~ Rouge** das Rote Meer; **les ~s du Sud** die Südsee f
mercantile [mɛʀkãtil] *(péj) adj (esprit)* Krämer-
mercantilisme [mɛʀkãtilism] *nm (péj)* Gewinnsucht f
mercenaire [mɛʀsənɛʀ] *nm* Söldner m
mercerie [mɛʀsəʀi] *nf (boutique)* Kurzwarengeschäft nt; **articles de ~** Kurzwaren pl
merci [mɛʀsi] *excl* danke ▷ *nm (remerciement)* Dank m ▷ *nf* Gnade f; **dire ~ à qn** jdm danken, jdm Danke schön sagen; **~ beaucoup** vielen Dank; **~ de** *ou* **pour** vielen Dank für; **non, ~** nein, danke; **sans ~** gnadenlos; **à la ~ de qn/qch** jdm/einer Sache ausgeliefert
mercier, -ière [mɛʀsje, jɛʀ] *nm/f* Kurzwarenhändler(in) m(f)
mercredi [mɛʀkʀədi] *nm* Mittwoch m; **~ des Cendres** Aschermittwoch m; *voir aussi* **lundi**
mercure [mɛʀkyʀ] *nm* Quecksilber nt
merde [mɛʀd] *(fam!) nf, excl* Scheiße f *(fam!)*
merdeux, -euse [mɛʀdø, øz] *(fam!) nm/f* (kleiner) Scheißer m *(fam!)*
mère [mɛʀ] *nf* Mutter f; *(animal)* Muttertier nt ▷ *adj (idée)* Haupt-; *(langue)* Mutter-; **~ adoptive** Adoptivmutter f; **~ célibataire** ledige Mutter; **~ de famille** Mutter; **~ porteuse** Leihmutter f
merguez [mɛʀgez] *nf* pikante nordafrikanische Wurst
méridien [meʀidjɛ̃] *nm* Meridian m
méridional, e, -aux [meʀidjɔnal, o] *adj* südlich; *(du Midi)* südfranzösisch ▷ *nm/f (du Midi)* Südfranzose m, Südfranzösin f
meringue [məʀɛ̃g] *nf* Baiser nt, Meringue f
mérinos [meʀinos] *nm (Zool)* Merinoschaf nt; *(laine)* Merinowolle f
merisier [məʀizje] *nm* Vogelkirschbaum m
méritant, e [meʀitã, ãt] *adj* verdienstvoll
mérite [meʀit] *nm (vertu)* Verdienst nt; *(valeur)* Wert m; **tout le ~ lui en revient** das ist ganz allein sein Verdienst; **il a au moins le ~ d'être franc** er ist wenigstens offen und ehrlich
mériter [meʀite] *vt* verdienen; **~ que** es verdienen, dass; **~ de réussir** den Erfolg verdienen
méritocratie [meʀitokʀasi] *nf* Leistungsgesellschaft f
méritoire [meʀitwaʀ] *adj* verdienstvoll
merlan [mɛʀlã] *nm* Weißling m
merle [mɛʀl] *nm* Amsel f
merluche [mɛʀlyʃ] *nf* Meerhecht m
mérou [meʀu] *nm* Riesenbarsch m
merveille [mɛʀvɛj] *nf* Wunder nt; **faire** *ou* **des ~s** Wunder vollbringen; **à ~** ausgezeichnet, wunderbar; **les Sept M~s du monde** die sieben Weltwunder pl
merveilleux, -euse [mɛʀvejø, øz] *adj* herrlich, wunderbar
mes [me] *adj possessif voir* **mon**
mésalliance [mezaljãs] *nf* Mesalliance f, nicht standesgemäße Heirat f
mésallier [mezalje]: **se ~** *vpr* sich

unstandesgemäß verheiraten
mésange [mezãʒ] *nf* Meise f; **~ bleue** Blaumeise f
mésaventure [mezavãtyʀ] *nf* Missgeschick nt
Mesdames [medam] *nfpl voir* **Madame**
Mesdemoiselles [medmwazɛl] *nfpl voir* **Mademoiselle**
mésentente [mezãtãt] *nf* Unstimmigkeit f
mésestimer [mezɛstime] *vt* gering schätzen, missachten
Mésopotamie [mezɔpɔtami] *nf*: **la ~** Mesopotamien nt
mésopotamien, ne [mezɔpɔtamjɛ̃, jɛn] *adj* mesopotamisch
mesquin, e [mɛskɛ̃, in] *adj* kleinlich; **esprit ~** Kleingeist m
mesquinerie [mɛskinʀi] *nf* Kleinlichkeit f
mess [mɛs] *nm* Kasino nt
message [mesaʒ] *nm* Nachricht f; **~ d'erreur** *(Inform)* Fehlermeldung f; **~ publicitaire** *(spot)* Werbung f; **~ SMS** SMS f; **~ téléphoné** telefonisch durchgegebenes Telegramm nt
messager, -ère [mesaʒe, ɛʀ] *nm/f* Bote m, Botin f
messagerie [mesaʒʀi] *nf*: **~ (électronique)** elektronisches Notizbrett nt, Teletext m; **~ rose** Kontaktanzeigen im Teletext; **~ vocale** *(service)* Voicemail f; **~s aériennes** Luftfracht f; **~s de presse** Zeitungsvertrieb m; **~s maritimes** Schifffahrtsgesellschaft f
messe [mɛs] *nf* Messe f; **aller à la ~** in die Messe *ou* zur Kirche gehen; **~ basse** stille Messe; **faire des ~s basses** *(péj)* tuscheln; **~ de minuit** Mitternachtsmesse f, Mette f; **~ noire** schwarze Messe
messie [mesi] *nm*: **le M~** der Messias m
Messieurs [mesjø] *nmpl voir* **Monsieur**
mesure [m(ə)zyʀ] *nf (taille, dimension)* Maß nt; *(Mus)* Takt m; *(récipient)* Messbecher m; *(modération, retenue)* Mäßigung f, Maßhalten nt; *(fait de mesurer)* Messen nt; *(disposition, acte)* Maßnahme f; **~ de longueur/capacité** Längenmaß nt/Hohlmaß nt; **prendre des ~s** Maßnahmen ergreifen; **sur ~** *(costume)* nach Maß, maßgeschneidert; *(emploi du temps)* auf die persönlichen Bedürfnisse abgestimmt; **à la ~ de** angemessen +dat; **dans la ~ où** soweit *ou* insofern, als; **dans une certaine ~** in gewisser Weise; **à ~ que** so wie; **en ~** *(Mus)* im Takt; **être en ~ de faire qch** imstande sein, etw zu tun; **dépasser la ~** *(fig)* zu weit gehen
mesuré, e [məzyʀe] *adj* gemäßigt
mesurer [məzyʀe] *vt* messen; *(juger)* ermessen, einschätzen; *(modérer)* mäßigen; **se mesurer** *vpr*: **se ~ avec** *ou* **à qn** sich mit jdm messen; **il mesure 1 m 80** er ist 1 m 80 groß; **~ qch à** *(proportionner)* etw anmessen an +acc
met [mɛ] *vb voir* **mettre**
métabolisme [metabɔlism] *nm* Stoffwechsel m
métairie [meteʀi] *nf* Kleingut nt
métal, -aux [metal, o] *nm* Metall nt
métalangage [metalãgaʒ] *nm* Metasprache f
métallique [metalik] *adj (fil, charpente)* Metall-; *(éclat, reflet, son)* metallisch

métallisé, e [metalize] *adj* (*peinture*) mit Metalliceffekt

métallurgie [metalyʀʒi] *nf* Metallurgie *f*

métallurgique [metalyʀʒik] *adj* metallurgisch

métallurgiste [metalyʀʒist] *nm/f* (*ouvrier*) Metallarbeiter(in) *m(f)*

métamorphose [metamɔʀfoz] *nf* Metamorphose *f*; (*Zool, fig*) Verwandlung *f*

métamorphoser [metamɔʀfoze] *vt* (*fig*) verwandeln

métaphore [metafɔʀ] *nf* Metapher *f*, Bild *nt*

métaphorique [metafɔʀik] *adj* (*valeur*) metaphorisch, bildlich; (*discours, style*) bildreich

métaphoriquement [metafɔʀikmɑ̃] *adv* metaphorisch, bildlich

métaphysique [metafizik] *nf* Metaphysik *f* ▷ *adj* metaphysisch

métapsychique [metapsiʃik] *adj* parapsychologisch

métayer, -ère [meteje, ɛʀ] *nm/f* Kleinpächter(in) *m(f)*

métempsycose [metɑ̃psikoz] *nf* Seelenwanderung *f*

météo [meteo] *nf* (*bulletin*) Wetterbericht *m*; (*service*) Wetterdienst *m*

météore [meteɔʀ] *nm* Meteor *m*

météorite [meteɔʀit] *nm ou f* Meteorit *m*

météorologie [meteɔʀɔlɔʒi] *nf* (*étude*) Wetterkunde *f*, Meteorologie *f*; (*service*) Wetterdienst *m*

météorologique [meteɔʀɔlɔʒik] *adj* meteorologisch, Wetter-

météorologiste [meteɔʀɔlɔʒist], **météorologue** [meteɔʀɔlɔg] *nm/f* Meteorologe *m*, Meteorologin *f*

métèque [metɛk] (*péj*) *nm* Kaffer *m*

méthane [metan] *nm* Methan *nt*

méthode [metɔd] *nf* Methode *f*; (*ouvrage*) Lehrbuch *nt*

méthodique [metɔdik] *adj* methodisch

méthodiquement [metɔdikmɑ̃] *adv* methodisch

méthodiste [metɔdist] *adj* methodistisch ▷ *nm/f* Methodist(in) *m(f)*

méthylène [metilɛn] *nm*: **bleu de ~** Methylenblau *nt*

méticuleux, -euse [metikylø, øz] *adj* gewissenhaft

métier [metje] *nm* Beruf *m*; (*artisanal*) Handwerk *nt*; (*technique, expérience*) Erfahrung *f*; (*aussi*: **métier à tisser**) Webstuhl *m*; **être du ~** vom Fach sein

métis, se [metis] *adj* Mischlings- ▷ *nm/f* Mischling *m*

métisser [metise] *vt* kreuzen

métrage [metʀaʒ] *nm* (*mesure*) Vermessen *nt*; (*longueur de tissu*) Länge *f*; **long ~** (*Ciné*) (langer) Spielfilm *m*; **moyen ~** (*Ciné*) Film *m* mittlerer Länge; **court ~** (*Ciné*) Kurzfilm *m*

mètre [mɛtʀ] *nm* Meter *m ou nt*; (*règle, ruban*) Metermaß *nt*; **un cent/huit cents ~s** (*Sport*) ein Hundert-/Achthundertmeterlauf *m*; **~ carré** Quadratmeter *m*; **~ cube** Kubikmeter *m*

métrer [metʀe] *vt* vermessen

métreur, -euse [metʀœʀ, øz] *nm/f*: **métreur (vérificateur), -trice** Vermesser(in) *m(f)*; (*de travaux*) Baukostenkalkulator(in) *m(f)*

métrique [metʀik] *adj* metrisch ▷ *nf* (*prosodie*) Metrik *f*

métro [metʀo] *nm* U-Bahn *f*

métronome [metʀɔnɔm] *nm* Metronom *nt*

métropole [metʀɔpɔl] *nf* (*capitale*) Hauptstadt *f*; (*France*) Frankreich *nt*

métropolitain, e [metʀɔpɔlitɛ̃, ɛn] *adj* (*territoire, troupe*) französisch

mets [mɛ] *vb voir* **mettre** ▷ *nm* Gericht *nt*

mettable [metabl] *adj* tragbar

metteur [metœʀ] *nm*: **~ en scène** Regisseur(in) *m(f)*

 MOT-CLÉ

mettre [mɛtʀ] *vt* **1** (*placer*) tun, setzen, stellen, legen; **mettre ses gants dans un tiroir** die Handschuhe in eine Schublade legen; **mettre le couvercle sur une casserole** den Deckel auf einen Topf tun; **mettre une lettre dans une enveloppe** einen Brief in einen Umschlag stecken; **mettre en bouteille** in Flaschen (ab)füllen; **mettre en pages** in Seiten umbrechen; **mettre à la poste** zur Post geben; **mettre debout/assis** hinstellen/hinsetzen

2 (*vêtements: revêtir*) anziehen; (*: porter*) tragen; **mets ton bonnet** zieh eine Mütze an; **je ne mets plus mon manteau** ich trage meinen Mantel nicht mehr

3 (*faire fonctionner: chauffage, électricité*) anmachen, anstellen; (*: réveil, minuteur*) stellen; **faire mettre le gaz/l'électricité** Gas/Elektrizität legen lassen; **mettre en marche** in Gang setzen

4 (*consacrer*): **mettre du temps/deux heures à faire qch** lang/zwei Stunden brauchen, um etw zu machen; **y mettre du sien** sich einsetzen

5 (*écrire*) schreiben; **qu'est-ce qu'il a mis sur la carte?** was hat er auf die Karte geschrieben?; **mettez ... au pluriel** bilden Sie den Plural von ...

6 (*supposer*): **mettons que ...** angenommen, ...

se mettre *vpr* **1** (*réfléchi*): **vous pouvez vous mettre là** Sie können sich dort hinsetzen; **se mettre au lit** sich ins Bett legen; **se mettre bien avec qn** sich mit jdm gut stellen; **se mettre mal avec qn** mit jdm Probleme bekommen; **se mettre de l'encre sur les doigts** sich *dat* die Finger mit Tinte verschmieren; **se mettre qn à dos** jdn gegen sich aufbringen

2 (*s'habiller*): **se mettre en maillot de bain** sich *dat* einen Badeanzug anziehen; **n'avoir rien à se mettre** nichts anzuziehen haben

3: **se mettre à** sich machen an +*acc*; **se mettre au travail** sich an die Arbeit machen; **se mettre à faire qch** anfangen, etw zu tun; **se mettre au piano** (*s'asseoir*) sich ans Klavier setzen; (*apprendre*) anfangen, Klavierspielen zu lernen; **se mettre au régime** eine Diät anfangen

meublant, e [mœblɑ̃, ɑ̃t] *adj (tissus etc)*
wirkungsvoll, wohnlich
meuble [mœbl] *nm (objet)* Möbelstück *nt*;
(ameublement) Möbelbranche *f* ▷ *adj (sol, terre)*
locker; **biens ~s** *(Jur)* bewegliches Gut *nt*
meublé, e [mœble] *adj*: **chambre ~e** möbliertes
Zimmer *nt* ▷ *nm (pièce)* möbliertes Zimmer *nt*;
(appartement) möblierte Wohnung *f*
meubler [mœble] *vt* möblieren; *(fig)* erfüllen ▷ *vi*
(tissu, rideaux) einen gemütlichen Effekt haben;
se meubler *vpr* sich einrichten
meuf [mœf] *nf (fam)* Tussi *f*
meugler [møgle] *vi* muhen
meule [møl] *nf (à broyer)* Mühlstein *m*; *(à aiguiser, à
polir)* Schleifstein *m*; *(de foin, blé)* Haufen *m*; *(de
fromage)* Laib *m*
meunier, -ière [mønje, jɛʀ] *nm/f* Müller(in) *m(f)*;
truite meunière Forelle auf Müllerinart
meurs *etc* [mœʀ] *vb voir* **mourir**
meurtre [mœʀtʀ] *nm* Mord *m*
meurtrier, -ière [mœʀtʀije, ijɛʀ] *nm/f*
Mörder(in) *m(f)* ▷ *adj* mörderisch; *(arme)* Mord-;
(accident) tödlich ▷ *nf* Schießscharte *f*
meurtrir [mœʀtʀiʀ] *vt* quetschen; *(fig)* verletzen
meurtrissure [mœʀtʀisyʀ] *nf* blauer Fleck *m*;
(d'un fruit, légume) Druckstelle *f*; *(fig)* Narbe *f*
meus *etc* [mœ] *vb voir* **mouvoir**
Meuse [mœz] *nf* Maas *f*
meute [møt] *nf* Meute *f*
meuve [mœv] *vb voir* **mouvoir**
mévente [mevɑ̃t] *nf* Absatzflaute *f*
mexicain, e [mɛksikɛ̃, ɛn] *adj* mexikanisch
▷ *nm/f*: **Mexicain, e** Mexikaner(in) *m(f)*
Mexique [mɛksik] *nm*: **le ~** Mexiko *nt*
mezzanine [mɛdzanin] *nf* Zwischengeschoss *nt*
Mgr *abr* = **monseigneur**
mi [mi] *nm (Mus)* E *nt*; *(: en chantant la gamme)* Mi *nt*
▷ *préf* halb-; **à la mi-janvier** Mitte Januar; **mi-
bureau, mi-chambre** halb Büro, halb
Schlafzimmer; **à mi-hauteur** auf halber Höhe
miaou [mjau] *nm* Miau *nt*
miaulement [mjolmɑ̃] *nm* Miauen *nt*
miauler [mjole] *vi* miauen
mi-bas [miba] *nm inv* Kniestrumpf *m*
mica [mika] *nm (Géol)* Glimmer *m*
mi-carême [mikaʀɛm] *(pl ~s) nf*: **la ~** der dritte
Donnerstag in der Fastenzeit
miche [miʃ] *nf* Laib *m* Brot
mi-chemin [miʃmɛ̃]: **à ~** *adv* auf halbem Wege
mi-clos, e [miklo, kloz] *(pl ~, es) adj* halb
geschlossen
micmac [mikmak] *(fam: péj) nm* Tricks *pl*
mi-côte [mikot]: **à ~** *adv* auf halber Höhe
mi-course [mikuʀs]: **à ~** *adv* auf halber Strecke
micro [mikʀo] *nm (microphone)* Mikrofon *nt*
microbe [mikʀɔb] *nm* Mikrobe *f*
microbiologie [mikʀobjɔlɔʒi] *nf* Mikrobiologie *f*
microchirurgie [mikʀoʃiʀyʀʒi] *nf*
Mikrochirurgie *f*
microclimat [mikʀoklima] *nm* Mikroklima *nt*
microcosme [mikʀɔkɔsm] *nm* Mikrokosmos *m*
micro-cravate [mikʀokʀavat] *(pl micros-*

cravates) nm Körpermikrofon *nt*
micro-économie [mikʀoekɔnɔmi] *nf*
Mikroökonomie *f*
micro-édition [mikʀoedisjɔ̃] *nf* Desktop-
Publishing *nt*
micro-électronique [mikʀoelɛktʀɔnik] *nf*
Mikroelektronik *f*
microfiche [mikʀofiʃ] *nf* Mikrofiche *nt ou m*
microfilm [mikʀofilm] *nm* Mikrofilm *m*
micro-onde [mikʀoɔ̃d] *(pl ~s) nf* Mikrowelle *f*
▷ *nm inv* Mikrowellenherd *m*; **four à ~s**
Mikrowellenherd
micro-ordinateur [mikʀoɔʀdinatœʀ] *(pl ~s) nm*
Mikrocomputer *m*
micro-organisme [mikʀoɔʀganism] *(pl ~s) nm*
Mikroorganismus *m*
microphone [mikʀɔfɔn] *nm* Mikrofon *nt*
microplaquette [mikʀoplakɛt] *nf* Mikrochip *m*
microprocesseur [mikʀopʀɔsesœʀ] *nm*
Mikroprozessor *m*
microscope [mikʀɔskɔp] *nm* Mikroskop *nt*; **~
électronique** Elektronenmikroskop *nt*
microscopique [mikʀɔskɔpik] *adj*
mikroskopisch; *(examen, opération)* mit dem
Mikroskop
microsillon [mikʀosijɔ̃] *nm* Langspielplatte *f*
MIDEM [midɛm] *sigle m* (= *Marché international du
disque et de l'édition musicale)* Messe der Musikindustrie
midi [midi] *nm (milieu du jour)* Mittag *m*; *(moment du
déjeuner)* Mittagszeit *f*; *(sud)* Süden *m*; **à ~** um
zwölf Uhr, mittags; **tous les ~s** jeden Mittag; **le
repas de ~** das Mittagessen *nt*; **en plein ~** mitten
am Tag; **le M~** *(de la France)* Südfrankreich *nt*
midinette [midinɛt] *(péj) nf* dummes Gänschen *nt*
mie [mi] *nf* weiches Inneres *nt (des Brotes)*
miel [mjɛl] *nm* Honig *m*; **être tout ~** *(fig)*
zuckersüß tun
mielleux, -euse [mjelø, øz] *(péj) adj* zuckersüß
mien, ne [mjɛ̃, mjɛn] *pron*: **le(la) mien(ne)**
meine(r, s); **les miens** meine; *(ma famille)* die
meinen *ou* Meinen *pl*
miette [mjɛt] *nf* Krümel *m*; *(fig: de la conversation
etc)* Bruchstück *nt*; **en ~s** *(fig)* in Stücken; **une ~
de** *(un peu)* ein kleines bisschen

 MOT-CLÉ

mieux [mjø] *adv* **1** *(comparatif)*: **mieux (que)**
besser (als); **elle travaille/mange mieux** sie
arbeitet/isst besser; **elle travaille mieux que
lui** sie arbeitet besser als er; **elle va mieux** es
geht ihr besser; **aimer mieux** lieber mögen;
j'attendais mieux de vous ich hatte etwas
Besseres von Ihnen erwartet; **crier à qui mieux
mieux** sich gegenseitig zu übertönen versuchen;
de mieux en mieux immer besser
2 *(superlatif)* am besten; **ce que je sais le mieux
faire** was ich am besten kann; **les travaux les
mieux faits** die am besten ausgeführten
Arbeiten; **au mieux** bestenfalls; **être au mieux
avec qn** mit jdm bestens stehen; **pour le mieux**
zum Besten

▷ *adj* **1** besser; **se sentir mieux** sich besser fühlen; **c'est mieux ainsi** so ist es besser **2** (*superlatif*): **le mieux des deux** der/die/das Bessere von beiden; **le/la mieux** der/die/das Beste; **les mieux** die Besten **3** (*plus joli*): **il est mieux sans moustache/que son frère** er sieht besser aus ohne Schnurrbart/als sein Bruder ▷ *nm* **1** (*amélioration, progrès*) Verbesserung *f* **2** (*qch de mieux*): **faute de mieux** in Ermangelung einer besseren Lösung **3**: **de mon/ton mieux** so gut wie ich kann/du kannst; **faire de son mieux** sein Bestes tun

mieux-être [mjøzɛtʀ] *nm inv* (*financier*) höherer Lebensstandard *m*
mièvre [mjɛvʀ] *adj* geziert
mignon, ne [miɲɔ̃, ɔn] *adj* niedlich, süß; (*aimable, gentil*) nett
migraine [migʀɛn] *nf* Migräne *f*
migrant, e [migʀɑ̃, ɑ̃t] *nm/f* Wanderarbeiter(in) *m(f)* ▷ *adj* Wander-
migrateur, -trice [migʀatœʀ, tʀis] *adj* wandernd
migration [migʀasjɔ̃] *nf* (*de populations*) Wanderung *f*; (*d'oiseaux, de poissons*) Zug *m*
mijaurée [miʒɔʀe] *nf* Zierpuppe *f*
mijoter [miʒɔte] *vt* (*plat*) schmoren, köcheln; (: *préparer avec soin*) liebevoll zubereiten; (*fig: tramer*) von langer Hand vorbereiten ▷ *vi* (*plat*) köcheln, schmoren; (*personne*) schmoren
mil [mil] *num* tausend
Milan [milɑ̃] *n* Mailand *nt*
milanais, e [milanɛ, ɛz] *adj* Mailänder
mildiou [mildju] *nm* Mehltau *m*
milice [milis] *nf* Miliz *f*
milicien [milisjɛ̃] *nm* Milizsoldat *m*
milieu, x [miljø] *nm* Mitte *f*; (*fig: état intermédiaire*) Mittelding *nt*; (*Biol, Géo*) Lebensbereich *m*, Lebensraum *m*; (*entourage*) Milieu *nt*; (*pègre*) Unterwelt *f*; **au ~ de** mitten in +*dat*; **au beau ou en plein ~ (de)** mitten in +*dat*; **le juste ~** das Mittelding, die goldene Mitte; **~ de terrain** (*Football: joueur*) Mittelfeldspieler *m*; (: *joueurs*) Mittelfeld *nt*
militaire [militɛʀ] *adj* (*école, gouvernement*) Militär- ▷ *nm* Soldat *m*; **marine ~** Marine *f*; **service ~** Militärdienst *m*
militairement [militɛʀmɑ̃] *adv* (*occuper*) mit Waffengewalt
militant, e [militɑ̃, ɑ̃t] *adj* militant ▷ *nm/f* Militante(r) *f(m)*
militantisme [militɑ̃tism] *nm* Militanz *f*
militariser [militaʀize] *vt* militarisieren
militarisme [militaʀism] *nm* Militarismus *m*
militer [milite] *vi*: **~ pour/contre** sich einsetzen für/gegen; (*suj: arguments, raisons*) sprechen für/gegen
milk-shake [milkʃɛk] (*pl* **~s**) *nm* Milchshake *m*
mille [mil] *num* (ein)tausend ▷ *nm*: **mettre dans le ~** ins Schwarze treffen; **page ~** Seite tausend; **~ marin** *nm* Seemeile *f*

millefeuille [milfœj] *nm* (*Culin*) Blätterteiggebäck *nt* mit Cremefüllung
millénaire [milenɛʀ] *nm* Jahrtausend *nt* ▷ *adj* tausendjährig; (*fig*) uralt
mille-pattes [milpat] *nm inv* Tausendfüßler *m*
millésime [milezim] *nm* (*d'un vin*) Jahrgang *m*
millésimé, e [milezime] *adj* Jahrgangs-
millet [mijɛ] *nm* Hirse *f*
milliard [miljaʀ] *nm* Milliarde *f*
milliardaire [miljaʀdɛʀ] *nm/f* Milliardär(in) *m(f)*
millième [miljɛm] *adj* tausendste(r, s) ▷ *nm* Tausendstel *nt*
millier [milje] *nm*: **un ~ (de)** etwa tausend; **par ~s** zu Tausenden
milligramme [miligʀam] *nm* Milligramm *nt*
millimètre [milimɛtʀ] *nm* Millimeter *m*
millimétré, e [milimetʀe] *adj*: **papier ~** Millimeterpapier *nt*
million [miljɔ̃] *nm* Million *f*
millionième [miljɔnjɛm] *nm* Millionstel *nt*
millionnaire [miljɔnɛʀ] *nm/f* Millionär(in) *m(f)*
mi-lourd [miluʀ] (*pl* **~s**) *adj* (*Sport*) Halbschwergewichts- ▷ *nm* Halbschwergewichtler *m*
mime [mim] *nm/f* (*acteur*) Pantomime *m*, Pantomimin *f* ▷ *nm* (*art*) Pantomime *f*
mimer [mime] *vt* pantomimisch darstellen; (*singer*) imitieren
mimétisme [mimetism] *nm* Nachahmung *f*, Mimikry *f*
mimique [mimik] *nf* Mimik *f*, Mienenspiel *nt*; (*signes*) Gebärden *pl*
mimosa [mimoza] *nm* Mimose *f*
mi-moyen [mimwajɛ̃] (*pl* **~s**) *adj* (*Sport*) Halbmittelgewichts- ▷ *nm* Halbmittelgewichtler *m*
MIN [min] *sigle m* (= *Marché d'intérêt national*) Markt für landwirtschaftliche Erzeugnisse
min. [min] *abr* (= *minimum*) mind
minable [minabl] *adj* erbärmlich
minaret [minaʀɛ] *nm* Minarett *nt*
minauder [minode] *vi* sich geziert benehmen
minauderies [minodʀi] *nfpl* Getue *nt*
mince [mɛ̃s] *adj* (*peu épais*) dünn; (*filet d'eau*) schmal; (*svelte*) schlank; (*fig: profit, connaissances*) gering; (*prétexte*) fadenscheinig ▷ *excl*: **~ alors!** verdammter Mist!
minceur [mɛ̃sœʀ] *nf* Dünne *f*; (*sveltesse*) Schlankheit *f*
mincir [mɛ̃siʀ] *vi* abnehmen
mine [min] *nf* (*figure, physionomie*) Miene *f*; (*allure*) Aussehen *nt*; (*gisement*) Bergwerk *nt*; (*de crayon, explosif*) Mine *f*; **mines** *nfpl* (*péj*) Getue *nt*, Gehabe *nt*; **une ~ de** (*fig*) eine Fundgrube an +*dat*; **avoir bonne ~** (*personne*) gut aussehen; (*iro*) dumm aus der Wäsche gucken; **avoir mauvaise ~** (*personne*) schlecht aussehen; **faire grise ~ à qn** jdm mürrisch begegnen; **faire ~ de faire qch** so tun, als täte man etw; **ne pas payer de ~** nicht nach viel aussehen; **~ de rien** mit einer Unschuldsmiene; **~ à ciel ouvert** Tagebau *m*; **~ de charbon** Kohlenbergwerk *nt*

miner [mine] *vt* (*saper*) aushöhlen; (*fig*)
unterminieren; (*Mil*) verminen
minerai [minRɛ] *nm* Erz *nt*
minéral, e, -aux [mineRal, o] *adj* Mineral-;
(*Chim*) anorganisch ▷ *nm* Mineral *nt*
minéralier [mineRalje] *nm* Erzfrachter *m*
minéralisé, e [mineRalize] *adj* (*eau*) mit
Mineralien versetzt
minéralogie [mineRalɔʒi] *nf* Mineralogie *f*
minéralogique [mineRalɔʒik] *adj*
mineralogisch; **plaque ~** Nummernschild *nt*;
numéro ~ polizeiliches Kennzeichen *nt*
minet, te [minɛ, ɛt] *nm/f* (*chat*) Kätzchen *nt* ▷ *nf*
(*péj*) Modepüppchen *nt* ▷ *nm* (*péj*) Modeaffe *m*
mineur, e [minœR] *adj* zweitrangig; (*Jur*)
minderjährig; (*Mus: intervalle*) klein; (: *gamme*)
Moll- ▷ *nm/f* (*Jur*) Minderjährige(r) *f(m)* ▷ *nm*
(*travailleur*) Bergmann *m*; (*Mil*) Minenleger *m*;
~ de fond Grubenarbeiter *m*
miniature [minjatyR] *adj* Miniatur- ▷ *nf*
Miniatur *f*; **la ~** (*genre*) die Miniaturmalerei *f*; **en
~** in Miniatur
miniaturisation [minjatyRizasjɔ̃] *nf*
Verkleinerung *f*
miniaturiser [minjatyRize] *vt* verkleinern
miniaturiste [minjatyRist] *nm/f*
Miniaturmaler(in) *m(f)*
minibus [minibys] *nm* Kleinbus *m*, Minibus *m*
minicassette [minikasɛt] (*pl* **~s**) *nf* (*cassette*)
Minikassette *f* (*für Diktiergeräte*)
minichaîne [miniʃɛn] *nf* Kompaktanlage *f*
minier, -ière [minje, jɛR] *adj* (*gisement, industrie*)
Bergwerks-, Bergbau-; (*pays, bassin*) Bergbau-
mini-jupe [miniʒyp] (*pl* **~s**) *nf* Minirock *m*
minimal, e, -aux [minimal, o] *adj* (*dose*)
Mindest-; (*température*) Tiefst-
minime [minim] *adj* (*fait, salaire*) sehr klein; (*perte,
dépenses*) minimal ▷ *nm/f* (*Sport*) Junior(in) *m(f)*
minimessage [minimesaʒ] *nm* SMS *f*
minimiser [minimize] *vt* (*conséquences*) auf ein
Minimum reduzieren; (*incident, importance*)
herunterspielen
minimum [minimɔm] *adj* (*âge*) Mindest-; (*perte,
gain*) minimal ▷ *nm* Minimum *nt*; **un ~ de** ein
Minimum an +*dat*; **au ~** mindestens; **~ vital**
(*salaire*) Mindestlohn *m*; (*niveau de vie*)
Existenzminimum *nt*
mini-ordinateur [miniɔRdinatœR] (*pl* **~s**) *nm*
Minicomputer *m*
ministère [ministɛR] *nm* Ministerium *nt*;
(*portefeuille*) Ministerposten *m*; (*gouvernement*)
Regierung *f*, Kabinett *nt*; (*Rel*) Priesteramt *nt*;
~ public (*Jur*) Staatsanwaltschaft *f*
ministériel, le [ministeRjɛl] *adj* (*crise, arrêté*)
Regierungs-; (*journal*) regierungstreu
ministrable [ministRabl] *adj* (*député*) fähig,
Minister zu werden
ministre [ministR] *nm* Minister(in) *m(f)*; (*Rel*)
Pfarrer(in) *m(f)*; **~ d'État** Minister(in) *m(f)* (*in
wichtiger Funktion*)
Minitel® [minitɛl] *nm* = Bildschirmtext *m*; *siehe
Info-Artikel*

minium [minjɔm] *nm* Mennige *f*
minois [minwa] *nm* Gesichtchen *nt*
minorer [minɔRe] *vt* (*minimiser*) auf ein Minimum
reduzieren; (*diminuer*) herabsetzen; (*sous-évaluer*)
unterbewerten
minoritaire [minɔRitɛR] *adj* (*Pol*) Minderheits-;
(*Sociologie*) Minderheiten-
minorité [minɔRite] *nf* Minderheit *f*; (*d'une
personne*) Unmündigkeit *f*; (: *période*)
Minderjährigkeit *f*; **la/une ~ de** die/eine
Minderheit +*gén*; **être en ~** in der Minderheit
sein; **mettre en ~** überstimmen
Minorque [minɔRk] *nf* Menorca *nt*
minoterie [minɔtRi] *nf* Getreidemühle *f*
minotier [minɔtje] *nm* Mühlenbesitzer *m*
minuit [minɥi] *nm* Mitternacht *f*
minuscule [minyskyl] *adj* (*infime*) winzig, sehr
klein ▷ *nf*: (**lettre**) **~** kleiner Buchstabe *m*
minutage [minytaʒ] *nm* genaue zeitliche
Planung *f*
minute [minyt] *nf* Minute *f*; (*Jur: original*)
Urschrift *f*; **~!** Moment mall; **d'une ~ à l'autre**
jeden Augenblick; **à la ~** sofort, auf der Stelle;
entrecôte *ou* **steak ~** Minutensteak *nt*
minuter [minyte] *vt* zeitlich genau festlegen
minuterie [minytRi] *nf* Schaltuhr *f*
minuteur [minytœR] *nm* Küchenwecker *m*
minutie [minysi] *nf* (*v adj*) Akribie *f*,
Gewissenhaftigkeit *f*; peinliche Genauigkeit *f*;
Kniffeligkeit *f*; **avec ~** mit größter Sorgfalt
minutieusement [minysjøzmɑ̃] *adv* sorgfältig,
sehr genau
minutieux, -euse [minysjø, jøz] *adj* (*personne*)
gewissenhaft; (*inspection, soin*) äußerst genau;
(*travail*) kniffelig
mioche [mjɔʃ] (*fam*) *nm* Steppke *m*
mirabelle [miRabɛl] *nf* (*fruit*) Mirabelle *f*; (*eau de
vie*) Mirabellenschnaps *m*
miracle [miRakl] *nm* Wunder *nt*; **par ~** wie durch
ein Wunder; **faire** *ou* **accomplir des ~s** Wunder
vollbringen
miraculé, e [miRakyle] *adj* (*malade*) durch ein
Wunder geheilt
miraculeux, -euse [miRakylø, øz] *adj* (*surnaturel*)
wundersam, übernatürlich; (*étonnant*) Wunder-
mirador [miRadɔR] *nm* (*Mil*) Wachturm *m*
mirage [miRaʒ] *nm* Fata Morgana *f*; (*fig*) Trugbild
nt

mire [miʀ] *nf* (*TV*) Testbild *nt*; **point de ~**
Zielpunkt *m*; (*fig*) Ziel *nt*
mirent [miʀ] *vb voir* **mettre**
mirer [miʀe] *vt* durchleuchten; **se mirer** *vpr*: **se ~
dans** (*personne*) sich betrachten in +*dat*; (*chose*)
sich (wider)spiegeln in +*dat*
mirifique [miʀifik] *adj* großartig, fantastisch
mirobolant, e [miʀɔblɑ̃, ɑ̃t] *adj* fantastisch
miroir [miʀwaʀ] *nm* Spiegel *m*; (*image*)
Spiegelbild *nt*, Abbild *nt*
miroiter [miʀwate] *vi* spiegeln; **faire ~ qch à qn**
jdm etw in den leuchtendsten Farben ausmalen
mis, e [mi, miz] *pp de* **mettre** ▷ *adj* (*couvert*)
aufgelegt; (*table*) gedeckt; **bien/mal ~** (*personne*)
gut/schlecht angezogen
misaine [mizɛn] *nf*: **mât de ~** Fockmast *m*
misanthrope [mizɑ̃tʀɔp] *adj* menschenfeindlich
▷ *nm* Menschenfeind *m*
mise [miz] *nf* (*au jeu*) Einsatz *m*; (*tenue*) Kleidung *f*;
être de ~ angebracht sein; **~ à feu** Zündung *f*; **~ à
jour** Aktualisierung *f*; (*Inform*) Update *nt*; **~ à
mort** Tötung *f*; **~ à pied** (*d'un employé*) Entlassung
f; **~ à prix** (*aux enchères*) Ausgangspreis *m*; **~ au
point** (*Photo*) Scharfstellen *nt*; (*fig*)
Richtigstellung *f*; **~ de fonds** Investition *f*; **~ en
bouteilles** Abfüllung *f* in Flaschen; **~ en plis**
Dauerwelle *f*; **~ en scène** Inszenierung *f*; **~ en
service** Inbetriebnahme *f*
miser [mize] *vt* (*enjeu*) setzen; **~ sur** setzen auf
+*acc*; (*fig*) rechnen mit
misérable [mizeʀabl] *adj* elend; (*salaire*)
kümmerlich; (*honteux, mesquin*) jämmerlich
▷ *nm/f* (*miséreux*) Elende(r) *f(m)*
misère [mizɛʀ] *nf* Armut *f*, Elend *nt*; **misères** *nfpl*
(*malheurs*) Elend; (*ennuis*) Sorgen *pl*; **être dans la ~**
Not leiden; **salaire de ~** Hungerlohn *m*; **faire
des ~s à qn** jdn quälen *ou* schikanieren; **~ noire**
bittere Armut *f*
miséreux, -euse [mizeʀø, øz] *adj* bettelarm,
elend
miséricorde [mizeʀikɔʀd] *nf* Barmherzigkeit *f*
miséricordieux, -euse [mizeʀikɔʀdjø, jøz] *adj*
barmherzig
misogyne [mizɔʒin] *adj* frauenfeindlich ▷ *nm/f*
Frauenfeind(in) *m(f)*
missel [misɛl] *nm* Messbuch *nt*
missile [misil] *nm* Rakete *f*; **~ autoguidé** Rakete
mit Eigenlenkung; **~ balistique**
Raketengeschoss *nt*; **~ de croisière**
Marschflugkörper *m*, Cruise-Missile *nt*;
~ stratégique strategische Rakete
mission [misjɔ̃] *nf* (*charge, tâche*) Auftrag *m*;
(*groupe*) Delegation *f*; (*Rel*) Mission *f*; (*vocation*)
Sendung *f*, Mission; **partir en ~** (*Admin, Pol*) in
offiziellem Auftrag reisen; **~ de reconnaissance**
(*Mil*) Aufklärungsmission *f*
missionnaire [misjɔnɛʀ] *nm/f* Missionar(in) *m(f)*
missive [misiv] *nf* Schreiben *nt*
mistral [mistʀal] *nm* Mistral *m*
mit [mi] *vb voir* **mettre**
mitaine [mitɛn] *nf* fingerloser Handschuh *m*
mite [mit] *nf* Motte *f*

mité, e [mite] *adj* mottenzerfressen
mi-temps [mitɑ̃] *nf inv* (*Sport*) Halbzeit *f*;
travailler à ~ halbtags arbeiten; **travail à ~**
Halbtagsarbeit *f*
miteux, -euse [mitø, øz] *adj* schäbig
mitigé, e [mitiʒe] *adj* (*conviction, ardeur, zèle*)
lauwarm; (*sentiments*) gemischt
mitonner [mitɔne] *vt* (*plat*) sehr sorgfältig
zubereiten; (*affaire*) geschickt in die Wege leiten
mitoyen, ne [mitwajɛ̃, jɛn] *adj* gemeinsam;
maisons ~nes Doppelhaus *nt*; (*plus de deux*)
Reihenhäuser *pl*
mitraille [mitʀaj] *nf* (*balles de fonte*) Kartätsche *f*;
(*décharge*) Geschützfeuer *nt*
mitrailler [mitʀaje] *vt* (*avion, train*) (mit
Maschinengewehren) beschießen; (*photographier*)
immer wieder knipsen; **~ qn de questions** jdn
mit Fragen bombardieren
mitraillette [mitʀajɛt] *nf* Maschinenpistole *f*
mitrailleur [mitʀajœʀ] *nm*
Maschinengewehrschütze *m*, MG-Schütze *m*
▷ *adj m*: **fusil ~** Maschinengewehr *nt*
mitrailleuse [mitʀajøz] *nf* Maschinengewehr *nt*
mitre [mitʀ] *nf* Mitra *f*
mitron [mitʀɔ̃] *nm* Bäckerlehrling *m*
mi-voix [mivwa]: **à ~** *adv* halblaut
mixage [miksaʒ] *nm* (*Ciné*) Tonmischung *f*
mixer, mixeur [miksœʀ] *nm* (*Culin*) Mixer *m*
mixité [miksite] *nf* (*Scol*) Koedukation *f*
mixte [mikst] *adj* (*équipe*) gemischt; (*mariage*)
Misch-; **à usage ~** Mehrzweck-; **cuisinière ~**
kombinierter Gas- und Elektroherd *m*; **cargo ~**
Frachter *m* mit Passagierbeförderung
mixture [mikstyʀ] *nf* Mixtur *f*; (*péj: boisson*) Gesöff
nt; (*fig*) Mischmasch *m*
MJC [ɛmʒise] *sigle f* = **maison des jeunes et de la
culture**
ml *abr* (= *millilitre*) ml
MLF [ɛmɛlɛf] *sigle m* (= *Mouvement de libération de la
femme*) Frauenbewegung *f*
Mlle (*pl* **~s**) *abr* (= *Mademoiselle*) Frl
MM *abr* = **Messieurs**
Mme (*pl* **~s**) *abr* (= *Madame*) Fr
MMS [ɛmɛmɛs] *sigle m* (= *Multimedia messaging
service*) MMS® *m*
mn *abr* (= *minute*) Min
mnémotechnique [mnemotɛknik] *adj*
mnemotechnisch, zur Gedächtnisstütze
MNS *sigle m* (= *maître nageur sauveteur*) ≈
Lebensretter *m*
Mo *abr* (*Inform*: = *méga-octet*) MB, Megabyte *nt*
mobile [mɔbil] *adj* beweglich; (*amovible*) lose;
(*nomade*) Wander-, mobil ▷ *nm* (*motif*)
Beweggrund *m*; (*Art*) Mobile *nt*; (*Télec*) Handy *nt*; (*Phys*) sich bewegender Körper *m*
mobilier, -ière [mɔbilje, jɛʀ] *adj* (*Jur*) beweglich
▷ *nm* (*meubles*) Mobiliar *nt*; **effets ~s** übertragbare
Effekte *pl*; **valeurs mobilières** übertragbare
Werte *pl*; **vente mobilière** Eigentumsverkauf *m*;
saisie mobilière Eigentumspfändung *f*
mobilisable [mɔbilizabl] *adj* wehrtüchtig
mobilisation [mɔbilizasjɔ̃] *nf* Mobilisieren *nt*;

~ **générale** allgemeine Mobilmachung f
mobiliser [mɔbilize] vt mobilisieren; (fig:
enthousiasme, courage) wecken
mobilité [mɔbilite] nf (de population etc) Mobilität
f; (de reflets, regard) Lebhaftigkeit f
mobylette® [mɔbilɛt] nf Mofa nt
mocassin [mɔkasɛ̃] nm Mokassin m
moche [mɔʃ] (fam) adj (personne) hässlich; (temps,
attitude) schlecht, mies
modalité [mɔdalite] nf Modalität f; **modalités**
nfpl (Jur) Modalitäten pl; ~**s de paiement**
Zahlungsbedingungen pl
mode [mɔd] nf Mode f; (secteur) Modebranche f
▷ nm (genre: Ling, Inform) Modus m; (Mus)
Tongeschlecht nt; **à la** ~ modisch; ~ **d'emploi**
Gebrauchsanweisung f; ~ **de production/
d'exploitation** Produktionsweise f/
Auswertungsweise f; ~ **de paiement**
Zahlungsweise f; ~ **de vie** Lebensweise f;
~ **dialogué** (Inform) Dialogbetrieb m,
Dialogmodus m
modelage [mɔd(ə)laʒ] nm Modellieren nt
modèle [mɔdɛl] nm (exemple) Beispiel nt;
(maquette, Art: sujet) Vorlage f; (: personne qui pose)
Modell nt; (Comm: type standard) Muster nt ▷ adj
(parfait, exemplaire) mustergültig; (cuisine, ferme)
Muster-; **un** ~ **de fidélité/générosité** ein
Muster an Treue/Großzügigkeit; ~ **courant**
Standardmodell nt; ~ **de série** Serienmodell nt;
~ **déposé** eingetragenes Warenzeichen nt;
~ **réduit** verkleinertes Modell
modelé [mɔd(ə)le] nm Konturen pl
modeler [mɔd(ə)le] vt modellieren; (façonner)
formen; ~ **sa conduite sur celle de son père**
sich dat ein Beispiel am Verhalten des Vaters
nehmen
modéliste [mɔdelist] nm/f (de modèles réduits)
Modellbauer(in) m(f)
modem [mɔdɛm] nm (Inform) Modem nt
modérateur, -trice [mɔdeʀatœʀ, tʀis] adj
vermittelnd ▷ nm/f (conciliateur) Schlichter(in)
m(f)
modération [mɔdeʀasjɔ̃] nf (qualité) Mäßigung f;
~ **de peine** Strafmilderung f
modéré, e [mɔdeʀe] adj gemäßigt; (prix, vent,
température) mäßig ▷ nm/f (Pol) Gemäßigte(r) m(f)
modérément [mɔdeʀemɑ̃] adv maßvoll, in
Maßen
modérer [mɔdeʀe] vt (colère, ambition) mäßigen;
(dépenses) einschränken; (allure, vitesse) drosseln;
se modérer vpr sich mäßigen
moderne [mɔdɛʀn] adj modern; (langues, histoire)
neuere(r, s) ▷ nm: **le** ~ (ameublement) moderne
Möbel pl; **enseignement** ~ neusprachlicher
Unterricht m
modernisation [mɔdɛʀnizasjɔ̃] nf
Modernisierung f
moderniser [mɔdɛʀnize] vt modernisieren; **se
moderniser** vpr sich der Mode anpassen, mit der
Mode gehen
modernisme [mɔdɛʀnism] nm Modernismus m
modernité [mɔdɛʀnite] nf moderner Stil m ou

Geschmack m
modeste [mɔdɛst] adj bescheiden; (tenue, mise,
origine) schlicht
modestement [mɔdɛstəmɑ̃] adv bescheiden
modestie [mɔdɛsti] nf Bescheidenheit f; **fausse**
~ falsche Bescheidenheit
modicité [mɔdisite] nf geringe Höhe f,
Niedrigkeit f; **la** ~ **des prix** die Niedrigkeit der
Preise, die niedrigen Preise
modifiable [mɔdifjabl] adj veränderbar,
modifizierbar
modification [mɔdifikasjɔ̃] nf (Ver)änderung f
modifier [mɔdifje] vt (ver)ändern, modifizieren;
(Ling) näher bestimmen; **se modifier** vpr sich
ändern, sich wandeln
modique [mɔdik] adj gering
modiste [mɔdist] nf Modistin f
modulaire [mɔdylɛʀ] adj aus einzelnen
Elementen zusammengesetzt
modulation [mɔdylasjɔ̃] nf Modulation f; ~ **de
fréquence** Frequenzmodulation f
module [mɔdyl] nm Modul nt; (élément)
(Bau)element nt; ~ **lunaire** Mondfähre f
moduler [mɔdyle] vt modulieren; (air) trällern;
(adapter) anpassen
moelle [mwal] nf Mark nt; **jusqu'à la** ~ (fig) bis
ins Mark; ~ **épinière** Rückenmark nt
moelleux, -euse [mwalø, øz] adj weich; (aliment)
cremig; (voix, son) weich, sanft
moellon [mwalɔ̃] nm Baustein m
mœurs [mœʀ(s)] nfpl Sitten pl; (manières,
comportement) Benehmen nt; (pratiques sociales,
coutumes) Bräuche pl; ~ **simples/bohèmes**
einfaches Leben nt/Leben der Bohème; **femme
de mauvaises** ~ leichtes Mädchen nt; **passer
dans les** ~ Sitte werden; **contraire aux bonnes**
~ gegen die guten Sitten
mohair [mɔɛʀ] nm Mohair m

 MOT-CLÉ

moi [mwa] pron **1** (sujet) ich; **c'est moi** ich bins;
c'est moi qui l'ai fait das habe ich gemacht; **il
l'a fait mieux que moi** er hat es besser als ich
gemacht
2 (objet direct; après prép avec acc) mich; **c'est moi
que vous avez appelé?** haben Sie mich
gerufen?; **pour moi** für mich
3 (objet indirect; après prép avec dat) mir; **apporte-le-
moi** bring es mir; **donnez-m'en** geben Sie mir
etwas davon; **avec moi** mit mir; **chez moi** bei
mir (zu Hause)
4 (emphatique): **moi, je** ... ich (für mein Teil) ...
▷ nm (Psych) Ich nt

moignon [mwaɲɔ̃] nm Stumpf m
moi-même [mwamɛm] pron ich selbst; **pour** ~
für mich selbst; **avec** ~ mit mir selbst
moindre [mwɛ̃dʀ] adj geringer; (prix, température)
niedriger; **le(la)** ~ der/die/das Geringste; **les** ~**s**
... die geringsten ...; **c'est la** ~ **des choses** das ist
eine Kleinigkeit

285

moine [mwan] *nm* Mönch *m*
moineau, x [mwano] *nm* Spatz *m*

 MOT-CLÉ

moins [mwɛ̃] *adv* **1** (*comparatif*): **moins (que)** weniger (als); **elle travaille moins que moi** sie arbeitet weniger als ich; **il a 3 ans de moins que moi** er ist 3 Jahre jünger als ich; **moins grand que** kleiner als; **moins je travaille, mieux je me porte** je weniger ich arbeite, desto besser geht es mir
2 (*superlatif*): **le moins** am wenigsten; **c'est ce que j'aime le moins** das mag ich am wenigsten; **le moins doué** der am wenigsten Begabte, der Unbegabteste; **la moins douée** die am wenigsten Begabte, die Unbegabteste; **au moins** wenigstens; **du moins** wenigstens; **pour le moins** mindestens
3: **moins de** weniger; **moins de sable/de livres** weniger Sand/Bücher; **moins de 2 ans/100 euros** weniger als 2 Jahre/100 Euro
4: **100 euros/3 jours de moins** 100 Euro/3 Tage weniger; **de l'argent en moins** weniger Geld; **le soleil en moins** ohne die Sonne; **de moins en moins** immer weniger
5: **à moins que** außer dass, es sei denn, dass; **à moins de prendre un taxi, nous serons en retard** wenn wir kein Taxi nehmen, kommen wir zu spät; **à moins que tu ne te maries** es sei denn, du heiratest; **à moins d'un accident** wenn kein Unfall passiert
▷ *prép*: **4 moins 2** 4 weniger *ou* minus 2; **il est (six heures) moins cinq** es ist fünf vor (sechs); **il était moins cinq** (*fig*) es war fünf vor zwölf; **il fait moins 5** es ist minus 5 (Grad)

moins-value [mwɛ̃valy] (*pl* **~s**) *nf* Wertminderung *f*; (*d'une taxe, d'un impôt*) Minderbetrag *m*
moire [mwaʀ] *nf* (*tissu*) Moiré *nt*
moiré, e [mwaʀe] *adj* (*tissu, papier*) geflammt; (*reflets*) schimmernd
mois [mwa] *nm* Monat *m*; (*salaire*) Monatsgehalt *nt*; (*somme due*) Monatsrate *f*; **treizième ~** dreizehntes Monatsgehalt; **double ~** zusätzliches Monatsgehalt
moïse [mɔiz] *nm* Körbchen *nt*
moisi, e [mwazi] *adj* schimmelig ▷ *nm* Schimmel *m*; **odeur de ~** Modergeruch *m*; **goût de ~** Schimmelgeschmack *m*
moisir [mwaziʀ] *vi* schimmeln; (*fig: croupir*) versauern ▷ *vt* schimmelig machen
moisissure [mwazisyʀ] *nf* Schimmel *m*
moisson [mwasɔ̃] *nf* Ernte *f*; (*époque*) Erntezeit *f*; **faire ample ~ de renseignements** eine reiche Ernte von Auskünften zusammenbringen
moissonner [mwasɔne] *vt* (*céréales*) ernten; (*champ*) abernten; (*fig*) einheimsen
moissonneur, -euse [mwasɔnœʀ, øz] *nm/f* Erntearbeiter(in) *m(f)*
moissonneuse [mwasɔnøz] *nf* (*machine*)

Mähmaschine *f*
moissonneuse-batteuse [mwasɔnøzbatøz] (*pl* **moissonneuses-batteuses**) *nf* Mähdrescher *m*
moissonneuse-lieuse [mwasɔnøzlijøz] (*pl* **moissonneuses-lieuses**) *nf* Mähbinder *m*
moite [mwat] *adj* feucht
moitié [mwatje] *nf* Hälfte *f*; **sa ~** (*épouse*) seine bessere Hälfte; **la ~ de** die Hälfte +*gén*; **la ~ du temps/des gens** die Hälfte der Zeit/der Leute; **~ moins grand** halb so groß; **~ plus long** um die Hälfte länger; **à ~** zur Hälfte; **à ~ prix** zum halben Preis; **de ~** zur Hälfte
moitié-moitié [mwatje-mwatje] (*fam*) *adv*: **partager ~** halbe-halbe machen
moka [mɔka] *nm* (*café*) Mokka *m*; (*gâteau*) Mokkatorte *f*
mol [mɔl] *adj voir* **mou**
molaire [mɔlɛʀ] *nf* Backenzahn *m*
moldave [mɔldav] *adj* aus Moldawien
Moldavie [mɔldavi] *nf*: **la ~** Moldawien *nt*
môle [mol] *nm* Mole *f*
moléculaire [mɔlekylɛʀ] *adj* Molekular-
molécule [mɔlekyl] *nf* Molekül *nt*
moleskine [mɔlɛskin] *nf* Moleskin *m ou nt*
molester [mɔlɛste] *vt* (*physiquement*) misshandeln
molette [mɔlɛt] *nf* (*outil*) Spornrad *nt*; (*roulette*) Rädchen *nt*
mollasse [mɔlas] *adj* (*péj*) schlaff
molle [mɔl] *adj f voir* **mou**
mollement [mɔlmɑ̃] *adv* (*faiblement*) kraftlos; (*paresseusement*) träge; (*protester*) schwach
mollesse [mɔlɛs] *nf* Weichheit *f*; (*péj: de visage, traits*) Weichlichkeit *f*
mollet [mɔlɛ] *nm* Wade *f* ▷ *adj m*: **œuf ~** weich gekochtes Ei *nt*
molletière [mɔltjɛʀ] *adj f*: **bande ~** Wickelgamasche *f*
molleton [mɔltɔ̃] *nm* Molton *m*
molletonné, e [mɔltɔne] *adj* gefüttert
mollir [mɔliʀ] *vi* (*jambes*) weich werden; (*vent*) abflauen; (*personne, courage*) nachlassen
mollusque [mɔlysk] *nm* (*Zool*) Weichtier *nt*; (*péj: personne*) fauler Knochen *m*
molosse [mɔlɔs] *nm* großer Wachhund *m*
môme [mom] (*fam*) *nm/f* (*enfant*) Knirps *m* ▷ *nf* (*fille, femme*) Biene *f*
moment [mɔmɑ̃] *nm* Moment *m*, Augenblick *m*; **les grands ~s de l'histoire** die großen Augenblicke *ou* Momente der Geschichte; **un ~ de gêne/bonheur** ein peinlicher/glücklicher Moment *ou* Augenblick; **profiter du ~** die Gelegenheit beim Schopf packen; **ce n'est pas le ~** jetzt ist nicht der richtige Zeitpunkt; **à un certain ~** irgendwann; **à un ~ donné** zu einem bestimmten Zeitpunkt; **à quel ~?** wann (genau)?; **au même ~** im gleichen Augenblick; **pour un bon ~** eine ganze Zeit lang, ziemlich lange; **pour le ~** im Moment *ou* Augenblick; **au ~ de partir** beim Gehen; **au ~ où** im dem Moment, als, zu der Zeit, als; **à tout ~** jederzeit; (*continuellement*) immer, die ganze Zeit; **en ce ~** jetzt; **sur le ~** zu der Zeit; **par ~s** manchmal, ab

und zu; **d'un ~ à l'autre** jeden Augenblick; **du ~ où** *ou* **que** da; **n'avoir pas un ~ à soi** keine Minute Zeit für sich haben

momentané, e [mɔmɑ̃tane] *adj* kurz

momentanément [mɔmɑ̃tanemɑ̃] *adv* kurz; *(provisoirement)* momentan

momie [mɔmi] *nf* Mumie *f*

mon, ma [mɔ̃] *(pl* **mes)** *adj possessif* mein(e)

monacal, e, -aux [mɔnakal, o] *adj* klösterlich, Kloster-

Monaco [mɔnako] *nm:* **(la principauté de)** ~ **(das** Fürstentum) Monaco *nt*

monarchie [mɔnaʀʃi] *nf* Monarchie *f;* ~ **absolue** absolutistische Monarchie; ~ **parlementaire** parlamentarische Monarchie

monarchiste [mɔnaʀʃist] *adj* monarchistisch ▷ *nm/f* Monarchist(in) *m(f)*

monarque [mɔnaʀk] *nm* Monarch *m*

monastère [mɔnastɛʀ] *nm* Kloster *nt*

monastique [mɔnastik] *adj* klösterlich, Kloster-

monceau, x [mɔ̃so] *nm* Haufen *m*

mondain, e [mɔ̃dɛ̃, ɛn] *adj (soirée, obligations)* gesellschaftlich; *(vie)* Gesellschafts-; *(peintre, écrivain)* modisch ▷ *nm/f* Mann *m*/Frau *f* von Welt ▷ *nf:* **la M~e, la police ~e** die Sittenpolizei *f;* **carnet** ~ Klatschblatt *nt*

mondanités [mɔ̃danite] *nfpl (vie mondaine)* Gesellschaftsleben *nt; (paroles)* oberflächliche Konversation *f; (Presse)* Klatschspalte *f*

monde [mɔ̃d] *nm* Welt *f; (gens)* Leute *pl; (milieu)* Kreise *pl;* **le** ~ *(la bonne société)* die feine Gesellschaft *f,* die High Society *f;* **le ~ capitaliste** die kapitalistische Welt; **le ~ végétal** die Pflanzenwelt; **le ~ du spectacle** die Welt des Theaters; **être du même** ~ sich in den gleichen Kreisen bewegen; **ne pas être du même** ~ nicht in den gleichen Kreisen verkehren; **il y a du** ~ es sind viele Leute da; *(quelques personnes)* es sind Leute da; **beaucoup/peu de** ~ viele/wenige Leute; **mettre au** ~ zur Welt bringen; **l'autre** ~ das Jenseits; **tout le** ~ alle, jedermann; **pas le moins du** ~ nicht im Geringsten; **se faire un** ~ **de qch** viel Wirbel um etw machen; **homme/ femme du** ~ Mann *m*/Frau *f* von Welt

mondial, e, -aux [mɔ̃djal, jo] *adj (population etc)* Welt-; *(influence etc)* weltweit

mondialement [mɔ̃djalmɑ̃] *adv* weltweit

mondialisation [mɔ̃djalizasjɔ̃] *nf* Globalisierung *f; (d'un conflit)* weltweite Ausbreitung *f*

mondovision [mɔ̃dɔvizjɔ̃] *nf* weltweite Fernsehsendung *f*

monégasque [mɔnegask] *adj* monegassisch ▷ *nm/f:* **Monégasque** Monegasse *m,* Monegassin *f*

monétaire [mɔnetɛʀ] *adj (unité)* Währungs-; *(circulation)* Geld-

monétarisme [mɔnetaʀism] *nm* Monetarismus *m*

monétique [mɔnetik] *nf* Plastikgeld *nt*

mongol, e [mɔ̃gɔl] *adj* mongolisch ▷ *nm/f:* **Mongol, e** Mongole *m,* Mongolin *f*

Mongolie [mɔ̃gɔli] *nf* Mongolei *f*

mongolien, ne [mɔ̃gɔljɛ̃, jɛn] *adj* mongoloid

▷ *nm/f* Mongoloide(r) *f(m)*

mongolisme [mɔ̃gɔlism] *nm* Mongolismus *m*

moniteur, -trice [mɔnitœʀ, tʀis] *nm/f (Sport)* Lehrer(in) *m(f); (de colonie de vacances)* Betreuer(in) *m(f)* ▷ *nm (Inform)* Monitor *m,* Bildschirm *m;* ~ **d'auto-école** Fahrlehrer(in) *m(f);* ~ **cardiaque** Herzmonitor *m*

monitorat [mɔnitɔʀa] *nm (formation)* Lehrerausbildung *f (für Sportlehrer); (fonction)* (Sport)lehreramt *nt*

monnaie [mɔnɛ] *nf (pièce)* Münze *f; (Écon)* Geld *nt,* Währung *f; (petites pièces)* Kleingeld *nt;* **faire de la** ~ Geld wechseln; **avoir la ~ de 20 euros** 20 Euro wechseln können; **faire** *ou* **donner à qn la** ~ **de 20 euros** jdm 20 Euro wechseln; **rendre à qn la ~ (sur 20 euros)** jdm (auf 20 Euro) herausgeben; **servir de ~ d'échange** als Tauschobjekt dienen; **payer en ~ de singe** jdn mit leeren Worten abspeisen; **c'est ~ courante** das ist gang und gäbe; ~ **légale** gesetzliches Zahlungsmittel *nt*

monnayable [mɔnɛjabl] *adj* verkäuflich

monnayer [mɔneje] *vt (billet, terrain, valeur)* zu Geld machen; *(génie, talent)* Kapital schlagen aus

monnayeur [mɔnɛjœʀ] *nm voir* **faux**

mono [mɔnɔ] *abr (= monophonique)* Mono-, mono-

monochrome [mɔnokʀom] *adj* einfarbig

monocle [mɔnɔkl] *nm* Monokel *nt*

monocoque [mɔnɔkɔk] *adj:* **voiture** ~ selbsttragende Karosserie *f* ▷ *nm (voilier)* Schiff mit einem einzigen Schiffskörper

monocorde [mɔnokɔʀd] *adj* monoton

monoculture [mɔnokyltyʀ] *nf* Monokultur *f*

monogamie [mɔnɔgami] *nf* Monogamie *f*

monogramme [mɔnɔgʀam] *nm* Monogramm *nt*

monolingue [mɔnolɛ̃g] *adj* einsprachig

monolithique [mɔnɔlitik] *adj (fig)* starr

monologue [mɔnolɔg] *nm* Selbstgespräch *nt; (Théât)* Monolog *m;* ~ **intérieur** innerer Monolog

monologuer [mɔnolɔge] *vi (v nm)* Selbstgespräche führen; einen Monolog halten

monôme [mɔnom] *nm (Math)* Monom *nt; (file d'étudiants)* Studentenumzug *m*

monoparental, e, -aux [mɔnopaʀɑ̃tal, o] *adj (famille)* mit nur einem Elternteil

monophasé, e [mɔnɔfaze] *adj* einphasig

monophonie [mɔnɔfoni] *nf* Monowiedergabe *f,* Mono *nt*

monoplace [mɔnoplas] *adj* einsitzig ▷ *nm, nf* Einsitzer *m*

monoplan [mɔnoplɑ̃] *nm* Eindecker *m*

monopole [mɔnopɔl] *nm* Monopol *nt*

monopolisation [mɔnopolizasjɔ̃] *nf (v vt)* Monopolisierung *f;* Alleinanspruch *m*

monopoliser [mɔnopolize] *vt* monopolisieren; *(fig)* für sich allein beanspruchen

monorail [mɔnoʀaj] *nm* Einschienenbahn *f*

monoski [mɔnoski] *nm* Monoski *m;* **faire du** ~ Monoski fahren

monosyllabe [mɔnosi(l)lab] *nm* einsilbiges Wort *nt*

monosyllabique [mɔnosi(l)labik] *adj* einsilbig

monotone [mɔnɔtɔn] *adj* monoton
monotonie [mɔnɔtɔni] *nf* Monotonie *f*
monseigneur [mɔ̃sɛɲœR] *nm* (*archevêque, évêque*) Exzellenz *f*; (*cardinal*) Eminenz *f*
Monsieur [məsjø] (*pl* **Messieurs**) *nm* Herr *m*; **un monsieur** ein Herr; **~ Dubois** Herr Dubois; **monsieur!** (*pour appeler*) hallo!, Entschuldigung!; **occupez-vous de ~** würden Sie bitte den Herrn bedienen; **bonjour, ~** guten Tag; (*si le nom est connu*) guten Tag, Herr X; (**cher**) **~** (*sur lettre*) Sehr geehrter Herr X; **monsieur le directeur** Herr Direktor; **Messieurs** meine Herren
monstre [mɔ̃stR] *nm* (*être anormal*) Monstrum *nt*; (*Mythologie*) Ungeheuer *nt*; (*personne laide*) Monster *nt*; (*personne méchante*) Scheusal *nt* ▷ *adj* (*fam*) Riesen-; **un travail ~** eine Wahnsinnsarbeit *f*; **~ sacré** (*Théât, Ciné*) Superstar *m*
monstrueux, -euse [mɔ̃stRyø, øz] *adj* (*difforme: laideur*) ungeheuer; (: *personne*) missgebildet; (*colossal*) Riesen-; (*abominable*) ungeheuerlich, grauenhaft
monstruosité [mɔ̃stRyozite] *nf* Ungeheuerlichkeit *f*; (*Méd*) Missbildung *f*
mont [mɔ̃] *nm*: **par ~s et par vaux** über Berg und Tal; **le ~ de Vénus** der Venusberg *m*; **le ~ Blanc** der Montblanc *m*
montage [mɔ̃taʒ] *nm* (*assemblage*) Montage *f*; (*d'une tente, affaire financière etc*) Aufbau *m*; (*Photo*) Fotomontage *f*; (*Ciné*) Schnitt *m*; **~ sonore** Tonschnitt *m*
montagnard, e [mɔ̃taɲaR, ard] *adj* Berg-, Gebirgs- ▷ *nm/f* Gebirgsbewohner(in) *m(f)*
montagne [mɔ̃taɲ] *nf* Berg *m*; (*région*) Gebirge *nt*, Berge *pl*; **une ~ de** (*fig*) ein Berg von; **la haute/moyenne ~** das Hoch-/Mittelgebirge *nt*; **~s Rocheuses** Rocky Mountains *pl*; **~s russes** Berg- und Talbahn *f*, Achterbahn *f*
montagneux, -euse [mɔ̃taɲø, øz] *adj* bergig, gebirgig
montalbanais, e [mɔ̃talbanɛ, ɛz] *adj* aus Montauban ▷ *nm/f*: **Montalbanais, e** Bewohner(in) *m(f)* von Montauban
montant, e [mɔ̃tɑ̃, ɑ̃t] *adj* (*mouvement*) aufwärts; (*marée*) steigend; (*robe, col, corsage*) hochgeschlossen ▷ *nm* (*somme*) Betrag *m*; (*d'une fenêtre, d'un lit*) Pfosten *m*; (*d'une échelle*) Sprosse *f*
mont-de-piété [mɔ̃dpjete] (*pl* **monts-de-piété**) *nm* Pfandleihanstalt *f*, Leihhaus *nt*
monte [mɔ̃t] *nf* (*accouplement*) Beschälung *f*; (*d'un jockey*) Sitz *m*
monte-charge [mɔ̃tʃaRʒ] *nm inv* Lastenaufzug *m*
montée [mɔ̃te] *nf* (*escalade, chemin*) Aufstieg *m*; (*côte*) Steigung *f*, Anstieg *m*; **au milieu de la ~** auf halber Höhe
monte-plats [mɔ̃tpla] *nm inv* Speiseaufzug *m*
monter [mɔ̃te] *vi* steigen; (*passager*) einsteigen; (*avion*) aufsteigen; (*voiture*) hochfahren; (*chemin, route*) ansteigen; (*niveau, température, prix*) (an)steigen; (*brouillard*) sich heben; (*bruit*) anschwellen; (*Cartes*) höher bieten; (*à cheval*) reiten ▷ *vt* (*escalier, marches, côte*) hinaufgehen; (*cheval*) aufsitzen auf +*acc*; (*valise, déjeuner, courrier*)

hinauftragen; (*tente*) aufschlagen; (*machine, échafaudage, étagère etc*) aufstellen; (*bijou*) fassen; (*manches, col*) annähen; (*film*) schneiden; (*pièce*) aufführen; (*société*) aufbauen; **se monter** *vpr* (*s'équiper*) sich ausrüsten; **~ son ménage** seinen Haushalt einrichten; **monté en** (*équipé*) ausgestattet mit; **~ sur/à un arbre/une échelle** auf einen Baum/eine Leiter steigen; **~ à cheval** reiten; **~ à bord** an Bord gehen; **~ à la tête de qn** jdm zu Kopf steigen; **être monté contre qn** auf jdn wütend *ou* gegen jdn aufgebracht sein; **~ sur les planches** zum Theater gehen; **~ en grade** aufsteigen; **~ qch en épingle** etw völlig übertreiben; **~ la garde** Wache stehen; **~ à l'assaut** zum Angriff übergehen; **se ~ à** (*frais, réparation*) sich belaufen auf +*acc*
monteur, -euse [mɔ̃tœR, øz] *nm/f* (*Tech*) Monteur(in) *m(f)*; (*Ciné*) Cutter(in) *m(f)*
montgolfière [mɔ̃gɔlfjɛR] *nf* Heißluftballon *m*
monticule [mɔ̃tikyl] *nm* (*éminence*) Hügel *m*; (*tas*) Haufen *m*
montmartrois, e [mɔ̃maRtRwa, waz] *adj* von Montmartre
montre [mɔ̃tR] *nf* Uhr *f*; **~ en main** auf die Minute genau; **faire ~ de** (*étaler*) zur Schau stellen; (*faire preuve de*) unter Beweis stellen; **contre la ~** gegen die Uhr; **~ de plongée** Taucheruhr *f*
Montréal [mɔ̃Real] *n* Montreal *nt*
montréalois, e [mɔ̃Realwa, waz] *adj* aus Montreal ▷ *nm/f*: **Montréalois, e** Bewohner(in) *m(f)* von Montreal
montre-bracelet [mɔ̃tRəbRaslɛ] (*pl* **montres-bracelets**) *nf* Armbanduhr *f*
montrer [mɔ̃tRe] *vt* zeigen; **se montrer** *vpr* (*paraître*) erscheinen, sich zeigen; **~ à qn qu'il a tort** jdm beweisen, dass er unrecht hat; **~ qch du doigt** mit dem Finger auf etw *acc* zeigen; **se ~ habile/à la hauteur** sich geschickt/kompetent zeigen, sich als geschickt/kompetent erweisen
montreur, -euse [mɔ̃tRœR, øz] *nm/f*: **~ d'ours** Bärenführer *m*; **~ de marionnettes** Marionettenspieler *m*
monture [mɔ̃tyR] *nf* (*bête*) Reittier *nt*; (*d'une bague*) Fassung *f*; (*de lunettes*) Gestell *nt*
monument [mɔnymɑ̃] *nm* Denkmal *nt*, Monument *nt*; **~ aux morts** Kriegerdenkmal *nt*
monumental, e, -aux [mɔnymãtal, o] *adj* monumental; (*énorme*) gewaltig
moquer [mɔke]: **se ~** *vpr*: **se ~ de** sich lustig machen über +*acc*; (*fam: se désintéresser de*) sich nicht kümmern um; **se ~ de qn** sich über jdn lustig machen
moquerie [mɔkRi] *nf* (*plaisanterie*) Spott *m*
moquette [mɔkɛt] *nf* Teppichboden *m*
moqueur, -euse [mɔkœR, øz] *adj* spöttisch
moral, e, -aux [mɔRal, o] *adj* moralisch; (*principes*) Moral-; (*force, douleur*) seelisch, Seelen- ▷ *nm* (*état d'esprit*) Stimmung *f*, Moral *f*; **avoir le ~ à zéro** überhaupt nicht in Stimmung sein, völlig niedergeschlagen sein
morale [mɔRal] *nf* Moral *f*; **faire la ~ à qn** jdm die

Leviten lesen

moralement [mɔralmã] *adv* moralisch; *(agir, se conduire)* anständig

moralisateur, -trice [mɔralizatœʀ, tʀis] *adj* moralisierend ▷ *nm/f* Moralprediger(in) *m(f)*

moraliser [mɔralize] *vi* Moralpredigten halten

moraliste [mɔralist] *nm/f (auteur)* Moralist(in) *m(f)*; *(moralisateur)* Moralprediger(in) *m(f)* ▷ *adj* moralisierend

moralité [mɔralite] *nf* Moralität *f*; *(enseignement)* Moral *f*

moratoire [mɔʀatwaʀ] *adj*: **intérêts ~s** Verzugszinsen *pl*

morave [mɔʀav] *adj* mährisch

Moravie [mɔʀavi] *nf*: **la ~** Mähren *nt*

morbide [mɔʀbid] *adj (curiosité)* krankhaft; *(goût)* abwegig

morceau, x [mɔʀso] *nm* Stück *nt*; *(d'une œuvre littéraire)* Auszug *m*; **couper en ~x** in Stücke schneiden

morceler [mɔʀsəle] *vt* aufteilen

morcellement [mɔʀsɛlmã] *nm* Aufteilung *f*

mordant, e [mɔʀdã, ãt] *adj* bissig; *(froid)* beißend ▷ *nm (dynamisme)* Schwung *m*

mordicus [mɔʀdikys] *(fam) adv* steif und fest

mordiller [mɔʀdije] *vt* knabbern an +*dat*

mordoré, e [mɔʀdɔʀe] *adj* goldbraun

mordre [mɔʀdʀ] *vt* beißen; *(suj: lime, ancre, vis)* fassen ▷ *vi (poisson)* anbeißen; **~ sur** *(ligne de départ, marge)* übertreten; **~ à l'hameçon** anbeißen

mordu, e [mɔʀdy] *pp de* **mordre** ▷ *adj (amoureux)* rasend verliebt ▷ *nm/f*: **un ~ de voile/de jazz** ein wilder Segelfan *m*/Jazzfan *m*

morfondre [mɔʀfɔ̃dʀ]: **se ~** *vpr* Trübsal blasen

morgue [mɔʀg] *nf (arrogance)* Dünkel *m*; *(lieu: de la police)* Leichenschauhaus *nt*; *(: à l'hôpital)* Leichenhalle *f*

moribond, e [mɔʀibɔ̃, ɔ̃d] *adj* todgeweiht

morille [mɔʀij] *nf* Morchel *f*

mormon, e [mɔʀmɔ̃, ɔn] *adj* Mormonen- ▷ *nm/f* Mormone *m*, Mormonin *f*

morne [mɔʀn] *adj (personne, visage)* trübsinnig, trübselig; *(temps, vie)* düster, trübselig

morose [mɔʀoz] *adj (personne)* mürrisch; *(marché)* schleppend

morphine [mɔʀfin] *nf* Morphium *nt*

morphinomane [mɔʀfinɔman] *nm/f* Morphinist(in) *m(f)*

morphologie [mɔʀfɔlɔʒi] *nf* Morphologie *f*; *(forme)* Gestalt *f*; *(Ling)* Formenlehre *f*

morphologique [mɔʀfɔlɔʒik] *adj* morphologisch

mors [mɔʀ] *nm* Gebiss *nt*

morse [mɔʀs] *nm (Zool)* Walross *nt*; *(Tél)* Morsealphabet *nt*

morsure [mɔʀsyʀ] *nf* Biss *m*; *(plaie)* Bisswunde *f*

mort, e [mɔʀ] *pp de* **mourir** ▷ *nf* Tod *m*; *(fig)* Ende *nt* ▷ *adj* tot; *(peau)* abgestorben ▷ *nm/f* Tote(r) *f(m)* ▷ *nm (Cartes)* Tisch *m*; **il y a eu plusieurs ~s** es gab mehrere Tote; **de ~** *(tête, lit, silence)* Toten-; *(pulsion, menace, peine)* Todes-; **blessé à ~** tödlich verletzt; **à la ~ de qn** bei jds Tod; **à la vie, à la ~**

in guten und schlechten Zeiten; **~ ou vif** tot oder lebendig; **~ de peur** zu Tode erschrocken; **~ de fatigue** todmüde; **faire le ~** sich tot stellen; *(fig)* nichts von sich *dat* hören lassen; **se donner la ~** sich *dat* das Leben nehmen; **~ clinique** klinischer Tod

mortadelle [mɔʀtadɛl] *nf* Mortadella *f*

mortalité [mɔʀtalite] *nf* Sterblichkeit *f*, Sterblichkeitsziffer *f*; **~ infantile** Kindersterblichkeit *f*

mort-aux-rats [mɔʀ(t)oʀa] *nf inv* Rattengift *nt*

mortel, le [mɔʀtɛl] *adj (entraînant la mort)* tödlich; *(Rel)* sterblich; *(fig: intense)* furchtbar; *(: ennuyeux)* tödlich (langweilig) ▷ *nm/f* Sterbliche(r) *f(m)*

mortellement [mɔʀtɛlmã] *adv (blessé etc)* tödlich; *(pâle etc)* toten-; *(ennuyeux etc)* sterbens-

morte-saison [mɔʀt(ə)sɛzɔ̃] *(pl* **mortes-saisons**) *nf* Saure-Gurken-Zeit *f*

mortier [mɔʀtje] *nm (Tech)* Mörtel *m*; *(récipient, canon)* Mörser *m*

mortifier [mɔʀtifje] *vt* zutiefst treffen, tief verletzen

mort-né, e [mɔʀne] *(pl* **~s, es**) *adj* tot geboren; *(fig)* von Anfang an zum Scheitern verurteilt

mortuaire [mɔʀtɥɛʀ] *adj*: **cérémonie ~** Totenfeier *f*; **avis ~s** Todesanzeige *f*; **chapelle ~** Totenkapelle *f*; **couronne ~** Grabkranz *m*; **domicile ~** Trauerhaus *nt*; **drap ~** Leichentuch *nt*

morue [mɔʀy] *nf* Kabeljau *m*; *(salée)* Stockfisch *m*

morvandeau, -elle [mɔʀvãdo, ɛl] *adj* aus dem Morvan ▷ *nm/f*: **Morvandeau, -elle** Bewohner(in) *m(f)* des Morvan

morveux, -euse [mɔʀvø, øz] *(fam) adj* rotznäsig

mosaïque [mɔzaik] *nf* Mosaik *nt*

mosan, e [mɔzã] *adj (de la Meuse)* Maas-

Moscou [mɔsku] *n* Moskau *nt*

moscovite [mɔskɔvit] *adj* Moskauer

mosellan, e [mɔzɛlã, an] *adj (de la Moselle)* Mosel- ▷ *nm/f*: **Mosellan, e** Mosellaner(in) *m(f)*

mosquée [mɔske] *nf* Moschee *f*

mot [mo] *nm* Wort *nt*; **bon ~** Bonmot *nt*; **mettre/écrire/recevoir un ~** ein paar Zeilen schreiben/erhalten; **le ~ de la fin** das letzte Wort; **à ~~** wortwörtlich; **en un ~** mit einem Wort; **~ pour ~** Wort für Wort, wortwörtlich; **à ~s couverts** durch die Blume; **avoir le dernier ~** das letzte Wort haben; **prendre qn au ~** jdn beim Wort nehmen; **se donner le ~** sich absprechen; **avoir son ~ à dire** auch ein Wörtchen mitzureden haben; **avoir des ~s avec qn** *(se quereller)* mit jdm einen Wortwechsel haben; **~ d'ordre** Kennwort *nt*; **~ de passe** Parole *f*; **~s croisés** Kreuzworträtsel *nt*

motard [mɔtaʀ] *nm* Motorradfahrer(in) *m(f)*, Kradfahrer *m*; *(de la police)* Motorradpolizist(in) *m(f)*

motel [mɔtɛl] *nm* Motel *nt*

moteur, -trice [mɔtœʀ, tʀis] *adj (Méd)* motorisch; *(Tech)* Antriebs- ▷ *nm* Motor *m*; *(fig: personne)* treibende Kraft *f*; *(: cause)* Antrieb *m*; **à quatre roues motrices** mit Allradantrieb; **à ~** motorgetrieben, Motor-; **~ à deux temps**

Zweitaktmotor *m*; **~ à explosion**
Verbrennungsmotor *m*; **~ à quatre temps**
Viertaktmotor *m*; **~ de recherche** (*Inform*)
Suchmaschine *f*; **~ thermique**
Verbrennungsmotor

motif [mɔtif] *nm* Motiv *nt*; (*raison*) Grund *m*;
motifs *nmpl* (*Jur*) Begründung *f*; **sans ~** *adj*
grundlos

motion [mosjɔ̃] *nf* Antrag *m*; **~ de censure**
Misstrauensantrag *m*

motivation [mɔtivasjɔ̃] *nf* (*vvt*) Begründung *f*;
Motivation *f*; (*Écon*) Kaufmotivation *f*

motivé, e [mɔtive] *adj* (*acte*) begründet; (*personne*)
motiviert

motiver [mɔtive] *vt* begründen; (*Psych*)
motivieren

moto [moto] *nf* Motorrad *nt*; **~ de trial**
Trialmotorrad *nt*

moto-cross [motokʀɔs] *nm inv* Motocross *nt*

motoculteur [mɔtɔkyltœʀ] *nm* Gartenfräse *f*

motocyclette [mɔtɔsiklɛt] *nf* Motorrad *nt*

motocyclisme [mɔtɔsiklism] *nm*
Motorradsport *m*

motocycliste [mɔtɔsiklist] *nm/f*
Motorradfahrer(in) *m(f)*

motoneige [motonɛʒ] *nf* Motorschlitten *m*

motorisé, e [mɔtɔrize] *adj* motorisiert

motoriser [mɔtɔrize] *vt* motorisieren

motrice [mɔtʀis] *nf* (*Rail*) Triebwagen *m* ▷ *adj f*
voir **moteur**

motte [mɔt] *nf*: **~ de terre** Erdscholle *f*; **~ de
beurre** Klumpen *m* Butter; **~ de gazon** Sode *f*

motus [mɔtys] *excl*: **~ (et bouche cousue)!** still,
nichts verraten!

mou, mol, molle [mu, mɔl] *adj* weich; (*péj*:
visage, traits) weichlich; (: *poignée de main*) schlaff;
(: *résistance, protestations*) schwach ▷ *nm* (*abats*)
Lunge *f*; **avoir du ~** (*corde*) locker sein; **donner
du ~** lockerlassen

mouchard, e [muʃaʀ, aʀd] *nm/f* Spion(in) *m(f)*;
(*Scol*) Petze *f*; (*Police*) Spitzel *m* ▷ *nm* (*appareil*)
Kontrollgerät *nt*

mouche [muʃ] *nf* Fliege *f*; (*de taffetas*)
Schönheitspflästerchen *nt*; (*sur une cible*)
Schwarze *nt*; (*Escrime*) Spitzenschutz *m*; **prendre
la ~** schnell einschnappen; **faire ~** ins Schwarze
treffen; **~ tsé-tsé** Tsetsefliege *f*

moucher [muʃe] *vt* (*enfant*) die Nase putzen +*dat*;
(*chandelle, lampe*) putzen; (*fam*: *remettre en place*)
herunterputzen; **se moucher** *vpr* sich *dat* die
Nase putzen, sich schnäuzen

moucheron [muʃʀɔ̃] *nm* Mücke *f*

moucheté, e [muʃ(ə)te] *adj* (*cheval*) gescheckt;
(*laine*) gesprenkelt

mouchoir [muʃwaʀ] *nm* Taschentuch *nt*; **~ en
papier** Papiertaschentuch *nt*

moudre [mudʀ] *vt* mahlen

moue [mu] *nf* Schmollmund *m*; **faire la ~** einen
Flunsch ziehen

mouette [mwɛt] *nf* Möwe *f*

mouf(f)ette [mufɛt] *nf* Skunk *m*, Stinktier *nt*

moufle [mufl] *nf* (*gant*) Fausthandschuh *m*; (*Tech*)

Seilblock *m* (*eines Flaschenzugs*)

mouflon [muflɔ̃] *nm* Mufflon *nt*

mouillage [mujaʒ] *nm* (*lieu*) Liegeplatz *m*

mouillé, e [muje] *adj* feucht

mouiller [muje] *vt* nass machen; (*humecter*)
anfeuchten; (*diluer*) verdünnen; (*Culin*: *ragoût,
sauce*) mit Flüssigkeit verdünnen; (*mine*) legen
▷ *vi* (*Naut*) ankern; **se mouiller** *vpr* nass werden;
(*fam*: *s'avancer*) ein Risiko eingehen; **~ l'ancre**
Anker werfen

mouillette [mujɛt] *nf* (*de pain*) Stück *nt* Brot (*zum
Eintunken*)

moulage [mulaʒ] *nm* (*action*) Gießen *nt*; (*produit,
objet*) Abguss *m*

moulais [mulɛ] *vb voir* **moudre**

moulant, e [mulã, ãt] *adj* eng anliegend

moule [mul] *vb voir* **moudre** ▷ *nf* (*mollusque*)
Miesmuschel *f* ▷ *nm* Form *f*; **~ à gâteaux**
Kuchenform *f*; **~ à gaufre** Waffeleisen *nt*; **~ à
tarte** flache Kuchenform

moulent [mul] *vb voir* **moudre**; **mouler**

mouler [mule] *vt* (*couler substance*) gießen;
(*reproduire*) einen Abguss machen von; (*écrire*) wie
gedruckt schreiben; (*coller à*) eng anliegen an
+*dat*; **~ qch sur** (*fig*) etw formen an +*dat*

moulin [mulɛ̃] *nm* Mühle *f*; **~ à café** Kaffeemühle
f; **~ à eau** Wassermühle *f*; **~ à légumes**
Gemüsezerkleinerer *m*; **~ à paroles**
Quasselstrippe *f*; **~ à poivre** Pfeffermühle *f*; **~ à
prières** Gebetsmühle *f*; **~ à vent** Windmühle *f*

mouliner [muline] *vt* zerkleinern

moulinet [mulinɛ] *nm* Rolle *f*; **faire des ~s avec
les bras** die Arme herumwirbeln

moulinette® [mulinɛt] *nf* Gemüsezerkleinerer *m*

moulons [mulɔ̃] *vb voir* **moudre**

moulu, e [muly] *pp de* **moudre** ▷ *adj* gemahlen

moulure [mulyʀ] *nf* Stuckverzierung *f*

mourant, e [murã, ãt] *vb voir* **mourir** ▷ *adj*
(*personne*) sterbend; (*feu, son, voix*) ersterbend;
(*regard, yeux*) brechend ▷ *nm/f* Sterbende(r) *f(m)*

mourir [muʀiʀ] *vi* sterben; (*civilisation, pays*)
untergehen; (*flamme*) erlöschen; **~ de faim**
verhungern; (*fig*) vor Hunger beinahe
umkommen; **~ de froid** erfrieren; **~ d'ennui**
sich zu Tode langweilen; **~ de rire** sich
totlachen; **~ de vieillesse** an Altersschwäche
sterben; **~ assassiné** ermordet werden;
~ d'envie de faire qch darauf brennen, etw zu
tun; **s'ennuyer à ~** sich zu Tode langweilen

mousquetaire [muskətɛʀ] *nm* Musketier *m*

mousqueton [muskətɔ̃] *nm* (*fusil*) Karabiner *m*;
(*anneau*) Karabinerhaken *m*

moussant, e [musã, ãt] *adj*: **bain ~** Schaumbad
nt

mousse [mus] *nf* (*Bot*) Moos *nt*; (*écume*) Schaum
m; (*Culin*: *dessert*) Mousse *f*; (*caoutchouc*)
Schaumgummi *m* ▷ *nm* (*Naut*) Schiffsjunge *m*;
~ à raser Rasierschaum *m*; **~ carbonique**
Feuerlöschschaum *m*; **~ de nylon** Nylonschaum
m; (*tissu*) Nylonstretch *m*

mousseline [muslin] *nf* Musselin *m*; **pommes ~**
Kartoffelpüree *nt*

mousser [muse] *vi* schäumen

mousseux, -euse [musø, øz] *adj* schaumig ▷ *nm*: **(vin)** ~ Schaumwein *m*

mousson [musɔ̃] *nf* Monsun *m*

moussu, e [musy] *adj* (*pierre etc*) bemoost

moustache [mustaʃ] *nf* Schnurrbart *m*; **moustaches** *nfpl* (*d'animal*) Schnurrhaare *pl*

moustachu, e [mustaʃy] *adj* mit Schnurrbart

moustiquaire [mustikɛʀ] *nf* (*rideau*) Moskitonetz *nt*; (*fenêtre*) Fliegenfenster *nt*

moustique [mustik] *nm* Stechmücke *f*

moutarde [mutaʀd] *nf* Senf *m* ▷ *adj inv* senfgelb; ~ **extra-forte** extrascharfer Senf

moutardier [mutaʀdje] *nm* Senftopf *m*

mouton [mutɔ̃] *nm* Schaf *nt*; (*peau*) Schafsleder *nt*; (*fourrure*) Schaffell *nt*; (*Culin*) Hammelfleisch *nt*; **moutons** *nmpl* (*petits nuages*) Schäfchenwolken *pl*; (*de poussière*) Wollmäuse *pl*

mouture [mutyʀ] *nf* (*action*) Mahlen *nt*; (*péj: reprise*) Neuaufguss *m*

mouvant, e [muvã, ãt] *adj* (*fig: terrain*) unsicher

mouvement [muvmã] *nm* Bewegung *f*; (*trafic*) Betrieb *m*; (*d'une phrase, d'un récit*) Rhythmus *m*; (*Mus: mesure, rythme*) Tempo *nt*; (*: partie*) Satz *m*; (*d'un terrain*) Konturen *pl*; (*de montre*) Uhrwerk *nt*; (*variation: de prix, valeurs*) Schwankung *f*; ~ **révolutionnaire** revolutionäre Bewegung; ~ **syndical** Gewerkschaftsbewegung *f*; **en** ~ in Bewegung; **mettre qch en** ~ etw in Bewegung setzen, etw in Gang bringen; ~ **de colère** Anwandlung *f* von schlechter Laune; ~ **d'humeur** Wutausbruch *m*; ~ **d'opinion** Stimmungsumschwung *m*; **le** ~ **perpétuel** das Perpetuum Mobile *nt*

mouvementé, e [muvmãte] *adj* bewegt; (*vivant*) lebhaft; (*agité*) turbulent, stürmisch

mouvoir [muvwaʀ] *vt* bewegen; (*fig: personne*) antreiben, animieren; **se mouvoir** *vpr* sich bewegen

moyen, ne [mwajɛ̃, jɛn] *adj* mittlere(r, s); (*de grandeur moyenne, passable*) durchschnittlich; (*lecteur, spectateur, température*) Durchschnitts- ▷ *nm* (*procédé*) Mittel *nt*; **moyens** *nmpl* (*ressources pécuniaires*) Mittel *pl*; **au** ~ **de** mithilfe von; **y a-t-il** ~ **de ...?** ist es möglich, zu ...?; **par quel** ~? wie?, auf welche Weise?; **avec les** ~**s du bord** (*fig*) mit eigenen Mitteln; **par tous les** ~**s** auf Biegen und Brechen, mit allen Mitteln; **employer les grands** ~**s** zum Äußersten greifen; **par ses propres** ~**s** allein, selbst; ~ **âge** Mittelalter *nt*; ~ **d'expression** Ausdrucksmittel *nt*; ~ **de locomotion** Verkehrsmittel *nt*; ~ **de transport** Transportmittel *nt*; ~ **terme** Mittelweg *m*

moyenâgeux, -euse [mwajɛnaʒø, øz] *adj* mittelalterlich

moyen-courrier [mwajɛ̃kuʀje] (*pl* ~**s**) *nm* Mittelstreckenflugzeug *nt*

moyennant [mwajɛnɑ̃] *prép* mittels +*gén*; ~ **quoi** wodurch

moyenne [mwajɛn] *nf* Durchschnitt *m*; (*Math, Statistique*) Mittelwert *m*; (*Auto*) Durchschnittsgeschwindigkeit *f*; **avoir la** ~

(*Scol*) die Note „ausreichend" erhalten; **en** ~ durchschnittlich; ~ **d'âge** Durchschnittsalter *nt*; ~ **entreprise** mittlerer Betrieb *m*

moyennement [mwajɛnmã] *adv* durchschnittlich; (*travailler etc*) mittelmäßig

Moyen-Orient [mwajɛnɔʀjã] *nm*: **le** ~ der Mittlere Osten *m*

moyeu, x [mwajø] *nm* Radnabe *f*

Mozambique [mɔzãbik] *nm*: **le** ~ Mosambik *nt*

MRAP [mʀap] *sigle m* (= *Mouvement contre le Racisme et pour l'Amitié entre les Peuples*) antirassistische Bewegung

ms *abr* (= *manuscrit*) MS

MSF [ɛmɛsɛf] *sigle mpl* (= *Médecins sans frontières*) Ärzte *pl* ohne Grenzen, medizinische Nothilfeorganisation

MST [ɛmɛste] *sigle f* (= *maladie sexuellement transmissible*) sexuell übertragbare Krankheit *f*

MTC [ɛmtese] *sigle m* = **mécanisme du taux de change**

mû, mue [my] *pp de* **mouvoir**

mucosité [mykozite] *nf* Schleim *m*

mucus [mykys] *nm* Schleim *m*

mue [my] *pp de* **mouvoir** ▷ *nf* (*vi*) Mauser *f*; Häuten *nt*; Stimmbruch *m*

muer [mɥe] *vi* (*oiseau*) sich mausern; (*serpent, mammifère*) sich häuten; (*adolescent*) im Stimmbruch sein; (*voix*) brechen; **se muer** *vpr*: **se** ~ **en** sich verwandeln in +*acc*

muet, te [mɥɛ, mɥɛt] *adj* stumm ▷ *nm/f* Stumme(r) *f(m)* ▷ *nm*: **le** ~ (*Ciné*) der Stummfilm *m*; ~ **d'admiration/d'étonnement** sprachlos vor Bewunderung/Staunen

mufle [myfl] *nm* (*du lion, bœuf*) Maul *nt*; (*fam: péj: goujat*) Flegel *m* ▷ *adj* flegelhaft

mugir [myʒiʀ] *vi* (*bœuf, vache*) brüllen; (*vent, sirène*) heulen

mugissement [myʒismã] *nm* (*vvb*) Brüllen *nt*; Heulen *nt*

muguet [mygɛ] *nm* (*Bot*) Maiglöckchen *nt*; (*Méd*) Schwämmchen *nt*

mulâtre, -tresse [mylɑtʀ, mylɑtʀɛs] *nm/f* Mulatte *m*, Mulattin *f*

mule [myl] *nf* (*Zool*) Maulesel *m*; **mules** *nfpl* (*pantoufles*) Pantoffeln *pl*

mulet [mylɛ] *nm* (*mammifère*) Maulesel *m*; (*poisson*) Meerbarbe *f*

muletier, -ière [myl(ə)tje, jɛʀ] *adj*: **chemin** ~ Maultierpfad *m*

mulot [mylo] *nm* Feldmaus *f*

multicolore [myltikɔlɔʀ] *adj* bunt, vielfarbig

multicoque [myltikɔk] *adj, nm*: **(voilier)** ~ Schiff *nt* mit mehreren Schwimmkörpern

multidisciplinaire [myltidisiplinɛʀ] *adj*: **enseignement** ~ fachübergreifender Unterricht *m*

multiforme [myltifɔʀm] *adj* vielgestaltig

multilatéral, e, -aux [myltilateʀal, o] *adj* mehrseitig, multilateral

multimilliardaire [myltimiljaʀdɛʀ] *nm/f* Multimilliardär(in) *m(f)*

multimillionnaire [myltimiljɔnɛʀ] *nm/f*

Multimillionär(in) *m(f)*
multinational, e, -aux [myltinasjɔnal, o] *adj*
multinational
multinationale [myltinasjɔnal] *nf*
multinationales Unternehmen *nt*
multiple [myltipl] *adj* mehrfach; *(activités, aspects, causes)* vielfach; *(varié)* verschieden ▷ *nm (Math)*
Vielfaches *nt*
multiplex [myltiplɛks] *nm (dispositif)* Multiplexer *m*; *(programme)* Konferenzschaltung *f*
multiplicateur [myltiplikatœʀ] *nm (Math)*
Multiplikator *m*
multiplication [myltiplikasjɔ̃] *nf* (vvb) Zunahme *f*; Vermehrung *f*; *(Math)* Multiplikation *f*
multiplicité [myltiplisite] *nf* Vielfalt *f*
multiplier [myltiplije] *vt (attaques, essais etc)* vermehren; *(Math)* multiplizieren; **se multiplier** *vpr (ouvrages, partis, accidents)* zunehmen; *(être vivant)* sich vermehren
multiprogrammation [myltipʀɔgʀamasjɔ̃] *nf*
Mehrprogrammbetrieb *m*
multipropriété [myltipʀɔpʀijete] *nf*
Timesharing *nt*
multirisque [myltiʀisk] *adj*: **assurance ~**
Versicherung *f* gegen mehrere Risiken
multitraitement [myltitʀɛtmɑ̃] *nm (Inform)*
Mehrprozessorbetrieb *m*
multitude [myltityd] *nf* Menge *f*; **une ~ de** eine Vielzahl von, sehr viele
Munich [mynik] *n* München *nt*
munichois, e [mynikwa, waz] *adj* Münchner ▷ *nm/f*: **Munichois, e** Münchner(in) *m(f)*
municipal, e, -aux [mynisipal, o] *adj* Stadt-
municipalité [mynisipalite] *nf (corps municipal)*
Stadtverwaltung *f*; *(commune)* Stadt *f*, Gemeinde *f*
munificence [mynifisɑ̃s] *nf* Großzügigkeit *f*
munir [myniʀ] *vt*: **~ de** ausstatten *ou* versehen mit; **se munir** *vpr*: **se ~ de** sich versehen mit
munitions [mynisjɔ̃] *nfpl* Munition *f*
muqueuse [mykøz] *nf* Schleimhaut *f*
mur [myʀ] *nm* Mauer *f*; *(de terre, rondins)* Wall *m*; **un ~ d'incompréhension/de haine** eine Mauer von Verständnislosigkeit/Hass; **faire le ~** über die Mauer abhauen; **~ du son** Schallmauer *f*
mûr, e [myʀ] *adj* reif; *(projet)* spruchreif
muraille [myʀɑj] *nf* Mauer *f*; *(fortification)*
(Stadt)mauer *f*
mural, e, -aux [myʀal, o] *adj* Wand-; *(plante)*
Mauer- ▷ *nm (Art)* Wandmalerei *f*
mûre [myʀ] *nf (de la ronce)* Brombeere *f*; *(du mûrier)*
Maulbeere *f*
mûrement [myʀmɑ̃] *adv*: **ayant ~ réfléchi** nach reiflicher Überlegung
murène [myʀɛn] *nf* Muräne *f*
murer [myʀe] *vt (enclos)* ummauern; *(porte, issue)* zumauern; *(personne)* einmauern
muret [myʀɛ] *nm* Mäuerchen *nt*
mûrier [myʀje] *nm (arbre)* Maulbeerbaum *m*; *(ronce)* Brombeerstrauch *m*
mûrir [myʀiʀ] *vi* reifen; *(abcès, furoncle)* reif werden; *(idée, projet)* heranreifen ▷ *vt* reifen

lassen; *(pensée, projet)* ausbrüten
murmure [myʀmyʀ] *nm (de ruisseau, vagues)*
Plätschern *nt*; *(d'arbre)* Wispern *nt*; **murmures** *nmpl (plaintes)* Murren *nt*; **~ d'approbation/ d'admiration** beifälliges/bewunderndes Murmeln *nt*; **~ de protestation**
Protestgemurmel *nt*
murmurer [myʀmyʀe] *vi (chuchoter)* murmeln; *(protester, se plaindre)* murren; *(ruisseau, vagues)* plätschern; *(arbre)* wispern
mus *etc* [my] *vb voir* **mouvoir**
musaraigne [myzaʀɛɲ] *nf* Spitzmaus *f*
musarder [myzaʀde] *vi* die Zeit vertrödeln; *(en marchant)* herumtrödeln
musc [mysk] *nm* Moschus *m*
muscade [myskad] *nf*: **(noix (de)) ~**
Muskat(nuss *f*) *m*
muscat [myska] *nm (raisin)* Muskatellertraube *f*; *(vin)* Muskateller *m*
muscle [myskl] *nm* Muskel *m*
musclé, e [myskle] *adj* muskulös; *(fig: politique, régime etc)* Gewalt-, brutal
muscler [myskle] *vt (bras, ventre)* die Muskeln stärken in +*dat*
musculaire [myskylɛʀ] *adj* Muskel-
musculation [myskylasjɔ̃] *nf*: **(travail ou exercices de) ~** Muskeltraining *nt*
musculature [myskylatyʀ] *nf* Muskulatur *f*
muse [myz] *nf* Muse *f*
museau, x [myzo] *nm* Schnauze *f*
musée [myze] *nm* Museum *nt*; *(de peinture)*
Kunstgalerie *f*
museler [myz(ə)le] *vt (aussi fig)* einen Maulkorb anlegen +*dat*
muselière [myzəljɛʀ] *nf* Maulkorb *m*
musette [myzɛt] *nf (sac)* Proviantbeutel *m* ▷ *adj inv*: **bal ~** Tanzvergnügen *nt* mit Akkordeonmusik
muséum [myzeɔm] *nm* Museum *nt* für Naturwissenschaften
musical, e, -aux [myzikal, o] *adj (notation, études)* musikalisch; *(émission, soirée)* Musik-; *(phrase, voix)* klangvoll
music-hall [myzikol] *(pl ~s) nm* Varieté *nt*
musicien, ne [myzisjɛ̃, jɛn] *adj* musikalisch ▷ *nm/f* Musiker(in) *m(f)*
musique [myzik] *nf* Musik *f*; *(fanfare)*
Musikkapelle *f*; *(notation écrite)* Noten *pl*; *(d'un vers, d'une phrase)* Melodie *f*; **faire de la ~** musizieren; **~ de chambre** Kammermusik *f*; **~ de film**
Filmmusik *f*; **~ de fond** Hintergrundmusik *f*; **~ militaire** Militärmusik *f*
musqué, e [myske] *adj* Moschus-
must [mœst] *nm* Muss *nt*
musulman, e [myzylmɑ̃, an] *adj* mohammedanisch, moslemisch ▷ *nm/f*
Mohammedaner(in) *m(f)*, Moslem *m*
mutant, e [mytɑ̃, ɑ̃t] *nm/f* Mutation *f*
mutation [mytasjɔ̃] *nf (Biol)* Mutation *f*; *(Admin: d'un fonctionnaire)* Versetzung *f*
muter [myte] *vt (Admin)* versetzen
mutilation [mytilasjɔ̃] *nf* Verstümmelung *f*

mutilé, e [mytile] *nm/f* Krüppel *m*; **grand ~**
Schwerbeschädigte(r) *f(m)*; **~ de guerre**
Kriegsversehrte(r) *f(m)*; **~ du travail**
Berufsinvalide *m*, Berufsinvalidin *f*
mutiler [mytile] *vt* verstümmeln
mutin, e [mytɛ̃, in] *adj* verschmitzt ▷ *nm* (*Mil,
Naut*) Meuterer *m*
mutiner [mytine]: **se ~** *vpr* meutern
mutinerie [mytinʀi] *nf* Meuterei *f*
mutisme [mytism] *nm* Stummheit *f*
mutualiste [mytɥalist] *adj* (*assurance, société*) auf
Gegenseitigkeit
mutualité [mytɥalite] *nf* (*assurance*)
Versicherung *f* auf Gegenseitigkeit
mutuel, le [mytɥɛl] *adj* (*réciproque*) gegenseitig;
(*société*) auf Gegenseitigkeit
mutuelle [mytɥɛl] *nf* Versicherung *f* auf
Gegenseitigkeit
mutuellement [mytɥɛlmã] *adv* gegenseitig
myocarde [mjɔkaʀd] *nm voir* **infarctus**
myope [mjɔp] *adj* kurzsichtig ▷ *nm/f*
Kurzsichtige(r) *f(m)*
myopie [mjɔpi] *nf* Kurzsichtigkeit *f*
myosotis [mjozɔtis] *nm* Vergissmeinnicht *nt*
myriade [miʀjad] *nf* Myriade *f*
myrtille [miʀtij] *nf* Heidelbeere *f*
mystère [mistɛʀ] *nm* (*secret, cachotterie*)

Geheimnis *nt*; (*énigme*) Rätsel *nt*; **le ~ de la
Trinité/de la foi** das Geheimnis der
Dreifaltigkeit/des Glaubens
mystérieusement [misteʀjøzmã] *adv* auf
geheimnisvolle Weise
mystérieux, -euse [misteʀjø, jøz] *adj*
geheimnisvoll; (*insolite*) sonderbar
mysticisme [mistisism] *nm* Mystik *f*
mystificateur, -trice [mistifikatœʀ, tʀis] *nm/f*
Schwindler(in) *m(f)*
mystification [mistifikasjõ] *nf* (*tromperie*)
Täuschung *f*, Betrug *m*; (*mythe*) Mythos *m*
mystifier [mistifje] *vt* (*duper*) narren, irreführen;
(*tromper*) täuschen, betrügen
mystique [mistik] *adj* mystisch ▷ *nm/f*
Mystiker(in) *m(f)*
mythe [mit] *nm* (*récit*) Sage *f*; (*représentation
déformée*) Mythos *m*; **le ~ de la galanterie
française** der Mythos von der französischen
Galanterie
mythifier [mitifje] *vt* mystifizieren
mythique [mitik] *adj* (*inspiration, tradition*)
mythisch; (*personnage*) sagenhaft, Sagen-
mythologie [mitɔlɔʒi] *nf* Mythologie *f*
mythologique [mitɔlɔʒik] *adj* mythologisch
mythomane [mitɔman] *adj* lügensüchtig ▷ *nm/f*
Fantast(in) *m(f)*

Nn

N¹, n [ɛn] *nm inv* (*lettre*) N, n *nt*; **N comme Nicolas** ≈ N wie Nordpol

N² [ɛn] *abr* (= *nord*) N

n' [n] *adv voir* **ne**

nabot [nabo] (*péj*) *nm* Knirps *m*

nacelle [nasɛl] *nf* (*de ballon*) Korb *m*

nacre [nakʀ] *nf* Perlmutt *nt*

nacré, e [nakʀe] *adj* schimmernd

nage [naʒ] *nf* Schwimmen *nt*; (*style*) (Schwimm)stil *m*; **traverser/s'éloigner à la ~** durchschwimmen/wegschwimmen; **en ~** schweißgebadet; **~ indienne** Seitenschwimmen *nt*; **~ libre** Freistil *m*; **~ papillon** Schmetterlingsstil *m*

nageoire [naʒwaʀ] *nf* Flosse *f*

nager [naʒe] *vi* schwimmen; (*fig*) in der Luft hängen, ins Schwimmen kommen ▷ *vt*: **~ le crawl** (im) Kraulstil schwimmen; **il nage dans ses vêtements** die Kleider sind ihm viel zu groß; **~ dans le bonheur** im Glück schwimmen

nageur, -euse [naʒœʀ, øz] *nm/f* Schwimmer(in) *m(f)*

naguère [nagɛʀ] *adv* unlängst; (*autrefois*) damals

naïf, -ïve [naif, naiv] *adj* naiv

nain, e [nɛ̃, nɛn] *nm/f* Zwerg(in) *m(f)* ▷ *adj* (*arbre etc*) Zwerg-

nais *etc* [nɛ] *vb voir* **naître**

naissais *etc* [nɛsɛ] *vb voir* **naître**

naissance [nɛsɑ̃s] *nf* Geburt *f*; (*fig*) Entstehung *f*; **donner ~ à** gebären; (*fig*) entstehen lassen; **prendre ~** anfangen, entstehen; **aveugle de ~** von Geburt (an) blind; **français de ~** Franzose von Geburt; **à la ~ des cheveux** an den Haarwurzeln

naissant, e [nɛsɑ̃, ɑ̃t] *adj* (*calvitie, barbe, jour*) beginnend; (*sentiment*) entstehend

naît [nɛ] *vb voir* **naître**

naître [nɛtʀ] *vi* geboren werden; **~ (de)** (*fig*) entstehen (aus); **il est né en 1960** er ist 1960 geboren; **il naît plus de filles que de garçons** es werden mehr Mädchen als Jungen geboren; **faire ~** (*fig*) erwecken

naïvement [naivmɑ̃] *adv* naiv

naïveté [naivte] *nf* Naivität *f*

Namibie [namibi] *nf*: **la ~** Namibia *nt*

nana [nana] (*fam*) *nf* Biene *f*

nancéien, ne [nɑ̃sejɛ̃, ɛn] *adj* aus Nancy ▷ *nm/f*: **Nancéien, ne** Einwohner(in) *m(f)* von Nancy

nantais, e [nɑ̃tɛ, ɛz] *adj* aus Nantes ▷ *nm/f*: **Nantais, e** Einwohner(in) *m(f)* von Nantes

nantir [nɑ̃tiʀ] *vt*: **~ qn de** jdn versehen *ou* ausstatten mit; **les nantis** (*péj*) die Wohlhabenden

napalm [napalm] *nm* Napalm *nt*

naphtaline [naftalin] *nf*: **boules de ~** Mottenkugeln *pl*

Naples [napl] *n* Neapel *nt*

napolitain, e [napɔlitɛ̃, ɛn] *adj* neapolitanisch; **tranche ~e** Napolitanerschnitte *f*

nappe [nap] *nf* Tischdecke *f*; **~ d'eau** glatte Wasserfläche *f*; **~ de brouillard** Nebelbank *f*; **~ de gaz** Gasansammlung *f*; **~ de mazout** Ölteppich *m*; **~ phréatique** Grundwasserspiegel *m*

napper [nape] *vt*: **~ qch de** etw überziehen mit

napperon [napʀɔ̃] *nm* Untersetzer *m*

naquit *etc* [naki] *vb voir* **naître**

narcisse [naʀsis] *nm* Narzisse *f*

narcissique [naʀsisik] *adj* narzisstisch

narcissisme [naʀsisism] *nm* Narzissmus *m*

narcotique [naʀkɔtik] *adj* betäubend ▷ *nm* Betäubungsmittel *nt*, Narkosemittel *nt*

narguer [naʀge] *vt* spöttisch ansehen

narine [naʀin] *nf* Nasenloch *nt*

narquois, e [naʀkwa, waz] *adj* spöttisch

narrateur, -trice [naʀatœʀ, tʀis] *nm/f* Erzähler(in) *m(f)*

narratif, -ive [naʀatif, iv] *adj* erzählend, Erzähl-

narration [naʀasjɔ̃] *nf* Erzählung *f*; (*Scol*) Aufsatz *m*

narrer [naʀe] *vt* erzählen

NASA [naza] *sigle f* (= *National Aeronautics and Space Administration*) NASA *f*

nasal, e, -aux [nazal, o] *adj* (*Anat*) Nasen-; (*Ling*) nasal

naseau, x [nazo] *nm* Nüster *f*

nasillard, e [nazijaʀ, aʀd] *adj* näselnd

nasiller [nazije] *vi* (*personne*) näseln; (*microphone etc*) quäken

nasse [nɑs] *nf* Reuse *f*

natal, e [natal] *adj* Geburts-

nataliste [natalist] *adj* geburtenfreundlich

natalité [natalite] *nf* Geburtenrate *f*

natation [natasjɔ̃] *nf* Schwimmen *nt*; **faire de la** ~ Schwimmsport betreiben

natif, -ive [natif, iv] *adj* (*inné*) angeboren; ~ **(de)** gebürtig (aus)

nation [nasjɔ̃] *nf* Nation *f*; **les N~s unies** die Vereinten Nationen *pl*

national, e, -aux [nasjɔnal, o] *adj* national; **nationaux** *nmpl* (*citoyens*) Bürger *pl*

nationale [nasjɔnal] *nf*: **(route)** ~ ≈ Bundesstraße *f*

nationalisation [nasjɔnalizasjɔ̃] *nf* Verstaatlichung *f*, Nationalisierung *f*

nationaliser [nasjɔnalize] *vt* verstaatlichen

nationalisme [nasjɔnalism] *nm* Nationalismus *m*

nationaliste [nasjɔnalist] *nm/f* Nationalist(in) *m(f)*

nationalité [nasjɔnalite] *nf* Nationalität *f*; **il est de** ~ **française** er ist französischer Staatsbürger

natte [nat] *nf* (*tapis*) Matte *f*; (*cheveux*) Zopf *m*

natter [nate] *vt* flechten

naturalisation [natyralizasjɔ̃] *nf* (*de personne*) Einbürgerung *f*

naturalisé, e [natyralize] *adj* eingebürgert, naturalisiert

naturaliser [natyralize] *vt* (*personne*) einbürgern, naturalisieren; (*animal*) ausstopfen

naturaliste [natyralist] *nm/f* (*empailleur*) Tierpräparator(in) *m(f)*; (*savant*) Naturforscher(in) *m(f)*

nature [natyr] *nf* Natur *f*; (*tempérament aussi*) Wesen *nt* ▷ *adj inv* (*sans affectation*) natürlich; **omelette/pommes** ~ (*Culin*) Omelette *f*/ Kartoffeln *pl* Natur; **payer en** ~ in Naturalien zahlen; **peint d'après** ~ nach der Natur gemalt; ~ **morte** Stillleben *nt*; **être de** ~ **à faire qch** so geartet sein, dass man etw macht

naturel, -elle [natyrɛl] *adj* natürlich; (*non synthétique*) Natur- ▷ *nm* (*caractère*) Wesen *nt*, Naturell *nt*; (*spontanéité*) Natürlichkeit *f*; **au** ~ (*Culin*) ohne Zutaten

naturellement [natyrɛlmɑ̃] *adv* natürlich

naturisme [natyrism] *nm* Freikörperkultur *f*, FKK

naturiste [natyrist] *adj* FKK- ▷ *nm/f* FKK-Anhänger(in) *m(f)*

naufrage [nofraʒ] *nm* Schiffbruch *m*; **faire** ~ Schiffbruch erleiden

naufragé, e [nofraʒe] *adj* schiffbrüchig ▷ *nm/f* Schiffbrüchige(r) *f(m)*

nauséabond, e [nozeabɔ̃, ɔ̃d] *adj* widerlich, ekelhaft

nausée [noze] *nf*: **j'ai la** ~ mir ist übel; ~**s matinales** morgendliche Übelkeit *f*

nautique [notik] *adj* nautisch; **sports** ~**s** Wassersport *m*

nautisme [notism] *nm* Wassersport *m*

naval, e [naval] *adj* (*construction, chantier*) Schiffs-; (*Mil: forces, combat*) See-

navet [navɛ] *nm* (Steck)rübe *f*; (*péj: film*) schlechter Film *m*

navette [navɛt] *nf* (*pour tisser*) (Weber)schiffchen *nt*; (*transport*) Pendelverkehr *m*; **faire la** ~ **(entre)** pendeln (zwischen); ~ **spatiale** Raumfähre *f*

navigabilité [navigabilite] *nf* (*d'un navire*) Seetüchtigkeit *f*; (*d'un avion*) Flugtüchtigkeit *f*

navigable [navigabl] *adj* schiffbar

navigant, e [navigɑ̃, ɑ̃t] *adj* (*personnel*) fliegend ▷ *nm/f* fliegendes Personal *nt*

navigateur [navigatœr] *nm* (*Aviat*) Navigator *m*; (*Naut*) Seefahrer *m*; (*Inform*) Browser *m*

navigation [navigasjɔ̃] *nf* (*action ou art de naviguer*) Schifffahrt *f*; (*trafic maritime*) Schiffsverkehr *m*; (*trafic aérien*) Flugverkehr *m*; **compagnie de** ~ Schifffahrtsgesellschaft *f*

naviguer [navige] *vi* fahren

navire [navir] *nm* Schiff *nt*; ~ **de guerre** Kriegsschiff *nt*; ~ **marchand** Handelsschiff *nt*

navire-citerne [navirsitɛrn] (*pl* **navires-citernes**) *nm* Tanker *m*

navrant, e [navrɑ̃, ɑ̃t] *adj* (*affligeant*) betrüblich, traurig; (*consternant*) bestürzend

navrer [navre] *vt* betrüben; **je suis navré (que)** es tut mir leid(, dass); **je suis navré de ne pas pouvoir venir** es tut mir leid, dass ich nicht kommen kann

NB *abr* (= *nota bene*) NB

ND *sigle f* (= *Notre-Dame*) *der Mutter Jesu geweihte Kirche*

NDLR [ɛndeelɛr] *sigle f* (= *note de la rédaction*) Hinweis *m* des Herausgebers

NDT [ɛndete] *sigle f* (= *note du traducteur*) Anmerkung *f* des Übersetzers

ne [n(ə)] *adv nicht übersetzt*; **je ne dors pas/plus** ich schlafe nicht/nicht mehr; **je crains qu'il ne vienne** ich fürchte, er kommt

né, e [ne] *pp de* **naître** ▷ *adj*: **un comédien né** der geborene Schauspieler; **née Dupont** geborene Dupont; **bien né(e)** (*d'une famille honorable*) aus gutem Hause

néanmoins [neɑ̃mwɛ̃] *adv* trotzdem

néant [neɑ̃] *nm* Nichts *nt*; **réduire à** ~ vernichten

nébuleuse [nebyløz] *nf* (*Astron*) Nebel *m*

nébuleux, -euse [nebylø, øz] *adj* (*ciel*) trübe; (*fig*) nebulös, unklar

nébuliseur [nebylizœr] *nm* Zerstäuber *m*

nébulosité [nebylozite] *nf* (*Météo*) Wolken *pl*; ~ **variable** strichweise bedeckt

nécessaire [nesesɛr] *adj* notwendig, nötig ▷ *nm*: **faire le** ~ alles Nötige tun; **est-ce bien** ~? muss das (unbedingt) sein?; **il est** ~ **de ...** man muss unbedingt ...; **n'emporter que le strict** ~ nur das Nötigste mitnehmen; ~ **de couture** Nähzeug *nt*; ~ **de toilette** (*sac*) Kulturbeutel *m*; ~ **de voyage** (Reise)necessaire *nt*

nécessairement [nesesɛrmɑ̃] *adv* notgedrungen, zwangsläufig

nécessité [nesesite] *nf* Notwendigkeit *f*; **se trouver dans la** ~ **de faire qch** sich gezwungen sehen, etw zu tun; **par** ~ notgedrungen

nécessiter [nesesite] *vt* (*suj: chose*) erfordern

nécessiteux, -euse [nesesitø, øz] *adj* bedürftig ▷ *nmpl*: **les** ~ die Bedürftigen *pl*

nec plus ultra [nɛkplysyltra] *nm*: **le** ~ **(de)** das Nonplusultra (an); **le** ~ **du confort** *etc* das

Nonplusultra an Bequemlichkeit etc

nécrologie [nekʀɔlɔʒi] nf (notice biographique)
Nachruf m

nécrologique [nekʀɔlɔʒik] adj: **article** ~ Nachruf
m (in einer Zeitung); **rubrique** ~ Todesanzeigen pl

nécromancie [nekʀɔmãsi] nf
Geisterbeschwörung f

nécromancien, ne [nekʀɔmãsjɛ̃, jɛn] nm/f
Geisterbeschwörer(in) m(f)

nécrose [nekʀoz] nf Nekrose f

nectar [nɛktaʀ] nm Nektar m

nectarine [nɛktaʀin] nf Nektarine f

néerlandais, e [neɛʀlɑ̃dɛ, ɛz] adj niederländisch
▷ nm (Ling) Niederländisch nt ▷ nm/f:
Néerlandais, e Niederländer(in) m(f)

nef [nɛf] nf Schiff nt

néfaste [nefast] adj (influence) schlecht; (jour)
unglückselig

négatif, -ive [negatif, iv] adj negativ; (réponse)
verneinend ▷ nm (Photo) Negativ nt

négation [negasjɔ̃] nf (action de nier) Negation f,
Negieren nt; (Ling) Verneinung f

négative [negativ] nf: **répondre par la** ~ mit
Nein antworten

négativement [negativmã] adv: **répondre** ~ mit
Nein antworten

négligé, e [negliʒe] adj (en désordre) schlampig
▷ nm (tenue) Negligé nt

négligeable [negliʒabl] adj unbedeutend,
unwesentlich; **non** ~ nicht vernachlässigbar

négligemment [negliʒamɑ̃] adv (sans soin)
nachlässig; (avec indifférence) unsorgfältig;
(distraitement) zerstreut

négligence [negliʒɑ̃s] nf Nachlässigkeit f; (faute,
erreur) Versehen nt

négligent, e [negliʒɑ̃, ɑ̃t] adj nachlässig

négliger [negliʒe] vt vernachlässigen; (avis,
précautions) nicht beachten; **se négliger** vpr sich
gehen lassen; ~ **de faire qch** es versäumen, etw
zu tun

négoce [negɔs] nm Handel m

négociable [negɔsjabl] adj übertragbar

négociant, e [negɔsjɑ̃, jɑ̃t] nm/f Händler(in) m(f)

négociateur, -trice [negɔsjatœʀ, tʀis] nm/f
Unterhändler(in) m(f)

négociation [negɔsjasjɔ̃] nf Verhandlung f; ~**s**
collectives Kollektivverhandlungen pl

négocier [negɔsje] vt aushandeln; (virage,
obstacle) nehmen ▷ vi (Pol) verhandeln

nègre [nɛgʀ] (péj) nm Neger m; (écrivain)
Ghostwriter m ▷ adj Neger-; **parler petit** ~
Kauderwelsch sprechen

négresse [negʀɛs] (péj) nf Negerin f

négrier [negʀije] nm (fig) Sklavenhändler m

négroïde [negʀɔid] adj negroid

neige [nɛʒ] nf Schnee m; **battre les œufs en** ~
Eiweiß zu Schnee schlagen; ~ **carbonique**
Trockenschnee m; ~ **poudreuse** Pulverschnee m

neiger [neʒe] vi schneien

neigeux, -euse [nɛʒø, øz] adj (couvert de neige)
schneebedeckt, verschneit

nénuphar [nenyfaʀ] nm Seerose f

néo-calédonien, ne [neokaledɔnjɛ̃, jɛn] (pl ~**s,
nes**) adj neukaledonisch ▷ nm/f: **Néo-
Calédonien, ne** Neukaledonier(in) m(f)

néocapitalisme [neokapitalism] nm
Neokapitalismus m

néo-colonialisme [neokɔlɔnjalism] nm
Neokolonialismus m

néologisme [neɔlɔʒism] nm Neologismus m

néon [neɔ̃] nm Neon nt

néo-natal, e [neonatal] (pl ~**s, es**) adj
Neugeborenen-

néophyte [neɔfit] nm/f Neuling m

néo-zélandais, e [neozelɑ̃dɛ, ɛz] (pl ~, **es**) adj
neuseeländisch ▷ nm/f: **Néo-zélandais, e**
Neuseeländer(in) m(f)

Népal [nepal] nm: **le** ~ Nepal nt

népalais, e [nepalɛ, ɛz] adj nepalesisch ▷ nm/f:
Népalais, e Nepalese m, Nepalesin f

néphrétique [nefʀetik] adj (colique) Nieren-

néphrite [nefʀit] nf Nierenentzündung f

népotisme [nepotism] nm Vetternwirtschaft f

nerf [nɛʀ] nm Nerv m; (fig: vigueur) Elan m,
Schwung m; **nerfs** nmpl (sensibilité, équilibre)
Nerven pl; **être/vivre sur les** ~**s** in ständiger
Nervenanspannung sein/leben; **être à bout de**
~**s** am Ende seiner Nerven sein; **passer ses** ~**s**
sur qn seine Wut an jdm auslassen

nerveusement [nɛʀvøzmɑ̃] adv nervös

nerveux, -euse [nɛʀvø, øz] adj nervös; (Méd,
Anat) Nerven-; (tendineux) sehnig; (voiture)
sensibel

nervosité [nɛʀvozite] nf (agitation: permanente)
Nervosität f; (: passagère) Erregung f; (irritabilité)
Reizbarkeit f

nervure [nɛʀvyʀ] nf (de feuille) Ader f; (Archit, Tech)
Rippe f

n'est-ce pas [nɛspɑ] adv: **c'est bon,** ~? das ist
gut, nicht (wahr)?; **il a peur,** ~? er hat Angst,
oder?; ~ **que c'est bon?** ist das nicht gut?; **lui,** ~,
il peut se le permettre also er, er kann sich das
ja erlauben

Net [nɛt] nm (Internet): **le** ~ das (Inter)net nt

net, nette [nɛt] adj (évident) deutlich; (photo, film)
scharf; (propre) sauber; (Comm) Netto- ▷ adv
(refuser) glatt ▷ nm: **mettre au** ~ ins Reine
schreiben; **faire place** ~**te** reinen Tisch machen;
s'arrêter ~ plötzlich stehen bleiben; **la lame a
cassé** ~ die Klinge ist glatt durchgebrochen;
~ **d'impôt** steuerfrei

nettement [nɛtmɑ̃] adv klar; (distinctement)
deutlich; ~ **mieux/meilleur** deutlich besser;
~ **plus grand** deutlich größer

netteté [nɛtte] nf (évidence) Deutlichkeit f; (Photo)
Schärfe f; (propreté) Sauberkeit f

nettoie etc [nɛtwa] vb voir **nettoyer**

nettoiement [nɛtwamɑ̃] nm (Admin) Reinigung f;
service du ~ Reinigungsdienst m

nettoierai etc [nɛtwaʀe] vb voir **nettoyer**

nettoyage [nɛtwajaʒ] nm Reinigung f,
Säuberung f; ~ **à sec** chemische Reinigung

nettoyant [nɛtwajɑ̃] nm (produit)
Reinigungsmittel nt

nettoyer [netwaje] *vt* reinigen, säubern; *(fig: vider)* ausräumen; *(ruiner)* erledigen

neuf¹ [nœf] *num* neun

neuf², neuve [nœf] *adj* neu; *(pensée, idée)* neu(artig); *(regard)* frisch ▷ *nm*: **repeindre à ~** neu streichen; **remettre à ~** renovieren; **n'acheter que du ~** nur Neues kaufen; **quoi de ~?** was gibts Neues?

neurasthénique [nøʀastenik] *adj* neurasthenisch

neurochirurgie [nøʀoʃiʀyʀʒi] *nf* Neurochirurgie *f*

neurochirurgien [nøʀoʃiʀyʀʒjɛ̃] *nm* Neurochirurg(in) *m(f)*

neuroleptique [nøʀɔlɛptik] *nm* Neuroleptikum *nt*

neurologie [nøʀɔlɔʒi] *nf* Neurologie *f*

neurologique [nøʀɔlɔʒik] *adj* neurologisch

neurologue [nøʀɔlɔg] *nm/f* Neurologe *m*, Neurologin *f*

neurone [nøʀɔn] *nm* Neuron *nt*

neuropsychiatre [nøʀopsikjatʀ] *nm/f* Neuropsychiater(in) *m(f)*

neuropsychiatrie [nøʀopsikjatʀi] *nf* Neuropsychiatrie *f*

neutralisation [nøtʀalizasjɔ̃] *nf* (*v vt*) Lähmung *f*; Neutralisierung *f*

neutraliser [nøtʀalize] *vt* (*adversaire etc*) lähmen; (*Chim*) neutralisieren

neutralisme [nøtʀalism] *nm* (*Pol*) Neutralismus *m*, Neutralitätspolitik *f*

neutraliste [nøtʀalist] *adj* neutralistisch

neutralité [nøtʀalite] *nf* Neutralität *f*

neutre [nøtʀ] *adj* neutral; (*Ling*) sächlich ▷ *nm* (*Ling*) Neutrum *nt*

neutron [nøtʀɔ̃] *nm* Neutron *nt*

neuve [nœv] *adj voir* **neuf²**

neuvième [nœvjɛm] *num* neunte(r, s)

névé [neve] *nm* Firn(schnee) *m*

neveu, x [n(ə)vø] *nm* Neffe *m*

névralgie [nevʀalʒi] *nf* Neuralgie *f*

névralgique [nevʀalʒik] *adj* neuralgisch; **centre ~** Nervenzentrum *nt*

névrite [nevʀit] *nf* Neuritis *f*, Nervenentzündung *f*

névrose [nevʀoz] *nf* Neurose *f*

névrosé, e [nevʀoze] *adj* neurotisch ▷ *nm/f* Neurotiker(in) *m(f)*

névrotique [nevʀɔtik] *adj* neurotisch

New York [njujɔʀk] *n* New York *nt*

new-yorkais, e [njujɔʀkɛ, ɛz] (*pl* **~,** **es**) *adj* New Yorker

nez [ne] *nm* Nase *f*; **rire au ~ de qn** jdm ins Gesicht lachen; **avoir du ~** eine feine Spürnase haben; **avoir le ~ fin** (*fig*) einen guten Riecher haben; **~ à ~ avec qn** Auge in Auge mit jdm; **avoir qn dans le ~** jdn nicht riechen können; **à vue de ~** nach Augenmaß

NF *sigle f* (= *norme française*) ≈ DIN

ni [ni] *conj*: **ni l'un ni l'autre ne sont ...** weder der eine noch der andere sind ...; **il n'a rien vu ni entendu** er hat weder etwas gesehen noch etwas gehört

niais, e [njɛ, njɛz] *adj* dümmlich

niaiserie [njɛzʀi] *nf* Dummheit *f*, Einfältigkeit *f*; (*action, parole niaise*) Dummheit; (*futilité*) Albernheit *f*

Nicaragua [nikaʀagwa] *nm*: **le ~** Nicaragua *nt*

nicaraguayen, ne [nikaʀagwajɛ̃, jɛn] *adj* nicaraguanisch

Nice [nis] *n* Nizza *nt*

niche [niʃ] *nf* (*de chien*) (Hunde)hütte *f*; (*de mur*) Nische *f*; (*farce*) Streich *m*

nichée [niʃe] *nf* Brut *f*

nicher [niʃe] *vi* brüten; **se ~ dans** (*faire son nid*) (s)ein Nest bauen in +*dat*; (*se blottir*) sich kuscheln in +*acc*; (*se cacher*) sich verstecken in +*dat*

nichon [niʃɔ̃] (*fam*) *nm* Brust *f*

nickel [nikɛl] *nm* Nickel *nt* ▷ *adj* blitzblank

niçois, e [niswa, waz] *adj* aus Nizza ▷ *nm/f*: **Niçois, e** Einwohner(in) *m(f)* von Nizza

nicotine [nikɔtin] *nf* Nikotin *nt*

nid [ni] *nm* Nest *nt*; (*fig: repaire etc*) Unterschlupf *m*, Nest; **~ d'abeilles** (*Textile*) Wabenmuster *nt*; **~ de poule** Schlagloch *nt*

nièce [njɛs] *nf* Nichte *f*

nième [ɛnjɛm] *adj*: **la ~ fois** das zigste Mal

nier [nje] *vt* leugnen

nigaud, e [nigo, od] *nm/f* Dummkopf *m*

Niger [niʒɛʀ] *nm*: **le ~** Niger *nt*; (*fleuve*) der Niger

Nigéria [niʒeʀja] *nm*: **le ~** Nigeria *nt*

nigérian, e [niʒeʀjɑ̃, an] *adj* (*du Nigéria*) nigerianisch

nigérien, ne [niʒeʀjɛ̃, jɛn] *adj* aus Niger

night-club [najtklœb] (*pl* **~s**) *nm* Nachtklub *m*

nihilisme [niilism] *nm* Nihilismus *m*

nihiliste [niilist] *adj* nihilistisch

Nil [nil] *nm* Nil *m*

n'importe [nɛ̃pɔʀt] *adv*: **~ qui** jeder; **il dit ~ quoi** er redet irgendwelchen Unsinn; **~ quoi!** (*fam*) so ein Blödsinn!; **~ lequel/laquelle d'entre nous** irgendeiner/irgendeine von uns; **à ~ quel prix** zu jedem Preis; **~ quand** irgendwann; **~ comment** (*sans soin*) schlampig; **~ comment, il part ce soir** wie auch immer, er fährt jedenfalls heute Abend

nippes [nip] *nfpl* Klamotten *pl*

nippon, e [nipɔ̃, ɔn] *adj* japanisch

nique [nik] *nf*: **faire la ~ à** auslachen

nitouche [nituʃ] *nf*: **une sainte ~** (*péj*) eine Scheinheilige

nitrate [nitʀat] *nm* Nitrat *nt*

nitrique [nitʀik] *adj*: **acide ~** Salpetersäure *f*

nitroglycérine [nitʀogliseʀin] *nf* Nitroglyzerin *nt*

niveau, x [nivo] *nm* Höhe *f*; (*fig*) Niveau *nt*; **au ~ de** (*à la hauteur de*) auf gleicher Höhe mit; (*à côté de*) neben +*dat*; (*en ce qui concerne*) was ... betrifft; **de ~ (avec)** gleich hoch (wie); **le ~ de la mer** der Meeresspiegel; **~ (à bulle)** Wasserwaage *f*; **~ (d'eau)** Wasserstand *m*; **~ de vie** Lebensstandard *m*; **~ social** gesellschaftliche Stellung *f*

niveler [niv(ə)le] *vt* einebnen; (*fig*) angleichen

niveleuse [niv(ə)løz] *nf* (*Tech*) Planiermaschine *f*

nivellement [nivɛlmɑ̃] *nm* Nivellieren *nt*,

Einebnen nt; (fig) Angleichen nt
nivernais, e [niveʀnɛ, ɛz] adj aus Nevers
NN [ɛnɛn] abr (= nouvelle norme) neue Klassifikation für Hotels
n° abr (= numéro) Nr.
nobiliaire [nɔbiljɛʀ] adj voir **particule**
noble [nɔbl] adj edel; (généreux) großzügig, nobel; (majestueux) würdevoll ▷ nm/f Adlige(r) f(m)
noblesse [nɔblɛs] nf Adel m; (d'une action etc) Großmütigkeit f
noce [nɔs] nf Hochzeit f; (gens) Hochzeitsgäste pl; **en secondes ~s** in zweiter Ehe; **faire la ~** (fam) einen draufmachen; **~s d'argent** Silberhochzeit f; **~s d'or** goldene Hochzeit; **~s de diamant** diamantene Hochzeit
noceur [nɔsœʀ] nm Lebemann m
nocif, -ive [nɔsif, iv] adj schädlich
nocivité [nɔsivite] nf Schädlichkeit f
noctambule [nɔktābyl] nm/f Nachtschwärmer(in) m(f)
nocturne [nɔktyʀn] adj (sorties etc) nächtlich; (Zool) Nacht- ▷ nf (Sport) Spiel nt am Abend; (d'un magasin) Öffnungszeit f am Abend; **en ~** abends
nodule [nɔdyl] nm Knötchen m
Noël [nɔɛl] nf Weihnachten nt
nœud [nø] nm Knoten m; (en ruban) Schleife f; (d'une question) Kernpunkt m; **~ coulant** Schlinge f; **~ de vipères** (fig) Schlangennest nt; **~ gordien** gordischer Knoten; **~ papillon** Fliege f
noie etc [nwa] vb voir **noyer**
noir, e [nwaʀ] adj schwarz; (race, personne) farbig; (sombre) dunkel; (triste, mauvais) düster; (roman, film) Kriminal-; (travail) Schwarz-; (ivre) blau ▷ nm/f (personne) Schwarze(r) f(m) ▷ nm (couleur) Schwarz nt ▷ adv: **au ~** (travailler) schwarz; (acheter, vendre) auf dem schwarzen Markt; **blé ~** Buchweizen m; **il fait ~** es ist stockfinster; **avoir des idées ~es** Trübsal blasen; **dans le ~** im Dunkeln
noirâtre [nwaʀɑtʀ] adj (teinte) schwärzlich
noirceur [nwaʀsœʀ] nf Schwärze f
noircir [nwaʀsiʀ] vi schwarz werden ▷ vt schwärzen; (fig: situation) in den schwärzesten Farben malen; (réputation) verunglimpfen
noire [nwaʀ] nf (Mus) Viertelnote f
noise [nwaz] nf: **chercher ~ à** Streit suchen mit
noisetier [nwaz(ə)tje] nm Haselnussstrauch m
noisette [nwazɛt] nf Haselnuss f; (de beurre etc) (nussgroßes) Stückchen nt ▷ adj (yeux) nussbraun
noix [nwa] nf Walnuss f; **à la ~** (fam) wertlos; **une ~ de beurre** ein kleines Stück Butter; **~ de cajou** Cashewnuss f; **~ de coco** Kokosnuss f; **~ de veau** Kalbsnüsschen nt; **~ muscade** Muskatnuss f
nom [nɔ̃] nm Name m; (Ling) Substantiv nt, Hauptwort nt; **connaître qn de ~** jdn dem Namen nach kennen; **au ~ de qn** in jds Namen; **~ d'une pipe** ou **d'un chien!** (fam) verdammt noch mal!; **~ commun** Gattungsbegriff m; **~ composé** zusammengesetztes Substantiv; **~ d'emprunt** Pseudonym nt; **~ de Dieu** (fam!) verflixt und zugenäht! (fam); **~ de famille** Familienname m; **~ de jeune fille** Mädchenname

m; **~ propre** Eigenname m
nomade [nɔmad] adj nomadisch ▷ nm/f Nomade m, Nomadin f
nombre [nɔ̃bʀ] nm Zahl f; (singulier et pluriel) Numerus m; **venir en ~** in Scharen kommen; **depuis ~ d'années** seit vielen Jahren; **sans ~** zahllos; **(bon) ~ de** viele; **ils sont au ~ de trois** sie sind zu dritt; **au ~ de mes amis** unter meinen Freunden; **~ entier** ganze Zahl; **~ premier** Primzahl f
nombreux, -euse [nɔ̃bʀø, øz] adj (foule, famille etc) groß; **liste ~euse** zahlreich sein; **de ~ ...** viele ...; **de ~ cas** viele Fälle
nombril [nɔ̃bʀi(l)] nm Nabel m
nomenclature [nɔmãklatyʀ] nf Wortliste f; (terminologie) Nomenklatur f
nominal, e, -aux [nɔminal, o] adj (autorité, valeur) nominell; (appel, liste) namentlich; (Ling) Nominal-
nominatif, -ive [nɔminatif, iv] nm Nominativ m ▷ adj: **liste nominative** Namensliste f; **titre ~** Namensaktie f
nomination [nɔminasjɔ̃] nf Ernennung f
nommément [nɔmemã] adv namentlich
nommer [nɔme] vt nennen; (citer) erwähnen; (désigner, promouvoir) ernennen; **se nommer** vpr: **il se nomme Jean** er heißt Jean
non [nɔ̃] adv nicht; (réponse) nein; **Paul est venu, ~?** Paul ist gekommen, oder?; **c'est sympa, ~?** das ist doch nett, oder?; **je pense que ~** ich glaube nicht; **je suis sûr que ~** ganz sicher nicht; **répondre que ~** mit Nein antworten; **dire que ~** Nein sagen; **~ (pas) que ...** nicht, dass ...; **moi ~ plus** ich auch nicht; **mais ~, ce n'est pas mal** aber das ist doch nicht schlecht; **mais ~, il n'est pas médecin** aber (nein), er ist doch kein Arzt; **~ mais (des fois)!** das darf doch (wohl) nicht wahr sein!; **~ loin** nicht weit; **~ seulement** nicht nur
non- [nɔ̃] préf nicht-
nonagénaire [nɔnaʒenɛʀ] adj neunzigjährig ▷ nm/f Neunzigjährige(r) f(m)
non-agression [nɔnagʀesjɔ̃] nf: **pacte de ~** Nichtangriffspakt m
non alcoolisé, e [nɔnalkɔlize] adj alkoholfrei
non aligné, e [nɔnaliɲe] adj (Pol) blockfrei
non-alignement [nɔnaliɲmã] nm (Pol) Blockfreiheit f
nonante [nɔnãt] num (Belgique, Suisse) neunzig
non-assistance [nɔnasistãs] nf: **~ à personne en danger** unterlassene Hilfeleistung f
nonce [nɔ̃s] nm Nuntius m
nonchalamment [nɔ̃ʃalamã] adv lässig
nonchalance [nɔ̃ʃalãs] nf Lässigkeit f, Nonchalance f
nonchalant, e [nɔ̃ʃalã, ãt] adj lässig
non-conformisme [nɔ̃kɔ̃fɔʀmism(ə)] nm Nonkonformismus m
non conformiste [nɔ̃kɔ̃fɔʀmist] adj nonkonformistisch ▷ nm/f Nonkonformist(in) m(f)
non-conformité [nɔ̃kɔ̃fɔʀmite] nf mangelnde Übereinstimmung f

non-croyant, e [nɔ̃kʀwajɑ̃, ɑ̃t] (pl ~s, es) nm/f
Ungläubige(r) f(m)
non directif, -ive [nɔ̃diʀɛktif, iv] adj (questionnaire etc) neutral
non engagé, e [nɔnɑ̃gaʒe] adj (artiste) politisch nicht engagiert
non-fumeur, -euse [nɔ̃fymœʀ, øz] (pl ~s, -euses) nm/f Nichtraucher(in) m(f)
non-ingérence [nɔnɛ̃ʒeʀɑ̃s] nf Nichteinmischung f
non-initié, e [nɔ̃ninisje] (pl ~s, es) adj laienhaft
▷ nmpl Uneingeweihte pl
non-inscrit, e [nɔnɛ̃skʀi, it] (pl ~s, es) nm/f (Pol: député) Unabhängige(r) f(m)
non-intervention [nɔnɛ̃tɛʀvɑ̃sjɔ̃] nf (Pol) Nichteinmischung f
non-lieu [nɔ̃ljø] nm: **il y a eu** ~ das (Straf)verfahren wurde eingestellt
nonne [nɔn] nf Nonne f
nonobstant [nɔnɔpstɑ̃] prép trotz +gén ou dat
▷ adv trotzdem
non-paiement [nɔ̃pɛmɑ̃] (pl ~s) nm Nichtzahlung f
non-prolifération [nɔ̃pʀɔlifeʀasjɔ̃] nf Nichtverbreitung f (von Atomwaffen)
non-résident [nɔ̃ʀezidɑ̃] (pl ~s) nm Nicht(orts)ansässige(r) m
non-retour [nɔ̃ʀətuʀ] nm: **le point de** ~ der Punkt, von dem es kein Zurück mehr gibt
non-sens [nɔ̃sɑ̃s] nm Nonsens m
non-spécialiste [nɔ̃spesjalist] (pl ~s) nm/f Laie m
non-stop [nɔnstɔp] adj inv nonstop, Nonstop-, Non-Stop-
non-syndiqué, e [nɔ̃sɛ̃dike] (pl ~s, es) nm/f nicht gewerkschaftlich organisierte(r) Arbeitnehmer(in) m(f)
non-violence [nɔ̃vjɔlɑ̃s] nf Gewaltlosigkeit f
non-violent, e [nɔ̃vjɔlɑ̃, ɑ̃t] adj gewaltfrei ▷ nm/f Vertreter(in) m(f) der Gewaltlosigkeit
nord [nɔʀ] nm Norden m ▷ adj inv nördlich, Nord-; **au** ~ im Norden; **au** ~ **de** nördlich von; **perdre le** ~ die Orientierung verlieren
nord-africain, e [nɔʀafʀikɛ̃, ɛn] (pl ~s, es) adj nordafrikanisch ▷ nm/f: **Nord-Africain, e** Nordafrikaner(in) m(f)
nord-américain, e [nɔʀameʀikɛ̃, ɛn] (pl ~s, es) adj nordamerikanisch ▷ nm/f: **Nord-Américain, e** Nordamerikaner(in) m(f)
nord-coréen, ne [nɔʀkɔʀeɛ̃, ɛn] (pl ~s, nes) adj nordkoreanisch
nord-est [nɔʀɛst] nm inv Nordosten m
nordique [nɔʀdik] adj nordisch
nord-ouest [nɔʀwɛst] nm inv Nordwesten m
nord-vietnamien, ne [nɔʀvjɛtnamjɛ̃, ɛn] (pl ~s, nes) adj nordvietnamesisch ▷ nm/f: **Nord-Vietnamien, ne** Nordvietnamese m, Nordvietnamesin f
noria [nɔʀja] nf (fig) Kette f
normal, e, -aux [nɔʀmal, o] adj normal
normale [nɔʀmal] nf Norm f
normalement [nɔʀmalmɑ̃] adv normalerweise
normalien, ne [nɔʀmaljɛ̃, jɛn] nm/f (élève

instituteur) Student(in) einer école normale Grundschullehrer(in) in der Ausbildung
normalisation [nɔʀmalizasjɔ̃] nf Normalisierung f
normalisé, e [nɔʀmalize] adj normalisiert
normaliser [nɔʀmalize] vt normen; (Pol) normalisieren
normand, e [nɔʀmɑ̃, ɑ̃d] adj aus der Normandie
▷ nm/f: **Normand, e** Mann m/Frau f aus der Normandie; **une réponse de N**~ eine unklare Antwort
Normandie [nɔʀmɑ̃di] nf Normandie f
normatif, -ive [nɔʀmatif, iv] adj normativ
norme [nɔʀm] nf Norm f
Norvège [nɔʀvɛʒ] nf: **la** ~ Norwegen nt
norvégien, ne [nɔʀveʒjɛ̃, jɛn] adj norwegisch
▷ nm (Ling) Norwegisch nt ▷ nm/f: **Norvégien, ne** Norweger(in) m(f)
nos [no] adj possessif voir **notre**
nostalgie [nɔstalʒi] nf Nostalgie f
nostalgique [nɔstalʒik] adj nostalgisch
notable [nɔtabl] adj bedeutend ▷ nm/f Prominente(r) f(m)
notablement [nɔtabləmɑ̃] adv bedeutend
notaire [nɔtɛʀ] nm Notar(in) m(f)
notamment [nɔtamɑ̃] adv besonders
notariat [nɔtaʀja] nm Notariat nt
notarié [nɔtaʀje] adj m: **acte** ~ (notariell) beglaubigte Urkunde f
notation [nɔtasjɔ̃] nf Notierung f; (Scol) Zensierung f; (note, trait) Note f
note [nɔt] nf (Mus, Scol) Note f; (facture) Rechnung f; (billet) Notiz f; (annotation) Anmerkung f; **prendre des** ~**s** sich dat Notizen machen; **prendre** ~ **de qch** sich dat etw merken; **forcer la** ~ zu weit gehen; **une** ~ **de tristesse/de gaieté** eine traurige/fröhliche Note; ~ **de service** Memo(randum) nt
noté, e [nɔte] adj: **être bien/mal** ~ (employé etc) gut/schlecht bewertet werden
noter [nɔte] vt (écrire) sich dat notieren; (remarquer) bemerken; (donner une appréciation) bewerten; **notez bien que ...** beachten Sie bitte, dass ...
notice [nɔtis] nf Notiz f; ~ **explicative** Erläuterung f
notification [nɔtifikasjɔ̃] nf Benachrichtigung f; (acte) Bekanntgabe f
notifier [nɔtifje] vt: ~ **qch à qn** jdn von etw benachrichtigen
notion [nosjɔ̃] nf Vorstellung f; **avoir des** ~**s de** Grundkenntnisse haben in
notoire [nɔtwaʀ] adj bekannt; (en mal) notorisch; **le fait est** ~ die Tatsache ist allgemein bekannt
notoirement [nɔtwaʀmɑ̃] adv bekanntlich
notoriété [nɔtɔʀjete] nf allgemeine Bekanntheit f; **c'est de** ~ **publique** das ist ja allgemein bekannt
notre [nɔtʀ] (pl **nos**) adj poss (selon le genre de l'objet en allemand) unser/unsere/unser; (pl) unsere
nôtre [notʀ] pron: **le/la** ~ der/die/das Unsere; **les** ~**s** unsere; (famille, groupe) die Unsrigen pl; **serez-**

vous des ~s? schließen Sie sich uns an?

nouba [nuba] *nf:* **faire la ~** einen draufmachen

nouer [nwe] *vt* binden; **~ la conversation** ein Gespräch anknüpfen; **j'avais la gorge nouée** mir war die Kehle wie zugeschnürt

noueux, -euse [nwø, øz] *adj (bois)* knorrig; *(main)* knotig

nougat [nuga] *nm* Süßigkeit aus Honig und Mandeln

nougatine [nugatin] *nf* ≈ Krokant *m*

nouille [nuj] *nf* Nudel *f*; *(fam)* Blödmann *m*

nounou [nunu] *nf (fam)* Amme *f*

nounours [nunuRS] *nm (fam)* Teddybär *m*

nourri, e [nuRi] *adj (feu, applaudissements)* anhaltend

nourrice [nuRis] *nf* Amme *f*; **mettre en ~** zu einer Ziehmutter geben

nourricier, -ère [nuRisje, jɛR] *adj (père, mère)* pflege-

nourrir [nuRiR] *vt (alimenter)* füttern; *(donner les moyens de subsister)* ernähren; *(espoir, haine)* nähren; **nourri logé** mit Übernachtung und Verpflegung; **bien nourri** gut genährt; **mal nourri** schlecht ernährt; **~ au sein** stillen; **se ~ de légumes** sich von Gemüse ernähren; **se ~ de rêves** nur in Träumen leben

nourrissant, e [nuRisɑ̃, ɑ̃t] *adj* nahrhaft

nourrisson [nuRisɔ̃] *nm* Säugling *m*

nourriture [nuRityR] *nf* Nahrung *f*

nous [nu] *pron (sujet)* wir; *(objet)* uns; **~-mêmes** wir selbst; *(objet)* uns selbst

nouveau, nouvel, nouvelle, -x [nuvo, nuvɛl] *adj* neu ▷ *nm/f* Neue(r) *f(m)* ▷ *nm:* **il y a du ~** es gibt was Neues; **de ~, à ~** nochmals; **~ riche** neureich; **nouveau venu/nouvelle venue** Neuankömmling *m*

nouveau-né, e [nuvone] *(pl* **~s, es)** *adj* neugeboren ▷ *nm* Neugeborene(s) *nt*

nouveauté [nuvote] *nf* Neuheit *f*

nouvel [nuvɛl] *adj m voir* **nouveau**

Nouvel An *nm* Neujahr *nt*

nouvelle [nuvɛl] *adj f voir* **nouveau** ▷ *nf* Nachricht *f*; *(Litt)* Novelle *f*; **nouvelles** *nfpl* Nachrichten *pl*; **je suis sans ~s de lui** ich habe nichts (mehr) von ihm gehört; **~ vague** *(Ciné)* Nouvelle Vague *f*

Nouvelle-Angleterre [nuvɛlɑ̃glətɛR] *nf:* **la ~** Neuengland *nt*

Nouvelle-Calédonie [nuvɛlkaledɔni] *nf:* **la ~** Neukaledonien *nt*

Nouvelle-Guinée [nuvɛlgine] *nf:* **la ~** Neuguinea *nt*

nouvellement [nuvɛlmɑ̃] *adv* vor Kurzem, unlängst

Nouvelle-Orléans [nuvɛlɔrleɑ̃] *nf:* **la ~** New Orleans *nt*

Nouvelle-Zélande [nuvɛlzelɑ̃d] *nf:* **la ~** Neuseeland *nt*

nouvelliste [nuvelist] *nm/f* Novellist(in) *m(f)*

novateur, -trice [nɔvatœR, tRis] *adj* Neuerungs- ▷ *nm/f* Neuerer(in) *m(f)*

novembre [nɔvɑ̃bR] *nm* November *m*; *siehe Info-Artikel*; *voir aussi* **juillet**

● **11 NOVEMBRE**
●
● Le 11 novembre ist ein gesetzlicher Feiertag in
● Frankreich, an dem an die Unterzeichnung
● des Waffenstillstands bei Compiègne am
● Ende des Ersten Weltkriegs gedacht wird.

novice [nɔvis] *adj* unerfahren ▷ *nm/f (débutant)* Neuling *m*; *(Rel)* Novize *m*, Novizin *f*

noviciat [nɔvisja] *nm* Noviziat *nt*

noyade [nwajad] *nf* Ertrinken *nt*; **il y a eu trois ~s l'été passé** letzen Sommer sind drei Leute ertrunken

noyau, x [nwajo] *nm* Kern *m*; *(Géo, fig)* Mittelpunkt *m*; *(petit groupe)* (kleine) Gruppe *f*

noyautage [nwajotaʒ] *nm (Pol)* Unterwanderung *f*

noyauter [nwajote] *vt (Pol)* unterwandern

noyé, e [nwaje] *nm/f* Ertrunkene(r) *f(m)*

noyer [nwaje] *nm (Bot)* Walnussbaum *m*; *(bois)* Nussbaum *nt* ▷ *vt* ertränken; *(fig: submerger)* überschwemmen; **se noyer** *vpr* ertrinken; **~ son chagrin** seinen Kummer ersäufen; **~ son moteur** den Motor absaufen lassen; **~ le poisson** um den heißen Brei herumreden; **se ~ dans** *(fig: détails etc)* sich verlieren in

NT *sigle m* (= Nouveau Testament) NT

NU *sigle fpl* (= Nations unies) UN *f*

nu, e [ny] *adj* nackt; *(chambre)* leer; *(plaine)* kahl; *(fil)* blank ▷ *nm (Art)* Akt *m*; **(les) pieds nus** barfuß; **(la) tête nue** barhäuptig, ohne Kopfbedeckung; **à mains nues** mit bloßen Händen; **se mettre nu** sich (nackt) ausziehen; **mettre à nu** entblößen

nuage [nɥaʒ] *nm* Wolke *f*; **sans ~s** *(fig)* ungetrübt; **être dans les ~s** in höheren Regionen schweben, nicht bei der Sache sein; **un ~ de lait** ein Tröpfchen *nt* Milch

nuageux, -euse [nɥaʒø, øz] *adj* wolkig

nuance [nɥɑ̃s] *nf* Nuance *f*; **il y a une ~ entre** es gibt einen feinen Unterschied zwischen +*dat*; **une ~ de tristesse** ein Anflug *m* von Traurigkeit

nuancé, e [nɥɑ̃se] *adj* nuanciert

nuancer [nɥɑ̃se] *vt* nuancieren

nubile [nybil] *adj* heiratsfähig

nucléaire [nykleɛR] *adj* Kern- ▷ *nm:* **le ~** die Kernenergie *f*

nudisme [nydism] *nm* Freikörperkultur *f*

nudiste [nydist] *nm/f* Nudist(in) *m(f)*

nudité [nydite] *nf* Nacktheit *f*

nuée [nɥe] *nf:* **une ~ de** eine Wolke von, ein Schwarm von

nues [ny] *nfpl:* **tomber des ~** aus allen Wolken fallen; **porter qn aux ~** jdn in den Himmel loben

nuire [nɥiR] *vi* schädlich sein; **~ à** schaden +*dat*

nuisances [nɥizɑ̃s] *nfpl* schädliche Umwelteinflüsse *pl*

nuisible [nɥizibl] *adj* schädlich; **animal ~** Schädling *m*

nuisis *etc* [nɥizi] *vb voir* **nuire**

nuit [nɥi] nf Nacht f; (à l'hôtel) Übernachtung f;
il fait ~ es ist Nacht; **cette** ~ heute Nacht; **de** ~
(vol, service) Nacht-; (travailler, voyager) nachts;
~ **blanche** schlaflose Nacht; ~ **de noces**
Hochzeitsnacht f; ~ **de Noël** Heiligabend m; **la** ~
des temps die graue Vorzeit f
nuitamment [nɥitamã] adv bei Nacht, nachts
nuitées [nɥite] nfpl Übernachtungen pl
nul, nulle [nyl] adj (aucun) kein; (non valable)
ungültig; (péj) unnütz ▷ pron niemand; **résultat**
ou **match** ~ (Sport) unentschieden; ~**le part** (en
aucun endroit) nirgends
nullement [nylmã] adv keineswegs
nullité [nylite] nf (de document, mariage)
Ungültigkeit f, Bedeutungslosigkeit f; (péj:
personne) Null f
numéraire [nymerɛʀ] nm Bargeld nt
numéral, e, -aux [nymeʀal, o] adj (système)
Zahlen-; **adjectif** ~ Zahlwort nt
numérateur [nymeʀatœʀ] nm Zähler m
numération [nymeʀasjɔ̃] nf: ~ **décimale**
Dezimalsystem nt; ~ **binaire** Binärsystem nt
numérique [nymeʀik] adj numerisch;
(technologie) Digital-
numériquement [nymeʀikmã] adv (en nombres)
numerisch; (de façon numérique) digital
numériser [nymeʀize] vt digitalisieren
numéro [nymeʀo] nm Nummer f; (de journal aussi)
Heft nt; **faire** ou **composer un** ~ eine Nummer

wählen; **un (drôle de)** ~ ein ulkiger Kerl m;
~ **d'identification personnel** (persönliche)
Geheimzahl f; ~ **d'immatriculation** polizeiliches
Kennzeichen nt; ~ **de téléphone** Telefonnummer
f; ~ **minéralogique** polizeiliches Kennzeichen;
~ **vert** ≈ gebührenfreier Anruf m
numérotation [nymeʀɔtasjɔ̃] nf
Nummerierung f
numéroter [nymeʀɔte] vt nummerieren
numerus clausus [nymeʀys klozys] nm inv
Numerus clausus m
numismate [nymismat] nm/f Numismatiker(in)
m(f)
numismatique [nymismatik] nf Münzkunde f
nu-pied [nypje] nm (chaussure) Gummilatsche f
nuptial, e, -aux [nypsjal, jo] adj Hochzeits-
nuptialité [nypsjalite] nf: **taux de** ~ Zahl f der
Eheschließungen
nuque [nyk] nf Nacken m
nu-tête [nytɛt] adj inv barhäuptig
nutritif, -ive [nytʀitif, iv] adj (fonction, valeur)
Nähr-; (élément, aliment) nahrhaft
nutrition [nytʀisjɔ̃] nf Ernährung f
nutritionnel, le [nytʀisjɔnɛl] adj Ernährungs-
nutritionniste [nytʀisjɔnist] nm/f Ernährungsw
issenschaftler(in) m(f)
nylon [nilɔ̃] nm Nylon nt
nymphomane [nɛ̃fɔman] adj mannstoll ▷ nf
Nymphomanin f

Oo

O¹, o [o] *nm inv (lettre)* O, o *nt;* **O comme Oscar** ≈ O wie Otto

O² [o] *abr* (= *ouest*) W

OAS [ɔɑɛs] *sigle f* (= *Organisation de l'armée secrète*) OAS *f, ehemalige algerische Untergrundorganisation*

oasis [ɔazis] *nf ou m* Oase *f*

obédience [ɔbedjɑ̃s] *nf:* **les pays d'~ communiste** die Länder, die Anhänger des Kommunismus sind

obéir [ɔbeiʀ] *vi* gehorchen; **~ à** (*personne, puissance*) gehorchen +*dat*; (*ordre, loi, impulsion*) folgen +*dat*; (*force*) nachgeben +*dat*; (*loi naturelle*) unterliegen +*dat*

obéissance [ɔbeisɑ̃s] *nf* Gehorsam *m*

obéissant, e [ɔbeisɑ̃, ɑ̃t] *adj* gehorsam

obélisque [ɔbelisk] *nm* Obelisk *m*

obèse [ɔbɛz] *adj* fettleibig

obésité [ɔbezite] *nf* Fettleibigkeit *f*

objecter [ɔbʒɛkte] *vt* (*prétexter: fatigue*) vorgeben; **~ qch à qch** etw gegen etw einwenden; **~ qch à qn** jdm etw entgegenhalten; **~ à qn que** jdm entgegenhalten, dass

objecteur [ɔbʒɛktœʀ] *nm:* **~ de conscience** Wehrdienstverweigerer *m*

objectif, -ive [ɔbʒɛktif, iv] *adj* objektiv, sachlich ▷ *nm* (*Optique, Photo*) Objektiv *nt;* (*Mil, fig*) Ziel *nt,* Objektive *f;* **~ grand angulaire** Weitwinkelobjektiv *nt*

objection [ɔbʒɛksjɔ̃] *nf* (*critique*) Einwand *m;* (*opposition*) Widerspruch *m;* **~ de conscience** Wehrdienstverweigerung *f*

objectivement [ɔbʒɛktivmɑ̃] *adv* objektiv

objectivité [ɔbʒɛktivite] *nf* Objektivität *f*

objet [ɔbʒɛ] *nm* Gegenstand *m;* (: *d'une recherche, du désir aussi*) Objekt *nt;* **être** *ou* **faire l'~ de qch** Gegenstand einer Sache *gén* sein; **sans ~** (*sans fondement*) gegenstandslos; (**bureau des**) **~s trouvés** Fundbüro *nt;* **~ d'art** Kunstgegenstand *m;* **~s personnels** persönliche Habe *f;* **~s de toilette** Toilettenartikel *pl*

obligataire [ɔbligatɛʀ] *nm* Inhaber(in) *m(f)* einer Obligation

obligation [ɔbligasjɔ̃] *nf* Pflicht *f;* (*Jur: réglementaire*) Verpflichtung *f;* (*Comm*) Obligation *f,* Schuldverschreibung *f;* **sans ~ d'achat** ohne Kaufzwang; **sans ~ de votre part**

unverbindlich; **être dans l'~ de faire qch** verpflichtet sein, etw zu tun; **avoir l'~ de faire qch** verpflichtet sein, etw zu tun; **~s familiales/ mondaines** familiäre/gesellschaftliche Verpflichtungen

obligatoire [ɔbligatwaʀ] *adj* obligatorisch

obligatoirement [ɔbligatwaʀmɑ̃] *adv* (*nécessairement*) unbedingt; (*fatalement*) zwangsläufig

obligé, e [ɔbliʒe] *adj:* **~ de faire qch** verpflichtet, etw zu tun; **être très ~ à qn** (*redevable*) jdm sehr verbunden *ou* verpflichtet sein; **je suis** (**bien**) **~** ich muss (wohl); **je suis ~ de le faire** ich muss es tun, ich bin gezwungen, es zu tun

obligeamment [ɔbliʒamɑ̃] *adv* freundlicherweise

obligeance [ɔbliʒɑ̃s] *nf:* **avoir l'~ de faire qch** so freundlich sein, etw zu tun

obligeant, e [ɔbliʒɑ̃, ɑ̃t] *adj* (*personne*) zuvorkommend; (*offre*) freundlich

obliger [ɔbliʒe] *vt:* **~ qn à qch** jdn zu etw zwingen; **~ qn à faire qch** jdn dazu zwingen, etw zu tun; **~ qn** (*Jur: engager*) jdn verpflichten; (*aider, rendre service à*) jdm einen Gefallen tun

oblique [ɔblik] *adj* schief, schräg; **regard ~** schiefer Blick *m;* **en ~** (*en diagonale*) diagonal

obliquement [ɔblikmɑ̃] *adv* schief, schräg

obliquer [ɔblike] *vi:* **~ vers** (*seitwärts*) abbiegen in Richtung auf +*acc*

oblitération [ɔbliteʀasjɔ̃] *nf* (*de timbre*) Entwerten *nt;* (*Méd*) Blockierung *f,* Verstopfung *f*

oblitérer [ɔbliteʀe] *vt* (*timbre*) entwerten, stempeln; (*Méd: canal, vaisseau*) blockieren, verstopfen; (*fig*) verwischen

oblong, oblongue [ɔblɔ̃, ɔ̃g] *adj* länglich

obnubiler [ɔbnybile] *vt:* **être obnubilé par une idée** von einer Idee besessen sein

obole [ɔbɔl] *nf* Obolus *m*

obscène [ɔpsɛn] *adj* obszön, unanständig

obscénité [ɔpsenite] *nf* Obszönität *f,* Unanständigkeit *f*

obscur, e [ɔpskyʀ] *adj* (*sombre*) finster, dunkel; (*fig: raisons, point, exposé*) obskur; (: *vague: sentiment*) dunkel; (*malaise*) undefinierbar; (*médiocre: personne, vie, poste*) unscheinbar; (*inconnu: écrivain, origine*) obskur

obscurantisme [ɔpskyʀɑ̃tism] *nm*
Aufklärungsfeindlichkeit *f*
obscurcir [ɔpskyʀsiʀ] *vt* (*assombrir*) verdunkeln;
(*fig*) unklar machen; **s'obscurcir** *vpr*: **le ciel
s'obscurcit** es wird dunkel
obscurément [ɔpskyʀemɑ̃] *adv*: **il sentait ~ que**
er hatte das dumpfe Gefühl, dass
obscurité [ɔpskyʀite] *nf* Dunkelheit *f*; (*anonymat*)
Obskurität *f*; (*médiocrité*) Unscheinbarkeit *f*; **dans
l'~** im Dunkeln
obsédant [ɔpsedɑ̃] *adj*: **un souvenir ~** eine
Erinnerung, die einem nicht mehr aus dem Kopf
geht
obsédé, e [ɔpsede] *nm/f*: **un ~ de qch** (*maniaque*)
ein von etw Besessener *m*; **~ sexuel**
Sexbesessener *m*
obséder [ɔpsede] *vt* verfolgen; **être obsédé par**
besessen sein von
obsèques [ɔpsɛk] *nfpl* Begräbnis *nt*; **~ nationales**
Staatsbegräbnis *nt*
obséquieux, -euse [ɔpsekjø, jøz] *adj*
unterwürfig, kriecherisch
observable [ɔpsɛʀvabl] *adj* wahrnehmbar
observance [ɔpsɛʀvɑ̃s] *nf* (*Rel*) Befolgung *f* (*einer
Glaubensregel*)
observateur, -trice [ɔpsɛʀvatœʀ, tʀis] *adj*
aufmerksam ▷ *nm/f* Beobachter(in) *m(f)*
observation [ɔpsɛʀvasjɔ̃] *nf* Beobachtung *f*; (*d'un
règlement etc*) Befolgen *nt*, Einhaltung *f*;
(*commentaire, critique*) Bemerkung *f*; **en ~** (*Méd*)
unter Beobachtung; **avoir l'esprit d'~** eine gute
Beobachtungsgabe haben
observatoire [ɔpsɛʀvatwaʀ] *nm* Observatorium
nt; (*lieu élevé*) Beobachtungsstand *m*
observer [ɔpsɛʀve] *vt* (*regarder, examiner*)
beobachten; (*surveiller, épier*) belauern; (*remarquer*)
bemerken; (*respecter*) befolgen, beachten;
s'observer *vpr* (*se surveiller*) sich in Acht nehmen,
sich vorsehen; **faire ~ qch à qn** jdn auf etw *acc*
aufmerksam machen
obsession [ɔpsesjɔ̃] *nf* Besessenheit *f*; **avoir l'~
de** besessen sein von
obsessionnel [ɔpsesjɔnɛl] *adj* (*idée*) zwanghaft;
(*Psych*) Zwangs-
obsolescence [ɔpsɔlesɑ̃s] *nf* Veralten *nt*
obsolescent, e [ɔpsɔlesɑ̃, ɑ̃t] *adj* veraltet
obsolète [ɔpsɔlɛt] *adj* veraltet
obstacle [ɔpstakl] *nm* Hindernis *nt*; (*Sport, fig*)
Hürde *f*; **faire ~ à qch** (*projet*) sich einer Sache *dat*
entgegenstellen
obstétricien, ne [ɔpstetʀisjɛ̃, jɛn] *nm/f*
Geburtshelfer(in) *m(f)*
obstétrique [ɔpstetʀik] *nf* Geburtshilfe *f*
obstination [ɔpstinasjɔ̃] *nf* Eigensinn *m*,
Sturheit *f*
obstiné, e [ɔpstine] *adj* (*personne, caractère*)
eigensinnig; (*effort, travail, résistance*) stur,
hartnäckig
obstinément [ɔpstinemɑ̃] *adv* hartnäckig
obstiner [ɔpstine]: **s'~** *vpr* nicht nachgeben, stur
bleiben; **s'~ à faire qch** hartnäckig darauf
bestehen, etw zu tun; **s'~ sur qch** sich auf etw

acc versteifen
obstruction [ɔpstʀyksjɔ̃] *nf* Verstopfung *f*; (*Sport*)
Sperren *nt*; **faire de l'~** (*fig*) sich querstellen
obstructionnisme [ɔpstʀyksjɔnism] *nm* (*Pol*)
Verschleppungstaktik *f*
obstruer [ɔpstʀye] *vt* (*canalisation*) verstopfen;
(*passage, chemin*) versperren; (*vaisseau aussi*)
blockieren; **s'obstruer** *vpr* (*v vt*) blockiert
werden; versperrt werden; blockiert *ou* verstopft
werden
obtempérer [ɔptɑ̃peʀe] *vi* gehorchen, sich
fügen; **~ à** Folge leisten +*dat*
obtenir [ɔptəniʀ] *vt* bekommen, erhalten;
(*augmentation*) erzielen, erhalten; (*total, résultat*)
erreichen; **~ de pouvoir faire qch** es schaffen,
dass man etw machen kann; **~ qch à qn** jdm etw
beschaffen; **~ de qn qu'il fasse qch** erreichen,
dass jd etw macht; **~ satisfaction** Genugtuung
erhalten
obtention [ɔptɑ̃sjɔ̃] *nf* (*v vt*) Erhalt *m*; Erzielen *nt*;
Erreichen *nt*
obtenu [ɔpt(ə)ny] *pp de* obtenir
obtiendrai etc [ɔptjɛ̃dʀe] *vb voir* obtenir
obtiens etc [ɔptjɛ̃] *vb voir* obtenir
obtint etc [ɔptɛ̃] *vb voir* obtenir
obturateur [ɔptyʀatœʀ] *nm* (*Photo*) Verschluss *m*;
~ à rideau Schlitzverschluss *m*
obturation [ɔptyʀasjɔ̃] *nf* (*v vt*) Verstopfen *nt*;
Füllen *nt*, Plombieren *nt*; **vitesse d'~** (*Photo*)
Belichtungszeit *f*; **~ (dentaire)** Füllung *f*,
Plombe *f*
obturer [ɔptyʀe] *vt* (*ouverture, trou*) zustopfen;
(*dent*) füllen, plombieren
obtus, e [ɔpty, yz] *adj* (*angle*) stumpf; (*fig*) stumpf,
abgestumpft
obus [ɔby] *nm* Granate *f*
obvier [ɔbvje]: **~ à** *vt* vorbeugen gegen
OC *sigle fpl* (= *ondes courtes*) KW
occasion [ɔkazjɔ̃] *nf* Gelegenheit *f*; (*Comm: article
usagé*) Artikel *m* aus zweiter Hand; (: *acquisition
avantageuse*) Gelegenheitskauf *m*; (*circonstance*)
Gelegenheit, Anlass *m*; **à plusieurs ~s**
mehrfach; **à cette/la première ~** bei dieser/bei
der ersten *ou* nächsten Gelegenheit; **à l'~**
gelegentlich; **à l'~ de** aus Anlass +*gén*, anlässlich
+*gén*; **avoir l'~ de faire qch** die Gelegenheit
haben, etw zu tun; **être l'~ de qch** der Anlass für
etw sein; **d'~** *adj* (*livre*) antiquarisch; (*voiture*)
gebraucht ▷ *adv* (*acheter*) aus zweiter Hand
occasionnel, le [ɔkazjɔnɛl] *adj* (*fortuit*) zufällig;
(*non régulier: clients, visites*) gelegentlich; (: *travail*)
Gelegenheits-
occasionnellement [ɔkazjɔnɛlmɑ̃] *adv*
gelegentlich
occasionner [ɔkazjɔne] *vt* verursachen; **~ qch à
qn** jdm etw verursachen
occident [ɔksidɑ̃] *nm*: **l'~** der Westen
occidental, e, -aux [ɔksidɑ̃tal, o] *adj* westlich
▷ *nm/f* Bewohner(in) *m(f)* der westlichen Welt
occidentaliser [ɔksidɑ̃talize] *vt* westlich
beeinflussen, verwestlichen
occiput [ɔksipyt] *nm* Hinterkopf *m*

occire [ɔksiʀ] vt (obsolescent) meucheln
occitan, e [ɔksitã, an] adj okzitanisch ▷ nm (Ling) Okzitanisch nt
occlusion [ɔklyzjõ] nf: ~ **intestinale** Darmverschluss m
occulte [ɔkylt] adj okkult
occulter [ɔkylte] vt (fig) überschatten, verdunkeln
occultisme [ɔkyltism] nm Okkultismus m
occupant, e [ɔkypã, ãt] adj (armée, autorité) Besatzungs- ▷ nm/f (d'un appartement) Bewohner(in) m(f); (d'un véhicule) Insasse(-in) m(f)
occupation [ɔkypasjõ] nf (de pays, usine) Besetzung f; (passe-temps, emploi) Beschäftigung f; l'**O~** ('41–44) die Besetzung Frankreichs durch deutsche Truppen
occupé, e [ɔkype] adj besetzt; (personne) beschäftigt; (esprit) völlig in Anspruch genommen
occuper [ɔkype] vt (pays, territoire, usine) besetzen; (place, endroit) einnehmen, beanspruchen; (appartement, maison) bewohnen; (surface, période) ausfüllen; (heure, loisirs) in Anspruch nehmen, beanspruchen; (poste, fonction) innehaben, bekleiden; (personne, main d'œuvre) beschäftigen; **s'occuper** vpr: **s'~ de** (se charger de) sich kümmern um; (s'intéresser à, pratiquer) sich beschäftigen mit; **ça occupe trop de place** das nimmt zu viel Platz weg, das braucht zu viel Platz
occurrence [ɔkyʀãs] nf: **en l'~** in diesem Fall
OCDE [ɔsedeə] sigle f (= Organisation de coopération et de développement économique) OECD f
océan [ɔseã] nm Ozean m; l'**~ Indien** der Indische Ozean
Océanie [ɔseani] nf: l'**~** Ozeanien nt
océanique [ɔseanik] adj Meeres-; (climat) See-
océanographe [ɔseanɔɡʀaf] nm/f Ozeanograf(in) m(f)
océanographie [ɔseanɔɡʀafi] nf Ozeanografie f
océanographique [ɔseanɔɡʀafik] adj ozeanografisch
océanologie [ɔseanɔlɔʒi] nf Ozeanologie f
ocelot [ɔs(ə)lo] nm Ozelot m
ocre [ɔkʀ] adj inv ocker(farben)
octane [ɔktan] nm Oktan nt
octante [ɔktãt] num (Suisse) achtzig
octave [ɔktav] nf Oktave f
octet [ɔktɛ] nm Byte nt
octobre [ɔktɔbʀ] nm Oktober m; voir aussi **juillet**
octogénaire [ɔktɔʒenɛʀ] adj achtzigjährig ▷ nm/f Achtzigjährige(r) f(m)
octogonal, e, -aux [ɔktɔgonal, o] adj achteckig
octogone [ɔktɔgon] nm Achteck nt
octroi [ɔktʀwa] nm (de droit, faveur) Gewähren nt, Bewilligen nt
octroyer [ɔktʀwaje] vt: ~ **qch à qn** jdm etw gewähren ou bewilligen; **s'octroyer** vpr sich dat genehmigen
oculaire [ɔkylɛʀ] adj Augen-
oculiste [ɔkylist] nm/f Augenarzt(-ärztin) m(f)
ode [ɔd] nf Ode f
odeur [ɔdœʀ] nf Geruch m; **mauvaise ~** Gestank

m; **bonne ~** Duft m
odieusement [ɔdjøzmã] adv widerlich, ekelhaft
odieux, -euse [ɔdjø, jøz] adj widerlich, ekelhaft; (enfant) unerträglich
odontologie [ɔdõtɔlɔʒi] nf Zahnheilkunde f
odorant, e [ɔdɔʀã, ãt] adj duftend
odorat [ɔdɔʀa] nm Geruchssinn m; **avoir l'~ fin** eine feine Nase haben
odoriférant, e [ɔdɔʀiferã, ãt] adj duftend, wohlriechend, wohlriechend
odyssée [ɔdise] nf Odyssee f
OEA [ɔea] sigle f (= Organisation des États américains) OAS f
œcuménique [ekymenik] adj ökumenisch
œcuménisme [ekymenism] nm Ökumenismus m
œdème [edɛm] nm Ödem nt
œil [œj] (pl **yeux**) nm Auge nt; (d'une aiguille) Öhr nt; **avoir un ~ au beurre noir** ou **un ~ poché** ein blaues Auge haben; **à l'~ nu** mit bloßem Auge; **avoir l'~ sur qn/qch** (être vigilant) auf jdn/etw aufpassen; **avoir l'~ sur qn** (surveiller) ein Auge auf jdn haben; **tenir qn à ~** jdn im Auge behalten; **faire de ~ à qn** jdm (schöne) Augen machen, mit jdm liebäugeln; **voir qch d'un bon ~** etw gut finden; **voir qch d'un mauvais ~** etw nicht gerne sehen; **à mes yeux** in meinen Augen; **de ses propres yeux** mit eigenen Augen; **fermer les yeux (sur qch)** (fig) (bei etw) ein Auge zudrücken; **ne pas pouvoir fermer l'~** kein Auge zutun können; **les yeux fermés** mit geschlossenen Augen; **à l'~** (fam: gratuitement) umsonst; **~ pour ~, dent pour dent** Auge um Auge, Zahn um Zahn; **pour tes beaux yeux** (fig) wegen deiner schönen blauen Augen; **~ de verre** Glasauge nt
œil-de-bœuf [œjdəbœf] (pl **œils-de-bœuf**) nm kleines rundes oder ovales Fenster
œillade [œjad] nf: **lancer une ~ à qn** jdm zuzwinkern; **faire des ~s à qn** jdm schöne Augen machen
œillères [œjɛʀ] nfpl Scheuklappen pl; **avoir des ~** (fig) Scheuklappen tragen
œillet [œjɛ] nm (Bot) Nelke f; (trou, bordure rigide) Öse f
œnologue [enɔlɔg] nm/f Weinkenner(in) m(f)
œsophage [ezɔfaʒ] nm Speiseröhre f
œstrogène [ɛstʀɔʒɛn] adj Östrogen nt
œuf [œf, pl ø] nm Ei nt; **étouffer qch dans l'~** etw im Keim ersticken; **~ à la coque** weiches ou weich gekochtes Ei; **~ dur** hartes ou hart gekochtes Ei; **~ mollet** wachsweiches Ei; **~ de Pâques** Osterei nt; **~ au plat** Spiegelei nt; **~ poché** pochiertes Ei; **~s brouillés** Rührei nt
œuvre [œvʀ] nf Werk nt; (Art) (Kunst)werk nt; (organisation charitable) Stiftung f ▷ nm (d'un artiste) Werk; **œuvres** nfpl (Rel: actions, actes) Werke pl; **bonnes ~s, ~s de bienfaisance** gute Werke; **le gros ~** der Rohbau; **être/se mettre à l'~** arbeiten/sich an die Arbeit machen; **mettre en ~** (moyens) einsetzen, Gebrauch machen von; (plan, loi, projet) umsetzen; **~ d'art** Kunstwerk

œuvrer [œvʀe] vi: ~ **pour** arbeiten für
offensant, e [ɔfɑ̃sɑ̃, ɑ̃t] adj beleidigend,
verletzend
offense [ɔfɑ̃s] nf (affront) Beleidigung f, Kränkung
f; (Rel) Sünde f
offenser [ɔfɑ̃se] vt (personne) beleidigen, kränken;
(bon sens, bon goût, principes) verletzen; (Dieu)
sündigen gegen; **s'~ de qch** an etw dat Anstoß
nehmen
offensif, -ive [ɔfɑ̃sif, iv] adj (armes, guerre)
Offensiv-, Angriffs-
offensive [ɔfɑ̃siv] nf (Mil) Offensive f, Angriff m;
l'~ **de l'hiver** der Einbruch des Winters; **passer**
à l'~ zum Angriff übergehen
offert, e [ɔfɛʀ, ɛʀt] pp de **offrir**
offertoire [ɔfɛʀtwaʀ] nm Offertorium nt
office [ɔfis] nm (charge) Amt nt; (bureau, agence)
Büro nt; (Rel: messe) Gottesdienst m ▷ nm ou nf
(pièce) Vorratskammer f; **faire ~ de** (suj: personne)
fungieren als; (: local, objet) dienen als; **avocat**
désigné d'~ Pflichtverteidiger m; **bons ~s** (Pol)
Vermittlung f; ~ **du tourisme**
Fremdenverkehrsamt nt
officialisation [ɔfisjalizasjɔ̃] nf offizielle
Anerkennung f
officialiser [ɔfisjalize] vt offiziell anerkennen
officiel, le [ɔfisjɛl] adj offiziell; (voiture) Dienst-;
(personnage) Amts- ▷ nm/f Offizielle(r) f(m); (Sport)
Funktionär(in) m(f)
officiellement [ɔfisjɛlmɑ̃] adv offiziell
officier [ɔfisje] nm (Mil) Offizier m ▷ vi (Rel) einen
Gottesdienst (ab)halten; ~ **de l'état-civil**
Standesbeamte(r) m, -beamtin f; ~ **de police**
Polizeibeamte(r) m, -beamtin f
officieusement [ɔfisjøzmɑ̃] adv halbamtlich,
halb amtlich
officieux, -euse [ɔfisjø, jøz] adj halbamtlich,
halb amtlich
officinal, e, -aux [ɔfisinal, o] adj: **plantes ~es**
Heilpflanzen pl
officine [ɔfisin] nf (de pharmacie) Labor nt (einer
Apotheke); (Admin: pharmacie) Apotheke f; (péj)
Brutstätte f
offrais [ɔfʀɛ] vb voir **offrir**
offrande [ɔfʀɑ̃d] nf Gabe f; (Rel) Opfergabe f
offrant [ɔfʀɑ̃] nm: **vendre/adjuger au plus ~** an
den Meistbietenden verkaufen/versteigern
offre [ɔfʀ] vb voir **offrir** ▷ nf (proposition) Vorschlag
m; (avance) Angebot nt; (aux enchères) Gebot nt;
(Admin: soumission) Angebot, Offerte f; l'~ (Écon)
das Angebot; ~ **d'emploi** Stellenangebot nt; **~s**
d'emploi „Stellenmarkt"; ~ **publique d'achat**
Übernahmeangebot nt; **~s de service**
Dienstangebot nt
offrir [ɔfʀiʀ] vt (donner) geben; (proposer, présenter)
anbieten; (aspect, spectacle) darbieten; **s'offrir** vpr
(se présenter) sich darbieten; (se payer) sich dat
leisten ou genehmigen; ~ **(à qn) de faire qch**
(jdm) anbieten, etw zu tun; ~ **à boire à qn** jdm
etwas zu trinken anbieten; ~ **ses services à qn**
jdm seine Dienste anbieten; ~ **le bras à qn** jdm
den Arm reichen; **s'~ en otage** sich als Geisel

anbieten; **s'~ aux regards** sich den Blicken
aussetzen
offset [ɔfsɛt] nm Offsetdruck m
offusquer [ɔfyske] vt: ~ **qn** jdm ein Dorn im Auge
sein; **s'offusquer** vpr: **s'~ de qch** sich über etw
acc ärgern, an etw dat Anstoß nehmen
ogive [ɔʒiv] nf (Archit) Spitzbogen m; (Mil)
Sprengkopf m; **voûte en ~** Spitzbogengewölbe nt;
arc en ~ Spitzbogen; ~ **nucléaire** nuklearer
Sprengkopf
OGM [oʒeɛm] sigle m (= organisme génétiquement
modifié) genmanipulierter Organismus
ogre [ɔgʀ] nm Menschenfresser m
oh [o] excl oh!; **oh là là!** oh je!; **pousser des oh!**
et des ah! starr vor Staunen sein
oie [wa] nf Gans f; ~ **blanche** (péj: jeune fille candide)
Unschuld f vom Lande
oignon [ɔɲɔ̃] nm Zwiebel f; (bulbe)
(Blumen)zwiebel f; (Méd: grosseur) Ballen m; **ce ne**
sont pas tes ~s (fam) das geht dich gar nichts an;
aux petits ~s fabelhaft
oindre [wɛ̃dʀ] vt (Rel) salben
oiseau, x [wazo] nm Vogel m; ~ **de nuit**
Nachtvogel m; ~ **de proie** Greifvogel m
oiseau-lyre [wazoliʀ] (pl **oiseaux-lyres**) nm
Leierschwanz m
oiseau-mouche [wazomuʃ] (pl **oiseaux-**
mouches) nm Kolibri m
oiseleur [waz(ə)lœʀ] nm Vogelfänger m
oiselier, -ière [wazəlje, jɛʀ] nm/f
Vogelhändler(in) m(f)
oisellerie [wazɛlʀi] nf Vogelhandlung f
oiseux, -euse [wazø, øz] adj (dispute, question)
unnütz, sinnlos
oisif, -ive [wazif, iv] adj müßig ▷ nm/f (péj)
Müßiggänger(in) m(f)
oisillon [wazijɔ̃] nm Vögelchen nt
oisiveté [wazivte] nf Müßiggang m
OIT [ɔite] sigle f (= Organisation internationale du
travail) ILO f
OK [okɛ] excl O. K.
OL sigle fpl (= ondes longues) LW
oléagineux, -euse [ɔleaʒinø, øz] adj ölhaltig;
(liquide) ölig
oléiculteur [ɔleikyltœʀ] nm Olivenzüchter m
oléiculture [ɔleikyltyʀ] nf Olivenanbau m
oléoduc [ɔleodyk] nm (Öl)pipeline f
olfactif, -ive [ɔlfaktif, iv] adj Geruchs-
olibrius [ɔlibʀijys] nm komischer Kauz m
oligarchie [ɔligaʀʃi] nf Oligarchie f
oligo-élément [ɔligoelemɑ̃] (pl **~s**) nm
Spurenelement nt
oligopole [ɔligɔpɔl] nm Oligopol nt
olivâtre [ɔlivɑtʀ] adj grünlich; (teint) fahl
olive [ɔliv] nf Olive f; (type d'interrupteur)
Druckknopf m ▷ adj inv olivgrün
oliveraie [ɔlivʀɛ] nf Olivenhain m
olivier [ɔlivje] nm Olivenbaum m; (bois)
Olivenholz nt
olographe [ɔlɔgʀaf] adj: **testament ~**
eigenhändig verfasstes Testament nt
OLP [ɔɛlpe] sigle f (= Organisation de libération de la

Palestine) PLO *f*

olympiade [ɔlɛ̃pjad] *nf (période)* Olympiade *f;* **les ~s** *(jeux)* die Olympischen Spiele *pl*

olympien, ne [ɔlɛ̃pjɛ̃, jɛn] *adj* olympisch

olympique [ɔlɛ̃pik] *adj* olympisch; **piscine/ stade ~** Olympiabecken *nt/*-stadion *nt*

OM *sigle fpl* (= *ondes moyennes*) MW

Oman [ɔman] *n:* **le sultanat d'~** das Sultanat Oman

ombilical, e, -aux [ɔ̃bilikal, o] *adj* Nabel-

ombrage [ɔ̃bʀaʒ] *nm (ombre)* Schatten *m;* **ombrages** *nmpl (feuillage)* (schattiges) Blätterwerk *nt;* **prendre ~ de qch** etw übel nehmen; **porter ~ à qn** jdn kränken *ou* verletzen

ombragé, e [ɔ̃bʀaʒe] *adj* schattig

ombrageux, -euse [ɔ̃bʀaʒø, øz] *adj (cheval, âne)* unruhig; *(personne)* empfindlich

ombre [ɔ̃bʀ] *nf* Schatten *m;* **à l'~** im Schatten; *(fam: en prison)* im Kittchen; **à l'~ de** im Schatten +*gén;* **donner/faire de l'~** Schatten spenden/ werfen; **il n'y a pas l'~ d'un doute** es gibt nicht den geringsten Zweifel; **dans l'~** im Dunkeln; **vivre dans l'~** im Verborgenen leben; **laisser qn dans l'~** jdn im Unklaren lassen; **~ à paupières** Lidschatten *m;* **~ portée** Schlagschatten *m;* **~s chinoises** (chinesisches) Schattenspiel *nt*

ombrelle [ɔ̃bʀɛl] *nf* Sonnenschirmchen *nt*

ombrer [ɔ̃bʀe] *vt* schattieren

OMC [oɛmse] *sigle f* (= *organisation mondiale du commerce*) WTO *f,* Welthandelsorganisation *f*

omelette [ɔmlɛt] *nf* Omelett *nt;* **~ baveuse** *nicht ganz durchgebackenes Omelett;* **~ flambée** flambiertes Omelett; **~ au fromage** Käseomelett *nt;* **~ aux herbes** Kräuteromelett *nt;* **~ au jambon** Omelett mit Schinken; **~ norvégienne** *Eiscreme in Biskuit, mit Baisermasse überbacken*

omettre [ɔmɛtʀ] *vt* unterlassen; *(oublier)* vergessen; *(de liste)* auslassen; **~ de faire qch** etw nicht tun

omis [ɔmi] *pp de* **omettre**

omission [ɔmisjɔ̃] *nf* Unterlassung *f;* Vergessen *nt;* Auslassen *nt*

omni... [ɔmni] *préf* omni..., Omni...

omnibus [ɔmnibys] *nm:* **(train) ~** Personenzug *m*

omnidirectionnel, le [ɔmnidiʀɛksjɔnɛl] *adj (antenne, radiophare)* Rundum-

omnidisciplinaire [ɔmnidisiplinɛʀ] *adj* in allen Disziplinen

omnipotent, e [ɔmnipɔtɑ̃, ɑ̃t] *adj* allmächtig

omnipraticien, ne [ɔmnipʀatisjɛ̃, jɛn] *nm/f* Allgemeinarzt(-ärztin) *m(f)*

omniprésent, e [ɔmnipʀezɑ̃, ɑ̃t] *adj* allgegenwärtig

omniscient, e [ɔmnisjɑ̃, jɑ̃t] *adj* allwissend

omnisports [ɔmnispɔʀ] *adj inv* Sport-

omnium [ɔmnjɔm] *nm (Fin, Comm)* Handelsgesellschaft *f; (Cyclisme) aus mehreren Bahnwettbewerben bestehende Radwettkampf; (Courses)* Ausgleichsrennen *nt*

omnivore [ɔmnivɔʀ] *adj* alles fressend

omoplate [ɔmɔplat] *nf* Schulterblatt *nt*

OMS [ɔɛmɛs] *sigle f* (= *Organisation mondiale de la santé*) WHO *f*

 MOT-CLÉ

on [ɔ̃] *pron* **1** *(indéterminé, les gens)* man; **on peut le faire ainsi** man kann es so machen; **autrefois, on croyait que** früher glaubte man, dass

2 *(quelqu'un):* **on les a attaqués** man hat sie angegriffen, sie wurden angegriffen; **on vous demande au téléphone** Sie werden am Telefon verlangt

3 *(nous: fam)* wir; **on va y aller demain** wir gehen morgen hin

4: **on ne peut plus stupide/ridicule** dümmer/ lächerlicher gehts nicht

once [ɔ̃s] *nf* Unze *f*

oncle [ɔ̃kl] *nm* Onkel *m*

onction [ɔ̃ksjɔ̃] *nf voir* **extrême-onction**

onctueux, -euse [ɔ̃ktɥø, øz] *adj* cremig

onde [ɔ̃d] *nf* Welle *f;* **sur l'~** *(eau)* auf den Wellen; **sur les ~s** *(la radio)* im Radio; **mettre en ~s** für den Rundfunk bearbeiten; **grandes ~s** Langwellen *pl;* **petites ~s** Kurzwellen *pl;* **~ de choc** Druckwelle *f;* **~ porteuse** Trägerwelle *f;* **~s courtes** Kurzwellen; **~s moyennes** Mittelwellen *pl;* **~s sonores** Schallwellen *pl*

ondée [ɔ̃de] *nf* Regenguss *m*

on-dit [ɔ̃di] *nm inv* Gerücht *nt*

ondoyer [ɔ̃dwaje] *vi (blé, herbe)* wogen; *(drapeau)* flattern

ondulant, e [ɔ̃dylɑ̃, ɑ̃t] *adj (démarche)* schwankend; *(ligne)* Wellen-

ondulation [ɔ̃dylasjɔ̃] *nf (des cheveux)* Welle *f; (de blé, herbe)* Wogen *nt;* **~ du sol** Bodenwelle *f*

ondulé, e [ɔ̃dyle] *adj (cheveux)* wellig; *(route, chaussée)* uneben

onduler [ɔ̃dyle] *vi (cheveux)* sich wellen; *(vagues, houle, blés)* wogen; *(route)* uneben sein

onéreux, -euse [ɔneʀø, øz] *adj* kostspielig; **à titre ~** gegen Entgelt

ONG [ɔɛnʒe] *sigle f* (= *organisation non-gouvernementale*) Nichtregierungsorganisation *f*

ongle [ɔ̃gl] *nm* Nagel *m;* **se ronger les ~s** Nägel kauen; **se faire les ~s** sich *dat* die Fingernägel manikürn

onglet [ɔ̃glɛ] *nm (rainure)* Rille *f; (bande de papier)* Ansetzfalz *m; (viande) Stück Rindfleisch bester Qualität*

onguent [ɔ̃gɑ̃] *nm* Salbe *f*

onirique [ɔniʀik] *adj* traumhaft, Traum-

onirisme [ɔniʀism] *nm:* **être pris d'~** Halluzinationen haben

onomatopée [ɔnɔmatɔpe] *nf (Ling)* Lautmalerei *f*

ont [ɔ̃] *vb voir* **avoir**

ONU [ɔny] *sigle f* (= *Organisation des Nations unies*) UNO *f*

onusien, ne [ɔnyzjɛ̃, jɛn] *adj* UNO-

onyx [ɔniks] *nm* Onyx *m*

onze [ˈɔ̃z] *num* elf *▷ nm:* **le ~ de France** die französische Elf

onzième [ˈɔ̃zjɛm] *num* elfte(r, s) *▷ nm/f* Elfte(r)

f(m) ▷ *nm (fraction)* Elftel *nt*

OPA [ɔpea] *sigle f* (= *offre publique d'achat*)
Übernahmeangebot *nt*

opacifier [ɔpasifje] *vt* (*vitre*) undurchsichtig
machen

opacité [ɔpasite] *nf* (*v opaque*) Undurchsichtigkeit
f; Undurchdringlichkeit *f*

opale [ɔpal] *nf* Opal *m*

opalescent, e [ɔpalesɑ̃, ɑ̃t] *adj* (*lampe, lumière*)
opalisierend

opalin, e [ɔpalɛ̃, in] *adj* opalartig

opaline [ɔpalin] *nf* Opalglas *nt*

opaque [ɔpak] *adj* (*vitre, verre*) undurchsichtig;
(*brouillard*) undurchdringlich; ~ **à**
undurchdringlich für

OPEP [ɔpɛp] *sigle f* (= *Organisation des pays
exportateurs de pétrole*) OPEC *f*

opéra [ɔpeʀa] *nm* Oper *f*; (*édifice*) Opernhaus *nt*

opérable [ɔpeʀabl] *adj* operierbar

opéra-comique [ɔpeʀakɔmik] (*pl* **opéras-
comiques**) *nm* komische Oper *f*

opérant, e [ɔpeʀɑ̃, ɑ̃t] *adj* (*mesure*) wirksam

opérateur, -trice [ɔpeʀatœʀ, tʀis] *nm/f*
(*machiniste, manipulateur*) Operator(in) *m(f)*,
Bediener(in) *m(f)*; ~ **(de prise de vues)**
Kameramann *m*

opération [ɔpeʀasjɔ̃] *nf* Operation *f*; (*Comm*)
Geschäft *nt*; (*Tech*) Funktionieren *nt*; **salle d'~**
Operationssaal *m*; **table d'~** Operationstisch *m*;
~ **à cœur ouvert** Operation am offenen Herzen;
~ **publicitaire** Werbemaßnahme *f*; ~ **de
sauvetage** Rettungsaktion *f*

opérationnel, le [ɔpeʀasjɔnɛl] *adj* (*organisation,
usine*) funktionsfähig; (*Mil*) einsatzfähig;
recherche ~le Unternehmensforschung *f*

opératoire [ɔpeʀatwaʀ] *adj* (*manœuvre, méthode*)
operativ; (*choc*) postoperativ; **bloc** ~ OP-Bereich *m*

opéré, e [ɔpeʀe] *adj* (*Méd*) operiert ▷ *nm/f*
Operierte(r) *f(m)*; **un grand** ~ *jemand, der eine
schwere Operation hinter sich hat*

opérer [ɔpeʀe] *vt* (*Méd*) operieren; (*changement,
sauvetage*) durchführen; (*choix*) treffen; (*addition*)
ausführen ▷ *vi* (*faire effet*) wirken; (*procéder, agir*)
vorgehen; (*Méd*) operieren; **s'opérer** *vpr*
stattfinden, sich ereignen; ~ **qn des amygdales**
jdm die Mandeln herausnehmen; ~ **qn du cœur**
jdn am Herzen operieren; **se faire** ~ sich
operieren lassen; **se faire** ~ **des amygdales** sich
dat die Mandeln herausnehmen lassen; **se faire**
~ **du cœur** sich einer Herzoperation unterziehen

opérette [ɔpeʀɛt] *nf* Operette *f*

ophtalmique [ɔftalmik] *adj* (*nerf*) Seh-; (*migraine*)
Augen-

ophtalmologie [ɔftalmɔlɔʒi] *nf*
Augenheilkunde *f*

ophtalmologique [ɔftalmɔlɔʒik] *adj*
ophthalmologisch

ophtalmologue [ɔftalmɔlɔg] *nm/f*
Augenarzt(-ärztin) *m(f)*

opiacé, e [ɔpjase] *adj* opiumhaltig

opinel® [ɔpinɛl] *nm* Klappmesser *nt*

opiner [ɔpine] *vi*: ~ **de la tête** zustimmen mit

dem Kopf nicken; ~ **à** (*approuver*) zustimmen +*dat*

opiniâtre [ɔpinjɑtʀ] *adj* (*personne, caractère*)
eigensinnig, hartnäckig; (*lutte, résistance*)
hartnäckig

opiniâtreté [ɔpinjɑtʀəte] *nf* Hartnäckigkeit *f*

opinion [ɔpinjɔ̃] *nf* Meinung *f*; **opinions** *nfpl*
(*philosophiques, religieuses*) Ansichten *pl*,
Anschauungen *pl*; (*politiques*) Meinung; **avoir
bonne/mauvaise** ~ **de** eine gute/schlechte
Meinung haben von; **l'~ américaine** die
amerikanische Öffentlichkeit; **l'~ (publique)** die
öffentliche Meinung

opiomane [ɔpjɔman] *nm/f* Opiumsüchtige(r)
f(m)

opium [ɔpjɔm] *nm* Opium *nt*

opportun, e [ɔpɔʀtœ̃, yn] *adj* opportun, günstig;
en temps ~ zu gegebener Zeit

opportunément [ɔpɔʀtynemɑ̃] *adv* günstig

opportunisme [ɔpɔʀtynism] *nm*
Opportunismus *m*

opportuniste [ɔpɔʀtynist] *nm/f* Opportunist(in)
m(f) ▷ *adj* opportunistisch

opportunité [ɔpɔʀtynite] *nf* (*à-propos*)
Angemessenheit *f*; (*occasion*) (günstige)
Gelegenheit *f*

opposant, e [ɔpozɑ̃, ɑ̃t] *adj* (*parti*) gegnerisch;
(*minorité*) opponierend ▷ *nm* (*à un régime, projet*)
Gegner *m*; **les ~s** (*membres de l'opposition*) die
Opposition

opposé, e [ɔpoze] *adj* (*contraire*) entgegengesetzt;
(*rive*) gegenüberliegend; (*couleurs*)
kontrastierend; (*faction*) gegnerisch ▷ *nm*: **l'~**
(*contraire*) das Gegenteil; **il est tout l'~ de son
frère** er ist das genaue Gegenteil von seinem
Bruder; **à l'~ de** (*du côté opposé à*) gegenüber von;
(*fig*) im Gegensatz zu; **être ~ à qch** (*contre*) gegen
etw sein; **à l'~** (*fig*) dagegen, andererseits

opposer [ɔpoze] *vt* einander gegenüberstellen;
(*résistance*) entgegenstellen; (*mettre en conflit*) in
Konflikt bringen; **s'opposer** *vpr* (*l'un à l'autre*)
entgegengesetzt sein; (: *couleurs*) kontrastieren;
~ **qch à** (*comme objection, contraste*) etw
entgegenhalten +*dat*; (*comme obstacle, défense*) etw
entgegensetzen +*dat*; **s'~ à** (*interdire, empêcher*)
Widerspruch erheben gegen; (*tenir tête à*) sich
auflehnen gegen; **sa religion s'y oppose** das
kann er mit seiner Religion nicht in Einklang
bringen; **s'~ à ce que qn fasse qch** dagegen
sein, dass jd etw tut

opposition [ɔpozisjɔ̃] *nf* (*Pol*) Opposition *f*;
(*résistance*) Widerstand *m*; (*objection*) Widerspruch
m; **par** ~ **à** im Gegensatz zu; **entrer en** ~ **avec qn**
in Konflikt mit jdm geraten; **être en** ~ **avec**
(*parents, directeur*) sich widersetzen +*dat*; (*idées,
conduite*) im Widerspruch stehen zu; **faire** ~ **à un
chèque** einen Scheck sperren

oppressant, e [ɔpʀesɑ̃, ɑ̃t] *adj* (*chaleur*) drückend;
(*atmosphère*) beklemmend, bedrückend

oppresser [ɔpʀese] *vt* (*chaleur, angoisse*) bedrücken;
se sentir oppressé sich beklommen fühlen

oppresseur [ɔpʀesœʀ] *nm* Unterdrücker *m*

oppressif, -ive [ɔpʀesif, iv] *adj* drückend

oppression [ɔpʀesjɔ̃] nf (gêne, malaise)
Beklemmung f; (asservissement) Unterdrückung f
opprimé, e [ɔpʀime] adj unterdrückt
opprimer [ɔpʀime] vt (asservir, étouffer)
unterdrücken; (: l'opinion) unterdrücken,
mundtot machen
opprobre [ɔpʀɔbʀ] nm Schande f; **vivre dans l'~**
in Schande leben
opter [ɔpte] vi: ~ **pour** sich entscheiden für;
~ **entre** (sich) entscheiden zwischen
opticien, ne [ɔptisjɛ̃, jɛn] nm/f Optiker(in) m(f)
optimal, e, -aux [ɔptimal, o] adj optimal
optimisation [ɔptimizasjɔ̃] nf (v vt) Optimierung
f; optimale Nutzung f
optimiser [ɔptimize] vt (dispositif, machine)
optimieren; (ressources) optimal (aus)nutzen
optimisme [ɔptimism] nm Optimismus m
optimiste [ɔptimist] adj optimistisch ▷ nm/f
Optimist(in) m(f)
optimum [ɔptimɔm] nm Optimum nt ▷ adj
optimal, beste(r, s)
option [ɔpsjɔ̃] nf (Scol) Wahlfach nt; (Comm:
supplément) (optionales) Extra nt; **matière à ~**
Wahlfach; **texte à ~** wahlweiser Zusatztext m;
être en ~ auf Wunsch erhältlich sein; **prendre
une ~ sur** sich dat ein Vorverkaufsrecht ou eine
Option sichern auf +acc; **~ par défaut** (Inform)
Vorgabe(option) f
optionnel, le [ɔpsjɔnɛl] adj (matière) Wahl-;
(branche) wahlweise; (accessoire etc) zusätzlich
optique [ɔptik] adj (nerf) Seh-; (verres) optisch
▷ nf Optik f; (industrie) optische Industrie f; (fig)
Sehweise f
opulence [ɔpylɑ̃s] nf (v adj) Reichtum m;
Üppigkeit f; **vivre dans l'~** im Überfluss leben
opulent, e [ɔpylɑ̃, ɑ̃t] adj (pays) reich; (maison, vie,
formes) üppig
opuscule [ɔpyskyl] nm kleines Werk nt
or [ɔʀ] nm Gold nt ▷ conj nun, aber; **en or** golden,
Gold-; (occasion) einmalig; **un mari en or** ein
wahrer Schatz von einem Ehemann; **une
affaire en or** (achat) ein Schnäppchen nt;
(commerce) eine Goldgrube; **plaqué or** vergoldet;
or blanc Weißgold nt; **or jaune** Gelbgold nt; **or
noir** flüssiges Gold
oracle [ɔʀakl] nm Orakel nt
orage [ɔʀaʒ] nm Gewitter nt; (fig) Sturm m
orageux, -euse [ɔʀaʒø, øz] adj Gewitter-; (fig)
stürmisch
oraison [ɔʀɛzɔ̃] nf (Rel) Gebet nt; **~ funèbre**
Grabrede f
oral, e, -aux [ɔʀal, o] adj mündlich; (Ling) oral
▷ nm mündliche Prüfung f; **par voie ~e** oral
oralement [ɔʀalmɑ̃] adv mündlich
orange [ɔʀɑ̃ʒ] nf Orange f, Apfelsine f ▷ adj inv
orange; **~ amère** Pomeranze f; **~ pressée** frisch
gepresster Orangensaft m; **~ sanguine**
Blutorange f
orangé, e [ɔʀɑ̃ʒe] adj orange(farben)
orangeade [ɔʀɑ̃ʒad] nf Orangeade f
oranger [ɔʀɑ̃ʒe] nm Orangenbaum m
orangeraie [ɔʀɑ̃ʒʀɛ] nf Orangenhain m

orangerie [ɔʀɑ̃ʒʀi] nf Orangerie f
orang-outan(g) [ɔʀɑ̃utɑ̃] (pl **orangs-outan(g)s**)
nm Orang-Utan m
orateur [ɔʀatœʀ] nm Redner m; (personne
éloquente) guter Redner
oratoire [ɔʀatwaʀ] nm Oratorium nt; (au bord du
chemin) Wegkapelle f ▷ adj rednerisch
oratorio [ɔʀatɔʀjo] nm Oratorium nt
orbital, e, -aux [ɔʀbital, o] adj: **station ~e**
Raumstation f
orbite [ɔʀbit] nf (Phys) Umlaufbahn f; (Anat)
Augenhöhle f; **placer** ou **mettre un satellite
sur** ou **en ~** einen Satelliten in ou auf die
Umlaufbahn bringen; **dans l'~ de** (fig) im
Einflussbereich von; **mettre qch sur ~** (fig) etw
lancieren
Orcades [ɔʀkad] nfpl: **les ~** die Orkneyinseln pl
orchestral, e, -aux [ɔʀkɛstʀal, o] adj Orchester-
orchestrateur, -trice [ɔʀkɛstʀatœʀ, tʀis] nm/f
Orchestrierer(in) m(f)
orchestration [ɔʀkɛstʀasjɔ̃] nf (Mus)
Orchestrierung f; (fig) Inszenierung f
orchestre [ɔʀkɛstʀ] nm (Mus) Orchester nt; (de
jazz) Kapelle f; (Théât, Ciné) Parkett nt
orchestrer [ɔʀkɛstʀe] vt (Mus) orchestrieren; (fig)
inszenieren
orchidée [ɔʀkide] nf Orchidee f
ordinaire [ɔʀdinɛʀ] adj gewöhnlich; (de tous les
jours) alltäglich; (modèle, qualité) üblich ▷ nm:
intelligence au-dessus de l'~
überdurchschnittliche Intelligenz f ▷ nf (essence)
Normalbenzin nt; **d'~** gewöhnlich
ordinairement [ɔʀdinɛʀmɑ̃] adv gewöhnlich
ordinal, e, -aux [ɔʀdinal, o] adj: **adjectif ~**
Zahlwort nt; **nombre ~** Ordnungszahl f
ordinateur [ɔʀdinatœʀ] nm Computer m;
mettre sur ~ (in den Computer) eingeben;
~ domestique Heimcomputer m; **~ individuel** ou
personnel Personal Computer, PC m; **~ portable**
Laptop m
ordination [ɔʀdinasjɔ̃] nf (Rel) (Priester)weihe f
ordonnance [ɔʀdɔnɑ̃s] nf (disposition) Anordnung
f; (Méd) Rezept nt, Verordnung f; (décret, loi)
Verordnung; (Mil) Ordonnanz f; **rendre une ~
de non-lieu** die Einstellung des Prozesses
anordnen; **officier d'~** Adjutant m
ordonnancer [ɔʀdɔnɑ̃se] vt (disposer, agencer)
organisieren
ordonnateur, -trice [ɔʀdɔnatœʀ, tʀis] nm/f
(d'une cérémonie, fête) Organisator(in) m(f); **~ des
pompes funèbres** Bestattungsunternehmer m
ordonné, e [ɔʀdɔne] adj (en bon ordre)
(wohl)geordnet; (personne) ordentlich; (Math:
ensemble) geordnet
ordonnée [ɔʀdɔne] nf (Math) Ordinate f
ordonner [ɔʀdɔne] vt (donner un ordre): **~ à qn de
faire qch** jdm befehlen, etw zu tun; (arranger,
agencer) anordnen; (Math) ordnen; (Rel) weihen;
(Méd) verordnen; **s'ordonner** vpr (faits) sich
gruppieren; (idées) sich ordnen; **~ le huis clos**
den Ausschluß der Öffentlichkeit verfügen
ordre [ɔʀdʀ] nm Ordnung f; (succession: alphabétique

etc) Reihenfolge *f; (directive)* Anordnung *f;*
(association) Verband *m; (Rel)* Orden *m; (Archit)*
(Säulen)ordnung *f;* **être/entrer dans les ~s** *(Rel)*
einem Orden angehören/in einen Orden
eintreten; *(prêtre)* Priester sein/werden; **en ~** in
Ordnung; **mettre en ~** aufräumen, in Ordnung
bringen; **avoir de l'~** ordentlich sein; **mettre**
bon ~ à Ordnung schaffen in *+dat;* **rentrer dans**
l'~ wieder in Ordnung kommen; **procéder par ~**
der Reihe nach vorgehen; **par ~ d'entrée en**
scène in der Reihenfolge des Auftrittes; **je n'ai**
pas d'~ à recevoir de vous Sie haben mir keine
Befehle zu geben; **être aux ~s** *ou* **sous les ~s de**
qn jds Befehlsgewalt *dat* unterstellt sein;
jusqu'à nouvel ~ bis auf Weiteres; **rappeler qn**
à l'~ jdn zur Ordnung rufen; **donner (à qn) l'~**
de faire qch (jdm) den Befehl geben, etw zu tun;
dans le même ~/un autre ~ d'idées im
gleichen/in einem anderen Zusammenhang; **de**
premier ~ ersten Ranges, erstklassig; **de second**
~ zweitklassig; **payer à l'~ de** ausstellen auf *+acc;*
d'~ pratique praktischer Art; **~ de grandeur**
Größenordnung *f;* **~ de grève** Streikbefehl *m;*
~ du jour *(d'une réunion)* Tagesordnung *f;* **à l'~ du**
jour *(fig)* auf der Tagesordnung; **~ de mission**
(Mil) Dienstbefehl *m; (fig)* Auftrag *m;* **~ de route**
Marschbefehl *m;* **l'~ public** die öffentliche
Ordnung
ordure [ɔʀdyʀ] *nf* Unrat *m; (propos, écrit)* Schmutz
m; (fam!: personne) Mistkerl *m;* **ordures** *nfpl*
(déchets) Müll *m;* **~s ménagères** Hausmüll *m*
ordurier, -ière [ɔʀdyʀje, jɛʀ] *adj* vulgär
orée [ɔʀe] *nf:* **à l'~ de** *(forêt)* am Rand *+gén*
oreille [ɔʀɛj] *nf* Ohr *nt; (d'un écrou)* Öhr *nt; (de*
marmite, tasse) Henkel *m;* **avoir de l'~** ein gutes
Gehör haben; **avoir l'~ fine** ein gutes Gehör
haben; **être dur d'~** schwerhörig sein; **dire qch**
à l'~ de qn jdm etw ins Ohr sagen; **l'~ basse**
(penaud) niedergeschlagen; **se faire tirer l'~** *(se*
faire prier) sich lange bitten lassen
oreiller [ɔʀeje] *nm* Kopfkissen *nt*
oreillette [ɔʀɛjɛt] *nf (Anat)* (Herz)vorhof *m; (de*
bonnet) Ohrenklappe *f*
oreillons [ɔʀejɔ̃] *nmpl (Méd)* Ziegenpeter *m,*
Mumps *m ou f*
ores [ɔʀ]: **d'~ et déjà** *adv* bereits
orfèvre [ɔʀfɛvʀ] *nm (objets d'or)* Goldschmied *m;*
(objets d'argent etc) Silberschmied *m;* **être ~ en la**
matière *(fig)* sich bestens auskennen
orfèvrerie [ɔʀfɛvʀəʀi] *nf (v nm: art, métier)*
Goldschmiedekunst *f,* Silberschmiedekunst *f;*
(: ouvrage) Gold *nt;* Silber *nt*
orfraie [ɔʀfʀɛ] *nf* Seeadler *m;* **pousser des cris**
d'~ aus vollem Halse schreien
organe [ɔʀgan] *nm* Organ *nt; (voix)* Stimme *f;*
(porte-parole) Sprachrohr *nt;* **~s de commande**
Steuerung *f;* **~s de transmission** Getriebe *nt*
organigramme [ɔʀganigʀam] *nm*
Organisationsplan *m*
organique [ɔʀganik] *adj* organisch
organisateur, -trice [ɔʀganizatœʀ, tʀis] *nm/f*
Organisator(in) *m(f)*

organisateur-conseil [ɔʀganizatœʀkɔ̃sɛj] *(pl*
organisateurs-conseils) *nm* Management-
berater(in) *m(f)*
organisation [ɔʀganizasjɔ̃] *nf* Organisation *f;*
l'O~ internationale du travail die Internationale
Arbeitsorganisation; **l'O~ mondiale de la santé**
die Weltgesundheitsorganisation; **l'O~ des**
Nations unies die Vereinten Nationen *pl;* **l'O~ du**
traité de l'Atlantique Nord der Nordatlantikpakt
organisationnel, le [ɔʀganizasjɔnɛl] *adj*
organisatorisch
organisé, e [ɔʀganize] *adj* gut organisiert; *(esprit,*
personne) methodisch
organiser [ɔʀganize] *vt* organisieren; *(mettre sur*
pied aussi) veranstalten; **s'organiser** *vpr (personne)*
sich einrichten; *(choses)* in Ordnung kommen
organisme [ɔʀganism] *nm* Organismus *m;*
(Admin, Pol) Organ *nt; (association, organisation)*
Organisation *f*
organiste [ɔʀganist] *nm/f* Organist(in) *m(f)*
orgasme [ɔʀgasm] *nm* Orgasmus *m*
orge [ɔʀʒ] *nf* Gerste *f*
orgeat [ɔʀʒa] *nm:* **sirop d'~** Mandelmilch *f*
orgelet [ɔʀʒəlɛ] *nm (Méd)* Gerstenkorn *nt*
orgie [ɔʀʒi] *nf* Orgie *f;* **une ~ de** *(surabondance)*
eine Fülle von
orgue [ɔʀg] *nm* Orgel *f;* **~ de Barbarie** Drehorgel *f;*
~ électrique *ou* **électronique** elektronische Orgel
orgueil [ɔʀgœj] *nm (péj)* Hochmut *m; (amour-*
propre) Stolz *m;* **l'~ de la collection** das
Prachtstück der Sammlung
orgueilleux, -euse [ɔʀgøjø, øz] *adj* hochmütig,
überheblich
Orient [ɔʀjɑ̃] *nm:* **l'~** der Orient
orientable [ɔʀjɑ̃tabl] *adj* schwenkbar
oriental, e, -aux [ɔʀjɑ̃tal, o] *adj (de l'est)* östlich;
(de l'Orient) orientalisch ▷ *nm/f:* **Oriental, e**
Orientale(-in) *m(f)*
orientation [ɔʀjɑ̃tasjɔ̃] *nf (d'une maison etc)* Lage *f;*
(de pièce mobile) Ausrichtung *f; (de voyageur, touriste)*
Orientierung *f; (d'un journal etc)* Ausrichtung,
Tendenz *f;* **avoir le sens de l'~** einen guten
Orientierungssinn haben; **~ professionnelle**
Berufsberatung *f*
orienté, e [ɔʀjɑ̃te] *adj (Pol)* tendenziös; **~ au sud**
nach Süden gelegen
orienter [ɔʀjɑ̃te] *vt* ausrichten; *(maison)* legen;
(voyageur, touriste) die Richtung weisen *+dat; (élève)*
beraten; **~ vers** *(recherches)* richten auf *+acc;*
s'orienter *vpr (se repérer)* sich zurechtfinden; **s'~**
vers *(recherches, étudiant)* sich ausrichten auf *+acc*
orienteur, -euse [ɔʀjɑ̃tœʀ, øz] *nm/f (Scol)*
Berufsberater(in) *m(f)*
orifice [ɔʀifis] *nm* Öffnung *f*
oriflamme [ɔʀiflam] *nf* Banner *nt*
origan [ɔʀigɑ̃] *nm* Oregano *m*
originaire [ɔʀiʒinɛʀ] *adj:* **être ~ de** *(personne)*
stammen aus; *(animal, plante)* beheimatet sein in
+dat
original, e, -aux [ɔʀiʒinal, o] *adj (pièce, document*
etc) original; *(idée, auteur etc)* ursprünglich;
(bizarre) originell ▷ *nm/f (fam: excentrique)* Original

nt ▷ *nm* (*document, œuvre*) Original
originalité [ɔʀiʒinalite] *nf* Originalität *f*; (*d'un nouveau modèle*) Besonderheit *f*
origine [ɔʀiʒin] *nf* Ursprung *m*; (*de personne, message, vin*) Herkunft *f*; (*d'un animal*) Abstammung *f*; (*cause*) Grund *m*; **origines** *nfpl* (*d'une personne*) Herkunft; **les ~s de la vie** die Anfänge *pl* des Lebens; **il est d'~ allemande** er ist gebürtiger Deutscher; **pneus d'~** Originalreifen *pl*; **dès l'~** von Anfang an; **à l'~** am Anfang, anfänglich; **être à l'~ de qch** der Grund für etw sein; **avoir son ~ dans qch** seinen Ursprung in etw *dat* haben
originel, le [ɔʀiʒinɛl] *adj* ursprünglich; **le péché ~** die Erbsünde
originellement [ɔʀiʒinɛlmã] *adv* (*à l'origine*) ursprünglich; (*dès l'origine*) von Anfang an
oripeaux [ɔʀipo] *nmpl* (*haillons*) Fetzen *pl*
ORL [ɔɛʀɛl] *sigle f* (= *oto-rhino-laryngologie*) HNO *f* ▷ *sigle m/f* (= *oto-rhino-laryngologiste*) HNO-Arzt *m*, HNO-Ärztin *f*
orme [ɔʀm] *nm* Ulme *f*; (*bois*) Rüster *f*
orné, e [ɔʀne] *adj* (*style, discours*) ausgeschmückt; **~ de** geschmückt mit
ornement [ɔʀnəmã] *nm* Verzierung *f*; (*colifichet, fanfreluche*) Zierrat *m*; **~s sacerdotaux** Priestergewänder *pl*
ornemental, e, -aux [ɔʀnəmãtal, o] *adj* (*style, motif*) ornamental; (*plante*) Zier-
ornementer [ɔʀnəmãte] *vt* verzieren
orner [ɔʀne] *vt* schmücken, verzieren; (*pièce, discours*) ausschmücken
ornière [ɔʀnjɛʀ] *nf*: **sortir de l'~** (*routine*) aus dem gewohnten Trott ausbrechen; (*impasse*) wieder aus der Sackgasse herauskommen
ornithologie [ɔʀnitɔlɔʒi] *nf* Ornithologie *f*
ornithologique [ɔʀnitɔlɔʒik] *adj* ornithologisch
ornithologue [ɔʀnitɔlɔg] *nm/f* Ornithologe(-in) *m(f)*
orphelin, e [ɔʀfəlɛ̃, in] *adj* verwaist ▷ *nm/f* Waisenkind *nt*, Waise *f*; **~ de mère/de père** Halbwaise *f*
orphelinat [ɔʀfəlina] *nm* Waisenhaus *nt*
ORSEC [ɔʀsɛk] *sigle f* = Organisation des secours; **le plan ~** = der Plan für den Katastrophenfall
orteil [ɔʀtɛj] *nm* Zehe *f*; **gros ~** große *ou* dicke Zehe
orthodontiste [ɔʀtodɔ̃tist] *nm/f* Kieferorthopäde(-in) *m(f)*
orthodoxe [ɔʀtɔdɔks] *adj* (*Rel*) orthodox; (*aussi fig*) traditionsgebunden
orthodoxie [ɔʀtɔdɔksi] *nf* Orthodoxie *f*
orthogonal, e, -aux [ɔʀtɔgɔnal, o] *adj* rechtwinklig, orthogonal
orthographe [ɔʀtɔgʀaf] *nf* Rechtschreibung *f*
orthographier [ɔʀtɔgʀafje] *vt* (*richtig*) schreiben; **mal orthographié** falsch geschrieben
orthopédie [ɔʀtɔpedi] *nf* Orthopädie *f*
orthopédique [ɔʀtɔpedik] *adj* orthopädisch
orthopédiste [ɔʀtɔpedist] *nm/f* (*médecin*) Orthopäde(-in) *m(f)*; (*fabricant, commerçant*)

Orthopädist(in) *m(f)*
orthophonie [ɔʀtɔfɔni] *nf* Logopädie *f*
orthophoniste [ɔʀtɔfɔnist] *nm/f* Logopäde(-in) *m(f)*
ortie [ɔʀti] *nf* Brennnessel *f*; **~ blanche** Taubnessel *f*
OS [ɔɛs] *sigle m* (= *ouvrier spécialisé*) *voir* **ouvrier**
os [ɔs] *nm* Knochen *m*; **os à moelle** Markknochen *m*; **os de seiche** Schulp *m*
oscar [ɔskaʀ] *nm* (*Ciné*) Oscar *m*; **~ de la publicité** Preis *m* für Werbung
oscillation [ɔsilasjɔ̃] *nf* Schwingung *f*; **oscillations** *nfpl* (*fig: fluctuations*) Schwankungen *pl*
osciller [ɔsile] *vi* schwingen; **~ entre** (*hésiter*) schwanken zwischen +*dat*
osé, e [oze] *adj* gewagt
oseille [ozɛj] *nf* (*Bot*) Sauerampfer *m*; (*fam: argent*) Moos *nt*
oser [oze] *vt* wagen ▷ *vi*: **~ faire qch** es wagen, etw zu tun; **je n'ose pas** ich traue mich nicht
osier [ozje] *nm* (*Bot*) (Korb)weide *f*; **d'~, en ~** Korb-
Oslo [ɔslo] *n* Oslo *nt*
osmose [ɔsmoz] *nf* Osmose *f*
ossature [ɔsatyʀ] *nf* (*squelette*) Skelett *nt*; (*du visage*) Knochen *pl*; (*d'un bâtiment etc*) Gerippe *nt*; (*fig*) Struktur *f*
osselet [ɔslɛ] *nm* (*Anat*) Knöchelchen *nt*; **osselets** *nmpl* (*jeu*) Spiel, bei dem man mit dem Handrücken kleine Plastikteile aufzufangen versucht
ossements [ɔsmã] *nmpl* Gebeine *pl*
osseux, -euse [ɔsø, øz] *adj* Knochen-; (*main, visage*) knochig
ossifier [ɔsifje]: **s'~** *vpr* verknöchern
ossuaire [ɔsɥɛʀ] *nm* Beinhaus *nt*, Ossarium *nt*
ostensible [ɔstãsibl] *adj* ostentativ, offenkundig
ostensiblement [ɔstãsibləmã] *adv* ostentativ
ostensoir [ɔstãswaʀ] *nm* Monstranz *f*
ostentation [ɔstãtasjɔ̃] *nf* Prahlerei *f*; **faire qch avec ~** viel Aufhebens damit machen, dass man etw tut
ostentatoire [ɔstãtatwaʀ] *adj* prahlerisch
ostraciser [ɔstʀasize] *vt* ächten
ostracisme [ɔstʀasism] *nm* Ächtung *f*; **frapper qn d'~** jdn ächten; **frapper qch d'~** etw verbannen
ostréicole [ɔstʀeikɔl] *adj* Austern-
ostréiculteur, -trice [ɔstʀeikyltœʀ, tʀis] *nm/f* Austernzüchter(in) *m(f)*
ostréiculture [ɔstʀeikyltyʀ] *nf* Austernzucht *f*
otage [ɔtaʒ] *nm* Geisel *f*; **prendre qn en ~** jdn als Geisel nehmen
OTAN [ɔtã] *sigle f* (= *Organisation du traité de l'Atlantique Nord*) NATO *f*
otarie [ɔtaʀi] *nf* Seelöwe *m*
ôter [ote] *vt* wegnehmen; (*vêtement*) ausziehen; (*tache, noyau*) herausmachen; (*arête*) herausziehen; (*Math*) abziehen; **~ qch à qn** jdm etw wegnehmen; **6 ôté de 10 égale 4** 10 weniger 6 ist 4
otite [ɔtit] *nf* Mittelohrentzündung *f*
oto-rhino-laryngologie [ɔtɔʀinolaʀɛ̃gɔlɔʒi] *nf*

Hals-Nasen-Ohren-Heilkunde f
oto-rhino(-laryngologiste) [ɔtɔʀino(laʀɛ̃gɔlɔ-ʒist(ə))] nm/f Hals-Nasen-Ohrenarzt(-ärztin) m(f)
ottomane [ɔtɔman] nf Ottomane f
ou [u] conj oder; **ou ... ou** entweder ... oder; **ou bien** oder (auch)

 MOT-CLÉ

où [u] pron relatif **1** (lieu) wo; (: direction) wohin; **la chambre où il était** das Zimmer, in dem er war; **la ville où je l'ai rencontré** die Stadt, wo ich ihn kennenlernte; **la ville où je vais** die Stadt, in die ich ou wohin ich fahre; **l'endroit où je me rends** der Ort, an den ich ou wohin ich mich begebe; **la pièce d'où il est sorti** das Zimmer, aus dem er herausging; **le village d'où je viens** das Dorf, aus dem ich komme; **les villes par où il est passé** die Städte, durch die er gefahren ist **2** (temps, état): **le jour où il est parti** der Tag, an dem er wegging; **au prix où sont les choses** bei den Preisen heutzutage
▷ adv **1** (interrogatif: situation) wo; (: direction) wohin; **où est-elle?** wo ist sie?; **où va-t-il?** wohin geht er?; **d'où vient que ...?** wie kommt es, dass ...?
2 (relatif) wo; **le pays où il est né** das Land, in dem er geboren ist; **où que l'on aille** wohin man auch geht

OUA [ɔya] sigle f (= Organisation de l'unité africaine) OAU f
ouais ['wɛ] (fam) excl ja
ouate ['wat] nf Watte f; **tampon d'~** Wattebausch m; **~ de cellulose** Zellstoffwatte f; **~ hydrophile** Verbandswatte f
ouaté, e ['wate] adj (doublé) wattiert; (atmosphère) abgeschirmt; (pas, bruit) gedämpft
ouater ['wate] vt (doubler) wattieren
ouatine [watin] nf wattierter Stoff m
oubli [ubli] nm (acte) Vergessen nt; (étourderie, négligence) Vergesslichkeit f; **tomber dans l'~** in Vergessenheit geraten
oublier [ublije] vt vergessen; (ne pas voir) übersehen; (ne pas mettre) vergessen, auslassen; **s'oublier** vpr (s'emporter) sich vergessen; **~ que/de faire qch** vergessen, dass/vergessen, etw zu tun; **~ l'heure** die Zeit vergessen
oubliettes [ublijɛt] nfpl Verlies nt; **jeter aux ~** (fig: fam) völlig vergessen
oublieux, -euse [ublijø, ijøz] adj: **~ du devoir** pflichtvergessen
oued [wed] nm Wadi m
ouest [wɛst] nm Westen m ▷ adj inv West-; (longitude, région) westlich; **l'O~** (région de France) Westfrankreich nt; (Pol: l'Occident) der Westen; **à l'~** im Westen; **à l'~ de** westlich von; **vent d'~** Westwind m
ouest-allemand, e [wɛstalmã, ãd] (pl **~s, es**) adj westdeutsch
ouf ['uf] excl uff

Ouganda [ugãda] nm: **l'~** Uganda nt
ougandais, e [ugãdɛ, ɛz] adj ugandisch ▷ nm/f: **Ougandais, e** Ugander(in) m(f)
oui ['wi] adv ja; **répondre (par) ~** mit Ja antworten; **mais ~, bien sûr** aber ja doch, natürlich; **je suis sûr que ~** ich bin sicher(, dass das stimmt); **je pense que ~** ich denke ja; **pour un ~ ou pour un non** ohne ersichtlichen Grund
ouï-dire ['widiʀ] nm inv: **par ~** vom Hörensagen
ouïe [wi] nf Gehör nt; **ouïes** nfpl (de poisson) Kiemen pl; (d'un violon) Schallloch nt
ouïr [wiʀ] vt: **avoir ouï dire que** gehört haben, dass
ouistiti ['wistiti] nm Pinseläffchen nt
ouragan [uʀagã] nm Orkan m; (fig) Sturm m
Oural [uʀal] nm: **l'~** der Ural
ouralo-altaïque [uʀaloaltaik] adj uralaltaisch
ourdir [uʀdiʀ] vt (complot) aushecken
ourdou [uʀdu] nm inv (Ling) Urdu nt
ourlé, e [uʀle] adj (mouchoir, couture) gesäumt
ourler [uʀle] vt säumen
ourlet [uʀle] nm Saum m; (de l'oreille) Rand m; **faire un ~ à** säumen; **faux ~** falscher Saum
ours [uʀs] nm Bär m; (péj: homme) Brummbär m; **~ blanc** Eisbär m; **~ brun** Braunbär m; **~ mal léché** ungehobelter Kerl m; **~ marin** Seebär m; **~ (en peluche)** Teddybär m
ourse [uʀs] nf Bärin f; **la Grande/Petite O~** der Große/Kleine Bär ou Wagen
oursin [uʀsɛ̃] nm Seeigel m
ourson [uʀsɔ̃] nm Bärenjunge(s) nt
ouste [ust] excl raus
outil [uti] nm Werkzeug nt; **~ de travail** Arbeitsgerät nt
outillage [utijaʒ] nm Ausrüstung f
outiller [utije] vt ausrüsten
outrage [utʀaʒ] nm (injure) Beleidigung f; **faire subir les derniers ~s à** (femme) vergewaltigen; **~ aux bonnes mœurs** Erregung öffentlichen Ärgernisses; **~ à magistrat** Beamtenbeleidigung f; **~ à la pudeur** Erregung f öffentlichen Ärgernisses
outragé, e [utʀaʒe] adj empört
outrageant, e [utʀaʒã, ãt] adj empörend
outrager [utʀaʒe] vt (personne) (schwer) beleidigen; **~ les bonnes mœurs/le bon sens** gegen die guten Sitten/den gesunden Menschenverstand verstoßen
outrageusement [utʀaʒøzmã] adv (excessivement) übertrieben
outrance [utʀãs] nf Übertreibung f; **à ~** bis zum Exzess
outrancier, -ière [utʀãsje, jɛʀ] adj maßlos, übertrieben
outre [utʀ] nf Schlauch m ▷ prép außer +dat ▷ adv: **passer ~** weitergehen; **passer ~ à** hinweggehen über +acc; **en ~** außerdem, überdies; **~ que** abgesehen davon, dass; **~ mesure** über die ou alle Maßen
outré, e [utʀe] adj (excessif) übertrieben; (indigné) empört
outre-Atlantique [utʀatlãtik] adv jenseits des

Atlantiks
outrecuidance [utʀəkɥidɑ̃s] *nf (suffisance)*
Überheblichkeit *f; (audace)* Anmaßung *f*
outrecuidant, e [utʀəkɥidɑ̃, ɑ̃t] *adj* überheblich,
anmaßend
outre-Manche [utʀəmɑ̃ʃ] *adv* jenseits des
(Ärmel)kanals
outremer [utʀəmɛʀ] *adj (bleu)* ultramarin(blau)
outre-mer [utʀəmɛʀ] *adv* in Übersee; **d'~**
Übersee-
outrepasser [utʀəpase] *vt* überschreiten
outrer [utʀe] *vt (pensée, attitude, jeu, accent)*
übertreiben; *(indigner: personne)* aufbringen
outre-Rhin [utʀəʀɛ̃] *adv* auf der anderen
Rheinseite
outsider [autsajdœʀ] *nm* Außenseiter *m*
ouvert, e [uvɛʀ, ɛʀt] *pp de* **ouvrir** ▷ *adj* offen;
(robinet, gaz) aufgedreht; *(chasse, séance)* eröffnet;
(fig) aufgeschlossen; **guerre ~e** offener Krieg;
campagne ~e eröffnete Kampagne; **~ à** geöffnet
für; **à bras ~s** mit offenen Armen
ouvertement [uvɛʀtəmɑ̃] *adv* offen; *(franchement
aussi)* freiheraus
ouverture [uvɛʀtyʀ] *nf (action)* Öffnen *nt; (orifice,
Pol)* Öffnung *f; (Mus)* Ouverture *f;* **ouvertures**
nfpl (offres, propositions) Angebot *nt;* **heures d'~**
Öffnungszeiten *pl; ~ (du diaphragme) (Photo)*
Blende *f; ~ d'esprit* Aufgeschlossenheit *f*
ouvrable [uvʀabl] *adj:* **jour ~** Werktag *m;* **heures
~s** Geschäftszeiten *pl*
ouvrage [uvʀaʒ] *nm (objet, œuvre)* Werk *nt; (Tricot)*
Arbeit *f; (Mil)* Befestigungsanlage *f,*
Verteidigungsanlage *f;* **panier** *ou* **corbeille à ~**
Handarbeitskorb *m;* **se mettre à l'~** sich an die
Arbeit machen; **~ à l'aiguille** (Nadel)arbeit *f;*
~ d'art *(Génie Civil)* Bauwerk *nt (Brücke, Tunnel etc)*
ouvragé, e [uvʀaʒe] *adj (fein)* verziert
ouvrant, e [uvʀɑ̃, ɑ̃t] *vb voir* **ouvrir** ▷ *adj:* **toit ~**
(Auto) Schiebedach *nt*
ouvré, e [uvʀe] *adj (façonné)* (fein) bearbeitet;
jour ~ Arbeitstag *m*
ouvre-boîte(s) [uvʀəbwat] *nm inv*
Büchsenöffner *m*
ouvre-bouteille(s) [uvʀəbutɛj] *nm inv*
Flaschenöffner *m*

ouvreuse [uvʀøz] *nf* Platzanweiserin *f*
ouvrier, -ière [uvʀije, ijɛʀ] *nm/f* Arbeiter(in) *m(f)*
▷ *nf (abeille)* Arbeitsbiene *f* ▷ *adj* Arbeiter-; **la
classe ouvrière** die Arbeiterklasse; **~ agricole**
Landarbeiter(in) *m(f); ~* **qualifié** Facharbeiter(in)
m(f); ~ **spécialisé** Hilfsarbeiter(in) *m(f)*
ouvrir [uvʀiʀ] *vt* öffnen; *(brèche, passage)* schaffen;
(fonder; commencer: exposition, débat) eröffnen; *(eau,
électricité, chauffage)* anmachen, anstellen; *(robinet)*
aufdrehen ▷ *vi (porte)* aufgehen; *(magasin, théâtre)*
aufmachen, öffnen; *(commencer)* anfangen;
s'ouvrir *vpr (yeux, fleurs, porte)* aufgehen, sich
öffnen; *(procès)* anfangen; **~ l'œil** *(fig)* die Augen
aufmachen; **~ l'appétit à qn** jds Appetit
anregen; **~ des horizons/perspectives** neue
Horizonte/Perspektiven (er)öffnen; **~ l'esprit**
den Geist öffnen; **~ une session** *(Inform)* eine
Arbeitssitzung beginnen; **~ à cœur/trèfle**
(Cartes) mit Herz/Kreuz herauskommen; **~ ou s'~
sur** sich öffnen nach; **s'~ à qch** sich etw *dat*
öffnen; **s'~ à qn de ses soucis** jdn in seine
Probleme einbeziehen; **s'~ les veines** sich *dat* die
Pulsadern aufschneiden
ovaire [ɔvɛʀ] *nm* Eierstock *m*
ovale [ɔval] *adj* oval
ovation [ɔvasjɔ̃] *nf* Ovation *f*
ovationner [ɔvasjɔne] *vt: ~* **qn** jdm zujubeln
ovin, e [ɔvɛ̃, in] *adj (race)* Schafs-; **ovins** *nmpl*
Schafe *pl*
OVNI [ɔvni] *sigle m (= objet volant non identifié)* UFO *nt*
ovoïde [ɔvoid] *adj* eiförmig
ovulation [ɔvylasjɔ̃] *nf* Ovulation *f*, Eisprung *m*
ovule [ɔvyl] *nm (Physiol)* Ei *nt*, Eizelle *f; (Pharm)*
Zäpfchen *nt*
oxydable [ɔksidabl] *adj* oxidierbar
oxyde [ɔksid] *nm* Oxid *nt*, Oxyd *nt; ~* **de carbone**
Kohlenmonoxid *nt*
oxyder [ɔkside] **s'~** *vpr* oxidieren
oxygène [ɔksiʒɛn] *nm* Sauerstoff *m;* **cure d'~**
Frischluftkur *f*
oxygéné, e [ɔksiʒene] *adj:* **eau ~e**
Wasserstoff(su)peroxid *nt;* **cheveux ~s**
wasserstoffblonde Haare *pl*
oxyure [ɔksjyʀ] *nm* Spulwurm *m*
ozone [ozon] *nm* Ozon *m ou nt*

Pp

P, p¹ [pe] *nm inv* (*lettre*) P, p *nt*; **P comme Pierre** ≈ P wie Paula

p² *abr* (= *page*) s.

PAC [pak] *sigle f* (= *politique agricole commune*) gemeinsame Agrarpolitik *f* der EG

pacage [pakaʒ] *nm* Weide *f*

pacemaker [pɛsmɛkœʀ] *nm* (Herz)schrittmacher *m*

pachyderme [paʃidɛʀm] *nm* Dickhäuter *m*

pacificateur, -trice [pasifikatœʀ, tʀis] *adj* Frieden stiftend

pacification [pasifikasjɔ̃] *nf* (*de pays, peuple*) Befriedung *f*

pacifier [pasifje] *vt* (*pays, peuple*) Ruhe und Frieden stiften in +*dat*, befrieden; (*fig*) beruhigen

pacifique [pasifik] *adj* friedlich; (*personne*) friedlich, friedfertig ▷ *nm*: **le P~** der Pazifik; **l'océan P~** der Pazifische Ozean

pacifiquement [pasifikmɑ̃] *adv* friedlich

pacifisme [pasifism] *nm* Pazifismus *m*

pacifiste [pasifist] *nm/f* Pazifist(in) *m(f)*

pack [pak] *nm* (*Rugby*) Sturm *m*; (*emballage*) Pack *m*

pacotille [pakɔtij] (*péj*) *nf* Billigware *f*; **de ~** billig

PACS [paks] *sigle m* = **pacte civil de solidarité** (standesamtlich) eingetragene Lebensgemeinschaft *f*

pacser [pakse]: **se ~** *vpr* eine eingetragene Lebensgemeinschaft eingehen

pacte [pakt] *nm* Pakt *m*; **~ d'alliance** Bündnis *nt*; **~ de non-agression** Nichtangriffspakt *m*

pactiser [paktize] *vi*: **~ avec** sich einigen mit; **~ avec le crime/sa conscience** sich mit dem Verbrechen abfinden/sich mit seinem Gewissen arrangieren

pactole [paktɔl] *nm* Goldgrube *f*

paddock [padɔk] *nm* (*prairie*) Koppel *f*; (*dans un hippodrome*) Sattelplatz *m*

PAF [paf] *sigle m* (= *Police de l'air et des frontières*) ≈ Grenzschutz *m*; (= *paysage audiovisuel français*) die französische Medienlandschaft

pagaie [pagɛ] *nf* Paddel *nt*

pagaille [pagaj] *nf* Durcheinander *nt*, Unordnung *f*; **en ~** (*en quantité*) in Unmengen; (*en désordre*) in Unordnung

paganisme [paganism] *nm* Heidentum *nt*

pagayer [pageje] *vi* paddeln

page [paʒ] *nf* Seite *f* ▷ *nm* Page *m*; **mise en ~s** Layout *nt*; **être à la ~** auf dem Laufenden sein; **~ blanche** leere Seite; **~ d'accueil** (*Inform*) Homepage *f*; **~ de garde** Vorsatzpapier *nt*; **~ Web** (*Inform*) Webseite *f*

page-écran [paʒekʀɑ̃] (*pl* **pages-écrans**) *nf* Bildschirmseite *f*

paginer [paʒine] *vt* paginieren

pagne [paɲ] *nm* Lendenschurz *m*

pagode [pagɔd] *nf* Pagode *f*

paie [pɛ] *nf* = **paye**

paiement [pɛmɑ̃] *nm* = **payement**

païen, ne [pajɛ̃, pajɛn] *adj* heidnisch ▷ *nm/f* Heide *m*, Heidin *f*

paillard, e [pajaʀ, aʀd] *adj* derb

paillasse [pajas] *nf* (*matelas*) Strohsack *m*; (*d'un évier*) Ablauf *m*

paillasson [pajasɔ̃] *nm* (*de porte*) Fußmatte *f*

paille [paj] *nf* Stroh *nt*; (*pour boire*) Strohhalm *m*; (*Tech: défaut*) Fehler *m*; **être sur la ~** ruiniert sein; **~ de fer** Stahlwolle *f*

paillé, e [paje] *adj* (*chaise*) mit strohgeflochtenem Sitz

pailleté, e [paj(ə)te] *adj* mit Pailletten besetzt

paillette [pajɛt] *nf* Paillette *f*; **paillettes** *nfpl* (*décoratives*) Pailletten *pl*; **lessive en ~s** Seifenflocken *pl*

pain [pɛ̃] *nm* Brot *nt*; **~ de sucre** Zuckerhut *m*; **~ de cire** Stück *nt* Wachs; **~ de poisson/légumes** Fisch-/Gemüsepastete *f*; **petit ~** Brötchen *nt*; **~ bis** Graubrot *nt*; **~ complet** Vollkornbrot *nt*; **~ d'épice(s)** Lebkuchen *m*; **~ de campagne** Landbrot *nt*; **~ de mie** Weißbrot *nt* (*ohne Kruste*); **~ de seigle** Roggenbrot *nt*; **~ fantaisie** nach Stück (*anstatt nach Gewicht*) *verkauftes Brot*; **~ grillé** Toast *m*; **~ noir** Schwarzbrot *nt*; **~ perdu** in Ei getunktes, gebratenes Brot

pair, e [pɛʀ] *adj* gerade ▷ *nf* Paar *nt* ▷ *nm* (*titre*) Peer *m*; (*gén pl: égal*) Seinesgleichen *pl*; **une ~e de lunettes** eine Brille *f*; **une ~e de tenailles** eine Beißzange *f*; **les deux font la ~e** die beiden passen gut zusammen; **aller** *ou* **marcher de ~ (avec)** Hand in Hand gehen (mit); **au ~** (*Fin*) zum Nennwert; **valeur au ~** Nennwert *m*; (*devises*) Parität *f*; **jeune fille au ~** Aupairmädchen *nt*, Au-pair-Mädchen *nt*

pais [pɛ] *vb voir* **paître**

paisible [pezibl] *adj* friedlich; *(sommeil, lac)* ruhig

paisiblement [peziblǝmã] *adv* friedlich

paître [pɛtʀ] *vi* weiden, grasen

paix [pɛ] *nf* Friede(n) *m*; **faire la ~ avec** sich versöhnen mit; **vivre en ~ avec** in Frieden leben mit; **avoir la ~** Ruhe haben

Pakistan [pakistã] *nm*: **le ~** Pakistan *nt*

pakistanais, e [pakistanɛ, ɛz] *adj* pakistanisch ▷ *nm/f*: **Pakistanais, e** Pakistaner(in) *m(f)*

palabrer [palabʀe] *vi* palavern

palabres [palabʀ] *nfpl* Palaver *nt*

palace [palas] *nm* Luxushotel *nt*

palais [palɛ] *nm* Palast *m*; *(Anat)* Gaumen *m*; **le P~-Bourbon** *Sitz der französischen Nationalversammlung*; **le ~ de Justice** *der Pariser Gerichtshof*; **~ des expositions** Ausstellungshalle *f*

palan [palã] *nm* Flaschenzug *m*

Palatinat [palatina] *nm*: **le ~** die Pfalz *f*

pale [pal] *nf* *(d'hélice, de rame)* Blatt *nt*; *(de roue)* Schaufel *f*

pâle [pal] *adj* *(personne, teint)* bleich, blass; *(lueur, couleur)* blass; **une ~ imitation** ein blasser Abklatsch *m*; **~ de colère/d'indignation** bleich vor Wut/Empörung; **bleu/vert ~** blassblau/ blassgrün

palefrenier [palfʀǝnje] *nm* Pferdepfleger(in) *m(f)*, Reitbursche *m*

paléontologie [paleɔ̃tɔlɔʒi] *nf* Paläontologie *f*

paléontologiste [paleɔ̃tɔlɔʒist] *nm/f* Paläontologe *m*, Paläontologin *f*

Palestine [palɛstin] *nf*: **la ~** Palästina *nt*

palestinien, ne [palɛstinjẽ, jɛn] *adj* palästinensisch ▷ *nm/f*: **Palestinien, ne** Palästinenser(in) *m(f)*

palet [palɛ] *nm* Scheibe *f*; *(Hockey)* Puck *m*

paletot [palto] *nm* *(kurzer)* Mantel *m*

palette [palɛt] *nf* Palette *f*; *(ensemble de couleurs)* Farbpalette *f*

palétuvier [paletyvje] *nm* Mangrovenbaum *m*

pâleur [palœʀ] *nf* Blässe *f*

palier [palje] *nm* *(d'escalier)* Treppenabsatz *m*; *(Tech)* Lager *nt*; *(d'un graphique, fig)* Plateau *nt*; **voler en ~** auf gleicher Höhe fliegen; **par ~s** in Stufen

pâlir [paliʀ] *vi* *(personne)* erbleichen; *(couleur)* verblassen; **faire ~ qn** jdn blass werden lassen

palissade [palisad] *nf* Zaun *m*

palissandre [palisãdʀ] *nm* Palisander *m*

palliatif, -ive [paljatif, iv] *adj* *(Méd)* lindernd ▷ *nm* *(mesure)* Überbrückungsmaßnahme *f*

pallier [palje] *vt* ausgleichen; **~ à** ausgleichen

palmarès [palmaʀɛs] *nm* Preisträgerliste *f*; *(Sport)* Siegerliste *f*; *(: d'athlète)* Liste *f* der Sieger

palme [palm] *nf* *(Bot)* Palmzweig *m*; *(symbole de la victoire)* Siegespalme *f*; *(de plongeur)* Schwimmflosse *f*; **palmes** *nfpl* *(académiques)* *Auszeichnung für Verdienste um das Erziehungswesen*

palmé, e [palme] *adj* mit Schwimmhäuten

palmeraie [palmǝʀɛ] *nf* Palmenhain *m*

palmier [palmje] *nm* Palme *f*

palmipède [palmipɛd] *nm* *(oiseau)* Schwimmvogel *m*

palois, e [palwa, waz] *adj* aus Pau ▷ *nm/f*: **Palois, e** Einwohner(in) *m(f)* von Pau

palombe [palɔ̃b] *nf* Ringeltaube *f*

pâlot, te [palo, ɔt] *adj* blass, blässlich

palourde [paluʀd] *nf* Venusmuschel *f*

palpable [palpabl] *adj* spürbar, greifbar

palper [palpe] *vt* befühlen, anfassen

palpitant, e [palpitã, ãt] *adj* *(film, récit)* spannend, aufregend

palpitation [palpitasjɔ̃] *nf*: **avoir des ~s** Herzklopfen haben

palpiter [palpite] *vi* *(cœur, pouls)* schlagen; *(: plus fort)* rasen

paludisme [palydism] *nm* Malaria *f*

palustre [palystʀ] *adj* Sumpf-

pâmer [pame] *vpr*: **se ~ d'amour/d'admiration** vor Liebe/Bewunderung vergehen; **se ~ devant** *(fig)* dahinschmelzen vor

pâmoison [pamwazɔ̃] *nf*: **tomber en ~** in Ohnmacht fallen

pampa [pãpa] *nf* Pampa *f*

pamphlet [pãflɛ] *nm* Schmähschrift *f*

pamphlétaire [pãfletɛʀ] *nm/f* Autor(in) *m(f)* einer Schmähschrift

pamplemousse [pãplǝmus] *nm* *(fruit)* Grapefruit *f*, Pampelmuse *f*

pan [pã] *nm* *(de manteau)* Vorderbahn *f*; *(de rideau)* Bahn *f*; *(de prisme, tour)* Seite *f*; *(d'affiche etc)* Stück *nt*, Teil *m* ▷ *excl* peng; **~ de chemise** Hemdschoß *m*; **~ de mur** Mauerstück *nt*

panacée [panase] *nf* Allheilmittel *nt*

panachage [panaʃaʒ] *nm* *(de couleurs)* Mischung *f*; *(Pol)* Panaschieren *nt*

panache [panaʃ] *nm* *(faisceau de plumes)* Federbusch *m*; **se battre avec ~** beherzt kämpfen; **~ de fumée** Rauchfahne *f*

panaché, e [panaʃe] *adj*: **œillet ~** bunte Nelke *f* ▷ *nm* *(bière)* Radler *m*; **glace ~e** gemischtes Eis *nt*; **salade ~e** gemischter Salat *m*; **bière ~e** Radler

panais [panɛ] *nm* Pastinake *f*

Panama [panama] *nm*: **le ~** Panama *nt*

panaméen, ne [panameẽ, ɛn] *adj* panamaisch

panaris [panaʀi] *nm* Nagelbettentzündung *f*

pancarte [pãkaʀt] *nf* Schild *nt*; *(dans un défilé)* Transparent *nt*

pancréas [pãkʀeas] *nm* Bauchspeicheldrüse *f*

panda [pãda] *nm* Panda(bär) *m*

pané, e [pane] *adj* paniert

panégyrique [paneʒiʀik] *nm*: **faire le ~ de qn** jdn überschwänglich loben

panier [panje] *nm* Korb *m*; *(à diapositives)* Magazin *nt*; **mettre au ~** wegwerfen; **~ à provisions** Einkaufskorb *m*; **~ à salade** *(Culin)* Salatschleuder *f*; *(Police)* grüne Minna *f*; **~ de crabes** *(fig)* Schlangengrube *f*; **~ percé** *(fig)* Verschwender(in) *m(f)*

panier-repas [panjeʀ(ǝ)pa] *(pl* **paniers-repas**) *nm* Lunchpaket *nt*

panification [panifikasjɔ̃] *nf* Brotbacken *nt*

panifier [panifje] *vt* zu Brot (ver)backen

panique [panik] *nf* Panik *f*

paniquer [panike] vt in Panik versetzen ▷ vi in Panik geraten

panne [pan] nf Panne f; **mettre en ~** (Naut) stoppen; **être** ou **tomber en ~** eine Panne haben; **être en ~ d'essence** kein Benzin mehr haben; **~ d'électricité** Stromausfall m; **~ de courant** Stromausfall; **~ sèche: être en ~ sèche** kein Benzin mehr haben

panneau, x [pano] nm Tafel f; (de boiserie) Paneel nt; (de tapisserie) Wandbehang m; (Archit) (vorgefertigte) Platte f; (Couture) Einsatz m; **donner** ou **tomber dans le ~** (fig) in die Falle gehen; **~ d'affichage** Anschlagbrett nt; **~ de signalisation** Straßenschild nt; **~ électoral** Wahlplakat nt; **~ indicateur** Straßenschild; **~ publicitaire** Plakatwand f

panonceau [panɔso] nm Schild nt

panoplie [panɔpli] nf (d'armes) Waffensammlung f; (d'arguments etc) ansehnliche Reihe f; **~ de pompier/d'infirmière** (jouet) Feuerwehrmann-/Krankenschwesterausrüstung f

panorama [panɔrama] nm (vue) Panorama nt, Aussicht f; (peinture) Panorama; (fig) Übersicht f

panoramique [panɔramik] adj Panorama-; (carrosserie) mit Rundumverglasung ▷ nm (Ciné, TV) Rundumschwenk m

panse [pɑ̃s] nf Pansen m

pansement [pɑ̃smɑ̃] nm Verband m; **~ adhésif** Klebeverband m, Pflaster nt

panser [pɑ̃se] vt verbinden; (cheval) striegeln

pantacourt [pɑ̃takur] nm Caprihose f

pantalon [pɑ̃talɔ̃] nm Hose f; **~ de golf** Golfhose f; **~ de pyjama** Schlafanzughose f; **~ de ski** Skihose f

pantalonnade [pɑ̃talɔnad] nf Farce f

pantelant, e [pɑ̃t(ə)lɑ̃, ɑ̃t] adj keuchend, nach Luft schnappend

panthère [pɑ̃tɛr] nf (d'Afrique) Leopard m

pantin [pɑ̃tɛ̃] nm Hampelmann m

pantois [pɑ̃twa] adj m: **rester ~** sprachlos sein

pantomime [pɑ̃tɔmim] nf Pantomime f; (péj) Affentheater m

pantouflard, e [pɑ̃tuflar, ard] (péj) adj stubenhockerisch

pantoufle [pɑ̃tufl] nf Pantoffel m

panure [panyr] nf Paniermehl nt

PAO [peao] sigle f (= publication assistée par ordinateur) DTP nt

paon [pɑ̃] nm Pfau m

papa [papa] nm Papa m

papauté [papote] nf Papsttum nt

papaye [papaj] nf Papaya(frucht) f

pape [pap] nm Papst m

paperasse [papras] (péj) nf Papierwust m

paperasserie [paprasri] (péj) nf Papierwust m; (administrative) Papierkrieg m

papeterie [papetri] nf (usine) Papierfabrik f; (magasin) Schreibwarenladen m; (articles) Schreibwaren pl; (fabrication du papier) Papierherstellung f

papetier, -ière [pap(ə)tje, jɛr] nm/f (fabricant) Papierhersteller(in) m(f); (commerçant) Schreibwarenhändler(in) m(f)

papetier-libraire [pap(ə)tjɛlibrɛr] nm Schreibwaren- und Buchhändler(in) m(f)

papi nm (fam) Opa m

papier [papje] nm Papier nt; (feuille) Blatt nt Papier; (écrit officiel) Dokument nt; **papiers** nmpl (d'identité) (Ausweis)papiere pl; **jeter une phrase sur le ~** einen Satz zu Papier bringen; **sur le ~** (théoriquement) auf dem Papier; **noircir du ~** Seite um Seite beschreiben; **~ à dessin** Zeichenpapier nt; **~ à lettres** Briefpapier nt; **~ bible** Dünndruckpapier nt; **~ buvard** Löschpapier nt; **~ calque** Transparentpapier nt; **~ carbone** Kohlepapier nt; **~ collant** Klebestreifen m, Tesafilm® m; **~ couché** Kunstdruckpapier nt; **~ (d')aluminium** Alufolie f; **~ d'Arménie** Räucherpapier nt; **~ d'emballage** Packpapier nt; **~ de brouillon** Schmierpapier nt; **~ de soie** Seidenpapier nt; **~ de tournesol** Lackmuspapier nt; **~ de verre** Sandpapier nt; **~ en continu** Endlospapier nt; **~ glacé** appretiertes Papier; **~ gommé** gummiertes Papier; **~ hygiénique** Toilettenpapier nt; **~ journal** Zeitungspapier nt; **~ kraft** Packpapier nt; **~ mâché** Papiermaschee nt; **~ machine** Schreibmaschinenpapier nt; **~ peint** Tapete f; **~ pelure** Dünndruckpapier nt; **~ thermique** Thermopapier nt

papier-filtre [papjefiltr] nm Filterpapier nt

papier-monnaie [papjemɔnɛ] nm Papiergeld nt

papille [papij] nf: **~s gustatives** Geschmacksknospen pl

papillon [papijɔ̃] nm Schmetterling m; (fam: contravention) Strafzettel m; (Tech: écrou) Flügelmutter f; **~ de nuit** Nachtschmetterling m

papillonner [papijɔne] vi herumflattern; (s'éparpiller) flatterhaft sein

papillote [papijɔt] nf (pour cheveux) Papierlockenwickel m; (de gigot) Papiermanschette f

papilloter [papijɔte] vi (yeux, paupières) zwinkern; (lumière, étoiles) funkeln

papotage [papɔtaʒ] nm Geschwätz nt

papoter [papɔte] vi schwatzen

papou, e [papu] adj papuanisch ▷ nm/f: **Papou, e** Papuaner(in) m(f)

Papouasie-Nouvelle-Guinée [papwazinuvɛlgine] nf: **la ~** Papua-Neuguinea nt

paprika [paprika] nm Paprika m

papyrus [papirys] nm Papyrus m

pâque [pɑk] nf Passahfest nt; **Pâques** nfpl Ostern nt; **l'île de P~s** die Osterinsel f

paquebot [pak(ə)bo] nm Passagierschiff nt

pâquerette [pakrɛt] nf Gänseblümchen nt

Pâques [pɑk] nfpl voir **pâque**

paquet [pakɛ] nm Paket nt; (de cigarettes) Päckchen nt; **paquets** nmpl (bagages) Gepäck nt; **un ~ de** (fig: tas) ein Haufen; **mettre le ~** (fam) sein Bestes tun; **~ de mer** (vague) große Welle f

paquetage [pak(ə)taʒ] nm (Mil) Ausrüstung f

paquet-cadeau [pakɛkado] (pl **paquets-cadeaux**) nm: **pourriez-vous me faire un ~?** können Sie es bitte als Geschenk einpacken?

⊙ MOT-CLÉ

par [paʀ] *prép* **1** (*agent*) von; **la souris a été mangée par le chat** die Maus ist von der Katze gefressen worden
2 (*lieu*): **passer par Lyon** über Lyon fahren; **passer par la côte** an der Küste entlangfahren; **par la fenêtre** aus dem Fenster; **par terre** auf dem Boden; **par le haut/bas** von oben/unten; **par ici** hierher; (*dans la région*) hier; **par-ci, par-là** hier und da
3 (*fréquence, distribution*) pro; **trois fois par semaine** dreimal pro Woche *ou* in der Woche; **trois par jour/personne** drei am Tag/pro Person; **par centaines** zu hunderten *ou* Hunderten; **deux par deux** (*marcher, entrer*) zu zweit; (*prendre*) jeweils zwei
4 (*cause*): **par amour** aus Liebe
5 (*moyen*) mit; **par la poste** mit der Post; **finir/commencer par faire qch** schließlich/anfangs etw tun

para [paʀa] *nm* (*abr de parachutiste*) Fallschirmspringer *m*
parabole [paʀabɔl] *nf* (*Rel*) Parabel *f*, Gleichnis *nt*; (*Géom*) Parabel
parabolique [paʀabɔlik] *adj* Parabol-
parachever [paʀaʃ(ə)ve] *vt* vollenden
parachutage [paʀaʃytaʒ] *nm* (*vvt*) Fallschirmabsprung *m*; plötzliches Auftauchen *nt*
parachute [paʀaʃyt] *nm* Fallschirm *m*
parachuter [paʀaʃyte] *vt* mit dem Fallschirm absetzen; (*fig: fam*) hineinkatapultieren
parachutisme [paʀaʃytism] *nm* Fallschirmspringen *nt*
parachutiste [paʀaʃytist] *nm/f* Fallschirmspringer(in) *m(f)*
parade [paʀad] *nf* Parade *f*; (*Boxe*) Abwehr *f*; **de ~** Parade-; (*superficiel*) Schau-; **trouver la ~ à une attaque/mesure** einen Angriff/eine Maßnahme parieren; **faire ~ de qch** etw zur Schau stellen
parader [paʀade] *vi* herumstolzieren
paradis [paʀadi] *nm* Paradies *nt*; **le P~ terrestre** das Paradies auf Erden
paradisiaque [paʀadizjak] *adj* paradiesisch, himmlisch
paradoxal, e, -aux [paʀadɔksal, o] *adj* paradox
paradoxalement [paʀadɔksalmã] *adv* paradoxerweise
paradoxe [paʀadɔks] *nm* Paradox *nt*
parafe [paʀaf] *nm voir* **paraphe**
parafer [paʀafe] *vt voir* **parapher**
paraffine [paʀafin] *nf* Paraffin *nt*
paraffiné, e [paʀafine] *adj*: **papier ~** Wachspapier *nt*
parages [paʀaʒ] *nmpl* (*Naut*) Gewässer *pl*; **dans les ~ (de)** in der unmittelbaren Umgebung (von)
paragraphe [paʀagʀaf] *nm* Absatz *m*, Abschnitt *m*
paragrêle [paʀagʀɛl] *adj*: **canon ~** Kanone *f* zur Hagelabwehr

Paraguay [paʀagwɛ] *nm*: **le ~** Paraguay *nt*
paraître [paʀɛtʀ] *vi* (*apparaître*) erscheinen; (*soleil*) herauskommen; (*sembler*) scheinen; **aimer/ vouloir ~** (*briller*) gern Aufmerksamkeit erregen/ Aufmerksamkeit erregen wollen; **il paraît que** es scheint, dass; **il me paraît que** mir scheint, dass; **il paraît absurde de/préférable que ...** es scheint absurd zu/es ist wohl vorzuziehen, daß ...; **laisser ~ qch** etw zeigen; **~ en justice** vor Gericht erscheinen; **~ en public/à l'écran** in der Öffentlichkeit/im Fernsehen auftreten; **il ne paraît pas son âge** man sieht ihm sein Alter nicht an
parallèle [paʀalɛl] *adj* parallel; (*comparable*) vergleichbar; (*non officiel*) inoffiziell; (*société, médecine, école*) alternativ ▷ *nf* Parallele *f* ▷ *nm*: **faire un ~ entre** eine Parallele ziehen zwischen; **~ (de latitude)** (*Géo*) Breitengrad *m*; **en ~** parallel; **mettre en ~** (*fig*) vergleichen
parallèlement [paʀalɛlmã] *adv* parallel
parallélépipède [paʀalelepiped] *nm* Parallelepiped *nt*
parallélisme [paʀalelism] *nm* Parallelität *f*; (*Auto: des roues*) Spurtreue *f*
parallélogramme [paʀalelɔgʀam] *nm* Parallelogramm *nt*
paralyser [paʀalize] *vt* lähmen; (*suj: grève*) lahmlegen
paralysie [paʀalizi] *nf* Lähmung *f*
paralytique [paʀalitik] *adj* paralytisch, gelähmt ▷ *nm/f* Paralytiker(in) *m(f)*
paramédical, e, -aux [paʀamedikal, o] *adj*: **personnel ~** medizinisches Hilfspersonal *nt*
paramètre [paʀamɛtʀ] *nm* Parameter *m*
paramilitaire [paʀamilitɛʀ] *adj* paramilitärisch
paranoïa [paʀanɔja] *nf* Paranoia *f*, Verfolgungswahn *m*
paranoïaque [paʀanɔjak] *nm/f* Paranoiker(in) *m(f)* ▷ *adj* paranoisch
paranormal, e, -aux [paʀanɔʀmal, o] *adj* paranormal
parapet [paʀapɛ] *nm* Brüstung *f*
paraphe [paʀaf] *nm* (*trait*) Federstrich *m*; (*signature*) Unterschriftskürzel *nt*
parapher [paʀafe] *vt* paraphieren
paraphrase [paʀafʀɑz] *nf* Umschreibung *f*, Paraphrasierung *f*
paraphraser [paʀafʀɑze] *vt* umschreiben, paraphrasieren
paraplégie [paʀapleʒi] *nf* doppelseitige Lähmung *f*
paraplégique [paʀapleʒik] *adj* doppelseitig gelähmt ▷ *nm/f* Paraplegiker(in) *m(f)*
parapluie [paʀaplɥi] *nm* Regenschirm *m*; **~ atomique** *ou* **nucléaire** Nuklearschutz *m*; **~ pliant** Knirps® *m*
parapsychique [paʀapsiʃik] *adj* parapsychologisch
parapsychologie [paʀapsikɔlɔʒi] *nf* Parapsychologie *f*
parascolaire [paʀaskɔlɛʀ] *adj* außerschulisch
parasitaire [paʀazitɛʀ] *adj* parasitär

parasite [paʀazit] *nm* (*Biol*) Parasit *m*,
Schmarotzer *m*; (*péj: personne*) Schmarotzer ▷ *adj*
(*Bot, Biol*) Schmarotzer-, Parasiten-; **parasites**
nmpl (*Tél*) Störung *f*

parasitisme [paʀazitism] *nm* Parasitentum *nt*,
Schmarotzertum *nt*

parasol [paʀasɔl] *nm* Sonnenschirm *m*

paratonnerre [paʀatɔnɛʀ] *nm* Blitzableiter *m*

paravent [paʀavɑ̃] *nm* (*meuble*) spanische Wand *f*,
Wandschirm *m*; (*fig*) Schirm *m*

parc [paʀk] *nm* Park *m*; (*pour le bétail*) Pferch *m*;
(*d'enfant*) Laufstall *m*; (*Mil: entrepôt*) Depot *nt*;
(*ensemble d'unités*) Bestand *m*; (*d'une société*)
Wagenpark *m*; ~ **à huîtres** Austernbank *f*;
~ **automobile** (*d'un pays*) Wagenbestand *m*;
~ **d'attractions** Vergnügungspark *m*; ~ **de
stationnement** Parkplatz *m*; ~ **national**
Nationalpark *m*; ~ **naturel** Naturpark *m*;
~ **zoologique** Zoo *m*, zoologischer Garten *m*

parcelle [paʀsɛl] *nf* (*de terrain*) Parzelle *f*; (*d'or, de
vérité*) Stückchen *nt*

parce que [paʀs(ə)kə] *conj* weil

parchemin [paʀʃəmɛ̃] *nm* Pergament *nt*

parcheminé, e [paʀʃəmine] *adj* (*cuir, papier*)
Pergament-; (*visage, peau*) zerknittert, faltig

parcimonie [paʀsimɔni] *nf* Sparsamkeit *f*; **avec** ~
äußerst sparsam

parcimonieux, -euse [paʀsimɔnjø, jøz] *adj*
äußerst sparsam

par-ci par-là [paʀsipaʀla] *adv* hier und da

parc(o)mètre [paʀk(ɔ)mɛtʀ] *nm* Parkuhr *f*

parcourir [paʀkuʀiʀ] *vt* (*trajet, distance*)
durchlaufen, zurücklegen; (*lieu*) durchgehen;
(*en lisant*) überfliegen; (*corps, personne*) gehen
durch; ~ **qch des yeux** *ou* **du regard** seinen Blick
über etw *acc* schweifen lassen

parcours [paʀkuʀ] *vb voir* **parcourir** ▷ *nm* Strecke
f, Route *f*; (*Hippisme*) Parcours *m*; (*Golf*) Runde *f*;
~ **du combattant** (*Mil*) Truppenübungsgelände
nt; (*fig*) Hindernisrennen *nt*

parcouru [paʀkuʀy] *pp de* **parcourir**

par-delà [paʀdəla] *prép* auf der anderen Seite
von; (*fig*) trotz

par-dessous [paʀdəsu] *prép* unter +*dat*; (*avec
mouvement*) unter +*acc* ▷ *adv* darunter

pardessus [paʀdəsy] *nm* Mantel *m*

par-dessus [paʀdəsy] *prép* über +*dat*; (*avec
mouvement*) über +*acc* ▷ *adv* darüber; ~ **le marché**
zu allem Überfluss

par-devant [paʀdəvɑ̃] *adv* vorn(e); (*attaquer*) von
vorn

pardon [paʀdɔ̃] *nm* Verzeihung *f*, Vergebung *f*
▷ *excl* Verzeihung, Entschuldigung; (*contradiction,
pour interpeller*) entschuldigen Sie; (*demande de
répéter*) wie bitte?; **demander ~ à qn (de qch)** jdn
(wegen einer Sache *gén*) um Verzeihung *ou*
Entschuldigung bitten; **demander ~ à qn
d'avoir fait qch** jdn um Verzeihung bitten, weil
man etw getan hat; **je vous demande ~**
verzeihen *ou* entschuldigen Sie

pardonnable [paʀdɔnabl] *adj* entschuldbar

pardonner [paʀdɔne] *vt* verzeihen, vergeben;

(*excuser*) entschuldigen; ~ **qch à qn** jdm etw
verzeihen; ~ **à qn** jdm vergeben; **qui ne
pardonne pas** tödlich

paré, e [paʀe] *adj* vorbereitet; (*protégé*) gewappnet

pare-balles [paʀbal] *adj inv* kugelsicher

pare-boue [paʀbu] *nm inv* Schutzblech *nt*

pare-brise [paʀbʀiz] *nm inv* Windschutzscheibe *f*

pare-chocs [paʀʃɔk] *nm inv* Stoßstange *f*

pare-étincelles [paʀetɛ̃sɛl] *nm inv* Schutzgitter
nt

pare-feu [paʀfø] *nm inv* Feuerschneise *f*; (*Inform*)
Firewall *f* ▷ *adj inv*: **portes ~** Feuertüren *pl*

pareil, le [paʀɛj] *adj* (*identique*) gleich; (*tel*)
derartig ▷ *adv*: **habillés ~** gleich angezogen
▷ *nm/f*: **ne pas avoir son ~** nicht seinesgleichen
haben, ohnegleichen sein; ~ **à** wie; **faire ~** das
Gleiche tun; **de ~s livres** solche Bücher; **je n'ai
jamais entendu ~ discours** *ou* **un discours ~** so
etwas habe ich noch nie gehört; **j'en veux un ~**
ich möchte auch so etwas haben; **rien de ~**
nichts Ähnliches; **en ~ cas** in einem solchen
Fall; **sans ~** ohnegleichen; **c'est du ~ au même**
das ist gehupft wie gesprungen; **rendre la ~le à
qn** jdm Gleiches mit Gleichem vergelten

pareillement [paʀɛjmɑ̃] *adv* (*aussi*) ebenso

parement [paʀmɑ̃] *nm* (*Constr*) Außenseite *f*;
(*revers*) Aufschlag *m*; ~ **d'autel** Antependium *nt*

parent, e [paʀɑ̃, ɑ̃t] *nm/f* Verwandte(r) *f(m)* ▷ *adj*:
être ~ de qn mit jdm verwandt sein; **parents**
nmpl (*père et mère*) Eltern *pl*; (*proches*)
Verwandtschaft *f*; **~s adoptifs** Adoptiveltern *pl*;
~s en ligne directe direkte Verwandte; **~s par
alliance** angeheiratete Verwandte

parental, e, -aux [paʀɑ̃tal, o] *adj* elterlich

parenté [paʀɑ̃te] *nf* Verwandtschaft *f*

parenthèse [paʀɑ̃tɛz] *nf* Klammer *f*; (*digression*)
Einschub *m*; **ouvrir/fermer la ~** die Klammer
öffnen/schließen; **entre ~s** in Klammern;
mettre entre ~s in Klammern setzen

parer [paʀe] *vt* schmücken, zieren; (*Culin: viande*)
vorbereiten; (*éviter*) parieren, abwehren; **se
parer** *vpr*: **se ~ de** sich schmücken mit; ~ **à**
abwenden; ~ **à toute éventualité** auf alle
Eventualitäten vorbereitet sein; ~ **au plus
pressé** sich um die dringendsten Probleme
kümmern

pare-soleil [paʀsɔlej] *nm inv* Sonnenblende *f*

paresse [paʀɛs] *nf* Faulheit *f*; ~ **intestinale**
Darmträgheit *f*

paresser [paʀese] *vi* faulenzen

paresseusement [paʀesøzmɑ̃] *adv* faul; (*avec
lenteur*) träge

paresseux, -euse [paʀesø, øz] *adj* (*personne, esprit*)
faul; (*démarche, attitude*) schwerfällig; (*estomac*)
träge ▷ *nm* (*Zool*) Faultier *nt*

parfaire [paʀfɛʀ] *vt* (*ouvrage, travail*)
vervollkommnen; (*ressemblance, connaissances*)
vervollständigen

parfait, e [paʀfɛ, ɛt] *pp de* **parfaire** ▷ *adj* perfekt,
vollkommen; (*accompli*) völlig, total ▷ *nm* (*Ling*)
Perfekt *nt*; (*Culin*) Parfait *nt*

parfaitement [paʀfɛtmɑ̃] *adv* perfekt,

ausgezeichnet; **cela lui est ~ égal** das ist ihm völlig *ou* vollkommen egal; **~!** doch!

parfaites [paʀfɛt] *vb voir* **parfaire**

parfasse [paʀfas] *vb voir* **parfaire**

parferai [paʀfʀe] *vb voir* **parfaire**

parfois [paʀfwa] *adv* manchmal

parfum [paʀfœ̃] *nm* (*produit*) Parfüm *nt*; (*odeur: de fleur*) Duft *m*; (: *de tabac, vin*) Aroma *nt*; (*goût*) Geschmack *m*

parfumé, e [paʀfyme] *adj* (*papier à lettres etc, femme*) parfümiert; (*fleur, fruit*) duftend, wohlriechend, wohlriechend; **~ au café** mit Kaffeegeschmack

parfumer [paʀfyme] *vt* (*suj: odeur, bouquet*) mit Duft erfüllen; (*mouchoir*) parfümieren; (*crème, gâteau*) aromatisieren; **se parfumer** *vpr* sich parfümieren, Parfüm tragen

parfumerie [paʀfymʀi] *nf* (*boutique*) Parfümerie *f*; (*industrie*) Parfümindustrie *f*; **rayon ~** Toilettenartikel *pl*

parfumeur, -euse [paʀfymœʀ, øz] *nm/f* (*fabricant*) Parfümhersteller *m*; (*commerçant*) Parfümhändler(in) *m(f)*

pari [paʀi] *nm* Wette *f*; **~ mutuel urbain** Art von *Pferdewette*

paria [paʀja] *nm* Ausgestoßene(r) *m*

parier [paʀje] *vt* wetten; **j'aurais parié que si/ non** ich hätte darauf gewettet/dagegen gewettet

parieur [paʀjœʀ] *nm* Wetter *m*

Paris [paʀi] *n* Paris *nt*

parisien, ne [paʀizjɛ̃, jɛn] *adj* Pariser ▷ *nm/f*: **Parisien, ne** Pariser(in) *m(f)*

paritaire [paʀitɛʀ] *adj*: **commission ~** gemeinsamer Ausschuss *m*

parité [paʀite] *nf* Gleichheit *f*; **~ hommes-femmes** Parität *f* zwischen Männern und Frauen; **~ de change** Wechselkursparität *f*

parjure [paʀʒyʀ] *nm* Meineid *m* ▷ *nm/f* Meineidige(r) *f(m)*

parjurer [paʀʒyʀe]: **se ~** *vpr* einen Meineid schwören

parka [paʀka] *nm* Parka *m*

parking [paʀkiŋ] *nm* Parkplatz *m*

parlant, e [paʀlɑ̃, ɑ̃t] *adj* (*fig: portrait, image*) ausdrucksvoll ▷ *adv*: **généralement/ humainement ~** allgemein/menschlich gesprochen; **le cinéma ~** der Tonfilm

parlé, e [paʀle] *adj*: **langue ~e** gesprochene Sprache *f*

parlement [paʀləmɑ̃] *nm* Parlament *nt*; **~ européen** Europaparlament *nt*

parlementaire [paʀləmɑ̃tɛʀ] *adj* (*régime, indemnité*) parlamentarisch; (*mandat, débats*) Parlaments- ▷ *nm/f* (*député*) Parlamentarier(in) *m(f)*, Parlamentsabgeordnete(r) *f(m)*; (*négociateur*) Parlamentär(in) *m(f)*

parlementarisme [paʀləmɑ̃taʀism] *nm* Parlamentarismus *m*

parlementer [paʀləmɑ̃te] *vi* verhandeln

parler [paʀle] *vi* reden, sprechen; (*avouer*) reden ▷ *nm* (*manière de parler*) Sprache *f*; (*dialecte*) Dialekt *m*; **les faits parlent d'eux-mêmes** die Tatsachen sprechen für sich; **~ de** sprechen *ou* reden von; **~ (à qn) de** (mit jdm) reden über *+acc*; **~ de faire qch** davon sprechen, dass man etw tun will; **~ pour qn** für jdn sprechen; **~ (le) français** Französisch sprechen; **~ en français** französisch sprechen; **~ affaires/politique** über Geschäfte/Politik reden; **~ en dormant** im Schlaf sprechen; **~ du nez** durch die Nase sprechen; **~ en l'air** ins Blaue hinein reden; **sans ~ de** (*fig*) ganz abgesehen von; **tu parles!** von wegen!; **n'en parlons plus** reden wir nicht mehr davon

parleur [paʀlœʀ] *nm*: **beau ~** Schönredner *m*

parloir [paʀlwaʀ] *nm* (*de prison*) Besuchszimmer *nt*; (*Rel*) Parlatorium *nt*

parlote [paʀlɔt] *nf* Geschwätz *nt*

parme [paʀm] *adj* malvenfarben

parmesan [paʀməzɑ̃] *nm* Parmesan *m*

parmi [paʀmi] *prép* unter *+dat*

parodie [paʀɔdi] *nf* Parodie *f*

parodier [paʀɔdje] *vt* parodieren

paroi [paʀwa] *nf* Wand *f*; (*cloison*) Trennwand *f*; **~ rocheuse** Felswand *f*

paroisse [paʀwas] *nf* Pfarrei *f*

paroissial, e, -aux [paʀwasjal, jo] *adj* (*église*) Pfarr-; (*salle*) Pfarrei-

paroissien, ne [paʀwasjɛ̃, jɛn] *nm/f* Gemeindemitglied *nt*

parole [paʀɔl] *nf* (*faculté*) Sprache *f*; (*engagement*) Wort *nt*; **paroles** *nfpl* (*Mus*) Text *m*; **la bonne ~** (*Rel*) das Wort Gottes; **tenir ~** sein Wort halten; **n'avoir qu'une ~** zu seinem Wort stehen; **avoir/ obtenir la ~** das Wort haben/erhalten; **prendre la ~** das Wort ergreifen; **demander la ~** ums Wort bitten; **donner la ~ à qn** jdm das Wort geben; **perdre la ~** die Sprache verlieren; **croire qn sur ~** jdm aufs Wort glauben; **prisonnier sur ~** auf Bewährung entlassener Strafgefangener *m*; **temps de ~** Sprechzeit *f*, Redezeit *f*; **histoire sans ~s** Zeichenwitz *m* ohne Worte; **ma ~!** (*surprise*) du meine Güte!; **~ d'honneur** Ehrenwort *nt*

parolier, -ière [paʀɔlje, jɛʀ] *nm/f* (*Mus*) Texter(in) *m(f)*; (*Opéra*) Librettist *m*

paroxysme [paʀɔksism] *nm* Höhepunkt *m*

parpaing [paʀpɛ̃] *nm* großer, behauener Mauerstein

parquer [paʀke] *vt* (*voiture*) parken; (*bestiaux*) einsperren, einpferchen; (*Mil*) stationieren

parquet [paʀkɛ] *nm* (*plancher*) Parkett *nt*; **le ~** (*Jur*) die Staatsanwaltschaft *f*

parqueter [paʀkəte] *vt* mit Parkett auslegen

parrain [paʀɛ̃] *nm* Pate *m*; (*d'un nouvel adhérent*) Bürge *m*

parrainage [paʀɛnaʒ] *nm* (*d'un enfant*) Patenschaft *f*; (*patronage*) Schirmherrschaft *f*

parrainer [paʀɛne] *vt* unterstützen, fördern; (*nouvel adhérent*) bürgen für

parricide [paʀisid] *nm* (*de père*) Vatermord *m*; (*de mère*) Muttermord *m* ▷ *nm/f* Vater-/ Muttermörder(in) *m(f)*

pars [paʀ] *vb voir* **partir**

parsemer [paʀsəme] *vt* (*suj: feuilles, papiers*)

verstreut sein über +acc; ~ **qch de** etw übersäen
ou bestreuen mit

part [paʀ] vb voir **partir** ▷ nf Teil m; (d'efforts, de peines) Anteil m, Teil m ou nt; (Fin) Aktie f; **prendre ~ à** teilnehmen an +dat; (soucis, douleur de qn) Anteil nehmen an +dat; **faire ~ de qch à qn** jdm etw mitteilen; **pour ma ~** ich für mein(en) Teil, was mich betrifft; **à ~ entière** mit vollen Rechten; **de la ~ de qn** von jdm; **remettez-lui ce paquet de ma ~** geben Sie ihm das Paket von mir; **c'est de la ~ de qui?** (au téléphone) wer ist am Apparat, bitte?; **de toute(s) ~(s)** von allen Seiten; **de ~ et d'autre** auf beiden Seiten; **de ~ en ~** durch und durch; **d'une ~ ... d'autre ~** einerseits ..., andererseits; **nulle ~** nirgendwo; **autre ~** anderswo; **quelque ~** irgendwo; **à ~** adv gesondert; (de côté) beiseite ▷ adj außergewöhnlich, besonders; **à ~ cela** abgesehen davon; **pour une large** ou **bonne ~** zum großen Teil; **prendre qch en mauvaise ~** schlecht auf etw acc reagieren; **faire la ~ des choses** Zugeständnisse machen; **faire la ~ du feu** (fig) retten, was noch zu retten ist

part. abr (= particulièrement) insbes

partage [paʀtaʒ] nm Teilen nt; (Pol: de suffrages) Gleichheit f; **donner/recevoir qch en ~** etw als Anteil geben/bekommen; **sans ~** ungeteilt

partagé, e [paʀtaʒe] adj geteilt; (avis, personnes) uneinig

partager [paʀtaʒe] vt teilen; **se partager** vpr sich dat teilen; **~ un gâteau en quatre/une ville en deux** einen Kuchen in vier Stücke aufteilen/ eine Stadt in zwei Teile teilen; **~ la joie de qn/la responsabilité d'un acte** jds Freude/die Verantwortung für eine Tat teilen; **~ qch avec qn** etw mit jdm teilen

partance [paʀtɑ̃s]: **en ~** adv (train, bateau) abfahrbereit; (avion) startbereit; **le train en ~ pour Poitiers** der Zug nach Poitiers

partant, e [paʀtɑ̃, ɑ̃t] vb voir **partir** ▷ adj: **être ~ pour qch** (d'accord pour) bereit sein für etw ▷ nm (Sport) Teilnehmer m

partenaire [paʀtənɛʀ] nm/f Partner(in) m(f); **~s sociaux** Sozialpartner pl

parterre [paʀtɛʀ] nm (de fleurs) Blumenbeet nt; (Théât) Parkett nt

parti [paʀti] nm Partei f; (décision) Entscheidung f; **un beau/riche ~** eine gute Partie; **tirer ~ de** Nutzen ziehen aus; **prendre le ~ de faire qch** sich entschließen, etw zu tun; **prendre ~ (pour/ contre qn)** (für/gegen jdn) Partei ergreifen; **prendre son ~ de qch** sich mit etw abfinden; **~ pris** Voreingenommenheit f

partial, e, -aux [paʀsjal, jo] adj voreingenommen, parteiisch

partialement [paʀsjalmɑ̃] adv voreingenommen

partialité [paʀsjalite] nf Voreingenommenheit f

participant, e [paʀtisipɑ̃, ɑ̃t] nm/f Teilnehmer(in) m(f); (à un concours) Wettbewerber(in) m(f); (d'une société) Teilhaber(in) m(f)

participation [paʀtisipasjɔ̃] nf (à un jeu, une

réunion) Teilnahme f; (Comm) Beteiligung f; (au chagrin, succès de qn) Anteilnahme f; **~ aux frais** Beteiligung an den Kosten; **~ aux bénéfices** Gewinnbeteiligung f; **~ ouvrière** Mitbestimmung f; **avec la ~ de** unter Mitwirkung von

participe [paʀtisip] nm Partizip nt; **~ passé** Partizip Perfekt nt; **~ présent** Partizip Präsens nt

participer [paʀtisipe] vi (Scol) sich beteiligen; **~ à** teilnehmen an +dat; (frais, entreprise etc) sich beteiligen an +dat; (chagrin, succès de qn) Anteil nehmen an +dat

particulariser [paʀtikylaʀize]: **se ~** vpr sich unterscheiden

particularisme [paʀtikylaʀism] nm Gefühl nt der Identität

particularité [paʀtikylaʀite] nf (caractère particulier) Besonderheit f

particule [paʀtikyl] nf Teilchen nt; (Ling) Partikel f; **~ (nobiliaire)** Adelsprädikat nt

particulier, -ière [paʀtikylje, jɛʀ] adj (personnel, privé) privat, persönlich; (propre) eigene(r, s); (cas) Einzel-; (intérêt) Eigen-; (droit) Sonder-; (caractéristique, spécial) eigen, typisch; (spécifique) speziell ▷ nm (individu) Privatperson f; **avec un soin ~** mit besonderer Sorgfalt; **être ~ à** (région, personne etc) eigen sein +dat; **en ~** (à part) gesondert; (en privé) vertraulich; (surtout) besonders; **"~ vend ..."** „von Privat zu verkaufen ..."

particulièrement [paʀtikyljɛʀmɑ̃] adv (notamment) besonders

partie [paʀti] nf Teil m; (spécialité) Gebiet nt; (Mus) Stimme f; (Jur, fig: adversaire) Partei f; (de cartes, tennis etc) Spiel nt, Partie f; (fig: lutte, combat) Kampf m; **~ de campagne** Landpartie f; **~ de pêche** Angeltour f; **en ~** teilweise; **faire ~ de qch** zu etw gehören; **prendre qn à ~** jdn ins Gebet nehmen; (malmener) sich dat jdn vornehmen; **en grande ~** zu einem großen Teil; **en majeure ~** hauptsächlich; **ce n'est que ~ remise** aufgeschoben ist nicht aufgehoben; **avoir ~ liée avec qn** mit jdm gemeinsame Sache machen; **~ civile** (Jur) Privatkläger m; **~ publique** (Jur) Staatsanwaltschaft f

partiel, le [paʀsjɛl] adj Teil-, teilweise ▷ nm (Scol: examen) Teilprüfung f

partiellement [paʀsjɛlmɑ̃] adv teilweise

partir [paʀtiʀ] vi gehen, weggehen; (en voiture etc) wegfahren; (train, bus etc) abfahren; (avion) abfliegen; (lettre, bouton) abgehen; (pétard, fusil, affaire) losgehen; (bouchon) herausfliegen; (tache) herausgehen; (moteur) anspringen; **~ de** (lieu: personne) aufbrechen von; (: route; principe) ausgehen von; **~ pour/à** (lieu) aufbrechen nach; **~ de rien** mit nichts anfangen; (fig: devenir) ganz unten anfangen; **à ~ de ... von ... an, ab ...**

partisan, e [paʀtizɑ̃, an] nm/f Anhänger(in) m(f) ▷ adj (partial) einseitig; **être ~ de qch** für etw sein; **être ~ de faire qch** dafür sein, etw zu tun

partition [paʀtisjɔ̃] nf Partitur f

partout [paʀtu] adv überall; **de ~** von überall her;

trente ~ (*Tennis*) dreißig beide; **quarante ~**
(*Tennis*) Einstand
paru, e [paʀy] *pp de* **paraître**
parure [paʀyʀ] *nf* (*vêtements, ornements*) Staat *m*,
Aufmachung *f*; (*de table, sous-vêtements*) Garnitur *f*;
~ de diamants Diamantschmuck *m*
parus [paʀy] *vb voir* **paraître**
parution [paʀysjɔ̃] *nf* (*d'un livre*) Veröffentlichung *f*
parvenir [paʀvəniʀ]: **~ à** *vt* erreichen; **~ à ses
fins/à un âge avancé** sein Ziel/ein
fortgeschrittenes Alter erreichen; **~ à faire qch**
es schaffen, etw zu tun; **faire ~ qch à qn** jdm
etw zukommen lassen
parvenu, e [paʀvəny] *pp de* **parvenir** ▷ *nm/f* (*péj*)
Emporkömmling *m*
parviendrai *etc* [paʀvjɛ̃dʀɛ] *vb voir* **parvenir**
parviens *etc* [paʀvjɛ̃] *vb voir* **parvenir**
parvis [paʀvi] *nm* Vorplatz *m*
pas¹ [pɑ] *nm* Schritt *m*; (*Géo: col*) Pas *m* (*de vis,
d'écrou*) Gewinde *nt*: **~ à ~** Schritt für Schritt; **à
grands ~** mit großen Schritten; **d'un ~ lourd/
lent** mit schwerem/langsamem Schritt;
marcher d'un bon ~ zügig gehen; **au ~ de
course** im Laufschritt; **s'approcher à ~ de loup**
sich heranschleichen; **rouler au ~** im
Schritttempo fahren; **revenir** *ou* **retourner sur
ses ~** den gleichen Weg zurückgehen; **c'est à
deux ~ d'ici** es ist ganz in der Nähe; **faire les
cent ~** auf und ab gehen; **faire les premiers ~**
den ersten Schritt tun; **sur le ~ de la porte** auf
der Schwelle; **se tirer d'un mauvais ~** sich aus
einer Klemme befreien; **mettre qn au ~** jdn auf
Linie bringen; **~ de l'oie** (*Mil*) Stechschritt *m*;
~ de porte (*fig*) Ablösesumme *f* (*für eine Wohnung
etc*); **P~ de Calais** Straße *f* von Dover

 MOT-CLÉ

pas² [pɑ] *adv* **1** (*avec ne, non etc*) nicht; **je ne vais
pas à l'école** ich gehe nicht in die Schule; **il ne
la voit pas/ne l'a pas vue/ne la verra pas** er
sieht sie nicht/hat sie nicht gesehen/wird sie
nicht sehen; **je ne mange pas de pain** ich esse
kein Brot; **ils n'ont pas d'enfants** sie haben
keine Kinder; **il m'a dit de ne pas le faire** er hat
mir gesagt, dass ich es nicht tun soll; **pas
encore** noch nicht; **pas du tout** überhaupt
nicht; **non pas que ...** nicht dass ...; **je n'en sais
pas plus** mehr weiß ich nicht darüber; **il n'y
avait pas plus de 200 personnes** es waren nicht
mehr 200 Leute da; **ce n'est pas sans peine/
hésitation que ...** nicht ohne Mühe/Zögern ...;
il n'est pas plus/moins intelligent que vous er
ist nicht intelligenter/weniger intelligent als
Sie; **ils sont quatre et non pas trois** sie sind zu
viert, nicht zu dritt; **je ne reviendrai/il ne
recommencera pas de sitôt** so bald komme ich
nicht wieder/fängt er nicht wieder damit an
2 (*sans ne, non etc*): **pas moi** ich nicht; **tu viens ou
pas?** kommst du oder nicht?; **elle travaille, lui
pas** *ou* **pas lui** sie arbeitet, er nicht; **pas de
sucre, merci!** danke, keinen Zucker!; **une**

pomme pas mûre ein unreifer Apfel; **pas plus
tard qu'hier** nicht später als gestern; **pas mal**
nicht schlecht; **pas mal de problèmes/
d'argent** ziemlich viele Probleme/viel Geld

pascal, e, -aux [paskal, o] *adj* österlich
passable [pɑsabl] *adj* passabel, leidlich (gut)
passablement [pɑsabləmɑ̃] *adv* (*pas trop mal*)
ganz passabel; **~ de** ziemlich viel(e)
passade [pɑsad] *nf* Laune *f*
passage [pɑsaʒ] *nm* (*d'un train*) Durchfahrt *f*; (*du
temps*) Vergehen *nt*; (*traversée*) Überquerung *f*; (*prix
de la traversée*) Überfahrt *f*; (*d'un état à l'autre, lieu*)
Übergang *m*; (*extrait*) Passage *f*, Abschnitt *m*;
"n'obstruez pas *ou* **laissez le ~"** „Durchfahrt
frei halten"; **sur le ~ du cortège** am Weg der
Prozession; **de ~** (*touristes*) auf der Durchfahrt;
(*amants etc*) vorübergehend, flüchtig; **au ~** (*en
passant*) im Vorübergehen; **~ à niveau**
Bahnübergang *m*; **~ à vide** Leerlauf *m*; **~ clouté**
Fußgängerüberweg *m*; **"~ interdit"** „Durchfahrt
verboten"; **~ protégé** Vorfahrtsstraße *f*;
~ souterrain Unterführung *f*
passager, -ère [pɑsaʒe, ɛʀ] *adj* (*de courte durée*)
vorübergehend; (*bonheur*) flüchtig; (*rue etc*)
Durchgangs- ▷ *nm/f* Passagier(in) *m(f)*;
~ clandestin blinder Passagier *m*
passagèrement [pɑsaʒɛʀmɑ̃] *adv*
vorübergehend
passant, e [pɑsɑ̃, ɑ̃t] *adj* (*rue, endroit*) geschäftig,
lebendig ▷ *nm/f* Passant(in) *m(f)* ▷ *nm* (*d'une
ceinture, courroie*) Schlaufe *f*
passation [pɑsasjɔ̃] *nf*: **~ des pouvoirs** Übergabe
f der Macht
passe [pɑs] *nf* (*Sport*) Pass *m*; (*magnétique*)
Überstreichen *nt*; (*Naut: chenal*) Schifffahrtsweg
m ▷ *nm* (*passe-partout*) Hauptschlüssel *m*; (*de
cambrioleur*) Dietrich *m*; **être en ~ de faire qch**
auf dem besten Wege sein, etw zu tun; **être
dans une bonne/mauvaise ~** (*fig*) gute/
schlechte Zeiten durchmachen; **~ d'armes** (*fig*)
erregter Schlagabtausch *m*
passé, e [pɑse] *adj* (*événement, temps*) vergangen;
(*couleur, tapisserie*) verblasst ▷ *prép*: **~ 10 heures**
nach 10 Uhr ▷ *nm* Vergangenheit *f*; **dimanche ~**
am vergangenen Sonntag; **il est ~ midi** *ou* **midi
~** es ist schon nach Mittag, Mittag ist schon
vorbei; **~ de mode** unmodern; **par le ~** früher, in
der Vergangenheit; **~ composé** Passé composé
nt; **~ simple** Passé simple *nt*
passe-droit [pɑsdʀwa] (*pl* **~s**) *nm*
Sondervergünstigung *f*
passéiste [pɑseist] *adj* rückwärtsgerichtet
passementerie [pɑsmɑ̃tʀi] *nf* (*objets*) Litzen,
Bänder und Spitzen *pl*
passe-montagne [pɑsmɔ̃taɲ] (*pl* **~s**) *nm*
Kapuzenmütze *f*
passe-partout [pɑspaʀtu] *nm inv* (*clé*)
Hauptschlüssel *m*; (*de cambrioleur*) Dietrich *m*
▷ *adj inv*: **tenue/phrase ~** Allzweckkleidung *f*/
Allzweckwendung *f*
passe-passe [pɑspɑs] *nm inv*: **tour de ~**

Taschenspielertrick *m*; *(fig)* Trick *m*
passe-plat [pɑspla] *(pl* **~s)** *nm* Durchreiche *f*
passeport [pɑspɔʀ] *nm* Pass *m*
passer [pɑse] *vi (se rendre, aller)* gehen; *(voiture)*
vorbeifahren; *(piétons, jours)* vorbeigehen; *(chez qn,*
à travers un obstacle) vorbeikommen; *(courant*
électrique) durchfließen; *(air, soleil, lumière)*
durchkommen; *(temps, douleur)* vergehen; *(liquide,*
café) durchlaufen; *(être digéré)* rutschen; *(accusé)*
erscheinen; *(projet de loi)* angenommen werden;
(réplique, plaisanterie) durchgehen; *(Scol: réussir un*
examen) bestehen; *(devenir)* werden; *(film, pièce)*
laufen; *(couleur, papier)* verblassen; *(mode, maladie)*
vorübergehen; *(Cartes)* passen ▷ *vt (frontière, rivière*
etc) überqueren; *(douane)* passieren; *(examen)*
ablegen; *(visite médicale)* machen; *(temps, journée)*
verbringen; *(permettre: faute, bêtise, caprice)*
durchgehen lassen; *(donner)* geben; *(: message)*
übermitteln; *(enfiler: vêtement)* anziehen; *(arriver à*
faire entrer: dépasser) vorbeigehen an +*dat*; *(: en*
voiture etc) vorbeifahren an +*dat*; *(café)* filtern; *(thé,*
soupe) durchseihen; *(film)* zeigen; *(pièce, disque)*
spielen; **se passer** *vpr (scène, action)* stattfinden,
sich abspielen; *(arriver)* passieren, geschehen; *(se*
dérouler) ablaufen; *(s'écouler)* vergehen; ~ **par**
gehen durch; *(véhicule)* fahren durch;
(intermédiaire, organisme) gehen über +*acc*;
(expérience) durchmachen; ~ **sur** *(ne pas tenir compte*
de) übergehen; ~ **dans les mœurs** *ou* **l'usage**
üblich *ou* gebräuchlich werden; ~ **avant**
kommen vor; ~ **d'une pièce dans une autre** von
einem Zimmer ins andere gehen; **laisser ~**
durchlassen; *(affaire, erreur)* durchgehen lassen;
(occasion) verstreichen lassen; ~ **dans la classe**
supérieure (in die nächste Klasse) versetzt
werden; ~ **en seconde/troisième** *(Auto)* in den
zweiten/dritten Gang schalten; ~ **à la radio/**
télévision im Radio/Fernsehen kommen; ~ **aux**
aveux ein Geständnis ablegen; ~ **à l'action** zur
Tat schreiten; ~ **directeur/président** Direktor/
Präsident werden; ~ **inaperçu** unbemerkt
bleiben; ~ **pour riche/un imbécile** für reich/
einen Idioten gehalten werden *ou* gelten; ~ **à**
table sich zu Tisch setzen; ~ **au salon** ins
Wohnzimmer gehen; ~ **à l'opposition/à**
l'ennemi zur Opposition/zum Feind überlaufen;
je ne fais que ~ ich bin nur auf einen Sprung
hier; **passe encore d'arriver en retard, mais**
es mag ja noch angehen, dass man zu spät
kommt, aber; **dire qch en passant** etw beiläufig
sagen; **faire ~ à qn le goût** *ou* **l'envie de qch** jdm
den Geschmack an einer Sache daf verderben;
faire ~ pour ausgeben für; **passons** nun aber
weiter; ~ **la visite médicale** ärztlich untersucht
werden; ~ **une maladie à qn** jdn mit einer
Krankheit anstecken; ~ **la seconde/troisième**
(Auto) in den zweiten/dritten Gang schalten;
~ **son chemin** seiner Wege gehen; ~ **son tour**
aussetzen; ~ **en fraude** schmuggeln; ~ **la tête/**
la main par la portière den Kopf/die Hand aus
der Tür strecken; ~ **le balai/l'aspirateur** fegen/
staubsaugen *ou* Staub saugen; **je vous passe M.**

Blanc ich verbinde Sie mit Herrn Blanc; *(je lui*
passe l'appareil) ich gebe Ihnen Herrn Blanc; ~ **la**
parole à qn jdm das Wort geben; ~ **qn par les**
armes jdn erschießen; ~ **commande de**
bestellen; ~ **un marché/accord** einen Vertrag/
ein Abkommen schließen; **se ~ les mains sous**
l'eau die Hände unter das Wasser halten; **se ~ de**
l'eau sur le visage sich Wasser über das Gesicht
laufen lassen; **cela se passe de commentaires**
da erübrigt sich jeglicher Kommentar; **se ~ de**
qch *(s'en priver)* auf etw *acc* verzichten; **que s'est-**
il passé? was ist passiert *ou* geschehen?
passereau, x [pɑsʀo] *nm* Spatz *m*
passerelle [pɑsʀɛl] *nf (pont étroit)*
Fußgängerbrücke *f*; *(d'un navire, avion)* Gangway *f*;
~ **(de commandement)** (Kommando)brücke *f*
passe-temps [pɑstɑ̃] *nm inv* Zeitvertreib *m*
passette [pɑsɛt] *nf* Teesieb *nt*
passeur, -euse [pɑsœʀ, øz] *nm/f (de personnes)*
Menschenschmuggler(in) *m(f)*; *(de drogues)*
Drogenschmuggler(in) *m(f)*
passible [pɑsibl] *adj*: ~ **de** zu bestrafen mit
passif, -ive [pasif, iv] *adj* passiv ▷ *nm (Ling)*
Passiv *nt*; *(Comm)* Passiva *pl*, Schulden *pl*
passion [pasjɔ̃] *nf* Leidenschaft *f*; *(fanatisme)*
Fanatismus *m*; *(Rel)* Passion *f*; **avoir la ~ de** eine
Leidenschaft haben für; **la ~ du jeu** die
Spielleidenschaft *f*
passionnant, e [pasjɔnɑ̃, ɑ̃t] *adj* spannend;
(personne) faszinierend
passionné, e [pasjɔne] *adj* leidenschaftlich;
(description) begeistert ▷ *nm/f*: **c'est un ~ d'échecs**
er ist ein begeisterter Schachspieler; **être ~ de**
qch sich für etw begeistern
passionnel, le [pasjɔnɛl] *adj (crime)* aus
Leidenschaft; *(drame)* der Leidenschaften
passionnément [pasjɔnemɑ̃] *adv*
leidenschaftlich
passionner [pasjɔne] *vt (suj: roman, mystère etc)*
faszinieren, fesseln; *(: débat, discussion)*
begeistern, erregen; **se passionner** *vpr*: **se ~**
pour qch sich leidenschaftlich für etw
interessieren
passivement [pasivmɑ̃] *adv* passiv
passivité [pasivite] *nf* Passivität *f*
passoire [pɑswaʀ] *nf* Sieb *nt*; *(à thé)* Teesieb *nt*
pastel [pastɛl] *nm (dessin)* Pastellzeichnung *f* ▷ *adj*
inv Pastell-
pastèque [pastɛk] *nf* Wassermelone *f*
pasteur [pastœʀ] *nm (protestant)* Pfarrer *m*
pasteurisation [pastœʀizasjɔ̃] *nf*
Pasteurisierung *f*
pasteuriser [pastœʀize] *vt* pasteurisieren
pastiche [pastiʃ] *nm* Persiflage *f*
pasticher [pastiʃe] *vt* nachahmen, persiflieren
pastille [pastij] *nf (à sucer)* Pastille *f*; *(de papier etc)*
Scheibchen *nt*; **~s pour la toux** Hustenpastillen
pl
pastis [pastis] *nm* Pastis *m*
pastoral, e, -aux [pastɔʀal, o] *adj (vie, roman)*
Hirten-
Patagonie [patagɔni] *nf*: **la ~** Patagonien *nt*

patate [patat] *nf (fam: pomme de terre)* Kartoffel *f*;
~ **douce** Süßkartoffel *f*

pataud, e [pato, od] *adj* tollpatschig, tapsig

patauger [patoʒe] *vi (pour s'amuser)* plan(t)schen;
(fig) ins Schwimmen geraten in +*dat*; ~ **dans** *(en marchant)* waten in +*dat*

patchouli [patʃuli] *nm* Patschuli *nt*

patchwork [patʃwœʀk] *nm* Patchwork *nt*

pâte [pɑt] *nf* Teig *m*; *(autre substance molle)* Brei *m*,
Paste *f*; **pâtes** *nfpl (macaroni etc)* Teigwaren *pl*; ~ **à choux** Brandteig *m*; ~ **à modeler** Knetmasse *f*;
~ **à papier** Papierbrei *m*; ~ **brisée** Mürbeteig *m*;
~ **d'amandes** Marzipan *nt*; ~ **de fruits**
Geleeschnitte *f*; ~ **feuilletée** Blätterteig *m*

pâté [pɑte] *nm (charcuterie)* Pastete *f*; *(tache d'encre)*
Tintenfleck *m*; ~ **de foie** Leberpastete *f*; ~ **de maisons** Häuserblock *m*; ~ **de sable** Sandkuchen
m; ~ **en croûte** Fleischpastete *f*

pâtée [pɑte] *nf* Futterbrei *m*

patelin [patlɛ̃] *(fam) nm* Örtchen *nt*

patente [patɑ̃t] *nf (Comm)* ≈ Gewerbesteuer *f*

patenté, e [patɑ̃te] *adj (Comm)* lizenziert; *(fig: attitré)* anerkannt

patère [patɛʀ] *nf* Haken *m*

paternalisme [patɛʀnalism] *nm* Paternalismus *m*

paternaliste [patɛʀnalist] *adj* paternalistisch

paternel, le [patɛʀnɛl] *adj (amour, soins)* Vater-;
(ligne, autorité) väterlich

paternité [patɛʀnite] *nf* Vaterschaft *f*

pâteux, -euse [pɑtø, øz] *adj* dickflüssig,
zähflüssig; **avoir la bouche** *ou* **langue pâteuse**
eine belegte *ou* pelzige Zunge haben

pathétique [patetik] *adj* ergreifend

pathologie [patɔlɔʒi] *nf* Pathologie *f*

pathologique [patɔlɔʒik] *adj* pathologisch,
krankhaft

patibulaire [patibylɛʀ] *adj* finster, düster

patiemment [pasjamɑ̃] *adj* geduldig

patience [pasjɑ̃s] *nf* Geduld *f*; *(Cartes)* Patience *f*;
être à bout de ~ mit seiner Geduld am Ende
sein; **perdre** ~ die Geduld verlieren; **prendre** ~
geduldig sein

patient, e [pasjɑ̃, jɑ̃t] *adj* geduldig ▷ *nm/f (Méd)*
Patient(in) *m(f)*

patienter [pasjɑ̃te] *vi* sich gedulden, geduldig
warten

patin [patɛ̃] *nm (de patineur)* Schlittschuh *m*; *(d'un traîneau, d'une luge)* Kufe *f*; *(sport)*
Schlittschuhlaufen *nt*; *(de feutre)* Filzpantoffel *m*;
(pièce de tissu) Filz *m (als Unterlage, um Böden zu schützen)*; ~ **(de frein)** *(Tech)* Bremsschuh *m*; ~**s (à glace)** Schlittschuhe *pl*; ~**s à roulettes**
Rollschuhe *pl*; **faire du** ~ **à roulettes** Rollschuh
laufen

patinage [patinaʒ] *nm (technique)*
Schlittschuhlaufen *nt*, Eislaufen *nt*; ~ **artistique**
Eiskunstlaufen *nt*; ~ **de vitesse** Eisschnelllaufen
nt

patine [patin] *nf* Patina *f*

patiner [patine] *vi (personne)* Schlittschuh laufen;
(embrayage) schleifen; *(roue, voiture)* nicht fassen;
se patiner *vpr (meuble, cuir)* Glanz bekommen

patineur, -euse [patinœʀ, øz] *nm/f*
Schlittschuhläufer(in) *m(f)*

patinoire [patinwaʀ] *nf* Eisbahn *f*

patio [pasjo] *nm* Patio *m*, Innenhof *m*

pâtir [pɑtiʀ] *vi:* ~ **de** leiden unter +*dat*

pâtisserie [pɑtisʀi] *nf (boutique)* Konditorei *f*;
(métier) Konditorhandwerk *nt*; *(à la maison)*
Backen *nt*; **pâtisseries** *nfpl (gâteaux)* feine
Kuchen *pl*, Gebäck *nt*

pâtissier, -ière [pɑtisje, jɛʀ] *nm/f* Konditor(in)
m(f)

pâtisson [pɑtisɔ̃] *nm* Art Kürbis

patois [patwa] *nm* Mundart *f*, Dialekt *m*

patriarche [patʀijaʀʃ] *nm* Patriarch *m*

patrie [patʀi] *nf* Vaterland *nt*

patrimoine [patʀimwan] *nm* Erbe *nt*;
~ **génétique** *ou* **héréditaire** Erbgut *nt*

patriote [patʀijɔt] *adj* patriotisch ▷ *nm/f*
Patriot(in) *m(f)*

patriotique [patʀijɔtik] *adj* patriotisch

patriotisme [patʀijɔtism] *nm* Patriotismus *m*

patron, ne [patʀɔ̃, ɔn] *nm/f (chef)* Chef(in) *m(f)*;
(propriétaire) Besitzer(in) *m(f)*; *(Méd)* Chefarzt *m*,
Chefärztin *f*; *(Rel: saint)* Namenspatron(in) *m(f)*
▷ *nm (Couture)* Schnittmuster *nt*; ~**s et employés**
Arbeitgeber und Arbeitnehmer; ~ **de thèse**
Doktorvater *m*

patronage [patʀɔnaʒ] *nm (parrainage)*
Schirmherrschaft *f*; *(club)* Jugendklub *m*; **sous le**
~ **de** unter der Schirmherrschaft von

patronal, e, -aux [patʀɔnal, o] *adj* Arbeitgeber-

patronat [patʀɔna] *nm* Arbeitgeber *pl*

patronner [patʀɔne] *vt (personne, entreprise)*
protegieren, sponsern; *(candidature)* unterstützen

patronnesse [patʀɔnɛs] *adj f:* **dame** ~ Gönnerin *f*

patronyme [patʀɔnim] *nm* Familienname *m*

patronymique [patʀɔnimik] *adj:* **nom** ~
Familienname *m*

patrouille [patʀuj] *nf (Mil)* Patrouille *f*; *(de police)*
Streife *f*; ~ **de chasse** Jagdgeschwader *nt*; ~ **de reconnaissance** Aufklärungspatrouille *f*

patrouiller [patʀuje] *vi* patrouillieren

patrouilleur [patʀujœʀ] *nm (Naut)*
Patrouillenboot *nt*; *(Aviat)* Patrouillenflugzeug *nt*

patte [pat] *nf (jambe)* Bein *nt*; *(pied: de chien, chat)*
Pfote *f*; *(: de canard etc)* Fuß *m*; *(languette de cuir, d'étoffe)* Streifen *m*; *(: de poche)* Klappe *f*; ~**s (de lapin)** Koteletten *pl*; **à** ~**s d'éléphant** *(pantalon)*
ausgestellt; ~**s d'oie** *(rides)* Krähenfüße *pl*; ~**s de mouche** *(écriture)* Gekrickel *nt*

pattemouille [patmuj] *nf* Bügeltuch *nt*

pâturage [pɑtyʀaʒ] *nm* Weide *f*, Weideland *nt*

pâture [pɑtyʀ] *nf* Futter *nt*

paume [pom] *nf* Handfläche *f*, Handteller *m*

paumé, e [pome] *(fam: péj) adj:* **il est complètement** ~ er ist völlig verkorkst

paumer [pome] *vt (fam: perdre)* verlieren; **se paumer** *vpr* sich verlaufen

paupérisation [popeʀizasjɔ̃] *nf* Verarmung *f*

paupérisme [popeʀism] *nm* Verarmung *f*

paupière [popjɛʀ] *nf* Lid *nt*

paupiette [popjɛt] *nf:* ~**s de veau** Kalbsroulade *f*

pause [poz] *nf* Pause *f*
pause-café [pozkafe] (*pl* **pauses-café**) *nf*
Kaffeepause *f*
pauvre [povʀ] *adj* arm ▷ *nm/f* Arme(r) *f(m)*; **les ~s**
die Armen *pl*; **~ en calcium** kalkarm
pauvrement [povʀəmã] *adv* ärmlich
pauvreté [povʀəte] *nf* Armut *f*
pavage [pavaʒ] *nm* (*action*) Pflastern *nt*;
(*revêtement*) Pflaster *nt*, Pflasterung *nt*
pavaner [pavane]: **se ~** *vpr* umherstolzieren
pavé, e [pave] *adj* gepflastert ▷ *nm* (*bloc*)
Pflasterstein *m*; (*pavement*) Pflaster *nt*,
Pflasterung *f*; (*bifteck*) (viereckiges) Steak *nt*; (*fam:
livre*) Wälzer *m*; **être sur le ~** auf der Straße sitzen
paver [pave] *vt* pflastern
pavillon [pavijɔ̃] *nm* (*belvédère, kiosque*) Pavillon *m*;
(*maisonnette, villa*) Häuschen *nt*; (*d'hôpital*) Station
f; (*de cor, de trompette*) Schalltrichter *m*; (*de l'oreille*)
Muschel *f*; (*drapeau*) Flagge *f*; **~ de complaisance**
Billigflagge *f*
pavoiser [pavwaze] *vt* beflaggen ▷ *vi* (*Naut*)
flaggen; (*fig*) frohlocken, jubilieren
pavot [pavo] *nm* Mohn *m*
payable [pɛjabl] *adj* zahlbar
payant, e [pɛjã, ãt] *adj* (*hôte, spectateur*) zahlend;
(*billet*) nicht kostenlos; (*spectacle*) wo Eintritt
verlangt wird; (*place*) kostenpflichtig; (*fig:
entreprise, coup*) gewinnbringend; **c'est ~** das
lohnt sich
paye [pɛj] *nf* Lohn *m*
payement [pɛjmã] *nm* Zahlung *f*; (*d'employé*)
Bezahlung *f*
payer [peje] *vt* (*créancier*) zahlen +*dat*; (*employé*)
bezahlen, zahlen +*dat*; (*rente, loyer, impôts,
appartement*) zahlen; (*déplacement*) bezahlen; (*fig:
faute, crime*) bezahlen für ▷ *vi* (*métier*) gut bezahlt
sein; (*effort, tactique, crime, coup*) sich auszahlen;
se payer *vpr*: **se ~ qch** sich *dat* etw leisten; **il me
l'a fait ~ 10 euros** er hat mich 10 Euro dafür
zahlen lassen; **~ qch à qn** jdm etw (be)zahlen;
ils nous ont payé le voyage sie haben uns die
Reise gezahlt; **~ qn de retour** es jdm
heimzahlen; **~ par chèque** mit einem Scheck
(be)zahlen; **~ en espèces** bar zahlen; **~ cher qch**
etw teuer bezahlen; **~ de sa personne** sich ganz
einbringen; **cela ne paie pas de mine** das
macht nicht viel her; **se ~ de mots** nur
daherreden (anstatt zu handeln); **se ~ la tête de
qn** jdn auf die Schippe nehmen; (*duper*) jdn an
der Nase herumführen
pays [pei] *nm* Land *nt*; **du ~** *adj* einheimisch; **le ~
de Galles** Wales *nt*
paysage [peizaʒ] *nm* Landschaft *f*
paysager, -ère [peizaʒe, ɛʀ] *adj* (*jardin, parc*)
Landschafts-
paysagiste [peizaʒist] *nm/f* (*Art*)
Landschaftsmaler(in) *m(f)*; (*de jardin*)
Landschaftsarchitekt(in) *m(f)*
paysan, ne [peizã, an] *nm/f* Bauer *m*, Bäuerin *f*
▷ *adj* bäuerlich
paysannat [peizana] *nm* Bauern *pl*
Pays-Bas [peiba] *nmpl* Niederlande *pl*

PC [pese] *sigle m* (= *parti communiste*) KP *f*; (= *personal
computer*) PC *m*
pcc *abr* (= *pour copie conforme*) DD
PCV [peseve] *abr* (= *percevoir*) R-Gespräch *nt*
PDA *sigle m* (= *personal digital assistant*) PDA *m*
PDG [pedeʒe] *sigle m* (= *président directeur général*) *voir*
président
p.-ê. *abr* = **peut-être**
péage [peaʒ] *nm* (*sur autoroute*) Straßenzoll *m*,
Maut *f*; (*sur pont*) Brückenzoll *m*; (*endroit*)
Mauthäuschen *nt*; **autoroute à ~** Autobahn *f*
mit Straßenzoll
peau, x [po] *nf* Haut *f*; **gants de ~** Handschuhe *pl*
aus feinem Leder; **être bien/mal dans sa ~** sich
in seiner Haut wohlfühlen/nicht wohlfühlen;
se mettre dans la ~ de qn sich in jds Lage
versetzen; **faire ~ neuve** seinen Stil völlig
ändern; **~ d'orange** Orangenhaut *f*; **~ de
chamois** (*chiffon*) Fensterleder *nt*
peaufiner [pofine] *vt* abrunden
Peau-Rouge [poʀuʒ] (*pl* **Peaux-Rouges**) *nm/f*
Rothaut *f*
peccadille [pekadij] *nf* lässliche Sünde *f*
pêche [pɛʃ] *nf* (*fruit*) Pfirsich *m*; (*au poisson*) Fischen
nt; (*: à la ligne*) Angeln *nt*; (*poissons pêchés*) Fang *m*;
aller à la ~ fischen/angeln gehen; **avoir la ~**
(*fam*) in Spitzenform sein; **~ à la ligne** Angeln;
~ sous-marine Unterwasserfischen *nt*
péché [peʃe] *nm* Sünde *f*; **~ mignon** lässliche
Sünde
pêche-abricot [pɛʃabʀiko] (*pl* **pêches-abricots**) *nf*
Aprikosenpfirsich *m*
pécher [peʃe] *vi* sündigen; (*être insuffisant*)
fehlerhaft sein; **~ contre la bienséance/les
bonnes mœurs** gegen den guten Ton/die guten
Sitten verstoßen
pêcher [peʃe] *nm* (*Bot*) Pfirsichbaum *m* ▷ *vi* (*en
mer*) fischen; (*en rivière*) angeln ▷ *vt* (*attraper*)
fangen, fischen; **~ au chalut** mit dem
Schleppnetz fischen
pécheur, -eresse [peʃœʀ, peʃʀɛs] *nm/f*
Sünder(in) *m(f)*
pêcheur [peʃœʀ] *nm* (*v pêcher*) Fischer(in) *m(f)*;
Angler(in) *m(f)*; **~ de perles** Perlenfischer *m*
pectine [pɛktin] *nf* Pektin *nt*
pectoral, e, -aux [pɛktɔʀal, o] *adj* (*sirop*) zum
Einreiben der Brust; (*muscle*) Brust-; **pectoraux**
nmpl (*Anat*) Brustmuskulatur *f*
pécule [pekyl] *nm* Ersparnisse *pl*
pécuniaire [pekynjɛʀ] *adj* finanziell
pécuniairement [pekynjɛʀmã] *adv* finanziell
pédagogie [pedagɔʒi] *nf* Pädagogik *f*
pédagogique [pedagɔʒik] *adj* pädagogisch,
Erziehungs-; **formation ~** Lehrerausbildung *f*
pédagogue [pedagɔg] *nm/f* Pädagoge *m*,
Pädagogin *f*
pédale [pedal] *nf* Pedal *nt*
pédaler [pedale] *vi* in die Pedale treten
pédalier [pedalje] *nm* (*d'une bicyclette*) Pedale *pl*
pédalo [pedalo] *nm* Tretboot *nt*
pédant, e [pedã, ãt] (*péj*) *adj* wichtigtuerisch
▷ *nm/f* Wichtigtuer(in) *m(f)*

pédantisme [pedɑ̃tism] *nm* Wichtigtuerei *f*
pédéraste [pederast] *nm* Homosexuelle(r) *m*
pédérastie [pederasti] *nf* Homosexualität *f*
pédestre [pedɛstʀ] *adj*: **tourisme ~** Wandern *nt*;
  randonnée ~ *(excursion)* Wanderung *f*
pédiatre [pedjatʀ] *nm/f* Kinderarzt *m*,
  Kinderärztin *f*
pédiatrie [pedjatʀi] *nf* Kinderheilkunde *f*,
  Pädiatrie *f*
pédicure [pedikyʀ] *nm/f* Fußpfleger(in) *m(f)*
pedigree [pedigʀe] *nm* Stammbaum *m*
peeling [piliŋ] *nm* Schälkur *f*
pègre [pɛgʀ] *nf* Unterwelt *f*
peignais *etc* [pɛɲɛ] *vb voir* **peindre**
peigne [pɛɲ] *vb voir* **peindre; peigner** ▷ *nm*
  Kamm *m*
peigné, e [peɲe] *adj*: **laine ~e** Kammgarn *nt*
peigner [peɲe] *vt* kämmen; **se peigner** *vpr* sich
  kämmen
peignez *etc* [peɲe] *vb voir* **peindre**
peignis *etc* [peɲi] *vb voir* **peindre**
peignoir [peɲwaʀ] *nm* Bademantel *m*; *(chez le
  coiffeur etc)* Frisierumhang *m*; *(déshabillé)*
  Morgenmantel *m*; **~ de bain** Bademantel; **~ de
  plage** Bademantel
peignons [pɛɲɔ̃] *vb voir* **peindre**
peinard, e [penaʀ, aʀd] *(fam) adj* gemütlich,
  geruhsam; **on est ~ ici** hier geht es gemütlich zu
peindre [pɛ̃dʀ] *vt (Art)* malen; *(mur)* streichen;
  (fig: dépeindre) beschreiben
peine [pɛn] *nf (effort)* Mühe *f*; *(chagrin)* Kummer *m*;
  (punition) Strafe *f*; **faire de la ~ à qn** jds Mitleid
  erwecken; **prendre la ~ de faire qch** sich *dat* die
  Mühe machen, etw zu tun; **se donner de la ~**
  sich *dat* Mühe geben; **ce n'est pas la ~** es ist
  nicht nötig; **avoir de la ~ à faire qch** Mühe
  haben, etw zu tun; **donnez-vous la ~ d'entrer**
  kommen Sie doch bitte herein; **pour la ~** dafür;
  c'est ~ perdue das ist verlorene Liebesmüh; **à ~**
  kaum; **à ~ était-elle sortie que** kaum war sie
  gegangen, als; **c'est à ~ si on l'entend** man hört
  ihn kaum; **défense d'afficher sous ~ d'amende**
  Plakatieren wird strafrechtlich verfolgt;
  ~ capitale *ou* **de mort** Todesstrafe *f*
peiner [pene] *vi* sich quälen ▷ *vt* betrüben
peint, e [pɛ̃, pɛ̃t] *pp de* **peindre**
peintre [pɛ̃tʀ] *nm (ouvrier)* Anstreicher(in) *m(f)*;
  (Art) Maler(in) *m(f)*; **~ en bâtiment**
  Anstreicher(in)
peinture [pɛ̃tyʀ] *nf (Art)* Malerei *f*; *(tableau)* Bild
  nt, Gemälde *nt*; *(matière)* Farbe *f*; *(action: de mur)*
  Anstreichen *nt*; (: *de paysage, personne)* Malen *nt*;
  (surface peinte) Anstrich *m*; **"~ fraîche"** „Vorsicht,
  frisch gestrichen!"; **ne pas pouvoir voir qn en ~**
  jdn nicht ausstehen können; **~ brillante** *ou*
  laquée Glanzlack *m*; **~ mate** Mattlack *m*
péjoratif, ive [peʒɔʀatif, iv] *adj* pejorativ,
  abwertend
Pékin [pekɛ̃] *n* Peking *nt*
pékinois, e [pekinwa, waz] *adj, nm (chien)*
  Pekinese *m*
PEL [peœɛl] *sigle m* (= *plan d'épargne logement*)

≈ Bausparen *nt*
pelade [pəlad] *nf* Haarausfall *m*
pelage [pəlaʒ] *nm* Fell *nt*
pelé, e [pəle] *adj (chien)* haarlos; *(terrain)* kahl
  ▷ *nm/f*: **trois ~s et un tondu** nur eine Handvoll
  Leute
pêle-mêle [pɛlmɛl] *adv* durcheinander
peler [pəle] *vt* schälen, pellen ▷ *vi* sich schälen
pèlerin [pɛlʀɛ̃] *nm* Pilger(in) *m(f)*
pèlerinage [pɛlʀinaʒ] *nm* Pilgerfahrt *f*, Wallfahrt
  f; *(lieu)* Wallfahrtsort *m*
pèlerine [pɛlʀin] *nf* Cape *nt*
pélican [pelikɑ̃] *nm* Pelikan *m*
pelisse [pəlis] *nf* Mantel *m* mit Pelzfutter
pelle [pɛl] *nf* Schaufel *f*; *(de terrassier)* Spaten *m*; **~ à
  gâteau** *ou* **à tarte** Tortenschaufel *f*, Tortenheber
  m; **~ mécanique** Schaufelbagger *m*
pelletée [pɛlte] *nf* Schaufel *f*
pelleter [pɛlte] *vt* schaufeln
pelleteuse [pɛltøz] *nf (pelle mécanique)*
  Schaufelbagger *m*
pelletier [pɛltje] *nm* Kürschner(in) *m(f)*
pellicule [pelikyl] *nf (couche fine)* Häutchen *nt*;
  (Photo, Ciné) Film *m*; **pellicules** *nfpl (Méd)*
  Schuppen *pl*
Péloponnèse [pelɔpɔnɛz] *nm* Peloponnes *m ou f*
pelote [p(ə)lɔt] *nf (de fil, laine)* Knäuel *nt*;
  ~ d'épingles Nadelkissen *nt*; **~ basque** Pelota *f*
peloter [p(ə)lɔte] *vt (fam)* begrapschen; **se
  peloter** *vpr* Petting machen
peloton [p(ə)lɔtɔ̃] *nm (Mil, groupe)* Trupp *m*; *(Sport)*
  (Haupt)feld *nt*; **~ d'exécution**
  Hinrichtungskommando *nt*
pelotonner [p(ə)lɔtɔne]: **se ~** *vpr* sich
  zusammenrollen
pelouse [p(ə)luz] *nf (gazon)* Rasen *m*; *(Courses)*
  Zuschauerbereich im Innenbereich der Pferderennbahn
peluche [p(ə)lyʃ] *nf (poil)* Fluse *f*; **animal en ~**
  Plüschtier *nt*, Stofftier *nt*
pelucher [p(ə)lyʃe] *vi* fusselig werden
pelucheux, -euse [p(ə)lyʃø, øz] *adj* fusselig
pelure [p(ə)lyʀ] *nf (de fruit, légume)* Schale *f*;
  ~ d'oignon Zwiebelschale *f*, Zwiebelhaut *f*
pénal, e, -aux [penal, o] *adj* Straf-
pénalisation [penalizasjɔ̃] *nf (Sport)* Bestrafung *f*
pénaliser [penalize] *vt* bestrafen
pénalité [penalite] *nf* Strafe *f*; *(Rugby)* Strafstoß *m*
penalty [penalti] *(pl* **penalties**) *nm* Elfmeter *m*
pénard, e [penaʀ, aʀd] *adj voir* **peinard**
pénates [penat] *nmpl*: **regagner ses ~** an den
  heimischen Herd zurückkehren
penaud, e [pəno, od] *adj* verlegen
penchant [pɑ̃ʃɑ̃] *nm*: **avoir un ~ à qch** eine
  Neigung zu etw haben; **avoir un ~ pour qch**
  eine Vorliebe für etw haben
penché, e [pɑ̃ʃe] *adj* schräg
pencher [pɑ̃ʃe] *vi* sich neigen ▷ *vt* neigen; **se
  pencher** *vpr* sich vorbeugen; *(se baisser)* sich
  hinunterneigen; **~ pour** neigen zu; **se ~ sur** *(fig:
  problème, question)* sich vertiefen in +*acc*; **se ~ au
  dehors** herauslehnen
pendable [pɑ̃dabl] *adj*: **c'est un cas ~!** das ist ein

Fall für den Richter!; **tour** ~ schlechter *ou* übler Scherz *m*

pendaison [pɑ̃dɛzɔ̃] *nf* (*de personne*) Erhängen *nt*

pendant, e [pɑ̃dɑ̃, ɑ̃t] *adj* (*qui pend*) hängend; (*en instance*) schwebend ▷ *nm*: **être le ~ de** das Gegenstück sein zu ▷ *prép* während; **faire ~ à** entsprechen +*dat*; ~ **que** während; ~**s d'oreilles** Ohrringe *pl*

pendeloque [pɑ̃d(ə)lɔk] *nf* (*bijou*) Ohrgehänge *nt*; (*de lustre*) Leuchtergehänge *nt*

pendentif [pɑ̃dɑ̃tif] *nm* (*bijou*) Anhänger *m*

penderie [pɑ̃dʀi] *nf* (*meuble*) Kleiderschrank *m*; (*placard*) Ankleidekammer *f*

pendiller [pɑ̃dije] *vi* herumbaumeln

pendre [pɑ̃dʀ] *vt* (*objet*) aufhängen; (*personne*) hängen ▷ *vi* hängen; **se pendre** *vpr*: **se ~ (à)** (*se suicider*) sich aufhängen (an +*dat*); ~ **à** hängen an +*dat*; **se ~ à** (*se suspendre*) sich hängen an +*acc*

pendu, e [pɑ̃dy] *pp de* **pendre** ▷ *nm/f* Gehängte(r) *f(m)*, Gehenkte(r) *f(m)*

pendulaire [pɑ̃dylɛʀ] *adj* pendelnd, Pendel-

pendule [pɑ̃dyl] *nf* Stiluhr *f*; (*au mur*) Wanduhr *f* ▷ *nm* Pendel *nt*

pendulette [pɑ̃dylɛt] *nf*: ~ **de voyage** Reiseuhr *f*

pêne [pɛn] *nm* Riegel *m*

pénétrant, e [penetʀɑ̃, ɑ̃t] *adj* (*froid*) durchdringend, schneidend; (*pluie*) durchdringend; (*odeur*) penetrant; (*œil, regard*) scharf, durchdringend; (*perspicace*) scharfsinnig ▷ *nf* (*route*) Schnellstraße *f*

pénétration [penetʀasjɔ̃] *nf* (*fig: d'idées etc*) Durchdringen *nt*; (*perspicacité*) Auffassungsgabe *f*; (*Mil*) Durchschlagskraft *f*

pénétré, e [penetʀe] *adj* (*air, ton*) überzeugt; **être ~ de** erfüllt *ou* durchdrungen sein von; **être ~ de son importance** von seiner eigenen Wichtigkeit sehr überzeugt sein

pénétrer [penetʀe] *vi* eindringen ▷ *vt* eindringen in +*acc*; (*mystère, secret*) herausfinden; **se pénétrer** *vpr*: **se ~ de qch** sich *dat* etw in den Kopf setzen; ~ **dans** *ou* **à l'intérieur de** eindringen in +*acc*

pénible [penibl] *adj* mühsam, schwierig; (*douloureux, affligeant*) schmerzlich; (*personne*) lästig; **il m'est ~ de** macht mir sehr traurig, zu

péniblement [penibləmɑ̃] *adv* mühsam; (*avec douleur*) schmerzlich; (*tout juste*) kaum

péniche [peniʃ] *nf* Frachtkahn *m*, Lastkahn *m*; ~ **de débarquement** Landungsboot *nt*

pénicilline [penisilin] *nf* Penizillin *nt*

péninsulaire [penɛ̃sylɛʀ] *adj* Halbinsel-

péninsule [penɛ̃syl] *nf* Halbinsel *f*

pénis [penis] *nm* Penis *m*

pénitence [penitɑ̃s] *nf* (*repentir*) Reue *f*; (*peine*) Buße *f*; (*punition*) Strafe *f*; **pour ta ~** zur Strafe; **faire ~** Buße tun

pénitencier [penitɑ̃sje] *nm* (*prison*) Zuchthaus *nt*

pénitent, e [penitɑ̃, ɑ̃t] *adj* reuig

pénitentiaire [penitɑ̃sjɛʀ] *adj* Straf-

pénombre [penɔ̃bʀ] *nf* Halbdunkel *nt*

pensable [pɑ̃sabl] *adj*: **ce n'est pas ~** das ist undenkbar

pensant, e [pɑ̃sɑ̃, ɑ̃t] *adj*: **bien ~** konformistisch

pense-bête [pɑ̃sbɛt] (*pl* ~**s**) *nm* Eselsbrücke *f*

pensée [pɑ̃se] *nf* (*faculté*) Denken *nt*; (*ce que l'on pense*) Gedanke *m*; (*manière de penser*) Gedanken *pl*; (*esprit*) Geist *m*; (*doctrine*) Lehre *f*; (*Bot*) Stiefmütterchen *nt*; **en ~** im Geist

penser [pɑ̃se] *vi* denken; (*réfléchir aussi*) nachdenken ▷ *vt* denken; (*imaginer*) sich *dat* denken; (*concevoir*) sich *dat* ausdenken; ~ **à** denken an +*acc*; (*problème, offre*) nachdenken über +*acc*; ~ **que** denken, dass; ~ **à faire qch** daran denken, etw zu tun; ~ **faire qch** vorhaben, etw zu tun; ~ **du bien/du mal de qn/qch** gut/schlecht über jdn/etw denken; **faire ~ à** erinnern an +*acc*; **n'y pensons plus** vergessen wirs; **qu'en pensez-vous?** was denken *ou* halten Sie davon?; **je le pense aussi** das denke ich auch; **je ne le pense pas** ich denke, nicht; **je pense que oui/non** ich denke ja/nein; **j'aurais pensé que si/non** ich hätte gedacht ja/nein; **vous n'y pensez pas!** daran ist nicht zu denken!; **sans ~ à mal** ohne etwas Böses zu denken

penseur [pɑ̃sœʀ] *nm* Denker(in) *m(f)*; **libre ~** Freidenker(in) *m(f)*

pensif, -ive [pɑ̃sif, iv] *adj* nachdenklich

pension [pɑ̃sjɔ̃] *nf* (*allocation*) Rente *f*; (*prix du logement*) Unterkunft *f*; (*petit hôtel*) Pension *f*; (*école*) Internat *nt*; **prendre ~ chez qn/dans un hôtel** sich bei jdm/in einem Hotel einquartieren; **prendre qn en ~** jdm ein Zimmer vermieten; **mettre en ~** (*enfant*) in ein Internat schicken; ~ **alimentaire** (*d'étudiant*) Unterhaltszuschuss *m*; (*de divorcée*) Unterhalt *m*; ~ **complète** Vollpension *f*; ~ **d'invalidité** Invalidenrente *f*; ~ **de famille** Familienpension *f*; ~ **de guerre** Kriegsrente *f*

pensionnaire [pɑ̃sjɔnɛʀ] *nm/f* (*dans hôtel*) Pensionsgast *m*; (*dans une école*) Internatsschüler(in) *m(f)*

pensionnat [pɑ̃sjɔna] *nm* Internat *nt*

pensionné, e [pɑ̃sjɔne] *adj* pensioniert ▷ *nm/f* Rentner(in) *m(f)*

pensivement [pɑ̃sivmɑ̃] *adv* nachdenklich

pensum [pɛ̃sɔm] *nm* (*Scol*) Strafarbeit *f*; (*fig*) lästige Arbeit *f*

pentagone [pɛ̃tagɔn] *nm* (*Géom*) Fünfeck *nt*; **le P~** (*Pol*) das Pentagon

pentathlon [pɛ̃tatlɔ̃] *nm* (*moderner*) Fünfkampf *m*

pente [pɑ̃t] *nf* Hang *m*; (*descente*) Abhang *m*; (*inclinaison*) Gefälle *nt*; **en ~** schräg, abfallend

Pentecôte [pɑ̃tkot] *nf*: **la ~** Pfingsten *nt*; (*dimanche*) der Pfingstsonntag; **lundi de ~** Pfingstmontag *m*

pénurie [penyʀi] *nf* Mangel *m*, Knappheit *f*; ~ **de main d'œuvre** Personalmangel *m*

pépé [pepe] (*fam*) *nm* Opa *m*

pépère [pepɛʀ] (*fam*) *adj* gemütlich ▷ *nm* Opa *m*

pépier [pepje] *vi* zwitschern

pépin [pepɛ̃] *nm* (*Bot*) Kern *m*; (*fam: ennui*) Haken *m*; (: *parapluie*) Regenschirm *m*

pépinière [pepinjɛʀ] *nf* Baumschule *f*; (*fig*) Brutstätte *f*

pépiniériste [pepinjeʀist] *nm/f* Gärtner(in) *m(f)*
(*hauptsächlich mit Frühbeeten*)
pépite [pepit] *nf* Goldklumpen *m*
PER [peəeʀ] *sigle m* (= *plan d'épargne retraite*)
≈ Rentensparen *nt*
perçant, e [peʀsɑ̃, ɑ̃t] *adj* durchdringend,
stechend; (*vue*) scharf; (*cri, voix*) schrill
percée [peʀse] *nf* Durchbruch *m*; (*trouée*) Öffnung
f; **tenter/faire une ~** einen Durchbruch
versuchen/machen
perce-neige [peʀsənɛʒ] *nm ou f* Schneeglöckchen
nt
perce-oreille [peʀsɔʀej] (*pl* **~s**) *nm* Ohrenkneifer *m*
percepteur [peʀseptœʀ] *nm* (*Admin*)
Steuereinnehmer(in) *m(f)*
perceptible [peʀseptibl] *adj* wahrnehmbar
perception [peʀsepsjɔ̃] *nf* (*sensation*)
Wahrnehmung *f*; (*d'impôts etc*) Einnahme *f*;
(*bureau*) Finanzamt *nt*
percer [peʀse] *vt* ein Loch machen in +*acc*;
(*oreilles, narines*) durchstechen; (*abcès*)
aufschneiden; (*coffre-fort*) sprengen; (*pneu*) zum
Platzen bringen; (*trou, tunnel*) bohren; (*fenêtre*)
ausbrechen; (*avenue*) anlegen; (*mystère, énigme*)
auflösen; (*suj: bruit, lumière, soleil*) durchdringen
▷ *vi* durchkommen; (*réussir*) den Durchbruch
schaffen; **~ une dent** zahnen
perceuse [peʀsøz] *nf* Bohrer *m*; **~ à percussion**
Schlagbohrer *m*
percevable [peʀsəvabl] *adj* zahlbar, zu zahlen
percevoir [peʀsəvwaʀ] *vt* (*discerner*)
wahrnehmen; (*taxe, impôt*) einnehmen
perche [peʀʃ] *nf* (*Zool*) Flussbarsch *m*; (*pièce de bois,
métal*) Stange *f*; **~ à son** Galgen *m*
percher [peʀʃe] *vt*: **~ sur** setzen auf +*acc*; (*aussi*: **se
percher**: *oiseau*) hocken
perchiste [peʀʃist] *nm/f* (*Sport*) Stabhochspringer
m; (*TV, Ciné*) Tontechniker(in) *m(f)*
perchoir [peʀʃwaʀ] *nm* Stange *f*; (*Pol*)
Präsidentenamt in der französischen
Nationalversammlung
perclus, e [peʀkly, yz] *adj*: **~ de rhumatismes**
vom Rheuma lahmgelegt
perçois *etc* [peʀswa] *vb voir* **percevoir**
percolateur [peʀkɔlatœʀ] *nm* Kaffeemaschine *f*
perçu, e [peʀsy] *pp de* **percevoir**
percussion [peʀkysjɔ̃] *nf* (*Mus*) Schlagzeug *nt*
percussionniste [peʀkysjɔnist] *nm/f*
Schlagzeuger(in) *m(f)*
percutant, e [peʀkytɑ̃, ɑ̃t] *adj* (*article, discours*)
schlagkräftig; **obus ~** Durchschlaggeschoss *nt*
percuter [peʀkyte] *vt* stoßen auf +*acc*, schlagen
auf +*acc*; (*suj: véhicule*) knallen gegen ▷ *vi*: **~
contre** knallen gegen
percuteur [peʀkytœʀ] *nm* (*d'arme à feu*) Hammer *m*
perdant, e [peʀdɑ̃, ɑ̃t] *nm/f* (*personne*) Verlierer(in)
m(f)
perdition [peʀdisjɔ̃] *nf* (*morale*) Verderben *nt*; **en ~**
(*Naut*) in Seenot; **lieu de ~** Sündenpfuhl *m*
perdre [peʀdʀ] *vt* verlieren; (*gaspiller*)
verschwenden; (*manquer*) verpassen; (*moralement*)
verderben, ins Verderben stürzen; (*causer préjudice*

à) jds Verderben sein ▷ *vi* verlieren;
(*financièrement*) einen Verlust machen; (*fuir*)
undicht sein, lecken; **se perdre** *vpr* (*s'égarer*) sich
verlaufen; (*rester inutilisé*) liegen bleiben;
(*disparaître: paroles, rivière*) sich verlieren; (*métier,
sens, usage*) verloren gehen; **il ne perd rien pour
attendre!** er kommt noch dran!; **~ son chemin**
sich verirren; **~ de vue** aus den Augen verlieren;
~ connaissance/l'équilibre das Bewusstsein/
das Gleichgewicht verlieren; **~ la raison/la
parole/la vue** den Verstand/die Sprache/das
Augenlicht verlieren
perdreau, x [peʀdʀo] *nm* Rebhuhnjunges *nt*
perdrix [peʀdʀi] *nf* Rebhuhn *nt*
perdu, e [peʀdy] *pp de* **perdre** ▷ *adj* verloren;
(*enfant, chien*) verirrt; (*isolé*) abgelegen,
gottverlassen; (*emballage*) Einweg-; (*occasion*)
verpasst, vertan; **il est ~** (*malade, blessé*) er ist
nicht zu retten; **à vos moments ~s** in einer
Mußestunde
père [peʀ] *nm* Vater *m*; (*Rel*) Pater *m*; **pères** *nmpl*
(*ancêtres*) Vorväter *pl*; **de ~ en fils** vom Vater auf
den Sohn; **~ de famille** Familienvater *m*; **le ~
Noël** der Weihnachtsmann
pérégrinations [peʀegʀinasjɔ̃] *nfpl*
Wanderschaft *f*
péremption [peʀɑ̃psjɔ̃] *nf*: **date de ~**
Verfallsdatum *nt*
péremptoire [peʀɑ̃ptwaʀ] *adj* kategorisch
pérennité [peʀenite] *nf* Fortbestand *m*
péréquation [peʀekwasjɔ̃] *nf* Anpassung *f*
perfectible [peʀfɛktibl] *adj* verbesserungsfähig
perfection [peʀfɛksjɔ̃] *nf* Vollkommenheit *f*,
Perfektion *f*; **à la ~** vollkommen
perfectionné, e [peʀfɛksjone] *adj* (*machine etc*)
kompliziert
perfectionnement [peʀfɛksjɔnmɑ̃] *nm*
Vervollkommnen *nt*
perfectionner [peʀfɛksjone] *vt*
vervollkommnen; **se perfectionner** *vpr*: **se ~ en
anglais** sein Englisch verbessern
perfectionniste [peʀfɛksjɔnist] *nm/f*
Perfektionist(in) *m(f)*
perfide [peʀfid] *adj* heimtückisch; (*manœuvre*)
hinterlistig
perfidie [peʀfidi] *nf* (*v adj*) Heimtücke *f*;
Hinterlist *f*
perforant, e [peʀfɔʀɑ̃] *adj* (*balle, obus*)
panzerbrechend
perforation [peʀfɔʀasjɔ̃] *nf* (*v vt*) Perforieren *nt*,
Lochen *nt*; (*trou*) Perforierung *f*; **~ intestinale**
Darmperforation *f*
perforatrice [peʀfɔʀatʀis] *nf* (*perceuse*) Bohrer *m*
perforé, e [peʀfɔʀe] *adj*: **carte/bande ~e**
Lochkarte *f*/Lochstreifen *m*
perforer [peʀfɔʀe] *vt* (*intestin*) perforieren; (*ticket,
bande, carte*) lochen
perforeuse [peʀfɔʀøz] *nf voir* **perforatrice**
performance [peʀfɔʀmɑ̃s] *nf* Leistung *f*;
performances *nfpl* voir Leistung *f*
performant, e [peʀfɔʀmɑ̃, ɑ̃t] *adj* (*Écon*)
wettbewerbsfähig; (*Tech*) leistungsfähig

perfusion [pɛʀfyzjɔ̃] *nf* (*Méd*) Infusion *f*; **faire une ~ à qn** jdm eine Infusion legen
péricliter [peʀiklite] *vi* bergab gehen
péridurale [peʀidyʀal] *nf* Epiduralanästhesie *f*
périgourdin, e [peʀiɡuʀdɛ̃, in] *adj* aus dem Périgord; (*ville*) aus Périgueux ▷ *nm/f*: **Périgourdin, e** Einwohner(in) *m(f)* von Périgord/Périgueux
péri-informatique [peʀiɛ̃fɔʀmatik] (*pl* **~s**) *nf* Peripheriegeräte *pl*
péril [peʀil] *nm* Gefahr *f*; **au ~ de sa vie** unter Lebensgefahr; **à ses risques et ~s** auf eigene Gefahr
périlleux, -euse [peʀijø, øz] *adj* gefährlich
périmé, e [peʀime] *adj* (*conception, idéologie*) veraltet, überholt; (*billet*) verfallen; (*passeport*) abgelaufen
périmètre [peʀimɛtʀ] *nm* (*Math*) Umfang *m*; (*ligne*) Grenze *f*; (*zone*) Umkreis *m*
périnatal, e, -aux [peʀinatal] *adj* perinatal
période [peʀjɔd] *nf* Zeit *f*, Zeitraum *m*; (*Phys, Math*) Periode *f*; **~ de l'ovulation** Zeit des Eisprungs; **~ d'incubation** Inkubationszeit *f*
périodique [peʀjɔdik] *adj* periodisch; (*journal, publication*) regelmäßig erscheinend ▷ *nm* (*revue*) Zeitschrift *f*; **garniture** *ou* **serviette ~** (Damen)binde *f*
périodiquement [peʀjɔdikmɑ̃] *adv* periodisch
péripéties [peʀipesi] *nfpl* Ereignisse *pl*, Vorfälle *pl*
périphérie [peʀifeʀi] *nf* Peripherie *f*; (*d'une ville*) Stadtrand *m*
périphérique [peʀifeʀik] *adj* Außen-; (*Anat, Inform*) peripher ▷ *nm* (*Inform*) Peripheriegerät *nt*; (**boulevard**) ~ Umgehungsstraße *f*
périphrase [peʀifʀɑz] *nf* Umschreibung *f*
périple [peʀipl] *nm* Reise *f*
périr [peʀiʀ] *vi* (*personne*) umkommen, sterben; (*navire*) untergehen
périscolaire [peʀiskɔlɛʀ] *adj* außerschulisch
périscope [peʀiskɔp] *nm* Periskop *nt*
périssable [peʀisabl] *adj* (*denrée*) verderblich
péristyle [peʀistil] *nm* Peristyle *nt*
péritonite [peʀitɔnit] *nf* Bauchfellentzündung *f*
perle [pɛʀl] *nf* Perle *f*; (*de liquide*) Tropfen *m*; (*erreur*) Stilblüte *f*
perlé, e [pɛʀle] *adj* (*dents*) perlengleich; (*rire*) perlend; (*travail*) hervorragend; (*orge*) Perl-; **grève ~e** Teilstreik *m*
perler [pɛʀle] *vi* (*sueur*) herabperlen, herabtropfen
perlier, -ière [pɛʀlje, jɛʀ] *adj* Perlen-
permanence [pɛʀmanɑ̃s] *nf* Beständigkeit *f*; (*local: Admin, Méd*) Bereitschaft(szentrale) *f*; (: *Scol*) Studierraum *m*; **en ~** *adv* permanent, ständig; **assurer une ~** die Grundversorgung sicherstellen; **être de ~** Bereitschaft(sdienst) haben
permanent, e [pɛʀmanɑ̃, ɑ̃t] *adj* (*trait, élément, situation*) beständig, dauerhaft; (*pouvoir*) beständig; (*continu*) ständig; (*comité, envoyé*) ständig ▷ *nf* Dauerwelle *f* ▷ *nm* (*d'un syndicat, parti*) bezahlter Funktionär *m*
perméable [pɛʀmeabl] *adj* durchlässig; **~ à** (*fig*) offen für
permettre [pɛʀmɛtʀ] *vt* erlauben; **se permettre** *vpr*: **se ~ qch** sich *dat* etw erlauben *ou* herausnehmen; **~ à qn de faire qch** jdm erlauben, etw zu tun; **rien ne permet de penser que ...** nichts berechtigt zum Glauben, dass ...; **~ qch à qn** jdm etw erlauben; **se ~ de faire qch** sich *dat* erlauben, etw zu tun; **permettez!** erlauben Sie!
permis, e [pɛʀmi, iz] *pp de* **permettre** ▷ *nm* Genehmigung *f*, Erlaubnis *f*; **~ d'inhumer** Totenschein *m*; **~ de chasse** Jagdschein *m*; **~ de conduire** Führerschein *m*; **~ de pêche** Angelschein *m*; **~ de séjour** Aufenthaltsgenehmigung *f*; **~ de travail** Arbeitsgenehmigung *f*; **~ poids lourds** Lkw-Führerschein *m*
permissif, -ive [pɛʀmisif, iv] *adj* freizügig
permission [pɛʀmisjɔ̃] *nf* Erlaubnis *f*; (*Mil*) Urlaub *m*; (: *papier*) Urlaubsschein *m*; **avoir la ~ de faire qch** die Erlaubnis haben, etw zu tun; **en ~** (*Mil*) auf Urlaub
permissionnaire [pɛʀmisjɔnɛʀ] *nm* (*Mil*) Soldat *m* auf Urlaub
permutable [pɛʀmytabl] *adj* austauschbar
permutation [pɛʀmytasjɔ̃] *nf* Tausch *m*; (*Math*) Permutation *f*
permuter [pɛʀmyte] *vt* austauschen ▷ *vi* tauschen
pernicieux, -euse [pɛʀnisjø, jøz] *adj* (*Méd*) bösartig; (: *anémie*) perniziös; (*fig*) gefährlich
péroné [peʀɔne] *nm* Wadenbein *nt*
pérorer [peʀɔʀe] *vi* Volksreden halten
Pérou [peʀu] *nm*: **le ~** Peru *nt*
perpendiculaire [pɛʀpɑ̃dikylɛʀ] *adj* rechtwinklig, senkrecht ▷ *nf* Senkrechte *f*; **~ à** senkrecht zu
perpendiculairement [pɛʀpɑ̃dikylɛʀmɑ̃] *adv* senkrecht
perpète [pɛʀpɛt] (*fam*) *nf*: **à ~** (*loin*) ewig weit weg; (*longtemps*) ewig; **être condamné à ~** lebenslänglich bekommen
perpétrer [pɛʀpetʀe] *vt* begehen, verüben
perpétuel, le [pɛʀpetɥɛl] *adj* ständig, fortwährend; (*fonction etc*) auf Lebenszeit, lebenslang
perpétuellement [pɛʀpetɥɛlmɑ̃] *adv* ewig, ständig
perpétuer [pɛʀpetɥe] *vt* aufrechterhalten, bewahren; **se perpétuer** *vpr* (*usage, injustice*) sich einschleifen; (*espèce*) überleben
perpétuité [pɛʀpetɥite] *nf*: **à ~** *adj* lebenslänglich ▷ *adv*: **être condamné à ~** lebenslänglich verurteilt werden
perplexe [pɛʀplɛks] *adj* ratlos
perplexité [pɛʀplɛksite] *nf* Ratlosigkeit *f*
perquisition [pɛʀkizisjɔ̃] *nf* Haussuchung *f*
perquisitionner [pɛʀkizisjɔne] *vi* eine Haussuchung vornehmen
perron [peʀɔ̃] *nm* Freitreppe *f*
perroquet [peʀɔkɛ] *nm* Papagei *m*
perruche [peʀyʃ] *nf* Wellensittich *m*

perruque [peʀyk] *nf* Perücke *f*
persan, e [pɛʀsɑ̃, an] *adj* (*chat, cheval*) Perser-
Perse [pɛʀs] *nf*: **la ~** Persien *nt*
persécuter [pɛʀsekyte] *vt* verfolgen
persécution [pɛʀsekysjɔ̃] *nf* Verfolgung *f*
persévérance [pɛʀseveʀɑ̃s] *nf* Ausdauer *f*, Beharrlichkeit *f*
persévérant, e [pɛʀseveʀɑ̃, ɑ̃t] *adj* ausdauernd, beharrlich
persévérer [pɛʀsevere] *vi* nicht aufgeben; **~ à croire que** unbeirrt glauben, dass; **~ dans qch** etw nicht aufgeben; (*dans une erreur*) auf einer Sache *dat* beharren
persiennes [pɛʀsjɛn] *nfpl* Fensterläden *pl* (*mit schrägen Latten*)
persiflage [pɛʀsiflaʒ] *nm* Spott *m*, Gespött *nt*
persifleur, -euse [pɛʀsiflœʀ, øz] *adj* spöttisch
persil [pɛʀsi] *nm* Petersilie *f*
persillé, e [pɛʀsije] *adj* (*avec du persil*) Petersilien-; (*fromage*) mit Schimmelpilzen; (*viande*) durchwachsen
Persique [pɛʀsik] *adj*: **le golfe ~** der Persische Golf *m*
persistance [pɛʀsistɑ̃s] *nf* (*de fièvre, odeur, douleur etc*) Anhalten *nt*; (*de personne*) Beharrlichkeit *f*
persistant, e [pɛʀsistɑ̃, ɑ̃t] *adj* anhaltend, andauernd; (*feuilles*) immergrün; **arbre à feuillage ~** immergrüner Baum *m*
persister [pɛʀsiste] *vi* (*froid, mode, douleur etc*) anhalten, fortdauern; (*personne*) nicht aufhören, beharrlich sein; **~ dans qch** auf etw *dat* beharren; **~ à faire qch** etw weiterhin tun
personnage [pɛʀsɔnaʒ] *nm* Persönlichkeit *f*; (*Litt*) Person *f*
personnaliser [pɛʀsɔnalize] *vt* (*voiture, appartement*) eine persönliche Note geben +*dat*; (*impôt, assurance, crédit*) auf den Einzelnen abstimmen
personnalité [pɛʀsɔnalite] *nf* Persönlichkeit *f*
personne [pɛʀsɔn] *nf* Person *f* ▷ *pron* niemand; **personnes** *nfpl* Menschen *pl*; **10 euros par ~** 10 Euro pro Person; **en ~** persönlich; **il n'y a ~** es ist niemand da; **mieux que ~** besser als alle anderen; **~ à charge** Abhängige(r) *f(m)*; **~ âgée** älterer Mensch *m*; **~ civile** *ou* **morale** (*Jur*) juristische Person *f*
personnel, le [pɛʀsɔnɛl] *adj* persönlich; (*égoïste*) selbstsüchtig; (*Ling*) Personal- ▷ *nm* (*employés*) Personal *nt*; **service du ~** Personalabteilung *f*
personnellement [pɛʀsɔnɛlmɑ̃] *adv* persönlich
personnification [pɛʀsɔnifikasjɔ̃] *nf* Verkörperung *f*
personnifier [pɛʀsɔnifje] *vt* verkörpern; **c'est l'honnêteté personnifiée** er ist die Ehrlichkeit in Person
perspective [pɛʀspɛktiv] *nf* Perspektive *f*; (*point de vue*) Blickwinkel *m*; (*chose escomptée*) Aussichten *pl*; **perspectives** *nfpl* Aussichten; **en ~** in Aussicht
perspicace [pɛʀspikas] *adj* scharfsinnig
perspicacité [pɛʀspikasite] *nf* Scharfsinn *m*
persuader [pɛʀsɥade] *vt*: **~ qn de qch** jdn von

etw überzeugen; **~ qn de faire qch** jdn dazu überreden, etw zu tun; **j'en suis persuadé** davon bin ich überzeugt
persuasif, -ive [pɛʀsɥazif, iv] *adj* überzeugend
persuasion [pɛʀsɥazjɔ̃] *nf* Überzeugung(skraft) *f*
perte [pɛʀt] *nf* Verlust *m*; (*gaspillage*) Verschwendung *f*; (*d'une occasion*) Verpassen *nt*; (*fig: morale*) Ruin *m*; **pertes** *nfpl* Verluste *pl*; **à ~** (*Comm*) mit Verlust; **à ~ de vue** so weit das Auge reicht; (*fig*) endlos; **en pure ~** für nichts und wieder nichts; **courir à sa ~** auf den Ruin zusteuern; **être en ~ de vitesse** auf dem absteigenden Ast sein; **avec ~ et fracas** mit Gewalt; **~ de chaleur/d'énergie** Hitzeverlust *m*/ Energieverlust *m*; **~ sèche** Totalverlust *m*; **~s blanches** Ausfluss *m*
pertinemment [pɛʀtinamɑ̃] *adv* treffend; (*savoir*) genau
pertinence [pɛʀtinɑ̃s] *nf* Genauigkeit *f*
pertinent, e [pɛʀtinɑ̃, ɑ̃t] *adj* treffend
perturbateur, -trice [pɛʀtyʀbatœʀ, tʀis] *adj* störend ▷ *nm/f* Störenfried *m*
perturbation [pɛʀtyʀbasjɔ̃] *nf* Störung *f*; (*agitation*) Unruhe *f*; **~ (atmosphérique)** atmosphärische Störungen *pl*
perturber [pɛʀtyʀbe] *vt* stören; (*Psych*) beunruhigen, verstören
péruvien, ne [peʀyvjɛ̃, jɛn] *adj* peruanisch ▷ *nm/ f*: **Péruvien, ne** Peruaner(in) *m(f)*
pervenche [pɛʀvɑ̃ʃ] *nf* (*Bot*) Immergrün *nt* ▷ *adj*: **bleu ~** strahlendes Blau *nt*
pervers, e [pɛʀvɛʀ, ɛʀs] *adj* pervers ▷ *nm/f* perverser Mensch *m*
perversion [pɛʀvɛʀsjɔ̃] *nf* Perversion *f*
perversité [pɛʀvɛʀsite] *nf* Perversität *f*
perverti, e [pɛʀvɛʀti] *nm/f* perverser Mensch *m*
pervertir [pɛʀvɛʀtiʀ] *vt* verderben
pesage [pəzaʒ] *nm* (*action*) Wiegen *nt*; (*Hippisme: salle*) Wiegezimmer *nt*; (: *enceinte*) Wiegeplatz *m*
pesamment [pəzamɑ̃] *adv* schwerfällig
pesant, e [pəzɑ̃, ɑ̃t] *adj* schwer; (*pas*) schwer(fällig); (*présence*) lästig; (*sommeil*) tief ▷ *nm*: **valoir son ~ d'or** sein Gewicht in Gold wert sein
pesanteur [pəzɑ̃tœʀ] *nf* (*Phys*) Schwerkraft *f*
pèse-bébé [pɛzbebe] (*pl* **~(s)**) *nm* Säuglingswaage *f*
pesée [pəze] *nf* Wiegen *nt*; (*examen*) Abwägen *nt*; (*pression*) Druck *m*
pèse-lettre [pɛzlɛtʀ] (*pl* **~(s)**) *nm* Briefwaage *f*
pèse-personne [pɛzpɛʀsɔn] (*pl* **~(s)**) *nm* Personenwaage *f*
peser [pəze] *vt* zu wiegen; (*considérer, comparer*) abwägen ▷ *vi* wiegen; (*fig*) schwer wiegen; **~ cent kilos** 100 kg wiegen; **~ sur** (*levier, bouton*) drücken auf +*acc*; (*fig: accabler*) lasten auf +*dat*; (: *responsabilité, remords*) belasten; (*influencer*) beeinflussen; **~ à qn** jdm zu schaffen machen
pessimisme [pesimism] *nm* Pessimismus *m*
pessimiste [pesimist] *adj* pessimistisch ▷ *nm/f* Pessimist(in) *m(f)*
peste [pɛst] *nf* Pest *f*; **une ~** (*fig*) eine Nervensäge *f*

pester [pɛste] vi: ~ **contre** schimpfen auf +acc
pesticide [pɛstisid] nm
Schädlingsbekämpfungsmittel nt
pestiféré [pɛstifeʀe] nm/f Pestkranke(r) f(m)
pestilentiel, le [pɛstilɑ̃sjɛl] adj übel riechend;
(odeur) übel
pet [pɛ] (fam!) nm Furz m (fam!)
pétale [petal] nm Blütenblatt nt
pétanque [petɑ̃k] nf südfranzösisches Kugelspiel
pétarade [petaʀad] nf Fehlzündungen pl
pétarader [petaʀade] vi Fehlzündungen haben
pétard [petaʀ] nm (feu d'artifice) Knallkörper m; (de
cotillon) Knallbonbon m ou nt
pet-de-nonne [pɛdnɔn] (pl **pets-de-nonne**) nm
Nonnenfürzchen nt
péter [pete] (fam) vi (grenade) explodieren; (ficelle,
bouton, lacet) bersten; (fam!) furzen (fam!)
pète-sec [pɛtsɛk] adj inv scharfzüngig
pétillant, e [petijɑ̃, ɑ̃t] adj (eau) perlend; (vin)
moussierend; (regard) funkelnd
pétiller [petije] vi (flamme, feu, bois) knistern;
(mousse, écume, champagne) perlen; (joie, yeux)
funkeln; ~ **d'intelligence** vor Intelligenz
sprühen
petit, e [p(ə)ti, -it] adj klein; (pluie) fein; (court)
kurz; (bruit, cri) schwach; (mesquin) gemein ▷ nm/f
(petit enfant) Kleinkind nt ▷ nm (d'un animal)
Junge(s) nt; **mon ~** mein Kleiner; **ma ~e** meine
Kleine; **pauvre ~** armer Kleiner, armes Kerlchen;
pour ~s et grands für Groß und Klein; **~ à ~** nach
und nach; **~(e) ami(e)** Freund(in) m(f);
~ déjeuner Frühstück nt; **~ doigt** kleiner Finger
m; **~ écran** Fernsehen nt; **~ four** Petit four nt;
~ pain Brötchen nt; **~e monnaie** Kleingeld nt;
~s pois Erbsen pl; **les ~es annonces** die
Kleinanzeigen pl; **~es gens** kleine Leute pl
petit-beurre [p(ə)tibœʀ] (pl **petits-beurre**) nm
Butterplätzchen nt
petit-bourgeois, petite-bourgeoise
[p(ə)tibuʀʒwa] (pl **~(e)s-~(es)**) (péj) adj
kleinbürgerlich ▷ nm/f Kleinbürger(in) m(f),
Spießbürger(in) m(f)
petite-fille [p(ə)titfij] (pl **petites-filles**) nf
Enkelin f
petitement [pətitmɑ̃] adv (mesquinement) gemein;
(chichement) in ärmlichen Verhältnissen; **être
logé ~** sehr beengt wohnen
petitesse [p(ə)titɛs] nf Kleinheit f; (de somme)
Geringfügigkeit f; (mesquinerie) Gemeinheit f
petit-fils [p(ə)tifis] (pl **petits-fils**) nm Enkel m
pétition [petisjɔ̃] nf Petition f, Bittschrift f; **faire
signer une ~** Unterschriften sammeln
pétitionnaire [petisjɔnɛʀ] nm/f Bittsteller(in)
m(f)
petit-lait [p(ə)tilɛ] (pl **petits-laits**) nm Molke f
petit-nègre [p(ə)tinɛgʀ] (péj) nm Kauderwelsch
nt
petits-enfants [p(ə)tizɑ̃fɑ̃] nmpl Enkelkinder pl
petit-suisse [p(ə)tisɥis] (pl **petits-suisses**) nm
Frischkäse in Portionstöpfchen
pétoche [petɔʃ] (fam) nf: **avoir la ~** Muffensausen
haben

pétri, e [petʀi] adj: ~ **d'orgueil** vom Ehrgeiz
zerfressen
pétrifier [petʀifje] vt versteinern
pétrin [petʀɛ̃] nm Backtrog m; **dans le ~** (fam) in
der Klemme, in einer Zwickmühle
pétrir [petʀiʀ] vt kneten
pétrochimie [petʀoʃimi] nf Petrochemie f
pétrochimique [petʀoʃimik] adj petrochemisch
pétrochimiste [petʀoʃimist] nm/f
Petrochemiker(in) m(f)
pétrodollar [petʀodɔlaʀ] nm Petrodollar m
pétrole [petʀɔl] nm Öl nt; **lampe à ~**
Paraffinlampe f; **~ lampant** Paraffin nt
pétrolier, -ière [petʀɔlje, jɛʀ] adj (industrie, société,
produit) Öl-; (pays) Öl produzierend ▷ nm (navire)
Öltanker m; (financier) Ölmagnat m; (technicien)
Ölarbeiter m
pétrolifère [petʀolifɛʀ] adj ölhaltig, Öl führend
P et T [peete] sigle fpl (= postes et télécommunications)
= Bundespost f
pétulant, e [petylɑ̃, ɑ̃t] adj ausgelassen
pétunia [petynja] nm Petunie f

 MOT-CLÉ

peu [pø] adv **1** wenig; **il boit peu** er trinkt wenig;
il est peu bavard er ist nicht gerade
geschwätzig; **peu avant/après** kurz davor/
danach
2: peu de (nombre) wenige; (quantité) wenig; **peu
de femmes** wenige Frauen; **il a peu de pain/
d'espoir** er hat wenig Brot/Hoffnung; **à peu de
frais** billig; **pour peu de temps** (für) kurze Zeit;
depuis peu seit Kurzem; **c'est (si) peu de chose**
das ist (doch) eine Kleinigkeit
3 (locutions): **peu à peu** nach und nach; **à peu
près** ungefähr; **à peu près 10 kg/10 euros**
ungefähr 10 kg/10 Euro; **avant** ou **sous peu** bald,
binnen Kurzem; **de peu** knapp; **il a gagné de
peu** er hat nur knapp gewonnen; **il s'en est
fallu de peu** es wäre beinahe passiert; **éviter
qch de peu** einer Sache dat knapp entgehen; **il
est de peu mon cadet** er ist nur wenig jünger
als ich
▷ nm **1: le peu de gens qui** die wenigen Leute,
die; **peu (de gens) le savent** nur wenige wissen
das; **le peu de courage qui nous restait** das
bisschen Mut, das uns noch blieb
2: un peu ein bisschen, etwas, ein wenig; **un
petit peu** ein kleines bisschen; **un peu d'espoir**
eine Spur von Hoffnung, ein bisschen Hoffnung;
elle est un peu grande sie ist ein bisschen groß;
essayez un peu! versuch ihr es einmal!; **un peu
plus/moins de** etwas mehr/weniger; **un peu
plus et il** ou **pour un peu, il la blessait** fast ou
um ein Haar hätte er sie verletzt

peuplade [pœplad] nf Stamm m
peuple [pœpl] nm Volk nt; **il y a du ~** es sind viele
Leute da
peuplé, e [pœple] adj bevölkert; **très/peu ~**
dicht/schwach bevölkert

peupler [pœple] *vt* bevölkern; (*étang*) bestücken; (*habiter*) leben in +*dat*; (*fig: imagination, rêves*) erfüllen; **se peupler** *vpr* sich bevölkern; (*fig*) sich füllen

peuplier [pøplije] *nm* Pappel *f*

peur [pœʀ] *nf* Angst *f*; **avoir ~ (de)** Angst haben (vor); **avoir ~ de faire qch** Angst haben, etw zu tun; **avoir ~ que** fürchten, dass; **j'ai ~ qu'il ne soit trop tard** ich fürchte, es ist zu spät; **j'ai ~ qu'il (ne) vienne (pas)** ich fürchte, er kommt (nicht); **prendre ~** Angst bekommen; **faire ~ à qn** jdm Angst machen *ou* einjagen; **de ~ de faire qch** aus Furcht davor, etw zu tun; **de ~ que** aus Furcht, dass

peureux, -euse [pøʀø, øz] *adj* ängstlich

peut [pø] *vb voir* **pouvoir**

peut-être [pøtɛtʀ] *adv* vielleicht; **~ bien** es kann gut sein; **~ que** es kann sein, daß; **~ fera-t-il beau dimanche** vielleicht ist am Sonntag schönes Wetter

peuvent [pœv] *vb voir* **pouvoir**

peux *etc* [pø] *vb voir* **pouvoir**

p. ex. *abr* (= *par exemple*) z. B.

phalange [falɑ̃ʒ] *nf* (*des doigts*) Fingerglied *nt*; (*des orteils*) Zehenglied *nt*; (*Mil, fig*) Phalanx *f*

phallique [falik] *adj* phallisch

phallocrate [falɔkʀat] *nm* Phallokrat *m*

phallocratie [falɔkʀasi] *nf* Phallokratie *f*

phallus [falys] *nm* Phallus *m*

phare [faʀ] *nm* (*en mer*) Leuchtturm *m*; (*d'un aéroport*) Leuchtfeuer *nt*; (*de véhicule*) Scheinwerfer *m* ▷ *adj*: **produit ~** führendes Produkt *nt*; **se mettre en** *ou* **mettre ses ~s** Fernlicht einschalten; **~s de recul** (*Auto*) Rückfahrscheinwerfer *pl*

pharmaceutique [faʀmasøtik] *adj* pharmazeutisch

pharmacie [faʀmasi] *nf* (*science*) Pharmazie *f*; (*magasin*) Apotheke *f*; (*produits*) Arzneimittel *pl*; (*armoire*) Arzneischränkchen *nt*

pharmacien, ne [faʀmasjɛ̃, jɛn] *nm/f* Apotheker(in) *m(f)*

pharmacologie [faʀmakɔlɔʒi] *nf* Arzneimittelkunde *f*

pharyngite [faʀɛ̃ʒit] *nf* Rachenkatarrh *m*

pharynx [faʀɛ̃ks] *nm* Rachen *m*

phase [faz] *nf* Phase *f*

phénoménal, e, -aux [fenɔmenal, o] *adj* phänomenal

phénomène [fenɔmɛn] *nm* Phänomen *nt*; (*excentrique*) (komischer) Kauz *m*; (*génie*) Genie *nt*; (*monstre*) Freak *m*

philanthrope [filɑ̃tʀɔp] *nm/f* Menschenfreund *m*

philanthropie [filɑ̃tʀɔpi] *nf* Menschenfreundlichkeit *f*

philanthropique [filɑ̃tʀɔpik] *adj* menschenfreundlich

philatélie [filateli] *nf* Philatelie *f*, Briefmarkensammeln *nt*

philatélique [filatelik] *adj* Briefmarken-

philatéliste [filatelist] *nm/f* Briefmarkensammler(in) *m(f)*

philharmonique [filaʀmɔnik] *adj* philharmonisch

philippin, e [filipɛ̃, in] *adj* philippinisch ▷ *nm/f*: **Philippin, e** Filipino *m*, Filipina *f*

Philippines [filipin] *nfpl* Philippinen *pl*

philistin [filistɛ̃] *nm* (*béotien*) Banause *m*, Banausin *f*

philo [filo] (*fam*) *nf* Philosophie *f*

philosophe [filɔzɔf] *nm/f* Philosoph(in) *m(f)* ▷ *adj* philosophisch

philosopher [filɔzɔfe] *vi* philosophieren

philosophie [filɔzɔfi] *nf* Philosophie *f*; (*calme, résignation*) (philosophische) Gelassenheit *f*

philosophique [filɔzɔfik] *adj* philosophisch

philosophiquement [filɔzɔfikmɑ̃] *adv* philosophisch

philtre [filtʀ] *nm* Zaubertrank *m*

phlébite [flebit] *nf* Venenentzündung *f*

phlébologue [flebɔlɔg] *nm/f* Venenspezialist(in) *m(f)*

phobie [fɔbi] *nf* Phobie *f*; (*horreur*) Abscheu *m*

phonétique [fɔnetik] *adj* phonetisch ▷ *nf* Phonetik *f*

phonétiquement [fɔnetikmɑ̃] *adv* phonetisch

phonographe [fɔnɔgʀaf] *nm* Grammofon *nt*

phoque [fɔk] *nm* (*Zool*) Seehund *m*; (*fourrure*) Seal *m*

phosphate [fɔsfat] *nm* Phosphat *nt*

phosphaté, e [fɔsfate] *adj* Phosphat-

phosphore [fɔsfɔʀ] *nm* Phosphor *m*

phosphoré, e [fɔsfɔʀe] *adj* Phosphor-

phosphorescent, e [fɔsfɔʀesɑ̃, ɑ̃t] *adj* phosphoreszierend

phosphorique [fɔsfɔʀik] *adj*: **acide ~** Phosphorsäure *f*

photo¹ [fɔto] *nf* (*abr de photographie*) Foto *nt* ▷ *adj* (*abr de photographique*): **appareil ~** Fotoapparat *m*; **pellicule ~** Film *m*; **être mieux en ~ qu'au naturel** auf dem Foto besser aussehen als in Wirklichkeit; **prendre qn en ~** ein Foto von jdm machen; **faire de la ~** fotografieren; **~ d'identité** Passbild *nt*; **~ en couleurs** Farbfoto *nt*

photo² [fɔto] *préf* foto-, Foto-

photocopie [fɔtɔkɔpi] *nf* (*procédé*) Fotokopieren *nt*; (*document*) Fotokopie *f*

photocopier [fɔtɔkɔpje] *vt* fotokopieren

photocopieur [fɔtɔkɔpjœʀ] *nm*, **photocopieuse** [fɔtɔkɔpjøz] ▷ *nf* (*machine*) Fotokopierer *m*

photo-électrique [fɔtɔelɛktʀik] *adj* (*cellule*) Foto-

photo-finish [fɔtofiniʃ] (*pl* **photos-finish**) *nf* (*appareil*) Zielkamera *f*; (*photo*) Zielfoto *nt*

photogénique [fɔtɔʒenik] *adj* fotogen

photographe [fɔtɔgʀaf] *nm/f* Fotograf(in) *m(f)*; (*commerçant*) Fotohändler(in) *m(f)*

photographie [fɔtɔgʀafi] *nf* Fotografie *f*; **faire de la ~** fotografieren; (*comme métier*) Fotograf(in) sein

photographier [fɔtɔgʀafje] *vt* fotografieren

photographique [fɔtɔgʀafik] *adj* fotografisch; (*papier, impression*) Foto-

photogravure [fɔtɔgʀavyʀ] *nf* Lichtdruck *m*

photomaton® [fɔtɔmatɔ̃] *nm* (*appareil*) Fotoautomat *m* (*für Passbilder*)

photomontage [fɔtomɔ̃taʒ] *nm* Fotomontage *f*
photo-robot [fɔt'bo] (*pl* **photos-robots**) *nf* Phantombild *nt*
photosensible [fɔtosɑ̃sibl] *adj* lichtempfindlich
photostat [fɔtɔsta] *nm* Fotokopie *f*
phrase [fʀɑz] *nf* Satz *m*; (*Mus*) Phrase *f*; **phrases** *nfpl* (*péj*) Phrasen *pl*
phraséologie [fʀazeɔlɔʒi] *nf* Ausdrucksweise *f*; (*bavardage, rhétorique*) Phrasen *pl*
phraseur, -euse [fʀazœʀ, øz] *nm/f* Schwätzer(in) *m(f)*
phrygien, ne [fʀiʒjɛ̃, jɛn] *adj*: **bonnet ~** phrygische Haube *f*
phtisie [ftizi] *nf* Schwindsucht *f*
phylloxéra [filɔkseʀa] *nm* Reblaus *f*
physicien, ne [fizisjɛ̃, jɛn] *nm/f* Physiker(in) *m(f)*
physiologie [fizjɔlɔʒi] *nf* Physiologie *f*
physiologique [fizjɔlɔʒik] *adj* körperlich, physiologisch
physiologiquement [fizjɔlɔʒikmɑ̃] *adv* körperlich
physionomie [fizjɔnɔmi] *nf* Gesichtsausdruck *m*; (*fig: d'une région*) Gestalt *f*
physionomiste [fizjɔnɔmist] *adj*: **être ~** ein gutes Personengedächtnis haben
physiothérapie [fizjoteʀapi] *nf* Physiotherapie *f*
physique [fizik] *adj* (*monde, géographie, science, phénomène*) physikalisch; (*force, éducation, état*) physisch; (*douleur, peur, amour*) körperlich ▷ *nm* (*d'une personne*) Statur *f* ▷ *nf* Physik *f*; **au ~** körperlich
physiquement [fizikmɑ̃] *adv* (*matériellement*) physikalisch; (*au physique*) körperlich
phytothérapie [fitoteʀapi] *nf* Pflanzen- *ou* Naturheilkunde *f*
p.i. *abr* (= *par intérim*) *voir* **intérim**
piaffer [pjafe] *vi* (*cheval*) auf der Stelle traben; **~ d'impatience** vor Ungeduld zittern
piaillement [pjajmɑ̃] *nm* Kreischen *nt*
piailler [pjaje] *vi* kreischen
pianiste [pjanist] *nm/f* Pianist(in) *m(f)*
piano [pjano] *nm* Klavier *nt*; **~ à queue** Flügel *m*; **~ mécanique** Pianola *nt*
pianoter [pjanɔte] *vi* (*jouer du piano*) (auf dem Klavier) klimpern; **~ sur** mit den Fingern trommeln auf *+acc*
piaule [pjol] (*fam*) *nf* Bude *f*
piauler [pjole] *vi* (*enfant*) wimmern; (*oiseau*) piepsen
PIB [peibe] *sigle m* (= *produit intérieur brut*) BSP *nt*
pic [pik] *nm* (*instrument*) Spitzhacke *f*; (*montagne, cime*) Gipfel *m*; (*Zool*) Specht *m*; **à ~** (*verticalement*) senkrecht; **arriver à ~** wie gerufen kommen; **tomber à ~** sich gut treffen; **couler à ~** auf den Boden sinken; **~ à glace** Eispickel *m*
picard, e [pikaʀ, aʀd] *adj* picardisch ▷ *nm/f*: **Picard, e** Picarde *m*, Picardin *f*
Picardie [pikaʀdi] *nf* Picardie *f*
picaresque [pikaʀɛsk] *adj* pikaresk
piccolo [pikɔlo] *nm* Piccoloflöte *f*
pichenette [piʃnɛt] *nf* Schnipsen *nt*
pichet [piʃɛ] *nm* Krug *m*

pickpocket [pikpɔkɛt] *nm* Taschendieb(in) *m(f)*
pick-up [pikœp] *nm inv* (*tourne-disque*) Plattenspieler *m*
picorer [pikɔʀe] *vt* picken
picot [piko] *nm* (*pointe*) Zacken *m*
picotement [pikɔtmɑ̃] *nm* Kribbeln *nt*
picoter [pikɔte] *vt* picken ▷ *vi* (*piquer, irriter*) stechen, prickeln
pictural, e, -aux [piktyʀal, o] *adj* bildlich
pie [pi] *nf* (*Zool*) Elster *f*; (*fig*) Quasselstrippe *f* ▷ *adj inv*: **cheval ~** geschecktes Pferd *nt*; **vache ~** gescheckte Kuh *f*
pièce [pjɛs] *nf* Stück *nt*; (*d'un logement*) Zimmer *nt*; (*d'un mécanisme, d'une machine, Couture*) Teil *nt*; (*de monnaie*) Geldstück *nt*, Münze *f*; (*document*) Dokument *nt*; (*d'un jeu d'échecs*) Figur *f*; **mettre en ~s** in Stücke zerschlagen; **dix euros ~** je zehn Euro, zehn Euro das Stück; **vendre à la ~** stückweise verkaufen; **travailler à la ~** Akkord arbeiten; **payer à la ~** Stücklohn zahlen; **inventer de toutes ~s** frei erfinden; **un deux-~s cuisine** eine Zweizimmerwohnung mit Küche; **~ d'identité** Ausweis *m*; **avez-vous une ~ d'identité?** können Sie sich ausweisen?; **~ à conviction** Beweisstück *nt*; **~ d'eau** Zierteich *m*; **~ de rechange** Ersatzteil *nt*; **~ de résistance** (*plat*) Hauptgericht *nt*; **~ jointe** (*de lettre*) Anlage *f*; (*Inform*) Attachment *nt*; **~ montée** Baumkuchen *m*; **~s détachées** Einzelteile *pl*; **~s justificatives** zusätzliche Dokumente *pl*
pied [pje] *nm* Fuß *m*; (*d'un verre*) Stiel *m*; (*de meuble*) Bein *nt*; (*bout du lit*) Fußende *nt*; (*de poésie*) Versfuß *m*; **~s nus** barfuß; **à ~** zu Fuß; **à ~ sec** trockenen Fußes; **à ~ d'œuvre** startbereit; **au ~ de la lettre** buchstäblich; **au ~ levé** aus dem Stand; **de ~ en cap** von Kopf bis Fuß; **en ~** als Standbild; **avoir ~** Boden unter den Füßen haben; **avoir le ~ marin** seefest sein; **perdre ~** den Boden unter den Füßen verlieren; **sécher/vendre une récolte sur ~** eine Ernte auf dem Halm trocknen lassen/verkaufen; **être sur ~** wieder auf den Beinen sein; **mettre sur ~** auf die Beine stellen; **mettre à ~** entlassen; **sur le ~ de guerre** schlagbereit; **sur un ~ d'égalité** auf gleicher Basis; **sur ~ d'intervention** auf Abruf; **faire du ~ à qn** (*prévenir*) jdm warnend vors Schienbein treten; (*galamment*) mit jdm füßeln; **mettre les ~s quelque part** irgendwo hingehen; **faire des ~s et des mains** Himmel und Erde in Bewegung setzen; **mettre qn au ~ du mur** jdn in die Enge treiben; **c'est le ~!** (*fam*) das ist ja toll *ou* spitze!; **il s'est levé du ~ gauche** er ist mit dem linken Bein zuerst aufgestanden; **~ à coulisse** Schieblehre *f*; **~ de nez: faire un ~ de nez à qn** jdm eine lange Nase drehen; **~ de salade** Kopf *m* Salat; **~ de vigne** Weinstock *m*
pied-à-terre [pjetatɛʀ] *nm inv* Zweitwohnung *f*
pied-bot [pjebo] (*pl* **pieds-bots**) *nm* Mensch *m* mit Klumpfuß
pied-de-biche [pjedbiʃ] (*pl* **pieds-de-biche**) *nm* (*levier*) Klaue *f*; (*Couture*) Steppfuß *m*
pied-de-poule [pjedpul] *adj inv* Hahnentritt-

piédestal, -aux [pjedɛstal, o] *nm* Sockel *m*

pied-noir [pjenwaʀ] (*pl* **pieds-noirs**) *nm in Algerien geborener Franzose*

piège [pjɛʒ] *nm* Falle *f*; **prendre au ~** in einer Falle fangen; **tomber dans le ~** in die Falle gehen

piéger [pjeʒe] *vt* in der Falle fangen; (*avec une bombe, mine*) verminen; **lettre piégée** Briefbombe *f*; **voiture piégée** Autobombe *f*

piercing [pjɛrsiŋ] *nm* Piercing *nt*

pierraille [pjeʀɑj] *nf* Geröll *nt*

pierre [pjɛʀ] *nf* Stein *m*; **première ~** Grundstein *m*; **faire d'une ~ deux coups** zwei Fliegen mit einer Klappe schlagen; **~ à briquet** Feuerstein *m*; **~ de taille** Quaderstein *m*; **~ de touche** (*fig*) Prüfstein *m*; **~ fine** Halbedelstein *m*; **~ ponce** Bimsstein *m*; **~ tombale** Grabstein *m*

pierreries [pjɛʀʀi] *nfpl* Edelsteine *pl*

pierreux, -euse [pjeʀø, øz] *adj* steinig

piété [pjete] *nf* Frömmigkeit *f*

piétinement [pjetinmɑ̃] *nm* (*bruit: fig*) Stocken *nt*

piétiner [pjetine] *vi* (*foule, troupeau*) herumtrampeln; (*marquer le pas*) auf der Stelle treten; (*trépigner*) aufstampfen; (*fig: affaire, négociation*) stocken; (*: discussion*) auf der Stelle treten ▷ *vt* herumtrampeln auf +*dat*

piéton, ne [pjetɔ̃, ɔn] *nm/f* Fußgänger(in) *m(f)* ▷ *adj* (*rue, zone*) Fußgänger-

piétonnier, -ière [pjetɔnje, jɛʀ] *adj* Fußgänger-

piètre [pjɛtʀ] *adj* armselig

pieu, x [pjø] *nm* Pfahl *m*; (*fam: lit*) Falle *f*

pieusement [pjøzmɑ̃] *adv* (*avec piété*) fromm; (*avec respect*) respektvoll

pieuvre [pjœvʀ] *nf* Tintenfisch *m*

pieux, -euse [pjø, pjøz] *adj* (*Rel*) fromm

pif [pif] (*fam*) *nm* Riechkolben *m*; **au ~** nach dem Gefühl

piffer [pife] (*fam*) *vt*: **je ne peux pas le ~** ich kann ihn nicht riechen

pifomètre [pifɔmɛtʀ] (*fam*) *nm* Gefühl *nt*; **au ~** nach dem Gefühl

pige [piʒ] *nf* (*rémunération*) Akkordlohn *m*

pigeon [piʒɔ̃] *nm* (*Zool*) Taube *f*; **~ voyageur** Brieftaube *f*

pigeonnant, e [piʒɔnɑ̃, ɑ̃t] *adj* (*poitrine*) wohlgerundet

pigeonneau, x [piʒɔno] *nm* junge Taube *f*

pigeonnier [piʒɔnje] *nm* (*colombier*) Taubenschlag *m*

piger [piʒe] (*fam*) *vt, vi* kapieren

pigiste [piʒist] *nm/f* (*typographe*) Akkordarbeiter(in) *m(f)* beim Schriftsatz; (*journaliste*) freiberufliche(r) Journalist(in) *m(f)* (*der/die nach Zeilen bezahlt wird*)

pigment [pigmɑ̃] *nm* Pigment *nt*

pignon [piɲɔ̃] *nm* (*d'un mur*) Giebel *m*; (*d'un engrenage*) Zahnrad *nt*; (*graine*) Pinienkern *m*; **avoir ~ sur rue** gut etabliert sein

pile [pil] *nf* (*tas*) Stapel *m*, Stoß *m*; (*d'un pont*) Pfeiler *m*; (*Élec*) Batterie *f* ▷ *adj*: **le côté ~** die Zahlseite *f* ▷ *adv* (*brusquement*) plötzlich, abrupt; (*à point nommé*) pünktlich; **à deux heures ~** (um)

Punkt zwei Uhr; **jouer à ~ ou face** (mit Münzen) knobeln; **~ ou face?** Kopf oder Zahl?

piler [pile] *vt* (*écraser*) zerdrücken, zerstoßen

pileux, -euse [pilø, øz] *adj*: **système ~** Behaarung *f*

pilier [pilje] *nm* Pfeiler *m*; (*personne*) Stütze *f*; (*Rugby*) Stürmer *m*; **~ de bar** Barhocker *m*

pillage [pijaʒ] *nm* Plünderung *f*

pillard, e [pijaʀ, aʀd] *nm/f* Plünderer *m*, Plünderin *f*

piller [pije] *vt* plündern

pilleur, -euse [pijœʀ, øz] *nm/f* Plünderer *m*, Plünderin *f*

pilon [pilɔ̃] *nm* (*instrument*) Stößel *m*; (*de volaille*) Keule *f*; **mettre un livre au ~** ein Buch einstampfen

pilonner [pilɔne] *vt* (*Mil*) unter Beschuss nehmen

pilori [pilɔʀi] *nm*: **mettre** *ou* **clouer qn au ~** jdn an den Pranger stellen

pilotage [pilɔtaʒ] *nm* (*de navire*) Lotsen *nt*; (*d'avion*) Fliegen *nt*; **~ automatique** Autopilot *m*; **~ sans visibilité** Blindflug *m*

pilote [pilɔt] *nm* (*Naut*) Lotse *m*; (*Aviat*) Pilot *m*; (*de char, voiture de course*) Fahrer *m* ▷ *adj* Modell-; **~ d'essai** Versuchspilot *m*; **~ de chasse** Jagdflieger *m*; **~ de course** Rennfahrer *m*; **~ de ligne** Linienpilot *m*

piloter [pilɔte] *vt* (*navire*) lotsen; (*avion*) fliegen; (*automobile*) fahren; **~ qn** jdn lotsen

pilotis [pilɔti] *nm* (*pilot*) Pfahlwerk *nt*; **maison sur ~** Pfahlbau *m*

pilule [pilyl] *nf* Pille *f*; **prendre la ~** die Pille nehmen; **~ anticonceptionnelle** Antibabypille *f*

pimbêche [pɛ̃bɛʃ] (*péj*) *nf* Ziege *f*, hochnäsiges Frauenzimmer *nt*

piment [pimɑ̃] *nm* Peperoni *f*; (*fig*) Würze *f*; **~ rouge** Peperoni

pimenté, e [pimɑ̃te] *adj* gepfeffert

pimenter [pimɑ̃te] *vt* (*plat*) würzen; (*fig*) pfeffern; **plat pimenté** scharf gewürztes Gericht *nt*; **cuisine pimentée** scharfe Küche *f*

pimpant, e [pɛ̃pɑ̃, ɑ̃t] *adj* adrett und gepflegt

pin [pɛ̃] *nm* (*Bot*) Kiefer *f*; (*bois*) Kiefernholz *nt*; **~ maritime** Strandkiefer *f*; **~ parasol** Schirmkiefer *f*, Pinie *f*

pinacle [pinakl] *nm*: **porter qn au ~** jdn über den grünen Klee loben

pinard [pinaʀ] (*fam*) *nm* Wein *m*

pince [pɛ̃s] *nf* (*outil*) Zange *f*; (*d'un homard, crabe*) Schere *f*; (*Couture*) Abnäher *m*; **~ à épiler** Pinzette *f*; **~ à linge** Wäscheklammer *f*; **~ à sucre** Zuckerzange *f*; **~ universelle** Kombizange *f*; **~s de cycliste** Hosenklammern *pl*

pincé, e [pɛ̃se] *adj* (*air*) steif; (*sourire, bouche*) verkniffen; (*nez*) gerümpft ▷ *nf*: **une ~e de sel/ poivre** eine Prise Salz/Pfeffer

pinceau, x [pɛ̃so] *nm* (*instrument*) Pinsel *m*

pincement [pɛ̃smɑ̃] *nm*: **un ~ au cœur** ein Hauch *m* von Wehmut

pince-monseigneur [pɛ̃smɔ̃sɛɲœʀ] (*pl* **pinces-monseigneur**) *nf* Brechstange *f*

pince-nez [pɛ̃sne] *nm inv* Kneifer *m*

pincer [pɛ̃se] vt kneifen; (cordes) zupfen; (Couture) abnähen; (fam: malfaiteur) schnappen; **se pincer** vpr: **se ~ le doigt** sich dat den Finger klemmen; **se ~ le nez** sich dat die Nase zuhalten

pince-sans-rire [pɛ̃ssɑ̃Riʀ] nm inv Mensch, der mit unerschütterlicher Miene Witze erzählt

pincettes [pɛ̃sɛt] nfpl (instrument) Pinzette f; (pour le feu) Feuerzange f

pinçon [pɛ̃sɔ̃] nm Kneifspur f

pinède [pinɛd] nf Kiefernhain m

pingouin [pɛ̃gwɛ̃] nm Pinguin m

Ping-Pong® [piŋpɔ̃g] (pl **~s**) nm Pingpong nt

pingre [pɛ̃gʀ] adj knauserig

pinson [pɛ̃sɔ̃] nm Buchfink m

pintade [pɛ̃tad] nf Perlhuhn nt

pin up [pinœp] nf inv Pin-up-Girl nt

pioche [pjɔʃ] nf (outil) Spitzhacke f

piocher [pjɔʃe] vt (terre, sol) aufhacken; (fam: travailler) ackern für; **~ dans** herumwühlen in +dat

piolet [pjɔlɛ] nm Eispickel m

pion, ne [pjɔ̃, pjɔn] nm/f (péj: Scol: surveillant) Aufsicht f ▷ nm (de jeu) Figur f; (: Échecs) Bauer m; (: Dames) (Dame)stein m

pionnier [pjɔnje] nm Pionier m

pipe [pip] nf Pfeife f; **fumer la ~/une ~** Pfeife/ eine Pfeife rauchen; **~ de bruyère** Bruyèrepfeife f

pipeau, x [pipo] nm (flûte) (Weiden)flöte f

pipe-line [piplin] (pl **~s**) nm Pipeline f

piper [pipe] vt (dé, carte) zinken; **sans ~ mot** (fam) ohne einen Pieps (zu sagen); **les dés sont pipés** (fig) das ist ein abgekartetes Spiel

pipette [pipɛt] nf Pipette f

pipi [pipi] (fam) nm: **faire ~** Pipi machen

piquant, e [pikɑ̃, ɑ̃t] adj (barbe, rosier etc) kratzig; (saveur, moutarde, fig: mots) scharf; (description, style) gepfeffert ▷ nm (épine) Dorne f; (de hérisson) Stachel m; (fig: agrément) Würze f

pique [pik] nf (arme) Pike f, Spieß m ▷ nm (Cartes) Pik nt; **envoyer** ou **lancer des ~s à qn** Spitzen gegen jdn verteilen

piqué, e [pike] adj (tissu) gesteppt; (livre, glace) fleckig; (vin) sauer; (Mus: note) Stakkato-; (fam) bekloppt ▷ nm (Textile) Pikee nt; (Aviat) Sturzflug m

pique-assiette [pikasjɛt] nm inv (péj) Schmarotzer(in) m(f)

pique-fleurs [pikflœR] nm inv Blumenigel m

pique-nique [piknik] (pl **~s**) nm Picknick nt

pique-niquer [piknike] vi ein Picknick machen

pique-niqueur, -euse [piknikœR, øz] (pl **~s, -euses**) nm/f Picknickteilnehmer(in) m(f)

pique-olives [pikɔliv] nm inv Partyspießchen nt

piquer [pike] vt stechen; (planter) hineinstecken; (fixer) feststecken; (Méd) eine Spritze geben +dat; (serpent, fumée, froid) beißen; (barbe) kratzen; (ortie, poivre, piment) brennen; (Couture) steppen; (intérêt, curiosité etc) erregen; (fam: voler) klauen; (: arrêter) schnappen ▷ vi (oiseau, avion) einen Sturzflug machen; (saveur) scharf sein; **se piquer** vpr (avec une aiguille) sich stechen; (avec une seringue) sich spritzen; (se vexer) sich ärgern; **se ~ de faire qch** sich dat viel darauf einbilden, dass man etw tut;

~ sur (suj: avion) einen Sturzflug machen auf +acc; (: oiseau) sich stürzen auf +acc; **~ du nez** (avion) einen Sturzflug machen; **~ une tête** (plonger) einen Kopfsprung machen; **~ un galop** galoppieren; **~ un cent mètres** 100 m sprinten; **~ une crise** einen Anfall bekommen; **~ au vif** (fig) bis ins Mark treffen

piquet [pikɛ] nm (pieu) Pflock m; (de tente) Hering m; **mettre un élève au ~** einen Schüler in die Ecke stellen; **~ de grève** Streikposten m; **~ d'incendie** Feuerbekämpfungstrupp m

piqueté, e [pikte] adj: **~ de** gesprenkelt mit

piquette [pikɛt] nf (vin) Beerenwein m

piqûre [pikyR] nf (d'épingle, d'insecte) Stich m; (d'ortie) Brennen nt; (Méd) Spritze f; (Couture) Naht f; (de ver) Loch nt; (tache) Stockfleck m; **faire une ~ à qn** jdm eine Spritze setzen ou geben

piranha [piRana] nm Piranha m

piratage [piRataʒ] nm Piraterie f; (Inform) Hacken nt

pirate [piRat] nm Pirat m; (escroc) Gauner m ▷ adj: **émetteur ~** Piratensender m; **édition ~** Raubdruck m; **~ de l'air** Luftpirat m; **~ (informatique)** Hacker(in) m(f)

pirater [piRate] vt (œuvre) eine Raubkopie machen von

piraterie [piRatRi] nf Piratentum nt; (acte) Piraterie f

pire [piR] adj (comparatif) schlechter, schlimmer ▷ nm: **le ~ (de)** der/die/das Schlechteste unter +dat; **le (la) ~ ...** (adjectif) der/die/das schlechteste ...; **au ~** schlechtestenfalls

pirogue [piRɔg] nf Einbaum m

pirouette [piRwɛt] nf Pirouette f; **répondre par une ~** geschickt ausweichen

pis [pi] nm (de vache) Euter nt ▷ adj schlimm ▷ adv schlimmer; **le ~** (pire) das Schlimmste; **de mal en ~** immer schlimmer; **qui ~ est** und was noch schlimmer ist; **au ~ aller** schlimmstenfalls

pis-aller [pizale] nm inv Notlösung f, Notbehelf m

piscicole [pisikɔl] adj Fischzucht-

pisciculteur [pisikyltœR] nm Fischzüchter m

pisciculture [pisikyltyR] nf Fischzucht f

piscine [pisin] nf Schwimmbad nt; **~ couverte** Hallenbad nt; **~ en plein air** Freibad nt; **~ olympique** Olympiabecken nt

pissenlit [pisɑ̃li] nm Löwenzahn m; **manger les ~s par la racine** (fam) die Gänseblümchen von unten besehen

pisser [pise] (fam!) vi pinkeln (fam), pissen (fam)

pissotière [pisɔtjɛR] (fam) nf Pissoir nt

pistache [pistaʃ] nf Pistazie f

pistard [pistaR] nm (cycliste) Bahnfahrer m

piste [pist] nf (d'un animal, de magnétophone, aussi fig) Spur f, Fährte f; (d'un hippodrome, vélodrome) Bahn f; (de stade) Rennbahn f; (de cirque) Manege f, Ring m; (de danse) Tanzfläche f; (de patinage) Ring; (de ski) Piste f; (sentier) Weg m; (Aviat) Start- und Landebahn f; **être sur la ~ de qn** jdm auf der Spur sein, auf jds Spur sein; **~ cavalière** Treidelpfad m; **~ cyclable** Radweg m; **~ sonore** Tonspur f

pister [piste] vt verfolgen
pisteur [pistœʀ] nm (Ski) Pistenwart m
pistil [pistil] nm Stempel m
pistolet [pistɔlɛ] nm (arme) Pistole f; (à peinture, vernis) Spritzpistole f; **~ à air comprimé** Luftgewehr nt; **~ à bouchon** Spielzeugpistole f; **~ à eau** Wasserpistole f
pistolet-mitrailleur [pistɔlɛmitʀajœʀ] (pl **pistolets-mitrailleurs**) nm Maschinenpistole f
piston [pistɔ̃] nm (Tech) Kolben m; (Mus) Ventil nt; (fig: appui) Beziehungen pl
pistonner [pistɔne] vt Beziehungen spielen lassen für
pitance [pitɑ̃s] (péj) nf (Essens)ration f
piteusement [pitøzmɑ̃] adv jämmerlich
piteux, -euse [pitø, øz] adj jämmerlich; **en ~ état** in einem jammervollen ou jämmerlichen Zustand
pitié [pitje] nf Mitleid nt; **sans ~** erbarmungslos; **par ~, ...** haben Sie Mitleid, ...; **il me fait ~** er tut mir leid; **avoir ~ de qn** Mitleid mit jdm haben; **faire ~** Mitleid erregen
piton [pitɔ̃] nm Haken m; **~ rocheux** Felsnase f
pitoyable [pitwajabl] adj erbärmlich
pitoyablement [pitwajabləmɑ̃] adv erbärmlich (schlecht)
pitre [pitʀ] nm Clown m
pitrerie [pitʀəʀi] nf Unsinn m, Faxen pl
pittoresque [pitɔʀɛsk] adj (lieu) malerisch; (personnage) originell; (expression, détail) anschaulich, bildhaft
pivert [pivɛʀ] nm Grünspecht m
pivoine [pivwan] nf Pfingstrose f
pivot [pivo] nm (axe) Lagerzapfen m, Drehzapfen m; (fig) Dreh- und Angelpunkt m
pivotant, e [pivɔtɑ̃, ɑ̃t] adj Dreh-
pivoter [pivɔte] vi sich drehen; **~ sur ses talons** sich auf dem Absatz herumdrehen
pixel [piksɛl] nm Pixel nt
pizza [pidza] nf Pizza f
PJ [peʒi] sigle f (= police judiciaire) Kriminalpolizei f ▷ sigle fpl (= pièces jointes) Anl
PL [peɛl] sigle m (= poids lourd) voir **poids**
pl. abr = **place**
placage [plakaʒ] nm (revêtement) Furnier nt; (bois) Furnier(holz) nt
placard [plakaʀ] nm (armoire) Schrank m; (affiche, écriteau) Plakat nt; (Typo) Korrekturabzug m; **~ publicitaire** Großanzeige f
placarder [plakaʀde] vt (avis, affiche) anschlagen, anbringen; (mur) (mit Plakaten) bekleben
place [plas] nf Platz m; (endroit) Ort m, Platz; (siège de voiture) Sitz m; (prix: de spectacle) Eintritt m; (: dans un bus) Fahrpreis m; (fig: situation) Lage f; (classement) Rang m; (emploi) Stelle f; **mettre en ~** an die richtige Stelle tun; **sur ~** an Ort und Stelle; **se rendre sur ~** sich an Ort und Stelle begeben; **faire de la ~** Platz schaffen ou machen; **faire ~ à qch** einer Sache dat weichen; **prendre ~** Platz nehmen; **ça prend de la ~** das nimmt viel Platz weg; **à votre ~** an Ihrer Stelle; **à la ~ de** anstelle von; **remettre qn à sa ~** jdn auf seinen

Platz verweisen; **ne pas tenir en ~** nicht auf der Stelle bleiben können; **une quatre ~s** (Auto) ein Viersitzer m; **il y a 20 ~s assises/debout** es gibt 20 Sitzplätze/Stehplätze; **~ d'honneur** Ehrenplatz m; **~ forte** Festung f
placé, e [plase] adj (Hippisme) platziert; **haut ~** (fig: personne) hochgestellt, von hohem Rang; **être bien/mal ~** (spectateur) einen guten/ schlechten Platz haben; (concurrent) gut/schlecht platziert sein; **être bien/mal ~ pour faire qch** gut/kaum in der Lage sein, etw zu tun
placebo [plasebo] nm Placebo nt
placement [plasmɑ̃] nm (emploi) Unterbringung f (in einer Stelle); (investissement) Anlage f; **agence ou bureau de ~** Stellenvermittlungsbüro nt
placenta [plasɛ̃ta] nm Plazenta f
placer [plase] vt (chose) setzen, stellen, legen; (personne) unterbringen; (marchandises, valeurs) absetzen; (capital, argent) anlegen; (mot, histoire) anbringen; (événement) datieren; **se placer** vpr (cheval) sich platzieren; **se ~ au premier rang/ devant qch** sich in die erste Reihe/vor etw acc stellen ou setzen; **~ qn chez qn** jdn bei jdm unterbringen; **~ qn sous les ordres de qn** jdn unter jds Befehl stellen
placide [plasid] adj ruhig, gelassen
placidement [plasidmɑ̃] adv ruhig, gelassen
placidité [plasidite] nf Ruhe f, Gelassenheit f
placier, -ière [plasje, jɛʀ] nm/f Handelsvertreter(in) m(f)
plafond [plafɔ̃] nm Decke f; (altitude maximum) Steig- ou Gipfelhöhe f; (fig) Obergrenze f
plafonner [plafɔne] vt (pièce) eine Decke geben +dat ▷ vi (Aviat) die Gipfelhöhe erreichen; (fig) die Obergrenze erreichen
plafonnier [plafɔnje] nm Deckenlicht nt; (Auto) Innenbeleuchtung f
plage [plaʒ] nf Strand m; (d'un lac, fleuve) Ufer nt; (horaire) Zeitabschnitt m; (musicale) Zwischenmusik f; (gamme) Spektrum nt; (de disque) Spur f; **~ arrière** (Auto) Hutablage f
plagiaire [plaʒjɛʀ] nm/f Plagiator(in) m(f)
plagiat [plaʒja] nm Plagiat nt
plagier [plaʒje] vt plagiieren
plagiste [plaʒist] nm Strandwart m
plaid [plɛd] nm (Reise)decke f
plaidant, e [plɛdɑ̃, ɑ̃t] adj (Jur) klagend
plaider [plede] vi (avocat) das Plädoyer halten; (plaignant) Klage erheben ▷ vt (cause) verteidigen, vertreten; **~ l'irresponsabilité/la légitime défense** auf Unzurechnungsfähigkeit/Notwehr plädieren; **~ coupable/non coupable** schuldig/ nicht schuldig plädieren; **~ pour ou en faveur de qn** (fig) für jdn sprechen
plaideur, -euse [plɛdœʀ, øz] nm/f (Jur) (prozessführende) Partei f
plaidoirie [plɛdwaʀi] nf Plädoyer nt (des Verteidigers)
plaidoyer [plɛdwaje] nm Plädoyer nt
plaie [plɛ] nf Wunde f
plaignant, e [plɛɲɑ̃, ɑ̃t] vb voir **plaindre** ▷ adj (Jur: partie) klagend ▷ nm/f (Jur) Kläger(in) m(f)

plaindre [plɛ̃dʀ] vt bedauern; **se plaindre** vpr (gémir) klagen; (protester) sich beklagen; **se ~ de** (souffrir) klagen über +acc; **se ~ à qn de qn/qch** sich bei jdm über jdn/etw beklagen; **se ~ que** sich beklagen, dass
plaine [plɛn] nf Ebene f
plain-pied [plɛ̃pje]: **de ~** adv auf gleicher Höhe; **de ~ avec** auf gleicher Höhe mit
plaint, e [plɛ̃, ɛ̃t] pp de **plaindre**
plainte [plɛ̃t] nf Klage f; **porter ~** Klage erheben, klagen
plaintif, -ive [plɛ̃tif, iv] adj klagend
plaire [plɛʀ] vi gefallen, Anklang finden; **se plaire** vpr (quelque part) sich wohlfühlen, gedeihen; **elle plaît aux hommes** sie gefällt den Männern, sie findet Anklang bei den Männern; **cela me plaît** das gefällt mir; **essayer de ~ à qn** jdm zu gefallen suchen; **ce qu'il vous plaira** wie Sie wünschen; **s'il vous plaît** bitte; **se ~ à lire** am Lesen Gefallen finden
plaisamment [plɛzamɑ̃] adv hübsch
plaisance [plɛzɑ̃s] nf (aussi: **navigation de plaisance**) Hobbysegeln nt
plaisancier [plɛzɑ̃sje] nm Freizeitsegler m
plaisant, e [plɛzɑ̃, ɑ̃t] adj (maison, décor, site) schön; (personne) angenehm, nett; (histoire, anecdote) amüsant, unterhaltend
plaisanter [plɛzɑ̃te] vi Spaß machen, scherzen ▷ vt (personne) necken; **pour ~** zum Spaß; **on ne plaisante pas avec cela** damit scherzt man nicht; **tu plaisantes!** mach keine Witze!
plaisanterie [plɛzɑ̃tʀi] nf Scherz m, Spaß m
plaisantin [plɛzɑ̃tɛ̃] nm (blagueur) Scherzbold m; (fumiste) Windhund m
plaise etc [plɛz] vb voir **plaire**
plaisir [pleziʀ] nm Genuss m, Vergnügen nt; (Psych, plaisir des sens) Lust f; (joie) Freude f; **chaque âge a ses ~s** jedes Alter hat seine Freuden; **boire/manger avec ~** mit Genuss trinken/essen; **faire ~ à qn** (délibérément) jdm eine Freude machen; **ça me fait ~** das freut mich; **prendre ~ à qch** Gefallen an etw dat finden; **prendre ~ à faire qch** Gefallen daran finden, etw zu tun; **j'ai le ~ de** es ist mir eine Freude, zu; **M et Mme Lesucre ont le ~ de vous faire part de ...** Herr und Frau Lesucre beehren sich, Ihnen ... bekannt zu geben; **se faire un ~ de faire qch** etw sehr gern ou mit großem Vergnügen tun; **faites-moi le ~ de ...** machen Sie mir die Freude und ...; **au ~ (de vous revoir)** bis hoffentlich bald einmal; **pour le ~** zum reinen Vergnügen
plaît [plɛ] vb voir **plaire**
plan, e [plɑ̃, an] adj eben ▷ nm Plan m; (Géom) Ebene f; (Ciné) Einstellung f; **sur tous les ~s** in jeder Hinsicht; **au premier/second ~s** im Vordergrund/Hintergrund; **mettre qch au premier ~** etw dat den Vorrang geben; **mettre qch au second ~** etw zurückstellen; **mettre qch sur le même ~** (fig) etw gleichrangig einstufen; **de premier/second ~** erst-/zweitrangig; **sur le ~ sexuel** was das Sexuelle betrifft; **laisser en ~** aufgeben;

~ d'action Aktionsplan m; **~ d'eau** Wasserfläche f; **~ de cuisson** Herdfläche f; **~ de sustentation** Tragflügel m; **~ de travail** Arbeitsfläche f; **~ de vol** Flugdokumentation f; **~ directeur** (Écon) Plan
planche [plɑ̃ʃ] nf Brett nt; (dans un livre) Abbildung f; (de salades, radis, poireaux) Beet nt; **planches** nfpl (Théât) Bretter pl, Bühne f sg; **en ~s** aus Brettern; **faire la ~** (dans l'eau) den toten Mann machen; **avoir du pain sur la ~** alle Hände voll zu tun haben; **~ à découper** Schneidbrett nt; **~ à dessin** Reißbrett nt, Zeichenbrett nt; **~ à pain** Schneidbrett; (fig: femme) Bügelbrett nt; **~ à repasser** Bügelbrett nt; **~ à roulettes** Skateboard nt; (sport) Skateboardfahren nt; **~ à voile** Surfbrett nt; (sport) Windsurfen nt; **~ de salut** (fig) Rettungsanker m
plancher [plɑ̃ʃe] nm Fußboden m ▷ vi (fam: travailler beaucoup) sich abrackern; **~ des cotisations/salaires** untere Grenze f ou Untergrenze f der Beiträge/Gehälter
planchiste [plɑ̃ʃist] nm/f Windsurfer(in) m(f)
plancton [plɑ̃ktɔ̃] nm Plankton nt
planer [plane] vi gleiten; (fumée, odeur) in der Luft hängen; (être euphorique) schweben; **~ sur** (danger, soupçons) schweben über +dat
planétaire [planetɛʀ] adj Planeten-
planétarium [planetaʀjɔm] nm Planetarium nt
planète [planɛt] nf Planet m
planeur [planœʀ] nm Segelflugzeug nt
planification [planifikasjɔ̃] nf Planung f
planifier [planifje] vt planen
planisphère [planisfɛʀ] nm Planiglob(ium) nt
planning [planiŋ] nm (de travail) Arbeitsplan m; **~ familial** Familienplanung f
planque [plɑ̃k] (fam) nf (emploi) ruhige Kugel f; (cachette) Versteck nt
planquer [plɑ̃ke] (fam) vt (cacher) verstecken; **se planquer** vpr sich verstecken
plant [plɑ̃] nm Setzling m
plantage [plɑ̃taʒ] nm (d'ordinateur) Absturz m
plantaire [plɑ̃tɛʀ] adj voir **voûte**
plantation [plɑ̃tasjɔ̃] nf Pflanzung f, Plantage f; **plantations** nfpl Pflanzungen pl
plante [plɑ̃t] nf Pflanze f; **~ d'appartement** Haus- ou Zimmerpflanze f; **~ du pied** Fußsohle f; **~ verte** (Grün)pflanze f
planter [plɑ̃te] vt pflanzen; (lieu) bepflanzen; (pieu, piquet, clou) einschlagen; (drapeau, échelle, décors) aufstellen; (tente) aufschlagen; (fam: abandonner) stehen lassen ▷ vi (ordinateur) abstürzen; **se planter** vpr (fam: se tromper) sich irren; **~ là** stehen lassen; **se ~ dans** (se tromper) sich vertun bei; **se ~ devant qn/qch** sich vor jdn/etw hinpflanzen
planton [plɑ̃tɔ̃] nm (Mil) Bursche m, Melder m
plantureux, -euse [plɑ̃tyʀø, øz] adj (repas) reichlich; (femme, poitrine) üppig
plaquage [plakaʒ] nm (Rugby) Tackling nt
plaque [plak] nf Platte f; (de verglas) Schicht f; (d'eczéma, rouge etc) Fleck m; (dentaire) Zahnstein m; (avec inscription) Schild nt; **~ d'immatriculation** ou **minéralogique** Nummernschild nt,

Kraftfahrzeugkennzeichen nt; ~ **chauffante** Heizplatte f; ~ **d'identité** (de soldat) Erkennungsmarke f; (de chien) Hundemarke f; ~ **de beurre** Stück nt Butter; ~ **de chocolat** Tafel f Schokolade; ~ **de cuisson** Kochplatte f; ~ **de four** Herdplatte f; ~ **de propreté** Türbeschlag m; ~ **sensible** (Photo) lichtempfindliche Platte; ~ **tournante** (fig) Drehscheibe f

plaqué, e [plake] adj: ~ **or** vergoldet; ~ **argent** versilbert

plaquer [plake] vt (bois) furnieren; (Rugby: adversaire) zu Fall bringen; (fam: laisser tomber) fallen lassen; **se plaquer** vpr: **se ~ contre** sich pressen gegen; ~ **sur** ou **contre** (aplatir) pressen gegen; ~ **qn contre** jdn drücken an +acc

plaquette [plakɛt] nf (de chocolat) Tafel f; (de beurre) Stück nt; (livre) Bändchen nt; (Pharm: de pilules, gélules) Klarsichtpackung für Arzneimittel; ~ **de frein** nf Bremsbelag m

plasma [plasma] nm Plasma nt

plastic [plastik] nm Plastiksprengstoff m

plastifié, e [plastifje] adj plastiküberzogen, plastikbeschichtet

plastifier [plastifje] vt mit Plastik überziehen ou beschichten

plastiquage [plastikaʒ] nm Sprengung f

plastique [plastik] adj plastisch ▷ nm Plastik nt ▷ nf Plastik f; **en** ~ Plastik-

plastiquer [plastike] vt sprengen

plastiqueur [plastikœʀ] nm Attentäter m (eines Sprengstoffanschlags)

plastron [plastrɔ̃] nm (de chemise) Hemdbrust f

plastronner [plastrone] vi sich brüsten

plat, e [pla, at] adj flach; (cheveux) glatt; (style, livre) langweilig; (vin) fade ▷ nm (récipient) Schale f; (mets) Gericht nt; (d'une route) flache Strecke f; **le premier/deuxième** ~ (d'un repas) der erste/zweite Gang; **le ~ de la main** die Handfläche f; **à ~ ventre** adv bäuchlings; **à ~** (horizontalement) horizontal; (personne) völlig fertig; **pneu à ~** platter Reifen m; **batterie à ~** leere Batterie f; ~ **cuisiné** Fertiggericht nt; ~ **de résistance** Hauptgericht nt; ~ **du jour** Tagesgericht nt

platane [platan] nm Platane f

plateau, x [plato] nm (support) Tablett nt; (de table) Platte f; (d'une balance) Waagschale f; (Géo: d'un graphique) Plateau nt; (de tourne-disque) Plattenteller m; **sur le** ~ (Ciné) bei den Dreharbeiten; (TV) in der Diskussionsrunde; ~ **à fromage** Käseplatte f

plateau-repas [platoʀəpa] (pl **plateaux-repas**) nm Essenstablett nt

plate-bande [platbɑ̃d] (pl **plates-bandes**) nf Rabatte f

platée [plate] nf Schale f

plate-forme [platfɔʀm] (pl **plates-formes**) nf Plattform f; (Pol) Wählerschaft f; ~ **continentale** Festlandssockel m; ~ **de forage** Bohrinsel f; ~ **pétrolière** Ölbohrinsel f

platine [platin] nm (métal) Platin nt ▷ nf (d'un tourne-disque) Plattenteller m ▷ adj inv: **cheveux ~** platinblonde Haare pl; **blond ~** Platinblond nt;

~ **laser** CD-Player m

platitude [platityd] nf Plattitüde f

platonique [platɔnik] adj (amour) platonisch

plâtras [plɑtʀɑ] nm Schutt m

plâtre [plɑtʀ] nm (matériau) Gips m; (statue) Gipsstatue f; (Méd) Gips(verband) m; **plâtres** nmpl (revêtements) Stuck m; **avoir un bras dans le** ~ den Arm in ou im Gips haben

plâtrer [plɑtʀe] vt (mur) verputzen; (Méd) in Gips legen

plâtrier [plɑtʀije] nm (ouvrier) Gipser m

plausible [plozibl] adj plausibel

play-back [plɛbak] nm inv Play-back nt

play-boy [plɛbɔj] (pl ~**s**) nm Playboy m

plébiscite [plebisit] nm Volksentscheid m

plébisciter [plebisite] vt (élire) wählen; (fig: approuver) mit großer Mehrheit unterstützen

plein, e [plɛ̃, plɛn] adj voll; (porte, roue) massiv; (joues, visage, formes) voll, rund; (chienne, jument) trächtig ▷ nm: **faire le** ~ (d'essence) volltanken; **faire le ~ des voix** die Maximalzahl von Stimmen bekommen; **les** ~**s** (écriture) die Abstriche pl; ~ **de** voller; **avoir de l'argent** ~ **les poches** die Taschen voller Geld haben; **avoir les mains** ~**es** die Hände voll haben; **à** ~**es mains** (ramasser) mit vollen Händen; (empoigner) mit fester Hand; **à** ou **en** ~ völlig; **à** ~ **régime** mit Vollgas; **à** ~ **temps** ou **temps** ~ ganztags; **en** ~ **air** im Freien; **jeux de** ~ **air** Spiele im Freien; **en** ~ **soleil** in der prallen Sonne; **en** ~**e mer** auf hoher See; **en** ~**e rue** mitten auf der Straße; **en** ~ **milieu** genau in der Mitte, mittendrin; **en** ~ **jour** am hellichten Tag; **en** ~**e nuit** mitten in der Nacht; **en** ~**e croissance** mitten im Wachstum; **en avoir** ~ **le dos** (fam) die Nase vollhaben; ~**s pouvoirs** Vollmacht f

pleinement [plɛnmɑ̃] adv völlig

plein-emploi [plɛnɑ̃plwa] nm Vollbeschäftigung f

plénière [plenjɛʀ] adj f: **assemblée** ou **réunion** ~ Vollversammlung f, Plenarsitzung f

plénipotentiaire [plenipɔtɑ̃sjɛʀ] nm Bevollmächtigter m

plénitude [plenityd] nf (d'un son, des formes) Fülle f; (d'un droit) Vollständigkeit f

pléthore [pletɔʀ] nf: **il y a** ~ **de** es gibt mehr als genug

pléthorique [pletɔʀik] adj (classes) überfüllt; (documentation) überzählig

pleurer [plœʀe] vi weinen; (yeux) tränen ▷ vt (regretter) nachtrauern +dat; (mort de qn) beweinen; (sort) beklagen; ~ **de rire** Tränen lachen

pleurésie [plœʀezi] nf Brustfellentzündung f

pleureuse [plœʀøz] nf Klageweib nt

pleurnicher [plœʀniʃe] vi flennen, heulen

pleurs [plœʀ] nmpl: **en** ~ in Tränen

pleut [plø] vb voir **pleuvoir**

pleutre [pløtʀ] adj feige

pleuvait etc [pløvɛ] vb voir **pleuvoir**

pleuviner [pløvine] vb impers: **il pleuvine** es nieselt

pleuvoir [pløvwaʀ] vb impers: **il pleut** es regnet ▷ vi (coups, critiques) niederregnen, niederhageln;

(*nouvelles, lettres*) in Fluten hereinkommen; **il pleut des cordes** es regnet Bindfäden; **il pleut à verse** es regnet in Strömen; **il pleut à torrents** es gießt

pleuvra *etc* [pløvʀa] *vb voir* **pleuvoir**

plèvre [plɛvʀ] *nf* Brustfell *nt*

plexiglas® [plɛksiglɑs] *nm* Plexiglas® *nt*

pli [pli] *nm* Falte *f*; (*dans un papier*) Kniff *m*; (*d'un pantalon*) Bügelfalte *f*; (*Admin: lettre*) Brief *m*; (*Cartes*) Stich *m*; **mettre sous ~** in den Umschlag stecken; **prendre le ~ de faire qch** sich *dat* angewöhnen, etw zu tun; **ça ne va pas faire un ~** das geht glatt; **faux ~** Falte; **~ d'aisance** Kellerfalte *f*

pliable [plijabl] *adj* faltbar

pliage [plijaʒ] *nm* (*action*) Falten *nt*

pliant, e [plijɑ̃, plijɑ̃t] *adj* Klapp- ▷ *nm* (*siège*) Klappstuhl *m*

plier [plije] *vt* zusammenfalten; (*table pliante*) zusammenklappen; (*genou, bras*) beugen, biegen ▷ *vi* (*branche, arbre*) sich biegen; (*fig: personne*) nachgeben; **se plier** *vpr*: **se ~ à** sich beugen +*dat*; **~ bagage** seine Siebensachen zusammenpacken, seine Zelte abbrechen

plinthe [plɛ̃t] *nf* (*au bas d'une cloison*) Fußleiste *f*, Scheuerleiste *f*

plissé, e [plise] *adj* (*jupe, robe*) plissiert; (*peau*) faltig, runzlig; (*Géo*) mit Bodenfalten ▷ *nm* (*Couture*) Plissee *nt*

plissement [plismɑ̃] *nm* (*Géo*) Faltung *f*; **~ de terrain** Bodenwelle *f*

plisser [plise] *vt* (*papier, étoffe*) zerknittern; (*jupe*) fälteln; (*front*) runzeln; (*bouche*) verziehen; **se plisser** *vpr* (*se froisser*) Falten bekommen, knittern

pliure [plijyʀ] *nf* (*du bras, genou*) Beuge *f*; (*d'un ourlet*) Falte *f*

plomb [plɔ̃] *nm* (*métal*) Blei *nt*; (*d'une cartouche*) Schrot *m ou nt*; (*Pêche*) Senker *m*, Senkgewicht *nt*; (*sceau*) Plombe *f*; (*Élec*) Sicherung *f*; **sommeil de ~** Tiefschlaf *m*; **soleil de ~** sengende Sonne *f*

plombage [plɔ̃baʒ] *nm* (*de dent*) Füllung *f*, Plombe *f*

plomber [plɔ̃be] *vt* (*canne, ligne*) mit Blei beschweren; (*colis, wagon, marchandises*) verplomben; (*mur*) (aus)loten; (*Inform*) sichern; (*dent*) plombieren

plomberie [plɔ̃bʀi] *nf* (*installation*) Rohre und Leitungen *pl*; (*travail du plombier*) Installieren *nt*, Installation *f*

plombier [plɔ̃bje] *nm* Installateur *m*, Klempner *m*

plonge [plɔ̃ʒ] *nf*: **faire la ~** Geschirr spülen

plongeant, e [plɔ̃ʒɑ̃, ɑ̃t] *adj* (*vue*) von oben; (*décolleté*) tief (ausgeschnitten)

plongée [plɔ̃ʒe] *nf* (*Sport*) Tauchen *nt*; (*Ciné, TV*) Aufnahme *f* von oben; **~ sous-marine** Tauchen *nt*

plongeoir [plɔ̃ʒwaʀ] *nm* Sprungbrett *nt*

plongeon [plɔ̃ʒɔ̃] *nm* Sprung *m*

plonger [plɔ̃ʒe] *vi* (*personne*) springen; (*oiseau, avion*) einen Sturzflug machen; (*sous-marin*) abtauchen; (*gardien de but*) hechten; (*regard*) sich erstrecken ▷ *vt* (*immerger*) tauchen; (*enfoncer*) (hinein)stoßen; **~ dans un sommeil profond** in

einen tiefen Schlaf versinken; **~ dans l'obscurité** in Dunkelheit hüllen *ou* tauchen; **~ qn dans l'embarras/le découragement** jdn in Verlegenheit bringen/in Verzweiflung stürzen

plongeur, -euse [plɔ̃ʒœʀ, øz] *nm/f* Taucher(in) *m(f)*; (*de restaurant*) Tellerwäscher(in) *m(f)*

plot [plo] *nm* (*Élec*) Kontakt *m*

ploutocratie [plutɔkʀasi] *nf* Plutokratie *f*

ploutocratique [plutɔkʀatik] *adj* plutokratisch

ployer [plwaje] *vt*: **~ les genoux** die Knie beugen ▷ *vi* sich biegen, nachgeben; **~ sous le joug** unter dem Joch zusammenbrechen

plu [ply] *pp de* **plaire**; **pleuvoir**

pluie [plɥi] *nf* Regen *m*; **une ~ fine** ein Nieselregen *m*; **une ~ de** (*cendres*) ein Regen von; (*pierres, baisers*) ein Hagel *m* von; **retomber en ~** niederprasseln; **sous la ~** im Regen

plumage [plymaʒ] *nm* Gefieder *nt*

plume [plym] *nf* Feder *f*; **dessin à la ~** Federzeichnung *f*; **prendre la ~** zur Feder greifen

plumeau, x [plymo] *nm* Staubwedel *m*

plumer [plyme] *vt* rupfen

plumet [plymɛ] *nm* Federbusch *m*

plumier [plymje] *nm* Griffelkasten *m*

plupart [plypaʀ] *nf*: **la ~** die meisten; **la ~ des hommes/d'entre nous** die meisten Menschen/ die meisten von uns; **la ~ du temps** meistens; **dans la ~ des cas** in den meisten Fällen; **pour la ~** meistens

pluralisme [plyʀalism] *nm* Pluralismus *m*

pluralité [plyʀalite] *nf* (*multiplicité*) Verschiedenheit *f*; (*Ling*) Mehrzahl *f*

pluridisciplinaire [plyʀidisiplinɛʀ] *adj*: **enseignement ~** fachübergreifender Unterricht *m*

pluriel [plyʀjɛl] *nm* Plural *m*; **au ~** im Plural

○ **MOT-CLÉ**

plus [ply] *adv* **1** (*forme négative*): **ne ... plus** nicht mehr; **je n'ai plus d'argent** ich habe kein Geld mehr; **il ne travaille plus** er arbeitet nicht mehr; **il ne reste plus que deux tomates** es sind nur noch zwei Tomaten da

2 (*comparatif*) mehr; (*superlatif*): **le plus** am meisten; **plus grand/intelligent (que)** größer/ intelligenter (als); **le plus grand/intelligent** der Größte/Intelligenteste

3: **plus de** mehr; **plus de pain** mehr Brot; **plus de 3 heures/4 kilos** mehr als 3 Stunden/4 Kilo; **plus d'argent/de possibilités (que)** mehr Geld/ Möglichkeiten (als); **plus de 10 personnes** mehr als 10 Personen; **il était plus de minuit** es war schon nach Mitternacht

4: **plus que mehr**; **il travaille plus que moi** er arbeitet mehr als ich; **3 heures/kilos de plus que** 3 Stunden/Kilo mehr als; **il a 3 ans de plus que moi** er ist 3 Jahre älter als ich

5 (*locutions*): **sans plus** aber mehr (auch) nicht; **de plus** (*en supplément*) zusätzlich; (*en outre*) außerdem; **de plus en plus** mehr und mehr, immer mehr; **3 kilos en plus** 3 Kilo mehr; **en**

plus de zusätzlich zu; **(tout) au plus** (aller)höchstens; **d'autant plus que** umso mehr als; **qui plus est** und außerdem; **plus ou moins** mehr oder weniger; **ni plus ni moins** nicht mehr und nicht weniger; **plus il travaille, plus il est heureux** je mehr er arbeitet, desto glücklicher ist er
▷ *prép:* **4 plus 2** 4 plus 2

plusieurs [plyzjœʀ] *pron* mehrere, einige; **ils sont ~** sie sind zu mehreren
plus-que-parfait [plyskəpaʀfɛ] *nm* Plusquamperfekt *nt*
plus-value [plyvaly] (*pl* **~s**) *nf* (*Écon*) Mehrwert *m*; (*bénéfice*) Gewinn *m*; (*budgétaire*) Überschuss *m*
plut [ply] *vb voir* **plaire**; **pleuvoir**
plutonium [plytɔnjɔm] *nm* Plutonium *nt*
plutôt [plyto] *adv* eher, vielmehr; **je ferais ~ ceci** ich würde lieber das machen; **fais ~ comme ça** mach es lieber so; **~ que (de) faire qch** (an)statt etw zu tun; **~ grand/rouge** eher groß/rot
pluvial, e, -aux [plyvjal, jo] *adj* (*eaux*) Regen-
pluvieux, -euse [plyvjø, jøz] *adj* regnerisch
pluviosité [plyvjozite] *nf* Niederschlag(smenge *f*) *m*
PM [peɛm] *sigle f* (= *Police militaire*) Militärpolizei *f*
PME [peɛmə] *sigle fpl* (= *petites et moyennes entreprises*) kleine und mittelständische Betriebe *pl*
PMI [peɛmi] *sigle f* (= *centre de*) protection maternelle *et infantile*) *voir* **protection**; (= *petites et moyennes industries*) kleine und mittelständische Industrie *f*
PMU [peɛmy] *sigle m* = **pari mutuel urbain**
PNB [peɛnbe] *sigle m* (= *produit national brut*) BSP *nt*
pneu, x [pnø] *nm* (*de roue*) Reifen *m*; (*message*) Rohrpostbrief *m*
pneumatique [pnømatik] *nm* Reifen *m* ▷ *adj* (*marteau*) Pressluft-; (*tube*) Rohrpost-; (*canot*) Schlauch-
pneumonie [pnømɔni] *nf* Lungenentzündung *f*
PO *sigle fpl* (= *petites ondes*) MW
Pô [po] *nm* Po *m*
poche [pɔʃ] *nf* Tasche *f*; (*sous les yeux*) Tränensack *m*; (*d'eau, de pétrole*) Ablagerung *f*; (*de pus*) Beule *f*; (*Zool*) Beutel *m* ▷ *nm* (*livre*) Taschenbuch *nt*; **faire une ~ ou des ~s** sich ausbeulen; **carnet/couteau/lampe de ~** Taschenbuch/Taschenmesser *nt*/Taschenlampe *f*; **en être de sa ~** Geld verloren haben; **c'est dans la ~** das haben wir in der Tasche
poché, e [pɔʃe] *adj:* **œuf ~** pochiertes Ei *nt*; **œil ~** blaues Auge *nt*
pocher [pɔʃe] *vt* (*Culin*) pochieren; (*Peinture*) skizzieren ▷ *vi* (*vêtement*) ausbeulen
poche-revolver [pɔʃʀəvɔlvɛʀ] (*pl* **poches-revolver**) *nf* Gesäßtasche *f*
pochette [pɔʃɛt] *nf* (*de timbres, d'aiguilles etc*) Heftchen *nt*; (*sac: de femme*) Täschchen *nt*; (: *d'homme*) Handtasche *f*; (*sur veston*) kleine Tasche *f*; (*mouchoir*) Ziertuch *nt*; **~ d'allumettes** Streichholzheftchen *nt*; **~ de disque** Plattenhülle *f*; **~ surprise** Wundertüte *f*
pochoir [pɔʃwaʀ] *nm* (*Art*) Schablone *f*

podcast [pɔdkast] *nm* Podcast *m*
podcaster [pɔdkaste] *vi* podcasten
podium [pɔdjɔm] *nm* Podest *nt*
poêle [pwal] *nm* (*appareil de chauffage*) Ofen *m* ▷ *nf:* **~ (à frire)** Bratpfanne *f*
poêlon [pwalɔ̃] *nm* Schmortopf *m*
poème [pɔɛm] *nm* Gedicht *nt*
poésie [pɔezi] *nf* (*poème*) Gedicht *nt*; (*art*) Lyrik *f*, Dichtung *f*
poète [pɔɛt] *nm* Dichter(in) *m(f)*; (*fig: rêveur*) Träumer(in) *m(f)* ▷ *adj* dichterisch veranlagt
poétique [pɔetik] *adj* poetisch; **licence ~** dichterische Freiheit *f*
poétiquement [pɔetikmɑ̃] *adv* poetisch
poétiser [pɔetize] *vt* verklären
pognon [pɔɲɔ̃] (*fam*) *nm* Kohle *f*, Kies *m*
poids [pwa] *nm* Gewicht *nt*; (*fardeau*) Last *f*; (*responsabilité*) Belastung *f*; (*des années*) Last, Bürde *f*; (*importance*) Bedeutung *f*; (*objet de métal*) Beschwerer *m*; (*Sport*) Kugel *f*; **~ et haltères** *nmpl* Gewichtheben *nt*; **vendre qch au ~** etw nach Gewicht verkaufen; **prendre du ~** zunehmen; **perdre du ~** abnehmen; **faire le ~** (*fig*) sich messen können; **de ~** (*important*) gewichtig; **~ coq** (*Boxe*) Bantamgewicht *nt*; **~ lourd** (*Boxe*) Schwergewicht *nt*; (*camion*) Lastkraftwagen *m*; **~ mort** (*Tech*) Leergewicht *nt*; (*fig: péj*) Ballast *m*; **~ mouche** (*Boxe*) Fliegengewicht *nt*; **~ moyen** (*Boxe*) Mittelgewicht *nt*; **~ plume** (*Boxe*) Federgewicht *nt*; **~ utile** Nutzlast *f*
poignant, e [pwaɲɑ̃, ɑ̃t] *adj* (*émotion, souvenir*) schmerzlich; (*lecture*) ergreifend
poignard [pwaɲaʀ] *nm* Dolch *m*
poignarder [pwaɲaʀde] *vt* erdolchen
poigne [pwaɲ] *nf* (*main, poing*) Hand *f*; (*force*) Griff *m*; (*fig*) Entschlossenheit *f*; **à ~** entschlossen
poignée [pwaɲe] *nf* (*de couvercle, porte, etc*) Griff *m*; (*quantité*) Handvoll *f*; **~ de main** Händedruck *m*
poignet [pwaɲɛ] *nm* Handgelenk *nt*; (*d'une chemise*) Manschette *f*
poil [pwal] *nm* Haar *nt*; (*de tissu, tapis*) Flor *m*; (*de pinceau, brosse*) Borste *f*; (*pelage*) Fell *nt*; (*ensemble des poils*) Haare *pl*; **avoir du ~ sur la poitrine** Haare auf der Brust haben; **à ~** (*fam*) splitterfasernackt; **au ~** (*fam*) klasse; **de tout ~** aller Sorten; **être de bon/mauvais ~** (*fam*) gut/schlecht drauf sein; **~ à gratter** Juckpulver *nt*
poilu, e [pwaly] *adj* haarig
poinçon [pwɛ̃sɔ̃] *nm* (*outil*) Pfriem *m*; (*marque de contrôle*) Stempel *m*
poinçonner [pwɛ̃sɔne] *vt* (*marchandise, bijou etc*) stempeln; (*billet, ticket*) knipsen
poinçonneuse [pwɛ̃sɔnøz] *nf* (*outil*) Knipszange *f*
poindre [pwɛ̃dʀ] *vi* (*fleur*) hervorkommen; (*aube, jour*) anbrechen
poing [pwɛ̃] *nm* Faust *f*; **dormir à ~s fermés** fest schlafen
point [pwɛ̃] *vb voir* **poindre** ▷ *nm* Punkt *m*; (*endroit*) Stelle *f*, Ort *m*; (*moment*) Zeitpunkt *m*; (*question*) Frage *f*; (*Couture*) Stich *m*; (*Tricot*) Masche *f*; **ne ...** **~** nicht; **~ d'intersection/de contact** Schnittpunkt *m*/Kontaktpunkt *m*; **faire le ~**

(*Naut, Aviat*) die Position bestimmen; **faire le ~ de la situation** die Lage zusammenfassen; **en tout ~** in jeder Hinsicht; **être sur le ~ de faire qch** im Begriff sein, etw zu tun; **au ~** *ou* **à tel ~ que** so sehr, dass; **au ~ de faire qch** so sehr, dass man etw macht; **mettre au ~** (*mécanisme, procédé*) entwickeln; (*appareil-photo*) scharf einstellen; (*affaire*) klären; **à ~** (*viande*) medium; **à ~ nommé** zur rechten Zeit; **du ~ de vue de** vom Standpunkt +*gén*; **au ~ de vue scientifique** vom wissenschaftlichen Standpunkt aus; **~ chaud** Krisenherd *m*; **~ culminant** Höhepunkt *m*; **~ d'eau** Wasserstelle *f*; **~ d'exclamation** Ausrufungszeichen *nt*; **~ d'interrogation** Fragezeichen *nt*; **~ d'orgue** Fermate *f*; **~ de chaînette** Kettenstich *m*; **~ de chute** (*fig*) Haltepunkt *m*; **~ de côté** Seitenstechen *nt*; **~ de croix** Kreuzstich *m*; **~ de départ** Abfahrtspunkt *m*; **~ de non-retour** Punkt, von dem es kein Zurück gibt; **~ de repère** Orientierungspunkt *m*; **~ de tige** Stielstich *m*; **~ de vente** Verkaufsstelle *f*; **~ de vue** (*paysage*) Aussichtspunkt *m*; (*fig*) Ansicht *f*, Meinung *f*; **~ faible** schwacher Punkt; **~ final** Schlusspunkt *m*; **~ mort: au ~ mort** im Leerlauf; **au ~ mousse/de jersey** (*Tricot*) rechts/ glatt gestrickt; **~ noir** (*sur le visage*) Mitesser *m*; (*Auto*) gefährliche Stelle *f*; **~s cardinaux** (vier) Himmelsrichtungen *pl*; **~s de suspension** Auslassungspunkte *pl*

pointage [pwɛtaʒ] *nm* (*sur liste*) Abhaken *nt*; (*d'employés, ouvriers*) Kontrolle *f*; (*sur machine*) Stempeln *nt*

pointe [pwɛt] *nf* Spitze *f*; **faire des ~s** (*Danse*) Spitzentanz machen; **une ~ d'ail** ein Hauch *m* Knoblauch; **une ~ d'accent/d'ironie** ein Anflug *m* von einem Akzent/von Ironie; **faire** *ou* **pousser une ~ jusqu'à** einen Abstecher machen nach +*acc*; **sur la ~ des pieds** auf Zehenspitzen; **en ~** spitz; **de ~** *adj* (*industries, recherches*) führend; (*vitesse, heures*) Spitzen-; **~ d'asperge** Spargelspitze *f*

pointer [pwɛte] *vt* (*cocher*) abhaken; (*employés, ouvriers*) kontrollieren; (*diriger*) richten; (*Mus: note*) punktieren ▷ *vi* (*ouvrier, employé*) stempeln; (*pousses*) durchkommen; (*jour*) anbrechen; **~ qch vers qch** etw auf etw *acc* richten; **~ les oreilles** (*suj: chien*) die Ohren aufstellen

pointeur, -euse [pwɛtœʀ] *nm/f* (*personne*) Aufsicht *f*; (: *Sport*) Zeitnehmer(in) *m(f)* ▷ *nm* (*Inform*) Cursor *m* ▷ *nf* (*machine*) Stechuhr *f*

pointillé [pwɛtije] *nm* (*trait*) punktierte Linie *f*; (*Art*) Tupfentechnik *f*

pointilleux, -euse [pwɛtijø, øz] *adj* pingelig

pointu, e [pwɛty] *adj* spitz; (*son, voix*) schrill; (*analyse*) genau

pointure [pwɛtyʀ] *nf* Größe *f*

point-virgule [pwɛviʀgyl] (*pl* **points-virgules**) *nm* Strichpunkt *m*

poire [pwaʀ] *nf* (*fruit*) Birne *f*; (*fam: péj*) Depp *m*; **~ à injections** Klistierspritze *f*; **~ à lavement** Einlauf *m*; **~ électrique** birnenförmiger Schalter *m*

poireau, x [pwaʀo] *nm* Lauch *m*, Porree *m*

poireauter [pwaʀote] (*fam*) *vi* warten

poirier [pwaʀje] *nm* (*Bot*) Birnbaum *m*; **faire le ~** einen Kopfstand machen

pois [pwɑ] *nm* (*Bot*) Erbse *f*; (*sur une étoffe*) Punkt *m*; **à ~** gepunktet; **~ cassés** getrocknete (halbe) Erbsen *pl*; **~ chiche** Kichererbse *f*; **~ de senteur** Wicke *f*

poison [pwazɔ̃] *nm* Gift *nt*

poisse [pwas] (*fam*) *nf* Pech *nt*

poisser [pwase] *vi* kleben

poisseux, -euse [pwasø, øz] *adj* klebrig

poisson [pwasɔ̃] *nm* Fisch *m*; **les P~s** (*Astrol*) die Fische *pl*; **être des P~s** Fisch sein; **~ d'avril** ≈ Aprilscherz *m*; **~ d'avril!** April, April!; **~ rouge** Goldfisch *m*; **~ volant** Fliegender Fisch *m*

poisson-chat [pwasɔ̃ʃa] (*pl* **poissons-chats**) *nm* Wels *m*

poissonnerie [pwasɔnʀi] *nf* (*magasin*) Fischgeschäft *nt*

poissonneux, -euse [pwasɔnø, øz] *adj* fischreich

poissonnier, -ière [pwasɔnje, jɛʀ] *nm/f* Fischhändler(in) *m(f)* ▷ *nf* (*ustensile*) Fischtopf *m*

poisson-scie [pwasɔ̃si] (*pl* **poissons-scies**) *nm* Sägefisch *m*

poitevin, e [pwat(ə)vɛ̃, in] *adj* von Poitou; (*ville*) von Poitiers ▷ *nm/f*: **Poitevin, e** Einwohner(in) *m(f)* von Poitou/Poitiers

poitrail [pwatʀaj] *nm* Brust *f*

poitrine [pwatʀin] *nf* Brust *f*; (*seins aussi*) Busen *m*

poivre [pwavʀ] *nm* Pfeffer *m*; **~ blanc** weißer Pfeffer; **~ et sel** (*cheveux*) grau meliert; **~ de Cayenne** Cayennepfeffer *m*; **~ en grains** Pfefferkörner *pl*; **~ gris** schwarzer Pfeffer; **~ moulu** gemahlener Pfeffer; **~ vert** grüner Pfeffer

poivré, e [pwavʀe] *adj* pfeffrig; (*plaisanterie*) gepfeffert

poivrer [pwavʀe] *vt* pfeffern

poivrier [pwavʀije] *nm* (*Bot*) Pfefferstrauch *m*; (*ustensile*) Pfefferstreuer *m*

poivrière [pwavʀijɛʀ] *nf* (*ustensile*) Pfefferstreuer *m*

poivron [pwavʀɔ̃] *nm* Paprika *m*; **~ rouge/vert** roter/grüner Paprika

poix [pwɑ] *nf* Pech *nt*

poker [pɔkɛʀ] *nm*: **le ~** Poker *nt*; **partie de ~** (*fig*) Pokerpartie *f*; **~ d'as** Würfelpoker *nt*

polaire [pɔlɛʀ] *adj* Polar-; (*froid*) Eises-

polarisation [pɔlaʀizasjɔ̃] *nf* Polarisation *f*

polariser [pɔlaʀize] *vt* (*Élec*) polarisieren; (*fig: attirer*) anziehen; (: *réunir, concentrer*) konzentrieren; **être polarisé sur** (*personne*) sich konzentrieren auf +*acc*

pôle [pol] *nm* Pol *m*; **le ~ Nord/Sud** der Nord-/ Südpol *m*; **~ positif/négatif** (*Élec*) positiver/ negativer Pol, Plus-/Minuspol *m*; **~ d'attraction** Anziehungspunkt *m*

polémique [pɔlemik] *adj* polemisch ▷ *nf* (*controverse*) Streit *m*

polémiquer [pɔlemike] *vi* polemisieren

polémiste [pɔlemist] *nm/f* Polemiker(in) *m(f)*

poli, e [pɔli] *adj* höflich; *(lisse)* poliert, glatt
police [pɔlis] *nf* Polizei f; **assurer la ~ de** *ou* **dans**
die Ordnung garantieren in +dat; **être dans la ~**
bei der Polizei sein; **peine de simple ~**
Polizeistrafe f; **~ d'assurance**
Versicherungspolice f; **~ de caractère** (Typo,
Inform) Schrift f; **~ des mœurs** Sittenpolizei f;
~ judiciaire Kriminalpolizei f; **~ secours**
Notdienst m; **~ secrète** Geheimpolizei f
polichinelle [pɔliʃinɛl] *nm* Kasper m; **secret de ~**
offenes Geheimnis m
policier, -ière [pɔlisje, jɛʀ] *adj* (méthodes, régime)
Polizei-; (mesures) polizeilich ▷ *nm* Polizist(in)
m(f); (aussi: **roman policier**) Krimi m
policlinique [pɔliklinik] *nf* ≈ Ambulanz f
poliment [pɔlimɑ̃] *adv* höflich
polio(myélite) [pɔljɔ(mjelit)] *nf* Kinderlähmung
f, Polio f
polir [pɔliʀ] *vt* polieren; (fig: parachever) Schliff
geben +dat
polisson, ne [pɔlisɔ̃, ɔn] *adj* frech
politesse [pɔlitɛs] *nf* Höflichkeit f; **politesses**
nfpl Höflichkeiten pl; **devoir une ~ à qn** jdm
einen Gefallen schulden; **rendre une ~ à qn**
sich bei jdm für einen Gefallen revanchieren
politicard [pɔlitikaʀ] *(péj) nm* politischer
Intrigant m
politicien, ne [pɔlitisjɛ̃, jɛn] *nm/f* Politiker(in)
m(f) ▷ *adj* Politiker-
politique [pɔlitik] *adj* politisch ▷ *nf* Politik f ▷ *nm*
(politicien) Politiker m; **~ étrangère** Außenpolitik
f; **~ intérieure** Innenpolitik f
politiquement [pɔlitikmɑ̃] *adv* politisch; (avec
habilité) geschickt
politisation [pɔlitizasjɔ̃] *nf* Politisierung f
politiser [pɔlitize] *vt* politisieren
pollen [pɔlɛn] *nm* Pollen m, Blütenstaub m
polluant, e [pɔlɥɑ̃, ɑ̃t] *adj*
umweltverschmutzend; **produit ~**
umweltschädliches Produkt nt
polluer [pɔlɥe] *vt* verschmutzen; **eaux polluées**
verschmutzte Gewässer pl
pollueur, -euse [pɔlɥœʀ, øz] *nm/f*
Umweltverschmutzer(in) m(f)
pollution [pɔlysjɔ̃] *nf* Umweltverschmutzung f;
~ de l'air Luftverschmutzung f
polo [pɔlo] *nm* (sport) Polo nt; (tricot) Polohemd nt
Pologne [pɔlɔɲ] *nf*: **la ~** Polen nt
polonais, e [pɔlɔnɛ, ɛz] *adj* polnisch ▷ *nm* (Ling)
Polnisch nt ▷ *nm/f*: **Polonais, e** Pole m, Polin f
poltron, ne [pɔltʀɔ̃, ɔn] *adj* feige
poly [pɔli] *préfixe* poly-
polyamide [pɔliamid] *nm* Polyamid nt
polyarthrite [pɔliaʀtʀit] *nf* Polyarthritis f
polychrome [pɔlikʀom] *adj* vielfarbig
polyclinique [pɔliklinik] *nf* Poliklinik f
polycopie [pɔlikɔpi] *nf* Vervielfältigung f
polycopié, e [pɔlikɔpje] *adj* (cours) vervielfältigt
▷ *nm* Vorlesungsskriptum nt
polycopier [pɔlikɔpje] *vt* vervielfältigen
polyculture [pɔlikyltyʀ] *nf* Mischkultur f
polyester [pɔliɛstɛʀ] *nm* Polyester nt

polyéthylène [pɔlietilɛn] *nm* Polyäthylen nt
polygame [pɔligam] *adj* polygam
polygamie [pɔligami] *nf* Polygamie f
polyglotte [pɔliglɔt] *adj* polyglott, vielsprachig
polygone [pɔligɔn] *nm* Vieleck nt, Polygon nt
Polynésie [pɔlinezi] *nf*: **la ~** Polynesien nt; **la ~
française** Französisch-Polynesien nt
polynésien, ne [pɔlinezjɛ̃, jɛn] *adj* polynesisch
▷ *nm/f*: **Polynésien, ne** Polynesier(in) m(f)
polynôme [pɔlinom] *nm* Polynom nt
polype [pɔlip] *nm* (Zool) Polyp m; (Méd) Polype f
polystyrène [pɔlistiʀɛn] *nm* Styropor® nt
polytechnicien, ne [pɔliteknisjɛ̃, jɛn] *nm/f*
Absolvent(in) od Schüler(in) der École polytechnic
polytechnique [pɔliteknik] *adj*: **École ~**
technische Militärakademie f
polyvalent, e [pɔlivalɑ̃, ɑ̃t] *adj* (mot) polyvalent;
(personne) vielseitig; (salle) Mehrzweck-; (vaccin)
Mehrfach-; (inspecteur) Steuer- ▷ *nm* (contrôleur du
fisc) Steuerprüfer m
pomélo [pomelo] *nm* Grapefruit f
Poméranie [pomeʀani] *nf*: **la ~** Pommern f
pommade [pɔmad] *nf* (Méd) Salbe f
pomme [pɔm] *nf* Apfel m; (pomme de terre)
Kartoffel f; **tomber dans les ~s** (fam) in
Ohnmacht fallen; **~ d'Adam** Adamsapfel m;
~ d'arrosoir Brausekopf m; **~ de pin** Tannenzapfen
m; **~ de terre** Kartoffel f; **~s allumettes**
streichholzdünn geschnittene Pommes frites pl;
~s frites Pommes frites pl; **~s vapeur**
Salzkartoffeln pl
pommé, e [pɔme] *adj* fest
pommeau, x [pɔmo] *nm* (de canne, parapluie) Knauf
m; (de selle) Knopf m
pommelé, e [pɔm(ə)le] *adj*: **cheval ~**
Apfelschimmel m; **gris ~** geschecktes Grau nt
pommer [pɔme] *vi* (choux, laitue) sich zum Kopf
formen, sich runden
pommette [pɔmɛt] *nf* Wange f
pommier [pɔmje] *nm* Apfelbaum m
pompage [pɔpaʒ] *nm* Pumpen nt
pompe [pɔ̃p] *nf* (appareil) Pumpe f; (faste) Pomp m;
en grande ~ mit großem Pomp; **~ à eau**
Wasserpumpe f; **~ (à essence)** Zapfsäule f; **~ à
huile** Ölpumpe f; **~ à incendie** Feuerspritze f;
~ de bicyclette Fahrradpumpe f; **~s funèbres**
Beerdigungsinstitut nt
pomper [pɔ̃pe] *vt* pumpen; (évacuer) auspumpen;
(absorber) aufsaugen ▷ *vi* pumpen
pompeusement [pɔ̃pøzmɑ̃] *adv* schwülstig
pompeux, -euse [pɔ̃pø, øz] *(péj) adj*
bombastisch, schwülstig
pompier [pɔ̃pje] *nm* (sapeur-pompier)
Feuerwehrmann m ▷ *adj m* (péj) schwülstig,
aufgeblasen
pompiste [pɔ̃pist] *nm/f* Tankwart m
pompon [pɔ̃pɔ̃] *nm* Bommel m, Pompon m
pomponner [pɔ̃pɔne] *vt* fein machen; **se
pomponner** *vpr* sich fein machen
ponce [pɔ̃s] *nf*: **pierre ~** Bimsstein m
poncer [pɔ̃se] *vt* schleifen
ponceuse [pɔ̃søz] *nf* (machine) Schleifmaschine f

poncif [põsif] *nm* (*banalité*) Klischee *nt*
ponction [põksjõ] *nf* (*d'argent*) Entnahme *f*;
~ **lombaire** (*Méd*) Lumbarpunktion *f*
ponctionner [põksjɔne] *vt* (*Méd*) punktieren
ponctualité [põktɥalite] *nf* Pünktlichkeit *f*;
(*assiduité*) Gewissenhaftigkeit *f*
ponctuation [põktɥasjõ] *nf* Zeichensetzung *f*;
(*Mus*) Phrasierung *f*
ponctuel, le [põktɥɛl] *adj* (*à l'heure*) pünktlich;
(*scrupuleux*) gewissenhaft; (*Tech*) punktförmig;
(*fig: opération, intervention*) punktuell
ponctuellement [põktɥɛlmã] *adv* (*à l'heure*)
pünktlich; (*scrupuleusement*) gewissenhaft
ponctuer [põktɥe] *vt* (*texte*) mit Satzzeichen
versehen; (*Mus*) phrasieren; ~ **une phrase/un
mot de ...** einen Satz/ein Wort mit ...
durchsetzen
pondération [põderasjõ] *nf* Ausgeglichenheit *f*
pondéré, e [põdere] *adj* (*esprit, personne*)
ausgeglichen
pondérer [põdere] *vt* (*équilibrer*) ausgleichen;
(*Écon: indice*) bewerten
pondeuse [põdøz] *nf* Legehenne *f*
pondre [põdʀ] *vt* (*œufs*) legen; (*fig: fam*)
produzieren ▷ *vi* (*Eier*) legen
poney [pɔnɛ] *nm* Pony *nt*
pongiste [põʒist] *nm/f* Tischtennisspieler(in)
m(f)
pont [põ] *nm* Brücke *f*; (*Naut*) Deck *nt*; ~ **arrière/
avant** (*Auto*) Hinter-/Vorderachse *f*; **faire le** ~
einen Fenstertag nehmen; **faire un** ~ **d'or à qn**
jdm goldene Brücken bauen; ~ **à péage**
Zollbrücke *f*; ~ **aérien** Luftbrücke *f*; ~ **basculant**
Klappbrücke *f*; ~ **d'envol** Startdeck *nt*; ~ **de
graissage** Rampe *f*; ~ **élévateur** Heberampe *f*;
~ **roulant** Rollkran *m*; ~ **suspendu** Hängebrücke *f*;
~ **tournant** Drehbrücke *f*; **P~s et Chaussées**
(*Admin*) Amt für Straßenbau
ponte [põt] *nf* (*action*) Legen *nt*; (*œufs pondus*)
Gelege *nt* ▷ *nm* (*fam: personnage*) hohes Tier *nt*
pontife [põtif] *nm* (*Rel*) Pontifex *m*
pontifiant, e [põtifjã, jãt] *adj* (*ton*) belehrend
pontifier [põtifje] *vi* dozieren
pont-levis [põlvi] (*pl* **ponts-levis**) *nm* Zugbrücke *f*
ponton [põtõ] *nm* Ponton *m*
pop [pɔp] *adj inv* Pop- ▷ *nm* (*Mus*) Popmusik *f*
pop-corn [pɔpkɔʀn] *nm inv* Popkorn *nt*
popeline [pɔplin] *nf* Popeline *m* ou *f*
populace [pɔpylas] (*péj*) *nf* Pöbel *m*
populaire [pɔpylɛʀ] *adj* Volks-; (*croyances,
traditions, bon sens*) volkstümlich; (*Ling*)
umgangssprachlich; (*milieu, classes, clientèle*)
Arbeiter-; (*mesure, écrivain, roi, politique*) populär
populariser [pɔpylaʀize] *vt* populär machen
popularité [pɔpylaʀite] *nf* Beliebtheit *f*,
Popularität *f*
population [pɔpylasjõ] *nf* Bevölkerung *f*; (*d'une
ville*) Einwohner *pl*; ~ **active** arbeitende
Bevölkerung; ~ **agricole** Bauernschaft *f*; ~ **civile**
Zivilbevölkerung *f*
populeux, -euse [pɔpylø, øz] *adj* dicht bevölkert
porc [pɔʀ] *nm* (*Zool*) Schwein *nt*; (*Culin*)

Schweinefleisch *nt*; (*peau*) Schweinsleder *nt*
porcelaine [pɔʀsəlɛn] *nf* Porzellan *nt*
porcelet [pɔʀsəlɛ] *nm* Ferkel *nt*
porc-épic [pɔʀkepik] (*pl* **porcs-épics**) *nm*
Stachelschwein *nt*
porche [pɔʀʃ] *nm* Vorhalle *f*
porcher, -ère [pɔʀʃe, ɛʀ] *nm/f* Schweinehirt(in)
m(f)
porcherie [pɔʀʃəʀi] *nf* (*étable*) Schweinestall *m*;
(*fig*) Saustall *m*
porcin, e [pɔʀsɛ̃, in] *adj* (*race, élevage*) Schweine-;
(*fig: visage, yeux*) Schweins-
pore [pɔʀ] *nm* Pore *f*
poreux, -euse [pɔʀø, øz] *adj* porös
porno [pɔʀno] *adj* (*abr de pornographique*) Porno-
▷ *nm* Porno *m*
pornographie [pɔʀnɔgʀafi] *nf* Pornografie *f*
pornographique [pɔʀnɔgʀafik] *adj*
pornografisch
port [pɔʀ] *nm* Hafen *m*; (*ville*) Hafenstadt *f*;
(*Inform*) Port *m*, Ausgang *m*; (*de l'uniforme*) Tragen
nt; (*maintien*) Haltung *f*; (*PTT*) Porto *nt*; **arriver à
bon** ~ (*personne*) gesund ankommen; (*chose*) gut
ankommen; ~ **d'arme** Tragen von Waffen;
~ **d'attache** (*Naut*) Heimathafen *m*; (*fig*) Heimat *f*;
~ **d'escale** angelaufener Hafen; ~ **de commerce**
Handelshafen *m*; ~ **de pêche** Fischereihafen *m*;
~ **de tête** Kopfhaltung *f*; ~ **dû** unfrei; ~ **franc**
Freihafen *m*; ~ **payé** frei; ~ **pétrolier** Ölhafen *m*
portable [pɔʀtabl] *adj* tragbar ▷ *nm* (*Tél*) Handy
nt; (*ordinateur*) Laptop *m*
portail [pɔʀtaj] *nm* Eingangsportal *nt*; (*d'une
cathédrale*) Portal *nt*
portant, e [pɔʀtã, ãt] *adj* (*mur*) tragend; (*roues*)
laufend; **bien** ~ gesund; **mal** ~ krank
portatif, -ive [pɔʀtatif, iv] *adj* tragbar
porte [pɔʀt] *nf* Tür *f*; (*d'une ville, forteresse, Ski*) Tor
nt; **mettre qn à la** ~ jdn vor die Tür setzen, jdn
hinauswerfen; **prendre la** ~ (weg)gehen; **faire
du** ~ à ~ hausieren; **journée** ~**s ouvertes** Tag *m*
der offenen Tür; ~ **d'entrée** Eingangstür *f*;
~ **(d'embarquement)** (*Aviat*) Tor *nt*; ~ **de secours**
Notausgang *m*; ~ **de service**
Dienstboteneingang *m*
porté, e [pɔʀte] *adj*: **être** ~ **à faire qch** dazu
neigen, etw zu tun; **être** ~ **sur qch** auf etw *acc*
ganz scharf sein
porte-à-faux [pɔʀtafo] *nm inv*: **en** ~ freitragend;
(*fig*) fehl am Platz
porte-avions [pɔʀtavjõ] *nm inv* Flugzeugträger *m*
porte-bagages [pɔʀtbagaʒ] *nm inv* (*d'une
bicyclette, moto*) Gepäckständer *m*; (*Auto*)
Dachgepäckträger *m*
porte-bébé [pɔʀtbebe] (*pl* ~**s**) *nm* Babytrage *f*
porte-bonheur [pɔʀtbɔnœʀ] *nm inv*
Glücksbringer *m*, Talisman *m*
porte-bouteilles [pɔʀtbutɛj] *nm inv* (*à anse*)
Flaschenkorb *m*; (*à casiers*) Flaschenregal *nt*
porte-cartes [pɔʀtəkaʀt] *nm inv* (*de cartes
d'identité*) Kartenetui *nt*; (*de cartes géographiques*)
Kartentasche *f*
porte-cigarettes [pɔʀtsigaʀɛt] *nm inv*

Zigarettenetui *nt*
porte-clefs [pɔʀtəkle] *nm inv* Schlüsselring *m*
porte-conteneurs [pɔʀtəkɔ̃tnœʀ] *nm inv*
Containerschiff *nt*
porte-couteau [pɔʀtkuto] (*pl* **~x**) *nm*
Messerbänkchen *nt*
porte-crayon [pɔʀtkʀɛjɔ̃] (*pl* **~s**) *nm*
Bleistifthalter *m*
porte-documents [pɔʀtdɔkymã] *nm inv*
Aktenmappe *f*
porte-drapeau [pɔʀtdʀapo] (*pl* **~x**) *nm* (*Mil*)
Fahnenträger *m*; (*fig: chef*) Anführer(in) *m(f)*
portée [pɔʀte] *nf* (*d'une arme*) Reichweite *f*; (*fig:
importance*) Tragweite *f*; (*: capacités*) Möglichkeiten
pl; (*d'un animal etc*) Wurf *m*; (*Mus*) Notenlinien *pl*;
hors de ~ (de) außer Reichweite (von); **à ~ de la
main** in Reichweite; **à ~ de voix** in Rufweite; **à
la ~ de qn** in jds Reichweite; (*fig*) auf jds Niveau;
à la ~ de toutes les bourses für jeden
Geldbeutel (erschwinglich)
portefaix [pɔʀtəfɛ] *nm* Träger *m*
porte-fenêtre [pɔʀtfənɛtʀ] (*pl* **portes-fenêtres**)
nf Verandatür *f*
portefeuille [pɔʀtəfœj] *nm* (*porte-monnaie*)
Brieftasche *f*; (*d'un ministre*)
Zuständigkeitsbereich *m*, Portefeuille *nt*; (*Bourse*)
Portfolio *nt*; **faire un lit en ~** die Decken und
Laken in einem Bett sehr straff einschlagen
porte-jarretelles [pɔʀtʒaʀtɛl] *nm inv*
Strumpfgürtel *m*
porte-jupe [pɔʀtʒyp] (*pl* **~s**) *nm* Rockbügel *m*
portemanteau, x [pɔʀt(ə)mãto] *nm*
Garderobenständer *m*
porte-mine [pɔʀtəmin] (*pl* **~s**) *nm* Drehbleistift *m*
porte-monnaie [pɔʀtmɔnɛ] *nm inv* Geldbeutel *m*,
Portemonnaie *nt*
porte-parapluies [pɔʀtpaʀaplɥi] *nm inv*
Schirmständer *m*
porte-parole [pɔʀtpaʀɔl] *nm inv* Wortführer(in)
m(f)
porte-plume [pɔʀtəplym] *nm inv* Federhalter *m*
porter [pɔʀte] *vt* tragen; (*apporter*) bringen;
(*inscrire*) eintragen ▷ *vi* (*voix*) tragen; (*regard, cri,
arme*) reichen; (*fig: reproche, coup*) die gewünschte
Wirkung erzielen; **se porter** *vpr*: **se ~ bien/mal**
sich gut/schlecht fühlen; **elle portait le nom
de Rosalie** sie trug den Namen Rosalie, sie hieß
Rosalie; **~ qn au pouvoir** jdn an die Macht
bringen; **~ secours à qn** jdm Hilfe leisten;
~ assistance à qn jdn unterstützen; **~ bonheur
à qn** jdm Glück bringen; **~ son âge** sein Alter
zeigen; **~ un toast** einen Toast ausbringen;
~ atteinte à angreifen; **se faire ~ malade** sich
krankmelden; **~ un jugement sur qn/qch** über
jdn/etw ein Urteil fällen; **~ un livre à l'écran** ein
Buch für den Film bearbeiten; **~ une cuillère à
sa bouche** einen Löffel zum Mund führen; **~ son
attention/regard sur** die Aufmerksamkeit/den
Blick richten auf +*acc*; **~ un fait à la
connaissance de qn** jdn von etw in Kenntnis
setzen; **tout porte à croire que** alles lässt
darauf schließen, dass; **~ sur** (*peser*) getragen

werden von; (*accent*) liegen auf +*dat*; (*heurter: tête*)
aufschlagen auf +*acc*; (*avoir pour objet*) sich drehen
um; **~ de l'argent au crédit d'un compte**
einem Konto Geld gutschreiben; **se ~ partie
civile/garant/candidat** als Nebenkläger/Bürge/
Kandidat auftreten
porte-savon [pɔʀtsavɔ̃] (*pl* **~s**) *nm* Seifenschale *f*
porte-serviettes [pɔʀtsɛʀvjɛt] *nm inv*
Handtuchhalter *m*
porteur, -euse [pɔʀtœʀ, øz] *nm/f*
Überbringer(in) *m(f)* ▷ *nm* (*dans une gare etc*)
Gepäckträger *m*; (*en montagne*) Träger *m*; (*Fin: d'une
action, obligation*) Inhaber(in) *m(f)* ▷ *adj*: **être ~ de**
(*bonnes nouvelles*) überbringen; (*de microbes*)
übertragen; **gros ~** (*avion*) Jumbojet *m*; **au ~**
(*chèque, action*) an den Überbringer
porte-voix [pɔʀtəvwa] *nm inv* Megafon *nt*
portier [pɔʀtje] *nm* Portier *m*
portière [pɔʀtjɛʀ] *nf* Tür *f*
portillon [pɔʀtijɔ̃] *nm* Sperre *f*
portion [pɔʀsjɔ̃] *nf* (*de nourriture*) Portion *f*;
(*d'héritage*) Anteil *m*; (*de terrain, route, de l'humanité*)
Teil *m*
portique [pɔʀtik] *nm* (*Gymnastique*) Querstange *f*;
(*Archit*) Säulenhalle *f*; (*Rail*) Signalbrücke *f*; **~ de
sécurité** *ou* **électronique** elektronische
Sicherheitskontrolle *f*
porto [pɔʀto] *nm* Portwein *m*
portoricain, e [pɔʀtɔʀikɛ̃, ɛn] *adj* puerto-
ricanisch
Porto Rico [pɔʀtɔʀiko] *nf* Puerto Rico *nt*
portrait [pɔʀtʀɛ] *nm* Porträt *nt*; (*description*)
Beschreibung *f*, Porträt; **elle est le ~ de sa mère**
sie ist das Ebenbild ihrer Mutter
portraitiste [pɔʀtʀetist] *nm/f* Porträtmaler(in) *m(f)*
portrait-robot [pɔʀtʀɛʀɔbo] (*pl* **portraits-robots**)
nm Phantombild *nt*
portuaire [pɔʀtɥɛʀ] *adj* Hafen-
portugais, e [pɔʀtygɛ, ɛz] *adj* portugiesisch ▷ *nm*
(*Ling*) Portugiesisch *nt* ▷ *nm/f*: **Portugais, e**
Portugiese *m*, Portugiesin *f*
Portugal [pɔʀtygal] *nm*: **le ~** Portugal *nt*
POS [peɔɛs] *sigle m* (= *plan d'occupation des sols*)
Flächennutzungsplan *m*
pose [poz] *nf* (*attitude*) Haltung *f*, Pose *f*; (*de
moquette*) Verlegen *nt*; (*de rideau, papier peint*)
Anbringen *nt*; (**temps de**) **~** (*Photo*)
Belichtungszeit *f*
posé, e [poze] *adj* (*réfléchi*) gesetzt, bedächtig
posément [pozemã] *adv* bedächtig
posemètre [pozmɛtʀ] *nm* Belichtungsmesser *m*
poser [poze] *vt* (*placer*) legen; (*debout*) stellen;
(*déposer: chose*) ablegen; (*: personne*) absetzen;
(*moquette, carrelage*) verlegen; (*rideaux, papier peint*)
anbringen; (*Math: dans une opération*) schreiben;
(*principe, conditions*) aufstellen; (*question, problème*)
stellen; (*difficulté*) bereiten; (*personne: mettre en
valeur*) Status verleihen +*dat* ▷ *vi* (*modèle*) posieren,
sitzen; **se poser** *vpr* (*oiseau, avion*) landen;
(*question, problème*) sich stellen; **~ son regard sur
qn/qch** den Blick auf jdm/etw ruhen lassen; **~ sa
candidature** sich bewerben; (*Pol*) kandidieren);

se ~ en sich aufspielen als
poseur, -euse [pozœʀ, øz] *nm/f* (*péj*) Angeber(in)
m(f); **~ de carrelages** Fliesenleger *m*; **~ de
parquets** Parkettleger *m*
positif, -ive [pozitif, iv] *adj* positiv; (*atteste*)
bestimmt, sicher; (*objectif*) nüchtern; **pôle ~**
Pluspol *m*
position [pozisjɔ̃] *nf* Lage *f*; (*attitude, posture*)
Stellung *f*; (*Danse*) Position *f*; (*Mil: attitude*)
Haltung *f*; (*emplacement*) Stelle *f*; (: *d'un navire, Mil*)
Position; (*dans un classement*) Position, Platz *m*;
(*point de vue, attitude*) Meinung *f*, Haltung; (*d'un
compte en banque*) Stand *m*; **être dans une ~
difficile/délicate** in einer schwierigen/heiklen
Lage sein; **prendre ~** (*fig*) Stellung beziehen
positionner [pozisjɔne] *vt* (*compte en banque*) den
Stand berechnen von; (*Publicité: produit*)
einführen; (*Tech: pièce*) an die richtige Stelle
bringen
positivement [pozitivmã] *adv* positiv;
(*impossible*) wirklich
posologie [pozɔlɔʒi] *nf* Einnahmevorschrift *f*
possédant, e [posedã, ãt] *adj* (*classe*) besitzend
▷ *nm/f*: **les ~s** die besitzende Klasse *f*
possédé, e [posede] *nm/f* Besessene(r) *f(m)*
posséder [posede] *vt* besitzen, haben; (*qualité,
talent*) haben; (*bien connaître*) beherrschen; (*fam:
duper*) aufsitzen lassen
possesseur [posesœʀ] *nm* Inhaber(in) *m(f)*
possessif, -ive [posesif, iv] *adj* (*Ling*)
besitzanzeigend, Possessiv-; (*personne*)
besitzergreifend ▷ *nm* (*Ling*)
Possessiv(pronomen) *nt*
possession [posesjɔ̃] *nf* Besitz *m*, Eigentum *nt*;
(*Ling*) Besitzanzeige *f*; **être en ~ de qch** im Besitz
einer Sache *gén* sein; **entrer en ~ de qch** in den
Besitz einer Sache *gén* kommen; **en sa/ma ~** in
seinem/meinem Besitz; **prendre ~ de qch** von
etw Besitz ergreifen; **être en ~ de toutes ses
facultés** im Vollbesitz seiner geistigen Kräfte
sein
possibilité [posibilite] *nf* Möglichkeit *f*; (*de projet*)
Machbarkeit *f*; **avoir la ~ de faire qch** die
Möglichkeit haben, etw zu tun
possible [posibl] *adj* möglich; (*réalisable*)
durchführbar ▷ *nm*: **faire (tout) son ~** sein
Möglichstes tun; **pas ~** (*fam*) unmöglich; **il est ~
que** es ist möglich, dass, möglicherweise;
autant que ~ so viel wie möglich; **si (c'est) ~**
wenn möglich; (**ce n'est**) **pas ~**! (*étonnement*) das
darf doch nicht wahr sein!; **comme c'est pas ~**
(*fam*) wie verrückt; **le plus/moins ~ de livres** so
wenige/viele Bücher wie möglich; **le plus/
moins ~ d'eau** so viel/so wenig Wasser wie
möglich; **aussitôt** *ou* **dès que ~** so bald wie
möglich, baldmöglichst; **gentil au ~** ungeheuer
ou äußerst nett
postal, e, -aux [postal, o] *adj* Post-; **sac ~**
Postsack *m*
postdater [postdate] *vt* (zu)rückdatieren
poste [post] *nf* Post *f*; (*bureau*) Post, Postamt *nt*
▷ *nm* (*Mil, de budget*) Posten *m*; (*charge, fonction*)

Posten, Stelle *f*; (*de radio, télévision*) Gerät *nt*; **~ 31**
(*Tél*) Apparat 31; **agent/employé des ~s**
Postbeamte(r) *f(m)*; **les P~s et
Télécommunications** die französische Post;
mettre à la ~ zur Post bringen; **~ d'essence**
Tankstelle *f*; **~ d'incendie** Feuerlöschstelle *f*; **~ de
commandement** Hauptquartier *nt*; **~ de
contrôle** Kontrollposten *m*; **~ de douane**
Zollstation *f*; **~ de nuit** Nachtschicht *f*; **~ de
péage** Mautstation *f*; **~ de pilotage** Cockpit *nt*;
~ de radio Radiogerät *nt*; **~ de secours** Erste-
Hilfe-Station *f*; **~ de télévision** Fernsehgerät *nt*;
~ de travail Arbeitsstelle *f*; **~ (de police)**
Polizeiwache *f*; **~ émetteur** Sender *m*; **~ restante**
nf postlagernde Post
poster [*vb* poste, *n* postɛʀ] *vt* (*lettre, colis*)
aufgeben; (*soldats, policiers etc*) postieren,
aufstellen ▷ *nm* Plakat *nt*, Poster *nt*; **se poster** *vpr*
sich hinstellen
postérieur, e [posteʀjœʀ] *adj* (*date, document*)
spätere(r, s); (*partie*) hintere(r, s) ▷ *nm* (*fam*)
Hintern *m*
postérieurement [posteʀjœʀmã] *adv* später; **~ à**
nach +*dat*
posteriori [posteʀjɔʀi]: **a ~** *adv* hinterher
postérité [posteʀite] *nf* Nachwelt *f*
postface [postfas] *nf* Nachschrift *f*, Anhang *m*
posthume [postym] *adj* (*enfant*) nach dem Tod des
Vaters geboren; (*œuvre, décoration, gloire*) posthum
postiche [postiʃ] *adj* (*cheveux, chignon*) falsch ▷ *nm*
Haarteil *nt*
postier, -ière [postje, jɛʀ] *nm/f* Postangestellte(r)
f(m)
postillon [postijɔ̃] *nm* (*de salive*)
Speichel(tröpfchen *nt*) *m*
postillonner [postijɔne] *vi* eine feuchte
Aussprache haben
post-natal, e [postnatal] *adj* postnatal
postopératoire [postɔpeʀatwaʀ] *adj*
postoperativ
postscolaire [postskɔlɛʀ] *adj* weiterbildend
post-scriptum [postskʀiptɔm] *nm inv*
Postskriptum *nt*
postsynchronisation [postsɛ̃kʀɔnizasjɔ̃] *nf*
Synchronisierung *f*
postsynchroniser [postsɛ̃kʀɔnize] *vt*
synchronisieren
postulant, e [postylã, ãt] *nm/f* Bewerber(in) *m(f)*
postulat [postyla] *nm* Postulat *nt*
postuler [postyle] *vt* (*emploi*) sich bewerben um
posture [postyʀ] *nf* (*attitude*) Haltung *f*; **être en
bonne/mauvaise ~** in einer guten/schlechten
Lage sein
pot [po] *nm* Topf *m*; **avoir du ~** (*fam: chance*)
Schwein *ou* Glück haben; **boire** *ou* **prendre un ~**
(*fam*) einen trinken; **découvrir le ~ aux roses**
das Geheimnis herausfinden; **~ à tabac**
Tabakdose *f*; **~ d'échappement** Auspufftopf *m*;
~ de chambre Nachttopf *m*; **~ de fleurs**
Blumentopf *m*
potable [potabl] *adj* trinkbar; (*fam: travail, devoir*)
tragbar; **eau (non) ~** (kein) Trinkwasser

343

potache [pɔtaʃ] *(fam)* nm Schuljunge m

potage [pɔtaʒ] nm Suppe f

potager, -ère [pɔtaʒe, ɛʀ] adj *(plante, cultures)* Gemüse-; **(jardin)** ~ Gemüsegarten m

potasse [pɔtas] nf *(Chim)* Pottasche f; *(engrais)* Kali(dünger m) nt

potasser [pɔtase] *(fam)* vt schuften

potassium [pɔtasjɔm] nm Kalium nt

pot-au-feu [pɔtofø] nm inv *(mets)* Potaufeu nt; *(viande)* Suppenfleisch nt

pot-de-vin [podvɛ̃] *(pl* **pots-de-vin)** nm Schmiergeld nt, Bestechungsgeld nt

pote [pɔt] *(fam)* nm Kumpel m

poteau, x [pɔto] nm Pfosten m, Pfahl m; **~ d'arrivée** Zielpfosten m; **~ d'exécution** Hinrichtungsplatz m; **~ de départ** Startpfosten m; **~ indicateur** Wegweiser m; **~ télégraphique** Telegrafenmast m; **~x (de but)** Torpfosten pl

potée [pɔte] nf *(Culin)* Eintopf mit Schweinefleisch und Kohl

potelé, e [pɔt(ə)le] adj rundlich, mollig

potence [pɔtɑ̃s] nf *(gibet)* Galgen m; **en ~** *(en* T) t-förmig

potentat [pɔtɑ̃ta] nm Herrscher m; *(péj)* Despot m

potentiel, le [pɔtɑ̃sjɛl] adj *(Ling)* potenziell ▷ nm Potenzial nt; *(Ling)* Potenzialis m

potentiellement [pɔtɑ̃sjɛlmɑ̃] adv potenziell

potentiomètre [pɔtɑ̃sjɔmɛtʀ] nm Potenziometer nt

poterie [pɔtʀi] nf *(fabrication)* Töpferei f; *(objet)* Keramik f, Töpferware f

potiche [pɔtiʃ] nf *(vase)* große Porzellanvase f

potier, -ière [pɔtje, ʃɛʀ] nm/f Töpfer(in) m(f)

potins [pɔtɛ̃] nmpl *(bavardages)* Klatsch m

potion [posjɔ̃] nf Trank m

potiron [pɔtiʀɔ̃] nm Kürbis m

pot-pourri [popuʀi] *(pl* **pots-pourris)** nm *(Mus)* Potpourri nt

pou, x [pu] nm Laus f

pouah [pwa] excl puh

poubelle [pubɛl] nf Mülleimer m, Abfalleimer m

pouce [pus] nm Daumen m; **se tourner** ou **se rouler les ~s** Däumchen drehen; **manger sur le ~** *(fam)* auf die Schnelle etwas essen

poudre [pudʀ] nf Pulver nt; *(fard)* Puder m; *(explosif)* (Schieß)pulver nt; **café en ~** Pulverkaffee m; **lait en ~** Milchpulver nt; **savon en ~** Seifenpulver nt; **~ à canon** Schießpulver nt; **~ à éternuer** Niespulver nt; **~ à récurer** Scheuerpulver nt; **~ de riz** Reispuder m

poudrer [pudʀe] vt pudern; **se poudrer** vpr sich pudern; **se ~ le visage** sich dat das Gesicht pudern

poudreux, -euse [pudʀø, øz] adj *(route)* staubig; *(neige)* pulverig ▷ nf *(neige)* Pulverschnee m

poudrier [pudʀije] nm *(boîte)* Puderdose f

poudrière [pudʀijɛʀ] nf *(dépôt)* Pulvermagazin m; *(fig: région)* Pulverfass nt

pouf [puf] nm Puff m

pouffer [pufe] vi: **~ (de rire)** kichern

pouffiasse [pufjas] nf *(fam)* fette Kuh f; *(prostituée)* Nutte f

pouilleux, -euse [pujø, øz] adj verlaust; *(fig: sordide)* heruntergekommen

poulailler [pulaje] nm Hühnerstall m; *(fam: Théât)* Galerie f

poulain [pulɛ̃] nm Fohlen nt; *(fig: protégé)* Schützling m

poularde [pulaʀd] nf Poularde f

poule [pul] nf *(Zool)* Henne f; *(Culin)* Huhn nt; *(Sport)* Turnier, bei dem jeder gegen jeden antritt; *(Rugby)* Gruppe f; *(fam: fille)* Geliebte f; *(: maîtresse)* Geliebte f; **~ d'eau** Teichhuhn nt; **~ mouillée** Waschlappen m; **~ pondeuse** Legehenne f

poulet [pulɛ] nm *(jeune poule)* junges Huhn nt; *(Culin)* Hühnchen nt; *(fam: policier)* Bulle m

poulette [pulɛt] nf Junghenne f; *(fam: fille)* Biene f

pouliche [puliʃ] nf junge Stute f

poulie [puli] nf Flaschenzug m

poulpe [pulp] nm Tintenfisch m

pouls [pu] nm Puls m; **prendre le ~ de qn** jdm den Puls fühlen

poumon [pumɔ̃] nm Lunge f; **~ artificiel** ou **d'acier** eiserne Lunge

poupe [pup] nf *(Naut)* Heck nt; **avoir le vent en ~** *(fig)* Rückenwind ou den Wind im Rücken haben

poupée [pupe] nf Puppe f; **jouer à la ~** mit Puppen spielen; **maison de ~** Puppenhaus nt; **jardin de ~** winziger Garten m

poupin, e [pupɛ̃, in] adj pummelig

poupon [pupɔ̃] nm Baby nt

pouponner [pupɔne] vi Mutter spielen

pouponnière [pupɔnjɛʀ] nf Kinderkrippe f

⭕ MOT-CLÉ

pour [puʀ] prép **1** für; **pour Marie/moi** für Marie/mich; **pour trois jours** für drei Tage; **pour 10 euros d'essence** für 10 Euro Benzin; **un livre pour les enfants de cinq ans** ein Buch für Fünfjährige; **mauvais pour la santé** schlecht für die Gesundheit; **être pour la peine de mort** für die Todesstrafe sein; **payer pour qn** für jdn zahlen; **il a parlé pour moi** *(à ma place)* er hat für mich gesprochen; **pour un Français, il parle bien le suédois** für einen Franzosen spricht er gut Schwedisch

2 *(direction)* nach; **partir pour Rouen** nach Rouen fahren; **le train pour Rouen** der Zug nach Rouen

3 *(en vue de, intention)* zu; **pour le plaisir** zum Vergnügen; **pour ton anniversaire** zu deinem Geburtstag; **pour de bon** wirklich; **pour quoi faire?** wozu?; **pour que** damit

4 *(à cause de)* wegen; **fermé pour (cause de) travaux** wegen Reparaturarbeiten/Bauarbeiten geschlossen; **c'est pour cela que j'ai démissionné** und deswegen habe ich gekündigt

5 *(comme)* als; **la femme qu'il a eue pour mère** die Frau, die er zur Mutter hatte

6 *(point de vue)*: **pour moi** *(quant à moi)* was mich betrifft; **pour moi, il a tort** nach meiner Meinung nach hat er unrecht; **pour ce qui est de nos vacances** was unseren Urlaub betrifft

7 *(avec infinitif: but)*: **pour faire qch** um etw zu tun; *(: cause)*: **pour avoir fait qch** dafür, etw getan zu haben
8 *(locutions)*: **10 pour cent** 10 Prozent; **10 pour cent des gens** 10 Prozent aller Menschen; **je n'y suis pour rien** ich kann nichts dafür; **être pour beaucoup dans qch** wesentlich zu etw beigetragen haben; **pour autant que je sache** soweit ich weiß; **pour riche qu'il soit** wie reich er auch sein mag; **ce n'est pas pour dire, mais …** *(fam)* ich will ja nichts sagen, aber …
▷ *nm*: **le pour et le contre** das Für und Wider

pourboire [puʀbwaʀ] *nm* Trinkgeld *nt*
pourcentage [puʀsɑ̃taʒ] *nm* Prozentsatz *m*; **travailler au ~** Prozente bekommen
pourchasser [puʀʃase] *vt* verfolgen
pourfendeur [puʀfɑ̃dœʀ] *nm* Widersacher *m*
pourfendre [puʀfɑ̃dʀ] *vt* angreifen
pourlécher [puʀleʃe]: **se ~** *vpr* sich *dat* die Lippen lecken
pourparlers [puʀpaʀle] *nmpl* Verhandlungen *pl*; **être en ~ avec** in Verhandlung stehen mit
pourpre [puʀpʀ] *adj* purpurrot
pourquoi [puʀkwa] *adv, conj* warum ▷ *nm*: **le ~ (de)** der Grund *m* (für); **~ pas?** warum nicht?; **je ne comprends pas ~ …** ich verstehe nicht, warum …; **expliquer ~** erklären, warum; **c'est ~** darum
pourrai *etc* [puʀe] *vb voir* **pouvoir**
pourri, e [puʀi] *adj* faul; *(feuilles)* faul, verfault; *(arbre, bois, câble)* morsch; *(roche, pierre)* brüchig, mürbe; *(temps, climat, hiver)* scheußlich; *(société, personne)* verdorben ▷ *nm*: **sentir le ~** faulig *ou* nach Verwesung riechen
pourriel [puʀjɛl] *nm* *(Inform)* Spam *nt*
pourrir [puʀiʀ] *vi* *(fruit, arbre)* verfaulen; *(cadavre)* verwesen; *(fig: situation politique)* immer schlimmer werden; *(: conflit)* sich verschärfen ▷ *vt* verfaulen lassen; *(fig: corrompre)* verderben; *(: gâter)* verziehen
pourrissement [puʀismɑ̃] *nm* *(de cadavre)* Verwesung *f*
pourriture [puʀityʀ] *nf* *(de feuille, fruit)* Verfaulen *nt*; *(péj: personne)* Arschloch *nt*
pourrons *etc* [puʀɔ̃] *vb voir* **pouvoir**
poursuis [puʀsɥi] *vb voir* **poursuivre**
poursuite [puʀsɥit] *nf* Verfolgung *f*; **poursuites** *nfpl* *(Jur)* (strafrechtliche) Verfolgung; **(course) ~** *(Cyclisme)* Verfolgerrennen *nt*; **la ~ de la fortune/gloire** die Jagd nach dem Glück/dem Ruhm
poursuivant, e [puʀsɥivɑ̃, ɑ̃t] *vb voir* **poursuivre** ▷ *nm/f* Verfolger(in) *m(f)*; *(Jur)* Kläger(in) *m(f)*
poursuivre [puʀsɥivʀ] *vt* verfolgen; *(continuer)* fortsetzen; *(mauvais payeur)* zusetzen +*dat*; *(femme)* nachlaufen +*dat*; *(fortune, gloire)* nachjagen +*dat* ▷ *vi* *(dans un récit)* fortfahren; **se poursuivre** *vpr* fortgeführt werden; **~ qn au civil** *(Jur)* Zivilklage gegen jdn führen
pourtant [puʀtɑ̃] *adv* trotzdem; **et ~** und trotzdem; **mais ~** aber trotzdem; **c'est ~ facile** und es ist doch einfach
pourtour [puʀtuʀ] *nm* *(circonférence)* Umfang *m*;

(bords) Außenbereich *m*
pourvoi [puʀvwa] *nm*: **~ en cassation/en grâce/en révision** Berufung *f*/Gnadengesuch *nt*/Wiederaufnahmeantrag *m*
pourvoir [puʀvwaʀ] *vt* *(personne)*: **~ en** versehen mit; *(chose)* ausstatten mit ▷ *vi*: **~ à qch** für etw sorgen; *(emploi)* etw besetzen; **se pourvoir** *vpr*: **se ~ en cassation** *(Jur)* Berufung einlegen
pourvoyeur, -euse [puʀvwajœʀ, øz] *nm/f* *(de drogue)* Beschaffer(in) *m(f)*; **~ de fonds** Geldgeber(in) *m(f)*
pourvu, e [puʀvy] *pp de* **pourvoir** ▷ *adj*: **~ de** versehen mit; **~ que** vorausgesetzt dass; **~ qu'il vienne!** hoffentlich kommt er!
pousse [pus] *nf* *(croissance)* Wachsen *nt*; *(bourgeon)* Sproß *m*, Trieb *m*; **~s de bambou** Bambussprossen *pl*
poussé, e [puse] *adj* *(technique)* hoch entwickelt; *(moteur)* hochgezüchtet
pousse-café [puskafe] *nm inv* Likör *m* *(zum Kaffee)*
poussée [puse] *nf* Druck *m*; *(de la foule, l'ennemi)* Ansturm *m*; *(Méd)* Ausbruch *m*; *(des prix)* Anstieg *m*; *(d'un parti politique)* Aufkommen *nt*; *(révolutionnaire)* Aufstand *m*; **écarter qn d'une ~** jdn zur Seite schubsen
pousse-pousse [puspus] *nm inv* Riksccha *f*
pousser [puse] *vt* schieben, schubsen; *(bousculer)* stoßen; *(exhorter)* drängen; *(acculer)* treiben; *(stimuler)* anspornen; *(émettre)* ausstoßen; *(recherches, études)* vorantreiben ▷ *vi* *(croître)* wachsen; **se pousser** *vpr* (zur Seite) rutschen; **faire ~** *(plante)* anbauen; **~ un moteur/une voiture** einen Motor/Wagen auf Hochtouren fahren; **~ qn à bout** jdn zum Äußersten treiben; **il a poussé la gentillesse jusqu'à faire qch** er war sogar so nett, etw zu tun; **~ jusqu'à un endroit/plus loin** bis zu einem Ort/weiter vorstoßen
poussette [pusɛt] *nf* Kinderwagen *m*
poussette-canne [pusetkan] *(pl* **poussettes-cannes)** *nf* Buggy *m*
poussier [pusje] *nm* Kohlenstaub *m*
poussière [pusjɛʀ] *nf* Staub *m*; **une ~** ein Staubkorn *nt*; **et des ~s** *(fig)* und ein paar Zerquetschte; **~ de charbon** Kohlenstaub *m*
poussiéreux, -euse [pusjeʀø, øz] *adj* staubig; *(teint)* grau
poussif, -ive [pusif, iv] *adj* *(cheval, personne)* kurzatmig; *(moteur)* stotternd
poussin [pusɛ̃] *nm* Küken *nt*
poussoir [puswaʀ] *nm* Knopf *m*
poutre [putʀ] *nf* *(en bois)* Balken *m*; *(en fer, ciment armé)* Träger *m*; **~s apparentes** offen liegende Balken *pl*
poutrelle [putʀɛl] *nf* *(petite poutre)* kleiner Balken *m*; *(barre d'acier)* Träger *m*

 MOT-CLÉ

pouvoir [puvwaʀ] *nm* Macht *f*; *(Jur: d'un tuteur, mandataire)* Befugnis *f*; *(propriété)*: **pouvoir absorbant** Saugfähigkeit *f*

pouvoirs *nmpl* (*surnaturels, extraordinaires*) Kräfte *pl*; (*attributions: d'un préfet etc*) Befugnisse *pl*; **pouvoir calorifique** Heizwert *m*; **pouvoir d'achat** Kaufkraft *f*; **les pouvoirs publics** die öffentliche Hand *f*

▷ *vb semi-aux* **1** können; **je ne peux pas le réparer** ich kann es nicht reparieren; **tu ne peux pas savoir!** du kannst es dir gar nicht vorstellen!; **je ne peux pas dire le contraire** ich kann kaum das Gegenteil behaupten; **je n'en peux plus** (*épuisé*) ich kann nicht mehr; (*à bout de nerfs*) ich halt es nicht mehr aus; **tu peux le dire!** das kannst du wohl sagen!; **il aurait pu le dire!** er hätte es sagen können!; **il a pu avoir un accident** es kann sein, dass er einen Unfall hatte **2** (*avoir le droit, la permission*) dürfen, können; **vous pouvez aller au cinéma** ihr könnt *ou* dürft ins Kino gehen; **qu'est-ce que je pouvais bien faire?** was hätte ich (schon) tun können?

▷ *vb impers* können; **il peut arriver que ... es** kann vorkommen, dass ...; **il pourrait pleuvoir** es könnte Regen geben

▷ *vt*: **il a fait (tout) ce qu'il a pu** er hat (alles) getan, was er konnte; **on ne peut mieux** so gut wie irgend möglich

▷ *vpr*: **il se peut que ...** es könnte sein, dass ...; **cela se pourrait** das könnte sein

pp *abr* (*= pages*) S
p.p. *abr* (*= par procuration*) i. A.
p.p.c.m. [pepeseɛm] *sigle m* (*= plus petit commun multiple*) kleinstes gemeinsames Vielfaches *nt*
PQ [peky] *sigle f* (*= province de Québec*) Quebec *nt*
PR [peɛʀ] *sigle m* (*= Parti républicain*) politische Partei
▷ *sigle f* (*= poste restante*) *voir* **poste**
pragmatique [pʀagmatik] *adj* pragmatisch
pragmatisme [pʀagmatism] *nm* Pragmatismus *m*
prairie [pʀeʀi] *nf* Wiese *f*
praline [pʀalin] *nf* (*bonbon*) Zuckermandel *f*; (*au chocolat*) Praline *f*
praliné, e [pʀaline] *adj* (*amande*) mit Zuckerguss; (*feuilleté*) mit Mandelfüllung; (*chocolat, crème, glace*) mit gerösteten Mandeln
praticable [pʀatikabl] *adj* (*route*) befahrbar; (*chemin*) begehbar; (*projet*) machbar, durchführbar
praticien, ne [pʀatisjɛ̃, jɛn] *nm/f* (*médecin*) praktizierender Arzt *m*, praktizierende Ärztin *f*
pratiquant, e [pʀatikɑ̃, ɑ̃t] *adj* (*Rel*) praktizierend
pratique [pʀatik] *nf* Praxis *f*; (*d'une religion, d'un métier*) Ausübung *f* ▷ *adj* praktisch; **dans la ~** in der Praxis; **mettre en ~** in die Praxis umsetzen
pratiquement [pʀatikmɑ̃] *adv* (*dans la pratique*) in der Praxis, praktisch; (*à peu près*) praktisch
pratiquer [pʀatike] *vt* ausüben; (*méthode, le chantage etc*) anwenden; (*sport*) betreiben, ausüben; (*opération*) durchführen; (*ouverture, abri*) machen ▷ *vi* (*Rel*) praktizieren
pré [pʀe] *nm* Wiese *f*
préados [pʀeado] *nmpl* Minderjährige *pl*
préalable [pʀealabl] *adj* vorhergehend ▷ *nm*

(*condition*) Voraussetzung *f*, Vorbedingung *f*; **condition ~ (de)** Voraussetzung (für); **sans avis ~** ohne Vorankündigung; **au ~** vorerst
préalablement [pʀealabləmɑ̃] *adv* vorerst
Préalpes [pʀealp] *nfpl*: **les ~** das Alpenvorland
préalpin, e [pʀealpɛ̃, in] *adj* des Alpenvorlandes
préambule [pʀeɑ̃byl] *nm* Einleitung *f*; (*d'un texte de loi*) Präambel *f*; **sans ~** ohne Einleitung
préau, x [pʀeo] *nm* (*d'école*) Schulhof *m*
préavis [pʀeavi] *nm* Vorankündigung *f*; **~ (de licenciement)** Kündigungsfrist *f*
prébende [pʀebɑ̃d] (*péj*) *nf* Pfründe *f*
précaire [pʀekɛʀ] *adj* prekär
précaution [pʀekosjɔ̃] *nf* (*mesure*) Vorsichtsmaßnahme *f*; (*prudence*) Vorsicht *f*; **avec ~** vorsichtig; **sans ~** unvorsichtig; **prendre des ou ses ~s** Vorsichtsmaßnahmen *ou* Sicherheitsvorkehrungen treffen; **par ~** zur Sicherheit; **pour plus de ~** um sicherzugehen; **~s oratoires** vorsichtige Formulierungen *pl*
précautionneusement [pʀekosjɔnøzmɑ̃] *adv* vorsichtig
précautionneux, -euse [pʀekosjɔnø, øz] *adj* vorsichtig
précédemment [pʀesedamɑ̃] *adv* vorher
précédent, e [pʀesedɑ̃, ɑ̃t] *adj* vorhergehend ▷ *nm* Präzedenzfall *m*; **le jour ~** der Vortag *m*; **sans ~** erstmalig, einmalig
précéder [pʀesede] *vt* kommen vor +*dat*; (*dans le temps*) vorangehen +*dat*; (*marcher devant, être perçu avant*) vorausgehen +*dat*; (*rouler devant*) vorausfahren; (*arriver avant*) ankommen vor +*dat*
précepte [pʀesɛpt] *nm* Grundsatz *m*
précepteur, -trice [pʀesɛptœʀ] *nm/f* Hauslehrer(in) *m(f)*
préchauffer [pʀeʃofe] *vt* (*four*) vorheizen
prêcher [pʀeʃe] *vt, vi* (*Rel*) predigen
prêcheur, -euse [pʀeʃœʀ, øz] *adj* predigend ▷ *nm/f* Prediger(in) *m(f)*
précieusement [pʀesjøzmɑ̃] *adv* (*garder*) sorgfältig; (*s'exprimer*) geschraubt
précieux, -euse [pʀesjø, jøz] *adj* kostbar; (*collaborateur, conseils*) wertvoll; (*littérature, style, écrivain*) preziös, geschraubt
préciosité [pʀesjozite] *nf* (*de style, écrivain*) Geschraubtheit *f*
précipice [pʀesipis] *nm* Abgrund *m*; **au bord du ~** am Rande des Abgrundes
précipitamment [pʀesipitamɑ̃] *adv* überstürzt
précipitation [pʀesipitasjɔ̃] *nf* (*hâte*) Hast *f*; (*Chim*) Niederschlag *m*; **~s (atmosphériques)** Niederschläge *pl*
précipité, e [pʀesipite] *adj* (*respiration*) beschleunigt; (*pas*) hastig; (*démarche, départ, entreprise*) überstürzt
précipiter [pʀesipite] *vt* (*faire tomber*) hinabstürzen; (*accélérer*) beschleunigen; (*départ, événements*) überstürzen; **se précipiter** *vpr* (*battements du cœur, respiration*) sich beschleunigen, schneller werden; (*événements*) sich überstürzen; **~ du haut de** hinabstürzen von; **se ~ sur qn/qch** sich auf jdn/etw stürzen; **se ~ vers qn/qch** auf

jdn/etw zustürzen; **se ~ au devant de qn** jdm entgegenstürzen

précis, e [pʀesi, iz] *adj* genau; *(bruit, contours, point)* deutlich; *(homme, dessin, tir, mesures)* präzise ▷ *nm* Zusammenfassung *f*

précisément [pʀesizemɑ̃] *adv* genau; *(justement)*: **c'est ~ pour cela que je viens vous voir** und genau deswegen komme ich zu Ihnen; **~!** genau!; **ma vie n'est pas ~ folichonne** mein Leben ist nicht gerade abwechslungsreich

préciser [pʀesize] *vt* präzisieren; **se préciser** *vpr* konkreter werden

précision [pʀesizjɔ̃] *nf* Genauigkeit *f*; *(détail)* Einzelheit *f*, Detail *nt*; **précisions** *nfpl* weitere Einzelheiten *pl*

précoce [pʀekɔs] *adj* *(plante, animal)* früh; *(enfant, jeune fille)* frühreif; *(saison, mariage, calvitie)* verfrüht

précocité [pʀekɔsite] *nf* *(de plante, animal)* Frühe *f*; *(d'enfant, de jeune fille)* Frühreife *f*

préconçu, e [pʀekɔ̃sy] *(péj)* *adj* vorgefasst

préconiser [pʀekɔnize] *vt* empfehlen, befürworten

précontraint, e [pʀekɔ̃tʀɛ̃, ɛt] *adj*: **béton ~** Spannbeton *m*

précuit, e [pʀekɥi, it] *adj* vorgekocht

précurseur [pʀekyʀsœʀ] *nm* Vorläufer(in) *m(f)* ▷ *adj m*: **signes ~s** Vorzeichen *pl*

prédateur [pʀedatœʀ] *nm* Raubtier *nt*

prédécesseur [pʀedesesœʀ] *nm* Vorgänger(in) *m(f)*

prédécoupé, e [pʀedekupe] *adj* vorgeschnitten

prédestiner [pʀedɛstine] *vt*: **~ qn à qch** jdn zu etw vorbestimmen; **~ qn à faire qch** jdn dazu vorbestimmen, etw zu tun

prédicateur [pʀedikatœʀ] *nm* Prediger *m*

prédiction [pʀediksjɔ̃] *nf* Prophezeiung *f*

prédilection [pʀedilɛksjɔ̃] *nf*: **avoir une ~ pour qn/qch** eine Vorliebe für etw/jdn haben; **de ~** Lieblings-

prédire [pʀediʀ] *vt* prophezeien, vorhersagen

prédisposer [pʀedispoze] *vt*: **~ qn à qch** jdn auf etw vorbereiten; **~ qn à faire qch** jdn darauf vorbereiten, etw zu tun

prédisposition [pʀedispozisjɔ̃] *nf* Veranlagung *f*

prédit [pʀedi] *pp de* **prédire**

prédominance [pʀedɔminɑ̃s] *nf* Vorherrschaft *f*

prédominant, e [pʀedɔminɑ̃, ɑ̃t] *adj* vorherrschend

prédominer [pʀedɔmine] *vi* vorherrschen

pré-électoral, e, -aux [pʀeelɛktɔʀal, o] *adj* vor den Wahlen

pré-emballé, e [pʀeɑ̃bale] *(pl ~s, es)* *adj* verpackt

prééminence [pʀeeminɑ̃s] *nf* Vorrang *m*

prééminent, e [pʀeeminɑ̃, ɑ̃t] *adj* *(rang)* höher; *(vertu, place)* vorrangig

préemption [pʀeɑ̃psjɔ̃] *nf*: **droit de ~** Vorkaufsrecht *nt*

préencollé, e [pʀeɑ̃kɔle] *adj* *(papier peint)* vorgeleimt

préétabli, e [pʀeetabli] *adj* *(plan)* vorgefasst

préexistant, e [pʀeɛgzistɑ̃, ɑ̃t] *adj* bereits bestehend

préfabrication [pʀefabʀikasjɔ̃] *nf* Vorfertigung *f*

préfabriqué, e [pʀefabʀike] *adj* *(escalier, panneau)* vorgefertigt; *(maison)* Fertig-; *(construction)* Fertigbau-; *(péj: sourire, aveux)* schablonenhaft ▷ *nm* Fertigbauteil *nt*

préface [pʀefas] *nf* Vorwort *nt*

préfacer [pʀefase] *vt* ein Vorwort *nt* schreiben für

préfectoral, e, -aux [pʀefɛktɔʀal, o] *adj* *(administration)* Präfektur-; *(arrêté)* Polizei-; **par mesure ~e** ≈ polizeilich

préfecture [pʀefɛktyʀ] *nf* Präfektur *f*, ≈ Kreisverwaltung *f*; *(bureau)* Präfektur, ≈ Rathaus *nt*; *siehe Info-Artikel* *(ville)* ≈ Kreisstadt *f*; **~ de police** Pariser Polizeihauptquartier

préférable [pʀefeʀabl] *adj* vorzuziehen; **être ~ à** vorzuziehen sein *+dat*; **il est ~ de faire qch** man sollte etw lieber machen

préféré, e [pʀefeʀe] *adj* Lieblings- ▷ *nm/f* *(personne)* Liebling *m*

préférence [pʀefeʀɑ̃s] *nf* Vorliebe *f*; **de ~** am liebsten; **de ~ à** lieber als; **avoir une ~ pour** eine Vorliebe haben für; **n'avoir pas de ~** keine besondere Vorliebe haben; **donner la ~ à qn** jdm den Vorzug geben; **par ordre de ~** nach Beliebtheit aufgeführt; **obtenir la ~ (sur qn)** (jdm) vorgezogen werden

préférentiel, le [pʀefeʀɑ̃sjɛl] *adj* *(traitement, tarif)* Vorzugs-

préférer [pʀefeʀe] *vt*: **~ qn/qch (à)** jdn/etw vorziehen *(+dat)*, jdn/etw lieber mögen (als); **~ faire qch** etw lieber tun; **je ~ais du thé** ich hätte lieber Tee

préfet [pʀefɛ] *nm* Präfekt *m*; **~ de police** Polizeipräfekt *m*

préfigurer [pʀefigyʀe] *vt* ankündigen

préfixe [pʀefiks] *nm* Präfix *nt*, Vorsilbe *f*

préhistoire [pʀeistwaʀ] *nf* Vorgeschichte *f*

préhistorique [pʀeistɔʀik] *adj* prähistorisch; *(fig: chapeau, voiture etc)* antik

préjudice [pʀeʒydis] *nm* *(matériel)* Nachteil *m*, Schaden *m*; *(moral)* Schaden *m*; **porter ~ à qn/qch** jdm/einer Sache schaden; **au ~ de qn** zu jds Schaden; **au ~ de qch** zum Schaden einer Sache *gén*

préjudiciable [pʀeʒydisjabl] *adj*: **~ à** schädlich für

préjugé [pʀeʒyʒe] *nm* Vorurteil *nt*; **avoir un ~ contre qn/qch** Vorurteile gegen jdn/etw haben;

bénéficier d'un ~ favorable von vornherein positiv beurteilt werden

préjuger [pʀeʒyʒe] vt: **~ de qch** etw im Voraus verurteilen

prélasser [pʀelase]: **se ~** vpr es sich dat bequem machen

prélat [pʀela] nm Prälat m

prélavage [pʀelavaʒ] nm Vorwäsche f

prélèvement [pʀelɛvmã] nm (Méd) Entnahme f; (Fin) Abbuchung f; **faire un ~ de sang** Blut abzapfen, eine Blutprobe nehmen; **~ automatique** Abbuchungserlaubnis f

prélever [pʀel(ə)ve] vt (échantillon, organe, tissu etc) entnehmen; **~ (sur)** (sur son compte) abheben (von)

préliminaire [pʀeliminɛʀ] adj Vor-, vorbereitend; **préliminaires** nmpl (négociations) Vorgespräche pl; (prélude) Vorspiel nt

prélude [pʀelyd] nm (Mus: avant le concert) Einspielen nt; (: pièce) Präludium nt; (fig) Vorspiel nt

préluder [pʀelyde]: **~ à** vt hinleiten zu

prématuré, e [pʀematyʀe] adj (démarche, retraite, nouvelle) verfrüht, vorzeitig; (vieillesse, mort) vorzeitig; (accouchement) verfrüht, Früh-; (enfant) früh geboren ▷ nm/f Frühgeburt f

prématurément [pʀematyʀemã] adv vor der Zeit, zu früh

préméditation [pʀemeditasjɔ̃] nf: **avec ~** vorsätzlich

préméditer [pʀemedite] vt vorsätzlich planen

prémices [pʀemis] nfpl (début) Anfänge pl

premier, -ière [pʀəmje, jɛʀ] adj erste(r, s); (branche, marche, barreau) unterste(r, s); (à un examen) beste(r, s); (en importance) wichtigste(r, s); (cause, donnée, principe) grundlegend; (objectif) vorrangig ▷ nm/f Erste(r) f(m) ▷ nm (premier étage) erster Stock m ▷ nf (Auto) erster Gang m; (première classe) erste Klasse f; (Théât, Ciné) Premiere f; (exploit) Weltpremiere f; **au ~ abord** auf den ersten Blick; **du ~ coup** gleich, auf Anhieb; **à la première occasion** bei der ersten (besten) Gelegenheit; **de première qualité** von bester Qualität; **de ~ choix** ou **ordre** erstklassig, beste(r, s); **de première importance** von höchster Wichtigkeit; **de première nécessité** absolut notwendig; **le ~ venu** der Erstbeste; **première classe** erste Klasse f; **jeune ~** jugendlicher Liebhaber m; **le ~ de l'an** der Neujahrstag m; **enfant du ~ lit** Kind nt aus erster Ehe; **en ~ lieu** in erster Linie; **~ âge** erstes Babyalter nt; **P~ ministre** Premierminister(in) m(f); **première communion** Erstkommunion f

première [pʀəmjɛʀ] adj, nf voir **premier**

premièrement [pʀəmjɛʀmã] adv (dans une énumération) erstens; (d'abord) zuerst, zunächst; (introduisant une objection) zunächst einmal

premier-né, première-née [pʀəmjene] (pl **premiers-nés, es**) nm Erstgeborene(r) f(m)

prémisse [pʀemis] nf Prämisse f

prémolaire [pʀemɔlɛʀ] nf kleiner Backenzahn m, Prämolar m

prémonition [pʀemɔnisjɔ̃] nf Vorahnung f

prémonitoire [pʀemɔnitwaʀ] adj warnend

prémunir [pʀemyniʀ]: **se ~** vpr: **se ~ contre qch** sich gegen etw schützen ou wappnen

prenant, e [pʀənã, ãt] vb voir **prendre** ▷ adj (captivant) fesselnd

prénatal, e [pʀenatal] adj (soins, visite) Vorgeburts-; (allocation) Schwangerschafts-

prendre [pʀãdʀ] vt nehmen; (enlever) wegnehmen; (aller chercher) holen; (emporter, emmener) mitnehmen; (malfaiteur, poisson) fangen; (Mil: ville) einnehmen; (Échecs) schlagen; (Cartes) stechen; (surprendre) ertappen; (aliment, boisson) zu sich nehmen; (médicament) einnehmen; (billet, essence etc) kaufen; (commande) aufnehmen; (engagement, risques) eingehen; (photographie, calque, empreinte, notes) machen; (renseignements, nouvelles) einholen; (avis, ordres) entgegennehmen; (mesures, précautions) ergreifen; (voix, ton, attitude, pose, client) annehmen; (dispositions) treffen; (température) messen; (pouls) fühlen; (de l'âge, de la valeur) zunehmen an +dat; (couleur, goût) bekommen; (s'accorder) sich dat gönnen; (coûter: place) brauchen; (: temps) kosten; (demander: somme, prix) verlangen, nehmen; (prélever: pourcentage, argent) bekommen; (traiter: enfant, problème) behandeln; (réagir à) aufnehmen ▷ vi (ciment, pâte) fest werden; (peinture) trocknen; (bouture, semis, greffe, vaccin) anschlagen; (plaisanterie, mensonge) funktionieren; (feu: allumette) angehen; (incendie) losbrennen; (bois) brennen; **se prendre** vpr: **se ~ pour** sich halten für; **~ qn par la main/dans ses bras** jdn an der Hand/in die Arme nehmen; **~ en photo** fotografieren; **~ au piège** in einer Falle fangen; **~ la relève** das Ruder übernehmen; **~ la défense de qn** jdn verteidigen; **~ l'air** (in der frischen Luft) spazieren gehen; **~ son temps** sich dat Zeit lassen; **~ le deuil** Trauer anlegen; **~ feu** Feuer fangen; **~ l'eau** (embarcation) lecken; **~ sa retraite** in den Ruhestand ou in Pension gehen; **~ la parole/la fuite** das Wort/die Flucht ergreifen; **~ congé de qn** sich von jdm verabschieden; **~ des notes** sich dat Notizen machen; **~ un virage** eine Kurve nehmen; **~ place** Platz nehmen, sich hinsetzen; **~ qn comme** ou **pour amant/associé** sich dat jdn zum Liebhaber/Partner nehmen; **~ sur soi** (supporter) auf sich acc nehmen; **~ sur soi de faire qch** es übernehmen, etw zu tun; **~ du plaisir/de l'intérêt à qch** an etw dat Gefallen/Interesse finden; **~ qch au sérieux** etw ernst nehmen; **~ qn en sympathie/horreur** jdn mögen/verabscheuen; **~ qn en faute/flagrant délit** jdn bei einem Fehler/in flagranti ertappen; **~ qn pour qch/qn** (considérer) jdn für etw/jdn halten; **~ qch pour prétexte** etw als Vorwand benutzen; **~ qn à témoin** jdn als Zeugen benennen; **à tout ~** insgesamt, alles in allem; **~ (un) rendez-vous avec qn** mit jdm ein Treffen ausmachen; **~ à gauche** (nach) links abbiegen; **s'en ~ à** (agresser) angreifen; (passer sa colère sur) seine Wut auslassen *ou* sich abreagieren an +*dat*; (*remettre en question*) infrage stellen; (*critiquer*) kritisieren; **se ~ d'amitié** *ou* **d'affection pour qn** jdn lieb gewinnen; **s'y ~** (*procéder*) vorgehen; **il faudra s'y ~ à l'avance** damit muss man früh anfangen; **s'y ~ à deux fois** es zweimal versuchen; **se ~ par la main** sich an der Hand nehmen; **se ~ les doigts** sich *dat* die Finger klemmen

preneur [pʀənœʀ] *nm*: **être ~** kaufwillig sein; **trouver ~** einen Käufer *ou* Abnehmer finden

preniez *etc* [pʀənje] *vb voir* **prendre**

prenne *etc* [pʀɛn] *vb voir* **prendre**

prénom [pʀenɔ̃] *nm* Vorname *m*

prénommer [pʀenɔme]: **se ~** *vpr*: **elle se prénomme Claude** sie heißt (mit Vornamen) Claude

prénuptial, e, -aux [pʀenypsjal, o] *adj* (*certificat, examen*) Ehefähigkeits-

préoccupant, e [pʀeɔkypɑ̃, ɑ̃t] *adj* kritisch, bedenklich

préoccupation [pʀeɔkypasjɔ̃] *nf* Sorge *f*

préoccupé, e [pʀeɔkype] *adj* besorgt

préoccuper [pʀeɔkype] *vt* (*personne*) Sorgen machen +*dat*, sorgen; (*esprit, attention*) stark beschäftigen; **se préoccuper** *vpr*: **se ~ de qch** sich um etw Sorgen machen

préparateur, -trice [pʀepaʀatœʀ, tʀis] *nm/f* (*de laboratoire*) Laborant(in) *m(f)*; (*en pharmacie*) pharmazeutisch-technischer Assistent *m*, pharmazeutisch-technische Assistentin *f*

préparatifs [pʀepaʀatif] *nmpl* Vorbereitungen *pl*

préparation [pʀepaʀasjɔ̃] *nf* Vorbereitung *f*; (*de repas, café, viande*) Zubereitung *f*; (*Chim, Pharm*) Präparat *nt*; (*Scol: devoir*) Hausaufgabe *f*

préparatoire [pʀepaʀatwaʀ] *adj* vorbereitend

préparer [pʀepaʀe] *vt* vorbereiten; (*repas, café, viande*) zubereiten; (*examen*) sich vorbereiten auf +*acc*; **se préparer** *vpr* (*orage, tragédie*) sich anbahnen; **se ~ à qch/faire qch** sich auf etw *acc* vorbereiten/darauf vorbereiten etw zu tun; **~ qn à qch** jdn vorbereiten auf etw *acc*; **~ qch à qn** (*surprise etc*) etw für jdn auf Lager haben; (*suj: sort, avenir etc*) jdm etw bringen

prépondérance [pʀepɔ̃deʀɑ̃s] *nf* Dominanz *f*

prépondérant, e [pʀepɔ̃deʀɑ̃, ɑ̃t] *adj* dominant

préposé, e [pʀepoze] *adj*: **~ (à qch)** beauftragt (mit etw) ▷ *nm* (*employé*) Angestellte(r) *f(m)*; (*Admin: facteur*) Briefträger(in) *m(f)*; (*de la douane*) Zöllner(in) *m(f)*

préposer [pʀepoze] *vt*: **~ qn à qch** jdn mit etw beauftragen

préposition [pʀepozisjɔ̃] *nf* Präposition *f*

prérentrée [pʀeʀɑ̃tʀe] *nf* Rückkehr der Lehrer in die Schule vor Ferienende

préretraite [pʀeʀ(ə)tʀɛt] *nf* vorgezogener Ruhestand *m*

prérogative [pʀeʀɔgativ] *nf* Vorrecht *nt*

près [pʀɛ] *adv* nahe, in der Nähe; **~ de** (*lieu*) (nah) an +*dat*, nah bei; (*personne*) bei; (*la retraite, mort, mourir*) kurz vor; (*presque*) beinahe; **de ~** genau; **à 5 mm/5 kg ~** auf 5 mm/5 kg genau; **à cela ~ que** abgesehen davon, dass; **je ne suis pas ~ de lui**

pardonner ich habe ihm noch lange nicht verziehen; **je ne suis pas ~ d'oublier** das habe ich noch lange nicht vergessen; **on n'est pas à un jour ~** auf einen Tag kommt es jetzt auch nicht mehr an

présage [pʀezaʒ] *nm* Vorzeichen *nt*

présager [pʀezaʒe] *vt* (*prévoir*) vorhersehen, voraussehen; (*annoncer*) voraussagen

pré-salé [pʀesale] (*pl* **prés-salés**) *nm* (*Culin*) Fleisch von Schafen, die auf Salzwiesen geweidet haben

presbyte [pʀɛsbit] *adj* weitsichtig

presbytère [pʀɛsbitɛʀ] *nm* Pfarrhaus *nt*

presbytie [pʀɛsbisi] *nf* Weitsichtigkeit *f*

prescience [pʀesjɑ̃s] *nf* Vorahnung *f*

préscolaire [pʀeskɔlɛʀ] *adj* Vorschul-

prescriptible [pʀɛskʀiptibl] *adj* (*Jur*) verjährend

prescription [pʀɛskʀipsjɔ̃] *nf* (*instruction*) Vorschrift *f*; (*Jur*) Verjährung *f*; (*Méd*) Anweisung *f*

prescrire [pʀɛskʀiʀ] *vt* (*repos, remède, traitement*) verordnen; (*suj: circonstances*) bestimmen; **se prescrire** *vpr* (*Jur*) verjähren

prescrit, e [pʀɛskʀi, it] *pp de* **prescrire** ▷ *adj* vorgeschrieben

préséance [pʀeseɑ̃s] *nf* Vortritt *m*, Vorrang *m*

présélection [pʀeselɛksjɔ̃] *nf* Vorauswahl *f*; (*de candidats*) Vorausscheidung *f*

présélectionner [pʀeselɛksjɔne] *vt* eine Vorauswahl treffen aus; (*dispositif*) voreinstellen

présence [pʀezɑ̃s] *nf* (*de personne*) Anwesenheit *f*; (*d'un acteur, écrivain*) Ausstrahlung *f*; **la ~ française en Afrique** die französische Präsenz in Afrika; **en ~ de** (*personne*) in Gegenwart von, vor +*dat*; (*fig: incidents etc*) angesichts +*gén*; **en ~** (*armées: parties*) sich gegenüberstehend; **sentir une ~** die Anwesenheit eines Menschen spüren; **faire acte de ~** sein Gesicht zeigen; **~ d'esprit** Geistesgegenwart *f*

présent, e [pʀezɑ̃, ɑ̃t] *adj* (*personne*) anwesend; (*chose*) vorhanden; (*actuel*) gegenwärtig ▷ *nm* (*partie du temps*) Gegenwart *f*; (*Ling*) Präsens *nt*; (*cadeau*) Geschenk *nt* ▷ *nf*: **la ~e** (*Comm*) das vorliegende Schreiben; **présents** *nmpl* (*personnes*) Anwesende *pl*; **"~!"** „hier!"; **la ~e lettre/loi** der vorliegende Brief/das vorliegende Gesetz; **participe/infinitif ~** Partizip *nt*/Infinitiv *m* Präsens; **à ~** jetzt, im Augenblick; **dès à ~** von nun an, ab jetzt; **jusqu'à ~** bis jetzt; **à ~ que** jetzt, wo

présentable [pʀezɑ̃tabl] *adj* vorzeigbar

présentateur, -trice [pʀezɑ̃tatœʀ, tʀis] *nm/f* (*animateur*) Moderator(in) *m(f)*

présentation [pʀezɑ̃tasjɔ̃] *nf* (*de personne*) Vorstellung *f*; (*de billet, pièce d'identité*) Vorzeigen *nt*; (*d'émission*) Ansage *f*; (*de collection*) Vorstellen *nt*; (*de thèse, projet, note*) Vorlegen *nt*; (*dans vitrine*) Ausstellen *nt*; (*apparence*) Erscheinung *f*; **faire les ~s** die Vorstellung übernehmen

présenter [pʀezɑ̃te] *vt* (*personne, collection*) vorstellen; (*candidature, candidat*) anmelden; (*fauteuil, plat etc*) anbieten; (*montrer*) vorzeigen; (*spectacle, vue*) (dar)bieten; (*émission*) ansagen;

(*thèse, projet, note*) vorlegen; (*étalage, vitrine*) ausstellen; (*défense, théorie, doctrine*) darlegen; (*condoléances, félicitations, excuses*) aussprechen; (*symptômes, avantages, danger*) haben, aufweisen ▷ *vi*: ~ **mal/bien** einen guten/schlechten Eindruck machen; **se présenter** *vpr* (*arriver*) ankommen; (*se faire connaître*) sich vorstellen; (*à un examen*) machen; (*à une élection*) sich stellen; (*doute, solution, difficulté*) auftauchen; (*occasion*) sich bieten; **se ~ bien/mal** (*affaire*) gut/schlecht aussehen

présentoir [pʀezɑ̃twaʀ] *nm* (*étagère*) Schauregal *nt*

préservatif [pʀezɛʀvatif] *nm* Präservativ *nt*

préservation [pʀezɛʀvasjɔ̃] *nf* (*v vt*) Schutz *m*; Bewahren *nt*

préserver [pʀezɛʀve] *vt*: ~ **de** (*protéger*) schützen vor +*dat*; (*sauver*) bewahren vor +*dat*

présidence [pʀezidɑ̃s] *nf* Vorsitz *m*, Präsidentschaft *f*; **la ~ de la République** die Präsidentschaft (*in Frankreich*)

président, e [pʀezidɑ̃] *nm/f* Vorsitzende(r) *f(m)*; (*Pol*) Präsident(in) *m(f)*; ~ **du jury d'examen** Vorsitzender der Prüfungskommission; ~ **de concours** Prüfungsvorsitzender *m*; ~ **de la République** Präsident der Republik, Staatspräsident *m*; ~ **directeur général** Generaldirektor *m*; ~ **du jury** (*Jur*) Sprecher *m* der Schöffen; (*d'examen*) Vorsitzender der Prüfungskommission

présidentiel, le [pʀezidɑ̃sjɛl] *adj* Präsidentschafts-; **présidentielles** *nfpl* Präsidentschaftswahlen *pl*

présider [pʀezide] *vt* leiten, den Vorsitz führen bei; (*dîner*) Ehrengast sein bei

présomption [pʀezɔ̃psjɔ̃] *nf* (*prétention*) Anmaßung *f*; (*supposition*) Vermutung *f*, Annahme *f*

présomptueux, -euse [pʀezɔ̃ptɥø, øz] *adj* anmaßend

presque [pʀɛsk] *adv* fast, beinahe; ~ **toujours** fast immer; ~ **autant** fast beinahe so viel; ~ **tous** fast alle; ~ **rien** fast gar nichts; ~ **pas** fast nicht; ~ **pas de** fast kein(e, r); **il n'y avait ~ personne** es war fast niemand da; **il n'y avait personne, ou** ~ es war keiner da, fast keiner jedenfalls; **on pourrait ~ dire que** man könnte beinahe sagen, dass

presqu'île [pʀɛskil] *nf* Halbinsel *f*

pressant, e [pʀesɑ̃, ɑ̃t] *adj* (*ordre, prières, besoin*) dringend; (*personne*) beharrlich; (*inquiétude, danger*) drängend; (*situation*) unaufschiebbar; **se faire** ~ drängen

presse [pʀɛs] *nf* Presse *f*; **heures/moments de** ~ Stoßzeit *f*; **mettre sous** ~ in den Druck geben; **ouvrage sous** ~ Werk *nt* im Druck; **avoir bonne/mauvaise** ~ (*fig*) eine gute/schlechte Presse haben; ~ **d'information** renommierte Presse; ~ **d'opinion** Meinungspresse *f*; ~ **du cœur** Regenbogenpresse *f*; ~ **féminine** Frauenzeitschriften *pl*

pressé, e [pʀese] *adj* (*air*) eilig; (*urgent*) dringend

▷ *nm*: **aller au plus** ~ das Wichtigste zuerst erledigen; **être** ~ es eilig haben; **être ~ de faire qch** es eilig haben, etw zu tun; **orange ~e** frisch gepresster Orangensaft *m*; **citron** ~ Zitronensaft *m*

presse-citron [pʀɛsitʀɔ̃] *nm inv* Zitronenpresse *f*

presse-fruits [pʀɛsfʀɥi] *nm inv* Saftpresse *f*

pressentiment [pʀesɑ̃timɑ̃] *nm* Vorgefühl *nt*, Vorahnung *f*

pressentir [pʀesɑ̃tiʀ] *vt* ahnen; ~ **qn comme ministre** bei jdm wegen des Ministeramtes vorfühlen

presse-papiers [pʀɛspapje] *nm inv* Briefbeschwerer *m*

presse-purée [pʀɛspyʀe] *nm inv* Kartoffelstampfer *m*

presser [pʀese] *vt* (*fruit*) auspressen; (*éponge*) ausdrücken; (*interrupteur, bouton*) drücken auf +*acc*; (*harceler*) drängen; (*brusquer*) beschleunigen ▷ *vi* drängen; **se presser** *vpr* (*se hâter*) sich beeilen; (*se grouper*) sich aneinanderdrücken; ~ **le pas** *ou* **l'allure** seinen Schritt *ou* Gang beschleunigen; ~ **qn de questions** jdn mit Fragen bestürmen; ~ **qn de faire qch** jdn dazu drängen, etw zu tun; **le temps presse** es eilt; **rien ne presse** es eilt nicht; **se ~ contre qn** sich an jdn drücken

pressing [pʀesiŋ] *nm* (*magasin*) chemische Reinigung *f*

pression [pʀesjɔ̃] *nf* Druck *m*; (*bouton*) Druckknopf *m*; **faire ~ sur qn/qch** auf jdn/etw Druck ausüben; **sous** ~ unter Druck; ~ **artérielle** Blutdruck *m*; ~ **atmosphérique** Luftdruck *m*

pressoir [pʀeswaʀ] *nm* (*machine*) Presse *f*

pressurer [pʀesyʀe] *vt* auspressen

pressurisation [pʀesyʀizasjɔ̃] *nf* Druckausgleich *m*

pressurisé, e [pʀesyʀize] *adj* mit Druckausgleich

prestance [pʀɛstɑ̃s] *nf* sicheres Auftreten *nt*

prestataire [pʀɛstatɛʀ] *nm/f* Leistungsempfänger(in) *m(f)*; ~ **de services** Dienstleistende(r) *f(m)*

prestation [pʀɛstasjɔ̃] *nf* Leistung *f*; ~ **de serment** Leistung eines Eides; ~ **de service** Dienstleistung *f*; ~**s familiales** Familienbeihilfe *f*

preste [pʀɛst] *adj* flink

prestement [pʀɛstəmɑ̃] *adv* behände

prestidigitateur, -trice [pʀɛstidiʒitatœʀ, tʀis] *nm/f* Zauberkünstler(in) *m(f)*

prestidigitation [pʀɛstidiʒitasjɔ̃] *nf* Zaubern *nt*

prestige [pʀɛstiʒ] *nm* Prestige *nt*

prestigieux, -euse [pʀɛstiʒjø, jøz] *adj* angesehen

présumer [pʀezyme] *vt*: ~ **que** annehmen, dass; ~ **de qn/qch** jdn/etw überschätzen *ou* zu hoch einschätzen; ~ **qn coupable/innocent** jdn für schuldig/unschuldig halten

présupposé [pʀesypoze] *nm* Voraussetzung *f*

présupposer [pʀesypoze] *vt* voraussetzen; ~ **que** voraussetzen *ou* davon ausgehen, dass

présupposition [pʀesypozisjɔ̃] *nf* Voraussetzung *f*

présure [pʀezyʀ] *nf* Lab *nt*

prêt, e [prɛ, prɛt] *adj* bereit; *(repas)* fertig, bereit ▷ *nm (action)* Verleihen *nt*; *(somme)* Anleihe *f*; ~ **à faire qch** bereit, etw zu tun; ~ **à tout** zu allem bereit; ~ **à toute éventualité** auf alles vorbereitet; ~ **pour qch/faire qch** für etw bereit/ dafür bereit, etw zu tun; **à vos marques!, ~s? partez!** auf die Plätze, fertig, los!; ~ **sur gages** Pfandleihe *f*

prêt-à-porter [prɛtaporte] *(pl* **prêts-à-porter)** *nm* Konfektion *f*

prétendant [pretɑ̃dɑ̃] *nm (à un trône)* Prätendent *m*; *(d'une femme)* Freier *m*

prétendre [pretɑ̃dr] *vt (affirmer)* behaupten; ~ **faire qch** *(avoir l'intention)* beabsichtigen, etw zu tun; ~ **à** *(droit, titre)* Anspruch erheben auf *+acc*

prétendu, e [pretɑ̃dy] *adj (supposé)* angeblich

prétendument [pretɑ̃dymɑ̃] *adv* angeblich

prête-nom [prɛtnɔ̃] *(pl* **~s)** *nm* Strohmann *m*

prétentieux, -euse [pretɑ̃sjø, jøz] *adj* anmaßend, überheblich; *(maison, villa)* angeberisch, protzig

prétention [pretɑ̃sjɔ̃] *nf (de personne)* Anmaßung *f*, Überheblichkeit *f*; *(exigence)* Anspruch *m*, Forderung *f*; *(ambition)* Ambition *f*; **sans ~** bescheiden; **~s de salaire** Gehaltsvorstellungen *pl*

prêter [prete] *vt* leihen; *(attribuer)* unterstellen ▷ *vi (s'élargir)* nachgeben; **se prêter** *vpr:* **se ~ à qch** *(personne: consentir à)* bei etw mitmachen; *(chose: pouvoir s'adapter à)* sich eignen für; ~ **aux commentaires/à équivoque/à rire** Anlass zu Kommentaren/zu Missverständnissen/zum Lachen geben; ~ **assistance à** helfen *+dat*; ~ **attention** aufpassen; ~ **serment** einen Eid leisten; ~ **l'oreille** hören; ~ **sur gages** auf Pfand leihen; ~ **de l'importance à qch** einer Sache *dat* Wichtigkeit beimessen

prêteur, -euse [pretœr, øz] *adj* Verleih- ▷ *nm* Geldverleiher *m*; ~ **sur gages** Pfandleiher *m*

prétexte [pretɛkst] *nm* Vorwand *m*; **sous aucun** ~ keinesfalls, unter gar keinen Umständen; **sous ~ que/de** unter dem Vorwand, dass/zu

prétexter [pretɛkste] *vt* vorschützen, vorgeben; ~ **que** vorschützen, dass

prêtre [pretr] *nm* Priester *m*

prêtre-ouvrier [pretruvrije] *(pl* **prêtres-ouvriers)** *nm* Arbeiterpriester *m*

prêtrise [pretriz] *nf* Priesteramt *nt*

preuve [prœv] *nf* Beweis *m*; **jusqu'à ~ du contraire** bis zum Beweis des Gegenteils; **faire** ~ **de** zeigen, beweisen; **faire ses ~s** seine Fähigkeiten beweisen *ou* unter Beweis stellen; ~ **matérielle** *(Jur)* Indiz *nt*; ~ **par neuf** *(Math)* Neunerprobe *f*

prévaloir [prevalwar] *vi* sich durchsetzen, siegen; **se ~ de qch** *vpr (tirer avantage de)* etw ausnutzen; *(tirer vanité de)* sich *dat* etwas einbilden auf etw *+acc*

prévarication [prevarikasjɔ̃] *nf* Pflichtvergessenheit *f*

prévaut [prevo] *vb voir* **prévaloir**

prévenances [prevnɑ̃s] *nfpl* Aufmerksamkeit *f*

prévenant, e [prev(ə)nɑ̃, ɑ̃t] *adj* aufmerksam

prévenir [prev(ə)nir] *vt (éviter)* verhindern; ~ **qn (de qch)** *(avertir)* jdn (vor etw) warnen; *(informer)* jdn (von etw) benachrichtigen; ~ **les besoins/ désirs/questions de qn** *(anticiper)* jds Bedürfnissen/Wünschen/Fragen *dat* zuvorkommen; ~ **les objections de qn** jds Einwänden *dat* vorbeugen; ~ **qn contre/en faveur de qch/qn** jdn einnehmen für/gegen etw/jdn

préventif, -ive [prevɑ̃tif, iv] *adj (mesure)* vorbeugend; *(Jur)* Untersuchungs-

prévention [prevɑ̃sjɔ̃] *nf* Verhütung *f*; *(préjugé)* Vorurteil *nt*; **faire six mois de ~** *(Jur)* sechs Monate in Untersuchungshaft sitzen; ~ **routière** = Sicherheit *f* im Straßenverkehr

prévenu, e [prev(ə)ny] *adj:* **être ~ contre/en faveur de qch/qn** gegen/für jdn voreingenommen sein ▷ *nm/f* Angeklagte(r) *f(m)* *(in Untersuchungshaft)*

prévisible [previzibl] *adj* vorhersehbar

prévision [previzjɔ̃] *nf:* **en ~ de qch** in Erwartung einer Sache *gén*; **~s météorologiques** Wettervorhersage *f*

prévisionnel, le [previzjɔnɛl] *adj (étude, mesure, budget)* Voraus-

prévoir [prevwar] *vt (deviner)* vorhersehen; *(anticiper)* erwarten; *(préparer)* vorbereiten; **prévu pour 4 personnes** für vier Personen vorgesehen

prévoyance [prevwajɑ̃s] *nf* Vorsorge *f*; **société/ caisse de ~** Rentenversicherung *f*/Rentenfonds *m*

prévoyant, e [prevwajɑ̃, ɑ̃t] *vb voir* **prévoir** ▷ *adj* vorsorgend, vorausschauend

prévu [prevy] *pp de* **prévoir**

prier [prije] *vi* beten ▷ *vt (Dieu)* beten zu; *(personne)* inständig bitten; ~ **qn de faire qch** jdn ersuchen *ou* bitten, etw zu tun; ~ **qn à dîner/ d'assister à une réunion** jdn zum Essen/zu einem Treffen einladen; **se faire ~** sich lange bitten lassen; **je vous en prie** bitte; **je vous prie de bien vouloir m'excuser** könnten Sie mich bitte entschuldigen

prière [prijer] *nf (Rel)* Gebet *nt*; *(demande instante)* Bitte *f*; **dire une ~/ses ~s** beten; **"~ de sonner avant d'entrer"** „bitte erst läuten und dann eintreten"

primaire [primer] *adj (Scol)* Grundschul-; *(péj)* simpel; *(Peinture)* Primär-, Grund- ▷ *nm (Scol)* Grundschulausbildung *f*; **secteur ~** *(Écon)* Primarsektor *m*; **ère ~** Primär *nt*

primauté [primote] *nf* Vorrang *m*

prime [prim] *nf* Prämie *f*; *(cadeau)* Werbegeschenk *nt* ▷ *adj:* **de ~ abord** auf den ersten Blick; **~ de risque** Gefahrenzulage *f*; **~ de transport** Reisespesen *pl*

primer [prime] *vt (récompenser)* prämieren ▷ *vi* überwiegen; ~ **sur qch** *(l'emporter sur)* einer Sache *dat* überlegen sein

primesautier, -ière [primsotje, jer] *adj* impulsiv

primeur [primœr] *nf:* **avoir la ~ de qch** der/die Erste sein, der etw erfährt; **primeurs** *nfpl (fruits)*

Frühobst nt; (légumes) Frühgemüse nt;
marchand de ~s Obst- und Gemüsehändler m
primevère [pʀimvɛʀ] nf Schlüsselblume f
primitif, -ive [pʀimitif, iv] adj primitiv; (forme,
état, texte) Ur-, ursprünglich
primo [pʀimo] adv erstens
primordial, e, -aux [pʀimɔʀdjal, jo] adj
wesentlich, unerlässlich
prince [pʀɛ̃s] nm Prinz m; **~ charmant**
Märchenprinz m; **~ héritier** Kronprinz m
princesse [pʀɛ̃sɛs] nf Prinzessin f
princier, -ière [pʀɛ̃sje, jɛʀ] adj fürstlich
principal, e, -aux [pʀɛ̃sipal, o] adj Haupt- ▷ nm
(essentiel) das Wesentliche; (d'un collège) Rektor m;
(d'une dette) Hauptschuld f ▷ nf: (proposition) ~e
Hauptsatz m
principalement [pʀɛ̃sipalmɑ̃] adv hauptsächlich
principauté [pʀɛ̃sipote] nf: **la ~ de Monaco/du
Liechtenstein** das Fürstentum Monaco/
Liechtenstein
principe [pʀɛ̃sip] nm Prinzip nt; **principes** nmpl
Prinzipien pl; **partir du ~ que** davon ausgehen,
dass; **par ~** aus Prinzip; **en ~** im Prinzip; **pour le
~** aus Prinzip; **de ~** (accord) prinzipiell; (hostilité)
grundsätzlich
printanier, -ière [pʀɛ̃tanje, jɛʀ] adj Frühjahrs-
printemps [pʀɛ̃tɑ̃] nm Frühling m, Frühjahr nt
priori [pʀijɔʀi]: **a ~** adv a priori
prioritaire [pʀijɔʀitɛʀ] adj (personne, industrie)
bevorrechtigt; (véhicule) mit Vorfahrt; (Inform)
mit Vorrang
priorité [pʀijɔʀite] nf: **avoir la ~ (sur)** (Auto)
Vorfahrt haben (vor +dat); **en ~** vorrangig, zuerst;
~ à droite rechts vor links
pris, e [pʀi, pʀiz] pp de **prendre** ▷ adj (place)
besetzt; (journée, mains) voll; (personne)
beschäftigt; (billets) vergeben; (crème, glace, ciment)
fest; **avoir le nez ~** eine verstopfte Nase haben;
avoir la gorge ~e einen entzündeten Hals
haben; **être ~ de peur** von Furcht ergriffen sein;
être ~ de fatigue von Müdigkeit übermannt
werden
prise [pʀiz] nf (d'une ville) Einnahme f; (Sport: de
judo, catch) Griff m; (Pêche) Fang m; (Chasse) Beute f;
(Élec: fiche) Stecker m; (: femelle) Steckdose f; **avoir/
n'avoir pas de ~** einen/keinen Angriffspunkt
haben; **en ~** (Auto) im Gang; **être aux ~s avec qn**
(fig) sich dat mit jdm in den Haaren liegen;
lâcher ~ loslassen; **donner ~ à** (fig) Anlass geben
zu; **avoir ~ sur qn** Einfluss auf jdn haben; **~
d'eau** Wasserzapfstelle f, Hydrant m; **~ d'otages**
Geiselnahme f; **~ de contact** Kontaktaufnahme
f; **~ de courant** Steckdose; **~ de sang**
Blutabnahme f; **~ de son** Tonaufnahme f; **~ de
tabac** Prise f Tabak; **~ de terre** Erdung f; **~ de vue**
Aufnahme f; **~ en charge** (par un taxi) Grundpreis
m; (par la sécurité sociale) Kostenübernahme f;
~ multiple Mehrfachsteckdose f; **~ péritel**
SCART-Anschluß m
priser [pʀize] vt (tabac, héroïne) nehmen,
schnupfen; (estimer, apprécier) schätzen ▷ vi
schnupfen

prisme [pʀism] nm Prisma nt
prison [pʀizɔ̃] nf Gefängnis nt; **aller/être en ~**
ins Gefängnis wandern/im Gefängnis sitzen;
faire de la/risquer la ~ im Gefängnis sitzen/
Gefängnis riskieren; **être condamné à cinq ans
de ~** zu fünf Jahren Gefängnis verurteilt werden
prisonnier, -ière [pʀizɔnje, jɛʀ] nm/f (détenu)
Häftling m, Gefangene(r) f(m) ▷ adj gefangen;
faire qn ~ jdn gefangen nehmen; **~ de guerre**
Kriegsgefangener m; **~ politique** politischer
Gefangener
prit [pʀi] vb voir **prendre**
privatif, -ive [pʀivatif, iv] adj (jardin etc) Privat-;
(peine etc) Freiheits-
privations [pʀivasjɔ̃] nfpl Entbehrungen pl
privatisation [pʀivatizasjɔ̃] nf Privatisierung f
privatiser [pʀivatize] vt privatisieren
privautés [pʀivote] nfpl Freiheiten pl
privé, e [pʀive] adj privat, Privat-; (correspondance,
vie) persönlich, Privat- ▷ nm: **en ~** im kleinsten
Kreis, privat; **~ de** ohne; **dans le ~** (Écon: secteur)
im Privatsektor
priver [pʀive] vt: **~ qn de qch** (droits) jdm etw
entziehen; (sommeil, plaisir) jdm etw rauben;
(dessert) jdm etw vorenthalten; **se priver** vpr: **se ~
de qch/faire qch** sich dat etw versagen/sich dat
versagen, etw zu tun; **ne pas se ~ de faire qch** es
sich nicht nehmen lassen, etw zu tun
privilège [pʀivilɛʒ] nm Privileg nt, Vorrecht nt
privilégié, e [pʀivileʒje] adj (personne, classe)
privilegiert; (favorisé) begünstigt
privilégier [pʀivileʒje] vt (personne) begünstigen,
bevorzugen; (méthode, chose) den Vorzug geben
+dat
prix [pʀi] nm Preis m; **mettre à ~** (aux enchères)
einen Mindestpreis festsetzen für; **au ~ fort**
zum Höchstpreis; **acheter qch à ~ d'or** ein
kleines Vermögen für etw bezahlen; **hors de ~**
sehr teuer; **à aucun ~** um keinen Preis; **à tout ~**
um jeden Preis; **~ conseillé** Richtpreis m;
~ d'achat Einkaufspreis m; **~ de revient**
Selbstkostenpreis m; **~ de vente** Verkaufspreis m
pro [pʀo] abr (= professionnel) Profi m
probabilité [pʀobabilite] nf Wahrscheinlichkeit
f; **probabilités** nfpl Wahrscheinlichkeit; **selon
toute ~** aller Wahrscheinlichkeit nach
probable [pʀobabl] adj wahrscheinlich
probablement [pʀobabləmɑ̃] adv
wahrscheinlich
probant, e [pʀobɑ̃, ɑ̃t] adj beweiskräftig,
überzeugend
probatoire [pʀobatwaʀ] adj (examen, test) Probe-;
(stage) Probe-, Versuchs-
probité [pʀobite] nf Redlichkeit f
problématique [pʀoblematik] adj problematisch
▷ nf Problematik f
problème [pʀoblɛm] nm Problem nt
procédé [pʀosede] nm Verfahren nt, Prozess m;
(conduite) Verhalten nt, Vorgehensweise f
procéder [pʀosede] vi (agir) vorgehen; **~ à**
durchführen
procédure [pʀosedyʀ] nf Verfahrensweise f; (Jur)

Prozessordnung f; ~ **civile/pénale** Zivil-/
Strafprozessordnung f

procès [pRɔsɛ] nm Prozess m; **être en ~ avec qn**
mit jdm prozessieren; **faire le ~ de qn/qch** (fig)
jdm/einer Sache den Prozess machen; **sans
autre forme de ~** ohne weitere Umstände

processeur [pRɔsesœR] nm Prozessor m

procession [pRɔsesjɔ̃] nf Prozession f

processus [pRɔsesys] nm Prozess m

procès-verbal [pRɔsɛvɛRbal] (pl **procès-verbaux**)
nm (relation écrite) Protokoll nt; (constat) Bericht m;
(contravention) Strafmandat nt

prochain, e [pRɔʃɛ̃, ɛn] adj nächste(r, s); (proche)
nah, bevorstehend ▷ nm Nächste(r) f(m); **la ~e
fois** das nächste Mal; **la semaine ~e** nächste
Woche; **à la ~e!** (fam) bis bald!; **un jour ~** bald

prochainement [pRɔʃɛnmɑ̃] adv bald,
demnächst

proche [pRɔʃ] adj nah; **proches** nmpl (parents)
nächste Verwandte pl; ~ **de** nah bei; **être ~ de qn**
jdm nah sein; **de ~ en ~** nach und nach; **l'un de
ses ~s** (amis) einer seiner engeren Freunde

Proche-Orient [pRɔʃɔRjɑ̃] nm: **le ~** der Nahe
Osten m

proclamation [pRɔklamasjɔ̃] nf Bekanntgabe f

proclamer [pRɔklame] vt (annoncer) erklären,
verkündigen; (la république, un roi) ausrufen,
proklamieren; (résultats d'un examen) bekannt
geben; (son innocence etc) erklären, beteuern

procréer [pRɔkRee] vt zeugen, hervorbringen

procuration [pRɔkyRasjɔ̃] nf Vollmacht f;
donner ~ à qn jdm eine Vollmacht erteilen; **par
~** durch Stellvertreter

procurer [pRɔkyRe] vt (fournir) verschaffen;
(causer) bereiten, machen; **se procurer** vpr sich
dat verschaffen

procureur [pRɔkyRœR] nm: ~ **(de la République)**
≈ Staatsanwalt m; ~ **général** ≈ General-
staatsanwalt m

prodigalité [pRɔdigalite] nf (générosité)
Großzügigkeit f; **prodigalités** nfpl (dépenses)
Verschwendung f

prodige [pRɔdiʒ] nm Wunder nt

prodigieusement [pRɔdiʒjøzmɑ̃] adv
fantastisch, wunderbar

prodigieux, -euse [pRɔdiʒjø, jøz] adj
fantastisch, wunderbar

prodigue [pRɔdig] adj verschwenderisch; **le fils
~** der verlorene Sohn

prodiguer [pRɔdige] vt (argent, biens etc)
verschwenden, vergeuden; ~ **qch à qn** jdn
überhäufen ou überschütten mit etw

producteur, -trice [pRɔdyktœR, tRis] adj: ~ **de
blé/pétrole** Weizen erzeugend/Öl produzierend
▷ nm/f (de biens, denrées) Hersteller(in) m(f); (Ciné,
Radio, TV) Produzent(in) m(f); **société
productrice** (Ciné) Filmgesellschaft f

productif, -ive [pRɔdyktif, iv] adj (activité, sol)
fruchtbar, ertragreich; (investissement, capital,
personnel) produktiv

production [pRɔdyksjɔ̃] nf Produktion f;
(rendement) Ertrag m; (produits) Erzeugnisse pl

productivité [pRɔdyktivite] nf Produktivität f

produire [pRɔdɥiR] vt (suj: pays) erzeugen;
(: entreprise) produzieren, herstellen; (: vigne, terre)
hervorbringen; (résultat, changement, impression,
sensation) bewirken; (son) erzeugen; (œuvre)
schaffen; (documents, témoins) liefern, beibringen
▷ vi Gewinn bringen, arbeiten; **se produire** vpr
(acteur) sich produzieren; (changement, événement)
sich ereignen

produit, e [pRɔdɥi] pp de **produire** ▷ nm Produkt
nt; (d'un investissement) Rendite f; (de la terre) Frucht
f; ~ **d'entretien** Putzmittel nt; ~ **des ventes**
Verkaufsertrag m; ~ **national brut**
Bruttosozialprodukt nt; ~ **net** Reingewinn m;
~ **pour la vaisselle** Geschirrspülmittel nt; ~**s
alimentaires** Lebensmittel pl; ~**s de beauté**
Kosmetika pl

proéminent, e [pRɔeminɑ̃, ɑ̃t] adj (nez, front)
herausragend, vorstehend

prof. [pRɔf] (fam) abr = **professeur**

profane [pRɔfan] adj (Rel) weltlich; (non initié)
Laien- ▷ nm/f Laie m; **être ~** (ein) Laie sein

profaner [pRɔfane] vt (Rel) entweihen; (fig)
entwürdigen

proférer [pRɔfeRe] vt von sich geben

professer [pRɔfese] vt (déclarer) bekunden,
kundtun; (enseigner) unterrichten

professeur [pRɔfesœR] nm Lehrer(in) m(f); (à
l'université) Professor(in) m(f)

profession [pRɔfesjɔ̃] nf (métier) Beruf m; **faire ~
de** sich bekennen zu; **de ~** von Beruf; **"sans ~"**
„arbeitslos"; (femme mariée) „Hausfrau"

professionnel, -le [pRɔfesjɔnɛl] adj Berufs-,
beruflich ▷ nm/f Profi m; (ouvrier qualifié)
Facharbeiter(in) m(f)

professoral, e, -aux [pRɔfesɔRal, o] adj (péj)
dozierend; **le corps ~** der Lehrkörper m

professorat [pRɔfesɔRa] nm Lehrberuf m

profil [pRɔfil] nm Profil nt; (section) Längsschnitt
m; **de ~** im Profil; ~ **des ventes** Verkaufsprofil nt;
~ **psychologique** Persönlichkeitsprofil nt

profilé, e [pRɔfile] adj profiliert; (aile etc)
stromlinienförmig

profiler [pRɔfile] vt (Tech) stromlinienförmig
machen; **se profiler** vpr sich abzeichnen

profit [pRɔfi] nm (avantage) Nutzen m, Vorteil m;
(Comm) Profit m, Gewinn m; **au ~ de qn/qch**
zugunsten von jdm/einer Sache gén; **tirer ~ de
qch** Gewinn aus etw ziehen; **mettre qch à ~** etw
nutzbringend verwenden; ~**s et pertes** (Comm)
Gewinne und Verluste pl

profitable [pRɔfitabl] adj gewinnbringend,
nützlich

profiter [pRɔfite] vt: ~ **de** (avantage, privilège)
ausnutzen; (occasion) nutzen; ~ **de qch pour
faire qch** etw dazu nutzen, um etw zu tun; ~ **de
ce que** davon profitieren, dass; ~ **à qn/qch** jdm/
einer Sache dat nutzen ou nützlich sein; ~ **à qn**
(aliment, séjour) jdm guttun

profiteur, -euse [pRɔfitœR, øz] (péj) nm/f
Profitmacher m, Profitgeier m

profond, e [pRɔfɔ̃, ɔ̃d] adj tief; (esprit, écrivain,

signification) tiefsinnig; (*erreur*) schwer;
(*indifférence*) vollkommen ▷ *nm*: **au plus ~ de** in
den Tiefen +*gén*; **la France ~e** die Seele *f*
Frankreichs

profondément [pʀɔfɔ̃demɑ̃] *adv* (*creuser, pénétrer
etc*) tief; (*choqué, convaincu etc*) vollkommen;
~ endormi fest eingeschlafen

profondeur [pʀɔfɔ̃dœʀ] *nf* Tiefe *f*; **en ~** (*agir,
exprimer*) tief gehend; **~ de champ** (*Photo*)
Schärfentiefe *f*

profusément [pʀɔfyzemɑ̃] *adv* stark

profusion [pʀɔfyzjɔ̃] *nf* Fülle *f*; **à ~** in Hülle und
Fülle

progéniture [pʀɔʒenityʀ] *nf* Nachwuchs *m*

progiciel [pʀɔʒisjɛl] *nm* (Software)paket *nt*;
~ d'application Anwendungsprogramm *nt*

progouvernemental, e, -aux [pʀɔguvɛʀnə-
mɑ̃tal, o] *adj* regierungsfreundlich

programmable [pʀɔɡʀamabl] *adj*
programmierbar

programmateur, -trice [pʀɔɡʀamatœʀ, tʀis]
nm/f (*Ciné, Radio, TV*) Programmdirektor(in) *m(f)*
▷ *nm* (*de machine à laver*) Programmschalter *m*

programmation [pʀɔɡʀamasjɔ̃] *nf* (*Ciné, Radio,
TV*) Programm *nt*; (*Inform*) Programmieren *nt*

programme [pʀɔɡʀam] *nm* (*gén, Inform*)
Programm *nt*; (*Scol, Univ*) Lehrplan *m*

programmé, e [pʀɔɡʀame] *adj* programmiert

programmer [pʀɔɡʀame] *vt* (*Inform*)
programmieren; (*TV, Radio*) aufs Programm
setzen

programmeur, -euse [pʀɔɡʀamœʀ, øz] *nm/f*
(*Inform*) Programmierer(in) *m(f)*

progrès [pʀɔɡʀɛ] *nm* Fortschritt *m*; (*d'un incendie,
d'une inondation etc*) Fortschreiten *nt*, Ausbreiten
nt; **faire des ~** Fortschritte machen; **être en ~**
Fortschritte machen

progresser [pʀɔɡʀese] *vi* (*mal, troupes*) vorrücken,
vordringen; (*idée*) sich verbreiten; (*inondation*)
sich ausbreiten; (*élève, recherche*) Fortschritte
machen

progressif, -ive [pʀɔɡʀesif, iv] *adj* (*impôt, taux*)
progressiv; (*développement*) fortschreitend;
(*difficulté*) zunehmend

progression [pʀɔɡʀesjɔ̃] *nf* (*v vi*) Vorrücken *nt*;
Verbreitung *f*; Ausbreitung *f*; Fortschritte *pl*;
(*Math*) Progression *f*

progressiste [pʀɔɡʀesist] *adj* progressiv

progressivement [pʀɔɡʀesivmɑ̃] *adv* nach und
nach

prohibé, e [pʀɔibe] *adj* verboten

prohiber [pʀɔibe] *vt* verbieten, untersagen

prohibitif, -ive [pʀɔibitif, iv] *adj* (*tarifs, prix*)
unerschwinglich; **mesure/loi prohibitive**
Verbot *nt*

prohibition [pʀɔibisjɔ̃] *nf* Verbot *nt*; (*Hist*)
Prohibition *f*

proie [pʀwa] *nf* Beute *f*; (*fig*) Beute, Opfer *nt*; **être
la ~ de** ein Opfer sein +*gén*, zum Opfer fallen +*dat*;
être en ~ à (*doute, sentiment*) geplagt werden von;
(*douleur, mal*) leiden an +*dat*

projecteur [pʀɔʒɛktœʀ] *nm* Projektor *m*; (*de

théâtre, cirque) Scheinwerfer *m*

projectile [pʀɔʒɛktil] *nm* Geschoss *nt*, Geschoß
(*Österr*) *nt*

projection [pʀɔʒɛksjɔ̃] *nf* (*de film, photos*)
Vorführen *nt*; **conférence avec ~** Diavortrag *m*

projectionniste [pʀɔʒɛksjɔnist] *nm/f*
(Film)vorführer(in) *m(f)*

projet [pʀɔʒɛ] *nm* Plan *m*; (*ébauche*) Entwurf *m*;
faire des ~s Pläne machen; **~ de loi**
Gesetzentwurf *m*

projeter [pʀɔʒ(ə)te] *vt* (*envisager*) planen; (*ombre,
lueur, gravillons*) werfen; (*étincelles*) sprühen; (*film,
photos*) projizieren, vorführen; **~ de faire qch**
planen, etw zu tun

prolétaire [pʀɔletɛʀ] *nm* Proletarier *m*

prolétariat [pʀɔletaʀja] *nm* Proletariat *nt*

prolétarien, ne [pʀɔletaʀjɛ̃, jɛn] *adj* proletarisch

prolifération [pʀɔliferasjɔ̃] *nf* (*v vi*) Vermehrung
f; Verbreitung *f*

proliférer [pʀɔlifeʀe] *vi* (*plantes, animaux, cellules*)
sich stark vermehren; (*magasins, crime etc*) sich
ausbreiten

prolifique [pʀɔlifik] *adj* (*race, espèce*) fruchtbar;
(*artiste*) sehr produktiv

prolixe [pʀɔliks] *adj* wortreich

prolo [pʀɔlo] (*fam*) *abr m/f* Prolo *m*

prologue [pʀɔlɔɡ] *nm* Prolog *m*

prolongateur [pʀɔlɔ̃ɡatœʀ] *nm*
Verlängerungsschnur *f*

prolongation [pʀɔlɔ̃ɡasjɔ̃] *nf* Verlängerung *f*;
jouer les ~s (*Sport*) in die Verlängerung gehen

prolongé, e [pʀɔlɔ̃ʒe] *adj* (*effort, rires*) andauernd;
(*exposition, séjour*) verlängert

prolongement [pʀɔlɔ̃ʒmɑ̃] *nm* Verlängerung *f*;
prolongements *nmpl* Folgen *pl*, Auswirkungen
pl; **dans le ~ de** weiterführend von

prolonger [pʀɔlɔ̃ʒe] *vt* verlängern; (*rue, voie ferrée,
piste*) weiterführen; (*être dans le prolongement de*) die
Verlängerung sein von; **se prolonger** *vpr* (*leçon,
repas, effet*) andauern; (*route, chemin*) weitergehen

promenade [pʀɔm(ə)nad] *nf* Spaziergang *m*; (*en
voiture, à vélo*) Spazierfahrt *f*; **faire une ~** einen
Spaziergang machen; **partir en ~** spazieren
gehen; **~ à pied** Spaziergang; **~ à vélo**
Fahrradtour *f*

promener [pʀɔm(ə)ne] *vt* spazieren führen; **se
promener** *vpr* (*à pied*) spazieren gehen; (*en voiture*)
spazieren fahren; **~ qch sur** (*doigts, main, regards*)
etw gleiten lassen über +*acc*; **se ~ sur** wandern
über +*acc*

promeneur, -euse [pʀɔm(ə)nœʀ, øz] *nm/f*
Spaziergänger(in) *m(f)*

promesse [pʀɔmɛs] *nf* Versprechen *nt*; **~ d'achat**
Kaufversprechen *nt*; **~ de vente**
Verkaufsversprechen *nt*

prometteur, -euse [pʀɔmetœʀ, øz] *adj*
vielversprechend

promettre [pʀɔmɛtʀ] *vt* versprechen ▷ *vi* (*enfant,
musicien etc*) vielversprechend sein; **se promettre**
vpr: **se de faire qch** sich dat versprechen, etw
zu tun; **~ à qn de faire qch** jdm versprechen,
etw zu tun

promeus [pʀɔmø] *vb voir* **promouvoir**
promis, e [pʀɔmi, iz] *pp de* **promettre** ▷ *adj:* **être**
~ **à qch** (*destiné*) bestimmt sein für etw
promiscuité [pʀɔmiskɥite] *nf* Mangel *m* an
Privatsphäre
promit [pʀɔmi] *vb voir* **promettre**
promontoire [pʀɔmɔ̃twaʀ] *nm* Landspitze *f*
promoteur, -trice [pʀɔmɔtœʀ, tʀis] *nm/f*
(*instigateur*) Initiator(in) *m(f)*; ~ **(immobilier)**
(Immobilien)makler(in) *m(f)*
promotion [pʀɔmosjɔ̃] *nf* (*avancement*)
Beförderung *f*; (*de politique, recherche*) Förderung *f*;
(*élèves d'une même année*) Jahrgang(sstufe *f*) *m*;
article en ~ Sonderangebot *nt*; ~ **des ventes**
Absatzförderung *f*
promotionnel, le [pʀɔmosjɔnɛl] *adj* Werbe-
promouvoir [pʀɔmuvwaʀ] *vt* (*personne*)
befördern; (*politique, réforme, recherche*) fördern,
sich einsetzen für; (*Comm: produit*) werben für
prompt, e [pʀɔ̃(pt), pʀɔ̃(p)t] *adj* schnell;
(*changement*) plötzlich; ~ **à qch** schnell bei der
Hand mit etw; ~ **à faire qch** schnell dabei, etw
zu tun
promptement [pʀɔ̃ptəmɑ̃] *adv* schnell
prompteur [pʀɔ̃ptœʀ] *nm* (TV) Neger *m*,
Teleprompter *m*
promptitude [pʀɔ̃(p)tityd] *nf* Schnelligkeit *f*
promu, e [pʀɔmy] *pp de* **promouvoir** ▷ *adj*
befördert
promulguer [pʀɔmylge] *vt* verkünden, erlassen
prôner [pʀone] *vt* (*louer*) loben; (*préconiser*)
empfehlen
pronom [pʀɔnɔ̃] *nm* Pronomen *nt*
pronominal, e, -aux [pʀɔnɔminal, o] *adj:* **verbe**
~ reflexives Verb *nt*
prononcé, e [pʀɔnɔ̃se] *adj* (*marqué*) ausgeprägt
prononcer [pʀɔnɔ̃se] *vt* aussprechen; (*jugement,
sentence*) verkünden; (*discours*) sprechen ▷ *vi* (*Jur*)
das Urteil verkünden; **se prononcer** *vpr* (*se
décider*) sich entscheiden; ~ **bien/mal** eine gute/
schlechte Aussprache haben; **sans** ~ **un mot**
ohne ein Wort zu sagen; **se** ~ **sur qch** seine
Meinung über etw *acc* äußern, sich zu etw
äußern; **se** ~ **en faveur de/contre** sich
aussprechen für/gegen; **ça se prononce
comment?** wie spricht man das aus?
prononciation [pʀɔnɔ̃sjasjɔ̃] *nf* Aussprache *f*;
(*d'un jugement*) Verkündigung *f*; **avoir une
bonne/mauvaise** ~ eine gute/schlechte
Aussprache haben
pronostic [pʀɔnɔstik] *nm* (*Méd, fig*) Prognose *f*;
(*Courses*) Voraussagen *pl*
pronostiquer [pʀɔnɔstike] *vt* (*Méd*)
prognostizieren; (*annoncer*) voraussagen
pronostiqueur, -euse [pʀɔnɔstikœʀ, øz] *nm/f*
Vorhersager(in) *m(f)*
propagande [pʀɔpagɑ̃d] *nf* Propaganda *f*; **faire
de la** ~ **pour qch** für etw Propaganda machen
propagandiste [pʀɔpagɑ̃dist] *nm/f*
Propagandist(in) *m(f)*
propagation [pʀɔpagasjɔ̃] *nf* (*v vr*) Ausbreitung *f*;
Verbreitung *f*; Vermehrung *f*

propager [pʀɔpaʒe] *vt* verbreiten; **se propager**
vpr sich ausbreiten; (*nouvelle, théorie*) sich
verbreiten; (*espèce*) sich vermehren
propane [pʀɔpan] *nm* Propan *nt*
propension [pʀɔpɑ̃sjɔ̃] *nf:* ~ **à qch/faire qch**
Neigung *f* zu etw/dazu, etw zu tun
prophète, prophétesse [pʀɔfɛt, pʀɔfetɛs] *nm/f*
Prophet(in) *m(f)*
prophétie [pʀɔfesi] *nf* Prophezeiung *f*
prophétique [pʀɔfetik] *adj* prophetisch
prophétiser [pʀɔfetize] *vt* prophezeien
prophylactique [pʀɔfilaktik] *adj* vorbeugend,
prophylaktisch
prophylaxie [pʀɔfilaksi] *nf* Prophylaxe *f*
propice [pʀɔpis] *adj* günstig
proportion [pʀɔpɔʀsjɔ̃] *nf* (*relation*) Verhältnis *nt*;
proportions *nfpl* Proportionen *pl*; **en** ~
proportional; **en** ~ **de** im Verhältnis zu; **il n'y a
aucune** ~ **entre la faute et la peine** die Strafe
steht in keinem Verhältnis zum Verbrechen;
hors de ~ unverhältnismäßig; **toute(s)** ~**(s)
gardée(s)** den Verhältnissen entsprechend
proportionné, e [pʀɔpɔʀsjone] *adj:* ~ **à**
proportional zu; **bien** ~ wohlproportioniert
proportionnel, le [pʀɔpɔʀsjonɛl] *adj* (*traitement,
rétribution*) proportional, anteilig; (*retraite, impôt*)
Teil-; (*scrutin, représentation*) Verhältnis-; ~ **à**
proportional zu; **représentation** ~**le**
Verhältniswahlrecht *nt*
proportionnellement [pʀɔpɔʀsjonɛlmɑ̃] *adv*
proportional
proportionner [pʀɔpɔʀsjone] *vt:* ~ **qch à qch** etw
auf etw *acc* abstimmen
propos [pʀɔpo] *nm* (*paroles*) Worte *pl*; (*intention*)
Absicht *f*; **à quel** ~? in welcher Angelegenheit?;
à ~ **de** bezüglich +*gén*; **à tout** ~ ständig, bei jeder
Gelegenheit; **à ce** ~ in diesem Zusammenhang;
à ~ *adv* gelegen, günstig; **à** ~, **dis-moi** apropos,
sag mir; **hors de** ~, **mal à** ~ unangebracht
proposer [pʀɔpoze] *vt* (*suggérer*) vorschlagen;
(*offrir*) anbieten; (*candidat*) vorschlagen; (*loi,
motion*) einbringen; **se proposer** *vpr:* **se** ~ **pour
faire qch** sich anbieten, etw zu tun; **se** ~ **de
faire qch** sich *dat* vornehmen, etw zu tun
proposition [pʀɔpozisjɔ̃] *nf* (*offre*) Angebot *nt*;
(*suggestion*) Vorschlag *m*; (*Pol*) Antrag *m*; (*Ling*) Satz
m; **sur la** ~ **de** auf Antrag von; ~ **de loi**
Gesetzesantrag *m*
propre [pʀɔpʀ] *adj* sauber; (*cahier, copie, travail*)
ordentlich; (*chien, chat*) stubenrein; (*honnête*)
ordentlich, redlich; (*intensif possessif*) eigene(r, s);
(*Ling: sens*) eigene(r, s), besondere(r, s) ▷ *nm:*
mettre *ou* **recopier au** ~ (*Scol*) ins Reine
schreiben; **le** ~ **de** (*qualité distinctive*) eine
Eigenschaft +*gén*; **au** ~ (*Ling*) im ursprünglichen
Sinn; ~ **à** (*particulier*) typisch für, eigen +*dat*;
(*approprié*) angemessen +*dat*; ~ **à faire qch** (*de
nature à*) dazu geeignet, etw zu tun; **appartenir à
qn en** ~ jdm zu eigen sein; ~ **à rien** (*péj: personne*)
Tunichtgut *m*
proprement [pʀɔpʀəmɑ̃] *adv* (*avec propreté*)
sauber, ordentlich; (*avec netteté*) ordentlich; (*avec*

honnêteté) redlich, anständig; (*strictement*) streng genommen; (*littéralement*) eigentlich; **à ~ parler** eigentlich, streng genommen; **le village ~ dit** das eigentliche Dorf

propret, te [pʀɔpʀɛ, ɛt] *adj* blitzsauber

propreté [pʀɔpʀəte] *nf* Sauberkeit *f*; (*netteté*) Gepflegtheit *f*; (*de cahier, copie*) Ordentlichkeit *f*

propriétaire [pʀɔpʀijetɛʀ] *nm/f* Besitzer(in) *m(f)*, Eigentümer(in) *m(f)*; (*pour le locataire*) Vermieter(in) *m(f)*, Hausbesitzer(in) *m(f)*; **~ (immobilier)** Besitzer; **~ récoltant** Anbauer *m*; **~ terrien** Landbesitzer *m*

propriété [pʀɔpʀijete] *nf* (*Jur, droit*) Besitz *m*; (*immeuble, objet etc*) Eigentum *nt*; (*villa*) Eigentum, Hausbesitz *m*; (*terres*) Landbesitz *m*, Ländereien *pl*; (*qualité, Chimie, Math*) Eigenschaft *f*; (*correction*) Angemessenheit *f*; **~ artistique et littéraire** künstlerische und literarische Rechte *pl*; **~ industrielle** Patentrechte *pl*

propulser [pʀɔpylse] *vt* (*missile, engin*) antreiben; (*projeter*) schleudern

propulsion [pʀɔpylsjɔ̃] *nf* Antrieb *m*

prorata [pʀɔʀata] *nm*: **au ~ de** im Verhältnis zu

prorogation [pʀɔʀɔgasjɔ̃] *nf* (*v vt*) Verschieben *nt*; Verlängerung *f*; Vertagen *nt*

proroger [pʀɔʀɔʒe] *vt* (*renvoyer*) aufschieben; (*prolonger*) verlängern; (*assemblée*) vertagen

prosaïque [pʀɔzaik] *adj* prosaisch

proscription [pʀɔskʀipsjɔ̃] *nf* (*bannissement*) Verbannung *f*; (*interdiction*) Verbot *nt*

proscrire [pʀɔskʀiʀ] *vt* (*bannir*) verbannen; (*interdire*) verbieten

prose [pʀoz] *nf* Prosa *f*

prosélyte [pʀɔzelit] *nm/f* Neubekehrte(r) *f(m)*

prosélytisme [pʀɔzelitism] *nm*: **faire du ~** andere zu bekehren versuchen

prospecter [pʀɔspɛkte] *vt* (*terrain*) nach Bodenschätzen suchen in *dat*; (*Comm*) erforschen

prospecteur-placier [pʀɔspɛktœʀplasje] (*pl* **prospecteurs-placiers**) *nm* Arbeitsvermittler *m*

prospectif, -ive [pʀɔspɛktif, iv] *adj* Zukunfts-

prospection [pʀɔspɛksjɔ̃] *nf* (*v vt*) Suche *f* nach Bodenschätzen; Erforschung *f*

prospectus [pʀɔspɛktys] *nm* Prospekt *m*

prospère [pʀɔspɛʀ] *adj* (*année, période*) erfolgreich; (*santé*) blühend; (*finances, entreprise*) florierend, gut gehend

prospérer [pʀɔspeʀe] *vi* (*personne, plante, animal*) gut gedeihen; (*entreprise, ville, science*) blühen, florieren

prospérité [pʀɔspeʀite] *nf* Wohlstand *m*

prostate [pʀɔstat] *nf* Prostata *f*

prosterner [pʀɔstɛʀne]: **se ~** *vpr* sich niederwerfen

prostituée [pʀɔstitɥe] *nf* Prostituierte *f*

prostitution [pʀɔstitysjɔ̃] *nf* Prostitution *f*

prostré, e [pʀɔstʀe] *adj* ausgestreckt

protagoniste [pʀɔtagɔnist] *nm* Protagonist *m*

protecteur, -trice [pʀɔtɛktœʀ, tʀis] *adj* beschützend; (*Écon: régime, système*) Schutz- ▷ *nm/f* Beschützer(in) *m(f)*; (*des arts*) Mäzen(in) *m(f)*

protection [pʀɔtɛksjɔ̃] *nf* Schutz *m*; (*d'un*

personnage influent, Écon) Protektion *f*; **écran/ enveloppe de ~** Schutzschirm *m*/ Schutzumschlag *m*; **(centre de) ~ maternelle et infantile** Wohlfahrtsorganisation für Schwangere und Kleinkinder; **~ civile** Zivilschutz *m*; **~ judiciaire** Rechtsschutz *m*

protectionnisme [pʀɔtɛksjɔnism] *nm* Protektionismus *m*

protectionniste [pʀɔtɛksjɔnist] *adj* protektionistisch

protégé, e [pʀɔteʒe] *nm/f* Schützling *m*, Protegé *m*

protège-cahier [pʀɔtɛʒkaje] (*pl* **~s**) *nm* Schutzumschlag *m*

protège-dents [pʀɔtɛʒdɑ̃] *nm inv* (*Boxe*) Zahnschutz *m*

protéger [pʀɔteʒe] *vt* schützen; (*physiquement*) beschützen; (*intérêt, liberté*) wahren, schützen; (*aider: personne*) protegieren; (*: arts*) fördern; **se protéger** *vpr*: **se ~ de qch/contre qch** sich vor etw *dat*/gegen etw schützen

protège-slip [pʀɔtɛʒslip] (*pl* **~s**) *nm* Slipeinlage *f*

protéine [pʀɔtein] *nf* Protein *nt*

protestant, e [pʀɔtɛstɑ̃, ɑ̃t] *adj* protestantisch ▷ *nm/f* Protestant(in) *m(f)*

protestantisme [pʀɔtɛstɑ̃tism] *nm* Protestantismus *m*

protestataire [pʀɔtɛstatɛʀ] *nm/f* Protestierende(r) *f(m)*

protestation [pʀɔtɛstasjɔ̃] *nf* (*plainte*) Protest *m*; (*déclaration*) Beteuerung *f*

protester [pʀɔtɛste] *vi* protestieren; **~ de son innocence/sa loyauté** seine Unschuld/Treue beteuern

prothèse [pʀɔtɛz] *nf* (*appareil*) Prothese *f*; **~ dentaire** Zahnprothese *f*, Gebiss *nt*

protocolaire [pʀɔtɔkɔlɛʀ] *adj* protokollarisch; (*conventionnel*) förmlich; (*questions, règles*) Protokoll-

protocole [pʀɔtɔkɔl] *nm* Protokoll *nt*; **chef du ~** Protokollchef *m*; **~ d'accord** Vereinbarungsprotokoll *nt*; **~ opératoire** Operationsvorgang *m*

prototype [pʀɔtɔtip] *nm* Prototyp *m*

protubérance [pʀɔtybeʀɑ̃s] *nf* Beule *f*

protubérant, e [pʀɔtybeʀɑ̃, ɑ̃t] *adj* vorstehend

proue [pʀu] *nf* Bug *m*

prouesse [pʀuɛs] *nf* (*acte de courage*) Heldentat *f*; (*exploit*) Meisterleistung *f*

prouvable [pʀuvabl] *adj* beweisbar

prouver [pʀuve] *vt* beweisen

provenance [pʀɔv(ə)nɑ̃s] *nf* Herkunft *f*, Ursprung *m*; **avion/train en ~ de** Flugzeug *nt*/ Zug *m* aus

provençal, e, -aux [pʀɔvɑ̃sal, o] *adj* provenzalisch ▷ *nm* (*Ling*) Provenzalisch *nt* ▷ *nm/ f*: **Provençal, e, -aux** Provenzale *m*, Provenzalin *f*

Provence [pʀɔvɑ̃s] *nf* Provence *f*

provenir [pʀɔv(ə)niʀ] *vi*: **~ de** (*venir de*) (her)kommen aus; (*tirer son origine de*) stammen von; (*résulter de*) kommen vom

proverbe [pʀɔvɛʀb] *nm* Sprichwort *nt*

proverbial, e, -aux [pʀɔvɛʀbjal, jo] *adj*

sprichwörtlich
providence [pʀɔvidãs] *nf* Vorsehung *f*
providentiel, le [pʀɔvidãsjɛl] *adj* glücklich,
unerwartet
province [pʀɔvɛ̃s] *nf* Provinz *f*; **Paris et la** ~ Paris
und das übrige Frankreich
provincial, e, -aux [pʀɔvɛ̃sjal, jo] *adj* Provinz-;
(péj) provinziell, provinzlerisch ▷ *nm/f*
Provinzler(in) *m(f)*
proviseur [pʀɔvizœʀ] *nm (Scol)* Direktor *m*
provision [pʀɔvizjɔ̃] *nf* Vorrat *m*; *(acompte)*
Anzahlung *f*, Vorschuss *m*; *(dans un compte)*
Deckung *f*; **provisions** *nfpl* Vorräte *pl*; **faire** ~ **de**
qch einen von Vorrat von etw anlegen
provisoire [pʀɔvizwaʀ] *adj* vorläufig;
(construction, installation, gouvernement)
provisorisch; **mise en liberté** ~ vorläufige
Haftentlassung *f*
provisoirement [pʀɔvizwaʀmã] *adv* vorläufig
provocant, e [pʀɔvɔkã, ãt] *adj* provozierend
provocateur [pʀɔvɔkatœʀ] *nm (meneur)*
Provokateur *m*
provocation [pʀɔvɔkasjɔ̃] *nf* Provokation *f*
provoquer [pʀɔvɔke] *vt* provozieren; *(défier)*
herausfordern; *(causer)* hervorrufen; *(révolte,*
troubles) verursachen
proxénète [pʀɔksenɛt] *nm* Zuhälter *m*
proxénétisme [pʀɔksenetism] *nm* Zuhälterei *f*
proximité [pʀɔksimite] *nf* Nähe *f*; **à** ~ **(de)** in der
Nähe (von)
prude [pʀyd] *adj* prüde
prudemment [pʀydamã] *adv* vorsichtig
prudence [pʀydãs] *nf (v adj)* Vorsicht *f*, Umsicht *f*;
par (mesure de) ~ als Vorsichtsmaßnahme
prudent, e [pʀydã, ãt] *adj* vorsichtig; *(sage)*
umsichtig; **ce n'est pas** ~ das ist unklug; **soyez**
~ **!** passen Sie auf!
prune [pʀyn] *nf* Pflaume *f*
pruneau, x [pʀyno] *nm* Backpflaume *f*
prunelle [pʀynɛl] *nf (de l'œil)* Pupille *f*; *(Bot)*
Schlehe *f*; *(eau de vie)* Schlehenschnaps *m*
prunier [pʀynje] *nm* Pflaumenbaum *m*
Prusse [pʀys] *nf:* **la** ~ Preußen *nt*
PS [peɛs] *sigle m (= parti socialiste)* sozialistische
Partei *f*; *(= post-scriptum)* PS
psalmodier [psalmɔdje] *vt (Rel)* singen; *(fig)*
herunterleiern
psaume [psom] *nm* Psalm *m*
pseudonyme [psødɔnim] *nm* Pseudonym *nt*
PSU [peɛsy] *sigle m (= parti socialiste unifié) politische*
Partei
psy [psi] *(fam) abr m/f* = **psychiatre**
psychanalyse [psikanaliz] *nf* Psychoanalyse *f*
psychanalyser [psikanalize] *vt* einer
Psychoanalyse unterziehen, analysieren; **se**
faire ~ eine Analyse machen
psychanalyste [psikanalist] *nm/f*
Psychoanalytiker(in) *m(f)*
psychanalytique [psikanalitik] *adj*
psychoanalytisch
psychédélique [psikedelik] *adj* psychedelisch
psychiatre [psikjatʀ] *nm/f* Psychiater(in) *m(f)*

psychiatrie [psikjatʀi] *nf* Psychiatrie *f*
psychiatrique [psikjatʀik] *adj* psychiatrisch
psychique [psiʃik] *adj* psychisch
psychisme [psiʃism] *nm* Psyche *f*
psychologie [psikɔlɔʒi] *nf* Psychologie *f*;
(intuition) Menschenkenntnis *f*
psychologique [psikɔlɔʒik] *adj (méthode, théorie)*
psychologisch; *(fait, état)* psychisch
psychologiquement [psikɔlɔʒikmã] *adv*
psychologisch
psychologue [psikɔlɔg] *nm/f* Psychologe *m*,
Psychologin *f*; **être** ~ *(intuitif)* eine gute
Menschenkenntnis haben
psychomoteur, -trice [psikomɔtœʀ, tʀis] *adj*
psychomotorisch
psychopathe [psikɔpat] *nm/f* Psychopath(in)
m(f)
psychopédagogie [psikopedagɔʒi] *nf*
Erziehungspsychologie *f*
psychose [psikoz] *nf* Psychose *f*
psychosomatique [psikosɔmatik] *adj*
psychosomatisch
psychothérapie [psikoteʀapi] *nf*
Psychotherapie *f*
psychotique [psikɔtik] *adj* psychotisch
Pte *abr* = **porte**
PTT [petete] *sigle fpl (= Postes, télécommunications et*
télédiffusion) ≈ Bundespost *f*
pu [py] *pp de* **pouvoir**
puanteur [pɥãtœʀ] *nf* Gestank *m*
pub [pyb] *(fam) abr* = **publicité**
pubère [pybɛʀ] *adj* pubertierend
puberté [pybɛʀte] *nf* Pubertät *f*
pubis [pybis] *nm (bas-ventre)* Scham *f*; *(os)*
Schambein *nt*
public, -ique [pyblik] *adj* öffentlich; *(Scol)*
staatlich; *(scrutin)* offen ▷ *nm (population)*
Öffentlichkeit *f*; *(assistance)* Publikum *nt*; **en** ~
öffentlich; **interdit au** ~ für die Öffentlichkeit
nicht zugänglich; **le grand** ~ die (große)
Öffentlichkeit
publication [pyblikasjɔ̃] *nf* Veröffentlichung *f*;
(de bans, loi) Verkündigung *f*; *(de nouvelle)*
Verbreitung *f*
publicitaire [pyblisitɛʀ] *adj* Werbe-; *(vente)*
Werbungs- ▷ *nm/f* Werbefachmann *m/*
Werbefachfrau *f*; **rédacteur/dessinateur** ~
Werberedakteur *m/*Werbegrafiker *m*
publicité [pyblisite] *nf* Werbung *f*; *(annonce)*
Annonce *f*; **faire trop de** ~ **autour de qch/qn**
(révélations) um etw/jdn zu viel Aufhebens
machen
publier [pyblije] *vt* veröffentlichen; *(suj: éditeur)*
herausgeben, herausbringen; *(bans, décret, loi)*
verkünden; *(nouvelle)* verbreiten
publipostage [pyblipɔstaʒ] *nm* Mailing *nt*
publique [pyblik] *adj f voir* **public**
publiquement [pyblikmã] *adv* öffentlich
puce [pys] *nf* Floh *m*; *(Inform)* Chip *m*; **les puces**
nfpl: **le marché aux puces** der Flohmarkt;
mettre la ~ **à l'oreille de qn** einen Verdacht in
jdm erwecken

puceau, x [pyso] *adj m*: **être** ~ eine Jungfrau sein
pucelle [pysɛl] *adj f*: **être** ~ eine Jungfrau sein
puceron [pys(ə)Rɔ̃] *nm* Blattlaus *f*
pudeur [pydœR] *nf* (*chasteté*) Schamhaftigkeit *f*; (*discrétion*) Diskretion *f*
pudibond, e [pydibɔ̃, ɔ̃d] *adj* prüde
pudique [pydik] *adj* (*chaste*) schamhaft; (*discret*) dezent, diskret
pudiquement [pydikmɑ̃] *adv* schamhaft
puer [pɥe] (*péj*) *vi* stinken ▷ *vt* stinken nach
puéricultrice [pɥeRikyltRis] *nf* Säuglingsschwester *f*
puériculture [pɥeRikyltyR] *nf* Säuglingspflege *f*
puéril, e [pɥeRil] *adj* kindisch
puérilement [pɥeRilmɑ̃] *adv* kindisch
puérilité [pɥeRilite] *nf* kindische Art *f*; (*acte*) kindisches Benehmen *nt*
pugilat [pyʒila] *nm* Faustkampf *m*
puis [pɥi] *vb voir* **pouvoir** ▷ *adv* dann; (*en outre*): **et** ~ **und dann; et** ~ **après?** na und?; **et** ~ **quoi encore?** sonst noch was?
puisard [pɥizaR] *nm* (*égout*) Senkgrube *f*
puiser [pɥize] *vt*: ~ **qch dans qch** etw aus etw schöpfen; (*exemple, renseignement*) etw einer Sache *dat* entnehmen
puisque [pɥisk] *conj* da; ~ **je te le dis!** und wenn ich es dir sage!
puissamment [pɥisamɑ̃] *adv* (*fam: très*) sehr
puissance [pɥisɑ̃s] *nf* Macht *f*; (*de personnalité*) Stärke *f*; (*Phys*) Leistung *f*; (*d'un microscope*) Vergrößerung *f*; **deux (à la)** ~ **cinq** zwei hoch fünf; **en** ~ potenziell; **les** ~**s occultes** die übernatürlichen Mächte *pl*
puissant, e [pɥisɑ̃, ɑ̃t] *adj* mächtig; (*musculature*) stark, kräftig
puisse *etc* [pɥis] *vb voir* **pouvoir**
puits [pɥi] *nm* (*d'eau*) Brunnen *m*; (*de pétrole*) Bohrloch *nt*; ~ **artésien** artesischer Brunnen; ~ **de mine** Schacht *m*; ~ **de science** (*personne*) Born *m* des Wissens
pull(-over) [pyl(ɔvɛR)] (*pl* **pull(-over)s**) *nm* Pullover *m*
pulluler [pylyle] *vi* schwärmen, wimmeln; **les erreurs pullulent** es wimmelt von *ou* vor Fehlern
pulmonaire [pylmɔnɛR] *adj* Lungen-
pulpe [pylp] *nf* (*de fruit, légume*) Fleisch *nt*
pulsation [pylsasjɔ̃] *nf* (*du cœur, pouls*) Schlagen *nt*; ~**s (du cœur)** Herzschlag *m*
pulsé [pylse] *adj m*: **air** ~ Warmluft
pulsion [pylsjɔ̃] *nf* Trieb *m*; ~ **sexuelle** Sexualtrieb *m*
pulvérisateur [pylveRizatœR] *nm* (*à parfum*) Zerstäuber *m*; (*à peinture*) Sprühdose *f*; (*pour médicament*) Spray *nt*
pulvérisation [pylveRizasjɔ̃] *nf* Versprühen *nt*
pulvériser [pylveRize] *vt* (*solide*) pulverisieren; (*liquide*) sprühen; (*fig: adversaire*) fertigmachen; (*record*) brechen
puma [pyma] *nm* Puma *m*
punaise [pynɛz] *nf* (*Zool*) Wanze *f*; (*clou*) Reißzwecke *f*

punch [pœnʃ] *nm* (*boisson*) Punsch *m*; (*Boxe*) Schlagkraft *f*; (*dynamisme*) Pfeffer *m*
punching-ball [pœnʃiŋbol] (*pl* ~**s**) *nm* (*Boxe*) Punchingball *m*
punir [pyniR] *vt* bestrafen; ~ **qn de qch** jdn für etw bestrafen
punitif, -ive [pynitif, iv] *adj*: **expédition punitive** Strafexpedition *f*
punition [pynisjɔ̃] *nf* Bestrafung *f*
pupille [pypij] *nf* (*Anat*) Pupille *f*; (*enfant*) Mündel *nt*; ~ **de l'État** Fürsorgekind *nt*; ~ **de la Nation** Kriegswaise *f*
pupitre [pypitR] *nm* (*Scol*) Pult *nt*; (*Rel*) Kanzel *f*; (*Mus*) Notenständer *m*; (: *de chef d'orchestre*) (Dirigenten)pult *nt*; ~ **de commande** Befehlskonsole *f*
pur, e [pyR] *adj* rein; (*vin*) unverdünnt; (*whisky, gin*) pur; (*air, ciel*) klar; (*intentions*) lauter ▷ *nm*: ~ **et dur** (*Pol*) Hardliner *m*; ~ **et simple** schlicht und einfach; **en** ~**e perte** vergeblich; ~**e laine** reine Wolle
purée [pyRe] *nf*: ~ **(de pommes de terre)** Kartoffelbrei *m*, Kartoffelpüree *nt*; ~ **de marrons** Kastanienpüree *nt*; ~ **de pois** (*fig: brouillard*) Waschküche *f*; ~ **de tomates** Tomatenpüree *nt*
purement [pyRmɑ̃] *adv* rein
pureté [pyRte] *nf* Reinheit *f*
purgatif [pyRgatif] *nm* Abführmittel *nt*
purgatoire [pyRgatwaR] *nm* Fegefeuer *nt*
purge [pyR3] *nf* (*Pol*) Säuberungsaktion *f*; (*Méd*) starkes Abführmittel *nt*
purger [pyR3e] *vt* (*conduite, radiateur*) leeren; (*circuit hydraulique, freins*) lüften; (*Méd*) entschlacken; (*peine*) verbüßen; (*Pol*) säubern
purification [pyRifikasjɔ̃] *nf* Reinigung *f*; ~ **ethnique** ethnische Säuberung(saktionen *pl*) *f*
purifier [pyRifje] *vt* (*air, eau, liquide*) reinigen; (*Tech: âme*) läutern
purin [pyRɛ̃] *nm* Jauche *f*
puriste [pyRist] *nm/f* Purist(in) *m(f)*
puritain, e [pyRitɛ̃, ɛn] *adj* puritanisch ▷ *nm/f* Puritaner(in) *m(f)*
puritanisme [pyRitanism] *nm* Puritanismus *m*
pur-sang [pyRsɑ̃] *nm inv* Vollblut *nt*
purulent, e [pyRylɑ̃, ɑ̃t] *adj* eitrig
pus [py] *vb voir* **pouvoir** ▷ *nm* Eiter *m*
pusillanime [pyzi(l)lanim] *adj* zaghaft, ängstlich
pustule [pystyl] *nf* Pustel *f*
putain [pytɛ̃] (*fam!*) *nf* Hure *f*, Nutte *f* (*fam!*); **ce/ cette** ~ **de ...** diese(r, s) verdammte ...
putois [pytwa] *nm* Iltis *m*; **crier comme un** ~ schreien wie am Spieß
putréfaction [pytRefaksjɔ̃] *nf* Verwesung *f*
putréfier [pytRefje] *vt* verwesen lassen; (*fruit*) verfaulen lassen; **se putréfier** *vpr* verwesen; (*fruit*) verfaulen
putrescible [pytResibl] *adj* leicht verderblich
putride [pytRid] *adj* (*cadavre*) verfaulend; (*eau, odeur*) faulig
putsch [putʃ] *nm* Putsch *m*
puzzle [pœzl] *nm* Puzzle *nt*; (*fig*) Rätsel *nt*
PV [peve] *sigle m* = **procès-verbal**

PVC [pevese] *sigle m* (= *polychlorure de vinyle*) PVC *nt*
PVD [pevede] *sigle mpl* (= *pays en voie de développement*) Entwicklungsländer *pl*
pygmée [pigme] *nm* Pygmäe *m*
pyjama [piʒama] *nm* Schlafanzug *m*
pylône [pilon] *nm* (*d'un pont*) Pfeiler *m*; (*mât, poteau*) Mast *m*
pyramide [piʀamid] *nf* Pyramide *f*

pyrénéen, ne [piʀeneɛ̃, ɛn] *adj* Pyrenäen-
Pyrénées [piʀene] *nfpl* Pyrenäen *pl*
pyrex® [piʀɛks] *nm* Jenaer Glas® *nt*
pyrogravure [piʀɔgʀavyʀ] *nf* (*art*) Brandmalerei *f*
pyromane [piʀɔman] *nm/f* Pyromane *m*, Pyromanin *f*
python [pitɔ̃] *nm* Python(schlange *f*) *m*

Qq

Q, q¹ [ky] *nm inv* (*lettre*) Q, q *nt*; **Q comme quintal** ≈ Q wie Quelle

q² [ky] *abr* = **quintal**

Qatar [kataʀ] *nm*: **le ~** Katar *nt*

QCM *sigle m* (= *questions à choix multiples*) Multiple-Choice-Test *m*

QG [kyʒe] *sigle m* (= *quartier général*) HQ *nt*

QHS [kyaʃɛs] *sigle m* (= *quartier de haute sécurité*) Hochsicherheitstrakt *m*

QI [kyi] *sigle m* (= *quotient intellectuel*) IQ *m*

qqch. *abr* (= *quelque chose*) etw

qqn *abr* (= *quelqu'un*) jd(n)

quadra [k(w)adʀa] *nm/f* (*fam*) = **quadragénaire**

quadragénaire [k(w)adʀaʒeneʀ] *nm/f* (*de quarante ans*) Vierziger(in) *m(f)*; (*de quarante à cinquante ans*) Person *f* in den Vierzigern

quadrangulaire [k(w)adʀɑ̃gylɛʀ] *adj* viereckig

quadrature [k(w)adʀatyʀ] *nf*: **c'est la ~ du cercle** das ist die Quadratur des Kreises

quadrichromie [k(w)adʀikʀɔmi] *nf* Vierfarbendruck *m*

quadrilatère [k(w)adʀilatɛʀ] *nm* Viereck *nt*

quadrillage [kadʀijaʒ] *nm* (*de police etc*) Errichtung *f* eines Kontrollnetzes; (*ensemble des lignes*) Netz *nt*

quadrille [kadʀij] *nm* Quadrille *f*

quadrillé, e [kadʀije] *adj* (*papier*) kariert

quadriller [kadʀije] *vt* (*papier, page etc*) in Quadrate aufteilen; (*ville, région etc*) mit einem Kontrollnetz überziehen

quadrimoteur [kadʀimɔtœʀ] *adj* viermotorig ▷ *nm* viermotoriges Flugzeug *nt*

quadripartite [kwadʀipaʀtit] *adj* (*entre pays*) Viermächte-; (*entre partis*) Vierer-

quadriphonie [k(w)adʀifɔni] *nf* Quadrofonie *f*

quadriréacteur [k(w)adʀiʀeaktœʀ] *nm* vierstrahlige Düsenmaschine *f*

quadrupède [k(w)adʀypɛd] *nm* Vierfüßer *m* ▷ *adj* vierfüßig

quadruple [k(w)adʀypl] *adj* vierfach ▷ *nm*: **le ~ de** das Vierfache von

quadrupler [k(w)adʀyple] *vt* vervierfachen ▷ *vi* sich vervierfachen

quadruplés, -ées [k(w)adʀyple] *nm/fpl* Vierlinge *pl*

quai [ke] *nm* (*d'un port*) Kai *m*; (*d'une gare*) Bahnsteig *m*; (*d'un cours d'eau*) Uferstraße *f*; **être à ~** (*navire*) im Hafen liegen; (*train*) am Bahnsteig stehen; **le Q~ d'Orsay** Sitz des französischen Außenministeriums; **le Q~ des Orfèvres** Hauptsitz der französischen Kriminalpolizei

qualificatif, -ive [kalifikatif, iv] *adj* (*Ling*) erläuternd ▷ *nm* (*terme*) Bezeichnung *f*

qualification [kalifikasjɔ̃] *nf* (*aptitude*) Qualifikation, Befähigung *f*; (*Ling*) nähere Bestimmung *f*; (*Sport*) Qualifikation; (*désignation*) Benennung *f*; **~ professionnelle** berufliche Qualifikation

qualifier [kalifje] *vt* (*Ling*) näher bestimmen; (*appeler*) bezeichnen; (*Sport*) qualifizieren; **se qualifier** *vpr* (*Sport*) sich qualifizieren; **~ qch de crime** etw als Verbrechen bezeichnen; **~ qn de sot** jdn einen Dummkopf nennen; **être qualifié pour** qualifiziert sein für

qualitatif, -ive [kalitatif, iv] *adj* qualitativ

qualitativement [kalitativmɑ̃] *adv* qualitativ

qualité [kalite] *nf* Qualität *f*; (*vertu*) (gute) Eigenschaft *f*; **en ~ de** in der Eigenschaft als; **ès ~s** in offizieller Funktion; **avoir ~ pour** berechtigt sein zu; **de ~** hervorragend, ausgezeichnet; **rapport ~-prix** Verhältnis *nt* zwischen Qualität und Preis

quand [kɑ̃] *conj, adv* wenn; **~ je serai riche** wenn ich (einmal) reich bin; **~ même** trotzdem; **tu exagères ~ même** also wirklich, da übertreibst du aber; **~ bien même** wenn auch, selbst wenn

quant [kɑ̃] *adv*: **~ à moi/cette affaire** was mich/diese Angelegenheit betrifft; **il n'a rien dit ~ à ses projets** er hat mir nichts über seine Pläne gesagt

quant-à-soi [kɑ̃taswa] *nm inv*: **rester sur son ~** reserviert bleiben

quantième [kɑ̃tjem] *nm* Wievielte(r) *m*

quantifiable [kɑ̃tifjabl] *adj* quantifizierbar

quantifier [kɑ̃tifje] *vt* quantifizieren

quantitatif, -ive [kɑ̃titatif, iv] *adj* quantitativ

quantitativement [kɑ̃titativmɑ̃] *adv* quantitativ

quantité [kɑ̃tite] *nf* (*opposé à qualité*) Menge *f*, Quantität *f*; **~ négligeable** vernachlässigbare Größe *f*; **en grande ~** in großen Mengen; **en ~s industrielles** in riesigen Mengen; **en ~**

haufenweise; **du travail en ~** viel Arbeit
quarantaine [kaʀɑ̃tɛn] *nf (isolement)* Quarantäne
f; **une ~ (de)** ungefähr vierzig; **avoir la ~** um die
vierzig sein; **mettre en ~** unter Quarantäne
stellen; *(fig)* schneiden
quarante [kaʀɑ̃t] *num* vierzig
quarantième [kaʀɑ̃tjɛm] *adj* vierzigste(r, s) ▷ *nm*
Vierzigstel *nt*
quart [kaʀ] *nm (fraction)* Viertel *nt*; *(surveillance)*
Wache *f*; **un ~ de poulet/fromage** ein viertel
Huhn/Käse; **un ~ de beurre** ein halbes Pfund *nt*
Butter; **un ~ de vin** ein Viertel Wein; **un kilo/
une livre un ~** *ou* **et ~** eineinviertel Kilo/Pfund;
le ~ de ein Viertel von; **deux heures et** *ou* **un ~**
Viertel nach zwei; **une heure moins le ~** Viertel
vor eins; **il est moins le ~** es ist Viertel vor; **les
trois ~s du temps** die meiste Zeit; **être de ~**
Wache schieben; **prendre le ~** die Wache
übernehmen; **~ d'heure** Viertelstunde *f*; **~ de
tour** Vierteldrehung *f*; **au ~ de tour** *(fig)* sofort;
~s de finale Viertelfinale *nt*
quarté [k(w)aʀte] *nm* Viererwette *f*
quarteron [kaʀtəʀɔ̃] *(péj) nm (groupe)* Handvoll *f*,
kleiner Haufen *m*
quartette [k(w)aʀtɛt] *nm* Quartett *nt*
quartier [kaʀtje] *nm* Viertel *nt*; *(d'une ville)*
(Stadt)viertel *nt*; *(portion)* Stück *nt*; **quartiers** *nmpl*
(Mil) Quartier *nt*; *(sur blason)* Wappenfeld *nt*;
avoir ~ libre Ausgang haben; **ne pas faire de ~**
unbarmherzig vorgehen; **~ commerçant**
Geschäftsviertel *nt*; **~ général** Hauptquartier *nt*;
~ résidentiel Wohnviertel *nt*
quartier-maître [kaʀtjemɛtʀ] *(pl* **quartiers-
maîtres)** *nm (Naut)* Maat *m*
quartz [kwaʀts] *nm* Quarz *m*
quasi [kazi] *adv* quasi ▷ *préf*: **~-certitude**
annähernde Gewissheit *f*; **la ~-totalité de** fast
die Gesamtheit +*gén*
quasiment [kazimɑ̃] *adv* fast
quaternaire [kwatɛʀnɛʀ] *adj*: **ère ~** Quartär *nt*
quatorze [katɔʀz] *num* vierzehn
quatorzième [katɔʀzjɛm] *adj* vierzehnte(r, s)
▷ *nm* Vierzehntel *nt*
quatrain [katʀɛ̃] *nm* Vierzeiler *m*
quatre [katʀ] *num* vier; **à ~** zu viert; **monter/
descendre (l'escalier) ~ à ~** vier Stufen auf
einmal nehmen; **à ~ mains** *(morceau)*
vierhändig; **à ~ pattes** auf allen vieren; **être
tiré à ~ épingles** in Schale sein; **faire les ~ cents
coups** alles Mögliche anstellen; **se mettre en ~
pour qn** sich *dat* für jdn ein Bein ausreißen
quatre-(cent)-vingt-et-un [kat(ʀə)(sɑ̃)vɛ̃teœ̃]
nm inv Würfelspiel
quatre-vingt-dix [katʀəvɛ̃dis] *num* neunzig
quatre-vingts [katʀəvɛ̃] *num* achtzig
quatrième [katʀijɛm] *num* vierte
quatuor [kwatɥɔʀ] *nm* Quartett *nt*

○ MOT-CLÉ

que [kə] *conj* **1** *(introduisant complétive)* dass; **il sait
que tu es là** er weiß, dass du hier bist; **je**

voudrais que tu acceptes ich möchte, dass du
annimmst
2 *(reprise d'autres conjonctions)*: **quand il rentrera
et qu'il aura mangé** wenn er zurück ist und
gegessen hat; **si vous y allez ou que vous lui
téléphoniez** wenn Sie dorthin gehen oder ihm/
sie anrufen
3 *(en tête de phrase: hypothèse, souhait, ordre etc)*: **qu'il
le veuille ou non** ob er will oder nicht; **qu'il
fasse ce qu'il voudra!** er soll doch machen, was
er will!
4 *(temps)*: **elle venait à peine de sortir qu'il se
mit à pleuvoir** sie war kaum aus dem Haus, als
es zu regnen anfing; **il y a 4 ans qu'il est parti**
es ist 4 Jahre her, dass er weggegangen ist, er ist
nun schon 4 Jahre weg
5 *(attribut)*: **c'est une erreur que de croire ...** es
ist ein Fehler, zu glauben ...
6 *(but)* damit; **tenez-le qu'il ne tombe pas**
halten Sie es fest, damit es nicht hinfällt
7 *(après comparatif)* als; **plus grand que** größer als
8 *(seulement)*: **ne ... que** nur; **il ne boit que de
l'eau** er trinkt nur Wasser
▷ *adv (exclamation)*: **(qu'est-ce) qu'il est bête!**
wie dumm er ist!, ist der dumm!; **(qu'est-ce)
qu'il court vite!** wie schnell er läuft!, läuft der
schnell!; **que de livres!** sind das viele Bücher!
▷ *pron* **1** *(relatif: personne)* den/die; *(: chose)* den/die/
das; **le livre que tu lis** das Buch, das du liest; **le
journal que tu lis** die Zeitung, die du liest;
l'homme que je vois der Mann, den ich sehe; **la
femme que je vois** die Frau, die ich sehe;
(temps): **un jour/un été que j'étais à Avignon**
eines Tages/in einem Sommer, als ich in
Avignon war
2 *(interrogatif)*: **que fais-tu?, qu'est-ce que
tu fais?** was machst du?; **je ne sais pas que
faire** ich weiß nicht, was ich tun soll; **que
préfères-tu?** was magst du lieber?; **que fait-il
dans la vie?** was macht er (beruflich)?; **qu'est-
ce c'est?** *(ceci)* was ist das?

Québec [kebɛk] *nm*: **le ~** Quebec *nt*
québécois, e [kebekwa, waz] *adj* aus Quebec
▷ *nm/f*: **Québécois, e** Bewohner(in) *m(f)* von
Quebec

○ MOT-CLÉ

quel, quelle *(pl* **quels, quelles)** [kɛl] *adj* **1**
(interrogatif) welche(r, s); *(: pluriel)* welche; **quel
livre?** welches Buch?; **dans quel pays êtes-vous
allé?** in welches Land sind Sie gefahren?; **quels
acteurs préfères-tu?** welche Schauspieler
magst du am liebsten?; **de quel auteur va-t-il
parler?** über welchen Autor spricht er?; **quel est
ce livre?** was ist das für ein Buch?
2 *(exclamatif)*: **quelle surprise/coïncidence!** so
eine Überraschung/ein Zufall!; **quel dommage!**
wie schade!
3: **quel que soit le coupable** wer auch immer
der Schuldige ist, ganz gleich, wer der Schuldige

ist; **quel que soit votre avis** was auch immer Ihre Meinung ist, ganz gleich, was Ihre Meinung ist

▷ *pron interrogatif* welche(r,s); **de ces enfants, quel est le plus intelligent?** welches von diesen Kindern ist das intelligenteste?

quelconque [kɛlkɔ̃k] *adj* (*n'importe quel*) irgendeine(e); (*médiocre*) mittelmäßig; (*sans attrait*) gewöhnlich; **un ami/un prétexte** ~ irgendein Freund/Vorwand; **pour une raison** ~ aus irgendeinem Grund

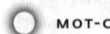 **MOT-CLÉ**

quelque [kɛlk] *adj* **1** (*avec pl*) einige; **il a quelques amis** er hat einige Freunde; **a-t-il quelques amis?** hat er Freunde?; **il a dit quelques mots de remerciement** er hat zum Dank einige *ou* ein paar Worte gesprochen

2 (*avec sg*) einige(r, s); **cela fait quelque temps que je ne l'ai (pas) vu** ich habe ihn schon einige Zeit nicht mehr gesehen; **il habite à quelque distance d'ici** er wohnt ziemlich weit von hier entfernt

3 (*pl avec article*): **les quelques enfants/livres qui ...** die paar *ou* wenigen Kinder/Bücher, die ...

4: **quelque livre qu'il choisisse** welches Buch er auch auswählt, ganz gleich, welches Buch er auswählt; **quelque temps qu'il fasse** ganz gleich *ou* egal, wie das Wetter ist

5 (*locutions*): **quelque chose** etwas; **quelque chose d'autre** etwas anderes; **puis-je faire quelque chose pour vous?** kann ich etwas für Sie tun?; **y être pour quelque chose** etwas dazu beigetragen haben; **quelque part** irgendwo; **en quelque sorte** gewissermaßen, sozusagen

▷ *adv* (*environ, à peu près*) etwa; **une rue de quelque 100 mètres** eine Straße von etwa 100 Metern (Länge); **20 kg et quelque(s)** etwas über 20 Kilo; **quelque peu** ziemlich

quelquefois [kɛlkəfwa] *adv* manchmal

quelques-uns, quelques-unes [kɛlkəzœ̃, yn] *pron* einige, manche; ~ **de nos lecteurs** manche von unseren Lesern

quelqu'un, quelqu'une [kɛlkœ̃, yn] *pron* jemand; ~ **d'autre** jemand anders *ou* anderer

quémander [kemɑ̃de] *vt* betteln um

qu'en dira-t-on [kɑ̃diratɔ̃] *nm inv* Gerede *nt*

quenelle [kənɛl] *nf* Klößchen *nt* (*aus Fleisch oder Fisch*)

quenouille [kənuj] *nf* (Spinn)rocken *m*

querelle [kərɛl] *nf* Streit *m*; **chercher** ~ **à qn** mit jdm Streit suchen

quereller [kərele] : **se** ~ *vpr* sich streiten

querelleur, -euse [kərelœR, øz] *adj* streitsüchtig, zankend

qu'est-ce que [kɛskə] *pron* was

question [kɛstjɔ̃] *nf* Frage *f*; **il a été** ~ **de** es ging um; **de quoi est-il** ~? worum geht es?; **il n'en est pas** ~ das steht außer Frage; **c'est hors de** ~

(das) kommt nicht infrage; **en** ~ fraglich; **(re)mettre en** ~ infrage stellen; **poser une** ~ eine Frage stellen; **poser la** ~ **de confiance** die Vertrauensfrage stellen; **il est** ~ **de les emprisonner** sie kommen möglicherweise ins Gefängnis; **c'est une** ~ **de temps/d'habitude** das ist eine Zeitfrage/eine Frage der Gewohnheit; ~ **d'actualité** (*Presse*) aktuelle Frage *f*; ~ **piège** Fangfrage *f*; ~**s sociales** soziale Fragen *pl*; ~ **subsidiaire** Zusatzfrage *f*

questionnaire [kɛstjɔnɛR] *nm* Fragebogen *m*

questionner [kɛstjɔne] *vt* befragen, Fragen stellen +*dat*; ~ **qn sur qch** jdn über etw *acc* befragen

quête [kɛt] *nf* (*collecte*) Sammlung *f*; (*recherche*) Suche *f*; **faire la** ~ (*à l'église*) sammeln; (*artiste*) mit dem Hut herumgehen; **se mettre en** ~ **de qch** sich auf die Suche nach etw machen

quêter [kete] *vi* sammeln ▷ *vt* (*suffrages*) bitten um; (*louanges*) sich bemühen um; (*sourire, regard*) betteln um

quetsche [kwɛtʃ] *nf* Zwetsch(g)e *f*

queue [kø] *nf* Schwanz *m*; (*de lettre*) Schleife *f*; (*de note*) Hals *m*; (*d'une comète*) Schweif *m*; (*d'une casserole, d'un fruit, d'une feuille*) Stiel *m*; (*file de personnes*) Schlange *f*; (*fig: fin*) Ende *nt*; **en** ~ (**de train**) am Ende des Zuges; **faire la** ~ Schlange stehen; **se mettre à la** ~ sich anstellen; **histoire sans** ~ **ni tête** hirnrissige Geschichte; **à la** ~ **leu leu** im Gänsemarsch; **piano à** ~ Flügel *m*; ~ **de cheval** Pferdeschwanz *m*; ~ **de poisson: faire une** ~ **de poisson à qn** (*Auto*) jdn schneiden; **finir en** ~ **de poisson** unvermittelt aufhören

queue-de-pie [kødpi] (*pl* **queues-de-pie**) *nf* Frack *m*

queux [kø] *nm voir* **maître**

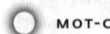 **MOT-CLÉ**

qui [ki] *pron* **1** (*interrogatif: sujet*) wer; **qui (est-ce qui) est venu?** wer ist gekommen?; **je ne sais pas qui c'est** ich weiß nicht, wer das ist

2 (*objet direct, après préposition avec accusatif*) wen; **qui as-tu vu?** wen hast du gesehen?; **qui est-ce que tu as vu?** wen hast du gesehen?; **pour qui?** für wen?

3 (*objet indirect, après préposition avec datif*) wem; **à qui est ce sac?** wem gehört diese Tasche?; **avec qui parlais-tu?** mit wem hast du gesprochen?

▷ *pron relatif* **1** (*sujet: personne*) der/die; (: *chose, animal*) der/die/das; **la femme/fleur qui** die Frau/Blume, die; **qu'est-ce qui est sur la table?** was ist auf dem Tisch?

2 (*après prép*): **l'homme pour qui je travaille** der Mann, für den ich arbeite; **la dame avec qui je t'ai vu** die Dame, mit der ich dich gesehen habe

3 (*sans antécédent*): **amenez qui vous voulez** bringen Sie mit, wen Sie wollen

quiche [kiʃ] *nf*: ~ **lorraine** Quiche *f* Lorraine

quiconque [kikɔ̃k] *pron* (*rel*) wer auch immer; (*indéf*): **mieux que** ~ besser als irgendein(e)

anderer(andere)

quidam [k(ɥ)idam] *nm (hum)*: **un** ~ jemand

quiétude [kjetyd] *nf (d'un lieu)* Stille *f*; *(d'une personne)* innere Ruhe *f*; **en toute** ~ in aller Ruhe

quignon [kiɲɔ̃] *nm*: ~ **de pain** *(croûton)* Brotkruste *f*; *(morceau)* Stück *nt* Brot

quille [kij] *nf* Kegel *m*; *(d'un bateau)* Kiel *m*; **(jeu de)** ~**s** Kegeln *nt*

quincaillerie [kɛ̃kajʀi] *nf (ustensiles)* Eisen- und Haushaltswaren *pl*; *(magasin)* Eisen- und Haushaltswarenhandlung *f*

quincaillier, -ère [kɛ̃kaje, jɛʀ] *nm/f* Eisen- und Haushaltswarenhändler(in) *m(f)*

quinconce [kɛ̃kɔ̃s] *nm*: **en** ~ in versetzten Reihen

quinine [kinin] *nf* Chinin *nt*

quinqua [kɛ̃ka] *nm/f (fam)* = **quinquagénaire**

quinquagénaire [kɛ̃kaʒenɛʀ] *nm/f (de cinquante ans)* Fünfziger(in) *m(f)*; *(de cinquante à soixante ans)* Person *f* in den Fünfzigern

quinquennal, e, -aux [kɛ̃kenal, o] *adj* Fünfjahres-, fünfjährig

quinquennat [kɛ̃kəna] *nm* fünfjährige Amtszeit des „Président de la République"

quintal, -aux [kɛ̃tal, o] *nm* Doppelzentner *m*

quinte [kɛ̃t] *nf*: ~ **(de toux)** Hustenanfall *m*

quintette [k(ɥ)ɛ̃tɛt] *nm* Quintett *nt*

quintuple [kɛ̃typl] *adj* fünffach ▷ *nm*: **le** ~ **de** das Fünffache von

quintupler [kɛ̃typle] *vt* verfünffachen ▷ *vi* sich verfünffachen

quintuplés, -ées [kɛ̃typle] *nm/fpl* Fünflinge *pl*

quinzaine [kɛ̃zɛn] *nf*: **une** ~ **(de)** etwa fünfzehn; **une** ~ **(de jours)** vierzehn Tage *pl*

quinze [kɛ̃z] *num* fünfzehn ▷ *nm*: **le** ~ **de France** die französische Rugbymannschaft *f*; **demain/ lundi en** ~ morgen/Montag in vierzehn Tagen; **dans** ~ **jours** in vierzehn Tagen

quinzième [kɛ̃zjɛm] *adj* fünfzehnte(r, s) ▷ *nm* Fünfzehntel *nt*

quiproquo [kipʀoko] *nm (méprise)* Verwechslung *f*; *(malentendu)* Missverständnis *nt*

quittance [kitɑ̃s] *nf (reçu)* Quittung *f*; *(facture)* Rechnung *f*

quitte [kit] *adj*: **être** ~ **envers qn** mit jdm quitt sein; **être** ~ **de qch** *(obligation)* etw los sein; **en être** ~ **à bon compte** gut dabei wegkommen; ~ **à faire qch** selbst wenn das bedeutet, dass man etw tun muss; **jouer à** ~ **ou double** alles auf eine Karte setzen; **c'est du** ~ **ou double** da setzen wir alles auf eine Karte

quitter [kite] *vt* verlassen; *(école)* abgehen von; *(vêtement)* ausziehen; *(métier)* aufgeben; **se quitter** *vpr* sich trennen, auseinandergehen; **ne pas** ~ **qn d'une semelle** jdm nicht von der

Fersen weichen; ~ **la route** *(véhicule)* von der Straße abkommen; **ne quittez pas** *(Tél)* bleiben Sie am Apparat

quitus [kitys] *nm*: **donner** ~ **à** entlasten

qui-vive [kiviv] *nm inv*: **être sur le** ~ auf der Hut sein

 MOT-CLÉ

quoi [kwa] *pron interrog* **1** *(interrogation directe)* was; **quoi de plus beau que ...?** was ist schöner als ...?; **quoi?** *(qu'est-ce que tu dis?)* was?, wie?; **quoi de neuf?** gibt es etwas Neues?

2 *(avec prép)*: **à quoi penses-tu?** woran denkst du?; **de quoi parlez-vous?** wovon reden Sie?; **en quoi puis-je vous aider?** was kann ich für Sie tun?; **à quoi bon?** wozu das Ganze?

3 *(interrogation indirecte)*: **dis-moi à quoi ça sert** sag mir, wozu das gut ist; **je ne sais pas à quoi il pense** ich weiß nicht, woran er denkt; **j'aimerais savoir de quoi il est question** ich wüsste gern, wovon die Rede ist

▷ *pron rel* **1** was; **ce à quoi tu m'obliges** das, was du von mir verlangst; **emporter de quoi écrire** etwas zum Schreiben mitnehmen; **il n'a pas de quoi se l'acheter** er hat nicht genug Geld, um es zu kaufen; **il y a de quoi être fier** darauf kann man stolz sein; **merci — il n'y a pas de quoi** danke — gern geschehen

2 *(locutions)*: **après quoi** wonach; **sur quoi** woraufhin; **sans quoi** ansonsten; **faute de quoi** ansonsten, andernfalls; **moyennant quoi** wofür; **comme quoi** wie man sieht

3: **quoi que**; **quoi qu'il arrive** was auch passiert; **quoi qu'il en soit** wie dem auch sein mag; **quoi qu'elle fasse** was auch immer sie tut; **si vous avez besoin de quoi que ce soit** falls Sie irgendeinen Wunsch haben sollten

▷ *interj*: **quoi!** was?

quoique [kwak] *conj* obwohl

quolibet [kɔlibɛ] *nm* spöttische Bemerkung *f*

quorum [k(w)`m] *nm* beschlussfähige Anzahl *f*, Quorum *nt*

quota [k(w)ɔta] *nm* Quote *f*, Kontingent *nt*

quote-part [kɔtpaʀ] *(pl* **quotes-parts***) nf* Anteil *m*

quotidien, ne [kɔtidjɛ̃, jɛn] *adj (journalier)* täglich; *(banal)* alltäglich ▷ *nm (vie quotidienne)* Alltag *m*; *(journal)* Tageszeitung *f*; **les grands** ~**s** die großen Tageszeitungen *pl*

quotidiennement [kɔtidjɛnmɑ̃] *adv* alltäglich

quotient [kɔsjɑ̃] *nm (Math)* Quotient *m*; ~ **intellectuel** Intelligenzquotient *m*

quotité [kɔtite] *nf (Fin)* Anteil *m*

Rr

R, r [ɛʀ] *nm inv* (*lettre*) R, r *nt*; **R comme Raoul** ≈ R
  wie Richard
rab [ʀab] (*fam*) *nm* Extraportion *f*
rabâcher [ʀabaʃe] *vt* dauernd wiederholen
rabais [ʀabɛ] *nm* Rabatt *m*; **au ~** mit Rabatt
rabaisser [ʀabese] *vt* (*prétentions, autorité*)
  herabsetzen, schmälern; (*influence*) schmälern;
  (*personne, mérites, talents*) herabsetzen,
  heruntermachen
rabane [ʀaban] *nf* (Raphia)bast *m*
Rabat [ʀaba] *n* Rabat *nt*
rabat [ʀaba] *vb voir* **rabattre** ▷ *nm* (*partie rabattue*)
  Klappe *f*
rabat-joie [ʀabaʒwa] *nm/f inv* Spielverderber(in)
  m(f)
rabatteur, -euse [ʀabatœʀ, øz] *nm/f* (*de gibier*)
  Treiber(in) *m(f)*; (*péj: de clients etc*) Schlepper *m*
rabattre [ʀabatʀ] *vt* (*couvercle, siège*)
  herunterklappen; (*col, couture*) umschlagen;
  (*gibier, balle*) treiben; (*somme*) nachlassen; (*orgueil,
  prétentions*) mäßigen, herunterschrauben;
  (*mailles*) abketten; **se rabattre** *vpr* (*bords, couvercle*)
  herunterfallen; (*véhicule, coureur: changer de
  direction*) einscheren; **se ~ sur** vorliebnehmen mit
rabattu, e [ʀabaty] *pp de* **rabattre** ▷ *adj* (*col*)
  heruntergeschlagen; (*chapeau*) tief
  heruntergezogen; (*poche*) mit Klappe
rabbin [ʀabɛ̃] *nm* Rabbiner *m*
rabiot [ʀabjo] (*fam*) *nm voir* **rab**
rabique [ʀabik] *adj* Tollwut-
râble [ʀabl] *nm* Rücken *m*
râblé, e [ʀable] *adj* stämmig
rabot [ʀabo] *nm* Hobel *m*
raboter [ʀabote] *vt* (ab)hobeln
raboteux, -euse [ʀabotø, øz] *adj* (*chemin*) holprig
rabougri, e [ʀabugʀi] *adj* (*végétal*) verkümmert;
  (*personne*) mickrig
rabrouer [ʀabʀue] *vt* eine Abfuhr erteilen +*dat*
racaille [ʀakaj] (*péj*) *nf* Gesindel *nt*
raccommodage [ʀakɔmɔdaʒ] *nm* Flicken *nt*
raccommoder [ʀakɔmɔde] *vt* (*vêtement, linge*)
  flicken; (*chaussette*) stopfen; (*fam: réconcilier*)
  (miteinander) versöhnen; **se raccommoder** *vpr*:
  se ~ avec (*fam*) sich versöhnen mit
raccompagner [ʀakɔ̃paɲe] *vt* zurückbringen
raccord [ʀakɔʀ] *nm* (Tech: *pièce*) Verbindungsstück

nt; (Ciné) Übergang *m*; **~ de maçonnerie**
  Ausfugung *f*; **~ de peinture** Übergang
raccordement [ʀakɔʀdəmɑ̃] *nm* (*action*)
  Verbinden *nt*; (*jonction*) Verbindung *f*
raccorder [ʀakɔʀde] *vt* verbinden; **se raccorder**
  vpr: **se ~ à** verbunden sein mit; (fig: *se rattacher à*)
  zusammenpassen mit; **~ qn au réseau du
  téléphone** (Tél) jdn ans Telefonnetz anschließen
raccourci [ʀakuʀsi] *nm* (*chemin*) Abkürzung *f*; (fig:
  tour elliptique etc) Verkürzung *f*; **en ~** kurz gesagt
raccourcir [ʀakuʀsiʀ] *vt* (*vêtement*) kürzer
  machen; (*texte, trajet*) kürzen ▷ *vi* (*au lavage*)
  eingehen; (*jours*) kürzer werden
raccroc [ʀakʀo] *nm*: **par ~** zufällig
raccrocher [ʀakʀoʃe] *vt* (*tableau, vêtement*) wieder
  aufhängen; (*récepteur*) auflegen; (*fam: affaire*)
  retten ▷ *vi* (Tél) auflegen, aufhängen; **se
  raccrocher** *vpr*: **se ~ à** sich klammern an +*acc*; **ne
  raccrochez pas** (Tél) bitte legen Sie nicht auf
race [ʀas] *nf* Rasse *f*; (*origine*) Geschlecht *nt*; (fam:
  espèce) Gattung *f*; **de ~** Rasse-
racé, e [ʀase] *adj* (*animal*) Rasse-; (*personne*) rassig
rachat [ʀaʃa] *nm* (*vt*) (erneutes) Kaufen *nt*;
  Nachkaufen *nt*; Rückkauf *m*; Kauf *m*; Aufkaufen
  nt; Ablösen *nt*; Erlösung *f*; Sühne *f*;
  Wiedergutmachung *f*; Zulassung *f*; Freikaufen *nt*
racheter [ʀaʃ(ə)te] *vt* (*acheter de nouveau*) wieder
  kaufen, noch einmal kaufen; (*acheter davantage
  de*) nachkaufen; (*acheter après avoir vendu*)
  zurückkaufen; (*acheter d'occasion*) kaufen; (*part,
  firme*) aufkaufen; (*pension, rente*) ablösen; (Rel)
  erlösen; (: *péché*) sühnen; (*mauvaise conduite, oubli,
  défaut*) wettmachen; (*otage, esclave*) freikaufen;
  se racheter *vpr* (Rel) erlöst werden; (*criminel,
  coupable*) es wiedergutmachen
rachidien, ne [ʀaʃidjɛ̃, jɛn] *adj* Rückgrat-
rachitique [ʀaʃitik] *adj* (*enfant*) rachitisch; (fig)
  kümmerlich; (*végétal*) verkümmert, dürr
rachitisme [ʀaʃitism] *nm* Rachitis *f*
racial, e, -aux [ʀasjal, jo] *adj* Rassen-
racine [ʀasin] *nf* Wurzel *f*; (*des ongles*) Bett *nt*;
  (Ling) Stamm *m*; **~ carrée/cubique** Quadrat-/
  Kubikwurzel *f*; **prendre ~** Wurzeln schlagen
racisme [ʀasism] *nm* Rassismus *m*
raciste [ʀasist] *adj* rassistisch ▷ *nm/f* Rassist(in)
  m(f)

racket [Rakɛt] nm Erpressung f
racketteur [RakɛtœR] nm Erpresser m
raclée [Rakle] (fam) nf (correction) Tracht f Prügel;
(défaite) Prügel pl
raclement [Rakləmɑ̃] nm (bruit) Kratzen nt
racler [Rakle] vt (os, tache, boue) abkratzen;
(casserole, plat) auskratzen; (instrument de musique)
herumkratzen auf +dat; (frotter contre) reiben an
+dat; **se racler** vpr: **se ~ la gorge** sich räuspern
raclette [Raklɛt] nf (Culin) Raclette f ou nt
racloir [RaklwaR] nm (outil) Kratzer m
racolage [Rakɔlaʒ] nm (vvt) Ansprechen nt;
Anwerben nt
racoler [Rakɔle] vt (suj: prostituée) ansprechen;
(: parti, marchand) (aufdringlich) werben
racoleur, -euse [RakɔlœR, øz] (péj) adj (publicité,
affiche) schreierisch
racontars [Rakɔ̃taR] nmpl Geschichten pl
raconter [Rakɔ̃te] vt erzählen
racorni, e [RakɔRni] adj (cuir) verhärtet
racornir [RakɔRniR] vt (dessécher) verhärten,
verhornen
radar [RadaR] nm Radar m ou nt
rade [Rad] nf (bassin) Reede f; **en ~ de Toulon** im
Hafen von Toulon; **laisser en ~** (fig) im Stich
lassen; **rester en ~** (fig) auf dem Trockenen
sitzen
radeau, x [Rado] nm Floß nt; **~ de sauvetage**
Rettungsfloß nt
radial, e, -aux [Radjal, jo] adj radial; **pneu à
carcasse ~e** Gürtelreifen m
radiant, e [Radjɑ̃, jɑ̃t] adj (chaleur) strahlend
radiateur [RadjatœR] nm (d'appartement)
Heizkörper m; (Auto) Kühler m; **~ électrique**
elektrischer Ofen m
radiation [Radjasjɔ̃] nf (Phys) Strahlung f; (d'une
liste) Streichung f
radical, e, -aux [Radikal, o] adj radikal ▷ nm
(Ling) Stamm m; (Math) Wurzelzeichen nt; **le
parti ~** konservative politische Partei
radicalement [Radikalmɑ̃] adv radikal
radicaliser [Radikalize] vt (opinions etc)
radikalisieren; **se radicaliser** vpr radikaler
werden
radier [Radje] vt streichen
radiesthésie [Radjɛstezi] nf Radiästhesie f
radiesthésiste [Radjestezist] nm/f
Radiästhesist(in) m(f)
radieux, -euse [Radjø, jøz] adj strahlend
radin, e [Radɛ̃, in] (fam) adj knauserig
radio¹ [Radjo] nf (appareil) Radio(gerät) nt;
(radiodiffusion) Rundfunk m; (Méd)
Röntgenaufnahme f ▷ nm (personne) Bordfunker
m; **à la ~** im Radio; **passer à la ~** im Radio
kommen; **passer une ~** geröntgt werden; **se
faire faire une ~ des poumons** die Lungen
geröntgt bekommen; **~ libre** unabhängiger
Radiosender m, Privatsender m
radio² [Radjo] préf Radio-
radioactif, -ive [Radjoaktif, iv] adj radioaktiv
radioactivité [Radjoaktivite] nf Radioaktivität f
radioamateur [RadjoamatœR] nm

Amateurfunker m
radiobalise [Radjobaliz] nf Funkfeuer nt
radiocassette [Radjokasɛt] nf Radiorekorder m
radiodiffuser [Radjodifyze] vt senden,
übertragen
radiodiffusion [Radjodifyzjɔ̃] nf Rundfunk m
radioélectrique [RadjoelɛktRik] adj Radio-
radiographie [RadjɔgRafi] nf (procédé) Röntgen nt;
(photo) Röntgenaufnahme f
radiographier [RadjɔgRafje] vt röntgen; **se faire
~** geröntgt werden
radioguidage [Radjogidaʒ] nm (Naut, Aviat)
Funksteuerung f; (Auto: diffusion d'informations)
Verkehrsfunk m
radioguider [Radjogide] vt funksteuern
radiologie [Radjɔlɔʒi] nf Radiologie f
radiologique [Radjɔlɔʒik] adj radiologisch
radiologue [Radjɔlɔg] nm/f Radiologe m,
Radiologin f
radiophare [Radjofaʀ] nm Funkfeuer nt
radiophonique [Radjofɔnik] adj (programme,
émission) Radio-; **jeu ~** Spielprogramm nt
radioreportage [Radjoʀ(ə)pɔʀtaʒ] nm
Funkreportage f
radio-réveil [Radjoʀevɛj] (pl **radios-réveils**) nm
Radiowecker m
radioscopie [Radjɔskɔpi] nf Radioskopie f,
Durchleuchten nt
radio-taxi [Radjotaksi] (pl **~s**) nm Funktaxi nt
radiotéléphone [Radjotelefɔn] nm Funktelefon
nt
radiotélescope [Radjotelɛskɔp] nm
Radioteleskop nt
radiotélévisé, e [Radjotelevize] adj in Funk und
Fernsehen gesendet
radiothérapie [Radjoteʀapi] nf
Strahlentherapie f
radis [Radi] nm Radieschen nt; **~ noir** Rettich m
radium [Radjɔm] nm Radium nt
radoter [Radɔte] vi faseln
radoub [Radu] nm: **bassin** ou **cale de ~**
Trockendock nt
radouber [Radube] vt (im Dock) reparieren
radoucir [RadusiR] vt (temps, température) wärmer
machen; **se radoucir** vpr (température, temps)
wärmer werden; (personne, voix) sich beruhigen
radoucissement [Radusismɑ̃] nm (de temps,
température) Erwärmung f
rafale [Rafal] nf (de vent) Bö(e) f, Windstoß m; (de
balles, d'obus) Salve f; (d'applaudissements) Sturm m;
souffler en ~s böig wehen; **une ~ de balles** eine
Salve; **~ de mitrailleuse** Maschinengewehrsalve f
raffermir [RafɛRmiR] vt (tissus, muscle) festigen,
stärken; (popularité, gouvernement) (ver)stärken; **se
raffermir** vpr (vvt) kräftiger werden; zunehmen
raffermissement [Rafɛrmismɑ̃] nm (fig)
Stärkung f
raffinage [Rafinaʒ] nm (de sucre, pétrole)
Raffinieren nt
raffiné, e [Rafine] adj (sucre, pétrole) raffiniert;
(élégance, éducation) erlesen, verfeinert; (personne)
kultiviert; (nourriture) verfeinert

raffinement [ʀafinmɑ̃] *nm (d'élégance, éducation)* Erlesenheit *f*

raffiner [ʀafine] *vt (sucre, pétrole)* raffinieren; *(langage, manières)* verfeinern

raffinerie [ʀafinʀi] *nf* Raffinerie *f*

raffoler [ʀafɔle]: **~ de** *vt* ganz wild *ou* versessen sein auf *+acc*

raffut [ʀafy] *(fam) nm* Radau *m*

rafiot [ʀafjo] *nm (mauvais bateau)* alter Kahn *m*

rafistoler [ʀafistɔle] *(fam) vt* zurechtflicken

rafle [ʀɑfl] *nf (de police)* Razzia *f*

rafler [ʀɑfle] *(fam) vt* an sich *acc* raffen

rafraîchir [ʀafʀeʃiʀ] *vt (atmosphère, température)* abkühlen; *(boisson, dessert)* kühlen; *(personne)* erfrischen; *(rénover)* auffrischen ▷ *vi:* **mettre du vin/une boisson à ~** Wein/ein Getränk kalt stellen; **se rafraîchir** *vpr (temps, température)* sich abkühlen; *(personne)* sich erfrischen, sich abkühlen; **~ la mémoire** *ou* **les idées à qn** jds Gedächtnis auffrischen

rafraîchissant, e [ʀafʀeʃisɑ̃, ɑ̃t] *adj* erfrischend

rafraîchissement [ʀafʀeʃismɑ̃] *nm (de la température)* Abkühlung *f*; *(boisson)* Erfrischung *f*

ragaillardir [ʀagajaʀdiʀ] *(fam) vt* aufmuntern

rage [ʀaʒ] *nf (Méd)* Tollwut *f*; *(fureur)* Wut *f*; **faire ~** *(tempête, incendie)* wüten; **~ de dents** rasende Zahnschmerzen *pl*

rager [ʀaʒe] *vi* wütend sein; **faire ~ qn** jdn wütend machen

rageur, -euse [ʀaʒœʀ, øz] *adj* jähzornig

raglan [ʀaglɑ̃] *adj inv* Raglan-

ragots [ʀago] *(fam) nmpl* Klatsch *m*

ragoût [ʀagu] *nm* Ragout *nt*

ragoûtant, e [ʀagutɑ̃, ɑ̃t] *adj:* **peu ~** *(mets)* widerlich

raid [ʀɛd] *nm (Mil)* Überfall *m*; *(: attaque aérienne)* Luftangriff *m*; *(Sport)* Langstreckenrennen *nt*; **~ à skis** Langstreckenrennen (auf Skiern); **~ automobile** Langstreckenrennen

raide [ʀɛd] *adj* steif; *(cheveux)* glatt; *(tendu)* gespannt; *(escarpé)* steil; *(alcool)* stark; *(osé)* gewagt; *(fam: surprenant)* unglaublich; *(: sans argent)* abgebrannt, total pleite ▷ *adv (à pic)* steil; **tomber ~ mort** auf der Stelle tot umfallen

raideur [ʀɛdœʀ] *nf (d'attitude, maintien)* Steifheit *f*; *(de sentier, pente)* Steilheit *f*

raidir [ʀɛdiʀ] *vt (muscles, membres)* anspannen; *(câble, fil de fer)* straff anziehen, anspannen; **se raidir** *vpr* sich anspannen; *(fig: se crisper)* sich wappnen; *(se montrer plus intransigeant)* sich verhärten

raidissement [ʀɛdismɑ̃] *nm (d'une position)* Verhärtung *f*

raie [ʀɛ] *nf (Zool)* Rochen *m*; *(rayure)* Streifen *m*; *(des cheveux)* Scheitel *m*

raifort [ʀɛfɔʀ] *nm* Meerrettich *m*

rail [ʀaj] *nm* Schiene *f*; **par ~** per Bahn

railler [ʀaje] *vt* verspotten

raillerie [ʀajʀi] *nf* Spott *m*

railleur, -euse [ʀajœʀ, øz] *adj* spöttisch

rail-route [ʀajʀut] *adj inv:* **transport ~** Schienen- und Straßentransport *m*

rainure [ʀenyʀ] *nf* Rille *f*

raisin [ʀɛzɛ̃] *nm* Traube *f*; **du ~ blanc/noir** weiße/ rote Trauben *pl*; **du ~ muscat** Muskatellertrauben *pl*; **~s secs** Rosinen *pl*

raison [ʀɛzɔ̃] *nf (faculté)* Vernunft *f*, Verstand *m*; *(motif)* Grund *m*; **avoir ~** recht haben; **donner ~ à qn** jdm recht geben; **avoir ~ de qn** mit jdm fertig werden; **se faire une ~** sich damit abfinden; **perdre la ~** den Verstand verlieren; **ramener qn à la ~** jdn wieder zur Vernunft bringen; **demander ~ à qn de** *(affront etc)* jdn zur Rechenschaft ziehen für; **entendre ~** auf die Stimme der Vernunft hören; **plus que de ~** mehr als gut ist; **~ de plus** umso mehr; **à plus forte ~** umso mehr; **en ~ de** *(à cause de)* wegen *+gén ou dat*; **à ~ de** *(au taux de)* in Höhe von; *(à proportion de)* entsprechend; **sans ~** grundlos; **pour la simple ~ que** aus dem einfachen Grunde, dass; **pour quelle ~?** warum?; **~ d'État** Staatsräson *f*; **~ d'être** *(de qn)* Lebensinhalt *m*; **~ sociale** Firmenname *m*

raisonnable [ʀɛzɔnabl] *adj* vernünftig

raisonnablement [ʀɛzɔnabləmɑ̃] *adv* vernünftig

raisonné, e [ʀɛzɔne] *adj (projet)* (wohl)überlegt; *(méthode, grammaire)* systematisch

raisonnement [ʀɛzɔnmɑ̃] *nm (faculté)* logisches Denken *nt*; *(argumentation)* Argumentation *f*; **raisonnements** *nmpl (objections etc)* Einwände *pl*

raisonner [ʀɛzɔne] *vi (penser)* denken; *(argumenter)* argumentieren; *(discuter)* Einwände machen ▷ *vt (personne)* gut zureden *+dat*; **se raisonner** *vpr:* **raisonne-toi** sei vernünftig

raisonneur, -euse [ʀɛzɔnœʀ, øz] *(péj) adj* spitzfindig

rajeunir [ʀaʒœniʀ] *vt* jünger machen; *(suj: cure etc; entreprise: personnel)* verjüngen; *(: installation, mobilier)* modernisieren ▷ *vi* jünger werden; *(paraître)* jünger aussehen; *(entreprise)* modernisiert werden

rajout [ʀaʒu] *nm* Ergänzung *f*

rajouter [ʀaʒute] *vt* hinzufügen; *(commentaire)* anfügen; **~ que** hinzufügen, dass; **en ~** dick auftragen

rajustement [ʀaʒystəmɑ̃] *nm (salaires, prix)* Angleichung *f*

rajuster [ʀaʒyste] *vt (cravate)* zurechtrücken; *(coiffure)* wieder in Ordnung bringen; *(salaires, prix)* anpassen; *(machine, tir etc)* neu einstellen; **se rajuster** *vpr* seine Kleider in Ordnung bringen

râle [ʀɑl] *nm* Röcheln *nt*; **~ d'agonie** Todesröcheln *nt*

ralenti [ʀalɑ̃ti] *nm:* **au ~** *(Auto)* im Leerlauf; *(Ciné)* in Zeitlupe; *(fig)* auf Sparflamme

ralentir [ʀalɑ̃tiʀ] *vt* verlangsamen; *(production, expansion)* drosseln ▷ *vi* langsamer werden; **se ralentir** *vpr* langsamer werden, sich verlangsamen

ralentissement [ʀalɑ̃tismɑ̃] *nm* Verlangsamung *f*

râler [ʀale] *vi* röcheln; *(fam: protester)* schimpfen, motzen

ralliement [ʀalimɑ̃] *nm:* **signe de ~** Zeichen *nt*

zum Sammeln
rallier [Ralje] vt (rassembler) versammeln;
(rejoindre) sich wieder anschließen +dat; (gagner à
sa cause) für sich gewinnen; **se rallier** vpr: **se ~ à**
sich anschließen +dat
rallonge [Ralɔ̃ʒ] nf (de table) Ausziehplatte f; (Élec)
Verlängerungsschnur f; (de crédit etc) Erhöhung f;
(argent) Zuzahlung f
rallonger [Ralɔ̃ʒe] vt (vêtement) länger machen;
(période, route) verlängern ▷ vi länger werden
rallumer [Ralyme] vt wieder anzünden; (fig)
wiederentfachen; **se rallumer** vpr (lumière)
wieder angehen
rallye [Rali] nm Rallye f
ramages [Rama3] nmpl (dessin) Rankenwerk nt;
(d'oiseaux) Gezwitscher nt
ramassage [Ramɑsa3] nm Einsammeln nt;
~ scolaire Schulbusdienst m
ramassé, e [Ramɑse] adj (trapu) stämmig,
gedrungen; (concis) zusammengefasst
ramasse-miettes [Ramɑsmjɛt] nm inv
Tischbesen m
ramasse-monnaie [Ramɑsmɔnɛ] nm inv
Zahlteller m
ramasser [Ramɑse] vt (par terre) aufheben;
(recueillir) einsammeln; (récolter: champignons, bois
mort etc) sammeln; (: pommes de terre) auflesen,
ernten; (ordures) abholen; **se ramasser** vpr (sur
soi-même) sich zusammenkauern
ramasseur, -euse [RamɑsœR, øz] nm/f: **~ de
balles** (Tennis) Balljunge m; **ramasseuse de
balles** Ballmädchen nt
ramassis [Ramɑsi] (péj) nm Haufen m
rambarde [Rɑ̃baRd] nf Geländer nt
rame [Ram] nf (aviron) Ruder nt; (de métro) Zug m;
(de papier) Ries nt; **faire force de ~s** sich in die
Riemen legen; **~ de haricots** Bohnenstange f
rameau, x [Ramo] nm Zweig m; **les R~x** (Rel)
Palmsonntag m
ramener [Ram(ə)ne] vt zurückbringen; (rapporter,
revenir avec) mitbringen; (en voiture) nach Hause
fahren; (rétablir: paix, ordre, sécurité)
wiederherstellen; **se ramener** vpr (fam: arriver)
aufkreuzen, auftauchen; **~ qch à** (faire revenir)
etw zurückbringen +dat; (réduire) etw reduzieren
auf +acc; **~ la couverture sur ses genoux** die
Decke wieder über die Knie ziehen; **~ qn à la vie/
raison** jdn wieder ins Leben zurückrufen/zur
Vernunft bringen; **se ~ à** hinauslaufen auf +acc
ramequin [Ramkɛ̃] nm (récipient)
Auflaufförmchen nt
ramer [Rame] vi rudern
rameur, -euse [RamœR] nm/f Ruderer m,
Ruderin f
rameuter [Ramøte] vt zusammenrufen
ramier [Ramje] nm: **(pigeon) ~** Ringeltaube f
ramification [Ramifikasjɔ̃] nf Verzweigung f;
(fig) Zweig m
ramifier [Ramifje]: **se ~** vpr sich verzweigen
ramolli, e [Ramoli] adj (biscuit etc) aufgeweicht
ramollir [RamɔliR] vt weich machen; **se ramollir**
vpr weich werden

ramonage [Ramɔna3] nm Fegen nt
ramoner [Ramɔne] vt (conduit, cheminée) fegen;
(pipe) sauber machen
ramoneur [RamɔnœR] nm Schornsteinfeger m
rampe [Rɑ̃p] nf (d'escalier) (Treppen)geländer nt;
(dans un garage, Théât) Rampe f; (montée) Steigung f;
(lampes) Flutlicht nt; **passer la ~** rüberkommen;
~ de lancement
Abschussrampe f
ramper [Rɑ̃pe] vi kriechen
rancard [Rɑ̃kaR] (fam) nm (renseignement) Tipp m;
avoir ~ avec qn sich mit jdm treffen; **donner ~ à
qn** sich mit jdm verabreden
rancart [Rɑ̃kaR] (fam) nm: **mettre au ~**
ausrangieren
rance [Rɑ̃s] adj ranzig
rancir [RɑsiR] vi ranzig werden
rancœur [RɑkœR] nf Groll m
rançon [Rɑ̃sɔ̃] nf Lösegeld nt; **la ~ du succès** etc
der Preis des Erfolges etc
rançonner [Rɑ̃sɔne] vt berauben
rancune [Rɑ̃kyn] nf Groll m; **garder ~ à qn (de
qch)** gegen jdn (wegen einer Sache gén) einen
Groll hegen; **sans ~!** nichts für ungut!
rancunier, -ière [Rɑ̃kynje, jɛR] adj nachtragend
randonnée [Rɑ̃dɔne] nf (excursion) Ausflug m; (à
pied) Wanderung f; (activité) Wandern nt
randonneur, -euse [RɑdɔnœR, øz] nm/f
Wanderer m, Wanderin f
rang [Rɑ̃] nm (rangée) Reihe f; (grade, position) Rang
m; (collier) Kette f; **se mettre en ~s** sich in einer
Reihe aufstellen; **se mettre en ~s par quatre**
sich in Viererreihen aufstellen; **se mettre sur
les ~s** (fig) sich unter die Bewerber einreihen; **au
premier/dernier ~** (de sièges) in der ersten/
letzten Reihe; (fig) an erster/letzter Stelle; **sortir
du ~** (Mil) aus dem Mannschaftsstand zum
Offizier aufsteigen; **rentrer dans le ~** ins Glied
zurücktreten; **au ~ de** (au nombre de) unter +dat
rangé, e [Rɑ̃ʒe] adj (vie) geordnet; (personne)
ordentlich
rangée [Rɑ̃ʒe] nf Reihe f
rangement [Rɑ̃ʒmɑ̃] nm Aufräumen nt;
(classement) Ordnen nt; **faire du ~** aufräumen
ranger [Rɑ̃ʒe] vt (classer) ordnen; (mettre à sa place)
wegräumen, aufräumen; (: voiture) parken;
(mettre de l'ordre dans) aufräumen; (disposer)
anordnen; **se ranger** vpr (se disposer) sich
anordnen; (s'écarter) ausweichen; (se garer)
parken; (s'assagir) sich beruhigen; **~ qn/qch
parmi** etw/jdn einordnen unter +acc ou dat; **se ~ à**
(avis, opinion) sich anschließen +dat
ranimer [Ranime] vt (personne) wiederbeleben;
(forces, courage, souvenirs) wiederaufleben lassen;
(colère) wiederentfachen; (feu) schüren
rapace [Rapas] nm (Zool) Greifvogel m ▷ adj (péj)
geldgierig; **~ diurne** Taggreifvogel m; **~ nocturne**
Nachtgreifvogel m
rapatrié, e [RapatRije] nm/f Repatriierter m
rapatriement [RapatRimɑ̃] nm Rückholung f
rapatrier [RapatRije] vt aus dem Ausland
zurückholen

râpe [ʀɑp] *nf* (*Culin*) Reibe *f*; (*à bois*) Raspel *f*

râpé, e [ʀɑpe] *adj* (*Culin*) gerieben; (*vêtement, tissu*) abgeschabt, abgewetzt ▷ *nm* (*fromage*) Reibkäse *m*

râper [ʀɑpe] *vt* reiben, raspeln

rapetisser [ʀap(ə)tise] *vt* (*vêtement*) kürzer machen; (*faire paraître plus petit*) kleiner erscheinen lassen; (*distance*) verkürzen

râpeux, -euse [ʀɑpø, øz] *adj* (*langue*) rau; (*vin*) ruppig

raphia [ʀafja] *nm* (Raphia)bast *m*

rapide [ʀapid] *adj* schnell; (*intelligence*) wach, schnell ▷ *nm* (*d'un cours d'eau*) Stromschnelle *f*; (*train*) Schnellzug *m*

rapidement [ʀapidmɑ̃] *adv* schnell

rapidité [ʀapidite] *nf* Schnelligkeit *f*

rapiécer [ʀapjese] *vt* flicken

rappel [ʀapɛl] *nm* (*d'un exilé, d'un ambassadeur*) Zurückberufung *f*; (*Mil*) Einberufung *f*; (*vaccination*) Wiederholungsimpfung *f*; (*Théât etc*) Vorhang *m*; (*de salaire*) Nachzahlung *f*; (*d'une aventure, d'un nom, d'une date*) Erinnerung *f*; (*sur écriteau*) Wiederholung *f*; (*Tech*) Rücklauf *m*; (*Naut*) Aussitzen *nt*; (*Alpinisme*) Abseilen *nt*; **~ à l'ordre** Ordnungsruf *m*

rappeler [ʀap(ə)le] *vt* zurückrufen; (*acteur*) noch einmal herausrufen; (*Mil*) wiedereinberufen; (*évoquer*) erinnern an +*acc*; **se rappeler** *vpr* (*se souvenir*) sich erinnern; **se ~ que/de** sich erinnern, dass/an +*acc*; **~ qn à la vie/à la décence** jdn ins Leben zurückrufen/jdn auf den rechten Weg bringen; **ça rappelle la Provence** das erinnert (mich) an die Provence; **~ à qn de faire qch** jdn daran erinnern, etw zu tun

rappelle [ʀapɛl] *vb voir* **rappeler**

rappliquer [ʀaplike] (*fam*) *vi* aufkreuzen

rapport [ʀapɔʀ] *nm* (*compte rendu*) Bericht *m*; (: *de médecin légiste, d'expert*) Gutachten *nt*; (*profit*) Ertrag *m*; (*lien*) Zusammenhang *m*; (*proportion*) Verhältnis *nt*; **rapports** *nmpl* Beziehungen *pl*; **avoir ~ à** in Beziehung stehen mit, zu tun haben mit; **être en ~ avec** (*correspondance*) im Zusammenhang stehen mit; (*corrélation*) in Beziehung stehen mit; **être en ~ avec qn** mit jdm in Verbindung stehen; **se mettre en ~ avec qn** sich mit jdm in Verbindung setzen; **par ~ à** im Vergleich zu; **sous le ~ de** hinsichtlich +*gén*; **sous tous (les) ~s** in jeder Hinsicht; **~s (sexuels)** (Geschlechts)verkehr *m*

rapporté, e [ʀapɔʀte] *adj*: **pièce ~e** aufgesetztes Teil *nt*

rapporter [ʀapɔʀte] *vt* (*remettre à sa place, rendre*) zurückbringen; (*apporter davantage*) noch einmal bringen; (*revenir avec, ramener*) mitbringen; (*Couture*) aufnähen; (*produire*) abwerfen, einbringen; (*relater*) berichten; (*Jur: annuler*) aufheben ▷ *vi* (*investissement, propriété*) Gewinn abwerfen; (*activité*) einträglich sein; (*péj: moucharder*) petzen; **se ~ à** *vpr* sich beziehen auf +*acc*; **s'en ~ à qn** das Urteil überlassen

rapporteur, -euse [ʀapɔʀtœʀ, øz] *nm/f* (*d'un procès, d'une commission*) Berichterstatter(in) *m(f)*; (*péj*) Petze *f* ▷ *nm* (*Géom*) Winkelmesser *m*

rapproché, e [ʀapʀɔʃe] *adj* nah; **~s** (*l'un de l'autre*) nah aufeinanderfolgend

rapprochement [ʀapʀɔʃmɑ̃] *nm* (*réconciliation*) Versöhnung *f*; (*analogie*) Parallele *f*

rapprocher [ʀapʀɔʃe] *vt* (*approcher*) heranrücken; (*deux objets*) zusammenrücken; (*personnes*) zusammenbringen; (*associer, comparer*) vergleichen, gegenüberstellen; **se rapprocher** *vpr* näher kommen, sich nähern; **se ~ de** sich nähern +*dat*; (*présenter une analogie avec*) vergleichbar sein mit

rapt [ʀapt] *nm* Entführung *f*

raquette [ʀakɛt] *nf* Schläger *m*; (*à neige*) Schneeschuh *m*

rare [ʀɑʀ] *adj* selten; (*cheveux, herbe*) dünn; **il est ~ que** es kommt selten vor, dass; **se faire ~** (*personne*) sich rarmachen

raréfaction [ʀaʀefaksjɔ̃] *nf* (*de l'air*) Verdünnung *f*

raréfier [ʀaʀefje]: **se ~** *vpr* knapp werden; (*air*) sich verdünnen

rarement [ʀaʀmɑ̃] *adv* selten

rareté [ʀaʀte] *nf* Seltenheit *f*

rarissime [ʀaʀisim] *adj* außerordentlich selten

RAS [ɛʀɑɛs] *abr* (= *rien à signaler*) nichts zu berichten

ras, e [ʀɑ, ʀɑz] *adj* (*tête, cheveux*) kurz geschoren; (*poil, herbe*) kurz; (*mesure, cuillère*) gestrichen ▷ *adv* (*couper*) kurz; **faire table ~e** Tabula rasa *ou* reinen Tisch machen; **en ~e campagne** auf dem flachen Land; **à ~ bords** randvoll, gestrichen voll; **en avoir ~ le bol** (*fam*) die Nase gestrichen vollhaben; **~ du cou** (*pull, robe*) mit rundem Halsausschnitt

rasade [ʀɑzad] *nf* randvolles Glas *nt*

rasant, e [ʀɑzɑ̃, ɑ̃t] *adj* (*fam: ennuyeux*) langweilig

rascasse [ʀaskas] *nf* (*Zool*) Skorpionsfisch *m*

rasé, e [ʀɑze] *adj*: **~ de frais** frisch rasiert; **~ de près** (sehr) glatt rasiert

rase-mottes [ʀɑzmɔt] *nm inv* (*vol*) Tiefflug *m*; **faire du ~** im Tiefflug fliegen

raser [ʀɑze] *vt* (*barbe, cheveux*) abrasieren; (*menton, personne*) rasieren; (*fam: ennuyer*) langweilen; (*démolir*) dem Erdboden gleichmachen; (*frôler*) streifen; **se raser** *vpr* (*se faire la barbe*) sich rasieren; (*fam: s'ennuyer*) sich langweilen, sich mopsen

rasoir [ʀɑzwaʀ] *nm* Rasierapparat *m*; **~ électrique** Rasierapparat; **~ mécanique** Nassrasierer

rassasier [ʀasazje] *vt* sättigen; **être rassasié** satt sein

rassemblement [ʀasɑ̃bləmɑ̃] *nm* Versammlung *f*; (*Mil*) Sammeln *nt*

rassembler [ʀasɑ̃ble] *vt* versammeln; (*troupes*) zusammenziehen; (*regrouper, accumuler*) (an)sammeln; **se rassembler** *vpr* sich versammeln; **~ ses idées** seine Gedanken sammeln; **~ son courage** seinen ganzen Mut zusammennehmen

rasseoir [ʀaswaʀ]: **se ~** *vpr* sich wieder hinsetzen

rasséréner [ʀaseʀene]: **se ~** *vpr* sich (wieder) beruhigen

rassir [ʀasiʀ] vi altbacken werden
rassis, e [ʀasi, iz] adj (pain, brioche) altbacken
rassurant, e [ʀasyʀɑ̃, ɑ̃t] adj beruhigend
rassuré, e [ʀasyʀe] adj: **ne pas être très ~**
ziemlich beunruhigt sein
rassurer [ʀasyʀe] vt beruhigen; **se rassurer** vpr
sich beruhigen; **rassure-toi** beruhige dich
rat [ʀa] nm Ratte f; **~ musqué** Moschusratte f
ratatiné, e [ʀatatine] adj runzelig
ratatiner [ʀatatine] vt schrumpfen; (peau)
zerknittern; **se ratatiner** vpr zerknittern,
verschrumpeln
ratatouille [ʀatatuj] nf Ratatouille nt
rate [ʀat] nf (Anat) Milz f
raté, e [ʀate] adj (tentative, opération) misslungen;
(vacances) verdorben; (spectacle) missraten ▷ nm/f
(personne) Versager(in) m(f) ▷ nm (Auto)
Fehlzündung f; (d'arme à feu) Blindgänger m; (fig)
Rückschlag m
râteau, x [ʀɑto] nm (de jardinage) Rechen m
râtelier [ʀɑtəlje] nm (pour bétail) Futterraufe f;
(fam: dentier) Gebiss nt
rater [ʀate] vi (coup de feu) nicht abgehen; (affaire,
projet etc) fehlschlagen, schiefgehen ▷ vt (cible,
balle) verfehlen; (train, occasion) verpassen;
(démonstration, devoir, plat) verpfuschen; (examen)
durchfallen bei ou durch; **~ son coup** versagen
raticide [ʀatisid] nm Rattengift nt
ratification [ʀatifikasjɔ̃] nf Ratifizierung f
ratifier [ʀatifje] vt ratifizieren
ratio [ʀasjo] nm Verhältnis nt
ration [ʀasjɔ̃] nf Ration f; (fig) Teil m;
~ alimentaire Nahrungsbedarf m
rationalisation [ʀasjɔnalizasjɔ̃] nf
Rationalisierung f
rationaliser [ʀasjɔnalize] vt rationalisieren
rationnel, le [ʀasjɔnɛl] adj (pensée, esprit, personne)
rational; (procédé, méthode) rationell
rationnellement [ʀasjɔnɛlmɑ̃] adv rationell
rationnement [ʀasjɔnmɑ̃] nm Rationierung f;
carte ou **ticket de ~** = Lebensmittelmarke f
rationner [ʀasjɔne] vt (vivres) rationieren;
(personne) auf (feste) Rationen setzen; **se**
rationner vpr sich einteilen
ratisser [ʀatise] vt (allée) (glatt) harken; (feuilles)
zusammenharken; (fouiller) durchkämmen
raton [ʀatɔ̃] nm: **~ laveur** Waschbär m
RATP [ɛʀatepe] sigle f (= Régie autonome des transports
parisiens) Pariser Verkehrsverbund
rattacher [ʀataʃe] vt (animal) wieder anbinden;
(cheveux) wieder festbinden; **se ~ à** vpr (avoir un lien
avec) verbunden sein mit; **~ à** (annexer)
angliedern an +acc; (fig: rapprocher) verknüpfen ou
verbinden mit; (relier) binden an +acc
rattrapage [ʀatʀapaʒ] nm (Scol)
Nachholunterricht m; (Écon) Aufholen nt
rattraper [ʀatʀape] vt (fugitif, animal) wieder
einfangen; (empêcher de tomber) auffangen;
(rejoindre) einholen; (réparer) wiedergutmachen;
se rattraper vpr (se raccrocher) sich festhalten;
(regagner: temps perdu) aufholen; (: l'argent) seinen
Verlust wettmachen; (réparer une gaffe etc) es

wiedergutmachen; (éviter une erreur, bévue) sich
fangen; **~ son retard/le temps perdu** seine
Verspätung/die verlorene Zeit wieder aufholen
rature [ʀatyʀ] nf Korrektur f
raturer [ʀatyʀe] vt ausstreichen, durchstreichen
rauque [ʀok] adj heiser, rau
ravagé, e [ʀavaʒe] adj (visage) verhärmt
ravager [ʀavaʒe] vt verwüsten; (suj: maladie,
chagrin etc) verheeren
ravages [ʀavaʒ] nmpl (de la guerre, de l'alcoolisme)
Verheerungen pl; (d'un incendie, orage etc)
Verwüstung f; **faire des ~** (intempéries, guerre)
Verwüstung anrichten; (fig: séducteur) Herzen
brechen
ravalement [ʀavalmɑ̃] nm (de maison)
Restaurierung f
ravaler [ʀavale] vt (mur, façade) restaurieren;
(déprécier) erniedrigen; (avaler de nouveau) (wieder)
hinunterschlucken; **~ sa colère** seine Wut
hinunterschlucken
ravaudage [ʀavodaʒ] nm Flicken nt
ravauder [ʀavode] vt flicken
rave [ʀav] nf Rübe f
ravi, e [ʀavi] adj begeistert; **être ~ de/que**
hocherfreut sein über +acc/darüber, dass
ravier [ʀavje] nm (Vorspeisen)platte f
ravigote [ʀavigɔt] adj: **sauce ~** Soße mit Eiern,
Zwiebeln und Kapern
ravigoter [ʀavigɔte] (fam) vt aufmuntern
ravin [ʀavɛ̃] nm Schlucht f
raviner [ʀavine] vt (éroder) auswaschen
ravioli [ʀavjɔli] nmpl Ravioli pl
ravir [ʀaviʀ] vt (enchanter) hinreißen; (enlever de
force) jdm etw rauben; **à ~** hinreißend
raviser [ʀavize]: **se ~** vpr seine Meinung ändern
ravissant, e [ʀavisɑ̃, ɑ̃t] adj hinreißend,
entzückend
ravissement [ʀavismɑ̃] nm Entzücken nt
ravisseur, -euse [ʀavisœʀ, øz] nm/f
Entführer(in) m(f)
ravitaillement [ʀavitajmɑ̃] nm Versorgung f;
(provisions) Vorräte pl; **aller au ~** einkaufen gehen;
~ en vol Auftanken nt während des Fluges
ravitailler [ʀavitaje] vt (population, armée)
versorgen; (véhicule) auftanken; **se ravitailler** vpr
sich versorgen
raviver [ʀavive] vt (feu, flamme) neu beleben;
(couleurs) auffrischen; (douleur) wiederaufleben
lassen
ravoir [ʀavwaʀ] vt (avoir de nouveau)
wiederbekommen
rayé, e [ʀeje] adj (à rayures) gestreift; (éraflé)
zerkratzt
rayer [ʀeje] vt (érafler) zerkratzen; (barrer, radier)
streichen
rayon [ʀɛjɔ̃] nm Strahl m; (Math) Radius m; (d'une
roue) Speiche f; (étagère) Regal nt; (de grand magasin)
Abteilung f; (fig: domaine) Bereich m; (d'une ruche)
Wabe f; **rayons** nmpl (Méd) Strahlen pl, Strahlung
f; **dans un ~ de** in einem Umkreis von;
~ d'action Aktionsradius m; **~ de braquage**
Wendekreis m; **~ de soleil** (aussi fig) Sonnenstrahl

m; ~ **laser** Laserstrahl *m*; ~ **vert** grünes Leuchten *nt*; ~**s infrarouges** Infrarotstrahlen *pl*; ~**s ultraviolets** Ultraviolettstrahlen *pl*; ~**s X** Röntgenstrahlen *pl*

rayonnage [ʀɛjɔnaʒ] *nm* Regal *nt*

rayonnant, e [ʀɛjɔnɑ̃, ɑ̃t] *adj* strahlend; ~ **de** *(joie)* strahlend vor; *(santé)* strotzend vor

rayonne [ʀɛjɔn] *nf (Textile)* Kunstseide *f*, Reyon® *nt*

rayonnement [ʀɛjɔnmɑ̃] *nm* Strahlung *f*; *(fig)* Einfluss *m*

rayonner [ʀɛjɔne] *vi (chaleur, énergie)* ausgestrahlt werden; *(être radieux)* strahlen; *(avenues, axes etc)* strahlenförmig verlaufen; *(civilisation)* sich ausbreiten; *(touristes)* (von einem Ausgangspunkt aus) Ausflüge machen

rayure [ʀɛjyʀ] *nf (motif)* Streifen *m*; *(éraflure)* Schramme *f*, Kratzer *m*; *(rainure)* Rille *f*; *(d'un fusil)* Zug *m*; **à ~s** gestreift

raz-de-marée [ʀɑdmaʀe] *nm inv* Flutwelle *f*; *(fig)* Welle *f*

razzia [ʀa(d)zja] *nf* Razzia *f*

R-D [ɛʀde] *sigle f (= recherche-développement)* FE, Forschung *f* und Entwicklung *f*

RDA [ɛʀdea] *sigle f (= République démocratique allemande)* DDR *f*

RDB [ɛʀdebe] *sigle m (= revenu disponible brut)* Gesamteinkommen *nt*

rdc *abr* = **rez-de-chaussée**

ré [ʀe] *nm (Mus)* D *nt*; *(: en chantant la gamme)* Re

réabonnement [ʀeabɔnmɑ̃] *nm* Erneuerung *f* des Abonnements

réabonner [ʀeabɔne] *vt*: ~ **qn à qch** jds Abonnement für etw erneuern; **se réabonner (à qch)** *vpr* das Abonnement (für etw) erneuern

réac [ʀeak] *abr adj (fam)* = **réactionnaire**

réacteur [ʀeaktœʀ] *nm (Aviat)* Düsentriebwerk *nt*; ~ **nucléaire** (Kern- *ou* Atom)reaktor *m*

réactif [ʀeaktif] *nm* Reagens *nt*

réaction [ʀeaksjɔ̃] *nf* Reaktion *f*; *(mouvement contraire)* Rückstoß *m*; **avion/moteur à ~** Düsenflugzeug *nt*/Düsentriebwerk *nt*; ~ **en chaîne** Kettenreaktion *f*

réactionnaire [ʀeaksjɔnɛʀ] *adj* reaktionär

réactualiser [ʀeaktualize] *vt* aktualisieren

réadaptation [ʀeadaptasjɔ̃] *nf* (Wieder)anpassung *f*; *(Méd)* Rehabilitierung *f*

réadapter [ʀeadapte] *vt* (wieder) anpassen; *(Méd)* rehabilitieren; **se réadapter (à)** *vpr* sich wieder anpassen (an +*acc*)

réaffirmer [ʀeafiʀme] *vt* wieder bestätigen

réagir [ʀeaʒiʀ] *vi* reagieren; ~ **à/contre** reagieren auf +*acc*; ~ **sur** sich auswirken auf +*acc*

réajuster [ʀeaʒyste] *vt* = **rajuster**

réalisable [ʀealizabl] *adj* durchführbar; *(Comm: valeur)* realisierbar

réalisateur, -trice [ʀealizatœʀ, tʀis] *nm/f* Regisseur(in) *m(f)*

réalisation [ʀealizasjɔ̃] *nf (de projet)* Verwirklichung *f*; *(de rêve, souhait)* Erfüllung *f*; *(de film)* Regie *f*; *(de bien, capital)* Flüssigmachen *nt*; *(œuvre)* Werk *nt*

réaliser [ʀealize] *vt (projet)* durchführen, verwirklichen; *(rêve, souhait)* wahr machen, erfüllen; *(exploit)* vollbringen; *(achat, vente)* tätigen; *(film)* machen, produzieren; *(bien, capital)* zu Geld machen; *(comprendre)* begreifen; **se réaliser** *vpr (projet)* verwirklicht werden; *(prévision)* in Erfüllung gehen; ~ **que** begreifen, dass

réalisme [ʀealism] *nm* Realismus *m*

réaliste [ʀealist] *adj* realistisch ▷ *nm/f* Realist(in) *m(f)*

réalité [ʀealite] *nf* Realität *f*; **en ~** in Wirklichkeit; **dans la ~** in der Wirklichkeit; **devenir ~** wahr werden

réanimation [ʀeanimasjɔ̃] *nf* Wiederbelebung *f*; **service de ~** Intensivstation *f*

réanimer [ʀeanime] *vt (Méd)* wiederbeleben

réapparaître [ʀeapaʀɛtʀ] *vi* wieder erscheinen

réapparition [ʀeapaʀisjɔ̃] *nf* Wiedererscheinen *nt*

réapprovisionner [ʀeapʀɔvizjɔne] *vt (magasin)* (wieder) aufstocken; **se réapprovisionner** *vpr* seine Vorräte wieder aufstocken

réarmement [ʀeaʀməmɑ̃] *nm* Wiederbewaffnung *f*

réarmer [ʀeaʀme] *vt (arme)* wiederaufladen; *(bateau)* wiederbeladen ▷ *vi (pays)* wiederaufrüsten

réassortiment [ʀeasɔʀtimɑ̃] *nm* Aufstocken *nt*

réassortir [ʀeasɔʀtiʀ] *vt* wieder aufstocken

réassurance [ʀeasyʀɑ̃s] *nf* Rückversicherung *f*

réassurer [ʀeasyʀe] *vt* rückversichern

réassureur [ʀeasyʀœʀ] *nm* Rückversicherungsgesellschaft *f*

rebaptiser [ʀ(ə)batize] *vt (rue)* umbenennen

rébarbatif, -ive [ʀebaʀbatif, iv] *adj* abstoßend

rebattre [ʀ(ə)batʀ] *vt*: ~ **les oreilles à qn de qch** jdm mit etw die Ohren vollreden

rebattu, e [ʀ(ə)baty] *pp de* **rebattre** ▷ *adj* abgedroschen

rebelle [ʀabɛl] *nm/f* Rebell(in) *m(f)* ▷ *adj (troupes)* aufständisch; *(enfant, mèche etc)* widerspenstig; ~ **à** *(la patrie)* aufrührerisch gegen; *(la discipline, l'effort)* sich auflehnend gegen; *(un art, un sujet)* nicht zugänglich für

rebeller [ʀ(ə)bele]: **se ~** *vpr* rebellieren; **se ~ contre** rebellieren gegen

rébellion [ʀebeljɔ̃] *nf* Rebellion *f*, Aufruhr *m*; *(ensemble des rebelles)* Rebellen *pl*

rebiffer [ʀ(ə)bife]: **se ~** *(fam) vpr* sich sträuben

reboisement [ʀ(ə)bwazmɑ̃] *nm* Aufforsten *nt*

reboiser [ʀ(ə)bwaze] *vt* aufforsten

rebond [ʀ(ə)bɔ̃] *nm (du sol)* Aufspringen *nt*; *(d'un mur)* Abprallen *nt*

rebondi, e [ʀ(ə)bɔ̃di] *adj (ventre)* prall, dick und rund; *(joues)* dick

rebondir [ʀ(ə)bɔ̃diʀ] *vi (sur le sol)* aufspringen; *(contre un mur)* abprallen; *(fig: procès, conversation)* wieder in Gang kommen

rebondissements [ʀ(ə)bɔ̃dismɑ̃] *nmpl (de procès)* Umschwünge *pl*

rebord [ʀ(ə)bɔʀ] *nm* Rand *m*

reboucher [ʀ(ə)buʃe] vt *(flacon)* wieder zustöpseln; *(trou)* wieder zustopfen

rebours [ʀ(ə)buʀ]: **à ~** adv *(brosser, caresser)* gegen den Strich; *(comprendre etc)* verkehrt

rebouteux, -euse [ʀ(ə)butø, øz] *(fam)* nm/f Knochenklempner m

reboutonner [ʀ(ə)butɔne] vt wieder zuknöpfen

rebrousse-poil [ʀ(ə)bʀuspwal]: **à ~** adv *(caresser)* gegen den Strich; **prendre qn à ~** jdn verkehrt behandeln

rebrousser [ʀ(ə)bʀuse] vt: **~ chemin** kehrtmachen, umkehren

rebuffade [ʀ(ə)byfad] nf Abfuhr f

rébus [ʀebys] nm *(jeu)* Bilderrätsel nt, Rebus m ou nt; *(fig)* Rätsel nt

rebut [ʀəby] nm: **mettre** ou **jeter qch au ~** etw zum alten Eisen werfen, etw ausrangieren

rebutant, e [ʀ(ə)bytã, ãt] adj abstoßend

rebuter [ʀ(ə)byte] vt *(suj: travail, matière)* entmutigen; (: *attitude, manières)* abschrecken

récalcitrant, e [ʀekalsitʀã, ãt] adj störrisch

recaler [ʀ(ə)kale] vt *(Scol)* durchfallen lassen

récapitulatif, -ive [ʀekapitylatif, iv] adj zusammenfassend

récapituler [ʀekapityle] vt *(résumer)* zusammenfassen; *(passer en revue)* rekapitulieren

recel [ʀəsɛl] nm *(Jur)* Hehlerei f

receler [ʀ(ə)səle] vt *(produit d'un vol)* (ver)hehlen; *(fig: contenir)* verhehlen

receleur, -euse [ʀ(ə)səlœʀ, øz] nm/f Hehler(in) m(f)

récemment [ʀesamã] adv kürzlich

recensement [ʀ(ə)sãsmã] nm *(de la population)* Volkszählung f; *(des ressources, possibilités etc)* Aufstellung f

recenser [ʀ(ə)sãse] vt *(population)* zählen; *(inventorier)* auflisten

récent, e [ʀesã, ãt] adj *(événement, nouvelle)* neueste(r, s); *(construction, dégâts)* neu

recentrer [ʀ(ə)sãtʀe] vt *(Pol)* zur Mitte rücken

récépissé [ʀesepise] nm Empfangsbescheinigung f

réceptacle [ʀesɛptakl] nm Sammelbecken nt; *(Bot)* Blütenboden m

récepteur, -trice [ʀesɛptœʀ, tʀis] adj Empfangs- ▷ nm *(Tél)* Hörer m; *(Radio, TV)* Apparat m, Empfänger m

réceptif, -ive [ʀesɛptif, iv] adj: **~ (à)** empfänglich (für)

réception [ʀesɛpsjɔ̃] nf Empfang m; *(Sport: après un saut)* Landung f; (: *du ballon)* Annahme f; **heures de ~** Bürozeiten pl; *(Méd)* Sprechzeiten pl

réceptionnaire [ʀesɛpsjɔnɛʀ] nm/f *(Comm)* Angestellte(r) f(m) in der Warenannahme

réceptionner [ʀesɛpsjɔne] vt *(marchandises)* in Empfang nehmen; *(ballon)* annehmen

réceptionniste [ʀesɛpsjɔnist] nm/f Empfangsdame f, Empfangschef m

réceptivité [ʀesɛptivite] nf *(à une influence)* Empfänglichkeit f; *(à une maladie)* Anfälligkeit f

récessif, -ive [ʀesesif, iv] adj rezessiv

récession [ʀesesjɔ̃] nf Rezession f

recette [ʀ(ə)sɛt] nf *(Culin, fig)* Rezept nt; *(Comm)* Einnahmen fpl; *(bureau des impôts)* Finanzamt nt; **recettes** nfpl *(Comm)* Einnahmen; **faire ~** einschlagen

receveur, -euse [ʀ(ə)səvœʀ, øz] nm/f *(des contributions)* Eintreiber(in) m(f); *(des postes)* Vorsteher(in) m(f); *(d'autobus)* Schaffner(in) m(f); *(Méd: de sang, d'organe)* Empfänger(in) m(f); **~ universel** Universalempfänger(in) m(f)

recevoir [ʀ(ə)səvwaʀ] vt erhalten, bekommen; *(accueillir)* in Empfang nehmen; *(laisser entrer)* hereinlassen; *(conseils, confidences, ordres)* in Empfang nehmen, bekommen; *(émission, image, chaîne)* bekommen, empfangen; *(sacrement)* empfangen; *(coups, correction, blessure)* einstecken; *(modifications, solution)* erfahren; *(candidat)* zulassen; *(Jur: plainte)* annehmen ▷ vi Gäste empfangen; **se recevoir** vpr *(athlète)* landen, aufkommen; **il reçoit de 8 à 10** er ist von 8 bis 10 Uhr zu sprechen; *(Méd)* er hat Sprechstunde von 8 bis 10 Uhr; **~ qn à dîner** jdn zum Abendessen einladen; **être reçu** *(à un examen)* durchkommen; **être bien/mal reçu** gut/ schlecht aufgenommen werden

rechange [ʀ(ə)ʃɑ̃ʒ] nf: **de ~** *(pièces, vêtements, roue)* Reserve-; *(politique, plan, solution)* Ausweich-; **des vêtements de ~** Kleider pl zum Wechseln

rechaper [ʀ(ə)ʃape] vt *(pneu)* runderneuern

réchapper [ʀeʃape] vi: **~ de** ou **à** *(accident, maladie)* glücklich überstehen; **va-t-il en ~?** wird er es überstehen?

recharge [ʀ(ə)ʃaʀʒ] nf *(de briquet)* Nachfüllpatrone f; *(de stylo)* Tintenpatrone f

rechargeable [ʀ(ə)ʃaʀʒabl] adj nachfüllbar

recharger [ʀ(ə)ʃaʀʒe] vt *(camion)* wieder beladen; *(fusil)* wieder laden; *(appareil de photo)* laden; *(briquet, stylo)* nachfüllen; *(batterie)* wiederaufladen

réchaud [ʀeʃo] nm Rechaud m, Stövchen nt

réchauffé [ʀeʃofe] nm *(nourriture)* aufgewärmtes Essen nt; *(fig)* alter Hut m

réchauffer [ʀeʃofe] vt aufwärmen; **se réchauffer** vpr *(personne)* sich aufwärmen; *(température)* wieder wärmer werden; **se ~ les doigts** sich dat die Finger wärmen

rêche [ʀɛʃ] adj rau

recherche [ʀ(ə)ʃɛʀʃ] nf Suche f; *(scientifique)* Forschung f; *(raffinement)* Eleganz f; **recherches** nfpl *(de la police)* Nachforschungen pl; *(scientifiques)* Forschung; **être à la ~ de qch** auf der Suche nach etw sein; **se mettre à la ~ de qch** sich auf die Suche nach etw machen

recherché, e [ʀ(ə)ʃɛʀʃe] adj *(demandé)* begehrt, gesucht; *(raffiné)* erlesen; *(précieux)* affektiert

rechercher [ʀ(ə)ʃɛʀʃe] vt suchen; *(cause d'un phénomène, nouveau procédé)* forschen nach; *(la perfection, le bonheur etc)* streben nach; **~ et remplacer** *(Inform)* Suchen und Ersetzen

rechigner [ʀ(ə)ʃiɲe] vi sich sträuben; **~ à qch** sich gegen etw sträuben; **~ à faire qch** sich dagegen sträuben, etw zu tun

rechute [ʀ(ə)ʃyt] nf Rückfall m; **faire** ou **avoir**

une ~ einen Rückfall haben *ou* erleiden
rechuter [R(ə)ʃyte] *vi* einen Rückfall haben *ou* erleiden
récidive [Residiv] *nf* Rückfall *m*
récidiver [Residive] *vi* rückfällig werden; (*Méd*) wieder auftreten
récidiviste [Residivist] *nm/f* Wiederholungstäter(in) *m(f)*
récif [Resif] *nm* Riff *nt*
récipiendaire [Resipjɑ̃dɛR] *nm* (*Univ*) Empfänger(in) *m(f)* (*eines Diploms etc*); (*d'une société*) neu aufgenommene(r) Kandidat(in) *m(f)*
récipient [Resipjɑ̃] *nm* Behältnis *nt*, Behälter *m*
réciproque [ResipRɔk] *adj* gegenseitig; (*Ling*) reflexiv; (*Math*) reziprok ▷ *nf*: **la** ~ das Gegenteil
réciproquement [ResipRɔkmɑ̃] *adv* (*mutuellement*) gegenseitig; **et** ~ und umgekehrt
récit [Resi] *nm* Erzählung *f*
récital [Resital] *nm* Konzert *nt*
récitant, e [Resitɑ̃, ɑ̃t] *nm/f* Erzähler(in) *m(f)*
récitation [Resitasjɔ̃] *nf* Vortrag *m*; (*texte*) Text *m* (*zum auswendigen Vortragen*)
réciter [Resite] *vt* vortragen; (*péj*) herunterleiern
réclamation [Reklɑmasjɔ̃] *nf* (*plainte*) Reklamation *f*, Beschwerde *f*; **service des ~s** Beschwerdeabteilung *f*
réclame [Reklɑm] *nf* (*publicité*) Werbung *f*; (*annonce*) Reklame *f*; **faire de la ~ (pour qch/qn)** Werbung machen (für etw/jdn); **article en ~** Sonderangebot *nt*
réclamer [Reklɑme] *vt* erfordern, erforderlich machen ▷ *vi* (*protester*) sich beschweren; **se réclamer** *vpr*: **se ~ de qn** sich auf jdn berufen
reclassement [R(ə)klɑsmɑ̃] *nm* (*v vt*) Neueinteilung *f*; Neueinstufung *f*
reclasser [R(ə)klɑse] *vt* (*fiches, dossiers*) neu einteilen; (*fonctionnaire, ouvrier*) neu einstufen
reclus, e [Rəkly, yz] *nm/f* Einsiedler(in) *m(f)*
réclusion [Reklyzjɔ̃] *nf* (*Jur*) Freiheitsstrafe *f*; ~ **à perpétuité** lebenslänglicher Freiheitsentzug *m*
recoiffer [R(ə)kwafe] *vt*: ~ **un enfant** einem Kind das Haar wieder machen *ou* richten; **se recoiffer** *vpr* sich *dat* das Haar wieder machen *ou* richten
recoin [Rəkwɛ̃] *nm* verborgener Winkel *m*; (*fig: du cœur, de la conscience*) geheimer Winkel
reçois *etc* [Rəswa] *vb voir* **recevoir**
reçoive *etc* [Rəswav] *vb voir* **recevoir**
recoller [R(ə)kɔle] *vt* (*enveloppe*) wieder zukleben; (*assiette cassée, morceaux*) kleben
récolte [Rekɔlt] *nf* Ernte *f*; (*de documents, d'observations*) Ausbeute *f*
récolter [Rekɔlte] *vt* ernten
recommandable [R(ə)kɔmɑ̃dabl] *adj* empfehlenswert; **peu** ~ nicht zu empfehlen
recommandation [R(ə)kɔmɑ̃dasjɔ̃] *nf* Empfehlung *f*; **lettre de ~** Empfehlungsschreiben *nt*
recommandé, e [R(ə)kɔmɑ̃de] *adj* (*méthode etc*) empfohlen; **en** ~ (*Ptt*) eingeschrieben
recommander [R(ə)kɔmɑ̃de] *vt* empfehlen; (*Ptt*) als Einschreiben schicken; **se recommander** *vpr*: **se ~ à qn** sich jdm empfehlen; ~ **à qn de faire**

qch jdm empfehlen, etw zu tun; **il est recommandé de** es empfiehlt sich, zu; **se ~ de qn** sich auf jdn berufen
recommencer [R(ə)kɔmɑ̃se] *vt* wieder anfangen; (*refaire*) noch einmal anfangen; (*récidiver*) noch einmal machen ▷ *vi* wieder anfangen; (*reprendre au commencement*) wieder von vorne anfangen; (*récidiver*) rückfällig werden; ~ **à faire qch** wieder anfangen, etw zu tun; **ne recommence pas!** fang bloß nicht wieder an!
récompense [Rekɔ̃pɑ̃s] *nf* Belohnung *f*; (*prix*) Preis *m*; **recevoir qch en** ~ etw zur *ou* als Belohnung bekommen
récompenser [Rekɔ̃pɑ̃se] *vt* belohnen; ~ **qn de** *ou* **pour qch** jdn für etw belohnen
recompter [R(ə)kɔ̃te] *vt*, *vi* noch einmal zählen
réconciliation [Rekɔ̃siljasjɔ̃] *nf* Versöhnung *f*, Aussöhnung *f*
réconcilier [Rekɔ̃silje] *vt* versöhnen, aussöhnen; (*opinions, doctrines*) in Einklang bringen; **se réconcilier** *vpr* sich versöhnen, sich aussöhnen
reconductible [R(ə)kɔ̃dyktibl] *adj* verlängerbar
reconduction [R(ə)kɔ̃dyksjɔ̃] *nf* Verlängerung *f*; (*d'une politique*) Fortsetzung *f*
reconduire [R(ə)kɔ̃dyiR] *vt* (*à la porte*) herausbegleiten; (*à la maison*) nach Hause bringen; (*Jur, Pol*) verlängern
réconfort [Rekɔ̃fɔR] *nm* Trost *m*
réconfortant, e [Rekɔ̃fɔRtɑ̃, ɑ̃t] *adj* tröstlich
réconforter [Rekɔ̃fɔRte] *vt* (*consoler*) trösten; (*revigorer*) stärken
reconnais *etc* [R(ə)kɔnɛ] *vb voir* **reconnaître**
reconnaissable [R(ə)kɔnɛsabl] *adj* erkennbar
reconnaissais *etc* [R(ə)kɔnɛse] *vb voir* **reconnaître**
reconnaissance [R(ə)kɔnɛsɑ̃s] *nf* (*gratitude*) Dankbarkeit *f*; (*de gouvernement, pays*) Anerkennung *f*; (*de terrain, positions*) Erkundung *f*; (*Mil*) Aufklärung *f*; **en** ~ (*Mil*) auf Erkundung; ~ **de dette** Schuldanerkennung *f*
reconnaissant, e [R(ə)kɔnɛsɑ̃, ɑ̃t] *vb voir* **reconnaître** ▷ *adj* dankbar; **je vous serais ~ de bien vouloir faire qch** ich wäre Ihnen sehr dankbar, wenn Sie etw tun könnten
reconnaître [R(ə)kɔnɛtR] *vt* erkennen; (*distinguer*) auseinanderhalten; (*avouer*) zugeben; (*pays, enfant, valeur etc*) anerkennen; (*difficultés, qualités*) zugestehen; (*Mil*) erkunden; **se reconnaître** *vpr* sich erkennen; ~ **que** zugeben *ou* zugestehen, dass; ~ **qn/qch à** jdn/etw erkennen an +*dat*; **je lui reconnais certaines qualités** ich gestehe ihm gewisse Qualitäten zu; **se ~ quelque part** sich irgendwo zurechtfinden
reconnu, e [R(ə)kɔny] *pp de* **reconnaître** ▷ *adj* anerkannt
reconquérir [R(ə)kɔ̃keRiR] *vt* zurückgewinnen
reconquête [R(ə)kɔ̃kɛt] *nf* Wiedererlangen *nt*
reconsidérer [R(ə)kɔ̃sideRe] *vt* noch einmal überdenken
reconstituant, e [R(ə)kɔ̃stitɥɑ̃, ɑ̃t] *adj* stärkend, kräftigend ▷ *nm* Stärkungsmittel *nt*
reconstituer [R(ə)kɔ̃stitɥe] *vt* rekonstruieren; (*fortune, patrimoine*) wiederherstellen; (*Biol: tissus*

etc) erneuern

reconstitution [R(ə)kɔ̃stitysjɔ̃] *nf* (*vvt*) Rekonstruktion *f*; Wiederherstellung *f*; Erneuerung *f*

reconstruction [R(ə)kɔ̃stRyksjɔ̃] *nf* Wiederaufbau *m*

reconstruire [R(ə)kɔ̃stRɥiR] *vt* wiederaufbauen

reconversion [R(ə)kɔ̃vɛRsjɔ̃] *nf* Umstellung *f*; (*recyclage*) Umschulung *f*

reconvertir [R(ə)kɔ̃vɛRtiR] *vt* umschulen; (*usine*) umstellen; **se reconvertir** *vpr*: **se ~ dans** umschulen auf +*acc*

recopier [R(ə)kɔpje] *vt* (*transcrire*) abschreiben; (*mettre au propre*) ins Reine schreiben

record [R(ə)kɔR] *nm* Rekord *m* ▷ *adj* Rekord-; **battre tous les ~s** alle Rekorde schlagen; **en un temps ~** in Rekordzeit; **à une vitesse ~** mit Rekordgeschwindigkeit; **~ du monde** Weltrekord *m*

recoucher [R(ə)kuʃe] *vt* (*enfant*) wieder ins Bett bringen; **se recoucher** *vpr* wieder ins Bett gehen

recoudre [R(ə)kudR] *vt* (*bouton*) wieder annähen; (*plaie, incision*) nähen

recoupement [R(ə)kupmã] *nm*: **par ~** durch Kombinieren

recouper [R(ə)kupe] *vt* (*tranche*) (erneut) abschneiden; (*vêtement*) neu zuschneiden ▷ *vi* (*Cartes*) noch einmal abheben; **se recouper** *vpr* (*témoignages, déclarations*) übereinstimmen; **~ du pain** mehr Brot abschneiden

recourais *etc* [RəkuRɛ] *vb voir* **recourir**

recourbé, e [R(ə)kuRbe] *adj* gebogen, krumm

recourber [R(ə)kuRbe] *vt* biegen

recourir [R(ə)kuRiR] *vi* (*Sport*) noch einmal laufen; **~ à** (*personne, agence*) sich wenden an +*acc*; (*force, ruse, emprunt*) zurückgreifen auf +*acc*

recours [R(ə)kuR] *vb voir* **recourir** ▷ *nm*: **le ~ à la violence** die Gewaltanwendung *f*; **le ~ à la ruse** die Verwendung einer List; **avoir ~ à** sich wenden an +*acc*; **en dernier ~** als letzter Ausweg; **c'est sans ~** es ist ausweglos; **~ en grâce** Gnadengesuch *nt*

recouru, e [R(ə)kuRy] *pp de* **recourir**

recousu, e [Rəkuzy] *pp de* **recoudre**

recouvert, e [RəkuvɛR, ɛRt] *pp de* **recouvrir**

recouvrable [R(ə)kuvRabl] *adj* (*somme*) eintreibbar

recouvrais *etc* [RəkuvRɛ] *vb voir* **recouvrer**, **recouvrir**

recouvrement [R(ə)kuvRəmã] *nm* (*d'une somme*) Eintreiben *nt*

recouvrer [R(ə)kuvRe] *vt* (*la vue, santé, raison etc*) wiedererlangen; (*impôts, créance*) eintreiben, einziehen

recouvrir [R(ə)kuvRiR] *vt* (*couvrir à nouveau*) wieder zudecken; (*couvrir entièrement*) zudecken; (*cacher*) verbergen; (*fig: embrasser*) umfassen; **se recouvrir** *vpr* (*idées, concepts*) sich decken

recracher [R(ə)kRaʃe] *vt* ausspucken

récréatif, -ive [RekReatif, iv] *adj* unterhaltsam, erholsam

récréation [RekReasjɔ̃] *nf* (*détente*) Erholung *f*;

(*Scol*) Pause *f*

recréer [R(ə)kRee] *vt* (*reconstruire*) wiederherstellen; (*fig: atmosphère, scène*) wiedererschaffen

récrier [RekRije]: **se ~** *vpr* protestieren

récriminations [RekRiminasjɔ̃] *nfpl* Vorwürfe *pl*

récriminer [RekRimine] *vi*: **~ contre qn/qch** sich über jdn/etw beschweren

recroqueviller [R(ə)kRɔk(ə)vije]: **se ~** *vpr* (*plantes, feuilles*) sich aufrollen; (*personne*) sich zusammenkauern

recru, e [Rəkry] *adj*: **~ de fatigue** völlig erschöpft

recrudescence [R(ə)kRydesãs] *nf* erneutes Aufflackern *nt*

recrue [Rəkry] *nf* (*Mil*) Rekrut *m*; (*gén*) neues Mitglied *nt*

recrutement [R(ə)kRytmã] *nm* (*vvt*) Aushebung *f*, Rekrutierung *f*; Einstellung *f*; (An)werbung *f*

recruter [R(ə)kRyte] *vt* (*Mil*) ausheben; (*personnel, collaborateurs*) einstellen; (*clients, partisans, adeptes*) anwerben

rectal, e, -aux [Rɛktal, o] *adj*: **par voie ~e** rektal

rectangle [Rɛktãgl] *nm* Rechteck *nt*; **~ blanc** (TV) Symbol für Filme, die für Jugendliche nicht geeignet sind

rectangulaire [RɛktãgylɛR] *adj* rechteckig

recteur [RɛktœR] *nm* Rektor *m*

rectificatif, -ive [Rɛktifikatif, iv] *adj* berichtigend ▷ *nm* Berichtigung *f*

rectification [Rɛktifikasjɔ̃] *nf* (*vvt*) Begradigung *f*; Berichtigung *f*; Richtigstellung *f*

rectifier [Rɛktifje] *vt* (*tracé, virage*) begradigen; (*calcul, compte, adresse*) berichtigen; (*erreur, faute*) richtigstellen, berichtigen

rectiligne [Rɛktiliɲ] *adj* (*allée, mouvement*) gerade (verlaufend); (*Géom*) geradlinig

rectitude [Rɛktityd] *nf* Rechtschaffenheit *f*

recto [Rɛkto] *nm* Vorderseite *f*

rectorat [RɛktɔRa] *nm* (*bureau*) Rektorat *nt*

rectum [Rɛktɔm] *nm* Rektum *nt*, Mastdarm *m*

reçu, e [R(ə)sy] *pp de* **recevoir** ▷ *adj* (*candidat*) der/die die Prüfung bestanden hat ▷ *nm* (*Comm*) Quittung *f*

recueil [Rəkœj] *nm* Sammlung *f*

recueillement [R(ə)kœjmã] *nm* Andacht *f*, Sammlung *f*

recueilli, e [R(ə)kœji] *adj* andächtig

recueillir [R(ə)kœjiR] *vt* sich sammeln; (*accueillir*) (bei sich) aufnehmen; **se recueillir** *vpr* sich sammeln

recuire [R(ə)kɥiR] *vi*: **faire ~** noch einmal kochen

recul [R(ə)kyl] *nm* (*d'une armée, épidémie etc*) Rückzug *m*; (*d'une arme à feu*) Rückstoß *m*, Rückschlag *m*; **avoir un mouvement de ~** zurückschrecken *ou* -fahren; **prendre du ~** Abstand nehmen; **avec le ~** mit der Zeit, im Laufe der Zeit

reculade [R(ə)kylad] (*péj*) *nf* Rückzieher *m*

reculé, e [R(ə)kyle] *adj* (*isolé*) zurückgezogen; (*lointain*) entfernt

reculer [R(ə)kyle] *vi* (*véhicule*) sich rückwärtsbewegen; (*conducteur*) rückwärtsfahren; (*foule*) zurückweichen; (*épidémie, civilisation*) Boden verlieren; (*se dérober*)

sich zurückziehen ▷ *vt* (*meuble*) zurückschieben;
(*véhicule*) zurücksetzen; (*mur, frontières*) versetzen,
verschieben; (*possibilités, limites*) erweitern; (*date,
livraison, décision*) verschieben, hinausschieben;
~ **devant** (*danger, difficulté*) zurückschrecken vor
reculons [R(ə)kylɔ̃]: **à ~** *adv* rückwärts
récupérable [Rekyperabl] *adj* (*créance*)
eintreibbar; (*heures*) aufzuholen(d); (*ferraille*)
wiederverwertbar
récupération [RekypeRasjɔ̃] *nf* (*de vieux métaux etc*)
Wiederverwertung *f*; (*Pol*) Übernahme *f*
récupérer [RekypeRe] *vt* (*rentrer en possession de*)
wiederbekommen; (*forces*) wiedererlangen;
(*déchets etc*) wiederverwerten; (*journée, heure de
travail*) wieder einholen, aufholen; (*délinquant etc*)
rehabilitieren; (*Pol*) übernehmen ▷ *vi* sich
erholen
récurer [RekyRe] *vt* scheuern; **poudre à ~**
Scheuermittel *nt*
reçus [Rəsy] *vb voir* **recevoir**
récusable [Rekyzabl] *adj* (*v vt*) abzulehnen(d);
zurückzuweisen(d)
récuser [Rekyze] *vt* (*témoin, juré*) ablehnen;
(*argument, témoignage*) zurückweisen; **se récuser**
vpr sich für nicht zuständig erklären
reçut [Rəsy] *vb voir* **recevoir**
recyclage [R(ə)siklaʒ] *nm* (*v vt*) Umschulung *f*;
Wiederverwertung *f*; **cours de ~** Umschulung
recycler [R(ə)sikle] *vt* (*Scol, employés*) umschulen;
(*matériaux, eaux usées etc*) wiederverwerten; **se
recycler** *vpr* sich weiterbilden
rédacteur, -trice [Redaktœr, tris] *nm/f*
(*journaliste*) Redakteur(in) *m(f)*; (*d'ouvrage de
référence*) Herausgeber(in) *m(f)*; **~ en chef**
Chefredakteur(in) *m(f)*; **~ publicitaire**
Werbetexter(in) *m(f)*
rédaction [Redaksjɔ̃] *nf* (*d'article, devoir*) Schreiben
nt; (*de contrat*) Aufsetzen *nt*; (*Journalisme*)
Redaktion *f*; (*Scol*) Aufsatz *m*
reddition [Redisjɔ̃] *nf* Kapitulation *f*
redéfinir [R(ə)definir] *vt* neu definieren
redemander [Rədmɑ̃de] *vt* (*renseignement*)
nachfragen nach; (*récupérer*) zurückverlangen;
~ de nachverlangen
redémarrer [R(ə)demare] *vi* (*véhicule*) wieder
losfahren; (*fig: industrie etc*) neuen Aufschwung
nehmen
rédemption [Redɑ̃psjɔ̃] *nf* Erlösung *f*
redéploiement [R(ə)deplwamɑ̃] *nm*
Umstrukturierung *f*
redescendre [R(ə)desɑ̃dR] *vi* wieder
herunterkommen *ou* -gehen ▷ *vt* (*bagages etc*)
wieder herunterholen; (*pente etc*) wieder
heruntersteigen
redevable [R(ə)dəvabl] *adj*: **être ~ de qch à qn**
(*somme*) jdm etw schulden; (*service*) jdm für etw
zu Dank verpflichtet sein; (*vie*) jdm etw
verdanken
redevance [R(ə)dəvɑ̃s] *nf* (*Tél, TV*) Gebühr *f*
redevenir [R(ə)dəv(ə)niR] *vi* wieder werden
rédhibitoire [RedibitwaR] *adj*: **vice ~**
Annullierungsgrund *m*

rediffuser [R(ə)difyze] *vt* wiederholen, noch
einmal senden
rediffusion [R(ə)difyzjɔ̃] *nf* Wiederholung *f*
rédiger [Rediʒe] *vt* (*article, devoir etc*) abfassen;
(*contrat*) aufsetzen
redire [R(ə)diR] *vt* wiederholen; **avoir** *ou* **trouver
à ~ à qch** an einer Sache *dat* etwas auszusetzen
haben
redistribuer [R(ə)distribɥe] *vt* (*cartes etc*) noch
einmal geben; (*richesses, tâches, revenus*)
umverteilen
redite [R(ə)dit] *nf* unnötige Wiederholung *f*
redondance [R(ə)dɔ̃dɑ̃s] *nf* Redundanz *f*
redonner [R(ə)dɔne] *vt* zurückgeben; (*du courage,
des forces*) wiederherstellen
redoublé, e [Rəduble] *adj*: **frapper à coups ~s**
doppelt so laut klopfen
redoubler [R(ə)duble] *vt* (*Scol: classe*) wiederholen;
(*lettre*) verdoppeln ▷ *vi* (*tempête, vent, violence*)
zunehmen; (*Scol*) sitzen bleiben; **~ de** (*amabilité,
efforts, soins*) verdoppeln; **le vent redouble de
violence** der Wind ist doppelt so heftig
geworden
redoutable [R(ə)dutabl] *adj* furchtbar
redouter [R(ə)dute] *vt* fürchten; **~ que** fürchten,
dass; **~ de faire qch** sich davor fürchten, etw zu
tun
redoux [Rədu] *nm* Wärmeeinbruch *m*
redressement [R(ə)dRεsmɑ̃] *nm* (*Écon*)
(Wieder)aufschwung *m*; **~ fiscal**
Steuernachzahlung *f*; **maison de ~**
Besserungsanstalt *f*
redresser [R(ə)dRεse] *vt* (*arbre, mât*) wieder
aufrichten; (*pièce tordue*) wieder gerade richten;
(*Auto*) ausrichten; (*Aviat*) hochziehen; (*situation,
économie*) sanieren, wiederherstellen; **se
redresser** *vpr* (*se remettre droit*) sich wieder
aufrichten; (*se tenir très droit*) sich gerade
aufrichten; (*fig: pays, situation*) wieder auf die
Beine kommen
réducteur, -trice [Redyktœr, tris] *adj* (*péj:
simplificateur*) vereinfachend
réduction [Redyksjɔ̃] *nf* (*de hauteur, quantité, prix*)
Reduzierung *f*; (*de salaire, amende, budget*) Kürzung
f; (*de personnel*) Einsparung *f*; (*de carte, photographie*)
Verkleinerung *f*; (*rabais, remise*) Rabatt *m*; **en ~** in
Miniatur
réduire [RedɥiR] *vt* (*hauteur, quantité, prix*)
reduzieren; (*salaires, budget, texte, fraction*) kürzen;
(*personnel*) einsparen; (*consommation, vitesse,
tendance*) reduzieren, drosseln; (*carte, photographie*)
verkleinern; (*Méd: fracture*) einrichten; (*rebelles*)
bezwingen; (*jus, sauce*) einkochen; **se réduire** *vpr*:
se ~ à sich reduzieren auf *+acc*; **~ qn au silence**
jdn zum Schweigen bringen; **~ qn au désespoir**
jdn zur Verzweiflung treiben; **~ qch à** (*fig*) etw
zurückführen auf *+acc*; **~ qch en** (*transformer*) etw
verwandeln in *+acc*; **se ~ en** sich verwandeln in
+acc; **en être réduit à** gezwungen sein zu
réduit, e [Redɥi, it] *pp de* **réduire** ▷ *adj* (*prix, tarif*)
reduziert; (*échelle*) verkleinert; (*vitesse*) gedrosselt
▷ *nm* (*local*) Abstellkammer *f*

rééditer [ʀeedite] vt (ouvrage) neu herausgeben
réédition [ʀeedisjɔ̃] nf (d'un ouvrage)
Neuherausgabe f; (ouvrage) Neuauflage f
rééducation [ʀeedykasjɔ̃] nf (Méd)
Physiotherapie f; (de la parole) Sprechtherapie f;
(de délinquants) Rehabilitation f; **centre de ~**
physiotherapeutisches Zentrum nt
rééduquer [ʀeedyke] vt (blessé etc)
physiotherapeutisch behandeln; (délinquant)
rehabilitieren
réel, le [ʀeɛl] adj (non fictif) real, tatsächlich;
(salaire, valeur) tatsächlich; (intensif) wirklich, echt
▷ nm Realität f
réélection [ʀeelɛksjɔ̃] nf Wiederwahl f
rééligible [ʀeeliʒibl] adj wieder wählbar
réélire [ʀeeliʀ] vt wiederwählen
réellement [ʀeɛlmɑ̃] adv wirklich
réembaucher [ʀeɑ̃boʃe] vt wiedereinstellen
réemployer [ʀeɑ̃plwaje] vt (méthode, produit)
wiederverwenden; (argent) neu investieren;
(personnel, employé) wiedereinstellen
rééquilibrer [ʀeekilibʀe] vt (budget) (wieder)
ausgleichen; (roues) auswuchten; (forces)
ausgleichen
réescompte [ʀeɛskɔ̃t] nm Rediskontierung f
réessayer [ʀeeseje] vt noch einmal versuchen
réévaluation [ʀeevalɥasjɔ̃] nf Aufwertung f
réévaluer [ʀeevalɥe] vt aufwerten
réexaminer [ʀeɛgzamine] vt noch einmal
untersuchen
réexpédier [ʀeɛkspedje] vt (à l'envoyeur)
zurücksenden; (au destinataire) nachsenden
réexportation [ʀeɛkspɔʀtasjɔ̃] nf
Wiederausfuhr f
réexporter [ʀeɛkspɔʀte] vt wiederausführen
réf. abr (= référence) Bez.
refaire [ʀ(ə)fɛʀ] vt (faire de nouveau) noch einmal
machen, wiederholen; (recommencer, faire tout
autrement) neu machen; (réparer) reparieren;
(restaurer) restaurieren; (rétablir)
wiederherstellen; **se refaire** vpr (en santé, argent
etc) sich erholen; **se ~ une santé** sich erholen; **se
~ à qch** (se réhabituer à) sich wieder an etw acc
gewöhnen; **être refait** (fam: dupé) übers Ohr
gehauen werden
refasse [ʀəfas] vb voir **refaire**
réfection [ʀefɛksjɔ̃] nf Instandsetzung f; **en ~** in
Reparatur
réfectoire [ʀefɛktwaʀ] nm Speisesaal m; (de
caserne) Kantine f
referai etc [ʀ(ə)fʀe] vb voir **refaire**
référé [ʀefeʀe] nm (Jur) einstweilige Verfügung f
référence [ʀefeʀɑ̃s] nf (renvoi) Verweis m; (Comm:
de lettre, facture) Bezug(nahme f) m; **références**
nfpl (recommandations) Referenzen pl; **faire ~ à**
Bezug nehmen auf +acc; **ouvrage de ~**
Nachschlagewerk nt; **ce n'est pas une ~** das ist
nicht gerade eine Empfehlung; **"~s exigées"**
„bitte Referenzen angeben"
référendum [ʀefeʀɛ̃dɔm] nm Referendum nt
référer [ʀefeʀe] vt: **en ~ à qn** jdm die
Entscheidung überlassen; **se référer à** vpr (ami,

avis) sich beziehen auf +acc; (texte, définition) sich
beziehen auf +acc, Bezug nehmen auf +acc; (se
rapporter à) zusammenhängen mit
refermer [ʀ(ə)fɛʀme] vt wieder zumachen ou
schließen; **se refermer** vpr sich schließen
refiler [ʀ(ə)file] (fam) vt: **~ qch à qn** jdm etw
andrehen
refit [ʀəfi] vb voir **refaire**
réfléchi, e [ʀefleʃi] adj (personne, caractère)
besonnen, bedächtig; (action, décision) überlegt;
(Ling) reflexiv
réfléchir [ʀefleʃiʀ] vt (lumière, image) reflektieren,
(wider)spiegeln ▷ vi nachdenken, überlegen; **~ à**
ou **sur** nachdenken über +acc; **c'est tout réfléchi**
das ist bereits entschieden
réflecteur [ʀeflɛktœʀ] nm (Auto) Rückstrahler m
reflet [ʀ(ə)flɛ] nm Spiegelbild nt, Spiegelung f;
(fig: d'une société, culture) Spiegelbild; **reflets** nmpl
(du soleil, de la lumière) Widerschein m, Reflexe pl;
(d'une étoffe, d'un métal, des cheveux) Schimmern nt
refléter [ʀ(ə)flete] vt (lumière, image, objet)
reflektieren, widerspiegeln; (sentiments)
widerspiegeln; (bonté etc) erkennen lassen; **se
refléter** vpr sich spiegeln; (fig) sich
widerspiegeln
reflex [ʀeflɛks] adj inv (Photo) Spiegelreflex-
réflexe [ʀeflɛks] nm Reflex m ▷ adj: **mouvement
~** Reflexbewegung f; **avoir de bons ~s** gute
Reflexe haben; **~ conditionné** bedingter Reflex
réflexion [ʀeflɛksjɔ̃] nf (Phys) Reflexion f; (fait de
penser) (Nach)denken nt; (pensée) Gedanke m;
(remarque) Bemerkung f; **sans ~** unüberlegt;
après mûre ~ nach reiflicher Überlegung; **~
faite, à la ~** wenn ich es recht überlege; **cela
demande ~** darüber müsste man erst einmal
nachdenken; **délai de ~** Zeit f zum Nachdenken
réflexologie [ʀeflɛksɔlɔʒi] nf Reflexologie f
refluer [ʀ(ə)flye] vi (eaux) zurückfließen; (foule,
manifestants) zurückströmen
reflux [ʀəfly] nm Ebbe f
refondre [ʀ(ə)fɔ̃dʀ] vt (texte, manuel) völlig
umarbeiten ou neu bearbeiten
refont [ʀ(ə)fɔ̃] vb voir **refaire**
reformater [ʀəfɔʀmate] vt neu formatieren
réformateur, -trice [ʀefɔʀmatœʀ, tʀis] nm/f
Reformer(in) m(f); (Rel) Reformer(in) m(f) ▷ adj
Reform-
Réformation [ʀefɔʀmasjɔ̃] nf (Rel) Reformation f
réforme [ʀefɔʀm] nf Reform f; (Mil)
Ausmusterung f; (Rel) Reformation f; **conseil de
~** (Mil) Musterungsausschuss m
réformé, e [ʀefɔʀme] adj (Rel) reformiert ▷ nm/f
(Rel) Protestant(in) m(f) ▷ nm (Mil) Untauglicher m
reformer [ʀ(ə)fɔʀme] vt: **~ les rangs** (Mil) ins
Glied zurückfallen; **se reformer** vpr (troupe,
groupe) sich neu formieren
réformer [ʀefɔʀme] vt reformieren; (Mil)
ausmustern
réformisme [ʀefɔʀmism] nm Reformpolitik f
réformiste [ʀefɔʀmist] adj (Pol) reformfreudig,
Reform- ▷ nm/f Reformpolitiker(in) m(f)
refoulé, e [ʀ(ə)fule] adj verklemmt

refoulement [ʀ(ə)fulmɑ̃] nm (d'envahisseurs) Zurückdrängen nt; (de liquide, Psych) Verdrängung f

refouler [ʀ(ə)fule] vt (envahisseurs) zurückdrängen; (liquide, Psych) verdrängen; (larmes, colère) unterdrücken

réfractaire [ʀefʀaktɛʀ] adj (rebelle) aufsässig; (Tech) hitzebeständig; (maladie) die auf keine Behandlung anspricht; **être ~ à** (ordres, discipline) sich widersetzen +dat

réfracter [ʀefʀakte] vt brechen

réfraction [ʀefʀaksjɔ̃] nf Brechung f

refrain [ʀ(ə)fʀɛ̃] nm Refrain m; (fig) Lied nt

refréner, réfréner [ʀefʀene] vt zügeln

réfrigérant, e [ʀefʀiʒeʀɑ̃, ɑ̃t] adj (mélange) Kühl-

réfrigérateur [ʀefʀiʒeʀatœʀ] nm Kühlschrank m, Eisschrank m

réfrigération [ʀefʀiʒeʀasjɔ̃] nf Kühlung f

réfrigéré, e [ʀefʀiʒeʀe] adj (camion, wagon) Kühl-

réfrigérer [ʀefʀiʒeʀe] vt (denrées alimentaires) kühlen; (fam: glacer) unterkühlen; (fig) abkühlen

refroidir [ʀ(ə)fʀwadiʀ] vt (potage, café etc) abkühlen lassen; (air, atmosphère) kühler machen; (fig: enthousiasme, personne) abkühlen ▷ vi abkühlen; **se refroidir** vpr abkühlen; (prendre froid) sich erkälten

refroidissement [ʀ(ə)fʀwadismɑ̃] nm Abkühlen nt; (grippe, rhume) Erkältung f

refuge [ʀ(ə)fyʒ] nm Zuflucht f; (de montagne) Schutzhütte f; (pour piétons) Verkehrsinsel f; **chercher/trouver ~ auprès de qn** bei jdm Zuflucht suchen/finden

réfugié, e [ʀefyʒje] adj geflüchtet ▷ nm/f Flüchtling m

réfugier [ʀefyʒje]: **se ~** vpr (se blottir) sich flüchten; **se ~ en France** nach Frankreich flüchten ou fliehen

refus [ʀ(ə)fy] nm (v vt) Verweigerung f; Ablehnung f; Annahmeverweigerung f; **ce n'est pas de ~** (fam) da sage ich nicht Nein

refuser [ʀ(ə)fyze] vt (ne pas accorder) verweigern; (ne pas accepter) ablehnen; (marchandise défectueuse etc) nicht annehmen ▷ vi (Équitation) verweigern; **se refuser** vpr: **se ~ à faire qch** sich weigern, etw zu tun; **~ de faire qch** sich weigern, etw zu tun; **~ du monde** Leute wegschicken; **se ~ à qn** sich jdm verweigern; **il ne se refuse rien** er lässt es sich an nichts fehlen

réfutable [ʀefytabl] adj widerlegbar

réfuter [ʀefyte] vt widerlegen; (objections) zerstreuen

regagner [ʀ(ə)ɡaɲe] vt (argent) zurückgewinnen; (affection, faveur, amitié) wiedergewinnen; (lieu, place) zurückkommen nach; **~ le temps perdu** verlorene Zeit wieder aufholen; **~ du terrain** wieder an Boden gewinnen

regain [ʀəɡɛ̃] nm (herbe) Grummet nt; **un ~ de** (fig) ein neuer Aufschwung in +dat

régal [ʀeɡal] nm Wonne f; **c'est un (vrai) ~** das ist eine (wahre) Wonne; **un ~ pour les yeux** eine Wonne für die Augen, ein Augenschmaus m

régalade [ʀeɡalad] nf: **boire à la ~** aus der (vom Mund entfernt gehaltenen) Flasche trinken

régaler [ʀeɡale] vt: **~ qn** jdn fürstlich bewirten; **se régaler** vpr (faire un bon repas) schlemmen

regard [ʀ(ə)ɡaʀ] nm Blick m; **parcourir du ~** von oben bis unten ansehen; **menacer du ~** drohend ansehen; **au ~ de la loi** dem Gesetz nach; **en ~** gegenüber; **en ~ de** verglichen mit

regardant, e [ʀ(ə)ɡaʀdɑ̃, ɑ̃t] (péj) adj: **peu ~ (sur)** nicht pingelig (mit); (dépensier) nicht knauserig (mit)

regarder [ʀ(ə)ɡaʀde] vt ansehen, betrachten; (livre, film, match) sich dat ansehen; (situation, avenir) betrachten; (considérer) im Auge haben, bedacht sein auf +acc; (concerner) angehen ▷ vi schauen, gucken; **~ la télévision** fernsehen; **~ dans le dictionnaire/l'annuaire** im Wörterbuch/im Telefonbuch nachsehen; **~ par la fenêtre** aus dem Fenster sehen; **~ vers** (maison) gehen nach; **~ à** achten auf +acc; **dépenser sans ~** mit seinem Geld verschwenderisch umgehen, sein Geld zum Fenster hinauswerfen; **cela me regarde** das ist meine Sache; **ça ne vous regarde pas** das geht Sie nichts an

régates [ʀeɡat] nfpl Regatta f

régénérer [ʀeʒeneʀe] vt regenerieren

régent [ʀeʒɑ̃] nm Regent m

régenter [ʀeʒɑ̃te] vt bestimmen über +acc

régie [ʀeʒi] nf (Admin) Verwaltung f; (Ciné, Théât) Produktion f; (Radio, TV) Regie f; **~ d'État** staatlich geführtes Unternehmen

regimber [ʀ(ə)ʒɛ̃be] vi (personne) sich sträuben

régime [ʀeʒim] nm Regime nt; (Admin) System nt; (Méd) Diät f; (d'un fleuve) Strömung(sverhältnisse pl) f; (d'un moteur) Drehzahl f; (fig: vitesse, allure) Geschwindigkeit f; (de bananes, dattes) Büschel nt; **suivre un/se mettre au ~** Diät leben/auf Diät gehen; **~ sans sel** salzlose Kost f ou Diät f; **à bas/haut ~** (Auto) niedertourig/hochtourig; **à plein ~** auf vollen Touren; **~ matrimonial** Ehe(schließungs)abkommen nt

régiment [ʀeʒimɑ̃] nm (Mil) Regiment nt; **un ~ de** (fam) Heerscharen von; **un copain de ~** ein Freund m aus der Militärzeit

région [ʀeʒjɔ̃] nf Gegend f; (Admin) Gebiet nt; (Anat) Bereich m; **la ~ parisienne** die Gegend um Paris

régional, e, -aux [ʀeʒjɔnal, o] adj regional; (accords, administration) Regional-

régionalisation [ʀeʒjɔnalizasjɔ̃] nf Regionalisierung f

régionalisme [ʀeʒjɔnalism] nm Regionalismus m

régir [ʀeʒiʀ] vt bestimmen; (Ling aussi) regieren

régisseur [ʀeʒisœʀ] nm Verwalter(in) m(f); (Ciné, Théât, TV) Produktionsassistent(in) m(f)

registre [ʀəʒistʀ] nm Register nt; (Ling) Stilebene f, Register; (Inform) Verzeichnis nt; **~ de comptabilité** Hauptbuch nt; **~ de l'état civil** Standesamtsregister nt

réglable [ʀeɡlabl] adj verstellbar; (payable) zahlbar

réglage [ʀeɡlaʒ] nm Einstellen nt

règle [ʀɛɡl] nf Regel f; (instrument) Lineal nt; (Rel)

Ordensregel f; **règles** nfpl (Méd) Regel; **avoir pour ~ de faire qch** es sich dat zur Regel machen, etw zu tun; **en ~** (papiers) in Ordnung; **se mettre en ~** seine Situation legalisieren; **mes papiers sont en ~** meine Papiere sind in Ordnung; **dans** ou **selon les ~s** den Regeln entsprechend; **être la ~** die Regel sein; **être de ~** üblich sein; **en ~ générale** generell, im Allgemeinen; **~ à calcul** Rechenschieber m, Rechenstab m; **~ de trois** Dreisatz m

réglé, e [ʀegle] adj (affaire, vie, personne) geregelt; (papier) liniert; **bien ~e** (femme) mit regelmäßigen Monatsblutungen

règlement [ʀɛgləmɑ̃] nm Regelung f, Regeln pl; (paiement) Bezahlung f; **~ à la commande** Bezahlung bei Bestellung; **~ en espèces/par chèque** Barbezahlung f/Bezahlung mit Scheck; **~ de compte(s)** Begleichung f alter Rechnungen; **~ intérieur** Hausordnung f; (Scol) Schulordnung f; **~ judiciaire** Zwangsvollstreckung f

réglementaire [ʀɛgləmɑ̃tɛʀ] adj vorschriftsmäßig

réglementation [ʀɛgləmɑ̃tasjɔ̃] nf Regulierung f; (règlements) Bestimmungen pl

réglementer [ʀɛgləmɑ̃te] vt (production, industrie, prix) steuern, regulieren

régler [ʀegle] vt (mécanisme, machine) regulieren, einstellen; (moteur) einstellen; (thermostat etc) regeln, einstellen; (modalités, question, problème) regeln; (note, facture, dette) regeln, bezahlen; (fournisseur) bezahlen; (papier) linieren; **~ qch sur** etw ausrichten nach; **~ son compte à qn** sich jdn vornehmen; **~ un compte avec qn** mit jdm ein Hühnchen rupfen, mit jdm eine alte Rechnung begleichen

réglisse [ʀeglis] nf (plante) Süßholz nt; **pâte de ~** Lakritz m ou nt; **bâton de ~** Lakritzstange f

règne [ʀɛɲ] nm Herrschaft f; **le ~ végétal/animal** das Pflanzen-/Tierreich nt

régner [ʀeɲe] vi herrschen

regonfler [ʀ(ə)gɔ̃fle] vt (ballon) wieder aufblasen; (pneu) wieder aufpumpen

regorger [ʀ(ə)gɔʀʒe] vi: **~ de** überfließen vor +dat ou von

régresser [ʀegʀese] vi (phénomène) nachlassen, zurückgehen; (enfant, malade) Rückschritte machen

régressif, -ive [ʀegʀesif, iv] adj rückläufig

régression [ʀegʀesjɔ̃] nf Rückgang m; (de la délinquance) Abnahme f; (Psych) Rückschritt m; **être en ~** zurückgehen, abnehmen

regret [ʀ(ə)gʀɛ] nm (nostalgie) Sehnsucht f; (repentir) Reue f; (d'un projet non réalisé) Bedauern nt; **à ~** ungern; **avec ~** mit Bedauern; **à mon grand ~** zu meinem großen Bedauern; **être au ~ de ne pas pouvoir faire qch** leider ou bedauerlicherweise etw nicht tun können; **j'ai le ~ de vous informer que** bedauerlicherweise ou leider muss ich Ihnen mitteilen, dass

regrettable [ʀ(ə)gʀetabl] adj bedauerlich

regretter [ʀ(ə)gʀete] vt (époque passée, personne partie) nachtrauern +dat; (imprudence, faute, décision)

bedauern; (action commise) bereuen; **~ d'avoir fait qch** es bereuen, etw getan zu haben; **~ que** es bedauern, dass; **je regrette** es tut mir leid; **non, je regrette** nein, tut mir leid

regroupement [ʀ(ə)gʀupmɑ̃] nm Zusammenfassung f; (groupe) Gruppe f

regrouper [ʀ(ə)gʀupe] vt (grouper) zusammenfassen; (contenir) umfassen; **se regrouper** vpr sich zusammenschließen

régularisation [ʀegylaʀizasjɔ̃] nf Regulierung f; **être en voie de ~** in Ordnung gebracht werden

régulariser [ʀegylaʀize] vt (fonctionnement) regulieren; (trafic) regeln; (papiers) in Ordnung bringen; **~ sa situation** seine Verhältnisse ordnen

régularité [ʀegylaʀite] nf (v régulier) Regelmäßigkeit f; Gleichmäßigkeit f; gleichbleibende Leistung f; Legalität f; Anständigkeit f

régulateur, -trice [ʀegylatœʀ, tʀis] adj Regulierungs-, regulierend ▷ nm: **~ de vitesse/ de température** Geschwindigkeits-/ Temperaturregler m

régulation [ʀegylasjɔ̃] nf (du trafic) Regelung f; **~ des naissances** Geburtenregelung f

régulier, -ière [ʀegylje, jɛʀ] adj regelmäßig; (uniforme) gleichmäßig; (constant) gleichbleibend; (légal) ordnungsgemäß; (fam: correct) anständig; **clergé ~** Ordensgeistliche pl; **troupes régulières** reguläre Truppen pl

régulièrement [ʀegyljɛʀmɑ̃] adv regelmäßig; (uniformément) gleichmäßig; (légalement) ordnungsgemäß; (normalement) normalerweise

régurgiter [ʀegyʀʒite] vt wieder hochbringen

réhabiliter [ʀeabilite] vt rehabilitieren; (quartier) sanieren; **se réhabiliter** vpr sich rehabilitieren

réhabituer [ʀeabitɥe]: **se ~** vpr: **se ~ à qch** sich wieder an etw acc gewöhnen; **se ~ à faire qch** sich wieder daran gewöhnen, etw zu tun

rehausser [ʀaose] vt erhöhen; (dessin, portrait) hervorheben

réimporter [ʀeɛ̃pɔʀte] vt wiedereinführen

réimpression [ʀeɛ̃pʀesjɔ̃] nf Neuauflage f

réimprimer [ʀeɛ̃pʀime] vt neu auflegen

rein [ʀɛ̃] nm Niere f; **reins** nmpl (dos) Kreuz nt; **avoir mal aux ~s** Kreuzschmerzen haben; **~ artificiel** künstliche Niere

réincarnation [ʀeɛ̃kaʀnasjɔ̃] nf Reinkarnation f

réincarner [ʀeɛ̃kaʀne]: **se ~** vpr reinkarniert werden

reine [ʀɛn] nf Königin f; (Échecs) Dame f; **~ mère** Königinmutter f

reine-claude [ʀɛnklod] (pl **reines-claudes**) nf Reneklode f

reinette [ʀɛnɛt] nf Renette f

réinitialisation [ʀeinisjalizasjɔ̃] nf (Inform) Resetten nt

réinscriptible [ʀeɛ̃skʀiptibl] adj (CD, DVD) wiederbeschreibbar

réinscrire [ʀeɛ̃skʀiʀ] vt wieder einschreiben

réinsérer [ʀeɛ̃seʀe] vt rehabilitieren

réinsertion [ʀeɛ̃sɛʀsjɔ̃] nf Rehabilitation f

réinstaller [Reɛ̃stale] *vt* (*étagère*) wieder
anbringen; (*téléphone*) wieder anschließen; **~ qn
dans** (*fonctions*) jdn wieder einsetzen in *+acc*; **se
réinstaller** *vpr* (*dans un fauteuil*) sich wieder
hinsetzen; (*dans une maison*) sich wieder
einrichten

réintégrer [Reɛ̃tegRe] *vt* (*lieu*) zurückkehren nach
+acc; (*fonctionnaire*) wieder einsetzen

réitérer [ReiteRe] *vt* wiederholen

rejaillir [R(ə)ʒajiR] *vi* (*liquide*) aufspritzen; **~ sur**
spritzen auf *+acc*; (*fig*) zurückfallen auf *+acc*

rejet [Rəʒɛ] *nm* Ablehnung *f*; (*Poésie*)
Enjambement *nt*; (*Bot*) Schössling *m*;
phénomène de ~ (*Méd*) Abstoßung *f* (*eines
implantierten Organes*)

rejeter [Rəʒ(ə)te] *vt* (*écarter*) ablehnen; (*déverser*)
hinauswerfen; (*renvoyer*) zurückwerfen;
(*envahisseur*) zurückschlagen; (*vomir*) erbrechen;
se rejeter *vpr:* **se ~ sur qch** auf etw *acc*
zurückgreifen; **~ la tête en arrière** den Kopf
nach hinten werfen; **~ la responsabilité de qch
sur qn** die Verantwortung für etw auf jdn
abwälzen

rejeton [Rəʒ(ə)tɔ̃] *nm* (*fam: enfant*) Sprössling *m*

rejoindre [R(ə)ʒwɛ̃dR] *vt* (*famille, régiment*)
zurückkehren zu; (*lieu*) zurückkehren nach *+acc*;
(*rattraper*) einholen; (*suj: route etc*) münden in *+acc*;
se rejoindre *vpr* (*personnes*) sich treffen; (*routes*)
zusammenlaufen; (*fig: observations, arguments*)
übereinstimmen; **je te rejoins au café** ich
treffe dich im Café

réjoui, e [Reʒwi] *adj* freudig

réjouir [ReʒwiR] *vt* (*personne, cœur*) erfreuen;
(*regard*) eine Freude sein für; **se réjouir** *vpr* sich
freuen; **se ~ de qch** sich über etw *acc* freuen; **se ~
de faire qch** Freude daran haben, etw zu tun; **se
~ que** sich (darüber) freuen, dass

réjouissances [Reʒwisɑ̃s] *nfpl* (*fête*) Freudenfest *nt*

réjouissant, e [Reʒwisɑ̃, ɑ̃t] *adj* freudig

relâche [Rəlɑʃ] *nf:* **faire ~** (*navire*) (in einen Hafen)
einlaufen; (*Ciné*) geschlossen haben; **jour de ~**
(*Ciné*) Ruhetag *m*; **sans ~** ohne Unterbrechung,
ohne Pause

relâché, e [R(ə)lɑʃe] *adj* locker

relâchement [R(ə)lɑʃmɑ̃] *nm* (*de cordes, discipline*)
Lockerung *f*; (*d'élève etc*) Nachlassen *nt*

relâcher [R(ə)lɑʃe] *vt* (*ressort, cordes, discipline*)
lockern; (*animal, prisonnier*) freilassen ▷ *vi* (*Naut*)
Station machen; **se relâcher** *vpr* (*cordes*) sich
lockern, locker werden; (*discipline*) sich lockern;
(*élève etc*) nachlassen

relais [R(ə)lɛ] *nm* (*Sport: course*) Staffel(lauf *m*) *f*;
(*Radio, TV*) Übertragung *f*; **satellite de ~**
Übertragungssatellit *m*; **servir de ~** als
Mittelsmann dienen; **équipe de ~** (*dans une usine*)
Schicht *f*; **travail par ~** Schichtarbeit *f*; **prendre
le ~ de qn** jdn ablösen; **~ de poste** (*Hist*)
Poststation *f*; **~ routier** Raststätte *f* (*für Lkw-Fahrer*)

relance [Rəlɑ̃s] *nf* Aufschwung *m*

relancer [R(ə)lɑ̃se] *vt* (*balle*) zurückwerfen;
(*moteur*) wieder anlassen; (*fig: économie, agriculture,
projet*) ankurbeln; (*débiteur*) ermahnen

relater [R(ə)late] *vt* erzählen

relatif, -ive [R(ə)latif, iv] *adj* relativ; (*positions,
situations*) gegenseitig; (*Ling*) Relativ-; **~ à qch** etw
betreffend

relation [R(ə)lasjɔ̃] *nf* (*récit*) Erzählung *f*; (*rapport*)
Relation *f*, Verhältnis *nt*; **relations** *nfpl* (*rapports*)
Beziehungen *pl*; (*sexuelles*) Verhältnis *nt*; (*amis*)
Bekannte *pl*; **avoir des ~s** Beziehungen haben;
être/entrer en ~(s) avec in Verbindung *ou*
Kontakt stehen/treten mit; **mettre qn en ~(s)
avec** jdn in Kontakt bringen mit; **avoir ou
entretenir des ~s avec** Beziehungen haben *ou*
unterhalten zu *ou* mit; **~s internationales**
internationale Beziehungen; **~s publiques**
(*Comm*) Public Relations *pl*, Öffentlichkeitsarbeit *f*

relativement [R(ə)lativmɑ̃] *adv* relativ; **~ à**
verglichen mit

relativiser [Rəlativize] *vt* relativieren

relativité [R(ə)lativite] *nf* Relativität *f*

relax [Rəlaks] *adj inv* (*personne*) gelassen; **fauteuil
~** *nm* Ruhesessel *m*

relaxant, e [R(ə)laksɑ̃, ɑ̃t] *adj* entspannend

relaxation [R(ə)laksasjɔ̃] *nf* Entspannung *f*

relaxe [Rəlaks] *adj* = **relax**

relaxer [Rəlakse] *vt* (*détendre*) entspannen; (*Jur:
détenu*) freilassen, entlassen; **se relaxer** *vpr* sich
entspannen

relayer [R(ə)leje] *vt* (*collaborateur, coureur etc*)
ablösen; (*Radio, TV*) übertragen; **se relayer** *vpr*
sich *ou* einander ablösen

relecture [R(ə)lɛktyR] *nf* nochmaliges Lesen *nt*;
(*rédaction*) Zweitkorrektur *f*

relégation [R(ə)legasjɔ̃] *nf* (*Sport*) Abstieg *m*

reléguer [R(ə)lege] *vt* (*confiner*) verbannen; **~ au
second plan** an die zweite Stelle verweisen; **être
relégué** (*Sport*) absteigen; **se sentir relégué**
sich abgelehnt fühlen

relents [Rəlɑ̃] *nmpl* Gestank *m*; (*fig*) Geruch *m*

relève [Rəlɛv] *nf* Ablösung *f*; (*personnes*)
Ablösung(smannschaft) *f*; **prendre la ~**
übernehmen

relevé, e [Rəl(ə)ve] *adj* (*bord de chapeau*)
hochgeschlagen; (*manches*) hochgekrempelt;
(*virage*) überhöht; (*conversation, style*) gehoben;
(*sauce, plat*) scharf, stark gewürzt ▷ *nm* (*liste*)
Aufstellung *f*; (*facture*) Rechnung *f*; (*d'un
compteur*) Stand *m*; **~ d'identité bancaire**
Bankverbindung und Kontonummer *f*; **~ de
compte** Kontoauszug *m*

relèvement [R(ə)lɛvmɑ̃] *nm* (*d'un taux, niveau*)
Erhöhung *f*

relever [Rəl(ə)ve] *vt* (*statue, meuble*) wieder
aufstellen, wieder aufrichten; (*personne tombée*)
wieder auf die Beine helfen *+dat*; (*vitre*)
hochdrehen; (*store*) hochziehen; (*plafond, niveau de
vie, salaire*) erhöhen; (*économie, entreprise*) einen
Aufschwung geben *+dat*; (*col*) hochstellen; (*style,
conversation*) verfeinern; (*plat, sauce*) würzen,
verfeinern; (*sentinelle, équipe*) ablösen; (*souligner*)
betonen, hervorheben; (*remarquer*) bemerken;
(*répliquer à*) erwidern auf *+acc*; (*: défi*) annehmen;
(*noter*) aufschreiben; (*: plan*) zu Papier bringen;

(*compteur*) ablesen; (*cahiers, copies*) einsammeln; (*maille*) wieder aufnehmen ▷ *vi* (*jupe, bord*) sich hochschieben; **se relever** *vpr* aufstehen; ~ **qn de** (*fonctions, vœux*) jdn entbinden von; ~ **la tête** den Kopf heben; (*fig*) den Kopf wieder hoch tragen; ~ **de** *vt* (*être du ressort de*) eine Angelegenheit sein von

relief [Rəljɛf] *nm* Relief *nt*; (*de pneu*) Profil *nt*; **reliefs** *nmpl* (*restes*) Überreste *pl*; **en** ~ erhaben; (*photographie*) dreidimensional; **mettre en** ~ hervorheben; **donner du** ~ **à** plastisch machen

relier [Rəlje] *vt* verbinden; (*livre*) binden; ~ **qch à** etw verbinden mit; **livre relié cuir** in Leder gebundenes Buch

relieur, -euse [RəljœR, jøz] *nm/f* Buchbinder(in) *m(f)*

religieusement [R(ə)liʒjøzmã] *adv* (*vivre*) fromm; (*enterré, mariés*) kirchlich; (*scrupuleusement*) gewissenhaft; (*écouter*) ganz genau

religieux, -euse [R(ə)liʒjø, jøz] *adj* (*Rel*) religiös; (*respect, silence*) andächtig ▷ *nm* Mönch *m* ▷ *nf* Nonne *f*; (*gâteau*) doppelter Windbeutel

religion [R(ə)liʒjõ] *nf* Religion *f*; **entrer en** ~ in einen Orden gehen *ou* eintreten

reliquaire [RəlikɛR] *nm* Reliquienschrein *m*

reliquat [Rəlika] *nm* (*d'une somme*) Restbetrag *m*

relique [Rəlik] *nf* Reliquie *f*; (*souvenir*) Andenken *nt*

relire [R(ə)liR] *vt* (*à nouveau*) noch einmal lesen; (*vérifier*) durchlesen, überprüfen; **se relire** *vpr* das Geschriebene noch einmal durchlesen

reliure [RəljyR] *nf* (*art, métier*) Buchbinderei *f*; (*couverture*) Einband *m*

reloger [R(ə)lɔʒe] *vt* anderswo unterbringen

relu, e [Rəly] *pp de* **relire**

reluire [R(ə)lɥiR] *vi* glänzen, schimmern

reluisant, e [R(ə)lɥizã, ãt] *vb voir* **reluire** ▷ *adj*: **peu** ~ (*fig*) nicht gerade glänzend

reluquer [R(ə)lyke] (*fam*) *vt* anstarren

remâcher [R(ə)maʃe] *vt* (*rancune, échec*) nachgrübeln über +*acc*

remailler [R(ə)maje] *vt* (*tricot*) stopfen; (*filet*) flicken

remaniement [R(ə)manimã] *nm*: ~ **ministériel** Kabinettsumbildung *f*

remanier [R(ə)manje] *vt* (*texte*) völlig umarbeiten; (*cabinet*) umbilden

remarier [R(ə)maRje] : **se** ~ *vpr* sich wieder verheiraten

remarquable [R(ə)maRkabl] *adj* (*événement, exploit*) bemerkenswert; (*orateur, médecin*) hervorragend, ausgezeichnet

remarquablement [R(ə)maRkabləmã] *adv* außerordentlich

remarque [R(ə)maRk] *nf* Bemerkung *f*; (*écrite*) Anmerkung *f*

remarquer [R(ə)maRke] *vt* bemerken; **se remarquer** *vpr* auffallen; ~ **que** bemerken, dass; **se faire** ~ (*péj*) auffallen; **à qn que** jdn darauf hinweisen, dass; **faire** ~ **qch à qn** jdn auf etw +*acc* hinweisen; **remarquez que** übrigens

remballer [Rãbale] *vt* wieder einpacken

rembarrer [RãbaRe] *vt*: ~ **qn** (*repousser*) jdn zurückweisen; (*remettre à sa place*) jdn zurechtweisen

remblai [Rãblɛ] *nm* Böschung *f*, Damm *m*; **travaux de** ~ Aufschüttungsarbeiten *pl*

remblayer [Rãbleje] *vt* (*route*) aufschütten; (*fossé*) zuschütten

rembobiner [Rãbɔbine] *vt* wieder aufwickeln

rembourrage [RãbuRaʒ] *nm* (*matière*) Polsterung *f*; (*de vêtement*) Wattierung *f*

rembourré, e [RãbuRe] *adj* gepolstert

rembourrer [RãbuRe] *vt* (*siège, dossier*) polstern; (*vêtements*) wattieren

remboursable [RãbuRsabl] *adj* zurückzahlbar

remboursement [RãbuRsəmã] *nm* (*de personne*) Rückerstattung *f*; **envoi contre** ~ Nachnahme *f*

rembourser [RãbuRse] *vt* (*dette, emprunt*) zurückzahlen; (*personne*) bezahlen

rembrunir [RãbRyniR] : **se** ~ *vpr* finster werden

remède [R(ə)mɛd] *nm* (*médicament*) Heilmittel *nt*, Arzneimittel *nt*; (*traitement*) Behandlung *f*; (*fig*) (Heil)mittel *nt*; **trouver un** ~ **à** ein Mittel finden gegen

remédier [R(ə)medje] : ~ **à** *vt* abhelfen +*dat*

remembrement [R(ə)mãbRəmã] *nm* Flurbereinigung *f*

remémorer [R(ə)memɔRe] : **se** ~ *vpr* sich *dat* ins Gedächtnis zurückrufen

remerciements [RəmɛRsimã] *nmpl* Dank *m*; **(avec) tous mes** ~ mit herzlichem *ou* bestem Dank

remercier [R(ə)mɛRsje] *vt* danken +*dat*; (*congédier*) entlassen; ~ **qn de qch** jdm für etw danken; ~ **qn d'avoir fait qch** jdm dafür danken, dass er/sie etw gemacht hat; **non, je vous remercie** nein, danke

remettre [R(ə)mɛtR] *vt* (*vêtement*) wieder anziehen; (*replacer*) zurückstellen; (*ajouter*) hinzufügen *ou* hinzugeben; (*rétablir: personne*) wieder auf die Beine bringen; (*rendre*) zurückgeben; (*confier*) übergeben; (*prix, récompense, décoration*) verleihen; (*ajourner*) verschieben; **se remettre** *vpr* (*personne malade*) sich erholen; (*temps*) (wieder) besser werden; ~ **qch en place** etw (an seinen Platz) zurücklegen *ou* zurückstellen; ~ **une pendule à l'heure** eine Uhr stellen; ~ **un moteur/une machine en marche** einen Motor/eine Maschine wieder in Gang bringen; ~ **en état** *ou* **en ordre** wieder in Ordnung bringen; ~ **en cause** *ou* **question** infrage stellen; ~ **sa démission** seine Kündigung einreichen, kündigen; ~ **au lendemain** auf morgen verschieben; ~ **à plus tard** auf später verschieben; ~ **à neuf** wieder wie neu machen; ~ **qn à sa place** (*fig*) jdn auf seinen Platz verweisen; **s'en** ~ **à** sich richten nach; **se** ~ **à faire qch** wieder anfangen, etw zu tun

réminiscence [Reminisãs] *nf* Erinnerung *f*

remis, e [R(ə)mi, iz] *pp de* **remettre**

remise [R(ə)miz] *nf* (*d'un colis, d'une récompense etc*) Übergabe *f*; (*rabais*) Rabatt *m*, Nachlass *m*; (*local*) Schuppen *m*, Remise *f*; ~ **à neuf** Renovierung *f*;

~ de peine Strafnachlass *m*; **~ en cause** Infragestellen *nt*; **~ en ordre** In-Ordnung-Bringen *nt*; **~ en question** Infragestellen
remiser [ʀ(ə)mize] *vt* (*outil, valise*) wegräumen; (*voiture*) wegstellen
rémission [ʀemisjɔ̃] *nf* (*dans une maladie*) leichte Besserung *f*; **sans ~** unerbittlich
remodeler [ʀ(ə)mɔd(ə)le] *vt* neu formen; (*fig: restructurer*) umstrukturieren
rémois, e [ʀemwa, waz] *adj* aus Reims ▷ *nm/f*: **Rémois, e** Einwohner(in) *m(f)* von Reims
remontant [ʀ(ə)mɔ̃tɑ̃] *nm* Stärkung *f*
remontée [ʀ(ə)mɔ̃te] *nf* (*des eaux, de la fièvre etc*) erneutes Ansteigen *nt*, erneuter Anstieg *m*; **~s mécaniques** Skilifte *pl*
remonte-pente [ʀ(ə)mɔ̃tpɑ̃t] (*pl* **~s**) *nm* (Ski) Skilift *m*
remonter [ʀ(ə)mɔ̃te] *vi* wieder ansteigen; (*sur un cheval*) wieder aufsteigen; (*après une descente*) wieder hinaufsteigen; (*dans une voiture*) wieder einsteigen; (*au deuxième étage etc*) wieder hinaufgehen; (*jupe*) hochrutschen; (*route*) ansteigen; (*baromètre, fièvre*) (wieder) steigen ▷ *vt* (*escalier*) wieder hinaufgehen; (*pente*) wieder hinaufsteigen; (*fleuve*) hinauffahren; (: *en nageant*) hinaufschwimmen; (*pantalon, manches*) hochkrempeln; (*col*) hochschlagen; (*limite, niveau*) erhöhen; (*réconforter*) aufmuntern; (*garde-robe, collection*) erneuern; (*montre, mécanisme*) aufziehen; **~ à** (*dater de*) zurückgehen auf +*acc*; **~ en voiture** wieder (ins Auto) einsteigen; **~ le moral à qn** jds Laune verbessern
remontoir [ʀ(ə)mɔ̃twaʀ] *nm* Aufziehmechanismus *m*
remontrances [ʀ(ə)mɔ̃tʀɑ̃s] *nfpl* Rüge *f*, Tadel *m*
remontrer [ʀ(ə)mɔ̃tʀe] *vt* (*montrer de nouveau*) wieder zeigen; **en ~ à qn** es jdm zeigen
remords [ʀ(ə)mɔʀ] *nm* schlechtes Gewissen *nt*; **avoir des ~** Gewissensbisse haben
remorque [ʀ(ə)mɔʀk] *nf* Anhänger *m*; (*véhicule*) abschleppen; **prendre en ~** (*bateau*) schleppen; **être à la ~ de qn** sich an jdn anhängen
remorquer [ʀ(ə)mɔʀke] *vt* (*véhicule*) abschleppen; (*bateau*) schleppen
remorqueur [ʀ(ə)mɔʀkœʀ] *nm* (Naut) Schlepper *m*
rémoulade [ʀemulad] *nf* Remoulade *f*
rémouleur [ʀemulœʀ] *nm* Scherenschleifer *m*
remous [ʀəmu] *nm* (*à l'arrière d'un navire*) Kielwasser *nt*; (*d'une rivière*) Wirbel *m*; **remous** *nmpl* (*fig*) Unruhe *f*
rempailler [ʀɑ̃paje] *vt* (*chaise*) neu (mit Korbgeflecht) bespannen
rempailleur, -euse [ʀɑ̃pajœʀ, øz] *nm/f* Korbflechter(in) *m(f)* (*der/die Stühle repariert*)
rempart [ʀɑ̃paʀ] *nm* (*de château, fig*) (Schutz)wall *m*; **remparts** *nmpl* Stadtmauer *f*
rempiler [ʀɑ̃pile] *vt* (*dossiers, livres etc*) wieder aufstapeln ▷ *vi* (*fam: Mil*) sich länger verpflichten
remplaçant, e [ʀɑ̃plasɑ̃, ɑ̃t] *nm/f* Ersatz *m*; (*temporaire*) Vertretung *f*; (*Théât*) Zweitbesetzung *f*
remplacement [ʀɑ̃plasmɑ̃] *nm* Vertretung *f*;

(*permanent*) Ersatz *m*; **assurer le ~ de qn** die Vertretung für jdn übernehmen; **faire des ~s** Vertretungen übernehmen
remplacer [ʀɑ̃plase] *vt* ersetzen; (*temporairement*) vertreten; (: *acteur*) einspringen für; (*pneu*) wechseln; (*ampoule*) auswechseln; **~ par** ersetzen durch
rempli, e [ʀɑ̃pli] *adj* (*journée, emploi du temps*) ausgefüllt, voll; (*forme, visage*) füllig; **~ de** voll mit
remplir [ʀɑ̃pliʀ] *vt* füllen; (*journée, vacances, vie, questionnaire*) ausfüllen; (*obligations, promesses, conditions*) erfüllen; (*fonction, rôle*) ausüben, erfüllen; **se remplir** *vpr* sich füllen; **~ qch de** etw füllen mit; **~ qn de** jdn erfüllen mit
remplissage [ʀɑ̃plisaʒ] (*péj*) *nm* Füllsel *nt*
rempocher [ʀɑ̃pɔʃe] *vt* wieder in die Tasche stecken
remporter [ʀɑ̃pɔʀte] *vt* (*livre, marchandise*) (wieder) mitnehmen; (*victoire, succès*) davontragen
rempoter [ʀɑ̃pɔte] *vt* umtopfen
remuant, e [ʀəmɥɑ̃, ɑ̃t] *adj* (*enfant etc*) lebhaft
remue-ménage [ʀ(ə)mymenaʒ] *nm inv* Tohuwabohu *nt*
remuer [ʀəmɥe] *vt* (*partie du corps*) bewegen; (*café*) umrühren; (*salade*) mischen; (*émouvoir*) rühren, bewegen; (*objet: déplacer*) verschieben ▷ *vi* (*dent*) wackeln; (*feuille, personne*) sich bewegen; (*fig*) sich bemerkbar machen; **se remuer** *vpr* (*se mouvoir*) sich bewegen; (*fam*) sich anstrengen
rémunérateur, -trice [ʀemyneʀatœʀ, tʀis] *adj* einträglich, lukrativ
rémunération [ʀemyneʀasjɔ̃] *nf* Bezahlung *f*, Entlohnung *f*
rémunérer [ʀemyneʀe] *vt* (*personne*) bezahlen, entlohnen; (*travail*) bezahlen
renâcler [ʀ(ə)nakle] *vi* (*animal*) schnauben; (*fig*) murren
Renaissance [ʀ(ə)nɛsɑ̃s] *nf*: **la ~** die Renaissance *f*
renaître [ʀ(ə)nɛtʀ] *vi* wiederaufleben; **~ à l'espoir** neue Hoffnung schöpfen
rénal, e, -aux [ʀenal, o] *adj* Nieren-
renard [ʀ(ə)naʀ] *nm* Fuchs *m*; (*fourrure*) Fuchs(pelz) *m*
renardeau [ʀ(ə)naʀdo] *nm* Fuchsjunges *nt*
rencard [ʀɑ̃kaʀ] *nm* = **rancard**
rencart [ʀɑ̃kaʀ] *nm* = **rebut**
renchérir [ʀɑ̃ʃeʀiʀ] *vi* (*prix*) steigen; (*vie*) teurer werden, sich verteuern; **~ (sur)** (*en paroles*) etwas hinzufügen (zu)
renchérissement [ʀɑ̃ʃeʀismɑ̃] *nm* Verteuerung *f*
rencontre [ʀɑ̃kɔ̃tʀ] *nf* Treffen *nt*; (Sport) Begegnung *f*; (*de cours d'eau*) Zusammenfluss *m*; (*de véhicules*) Zusammenstoß *m*; (*d'idées*) Zusammentreffen *nt*; **faire la ~ de qn** jds Bekanntschaft machen, jdn kennenlernen; **aller à la ~ de qn** jdm entgegengehen; **amours de ~** zufällige Liebschaften *pl*
rencontrer [ʀɑ̃kɔ̃tʀe] *vt* sich treffen mit; (*par hasard*) treffen, begegnen +*dat*; (Sport) treffen auf +*acc*; (*mot, expression, difficultés, opposition*) stoßen auf +*acc*; (*regard, yeux*) begegnen +*dat*; **se**

rencontrer *vpr* (*personnes*) sich treffen, sich begegnen; (*fleuves*) zusammenfließen; (*regards*) sich begegnen; (*véhicules*) zusammenstoßen

rendement [ʀɑ̃dmɑ̃] *nm* Leistung *f*; (*d'un investissement*) Ertrag *m*; **à plein** ~ auf vollen Touren

rendez-vous [ʀɑ̃devu] *nm inv* Verabredung *f*; (: *d'amoureux aussi*) Rendezvous *nt*; (*lieu*) Treffpunkt *m*; **recevoir sur** ~ nur mit Voranmeldung zu sprechen sein; **donner** *ou* **fixer un** ~ **à qn** sich mit jdm verabreden; **avoir** ~ (**avec qn**) eine Verabredung (mit jdm) haben, (mit jdm) verabredet sein; **prendre** ~ (**avec qn**) sich (mit jdm) verabreden; **prendre** ~ **chez le médecin** sich *dat* einen Termin beim Arzt geben lassen; ~ **spatial** Ankoppelungsmanöver *nt* im Weltall

rendormir [ʀɑ̃dɔʀmiʀ]: **se** ~ *vpr* wieder einschlafen

rendre [ʀɑ̃dʀ] *vt* zurückgeben; (*salut, visite etc*) erwidern; (*honneurs*) erweisen; (*vomir*) erbrechen; (*exprimer*) ausdrücken; (*verdict, jugement, etc*) erlassen; (*faire devenir*) machen; (*produire*) hervorbringen; **se rendre** *vpr* (*capituler*) sich ergeben; (*aller*) sich begeben, gehen; ~ **qn célèbre/qch possible** jdn berühmt/etw möglich machen; ~ **la vue/l'espoir/la santé à qn** jdm das Augenlicht/die Hoffnung/die Gesundheit wiedergeben; ~ **la liberté** die Freiheit schenken +*dat*; ~ **la monnaie** (Wechsel)geld herausgeben; **se** ~ **à** (*arguments, ordres*) sich beugen +*dat*; **se** ~ **insupportable/malade** unerträglich werden/sich krank machen; **se** ~ **compte de qch** etw bemerken, sich *dat* einer Sache *gén* bewusst sein

rendu, e [ʀɑ̃dy] *pp de* **rendre**

renégat, e [ʀənega, at] *nm/f* Abtrünnige(r) *f(m)*

renégocier [ʀənegɔsje] *vt* neu verhandeln

rênes [ʀɛn] *nfpl* Zügel *pl*

renfermé, e [ʀɑ̃fɛʀme] *adj* (*personne*) verschlossen ▷ *nm*: **sentir le** ~ muffig riechen

renfermer [ʀɑ̃fɛʀme] *vt* (*contenir*) enthalten; **se renfermer** *vpr*: **se** ~ (**sur soi-même**) sich (in sich selbst) zurückziehen

renfiler [ʀɑ̃file] *vt* (*collier etc*) neu auffädeln; (*pull*) (wieder) überziehen

renflé, e [ʀɑ̃fle] *adj* bauchig

renflement [ʀɑ̃fləmɑ̃] *nm* Wölbung *f*

renflouer [ʀɑ̃flue] *vt* (*bateau*) wieder flottmachen; (*fig*) aus seinen Schwierigkeiten heraushelfen

renfoncement [ʀɑ̃fɔ̃smɑ̃] *nm* Vertiefung *f*, Nische *f*

renforcer [ʀɑ̃fɔʀse] *vt* verstärken; (*expression, argument*) bekräftigen; (*soupçons*) bestärken; ~ **qn dans ses opinions** jdn in seiner Meinung bestätigen *ou* bestärken

renfort [ʀɑ̃fɔʀ]: ~**s** *nmpl* Verstärkung *f*; **en** ~ zur Verstärkung; **à grand** ~ **de** mit (einem) großen Aufwand an +*dat*

renfrogné, e [ʀɑ̃fʀɔɲe] *adj* missmutig, verdrießlich

renfrogner [ʀɑ̃fʀɔɲe]: **se** ~ *vpr* (*personne*) ein verdrießliches Gesicht machen; (*visage*) sich verziehen

rengager [ʀɑ̃gaʒe] *vt* (*personnel*) wiedereinstellen; **se rengager** *vpr* (*Mil*) sich wieder verpflichten

rengaine [ʀɑ̃gɛn] (*péj*) *nf* altes Lied *nt*

rengainer [ʀɑ̃gene] *vt* (*revolver*) wieder ins Halfter stecken; (*épée*) wieder in die Scheide stecken; (*fam: compliment, discours*) zurücknehmen

rengorger [ʀɑ̃gɔʀʒe]: **se** ~ *vpr* sich aufplustern

renier [ʀənje] *vt* verleugnen; (*engagements*) nicht anerkennen

renifler [ʀ(ə)nifle] *vi* schnüffeln ▷ *vt* (*tabac*) schnupfen; (*odeur*) schnüffeln

rennais, e [ʀɛnɛ, ɛz] *adj* aus Rennes ▷ *nm/f*: **Rennais, e** Einwohner(in) *m(f)* von Rennes

renne [ʀɛn] *nm* Ren(tier) *nt*

renom [ʀənɔ̃] *nm* Ruf *m*; **vin de grand** ~ berühmter Wein *m*, Wein mit einem großen Namen

renommé, e [ʀ(ə)nɔme] *adj* renommiert, berühmt ▷ *nf* Ruhm *m*; (*d'un magasin*) guter Ruf *m*, Renommee *nt*

renoncement [ʀ(ə)nɔ̃smɑ̃] *nm* Verzicht *m*

renoncer [ʀ(ə)nɔ̃se]: ~ **à** *vt* aufgeben; (*droit, succession*) verzichten auf +*acc*; ~ **à faire qch** darauf verzichten, etw zu tun; **j'y renonce** ich verzichte

renouer [ʀənwe] *vt* (*cravate, lacets*) neu binden; (*conversation, liaison*) wieder anknüpfen; ~ **avec** (*tradition*) wieder anknüpfen an +*acc*; (*habitude*) wiederaufnehmen; ~ **avec qn** sich mit jdm wieder anfreunden

renouveau, x [ʀ(ə)nuvo] *nm*: ~ **de succès** erneuter Erfolg *m*

renouvelable [ʀ(ə)nuv(ə)labl] *adj* verlängerbar; (*expérience*) wiederholbar; (*énergie*) erneuerbar

renouveler [ʀ(ə)nuv(ə)le] *vt* erneuern; (*personnel, membres d'un comité*) austauschen; (*passeport*) erneuern, verlängern; (*bail, contrat*) verlängern; (*usage, mode, style*) wiederbeleben; (*demande, remerciements, exploit, méfait*) wiederholen; **se renouveler** *vpr* (*incident*) sich wiederholen; (*cellules etc*) sich erneuern; (*artiste, écrivain*) einen neuen Anfang machen

renouvellement [ʀ(ə)nuvɛlmɑ̃] *nm* (*v vt*) Erneuern *nt*; Austauschen *nt*; Verlängerung *f*; Wiederbelebung *f*; Wiederholung *f*; Erneuerung *f*; Neuanfang *m*

rénovation [ʀenɔvasjɔ̃] *nf* Renovierung *f*

rénover [ʀenɔve] *vt* (*immeuble*) renovieren; (*meuble*) restaurieren; (*enseignement, méthodes*) erneuern; (*quartier*) sanieren

renseignement [ʀɑ̃sɛɲmɑ̃] *nm* Auskunft *f*; (*Mil*) Aufklärung *f*; **prendre des** ~**s sur** Auskunft einholen über +*acc*, sich erkundigen über +*acc*; (**guichet des**) ~**s** Auskunft(sschalter *m*) *f*; (**service des**) ~**s** (*Tél*) (Fernsprech)auskunft *f*; **service de** ~**s** Nachrichtendienst *m*; **agent de** ~**s** Geheimagent *m*; **les** ~**s généraux** ≈ die Geheimpolizei *f*

renseigner [ʀɑ̃seɲe] *vt*: ~ **qn (sur)** jdn informieren (über +*acc*); **se renseigner** *vpr* sich erkundigen

rentabiliser [Rãtabilize] *vt* rentabel machen
rentabilité [Rãtabilite] *nf* Rentabilität *f*
rentable [Rãtabl] *adj* rentabel
rente [Rãt] *nf* (*revenu d'un bien, capital*) Einkommen *nt*, Rendite *f*; (*pension*) Rente *f*; (*titre*) Staatsanleihe *f*; **~ viagère** Leibrente *f*
rentier, -ière [Rãtje, jɛR] *nm/f* Rentner(in) *m(f)*
rentrée [Rãtre] *nf*: **~ (d'argent)** Einnahmen *pl*; **la ~ (des classes)** der Schuljahresbeginn; *siehe Info-Artikel;* **la ~ parlementaire** das Wiederzusammentreten *nt* des Parlamentes (*nach den Ferien*); **réussir sa ~** (*artiste, acteur*) ein Come-back *ou* Comeback machen

⬤ **RENTRÉE (DES CLASSES)**
⬤
⬤ *La rentrée* (*des classes*) jedes Jahr im September
⬤ bedeutet mehr als nur der Schulbeginn für
⬤ Schüler und Lehrer. Es ist auch die Zeit nach
⬤ den langen Sommerferien, wenn das
⬤ politische und soziale Leben wieder beginnt.

rentrer [Rãtre] *vi* (*entrer de nouveau: venir*) wieder hereinkommen; (: *aller*) wieder hineingehen; (*entrer: venir*) hereinkommen; (: *aller*) hineingehen; (*chez soi: venir*) nach Hause kommen; (: *aller*) nach Hause gehen; (*pénétrer*) eindringen; (*revenu, argent*) hereinkommen ▷ *vt* (*foins*) einbringen; (*véhicule etc*) abstellen; (*chemise dans pantalon etc*) hineinstecken; (*griffes*) einziehen; (*train d'atterrissage*) einfahren; (*larmes, rage*) zurückhalten, hinunterschlucken; **~ dans un arbre** gegen einen Baum prallen; **être rentré dans l'ordre** wieder seinen geordneten *ou* normalen Gang gehen; **~ dans ses frais** auf seine Kosten kommen; **~ le ventre** den Bauch einziehen
renverrai *etc* [RãvɛRɛ] *vb voir* **renvoyer**
renversant, e [RãvɛRsã, ãt] *adj* umwerfend
renverse [Rãvɛrs] *nf*: **à la ~** nach hinten
renversé, e [Rãvɛrse] *adj* (*écriture*) nach links geneigt; (*image*) umgekehrt; (*stupéfait*) verdattert
renversement [RãvɛRsəmã] *nm* (*d'un régime*) Umsturz *m*; **~ de la situation** Umkehrung *f* der Lage
renverser [Rãvɛrse] *vt* (*faire tomber*) umwerfen, umstoßen, umkippen; (*piéton*) anfahren; (: *tuer*) totfahren; (*liquide, contenu d'un récipient*) verschütten; (*inverser: image*) umkehren; (*ordre des mots etc*) umdrehen; (*tradition, ordre établi*) umstoßen; (*ministère, gouvernement*) stürzen; (*stupéfier*) umwerfen; **se renverser** *vpr* (*tomber*) umfallen; (*véhicule*) umkippen; (*liquide*) verschüttet werden; **~ la tête** den Kopf nach hinten beugen; **~ la vapeur** (*fig*) den Kurs ändern
renvoi [Rãvwa] *nm* (*licenciement*) Entlassung *f*; (*référence*) Verweis *m*; (*éructation*) Rülpser *m*
renvoyer [Rãvwaje] *vt* zurückschicken; (*congédier*) entlassen; (*Tennis*) zurückschlagen; (*lumière, son*) reflektieren; (*ajourner*) verschieben; **~ qn à** (*référer*) jdn verweisen auf +*acc*; **~ qch au**

lendemain etw auf den nächsten Tag verschieben
réorganisation [ReɔRganizasjɔ̃] *nf* Umorganisation *f*
réorganiser [ReɔRganize] *vt* umorganisieren
réorienter [ReɔRjãte] *vt* umorientieren
réouverture [ReuvɛRtyR] *nf* Wiedereröffnung *f*
repaire [R(ə)pɛR] *nm* Höhle *f*
repaître [RəpɛtR] *vt* weiden, ergötzen; **se repaître** *vpr*: **se ~ de** sich ergötzen an +*dat*
répandre [RepãdR] *vt* (*renverser*) verschütten; streuen; (*étaler*) streichen; **se répandre** *vpr* (*liquide*) ausfließen; (*odeur, fumée*) sich verbreiten; (*foule*) sich ergießen; (*épidémie, mode etc*) sich ausbreiten; **se ~ en** (*injures, compliments*) sich ergehen in +*dat*
répandu, e [Repãdy] *pp de* **répandre** ▷ *adj* (*courant*) verbreitet
réparable [RepaRabl] *adj* reparabel, zu reparieren; (*perte etc*) wiedergutzumachen
reparaître [R(ə)paRɛtR] *vi* wiedererscheinen
réparateur, -trice [RepaRatœR, tRis] *nm/f* Reparierer(in) *m(f)*
réparation [RepaRasjɔ̃] *nf* Reparatur *f*; (*fig*) Wiedergutmachung *f*; **réparations** *nfpl* (*travaux*) Reparaturarbeiten *pl*; **en ~** in Reparatur
réparer [Repare] *vt* reparieren; (*fig*) wiedergutmachen
reparler [R(ə)paRle] *vi*: **~ de qn/qch** noch einmal über jdn/etw sprechen; **~ à qn** (*après fâcherie*) wieder mit jdm sprechen
repars [RəpaR] *vb voir* **repartir**
repartie [RepaRti] *nf* schlagfertige Antwort *f*; **avoir de la ~** schlagfertig sein; **esprit de ~** Schlagfertigkeit *f*
repartir [R(ə)paRtiR] *vi* (*wieder*) gehen; (*retourner*) zurückgehen; (*moteur*) wieder anspringen; (*fig: affaire*) sich wieder erholen; **~ à zéro** noch einmal von vorne anfangen
répartir [RepaRtiR] *vt* verteilen; (*somme, travail etc: aussi*) aufteilen; **se répartir** *vpr* (*travail*) sich *dat* teilen; (*rôles*) aufteilen; **~ sur** verteilen über +*acc*; **~ en** unterteilen in +*acc*
répartition [RepaRtisjɔ̃] *nf* (*de somme, travail*) Aufteilung *f*; (*de personnes, objets, poids*) Verteilung *f*
repas [R(ə)pa] *nm* Mahlzeit *f*; **à l'heure des ~** zur Essenszeit
repassage [R(ə)pasaʒ] *nm* Bügeln *nt*
repasser [R(ə)pase] *vi* (*passer de nouveau*) wieder vorbeikommen ▷ *vt* (*vêtement, tissu*) bügeln; (*examen*) noch einmal machen; (*film*) noch einmal zeigen; (*plat, pain*) (noch einmal) reichen; (*leçon, rôle*) wiederholen
repasseuse [R(ə)pasøz] *nf* (*machine*) Bügelmaschine *f*
repayer [R(ə)peje] *vt* zurückzahlen
repêchage [R(ə)pɛʃaʒ] *nm*: **examen de ~** Nachprüfung *f*
repêcher [R(ə)peʃe] *vt* (*noyé*) auffischen, bergen; (*fam: candidat*) retten
repeindre [R(ə)pɛ̃dR] *vt* neu streichen
repenser [R(ə)pãse] *vi*: **~ à qch** (*par hasard*) sich an

etw *acc* erinnern; *(considérer à nouveau)* etw noch einmal überdenken

repentir [Rəpãtiʀ]: **se ~** *vpr* Reue empfinden *nm* Reue *f*; **se ~ de qch** etw bereuen; **se ~ d'avoir fait qch** bereuen, etw getan zu haben

répercussions [Repɛʀkysjɔ̃] *nfpl* Auswirkungen *pl*, Folgen *pl*

répercuter [Repɛʀkyte] *vt (son, voix)* reflektieren; *(informations, hausse des prix, impôt, taxe)* weitergeben; *(consignes, charges etc)* weiterleiten; **se répercuter** *vpr (bruit, écho)* widerhallen; **se ~ sur** *(fig)* sich auswirken auf +*acc*

repère [R(ə)pɛʀ] *nm* Zeichen *nt*, Markierung *f*; *(monument etc)* Orientierungshilfe *f*; **point de ~** Bezugspunkt *m*

repérer [R(ə)peʀe] *vt* entdecken; *(abri, ennemi)* auskundschaften; **se repérer** *vpr (s'orienter)* sich zurechtfinden; **se faire ~** entdeckt werden

répertoire [Repɛʀtwaʀ] *nm* Verzeichnis *nt*, Register *nt*; *(Inform)* Verzeichnis; *(d'un artiste, chanteur)* Repertoire *nt*

répertorier [Repɛʀtɔʀje] *vt* auflisten

répéter [Repete] *vt* wiederholen; *(rapporter)* weitererzählen, weitersagen; *(leçon)* noch einmal durcharbeiten; *(Théât etc)* proben ▷ *vi (Théât etc)* proben; **se répéter** *vpr* sich wiederholen; **je te répète que** ich sage dir noch einmal, dass

répétitif, -ive [Repetitif, iv] *adj* sich dauernd wiederholend, monoton

répétition [Repetisjɔ̃] *nf* Wiederholung *f*; *(Théât)* Probe *f*; **répétitions** *nfpl (leçons)* Nachhilfestunden *pl*; **armes à ~** Repetiergewehre *pl*, Mehrlader *pl*; **~ générale** Generalprobe *f*

repeupler [R(ə)pœple] *vt (pays)* wiederbevölkern; *(forêt)* wieder mit Wild besetzen

repiquage [R(ə)pikaʒ] *nm (de plantes)* Verpflanzen *nt*; *(d'enregistrement)* Neuaufnahme *f*

repiquer [R(ə)pike] *vt (plantes)* versetzen; *(enregistrement)* noch einmal aufnehmen

répit [Repi] *nm* Erholungspause *f*; **sans ~** ununterbrochen, unablässig; **ne pas laisser de ~ à qn** jdm keine Ruhe lassen

replacer [R(ə)plase] *vt* zurücktun

replanter [R(ə)plãte] *vt (plantes)* umsetzen; *(forêt)* aufforsten

replat [Rəpla] *nm* Felsvorsprung *m*

replâtrer [R(ə)plɑtʀe] *vt (mur)* neu verputzen; *(fig)* flicken

replet, -ète [Rəplɛ, ɛt] *adj* dick

repli [Rəpli] *nm (d'une étoffe)* Falte *f*; *(Mil, fig)* Rückzug *m*; **~s de terrain** Bodenwellen *pl*

replier [R(ə)plije] *vt (vêtement)* zusammenfalten; *(jambes)* unterschlagen; **se replier** *vpr (troupes, armée)* sich zurückziehen, zurückweichen; **se ~ sur soi-même** sich (in sich selbst) zurückziehen

réplique [Replik] *nf (repartie)* Antwort *f*, Erwiderung *f*; *(objection)* Einwand *m*; *(Théât)* Replik *f*, Erwiderung; *(copie)* Nachahmung *f*; **donner la ~ à qn** jdm sein Stichwort geben; **sans ~** *(ton)* keine Widerrede duldend; *(argument)* nicht zu widerlegen

répliquer [Replike] *vi (répondre)* erwidern; *(avec impertinence)* Widerworte geben; *(riposter)* zurückschlagen; **~ à** erwidern auf +*acc*; **~ que** antworten *ou* erwidern, dass

replonger [R(ə)plɔ̃ʒe] *vt* wieder eintauchen; **se replonger** *vpr:* **se ~ dans** sich wieder vertiefen in +*acc*

répondant, e [Repɔ̃dã, ãt] *nm/f* Bürge *m*, Bürgin *f*

répondeur [Repɔ̃dœʀ] *nm:* **~ automatique** automatischer Anrufbeantworter *m*

répondre [Repɔ̃dʀ] *vi* antworten; *(avec impertinence)* Widerworte geben; *(freins, mécanisme)* reagieren, ansprechen; **~ à** *(question, remarque, invitation etc)* antworten auf +*acc*; *(personne)* antworten +*dat*; *(avec impertinence)* Widerworte geben +*dat*; *(convocation)* Folge leisten +*dat*; *(affection, salut, sourire)* erwidern; *(excitation, provocation)* reagieren auf +*acc*; *(suj: véhicule, mécanisme)* ansprechen auf +*acc*; *(correspondre à)* entsprechen +*dat*; **~ que** antworten, dass; **~ de** bürgen für

réponse [Repɔ̃s] *nf* Antwort *f*; *(solution)* Lösung *f*; *(réaction)* Reaktion *f*; **avec ~ payée** mit Rückantwort; **avoir ~ à tout** auf alles eine Antwort haben; **en ~ à** als Antwort auf +*acc*

report [Rəpɔʀ] *nm (ajournement)* Verschieben *nt*; *(de total, suffrages)* Übertrag *m*

reportage [R(ə)pɔʀtaʒ] *nm* Reportage *f*; *(écrit)* Bericht *m*

reporter¹ [Rəpɔʀtɛʀ] *nm* Reporter(in) *m(f)*

reporter² [Rəpɔʀte] *vt (ajourner)* verschieben; *(transférer)* übertragen; **se reporter** *vpr:* **se ~ à** *(époque)* sich zurückversetzen in +*acc*; *(document, texte)* sich beziehen auf +*acc*

repos [R(ə)po] *nm* Ruhe *f*; **~!** *(Mil)* rühren!; **au ~** in Ruhestellung; *(soldat)* der nicht strammsteht; **ce n'est pas de tout** es ist kein reines Vergnügen

reposant, e [R(ə)pozã, ãt] *adj* erholsam; *(sommeil)* erfrischend

repose [R(ə)poz] *nf (de moteur, appareil)* Wiedereinbau *m*

reposé, e [R(ə)poze] *adj* ausgeruht, frisch; **à tête ~e** in aller Ruhe

repose-pied [Rəpozpje] *nm inv (de motocyclette)* Fußraste *f*; *(de fauteuil)* Fußstütze *f*

reposer [R(ə)poze] *vt (verre)* wieder hinstellen *ou* absetzen; *(livre)* wieder hinlegen; *(rideaux, carreaux)* wieder anbringen; *(question)* wieder aufwerfen; *(délasser)* entspannen, erfrischen ▷ *vi (liquide, pâte)* ruhen; **se reposer** *vpr (se délasser)* sich ausruhen; **ici repose** hier ruht; **~ sur** *(suj: bâtiment)* ruhen auf +*dat*; *(fig: affirmation)* beruhen auf +*dat*; **se ~ sur qn** sich auf jdn verlassen

repoussant, e [R(ə)pusã, ãt] *adj* abstoßend

repousser [R(ə)puse] *vi* nachwachsen ▷ *vt (personne)* abstoßen, zurückstoßen; *(ennemi, attaque)* zurückschlagen; *(offre, proposition, tentation)* ablehnen; *(rendez-vous, entrevue)* aufschieben; *(tiroir, table)* zurückschieben; *(cuir)* (mit der Hand) prägen

répréhensible [Repreãsibl] *adj* tadelnswert

reprendre [R(ə)pRɑ̃dR] vt (prisonnier) wieder festnehmen ou ergreifen; (Mil: ville) zurückerobern; (aller chercher) wieder abholen; (prendre à nouveau) wieder nehmen; (récupérer, Comm: article usagé) zurücknehmen; (se resservir de) noch einmal nehmen; (firme, entreprise, argument, idée) übernehmen; (recommencer) wiederaufnehmen; (refaire: article etc) bearbeiten; (: jupe, pantalon) ändern; (rejouer) erneut bringen; (réprimander) tadeln; (corriger) verbessern ▷ vi (cours, classes) wieder anfangen, wieder beginnen; (froid, pluie etc) wieder einsetzen; (affaires, industrie) sich erholen; **se reprendre** vpr (se corriger) sich verbessern; (se ressaisir) sich fangen; **s'y ~ à deux fois** es zweimal versuchen; **~ courage** wieder Mut schöpfen, neuen Mut schöpfen; **~ des forces** wieder zu Kräften kommen, neue Kraft schöpfen; **~ ses habitudes/sa liberté** wieder in seine alten Gewohnheiten verfallen/seine Freiheit wiedererlangen; **~ la route/l'air** sich wieder auf den Weg machen/weiterfliegen; **~ connaissance** wieder zu Bewusstsein ou zu sich kommen; **~ haleine** ou **son souffle** verschnaufen; **~ la parole** wieder das Wort ergreifen; **je reprends** ich fahre fort; **reprit-il** sagte er; **~ du pain** noch einmal Brot nehmen; **~ un œuf** noch ein Ei nehmen

reprenne etc [RəpRɛn] vb voir **reprendre**

représailles [R(ə)pRezaj] nfpl Repressalien pl

représentant, e [R(ə)pRezɑ̃tɑ̃, ɑ̃t] nm/f Vertreter(in) m(f); (Comm) Handelsvertreter(in) m(f)

représentatif, -ive [R(ə)pRezɑ̃tatif, iv] adj repräsentativ

représentation [R(ə)pRezɑ̃tasjɔ̃] nf (symbole, image) Darstellung f; (de pièce, opéra) Aufführung f; (de pays, syndicat, maison de commerce) Vertretung f; **faire de la ~** (Comm) Vertreter(in) sein; **frais de ~** (d'un diplomate) Aufwandsentschädigung f

représenter [R(ə)pRezɑ̃te] vt darstellen; (pièce, opéra) aufführen; (pays, syndicat, maison de commerce) vertreten; **se représenter** vpr (occasion) sich wieder bieten; (s'imaginer) sich dat vorstellen; **se ~ à** (examen) sich noch einmal melden zu; (élections) sich noch einmal aufstellen lassen zu

répressif, -ive [Represif, iv] adj repressiv

répression [Represjɔ̃] nf (v réprimer) Unterdrückung f; Niederschlagen nt; Bestrafung f; (Pol) Repression f; **mesures de ~** Strafmaßnahmen pl

réprimande [Reprimɑ̃d] nf Tadel m, Verweis m

réprimander [Reprimɑ̃de] vt tadeln

réprimer [Reprime] vt (désirs, passions, envie) unterdrücken; (révolte) niederschlagen; (abus, désordres) vorgehen gegen, bestrafen

repris, e [R(ə)pRi, iz] pp de **reprendre** ▷ nm: **~ de justice** Vorbestrafter m

reprise [R(ə)pRiz] nf (Mil) Rückeroberung f; (de firme, entreprise) Übernahme f; (de texte, article) Bearbeitung f; (recommencement) Wiederbeginn m; (économique) Wiederaufschwung m; (Théât, TV, Ciné) Wiederholung f; (Boxe etc) Runde f; (Auto: en accélérant) Beschleunigung f; (Comm: d'un article usagé) Inzahlungnahme f; (de location) Ablösesumme f; (raccommodage) Kunststopfen nt; **la ~ des hostilités** die Wiederaufnahme der Feindseligkeiten; **à plusieurs ~s** mehrmals

repriser [R(ə)pRize] vt (raccommoder) stopfen; **aiguille à ~** Stopfnadel f

réprobateur, -trice [RepRɔbatœR, tRis] adj tadelnd, missbilligend

réprobation [RepRɔbasjɔ̃] nf Missbilligung f

reproche [R(ə)pRɔʃ] nm Vorwurf m; **ton/air de ~** vorwurfsvoller Ton m/Blick m; **faire des ~s à qn** jdm Vorwürfe machen; **faire ~ à qn d'avoir menti** jdm vorwerfen, dass er/sie gelogen hat; **sans ~(s)** tadellos

reprocher [R(ə)pRɔʃe] vt vorwerfen; **se ~** sich dat vorwerfen; **n'avoir rien à ~ à qch** an etw dat nichts auszusetzen haben

reproducteur, -trice [R(ə)pRɔdyktœR, tRis] adj Fortpflanzungs-

reproduction [R(ə)pRɔdyksjɔ̃] nf (de nature, son) Wiedergabe f; (tableau, dessin) Reproduktion f; (Biol) Fortpflanzung f; **droits de ~** (Vervielfältigungs)rechte pl; **~ interdite** alle Rechte vorbehalten

reproduire [R(ə)pRɔdɥiR] vt (nature, réalité, son) wiedergeben; (dessin etc) reproduzieren; **se reproduire** vpr (Biol) sich fortpflanzen; (faits, erreurs) sich wiederholen

reprographie [R(ə)pRɔgRafi] nf Reprografie f

réprouvé, e [RepRuve] nm/f Gestrauchelte(r) f(m)

réprouver [RepRuve] vt missbilligen

reptation [Reptasjɔ̃] nf Kriechen nt

reptile [Reptil] nm Reptil nt, Kriechtier nt

repu, e [Rəpy] pp de **repaître** ▷ adj satt

républicain, e [Repyblikɛ̃, ɛn] adj republikanisch ▷ nm/f Republikaner(in) m(f)

république [Repyblik] nf Republik f; **R~ centrafricaine** Zentralafrikanische Republik; **R~ démocratique allemande** Deutsche Demokratische Republik; **R~ dominicaine** Dominikanische Republik; **R~ fédérale d'Allemagne** Bundesrepublik Deutschland f; **R~ populaire de Chine** Volksrepublik China f

répudier [Repydje] vt (femme) verstoßen; (opinion, doctrine) verwerfen

répugnance [Repyɲɑ̃s] nf Ekel m, Abscheu m ou f; **avoir** ou **éprouver de la ~ pour** (médicament) sich ekeln vor; (comportement, travail) verabscheuen; **avoir** ou **éprouver de la ~ à faire qch** etw sehr ungern tun

répugnant, e [Repyɲɑ̃, ɑ̃t] adj ekelhaft, abscheulich

répugner [Repyɲe] ~**à** vt (suj: nourriture) anekeln; (: comportement) anwidern; **~ à faire qch** etw sehr ungern tun

répulsion [Repylsjɔ̃] nf Abscheu m ou f

réputation [Repytasjɔ̃] nf Ruf m; **avoir la ~ d'être avare** den Ruf haben, geizig zu sein; **connaître qn/qch de ~** jdn/etw dem Namen nach kennen; **de ~ mondiale** von Weltruf, weltberühmt

réputé, e [ʀepyte] *adj* berühmt; **être ~ pour**
berühmt sein für

requérir [ʀəkeʀiʀ] *vt (nécessiter)* erfordern; *(Jur)*
fordern

requête [ʀəkɛt] *nf (prière)* Bitte *f; (Jur)* Ersuchen *nt*

requiem [ʀekɥijɛm] *nm (Rel)* Totenmesse *f; (Mus)*
Requiem *nt*

requiers *etc* [ʀəkjɛʀ] *vb voir* **requérir**

requin [ʀəkɛ̃] *nm* Hai *m*

requinquer [ʀ(ə)kɛ̃ke] *vt (fam)* aufmöbeln

requis, e [ʀəki, iz] *pp de* **requérir** ▷ *adj*
erforderlich

réquisition [ʀekizisjɔ̃] *nf (vvt)* Requirierung *f;*
Dienstverpflichtung *f*

réquisitionner [ʀekizisjɔne] *vt*
beschlagnahmen; *(civils etc)* dienstverpflichten

réquisitoire [ʀekizitwaʀ] *nm (Jur)*
Schlussplädoyer *nt (der Anklage);* **~ contre**
Anklage *f* gegen

RER [ɛʀøɛʀ] *sigle m (= Réseau express régional)*
Schnellzugnetz von Paris

rescapé, e [ʀɛskape] *nm/f* Überlebende(r) *f(m)*

rescousse [ʀɛskus] *nf:* **aller/venir à la ~ de qn**
jdm zu Hilfe eilen/kommen; **appeler qn à la ~**
jdn zu Hilfe rufen

réseau, x [ʀezo] *nm* Netz *nt; (Inform)* Netzwerk *nt*

réséda [ʀezeda] *nm* Reseda *f*

réservation [ʀezɛʀvasjɔ̃] *nf* Reservierung *f*

réserve [ʀezɛʀv] *nf* Reserve *f; (entrepôt)* Lager *nt;*
(zoologique, botanique, d'Indiens etc) Reservat *nt,*
Schutzgebiet *nt; (de pêche, chasse)* Revier *nt; (Mil)*
Reserve(truppen *pl) f; (restriction: gén pl)*
Einschränkung *f;* **réserves** *nfpl (de gaz, pétrole etc)*
Reserven *pl; (nutritives)* Vorräte *pl,* Reserven;
officier de ~ Reserveoffizier *m;* **sous toutes ~s**
mit allen Vorbehalten; **sous ~ de** unter
Vorbehalt *+gén;* **sans ~** ohne Vorbehalt,
vorbehaltlos; **avoir qch en ~** etw in Reserve
haben; **mettre qch en ~** etw als Reserve
einlagern; **tenir qch en ~** etw in Reserve halten;
de ~ Reserve-; **~ naturelle** Naturschutzgebiet *nt*

réservé, e [ʀezɛʀve] *adj* reserviert; *(chasse, pêche)*
privat; **~ à** *ou* **pour** reserviert für

réserver [ʀezɛʀve] *vt (retenir)* reservieren,
vorbestellen; *(réponse, diagnostic)* sich *dat*
vorbehalten; **se réserver** *vpr:* **se ~ qch** sich *dat*
etw reservieren; **~ qch pour/à** etw vorsehen *ou*
reservieren für; **~ qch à qn** etw für jdn
reservieren; *(surprise, accueil etc)* jdm etw bereiten;
(suj: avenir, sort) etw für jdn bereithalten; **se ~ de**
faire qch sich *dat* vorbehalten, etw zu tun; **se ~**
le droit de faire qch sich *dat* das Recht
vorbehalten, etw zu tun

réserviste [ʀezɛʀvist] *nm* Reservist *m*

réservoir [ʀezɛʀvwaʀ] *nm (d'eau)* Reservoir *nt;*
(d'essence) Tank *m*

résidence [ʀezidɑ̃s] *nf (Admin)* Wohnsitz *m;*
(habitation luxueuse) Residenz *f; (groupe d'immeubles)*
Wohnblock *m;* **en ~ surveillée** unter Hausarrest;
~ principale Hauptwohnsitz *m;* **~ secondaire**
Nebenwohnsitz *m,* zweiter Wohnsitz;
~ universitaire Studentenwohnheim *nt*

résident, e [ʀezidɑ̃, ɑ̃t] *nm/f (étranger)*
ausländische(r) Bürger(in) *m(f); (d'un immeuble)*
Bewohner(in) *m(f)* ▷ *adj (Inform)*
(speicher)resident

résidentiel, le [ʀezidɑ̃sjɛl] *adj* Wohn-

résider [ʀezide] *vi (habiter)* wohnen; **~ en** *(fig:*
problème etc) bestehen in *+dat*

résidu [ʀezidy] *nm (Chim, Phys)* Rückstand *m; (fig)*
Überbleibsel *nt*

résiduel, le [ʀezidɥɛl] *adj (produit)* Rückstands-

résignation [ʀeziɲasjɔ̃] *nf* Resignation *f*

résigné, e [ʀeziɲe] *adj* resigniert

résigner [ʀeziɲe] *vt (fonction)* zurücktreten von;
se résigner *vpr* resignieren; **se ~ à qch** sich mit
etw abfinden; **se ~ à faire qch** sich damit
abfinden, etw zu tun

résiliable [ʀeziljabl] *adj* auflösbar

résilier [ʀezilje] *vt* auflösen

résille [ʀezij] *nf* Haarnetz *nt*

résine [ʀezin] *nf* Harz *nt*

résiné, e [ʀezine] *adj:* **vin ~** geharzter Wein *m*

résineux, -euse [ʀezinø, øz] *adj* harzig ▷ *nm*
Nadelbaum *m*

résistance [ʀezistɑ̃s] *nf* Widerstand *m;*
(endurance) Widerstandsfähigkeit *f; (fil)*
Heizelement *nt; (Pol)* Résistance *f (französische*
Widerstandsbewegung im 2. Weltkrieg)

résistant, e [ʀezistɑ̃, ɑ̃t] *adj* widerstandsfähig
▷ *nm/f (Pol)* Widerstandskämpfer(in) *m(f)*

résister [ʀeziste] *vi* standhalten; *(plante, coureur)*
widerstandsfähig sein; *(patriote)* Widerstand
leisten; **~ à** *(assaut, attaque, fatigue)* standhalten
+dat; (effort, souffrance) aushalten; *(suj: matériau,*
plante) widerstandsfähig sein gegen; *(désobéir à)*
sich widersetzen *+dat; (tentation, péché)*
widerstehen *+dat*

résolu, e [ʀezɔly] *pp de* **résoudre** ▷ *adj (ferme)*
entschlossen; **être ~ à qch** zu etw entschlossen
sein; **être ~ à faire qch** entschlossen sein, etw
zu tun

résolument [ʀezɔlymɑ̃] *adv* entschlossen

résolution [ʀezɔlysjɔ̃] *nf (de problème)* Lösung *f;*
(fermeté) Entschlossenheit *f; (décision)* Beschluss
m; (Inform, Mus) Auflösung *f;* **prendre la ~ de**
faire qch den Entschluss fassen, etw zu tun;
bonnes ~s gute Vorsätze *pl*

résolvais *etc* [ʀezɔlvɛ] *vb voir* **résoudre**

résolve *etc* [ʀezɔlv] *vb voir* **résoudre**

résonance [ʀezɔnɑ̃s] *nf (d'une cloche)* Klang *m;*
(d'une salle) Akustik *f; (Phys, Mus)* Resonanz *f*

résonner [ʀezɔne] *vi (cloche)* klingen; *(pas)* hallen;
(voix) erklingen, schallen; *(salle, rue)* widerhallen;
~ de widerhallen von

résorber [ʀezɔʀbe] **se ~** *vpr (tumeur, abcès)* sich
zurückbilden; *(déficit, chômage)* aufgefangen
werden

résoudre [ʀezudʀ] *vt* lösen; **se résoudre** *vpr:* **se ~**
à faire qch sich dazu durchringen, etw zu tun;
~ qn à faire qch jdn dazu bewegen, etw zu tun;
~ de faire qch beschließen, etw zu tun

respect [ʀɛspɛ] *nm* Respekt *m,* Achtung *f; (pour les*
morts) Ehrfurcht *f;* **présenter ses ~s à qn** jdm

seine Ehrerbietung erweisen; **tenir qn en ~** jdn in Schach halten

respectabilité [Rɛspɛktabilite] *nf* Achtbarkeit *f*

respectable [Rɛspɛktabl] *adj* (*personne*) achtbar, anständig; (*scrupules etc*) ehrenhaft; (*quantité*) ansehnlich, beachtlich

respecter [Rɛspɛkte] *vt* (*personne, idéal*) achten, respektieren; (*tradition, convenances, loi*) achten; (*consignes, hiérarchie, ordre alphabétique*) beachten; (*lieu, objet*) achten auf +*acc*; **faire ~ la loi** dem Gesetz Geltung verschaffen; **le lexicographe qui se respecte** jeder Lexikograf, der etwas auf sich hält

respectif, -ive [Rɛspɛktif, iv] *adj* jeweilig

respectivement [Rɛspɛktivmã] *adv* beziehungsweise

respectueusement [Rɛspɛktɥøzmã] *adv* respektvoll

respectueux, -euse [Rɛspɛktɥø, øz] *adj* respektvoll; **à une distance respectueuse** in respektvollem Abstand; **être ~ de** achten

respirable [Rɛspirabl] *adj*: **pas ~** unerträglich

respiration [Rɛspirasjɔ̃] *nf* Atem *m*; (*fonction*) Atmung *f*; **retenir sa ~** den Atem anhalten; **~ artificielle** künstliche Beatmung *f*

respiratoire [Rɛspiratwar] *adj* (*voies*) Atem-; (*troubles*) der Atemwege

respirer [Rɛspire] *vi* atmen; (*être soulagé*) aufatmen; (*se reposer*) verschnaufen ▷ *vt* einatmen; (*santé, calme etc*) ausstrahlen

resplendir [Rɛsplãdir] *vi* strahlen, leuchten

resplendissant, e [Rɛsplãdisã, ãt] *adj* strahlend

responsabilité [Rɛspɔ̃sabilite] *nf* Verantwortung *f*; (*légale*) Haftung *f*; **accepter/refuser la ~ de** die Verantwortung übernehmen/ablehnen für; **prendre ses ~s** für seine Handlungen die Verantwortung übernehmen; **décliner toute ~** jegliche Verantwortung ablehnen; **~ civile** Haftpflicht *f*; **~ collective** kollektive Verantwortung; **~ morale** moralische Verantwortung; **~ pénale** Straffähigkeit *f*

responsable [Rɛspɔ̃sabl] *adj* verantwortlich (für); (*légalement*) haftbar ▷ *nm/f* (*du travail etc*) Verantwortliche(r) *f(m)*; (*d'un parti, syndicat etc*) Vertreter(in) *m(f)*; **~ de** verantwortlich für

resquiller [Rɛskije] *vi* (*au cinéma, match etc*) sich hineinschleichen, ohne zu bezahlen; (*dans le train etc*) schwarzfahren

resquilleur, -euse [Rɛskijœr, øz] *nm/f* (*pas invité*) ungebetener Gast *m*; (*au cinéma, match*) jemand, der keinen Eintritt bezahlt hat; (*dans le train*) Schwarzfahrer(in) *m(f)*

ressac [Rəsak] *nm* Brandung *f*

ressaisir [R(ə)sezir]: **se ~** *vpr* sich fassen, sich fangen; (*équipe sportive*) sich fangen

ressasser [R(ə)sase] *vt* (*remords*) wälzen; (*histoires, critiques*) (immer) wieder aufwärmen

ressemblance [R(ə)sãblãs] *nf* Ähnlichkeit *f*

ressemblant, e [R(ə)sãblã, ãt] *adj* ähnlich

ressembler [R(ə)sãble]: **~ à** vt ähneln +*dat*, ähnlich sein +*dat*; **se ressembler** *vpr* sich ähneln, einander ähnlich sein

ressemeler [R(ə)səm(ə)le] *vt* neu besohlen

ressens *etc* [R(ə)sã] *vb voir* **ressentir**

ressentiment [R(ə)sãtimã] *nm* Groll *m*, Ressentiment *nt*

ressentir [R(ə)sãtir] *vt* empfinden, verspüren; **se ressentir** *vpr*: **se ~ de qch** (*travail etc*) unter den Folgen von etw leiden

resserre [RəsɛR] *nf* Schuppen *m*

resserrement [R(ə)sɛRmã] *nm* (*goulet*) Verengung *f*; (*de liens*) Stärkung *f*

resserrer [R(ə)seRe] *vt* (*nœud, boulon*) anziehen; (*liens d'amitié*) stärken; **se resserrer** *vpr* (*route, vallée*) sich verengen; (*liens*) enger werden; **se ~ autour de** enger heranrücken an +*acc*

ressers *etc* [R(ə)sɛR] *vb voir* **resservir**

resservir [R(ə)sɛRviR] *vt* (*servir à nouveau*) wieder auftischen; (*servir davantage de*) nachgeben ▷ *vi* noch einmal gebraucht werden; **se ~ de** (*plat*) sich *dat* nachnehmen von; (*outil etc*) noch einmal verwenden; **~ qn (d'un plat)** jdm (von einem Gericht) nachgeben; **~ de qch à qn** jdm etw nachgeben

ressort [RəsɔR] *vb voir* **ressortir** ▷ *nm* (*pièce*) Feder *f*; **avoir du/manquer de ~** innere Kraft/keine innere Kraft haben; **en dernier ~** als letzten Ausweg; **être du ~ de qn** in jds Ressort *ou* Bereich fallen

ressortir [RəsɔRtiR] *vi* (*sortir à nouveau: venir*) wieder herauskommen; (*partir*) wieder hinausgehen; (*projectile etc*) wiederaustreten; (*contraster*) sich abheben ▷ *vt* wieder herausnehmen *ou* herausziehen; **il ressort de ceci que** daraus ergibt sich, dass; **~ à** (*Admin, Jur*) unterliegen +*dat*; **faire ~ qch** etw betonen, etw hervorheben

ressortissant, e [R(ə)sɔRtisã, ãt] *nm/f* Staatsbürger(in) *m(f)*

ressouder [R(ə)sude] *vt* neu löten

ressource [R(ə)suRs] *nf* (*recours*) Möglichkeit *f*; **ressources** *nfpl* Mittel *pl*; (*fig*) Möglichkeiten *pl*; **leur seule ~ était de** ihre einzige Möglichkeit war, zu; **~s d'énergie** Energiequellen *pl*

ressusciter [Resysite] *vt* wiederbeleben ▷ *vi* (*Christ*) (von den Toten) auferstehen; (*fig: pays*) neues Leben erlangen

restant, e [Rɛstã, ãt] *adj* restlich, übrig ▷ *nm*: **le ~ (de)** der Rest (von *ou* +*gen*); **un ~ de vin** ein Rest *m* Wein; **un ~ de gloire** ein Überrest *m* des Ruhms; **"poste-~e"** „postlagernd"

restaurant [RɛstɔRã] *nm* Restaurant *nt*; **manger au ~** im Restaurant essen; **~ d'entreprise** Betriebskantine *f*; **~ universitaire** Mensa *f*

restaurateur, -trice [RɛstɔRatœR, tRis] *nm/f* (*aubergiste*) Gastronom(in) *m(f)*; (*de tableaux*) Restaurator(in) *m(f)*

restauration [RɛstɔRasjɔ̃] *nf* (*v vt*) Wiederherstellen *nt*; Restaurieren *nt*; Wiedereinsetzen *nt*; **la ~** (*hôtellerie*) das Gastronomiegewerbe *nt*; **~ rapide** Fast Food *nt*

restaurer [RɛstɔRe] *vt* (*discipline, paix*) wiederherstellen; (*œuvre d'art*) restaurieren; (*dynastie*) wiedereinsetzen; **se restaurer** *vpr* etwas essen

restauroute [ʀɛstoʀut] *nm* = **restoroute**

reste [ʀɛst] *nm* Rest *m*; **restes** *nmpl* (*Culin*) Reste *pl*; (*d'une cité, fortune*) Überreste *pl*; (*dépouille mortelle*) sterbliche Überreste *pl*; **utiliser un ~ de poulet/soupe/tissu** einen Rest Huhn/Suppe/Stoff verwerten; **je me charge du ~** ich übernehme den Rest *ou* das Übrige; **pour le ~, quant au ~** was den Rest angeht *ou* betrifft; **le ~ du temps** die restliche *ou* übrige Zeit; **le ~ des gens** die übrigen Leute; **avoir du temps/de l'argent de ~** Zeit/Geld übrig haben; **et tout le ~** und so weiter; **ne voulant pas être** *ou* **demeurer en ~** nicht ins Hintertreffen geraten wollen; **partir sans demander son ~** (*fig*) sich *dat* den Rest ersparen; **du ~** außerdem; **au ~** außerdem

rester [ʀɛste] *vi* bleiben; (*subsister*) übrig bleiben ▷ *vb impers*: **il reste du pain** es ist noch Brot übrig; **il reste deux œufs** es sind noch zwei Eier übrig; **il reste du temps** es ist noch Zeit; **il reste 10 minutes** es sind noch 10 Minuten Zeit; **il me reste du pain/deux œufs** ich habe noch Brot/zwei Eier; **il me reste assez de temps/10 minutes** ich habe noch genug Zeit/noch 10 Minuten Zeit; **voilà tout ce qui (me) reste** das ist alles, was ich noch (übrig) habe; **ce qui (me) reste à faire** was ich noch tun muss; **(il) reste à savoir/établir si** es wäre noch abzuwarten/festzustellen, ob; **il reste, il n'en reste pas moins que** es bleibt die Tatsache, dass; **en ~ à** es belassen bei; **restons-en là** lassen wir es dabei; **~ immobile** sich nicht bewegen; **~ assis** sitzen bleiben; **~ habillé** sich nicht ausziehen; **~ sur sa faim** (*fig*) unbefriedigt bleiben; **~ sur une impression** einen bleibenden Eindruck behalten; **il a failli y ~** (*fam*) er wäre fast draufgegangen

restituer [ʀɛstitɥe] *vt* zurückgeben; (*texte, inscription*) wiederherstellen; (*énergie*) wieder abgeben; (*son*) wiedergeben

restitution [ʀɛstitysjɔ̃] *nf* Rückgabe *f*

restoroute [ʀɛstoʀut] *nm* (Autobahn)raststätte *f*

restreindre [ʀɛstʀɛ̃dʀ] *vt* einschränken; **se restreindre** *vpr* (*dans ses dépenses etc*) sich einschränken; (*champ de recherches etc*) sich beschränken

restreint, e [ʀɛstʀɛ̃, ɛ̃t] *pp de* **restreindre** ▷ *adj* beschränkt; (*vocabulaire*) begrenzt

restrictif, -ive [ʀɛstʀiktif, iv] *adj* einschränkend

restriction [ʀɛstʀiksjɔ̃] *nf* Einschränkung *f*, Beschränkung *f*; (*condition*) Einschränkung; **restrictions** *nfpl* (*rationnement*) Beschränkungen *pl*; **faire des ~s** (*mentales*) Vorbehalte anmelden; **sans ~** ohne Einschränkung, uneingeschränkt

restructuration [ʀəstʀyktyʀasjɔ̃] *nf* Umstrukturierung *f*

restructurer [ʀəstʀyktyʀe] *vt* umstrukturieren

résultante [ʀezyltɑ̃t] *nf* Resultat *nt*

résultat [ʀezylta] *nm* Ergebnis *nt*; (*Sport*) Resultat *nt*, Ergebnis; **résultats** *nmpl* (*d'un examen, des élections*) Resultate *pl*, Ergebnisse *pl*; **exiger/**

obtenir des ~s Resultate *ou* Ergebnisse sehen wollen/erzielen; **~s sportifs** Sportergebnisse *pl*

résulter [ʀezylte]: **~ de** *vt* herrühren von *vb impers*: **il en résulte que** daraus ergibt sich, dass

résumé [ʀezyme] *nm* Zusammenfassung *f*; (*ouvrage*) Übersicht *f*; **faire le ~ de** zusammenfassen; **en ~** zusammenfassend

résumer [ʀezyme] *vt* zusammenfassen; (*récapituler*) rekapitulieren, zusammenfassen; **se résumer** *vpr* (*personne*) zusammenfassen; **se ~ à** hinauslaufen auf +*acc*

resurgir [ʀ(ə)syʀʒiʀ] *vi* wiederauftauchen

résurrection [ʀezyʀɛksjɔ̃] *nf* Auferstehung *f*

rétablir [ʀetabliʀ] *vt* (*communication*) wiederaufnehmen; (*courant*) wieder einstellen; (*faits*) richtigstellen; (*vérité, ordre, discipline*) wiederherstellen; (*monarchie*) wiedereinsetzen; (*guérir*) wiederherstellen, gesund werden lassen; **se rétablir** *vpr* (*personne*) gesund werden; (*silence, calme*) wieder eintreten; **~ qn dans ses droits** jdm seine Rechte wieder zusprechen

rétablissement [ʀetablismɑ̃] *nm* (*guérison*) Genesung *f*; (*v vt*) Wiederaufnahme *f*; Wiedereinschalten *nt*; Richtigstellung *f*; Wiederherstellung *f*; Wiedereinsetzung *f*

rétamer [ʀetame] *vt* (*casseroles*) neu beschichten

rétameur [ʀetamœʀ] *nm* Kesselflicker *m*

retaper [ʀ(ə)tape] *vt* (*mettre en état*) herrichten; (*redactylographier*) noch einmal tippen; (*fam: revigorer*) wieder auf die Beine bringen

retard [ʀ(ə)taʀ] *nm* Verspätung *f*; (*dans un paiement, sur un programme*) Rückstand *m*; (*mental, industriel*) Zurückgebliebenheit *f*; **arriver en ~** zu spät kommen; **être en ~** (*personne*) zu spät kommen; (*train*) Verspätung haben; (*dans paiement, travail*) im Rückstand sein; (*pays*) rückständig sein; **être en ~ (de deux heures)** (zwei Stunden) Verspätung haben; **avoir un ~ de deux heures/2 km** (*Sport*) zwei Stunden/2 km zurückliegen; **avoir du ~** Verspätung haben; (*sur un programme*) im Rückstand sein; **prendre du ~** sich verspäten; (*montre*) nachgehen; **rattraper son ~** seine Verspätung/seinen Rückstand aufholen; **sans ~** unverzüglich; **à l'allumage** Spätzündung *f*

retardataire [ʀ(ə)taʀdatɛʀ] *adj* (*idées*) rückständig ▷ *nm/f* Zuspätkommende(r) *f(m)*

retardé, e [ʀ(ə)taʀde] *adj* (*enfant*) zurückgeblieben ▷ *nm/f* Zurückgebliebene(r) *f(m)*

retardement [ʀ(ə)taʀdəmɑ̃] *nm*: **à ~** (*mine, mécanisme*) mit Zeitauslöser; **bombe à ~** Zeitbombe *f*

retarder [ʀ(ə)taʀde] *vt* (*mettre en retard*) aufhalten, verspäten; (: *sur un programme*) in Rückstand bringen; (*montre*) zurückstellen; (*départ, date*) verschieben ▷ *vi* (*horloge, montre*) nachgehen; (*fig: personne*) hinter der Zeit herhinken; **je retarde (d'une heure)** meine Uhr geht (eine Stunde) nach

retendre [ʀ(ə)tɑ̃dʀ] *vt* nachspannen

retenir [ʀət(ə)niʀ] *vt* zurückhalten; (*garder*)

dabehalten; (*retarder*) aufhalten; (*saisir, maintenir*) halten; (*se rappeler*) behalten; (: *Math*) im Kopf behalten; (*accepter*) annehmen; (*réserver*) reservieren; **se retenir** *vpr* sich beherrschen; ~ **un rire/sourire** sich *dat* ein Lachen/Lächeln verkneifen; ~ **son souffle** *ou* **haleine** die Luft anhalten; ~ **qn à dîner** jdn bitten, zum Essen zu bleiben; **je pose 3 et je retiens 2** 3 hinschreiben, 2 im Sinn; ~ **qn de faire qch** jdn daran hindern, etw zu tun; ~ **qch sur** etw zurückbehalten von; **se ~ à** (*se raccrocher*) sich halten an +*acc*; **se ~ de faire qch** es sich *dat* verkneifen, etw zu tun

rétention [Retɑ̃sjɔ̃] *nf*: ~ **d'urine** Harnverhaltung *f*

retentir [R(ə)tɑ̃tiR] *vi* (*bruit, paroles*) hallen; ~ **de** widerhallen von; ~ **sur** (*fig*) sich auswirken auf +*acc*

retentissant, e [R(ə)tɑ̃tisɑ̃, ɑ̃t] *adj* (*voix*) schallend; (*choc*) donnernd; (*fig*: *succès etc*) aufsehenerregend

retentissement [R(ə)tɑ̃tismɑ̃] *nm* (*répercussion*: *gén pl*) Auswirkung *f*; (*d'une nouvelle, d'un discours*) durchschlagende Wirkung *f*

retenu, e [Rət(ə)ny] *pp de* **retenir** ▷ *adj* (*place*) reserviert; (*personne*) verhindert; (*propos*) zurückhaltend ▷ *nf* (*somme*) Abzug *m*; (*Math*) (im Kopf) behaltene Zahl *f*; (*Scol*) Nachsitzen *nt*; (*modération, réserve*) Zurückhaltung *f*; (*Auto*) Rückstau *m*

réticence [Retisɑ̃s] *nf* (*hésitation*) Zögern *nt*; (*omission*) Auslassung *f*; **sans ~** *adv* bedenkenlos, ohne zu zögern

réticent, e [Retisɑ̃, ɑ̃t] *adj* zögernd

retiendrai [Rətjɛ̃dRe] *vb voir* **retenir**

retiens [Rətjɛ̃] *vb voir* **retenir**

rétif, -ive [Retif, iv] *adj* störrisch

rétine [Retin] *nf* Netzhaut *f*

retint [Rətɛ̃] *vb voir* **retenir**

retiré, e [R(ə)tiRe] *adj* (*personne, vie*) zurückgezogen; (*quartier*) abgelegen

retirer [R(ə)tiRe] *vt* (*candidature, plainte*) zurückziehen; (*vêtement*) ausziehen; (*lunettes*) abnehmen; (*enlever*) wegnehmen; (*sortir*) herausnehmen; (*bagages, objet en gage, billet réservé*) abholen; (*somme d'argent*) abheben; **se retirer** *vpr* (*partir*) sich zurückziehen, weggehen; (*prendre sa retraite*) in den Ruhestand gehen; (*Pol, d'une compétition*) zurücktreten; (*reculer*) zurückweichen; ~ **un bénéfice/des avantages de** einen Vorteil/Vorteile haben von; **se ~ de** sich zurückziehen aus

retombées [Rətɔ̃be] *nfpl* (*radioactives*) Niederschlag *m*; (*d'un événement*) Auswirkungen *pl*; (*d'une invention*) Nebenprodukte *pl*

retomber [R(ə)tɔ̃be] *vi* (*tomber de nouveau*) noch einmal fallen; (*atterrir*) aufkommen; (*redescendre*) herunterkommen; (*pendre*) fallen; ~ **malade/ dans l'erreur** wieder krank werden/sich wieder irren; ~ **sur qn** (*responsabilité, frais*) auf jdn fallen

retordre [R(ə)tɔRdR] *vt*: **donner du fil à ~ à qn** jdm Kopfschmerzen machen

rétorquer [RetɔRke] *vt* erwidern

rétors, e [RətɔR, ɔRs] *adj* gewitzt, schlau

rétorsion [RetɔRsjɔ̃] *nf*: **mesures de ~** Vergeltungsmaßnahmen *pl*

retouche [R(ə)tuʃ] *nf* (*à une peinture, photographie*) Retusche *f*; (*à un vêtement*) Änderung *f*; **faire des ~s à** retuschieren, ändern

retoucher [R(ə)tuʃe] *vt* (*photographie, tableau, texte*) retuschieren; (*vêtement*) ändern

retour [R(ə)tuR] *nm* (*voyage*) Rückkehr *f*; (*de marchandise*) Rückgabe *f*; (PTT) Rücksendung *f*; **au ~** bei der Rückkehr; **pendant le ~** während der Rückfahrt; **à mon/ton ~** bei meiner/deiner Rückkehr; **être de ~ (de)** zurück sein (von/aus +*dat*); **de ~ chez moi** wieder zu Hause; **"de ~ dans 10 minutes"** „bin in 10 Minuten zurück"; **en ~** dafür; **par ~ du courrier** postwendend; **par un juste ~ des choses** gerechterweise; **match ~** Rückspiel *nt*; ~ **en arrière** (*Cinéma, Littérature*) Rückblende *f*; (*mesure*) Rückschritt *m*; **"~ à l'envoyeur"** „zurück an Absender"; **~ (automatique) à la ligne** (*Inform*) automatische Zeilenschaltung *f*; **~ de chariot** Wagenrücklauf *m*; **~ de flamme** Wiederaufleben *nt* der Gefühle; **~ de manivelle** Schuss, der nach hinten losgeht

retournement [R(ə)tuRnəmɑ̃] *nm*: **~ de la situation** Veränderung *f* der Situation

retourner [R(ə)tuRne] *vt* (*dans l'autre sens*) umdrehen; (: *caisse*) auf den Kopf stellen; (*sac, vêtement, foin*) wenden; (*terre, sol*) umgraben; (*renvoyer*: *lettre*) zurückschicken; (: *marchandise*) zurückgeben, umtauschen; (*restituer*) zurückgeben; (*émouvoir*: *personne*) erschüttern ▷ *vi* (*aller de nouveau*) wieder gehen ▷ *vb impers*: **savoir de quoi il retourne** wissen, worum es geht; **se retourner** *vpr* (*personne*) sich umdrehen; (*voiture*) sich überschlagen; **~ à** (*état initial, activité*) zurückkehren zu; **~ sa veste** (*fig*) sein Fähnchen nach dem Wind hängen; **~ en arrière** *ou* **sur ses pas** umkehren; **~ quelque part** wieder irgendwohin gehen; **~ chez** wieder gehen zu; **~ chez soi** heimgehen; **~ à l'école** wieder in die Schule gehen; **s'en ~** wieder zurückgehen; **se ~ contre qn/qch** (*fig*) sich gegen jdn/etw wenden; **il sait se ~** (*fig*) er findet sich immer zurecht

retracer [R(ə)tRase] *vt* (*raconter*) wiedergeben

rétracter [RetRakte] *vt* (*affirmation, promesse*) zurücknehmen; (*antenne etc*) einziehen; **se rétracter** *vpr* (*sur ses promesses*) sein Versprechen zurücknehmen; (*antenne etc*) einziehbar sein

retraduire [R(ə)tRadɥiR] *vt* (*à nouveau*) noch einmal übersetzen; (*dans la langue de départ*) (zu)rückübersetzen

retrait [R(ə)tRɛ] *nm* (*de candidature, plainte*) Zurückziehen *nt*; (*du permis de conduire etc*) Wegnahme *f*; (*de bagage, billet réservé*) Abholung *f*; (*de somme d'argent*) Abheben *nt*; (*Pol, d'une compétition*) Rücktritt *m*; (*de personne, armée, eaux*) Zurückweichen *nt*; **en ~** zurückgesetzt; **écrire en ~** einrücken; **~ du permis (de conduire)** Führerscheinentzug *m*

retraite [R(ə)tRɛt] *nf* (*d'une armée*) Rückzug *m*;

(*d'un employé, fonctionnaire*) Ruhestand *m*; (: *pension*) Rente *f*; (*asile, refuge*) Zuflucht (sort *m*) *f*; (*Rel*) Exerzitien *pl*; **être à la ~** im Ruhestand sein; **mettre à la ~** in den Ruhestand versetzen; **prendre sa ~** in den Ruhestand gehen; **~ anticipée** vorgezogener Ruhestand; **~ aux flambeaux** Fackelzug *m* (*zum Zapfenstreich*)

retraité, e [ʀ(ə)tʀete] *adj* pensioniert ▷ *nm/f* Rentner(in) *m(f)*

retraitement [ʀ(ə)tʀɛtmɑ̃] *nm* Wiederaufbereitung *f*

retraiter [ʀ(ə)tʀete] *vt* wiederaufbereiten

retranchements [ʀ(ə)tʀɑ̃ʃmɑ̃] *nmpl* (*Mil*) Schanzen *pl*; **attaquer qn dans ses ~** jds Schanzen angreifen; **forcer qn dans ses ~** jdn hinter seine Schanzen treiben; **poursuivre qn dans ses derniers ~** jdn in die Enge treiben

retrancher [ʀ(ə)tʀɑ̃ʃe] *vt* (*Math*) entfernen; (*nombre, somme*) abziehen; **se retrancher** *vpr*: **se ~ derrière/dans** sich verschanzen hinter +*dat*/in +*dat*

retranscrire [ʀ(ə)tʀɑ̃skʀiʀ] *vt* noch einmal übertragen

retransmettre [ʀ(ə)tʀɑ̃smɛtʀ] *vt* übertragen

retransmission [ʀ(ə)tʀɑ̃smisjɔ̃] *nf* (*Radio, TV*) Übertragung *f*; (: *émission*) Sendung *f*

retravailler [ʀ(ə)tʀavaje] *vi* die Arbeit wiederaufnehmen ▷ *vt* überarbeiten

retraverser [ʀ(ə)tʀavɛʀse] *vt* wieder überqueren +*acc*

rétréci, e [ʀetʀesi] *adj* eingelaufen

rétrécir [ʀetʀesiʀ] *vt* (*vêtement*) enger machen ▷ *vi* (*vêtement*) eingehen; **se rétrécir** *vpr* sich verengen, enger werden

rétrécissement [ʀetʀesismɑ̃] *nm* (*de lainage*) Einlaufen *nt*

retremper [ʀ(ə)tʀɑ̃pe] : **se ~** *vpr*: **se ~ dans** (*fig*: *atmosphère, ambiance*) wieder ganz aufgehen in +*dat*

rétribuer [ʀetʀibɥe] *vt* bezahlen

rétribution [ʀetʀibysjɔ̃] *nf* Bezahlung *f*

rétro [ʀetʀo] *adj inv*: **mode/style ~** Nostalgiemode *f*/-stil *m* ▷ *nm* (*fam*) = **rétroviseur**

rétroactif, -ive [ʀetʀoaktif, iv] *adj* rückwirkend

rétrocéder [ʀetʀosede] *vt* wieder abtreten

rétrocession [ʀetʀosesjɔ̃] *nf* Wiederabtretung *f*

rétrograde [ʀetʀɔgʀad] *adj* rückschrittlich

rétrograder [ʀetʀɔgʀade] *vi* (*élève, économie*) zurückfallen; (*Auto*) hinunterschalten ▷ *vt* (*Mil*) degradieren; (*Admin, Sport*) zurückstufen

rétroprojecteur [ʀetʀopʀɔʒɛktœʀ] *nm* Overheadprojektor *m*

rétrospectif, -ive [ʀetʀɔspɛktif, iv] *adj* (*étude*) zurückblickend; (*jalousie, peur*) im Nachhinein ▷ *nf* Retrospektive *f*, Rückschau *f*

rétrospectivement [ʀetʀɔspɛktivmɑ̃] *adv* im Nachhinein

retroussé, e [ʀ(ə)tʀuse] *adj*: **nez ~** Stupsnase *f*

retrousser [ʀ(ə)tʀuse] *vt* (*pantalon, jupe, manches*) hochkrempeln; (*nez*) rümpfen; (*lèvres*) verziehen

retrouvailles [ʀ(ə)tʀuvaj] *nfpl* Wiedersehen *nt*

retrouver [ʀ(ə)tʀuve] *vt* wiederfinden; (*occasion,*

travail) (wieder) finden; (*reconnaître*) wiedererkennen; (*revoir*) wiedersehen; (*rejoindre*) wiedertreffen; **se retrouver** *vpr* (*se rencontrer*) sich treffen; (*s'orienter*) sich zurechtfinden; **se ~ seul/ sans argent** auf einmal allein/ohne Geld dastehen; **se ~ quelque part** irgendwo landen; **s'y ~** (*rentrer dans ses frais*) auf seine Kosten kommen

rétroviseur [ʀetʀɔvizœʀ] *nm* Rückspiegel *m*

réunifier [ʀeynifje] *vt* wiedervereinigen

Réunion [ʀeynjɔ̃] *nf*: **la ~** Réunion *nt*

réunion [ʀeynjɔ̃] *nf* Versammlung *f*; (*de famille etc*) Treffen *nt*; **~ électorale** Wahlveranstaltung *f*; **~ sportive** Sportveranstaltung *f*

réunionnais, e [ʀeynjɔnɛ, ɛz] *adj* von der Insel Réunion ▷ *nm/f*: **Réunionnais, e** Einwohner(in) *m(f)* von la Réunion

réunir [ʀeyniʀ] *vt* (*convoquer*) versammeln; (*rapprocher*) zusammenbringen; (*rassembler*) sammeln; (*États, tendances*) vereinigen; (*raccorder, relier*) verbinden; (*annexer*) anschließen; **se réunir** *vpr* (*se rencontrer*) zusammenkommen; (*s'associer*) sich verbünden; (*chemins, cours d'eau etc*) ineinander münden

réussi, e [ʀeysi] *adj* gelungen

réussir [ʀeysiʀ] *vi* gelingen; (*personne: dans un projet, dans la vie*) Erfolg haben; (: *à un examen*) bestehen ▷ *vt* (*examen*) bestehen; **~ à faire qch** es schaffen, etw zu tun; **~ à qn** (*aliment*) jdm bekommen; **le travail/le mariage lui réussit** die Arbeit/die Ehe bekommt ihm gut; **elle a bien réussi sa sauce** die Soße ist ihr gut gelungen

réussite [ʀeysit] *nf* Erfolg *m*; (*Cartes*) Patience *f*

réutiliser [ʀeytilize] *vt* wiederverwenden

revaloir [ʀ(ə)valwaʀ] *vt*: **je vous revaudrai cela** dafür werde ich mich revanchieren

revalorisation [ʀ(ə)valɔʀizasjɔ̃] *nf* (*v vt*) Aufwertung *f*; Erhöhung *f*

revaloriser [ʀ(ə)valɔʀize] *vt* (*monnaie*) aufwerten; (*salaires, pensions*) erhöhen; (*doctrine, institution, tradition*) wiederaufwerten

revanche [ʀ(ə)vɑ̃ʃ] *nf* Rache *f*; (*Sport*) Revanche *f*; **prendre sa ~ (sur)** sich rächen (an +*dat*); **en ~** andererseits

rêvasser [ʀɛvase] *vi* vor sich hinträumen

rêve [ʀɛv] *nm* Traum *m*; (*activité*) Träumen *nt*; **de ~** traumhaft; **la voiture/maison de ses ~s** das Auto/Haus seiner Träume; **~ éveillé** Tagtraum *m*

rêvé, e [ʀeve] *adj* Traum-

revêche [ʀəvɛʃ] *adj* mürrisch

réveil [ʀevɛj] *nm* Aufwachen *nt*; (*de la nature*) Erwachen *nt*; (*d'un volcan*) Aktivwerden *nt*; (*pendule*) Wecker *m*; **au ~** beim Aufwachen; **sonner le ~** (*Mil*) zum Wecken blasen

réveille-matin [ʀevɛjmatɛ̃] *nm inv* Wecker *m*

réveiller [ʀeveje] *vt* (*personne*) (auf)wecken; (*douleur*) wecken; (*souvenirs*) wachrufen; **se réveiller** *vpr* (*personne*) aufwachen; (*douleur, animosité*) wiederaufleben; (*volcan*) wieder aktiv werden; (*nature*) wiedererwachen

réveillon [ʀevɛjɔ̃] *nm* Heiligabend *m*; (*du Nouvel*

An) Silvester *nt*; (*dîner*) Abendessen *nt* am Heiligabend/an Silvester

réveillonner [ʀevɛjɔne] *vi* Heiligabend/Silvester feiern

révélateur, -trice [ʀevelatœʀ, tʀis] *adj*: ~ **(de qch)** bezeichnend (für etw) ▷ *nm* (*Photo*) Entwickler *m*

révélation [ʀevelasjɔ̃] *nf* (*information*) Enthüllung *f*; (*prise de conscience*) Erkenntnis *f*; (*artiste etc*) Sensation *f*; (*Rel*) Offenbarung *f*; (*d'un secret, projet*) Bekanntgabe *f*

révéler [ʀevele] *vt* (*divulguer*) enthüllen, bekannt geben; (*témoigner de*) zeigen; (*faire connaître: qn*) bekannt machen; (*Rel*) offenbaren; **se révéler** *vpr* (*talent etc*) sich zeigen; **se ~ facile/faux** sich als leicht/falsch erweisen; **se ~ cruel/un allié sûr** sich als grausam/als sicherer Verbündeter herausstellen *ou* erweisen

revenant, e [ʀ(ə)vənɑ̃, ɑ̃t] *nm/f* Gespenst *nt*, Geist *m*

revendeur, -euse [ʀ(ə)vɑ̃dœʀ, øz] *nm/f* (*détaillant*) Einzelhändler(in) *m(f)*; (*d'occasion*) Gebrauchtwarenhändler(in) *m(f)*

revendicatif, -ive [ʀ(ə)vɑ̃dikatif, iv] *adj* Protest-

revendication [ʀ(ə)vɑ̃dikasjɔ̃] *nf* Forderung *f*; **journée de ~** = Aktionstag *m*

revendiquer [ʀ(ə)vɑ̃dike] *vt* fordern; (*responsabilité*) beanspruchen; (*attentat*) sich bekennen zu ▷ *vi* (*Pol*) sich für seine Forderungen einsetzen

revendre [ʀ(ə)vɑ̃dʀ] *vt* (*d'occasion*) weiterverkaufen; (*détailler*) (im Einzelhandel) verkaufen; **avoir du talent/de l'énergie à ~** mehr als genug Talent/Energie haben

revenir [ʀəv(ə)niʀ] *vi* (*venir de nouveau, réapparaître*) wiederkommen; (*rentrer*) zurückkehren; (*calme*) wieder eintreten; **faire ~** (*Culin*) anbräunen; **~ cher** teuer kommen; (*fig*) teuer zu stehen kommen; **~ à 100 euros** 100 Euro kosten; **~ à** (*études, conversation, projet*) wiederaufnehmen; (*équivaloir à*) hinauslaufen auf +*acc*; **~ à qn** (*rumeur, nouvelle*) jdm zugetragen werden; (*part, honneur, responsabilité*) jdm zufallen; (*souvenir, nom*) jdm einfallen; **~ de** (*maladie, étonnement, erreur*) sich erholen von; **~ sur** *vt* (*question, sujet*) zurückkehren zu; (*promesse*) zurücknehmen; (*engagement*) zurücktreten von; **~ à la charge** wieder zum Angriff übergehen; **l'appétit lui est revenu** er hat seinen Appetit wiedergewonnen; **~ à soi** wieder zu sich kommen; **je n'en reviens pas** (*surprise*) ich kann es nicht fassen; **~ sur ses pas** umkehren; **cela revient au même** das läuft aufs Gleiche heraus; **cela revient à dire que** das läuft darauf hinaus, dass; **~ de loin** (*fig*) dem Totengräber gerade noch von der Schippe gesprungen sein

revente [ʀ(ə)vɑ̃t] *nf* Weiterverkauf *m*, Wiederverkauf *m*

revenu, e [ʀəv(ə)ny] *pp* de **revenir** ▷ *nm* (*d'un individu*) Einkommen *nt*; (*de l'État*) Einnahmen *pl*; (*d'une terre*) Ertrag *m*; (*d'un capital*) Rendite *f*; **revenus** *nmpl* (*de qn*) Einkünfte *pl*

rêver [ʀeve] *vi* träumen; (*rêvasser*) (vor sich hin) träumen ▷ *vt* träumen; **~ de** träumen von; **~ à** träumen von; **~ que** träumen, dass

réverbération [ʀevɛʀbeʀasjɔ̃] *nf* (*de lumière*) Rückstrahlung *f*

réverbère [ʀevɛʀbɛʀ] *nm* Straßenlaterne *f*

réverbérer [ʀevɛʀbeʀe] *vt* (*chaleur, lumière*) zurückstrahlen, reflektieren

reverdir [ʀ(ə)vɛʀdiʀ] *vi* wieder grün werden

révérence [ʀeveʀɑ̃s] *nf* (*salut: d'homme*) Verbeugung *f*; (: *de femme*) Knicks *m*; (*vénération*) Hochachtung *f*, Ehrfurcht *f*

révérencieux, -euse [ʀeveʀɑ̃sjø, jøz] *adj* ehrfurchtsvoll, hochachtungsvoll

révérend, e [ʀeveʀɑ̃, ɑ̃d] *adj*: **mon R~ Père** Pater

révérer [ʀeveʀe] *vt* ehren; (*Rel*) verehren

rêverie [ʀɛvʀi] *nf* Träumerei *f*

reverrai *etc* [ʀəvɛʀe] *vb voir* **revoir**

revers [ʀ(ə)vɛʀ] *nm* (*d'une feuille, de la main, d'une médaille*) Rückseite *f*; (*d'une étoffe*) linke Seite *f*; (*d'un veston*) Revers *nt*; (*de pantalon*) Aufschlag *m*; (*échec*) Rückschlag *m*; (*Tennis etc*) Rückhand *f*; **d'un ~ de main** mit dem Handrücken; **le ~ de la médaille** (*fig*) die Kehrseite *f* der Medaille; **prendre à ~** (*Mil*) von hinten angreifen; **~ de fortune** Umkehrung *f* der Geschicke

reverser [ʀ(ə)vɛʀse] *vt*: **reverse-moi du vin** schenk mir noch etwas Wein ein

réversible [ʀevɛʀsibl] *adj* (*vêtement, tissu*) Wende-

revêtement [ʀ(ə)vɛtmɑ̃] *nm* (*d'une paroi*) Verkleidung *f*; (*des sols, d'une chaussée*) Belag *m*; (*enduit*) Überzug *m*

revêtir [ʀ(ə)vetiʀ] *vt* (*vêtement*) überziehen, anziehen; (*forme, caractère*) annehmen; **~ qn de qch** (*vêtement*) jdm etw anziehen; (*autorité*) jdm etw verleihen; **~ qch de** (*carreaux*) etw auslegen mit; (*boiserie*) etw verkleiden mit; (*asphalte, enduit etc*) etw überziehen mit; (*signature*) etw versehen mit

rêveur, -euse [ʀɛvœʀ, øz] *adj* verträumt ▷ *nm/f* Träumer(in) *m(f)*

reviendrai *etc* [ʀ(ə)vjɛ̃dʀe] *vb voir* **revenir**

revienne *etc* [ʀəvjɛn] *vb voir* **revenir**

revient [ʀəvjɛ̃] *vb voir* **revenir** ▷ *nm*: **prix de ~** Selbstkostenpreis *m*

revigorer [ʀ(ə)vigɔʀe] *vt* beleben

revint [ʀəvɛ̃] *vb voir* **revenir**

revirement [ʀ(ə)viʀmɑ̃] *nm* (*changement d'avis*) Meinungsumschwung *m*; (*d'une situation, de l'opinion*) Umschwung *m*

revis [ʀəvi] *vb voir* **revoir**

révisable [ʀevizabl] *adj* überprüfbar

réviser [ʀevize] *vt* (*texte, ouvrage*) überprüfen; (*comptes*) prüfen; (*Scol*) wiederholen; (*machine, moteur etc*) überholen; (*procès*) wiederaufnehmen

révision [ʀevizjɔ̃] *nf* (*v vt*) Überprüfung *f*; Prüfung *f*; Wiederholung *f*; Überholen *nt*; Wiederaufnahme *f*, Revision *f*; **conseil de ~** Musterungskommission *f*; **faire ses ~s** (*Scol*) den Stoff wiederholen; **la ~ des 10.000 km** (*Auto*) die Inspektion bei 10000 km

révisionnisme [ʀevizjɔnism] *nm* Revisionismus *m*

révisionniste [ʀevizjɔnist] *nm/f* Revisionist(in) *m(f)*

revisser [ʀ(ə)vise] *vt* wieder zuschrauben

revit [ʀəvi] *vb voir* **revoir**

revitaliser [ʀ(ə)vitalize] *vt* neu beleben

revivifier [ʀ(ə)vivifje] *vt* neu beleben

revivre [ʀ(ə)vivʀ] *vi* wiederaufleben ▷ *vt* noch einmal durchleben; **faire ~** wiederaufleben lassen

révocable [ʀevɔkabl] *adj* (*délégué*) absetzbar; (*contrat*) widerrufbar

révocation [ʀevɔkasjɔ̃] *nf* (*v révoquer*) Amtsenthebung *f*, Entlassung *f*; Annullierung *f*; Widerrufen *nt*

revoir [ʀ(ə)vwaʀ] *vt* wiedersehen; (*être à nouveau le témoin de*) noch einmal erleben; (*en imagination*) vor sich *dat* sehen; (*réviser: texte, édition*) durchsehen, korrigieren; (: *Scol*) wiederholen ▷ *nm*: **au ~** auf Wiedersehen; **se revoir** *vpr* (*amis*) sich wiedersehen; **au ~, Monsieur/Madame** auf Wiedersehen; **dire au ~ à qn** sich von jdm verabschieden

révoltant, e [ʀevɔltɑ̃, ɑ̃t] *adj* empörend

révolte [ʀevɔlt] *nf* Aufstand *m*; (*indignation*) Empörung *f*

révolter [ʀevɔlte] *vt* entrüsten, empören; **se révolter** *vpr*: **se ~ (contre)** rebellieren (gegen)

révolu, e [ʀevɔly] *adj* vergangen; **âgé de 18 ans ~s** ab dem vollendeten 18. Lebensjahr; **après 3 ans ~s** nach 3 vollen Jahren

révolution [ʀevɔlysjɔ̃] *nf* (*rotation*) Umdrehung *f*; (*Pol*) Revolution *f*; **être en ~** (*pays etc*) revoltieren; **la ~ industrielle** die industrielle Revolution; **la R~ française** die Französische Revolution

révolutionnaire [ʀevɔlysjɔnɛʀ] *adj* (*période, gouvernement*) Revolutions-; (*opinions, méthodes*) revolutionär ▷ *nm/f* Revolutionär(in) *m(f)*

révolutionner [ʀevɔlysjone] *vt* (*technique, industrie*) revolutionieren; (*personne, quartier*) in Unruhe versetzen

revolver [ʀevɔlvɛʀ] *nm* Revolver *m*

révoquer [ʀevɔke] *vt* (*fonctionnaire*) seines Amtes entheben; (*arrêt, contrat*) annullieren, aufheben; (*donation*) rückgängig machen

revoyais *etc* [ʀəvwajɛ] *vb voir* **revoir**

revu, e [ʀ(ə)vy] *pp de* **revoir**

revue [ʀ(ə)vy] *nf* (*Mil: défilé*) Parade *f*; (: *inspection*) Inspektion *f*; (*périodique*) Zeitschrift *f*; (*satirique*) Kabarett *nt*; (*de music-hall*) Revue *f*; **passer en ~** (*Mil*) inspizieren; (*problèmes, possibilités*) durchgehen; **~ de (la) presse** Presseschau *f*

révulsé, e [ʀevylse] *adj* (*yeux*) verdreht; (*visage*) verzerrt

Reykjavik [ʀekjavik] *n* Reykjavik *nt*

rez-de-chaussée [ʀed(ə)ʃose] *nm inv* Erdgeschoss *nt*

RF [ɛʀɛf] *sigle f* (= *République française*) Frankreich *nt*

RFA [ɛʀɛfa] *sigle f* (= *République fédérale d'Allemagne*) BRD *f*

RG [ɛʀʒe] *sigle mpl* (= *renseignements généraux*) *voir* **renseignement**

rhabiller [ʀabije] *vt* wieder anziehen; **se**

rhabiller *vpr* sich wieder anziehen

rhapsodie [ʀapsɔdi] *nf* Rhapsodie *f*

rhénan, e [ʀenɑ̃, an] *adj* rheinisch

Rhénanie [ʀenani] *nf* Rheinland *nt*

rhéostat [ʀeɔsta] *nm* Potenziometer *nt*

rhésus [ʀezys] *adj* Rhesus- ▷ *nm* Rhesusfaktor *m*; **~ négatif** Rhesus negativ; **~ positif** Rhesus positiv

rhétorique [ʀetɔʀik] *nf* Rhetorik *f* ▷ *adj* rhetorisch

Rhin [ʀɛ̃] *nm*: **le ~** der Rhein

rhinite [ʀinit] *nf* Nasenkatarrh *m*

rhinocéros [ʀinɔseʀɔs] *nm* Rhinozeros *nt*

rhinopharyngite [ʀinofaʀɛ̃ʒit] *nf* Halsentzündung *f*

rhodanien, ne [ʀɔdanjɛ̃, jɛn] *adj* der Rhone, Rhone-

Rhodésie [ʀɔdezi] *nf*: **la ~** Rhodesien *nt*

rhodésien, ne [ʀɔdezjɛ̃, jɛn] *adj* rhodesisch

rhododendron [ʀɔdɔdɛ̃dʀɔ̃] *nm* Rhododendron *m*

Rhône [ʀon] *nm*: **le ~** die Rhone *f*

rhubarbe [ʀybaʀb] *nf* Rhabarber *m*

rhum [ʀɔm] *nm* Rum *m*

rhumatisant, e [ʀymatizɑ̃, ɑ̃t] *nm/f* Rheumatiker(in) *m(f)*

rhumatismal, e, -aux [ʀymatismal, o] *adj* rheumatisch

rhumatisme [ʀymatism] *nm* Rheuma(tismus *m*) *nt*; **avoir des ~s** Rheuma haben

rhumatologie [ʀymatɔlɔʒi] *nf* Rheumatologie *f*

rhumatologue [ʀymatɔlɔg] *nm/f* Rheumatologe *m*, Rheumatologin *f*

rhume [ʀym] *nm* Schnupfen *m*; **le ~ des foins** Heuschnupfen *m*; **~ de cerveau** Kopfgrippe *f*

ri [ʀi] *pp de* **rire**

riant, e [ʀi(i)ɑ̃, ʀ(i)jɑ̃t] *vb voir* **rire** ▷ *adj* (*visage, yeux*) lachend; (*campagne, paysage*) strahlend

RIB [ʀib] *sigle m* (= *relevé d'identité bancaire*) *voir* **relevé**

ribambelle [ʀibɑ̃bɛl] *nf*: **une ~ d'enfants** eine Meute *f* Kinder

ricain, e [ʀikɛ̃, ɛn] (*péj*) *adj* amerikanisch

ricanement [ʀikanmɑ̃] *nm* (*v vi*) boshaftes Lachen *nt*; Kichern *nt*

ricaner [ʀikane] *vi* (*avec méchanceté*) boshaft lachen; (*bêtement*) blöde kichern

riche [ʀiʃ] *adj* reich; (*somptueux*) prächtig; (*aliment*) nahrhaft, mächtig; (*fertile*) fruchtbar; (*sujet, matière*) ergiebig; (*documentation, vocabulaire*) umfangreich ▷ *nm/f*: **les ~s** die Reichen *pl*; **~ en** reich an +*dat*; **~ de** voller

richement [ʀiʃmɑ̃] *adv* reichlich; (*avec magnificence*) prächtig

richesse [ʀiʃɛs] *nf* Reichtum *m*; (*somptuosité*) Pracht *f*; (*de sujet*) Ergiebigkeit *f*; (*de documentation*) Umfang *m*; **richesses** *nfpl* (*possessions*) Reichtümer *pl*; (*d'un musée, d'une région*) Schätze *pl*

richissime [ʀiʃisim] *adj* steinreich

ricin [ʀisɛ̃] *nm*: **huile de ~** Rizinusöl *nt*

ricocher [ʀikɔʃe] *vi*: **~ (sur)** hüpfen (auf +*dat*); (*balle*) abprallen von; **faire ~** (*pierre*) schnalzen *ou* hüpfen lassen

ricochet [ʀikɔʃɛ] *nm*: **faire ~** hüpfen; *(fig)* indirekte Auswirkungen haben; **faire des ~s** Steine auf dem Wasser hüpfen lassen; **par ~** *(fig)* indirekt

rictus [ʀiktys] *nm* Grinsen *nt*

ride [ʀid] *nf* Falte *f*, Runzel *f*; *(sur l'eau, le sable, la neige)* kleine Welle *f*

ridé, e [ʀide] *adj* faltig, runzlig

rideau, x [ʀido] *nm* Vorhang *m*; **tirer/ouvrir les ~x** die Vorhänge zuziehen/aufziehen; **~ de fer** *(d'une devanture)* Eisenrouleau *nt*; *(Pol)* Eiserner Vorhang

ridelle [ʀidɛl] *nf* Wagenleiter *f*

rider [ʀide] *vt* *(peau, front)* runzeln; *(eau, sable etc)* kräuseln; **se rider** *vpr* *(avec l'âge)* faltig werden, Falten bekommen; *(de contrariété)* sich runzeln

ridicule [ʀidikyl] *adj* lächerlich ▷ *nm*: **le ~** *(état)* das Lächerliche *nt*; *(absurdité)* die lächerliche Seite *f*; **tourner qn en ~** jdn lächerlich machen

ridiculement [ʀidikylmã] *adv* lächerlich

ridiculiser [ʀidikylize] *vt* lächerlich machen; **se ridiculiser** *vpr* sich lächerlich machen

ridule [ʀidyl] *nf* Fältchen *nt*

rie [ʀi] *vb voir* **rire**

 MOT-CLÉ

rien [ʀjɛ̃] *pron* **1**: **(ne)… rien** nichts; **il n'a rien dit/fait** er hat nichts gesagt/gemacht; **il n'a rien** er hat nichts; **qu'est-ce que vous avez? — rien** was haben Sie? — nichts; **de rien!** bitte!, keine Ursache!; **n'avoir peur de rien** vor nichts zurückschrecken

2 *(quelque chose)*: **a-t-il jamais rien fait pour nous?** hat er je etwas für uns getan?

3: **rien d'intéressant** nichts Interessantes; **rien d'autre** nichts anderes; **rien du tout** überhaupt nichts

4: **rien que** nichts als; **rien que la vérité** nichts als die Wahrheit; **rien que cela** nur das; **rien que pour lui faire plaisir** nur um ihm eine Freude zu machen

▷ *nm*: **un petit rien** *(cadeau)* eine Kleinigkeit; **des riens** Nichtigkeiten *pl*; **un rien de** ein Hauch (von); **en un rien de temps** im Nu

rieur, -euse [ʀ(i)jœʀ, ʀ(i)jøz] *adj* fröhlich

rigide [ʀiʒid] *adj* steif; *(personne, éducation)* streng

rigidité [ʀiʒidite] *nf* *(v adj)* Steifheit *f*; Strenge *f*; **~ cadavérique** Leichenstarre *f*

rigolade [ʀigɔlad] *nf* Spaß *m*; **c'est de la ~** *(pas sérieux)* das ist ein Witz; *(facile)* das ist ein Kinderspiel

rigole [ʀigɔl] *nf* *(conduit)* Rinne *f*; *(filet d'eau)* Rinnsal *m*

rigoler [ʀigɔle] *(fam)* *vi* *(rire)* lachen; *(s'amuser)* sich amüsieren, Spaß haben; *(plaisanter)* scherzen, Spaß machen

rigolo, -ote [ʀigɔlo, ɔt] *(fam)* *adj* lustig, komisch; *(étrange)* komisch ▷ *nm/f* Scherzbold *m*; *(péj: fumiste)* Schaumschläger *m*

rigorisme [ʀigɔʀism] *nm* Puritanismus *m*

rigoriste [ʀigɔʀist] *adj* puritanisch

rigoureusement [ʀiguʀøzmã] *adv* *(démontrer)* ganz genau; *(classer)* streng; **~ vrai/interdit** genau der Wahrheit entsprechend/strengstens verboten

rigoureux, -euse [ʀiguʀø, øz] *adj* *(morale, personne, châtiment)* streng; *(climat)* rau, hart; *(interdiction, neutralité)* strikt; *(démonstration, analyse, preuves)* genau

rigueur [ʀigœʀ] *nf* *(v adj)* Strenge *f*; Härte *f*; Striktheit *f*; Genauigkeit *f*; **être de ~** vorgeschrieben sein, Pflicht sein; **"tenue de soirée de ~"** „Abendbekleidung (erwünscht)"; **à la ~** zur Not; **tenir ~ à qn de qch** jdm etw nicht verzeihen

riions [ʀijɔ̃] *vb voir* **rire**

rillettes [ʀijɛt] *nfpl* ≈ Schmalzfleisch *nt*

rime [ʀim] *nf* Reim *m*; **n'avoir ni ~ ni raison** weder Sinn noch Verstand haben

rimer [ʀime] *vi* *(mots)* sich reimen; **~ avec** sich reimen auf +acc ou mit; **ne ~ à rien** völlig ungereimt sein

rimmel [ʀimɛl] *nm* Wimperntusche *f*

rinçage [ʀɛ̃saʒ] *nm* *(v vt)* Ausspülen *nt*; Abspülen *nt*; Spülen *nt*; *(programme de machine à laver)* Spülgang *m*

rince-doigts [ʀɛ̃sdwa] *nm inv* Fingerschale *f*

rincer [ʀɛ̃se] *vt* *(récipient)* ausspülen; *(objet)* abspülen; *(linge)* spülen; **se ~ la bouche** (sich *dat*) den Mund ausspülen

ring [ʀiŋ] *nm* Boxring *m*; **monter sur le ~** in den Ring steigen *ou* gehen

ringard, e [ʀɛ̃gaʀ, aʀd] *(péj)* *adj* altmodisch

rions [ʀjɔ̃] *vb voir* **rire**

ripaille [ʀipaj] *nf*: **faire ~** schmausen

riper [ʀipe] *vi* *(déraper)* ausgleiten

ripoliné, e [ʀipoline] *adj* mit Hochglanzlack gestrichen, hochglanzlackiert

riposte [ʀipɔst] *nf* *(repartie)* (schlagfertige) Antwort *f*; *(fig: contre-attaque)* Gegenschlag *m*

riposter [ʀipɔste] *vi* *(répondre)* antworten; *(contre-attaquer)* zurückschlagen; **~ que** erwidern, dass; **~ à** erwidern +acc

ripper [ʀipe] *vt* *(CD, DVD)* rippen

rire [ʀiʀ] *vi* lachen; *(se divertir)* Spaß haben; *(plaisanter)* Spaß machen ▷ *nm* Lachen *nt*; **se rire** *vpr*: **se ~ de** *(difficultés)* nicht ernst nehmen; **~ de** lachen über +acc; **tu veux ~!** das soll wohl ein Witz sein!; **~ aux éclats/aux larmes** schallend/Tränen lachen; **~ jaune** gezwungen lachen; **~ sous cape** sich *dat* ins Fäustchen lachen; **~ au nez de qn** jdm ins Gesicht lachen; **pour ~** zum Spaß

ris [ʀi] *vb voir* **rire** ▷ *nm*: **~ de veau** Kalbsbries *m*

risée [ʀize] *nf*: **être la ~ de** zum Gespött +gén werden

risette [ʀizɛt] *nf*: **faire ~ à qn** jdn anlächeln

risible [ʀizibl] *adj* lächerlich

risque [ʀisk] *nm* Risiko *nt*; **aimer le ~** die Gefahr lieben; **l'attrait du ~** der Reiz der Gefahr; **prendre un ~/des ~s** ein Risiko/Risiken eingehen; **à ses ~s et périls** auf eigene Gefahr,

auf eigenes Risiko; **au ~ de faire qch** auf die
Gefahr hin, etw zu tun; **~ d'incendie**
Feuergefahr f

risqué, e [riske] adj riskant, gewagt; (*plaisanterie,
histoire*) gewagt

risquer [riske] vt (*mettre en danger*) riskieren, aufs
Spiel setzen; (*s'exposer à*) riskieren; (*hasarder,
tenter*) wagen; **se risquer** vpr: **se ~ dans**
(*s'aventurer*) sich wagen in +acc; **tu risques qu'on
te renvoie** ou **de te faire renvoyer** du riskierst
deinen Arbeitsplatz; **ça ne risque rien** da kann
nichts passieren; **il a risqué de se tuer** er wäre
beinahe dabei umgekommen; **ce qui risque de
se produire** was passieren könnte; **il ne risque
pas de recommencer** es besteht keine Gefahr,
dass er es wieder macht; **~ le tout pour le tout**
alles auf eine Karte setzen; **se ~ à qch** (*tenter*) etw
wagen; **se ~ à faire qch** es wagen, etw zu tun

risque-tout [riskətu] nm/f inv Draufgänger(in)
m(f)

rissoler [risɔle] vi, vt: **(faire) ~ de la viande/des
légumes** Fleisch/Gemüse anbräunen

ristourne [risturn] nf Rabatt m

rit [ri] vb voir **rire**

rite [rit] nm Ritus m; (*fig*) Ritual nt; **~s d'initiation**
Initiationsriten pl

ritournelle [riturnɛl] nf (*fig*): **c'est toujours la
même ~** (*fam*) immer die gleiche alte Leier,
immer das gleiche Lied

rituel, le [rituɛl] adj rituell ▷ nm Ritual nt

rituellement [rituɛlmã] adv rituell

rivage [rivaʒ] nm Ufer nt

rival, e, -aux [rival, o] adj rivalisierend,
gegnerisch ▷ nm/f (*adversaire*) Gegner(in) m(f); (*en
amour*) Rivale m, Rivalin f, Nebenbuhler(in) m(f);
sans ~ unerreicht

rivaliser [rivalize] vi: **~ avec** (*suj: personne*)
rivalisieren mit, sich messen mit; (*choses: être
comparable*) sich messen können mit; **~
d'élégance/de générosité avec qn** jdn an
Eleganz/Großzügigkeit übertreffen wollen

rivalité [rivalite] nf Rivalität f

rive [riv] nf Ufer nt

river [rive] vt (*clou, pointe*) nieten; (*plaques de métal*)
zusammennieten; **être rivé sur** (*suj: regard, yeux*)
gefesselt sein von; **rester rivé sur place** wie
angewurzelt dastehen

riverain, e [riv(ə)rɛ̃, ɛn] nm/f (*d'un fleuve, lac*)
Uferbewohner(in) m(f); (*d'une route, rue*)
Anlieger(in) m(f)

rivet [rivɛ] nm Niete f

riveter [riv(ə)te] vt nieten

rivière [rivjɛr] nf Fluss m; **~ de diamants**
Diamantenkollier nt

rixe [riks] nf Rauferei f

riz [ri] nm Reis m; **~ au lait** Milchreis m

rizière [rizjɛr] nf Reisfeld nt

RMI [ɛrɛmi] sigle m (= *revenu minimum d'insertion*)
gesetzlich festgelegtes Mindesteinkommen

RN [ɛrɛn] sigle f (= *route nationale*) voir **route**

RNIS [ɛrɛnis] sigle m (= *Réseau numérique à
intégration de service*) ISDN nt

robe [rɔb] nf Kleid nt; (*de juge, d'avocat*) Robe f,
Talar m; (*d'ecclésiastique*) Soutane f; (*d'un animal*)
Fell nt; **~ de baptême** Taufkleid nt; **~ de chambre**
Morgenrock m, Morgenmantel m; **~ de grossesse**
Umstandskleid nt; **~ de mariée** Brautkleid nt;
~ de soirée Abendkleid nt

robinet [rɔbinɛ] nm Hahn m; **~ du gaz** Gashahn
m; **~ mélangeur** Mischbatterie f

robinetterie [rɔbinɛtri] nf Armaturen pl

roboratif, -ive [rɔbɔratif, iv] adj erfrischend,
stärkend

robot [rɔbo] nm Roboter m; **~ de cuisine**
Küchenmaschine f

robotique [rɔbɔtik] nf Robotik f

robotiser [rɔbɔtize] vt (*personne, travailleur*) in
Roboter verwandeln; (*monde, vie*) automatisieren

robuste [rɔbyst] adj robust

robustesse [rɔbystɛs] nf Robustheit f

roc [rɔk] nm Fels(en) m

rocade [rɔkad] nf (*Auto*) Umgehungsstraße f

rocaille [rɔkaj] nf (*pierraille*) Geröll nt; (*terrain
caillouteux*) steiniges Gelände nt; (*jardin*)
Steingarten m ▷ adj: **style ~** Rokokostil m

rocailleux, -euse [rɔkajø, øz] adj (*chemin*)
steinig; (*style, voix*) hart

rocambolesque [rɔkãbɔlɛsk] adj: **aventure ~**
≈ Münchhausiade f

roche [rɔʃ] nf (*matière*) Fels(en) m; (*bloc*) Felsen m;
~s éruptives/calcaires Vulkan-/Kreidefelsen pl

rocher [rɔʃe] nm (*bloc*) Felsen m; (*matière*) Fels(en)
m; (*Anat*) Felsenbein nt

rochet [rɔʃɛ] nm: **roue à ~** Sperrrad nt

rocheux, -euse [rɔʃø, øz] adj felsig; **les
(montagnes) Rocheuses** die Rocky Mountains pl

rock (and roll) [rɔk(ɛnrɔl)] nm Rock (and Roll) m

rocker [rɔkœr] nm (*chanteur*) Rocksänger(in) m(f);
(*adepte*) Rockfan m

rocking-chair [rɔkiŋ(t)ʃɛr] (pl **~s**) nm
Schaukelstuhl m

rococo [rɔkɔko] nm Rokoko nt ▷ adj Rokoko-

rodage [rɔdaʒ] nm (*Auto*) Einfahren nt; **"en ~"**
„wird eingefahren"

roder [rɔde] vt (*moteur, voiture*) einfahren; (*fam:
spectacle, service*) aus den Anfangsschwierigkeiten
herausbringen

rôder [rɔde] vi herumziehen; (*péj*) sich
herumtreiben

rôdeur, -euse [rɔdœr, øz] nm/f
Herumtreiber(in) m(f)

rodomontades [rɔdɔmõtad] nfpl
Aufschneidereien pl

rogatoire [rɔgatwar] adj: **commission ~**
Rechtshilfeersuchen nt

rogne [rɔɲ] nf: **être en ~** gereizt ou wütend sein;
mettre en ~ wütend machen; **se mettre en ~**
wütend ou gereizt werden

rogner [rɔɲe] vt (*ongles*) schneiden; (*cuir, plaque de
métal etc*) beschneiden; (*prix etc*) kürzen ▷ vi: **~ sur**
kürzen

rognons [rɔɲõ] nmpl Nieren pl

rognures [rɔɲyr] nfpl (*de papier, cuir*) Schnitzel pl,
Abfälle pl

rogue [ʀɔg] *adj* arrogant, abweisend
roi [ʀwa] *nm* König *m*; **les R~s mages** die
   Heiligen Drei Könige *pl*; **le jour** *ou* **la fête des**
   R~s, les R~s das Dreikönigsfest *nt*; *siehe Info-Artikel*

⬤ **LA FÊTE DES ROIS**
⬤
⬤ *La fête des Rois* ist das Dreikönigsfest am 6.
⬤ Januar. Man isst *la galette des Rois*, einen
⬤ einfachen, flachen Kuchen, in dem ein
⬤ Porzellantalisman (la fève) versteckt ist. Wer
⬤ den Talisman findet, ist König bzw. Königin
⬤ für den Tag und wählt sich einen Partner aus.

roitelet [ʀwat(ə)lɛ] *nm* (*Zool*) Zaunkönig *m*; (*péj*)
   kleiner König *m*
rôle [ʀol] *nm* Rolle *f*; **jouer un ~ important dans**
   eine wichtige Rolle spielen bei
rollers [ʀɔlœʀ] *nmpl* Rollerblades® *pl*
romain, e [ʀɔmɛ̃, ɛn] *adj* (*de Rome*) römisch;
   (*Typo*) mager ▷ *nm/f*: **Romain, e** Römer(in) *m(f)*
   ▷ *nf* (*laitue*) Romagnasalat *m*
roman, e [ʀɔmɑ̃, an] *adj* romanisch ▷ *nm* (*livre*)
   Roman *m*; (*Archit*) Romanik *f*; **~ d'espionnage**
   Spionageroman *m*; **~ policier** Kriminalroman *m*
romance [ʀɔmɑ̃s] *nf* sentimentale Ballade *f*
romancer [ʀɔmɑ̃se] *vt* (*déformer*) romantisch
   verklären
romanche [ʀɔmɑ̃ʃ] *adj* romantsch,
   rätoromanisch ▷ *nm* Romantsch *nt*,
   Rätoromanisch *nt*
romancier, -ière [ʀɔmɑ̃sje, jɛʀ] *nm/f*
   Romanschriftsteller(in) *m(f)*
romand, e [ʀɔmɑ̃, ɑ̃d] *adj* aus der französischen
   Schweiz, französischschweizerisch ▷ *nm/f*:
   Romand, e Französischschweizer(in) *m(f)*
romanesque [ʀɔmanɛsk] *adj* (*fantastique*)
   sagenhaft; (*sentimental*) romantisch,
   sentimental
roman-feuilleton [ʀɔmɑ̃fœjtɔ̃] (*pl* **romans-**
   feuilletons) *nm* Fortsetzungsroman *m*
roman-fleuve [ʀɔmɑ̃flœv] (*pl* **romans-fleuves**)
   nm Saga *f*
romanichel, le [ʀɔmaniʃɛl] *nm/f* Zigeuner(in)
   m(f)
roman-photo [ʀɔmɑ̃fɔto] (*pl* **romans-photos**) *nm*
   Fotoroman *m*
romantique [ʀɔmɑ̃tik] *adj* romantisch
romantisme [ʀɔmɑ̃tism] *nm* Romantik *f*
romarin [ʀɔmaʀɛ̃] *nm* Rosmarin *m*
rombière [ʀɔ̃bjɛʀ] (*péj*) *nf* alte Schachtel *f*
Rome [ʀɔm] *nf* Rom *nt*
rompre [ʀɔ̃pʀ] *vt* (*branche, amarres, traité*) brechen;
   (*digue*) sprengen; (*silence, entretien*) unterbrechen;
   (*fiançailles*) lösen; (*équilibre*) stören ▷ *vi* (*fiancés*)
   sich trennen; **se rompre** *vpr* (*corde*) reißen; (*digue,*
   branche) brechen; (*veine*) platzen; **~ avec** (*personne*)
   brechen mit; (*habitude, tradition*) aufgeben,
   brechen mit; **à tout ~** wie wild; **applaudir à**
   tout ~ tosenden Beifall spenden; **~ la glace** (*fig*)
   das Eis brechen; **rompez (les rangs)!** (*Mil*)
   wegtreten!; **se ~ les os** *ou* **le cou** sich *dat*

sämtliche Knochen *ou* den Hals brechen
rompu, e [ʀɔ̃py] *pp de* **rompre** ▷ *adj* (*fourbu*)
   kaputt, erschöpft; **~ à** (*expérimenté*) beschlagen in
   +*dat*
romsteck [ʀɔmstɛk] *nm* Rumpsteak *nt*
ronce [ʀɔ̃s] *nf* (*Bot*) Brombeerstrauch *m*; **~ de**
   noyer Walnusswurzelholz *nt*; **ronces** *nfpl*
   (*branches épineuses*) Dornenzweige *pl*
ronchonner [ʀɔ̃ʃɔne] (*fam*) *vi* meckern
rond, e [ʀɔ̃, ʀɔ̃d] *adj* rund; (*fam: ivre*) voll ▷ *nm*
   (*cercle*) Kreis *m* ▷ *adv*: **tourner ~** (*moteur*) rund
   laufen; **ça ne tourne pas ~** (*fig*) da stimmt etwas
   nicht; **pour faire un compte ~** um es
   aufzurunden; **en ~** im Kreis; **je n'ai plus un ~**
   (*fam*) ich habe keinen roten Heller mehr; **faire**
   des ~s de jambe katzbuckeln; **~ de serviette**
   Serviettenring *m*
rond-de-cuir [ʀɔ̃dkɥiʀ] (*pl* **ronds-de-cuir**) (*péj*) *nm*
   Bürohengst *m*
ronde [ʀɔ̃d] *nf* (*de surveillance*) Runde *f*, Rundgang
   m; (*danse*) Ringelreihen *m*; (*Mus note*) ganze Note
   f; **à 10 km à la ~** im Umkreis von 10 km; **passer**
   qch à la ~ etw herumreichen *ou* herumgehen
   lassen
rondelet, te [ʀɔ̃dlɛ, ɛt] *adj* (*ventre, femme*)
   rundlich; (*somme*) stattlich; (*bourse*) prall gefüllt
rondelle [ʀɔ̃dɛl] *nf* (*tranche*) Scheibe *f*; (*Tech*)
   Unterlegscheibe *f*
rondement [ʀɔ̃dmɑ̃] *adv* (*promptement*) zügig,
   prompt; (*franchement*) geradeheraus, ohne
   Umschweife
rondeur [ʀɔ̃dœʀ] *nf* Rundheit *f*; (*bonhomie*)
   Offenherzigkeit *f*; **rondeurs** *nfpl* (*d'une femme*)
   Rundungen *pl*
rondin [ʀɔ̃dɛ̃] *nm* Klotz *m*, Holzscheit *nt*
rond-point [ʀɔ̃pwɛ̃] (*pl* **ronds-points**) *nm*
   Kreisverkehr *m*
ronéotyper [ʀɔneɔtipe] *vt* mit Matrize
   vervielfältigen
ronflant, e [ʀɔ̃flɑ̃, ɑ̃t] (*péj*) *adj* hochfliegend
ronflement [ʀɔ̃fləmɑ̃] *nm* (*v vi*) Schnarchen *nt*;
   Brummen *nt*; Bullern *nt*
ronfler [ʀɔ̃fle] *vi* (*personne*) schnarchen; (*moteur*)
   brummen; (*poêle*) bullern
ronger [ʀɔ̃ʒe] *vt* (*suj: souris, chien etc*) annagen,
   nagen an +*dat*; (*: vers, insectes, rouille*) anfressen;
   (*: mal, pensée*) quälen; **se ronger** *vpr*: **se ~ les**
   ongles an den Fingernägeln kauen; **~ son frein**
   vor Ungeduld fiebern; **se ~ d'inquiétude/de**
   souci von Unruhe/Sorgen verzehrt werden; **se ~**
   les sangs vor Sorgen fast umkommen
rongeur [ʀɔ̃ʒœʀ] *nm* Nagetier *nt*, Nager *m*
ronronnement [ʀɔ̃ʀɔnmɑ̃] *nm* Schnurren *nt*
ronronner [ʀɔ̃ʀɔne] *vi* schnurren
roque [ʀɔk] *nm* Rochade *f*
roquefort [ʀɔkfɔʀ] *nm* Roquefort *m*
roquer [ʀɔke] *vi* eine Rochade machen, rochieren
roquet [ʀɔkɛ] *nm* (*chien*) (kleiner) Kläffer *m*
roquette [ʀɔkɛt] *nf* (*Mil*) Rakete *f*; **~ antichar**
   Panzerabwehrrakete *f*
rosace [ʀozas] *nf* Rosette *f*, Fensterrose *f*
rosaire [ʀozɛʀ] *nm* Rosenkranz *m*

rosbif [ʀɔsbif] *nm* Roastbeef *nt*
rose [ʀoz] *nf* Rose *f*; (*vitrail*) Rosette *f* ▷ *adj* rosa,
rosarot ▷ *nm* (*couleur*) Rosa(rot) *nt*; ~ **bonbon** *adj*
bonbonrosa; ~ **des sables** Sandrose *f*; ~ **des vents**
Windrose *f*
rosé, e [ʀoze] *adj* rosa(farben), zartrosa ▷ *nm*:
(**vin**) ~ Rosé(wein) *m*
roseau, x [ʀozo] *nm* Schilf *nt*
rosée [ʀoze] *adj f voir* **rosé** ▷ *nf* Tau *m*; **une goutte
de** ~ ein Tautropfen *m*
roseraie [ʀozʀɛ] *nf* Rosengarten *m*; (*plantation*)
Rosenzucht *f*
rosette [ʀozɛt] *nf*: **la** ~ (**de la Légion d'honneur**)
die Ehrenlegion *f*
rosier [ʀozje] *nm* Rosenstrauch *m*
rosir [ʀoziʀ] *vi* (leicht) erröten
rosse [ʀos] *nf* (*péj: cheval*) Klepper *m*, Gaul *m* ▷ *adj*
scharf
rosser [ʀose] (*fam*) *vt* verprügeln
rossignol [ʀosiɲol] *nm* Nachtigall *f*; (*crochet*)
Dietrich *m*
rot [ʀo] *nm* Rülpser *m*; (*de bébé*) Bäuerchen *nt*
rotatif, -ive [ʀotatif, iv] *adj* (*pompe*) Kreisel-;
(*foreuse*) Dreh- ▷ *nf* Rotationspresse *f*
rotation [ʀotasjɔ̃] *nf* Umdrehung *f*, Rotation *f*;
par ~ im Turnus; ~ **des cultures** Fruchtwechsel
m; ~ **des stocks** (*Comm*) Lagerumschlag *m*
rotatoire [ʀotatwaʀ] *adj*: **mouvement** ~
Drehbewegung *f*
roter [ʀote] (*fam*) *vi* rülpsen
rôti [ʀoti] *nm* Braten *m*; ~ **de bœuf/porc** Rinder-/
Schweinebraten *m*
rotin [ʀotɛ̃] *nm* Rattan *nt*; **fauteuil en** ~
Rattansessel *m*
rôtir [ʀotiʀ] *vt, vi* braten; **faire** ~ braten; **se ~ au
soleil** sich in der Sonne aalen
rôtisserie [ʀotisʀi] *nf* (*restaurant*) Rotisserie *f*
rôtissoire [ʀotiswaʀ] *nf* Grill *m*
rotonde [ʀotɔ̃d] *nf* (*Archit*) Rundbau *m*
rotor [ʀotɔʀ] *nm* Rotor *m*
Rotterdam [ʀotɛʀdam] *n* Rotterdam *nt*
rotule [ʀotyl] *nf* Kniescheibe *f*
roturier, -ière [ʀotyʀje, jɛʀ] *nm/f* Bürgerliche(r)
f(m)
rouage [ʀwaʒ] *nm* (*d'un mécanisme*) Zahnrad *nt*;
(*fig*) Rädchen *nt* im Getriebe; **rouages** *nmpl* (*fig*)
Räderwerk *nt*
roubaisien, ne [ʀubɛzjɛ̃, ɛn] *adj* aus Roubaix
▷ *nm/f*: **Roubaisien, ne** Einwohner(in) *m(f)* von
Roubaix
roublard, e [ʀublaʀ, aʀd] (*péj*) *adj* durchtrieben
rouble [ʀubl] *nm* Rubel *m*
roucoulement [ʀukulmɑ̃] *nm* (*bruit*) Gurren *nt*
roucouler [ʀukule] *vi* (*tourterelle, chanteur*) gurren;
(*amoureux*) turteln
roue [ʀu] *nf* Rad *nt*; **faire la** ~ ein Rad schlagen;
descendre en ~ **libre** im Leerlauf
herunterfahren; ~**s avant/arrière** Vorder-/
Hinterräder *pl*; **pousser à la** ~ sich ins Zeug
legen; **grande** ~ (*à la foire*) Riesenrad *nt*; ~ **à
aubes** Schaufelrad *nt*; ~ **de secours** Reserverad
nt; ~ **dentée** Zahnrad *nt*

roué, e [ʀwe] *adj* gerissen
rouennais, e [ʀwanɛ, ɛz] *adj* aus Rouen ▷ *nm/f*:
Rouennais, e Einwohner(in) *m(f)* von Rouen
rouer [ʀwe] *vt*: ~ **de coups** verprügeln
rouet [ʀwe] *nm* Spinnrad *nt*
rouge [ʀuʒ] *adj* rot ▷ *nm/f* (*Pol*) Rote(r) *f(m)* ▷ *nm*
(*couleur*) Rot *nt*; (*fard*) Rouge *nt* ▷ *adv*: **voir** ~
rotsehen; (**vin**) ~ Rotwein *m*; **passer au** ~ (*signal*)
auf Rot schalten; (*automobiliste*) bei Rot
durchfahren; **porter au** ~ (*métal*) rot glühend
werden lassen; **sur la liste** ~ (*Tél*) nicht im
Telefonbuch; ~ **de honte** schamrot; ~ **de colère**
rot vor Wut *ou* Zorn; **se fâcher tout** ~ sich
schwarzärgern; ~ (**à lèvres**) Lippenstift *m*
rougeâtre [ʀuʒɑtʀ] *adj* rötlich
rougeaud, e [ʀuʒo, od] *adj* (*teint*) rötlich;
(*personne*) rotwangig
rouge-gorge [ʀuʒgɔʀʒ] (*pl* **rouges-gorges**) *nm*
Rotkehlchen *nt*
rougeoiement [ʀuʒwamɑ̃] *nm* roter Schimmer *m*
rougeole [ʀuʒɔl] *nf* Masern *pl*
rougeoyant, e [ʀuʒwajɑ̃, ɑ̃t] *adj* rot schimmernd
rougeoyer [ʀuʒwaje] *vi* rot glühen
rouget [ʀuʒɛ] *nm* Seebarbe *f*
rougeur [ʀuʒœʀ] *nf* Röte *f*; **rougeurs** *nfpl* (*Méd*:
tâches) rote Flecken *pl*
rougir [ʀuʒiʀ] *vi* rot werden; (*de honte, timidité*)
erröten; (*ciel*) sich röten
rouille [ʀuj] *nf* Rost *m*; (*Culin*) pikante provenzalische
Knoblauchmayonnaise zu Fischsuppe ▷ *adj inv* (*couleur*)
rostrot
rouillé, e [ʀuje] *adj* verrostet, rostig; (*fig*)
eingerostet
rouiller [ʀuje] *vt* rosten lassen; (*corps, esprit*)
einrosten lassen ▷ *vi* rosten; **se rouiller** *vpr*
rosten; (*fig*) einrosten
roulade [ʀulad] *nf* (*Culin*) Roulade *f*; (*Mus*)
Koloratur *f*; (*Sport*) Rolle *f*
roulage [ʀulaʒ] *nm* (*transport*) Straßentransport *m*
roulant, e [ʀulɑ̃, ɑ̃t] *adj* (*meuble*) auf Rollen;
(*surface, trottoir*) Roll-; **matériel/personnel** ~
(*Rail*) rollendes Material *nt*/Personal *nt*
roulé, e [ʀule] *adj*: **bien ~e** (*fam: femme*)
wohlgerundet ▷ *nm* (*Culin*) (Biskuit)rolle *f*
rouleau, x [ʀulo] *nm* Rolle *f*; (*de machine à écrire*)
Walze *f*; (*bigoudi*) Lockenwickler *m*; (*vague*) Roller
m; **être au bout du** ~ (*fig*) am Ende sein; ~ **à
pâtisserie** Nudelrolle *f*; ~ **compresseur**
Dampfwalze *f*; ~ **de pellicule** Filmspule *f*
roulé-boulé [ʀulebule] (*pl* **roulés-boulés**) *nm*
(*Sport*) Rolle *f*
roulement [ʀulmɑ̃] *nm* (*rotation: d'ouvriers*)
Schichtwechsel *m*; (: *de capitaux*) Umlauf *m*; **par** ~
im Turnus; ~ **à billes** Kugellager *nt*; ~ **de
tambour** Trommelwirbel *m*; ~ **de tonnerre**
Donnergrollen *nt*
rouler [ʀule] *vt* rollen; (*tissu, papier, tapis*)
aufrollen; (*cigarette*) drehen; (*pâte*) ausrollen;
(*fam: tromper*) reinlegen ▷ *vi* (*bille, boule, dé*) rollen;
(*voiture, train, automobiliste, cycliste*) fahren; (*bateau*)
rollen, schlingern; (*tonnerre*) grollen; **se rouler**
vpr: **se ~ dans** (*boue*) sich wälzen in +*dat*;

(*couverture*) sich einrollen in +*acc*; **~ dans la farine** (*fam*) reinlegen; **~ les épaules/hanches** mit den Schultern schwanken/mit den Hüften wackeln; **~ les "r"** das „R" rollen; **~ sa bosse** viel herumkommen; **~ en bas de** (*personne*) herunterrollen; **~ sur** (*conversation*) sich drehen um; **~ sur l'or** im Geld schwimmen

roulette [ʀulɛt] *nf* (*d'un meuble*) Rolle *f*; (*de dentiste*) Bohrer *m*; (*à pâtisserie*) Teigrädchen *nt*; **la ~** (*jeu*) Roulette *nt*; **fauteuil à ~s** Sessel *m* auf Rollen; **la ~ russe** russisches Roulette

roulier [ʀulje] *nm* (*Naut*) Roll-on-roll-off-Fähre *f*

roulis [ʀuli] *nm* Schlingern *nt*

roulotte [ʀulɔt] *nf* Planwagen *m*

roumain, e [ʀumɛ̃, ɛn] *adj* rumänisch ▷ *nm/f*: **Roumain, e** Rumäne *m*, Rumänin *f*

Roumanie [ʀumani] *nf*: **la ~** Rumänien *nt*

roupiller [ʀupije] (*fam*) *vi* pennen

rouquin, e [ʀukɛ̃, in] (*péj*) *nm/f* Rotschopf *m*

rouspéter [ʀuspete] (*fam*) *vi* schimpfen

rousse [ʀus] *adj voir* **roux**

rousseur [ʀusœʀ] *nf*: **tache de ~** Sommersprosse *f*

roussi [ʀusi] *nm*: **ça sent le ~** es riecht angebrannt; (*fig*) da ist etwas faul

roussir [ʀusiʀ] *vt* (*herbe, linge*) ansengen ▷ *vi* (*feuilles*) braun werden; **faire ~** (*Culin*) anbräunen

routage [ʀutaʒ] *nm* Sortieren von Drucksachen und Paketen nach Versandgebieten

routard, e [ʀutaʀ, aʀd] *nm/f* Tramper(in) *m(f)*

route [ʀut] *nf* Straße *f*; (*itinéraire, fig: voie*) Weg *m*; **par (la) ~** auf den Landweg; **il y a 3 heures de ~** es ist eine Strecke von 3 Stunden; **en ~** unterwegs; **en ~!** auf gehts!; **en cours de ~** unterwegs; **mettre en ~** (*voiture, moteur*) anlassen; **se mettre en ~** sich auf den Weg machen; **faire ~ vers** auf dem Weg sein nach; **faire fausse ~** (*fig*) sich verirren; **~ nationale** ≈ Bundesstraße *f*

router [ʀute] *vt* nach Versandgebieten sortieren

routier, -ière [ʀutje, jɛʀ] *adj* Straßen- ▷ *nm* (*camionneur*) Lastwagenfahrer *m*; (*restaurant*) (Fernfahrer)raststätte *f*; (*scout*) Pfadfinder *m*; (*cycliste*) Straßenfahrer *m* ▷ *nf* (*voiture*) Tourenwagen *m*; **carte routière** Straßenkarte *f*; **vieux ~** alter Kämpe *m*

routine [ʀutin] *nf* Routine *f*; **contrôle de ~** Routineuntersuchung *f*

routinier, -ière [ʀutinje, jɛʀ] *adj* (*travail, procédé*) eingefahren; (*personne, esprit*) starr

rouvert, e [ʀuvɛʀ, ɛʀt] *pp de* **rouvrir**

rouvrir [ʀuvʀiʀ] *vt* wieder öffnen; (*débat etc*) wiedereröffnen ▷ *vi* (*porte*) wieder aufgehen; (*frontière*) wieder geöffnet werden; (*débat etc*) wiedereröffnet werden; **se rouvrir** *vpr* (*porte*) wieder aufgehen, sich wieder öffnen; (*blessure*) wieder aufgehen

roux, rousse [ʀu, ʀus] *adj* (*barbe, cheveux*) rot; (*personne*) rothaarig ▷ *nm/f* Rothaarige(r) *f(m)* ▷ *nm* (*Culin*) Mehlschwitze *f*

royal, e, -aux [ʀwajal, o] *adj* königlich; (*festin, cadeau*) fürstlich, prächtig; (*fam: paix*) göttlich; (*péj*) erhaben

royalement [ʀwajalmã] *adv* königlich

royaliste [ʀwajalist] *adj* royalistisch

royaume [ʀwajom] *nm* Königreich *nt*; (*fig*) Reich *nt*; **le ~ des cieux** das Himmelreich *nt*

Royaume-Uni [ʀwajomyni] *nm*: **le ~** das Vereinigte Königreich *nt*

royauté [ʀwajote] *nf* (*dignité*) Königswürde *f*; (*régime*) Monarchie *f*

RP [ɛʀpe] *sigle f* (= *recette principale*) Hauptpostamt *nt*; = *région parisienne* ▷ *sigle fpl* (= *relations publiques*) PR *nt*

RPR [ɛʀpeeʀ] *sigle m* (= *Rassemblement pour la République*) *politische Partei*

RSVP [ɛʀɛsvepe] *abr* (= *répondez s'il vous plaît*) u. A. w. g.

rte *abr* = **route**

RTL [ɛʀteɛl] *sigle f* (= *Radio-Télévision Luxembourg*) RTL

RU [ʀy] *sigle m* (= *restaurant universitaire*) Mensa *f*

ruade [ʀɥad] *nf* Tritt *m*

ruban [ʀybã] *nm* Band *nt*; (*de téléscripteur, d'acier etc*) Streifen *m*; (*de machine à écrire*) Farbband *nt*; **~ adhésif** Klebestreifen *m*

rubéole [ʀybeɔl] *nf* Röteln *pl*

rubicond, e [ʀybikɔ̃, ɔ̃d] *adj* hochrot

rubis [ʀybi] *nm* Rubin *m*; **payer ~ sur l'ongle** bar auf den Tisch des Hauses bezahlen

rubrique [ʀybʀik] *nf* Rubrik *f*; (*Presse*) Spalte *f*

ruche [ʀyʃ] *nf* Bienenhaus *nt*

rucher [ʀyʃe] *nm* Bienenstock *m*

rude [ʀyd] *adj* (*barbe, climat*) rau; (*toile*) grob, rau; (*épreuve*) hart; (*métier, tâche*) hart, schwer; (*bourru*) grob; (*voix*) harsch; **un ~ paysan/montagnard** ein knorriger Bauer/Bergbewohner; **un ~ appétit** (*fam*) ein Bärenhunger *m*; **être mis à ~ épreuve** auf eine harte Probe gestellt werden

rudement [ʀydmã] *adv* hart

rudesse [ʀydɛs] *nf* (*de barbe, climat*) Rauheit *f*; (*de toile, de comportement*) Grobheit *f*

rudimentaire [ʀydimãtɛʀ] *adj* (*ameublement, équipement*) elementar; (*connaissances*) rudimentär, Grundlagen-

rudiments [ʀydimã] *nmpl* Grundlagen *pl*

rudoyer [ʀydwaje] *vt* grob behandeln

rue [ʀy] *nf* Straße *f*; (*Bot*) Raute *f*; **être à la ~** auf der Straße stehen; **jeter qn à la ~** jdn hinauswerfen

ruée [ʀɥe] *nf* Gedränge *nt*; **la ~ vers l'or** der Goldrausch

ruelle [ʀɥɛl] *nf* Sträßchen *nt*

ruer [ʀɥe] *vi* (*cheval, âne*) ausschlagen; **se ruer** *vpr*: **se ~ sur** sich stürzen auf +*acc*; **~ dans les brancards** auf die Barrikaden gehen; **se ~ vers** sich stürzen auf +*acc*; **se ~ dans** sich stürzen in +*acc*; **se ~ hors de** sich hinausstürzen aus

rugby [ʀygbi] *nm* Rugby *nt*; **~ à treize/quinze** Rugby mit 13/15 Spielern

rugir [ʀyʒiʀ] *vi, vt* brüllen

rugissement [ʀyʒismã] *nm* Brüllen *nt*

rugosité [ʀygozite] *nf* Rauheit *f*; (*aspérité*) raue Stelle *f*

rugueux, -euse [ʀygø, øz] *adj* rau

ruine [ʀɥin] *nf* (*d'un édifice*) Ruine *f*; (*fig*) Ruin *m*; **ruines** *nfpl* Ruinen *pl*; **tomber en ~** zerfallen

ruiner [ʀɥine] *vt* ruinieren; **se ruiner** *vpr* sich ruinieren

ruineux, -euse [ʀɥinø, øz] *adj* ruinös, sehr kostspielig

ruisseau, x [ʀɥiso] *nm* (*cours d'eau*) Bach *m*; (*caniveau*) Gosse *f*; **des -x de larmes** Tränenströme *pl*

ruisselant, e [ʀɥis(ə)lã, ãt] *adj* strömend

ruisseler [ʀɥis(ə)le] *vi* (*eau, larmes*) strömen; (*pluie*) in Strömen fließen; (*mur, arbre*) tropfen; **~ de larmes/sueur** tränenüberströmt/ schweißgebadet sein; **~ de lumière** lichtdurchflutet sein

ruissellement [ʀɥisɛlmã] *nm* Strömen *nt*; **~ de lumière** Lichtflut *f*

rumeur [ʀymœʀ] *nf* (*bruit confus*) Lärm *m*, Gemurmel *nt*; (*nouvelle*) Gerücht *nt*

ruminer [ʀymine] *vt* (*herbe*) wiederkäuen; (*chagrin, projet*) mit sich herumtragen ▷ *vi* wiederkäuen

rumsteck [ʀɔmstɛk] *nm* = romsteck

rupestre [ʀypɛstʀ] *adj* (*plante*) Stein-; (*art*) Fels-

rupture [ʀyptyʀ] *nf* (*d'un câble*) Zerreißen *nt*; (*d'une digue, d'un contrat*) Bruch *m*; (*d'un tendon*) Riss *m*; (*des négociations etc*) Abbruch *m*; (*séparation,*

désunion) Bruch, Trennung *f*; **être en ~ de ban** illegal wiedereingewandert sein; **en ~ de stock** ausverkauft

rural, e, -aux [ʀyʀal, o] *adj* Land-, ländlich ▷ *nmpl*: **les ruraux** die Landbewohner *pl*

ruse [ʀyz] *nf* List *f*; **par ~** durch eine List

rusé, e [ʀyze] *adj* listig, gewitzt

russe [ʀys] *adj* russisch ▷ *nm* (*Ling*) Russisch *nt* ▷ *nm/f*: **Russe** Russe *m*, Russin *f*

Russie [ʀysi] *nf*: **la ~** Russland *nt*

rustine [ʀystin] *nf* Flicken *m* (*für den Fahrradschlauch*)

rustique [ʀystik] *adj* (*mobilier etc*) rustikal; (*vie*) ländlich; (*plante*) widerstandsfähig

rustre [ʀystʀ] *nm* Flegel *m*

rut [ʀyt] *nm* Brunst(zeit) *f*; **être en ~** brünstig sein

rutabaga [ʀytabaga] *nm* Kohlrübe *f*

rutilant, e [ʀytilã, ãt] *adj* glänzend

RV *sigle m* = **rendez-vous**

Rwanda [ʀwãda] *nm*: **le ~** Ruanda *nt*

rythme [ʀitm] *nm* Rhythmus *m*; (*de la vie*) Tempo *nt*; **au ~ de 10 par jour** im Takt von 10 pro Tag

rythmé, e [ʀitme] *adj* rhythmisch

rythmer [ʀitme] *vt* (*marche, musique etc*) einen Rhythmus geben +*dat*

rythmique [ʀitmik] *adj* rhythmisch

Ss

S¹, s¹ [ɛs] *nm inv (lettre)* S, s *nt;* **S comme Suzanne**
≈ S wie Samuel

S² [ɛs] *abr (= sud)* S

s² *abr (= seconde)* Sek; *(= siècle)* Jh

s' [s] *pron voir* **se**

s/ *abr (= sur)* a.

SA [ɛsa] *sigle f (= société anonyme)* AG f; *(= Son Altesse)* SH

sa [sa] *adj possessif voir* **son¹**

sabbatique [sabatik] *adj:* **année ~** Forschungsjahr *nt*

sable [sabl] *nm* Sand *m;* **~s mouvants** Treibsand *m*

sablé, e [sable] *adj (allée)* sandig ▷ *nm* ≈ Butterkeks *m*

sabler [sable] *vt* mit Sand bestreuen; *(contre le verglas)* streuen; **~ le champagne** Champagner schlürfen

sableux, -euse [sablø, øz] *adj* sandig

sablier [sablije] *nm* Sanduhr *f; (de cuisine)* Eieruhr *f*

sablière [sablijɛʀ] *nf* Sandgrube *f*

sablonneux, -euse [sablɔnø, øz] *adj* sandig

saborder [sabɔʀde] *vt (navire)* versenken; *(entreprise)* aufgeben; **se saborder** *vpr (v vt)* sich versenken; den Betrieb einstellen

sabot [sabo] *nm (de cheval, bœuf)* Huf *m; (chaussure)* Holzschuh *m; (Tech)* Schuh *m;* **~ (de Denver)** Hemmschuh *m;* **~ de frein** Bremsschuh *m*

sabotage [sabotaʒ] *nm* Sabotage *f*

saboter [sabote] *vt* sabotieren; *(bâcler)* verhunzen

saboteur, -euse [sabotœʀ, øz] *nm/f* Saboteur(in) *m(f)*

sabre [sabʀ] *nm* Säbel *m*

sabrer [sabʀe] *vt* niedermetzeln; *(article etc)* zusammenstreichen

sac [sak] *nm* Tasche *f; (à charbon, plâtre etc)* Sack *m; (pillage)* Plünderung *f;* **mettre à ~** plündern; **~ à dos** Rucksack *m;* **~ à main** Handtasche *f;* **~ à provisions** Einkaufstasche *f;* **~ de couchage** Schlafsack *m;* **~ de plage** Badetasche *f;* **~ de voyage** Reisetasche *f*

saccade [sakad] *nf* Ruck *m;* **par ~s** ruckweise

saccadé, e [sakade] *adj (gestes)* ruckartig; *(voix)* abgehackt

saccage [sakaʒ] *nm (v vt)* Plünderung *f;* Verwüstung *f*

saccager [sakaʒe] *vt (piller)* plündern; *(dévaster)* verwüsten

saccharine [sakaʀin] *nf* Sa(c)charin *nt,* Süßstoff *m*

saccharose [sakaʀoz] *nm* Sa(c)charose *f*

SACEM [sasɛm] *sigle f (= Société des auteurs, compositeurs et éditeurs de musique)* ≈ GEMA *f*

sacerdoce [sasɛʀdɔs] *nm* Priestertum *nt; (fig)* Berufung *f*

sacerdotal, e, -aux [sasɛʀdɔtal, o] *adj* Priester-, priesterlich

sachant [saʃɑ̃] *vb voir* **savoir**

sache *etc* [saʃ] *vb voir* **savoir**

sachet [saʃɛ] *nm* Tütchen *nt; (de lavande)* Säckchen *nt; (de shampooing)* Kissen *nt;* **thé en ~s** Teebeuteltee *m;* **~ de thé** Teebeutel *m*

sacoche [sakɔʃ] *nf* Tasche *f; (de bicyclette, motocyclette)* Satteltasche *f; (du facteur)* Posttasche *f; (d'outils)* Werkzeugtasche *f*

sacquer [sake] *(fam)* *vt (candidat)* durchfallen lassen; *(employé)* rausschmeißen; *(réprimander, mal noter)* runterputzen

sacraliser [sakʀalize] *vt* heiligen

sacre [sakʀ] *nm (d'un souverain, évêque)* Krönung *f*

sacré, e [sakʀe] *adj (Rel)* geheiligt, heilig; *(droit, promesse etc)* heilig; *(fam: satané)* verdammt; *(Anat)* Kreuzbein-

sacrement [sakʀəmɑ̃] *nm* Sakrament *nt;* **administrer les derniers ~s à qn** jdm die Letzte Ölung *ou* die Sterbesakramente geben

sacrer [sakʀe] *vt (souverain, évêque)* salben

sacrifice [sakʀifis] *nm* Opfer *nt;* **faire le ~ de qch** etw opfern

sacrificiel, le [sakʀifisjɛl] *adj* Opfer-

sacrifier [sakʀifje] *vt* opfern; **se sacrifier** *vpr* sich aufopfern; **~ à** *(obéir à)* sich unterordnen +*dat;* **articles sacrifiés** Waren *pl* zu Schleuderpreisen

sacrilège [sakʀilɛʒ] *nm (Rel)* Sakrileg *nt,* Frevel *m; (fig)* Frevel ▷ *nm/f (Rel)* Frevler(in) *m(f)* ▷ *adj* frevelhaft

sacristain [sakʀistɛ̃] *nm* Küster *m*

sacristie [sakʀisti] *nf* Sakristei *f*

sacro-saint, e [sakʀɔsɛ̃, sɛ̃t] *(pl* **~s, es)** *adj* hochheilig

sadique [sadik] *adj* sadistisch ▷ *nm/f* Sadist(in) *m(f)*

sadisme [sadism] *nm* Sadismus *m*

sadomasochisme [sadomazɔʃism] *nm*

Sadomasochismus *m*
sadomasochiste [sadomazɔʃist] *nm/f*
Sadomasochist(in) *m(f)*
safari [safaʀi] *nm* Safari *f*; **faire un** ~ auf eine
Safari gehen
safari-photo [safaʀifɔto] *(pl* **safaris-photos)** *nm*
Fotosafari *f*
safran [safʀɑ̃] *nm* Safran *m*
saga [saga] *nf* Saga *f*
sagace [sagas] *adj* scharfsinnig
sagacité [sagasite] *nf* Scharfsinn *m*
sagaie [sage] *nf* Wurfspieß *m*
sage [saʒ] *adj (avisé, prudent)* klug, weise; *(enfant)*
brav, artig; *(chaste)* anständig ▷ *nm* Weiser *m*
sage-femme [saʒfam] *(pl* **sages-femmes)** *nf*
Hebamme *f*
sagement [saʒmɑ̃] *adv (raisonnablement)* klug,
weise; *(tranquillement)* artig
sagesse [saʒɛs] *nf* Weisheit *f*, Klugheit *f*; *(d'un
enfant)* Bravheit *f*, Artigkeit *f*
Sagittaire [saʒitɛʀ] *nm (Astrol)* Schütze *m*; **être
du** ~ Schütze sein
Sahara [saaʀa] *nm* Sahara *f*
saharien, ne [saaʀjɛ̃, jɛn] *adj* Sahara- ▷ *nf (veste)*
Safarijacke *f*
Sahel [saɛl] *nm* Sahel *m*
sahélien, ne [saeljɛ̃, jɛn] *adj* Sahel-
saignant, e [sɛɲɑ̃, ɑ̃t] *adj* blutend, blutig; *(viande)*
blutig
saignée [seɲe] *nf (Méd)* Aderlass *m*; *(fig: pertes)*
schwere Verluste *pl* *(Anat):* **la** ~ **du bras** die
Armbeuge *f*
saignement [sɛɲmɑ̃] *nm* Blutung *f*; ~ **de nez**
Nasenbluten *nt*
saigner [seɲe] *vi* bluten ▷ *vt (Méd)* Blut
abnehmen +*dat; (animal: égorger)* ausbluten
lassen; *(fig: exploiter)* ausnehmen, schröpfen;
~ **du nez** Nasenbluten haben; ~ **qn à blanc** jdn
weißbluten
saillant, e [sajɑ̃, ɑ̃t] *adj (pommettes, menton)*
vorstehend; *(corniche etc)* vorragend; *(fait,
événements)* bedeutend
saillie [saji] *nf (d'une construction)* Vorsprung *m*;
(trait d'esprit) witzige Bemerkung *f*; *(accouplement)*
Bespringen *nt*; **faire** ~ hervorragen,
hervorstehen; **en** ~ herausragend,
hervorstehend
saillir [sajiʀ] *vi (faire saillie)* hervorstehen,
herausragen; *(veine, muscle)* hervortreten ▷ *vt
(couvrir)* bespringen, decken; **faire** ~ *(muscles etc)*
hervortreten lassen
sain, e [sɛ̃, sɛn] *adj* gesund; ~ **et sauf** unversehrt,
wohlbehalten; ~ **d'esprit** bei klarem Verstand,
bei bester geistiger Gesundheit
saindoux [sɛ̃du] *nm* Schweineschmalz *nt*
sainement [sɛnmɑ̃] *adv (vivre)* gesund; *(raisonner)*
vernünftig
saint, e [sɛ̃, sɛ̃t] *adj* heilig ▷ *nm/f (Rel)* Heilige(r)
f(m) ▷ *nm (statue)* Heiligenstatue *f*; **la S~e Vierge**
die Heilige Jungfrau Maria *f*
saint-bernard [sɛ̃bɛʀnaʀ] *nm inv (chien)*
Bernhardiner *m*

Saint-Esprit [sɛ̃tɛspʀi] *nm:* **le** ~ der Heilige Geist *m*
sainteté [sɛ̃te] *nf* Heiligkeit *f*; **Sa S~ le pape**
seine Heiligkeit, der Papst
Saint-Laurent [sɛ̃lɔʀɑ̃] *nm:* **le** ~ der Sankt-
Lorenz-Strom *m*
Saint-Marin [sɛ̃maʀɛ̃] *nm* San Marino *nt*
Saint-Père [sɛ̃pɛʀ] *(pl* **Saints-Pères)** *nm:* **le** ~ der
Heilige Vater *m*
Saint-Pierre-et-Miquelon [sɛ̃pjɛʀemiklɔ̃] *nm*
Saint-Pierre-et-Miquelon *nt*
Saint-Siège [sɛ̃sjɛʒ] *nm inv:* **le** ~ der Heilige Stuhl *m*
Saint-Sylvestre [sɛ̃silvɛstʀ] *nf:* **la** ~ Silvester *nt*
Saint-Vincent et les Grenadines [sɛ̃vɛ̃sɑ̃eləgʀə
nadin] *nm* Saint-Vincent und die Grenadinen *pl*
sais *etc* [sɛ] *vb voir* **savoir**
saisie [sezi] *nf (Jur)* Beschlagnahmung *f*; *(de texte)*
Eingabe *f*; ~ **de données** Dateneingabe *f*
saisir [seziʀ] *vt* ergreifen; *(comprendre, entendre)*
erfassen; *(Inform)* eingeben; *(Culin)* scharf
anbraten; *(Jur)* beschlagnahmen; **se** ~ **de** *vpr
(personne)* ergreifen; **être saisi** *(frappé: de douleur,
d'étonnement)* ergriffen sein; ~ **un tribunal d'une
affaire** ein Gericht wegen einer Sache anrufen
saisissant, e [sezisɑ̃, ɑ̃t] *adj (spectacle, récit)*
ergreifend; *(contraste)* auffallend
saisissement [sezismɑ̃] *nm:* **muet de** ~
überwältigt
saison [sezɔ̃] *nf* Jahreszeit *f*; *(des moissons, semailles)*
Zeit *f*; *(touristique)* Saison *f*; **la belle/mauvaise** ~
die schöne/kalte Jahreszeit; **être de** ~ *(fig)*
angebracht *ou* passend sein; **en/hors** ~ in/
außerhalb der Saison; **haute/basse/morte** ~
Hoch-/Neben-/Nachsaison *f*; **la** ~ **des pluies** die
Regenzeit *f*; **la** ~ **des amours** die Zeit der Liebe
saisonnier, -ière [sezɔnje, jɛʀ] *adj (produits)* der
Jahreszeit; *(culture, maladie)* jahreszeitenbedingt;
(travail) Saison- ▷ *nm (travailleur)* Saisonarbeiter *m*
sait [sɛ] *vb voir* **savoir**
salace [salas] *adj* schlüpfrig
salade [salad] *nf* Salat *m*; *(fam: confusion)*
Durcheinander *nt*; **de la** ~ Salat; **raconter des ~s**
(fam) Märchen erzählen; **haricots en** ~
Bohnensalat *m*; ~ **de concombres** Gurkensalat *m*;
~ **de fruits** Obstsalat *m*; ~ **de tomates**
Tomatensalat *m*; ~ **niçoise** Salade niçoise *f*;
~ **russe** russischer Salat
saladier [saladje] *nm (récipient)* Salatschüssel *f*;
(contenu) Schüssel(voll) *f*
salaire [salɛʀ] *nm* Gehalt *nt*; *(hebdomadaire,
journalier, fig)* Lohn *m*; **un ~ de misère** ein
Hungerlohn *m*; ~ **brut** Bruttogehalt *nt*;
Bruttolohn *m*; ~ **de base** Grundgehalt *nt*;
Grundlohn *m*; ~ **minimum interprofessionnel de
croissance (SMIC)** gesetzlicher Mindestlohn *m*;
~ **net** Nettogehalt *nt*; Nettolohn *m*
salaison [salɛzɔ̃] *nf (opération)* Einsalzen *nt*,
Pökeln *nt*; **salaisons** *nfpl (produits)* Gepökeltes *nt*
salamandre [salamɑ̃dʀ] *nf* Salamander *m*
salami [salami] *nm (salami)* Salami *f*
salant [salɑ̃] *adj m:* **marais** ~ Salzsumpf *m*
salarial, e, -aux [salaʀjal, jo] *adj (v salaire)*
Gehalts-; Lohn-

salariat [salaʀja] *nm* (*v salaire*) Gehaltsempfänger *pl*; Lohnempfänger *pl*

salarié, e [salaʀje] *adj* (*v salaire*) mit festem Gehalt/Lohn ▷ *nm/f* Gehaltsempfänger(in) *m(f)*; Lohnempfänger(in) *m(f)*

salaud [salo] (*fam!*) *nm* Scheißkerl *m* (*fam!*), Schweinehund *m* (*fam!*)

sale [sal] *adj* schmutzig, dreckig; (*fam: avant le nom*) dreckig

salé, e [sale] *adj* (*liquide, saveur*) salzig; (*assaisonné de sel: fam: note, facture*) gesalzen; (*conservé au sel*) gepökelt, Salz-; (*fig: histoire, plaisanterie*) gepfeffert, pikant ▷ *nm* (*porc salé*) Salzfleisch *nt*, Pökelfleisch *nt*; **petit ~** Bauchfleisch *nt*

salement [salmã] *adv* (*manger etc*) wie ein Schwein

saler [sale] *vt* (*plat*) salzen; (*pour conserver*) einsalzen, einpökeln

saleté [salte] *nf* (*état*) Schmutzigkeit *f*; (*crasse*) Dreck *m*, Schmutz *m*; (*tache, chose sale sur vêtement etc*) Dreckfleck *m*, Dreck; (*action vile, obscénité*) Schweinerei *f*; (*chose sans valeur*) Mist *m*; **vivre dans la ~** im Dreck leben

salière [saljɛʀ] *nf* Salzfässchen *nt*

saligaud [saligo] (*fam!*) *nm* Schweinehund *m* (*fam!*)

salin, e [salɛ̃, in] *adj* Salz- ▷ *nf* Saline *f*

salinité [salinite] *nf* Salzgehalt *m*

salir [saliʀ] *vt* beschmutzen, schmutzig machen; (*lieu*) verdrecken; (*fig*) in den Dreck *ou* Schmutz ziehen; **se salir** *vpr* sich schmutzig machen; (*se compromettre*) seinen Ruf beflecken

salissant, e [salisã, ãt] *adj* leicht schmutzend, empfindlich; (*métier*) schmutzig; **ce tissue est ~** auf diesem Stoff sieht man den Schmutz gut

salissure [salisyʀ] *nf* Dreck *m*; (*tache*) Dreckfleck *m*

salive [saliv] *nf* Speichel *m*, Spucke *f*

saliver [salive] *vi* sabbern, Speichel absondern

salle [sal] *nf* Zimmer *nt*; (*d'hôpital*) Station *f*; (*de restaurant*) Speiseraum *m*; (*de musée, d'un cinéma, public*) Saal *m*; **faire ~ comble** (ein) volles Haus haben; **~ à manger** Esszimmer *nt*; (*mobilier*) Esszimmer(möbel *pl*) *nt*; **~ d'armes** (*pour l'escrime*) Fechtsaal *m*; **~ d'attente** Wartesaal *m*; **~ d'eau** Duschraum *m*; **~ d'embarquement** (*à l'aéroport*) Abflughalle *f*; **~ d'exposition** Ausstellungshalle *f*; **~ d'opération** Operationssaal *m*; **~ de bain(s)** Badezimmer *nt*; **~ de bal** Ballsaal *m*; **~ de cinéma** Kino(saal *m*) *nt*; **~ de classe** Klassenzimmer *nt*; **~ de jeux** Spielsaal *m*; **~ de projection** Filmtheater *nt*; **~ de séjour** Wohnzimmer *nt*; **~ de spectacle** (*Théât*) Theater *nt*; (*Ciné*) Kino *nt*; **~ des machines** Maschinenraum *m*; **~ des ventes** Auktionssaal *m*

salmonellose [salmɔneloz] *nf* Salmonellenvergiftung *f*

salon [salɔ̃] *nm* Wohnzimmer *nt*; (*mobilier*) Wohnzimmer(möbel *pl*) *nt*; (*exposition*) Ausstellung *f*; (*mondain, littéraire*) Salon *m*; **~ de coiffure** Friseursalon *m*; **~ de discussion** (*Inform*) Chatroom *m*; **~ de thé** Café *m*

salopard [salɔpaʀ] (*fam!*) *nm* Scheißkerl *m* (*fam!*)

salope [salɔp] (*fam!*) *nf* Miststück *nt* (*fam!*)

saloper [salɔpe] (*fam!*) *vt* versauen (*fam!*)

saloperie [salɔpʀi] (*fam!*) *nf* Schweinerei *f* (*fam!*), Sauerei *f* (*fam!*), Mist *m* (*fam!*), Schund *m* (*fam!*)

salopette [salɔpɛt] *nf* (*de travail*) Overall *m*; (*pantalon*) Latzhose *f*

salpêtre [salpɛtʀ] *nm* Salpeter *m*

salsifis [salsifi] *nm* Schwarzwurzel *f*

SALT [salt] *sigle* (= *Strategic Arms Limitation Talks*) SALT

saltimbanque [saltɛ̃bãk] *nm/f* Schausteller(in) *m(f)*

salubre [salybʀ] *adj* gesund

salubrité [salybʀite] *nf* Bekömmlichkeit *f*; **mesures de ~ publique** Maßnahmen *pl* der öffentlichen Gesundheitspflege

saluer [salɥe] *vt* grüßen, begrüßen; (*pour dire au revoir*) sich verabschieden von; (*Mil*) grüßen, salutieren +*dat*; (*fig: acclamer*) begrüßen

salut [saly] *nm* (*sauvegarde*) Wohl *nt*; (*Rel*) Heil *nt*, Erlösung *f*; (*geste, parole d'accueil etc*) Gruß *m*; (*Mil*) Salut *m* ▷ *excl* (*fam: pour dire bonjour*) hallo; (*: pour dire au revoir*) tschüs(s); **~ public** öffentliche Wohlfahrt *f*

salutaire [salytɛʀ] *adj* (*remède*) heilsam; (*avis, conseils*) nützlich

salutations [salytasjɔ̃] *nfpl* Grüße *pl*; **veuillez agréer, Monsieur, mes ~ distinguées** *ou* **respectueuses** ≈ mit freundlichen Grüßen

salutiste [salytist] *nm/f* Mitglied *nt* der Heilsarmee

Salvador [salvadɔʀ] *nm*: **le ~** El Salvador *nt*

salve [salv] *nf* (*Mil*) Salve *f*; **~ d'applaudissements** Beifallsstürme *pl*

samaritain [samaʀitɛ̃] *nm*: **le bon S~** der barmherzige Samariter *m*

samedi [samdi] *nm* Samstag *m*; *voir aussi* **lundi**

Samoa [samɔa] *nfpl*: **les (îles) ~** die Samoainseln *pl*

SAMU [samy] *sigle m* (= *service d'assistance médicale d'urgence*) ≈ medizinischer Notdienst

sanatorium [sanatɔʀjɔm] *nm* Sanatorium *nt*

sanctifier [sãktifje] *vt* heiligen

sanction [sãksjɔ̃] *nf* (*punition*) Sanktion *f*; (*approbation*) Sanktionierung *f*; **prendre des ~s contre** Sanktionen anwenden gegen

sanctionner [sãksjɔne] *vt* (*loi, décret, usage*) sanktionieren; (*punir*) bestrafen

sanctuaire [sãktɥɛʀ] *nm* (*d'une église*) Allerheiligstes *nt*; (*édifice, lieu saint*) heiliger Ort *m*

sandale [sãdal] *nf* Sandale *f*

sandalette [sãdalɛt] *nf* Sandalette *f*

sandow® [sãdo] *nm* Gummiriemen *m*

sandwich [sãdwi(t)ʃ] *nm* Sandwich *nt*; **être pris en ~ entre** eingeklemmt sein zwischen +*dat*

sang [sã] *nm* Blut *nt*; **être en ~** blutüberströmt sein; **jusqu'au ~** bis Blut kommt; **se faire du mauvais ~** sich aufregen; **~ bleu** blaues Blut

sang-froid [sãfʀwa] *nm inv* Kaltblütigkeit *f*; **garder son ~** einen kühlen Kopf bewahren; **perdre son ~** seinen kühlen Kopf verlieren; **reprendre son ~** sich wieder beruhigen; **faire qch de ~** etw kaltblütig machen

sanglant, e [sɑ̃glɑ̃, ɑ̃t] *adj* blutig; *(reproche, affront)* verletzend
sangle [sɑ̃gl] *nf* Gurt *m*
sangler [sɑ̃gle] *vt*: **sanglé dans son uniforme** in seine Uniform gezwängt
sanglier [sɑ̃glije] *nm* Wildschwein *nt*
sanglot [sɑ̃glo] *nm* Schluchzer *m*
sangloter [sɑ̃glɔte] *vi* schluchzen
sangsue [sɑ̃sy] *nf* Blutegel *m*
sanguin, e [sɑ̃gɛ̃, in] *adj (vaisseau, groupe)* Blut-; *(fig: tempérament)* feurig
sanguinaire [sɑ̃ginɛʀ] *adj (animal, personne)* blutrünstig; *(lutte)* blutig
sanguine [sɑ̃gin] *nf (orange)* Blutorange *f*; *(Art)* Rötelzeichnung *f*
sanguinolent, e [sɑ̃ginɔlɑ̃, ɑ̃t] *adj* blutig
sanisette® [sanizɛt] *nf (automatische) öffentliche Toilette*
sanitaire [sanitɛʀ] *adj (Méd)* Gesundheits-; **sanitaires** *nmpl* Sanitäreinrichtungen *pl*; **installation** ~ sanitäre Anlagen *pl*
sans [sɑ̃] *prép* ohne; ~ **scrupules** skrupellos; ~ **manches** ärmellos; ~ **qu'il s'en aperçoive** ohne dass er es merkt
sans-abri [sɑ̃zabri] *nm/f inv* Obdachlose(r) *f(m)*
sans-emploi [sɑ̃zɑ̃plwa] *nm/f inv* Arbeitslose(r) *f(m)*
sans-gêne [sɑ̃ʒɛn] *adj inv* ungeniert ▷ *nm inv (attitude)* Ungeniertheit *f*
sans-logis [sɑ̃lɔʒi] *nm/f inv* Obdachlose(r) *f(m)*
sans-souci [sɑ̃susi] *adj inv* sorglos
sans-travail [sɑ̃travaj] *nm/f inv* Arbeitslose(r) *f(m)*
santal [sɑ̃tal] *nm* Sandelholz *nt*
santé [sɑ̃te] *nf* Gesundheit *f*; **avoir une ~ de fer** eine eiserne Gesundheit haben; **avoir une ~ délicate** eine zarte Gesundheit haben; **être en bonne ~** bei guter Gesundheit sein, gesund sein; **boire à la ~ de qn** auf jds Wohl trinken; **à la ~ de Momo!** auf Momo!; **à votre/ta ~!** zum Wohl!; **la ~ publique** das Gesundheitswesen *nt*
santon [sɑ̃tɔ̃] *nm* Krippenfigur *f*
saoudien, ne [saudjɛ̃, jɛn] *adj* saudi-arabisch ▷ *nm/f*: **Saoudien, ne** Saudi-Araber(in) *m(f)*
saoul, e [su, sul] *adj* = **soûl**
sape [sap] *nf*: **travail de ~** *(Mil)* Grabenarbeiten *pl*; *(fig)* Unterminierung *f*; **sapes** *nfpl (fam)* Klamotten *pl*
saper [sape] *vt (fondations etc)* untergraben; *(fig)* unterminieren; **se saper** *vpr (fam)* sich anziehen
sapeur [sapœʀ] *nm (Mil)* Pionier *m*
sapeur-pompier [sapœʀpɔ̃pje] *(pl* **sapeurs-pompiers)** *nm* Feuerwehrmann *m*
saphir [safiʀ] *nm* Saphir *m*
sapin [sapɛ̃] *nm* Tanne *f*; *(bois)* Tannenholz *nt*; ~ **de Noël** Weihnachtsbaum *m*
sapinière [sapinjɛʀ] *nf* Tannenwald *m*
SAR [ɛsaɛʀ] *sigle f (= Son Altesse Royale)* SKH/IKH
sarabande [saʀabɑ̃d] *nf* Sarabande *f*; *(fig)* Affentheater *nt*
sarbacane [saʀbakan] *nf* Blasrohr *nt*; *(jouet)* Pusterohr *nt*
sarcasme [saʀkasm] *nm* Sarkasmus *m*; *(remarque)*

sarkastische Bemerkung *f*
sarcastique [saʀkastik] *adj* sarkastisch
sarcastiquement [saʀkastikmɑ̃] *adv* sarkastisch
sarcelle [saʀsɛl] *nf* Krickente *f*
sarclage [saʀklaʒ] *nm* Jäten *nt*
sarcler [saʀkle] *vt* jäten
sarcloir [saʀklwaʀ] *nm* Jäthacke *f*
sarcophage [saʀkɔfaʒ] *nm* Sarkophag *m*
Sardaigne [saʀdɛɲ] *nf*: **la ~** Sardinien *nt*
sarde [saʀd] *adj* sardisch ▷ *nm/f*: **Sarde** Sarde *m*, Sardin *f*
sardine [saʀdin] *nf* Sardine *f*; **~s à l'huile** Ölsardinen *pl*
sardinerie [saʀdinʀi] *nf* Konservenfabrik *f* für Sardinen
sardinier, -ière [saʀdinje, jɛʀ] *adj (pêche, industrie)* Sardinen- ▷ *nm (bateau)* Sardinenboot *nt*
sardonique [saʀdɔnik] *adj*: **rire ~** hämisches Lachen *nt*
sari [saʀi] *nm* Sari *m*
SARL [ɛsaɛʀɛl] *sigle f (= société à responsabilité limitée)* GmbH *f*
sarment [saʀmɑ̃] *nm*: **~ (de vigne)** Weinranke *f*
sarrasin [saʀazɛ̃] *nm (Bot)* Buchweizen *m*; *(farine)* Buchweizenmehl *nt*
sarrau [saʀo] *nm* Kittel *m*
Sarre [saʀ] *nf*: **la ~** das Saarland *nt*; *(rivière)* die Saar *f*
sarriette [saʀjɛt] *nf* Bohnenkraut *nt*
sarrois, e [saʀwa, waz] *adj* aus dem Saarland, saarländisch ▷ *nm/f*: **Sarrois, e** Saarländer(in) *m(f)*
sas [sɑs] *nm (d'un sous-marin, d'un engin spatial)* Luftschleuse *f*; *(d'une écluse)* Schleusenkammer *f*
satané, e [satane] *adj* verflucht, verflixt
satanique [satanik] *adj* teuflisch
satelliser [satelize] *vt (fusée)* in die Umlaufbahn schießen; *(pays)* zu seinem Satelliten machen
satellite [satelit] *nm* Satellit *m*; **retransmis par ~** *(Radio, TV)* über Satelliten übertragen, Satelliten-; **pays ~** Satellitenstaat *m*
satellite-espion [satelitɛspjɔ̃] *(pl* **satellites-espions)** *nm* Spionagesatellit *m*
satellite-observatoire [satelitɔpsɛʀvatwaʀ] *(pl* **satellites-observatoires)** *nm* Beobachtungs-satellit *m*
satellite-relais [satelitʀəlɛ] *(pl* **satellites-relais)** *nm (Radio, TV)* Übertragungssatellit *m*
satiété [sasjete] *nf*: **manger à ~** sich satt essen; **boire à ~** seinen Durst löschen; **répéter à ~** bis zum Überdruss wiederholen
satin [satɛ̃] *nm* Satin *m*
satiné, e [satine] *adj (tissu)* satiniert; *(peau)* seidig
satinette [satinɛt] *nf* Baumwollsatin *m*
satire [satiʀ] *nf* Satire *f*; **faire la ~ de** spotten über +*acc*
satirique [satiʀik] *adj* satirisch
satiriste [satiʀist] *nm/f* Satiriker(in) *m(f)*
satisfaction [satisfaksjɔ̃] *nf (d'un besoin, désir)* Befriedigung *f*; *(état)* Zufriedenheit *f*; **à ma grande ~** zu meiner großen Genugtuung; **obtenir ~** Genugtuung erlangen; **donner ~ (à**

qn)(jdn) zufriedenstellen
satisfaire [satisfɛʀ] vt befriedigen; **se satisfaire**
vpr: **se ~ de** zufrieden sein mit; **~ à** (engagement,
revendication) nachkommen +dat; (conditions)
erfüllen
satisfaisant, e [satisfəzã, ãt] adj befriedigend
satisfait, e [satisfɛ, ɛt] pp de **satisfaire** ▷ adj
(personne, air) zufrieden; (curiosité, désir) befriedigt;
~ de zufrieden mit
satisfasse etc [satisfas] vb voir **satisfaire**
satisferai etc [satisfʀe] vb voir **satisfaire**
saturation [satyʀasjɔ̃] nf (Phys) Sättigung f; (de
l'emploi, du marché) Übersättigung f; **arriver à ~**
den Sättigungspunkt erreichen
saturer [satyʀe] vt (éponge) sich vollsaugen
lassen; (marché etc) übersättigen; **~ qn/qch de**
jdn/etw übersättigen mit; **être saturé de qch**
mit etw übersättigt sein
saturnisme [satyʀnism] nm Bleivergiftung f
satyre [satiʀ] nm (divinité) Satyr m; (péj)
Lustmolch m
sauce [sos] nf Soße f; (accompagnant un rôti)
(Braten)soße f, **en ~** mit Soße; **~ à salade**
Salatsoße f; **~ aux câpres** Kapernsoße f;
~ blanche weiße Soße; **~ chasseur** Pilzsoße f;
~ suprême Geflügelsoße f; **~ tomate**
Tomatensoße f
saucer [sose] vt (assiette) mit Brot auswischen
saucière [sosjɛʀ] nf Soßenschüssel f, Sauciere f
saucisse [sosis] nf Wurst f
saucisson [sosisɔ̃] nm Wurst f; **~ à l'ail**
Knoblauchwurst f; **~ sec** Hartwurst f
saucissonner [sosisɔne] (fam) vi einen Happen
essen
sauf¹ [sof] prép außer +dat; **~ si** außer, wenn;
~ que außer dass; **~ avis contraire** sofern nichts
Gegenteiliges gesagt wird; **~ empêchement**
wenn sich keine Probleme ergeben; **~ erreur**
wenn ich mich nicht irre; **~ imprévu** wenn
nichts Unvorhergesehenes dazwischenkommt
sauf², sauve [sof, sov] adj unbeschadet; **laisser
la vie sauve à qn** jds Leben verschonen
sauf-conduit [sofkɔ̃dɥi] (pl **~s**) nm freies Geleit
nt, Geleitbrief m
sauge [soʒ] nf Salbei m
saugrenu, e [sogʀəny] adj absurd
saule [sol] nm Weide f; **~ pleureur** Trauerweide f
saumâtre [somɑtʀ] adj (eau) leicht salzig; (goût)
unangenehm; **la trouver ~** (fam) es
unverschämt finden
saumon [somɔ̃] nm Lachs m ▷ adj inv (couleur)
lachsrosa; **~ fumé** Räucherlachs m
saumoné, e [somone] adj: **truite ~e** Lachsforelle f
saumure [somyʀ] nf Salzlake f
sauna [sona] nm Sauna f
saupoudrer [sopudʀe] vt: **~ qch de** etw
bestreuen mit; (fig: de citations etc) etw spicken
mit
saupoudreuse [sopudʀøz] nf Streuer m
saur [sɔʀ] adj m: **hareng ~** Bückling m
saurai etc [sɔʀe] vb voir **savoir**
saut [so] nm Sprung m; (Sport) Springen nt;

(: Hippisme) Springreiten nt; (: Ski) Skispringen nt;
faire un ~ einen Satz machen; **faire un ~ chez
qn** auf einen Sprung bei jdm vorbeischauen; **au
~ du lit** beim Aufstehen; **~ en hauteur/
longueur/à la perche** Hoch-/Weit-/
Stabhochsprung m; **~ à la corde**
Seil(chen)springen nt; **~ de page** (Inform)
Seitenwechsel m; **~ en parachute** Fallschirm-
(ab)sprung m; **~ périlleux** Salto mortale m
saute [sot] nf: **~ de température**
Temperaturumschwung m; **avoir des ~s
d'humeur** launisch sein
sauté, e [sote] adj (Culin) gebraten ▷ nm: **~ de
veau** ≈ Kalbsbraten m
saute-mouton [sotmutɔ̃] nm inv: **jouer à ~**
Bockspringen spielen
sauter [sote] vi springen; (exploser) in die Luft
fliegen; (fusibles) durchbrennen; (corde etc)
reißen; (bouchon, bouton) abgehen ▷ vt (obstacle)
überspringen; **~ dans/sur/vers** springen in +acc/
auf +acc/auf +acc zu; **faire ~** in die Luft sprengen;
(Culin) braten; **~ à cloche-pied/à pieds joints**
auf einem Fuß/zwei Füßen hüpfen; **~ en
parachute** mit dem Fallschirm abspringen; **~ à
la corde** seilspringen; **~ à bas du lit** aus dem
Bett springen; **~ de joie** vor Freude hüpfen; **~ au
cou de qn** jdm um den Hals fallen; **~ d'un sujet
à l'autre** von einem Thema zum anderen
springen; **~ aux yeux** in die Augen springen;
~ au plafond (fig) an die Decke gehen
sauterelle [sotʀɛl] nf Heuschrecke f
sauterie [sotʀi] nf Tänzchen nt
sauteur, -euse [sotœʀ, øz] (Sport) nm/f
Springer(in) m(f) ▷ nf (casserole) Bratpfanne f; **~ à
la perche** Stabhochspringer m; **~ à skis**
Skispringer m
sautillement [sotijmã] nm Hüpfen nt
sautiller [sotije] vi hüpfen
sautoir [sotwaʀ] nm (bijou) Halskette f; (Sport)
Sprunggrube f; **porter en ~** um den Hals tragen;
~ (de perles) Perlenkette f
sauvage [sovaʒ] adj wild; (plante) wild
(wachsend); (insociable) ungesellig; (mœurs) rau;
(vente etc) unerlaubt ▷ nm/f (primitif) Wilde(r) f(m);
(brute) Barbar(in) m(f); (timide) Einzelgänger(in)
m(f)
sauvagement [sovaʒmã] adv wild
sauvageon, ne [sovaʒɔ̃, ɔn] nm/f kleiner
Wildfang m
sauvagerie [sovaʒʀi] nf Wildheit f; (insociabilité)
Ungeselligkeit f
sauve [sov] adj f voir **sauf²**
sauvegarde [sovgaʀd] nf Schutz m; (Inform)
Speichern nt, Sichern nt; **sous la ~ de** unter dem
Schutz von ou gén; **disquette/fichier de ~**
Sicherungsdiskette f/Sicherungsdatei f
sauvegarder [sovgaʀde] vt schützen; (Inform)
sichern
sauve-qui-peut [sovkipø] nm inv Panik f ▷ excl
rette sich, wer kann
sauver [sove] vt retten; (Rel) retten, erlösen; **se
sauver** vpr (s'enfuir) weglaufen; (fam: partir)

abhauen; ~ **qn** jdn retten aus; ~ **la vie à qn** jdm das Leben retten; ~ **les apparences** den Schein wahren

sauvetage [sov(ə)taʒ] *nm* Rettung *f*; **gilet de ~** Schwimmweste *f*; ~ **en montagne** Bergrettung *f*, Bergwacht *f*

sauveteur [sov(ə)tœʀ] *nm* Retter *m*

sauvette [sovɛt] *nf*: **à la ~** *(se marier etc)* überstürzt; **vente à la ~** illegaler Verkauf *m*

sauveur [sovœʀ] *nm* Retter *m*; **le S~** *(Rel)* der Erlöser *m*

SAV [ɛsave] *sigle m* (= *service après vente*) *voir* **service**

savais *etc* [savɛ] *vb voir* **savoir**

savamment [savamɑ̃] *adv* *(avec érudition)* gelehrt; *(habilement)* geschickt

savane [savan] *nf* Savanne *f*

savant, e [savɑ̃, ɑ̃t] *adj* *(personne: érudit, instruit)* gelehrt; *(édition, revue, travaux)* wissenschaftlich; *(habile: démonstration, combinaison)* geschickt; *(compliqué)* schwierig ▷ *nm* Gelehrter *m*; **animal ~** dressiertes Tier *nt*

savate [savat] *nf* ausgelatschter Schuh *m*; *(Sport)* ≈ Kickboxen *nt*

saveur [savœʀ] *nf* Geschmack *m*; *(fig)* Reiz *m*

Savoie [savwa] *nf*: **la ~** Savoyen *nt*

savoir [savwaʀ] *vt* kennen, wissen; *(le grec, la grammaire, sa leçon, son rôle etc; être capable de)* können; *(métier)* verstehen ▷ *nm* Wissen *nt*; **se savoir** *vpr* *(chose: être connu)* bekannt werden; ~ **que** wissen, dass; ~ **si/comment/combien ...** wissen, ob/wie/wie viele ....; ~ **nager** schwimmen können; **se ~ malade/incurable** wissen, dass man krank/unheilbar krank ist; **il faut ~ que** man muß wissen, dass; **vous n'êtes pas sans ~** es ist Ihnen sicher nicht unbekannt, dass; **je crois ~ que** ich glaube zu wissen, dass; **je n'en sais rien** ich habe keine Ahnung; **à ~** *adv* nämlich; **à ~ que** und zwar, dass; **faire ~ qch à qn** jdn etw wissen lassen; **ne rien vouloir ~** nichts wissen wollen; **pas que je sache** nicht dass ich wüsste; **sans le ~** unbewusst; **en ~ long** viel wissen

savoir-faire [savwaʀfɛʀ] *nm inv*: **le ~** das Know-how

savoir-vivre [savwaʀvivʀ] *nm inv* Kultiviertheit *f*

savon [savɔ̃] *nm* Seife *f*; **un ~** ein Stück *nt* Seife; **passer un ~ à qn** *(fam)* jdm ordentlich den Kopf waschen

savonner [savɔne] *vt* einseifen; **se savonner** *vpr* sich einseifen; **se ~ les mains/pieds** sich *dat* die Hände/Füße einseifen

savonnerie [savɔnʀi] *nf* Seifenfabrik *f*

savonnette [savɔnɛt] *nf* Toilettenseife *f*

savonneux, -euse [savɔnø, øz] *adj* Seifen-

savons [savɔ̃] *vb voir* **savoir**

savourer [savuʀe] *vt* genießen

savoureux, -euse [savuʀø, øz] *adj* köstlich, lecker; *(fig)* pikant

savoyard, e [savwajaʀ, aʀd] *adj* aus Savoyen ▷ *nm/f*: **Savoyard, e** Savoyarde *m*, Savoyardin *f*

Saxe [saks] *nf*: **la ~** Sachsen *nt*

saxo(phone) [saksɔ(fɔn)] *nm* Saxofon *nt*

saxophoniste [saksɔfɔnist] *nm/f* Saxofonspieler(in) *m(f)*

saynète [sɛnɛt] *nf* kleine Komödie *f*

scabreux, -euse [skabʀø, øz] *adj* *(dangereux)* heikel; *(indécent)* anstößig

scalpel [skalpɛl] *nm* Skalpell *nt*

scalper [skalpe] *vt* skalpieren

scampi [skɑ̃pi] *nmpl* Scampi *pl*

scandale [skɑ̃dal] *nm* Skandal *m*; **provoquer un ~** einen Skandal verursachen; **faire du ~** *(tapage)* Spektakel machen, Krach schlagen; **au grand ~ de** zur großen Entrüstung ou zum großen Ärgernis von; **faire ~** Anstoß erregen

scandaleusement [skɑ̃daløzmɑ̃] *adv* skandalös

scandaleux, -euse [skɑ̃dalø, øz] *adj* skandalös

scandaliser [skɑ̃dalize] *vt* *(personne)* entsetzen; **se ~ (de)** *vpr* sich entrüsten (über +*acc*), sich empören (über +*acc*)

scander [skɑ̃de] *vt* skandieren

scandinave [skɑ̃dinav] *adj* skandinavisch ▷ *nm/f*: **Scandinave** Skandinavier(in) *m(f)*

Scandinavie [skɑ̃dinavi] *nf*: **la ~** Skandinavien *nt*

scanner [skanɛʀ] *nm* Scanner *m*

scanographie [skanɔgʀafi] *nf* *(Méd)* Scanning *nt*; *(image)* Scan *m*

scaphandre [skafɑ̃dʀ] *nm* *(de plongeur)* Taucheranzug *m*; *(de cosmonaute)* Raumanzug *m*; ~ **autonome** Unterwasseratmungsgerät *nt*

scaphandrier [skafɑ̃dʀije] *nm* Taucher *m*

scarabée [skaʀabe] *nm* Skarabäus *m*, Pillendreher *m*

scarlatine [skaʀlatin] *nf*: **la ~** Scharlach *m*

scarole [skaʀɔl] *nf* Endivie *f*

scatologique [skatɔlɔʒik] *adj* skatologisch

sceau, x [so] *nm* Siegel *nt*; *(fig)* Stempel *m*; **sous le ~ du secret** unter dem Siegel der Verschwiegenheit

scélérat, e [seleʀa, at] *nm/f* Schurke *m*, Schurkin *f* ▷ *adj* schurkisch

sceller [sele] *vt* besiegeln; *(fermer)* versiegeln

scellés [sele] *nmpl*: **mettre les ~ sur** versiegeln

scénario [senaʀjo] *nm* *(Ciné)* Skript *nt*, Drehbuch *nt*

scénariste [senaʀist] *nm/f* Drehbuchschreiber(in) *m(f)*

scène [sɛn] *nf* *(lieu de l'action)* Schauplatz *m*; *(Théât)* Bühne *f*; *(dispute, Théât: partie d'un acte)* Szene *f*; *(fig: événement, spectacle)* Schauspiel *nt*; **la ~ politique/internationale** die politische/internationale Szene; **sur le devant de la ~** im Rampenlicht; **entrer en ~** auftreten; **par ordre d'entrée en ~** in der Reihenfolge der Auftritte; **mettre en ~** *(Théâtre, fig)* inszenieren; *(Ciné)* verfilmen; **porter à/adapter pour la ~** auf die Bühne bringen/für die Bühne bearbeiten; **faire une ~ (à qn)** (jdm) eine Szene machen; ~ **de ménage** Ehekrach *m*

scénique [senik] *adj* *(effet)* szenisch; *(art)* Bühnen-

scepticisme [sɛptisism] *nm* Skepsis *f*; *(Philos)* Skeptizismus *m*

sceptique [sɛptik] *adj* skeptisch ▷ *nm/f* Skeptiker(in) *m(f)*

sceptre [sɛptʀ] *nm* Zepter *nt*

schéma [ʃema] *nm* Schema *nt*; (*résumé*) Umriss *m*

schématique [ʃematik] *adj* schematisch

schématiquement [ʃematikmɑ̃] *adv* schematisch

schématisation [ʃematizasjɔ̃] *nf* Schematisierung *f*

schématiser [ʃematize] *vt* schematisieren

schismatique [ʃismatik] *adj* schismatisch

schisme [ʃism] *nm* (*Rel*) Schisma *nt*, Kirchenspaltung *f*; (*Pol*) Spaltung *f*

schiste [ʃist] *nm* Schiefer *m*

schisteux, -euse [ʃistø, øz] *adj* (*roche*) schieferig, Schiefer-; (*falaise*) Schiefer-

schizophrène [skizɔfʀɛn] *nm/f* Schizophrene(r) *f(m)* ▷ *adj* schizophren

schizophrénie [skizɔfʀeni] *nf* Schizophrenie *f*

sciatique [sjatik] *adj*: **nerf ~** Ischiasnerv *m* ▷ *nf* Ischias *m*

scie [si] *nf* Säge *f*; (*fam: péj: rengaine*) Ohrwurm *m*; (*: personne*) Langweiler *m*; **~ à bois** Holzsäge *f*; **~ à découper** Laubsäge *f*; **~ à métaux** Metallsäge *f*; **~ circulaire** Kreissäge *f*; **~ sauteuse** Stichsäge *f*

sciemment [sjamɑ̃] *adv* wissentlich

science [sjɑ̃s] *nf* Wissenschaft *f*; (*savoir*) Wissen *nt*; (*savoir-faire*) Geschick *nt*; **les ~s** (*Scol*) die Naturwissenschaften *pl*; **~s appliquées** angewandte Wissenschaften; **~s expérimentales** experimentelle Wissenschaften; **~s humaines** Geisteswissenschaften; **~s naturelles** Naturwissenschaften; **~s occultes** okkulte Wissenschaften; **~s politiques** politische Wissenschaft; **~s sociales** Sozialwissenschaft *f*

science-fiction [sjɑ̃sfiksjɔ̃] (*pl* **sciences-fictions**) *nf* Science-Fiction *f*

scientifique [sjɑ̃tifik] *adj* wissenschaftlich ▷ *nm/f* (*savant*) Wissenschaftler(in) *m(f)*; (*étudiant*) Student(in) *m(f)* der Naturwissenschaften

scientifiquement [sjɑ̃tifikmɑ̃] *adv* wissenschaftlich

scier [sje] *vt* sägen; (*retrancher*) absägen

scierie [siʀi] *nf* Sägewerk *nt*

Scilly [sili]: **les îles ~** *nfpl* die Scillyinseln *pl*

scinder [sɛde] *vt* aufspalten; **se scinder** *vpr* (*parti*) sich spalten

scintillant, e [sɛtijɑ̃, ɑ̃t] *adj* (*lumière*) funkelnd; (*tissu*) glänzend

scintillement [sɛtijmɑ̃] *nm* Funkeln *nt*

scintiller [sɛtije] *vi* funkeln

scission [sisjɔ̃] *nf* Spaltung *f*

sciure [sjyʀ] *nf*: **~ (de bois)** Sägemehl *nt*

sclérose [skleʀoz] *nf* Sklerose *f*; (*fig*) Verknöcherung *f*; **~ artérielle** Arteriosklerose *f*; **~ en plaques** multiple Sklerose

sclérosé, e [skleʀoze] *adj* (*tissu*) sklerotisch; (*fig*) verknöchert

scléroser [skleʀoze]: **se ~** *vpr* sklerotisch werden; (*fig*) verknöchern

scolaire [skɔlɛʀ] *adj* Schul-; (*succès etc*) schulisch;

(*péj*) schulmeisterhaft; **l'année ~** das Schuljahr *nt*; **d'âge ~** im schulpflichtigen Alter

scolarisation [skɔlaʀizasjɔ̃] *nf* (*vvt*) Versorgung *f* mit Schulen; Einschulung *f*

scolariser [skɔlaʀize] *vt* (*pays, région*) mit Schulen versorgen; (*enfant*) einschulen

scolarité [skɔlaʀite] *nf* (*fait d'aller à l'école*) Schulbesuch *m*; (*durée des études*) Schulzeit *f*; **frais de ~** Schulgeld *nt*; **la ~ obligatoire** die Schulpflicht *f*

scolastique [skɔlastik] *adj* scholastisch

scoliose [skɔljoz] *nf* Skoliose *f*

scoop [skup] *nm* (*Presse*) Knüller *m*

scooter [skutœʀ] *nm* Motorroller *m*

scorbut [skɔʀbyt] *nm* Skorbut *m*

scorbutique [skɔʀbytik] *adj* skorbutisch

score [skɔʀ] *nm* (*Sport*) Punktestand *m*; (*dans un test*) Punktzahl *f*; (*électoral etc*) Ergebnis *nt*

scories [skɔʀi] *nfpl* Schlacke *f*

scorpion [skɔʀpjɔ̃] *nm* Skorpion *m*; **être du S~** (*Astrol*) Skorpion sein

scotch [skɔtʃ] *nm* (*whisky*) Scotch *m*; **S~®** (*adhésif*) Tesafilm® *m*

scotcher [skɔtʃe] *vt* mit Tesafilm® kleben

scout, e [skut] *adj* Pfadfinder- ▷ *nm* Pfadfinder *m*

scoutisme [skutism] *nm* Pfadfinderbewegung *f*

scribe [skʀib] *nm* Schreiber *m*; (*péj*) Schreiberling *m*

scribouillard [skʀibujaʀ] (*péj*) *nm* Schreiberling *m*

script [skʀipt] *nm* (*écriture*) Druckschrift *f*; (*Ciné*) Drehbuch *nt*; **écrire en ~** in Druckschrift schreiben

scripte [skʀipt], **script-girl** *nf* Skriptgirl *nt*

scriptural, e, -aux [skʀiptyʀal, o] *adj*: **monnaie ~e** Buchgeld *nt*

scrofuleux, -euse [skʀɔfylø, øz] *adj* skrofulös

scrupule [skʀypyl] *nm* Skrupel *m*; **être sans ~s** skrupellos sein; **se faire un ~ de qch** wegen einer Sache *gén* Skrupel haben

scrupuleusement [skʀypyløzmɑ̃] *adv* gewissenhaft

scrupuleux, -euse [skʀypylø, øz] *adj* (*honnête*) gewissenhaft

scrutateur, -trice [skʀytatœʀ, tʀis] *adj* forschend ▷ *nm/f* (*de vote*) Wahlhelfer(in) *m(f)*

scruter [skʀyte] *vt* genau betrachten; (*les alentours, l'obscurité*) erforschen

scrutin [skʀytɛ] *nm* Wahl *f*; **ouverture du ~** Wahlbeginn *m*; **clôture du ~** Wahlende *nt*; **~ à deux tours** Wahl mit zwei Wahlgängen; **~ de liste** Listenwahl *f*; **~ majoritaire** Mehrheitswahl *f*; **~ proportionnel** Verhältniswahl *f*; **~ uninominal** Nominalwahl *f*

sculpter [skylte] *vt* (*œuvre d'art*) in Stein hauen; (*matière*) behauen; (*suj: érosion*) formen

sculpteur [skyltœʀ] *nm* Bildhauer(in) *m(f)*

sculptural, e, -aux [skyltyʀal, o] *adj* (*décoration*) plastisch; (*fig: beauté, forme*) statuenhaft

sculpture [skyltyʀ] *nf* (*Art*) Bildhauerei *f*; (*œuvre*) Skulptur *f*, Statue *f*; **~ sur bois** Holzplastik *f*

sdb. *abr* (= *salle de bain*) *voir* **salle**

SDF *sigle m/f* (= *sans domicile fixe*) Obdachlose(r) *f(m)*;

les ~ die Obdachlosen *pl*
SE *sigle f* (= *Son Excellence*) SE

 MOT-CLÉ

se, s' [sə] *pron* **1** (*réfléchi*) sich; **se voir dans un miroir** sich in einem Spiegel sehen; **se casser la jambe/laver les mains** sich *dat* das Bein brechen/die Hände waschen
2 (*réciproque*) sich, einander; **ils s'aiment** sie lieben sich *ou* einander
3 (*passif*): **cela se répare facilement** das ist leicht zu reparieren

séance [seɑ̃s] *nf* Sitzung *f*; (*Ciné, Théât*) Vorstellung *f*; **ouvrir/lever la ~** die Sitzung eröffnen/schließen; **~ tenante** unverzüglich
séant, e [seɑ̃, ɑ̃t] *adj* anständig ▷ *nm* (*postérieur*) Hinterteil *nt*
seau, x [so] *nm* Eimer *m*; **~ à glace** (Eis)kühler *m*
sébum [sebɔm] *nm* Hauttalg *m*
sec, sèche [sɛk, sɛʃ] *adj* trocken; (*fruits*) getrocknet; (*bruit*) kurz; (*réponse, ton*) schroff; (*cœur*) hart; (*décharné*) dürr ▷ *nm*: **tenir au ~** trocken aufbewahren ▷ *nf* (*fam: cigarette*) Klippe *f* ▷ *adv* (*démarrer*) hart; **à pied ~** trockenen Fußes; **à ~** (*cours d'eau*) ausgetrocknet; (*source*) versiegt; (*à court d'idées*) einfallslos; (*à court d'argent*) auf dem Trockenen; **je le bois ~** ich trinke es pur; **boire ~** (*beaucoup*) saufen
SECAM [sekam] *sigle m* (= *séquentiel couleur à mémoire*) SECAM *nt*
sécante [sekɑ̃t] *nf* Sekante *f*
sécateur [sekatœR] *nm* Gartenschere *f*
sécession [sesesjɔ̃] *nf*: **faire ~** sich abspalten; **la guerre de S~** der Amerikanische Bürgerkrieg *m*
séchage [seʃaʒ] *nm* Trocknen *nt*
sèche [sɛʃ] *adj, nf voir* **sec**
sèche-cheveux [sɛʃʃəvø] *nm inv* Haartrockner *m*, Föhn *m*
sèche-linge [sɛʃlɛ̃ʒ] *nm inv* Wäschetrockner *m*
sèche-mains [sɛʃmɛ̃] *nm inv* Händetrockner *m*
sèchement [sɛʃmɑ̃] *adv* (*frapper etc*) kurz; (*répliquer etc*) schroff
sécher [seʃe] *vt* trocknen; (*peau, blé, bois*) austrocknen; (*étang*) trockenlegen; (*fam: Scol*) schwänzen ▷ *vi* trocknen; (*fam: candidat*) ins Rotieren kommen; **se sécher** *vpr* (*après le bain*) sich abtrocknen
sécheresse [seʃRɛs] *nf* Trockenheit *f*
séchoir [seʃwaR] *nm* Wäschetrockner *m*
second, e [s(ə)gɔ̃, ɔ̃d] *adj* zweite(r, s) ▷ *nm* (*adjoint*) zweiter Mann *m*; (*Naut*) ≈ Unteroffizier *m*, ≈ Maat *m*; (*étage*) zweiter Stock *m* ▷ *nf* Sekunde *f*; (*Scol: degré*) ≈ Obersekunda *f*, ≈ elfte Klasse *f*; (*Auto*) zweiter Gang *m*; **trouver son ~ souffle** (*Sport, fig*) seinen Tiefpunkt überwinden; **être dans un état ~** in einem Trancezustand sein; **doué de ~e vue** mit dem Zweiten Gesicht begabt, hellseherisch begabt; **de ~e main** aus zweiter Hand; **voyager en ~e** zweiter Klasse reisen

secondaire [s(ə)gɔ̃dɛR] *adj* (*événement, rôle*) zweitrangig, sekundär; (*Scol*) höher, Sekundar-; (*effets*) Neben-
seconde [s(ə)gɔ̃d] *adj, nf voir* **second**
seconder [s(ə)gɔ̃de] *vt* helfen +*dat*, unterstützen; (*favoriser*) unterstützen
secouer [s(ə)kwe] *vt* schütteln; (*tapis*) ausschütteln; (*passagers*) durchschütteln; (*suj: explosion, séisme: traumatiser*) erschüttern; (*fam: faire se démener*) aufrütteln; **se secouer** *vpr* sich schütteln; (*fam: se démener*) sich aufrappeln; **~ la poussière d'un tapis/manteau** einen Teppich ausschütteln/den Staub aus einem Mantel schütteln; **~ la tête** den Kopf schütteln
secourable [s(ə)kuRabl] *adj* hilfsbereit
secourir [s(ə)kuRiR] *vt* (*sauver*) retten; (*venir en aide à*) helfen; (*misère*) lindern
secourisme [s(ə)kuRism] *nm* Erste Hilfe *f*
secouriste [s(ə)kuRist] *nm/f* Lebensretter(in) *m(f)*
secourons [s(ə)kuRɔ̃] *vb voir* **secourir**
secours [s(ə)kuR] *vb voir* **secourir** ▷ *nm* Hilfe *f*; **secours** *nmpl* (*soins à un malade, blessé*) Hilfe(leistung) *f*; (*équipe de secours*) Rettungsmannschaften *pl*; **au ~!** Hilfe!; **appeler au ~** um Hilfe rufen; **appeler qn à son ~** jdn zu Hilfe rufen; **aller au ~ de qn** jdm zu Hilfe eilen; **porter ~ à qn** jdm helfen; **les premiers ~** Erste Hilfe; **sa mémoire/cet outil lui a été d'un grand ~** sein Gedächtnis/dieses Werkzeug war ihm eine große Hilfe *ou* hat ihm sehr geholfen; **~ en montagne** Bergrettung *f*, Bergwacht *f*
secouru, e [s(ə)kuRy] *pp de* **secourir**
secousse [s(ə)kus] *nf* Erschütterung *f*; (*électrique*) Schock *m*; **~ sismique** *ou* **tellurique** Erdstoß *m*
secret, -ète [səkRɛ, ɛt] *adj* geheim; (*langage, code, rites*) Geheim-; (*renfermé*) reserviert ▷ *nm* Geheimnis *nt* ▷ *nf*: **la (police) secrète** die Geheimpolizei *f*; **en ~** insgeheim; **au ~** in Einzelhaft; **promettre le ~** versprechen, das Geheimnis zu wahren; **le ~ de la confession** das Beichtgeheimnis; **~ d'État** Staatsgeheimnis *nt*; **~ de fabrication** Produktionsgeheimnis *nt*; **~ professionnel** Berufsgeheimnis *nt*
secrétaire [s(ə)kRetɛR] *nm/f* Sekretär(in) *m(f)* ▷ *nm* (*meuble*) Sekretär *m*; **~ d'ambassade** Botschaftssekretär(in) *m(f)*; **~ d'État** Staatssekretär(in) *m(f)*; **~ de direction** Direktionssekretär(in) *m(f)*; **~ de mairie** ≈ städtische(r) Protokollführer(in) *m(f)*; **~ de rédaction** Redaktionsassistent(in) *m(f)*; **~ général** Generalsekretär(in) *m(f)*; **~ médicale** Arztsekretärin *f*
secrétariat [s(ə)kRetaRja] *nm* (*profession*) Sekretärinnenberuf *m*; (*bureau*) Sekretariat *nt*; **~ d'État** Amt *nt* des Staatssekretärs; **~ général** Generalsekretariat *nt*
secrète [səkRɛt] *adj, nf voir* **secret**
secrètement [səkRɛtmɑ̃] *adv* heimlich, insgeheim
sécréter [sekRete] *vt* (*substance*) absondern
sécrétion [sekResjɔ̃] *nf* Absondern *nt*; (*substance*) Sekret *nt*, Absonderung *f*

405

sectaire [sɛktɛʀ] adj sektiererisch
sectarisme [sɛktaʀism] nm Sektentum nt
secte [sɛkt] nf Sekte f
secteur [sɛktœʀ] nm Sektor m; **branché sur le ~**
(*Élec*) ans Stromnetz angeschlossen;
"fonctionne sur pile et ~" „im Batterie- oder
Netzbetrieb"; **le ~ privé/public** der private/
öffentliche Sektor; **le ~ primaire/secondaire/
tertiaire** Primär-/Sekundär-/Tertiärsektor m
section [sɛksjɔ̃] nf (*coupe, dessin*) Schnitt m;
(*mesure*) Durchmesser m, Querschnitt m; (*tronçon*)
Abschnitt m; (*: de parcours d'autobus*) Teilstrecke f;
(*d'une entreprise, école*) Abteilung f; (*d'un parti*)
Sektion f; (*Mil*) Zug m; **~ rythmique** (*Mus*)
Rhythmusgruppe f; **~ des cuivres** Blechbläser pl
sectionner [sɛksjɔne] vt (*membre*) abtrennen;
(*tige, câble*) durchschneiden; **se sectionner** vpr
(*câble*) reißen
sectoriel, le [sɛktɔʀjɛl] adj (*Écon etc*) einen
bestimmten Sektor betreffend
sectorisation [sɛktɔʀizasjɔ̃] nf Unterteilung f in
Sektoren
sectoriser [sɛktɔʀize] vt in Sektoren unterteilen
sécu [seky] abr f (= *sécurité sociale*) voir **sécurité**
séculaire [sekylɛʀ] adj (*qui a lieu tous les cent ans*)
Jahrhundert-; (*très vieux*) uralt
séculariser [sekylaʀize] vt säkularisieren
séculier, -ière [sekylje, jɛʀ] adj weltlich
sécurisant, e [sekyʀizɑ̃, ɑ̃t] adj beruhigend
sécuriser [sekyʀize] vt ein Gefühl der Sicherheit
geben +dat
sécurité [sekyʀite] nf Sicherheit f; **impression
de ~** Gefühl nt der Sicherheit; **être en ~ in**
Sicherheit sein; **dispositif/système de ~**
Sicherheitsvorrichtung f/-system nt; **mesures
de ~** Sicherheitsmaßnahmen pl; **la ~ de l'emploi**
ein sicherer Arbeitsplatz m; **~ routière**
Sicherheit im Straßenverkehr; **la S~ sociale** die
Sozialversicherung f
sédatif, -ive [sedatif, iv] adj (*action*) beruhigend;
(*produit aussi*) Beruhigungs- ▷ nm
Beruhigungsmittel nt
sédentaire [sedɑ̃tɛʀ] adj sesshaft; (*profession*)
sitzend
sédiment [sedimɑ̃] nm Bodensatz m; **sédiments**
nmpl (*alluvions*) Sedimente pl, Ablagerungen pl
sédimentaire [sedimɑ̃tɛʀ] adj Sediment-
sédimentation [sedimɑ̃tasjɔ̃] nf Ablagerung f
séditieux, -euse [sedisjø, jøz] adj aufständisch,
rebellisch
sédition [sedisjɔ̃] nf Aufstand m
séducteur, -trice [sedyktœʀ, tʀis] adj
verführerisch ▷ nm Verführer m, Verführerin f
séduction [sedyksjɔ̃] nf Verführung f; (*charme,
attrait*) Reiz m
séductrice [sedyktʀis] adj, nf voir **séducteur**
séduire [sedɥiʀ] vt (*personne*) erobern; (*femme:
déshonorer*) verführen; (*suj: chose*) ansprechen
séduisant, e [sedɥizɑ̃, ɑ̃t] vb voir **séduire** ▷ adj
verführerisch
séduit, e [sedɥi, it] pp de **séduire**
segment [sɛgmɑ̃] nm (*Géom*) Segment nt; (*section,*

morceau) Abschnitt m; **~ (de piston)** Kolbenring
m; **~ de frein** Bremsschuh m
segmenter [sɛgmɑ̃te] vt teilen; **se segmenter**
vpr sich aufspalten
ségrégation [segʀegasjɔ̃] nf Absonderung f;
~ raciale Rassentrennung f
ségrégationnisme [segʀegasjɔnism] nm
Rassentrennung f
ségrégationniste [segʀegasjɔnist] adj:
politique ~ Politik f der Rassentrennung
seiche [sɛʃ] nf Tintenfisch m
seigle [sɛgl] nm Roggen m
seigneur [sɛɲœʀ] nm (*féodal*) (Guts)herr m; **le S~**
(*Rel*) der Herr m
seigneurial, e, -aux [sɛɲœʀjal, jo] adj Herren-
sein [sɛ̃] nm (*Anat*) Brust f; (*fig: poitrine*) Busen m;
au ~ de (*équipe, institution*) inmitten +gén; **nourrir
au ~** stillen
Seine [sɛn] nf Seine f
séisme [seism] nm Erdbeben nt
séismique etc [seismik] adj voir **sismique** etc
SEITA [seta] sigle f = *Société d'exploitation industrielle
des tabacs et allumettes*
seize [sɛz] num sechzehn
seizième [sɛzjɛm] adj sechzehnte(r, s) ▷ nm
(*fraction*) Sechzehntel nt
séjour [seʒuʀ] nm Aufenthalt m; (*pièce*)
Wohnzimmer nt
séjourner [seʒuʀne] vi sich aufhalten
sel [sɛl] nm Salz nt; (*fig*) Würze f; **~ de cuisine**
Kochsalz nt; **~ fin** ou **de table** Tafelsalz nt;
~ gemme Steinsalz nt; **~s de bain** Badesalz nt
sélect, e [selɛkt] adj auserlesen
sélectif, -ive [selɛktif, iv] adj selektiv; (*Radio*)
trennscharf
sélection [selɛksjɔ̃] nf Auswahl f; **faire** ou **opérer
une ~ parmi** eine Auswahl treffen unter +dat;
épreuve de ~ Ausscheidungswettkampf m;
~ naturelle natürliche Auslese f
sélectionné, e [selɛksjɔne] adj ausgewählt
sélectionner [selɛksjɔne] vt auswählen
sélectionneur, -euse [selɛksjɔnœʀ, øz] nm/f
(*Sport*) Person, die die Mannschaftsaufstellung vornimmt
sélectivement [selɛktivmɑ̃] adv selektiv
sélectivité [selɛktivite] nf (*Radio*) Trennschärfe f
sélénologie [selenɔlɔʒi] nf Mondforschung f
self [sɛlf] (*fam*) nm SB-Restaurant nt
self-service [sɛlfsɛʀvis] (*pl ~s*) adj
Selbstbedienungs- ▷ nm (*magasin*)
Selbstbedienungsladen m; (*restaurant*)
Selbstbedienungsrestaurant nt
selle [sɛl] nf Sattel m; (*Culin*) Rücken m; **selles** nfpl
Stuhlgang m; **aller à la ~** (*Méd*) Stuhlgang
haben; **se mettre en ~** aufsitzen
seller [sele] vt satteln
sellette [sɛlɛt] nf: **mettre qn sur la ~** jdn ins
Kreuzverhör nehmen; **être sur la ~** im
Blickpunkt der Öffentlichkeit stehen
sellier [selje] nm Sattler m
selon [s(ə)lɔ̃] prép (*en se conformant à*) gemäß +dat;
(*en fonction de*) je nach +dat; (*d'après*) laut +dat;
~ que je nachdem, ob; **~ moi** meiner Meinung

nach; **c'est ~** *(fam)* es kommt darauf an
semailles [s(ə)maj] *nfpl* (Aus)saat *f*
semaine [s(ə)mɛn] *nf* Woche *f*; **la ~ de quarante
heures** die 40-Stunden-Woche *f*; **la ~ du livre**
Bücherwoche *f*; **en ~** werktags, unter der Woche;
à la petite ~ *(vivre etc)* von einem Tag zum
anderen; **la ~ sainte** die Karwoche *f*
semainier [s(ə)menje] *nm (calendrier)*
Wochenkalender *m*
sémantique [semãtik] *adj* semantisch ▷ *nf*
Semantik *f*
sémaphore [semafɔʀ] *nm (Rail)* Signalmast *m*;
(Naut) Semaphor *m*
semblable [sãblabl] *adj* ähnlich ▷ *nm (prochain)*
Mitmensch *m*; **être ~ à** ähneln +*dat*; **de ~s
mésaventures/calomnies** dergleichen *ou*
solche Missgeschicke/Verleumdungen
semblant [sãblã] *nm*: **un ~ d'intérêt/de vérité**
ein Anschein von Interesse/Wahrheit; **faire ~
(de faire qch)** so tun, als ob (man etw machte)
sembler [sãble] *vi* scheinen ▷ *vb impers*: **il (me)
semble inutile/bon de** es scheint (mir)
unnötig/ratsam, zu; **il semble (bien) que** es
scheint, dass, es hat den Anschein, dass; **il ne
semble pas que** es hat nicht den Anschein, dass;
il me semble (bien) que mir scheint, dass; **il
me semble le connaître** ich glaube, ich kenne
ihn; **cela leur semblait cher/pratique** es kam
ihnen teuer/praktisch vor, es schien ihnen
teuer/praktisch zu sein; **~ être** scheinbar sein,
scheinen; **comme/quand bon lui semble** nach
seinem Gutdünken
semelle [s(ə)mɛl] *nf* Sohle *f*; *(intérieure)*
Einlegesohle *f*; **battre la ~** mit den Füßen
stampfen; **~s compensées** Plateausohlen *pl*
semence [s(ə)mãs] *nf (graine)* Samen(korn *nt*) *m*;
(sperme) Samen *m*; *(clou)* Tapeziernagel *m*
semer [s(ə)me] *vt* aussäen; *(fig: poursuivants)*
abschütteln; **~ la confusion** Verwirrung säen *ou*
stiften; **~ la discorde parmi** Zwietracht säen
unter +*dat*; **~ la terreur parmi** Angst und
Schrecken verbreiten unter +*dat*
semestre [s(ə)mɛstʀ] *nm (période)* Halbjahr *nt*;
(Scol) Semester *nt*
semestriel, le [s(ə)mɛstʀijel] *adj (assemblée,
bulletin)* Halbjahres-; *(qui dure six mois)*
sechsmonatig
semeur, -euse [s(ə)mœʀ, øz] *nm/f* Sämann *m*,
Säer(in) *f(m)*
semi- [səmi] *préf* halb-, Halb-
semi-automatique [səmiɔtɔmatik] *(pl ~s) adj*
halb automatisch
semi-conducteur [səmikɔ̃dyktœʀ] *(pl ~s) nm*
Halbleiter *m*
semi-conserve [səmikɔ̃sɛʀv(ə)] *(pl ~s) nf*
begrenzt haltbare Konserve *f*
semi-fini [səmifini] *(pl ~s) adj m* halb fertig
semi-liberté [səmilibɛʀte] *(pl ~s) nf*
eingeschränkte Freiheit *f*
sémillant, e [semijã, ãt] *adj* lebhaft
séminaire [seminɛʀ] *nm* Seminar *nt*; *(Rel)*
Priesterseminar *nt*

séminariste [seminaʀist] *nm* Seminarist *m*
sémiologie [semjɔlɔʒi] *nf* Semiologie *f*
semi-public, -ique [səmipyblik] *(pl ~s, -iques) adj*
(Jur) halböffentlich, halb öffentlich
semi-remorque [səmiʀəmɔʀk] *(pl ~s) nf*
Auflieger *m* ▷ *nm (camion)* Sattelschlepper *m*
semis [s(ə)mi] *nm (plants)* Sämlinge *pl*; *(terrain)*
Saatbeet *nt*
sémite [semit], **sémitique** [semitik] *adj*
semitisch
semoir [səmwaʀ] *nm (machine)* Sämaschine *f*
semonce [səmɔ̃s] *nf (Naut)* Aufforderung, Fahne zu
zeigen und anzuhalten; *(réprimande)* Verweis *m*; **coup
de ~** *(Naut)* Schuss *m* vor den Bug
semoule [s(ə)mul] *nf* Grieß *m*; **~ de maïs**
Maismehl *nt*; **~ de riz** Reismehl *nt*
sempiternel, le [sãpitɛʀnel] *adj* ewig
sénat [sena] *nm* Senat *m*; *siehe Info-Artikel*

⬡ **SÉNAT**

⬡ *Le Sénat* ist das Oberhaus des französischen
⬡ Parlaments, das im Palais du Luxembourg in
⬡ Paris zusammenkommt. Ein Drittel der
⬡ *sénateurs* werden für eine neunjährige
⬡ Legislaturperiode alle drei Jahre von einem
⬡ aus *députés* und anderen gewählten
⬡ Volksvertretern bestehenden Wahlausschuss
⬡ gewählt. Der *Sénat* besitzt weitreichende
⬡ Befugnisse; bei Unstimmigkeiten kann sich
⬡ aber die *Assemblée nationale* über ihn
⬡ hinwegsetzen.

sénateur [senatœʀ] *nm* Senator *m*
sénatorial, e, -aux [senatɔʀjal, jo] *adj* Senator-
Sénégal [senegal] *nm*: **le ~** Senegal *m*
sénégalais, e [senegale, ɛz] *adj* senegalesisch
▷ *nm/f*: **Sénégalais, e** Senegalese *m*, Senegalesin *f*
sénescence [senesãs] *nf* Alterung *f*
sénevé [sɛnve] *nm (Bot)* Senfpflanze *f*; *(graine)*
Senfkorn *nt*
sénile [senil] *adj (voix)* altersschwach;
(tremblement) Alters-; *(péj)* senil
sénilité [senilite] *nf* Senilität *f*
senior [senjɔʀ] *nm/f (Sport)* Senior(in) *m(f)*
sens [sãs] *vb voir* **sentir** ▷ *nm* Sinn *m*; *(signification
aussi)* Bedeutung *f*; *(direction)* Richtung *f*; **sens**
nmpl (sensualité) Sinne *pl*; **avoir le ~ des affaires**
(einen guten) Geschäftssinn haben; **avoir le ~
de la mesure** einen Sinn für das rechte Maß
haben; **en dépit du bon ~** gegen jeden Sinn und
Verstand, gegen den gesunden
Menschenverstand; **tomber sous le ~** logisch
sein; **ça n'a pas de ~** das ergibt keinen Sinn; **en
ce ~ que** *(dans la mesure où)* insofern als; *(c'est-à-
dire que)* in dem Sinne, dass; **en un ~, dans un ~**
in gewisser Hinsicht; **à mon ~** meiner Meinung
nach; **dans le ~ des aiguilles d'une montre** im
Uhrzeigersinn; **dans le ~ de la longueur/
largeur** der Länge/Breite nach; **dans le ~
mauvais ~** verkehrt herum; **bon ~** gesunder
Menschenverstand *m*; **reprendre ses ~** wieder

zu sich kommen; **~ commun** gesunder
Menschenverstand; **~ dessus dessous** völlig
durcheinander, kopfüber, kopfunter; **~ figuré**
übertragener (Wort)sinn *m*; **~ interdit**
Einbahnstraße *f*; **~ propre** eigentlicher
Wortsinn; **~ unique** Einbahnstraße *f*
sensass [sɑ̃sɑs] (*fam*) *adj* irre
sensation [sɑ̃sasjɔ̃] *nf* (*impression des sens*) Gefühl
nt; (*effet*) Sensation *f*; **faire ~** Aufsehen erregen;
à ~ sensationell
sensationnel, le [sɑ̃sasjɔnɛl] *adj* fantastisch
sensé, e [sɑ̃se] *adj* vernünftig
sensibilisation [sɑ̃sibilizasjɔ̃] *nf*
Sensibilisierung *f*
sensibiliser [sɑ̃sibilize] *vt* (*Photo*)
lichtempfindlich machen; **~ qn (à)** jdn
sensibilisieren (für)
sensibilité [sɑ̃sibilite] *nf* Empfindlichkeit *f*;
(*affectivité, émotivité*) Sensibilität *f*
sensible [sɑ̃sibl] *adj* sensibel, empfindlich;
(*perceptible*) wahrnehmbar; (*appréciable*) spürbar;
(*balance, baromètre*) empfindlich; (*quartier*)
Problem-; (*Photo*) lichtempfindlich; **~ à** (*flatterie,
musique*) empfänglich für; (*chaleur, radiations*)
empfindlich gegen
sensiblement [sɑ̃siblɑ̃mɑ̃] *adv* (*notablement*)
merklich; **ils ont ~ le même poids** sie haben
ungefähr *ou* so etwa das gleiche Gewicht
sensiblerie [sɑ̃siblǝRi] *nf* Überempfindlichkeit *f*
sensitif, -ive [sɑ̃sitif, iv] *adj* (*nerf*) sensorisch;
(*personne*) überempfindlich
sensoriel, le [sɑ̃sɔRjɛl] *adj* sensorisch
sensorimoteur, -trice [sɑ̃sɔRimɔtœR, tRis] (*pl* **~s,
-trices**) *adj* sensomotorisch
sensualité [sɑ̃sɥalite] *nf* Sinnlichkeit *f*
sensuel, le [sɑ̃sɥɛl] *adj* sinnlich
sent [sɑ̃] *vb voir* **sentir**
sente [sɑ̃t] (*litt*) *nf* Pfad *m*
sentence [sɑ̃tɑ̃s] *nf* (*jugement*) Urteil *nt*; (*adage*)
Maxime *f*
sentencieusement [sɑ̃tɑ̃sjøzmɑ̃] *adv* dozierend
sentencieux, -euse [sɑ̃tɑ̃sjø, jøz] *adj* dozierend
senteur [sɑ̃tœR] *nf* Duft *m*
senti, e [sɑ̃ti] *adj:* **bien ~** (*mots etc*) gut gewählt
sentier [sɑ̃tje] *nm* Pfad *m*
sentiment [sɑ̃timɑ̃] *nm* Gefühl *nt*; **avoir le ~ que**
das Gefühl haben, dass; **veuillez agréer
l'expression de mes ~s respectueux/dévoués**
≈ mit freundlichen Grüßen; **faire du ~** (*péj*) auf
die Tränendrüsen drücken; **si vous me prenez
par les ~s** wenn Sie an meine Gefühle
appellieren
sentimental, e, -aux [sɑ̃timɑ̃tal, o] *adj*
sentimental; (*vie, aventure*) Liebes-
sentimentalisme [sɑ̃timɑ̃talism] *nm*
Sentimentalität *f*
sentimentalité [sɑ̃timɑ̃talite] *nf*
Sentimentalität *f*
sentinelle [sɑ̃tinɛl] *nf* (*Mil*) Wachposten *m*; **être
en ~** Wache stehen
sentir [sɑ̃tiR] *vt* fühlen, spüren; (*par l'odorat*)
riechen; (*répandre une odeur de*) riechen nach +*dat*;

(*avoir la même odeur que*) riechen wie; (*avoir le goût*)
schmecken nach +*dat*; (*fig: dénoter, annoncer*)
schmecken *ou* riechen nach +*dat* ▷ *vi* (*exhaler une
mauvaise odeur*) stinken; **se sentir** *vpr:* **se ~ bien**
sich wohlfühlen; **~ bon/mauvais** gut/schlecht
riechen; **ne pas pouvoir ~ qn** (*fam*) jdn nicht
riechen können; **se ~ mal** sich krank *ou* unwohl
fühlen; **se ~ le courage/la force de faire qch**
den Mut/die Kraft verspüren, etw zu tun; **se ~
coupable d'avoir fait qch** sich schuldig fühlen,
weil man etw getan hat; **ne plus se ~ de joie** vor
Freude außer sich *dat* sein
seoir [swaR] *vb impers:* **~ à** sich ziemen *ou* schicken
für; **comme il (leur) sied** wie es sich (für sie)
gehört
séparation [sepaRasjɔ̃] *nf* Trennung *f*; (*cloison*)
Trennwand *f*; **~ de biens** Gütertrennung *f*; **~ de
corps** gesetzliche Trennung; **~ des pouvoirs**
Gewaltenteilung *f*
séparatisme [sepaRatism] *nm* Separatismus *m*
séparatiste [sepaRatist] *nm/f* Separatist(in) *m(f)*
▷ *adj* separatistisch
séparé, e [sepaRe] *adj* (*appartements, maisons*)
separat; (*pouvoirs, juridictions, époux*) getrennt; **~ de**
getrennt von
séparément [sepaRemɑ̃] *adv* getrennt
séparer [sepaRe] *vt* trennen; (*personnes qui se
battent*) (voneinander) trennen; (*époux, alliés, amis*)
voneinander trennen, auseinanderbringen;
(*problèmes, notions*) trennen, auseinanderhalten;
se séparer *vpr* (*époux, adversaires*) sich trennen;
(*route, tige etc*) sich teilen; (*prendre congé*) Abschied
nehmen; **~ une pièce/un jardin en deux** ein
Zimmer/einen Garten in zwei Teile aufteilen;
~ qch de (*détacher*) etw (ab)trennen von; **~ qch
par** *ou* **au moyen de** etw teilen durch *ou* mit;
~ de (*se détacher*) sich lösen von; (*époux, employé,
objet personnel*) sich trennen von
sépia [sepja] *nf* (*colorant*) Sepia *f*; (*dessin*)
Sepiazeichnung *f*
sept [sɛt] *num* sieben
septante [sɛptɑ̃t] *num* (*Belgique, Suisse*) siebzig
septembre [sɛptɑ̃bR] *nm* September *m*; *voir aussi*
juillet
septennal, e, -aux [sɛptenal, o] *adj*
siebenjährig; (*festival*) Siebenjahr-
septentrional, e, -aux [sɛptɑ̃tRijɔnal, o] *adj*
nördlich
septicémie [sɛptisemi] *nf* Blutvergiftung *f*
septième [sɛtjɛm] *adj* siebte(r, s) ▷ *nm* (*fraction*)
Siebtel *nt*; **être au ~ ciel** im siebten Himmel sein
septique [sɛptik] *adj:* **fosse ~** Klärgrube *f*
septuagénaire [sɛptɥaʒeneR] *adj* siebzigjährig
▷ *nm/f* Siebzigjährige(r) *f(m)*
sépulcral, e, -aux [sepylkRal, o] *adj* (*voix*) Grabes-
sépulcre [sepylkR] *nm* Grabstätte *f*
sépulture [sepyltyR] *nf* (*inhumation*) Bestattung *f*;
(*tombeau*) Grabstätte *f*
séquelles [sekɛl] *nfpl* Folgen *pl*
séquence [sekɑ̃s] *nf* (*Ciné*) Sequenz *f*; (*Inform*)
Folge *f*
séquentiel, le [sekɑ̃sjɛl] *adj* sequenziell;

traitement ~ sequenzielle Behandlung f
séquestration [sekɛstrasjɔ̃] nf (v vt)
Freiheitsberaubung f; Beschlagnahmung f
séquestre [sekɛstʀ] nm Beschlagnahmung f;
mettre sous ~ beschlagnahmen
séquestrer [sekɛstʀe] vt (personne) der Freiheit
berauben; (biens) beschlagnahmen
serai etc [səʀe] vb voir **être**
sérail [seʀaj] nm Serail nt
serbe [sɛʀb] adj serbisch ▷ nm/f: **Serbe** Serbe m,
Serbin f
Serbie [sɛʀbi] nf: **la ~** Serbien nt
serbo-croate [sɛʀbokʀɔat] nm (Ling)
Serbokroatisch nt
serein, e [səʀɛ̃, ɛn] adj (visage, regard, personne)
ruhig, gelassen; (ciel) wolkenlos; (jugement)
nüchtern
sereinement [səʀɛnmɑ̃] adv gelassen
sérénade [seʀenad] nf Serenade f; (fam) Radau m,
Spektakel m
sérénité [seʀenite] nf (v adj) Gelassenheit f;
Wolkenlosigkeit f; Nüchternheit f
serez [səʀe] vb voir **être**
serf, serve [sɛʀ(f), sɛʀv] nm/f Leibeigene(r) f(m)
serfouette [sɛʀfwɛt] nf Hacke f
serge [sɛʀʒ] nf Serge f
sergent [sɛʀʒɑ̃] nm ≈ Feldwebel m
sergent-chef [sɛʀʒɑ̃ʃɛf] (pl **sergents-chefs**) nm
≈ Oberfeldwebel m
sergent-major [sɛʀʒɑ̃maʒɔʀ] (pl **sergents-
majors**) nm ≈ Hauptfeldwebel m
sériciculture [seʀisikyltyʀ] nf
Seidenraupenzucht f
série [seʀi] nf Reihe f, Serie f; (de clefs, casseroles,
outils) Satz m; (Sport) Klasse f; **en ~** serienweise;
(fabrication) in Serie; **de ~** (voiture) Serien-; **hors ~**
(Comm) speziell gefertigt; (fig) außergewöhnlich;
~ noire (roman policier) Kriminalromane pl; (suite
de malheurs) Pechsträhne f; **~ télévisée**
Fernsehserie f
sérier [seʀje] vt (questions, difficultés) ordnen
sérieusement [seʀjøzmɑ̃] adv (avec sérieux,
vraiment) ernsthaft; (sans plaisanter) ernst; **il est ~
atteint** er ist ernstlich erkrankt; **il parle ~** er
meint es ernst; **~?** ernsthaft?, im Ernst?
sérieux, -euse [seʀjø, jøz] adj ernst; (élève, employé,
travail, études) gewissenhaft; (client, renseignement)
zuverlässig; (maison, proposition) seriös; (important)
bedeutend ▷ nm (v adj) Ernst m;
Gewissenhaftigkeit f; Zuverlässigkeit f;
Seriosität f; **garder son ~** ernst bleiben;
manquer de ~ nicht den nötigen Ernst haben;
prendre au ~ ernst nehmen; **se prendre au ~**
sich ernst nehmen
sérigraphie [seʀigʀafi] nf Siebdruck m
serin [s(ə)ʀɛ̃] nm (Zool) Kanarienvogel m
seriner [s(ə)ʀine] vt: **~ qch à qn** jdm etw
einbläuen
seringue [s(ə)ʀɛ̃g] nf Spritze f
serions [səʀjɔ̃] vb voir **être**
serment [sɛʀmɑ̃] nm Schwur m; (juré aussi) Eid m;
prêter ~ schwören; **faire le ~ de faire qch**

schwören, etw zu tun; **témoigner sous ~** unter
Eid aussagen
sermon [sɛʀmɔ̃] nm Predigt f
sermonner [sɛʀmɔne] vt predigen +dat
SERNAM [sɛʀnam] sigle m (= Service national de
messageries) ≈ Bahnpost f
sérologie [seʀɔlɔʒi] nf Serologie f
séronégatif, -ive [seʀɔnegatif, iv] adj HIV-
negativ
séropositif, -ive [seʀɔpozitif, iv] adj HIV-positiv
serpe [sɛʀp] nf Sichel f
serpent [sɛʀpɑ̃] nm Schlange f; **~ à lunettes**
Brillenschlange f; **~ à sonnettes**
Klapperschlange f; **le ~ monétaire (européen)**
die (europäische) Währungsschlange f
serpenter [sɛʀpɑ̃te] vi sich schlängeln
serpentin [sɛʀpɑ̃tɛ̃] nm (Chim) Spirale f; (ruban)
Luftschlange f
serpillière [sɛʀpijɛʀ] nf Putz- ou Scheuerlappen m
serpolet [sɛʀpɔle] nm Wilder Thymian m
serrage [seʀaʒ] nm (d'un frein, d'une vis) Anziehen
nt; **collier de ~** Muffe f
serre [sɛʀ] nf (construction) Gewächshaus nt;
serres nfpl (griffes) Krallen pl; **l'effet de ~** der
Treibhauseffekt; **~ chaude** Treibhaus nt; **~ froide**
Kühlhaus nt
serré, e [seʀe] adj (habits) eng; (passagers etc) dicht
gedrängt; (réseau) dicht; (tissu) dicht gewebt;
(écriture) gedrängt; (fig: lutte, partie, match) knapp;
(café) sehr stark ▷ adv: **jouer ~** vorsichtig spielen;
écrire ~ eine gedrängte Schrift haben; **j'avais la
gorge ~** e mir war die Kehle wie zugeschnürt;
j'avais le cœur ~ das Herz war mir schwer
serre-livres [sɛʀlivʀ] nm inv Bücherstütze f
serrement [sɛʀmɑ̃] nm: **~ de main**
Händeschütteln nt; **~ de cœur** Bedrücktheit f
serrer [seʀe] vt (tenir) festhalten; (comprimer,
coincer) drücken, pressen; (corde, ceinture, nœud)
zuziehen; (frein, vis) anziehen; (robinet) fest
zudrehen; (poings) ballen; (mâchoires)
zusammenbeißen; (suj: vêtement) zu eng sein +dat;
(rapprocher: personnes, livres, lignes)
zusammenrücken; (automobiliste, cycliste) zur Seite
drängen ▷ vi: **~ à droite/gauche** sich rechts/
links halten; **se serrer** vpr (se rapprocher: personnes)
zusammenrücken; **~ la main à qn** jdm die
Hand schütteln; **~ qn dans ses bras/contre son
cœur** jdn in die Arme schließen/an sein Herz
drücken; **~ la gorge/le cœur à qn** (suj: chagrin,
douleur) jdm den Hals zuschnüren/das Herz
schwer machen; **~ les dents** (fig) mit den
Zähnen knirschen; **~ qn de près** jdm auf den
Fersen sein; **~ le trottoir** dicht am Bordstein
entlangfahren; **~ sa droite/gauche** sich rechts/
links halten; **~ la vis à qn** jdn hart anfassen; **~
les rangs** die Reihen schließen; **se ~ contre qn**
sich eng an jdn schmiegen; **se ~ les coudes**
zusammenhalten; **se ~ la ceinture** den Gürtel
enger schnallen
serre-tête [sɛʀtɛt] nm inv (ruban, bandeau)
Stirnband nt
serrure [seʀyʀ] nf Schloss nt

serrurerie [seʀyʀʀi] *nf* (*métier*)
Schlosserhandwerk *nt*; (*ferronnerie*) Schlosserei *f*;
~ **d'art** Kunstschmiedearbeit *f*
serrurier [seʀyʀje] *nm* Schlosser *m*
sers *etc* [seʀ] *vb voir* **servir**
sert *etc* [seʀ] *vb voir* **servir**
sertir [seʀtiʀ] *vt* (*pierre précieuse*) fassen; (*Tech*)
(miteinander) verklammern
sérum [seʀɔm] *nm* Serum *nt*; ~ **antitétanique**
Tetanusserum *nt*; ~ **antivenimeux** Schlangen-
serum *nt*; ~ **artificiel** künstliches Serum; ~ **de**
vérité Wahrheitsdroge *f*; ~ **physiologique**
Serumersatz *m*; ~ **sanguin** Blutserum *nt*
servage [seʀvaʒ] *nm* Knechtschaft *f*
servant [seʀvã] *nm* (*Rel*) Ministrant *m*; (*Mil*)
Mitglied *nt* der Bedienungsmannschaft
servante [seʀvãt] *nf* (*bonne*) Dienstmädchen *nt*
serve [seʀv] *vb voir* **servir** ▷ *nf voir* **serf**
serveur, -euse [seʀvœʀ, øz] *nm/f* (*de restaurant*)
Kellner(in) *m(f)*; (*Cartes*) Geber(in) *m(f)*; (*Tennis*)
Aufschläger(in) *m(f)* ▷ *nm* (*Inform*) Server *m*; ~ **de**
données Server *m* ▷ *adj*: **centre** ~ (*Inform*)
Dienstleistungszentrum *nt*
serviable [seʀvjabl] *adj* gefällig, hilfsbereit
service [seʀvis] *nm* (*des convives, clients, pour boire*)
Bedienung *f*; (*série de repas*) Sitzung *f*; (*aide, faveur*)
Gefallen *m*; (*fonction, travail*) Dienst *m*; (*temps de*
travail) Dienstzeit *f*; (*département*) Abteilung *f*; (*de*
bus, bateau etc) Verbindung *f*; (*Rel: office*)
Gottesdienst *m*; (*de vaisselle*) Service *nt*; (*de linge de*
table) Satz *m*; (*Tennis, Volley-Ball*) Aufschlag *m*;
services *nmpl* (*travail, prestations*) Dienst; (*Écon:*
secteur) Dienstleistungsbetriebe *pl*; ~ **compris/**
non compris inklusive Bedienung/Bedienung
nicht enthalten; **être en** ~ **chez qn** bei jdm
angestellt sein; **être au** ~ **de qch** im Dienste einer
Sache *gén* stehen; **être au** ~ **de qn** jdm zur
Verfügung stehen; **porte de** ~
Dienstboteneingang *m*; **pendant le** ~ während
der Dienstzeit; **rendre** ~ **(à qn)** (jdm) helfen;
(*suj: objet, outil*) (jdm) gute Dienste leisten; **il**
aime rendre ~ er ist gerne gefällig, er ist
hilfsbereit; **rendre un** ~ **à qn** jdm einen
Gefallen tun; **reprendre du** ~ seinen Dienst
wiederaufnehmen; **heures de** ~ Dienstzeiten *pl*;
avoir 25 ans de ~ 25 Dienstjahre haben; **être/**
mettre en ~ in Betrieb sein/nehmen; **hors** ~
außer Betrieb; **en** ~ **commandé** in offizieller
Mission, offiziell; **premier/second** ~ erste/
zweite Sitzung *f*; ~ **à café** Kaffeeservice *nt*; ~ **à**
thé Teeservice *nt*; ~ **après vente** Kundendienst
m; ~ **d'ordre** Ordner *pl*; ~ **funèbre**
Trauergottesdienst *m*; ~ **militaire** Militärdienst
m; *siehe Info-Artikel*; ~ **public** öffentlicher Dienst;
~**s secrets** Geheimdienst *m*; ~**s sociaux**
Sozialdienste *pl*

Bis 1997 wurden französische Männer über
18, die sich nicht in Vollzeitausbildung
befanden und für tauglich befunden wurden,

zu einem zehnmonatigen *service militaire*
eingezogen. Wehrdienstverweigerer
mussten einen zweijährigen Zivildienst
ableisten.

Seit 1997 ist die allgemeine Wehrpflicht in
Frankreich suspendiert. Dennoch müssen
alle Sechzehnjährigen, ob männlich oder
weiblich, an einem eintägigen Lehrgang
teilnehmen, dem *JAPD* („journée d'appel de
préparation à la défense"), wo Grundsätze
und Organisation der französischen
Landesverteidigung vermittelt und
Informationen zu Berufsaussichten im
Militär sowie im freiwilligen Sektor gegeben
werden. Alle jungen Menschen müssen vor
ihrem 18 Geburtstag an diesem
Ausbildungstag teilnehmen.

serviette [seʀvjɛt] *nf* (*de table*) Serviette *f*; (*de*
toilette) Handtuch *nt*; (*porte-documents*)
Aktentasche *f*; ~ **éponge** Frotteehandtuch *nt*;
~ **hygiénique** Monatsbinde *f*
servile [seʀvil] *adj* unterwürfig
servilement [seʀvilmã] *adv* unterwürfig
servilité [seʀvilite] *nf* Unterwürfigkeit *f*
servir [seʀviʀ] *vt* dienen +*dat*; (*suj: domestique*)
arbeiten für; (*convive, client*) bedienen; (*plat,*
boisson) servieren; (*fig: aider*) helfen; (*rente, pension,*
intérêts) auszahlen; (*pièce d'artillerie*) bestücken
▷ *vi* (*Tennis*) aufschlagen; (*Cartes*) geben; (*être*
militaire) dienen; **se servir** *vpr* (*prendre d'un plat*)
sich bedienen; ~ **à qn** (*s'approvisionner*) jdm
nutzen; ~ **de** dienen als; **ça m'a servi pour faire**
... damit habe ich ... gemacht; ~ **à qch/faire qch**
(*outil etc*) zu etw benutzt werden/dazu benutzt
werden, etw zu tun; **qu'est-ce que je vous sers?**
was kann ich Ihnen geben?; **ça peut** ~ das
könnte von Nutzen sein; **ça peut encore** ~ das
kann noch von Nutzen sein; **à quoi cela sert-il?**
wozu soll das gut sein?; **cela ne sert à rien** das
hat gar keinen Nutzen, das nutzt gar nichts; ~ **(à**
qn) de (jdm) dienen als; ~ **la messe** die Messe
lesen; ~ **les intérêts de qn** jds Interessen *dat*
nutzen; ~ **à dîner/déjeuner à qn** jdm das
Abendessen/Essen servieren; **se** ~ **chez qn** bei
jdm einkaufen; **se** ~ **de** (*plat*) sich bedienen mit,
sich *dat* nehmen von; (*voiture, outil, relations, amis*)
benutzen
serviteur [seʀvitœʀ] *nm* Diener *m*
servitude [seʀvityd] *nf* Knechtschaft *f*; (*fig:*
contrainte) Zwang *m*; (*Jur*) Auflage *f*
servocommande [seʀvokɔmãd] *nf*
Servolenkung *f*
servofrein [seʀvofʀɛ̃] *nm* Servobremse *f*
servomécanisme [seʀvomekanism] *nm*
Servomechanismus *m*
ses [se] *adj possessif voir* **son**
sésame [sezam] *nm* (*Bot*) Sesam *m*
session [sesjɔ̃] *nf* Sitzung *f*
set [sɛt] *nm* (*Sport*) Satz *m*; ~ **de table** (*napperons*)
Sets *pl*

seuil [sœj] *nm* Schwelle *f*; **sur le** ~ an der Schwelle; **au** ~ **de** *(fig)* an der Schwelle +*gén*; ~ **de rentabilité** Gewinnschwelle *f*

seul, e [sœl] *adj* (*sans compagnie*) allein; *(isolé)* einsam; *(objet, mot etc)* einzeln; *(unique)* einzig ▷ *adv*: **vivre** ~ allein leben ▷ *nm/f*: **j'en veux un** ~ ich möchte nur einen/eine/eins; **un** ~ **livre** ein einziges Buch; **un** ~ **homme** ein einziger Mensch; **le** ~ **livre/homme** das einzige Buch/der einzige Mann; ~ **ce livre/cet homme, ce livre/ cet homme** ~ nur dieses Buch/nur dieser Mann; **lui** ~ **peut** nur er allein kann; **à lui (tout)** ~ ganz allein, ohne Hilfe; **d'un** ~ **coup** mit einem Schlag; **parler tout** ~ Selbstgespräche führen; **faire qch (tout)** ~ etw (ganz) alleine machen; ~ **à** ~ unter vier Augen; **il en reste un** ~ es ist nur noch einer/eine/eines da; **pas un** ~ kein Einziger

seulement [sœlmã] *adv* nur; *(pas avant)* erst; *(mais)* aber; ~ **cinq** nur *ou* bloß fünf; ~ **eux** nur sie, sie allein; ~ **hier/à 10 heures** erst gestern/ erst um 10 Uhr; **il consent,** ~ **il demande des garanties** er ist einverstanden, aber er möchte eine Garantie; **non** ~ **...,** **mais aussi** *ou* **encore** nicht nur..., sondern auch

sève [sɛv] *nf* (*d'une plante*) Saft *m*; *(fig)* Lebenskraft *f*

sévère [sevɛʀ] *adj* streng; *(punition, mesures)* hart; *(pertes, échec)* schwer

sévèrement [sevɛʀmã] *adv* streng

sévérité [seveʀite] *nf* Strenge *f*; Härte *f*, Schwere *f*

sévices [sevis] *nmpl* Misshandlung *f*

sévir [seviʀ] *vi* (*punir*) hart durchgreifen; *(suj: fléau)* grassieren, wüten; ~ **contre** streng vorgehen gegen

sevrage [səvʀaʒ] *nm* Entwöhnung *f*; (*d'un toxicomane*) Entzug *m*

sevrer [səvʀe] *vt* entwöhnen; ~ **qn de qch** *(fig)* jdm etw vorenthalten

sexagénaire [sɛksaʒenɛʀ] *adj* sechzigjährig ▷ *nm/f* Sechzigjährige(r) *f(m)*

sexe [sɛks] *nm* (*catégorie*) Geschlecht *nt*; *(sexualité)* Sex *m*; *(organe)* Geschlecht; **le** ~ **fort/faible** das starke/schwache Geschlecht

sexisme [sɛksism] *nm* Sexismus *m*

sexiste [sɛksist] *nm* Sexist *m* ▷ *adj* sexistisch

sexologie [sɛksɔlɔʒi] *nf* Sexualwissenschaft *f*

sexologue [sɛksɔlɔg] *nm/f* Sexualwissenschaft-ler(in) *m(f)*

sextant [sɛkstã] *nm* Sextant *m*

sexualité [sɛksɥalite] *nf* Sexualität *f*

sexué, e [sɛksɥe] *adj* (*reproduction*) geschlechtlich

sexuel, le [sɛksɥɛl] *adj* sexuell; **acte** ~ Geschlechtsakt *m*

sexuellement [sɛksɥɛlmã] *adv* sexuell

seyait [sejɛ] *vb voir* **seoir**

seyant, e [sɛjã, ãt] *vb voir* **seoir** ▷ *adj* (*vêtement*) kleidsam

Seychelles [sejɛl] *nfpl*: **les** ~ die Seychellen *pl*

SG [ɛsʒe] *sigle m* = **secrétaire général**

shaker [ʃɛkœʀ] *nm* Cocktailshaker *m*

shampooiner [ʃãpwine] *vt* shampoonieren

shampooineur, -euse [ʃãpwinœʀ, øz] *nm/f* (*personne*) Friseurlehrling *m* (*der die Haare wäscht*)

▷ *nf* (*appareil*) Shampooniermaschine *f*

shampooing [ʃãpwɛ̃] *nm* (*lavage*) Haarwäsche *f*; *(produit)* Shampoo *nt*; **se faire un** ~ sich *dat* die Haare waschen; ~ **colorant** Tönungsshampoo *nt*; ~ **traitant** Kurshampoo *nt*

Shetland [ʃɛtlãd]: **les îles** ~ *nfpl* die Shetlandinseln *pl*

shimmy [ʃimi] *nm* (*Auto*) Vibrationen *pl* (*aus schlecht ausgewuchtetem Reifen*)

shoot [ʃut] *nm* (*Football*) Schuss *m*

shooter [ʃute] *vi* (*Football*) schießen; **se shooter** *vpr* (*drogué*) fixen, spritzen

shopping [ʃɔpiŋ] *nm*: **faire du** ~ einkaufen gehen

short [ʃɔʀt] *nm* Shorts *pl*

SI [ɛsi] *sigle m* = **syndicat d'initiative**

 MOT-CLÉ

si [si] *adv* **1** (*oui*) doch; **Paul n'est pas venu? — si!** Paul ist nicht gekommen? — doch!; **mais si!** doch, doch!; **je suis sûr que si** ich bin ganz sicher; **je vous assure que si** ich versichere es Ihnen

2 (*tellement*) so; **si gentil/vite** so nett/schnell; **ce n'est pas si facile** so einfach ist das nicht; **si rapide qu'il soit** so schnell er auch sein mag ▷ *conj* **1** (*éventualité, hypothèse, souhait*) wenn; **si j'étais riche** wenn ich reich wäre; **si tu veux** wenn du willst; **si seulement** wenn (doch) nur; **s'il pouvait (seulement) venir!** wenn er doch (nur) kommen könnte!

2 (*interrogation indirecte*) ob; **je me demande si** ich frage mich, ob

3 (*opposition*) während; **s'il est aimable, sa femme par contre ...** während er freundlich ist, ist seine Frau ...

4 (*explication*): **s'il le fait, c'est que ...** er macht es nur, weil ...

5 (*locutions*): **si ce n'est ...** außer ...; **si ce n'est que** außer daß; **si bien que** so (sehr), dass; **(tant et) si bien que** so sehr, dass ▷ *nm* (*Mus*) H *nt*; (: *en chantant la gamme*) Si *nt*

siamois, e [sjamwa, waz] *adj* siamesisch; **frères ~/sœurs ~es** siamesische Zwillinge *pl*

Sibérie [sibeʀi] *nf*: **la** ~ Sibirien *nt*

sibérien, ne [sibeʀjɛ̃, jɛn] *adj* sibirisch

sibyllin, e [sibilɛ̃, in] *adj* (*fig*) geheimnisvoll

SICAV [sikav] *sigle f* = **société d'investissement à capital variable**

siccatif, -ive [sikatif, iv] *adj* (*Méd: pommade*) austrocknend

Sicile [sisil] *nf*: **la** ~ Sizilien *nt*

sicilien, ne [sisiljɛ̃, jɛn] *adj* sizilianisch

sida [sida] *sigle m* (= *syndrome immunodéficitaire acquis*) AIDS *nt*

sidéral, e, -aux [sideʀal, o] *adj* Stern-

sidérant, e [sideʀã, ãt] *adj* verblüffend

sidéré, e [sideʀe] *adj* verblüfft, sprachlos

sidérurgie [sideʀyʀʒi] *nf* Eisenverhüttung *f*

sidérurgique [sideʀyʀʒik] *adj* Eisenhütten-

siècle [sjɛkl] *nm* Jahrhundert *nt*; **le** ~ **des**

lumières das Zeitalter der Aufklärung; **le ~** (Rel) die Welt f

sied [sje] vb voir **seoir**

siège [sjɛʒ] nm Sitz m; (d'une douleur, maladie) Herd m; (Mil) Belagerung f; **lever le ~** die Belagerung aufheben; **mettre le ~ devant une ville** eine Stadt belagern; **se présenter par le ~** (Méd: enfant) Steißlage haben; **~ arrière** (Auto) Rücksitz m; **~ avant** (Auto) Vordersitz m; **~ baquet** (Auto) Schalensitz m; **~ social** (Comm) Firmensitz m

siéger [sjeʒe] vi (député) einen Sitz haben; (assemblée, tribunal) tagen; (résider, se trouver) sich befinden

sien, ne [sjɛ̃, sjɛn] pron: **le(la) sien(ne)** seine(r, s); (possesseur féminin) ihre(r, s); **les siens/siennes** seine; (possesseur féminin) ihre; **y mettre du ~** das seinige ou Seinige tun; **faire des siennes** (fam) etwas anstellen; **les siens** (sa famille) die Seinen; (de femme) die Ihren

siérait etc [sjɛʀɛ] vb voir **seoir**

Sierra Leone [sjeʀa leɔn(e)] nf: **la ~** Sierra Leone nt

sieste [sjɛst] nf Siesta f, Mittagsschlaf m; **faire la ~** Mittagsschlaf halten

sieur [sjœʀ] nm: **le ~ Duval** Herr Duval; (hum) der gnädige Herr Duval

sifflant, e [siflɑ̃, ɑ̃t] adj (toux) pfeifend; **(consonne) ~e** Zischlaut m

sifflement [sifləmɑ̃] nm Pfeifen nt; (Radio) Pfeifton m

siffler [sifle] vi (merle, serpent, projectile, vapeur) zischen ▷ vt (air, chanson) pfeifen; (animal etc) pfeifen nach; (fille) nachpfeifen +dat; (pièce, orateur) auspfeifen; (faute, fin d'un match, départ) abpfeifen; (fam: verre, bouteille) kippen

sifflet [siflɛ] nm (instrument) Pfeife f; (sifflement) Pfiff m; **sifflets** nmpl (de mécontentement) Pfiffe pl; **coup de ~** Pfiff

siffloter [siflɔte] vi vor sich hinpfeifen

sigle [sigl] nm Abkürzung f

signal, -aux [siɲal, o] nm (signe convenu) Zeichen nt; (fig: indice, signe précurseur) (An)zeichen nt; (écriteau) Schild nt; (appareil) Signal nt; **donner le ~ de** das Signal ou Zeichen geben zu; **~ d'alarme** Alarm(signal nt) m; **~ d'alerte** Warnsignal nt; **~ de détresse** Notruf m; **~ horaire** Zeitzeichen nt; **~ optique** Lichtsignal nt; **~ sonore** Tonsignal nt; **signaux routiers** Verkehrszeichen pl

signalement [siɲalmɑ̃] nm Personenbeschreibung f

signaler [siɲale] vt (être l'indice de) anzeigen, ankündigen; (à la police) melden; **se signaler** vpr: **se ~ (par)** sich hervortun (durch); **~ qch à qn** jdn auf etw hinweisen; **~ (à qn) que** jdn darauf hinweisen, dass; **se ~ à l'attention de qn** jds Aufmerksamkeit auf sich acc ziehen

signalétique [siɲaletik] adj: **fiche ~** Personalbogen m

signalisation [siɲalizasjɔ̃] nf (ensemble des signaux) Verkehrszeichen pl; **panneau de ~** Verkehrsschild nt

signaliser [siɲalize] vt beschildern

signataire [siɲatɛʀ] nm/f Unterzeichnende(r) f(m)

signature [siɲatyʀ] nf Unterschrift f; (action) Unterzeichnung f

signe [siɲ] nm Zeichen nt; (Math, Mus) Vorzeichen nt; (Astrol) Sternzeichen nt; **ne pas donner ~ de vie** kein Lebenszeichen von sich geben; **c'est bon/mauvais ~** das ist ein gutes/schlechtes Zeichen; **c'est ~ que** das ist ein Zeichen dafür, dass; **faire un ~ de la tête/main** ein Zeichen mit dem Kopf/der Hand geben; **faire ~ à qn** (fig) sich bei jdm melden; **faire ~ à qn d'entrer** jdn hereinbitten; **en ~ de** als Zeichen für; **~s extérieurs de richesse** äußere Anzeichen von Reichtum; **le ~ de la croix** das Kreuzzeichen; **~ de ponctuation** Satzzeichen nt; **~ du zodiaque** Sternzeichen; **~s particuliers** besondere Merkmale pl

signer [siɲe] vt unterschreiben, unterzeichnen; (œuvre) signieren; **se signer** vpr sich bekreuzigen

signet [siɲɛ] nm Lesezeichen nt

significatif, -ive [siɲifikatif, iv] adj bezeichnend, vielsagend

signification [siɲifikasjɔ̃] nf Bedeutung f

signifier [siɲifje] vt (vouloir dire) bedeuten; **~ qch à qn** (jdm) etw zu verstehen geben

silence [silɑ̃s] nm Schweigen nt; (Mus) Pause f; **garder le ~ sur qch** über etw acc Stillschweigen bewahren; **passer sous ~** stillschweigend übergehen; **réduire au ~** zum Schweigen bringen; "**~!**" „Ruhe!"

silencieusement [silɑ̃sjøzmɑ̃] adv leise

silencieux, -euse [silɑ̃sjø, jøz] adj still, leise; (personne) schweigsam ▷ nm (d'arme) Schalldämpfer m

silex [silɛks] nm Feuerstein m

silhouette [silwɛt] nf Silhouette f; (lignes, contour) Umriss m

silicate [silikat] nm Silikat nt

silice [silis] nf Kieselerde f

siliceux, -euse [silisø, øz] adj (terrain) kiesig

silicium [silisjɔm] nm Silizium nt; **plaquette de ~** Silikonchip m

silicone [silikon] nf Silikon nt

silicose [silikoz] nf Silikose f

sillage [sijaʒ] nm Kielwasser nt; **dans le ~ de** (fig) im Kielwasser von

sillon [sijɔ̃] nm (d'un champ) Furche f; (d'un disque) Rille f

sillonner [sijone] vt (creuser) furchen; (parcourir en tous sens) durchstreifen

silo [silo] nm Silo nt

simagrées [simagʀe] nfpl Getue nt

simiesque [simjɛsk] adj affenartig

similaire [similɛʀ] adj ähnlich

similarité [similaʀite] nf Ähnlichkeit f

similicuir [similikɥiʀ] nm Kunstleder nt

similigravure [similigʀavyʀ] nf Halbtonradierung f

similitude [similityd] nf Ähnlichkeit f

simple [sɛ̃pl] adj einfach; (péj) einfältig, simpel ▷ nm: **~ messieurs/dames** (Tennis) Herren-/

Dameneinzel *nt*; **simples** *nfpl* (*plantes*)
Heilkräuter *pl*; **une ~ objection/formalité** nur
ein Einwand/eine bloße Formsache; **un ~**
employé/particulier ein einfacher
Angestellter/Bürger *m*; **dans le plus ~ appareil**
im Adamskostüm/Evaskostüm; **réduit à sa**
plus ~ expression auf das Einfachste reduziert;
cela varie du ~ au double das kann bis zu
doppelt so viel werden; **un ~ d'esprit** ein
Einfaltspinsel *m*; **~ soldat** Gefreiter *m*
simplement [sɛ̃pləmɑ̃] *adv* einfach
simplet, te [sɛ̃plɛ, ɛt] *adj* (*personne*) einfältig
simplicité [sɛ̃plisite] *nf* Einfachheit *f*; (*candeur*)
Naivität *f*; **en toute ~** simplistisch
simplification [sɛ̃plifikasjɔ̃] *nf* Vereinfachung *f*
simplifier [sɛ̃plifje] *vt* vereinfachen; (*Math*)
kürzen
simpliste [sɛ̃plist] *adj* einfach, simpel
simulacre [simylakʀ] *nm*: **ce fut un ~ de procès**
das war ein Scheinprozess
simulateur, -trice [simylatœʀ, tʀis] *nm/f*
Simulant(in) *m(f)* ▷ *nm*: **~ de vol** Flugsimulator *m*
simulation [simylasjɔ̃] *nf* Vortäuschung *f*
simulé, e [simyle] *adj* simuliert, vorgetäuscht
simuler [simyle] *vt* vortäuschen; (*maladie, fatigue,*
ivresse) simulieren
simultané, e [simyltane] *adj* gleichzeitig,
simultan
simultanéité [simyltaneite] *nf* Gleichzeitigkeit *f*
simultanément [simyltanemɑ̃] *adv* gleichzeitig
sinapisme [sinapism] *nm* Senfpflaster *nt*
sincère [sɛ̃sɛʀ] *adj* aufrichtig, ehrlich; **mes ~s**
condoléances mein aufrichtiges Beileid
sincèrement [sɛ̃sɛʀmɑ̃] *adv* aufrichtig, ehrlich
sincérité [sɛ̃seʀite] *nf* Aufrichtigkeit *f*; **en toute**
~ ganz offen
sinécure [sinekyʀ] *nf* Ruheposten *m*
sine die [sinedje] *adv* unbefristet, auf
unbestimmte Zeit
sine qua non [sinekwanɔn] *adj*: **condition ~**
unbedingt notwendige Voraussetzung *f*,
Conditio *f* sine qua non
singe [sɛ̃ʒ] *nm* Affe *m*
singer [sɛ̃ʒe] *vt* nachäffen
singeries [sɛ̃ʒʀi] *nfpl* (*simagrées*) Mätzchen *pl*;
(*grimaces*) Faxen *pl*
singulariser [sɛ̃gylaʀize] *vt* auszeichnen; **se**
singulariser *vpr* (*personne*) auffallen
singularité [sɛ̃gylaʀite] *nf* Einzigartigkeit *f*
singulier, -ière [sɛ̃gylje, jɛʀ] *adj* (*étrange*)
eigenartig; (*peu commun*) einzigartig; (*Ling*)
Singular- ▷ *nm* (*Ling*) Singular *m*
singulièrement [sɛ̃gyljɛʀmɑ̃] *adv* (*bizarrement*)
eigenartigerweise; (*beaucoup, très*)
außerordentlich; (*notamment*) bemerkenswert
sinistre [sinistʀ] *adj* unheimlich ▷ *nm* (*incendie*)
Unglück *nt*; (*catastrophe*) Katastrophe *f*;
(*Assurances*) Schadensfall *m*; **un ~ imbécile/**
crétin ein schrecklicher Idiot/Dummkopf
sinistré, e [sinistʀe] *adj* (*maison, région*) von einer
Katastrophe heimgesucht ▷ *nm/f*
Katastrophenopfer *nt*

sinistrose [sinistʀoz] *nf* (*pessimisme*)
übertriebener Pessimismus *m*
sino [sino] *préf*: **~-indien** indisch-chinesisch
sinon [sinɔ̃] *conj* sonst, andernfalls; (*sauf*) außer;
(*si ce n'est*) wenn nicht
sinueux, -euse [sinɥø, øz] *adj* gewunden; (*fig*)
verschlungen, umständlich
sinuosités [sinɥozite] *nfpl* Kurven und
Windungen *pl*
sinus [sinys] *nm* (*Anat*) Höhle *f*; (*Math*) Sinus *m*
sinusite [sinyzit] *nf* Stirnhöhleninfektion *f*
sinusoïdal, e, -aux [sinyzɔidal, o] *adj* Sinus-,
sinusförmig
sinusoïde [sinyzɔid] *nf* Sinuskurve *f*
sionisme [sjɔnism] *nm* Zionismus *m*
sioniste [sjɔnist] *adj* zionistisch
siphon [sifɔ̃] *nm* Siphon *m*; (*tube*) Saugheber *m*
siphonner [sifɔne] *vt* absaugen
sire [siʀ] *nm*: **S~** (*au roi*) Majestät; **un triste ~** ein
übler Geselle
sirène [siʀɛn] *nf* Sirene *f*; **~ d'alarme**
Alarmsirene *f*
sirop [siʀo] *nm* Sirup *m*; **~ contre la toux**
Hustensirup *m* ou -saft *m*; **~ de framboise**
Himbeersirup *m*; (*boisson*) Himbeersaft *m*; **~ de**
menthe Pfefferminzsirup *m*; (*boisson*)
Pfefferminzgetränk *nt*
siroter [siʀɔte] *vt* schlürfen
sirupeux, -euse [siʀypø, øz] *adj* (*liquide*)
sirupartig; (*péj: musique*) süßlich
sis, e [si, siz] *adj*: **~ rue de la Paix** in der Rue de la
Paix gelegen
sisal [sizal] *nm* Sisal *m*
sismique [sismik] *adj* seismisch
sismographe [sismɔgʀaf] *nm* Seismograf *m*
sismologie [sismɔlɔʒi] *nf* Seismologie *f*
site [sit] *nm* (*paysage*) Umgebung *f*; (*emplacement*)
Lage *f*; **~s naturels** Naturlandschaften *pl*; **~s**
historiques historische Stätten *pl*; **~s**
touristiques (*touristische*)
Sehenswürdigkeiten *pl*; **~ Web** (*Inform*) Website *f*
sitôt [sito] *adv*: **~ parti, il est revenu** kaum war
er gegangen, kam er wieder; **~ après** kurz
danach; **pas de ~** nicht so bald; **~ (après) que**
sobald
situation [sitɥasjɔ̃] *nf* Lage *f*, Situation *f*; (*emploi*)
Stellung *f*; **être en ~ de faire qch** in der Lage
sein, etw zu tun; **~ de famille** Familienstand *m*
situé, e [sitɥe] *adj*: **bien/mal ~** gut/schlecht
gelegen
situer [sitɥe] *vt* legen; (*en pensée*) einordnen; **se**
situer *vpr* (*être, se trouver*) liegen; (*Théât*) sich
abspielen
six [sis] *num* sechs
sixième [sizjɛm] *adj* sechste(r, s) ▷ *nm* (*fraction*)
Sechstel *nt*
skaï® [skaj] *nm* Skai *nt*, Kunstleder *nt*
skate(board) [skɛt(bɔʀd)] *nm* (*planche*)
Skateboard *nt*; (*sport*) Skateboardfahren *nt*
sketch [skɛtʃ] *nm* Sketch *m*
ski [ski] *nm* Ski *m*; (*sport*) Skifahren *nt*; **une paire**
de ~s (*ein Paar*) Skier *pl*; **faire du ~** Ski laufen, Ski

fahren; **aller faire du** ~ Ski fahren gehen; ~
alpin alpiner Skilauf *m*; ~ **de fond** (Ski)langlauf
m; ~ **de piste** Abfahrtslauf *m*; ~ **de randonnée**
(Ski)langlauf; ~ **nautique** Wasserski *nt*
ski-bob [skibɔb] (*pl* ~**s**) *nm* Skibob *m*
skier [skje] *vi* Ski laufen, Ski fahren
skieur, -euse [skjœʀ, skjøz] *nm/f* Skifahrer(in)
m(f)
skif(f) [skif] *nm* Skiff *nt*
slalom [slalɔm] *nm* Slalom *m*; **faire du** ~ **entre**
(*fig*) sich durchschlängeln durch; ~ **géant**
Riesenslalom *m*; ~ **spécial** Spezialslalom *m*
slalomer [slalɔme] *vi* Slalom fahren
slalomeur, -euse [slalɔmœʀ, øz] *nm/f*
Slalomfahrer(in) *m(f)*
slave [slav] *adj* slawisch ▷ *nm/f*: **Slave** Slawe *m*,
Slawin *f*
slavisant, e [slavizã, ãt] *nm/f* Slawist(in) *m(f)*
slip [slip] *nm* Unterhose *f*; (*de bain: d'homme*)
Badehose *f*; (: *de bikini*) Unterteil *m ou nt*
slogan [slɔgã] *nm* Slogan *m*
slovaque [slɔvak] *adj* slowakisch ▷ *nm* (*Ling*)
Slowakisch *nt* ▷ *nm/f*: **Slovaque** Slowake *m*,
Slowakin *f*
Slovaquie [slɔvaki] *nf* Slowakei *f*
slovène [slɔvɛn] *adj* slowenisch ▷ *nm/f* Slowene
m, Slowenin *f*
Slovénie [slɔveni] *nf*: **la** ~ Slowenien *nt*
slow [slo] *nm* (*danse*) langsamer Tanz *m*
smasher [sma(t)ʃe] *vi, vt* (*Tennis*) schmettern
SMIC [smik] *sigle m* = **salaire minimum
interprofessionnel de croissance**; *siehe Info-Artikel*

● **SMIC**
●
● *Le SMIC* (salaire minimum interprofessionnel
● de croissance) ist ein Mindeststundenlohn
● für Arbeitnehmer über 18 Jahren. Der *SMIC*
● wird immer, wenn die Lebenshaltungskosten
● um zwei Prozent steigen, angehoben.

smicard, e [smikaʀ, aʀd] *nm/f* Angestellte(r)
f(m), die/der Mindestlohn bezieht
smocks [smɔk] *nmpl* Smokarbeit *f*
smoking [smɔkiŋ] *nm* Smoking *m*
SMS *sigle m* (= *short message service*) SMS *f*
SMUR [smyʀ] *sigle m* (= *service médical d'urgence et de
réanimation*) mobiler Notfalldienst
snack [snak] *nm* Snack *m*
SNC *abr* (= *service non compris*) *voir* **service**
SNCB [ɛsɛnsebe] *sigle f* (= *Société nationale des chemins
de fer belges*) belgische Eisenbahn
SNCF [ɛsɛnseef] *sigle f* (= *Société nationale des chemins
de fer français*) französische Eisenbahn
snob [snɔb] *adj* snobistisch ▷ *nm/f* Snob *m*
snober [snɔbe] *vt*: ~ **qn** jdn von oben herab
behandeln
snobinard, e [snɔbinaʀ, aʀd] (*péj*) *nm/f* Snob *m*
snobisme [snɔbism] *nm* Snobismus *m*
sobre [sɔbʀ] *adj* (*personne*) mäßig, enthaltsam;
(*élégance, style*) schlicht
sobrement [sɔbʀəmã] *adv* (*boire*) mäßig;

(*s'habiller*) schlicht
sobriété [sɔbʀijete] *nf* (*v adj*) Mäßigkeit *f*,
Enthaltsamkeit *f*; Schlichtheit *f*
sobriquet [sɔbʀikɛ] *nm* Spitzname *m*
soc [sɔk] *nm* Pflugschar *f*
sociabilité [sɔsjabilite] *nf* Geselligkeit *f*
sociable [sɔsjabl] *adj* gesellig
social, e, -aux [sɔsjal, jo] *adj* sozial; (*de la société*)
gesellschaftlich
socialement [sɔsjalmã] *adv* (*v adj*) sozial;
gesellschaftlich
socialisant, e [sɔsjalizã, ãt] *adj* mit
sozialistischen Tendenzen
socialisation [sɔsjalizasjɔ̃] *nf* (*v vt*) Sozialisierung
f; Vergesellschaftung *f*
socialiser [sɔsjalize] *vt* sozialisieren; (*Pol*)
vergesellschaften
socialisme [sɔsjalism] *nm* Sozialismus *m*
socialiste [sɔsjalist] *adj* sozialistisch ▷ *nm/f*
Sozialist(in) *m(f)*
sociétaire [sɔsjetɛʀ] *nm/f* Mitglied *nt*
société [sɔsjete] *nf* Gesellschaft *f*; (*sportive*) Verein
m; **l'archipel de la S~** die Gesellschaftsinseln *pl*;
la bonne/haute ~ die gute/gehobene
Gesellschaft; **la ~ d'abondance/de
consommation** die Wohlstands-/
Konsumgesellschaft *f*; ~ **à responsabilité limitée**
Gesellschaft mit beschränkter Haftung;
~ **anonyme** Aktiengesellschaft *f*;
~ **d'investissement à capital variable**
Investmenttrust *m*; ~ **de capitaux**
Kapitalgesellschaft *f*; ~ **de services**
Dienstleistungsfirma *f*; ~ **par actions**
Aktiengesellschaft *f*; ~ **savante** gelehrte
Gesellschaft
socio [sɔsjɔ] *préf* sozio-, Sozio-, Gesellschafts-
socioculturel, le [sɔsjokyltyʀɛl] *adj*
soziokulturell
socio-économique [sɔsjoekɔnɔmik] (*pl* ~**s**) *adj*
sozialökonomisch
socio-éducatif, -ive [sɔsjoedykatif, iv] (*pl* **socio-
educatifs, -ives**) *adj* sozialpädagogisch
sociolinguistique [sɔsjolɛ̃ɡɥistik] *adj*
soziolinguistisch
sociologie [sɔsjɔlɔʒi] *nf* Soziologie *f*
sociologique [sɔsjɔlɔʒik] *adj* soziologisch
sociologue [sɔsjɔlɔg] *nm/f* Soziologe *m*,
Soziologin *f*
socio-professionnel, le [sɔsjopʀɔfesjɔnɛl] (*pl* ~**s,
les**) *adj* (*catégorie*) sozial
socle [sɔkl] *nm* Sockel *m*; (*de lampe*) Fuß *m*
socquette [sɔkɛt] *nf* Socke *f*
soda [sɔda] *nm* (*eau gazéifiée*) Mineralwasser *nt*
sodium [sɔdjɔm] *nm* Natrium *nt*
sodomie [sɔdɔmi] *nf* Sodomie *f*
sodomiser [sɔdɔmize] *vt* Sodomie betreiben mit
sœur [sœʀ] *nf* Schwester *f*; (*religieuse*) Nonne *f*;
~ **Elisabeth** (*Rel*) Schwester Elisabeth; ~ **aînée**
ältere Schwester; ~ **cadette** jüngere Schwester;
~ **de lait** Ziehschwester *f*
sofa [sofa] *nm* Sofa *nt*
Sofia [sofja] *n* Sofia *nt*

SOFRES [sɔfʀɛs] *sigle f* (= *Société française d'enquête par sondage*) französisches Meinungsforschungsinstitut

soi [swa] *pron* sich; **cela va de ~** das versteht sich von selbst; *voir aussi* **moi**

soi-disant [swadizã] *adj inv* sogenannt, angeblich ▷ *adv* angeblich

soie [swa] *nf* Seide *f*; (*poil*) Borste *f*; **~ sauvage** Wildseide *f*

soient [swa] *vb voir* **être**

soierie [swaʀi] *nf* (*industrie*) Seidenindustrie *f*; (*tissu*) Seide *f*

soif [swaf] *nf* Durst *m*; **avoir ~** Durst haben; **donner ~ (à qn)** (jdn) durstig machen; **~ de** (*fig*) Gier *f* auf *+acc ou* nach *+dat*

soigné, e [swaɲe] *adj* (*personne, mains, tenue*) gepflegt; (*travail*) sorgfältig; (*fam: intensif*) gehörig, ordentlich

soigner [swaɲe] *vt* pflegen; (*suj: docteur*) behandeln; (*travail*) sorgfältig machen; (*détails, présentation*) sorgfältig ausarbeiten; (*clientèle, invités*) gut sorgen für

soigneur [swaɲœʀ] *nm* Betreuer *m*

soigneusement [swaɲøzmã] *adv* sorgfältig

soigneux, -euse [swaɲø, øz] *adj* sorgfältig; **être ~ de** sorgfältig umgehen mit *ou* achten auf *+acc*

soi-même [swamɛm] *pron* (sich) selbst

soin [swɛ̃] *nm* Sorgfalt *f*; (*charge, responsabilité*) Verantwortung *f*; **soins** *nmpl* Pflege *f*; (*prévenance*) Fürsorge *f*; **avoir** *ou* **prendre ~ de qch/qn** sich um etw/jdn kümmern; **avoir** *ou* **prendre ~ de faire qch** darauf achten, etw zu tun; **sans ~** unachtsam; **~s du cheveu/de beauté/du corps** Haar-/Schönheits-/Körperpflege *f*; **les ~s du ménage** die Versorgung *f* des Haushalts; **les premiers ~s** Erste Hilfe *f*; **aux bons ~s de** bei, per Adresse; **être aux petits ~s pour qn** jdn bemuttern; **confier qn aux ~s de qn** jdm jdn anvertrauen

soir [swaʀ] *nm* Abend *m*; **dimanche ~** Sonntag Abend; **il fait frais/il travaille le ~** abends ist es kühl/er arbeitet abends; **ce ~** heute Abend; **à ce ~!** bis heute Abend!; **hier ~** gestern Abend; **demain ~** morgen Abend; **la veille au ~** am Vorabend; **sept heures du ~** sieben Uhr abends; **dix heures du ~** zehn Uhr nachts; **le repas du ~** das Abendessen *nt*; **le journal du ~** die Abendzeitung *f*

soirée [swaʀe] *nf* Abend *m*; (*réception*) Abendgesellschaft *f*; **donner un film/une pièce en ~** eine Abendvorstellung geben

soit [swa] *vb voir* **être** ▷ *adv* (*bien*) in Ordnung, einverstanden ▷ *conj* (*à savoir*) das heißt; **~ ..., ~ ...** entweder ... oder ...; **~ un triangle ABC** gegeben ist ein Dreieck ABC; **~ que ..., ~ que ...** sei es, dass ..., oder dass ...

soixantaine [swasɑ̃tɛn] *nf*: **une ~ (de)** etwa sechzig; **avoir la ~** (*âge*) um die sechzig (Jahre alt) sein

soixante [swasɑ̃t] *num* sechzig

soixante-dix [swasɑ̃tdis] *num* siebzig

soixante-dixième [swasɑ̃tdizjɛm] *adj* siebzigste(r, s)

soixante-huitard, e [swasɑ̃tɥitaʀ, aʀd] (*pl* **~s, es**) *adj* achtundsechziger, 68er ▷ *nm/f* Achtundsechziger(in) *m(f)*

soixantième [swasɑ̃tjɛm] *adj* sechzigste(r, s)

soja [sɔʒa] *nm* Soja *nt*; (*graines*) Sojabohnen *pl*; **germes de ~** Sojabohnenkeimlinge *pl*

sol [sɔl] *nm* Boden *m*; (*revêtement*) Bodenbelag *m*; (*Mus*) G *nt*; (: *en chantant la gamme*) Sol *nt*

solaire [sɔlɛʀ] *adj* Sonnen-; (*cadran, chauffage*) Solar-

solarium [sɔlaʀjɔm] *nm* Solarium *nt*

soldat [sɔlda] *nm* Soldat *m*; **le S~ inconnu** der Unbekannte Soldat; **~ de plomb** Zinnsoldat *m*

solde [sɔld] *nf* (*Mil*) Sold *m* ▷ *nm* (*Comm*) Saldo *m*; **soldes** *nmpl* (*Comm*) Ausverkauf *m*; (*articles*) Ausverkaufsware *f*; **à la ~ de qn** (*péj*) in jds Sold *dat*; **en ~** zu reduzierten Preisen; **aux ~s im** Ausverkauf; **~ à payer** zu zahlender Restbetrag; **~ créditeur** Schuld *f*; **~ débiteur** Guthaben *nt*

solder [sɔlde] *vt* (*marchandise*) ausverkaufen; (*compte: en acquittant le solde*) begleichen; (: *en l'arrêtant*) saldieren, abschließen; **se solder** *vpr*: **se ~ par** (*fig*) enden mit; **article soldé (à) 10 euros** auf 10 Euro reduzierter Artikel

soldeur, -euse [sɔldœʀ, øz] *nm/f* Discounthändler(in) *m(f)*

sole [sɔl] *nf* Seezunge *f*

soleil [sɔlɛj] *nm* Sonne *f*; (*Bot*) Sonnenblume *f*; (*feu d'artifice*) Feuerrad *nt*; (*acrobatie*) Riesenwelle *f*; **il y a** *ou* **il fait du ~** die Sonne scheint; **au ~** in der Sonne; **en plein ~** in der prallen Sonne; **le ~ levant/couchant** die aufgehende/untergehende Sonne; **le ~ de minuit** die Mitternachtssonne *f*

solennel, le [sɔlanɛl] *adj* feierlich

solennellement [sɔlanɛlmã] *adv* feierlich

solennité [sɔlanite] *nf* Feierlichkeit *f*; (*fête*) Feier(lichkeit) *f*; **solennités** *nfpl* (*formalités*) Formalitäten *pl*

solénoïde [sɔlenɔid] *nm* Magnetspule *f*

solfège [sɔlfɛʒ] *nm* allgemeine Musiklehre *f*; (*notation*) Notenschrift *f*

soli [sɔli] *nmpl de* **solo**

solidaire [sɔlidɛʀ] *adj* (*personnes*) solidarisch; (*Tech: choses, pièces mécaniques*) miteinander verbunden; (*Jur: engagement*) für alle Beteiligten bindend; (: *débiteurs etc*) gemeinsam haftend; **être ~ de** solidarisch sein mit; (*mécanisme*) verbunden sein mit

solidairement [sɔlidɛʀmã] *adv* solidarisch

solidariser [sɔlidaʀize] : **se ~ (avec)** *vpr* sich solidarisieren (mit), sich solidarisch erklären (mit)

solidarité [sɔlidaʀite] *nf* (*entre personnes*) Solidarität *f*; (*de mécanismes, phénomènes*) Verbindung *f*; **par ~ (avec)** aus Solidarität (mit)

solide [sɔlid] *adj* (*mur, maison, meuble, outil*) stabil; (*matière, amitié, institutions*) fest; (*connaissances*) solid; (*argument*) solid, handfest; (*personne, estomac*) kräftig, robust; (*nourriture, aliment, Phys*) fest; (*cœur*) stark ▷ *nm* (*corps*) Festkörper *m*; **un ~ coup de poing** (*fam*) ein gewaltiger Fausthieb; **avoir les reins ~s** (*fig*) finanziell solide sein;

~ **au poste** (*fig*) zuverlässig

solidement [sɔlidmɑ̃] *adv* kräftig

solidifier [sɔlidifje] *vt* fest werden lassen; **se solidifier** *vpr* sich verfestigen

solidité [sɔlidite] *nf* (*v adj*) Stabilität *f*; Festigkeit *f*; Dauerhaftigkeit *f*; Handfestigkeit *f*

soliloque [sɔlilɔk] *nm* Selbstgespräch *nt*

soliste [sɔlist] *nm/f* Solist(in) *m(f)*

solitaire [sɔlitɛʀ] *adj* einsam; (*isolé: arbre, maison*) einzeln (stehend) ▷ *nm/f* Einsiedler(in) *m(f)* ▷ *nm* (*diamant*) Solitär *m*; (*jeu*) Solitär *nt*

solitude [sɔlityd] *nf* Einsamkeit *f*

solive [sɔliv] *nf* Deckenbalken *m*

sollicitations [sɔlisitasjɔ̃] *nfpl* (*requêtes*) dringende Bitten *pl*; (*tentations*) Lockungen *pl*; (*Tech*) Anforderung *f*

solliciter [sɔlisite] *vt* (*personne*) sich wenden an; (*emploi*) sich bewerben um; (*faveur, audience*) bitten um; (*moteur*) belasten; (*suj: occupations, attractions etc*) reizen; ~ **qn de faire qch** jdn darum bitten, etw zu tun

sollicitude [sɔlisityd] *nf* Fürsorge *f*

solo [sɔlo] (*pl* **soli**) *nm* Solo *nt*

solstice [sɔlstis] *nm* Sonnenwende *f*; ~ **d'été** Sommersonnenwende *f*; ~ **d'hiver** Wintersonnenwende *f*

solubilisé, e [sɔlybilize] *adj* löslich

solubilité [sɔlybilite] *nf* Löslichkeit *f*

soluble [sɔlybl] *adj* löslich; (*problème etc*) lösbar

soluté [sɔlyte] *nm*: ~ **physiologique** physiologische Lösung *f*

solution [sɔlysjɔ̃] *nf* Lösung *f*; (*dénouement*) Auflösung *f*; ~ **de continuité** Unterbrechung *f*; ~ **de facilité** bequeme Lösung

solutionner [sɔlysjɔne] *vt* lösen

solvabilité [sɔlvabilite] *nf* Löslichkeit *f*; (*de problème*) Lösbarkeit *f*

solvable [sɔlvabl] *adj* zahlungsfähig

solvant [sɔlvɑ̃] *nm* Lösungsmittel *nt*

Somalie [sɔmali] *nf*: **la** ~ Somalia *nt*

somalien, ne [sɔmaljɛ̃, jɛn] *adj* somalisch

somatique [sɔmatik] *adj* körperlich

somatiser [sɔmatize] *vt* körperlich zum Ausdruck bringen

sombre [sɔ̃bʀ] *adj* dunkel; (*péj*) düster; (*personne*) finster; (*humeur*) schwarz; **une** ~ **brute** ein finsterer Geselle *m*

sombrer [sɔ̃bʀe] *vi* (*bateau*) untergehen, sinken; ~ **corps et biens** mit Mann und Maus untergehen; ~ **dans la misère/le désespoir/la folie** im Elend verkommen/in Verzweiflung sinken/dem Wahnsinn verfallen

sommaire [sɔmɛʀ] *adj* (*simple*) einfach ▷ *nm* Zusammenfassung *f*; **faire le** ~ **de** zusammenfassen; **exécution** ~ Standgericht *nt*

sommairement [sɔmɛʀmɑ̃] *adv* einfach; (*juger*) summarisch

sommation [sɔmasjɔ̃] *nf* (*Jur*) Aufforderung *f*; (*avant de faire feu*) Vorwarnung *f*, Anruf *m*

somme [sɔm] *nf* Summe *f*; (*fig: d'efforts, de travail*) Menge *f* ▷ *nm*: **faire un** ~ ein Nickerchen machen; **faire la** ~ **de** addieren; **en** ~ insgesamt;

~ **toute** letzten Endes

sommeil [sɔmɛj] *nm* Schlaf *m*; **avoir** ~ müde *ou* schläfrig sein; **avoir le** ~ **léger** einen leichten Schlaf haben

sommeiller [sɔmeje] *vi* schlafen; (*fig*) schlummern

sommelier, -ière [sɔməlje, jɛʀ] *nm/f* Getränkekellner(in) *m(f)*

sommer [sɔme] *vt*: ~ **qn de faire qch** jdn auffordern, etw zu tun

sommes [sɔm] *vb voir* **être; sommer**

sommet [sɔme] *nm* Gipfel *m*; (*d'un arbre*) Wipfel *m*; (*de la hiérarchie*) Spitze *f*; (*Géom*) Scheitelpunkt *m*; (*conférence*) Gipfel(konferenz *f*) *m*

sommier [sɔmje] *nm* (*d'un lit*) Bettrost *m*; ~ **à lattes** Lattenrost *m*; ~ **métallique** Metallrost *m*; ~ **à ressorts** Sprungfederrost *m*

sommité [sɔ(m)mite] *nf* (*personnalité*) Kapazität *f*

somnambule [sɔmnɑ̃byl] *nm/f* Schlafwandler(in) *m(f)* ▷ *adj*: **être** ~ schlafwandeln

somnambulisme [sɔmnɑ̃bylism] *nm* Schlafwandeln *nt*

somnifère [sɔmnifɛʀ] *nm* Schlafmittel *nt*; (*comprimé*) Schlaftablette *f*

somnolence [sɔmnɔlɑ̃s] *nf* (*demi-sommeil*) Halbschlaf *m*; (*tendance à s'assoupir*) Schläfrigkeit *f*

somnolent, e [sɔmnɔlɑ̃, ɑ̃t] *adj* schläfrig

somnoler [sɔmnɔle] *vi* dösen

somptuaire [sɔ̃ptɥɛʀ] *adj*: **lois** ~**s** Gesetze *pl* gegen übertriebenen Luxus; **dépenses** ~**s** Luxusausgaben *pl*

somptueusement [sɔ̃ptɥøzmɑ̃] *adv* aufwendig

somptueux, -euse [sɔ̃ptɥø, øz] *adj* prunkvoll, prächtig; (*cadeau*) aufwendig

somptuosité [sɔ̃ptɥozite] *nf* (*v adj*) Prunk *m*, Aufwendigkeit *f*

son¹, sa [sɔ̃] (*pl* **ses**) *adj possessif* (*possesseur masculin*) sein(e); (*possesseur féminin*) ihr(e)

son² [sɔ̃] *nm* Ton *m*; (*résidu de mouture*) Kleie *f*; **régler le** ~ den Ton regeln; **spectacle** ~ **et lumière** Son et Lumière *nt*

sonar [sɔnaʀ] *nm* Echolot *nt*

sonate [sɔnat] *nf* Sonate *f*

sondage [sɔ̃daʒ] *nm* (*de terrain*) Bohrung *f*; (*en mer*) Tiefenmessung *f*; (*dans l'atmosphère, Méd*) Sondierung *f*; ~ **(d'opinion)** Meinungsumfrage *f*

sonde [sɔ̃d] *nf* (*Naut*) Lot *nt*; (*Météo, Méd*) Sonde *f*; (*d'alimentation*) Ernährungsschlauch *m*; (*de forage*) Bohrer *m*; ~ **à avalanche** Lawinensuchgerät *nt*; ~ **spatiale** Raumsonde *f*

sonder [sɔ̃de] *vt* untersuchen; (*Naut*) ausloten; (*terrain*) bohren in +*dat*; (*atmosphère*) untersuchen, sondieren; (*fig: cœur, conscience, avenir, opinion*) erforschen, ergründen; (: *personne*) ausfragen; ~ **le terrain** (*fig*) das Terrain sondieren, die Lage peilen

songe [sɔ̃ʒ] *nm* Traum *m*

songer [sɔ̃ʒe]: ~ **à** *vt* (*penser à, envisager*) denken an +*acc*; ~ **à faire qch** daran denken, etw zu tun; ~ **que** bedenken, dass

songerie [sɔ̃ʒʀi] *nf* Träumerei *f*

songeur, -euse [sɔ̃ʒœʀ, øz] *adj* nachdenklich; **ça me laisse ~** das stimmt mich nachdenklich
sonnaille [sɔnaj] *nf* (*cloche*) (Kuh)glocke *f*; **sonnailles** *nfpl* (*son*) Geläut(e) *nt*
sonnant, e [sɔnɑ̃, ɑ̃t] *adj*: **en espèces ~es et trébuchantes** in klingender Münze; **à huit heures ~es** Schlag acht Uhr
sonné, e [sɔne] *adj* (*fam: fou*) bekloppt; **il a quarante ans bien ~s** er ist gut über vierzig; **il est midi ~** es ist zwölf vorbei
sonner [sɔne] *vi* (*cloche*) klingen, läuten; (*réveil, téléphone, à la porte*) klingeln; (*donner une impression*) klingen, tönen ▷ *vt* (*cloche, tocsin*) läuten +*dat*, klingeln nach; (*messe, réveil*) läuten zu; (*fam: étourdir*) umwerfen; **~ les heures** die Stunden schlagen; **~ du clairon** ins Horn stoßen; **~ bien/mal** (*phrase, mot*) gut/schlecht klingen; **~ creux** hohl klingen; **~ faux** falsch klingen; **minuit vient de ~** es hat gerade Mitternacht geschlagen; **~ chez qn** bei jdm klingeln
sonnerie [sɔnʀi] *nf* (*son: de téléphone*) Klingelton *m*; (*d'horloge*) Schlagen *nt*; (: *mécanisme*) Schlagwerk *nt*, Läutwerk *nt*; (*sonnette*) Klingel *f*
sonnet [sɔne] *nm* Sonett *nt*
sonnette [sɔnɛt] *nf* (*clochette*) Glocke *f*; (*de porte, électrique*) Klingel *f*; **~ d'alarme** Alarm *m*; **~ de nuit** Nachtglocke *f*
sono [sɔno] *nf voir* **sonorisation**
sonore [sɔnɔʀ] *adj* (*ondes*) Schall-; (*film, signal*) Ton-; (*métal, voix*) klingend; (*salle, pièce*) mit einer guten Akustik; (*Ling*) stimmhaft; **effets ~s** Klangeffekte *pl*
sonorisation [sɔnɔʀizasjɔ̃] *nf* (*vvt*) Vertonung *f*; Einrichten *nt* einer Lautsprecheranlage; (*matériel*) Lautsprecheranlage *f*
sonoriser [sɔnɔʀize] *vt* (*film, spectacle*) vertonen; (*salle*) mit einer Lautsprecheranlage versehen
sonorité [sɔnɔʀite] *nf* Klang *m*; (*d'un lieu*) Akustik *f*; **sonorités** *nfpl* Klänge *pl*
sonothèque [sɔnɔtek] *nf* Tonarchiv *nt*
sont [sɔ̃] *vb voir* **être**
sophisme [sɔfism] *nm* Sophismus *m*
sophiste [sɔfist] *nm/f* Sophist(in) *m(f)*
sophistication [sɔfistikasjɔ̃] *nf* (*de personne*) Kultiviertheit *f*
sophistique [sɔfistik] *adj* (*argument*) spitzfindig
sophistiqué, e [sɔfistike] *adj* (*personne*) kultiviert; (*style, élégance*) gesucht; (*complexe*) hoch entwickelt
soporifique [sɔpɔʀifik] *adj* einschläfernd; (*péj*) langweilig
soprano [sɔpʀano] *nm* Sopran *m* ▷ *nm/f* (*personne*) Sopran; (*femme aussi*) Sopranistin *f*
sorbet [sɔʀbɛ] *nm* Sorbet *nt*
sorbetière [sɔʀbətjɛʀ] *nf* Eismaschine *f*
sorbier [sɔʀbje] *nm* Eberesche *f*
sorcellerie [sɔʀsɛlʀi] *nf* Hexerei *f*
sorcier, -ière [sɔʀsje, jɛʀ] *adj*: **ce n'est pas ~** (*fam*) das ist keine Zauberei ▷ *nm* Zauberer *m* ▷ *nf* Hexe *f*
sordide [sɔʀdid] *adj* (*logement, quartier*) verkommen; (*gains, affaire*) schmutzig
Sorlingues [sɔʀlɛ̃g] *nfpl*: **les (îles) ~** die Scillyinseln *pl*

sornettes [sɔʀnɛt] (*péj*) *nfpl* Gefasel *nt*
sort [sɔʀ] *vb voir* **sortir** ▷ *nm* Schicksal *nt*; (*situation*) Los *nt*; **jeter un ~ à qn** jdn verhexen; **un coup du ~** ein Schicksalsschlag *m*; **c'est une ironie du ~** das ist eine Ironie des Schicksals; **le ~ en est jeté** die Würfel sind gefallen; **tirer au ~** losen; **tirer qch au ~** etw verlosen
sortable [sɔʀtabl] *adj*: **il n'est pas ~** man kann ihn nicht vorzeigen
sortant, e [sɔʀtɑ̃, ɑ̃t] *vb voir* **sortir** ▷ *adj* (*numéro*) gezogen; (*député, président*) scheidend
sorte [sɔʀt] *nf* Sorte *f*, Art *f*; **une ~ de** eine Art (von); **de la ~** so; **en quelque ~** gewissermaßen; **de (telle)** *ou* **en ~ que** so, dass; **faire en ~ que** darauf achten, dass
sortie [sɔʀti] *nf* Ausgang *m*; (*Mil*) Ausfall *m*; (*attaque verbale*) Schimpfkanonade *f*; (*écoulement*) Austreten *nt*; (*de livre*) Veröffentlichung *f*; (*promenade*) Spaziergang *m*; (*de capitaux*) Abfluss *m*; **~s** (*sommes dépensées*) Ausgaben *pl*; **à sa ~** als er/sie ging; **à la ~ de l'école/l'usine** (*moment*) nach der Schule/Arbeit; (*lieu*) am Schul-/Fabriktor; **"~ de camions"** „Lkw-Ausfahrt"; **~ de bain** (*vêtement*) Bademantel *m*; **~ de secours** Notausgang *m*; **~ papier** Ausdruck *m*
sortilège [sɔʀtilɛʒ] *nm* Zauber *m*
sortir [sɔʀtiʀ] *vi* (*aller dehors, se promener*) hinausgehen; (*partir, se retirer*) (weg)gehen; (*aller au spectacle, dans le monde*) ausgehen; (*apparaître*) herauskommen; (*eau, fumée*) austreten; (*numéro gagnant*) gezogen werden ▷ *vt* ausführen; (*produit, ouvrage, modèle*) herausbringen; (*fam: personne*) hinauswerfen; (: *boniments, incongruités*) von sich geben; **au ~ de l'hiver/l'enfance** gegen Ende des Winters/der Kindheit; **se sortir** *vpr*: **se ~ de** sich ziehen aus; **~ de** (*d'un endroit*) kommen aus; (*véhicule*) herausfahren aus; (*hôpital, prison, route, rails etc*) herauskommen aus; (*maladie, mauvais pas etc*) sich erholen von; **~ qch (de)** etw herausnehmen (aus); **~ de ses gonds** (*fig*) aus der Haut fahren; **~ du système** (*Inform*) das System verlassen; **~ de table** vom Tisch aufstehen; **~ qn d'affaire/d'embarras** jdm aus der Verlegenheit helfen; **s'en ~** (*malade*) durchkommen; (*d'une difficulté etc*) sich aus der Affäre ziehen
SOS [ɛsoɛs] *sigle m* SOS *nt*
sosie [sozi] *nm* Doppelgänger(in) *m(f)*
sot, sotte [so, sɔt] *adj* dumm ▷ *nm/f* Dummkopf *m*
sottement [sɔtmɑ̃] *adv* dumm
sottise [sɔtiz] *nf* Dummheit *f*
sou [su] *nm*: **être près de ses ~s** sein Geld zusammenhalten; **être sans le ~** keinen blanken *ou* roten Heller haben; **économiser ~ à ~** eisern sparen; **n'avoir pas un ~ de bon sens** kein bisschen Verstand haben; **de quatre ~s** wertlos
souahéli, e [swaeli] *adj* Kisuaheli- ▷ *nm* (*Ling*) Kisuaheli *nt*
soubassement [subasmɑ̃] *nm* (*d'une construction*)

Unterbau m; (d'une colonne) Sockel m; (Géo)
Grundgestein nt
soubresaut [subʀəso] nm (de peur etc) Satz m; (d'un
cheval) Sprung m; (d'un véhicule) Ruck m
soubrette [subʀɛt] nf Soubrette f
souche [suʃ] nf (d'un arbre) Stumpf m; (d'un registre,
carnet) Abschnitt m; **dormir comme une ~**
schlafen wie ein Stein; **de vieille ~** aus altem
Geschlecht; **chéquier à ~(s)** Heft nt/Scheckheft
nt mit Abrissen
souci [susi] nm Sorge f; (Bot) Ringelblume f; **se
faire du ~** sich dat Sorgen machen; **avoir (le) ~
de** die Sorge tragen für; **~s financiers**
Finanzsorgen pl
soucier [susje]: **se ~ de** vpr sich sorgen um
soucieux, -euse [susjø, jøz] adj bekümmert,
besorgt; **être ~ de son apparence** großen Wert
auf sein Äußeres legen
soucoupe [sukup] nf Untertasse f; **~ volante**
fliegende Untertasse
soudain, e [sudɛ̃, ɛn] adj, adv plötzlich
soudainement [sudɛnmɑ̃] adv plötzlich
soudaineté [sudɛnte] nf (d'un événement)
Plötzlichkeit f; (d'une catastrophe) Unverhofftheit f
Soudan [sudɑ̃] nm Sudan m
soudanais, e [sudanɛ, ɛz] adj sudanesisch
▷ nm/f: **Soudanais, e** Sudaner(in) m(f)
soude [sud] nf Natron nt; **~ caustique** Ätznatron
nt
soudé, e [sude] adj (pétales, organes) verbunden
souder [sude] vt (avec fer à souder) löten; (par soudure
autogène) schweißen; (fig) zusammenschweißen;
se souder vpr (os) zusammenwachsen
soudeur, -euse [sudœʀ, øz] nm/f Schweißer(in)
m(f)
soudoyer [sudwaje] (péj) vt bestechen, kaufen
soudure [sudyʀ] nf (v vt) Löten nt; Schweißen nt;
(alliage) Verbindung f; (joint) Lötstelle f;
Schweißnaht f; **faire la ~** (Comm) eine
Versorgungslücke überbrücken; (fig) einen
Übergang überbrücken
souffert, e [sufɛʀ, ɛʀt] pp de **souffrir**
soufflage [suflaʒ] nm (du verre) Glasblasen nt
souffle [sufl] nm (expiration) Atemzug m;
(respiration) Atem m; (d'une explosion) Druckwelle f;
(d'un ventilateur) Luftzug m; (fig) Inspiration f; **le ~
de qn** jds Atem m; **retenir son ~** die Luft ou den
Atem anhalten; **manquer de ~** kurzatmig sein;
être à bout de ~ außer Atem sein; **avoir le ~
court** kurzatmig sein; **un ~ d'air** ou **de vent** ein
Luftzug m; **~ au cœur** (Méd) Herzgeräusch nt
soufflé, e [sufle] adj (Culin) soufflé, soufflee; (fam:
surpris) platt, baff ▷ nm (Culin) Soufflé nt
souffler [sufle] vi (vent, personne) blasen; (personne:
respirer avec peine) schnaufen ▷ vt (feu, bougie)
ausblasen; (chasser) wegblasen, wegpusten;
(verre) blasen; (détruire) umblasen, in die Luft
sprengen; (dire) jdm etw zuflüstern; (: rôle)
soufflieren; (Jeux: dame, pion) nehmen; (fam: voler)
wegnehmen; **~ sur** blasen auf +acc; **laisser ~** (fig:
personne, animal) verschnaufen lassen; **ne pas ~
mot** kein Sterbenswörtchen sagen

soufflerie [sufləʀi] nf Gebläse nt
soufflet [suflɛ] nm (instrument) Blasebalg m; (entre
wagons) Verbindungsgang m; (Couture) Zwickel m;
(gifle) Ohrfeige f
souffleur, -euse [suflœʀ, øz] nm/f (Théât)
Souffleur m, Souffleuse f; (de verre) Glasbläser(in)
m(f)
souffrance [sufʀɑ̃s] nf Leiden nt; **en ~**
(marchandise) noch nicht geliefert; (affaire)
unerledigt
souffrant, e [sufʀɑ̃, ɑ̃t] adj (personne) unpässlich;
(air) leidend
souffre-douleur [sufʀədulœʀ] nm inv
Prügelknabe m
souffreteux, -euse [sufʀətø, øz] adj kränklich
souffrir [sufʀiʀ] vi leiden ▷ vt (éprouver) erleiden;
(supporter) ertragen, aushalten; **~ de** leiden unter
+dat; **~ des reins** Nierenleiden haben; **ne pas
pouvoir ~** nicht leiden können; **faire ~ qn** (suj:
personne) jdm wehtun; (: cors, blessure etc) jdm
wehtun
soufre [sufʀ] nm Schwefel m
soufrer [sufʀe] vt schwefeln
souhait [swɛ] nm Wunsch m; **tous nos ~s de
réussite** unsere besten Erfolgswünsche; **à vos
~s!** Gesundheit!; **onctueux à ~** weich, wie man
es sich nur wünschen kann
souhaitable [swɛtabl] adj wünschenswert
souhaiter [swete] vt wünschen; **~ le bonjour à
qn** jdm Guten Morgen sagen; **~ la bonne année
à qn** jdm ein frohes neues Jahr wünschen; **~ bon
voyage/bonne route à qn** jdm eine gute Reise
wünschen; **il est à ~ que** es wäre
wünschenswert ou zu wünschen, dass
souiller [suje] vt schmutzig machen; (fig)
beschmutzen, beflecken
souillure [sujyʀ] nf Makel m
soûl, e [su, sul] adj betrunken ▷ nm: **boire/
manger tout son ~** nach Herzenslust trinken/
essen; **~ de musique/plaisirs** musik-/
freudentrunken
soulagement [sulaʒmɑ̃] nm Erleichterung f
soulager [sulaʒe] vt (personne) erleichtern;
(douleur, peine) lindern; **~ qn de** (fardeau) jdm
abnehmen; **~ qn de son portefeuille** (hum) jdn
um seine Brieftasche erleichtern
soûler [sule] vt betrunken machen; (fig)
benebeln, jdn berauschen; **se soûler** vpr sich
betrinken; **se ~ de** (vitesse, musique) sich
berauschen an +dat
soûlerie [sulʀi] (péj) nf Besäufnis nt
soulèvement [sulɛvmɑ̃] nm (insurrection)
Aufstand m; (Géo) Hebung f
soulever [sul(ə)ve] vt hochheben; (vagues)
erzeugen; (poussière) aufwirbeln; (pousser à la
révolte) aufhetzen; (indigner) empören;
(enthousiasme, protestations) auslösen; (difficultés)
nach sich ziehen; (question, problème) aufwerfen;
se soulever vpr (personne couchée) sich aufrichten;
(couvercle etc) sich heben; (s'insurger) sich
auflehnen; **cela (me) soulève le cœur** da dreht
sich mir der Magen um

soulier [sulje] *nm* Schuh *m*; **une paire de ~s** ein Paar *nt* Schuhe; **~s à talons** Schuhe *pl* mit Absatz; **~s plats** flache Schuhe *pl*

souligner [suliɲe] *vt* unterstreichen; *(fig aussi)* betonen

soumettre [sumɛtʀ] *vt* *(pays, rebelles, à règlement, formalité etc)* unterwerfen; *(à traitement, épreuve, analyse, examen)* unterziehen; **se ~ (à)** sich unterwerfen (+*dat*); **~ qch à qn** *(projet, problème, article)* jdm etw vorlegen; **revenus soumis à l'impôt** steuerpflichtige Einkünfte *pl*

soumis, e [sumi, iz] *pp de* **soumettre** ▷ *adj* *(personne, air)* unterwürfig

soumission [sumisjɔ̃] *nf* *(de rebelles etc)* Unterwerfung *f*; *(docilité)* Unterwürfigkeit *f*; *(Comm)* Angebot *nt*

soumissionner [sumisjɔne] *vt* *(Comm)* ein Angebot machen für

soupape [supap] *nf* Ventil *nt*; **~ de sûreté** Sicherheitsventil *nt*

soupçon [supsɔ̃] *nm* Verdacht *m*; *(petite quantité)*: **un ~ de** eine Spur; **au dessus de tout ~** über jeden Verdacht erhaben

soupçonner [supsɔne] *vt* *(personne)* verdächtigen; *(qch)* vermuten; **~ que** den Verdacht hegen, dass; **~ qn de qch** jdn einer Sache *gén* verdächtigen; **~ qn d'être ...** jdn verdächtigen, ... zu sein

soupçonneux, -euse [supsɔnø, øz] *adj* misstrauisch

soupe [sup] *nf* Suppe *f*; **~ à l'oignon** Zwiebelsuppe *f*; **~ au lait: être ~ au lait** jähzornig sein; **~ de poisson** Fischsuppe *f*; **~ populaire** Volksküche *f*

soupente [supɑ̃t] *nf* *(placard)* Schrank *m* unter der Treppe

souper [supe] *vi* *(régional: dîner)* zu Abend essen, Abendbrot essen ▷ *nm* Abendessen *nt*; **avoir soupé de qch** *(fam)* die Nase von etw vollhaben

soupeser [supəze] *vt* in der Hand wiegen; *(fig)* abwägen

soupière [supjɛʀ] *nf* Suppenschüssel *f*

soupir [supiʀ] *nm* Seufzer *m*; *(Mus)* Viertelpause *f*; **~ de soulagement** Seufzer der Erleichterung; **rendre le dernier ~** seinen letzten Seufzer tun

soupirail, -aux [supiʀaj, o] *nm* Kellerfenster *nt*

soupirant [supiʀɑ̃] *(péj)* *nm* Verehrer *m*

soupirer [supiʀe] *vi* seufzen; **~ après qch** sich nach etw sehnen

souple [supl] *adj* weich; *(membres, corps, personne)* geschmeidig, gelenkig; *(branche)* biegsam; *(col, cuir)* weich, geschmeidig; *(fig: règlement, esprit, caractère)* flexibel; *(gracieux)* anmutig

souplesse [suplɛs] *nf* *(v adj)* Geschmeidigkeit *f*; Biegsamkeit *f*; Gelenkigkeit *f*; Flexibilität *f*; Anmut *f*; **en ~** mit Leichtigkeit

source [suʀs] *nf* Quelle *f*; **sources** *nfpl* *(documents)* Quellen *pl*; **prendre sa ~ à/dans** *(suj: cours d'eau)* entspringen in +*dat*; **tenir qch de bonne ~ ou de ~ sûre** etw aus sicherer Quelle wissen *ou* haben; **~ d'eau minérale** Mineralquelle *f*; **~ de chaleur** Wärmequelle *f*; **~ lumineuse** Lichtquelle *f*; **~ thermale** Thermalquelle *f*

sourcier, -ière [suʀsje, jɛʀ] *nm/f*

Wünschelrutengänger(in) *m(f)*

sourcil [suʀsi] *nm* Augenbraue *f*

sourcilière [suʀsiljɛʀ] *adj f voir* **arcade**

sourciller [suʀsije] *vi*: **sans ~** ohne mit der Wimper zu zucken

sourcilleux, -euse [suʀsijø, øz] *adj* *(pointilleux)* pingelig, kleinlich; *(hautain)* hochmütig

sourd, e [suʀ, suʀd] *adj* taub; *(bruit, voix, gémissement)* leise; *(couleur)* stumpf; *(douleur)* dumpf; *(lutte)* stumm; *(Ling)* stimmlos ▷ *nm/f* Taube(r) *f(m)*; **être ~ à** taub sein für

sourdait *etc* [suʀdɛ] *vb voir* **sourdre**

sourdement [suʀdəmɑ̃] *adv* *(avec un bruit sourd)* leise; *(secrètement)* leise, still und heimlich

sourdine [suʀdin] *nf* *(Mus)* Dämpfer *m*, Sordino *nt*; **en ~** *adv* leise; **mettre une ~ à** einen Dämpfer aufsetzen +*dat*

sourd-muet, sourde-muette [suʀmyɛ, suʀdmyɛt] *(pl* **sourds-muets, sourdes-muettes**) *adj* taubstumm ▷ *nm/f* Taubstumme(r) *f(m)*

sourdre [suʀdʀ] *vi* *(eau)* sprudeln; *(fig)* aufsteigen

souriant, e [suʀjɑ̃, jɑ̃t] *vb voir* **sourire** ▷ *adj* fröhlich

souricière [suʀisjɛʀ] *nf* Mausefalle *f*; *(fig)* Falle *f*

sourie [suʀi] *vb voir* **sourire**

sourire [suʀiʀ] *vi* lächeln ▷ *nm* Lächeln *nt*; **~ à qn** jdn anlächeln; *(fig: chance)* jdm lachen; **faire un ~ à qn** jdn anlächeln; **garder le ~** sich nicht unterkriegen lassen

souris [suʀi] *vb voir* **sourire** ▷ *nf* *(gén, Inform)* Maus *f*

sournois, e [suʀnwa, waz] *adj* heimtückisch

sournoisement [suʀnwazmɑ̃] *adv* heimtückisch

sournoiserie [suʀnwazʀi] *nf* Heimtücke *f*

sous¹ [su] *prép* unter +*dat*; *(avec mouvement)* unter +*acc*; **~ la pluie/le soleil** im Regen/in der Sonne; **~ mes yeux** vor meinen Augen; **~ terre** unterirdisch; **~ vide** vakuumverpackt, Vakuum-; **~ le choc** unter Schock; **~ l'influence/l'action de** unter dem Einfluss/der Einwirkung von; **~ les ordres/la protection de** unter Befehl/ unter dem Schutz +*gen*; **~ antibiotiques** unter Antibiotika; **~ perfusion** am Tropf; **~ Louis XIV** unter Ludwig dem Vierzehnten, zur Zeit Ludwigs des Vierzehnten; **~ peu** in Kürze

sous² [su] *préf* unter-, Unter-

sous-alimentation [suzalimɑ̃tasjɔ̃] *(pl* **~s**) *nf* Unterernährung *f*

sous-alimenté, e [suzalimɑ̃te] *(pl* **~s, es**) *adj* unterernährt

sous-bois [subwa] *nm inv* Unterholz *nt*

sous-catégorie [sukategɔʀi] *(pl* **~s**) *nf* Unterabteilung *f*

sous-chef [suʃɛf] *(pl* **~s**) *nm* stellvertretender Leiter *m*; **~ de bureau** stellvertretender Büroleiter *m*

sous-comité [sukɔmite] *(pl* **~s**) *nm* Unterkomitee *nt*

sous-commission [sukɔmisjɔ̃] *(pl* **~s**) *nf* Unterausschuss *m*

sous-continent [sukɔ̃tinɑ̃] *(pl* **~s**) *nm* Subkontinent *m*

sous-couche [sukuʃ] (pl ~s) nf Grundierung f
souscripteur, -trice [suskʀiptœʀ, tʀis] nm/f
Abonnent(in) m(f); (d'une lettre de change)
Aussteller(in) m(f)
souscription [suskʀipsjɔ̃] nf (somme versée)
Subskription f; **ouvrage offert en** ~ Werk nt im
Subskriptionsangebot
souscrire [suskʀiʀ]: ~ **à** vt (emprunt) zeichnen,
signieren; (publication) subskribieren; (fig:
approuver) gutheißen
sous-cutané, e [sukytane] (pl ~s, es) adj
subkutan
sous-développé, e [sudevlɔpe] (pl ~s, es) nm/f
unterentwickelt
sous-développement [sudevlɔpmɑ̃] (pl ~s) nm
Unterentwicklung f
sous-directeur, -trice [sudiʀɛktœʀ, tʀis] (pl ~s,
-trices) nm/f stellvertretender Direktor m,
stellvertretende Direktorin f
sous-emploi [suzɑ̃plwa] (pl ~s) nm
Unterbeschäftigung f
sous-employé, e [suzɑ̃plwaje] (pl ~s, es) adj
unterbeschäftigt
sous-ensemble [suzɑ̃sɑ̃bl] (pl ~s) nm (Math)
Untermenge f
sous-entendre [suzɑ̃tɑ̃dʀ] vt andeuten; ~ **que**
andeuten, dass
sous-entendu, e [suzɑ̃tɑ̃dy] (pl ~s, es) adj
unausgesprochen; (Ling) ausgelassen ▷ nm
Andeutung f, Anspielung f
sous-équipé, e [suzekipe] (pl ~s, es) adj
unterversorgt
sous-estimer [suzɛstime] vt unterschätzen
sous-exploiter [suzɛksplwate] vt nicht
vollständig ausschöpfen
sous-exposer [suzɛkspoze] vt unterbelichten
sous-fifre [sufifʀ] (pl ~s) (péj) nm Unterling m
sous-groupe [sugʀup] (pl ~s) nm Untergruppe f
sous-homme [suzɔm] (pl ~s) (péj) nm
Untermensch m
sous-jacent, e [suʒasɑ̃, ɑ̃t] (pl ~s, es) adj darunter
liegend, tiefer liegend; (fig) zugrunde liegend
sous-lieutenant [suljøtnɑ̃] (pl ~s) nm
≈ Unterleutnant m
sous-locataire [sulɔkatɛʀ] (pl ~s) nm/f
Untermieter(in) m(f)
sous-location [sulɔkasjɔ̃] (pl ~s) nf Untermiete f;
en ~ zur Untermiete
sous-louer [sulwe] vt: ~ **à qn** (suj: locataire
principal) an jdn untervermieten; (au locataire
principal) jds Untermieter sein
sous-main [sumɛ̃] nm inv Schreibunterlage f;
racheter des actions en ~ Aktien unter der
Hand weiterverkaufen
sous-marin, e [sumaʀɛ̃, in] (pl ~s, es) adj
Unterwasser-; (flore) Meeres-; (volcan) im Meer
▷ nm Unterseeboot nt, U-Boot nt
sous-médicalisé, e [sumedikalize] (pl ~s, es) adj
medizinisch unterversorgt
sous-nappe [sunap] (pl ~s) nf Moltontuch nt
sous-officier [suzɔfisje] (pl ~s) nm Unteroffizier m
sous-ordre [suzɔʀdʀ] (pl ~s) nm (Zool)

Untergattung f; (employé) Untergebene(r) f(m);
créancier en ~ Zweitgläubiger m
sous-payé, e [supeje] (pl ~s, es) adj unterbezahlt
sous-préfecture [supʀefɛktyʀ] (pl ~s) nf
Unterpräfektur f
sous-préfet [supʀefɛ] (pl ~s) nm Unterpräfekt m
sous-production [supʀɔdyksjɔ̃] (pl ~s) nf
Unterproduktion f
sous-produit [supʀɔdɥi] (pl ~s) nm
Nebenprodukt nt; (péj) schwacher Abklatsch m
sous-programme [supʀɔgʀam] (pl ~s) nm
Unterprogramm nt
sous-pull [supul] (pl ~s) nm Unterziehpulli m
sous-secrétaire [susəkʀetɛʀ] (pl ~s) nm: ~ **d'État**
Unterstaatssekretär m
soussigné, e [susine] adj: **je** ~ ... ich, der/die
Unterzeichnete, ... ▷ nm/f: **le** ~ der
Unterzeichnete m; **les** ~**s** die Unterzeichneten pl
sous-sol [susɔl] (pl ~s) nm Untergeschoss nt; (Géo)
Untergrund m; **en** ~ im Untergeschoss
sous-tasse [sutas] (pl ~s) nf Untertasse f
sous-tendre [sutɑ̃dʀ] vt umspannen;
(raisonnement, politique) zugrunde liegen +dat
sous-titre [sutitʀ] (pl ~s) nm Untertitel m
sous-titré, e [sutitʀe] (pl ~s, es) adj mit
Untertiteln
soustraction [sustʀaksjɔ̃] nf Subtraktion f
soustraire [sustʀɛʀ] vt subtrahieren, abziehen;
se soustraire vpr: **se** ~ **à** (dérober) sich entziehen
+dat; ~ **qch à qn** jdm etw wegnehmen; ~ **qn à** jdn
schützen vor +dat
sous-traitance [sutʀɛtɑ̃s] (pl ~s) nf vertraglich
geregelte Weitervergabe f von Arbeit; (travail)
Zulieferarbeit f
sous-traitant [sutʀɛtɑ̃] (pl ~s) nm Zulieferer m
sous-traiter [sutʀɛte] vt (affaire) weitervergeben
▷ vi (devenir sous-traitant) als Zulieferer arbeiten;
(faire appel à un sous-traitant) Arbeit an Dritte
weitervergeben
soustrayais [sustʀɛjɛ] vb voir **soustraire**
sous-verre [suvɛʀ] nm inv Bilderrahmen m
sous-vêtement [suvɛtmɑ̃] (pl ~s) nm Stück nt
Unterwäsche; **sous-vêtements** nmpl
Unterwäsche f
soutane [sutan] nf Soutane f
soute [sut] nf Laderaum m; ~ **à bagages**
Gepäckraum m
soutenable [sut(ə)nabl] adj (opinion, cause)
vertretbar
soutenance [sut(ə)nɑ̃s] nf: ~ **de thèse**
Verteidigung f der Doktorarbeit, Rigorosum nt
soutènement [sutɛnmɑ̃] nm: **mur de** ~
Stützmauer f
souteneur [sut(ə)nœʀ] nm Zuhälter m
soutenir [sut(ə)niʀ] vt unterstützen; (supporter)
tragen; (consolider, empêcher de tomber) stützen;
(réconforter, aider) beistehen +dat; (assaut, choc)
aushalten; (intérêt, effort) aufrechterhalten;
(argument, doctrine, thèse) verfechten, verteidigen;
se soutenir vpr (s'aider mutuellement) sich ou
einander unterstützen, sich ou einander helfen;
(sur ses jambes) sich halten; (point de vue) vertretbar

ou haltbar sein; ~ **que** behaupten, dass; ~ **la comparaison avec qch** dem Vergleich mit etw standhalten; ~ **le regard de qn** jds Blick *dat* standhalten *ou* nicht ausweichen

soutenu, e [sut(ə)ny] *pp de* **soutenir** ▷ *adj* *(attention, efforts)* anhaltend; *(style)* gehoben; *(couleur)* stark, kräftig

souterrain, e [suteʀɛ̃, ɛn] *adj* unterirdisch; *(fig)* versteckt ▷ *nm* unterirdischer Gang *m*

soutien [sutjɛ̃] *nm* Stütze *f*; **apporter son ~ à** unterstützen; ~ **de famille** *(Admin)* Ernährer *m*

soutiendrai *etc* [sutjɛ̃dʀe] *vb voir* **soutenir**

soutien-gorge [sutjɛ̃gɔʀʒ] *(pl* **soutiens-gorge)** *nm* Büstenhalter *m*; *(de maillot de bain)* Oberteil *nt*

soutiens *etc* [sutjɛ̃] *vb voir* **soutenir**

soutint *etc* [sutɛ̃] *vb voir* **soutenir**

soutirer [sutiʀe] *vt*: ~ **qch à qn** jdm etw entlocken

souvenance [suv(ə)nɑ̃s] *nf (litt)*: **avoir ~ de** in Erinnerung haben

souvenir [suv(ə)niʀ] *nm (réminiscence)* Erinnerung *f*; *(objet, marque)* Andenken *nt*; *(de voyage)* Reiseandenken *nt*; **se souvenir** *vpr*: **se ~ de** sich erinnern an *+acc*; **garder le ~ de** sich erinnern an *+acc*; **en ~ de** zur Erinnerung an *+acc*; **amical ~** *(en fin de lettre)* ≈ mit herzlichen Grüßen; **se ~ que** sich erinnern, dass

souvent [suvɑ̃] *adv* oft; **peu ~** selten; **le plus ~** meistens

souvenu, e [suvəny] *pp de* **souvenir**

souverain, e [suv(ə)ʀɛ̃, ɛn] *adj (Pol)* souverän, unabhängig; *(suprême)* höchste(r, s) ▷ *nm/f* Herrscher(in) *m(f)*; **le ~ pontife** der Papst *m*

souverainement [suv(ə)ʀɛnmɑ̃] *adv (sans appel)* eigenmächtig; *(extrêmement)* aufs Äußerste

souveraineté [suv(ə)ʀɛnte] *nf* Souveränität *f*

souviendrai *etc* [suvjɛ̃dʀe] *vb voir* **se souvenir**

souviens *etc* [suvjɛ̃] *vb voir* **se souvenir**

souvint *etc* [suvɛ̃] *vb voir* **se souvenir**

soviétique [sɔvjetik] *adj* sowjetisch ▷ *nm/f*: **Soviétique** Sowjetbürger(in) *m(f)*

soyeux, -euse [swajø, øz] *adj* seidig

soyez [swaje] *vb voir* **être**

soyons [swajɔ̃] *vb voir* **être**

SPA [ɛspea] *sigle f (= Société protectrice des animaux)* Tierschutzbund *m*

spacieux, -euse [spasjø, jøz] *adj* geräumig

spaciosité [spasjozite] *nf* Geräumigkeit *f*

spaghettis [spageti] *nmpl* Spag(h)etti *pl*

sparadrap [spaʀadʀa] *nm* Heftpflaster *nt*

spartiate [spaʀsjat] *adj* spartanisch; **spartiates** *nfpl (sandales)* Riemchensandalen *pl*

spasme [spasm] *nm* Krampf *m*, Verkrampfung *f*

spasmodique [spasmɔdik] *adj* krampfartig

spasmophilie [spasmɔfili] *nf* Spasmophilie *f*

spatial, e, -aux [spasjal, jo] *adj (Aviat)* (Welt)raum-; *(Psych)* räumlich

spatule [spatyl] *nf (ustensile)* Spachtel *m*; *(Méd)* Spatel *m*; *(bout)* Spitze *f*

besondere(r, s); *(bizarre)* merkwürdig, eigenartig

spécialement [spesjalmã] *adv* speziell, besonders; *(tout exprès)* eigens, speziell; **pas ~** nicht besonders

spécialisation [spesjalizasjɔ̃] *nf* Spezialisierung *f*

spécialisé, e [spesjalize] *adj* spezialisiert

spécialiser [spesjalize]: **se ~** *vpr* sich spezialisieren

spécialiste [spesjalist] *nm/f* Spezialist(in) *m(f)*

spécialité [spesjalite] *nf* Spezialgebiet *nt*; *(d'un cuisinier etc)* Spezialität *f*; ~ **médicale** medizinisches Fachgebiet *nt*; ~ **pharmaceutique** Patentmedizin *f*

spécieux, -euse [spesjø, jøz] *adj* trügerisch

spécification [spesifikasjɔ̃] *nf* genauere Angabe *f*, Spezifizierung *f*

spécificité [spesifisite] *nf* Besonderheit *f*

spécifier [spesifje] *vt* genau angeben, spezifizieren; ~ **que** betonen, dass

spécifique [spesifik] *adj* spezifisch

spécifiquement [spesifikmã] *adv* spezifisch; *(tout exprès)* eigens

spécimen [spesimɛn] *nm* typisches Exemplar *nt*; *(de revue, manuel etc)* Probeexemplar *nt* ▷ *adj* Probe-

spectacle [spɛktakl] *nm* Anblick *m*; *(représentation)* Vorstellung *f*, Aufführung *f*; *(industrie)* Unterhaltungsindustrie *f*; **au ~ de** beim Anblick *+gén*; **se donner en ~** *(péj)* sich zur Schau stellen, eine große Schau abziehen

spectaculaire [spɛktakylɛʀ] *adj* spektakulär

spectateur, -trice [spɛktatœʀ, tʀis] *nm/f* Zuschauer(in) *m(f)*

spectre [spɛktʀ] *nm* Gespenst *nt*; *(Phys)* Spektrum *nt*; ~ **solaire** Sonnenspektrum *nt*

spéculateur, -trice [spekylatœʀ, tʀis] *nm/f* Spekulant(in) *m(f)*

spéculatif, -ive [spekylatif, iv] *adj* spekulativ; *(Fin)* Spekulations-

spéculation [spekylasjɔ̃] *nf* Spekulation *f*

spéculer [spekyle] *vi* spekulieren; ~ **sur** *(tabler sur)* spekulieren auf *+acc*

spéléologie [speleɔlɔʒi] *nf* Höhlenforschung *f*

spéléologique [speleɔlɔʒik] *adj* Höhlen-

spéléologue [speleɔlɔg] *nm/f* Höhlenforscher(in) *m(f)*

spermatozoïde [spɛʀmatɔzɔid] *nm* Spermium *nt*

sperme [spɛʀm] *nm* Sperma *nt*, Samenflüssigkeit *f*

spermicide [spɛʀmisid] *adj* spermizid ▷ *nm* Spermizid *nt*

sphère [sfɛʀ] *nf* Kugel *f*; *(fig)* Sphäre *f*, Bereich *m*; ~ **d'activité/d'influence** Wirkungs-/ Einflussbereich *m*

sphérique [sferik] *adj* rund, kugelförmig

sphincter [sfɛ̃ktɛʀ] *nm* Schließmuskel *m*

sphinx [sfɛ̃ks] *nm* Sphinx *f*; *(Zool)* Schwärmer *m*

spirale [spiʀal] *nf* Spirale *f*; **en ~** spiralenförmig

spire [spiʀ] *nf* Windung *f*

spiritisme [spiʀitism] *nm* Spiritismus *m*

spirituel, le [spiʀitɥɛl] *adj* geistlich, spirituell; *(intellectuel)* geistig; *(fin, piquant)* geistreich; **musique ~le** geistliche Musik *f*; **concert ~**

geistliches Konzert nt
spirituellement [spiʁitɥɛlmɑ̃] adv spirituell;
(avec esprit) geistreich
spirituoso [spiʁitɥø] nm Spirituose f
splendeur [splɑ̃dœʁ] nf (de soleil, temps) Strahlen
nt; (de fête, paysage, femme) Herrlichkeit f, Pracht f;
(chose splendide) Herrlichkeit
splendide [splɑ̃did] adj (soleil, temps, journée)
strahlend, herrlich; (fête, paysage, femme) herrlich,
prachtvoll; (effort, réalisation) hervorragend,
großartig
spolier [spɔlje] vt: ~ qn (de) jdn berauben (+gén)
spongieux, -euse [spɔ̃ʒjø, jøz] adj schwammig
sponsor [spɔ̃sɔʁ] nm Sponsor m
sponsoriser [spɔ̃sɔʁize] vt sponsern
spontané, e [spɔ̃tane] adj spontan
spontanéité [spɔ̃taneite] nf Spontaneität f
spontanément [spɔ̃tanemɑ̃] adv spontan
sporadique [spɔʁadik] adj sporadisch; (maladie)
sporadisch auftretend
sporadiquement [spɔʁadikmɑ̃] adv sporadisch
sport [spɔʁ] nm Sport m ▷ adj inv: **ensemble ~**
Freizeitanzug m; **faire du ~** Sport treiben;
~ d'équipe Mannschaftssport(art f) m; **~ d'hiver**
Wintersport m; **~ de combat** Kampfsport(art f)
m; **~ individuel** Einzelsport m
sportif, -ive [spɔʁtif, iv] adj Sport-; (allure,
démarche) sportlich; (attitude, esprit) Sports- ▷ nm/f
Sportler(in) m(f); **les résultats ~s** die
Sportergebnisse pl
sportivement [spɔʁtivmɑ̃] adv sportlich
sportivité [spɔʁtivite] nf Sportlichkeit f
spot [spɔt] nm (lampe) Scheinwerfer m;
~ (publicitaire) Werbespot m
spray [spʁɛ] nm Spray m ou nt
sprint [spʁint] nm (en fin de course) Endspurt m;
(épreuve) Sprint m; **gagner au ~** im Endspurt
gewinnen; **piquer un ~** zum Endspurt ansetzen
sprinter [n spʁintœʁ, vb spʁinte] nm Sprinter m
▷ vi sprinten
squale [skwal] nm Haifisch m
square [skwaʁ] nm Grünanlage f
squash [skwaʃ] nm Squash nt
squat [skwat] nm (maison) besetztes Haus nt
squatter [skwate] nm Hausbesetzer(in) m(f) ▷ vt
besetzen
squelette [skəlɛt] nm Skelett nt
squelettique [skəletik] adj spindeldürr; (fig)
dürftig, kümmerlich
SRAS sigle m (= syndrome respiratoire aigu sévère) SARS
nt
Sri Lanka [sʁilɑ̃ka] nm: **le ~** Sri Lanka nt
sri-lankais, e [sʁilɑ̃kɛ, ɛz] (pl ~, es) adj sri-
lankisch
ss abr = **sous**
SSR [ɛsɛsɛʁ] sigle f (= Société suisse romande de
radiotélévision) Radio- und Fernsehsender für die
französischsprachige Schweiz
St. abr = **saint**
stabilisateur, -trice [stabilizatœʁ, tʁis] adj
stabilisierend ▷ nm Stabilisator m
stabiliser [stabilize] vt stabilisieren; (terrain)

befestigen
stabilité [stabilite] nf Stabilität f
stable [stabl] adj stabil
stade [stad] nm (Sport) Stadion nt; (phase) Stadium
nt
stadier [stadje] nm Stadionordner m
stage [staʒ] nm (pratique) Praktikum nt; (cours)
Fortbildungskurs m; (d'avocat, d'enseignant)
≈ Referendarzeit f
stagiaire [staʒjɛʁ] nm/f Praktikant(in) m(f)
▷ adj: **avocat/professeur ~** ≈ Referendar(in) m(f)
stagnant, e [stagnɑ̃, ɑ̃t] adj (eaux) stehend; (fig)
ruhend, stagnierend
stagnation [stagnasjɔ̃] nf (fig) Stagnation f
stagner [stagne] vi (eau etc) stehen; (fig)
stagnieren
stalactite [stalaktit] nf Stalaktit m
stalagmite [stalagmit] nf Stalagmit m
stalle [stal] nf (de cheval) Box f
stand [stɑ̃d] nm (d'exposition) Stand m; **~ de
ravitaillement** (Auto) Box f; (Cyclisme)
Verpflegungsposten m; **~ de tir** Schießstand m
standard [stɑ̃daʁ] adj inv Standard- ▷ nm
Standard m; (téléphonique) Telefonzentrale f
standardisation [stɑ̃daʁdizasjɔ̃] nf
Standardisierung f
standardiser [stɑ̃daʁdize] vt standardisieren
standardiste [stɑ̃daʁdist] nm/f Telefonist(in)
m(f)
standing [stɑ̃diŋ] nm Status m; **immeuble de
grand ~** Luxuswohnungen pl
star [staʁ] nf: ~ **(de cinéma)** (Film)star m
starlette [staʁlɛt] nf Starlet nt
starter [staʁtɛʁ] nm (Auto) Choke m; (Sport)
Starter m; **mettre le ~** den Choke ziehen
station [stasjɔ̃] nf (lieu d'arrêt) Haltestelle f;
(Radio, TV) Sender m; (d'observation scientifique, Rel)
Station f; (de villégiature) Ferienort m; **la ~ debout**
die aufrechte Haltung, das Stehen; **~ balnéaire**
Badeort m; **~ de graissage** Abschmierbucht f;
~ de lavage Waschplatz m; **~ de ski**
Wintersportort m; **~ de sports d'hiver**
Wintersportort; **~ de taxis** Taxistand m;
~ thermale Thermalbad nt
stationnaire [stasjɔnɛʁ] adj gleichbleibend
stationnement [stasjɔnmɑ̃] nm Parken nt;
~ interdit Parkverbot nt; **~ alterné** Parken
abwechselnd auf der einen und der anderen Straßenseite
stationner [stasjɔne] vi parken
station-service [stasjɔ̃sɛʁvis] (pl **stations-
service**) nf Tankstelle f
statique [statik] adj (Élec) statisch; (fig)
unbewegt, starr
statisticien, ne [statistisjɛ̃, jɛn] nm/f
Statistiker(in) m(f)
statistique [statistik] nf Statistik f ▷ adj
statistisch; **statistiques** nfpl (données)
statistische Angaben pl
statistiquement [statistikmɑ̃] adv statistisch
statue [staty] nf Statue f
statuer [statɥe] vi: ~ **sur qch** etw entscheiden
statuette [statɥɛt] nf Statuette f

statu quo [statykwo] *nm*: **maintenir le** ~ den
Status quo aufrechterhalten
stature [statyʀ] *nf (taille)* Größe *f*; *(fig)* Statur *f*,
Bedeutung *f*; **de haute** ~ groß gewachsen
statut [staty] *nm* Status *m*; **statuts** *nmpl*
(règlement) Statuten *pl*, Satzung *f*
statutaire [statytɛʀ] *adj* satzungsgemäß
statutairement [statytɛʀmã] *adv* laut Satzung
Ste *abr (= sainte)* Hl.
Sté *abr (= société)* Ges
steak [stɛk] *nm* Steak *nt*
stellaire [stelɛʀ] *adj* Stern-
stencil [stɛnsil] *nm* Matrize *f*
sténo [steno] *préf* Steno-
sténodactylo [stenɔdaktilo] *nf (personne)*
Stenotypistin *f*; *(technique)* Stenografie *f* und
Maschinenschreiben *nt*
sténo(graphe) [stenɔ(gʀaf)] *nm/f* Stenograf(in)
m(f)
sténo(graphie) [stenɔ(gʀafi)] *nf* Stenografie *f*;
prendre en sténo stenografieren
sténographier [stenɔgʀafje] *vt* stenografieren
sténographique [stenɔgʀafik] *adj* stenografisch
sténotypie [stenɔtipi] *nf* Stenografie *f* und
Maschinenschreiben *nt*
stentor [stãtɔʀ] *nm*: **voix de** ~ Stentorstimme *f*
stéphanois, e [stefanwa, waz] *adj* aus Saint-
Étienne ▷ *nm/f*: **Stéphanois, e** Einwohner(in)
m(f) von Saint-Étienne
steppe [stɛp] *nf* Steppe *f*
stère [stɛʀ] *nm* Raummeter *m*, Ster *nt*
stéréo(phonie) [steʀeɔ(fɔni)] *nf* Stereofonie *f*,
Stereo *nt*; **en stéréo** in Stereo
stéréo(phonique) [steʀeɔ(fɔnik)] *adj* Stereo-
stéréoscope [steʀeɔskɔp] *nm* Stereoskop *nt*
stéréoscopique [steʀeɔskɔpik] *adj* Stereoskop-,
3-D-
stéréotype [steʀeɔtip] *nm* Klischee *nt*
stéréotypé, e [steʀeɔtipe] *adj* stereotyp
stérile [steʀil] *adj* unfruchtbar; *(aseptique)* steril
stérilement [steʀilmã] *adv* steril
stérilet [steʀilɛ] *nm* Spirale *f*
stérilisateur [steʀilizatœʀ] *nm* Sterilisator *m*
stérilisation [steʀilizasjɔ̃] *nf (de personne)*
Sterilisation *f*; *(d'instrument, biberon)* Sterilisieren
nt; *(de blessure)* Desinfizieren *nt*
stériliser [steʀilize] *vt (personne, instrument, biberon)*
sterilisieren; *(blessure)* desinfizieren; **lait
stérilisé** pasteurisierte Milch *f*
stérilité [steʀilite] *nf* Unfruchtbarkeit *f*
sternum [stɛʀnɔm] *nm* Brustbein *nt*
stéthoscope [stetɔskɔp] *nm* Stethoskop *nt*
stick [stik] *nm* Stift *m*; *(déodorant)* Deostift *m*
stigmates [stigmat] *nmpl (Rel)* Wundmal *nt*
stigmatiser [stigmatize] *vt* brandmarken
stimulant, e [stimylã, ãt] *adj (réussite, succès)*
ermutigend, aufmunternd; *(potion)* anregend
▷ *nm (Méd)* Aufputschmittel *nt*; *(fig)* Ansporn *m*
stimulateur [stimylatœʀ] *nm*: ~ **cardiaque**
Herzschrittmacher *m*
stimulation [stimylasjɔ̃] *nf* Stimulierung *f*
stimuler [stimyle] *vt (personne)* stimulieren,

anregen; *(estomac, appétit)* anregen; *(fig:
exportations etc)* beleben
stimulus [stimylys] *(pl* **stimuli** *ou* ~*)* *nm*
Stimulus *m*
stipulation [stipylasjɔ̃] *nf* Bedingung *f*
stipuler [stipyle] *vt (condition)* vorschreiben;
(détail) genau angeben; ~ **que** verlangen *ou*
vorschreiben, dass
stock [stɔk] *nm (de marchandises)* Lagerbestand *m*;
(d'or) Vorrat *m*, Reserve *f*; *(fig: de chemises, d'histoires
etc)* Vorrat; **en** ~ vorrätig, auf Lager
stockage [stɔkaʒ] *nm* Lagerung *f*
stocker [stɔke] *vt (marchandises)* auf Lager legen,
einlagern; *(déchets)* lagern
Stockholm [stɔkɔlm] *n* Stockholm *nt*
stockiste [stɔkist] *nm* Händler *m*
stoïcisme [stɔisism] *nm* Stoizismus *m*
stoïque [stɔik] *adj* stoisch
stoïquement [stɔikmã] *adv* stoisch
stomacal, e, -aux [stɔmakal, o] *adj* Magen-
stomatologie [stɔmatɔlɔʒi] *nf* Stomatologie *f*
stomatologue [stɔmatɔlɔg] *nm/f* Stomatologe *m*,
Stomatologin *f*
stop [stɔp] *nm (Auto: panneau)* Stoppschild *nt*;
(: feux arrière) Bremslicht *nt*; *(auto-stop)*
Anhalterfahren *nt* ▷ *excl* halt!, stop!; *(dans un
télégramme)* stop; **faire du** ~ trampen
stoppage [stɔpaʒ] *nm* Kunststopfen *nt*
stopper [stɔpe] *vt (navire)* anhalten, stoppen;
(mouvement, attaque) aufhalten; *(vêtement, bas)*
stopfen ▷ *vi* anhalten
store [stɔʀ] *nm* Rollo *nt*; *(de magasin)* Rollladen *m*
strabisme [stʀabism] *nm* Schielen *nt*
strangulation [stʀãgylasjɔ̃] *nf* Erwürgen *nt*,
Strangulation *f*
strapontin [stʀapɔ̃tɛ̃] *nm (siège)* Klappsitz *m*; *(fig:
place secondaire)* Nebenrolle *f*
Strasbourg [stʀazbuʀ] *n* Straßburg *nt*
strasbourgeois, e [stʀazbuʀʒwa, waz] *adj*
straßburgische ▷ *nm/f*: **Strasbourgeois, e**
Straßburger(in) *m(f)*
strass [stʀas] *nm* Strass *m*
stratagème [stʀataʒɛm] *nm* List *f*
strate [stʀat] *nf* Stratum *nt*
stratège [stʀatɛʒ] *nm* Stratege *m*
stratégie [stʀateʒi] *nf* Strategie *f*
stratégique [stʀateʒik] *adj* strategisch
stratégiquement [stʀateʒikmã] *adv* strategisch
stratifié, e [stʀatifje] *adj (Géo)* geschichtet; *(Tech)*
beschichtet
stratosphère [stʀatɔsfɛʀ] *nf* Stratosphäre *f*
stratosphérique [stʀatɔsfeʀik] *adj*
Stratosphären-
stress [stʀɛs] *nm* Stress *m*
stressant, e [stʀɛsã, ãt] *adj* stressig
stresser [stʀese] *vt* stressen, Stress verursachen
+*dat*; **être stressé** im Stress *ou* gestresst sein
strict, e [stʀikt] *adj* streng; *(obligation,
interprétation)* strikt; *(tenue)* schlicht; **c'est son
droit le plus** ~ das ist sein/ihr gutes Recht; **dans
la plus** ~**e intimité** im engsten Familienkreis;
au sens ~ **du mot** im wahrsten Sinn des Wortes;

le ~ nécessaire *ou* minimum das Allernotwendigste *nt*
strictement [stʀiktəmɑ̃] *adv* streng; *(vêtu)* konservativ
strident, e [stʀidɑ̃, ɑ̃t] *adj* schrill, kreischend
strie [stʀi] *nf* Streifen *m*; *(Géo)* Rille *f*
strier [stʀije] *vt* mit Streifen versehen
strip-tease [stʀiptiz] *(pl* ~**s)** *nm* Striptease *m*
strip-teaseuse [stʀiptizøz] *(pl* ~**s)** *nf* Stripteasetänzerin *f*, Stripperin *f*
striures [stʀijyʀ] *nfpl* Streifen *pl*
strophe [stʀɔf] *nf* Strophe *f*
structure [stʀyktyʀ] *nf* Struktur *f*; ~**s d'accueil** Empfangseinrichtungen *pl*; ~**s touristiques** touristische Einrichtungen *pl*
structurer [stʀyktyʀe] *vt* strukturieren
strychnine [stʀiknin] *nf* Strychnin *nt*
stuc [styk] *nm* Stuck *m*
studieusement [stydjøzmɑ̃] *adv* fleißig
studieux, -euse [stydjø, jøz] *adj* fleißig; *(vacances, retraite)* den Studien gewidmet
studio [stydjo] *nm* *(logement)* Einzimmerwohnung *f*; *(d'artiste, de photographe)* Atelier *nt*; *(de danse, Cinéma, TRadio, TV)* Studio *nt*
stupéfaction [stypefaksjɔ̃] *nf* Verblüffung *f*
stupéfait, e [stypefe, et] *adj* verblüfft
stupéfiant, e [stypefjɑ̃, jɑ̃t] *adj* verblüffend ▷ *nm* *(Méd)* Rauschgift *nt*
stupéfier [stypefje] *vt* *(étonner)* verblüffen
stupeur [stypœʀ] *nf* Verblüffung *f*; *(Méd)* Benommenheit *f*
stupide [stypid] *adj* dumm; *(hébété)* benommen
stupidement [stypidmɑ̃] *adv* dumm
stupidité [stypidite] *nf* Dummheit *f*
style [stil] *nm* Stil *m*; **meuble de** ~ Stilmöbel *nt*; **en** ~ **télégraphique** im Telegrammstil; ~ **administratif** Verwaltungssprache *f*; ~ **de vie** Lebensart *f*, Lebensstil *m*; ~ **journalistique** journalistischer Stil
stylé, e [stile] *adj* *(domestique)* geschult
stylet [stilɛ] *nm* *(poignard)* Stilett *nt*; *(Méd)* Sonde *f*
stylisé, e [stilize] *adj* stilisiert
styliste [stilist] *nm/f* Designer(in) *m(f)*; *(écrivain)* Stilist(in) *m(f)*
stylistique [stilistik] *nf* Stilistik *f* ▷ *adj* stilistisch, Stil-
stylo [stilo] *nm* Kugelschreiber *m*; ~ **(à) bille** Kugelschreiber *m*; ~ **à encre** Füller *m*
stylo-feutre [stiloføtʀ] *(pl* **stylos-feutres)** *nm* Filzstift *m*
su, e [sy] *pp de* **savoir** ▷ *nm*: **au su de qn** mit jds Wissen
suaire [sɥɛʀ] *nm* Leichentuch *nt*
suant, e [sɥɑ̃, sɥɑ̃t] *adj* *(en sueur)* verschwitzt
suave [sɥav] *adj* *(odeur)* süß; *(voix, coloris)* süß, lieblich
subalterne [sybaltɛʀn] *adj* *(employé, officier)* untergeben; *(rôle)* untergeordnet ▷ *nm/f* Untergebene(r) *f(m)*
subconscient [sypkɔ̃sjɑ̃] *n* Unterbewusstsein *nt*
subdiviser [sybdivize] *vt* unterteilen
subdivision [sybdivizjɔ̃] *nf* Unterteilung *f*

subir [sybiʀ] *vt* erleiden; *(influence, charme)* erliegen +*dat*; *(traitement, opération, examen)* sich unterziehen +*dat*; *(personne)* ertragen
subit, e [sybi, it] *adj* plötzlich
subitement [sybitmɑ̃] *adv* plötzlich
subjectif, -ive [sybʒɛktif, iv] *adj* subjektiv
subjectivement [sybʒɛktivmɑ̃] *adv* subjektiv
subjectivité [sybʒɛktivite] *nf* Subjektivität *f*
subjonctif [sybʒɔ̃ktif] *nm* Konjunktiv *m*
subjuguer [sybʒyge] *vt* *(auditoire etc)* gefangen nehmen
sublime [syblim] *adj* *(paysage etc)* wunderbar, wunderschön; *(personne)* hervorragend
sublimer [syblime] *vt* sublimieren
submergé, e [sybmɛʀʒe] *adj* überschwemmt; ~ **de** *(fig)* überschwemmt *ou* überhäuft mit
submerger [sybmɛʀʒe] *vt* *(inonder)* überschwemmen
submersible [sybmɛʀsibl] *nm* U-Boot *nt*
subordination [sybɔʀdinasjɔ̃] *nf* Unterordnung *f*
subordonné, e [sybɔʀdɔne] *adj* *(Ling)* untergeordnet, Neben- ▷ *nm/f* Untergebene(r) *f(m)* ▷ *nf* *(Ling)* Nebensatz *m*; ~ **à** *(personne)* untergeordnet +*dat*, untergeben +*dat*; *(résultats)* abhängig von
subordonner [sybɔʀdɔne] *vt*: ~ **qn/qch à** jdn/etw unterordnen +*dat*
subornation [sybɔʀnasjɔ̃] *nf* Bestechung *f*
suborner [sybɔʀne] *vt* bestechen
subrepticement [sybʀɛptismɑ̃] *adv* heimlich
subroger [sybʀɔʒe] *vt* *(Jur)* in die Rechte eines anderen einsetzen
subside [sybzid] *nm* Zuschuss *m*, Beihilfe *f*
subsidiaire [sybzidjɛʀ] *adj*: **question** ~ entscheidende Frage *f*
subsistance [sybzistɑ̃s] *nf* Unterhalt *m*; **contribuer à la** ~ **de qn** zu jds Unterhalt beitragen; **pourvoir à la** ~ **de qn** für jds Unterhalt sorgen; **moyens de** ~ Unterhaltsmittel *pl*
subsister [sybziste] *vi* *(rester)* (weiter)bestehen; *(vivre)* leben; *(survivre)* überleben
subsonique [sybsɔnik] *adj* Überschall-
substance [sypstɑ̃s] *nf* Substanz *f*, Stoff *m*; *(fig)* Substanz, Gehalt *m*; **en** ~ im Wesentlichen
substantiel, le [sypstɑ̃sjɛl] *adj* *(aliment, repas)* nahrhaft; *(avantage, bénéfice)* wesentlich, bedeutend
substantif [sypstɑ̃tif] *nm* Substantiv *nt*
substantiver [sypstɑ̃tive] *vt* substantivieren
substituer [sypstitɥe] *vt*: ~ **qn/qch à** jdn/etw ersetzen durch; **se substituer** *vpr*: **se** ~ **à qn** *(pour représenter)* jdn vertreten; *(pour évincer)* jdn ersetzen
substitut [sypstity] *nm* *(Jur: magistrat)* Vertreter *m*; *(succédané)* Ersatz *m*
substitution [sypstitysjɔ̃] *nf* Ersetzen *nt*
subterfuge [syptɛʀfyʒ] *nm* List *f*; *(échappatoire)* Ausflucht *f*, Ausrede *f*
subtil, e [syptil] *adj* *(personne, esprit, réponse)* fein; *(raisonnement, manœuvre, nuance)* subtil
subtilement [syptilmɑ̃] *adv* subtil

subtiliser [syptilize] *vt* (*dérober*) entwenden
subtilité [syptilite] *nf* (*de personne*) Feinsinn *m*; (*de raisonnement, manœuvre*) Subtilität *f*; (*de nuance*) Feinheit *f*
subtropical, e, -aux [sybtʀɔpikal, o] *adj* subtropisch
suburbain, e [sybyʀbɛ̃, ɛn] *adj* Vorstadt-
subvenir [sybvəniʀ]: **~ à** *vt* sorgen für
subvention [sybvɑ̃sjɔ̃] *nf* Subvention *f*, Zuschuss *m*
subventionner [sybvɑ̃sjɔne] *vt* subventionieren, bezuschussen
subversif, -ive [sybvɛʀsif, iv] *adj* subversiv, umstürzlerisch
subversion [sybvɛʀsjɔ̃] *nf* Subversion *f*
suc [syk] *nm* Saft *m*; **~s gastriques** Magensaft *m*
succédané [syksedane] *nm* Ersatz *m*
succéder [syksede]: **~ à** *vt* (*qn*) die Nachfolge antreten +*gén*, nachfolgen +*dat*; (*dans une série, énumération etc*) folgen auf +*acc*; **se succéder** *vpr* aufeinanderfolgen
succès [syksɛ] *nm* Erfolg *m*; **avec ~** erfolgreich; **sans ~** erfolglos; **avoir du ~** erfolgreich sein, Erfolg haben; **auteur à ~** Erfolgsautor *m*; **livre à ~** Bucherfolg *m*, Bestseller *m*; **~ de librairie** Bestseller; **~ féminins** Eroberungen *pl*, Erfolg *msg* bei den Damen
successeur [syksesœʀ] *nm* Nachfolger *m*; (*Jur: héritier*) Erbe *m*, Erbin *f*
successif, -ive [syksesif, iv] *adj* aufeinanderfolgend
succession [syksesjɔ̃] *nf* (*série*) Abfolge *f*; (*Jur: patrimoine*) Erbe *nt*; (*Pol*) Nachfolge *f*; **prendre la ~ de qn** jds Nachfolge antreten
successivement [syksesivmɑ̃] *adv* nacheinander
succinct, e [syksɛ̃, ɛ̃t] *adj* knapp, kurz und bündig
succinctement [syksɛ̃tmɑ̃] *adv* knapp, kurz und bündig
succion [sy(k)sjɔ̃] *nf* Saugen *nt*; **bruit de ~** Sauggeräusch *nt*
succomber [sykɔ̃be] *vi* (*mourir*) umkommen; (*fig*) unterliegen, erliegen; **~ à** (*sommeil, fatigue*) überwältigt werden von; (*tentation*) erliegen +*dat*
succulent, e [sykylɑ̃, ɑ̃t] *adj* köstlich
succursale [sykyʀsal] *nf* Filiale *f*; **magasin à ~s multiples** Ladenkette *f*
sucer [syse] *vt* lutschen; **~ son pouce** am Daumen lutschen
sucette [sysɛt] *nf* (*bonbon*) Lutscher *m*; (*de bébé*) Schnuller *m*
suçoter [sysɔte] *vt* lutschen an +*dat*
sucre [sykʀ] *nm* Zucker *m*; **prendre deux ~s dans son café** zwei Stück Zucker zum Kaffee nehmen; **~ cristallisé** Kristallzucker *m*; **~ d'orge** Malzzucker *m*; **~ de betterave** Rübenzucker *m*; **~ de canne** Rohrzucker *m*; **~ en morceaux** Würfelzucker *m*; **~ en poudre** Puderzucker *m*; **~ glace** Puderzucker
sucré, e [sykʀe] *adj* (*au goût*) süß; (*tasse de thé etc*) gezuckert; (*produit alimentaire*) gesüßt; (*péj*) zuckersüß

sucrer [sykʀe] *vt* zuckern; **se sucrer** *vpr* sich *dat* Zucker nehmen; (*fam: s'enrichir*) sich gesundstoßen
sucrerie [sykʀəʀi] *nf* (*usine*) Zuckerfabrik *f*, Zuckerraffinerie *f*; **sucreries** *nfpl* (*bonbons*) Zuckerzeug *nt*, Süßigkeiten *pl*
sucrier, -ière [sykʀije, ijɛʀ] *adj* (*industrie, région*) Zucker- ▷ *nm* (*récipient*) Zuckerdose *f*
sud [syd] *nm* Süden *m* ▷ *adj inv* Süd-; **au ~** im Süden; (*avec mouvement*) nach Süden; **au ~ de** im Süden ou südlich von
sud-africain, e [sydafʀikɛ̃, ɛn] (*pl* **~s, es**) *adj* südafrikanisch
sud-américain, e [sydameʀikɛ̃, ɛn] (*pl* **~, es**) *adj* südamerikanisch ▷ *nm/f*: **Sud-Américain, e** Süd- ou Lateinamerikaner(in) *m(f)*
sudation [sydasjɔ̃] *nf* Schwitzen *nt*
sud-est [sydɛst] *nm inv* Südosten *m* ▷ *adj inv* südöstlich
sud-ouest [sydwɛst] *nm inv* Südwesten *m* ▷ *adj inv* südwestlich
sud-vietnamien, ne [sydvjɛtnamjɛ̃, ɛn] (*pl* **~s, nes**) *adj* südvietnamesisch ▷ *nm/f*: **Sud-Vietnamien, ne** Südvietnamese *m*, Südvietnamesin *f*
Suède [sɥɛd] *nf*: **la ~** Schweden *nt*
suédois, e [sɥedwa, waz] *adj* schwedisch ▷ *nm* (*Ling*) Schwedisch *nt* ▷ *nm/f*: **Suédois, e** Schwede *m*, Schwedin *f*
suer [sɥe] *vi* schwitzen; (*fam: se fatiguer*) sich abquälen; **~ à grosses gouttes** reichlich schwitzen
sueur [sɥœʀ] *nf* Schweiß *m*; **en ~** völlig verschwitzt, schweißgebadet; **donner des ~s froides à qn/avoir des ~s froides** jdm kalte Schauer über den Rücken jagen/in kaltem Schweiß gebadet sein
suffire [syfiʀ] *vi* (*être assez*) ausreichen, genügen ▷ *vb impers*: **il suffit d'une négligence pour que** man braucht nur einmal unachtsam zu sein und; **se suffire** *vpr* (*à soi-même*) unabhängig sein; **~ pour faire qch** ausreichen, um etw zu tun; **cela suffit pour les irriter/qu'ils se fâchent** das reicht ou genügt schon, um sie zu ärgern; **cela lui suffit** das reicht ihm/ihr; **ça suffit!** jetzt reichts aber!
suffisamment [syfizamɑ̃] *adv* ausreichend, genügend; **~ de** genug, genügend
suffisance [syfizɑ̃s] *nf* (*vanité*) Selbstgefälligkeit *f*; **en ~** zur Genüge
suffisant, e [syfizɑ̃, ɑ̃t] *adj* ausreichend; (*vaniteux*) selbstgefällig
suffisons [syfizɔ̃] *vb voir* **suffire**
suffixe [syfiks] *nm* Suffix *nt*, Nachsilbe *f*
suffocant, e [syfɔkɑ̃, ɑ̃t] *adj* (*étouffant*) stickig; (*stupéfiant*) verblüffend
suffocation [syfɔkasjɔ̃] *nf* Erstickung *f*
suffoquer [syfɔke] *vt* (*suj: chaleur*) erdrücken; (*: fumée*) ersticken; (*: émotion, colère, nouvelles*) überwältigen ▷ *vi* ersticken; **~ de colère/d'indignation** vor Wut/Entrüstung beinahe ersticken

425

suffrage [syfraʒ] nm (voix) Stimme f; ~ **universel/direct/indirect** allgemeines Wahlrecht nt/direkte/indirekte Wahl f; **~s exprimés** gültige Stimmen pl; **ce livre a remporté tous les ~s** dieses Buch hat allen gefallen

suggérer [sygʒere] vt (conseiller) vorschlagen; (évoquer, faire penser à) erinnern an +akk

suggestif, -ive [sygʒɛstif, iv] adj (évocateur) stimmungsvoll; (érotique) aufreizend

suggestion [sygʒɛstjɔ̃] nf Vorschlag m; (Psych) Suggestion f

suggestivité [sygʒɛstivite] nf Stimmungsgeladenheit f

suicidaire [sɥisidɛʀ] adj selbstmörderisch

suicide [sɥisid] nm Selbstmord m ▷ adj: **opération ~** Selbstmordkommando nt

suicidé, e [sɥiside] nm/f Selbstmörder(in) m(f)

suicider [sɥiside]: **se ~** vpr sich umbringen, Selbstmord begehen

suie [sɥi] nf Ruß m

suif [sɥif] nm Talg m

suinter [sɥɛ̃te] vi (liquide) sickern; (mur) schwitzen

suis [sɥi] vb voir **être**; **suivre**

suisse [sɥis] adj schweizerisch ▷ nm/f: **Suisse** Schweizer(in) m(f) ▷ nf: **la S~** die Schweiz ▷ nm (bedeau) Kirchendiener m; **la S~ allemande** ou **alémanique** die deutsch(sprachig)e Schweiz f; **~ romand(e)** adj französischschweizerisch ▷ nm/f Französischschweizer(in) m(f); **la S~ romande** die französisch(sprachig)e Schweiz f

suisse-allemand, e [sɥisalmã, ãd] adj deutschschweizerisch ▷ nm/f Deutschschweizer(in) m(f)

suit [sɥi] vb voir **suivre**

suite [sɥit] nf (ce qui suit) Folge f, Fortsetzung f; (série) Reihe f, Folge f; (cohérence) Zusammenhang m; (appartement) Zimmerflucht f, Suite f; (escorte) Gefolge nt, Gefolgschaft f; (Mus) Suite f; **suites** nfpl (d'une maladie, chute) Folgen pl; **prendre la ~ de** (directeur etc) jds Nachfolge antreten; **donner ~ à** weiterverfolgen; **faire ~ à** folgen auf +acc; **(faisant) ~ à votre lettre du** mit Bezug auf Ihr Schreiben vom; **sans ~** adj zusammenhanglos; **de ~** adv (d'affilée) nacheinander; (immédiatement) unmittelbar; **par la ~** später; **à la ~ de** (en conséquence de) aufgrund von; **par ~ de** infolge +gén; **avoir de la ~ dans les idées** zielstrebig sein; **attendre la ~ des événements** den Lauf der Ereignisse abwarten

suivant, e [sɥivã, ãt] vb voir **suivre** ▷ adj folgend ▷ nm/f: **au ~!** der Nächste bitte! ▷ prép (selon) gemäß +dat; **~ que** je nachdem, ob; **l'exercice ~** (ci-après) die folgende Übung

suive [sɥiv] vb voir **suivre**

suiveur [sɥivœʀ] nm (Cyclisme) Begleiter m; (péj) Mitläufer m

suivi, e [sɥivi] pp de **suivre** ▷ adj (régulier) regelmäßig; (Comm: article) serienmäßig hergestellt; (cohérent) logisch; (politique) konsequent ▷ nm (Méd) Nachuntersuchung f; **très/peu ~** (cours) sehr/nicht sehr gut besucht; (mode) die großen/kaum Anklang findet;

(feuilleton etc) sehr/nicht sehr beliebt

suivre [sɥivʀ] vt folgen +dat; (suj: bagages) (nach)folgen +dat; (consigne) befolgen; (Scol: être inscrit à) teilnehmen an +dat; (: être attentif à) aufpassen bei, verfolgen; (observer l'évolution de) beobachten; (Comm: article) weiter führen ▷ vi folgen; (écouter attentivement) gut aufpassen; **se suivre** vpr aufeinanderfolgen; (être cohérent) schlüssig sein; **~ des yeux** mit den Augen folgen +dat ou verfolgen; **faire ~** (lettre) nachsenden; **~ son cours** (enquête, maladie) seinen/ihren Lauf nehmen; **à ~** Fortsetzung folgt

sujet, te [syʒɛ, ɛt] adj: **être ~ à** (accidents) neigen zu; (vertige etc) leiden unter +dat ▷ nm/f (d'un souverain) Untertan(in) m(f) ▷ nm (matière) Gegenstand m; (thème) Thema nt; (raison) Gegenstand, Anlass m; (Ling) Subjekt nt; **un ~ de dispute/discorde/mécontentement** ein Anlass zum Streit/zur Zwietracht/zur Unzufriedenheit; **c'est à quel ~?** worum geht es?; **avoir ~ de se plaindre** allen Grund zur Klage haben; **un mauvais ~** (péj) ein übles Subjekt; **au ~ de** über +acc; **~ à caution** fragwürdig, zweifelhaft; **~ d'examen** Prüfungsstoff m; **~ d'expérience** (animal) Versuchstier nt; **~ de conversation** Gesprächsthema nt

sujétion [syʒesjɔ̃] nf (soumission) Unterwerfung f; (fig: contrainte) Zwang m

sulfater [sylfate] vt schwefeln

sulfureux, -euse [sylfyʀø, øz] adj schwefelig; (vapeurs, bains aussi) Schwefel-

sulfurique [sylfyʀik] adj: **acide ~** Schwefelsäure f

sulfurisé, e [sylfyʀize] adj: **papier ~** Wachspapier nt

summum [sɔ(m)mɔm] nm: **le ~ de** der Gipfel +gén

super [sypɛʀ] adj inv (fam) super- ▷ préf super-, Super-

superbe [sypɛʀb] adj (très beau) wundervoll, herrlich; (remarquable) fantastisch ▷ nf Arroganz f

superbement [sypɛʀbəmã] adv herrlich

super(carburant) [sypɛʀ(kaʀbyʀã)] nm Super(benzin) nt

supercherie [sypɛʀʃəʀi] nf Betrug m

supérette [sypeʀɛt] nf kleiner Supermarkt m

superfétatoire [sypɛʀfetatwaʀ] adj (litt) entbehrlich

superficie [sypɛʀfisi] nf (mesure) (Grund)fläche f; (surface) Oberfläche f

superficiel, le [sypɛʀfisjɛl] adj oberflächlich; (plaie, brûlure) Oberflächen-

superficiellement [sypɛʀfisjɛlmã] adv oberflächlich

superflu, e [sypɛʀfly] adj überflüssig ▷ nm: **le ~** das Überflüssige nt

superforme [sypɛʀfɔʀm] (fam) nf Topform f

super-grand [sypɛʀgʀã] (pl **~s**) (fam) nm Supermacht f

super-huit [sypɛʀɥit] adj inv: **caméra/film ~** Super-8-Kamera f/-Film m

supérieur, e [sypeʀjœʀ] adj obere(r, s); (plus élevé) höher; (meilleur) besser; (excellent, hautain) überlegen ▷ nm (hiérarchique) Vorgesetzte(r) f(m);

~ **à** höher als; *(meilleur)* besser als; **Mère ~e**
Mutter Superior f, Mutter Oberin f; **à l'étage ~**
im oberen Stockwerk; ~ **en nombre**
zahlenmäßig überlegen, in der Überzahl
supérieurement [syperjœrmã] *adv* überragend
supériorité [syperjɔrite] *nf* Überlegenheit f;
~ **numérique** Überzahl f
superlatif [syperlatif] *nm* Superlativ m; ~ **relatif**
relativer Superlativ
supermarché [sypermarʃe] *nm* Supermarkt m
superposable [syperpozabl] *adj* (lits) Etagen-;
(figures) die übereinandergelegt werden können
superposer [syperpoze] *vt* aufeinanderlegen;
(meubles, caisses) stapeln; *(faire chevaucher)*
überlagern; **se superposer** *vpr (images, souvenirs)*
sich vermischen; **lits superposés** Etagenbett nt
superposition [syperpozisjã] *nf (vvt)*
Aufeinanderstellen nt; Stapeln nt; Überlagerung f
superproduction [syperprɔdyksjã] *nf (film)*
Monumentalfilm m
superpuissance [syperpɥisãs] *nf* Supermacht f
supersonique [sypersɔnik] *adj* Überschall-
superstitieux, -euse [syperstisjø, jøz] *adj*
abergläubisch
superstition [syperstisjã] *nf* Aberglaube m
superstructure [syperstryktyr] *nf* Überbau m
supertanker [sypertãkœr] *nm* Supertanker m
superviser [sypervize] *vt* überwachen,
beaufsichtigen
supervision [sypervizjã] *nf* Aufsicht f
suppl. *abr* = **supplément**
supplanter [syplãte] *vt* verdrängen
suppléance [sypleãs] *nf* Vertretung f
suppléant, e [sypleã, ãt] *adj (juge, fonctionnaire)*
stellvertretend; *(professeur, médecin)* Aushilfs-
▷ *nm/f* (Stell)vertreter(in) m(f)
suppléer [syplee] *vt (ce qui manque)* ergänzen;
(lacune) ausfüllen; *(défaut)* ausgleichen;
(remplacer) vertreten; ~ **à** *(compenser)* etw
ausgleichen; *(chose manquante)* ersetzen
supplément [syplemã] *nm (à payer)* Zuschlag m;
(d'un livre) Anhang m; *(d'un journal)* Beilage f; **être**
en ~ *(au menu etc)* extra kosten; **un ~**
d'information zusätzliche Informationen pl;
un ~ de travail zusätzliche Arbeit f, Mehrarbeit
f; **un ~ de frites/viande** eine Extraportion
Pommes frites/Fleisch
supplémentaire [syplemãter] *adj* zusätzlich;
(train, bus, avion) Zusatz-
supplétif, -ive [sypletif, iv] *adj (Mil)* Hilfs-
suppliant, e [sypliã, ijãt] *adj* flehend
supplication [syplikasjã] *nf (Rel)* Fürbitte f;
supplications *nfpl* Flehen nt
supplice [syplis] *nm (peine corporelle)* Folter f;
(souffrance) Qual f; **être au ~** *(appréhension)* auf die
Folter gespannt sein; *(douleur)* Folterqualen
erleiden
supplier [syplije] *vt* anflehen
supplique [syplik] *nf* Bittschrift f
support [sypɔr] *nm* Stütze f; *(pour outils)* Ständer
m; ~ **audiovisuel** audio-visuelles Hilfsmittel nt;
~ **publicitaire** Werbemittel nt

supportable [sypɔrtabl] *adj* erträglich; *(conduite)*
tragbar
supporter¹ [sypɔrte] *vt (porter)* tragen; *(mur,*
édifice) stützen; *(endurer: personne)* ertragen,
aushalten; *(: conséquences)* ertragen, erdulden;
(résister à) vertragen; *(Sport)* unterstützen
supporter² [sypɔrtɛr] *nm (sportif etc)* Fan m
supposé, e [sypoze] *adj* mutmaßlich
supposer [sypoze] *vt* annehmen; *(suj: chose)*
voraussetzen; ~ **que** annehmen, dass; **en**
supposant *ou* **à ~ que** angenommen *ou*
vorausgesetzt, (dass)
supposition [sypozisjã] *nf* Annahme f
suppositoire [sypozitwar] *nm* Zäpfchen nt
suppôt [sypo] *(péj)* *nm* Komplize m, Komplizin f
suppression [sypresjã] *nf (vvt)* Beseitigung f;
Weglassen nt; Abschaffung f; Streichung f;
Behebung f; Unterdrückung f
supprimer [syprime] *vt* beseitigen, entfernen;
(clause, mot) weglassen; *(congés, impôt, libertés,*
emploi, privilèges) abschaffen; *(service d'autobus etc)*
streichen; *(douleur, anxiété)* beheben; *(publication,*
article, loi) unterdrücken; ~ **qch à qn** jdm etw
entziehen
suppuration [sypyrasjã] *nf* Eiterung f
suppurer [sypyre] *vi* eitern
supputations [sypytasjã] *nfpl (fig)*
Mutmaßungen pl
supputer [sypyte] *vt* mutmaßen über +akk
supranational, e, -aux [sypranasjɔnal, ɔno] *adj*
übernational
suprématie [sypremasi] *nf (Pol)*
Vormachtstellung f; *(intellectuelle, morale)*
Überlegenheit f
suprême [syprɛm] *adj (chef, autorité, pouvoir)*
oberste(r, s); *(bonheur, habileté)* höchste(r, s); **un ~**
espoir eine letzte Hoffnung; **un ~ effort** eine
äußerste Anstrengung; **les honneurs ~s** die
höchsten Ehren
suprêmement [syprɛmmã] *adv* außerordentlich

 MOT-CLÉ

sur¹ [syr] *prép* **1** *(position)* auf +dat; *(au-dessus)* über
+dat; **tes lunettes sont sur la table** deine Brille
ist auf dem Tisch; **je n'ai pas d'argent sur moi**
ich habe kein Geld dabei ou bei mir
2 *(direction)* auf +acc; *(par dessus)* über +acc; **pose-le**
sur la table lege es auf den Tisch; **en rentrant**
sur Paris auf dem Rückweg nach Paris; **sur**
votre droite zu Ihrer Rechten, rechts; **avoir de**
l'influence/un effet sur Einfluss/Wirkung
haben auf +acc
3 *(temps)*: **avoir accident sur accident** einen
Unfall nach dem anderen haben; **sur ce**
daraufhin
4 *(à propos de)* über +acc; **un livre/une conférence**
sur Balzac ein Buch/Vortrag über Balzac
5 *(proportion)*: **un sur 10** einer von 10; **avoir un**
sur dix *(Scol)* ≈ eine Sechs bekommen; **sur**
vingt, deux sont venus von 20 sind 2
gekommen; **4 m sur 2** 4 mal 2 m

sur², e [syʀ] *adj* (*aigre*) sauer

sûr, e [syʀ] *adj* sicher; (*digne de confiance*) zuverlässig; **être ~ de qn** sich *dat* jds sicher sein; **~ et certain** ganz sicher; **~ de soi** selbstsicher; **le plus ~ est de** das Sicherste ist, zu

surabondance [syʀabɔ̃dɑ̃s] *nf* (*de produits, richesse*) Überfluss *m*; (*de couleurs, détails*) Überfülle *f*; **en ~** in Hülle und Fülle

surabondant, e [syʀabɔ̃dã, ãt] *adj* (*production*) Über-; (*récolte*) mehr als ausreichend

surabonder [syʀabɔ̃de] *vi* im Überfluss vorhanden sein

suractivité [syʀaktivite] *nf* Hyperaktivität *f*

suraigu, -uë [syʀegy] *adj* schrill

surajouter [syʀaʒute] *vt* hinzufügen; **se ~ à** *vpr* noch hinzukommen zu

suralimentation [syʀalimɑ̃tasjɔ̃] *nf* Überernährung *f*

suralimenté, e [syʀalimɑ̃te] *adj* (*personne*) überernährt

suranné, e [syʀane] *adj* veraltet

surarmement [syʀaʀməmɑ̃] *nm* Überbewaffnung *f*

surbaissé, e [syʀbese] *adj* (*plafond*) heruntergezogen

surcapacité [syʀkapasite] *nf* Überkapazität *f*

surcharge [syʀʃaʀʒ] *nf* Überlastung *f*; (*de marchandises*) Überbelastung *f*; (*Philatélie*) Überdruck *m*; **prendre des passagers en ~** zu viele Passagiere mitnehmen; **~ de bagages** Übergepäck *nt*; **~ de travail** zusätzliche Arbeit *f*, Mehrarbeit *f*

surchargé, e [syʀʃaʀʒe] *adj* überladen; (*emploi du temps*) überlastet; **~ de travail/soucis** mit Arbeit/Sorgen überlastet

surcharger [syʀʃaʀʒe] *vt* (*véhicule*) überbeladen; (*personne*) überbelasten; (*texte*) übersäen; (*timbre*) überdrucken; (*mémoire, emploi du temps*) überlasten, zu sehr belasten; (*décoration*) überladen

surchauffe [syʀʃof] *nf* (*Écon*) Überhitzung *f*

surchauffé, e [syʀʃofe] *adj* (*pièce*) überheizt; (*esprits*) überhitzt

surchoix [syʀʃwa] *adj inv* von bester Qualität

surclasser [syʀklase] *vt* übertreffen

surconsommation [syʀkɔ̃sɔmasjɔ̃] *nf* überhöhter Verbrauch *m*

surcouper [syʀkupe] *vt* übertrumpfen

surcroît [syʀkʀwa] *nm*: **un ~ de travail/d'inquiétude** zusätzliche Arbeit/Unruhe; **par** *ou* **de ~** zu allem Überfluss, obendrein; **en ~** zusätzlich

surdi-mutité [syʀdimytite] (*pl* **-s**) *nf* Taubstummheit *f*; **atteint de ~** taubstumm

surdité [syʀdite] *nf* Taubheit *f*; **atteint de ~ totale** völlig taub

surdoué, e [syʀdwe] *adj* höchst begabt

sureau, x [syʀo] *nm* Holunder *m*

sureffectifs [syʀefɛktif] *nmpl* Überbesetzung *f*

surélever [syʀel(ə)ve] *vt* (*immeuble*) aufstocken

sûrement [syʀmɑ̃] *adv* sicher; **~ pas** ganz sicher nicht

suremploi [syʀɑ̃plwa] *nm* Überbeschäftigung *f*

surenchère [syʀɑ̃ʃeʀ] *nf* (*Comm*) höheres Gebot *nt*; **~ de violence** Eskalation *f* der Gewalt; **~ électorale** gegenseitiges Übertrumpfen *nt* im Wahlkampf

surenchérir [syʀɑ̃ʃeʀiʀ] *vi* (*Comm*) höher bieten; **~ sur qn** (*fig*) jdn zu überbieten versuchen

surendettement [syʀɑ̃dɛtmɑ̃] *nm* Überverschuldung *f*

surent [syʀ] *vb voir* **savoir**

surentraîné, e [syʀɑ̃tʀene] *adj* übertrainiert

suréquipé, e [syʀekipe] *adj* übermäßig gut ausgestattet

surestimer [syʀɛstime] *vt* überschätzen

sûreté [syʀte] *nf* Sicherheit *f*; **être/mettre en ~** in Sicherheit *dat* sein/in Sicherheit *acc* bringen; **pour plus de ~** zur Sicherheit; **attentat/crime contre la ~ de l'État** Vergehen *nt* gegen die Staatssicherheit; **la S~ (nationale)** der staatliche Sicherheitsdienst *m*

surexcité, e [syʀɛksite] *adj* sehr aufgeregt

surexciter [syʀɛksite] *vt* überreizen

surexploiter [syʀɛksplwate] *vt* (*champ*) auslaugen; (*personne*) übermäßig ausnutzen

surexposer [syʀɛkspoze] *vt* überbelichten

surf [sœʀf] *nm* Surfen *nt*; **faire du ~** surfen

surface [syʀfas] *nf* (*Math*) Oberfläche *f*, Fläche *f*; **faire ~** auftauchen; **en ~** oberflächlich gesehen; **la pièce fait 100 mètres carrés de ~** das Zimmer hat eine Fläche von 100 Quadratmetern; **~ de réparation** (*Sport*) Strafraum *m*; **~ de sustentation** (*Aviat*) Tragfläche *f*; **~ porteuse** (*Aviat*) Tragfläche

surfait, e [syʀfɛ, ɛt] *adj* überbewertet

surfer [sœʀfe] *vi* surfen; (*Inform*) (im Internet) surfen

surfeur, -euse [sœʀfœʀ, øz] *nm/f* Surfer(in) *m(f)*

surfiler [syʀfile] *vt* (*Couture*) versäubern

surfin, e [syʀfɛ̃, in] *adj* hochfein

surgélateur [syʀʒelatœʀ] *nm* Tiefkühltruhe *f*

surgélation [syʀʒelasjɔ̃] *nf* Tiefkühlung *f*

surgelé, e [syʀʒele] *adj* Tiefkühl-, tiefgekühlt

surgeler [syʀʒəle] *vt* tiefkühlen

surgir [syʀʒiʀ] *vi* plötzlich auftauchen; (*jaillir*) hervorschießen

surhomme [syʀɔm] *nm* Übermensch *m*

surhumain, e [syʀymɛ̃, ɛn] *adj* übermenschlich

surimposer [syʀɛ̃poze] *vt* (*surtaxer*) übermäßig besteuern

surimpression [syʀɛ̃pʀesjɔ̃] *nf* (*Photo*) Doppelbelichtung *f*

Surinam [syʀinam] *nm*: **le ~** Surinam *nt*

surinfection [syʀɛ̃fɛksjɔ̃] *nf* Sekundärinfektion *f*

surjet [syʀʒɛ] *nm* Überwendlingssaum *m*

sur-le-champ [syʀləʃɑ̃] *adv* sofort, auf der Stelle

surlendemain [syʀlɑ̃d(ə)mɛ̃] *nm*: **le ~** der übernächste Tag; (*quand?*) am übernächsten Tag; **le ~ de** der zweite Tag nach; (*quand?*) am zweiten Tag nach; **le ~ soir** am übernächsten Abend; (*quand?*) am übernächsten Abend

surligneur [syʀliɲœʀ] *nm* Marker *m*

surmenage [syʀmənaʒ] *nm* Überanstrengung *f*

surmené, e [syʀmǝne] *adj* überanstrengt
surmener [syʀmǝne] *vt* überanstrengen,
überfordern; **se surmener** *vpr* sich übernehmen,
sich überanstrengen
surmonter [syʀmɔ̃te] *vt* *(suj: coupole etc)* sich
erheben über +*dat*; *(vaincre)* überwinden
surmultiplié, e [syʀmyltiplije] *adj*: **vitesse ~e**
Overdrive *m*
surnager [syʀnaʒe] *vi* obenauf schwimmen; *(fig)*
übrig bleiben
surnaturel, le [syʀnatyʀɛl] *adj* übernatürlich
▷ *nm*: **le ~** das Übernatürliche *nt*
surnom [syʀnɔ̃] *nm* Spitzname *m*
surnombre [syʀnɔ̃bʀ] *nm*: **être en ~** in der
Überzahl sein
surnommer [syʀnɔme] *vt* taufen
surnuméraire [syʀnymeʀɛʀ] *adj* überzählig
suroît [syʀwa] *nm* Südwester *m*
surpasser [syʀpase] *vt* übertreffen; **se surpasser**
vpr sich selbst übertreffen
surpayer [syʀpeje] *vt* *(personne)* zu viel bezahlen
+*dat*; *(marchandise)* zu teuer bezahlen
surpeuplé, e [syʀpœple] *adj* *(région)*
überbevölkert; *(maison)* überfüllt
surpeuplement [syʀpœplǝmɑ̃] *nm*
Überbevölkerung *f*
surpiquer [syʀpike] *vt* überwendlings nähen
surpiqûre [syʀpikyʀ] *nf* Überwendlingsnaht *f*
surplace [syʀplas] *nm*: **faire du ~** im
Schneckentempo fahren
surplis [syʀpli] *nm* Chorhemd *nt*
surplomb [syʀplɔ̃] *nm* Überhang *m*; **en ~** *(falaise)*
überhängend; *(mur, balcon)* vorspringend
surplomber [syʀplɔ̃be] *vi* *(mur)* vorspringen;
(falaise) überhängen ▷ *vt* überragen
surplus [syʀply] *nm* *(Comm)* Überschuss *m*; **~ de
bois/tissu** *(reste)* Holz-/Stoffrest *m*; **au ~**
übrigens; **~ américains** amerikanische
Armeebestände *pl*
surpopulation [syʀpɔpylasjɔ̃] *nf*
Überbevölkerung *f*
surprenant, e [syʀpʀǝnɑ̃, ɑ̃t] *vb voir* **surprendre**
▷ *adj* überraschend
surprendre [syʀpʀɑ̃dʀ] *vt* überraschen; *(voleur)*
erwischen; *(secret)* herausfinden; *(conversation)*
mithören; *(clin d'œil etc)* mitbekommen; **se
surprendre** *vpr*: **se ~ à faire qch** sich dabei
ertappen, wie man etw tut
surprime [syʀpʀim] *nf* Zuschlagsprämie *f*
surpris, e [syʀpʀi, iz] *pp de* **surprendre** ▷ *adj*
überrascht; **~ de/que** überrascht über +*acc*/
darüber, dass
surprise [syʀpʀiz] *nf* Überraschung *f*; **faire une ~
à qn** jdm eine Überraschung bereiten, jdn
überraschen; **voyage sans ~s** ereignislose Reise
f; **avoir la ~ de voir que** zu seiner Überraschung
sehen, dass; **par ~** unvorbereitet
surprise-partie [syʀpʀizpaʀti] *(pl* **surprises-
parties**) *nf* Fete *f*
surprit [syʀpʀi] *vb voir* **surprendre**
surproduction [syʀpʀɔdyksjɔ̃] *nf*
Überproduktion *f*

surréaliste [syʀʀealist] *adj* surrealistisch
sursaut [syʀso] *nm* Zusammenzucken *nt*; **se
réveiller en ~** aus dem Schlaf auffahren;
~ d'énergie Energieanwandlung *f* ou -anfall *m*;
~ d'indignation plötzlicher Ausbruch *m* von
Entrüstung
sursauter [syʀsote] *vi* zusammenfahren
surseoir [syʀswaʀ]: **~ à** *vt* *(délibération, publication)*
aufschieben; *(Jur: poursuites, exécution)* aussetzen
sursis [syʀsi] *nm* *(Jur)* Bewährung *f*; (: *de
condamnation à mort)* Aufschub *m*; *(fig)*
Bewährungsfrist *f*; **~ (d'appel** *ou*
d'incorporation) *(Mil)* Zurückstellung *f*;
condamné à 5 mois (de prison) avec ~ zu 5
Monaten (Haftstrafe) mit Bewährung verurteilt;
on lui a accordé le ~ man hat ihm/ihr
Bewährung gegeben
sursitaire [syʀsitɛʀ] *nm* *(Mil)* Zurückgestellter *m*
sursois *etc* [syʀswa] *vb voir* **surseoir**
sursoyais *etc* [syʀswaje] *vb voir* **surseoir**
surtaxe [syʀtaks] *nf* Zuschlag *m*; *(Postes)*
Nachporto *nt*
surtension [syʀtɑ̃sjɔ̃] *nf* *(Élec)* Überspannung *f*
surtout [syʀtu] *adv* *(avant tout)* vor allem;
(particulièrement) besonders; **il songe ~ à ses
propres intérêts** er denkt vor allem an seine
eigenen Interessen; **il aime le sport, ~ le
football** er mag Sport, besonders Fußball; **cet
été, il a ~ fait de la pêche** diesen Sommer hat er
hauptsächlich geangelt; **~ pas d'histoires!** bloß
keine Geschichten!; **~ ne dites rien!** sagen Sie
bloß nichts!; **~ pas!** bitte nicht!; **~ pas lui!** bloß
nicht er!; **~ que ...** umso mehr, als ...
survécu, e [syʀveky] *pp de* **survivre**
surveillance [syʀvejɑ̃s] *nf* Überwachung *f*; *(d'un
gardien)* Aufsicht *f*; **être sous la ~ de qn** unter jds
Aufsicht stehen; **sous ~ médicale** unter
ärztlicher Aufsicht; **la ~ du territoire** der
Geheimdienst *m*
surveillant, e [syʀvejɑ̃, ɑ̃t] *nm/f* Aufseher(in)
m(f); *(Scol)* Aufsicht *f*
surveiller [syʀveje] *vt* *(enfant)* aufpassen auf +*acc*;
(malade, bagages, suspect) überwachen; *(élèves,
prisonnier, travaux, cuisson)* beaufsichtigen;
(territoire, bâtiment) bewachen; *(Scol: examen)*
Aufsicht führen bei; **se surveiller** *vpr* sich
zurückhalten; **~ son langage/sa ligne** auf seine
Sprache/Linie achten
survenir [syʀvǝniʀ] *vi* eintreten, vorkommen;
(personne) auftauchen
survenu, e [syʀv(ǝ)ny] *pp de* **survenir**
survêtement [syʀvɛtmɑ̃] *nm* *(Sport)*
Trainingsanzug *m*
survie [syʀvi] *nf* Überleben *nt*; *(fig)*
Weiterbestehen *nt*; *(Rel)* Leben *nt* nach dem Tode;
équipement de ~ Überlebensausrüstung *f*
surviens [syʀvjɛ̃] *vb voir* **survenir**
survint [syʀvɛ̃] *vb voir* **survenir**
survirer [syʀviʀe] *vi* aus der Kurve getragen
werden
survit [syʀvi] *vb voir* **survivre**
survitrage [syʀvitʀaʒ] *nm* Doppelverglasung *f*

survivance [syʀvivɑ̃s] *nf* (*litt*) Überleben *nt*
survivant, e [syʀvivɑ̃, ɑ̃t] *vb voir* **survivre** ▷ *nm/f* (*d'un accident*) Überlebende(r) *f(m)*; (*d'une époque, société*) Überbleibsel *nt*; (*Jur: d'une personne*) Hinterbliebene(r) *f(m)*
survivre [syʀvivʀ] *vi* überleben; (*fig*) weiter bestehen; ~ **à** überleben; (*suj: œuvre*) überdauern; **la victime a peu de chances de** ~ das Opfer hat kaum eine Überlebenschance
survol [syʀvɔl] *nm* Überfliegen *nt*
survoler [syʀvɔle] *vt* überfliegen
survolté, e [syʀvɔlte] *adj* (*Élec*) hinauftransformiert; (*fig*) überreizt
sus [sy(s)] *adv*: **en** ~ **de** zusätzlich zu ▷ *vb voir* **savoir**; **en** ~ zusätzlich; ~ **à l'ennemi!** los auf den Feind!
susceptibilité [sysɛptibilite] *nf* Empfindlichkeit *f*
susceptible [sysɛptibl] *adj* (*qui se vexe*) empfindlich; ~ **d'améliorations** *ou* **d'être amélioré** verbesserungsfähig; **être** ~ **de faire qch** (*capacité*) in der Lage sein, etw zu tun; (*probabilité*) imstande sein, etw zu tun
susciter [sysite] *vt* hervorrufen; ~ **des ennuis à qn** jdm Schwierigkeiten machen
susdit, e [sysdi, dit] *adj* oben genannt
susmentionné, e [sysmɑ̃sjɔne] *adj* oben erwähnt
susnommé, e [sysnɔme] *adj* oben genannt
suspect, e [syspɛ(kt), ɛkt] *adj* (*personne, attitude etc*) verdächtig; (*témoignage, opinions*) zweifelhaft ▷ *nm/f* (*Jur*) Verdächtige(r) *f(m)*; **être** ~/**peu** ~ **de qch** einer Sache *gén* verdächtigt/nicht verdächtigt werden können
suspecter [syspɛkte] *vt* (*personne*) verdächtigen; (*honnêteté etc*) anzweifeln; ~ **qn d'être/d'avoir fait qch** jdn im Verdacht haben, etw zu sein/etw getan zu haben; ~ **qn de qch** jdn einer Sache *gén* verdächtigen; ~ **qn de faire qch** jdn verdächtigen, etw zu tun
suspendre [syspɑ̃dʀ] *vt* (*accrocher*) etw aufhängen; (*interrompre*) einstellen; (: *journal*) verbieten; (*démettre*) suspendieren; (*remettre*) verschieben; (: *séance*) vertagen; **se suspendre** *vpr*: **se** ~ **à** sich hängen an +*acc*; ~ **qch à** etw aufhängen an +*dat*
suspendu, e [syspɑ̃dy] *pp de* **suspendre** ▷ *adj* (*accroché*): **être** ~ **à** hängen an +*dat*; (*perché*): **être** ~ **au-dessus de** schweben über +*dat*; (*Auto*): **voiture bien/mal** ~**e** gut/schlecht gefedertes Auto *nt*; **être** ~ **aux lèvres de qn** an jds Lippen *dat* hängen
suspens [syspɑ̃] *nm*: **en** ~ (*affaire, question*) in der Schwebe; **tenir en** ~ (*lecteurs, spectateurs*) fesseln, in Spannung halten
suspense [syspɛns] *nm* Spannung *f*
suspension [syspɑ̃sjɔ̃] *nf* (*Auto*) Federung *f*; (*lustre*) Hängelampe *f*; (*de travaux, paiements*) Einstellung *f*; (*de journal*) Verbot *nt*; (*de prêtre, fonctionnaire*) Suspendierung *f*; (*de jugement*) Verschiebung *f*; **en** ~ (*poussières, particules*) schwebend; ~ **d'audience** Vertagung *f*
suspicieux, -euse [syspisjø, jøz] *adj*

misstrauisch
suspicion [syspisjɔ̃] *nf* Verdacht *m*
sustentation [systɑ̃tasjɔ̃] *nf* (*Aviat*) Auftrieb *m*
sustenter [systɑ̃te]: **se** ~ *vpr* (*hum*) sich stärken
susurrer [sysyʀe] *vt* flüstern
sut [sy] *vb voir* **savoir**
suture [sytyʀ] *nf*: **point de** ~ Stich *m*
suturer [sytyʀe] *vt* nähen
suzeraineté [syz(ə)ʀɛnte] *nf* Lehnshoheit *f*
svelte [svɛlt] *nf* schlank
SVP [esvepe] *sigle* (= *s'il vous plaît*) bitte
Swaziland [swazilɑ̃d] *nm*: **le** ~ Swasiland *nt*
sweat [swit] *nm* (*fam*) Sweatshirt *nt*
sweat-shirt (*pl* ~**s**) [switʃœʀt] *nm* Sweatshirt *nt*
syllabe [si(l)lab] *nf* Silbe *f*
sylphide [silfid] *nf* (*fig*) Elfe *f*
sylvestre [silvɛstʀ] *adj*: **pin** ~ Föhre *f*
sylvicole [silvikɔl] *adj* forstwirtschaftlich
sylviculture [silvikyltyʀ] *nf* Forstwirtschaft *f*
symbole [sɛ̃bɔl] *nm* Symbol *nt*
symbolique [sɛ̃bɔlik] *adj* symbolisch ▷ *nf* Symbolik *f*
symboliquement [sɛ̃bɔlikmɑ̃] *adv* symbolisch
symboliser [sɛ̃bɔlize] *vt* symbolisieren
symétrie [simetʀi] *nf* Symmetrie *f*; **axe/centre de** ~ Symmetrieachse *f*/-zentrum *nt*
symétrique [simetʀik] *adj* symmetrisch
symétriquement [simetʀikmɑ̃] *adv* symmetrisch
sympa [sɛ̃pa] (*fam*) *adj inv voir* **sympathique**
sympathie [sɛ̃pati] *nf* Sympathie *f*; **avoir de la** ~ **pour qn** Sympathie für jdn empfinden, jdn sympathisch finden; **témoignages de** ~ Beileidsbekundungen *pl*; **croyez à toute ma** ~ mein aufrichtiges Beileid
sympathique [sɛ̃patik] *adj* sympathisch; (*déjeuner, endroit etc*) nett
sympathisant, e [sɛ̃patizɑ̃, ɑ̃t] *nm/f* Sympathisant(in) *m(f)*
sympathiser [sɛ̃patize] *vi* (*s'entendre*) sich gut verstehen; (*se fréquenter*) freundschaftlichen Umgang haben; **ils ont tout de suite sympathisé** sie verstanden sich auf Anhieb
symphonie [sɛ̃fɔni] *nf* Sinfonie *f*
symphonique [sɛ̃fɔnik] *adj* sinfonisch
symposium [sɛ̃pozjɔm] *nm* Symposium *nt*
symptomatique [sɛ̃ptɔmatik] *adj* symptomatisch; ~ **de** symptomatisch für
symptôme [sɛ̃ptom] *nm* Symptom *nt*
synagogue [sinagɔg] *nf* Synagoge *f*
synchrone [sɛ̃kʀon] *adj* synchron
synchronique [sɛ̃kʀɔnik] *adj*: **tableau** ~ Tabelle *f* zeitgleicher Ereignisse
synchronisation [sɛ̃kʀɔnizasjɔ̃] *nf* Synchronisierung *f*
synchronisé, e [sɛ̃kʀɔnize] *adj* synchronisiert
synchroniser [sɛ̃kʀɔnize] *vt* synchronisieren, abstimmen; (*film*) synchronisieren
syncope [sɛ̃kɔp] *nf* (*Méd*) Ohnmacht *f*; (*Mus*) Synkope *f*; **tomber en** ~ in Ohnmacht fallen
syncopé, e [sɛ̃kɔpe] *adj* synkopisch
syndic [sɛ̃dik] *nm* (*d'immeuble*) Verwalter *m*

syndical, e, -aux [sɛdikal, o] *adj*
gewerkschaftlich, Gewerkschafts-; *(tarif)*
Gewerkschafts-; **centrale ~e**
Gewerkschaftshaus *nt*
syndicalisme [sɛdikalism] *nm (mouvement,
doctrine)* Gewerkschaftsbewegung *f*; *(activités)*
gewerkschaftliche Betätigung *f*
syndicaliste [sɛdikalist] *nm/f*
Gewerkschaftler(in) *m(f)*
syndicat [sɛdika] *nm* Gewerkschaft *f*; *(non
professionnel)* Verband *m*; **~ d'initiative**
Fremdenverkehrsbüro *nt*; **~ de producteurs**
Produktionsgemeinschaft *f*; **~ de propriétaires**
Eigentümerverband *m*; **~ patronal**
Arbeitgebervereinigung *f*
syndiqué, e [sɛdike] *adj* gewerkschaftlich
organisiert; **non ~** nicht gewerkschaftlich
organisiert
syndiquer [sɛdike]: **se ~** *vpr* sich
gewerkschaftlich organisieren; *(adhérer)* in eine/
die Gewerkschaft eintreten
syndrome [sɛdʀom] *nm* Syndrom *nt*
synergie [sinɛʀʒi] *nf* Synergismus *m*
synode [sinɔd] *nm* Synode *f*
synonyme [sinɔnim] *adj* synonym ▷ *nm*
Synonym *nt*; **être ~ de** synonym sein mit
synopsis [sinɔpsis] *nf ou m (Ciné)* Abriss *m* der
Handlung

synoptique [sinɔptik] *adj*: **tableau ~**
Übersicht(stabelle) *f*
synovie [sinɔvi] *nf*: **épanchement de ~**
Ansammlung von Wasser im Kniegelenk
syntaxe [sɛtaks] *nf* Syntax *f*, Satzbau *m*
synthèse [sɛtɛz] *nf* Synthese *f*; **faire la
~ de** *(résumer)* etw zusammenfassen; **avoir
l'esprit de ~** einen Sinn für das Wesentliche
haben
synthétique [sɛtetik] *adj* synthetisch
synthétiser [sɛtetize] *vt (faits, éléments)*
zusammenfassen
synthétiseur [sɛtetizœʀ] *nm* Synthesizer *m*
syphilis [sifilis] *nf* Syphilis *f*
syphilitique [sifilitik] *adj* syphilitisch
Syrie [siʀi] *nf*: **la ~** Syrien *nt*
syrien, ne [siʀjɛ̃, jɛn] *adj* syrisch ▷ *nm/f*: **Syrien,
ne** Syrier(in) *m(f)*
systématique [sistematik] *adj* systematisch
systématiquement [sistematikmɑ̃] *adv*
systematisch
systématiser [sistematize] *vt* systematisieren
système [sistɛm] *nm* System *nt*; **le ~ D** *(fam)*
Einfallsreichtum *m*; **~ décimal** Dezimalsystem
nt; **~ d'exploitation** *(Inform)* Betriebssystem *nt*;
~ expert Expertensystem *nt*; **~ métrique**
metrisches System; **~ nerveux** Nervensystem *nt*;
~ solaire Sonnensystem *nt*

Tt

T, t¹ [te] *nm inv* (*lettre*) T, t *nt*; **T comme Thérèse**
≈ T wie Theodor
t² *abr* (= *tonne*) t
t' [t] *pron voir* **te**
ta [ta] *adj possessif voir* **ton¹**
tabac [taba] *nm* Tabak *m* ▷ *adj inv*: (**couleur**) ~
tabakbraun; **passer qn à ~** (*fam*: *battre*) jdn
verprügeln; **faire un ~** (*fam*) groß einschlagen;
(**débit** *ou* **bureau de**) ~ Tabakwaren- und
Zeitungshandlung *f*; **~ à priser** Schnupftabak *m*;
~ blond heller Tabak; **~ brun** dunkler Tabak;
~ gris Shag *m*
tabagie [tabaʒi] *nf* Raucherhöhle *f*
tabagisme [tabaʒism] *nm* Nikotinabhängigkeit *f*
tabasser [tabase] *vt* (*fam*) verdreschen
tabatière [tabatjɛr] *nf* Schnupftabakdose *f*
tabernacle [tabɛrnakl] *nm* Tabernakel *m*
table [tabl] *nf* Tisch *m*; (*invités*) Tischgesellschaft
f; (*liste*) Verzeichnis *nt*; (*numérique*) Tabelle *f*; **à ~!**
zu Tisch!, (das) Essen ist fertig!; **se mettre à ~**
sich zu Tisch setzen; (*fam*: *parler*) auspacken;
mettre *ou* **dresser/desservir la ~** den Tisch
decken/abdecken; **faire ~ rase de** Tabula rasa
machen mit; **~ à repasser** Bügelbrett *nt*; **~ basse**
Couchtisch *m*; **~ d'écoute** Abhörgerät *nt*; **être**
sur ~ d'écoute abgehört werden; **~ d'harmonie**
Schallbrett *nt*; **~ de chevet** Nachttisch(chen *nt*)
m; **~ de cuisson** Kochplatte *f*; **~ de lecture** (*Mus*)
Plattenteller *m*; **~ de multiplication**
Multiplikationstabelle *f ou* -tafel *f*; **~ de nuit**
Nachttisch(chen); **~ de toilette** Waschtisch *m*;
~ des matières Inhaltsverzeichnis *nt*; **~ ronde**
(*débat*) runder Tisch; **~ roulante** Teewagen *m*;
~ traçante (*Inform*) Plotter *m*
tableau, x [tablo] *nm* (*Art*) Bild *nt*, Gemälde *nt*;
(*reproduction*) Bild; (*description*) Schilderung *f*;
(*panneau*) Tafel *f*; (*schéma*) Tabelle *f*;
~ chronologique chronologische Übersicht *f*;
~ d'affichage Anschlagbrett *nt*; **~ de bord**
Armaturenbrett *nt*; **~ de chasse** Strecke *f*; **~ de**
contrôle Kontrolltafel *f*; **~ noir** Schwarzes Brett
nt
tablée [table] *nf* Tischgesellschaft *f*
tabler [table] *vi*: **~ sur** rechnen mit
tablette [tablɛt] *nf* (*planche*) Regalbrett *nt*; **~ de**
chocolat Tafel *f* Schokolade

tableur [tablœr] *nm* (*Inform*) Tabelle *f*
tablier [tablije] *nm* Schürze *f*
tabou, e [tabu] *adj* tabu ▷ *nm* Tabu *nt*
tabouret [taburɛ] *nm* Schemel *m*, Hocker *m*
tabulateur [tabylatœr] *nm* Tabulator *m*
tac [tak] *nm*: **répondre du ~ au ~** mit gleicher
Münze zurückzahlen
tache [taʃ] *nf* Fleck *m*; (*de couleur, lumière*) Klecks *m*;
faire ~ d'huile schnell um sich greifen; **~s de**
rousseur *ou* **de son** Sommersprossen *pl*; **~ de vin**
(*sur la peau*) Geburtsmal *nt*
tâche [taʃ] *nf* Aufgabe *f*; **travailler à la ~** im
Stücklohn arbeiten
tacher [taʃe] *vt* schmutzig *ou* fleckig machen,
beschmutzen; (*fig*) beflecken, beschmutzen; **se**
tacher *vpr* (*fruits*) Flecken bekommen
tâcher [taʃe] *vi*: **~ de faire qch** versuchen, etw zu
machen
tâcheron [taʃ(ə)rɔ̃] *nm* (*péj*) Malocher *m*
tacheté, e [taʃte] *adj*: **~ (de)** gesprenkelt (mit)
tachisme [taʃism] *nm* Tachismus *m*
tachiste [taʃist] *nm* Tachist *m*
tachygraphe [takigraf] *nm* Tachograf *m*
tachymètre [takimɛtr] *nm* Tachometer *m*
tacite [tasit] *adj* stillschweigend
tacitement [tasitmɑ̃] *adv* stillschweigend
taciturne [tasityrn] *adj* schweigsam
tacot [tako] (*fam*) *nm* Karre *f*
tact [takt] *nm* Takt *m*, Feingefühl *nt*; **avoir du ~**
taktvoll sein, Takt haben
tacticien, ne [taktisjɛ̃, jɛn] *nm/f* Taktiker(in)
m(f)
tactile [taktil] *adj* Tast-
tactique [taktik] *adj* taktisch ▷ *nf* Taktik *f*
taffetas [tafta] *nm* Taft *m*
Tahiti [taiti] *nf* Tahiti *nt*
tahitien, ne [taisjɛ̃, jɛn] *adj* tahitianisch ▷ *nm/f*:
Tahitien, ne Tahitianer(in) *m(f)*
taie [tɛ] *nf*: **~ (d'oreiller)** Kopfkissenbezug *m*
taillader [tajade] *vt* (*table etc*) einritzen; **se ~ le**
menton en se rasant sich *dat* beim Rasieren ins
Kinn schneiden
taille [taj] *nf* (*grandeur, grosseur*) Größe *f*; (: *de*
vêtement: *milieu du corps*) Taille *f*; (*de pierre*) Behauen
nt; (*de diamant*) Schleifen *nt*; (*de plante, arbre*)
Beschneiden *nt*; **être de ~ à faire qch** imstande

ou fähig sein, etw zu tun; **de** ~ von Format;
quelle ~ **faites-vous?** welche Größe haben Sie?
taillé, e [tɑje] *adj* (*arbre*) beschnitten; (*moustache*)
gestutzt; ~ **pour** wie gemacht *ou* geschaffen für;
~ **en pointe** spitz zugeschnitten
taille-crayon(s) [tɑjkʀɛjɔ̃] *nm inv*
Bleistiftspitzer *m*
tailler [tɑje] *vt* (*pierre*) behauen; (*diamant*)
schneiden, schleifen; (*arbre, plante*) beschneiden;
(*vêtement*) zuschneiden; (*crayon*) anspitzen
▷ *vi:* ~ **dans la chair/le bois** ins Fleisch/Holz
schneiden; **se tailler** *vpr* (*barbe*) sich *dat* stutzen;
(*victoire, réputation*) sich *dat* verschaffen; (*fam:*
s'enfuir) abhauen; ~ **grand/petit** (*vêtement*) groß/
klein ausfallen
tailleur [tɑjœʀ] *nm* (*couturier*) Schneider *m*;
(*vêtement*) Kostüm *nt*; **en** ~ (*assis*) im
Schneidersitz; ~ **de diamants**
Diamantenschleifer *m*
tailleur-pantalon [tɑjœʀpɑ̃talɔ̃] (*pl* **tailleurs-
pantalons**) *nm* Hosenanzug *m*
taillis [tɑji] *nm* Dickicht *nt*
tain [tɛ̃] *nm* (*d'une glace*) Belag *m*; **glace sans** ~
Spiegel, durch den man von einer Seite hindurch sehen kann
taire [tɛʀ] *vt* für sich behalten ▷ *vi:* **faire** ~ **qn** jdn
zum Schweigen bringen; **se taire** *vpr* (*ne pas
parler, s'abstenir de s'exprimer*) schweigen; (*s'arrêter de
parler ou de crier; bruit, voix*) verstummen; **tais-toi!**
sei ruhig!, Ruhe!; **taisez-vous!** seid ruhig!,
Ruhe!
Taiwan [tajwan] *n* Taiwan *nt*
talc [talk] *nm* Talkum(puder *m*) *nt*
talé, e [tale] *adj* (*fruit*) mit Druckstellen
talent [talɑ̃] *nm* Talent *nt*; **avoir du** ~ Talent
haben
talentueux, -euse [talɑ̃tɥø, øz] *adj* talentiert,
begabt
talion [taljɔ̃] *nm:* **la loi du** ~ Auge um Auge, Zahn
um Zahn
talisman [talismɑ̃] *nm* Talisman *m*
talkie-walkie [tokiwoki] (*pl* **talkies-walkies**) *nm*
Walkie-Talkie *nt*
taloche [talɔʃ] *nf* (*fam: claque*) Ohrfeige *f*; (*Tech*)
Reibebrett *nt* (*für Putz*)
talon [talɔ̃] *nm* (*Anat*) Ferse *f*; (*de chaussure,
chaussette*) Absatz *m*; (*de jambon, pain*) Ende *nt*,
Kanten *m*; (*de chèque, billet*) Abschnitt *m*; **être sur
les** ~**s de qn** jdm auf den Fersen folgen *ou* sein;
tourner les ~**s** auf dem Absatz kehrtmachen;
montrer les ~**s** Fersengeld geben; ~**s aiguilles**
Pfennigabsätze *pl*; ~**s plats** flache Absätze *pl*
talonner [talɔne] *vt* (*voiture, concurrent*) dicht
folgen +*dat*, verfolgen; (*cheval*) die Fersen geben
+*dat*; (*harceler*) hart verfolgen; (*Rugby*) hetzen
talonnette [talɔnɛt] *nf* (*de chaussure*) Absatz *m*
talquer [talke] *vt* (mit Talkum) einpudern
talus [taly] *nm* Abhang *m*; ~ **de déblai** Abhang *m*;
~ **de remblai** Böschung *f*
tamarin [tamaʀɛ̃] *nm* Tamarinde *f*
tambour [tɑ̃buʀ] *nm* Trommel *f*; (*musicien*)
Trommler *m*; (*porte*) Drehtür *f*; **sans** ~ **ni
trompette** sang- und klanglos

tambourin [tɑ̃buʀɛ̃] *nm* Tamburin *nt*
tambouriner [tɑ̃buʀine] *vi:* ~ **contre** trommeln
gegen *ou* an +*acc*
tambour-major [tɑ̃buʀmaʒɔʀ] (*pl* **tambours-
majors**) *nm* Tambourmajor *m*
tamis [tami] *nm* Sieb *nt*
Tamise [tamiz] *nf* Themse *f*
tamisé, e [tamize] *adj* (*fig*) gedämpft
tamiser [tamize] *vt* sieben
tampon [tɑ̃pɔ̃] *nm* (*en coton*) Wattebausch *m*;
(*hygiénique*) Tampon *m*; (*bouchon*) Stöpsel *m*;
(*timbre*) Stempel *m*; (*amortisseur*) Puffer *m*; (*Inform*)
Pufferspeicher *m*; ~ **à récurer** Topfschwamm *m*;
~ **buvard** Löscher *m*; ~ **encreur** Stempelkissen *nt*
tamponner [tɑ̃pɔne] *vt* (*essuyer*) abtupfen; (*avec
un timbre*) stempeln; (*heurter*) zusammenstoßen
mit; **se tamponner** *vpr* (*voitures*)
zusammenstoßen, aufeinanderfahren
tamponneuse [tɑ̃pɔnøz] *adj f:* **autos** ~**s**
Autoselbstfahrer *pl*, Autoscooter *pl*
tam-tam [tamtam] (*pl* ~**s**) *nm* Tamtam *nt*
tancer [tɑ̃se] *vt* ausschimpfen
tanche [tɑ̃ʃ] *nf* Schleie *f*
tandem [tɑ̃dɛm] *nm* Tandem *nt*; (*fig*)
(Zwie)gespann *nt*
tandis [tɑ̃di] *conj:* ~ **que** während
tangage [tɑ̃gaʒ] *nm* Stampfen *nt*
tangent, e [tɑ̃ʒɑ̃, ɑ̃t] *adj* (*Math*) tangential ▷ *nf*
(*Math*) Tangente *f*; **c'était** ~ (*fam*) es war knapp
Tanger [tɑ̃ʒe] *n* Tanger *nt*
tangible [tɑ̃ʒibl] *adj* greifbar
tango [tɑ̃go] *nm* Tango *m* ▷ *adj inv* (*couleur*)
leuchtend orange
tanguer [tɑ̃ge] *vi* (*Naut*) stampfen
tanière [tanjɛʀ] *nf* Höhle *f*
tanin [tanɛ̃] *nm* Gerbsäure *f*; (*du vin*) Tannin *nt*
tank [tɑ̃k] *nm* (*char*) Panzer *m*; (*citerne*) Tank *m*
tanker [tɑ̃kœʀ] *nm* Tanker *m*
tannage [tanaʒ] *nm* Gerben *nt*
tanner [tane] *vt* gerben; (*fam: harceler*) auf die
Nerven gehen
tannerie [tanʀi] *nf* Gerberei *f*
tanneur [tanœʀ] *nm* Gerber *m*
tant [tɑ̃] *adv* so viel, so sehr; ~ **de** (*sable, eau etc*) so
viel; (*gens, livres etc*) so viele; ~ **que** (*tellement*) so,
dass; (*aussi longtemps que*) so lange; ~ **mieux** umso
besser; ~ **mieux pour lui** umso besser für ihn;
~ **pis** macht nichts; ~ **pis pour lui** Pech für ihn;
s'il est un ~ **soit peu subtil, il comprendra**
wenn er nur ein bisschen Verstand hat, wird er
das verstehen; ~ **bien que mal** einigermaßen;
~ **s'en faut** weit gefehlt; **ce n'est pas** ~ **leur
maison qui me plaît que leur jardin** es ist
nicht so sehr ihr Haus, das mir gefällt, sondern
ihr Garten; **les enfants,** ~ **filles que garçons**
alle Kinder, sowohl die Mädchen als auch die
Jungen
tante [tɑ̃t] *nf* Tante *f*
tantinet [tɑ̃tinɛ] *nm:* **un** ~ ein kleines bisschen
tantôt [tɑ̃to] *adv* (*cet après-midi*) heute
Nachmittag; ~ ... ~ manchmal ... manchmal,
bald ... bald

Tanzanie [tãzani] *nf*: **la** ~ Tansania *nt*
TAO [teao] *sigle f* (= *traduction assistée par ordinateur*) computergestützte Übersetzung *f*
taon [tã] *nm* Bremse *f*
tapage [tapaʒ] *nm* (*bruit*) Lärm *m*, Krawall *m*; ~ **nocturne** (*Jur*) nächtliche Ruhestörung *f*
tapageur, -euse [tapaʒœR, øz] *adj* (*personnes*) lärmend, laut; (*toilette*) schrill, auffällig; (*publicité*) schreiend
tape [tap] *nf* Klaps *m*
tape-à-l'œil [tapalœj] *adj inv* protzig
taper [tape] *vt* (*personne*) schlagen; (*porte*) zuschlagen, zuknallen; (*dactylographier*: *lettre, cours*) tippen, schreiben; (*Inform*) eintippen, eingeben ▷ *vi* (*soleil*) stechen; **se taper** *vpr* (*fam*: *travail*) am Hals haben; (: *boire, manger*) verschlingen; ~ **qn de 10 euros** (*fam*) jdn um 10 Euro anpumpen; ~ **sur qn** jdn verhauen; (*fig*) jdn schlechtmachen; ~ **sur qch** auf etw +*acc* schlagen; ~ **à la porte** an die Tür klopfen; ~ **dans** (*fam*: *se servir*) anzapfen; ~ **des mains** in die Hände klatschen; ~ **des pieds** mit den Füßen trampeln *ou* stampfen; ~ **(à la machine)** (mit der Maschine) tippen, Maschine schreiben
tapi, e [tapi] *pp de* **tapir**
tapinois [tapinwa] *nm*: **en** ~ heimlich
tapioca [tapjɔka] *nm* Tapioka *f*
tapir [tapiR]: **se** ~ *vpr* (*se blottir*) kauern; (*se cacher*) sich verstecken
tapis [tapi] *nm* Teppich *m*; (*de table, de jeu*) Tuch *nt*; **être sur le** ~ (*fig*) auf der Tagesordnung sein; **mettre sur le** ~ aufs Tapet bringen; **aller/envoyer au** ~ (*Boxe*) zu Boden gehen/schicken; ~ **de sol** Bodenplane *f*; ~ **de souris** Mausmatte *f*; ~ **roulant** Fließband *nt*
tapis-brosse [tapibRɔs] (*pl* ~**s**) *nm* Fußmatte *f*
tapisser [tapise] *vt* tapezieren; ~ **(de)** beziehen (mit)
tapisserie [tapisRi] *nf* (*papier peint*) Tapete *f*; (*tenture*) Wandteppich *m*; (: *travail*) Teppichweberei *f*; (*broderie*) Gobelinarbeit *f*; (: *travail*) (Gobelin)sticken *nt*; **faire** ~ (*fig*) ein Mauerblümchen *nt* sein
tapissier, -ière [tapisje, jɛR] *nm/f* (*aussi*: **tapissier-décorateur**) Tapezierer *m*
tapoter [tapɔte] *vt* (*frapper*) leicht klopfen auf +*acc*
taquet [take] *nm* (*coin, cale*) Keil *m*; (*cheville, butée*) Pflock *m*
taquin, e [takɛ̃, in] *adj* schelmisch, neckisch
taquiner [takine] *vt* necken
taquinerie [takinRi] *nf* Neckerei *f*
tarabiscoté, e [taRabiskɔte] *adj* überladen
tarabuster [taRabyste] *vt* (*inquiéter*) Sorgen machen +*dat*
tarama [taRama] *nm* Taramasalata *f*
tarauder [taRode] *vt* (*plaque, écrou*) ein Loch bohren in +*acc*; (*vis, boulon*) ein Gewinde schneiden in +*acc*; (*fig*) zusetzen +*dat*
tard [taR] *adv* spät ▷ *nm*: **sur le** ~ spät im Leben; **au plus** ~ spätestens; **plus** ~ später
tarder [taRde] *vi* (*chose*) lange auf sich *acc* warten lassen ▷ *vb impers*: **il me tarde de le revoir** ich

kann es kaum erwarten, ihn wiederzusehen; ~ **à faire qch** es lange herausschieben, etw zu tun; **sans (plus)** ~ ohne (weitere) Verzögerung
tardif, -ive [taRdif, iv] *adj* spät; (*regrets*) verspätet
tardivement [taRdivmã] *adv* spät
tare [taR] *nf* (*poids*) Tara *f*; (*défaut*) Schaden *m*
targette [taRʒet] *nf* Riegel *m*
targuer [taRge]: **se** ~ **de** *vpr* sich rühmen +*gén*
tarif [taRif] *nm* (*liste*) Preisliste *f*; (*barème*) Tarif *m*; (*prix*) Preis *m*; **voyager à plein** ~/**à** ~ **réduit** zum vollen/zu einem reduzierten Preis fahren
tarifaire [taRifɛR] *adj* Tarif-, tariflich
tarifer [taRife] *vt* einen Tarif festsetzen für
tarification [taRifikasjõ] *nf* Festlegung *f* eines Tarifs
tarir [taRiR] *vi* versiegen ▷ *vt* (*source*) austrocknen; (*fig*) erschöpfen
tarot(s) [taRo] *nm* Tarot *nt*
tartare [taRtaR] *adj*: **sauce** ~ ≈ Remouladensoße *f*; **steak** ~ Steak Tartare *nt*
tarte [taRt] *nf* Kuchen *m*; ~ **à la crème** Sahnetorte *f*; ~ **aux pommes/abricots** Apfel-/Aprikosenkuchen *m*
tartelette [taRtəlet] *nf* Törtchen *nt*
tartine [taRtin] *nf* (*de pain*) Schnitte *f*, Butterbrot *nt*; ~ **beurrée** Butterbrot *nt*; ~ **de** *ou* **au miel** Honigbrot *nt*
tartiner [taRtine] *vt* streichen; (*pain*) bestreichen; **fromage à** ~ Streichkäse *m*
tartre [taRtR] *nm* (*des dents*) Zahnstein *m*; (*de chaudière*) Kesselstein *m*
tas [tɑ] *nm* Haufen *m*; **un** ~ **de** (*fam*) eine Menge, ein Haufen; **en** ~ auf einem Haufen; **dans le** ~ (*fig*) darunter; **formé sur le** ~ am Arbeitsplatz ausgebildet
Tasmanie [tasmani] *nf*: **la** ~ Tasmanien *nt*
tasmanien, ne [tasmanjɛ̃, jɛn] *adj* tasmanisch
tasse [tas] *nf* Tasse *f*; **boire la** ~ (*en nageant*) Wasser schlucken; ~ **à café** Kaffeetasse *f*; ~ **à thé** Teetasse *f*
tassé, e [tase] *adj*: **bien** ~ (*café*) stark
tasseau [taso] *nm* Holzleiste *f*
tassement [tasmã] *nm* (*Écon*) Rückgang *m*; (*de vertèbres*) Zusammendrücken *nt*
tasser [tase] *vt* (*terre, neige*) festtreten, feststampfen; (*entasser*) stopfen; **se tasser** *vpr* (*sol, terrain*) sich setzen; (*personne avec l'âge*) zusammenfallen; (*problème*) sich geben
tâter [tɑte] *vt* abtasten; **se tâter** *vpr* (*hésiter*) sich *dat* unschlüssig sein; ~ **de** (*prison etc*) erfahren; ~ **le terrain** das Gelände *ou* Terrain sondieren
tatillon, ne [tatijõ, ɔn] *adj* pedantisch, pingelig
tâtonnement [tɑtɔnmã] *nm*: **par** ~**s** (*fig*) durch Probieren
tâtonner [tɑtɔne] *vi* herumtappen; (*fig*) im Dunkeln tappen
tâtons [tɑtõ]: **à** ~ *adv*: **chercher à** ~ tasten nach; **avancer à** ~ sich vorantasten
tatouage [tatwaʒ] *nm* (*dessin*) Tätowierung *f*; (*action*) Tätowieren *nt*
tatouer [tatwe] *vt* tätowieren
taudis [todi] *nm* Bruchbude *f*

taule [tol] (fam) nf Kittchen nt
taupe [top] nf (Zool) Maulwurf m; (peau)
Maulwurfsfell nt; (fam: espion) Geheimagent m
taupinière [topinjɛʀ] nf Maulwurfshügel m
taureau, x [tɔʀo] nm Stier m; **être du T~** (Astrol)
Stier sein
taurillon [tɔʀijɔ̃] nm Stierkalb nt
tauromachie [tɔʀɔmaʃi] nf Stierkampf m
taux [to] nm (proportion) Rate f; (prix) Preis m;
~ **d'alcool (dans le sang)** Alkoholspiegel m;
~ **d'escompte** Diskontsatz m; ~ **d'intérêt** Zinssatz
m, Zinsfuß m; ~ **de mortalité** Sterblichkeitsrate f
ou -ziffer f
tavelé, e [tav(ə)le] adj (fruit) mit Druckstellen
taverne [tavɛʀn] nf Gasthaus nt
taxable [taksabl] adj versteuerbar
taxation [taksasjɔ̃] nf Besteuerung f
taxe [taks] nf (contribution) Abgabe f; (impôt) Steuer
f; (douanière) Zoll m; **toutes ~s comprises** alle
Abgaben inklusive; ~ **à** ou **sur la valeur ajoutée**
Mehrwertsteuer f; ~ **de base** (Tél) Grundgebühr
f; ~ **de séjour** Kurtaxe f
taxer [takse] vt besteuern; ~ **qn de qch** (accuser)
jdn einer Sache gén beschuldigen; (qualifier) jdn
etw nennen
taxi [taksi] nm Taxi nt
taxidermie [taksidɛʀmi] nf Taxidermie f,
Präparieren nt
taxidermiste [taksidɛʀmist] nm/f
Tierpräparator(in) m(f)
taximètre [taksimɛtʀ] nm Taxameter nt
TB [tebe] abr (= très bien) ≈ sehr gut
TCF [teceɛf] sigle m (= Touring Club de France) ≈ ADAC m
Tchad [tʃad] nm: **le ~** (der) Tschad
tchadien, ne [tʃadjɛ̃, jɛn] adj tschadisch ▷ nm/f:
Tchadien, ne Tschader(in) m(f)
tchao [tʃao] (fam) excl tschau
tchécoslovaque [tʃekɔslɔvak] adj
tschechoslowakisch ▷ nm/f: **Tchécoslovaque**
Tschechoslowake m, Tschechoslowakin f
Tchécoslovaquie [tʃekɔslɔvaki] nf: **la ~** die
Tschechoslowakei f
tchèque [tʃɛk] adj tschechisch ▷ nm (Ling)
Tschechisch nt ▷ nm/f: **Tchèque** Tscheche m,
Tschechin f; **la République ~** die Tschechische
Republik f, Tschechen nt
Tchétchénie [tʃetʃeni] nf: **la ~** Tschetschenien nt
TDF [tedeɛf] sigle f (= Télévision de France) Fernseh-
Aufsichtsgremium
te [tə] pron (objet direct, accusatif) dich; (objet indirect,
datif) dir; **je te vois** ich sehe dich; **je te le donne**
ich gebe es dir
té [te] nm (de dessinateur) Reißschiene f
technicien, ne [tɛknisjɛ̃, jɛn] nm/f Techniker(in)
m(f)
technicité [tɛknisite] nf technische
Beschaffenheit f
technico-commercial, e, -aux [tɛkniko-
kɔmɛʀsjal, jo] adj: **employé ~** technisch
ausgebildeter Verkäufer m
technique [tɛknik] adj technisch ▷ nf Technik f
techniquement [tɛknikmɑ̃] adv technisch

techno [tɛkno] nf (Mus) Techno nt ou m; (fam)
= **technologie**
technocrate [tɛknɔkʀat] nm/f Technokrat(in)
m(f)
technocratie [tɛknɔkʀasi] nf Technokratie f
technocratique [tɛknɔkʀatik] adj
technokratisch
technologie [tɛknɔlɔʒi] nf Technologie f
technologique [tɛknɔlɔʒik] adj technologisch
technologue [tɛknɔlɔg] nm/f Technologe m,
Technologin f
teck [tɛk] nm Teakholz nt
teckel [tekɛl] nm Dackel m
tee-shirt [tiʃœʀt] (pl ~s) nm T-Shirt nt
Téhéran [teeʀã] n Teheran nt
teignais etc [teɲɛ] vb voir **teindre**
teigne [tɛɲ] vb voir **teindre** ▷ nf (Zool) Motte f;
(Méd) Kopfgrind m
teigneux, -euse [tɛɲø, øz] adj (fam: hargneux)
ungenießbar
teindre [tɛ̃dʀ] vt färben; **se teindre** vpr: **se ~ (les
cheveux)** sich dat die Haare färben
teint, e [tɛ̃, tɛt] pp de **teindre** ▷ adj gefärbt ▷ nm
(du visage: permanent) Teint m; (momentané) Farbe f
▷ nf (couleur) Farbe f; **grand ~** (tissu) farbecht; **bon
~** waschecht; **une ~e de** ein Anflug m ou Hauch m
von
teinté, e [tɛ̃te] adj (verres) getönt; (bois) gebeizt;
~ **acajou** auf Mahagoni gebeizt; ~ **de pourpre/
d'ironie** mit einem Hauch von Purpur/Ironie
teinter [tɛ̃te] vt (eau, produit) färben; (bois) beizen
teinture [tɛ̃tyʀ] nf (substance) Farbe f; (: pour bois)
Beize f; (action) Färben nt; Beizen nt; (Méd)
Tinktur f; ~ **d'iode** Jodtinktur f; ~ **d'arnica**
Arnikatinktur f
teinturerie [tɛ̃tyʀʀi] nf Reinigung f
teinturier, -ière [tɛ̃tyʀje, jɛʀ] nm/f Angestellte(r)
f(m) in einer Reinigung ▷ nm (magasin)
Reinigung f
tel, telle [tɛl] adj: **un ~/une ~le** (pareil) so ein/so
eine; (indéfini) ein gewisser/eine gewisse;
(intensif) ein solcher/eine solche; ~ **un miroir** wie
ein Spiegel; ~ **quel** so; ~ **que** so wie
tél. abr (= téléphone) Tel
télé¹ [tele] nf (abr de télévision) Fernsehen nt; (poste)
Fernseher m; **à la ~** im Fernsehen
télé² [tele] préf Tele-, tele-
télébenne [teleben], **télécabine** [telekabin] nf
Kabinenbahn f
télécarte [telekaʀt] nf Telefonkarte f
téléchargeable [teleʃaʀʒabl] adj (Inform)
herunterladbar
téléchargement [teleʃaʀʒmɑ̃] nm (Inform)
Download m
télécharger [teleʃaʀʒe] vt (Inform) herunterladen,
downloaden
TELECOM [telekɔm] abr (= Télécommunications)
≈ Telekom f
télécommande [telekɔmɑ̃d] nf Fernsteuerung f
télécommander [telekɔmɑ̃de] vt fernsteuern
télécommunications [telekɔmynikasjɔ̃] nfpl
Telekommunikation f, Fernmeldewesen nt

téléconférence [telekɔ̃feʀɑ̃s] nf Telekonferenz f
télécopie [telekɔpi] nf (Tele)fax nt
télécopieur [telekɔpjœʀ] nm Faxgerät nt
télédétection [teledetɛksjɔ̃] nf Fernerkennung f
télédiffuser [teledifyze] vt ausstrahlen, senden
télédiffusion [teledifyzjɔ̃] nf Fernsehsendung f
télédistribution [teledistʀibysjɔ̃] nf
  Kabelfernsehen nt
téléenseignement [teleɑ̃sɛɲmɑ̃] nm
  Fern(lehr)kurs m
téléférique [telefeʀik] nm = **téléphérique**
téléfilm [telefilm] nm Fernsehfilm m
télégramme [telegʀam] nm Telegramm nt;
  ~ téléphoné per Telefon durchgegebenes
  Telegramm
télégraphe [telegʀaf] nm Telegraf m
télégraphie [telegʀafi] nf Telegrafie f
télégraphier [telegʀafje] vt, vi telegrafieren
télégraphique [telegʀafik] adj telegrafisch;
  (style) Telegramm-
téléguider [telegide] vt fernsteuern; (fig) aus der
  Ferne lenken
téléinformatique [teleɛ̃fɔʀmatik] nf Informatik
  f mit Fernzugriff
télématique [telematik] nf Telematik f
téléobjectif [teleɔbʒɛktif] nm Teleobjektiv nt
téléopérateur, -trice [teleɔpeʀatœʀ, tʀis] nm/f
  Callcenter-Agent(in) nt
télépathie [telepati] nf Telepathie f
téléphérique [telefeʀik] nm Seilbahn f
téléphone [telefɔn] nm Telefon nt; (appel) Anruf
  m; **avoir le ~** (ein) Telefon haben; **au ~** am
  Telefon; **~ arabe** Buschtelefon nt; **~ à carte**
  Kartentelefon nt; **~ à touches** Tastentelefon nt;
  ~ avec appareil photo Kameratelefon nt; **~ de
  voiture** Autotelefon nt; **~ mobile** ou **portable**
  Handy nt, Mobiltelefon nt; **~ sans fil** schnurloses
  Telefon nt
téléphoner [telefɔne] vi telefonieren ▷ vt
  (nouvelle) telefonisch mitteilen; **~ à qn** jdn
  anrufen
téléphonie [telefɔni] nf Telefonie f
téléphonique [telefɔnik] adj telefonisch;
  cabine/appareil ~ Telefonzelle f/-apparat m;
  conversation/appel/liaison ~ Telefongespräch
  nt/-anruf m/-verbindung f
téléphoniste [telefɔnist] nm/f Telefonist(in) m(f)
téléprospection [telepʀɔspɛksjɔ̃] nf
  Telefonverkauf m
téléréalité [teleʀealite] nf Reality-TV nt
télescopage [telɛskɔpaʒ] nm Ineinanderfahren
  nt, Zusammenstoß m
télescope [telɛskɔp] nm Teleskop nt
télescoper [telɛskɔpe] vt hineinfahren in +acc,
  zusammenstoßen mit; **se télescoper** vpr
  (véhicules) zusammenstoßen
télescopique [telɛskɔpik] adj Teleskop-
téléscripteur [teleskʀiptœʀ] nm Fernschreiber m
télésiège [telesjɛʒ] nm Sessellift m
téléski [teleski] nm Skilift m
téléspectateur, -trice [telespɛktatœʀ, tʀis] nm/f
  (Fernseh)zuschauer(in) m(f)

télétexte [teletɛkst] nm Teletext m,
  Bildschirmtext m
télétraitement [teletʀɛtmɑ̃] nm
  Fernverarbeitung f (von Daten)
télétransmission [teletʀɑ̃smisjɔ̃] nf
  Datenübertragung f
télétravail [teletʀavaj] nm Telearbeit m
télétravailleur, -euse [teletʀavajœʀ, øz] nm/f
  Telearbeiter(in) m(f)
télétype [teletip] nm Fernschreiber m
téléviser [televize] vt im Fernsehen senden ou
  übertragen
téléviseur [televizœʀ] nm Fernseher m,
  Fernsehgerät nt
télévision [televizjɔ̃] nf (système) Fernsehen nt;
  (poste de) ~ Fernsehgerät nt, Fernseher m;
  avoir la ~ Fernsehen haben; **à la ~** im Fernsehen;
  ~ en circuit fermé Videoüberwachung f;
  ~ numérique Digitalfernsehen nt; **~ par câble**
  Kabelfernsehen nt
télex [telɛks] nm Telex nt, Fernschreiben nt
télexer [telɛkse] vt per Fernschreiben mitteilen
telle [tɛl] adj voir **tel**
tellement [tɛlmɑ̃] adv (tant) so sehr, so viel; (si)
  derartig, so; **~ plus grand/cher (que)** so viel
  größer/teurer (als); **~ de** (sable, eau etc) so viel;
  (gens, livres etc) so viele; **il était ~ fatigué qu'il
  s'est endormi** er war so müde, dass er
  eingeschlafen ist; **il s'est endormi ~ il était
  fatigué** er ist eingeschlafen, so müde war er;
  pas ~ nicht besonders, nicht so sehr; **pas ~ fort/
  lentement** nicht sehr laut/langsam; **il ne
  mange pas ~** er isst nicht besonders viel
tellurique [telyrik] adj: **secousse ~** Erdstoß m
téméraire [temeʀɛʀ] adj tollkühn
témérairement [temeʀɛʀmɑ̃] adv tollkühn
témérité [temeʀite] nf Tollkühnheit f
témoignage [temwaɲaʒ] nm (Jur) Zeugnis nt;
  (déclaration) Zeugenaussage f
témoigner [temwaɲe] vt (manifester) zeigen,
  beweisen ▷ vi (Jur) eine Zeugenaussage machen,
  als Zeuge aussagen; **~ que** aussagen ou
  bezeugen, dass; **~ de** (confirmer) bezeugen
témoin [temwɛ̃] nm Zeuge m, Zeugin f; (Sport)
  Staffelholz nt ▷ adj Kontroll-, Test-; **~ le fait que
  ...** als Beweis dient die Tatsache, dass ...; **être ~
  de** Zeuge/Zeugin sein von; **prendre à ~** als
  Zeugen aufrufen; **appartement ~**
  Musterwohnung f; **~ à charge** Zeuge m/Zeugin f
  der Anklage; **T~ de Jéhovah** Zeuge m/Zeugin f
  Jehovas; **~ de moralité** Referenz f (für ein
  Führungszeugnis); **~ oculaire** Augenzeuge m/
  -zeugin f
tempe [tɑ̃p] nf Schläfe f
tempérament [tɑ̃peʀamɑ̃] nm (caractère)
  Temperament nt, Naturell nt; (constitution)
  Verfassung f; **à ~** (vente) Teilzahlungs-; **avoir du
  ~** Temperament haben, temperamentvoll sein
tempérance [tɑ̃peʀɑ̃s] nf Enthaltsamkeit f;
  société de ~ Temperenzlervereinigung f
tempérant, e [tɑ̃peʀɑ̃, ɑ̃t] adj gemäßigt
température [tɑ̃peʀatyʀ] nf Temperatur f; (Méd)

Fieber *nt*; **prendre la ~ de** die Temperatur
messen bei; *(fig)* die Stimmung erkunden bei;
avoir *ou* **faire de la ~** Fieber *ou* erhöhte
Temperatur haben; **courbe de ~** Fieberkurve *f*
tempéré, e [tɑ̃peʀe] *adj* gemäßigt
tempérer [tɑ̃peʀe] *vt (ardeur, passions)* mäßigen,
mildern
tempête [tɑ̃pɛt] *nf* Sturm *m*, Unwetter *nt*; *(fig)*
Sturm; **~ d'injures** Hagel *m* von
Beschimpfungen; **~ de neige** Schneesturm *m*;
~ de sable Sandsturm *m*
tempêter [tɑ̃pete] *vi* toben, wettern
temple [tɑ̃pl] *nm* Tempel *m*; *(protestant)* Kirche *f*
tempo [tɛmpo] *nm* Tempo *nt*
temporaire [tɑ̃pɔʀɛʀ] *adj* vorübergehend;
(travail) Zeit-
temporairement [tɑ̃pɔʀɛʀmɑ̃] *adv* zeitweilig,
vorübergehend
temporel, le [tɑ̃pɔʀɛl] *adj (Rel)* weltlich; *(Ling)*
zeitlich, Zeit-; *(Philos)* zeitlich
temporisateur, -trice [tɑ̃pɔʀizatœʀ, tʀis] *adj*
Verzögerungs-
temporisation [tɑ̃pɔʀizasjɔ̃] *nf* Verzögerung *f*
temporiser [tɑ̃pɔʀize] *vi* Zeit schinden
temps [tɑ̃] *nm* Zeit *f*; *(atmosphériques, conditions)*
Wetter *nt*; *(Mus)* Takt *m*; **les ~ changent/sont
durs** die Zeiten ändern sich/sind hart; **il fait
beau/mauvais ~** es ist schönes/schlechtes
Wetter; **passer/employer son ~ à faire qch**
seine Zeit damit verbringen/dazu verwenden,
etw zu tun; **avoir le ~/tout le ~/juste le ~** Zeit/
viel Zeit/gerade genug Zeit haben; **avoir du ~ de
libre** Zeit haben; **avoir fait son ~** seine beste
Zeit hinter sich *dat* haben; **en ~ de paix/guerre**
in Friedens-/Kriegszeiten; **en ~ utile** *ou* **voulu** zu
gegebener Zeit; **de ~ en ~, de ~ à autre** von Zeit
zu Zeit, dann und wann; **en même ~** zur
gleichen Zeit, gleichzeitig; **à ~** rechtzeitig;
pendant ce ~ währenddessen; **à plein/mi-~**
(travailler) ganztags/halbtags; **à ~ partiel**
(travailler) Teilzeit; *(travail)* Teilzeit-; **moteur à
quatre ~** Viertaktmotor *m*; **dans le ~** früher; **de
tout ~** seit jeher, schon immer; **au** *ou* **du ~ où**
zurzeit, als; **~ d'accès** *(Inform)* Zugriffszeit *f*;
~ d'arrêt Pause *f*; **~ de pose** *(Photo)*
Belichtungszeit *f*; **~ mort** *(Sport)* Auszeit *f*; *(Comm)*
Flaute *f*; *(dans la conversation)* Pause *f*; **~ partagé**
(Inform) Timesharing *nt*; **~ réel** *(Inform)* Echtzeit *f*
tenable [t(ə)nabl] *adj (fig)* erträglich
tenace [tənas] *adj* beharrlich, hartnäckig
tenacement [tənasmɑ̃] *adv* hartnäckig,
beharrlich
ténacité [tenasite] *nf* Hartnäckigkeit *f*,
Beharrlichkeit *f*
tenailler [tənaje] *vt (fig)* quälen
tenailles [tənaj] *nfpl (Tech)* Kneifzange *f*
tenais *etc* [t(ə)nɛ] *vb voir* **tenir**
tenancier, -ière [tənɑ̃sje] *nm/f* Pächter(in) *m(f)*
tenant, e [tənɑ̃, ɑ̃t] *adj voir* **séance** ▷ *nm/f:* **~ du
titre** *(Sport)* Titelhalter(in) *m(f)* ▷ *nm:* **d'un seul
~** in einem Stück; **les ~s et les aboutissants** die
näheren Umstände *pl*

tendance [tɑ̃dɑ̃s] *nf* Tendenz *f*; *(inclination aussi)*
Hang *m*; *(de l'art, des prix)* Trend *m*; **~ à la hausse/
baisse** Aufwärts-/Abwärtstrend *m*; **il a ~ à
oublier que** er neigt dazu, zu vergessen, dass
tendanciel, le [tɑ̃dɑ̃sjɛl] *adj* tendenziell
tendancieux, -euse [tɑ̃dɑ̃sjø, jøz] *adj* tendenziös
tendeur [tɑ̃dœʀ] *nm (Tech)* Spanner *m*; *(de vélo)*
Kettenspanner *m*; *(de câble)* Kabelspanner *m*
tendineux, -euse [tɑ̃dinø, øz] *adj (viande)* voller
Sehnen
tendinite [tɑ̃dinit] *nf* Sehnenscheidenentzündung *f*
tendon [tɑ̃dɔ̃] *nm* Sehne *f*; **~ d'Achille**
Achillessehne *f*
tendre [tɑ̃dʀ] *adj* zart; *(bois, roche)* weich;
(affectueux) zärtlich ▷ *vt (raidir)* spannen; *(: muscle)*
anspannen; **~ qch à qn** *(présenter)* jdm etw
hinhalten; *(offrir)* jdm etw anbieten; *(piège,
embuscade)* jdm etw stellen; **se tendre** *vpr (corde)*
sich spannen; *(relations, atmosphère)* angespannt
werden; **~ à qch** etw anstreben; **~ à faire qch**
danach streben, etw zu tun; **~ l'oreille** die
Ohren spitzen; **~ la main à qn** jdm die Hand
reichen; **~ la perche à qn** *(en parlant)* jdm ein
Stichwort geben; **tendu de soie** mit Seide
bespannt
tendrement [tɑ̃dʀəmɑ̃] *adv* zärtlich
tendresse [tɑ̃dʀɛs] *nf* Zärtlichkeit *f*; **tendresses**
nfpl Zärtlichkeiten *pl*
tendu, e [tɑ̃dy] *pp de* **tendre** ▷ *adj (arc, corde)*
gespannt; *(situation, relations)* angespannt
ténèbres [tenɛbʀ] *nfpl* Finsternis *f*
ténébreux, -euse [tenebʀø, øz] *adj (affaire)*
finster
teneur [tənœʀ] *nf (contenu)* Gehalt *m*; *(d'une lettre)*
Wortlaut *m*; **~ en cuivre** Kupfergehalt *m*
ténia [tenja] *nm* Bandwurm *m*
tenir [t(ə)niʀ] *vt* halten; *(magasin, hôtel)* haben,
führen ▷ *vi* halten; *(neige, gel)* andauern; *(résister)*
aushalten; **se tenir** *vpr (avoir lieu)* stattfinden
▷ *vb impers:* **ça ne tient qu'à lui** das hängt nur von
ihm selbst ab; **~ à** *(aimer)* hängen an +*dat*; *(avoir
pour cause)* herrühren ou kommen von; **~ à faire
qch** etw unbedingt tun wollen; **~ à ce que qn
fasse qch** großen Wert darauf legen, dass jd etw
macht; **~ de** *(ressembler à)* ähneln +*dat*; **~ qn pour**
jdn halten für; **~ qch de qn** etw von jdm haben;
~ la caisse/les comptes die Kasse/die Bücher
führen; **~ un rôle** eine Rolle spielen; **~ de la
place** Platz brauchen; **~ l'alcool** Alkohol gut
vertragen; **~ le coup** durchhalten, es aushalten;
~ bon durchhalten; **~ au chaud** warm halten;
~ chaud warm machen; **~ prêt** bereithalten;
~ parole sein Wort halten; **~ en respect** in
Schach halten; **~ sa langue** den Mund halten;
tiens, voilà le stylo! hier ist ja der Füller!;
tiens, Pierre! guck mal, Pierre!; **tiens?** *(surprise)*
ach, wirklich?; **tiens-toi bien!** *(fig)* setz dich
hin!, mach dich auf was gefasst!; **se ~ debout**
sich aufrecht halten; **se ~ droit** gerade stehen;
bien/mal se ~ *(se conduire)* sich gut/schlecht
benehmen; **se ~ à qch** sich an etw +*dat*

festhalten; **s'en ~ à qch** sich an etw +acc halten
tennis [tenis] *nm* Tennis *nt*; (*court*) Tennisplatz *m*
▷ *nmpl ou fpl* (*aussi*: **chaussures de tennis**)
Tennisschuhe *pl*; **~ de table** Tischtennis *nt*
tennisman [tenisman] *nm* Tennisspieler *m*
ténor [tenɔʀ] *nm* Tenor *m*
tension [tɑ̃sjɔ̃] *nf* Spannung *f*; (*Méd*) Blutdruck *m*;
faire *ou* **avoir de la ~** (einen) hohen Blutdruck
haben; **~ nerveuse** nervöse Anspannung *f*;
~ raciale Rassenkonflikte *pl*
tentaculaire [tɑ̃takylɛʀ] *adj* (*fig*) sich weit
ausdehnend
tentacule [tɑ̃takyl] *nm* (*de pieuvre*) Tentakel *nt ou*
m, Fangarm *m*
tentant, e [tɑ̃tɑ̃, ɑ̃t] *adj* verlockend
tentateur, -trice [tɑ̃tatœʀ, tʀis] *adj*
verführerisch ▷ *nm* (*Rel*) Versucher *m*
tentation [tɑ̃tasjɔ̃] *nf* Versuchung *f*
tentative [tɑ̃tativ] *nf* Versuch *m*; **~ d'évasion**
Ausbruchsversuch *m*; **~ de suicide**
Selbstmordsversuch *m*
tente [tɑ̃t] *nf* Zelt *nt*; **~ à oxygène** Sauerstoffzelt *nt*
tenter [tɑ̃te] *vt* in Versuchung führen; (*essayer*)
versuchen; **~ de faire qch** versuchen, etw zu
tun; **être tenté de penser/croire** versucht *ou* in
Versuchung sein, zu denken/zu glauben; **~ sa
chance** sein Glück versuchen
tenture [tɑ̃tyʀ] *nf* Wandbehang *m*
tenu, e [t(ə)ny] *pp de* **tenir** ▷ *adj*: **bien/mal ~** gut/
schlecht geführt ▷ *nf* (*d'hôtel, de magasin, maison*)
Führung *f*; (*vêtements*) Kleidung *f*, Aufzug *m*;
(*allure*) Haltung *f*; (*comportement*) Benehmen *nt*;
être ~ de faire qch gehalten sein, etw zu tun;
être ~ à qch zu etw verpflichtet sein; **avoir de la
~e** (*personne*) gute Manieren haben, sich gut
benehmen; (*journal*) Niveau haben; **~e de
combat** Kampfanzug *m*; **~e de route** (*Auto*)
Straßenlage *f*; **~e de soirée** Abendkleidung *f*; **~e
de sport** Sportkleidung *f*; **~e de ville**
Straßenbekleidung *f*; **~e de voyage**
Reisebekleidung *f*
ténu, e [teny] *adj* fein; (*voix*) schwach
tenue [teny] *nf voir* **tenu**
ter [tɛʀ] *adj*: **16 ~ 16 b**
tératogène [teratɔʒɛn] *adj*
Kindesmissbildungen verursachend
térébenthine [teʀebɑ̃tin] *nf*: (**essence de**) **~**
Terpentin *nt*
tergal® [tɛʀgal] *nm* ≈ Trevira® *nt*
tergiversations [tɛʀʒivɛʀsasjɔ̃] *nfpl* Ausflüchte *pl*
tergiverser [tɛʀʒivɛʀse] *vi* Ausflüchte machen
terme [tɛʀm] *nm* (*Ling*) Ausdruck *m*; (*élément*)
Glied *nt*; (*fin*) Ende *nt*; (*échéance*) Frist *f*, Termin *m*;
être en bons/mauvais ~s avec qn mit jdm auf
gutem/nicht auf gutem Fuß stehen; **en
d'autres ~s** anders ausgedrückt; **vente/achat à
~** (*Comm*) Terminverkauf *m*/Terminkauf *m*; **au ~
de** am Ende +*gén*; **à court/moyen/long ~** kurz-/
mittel-/langfristig; **accoucher/naître à ~**
fristgemäß gebären/geboren werden;
naissance avant ~ Frühgeburt *f*; **naître avant ~**
zu früh geboren werden; **mettre un ~ à** ein Ende

setzen +*dat*; **toucher à son ~** auf sein Ende
zugehen, seinem Ende zugehen
terminaison [tɛʀminɛzɔ̃] *nf* (*Ling*) Endung *f*
terminal, e, -aux [tɛʀminal, o] *adj* (*partie, phase*)
End-, letzte(r, s); (*Méd*) unheilbar ▷ *nm* Terminal
nt; (*gare*) Bahnhof *m* ▷ *nf* (*Scol*) ≈ Abschlussklasse *f*
terminer [tɛʀmine] *vt* beenden; (*nourriture*)
aufessen; (*boisson*) austrinken; (*être le dernier
élément*) abschließen; **se terminer** *vpr* zu Ende
sein; **se ~ par/en** (*repas, chansons*) aufhören mit;
(*pointe, boule*) auslaufen in +*acc*
terminologie [tɛʀminɔlɔʒi] *nf* Terminologie *f*
terminus [tɛʀminys] *nm* Endstation *f*
termite [tɛʀmit] *nm* Termite *f*
termitière [tɛʀmitjɛʀ] *nf* Termitenhügel *m*
ternaire [tɛʀnɛʀ] *adj* (*Math*) ternär; (*rythme,
mesure*) Dreier-
terne [tɛʀn] *adj* (*couleur, teint*) matt, trüb; (*personne,
style*) matt, langweilig; (*regard, œil*) stumpf
ternir [tɛʀniʀ] *vt* matt *ou* glanzlos machen; (*fig:
honneur, réputation*) beflecken; **se ternir** *vpr*
stumpf *ou* glanzlos werden
terrain [tɛʀɛ̃] *nm* (*sol*) Boden *m*; (*parcelle*)
Grundstück *nt*; (*fig*) Gebiet *nt*, Bereich *m*; **gagner/
perdre du ~** Boden gewinnen/verlieren;
~ d'atterrissage Landestreifen *m*; **~ d'aviation**
Flugplatz *m*; **~ d'entente** gemeinsame
Grundlage *f*; **~ de camping** Zeltplatz *m*,
Campingplatz *m*; **~ de football** Fußballplatz *m*;
~ de golf Golfplatz *m*; **~ de jeu** Spielplatz *m*; **~ de
rugby** Rugbyfeld *nt*; **~ vague** unbebautes
Gelände *nt*
terrasse [tɛʀas] *nf* Terrasse *f*; (*sur le toit*)
Dachterrasse *f*; **culture en ~s** Terrassenanbau *m*;
à la ~ (*café*) auf der Terrasse, draußen
terrassement [tɛʀasmɑ̃] *nm* (*activité*)
Erdarbeiten *pl*; (*terres creusées*) Erdaufschüttung *f*;
(*Rail*) Bahndamm *m*
terrasser [tɛʀase] *vt* (*sub: adversaire*)
niederschlagen; (*: maladie, crise cardiaque etc*)
niederstrecken
terrassier [tɛʀasje] *nm* Straßenarbeiter *m*
terre [tɛʀ] *nf* Erde *f*; (*opposé à mer: contrée*) Land *nt*;
terres *nfpl* (*propriété*) Landbesitz *m*, Ländereien *pl*;
La T~ die Erde; **une ~ d'élection/d'exil** ein
Wahl-/Exilland *nt*; **travail de la ~** Landarbeit *f*;
pipe/vase en ~ Tonpfeife *f*/-vase *f*; **mettre en ~**
(*plante etc*) in den Boden pflanzen, einpflanzen;
(*personne*) beerdigen, begraben; **à** *ou* **par ~** auf
dem Boden; (*avec mouvement*) auf den Boden; **~ à ~**
sachlich, nüchtern; **~ cuite** Terrakotta *f*; **la T~ de
Feu** Feuerland *nt*; **la ~ ferme** das Festland;
~ glaise Ton *m*; **la T~ promise** das Gelobte Land;
la T~ Sainte das Heilige Land
terreau [tɛʀo] *nm* Kompost(erde *f*) *m*
Terre-Neuve [tɛʀnœv] *nf* Neufundland *nt*
terre-plein [tɛʀplɛ̃] (*pl* **~s**) *nm* (*sur route*)
Mittelstreifen *m*
terrer [tɛʀe]: **se ~** *vpr* sich verkriechen
terrestre [tɛʀɛstʀ] *adj* (*surface, croûte*) Erd-; (*Zool,
Bot, Mil*) Land-; (*Rel*) weltlich, irdisch
terreur [tɛʀœʀ] *nf* (*peur*) Schrecken *m*; **régime/**

politique de la ~ Terrorregime nt/-politik f
terreux, -euse [teRø, øz] adj (goût, teint, couleur)
erdig; (légumes, bottes) mit Erde beschmutzt
terrible [teRibl] adj (affreux) furchtbar,
schrecklich; (violent) fürchterlich; **pas ~** (fam)
nicht so toll
terriblement [teRibləmɑ̃] adv (très) furchtbar
terrien, ne [teRjɛ̃, jɛn] nm/f (habitant de la Terre)
Erdbewohner(in) m(f); (non marin)
Landbewohner(in) m(f) ▷ adj: **propriétaire ~**
Landbesitzer(in) m(f)
terrier [teRje] nm (de lapin) Bau m; (chien) Terrier m
terrifiant, e [teRifjɑ̃, jɑ̃t] adj (effrayant)
erschreckend; (extraordinaire) schrecklich
terrifier [teRifje] vt in Schrecken versetzen
terril [teRi(l)] nm Halde f
terrine [teRin] nf (récipient) Terrine f; (Culin)
≈ Pastete f
territoire [teRitwaR] nm Territorium nt; (de pays
aussi) Hoheitsgebiet nt; (de commune, département)
Gebiet nt; **les ~s d'Outre-mer** die französischen
Überseegebiete
territorial, e, -aux [teRitɔRjal, jo] adj
territorial-, Territorial-; **eaux ~es**
Hoheitsgewässer pl; **armée ~e** Territorialarmee
f; **collectivités ~es** ≈ Kommunen pl
terroir [teRwaR] nm (Agr) Ackerboden m; **accent
du ~** ländlicher Akzent m; **traditions du ~**
ländliche Bräuche pl
terroriser [teRɔRize] vt terrorisieren
terrorisme [teRɔRism] nm Terrorismus m
terroriste [teRɔRist] nm/f Terrorist(in)m(f) ▷ adj
terroristisch
tertiaire [teRsjɛR] adj (Écon) Dienstleistungs-;
(Géo) Tertiär-, tertiär ▷ nm (Écon)
Dienstleistungssektor m
tertiarisation [teRsjaRizasjɔ̃] nf Zunahme f des
Dienstleistungssektors
tertre [teRtR] nm Anhöhe f, Hügel m
tes [te] adj possessif voir **ton¹**
tesson [tesɔ̃] nm: **~ de bouteille** Glasscherbe f
test [test] nm Test m; **~ de niveau**
Einstufungstest m
testament [testamɑ̃] nm Testament nt; **faire son
~** sein Testament machen
testamentaire [testamɑ̃tɛR] adj
testamentarisch
tester [teste] vt testen
testicule [testikyl] nm Hoden m
tétanie [tetani] nf Muskelkrampf m
tétanos [tetanos] nm Tetanus m,
Wundstarrkrampf m
têtard [tetaR] nm Kaulquappe f
tête [tɛt] nf Kopf m; (d'un cortège, d'une armée) Spitze
f; (Football) Kopfball m; **il a une ~ sympathique**
er sieht sympathisch aus, er hat ein
sympathisches Gesicht; **il a une ~ de plus** er ist
einen Kopf größer; **gagner d'une (courte) ~** um
Kopfeslänge gewinnen; **de ~** (wagon, voiture)
vorderste(r, s); (concurrent) führend; (calculer) im
Kopf; **par ~** (par personne) pro Kopf; **être à la ~ de
qch** an der Spitze einer Sache gén stehen;

prendre la ~ de qch die Führung bei einer Sache
übernehmen; **perdre la ~** (s'affoler) den Kopf
verlieren; (devenir fou) verrückt werden; **ça ne va
pas la ~?** (fam) du bist wohl nicht ganz richtig im
Kopf?; **se mettre en ~ de faire qch** es sich in
den Kopf setzen, etw zu tun; **tenir ~ à qn** jdm
die Stirn bieten; **la ~ la première** kopfüber; **la ~
basse** mit hängendem Kopf; **avoir la ~ dure** (fig)
einen Dickschädel ou Dickkopf haben; **faire une
~** (Football) köpfen; **faire la ~** (fig) schmollen;
être en ~ (Sport) in Führung ou an der Spitze sein;
arriver en ~ Erste(r, s) sein ou werden; **en ~ à ~**
unter vier Augen; **de la ~ aux pieds** von Kopf bis
Fuß; **~ brûlée** (fig) Desperado m; **~ chercheuse**
Lenkkopf m; **~ d'affiche** (Théât etc)
Hauptdarsteller(in) m(f); **~ d'enregistrement**
Tonkopf m; **~ d'impression** Druckkopf m; **~ de
bétail** Stück nt Vieh; **~ de lecture** Tonkopf m; **~ de
ligne** (Rail) Ausgangsbahnhof m; **~ de liste** (Pol)
Spitzenkandidat m; **~ de mort** Totenkopf m; **~ de
pont** Brückenkopf m; **~ de série** (Tennis) gesetzter
Spieler m, gesetzte Spielerin f; **~ de Turc** (fig)
Prügelknabe m; **~ de veau** Kalbskopf m
tête-à-queue [tɛtakø] nm inv: **faire un ~** sich um
180 Grad drehen
tête-à-tête [tɛtatɛt] nm inv Gespräch nt unter
vier Augen; (amoureux) Tete-a-tete nt, Tête-à-tête
nt; **en ~** unter vier Augen, privat
tête-bêche [tɛtbɛʃ] adv (dormir) Kopf bei Fuß;
(mettre deux choses) umgekehrt nebeneinander
tétée [tete] nf (action) Saugen nt; (repas) Mahlzeit f
(eines Säuglings beim Stillen)
téter [tete] vt: **~ (sa mère)** (von der Mutter)
gestillt ou gesäugt werden
tétine [tetin] nf (de vache) Euter nt; (de caoutchouc)
Sauger m; (sucette) Schnuller m
téton [tetɔ̃] (fam) nm (de femme) Brust f
têtu, e [tety] adj stur, störrisch
texte [tɛkst] nm Text m; **~s choisis** ausgewählte
Texte pl; **apprendre son ~** (Théât, Ciné) seinen
Text ou seine Rolle lernen; **un ~ de loi** ein
Gesetzestext m
textile [tɛkstil] adj Textil- ▷ nm Stoff m; (industrie)
die Textilindustrie f
Texto® [tɛksto] nm SMS f
textuel, le [tɛkstɥɛl] adj wörtlich
textuellement [tɛkstɥɛlmɑ̃] adv wörtlich
texture [tɛkstyR] nf (d'une matière) Textur f
TGV [teʒeve] sigle m (= train à grande vitesse) TGV m
thaï, e [taj] adj thailändisch
thaïlandais, e [tajlɑ̃dɛ, ɛz] adj thailändisch
▷ nm/f: **Thaïländer(in)** m(f)
Thaïlande [tajlɑ̃d] nf: **la ~** Thailand nt
thalassothérapie [talasoteRapi] nf
Meerwassertherapie f
thé [te] nm Tee m; (réunion) Teegesellschaft f;
prendre le ~ Tee trinken; **faire du ~** Tee kochen;
~ au citron Tee mit Zitrone; **~ au lait** Tee mit
Milch
théâtral, e, -aux [teatRal, o] adj dramatisch,
Theater-; (péj) theatralisch
théâtre [teatR] nm Theater nt; (œuvres) Dramen pl,

Theaterstücke pl; (fig: lieu) Schauplatz m; **faire du ~** (en professionnel) beim Theater sein, Schauspieler(in) m(f) sein; (en amateur) Theater spielen

théière [tejɛʀ] nf Teekanne f

théine [tein] nf Tein nt

thématique [tematik] adj thematisch

thème [tɛm] nm Thema nt; (Scol: traduction) Übersetzung f in die Fremdsprache; **~ astral** Geburtskonstellation f

théocratie [teɔkʀasi] nf Theokratie f

théocratique [teɔkʀatik] adj theokratisch

théologie [teɔlɔʒi] nf Theologie f

théologien [teɔlɔʒjɛ̃] nm Theologe m, Theologin f

théologique [teɔlɔʒik] adj theologisch

théorème [teɔʀɛm] nm Lehrsatz m, Theorem nt

théoricien, ne [teɔʀisjɛ̃, jɛn] nm/f Theoretiker(in) m(f)

théorie [teɔʀi] nf Theorie f; **en ~** theoretisch

théorique [teɔʀik] adj theoretisch

théoriquement [teɔʀikmɑ̃] adv theoretisch

théoriser [teɔʀize] vi theoretisieren

thérapeutique [teʀapøtik] adj therapeutisch ▷ nf (traitement) Therapie f

thérapie [teʀapi] nf Therapie f

thermal, e, -aux [tɛʀmal, o] adj Thermal-; **station ~e** Thermalbad nt

thermes [tɛʀm] nmpl (établissement thermal) Thermalbad nt; (romains) Thermen pl

thermique [tɛʀmik] adj (énergie) thermisch, Wärme-; (unité) Wärme-

thermodynamique [tɛʀmodinamik] adj thermodynamisch

thermoélectrique [tɛʀmoelɛktʀik] adj thermoelektrisch

thermomètre [tɛʀmɔmɛtʀ] nm Thermometer nt

thermonucléaire [tɛʀmonykleɛʀ] adj thermonuklear

thermos® [tɛʀmos] nm ou nf: **(bouteille) thermos** Thermosflasche f

thermostat [tɛʀmɔsta] nm Thermostat m

thésaurisation [tezɔʀizasjɔ̃] nf Horten nt

thésauriser [tezɔʀize] vi horten

thèse [tɛz] nf These f; (de doctorat) Dissertation f; **pièce/roman à ~** Thesenstück nt/-roman m

thibaude [tibod] nf Unterteppich m

thon [tɔ̃] nm T(h)unfisch m

thonier [tɔnje] nm T(h)unfischfänger m

thoracique [tɔʀasik] adj: **cage ~** Brustkorb m

thorax [tɔʀaks] nm Brustkorb m

thrombose [tʀɔ̃boz] nf Thrombose f

thym [tɛ̃] nm Thymian m

thyroïde [tiʀɔid] nf Schilddrüse f

tiare [tjaʀ] nf Tiara f

Tibet [tibɛ] nm: **le ~** Tibet nt

tibétain, e [tibetɛ̃, ɛn] adj tibetanisch ▷ nm/f: **Tibétain, e** Tibetaner(in) m(f)

tibia [tibja] nm Schienbein nt

Tibre [tibʀ] nm Tiber m

TIC sigle fpl (= technologies de l'informatique et de la communication) ICT

tic [tik] nm (mouvement nerveux) Zucken nt; (manie)

Eigenart f, Tick m

ticket [tikɛ] nm (de bus, métro) Fahrkarte f, Fahrschein m; **~ de caisse** Kassenzettel m; **~ de quai** Bahnsteigkarte f; **~ modérateur** Eigenbeteiligung f an den Arztkosten; **~ repas** Essensmarke f

tic-tac [tiktak] nm inv Ticken nt

tiède [tjɛd] adj lauwarm; (vent, air) lau ▷ adv: **boire ~** lauwarm trinken

tièdement [tjɛdmɑ̃] adv lauwarm

tiédeur [tjedœʀ] nf Lauheit f

tiédir [tjediʀ] vi (se réchauffer) warm werden; (refroidir) kalt werden

tiédissement [tjedismɑ̃] nm (en se réchauffant) Aufwärmen nt; (en refroidissant) Abkühlen nt

tien [tjɛ̃] pron: **le(la) tien(ne)** deine(ʀ, s); **les tiens** deine; (ta famille) die Deinen

tienne [tjɛn] vb voir **tenir** ▷ pron voir **tien**

tiens [tjɛ̃] vb voir **tenir**

tierce [tjɛʀs] adj, nf voir **tiers**

tiercé [tjɛʀse] nm (aux courses) Dreierwette f

tiers, tierce [tjɛʀ, tjɛʀs] adj dritte(ʀ, s) ▷ nm (fraction) Drittel nt; (Jur: inconnu) Dritte(ʀ) m(f) ▷ nf (Mus) Terz f; (Cartes) Dreierreihe f; **une tierce personne** eine dritte Person f, ein Dritter m; **assurance au ~** Haftpflichtversicherung f; **le ~-monde** die Dritte Welt; **~ payant** Zahlung f durch die Kasse; **~ provisionnel** ≈ Abschlagssteuer f

tiers-mondisme [tjɛʀmɔ̃dism] nm Unterstützung f für die Dritte Welt

tige [tiʒ] nf (de fleur, plante) Stiel m, Stängel m; (baguette) Stab m

tignasse [tiɲas] nf Mähne f

Tigre [tigʀ] nm Tigris m

tigre [tigʀ] nm Tiger m

tigré, e [tigʀe] adj (tacheté) gefleckt; (rayé) getigert

tigresse [tigʀɛs] nf Tigerin f

tilleul [tijœl] nm (arbre) Linde f; (boisson) Lindenblütentee m

tilt [tilt] nm: **ça a fait ~** plötzlich ging mir/ihm etc ein Licht auf

timbale [tɛ̃bal] nf (gobelet) Becher m; **timbales** nfpl (Mus) Pauken pl

timbalier [tɛ̃balje] nm (Mus) Pauker m

timbrage [tɛ̃bʀaʒ] nm: **dispensé de ~** freigestempelt

timbre [tɛ̃bʀ] nm (timbre-poste) Briefmarke f; (tampon) Stempel m; (cachet de la poste) Poststempel m; (sonnette) Klingel f; (Mus) Klang m, Farbe f; **~ fiscal** Steuermarke f

timbré, e [tɛ̃bʀe] adj (enveloppe) frankiert; (voix) wohlklingend; (fam: fou) bescheuert; **papier ~** Stempelpapier nt

timbre-poste [tɛ̃bʀpɔst(ə)] nm Briefmarke f

timbrer [tɛ̃bʀe] vt (affranchir) frankieren; (tamponner) stempeln

timide [timid] adj schüchtern; (fig: soleil, réaction, tentative etc) zögernd

timidement [timidmɑ̃] adv schüchtern

timidité [timidite] nf Schüchternheit f

timonerie [timɔnʀi] nf Ruderhaus nt

timonier [timɔnje] *nm* Steuermann *m*
timoré, e [timɔʀe] *adj* ängstlich
tint *etc* [tɛ̃] *vb voir* **tenir**
tintamarre [tɛ̃tamaʀ] *nm* Getöse *nt*,
Heidenlärm *m*
tintement [tɛ̃tmã] *nm* (*de cloche*) Läuten *nt*;
~ **d'oreilles** Klingeln *nt* in den Ohren
tinter [tɛ̃te] *vi* (*cloche*) klingeln, läuten; (*argent*,
clefs) klirren, klingeln
Tipp-Ex® [tipɛks] *nm* Tipp-Ex® *nt*
tique [tik] *nf* Zecke *f*
tiquer [tike] *vi* stutzen
TIR [tiʀ] *sigle mpl* (= *transports internationaux routiers*)
TIR
tir [tiʀ] *nm* Schießen *nt*; (*trajectoire*) Schuss *m*;
(*stand*) Schießbude *f*; ~ **à l'arc** Bogenschießen *nt*;
~ **au fusil** Gewehrschießen *nt*; ~ **au pigeon**
Tontaubenschießen *nt*; ~ **de barrage** Sperrfeuer
nt; ~ **de mitraillette** MG-Beschuss *m*
tirade [tiʀad] *nf* (*Théât*) langer Monolog *m*; (*péj*)
Tirade *f*
tirage [tiʀaʒ] *nm* (*Photo*) Abzug *m*; (*Typo*, *Inform*)
Drucken *nt*; (*d'un journal*) Druck *m*; (*de livre*)
Auflage *f*; (*d'une cheminée*, *d'un poêle*) Zug *m*; (*de
loterie*) Ziehung *f*; (*fam*: *désaccord*)
Unstimmigkeiten *f*; ~ **au sort** Auslosung *f*
tiraillement [tiʀajmã] *nm* (*douleur*) stechende
Schmerzen *pl*; (*fig*: *doutes*, *hésitations*) quälende
Ungewissheit *f*; (*conflits*) Spannungen *pl*
tirailler [tiʀaje] *vt* (*suj*: *remords*, *honte*, *faim etc*)
quälen; (: *personnes*, *problèmes*) plagen
tirailleur [tiʀajœʀ] *nm* Einzelschütze *m*
tirant [tiʀã] *nm*: ~ **d'eau** Tiefgang *m*
tire [tiʀ] *nf*: **voleur/vol à la** ~ Taschendieb *m*/
Taschendiebstahl *m*
tiré, e [tiʀe] *adj* (*visage*, *traits*) abgespannt ▷ *nm*
(*Comm*) Bezogene(r) *f(m)*, Trassat *m*; ~ **par les
cheveux** (*fig*) an den Haaren herbeigezogen; ~ **à
part** Sonderdruck *m*
tire-au-flanc [tiʀoflã] (*péj*) *nm inv* Drückeberger *m*
tire-botte [tiʀbɔt] (*pl* ~**s**) *nm* Stiefelknecht *m*
tire-bouchon [tiʀbuʃɔ̃] (*pl* ~**s**) *nm* Korkenzieher *m*
tire-d'aile [tiʀdɛl]: **à** ~ *adv* pfeilschnell
tire-fesses [tiʀfɛs] *nm inv* Schlepplift *m*
tire-lait [tiʀlɛ] *nm inv* Milchpumpe *f*
tire-larigot [tiʀlaʀigo] (*fam*): **à** ~ *adv* nach
Herzenslust
tirelire [tiʀliʀ] *nf* Sparbüchse *f*
tirer [tiʀe] *vt* ziehen; (*fermer*) zuziehen; (*chèque*)
einlösen; (*balle*, *coup*) abschießen; (*animal*,
Football) schießen; (*journal*, *livre*) drucken; (*Photo*)
abziehen ▷ *vi* schießen; (*cheminée*) ziehen; **se
tirer** *vpr* (*fam*) sich verziehen; ~ **qch de** (*extraire*)
etw herausziehen aus; (: *jus d'un fruit*) etw
auspressen aus; (: *son d'un instrument*) etw
entlocken +*dat*; ~ **6 mètres** (*Naut*) 6 m Tiefgang
haben; ~ **sur** ziehen an +*dat*; (*faire feu sur*)
schießen auf +*acc*; (*couleur*) grenzen an +*acc*; ~ **la
langue** die Zunge herausstrecken; ~ **avantage/
parti de** Nutzen ziehen aus/ausnutzen; ~ **son
nom de** seinen Namen haben von; ~ **son
origine de** seinen Ursprung haben in +*dat*; ~ **qn**

de (*embarras*) jdm heraushelfen aus; ~ **les cartes**
die Karten legen; ~ **une substance d'une
matière première** einem Rohstoff eine
Substanz entziehen; ~ **à l'arc** bogenschießen;
~ **à la carabine** mit dem Karabiner schießen;
~ **en longueur** sich in die Länge ziehen; ~ **sur la
quarantaine** fast vierzig (Jahre) sein; ~ **à sa fin**
auf sein Ende zugehen; **s'en** ~ durchkommen
tiret [tiʀɛ] *nm* Gedankenstrich *m*; (*en fin de ligne*)
Trennstrich *m*
tireur, -euse [tiʀœʀ, øz] *nm/f* (*Mil*) Schütze *m*,
Schützin *f*; (*Comm*) Trassant *m*; ~ **d'élite**
Eliteschütze *m*; **tireuse de cartes** Kartenlegerin *f*
tiroir [tiʀwaʀ] *nm* Schublade *f*
tiroir-caisse [tiʀwaʀkɛs] (*pl* **tiroirs-caisses**) *nm*
Registrierkasse *f*
tisane [tizan] *nf* Kräutertee *m*
tison [tizɔ̃] *nm* glimmendes Holzstück *nt*
tisonner [tizɔne] *vt* schüren
tisonnier [tizɔnje] *nm* Schürhaken *m*
tissage [tisaʒ] *nm* Weben *nt*
tisser [tise] *vt* weben; (*fig*: *réseau*, *relations*) spinnen
tisserand, e [tisʀã, ãd] *nm/f* Weber(in) *m(f)*
tissu¹ [tisy] *nm* Stoff *m*; (*Anat*, *Biol*) Gewebe *nt*; ~ **de
mensonges** Lügengespinst *nt*
tissu², e [tisy] *adj*: ~ **de** durchwoben mit
tissu-éponge [tisyepɔ̃ʒ] (*pl* **tissus-éponges**) *nm*
Frottee *m* ou *m*
titane [titan] *nm* Titan *nt*
titanesque [titanɛsk] *adj* gigantisch
titiller [titije] *vt* (*fig*) reizen
titrage [titʀaʒ] *nm* (*d'un film*) Titeln *nt*; (*d'un alcool*)
Titrieren *nt*
titre [titʀ] *nm* Titel *m*; (*de journal*, *journal parlé*,
télévisé) Schlagzeile *f*; (*diplôme*) Diplom *nt*,
Qualifikation *f*; (*Chim*) Titer *m*, Gehalt *m*; **en** ~
(*champion*, *responsable*) offiziell; **à juste** ~ mit
vollem Recht; **au même** ~ **(que)** genauso (wie);
à ~ **d'exemple** als Beispiel; **à** ~ **exceptionnel**
ausnahmsweise; **à** ~ **gracieux** unentgeltlich; **à**
~ **provisoire** provisorisch; **à** ~ **d'essai**
versuchsweise; **à** ~ **privé** privat; ~ **courant**
Spaltentitel *m*; ~ **de propriété**
Eigentumsurkunde *f*; ~ **de transport**
Fahrausweis *m*
titré, e [titʀe] *adj* (*noble*) mit einem Titel
titrer [titʀe] *vt* (*Chim*) titrieren; (*Presse*) zur
Schlagzeile machen; ~ **10°** 10 Volumenprozent
Alkohol haben, 10-prozentig sein
titubant, e [titybã, ãt] *adj* taumelnd
tituber [titybe] *vi* taumeln, (sch)wanken
titulaire [titylɛʀ] *adj* (*professeur*) amtierend ▷ *nm*
(*Admin*) Amtsinhaber(in) *m(f)*; **être** ~ **de** (*poste*)
innehaben; (*permis*) besitzen
titularisation [titylaʀizasjɔ̃] *nf* Amtseinsetzung *f*
titulariser [titylaʀize] *vt* in ein Amt einsetzen
TNP [teɛnpe] *sigle m* (= *Théâtre national populaire*)
Pariser Theater
TNT [teɛnte] *sigle m* (= *Trinitrotoluène*) TNT *nt* ▷ *sigle f*
(= *Télévision Numérique Terrestre*) Digitalfernsehen *nt*
toast [tost] *nm* Toast *m*; **porter un** ~ **à qn** einen
Toast auf jdn ausbringen

toasteur [tostœʀ] nm Toaster m
toboggan [tɔbɔgã] nm (jeu) Rutschbahn f; (Auto) kreuzungsfreie Überführung f
toc [tɔk] nm: **en** ~ nachgemacht
tocsin [tɔksɛ̃] nm Alarmglocke f
toge [tɔʒ] nf (romaine) Toga f; (de juge, professeur) Talar m
Togo [tɔgo] nm: **le** ~ Togo nt
togolais, e [tɔgɔlɛ, ɛz] adj togolesisch ▷ nm/f: **Togolais, e** Togolese m, Togolesin f
tohu-bohu [tɔybɔy] nm inv Tohuwabohu nt
toi [twa] pron du; (objet direct, accusatif) dich; (objet indirect, datif) dir; **pour** ~ für dich; **avec** ~ mit dir; voir aussi **moi**
toile [twal] nf (tissu) Stoff m, Tuch nt; (grossière, de chanvre) Leinwand f; (Art) Gemälde nt; **grosse** ~ Segeltuch nt; **tisser sa** ~ (araignée) ein ou ihr Netz spinnen; ~ **cirée** Wachstuch nt; ~ **d'araignée** Spinnennetz nt; (saleté) Spinnwebe f; ~ **de fond** (fig) Hintergrund m; ~ **de jute** Sackleinwand f, Rupfen m; ~ **de lin** Leinentuch nt; ~ **de tente** Zeltplane f; ~ **émeri** Schmirgelpapier nt
toilettage [twaletaʒ] nm (d'un animal) Putzen nt; (d'un texte) Ausbessern nt
toilette [twalɛt] nf Toilette f; **toilettes** nfpl Toiletten pl; **les** ~**s pour dames/messieurs** die Damen-/Herrentoiletten pl; **faire sa** ~ sich waschen; **articles de** ~ Toilettenartikel pl; ~ **intime** Intimpflege f
toi-même [twamɛm] pron du selbst; (objet indirect, datif) dir selbst
toise [twaz] nf: **passer qn à la** ~ jds Körpergröße messen
toiser [twaze] vt von oben bis unten mustern
toison [twazɔ̃] nf (de mouton) Vlies nt; (cheveux) Haarpracht f
toit [twa] nm Dach nt; ~ **ouvrant** Schiebedach nt
toiture [twatyʀ] nf Bedachung f, Dach nt
Tokyo [tɔkjo] n Tokio nt
tôle [tol] nf Blech nt; **tôles** nfpl (carrosserie) Karosserie f; ~ **d'acier** Stahlblech nt; ~ **ondulée** Wellblech nt
tolérable [tɔleʀabl] adj erträglich
tolérance [tɔleʀãs] nf Toleranz f, Duldsamkeit f; (Méd) Vertragen nt; (Tech) Toleranz f; (hors taxe) Freibetrag m
tolérant, e [tɔleʀã, ãt] adj tolerant
tolérer [tɔleʀe] vt ertragen, tolerieren; (Méd) vertragen; (erreur, marge) zulassen; (hors taxe) erlauben
tollé [tɔ(l)le] nm: **un** ~ **général** ein allgemeiner Aufschrei m
TOM [tɔm] sigle m ou mpl (= territoire(s) d'outre-mer) französische Überseegebiete
tomate [tɔmat] nf Tomate f
tombal, e [tɔbal, o] adj: **pierre** ~**e** Grabstein m
tombant, e [tɔbã, ãt] adj (fig): **épaules** ~**es** Hängeschultern pl
tombe [tɔb] nf Grab nt
tombeau, x [tɔbo] nm Grabmal nt; **rouler à** ~ **ouvert** mit halsbrecherischer Geschwindigkeit fahren

tombée [tɔbe] nf: **à la** ~ **du jour** ou **de la nuit** bei(m) Einbruch der Nacht
tomber [tɔbe] vi fallen; (fruit, feuille) herunterfallen, herabfallen; (gouvernement) stürzen; (jour) zu Ende gehen, sich neigen; (nuit) hereinbrechen ▷ vt: ~ **la veste** (fam) die Jacke ausziehen; ~ **sur** (rencontrer) zufällig treffen; (attaquer) herfallen über +acc; ~ **de fatigue/de sommeil** vor Erschöpfung/Müdigkeit fast umfallen; ~ **à l'eau** ins Wasser fallen; ~ **juste** (en devinant) genau richtig raten; ~ **en panne** eine Panne haben; ~ **en ruine** zur Ruine verfallen; **Noël tombe un mardi** Weihnachten fällt auf einen Dienstag; **ça tombe bien/mal** das trifft sich gut/schlecht; **il est bien/mal tombé** er hat Glück/Pech gehabt; **laisser** ~ fallen lassen
tombereau, x [tɔbʀo] nm Kippkarren m
tombeur [tɔbœʀ] (péj) nm Frauenheld m
tombola [tɔbɔla] nf Tombola f
Tombouctou [tɔbuktu] n Timbuktu nt
tome [tɔm] nm (d'un livre) Band m
tommette, tomette [tɔmɛt] nf sechseckige Fußbodenfliese f
ton¹, ta [tɔ] (pl **tes**) adj possessif dein(e)
ton² [tɔ] nm Ton m; (d'un morceau) Tonart f; (de la voix) Tonhöhe f; (style) Stil m; **élever** ou **hausser le** ~ die Stimme erheben; **donner le** ~ (fig) den Ton angeben; **si vous le prenez sur ce** ~ wenn Sie es so nehmen; **il est de bon** ~ **de faire qch** es gehört zum guten Ton, etw zu tun; ~ **sur** ~ Ton in Ton
tonal, e [tɔnal] adj tonal
tonalité [tɔnalite] nf (au téléphone) Freizeichen nt; (Mus) Tonalität f; (: ton) Tonart f; (de couleur) (Farb)ton m
tondeuse [tɔdøz] nf (à gazon) Rasenmäher m; (de coiffeur) Haarschneidemaschine f; (pour la tonte) Schafschere f
tondre [tɔdʀ] vt (pelouse, herbe) mähen; (haie, cheveux) schneiden; (mouton, toison) scheren
tondu, e [tɔdy] pp de **tondre** ▷ adj (cheveux) kurz geschnitten; (crâne) geschoren
tong [tɔg] nf Flip-Flop® m
tonicité [tɔnisite] nf (Méd: des tissus) Tonus m; (fig) erfrischende Wirkung f
tonifiant, e [tɔnifjã, jãt] adj erfrischend, stärkend
tonifier [tɔnifje] vi, vt (suj: air, eau) stärken, erfrischen
tonique [tɔnik] adj (médicament, lotion, boisson) stärkend; (air, froid) erfrischend, belebend; (personne, idée) erfrischend ▷ nm Tonikum nt ▷ nf (Mus) Tonika f
tonitruant, e [tɔnitʀyã, ãt] adj: **voix** ~**e** donnernde Stimme f
tonnage [tɔnaʒ] nm (d'un bateau) Tonnage f
tonnant, e [tɔnã, ãt] adj donnernd
tonne [tɔn] nf Tonne f
tonneau, x [tɔno] nm Fass nt; **jauger 2000** ~**x** (Naut) 2.000 Bruttoregistertonnen haben; **faire un** ~ (voiture) sich überschlagen; (avion) eine Rolle machen

tonnelet [tɔnlɛ] *nm* Fässchen *nt*

tonnelier [tɔnəlje] *nm* Böttcher *m*, Küfer *m*

tonnelle [tɔnɛl] *nf* Gartenlaube *f*

tonner [tɔne] *vi* donnern ▷ *vb impers*: **il tonne** es donnert; **~ contre qn/qch** gegen jdn/etw wettern

tonnerre [tɔnɛʀ] *nm* Donner *m*; **du ~** (*fam*) toll; **coup de ~** (*fig*) Blitz *m* aus heiterem Himmel; **~ d'applaudissements** donnernder Applaus *m*

tonsure [tɔ̃syʀ] *nf* (*de moine*) Tonsur *f*

tonte [tɔ̃t] *nf* Schafschur *f*

tonus [tɔnys] *nm* (*des muscles*) Tonus *m*; (*d'une personne*) Energie *f*

top [tɔp] *nm*: **au 3ème ~** beim dritten Ton (*des Zeitzeichens*) ▷ *adj*: **~ secret** streng geheim

topaze [tɔpaz] *nf* Topas *m*

toper [tɔpe] *vi*: **tope-là/topez-là!** topp!, abgemacht!

topinambour [tɔpinɑ̃buʀ] *nm* Topinambur *m*

topo [tɔpo] (*fam*) *nm* (*résumé*) Zusammenfassung *f*; **c'est toujours le même ~** es ist immer dasselbe

topographie [tɔpɔgʀafi] *nf* Topografie *f*

topographique [tɔpɔgʀafik] *adj* topografisch

toponymie [tɔpɔnimi] *nf* Ortsnamenkunde *f*

toquade [tɔkad] (*fam*) *nf* (*pour qn*) Vernarrtheit *f*; (*pour qch*) Spleen *m*

toque [tɔk] *nf* (*de fourrure*) Pelzmütze *f*; **~ de cuisinier** Kochmütze *f*; **~ de juge** Barett *nt*

toqué, e [tɔke] (*fam*) *adj* bekloppt

torche [tɔʀʃ] *nf* Fackel *f*; **~ électrique** Taschenlampe *f*

torcher [tɔʀʃe] (*fam*) *vt* abwischen

torchon [tɔʀʃɔ̃] *nm* Lappen *m*; (*à vaisselle*) Geschirrtuch *nt*

tordre [tɔʀdʀ] *vt* (*chiffon, vêtement*) auswringen; (*barre*) verbiegen; (*visage, bouche*) verziehen; **se tordre** *vpr* (*barre*) sich biegen; (*roue*) sich verbiegen; (*ver, serpent*) sich winden; **~ le bras à qn** jdm den Arm verdrehen; **~ le cou à un poulet** einem Huhn den Hals umdrehen; **se ~ le pied/bras** sich *dat* den Fuß/Arm verrenken; **se ~ de douleur/rire** sich vor Schmerzen krümmen/vor Lachen biegen

tordu, e [tɔʀdy] *pp de* **tordre** ▷ *adj* (*fig: fam*) verrückt

torero [tɔʀeʀo] *nm* Torero *m*

tornade [tɔʀnad] *nf* Tornado *m*

toron [tɔʀɔ̃] *nm* Seilstrang *m*

Toronto [tɔʀɔ̃to] *n* Toronto *nt*

torpeur [tɔʀpœʀ] *nf* Betäubung *f*

torpille [tɔʀpij] *nf* (*Mil*) Torpedo *m*

torpiller [tɔʀpije] *vt* torpedieren

torpilleur [tɔʀpijœʀ] *nm* (*Mil*) Torpedoboot *nt*

torréfaction [tɔʀefaksjɔ̃] *nf* Rösten *nt*

torréfier [tɔʀefje] *vt* rösten

torrent [tɔʀɑ̃] *nm* Sturzbach *m*; **un ~ de** (*fig*) eine Flut von; **il pleut à ~s** es regnet *ou* gießt in Strömen

torrentiel, le [tɔʀɑ̃sjɛl] *adj* strömend

torride [tɔʀid] *adj* glühend heiß

tors, torse [tɔʀ, tɔʀs] *adj* (*fils*) gedreht; (*jambes*)

unförmig

torsade [tɔʀsad] *nf* (*Archit*) gedrehte Verzierung *f*

torsader [tɔʀsade] *vt* verdrehen

torse [tɔʀs] *nm* Oberkörper *m* ▷ *adj f voir* **tors**

torsion [tɔʀsjɔ̃] *nf* (*Tech, Phys*) Torsion *f*; (*action de tordre*) Verdrehen *nt*

tort [tɔʀ] *nm* (*défaut*) Fehler *m*; (*préjudice*) Unrecht *nt*; **torts** *nmpl* (*Jur*) Schuld *f*; **avoir ~** unrecht haben; **être dans son ~** im Unrecht sein; **donner ~ à qn** jdm unrecht geben; (*suj: chose*) jdn Lügen strafen; **causer du ~ à** schaden +*dat*; **à ~** zu Unrecht; **à ~ ou à raison** zu Recht oder zu Unrecht; **à ~ et à travers** aufs Geratewohl, wild drauflos

torticolis [tɔʀtikɔli] *nm* steife(r) Hals *m*

tortiller [tɔʀtije] *vt* (*corde, mouchoir*) zusammendrehen, zwirbeln; (*cheveux, cravate*) zwirbeln an, spielen mit; (*doigts*) drehen; **se tortiller** *vpr* sich winden

tortionnaire [tɔʀsjɔnɛʀ] *nm* Folterknecht *m*

tortue [tɔʀty] *nf* Schildkröte *f*; (*fig*) lahme Ente *f*

tortueux, -euse [tɔʀtɥø, øz] *adj* (*rue*) gewunden, sich schlängelnd; (*fig*) umständlich, kompliziert

torture [tɔʀtyʀ] *nf* (*supplice*) Folter *f*; (*fig*) Tortur *f*

torturé, e [tɔʀtyʀe] *adj* (*fig*) gequält

torturer [tɔʀtyʀe] *vt* (*prisonnier*) foltern; (*suj: problème, question*) quälen

torve [tɔʀv] *adj*: **regard ~** böser Blick *m*

Toscane [tɔskan] *nf* Toskana *f*

tôt [to] *adv* früh; **~ ou tard** früher oder später; **si ~ so bald**; **au plus ~** so bald wie möglich; **jeudi au plus ~** frühestens Donnerstag; **plus ~** früher; **il eut ~ fait de faire qch** er brauchte nicht lang, um etw zu tun

total, e, -aux [tɔtal, o] *adj* (*silence*) völlig; (*somme, hauteur*) Gesamt- ▷ *nm* (*somme*) Summe *f*; **au ~** insgesamt, im Ganzen; **faire le ~ (de)** zusammenzählen, zusammenrechnen

totalement [tɔtalmɑ̃] *adv* völlig, total

totalisateur, -trice [tɔtalizatœʀ, tʀis] *adj* (*appareil, machine*) Addier- ▷ *nm* (*Comm*) Addiermaschine *f*, Rechenmaschine *f*

totaliser [tɔtalize] *vt* (*additionner*) aufaddieren; (*avoir au total*) insgesamt erreichen

totalitaire [tɔtalitɛʀ] *adj* totalitär

totalitarisme [tɔtalitaʀism] *nm* Totalitarismus *m*

totalité [tɔtalite] *nf*: **la ~ des élèves** alle Schüler, die Gesamtheit *f* der Schüler; **la ~ de la population** die gesamte Bevölkerung; **la ~ de la classe** die ganze Klasse; **la ~ de mes biens** mein gesamtes Vermögen *nt*

totem [tɔtɛm] *nm* Totem *nt*

toubib [tubib] (*fam*) *nm* Doktor *m*

touchant, e [tuʃɑ̃, ɑ̃t] *adj* rührend

touche [tuʃ] *nf* (*de piano, de machine à écrire etc*) Taste *f*; (*de violon*) Griffbrett *nt*; (*Peinture etc*) Pinselstrich *m*; (*fig: de couleur, nostalgie etc*) Hauch *m*, Anflug *m*; (*Rugby*) Auslinie *f*; (*Football: remise en touche*) Einwurf *m*; (*: ligne de touche*) Auslinie *f*; (*Escrime*) Treffer *m*; **en ~** (*Sport*) im Spiel; **avoir une drôle de ~** (*fam*) eigenartig aussehen; **~ à effleurement** Folientaste *f*; **~ de commande** Steuertaste *f*; **~ de**

fonction Funktionstaste f; **~ de retour** Return-Taste f

touche-à-tout [tuʃatu] (*péj*) nm inv (*enfant*) vorwitziges Kind nt; (*fig: chercheur, inventeur*) Hansdampf m in allen Gassen

toucher [tuʃe] nm (*sens*) Tastsinn m; (*Mus*) Anschlag m ▷ vt berühren; (*atteindre, affecter*) betreffen; (*émouvoir*) ergreifen; (*concerner*) betreffen, angehen; (*contacter*) erreichen; (*recevoir*) bekommen; (*faire escale à*) anlaufen; **se toucher** vpr sich berühren; **au ~** anzufühlen; **~ à** berühren; (*drogue*) anrühren; (*modifier*) ändern; (*concerner*) betreffen; **~ au but** fast am Ziel sein; **je vais lui en ~ un mot** ich werde ein Wörtchen mit ihm darüber reden; **~ à sa fin** *ou* **son terme** seinem Ende *ou* auf sein Ende zugehen

touffe [tuf] nf Büschel nt; **~ d'herbe** Grasbüschel nt

touffu, e [tufy] adj (*haie, forêt, cheveux*) dicht; (*cheveux*) dick; (*fig: style, texte*) überladen

toujours [tuʒuʀ] adv immer; (*encore*) immer noch; **~ plus** immer mehr; **pour ~** für immer; **depuis ~** schon immer; **~ est-il que** die Tatsache bleibt bestehen, dass; **essaie ~** du kannst es ja mal versuchen

toulonnais, e [tulɔnɛ, ɛz] adj aus Toulon ▷ nm/f: **Toulonnais, e** Einwohner(in) m(f) von Toulon

toulousain, e [tuluzɛ̃, ɛn] adj aus Toulouse ▷ nm/f: **Toulousain, e** Einwohner(in) m(f) von Toulouse

toupet [tupɛ] nm Toupet nt, Haarteil nt; (*fam: culot*) Frechheit f

toupie [tupi] nf (*jouet*) Kreisel m

tour [tuʀ] nf Turm m; (*immeuble*) Hochhaus nt ▷ nm (*excursion*) Ausflug m; (: *à pied*) Spaziergang m; (*Sport*) Runde f; (*d'être servi ou de jouer etc*) Reihe f; (*rotation*) Drehung f; (*de la situation, conversation*) Wende f; (*Auto*) Umdrehung f; (*Pol*) Wahlgang m; (*ruse*) Trick m; (*de prestidigitation, d'acrobatie*) Kunststück nt; (*de cartes*) (Karten)trick m; (*de potier*) Töpferscheibe f; (*à bois, métaux*) Drehscheibe f; **faire le ~ de** (*à pied*) herumgehen um; (*en voiture*) herumfahren um; (*fig: questions, possibilités*) durchspielen; **faire un ~** einen Ausflug machen; (*à pied*) einen Spaziergang machen; **faire un ~ d'Europe** (quer) durch Europa reisen; **faire un ~ de ville** einen Rundgang durch die Stadt machen; **2000 T~s/Minute** 2000 Umdrehungen pro Minute; **un 33/45 ~s** eine LP f/Single f; **fermer à double ~** zweimal abschließen; **c'est mon/ton ~** ich bin/du bist dran *ou* an der Reihe; **c'est au ~ de Philippe** Philippe ist an der Reihe *ou* dran; **à ~ de rôle**, **~ à ~** abwechselnd; **à ~ de bras** mit ganzer Kraft; **en un ~ de main** im Handumdrehen; **~d'horizon** nm Überblick m; **~ de chant** nm Tournee f; **~ de contrôle** nf Kontrollturm m; **~ de force** nm Gewaltaktion f; **~ de garde** nm Wachdienst m; **~ de lancement** nf (*d'une fusée*) Abschussrampe f; **~ de main** nm: **en un ~ de main** im Handumdrehen; **~ de passe-passe** nm

Trick m; **~ de poitrine** nm Brustumfang m *ou* -weite f; **de reins** nm toverrenkte(s) Kreuz nt; **~ de taille** nm Taillenweite f; **~ de tête** nm Kopfumfang m

tourangeau, -elle [tuʀɑ̃ʒo, ɛl] adj (*de Touraine*) aus der Touraine; (*de Tours*) aus Tours ▷ nm/f: **Tourangeau, -elle** Bewohner(in) m(f) der Touraine; Einwohner(in) m(f) von Tours

tourbe [tuʀb] nf Torf m

tourbeux, -euse [tuʀbø, øz] adj torfig

tourbière [tuʀbjɛʀ] nf Torfmoor nt

tourbillon [tuʀbijɔ̃] nm (*d'eau*) Strudel m; (*de vent*) Wirbelwind m; (*de poussière*) Gestöber nt; (*fig*) Herumwirbeln nt

tourbillonner [tuʀbijɔne] vi (*vent, poussière, fig*) herumwirbeln; (*eau, rivière*) strudeln

tourelle [tuʀɛl] nf (*de château*) Türmchen nt; (*de véhicule*) Turm m

tourisme [tuʀism] nm Tourismus m; (*industrie*) Tourismusindustrie f; **office du ~** Verkehrsbüro nt; **avion/voiture de ~** Privatflugzeug nt/-wagen m; **faire du ~** auf Besichtigungstour gehen

touriste [tuʀist] nm/f Tourist(in) m(f)

touristique [tuʀistik] adj (*région*) Touristen-; **voyage ~** Reise f

tourment [tuʀmɑ̃] nm Qual f

tourmente [tuʀmɑ̃t] nf (*de vent, neige*) Sturm m; (*fig: politique*) Unruhe f

tourmenté, e [tuʀmɑ̃te] adj (*personne, visage*) gequält; (*mer, période*) stürmisch; (*paysage, tableau*) Sturm-

tourmenter [tuʀmɑ̃te] vt quälen; **se tourmenter** vpr sich quälen

tournage [tuʀnaʒ] nm (*d'un film*) Dreharbeiten pl

tournant, e [tuʀnɑ̃, ɑ̃t] adj (*feu, scène, mouvement*) Dreh-; (*chemin*) gewunden; (*escalier*) Wendel- ▷ nm (*de route*) Kurve f; (*fig: dans la vie, politique*) Wende(punkt m) f

tourné, e [tuʀne] adj (*lait, vin*) verdorben; (*bois*) gedreht, gedrechselt; **bien ~** (*personne*) wohlgestalt; **mal ~** (*lettre, article*) schlecht formuliert; **avoir l'esprit mal ~** eine schmutzige Fantasie haben

tournebroche [tuʀnəbʀɔʃ] nm Drehspieß m

tourne-disque [tuʀnədisk] (*pl* **~s**) nm Plattenspieler m

tournedos [tuʀnədo] nm Tournedo(s) nt

tournée [tuʀne] nf Runde f; (*d'artiste*) Tournee f; (*de politicien*) Rundreise f; **payer une ~** eine Runde zahlen *ou* ausgeben; **faire la ~ de** (*visiter*) eine Rundreise machen durch; **~ électorale** Wahlkampfreise f; **~ musicale** Konzertreise f

tournemain [tuʀnəmɛ̃] nm: **en un ~** im Handumdrehen

tourner [tuʀne] vt drehen; (*sauce, mélange*) umrühren; (*Naut: cap*) umrunden, umsegeln; (*obstacle, difficulté*) umgehen ▷ vi (*pivoter*) sich drehen; (*changer de direction*) abbiegen; (*vent*) drehen; (*moteur, compteur*) laufen; (*lait etc*) sauer werden, schlecht werden; (*chance*) sich wenden; (*fonctionner*) funktionieren; **se tourner** vpr sich umdrehen; **~ en ridicule** lächerlich machen;

~ le dos à den Rücken zuwenden +*dat*; *(fig)* den Rücken kehren +*dat*; *(ne pas faire face à)* die Augen verschließen vor +*dat*; **~ la tête** den Kopf herumdrehen; **~ la tête à qn** jdm den Kopf verdrehen; **~ de l'œil** *(fam)* umkippen; **~ la page** *(fig)* eine neue Seite aufschlagen; **bien/mal ~** sich zum Guten/Schlechten entwickeln; **~ autour de** herumlaufen um; *(planète)* sich drehen um; **~ autour du pot** *(fig)* wie die Katze um den heißen Brei schleichen; **~ à/en** sich verwandeln in +*acc*; **~ à la pluie/au rouge** regnerisch/rot werden; **~ court** ein plötzliches Ende finden; **se ~ vers** sich zuwenden +*dat*; *(pour demander aide, conseil)* sich wenden an +*acc*; **se ~ les pouces** Däumchen drehen

tournesol [tuʀnəsɔl] *nm* Sonnenblume *f*

tourneur [tuʀnœʀ] *nm* *(sur bois)* Drechsler *m*; *(sur métaux)* Dreher *m*

tournevis [tuʀnəvis] *nm* Schraubenzieher *m ou* -dreher *m*

tourniquet [tuʀnikɛ] *nm* *(pour arroser)* Rasensprenger *m*; *(portillon)* Drehkreuz *nt*; *(présentoir)* Drehständer *m*; *(Chirurgie)* Aderpresse *f*

tournis [tuʀni] *(fam)* *nm*: **donner le ~** Schwindel verursachen; **j'ai le ~** mir ist schwindelig

tournoi [tuʀnwa] *nm* Turnier *nt*; **~ de bridge** Bridgeturnier *nt*; **~ de tennis** Tennisturnier *nt*; **~ des cinq nations** *(Rugby)* Fünfländerturnier *nt*

tournoyer [tuʀnwaje] *vi* *(oiseau)* kreisen; *(fumée)* herumwirbeln

tournure [tuʀnyʀ] *nf* *(Ling)* Ausdruck *m*; *(tour de phrase)* Formulierung *f*; **la ~ des choses** der Lauf der Dinge; **la ~ des événements** der Gang der Ereignisse; **~ d'esprit** Geisteshaltung *f*

tour-opérateur [tuʀɔpeʀatœʀ] *(pl* **~s)** *nm* Reiseveranstalter *m*

tourte [tuʀt] *nf* *(Culin)* Pastete *f*

tourteau, x [tuʀto] *nm* *(Agr)* Ölkuchen *m*; *(Zool)* Taschenkrebs *m*

tourtereaux [tuʀtəʀo] *nmpl* *(amoureux)* Turteltauben *pl*

tourterelle [tuʀtəʀɛl] *nf* Turteltaube *f*

tourtière [tuʀtjɛʀ] *nf* Pastetenform *f*

tous [tu] *adj, pron voir* **tout**

Toussaint [tusɛ̃] *nf*: **la ~** Allerheiligen *nt*; *siehe Info-Artikel*

tousser [tuse] *vi* husten

toussoter [tusɔte] *vi* hüsteln

 MOT-CLÉ

tout, e [tu, tut] *(mpl* **tous,** *fpl* **toutes)** *adj* **1** *(avec article singulier)*: **tout le/toute la** ... der/die/das

ganze ...; **tout le lait** die ganze Milch; **tout l'argent** das ganze Geld; **toute la nuit/semaine** die ganze Nacht/Woche lang *ou* über; **tout le livre/bureau** das ganze Buch/Büro; **tout un pain/un livre** ein ganzes Brot/Buch; **tout le monde** alle; **tout le temps** dauernd; **c'est tout le contraire** ganz im Gegenteil; **c'est toute une affaire/histoire** das ist eine verzwickte Angelegenheit/Geschichte

2 *(avec article pluriel)*: **tous/toutes les** ... alle ...; **tous les livres/enfants** alle Bücher/Kinder; **tous les deux** alle beide; **toutes les trois** alle drei; **toutes les nuits** *(chaque)* jede Nacht; **toutes les fois que** ... jedes Mal wenn ...; **toutes les trois semaines** alle drei Wochen

3 *(sans article)*: **à tout âge** in jedem Alter; **à toute heure** zu jeder Stunde; **à toute vitesse** mit Höchstgeschwindigkeit; **de tous côtés** *ou* **toutes parts** von allen Seiten; **pour toute nourriture/tout vêtement, il avait** ... seine ganze Nahrung/Kleidung war ...; **à tout hasard** auf gut Glück

▷ *pron* **1**: **tout** alles; **il a tout fait** er hat alles gemacht; **tout ou rien** alles oder nichts; **c'est tout** *(fini)* das ist alles; **en tout** insgesamt; **en tout et pour tout** alles in allem; **tout ce qu'il sait**, alles, was er weiß; **tout ce qu'il y a de plus aimable** sehr liebenswürdig

2: **tous/toutes** alle; **je les vois tous/toutes** ich sehe sie alle; **nous y sommes tous allés** wir sind alle hingegangen

▷ *nm* Ganzes *nt*; **le tout** alles; **pas du tout** gar nicht; **du tout au tout** ganz und gar, völlig; **le tout est de** ... die Hauptsache ist, zu ...

▷ *adv* *("toute" avant adj f commençant par consonne ou h aspiré)* **1** *(très, complètement)* ganz; **elle était tout émue/toute petite** sie war ganz gerührt/klein; **le tout premier** der Allererste; **tout seul** ganz allein; **le livre tout entier** das ganze *ou* gesamte Buch; **tout ouvert/rouge** ganz offen/rot; **tout près** *ou* **à côté** ganz in der Nähe; **tout en haut** ganz oben; **tout droit** geradeaus; **parler tout bas** ganz leise sprechen; **tout simplement** ganz einfach

2: **tout en travaillant, il écoutait la radio** während er arbeitete, *ou* bei der Arbeit hörte er Radio; **tout en mangeant, il écoutait la radio** während er aß, *ou* beim Essen hörte er Radio

3 *(locutions)*: **tout d'abord** zuallererst; **tout à coup** plötzlich; **tout à fait** völlig; *(exactement)* genau; **tout à l'heure** *(passé)* soeben, gerade; *(futur)* gleich; **à tout à l'heure!** bis gleich!; **tout de même** trotzdem; **tout de suite** sofort; **tout terrain** *ou* **tous terrains** *adj inv* Gelände-

tout-à-l'égout [tutalegu] *nm inv* Kanalisation *f*

toutefois [tutfwa] *adv* jedoch, dennoch

toutes [tu] *adj, pron voir* **tout**

toutou [tutu] *(fam)* *nm* Hündchen *nt*

tout-petit [tup(ə)ti] *(pl* **~s)** *nm* Kleinkind *nt*

tout-puissant, toute-puissante [tupɥisɑ̃, tutpɥisɑ̃t] *(pl* **tout(es)-puissant(e)s)** *adj*

allmächtig
tout-venant [tuv(ə)nɑ̃] *nm inv:* **le ~** alles
Mögliche *nt*
toux [tu] *nf* Husten *m*
toxémie [tɔksemi] *nf* Blutvergiftung *f*
toxicité [tɔksisite] *nf* Giftigkeit *f*
toxicologie [tɔksikɔlɔʒi] *nf* Toxikologie *f*
toxicologique [tɔksikɔlɔʒik] *adj* toxikologisch
toxicomane [tɔksikɔman] *nm/f* Rausch-
giftsüchtige(r) *f(m)*, Drogensüchtige(r) *f(m)*
toxicomanie [tɔksikɔmani] *nf* Drogensucht *f*
toxine [tɔksin] *nf* Gift(stoff *m*) *nt*
toxique [tɔksik] *adj* giftig
toxoplasmose [tɔksɔplasmoz] *nf* Toxoplasmose *f*
TP [tepe] *sigle mpl* = **travaux pratiques**; **travaux
publics** ▷ *sigle m* = **Trésor (public)**
trac [tʀak] *nm (aux examens etc)* Prüfungsangst *f*;
(Théât) Lampenfieber *nt*; **avoir le ~** *(aux examens)*
Prüfungsangst haben; *(Théât)* Lampenfieber
haben
traçant, e [tʀasɑ̃, ɑ̃t] *adj:* **obus ~** Leuchtkugel *f*;
table ~e Plotter *m*
tracas [tʀaka] *nmpl* Scherereien *pl*
tracasser [tʀakase] *vt* plagen, quälen; *(harceler)*
bedrängen; **se tracasser** *vpr* sich *dat* Sorgen
machen
tracasseries [tʀakasʀi] *nfpl* Schikanen *pl*
tracassier, -ière [tʀakasje, jɛʀ] *adj* schikanös
trace [tʀas] *nf* Spur *f*; *(de doigts)* Abdruck *m*;
suivre qn à la ~ jds Spuren folgen; **~s de
freinage** Bremsspuren *pl*; **~s de pas** Fußspuren
pl; **~s de pneus** Reifenspuren *pl*
tracé [tʀase] *nm (parcours)* Verlauf *m*; *(plan)* Plan *m*
tracer [tʀase] *vt (mot)* schreiben; *(route, ligne)*
zeichnen; *(piste)* markieren; *(fig: chemin, voie)*
weisen, zeigen
traceur [tʀasœʀ] *nm (Inform)* Plotter *m*
trachée(-artère) [tʀaʃe(aʀtɛʀ)] *(pl* **trachées(-
artères))** *nf* Luftröhre *f*
trachéite [tʀakeit] *nf* Luftröhrenentzündung *f*
tract [tʀakt] *nm* Flugblatt *nt*
tractations [tʀaktasjɔ̃] *nfpl* Handeln *nt*,
Feilschen *nt*
tracter [tʀakte] *vt* ziehen, schleppen
tracteur [tʀaktœʀ] *nm* Traktor *m*
traction [tʀaksjɔ̃] *nf* Zug *m*; *(Tech)* Ziehen *nt*;
(Gymnastique) Klimmzug *m*; *(Auto)* Antrieb *m*;
~ arrière Hinterradantrieb *m*; **~ avant**
Vorderradantrieb *m*; **~ électrique** Elektroantrieb
m; **~ mécanique** mechanischer Antrieb
trad. *abr* (= *traduit*) übers.; (= *traduction; traducteur)*
Übers.
tradition [tʀadisjɔ̃] *nf* Tradition *f*, Brauch *m*;
(familiale) Tradition
traditionalisme [tʀadisjɔnalism] *nm*
Traditionalismus *m*
traditionaliste [tʀadisjɔnalist] *adj*
traditionalistisch
traditionnel, le [tʀadisjɔnɛl] *adj (folklorique)*
Volks-; *(morale etc)* traditionell
traditionnellement [tʀadisjɔnɛlmɑ̃] *adv*
traditionell

traducteur, -trice [tʀadyktœʀ, tʀis] *nm/f*
Übersetzer(in) *m(f)* ▷ *nm (Inform)*
Übersetzerprogramm *nt*; **~ interprète** Übersetzer
und Dolmetscher
traduction [tʀadyksjɔ̃] *nf (action)* Übersetzen *nt*;
(texte) Übersetzung *f*; **~ simultanée**
Simultanübersetzung *f*
traduire [tʀadɥiʀ] *vt (dans une autre langue)*
übersetzen; *(exprimer)* ausdrücken; **se ~ par**
(s'exprimer) zum Ausdruck kommen in +*dat*, sich
ausdrücken in +*dat*; **~ en/du français** ins
Französische/aus dem Französischen
übersetzen; **~ qn en justice** jdn der Justiz
übergeben
traduis *etc* [tʀadɥi] *vb voir* **traduire**
traduisible [tʀadɥizibl] *adj* übersetzbar
traduit, e [tʀadɥi, it] *pp de* **traduire**
trafic [tʀafik] *nm (commerce)* Handel *m*; *(circulation)*
Verkehr *m*; **~ routier/aérien** Straßen-/
Flugverkehr *m*; **~ d'armes** Waffenhandel *m*,
Waffenschieberei *f*; **~ de drogue** Drogenhandel
m, Drogenschieberei *f*
trafiquant, e [tʀafikɑ̃, ɑ̃t] *nm/f* Schieber(in) *m(f)*
trafiquer [tʀafike] *(péj) vt (moteur)* frisieren; *(vin)*
panschen ▷ *vi* ein Schieber sein
tragédie [tʀaʒedi] *nf* Tragödie *f*
tragédien, ne [tʀaʒedjɛ̃, ɛn] *nm/f* Tragöde *m*,
Tragödin *f*
tragi-comique [tʀaʒikɔmik] *(pl* **~s**) *adj*
tragikomisch
tragique [tʀaʒik] *adj* tragisch ▷ *nm:* **prendre
qch au ~** etw tragisch nehmen
tragiquement [tʀaʒikmɑ̃] *adv* tragisch
trahir [tʀaiʀ] *vt* verraten; **se trahir** *vpr (personne)*
sich verraten; **ses forces l'ont trahi** seine
Kräfte verließen ihn
trahison [tʀaizɔ̃] *nf* Verrat *m*
traie *etc* [tʀɛ] *vb voir* **traire**
train [tʀɛ̃] *nm (Rail)* Zug *m*; *(allure)* Tempo *nt*; *(fig:
ensemble)* Satz *m*; (: *série)* Folge *f*; **être en ~ de faire
qch** gerade etw tun; **mettre qch en ~** etw in
Gang bringen; **mettre qn en ~** jdn in Schwung
bringen; **aller bon ~** *(vite)* gute Fortschritte
machen, gut vorangehen; **~ à grande vitesse**
Hochgeschwindigkeitszug *m*; **~ arrière** *(Auto)*
Hinterachse *f*; **~ autos-couchettes** Autoreisezug
m; **~ avant** *(Auto)* Vorderachse *f*; **~ d'atterrissage**
Fahrgestell *nt*; **~ de vie** Lebensstil *m*; **~ électrique**
(jouet) elektrische Eisenbahn *f*; **~ spécial**
Sonderzug *m*
traînailler [tʀɛnaje] *vi* = **traînasser**
traînant, e [tʀɛnɑ̃, ɑ̃t] *adj* schleppend
traînard, e [tʀɛnaʀ, aʀd] *(péj) nm/f* lahmer
Mensch *m*, lahme Ente *f*
traînasser [tʀɛnase] *vi* bummeln
traîne [tʀɛn] *nf (de robe)* Schleppe *f*; **être à la ~** *(en
arrière, en retard)* zurückbleiben
traîneau, x [tʀɛno] *nm* Schlitten *m*
traînée [tʀene] *nf (de sable, de sang)* Spur *f*; *(de
peinture)* Streifen *m*; *(dans le ciel)* Kondensstreifen
m; *(péj: femme)* leichtes Mädchen *nt*
traîner [tʀene] *vt* ziehen, schleppen; *(enfant,*

chien) hinter sich *dat* herziehen ▷ *vi* (*aller ou agir lentement*) bummeln, trödeln; (*vagabonder*) sich herumtreiben; (*durer*) sich hinziehen; (*être en désordre*) herumliegen; **se traîner** *vpr* (*ramper*) kriechen; (*marcher avec difficulté*) sich herumschleppen; (*durer*) sich hinziehen; **~ qn au cinéma** jdn ins Kino schleifen *ou* schleppen; **~ les pieds** schlurfen; **~ par terre** (*robe etc*) auf dem Boden schleifen; **~ qch par terre** etw auf dem Boden schleifen lassen; **il traîne un rhume depuis l'hiver** er schleppt schon seit dem Winter einen Schnupfen mit sich herum; **~ en longueur** sich in die Länge ziehen

training [tʀɛniŋ] *nm* (*entraînement*) Training *nt*; (*survêtement*) Trainingsanzug *m*

train-train [tʀɛtʀɛ̃] *nm inv* tägliches Einerlei *nt*, Trott *m*

traire [tʀɛʀ] *vt* melken

trait, e [tʀɛ] *pp de* **traire** ▷ *nm* (*ligne*) Strich *m*; (*caractéristique*) Zug *m*; (*flèche*) Pfeil *m*; **traits** *nmpl* (*du visage*) Gesichtszüge *pl*; **d'un ~** (*boire*) in einem Zug; **boire à longs ~s** in großen Schlucken trinken; **de ~** (*animal*) Zug-; **avoir ~ à** sich beziehen auf *+acc*; **~ pour ~** (*exactement*) ganz genau; **~ d'esprit** Geistesblitz *m*; **~ d'union** Bindestrich *m*; (*fig*) Verbindung *f*; **~ de caractère** Charakterzug *m*; **~ de génie** Geniestreich *m*

traitable [tʀɛtabl] *adj* (*personne*) umgänglich; (*sujet*) zu bewältigen

traitant, e [tʀɛtɑ̃, ɑ̃t] *adj*: **votre médecin ~** Ihr Hausarzt *m*, der behandelnde Arzt; **shampooing ~** Pflegeshampoo *nt*

traite [tʀɛt] *nf* (*Comm*) Tratte *f*; (*Agr*) Melken *nt*; **d'une (seule) ~** ohne Unterbrechung; **la ~ des blanches** Mädchenhandel *m*; **la ~ des noirs** Sklavenhandel *m*

traité [tʀete] *nm* Vertrag *m*

traitement [tʀɛtmɑ̃] *nm* Behandlung *f*; (*d'affaire, difficulté*) Handhabung *f*; (*Inform, Tech*) Verarbeitung *f*; (*salaire*) Gehalt *nt*, Bezüge *pl*; **suivre un ~** sich einer Behandlung unterziehen; **mauvais ~s** Misshandlungen *pl*; **~ de données** Datenverarbeitung *f*; **~ de texte** Textverarbeitung *f*; **~ par lots** (*Inform*) Stapelverarbeitung *f*

traiter [tʀete] *vt* behandeln; (*affaire, difficulté*) handhaben; (*Inform, Tech*) verarbeiten ▷ *vi* verhandeln; **~ de qch** von etw handeln, etw behandeln; **~ qn d'idiot** jdn einen Idioten nennen; **bien/mal ~** gut/schlecht behandeln

traiteur [tʀetœʀ] *nm* ≈ Partyservice *m*; (*charcutier*) Geschäft für Fleischspezialitäten und Fertiggerichte

traître, -esse [tʀɛtʀ, tʀɛtʀɛs] *adj* (heim)tückisch ▷ *nm/f* Verräter(in) *m(f)*; **prendre qn en ~** jdn hinterrücks *ou* heimtückisch überfallen

traîtrise [tʀetʀiz] *nf* (*caractère*) Heimtücke *f*; (*acte*) Verrat *m*

trajectoire [tʀaʒɛktwaʀ] *nf* (*d'un objet*) Flugbahn *f*; (*d'un astre*) Bahn *f*

trajet [tʀaʒɛ] *nm* (*parcours*) Strecke *f*; (*voyage*) Reise *f*; (*itinéraire*) Route *f*; (*d'un nerf, d'une artère*) Verlauf *m*; (*d'un projectile*) Flugbahn *f*

tram [tʀam] *nm* = **tramway**

trame [tʀam] *nf* (*d'un tissu*) Schuss *m*; (*d'un roman*) Grundgerüst *nt*

tramer [tʀame] *vt* (*complot, coup*) aushecken

trampoline [tʀɑ̃pɔlin] *nm* Trampolin *nt*; (*sport*) Trampolinspringen *nt*

tramway [tʀamwɛ] *nm* Straßenbahn *f*

tranchant, e [tʀɑ̃ʃɑ̃, ɑ̃t] *adj* (*couteau, lame*) scharf; (*personne, ton*) kategorisch ▷ *nm* (*d'un couteau*) Schneide *f*; (*de la main*) Handkante *f*; **à double ~** zweischneidig

tranche [tʀɑ̃ʃ] *nf* (*morceau*) Scheibe *f*; (: *de gâteau*) Stück *nt*; (*arête*) Kante *f*; (*de travaux, temps, vie*) Abschnitt *m*; (*d'actions, de bons*) Tranche *f*; (*de revenus, d'impôts*) Stufe *f*; **~ (d'émission)** (*Loterie*) Ausgabe *f*; **~ d'âge/de salaires** Alters-/ Gehaltsstufe *f*; **couper en ~s** in Scheiben schneiden

tranché, e [tʀɑ̃ʃe] *adj* deutlich

tranchée [tʀɑ̃ʃe] *nf* Graben *m*

trancher [tʀɑ̃ʃe] *vt* (in Scheiben) schneiden; (*couper: corde*) durchschneiden; (: *tête*) abschneiden; (*fig: résoudre*) entscheiden ▷ *vi*: **~ avec** *ou* **sur** sich deutlich unterscheiden von

tranchet [tʀɑ̃ʃɛ] *nm* Messer *nt*

tranchoir [tʀɑ̃ʃwaʀ] *nm* (*couteau*) Hack- *ou* Wiegemesser *nt*

tranquille [tʀɑ̃kil] *adj* ruhig; (*rassuré*) beruhigt; **se tenir ~** (*enfant*) stillhalten; **avoir la conscience ~** ein ruhiges *ou* gutes Gewissen haben; **laisse-moi ~!** lass mich in Ruhe!

tranquillement [tʀɑ̃kilmɑ̃] *adv* ruhig

tranquillisant, e [tʀɑ̃kilizɑ̃, ɑ̃t] *adj* beruhigend ▷ *nm* Beruhigungsmittel *nt*

tranquilliser [tʀɑ̃kilize] *vt* beruhigen; **se tranquilliser** *vpr* sich beruhigen

tranquillité [tʀɑ̃kilite] *nf* Ruhe *f*; **en toute ~** in aller Ruhe; **~ d'esprit** Gemütsruhe *f*

transaction [tʀɑ̃zaksjɔ̃] *nf* Transaktion *f*, Geschäft *nt*

transafricain, e [tʀɑ̃zafʀikɛ̃, ɛn] *adj* transafrikanisch

transalpin, e [tʀɑ̃zalpɛ̃, in] *adj* transalpin

transaméricain, e [tʀɑ̃zameʀikɛ̃, ɛn] *adj* transamerikanisch

transat [tʀɑ̃zat] *abr f* (= *course*) transatlantique) Transatlantikrennen *nt* ▷ *nm* (*chaise longue*) Liegestuhl *m*

transatlantique [tʀɑ̃zatlɑ̃tik] *adj* Übersee-, Transatlantik- ▷ *nm* Überseedampfer *m*

transbordement [tʀɑ̃sbɔʀdəmɑ̃] *nm* Umladen *nt*

transborder [tʀɑ̃sbɔʀde] *vt* umladen; (*passagers*) umschiffen

transcendant, e [tʀɑ̃sɑ̃dɑ̃, ɑ̃t] *adj* (*Philos*) transzendental; **pas ~** (*fam*) nicht so toll

transcodeur [tʀɑ̃skɔdœʀ] *nm* (*Inform*) Compiler *m*; (*TV*) Transcoder *m*

transcontinental, e, -aux [tʀɑ̃skɔ̃tinɑtal, o] *adj* transkontinental

transcription [tʀɑ̃skʀipsjɔ̃] *nf* (*de texte*) Abschrift *f*; (*Mus*) Umsetzung *f*

transcrire [tʀɑ̃skʀiʀ] vt (recopier) abschreiben; (Mus) umsetzen

transe [tʀɑ̃s] nf: **être/entrer en ~** in Trance sein/ verfallen; **transes** nfpl (affres) Höllenqualen pl

transférable [tʀɑ̃sfeʀabl] adj übertragbar

transfèrement [tʀɑ̃sfeʀmɑ̃] nm (d'un prisonnier) Überführung f, Verlegung f; **~ cellulaire** Überführung im Gefängnisauto

transférer [tʀɑ̃sfeʀe] vt (prisonnier) verlegen, überführen; (Psych) übertragen; (société, bureau) verlegen; (joueur) transferieren; (argent) überweisen; (fonctionnaire) versetzen

transfert [tʀɑ̃sfeʀ] nm (v vt: de prisonnier) Überführung f, Übertragung f, Verlegung f, Transfer m, Versetzung f; **~ de fonds** Übertragung von Geldmitteln

transfiguration [tʀɑ̃sfigyʀasjɔ̃] nf Verklärung f

transfigurer [tʀɑ̃sfigyʀe] vt verklären

transfo [tʀɑ̃sfo] (fam) abr m (= transformateur) Trafo m

transformable [tʀɑ̃sfɔʀmabl] adj (structure) veränderbar; (Rugby: essai) der verwandelt werden kann

transformateur [tʀɑ̃sfɔʀmatœʀ] nm (Élec) Transformator m

transformation [tʀɑ̃sfɔʀmasjɔ̃] nf (de personne) Veränderung f; (de maison, magasin) Umbau m; (de matière première) Umwandlung f; (de vêtement) Änderung f; (Rugby) Verwandlung f; **transformations** nfpl (travaux) Umbauarbeiten pl; **industrie de ~** verarbeitende Industrie f

transformer [tʀɑ̃sfɔʀme] vt verändern; (maison, magasin) umbauen; (matière première) umwandeln, verwandeln; (vêtement) ändern; (Rugby: essai) verwandeln; **se transformer** vpr sich verändern; (radicalement) sich wandeln; (larve, embryon) sich wandeln; **~ la houille en énergie** Öl in Energie verwandeln ou umwandeln; **~ du plomb en or** Blei in Gold verwandeln ou zu Gold machen

transfuge [tʀɑ̃sfyʒ] nm Überläufer m

transfuser [tʀɑ̃sfyze] vt (sang) übertragen; (personne) eine Bluttransfusion geben +dat

transfusion [tʀɑ̃sfyzjɔ̃] nf: **~ sanguine** Bluttransfusion f

transgénique [tʀɑ̃sʒenik] adj transgen

transgresser [tʀɑ̃sgʀese] vt übertreten

transhumance [tʀɑ̃zymɑ̃s] nf Almauftrieb m

transhumer [tʀɑ̃zyme] vi (troupeaux) auf die Alm treiben

transi, e [tʀɑ̃zi] adj (vor Kälte) erstarrt

transiger [tʀɑ̃ziʒe] vi (personne) einen Kompromiss schließen; (avec sa conscience) kompromittieren; **~ sur qch** in Bezug auf eine Sache einen Kompromiss schließen

transistor [tʀɑ̃zistɔʀ] nm Transistor m

transistorisé, e [tʀɑ̃zistɔʀize] adj Transistor-

transit [tʀɑ̃zit] nm (Comm) Transitverkehr m; **de ~** Transit-; **en ~** (marchandises) im Transit; (voyageurs) Transit-

transitaire [tʀɑ̃ziteʀ] nm (Comm) Spediteur m

transiter [tʀɑ̃zite] vi (marchandises) befördert werden über +acc; (personnes) reisen über +acc

transitif, -ive [tʀɑ̃zitif, iv] adj transitiv

transition [tʀɑ̃zisjɔ̃] nf (dans le temps) Übergang m; (dans un discours) Überleitung f; **de ~** Übergangs-

transitoire [tʀɑ̃zitwaʀ] adj (de transition) Übergangs-; (fugitif) kurzlebig

translucide [tʀɑ̃slysid] adj durchscheinend

transmet [tʀɑ̃smɛ] vb voir **transmettre**

transmettais etc [tʀɑ̃smɛtɛ] vb voir **transmettre**

transmetteur [tʀɑ̃smɛtœʀ] nm Sender m

transmettre [tʀɑ̃smɛtʀ] vt übertragen; (secret, recette) mitteilen; (vœux, amitiés, ordre, message) übermitteln; (TV, Radio) übertragen, senden

transmis, e [tʀɑ̃smi, iz] pp de **transmettre**

transmissible [tʀɑ̃smisibl] adj übertragbar

transmission [tʀɑ̃smisjɔ̃] nf Übertragung f; (de message, d'ordre) Übermittlung f; **transmissions** nfpl (Mil) Fernmelder pl; **~ de données** Datenübertragung f; **~ de pensée** Gedankenübertragung f

transnational, e, -aux [tʀɑ̃snasjɔnal, o] adj übernational

transocéanique [tʀɑ̃zɔseanik] adj Übersee-

transparaître [tʀɑ̃spaʀɛtʀ] vi durchscheinen

transparence [tʀɑ̃spaʀɑ̃s] nf Durchsichtigkeit f, Transparenz f; **regarder qch par ~** etw gegen das Licht halten

transparent, e [tʀɑ̃spaʀɑ̃, ɑ̃t] adj durchsichtig

transpercer [tʀɑ̃spɛʀse] vt (suj: arme) durchbohren; (froid, insulte) durchdringen; **~ un vêtement/mur** durch ein Kleidungsstück/ durch eine Mauer hindurchgehen

transpiration [tʀɑ̃spiʀasjɔ̃] nf Schweiß m

transpirer [tʀɑ̃spiʀe] vi schwitzen; (information, nouvelle) durchsickern

transplant [tʀɑ̃splɑ̃] nm verpflanztes Organ nt, Transplantat nt

transplantation [tʀɑ̃splɑ̃tasjɔ̃] nf (Bot, Méd) Verpflanzen nt; (: intervention) Verpflanzung f

transplanter [tʀɑ̃splɑ̃te] vt verpflanzen

transport [tʀɑ̃spɔʀ] nm Beförderung f, Transport m; **~ de colère/joie** Wut-/Freudenausbruch m; **~ aérien** Lufttransport m; **~ de marchandises** Warentransport m; **~ de voyageurs** Beförderung von Passagieren; **~s publics** ou **en commun** öffentliche Verkehrsmittel pl; **~s routiers** Straßentransport m, Transport auf der Straße

transportable [tʀɑ̃spɔʀtabl] adj (marchandise) transportabel; (malade) transportfähig

transporter [tʀɑ̃spɔʀte] vt befördern, transportieren; (voyageurs) befördern; (Tech: énergie) übertragen; **se transporter** vpr (se rendre) sich begeben; **~ qn à l'hôpital** jdn ins Krankenhaus bringen; **être transporté de bonheur/joie** vor Glück/Freude hingerissen sein

transporteur [tʀɑ̃spɔʀtœʀ] nm (entrepreneur) Spediteur m

transposer [tʀɑ̃spoze] vt versetzen; **~ un morceau** (Mus) ein Stück transponieren

transposition [tʀɑ̃spozisjɔ̃] nf Versetzung f; (Mus) Transponierung f

transrhénan, e [tʀɑ̃sʀenɑ̃, an] adj jenseits des Rheins gelegen

transsaharien, ne [tʀɑ̃(s)saaʀjɛ̃, jɛn] *adj* quer durch die Sahara

transsexuel, le [tʀɑ̃(s)sɛksɥɛl] *nm/f* Transsexuelle(r) *f(m)*

transsibérien, ne [tʀɑ̃(s)sibeʀjɛ̃, jɛn] *adj* transsibirisch

transvaser [tʀɑ̃svɑze] *vt* umfüllen, umgießen

transversal, e, -aux [tʀɑ̃svɛʀsal, o] *adj* Quer-

transversalement [tʀɑ̃svɛʀsalmɑ̃] *adv* quer

trapèze [tʀapɛz] *nm* Trapez *nt*

trapéziste [tʀapezist] *nm/f* Trapezkünstler(in) *m(f)*

trappe [tʀap] *nf* (*porte*) Falltür *f*; (*piège*) Falle *f*

trappeur [tʀapœʀ] *nm* Trapper *m*

trapu, e [tʀapy] *adj* untersetzt, stämmig

traquenard [tʀaknaʀ] *nm* Falle *f*

traquer [tʀake] *vt* hetzen

traumatisant, e [tʀomatizɑ̃, ɑ̃t] *adj* traumatisch

traumatiser [tʀomatize] *vt* einen Schock versetzen +*dat*, traumatisieren

traumatisme [tʀomatism] *nm* (*Psych*) Trauma *nt*, Schock *m*; ~ **crânien** Gehirntrauma *nt*

traumatologie [tʀomatɔlɔʒi] *nf* Traumatologie *f*

travail, -aux [tʀavaj, o] *nm* Arbeit *f*; (*Méd*) Wehen *pl*; **travaux** *nmpl* (*de réparation, agricoles etc*) Arbeiten *pl*; (*sur route*) Straßenarbeiten *pl*; (*de construction*) Bauarbeiten *pl*; **être en** ~ (*Méd*) in den Wehen liegen; **entrer en** ~ (*Méd*) Wehen bekommen; **être sans** ~ arbeitslos sein; ~ **(au) noir** Schwarzarbeit *f*; ~ **d'intérêt général** *sozialer Dienst (für Straftäter)*; ~ **forcé** Zwangsarbeit *f*; ~ **posté** Schichtarbeit *f*; **travaux des champs** Feldarbeit *f*; **travaux dirigés** (*Scol*) Schularbeiten *pl* unter Aufsicht; **travaux forcés** = Zuchthaus *nt*; **travaux manuels** (*Scol*) Werken *nt*; **travaux ménagers** Hausarbeit *f*; **travaux pratiques** praktische Arbeit; (*en laboratoire*) Laborarbeit *f*; **travaux publics** öffentliche Bauvorhaben *pl*, Hoch- und Tiefbau *m*

travaillé, e [tʀavaje] *adj* (*fignolé*) poliert

travailler [tʀavaje] *vi* arbeiten; (*bois*) sich verziehen *ou* werfen ▷ *vt* (*bois, métal*) bearbeiten; (*pâte*) durchkneten; (*discipline*) arbeiten an +*dat*; (*agir sur*) zu beeinflussen versuchen; **cela me travaille** das geht ihm im Kopf herum, das treibt ihn um; ~ **la terre** den Boden bestellen; ~ **son piano** Klavier üben; ~ **à** arbeiten an +*dat*; (*fig: contribuer à*) hinarbeiten auf +*acc*

travailleur, -euse [tʀavajœʀ, øz] *adj* arbeitsam, fleißig sein ▷ *nm/f* Arbeiter(in) *m(f)*; ~ **de force** Schwerarbeiter *m*; ~ **intellectuel** Kopfarbeiter *m*; ~ **manuel** Arbeiter *m*; ~ **social** Sozialarbeiter *m*; **travailleuse familiale** Haushaltshilfe *f*

travée [tʀave] *nf* (*rangée*) Reihe *f*; (*Archit*) Joch *nt*

traveller's (chèque) [tʀavlœʀs(ʃɛk)] *nm* Reisescheck *m*

travelling [tʀavliŋ] *nm* (*chariot*) Kamerawagen *m*; (*technique*) Kamerafahrt *f*; ~ **optique** Zoomaufnahmen *pl*

travelo [tʀavlo] (*fam*) *nm* Transvestit *m*

travers [tʀavɛʀ] *nm* (*défaut*) Schwäche *f*; **en** ~ **(de)** quer (zu); **à** ~ quer durch; **au** ~ **(de)** quer (durch);

de ~ schief

traverse [tʀavɛʀs] *nf* (*Rail*) Schwelle *f*; **chemin de** ~ Abkürzung *f*

traversée [tʀavɛʀse] *nf* (*de salle, forêt*) Durchquerung *f*; (*de ville, tunnel*) Durchfahrt *f*; (*en mer*) Überfahrt *f*

traverser [tʀavɛʀse] *vt* (*rue, mer, frontière*) überqueren; (*salle, forêt*) durchqueren, gehen durch; (*ville, tunnel*) durchfahren; (*percer, passer à travers*) durchgehen durch; (*vivre*) durchmachen

traversin [tʀavɛʀsɛ̃] *nm* Kopf- *ou* Nackenrolle *f*

travesti [tʀavɛsti] *nm* Transvestit *m*

travestir [tʀavɛstiʀ] *vt* (*vérité etc*) verzerren, verfälschen; **se travestir** *vpr* (*se costumer*) sich verkleiden; (*artiste*) in Frauenkleidung auftreten; (*Psych*) sich wie eine Frau kleiden

trayais *etc* [tʀɛjɛ] *vb voir* **traire**

trayeuse [tʀɛjøz] *nf* (*machine*) Melkmaschine *f*

trébucher [tʀebyʃe] *vi:* ~ **(sur)** stolpern (über +*acc*)

trèfle [tʀɛfl] *nm* (*Bot*) Klee *m*; (*Cartes*) Kreuz *nt*; ~ **à quatre feuilles** vierblättriges Kleeblatt *nt*

treillage [tʀɛjaʒ] *nm* Spalier *nt*

treille [tʀɛj] *nf* (*vigne*) Wein(ranke *f*) *m*; (*tonnelle*) Weinlaube *f*

treillis [tʀeji] *nm* (*métallique, en bois*) Gitter *nt*; (*Mil*) Drillich *m*

treize [tʀɛz] *num* dreizehn

treizième [tʀɛzjɛm] *adj* dreizehnte(r, s) ▷ *nm* (*fraction*) Dreizehntel *nt*

tréma [tʀema] *nm* Trema *nt*

tremblant, e [tʀɑ̃blɑ̃, ɑ̃t] *adj* zitternd

tremble [tʀɑ̃bl] *nm* (*Bot*) Zitterpappel *f*, Espe *f*

tremblé, e [tʀɑ̃ble] *adj* zitterig

tremblement [tʀɑ̃bləmɑ̃] *nm* Zittern *nt*; (*de flamme*) Flackern *nt*; ~ **de terre** Erdbeben *nt*

trembler [tʀɑ̃ble] *vi* zittern; (*flamme*) flackern; (*terre*) beben; ~ **de** (*froid, fièvre*) zittern vor +*dat*; (*peur*) zittern *ou* schlottern vor +*dat*; ~ **pour qn** um jdn zittern *ou* bangen

tremblotant, e [tʀɑ̃blɔtɑ̃, ɑ̃t] *adj* zitternd

trembloter [tʀɑ̃blɔte] *vi* (*mains, voix*) leicht zittern; (*flamme*) leicht flackern

trémolo [tʀemolo] *nm* Tremolo *nt*

trémousser [tʀemuse] *se* ~ *vpr* herumzappeln

trempage [tʀɑ̃paʒ] *nm* (*du linge*) Einweichen *nt*

trempe [tʀɑ̃p] *nf:* **un homme de cette/sa** ~ ein Mann von diesem/seinem Schlag

trempé, e [tʀɑ̃pe] *adj* patschnass; **acier** ~ gehärteter Stahl *m*

tremper [tʀɑ̃pe] *vt* (*mouiller*) durchnässen; (*faire tremper*) einweichen; (*plonger*) eintauchen ▷ *vi* (*lessive*) eingeweicht sein; **se tremper** *vpr* (*dans la mer, piscine etc*) kurz hineingehen *ou* hineintauchen; **faire** ~ einweichen; **mettre à** ~ einweichen; ~ **dans** (*affaire, crime*) verwickelt sein in +*dat*; **se faire** ~ völlig durchnässt werden

trempette [tʀɑ̃pɛt] *nf:* **faire** ~ (*dans la mer*) kurz ins Meer gehen

tremplin [tʀɑ̃plɛ̃] *nm* Sprungbrett *nt*; (*Ski*) Sprungschanze *f*

trentaine [tʀɑ̃tɛn] *nf:* **une** ~ **(de)** etwa dreißig; **avoir la** ~ etwa dreißig (Jahre alt) sein

trente [tʀãt] num dreißig; **être/se mettre sur son ~ et un** seine besten Kleider tragen/anziehen

trente-six [tʀãt(ə)sis] num: **voir ~ chandelles** Sternchen sehen

trente-trois [tʀãt(ə)tʀwa] num: **~ tours** (disque) Langspielplatte f

trentième [tʀãtjɛm] adj dreißigste(r, s) ▷ nm (fraction) Dreißigstel nt

trépanation [tʀepanasjɔ̃] nf Trepanation f, operative Schädelöffnung f

trépaner [tʀepane] vt trepanieren

trépasser [tʀepase] vi dahinscheiden

trépidant, e [tʀepidã, ãt] adj (rythme) pulsierend; (vie) hektisch

trépidation [tʀepidasjɔ̃] nf (d'une machine, d'un moteur) Vibration f; (de la vie) Hektik f

trépider [tʀepide] vi vibrieren

trépied [tʀepje] nm (d'appareil) Stativ nt; (meuble) Dreifuß m

trépignement [tʀepiɲmã] nm Trampeln nt, Stampfen nt

trépigner [tʀepiɲe] vi: **~ (de colère/d'impatience)** (vor Zorn/Ungeduld) stampfen ou trampeln

très [tʀɛ] adv sehr; **~ beau/bien** sehr schön/gut; **~ critiqué/admiré** viel kritisiert/bewundert; **~ industrialisé** hoch industrialisiert; **j'ai ~ envie de chocolat** ich habe große Lust auf Schokolade; **j'ai ~ faim** ich habe großen Hunger

trésor [tʀezɔʀ] nm Schatz m; **T~ (public)** (argent) öffentliche Finanzen pl; (service) Finanzverwaltung f

trésorerie [tʀezɔʀʀi] nf (fonds) Finanzen pl; (gestion) Kassenführung f; (bureaux) Kasse f; **difficultés de ~** Finanzprobleme pl

trésorier, -ière [tʀezɔʀje, jɛʀ] nm/f (d'une association, société) Schatzmeister(in) m(f), Kassenführer(in) m(f)

trésorier-payeur [tʀezɔʀjepejœʀ] (pl **trésoriers-payeurs**) nm: **~ général** Zahlmeister m

tressaillement [tʀesajmã] nm Zittern nt

tressaillir [tʀesajiʀ] vi beben; (de peur aussi) zittern

tressauter [tʀesote] vi auffahren

tresse [tʀɛs] nf (de cheveux) Zopf m; (cordon, galon) Tresse f

tresser [tʀese] vt flechten; (corde) drehen

tréteau, x [tʀeto] nm Gestell nt; **les ~x** (Théât) die Bretter pl

treuil [tʀœj] nm Winde f

trêve [tʀɛv] nf Waffenstillstand m; (fig) Ruhe f; **~ de plaisanteries** Schluss mit den Witzen; **sans ~** ohne Unterlass, unaufhörlich

tri [tʀi] nm Sortieren nt; (sélection) Auswahl f; (bureau) Sortierstelle f

triage [tʀijaʒ] nm Sortieren nt; (sélection) Auswahl f; (Rail) Rangieren nt; **gare de ~** Rangierbahnhof m

trial [tʀijal] nm Geländefahren nt

triangle [tʀijãgl] nm Dreieck nt; (Mus) Triangel m; **~ équilatéral** gleichseitiges Dreieck; **~ isocèle**

gleichschenkliges Dreieck; **~ rectangle** rechtwinkliges Dreieck

triangulaire [tʀijãgylɛʀ] adj dreieckig

tribal, e, -aux [tʀibal, o] adj Stammes-

tribord [tʀibɔʀ] nm: **à ~** steuerbord(s)

tribu [tʀiby] nf Stamm m

tribulations [tʀibylasjɔ̃] nfpl (mésaventures) Abenteuer pl

tribunal, -aux [tʀibynal, o] nm Gericht nt; **~ d'instance** = Friedensgericht nt; **~ de commerce** Handelsgericht nt; **~ de grande instance** = oberster Gerichtshof m; **~ de police** Polizeigericht nt; **~ pour enfants** = Jugendgericht nt

tribune [tʀibyn] nf (estrade, de stade) Tribüne f; (d'église) Empore f; (de tribunal) Galerie f; (débat) Diskussion f; **~ libre** (Presse) Kolumne f

tribut [tʀiby] nm Abgabe f, Tribut m; **payer un lourd ~ à** einen schweren Tribut zahlen an +dat

tributaire [tʀibytɛʀ] adj: **être ~ de** abhängig sein von

tricentenaire [tʀisãt(ə)nɛʀ] nm Dreihundertjahrfeier f

tricher [tʀiʃe] vi einen Täuschungsversuch machen

tricherie [tʀiʃʀi] nf Schummelei f, Betrug m

tricheur, -euse [tʀiʃœʀ, øz] nm/f Betrüger(in) m(f), Mogler(in) m(f)

trichromie [tʀikʀɔmi] nf (Photo) Dreifarbendruck m

tricolore [tʀikɔlɔʀ] adj dreifarbig; (français) französisch; **le drapeau ~** die Trikolore f

tricot [tʀiko] nm (technique) Stricken nt; (ouvrage) Strickarbeit f, Strickzeug nt; (tissu) Strickware f, Trikot nt; (vêtement) Pullover m; **~ de corps** Unterhemd nt

tricoter [tʀikɔte] vt stricken; **machine/aiguille à ~** Strickmaschine f/-nadel f

trictrac [tʀiktʀak] nm Tricktrack nt

tricycle [tʀisikl] nm Dreirad nt

tridimensionnel, le [tʀidimãsjɔnɛl] adj dreidimensional

triennal, e, -aux [tʀijenal, o] adj (prix, foire, élection) dreijährlich; (charge, mandat, plan) Dreijahres-

trier [tʀije] vt sortieren; (choisir) auswählen; (fruits) aussortieren; (grains) auslesen

trieur, -euse [tʀijœʀ, tʀijøz] nm/f Sortierer(in) m(f) ▷ nm Sortiermaschine f

trigonométrie [tʀigɔnɔmetʀi] nf Trigonometrie f

trigonométrique [tʀigɔnɔmetʀik] adj trigonometrisch

trilingue [tʀilɛ̃g] adj dreisprachig

trilogie [tʀilɔʒi] nf Trilogie f

trimaran [tʀimaʀã] nm Trimaran m

trimbaler [tʀɛ̃bale] (fam) vt mit sich herumschleppen

trimer [tʀime] (fam) vi sich abrackern, schuften

trimestre [tʀimɛstʀ] nm (Scol) Trimester nt; (Comm) Quartal nt, Vierteljahr nt

trimestriel, le [tʀimɛstʀijɛl] adj (revue, activité) vierteljährlich; (Scol) Trimester-

trimoteur [tʀimɔtœʀ] *nm* dreimotoriges
Flugzeug *nt*
tringle [tʀɛ̃gl] *nf* Stange *f*
Trinité [tʀinite] *nf*: **la ~** (*Rel*) die Dreieinigkeit *f*,
die Heilige Dreifaltigkeit *f*; **~ et Tobago** Trinidad
und Tobago *nt*
trinquer [tʀɛ̃ke] *vi* anstoßen; (*fam*) büßen
müssen; **~ à qch/la santé de qn** auf etw *acc*/jds
Gesundheit anstoßen
trio [tʀijo] *nm* Trio *nt*
triomphal, e, -aux [tʀijɔfal, o] *adj* triumphal
triomphalement [tʀijɔfalmɑ̃] *adv* (*recevoir, saluer*)
triumphal; (*annoncer, montrer*) triumphierend
triomphant, e [tʀijɔfɑ̃, ɑ̃t] *adj* triumphierend
triomphateur, -trice [tʀijɔfatœʀ, tʀis] *nm/f*
Triumphator *m*
triomphe [tʀijɔf] *nm* Triumph *m*; (*d'une idée, mode
aussi*) Siegeszug *m*; **être reçu en ~** triumphal
empfangen werden; **être porté en ~** im
Triumph auf den Schultern getragen werden
triompher [tʀijɔfe] *vi* triumphieren; (*concurrent,
parti*) (triumphal) siegen; **~ de qch/qn** über etw/
jdn triumphieren
triparti, e [tʀipaʀti] *adj* Dreiparteien-
tripartite [tʀipaʀtit] *adj* = **triparti**
triperie [tʀipʀi] *nf* (*boutique*) Geschäft, *wo Innereien
verkauft werden*
tripes [tʀip] *nfpl* (*Culin*) Kutteln *pl*, Kaldaunen *pl*;
(*fam*) Bauch *m*
triphasé, e [tʀifaze] *adj* dreiphasig
triplace [tʀiplas] *adj* dreisitzig
triple [tʀipl] *adj* dreifach; (*à trois éléments*)
dreiteilig ▷ *nm*: **le ~ (de)** das Dreifache (von); **en
~ exemplaire** in dreifacher Ausfertigung
triplé [tʀiple] *nm* (*Hippisme*) Wette auf drei Pferde in
drei verschiedenen Rennen; (*Sport*) Hattrick *m*; **triplés,
-es** *nm/fpl* Drillinge *pl*
triplement [tʀipləmɑ̃] *adv* dreifach ▷ *nm*
Verdreifachung *f*
tripler [tʀiple] *vi* sich verdreifachen ▷ *vt*
verdreifachen
Tripoli [tʀipɔli] *n* Tripoli *nt*
triporteur [tʀipɔʀtœʀ] *nm* Dreirad für
Warentransporte
tripot [tʀipo] (*péj*) *nm* Spielhölle *f*
tripotage [tʀipɔtaʒ] (*péj*) *nm* Herumfummeln *nt*
tripoter [tʀipɔte] *vt* (*stylo, objet*) herumfummeln
mit; (*fam: femme*) herumfummeln an
trique [tʀik] *nf* Knüppel *m*
trisannuel, le [tʀizanɥel] *adj* (*qui a lieu tous les trois
ans*) dreijährlich; (*qui dure trois ans*) dreijährig
triste [tʀist] *adj* traurig; **un ~ personnage** eine
Jammergestalt; **une ~ affaire** eine traurige
Angelegenheit
tristement [tʀistəmɑ̃] *adv* traurig
tristesse [tʀistɛs] *nf* Traurigkeit *f*
triton [tʀitɔ̃] *nm* Triton *m*
triturer [tʀityʀe] *vt* (*pâte*) kneten; (*mouchoir*)
herumfummeln an *+dat*; **se ~ les
méninges** (*fam*) sich den Kopf zerbrechen
trivial, e, -aux [tʀivjal, jo] *adj* (*vulgaire*) derb,
vulgär; (*commun*) trivial, alltäglich

trivialité [tʀivjalite] *nf* (*grossièreté*) Derbheit *f*,
Vulgarität *f*; (*banalité*) Trivialität *f*
troc [tʀɔk] *nm* Tauschhandel *m*
troène [tʀɔɛn] *nm* Liguster *m*
troglodyte [tʀɔɡlɔdit] *nm/f* Höhlenbewohner(in)
m(f)
trognon [tʀɔɲɔ̃] *nm* (*de fruit*) Kerngehäuse *nt*; (*de
légume*) Strunk *m*
trois [tʀwa] *num* drei; **les ~ quarts de** drei Viertel
+gén; **c'est ~ fois rien** das ist nicht der Rede wert
trois-huit [tʀwaɥit] *nmpl*: **faire les ~** in
Achtstundenschichten arbeiten
troisième [tʀwazjɛm] *adj* dritte(r, s); **le ~ âge** das
Seniorenalter; (*personnes*) die Senioren *pl*
troisièmement [tʀwazjɛmmɑ̃] *adv* drittens
trolleybus [tʀɔlɛbys] *nm* Obus *m*
trombe [tʀɔb] *nf*: **en ~** wie ein Wirbelwind; **~s
d'eau** Regenguss *m*
trombone [tʀɔbɔn] *nm* (*instrument*) Posaune *f*;
(*musicien*) Posaunist(in) *m(f)*; (*de bureau*)
Büroklammer *f*; **à coulisse** Zugposaune *f*
tromboniste [tʀɔbɔnist] *nm/f* Posaunist(in) *m(f)*
trompe [tʀɔp] *nf* (*d'éléphant*) Rüssel *m*; (*Mus*) Horn
nt; **~ de brume** Nebelhorn *nt*; **~ d'Eustache**
eustachische Röhre *f*; **~s (utérines)** Eileiter *pl*
trompe-l'œil [tʀɔploej] *nm inv*: **en ~** (*peinture*)
Illusions-
tromper [tʀɔpe] *vt* betrügen; (*suj: distance, objet,
ressemblance*) täuschen; (*espoir, attente*)
enttäuschen; (*vigilance, poursuivants*) irreführen;
se tromper *vpr* sich irren, sich täuschen; **se ~ de
voiture/jour** sich im Auto/im Tag täuschen; **se
~ de 3 cm/20 euros** sich um 3 cm/20 Euro vertun
tromperie [tʀɔpʀi] *nf* Betrug *m*
trompette [tʀɔpɛt] *nf* Trompete *f*; **nez en ~**
Himmelfahrtsnase *f*
trompettiste [tʀɔpetist] *nm/f* Trompeter(in) *m(f)*
trompeur, -euse [tʀɔpœʀ, øz] *adj* täuschend
trompeusement [tʀɔpøzmɑ̃] *adv* täuschend
tronc [tʀɔ] *nm* (*Bot*) Stamm *m*; (*Anat*) Rumpf *m*;
(*d'église*) Opferstock *m*; **~ commun** (*Scol*)
gemeinsamer Unterricht *m*; **~ d'arbre**
Baumstamm *m*; **~ de cône** Kegelstumpf *m*
tronche [tʀɔʃ] (*fam*) *nf* Birne *f*
tronçon [tʀɔsɔ̃] *nm* Teilstrecke *f*
tronçonner [tʀɔsɔne] *vt* zersägen
tronçonneuse [tʀɔsɔnøz] *nf* Kettensäge *f*
trône [tʀon] *nm* Thron *m*; **monter sur le ~** den
Thron besteigen
trôner [tʀone] *vi* thronen
tronquer [tʀɔke] *vt* verstümmeln
trop [tʀo] *adv* zu; (*avec verbe*) zu viel; (*aimer, chauffer,
insister*) zu sehr; **~ (nombreux)** zu viele, zu
zahlreich; **~ peu (nombreux)** zu wenige; (*nombre*) zu viele, zu
~ souvent zu oft; **~ longtemps** zu lange; **~ de**
(*nombre*) zu viele; (*quantité*) zu viel; **des livres/5
euros de** *ou* **en ~** einige Bücher/5 Euro zu viel; **du
lait en ~** zu viel Milch
trophée [tʀɔfe] *nf* Trophäe *f*
tropical, e, -aux [tʀɔpikal, o] *adj* tropisch
tropique [tʀɔpik] *nm* (*ligne*) Wendekreis *m*;
tropiques *nmpl* (*régions*) die Tropen *pl*; **~ du**

Cancer/Capricorne Wendekreis des Krebses/des Steinbocks

trop-plein [tʀɔplɛ̃] (*pl* **-s**) *nm* Überlauf *m*; (*d'énergie*) Überschuss *m*

troquer [tʀɔke] *vt* eintauschen

trot [tʀo] *nm* Trab *m*; **aller au ~** traben, im Trab reiten; **partir au ~** lostraben

trotter [tʀɔte] *vi* traben; (*souris, enfants*) herumtrippeln

trotteuse [tʀɔtøz] *nf* (*de montre*) Sekundenzeiger *m*

trottiner [tʀɔtine] *vi* trippeln

trottinette [tʀɔtinɛt] *nf* Roller *m*

trottoir [tʀɔtwaʀ] *nm* Bürgersteig *m*, Gehweg *m*; **faire le ~** (*péj*) auf den Strich gehen; **~ roulant** Rollsteig *m*

trou [tʀu] *nm* Loch *nt*; (*moment de libre*) Lücke *f*; **~ d'aération** Luftloch *nt*; **~ d'air** Luftloch *nt*; **~ de la serrure** Schlüsselloch *nt*; **~ de mémoire** Gedächtnislücke *f*; **~ noir** (*Astron*) schwarzes Loch

troublant, e [tʀublɑ̃, ɑ̃t] *adj* verwirrend

trouble [tʀubl] *adj* trüb; (*fig: louche*) zwielichtig, düster ▷ *adv*: **voir ~** undeutlich sehen ▷ *nm* (*désarroi, embarras*) Verwirrung *f*; (*émoi sensuel*) Erregung *f*; (*zizanie*) Unruhe *f*; **troubles** *nmpl* (*Pol*) Aufruhr *m*, Unruhen *pl*; (*Méd*) Beschwerden *pl*, Störung *f*; **~s de la personnalité** Persönlichkeitsprobleme *pl*; **~s de la vision** Sehstörungen *pl*

trouble-fête [tʀubləfɛt] *nm/f inv* Spielverderber(in) *m(f)*

troubler [tʀuble] *vt* (*personne*) verwirren; (*: inquiéter*) beunruhigen; (*: émouvoir*) bewegen; (*liquide*) trüben; (*perturber*) stören; **se troubler** *vpr* (*personne*) verlegen werden; **~ l'ordre public** Ruhe und Ordnung stören

troué, e [tʀue] *adj* durchlöchert ▷ *nf* (*dans un mur, une haie*) Lücke *f*; (*Géo*) Spalte *f*; (*Mil*) Durchbruch *m*

trouer [tʀue] *vt* (*vêtement, papier*) ein Loch machen in *+acc*; (*mur*) durchbohren; (*fig: silence, air, nuit*) durchbrechen

trouille [tʀuj] (*fam*) *nf*: **avoir la ~** einen Mordsbammel haben

troupe [tʀup] *nf* (*Mil*) Truppe *f*; (*groupe*) Gruppe *f*, Schar *f*; **~ (de théâtre)** Theatertruppe *f*, Ensemble *nt*; **~s de choc** Stoßtruppen *pl*

troupeau, x [tʀupo] *nm* Herde *f*

trousse [tʀus] *nf* (*étui*) Etui *nt*; (*d'écolier*) (Feder)mäppchen *nt*; (*de docteur*) Arzttasche *f*; **aux ~s de** (*fig*) auf den Fersen von; **~ à outils** Werkzeugtasche *f*; **~ de toilette** *ou* **de voyage** Kulturbeutel *m*

trousseau, x [tʀuso] *nm* (*de mariée*) Aussteuer *f*; **~ de clefs** Schlüsselbund *m*

trouvaille [tʀuvaj] *nf* Entdeckung *f*, Fund *m*

trouver [tʀuve] *vt* finden; **se trouver** *vpr* (*être*) sein; (*être soudain*) sich finden ▷ *vr impers*: **il se trouve que** zufälligerweise; **~ le loyer cher/le prix excessif** die Miete hoch/den Preis zu hoch finden; **aller/venir ~ qn** jdn besuchen gehen/kommen; **je trouve que** ich finde, dass; **~ à boire/critiquer** etwas zu Trinken/etwas

auszusetzen finden; **se ~ à 3 km** 3 km entfernt sein; **se ~ bien** sich wohlfühlen; **se ~ mal** in Ohnmacht fallen; **il se trouve dans l'impossibilité de faire qch** es ist ihm unmöglich, etw zu tun

truand [tʀyɑ̃] *nm* Gangster *m*, Ganove *m*

truander [tʀyɑ̃de] (*fam*) *vt* betrügen, übers Ohr hauen

trublion [tʀyblijɔ̃] *nm* Unruhestifter *m*

truc [tʀyk] (*fam*) *nm* (*astuce*) Dreh *m*, Kniff *m*; (*de cinéma, de prestidigitateur*) Trick *m*; (*fam: chose*) Ding *nt*; **avoir le ~** (*fam*) den Trick *ou* Bogen raushaben; **c'est pas mon ~** (*fam*) das liegt mir nicht

truchement [tʀyʃmɑ̃] *nm*: **par le ~ de qn** durch jdn, durch jds Vermittlung

trucider [tʀyside] (*fam*) *vt* umlegen

truculence [tʀykylɑ̃s] *nf* Urigkeit *f*

truculent, e [tʀykylɑ̃, ɑ̃t] *adj* urig, urwüchsig

truelle [tʀyɛl] *nf* (*de maçon*) Kelle *f*; **~ à poisson** Fischmesser *nt*

truffe [tʀyf] *nf* Trüffel *f*; (*fam: nez*) Nase *f*

truffer [tʀyfe] *vt* (*Culin*) trüffeln; **truffé de** (*erreurs, contresens, citations*) gespickt mit; (*pièges*) voller

truie [tʀɥi] *nf* Sau *f*

truite [tʀɥit] *nf* Forelle *f*

truquage [tʀykaʒ] *nm* (*v vt*) Fälschung *f*; Manipulation *f*; Zinken *nt*; (*Ciné*) Trickaufnahmen *pl*

truquer [tʀyke] *vt* (*élections*) fälschen; (*serrure*) manipulieren; (*cartes*) zinken; (*Ciné*) Trickaufnahmen anwenden bei

trust [tʀœst] *nm* Trust *m*, Konzern *m*

truster [tʀœste] *vt* (*Comm*) monopolisieren

tsar [dzaʀ] *nm* Zar *m*

tsé-tsé [tsetse] *nf inv*: **(mouche) ~** Tsetsefliege *f*

TSF [teesɛf] *sigle f* (= *télégraphie sans fil*) Radio *nt*

tsigane [tsigan] *adj, nm/f* = **tzigane**

TSVP [teesvepe] *abr* = *tournez s'il vous plaît* b.w.

TTC [tetese] *abr* = *toutes taxes comprises* alles inbegriffen

tu[1] [ty] *pron* du ▷ *nm*: **employer le tu** du sagen

tu[2], e [ty] *pp de* **taire**

tuant, e [tɥɑ̃, tɥɑ̃t] *adj* (*épuisant*) erschöpfend; (*énervant*) unausstehlich

tuba [tyba] *nm* (*Mus*) Tuba *f*; (*Sport*) Schnorchel *m*

tubage [tybaʒ] *nm* (*Méd*) Intubierung *f*

tube [tyb] *nm* (*de mesure, en verre*) Röhre *f*; (*de canalisation, métallique etc*) Rohr *nt*; (*de comprimés*) Röhrchen *nt*; (*de dentifrice etc*) Tube *f*; (*chanson*) Hit *m*; **~ à essai** Reagenzglas *nt*; **~ de peinture** Farbtube *f*; **~ digestif** Verdauungskanal *m*

tuberculeux, -euse [tybɛʀkylø, øz] *adj* tuberkulös ▷ *nm/f* Tuberkulosekranke(r) *f(m)*

tuberculose [tybɛʀkyloz] *nf* Tuberkulose *f*

tubulaire [tybylɛʀ] *adj* (*table, meuble*) Stahlrohr-

tubulure [tybylyʀ] *nf* (*tube*) Rohr *nt*; **tubulures** *nfpl* (*tubes*) Rohrleitungen *pl*; **~s d'échappement/ d'admission** Auspuff-/Ansaugrohre *pl*

TUC [tyk] *sigle m* (= *travail d'utilité collective*) ≈ ABM *f*

tuciste [tysist] *nm/f* ≈ ABM-Kraft *f*

tué, e [tɥe] *nm/f*: **cinq ~s** fünf Tote *pl*

tue-mouche [tymuʃ] adj: **papier ~** Fliegenfänger m

tuer [tɥe] vt töten; (commerce) ruinieren; (inspiration, amour) abtöten; **se tuer** vpr (se suicider) sich umbringen, sich dat das Leben nehmen; (dans un accident) umkommen; **se ~ au travail** (fig) sich totarbeiten

tuerie [tyʀi] nf Blutbad nt, Gemetzel nt

tue-tête [tytɛt]: **à ~** adv aus Leibeskräften

tueur [tɥœʀ] nm (assassin) Mörder m; **~ à gages** bezahlter Killer m

tuile [tɥil] nf Dachziegel m; (fam: ennui) Pech nt

tulipe [tylip] nf Tulpe f

tulle [tyl] nm Tüll m

tuméfié, e [tymefje] adj geschwollen

tumeur [tymœʀ] nf Tumor m

tumulte [tymylt] nm Tumult m

tumultueux, -euse [tymyltɥø, øz] adj (discussion, passion) stürmisch; (foule) tobend, lärmend

tuner [tynɛʀ] nm Tuner m

tungstène [tœ̃kstɛn] nm Wolfram nt

tunique [tynik] nf (romaine) Tunika f

Tunis [tynis] n Tunis nt

Tunisie [tynizi] nf: **la ~** Tunesien nt

tunisien, ne [tynizjɛ̃, jɛn] adj tunesisch ▷ nm/f: **Tunisien, ne** Tunesier(in) m(f)

tunisois, e [tynizwa, waz] adj aus Tunis

tunnel [tynɛl] nm Tunnel m

turban [tyʀbɑ̃] nm Turban m

turbin [tyʀbɛ̃] (fam) nm Job m; **aller au ~** zur Arbeit gehen; **après le ~** nach der Arbeit

turbine [tyʀbin] nf Turbine f

turbo [tyʀbo] nm Turbolader m; **un moteur ~** ein Turbomotor m

turbopropulseur [tyʀbopʀɔpylsœʀ] nm Turboantrieb m

turboréacteur [tyʀboʀeaktœʀ] nm Turbotriebwerk nt

turbot [tyʀbo] nm Steinbutt m

turbotrain [tyʀbotʀɛ̃] nm Turbozug m

turbulences [tyʀbylɑ̃s] nfpl Turbulenzen pl

turbulent, e [tyʀbylɑ̃, ɑ̃t] adj (enfant) wild, ausgelassen

turc, turque [tyʀk] adj türkisch ▷ nm (Ling) Türkisch nt ▷ nm/f: **Turc, Turque** Türke m, Türkin f; **à la turque** (cabinet) Steh-

turf [tyʀf] ▷ nm Pferderennen pl; (paris) Pferdewetten pl

turfiste [tyʀfist] nm/f Rennfanatiker(in) m(f)

turpitude [tyʀpityd] nf Niedertracht f

Turque [tyʀk] nf voir **turc**

turque [tyʀk] adj f voir **turc**

Turquie [tyʀki] nf Türkei f

turquoise [tyʀkwaz] adj inv türkis ▷ nf ou nm Türkis m

tut etc [ty] vb voir **taire**

tutelle [tytɛl] nf (Jur) Vormundschaft f; (de l'État, d'une société) Treuhandschaft f; **mettre en ~** unter Vormundschaft stellen acc; **être sous la ~ de qn** unter jds Aufsicht dat stehen

tuteur [tytœʀ, tʀis] nm/f (Jur) Vormund m ▷ nm (de plante) Stütze f

tutoiement [tytwamɑ̃] nm Duzen nt

tutoyer [tytwaje] vt duzen

tutti quanti [tutikwɑ̃ti] nmpl: **et ~** und der ganze Rest

tutu [tyty] nm Balletttröckchen nt

tuyau, x [tɥijo] nm (rigide) Rohr nt, Röhre f; (flexible) Schlauch m; (fam: conseil) Wink m, Tipp m; (: renseignement) Info nt; **~ d'arrosage** Gartenschlauch m; **~ d'échappement** Auspuffrohr nt; **~ d'incendie** Feuerwehrschlauch m

tuyauterie [tɥijotʀi] nf Rohrsystem nt

tuyère [tyjɛʀ] nf Düse f

TV [teve] sigle f (= télévision) TV nt

TVA [tevea] sigle f (= taxe à ou sur la valeur ajoutée) MwSt. f

tweed [twid] nm Tweed m

tympan [tɛ̃pɑ̃] nm (Anat) Trommelfell nt

type [tip] nm Typ m; (fam: homme) Typ ▷ adj typisch; **avoir le ~ nordique** (race) ein nordischer Typ sein; **c'est le ~ même du vieux garçon** er ist ein typischer Junggeselle

typé, e [tipe] adj ausgeprägt

typhoïde [tifɔid] nf Typhus m

typhon [tifɔ̃] nm Taifun m

typhus [tifys] nm Flecktyphus m

typique [tipik] adj typisch

typiquement [tipikmɑ̃] adv typisch

typographe [tipɔgʀaf] nm/f Schriftsetzer(in) m(f)

typographie [tipɔgʀafi] nf Typografie f; (procédé) Buchdruck m

typographique [tipɔgʀafik] adj typografisch

typologie [tipɔlɔʒi] nf Typologie f

typologique [tipɔlɔʒik] adj typologisch

tyran [tiʀɑ̃] nm Tyrann m

tyrannie [tiʀani] nf Tyrannei f

tyrannique [tiʀanik] adj tyrannisch

tyranniser [tiʀanize] vt tyrannisieren

Tyrol [tiʀɔl] nm: **le ~** Tirol nt

tyrolien, ne [tiʀɔljɛ̃, jɛn] adj Tiroler ▷ nm/f: **Tyrolien, ne** Tiroler(in) m(f)

tzar [dzaʀ] nm = **tsar**

tzigane [dzigan] adj Zigeuner- ▷ nm/f Zigeuner(in) m(f)

Uu

U, u [y] *nm inv* (*lettre*) U, u *nt;* **U comme Ursula**
≈ U wie Ulrich

ubiquité [ybikɥite] *nf:* **avoir le don d'~** überall
zugleich sein

UDF [ydeɛf] *sigle f* (= *Union pour la démocratie
française*) *politische Partei*

UE [ye] *sigle f* (= *Union européenne*) EU *f*

UEFA [yefa] *sigle f* (= *Union of European Football
Associations*) UEFA *f*

UFR [yefɛʀ] *sigle f* (= *unité de formation et de recherche*)
Universitätsabteilung

UHF [yaʃɛf] *sigle f* (= *ultra-haute fréquence*) UHF

UHT [yaʃte] *sigle* = *ultra-haute température:* **lait** *m*
UHT H-Milch *f*

Ukraine [ykʀɛn] *nf* Ukraine *f*

ukrainien, ne [ykʀɛnjɛ̃, jɛn] *adj* ukrainisch
▷ *nm/f:* **Ukrainien, ne** Ukrainer(in) *m(f)*

ulcération [ylseʀasjɔ̃] *nf* Geschwürbildung *f*

ulcère [ylsɛʀ] *nm* Geschwür *nt;* **~ à l'estomac**
Magengeschwür *nt*

ulcérer [ylseʀe] *vt* (*Méd*) Geschwüre
verursachen in +*dat;* (*fig*) zutiefst
verärgern

ulcéreux, -euse [ylseʀø, øz] *adj* geschwürig;
(*plaie*) vereitert

ultérieur, e [ylteʀjœʀ] *adj* später; **reporté à une
date ~e** auf einen späteren Zeitpunkt
verschoben

ultérieurement [ylteʀjœʀmɑ̃] *adv* später

ultimatum [yltimatɔm] *nm* Ultimatum *nt*

ultime [yltim] *adj* letzte(r, s)

ultra [yltʀa] *préf* ultra-

ultra-court, e [yltʀakuʀ, kuʀt] (*pl* **~s, es**) *adj:*
ondes ~es Ultrakurzwellen *pl*

ultramoderne [yltʀamɔdɛʀn] *adj*
hypermodern

ultra-rapide [yltʀaʀapid] (*pl* **~s**) *adj*
ultraschnell

ultra-sensible [yltʀasɑ̃sibl] (*pl* **~s**) *adj* (*Photo*)
hoch empfindlich

ultra(-)sons [yltʀasɔ̃] *nmpl* Ultraschall *m*

ultra(-)violet, te [yltʀavjɔlɛ, ɛt] (*pl*
ultra(-)violets, tes) *adj* ultraviolett

ululer [ylyle] *vi* schreien

UMP [yɛmpe] *sigle f* (= *Union pour un mouvement
populaire*) *politische Partei*

---

un, une [œ̃, yn] *art indéf* eine(r, s); **un homme** ein
Mann; **une femme** eine Frau; **une chaussure**
ein Schuh; **une tulipe** eine Tulpe; **un chocolat**
eine Schokolade
▷ *pron* eine(r, s); **l'un des meilleurs** einer der
Besten; **l'un ..., l'autre ...** der eine ..., der
andere ...; **les uns ..., les autres ...** die einen ...,
die anderen ...; **l'un et l'autre** beide; **l'un ou
l'autre** eine(r, s) von beiden; **l'un, l'autre**
einander; **les uns les autres** einander; **pas un
seul** kein Einziger; **un par un** einer nach dem
anderen
▷ *num* eins
▷ *nf:* **la une** (*Presse*) die Titelseite; (*chaîne de
télévision*) das Erste (Programm)

unanime [ynanim] *adj* einstimmig; **ils sont ~s
(à penser que)** sie sind sich einig (darin, dass)

unanimement [ynanimmɑ̃] *adv* einstimmig

unanimité [ynanimite] *nf* Einstimmigkeit *f;* **à
l'~** einstimmig; **faire l'~** einstimmig
angenommen werden

UNEF [ynɛf] *sigle f* (= *Union nationale des étudiants de
France*) *Studentengewerkschaft*

UNESCO [ynɛsko] *sigle f* (= *United Nations
Educational, Scientific and Cultural Organization*)
UNESCO *f*

uni, e [yni] *adj* (*tissu, couleur*) einfarbig, uni;
(*surface, terrain*) eben; (*famille, groupe*) eng
verbunden; (*pays*) vereinigt ▷ *nm* (*étoffe unie*)
Unistoff *m*

UNICEF [ynisɛf] *sigle m ou f* (= *United Nations
International Children's Emergency Fund*) UNICEF *f*

unidirectionnel, le [ynidiʀɛksjɔnɛl] *adj* (*antenne,
émetteur*) Richt-

unième [ynjɛm] *adj:* **vingt et ~**
einundzwanzigste(r, s); **trente et ~**
einunddreißigste(r, s); **cent ~** hund)erteste(r, s);
mille et ~ tausenderste(r, s)

unificateur, -trice [ynifikatœʀ, tʀis] *adj*
(*mouvement*) Vereinigungs-

unification [ynifikasjɔ̃] *nf* Vereinigung *f*

unifier [ynifje] *vt* vereinigen; **s'unifier** *vpr* sich
vereinigen

uniforme [ynifɔʀm] *adj* (*mouvement*)
gleichmäßig; (*surface*) eben; (*ton*) gleichförmig;
(*objets, maisons*) gleichartig; (*fig: vie, conduite*)
einförmig ▷ *nm* Uniform *f*; **être sous l'**~ dienen
uniformément [ynifɔʀmemɑ̃] *adv* (*v adj*)
gleichmäßig; eben; gleichförmig; gleichartig;
einförmig
uniformisation [ynifɔʀmizasjɔ̃] *nf*
Vereinheitlichung *f*
uniformiser [ynifɔʀmize] *vt* vereinheitlichen
uniformité [ynifɔʀmite] *nf* (*v adj*)
Gleichmäßigkeit *f*; Ebenheit *f*; Gleichförmigkeit
f; Gleichartigkeit *f*; Einförmigkeit *f*
unijambiste [yniʒɑ̃bist] *nm/f* Einbeinige(r) *f(m)*
unilatéral, e, -aux [ynilateʀal, o] *adj* einseitig;
stationnement ~ Parken *nt* auf nur einer
Straßenseite
unilatéralement [ynilateʀalmɑ̃] *adv* einseitig
uninominal, e, -aux [yninɔminal, o] *adj* (*scrutin,
vote*) Einzel-
union [ynjɔ̃] *nf* Vereinigung *f*; (*d'éléments, couleurs,
mariage*) Verbindung *f*; **l'U**~ **des républiques
socialistes soviétiques** die Union *f* der
sozialistischen Sowjetrepubliken; **l'U**~
soviétique die Sowjetunion *f*; ~ **conjugale**
eheliche Verbindung; ~ **de consommateurs**
Verbraucherverband *m*; ~ **douanière** Zollunion *f*;
~ **libre** freie Liebe *f*
unique [ynik] *adj* (*seul*) einzig; (*exceptionnel*)
einzigartig; **prix/système** ~ Einheitspreis *m*/
-system *nt*; **ménage à salaire** ~ Haushalt *m* mit
einem Einkommen; **route à voie** ~
Einbahnstraße *f*; **fils** ~ einziger Sohn; **fille** ~
einzige Tochter; ~ **en France** einzigartig in
Frankreich
uniquement [ynikmɑ̃] *adv* nur, bloß
unir [yniʀ] *vt* (*nations*) vereinen, vereinigen;
(*éléments, couleurs, qualités*) verbinden; (*en mariage*)
trauen; **s'unir** *vpr* sich vereinigen; ~ **qch à** etw
vereinigen/verbinden mit; **s'**~ **à** *ou* **avec** sich
verbinden mit
unisexe [yniseks] *adj* Einheits-; (*coiffure*) für
Damen und Herren
unisson [ynisɔ̃] *nm*: **à l'**~ einstimmig
unitaire [yniteʀ] *adj* (*Pol*) vereinigend; **prix** ~
Einzelpreis *m*
unité [ynite] *nf* Einheit *f*; (*harmonie*) Einigkeit *f*;
(*Math*) Einer *m*; ~ **centrale** (*Inform*)
Zentraleinheit *f*; ~ **d'action** konzertierte Aktion
f; ~ **de valeur** (*Scol*) Unterrichtseinheit *f*; ~ **de
vues** Einstimmigkeit *f*
univers [yniveʀ] *nm* Universum *nt*; (*fig*) Welt *f*
universalisation [yniveʀsalizasjɔ̃] *nf*
Verallgemeinerung *f*
universaliser [yniveʀsalize] *vt* verallgemeinern
universalité [yniveʀsalite] *nf* (*de langage etc*)
Allgemeingültigkeit *f*; (*d'esprit*) Vielseitigkeit *f*
universel, le [yniveʀsɛl] *adj* allgemein; (*esprit,
outil, système*) vielseitig; **remède** ~ Allheilmittel
nt
universellement [yniveʀsɛlmɑ̃] *adv*: ~ **connu/
méprisé** allgemein anerkannt/verachtet

universitaire [yniveʀsiteʀ] *adj* Universitäts-
▷ *nm/f* Lehrkraft *f* an der Universität,
Akademiker(in) *m(f)*
université [yniveʀsite] *nf* Universität *f*
univoque [ynivɔk] *adj* eindeutig
Untel [œ̃tɛl] *nm*: **Monsieur** ~ Herr Soundso;
Madame ~ Frau Soundso
upériser [ypeʀize] *vt*: **lait upérisé** H-Milch *f*
uppercut [ypɛʀkyt] *nm* Aufwärtshaken *m*
uranium [yʀanjɔm] *nm* Uran *nt*
urbain, e [yʀbɛ̃, ɛn] *adj* Stadt-; (*transports*)
städtisch; (*poli*) weltgewandt
urbanisation [yʀbanizasjɔ̃] *nf* Verstädterung *f*
urbaniser [yʀbanize] *vt* urbanisieren,
städtebaulich erschließen
urbanisme [yʀbanism] *nm* Städtebau *m*
urbaniste [yʀbanist] *nm/f* Stadtplaner(in) *m(f)*
urbanité [yʀbanite] *nf* Weltgewandtheit *f*
urée [yʀe] *nf* Harnstoff *m*
urémie [yʀemi] *nf* Urämie *f*, Harnvergiftung *f*
urgence [yʀʒɑ̃s] *nf* Dringlichkeit *f*; (*Méd*) Notfall
m; **d'**~ dringend; **en cas d'**~ im Notfall; **service
des** ~**s** Unfallstation *f*
urgent, e [yʀʒɑ̃, ɑ̃t] *adj* dringend
urinaire [yʀinɛʀ] *adj* Harn-
urinal, -aux [yʀinal, o] *nm* Urinal *nt*
urine [yʀin] *nf* Urin *m*
uriner [yʀine] *vi* urinieren
urinoir [yʀinwaʀ] *nm* Pissoir *nt*
urique [yʀik] *adj*: **acide** ~ Harnsäure *f*
urne [yʀn] *nf* Urne *f*; **aller aux** ~**s** (*voter*) zur Wahl
gehen; ~ **funéraire** Urne
urologie [yʀɔlɔʒi] *nf* Urologie *f*
urologue [yʀɔlɔg] *nm/f* Urologe *m*, Urologin *f*
URSS [yʀs] *sigle f* (= *Union des Républiques Socialistes
Soviétiques*) UdSSR *f*
urticaire [yʀtikɛʀ] *nf* Nesselsucht *f*
Uruguay [yʀygwɛ] *nm*: **l'**~ Uruguay *nt*
uruguayen, ne [yʀygwajɛ̃, ɛn] *adj* uruguayisch
us [ys] *nmpl*: **us et coutumes** Sitten und
Gebräuche *pl*
US(A) [yɛs(a)] *sigle mpl* (= *United States (of America)*)
USA *pl*
usage [yzaʒ] *nm* (*utilisation*) Benutzung *f*,
Gebrauch *m*; (*coutume*) Sitte *f*, Brauch *m*; (*Ling*)
Gebrauch; (*bonnes manières*) (gute) Manieren *pl*;
c'est l'~ das ist (der) Brauch; **faire** ~ **de** Gebrauch
machen von; **avoir l'**~ **de** benutzen können; **à
l'**~ mit dem Gebrauch; **à l'**~ **de** (*pour*) zum
Gebrauch von, für; **en** ~ in Gebrauch; **hors d'**~
nicht mehr zu gebrauchen; **à** ~ **interne/externe**
(*Méd*) zum inneren/äußerlichen Gebrauch; ~ **de
faux** (*Jur*) Verbreitung *f* von Fälschungen
usagé, e [yzaʒe] *adj* (*usé*) abgenutzt; (*d'occasion*)
gebraucht
usager, -ère [yzaʒe, ɛʀ] *nm/f* Benutzer(in) *m(f)*
usé, e [yze] *adj* abgenutzt; (*santé, personne*)
verbraucht; (*rebattu*) abgedroschen; **eaux** ~**es**
Abwässer *pl*
user [yze] *vt* abnutzen; (*santé, personne*)
mitnehmen, verschleißen; (*consommer*)
verbrauchen; **s'user** *vpr* sich abnutzen; (*facultés,*

santé) nachlassen; **~ de** gebrauchen, anwenden; **s'~ à la tâche** *ou* **au travail** sich bei der Arbeit aufreiben

usine [yzin] *nf* Fabrik *f*, Werk *nt*; **~ à gaz** Gaswerk *nt*; **~ atomique** Atomkraftwerk *nt*; **~ marémotrice** Gezeitenkraftwerk *nt*

usiner [yzine] *vt* (*traiter*) verarbeiten, maschinell bearbeiten; (*fabriquer*) (fabrikmäßig) herstellen

usité, e [yzite] *adj* gebräuchlich; **peu ~** kaum gebräuchlich

ustensile [ystɑ̃sil] *nm* Gerät *nt*; **~ de cuisine** Küchengerät *nt*

usuel, le [yzɥɛl] *adj* üblich

usufruit [yzyfʀɥi] *nm* Nutznießung *f*

usuraire [yzyʀɛʀ] *adj* wucherisch

usure [yzyʀ] *nf* Abnutzung *f*, Verschleiß *m*; (*de l'usurier*) Wucher *m*; **avoir qn à l'~** jdn langsam überreden; **~ normale** normaler Verschleiß

usurier, -ière [yzyʀje, jɛʀ] *nm/f* Wucherer *m*, Wucherin *f*

usurpateur, -trice [yzyʀpatœʀ, tʀis] *nm/f* Usurpator(in) *m(f)*

usurpation [yzyʀpasjɔ̃] *nf* (widerrechtliche) Aneignung *f*

usurper [yzyʀpe] *vt* sich *dat* widerrechtlich aneignen; **réputation usurpée** falscher Ruf *m*

ut [yt] *nm* (*Mus*) C *nt*

utérin, e [yteʀɛ̃, in] *adj* Gebärmutter-; **frère ~** Halbbruder *m* mütterlicherseits

utérus [yteʀys] *nm* Gebärmutter *f*

utile [ytil] *adj* nützlich; **~ à qn/qch** jdm/einer Sache *dat* nützlich; **si cela peut vous être ~** wenn Ihnen das etwas nützt

utilement [ytilmɑ̃] *adv* nützlich

utilisable [ytilizabl] *adj* benutzbar

utilisateur, -trice [ytilizatœʀ, tʀis] *nm/f* Benutzer(in) *m(f)*

utilisation [ytilizasjɔ̃] *nf* Benutzung *f*

utiliser [ytilize] *vt* benutzen; (*force, moyen*) anwenden; (*restes*) verwenden, verwerten

utilitaire [ytilitɛʀ] *adj* (*objet, véhicule*) Gebrauchs-; (*but*) auf Nützlichkeit ausgerichtet ▷ *nm* (*Inform*) Hilfsprogramm *nt*

utilité [ytilite] *nf* Nützlichkeit *f*, Nutzen *m*; **jouer les ~s** (*Théât*) Nebenrollen spielen; **reconnu d'~ publique** staatlich zugelassen; **ce n'est d'aucune/c'est d'une grande ~** das nutzt überhaupt nichts/das ist von großem Nutzen

utopie [ytɔpi] *nf* Utopie *f*

utopique [ytɔpik] *adj* utopisch

utopiste [ytɔpist] *nm/f* Utopist(in) *m(f)*

UV [yve] *sigle f* (= *unité de valeur*) *voir* **unité** ▷ *sigle mpl* (= *ultra-violets*) UV

Vv

V¹, v¹ [ve] *nm inv* (*lettre*) V, v *nt*; **V comme Victor** ≈ V wie Viktor; **en V** in V-Form; **encolure/décolleté en V** V-Kragen *m*/V-Ausschnitt *m*

V² *abr* (= *volt*) V

v² *abr* (= *voir*) s.; (= *vers*) V.

va [va] *vb voir* **aller**

vacance [vakɑ̃s] *nf* (*poste*) freie Stelle *f*, Vakanz *f*; **vacances** *nfpl* Ferien *pl*; **les grandes ~s** die großen Ferien; **prendre des/ses ~s (en juin)** (im Juni) Ferien machen; **aller en ~s** in die Ferien fahren; **~s de Noël** Weihnachtsferien *pl*; **~s de Pâques** Osterferien *pl*

vacancier, -ière [vakɑ̃sje, jɛʀ] *nm/f* Urlauber(in) *m(f)*

vacant, e [vakɑ̃, ɑ̃t] *adj* (*poste, chaire*) frei; (*appartement*) leer stehend, frei

vacarme [vakaʀm] *nm* Lärm *m*, Getöse *nt*

vacataire [vakatɛʀ] *nm/f* (*remplaçant*) Vertretung *f*; (*avec contrat temporaire*) Person mit zeitlich befristetem Arbeitsvertrag

vaccin [vaksɛ̃] *nm* (*substance*) Impfstoff *m*; (*opération*) Impfung *f*; **~ antirabique** Tollwutimpfung *f*

vaccination [vaksinasjɔ̃] *nf* Impfung *f*

vacciner [vaksine] *vt* impfen; **~ qn contre qch** jdn gegen etw impfen; **être vacciné** (*fig*) ein gebranntes Kind sein

vache [vaʃ] *nf* Kuh *f*; (*cuir*) Rindsleder *nt* ▷ *adj* (*fam: méchant*) gemein; **manger de la ~ enragée** am Hungertuch nagen; **période des ~s maigres** magere Zeiten *pl ou* Jahre *pl*; **parler français comme une ~ espagnole** nur sehr gebrochen Französisch sprechen; **~ à eau** Wassersack *m*; **~ à lait** (*péj*) Trottel *m*; **~ laitière** Milchkuh *f*

vachement [vaʃmɑ̃] (*fam*) *adv* unheimlich

vacher, -ère [vaʃe, ɛʀ] *nm/f* Kuhhirte *m*, Kuhhirtin *f*

vacherie [vaʃʀi] (*fam*) *nf* Gemeinheit *f*

vacherin [vaʃʀɛ̃] *nm* (*fromage*) Art Weichkäse aus dem Jura; **~ glacé** (*gâteau*) Eismeringue *f* mit Schlagsahne

vachette [vaʃɛt] *nf* (*cuir*) Kalbsleder *nt*

vacillant, e [vasijɑ̃, ɑ̃t] *adj* (*démarche*) schwankend; (*flamme, lumière*) flackernd; (*esprit*) wankelmütig; (*mémoire*) unbeständig

vaciller [vasije] *vi* (*personne, mur etc*) schwanken; (*bougie, flamme, lumière*) flackern; (*mémoire, raison, intelligence*) unzuverlässig sein; **~ dans ses résolutions** in seinen Entscheidungen unschlüssig sein

vacuité [vakɥite] *nf* Leere *f*

vade-mecum [vademekɔm] *nm inv* Handbuch *nt*

vadrouille [vadʀuj] (*fam*) *nf*: **être en ~** einen Bummel machen

vadrouiller [vadʀuje] *vi* (*fam*) bummeln

va-et-vient [vaevjɛ̃] *nm inv* (*de pièce*) Hin und Her *nt*; (*de personnes, véhicules*) Kommen und Gehen *nt*; (*Élec*) Zweiwegschalter *m*

vagabond, e [vagabɔ̃, ɔ̃d] *adj* (*chien*) streunend; (*vie*) unstet, Wander-; (*peuple*) nomadenhaft; (*imagination, pensées*) umherschweifend ▷ *nm* (*rôdeur*) Vagabund *m*, Landstreicher *m*; (*aventurier, voyageur*) Abenteurer *m*, Wandervogel *m*

vagabondage [vagabɔ̃daʒ] *nm* (*v vi*) Umherziehen *nt*; Umherschweifen *nt*; (*Jur*) Landstreicherei *f*

vagabonder [vagabɔ̃de] *vi* (*errer*) umherziehen; (*pensées, imagination*) schweifen

vagin [vaʒɛ̃] *nm* Scheide *f*, Vagina *f*

vaginal, e, -aux [vaʒinal, o] *adj* Scheiden-, vaginal

vagir [vaʒiʀ] *vi* (*bébé*) schreien

vagissement [vaʒismɑ̃] *nm* Schreien *nt* (*eines Neugeborenen*)

vague [vag] *nf* Welle *f* ▷ *adj* (*imprécis*) unbestimmt, vage; (*flou*) verschwommen; (*vêtement*) weit, lose ▷ *nm*: **être/rester dans le ~** im Unklaren sein/bleiben; **un ~ bureau/cousin** irgendein Büro *nt*/Vetter *m*; **~ souvenir/notion** vage Erinnerung *f*/Vorstellung *f*; **regarder dans le ~** ins Leere starren; **à l'âme** *nm* unerklärliches, melancholisches Gefühl; **~ d'assaut** *nf* (*Mil*) Angriffswelle *f*; **~ de chaleur** *nf* Hitzewelle *f*; **~ de fond** *nf* (*fig*) Sturmwelle *f*; **~ de froid** *nf* Kältewelle *f*

vaguelette [vaglɛt] *nf* kleine Welle *f*

vaguement [vagmɑ̃] *adv* vage

vaguer [vage] *vi* (*imagination*) schweifen

vaillamment [vajamɑ̃] *adv* mutig, tapfer

vaillant, e [vajɑ̃, ɑ̃t] *adj* (*courageux*) mutig, tapfer; (*vigoureux*) gesund; **n'avoir pas un sou ~** keinen roten Heller haben

vaille [vaj] *vb voir* **valoir**
vain, e [vɛ̃, vɛn] *adj (illusoire)* vergeblich; *(personne)* eitel, eingebildet; **en ~** vergeblich
vaincre [vɛ̃kʀ] *vt* besiegen; *(fig)* überwinden
vaincu, e [vɛ̃ky] *pp de* **vaincre** ▷ *nm/f* Besiegte(r) *f(m)*
vainement [vɛnmɑ̃] *adv* vergeblich, vergebens
vainquais *etc* [vɛ̃kɛ] *vb voir* **vaincre**
vainqueur [vɛ̃kœʀ] *nm* Sieger *m* ▷ *adj m* siegreich
vais [vɛ] *vb voir* **aller**
vaisseau, x [vɛso] *nm (Anat)* Gefäß *nt*; *(Naut)* Schiff *nt*; **~ sanguin** Blutgefäß *nt*; **~ spatial** Raumschiff *nt*
vaisselier [vɛsəlje] *nm* Geschirrschrank *m*
vaisselle [vɛsɛl] *nf* Geschirr *nt*; *(lavage)* Abwasch *m*; **faire la ~** *(das)* Geschirr spülen, abwaschen
val [val] *(pl* **vaux** *ou* **~s**) *nm* Tal *nt*; **par monts et (par) vaux** über Berg und Tal
valable [valabl] *adj* gültig; *(motif, excuse, solution)* annehmbar; *(interlocuteur, écrivain)* fähig
valablement [valabləmɑ̃] *adv*: **ce billet ne peut être ~ utilisé** diese Fahrkarte ist nicht gültig; **pour en parler ~** um mitreden zu können
Valais [valɛ] *nm* Wallis *nt*
valent *etc* [val] *vb voir* **valoir**
valet [valɛ] *nm (domestique)* Diener *m*; *(péj)* Lakai *m*; *(cintre)* stummer Diener; *(Cartes)* Bube *m*; **~ de chambre** Kammerdiener *m*; **~ de ferme** Knecht *m*; **~ de pied** Lakai
valeur [valœʀ] *nf* Wert *m*; *(titre)* Wertpapier *nt*; **valeurs** *nfpl (morales)* (sittliche) Werte *pl*; **mettre en ~** *(bien)* nutzbar machen; *(terrain)* urbar machen; *(fig)* zur Geltung bringen; **avoir de la ~** wertvoll sein; **prendre de la ~** an Wert gewinnen *ou* zunehmen; **sans ~** wertlos; **~ absolue** Absolutwert *m*; **~ d'échange** Tauschwert *m*; **~ nominale** Nennwert *m*; **~s mobilières** bewegliche Habe *f*
valeureux, -euse [valœʀø, øz] *adj* tapfer
validation [validasjɔ̃] *nf* Gültigkeitserklärung *f*
valide [valid] *adj* gesund; *(passeport, billet)* gültig
valider [valide] *vt* für gültig erklären
validité [validite] *nf* Gültigkeit *f*
valions [valjɔ̃] *vb voir* **valoir**
valise [valiz] *nf* Koffer *m*; **faire sa ~** (den Koffer) packen; **la ~ diplomatique** diplomatisches Gepäck *nt*
vallée [vale] *nf* Tal *nt*; **la ~ de la Loire** das Loiretal
vallon [valɔ̃] *nm* kleines Tal *nt*
vallonné, e [valɔne] *adj* hügelig
vallonnement [valɔnmɑ̃] *nm* Talbildung *f*
valoir [valwaʀ] *vi (un certain prix)* wert sein; *(être valable)* taugen; *(équivaloir à)* so gut sein wie; *(mériter)* lohnen ▷ *vt (causer, procurer)*: **~ qch à qn** jdm etw einbringen; **se valoir** *vpr* gleichwertig sein; *(péj)* gleich wenig taugen; **faire ~** *(ses droits, prérogatives)* geltend machen, anmelden; *(domaine, capitaux)* nutzbar machen; **faire ~ que** geltend machen, dass; **se faire ~** sich *dat* Achtung verschaffen; **vaille que vaille** koste es, was es wolle; **cela ne me dit rien qui vaille** das verspricht nichts Gutes; **ce climat ne me vaut**

rien dieses Klima ist nichts für mich; **~ la peine** sich lohnen, die *ou* der Mühe wert sein; **ça vaut mieux** das ist besser; **il vaut mieux que je parte** ich gehe jetzt besser; **ça ne vaut rien** das taugt nichts; **~ cher** teuer sein; **que vaut ce candidat/cette méthode?** was taugt dieser Kandidat/diese Methode?
valorisation [valɔʀizasjɔ̃] *nf (vvt)* Aufwertung *f*; Wertsteigerung *f*; Steigerung *f* des Ansehens
valoriser [valɔʀize] *vt (région)* aufwerten; *(produit)* im Wert steigern; *(Psych)* das Ansehen +*gén* steigern
valse [vals] *nf* Walzer *m*; **c'est la ~ des étiquettes** die Preise steigen ständig
valser [valse] *vi* Walzer tanzen; **aller ~** *(fam: fig)* (hin)fliegen
valu, e [valy] *pp de* **valoir**
valve [valv] *nf (Zool)* Muschelschale *f*; *(Tech)* Ventil *nt*; *(Méd)* Herzklappe *f*
vamp [vɑ̃p] *nf* Vamp *m*
vampire [vɑ̃piʀ] *nm* Vampir *m*
van [vɑ̃] *nm (véhicule)* Pferdetransportwagen *m*
vandale [vɑ̃dal] *nm/f* Vandale *m*, Vandalin *f*
vandalisme [vɑ̃dalism] *nm* Vandalismus *m*
vanille [vanij] *nf* Vanille *f*; **glace/crème à la ~** Vanilleeis *nt*/Vanillecreme *f*
vanillé, e [vanije] *adj* Vanille-
vanilline [vanilin] *nf* Vanillin *nt*
vanité [vanite] *nf (inutilité)* Vergeblichkeit *f*, Nutzlosigkeit *f*; *(orgueil)* Eitelkeit *f*, Einbildung *f*; **tirer ~ de** sich *dat* etwas einbilden auf +*acc*
vaniteux, -euse [vanitø, øz] *adj* eitel, eingebildet
vanity-case [vanitikɛz] *(pl* **~s**) *nm* Kosmetikkoffer *m*
vanne [van] *nf (d'écluse etc)* Schieber *m*; *(fam: remarque)* sarkastische Bemerkung *f*; **lancer une ~ à qn** jdn heruntermachen
vanneau, x [vano] *nm* Kiebitz *m*
vanner [vane] *vt (blé)* schwingen; *(fam: fatiguer)* fertigmachen
vannerie [vanʀi] *nf (fabrication)* Korbmacherei *f*; *(objets)* Korbwaren *pl*
vannier [vanje] *nm* Korbmacher *m*
vantail [vɑ̃taj] *(pl* **vantaux**) *nm (de fenêtre)* Fensterflügel *m*; *(de porte)* Türflügel *m*
vantard, e [vɑ̃taʀ, aʀd] *adj* angeberisch, großsprecherisch
vantardise [vɑ̃taʀdiz] *nf* Aufschneiderei *f*, Prahlerei *f*
vanter [vɑ̃te] *vt* (an)preisen; **se vanter** *vpr* angeben; **se ~ de qch** sich einer Sache *gén* rühmen; *(péj)* mit etw angeben; **se ~ d'avoir fait/de pouvoir faire qch** damit angeben, dass man etw gemacht hat/dass man etw kann
va-nu-pieds [vanypje] *nm/f inv* Gammler(in) *m(f)*
vapeur [vapœʀ] *nf* Dampf *m*; *(brouillard, buée)* Dunst *m*; **vapeurs** *nfpl (bouffées de chaleur)* Wallungen *pl*; **les ~s du vin** Weindünste *pl*; **machine/locomotive à ~** Dampfmaschine *f*/ -lokomotive *f*; **à toute ~** *(fig)* mit Volldampf; **renverser la ~** *(fig)* eine Kehrtwendung machen;

cuit à la ~ gedämpft
vaporeux, -euse [vapɔʀø, øz] *adj* (*lumière*)
dunstig; (*tissu*) duftig
vaporisateur [vapɔʀizatœʀ] *nm* Zerstäuber *m*
vaporiser [vapɔʀize] *vt* (*Chim*) verdampfen;
(*parfum etc*) zerstäuben
vaquer [vake] *vi* (*Admin*) im Urlaub sein; ~ **à ses**
occupations seinen Geschäften nachgehen
varappe [vaʀap] *nf* Felsklettern *nt*
varappeur, -euse [vaʀapœʀ] *nm/f*
Fels(en)kletterer *m*, Fels(en)kletterin *f*
varech [vaʀɛk] *nm* Tang *m*
vareuse [vaʀøz] *nf* (*de marin*) Matrosenbluse *f*;
(*d'uniforme*) Uniformjacke *f*
variable [vaʀjabl] *adj* veränderlich; (*résultats*)
verschieden ▷ *nf* (*Math*) Variable *f*,
Veränderliche *f*
variante [vaʀjɑ̃t] *nf* Variante *f*
variation [vaʀjasjɔ̃] *nf* (*de temps, humeur*)
Veränderung *f*; (*Tech, Math*) Variation *f*;
variations *nfpl* (*changements*) Veränderungen *pl*;
(*de température etc*) Schwankungen *pl*; (*différences*)
Unterschiede *pl*; (*Mus*) Variationen *pl*
varice [vaʀis] *nf* Krampfader *f*
varicelle [vaʀisɛl] *nf* Windpocken *pl*
varié, e [vaʀje] *adj* (*divers*) abwechslungsreich;
(*non monotone*) unterschiedlich, verschieden;
hors d'œuvre ~s (gemischte) Vorspeisenplatte *f*
varier [vaʀje] *vi* (*temps, humeur*) sich ändern; (*Tech,
Math*) variieren; (*être divers*) unterschiedlich sein;
(*changer d'avis*) seine Meinung ändern; (*différer
d'opinion*) verschiedener Meinung sein ▷ *vt*
(*diversifier*) variieren; (*faire alterner*) abwechseln
variété [vaʀjete] *nf* Abwechslungsreichtum *m*;
(*type*) Spielart *f*, Variante *f*; **une (grande) ~ de**
eine große Auswahl an +*dat*; **spectacle/**
émission de ~s Varietéstück *nt*/-programm *nt*
variole [vaʀjɔl] *nf* Pocken *pl*
variqueux, -euse [vaʀikø, øz] *adj* Krampfader-
Varsovie [vaʀsɔvi] *n* Warschau *nt*
vas [va] *vb voir* **aller**
vasculaire [vaskylɛʀ] *adj* Gefäß-
vascularisé, e [vaskylaʀize] *adj* mit Gefäßen
durchsetzt *ou* durchzogen
vase [vaz] *nm* Vase *f* ▷ *nf* Schlamm *m*, Morast *m*;
vivre en ~ clos abgeschieden leben; **~ de nuit**
Nachttopf *m*; **~s communicants**
kommunizierende Röhren *pl*
vasectomie [vazɛktɔmi] *nf* Vasektomie *f*
vaseline [vaz(ə)lin] *nf* Vaseline *f*
vaseux, -euse [vazø, øz] *adj* schlammig;
(*raisonnement*) schwammig; (*fatigué*) schlapp; **je
me sens ~** mir ist schwummrig
vasistas [vazistas] *nm* kleines Oberlicht *nt* (*in
einer Tür*)
vasque [vask] *nf* (*bassin*) Brunnenbecken *nt*;
(*coupe*) (flache) Schale *f*
vassal, e, -aux [vasal, o] *nm/f* Vasall(in) *m(f)*
vaste [vast] *adj* weit; (*connaissances, expérience*)
umfangreich, groß
Vatican [vatikɑ̃] *nm* Vatikan *m*
vaticiner [vatisine] (*péj*) *vi* wirres Zeug

prophezeien
va-tout [vatu] *nm inv*: **jouer son ~** alles auf eine
Karte setzen
vaudeville [vod(ə)vil] *nm* (*comédie*) Lustspiel *nt*;
(*genre*) Vaudeville *nt*
vaudrai *etc* [vodʀɛ] *vb voir* **valoir**
vau-l'eau [volo] *adv*: **s'en aller à ~** (*fig*) den Bach
hinuntergehen
vaurien, ne [voʀjɛ̃, jɛn] *nm/f* (*fam: garnement*)
Satansbraten *m*
vaut [vo] *vb voir* **valoir**
vautour [votuʀ] *nm* Geier *m*
vautrer [votʀe]: **se ~** *vpr* sich (herum)wälzen;
(*dans le vice*) sich suhlen
vaux [vo] *nmpl de* **val** ▷ *vb voir* **valoir**
va-vite [vavit]: **à la ~** *adv* auf die Schnelle
VDQS [vedekyɛs] *abr* (= *vin délimité de qualité
supérieure*) Qualitätswein; *siehe Info-Artikel*

● **VDQS**
●
● *VDQS* (vin délimité de qualité supérieure) auf
● einer Flasche französischen Weins bedeutet,
● dass es sich um einen Wein von hoher
● Qualität von einem empfohlenen Weingut
● handelt. Es ist die zweithöchste
● Weinklassifikation nach der *AOC* und wird
● von der *vin de pays* gefolgt.

veau, x [vo] *nm* Kalb *nt*; (*Culin*) Kalbfleisch *nt*;
(*peau*) Kalbsleder *nt*
vecteur [vɛktœʀ] *nm* Träger *m*; (*Math*) Vektor *m*
vécu, e [veky] *pp de* **vivre** ▷ *adj* wahr, erlebt
vedettariat [vədetaʀja] *nm* (*condition*) Startum *nt*;
(*attitude*) Starallüren *pl*
vedette [vədɛt] *nf* (*artiste*) Star *m*; (*fig: personnalité*)
(bekannte) Persönlichkeit *f*; (*canot*) Motorboot *nt*;
mettre qn en ~ jdn groß herausstreichen; (*fig*)
jdn in den Vordergrund rücken; **avoir la ~** im
Mittelpunkt des Interesses stehen
végétal, e, -aux [veʒetal, o] *adj* (*vie, règne etc*)
Pflanzen-; (*graisse, teinture*) pflanzlich ▷ *nm*
Pflanze *f*
végétalien, ne [veʒetaljɛ̃, jɛn] *adj* streng
vegetarisch ▷ *nm/f* strenge(r) Vegetarier(in) *m(f)*,
Veganer(in) *m(f)*
végétalisme [veʒetalism] *nm* strenger
Vegetarismus *m*
végétarien, ne [veʒetaʀjɛ̃, jɛn] *adj* vegetarisch
▷ *nm/f* Vegetarier(in) *m(f)*
végétarisme [veʒetaʀism] *nm* Vegetarismus *m*
végétatif, -ive [veʒetatif, iv] (*péj*) *adj* vor sich hin
vegetierend
végétation [veʒetasjɔ̃] *nf* Vegetation *f*;
végétations *nfpl* (*Méd*) Polypen *pl*; **opérer qn
des ~s** jdm die Polypen entfernen
végéter [veʒete] *vi* dahin vegetieren
véhémence [veemɑ̃s] *nf* Heftigkeit *f*,
Leidenschaftlichkeit *f*; **avec ~** mit Leidenschaft
véhément, e [veemɑ̃, ɑ̃t] *adj* heftig,
leidenschaftlich
véhicule [veikyl] *nm* Fahrzeug *nt*; (*fig: support*)

Mittel nt; ~ **utilitaire** Nutzfahrzeug nt
véhiculer [veikyle] vt befördern; (troupes,
substances) transportieren; (idées) vermitteln
veille [vɛj] nf (garde) Wache f; (Psych)
Wachzustand m; **la ~** (jour) der Vortag, der Tag
davor; (quand?) am Vortag; **la ~ au soir** am
Vorabend; **la ~ de** der Tag vor; (quand?) am Tag
vor; **à la ~ de** (kurz) vor, am Vorabend +gén; **l'état
de ~** der Wachzustand
veillée [veje] nf (réunion) Abendgesellschaft f;
~ **d'armes** (fig) Vorabend m; ~ **funèbre**
Totenwache f
veiller [veje] vi (rester debout) aufbleiben; (ne pas
dormir) wach bleiben; (être de garde) wachen; (être
vigilant) wachsam sein ▷ vt (malade, mort) wachen
ou Wache halten bei; ~ **à** (s'occuper de) sich
kümmern um; ~ **à faire qch/à ce que** aufpassen,
dass man etw tut/aufpassen, dass; ~ **sur**
aufpassen auf +acc
veilleur [vɛjœR] nm: ~ **de nuit** Nachtwächter m
veilleuse [vɛjøz] nf (lampe) Nachtlicht nt; (Auto)
Standlicht nt; (flamme) Zündflamme f; **en ~**
(lampe) verdunkelt; (fig) auf Sparflamme
veinard, e [vɛnaR, aRd] (fam) nm/f Glückspilz m
veine [vɛn] nf (Anat) Vene f; (filon minéral:
inspiration) Ader f; (du bois, marbre etc) Maserung f;
(fam: chance) Glück nt
veiné, e [vene] adj (peau, marbre) geädert; (bois)
gemasert
veineux, -euse [vɛnø, øz] adj venös
Velcro® [vɛlkRo] nm Klettverschluss m
vêler [vele] vi kalben
vélin [velɛ̃] nm: (papier) ~ weiches Pergament nt
véliplanchiste [veliplɑ̃ʃist] nm/f Windsurfer(in)
m(f)
vélivole [velivɔl] nm/f Segelflieger(in) m(f)
velléitaire [veleitɛR] adj unentschlossen
velléités [veleite] nfpl Anwandlungen pl
vélo [velo] nm Fahrrad nt; **faire du ~** Rad fahren
véloce [velɔs] adj schnell
vélocité [velɔsite] nf (vitesse) Geschwindigkeit f
vélodrome [velodRom] nm Radrennbahn f
vélomoteur [velɔmɔtœR] nm Mofa nt
véloski [veloski] nm Skibob m
velours [v(ə)luR] nm Samt m; ~ **côtelé** Cordsamt m
velouté, e [vəlute] adj samtig; (au goût) cremig
▷ nm: ~ **d'asperges/de tomates** Spargel-/
Tomatencremesuppe f
velouteux, -euse [vəlutø, øz] adj samtartig
velu, e [vəly] adj haarig
vélum [velɔm] nm Sonnensegel nt
venais etc [vənɛ] vb voir **venir**
venaison [vənɛzɔ̃] nf Wild nt
vénal, e, -aux [venal, o] adj (personne)
bestechlich, käuflich; (charge) käuflich
vénalité [venalite] nf Käuflichkeit f,
Bestechlichkeit f
venant [v(ə)nɑ̃] nm: **à tout ~** jedem
vendable [vɑ̃dabl] adj verkäuflich
vendange [vɑ̃dɑ̃ʒ] nf (opération, période: gén pl)
Weinlese f; (raisins) Traubenernte f, Weinlese
vendanger [vɑ̃dɑ̃ʒe] vi Wein lesen ▷ vt lesen

vendangeur, -euse [vɑ̃dɑ̃ʒœR, øz] nm/f
Weinleser(in) m(f)
vendéen, ne [vɑ̃deɛ̃, ɛn] adj aus der Vendée
▷ nm/f: **Vendéen, ne** Bewohner(in) m(f) der
Vendée
vendeur, -euse [vɑ̃dœR, øz] nm/f Verkäufer(in)
m(f); ~ **de journaux** Zeitungsverkäufer m
vendre [vɑ̃dR] vt verkaufen; (trahir) verraten; **se
vendre** vpr: **cela se vend à la douzaine** das wird
im Dutzend verkauft; **cela se vend bien** das
verkauft sich ou geht gut; **"à ~"** „zu verkaufen"
vendredi [vɑ̃dRədi] nm Freitag m; ~ **saint**
Karfreitag m; tout aussi **lundi**
vendu, e [vɑ̃dy] pp de **vendre** ▷ adj gekauft
venelle [vənɛl] nf Gässchen nt
vénéneux, -euse [venenø, øz] adj giftig, Gift-
vénérable [venerabl] adj ehrwürdig
vénération [venerasjɔ̃] nf (Rel) Verehrung f; (pour
personne) Achtung f
vénér(é)ologie [vener(e)ɔlɔʒi] nf Lehre f von den
Geschlechtskrankheiten
vénérer [venere] vt (Rel) verehren; (maître,
traditions) ehren
vénerie [venRi] nf Jägerei f
vénérien, ne [venerjɛ̃, jɛn] adj Geschlechts-
Venezuela [venezɥela] nm: **le ~** Venezuela nt
vénézuélien, ne [venezɥeljɛ̃, jɛn] adj
venezuelisch, venezolanisch
vengeance [vɑ̃ʒɑ̃s] nf Rache f
venger [vɑ̃ʒe] vt rächen; (affront) sich rächen für;
se venger vpr sich rächen; **se ~ de qch** sich für
etw rächen; **se ~ de qn** sich an jdm rächen; **se ~
sur qch/qn** sich an etw/jdm rächen
vengeur, -eresse [vɑ̃ʒœR, ʒ(ə)Rɛs] nm/f
Rächer(in) m(f) ▷ adj Rache-
véniel, le [venjɛl] adj: **faute ~le** verzeihlicher ou
entschuldbarer Fehler m; **péché ~** lässliche
Sünde f
venimeux, -euse [vənimø, øz] adj giftig, Gift-;
(fig) boshaft, giftig
venin [vənɛ̃] nm Gift nt; (fig) Bosheit f
venir [v(ə)niR] vi kommen; ~ **de** (lieu) kommen
von ou aus; (cause) herrühren ou kommen von; **je
viens d'y aller/de le voir** ich bin gerade dorthin
gegangen/ich habe ihn gerade gesehen; **s'il
vient à pleuvoir** falls es regnen sollte; **j'en
viens à croire que** ich glaube langsam, dass; **il
en est venu à mendier** er kam so weit, dass er
betteln musste; **en ~ aux mains** handgreiflich
werden; **les années/générations à ~** die
kommenden Jahre/Generationen; **où veux-tu
en ~?** worauf willst du hinaus?; **je te vois ~** ich
weiß, worauf du aus bist; **il me vient une idée**
ich habe eine Idee; **il me vient des soupçons**
mir kommt ein Verdacht; **faire ~ qn** jdn
kommen lassen, jdn rufen; **d'où vient que ...?**
wie kommt es, dass ...?; ~ **au monde** auf die ou
zur Welt kommen
Venise [vəniz] n Venedig nt
vent [vɑ̃] nm Wind m; **il y a du ~** es ist windig;
c'est du ~ (fig) das ist leeres Gerede, das ist nur
heiße Luft; **sous le ~** gegen den Wind; **avoir le ~**

debout ou **en face/arrière** ou **en poupe** Gegenwind/Rückenwind haben; **(être) dans le** ~ *(fam)* in (sein); **prendre le** ~ *(fig)* sehen, woher der Wind weht; **avoir** ~ **de** *(apprendre)* Wind bekommen von; **contre** ~**s et marées** trotz aller Hindernisse, komme was da wolle; **autant en emporte le** ~ das ist alles in den Wind gesprochen

vente [vãt] *nf* Verkauf *m*; *(activité)* Verkaufen *nt*; *(secteur)* Vertrieb *m*, Verkauf; **mettre en** ~ zum Verkauf anbieten; ~ **aux enchères** Versteigerung *f*; ~ **de charité** Wohltätigkeitsbasar *m*; ~ **par correspondance** Versandhandel *m*; ~ **à tempérament** Ratenkauf *m*

venté, e [vãte] *adj* windig

venter [vãte] *vb impers*: **il vente** es ist windig

venteux, -euse [vãtø, øz] *adj* windig

ventilateur [vãtilatœʀ] *nm* Ventilator *m*

ventilation [vãtilasjɔ̃] *nf (de local)* Belüftung *f*; *(installation)* Lüftung *f*; *(Comm)* Aufschlüsselung *f*

ventiler [vãtile] *vt (local)* belüften; *(répartir)* aufgliedern

ventouse [vãtuz] *nf (Méd)* Schröpfkopf *m*; *(de caoutchouc)* Saugnapf *m*; *(pour déboucher)* Saugglocke *f*; *(Zool)* Saugnapf

ventral, e, -aux [vãtʀal, o] *adj* Bauch-

ventre [vãtʀ] *nm* Bauch *m*; **avoir/prendre du** ~ einen Bauch haben/bekommen; **avoir mal au** ~ Bauchschmerzen haben

ventricule [vãtʀikyl] *nm* Herzkammer *f*

ventriloque [vãtʀilɔk] *nm/f* Bauchredner(in) *m(f)*

ventripotent, e [vãtʀipɔtã, ãt] *adj* dickbäuchig

ventru, e [vãtʀy] *adj* dickbäuchig

venu, e [v(ə)ny] *pp de* **venir** ▷ *nf (arrivée)* Ankunft *f* ▷ *adj*: **être mal** ~ **de faire qch** keinen Grund ou keine Ursache haben, etw zu tun

vêpres [vepʀ] *nfpl* Vesper *f*

ver [vɛʀ] *nm* Wurm *m*; *(du bois)* Holzwurm *m*; ~ **à soie** Seidenraupe *f*; ~ **blanc** Made *f*; ~ **de terre** Regenwurm *m*; ~ **luisant** Glühwürmchen *nt*; ~ **solitaire** Bandwurm *m*

véracité [veʀasite] *nf* Wahrhaftigkeit *f*

véranda [veʀãda] *nf* Veranda *f*

verbal, e, -aux [vɛʀbal, o] *adj (oral)* mündlich; *(Ling)* verbal

verbalement [vɛʀbalmã] *adv* mündlich

verbaliser [vɛʀbalize] *vi (Police)* einen Strafzettel schreiben ▷ *vt (Psych)* verbalisieren, aussprechen

verbalisme [vɛʀbalism] *(péj) nm* Wortgeklingel *nt*

verbe [vɛʀb] *nm (Ling)* Verb *nt*; **le V**~ *(Rel)* das Wort; **avoir le** ~ **sonore** laut reden; **la magie du** ~ der Zauber des Wortes

verbeux, -euse [vɛʀbø, øz] *adj* wortreich

verbiage [vɛʀbjaʒ] *nm* Geschwätz *nt*

verbosité [vɛʀbozite] *nf* Redseligkeit *f*

verdâtre [vɛʀdɑtʀ] *adj* grünlich

verdeur [vɛʀdœʀ] *nf (vigueur)* Vitalität *f*; *(crudité)* Derbheit *f*; *(de fruit, vin)* Unreife *f*

verdict [vɛʀdik(t)] *nm* Urteil *nt*; **rendre son** ~ das Urteil fällen

verdir [vɛʀdiʀ] *vi* grün werden ▷ *vt* grün werden lassen

verdoyant, e [vɛʀdwajã, ãt] *adj* grün

verdure [vɛʀdyʀ] *nf (arbres, feuillages)* Laub *nt*; *(légumes verts)* Grüngemüse *nt*

véreux, -euse [veʀø, øz] *adj (contenant des vers)* wurmig; *(malhonnête)* unredlich

verge [vɛʀʒ] *nf (Anat)* Penis *m*, Glied *nt*; *(baguette)* Rute *f*

verger [vɛʀʒe] *nm* Obstgarten *m*

vergeture [vɛʀʒətyʀ] *nf (gén pl)* Schwangerschaftsstreifen *m*

verglacé, e [vɛʀglase] *adj* vereist

verglas [vɛʀglɑ] *nm* Glatteis *nt*

vergogne [vɛʀgɔɲ] *nf*: **sans** ~ schamlos

véridique [veʀidik] *adj (témoin)* ehrlich; *(récit)* wahrheitsgemäß

vérifiable [veʀifjabl] *adj* nachprüfbar

vérificateur, -trice [veʀifikatœʀ, tʀis] *nm/f* Prüfer(in) *m(f)*, Revisor(in) *m(f)*; ~ **des comptes** Rechnungs- ou Buchprüfer(in) *m(f)*

vérification [veʀifikasjɔ̃] *nf* Überprüfung *f*; *(confirmation)* Bestätigung *f*; ~ **d'identité** Ausweiskontrolle *f*

vérificatrice [veʀifikatʀis] *nf voir* **vérificateur**

vérifier [veʀifje] *vt* überprüfen; *(hypothèse)* verifizieren, nachprüfen; *(prouver)* beweisen; **se vérifier** *vpr* sich bewahrheiten

vérin [veʀɛ̃] *nm* Hebevorrichtung *f*

véritable [veʀitabl] *adj* echt; *(nom, identité, histoire)* wahr; **un** ~ **désastre** eine echte Katastrophe; **un** ~ **miracle** ein wahres Wunder

véritablement [veʀitabləmã] *adv* wirklich

vérité [veʀite] *nf* Wahrheit *f*; *(d'un portrait)* Naturtreue *f*; *(sincérité)* Aufrichtigkeit *f*; **en** ~, **à la** ~ in Wirklichkeit

verlan [vɛʀlã] *nm Art Sondersprache; siehe Info-Artikel*

⊜ **VERLAN**
⊜
⊜ *verlan* ist eine Art Slang, der in den 50er-
⊜ Jahren populär wurde und der darin besteht,
⊜ dass die Silben eines Wortes umgedreht
⊜ werden. Das Wort *verlan* selbst ist die
⊜ Umkehrung von „envers" („à l'envers" =
⊜ verkehrt herum). Typische Beispiele sind
⊜ „féca" („café"), „ripou" („pourri"), „meuf"
⊜ („femme"), und „beur" („Arabe").

vermeil, le [vɛʀmɛj] *adj* karminrot ▷ *nm* vergoldetes Silber *nt*

vermicelles [vɛʀmisɛl] *nmpl* Fadennudeln *pl*

vermifuge [vɛʀmifyʒ] *nm* Wurmmittel *nt* ▷ *adj*: **poudre** ~ Wurmpulver *nt*

vermillon [vɛʀmijɔ̃] *adj inv* zinnoberrot

vermine [vɛʀmin] *nf* Ungeziefer *nt*; *(fig: racaille)* Pack *nt*, Gesindel *nt*

vermoulu, e [vɛʀmuly] *adj* wurmstichig

vermout(h) [vɛʀmut] *nm* Wermut *m*

verni, e [vɛʀni] *adj* lackiert; *(poteries)* glasiert; **souliers** ~**s** Lackschuhe *pl*; **t'es vraiment** ~! *(fam)* du hast vielleicht ein Schwein!

vernir [vɛʀniʀ] *vt* lackieren; *(poteries)* glasieren

vernis [vɛʀni] *nm* Lack *m*; *(fig)* Schliff *m*; ~ **à**

ongles Nagellack m

vernissage [vɛʀnisaʒ] nm (d'une exposition) Vernissage f; (d'un tableau etc) Lackieren nt; (d'une poterie) Glasieren nt

vernisser [vɛʀnise] vt glasieren

vérole [veʀɔl] nf (aussi: **petite vérole**: variole) Pocken pl; (fam: syphilis) Syphilis f ·

verrai etc [vɛʀɛ] vb voir **voir**

verre [vɛʀ] nm Glas nt; **boire** ou **prendre un ~** etwas trinken gehen; **~ à dents** Zahnputzbecher m; **~ à liqueur** Likörglas nt; **~ à pied** Stielglas nt; **~ à vin** Weinglas nt; **~ armé** Drahtglas nt; **~ de lampe** Lampenglas nt; **~ de montre** Uhrglas nt; **~ dépoli** Milchglas nt; **~ feuilleté** Verbundglas nt; **~ trempé** gehärtetes Glas; **~s de contact** Kontaktlinsen pl; **~s fumés** getönte (Brillen)gläser pl

verrerie [vɛʀʀi] nf (fabrique) Glashütte f; (activité) Glasbläserei f; (objets) Glas nt

verrier [vɛʀje] nm (ouvrier) Glasbläser m; (artiste) Glasmaler m

verrière [vɛʀjɛʀ] nf (grand vitrage) großes Fenster nt; (toit vitré) Glasdach nt

verrons etc [vɛʀɔ̃] vb voir **voir**

verroterie [vɛʀɔtʀi] nf Glasperlen pl

verrou [vɛʀu] nm Riegel m; (Céo, Mil) Sperre f; **mettre le ~** den Riegel vorschieben; **être sous les ~s** hinter Schloss und Riegel sein; **mettre qn sous les ~s** jdn hinter Schloss und Riegel stecken

verrouillage [vɛʀujaʒ] nm Verriegelung f; **~ central** Zentralverriegelung f

verrouiller [vɛʀuje] vt (porte) verriegeln, zuriegeln; (Mil) abriegeln

verrue [vɛʀy] nf Warze f

vers[1] [vɛʀ] nm Vers m ▷ nmpl Gedichte pl, Lyrik f

vers[2] [vɛʀ] prép (en direction de) in Richtung auf +acc, auf ... acc zu; (près de, dans les environs de) in der Nähe von; (temporel) gegen, etwa um; **se diriger ~ la porte** auf die Tür zugehen

versant [vɛʀsɑ̃] nm Abhang m

versatile [vɛʀsatil] adj unbeständig, wankelmütig

verse [vɛʀs] nf: **il pleut à ~** es gießt in Strömen

versé, e [vɛʀse] adj: **être ~ dans** bewandert ou beschlagen sein in +dat

Verseau [vɛʀso] nm: **le ~** Wassermann m; **être du ~** Wassermann sein

versement [vɛʀsəmɑ̃] nm (paiement) Zahlung f; (sur un compte) Einzahlung f; **en trois ~s** in drei Raten

verser [vɛʀse] vt (liquide, grains) schütten; (servir) gießen, einschenken; (larmes, sang) vergießen; (argent: à qn) zahlen; (: sur un compte) einzahlen; (basculer) umstürzen ▷ vi: **~ dans le mélo** immer melodramatischer werden; **~ dans** (soldat) zuweisen zu

verset [vɛʀse] nm (Rel) Vers m

verseur [vɛʀsœʀ] adj m voir **bec**; **bouchon**

versification [vɛʀsifikasjɔ̃] nf Verskunst f

versifier [vɛʀsifje] vt in Versform bringen ▷ vi (souvent péj) Verse schmieden

version [vɛʀsjɔ̃] nf (traduction) Übersetzung f (aus der Fremdsprache); (interprétation) Version f; (d'un texte) Ausgabe f; **film en ~ originale** Film m in Originalfassung

verso [vɛʀso] nm Rückseite f; **voir au ~** siehe Rückseite

vert, e [vɛʀ, vɛʀt] adj grün; (vin) jung; (personne) rüstig; (cru, âpre) derb ▷ nm Grün nt; **en dire des ~es (et des pas mûres)** schamlose Reden führen; **en voir des ~es (et des pas mûres)** harte Zeiten durchmachen; **en raconter des ~es** schmutzige Witze erzählen; **se mettre au ~** ins Grüne gehen; **~ bouteille** adj inv flaschengrün; **~ d'eau** adj inv seegrün; **~ pomme** adj inv apfelgrün

vert-de-gris [vɛʀdəgʀi] nm inv Grünspan m ▷ adj inv graugrün

vertébral, e, -aux [vɛʀtebʀal, o] adj: **colonne ~e** Wirbelsäule f

vertèbre [vɛʀtɛbʀ] nf (Rücken)wirbel m

vertébré, e [vɛʀtebʀe] adj Wirbel-; **vertébrés** nmpl Wirbeltiere pl

vertement [vɛʀtəmɑ̃] adv scharf

vertical, e, -aux [vɛʀtikal, o] adj vertikal, senkrecht

verticale [vɛʀtikal] nf Senkrechte f; **à la ~** vertikal, senkrecht

verticalement [vɛʀtikalmɑ̃] adv vertikal, senkrecht

verticalité [vɛʀtikalite] nf senkrechte Lage f

vertige [vɛʀtiʒ] nm: **j'ai le ~** ich bin nicht schwindelfrei; **j'ai des ~s** mir ist schwindlig; **ça me donne le ~** davon wird mir schwindlig; (m'impressionne) das macht mich ganz schwindlig

vertigineux, -euse [vɛʀtiʒinø, øz] adj (altitude, paroi, gorge) schwindelerregend; (hausse, vitesse) atemberaubend

vertu [vɛʀty] nf (propriété) Eigenschaft f; (opposé à vice) Tugend f; (chasteté) Tugendhaftigkeit f, Sittsamkeit f; **en ~ de** kraft +gén

vertueusement [vɛʀtɥøzmɑ̃] adv tugendhaft

vertueux, -euse [vɛʀtɥø, øz] adj tugendhaft; (action, conduite) ehrenhaft

verve [vɛʀv] nf Witz m, Redegewandtheit f; **être en ~** in Höchstform sein

verveine [vɛʀvɛn] nf Eisenkraut nt; (infusion) Eisenkrauttee m

vésicule [vezikyl] nf Bläschen nt; **~ biliaire** Gallenblase f

vespasienne [vɛspazjɛn] nf Pissoir nt

vespéral, e, -aux [vɛspeʀal, o] adj abendlich

vessie [vesi] nf (Harn)blase f; **prendre des ~s pour des lanternes** (fam) völlig danebenliegen

veste [vɛst] nf Jacke f; **retourner sa ~** (fig) sein Fähnchen nach dem Wind drehen; **~ croisée** Zweireiher m; **~ droite** Einreiher m

vestiaire [vɛstjɛʀ] nm (au théâtre etc) Garderobe f; (Sport etc) Umkleideraum m; (armoire) **~** Spind m ou nt

vestibule [vɛstibyl] nm Diele f; (d'hôtel, temple etc) Vorhalle f

vestige [vɛstiʒ] nm (objet) Überrest m, Relikt nt;

(fragment) Spur *f*; *(fig: de grandeur, noblesse)* Rest *m*;
vestiges *nmpl* Überreste *pl*
vestimentaire [vɛstimɑ̃tɛʀ] *adj (détail, élégance)*
der Kleidung; *(dépenses)* für Kleidung
veston [vɛstɔ̃] *nm* Jacke *f*
vêtais *etc* [vɛtɛ] *vb voir* **vêtir**
vêtement [vɛtmɑ̃] *nm* Kleidungsstück *nt*; **le ~**
(Comm) die Bekleidungsbranche *f*; **vêtements**
nmpl (habits) Kleider *pl*, Kleidung *f*; **~s de sport**
Sportbekleidung *f*
vétéran [veteʀɑ̃] *nm* Veteran *m*
vétérinaire [veteʀinɛʀ] *adj* Veterinär-,
tierärztlich ▷ *nm/f* Tierarzt *m*, Tierärztin *f*
vétille [vetij] *nf* Lappalie *f*, Bagatelle *f*
vétilleux, -euse [vetijø, øz] *adj* peinlich genau,
pingelig
vêtir [vetiʀ] *vt* anziehen; **se vêtir** *vpr* sich
anziehen
vêtit *etc* [veti] *vb voir* **vêtir**
vétiver [vetivɛʀ] *nm* Vetiveria *f*
véto [veto] *nm* Veto *nt*; **droit de ~** Vetorecht *nt*;
mettre *ou* **opposer un ~ à** (sein) Veto einlegen
gegen
vêtu, e [vety] *pp de* **vêtir** ▷ *adj*: **elle était ~e d'un
pantalon gris** sie trug eine graue Hose; **~ de
rouge** in Rot gekleidet; **chaudement ~** warm
angezogen
vétuste [vetyst] *adj* uralt
vétusté [vetyste] *nf* verwahrloster Zustand *m*
veuf, veuve [vœf, vœv] *adj* verwitwet ▷ *nm*
Witwer *m* ▷ *nf* Witwe *f*
veuille *etc* [vœj] *vb voir* **vouloir**
veuillez *etc* [vœje] *vb voir* **vouloir**
veule [vøl] *adj* ohne Rückgrat
veulent [vœl] *vb voir* **vouloir**
veulerie [vølʀi] *nf* Schwäche *f*
veut [vø] *vb voir* **vouloir**
veuvage [vœvaʒ] *nm (d'un homme)* Witwerstand
m; *(d'une femme)* Witwenstand *m*
veuve [vœv] *adj, nf voir* **veuf**
veux [vø] *vb voir* **vouloir**
vexant, e [vɛksɑ̃, ɑ̃t] *adj (blessant)* verletzend;
(contrariant) ärgerlich, irritierend
vexations [vɛksasjɔ̃] *nfpl (humiliations)*
Demütigungen *pl*
vexatoire [vɛksatwaʀ] *adj*: **mesures ~s**
Schikanen *pl*
vexer [vɛkse] *vt* beleidigen; **se vexer** *vpr*
beleidigt sein
VF [veɛf] *sigle f (= version française)* in französischer
Sprache
VHF [veaʃɛf] *sigle f (= Very High Frequency)* VHF
via [vja] *prép* über *+acc*
viabiliser [vjabilize] *vt* erschließen; **terrain
entièrement viabilisé** vollständig
erschlossener Baugrund *m*
viabilité [vjabilite] *nf (d'une route, d'un chemin)*
Befahrbarkeit *f*
viable [vjabl] *adj (enfant)* lebensfähig; *(entreprise)*
durchführbar
viaduc [vjadyk] *nm* Viadukt *m* ou *nt*
viager, -ère [vjaʒe, ɛʀ] *adj*: **rente viagère**

Leibrente *f* ▷ *nm* (Leib)rente *f*; **mettre en ~**
gegen eine Leibrente verkaufen
viande [vjɑ̃d] *nf* Fleisch *nt*
viatique [vjatik] *nm (Rel)* Viatikum *nt*; *(provisions,
argent, fig: connaissances etc)* Wegzehrung *f*
vibraphone [vibʀafɔn] *nm* Vibrafon *nt*
vibraphoniste [vibʀafɔnist] *nm/f* Vibrafonist(in)
m(f)
vibration [vibʀasjɔ̃] *nf* Schwingung *f*, Vibration *f*
vibratoire [vibʀatwaʀ] *adj* Schwingungs-;
(massage) Vibrations-
vibrer [vibʀe] *vi (corde, membrane, sol)* schwingen,
vibrieren ▷ *vt (Tech: béton)* schütteln; **faire ~** zum
Schwingen bringen; *(personne, auditoire)*
mitreißen, fesseln; **sa voix vibrait d'émotion**
in seiner Stimme schwang Rührung mit
vibromasseur [vibʀomasœʀ] *nm* Vibrator *m*
vicaire [vikɛʀ] *nm* Vikar *m*
vice¹ [vis] *nm (immoralité)* Laster *nt*; **~ de
fabrication/construction** Fabrikations-/
Konstruktionsfehler *m*; **~ de forme** Formfehler *m*
vice² [vis] *préf* Vize-
vice-consul [viskɔ̃syl] *(pl* **~s)** *nm* Vizekonsul *m*
vice-présidence [vispʀezidɑ̃s] *(pl* **~s)** *nf*
Vizepräsidentschaft *f*
vice-président, e [vispʀezidɑ̃, ɑ̃t] *(pl* **~s, es)** *nm/f*
Vizepräsident *m*
vice-roi [visʀwa] *(pl* **~s)** *nm* Vizekönig *m*
vice-versa [visevɛʀsa] *adv* umgekehrt
vichy [viʃi] *nm (toile)* karierter Baumwollstoff; *(eau
minérale)* Vichywasser *nt*; **carottes V~** in Butter
gedünstete Karotten mit Petersilie
vichyssois, e [viʃiswa, waz] *adj* aus Vichy ▷ *nm/f*:
Vichyssois, e Einwohner(in) *m(f)* von Vichy
vicié, e [visje] *adj (air)* verunreinigt; *(Jur)* ungültig
vicier [visje] *vt (Jur)* ungültig machen
vicieux, -euse [visjø, jøz] *adj (pervers)* pervers;
(fautif) inkorrekt, falsch
vicinal, e, -aux [visinal, o] *adj*: **chemin ~**
Nebenstraße *f*
vicissitudes [visisityd] *nfpl (infortunes)*
Kümmernisse *pl*, Schicksalsschläge *pl*
vicomte [vikɔ̃t] *nm* Vicomte *m*
vicomtesse [vikɔ̃tes] *nf* Vicomtesse *f*
victime [viktim] *nf* Opfer *nt*; **être (la) ~ de** ein
Opfer *+gén* sein, zum Opfer fallen *+dat*; **être ~
d'une attaque** das Opfer eines Angriffs sein;
être ~ d'un accident einen Unfall erleiden
victoire [viktwaʀ] *nf* Sieg *m*
victorieusement [viktɔʀjøzmɑ̃] *adv* siegreich
victorieux, -euse [viktɔʀjø, jøz] *adj* siegreich;
(sourire, attitude) triumphierend
victuailles [viktɥɑj] *nfpl* Lebensmittel *pl*
vidange [vidɑ̃ʒ] *nf (d'un fossé, réservoir)* Entleerung
f; *(Auto)* Ölwechsel *m*; *(bonde)* Abflussöffnung *m*;
vidanges *nfpl (matières)* Abwässer *pl*; **faire la ~**
(Auto) Öl wechseln; **tuyau de ~**
Abwasserschlauch *m*
vidanger [vidɑ̃ʒe] *vt* entleeren; **faire ~ la voiture**
einen Ölwechsel machen lassen
vide [vid] *adj* leer ▷ *nm (Phys)* Vakuum *nt*; *(espace)*
Lücke *f*; *(sous soi)* Abgrund *m*; *(fig)* Leere *f*; **~ de**

ohne; **sous** ~ im Vakuum; **emballé sous** ~
vakuumverpackt; **regarder dans le** ~ ins Leere
starren; **avoir peur du** ~ nicht schwindelfrei
sein; **parler dans le** ~ wie gegen eine Wand
reden; **faire le** ~ *(dans son esprit)* an gar nichts
denken; **faire le** ~ **autour de qn** jdn fliehen; **à** ~
(sans occupants) leer; *(sans charge)* unbeladen; *(Tech)*
im Leerlauf

vidé, e [vide] *(fam)* *adj* (fix und) fertig

vidéo [video] *nf* Video *nt* ▷ *adj inv* Video-

vidéocassette [videokasɛt] *nf* Videokassette *f*

vidéoclub [videoklœb] *nm* Videoklub *m*

vidéoconférence *nf* Videokonferenz *f*

vide-ordures [vidɔʀdyʀ] *nm inv* Müllschlucker *m*

vidéotex® [videɔtɛks] *nm* Bildschirmtext *m*

vide-poches [vidpɔʃ] *nm inv* *(Auto)*
Handschuhfach *nt*

vide-pomme [vidpɔm] *nm inv* Apfelentkerner *m*

vider [vide] *vt* *(récipient)* (aus)leeren; *(contenu)*
ausschütten; *(salle, lieu)* räumen; *(boire)*
austrinken, leeren; *(volaille, poisson)* ausnehmen;
(querelle) beilegen; *(fam: fatiguer)* erschöpfen;
(expulser) rausschmeißen; **se vider** *vpr* sich
leeren; ~ **les lieux** das Feld räumen

videur [vidœʀ] *nm* *(de boîte de nuit)*
Rausschmeißer *m*

vie [vi] *nf* Leben *nt*; **être en** ~ leben, am Leben
sein; **sans** ~ *(aussi fig)* leblos; **à** ~ auf Lebenszeit;
dans la ~ **courante** im täglichen Leben; **avoir la**
~ **dure** sich hartnäckig halten; **mener la** ~ **dure**
à qn jdm das Leben schwer machen

vieil [vjɛj] *adj m* *voir* **vieux**

vieillard [vjɛjaʀ] *nm* alter Mann *m*; **les vieillards**
nmpl die alten Leute *pl*

vieille [vjɛj] *adj f* *voir* **vieux**

vieilleries [vjɛjʀi] *nfpl* alte Sachen *pl*; *(fig)* alter
Kram *m*

vieillesse [vjɛjɛs] *nf* Alter *nt*; *(vieillards)* alte Leute
pl

vieilli, e [vjeji] *adj* gealtert; *(suranné)* überaltert

vieillir [vjejiʀ] *vi* alt werden, altern; *(se flétrir)*
altern; *(institutions, doctrine)* veralten; *(vin, alcool)*
altern, reifen ▷ *vt* alt machen; *(attribuer un âge plus
avancé)* älter machen; **se vieillir** *vpr* sich für älter
ausgeben, als man ist; **il a beaucoup vieilli** er
ist alt geworden

vieillissement [vjejismɑ̃] *nm* Altern *nt*;
(d'institutions, de doctrine) Veralten *nt*

vieillot, te [vjejo, ɔt] *adj* überholt, veraltet

vielle [vjɛl] *nf* *(Mus)* Drehleier *f*

viendrai *etc* [vjɛ̃dʀe] *vb voir* **venir**

Vienne [vjɛn] *n* *(en Autriche)* Wien *nt*

vienne *etc* [vjɛn] *vb voir* **venir**

viennois, e [vjɛnwa, waz] *adj* wienerisch ▷ *nm/f*:
Viennois, e Wiener(in) *m(f)*

viens *etc* [vjɛ̃] *vb voir* **venir**

vierge [vjɛʀʒ] *adj* jungfräulich, unberührt; *(page,
feuille)* unbeschrieben; *(espaces, neige, terres)*
unberührt; *(film)* unbelichtet ▷ *nf* Jungfrau *f*;
être ~ Jungfrau sein; **être de la V-** *(Astrol)*
Jungfrau sein; ~ **de** ohne

Viêt-Nam, Vietnam [vjɛtnam] *nm*: **le** ~ Vietnam

nt; ~ **du Nord** Nordvietnam *nt*; ~ **du Sud**
Südvietnam *nt*

vietnamien, ne [vjɛtnamjɛ̃, jɛn] *adj*
vietnamesisch ▷ *nm/f*: **Vietnamien, ne**
Vietnamese *m*, Vietnamesin *f*

vieux, vieil, vieille [vjø, vjɛj] *adj* alt ▷ *nm/f*
Alte(r) *f(m)* ▷ *nm*: **le** ~ **et le neuf** das Alte und das
Neue; **vieux** *nmpl* *(personnes âgées)* alte Menschen
pl; *(fam: parents)* Alten *pl*; **un petit** ~ ein alter
Mann; **mon** ~/**ma vieille** *(fam)* mein Lieber/
meine Liebe; **pauvre** ~! armes Schwein!;
prendre un coup de ~ über Nacht altern; **se
faire** ~ sich alt machen; **un** ~ **de la vieille** ein
alter Hase *m*; **vieil or** *adj inv* altgold; **vieille fille**
alte Jungfer *f*; ~ **garçon** Junggeselle *m*; ~ **jeu** *adj
inv* altmodisch; ~ **rose** *adj inv* altrosa

vif, vive [vif, viv] *adj* *(animé)* lebhaft; *(alerte)* rege,
wach; *(emporté)* aufbrausend; *(aigu)* scharf;
(lumière, couleur) grell; *(air)* frisch; *(vent)* scharf;
(froid) schneidend; *(sentiment)* tief ▷ *nm*: **toucher
ou piquer qn au** ~ jdn tief treffen; **de vive voix**
mündlich; **tailler** *ou* **couper dans le** ~
schonungslos vorgehen; **à** ~ *(plaie)* offen; **avoir
les nerfs à** ~ aufs Äußerste gespannt sein; **brûlé**
~ bei lebendigem Leibe verbrannt; **sur le** ~ *(Art)*
nach der Natur; **entrer dans le** ~ **du sujet/
débat** zum Kern der Sache/Debatte kommen

vif-argent [vifaʀʒɑ̃] *nm inv* Quecksilber *nt*

vigie [viʒi] *nf* Ausguck *m*; *(poste)* Mastkorb *m*

vigilance [viʒilɑ̃s] *nf* Wachsamkeit *f*

vigilant, e [viʒilɑ̃, ɑ̃t] *adj* wachsam

vigile [viʒil] *nm* *(veilleur de nuit)* Nachtwächter *m*;
(de police privée) Wachmann *m*

vigne [viɲ] *nf* *(plante)* Weinstock *m*; *(plantation)*
Weinberg *m*; ~ **vierge** Wilder Wein *m*

vigneron [viɲ(ə)ʀɔ̃] *nm* Winzer *m*

vignette [viɲɛt] *nf* *(motif ornemental, petite
illustration)* Vignette *f*; *(de marque)* Markenzeichen
nt; *(Auto)* ≈ Kfz-Steuerplakette *f*; *(sur médicament)*
Gebührenmarke *f (auf Medikamenten, die bei Vorlage
von der Krankenkasse ersetzt werden)*

vignoble [viɲɔbl] *nm* *(plantation)* Weinberg *m*;
(vignes d'une région) Weinberge *pl*

vigoureusement [viguʀøzmɑ̃] *adv* *(frotter etc)*
kräftig; *(protester)* energisch; *(exprimer)*
leidenschaftlich; *(peindre)* ausdrucksstark

vigoureux, -euse [viguʀø, øz] *adj* kräftig; *(style,
dessin)* kraftvoll, ausdrucksstark

vigueur [vigœʀ] *nf* *(robustesse)* Kraft *f*, Stärke *f*;
(fig: de la pensée, du style, du coloris) Ausdruckskraft *f*;
être/entrer en ~ *(Jur)* in Kraft sein/treten; **selon
la loi en** ~ nach dem geltenden Gesetz

vil, e [vil] *adj* abscheulich, gemein; **à** ~ **prix**
spottbillig

vilain, e [vilɛ̃, ɛn] *adj* *(laid)* hässlich; *(temps, affaire,
blessure)* scheußlich; *(enfant)* ungezogen ▷ *nm*
(Hist) Leibeigener *m*; **ça va faire du** *ou* **tourner
au** ~ das wird bös ausgehen; ~ **mot** Grobheit *f*

vilainement [vilɛnmɑ̃] *adv* schlimm

vilebrequin [vilbʀəkɛ̃] *nm* *(outil)* Bohrwinde *f*;
(Auto) Kurbelwelle *f*

vilenie [vil(ə)ni] *nf* Abscheulichkeit *f*,

Gemeinheit f
vilipender [vilipɑ̃de] vt verunglimpfen
villa [villa] nf Villa f
village [vilaʒ] nm Dorf nt; ~ **de toile** Zeltstadt f;
~ **de vacances** Feriendorf nt
villageois, e [vilaʒwa, waz] adj ländlich ▷ nm/f
Dorfbewohner(in) m(f)
ville [vil] nf Stadt f; **habiter en** ~ in der Stadt
wohnen; **aller en** ~ in die Stadt fahren/gehen;
~ **champignon** Stadt, die aus dem Boden geschossen ist
villégiature [vi(l)leʒjatyʀ] nf Urlaub m
vin [vɛ̃] nm Wein m; **avoir le** ~ **gai/triste** nach ein
paar Gläschen lustig/traurig werden; ~ **blanc**
Weißwein m; ~ **d'honneur** kleiner Empfang m;
~ **de messe** Messwein m; ~ **de pays** Landwein m;
~ **de table** ou **ordinaire** Tafelwein m; ~ **rosé**
Rosé(wein) m; ~ **rouge** Rotwein m
vinaigre [vinɛgʀ] nm Essig m; **tourner au** ~ (fig)
eine schlechte Wendung nehmen; ~ **de vin**
Weinessig m
vinaigrette [vinɛgʀɛt] nf Vinaigrette f,
Salatsoße f
vinaigrier [vinɛgʀije] nm (fabricant)
Essighersteller m; (flacon) Essigflasche f
vinasse [vinas] (péj) nf schlechter Wein m
vindicatif, -ive [vɛ̃dikatif, iv] adj rachsüchtig
vindicte [vɛ̃dikt] nf: **désigner qn à la** ~ **publique**
jdn an den Pranger stellen; **s'exposer à la** ~
publique sich der allgemeinen Kritik aussetzen
vineux, -euse [vinø, øz] adj (couleur) weinrot;
(odeur) Wein-
vingt [vɛ̃] num zwanzig; ~ **et un** einundzwanzig
vingtaine [vɛ̃tɛn] nf: **une** ~ **(de)** etwa zwanzig
vingtième [vɛ̃tjɛm] adj zwanzigste(r, s); **le** ~
siècle das zwanzigste Jahrhundert
vingt-quatre [vɛ̃tkatʀ] num: ~ **heures sur** ~ rund
um die Uhr
vinicole [vinikɔl] adj (production) Wein-; (région)
Weinbau-
vinification [vinifikasjɔ̃] nf (du raisin)
Verarbeitung f zu Wein; (des sucres) Abbau m zu
Alkohol
vins etc [vɛ̃] vb voir **venir**
vinyle [vinil] nm Vinyl nt
viol [vjɔl] nm (d'une femme) Vergewaltigung f; (d'un
lieu sacré) Entweihung f, Schändung f
violacé, e [vjɔlase] adj ins Violette spielend
violation [vjɔlasjɔ̃] nf (d'un droit, secret) Verletzung
f; ~ **de sépulture** (Jur) Grabschändung f
violemment [vjɔlamɑ̃] adv (brutalement) brutal,
mit Gewalt
violence [vjɔlɑ̃s] nf Gewalt f; (de personne)
Gewalttätigkeit f, Brutalität f; **violences** nfpl
Gewalttätigkeiten pl; **faire** ~ **à qn** jdm Gewalt
antun; **se faire** ~ sich zwingen
violent, e [vjɔlɑ̃, ɑ̃t] adj (personne, instincts)
gewalttätig, brutal; (langage) brutal; (choc, effort,
bruit, vent) gewaltig; (remède) drastisch; (colère,
besoin, désir) heftig
violenter [vjɔlɑ̃te] vt vergewaltigen
violer [vjɔle] vt (femme) vergewaltigen; (lieu,
sépulture) schänden; (loi, traité, secret, serment)

brechen; (convenances) verstoßen gegen
violet, te [vjɔlɛ, ɛt] adj violett ▷ nm Violett nt ▷ nf
Veilchen nt
violeur [vjɔlœʀ] nm Vergewaltiger m
violine [vjɔlin] adj veilchenblau
violon [vjɔlɔ̃] nm Geige f; (musicien) Geiger(in)
m(f); (fam: prison) Kittchen nt; **premier** ~ erste
Geige; ~ **d'Ingres** Hobby nt
violoncelle [vjɔlɔ̃sɛl] nm Cello nt
violoncelliste [vjɔlɔ̃selist] nm/f Cellist(in) m(f)
violoniste [vjɔlɔnist] nm/f Geiger(in) m(f)
VIP [veipe] sigle m (= Very Important Person) VIP m
vipère [vipɛʀ] nf Viper f
virage [viʀaʒ] nm Kurve f; (fig: Pol etc) Wende f;
(d'un véhicule) Wenden nt; (Chim) Farbänderung f;
(de cuti-réaction) positive Reaktion f; (Photo)
Tönung f; **prendre un** ~ eine Kurve nehmen;
~ **sans visibilité** unübersichtliche Kurve; ~ **sur**
l'aile (Aviat) Kurvenflug m
virago [viʀago] (péj) nf Mannweib nt
viral, e, -aux [viʀal, o] adj Virus-
virée [viʀe] nf (courte) Spritztour f; (: à pied)
Bummel m; (longue) Ausflug m
virement [viʀmɑ̃] nm (Fin) Überweisung f;
~ **bancaire** Banküberweisung f; ~ **postal**
Postüberweisung f
virent [viʀ] vb voir **voir**
virer [viʀe] vt (Fin) überweisen; (Photo: épreuve)
tönen; (fam: renvoyer) rausschmeißen ▷ vi (changer
de direction) wenden, umdrehen; (changer de couleur)
umschlagen; (cuti-réaction) positiv ausfallen;
~ **au bleu/rouge** blau/rot anlaufen; ~ **de bord**
(Naut) kreuzen; ~ **sur l'aile** (Aviat) eine Kurve
fliegen
virevolte [viʀvɔlt] nf (d'une danseuse) schnelle
Drehung f; (fig) plötzlicher Umschwung m
virevolter [viʀvɔlte] vi herumwirbeln; (aller en
tous sens) herumflattern
virginal, e, -aux [viʀʒinal, o] adj jungfräulich;
(fig) unbefleckt
virginité [viʀʒinite] nf Jungfräulichkeit f; (fig)
Reinheit f
virgule [viʀgyl] nf Komma nt; **4** ~ **2** 4 Komma 2;
~ **flottante** Gleitkomma nt
viril, e [viʀil] adj (attributs, force) männlich;
(attitude, air etc) mannhaft
viriliser [viʀilize] vt vermännlichen
virilité [viʀilite] nf (attributs masculins)
Männlichkeit f; (vigueur sexuelle) Potenz f,
Manneskraft f; (courage) Entschlossenheit f
virologie [viʀɔlɔʒi] nf Virologie f
virologiste [viʀɔlɔʒist] nm/f Virologe m,
Virologin f
virtualité [viʀtɥalite] nf Möglichkeit f
virtuel, le [viʀtɥɛl] adj (théorique) virtuell;
(potentiel) potenziell
virtuellement [viʀtɥɛlmɑ̃] adv (presque)
praktisch
virtuose [viʀtɥoz] nm/f Virtuose m, Virtuosin f
▷ adj technisch vollendet, virtuos
virtuosité [viʀtɥozite] nf Virtuosität f; **exercices**
de ~ Fingerübungen pl

465

virulence [viʀylɑ̃s] *nf* (*v adj*) Schärfe *f*, Heftigkeit *f*; Bösartigkeit *f*
virulent, e [viʀylɑ̃, ɑ̃t] *adj* heftig, scharf; (*microbe, poison*) bösartig; (*satire, critique*) geharnischt, scharf
virus [viʀys] *nm* Virus *m ou nt*
vis [vis] *vb voir* **voir**; **vivre** ▷ *nf* Schraube *f*; **~ à tête plate** Flachkopfschraube *f*; **~ à tête ronde** Rundkopfschraube *f*; **~ platinées** (*Auto*) Kontakte *pl*; **~ sans fin** Endlosschraube *f*
visa [viza] *nm* (*sceau*) Stempel *m*; (*dans passeport*) Visum *nt*; **~ de censure** (*Ciné*) Zensurvermerk *m* (*zur Altersbeschränkung*)
visage [vizaʒ] *nm* Gesicht *nt*; **à ~ découvert** unverblümt, offen
visagiste [vizaʒist] *nm/f* (Gesichts)kosmetiker(in) *m(f)*
vis-à-vis [vizavi] *adv* gegenüber ▷ *nm inv* Gegenüber *nt*; **~ de** (*en face de*) gegenüber von; (*à l'égard de*) gegenüber; (*en comparaison de*) im Vergleich zu; **en ~** (*immeubles*) gegenüberliegend; **sans ~** (*immeuble*) mit freiem Ausblick, ohne Gegenüber
viscéral, e, -aux [viseʀal, o] *adj* (*Anat*) Eingeweide-; (*fig*) tief verwurzelt
viscères [viseʀ] *nmpl* Eingeweide *pl*
viscose [viskoz] *nf* Viskose *f*
viscosité [viskozite] *nf* Viskosität *f*
visée [vize] *nf* (*avec une arme*) Zielen *nt*; (*Arpentage*) Anpeilen *nt*; **visées** *nfpl* Absichten *pl*; **avoir des ~s sur qn/qch** es auf jdn/etw abgesehen haben
viser [vize] *vi* (*tireur*) zielen ▷ *vt* (*objectif, cible*) anpeilen; (*carrière etc*) anstreben; (*concerner*) betreffen; (*apposer un visa sur*) mit einem Sichtvermerk versehen; **~ à qch** auf etw *acc* hinzielen; **~ à faire qch** darauf hinzielen, etw zu tun
viseur [vizœʀ] *nm* (*d'arme*) Kimme *f*; (*Photo*) Sucher *m*
visibilité [vizibilite] *nf* Sicht *f*; **bonne/mauvaise ~** gute/schlechte Sicht; **sans ~** (*pilotage*) Blind-; (*virage*) unübersichtlich
visible [vizibl] *adj* sichtbar; (*évident*) sichtlich; (*disponible*) zu sprechen
visiblement [vizibləmɑ̃] *adv* (*ostensiblement*) sichtlich, sichtbar; (*manifestement*) offensichtlich
visière [vizjɛʀ] *nf* (*de casquette, képi*) (Mützen)schirm *m*; (*qui s'attache*) Augenblende *f*; **mettre sa main en ~** die Hand schützend über die Augen legen
vision [vizjɔ̃] *nf* (*sens*) Sehvermögen *nt*; (*image mentale: conception*) Vorstellung *f*, Bild *nt*; (*apparition*) Halluzination *f*, Vision *f*; **en première ~** (*Ciné*) als Erstaufführung
visionnaire [vizjɔnɛʀ] *adj* visionär ▷ *nm* Visionär *m*
visionner [vizjɔne] *vt* (*Photo*) (mit dem Bildbetrachter) ansehen; (*Ciné*) vorbetrachten
visionneuse [vizjɔnøz] *nf* Bildbetrachter *m*, Bildwerfer *m*
visite [vizit] *nf* Besuch *m*; (*touristique, d'inspection*) Besichtigung *f*; (*Méd: à domicile*) Hausbesuch *m*;

(*consultation*) Visite *f*; (*Mil: d'entrée*) Musterung *f*; **faire une ~ ou rendre ~ à qn** jdn besuchen; **être en ~ (chez qn)** (bei jdm) zu Besuch sein; **heures de ~** Besuchszeiten *pl*; **droit de ~** (*Jur*) Besuchsrecht *nt*; **~ de douane** Zollkontrolle *f*; **~ domiciliaire** Haus(durch)suchung *f*; **~ médicale** ärztliche Untersuchung *f*
visiter [vizite] *vt* (*prisonniers, malades*) besuchen; (*musée, ville*) besichtigen
visiteur, -euse [vizitœʀ, øz] *nm/f* Besucher(in) *m(f)*; **~ des douanes** Zollbeamte(r) *m*; **~ médical** Pharmavertreter *m*
vison [vizɔ̃] *nm* Nerz *m*
visqueux, -euse [viskø, øz] *adj* zähflüssig; (*péj: surface*) glitschig; (*manières*) schleimig
visser [vise] *vt* festschrauben; (*serrer*) zuschrauben
visu [vizy]: **de ~** *adv* mit eigenen Augen
visualisation [vizɥalizasjɔ̃] *nf*: **écran de ~** Bildschirm *m*
visualiser [vizɥalize] *vt* (*Inform*) (auf dem Bildschirm) anzeigen
visuel, le [vizɥɛl] *adj* visuell
visuellement [vizɥɛlmɑ̃] *adv* visuell
vit [vi] *vb voir* **voir**; **vivre**
vital, e, -aux [vital, o] *adj* (*fonctions, espace*) Lebens-; (*indispensable*) lebensnotwendig
vitalité [vitalite] *nf* (*d'une personne*) Vitalität *f*; (*d'une entreprise, région*) Dynamik *f*; (*d'une tradition*) Lebendigkeit *f*
vitamine [vitamin] *nf* Vitamin *nt*
vitaminé, e [vitamine] *adj* mit Vitaminen angereichert, Vitamin-
vitaminique [vitaminik] *adj* Vitamin-
vite [vit] *adv* schnell, rasch; **faire ~** schnell handeln; (*se dépêcher*) sich beeilen
vitesse [vites] *nf* Geschwindigkeit *f*; (*Auto: dispositif*) Gang *m*; **prendre qn de ~** jdm zuvorkommen; **faire de la ~** schnell fahren; **prendre de la ~** schneller werden; **à toute ~** mit Volldampf; **être en perte de ~** (*avion*) an Auftrieb verlieren; (*fig*) auf dem absteigenden Ast sein; **changer de ~** (*Auto*) schalten; **en première/deuxième ~** im ersten/zweiten Gang; **~ acquise** Schwung *m*; **~ de croisière** Reisegeschwindigkeit *f*; **~ de la lumière** Lichtgeschwindigkeit *f*; **~ de pointe** Spitzengeschwindigkeit *f*; **~ du son** Schallgeschwindigkeit *f*
viticole [vitikɔl] *adj* Weinbau-
viticulteur [vitikyltœʀ] *nm* Weinbauer *m*
viticulture [vitikyltyʀ] *nf* Weinbau *m*
vitrage [vitʀaʒ] *nm* (*cloison*) Glaswand *f*; (*toit*) Glasdach *nt*; (*rideau*) Store *m*
vitrail, -aux [vitʀaj, o] *nm* buntes Kirchenfenster *nt*; (*technique*) Glasmalerei *f*
vitre [vitʀ] *nf* (Glas)scheibe *f*; (*Auto*) Scheibe *f*
vitré, e [vitʀe] *adj* Glas-; **porte ~e** Glastür *f*
vitrer [vitʀe] *vt* verglasen
vitreux, -euse [vitʀø, øz] *adj* Glas-; (*œil*) glasig
vitrier [vitʀije] *nm* Glaser *m*
vitrifier [vitʀifje] *vt* (*par fusion*) zu Glas

verschmelzen; *(par enduit)* glasieren; *(parquet)* versiegeln

vitrine [vitʀin] *nf* Schaufenster *nt*; *(petite armoire)* Vitrine *f*; **en ~** im Schaufenster; **~ publicitaire** Schaukasten *m*

vitriol [vitʀijɔl] *nm* Schwefelsäure *f*; **critique au ~** ätzende Kritik *f*

vitupérations [vitypeʀasjɔ̃] *nfpl* Geschimpfe *nt sg*

vitupérer [vitypeʀe] *vi* schimpfen; **~ contre qn/qch** über jdn/etw schimpfen

vivable [vivabl] *adj (personne)* verträglich; *(endroit)* bewohnbar

vivace¹ [vivas] *adj (plante)* widerstandsfähig; *(haine)* tief verwurzelt

vivace² [vivatʃe] *adv (Mus)* vivace

vivacité [vivasite] *nf (animation)* Lebhaftigkeit *f*; *(d'esprit, regard)* Regheit *f*; *(de lumière, couleur)* Grellheit *f*

vivant, e [vivɑ̃, ɑ̃t] *vb voir* **vivre** ▷ *adj* lebendig; *(langue)* lebend ▷ *nm*: **du ~ de qn** zu jds Lebzeiten; **les ~s et les morts** die Lebenden *ou* Lebendigen und die Toten

vivarium [vivaʀjɔm] *nm* Terrarium *nt*

vivats [viva] *nmpl* Hochrufe *pl*, Vivatrufe *pl*

vive [viv] *adj f voir* **vif** ▷ *vb voir* **vivre** ▷ *excl*: **~ le roi/la république!** es lebe der König/die Republik!; **~ les vacances/la liberté!** ein Hoch auf die Ferien/die Freiheit!

vivement [vivmɑ̃] *adv (brusquement)* brüsk; *(regretter, s'intéresser)* sehr ▷ *excl*: **~ les vacances!** wenn doch nur schon Ferien wären!; **mener ~ une affaire** eine Sache mit viel Schwung betreiben; **~ qu'il s'en aille!** wenn er doch nur ginge!

viveur [vivœʀ] *(péj) nm* Lebemann *m*

vivier [vivje] *nm (réservoir)* Fischtank *m*; *(étang)* Fischteich *m*; *(fig)* Brutstätte *f*

vivifiant, e [vivifjɑ̃, jɑ̃t] *adj* belebend, erfrischend

vivifier [vivifje] *vt* beleben

vivions [vivjɔ̃] *vb voir* **vivre**

vivipare [vivipaʀ] *adj* lebend gebärend

vivisection [viviseksjɔ̃] *nf* Vivisektion *f*

vivoter [vivɔte] *vi* dahinvegetieren

vivre [vivʀ] *vi* leben; *(habiter)* leben, wohnen ▷ *vt* erleben; *(une certaine vie)* führen ▷ *nm*: **le ~ et le logement** Kost und Logis; **vivres** *nmpl (nourriture)* Verpflegung *f*; **se laisser ~** das Leben nehmen, wie es kommt; **~ au jour le jour** von der Hand in den Mund leben; **apprendre à ~ à qn** jdn Lebensart lehren, jdm Lebensart beibringen; **le colonialisme a vécu** die Zeit des Kolonialismus ist vorbei; **il est facile/difficile à ~** mit ihm ist gut/nicht gut Kirschen essen; **faire ~ qn** *(pourvoir à sa subsistance)* jdn ernähren; **~ de** leben von; *(aliments)* sich ernähren von; **~ d'amour et d'eau fraîche** von Luft und Liebe leben

vivrier, -ère [vivʀije, ijɛʀ] *adj*: **cultures vivrières** Anbau *m* von Nährpflanzen

vlan [vlɑ̃] *excl* peng

VO [veo] *sigle f* = **version originale**

vocable [vɔkabl] *nm* Wort *nt*, Begriff *m*

vocabulaire [vɔkabylɛʀ] *nm (ensemble de termes)* Wortschatz *m*; *(d'un auteur)* Vokabular *nt*; *(d'un domaine)* Terminologie *f*; *(livre)* Wörterbuch *nt*

vocal, e, -aux [vɔkal, o] *adj* Stimm-

vocalique [vɔkalik] *adj* vokalisch

vocalise [vɔkaliz] *nf* Stimmübung *f*; **faire des ~s** Stimmübungen *pl* machen

vocaliser [vɔkalize] *vi (Ling)* in einen Vokal verwandeln; *(Mus)* Stimmübungen machen

vocation [vɔkasjɔ̃] *nf* Berufung *f*; **avoir la ~ de l'enseignement** sich zum Lehrer berufen fühlen

vociférations [vɔsifeʀasjɔ̃] *nfpl* Geschrei *nt*, Gebrüll *nt*

vociférer [vɔsifeʀe] *vi* brüllen, (wütend) schreien ▷ *vt* herausschreien, herausbrüllen

vodka [vɔdka] *nf* Wodka *m*

vœu, x [vø] *nm (souhait)* Wunsch *m*; *(à Dieu)* Gelübde *nt*; **faire ~ de faire qch** geloben, etw zu tun; **avec tous (nos) meilleurs ~x** mit (unseren) besten Wünschen; **~x de bonheur** Glückwünsche *pl*; **~x de bonne année** Glückwünsche zum neuen Jahr

vogue [vɔg] *nf* Mode *f*; **en ~** in Mode, in

voguer [vɔge] *vi* segeln

voici [vwasi] *prép* hier ist/sind; **~ mon bureau/des fleurs** hier ist mein Büro/sind Blumen; **il est parti ~ trois ans** nun sind es drei Jahre, seit er weggegangen ist; **~ une semaine que je l'ai vu** es ist jetzt eine Woche her, dass ich ihn gesehen habe; **me ~** da *ou* hier bin ich

voie [vwa] *vb voir* **voir** ▷ *nf* Weg *m*; *(Rail)* Gleis *nt*; *(Auto)* (Fahr)spur *f*; **par ~ buccale** *ou* **orale** oral; **par ~ rectale** rektal; **suivre la ~ hiérarchique** den Dienstweg gehen; **ouvrir/montrer la ~** den Weg öffnen/zeigen; **être en bonne ~** auf dem besten Weg sein; **mettre qn sur la ~** jdm auf die Sprünge helfen; **être en ~ d'achèvement/de rénovation** fast fertig sein/gerade erneuert werden; **route à deux/trois ~s** zwei-/dreispurige Fahrbahn *f*; **par ~ aérienne/maritime** auf dem Luftweg/Seeweg; **~ à sens unique** Einbahnstraße *f*; **~ d'eau** *(entrée d'eau)* Leck *nt*; **~ de fait** *(Jur)* Handgreiflichkeit *f*, Tätlichkeit *f*; **~ de garage** Abstellgleis *nt*; **~ express** Schnellstraße *f*; **~ ferrée** Schienenweg *m*; **la ~ lactée** die Milchstraße *f*; **~ navigable** Schifffahrtsstraße *f*, Schifffahrtsweg *m*; **~ prioritaire** Vorfahrtsstraße *f*; **~ privée** Privatweg *m*; **~ publique** öffentliche Straße *f*

voilà [vwala] *prép* da ist/sind; **~ le livre/les livres que vous cherchiez** da ist das Buch/da sind die Bücher, die Sie gesucht haben; **les ~** da sind sie; **en ~ un** hier ist eine(r, s); **~ deux ans** vor jetzt zwei Jahren; **~ deux ans que** nun sind es zwei Jahre, dass; **et ~!** na also!; **~ tout** das ist alles, das wärs; **"~!"** *(en apportant qch)* „hier", „bitte"

voilage [vwalaʒ] *nm (rideau)* Tüllgardine *f*; *(tissu)* Tüll *m*

voile [vwal] *nm* Schleier *m*; *(tissu léger)* Tüll *m*; *(Photo: défaut)* dunkler Schleier ▷ *nf (de bateau)* Segel *nt*; *(sport)* Segeln *nt*; **prendre le ~** den

467

Schleier nehmen, ins Kloster gehen; **mettre à la ~** (die) Segel setzen; **~ au poumon** nm Schatten m auf der Lunge; **~ du palais** nm Gaumensegel nt
voiler [vwale] vt verschleiern; (roue) verbiegen, verbeulen; (bois) verziehen; **se voiler** vpr (lune) sich verschleiern; (regard, ciel) sich trüben; (voix) heiser werden; (roue, disque) sich verbiegen; (planche) sich verziehen; **se ~ la face** sein Gesicht verhüllen
voilette [vwalɛt] nf Hutschleier m
voilier [vwalje] nm Segelschiff nt; (plus petit) Segelboot nt
voilure [vwalyʀ] nf (d'un voilier) Segel pl; (d'un avion) Tragflächen pl; (d'un parachute) Fallschirmkappen pl
voir [vwaʀ] vi sehen; (comprendre) verstehen ▷ vt sehen; (être témoin de) erleben; (imaginer) sich vorstellen; (fréquenter) verkehren mit; **se voir** vpr: **se ~ critiquer/transformer** kritisiert/verändert werden; **cela se voit** (cela arrive) das kommt vor; (c'est évident) das sieht man; **~ que/comme** sehen, dass/wie; **~ à faire qch** darauf achten, etw zu machen; **~ loin** (fig) vorausschauen, weitsichtig sein; **~ venir** (fig) abwarten; **faire ~ qch à qn** jdm etw zeigen; **en faire ~ à qn** (fig) jdm die Hölle heißmachen; **ne pas pouvoir ~ qn** (fig) jdn nicht ausstehen können; **regardez ~** sehen Sie nur!; **montrez ~** zeigen Sie mal!; **dites ~** sagen Sie mal!; **voyons!** (indignation) na, hör/hört mal!; **c'est à ~!** das werden wir sehen!; **c'est ce qu'on va ~!** das werden wir ja sehen!; **a~ quelque chose à ~ avec qch** mit etw zu tun haben; **cela n'a rien à ~** das hat nichts damit zu tun
voire [vwaʀ] adv ja sogar
voirie [vwaʀi] nf (enlèvement des ordures) Müllabfuhr f; (entretien des voies) Instandhaltung f der öffentlichen Straßen; (administration) Straßenbauamt nt
vois etc [vwa] vb voir **voir**
voisin, e [vwazɛ̃, in] adj (proche) benachbart; (ressemblant) nah verwandt ▷ nm/f Nachbar(in) m(f); **la maison ~e** das Nachbarhaus; **pays ~** Nachbarland nt; **~ de table** Tischnachbar(in) m(f); **~ de dortoir** Bettnachbar(in) m(f); **~ de palier** Flurnachbar(in) m(f)
voisinage [vwazinaʒ] nm (proximité) Nähe f; (environs) Umgebung f; (quartier, voisins) Nachbarschaft f; **relations de bon ~** gutnachbarliche Beziehungen pl
voisiner [vwazine] vi: **~ avec qn/qch** (être proche) sich in jds Nähe/in der Nähe von etw befinden
voit [vwa] vb voir **voir**
voiture [vwatyʀ] nf Wagen m, Auto nt; (wagon) Wagen m; **en ~!** alles einsteigen!; **~ d'enfant** Kinderwagen m; **~ de sport** Sportwagen m
voiture-lit [vwatyʀli] (pl **voitures-lits**) nf Schlafwagen m
voiture-restaurant [vwatyʀʀɛstɔʀɑ̃] (pl **voitures-restaurants**) nf Speisewagen m
voix [vwa] nf Stimme f; **~ passive** Passiv nt; **~ active** Aktiv nt; **la ~ de la raison** die Stimme der

Vernunft; **à haute ~** laut, mit lauter Stimme; **à ~ basse** leise, mit leiser Stimme; **avoir de la ~** eine laute Stimme haben; **rester sans ~** sprachlos sein, keinen Ton hervorbringen; **à deux/quatre ~** zwei-/vierstimmig; **avoir/ne pas avoir ~ au chapitre** etwas/nichts zu sagen haben; **mettre aux ~** zur Abstimmung stellen; **~ de basse** Bass m; **~ de ténor** Tenor m
vol¹ [vɔl] nm Flug m; **un ~ de moineaux/perdrix** ein Schwarm m Spatzen/Rebhühner; **à ~ d'oiseau** (in der) Luftlinie; **en ~** im Flug; **attraper qch au ~** etw im Flug erwischen; **saisir une remarque au ~** eine Bemerkung (im Vorübergehen) aufschnappen; **prendre son ~** wegfliegen; **de haut ~** (fig) großen Stils; **~ à voile** Segelflug m; **~ de nuit** Nachtflug m; **~ en palier** Horizontalflug m; **~ libre** (Sport) Drachenfliegen nt; **~ plané** (Aviat) Gleitflug m
vol² [vɔl] nm (délit) Diebstahl m; **~ à l'étalage** Ladendiebstahl m; **~ à la tire** Taschendiebstahl m; **~ à main armée** bewaffneter Raubüberfall m; **~ avec effraction** Einbruchsdiebstahl m; **~ qualifié** schwerer Diebstahl; **~ simple** (Jur) leichter Diebstahl
vol. abr (= volume) Vol
volage [vɔlaʒ] adj (personne) unbeständig, flatterhaft; (humeur) wechselhaft
volaille [vɔlaj] nf (oiseaux) Federvieh nt, Geflügel nt; (oiseau) Vogel m; (viande) Geflügel
volailler [vɔlaje] nm Geflügelhändler m
volant, e [vɔlɑ̃, ɑ̃t] adj fliegend; (feuille) lose; (personnel) Flug- ▷ nm (Auto) Lenkrad nt, Steuer nt; (Tech: de commande) Steuer(rad) nt; (balle) Federball m; (jeu) Federball(spiel) nt; (de tissu) Volant m; (feuillet détachable) Abreißblatt nt; **les volants** nmpl (Aviat) das Flugpersonal nt
volatil, e [vɔlatil] adj (Chim) flüchtig
volatile [vɔlatil] nm (oiseau) Vogel m
volatiliser [vɔlatilize]: **se ~** vpr (Chim) sich verflüchtigen; (fig) sich in Luft auflösen
vol-au-vent [vɔlovɑ̃] nm inv Königinpastete f
volcan [vɔlkɑ̃] nm Vulkan m; (personne) Hitzkopf m
volcanique [vɔlkanik] adj vulkanisch; (tempérament) aufbrausend
volcanologie [vɔlkanɔlɔʒi] nf Vulkanforschung f
volcanologue [vɔlkanɔlɔg] nm/f Vulkanexperte m, Vulkanexpertin f
volée [vɔle] nf (d'oiseaux) Schwarm m; (Tennis) Flugball m; **rattraper qch à la ~** etw im Flug erwischen; **semer à la ~** breitwürfig säen; **à toute ~** mit voller Kraft; **de haute ~** (expert) erstklassig; **~ de coups** Hagel m von Schlägen; **~ de flèches** Pfeilhagel m; **~ d'obus** Granathagel m
voler [vɔle] vi (dans le ciel) fliegen; (voleur) stehlen; (aller vite) eilen ▷ vt (dérober) stehlen; (personne) bestehlen; **~ en éclats** zersplittern; **~ de ses propres ailes** auf eigenen Füßen stehen
volet [vɔlɛ] nm (de fenêtre) Fensterladen m; (Tech) Klappe f; (Aviat: sur l'aile) Landeklappe f; (de document) Abschnitt m; (fig: d'un plan etc) Seite f; **trié sur le ~** handverlesen; **~ de freinage** (Aviat) Bremsklappe f

voleter [vɔl(ə)te] *vi* (umher)flattern
voleur, -euse [vɔlœʀ, øz] *nm/f* Dieb(in) *m(f)* ▷ *adj* diebisch
volière [vɔljɛʀ] *nf* Voliere *f*
volley [vɔlɛ] *nm* = **volley-ball**
volley-ball [vɔlɛbɔl] (*pl* **~s**) *nm* Volleyball *m*
volleyeur, -euse [vɔlɛjœʀ, øz] *nm/f* Volleyballspieler(in) *m(f)*
volontaire [vɔlɔ̃tɛʀ] *adj* freiwillig; (*décidé*) entschlossen ▷ *nm/f* Freiwillige(r) *f(m)*; (**engagé**) ~ (*Mil*) Freiwillige(r) *m*
volontairement [vɔlɔ̃tɛʀmɑ̃] *adv* freiwillig
volontariat [vɔlɔ̃taʀja] *nm* (*Mil*) freiwilliger Militärdienst *m*
volontarisme [vɔlɔ̃taʀism] *nm* Voluntarismus *m*
volontariste [vɔlɔ̃taʀist] *adj* voluntaristisch
volonté [vɔlɔ̃te] *nf* Wille *m*; (*fermeté*) Willenskraft *f*; à ~ nach Belieben; **bonne** ~ guter Wille; **mauvaise** ~ Mangel *m* an gutem Willen; **les dernières ~s de qn** jds letzter Wille
volontiers [vɔlɔ̃tje] *adv* gern; (*réponse*) aber gern, mit Vergnügen
volt [vɔlt] *nm* Volt *nt*
voltage [vɔltaʒ] *nm* Spannung *f*; (*d'un appareil*) Voltzahl *f*
volte-face [vɔltəfas] *nf inv* Kehrtwendung *f*; **faire ~** kehrtmachen
voltige [vɔltiʒ] *nf* (*au cirque*) Akrobatik *f*; (*Équitation*) Voltigieren *nt*; (*Aviat*) Luftakrobatik *f*; (*fig*) (geistige) Klimmzüge *pl*; **numéro de haute ~** (*au cirque*) Trapezakt *m*; (*fig*) Balanceakt *m*
voltiger [vɔltiʒe] *vi* (*feuilles, oiseaux*) herumflattern; (*cheveux etc*) wehen
voltigeur, -euse [vɔltiʒœʀ] *nm/f* (*au cirque*) Trapezkünstler(in) *m(f)*
voltmètre [vɔltmɛtʀ] *nm* Voltmeter *nt*
volubile [vɔlybil] *adj* redselig
volubilis [vɔlybilis] *nm* (*Bot*) Winde *f*
volume [vɔlym] *nm* (*d'un corps*) Volumen *nt*, Rauminhalt *m*; (*Géom: solide*) Körper *m*; (*quantité, importance*) Umfang *m*; (*intensité*) Lautstärke *f*; (*livre*) Band *m*
volumétrique [vɔlymetʀik] *adj* volumetrisch
volumineux, -euse [vɔlyminø, øz] *adj* umfangreich; (*courrier etc*) reichlich
volupté [vɔlypte] *nf* (*des sens*) Lust *f*; (*esthétique etc*) Genuss *m*
voluptueusement [vɔlyptɥøzmɑ̃] *adv* wollüstig, sinnlich
voluptueux, -euse [vɔlyptɥø, øz] *adj* wollüstig, sinnlich
volute [vɔlyt] *nf* (*Archit*) Volute *f*; **~ de fumée** Rauchkringel *m*
vomi [vɔmi] *nm* Erbrochene(s) *nt*
vomir [vɔmiʀ] *vi* brechen, sich erbrechen ▷ *vt* spucken, speien; (*lave*) hinausschleudern, spucken; (*vapeurs, injures*) ausstoßen; (*exécrer*) verabscheuen
vomissement [vɔmismɑ̃] *nm* (*action*) Erbrechen *nt*; (*matières, aussi pl*) Erbrochene(s) *nt*
vomissure [vɔmisyʀ] *nf* Erbrochene(s) *nt*
vomitif [vɔmitif] *nm* Brechmittel *nt*

vont [vɔ̃] *vb voir* **aller**
vorace [vɔʀas] *adj* gefräßig; (*fig*) unersättlich
voracement [vɔʀasmɑ̃] *adv* gefräßig
voracité [vɔʀasite] *nf* (*v adj*) Gefräßigkeit *f*; Unersättlichkeit *f*
vos [vo] *adj possessif voir* **votre**
Vosges [voʒ] *nfpl* Vogesen *pl*
vosgien, ne [voʒjɛ̃, jɛn] *adj* vogesisch, Vogesen-
votant, e [vɔtɑ̃, ɑ̃t] *nm/f* Wähler(in) *m(f)*
vote [vɔt] *nm* (*consultation*) Abstimmung *f*; (*suffrage*) Stimme *f*; (*élection*) Wahl *f*; ~ **à bulletins secrets** geheime schriftliche Abstimmung; ~ **à main levée** Abstimmung durch Handheben; ~ **par correspondance** Briefwahl *f*; ~ **par procuration** Stimmabgabe *f* durch Vertreter; ~ **secret** geheime Wahl
voter [vɔte] *vi* abstimmen; (*élection*) wählen ▷ *vt* (*loi, décision*) annehmen
votre [vɔtʀ] (*pl* **vos**) *adj possessif* euer/eu(e)re; (*forme de politesse*) Ihr(e); **vos** eure; (*forme de politesse*) Ihre
vôtre [votʀ] *pron*: **le (la) ~** eure(r, s); (*forme de politesse*) Ihre(r, s); **les ~s** eure; (*forme de politesse*) Ihre; (*famille*) die Ihrigen, Ihre Familie; **à la ~!** (*toast*) auf euer/Ihr Wohl!
voudrai *etc* [vudʀe] *vb voir* **vouloir**
voué, e [vwe] *adj*: ~ **à l'échec** zum Scheitern verurteilt; **taudis ~s à la démolition** abbruchreife Gebäude *pl*
vouer [vwe] *vt* (*Rel*) weihen; (*vie, temps*) widmen; **se vouer** *vpr*: **se ~ à** sich widmen +*dat*; ~ **une haine/amitié éternelle à qn** jdm ewigen Hass/ewige Freundschaft schwören

 MOT-CLÉ

vouloir [vulwaʀ] *vi, vt* **1** (*exiger*) wollen; **vouloir faire qch** etw tun wollen; **vouloir que qn fasse qch** wollen, dass jd etw tut; **que me veut-il?** was will er von mir?; **sans le vouloir** unabsichtlich; **je voudrais ceci** ich möchte das; **je voudrais faire qch** ich möchte etw tun; **le hasard a voulu que ...** wie es der Zufall so wollte ...; **la tradition veut que ...** die Tradition verlangt, dass ...

2 (*désirer*) wollen, mögen; **voulez-vous du thé?** möchten Sie Tee?; **comme vous voudrez** wie Sie wünschen *ou* möchten

3 (*consentir*): **je veux bien** (*bonne volonté*) gern; (*concession*) von mir aus, na gut; **oui, si on veut** ja, wenn man so will; **veuillez attendre** bitte warten Sie; **veuillez agréer, Madame** *ou* **Monsieur, l'expression de mes sentiments distingués** (*formule épistolaire*) mit freundlichen Grüßen

4: **en vouloir**; **en vouloir à qn** es auf jdn abgesehen haben; **s'en vouloir d'avoir fait qch** sich darüber ärgern, dass man etw getan hat; **il en veut à mon argent** er ist auf mein Geld aus

5: **vouloir de**; **l'entreprise ne veut plus de lui** die Firma will ihn nicht mehr; **elle ne veut pas de son aide** sie will seine Hilfe nicht

6: vouloir dire (que) bedeuten(, dass)
▷ *nm*: **le bon vouloir de qn** jds guter Wille

voulu, e [vuly] *pp de* **vouloir** ▷ *adj* (*délibéré*)
absichtlich; (*requis*) erforderlich

 MOT-CLÉ

vous [vu] *pron* (*sujet: pl*) ihr; (*: forme de politesse: sg et
pl*) Sie; (*objet direct, après préposition gouvernant
l'accusatif: pl*) euch; (*: forme de politesse: sg et pl*) Sie;
(*objet indirect, après préposition gouvernant le datif: pl*)
euch; (*: forme de politesse*) Ihnen; (*réfléchi, réciproque*)
euch; (*: forme de politesse*) sich; **vous pouvez vous
asseoir** ihr könnt euch/Sie können sich setzen;
je vous prie de ... ich bitte euch/Sie, zu ...; **je
vous le jure** ich schwöre es euch/Ihnen; **vous-
même(s)** Sie selbst; **vous devez y aller vous-
même** Sie müssen selbst hingehen
▷ *nm*: **employer le vous** die Sie-Form benutzen

vous-même [vumɛm] *pron* (*sujet*) ihr selbst;
(*: forme de politesse*) Sie selbst; **pour ~s** für euch/Sie
selbst; **avec ~s** mit euch/Ihnen selbst
voûte [vut] *nf* Gewölbe *nt*; **~ céleste**
Himmelsgewölbe *nt*; **~ du palais** (*Anat*) Gaumen
m; **~ plantaire** Fußgewölbe *nt*
voûté, e [vute] *adj* (*cave, pièce*) gewölbt; (*dos*)
gekrümmt; (*personne*) gebeugt
voûter [vute] *vt* (*Archit*) wölben; **se voûter** *vpr*
krumm werden
vouvoiement [vuvwamã] *nm* Siezen *nt*
vouvoyer [vuvwaje] *vt* siezen
voyage [vwajaʒ] *nm* Reise *f*; (*trajet*) Weg *m*;
(*course*) Fahrt *f*; (*fait de voyager*) Reisen *nt*; **faire un
~ eine Reise machen; faire bon ~** eine gute *ou*
angenehme Reise haben; **être en ~** auf Reisen
sein; **partir en ~** verreisen; **aimer les ~s** gern
reisen; **les gens du ~** das fahrende Volk;
~ d'affaires Geschäftsreise *f*, Dienstreise *f*;
~ d'agrément Vergnügungsreise *f*; **~ de noces**
Hochzeitsreise *f*; **~ organisé** Gesellschaftsreise *f*
voyager [vwajaʒe] *vi* reisen; (*suj: marchandises*)
transportiert werden
voyageur, -euse [vwajaʒœʀ, øz] *nm/f* (*passager*)
Fahrgast *m*; (*touriste etc*) Reisende(r) *f(m)*;
(*aventurier*) Abenteurer(in) *m(f)* ▷ *adj* (*tempérament*)
reiselustig; **un grand ~** ein reiselustiger Mensch
m; **~ de commerce** Handlungsreisende(r) *m*
voyagiste [vwajaʒist] *nm* (*tour-opérateur*)
Reiseveranstalter *m*
voyais *etc* [vwajɛ] *vb voir* **voir**
voyance [vwajãs] *nf* Hellsehen *nt*
voyant, e [vwajã, ãt] *adj* (*criard*) grell, schreiend
▷ *nm/f* (*personne*) Hellseher(in) *m(f)* ▷ *nm* (*signal*)
Warnlicht *nt*
voyelle [vwajɛl] *nf* Vokal *m*
voyeur [vwajœʀ] *nm* Voyeur *m*
voyeurisme [vwajœrism] *nm* Voyeurismus *nt*
voyons [vwajõ] *vb voir* **voir**
voyou [vwaju] *nm* Rowdy *m*; (*enfant*) Flegel *m*
▷ *adj* rüpelhaft

VPC [vepese] *sigle f* = **vente par correspondance**
vrac [vʀak]: **en ~** *adv* (*pêle-mêle*) durcheinander;
(*Comm*) lose
vrai, e [vʀɛ] *adj* wahr; (*réel*) echt ▷ *nm*: **le ~** das
Wahre; **son ~ nom** sein wirklicher Name; **un ~
comédien/sportif** ein echter Schauspieler/
Sportler; **à dire ~, à ~ dire** offen gestanden; **il
est ~ que** es stimmt, dass; **être dans le ~** recht
haben
vraiment [vʀɛmã] *adv* wirklich, wahrhaftig
vraisemblable [vʀɛsãblabl] *adj* (*plausible*)
einleuchtend; (*probable*) wahrscheinlich
vraisemblablement [vʀɛsãblabləmã] *adv*
wahrscheinlich
vraisemblance [vʀɛsãblãs] *nf* (*v adj*) Plausibilität
f; Wahrscheinlichkeit *f*; (*romanesque*) Lebensnähe
f; **selon toute ~** aller Wahrscheinlichkeit nach
vraquier [vʀakje] *nm* (*Naut*) Frachter *m* (*für
Schüttgut*)
vrille [vʀij] *nf* (*Bot*) Ranke *f*; (*outil*) Vorbohrer *m*;
(*spirale*) Spirale *f*; **descendre en ~, faire une ~**
(*Aviat*) trudeln
vrillé, e [vʀije] *adj* (*en forme de vrille*) spiralig
vriller [vʀije] *vt* (*avec outil*) vorbohren
vrombir [vʀɔbiʀ] *vi* dröhnen, brummen
vrombissant, e [vʀɔbisã, ãt] *adj* brummend,
dröhnend
vrombissement [vʀɔbismã] *nm* Brummen *nt*,
Dröhnen *nt*
VRP [veɛʀpe] *sigle m* (= *voyageur, représentant, placier*)
Vertreter *m*
VTT [vetete] *sigle m* (= *vélo tout terrain*)
Mountainbike *m*
vu, e [vy] *pp de* **voir** ▷ *nm*: **au vu et au su de tous**
vor aller Augen ▷ *adj*: **bien/mal vu** gut/schlecht
angesehen ▷ *prép* wegen +*gén*, angesichts +*gén*;
vu que angesichts der Tatsache, dass; **ni vu ni
connu** unbemerkt
vue [vy] *nf* (*fait de voir, spectacle*) Anblick *m*; (*sens*)
Sehvermögen *nt*; (*panorama*) Aussicht *f*; (*image*)
Ansicht *f*; **vues** *nfpl* (*idées*) Ansichten *pl*; (*desseins*)
Absichten *pl*; **perdre la ~** erblinden; **perdre de ~**
(*personne*) aus den Augen verlieren; (*principes,
objectifs*) abkommen von; **à la ~ de tous** vor aller
Augen; **hors de ~** außer Sicht(weite); **à
première ~** auf den ersten Blick; **connaître qn
de ~** jdn vom Sehen kennen; **à ~** (*Comm*) bei
Empfang; **tirer à ~** ohne Vorwarnung schießen;
à ~ d'œil merklich, sichtlich; **avoir ~ sur**
(*einen*) Ausblick haben auf +*acc*; **en ~** (*homme*)
angesehen; (*Comm*) exponiert; **avoir qch
en ~** etw anvisieren; **arriver en ~ d'un
endroit** in Sichtweite eines Ortes kommen;
en ~ de faire qch mit der Absicht, etw zu tun;
~ d'ensemble Überblick *m*; **~ de l'esprit**
Gedankenspielerei *f*
vulcanisation [vylkanizasjõ] *nf* Vulkanisierung *f*
vulcaniser [vylkanize] *vt* vulkanisieren
vulcanologie [vylkanɔlɔʒi] *nf* = **volcanologie**
vulcanologue [vylkanɔlɔg] *nm/f* = **volcanologue**
vulgaire [vylgɛʀ] *adj* ordinär, vulgär; (*trivial*)
gemein, banal ▷ *nm* (*vulgarité*) Vulgäre(s) *nt*,

Ordinäre(s) *nt*; **de ~s chaises de cuisine** ganz
ordinäre Küchenstühle
vulgairement [vylgɛʀmã] *adv* (*grossièrement*)
ordinär, vulgär; (*communément*) allgemein
vulgarisation [vylgaʀizasjɔ̃] *nf*: **ouvrage de ~**
populärwissenschaftliches Werk *nt*
vulgariser [vylgaʀize] *vt* (*connaissances etc*)
populär machen; (*rendre vulgaire*) derb *ou* ordinär
machen

vulgarité [vylgaʀite] *nf* Vulgarität *f*
vulnérabilité [vylneʀabilite] *nf* (*v adj*)
Verwundbarkeit *f*; Verletzlichkeit *f*;
Schutzlosigkeit *f*
vulnérable [vylneʀabl] *adj* (*physiquement*)
verwundbar; (*moralement*) verletzlich;
(*stratégiquement*) ungeschützt
vulve [vylv] *nf* Vulva *f*
Vve *abr* (= *veuve*) Wwe

W¹, w [dubləve] *nm inv* (*lettre*) w, W *nt;* **W comme William** ≈ W wie Wilhelm

W² [dubləve] *abr* (= *watt*) W

wagon [vagɔ̃] *nm* (*de voyageurs*) Wagen *m;* (*de marchandises*) Wa(g)gon *m*

wagon-citerne [vagɔ̃sitɛʀn] (*pl* **wagons-citernes**) *nm* Tankwagen *m*

wagon-lit [vagɔ̃li] (*pl* **wagons-lits**) *nm* Schlafwagen *m*

wagonnet [vagɔnɛ] *nm* Lore *f*

wagon-poste [vagɔ̃pɔst] (*pl* **wagons-postes**) *nm* Postwagen *m*

wagon-restaurant [vagɔ̃ʀɛstɔʀɑ̃] (*pl* **wagons-restaurants**) *nm* Speisewagen *m*

walkman® [wɔkman] *nm* Walkman® *m*

Wallis et Futuna [walisefutuna] *nfpl:* **les îles ~** die Wallis-und-Futuna-Inseln *pl*

wallon, ne [walɔ̃, ɔn] *adj* wallonisch ▷ *nm* (*Ling*) Wallonisch *nt* ▷ *nm/f:* **Wallon, ne** Wallone *m,* Wallonin *f*

Wallonie [walɔni] *nf:* **la ~** Wallonien *nt*

water-polo [watɛʀpolo] *nm* Wasserball *m*

waters [watɛʀ] *nmpl* Toilette *f*, Klo *nt* (*fam*)

watt [wat] *nm* Watt *nt*

w-c [vese] *nmpl* WC *nt*, Toilette *f*

Web [wɛb] *nm inv:* **le ~** das (World Wide) Web

webcam [wɛbkam] *nf* Webcam *f*, Webkamera *f*

webmaster [wɛbmastœʀ], **webmestre** [wɛbmɛstʀ] *nm/f* Webmaster(in) *m(f)*

week-end [wikɛnd] (*pl* **~s**) *nm* Wochenende *nt*

western [wɛstɛʀn] *nm* Western *m*

Westphalie [vɛsfali] *nf:* **la ~** Westfalen *nt*

whisky [wiski] (*pl* **whiskies**) *nm* Whisky *m*

white-spirit [wajtspiʀit] (*pl* **~s**) *nm* Terpentinersatz *m*

wifi [wifi] *nm* Wi-Fi *nt*

WWW *sigle m* (= *World Wide Web*) WWW *nt*

Xx

X, x [iks] *nm inv (lettre)* X, x *nt;* **X comme Xavier** ≈ X wie Xanthippe; **plainte contre X** *(Jur)* Klage *f* gegen Unbekannt

xénophobe [gzenɔfɔb] *nm/f* Fremdenhasser(in) *m(f)*

xénophobie [gzenɔfɔbi] *nf* Ausländerhass *m*, Ausländerfeindlichkeit *f*

xérès [gzeRɛs] *nm* Sherry *m*

xylographie [gzilɔgRafi] *nf* Holzschnitt *m*

xylophone [gzilɔfɔn] *nm* Xylofon *nt*

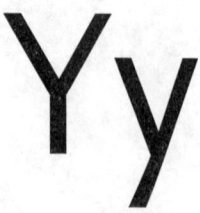

Yy

Y, y¹ [igʀɛk] *nm inv (lettre)* Y *nt*, y *nt*; **Y comme
Yvonne** ≈ Y wie Ypsilon

⬤ MOT-CLÉ

y² [i] *adv* **1** *(à cet endroit: situation)* da, dort; **nous y
sommes restés une semaine** wir blieben eine
Woche dort; **nous y sommes** wir sind da
2 *(à cet endroit: mouvement)* dahin, dorthin; **nous y
allons demain** wir fahren morgen dorthin
▷ *pron* **1** *(vérifier la syntaxe du verbe employé)*: **j'y
pense** ich denke daran; **s'y connaître** sich (da)
auskennen; **il y a** *voir* **avoir**

yacht [ˈjɔt] *nm* Jacht *f*

yaourt [ˈjauʀt] *nm* Joghurt *m* ou *nt*
yaourtière [ˈjauʀtjɛʀ] *nf* Joghurtmaschine *f*
Yémen [ˈjemɛn] *nm* Jemen *m*
yéménite [ˈjemenit] *adj* jemenitisch
yeux [jø] *nmpl de* **œil**
yoga [ˈjɔga] *nm* Yoga *m* ou *nt*
yoghourt [ˈjɔguʀt] *nm* = **yaourt**
yole [ˈjɔl] *nf* Skiff *nt*
yougoslave [ˈjugɔslav] *adj* jugoslawisch
▷ *nm/f*: **Yougoslave** Jugoslawe *m*,
Jugoslawin *f*
Yougoslavie [ˈjugɔslavi] *nf*: **la ~** Jugoslawien *nt*
youyou [ˈjuju] *nm* Dingi *nt*
yo-yo [ˈjojo] *nm inv* Jo-Jo *nt*
yucca [ˈjuka] *nm* Yuccapalme *f*

Zz

Z, z [zɛd] *nm inv (lettre)* Z, z nt; **Z comme Zoé** ≈ Z wie Zacharias
ZAC [zak] *sigle f (= zone d'aménagement concerté)* städtisches Entwicklungsgebiet
Zaïre [zaiʀ] *nm:* **le ~** Zaire nt
zaïrois, e [zaiʀwa, waz] *adj* zairisch ▷ *nm/f:* **Zaïrois, e** Zairer m, Zairerin f
Zambèze [zɑ̃bɛz] *nm* Sambesi m
Zambie [zɑ̃bi] *nf:* **la ~** Sambia nt
zapper [zape] *vi* zappen
zapping [zapiŋ] *nm* Zappen nt
zèbre [zɛbʀ] *nm* Zebra nt
zébré, e [zebʀe] *adj* gestreift
zébrure [zebʀyʀ] *nf (gén pl)* Streifen m
zélateur, -trice [zelatœʀ, tʀis] *nm/f* Eiferer m, Eiferin f
zèle [zɛl] *nm* Eifer m; **faire du ~** *(péj)* übereifrig sein
zélé, e [zele] *adj* eifrig
zénith [zenit] *nm* Zenith m; *(fig aussi)* Höhepunkt m
ZEP [zɛp] *sigle f (= zone d'éducation prioritaire)* Zone für gezielte Erziehungsförderung
zéro [zeʀo] *num (chiffre, nombre)* Null f ▷ *nm (Scol)* ≈ Sechs f; **au-dessus/au-dessous de ~** *(température)* über/unter null; **réduire à ~** auf nichts reduzieren; **partir de ~** wieder von vorne anfangen; **trois (buts) à ~** drei zu null
zeste [zɛst] *nm (Culin)* Schale f; **un ~ de citron** ein Stück Zitronenschale
zézayer [zezeje] *vi* lispeln
ZI [ʒedi] *sigle f* = **zone industrielle**
zibeline [ziblin] *nf* Zobel m
zigouiller [ziguje] *(fam) vt* abmurksen
zigzag [zigzag] *nm* Zickzack m; *(point de machine à coudre)* Zickzackstich m
zigzaguer [zigzage] *vi* sich im Zickzack bewegen
Zimbabwe [zimbabwe] *nm:* **le ~** Simbabwe nt
zimbabwéen, ne [zimbabweɛ̃, ɛn] *adj* simbabwisch

zinc [zɛ̃g] *nm (Chim)* Zink nt; *(comptoir)* Theke f, Tresen m
zinguer [zɛ̃ge] *vt (toit)* mit Blech decken; *(fer)* verzinken
zingueur [zɛ̃gœʀ] *nm:* **(plombier) ~** Dachdecker m
zinnia [zinja] *nm* Zinnie f
zipper [zipe] *vt (Inform)* zippen
zircon [ziʀkɔ̃] *nm* Zirkon nt
zizanie [zizani] *nf:* **mettre** *ou* **semer la ~** Zwietracht säen
zizi [zizi] *(fam) nm* Pimmel m
zodiacal, e, -aux [zɔdjakal, o] *adj* Tierkreis-
zodiaque [zɔdjak] *nm* Tierkreis m
zona [zona] *nm* Gürtelrose f
zonage [zonaʒ] *nm (Admin)* Zoneneinteilung f
zonard [zonaʀ] *(fam) nm* Rowdy m
zone [zon] *nf* Zone f, Gebiet nt; *(quartiers):* **la ~** die Slums pl; **de seconde ~** *(fig)* zweitrangig; **~ bleue** ≈ Kurzparkzone f; **~ d'action** *(Mil)* Aktionsgebiet nt; **~ d'extension** (städtisches) Wachstumsgebiet nt; **~ d'urbanisation** (städtisches) Wachstumsgebiet nt; **~ franche** Freizone f; **~ industrielle** Industriegebiet nt; **~ résidentielle** Wohngebiet nt; **~s monétaires** Währungszonen pl
zoner [zone] *(fam) vt* herumhängen
zoo [zo(o)] *nm* Zoo m
zoologie [zɔɔlɔʒi] *nf* Zoologie f
zoologique [zɔɔlɔʒik] *adj* zoologisch
zoologiste [zɔɔlɔʒist] *nm/f* Zoologe m, Zoologin f
zoom [zum] *nm (Photo)* Zoomlinse f
zootechnicien, ne [zootɛknisjɛ̃, jɛn] *nm/f* Tierzüchter(in) m(f)
zootechnique [zootɛknik] *adj* Tierzucht-
ZUP [zyp] *sigle f (= zone à urbaniser en priorité)* Zone für gezielte Stadtplanung
Zurich [zyʀik] *n* Zürich nt
zut [zyt] *excl* Mist

A, a [aː] *nt* A, a *m inv*; **A wie Anton** ≈ A comme
Anatole; **das A und O** l'essentiel *m*; **wer A sagt,
muss auch B sagen** (*Sprichwort*) quand le vin est
tiré, il faut le boire; **von A bis Z** de A à Z
A *f abk* (*= Autobahn*) A
à [aː] *präp* (*bes Wirts*) à
a. *abk* (*bei Ortsangaben*) = **am**
AA *nt abk* (*= Auswärtiges Amt*) (ministère *m* des)
Affaires *fpl* étrangères
Aachen ['aːxən] (**-s**) *nt* Aix-la-Chapelle
Aal [aːl] (**-(e)s, -e**) *m* anguille *f*
aalen ['aːlən] (*umg*) *vr*: **sich in der Sonne ~**
lézarder au soleil
a. a. O. *abk* (*= am angegebenen od angeführten Ort*) loc.
cit.
Aas [aːs] (**-es, -e** *od* **Äser**) *nt* charogne *f*; **~geier** *m*
vautour *m*

 SCHLÜSSELWORT

ab [ap] *präp +Dat* dès; **Kinder ab 12 Jahren** les
enfants de plus de 12 ans; **ab morgen/Montag/
Januar** dès demain/lundi/(le mois de) janvier;
ab sofort dès maintenant; **ab Werk** (*Wirts*)
départ usine
▷ *adv* **1** (*weg, entfernt*) loin; (*herunter*): **der Knopf
ist ab** le bouton est parti; **ab ins Bett!** (ouste,) au
lit!; **links ab** à gauche; **Hut ab!** (*alle Achtung!*)
chapeau!
2 (*zeitlich*): **von da ab** dès ce moment, dès lors;
von heute ab dès aujourd'hui, à partir
d'aujourd'hui
3 (*auf Fahrplänen*): **München ab 12.20** Munich
(départ) 12h20; **der Zug fährt ab
Hauptbahnhof** le train part de la gare
principale
4: **ab und zu** *od* **an** de temps en temps, parfois

abändern ['apɛndərn] *vt* modifier;
(*Gesetzentwurf*) amender; (*Strafe*) commuer;
(*Urteil*) réviser
Abänderung *f* modification *f*; (*von Kleid*) retouche
f; (*von Programm*) changement *m*; **~santrag** *m*
(*Parl*) proposition *f od* projet *m* d'amendement
abarbeiten ['aparbaɪtən] *vr* trimer ▷ *vt* (*Schulden*)
travailler pour rembourser; (*Pensum*) s'acquitter

de; **abgearbeitet aussehen** avoir l'air épuisé(e)
Abart ['apLaːrt] *f* variante *f*
abartig *adj* anormal(e)
Abb. *abk* (*= Abbildung*) fig.
Abbau ['apbaʊ] (**-(e)s**) *m* (*Zerlegung*) démontage *m*;
(*von Personal, Preisen*) réduction *f*; (*von Vorurteilen*)
disparition *f* (progressive); (*von Kräften*) déclin *m*;
(*Bergb*) exploitation *f*; (*Chem*) décomposition *f*;
a~bar *adj*: **biologisch a~bar** biodégradable
abbauen *vt* (*zerlegen*) démonter; (*verringern*)
réduire; (*allmählich abschaffen*) supprimer (peu à
peu); (*Bergb*) extraire; (*Chem*) décomposer;
Arbeitsplätze ~ réduire *od* comprimer les
effectifs
abbeißen ['apbaɪsən] *unreg vt*: **vom Butterbrot ~**
mordre dans une tartine; **ein Stück von etw ~**
mordre un bout de qch
abbeizen ['apbaɪtsən] *vt* décaper
abbekommen ['apbəkɔmən] *unreg vt* recevoir;
(*Regen*) prendre; (*Licht*) avoir; (*umg: Farbe, Aufkleber*)
arriver à enlever; (: *Deckel, Schraube*) arriver à
dévisser; **wir haben den Regen voll ~** (*umg*)
nous nous sommes fait tremper jusqu'aux os;
eines Tages wird er sein Teil ~ (*fig*) un jour il
aura sa part d'ennuis; **etwas ~** (*beschädigt werden*)
être abîmé(e); (*verletzt werden*) être blessé(e); **sie
hat keinen (Mann) ~** elle n'a pas réussi à se
caser
abberufen ['apbəruːfən] *unreg vt* rappeler
Abberufung *f* rappel *m*
abbestellen ['apbəʃtɛlən] *vt* (*Abonnement*) résilier;
(*Zeitung*) résilier son abonnement à; (*Zimmer*)
annuler (sa réservation de)
abbezahlen ['apbətsaːlən] *vt* payer
abbiegen ['apbiːgən] *unreg vi* tourner ▷ *vt* (*Ast*)
casser; (*verhindern*) éviter; **nach links ~** tourner *od*
prendre à gauche
Abbiegespur *f* voie *f* de sélection
Abbild ['apbɪlt] *nt* image *f*; **a~en** ['apbɪldən] *vt*
reproduire; **~ung** *f* reproduction *f*; (*Schaubild*)
figure *f*, diagramme *m*
abbinden ['apbɪndən] *unreg vt* (*abnehmen*) enlever;
(*Med: Arm, Bein etc*) poser un garrot à; (*Soße*) lier
Abbitte ['apbɪtə] *f*: **~ leisten** *od* **tun** (*geh*)
demander pardon
abblasen ['apblaːzən] *unreg vt* (*Staub*) enlever en

soufflant; (*umg*: *absagen*) annuler
abblättern ['apblɛtərn] *vi* (*Putz*, *Farbe*) s'écailler
abblenden ['apblɛndən] *vt*: **die Scheinwerfer ~**
se mettre en code ▷ *vi* (*Aut*) se mettre en code
Abblendlicht ['apblɛntlıçt] *nt* feux *mpl* de
croisement
abblitzen ['apblıtsən] (*umg*) *vi*: **jdn ~ lassen**
envoyer promener qn
abbrechen ['apbrɛçən] *unreg vt* (*Ast*, *Henkel*) casser;
(*Beziehungen*, *Verhandlungen*) rompre; (*Spiel*)
interrompre; (*Gebäude*, *Brücke*) démolir; (*Zelt*)
démonter; (*Lager*) lever; (*Comput*) abandonner
▷ *vi* se casser; (*aufhören*) arrêter; **sich** *Dat* **einen ~**
(*umg*: *Umstände machen*) faire toute une histoire;
(*sich sehr anstrengen*) se mettre en quatre
abbrennen ['apbrɛnən] *unreg vt* brûler; (*Feuerwerk*)
tirer ▷ *vi* brûler; **abgebrannt sein** (*umg*: *kein Geld*
haben) être fauché(e)
abbringen ['apbrıŋən] *unreg vt*: **jdn davon ~**, **etw**
zu tun dissuader qn de faire qch; (*von Glauben*,
Thema) détourner qn de qch; **jdn von seiner**
Meinung ~ faire changer d'avis qn; **jdn vom**
Weg ~ détourner qn de son chemin; **ich bringe**
den Verschluss nicht ab (*umg*) je n'arrive pas à
enlever le couvercle
abbröckeln ['apbrœkəln] *vi* (*Verputz*) s'écailler;
(*Kalk*, *Außenwand*) s'effriter; (*Börsenkurse*) être en
baisse
Abbruch ['apbrʊx] *m* (*von Verhandlungen*,
diplomatischen Beziehungen) rupture *f*; (*von Zelten*)
démontage *m*; (*von Lager*) levée *f*; (*von Gebäude*)
démolition *f*; (*Comput*) abandon *m*; **einer Sache**
Dat **keinen ~ tun** (*geh*) ne pas nuire à qch;
~arbeiten *pl* travaux *mpl* de démolition; **a~reif**
adj en ruine
abbrühen ['apbry:ən] *vt* blanchir
abbuchen ['apbu:xən] *vt* prélever; **einen Betrag**
vom Konto ~ prélever une somme sur le compte,
débiter le compte d'une somme; **meine**
Telefonrechnung wird automatisch
abgebucht je paie ma facture de téléphone par
prélèvement automatique
abbürsten ['apbʏrstən] *vt* brosser
abbüßen ['apby:sən] *vt* (*Strafe*) purger
Abc [a:be:'tse:] (**-,-**) *nt* (*Elementarwissen*) b a ba *m*
ABC-Alarm *m* *alerte signalant une attaque avec des*
armes atomiques, *biologiques ou chimiques*
abchecken [ap'tʃɛkən] *vt* vérifier
ABC-Staaten *pl* l'Argentine, le Brésil et le Chili
ABC-Waffen *pl* armes *fpl* atomiques, biologiques
et chimiques
abdampfen ['apdampfən] *vi* (*umg*: *losgehen*/
losfahren) se tirer
abdanken ['apdaŋkən] *vi* démissionner; (*König*
etc) abdiquer
Abdankung *f* démission *f*; (*von König etc*)
abdication *f*
abdecken ['apdɛkən] *vt* (*Haus*) arracher le toit de;
(*Dach*) arracher; (*Tisch*) débarrasser; (*Bett*) ouvrir;
(*Loch*, *Beet*) couvrir
abdichten ['apdıçtən] *vt* colmater; (*Naut*)
calfater, caréner

abdrängen ['apdrɛŋən] *vt* pousser de côté
abdrehen ['apdre:ən] *vt* (*abstellen*) fermer; (*Kopf*)
détourner; (*Knopf*) faire sauter; (*Film*) tourner ▷ *vi*
changer de cap; **nach Osten ~** se diriger vers
l'est
abdriften ['apdrıftən] (*umg*) *vi* aller à la dérive
abdrosseln ['apdrɔsəln] *vt* (*Aut*: *Motor*) faire
tourner au ralenti
Abdruck¹ ['apdrʊk] (**-s, Abdrücke**) *m* (*Gipsabdruck*,
Wachsabdruck) moulage *m*; (*Fingerabdruck*)
empreinte *f*
Abdruck² ['apdrʊk] (**-(e)s, -e**) *m* (*Nachdrucken*,
Gedrucktes) reproduction *f*; **a~en** *vt* publier
abdrücken ['apdrʏkən] *vt* (*Ader*) comprimer;
(*Waffe*) faire partir; (*Boot vom Ufer*) pousser au
large *od* loin du rivage; (*Zähne in Gips*) prendre un
moulage de ▷ *vi* (*beim Schießen*) tirer ▷ *vr* (*sich*
abzeichnen) s'imprimer; **jdm die Luft ~** serrer la
gorge de qn
abebben ['apleben] *vi* (*Wasser*) reculer; (*fig*)
diminuer
Abend ['a:bənt] (**-s, -e**) *m* soir *m*; **guten ~!**
bonsoir!; **zu ~ essen** dîner; **den ganzen ~** (**über**)
(*pendant*) toute la soirée; **heute/gestern/**
morgen ~ ce/hier/demain soir; **~anzug** *m*
smoking *m*; **~brot** *nt* repas *m* du soir; **~essen** *nt*
dîner *m*; **a~füllend** *adj* qui dure toute la *od* une
soirée; **~gymnasium** *nt* cours *mpl* du soir
(*préparant au baccalauréat*); **~kasse** *f* guichet *m* *od*
bureau *m* (de location); **~kleid** *nt* robe *f* du soir;
~kurs *m* cours *m* du soir; **~land** *nt* Occident *m*;
a~lich *adj* du soir; **~mahl** *nt* (*protestantisch*)
(sainte) cène *f*; (*katholisch*: *Sakrament*) communion
f; **das letzte ~mahl** la Cène; **~rot** *nt* ciel rose le soir
abends *adv* le soir
Abend-: **~stern** *m* étoile *f* du soir *od* du berger;
~vorstellung *f* (représentation *f* en) soirée *f*;
~zeitung *f* journal *m* du soir
Abenteuer ['a:bəntɔyər] (**-s, -**) *nt* aventure *f*;
a~lich *adj* (*gefährlich*) risqué(e); (*seltsam*)
excentrique; **~spielplatz** *m* aire *f* de jeux
Abenteurer, in (**-s, -**) *m*(*f*) aventurier(-ière)
aber ['a:bər] *konj* mais ▷ *adv*: **oder ~** sinon; **das**
ist ~ schön! que c'est beau!; **bist du ~ braun!**
qu'est-ce que tu es bronzé(e)!; **nun ist ~ Schluss!**
ça suffit comme ça!; **~, ~!** voyons!; **vielen Dank**
— ~ bitte! merci beaucoup — je t'en *od* vous en
prie!
Aberglaube ['a:bərglaʊbə] *m* superstition *f*
abergläubisch ['a:bərglɔybıʃ] *adj*
superstitieux(-euse)
aberkennen ['apɛrkɛnən] *unreg vt*: **jdm etw ~**
priver qn *od* qch
Aberkennung *f* privation *f*
abermalig *adj* nouveau (nouvelle)
abermals *adv* une nouvelle fois, une fois de plus
Abertausend, abertausend ['a:bərtauznt] *num*:
Tausend und ~ des milliers (de)
Abf. *abk* (= *Abfahrt*) départ *m*
abfahren ['apfa:rən] *unreg vi* partir ▷ *vt* (*Schutt*)
enlever; (*Kamera*) lancer; (*Strecke*) parcourir; (*Arm*,
Bein) arracher; (*Reifen*) user; (*Fahrkarte*) utiliser;

der Zug ist abgefahren le train est parti; *(fig)* il est trop tard; **der Zug fährt um 8.oo von Paris ab** le train quitte Paris à 8hoo; **voll auf jdn ~** *(umg)* en pincer pour qn; **jdn ~ lassen** *(umg: abweisen)* envoyer promener qn

Abfahrt ['apfaːrt] *f* départ *m*; *(Ski)* descente *f*; (: *Piste)* piste *f*; *(von Autobahn)* sortie *f*; **Vorsicht bei der ~ des Zuges!** attention au départ du train!

Abfahrts-: **~lauf** *m (Ski)* descente *f*; **~tag** *m* jour *m* du départ; **~zeit** *f* heure *f* du départ

Abfall ['apfal] *m (Rest)* déchets *mpl*; *(Rückstand)* résidus *mpl*; *(von Speisen etc)* restes *mpl*; *(von Leistung)* baisse *f*; *(von Glauben, Partei)* abandon *m*; **~eimer** *m* poubelle *f*

abfallen *unreg vi (Blätter)* tomber; *(Putz)* s'effriter; *(Gelände etc)* descendre en pente; *(von Glauben)* renier; *(Druck, Temperatur)* baisser; *(übrig bleiben)* rester; **wie viel fällt bei dem Geschäft für mich ab?** *(umg)* combien ça me rapporterait?; **gegen jdn/etw ~** mal supporter la comparaison avec qn/qch

abfällig ['apfɛlɪç] *adj* peu flatteur(-euse), désobligeant(e)

Abfallprodukt *nt* sous-produit *m*

abfangen ['apfaŋən] *unreg vt (Nachricht)* intercepter; *(Person, Ball)* attraper; *(Spion)* prendre; *(Auto, Flugzeug)* reprendre le contrôle de; *(Aufprall, Stoß)* amortir; *(umg: Kunden)* appâter

abfärben ['apfɛrbən] *vi (Wäsche)* déteindre; *(fig)* être contagieux(-euse); **auf jdn ~** *(fig)* déteindre sur qn

abfassen ['apfasən] *vt* rédiger

abfeiern ['apfaɪərn] *(umg) vt*: **Überstunden ~** prendre un congé après avoir fait des heures supplémentaires

abfertigen ['apfɛrtɪgən] *vt (fertig machen)* préparer; *(Flugzeug)* préparer pour le décollage; *(bedienen)* s'occuper de; **jdn schroff ~** envoyer promener qn

Abfertigung *f* traitement *m*; *(von Kunden)* service *m*; *(von Antragstellern)* fait de s'occuper de

abfeuern ['apfɔʏərn] *vt (Waffe)* faire partir; *(Schuss)* tirer

abfinden ['apfɪndən] *unreg vt (Gläubiger)* rembourser; *(Verletzten)* dédommager ▷ *vr*: **sich mit etw ~/nicht ~** être/ne pas être satisfait(e) de qch; **sich mit jdm ~/nicht ~** arriver/ne pas arriver à se mettre d'accord avec qn

Abfindung *f (von Gläubigern)* remboursement *m*; *(Geld)* indemnité *f*

abflachen ['apflaxən] *vt* aplatir ▷ *vi (fig)* être en baisse

abflauen ['apflaʊən] *vi (Wind, Erregung)* tomber; *(Nachfrage)* baisser; *(Geschäft)* aller moins bien

abfliegen ['apfliːgən] *unreg vi (Flugzeug)* décoller; *(Passagier)* partir ▷ *vt (Gebiet)* survoler

abfließen ['apfliːsən] *unreg vi* couler; *(Verkehr)* passer; **ins Ausland ~** *(Geld)* sortir du pays

Abflug ['apfluːk] *m* décollage *m*; **~zeit** *f* heure *f* du départ

Abfluss ['apflʊs] *m (Vorgang)* écoulement *m*;

(Öffnung) voie *f* d'écoulement; *(von Badewanne)* bonde *f*; *(von Kapital, Arbeitskräften)* fuite *f*; **~rohr** *nt* tuyau *m* d'écoulement

Abfolge ['apfɔlgə] *f* ordre *m*

abfotografieren ['apfotografiːrən] *vt* photographier

abfragen ['apfraːgən] *vt (Schüler, Datenbank)* interroger; *(Vokabeln)* interroger sur

abfrieren ['apfriːrən] *unreg vi*: **ihm sind die Füße abgefroren** il a attrapé des engelures aux pieds

Abfuhr ['apfuːr] *(-, -en) f* enlèvement *m*; **sich Dat eine ~ holen** *(umg)* se faire remettre en place

abführen ['apfyːrən] *vt (Verbrecher)* emmener au poste; *(Gelder, Steuern)* payer ▷ *vi (Med)* avoir des propriétés laxatives; **von etw ~** *(von Thema, Weg)* détourner de qch

Abführmittel *nt* laxatif *m*

Abfüllanlage *f* chaîne *f* de mise en bouteilles

abfüllen ['apfʏlən] *vt (Flaschen)* remplir; *(Flüssigkeit)* mettre en bouteille

Abgabe ['apgaːbə] *f (von Waren)* vente *f*; *(von Wärme)* émission *f*; *(von Prüfungsarbeit, Stimmzettel)* remise *f*; *(von Ball)* passe *f*; *(gew pl: Steuer)* impôt *m*

abgabenfrei *adj* exonéré(e)

abgabenpflichtig *adj* soumis(e) à l'impôt

Abgabetermin *m* dernier délai *m*; *(für Dissertation etc)* date *f* de remise

Abgang ['apgaŋ] *m* départ *m*; *(Theat)* sortie *f*; *(Med: von Nierenstein etc)* évacuation *f*; (: *Fehlgeburt)* fausse couche *f*; *(kein pl: der Post, von Waren)* expédition *f*; **reißenden ~ finden** se vendre comme des petits pains

Abgangszeugnis *nt* certificat *m* de fin d'études

Abgas ['apgaːs] *nt* gaz *m inv* d'échappement; **a~frei** *adv*: **a~frei verbrennen** ne pas produire de gaz toxiques à la combustion; **~katalysator** **(-s, -en)** *m* pot *m* catalytique

ABGB *(Öster) nt abk (= Allgemeines Bürgerliches Gesetzbuch)* ≈ code *m* civil *(en Autriche)*

abgeben ['apgeːbən] *unreg vt* remettre; *(an Garderobe; Erklärung)* donner; *(Ball)* passer; *(Wärme)* émettre, produire; *(Waren)* vendre; *(Amt, Vorsitz)* quitter; *(Schuss)* tirer; *(Urteil)* rendre ▷ *vr*: **sich mit jdm/etw ~** s'occuper de qn/qch; **„Kinderwagen abzugeben"** "landau à vendre"; **jdm etw ~** *(teilen)* donner qch à qn; **eine traurige/gute Figur ~** faire triste/bonne figure

abgebrannt ['apgəbrant] *(umg) adj*: **~ sein** être fauché(e)

abgebrüht ['apgəbryːt] *(umg) adj (skrupellos)* cynique

abgedroschen ['apgədrɔʃən] *adj* usé(e); *(Witz)* éculé(e)

abgefeimt ['apgəfaɪmt] *adj* perfide

abgegriffen ['apgəgrɪfən] *adj (Buch)* épuisé(e); *(Redensart)* usé(e)

abgehackt ['apgəhakt] *adv*: **~ reden** parler d'un ton sec

abgehalftert ['apgəhalftərt] *(umg) adj (fig)* fini(e)

abgehangen ['apgəhaŋən] *adj*: **(gut) ~** *(Fleisch)* faisandé(e)

abgehärtet ['apgəhɛrtət] *adj* endurci(e)

abgehen ['apge:ən] *unreg vi* partir; *(Theat)* quitter la scène; *(von der Schule)* quitter l'école; *(Med: Gallenstein)* être éliminé(e); *(verkauft werden)* se vendre; *(abgezogen, abgerechnet werden)* être déduit(e) ▷ *vt (Strecke, Weg)* parcourir; *(Mil)* patrouiller; **der Fötus ging in der dritten Woche ab** le fœtus a été expulsé pendant la troisième semaine; **von seiner Meinung ~ changer** d'avis; **von einer Forderung ~ renoncer** à une exigence; **ihm geht jedes Taktgefühl ab** *(umg: fehlt)* il manque vraiment de tact; **das ist noch einmal gut abgegangen** *(umg)* ça aurait pu mal finir

abgekämpft ['apgəkɛmpft] *adj* épuisé(e)

abgekartet ['apgəkartət] *adj:* **ein ~es Spiel** un drôle de jeu

abgeklärt ['apgəklɛːrt] *adj* serein(e)

abgelegen ['apgəle:gən] *adj* éloigné(e), isolé(e)

abgelten ['apgɛltən] *unreg vt* satisfaire

abgemacht ['apgəmaxt] *adj* convenu(e); **~!** d'accord!

abgemagert ['apgəma:gərt] *adj* amaigri(e)

abgeneigt ['apgənaɪkt] *adj+Dat* hostile à; **jdm/ einer Sache nicht ~ sein** n'avoir rien contre qn/ qch

abgenutzt ['apgənʊtst] *adj* usé(e)

Abgeordnete, r ['apgəlɔrdnətə(r)] *f(m)* député *m*

abgerissen ['apgərisən] *adj (zerlumpt)* en loques; *(unzusammenhängend)* décousu(e)

Abgesandte, r ['apgəzantə(r)] *f(m)* envoyé(e)

abgeschieden ['apgəʃi:dən] *adj (einsam):* **~ leben** *od* **wohnen** vivre retiré(e) du monde *od* en solitaire

abgeschlagen ['apgəʃla:gən] *adj (besiegt)* battu(e); *(erschöpft)* épuisé(e)

abgeschlossen ['apgəʃlɔsən] *adj attrib (Wohnung)* indépendant(e)

abgeschmackt ['apgəʃmakt] *adj (Preis)* exorbitant(e)

abgesehen ['apgəze:ən] *adv:* **~ von ... à part ...**

abgespannt ['apgəʃpant] *adj* épuisé(e)

abgestanden ['apgəʃtandən] *adj (Flüssigkeit)* pas frais(fraîche); *(Bier)* plat(e); *(Luft)* confiné(e)

abgestorben ['apgəʃtɔrbən] *adj (Glieder)* engourdi(e); *(Pflanze, Ast, Gewebe)* mort(e)

abgestumpft ['apgəʃtumpft] *adj (Person)* insensible; *(Gefühle, Gewissen)* émoussé(e)

abgetakelt ['apgəta:kəlt] *adj (fig)* usé(e) par la vie

abgetan ['apgəta:n] *adj:* **damit ist die Sache ~** comme ça, le problème est réglé

abgetragen ['apgətra:gən] *adj (Kleidung, Schuhe)* usé(e)

abgewinnen ['apgəvinən] *unreg vt:* **jdm etw ~** *(Geld)* faire perdre qch à qn; *(Lächeln, Freundschaft)* obtenir qch de qn; **einer Sache** *Dat* **Geschmack ~ können** trouver goût à qch; **einer Sache** *Dat* **etwas/nichts ~ können** trouver qch intéressant/ sans intérêt; **dem Meer Land ~** assécher des terres

abgewogen ['apgəvo:gən] *adj (Urteil)* équitable; *(Worte)* bien pesé(e)

abgewöhnen ['apgəvøːnən] *vt:* **jdm etw ~** faire perdre l'habitude de qch à qn; **sich** *Dat* **etw ~** perdre l'habitude de qch; **sich das Rauchen ~** arrêter de fumer

abgießen ['apgi:sən] *unreg vt (Flüssigkeit)* jeter; *(Kartoffeln, Eier)* jeter l'eau de

Abglanz ['apglants] *m* reflet *m*

abgleiten ['apglaɪtən] *unreg vi* glisser; *(Währung)* baisser

Abgott ['apgɔt] *m* idole *f*

abgöttisch ['apgœtiʃ] *adv:* **~ lieben** idolâtrer, aimer à la folie

abgraben ['apgra:bən] *unreg vt (Erdschicht)* enlever (à la pelle); **jdm das Wasser ~** *(fig)* ôter à qn le pain de la bouche

abgrasen ['apgra:zən] *vt (Feld)* brouter l'herbe de

abgrenzen ['apgrɛntsən] *vt (abtrennen)* séparer; *(Pflichten)* déterminer; *(Bereich)* délimiter; *(Begriffe)* définir ▷ *vr* prendre ses distances

Abgrund ['apgrʊnt] *m* abîme *m*; **an den Rand des ~s geraten** être au bord du gouffre

abgründig ['apgrʏndiç] *adj (Lächeln)* mystérieux(-euse)

abgrundtief *adj* sans bornes

abgucken ['apgʊkən] *(umg) vt, vi* copier

Abguss ['apgʊs] *m (Form)* copie *f*; *(Vorgang)* fonte *f*

abhaben ['apha:bən] *(umg) vt (Hut)* avoir enlevé; *(abbekommen)* être arrivé(e) à enlever; **willst du ein Stück ~?** tu en veux un bout?

abhacken ['aphakən] *vt* couper (à la hache)

abhaken ['apha:kən] *vt (auf Papier)* cocher

abhalten ['aphaltən] *unreg vt (Versammlung)* tenir; *(Besprechung)* avoir; *(Gottesdienst)* célébrer; **jdn von etw ~** empêcher qn de faire qch

abhandeln ['aphandəln] *vt (Thema)* traiter; **jdm die Waren ~** conclure un marché avec qn; **jdm 8 Euro ~** obtenir de qn qu'il baisse le prix de 8 euros

abhandenkommen [ap'handən-] *vi* s'égarer; **mir ist mein Schirm abhandengekommen** j'ai égaré mon parapluie

Abhandlung ['aphandlʊŋ] *f* traité *m*

Abhang ['aphaŋ] *m* pente *f*

abhängen ['aphɛŋən] *vt (Bild, Anhänger)* décrocher; *(Verfolger)* se débarrasser de ▷ *vi (pp: abgehangen: Fleisch)* se faisander; **von jdm/etw ~** dépendre de qn/qch; **das hängt ganz davon ab** ça dépend

abhängig ['aphɛŋiç] *adj* dépendant(e); **A~keit** *f* dépendance *f*

abhärten ['aphɛrtən] *vt* endurcir ▷ *vr* s'endurcir; **sich gegen etw ~** s'endurcir à qch

abhauen ['aphaʊən] *unreg vt (Kopf, Ast)* couper; *(Baum)* abattre ▷ *vi (umg: pp: abgehauen)* filer; **hau ab!** fiche le camp!

abheben ['aphe:bən] *unreg vt (Dach, Deckel, Schicht)* enlever; *(Telefonhörer)* décrocher; *(Karten)* couper; *(Masche)* glisser; *(Geld)* prélever ▷ *vi (Flugzeug, Rakete)* décoller; *(Kartenspiel)* couper ▷ *vr* se distinguer; **sich von etw ~** *(Farben, Umrisse)* ressortir sur qch

abheften ['aphɛftən] *vt (Rechnungen etc)* classer; *(Nähen)* faufiler

abhelfen ['aphɛlfən] *unreg* vi+Dat *(Fehler)* réparer
abhetzen ['aphɛtsən] vr s'épuiser
Abhilfe ['aphɪlfə] f secours m; ~ **schaffen** prendre les mesures nécessaires; **auf ~ dringen** insister pour que des mesures soient prises
abholen ['apho:lən] vt *(Gegenstand)* aller chercher; *(Person)* aller chercher, passer prendre; *(verhaften)* arrêter
abholzen ['aphɔltsən] vt *(Wald)* déboiser
Abhöranlage f appareil m d'écoute
abhorchen ['aphɔrçən] vt *(Med)* ausculter
abhören ['aphø:rən] vt *(Vokabeln)* faire réciter; *(Telefongespräch, Tonband etc)* écouter; **abgehört werden** être sur table d'écoute
Abhörgerät nt appareil m d'écoute
abhungern ['aphʊŋərn] vr: **sich** Dat **10 Kilo ~** perdre 10 kilos en suivant un régime draconien
Abi ['abi] nt abk (= Abitur) ≈ bac m
Abitur [abi'tu:r] (**-s, -e**) nt ≈ baccalauréat m; *voir article*

⊕ **ABITUR**

⊕ L'*Abitur* est un diplôme sanctionnant la fin
⊕ des études secondaires en Allemagne. Les
⊕ élèves du *Gymnasium* passent cet examen à
⊕ l'âge de 18 ou 19 ans. L'Abitur consiste en
⊕ quatre matières et son obtention est
⊕ indispensable pour l'entrée à l'université.

Abiturient, in [abitʊri'ɛnt(ɪn)] m(f) bachelier(-ière)
Abk. abk (= Abkürzung) abréviation f
abkämmen ['apkɛmən] vt *(Gegend)* passer au peigne fin
abkanzeln ['apkantsəln] *(umg)* vt: **jdn ~** enguirlander qn
abkapseln ['apkapsəln] vr se couper du monde, s'isoler
abkarten ['apkartən] *(umg)* vt: **die Sache war von vornherein abgekartet** c'est un coup monté
abkassieren ['apkasi:rən] vi encaisser
abkaufen ['apkaʊfən] vt acheter; **jdm alles ~** *(umg: glauben)* gober tout ce que qn raconte
Abkehr f renonciation f
abkehren ['apke:rən] vt détourner ▷ vr se détourner
abklappern ['apklapərn] *(umg)* vt *(Läden, Kunden)* faire le tour de; *(Straße)* parcourir
abklären ['apklɛ:rən] vt clarifier ▷ vr se clarifier
Abklatsch ['apklatʃ] (**-es, -e**) m *(fig)* pâle imitation f
abklemmen ['apklɛmən] vt *(Leitung)* couper
abklingen ['apklɪŋən] *unreg* vi *(Fieber, Lärm)* diminuer d'intensité
abklopfen ['apklɔpfən] vt *(Putz)* enlever (en tapant dessus); *(Med)* ausculter (par percussion), percuter
abknallen ['apknalən] *(umg)* vt descendre
abknöpfen ['apknœpfən] vt *(Kragen, Bezug)* déboutonner; **jdm etw ~** *(umg)* prendre qch à qn

abkochen ['apkɔxən] vt *(keimfrei machen)* faire bouillir
abkommandieren ['apkɔmandi:rən] vt *(Mil)* envoyer; *(zu bestimmtem Dienst)* affecter
abkommen ['apkɔmən] *unreg* vi *(sich frei machen)* se libérer; **von der Straße/vom Weg ~** s'égarer; **vom Kurs ~** dévier; **vom Thema ~** s'écarter du sujet
Abkommen (**-s, -**) nt accord m
abkömmlich ['apkœmlıç] adj disponible
Abkömmling m *(Nachkomme)* descendant(e) m/f
abkönnen ['apkœnən] *unreg* (umg) vt: **das kann ich nicht ab** désolé(e), je ne peux pas
abkoppeln ['apkɔpəln] vt détacher, découpler
abkratzen ['apkratsən] vt *(Schmutz, Lack)* gratter ▷ vi *(umg)* crever
abkriegen ['apkri:gən] *(umg)* vt siehe **abbekommen**
abkühlen ['apky:lən] vt *(Getränk, Essen)* refroidir; *(Gefühle, Beziehung)* rendre moins intense ▷ vr *(Mensch)* se rafraîchir; *(Wetter, Luft)* se refroidir; *(Zuneigung, Beziehung)* se refroidir, devenir moins intense
Abkunft ['apkʊnft] f origine f, ascendance f
abkürzen ['apkʏrtsən] vt abréger; *(Strecke)* raccourcir; **den Weg ~** prendre un raccourci
Abkürzung f *(Wort)* abréviation f; *(Weg)* raccourci m
abladen ['apla:dən] *unreg* vt décharger; **Verantwortung auf jdn ~** se décharger d'une responsabilité sur qn
Ablage ['apla:gə] f *(Aktenordnung)* classement m; **~ für etw** endroit m où poser od laisser qch
ablagern ['apla:gərn] vi *(Wein)* se faire; *(Holz)* sécher ▷ vt déposer ▷ vr se déposer
Ablagerung f dépôt m
ablassen ['aplasən] *unreg* vt *(Wasser)* vider; *(Luft)* faire sortir; *(vom Preis)* remettre ▷ vi: **von etw ~** renoncer à qch; **Dampf ~** *(fig)* épancher sa bile
Ablauf m *(Abfluss)* écoulement m; *(von Ereignissen)* déroulement m; *(einer Frist)* échéance f, expiration f; *(einer Zeit)* terme m; *(Startplatz)* départ m; **nach ~ des Jahres/dieser Zeit** après un délai d'une année/ce délai; **vor ~ des Jahres/dieser Zeit** avant la fin de l'année/de cette période
ablaufen ['aplaʊfən] *unreg* vi *(abfließen)* s'écouler; *(Ereignisse)* se dérouler; *(Uhr)* s'arrêter; *(Frist)* arriver à échéance; *(Zeit)* être passé(e); *(Pass)* expirer ▷ vt *(Sohlen)* user; **an ihm läuft alles ab** rien ne l'émeut; **~ lassen** *(Platte, Tonband)* passer; *(Film)* projeter; **sich** Dat **die Beine** od **Hacken nach etw ~** *(umg)* chercher qch partout; **jdm den Rang ~** dépasser qn
Ableben ['aple:bən] nt *(förmlich)* décès m
ablegen ['aple:gən] vt *(Gegenstand)* poser; *(Kleider)* enlever; (: *nicht mehr tragen)* ne plus mettre; *(Gewohnheit)* perdre; *(Prüfung)* passer; *(Zeugnis)* rendre; *(Schriftwechsel)* classer ▷ vi *(Schiff)* appareiller; **einen Schwur** od **Eid ~** prêter serment; **bitte legen Sie doch ab!** donnez-moi votre manteau!
Ableger (**-s, -**) m *(Bot)* bouture f; *(von Firma)*

succursale f

ablehnen ['aple:nən] vt (Angebot, Verantwortung, Einladung) décliner; (Antrag, Vorschlag) rejeter; (missbilligen) désapprouver; (Hilfe, Amt) refuser ⊳ vi refuser, dire non

ablehnend adj négatif(-ive); (Geste) de refus ⊳ adv: **sich ~ verhalten** avoir une attitude négative

Ablehnung f refus m; **auf ~ stoßen** se heurter à un refus

ableisten ['aplaistən] vt (förmlich: Zeit) achever

ableiten ['aplaitən] vt (Wasser, Rauch, Blitz) détourner; (herleiten) tirer; (Math, Gram) dériver

Ableitung f détournement m; (Wort) dérivé m

ablenken ['aplɛŋkən] vt détourner; (Schuss, Strahlen) dévier; (zerstreuen) distraire ⊳ vi (vom Thema) changer de sujet; **das lenkt ab** (zerstreut) ça change les idées; (stört) ça empêche de se concentrer

Ablenkung f distraction f

Ablenkungsmanöver nt diversion f

ablesen ['aple:zən] unreg vt (Text, Rede) lire; (Messgeräte, Werte) relever; **jdm jeden Wunsch von den Augen ~** aller au-devant des désirs de qn

ableugnen ['aplɔygnən] vt nier (catégoriquement)

ablichten ['aplɪçtən] vt (fotografieren) photographier; (fotokopieren) photocopier

abliefern ['apli:fərn] vt (Ware) livrer; (Geld) remettre; (Kind) amener; (abgeben: Waffen, Schlüssel, Arbeit) rendre

Ablieferung f (von Waren) livraison f

abliegen ['apli:gən] unreg vi (entfernt sein, auch fig) être éloigné(e) od loin

ablisten ['aplɪstən] vt: **jdm etw ~** soutirer qch à qn

Ablöse f (bei Wohnung) pas m de porte; (für Fußballspieler) transfert m

ablösen ['aplø:zən] vt (Briefmarke) décoller; (Pflaster, Fleisch) enlever; (im Amt, Methode, System) remplacer; (Wache, Schichtarbeiter) prendre la relève de; (Finanz) rembourser; (gegen Zahlung übernehmen: Einrichtung) payer un pas de porte pour ⊳ vr (abgehen) se détacher; (sich abwechseln) se relayer; (Regen und Sonne) alterner

Ablösung f (Person(en)) relève f

abluchsen ['aplʊksən] (umg) vt: **jdm etw ~** soutirer qch à qn

Abluft f (Tech) air m vicié

ABM pl abk (= Arbeitsbeschaffungsmaßnahmen) mesures de création d'emplois

abmachen ['apmaxən] vt (entfernen) enlever; (vereinbaren) convenir de; (in Ordnung bringen) régler; **etw mit sich allein ~** (umg) décider qch soi-même

Abmachung f (Vereinbarung) accord m

abmagern ['apma:gərn] vi maigrir

Abmagerungskur f régime m; **eine ~ machen** suivre un régime

Abmarsch ['apmarʃ] m départ m; **a~bereit** adj prêt(e) (à partir)

abmarschieren ['apmarʃi:rən] vi se mettre en marche

abmelden ['apmɛldən] vt annoncer le départ de; (Auto) faire annuler l'immatriculation de; (Telefon) faire couper; (Comput) sortir de ⊳ vr annoncer son départ; (im Hotel) régler sa note; (bei Verein) démissionner; **bei jdm abgemeldet sein** (umg) ne plus être bien vu(e) de qn; **er ist bei mir abgemeldet** (umg) je ne veux plus entendre parler de lui; **sich bei der Polizei ~** annoncer son départ au commissariat

abmessen ['apmɛsən] unreg vt mesurer; (Schaden) évaluer

Abmessung f mesure f, détermination f; (Ausmaß) mesure

abmontieren ['apmɔnti:rən] vt démonter

abmühen ['apmy:ən] vr se donner beaucoup de peine

abnabeln ['apna:bəln] vt couper le cordon ombilical de

abnagen ['apna:gən] vt ronger

Abnäher ['apnɛ:ər] (-s, -) m pince f

Abnahme ['apna:mə] f (Verringerung) baisse f; (Entfernen) fait d'enlever; (Wirts) achat m; (von Gebäude, Fahrzeug) inspection f

abnehmen ['apne:mən] unreg vt (Brille, Deckel) enlever; (Bild, Telefonhörer) décrocher; (Führerschein) retirer; (Geld) prendre; (Bein, Finger) couper; (Prüfung) faire passer; (glauben) croire; (auf Tauglichkeit prüfen) contrôler; (Maschen) diminuer ⊳ vi (schlanker werden) maigrir; (weniger werden) baisser, diminuer; **jdm etw ~** (Koffer, Paket) porter qch pour qn; (Verantwortung) décharger qn de qch; (Arbeit, Besorgung) faire qch pour qn; **jdm ein Versprechen ~** obtenir une promesse de qn; **jdm einen Eid ~** faire prêter serment à qn; **jdm die Beichte ~** confesser qn; **~der Mond** lune f dans od sur son décroît

Abnehmer (-s, -) m (Wirts) preneur m, acheteur m; **viele/wenige ~ finden** bien/mal se vendre

Abneigung ['apnaɪgʊŋ] f: **~ (gegen)** aversion f (pour)

abnorm [ap'nɔrm] adj anormal(e)

abnötigen ['apnø:tɪgən] vt: **jdm etw ~** arracher qch à qn; **jdm Respekt ~** forcer le respect de qn

abnutzen ['apnʊtsən] vt user

Abnutzung f usure f

Abo ['abo] (-s, -s) (umg) nt abk = **Abonnement**

Abonnement (-s, -s) nt abonnement m

Abonnent, in [abɔ'nɛnt(ɪn)] m(f) abonné(e)

abonnieren [abɔ'ni:rən] vt (Zeitung) être abonné(e) à

abordnen ['apʔɔrdnən] vt déléguer; **jdn zu einer Konferenz/nach Genf ~** envoyer qn à une conférence/à Genève

Abordnung f délégation f

Abort [a'bɔrt] (-(e)s, -e) m (veraltet) cabinets mpl

abpacken ['appakən] vt emballer

abpassen ['appasən] vt (Person, Gelegenheit) attendre; (jdm auflauern) guetter; (in Größe) faire sur mesure; **etw gut ~** bien choisir son moment pour qch, faire qch au bon moment

abpausen ['appaʊzən] vt décalquer, copier
abpfeifen ['appfaɪfən] unreg vt: **das Spiel ~ siffler**
la fin du match ▷ vi siffler
Abpfiff ['appfɪf] m coup m de sifflet (indiquant la fin
du match)
abplagen ['appla:gən] vr peiner
abprallen ['appralən] vi (Ball, Geschoss) rebondir;
(von der Leitplanke) heurter; **an jdm ~** (Vorwürfe) ne
pas toucher qn
abputzen ['appʊtsən] vt (Schuhe, Füße) essuyer;
sich Dat **die Nase ~** se moucher
abquälen ['apkvɛːlən] vr (Schüler, Arbeiter) peiner;
(Patient) souffrir; **sich mit einem Aufsatz ~**
peiner sur une rédaction
abquetschen ['apkvɛtʃən] vr: **sich** Dat **den Arm ~**
se broyer le bras
abrackern ['aprakərn] (umg) vr se mettre en
quatre
abraten ['apra:tən] unreg vi déconseiller; **jdm**
von etw ~ déconseiller qch à qn
abräumen ['aprɔʏmən] vt (Tisch) débarrasser;
(Geschirr) enlever; (Frühstück) enlever le couvert de
▷ vi débarrasser
abreagieren ['apreagiːrən] vt (Zorn) passer ▷ vr se
défouler; **seinen Ärger an anderen ~** passer sa
colère sur les autres
abrechnen ['apreçnən] vt (abziehen) déduire;
(Kasse) faire ▷ vi (Rechnung begleichen, auch fig)
régler ses comptes; (Kasse machen) faire sa caisse;
(Rechnung aufstellen) préparer l'addition od la
facture; **mit jdm ~** régler ses comptes avec qn
Abrechnung f (Aufstellung) relevé m (détaillé);
(Rechnung) facture f; (Bilanz) bilan m; (Abzug)
déduction f; (Rache) vengeance f; **in ~ stellen**
(förmlich: abziehen) déduire
Abrechnungszeitraum m exercice m comptable
Abrede ['apre:də] f: **etw in ~ stellen** (geh)
contester qch
abregen ['apre:gən] (umg) vr se calmer
abreiben ['apraɪbən] unreg vt (Schmutz) frotter;
(Rost) gratter; (Tisch) nettoyer; (Hände) s'essuyer;
(trocken reiben) essuyer; **jdn mit einem**
Handtuch ~ frotter qn avec une serviette
Abreibung (umg) f (Prügel) raclée f
Abreise ['apraɪzə] f départ m
abreisen vi partir (en voyage); (Rückreise antreten)
partir
Abreißblock m bloc-notes m
abreißen ['apraɪsən] unreg vt (Haus, Brücke)
démolir; (Blatt, Faden, Blumen) arracher ▷ vi
(Faden) casser; (Gespräch) s'arrêter net, être
interrompu(e); **den Kontakt nicht ~ lassen** ne
pas perdre le contact; **der Strom der**
Flüchtlinge reißt nicht ab il y a un afflux
ininterrompu de réfugiés
abrichten ['aprɪçtən] vt dresser
abriegeln ['apri:gəln] vt (Tür) verrouiller; (Straße,
Gebiet) interdire l'accès à
abringen ['aprɪŋən] unreg vt: **sich** Dat **ein**
Lächeln ~ se forcer à sourire
Abriss ['aprɪs] (-es, -e) m (Übersicht) aperçu m;
(Abbruch) démolition f

abrollen ['aprɔlən] vt (abwickeln) dérouler ▷ vi
(vonstattengehen) se dérouler
abrücken ['aprʏkən] vt éloigner ▷ vi (von einer
Meinung etc) démordre
Abruf ['apru:f] m: **auf ~** à disposition; **Ware auf ~**
verkaufen vendre des marchandises à terme
abrufen unreg vt (Mensch) rappeler; (Comput)
rechercher; (Ware) faire livrer; (Summe) prélever
abrunden ['aprʊndən] vt arrondir; (Eindruck,
Geschmack) parfaire; (Roman) parachever
abrüsten ['aprʏstən] vi (Mil) désarmer
Abrüstung f désarmement m
abrutschen ['aprʊtʃən] vi (Erdmassen) glisser;
(Leistung) baisser; (Flug) glisser sur l'aile
Abs. abk (= Absender) exp.; (= Absatz) ∫
absacken ['apzakən] vi s'enfoncer
Absage ['apza:gə] f réponse f négative; **eine ~ an**
den Kommunismus un rejet du communisme
absagen vt (Sitzung, Teilnahme) annuler; (Einladung)
décliner ▷ vi (ablehnen) dire non; **jdm ~** annuler
son rendez-vous avec qn
absägen ['apze:gən] vt scier
absahnen ['apza:nən] vt écrémer; **das Beste für**
sich ~ tirer la couverture à soi
Absatz ['apzats] m (Schuhabsatz) talon m; (neuer
Abschnitt) alinéa m; (Treppenabsatz) palier m; (von
Ware) ventes fpl; (Jur: im Gesetzbuch) article m;
(Bodensatz) dépôt m; **~flaute** f forte baisse f des
ventes; **~förderung** f promotion f des ventes;
~gebiet nt secteur m de vente; **~schwierigkeiten**
pl résistance f de l'acheteur; **~ziffern** pl chiffres
mpl de ventes
absaufen ['apzaʊfən] unreg vi (ertrinken) se
noyer; (Motor) être noyé(e); (Schiff) couler
absaugen ['apzaʊgən] vt (Flüssigkeit) aspirer;
(Teppich, Sofa) passer l'aspirateur sur
abschaben ['apʃa:bən] vt gratter
abschaffen ['apʃafən] vt (Todesstrafe, Gesetz) abolir;
(Angestellte, Haustier, Auto) se défaire de
Abschaffung f abolition f
abschalten ['apʃaltən] (umg) vt éteindre ▷ vi
(nicht mehr konzentrieren) décrocher
abschattieren ['apʃati:rən] vt hachurer
abschätzen ['apʃɛtsən] vt évaluer
abschätzig ['apʃɛtsɪç] adj (Blick) méprisant(e);
(Bemerkung) peu flatteur(-euse)
Abschaum ['apʃaʊm] (-(e)s) m lie f, rebut m; **der**
~ der Menschheit le rebut du genre humain
Abscheu ['apʃɔʏ] (-(e)s) m od f dégoût m; **~ vor**
etw haben trouver qch dégoûtant; **etw mit ~**
tun répugner à faire qch; **a~erregend** adj
dégoûtant(e); **a~lich** adj épouvantable
abschicken ['apʃɪkən] vt expédier
abschieben ['apʃi:bən] unreg vt (wegschieben)
pousser; (umg: loswerden) se débarrasser de;
(Ausländer) expulser; **~ auf** +Akk (Verantwortung,
Schuld) rejeter sur
Abschied ['apʃi:t] (-(e)s, -e) m adieu m; (von Armee)
retour m à la vie civile; **~ nehmen** faire ses
adieux, prendre congé; **seinen ~ nehmen** (Mil)
se faire réformer; **zum ~** en guise d'adieu
Abschieds-: ~brief m lettre f d'adieu; **~feier** f

fête f (à l'occasion d'un départ); **~schmerz** m douleur f des adieux

abschießen ['apʃi:sən] unreg vt (Vogel, Geschoss) tirer; (Pfeil) décocher; (Menschen, Flugzeug) abattre; (Bein) arracher; (umg: Minister) se débarrasser de

abschinden ['apʃɪndən] vr (umg) s'esquinter la santé

abschirmen ['apʃɪrmən] vt protéger ▷ vr se protéger; (sich isolieren) s'isoler

abschlaffen ['apʃlafən] (umg) vi se laisser aller

abschlagen ['apʃla:gən] unreg vt (wegschlagen) arracher; (Wirts) déduire; (Fussball) envoyer d'un coup de volée, renvoyer; (ablehnen) rejeter; (Mil) repousser

abschlägig ['apʃlɛ:gɪç] adj (Antwort, Bescheid) négatif(-ive); **jdn ~ bescheiden** (förmlich) donner une réponse négative à qn

Abschlagszahlung f acompte m

abschleifen ['apʃlaɪfən] unreg vt raboter; (Rost) gratter; (Parkett) poncer ▷ vr (Belag, Farbe) partir; (Mensch, Wesen) se calmer

Abschleppdienst m (Aut) service m de dépannage

abschleppen ['apʃlɛpən] vt remorquer ▷ vr: **sich mit etw ~** traîner qch (à grand-peine)

Abschleppseil nt câble m de remorquage

abschließen ['apʃli:sən] unreg vt fermer à clé; (beenden, eingehen) conclure; (Studium) terminer; (Geschäftsjahr) clore; (Versicherung) contracter; (Wette) faire ▷ vr (sich isolieren) se couper du monde ▷ vi (zuschließen) fermer à clé; (enden) conclure; **mit abgeschlossenem Studium** avec un diplôme universitaire; **mit der Vergangenheit ~** rompre avec le passé; **mit dem Leben ~** dire adieu à la vie

abschließend adj de conclusion ▷ adv en conclusion

Abschluss ['apʃlʊs] m (Beendigung) fin f; (Wirts: Bilanz) solde m; (Geschäftsabschluss) affaire f, marché m; (von Vertrag) conclusion f; **einen ~ machen** (umg: Abschlussprüfung) réussir à ses examens; **zum ~** en conclusion; **~feier** f distribution f des prix; **~prüfung** f examen m de dernière année; **~rechnung** f décompte m final; **~zeugnis** nt (Sch) certificat m de fin d'études

abschmecken ['apʃmɛkən] vt (kosten) goûter; (würzen) assaisonner

abschmieren ['apʃmi:rən] vt (Aut) graisser, lubrifier

abschminken ['apʃmɪŋkən] vt, vr se démaquiller; **das kannst du dir gleich ~!** (umg) il n'en est pas question!

abschmirgeln ['apʃmɪrgəln] vt poncer

abschnallen ['apʃnalən] vt (Ski) défaire la fixation de; (Gürtel) détacher ▷ vr détacher sa ceinture ▷ vi (umg: nicht mehr folgen können) décrocher; (: fassungslos sein) être éberlué(e)

abschneiden ['apʃnaɪdən] unreg vt couper; (Einwand) rejeter; (Truppen) couper (la retraite à); (Stadtteil) interdire l'accès à ▷ vi: **bei etw gut/ schlecht ~** (umg) bien/mal réussir qch

Abschnitt ['apʃnɪt] m (von Strecke) section f; (von Buch) passage m; (Mil: von Front) secteur m;

(Kontrollabschnitt) talon m; (Math: von Kreis) segment m; (Zeitabschnitt) époque f

abschnüren ['apʃny:rən] vt (Bein) poser un garrot sur; (Luft) couper; (Blut) couper la circulation de

abschöpfen ['apʃœpfən] vt enlever

abschrauben ['apʃraʊbən] vt dévisser

abschrecken ['apʃrɛkən] vt (Menschen) faire peur à; (Ei) passer sous l'eau froide; (Stahl) tremper ▷ vi (Strafe) avoir un effet dissuasif; **~d** adj (Anblick) effroyable; **ein ~des Beispiel** un exemple à ne pas suivre; **eine ~de Wirkung haben** avoir un effet de dissuasion

abschreiben ['apʃraɪbən] unreg vt copier; (Wirts) déduire; (umg: verloren geben) mettre une croix sur, faire son deuil de ▷ vi (Sch) copier; **jdm ~** envoyer une réponse négative od dire non à qn; **er ist bei mir abgeschrieben** je ne veux plus entendre parler de lui

Abschreibung f (Wirts) déduction f; (Wertminderung) dépréciation f

Abschrift ['apʃrɪft] f copie f; **beglaubigte ~ copie** conforme

abschuften ['apʃʊftən] (umg) vr s'éreinter

abschürfen ['apʃyrfən] vt écorcher

Abschuss ['apʃʊs] m (von Rakete) lancement m; (von Waffe) tir m; (Herunterschießen) fait m de descendre; (Tötung) chasse f

abschüssig ['apʃʏsɪç] adj en pente

Abschussliste (umg) f: **er steht auf der ~** il est sur la liste noire

Abschussrampe f rampe f de lancement

abschütteln ['apʃʏtəln] vt (Staub) secouer; (Verfolger) semer; (Müdigkeit) surmonter; (Erinnerung) chasser

abschütten ['apʃʏtən] vt (Flüssigkeit etc) jeter

abschwächen ['apʃvɛçən] vt (Wirkung) diminuer; (Eindruck, Behauptung, Kritik) atténuer ▷ vr diminuer; (Met: Hoch) se dissiper

abschweifen ['apʃvaɪfən] vi (Redner) s'éloigner du sujet; (Gedanken) errer; (vom Weg) s'éloigner

Abschweifung f (von Thema) digression f

abschwellen ['apʃvɛlən] unreg vi (Geschwulst, Knöchel) désenfler; (Lärm) diminuer

abschwenken ['apʃvɛŋkən] vi (Fahrzeug; Mil) tourner; (Kamera) faire un panoramique

abschwindeln ['apʃvɪndəln] vt: **jdm etw ~** soutirer qch à qn

abschwören ['apʃvø:rən] unreg vi +Dat renoncer à; (seinem Glauben) renier

absehbar ['apze:ba:r] adj (Folgen) prévisible; **das Ende ist ~** la fin est toute proche od en vue; **in ~er Zeit** dans un proche avenir

absehen unreg vt prévoir ▷ vi: **von etw ~** (von Strafe, Anzeige, Besuch) renoncer à qch; (nicht berücksichtigen) ne pas tenir compte de qch; **jdm etw ~** (erlernen) apprendre qch de qn; **es auf jdn/ etw abgesehen haben** avoir jeté son dévolu sur qn/qch

abseilen ['apzaɪlən] vt faire descendre (le long d'une corde) ▷ vr (Bergsteiger) descendre en rappel

Abseits nt (Sport) hors-jeu m; **im ~ stehen** être hors jeu; **ins ~ geraten** (fig) tomber dans l'oubli, être mis(e) à l'index

abseits ['apzaɪts] *adv* à l'écart ▷ *präp +Gen* à l'écart de

absenden ['apzɛndən] *unreg vt* (*Brief*) expédier, envoyer; (*Boten*) envoyer

Absender, in (**-s, -**) *m(f)* expéditeur(-trice)

abservieren ['apzɛrviːrən] *vt* (*Tisch*) desservir; (*Geschirr*) enlever; (*umg: abfertigen*) se débarrasser de

absetzbar ['apzɛtsbaːr] *adj* (*Beamter*) qui peut être licencié(e); (*Waren*) vendable; (*von Steuer*) déductible

absetzen ['apzɛtsən] *vt* (*niederstellen*) poser; (*aussteigen lassen; König*) déposer; (*abnehmen*) enlever; (*verkaufen*) écouler; (*abziehen*) déduire; (*entlassen*) destituer de ses fonctions; (*absagen*) annuler; (*Regierung*) dissoudre; (*Medikament*) arrêter de prendre; (*Therapie*) interrompre; (*hervorheben*) mettre en valeur ▷ *vi*: **er trank das Glas ohne abzusetzen** il a fait cul sec ▷ *vr* (*umg: sich entfernen*) se tirer; (*sich ablagern*) se déposer; **das kann man ~** c'est déductible

Absetzung *f* (*Abzug*) déduction *f*; (*Entlassung*) destitution *f*; (*von König*) déposition *f*; (*Streichung*) annulation *f*

absichern ['apzɪçərn] *vt* protéger ▷ *vr* se couvrir

Absicht ['apzɪçt] *f* intention *f*; **mit ~** exprès, délibérément; **ohne ~** involontairement, malgré soi; **a~lich** *adj* voulu(e)

absichtslos *adj* involontaire

absinken ['apzɪŋkən] *unreg vi* (*Wasserspiegel, Temperatur, Leistungen*) baisser; (*Geschwindigkeit, Interesse*) diminuer; (*Schiff*) couler

absitzen ['apzɪtsən] *unreg vt* (*Strafe*) purger ▷ *vi* (*vom Pferd*) descendre

absolut [apzo'luːt] *adj* absolu(e); (*Genuss*) vrai(e) ▷ *adv* absolument

Absolutismus [apzolu'tɪsmʊs] *m* absolutisme *m*

Absolvent, in *m(f)*: **die ~en eines Lehrgangs** les personnes qui ont suivi une série de cours

absolvieren [apzɔl'viːrən] *vt* (*Pensum*) finir; (*Prüfung*) réussir

absonderlich [ap'zɔndərlɪç] *adj* étrange

absondern *vt* (*isolieren*) isoler; (*ausscheiden*) sécréter ▷ *vr* se couper (du monde), s'isoler

Absonderung *f* isolement *m*; (*Med*) sécrétion *f*

absorbieren [apzɔr'biːrən] *vt* absorber

abspalten ['apʃpaltən] *vt* enlever (*en fendant*) ▷ *vr* se séparer

abspannen ['apʃpanən] *vt* (*Pferde, Wagen*) détacher ▷ *vi* (*sich entspannen*) se détendre

Abspannung ['apʃpanʊŋ] *f* (*Ermüdung*) fatigue *f*

absparen ['apʃpaːrən] *vt*: **sich** *Dat* **etw ~** acheter qch avec ses économies

abspecken ['apʃpɛkən] (*umg*) *vt* perdre ▷ *vi* maigrir

abspeisen ['apʃpaɪzən] *vt* (*fig*) consoler

abspenstig ['apʃpɛnstɪç] *adj*: **~ machen** soutirer; **jdm seine Frau ~ machen** séduire la femme de qn; **jdn einer Partei ~ machen** faire en sorte que qn quitte un parti

absperren ['apʃpɛrən] *vt* (*Gebiet*) fermer; (*Südd: Tür*) fermer à clé

Absperrung *f* (*Vorgang*) interdiction *f* d'accès; (*Sperre*) barrière *f*

abspielen ['apʃpiːlən] *vt* (*Platte, Tonband*) jouer; (*Sport: Ball*) passer ▷ *vr* se dérouler; **vom Blatt ~** (*Mus*) déchiffrer

absplittern ['apʃplɪtərn] *vt* fendre

Absprache ['apʃpraːxə] *f* accord *m*; **ohne vorherige ~** sans s'être concertés(-ées)

absprechen ['apʃprɛçən] *unreg vt* (*vereinbaren*) convenir de ▷ *vr*: **die beiden hatten sich vorher abgesprochen** ils s'étaient entendus à l'avance; **jdm etw ~** (*aberkennen*) priver qn de qch; **jdm die Begabung ~** contester le talent de qn

abspringen ['apʃprɪŋən] *unreg vi* sauter; (*Farbe, Lack*) partir; (*umg: sich distanzieren*) renoncer

Absprung ['apʃprʊŋ] *m* saut *m*; **den ~ schaffen** (*umg*) arriver à rompre avec le passé, prendre un nouveau départ

abspulen ['apʃpuːlən] *vt* dérouler

abspülen ['apʃpyːlən] *vt* (*Schmutz*) faire partir; (*Geschirr*) rincer

abstammen ['apʃtamən] *vi* descendre; (*Wort*) être dérivé(e)

Abstammung *f* origine *f*; **französischer ~** d'origine française

Abstand ['apʃtant] *m* (*räumlich*) distance *f*; (*zeitlich*) intervalle *m*; (*umg: Abfindung*) petite somme *f*; **~ halten** (*Aut*) respecter la distance de sécurité; **von etw ~ nehmen** (*geh*) prendre ses distances par rapport à qch; **~ von etw gewinnen** (*fig*) prendre ses distances par rapport à qch; **ihm fehlt der innere ~** il n'est pas assez objectif; **mit ~ der Beste** de loin le meilleur; **mit großem ~ führen** avoir distancé tous les autres concurrents

Abstandssumme *f* compensation *f*

abstatten ['apʃtatən] *vt* (*förmlich: Dank*) présenter; (*Besuch*) rendre

abstauben ['apʃtaʊbən] *vt* épousseter; (*umg: stehlen*) piquer ▷ *vi* essuyer la poussière

abstechen ['apʃtɛçən] *unreg vt* (*Teil*) découper; (*Tier*) égorger ▷ *vi* (*sich abheben*) se distinguer

Abstecher (**-s, -**) *m* détour *m*

abstecken ['apʃtɛkən] *vt* (*Fläche*) délimiter; (*Saum*) épingler

abstehen ['apʃteːən] *unreg vi* (*Ohren*) être décollé(e); (*Haare*) se dresser sur la tête; (*entfernt sein*) être loin

Absteige *f* (*pej*) hôtel *m* minable

absteigen ['apʃtaɪgən] *unreg vi* descendre; (*Sport*) être relégué(e), descendre; **auf dem ~den Ast sein** être sur une mauvaise pente

abstellen ['apʃtɛlən] *vt* (*niederstellen*) poser; (*ausschalten: Maschine*) éteindre; (: *Strom*) couper; (: *Hahn*) fermer; (*entfernt stellen*) éloigner; (*beenden*) mettre fin à; (*hinstellen*) mettre; (*unterstellen, lagern*) entreposer; (*abkommandieren*) détacher; **~ auf** +*Akk* (*ausrichten*) adapter à; **das lässt sich nicht ~** on ne peut rien y faire; **das lässt sich ~** ce n'est pas irréversible

Abstellgleis *nt* voie *f* de garage; **jdn aufs ~ schieben** mettre qn sur une voie de garage

9

Abstellkammer f, **Abstellraum** m débarras m
abstempeln ['apʃtɛmpəln] vt (Briefmarke)
oblitérer; (Menschen) étiqueter; **etw zu** od **als etw**
~ classer qch parmi qch
absterben ['apʃtɛrbən] unreg vi (Ast, Zellen) mourir;
(Körperteil) s'engourdir
Abstieg ['apʃtiːk] (-(e)s, -e) m descente f; (Sport)
relégation f; (Niedergang) déclin m
abstimmen ['apʃtɪmən] vi voter ▷ vt (Farben)
marier; (Interessen) concilier; (Termine, Ziele) faire
coïncider ▷ vr se mettre d'accord
Abstimmung f (Stimmenabgabe) vote m
abstinent [apsti'nɛnt] adj abstinent(e)
Abstinenz [apsti'nɛnts] f abstinence f
Abstinenzler, in (-s, -) m(f) personne qui ne boit
jamais d'alcool, abstinent(e)
abstoßen ['apʃtoːsən] unreg vt (fortbewegen, anekeln)
repousser; (beschädigen) abîmer; (Wirts: Ware)
écouler; (: Aktien) vendre
abstoßend adj repoussant(e)
abstottern ['apʃtɔtərn] (umg) vt rembourser
abstrahieren [apstra'hiːrən] vi: ~ **von** faire
abstraction de
abstrakt [ap'strakt] adj abstrait(e) ▷ adv d'une
manière abstraite
Abstraktion [apstraktsi'oːn] f abstraction f
Abstraktum [ap'straktʊm] (-s, Abstrakta) nt
(Begriff) notion f abstraite
abstrampeln ['apʃtrampəln] (umg) vr trimer
abstreifen ['apʃtraɪfən] vt (Asche) faire tomber;
(Schuhe, Füße) essuyer; (Schmuck) enlever; (Gegend)
passer au peigne fin
abstreiten ['apʃtraɪtən] unreg vt nier
Abstrich ['apʃtrɪç] m (Abzug) réduction f; (Med)
frottis m; **~e machen** (fig) devenir moins
exigeant(e)
abstufen ['apʃtuːfən] vt (Hang) arranger en
terrasses; (Farben) arranger en dégradés;
(Gehälter) échelonner
abstumpfen ['apʃtʊmpfən] vt rendre moins
tranchant(e), émousser; (fig) rendre insensible
▷ vi s'émousser; (fig) devenir insensible
Absturz ['apʃtʊrts] m (von Bergsteiger) chute f; (Flug)
accident m; (Comput) plantage m
abstürzen ['apʃtʏrtsən] vi (Bergsteiger) faire une
chute; (Flug) s'écraser; (Comput) planter
absuchen ['apzuːxən] vt fouiller; (Horizont)
scruter
absurd [ap'zʊrt] adj absurde
Abszess [aps'tsɛs] (-es, -e) m abcès m
Abt [apt] (-(e)s, -̈e) m abbé m
Abt. abk (= Abteilung) service m
abtasten ['aptastən] vt palper; (Elek) balayer;
(bei Durchsuchung) fouiller
abtauen ['aptaʊən] vi (Schnee, Eis) fondre; (Straße)
dégeler; (Kühlschrank) être (en train d'être)
dégivré(e) ▷ vt dégivrer
abtauschen ['aptaʊʃən] vt: **jdm etw** ~ échanger
qch avec qn
Abtei [ap'taɪ] (-, -en) f abbaye f
Abteil [ap'taɪl] (-(e)s, -e) nt compartiment m
abteilen ['aptaɪlən] vt diviser; (abtrennen)

cloisonner
Abteilung f (in Firma, in Krankenhaus) service m; (in
Kaufhaus) rayon m; (Jur) article m; (Mil) unité f;
~sleiter, in m(f) chef m de service; (in Kaufhaus)
chef de rayon
abtelefonieren ['aptelefoniːrən] vi (téléphoner
pour) se décommander
abtippen ['aptɪpən] vt taper
Äbtissin [ɛp'tɪsɪn] f abbesse f
abtönen ['aptøːnən] vt (Farben) adoucir
abtöten ['aptøːtən] vt détruire; (Nerv) endormir
abtragen ['aptraːgən] unreg vt (Hügel) aplanir;
(Erde, Geschirr) enlever; (Mauer, Ruine) raser;
(Kleider) user
abträglich ['aptrɛːklɪç] adj: **einer Sache** Dat ~
sein nuire à qch
Abtragung f (Geol) érosion f
Abtransport (-(e)s, -e) m (der Waren) enlèvement
m, transport m; (der Verwundeten) évacuation f
abtransportieren ['aptransportiːrən] vt
(Kranken) emmener; (Truppen) retirer; (Ladung,
Möbel) transporter
abtreiben ['aptraɪbən] unreg vt (Boot, Flugzeug)
faire dériver ▷ vi (Schiff) dériver; (Schwimmer) être
emporté(e) par le courant; **(ein Kind)** ~ avorter
Abtreibung f avortement m
Abtreibungsparagraf m article de loi relatif à
l'avortement
abtrennen ['aptrɛnən] vt (lostrennen) découdre;
(entfernen, abteilen) séparer
abtreten ['aptreːtən] unreg vt (abnutzen) user;
(überlassen) céder ▷ vi (Wache) être relevé(e);
(zurücktreten) démissionner; (Theat) quitter la
scène; **sich** Dat **die Füße** ~ s'essuyer les pieds;
~! (Mil) rompez!
Abtritt ['aptrɪt] m (Rücktritt) démission f
abtrocknen ['aptrɔknən] vt (Geschirr) essuyer;
(Tränen) sécher ▷ vi (Geschirr trocknen) essuyer la
vaisselle; (trocken werden) sécher
abtropfen ['aptrɔpfən] vi égoutter
abtrünnig ['aptrʏnɪç] adj déloyal(e); **jdm/einer
Sache ~ werden** être déloyal(e) envers qn/qch
abtun ['aptuːn] unreg vt (umg: ablegen) enlever; (fig:
Argument, Kritik) écarter, rejeter; **etw kurz ~**
balayer qch
aburteilen ['apʊrtaɪlən] vt juger
abverlangen ['apfɛrlaŋən] vt: **jdm etw ~**
demander qch à qn
abwägen ['apvɛːgən] unreg vt peser
abwählen ['apvɛːlən] vt (Vorsitzenden) ne pas
réélire; (Sch: Fach) arrêter
abwälzen ['apvɛltsən] vt (Schuld, Verantwortung)
rejeter; (Arbeit) se décharger de; **die Kosten auf
jdn ~** faire supporter les frais à qn
abwandeln ['apvandəln] vt modifier
abwandern ['apvandərn] vi (Menschen, Arbeiter)
émigrer; (Met: Tief) se déplacer
Abwärme ['apvɛrmə] f chaleur f dégagée
abwarten ['apvartən] vt, vi attendre; **das
Gewitter** ~ attendre la fin de l'orage; **~ und Tee
trinken** (umg) voir venir
abwärts ['apvɛrts] adv vers le bas; **mit ihm geht**

es ~ il est sur une mauvaise pente; **mit dem Land geht es** ~ ce pays est en plein déclin; **alle vom Direktor** ~ tout le monde, y compris le directeur et tous ses subordonnés

abwärtsfahren unreg vi descendre

Abwasch ['apvaʃ] (**-(e)s**) m vaiselle f

abwaschen unreg vt (Schmutz) enlever (en lavant); (Geschirr) laver

Abwasser ['apvasər] (**-s, Abwässer**) nt: **Abwässer** (pl) eaux fpl usées; **~aufbereitung** f épuration f des eaux d'égout; **~kanal** m égout m

abwechseln ['apvɛksəln] vi alterner; (Menschen) se relayer ▷ vr se relayer

abwechselnd adv tour à tour; **er lachte und weinte** ~ il passait du rire aux larmes

Abwechslung f changement m; (Zerstreuung) distraction f; **zur** ~ pour changer

abwechslungsreich adj mouvementé(e), varié(e)

Abweg ['apve:k] m: **auf** ~**e geraten** s'égarer; **auf** ~**e führen** égarer, détourner du droit chemin

abwegig ['apve:gɪç] adj étrange

Abwehr ['apve:r] f (Ablehnung) rejet m; (Verteidigung; Sport) défense f; (Schutz) protection f; (Geheimdienst) contre-espionnage m; **auf** ~ **stoßen** se heurter à un refus; **~dienst** m contre-espionnage m; **a~en** vt (Feind, Angriff) repousser; (Neugierige) renvoyer; (Gefahr) éviter; (Ball) dégager; (Verdacht) écarter; (Vorwurf) répondre à; (Dank) couper court à; **a~ende Geste** geste m de refus; **~reaktion** f réaction f de rejet; **~stoff** m anticorps m

abweichen ['apvaiçən] unreg vi (Werte) être différent(e); (von Kurs, Straße) s'écarter; (Meinung) différer; **vom rechten Weg** ~ (fig) s'écarter du droit chemin

abweichend adj divergent(e)

Abweichler (**-s, -**) m (Pol) personne aux opinions déviantes

Abweichung f écart m; **zulässige** ~ (Tech) écart admissible, marge f de tolérance

abweisen ['apvaizən] unreg vt (Besucher) renvoyer; (Bewerber, Hilfe) refuser; (Klage, Antrag) rejeter; **er lässt sich nicht** ~ il est obstiné; **~d** adj (Haltung) de rejet ▷ adv: **jdn ~d behandeln** être peu aimable avec qn

abwenden ['apvɛndən] unreg vt (Blick, Kopf) détourner; (verhindern) éviter ▷ vr se détourner

abwerben ['apvɛrbən] unreg vt: **einer Firma einen Mitarbeiter** ~ débaucher un cadre d'une autre entreprise

Abwerbung f ≈ chasse f aux têtes

abwerfen ['apvɛrfən] unreg vt (Kleidungsstück) se débarrasser de; (Reiter) désarçonner; (Profit) rapporter; (Ballast, Bomben, Flugblätter) lâcher; (Spielkarte) se défausser de

abwerten ['apvɛrtən] vt (Finanz) dévaluer; (fig) rabaisser, dénigrer; **~d** adj péjoratif(-ive)

Abwertung f dévaluation f

abwesend ['apve:zənt] adj absent(e); (zerstreut) distrait(e)

Abwesenheit ['apve:zənhait] f absence f; **in jds** ~ en l'absence de qn; **durch** ~ **glänzen** briller par son absence

abwetzen ['apvɛtsən] vt élimer

abwickeln ['apvikəln] vt (Garn, Verband) dérouler; (Geschäft) conclure; (erledigen) s'occuper de

abwiegen ['apvi:gən] unreg vt préparer la quantité voulue de, peser

abwimmeln ['apviməln] (umg) vt (Menschen) se débarrasser de; (Auftrag) se défiler de

abwinken ['apvinkən] vi (ablehnen) refuser

abwirtschaften ['apvirtʃaftən] vi péricliter ▷ vt faire péricliter

abwischen ['apviʃən] vt essuyer; (Hände) s'essuyer

abwracken ['apvrakən] vt (Schiff) envoyer à la ferraille; **abgewrackter Mensch** loque f

Abwurf ['apvurf] m (von Bomben etc) largage m; (von Reiter) chute f; (Fußball, Handball) lancer m

abwürgen ['apvyrgən] (umg) vt (Streik) réprimer; (Motor) caler; **jdm die Luft** ~ serrer la gorge de qn; **etw von vornherein** ~ étouffer qch dans l'œuf

abzahlen ['aptsa:lən] vt payer, rembourser

abzählen ['aptsɛ:lən] vt compter; **abgezähltes Fahrgeld** monnaie f pour le ticket

Abzählreim ['aptsɛ:lraim] m comptine f

Abzahlung f remboursement m; **auf** ~ **kaufen** acheter à tempérament

abzapfen ['aptsapfən] vt (Bier) tirer; **jdm Blut** ~ faire une prise de sang à qn; **jdm Geld** ~ (umg) soutirer de l'argent à qn

abzäunen ['aptsɔynən] vt clôturer

Abzeichen ['aptsaiçən] nt insigne m; (Orden) ordre m

abzeichnen ['aptsaiçnən] vt dessiner; (unterschreiben) signer ▷ vr (sichtbar sein) se dessiner; (bevorstehen) se préciser

Abziehbild nt décalcomanie f

abziehen ['aptsi:ən] unreg vt (entfernen) retirer; (Tierfell) dépouiller de; (Bett) défaire; (subtrahieren) déduire; (Phot: Negativ) tirer une épreuve de; (vervielfältigen) tirer ▷ vi (Rauch) s'échapper; (Truppen) se retirer, partir; (umg: weggehen) se tirer; (abdrücken) tirer

abzielen ['aptsi:lən] vi: ~ **auf** +Akk viser

Abzug ['aptsu:k] m (von Truppen) retrait m; (von Waffen) détente f, gâchette f; (Phot) épreuve f, copie f; (Korrekturfahne) épreuve; (Rabatt) rabais m; (gew pl: Steuern, Abgaben) retenue f; (Rauchabzug) conduit m d'évacuation; **nach** ~ **aller Unkosten** après déduction des frais; **jdm freien** ~ **gewähren** accorder un sauf-conduit à qn

abzüglich ['aptsy:klɪç] präp +Gen moins, sans

abzugsfähig adj déductible

abzweigen ['aptsvaigən] vi bifurquer ▷ vt utiliser

Abzweigung f bifurcation f, embranchement m

Accessoires [akseso:a:rs] pl accessoires mpl

ach [ax] interj oh; ~ **Gott!** mon Dieu!; ~, **wie schade** (oh!) quel dommage!; ~, **was du nicht sagst!** (eh bien!) ça alors!; ~, **lass mich in Ruhe!** mais laisse-moi tranquille, enfin!; ~ **ja?** c'est vrai?; ~ **so!** ah! (je comprends!); ~ **was!** mais

11

non!; **mit A~ und Krach~** à grand-peine
Achse ['aksə] *f* axe *m*; (*Aut*) essieu *m*; **auf ~ sein** (*umg*) être en voyage
Achsel ['aksəl] (**-, -n**) *f* épaule *f*; **~höhle** *f* aisselle *f*; **~zucken** (**-s**) *nt* haussement *m* d'épaules
Achsenbruch *m* (*Aut*) rupture *f* d'essieu
Achsenkreuz *nt* coordonnées *fpl*
Acht¹ (**-, -en**) *f* (*Zahl*) huit *m unver*
Acht² *f*: **habt ~!** (*Mil*) en garde!; **~ geben** *siehe* **achtgeben**; **sich in ~ nehmen** faire attention; **etw völlig außer ~ lassen** ne pas tenir compte de qch
acht [axt] *num* huit; **~ Tage** (*eine Woche*) huit jours
achtbar *adj* (*Erfolg, Leistung*) remarquable; (*Eltern*) honorable
achte, r, s *adj* huitième
Achteck *nt* octogone *m*
Achtel *nt* huitième *m*; **ein ~ Rotwein** ≈ un petit verre de rouge; **~note** *f* croche *f*
achten *vt* respecter ▷ *vi*: **auf etw** *Akk* ~ faire attention à qch; **darauf ~, dass ...** veiller à ce que ...
ächten ['ɛçtən] *vt* bannir
Achterbahn *f* montagnes *fpl* russes
Achterdeck *nt* pont *m* arrière
achtfach *adj* octuple
achtgeben *vi*: **~ (auf +***Akk***)** faire attention (à); **gib acht!** attention!
achthundert *num* huit cent(s)
achtlos *adv* sans faire attention; **viele gehen ~ daran vorbei** beaucoup de gens passent devant sans rien remarquer
achtmal *adv* huit fois
achtsam *adj* attentif(-ive)
Achtstundentag *m* journée *f* de huit heures
achttausend *num* huit mille
Achtung ['axtʊŋ] *f*: **~ vor jdm/etw** respect *m* pour qn/qch ▷ *interj*: **~!** attention!; (*Mil*) garde-à-vous!; **alle ~!** mes compliments!; **~, fertig, los!** à vos marques, prêts? partez!; **„~ Hochspannung!"** "attention, haute tension!"
Achtungserfolg *m* succès *m* d'estime
achtzehn *num* dix-huit
achtzehnte, r, s *adj* dix-huitième
achtzig *num* quatre-vingts; **A~er, in** (**-s, -**) *m(f)* octogénaire *m/f*
Achtzigerjahre *pl* années *fpl* quatre-vingts
achtzigste, r, s *adj* quatre-vingtième
ächzen ['ɛçtsən] *vi* (*Mensch*) gémir; (*Holz, Balken*) craquer
Acker ['akər] (**-s, ⸚**) *m* champ *m*; **~bau** *m* agriculture *f*; **~bau und Viehzucht** l'agriculture et l'élevage *m*
ackern *vt* (*Feld*) labourer ▷ *vi* (*Bauer*) labourer; (*umg*) peiner
a conto [a 'kɔnto] *adv* (*Wirts*) à compte
A. D. *abk* (= *Anno Domini*) apr. J.-C.
a. D. *abk* (= *außer Dienst*) à la retraite
a. d. *abk* (*bei Ortsnamen*: = *an der*) sur
ad absurdum [at ap'zʊrdʊm] *adv*: **~ führen** prouver par l'absurde
ADAC *abk* (= *Allgemeiner Deutscher Automobil-Club*)

≈ Touring Club de France
ad acta [at 'akta] *adv*: **etw ~ legen** classer qch
Adapter [a'daptər] *m* adaptateur *m*
adaptieren [adap'ti:rən] *vt* adapter
adäquat [adɛ'kva:t] *adj* (*Lohn*) adéquat(e); (*Ausdruck*) approprié(e); (*Stellung, Verhalten*) convenable
addieren [a'di:rən] *vt* additionner
Addis Abeba ['adıs 'a:beba] *nt* Addis Abeba
Addition [aditsi'o:n] *f* addition *f*
Ade [a'de:] (**-s, -s**) *nt* adieu *m*; **a~** *interj* adieu
Adel ['a:dəl] (**-s**) *m* noblesse *f*; **~ verpflichtet** noblesse oblige
adelig *adj siehe* **adlig**
adeln *vt* anoblir
Adelsstand *m* noblesse *f*, aristocratie *f*
Aden ['a:dən] *nt*: **Golf *m* von ~** golfe *m* d'Aden
Ader ['a:dər] (**-, -n**) *f* (*Anat*) veine *f*; (*Bot*) nervure *f*; (*Bergb*) filon *m*; (*fig: Veranlagung*) aptitude *f*
ad hoc [at'hɔk] *adj* (*geh*) ad hoc
Adjektiv ['atjɛkti:f] (**-s, -e**) *nt* adjectif *m*
Adler ['a:dlər] (**-s, -**) *m* aigle *m*; **~auge** *nt* yeux *mpl* d'aigle; **~nase** *f* nez *m* aquilin
adlig *adj* (*Familie*) noble
Administration [atmınıstratsi'o:n] *f* administration *f*
Admiral [atmi'ra:l] (**-s, -e**) *m* amiral *m*
Admiralität *f* amirauté *f*
adoptieren [adɔp'ti:rən] *vt* adopter
Adoption [adɔptsi'o:n] *f* adoption *f*
Adoptiveltern *pl* parents *mpl* adoptifs
Adoptivkind *nt* enfant *m* adoptif
Adr. *abk* (= *Adresse*) adresse *f*
Adressant [adre'sant] *m* (*veraltet*) expéditeur *m*
Adressat [adrɛ'sa:t] (**-en, -en**) *m* (*veraltet*) destinataire *m*
Adressbuch *nt* répertoire *m* d'adresses; (*privat*) carnet *m* d'adresses
Adresse [a'drɛsə] *f* adresse *f*; **an der falschen ~ sein** (*umg*) s'adresser à la mauvaise personne
adressieren [adrɛ'si:rən] *vt* adresser
Adressiermaschine *f* adressographe® *m*
Adria ['a:dria] *f* Adriatique *f*
Adriatisches Meer [adri'a:tıʃəs me:r] *nt* (*förmlich*) mer *f* Adriatique
Advent [at'vɛnt] (**-(e)s, -e**) *m* Avent *m*
Adventskalender *m* calendrier *m* de l'Avent
Adventskranz *m* couronne *f* de l'Avent (*comportant quatre bougies pour les quatre dimanches de l'Avent*)
Adverb [at'vɛrp] *nt* adverbe *m*
adverbial [atvɛrbi'a:l] *adj* adverbial(e)
aero- [aero] *präf* aéro
Aerobic [ae'ro:bik] (**-s**) *nt* aérobic *f*
aerodynamisch *adj* aérodynamique
Affäre [a'fɛ:rə] *f* (*Angelegenheit*) affaire *f*; (*Verhältnis*) aventure *f*; **sich aus der ~ ziehen** (*umg*) se tirer d'affaire
Affe ['afə] (**-n, -n**) *m* singe *m*; (*umg: Kerl*) zouave *m*
Affekt (**-(e)s, -e**) *m*: **im ~ handeln** agir sans réfléchir
affektiert [afɛk'ti:rt] *adj* affecté(e)

affen-: **~artig** adj: **mit ~artiger
Geschwindigkeit** (umg) rapide comme l'éclair;
~geil (umg) adj génial(e); **A~hitze** (umg) f
chaleur f tropicale; **A~liebe** f adoration f (béate);
A~schande (umg) f scandale m; **A~tempo** (umg)
f: **in** od **mit einem A~tempo** à fond de train;
(laufen) à toute allure; **A~theater** (umg) nt
histoires fpl (pas possibles)
affig ['afɪç] adj affecté(e)
Affront [a'frõ:] **(-s, -s)** m (geh) affront m
Afghane, -in [afˈgaːnə] **(-n, -n)** m(f) Afghan(e)
afghanisch adj afghan(e)
Afghanistan [afˈgaːnɪstaːn] **(-s)** nt l'Afghanistan m
Afrika ['aːfrika] **(-s)** nt l'Afrique f
Afrikaans [afriˈkaːns] **(-s)** nt (Ling) afrikaans m
Afrikaner, in [afriˈkaːnər(ɪn)] **(-s, -)** m(f)
Africain(e)
afrikanisch adj africain(e)
afroamerikanisch ['aːfroʔameriˈkaːnɪʃ] adj afro-
américain(e)
After ['aftər] **(-s, -)** m anus m
AG abk (= Aktiengesellschaft) SARL f; = **Amtsgericht**;
Arbeitsgemeinschaft
Ägäis [ɛˈgɛːɪs] f mer f Égée
ägäisch adj: **Ägäisches Meer** mer f Égée
Agent, in [aˈgɛnt(ɪn)] m(f) (Spion) agent m secret;
(Vertreter) agent, représentant(e) m/f; (Vermittler)
imprésario m
Agententätigkeit f activité f d'agent secret
Agentur [agɛnˈtuːr] f agence f; **~bericht** m
dépêche f d'agence
Aggregat [agreˈgaːt] **(-(e)s, -e)** nt (Tech) bloc m,
groupe m; **~zustand** m état m
Aggression [agrɛsiˈoːn] f agression f; **seine ~en
abreagieren** se défouler
aggressiv [agrɛˈsiːf] adj agressif(-ive)
Aggressivität [agrɛsiviˈtɛːt] f agressivité f
Agitation [agitatsiˈoːn] f (Pol) agitation f
Agrar-: **~politik** f politique f agraire; **~reform** f
réforme f agraire; **~staat** m pays m agricole
Ägypten [ɛˈgyptən] **(-s)** nt l'Égypte f
Ägypter, in **(-s, -)** m(f) Égyptien(ne)
ägyptisch adj égyptien(ne)
ah [aː] interj ah
aha [aˈhaː] interj ah
Aha-Erlebnis nt déclic m
ahd. abk (= althochdeutsch) vieil haut allemand m
Ahn [aːn] **(-en, -en)** m ancêtre m
ahnden ['aːndən] vt (geh) punir
ähneln ['ɛːnəln] vi+Dat ressembler à ▷ vr se
ressembler
ahnen ['aːnən] vt deviner; (Tod, Gefahr) pressentir;
nichts Böses ~ ne se douter de rien; **du ahnst es
nicht!** (umg) c'est pas possible!; **davon habe ich
nichts geahnt** je tombe des nues
Ahnenforschung f généalogie f
ähnlich ['ɛːnlɪç] adj semblable; **jdm ~ sehen**
ressembler à qn; **sich ~ sehen** se ressembler;
das sieht ihm ~! (umg) c'est bien de lui!;
Ähnlichkeit f ressemblance f
Ahnung ['aːnʊŋ] f (Vorgefühl) pressentiment m;
(Vermutung) idée f; **keine ~!** (umg) aucune idée!

ahnungslos adj (nichts ahnend) qui ne se doute de
rien; (unwissend) qui n'a pas la moindre idée
▷ adv: **er kam ~ herein/an** il est entré/arrivé
sans se douter de rien
Ahorn ['aːhɔrn] **(-s, -e)** m érable m
Ähre ['ɛːrə] f épi m
Aids [eːdz] nt sida m
Airbag ['ɛːabɛːg] **(-s, -s)** m (Aut) airbag m
Akademie [akadeˈmiː] f (Hochschule) établissement
d'enseignement supérieur
Akademiker, in [akaˈdeːmikər(ɪn)] **(-s, -)** m(f)
universitaire m/f
akademisch adj (Sch) universitaire; (fig)
académique
Akazie [aˈkaːtsiə] f (Bot) acacia m
Akk. abk (= Akkusativ) acc.
akklimatisieren [aklimatiˈziːrən] vr s'acclimater
Akkord [aˈkɔrt] **(-(e)s, -e)** m (Mus) accord m; **im ~
arbeiten** travailler à la pièce; **~arbeit** f travail m
à la pièce
Akkordeon [aˈkɔrdeɔn] **(-s, -s)** nt accordéon m
Akkordlohn m salaire m à la pièce
Akkreditiv [akrediˈtiːf] **(-s, -e)** nt lettre f de crédit
Akku ['aku] m abk (= Akkumulator) accu m
akkurat [akuˈraːt] adj précis(e); (sorgfältig)
méticuleux(-euse)
Akkusativ ['akuzatiːf] **(-s, -e)** m accusatif m;
~objekt nt objet m direct
Akne ['aknə] f acné f
Akribie [akriˈbiː] f (geh) méticulosité f, précision f
Akrobat, in [akroˈbaːt(ɪn)] **(-en, -en)** m(f)
acrobate m/f
Akropolis [aˈkroːpolɪs] f Acropole f
Akt [akt] **(-(e)s, -e)** m acte m; (Zeremonie)
cérémonie f; (Kunst) nu m
Akte ['aktə] f dossier m; **etw zu den ~n legen**
classer qch
Akten-: **~deckel** m classeur m; **~koffer** m
attaché-case m; **a~kundig** adj notoire; **das ist
a~kundig geworden** c'est un fait avéré; **~notiz** f
note f (dans un dossier); **~ordner** m classeur m;
~schrank m classeur m (meuble); **~tasche** f
serviette f; **~zeichen** nt référence f
Aktie ['aktsiə] f action f; **wie stehen die ~n?**
(hum: umg) comment ça va?
Aktien-: **~emission** **(-, -en)** f émission f d'actions;
~gesellschaft f société f à responsabilité limitée;
~index **(-(es), -** od **-indices)** m indice m de la
Bourse; **~kapital** nt capital m social; **~kurs** m
cours m des actions; **~paket** nt paquet m
d'actions
Aktion [aktsiˈoːn] f action f; (Polizeiaktion,
Suchaktion) opération f; **in ~** en action; **in ~
treten/setzen** entrer/mettre en action
Aktionär, in [aktsioˈnɛːr(ɪn)] **(-s, -e)** m(f)
actionnaire m/f
Aktionärsversammlung f assemblée f des
actionnaires
Aktionismus [aktsioˈnɪsmʊs] m activisme m
Aktionsradius [aktsiˈoːnsraːdiʊs] **(-, -ien)** m
rayon m d'action
aktiv [akˈtiːf] adj actif(-ive); (Mil) d'active, en

service actif; **~ werden** passer aux actes;
politisch ~ sein avoir une activité politique; **~es
Wahlrecht** droit *m* de vote; **A~ (-s, -e)** *nt* (*Gram*)
voix *f* active, actif *m*

Aktiva [ak'ti:va] *pl* actif *msg*

Aktivforderung *f* (*Wirts*) dette *f* active

aktivieren [akti'vi:rən] *vt* (*Massen*) motiver (*pour
l'action ou une action politique*); (*Chem; Arbeit*) activer;
(*Phys*) rendre radioactif(-ive); (*Kampagne*)
intensifier; (*Mitarbeiter*) faire s'activer; (*Finanz:
Kosten*) mettre à l'actif; **jdn politisch ~** motiver
qn pour l'action politique

Aktivität [aktivi'tɛ:t] *f* activité *f*

Aktivposten *m* actif *m*

Aktivsaldo *m* solde *m* créditeur

aktualisieren [aktuali'zi:rən] *vt* (*Comput*) mettre
à jour

Aktualität [aktuali'tɛ:t] *f* actualité *f*

aktuell [aktu'ɛl] *adj* (*Thema, Problem*) actuel(le);
(*Mode: en vogue*) (du) dernier cri *unver*; **eine ~e
Sendung** une émission sur l'actualité

akupunktieren [akupʊŋk'ti:rən] *vt* traiter par
l'acupuncture

Akupunktur [akupʊŋk'tu:ər] *f* acupuncture *f*

Akustik [a'kʊstɪk] *f* acoustique *f*

akustisch [a'kʊstɪʃ] *adj* acoustique ▷ *adv*: **ich
habe dich rein ~ nicht verstanden** j'ai mal
entendu ce que tu as dit

akut [a'ku:t] *adj* urgent(e); (*Bedrohung*)
certain(e); (*Gefahr*) imminent(e); (*Med*) aigu
(aiguë)

AKW (-s, -s) *nt abk* = **Atomkraftwerk**

Akzent [ak'tsɛnt] (**-(e)s, -e**) *m* accent *m*; **~e
setzen** (*fig*) donner des indications générales;
neue ~e setzen marquer un tournant; **a~frei** *adv*
sans accent

akzentuieren [aktsɛntu'i:rən] *vt* accentuer

Akzentverschiebung *f* (*fig*) changement *m*
d'éclairage

Akzept (-(e)s, -e) *nt* (*Wirts*) acceptation *f*

akzeptabel [aktsɛp'ta:bl] *adj* (*Preise*) acceptable

akzeptieren [aktsɛp'ti:rən] *vt* accepter

AL *f abk* (= *Alternative Liste*) *groupement de petits partis
de gauche*

à la [a la] *adv* (*Koch*) à la

à la carte [ala'kart] *adv* à la carte

Alarm [a'larm] (**-(e)s, -e**) *m* alerte *f*, alarme *f*;
blinder ~ fausse alerte; **~ schlagen** donner od
sonner l'alarme; **~anlage** *f* système *m* d'alarme;
a~bereit *adj* en état d'alerte, prêt(e) à intervenir;
~bereitschaft *f* état *m* d'alerte; **in ~bereitschaft
sein** être prêt(e) à intervenir

alarmieren [alar'mi:rən] *vt* (*zu Hilfe rufen*) alerter;
(*beunruhigen*) alarmer

Alaska [a'laska] (**-s**) *nt* l'Alaska *m*

Albaner, in [al'ba:nər(ɪn)] (**-s, -**) *m(f)* Albanais(e)

Albanien [al'ba:niən] (**-s**) *nt* l'Albanie *f*

albanisch *adj* albanais(e)

albern ['albərn] *adj* sot(te), idiot(e); (*Betrag,
Angelegenheit*) ridicule

Albtraum ['alptraum] *m* cauchemar *m*

Album ['albʊm] (**-s, Alben**) *nt* album *m*

Alge ['algə] *f* algue *f*

Algebra ['algebra] *f* algèbre *f*

Algerien [al'ge:riən] (**-s**) *nt* l'Algérie *f*

Algerier, in (**-s, -**) *m(f)* Algérien(ne)

algerisch [al'ge:rɪʃ] *adj* algérien(ne)

Algier [al'ʒi:ər] (**-s**) *nt* Alger

ALGOL ['algɔl] (**-(s)**) *nt* algol *m*

Algorithmus [algo'rɪtmʊs] (**-, -men**) *m*
algorithme *m*

alias ['a:lias] *adv* alias

Alibi ['a:libi] (**-s, -s**) *nt* alibi *m*

Alimente [ali'mɛntə] *pl* pension *fsg* alimentaire

alkalisch [al'ka:lɪʃ] *adj* alcalin(e)

Alkohol [al'koho:l] (**-s, -e**) *m* alcool *m*; **unter ~
stehen** être en état d'ébriété; **a~arm** *adj* peu
alcoolisé(e); **a~frei** *adj* sans alcool; **~gehalt** *m*
teneur *f* en alcool

Alkoholika *pl* boissons *fpl* alcoolisées

Alkoholiker, in [alko'ho:likər(ɪn)] (**-s, -**) *m(f)*
alcoolique *m/f*

alkoholisch *adj* (*Getränke*) alcoolisé(e)

Alkoholverbot *nt* interdiction *f* de boire de
l'alcool

All [al] (**-s**) *nt* univers *m*; (*Raumfahrt*) espace *m*

allabendlich *adj* de tous les soirs, quotidien(ne)

allbekannt *adj* très connu(e)

 SCHLÜSSELWORT

alle, r, s *pron* **1** (*substantivisch: nt sg*): **alles** tout; **das
alles** tout cela; **alles Gute** mes meilleurs vœux;
alles in allem l'un dans l'autre, à tout prendre;
trotz allem malgré tout; **vor allem** avant tout,
surtout; **ist das alles?** (*im Geschäft*) ce sera tout?;
das wäre alles ce sera tout; **was hast du alles
gesehen?** raconte-moi tout ce que tu as vu; **was
es nicht alles gibt!** qu'est-ce qu'il ne faut pas
entendre!; **wer alles weiß davon?** qui d'autre
est au courant?; **alles aussteigen!** tout le monde
descend!

2 (*substantivisch: pl: sämtliche*) tous (toutes); **alle
sind gekommen** tout le monde est venu, ils
(elles) sont tous (toutes) venu(e)s; **alle beide**
(tous (toutes)) les deux; **wir alle** nous tous
(toutes); **wir alle möchten** nous aimerions tous
(toutes); **sie sind alle nicht gekommen**
aucun(e) d'entre eux (elles) n'est venu(e); **alle
die** tous (toutes) ceux (celles) qui

3 (*adjektivisch: sg*) tout(e) le (la); (: *pl*) tous (toutes)
les; **alles Geld** tout l'argent; **alles Bier** toute la
bière; **alle Milch** tout le lait; **alle Kinder** tous
les enfants; **trotz aller Bemühungen** malgré
tous nos/ses *etc* efforts; **ohne allen Zweifel** sans
aucun doute

4 (*mit Zeit- oder Maßangaben*): **alle 10 Minuten**
toutes les 10 minutes; **alle fünf Meter** tous les
cinq mètres

▷ *adj* (*umg: aufgebraucht*) fini(e); **die Milch ist alle**
il n'y a plus de lait; **etw alle machen** finir qch

alledem ['aləde:m] *pron*: **bei** *od* **trotz ~** malgré
tout; **zu ~** en plus

Allee [a'leː] f allée f
allein [a'laın] adj seul(e); (ohne Hilfe) tout(e)
seul(e) ▷ adv (nur) seulement ▷ konj mais; **er ~
ist schuld** c'est lui l'unique coupable; **~ (schon)
der Gedanke** rien que d'y penser; **nicht ~** (nicht
nur) pas seulement; **von ~** de lui-même/d'elle-
même; **A~eigentümer, in** m(f) propriétaire m/f
unique; **~erziehend** adj célibataire, seul(e);
A~erziehende, r f(m) père (mère) dans une
famille monoparentale, parent m seul; **A~gang**
m: **im A~gang** tout(e) seul(e); **A~herrscher, in**
m(f) monarque m; **A~hersteller** m fabricant m
exclusif
alleinig [a'laınıç] adj (Erbe) unique; (Vertreter,
Hersteller) exclusif(-ive)
Allein-: **~sein** nt solitude f; **a~stehend** adj
célibataire; **~unterhalter, in** m(f) vedette f d'un
one man show; **~verdiener** m soutien m de
famille, salarié(e) m/f dans une famille à salaire
unique; **~vertretung** f distribution f exclusive;
~vertretungsvertrag m contrat m d'exclusivité
allemal ['aləˈmaːl] adv (jedes Mal) chaque fois;
(ohne Weiteres) sans problème; siehe **Mal**
allenfalls ['alənˈfals] adv (höchstens) au plus;
(möglicherweise) le cas échéant
aller- ['alər] in zW (mit Superl) de loin; **~beste, r, s**
['alərˈbɛstə(r, s)] adj de loin le(la) meilleur(e)
allerdings ['alərˈdıŋs] adv (einschränkend) toutefois;
(bekräftigend) bien sûr
allerfrühestens ['alərˈfryːəstəns] adv au plus tôt
Allergie [alerˈgiː] f allergie f
allergisch [a'lɛrgıʃ] adj allergique; **gegen etw ~
sein** être allergique à qch; **auf etw** Akk **~
reagieren** faire une allergie à qch; (fig) être
allergique à qch
ailer-: **~hand** adj unver (umg) toutes sortes de; **ich
bin auf ~hand gefasst** je m'attends au pire; **das
ist doch ~hand!** (entrüstet) c'est un comble!;
~hand! (lobend) bravo!
Allerheiligen nt Toussaint f; voir article

◉ **ALLERHEILIGEN**

◉ Allerheiligen est l'équivalent de la Toussaint
◉ française. C'est un jour chômé aussi bien en
◉ Allemagne qu'en Autriche. Allerseelen ou jour
◉ des Morts, est une fête catholique célébrée le
◉ 2 novembre. Il est d'usage de se rendre au
◉ cimetière et de déposer des bougies allumées
◉ sur les tombes des parents et des amis.

aller-: **~höchste, r, s** adj (Berg) le(la) plus haut(e)
de tous(toutes); (Preis) maximum; **es wird** od **ist
~höchste Zeit** od **Eisenbahn, dass ...** il est grand
temps que ...; **~höchstens** adv au plus; **~lei** adj
unver toutes sortes de; **wir haben ~lei gesehen**
nous en avons vu de toutes les couleurs; **wir
haben ~lei erlebt** nous avons eu toutes sortes
d'aventures; **~letzte, r, s** adj tout(e)
dernier(-ière); **der ist wirklich das A~letzte**
(umg) son attitude est incroyable; **das ist das
A~letzte** (umg) c'est un comble; **~neu(e)ste, r, s**

adj tout(e) dernier(-ière); **~seits** adv (umg: alle
zusammen) tous; (überall) partout; **prost ~seits!** à
votre santé à tous!
Allerwelts- in zW: **ein ~gesicht** nt un visage
quelconque; **~phrasen** pl des mots creux
allerwenigste, r, s adj: **von uns allen hat er das
~ Geld** de nous tous, c'est lui qui a le moins
d'argent; **die ~n Leute wissen das** très peu de
gens le savent
Allerwerteste, r (umg) m (hum) postérieur m
allesamt adv comme un seul homme
Alleskleber (-s, -) m colle f universelle
Alleskönner m génie m universel
Alleswisser (-s, -) (pej) m (monsieur m) je-sais-
tout m
Allgäu ['algɔʏ] nt région des Alpes bavaroises
allgegenwärtig adj omniprésent(e)
allgemein ['algəmaın] adj général(e) ▷ adv
(beliebt, bekannt) de tous; **das ~e Wahlrecht** le
suffrage universel; **~ gültig** général(e); **~
verständlich** à la portée de tous; **es ist ~ üblich**
c'est l'usage; **im A~en** en général; **im ~en
Interesse** dans l'intérêt général; **auf ~en
Wunsch** à la demande générale; **A~bildung** f
culture f générale; **A~heit** f (Öffentlichkeit)
communauté f; **Allgemeinheiten** pl (Redensarten)
généralités fpl; **A~wissen** nt connaissances fpl
générales
Allheilmittel [al'haılmıtəl] nt panacée f
Allianz [aliˈants] f alliance f
Alliierte, r [aliˈiːrtə(r)] f(m) allié(e) m/f
all-: **~jährlich** adj annuel(le); **~mächtig** adj
tout(e) puissant(e); **~mählich** adj
progressif(-ive) ▷ adv progressivement, petit à
petit; **es wird ~mählich Zeit** (umg) ça n'est pas
trop tôt; **A~radantrieb** m: **mit A~radantrieb** à
quatre roues motrices; **~seitig** adj général(e);
A~tag m quotidien m; **morgen beginnt wieder
der graue A~tag** demain, c'est de nouveau
métro, boulot, dodo; **~täglich** adj (gewöhnlich)
banal(e); (jeden Tag stattfindend) quotidien(ne);
~tags adv en semaine
Allüren [a'lyːrən] pl manières fpl; (eines Stars etc)
allures fpl
allwissend adj omniscient(e)
allzu adv beaucoup trop; **~ gern** adv (bereitwillig)
très volontiers; **~ oft** adv trop od très souvent;
~ viel adv (beaucoup) trop
Allzweck- ['altsvɛk-] in zW polyvalent(e)
Alm [alm] **(-, -en)** f alpage m
Almosen ['almoːzən] **(-s, -)** nt aumône f
Alpen ['alpən] pl Alpes fpl; **~blume** f fleur f des
Alpes; **~glühen** nt coucher du soleil sur les Alpes
(enneigées); **~veilchen** nt cyclamen m; **~vorland**
nt Préalpes fpl
Alphabet [alfaˈbeːt] **(-(e)s, -e)** nt alphabet m
alphabetisch adj alphabétique
alphanumerisch [alfanuˈmeːrıʃ] adj
alphanumérique
alpin [al'piːn] adj des Alpes, alpin(e)
Alpinist, in [alpiˈnıst(ın)] m(f) alpiniste m/f
Alptraum ['alptraʊm] m siehe **Albtraum**

🔵 SCHLÜSSELWORT

als [als] *konj* **1** (*zeitlich*) au moment où, quand; **als er merkte, dass** quand il a remarqué que; **damals als ...** à cette époque, où ...; **gerade als ...** juste au moment où ...
2 (*in der Eigenschaft*) en tant que, comme; **als Clown verkleidet** déguisé(e) en clown; **als Kind war ich immer sehr ängstlich** quand j'étais petit(e), j'étais très peureux(-euse); **als Antwort** en tant que *od* comme réponse; **als Beweis** pour *od* comme preuve
3 (*bei Vergleichen*): **schöner als** plus beau (belle) que; **so viel als möglich** autant que possible; **so weit als möglich** dans la mesure du possible; **nichts als Ärger** rien que des ennuis; **alles andere als** tout sauf
4: **als ob** *od* **wenn** comme si; **als wäre nichts geschehen** comme s'il ne s'était rien passé

alsbaldig [als'baldıç] *konj*: „**zum ~en Verbrauch bestimmt**" "à consommer tout de suite"
also ['alzo:] *adv* (*folglich*) donc; **es ist ~ doch wahr** c'était donc vrai; **ich komme ~ morgen** je viendrai donc demain; **~ wie ich schon sagte** je disais donc; **~ gut** *od* **schön!** bon, d'accord!; **~, so was!** ça alors!; **na ~!** tu vois/vous voyez bien!
alt [alt] *adj* vieux (vieille); (*antik, ehemalig*) ancien(ne); (*Brot*) sec (sèche); (*Fehler*) commun(e); (*Freund*) vieux (vieille), de longue date; (*Mitglied*) de longue date; (*Witz*) éculé(e); **sie ist drei Jahre ~** elle a trois ans; **ich bin nicht mehr der A~e** j'ai beaucoup changé; **alles beim A~en lassen** ne rien changer; **ich werde heute nicht ~ (werden)** (*umg*) je ne vais pas m'éterniser; **A~ und Jung** tout le monde; **wie in ~en Zeiten** comme au bon vieux temps; **das ~e Lied** la même chanson *od* rengaine; **~ aussehen** (*fig: umg*) avoir l'air bête; **A~ (-s, -e)** *m* (*Mus: Stimme*) alto *f*; (*Sängerin*) contralto *m*
Altar [al'ta:r] **(-(e)s, -äre)** *m* autel *m*
Alt-: **~bau** *m* vieil immeuble *m*; **~bauwohnung** *f* appartement *m* dans un vieil immeuble; **a~bekannt** *adj* bien connu(e); **a~bewährt** *adj* (*Methode etc*) qui a fait ses preuves; (*Tradition etc*) ancien(ne); **~bier** *nt* bière brune allemande; **a~deutsch** *adj* allemand(e) ancien(ne); **a~eingesessen** *adj* établi(e) de longue date, vieux (vieille); **~eisen** *nt* ferraille *f*
Alten-: **~teil** *nt*: **sich aufs ~teil setzen** *od* **zurückziehen** se retirer de la vie publique; **~(wohn)heim** *nt* maison *f* de retraite
Alter ['altər] **(-s, -)** *nt* âge *m*; (*letzter Lebensabschnitt*) vieillesse *f*; **er ist in deinem ~** il a ton âge; **im ~ von** à l'âge de
älter ['ɛltər] *adj attrib* plus âgé(e) *od* vieux (vieille); **ein ~er Herr** un monsieur d'un certain âge
altern ['altərn] *vi* vieillir
alternativ [alterna'ti:f] *adj* (*Medizin*) parallèle, alternatif(-ive) ▷ *adv*: **~ leben** avoir un mode de vie alternatif
Alternative [alterna'ti:və] *f* solution *f* de

rechange
Alternativszene *f* monde *m* marginal
alters ['altərs] *adv* (*geh*): **von** *od* **seit ~ (her)** depuis toujours
alters-: **~bedingt** *adj* dû (due) à l'âge; **A~erscheinung** *f* signe *m* de vieillesse; **A~grenze** *f* limite *f* d'âge; **A~heim** *nt* maison *f* de retraite; **A~rente** *f* retraite *f*; **A~ruhegeld** *nt* retraite *f*; **~schwach** *adj* (*Mensch*) invalide; (*Möbel*) branlant(e); **ein ~schwaches Auto** une vieille guimbarde; **A~versorgung** *f* retraite *f*
Altertum ['altərtu:m] **(-s)** *nt* (*kein pl: Zeit*) antiquité *f*; **Altertümer** *pl* (*Gegenstände*) antiquités *fpl*
altertümlich *adj* (*veraltet*) vieillot(te)
älteste, r, s ['ɛltəstə(r, s)] *adj attrib* le (la) plus vieux (vieille); (*Sohn, Tochter etc*) aîné(e)
alt-: **~gedient** *adj* (*Soldat*) qui a de nombreuses années de service; **A~glas** *nt* verre *m* usagé; **A~glascontainer** *m* conteneur *m* de collecte du verre usagé; **~hergebracht** *adj* traditionnel(le); **A~herrenmannschaft** *f* équipe *f* de vétérans; **~klug** *adj* précoce; **A~material** *nt* déchets *mpl*; **A~metall** *nt* ferraille *f*; **~modisch** *adj* démodé(e), vieux jeu *unver*; **A~papier** *nt* vieux papiers *mpl*; **A~philologie** *f* philologie *f* classique; **A~stadt** *f* vieille ville *f*; **A~stimme** *f* (*voix f de*) contralto *m*; **A~warenhändler** *m* marchand *m* d'occasion; **A~weibersommer** *m* été *m* indien
Alu ['a:lu] *abk* = **Aluminium**
Alufolie ['a:lufo:liə] *f* papier *m* aluminium
Aluminium [alu'mi:niom] **(-s)** *nt* aluminium *m*; **~folie** *f* papier *m* aluminium
am [am] = **an dem**
Amalgam [amal'ga:m] **(-s, -s)** *nt* amalgame *m*
Amateur [ama'tø:r] *m*, *in zW* amateur (*m*)
Amazonas [ama'tso:nas] *m* Amazone *f*
Ambiente [ambi'ɛntə] *nt* milieu *m*
Ambition [ambitsi'o:n] *f*: **~en auf etw** *Akk* **haben** avoir pour ambition (d'acquérir) qch
Amboss ['ambos] **(-es, -e)** *m* enclume *f*
ambulant [ambu'lant] *adj* (*Med*) ambulatoire ▷ *adv*: **einen Eingriff ~ vornehmen** opérer au service de consultation externe, procéder à une opération qui ne nécessite pas d'hospitalisation
Ambulanz *f* (*in Klinik*) service *m* de consultation externe
Ameise ['a:maızə] *f* fourmi *f*
Ameisenhaufen *m* fourmilière *f*
Amerika [a'me:rika] **(-s)** *nt* l'Amérique *f*
Amerikaner, in [ameri'ka:nər(ın)] **(-s, -)** *m(f)* Américain(e) ▷ *m* (*Gebäck*) gâteau sec recouvert de sucre glace
amerikanisch *adj* américain(e)
Ami ['ami] **(-s, -s)** (*umg*) *m* Amerloque *m*; (*Soldat*) G.I. *m*
Amme ['amə] *f* (*Nährmutter*) nourrice *f*
Ammenmärchen ['amənmɛ:rçən] *nt* histoire *f* à dormir debout
Amnestie [amnɛs'ti:] *f* amnistie *f*
Amok ['a:mɔk] *m*: **~ laufen** être pris(e) de folie meurtrière

Amortisation [amɔrtizatsi'oːn] *f* amortissement *m*

amortisieren [amɔrti'ziːrən] *vr* être amorti(e)

Ampel ['ampəl] (-, -n) *f* (*Verkehrsampel*) feu(x) *m(pl)* (*de signalisation*)

Amphibie [am'fiːbiə] *f* batracien *m*

Amphibienfahrzeug *nt* véhicule *m* amphibie

amphibisch *adj* amphibie

Amphitheater [am'fiːteaːtər] *nt* amphithéâtre *m*

Ampulle [am'pʊlə] *f* (*Med*) ampoule *f*

amputieren [ampu'tiːrən] *vt* amputer

Amsel ['amzəl] (-, -n) *f* merle *m*

Amsterdam [amstər'dam] *nt* Amsterdam

Amt [amt] (-(e)s, ¨-er) *nt* (*Posten*) fonction *f*, poste *m*; (*Aufgabe*) fonction; (*Behörde*) office *m*; (*Tel*) central *m*; **von ~s wegen** officiellement

amtieren [am'tiːrən] *vi* être en fonction, occuper son poste; **als Präsident ~** (*fungieren*) remplacer provisoirement le président

amtierend *adj* par intérim *unver*

amtlich *adj* officiel(le) ▷ *adv*: **eine ~ beglaubigte Fotokopie** une photocopie certifiée conforme; **~es Kennzeichen** (*Aut*) numéro *m* minéralogique

Amts-: **~arzt** *m* médecin *m* officiel; **a~ärztlich** *adj* (*Attest*) officiel(le) ▷ *adv*: **a~ärztlich untersucht werden** passer une visite médicale (*officiellement reconnue*); **~deutsch(e)** (*pej*) *nt* jargon *m* administratif; **~eid** *m*: **den ~eid ablegen** prêter serment (*au moment d'entrer en fonction*); **~geheimnis** *nt* secret *m* professionnel; **~gericht** *nt* ≈ tribunal *m* civil; **~missbrauch** *m* abus *m* de pouvoir; **~periode** *f*: **während ihrer ~periode** pendant la période où elle exerçait ses fonctions; **~person** *f* officiel *m*, représentant(e) *m/f* des pouvoirs publics; **~richter, in** *m(f)* juge *m* au tribunal civil; **~schimmel** *m* (*hum*) bureaucratie *f*; **~sitz** *m* (*Ort*) bureaux *mpl* de l'administration; **~sprache** *f* langue *f* officielle; **~stunden** *pl* heures *fpl* de bureau; **~weg** *m*: **auf dem ~weg** par la voie hiérarchique; **~zeit** *f siehe* **Amtsperiode**

amüsant [amy'zant] *adj* amusant(e)

Amüsement [amyzə'mãː] (-s, -s) *nt* divertissement *m*

amüsieren [amy'ziːrən] *vt* amuser ▷ *vr* s'amuser; **sich über etw** *Akk* **~** rire de qch

 SCHLÜSSELWORT

an [an] *präp +Dat* **1** (*räumlich: wo?*): **am Bahnhof** à la gare; **an der Wand** au mur; **am Fenster** à la fenêtre; **am Tatort** sur les lieux du crime; **an diesem Ort** à cet endroit; **zu nahe an etw** trop près de qch; **am Fluss** au bord de la rivière; **Frankfurt am Main** Francfort sur le Main; **Köln liegt am Rhein** Cologne est située au bord du *od* sur le Rhin; **an der Autobahn** près *od* au bord de l'autoroute; **sie wohnen Tür an Tür** ils (elles) habitent sur le même palier, ils (elles) sont voisin(e)s

2 (*zeitlich: wann?*): **am kommenden Sonntag** le dimanche suivant; **am vergangenen** *od* **letzten**

Sonntag dimanche dernier; **an diesem Tag** ce jour-là; **an Ostern** à Pâques; **am 1. Mai** le 1er mai; **am Morgen/Abend** le matin/soir

3 an etw sterben mourir de qch; **an Masern erkranken** attraper la rougeole; **es an der Leber haben** (*umg*) avoir le foie fragile; **arm an Fett** pauvre en matières grasses; **an der ganzen Sache ist nichts** ce n'est pas si compliqué que ça; **jdn an der Hand nehmen** prendre qn par la main; **an (und für) sich** à vrai dire

4 (*als Superlativ*): **sie singt am besten** c'est elle qui chante le mieux; **sie sieht am schönsten aus** c'est elle la plus belle

5 (*als Verlaufsform: umg*): **ich bin am Arbeiten** je suis en train de travailler

▷ *präp +Akk* **1** (*räumlich: wohin?*): **etw an die Wand hängen** accrocher qch au mur; **an die Wand schreiben** écrire sur le mur; **er ging an die Tür** il est allé ouvrir la porte; **sie ging ans Telefon** elle est allée répondre au téléphone; **sich an die Arbeit machen** se mettre au travail

2 (*zeitlich*): **bis an sein Lebensende/80. Lebensjahr** jusqu'à la fin de sa vie à l'âge de 80 ans

3 (*gerichtet an*): **ein Brief an meine Mutter** une lettre à ma mère; **einen Brief an jdn schreiben** écrire une lettre à qn; **ein Päckchen an jdn schicken** envoyer un colis à qn; **ich habe eine Frage an dich** j'ai une question pour toi; **an etw denken** penser à qch

▷ *adv* **1** (*ungefähr*) environ; **an die Hundert** environ cent; **an die 10 Euro/3 Stunden** environ 10 euros/trois heures

2 (*auf Fahrplänen*): **Frankfurt an 18.17** arrivée à Francfort à 18h17, Francfort arr. 18.17

3 (*ab*): **von dort an** à partir de là; **von heute an** dorénavant, dès aujourd'hui; **von da an sprach er nie wieder ein Wort mit mir** depuis ce jour-là, il ne m'a plus adressé la parole

4 (*angeschaltet, angezogen*): **das Licht ist an** la lumière est allumée; **er hatte einen dunklen Anzug an** il portait un costume sombre; **sie hatte nichts an** (*umg*) elle était toute nue

analog [ana'loːk] *adj* analogue

Analogie [analo'giː] *f* analogie *f*

Analogrechner [ana'loːkrɛçnər] (-s, -) *m* calculateur *m* analogique

Analphabet, in [anlalfa'beːt(ɪn)] (-en, -en) *m(f)* analphabète *m/f*

Analyse [ana'lyːzə] *f* analyse *f*

analysieren [analy'ziːrən] *vt* analyser

Anämie [anɛ'miː] *f* anémie *f*

Ananas ['ananas] (-, - *od* -se) *f* ananas *m*

Anarchie [anar'çiː] *f* anarchie *f*

Anarchist, in *m(f)* anarchiste *m/f*

Anästhesist, in [anlɛste'zɪst(ɪn)] (-en, -en) *m(f)* anesthésiste *m/f*

Anatomie [anato'miː] *f* anatomie *f*

anbahnen ['anbaːnən] *vr* (*Beziehungen*) s'établir; (*sich andeuten*) se préparer

Anbahnung *f* établissement *m*, début *m*

17

anbändeln ['anbɛndəln] (*umg*) *vi*: ~ **mit** s'amouracher de

Anbau ['anbaʊ] *m* (*Agr*) culture *f*; (*Gebäude*) annexe *f*

anbauen *vt* (*Agr*) planter; (*Gebäudeteil*) ajouter

Anbaugebiet *nt*: **ein gutes ~ für etw** un terrain idéal pour la culture de qch

Anbaumöbel *pl* mobilier que l'on achète par éléments

Anbeginn ['anbəgɪn] *m* (*geh*) début *m*

anbehalten ['anbəhaltən] *unreg vt* garder

anbei [an'baɪ] *adv* (*förmlich*) ci-joint; ~ (**schicken wir Ihnen**) ... (veuillez trouver) ci-joint ...

anbeißen ['anbaɪsən] *unreg vi* (*Fisch*) mordre; (*auf Angebot eingehen*) mordre à l'hameçon ▷ *vt* mordre dans, manger une bouchée de; **zum A~** (*umg*) à croquer

anbelangen ['anbəlaŋən] *vt*: **was mich anbelangt** en ce qui me concerne

anberaumen ['anbəraʊmən] *vt* (*förmlich*) arranger

anbeten ['anbe:tən] *vt* être en adoration devant

Anbetracht ['anbətraxt] *m*: **in ~** +*Gen* en considération de

Anbetung *f* adoration *f*

anbiedern ['anbi:dərn] *vr* (*pej*): **sich bei jdm ~** chercher à gagner la faveur de qn

anbieten ['anbi:tən] *unreg vt* proposer, offrir; (*Speise, Getränk*) offrir ▷ *vr* (*Mensch*) se proposer; (*Gelegenheit*) se présenter; **das bietet sich als Lösung an** c'est une solution possible

Anbieter (-**s**, -) *m* (*von Waren*) fournisseur *m*

anbinden ['anbɪndən] *unreg vt* attacher

Anblick ['anblɪk] *m* spectacle *m*; **a~en** *vt* regarder

anbraten ['anbra:tən] *unreg vt* (*Fleisch*) faire rissoler

anbrechen ['anbrɛçən] *unreg vt* (*Vorräte*) entamer ▷ *vi* (*Zeitalter*) commencer; (*Tag*) se lever; (*Nacht*) tomber

anbrennen ['anbrɛnən] *unreg vi* prendre feu, se mettre à brûler; (*Koch*) attacher

anbringen ['anbrɪŋən] *unreg vt* (*herbeibringen*) ramener; (*Bitte*) faire; (*Wissen, Witz, Ware*) placer; (*festmachen*) poser

Anbruch ['anbrʊx] *m*: **bei ~ der Dunkelheit** à la tombée de la nuit; **bei ~ des Tages** au lever du jour

anbrüllen ['anbrʏlən] *vt* (*umg*) enguirlander

Andacht ['andaxt] (-, -**en**) *f* recueillement *m*; (*Versenkung*) contemplation *f*; (*Gottesdienst*) office *m*

andächtig ['andɛçtɪç] *adj* (*Beter*) recueilli(e); (*Zuhörer*) captivé(e); (*Stille*) religieux(-euse)

andauern ['andaʊərn] *vi* se poursuivre, durer

andauernd *adj* continuel(le) ▷ *adv* continuellement

Anden ['andən] *pl*: **die ~** les Andes *fpl*

Andenken ['andɛŋkən] (-**s**, -) *nt* souvenir *m*

andere, r, s ['andərə(r, s)] *pron* autre; **der/die/das ~** l'autre; **die ~n** les autres; **am ~n Tage** le lendemain; **ein ~s Mal** une autre fois; **kein ~r** nul autre; **er war alles ~ als zufrieden** il était tout sauf satisfait; **von etwas ~m sprechen** parler d'autre chose, changer de sujet; **unter ~m**

notamment; **von einem Tag zum ~n** du jour au lendemain; **sie hat einen ~n** elle a quelqu'un d'autre; **wer ander(e)s?** qui d'autre?; **niemand ander(e)s** personne d'autre; **es blieb mir nichts ander(e)s übrig, als selbst zu gehen** il ne me restait plus qu'à y aller moi-même; **jemand ander(e)s** quelqu'un d'autre

anderenfalls *adv* autrement, sinon

ander(e)norts *adv* ailleurs

andererseits [andərər'zaɪts], **anderenteils** *adv* d'autre part

andermal *adv*: **ein ~** une autre fois

ändern ['ɛndərn] *vt* changer, modifier ▷ *vr* changer; **daran ist (leider) nichts zu ~** on ne peut (malheureusement) rien y faire

anders *adv* autrement; **wie nicht ~ zu erwarten** comme on pouvait s'y attendre; **wie könnte es ~ sein?** comment pourrait-il en être autrement?; **ich kann nicht ~** (*kann es nicht lassen*) c'est plus fort que moi; (*muss leider*) je n'ai pas le choix; **~ ausgedrückt** autrement dit; **irgendwo ~** autre part; **~ aussehen** avoir l'air *od* être différent(e); **seine Stimme klingt ganz ~ als deine** sa voix est très différente de la tienne; **~ lautend = anderslautend; ~artig** *adj* d'un autre type, différent(e); **A~denkende, r** *f(m)* personne qui pense autrement

anderseits ['andər'zaɪts] *adv* d'autre part

anders-: **~farbig** *adj* d'une autre couleur; **~gläubig** *adj* d'une autre confession; **~herum** *adv* dans l'autre sens; **~lautend** *adj*: **~lautende Berichte** des récits contradictoires; **~wo** *adv* ailleurs; **~woher** *adv* d'ailleurs; **~wohin** *adv* ailleurs

anderthalb ['andərt'halp] *adj* un(e) et demi(e)

Änderung ['ɛndərʊŋ] *f* changement *m*, modification *f*; (*an Kleidungsstück*) retouche *f*

Änderungsantrag ['ɛndərʊŋsantra:k] *m* (*Parl*) amendement *m*

anderweitig ['andər'vaɪtɪç] *adj* autre ▷ *adv* (*anders*) à quelqu'un d'autre; (*anderswo*) ailleurs

andeuten ['andɔʏtən] *vt* suggérer; (*Wink geben*) indiquer

Andeutung *f* (*Hinweis*) allusion *f*; (*Spur*) ombre *f*; **~en machen** faire des allusions

andeutungsweise *adv* (*als Anspielung*) par allusion; (*undeutlich*) indistinctement; (*als flüchtiger Hinweis*) en passant

andichten ['andɪçtən] *vt*: **jdm etw ~** (*umg*) attribuer qch à qn

Andorra [an'dɔra] (-**s**) *nt* Andorre *f*

Andorraner, in [andɔ'ra:nər(ɪn)] *m(f)* Andorran(e)

Andrang ['andraŋ] *m* afflux *m*

andrehen ['andre:ən] *vt* (*Licht etc*) allumer; **jdm etw ~** (*umg*) refiler qch à qn

androhen ['andro:ən] *vt*: **jdm etw ~** menacer qn de qch

Androhung *f* menace *f*; **unter ~ von Gewalt** en menaçant de recourir à la force; **unter ~ von Strafe** sous peine de poursuites

anecken ['anlɛkən] (*umg*) *vi*: (**bei jdm/allen**) ~ se

faire mal voir (de qn/tous)
aneignen ['anlaıgnən] vt: **sich** Dat etw ~
s'approprier qch; (lernen) acquérir qch
aneinander [anlaı'nandər] adv (vorbeifahren)
l'un(e) à côté de l'autre; (denken) l'un(e) à l'autre;
~fügen vt joindre; **~geraten** vt en venir aux
mains; **~legen** vt (Seiten, Bretter) poser côte à côte;
~reihen vt juxtaposer; **sich ~reihen** se succéder
Anekdote [anɛk'do:tə] f anecdote f
anekeln ['anle:kəln] vt dégoûter
Anemone [ane'mo:nə] f anémone f
anerkannt ['anlɛrkant] adj reconnu(e) (de tous)
anerkennen ['anlɛrkɛnən] unreg vt (Regierung)
reconnaître; (Bemühungen) apprécier; **das muss
man ~** (zugeben) il faut le reconnaître; (würdigen)
c'est appréciable; **die Vaterschaft ~** reconnaître
(la paternité de) l'enfant
anerkennend adj élogieux(-euse)
anerkennenswert adj louable
Anerkennung f (eines Staates) reconnaissance f;
(Würdigung) appréciation f
anerziehen ['anlɛrtsi:ən] vt: **jdm etw ~**
apprendre qch à qn
anerzogen ['anlɛrtso:gən] adj appris(e)
anfachen ['anfaxən] vt attiser
anfahren ['anfa:rən] unreg vt (herbeibringen)
amener; (umfahren und verletzen) renverser; (Ort)
aller od se rendre à; (Kurve) prendre; (zurechtweisen)
remettre à sa place ▷ vi (losfahren) démarrer
Anfahrt ['anfa:rt] f (Anfahrtsweg, Anfahrtszeit) trajet
m; (Zufahrt) accès m
Anfall ['anfal] m (Med) crise f; (fig) accès m; **in
einem ~ von** (fig) pris(e) d'un accès de
anfallen unreg vt (angreifen) attaquer; (fig: ergreifen)
saisir ▷ vi (Arbeit) se présenter; (Produkt,
Nebenprodukte) être obtenu(e); (sich anhäufen)
s'accumuler; **die ~den Kosten** les frais
encourus; **die ~den Reparaturen** les
réparations nécessaires
anfällig ['anfɛlıç] adj fragile; **~ für etw** sujet(te)
à qch
Anfang ['anfaŋ] (**-(e)s, Anfänge**) m début m,
commencement m; **von ~ an** dès le début od
départ; **am** od **zu ~** au début; **für den ~** pour
commencer; **~ fünfzig** tout juste la
cinquantaine; **~ Mai** (au) début (du mois de)
mai; **~ des Monats** au début du mois; **dieses
Projekt steckt erst in den Anfängen** ce projet
n'en est qu'à ses premiers balbutiements
anfangen ['anfaŋən] unreg vt commencer;
(machen) faire ▷ vi commencer; **damit kann ich
nichts ~** (nützt mir nichts) ça ne me sert à rien;
(verstehe ich nicht) c'est du chinois pour moi; **mit
dir ist heute (aber) gar nichts anzufangen!** tu
n'es pas à prendre avec des pincettes,
aujourd'hui!, tu es vraiment pénible,
aujourd'hui!; **nichts mit sich anzufangen
wissen** ne savoir que faire; **nichts mit jdm
anzufangen wissen** ne savoir que faire de qn
Anfänger, in ['anfɛŋər(ın)] (**-s, -**) m(f) débutant(e)
anfänglich ['anfɛŋlıç] adj initial(e)
anfangs adv au début; **wie ich schon ~**

erwähnte comme je l'ai déjà dit (au début);
A~buchstabe m première lettre f, initiale f;
A~gehalt nt salaire m d'embauche; **A~stadium**
nt première phase f, début m; **A~zeit** f (von
Veranstaltungen) heure f
anfassen ['anfasən] vt (ergreifen) prendre;
(berühren) toucher; (Angelegenheit) aborder; (Person)
traiter ▷ vi (helfen) mettre la main à la pâte ▷ vr:
sich weich/kalt ~ être doux (douce)/froid(e) (au
toucher)
anfechtbar ['anfɛçtba:r] adj contestable
anfechten ['anfɛçtən] unreg vt (Urteil) faire appel
de; (Meinung, Vertrag) contester; (beunruhigen)
troubler
anfeinden ['anfaındən] vt attaquer
anfertigen ['anfɛrtıgən] vt (Gutachten, Protokoll)
rédiger; **(sich** Dat**) einen Anzug ~ lassen** se faire
faire un costume
anfeuchten ['anfɔyçtən] vt humecter
anfeuern ['anfɔyərn] vt (fig) aiguillonner,
pousser
anflehen ['anfle:ən] vt implorer
anfliegen ['anfli:gən] unreg vt (Land) atterrir en;
(Stadt) atterrir à
Anflug ['anflu:k] m (Flug) arrivée f; (Spur) pointe f,
touche f
anfordern ['anfɔrdərn] vt (Bericht, Nachschub,
Waren) commander; (zusätzliche Arbeitskräfte)
demander
Anforderung f (Beanspruchung) demande f; (Wirts)
commande f
Anfrage ['anfra:gə] f demande f; (Pol, Parl)
question f; **Große ~** question à laquelle il est répondu
lors d'une session du Parlement
anfragen ['anfra:gən] vi s'enquérir
anfreunden ['anfrɔyndən] vr (mit Menschen) se lier
d'amitié; (mit Gedanken) se familiariser; **sich mit
etw ~** (fig) se faire à qch
anfügen ['anfy:gən] vt (hinzusetzen) ajouter
anfühlen ['anfy:lən] vt tâter ▷ vr: **sich kalt/
weich ~** être froid(e)/doux (douce) (au toucher)
anführen ['anfy:rən] vt (leiten) être à la tête de;
(zitieren) citer; (umg: betrügen) avoir
Anführer, in m(f) meneur(-euse)
Anführung f (Leitung) direction f,
commandement m; (Zitat) citation f
Anführungsstriche, Anführungszeichen pl
guillemets mpl
Angabe ['anga:bə] f (gew pl: Auskunft) indication f;
(Tech) spécification f; (Sport) service m; (kein pl:
Prahlerei) vantardise f; **ohne ~ von Gründen** sans
donner de raisons, sans explication; **~n über
etw** Akk **machen** donner des renseignements
sur qch, répondre à des questions sur qch; **~n zur
Person** (förmlich) nom, prénom, adresse, date de
naissance etc
angeben ['ange:bən] unreg vt (Namen, Preis, Maße)
indiquer, donner; (Zeuge) citer; (anzeigen)
dénoncer; (Tempo, Takt, Kurs) donner ▷ vi (umg:
prahlen) se vanter; (Sport) servir
Angeber, in (**-s, -**) (umg) m(f) vantard(e)
Angeberei [ange:bə'raı] (umg) f vantardise f

angeblich ['angeːplɪç] *adj* soi-disant *unver* ▷ *adv* apparemment, paraît-il

angeboren ['angəboːrən] *adj* inné(e); (*Med*) congénital(e)

Angebot ['angəboːt] *nt* offre *f*; (*Auswahl*) choix *m*; (*Wirts*): ~ **an** +*Dat* choix de; **ein ~ machen/ bekommen** faire/recevoir une offre; ~ **und Nachfrage** l'offre et la demande; **im ~** (*umg*) en action

Angebotspreis *m* prix *m* demandé

angebracht ['angəbraxt] *adj* (*Bemerkung*) judicieux(-euse); **etw für ~ halten** trouver qch judicieux, trouver bon de faire qch

angebrannt ['angəbrant] *adj*: **es riecht hier so ~** ça sent le brûlé

angebrochen ['angəbrɔxən] *adj* entamé(e); **was sollen wir mit dem ~en Abend machen?** (*umg*) la soirée n'est pas terminée; qu'est-ce qu'on pourrait faire?

angebunden ['angəbʊndən] *adj*: **kurz ~** (*umg*) brusque

angegossen ['angəgɔsən] *adj*: **wie ~ sitzen** aller comme un gant

angegriffen ['angəgrɪfən] *adj* (*Gesundheit, Nerven*) fragile

angehalten ['angəhaltən] *adj*: ~ **sein, etw zu tun** être obligé(e) de faire qch

angehaucht ['angəhaʊxt] *adj*: **links ~ sein** (*umg*) avoir des tendances gauchistes; **rechts ~ sein** (*umg*) sympathiser avec la droite

angeheiratet ['angəhaɪraːtət] *adj* par alliance

angeheitert ['angəhaɪtərt] *adj* éméché(e)

angehen ['angeːən] *unreg vt* (*betreffen*) regarder; (*Aufgabe, Probleme*) s'attaquer à; (*Gegner*) attaquer ▷ *vi* (*Radio, Licht*) s'allumer; (*umg: beginnen*) commencer ▷ *vt unpers*: **es geht nicht an, dass ...** il est hors de question que ...; **es geht noch an, dass ...** on peut tout juste admettre que ...; **das geht dich nichts an** ça ne te regarde pas; **was geht das ihn an?** en quoi cela le regarde-t-il?, qu'est-ce que ça peut lui faire?; **jdn um etw ~** demander qch à qn; **gegen jdn/etw ~** (*entgegentreten*) lutter contre qn/qch; **gegen etw ~** (*Missstände*) lutter contre qch

angehend *adj* (*Lehrer*) futur(e); **er ist ein ~er Vierziger** (*umg*) il frise la quarantaine

angehören ['angəhøːrən] *vi* +*Dat* appartenir à

Angehörige, r *f(m)* (*Familienangehörige*) proche parent(e)

Angeklagte, r ['angəklaːktə(r)] *f(m)* accusé(e)

angeknackst ['angəknakst] (*umg*) *adj* (*Gesundheit*) atteint(e); (*Selbstbewusstsein*) ébranlé(e)

Angel ['angəl] (*-*, *-n*) *f* (*zum Fischfang*) canne *f* à pêche; (*Türangel, Fensterangel*) gond *m*, charnière *f*; **die Welt aus den ~n heben** changer le monde

Angelegenheit ['angəleːgənhaɪt] *f* affaire *f*

angelernt ['angəlɛrnt] *adj*: **~er Arbeiter =** ouvrier *m*

Angelhaken *m* hameçon *m*

angeln ['angəln] *vt*, *vi* pêcher

Angelpunkt *m* point *m* essentiel

Angelrute *f* canne *f* à pêche

Angelsachse, -sächsin ['angəlzaksə] (*-n*, *-n*) *m(f)* Anglo-Saxon(ne)

angelsächsisch ['angəlzɛksɪʃ] *adj* anglo-saxon(ne)

Angelschein *m* permis *m* de pêche

angemessen ['angəmɛsən] *adj* approprié(e); **eine der Leistung ~e Bezahlung** une rétribution correspondant au travail requis

angenehm ['angəneːm] *adj* agréable; **~!** (*bei Vorstellung*) enchanté(e)!; **es wäre mir sehr ~, wenn ...** je vous serais reconnaissant(e) de ...; **das A~e mit dem Nützlichen verbinden** joindre l'utile à l'agréable

angenommen ['angənɔmən] *adj* (*Zahl*) approximatif(-ive); **~, das trifft zu** admettons que ce soit vrai; **~, wir ...** supposons que nous ...

angepasst ['angəpast] *adj* (*Mensch, Verhalten*) conformiste

angeregt ['angəreːkt] *adj* animé(e)

angesäuselt ['angəzɔyzəlt] (*umg*) *adj* pompette

angeschlagen ['angəʃlaːgən] (*umg*) *adj* (*Mensch, Nerven*) à bout; (*Gesundheit*) mauvais(e)

angeschlossen ['angəʃlɔsən] *adj* (*Firma*) associé(e); **die der EG ~en Länder** les pays (qui font partie) de la CE

angeschmiert ['angəʃmiːrt] (*umg*) *adj*: **der/die A~e sein** être bien attrapé(e)

angeschrieben ['angəʃriːbən] (*umg*) *adj*: **bei jdm gut/schlecht ~ sein** être bien/mal vu(e) de qn

angesehen ['angəzeːən] *adj* respecté(e)

Angesicht ['angəzɪçt] (*-es, -er*) *nt* (*geh*) visage *m*; **im ~ der Tatsache, dass...** eu égard au fait que ...

angesichts ['angəzɪçts] *präp* +*Gen* en raison de

angespannt ['angəʃpant] *adj* tendu(e); (*Aufmerksamkeit*) soutenu(e)

Angest. *abk* = **Angestellte(r)**

angestammt ['angəʃtamt] *adj* (*überkommen*) transmis(e) de père en fils; (*ererbt*) héréditaire

Angestellte, r ['angəʃtɛltə(r)] *f(m)* employé(e); (*Büroangestellte*) employé(e) de bureau

Angestelltenversicherung *f* = sécurité *f* sociale

angestrengt ['angəʃtrɛŋt] *adj* (*Miene, Ausdruck*) tendu(e) ▷ *adv* (*nachdenken*) très fort; (*arbeiten*) dur

angetan ['angətaːn] *adj*: **von jdm/etw ~ sein** être séduit(e) par qn/qch; **danach** *od* **dazu ~ sein** être propice *od* bien choisi(e); **es jdm ~ haben** avoir impressionné *od* séduit qn

angetrunken ['angətrʊŋkən] *adj* éméché(e)

angewiesen ['angəviːzən] *adj*: **auf jdn/etw ~ sein** dépendre de qn/qch; **auf sich selbst ~ sein** devoir se débrouiller tout(e) seul(e)

angewöhnen ['angəvøːnən] *vt*: **jdm/sich etw ~** habituer qn/s'habituer à qch

Angewohnheit ['angəvoːnhaɪt] *f* habitude *f*

angewurzelt ['angəvʊrtsəlt] *adj*: **wie ~ dastehen** être figé(e) sur place

angiften ['angɪftən] (*pej: umg*) *vt* s'en prendre à

angleichen ['anglaɪçən] *unreg vt*: **etw einer Sache** *Dat* ~ adapter qch à qch ▷ *vr*: **sich jdm/ einer Sache** *Dat* ~ s'adapter à qn/qch

Angler, in ['anlər(ɪn)] (*-s, -*) *m(f)* pêcheur(-euse) (à la ligne)

angliedern ['angliːdərn] *vt*: ~ (+*Dat od* **an** +*Akk*)

(Verein, Partei) rattacher (à); *(Land)* annexer (à)
Anglikaner, in [aŋgliˈkaːnər(ɪn)] *m(f)* anglican(e)
anglikanisch *adj* anglican(e)
Anglist, in [aŋˈglɪst(ɪn)] **(-en, -en)** *m(f)* angliciste *m/f*
Angola [aŋˈgoːla] **(-s)** *nt* l'Angola *m*
angolanisch [aŋgoˈlaːnɪʃ] *adj* angolais(e)
angreifen [ˈangraɪfən] *unreg vt* attaquer; *(Aufgabe, Problem, Arbeit)* s'attaquer à; *(Gesundheit)* atteindre ▷ *vi* attaquer
Angreifer, in **(-s, -)** *m(f)* agresseur *m*
angrenzen [ˈangrɛntsən] *vi*: **an etw** *Akk* ~ être voisin(e) de qch
Angriff [ˈangrɪf] *m* attaque *f*; **etw in ~ nehmen** s'attaquer à qch
Angriffsfläche *f*: **jdm/einer Sache eine ~ bieten** être une cible facile pour qn/qch
angriffslustig *adj* agressif(-ive)
Angst [aŋst] **(-, -̈e)** *f (Furcht)* peur *f*; *(Sorge)* crainte *f*; **~ haben (vor** +*Dat)* avoir peur (de); **~ um jdn/ etw haben** se faire du souci pour qn/qch; **nur keine ~!** ne crains/craignez rien!; **jdm ~ machen** faire peur à qn; **jdm ~ einflößen** *od* **einjagen** faire peur à qn; **es mit der ~ zu tun bekommen** *od* **kriegen** prendre peur; **a~** *adj*: **ihm ist/wird (es) a~ (und bange)** il a de plus en plus peur; **a~frei** *adj* sans crainte; **~hase** *(umg) m* poule *f* mouillée
ängstigen [ˈɛŋstɪgən] *vt* faire peur à ▷ *vr* se faire du souci
ängstlich *adj (furchtsam)* peureux(-euse); *(besorgt)* inquiet(-ète); *(schüchtern)* timide, craintif(-ive); **Ängstlichkeit** *f* caractère *m* craintif
Angstschweiß *m*: **mir brach der ~ aus** j'en ai eu des sueurs froides
angurten [ˈangʊrtən] *vt, vr* = **anschnallen**
Anh. *abk (= Anhang)* appendice *m*
anhaben [ˈanhaːbən] *unreg vt* avoir mis(e); **jdm nichts ~ können** ne rien faire à qn
anhaften [ˈanhaftən] *vi* être collé(e), rester; **~** +*Dat (fig)* être inhérent(e) à
anhalten [ˈanhaltən] *unreg vt (Fahrzeug)* arrêter; *(Luft, Atem)* retenir ▷ *vi (stoppen)* s'arrêter; *(andauern)* continuer; **jdm etw ~** *(Kleid etc)* tenir qch devant qn; **um die Hand eines Mädchens ~** demander la main d'une jeune fille; **jdn zur Arbeit/Pünktlichkeit ~** encourager qn à travailler/à être ponctuel(le)
anhaltend *adj (Beifall)* interminable; *(Regen)* ininterrompu(e)
Anhalter, in **(-s, -)** *m(f)* auto-stoppeur(-euse); **per ~ fahren** faire du stop
Anhaltspunkt *m*: **jdm einen ~ für etw geben** donner une idée à qn sur qch
anhand [anˈhant] *präp* +*Gen* en se fondant sur
Anhang [ˈanhaŋ] *m (von Buch, Vertrag)* appendice *m*; *(Leute)* disciples *mpl*; *(Kinder)* enfants *mpl*; *(Anhängerschaft)* partisans *mpl*
anhängen [ˈanhɛŋən] *vt* suspendre; *(Wagen)* accrocher; *(anfügen; Comput)* ajouter ▷ *vr*: **sich an jdn ~** suivre qn; **jdm etw ~** *(umg: pej)* mettre qch sur le dos de qn

Anhänger **(-s, -)** *m (Mensch)* partisan *m*; *(Aut)* caravane *f*; *(am Koffer)* étiquette *f*; *(Schmuck)* pendentif *m*; **~schaft** *f* partisans *mpl*
anhängig *adj (Jur)* devant les tribunaux; **~ machen** *(Prozess)* intenter
anhänglich *adj* affectueux(-euse); **A~keit** *f* attachement *m*
Anhängsel **(-s, -)** *nt* breloque *f*
anhauen [ˈanhauən] *(umg) vt (ansprechen)* aborder
anhäufen [ˈanhɔyfən] *vt* accumuler ▷ *vr* s'accumuler
Anhäufung [ˈanhɔyfʊŋ] *f* accumulation *f*
anheben [ˈanheːbən] *unreg vt (Gegenstand)* soulever; *(Preise, Steuern)* augmenter
anheimelnd [ˈanhaɪməlnt] *adj* familier(-ière)
anheimstellen [anˈhaɪmʃtɛlən] *vt*: **jdm etw ~** *(geh)* s'en remettre à qn de qch
anheizen [ˈanhaɪtsən] *vt (Stimmung)* rendre plus animé(e); *(Ofen)* allumer; *(Krise)* rendre plus aigu (aiguë); *(umg: Wirtschaft)* stimuler
anheuern [ˈanhɔyərn] *vt* engager
Anhieb [ˈanhiːb] *m*: **auf ~** tout de suite
anhimmeln [ˈanhɪməln] *(umg) vt* être en adoration devant
Anhöhe [ˈanhøːə] *f* colline *f*
anhören [ˈanhøːrən] *vt* écouter ▷ *vr* s'entendre; **sich** *Dat* **etw ~** écouter qch; **man hört ihr an, dass sie traurig ist** sa voix trahit sa tristesse
Anhörung *f* audition *f*
Animateur [animaˈtøːr] *m* animateur *m*
Animierdame [aniˈmiːrdaːmə] *f* entraîneuse *f*
animieren [aniˈmiːrən] *vt*: **(zu etw) ~** inciter (à qch)
Anis [aˈniːs] **(-es), -e)** *m* anis *m*
Ank. *abk (= Ankunft)* arrivée *f*
ankämpfen [ˈankɛmpfən] *vi*: **gegen etw ~** lutter contre qch
Ankara [ˈaŋkara] *nt* Ankara
Ankauf [ˈankaʊf] *m* achat *m*; **~ und Verkauf von ...** achat et vente de ...
ankaufen *vt* acheter ▷ *vr* acheter du terrain
Anker [ˈaŋkər] **(-s, -)** *m* ancre *f*; **vor ~ gehen** jeter l'ancre
ankern *vi* jeter l'ancre, mouiller
Ankerplatz *m* mouillage *m*
anketten [ˈankɛtən] *vt (Hund)* attacher (avec une chaîne); *(Fahrrad)* fixer (avec une chaîne); **angekettet sein** *(umg)* ne pas être libre de ses mouvements
Anklage [ˈanklaːgə] *f* accusation *f*, partie *f* plaignante; **gegen jdn ~ erheben** porter plainte contre qn; **~bank** *f* banc *m* des accusés
anklagen [ˈanklaːgən] *vt* accuser; **(jdn einer Sache** *Gen)* **~** *(Jur)* inculper (qn de qch)
Anklagepunkt *m* chef *m* d'accusation
Ankläger [ˈanklɛːgər] **(-s, -)** *m* = **Anklagevertreter**
Anklageschrift *f* acte *m* d'accusation
Anklagevertreter *m* avocat *m* du ministère public
anklammern [ˈanklamərn] *vt* agrafer ▷ *vr*: **sich an etw** *Akk od Dat* ~ se cramponner à qch
Anklang [ˈanklaŋ] *m*: **(bei jdm) ~ finden** être

bien reçu(e) (par qn)

ankleben ['ankle:bən] vt: „Plakate ~ verboten!" "défense d'afficher!"

Ankleidekabine f cabine f

ankleiden ['anklaɪdən] vt habiller ▷ vr s'habiller

anklingen ['anklɪŋən] vi: **an jdn/etw** ~ rappeler qn/qch

anklopfen ['anklɔpfən] vi frapper

anknipsen ['anknɪpsən] vt allumer; (Schalter) appuyer sur

anknüpfen ['anknvpfən] vt (Band etc) attacher, nouer; (fig: Beziehungen) établir ▷ vi: ~ **an** +Dat reprendre

Anknüpfungspunkt m liaison f, point m de départ

ankommen ['ankɔmən] unreg vi arriver ▷ vi unpers: **er ließ es auf einen Streit/einen Versuch ~** il n'a pas eu peur d'une explication/d'essayer; **es kommt darauf an** ça dépend; (wichtig sein) c'est ce qui compte; **bei jdm ~** (Anklang finden) avoir du succès chez qn; **gegen jdn/etw ~** s'opposer à qn/qch; **damit kommst du bei ihm nicht an!** ça ne marchera pas avec lui!; **es darauf ~ lassen** voir venir; **auf die paar Euro soll es mir nicht ~** ne pinaillons pas pour quelques malheureux euros

ankoppeln ['ankɔpəln] vt coupler

ankreiden ['ankraɪdən] vt: **jdm etw (dick** od **übel) ~** faire grief à qn de qch

ankreuzen ['ankrɔʏtsən] vt marquer d'une croix, cocher

ankündigen ['ankvndɪgən] vt annoncer

Ankündigung f annonce f

Ankunft ['ankʊnft] f arrivée f

Ankunftstafel f tableau m des arrivées

Ankunftszeit f heure f d'arrivée

ankurbeln ['ankʊrbəln] vt (Wirtschaft, Produktion) relancer; (Aut) faire partir à la manivelle

Anl. abk (= Anlage) PJ

anlachen ['anlaxən] vt regarder en riant; **sich** Dat **jdn ~** (umg) draguer qn

Anlage ['anla:gə] f (Fabrik, Gebäudekomplex) installations fpl; (Park) parc m; (Tech, Mil, Sport etc) équipement m; (Elek) installation f; (Finanz) placement m; (umg: Stereoanlage) chaîne f; (Entwurf, Plan) conception f, structure f; (Begabung, Veranlagung) talent m; (Beilage) annexe f; (Veranlagung): **~ zu** tendance f à; **elektrische ~** installations électriques; **sanitäre ~n** installations sanitaires; **als ~** od **in der ~ erhalten Sie ...** veuillez trouver ci-joint ...; **~berater, in** m(f) conseiller(-ère) en placements; **~kapital** nt capital m à investir

Anlagenabschreibung f amortissement m admis par le fisc

Anlagevermögen nt immobilisations fpl;

anlangen ['anlaŋən] vi arriver ▷ vt (betreffen) concerner; **was mich anlangt ...** en ce qui me concerne, ..., quant à moi, ...; **was dieses Problem anlangt ...** en ce qui concerne ce problème, ...

Anlass ['anlas] (-es, **Anlässe**) m (Ursache) cause f; (Gelegenheit, Ereignis) occasion f; **~ zu** raison f de;

aus ~ +Gen à l'occasion de; ~ **zur Besorgnis/ Freude geben** être inquiétant(e)/réjouissant(e); **beim geringsten** od **bei jedem ~** sous n'importe quel prétexte; **etw zum ~ nehmen** profiter de qch

anlassen unreg vt (Motor) mettre en marche, démarrer; (Mantel etc) garder; (Licht, Radio etc) laisser allumé(e) ▷ vr commencer

Anlasser (-s, -) m (Aut) démarreur m

anlässlich ['anlɛslɪç] präp +Gen à l'occasion de

anlasten ['anlastən] vt: **jdm etw ~** imputer qch à qn

Anlauf ['anlaʊf] m (Sport) élan m; (Versuch) tentative f; **~ nehmen** (Sport) prendre son élan; **einen neuen ~ nehmen** od **machen** faire une nouvelle tentative

anlaufen unreg vi (Motor) partir; (beginnen) commencer; (Film) sortir; (Sport) prendre son élan; (Metall) se ternir; (Fenster) se couvrir de buée ▷ vt (Hafen) faire escale à; **rot ~** rougir; **angelaufen kommen** arriver; **gegen etw ~** (fig) combattre qch

Anlaufstelle f endroit m où s'adresser

Anlaufzeit f (fig) temps m pour se préparer

anläuten ['anlɔʏtən] vi téléphoner ▷ vt téléphoner à

anlegen ['anle:gən] vt (Lineal) placer; (Maßstab) appliquer; (Leiter) poser; (Spielkarte) jouer; (förmlich: anziehen) revêtir; (Park, Garten) aménager; (Liste) établir; (Kartei, Akte) constituer; (Comput: Datei) créer; (Geld: investieren) placer; (: ausgeben) dépenser, mettre; (Gewehr) épauler ▷ vi (Schiff) mouiller; **die Ohren ~** (fig) être désagréablement surpris; **es auf einen Streit ~** chercher la bagarre; **strengere Maßstäbe ~** imposer des normes plus strictes; **sich mit jdm ~** (umg) chercher noise à qn; **auf jdn ~** (Mil) viser qn

Anlegeplatz m mouillage m

Anleger, in (-s, -) m(f) (Finanz) investisseur m

Anlegestelle f mouillage m

anlehnen ['anle:nən] vt (Leiter, Fahrrad) appuyer, poser; (Tür, Fenster) entrebâiller ▷ vr s'appuyer; (an Vorbild) imiter

Anlehnung f: **in ~ an jdn/etw** en imitant qn/qch

anlehnungsbedürftig adj qui a besoin d'affection

anleiern ['anlaɪərn] (umg) vt commencer

Anleihe ['anlaɪə] f (Finanz) emprunt m; (Wertpapier) titre m; **öffentliche ~** emprunt public

anleiten ['anlaɪtən] vt: **jdn bei einer Arbeit ~** montrer (comment faire) un travail à qn; **jdn zu etw ~** encourager qn à qch

Anleitung f instructions fpl, conseils mpl; **unter jds ~** en suivant les conseils de qn

anlernen ['anlɛrnən] vt: **jdn ~** former qn

Anlernling m stagiaire m/f

anlesen ['anle:zən] unreg vt: **sich** Dat **etw ~** apprendre qch en lisant; (Wissen, Kenntnisse) acquérir qch en lisant

anliefern ['anli:fərn] vt, vi livrer

Anliegen (**-s, -**) *nt* problème *m*; (*Wunsch*) demande *f*

anliegen ['anli:gən] *unreg vi* (*Kleidung*) être moulant(e)

anliegend *adj* (*Grundstück*) voisin(e); (*Kleidung*) moulant(e); (*beigefügt*) ci-joint(e)

Anlieger (**-s, -**) *m* riverain *m*; „**~ frei**" "riverains autorisés"

anlocken ['anlɔkən] *vt* attirer

anlügen ['anly:gən] *unreg vt* mentir à

Anm. *abk* = **Anmerkung**

anmachen ['anmaxən] *vt* (*anschalten, anzünden*) allumer; (*befestigen*) fixer; (*Salat*) assaisonner; **jdn ~** (*umg*) draguer qn

anmahnen ['anma:nən] *vt* envoyer un rappel à propos de

anmalen ['anma:lən] *vt* (*bemalen*) peindre; (*ausmalen*) dessiner ▷ *vr* (*pej: schminken*) se farder

Anmarsch ['anmarʃ] *m*: **im ~ sein** arriver; (*umg*) rappliquer

anmaßen ['anma:sən] *vr*: **sich** *Dat* **etw ~** (*Rechte*) s'attribuer qch; **sich** *Dat* **ein Urteil über etw** *Akk* **~** se permettre de porter un jugement sur qch; **~d** *adj* arrogant(e)

Anmaßung *f* suffisance *f*

Anmeldeformular ['anmɛldəfɔrmʊla:r] *nt* formulaire *m* d'inscription

anmelden *vt* (*Besucher, Besuch*) annoncer; (*Radio*) payer la redevance pour; (*Auto*) faire immatriculer; (*Recht*) faire valoir; (*Ansprüche zu Steuerzwecken*) déclarer; (*Kind für Schule*) inscrire; (*Comput*) entrer ▷ *vr* (*sich ankündigen*) s'annoncer; (*polizeilich*) annoncer son arrivée; (*für Kurs etc*) s'inscrire; **ein Gespräch nach Deutschland ~** demander une ligne pour l'Allemagne

anmeldepflichtig *adj* (*Krankheiten*) dont la déclaration est obligatoire

Anmeldung *f* (*Büro*) réception *f*; **nur nach vorheriger ~** (uniquement) sur rendez-vous

anmerken ['anmɛrkən] *vt* (*hinzufügen*) ajouter; (*anstreichen*) noter; **jdm seine Unsicherheit ~** remarquer le manque d'assurance de qn, remarquer que qn manque d'assurance; **sich** *Dat* **nichts ~ lassen** ne rien laisser paraître

Anmerkung *f* remarque *f*

Anmut ['anmu:t] *f* charme *m*

anmuten *vt*: **seltsam ~** faire une impression bizarre

anmutig *adj* charmant(e)

annähen ['annɛ:ən] *vt* coudre

annähern ['annɛ:ərn] *vr* s'approcher, approcher; (*Land, Standpunkt*) se rapprocher

annähernd *adj* (*Wert, Betrag*) approximatif(-ive) ▷ *adv*: **nicht ~ so viel** beaucoup moins

Annäherung *f* (*Pol*) rapprochement *m*

Annäherungsversuch *m* avance *f*

Annahme ['anna:mə] *f* (*Vermutung*) supposition *f*; (*von Gesetz, Kind, Namen*) adoption *f*; *siehe auch* **Annahmestelle; ~bestätigung** *f* récépissé *m*, reçu *m*; **~stelle** *f* (*bei Post, für Lottoscheine*) guichet *m*; **~verweigerung** *f* refus *m*

annehmbar ['anne:mba:r] *adj* acceptable

annehmen *unreg vt* accepter; (*Wettschein, Gespräch, Namen, Angewohnheit*) prendre; (*Kind*) adopter; (*vermuten*) admettre ▷ *vr*: **sich einer Sache** *Gen* **~** (*sich kümmern um*) s'occuper de qch; **jdn an Kindes statt ~** adopter qn; **angenommen, das ist so** admettons que ce soit vrai

Annehmlichkeit *f* (*oft pl*) commodité *f*

annektieren [anɛk'ti:rən] *vt* annexer

anno ['ano] *adv*: **von ~ dazumal** *od* **Tobak** (*umg*) antédiluvien(ne)

Annonce [a'nõ:sə] *f* annonce *f*

annoncieren [anõ'si:rən] *vt* annoncer ▷ *vi* mettre *od* insérer une annonce

annullieren [anʊ'li:rən] *vt* annuler

Anode [a'no:də] *f* anode *f*

anöden ['anlø:dən] (*umg*) *vt* casser les pieds à

anomal [ano'ma:l] *adj* (*regelwidrig*) irrégulier(-ière); (*nicht normal*) anormal(e)

anonym [ano'ny:m] *adj* anonyme

Anorak ['anorak] (**-s, -s**) *m* anorak *m*

anordnen ['anlɔrdnən] *vt* ranger, classer; (*befehlen*) ordonner

Anordnung *f* (*Befehl*) ordre *m*; **~en treffen** donner des ordres

anorganisch ['anlɔrga:nɪʃ] *adj* inorganique

anpacken ['anpakən] *vt* (*anfassen*) saisir; (*in Angriff nehmen*) s'attaquer à; (*behandeln*) s'y prendre avec; **mit ~** mettre la main à la pâte

anpassen ['anpasən] *vt* (*Kleidung*) ajuster; (*angleichen*) adapter ▷ *vr* (*dem Klima, den Verhältnissen*) s'adapter; (*anderen*) se conformer

Anpassung *f* adaptation *f*; (*von Kleidung*) ajustage *m*

anpassungsfähig *adj* adaptable

Anpassungsvermögen *nt* adaptabilité *f*

anpeilen ['anpaɪlən] *vt* (*mit Radar, Funk etc*) mettre le cap sur (*après avoir fait le point*)

Anpfiff ['anpfɪf] *m* (*Sport*) coup *m* de sifflet (*annonçant le début d'un match*); (: *Spielbeginn*) coup d'envoi; (*umg: Zurechtweisung*) savon *m*; **einen ~ bekommen** (*umg*) se faire enguirlander

anpflanzen ['anpflantsən] *vt* planter

anpöbeln ['anpø:bəln] (*umg*) *vt* s'en prendre à

Anprall ['anpral] *m*: **~ (gegen** *od* **an +**Akk**)** choc *m* (contre), impact *m* (sur)

anprangern ['anpraŋərn] *vt* dénoncer

anpreisen ['anpraɪzən] *unreg vt* recommander (chaleureusement); **sich (als etw) ~** se vanter (d'être qch)

Anprobe ['anpro:bə] *f* essayage *m*

anprobieren ['anprobi:rən] *vt* essayer

anpumpen ['anpʊmpən] (*umg*) *vt*: **jdn um 10 Euro ~** emprunter 10 euros à qn; **jdn ~** demander des sous à qn

anquatschen ['ankvatʃən] (*umg*) *vt* baratiner

Anrainer ['anraɪnər] (**-s, -**) *m* voisin *m*

anranzen ['anrantsən] (*umg*) *vt* enguirlander

anraten ['anra:tən] *unreg vt* conseiller; **auf A~ von** suivant les conseils de; **auf A~ des Arztes** selon les prescriptions du médecin

anrechnen ['anrɛçnən] *vt* (*Betrag*) compter; (*altes Gerät*) accorder une remise pour; (*bewerten*) tenir compte de; **jdm etw hoch ~** avoir une haute opinion de qn à cause de qch

anrechnungsfähig *adj* qui compte

Anrecht ['anrɛçt] *nt* droit *m*; **ein ~ auf etw** *Akk* **haben** avoir droit à qch

Anrede ['anre:də] *f* titre *m*

anreden *vt* (*ansprechen*) s'adresser à; (*belästigen*) aborder; **jdn mit Frau/Exzellenz ~** appeler qn "Madame/Excellence"; **jdn mit „Sie" ~** vouvoyer qn

anregen ['anre:gən] *vt* (*stimulieren*) stimuler; (*vorschlagen*) suggérer; **eine Frage ~** poser une question; **angeregte Unterhaltung** conversation *f* animée

anregend *adj* (*Mittel*) excitant(e); (*Luft*) qui réveille; (*Gespräch*) stimulant(e)

Anregung *f* (*Stimulieren*) stimulation *f*; (*Vorschlag*) suggestion *f*; (*Denkanstoß*) idée *f*

anreichern ['anraiçərn] *vt* (*Chem*) enrichir; (*Koch*) rendre plus riche

Anreise ['anraizə] *f* (voyage *m* d')aller *m*

anreisen *vi* arriver; **aus München angereist kommen** arriver de Munich

anreißen ['anraisən] *unreg vt* (*Thema, Problem*) aborder (brièvement)

Anreiz ['anraits] *m* motivation *f*

anreizen *vt* attirer

anrempeln ['anrɛmpəln] (*umg*) *vt* heurter, se cogner contre

anrennen ['anrɛnən] *unreg vi*: **gegen etw ~** (*gegen Wind etc*) avancer en luttant contre qch

Anrichte ['anrıçtə] *f* buffet *m*

anrichten *vt* (*Essen*) servir; (: *garnieren*) présenter; (*Verwirrung*) provoquer; (*Schaden*) faire; **Unheil ~** faire des siennes; **da hast du aber etwas angerichtet!** (*umg: verursacht*) quelle pagaille tu as semée! (: *angestellt*) c'est du joli!

anrüchig ['anrʏçıç] *adj* louche

anrücken ['anrʏkən] *vi* arriver; (*Mil*) avancer

Anruf ['anru:f] *m* (*Tel*) appel *m*; **~beantworter** *m* répondeur *m* (automatique)

anrufen *unreg vt* (*Tel*) appeler; (*bitten*) implorer ▷ *vi* appeler

anrühren ['anry:rən] *vt* (*anfassen*) toucher; (*mischen*) préparer, faire; **nichts ~** (*nichts essen*) ne rien manger

ans [ans] = **an das**

Ansage ['anza:gə] *f* annonce *f*

ansagen *vt* (*Zeit*) donner; (*Programm*) annoncer; (*diktieren*) dicter ▷ *vr* annoncer sa visite

Ansager, in (**-s, -**) *m(f)* (*Rundf, TV*) speaker(ine)

ansammeln ['anzaməln] *vt* (*Reichtümer*) accumuler, amasser ▷ *vr* (*Druck*) s'accumuler; (*Wut*) monter; (*Menschen*) se rassembler

Ansammlung *f* accumulation *f*, amas *m*; (*Leute*) rassemblement *m*, attroupement *m*

ansässig ['anzɛsıç] *adj* établi(e)

Ansatz ['anzats] *m* (*Beginn*) début *m*; (*Versuch*) tentative *f*; (*Haaransatz*) racine *f*; (*Halsansatz*) naissance *f*; (*Rostansatz, Kalkansatz*) dépôt *m*; (*Verlängerungsstück*) rallonge *f*; (*Veranschlagung*) évaluation *f*; **etw in ~ bringen** prévoir qch; **die ersten Ansätze zu etw** les premières amorces

de qch; **~punkt** *m* point *m* de départ; **~stück** *nt* (*Tech*) rallonge *f*, embout *m*

anschaffen ['anʃafən] *vt* acquérir, acheter; **sich** *Dat* **Kinder ~** (*umg*) faire des enfants

Anschaffung *f* acquisition *f*

anschalten ['anʃaltən] *vt* allumer

anschauen ['anʃauən] *vt* regarder

anschaulich *adj* vivant(e) ▷ *adv*: **etw ~ erklären** expliquer qch clairement

Anschauung *f* (*Meinung*) opinion *f*, idée *f*; **aus eigener ~** par expérience; **~smaterial** *nt* matériel *m* documentaire

Anschein ['anʃain] *m* apparence *f*; **dem ~ nach** apparemment; **allem ~ nach** selon toute apparence; **es hat den ~, dass ...** il semble que ...

anscheinend *adj* apparent(e) ▷ *adv* apparemment

anschieben ['anʃi:bən] *unreg vt* (*Fahrzeug*) pousser

Anschiss ['anʃıs] (*umg*) *m*: **einen ~ bekommen** se faire engueuler

Anschlag ['anʃla:k] *m* (*Bekanntmachung*) annonce *f*; (*Plakat*) affiche *f*; (*Attentat*) attentat *m*; (*Wirts*) devis *m*; (*auf Klavier*) toucher *m*; (*auf Schreibmaschine*) frappe *f*; **200 Anschläge in der Minute** = 40 mots/minute; **bis zum ~ aufdrehen** ouvrir à fond; **ein Gewehr im ~ haben** être prêt à tirer; **~brett** *nt* panneau *m* od tableau *m* d'affichage

anschlagen ['anʃla:gən] *unreg vt* (*Zettel*) afficher; (*beschädigen: Tasse*) ébrécher; (*Akkord*) frapper, plaquer; (*Kosten*) évaluer; (*stoßen*): **sich** *Dat* **den Kopf ~** se cogner la tête ▷ *vi* (*wirken*) être efficace; (*Hund*) aboyer; (*Sport*) servir; (*umg: dick machen*) faire grossir; **einen anderen Ton ~** changer de ton; **ein schnelleres Tempo ~** passer à la vitesse supérieure

anschlagfrei *adj*: **~er Drucker** imprimante *f* sans impact

Anschlagsäule *f* colonne *f* d'affichage *od* Morris

anschleppen ['anʃlɛpən] (*umg*) *vt* (*unerwünscht*) s'amener avec

anschließen ['anʃli:sən] *unreg vt* (*Gerät*) brancher; (*Sender*) relayer; (*Fahrrad etc*) enchaîner, cadenasser; (*folgen lassen, hinzufügen*) ajouter ▷ *vi*: **an etw** *Akk* **~** (*räumlich*) être contigu(ë) à qch; (*zeitlich*) suivre qch ▷ *vr*: **sich jdm ~** se joindre à qn; (*beipflichten*) se ranger à l'avis de qn

anschließend *adj* (*räumlich*) contigu(ë); (*zeitlich*) qui suit ▷ *adv* ensuite; **~ an** +*Akk* (tout de suite) après

Anschluss ['anʃlus] *m* (*Elek*) branchement *m*, raccordement *m*; (*von Wasser etc*) branchement; (*Eisenb, Flug*) correspondance *f*; (*Tel: Verbindung*) communication *f*; (: *Apparat*) ligne *f*; (*Comput*) connexion *f*; (*Pol*) annexion *f*; **im ~ an** +*Akk* (immédiatement) après; **~ finden** (*Kontakt*) se faire des amis; **~ bekommen** (*Tel*) avoir *od* obtenir la communication; **„kein ~ unter dieser Nummer"** "il n'y a pas d'abonné au numéro que vous avez demandé"; **den ~ verpassen** (*fig*) manquer le coche

anschmiegen ['anʃmi:gən] *vr*: **sich an jdn/etw ~**

se blottir contre qn/qch

anschmiegsam ['anʃmiːkzaːm] *adj* (*Mensch*) tendre, câlin(e); (*Stoff*) souple

anschmieren ['anʃmiːrən] *vt* barbouiller; (*umg*) mener en bateau; (: *betrügen*) rouler

anschnallen ['anʃnalən] *vt* (*Skier, Schlittschuh*) mettre; (*im Auto*) mettre la ceinture à ▷ *vr* attacher sa ceinture; „**bitte ~**" "attachez vos ceintures"

Anschnallpflicht *f*: **in Taxis ist jetzt ~** *le port de la ceinture (de sécurité) est devenu obligatoire dans les taxis*

anschnauzen ['anʃnautsən] (*umg*) *vt* engueuler

anschneiden ['anʃnaɪdən] *unreg vt* (*Brot, Wurst*) entamer; (*Kurve*) négocier; (*Thema, Problem*) aborder

Anschnitt ['anʃnɪt] *m* (*Schnittfläche von Brot, Wurst*) partie *f* coupée, coupe *f*; (*Stück*) entame *f*

anschreiben ['anʃraɪbən] *unreg vt* écrire, inscrire; (*an Behörde etc*) écrire à ▷ *vi* (*Kredit geben*) faire crédit; **können Sie es mir ~?** pouvez-vous le mettre sur mon compte?; **bei jdm gut angeschrieben sein** être dans les petits papiers de qn; **bei jdm schlecht angeschrieben sein** être mal vu(e) de qn

anschreien ['anʃraɪən] *unreg vt* crier après, apostropher

Anschrift ['anʃrɪft] *f* adresse *f*

Anschriftenliste *f* liste *f* d'adresses

Anschuldigung ['anʃʊldɪgʊŋ] *f* accusation *f*

anschwärzen ['anʃvɛrtsən] (*umg*) *vt* (*fig*) dénigrer

anschwellen ['anʃvɛlən] *unreg vi* (*Körperteil*) enfler, gonfler; (*Fluss*) être en crue, monter; (*Lärm*) s'enfler

anschwemmen ['anʃvɛmən] *vt* charrier

anschwindeln ['anʃvɪndəln] (*umg*) *vt* raconter des bobards à

ansehen ['anzeːən] *unreg vt* regarder; (**sich** *Dat*) **etw ~** (*besichtigen*) visiter qch; (*Fernsehsendung*) regarder qch; (*Film, Stück, Sportveranstaltung*) aller voir qch; **jdm etw ~** lire qch sur le visage de qn; **jdn/etw als etw ~** considérer qn/qch comme qch; **ich kann das nicht länger (mit) ~** je trouve ça insoutenable

Ansehen (**-s**) *nt* considération *f*; (*Ruf*) réputation *f*; **ohne ~ der Person** (*Jur*) sans acception de personne

ansehnlich ['anzeːnlɪç] *adj* (*Mensch*) de belle apparence *od* stature; (*Betrag*) considérable

anseilen ['anzaɪlən] *vt* encorder ▷ *vr* s'encorder

an sein ['anzaɪn] (*umg*) *unreg vi siehe* **an**

ansetzen ['anzɛtsən] *vt* (*Wagenheber*) mettre, placer; (*anlegen, an Mund etc*) mettre; (: *Trompete*) emboucher; (: *Glas*) porter à sa bouche; (*anfügen*) ajouter; (*Knospen, Frucht*) faire, produire; (*Blätter*) pousser, se couvrir de; (*Bowle*) faire macérer; (*Termin*) fixer; (*Kosten*) calculer ▷ *vi* (*beginnen*) commencer; (*Entwicklung*) s'amorcer ▷ *vr* (*Rost*) se former; (*Kalk*) se déposer; (**Fett**) **~** engraisser; **zu etw ~** commencer à faire qch; **jdn auf jdn ~** mettre qn sur la trace de qn; **jdn auf eine Aufgabe ~** affecter qn à une tâche

Ansicht ['anzɪçt] *f* (*sichtbarer Teil*) vue *f*; (*Meinung*) avis *m*, opinion *f*; (*Comput*) affichage *m*; **zur ~ à** l'examen; **meiner ~ nach** à mon avis

Ansichtskarte *f* carte *f* postale

Ansichtssache *f*: **das ist ~** c'est une affaire d'opinion

ansiedeln ['anziːdəln] *vt* établir; (*Tierart*) introduire ▷ *vr* s'établir, se fixer; (*Industrie etc*) s'implanter

Ansinnen ['anzɪnən] (**-s, -**) (*geh*) prétention *f*

ansonsten [an'zɔnstən] *adv* à part cela, par ailleurs

anspannen ['anʃpanən] *vt* (*Tiere, Wagen*) atteler; (*Muskel*) bander

Anspannung *f* tension *f*; **unter ~ aller Kräfte** de toutes ses forces

ansparen ['anʃpaːrən] *vt* économiser

Anspiel ['anʃpiːl] *nt* (*Spielbeginn*) commencement *m* du match

anspielen *vi* (*Sport*) ouvrir le jeu; **auf etw** *Akk* **~** faire allusion à qch

Anspielung *f*: **~ auf +**Akk allusion *f* à

Ansporn ['anʃpɔrn] (**-(e)s**) *m* stimulation *f*

anspornen *vt*: **jdn zu etw ~** pousser *od* inciter qn à qch

Ansprache ['anʃpraːxə] *f* allocution *f*

ansprechen ['anʃprɛçən] *unreg vt* (*reden mit*) adresser la parole à; (*belästigend*) importuner; (*gefallen*) plaire à; (*Kundenkreis, Öffentlichkeit*) s'adresser à; (*Thema*) aborder ▷ *vi* (*gefallen*) plaire; (*reagieren*) réagir; (*wirken*) faire de l'effet; **jdn mit Herr Professor ~** appeler qn professeur; **jdn um etw ~** (*geh*) demander qch à qn; **jdn auf etw** *Akk* (**hin**) **~** parler de qch à qn

ansprechend *adj* séduisant(e), charmant(e)

Ansprechpartner *m* interlocuteur *m*

anspringen ['anʃprɪŋən] *unreg vi* (*Aut*) démarrer ▷ *vt* (*subj: Tier*) bondir sur

Anspruch ['anʃprʊx] *m* (*Recht*) droit *m*; (*Forderung*) exigence *f*, revendication *f*; **den Ansprüchen gerecht werden** répondre aux exigences; **hohe Ansprüche stellen** *od* **haben** être très exigeant(e); **~ auf etw** *Akk* **haben** avoir droit à qch; **etw in ~ nehmen** avoir recours à qch; **das nimmt mich ganz in ~** ça me prend toute mon énergie

anspruchslos *adj* sans prétentions, modeste

anspruchsvoll *adj* exigeant(e), difficile; (*Musik, Lektüre*) difficile; (*Wirts: Ausstattung*) haut *unver* de gamme

anspucken ['anʃpʊkən] *vt* cracher sur

anstacheln ['anʃtaxəln] *vt* inciter, stimuler

Anstalt ['anʃtalt] (**-, -en**) *f* (*Schule, Heim, Gefängnis*) établissement *m*; (*Heilanstalt*) maison *f* de santé; **~en machen, etw zu tun** se préparer *od* s'apprêter à faire qch

Anstand ['anʃtant] *m* décence *f*; (*Manieren*) bonnes manières *fpl*; (**keinen**) **~ an etw nehmen** (*geh*) (ne pas) se formaliser de qch

anständig ['anʃtɛndɪç] *adj* (*Mensch, Benehmen*) honnête; (*Leistung, Arbeit*) satisfaisant(e), honnête; (*umg: groß, tüchtig*) gros(se); **A~keit** *f* honnêteté *f*; (*Güte*) caractère *m* satisfaisant

Anstands-: **~besuch** m visite f de courtoisie; **a~halber** ['anʃtantshalbər] adv pour la forme; **a~los** adv sans problème

anstarren ['anʃtarən] vt regarder fixement, fixer du regard

anstatt [an'ʃtat] präp+Gen au lieu de, à la place de ▷ konj: ~ **etw zu tun** au lieu de faire qch

anstauen ['anʃtauən] vr s'accumuler

anstechen ['anʃteçən] unreg vt (Blase, Reifen) crever; (Fass) mettre en perce

anstecken ['anʃtɛkən] vt (Abzeichen, Blume, Ring) mettre; (Med) contaminer, infecter; (Pfeife, Kerzen) allumer; (Haus) mettre le feu à ▷ vr: **ich habe mich bei ihm angesteckt** il m'a contaminé(e) ▷ vi être contagieux(-euse); **jdn mit seinem Lachen/Gähnen ~** communiquer son rire/son envie de bâiller à qn

ansteckend adj contagieux(-euse)

Anstecknadel f pins m

Ansteckung f contagion f

anstehen ['anʃteːən] unreg vi faire la queue; (Verhandlungspunkt) être à l'ordre du jour; **etw ~ lassen** remettre qch

ansteigen ['anʃtaigən] vi (Straße) monter; (Gelände) être en pente; (Temperatur, Preise) augmenter, monter

anstelle [an'ʃtɛlə], **an Stelle** präp+Gen à la place de; **~ von** à la place de

anstellen ['anʃtɛlən] vt (einschalten: Gerät) allumer; (Wasser) ouvrir; (anlehnen) poser, placer; (Arbeit geben) engager; (vornehmen: Experiment, Vergleiche, Nachforschungen) faire ▷ vr (Schlange stehen) faire la queue; (sich zieren) faire le(la) timide; (umg): **etwas ~** faire des bêtises; **sich dumm/geschickt ~** mal/bien s'y prendre

Anstellung f (Einstellung) engagement m; (Posten) emploi m, poste m; **~ auf Lebenszeit** statut m de titulaire; **eine feste ~ haben** avoir un emploi fixe

ansteuern ['anʃtoyərn] vt mettre le cap sur

Anstich ['anʃtiç] m (von Fass) mise f en perce

Anstieg ['anʃtiːk] (-(e)s, -e) m (von Berg, Straße) montée f, pente f; (Weg nach oben) chemin m (d'accès); (von Preisen, Temperatur) hausse f

anstiften ['anʃtiftən] vt (Unglück) provoquer; **jdn zu etw ~** pousser qn à qch

Anstifter, in (-s, -) m(f) instigateur(-trice) m/f

Anstiftung f incitation f

anstimmen ['anʃtimən] vt (Lied) entonner; (Geschrei) pousser

Anstoß ['anʃtoːs] m (Impuls) impulsion f; (Sport) coup m d'envoi; **der erste ~** l'impulsion initiale; **ein Stein des ~es** un sujet od une pomme de discorde; **~ erregen** se créer des ennuis; **~ nehmen an** +Dat être choqué(e) par od de; **a~en** unreg vt pousser ▷ vi (Sport) donner le coup d'envoi; (mit Gläsern) trinquer; (sich stoßen) se cogner; (mit der Zunge) zézayer; **an etw** Akk **a~en** (angrenzen) être attenant(e) à qch; **auf jds Wohl/ die Zukunft a~en** boire à la santé de qn/à notre etc avenir

anstößig ['anʃtøːsiç] adj choquant(e); **A~keit** f caractère m choquant, inconvenance f

anstrahlen ['anʃtraːlən] vt illuminer; (strahlend ansehen) regarder avec un grand sourire

anstreben ['anʃtreːbən] vt aspirer à

anstreichen ['anʃtraiçən] unreg vt peindre; (markieren) marquer

Anstreicher, in (-s, -) m(f) peintre m (en bâtiment)

anstrengen ['anʃtrɛŋən] vt (Augen, Person) fatiguer; (Jur: Prozess) intenter ▷ vr faire des efforts, se donner de la peine; **seinen Geist/sein Gedächtnis ~** faire un effort mental/de mémoire; **eine Klage ~** (Jur) porter plainte

anstrengend adj fatigant(e)

Anstrengung f effort m; (Strapaze) gros effort

Anstrich ['anʃtriç] m couche f de peinture; (fig: Note) apparence f

Ansturm ['anʃturm] m assaut m; (auf Ware) ruée f

Ansuchen ['anzuːxən] (-s, -) nt (förmlich) demande f, requête f

Antagonismus [antago'nismus] m antagonisme m

antanzen ['antantsən] (umg) vi s'amener, se pointer

Antarktis [ant'larktis] (-) f (Geog) Antarctique m

antarktisch adj (Geog) antarctique

antasten ['antastən] vt (berühren, angreifen) tâter, toucher; (Recht, Ehre) porter atteinte à

Anteil ['antail] (-s, -e) m (Teil) part f; (Mitgefühl) compassion f, sympathie f; (gew pl: Finanz, Wirts) action f; **~ an etw** Dat **nehmen** (sich beteiligen) participer à qch, prendre part à qch; (sich interessieren) s'intéresser à qch; **~ an etw** Dat **haben** (beitragen) contribuer à qch; (teilnehmen) participer à qch

anteilig adj proportionnel(le)

anteilmäßig adv (förmlich) proportionnellement

Anteilnahme (-) f (Mitleid) compassion f, sympathie f; (Teilnahme) participation f

Antenne [an'tɛnə] f antenne f; **eine/keine ~ für etw haben** (fig: umg) avoir/ne pas avoir le feeling pour qch

Anthologie [antolo'giː] f anthologie f

Anthrazit [antra'tsiːt] (-s, -e) m anthracite m

Anthropologie [antropolo'giː] (-) f anthropologie f

Anthroposophie [antropozo'fiː] (-) f anthroposophie f

Anti-: **~alkoholiker, in** m(f) personne f qui ne boit jamais d'alcool; **a~autoritär** adj non autoritaire; **~babypille** f pilule f anticonceptionnelle; **~biotikum** (-s, -biotika) nt antibiotique m

antik [an'tiːk] adj (Kulturen, Mythologie) antique, de l'Antiquité; (Möbel etc) ancien(ne)

Antike f antiquité f

Antikörper m anticorps m

Antillen [an'tilən] pl (Geog) Antilles fpl

Antilope [anti'loːpə] f antilope f

Antipathie [antipa'tiː] f antipathie f

antippen ['antipən] vt tapoter (sur); (Pedal, Bremse) appuyer légèrement sur; (fig: Thema) effleurer

Antiquariat [antikvari'aːt] (-(e)s, -e) *nt* librairie *f* d'occasion; **modernes** ~ livres *mpl* soldés
antiquarisch [anti'kvaːrɪʃ] *adj* d'occasion
antiquiert [anti'kviːrt] (*pej*) *adj* démodé(e), désuet(-ète)
Antiquitäten [antikvi'tɛːtən] *pl* antiquités *fpl*; **~handel** *m* commerce *m* d'antiquités; **~händler, in** *m(f)* antiquaire *m/f*
antiseptisch [anti'zɛptɪʃ] *adj* antiseptique
Antlitz ['antlɪts] (-es, -e) *nt* (*geh*) face *f*
Antrag ['antraːk] (-(e)s, Anträge) *m* (*Pol*) motion *f*; (*Gesuch*) requête *f*, demande *f*; (*Formular*) formulaire *m*; (*Heiratsantrag*) demande en mariage; **einen ~ auf etw** *Akk* **stellen** faire une demande de qch
Antragsformular *nt* formulaire *m* de demande
Antragsteller, in (-s, -) *m(f)* demandeur-(demanderesse)
antreffen ['antrɛfən] *unreg vt* trouver; **jdn bei der Arbeit/bei bester Laune** ~ trouver qn en plein travail/d'excellente humeur
antreiben ['antraɪbən] *unreg vt* pousser; (*Motor*) entraîner, faire marcher; (*fig*) entraîner ▷ *vi* échouer (sur le rivage); **jdn zur Eile/Arbeit** ~ exhorter qn à se dépêcher/à travailler
Antreiber (-s, -) (*pej*) *m* négrier *m*
antreten ['antreːtən] *unreg vt* (*Amt, Regierung, Stellung*) prendre; (*Erbschaft*) recueillir; (*Strafe*) commencer à purger; (*Beweis*) fournir; (*Reise, Urlaub*) partir en ▷ *vi* (*sich aufstellen*) s'aligner; (*Sport*) concourir; (*zum Dienst*) se présenter; **gegen jdn** ~ affronter qn
Antrieb ['antriːp] *m* impulsion *f*, stimulation *f*; (*Tech*) entraînement *m*; **aus eigenem** ~ de sa propre initiative
Antriebskraft *f* (*Tech*) force *f* motrice *od* d'entraînement
antrinken ['antrɪŋkən] *unreg vt* (*Flasche, Glas*) entamer; **sich** *Dat* **Mut/einen Rausch** ~ boire pour se donner du courage/se soûler; **angetrunken sein** être en état d'ébriété
Antritt ['antrɪt] *m* (*Beginn*) début *m*; (*eines Amtes*) entrée *f* en fonction
antun ['antuːn] *unreg vt*: **jdm etw** ~ faire qch à qn; **sich** *Dat* **etw** ~ (*verhüllend*) attenter à ses jours; **sich** *Dat* **Zwang** ~ se faire violence
Antwerpen [ant'vɛrpən] (-s) *nt* (*Geog*) Anvers
Antwort ['antvɔrt] (-, -en) *f* réponse *f*; **um ~ wird gebeten** répondez s'il vous plaît (R.S.V.P.)
antworten *vi* répondre; **jdm** ~ répondre à qn; **auf eine Frage** ~ répondre à une question
anvertrauen ['anfɛrtrauən] *vt*: **jdm etw** ~ confier qch à qn ▷ *vr*: **sich jdm** ~ se confier à qn
anvisieren ['anvizi:rən] *vt* (*fig*) envisager
anwachsen ['anvaksən] *unreg vi* s'accroître, augmenter; (*Pflanze*) prendre racine
anwählen ['anvɛːlən] *vt*: **eine Stadt direkt** ~ appeler une ville par l'automatique
Anwalt ['anvalt] (-(e)s, Anwälte) *m* avocat *m*; (*fig*) avocat, défenseur *m*
Anwältin *f* avocate *f*, femme *f* avocat
Anwaltsbüro *nt* cabinet *m* d'avocat

Anwaltschaft *f*: **die ~ für jdn übernehmen** assumer la défense de qn
Anwaltskammer *f* ≈ Conseil *m* de l'ordre des avocats
Anwaltskosten *pl* frais *mpl* de justice
Anwandlung ['anvandlʊŋ] *f* caprice *m*, passade *f*; **eine ~ von Furcht/Reue** une peur passagère/un remords passager
anwärmen ['anvɛrmən] *vt* chauffer légèrement
Anwärter, in ['anvɛrtər(ɪn)] *m(f)* candidat(e) *m/f*
anweisen ['anvaɪzən] *unreg vt* (*zuweisen*) assigner, attribuer; (*befehlen*) ordonner à; (*anleiten*) diriger; (*Finanz: überweisen*) virer
Anweisung *f* (*Zuweisung*) attribution *f*, assignation *f*; (*Befehl*) ordre *m*; (*Anleitung*) mode *m* d'emploi; (*Wirts: Zahlung*) paiement *m*; (*Postanweisung*) mandat *m*
anwendbar ['anvɛntbaːr] *adj* applicable
anwenden ['anvɛndən] *unreg vt* (*Gerät*) utiliser; (*Mittel, Therapie, Gewalt*) recourir à; (*Gesetz, Regel*): **etw auf etw** ~ appliquer qch à qch
Anwenderprogramm *nt* (*Comput*) programme *m* d'application
Anwendersoftware *f* logiciel *m* d'application
Anwendung *f* application *f*; (*Med: Therapie*) soins *mpl* hydrothérapiques; **~smöglichkeit** *f* application *f* possible
anwerben ['anvɛrbən] *vt* recruter
anwerfen ['anvɛrfən] *unreg vt* (*Tech*) lancer, mettre en marche
anwesend ['anveːzənt] *adj* présent(e); **die A~en** les personnes présentes
Anwesenheit *f* présence *f*
Anwesenheitsliste *f* liste *f* de présence
anwidern ['anviːdərn] *vt* dégoûter
Anwohner, in ['anvoːnər(ɪn)] (-s, -) *m(f)* riverain(e) *m/f*
Anzahl ['antsaːl] *f* (*Menge*) quantité *f*; (*Gesamtzahl*) nombre *m*
anzahlen *vt* (*Betrag*) payer; (*Gekauftes*) payer un acompte pour
Anzahlung *f* acompte *m*
anzapfen ['antsapfən] *vt* (*Fass*) mettre en perce; (*Baum*) gemmer; (*Tel*) mettre sur écoute; (*umg*): **ich habe ihn um 200 Euro angezapft** je l'ai tapé de 200 euros
Anzeichen ['antsaɪçən] *nt* signe *m*, indice *m*
Anzeige ['antsaɪgə] *f* (*Zeitungsanzeige*) annonce *f*; (*Werbung*) publicité *f*; (*Messgerät*) affichage *m*; (*bei Polizei*) dénonciation *f*; **~ gegen jdn erstatten** dénoncer qn
anzeigen *vt* (*Zeit*) indiquer; (*Geburt*) faire part de; (*bei Polizei*) dénoncer
Anzeigenteil *m* (rubrique *f* des) annonces *fpl*
Anzeigenwerbung *f* publicité *f* dans la presse
anzeigepflichtig *adj* dont la déclaration est obligatoire
Anzeiger *m* (*Tech*) indicateur *m*; (*Zeitung*) gazette *f*
anzetteln ['antsɛtəln] (*umg*) *vt* tramer, manigancer
anziehen ['antsiːən] *unreg vt* (*Kleidung*) mettre; (*Kind, Puppe*) habiller; (*anlocken*) attirer; (*Schraube,*

Handbremse) serrer; *(Seil)* tirer (sur); *(Knie, Beine)* plier; *(Feuchtigkeit)* absorber ▷ *vr* s'habiller ▷ *vi* *(Preise, Aktien)* monter, être en hausse; *(Aut)* accélérer; *(sich nähern)* s'approcher; *(Mil)* avancer
anziehend *adj* attirant(e), attrayant(e)
Anziehung *f (Reiz)* attrait *m*, charme *m*
Anziehungskraft *f* attirance *f*; *(Phys)* force *f* d'attraction
Anzug ['antsu:k] *m (Hose und Jacke)* costume *m*; *(Gefahr etc)*: **im ~ sein** menacer
anzüglich ['antsy:klıç] *adj (Bemerkung)* désobligeant(e); *(Witz)* de mauvais goût; **A~keit** *f* caractère *m* désobligeant; *(Bemerkung)* allusion *f* désobligeante
anzünden ['antsyndən] *vt (Feuer, Zigarette)* allumer; *(Haus)* mettre le feu à
Anzünder *m* allume-gaz *m inv*
anzweifeln ['antsvaıfəln] *vt* mettre en doute
AOK (-) *f abk* = **Allgemeine Ortskrankenkasse**
Aorta [a'ɔrta] (-, **Aorten**) *f (Med)* aorte *f*
APA *f abk (= Austria Presse Agentur) agence de presse autrichienne*
apart [a'part] *adj (reizvoll)* chic *inv*; *(: Gesicht)* extraordinaire
Apartheid [a'pa:rthaıt] *f* apartheid *m*
Apartment [a'partmənt] (**-s, -s**) *nt* appartement *m*
Apathie [apa'ti:] *f* apathie *f*
apathisch [a'pa:tıʃ] *adj* apathique
Apennin [apɛ'ni:n] (**-s, -en**) *m*, **Apenninen** *(Geog)* Apennins *mpl*
Aperitif [aperi'ti:f] (**-s, -s**) *m* apéritif *m*
Apfel ['apfəl] (**-s, -̈**) *m* pomme *f*; **in den sauren ~ beißen** *(umg)* avaler la pilule; **etw für einen ~ und ein Ei kaufen** *(umg)* acheter qch pour une bouchée de pain; **~mus** *nt* purée *f* de pommes; **~saft** *m* jus *m* de pommes
Apfelsine [apfəl'zi:nə] *f* orange *f*
Apfeltasche *f* chausson *m* aux pommes
Apfelwein *m* cidre *m*
apl. *abk* = **außerplanmäßig**
APO, Apo ['a:po] (-) *f abk (= außerparlamentarische Opposition)* opposition extraparlementaire
apolitisch ['apoli:tıʃ] *adj (geh)* apolitique
Apostel [a'pɔstəl] (**-s, -**) *m* apôtre *m*
Apostroph [apo'stro:f] (**-s, -e**) *m* apostrophe *f*
Apotheke [apo'te:kə] *f* pharmacie *f*
apothekenpflichtig *adj* vendu(e) (uniquement) en pharmacie
Apotheker, in (**-s, -**) *m(f)* pharmacien(ne) *m/f*
Appalachen [apa'laxən] *pl (Geog)* Appalaches *mpl*
Apparat [apa'ra:t] (**-(e)s, -e**) *m* appareil *m*; *(Fotoapparat)* appareil-photo *m*; *(Fernsehapparat, Radioapparat)* poste *m*; **am ~!** *(Tel: als Antwort)* c'est moi; **bleiben Sie am ~!** ne quittez pas!; **wer ist am ~?** *(Tel)* qui est à l'appareil?
Apparatur [apara'tu:r] *f* appareillage *m*
Appartement [apart(ə)'mã:] (**-s, -s**) *nt* appartement *m*
Appell [a'pɛl] (**-s, -e**) *m (Mil)* appel *m*; *(fig)*: **~ (an +Akk)** appel (à); **zum ~ antreten** se présenter à l'appel
appellieren [apɛ'li:rən] *vi*: **~ an +Akk** faire appel à,

en appeler à
Appetit [ape'ti:t] (**-(e)s, -e**) *m* appétit *m*; **~ auf etw Akk haben** avoir envie de (manger) qch; **guten ~!** bon appétit!; **~happen** *m* amuse-gueule *m inv (umg)*; **a~lich** *adj* appétissant(e); **~losigkeit** *f* manque *m* d'appétit
Applaus [ap'laʊs] (**-es, -e**) *m* applaudissements *mpl*
Appretur [apre'tu:r] *f (von Textilien)* apprêt *m*
approbiert [apro'bi:rt] *adj (Arzt)* diplômé(e)
Apr. *abk* = **April**
Après-Ski [aprɛ'ʃi:] (-) *nt (Kleidung)* vêtements confortables que l'on porte aux sports d'hiver, lorsqu'on ne skie pas
Aprikose [apri'ko:zə] *f* abricot *m*
April [a'prıl] (**-(s), -e**) *m* avril *m*; **jdn in den ~ schicken** faire un poisson d'avril à qn; „**~! ~!**" poisson d'avril!; *siehe auch* **September**; **~scherz** *m* poisson *m* d'avril
apropos [apro'po:] *adv* à propos
Aquaplaning [akva'pla:nıŋ] (**-(s)**) *nt* aquaplaning *m*
Aquarell [akva'rɛl] (**-s, -e**) *nt* aquarelle *f*
Aquarium [a'kva:riʊm] (**-s, Aquarien**) *nt* aquarium *m*
Äquator [ɛ'kva:tɔr] *m* équateur *m*
Äquivalent [ɛkviva'lent] (**-(e)s, -e**) *nt* équivalent *m*
Ar [a:r] (**-s, -e**) *nt od m (Maß)* are *m*
Ära ['ɛ:ra] (-, **Ären**) *f* ère *f*
Araber, in [a:'rabər(ın)] (**-s, -**) *m(f) (Geog)* Arabe *m/f*
Arabien [a'ra:biən] (**-s**) *nt (Geog)* l'Arabie *f*
Arabisch *nt (Ling)* arabe *m*
arabisch *adj (Geog)* arabe; **A~er Golf** golfe *m* Persique; **~e Wüste** désert *m* d'Arabie
Arbeit ['arbaıt] (**-, -en**) *f* travail *m*; *(Stelle)* emploi *m*; *(Klassenarbeit)* devoir *m*, interrogation *f*; **etw in ~ haben** être en train de faire qch; **etw in ~ geben** commander qch; **nur halbe ~ machen** faire les choses à moitié; **Tag der ~** fête *f* du Travail; **sich Akk an die ~ machen, an die ~ gehen** se mettre au travail; **jdm ~ machen** *(Mühe)* donner beaucoup de travail à qn
arbeiten *vi* travailler; *(funktionieren)* fonctionner ▷ *vt (herstellen)* faire ▷ *vr*: **sich nach oben** *od* **an die Spitze ~** *(fig)* s'élever à la force du poignet; **an etw Dat ~** travailler à qch; **gegen etw ~** lutter contre qch
Arbeiter, in (**-s, -**) *m(f)* travailleur(-euse); *(ungelernt)* ouvrier(-ière); **~familie** *f* famille *f* d'ouvriers; **~mitbestimmung** *f* participation *f* ouvrière; **~schaft** *f* ouvriers *mpl*; **~-und-Bauern-Staat** *m (ehemals DDR)* Etat *m* ouvrier et paysan; **~wohlfahrt** *f* association *f* de solidarité ouvrière
Arbeit-: **~geber, in** (**-s, -**) *m(f)* employeur(-euse) *m/f*; **~nehmer, in** (**-s, -**) *m(f)* salarié(e) *m/f*; **a~sam** *adj* travailleur(-euse)
Arbeits-: **~amt** *nt* ≈ Agence *f* nationale pour l'emploi; **~auffassung** *f* conscience *f* professionnelle; **~aufwand** *m* travail *m*; **~bedingungen** *pl* conditions *fpl* de travail; **~beschaffung** *f* création *f* d'emplois; **~erlaubnis** *f* permis *m* de travail; **a~fähig** *adj* apte au travail; **a~frei** *adj* chômé(e); **~gang** *m* phase *f*, opération

f; **~gemeinschaft** f groupe m de travail, équipe f;
~gericht nt conseil m de prud'hommes;
a~intensiv adj qui fait appel à une main-
d'œuvre abondante, intensif(-ive) en main-
d'œuvre; **~konflikt** m conflit m du travail; **~kraft**
f énergie f; **Arbeitskräfte** pl (Mitarbeiter) main-
d'œuvre f; **a~los** adj au chômage, sans emploi;
~lose, r f(m) chômeur(-euse) m/f; **~losengeld** nt
allocation f (de) chômage; **~losenhilfe** f
≈ allocation f de fin de droits;
~losenversicherung f assurance f chômage;
~losigkeit f chômage m; **~markt** m marché m du
travail; **~moral** f attitude f envers le travail;
(Arbeitsklima) ambiance f de travail;
~niederlegung f débrayage m; **~platte** f (in
Küche) plan m de travail; **~platz** m lieu m de
travail; (Stelle) emploi m; **~recht** nt droit m du
travail; **a~scheu** adj fainéant(e); **~schutz** m
mesures de protection des travailleurs; **~suche** f: auf
~suche sein chercher du travail, être à la
recherche d'un emploi; **~tag** m journée f de
travail; **~teilung** f division f od répartition f du
travail; **~tier** (umg) nt (fig) bourreau m de travail;
a~unfähig adj inapte au travail; **~unfall** m
accident m du travail; **~verhältnis** nt contrat m
de travail; **~vermittlung** f (Amt) ≈ Agence f
nationale pour l'emploi; (privat) agence od
bureau m de placement; **~vertrag** m contrat m
de travail; **~wut** f (hum): **von einer wahren
~wut gepackt sein** travailler comme un(e) fou
(folle), **~zeit** f temps m od heures fpl de travail;
~zeitverkürzung f réduction f du temps de
travail; **~zeugnis** nt certificat m de travail;
~zimmer nt cabinet m de travail, bureau m
Archäologe, -in [arçeo'lo:gə] (-n, -n) m(f)
archéologue m/f
Arche ['arçə] f: **die ~ Noah** l'arche f de Noé
Architekt, in [arçi'tɛkt(ın)] (-en, -en) m(f)
architecte m/f
architektonisch [arçitɛk'to:nıʃ] adj
architectural(e)
Architektur [arçitɛk'tu:r] f architecture f
Archiv [ar'çi:f] (-s, -e) nt archives fpl
ARD f abk (= Arbeitsgemeinschaft der öffentlich-
rechtlichen Rundfunkanstalten der Bundesrepublik
Deutschland) association des radios publiques allemandes
Areal [are'a:l] (-s, -e) nt terrain m
Arena [a're:na] (-, **Arenen**) f arène f
arg [ark] adj (heftig: Enttäuschung, Kopfschmerzen)
terrible, gros(se) ▷ adv terriblement, très; **etw
liegt im A~en** qch est sens dessus dessous
Argentinien [argen'ti:niən] (-s) nt l'Argentine f
Argentinier, in (-s, -) m(f) (Geog) Argentin(e) m/f
argentinisch [argɛn'ti:nıʃ] adj (Geog) argentin(e)
Ärger ['ɛrgər] (-s) m (Wut) colère f;
(Unannehmlichkeit) ennuis mpl; **~ haben (mit)**
avoir des ennuis (avec); **~ bekommen** s'attirer
des ennuis; **jdm ~ machen** od **bereiten** donner
du fil à retordre à qn; **ärgerlich** adj (zornig) en
colère, furieux(-euse); (lästig) fâcheux(-euse),
ennuyeux(-euse)
ärgern vt fâcher, contrarier ▷ vr se fâcher,

s'énerver; **sich schwarz** od **grün und blau ~** être
fou (folle) furieux(-euse)
Ärgernis (-ses, -se) nt contrariété f; (Anstoß)
scandale m; **öffentliches ~ erregen** commettre
un outrage aux bonnes mœurs
arg-: **~listig** adj perfide; **~listige Täuschung**
fraude f; **~los** adj innocent(e); **A~losigkeit** f
innocence f
Argument [argu'mɛnt] nt argument m
argumentieren [argumɛn'ti:rən] vi argumenter
Argusauge ['argʊslaʊgə] nt (geh): **mit ~n** avec des
yeux d'aigle
Argwohn m soupçons mpl, méfiance f
argwöhnisch adj soupçonneux(-euse),
méfiant(e)
Arie ['a:riə] f air m, aria f
Aristokrat, in [arısto'kra:t(ın)] (-en, -en) m(f)
aristocrate m/f
Aristokratie [arıstokra:'ti:] f aristocratie f
aristokratisch adj aristocratique
arithmetisch [arıt'me:tıʃ] adj arithmétique; **~es
Mittel** moyenne f arithmétique
Arkade [ar'ka:də] f (Bogengang: gew pl) arcade f
Arktis ['arktıs] (-) f (Geog) Arctique m
arktisch adj (Geog) arctique
Arm (-(e)s, -e) m bras m; (von Leuchter) branche f;
(von Polyp) tentacule m; **jdn auf den ~ nehmen**
(hum: umg) mener qn en bateau; **jdm unter die
~e greifen** (fig) donner un coup de main à qn;
einen langen/den längeren ~ haben jouer un
rôle déterminant/prépondérant; **~ in ~** bras
dessus, bras dessous; **jdm in die ~e laufen**
tomber sur qn
arm [arm] adj pauvre; **~ an etw sein** être pauvre
en qch; **~ dran sein** (umg) être à plaindre
Armatur [arma'tu:r] f (Elek) induit m
Armaturenbrett nt (Aut) tableau m de bord
Armband nt bracelet m; **~uhr** f
montre(-bracelet) f
Armbinde f (als Kennzeichen) brassard m
Arme, r f(m) pauvre m/f; **die ~n** les pauvres
Armee [ar'me:] f armée f; **~korps** nt corps m
d'armée
Ärmel ['ɛrməl] (-s, -) m manche f; **etw aus dem ~
schütteln** (fig) faire qch en un tour de main
Ärmelkanal (-s) m (Geog) Manche f
Armenien [ar'me:niən] (-s) nt (Geog) l'Arménie f
Armenier, in (-s, -) m(f) (Geog) Arménien(ne) m/f
armenisch adj (Geog) arménien(ne)
Armlehne f accoudoir m
Armleuchter (pej: umg) m (Dummkopf) manche f
ärmlich ['ɛrmlıç] adj pauvre; **aus ~en
Verhältnissen** issu(e) d'un milieu très modeste
Armreif m bracelet m
armselig adj misérable; (schlecht: Leistung)
minable
Armut ['armu:t] (-) f pauvreté f
Armutszeugnis nt (fig): **jdm ein ~ ausstellen**
montrer l'incompétence de qn; **sich ein ~
ausstellen** se révéler incapable
Aroma [a'ro:ma] (-s, **Aromen**) nt arôme m
aromatisch [aro'ma:tıʃ] adj aromatique

arrangieren [arãˈʒiːrən] vt (Fest, Treffen, Reise) organiser ▷ vr s'arranger

Arrest [aˈrɛst] (-(e)s, -e) m (Mil) arrêts mpl; (Sch) retenue f

arretieren [areˈtiːrən] vt (Tech) bloquer

arriviert [ariˈviːrt] (pej) adj parvenu(e)

arrogant [aroˈgant] adj arrogant(e)

Arroganz f arrogance f

Arsch [arʃ] (-es, ⸚e) (umg!) m cul m (umg!); **leck mich am** ~! (lass mich in Ruhe) fous-moi la paix!; **~kriecher** (umg!) nt lèche-cul m inv (umg!); **~loch** (umg!) nt (Mensch) connard m (umg!)

Arsen [arˈzeːn] (-s) nt arsenic m

Art [aːrt] (-, -en) f (Weise) manière f, façon f; (Sorte) sorte f; (Wesen) caractère m, nature f; (Biol) espèce f; **auf meine** ~ à ma façon; **Häuser aller** ~ toutes sortes de maisons; **es ist nicht seine** ~, **das zu tun** cela ne lui ressemble pas; **Sauerkraut nach** ~ **des Hauses** (Koch) choucroute maison; **einzig in seiner** ~ **sein** être unique en son genre; **auf diese** ~ **(und Weise)** de cette manière; **das ist doch keine** ~! en voilà des façons!; **aus der** ~ **schlagen** ne pas ressembler aux autres membres de sa famille

arten vi: **nach jdm** ~ (geh) tenir de qn; **der Mensch ist so geartet, dass ...** l'homme est ainsi fait que ...

Arterie [arˈteːriə] f artère f

Arterienverkalkung f artériosclérose f

Artgenosse [ˈaːrtgənɔsə] m congénère m

Arthritis [arˈtriːtɪs] (-, -ritiden) f (Med) arthrite f

Arthrose [arˈtroːzə] f (Med) arthrose f

artig [ˈaːrtɪç] adj (folgsam) sage

Artikel [arˈtiːkəl] (-s, -) m article m

Artillerie [artɪləˈriː] f artillerie f

Artischocke [artiˈʃɔkə] f artichaut m

Artist, in [arˈtɪst(ɪn)] (-en, -en) m(f) artiste m/f de cirque, acrobate m/f

Artistik [arˈtɪstɪk] (-) f (Zirkusartistik, Varietékunst) agilité f; **das ist bloße** ~ c'est dénué de substance

Arznei [aːrtsˈnaɪ] f, **Arzneimittel** nt médicament m

Arzt [aːrtst] (-es, ⸚e) m médecin m; **praktischer** ~ généraliste m

Ärztekammer f ≈ ordre des médecins

Arzthelferin f assistante f médicale

Ärztin f (femme f) médecin m

ärztlich [ˈɛːrtstlɪç] adj médical(e)

Arztpraxis f cabinet m médical

Arztrechnung f note f d'honoraires (de médecin)

As [as] (-ses, -se) nt (Mus) la m bémol; siehe auch **Ass**

Asbest [asˈbɛst] (-(e)s, -e) m amiante m

Asche [ˈaʃə] f cendre f

Aschen-: **~bahn** f (Sport) cendrée f; **~becher** m cendrier m; **~brödel** (-s, -), **Aschenputtel** (-s, -) nt Cendrillon f

Aschermittwoch m mercredi m des Cendres

Aserbaidschan [azɛrbaɪˈdʒaːn], **Aserbeidschan** nt l'Azerbaïdjan m

Asiat, in [aziˈaːt(ɪn)] (-en, -en) m(f) Asiatique m/f

asiatisch adj asiatique

Asien [ˈaːziən] (-s) nt l'Asie f

asozial [ˈazotsiaːl] (pej) adj asocial(e); (Familie) socialement inadapté(e)

Asoziale, r (pej) f(m) marginal(e); (pl: Elemente) éléments mpl asociaux

Aspekt [asˈpɛkt] (-(e)s, -e) m aspect m

Asphalt [asˈfalt] (-s, -e) m asphalte m, goudron m

asphaltieren [asfalˈtiːrən] vt asphalter, goudronner

Asphaltstraße f route f goudronnée

Aspik [asˈpiːk] (-s, -e) m (Koch) aspic m

aß etc [aːs] vb siehe **essen**

Ass [as] (-es, -e) nt (Karte, fig: Mensch) as m

Ass. abk = **Assessor**

Assemblersprache [əˈsɛmblərʃpraːxə] f (Comput) langage m d'assemblage

Assessor, in [aˈsɛsɔr(ɪn)] (-s, -en) m(f) fonctionnaire en début de carrière

Assistent, in [asɪsˈtɛnt(ɪn)] m(f) assistant(e) m/f

Assistenzarzt [asɪsˈtɛntsaːrtst] m ≈ médecin m des hôpitaux

Assoziation [asotsiatsiˈoːn] f association f

assoziieren [asotsiˈiːrən] vt (geh) associer

Ast [ast] (-(e)s, ⸚e) m branche f; **sich Dat einen** ~ **lachen** (umg) se tordre de rire; **auf dem absteigenden** ~ **sein** être sur une mauvaise pente

AStA [ˈasta] (-(s), -(s)) m abk (= Allgemeiner Studentenausschuss) association nationale des étudiants allemands

Aster [ˈastər] (-, -n) f (Bot) aster m

ästhetisch [ɛsˈteːtɪʃ] adj esthétique

Asthma [ˈastma] (-s) nt (Med) asthme m

Asthmatiker, in [astˈmaːtikər(ɪn)] (-s, -) m(f) asthmatique m/f

astrein [ˈastraɪn] (umg) adj (fig: moralisch einwandfrei) correct(e); (: echt) véritable; (prima) super unver

Astrologe, -in [astroˈloːgə] (-n, -n) m(f) astrologue m

Astrologie [astroloˈgiː] f astrologie f

Astronaut, in [astroˈnaʊt(ɪn)] (-en, -en) m(f) astronaute m/f

Astronautik f astronautique f

Astronom, in [astroˈnoːm(ɪn)] (-en, -en) m(f) astronome m/f

Astronomie [astronoˈmiː] f astronomie f

ASU abk (= Arbeitsgemeinschaft Selbstständiger Unternehmer) association de petits commerçants; (= Abgassonderuntersuchung) contrôle annuel du niveau de pollution des véhicules automobiles

Asyl [aˈzyːl] (-s, -e) nt asile m; (Heim) hospice m; (Obdachlosenasyl) refuge m pour les sans-abri; **jdm politisches** ~ **gewähren** accorder l'asile politique à qn; **um** ~ **bitten** demander l'asile politique

Asylant, in [azyˈlant(ɪn)] (-en, -en), **Asylbewerber, in** m(f) demandeur(-euse) m/f d'asile

Asylrecht nt (Pol) droit m d'asile

A. T. abk (= Altes Testament) Ancien Testament m

Atelier [atəli'e:] (**-s, -s**) *nt* (*für Künstler*) atelier *m*; (*für Filmaufnahmen*) studio *m*

Atem ['a:təm] (**-s**) *m* (*Luft*) haleine *f*, souffle *m*; (*Atmen*) respiration *f*; **~ holen** *od* **schöpfen** reprendre son souffle; **den ~ anhalten** retenir sa respiration; **außer ~** hors d'haleine; **jdn in ~ halten** (*fig*) tenir qn en haleine; **jdm den ~ verschlagen** couper le souffle à qn; **einen langen/den längeren ~ haben** faire preuve d'endurance/de plus d'endurance; **a~beraubend** *adj* (*Spannung*) à vous couper le souffle, incroyable; (*Tempo*) vertigineux(-euse); (*Schönheit*) époustouflant(e); **a~los** *adj* (*Mensch*) hors d'haleine; (*Stille*) tendu(e); (*Tempo*) fulgurant(e); **~not** *f* étouffement *m*, dyspnée *f* (*Med*); **~pause** *f* temps *m* d'arrêt, pause *f*; **~wege** *pl* (*Anat*) voies *fpl* respiratoires; **~zug** *m* souffle *m*; **in einem ~zug** (*fig*) en même temps

Atheismus [ate'ɪsmʊs] *m* athéisme *m*

Atheist, in *m(f)* athée *m/f*; **a~isch** *adj* athée

Athen [a'te:n] (**-s**) *nt* Athènes *f*

athenisch *adj* athénien(ne)

Äther ['ɛːtər] (**-s, -**) *m* éther *m*

Äthiopien [ɛti'o:piən] (**-s**) *nt* l'Éthiopie *f*

Äthiopier, in (**-s, -**) *m(f)* Éthiopien(ne) *m/f*

äthiopisch *adj* éthiopien(ne)

Athlet, in [at'le:t(ɪn)] (**-en, -en**) *m(f)* athlète *m/f*

Athletik *f* athlétisme *m*

Atlantik [at'lantɪk] (**-s**) *m* Atlantique *m*

atlantisch *adj* (*Geog*) atlantique; **der A~e Ozean** l'océan *m* Atlantique

Atlas ['atlas] (**-ses, Atlanten**) *m* atlas *m*; **~gebirge** *nt* (*Geog*) Atlas *m*

atmen ['a:tmən] *vi* respirer

Atmosphäre [atmo'sfɛ:rə] *f* (*von Erde, Tech*) atmosphère *f*; (*Stimmung*) ambiance *f*, atmosphère

atmosphärisch *adj* atmosphérique

Atmung ['a:tmʊŋ] *f* respiration *f*

atmungsaktiv *adj* (*Stoff*) qui respire

Ätna ['ɛːtna] (**-s**) *m* (*Geog*) Etna *m*

Atom [a'to:m] (**-s, -e**) *nt* atome *m*; **~abfall** *m* déchets *mpl* radioactifs

atomar [ato'ma:r] *adj* nucléaire

Atom-: **~bombe** *f* bombe *f* atomique; **~bunker** *m* abri *m* anti-atomique; **~energie** *f* énergie *f* nucléaire; **~kern** *m* noyau *m* de l'atome; **~kernforschung** *f* recherche *f* nucléaire; **~kraftgegner, in** *m(f)* antinucléaire *m/f*; **~kraftwerk** *nt* centrale *f* nucléaire; **~krieg** *m* guerre *f* atomique; **~lobby** *f* lobby *m* nucléaire; **~macht** *f* puissance *f* nucléaire; **~meiler** *m* réacteur *m* nucléaire; **~müll** *m* déchets *mpl* radioactifs; **~physik** *f* physique *f* nucléaire; **~pilz** *m* champignon *m* atomique; **~reaktor** *m* réacteur *m* nucléaire; **~sperrvertrag** *m* (*Pol*) traité *m* de non-prolifération des armes nucléaires; **~sprengkopf** *m* ogive *f* nucléaire; **~stopp** *m* (*Pol*) arrêt *des essais nucléaires*; **~strom** *m* électricité *f* provenant d'une centrale nucléaire; **~testgelände** *nt* site *m* d'essais nucléaires; **~versuch** *m* essai *m* nucléaire; **~waffen** *pl* armes

fpl nucléaires; **a~waffenfrei** *adj* dénucléarisé(e); **~wirtschaft** *f* industrie *f* nucléaire; **~zeitalter** *nt* ère *f* atomique

Attaché [ata'ʃe:] (**-s, -s**) *m* attaché *m*

Attacke [a'takə] *f* (*Angriff*) attaque *f*

Attentat [atɛn'ta:t] (**-(e)s, -e**) *nt* attentat *m*

Attentäter, in [atɛn'tɛːtər(ɪn)] *m(f)* auteur *m* d'un attentat

Attest [a'tɛst] (**-(e)s, -e**) *nt* attestation *f*, certificat *m*

Attraktion [atraktsi'o:n] *f* (*Tourismus, Zirkus*) attraction *f*; (*Reiz*) attrait *m*, charme *m*

attraktiv [atrak'ti:f] *adj* (*Mensch*) séduisant(e); (*Angebot, Beruf*) attrayant(e), intéressant(e)

Attrappe [a'trapə] *f* objet *m* factice, imitation *f*

Attribut [atri'bu:t] (**-(e)s, -e**) *nt* (*Gram*) modificatif *m*

ätzen ['ɛtsən] *vi* être caustique *od* corrosif

ätzend *adj* (*Säure*) corrosif(-ive), caustique; (*Geruch*) âcre; (*Spott*) caustique; (*umg*) incroyable

au [aʊ] *interj* aïe

 SCHLÜSSELWORT

auch [aʊx] *adv* **1** (*ebenfalls*) aussi; **das ist auch schön** c'est joli aussi; **er kommt — ich auch** il va venir — moi aussi; **nicht nur ..., sondern auch ...** non seulement ..., mais aussi ...; **auch nicht** pas non plus; **ich auch nicht** moi non plus; **das habe ich auch vergessen** ça aussi, je l'ai oublié; **oder auch** ou encore; **auch das noch!** il ne manquait plus que ça!

2 (*selbst, sogar*) même; **auch wenn das Wetter schlecht ist** même s'il fait mauvais temps; **ohne auch nur zu fragen** sans même demander

3 (*wirklich*): **du siehst müde aus — bin ich auch** tu as l'air fatigué — je le suis; **so sieht es auch aus** ça se voit

4 (*auch immer*): **wer auch (immer) kommt, wird herzlich empfangen** nous accueillons à bras ouverts tous ceux qui viennent; **was auch geschehen mag** quoi qu'il arrive; **wo auch immer sie auftrat, waren die Säle ausverkauft** où qu'elle allât, elle faisait toujours salle pleine; **wie dem auch sei** quoi qu'il en soit; **wie sehr er sich auch bemühte, es ging alles schief** malgré tous ses efforts, tout est allé de travers

Audienz [aʊdi'ɛnts] (**-, -en**) *f* audience *f*

Audimax [aʊdi'maks] (**-**) (*umg*) *nt* (*Univ*) grand amphi *m*

audiovisuell [aʊdiovizu'ɛl] *adj* audiovisuel(le)

Auditorium [aʊdi'to:riʊm] *nt* (*Hörsaal*) amphithéâtre *m*; (*geh: Zuhörerschaft*) auditoire *m*

 SCHLÜSSELWORT

auf [aʊf] *präp* +*Dat* **1** (*wo?*) sur; **auf dem Tisch** sur la table; **auf der Post** à la poste; **auf der Straße** dans la rue; **auf dem Land** à la campagne; **auf der ganzen Welt** dans le monde entier; **was hat**

es damit auf sich? de quoi s'agit-il?
2 (*während*): **auf der Reise/dem Heimweg**
pendant le voyage/voyage de retour; **auf der
Fete ein Lied singen** chanter une chanson lors
de la fête
▷ *präp+Akk* **1** (*wohin?*) sur; **auf den Tisch** sur la
table; **auf die Post gehen** aller à la poste; **auf
die Schule gehen** aller à l'école; **aufs Land
ziehen** aller habiter à la campagne; **etw auf
einen Zettel schreiben** écrire qch sur un billet;
auf den Boden fallen tomber par terre
2 (*mit Zeit- und Maßangaben*): **auf Lebenszeit** à vie;
auf 2 Jahre pour 2 ans; **auf die Sekunde genau**
à la seconde près; **jdn auf eine Tasse Kaffee/
eine Zigarette(nlänge) einladen** inviter qn à
boire un café/fumer une cigarette; **jdn auf 10
Uhr zu sich bestellen** faire venir qn pour *od* à
10 heures
3 (*als Reaktion*): **auf seinen Vorschlag (hin)**
suivant son conseil; **auf meinen Brief/meine
Bitte hin** en réponse à ma lettre/demande
4: auf Deutsch en allemand; **bis auf ihn** sauf *od*
à part lui; **auf einmal** (*plötzlich*) tout à coup;
zwei auf einmal deux à la fois; **auf unseren
lieben Onkel Albert!** buvons à la santé de notre
cher oncle Albert!; **die Nacht (von Montag) auf
Dienstag** la nuit de lundi à mardi; **es geht auf
Weihnachten** Noël approche; **auf einen
Polizisten kommen 1.000 Bürger** il y a un
agent de police pour 1000 habitants
▷ *adv* **1** (*offen*): **auf sein** (*Tür, Geschäft etc*) être
ouvert(e); **das Fenster ist auf** la fenêtre est
ouverte; **Augen auf!** ouvre(z) l'œil!
2 (*aufgestanden*): **auf sein** (*Mensch*) être debout;
ist er schon auf? il est déjà levé?
3: auf und ab gehen faire les cent pas; **auf und
davon gehen** partir; **auf!** (*los!*) allons!; **auf nach
Rom!** si on allait à Rome?, on part pour Rome!
▷ *konj*: **auf dass** (pour) que; **auf dass wir nie
vergessen, wem wir dies zu verdanken haben!**
n'oublions jamais à qui nous en sommes
redevables!

aufarbeiten ['aʊfˌarbaɪtən] *vt* (*Korrespondenz etc*)
mettre à jour; (*Möbel*) restaurer
aufatmen ['aʊfˌaːtmən] *vi* pousser un soupir de
soulagement, respirer
aufbahren ['aʊfbaːrən] *vt* exposer
Aufbau ['aʊfbaʊ] *m* (*Bauen*) construction *f*; (*kein pl*:
Gliederung, Struktur) structure *f*; (: *Schaffung*)
création *f*; (*Aut*) carrosserie *f*
aufbauen ['aʊfbaʊən] *vt* (*Zelt, Maschine, Gerüst*)
monter; (*Stadt*) reconstruire; (*Vortrag, Aufsatz*)
structurer; (*Gruppe*) fonder; (*Sportler, Politiker*)
lancer; (*Beziehungen*) établir ▷ *vi* (*sich gründen auf*)
se fonder sur ▷ *vr*: **sich vor jdm ~** (*umg*) se
planter en face de qn; **sich** *Dat* **eine Existenz ~**
se bâtir une vie
aufbäumen ['aʊfbɔymən] *vr* se cabrer
aufbauschen ['aʊfbaʊʃən] *vt* (*Segel, fig*) gonfler;
(*Röcke*) faire bouffer
aufbegehren ['aʊfbəgeːrən] *vi* (*geh*) s'insurger

aufbehalten ['aʊfbəhaltən] *unreg* (*umg*) *vt* garder
aufbekommen ['aʊfbəkɔmən] *unreg vt* (*öffnen*)
réussir à ouvrir; (*Hausaufgaben*) avoir à faire
aufbereiten ['aʊfbəraɪtən] *vt* traiter; (*Trinkwasser
auch*) épurer; (*Text etc*) préparer
Aufbereitungsanlage *f* usine *f* de traitement
aufbessern ['aʊfbɛsərn] *vt* (*Gehalt*) augmenter;
(*Kenntnisse*) consolider, améliorer
aufbewahren ['aʊfbəvaːrən] *vt* garder,
conserver; (*Gepäck*) garder; (*Lebensmittel, Arznei*)
conserver
Aufbewahrung *f* (*Gepäckaufbewahrung*) consigne *f*;
jdm etw zur ~ geben donner qch à garder à qn
aufbieten ['aʊfbiːtən] *unreg vt* (*Kraft, Verstand*)
rassembler; (*Einfluss*) user de, faire jouer; (*Armee,
Polizei*) mobiliser; (*Brautpaar*) publier les bans de
Aufbietung *f*: **unter ~ aller Kräfte** en déployant
toutes ses forces
aufbinden ['aʊfbɪndən] *unreg* (*umg*) *vt*: **lass dir
doch so etwas nicht ~!** tu ne vas tout de même
pas avaler ça!
aufblähen ['aʊfblɛːən] *vr* se gonfler; (*Med*) enfler;
(*fig: pej*) se rengorger
aufblasbar *adj* gonflable
aufblasen ['aʊfblaːzən] *unreg vt* gonfler ▷ *vr* (*umg:
pej*) faire l'important
aufbleiben ['aʊfblaɪbən] *unreg vi* (*Laden, Fenster*)
rester ouvert(e); (*Mensch*) rester debout, veiller
aufblenden ['aʊfblɛndən] *vt*: **die Scheinwerfer ~**
se mettre pleins phares *od* en phares ▷ *vi* (*Phot*)
ouvrir en fondu; (*Aut*) se mettre pleins phares *od*
en phares
aufblicken ['aʊfblɪkən] *vi* lever les yeux; **zu jdm
~** (*fig*) admirer qn
aufblühen ['aʊfblyːən] *vi* (*Blume*) éclore; (*Mensch*)
s'épanouir; (*Wirtschaft*) prospérer
aufblühend *adj* (*Wirts*) florissant(e), prospère
aufbocken ['aʊfbɔkən] *vt* (*Auto*) mettre sur cric
aufbrauchen ['aʊfbraʊxən] *vt* dépenser, épuiser
aufbrausen ['aʊfbraʊzən] *vi* (*fig*) se mettre en
colère, s'emporter
aufbrausend *adj* emporté(e), irascible
aufbrechen ['aʊfbrɛçən] *unreg vt* (*Kiste, Auto*)
ouvrir (en forçant); (*Schloss*) fracturer ▷ *vi*
(*Knospen*) éclore; (*Wunde*) se rouvrir; (*gehen*) partir
aufbringen ['aʊfbrɪŋən] *unreg vt* (*umg: öffnen*)
réussir à ouvrir; (*Gerüchte*) faire courir; (*in Umlauf
setzen: Mode*) lancer; (*beschaffen*) trouver; (: *Mut*)
avoir; (*kapern: Schiff*) capturer; (*ärgern*) mettre en
colère; (*aufwiegeln*): **~ gegen** monter contre;
Verständnis für jdn ~ se montrer
compréhensif(-ive) envers qn
Aufbruch ['aʊfbrʊx] *m* (*kein pl: Weggehen*) départ *m*;
(*in Straße*) nid *m* de poules; **~stimmung** *f*
agitation *f* du départ
aufbrühen ['aʊfbryːən] *vt* faire
aufbrummen ['aʊfbrʊmən] (*umg*) *vt*: **jdm die
Kosten ~** faire payer la note à qn
aufbürden ['aʊfbʏrdən] *vt*: **jdm etw ~** charger qn
de qch, mettre qch sur le dos de qn
aufdecken ['aʊfdɛkən] *vt* (*Bett*) ouvrir; (*Tischtuch*)
mettre; (*Spielkarten*) retourner; (*enthüllen*:

Verbrechen, Plan) révéler, dévoiler; (*Missstände*) faire éclater au grand jour

aufdonnern ['aʊfdɔnərn] (*pej: umg*) vr s'attifer

aufdrängen ['aʊfdrɛŋən] vt: **jdm etw ~** imposer qch à qn ▷ vr: **sich jdm ~** (*Mensch*) imposer sa présence à qn; (*Gedanke, Verdacht*) ne pas sortir de la tête de qn

aufdrehen ['aʊfdre:ən] vt (*Wasserhahn, Ventil etc*) ouvrir; (*Schraubverschluss*) dévisser; (*Radio etc*) allumer ▷ vi (*umg: in Stimmung kommen*) se laisser aller; **sich** Dat **die Haare ~** mettre des bigoudis

aufdringlich ['aʊfdrɪŋlɪç] adj importun(e), envahissant(e); (*Parfüm*) pénétrant(e)

aufeinander [aʊflaɪ'nandər] adv (*umg*) l'un(e) sur l'autre; **sich ~ verlassen** compter l'un sur l'autre; **A~folge** f succession f; **~folgen** vi se succéder; **~folgend** adj consécutif(-ive); **~legen** vi mettre l'un(e) sur l'autre, superposer; **~prallen** vi (*Autos*) se heurter, entrer en collision; (*Truppen, Meinungen*) s'affronter; **~treffen** vi s'affronter

Aufenthalt ['aʊflɛnthalt] (**-s, -e**) m (*in Stadt, Land*) séjour m; (*Verzögerung*) retard m; (*Unterbrechung von Fahrt od Flug*) arrêt m; (*Wohnort*) domicile m

Aufenthaltserlaubnis f permis m de séjour

Aufenthaltsraum m (*Sch*) salle f commune; (*in Betrieb*) salle de réunion; (*in Hotel*) salon m

auferlegen ['aʊflɛrle:gən] vt infliger

auferstehen ['aʊflɛrʃte:ən] unreg vi untr ressusciter

Auferstehung f résurrection f

aufessen ['aʊflɛsən] unreg vt finir (de manger)

auffahren ['aʊffa:rən] unreg vi (*dicht aufschließen*) suivre de très près; (*aufschrecken*) sursauter; (*in den Himmel*) monter au ciel; (*wütend werden*) s'emporter; (*Auto: dagegen fahren*): **~ auf** +Akk heurter, tamponner ▷ vt (*Kanonen, Geschütz*) mettre en batterie; (*umg: Speisen, Getränke*) servir

auffahrend adj (*zornig*) qui s'emporte facilement, irascible

Auffahrt f (*Hausauffahrt*) allée f; (*Autobahnauffahrt*) bretelle f d'accès

Auffahrunfall m collision f en chaîne

auffallen ['aʊffalən] unreg vi se faire remarquer; **jdm fällt etw** Akk **auf** qn remarque qch; **angenehm/unangenehm ~** faire bonne/ mauvaise impression; **nur nicht ~!** ne nous faisons surtout pas remarquer!

auffallend adj remarquable, extraordinaire; (*Kleid*) voyant(e)

auffällig ['aʊffɛlɪç] adj voyant(e), frappant(e); (*verdächtig*) suspect(e)

auffangen ['aʊffaŋən] unreg vt (*Ball*) attraper; (*Flüchtlinge*) accueillir; (*Wasser*) recueillir; (*Strahlen*) intercepter; (*Funkspruch*) capter; (*Preise*) arrêter la hausse de; (*Aufprall etc*) amortir

Auffanglager nt camp m od centre m d'accueil

auffassen ['aʊffasən] vt (*verstehen*) comprendre; (*auslegen*) interpréter; **etw falsch/richtig ~** mal/ bien comprendre qch

Auffassung f (*Meinung*) opinion f, avis m; (*Auslegung*) conception f; (*auch:* **Auffassungsgabe**)

intelligence f

auffindbar ['aʊffɪntba:r] adj trouvable

aufflammen ['aʊfflamən] vi s'enflammer, s'embraser

auffliegen ['aʊffli:gən] unreg vi (*Vogel*) s'envoler; (*umg: Rauschgiftring etc*) être démantelé(e)

auffordern ['aʊffɔrdərn] vt (*befehlen*) exhorter; (*bitten*) inviter, prier

Aufforderung f (*Befehl*) exhortation f; (*Einladung*) invitation f

aufforsten ['aʊffɔrstən] vt (*Gebiet*) reboiser; (*Wald*) reconstituer

auffrischen ['aʊffrɪʃən] vt (*Farbe, Kenntnisse*) rafraîchir; (*Erinnerungen*) raviver ▷ vi (*Wind*) fraîchir

aufführen ['aʊffy:rən] vt (*Theat*) jouer; (*in einem Verzeichnis*) mentionner ▷ vr (*sich benehmen*) se conduire, se comporter; **einzeln ~** détailler, spécifier

Aufführung f (*Theat*) représentation f; (*Liste*) énumération f

auffüllen ['aʊffʏlən] vt remplir; (*Vorräte*) compléter; (*Öl*) remettre

Aufgabe ['aʊfga:bə] f (*Auftrag, Arbeit*) tâche f; (*Pflicht, Schulaufgabe*) devoir m; (*Funktion*) fonction f; (*Verzicht*) abandon m; (*von Gepäck*) expédition f; (*von Post*) envoi m, expédition; (*von Inserat*) publication f; (*Schließung: von Geschäft*) fermeture f (définitive); **sich** Dat **etw zur ~ machen** se donner qch comme but od pour tâche

aufgabeln ['aʊfga:bəln] (*umg*) vt (*fig*) dégoter, pêcher

Aufgabenbereich m ressort m, compétence f

Aufgang ['aʊfgaŋ] m (*Sonnenaufgang*) lever m; (*Treppe*) escalier m

aufgeben ['aʊfge:bən] unreg vt (*Paket, Telegramm*) envoyer, expédier; (*Gepäck*) expédier; (*Bestellung*) passer; (*Inserat*) mettre; (*Schularbeit*) donner; (*Geschäft: schließen*) fermer; (*verzichten*) abandonner, renoncer à; (*abschreiben: Verlorenes*) renoncer à, faire une croix sur ▷ vi abandonner; **das Rauchen ~** arrêter de fumer; **jdm etw ~** (*Rätsel, Problem*) poser qch à qn

Aufgebot ['aʊfgəbo:t] nt (*von Polizei*) déploiement m; (*von Kräften*) mobilisation f; (*Eheaufgebot*) publication f des bans

aufgedonnert ['aʊfgədɔnərt] (*pej: umg*) adj attifé(e)

aufgedreht ['aʊfgədre:t] (*umg*) adj (complètement) excité(e)

aufgedunsen ['aʊfgədʊnzən] adj enflé(e), boursouflé(e)

aufgehen ['aʊfge:ən] unreg vi (*Sonne, Theat: Vorhang*) se lever; (*Teig, Saat*) lever; (*sich öffnen*) s'ouvrir; (*Knoten*) se défaire; (*Knospe*) éclore; (*Math*) être divisible; (*klar werden*): **jdm ~** devenir clair(e) pour qn ▷ vi (*sich widmen*): **in etw** Dat **~** se consacrer entièrement à qch; **in Rauch ~** partir en fumée; **in Flammen ~** être la proie des flammes

aufgeilen ['aʊfgaɪlən] (*umg!*) vt faire bander (*umg!*) ▷ vr bander (*umg!*)

aufgeklärt ['aʊfgəklɛːrt] *adj* éclairé(e); (*sexuell*) qui a reçu une éducation sexuelle

aufgekratzt ['aʊfgəkratst] (*umg*) *adj* gai(e), joyeux(-euse)

aufgelaufen ['aʊfgəlaʊfən] *adj*: ~**e Zinsen** (*Finanz*) intérêts *mpl* cumulés *od* courus

Aufgeld *nt* (*Finanz*) supplément *m*

aufgelegt ['aʊfgəle:kt] *adj*: **gut/schlecht ~ sein** être de bonne/mauvaise humeur; **zu etw ~ sein** être d'humeur à qch (*umg*)

aufgelöst ['aʊfgəlø:st] (*umg*) *adj* (*fassungslos*) bouleversé(e)

aufgeräumt ['aʊfgərɔymt] *adj* (*gut gelaunt*) de bonne humeur, enjoué(e)

aufgeregt ['aʊfgəre:kt] *adj* énervé(e), excité(e)

aufgeschlossen ['aʊfgəʃlɔsən] *adj* (*fig*) ouvert(e)

aufgeschmissen ['aʊfgəʃmɪsən] (*umg*) *adj* fichu(e), cuit(e)

aufgetakelt ['aʊfgəta:kəlt] (*umg*) *adj* attifé(e)

aufgeweckt ['aʊfgəvɛkt] *adj* (*fig*) éveillé(e)

aufgießen ['aʊfgi:sən] *unreg vt* (*Wasser*) verser; (*Tee*) faire

aufgliedern ['aʊfgli:dərn] *vr* répartir

aufgreifen ['aʊfgraɪfən] *unreg vt* (*Thema, Punkt*) reprendre; (*Verdächtige*) appréhender

aufgrund [aʊfgrʊnt], **auf Grund** *präp +Gen* (*wegen*) en raison de; **~ von** sur la base de

Aufgussbeutel ['aʊfgʊsbɔytəl] *m* sachet *m*

aufhaben ['aʊfha:bən] *unreg vt* (*Hut, Brille*) porter; (*Sch*) avoir à faire ▷ *vi* être ouvert(e); **den Mund/ das Fenster ~** avoir la bouche/fenêtre ouverte

aufhalsen ['aʊfhalzən] (*umg: pej*) *vt*: **jdm etw ~** mettre qch sur le dos de qn

aufhalten ['aʊfhaltən] *unreg vt* (*Fliehende, Fahrzeug*) arrêter; (*Feind*) repousser; (*Entwicklung*) freiner; (*Katastrophe*) empêcher; (*Menschen*) retenir, déranger; (*Betrieb*) perturber; (*Tür, Hand, Sack, Augen*) garder *od* tenir ouvert(e) ▷ *vr* (*bleiben*) s'attarder, rester; (*wohnen*) séjourner, habiter; **sich über jdn/etw ~** (*aufregen*) être énervé(e) par qn/qch; **sich lange bei etw ~** passer beaucoup de temps à qch; **sich mit etw ~** perdre son temps avec qch

aufhängen ['aʊfhɛŋən] *unreg vt* (*Wäsche*) étendre; (*Bild, Mantel*) accrocher; (*Hörer*) raccrocher; (*Menschen*) pendre ▷ *vr* se pendre

Aufhänger (-s, -) *m* (*am Mantel*) attache *f*; (*fig: für Aufsatz, Geschichte*) point *m* de départ

Aufhängung *f* (*Tech*) suspension *f*

aufheben ['aʊfhe:bən] *unreg vt* (*hochheben*) soulever; (*vom Boden*) ramasser; (*aufbewahren*) conserver; (*ausgleichen*) compenser; (*Sitzung, Belagerung*) lever; (*Urteil*) casser; (*Gesetz*) abroger ▷ *vr* (*sich ausgleichen*) se compenser; **bei jdm gut aufgehoben sein** être en de bonnes mains avec qn; **sich** *Dat* **etw für später ~** garder qch pour plus tard; **viel A~(s) machen** faire beaucoup de bruit

aufheitern ['aʊfhaɪtərn] *vr* (*Himmel*) s'éclaircir; (*Miene*) se dérider; (*Stimmung*) s'améliorer ▷ *vt* (*Menschen*) égayer

Aufheiterungen *pl* (*Met*) éclaircies *fpl*

aufheizen ['aʊfhaɪtsən] *vt*: **die Stimmung ~** échauffer les esprits

aufhellen ['aʊfhɛlən] *vt* éclaircir ▷ *vr* s'éclaircir

aufhetzen ['aʊfhɛtsən] *vt*: **~ gegen** dresser *od* monter contre

aufheulen ['aʊfhɔylən] *vi* se mettre à hurler; (*Motor*) vrombir

aufholen ['aʊfho:lən] *vi* rattraper son retard

aufhorchen ['aʊfhɔrçən] *vi* dresser l'oreille

aufhören ['aʊfhø:rən] *vi* (*enden*) s'arrêter, se terminer; **~, etw zu tun** arrêter *od* cesser de faire qch; **da hört sich doch alles auf!** (*umg*) c'est le comble!

aufkaufen ['aʊfkaʊfən] *vt* acheter (en masse)

aufklappbar *adj* (*Verdeck*) ouvrable

aufklappen ['aʊfklapən] *vt* ouvrir

aufklären ['aʊfklɛːrən] *vt* (*Geheimnis, Fall*) élucider; (*Irrtum*) expliquer; (*sexuell*) donner une éducation sexuelle à; (*Mil*) reconnaître ▷ *vr* (*Wetter, Geheimnis*) s'éclaircir; (*Irrtum*) s'expliquer; **~ über** +*Akk* mettre au courant de

Aufklärung *f* (*von Geheimnis*) éclaircissement *m*; (*Unterrichtung*) information *f*; (*sexuell*) éducation *f* sexuelle; (*Zeitalter*) Siècle *m* des lumières; (*Mil, Flug*) reconnaissance *f*

Aufklärungsarbeit *f* travail *m* d'information

Aufklärungspflicht *f* (*Med*) obligation du *médecin* d'informer les patients sur les risques d'une opération

aufkleben ['aʊfkle:bən] *vt* coller

Aufkleber (-s, -) *m* autocollant *m*

aufknöpfen ['aʊfknœpfən] *vt* déboutonner

aufkochen ['aʊfkɔxən] *vt* faire bouillir

aufkommen ['aʊfkɔmən] *unreg vi* (*Wind*) se lever; (*Zweifel, Gefühl, Mode*) naître; **für jdn/etw ~** (*Kosten tragen*) prendre qn/qch à sa charge; **endlich kam Stimmung auf** il y avait enfin de l'ambiance

aufkreuzen ['aʊfkrɔytsən] (*umg*) *vi* (*erscheinen*) s'amener

aufkündigen ['aʊfkyndɪgən] *vt* (*Vertrag etc*) résilier

aufladen ['aʊfla:dən] *unreg vt* (*Last, Batterie*) charger; (*Verantwortung*): **jdm etw ~** charger qn de qch ▷ *vr* (*Batterie etc*) se recharger; **sich** *Dat* **etw ~** assumer qch

Auflage ['aʊfla:gə] *f* (*Buch*) édition *f*; (*von Zeitung etc*) tirage *m*; (*Bedingung*) condition *f*; **jdm etw zur ~ machen** imposer qch à qn

auflassen ['aʊflasən] *unreg* (*umg*) *vt* (*offen lassen*) laisser ouvert(e); (*anbehalten*) garder; **die Kinder länger ~** permettre aux enfants d'aller se coucher plus tard

auflauern ['aʊflaʊərn] *vi*: **jdm ~** guetter qn

Auflauf ['aʊflaʊf] *m* (*Koch*) soufflé *m*; (*Menschenauflauf*) attroupement *m*

auflaufen *unreg vi* (*Schiff*) échouer; (*Zinsen*) s'accumuler; **jdn ~ lassen** (*umg*) laisser qn se planter

Auflaufform *f* (*Koch*) moule *m* à soufflés

aufleben ['aʊfle:bən] *vi* (*Mensch*) reprendre du poil de la bête; (*Pflanze*) se remettre; (*Gespräch*) reprendre; (*Interesse*) renaître

auflegen ['aʊfleːgən] *vt* (*Platte etc*) mettre; (*Telefonhörer*) raccrocher; (*Buch etc*) publier; (*Finanz: Aktien*) émettre ▷ *vi* (*Tel*) raccrocher

auflehnen ['aʊfleːnən] *vt* (*aufstützen*) appuyer ▷ *vr:* **sich gegen jdn/etw ~** se révolter contre qn/qch

Auflehnung *f* (*Widerstand*) révolte *f*, rébellion *f*

auflesen ['aʊfleːzən] *unreg vt* ramasser

aufleuchten ['aʊflɔyçtən] *vi* s'allumer; (*Augen*) s'illuminer

aufliegen ['aʊfliːgən] *unreg vi* être posé(e); (*zur Einsicht ausliegen: Zeitung etc*) être disponible

auflisten ['aʊflɪstən] *vt* dresser la liste de; (*Comput*) lister

auflockern ['aʊflɔkərn] *vt* (*Erde*) rendre meuble, ameublir; (*Eintönigkeit*) dissiper; (*Stimmung, Atmosphäre*) détendre; (*Stadtbild, Unterricht*) rendre plus vivant(e)

auflösen ['aʊfløːzən] *vt* (*in Wasser*) diluer, délayer; (*Rätsel*) résoudre; (*Ehe, Versammlung, Partei, Parlament*) dissoudre; (*Haare etc*) dénouer; (*Geschäft*) liquider; (*Konto*) fermer; (*Missverständnis*) lever ▷ *vr* se dissoudre; **bevor sie ins Altersheim ging, löste Frau Schmitz ihren Haushalt auf** avant de partir en maison de repos, Mme Schmitz a vendu ou donné la plupart de ses affaires; **er war in Tränen aufgelöst** il avait fondu en larmes

Auflösung *f* (*eines Rätsels*) solution *f*; (*Tech*) définition *f*; (*Mus*) bécarre *m*

aufmachen ['aʊfmaxən] *vt* (*öffnen*) ouvrir; (*gründen*) fonder; (*zurechtmachen*) arranger ▷ *vr* (*gehen*) se mettre en route

Aufmacher *m* (*Presse*) gros titre *m*

Aufmachung *f* (*Kleidung*) tenue *f*; (*Gestaltung*) présentation *f*

aufmerksam ['aʊfmɛrkzaːm] *adj* attentif(-ive); (*höflich*) aimable; **auf jdn/etw ~ werden** remarquer qn/qch; **(das ist) sehr ~ von Ihnen** (*zuvorkommend*) c'est très aimable à vous; **jdn auf jdn/etw ~ machen** attirer l'attention de qn sur qn/qch; **A~keit** *f* attention *f*; (*Geschenk*) (petite) attention; (*Höflichkeit*) égard *m*

aufmöbeln ['aʊfmøːbəln] (*umg*) *vt* (*Gegenstand*) retaper; (*beleben*) ravigoter

aufmucken ['aʊfmʊkən] (*umg*) *vi* rouspéter

aufmuntern ['aʊfmʊntərn] *vt* (*ermutigen*) encourager; (*erheitern*) égayer

aufmüpfig ['aʊfmʏpfɪç] (*umg*) *adj* rebelle

Aufnahme ['aʊfnaːmə] *f* (*Empfang, Reaktion*) accueil *m*; (*in Verein, Krankenhaus etc*) admission *f*; (*in Liste, Programm etc*) insertion *f*; (*von Verhandlungen etc*) début *m*; (*von Beziehungen etc*) établissement *m*; (*Notieren*) rédaction *f*; (*Phot*) photo *f*; (*auf Tonband etc*) enregistrement *m*; **zur ~ eines Kredites gezwungen sein** être obligé d'emprunter de l'argent; **~antrag** *m* demande *f* d'adhésion; **a~fähig** *adj* réceptif(-ive); **~leiter** *m* (*Film*) directeur *m* de la production; (*Rundf, TV*) réalisateur *m*; **~prüfung** *f* examen *m* d'entrée

aufnehmen ['aʊfneːmən] *unreg vt* (*hochheben*) soulever; (*vom Boden*) ramasser; (*beginnen: Kampf,*

Verhandlungen, Fährte) ouvrir; (*empfangen, reagieren auf*) accueillir; (: *in Verein, Krankenhaus etc*) admettre; (*in Liste etc*) insérer, inclure; (*Punkt in Tagesordnung*) inscrire; (*fassen*) pouvoir accueillir; (*begreifen*) saisir; (*erfassen: Eindrücke*) assimiler; (*Finanz: Geld*) emprunter; (*notieren: Diktat*) prendre; (: *Unfall*) dresser un constat de; (*auf Tonband, Platte*) enregistrer; (*fotografieren*) prendre en photo; (*beim Stricken: Maschen*) reprendre; **es mit jdm ~ können** pouvoir se mesurer à qn; **Kontakt mit jdm ~** prendre contact avec qn

aufnötigen ['aʊfnøːtɪgən] *vt:* **jdm etw ~** imposer qch à qn

aufoktroyieren ['aʊfɔktroajiːrən] *vt:* **jdm etw ~** (*geh*) imposer qch à qn

aufopfern ['aʊfɔpfərn] *vt* sacrifier ▷ *vr* se sacrifier

aufopfernd *adj* dévoué(e)

aufpassen ['aʊfpasən] *vi* (*aufmerksam sein*) faire attention; **auf jdn/etw ~** (*beaufsichtigen*) surveiller qn/qch; **aufgepasst!** attention!

Aufpasser, in (**-s, -**) *m(f)* (*pej*) mouchard(e) *m/f*; (*Beobachter*) observateur(-trice) *m/f*; (*bei Prüfung*) surveillant(e) *m/f*

aufpflanzen ['aʊfpflantsən] (*umg*) *vr:* **sich vor jdm ~** se planter devant qn

aufplatzen ['aʊfplatsən] *vi* crever, éclater

aufplustern ['aʊfpluːstərn] *vr* (*Vogel*) se hérisser

aufprägen ['aʊfprɛːgən] *vt:* **einer Sache seinen Stempel ~** (*fig*) marquer qch; **jdm seinen Stempel ~** influencer qn

Aufprall ['aʊfpral] (**-(e)s, -e**) *m* choc *m*, impact *m*

aufprallen *vi:* **auf etw** *Akk* **~** heurter qch

Aufpreis ['aʊfpraɪs] *m* majoration *f*

aufpulvern ['aʊfpʊlvərn] (*umg*) *vt, vi* remonter

aufpumpen ['aʊfpʊmpən] *vt* gonfler

aufputschen ['aʊfpʊtʃən] *vt* (*aufhetzen*) soulever; (*erregen*) exciter, stimuler

Aufputschmittel *nt* stimulant *m*

aufraffen ['aʊfrafən] (*umg*) *vr:* **sich zu einer Arbeit** *etc* **~** trouver l'énergie pour faire un travail *etc*

aufräumen ['aʊfrɔymən] *vt, vi* ranger; **mit etw ~** (*fig*) en finir avec qch

Aufräumungsarbeiten *pl* travaux *mpl* de déblaiement

aufrecht ['aʊfrɛçt] *adj* droit(e)

aufrechterhalten *unreg vt* maintenir

aufregen ['aʊfreːgən] *vt* (*ärgerlich machen*) irriter; (*nervös machen*) rendre nerveux(-euse); (*beunruhigen*) inquiéter; (*in Erregung versetzen*) exciter ▷ *vr* (*nervös werden*) s'énerver; (*sich entrüsten*) s'irriter

aufregend *adj* excitant(e)

Aufregung *f* (*Erregung*) émotion *f* (forte); (*Durcheinander*) émoi *m*

aufreiben ['aʊfraɪbən] *unreg vt* (*Haut*) écorcher; (*erschöpfen*) épuiser; (*Mil: völlig vernichten*) anéantir ▷ *vr* (*durch Arbeit*) s'épuiser

aufreibend *adj* épuisant(e)

aufreihen ['aʊfraɪən] *vt* (*in einer Reihe*) aligner; (*Perlen*) enfiler

aufreißen ['aʊfraɪsən] *unreg vt (Umschlag)* déchirer; *(Augen)* écarquiller; *(Mund)* ouvrir grand; *(Tür)* ouvrir brusquement; *(Straße)* éventrer; *(umg: Mädchen)* allumer ▷ *vi (Naht)* se découdre; *(Wunde)* se rouvrir

Aufreißer (-s, -) *m* dragueur *m*

aufreizen ['aʊfraɪtsən] *vt (erregen)* exciter

aufreizend *adj* provocant(e)

aufrichten ['aʊfrɪçtən] *vt (gerade stellen)* redresser; *(bauen)* ériger; *(moralisch)* remonter ▷ *vr* se redresser; *(moralisch)* reprendre courage; **sich im Bett ~** s'asseoir dans son lit

aufrichtig ['aʊfrɪçtɪç] *adj* sincère; **A~keit** *f* sincérité *f*

aufrollen ['aʊfrɔlən] *vt (zusammenrollen)* enrouler; *siehe auch* **wiederaufrollen**

aufrücken ['aʊfrʏkən] *vi* avancer, se pousser; *(beruflich)* être promu

Aufruf ['aʊfruːf] *m (zur Hilfe, des Namens)* appel *m*; *(Finanz)* retrait *m*

aufrufen *unreg vt* appeler; **einen Schüler ~** interroger un élève; **jds Namen ~** appeler qn

Aufruhr ['aʊfruːr] **(-(e)s, -e)** *m (Erregung)* émoi *m*, trouble *m*; *(Pol)* révolte *f*, insurrection *f*; **in ~ sein** être en effervescence

Aufrührer, in (-s, -) *m(f)* insurgé(e) *m/f*, rebelle *m/f*

aufrührerisch ['aʊfryːrərɪʃ] *adj (Reden)* séditieux(-euse); *(Gruppen)* rebelle

aufrunden ['aʊfrʊndən] *vt (Summe)* arrondir

aufrüsten ['aʊfrʏstən] *vt* armer ▷ *vi* s'armer

Aufrüstung *f* armement *m*

aufrütteln ['aʊfrʏtəln] *vt* secouer

aufs [aʊfs] = **auf das**

aufsagen ['aʊfzaːgən] *vt (Gedicht)* réciter; **jdm die Freundschaft ~** *(geh)* rompre avec qn

aufsammeln ['aʊfzaməln] *vt* ramasser, recueillir

aufsässig ['aʊfzɛsɪç] *adj* rebelle

Aufsatz ['aʊfzats] *m (auf Schrank etc)* dessus *m*; *(in Fachzeitschrift)* article *m*; *(Schulaufsatz)* rédaction *f*, dissertation *f*

aufsaugen ['aʊfzaʊgən] *unreg vt* absorber

aufschauen ['aʊfʃaʊən] *vi* lever les yeux

aufscheuchen ['aʊfʃɔʏçən] *vt* effrayer

aufschichten ['aʊfʃɪçtən] *vt* entasser, empiler

aufschieben ['aʊfʃiːbən] *unreg vt (öffnen)* ouvrir; *(verzögern)* remettre

Aufschlag ['aʊfʃlaːk] *m (an Kleidungsstück)* revers *m*; *(Aufprall)* choc *m*; *(Preisaufschlag)* supplément *m*; *(Tennis)* service *m*

aufschlagen ['aʊfʃlaːgən] *unreg vt (Buch, Augen)* ouvrir; *(verwunden)*: **sich** *Dat* **das Knie ~** s'ouvrir le genou; *(aufbauen: Zelt)* dresser, monter; *(Wohnsitz, Lager)* installer; *(hochschlagen: Ärmel)* retrousser; *(Kragen)* relever ▷ *vi (teurer werden)* augmenter; *(Tennis)* servir; *(aufprallen)* percuter; **schlagt Seite 111 auf** ouvrez à la page 111

aufschließen ['aʊfʃliːsən] *unreg vt* ouvrir ▷ *vi (aufrücken)* se serrer, se pousser

Aufschluss ['aʊfʃlʊs] *m* renseignement *m*, information *f*; **~ über etw verlangen** demander des éclaircissements sur qch

aufschlüsseln ['aʊfʃlʏsəln] *vt*: **~ (nach)** ventiler

(par)

aufschlussreich *adj* révélateur(-trice)

aufschnappen ['aʊfʃnapən] *vt (umg)* surprendre, saisir au vol ▷ *vi (Schloss)* s'ouvrir tout seul

aufschneiden ['aʊfʃnaɪdən] *unreg vt (Knoten, Paket)* ouvrir (en coupant); *(Brot, Wurst)* découper, couper en tranches; *(Geschwür)* percer; *(Med)* inciser ▷ *vi (umg: prahlen)* se vanter

Aufschneider (-s, -) *m* vantard *m*

Aufschnitt ['aʊfʃnɪt] *m (Wurstaufschnitt)* charcuterie *f*; *(Käseaufschnitt)* fromage *m* en tranches

aufschnüren ['aʊfʃnyːrən] *vt (Schuhe)* délacer; *(Band)* dénouer; *(Paket)* déficeler

aufschrauben ['aʊfʃraʊbən] *vt (festschrauben)* visser; *(lösen)* dévisser

aufschrecken ['aʊfʃrɛkən] *vt* faire sursauter ▷ *vi* sursauter

Aufschrei ['aʊfʃraɪ] *m* cri *m*; *(fig)* tollé *m*

aufschreiben ['aʊfʃraɪbən] *unreg vt* noter

aufschreien *unreg vi* pousser des cris

Aufschrift ['aʊfʃrɪft] *f* inscription *f*

Aufschub ['aʊfʃuːp] **-(e)s, Aufschübe)** *m* délai *m*; **jdm ~ gewähren** accorder un délai à qn

aufschürfen ['aʊfʃʏrfən] *vt*: **sich** *Dat* **die Haut ~** s'écorcher; **sich** *Dat* **das Knie ~** s'écorcher le genou

aufschütten ['aʊfʃʏtən] *vt (Flüssigkeit)* verser; *(Kohle)* rajouter; *(Damm, Deich)* élever; **Kaffee ~** faire du café

aufschwatzen ['aʊfʃvatsən] *(umg)* *vt*: **jdm etw ~** persuader qn de prendre qch

Aufschwung ['aʊfʃvʊŋ] *m (Auftrieb, Elan)* élan *m*, essor *m*; *(wirtschaftlich)* relance *f*, reprise *f*; *(Sport)* bascule *f*

aufsehen ['aʊfzeːən] *unreg vi* lever les yeux; *(fig)*: **zu jdm ~** admirer qn; **A~ (-s)** *nt* sensation *f*; **~erregend** *adj* qui fait sensation

Aufseher, in (-s, -) *m(f)* surveillant(e) *m/f*; *(Museumsaufseher, Parkaufseher)* gardien(ne) *m/f*

auf sein ['aʊfzaɪn] *unreg (umg) vi siehe* **auf**

aufseiten, auf Seiten *präp +Gen od von* du côté de

aufsetzen ['aʊfzɛtsən] *vt (Hut, Brille)* mettre; *(Essen)* mettre à cuire; *(Fuß)* poser; *(Dokument, Schreiben)* rédiger (le brouillon de) ▷ *vr* se redresser ▷ *vi (Flugzeug)* atterrir

Aufsicht ['aʊfzɪçt] *f (Kontrolle)* surveillance *f*; *(Person)* garde *m*, surveillant(e) *m/f*; **die ~ haben** *od* **führen** être de garde; **bei einer Prüfung ~ führen** être de surveillance à un examen

Aufsichtspflicht *f (Jur: über Kind)* responsabilité *juridique*

Aufsichtsrat *m* conseil *m* d'administration

aufsitzen ['aʊfzɪtsən] *unreg vi (aufgerichtet sitzen)* s'asseoir bien droit; *(lange aufbleiben)* veiller; *(auf Pferd, Motorrad)* monter en selle; *(Schiff)* (s')échouer; **jdn ~ lassen** *(umg)* poser un lapin à qn; **jdm ~** *(umg)* se faire avoir par qn

aufspalten ['aʊfʃpaltən] *vt (Gruppe, Land)* diviser ▷ *vr* se diviser

aufspannen ['aʊfʃpanən] *vt (Netz, Sprungtuch)* tendre; *(Schirm)* ouvrir

aufsparen ['aʊfʃpaːrən] vt mettre de côté
aufsperren ['aʊfʃpɛrən] vt (aufschließen) ouvrir;
(Mund) ouvrir tout(e) grand(e); **die Ohren ~**
(umg) dresser l'oreille
aufspielen ['aʊfʃpiːlən] vr se donner de grands
airs; **sich als Chef ~** jouer les chefs
aufspießen ['aʊfʃpiːsən] vt (Fleisch) embrocher;
(: mit der Gabel) piquer; (Schmetterlinge) épingler
aufspringen ['aʊfʃprɪŋən] unreg vi (auf fahrenden
Zug etc) sauter; (hochspringen) bondir, sauter; (Ball)
rebondir; (sich öffnen) s'ouvrir (brusquement);
(Hände, Lippen) se gercer; **~ auf** +Akk sauter sur
aufspüren ['aʊfʃpyːrən] vt dépister
aufstacheln ['aʊfʃtaxəln] vt (anspornen) inciter,
encourager; (aufhetzen) soulever, exciter
aufstampfen ['aʊfʃtampfən] vi: **mit dem Fuß ~**
taper du pied
Aufstand ['aʊfʃtant] m soulèvement m
aufständisch ['aʊfʃtɛndɪʃ] adj séditieux(-euse),
rebelle
aufstauen ['aʊfʃtaʊən] vr (Arbeit) s'accumuler;
(Ärger) monter
aufstechen ['aʊfʃtɛçən] unreg vt (Blase etc) percer
aufstecken ['aʊfʃtɛkən] vt (auf etw stecken: Ring,
Kerzen) mettre; (Haar: mit Nadeln) relever; (umg:
aufgeben) laisser tomber, plaquer
aufstehen ['aʊfʃteːən] unreg vi se lever; (Tür) être
ouvert(e); **da musst du früher od eher ~!** (umg)
ce n'est pas comme ça que tu vas y arriver!
aufsteigen ['aʊfʃtaɪɡən] unreg vi (auf Fahrrad, Pferd
etc) monter; (hochsteigen: Bergsteiger) monter,
grimper; (Flugzeug) prendre de l'altitude; (Rauch)
monter, s'élever; (beruflich) monter en grade, être
promu(e); (Sport) monter, être promu(e); **~ auf**
+Akk monter sur; (Berg) escalader; **in jdm ~** (Hass,
Verdacht) naître en qn; (Erinnerung) s'éveiller
dans l'esprit de qn
Aufsteiger (-s, -) m (Sport) équipe f promue;
(sozialer) ~ arriviste m
aufstellen ['aʊfʃtɛlən] vt (hinstellen: Tisch) mettre
(en place), poser; (Gerüst) monter; (Kind: nach dem
Fallen) relever; (aufrecht stellen) mettre debout;
(Maschine) monter, installer; (aufreihen) aligner;
(Wachen) poster; (Essen) mettre sur le feu;
(formieren: Heer, Mannschaft) constituer; (nominieren:
Kandidaten) proposer; (Forderung) formuler;
(formulieren: Programm etc) établir; (Rekord) battre
▷ vr (hintereinander) se mettre en rangs;
Behauptungen ~ se livrer à des allégations
Aufstellung f (Sport) composition f; (Liste) liste f
Aufstieg ['aʊfʃtiːk] (-(e)s, -e) m (auf Berg)
ascension f; (Weg) montée f; (Aufwärtsentwicklung)
essor m; (beruflich) avancement m; (Sport)
promotion f; **~schance, ~smöglichkeit** f
perspective f de promotion
aufstöbern ['aʊfʃtøːbərn] vt (Wild) lever; (umg:
entdecken) dénicher, dégoter
aufstocken ['aʊfʃtɔkən] vt augmenter; (Gebäude)
surélever
aufstoßen ['aʊfʃtoːsən] unreg vt (Tür) pousser ▷ vi
faire un renvoi, roter (umg); **jdm ~** (fig) frapper qn
aufstrebend ['aʊfʃtreːbənt] adj en pleine

expansion
Aufstrich ['aʊfʃtrɪç] m pâte f à tartiner
aufstülpen ['aʊfʃtʏlpən] vt (Hosenbeine)
retrousser; (Hut) mettre, enfoncer
aufstützen ['aʊfʃtʏtsən] vr s'appuyer ▷ vt
(Körperteil) appuyer; (Menschen) soutenir; **sich ~
auf** +Akk s'appuyer sur
aufsuchen ['aʊfzuːxən] vt (geh: besuchen) rendre
visite à; (konsultieren) consulter
auftakeln ['aʊftaːkəln] vt (Naut) gréer ▷ vr (pej:
umg) s'attifer
Auftakt ['aʊftakt] m (Mus) levé m; (fig) prélude m
auftanken ['aʊftaŋkən] vi (Flugzeug) faire le plein
▷ vt (Flugzeug) ravitailler; (Auto) remplir le
réservoir de
auftauchen ['aʊftaʊxən] vi (aus Wasser etc)
émerger, faire surface; (gefunden werden) être
retrouvé(e); (umg: kommen) arriver, apparaître;
(Zweifel, Fragen, Problem) apparaître, surgir
auftauen ['aʊftaʊən] vt (Gefrorenes) décongeler
▷ vi (Eis) fondre; (fig: Mensch) se dégeler
aufteilen ['aʊftaɪlən] vt répartir, partager;
(Raum) diviser
Aufteilung f (siehe vt) répartition f; division f
auftischen ['aʊftɪʃən] vt (Essen) servir; (pej: Lügen)
sortir
Auftr. abk = **Auftrag**
Auftrag ['aʊftraːk] (-(e)s, Aufträge) m (Bestellung)
commande f; (Anweisung) instruction f; (Aufgabe)
tâche f, mission f; **etw in ~ geben** commander
qch; **im ~ +Gen** par ordre de, de la part de; **Ihrem
~ gemäß** selon votre commande; **im ~ od i. A. J.
Brun** pp J. Brun
auftragen ['aʊftraːɡən] unreg vt (Farbe, Salbe)
mettre, appliquer; (Kleidung) user; (geh: Essen)
servir ▷ vi (dick machen) grossir; **jdm etw ~**
(beauftragen) charger qn de qch; **dick ~** (fig: umg)
forcer la dose
Auftraggeber, in (-s, -) m(f) (Wirts) client(e) m/f
Auftragsbestätigung f confirmation f de
commande
Auftragswerk nt œuvre f de commande
auftreiben ['aʊftraɪbən] unreg (umg) vt (ausfindig
machen) dénicher
auftrennen ['aʊftrɛnən] vt découdre
auftreten ['aʊftreːtən] unreg vt (Tür) enfoncer ▷ vi
(erscheinen) se présenter; (Theat) entrer en scène;
(sich verhalten) se conduire; (fig: eintreten) se
produire; (Schwierigkeiten etc) surgir, apparaître;
als Vermittler etc ~ agir en tant que médiateur
etc; **mit dem Fuß ~** poser le pied; **geschlossen ~**
faire front commun
Auftreten (-s) nt (Vorkommen) existence f;
(Benehmen) conduite f, attitude f
Auftrieb ['aʊftriːp] m (Phys) poussée f verticale;
(fig) essor m, impulsion f; **jdm ~ geben** donner de
l'élan à qn
Auftritt ['aʊftrɪt] m scène f; (von Schauspieler)
entrée f en scène
auftrumpfen ['aʊftrʊmpfən] vi (Überlegenheit
zeigen) montrer sa supériorité
auftun ['aʊftuːn] unreg vt (geh: Tür, Mund) ouvrir;

(umg: ausfindig machen) dégoter ▷ vr (sich öffnen) s'ouvrir; (sich bieten) se présenter

auftürmen ['aʊftʏrmən] vr (Gebirge etc) se dresser (majestueusement); (Schwierigkeiten) s'accumuler

aufwachen ['aʊfvaxən] vi s'éveiller, se réveiller

aufwachsen ['aʊfvaksən] unreg vi grandir

Aufwand ['aʊfvant] (-(e)s) m (an Kraft, Geld etc) dépense f; (Kosten) frais mpl; (Luxus) luxe m, faste m; **bitte, keinen ~!** surtout ne faites pas de chichi (pour moi)!

aufwändig ['aʊfvɛndɪç] adj siehe **aufwendig**

Aufwandsentschädigung f frais mpl de représentation, note f de frais

aufwärmen ['aʊfvɛrmən] vt (Essen) réchauffer; (alte Geschichten) ressasser ▷ vr (Sport) s'échauffer

aufwarten ['aʊfvartən] vi (zu bieten haben): **(jdm) mit etw ~** offrir qch (à qn), réserver qch (à qn)

aufwärts ['aʊfvɛrts] adv (in Rangordnung) à partir de; **A~entwicklung** f progrès m; **~fahren** vi monter; **~gehen** vi monter; **mit seiner Gesundheit geht es ~** il reprend du poil de la bête; **mit der Wirtschaft geht es ~** l'économie est en pleine reprise

Aufwasch ['aʊfvaʃ] m vaisselle f; **alles in einem ~** (umg) tout à la fois

aufwecken ['aʊfvɛkən] vt réveiller

aufweichen ['aʊfvaɪçən] vt (Brot) faire tremper; (Boden) détremper; (System) miner

aufweisen ['aʊfvaɪzən] unreg vt montrer

aufwenden ['aʊfvɛndən] unreg vt consacrer; (Geld) dépenser

aufwendig ['aʊfvɛndɪç] adj (Projekt) coûteux(-euse); (Fest) somptueux(-euse)

aufwerfen ['aʊfvɛrfən] unreg vt (Probleme) soulever; (Fenster etc) ouvrir (brusquement) ▷ vr: **sich zum Richter ~** s'ériger en juge

aufwerten ['aʊfvɛrtən] vt (Finanz) réévaluer; (fig) rehausser

Aufwertung f (Finanz) réévaluation f

aufwickeln ['aʊfvɪkəln] vt (aufrollen) enrouler; (umg: Haar) mettre des bigoudis dans; (lösen) dérouler

aufwiegeln ['aʊfviːgəln] vt soulever

aufwiegen ['aʊfviːgən] unreg vt compenser

Aufwind ['aʊfvɪnt] m vent m ascendant; **neuen ~ bekommen** (fig) avoir un second souffle

aufwirbeln ['aʊfvɪrbəln] vt soulever (des tourbillons de); **Staub ~** (fig) provoquer des remous

aufwischen ['aʊfvɪʃən] vt essuyer

aufwühlen ['aʊfvyːlən] vt (Erde) creuser, défoncer; (Meer) soulever; (Gefühle) remuer

aufzählen ['aʊftsɛːlən] vt énumérer

aufzeichnen ['aʊftsaɪçnən] vt dessiner; (schriftlich) noter; (auf Band) enregistrer

Aufzeichnung f (gew pl: schriftlich) note f; (Tonbandaufzeichnung, Filmaufzeichnung) enregistrement m

aufzeigen ['aʊftsaɪgən] vt montrer

aufziehen ['aʊftsiːən] unreg vt (hochziehen) hisser; (öffnen) ouvrir; (Uhr) remonter; (Foto) coller; (Fest, Unternehmung) organiser; (Kinder, Tiere) élever;

(Med: Spritze) préparer; (umg: necken) taquiner ▷ vi (aufmarschieren) arriver au pas; (Sturm, Gewitter) se préparer; (Wolken) s'amonceler

Aufzucht ['aʊftsʊxt] f (Großziehen) élevage m

Aufzug ['aʊftsuːk] m (Fahrstuhl) ascenseur m; (Aufmarsch) défilé m; (pej: umg: Kleidung) accoutrement m; (Theat) acte m

aufzwingen ['aʊftsvɪŋən] unreg vt: **jdm etw ~** imposer qch à qn

Aug. abk = August

Augapfel ['aʊklapfəl] m globe m oculaire; **jdn/ etw wie seinen ~ hüten** tenir à qn/qch comme à la prunelle de ses yeux

Auge ['aʊgə] (-s, -n) nt œil m; (Fettauge) œil de graisse; (auf Würfel) point m; **unter vier ~n** entre quatre yeux; **vor meinen ~n** sous mes yeux; **vor aller ~n** au vu et au su de tout le monde, devant tout le monde; **jdn/etw mit anderen ~n (an)sehen** voir qn/qch d'un autre œil; **jdn/etw im ~ behalten** ne pas quitter qn/qch du regard; **ganz ~ und Ohr sein** être tout yeux, tout oreilles; **ihm gingen die ~n auf** (fig) ses yeux se sont dessillés; **ein ~/beide ~n zudrücken** (umg) fermer les yeux; **jdn/etw aus den ~n verlieren** perdre qn/qch de vue; **etw ins ~ fassen** envisager qch; **das kann leicht ins ~ gehen** (umg) ça risque de mal finir; **gute/schlechte ~n haben** avoir une bonne/mauvaise vue; **jdm etw vor ~n führen** montrer qch à qn; **einer Gefahr ins ~ sehen** faire face à un danger

Augenarzt m ophtalmologue m, oculiste m

Augenblick m instant m; **im ersten ~** tout d'abord; **im ~** actuellement, en ce moment; **jeden ~** à tout moment; **a~lich** adj (sofort) immédiat(e); (gegenwärtig) présent(e), actuel(le) ▷ adv (derzeitig) en ce moment, actuellement

Augen-: ~braue f sourcil m; **~höhe** f: **in ~höhe** à hauteur des yeux; **~licht** nt vue f; **~merk** nt (geh) attention f; **~schein** kein pl m (geh): **jdn/etw in ~schein nehmen** examiner qn/qch de près; **a~scheinlich** adj (geh) évident(e), apparent(e); **~weide** f régal m pour les yeux; **~wischerei** f (fig) frime f (umg); **~zeuge, -in** m(f) témoin m oculaire

August [aʊˈgʊst] (-(e)s od -, -e) m août m; siehe auch **September**

Auktion [aʊktsiˈoːn] f vente f aux enchères

Auktionator [aʊktsioˈnaːtɔr] m commissaire-priseur m

Aula ['aʊla] (-, Aulen od -s) f (Sch) salle f des fêtes; (Univ) amphithéâtre m

Aupairmädchen, Au-pair-Mädchen [oˈpɛːr-mɛːtçən] nt jeune fille f au pair

Aus nt (Sport: Ausscheiden) élimination f; (fig: Ende) fin f; **ins ~ gehen** sortir (du terrain)

 SCHLÜSSELWORT

aus [aʊs] präp +Dat **1** (räumlich) de; **aus dem Zimmer kommen** sortir de la chambre; **aus dem Garten/der Stadt kommen** venir du jardin/de la ville; **er ist aus Berlin** il vient de Berlin; **aus dem Fenster** par la fenêtre

2 (*Material*) de, en; **eine Statue aus Marmor** une statue de *od* en marbre; **ein Herz aus Stein** un cœur de pierre

3 (*auf Ursache deutend*) par; **aus Mitleid** par pitié; **aus Erfahrung** (*wissen*) par expérience; **aus Versehen** par mégarde; **aus Spaß** pour plaisanter *od* rire

▷ *adv* **1** (*zu Ende*) fini(e); **aus sein** (*umg: zu Ende sein*) être fini(e); (: *nicht zu Hause sein*) être sorti(e); (: *nicht brennen, abgeschaltet sein*) être éteint(e); **es ist aus mit ihm** c'en est fait de lui, il est fichu; **aus und vorbei** fini(e)

2: **bei ihr gehen Gerichtsvollzieher aus und ein** c'est un vrai défilé d'huissiers chez elle; **weder aus noch ein wissen** ne plus savoir que faire; **auf etw** *Akk* **aus sein** viser qch; **sie ist doch nur auf dein Geld aus** c'est ton argent qui l'intéresse

3 (*ausgeschaltet*): **ist der Herd aus?** le four est-il éteint?; **ist das Licht aus?** la lumière est-elle éteinte?

4 (*in Verbindung mit von*): **von Rom aus** depuis Rome; **vom Fenster aus** de la fenêtre; **von sich aus** (*selbstständig*) de lui-même/d'elle-même; **o.k., von mir aus** d'accord(, si tu veux); **von ihm aus geht es in Ordnung** il est d'accord

ausarbeiten ['aʊslarbaɪtən] *vt* élaborer
ausarten ['aʊslartən] *vi* dégénérer
ausatmen ['aʊsla:tmən] *vi* expirer
ausbaden ['aʊsba:dən] (*umg*) *vt*: **etw ~ müssen** devoir payer les pots cassés pour qch
Ausbau ['aʊsbaʊ] *m* (*Erweiterung*) agrandissement *m*
ausbauen *vt* (*vergrößern, erweitern*) agrandir; (*herausnehmen*) démonter
ausbaufähig *adj* (*fig*) qui peut être développé(e)
ausbedingen ['aʊsbədɪŋən] *unreg vt*: **sich** *Dat* **etw ~** se réserver qch
ausbeißen ['aʊsbaɪsən] *unreg vr*: **sich** *Dat* **an etw** *Dat* **die Zähne ~** (*fig*) se casser les dents sur qch
ausbessern ['aʊsbɛsərn] *vt* réparer
ausbeulen ['aʊsbɔɪlən] *vt* (*Aut*) débosseler, réparer les bosses de; (*Kleidung*) déformer
Ausbeute ['aʊsbɔɪtə] *f* rendement *m*; (*Gewinn*) bénéfice *m*
ausbeuten *vt* exploiter
ausbezahlen ['aʊsbətsa:lən] *vt* (*Geld*) payer (entièrement); (*Erben*) désintéresser
ausbilden ['aʊsbɪldən] *vt* former; (*Fähigkeiten*) développer; (*Geschmack*) cultiver; **stark ausgebildet sein** (*Fähigkeit, Charakteristik*) être très prononcé(e)
Ausbilder, in (*-s, -*) *m(f)* formateur(-trice) *m/f*
Ausbildung *f* (*beruflich*) formation *f*; **er ist noch in der ~** il n'a pas encore terminé sa formation
Ausbildungs-: **~beihilfe** *f* allocation *f* de formation professionnelle; **~förderung** *f* ≈ crédit-formation *m* individualisé; **~platz** *m* (*Stelle*) place *f* de stage
ausbitten ['aʊsbɪtən] *unreg vt*: **sich** *Dat* **etw ~** (*geh*) demander qch; **ich bitte mir Ruhe aus!** silence, je vous prie!

ausblasen ['aʊsbla:zən] *unreg vt* souffler; (*Ei*) vider
ausbleiben ['aʊsblaɪbən] *unreg vi* (*Personen*) ne pas venir; (*Ereignisse*) ne pas se produire; **es konnte nicht ~, dass ...** comme il fallait s'y attendre, ...
ausblenden ['aʊsblɛndən] *vt* couper
Ausblick ['aʊsblɪk] *m* vue *f*; (*fig*) perspective *f*
ausbomben ['aʊsbɔmbən] *vt* bombarder la maison de
ausbooten ['aʊsbo:tən] (*umg*) *vt* (*Person*) dégommer
ausbrechen ['aʊsbrɛçən] *unreg vi* (*Gefangener*) s'évader; (*fig*) échapper à; (*Krieg, Feuer*) éclater; (*Krankheit*) se déclarer; (*Vulkan*) entrer en éruption ▷ *vt* (*Steine*) casser, détacher; (*Zahn*) casser; **in der Kurve brach ihm das Auto aus** il a perdu le contrôle de sa voiture dans le virage; **beim ersten Schuss brach Panik aus** le premier coup de fusil a semé la panique; **dem Kranken brach der Schweiß aus** le malade se mit à transpirer (à grosses gouttes); **in Tränen ~** fondre en larmes; **in Gelächter ~** éclater de rire
Ausbrecher, in (*-s, -*) (*umg*) *m(f)* (*Gefangener*) évadé(e) *m/f*
ausbreiten ['aʊsbraɪtən] *vt* (*Waren*) étaler; (*Tuch*) étendre; (*Karte*) déplier; (*Arme*) écarter, étendre; (*Flügel*) déployer ▷ *vr* (*Nebel, Wärme*) se répandre; (*Seuche, Feuer*) se propager; (*Ebene, pej: über Thema*) s'étendre
ausbrennen ['aʊsbrɛnən] *unreg vt* (*Wunde*) cautériser ▷ *vi* (*Haus, Auto*) être réduit(e) en cendres; (*zu Ende brennen*) finir de brûler, s'éteindre; (*Vulkan*) s'éteindre; **er ist (völlig) ausgebrannt** (*fig*) il est à bout
ausbringen ['aʊsbrɪŋən] *unreg vt* (*Trinkspruch*) porter
Ausbruch ['aʊsbrʊx] *m* (*von Gefangenen*) évasion *f*; (*eines Krieges, einer Epidemie*) début *m*; (*von Vulkan*) éruption *f*; (*Gefühlsausbruch*) débordement *m*; **zum ~ kommen** se déclarer
ausbrüten ['aʊsbry:tən] *vt* couver
Ausbuchtung ['aʊsbʊxtʊŋ] *f* (*Küste*) échancrure *f*
ausbügeln ['aʊsby:gəln] *vt* repasser; (*umg: Fehler*) éliminer
ausbuhen ['aʊsbu:ən] *vt* siffler, huer
Ausbund ['aʊsbʊnt] *m*: **ein ~ an** *od* **von Tugend/Frechheit** la vertu/l'insolence personnifiée
ausbürgern ['aʊsbʏrgərn] *vt*: **jdn ~** déchoir qn de sa nationalité
ausbürsten ['aʊsbʏrstən] *vt* brosser
Ausdauer ['aʊsdaʊər] *f* endurance *f*, persévérance *f*
ausdauernd *adj* persévérant(e), tenace; (*Bot*) vivace ▷ *adv* continuellement
ausdehnen ['aʊsde:nən] *vt* (*räumlich*) étendre; (*Gummi*) étirer; (*zeitlich*) prolonger ▷ *vr* s'étendre
ausdenken ['aʊsdɛŋkən] *unreg vt* (*zu Ende denken*) considérer à fond; **sich** *Dat* **etw ~** imaginer qch; **das ist nicht auszudenken** (*unvorstellbar*) je préfère ne pas y penser
ausdiskutieren ['aʊsdɪskuti:rən] *vt* discuter dans les moindres détails

39

ausdrehen ['aʊsdre:ən] vt (Gas) fermer, éteindre; (Licht) éteindre

Ausdruck ['aʊsdrʊk] m expression f; (einzelnes Wort) terme m; (Comput) sortie f (sur imprimante); **mit dem ~ des Bedauerns** (förmlich) en exprimant ses (vifs) regrets; **Ausdrücke gebrauchen** jurer

ausdrucken vt (Comput) imprimer

ausdrücken ['aʊsdrʏkən] vt (formulieren, zeigen) exprimer; (Zigarette) écraser; (Zitrone, Schwamm) presser ▷ vr s'exprimer

ausdrücklich adj exprès(-esse) ▷ adv expressément

Ausdrucks-: ~fähigkeit f facilité f d'expression od de parole, aisance f à s'exprimer; (von Augen) expressivité f; **a~los** adj sans expression, inexpressif(-ive); **a~voll** adj expressif(-ive); **~weise** f manière f de s'exprimer

Ausdünstung ['aʊsdynstʊŋ] f (Dampf) évaporation f; (Geruch) mauvaise odeur f

auseinander [aʊslaɪ'nandər] adv (räumlich, zeitlich): **~ sein** (Paar, Ehe) être séparé(e); **weit ~** très loin (l'un(e) de l'autre)

auseinander-: ~bringen unreg vt séparer; **~fallen** unreg vi tomber en morceaux; **~gehen** unreg vi (Menschen) se séparer; (Meinungen) diverger; (Gegenstand) tomber en morceaux; (umg: dick werden) grossir, s'empâter; **~halten** unreg vt (unterscheiden) distinguer; **~klaffen** vi être béant(e); (Meinungen) diverger radicalement; **~laufen** unreg vi (Menge) se disperser; (umg: sich trennen) se séparer; **~leben** vr perdre contact; **~liegen** unreg vi être éloigné(e) l'un(e) de l'autre; **~nehmen** unreg vt (zerlegen) démonter; **~schreiben** unreg vt écrire en deux mots; **~setzen** vt (erklären) expliquer ▷ vr (sich verständigen) s'expliquer; (sich befassen): **sich mit etw ~setzen** réfléchir à qch, se pencher sur qch; **Schüler ~setzen** séparer des élèves; **A~setzung** f (Diskussion) discussion f; (Streit) dispute f

auserkoren ['aʊsɛrko:rən] adj élu(e)

auserlesen ['aʊsɛrle:zən] adj (Wein, Speisen) exquis(e), de choix

ausersehen ['aʊsɛrze:ən] unreg vt (geh): **dazu ~ sein, etw zu tun** avoir été désigné(e) pour faire qch

ausfahrbar adj (Antenne, Fahrgestell) escamotable

ausfahren ['aʊsfa:rən] unreg vt (spazieren fahren: im Auto) faire faire un tour à; (: im Kinderwagen) (aller) promener; (liefern) (aller) livrer; (Aut: Kurve) prendre bien à l'extérieur; (Auto) pousser à fond; (Tech: Fahrwerk) sortir ▷ vi (spazieren fahren) (aller) faire un tour; (Naut) prendre la mer; **ausgefahrene Wege** chemins mpl défoncés

Ausfahrer m livreur m

Ausfahrt f (Autobahnausfahrt, Garagenausfahrt) sortie f; (des Zuges etc) départ m; (Spazierfahrt) tour m

Ausfahrtsstraße f (route f de) sortie f

Ausfall ['aʊsfal] m (Wegfall, Verlust) perte f; (Nichtstattfinden) annulation f; (Versagen: Med) arrêt m, défaillance f; (: Tech) panne f; (Produktionsstörung) arrêt de la production; (Mil)

sortie f; (Fechten) botte f; (radioaktiv) retombées fpl (radioactives)

ausfallen ['aʊsfalən] unreg vi (Zähne, Haare) tomber; (nicht stattfinden) ne pas avoir lieu; (wegbleiben: Person) être absent(e); (: Lohn) ne plus être payé(e); (nicht funktionieren) tomber en panne; **wie ist das Spiel ausgefallen?** qui a gagné?, quel est le score?; **die Prüfung ist gut ausgefallen** les résultats de l'examen sont bons; **die Schule fällt morgen aus** il n'y aura pas classe demain

ausfallend adj (Worte) blessant(e); **~ werden** faire des remarques désobligeantes

Ausfallstraße f (route f de) sortie f

ausfegen ['aʊsfe:gən] vt balayer

ausfeilen ['aʊsfaɪlən] vt limer; (Stil) polir

ausfertigen ['aʊsfɛrtɪgən] vt (förmlich: Pass) délivrer; (: Urkunde, Rechnung) établir; **doppelt ~ faire** en deux exemplaires

Ausfertigung f (von Pass) délivrance f; (Exemplar) exemplaire m; **in doppelter/dreifacher ~** en deux/trois exemplaires

ausfindig ['aʊsfɪndɪç] adv: **jdn/etw ~ machen** (finir par) trouver qn/qch

ausfliegen ['aʊsfli:gən] unreg vt évacuer par avion ▷ vi (Jungvögel) s'envoler, quitter le nid; **sie war ausgeflogen** (umg) elle était sortie

ausfließen ['aʊsfli:sən] unreg vi (herausfließen) s'écouler; (auslaufen) fuir; (Eiter etc) suinter

ausflippen ['aʊsflɪpən] (umg) vi flipper; **ein ausgeflippter Typ** un excentrique

Ausflucht ['aʊsflʊxt] (-, **Ausflüchte**) f (Ausrede) prétexte m

Ausflug ['aʊsflu:k] m excursion f

Ausflügler, in ['aʊsfly:klər(ɪn)] (-s, -) m(f) excursionniste m/f

Ausfluss ['aʊsflʊs] m (Stelle) bonde f; (Med) écoulement m

ausfragen ['aʊsfra:gən] vt interroger

ausfransen ['aʊsfranzən] vi s'effilocher

ausfressen ['aʊsfrɛsən] unreg vt (aushöhlen) ronger, creuser; **etwas ~** (umg: anstellen) faire des bêtises

Ausfuhr ['aʊsfu:r] (-, **-en**) f exportation f; **~artikel** m article m d'exportation

ausführbar ['aʊsfy:rba:r] adj (durchführbar) faisable, réalisable; (Wirts) exportable

ausführen ['aʊsfy:rən] vt (spazieren führen: Menschen, Hund) sortir, (aller) promener; (mit jdm ausgehen) sortir avec; (Wirts) exporter; (verwirklichen) réaliser; (erledigen, gestalten) exécuter; (erklären) expliquer; **die ~de Gewalt** le pouvoir exécutif

Ausfuhrgenehmigung f permis m d'exportation

ausführlich adj détaillé(e) ▷ adv en détail; **A~keit** f abondance f de détails

Ausführung f (Durchführung) exécution f; (von Produktion: Modell) modèle m; (: Herstellungsart) version f; (von Thema) traitement m; (Erklärung) explication f

Ausfuhrverbot nt interdiction f d'exporter

Ausfuhrzoll m droits mpl od taxe f à l'exportation

od de sortie

ausfüllen ['aʊsfʏlən] *vt* (*Loch*) combler; (*Zeit*) occuper, employer; (*Platz*) occuper; (*Fragebogen etc, Beruf*) remplir; **jdn (ganz)~** (*in Anspruch nehmen*) absorber qn (complètement)

Ausg. *abk* (= *Ausgabe*) éd.

Ausgabe ['aʊsga:bə] *f* (*Geld*) dépense *f*; (*Aushändigung*) distribution *f*; (*Gepäckausgabe*) consigne *f* (*où on retire les bagages*); (*Schalter*) guichet *m*; (*Buch*) édition *f*; (*Nummer*) numéro *m*; (*Ausführung*) modèle *m*, version *f*; (*Comput*) sortie *f*

Ausgang ['aʊsgaŋ] *m* (*Stelle*) sortie *f*; (*kein pl: Ende*) fin *f*; (*: Ausgangspunkt*) point *m* de départ; (*: Ergebnis*) issue *f*; (*Ausgehtag*) jour *m* de sortie; **ein Unfall mit tödlichem ~** un accident mortel; **kein ~** sans issue, sortie interdite; **~ haben** (*dienstfrei*) avoir congé *od* son jour de sortie

Ausgangs-: **~basis** *f* base *f*; **~punkt** *m* point *m* de départ; **~sperre** *f* consigne *f*

ausgeben ['aʊsge:bən] *unreg vt* (*Geld*) dépenser; (*austeilen*) distribuer; (*Comput*) imprimer, sortir ▷ *vr*: **sich für etw/jdn ~** se faire passer pour qch/qn; **ich gebe heute Abend einen aus** (*umg*) ce soir, j'offre un pot

ausgebeult ['aʊsgəbɔʏlt] *adj* (*Kleidung*) avec des poches; (*Hut*) cabossé(e)

ausgebucht ['aʊsgəbu:xt] *adj* (*Vorstellung, Flug, Maschine*) complet(-ète)

Ausgeburt ['aʊsgəbu:rt] (*pej*) *f* (*der Fantasie etc*) produit *m*

ausgedehnt ['aʊsgəde:nt] *adj* vaste, étendu(e); (*zeitlich, Spaziergang*) long (longue)

ausgedient ['aʊsgədi:nt] *adj* (*Soldat*) libéré(e); (*verbraucht*) usé(e), hors d'usage; **~ haben** avoir fait son temps

ausgefallen ['aʊsgəfalən] *adj* (*ungewöhnlich*) inhabituel(le), insolite

ausgeglichen ['aʊsgəglɪçən] *adj* (*Mensch, Temperament*) équilibré(e); (*Klima*) tempéré(e); (*Spiel*) égal(e); **A~heit** *f* équilibre *m*

Ausgehanzug *m* tenue *f* de sortie

ausgehen ['aʊsge:ən] *unreg vi* (*weggehen, sich vergnügen*) sortir; (*Haare, Zähne*) tomber; (*Vorräte, Geld*) venir à manquer, s'épuiser; (*Feuer, Ofen, Licht*) s'éteindre; (*Resultat haben*) finir, se terminer; (*spazieren gehen*) aller se promener; (*abgeschickt werden: Post*) partir; **mir ist der Zucker ausgegangen** je n'ai plus de sucre; **mir ging das Benzin aus** je suis tombé(e) en panne d'essence; **allmählich geht mir die Geduld aus** je commence à perdre patience; **auf etw** *Akk* **~** viser qch; **von etw ~** (*wegführen, zugrunde legen*) se fonder sur qch; (*herrühren*) venir de qch; (*ausgestrahlt werden*) provenir de qch; **wir können davon ~, dass ...** nous pouvons partir du principe que ...; **leer ~** ne rien obtenir, revenir bredouille; **gut/schlecht ~** bien/mal finir

ausgehungert ['aʊsgəhʊŋərt] *adj* affamé(e); (*abgezehrt*) émacié(e)

Ausgehverbot *nt* (*Mil*) consigne *f*

ausgeklügelt ['aʊsgəkly:gəlt] *adj* ingénieux(-euse)

ausgekocht ['aʊsgəkɔxt] (*pej*: *umg*) *adj* (*durchtrieben*) rusé(e), retors(e)

ausgelassen ['aʊsgəlasən] *adj* débordant(e) de gaieté, enjoué(e); **A~heit** *f* gaieté *f*, enjouement *m*

ausgelastet ['aʊsgəlastət] *adj* surchargé(e)

ausgeleiert ['aʊsgəlaɪərt] *adj* usé(e)

ausgelernt ['aʊsgəlɛrnt] *adj* qui a fini son apprentissage, qualifié(e)

ausgemacht ['aʊsgəmaxt] (*umg*) *adj* (*vereinbart*) convenu(e); **ein ~er Dummkopf** un parfait imbécile; **es gilt als ~, dass ...** il est entendu que ...; **es war eine ~e Sache, dass ...** c'était chose convenue que ...

ausgemergelt ['aʊsgəmɛrgəlt] *adj* (*Gesicht*) émacié(e), décharné(e)

ausgenommen ['aʊsgənɔmən] *präp* +*Gen od Dat* sauf ▷ *konj* sauf si; **Anwesende sind ~** à l'exception des personnes présentes

ausgepowert ['aʊsgəpaʊərt] (*umg*) *adj*: **~ sein** être vidé(e), être vanné(e)

ausgeprägt ['aʊsgəprɛ:kt] *adj* marqué(e), prononcé(e)

ausgerechnet ['aʊsgərɛçnət] *adv*: **~ du musst mir das vorwerfen!** toi, me faire des reproches!; **~ heute kommt er** il ne pouvait arriver à un pire moment!

ausgeschlossen ['aʊsgəflɔsən] *adj* (*unmöglich*) exclu(e)

ausgeschnitten ['aʊsgəfnɪtən] *adj* (*Kleid*) décolleté(e)

ausgesprochen ['aʊsgəfprɔxən] *adj* (*Begabung*) prononcé(e); (*Lüge etc*) caractérisé(e); (*unverkennbar*) caractéristique, typique ▷ *adv*: **~ schlecht/schön** vraiment très mauvais(e)/beau(belle); **~es Pech haben** n'avoir vraiment pas de chance; **sich ~ freuen** être vraiment (très) content(e)

ausgestorben ['aʊsgəftɔrbən] *adj* (*Tierart*) disparu(e); **die Straßen waren wie ~** les rues étaient désertes

ausgesucht ['aʊsgəzu:xt] *adj* (*besonders groß*) marqué(e) ▷ *adv* très, extrêmement

ausgewogen ['aʊsgəvo:gən] *adj* équilibré(e), pondéré(e); (*Maß*) égal(e)

ausgezeichnet ['aʊsgətsaɪçnət] *adj* excellent(e)

ausgiebig ['aʊsgi:bɪç] *adj* (*Essen*) copieux(-euse), abondant(e) ▷ *adv*: **~ schlafen/essen** dormir/manger tout son soûl; **~en Gebrauch von etw machen** beaucoup se servir de qch

ausgießen ['aʊsgi:sən] *unreg vt* (*aus einem Behälter*) verser; (*weggießen*) jeter; (*Behälter*) vider; (*Tech: füllen*) remplir

Ausgleich ['aʊsglaɪç] (*-(e)s, -e*) *m* (*Gleichgewicht*) équilibre *m*; (*bei Konflikt*) accord *m*; (*von Verlust*) compensation *f*; (*Sport*) égalisation *f*; **zum ~** en compensation; **das ist ein guter ~** c'est bon pour l'équilibre

ausgleichen ['aʊsglaɪçən] *unreg vt* (*Höhenunterschied*) égaliser; (*Unterschied*) aplanir, équilibrer; (*Mangel, Verlust*) compenser; (*Konto*) équilibrer ▷ *vi* (*zwischen Menschen*) jouer les médiateurs; (*Sport*) égaliser ▷ *vr* s'équilibrer, se compenser; **~de Gerechtigkeit** justice *f* distributive

Ausgleichssport *m* (exercices *mpl* de) gymnastique *f* (*pour quelqu'un qui fait un travail sédentaire*)

Ausgleichstor *nt* but *m* égalisateur

ausglühen ['aʊsgly:ən] *vt* (*Nadel etc*) flamber

ausgraben ['aʊsgra:bən] *unreg vt* déterrer; (*Leichen*) exhumer; (*fig*) ressortir

Ausgrabung *f* (*archäologisch*) fouilles *fpl*; (*archäologische Funde*) objets *mpl* anciens

ausgrenzen ['aʊsgrɛntsən] *vt* exclure

Ausgrenzung *f* mise *f* à l'écart

Ausguck ['aʊsgʊk] *m* poste *m* d'observation

Ausguss ['aʊsgʊs] *m* (*Spüle*) évier *m*; (*Abfluss*) bonde *f*; (*Tülle*) bec *m*

aushaben ['aʊsha:bən] *unreg* (*umg*) *vt* (*Kleidung*) avoir enlevé; (*Buch*) avoir fini (de lire) ▷ *vi* (*Schule*) sortir (de classe)

aushalten ['aʊshaltən] *unreg vt* (*Schmerzen, Hunger, Vergleich*) supporter; (*Blick*) soutenir; (*pej: Geliebte*) entretenir; (*umg*): **sich von jdm ~ lassen** se faire entretenir par qn ▷ *vi* (*durchhalten*) tenir bon; **das ist ja nicht zum A~** c'est insupportable

aushandeln ['aʊshandəln] *vt* négocier

aushändigen ['aʊshɛndɪgən] *vt* remettre

Aushang ['aʊshaŋ] *m* avis *m*

aushängen ['aʊshɛŋən] *unreg vt* (*Meldung*) afficher; (*Fenster*) décrocher ▷ *vi* (*Meldung*) être affiché(e) ▷ *vr* (*Kleidung, Falten*) se défroisser

Aushängeschild *nt* (*fig*) pub *f* (ambulante)

ausharren ['aʊsharən] *vi* patienter

aushäusig ['aʊshɔyzɪç] *adj* (*Mensch*) sorti(e)

ausheben ['aʊshe:bən] *unreg vt* (*Erde*) enlever; (*Grube*) creuser; (*Tür*) déboîter; (*Nest*) vider; (*Diebesnest*) faire une descente dans; (*Mil*) lever

aushecken ['aʊshɛkən] (*umg*) *vt* inventer, élaborer

ausheilen ['aʊshaɪlən] *vt, vi* (*Krankheit*) guérir (complètement)

aushelfen ['aʊshɛlfən] *unreg vi +Dat:* **jdm ~** donner un coup de main à qn

Aushilfe ['aʊshɪlfə] *f* aide *f*; (*Person*) intérimaire *m/f*; **als ~ arbeiten** faire de l'intérim

Aushilfs-: **~kraft** *f* intérimaire *m/f*; **~lehrer, in** *m(f)* maître (maîtresse) *m/f* auxiliaire; **a~weise** *adv* à titre provisoire, temporairement

aushöhlen ['aʊshø:lən] *vt* creuser; (*fig*) épuiser

ausholen ['aʊsho:lən] *vi* (*zum Schlag, Wurf*) lever le bras; (*zur Ohrfeige*) lever la main; (*beim Gehen*) allonger le pas; **weit ~** (*fig*) remonter au déluge; **zum Gegenschlag ~** contre-attaquer

aushorchen ['aʊshɔrçən] *vt* faire parler

aushungern ['aʊshʊŋərn] *vt* affamer

auskennen ['aʊskɛnən] *unreg vr* (*an einem Ort*) se repérer facilement; (*in Fragen etc*) s'y connaître; **man kennt sich bei ihm nie aus** avec lui, on ne sait jamais quoi s'en tenir

auskippen ['aʊskɪpən] *vt* vider

ausklammern ['aʊsklamərn] *vt* (*Thema*) laisser de côté

Ausklang ['aʊsklaŋ] *m* (*von Fest*) fin *f*; (*von Musik*)

dernières notes *fpl*; **zum ~ des Abends** pour clore la soirée

ausklappbar ['aʊsklapba:r] *adj* pliable

auskleiden ['aʊsklaɪdən] *vr* (*geh*) se dévêtir ▷ *vt* (*Wand*) revêtir, garnir

ausklingen ['aʊsklɪŋən] *unreg vi* (*Ton, Lied*) s'éteindre; (*Fest*) se terminer

ausklinken ['aʊsklɪŋkən] *vt* (*Seil*) détacher

ausklopfen ['aʊsklɔpfən] *vt* (*Teppich*) battre; (*Pfeife*) débourrer

ausknöpfbar ['aʊsknœpfba:r] *adj* (*Futter*) amovible

auskochen ['aʊskɔxən] *vt* (*Wäsche*) faire bouillir; (*Knochen*) cuire; (*Med*) stériliser

auskommen ['aʊskɔmən] *unreg vi*: **mit jdm (gut) ~** (bien) s'entendre avec qn; **mit etw ~** (*genügend haben*) se débrouiller avec qch; **ohne jdn/etw ~** (pouvoir) se passer de qn/qch; **A~ (-s)** *nt*: **sein A~ haben** avoir de quoi vivre; **mit ihr ist kein A~** il n'y a pas moyen de s'entendre avec elle

auskosten ['aʊskɔstən] *vt* savourer

auskramen ['aʊskra:mən] (*umg*) *vt* déballer; (*fig: alte Geschichten etc*) ressortir

auskratzen ['aʊskratsən] *vt* racler, gratter; (*Med: Gebärmutter*) cureter ▷ *vi* (*umg: weglaufen*) filer

auskugeln ['aʊsku:gəln] *vr*: **sich *Dat* den Arm ~** se démettre le bras

auskundschaften ['aʊskʊntʃaftən] *vt* (*Gegend*) explorer; (*Versteck, Geheimnis*) découvrir

Auskunft ['aʊskʊnft] **(-, Auskünfte)** *f* (*Mitteilung*) renseignement *m*; (*kein pl: Stelle*) bureau *m* de renseignements *od* d'information; (*Tel*) renseignements

auskuppeln ['aʊskʊpəln] *vi* débrayer

auskurieren ['aʊskuri:rən] (*umg*) *vt* guérir complètement

auslachen ['aʊslaxən] *vt* se moquer de

ausladen ['aʊsla:dən] *unreg vt* (*Ladung, Auto*) décharger; (*umg: Gäste*) décommander ▷ *vi* (*Äste*) s'étendre

ausladend *adj* (*Gebärden, Bewegung*) large

Auslage ['aʊsla:gə] *f* (*Waren*) étalage *m*, éventaire *m*; (*Schaufenster*) vitrine *f*; **Auslagen** *pl* (*Kosten*) frais *mpl*

auslagern ['aʊsla:gərn] *vt* (*Kunstgegenstände*) mettre en lieu sûr

Ausland ['aʊslant] *nt* étranger *m*; **im ~, ins ~** à l'étranger

Ausländer, in ['aʊslɛndər(ɪn)] **(-s, -)** *m(f)* étranger(-ère) *m/f*

Ausländerfeindlichkeit *f* xénophobie *f*

ausländisch *adj* étranger(-ère)

Auslands-: **~aufenthalt** *m* séjour *m* à l'étranger; **~gespräch** *m* communication *f* internationale; **~korrespondent, in** *m(f)* correspondant(e) permanent(e) *m/f* (à l'étranger); **~reise** *f* voyage *m* à l'étranger; **~schutzbrief** *m* contrat de garantie automobile pour voyages à l'étranger; **~vertretung** *f* (*von Staat*) représentation *f* à l'étranger; (*von Firma*) succursale *f* à l'étranger

auslassen ['aʊslasən] *unreg vt* omettre; (*Gelegenheit*) laisser passer; (*Fett*) faire fondre;

(*Kleidungsstück: weiter machen*) élargir; (*umg: Radio, Heizung*) ne pas allumer; (*: Kleidungsstück: nicht anziehen*) ne pas mettre ▷ *vr:* **sich über etw** *Akk* **~** (*pej*) s'étendre sur qch; **seine Wut an jdm ~** passer sa colère sur qn

Auslassung *f* (*von Wort etc*) omission *f*; **~szeichen** *nt* apostrophe *f*

auslasten ['aʊslastən] *vt* (*Fahrzeug*) charger au maximum; (*Maschine auch*) utiliser à pleine capacité; (*Person*) occuper à plein temps

Auslauf ['aʊslaʊf] *m* espace *m*; (*Ausflussstelle*) voie *f* d'écoulement

auslaufen *unreg vi* (*Flüssigkeit*) s'écouler, couler; (*Behälter*) fuir; (*Farbe*) s'estomper (au lavage); (*Naut*) appareiller; (*langsam aufhören: Motoren, Läufer*) ralentir progressivement; (*zu Ende sein*) se terminer; (*nicht weitergeführt werden: Serie*) ne plus se faire

Ausläufer ['aʊslɔyfər] *m* (*von Gebirge*) contrefort *m*; (*Pflanze*) pousse *f*; (*Met: von Hoch*) anticyclone *m*, champ *m* de hautes pressions; (*: von Tief*) dépression *f*, perturbation *f*

ausleeren ['aʊsle:rən] *vt* vider

auslegen ['aʊsle:gən] *vt* étaler; (*Köder, Schlinge*) placer, poser; (*Geld*) avancer; (*Zimmer, Boden*) revêtir; (*Text etc*) interpréter

Ausleger (**-s, -**) *m* (*von Kran etc*) flèche *f*

Auslegeware *kein pl f* revêtements *mpl* de sol

Auslegung *f* interprétation *f*

ausleiern ['aʊslaɪərn] *vi* s'user

Ausleihe ['aʊslaɪə] *f* prêt *m*; (*Stelle*) salle *f* de prêt

ausleihen ['aʊslaɪən] *unreg vt* (*verleihen*) prêter; **sich** *Dat* **etw ~** emprunter qch

auslernen ['aʊslɛrnən] *vi* (*Lehrling*) finir son apprentissage; **man lernt nie aus** (*Sprichwort*) on n'a jamais fini d'apprendre

Auslese ['aʊsle:zə] *f* (*Vorgang*) choix *m*, sélection *f*; (*Elite*) élite *f*; (*Wein*) grand cru *m*

auslesen ['aʊsle:zən] *unreg vt* (*aussondern*) trier; (*auswählen*) sélectionner; (*umg: zu Ende lesen*) finir de lire

ausliefern ['aʊsli:fərn] *vt* livrer; (*an anderen Staat*) extrader ▷ *vi* (*Wirts*) livrer ▷ *vr:* **sich jdm ~** se livrer à qn; **jdm/etw ausgeliefert sein** être à la merci de qn/qch

Auslieferungsabkommen *nt* traité *m* *od* convention *f* d'extradition

Auslieferungslager *nt* (*Wirts*) entrepôt *m* de distribution

ausliegen ['aʊsli:gən] *unreg vi* (*Waren*) être exposé(e), être en vitrine; (*Liste*) pouvoir être consulté(e); (*Zeitschrift*) être à la disposition du public

ausloggen ['aʊslɔgən] (*Comput*) *vi* clore une session, se déconnecter ▷ *vr* se déconnecter

auslöschen ['aʊslœʃən] *vt* éteindre; (*Geschriebenes, Spuren, fig*) effacer

auslosen ['aʊslo:zən] *vt* tirer au sort

auslösen ['aʊslø:zən] *vt* (*Explosion, Schuss, Alarm*) déclencher; (*Reaktion*) provoquer; (*Panik*) jeter, semer; (*Gefühle, Heiterkeit*) susciter; (*Gefangene*) racheter; (*Pfand*) dégager

Auslöser (**-s, -**) *m* (*Phot*) déclencheur *m*; (*Anlass*) cause *f* (immédiate)

ausloten ['aʊslo:tən] *vt* sonder

ausmachen ['aʊsmaxən] *vt* (*Licht, Feuer*) éteindre; (*Radio*) fermer; (*entdecken*) repérer; (*erkennen*) distinguer; (*vereinbaren*) convenir de, fixer; (*Anteil darstellen, bedeuten*) constituer, représenter; **das macht ihm nichts aus** ça ne lui fait rien, ça ne le dérange pas; **macht es Ihnen etwas aus, wenn ...?** ça vous dérange si ...?; **das macht einen Unterschied aus** ça change tout; **eine ausgemachte Sache** une affaire entendue

ausmalen ['aʊsma:lən] *vt* (*Bild, Umrisse*) colorier; (*schildern*) décrire, dépeindre; **sich** *Dat* **etw ~** s'imaginer qch

Ausmaß ['aʊsma:s] *nt* (*von Gegenstand, Fläche*) dimensions *fpl*; (*von Katastrophe*) ampleur *f*; (*von Liebe etc*) grandeur *f*; **das nimmt ungeheure ~e an** ça prend des proportions considérables

ausmerzen ['aʊsmɛrtsən] *vt* (*Fehler, Stelle*) supprimer; (*Erinnerung*) chasser

ausmessen ['aʊsmɛsən] *unreg vt* mesurer

ausmisten ['aʊsmɪstən] *vt* (*Stall*) nettoyer (de son fumier); (*fig: umg: Schrank, Zimmer*) mettre de l'ordre dans

ausmustern ['aʊsmʊstərn] *vt* (*Maschine, Fahrzeug etc*) retirer du service; (*Mil*) réformer

Ausnahme ['aʊsna:mə] *f* exception *f*; **mit ~ von** à l'exception de; **~erscheinung** *f* cas *m* exceptionnel *od* à part; **~fall** *m* exception *f*; **~zustand** *m* (*Pol*) état *m* d'exception

ausnahmslos *adv* sans exception

ausnahmsweise *adv* exceptionnellement

ausnehmen ['aʊsne:mən] *unreg vt* (*Tier, Fisch, Nest*) vider; (*pej: umg*) plumer, saigner; (*ausschließen*) exclure ▷ *vr* (*wirken*) avoir l'air; **sich vorteilhaft ~** être à son avantage

ausnehmend *adv* extrêmement

ausnüchtern ['aʊsnyçtərn] *vt, vi* dessoûler

Ausnüchterungszelle *f* salle *f* de dégrisement

ausnutzen ['aʊsnʊtsən], **ausnützen** ['aʊsnʏtsən] *vt* (*Zeit, Gelegenheit*) profiter de; (*Einfluss*) user de; (*Gutmütigkeit*) abuser de; (*Menschen*) profiter de la bonté de

auspacken ['aʊspakən] *vt* (*Koffer*) défaire; (*Kleider, Geschenk*) déballer ▷ *vi* (*umg: alles sagen*) parler, vider son sac

auspfeifen ['aʊspfaɪfən] *unreg vt* siffler, huer

ausplaudern ['aʊsplaʊdərn] *vt* (*Geheimnis*) révéler

ausposaunen ['aʊspozaʊnən] (*umg*) *vt* crier sur les toits

ausprägen ['aʊsprɛ:gən] *vr* (*Begabung, Charaktereigenschaft*) se révéler, se faire jour

auspressen ['aʊsprɛsən] *vt* presser

ausprobieren ['aʊsprobi:rən] *vt* essayer

Auspuff ['aʊspʊf] (**-(e)s, -e**) *m* (*Aut*) échappement *m*; **~rohr** *nt*, **Auspufftopf** *m* pot *m* d'échappement

auspumpen ['aʊspʊmpən] *vt* (*Wasser*) pomper; **jdm den Magen ~** faire un lavage d'estomac à qn

ausquartieren ['aʊskvarti:rən] *vt* déloger

ausquetschen ['aʊskvɛtʃən] *vt* (*Zitrone etc*)

presser; (umg: ausfragen) cuisiner; (: aus Neugier) presser de questions

ausradieren ['aʊsradi:rən] vt effacer, gommer

ausrangieren ['aʊsrãʒi:rən] (umg) vt mettre au rancart

ausrauben ['aʊsraʊbən] vt dévaliser

ausräumen ['aʊsrɔʏmən] vt (Dinge) enlever; (Schrank, Zimmer) vider; (Bedenken) écarter

ausrechnen ['aʊsrɛçnən] vt (Aufgabe) résoudre; (Preis, Summe) calculer; **sich** Dat **etw ~ können** pouvoir s'imaginer qch; **ich rechne mir bei der Wahl große Chancen aus** je pense avoir de très fortes chances d'être élu(e)

Ausrechnung f calcul m

Ausrede ['aʊsre:də] f excuse f, prétexte m; **a~n** ['aʊsre:dən] vi finir (de parler) ▷ vt: **jdm etw a~n** dissuader qn de qch; **er hat mich nicht mal a~n lassen** il ne m'a même pas laissé terminer

ausreichen ['aʊsraɪçən] vi suffire

ausreichend adj suffisant(e); (Sch) ≈ passable

Ausreise ['aʊsraɪzə] f: **bei der ~** en quittant le pays; **jdm die ~ verweigern** interdire à qn de quitter le territoire; **~erlaubnis** f autorisation f de quitter le territoire

ausreisen ['aʊsraɪzən] vi sortir du pays; **nach Polen ~** partir pour la Pologne

ausreißen ['aʊsraɪsən] unreg vt arracher ▷ vi (Riss bekommen) se déchirer; (umg: weglaufen) se tirer; **er hat sich** Dat **kein Bein ausgerissen** (umg) il ne s'est pas foulé

ausrenken ['aʊsrɛŋkən] vt: **sich** Dat **das Knie ~** se déboîter le genou; **jdm den Arm ~** déboîter le bras de qn

ausrichten ['aʊsrɪçtən] vt (Botschaft, Gruß) transmettre; (Hochzeit etc) organiser; (erreichen) obtenir; (in gerade Linie bringen) aligner; (Preise, Löhne) aligner, ajuster; (Typ) justifier ▷ vr (in eine Linie stellen) s'aligner; **jdm etw ~** faire savoir qch à qn; **ich werde es ihm ~** je le lui dirai; **bitte richten Sie ihm einen Gruß aus** saluez-le de ma part

ausrollen ['aʊsrɔlən] vi (Flugzeug) rouler lentement (après l'atterrissage); (Auto) continuer en roue libre ▷ vt (Teppich) dérouler

ausrotten ['aʊsrɔtən] vt (Unkraut, Insekten) détruire; (fig) mettre fin à

ausrücken ['aʊsrʏkən] vt (Text) faire se terminer en retrait dans la marge de droite ▷ vi (Mil) se mettre en marche; (Feuerwehr, Polizei) sortir; (umg: weglaufen) décamper

Ausruf ['aʊsru:f] m (Schrei) exclamation f, cri m; (Verkünden) proclamation f

ausrufen unreg vt (schreien) crier; (Stationen, Schlagzeile) annoncer; (Streik, Revolution) proclamer; **jdn ~ (lassen)** (über Lautsprecher) faire appeler qn

Ausrufezeichen nt point m d'exclamation

ausruhen ['aʊsru:ən] vt reposer ▷ vi, vr se reposer

ausrüsten ['aʊsrʏstən] vt équiper

Ausrüstung f équipement m

ausrutschen ['aʊsrʊtʃən] vi glisser, déraper

Ausrutscher (-s, -) (umg) m dérapage m; (fig)

gaffe f

Aussage ['aʊsza:gə] f déclaration f; (Zeugenaussage) déposition f, témoignage m; **der Angeklagte/Zeuge verweigerte die ~** l'accusé/le témoin a refusé de parler

aussagekräftig adj intéressant(e); **eine ~e Biografie** une biographie qui en dit long sur le personnage

aussagen ['aʊsza:gən] vt: **viel ~ über** +Akk en dire long sur ▷ vi (Jur) déposer, témoigner

Aussatz ['aʊszats] **(-es)** m (Med) lèpre f

aussaugen ['aʊszaʊgən] vt sucer; (fig: ausbeuten) exploiter, piller

ausschaben ['aʊsʃa:bən] vt (Patientin) faire un curetage à

ausschalten ['aʊsʃaltən] vt (Maschine) arrêter; (Licht) éteindre; (Strom) couper; (fig: Gegner, Fehlerquelle) éliminer

Ausschank ['aʊsʃaŋk] **(-(e)s, Ausschänke)** m (kein pl: Getränkeausgabe) vente f; (Theke) comptoir m; (Raum) café m

Ausschankerlaubnis f licence f de débit de boissons

Ausschau ['aʊsʃaʊ] f: **~ halten nach** chercher des yeux, guetter

ausschauen vi: **nach jdm ~** (Ausschau halten) guetter qn; **wie schauts aus?** comment ça va?

ausscheiden ['aʊsʃaɪdən] unreg vt (aussondern) éliminer; (Med) excréter, éliminer ▷ vi (nicht in Betracht kommen) ne pas entrer en ligne de compte; (Sport) être éliminé(e); **~ aus** quitter; **er scheidet für den Posten aus** il n'a pas le bon profil pour ce poste

Ausscheidung f (Med) matière f excrétée; (Sport) élimination f

ausschenken ['aʊsʃɛŋkən] vt servir

ausscheren ['aʊsʃe:rən] vi (Fahrzeug) quitter la file; (zum Überholen) déboîter

ausschildern ['aʊsʃɪldərn] vt signaler

ausschimpfen ['aʊsʃɪmpfən] vt gronder

ausschlachten ['aʊsʃlaxtən] vt (Auto) démonter (pour récupérer des pièces); (pej: umg: Ereignis) exploiter

ausschlafen ['aʊsʃla:fən] unreg vi, vr dormir tant qu'on veut ▷ vt: **seinen Rausch ~** cuver son vin; **ich bin nicht ausgeschlafen** je n'ai pas assez dormi

Ausschlag ['aʊsʃla:k] m (Med) éruption f, boutons mpl; (Pendelausschlag) oscillation f; (Nadelausschlag) déviation f; **den ~ geben** (fig) être déterminant(e)

ausschlagen ['aʊsʃla:gən] unreg vt (Zähne) casser; (Feuer) étouffer; (auskleiden) revêtir; (verweigern) refuser ▷ vi (Pferd) ruer; (Bot) bourgeonner; (Zeiger) osciller

ausschlaggebend adj déterminant(e)

ausschließen ['aʊsʃli:sən] unreg vt exclure; (aus Haus) mettre à la porte; (Möglichkeit, Fall, Zweifel, Irrtum) exclure, écarter; (Sport) disqualifier ▷ vr (aus Haus) oublier sa clé; **ich will mich nicht ~** et ça me concerne aussi

ausschließlich adj exclusif(-ive) ▷ adv

exclusivement ▷ *präp +Gen* à l'exclusion de
ausschlüpfen ['aʊsʃlʏpfən] *vi (aus Ei)* éclore; *(aus Puppe)* sortir de sa chrysalide
Ausschluss ['aʊsʃlʊs] *m* exclusion *f*; **unter ~ der Öffentlichkeit stattfinden** se tenir à huis clos
ausschmücken ['aʊsʃmʏkən] *vt* décorer; *(fig)* enjoliver, embellir
ausschneiden ['aʊsʃnaɪdən] *unreg vt (Artikel, Figuren)* découper; *(Büsche)* élaguer, tailler; *(Kleid)* échancrer, décolleter; **eine angefaulte Stelle ~** couper une partie blette
Ausschnitt ['aʊsʃnɪt] *m (Teil)* fragment *m*, morceau *m*; *(von Kleid)* décolleté *m*; *(Zeitungsausschnitt)* coupure *f*; *(aus Film etc)* extrait *m*
ausschöpfen ['aʊsʃœpfən] *vt (fig)* épuiser; **ein Boot ~** vider l'eau d'une barque
ausschreiben ['aʊsʃraɪbən] *unreg vt (ganz schreiben)* écrire en toutes lettres; *(Scheck, Rezept, Rechnung)* établir; *(Wettbewerb)* annoncer; *(Projekt)* lancer un appel d'offre pour; **eine Stelle ~** faire paraître une annonce pour pourvoir un poste
Ausschreibung *f (von Wahlen)* proclamation *f*; *(von Stelle)* mise *f* au concours; *(von Bauarbeiten etc)* mise *f* en adjudication
Ausschreitung ['aʊsʃraɪtʊŋ] *f (Gewalttätigkeit)* excès *m*, acte *m* de violence; **es kam zu ~en** il y a eu des scènes de violence *od* des excès
Ausschuss ['aʊsʃʊs] *m (Gremium)* comité *m*, commission *f*; *(Abfall)* articles *mpl* défectueux; *(Wirts: auch:* **Ausschussware)** articles de second choix
ausschütten ['aʊsʃʏtən] *vt (Flüssigkeit)* verser; *(: verschütten)* renverser; *(: wegschütten, leeren)* vider; *(Finanz: Geld)* payer ▷ *vr:* **sich (vor Lachen) ~** se tordre de rire
Ausschüttung *f (Finanz)* attribution *f*
ausschwärmen ['aʊsʃvɛrmən] *vi (Bienen)* essaimer; *(Menschen)* se disséminer (en masse); *(Mil)* se déployer
ausschweifend ['aʊsʃvaɪfənt] *adj (Leben)* dissolu(e); *(Fantasie)* débordant(e)
Ausschweifung *f* excès *m*
ausschweigen ['aʊsʃvaɪgən] *unreg vr* garder le silence
ausschwenken ['aʊsʃvɛŋkən] *vi (Fahrzeug)* virer; *(Kran)* pivoter; *(Boot)* virer de bord
ausschwitzen ['aʊsʃvɪtsən] *vt (Fieber)* exsuder, transpirer pour faire tomber; *(Flüssigkeit)* éliminer; *(subj: Mauerwerk)* laisser suinter
aussehen ['aʊsze:ən] *unreg vi* sembler, avoir l'air; **gut ~** *(gesund)* avoir bonne mine; *(attraktiv)* être beau (belle); **wie siehts aus?** *(umg: wie stehts?)* comment ça va?; **das sieht nach nichts aus** cela ne ressemble à rien; **es sieht nach Regen aus** on dirait qu'il va pleuvoir; **es sieht schlecht aus** ça se présente mal; **es sieht ganz so/danach aus, als ob ...** on dirait que ...; **A~ (-s)** *nt* apparence *f*, aspect *m*
aus sein ['aʊssaɪn] *unreg (umg) vi siehe* **aus**
außen ['aʊsən] *adv* à l'extérieur, dehors; *(nach außen: fig)* en apparence; **~ ist es rot** l'extérieur est rouge; **das Fenster geht nach ~ auf** la

fenêtre s'ouvre vers l'extérieur
Außen-: **~antenne** *f* antenne *f* extérieure; **~arbeiten** *pl* travaux *mpl* à l'extérieur; **~aufnahme** *f* extérieur *m*; **~bezirk** *m* quartier *m* périphérique, faubourg *m*; **~bordmotor** *m (moteur m)* hors-bord *m inv*
aussenden ['aʊszɛndən] *unreg vt (Menschen)* envoyer; *(Signale, Strahlen)* émettre
Außen-: **~dienst** *m:* **im ~dienst sein** être affecté(e) au service extérieur; **~handel** *m* commerce *m* extérieur; **~minister** *m* ministre *m* des Affaires étrangères; **~ministerium** *nt* ministère *m* des Affaires étrangères; **~politik** *f* politique *f* étrangère *od* extérieure; **~seite** *f* extérieur *m*; **~seiter, in (-s, -)** *m(f) (Sport)* outsider *m*; **~seiter der Gesellschaft** marginal(e) *m/f*; **~spiegel** *m (Aut)* rétroviseur *m*; **~stände** *pl (bes Wirts)* créances *fpl*; **~stehende, r** *f(m)* observateur(-trice) extérieur(e); **~stelle** *f (Zweigstelle)* agence *f*, succursale *f*; **~stürmer** *m (Sport)* ailier *m*; **~welt** *f* monde *m* extérieur
außer ['aʊsər] *präp +Dat (abgesehen von)* sauf; *(räumlich)* en dehors de ▷ *konj (ausgenommen)* sauf; **~ Gefahr sein** être hors de danger; **das steht völlig ~ Zweifel** ça ne fait pas l'ombre d'un doute, c'est certain; **~ Landes** à l'étranger; **~ Kraft sein** *(nicht mehr gültig sein)* ne plus être valable; **sich** *Dat* **sein** être hors de soi; **~ sich** *Dat* **geraten** s'emporter; **~ wenn** sauf quand; **~ dass** sauf que; *siehe auch* **Betrieb; Dienst;** **~amtlich** *adj* non officiel(le), privé(e)
außerdem *konj* en outre, en plus
außerdienstlich *adj* privé(e)
äußere, r, s ['ɔʏsərə(r,s)] *adj* extérieur(e); *(Verletzung)* superficiel(le); **das Äußere** *(äußere Erscheinung)* les apparences *fpl*; *(Aussehen)* l'apparence *f* (physique); **ein gepflegtes Äußeres** une mise soignée; **auf sein Äußeres achten** soigner sa mise
außer-: **~ehelich** *adj* extraconjugal(e); **~fahrplanmäßig** *adj* supplémentaire; **~gewöhnlich** *adj* inhabituel(le); *(außerordentlich)* extraordinaire, exceptionnel(le); **~halb** *präp +Gen* en dehors de ▷ *adv* au dehors, à l'extérieur; **~irdisch** *adj* extraterrestre; **A~kraftsetzung** *f* abrogation *f*, annulation *f*
äußerlich *adj* extérieur(e), externe; *(scheinbar)* apparent(e) ▷ *adv* en apparence; **rein ~ betrachtet** à première vue; **„nur zur ~en Anwendung"** "à usage externe"; **Äußerlichkeit** *f (Kleinigkeit)* détail *m* sans importance; *(Oberflächlichkeit)* apparence *f*; *(Formalität)* formalité *f*
äußern *vt (aussprechen)* exprimer ▷ *vr (sich aussprechen)* s'exprimer; *(sich zeigen)* se manifester
außer-: **~ordentlich** *adj* extraordinaire; **~planmäßig** *adj* qui n'était pas prévu(e); **~sinnlich** *adj:* **~sinnliche Wahrnehmung** perception *f* extrasensorielle
äußerst ['ɔʏsərst] *adv* extrêmement
außerstande [aʊsər'ʃtandə], **außer Stande** *adv:* **~ sein, etw zu tun** être incapable de faire qch

45

äußerste, r, s adj extrême; (Termin, Preis) dernier(-ière); **im ~n Fall** à la rigueur

Äußerste, s nt: **bis zum ~n gehen** faire tout son possible

äußerstenfalls adv à la rigueur

Äußerung f (Bemerkung) propos mpl; (Behauptung) affirmation f; (Zeichen) expression f

aussetzen ['aʊszɛtsən] vt (Kind, Tier) abandonner; (Boote) mettre à l'eau; (Belohnung) offrir; (Urteil, Verfahren) suspendre ▷ vi (Musik) s'interrompre; (Atmung) s'arrêter; (Herz) cesser de battre; (Motor) avoir des ratés, caler; (Mensch: mit Medikament) arrêter; (: bei Arbeit) s'interrompre; (: Pause machen) prendre congé; **jdn/sich etw** Dat ~ (preisgeben) exposer qn/s'exposer à qch; **jdm ausgesetzt sein** être à la merci de qn; **was haben Sie daran auszusetzen?** que trouvez-vous à y redire?; **an jdm/einer Sache etwas auszusetzen haben** avoir qch à reprocher à qn/qch

Aussicht ['aʊszɪçt] f (Blick) vue f; (in Zukunft) perspective f; **in ~ sein** être en vue; **etw in ~ haben** avoir qch en vue; **jdm etw in ~ stellen** faire espérer qch à qn

aussichts-: **~los** adj sans espoir; **A~punkt** m point m de vue; **~reich** adj prometteur(-euse); **A~turm** m belvédère m

Aussiedler, in ['aʊszi:dlər(ɪn)] (**-s, -**) m(f) (Auswanderer) émigrant(e) m/f

aussöhnen ['aʊszø:nən] vt réconcilier ▷ vr (Feinde) se réconcilier; **sich mit etw ~** (fig) accepter qch

Aussöhnung f réconciliation f

aussondern ['aʊszɔndərn] vt sélectionner; (Unbrauchbares) éliminer

aussorgen ['aʊszɔrgən] vi: **ausgesorgt haben** n'avoir plus de soucis financiers

aussortieren ['aʊszɔrti:rən] vt trier

ausspannen ['aʊsʃpanən] vt (Tuch) étendre, étaler; (Netz) étendre, déployer; (Pferd, Kutsche) dételer; (umg: Mädchen): **jdm ~** piquer à qn ▷ vi (sich erholen) se détendre

aussparen ['aʊsʃpa:rən] vt (Platz) ménager, réserver

aussperren ['aʊsʃpɛrən] vt (ausschließen) fermer la porte à; (Streikende) lock-outer

Aussperrung f (Industrie) lock-out m inv

ausspielen ['aʊsʃpi:lən] vt (Karte) jouer; (Geldprämie) mettre en jeu; (Erfahrung, Wissen) faire valoir ▷ vi (Karten) ouvrir le jeu; **jdn gegen jdn ~** se servir de qn contre qn; **bei jdm ausgespielt haben** (fig) ne plus être bien vu(e) de qn

Ausspielung f (im Lotto) tirage m

ausspionieren ['aʊsʃpioni:rən] vt (Pläne etc) découvrir, trouver; (Person) espionner

Aussprache ['aʊsʃpra:xə] f (Sprechweise) diction f; (Akzent) accent m; (von Wort) prononciation f; (Unterredung) discussion f

aussprechen ['aʊsʃprɛçən] unreg vt (Wort, Urteil, Strafe) prononcer; (zu Ende sprechen) finir; (äußern) exprimer; (Warnung) donner ▷ vr (sich äußern) s'exprimer; (sich anvertrauen) se confier, s'épancher; (diskutieren) s'expliquer ▷ vi (zu Ende sprechen) finir de parler; **sich für/gegen jdn/etw ~** se prononcer en faveur de/contre qn/qch; **der Regierung das Vertrauen ~** passer un vote de confiance

Ausspruch ['aʊsʃprʊx] m mots mpl; (geflügeltes Wort) adage m

ausspucken ['aʊsʃpʊkən] vt, vi cracher

ausspülen ['aʊsʃpy:lən] vt rincer

ausstaffieren ['aʊsʃtafi:rən] vt (Person) déguiser; (Zimmer) garnir

Ausstand ['aʊsʃtant] m (Streik) grève f; **in den ~ treten** se mettre en grève; **seinen ~ geben** organiser une fête pour son départ

ausstatten ['aʊsʃtatən] vt (Zimmer, Hotel) équiper; **jdn mit etw ~** doter qn de qch; **ein Zimmer neu ~** changer l'aménagement intérieur d'une pièce

Ausstattung f (Ausstatten) équipement m; (Theat) décor m et costumes mpl; (Aussteuer) trousseau m; (Aufmachung) présentation f; (Einrichtung: von Zimmer) décor; (von Auto) équipement

ausstechen ['aʊsʃtɛçən] unreg vt (Rasenstück) découper; (Graben) creuser; (Augen) crever; (Kekse) découper; (übertreffen) supplanter

ausstehen ['aʊsʃte:ən] unreg vt (ertragen) endurer, supporter ▷ vi (noch nicht da sein) ne pas (encore) être arrivé(e), manquer; **jdn/etw nicht ~ können** ne pas supporter qn/qch; **etw ist ausgestanden** (endlich vorbei) qch est enfin terminé

aussteigen ['aʊsʃtaɪgən] unreg vi (aus Fahrzeug) descendre; (umg: aus Geschäft) se retirer; (: aus Gesellschaft) se marginaliser; **alles ~!** (von Schaffner) tout le monde descend!

Aussteiger, in (umg) m(f) marginal(e) m/f

ausstellen ['aʊsʃtɛlən] vt (Waren, Bilder) exposer; (Wache) placer, poster; (Pass, Zeugnis) délivrer; (Scheck) émettre, établir; (Rechnung etc) établir; (umg: ausschalten) éteindre; **ausgestellt sein** (Rock) être évasé(e)

Aussteller, in m(f) (auf Messe) exposant(e) m/f; (von Scheck) tireur m

Ausstellung f (Kunstausstellung etc) exposition f; (Handelsausstellung) exposition, salon m; (von Scheck) tirage m, émission f; (eines Passes etc) délivrance f; (einer Rechnung) établissement m

Ausstellungsdatum nt (eines Schecks) date f d'émission

Ausstellungsstück nt (in Schaufenster) objet m en vitrine

aussterben ['aʊsʃtɛrbən] unreg vi disparaître; **A~** nt disparition f, extinction f

Aussteuer ['aʊsʃtɔʏər] f trousseau m, dot f

aussteuern ['aʊsʃtɔʏərn] vt (Verstärker) régler; (Aut) reprendre le contrôle de

Ausstieg ['aʊsʃti:k] (**-(e)s, -e**) m descente f; (Ausgang) sortie f; **~ aus der Atomenergie** abandon m de l'énergie nucléaire; **~ aus der Gesellschaft** marginalisation f

ausstopfen ['aʊsʃtɔpfən] vt empailler

ausstoßen ['aʊsʃto:sən] unreg vt (Luft, Rauch) émettre; (Drohungen) proférer; (Seufzer, Schrei)

pousser; (*aus Partei*) exclure; (*aus Familie*) rejeter; (*Auge*) crever; (*Zahn*) casser; (*herstellen*) produire
ausstrahlen ['aʊsʃtraːlən] *vt* (*Wärme, Licht*) répandre; (*Rundf, TV*) émettre, diffuser ▷ *vi* (*Rundf, TV*) émettre; **Ruhe ~** respirer le calme
Ausstrahlung *f* rayonnement *m*
ausstrecken ['aʊsʃtrɛkən] *vt* (*Arme, Beine*) étendre, allonger; (*Fühler*) déployer ▷ *vr* (*sich hinlegen*) s'étendre
ausstreichen ['aʊsʃtraɪçən] *unreg vt* (*durchstreichen*) rayer, barrer; (*Falten*) faire disparaître
ausstreuen ['aʊsʃtrɔʏən] *vt* répandre, disséminer; (*fig: Gerücht*) propager, divulguer
ausströmen ['aʊsʃtrøːmən] *vt* (*Wärme, Duft*) répandre ▷ *vi* (*Gas*) fuir, s'échapper; **von ihm strömt Ruhe aus** il respire le calme
aussuchen ['aʊsuːxən] *vt* choisir; **such dir etwas aus!** choisis ce que tu préfères!
Austausch ['aʊstaʊʃ] *m* échange *m*; **a~bar** *adj* (*auswechselbar*) échangeable; (*gleichwertig*) interchangeable
austauschen *vt* échanger; (*Motor*) changer, remplacer; (*Sport: Spieler*) remplacer
Austausch-: **~motor** *m* moteur *m* de rechange; **~student, in** *m(f)* étudiant(e) *m/f* participant à un échange
austeilen ['aʊstaɪlən] *vt* distribuer
Auster ['aʊstər] (**-, -n**) *f* huître *f*
austesten ['aʊstɛstən] *vt* (*Comput*) tester
austoben ['aʊstoːbən] *vr* (*Kind*) se dépenser; (*Erwachsene*) se défouler; (*sich müde machen*) s'épuiser
austragen ['aʊstraːgən] *unreg vt* (*Post*) distribuer; (*Streit etc*) régler; (*Wettkämpfe*) disputer; (*Daten, Zahlen*) supprimer ▷ *vr* (*sich abmelden*) annuler son inscription; **ein Kind ~** (*nicht abtreiben*) porter une grossesse à terme
Austräger ['aʊstrɛːgər] *m* (*von Waren*) livreur *m*; (*Zeitungsausträger*) porteur *m* de journaux
Austragungsort *m* (*Sport*) lieu *m* (de la rencontre)
Australien [aʊs'traːliən] (**-s**) *nt* l'Australie *f*
Australier, in (**-s, -**) *m(f)* Australien(ne) *m/f*
australisch *adj* australien(ne)
austreiben ['aʊstraɪbən] *unreg vt* (*Geister*) exorciser ▷ *vi* (*Bäume, Knospen*) bourgeonner; **jdm etw ~** (*bes durch Schläge*) faire passer qch à qn
austreten ['aʊstreːtən] *unreg vi* (*aus Verein, Partei*) quitter; (*herauskommen: Flüssigkeit*) fuir, s'échapper; (*umg: zur Toilette*) aller aux toilettes ▷ *vt* (*Feuer*) éteindre (avec les pieds); (*Schuhe*) éculer; (*Treppe*) user; **aus etw ~** quitter qch
austricksen ['aʊstrɪksən] (*umg*) *vt* (*Sport*) avoir par la ruse; (*fig*) esquiver
austrinken ['aʊstrɪŋkən] *unreg vt* (*Glas*) finir ▷ *vi* finir son verre
Austritt ['aʊstrɪt] *m* (*aus Verein, Partei etc*) départ *m*; (*von Flüssigkeit, Gas*) fuite *f*
austrocknen ['aʊstrɔknən] *vi* se dessécher; (*Bach*) tarir ▷ *vt* (*Gläser*) essuyer
austüfteln ['aʊstʏftəln] (*umg*) *vt* combiner; (*ersinnen*) inventer
ausüben ['aʊslyːbən] *vt* exercer; (*Amt*) occuper;

die Praxis von etw ~ pratiquer qch
Ausübung *f* exercice *m*, pratique *f*; **in ~ seines Dienstes** *od* **seiner Pflicht** (*förmlich*) dans l'exercice de ses fonctions
ausufern ['aʊsluːfərn] *vi* (*fig*) dégénérer
Ausverkauf ['aʊsfɛrkaʊf] *m* soldes *mpl*; (*fig: Verrat*) trahison *f*
ausverkaufen *vt* solder; (*Geschäft*) liquider
ausverkauft *adj* (*Artikel*) épuisé(e); (*Theat*): **vor ~em Haus spielen** afficher "complet"; **das Stück ist ~** il n'y a plus de billets pour la pièce
auswachsen ['aʊsvaksən] *unreg vr* (*sich verbessern*) s'arranger; **sich zu etw ~** se transformer en qch
Auswahl ['aʊsvaːl] *f* choix *m*, sélection *f*; (*Sport*) sélection; (*Wirts: Angebot*) choix
auswählen ['aʊsvɛːlən] *vt* choisir
Auswanderer ['aʊsvandərər] (**-s, -**) *m*, **Auswanderin** ▷ *f* émigrant(e) *m/f*
auswandern *vi* émigrer
Auswanderung *f* émigration *f*
auswärtig ['aʊsvɛrtɪç] *adj* (*von auswärts kommend*) de l'extérieur; (*Politik*) international(e); (*Schüler, Mitarbeiter*) étranger(-ère); **A~e(s) Amt** ministère *m* des Affaires étrangères
auswärts ['aʊsvɛrts] *adv* à l'extérieur; (*nach außen*) vers l'extérieur; **~ essen** manger au restaurant; **A~spiel** *nt* match *m* à l'extérieur
auswaschen ['aʊsvaʃən] *unreg vt* laver; (*Fleck*) enlever en lavant; (*spülen*) rincer; (*Geol*) éroder
auswechseln ['aʊsvɛksəln] *vt* (*tauschen*) échanger; (*ersetzen*) remplacer, changer; (*Sport: Spieler*) remplacer
Ausweg ['aʊsveːk] *m* issue *f*; **der letzte ~** le dernier ressort; **a~los** *adj* sans issue
ausweichen ['aʊsvaɪçən] *unreg vi*: **jdm/etw** *Dat* **~** éviter qn/qch; **auf ein anderes Thema ~** changer de sujet
ausweichend *adj* évasif(-ive)
Ausweichmanöver *nt* écart *m* (*pour éviter un obstacle*); (*fig*) manœuvre *f* dilatoire
ausweinen ['aʊsvaɪnən] *vr* pleurer un bon coup
Ausweis ['aʊsvaɪs] (**-es, -e**) *m* (*Personalausweis*) carte *f* d'identité; (*Mitgliedsausweis, Bibliotheksausweis etc*) carte; **~, bitte** vos papiers, s'il vous plaît
ausweisen ['aʊsvaɪzən] *unreg vt* (*aus dem Land weisen*) expulser ▷ *vr* (*Identität nachweisen*) montrer ses papiers
Ausweis-: **~karte** *f* carte *f* d'identité; **~kontrolle** *f* contrôle *m* d'identité; **~papiere** *pl* papiers *mpl* (d'identité)
Ausweisung *f* (*aus Land*) expulsion *f*
ausweiten ['aʊsvaɪtən] *vt* (*Schuhe, Pullover*) élargir, distendre; (*Handel, Einfluss*) étendre ▷ *vr* (*Konflikt*) prendre de l'ampleur
auswendig ['aʊsvɛndɪç] *adv* par cœur; **etw ~ lernen** apprendre qch par cœur
auswerfen ['aʊsvɛrfən] *unreg vt* (*Anker, Netz*) jeter; (*Patronenhülse*) éjecter; (*Finanz: Prämien*) payer; (*produzieren*) produire
auswerten ['aʊsvɛrtən] *vt* (*Berichte*) analyser; (*Daten*) exploiter

Auswertung f (siehe vt) analyse f; exploitation f
auswickeln ['aʊsvɪkəln] vt (Paket) déballer,
défaire; (Bonbon) ôter le papier de
auswirken ['aʊsvɪrkən] vr: **sich auf/in etw** Akk ~
se répercuter sur qch
Auswirkung f effet m, répercussions fpl
auswischen ['aʊsvɪʃən] vt (säubern) essuyer;
(löschen) effacer; **jdm eins** ~ (umg) rendre la
monnaie de sa pièce à qn
Auswuchs ['aʊsvuːks] m excroissance f; (fig)
produit m (monstrueux)
auswuchten ['aʊsvʊxtən] vt (Aut: Reifen)
équilibrer
auszacken ['aʊstsakən] vt denteler
auszahlen ['aʊstsaːlən] vt payer; (Miterbe)
désintéresser ▷ vr (sich lohnen) payer, être payant(e)
auszählen ['aʊstsɛːlən] vt: **die Stimmen** ~
dépouiller le scrutin; (Boxen): **ausgezählt
werden** être envoyé(e) au tapis pour le compte
auszeichnen ['aʊstsaɪçnən] vt (mit Preisschild
versehen) marquer le prix de, étiqueter; (ehren)
honorer; (Mil) décorer ▷ vr (sich hervortun) se
distinguer
Auszeichnung f (Ehrung) distinction f; (Ehre)
honneur m; (Orden) décoration f; (Wirts)
étiquetage m, indication f du prix; **mit** ~ avec
mention
ausziehbar adj (Tisch) à rallonge
ausziehen ['aʊstsiːən] unreg vt (Kleidung) enlever,
ôter; (Haare, Zähne, Nagel etc) arracher; (Tisch)
rallonger; (Antenne) sortir; (nachmalen) repasser
sur ▷ vr se déshabiller ▷ vi (aufbrechen) partir; (aus
Wohnung) déménager
Auszubildende, r ['aʊstsʊbɪldəndə(r)] f(m)
stagiaire m/f; (als Handwerker auch) apprenti(e) m/f
Auszug ['aʊstsuːk] m (aus Wohnung)
déménagement m; (aus Buch etc) extrait m,
passage m; (Extrakt) extrait, essence f;
(Kontoauszug) relevé m; (Abmarsch) départ m
autark [aʊ'tark] adj autarcique
authentisch [aʊ'tɛntɪʃ] adj authentique
Auto ['aʊto] (**-s, -s**) nt voiture f; ~ **fahren**
conduire; **mit dem** ~ **fahren** prendre la voiture,
aller en voiture
Autoatlas m atlas m routier
Autobahn f autoroute f; voir article

◉ **AUTOBAHN**

◉ Autobahn désigne une autoroute en allemand.
◉ Le réseau autoroutier est très développé dans
◉ l'ancienne Allemagne de l'Ouest tandis que
◉ celui de l'ancienne DDR est plus limité. Il n'y
◉ a pas de limite de vitesse sur les autoroutes
◉ allemandes, mais la vitesse maximale
◉ conseillée est de 130 km/heure et certaines

sections sont restreintes à une vitesse plus
basse. Les autoroutes allemandes sont pour
l'instant toujours gratuites.

Autobahn-: ~dreieck nt échangeur m; **~kreuz** nt
échangeur m; **~zubringer** m bretelle f
d'autoroute
Autobiografie [aʊtobiogra'fiː] f autobiographie f
Autobus m (auto)bus m; (für längere Reise) car m
Auto-: ~fähre f ferry(-boat) m; **~fahrer, in** m(f)
automobiliste m/f; **~fahrt** f tour m en voiture;
~friedhof (umg) m casse f, ferraille f; **~gas** nt gaz
m inv de pétrole liquéfié (GPL)
autogen [aʊto'geːn] adj autogène; **~es Training**
training m autogène
Autogramm [aʊto'gram] nt autographe m
Autokino nt drive-in m
Automat (**-en, -en**) m distributeur m
(automatique)
Automatenrestaurant nt cafétéria f
automatique (consistant en une série de distributeurs
d'aliments)
Automatik [aʊto'maːtɪk] f (Aut) transmission f
automatique; (Gesamtanlage) dispositif m de
commande automatique
automatisch adj automatique
Automatisierung [aʊtomati'ziːrʊŋ] f
automatisation f
Automobilausstellung [aʊtomo'biːlaʊsʃtɛlʊŋ] f
salon m de l'automobile
Automobilindustrie f industrie f automobile
autonom [aʊto'noːm] adj autonome
Autopsie [aʊtɔ'psiː] f autopsie f
Autor, in [aʊtɔr(-'toːrɪn) m(f) auteur m
Auto-: ~radio nt autoradio m; **~reifen** m pneu m
(de voiture); **~reisezug** m train m auto-
couchettes; **~rennen** nt course f d'automobiles
autorisieren [aʊtori'ziːrən] vt autoriser
autoritär [aʊtori'tɛːr] adj autoritaire
Autorität f autorité f
Autoschalter m guichet-auto m
Auto-: ~stopp m: **per ~stopp fahren** faire du
stop; **~telefon** nt téléphone m de voiture;
~unfall m accident m de voiture; **~verleih** m,
Autovermietung f location f de voitures;
~waschanlage f station f de lavage; **~zubehör** nt
accessoires mpl pour voitures
AvD (**-**) m abk (= Automobilclub von Deutschland)
≈ Touring Club m de France
Axt [akst] (**-, ¨e**) f hache f
AZ, Az. abk (= Aktenzeichen) réf.
Azoren [a'tsoːrən] pl (Geog): **die** ~ les Açores fpl
Azteke [ats'teːkə] (**-n, -n**) m(f): **die ~n** les
Aztèques mpl
Azubi [a'tsuːbi] (**-s, -s**) (umg) mf abk
= **Auszubildende(r)**

Bb

B, b [beː] *nt* (*Buchstabe*) B, b *m*; **B wie Bertha** B comme Berthe; **B-Dur/b-Moll** (*Mus*) si *m* bémol majeur/mineur

B *f abk* = **Bundesstraße**

Baby ['beːbi] **(-s, -s)** *nt* bébé *m*; **~ausstattung** *f* layette *f*; **~klappe** *f* endroit pour déposer les bébés abandonnés; **~nahrung** *f* aliments *mpl* pour bébé; **~raum** *m* (*in Flughafen etc*) nursery *f*; **~sitter, in** **(-s, -)** *m(f)* baby-sitter *m/f*; **~speck** (*umg*) *m* rondeurs *fpl* (de l'adolescence)

Bach [bax] **(-(e)s, ¨e)** *m* ruisseau *m*

Backblech *nt* tôle *f* à pâtisserie, plaque *f* à gâteaux

Backbord **(-(e)s, -e)** *nt* (*Naut*) bâbord *m*; **an ~** à bâbord

Backe *f* joue *f*; (*Gesäßhälfte*) fesse *f*; (*von Bremse etc*) mâchoire *f*

backen ['bakən] *unreg vt* (*Brot, Kuchen*) faire (cuire); (*Fisch: im Ofen*) faire cuire; (: *in der Pfanne*) faire frire ▷ *vi* (*Person*) faire de la pâtisserie

Backenbart *m* favoris *mpl*

Backenzahn *m* molaire *f*

Bäcker, in ['bɛkər(ɪn)] **(-s, -)** *m(f)* boulanger(-ère) *m/f*

Bäckerei [bɛkə'raɪ] *f* boulangerie *f*

Bäckerjunge *m* apprenti boulanger *m*

Back-: ~fisch *m* (*Koch*) friture *f* de poissons; (*veraltet*) jouvencelle *f*; **~form** *f* moule *m* (à pâtisserie); **~hähnchen** *nt* (*Koch*) poulet *m* rôti; **~obst** *nt* (*Koch*) fruits *mpl* secs; **~ofen** *m* four *m*; **~pflaume** *f* (*Koch*) pruneau *m*; **~pulver** *nt* levure *f* (chimique); **~stein** *m* brique *f*

bäckt *etc* [bɛkt] *vb siehe* **backen**

Backwaren *pl* pain et pâtisseries

Bad [baːt] **(-(e)s, ¨er)** *nt* bain *m*; (*Raum*) salle *f* de bains; (*Schwimmbad*) piscine *f*; (*Kurort*) station *f* thermale; (*Seebad*) station balnéaire; **ein ~ im Meer** un bain de mer; **medizinische Bäder** des bains médicaux

Bade-: ~anstalt *f* (*Schwimmbad*) piscine *f*; **~anzug** *m* maillot *m* de bain; **~gast** *m* (*gew pl: im Kurort*) curiste *m/f*; (: *im Schwimmbad*) baigneur(-euse) *m/f*; **~hose** *f* slip *m* od maillot *m* de bain; **~kappe** *f* bonnet *m* de bain; **~mantel** *m* peignoir *m*; **~meister** *m* maître nageur *m*; **~mütze** *f* bonnet *m* de bain

baden ['baːdən] *vi* prendre un bain; (*schwimmen*) se baigner ▷ *vt* baigner; (**mit etw**) **~ gehen** (*fig: umg*) se planter (avec qch)

Baden-Württemberg ['baːdən'vʏrtəmbɛrk] *nt* le Bade-Wurtemberg

Bade-: ~ort *m* station *f* balnéaire; **~sachen** *pl* affaires *fpl* de bain; **~tuch** *nt* drap *m* de bain; **~wanne** *f* baignoire *f*; **~zimmer** *nt* salle *f* de bains

baff [baf] (*umg*) *adj*: **~ sein** être sidéré(e)

BAföG, Bafög (-) *nt abk* (= *Bundesausbildungsförderungsgesetz*) bourse d'études; *voir article*

⦿ **BAFÖG**

Bafög est un système qui accorde les bourses d'études aux étudiants des universités et de certaines écoles professionnelles. Les bourses sont calculées en fonction des revenus des parents. Une partie du montant octroyé doit être remboursée quelques années après la fin des études.

BAG (-) *nt abk* (= *Bundesarbeitsgericht*) ≈ conseil *m* de prud'hommes

Bagdad ['bakdat] *nt* Bag(h)dad

Bagger ['bagər] **(-s, -)** *m* excavateur *m*, pelle *f* mécanique; (*Naut*) drague *f*

baggern *vt* excaver; (*Naut*) draguer ▷ *vi* (*Naut*) draguer

Baggersee *m* lac artificiel dans une ancienne gravière

Bahamas [ba'haːmas] *pl*: **die ~** les Bahamas *fpl*

Bahn [baːn] **(-, -en)** *f* (*Eisenbahn*) train *m*; (*Straßenbahn*) tram(way) *m*; (*Weg*) chemin *m*; (*Spur*) voie *f*; (*Rennbahn*) piste *f*; (*Astron: von Gestirn, Geschoss auch*) trajectoire *f*; (*Stoffbahn*) panneau *m*; **frei ~** (*Wirts*) franco en gare; **jdm/einer Sache die ~ frei machen** ouvrir la voie à qn/à qch; **auf die schiefe ~ geraten** *od* **kommen** être sur la mauvaise pente; **von der rechten ~ abkommen** s'éloigner du droit chemin; **jdn aus der ~ werfen** (*fig*) déboussoler qn; **~anschluss** *m* raccordement *m* ferroviaire; **~beamte, r** *m* cheminot *m*, employé *m* des chemins de fer; **b~brechend** *adj* novateur(-trice); **~brecher, in** **(-s, -)** *m(f)* pionnier(-ière) *m/f*; **~bus** *m* autocar *dont le service est organisé par la société des chemins de fer;* **~damm** *m* remblai *m*

bahnen *vt:* **sich einen Weg ~** se frayer un chemin; **jdm einen Weg ~** frayer un chemin à qn

Bahn-: **~fahrt** *f* voyage *m* en train; **~gleis** *nt* voie *f* ferrée

Bahnhof *m* gare *f;* **ich verstehe nur ~** *(hum: umg)* c'est du chinois pour moi; **jdm mit großem ~empfangen** *(hum: umg)* dérouler le tapis rouge pour qn

Bahnhofshalle *f* hall *m* de gare

Bahnhofsmission *f* centre d'accueil réservé aux voyageurs; *voir article*

⊕ **BAHNHOFSMISSION**

⊕
⊕ La *Bahnhofsmission* est une organisation
⊕ caritative mise en place et dirigée
⊕ conjointement par plusieurs églises. Cette
⊕ organisation a des bureaux dans la majorité
⊕ des gares des grandes villes et offre aide et
⊕ conseils aux personnes qui en ont besoin.

Bahnhofs-: **~restaurant** *nt* buffet *m* de gare; **~vorsteher** *m* chef *m* de gare; **~wirtschaft** *f* buffet *m* de gare

bahn-: **~lagernd** *adv:* **etw ~lagernd schicken** ≈ envoyer qch par colis express *(sans livraison à domicile);* **B~linie** *f* ligne *f* de chemin de fer; **B~polizei** *f* police *f* des chemins de fer; **B~schranke** *f* barrière *f* de passage à niveau; **B~steig** *m* quai *m;* **B~steigkarte** *f* ticket *m* de quai; **B~strecke** *f* voie *f* de chemin de fer; **B~übergang** *m* passage *m* à niveau; **beschrankter/unbeschrankter B~übergang** passage à niveau gardé/non gardé; **B~wärter** *m* garde-barrière *m*

Bahrain [ba'raɪn] *nt* Bahreïn *m*

Bahre ['ba:rə] *f* brancard *m,* civière *f*

Baiser [bɛ'ze:] **(-s, -s)** *nt (Koch)* meringue *f*

Baisse ['bɛːsə] **(-n, -n)** *f (Börse)* baisse *f;* *(plötzlich)* effondrement *m*

Bajonett [bajo'nɛt] **(-(e)s, -e)** *nt* baïonnette *f*

Bajuware, -in [baju'va:rə] **(-n, -n)** *m(f) (veraltet)* Bavarois(e) *m/f*

Bakelit® [bake'li:t] **(-s)** *nt* Bakélite® *f*

Bakterie [bak'te:riə] *f (gew pl)* bactérie *f*

bakteriologisch [bakterio'lo:gɪʃ] *adj* bactériologique

Balance [ba'lã:sə] *f* équilibre *m*

balancieren *vt* faire tenir en équilibre ▷ *vi* se tenir en équilibre

bald [balt] *adv (zeitlich)* bientôt; *(leicht)* vite; *(umg: fast, beinahe)* presque; **das macht er so ~ nicht wieder** il n'est pas près de le refaire; **~ darauf** peu de temps après; **das ist ~ gemacht** c'est facile; **bis ~!** à bientôt!; **~ ... ~ ...** tantôt ... tantôt ...

baldig ['baldɪç] *adj* prompt(e), rapide; **auf ~es Wiedersehen** à bientôt; **~st** *adv* très prochainement

baldmöglichst *adv* dans les plus brefs délais, le plus tôt possible

Baldrian ['baldria:n] **(-s, -e)** *m (Bot)* valériane *f*

Balearen [bale'a:rən] *pl (Geog):* **die ~** les Baléares *fpl*

Balg¹ [balk] **(-(e)s, ˝e)** *m (Haut)* peau *f*

Balg² **-(e)s, ˝er)** *(pej: umg) nt od m (Kind)* garnement *m*

balgen ['balgən] *vr* se battre

Balkan ['balka:n] *m (Geog: Balkanländer):* **der ~** les Balkans *mpl*

Balken ['balkən] **(-s, -)** *m* poutre *f*

Balkon [bal'kõ:] **(-s, -s od -e)** *m* balcon *m*

Ball [bal] **(-(e)s, ˝e)** *m (groß: Fußball etc)* ballon *m;* *(klein: Tennis etc)* balle *f;* *(: Billard)* boule *f;* *(Tanz)* bal *m;* **am ~ sein** *(umg)* être dans la course; **am ~ bleiben** *(umg)* s'accrocher

Ballade [ba'la:də] *f* ballade *f*

Ballast ['balast] **(-(e)s, -e)** *m* lest *m;* *(fig)* charge *f;* **~stoffe** *pl (Med)* fibres *fpl* alimentaires

Ballen (-s, -) *m* balle *f;* *(Anat: an Daumen)* thénar *m;* *(an Zehen)* partie antérieure de la plante du pied

ballen ['balən] *vt (Papier)* mettre en boule; *(Faust)* serrer ▷ *vr* s'amonceler; *(Menschen)* s'amonceler, se serrer; *(Industrieanlage)* se concentrer

Ballerina [balə'ri:na] **(-, -nen)** *f* ballerine *f*

ballern ['balərn] *(umg) vi (schießen)* tirailler; **gegen die Tür ~** cogner à la porte

Ballett [ba'lɛt] **(-(e)s, -e)** *nt* ballet *m;* **~tänzer** *m(f)* danseur(-euse) *m/f (de ballet)*

Ballistik [ba'lɪstɪk] *f* balistique *f*

Balljunge *m* ramasseur *m* de balles

Ballkleid *nt* robe *f* de bal

Ballon [ba'lõ:] **(-s, -s od -e)** *m* ballon *m*

Ballspiel *nt* jeu *m* de balle *od* ballon

Ballung ['balʊŋ] *f* concentration *f*

Ballungs-: **~gebiet** *nt,* **~raum** *m* agglomération *f;* **~zentrum** *nt* centre *m*

Balsam ['balza:m] **(-s, -e)** *m* baume *m*

Balte ['baltə] **(-n, -n)** *m* Balte *m*

Baltikum ['baltikum] **(-s)** *nt:* **das ~** les pays *mpl* baltes

Baltin *f (Geog)* Balte *f*

baltisch *adj (Geog)* balte

Balz [balts] **(-, -en)** *f* pariade *f*

Bambus ['bambus] **(-ses, -se)** *m* bambou *m;* **~rohr** *nt* canne *f* de bambou

Bammel ['baməl] **(-s)** *(umg) m:* **(einen) ~ vor jdm/ etw haben** avoir la frousse de qn/qch

banal [ba'na:l] *adj* banal(e)

Banalität [banali'tɛ:t] *f* banalité *f*

Banane [ba'na:nə] *f* banane *f*

Bananen-: **~republik** *f* république *f* bananière; **~schale** *f* peau *f* de banane; **~stecker** *m* fiche-banane *f*

Banause [ba'nauzə] **(-n, -n)** *(pej) m* beauf *m*

Band¹ [bant] **(-(e)s, ˝e)** *m (Buchband)* volume *m;* **das spricht Bände** ça en dit long

Band² **-(e)s, ˝er)** *nt (Stoffband, Ordensband)* ruban *m;* *(Fließband)* chaîne *f;* *(Zielband)* ligne *f* d'arrivée; *(Tonband)* bande *f;* *(Anat)* ligament *m;* **etw auf ~ aufnehmen** enregistrer qch; **am laufenden ~** *(umg)* sans arrêt

Band³ **-(e)s, -e)** *nt (Freundschaftsband etc)* lien *m*

Band⁴ [bɛnt] (-, -s) f (Mus) orchestre m; (Popband) groupe m

band etc vb siehe **binden**

Bandage [ban'da:ʒə] f bandage m

bandagieren vt bander

Bandbreite f (von Meinungen etc) éventail m

Bande ['bandə] f (Verbrecher) gang m; (Straßenbande, beim Kegeln, Billard) bande f

bändigen ['bɛndɪɡən] vt (Tier) apprivoiser; (Kinder) faire obéir; (Trieb, Leidenschaft) maîtriser, réfréner

Bandit [ban'di:t] (-en, -en) m bandit m

Band-: **~maß** nt mètre m à ruban; **~nudel** f (Koch: gew pl) = tagliatelle f; **~säge** f scie f à ruban; **~scheibe** f (Anat) disque m intervertébral; **~scheibenschaden** m hernie f discale; **~wurm** m (Zool) ténia m, ver m solitaire

bange ['baŋə] adj (Gefühl, Warten) angoissé(e); **mir wird es ~** je commence à m'inquiéter; **jdm B~ machen** faire peur à qn

bangen vi: **um jdn/etw ~** se faire du souci pour qn/qch ▷ vi unpers: **mir bangt vor der Prüfung** j'appréhende cet examen

Bangkok ['baŋkɔk] nt Bangkok

Bangladesch [baŋgla'dɛʃ] (-s) nt le Bangladesh

Banjo ['banjo, 'bɛndʒo] (-s, -s) nt banjo m

Bank¹ [baŋk] (-, ¨e) f (Sitzbank, Sandbank) banc m; **etw auf die lange ~ schieben** (umg) remettre qch à plus tard

Bank² [baŋk] (-, -en) f (Geldbank) banque f; **die ~ sprengen** faire sauter la banque; **~anweisung** f virement m (bancaire); **~beamte, r** m employé m de banque; **~einlage** f dépôt m

Bankett [ban'kɛt] (-(e)s, -e) nt (Essen) banquet m; (auch: **Bankette:** Straßenrand) accotement m

Bankette siehe **Bankett**

Bank-: **~fach** nt (Schließfach) coffre-fort m; **~gebühr** f frais mpl bancaires; **~geheimnis** nt secret m bancaire; **~halter** m banquier m

Bankier [baŋki'e:] (-s, -s) m banquier m

Bank-: **~konto** nt compte m en banque; **~leitzahl** f code m de la banque, numéro m d'agence; **~note** f billet m de banque; **~raub** m hold-up m inv (d'une banque)

bankrott [baŋ'krɔt] adj en faillite; **~ sein** être en faillite; **B~** (-(e)s, -e) m faillite f; **B~ machen** faire faillite; **den B~ anmelden** od erklären déposer son bilan; **B~erklärung** f (fig) constat m d'échec; **~gehen** unreg vi faire faillite

Banküberfall m hold-up m inv (d'une banque), braquage m

Bann [ban] (-(e)s, -e) m (magische Wirkung) charme m; (Hist: Kirchenbann) excommunication f; **jdn in seinen ~ ziehen** envoûter qn; **b~en** vt (Gefahr) conjurer; (bezaubern: Zuschauer) ensorceler, captiver; (Geister) exorciser; (Hist) excommunier

Banner (-s, -) nt (Fahne) bannière f

Bar (-, -s) f bar m

bar [ba:r] adj (unbedeckt) découvert(e), nu(e); (offenkundig): **~er Unsinn** folie pure; **das ist ~er Unsinn** c'est complètement idiot; **sie war ~ aller Hoffnung** (frei von) elle avait perdu tout

espoir; **~es Geld** argent m liquide; **etw (in) ~ bezahlen** payer qch comptant od en espèces; **gegen ~ kaufen** acheter (au) comptant; **etw für ~e Münze nehmen** (fig) prendre qch pour argent comptant

Bär [bɛ:r] (-en, -en) m (Zool) ours m; **jdm einen ~en aufbinden** (umg) faire marcher qn; **der Große ~** (Astron) la Grande Ourse; **der Kleine ~** (Astron) la Petite Ourse

Baracke [ba'rakə] f baraque f; **~nlager** nt baraquement m

Barbados [bar'ba:dɔs] nt la Barbade f

barbarisch [bar'ba:rɪʃ] adj barbare

Barbestand m encaisse f

Bardame f barmaid f

Bärenhunger (umg) m: **einen ~ haben** avoir une faim de loup

bärenstark (umg) adj fort(e) comme un bœuf, très costaud unver; (fig) sensationnel(le)

Barfrau f barmaid f

barfuß adj pieds nus

barg etc [bark] vb siehe **bergen**

Bar-: **~geld** nt argent m liquide, espèces fpl; **b~geldlos** adj: **b~geldloser Zahlungsverkehr** transaction f par virement; **~geschäft** nt (Wirts) opération f au comptant; **b~häuptig** adj nu-tête unver; **~hocker** m tabouret m de bar

Bärin f (Zool) ourse f

Bariton ['ba:ritɔn] m (Mus) baryton m

Bar-: **~kauf** m achat m au comptant; **~keeper** ['ba:rki:pər] (-s, -) m tenancier m de bar; **~kredit** m prêt m en espèces; **~mann** (-(e)s, ¨er) m barman m

barmherzig [barm'hɛrtsɪç] adj miséricordieux(-euse); **B~keit** f miséricorde f

Barock [ba'rɔk] nt od m baroque m

Barometer [baro'me:tər] (-s, -) nt baromètre m; **das ~ steht auf Sturm** (fig) il y a de l'orage dans l'air

Baron, in [ba'ro:n(ɪn)] (-s, -e) m(f) baron(ne) m/f

Baronesse [baro'nɛsə] f fille f d'un baron

Barren ['barən] (-s, -) m (Sport) barres fpl parallèles; (Goldbarren) lingot m

Barriere [bari'ɛ:rə] f barrière f

Barrikade [bari'ka:də] f barricade f; (umg): **auf die ~n gehen** od **steigen** se battre

Barsch [barʃ] (-(e)s, -e) m (Zool) perche f

barsch [barʃ] adj brusque ▷ adv: **jdn ~ anfahren** rudoyer qn

Barschaft f argent m liquide

Barscheck m chèque m non barré

barst etc [barst] vb siehe **bersten**

Bart [ba:rt] (-(e)s, ¨e) m barbe f; (Schlüsselbart) panneton m

bärtig ['bɛ:rtɪç] adj barbu(e)

Barvermögen nt capital m disponible, liquidités fpl

Barzahlung f paiement m comptant

Basalt [ba'zalt] (-(e)s, -e) m basalte m

Basar [ba'za:r] (-s, -e) m (Markt) bazar m; (Wohltätigkeitsbasar) vente f de charité

Base ['ba:zə] f (Chem) base f; (Cousine) cousine f

Basedowsche Krankheit ['ba:zədovʃə], **Basedowkrankheit** ['ba:zədov] f maladie f de Basedow

Basel ['ba:zəl] nt Bâle

Basen pl von **Basis; Base**

basieren [ba'zi:rən] vt fonder ▷ vi: **auf etw** Dat ~ se fonder sur qch

Basilika [ba'zi:lika] (-, -ken) f basilique f

Basilikum [ba'zi:likʊm] (-s, -s od -ken) nt (Bot) basilic m

Basis ['ba:zɪs] (-, **Basen**) f base f; ~ **und Überbau** (Pol) base et superstructure

basisch ['ba:zɪʃ] adj (Chem) basique

Basisgruppe f groupe m de militants

Baske ['baskə] (-n, -n) m Basque m

Baskenland nt pays m basque

Baskenmütze f béret m basque

Baskin f Basque f

Bass [bas] (-es, ⁻sse) m (Mus) basse f

Bassin [ba'sɛ̃:] (-s, -s) nt bassin m

Bassist [ba'sɪst] m bassiste m

Bassschlüssel m clé f de fa

Bassstimme f voix f de basse

Bast [bast] (-(e)s, -s) m raphia m

basta ['basta] interj: **(und damit) ~!** un point c'est tout!

basteln vt, vi bricoler

Bastler ['bastlər] (-s, -) m (Mensch) bricoleur m

BAT m abk (= Bundesangestelltentarif) échelle des traitements pour les fonctionnaires allemands

bat etc [ba:t] vb siehe **bitten**

Bataillon [batal'jo:n] (-s, -e) nt bataillon m

Batik ['ba:tɪk] f batik m; **b~en** vi faire du batik

Batist [ba'tɪst] (-(e)s, -e) m batiste f

Batterie [batə'ri:] f (in Gerät) pile f

Bau [baʊ] (-(e)s) m construction f; (Aufbau) structure f; (Körperbau): **er ist von kräftigem ~** il est solidement charpenté od bâti; (Baustelle) chantier m; (pl: Baue: Tier) terrier m, tanière f; (: Bergb) mine f; (pl: Bauten: Gebäude) bâtiment m, édifice m; **der ~ eines Hauses** la construction d'une maison; **auf dem ~ arbeiten** travailler dans le bâtiment; **sich im ~ befinden** être en construction; **~abschnitt** m tranche f de(s) travaux; **~arbeiten** pl (Straßenbau) travaux mpl; **~arbeiter** m ouvrier m du bâtiment

Bauch [baʊx] (-(e)s, **Bäuche**) m ventre m; **auf den ~ fallen** (umg) se planter; **aus dem hohlen ~** (umg) au pied levé; **~fell** m (Anat) péritoine m; **~höhle** f (Anat) cavité f abdominale

bauchig adj (Gefäß) ventru(e)

Bauchlandung f: **eine ~ machen** (umg: fig) se planter

bäuchlings ['bɔʏçlɪŋs] adv à plat ventre

Bauch-: ~muskel m muscle m abdominal; **~nabel** m nombril m; **~redner** m ventriloque m; **~schmerzen** pl mal m au od maux mpl de ventre; **~speicheldrüse** f (Anat) pancréas m; **~tanz** m danse f du ventre; **~weh** nt mal m au ventre

bauen ['baʊən] vt construire; (Nest) faire; (umg: Unfall) causer; (Mus: Instrumente) fabriquer ▷ vi construire; **auf jdn/etw ~** compter sur qn/qch;

da hast du Mist gebaut (umg) t'as vraiment foiré; **gut gebaut sein** (Mensch) être bien bâti(e); **kräftig gebaut sein** être solidement charpenté(e)

Bauer¹ ['baʊər] (-n od -s, -n) m paysan m, agriculteur m; (pej: Rüpel) rustre m; (Schach) pion m

Bauer² ['baʊər] (-s, -) nt od m (Vogelbauer) cage f

Bäuerchen ['bɔʏərçən] nt (Kindersprache) rot m

Bäuerin ['bɔʏərɪn] f paysanne f, agricultrice f

bäuerlich adj paysan(ne); (Kunst) rustique

Bauern-: ~brot nt pain m paysan; **~bursche** m garçon m de ferme; **~fänger** m attrape-nigaud m; **~frühstück** nt (Koch) omelette au jambon et aux pommes de terre; **~haus** nt, **~hof** m ferme f; **~möbel** nt (gew pl) meubles mpl rustiques; **~regel** f dicton m (météorologique); **~schaft** f paysannerie f; **~schläue** f ruse f

bau-: ~fällig adj délabré(e); **B~fälligkeit** f délabrement m; **B~firma** f entreprise f de construction; **B~führer** m contremaître m; **B~gelände** nt terrain m à bâtir; **B~genehmigung** f permis m de construire; **B~gerüst** nt échafaudage m; **B~grube** f fondations fpl; **B~herr** m maître m d'ouvrage; **B~holz** nt bois m de construction od d'œuvre; **B~ingenieur** m ingénieur m des travaux publics od en génie civil

Bauj. abk = **Baujahr**

Bau-: ~jahr nt année f de construction; **VW ~jahr 1988** VW modèle 1988; **~kasten** m jeu m de construction; **~klötzchen** nt cube m; **~kosten** pl coût msg de la construction; **~land** nt terrain m à bâtir; **~leiter** m chef m de chantier, maître m d'œuvre; **b~lich** adj: **in gutem/schlechtem b~lichem Zustand** d'une construction solide/peu solide; **~löwe** (umg: pej) m requin m (de l'immobilier); **~lücke** f terrain m vague

Baum [baʊm] (-(e)s, **Bäume**) m arbre m; **heute könnte ich Bäume ausreißen** j'ai vraiment la pêche aujourd'hui

baumeln ['baʊməln] vi pendre, être suspendu(e); **mit den Beinen ~** balancer les jambes

bäumen ['bɔʏmən] vr se cabrer

Baum-: ~grenze f limite f des arbres; **~kuchen** m (Koch) sorte de pièce montée; **~schule** f pépinière f; **~stamm** m tronc m d'arbre; **~stumpf** m souche f; **~wolle** f coton m

Bau-: ~plan m plan m; **~platz** m terrain m à bâtir; **~polizei** f service chargé du contrôle de la construction, ≈ Direction f départementale de l'équipement

bäurisch ['bɔʏrɪʃ] adj rustre

Bausatz m kit m

Bausch [baʊʃ] (-(e)s, **Bäusche**) m (Wattebausch) tampon m; **in ~ und Bogen** en bloc

bauschen vt gonfler ▷ vi (Hemd) être bouffant(e) ▷ vr gonfler

bauschig adj bouffant(e)

bau-: ~sparen vi untr souscrire à un plan d'épargne-logement; **B~sparkasse** f caisse f d'épargne-logement, société f de crédit immobilier; **B~sparvertrag** m plan m d'épargne-logement; **B~stein** m pierre f; (Spielzeug) cube m; (fig) composante f; **B~stelle** f

chantier *m*; **B~stil** *m* style *m* (architectural);
~technisch *adj* concernant la construction;
B~teil *nt* élément *m*

Bauten *pl von* **Bau**

Bau-: **~unternehmer** *m* entrepreneur *m*; **~weise** *f*
style *m* de construction; **~werk** *nt* édifice *m*;
~zaun *m* clôture *f* de chantier

b. a. W. *abk* (= *bis auf Weiteres*) jusqu'à nouvel ordre

Bayer, in ['baɪər(ɪn)] (**-n, -n**) *m(f)* Bavarois(e) *m/f*

Bayern *nt* la Bavière

bayrisch *adj* bavarois(e)

Bazillus [ba'tsɪlʊs] (**-, Bazillen**) *m* bacille *m*

Bd. *abk* (= *Band*) vol.

Bde. *abk* (= *Bände*) vol.

beabsichtigen [bə'lapsɪçtɪgən] *vt*: **~, etw zu tun**
avoir l'intention de faire qch

beachten [bə'laxtən] *vt* (*befolgen*: *Gebot, Vorschrift,
Regel*) respecter; (: *Vorfahrt*) observer; (*zur Kenntnis
nehmen*) considérer

beachtenswert *adj* remarquable

beachtlich *adj* (*Position, Ereignis*) important(e);
(*Leistung*) remarquable ▷ *adv* (*sehr*)
considérablement, beaucoup

Beachtung *f* (*von Regeln etc*) respect *m*; **das
verdient ~** cela mérite d'être pris en compte;
jdm keine ~ schenken ne pas tenir compte de qn

Beamte, r [bə'lamtə(r)] (**-n, -n**) *m* fonctionnaire
m; (*Bankbeamte*) employé *m*

Beamtenlaufbahn *f*: **die ~ einschlagen** entrer
dans la fonction publique

Beamtenverhältnis *nt*: **im ~ stehen** être
fonctionnaire

beamtet *adj* (*förmlich*) fonctionnaire

Beamtin *f* fonctionnaire *f*; (*Bankbeamtin*)
employée *f* de banque

beängstigend [bə'lɛŋstɪgənt] *adj* (*Lage, Zustand*)
inquiétant(e); (*Geschwindigkeit*) effrayant(e)

beanspruchen [bə'lanʃprʊxən] *vt* (*Recht, Erbe*)
revendiquer; (*Zeit, Platz*) prendre; (*Benzin*)
consommer; (*Reifen, Stoff*) user; (*jds Geduld*) abuser
de; **seine Arbeit beansprucht ihn sehr** il est
très pris par son travail

beanstanden [bə'lanʃtandən] *vt* critiquer;
(*Rechnung*) contester

Beanstandung *f* réclamation *f*

beantragen [bə'lantra:gən] *vt* demander

beantworten [bə'lantvɔrtən] *vt* répondre à

Beantwortung *f* réponse *f*; **in ~ Ihres
Schreibens** (*förmlich*) en réponse à votre courrier

bearbeiten [bə'larbaɪtən] *vt* (*Antrag, Akte, Fall*)
étudier, s'occuper de; (*Thema, Chem*) traiter;
(*Buch, Film*) adapter; (*Material*) travailler; (*Land,
Acker*) cultiver; (*umg: beeinflussen wollen*) travailler;
jdn mit Fäusten ~ tabasser qn

Bearbeitung *f* (*siehe vt*) traitement *m*; adaptation
f; culture *f*

Bearbeitungsgebühr *f* frais *mpl* administratifs

beatmen [bə'la:tmən] *vt*: **jdn künstlich ~**
pratiquer la respiration artificielle sur qn

Beatmung [bə'la:tmʊŋ] *f* respiration *f* artificielle

beaufsichtigen [bə'laʊfzɪçtɪgən] *vt* surveiller

Beaufsichtigung *f* surveillance *f*

beauftragen [bə'laʊftra:gən] *vt* charger; **jdn mit
etw ~** charger qn de faire qch

Beauftragte, r *f(m)* représentant(e) *m/f*

bebauen [bə'baʊən] *vt* (*Grundstück*) construire sur;
(*Agr*) cultiver

beben ['be:bən] *vi* trembler; **B~** (**-s, -**) *nt*
tremblement *m*

bebildern [bə'bɪldərn] *vt* illustrer

Becher ['bɛçər] (**-s, -**) *m* gobelet *m*; (*für Joghurt*) pot *m*

bechern ['bɛçərn] (*umg*) *vi* picoler

Becken ['bɛkən] (**-s, -**) *nt* bassin *m*; (*Waschbecken*)
lavabo *m*; (*Mus*) cymbale *f*

Bedacht [bə'daxt] *m*: **mit ~** (*vorsichtig*) avec
circonspection; (*absichtlich*) en connaissance de
cause, délibérément; **ohne ~** sans réfléchir

bedacht *adj* (*Vorgehen, Entschluss*) réfléchi(e); **auf
etw** *Akk* **~ sein** faire attention à qch

bedächtig [bə'dɛçtɪç] *adj* (*umsichtig*) réfléchi(e);
(*langsam*) lent(e), posé(e)

bedanken [bə'daŋkən] *vr*: **sich bei jdm für etw ~**
remercier qn de *od* pour qch; **ich bedanke mich
herzlich** je vous remercie beaucoup

Bedarf [bə'darf] (**-(e)s**) *m* besoin *m*; (*Wirts*)
demande *f*; (*Bedarfsmenge*) besoins *mpl*; **~ an** +*Dat*
besoins *en*; **je nach ~** selon les besoins; **alles für
den häuslichen ~** tout pour la maison; **bei ~** en
cas de besoin; **~ an etw** *Dat* **haben** avoir besoin
de qch; **mein ~ ist gedeckt!** (*umg*) ça suffit
comme ça!

Bedarfs-: **~artikel** *m* article *m* de première
nécessité; **~deckung** *f* satisfaction *f* des besoins;
~fall *m*: **im ~fall** en cas de besoin; **~güter** *pl*
biens *mpl* de consommation; **~haltestelle** *f* arrêt
m facultatif

bedauerlich [bə'daʊərlɪç] *adj* regrettable

bedauern [bə'daʊərn] *vt* regretter; (*bemitleiden*)
plaindre; **wir ~, Ihnen mitteilen zu müssen,
…** nous avons le regret de vous annoncer …;
B~ (**-s**) *nt* regret *m*; **zu meinem B~** à mon regret

bedauernswert *adj* (*Zustände*) regrettable;
(*Mensch*) à plaindre

bedecken [bə'dɛkən] *vt* couvrir

bedeckt *adj* couvert(e)

bedenken [bə'dɛŋkən] *unreg vt* (*Folgen*) réfléchir à;
ich gebe zu ~, dass … (*geh*) permettez-moi de
vous faire remarquer que …; **jdn mit etw ~**
gratifier qn de qch; **B~** (**-s, -**) *nt* (*kein pl: Überlegen*)
réflexion *f*; (*gew pl: Zweifel*) doute *m*; (: *Skrupel*)
scrupule *m*; **mir kommen B~** je commence à
avoir des doutes

bedenkenlos *adv* (*ohne Zögern*) sans la moindre
hésitation

bedenklich *adj* (*besorgt*) préoccupé(e); (*bedrohlich*)
inquiétant(e), menaçant(e); (*zweifelhaft*)
douteux(-euse)

Bedenkzeit *f* délai *m* de réflexion

bedeuten [bə'dɔytən] *vt* signifier; (*zur Folge
haben*): **das bedeutet nichts Gutes** cela n'est pas
bon signe

bedeutend *adj* (*von großem Ansehen*) éminent(e);
(*hervorragend*) remarquable; (*wichtig, bemerkenswert*)
important(e); (*beträchtlich*) considérable

bedeutsam adj (wichtig) important(e); (vielsagend) éloquent(e)

Bedeutung f (Sinn) signification f, sens m; (Wichtigkeit) importance f

bedeutungslos adj (Wort, Zeichen) dépourvu(e) de sens; (Mensch, Ereignis) sans importance

bedeutungsvoll adj (vielsagend) éloquent(e); (wichtig) important(e)

bedienen [bə'di:nən] vt (Menschen) servir; (Maschine) faire fonctionner, faire marcher ▷ vr (beim Essen): **bitte ~ Sie sich!** servez-vous! ▷ vi servir; **werden Sie schon bedient?** on vous sert?; **gut/schlecht bedient sein** (umg) être bien/mal servi(e); **ich bin bedient!** (umg) j'en ai par-dessus la tête!; **er lässt sich gern ~** il aime se faire servir od faire le pacha

Bedienung f service m; (von Maschinen) maniement m; (Kellnerin) serveuse f

Bedienungsanleitung f mode m d'emploi

Bedienungszuschlag m service m

bedingen [bə'dɪŋən] vt (verursachen) causer; (voraussetzen) exiger

bedingt adj (Richtigkeit, Tauglichkeit) limité(e); (Lob) réservé(e); (Zusage, Annahme) conditionnel(le); (Reflex) conditionné(e); **(nur) ~ gelten** être valable sous toutes réserves

Bedingung f condition f; **Bedingungen** pl (Verhältnisse) conditions; **mit** od **unter der ~, dass ...** à condition que ...; **zu günstigen ~en** (Wirts) à des conditions avantageuses

Bedingungsform f (Gram) conditionnel m

bedingungslos adj sans condition, inconditionnel(le)

bedrängen [bə'drɛŋən] vt (Feind) harceler; (gegnerische Mannschaft) serrer de près; (bedrücken: Sorgen etc) accabler; **jdn mit Fragen ~** presser qn de questions

Bedrängnis [bə'drɛŋnɪs] f (seelisch) détresse f; **in ~ geraten** (finanziell, zeitlich, seelisch) se retrouver dans une situation difficile

Bedrängung f détresse f

bedrohen [bə'dro:ən] vt menacer

bedrohlich adj menaçant(e)

Bedrohung f menace f

bedrucken [bə'drʊkən] vt (Papier) imprimer

bedrücken [bə'drʏkən] vt accabler; **bedrückt sein** (über +Akk) être déprimé(e) (à cause de)

bedürfen [bə'dʏrfən] unreg vi +Gen (geh) avoir besoin de; **ohne dass es eines Hinweises bedurft hätte** sans se faire prier

Bedürfnis [bə'dʏrfnɪs] (-ses, -se) nt besoin m; **~ nach etw haben** avoir grand besoin de qch; **~anstalt** f (förmlich) toilettes fpl publiques; **b~los** adj modeste

bedürftig adj (arm) dans le besoin

Beefburger ['bi:fbə:gə] (-s, -) m hamburger m

Beefsteak ['bi:fste:k] (-s, -s) nt (Koch) bifteck m; **deutsches ~** steak m haché

beehren [bə'le:rən] vt (geh) honorer ▷ vr: **sich ~, etw zu tun** (förmlich) avoir l'honneur de faire qch

beeilen [bə'laɪlən] vr se dépêcher

beeindrucken [bə'laɪndrʊkən] vt impressionner

beeinflussbar adj (Mensch) influençable

beeinflussen [bə'laɪnflʊsən] vt influencer

Beeinflussung f influence f

beeinträchtigen [bə'laɪntrɛçtɪgən] vt (Freude, Genuss) gâcher; (Freiheit) empiéter sur; (vermindern: Sehvermögen, Wert, Qualität) porter préjudice à

beend(ig)en [bə'lɛnd(ɪg)ən] vt finir, terminer; (Krieg) mettre fin à

Beend(ig)ung f (Ende) fin f

beengen [bə'lɛŋən] vt (Subj: Kleidung) serrer; (fig: jdn) gêner; **~de Kleidung** vêtements serrés od trop étroits

beengt adj à l'étroit; (fig) mal à l'aise; **in ~en Verhältnisse leben** vivre dans la gêne

beerben [bə'lɛrbən] vt hériter de

beerdigen [bə'le:rdɪgən] vt enterrer

Beerdigung f enterrement m

Beerdigungsinstitut nt (entreprise f de) pompes fpl funèbres

Beere ['be:rə] f baie f; (Traubenbeere) grain m

Beerenauslese f (Wein) vin fait de raisins spécialement sélectionnés

Beerenobst nt baies fpl comestibles

Beet [be:t] (-(e)s, -e) nt (Blumenbeet) plate-bande f; (Gemüsebeet) carré m

befähigen [bə'fɛ:ɪgən] vt rendre capable, qualifier

befähigt adj (begabt) capable, compétent(e); (durch Ausbildung) qualifié(e)

Befähigung f (Können) compétences fpl; (berufliche Voraussetzung) titres mpl

befahl etc [bə'fa:l] vb siehe **befehlen**

befahrbar [bə'fa:rba:r] adj (Straße) praticable, carrossable; (Wasserweg) navigable

befahren [bə'fa:rən] unreg vt (Straße, Route) emprunter; (Naut: Wasserweg, Meer) naviguer sur ▷ adj (Straße) fréquenté(e)

befallen [bə'falən] unreg vt (Krankheit) frapper; (Übelkeit, Fieber, Ekel) prendre; (Angst, Zweifel) saisir; (Ungeziefer) envahir

befangen [bə'faŋən] adj (schüchtern) intimidé(e); (voreingenommen) partial(e); **in etw** Dat **~ sein** (geh) être immuable dans qch; **B~heit** f (Schüchternheit) gêne f, timidité f; (Voreingenommenheit) parti m pris

befassen [bə'fasən] vr: **sich ~ mit** s'occuper de

Befehl [bə'fe:l] (-(e)s, -e) m (Anordnung) ordre m; (Befehlsgewalt) commandement m; (Comput) commande f; **auf ~ handeln** exécuter un ordre; **zu ~, Herr Hauptmann!** (Mil) à vos ordres, mon capitaine!; **den ~ haben** od **führen** commander

befehlen unreg vt ordonner; **jdm etw ~** ordonner qch à qn; **über jdn/etw ~** commander qn/qch; **du hast mir gar nichts zu ~** (umg) je n'ai pas d'ordre(s) à recevoir de toi

befehligen vt (Streitkräfte) commander

Befehls-: **~empfänger** m exécutant m; **~form** f (Gram) impératif m; **~haber** (-s, -) m (Mil) commandant m; **~notstand** m (Jur) situation où l'on est obligé d'obéir aux ordres; **~ton** m ton m de commandement; **~verweigerung** f (Mil) refus m d'obéissance

befestigen [bə'fɛstɪgən] *vt* (*anbringen, festmachen*)
fixer; (*stärken: Straße, Ufer*) stabiliser, consolider;
(*Stadt*) fortifier
Befestigung *f* (*das Anbringen*) fixation *f*; (*von Ufer*)
consolidation *f*; (*von Stadt*) fortification *f*;
~sanlage *f* fortifications *fpl*
befeuchten [bə'fɔʏçtən] *vt* humecter, mouiller
befiehlst *etc* [bə'fi:lst] *vb siehe* **befehlen**
befinden [bə'fɪndən] *unreg vr* (*an bestimmtem Ort*) se
trouver; (*geh: sich fühlen*) se sentir ▷ *vt* (*geh*): **jdn**
für schuldig ~ déclarer qn coupable ▷ *vt* (*geh*:
urteilen): **~ über** +*Akk* juger
Befinden (**-s**) *nt* (*Zustand*) état *m* de santé; (*geh*:
Meinung) opinion *f*; **sich nach jds ~ erkundigen**
s'enquérir de l'état de santé de qn
beflecken [bə'flɛkən] *vt* tacher; (*geh: Ruf, Ehre*)
entacher
befliegen [bə'fli:gən] *unreg vt* (*Land, Strecke*)
desservir; **eine stark** *od* **viel beflogene Strecke**
une ligne très fréquentée
beflügeln [bə'fly:gəln] *vt* (*geh*) donner des ailes à
befohlen [bə'fo:lən] *pp von* **befehlen**; **Gott ~!**
adieu!
befolgen [bə'fɔlgən] *vt* suivre
befördern [bə'fœrdərn] *vt* (*Güter, Gepäck*)
transporter; (*Post*) acheminer; (*im Beruf*)
promouvoir; **jdn ins Freie ~** (*umg*) mettre qn
dehors
Beförderung *f* (*von Gütern*) transport *m*; (*beruflich*)
promotion *f*; **~skosten** *pl* frais *mpl* de transport
befragen [bə'fra:gən] *vt* interroger; (*um*
Stellungnahme bitten; Wörterbuch) consulter; (*die*
Karten) tirer; **jdn ~ über** +*Akk* interroger qn sur
Befragung *f* interrogation *f*; (*Umfrage*) sondage
m, enquête *f*
befreien [bə'fraɪən] *vt* libérer; (*freistellen*)
exempter; (*reinigen*) débarrasser ▷ *vr* se libérer
Befreier, in (**-s, -**) *m(f)* libérateur(-trice) *m/f*
befreit *adj* (*erleichtert*) soulagé(e)
Befreiung *f* libération *f*; (*Erlassen*) exemption *f*
Befreiungs-: **~bewegung** *f* mouvement *m* de
libération; **~kampf** *m*: **der ~kampf des**
kurdischen Volkes la lutte du peuple kurde
pour sa libération; **~versuch** *m* tentative *f*
d'évasion
befremden [bə'frɛmdən] *vt* (*Benehmen, Frage: jdn*)
déconcerter, sembler étrange à; **B~** (**-s**) *nt*
surprise *f*, étonnement *m*; **etw mit B~ sehen**
être déconcerté(e) par qch; **zu meinem B~** à ma
grande surprise
befremdlich [bə'frɛmtlɪç] *adj* étrange
befreunden [bə'frɔʏndən] *vr*: **sich ~ mit** se lier
d'amitié avec; (*mit Idee etc*) se familiariser avec
befreundet *adj* ami(e); **wir sind schon lange**
(**miteinander**) **~** il y a déjà longtemps que nous
sommes amis
befriedigen [bə'fri:dɪgən] *vt* satisfaire
befriedigend *adj* satisfaisant(e)
Befriedigung *f* satisfaction *f*; **etw mit ~**
feststellen constater qch avec satisfaction
befristet [bə'frɪstət] *adj* (*Vertrag, Waffenstillstand*)
à durée limitée; (*Tätigkeit, Visum*) temporaire;

~ sein auf +*Akk* n'être valable que pour
befruchten [bə'frʊxtən] *vt* féconder; (*Diskussion,*
Gedanken) stimuler; **künstlich ~** inséminer
artificiellement
Befruchtung *f*: **künstliche ~** insémination *f*
artificielle
Befugnis [bə'fu:knɪs] (**-, -se**) *f* pouvoir *m*
befugt *adj* autorisé(e), habilité(e)
befühlen [bə'fy:lən] *vt* palper
Befund [bə'fʊnt] (**-(e)s, -e**) *m* (*von Sachverständigen*)
conclusions *fpl*; (*Med*) diagnostic *m*; **ohne ~** (*Med*)
test *m* négatif
befürchten [bə'fʏrçtən] *vt* craindre; **es steht zu**
~, dass ... il faut malheureusement s'attendre à
ce que ...
Befürchtung *f* (*gew pl*) crainte *f*
befürworten [bə'fy:rvɔrtən] *vt* (*Gesetz, Vorschlag*)
soutenir; (*Neuerung*) être favorable à; (*Antrag*)
approuver
Befürworter, in (**-s, -**) *m(f)* défenseur *m*
Befürwortung *f* (*siehe vt*) soutien *m*; approbation *f*
begabt [bə'ga:pt] *adj* doué(e); **für etw ~ sein** être
doué(e) pour qch
Begabung [bə'ga:bʊŋ] *f* don *m*, talent *m*
begaffen [bə'gafən] (*umg: pej*) *vt* regarder bouche
bée
begann *etc* [bə'gan] *vb siehe* **beginnen**
begatten [bə'gatən] *vr* s'accoupler ▷ *vt*
s'accoupler avec
begeben [bə'ge:bən] *unreg vr* (*gehen*) se rendre;
(*geh: geschehen*) se passer; **sich in ärztliche**
Behandlung ~ consulter un médecin; **sich in**
Gefahr ~ s'exposer à un danger; **B~heit** *f*
événement *m*, fait *m*
begegnen [bə'ge:gnən] *vi* +*Dat* rencontrer;
(*widerfahren*) arriver; (*geh: behandeln*) traiter; **ihre**
Blicke begegneten sich leurs regards se sont
rencontrés; **so etwas ist mir noch nie**
begegnet cela ne m'est encore jamais arrivé
Begegnung *f* rencontre *f*
begehen [bə'ge:ən] *unreg vt* (*Straftat, Fehler,*
Dummheit) commettre; (*geh: Feier*) célébrer;
(*Strecke*) parcourir; (*Straße etc*) suivre
begehren [bə'ge:rən] *vt* désirer
begehrenswert *adj* désirable
begehrt *adj* (*Posten*) convoité(e); (*Reiseziel*) en
vogue
begeistern [bə'gaɪstərn] *vr*: **sich an etw** *Dat od*
für etw ~ s'enthousiasmer pour qch ▷ *vt* remplir
d'enthousiasme; **er ist für nichts zu ~** il ne
s'intéresse à rien
begeistert *adj* enthousiaste
Begeisterung *f* enthousiasme *m*
Begierde [bə'gi:rdə] *f* désir *m*
begierig [bə'gi:rɪç] *adj* désireux(-euse); (*voll*
Verlangen) avide; **auf etw** *Akk* **~ sein** attendre qch
avec impatience
begießen [bə'gi:sən] *unreg vt* arroser
Beginn [bə'gɪn] (**-(e)s**) *m* commencement *m*,
début *m*; **zu ~** au commencement *od* début
beginnen *unreg vt, vi* commencer
beglaubigen [bə'glaʊbɪgən] *vt* (*Dokument,*

Abschrift) authentifier; (*Echtheit*) certifier; **eine notariell beglaubigte Abschrift** une copie certifiée conforme (par un notaire)
Beglaubigung f authentification f
Beglaubigungsschreiben nt lettres fpl de créance
begleichen [bə'glaɪçən] unreg vt régler
Begleitbrief m lettre f d'accompagnement
begleiten [bə'glaɪtən] vt accompagner; (*zum Schutz*) escorter
Begleiter, in (-s, -) m(f) (*Freund*) compagnon (compagne) m/f ⊳ m (*von Reisegruppe, Sänger*) accompagnateur(-trice) m/f; (*zum Schutz*) escorte f
Begleit-: **~erscheinung** f effet m secondaire; **~musik** f musique f d'accompagnement; **~papiere** f (*Wirts*) documents mpl joints; **~schiff** nt escorteur m; **~schreiben** nt lettre f jointe; **~umstände** pl circonstances fpl concomitantes
Begleitung f compagnie f; (*zum Schutz*) escorte f; (*Mus*) accompagnement m; **in ~** accompagné(e); **in ~ von** +Dat en compagnie de
beglücken [bə'glʏkən] vt faire plaisir à
beglückwünschen [bə'glʏkvʏnʃən] vt féliciter; **jdn zu etw ~** féliciter qn pour od de qch; **sich zu etw ~** se féliciter de qch
begnadet [bə'gna:dət] adj talentueux(-euse)
begnadigen [bə'gna:dɪgən] vt gracier
Begnadigung f grâce f
begnügen [bə'gny:gən] vr: **sich mit etw ~** se contenter de qch
Begonie [bə'go:niə] f bégonia m
begonnen [bə'gɔnən] pp von **beginnen**
begossen [bə'gɔsən] pp von **begießen** ⊳ adj: **er stand da wie ein ~er Pudel** (umg) il était bien penaud
begraben [bə'gra:bən] unreg vt (*Toten*) enterrer; (*Hoffnung*) abandonner; (*Streit*) oublier; **dort möchte ich nicht ~ sein** (umg) je n'aimerais pas me retrouver dans un trou pareil
Begräbnis [bə'grɛːpnɪs] **(-ses, -se)** nt enterrement m
begradigen [bə'gra:dɪgən] vt (*Fluss*) corriger le cours de; (*Straße*) refaire en éliminant les tournants
begreifen [bə'graɪfən] unreg vt (*verstehen*) comprendre
begreiflich [bə'graɪflɪç] adj compréhensible; **es ist mir nicht ~** je ne comprends vraiment pas; **jdm etw** Akk **~ machen** expliquer qch à qn; **sich jdm ~ machen** se faire comprendre de qn
begrenzen [bə'grɛntsən] vt (*beschränken*) limiter
begrenzt adj limité(e); (*geistig*) borné(e); **B~heit** [bə'grɛntsthaɪt] f limitation f; (*von Menschen*) étroitesse f d'esprit
Begriff [bə'grɪf] **(-(e)s, -e)** m notion f, concept m; (*Meinung, Vorstellung*) idée f, conception f; **im ~ sein, etw zu tun** être sur le point de faire qch; **sein Name ist mir ein/kein ~** son nom me dit quelque chose/ne me dit rien; **du machst dir keinen ~ (davon)** tu ne peux pas t'imaginer; **schwer von ~ sein** (umg) avoir la comprenette un

peu dure; **für meine ~e** pour moi
Begriffsbestimmung f définition f
begriffsstutzig (pej) adj bouché(e)
begrub etc [bə'gru:p] vb siehe **begraben**
begründen [bə'grʏndən] vt (*Tat, Abwesenheit*) justifier, étayer; (*beginnen*) fonder; **etw näher ~** donner les raisons précises de qch, expliquer qch plus en détail
Begründer, in (-s, -) m(f) fondateur(-trice) m/f
begründet adj (*Zweifel, Hoffnung*) justifié(e); (*Aussicht*) raisonnable; **sachlich ~** fondé(e) (sur des faits)
Begründung f justification f, explication f
begrünen [bə'gry:nən] vt (*Balkon*) fleurir; (*Siedlung*) aménager des espaces verts dans
begrüßen [bə'gry:sən] vt (*Gäste*) accueillir; (*Neuerungen, Vorschlag, Entwicklung*) accueillir favorablement; (*Entwicklung*) se réjouir de; **~swert** adj (*Änderung, Aussicht, Verbesserung*) bienvenu(e)
Begrüßung f (*von Menschen*) accueil m; **zur ~ der Gäste** pour accueillir les invités, en l'honneur des invités
begünstigen [bə'gʏnstɪgən] vt favoriser; **vom Wetter begünstigt sein** avoir lieu par temps favorable
begutachten [bə'gu:tlaxtən] vt (*fachmännisch*) expertiser; (*umg: ansehen*) examiner, jeter un coup d'œil à
begütert [bə'gy:tərt] adj aisé(e)
begütigen [bə'gy:tɪgən] vt calmer
begütigend adj (*Worte etc*) apaisant(e) ⊳ adv: **~ auf jdn einreden** essayer de calmer qn
behaart [bə'ha:rt] adj (*Mensch, Arm*) poilu(e); (*Pflanze*) velu(e)
behäbig [bə'hɛːbɪç] adj (*dick*) corpulent(e); (*geruhsam*) lent(e)
behaftet [bə'haftət] adj: **mit etw ~ sein** être affligé(e) de qch
behagen [bə'ha:gən] vi: **jd/etw behagt ihm nicht** qn/qch ne lui plaît pas; **B~ (-s)** nt sensation f de bien-être; **mit B~ essen** manger avec délectation
behaglich [bə'ha:klɪç] adj (*Möbel*) confortable; (*Atmosphäre*) douillet(te); (*Wärme*) agréable; **B~keit** f bien-être m
behalten [bə'haltən] unreg vt garder; (*Mehrheit, Recht*) conserver; (*Farbe*) ne pas perdre; (*im Gedächtnis*) retenir; **die Nerven ~** garder son sang-froid; **~ Sie (doch) Platz!** ne vous dérangez pas!; **etw für sich ~** garder qch pour soi
Behälter [bə'hɛltər] **(-s, -)** m récipient m
behänd [bə'hɛnt], **behände** [bə'hɛndə] adj agile
behandeln [bə'handəln] vt traiter; (*Med*) soigner; **der ~de Arzt** le médecin traitant
Behandlung f traitement m; (*von Maschine*) maniement m; **in ~ sein** suivre un traitement
behängen [bə'hɛŋən] vt orner
beharren [bə'harən] vi: **auf etw** Dat **~** ne pas démordre de qch; **sie beharrte darauf mitzukommen** elle insistait pour nous etc accompagner

beharrlich [bə'harlɪç] *adj (ausdauernd)*
résolu(e), persévérant(e); *(hartnäckig)* opiniâtre,
tenace; **B~keit** *f (siehe adj)* persévérance *f*;
ténacité *f*
behaupten [bə'hauptən] *vt* affirmer; *(Recht,
Position)* défendre ▷ *vr* s'affirmer; **von jdm ~,
dass er ...** affirmer que qn ...; **sich auf dem
Markt ~** s'imposer sur le marché
Behauptung *f (Äußerung)* affirmation *f*
Behausung [bə'hauzʊŋ] *f* habitation *f*; *(armselig)*
taudis *m*
beheben [bə'he:bən] *unreg vt (beseitigen)*
supprimer; *(Missstände)* remédier à; *(Schaden,
Störung)* réparer
beheimatet [bə'haima:tət] *adj (Mensch)*
domicilié(e); **diese Pflanze/dieses Tier ist in
den Alpen ~** les Alpes sont l'environnement
naturel de cette plante/cet animal, cette plante/
cet animal vient des Alpes
beheizbar *adj (Heckscheibe)* chauffant(e)
beheizen [bə'haitsən] *vt* chauffer
Behelf [bə'hɛlf] **(-(e)s, -e)** *m* expédient *m*; **b~en**
unreg vr: **sich mit etw b~en** se débrouiller avec
qch
Behelfsausfahrt *f* sortie *f* provisoire
behelfsmäßig *adj* improvisé(e); *(vorübergehend)*
provisoire
behelligen [bə'hɛligən] *vt* importuner
behend [bə'hɛnt], **behende** [bə'hɛndə] *adj siehe*
behänd
beherbergen [bə'hɛrbɛrgən] *vt* héberger; *(fig)*
contenir
beherrschen [bə'hɛrʃən] *vt (Volk, Land)* gouverner;
(Situation, Markt, Szene, Landschaft) dominer;
(Gefühle) refréner; *(Sprache, Handwerk)* posséder
▷ *vr* se maîtriser
beherrscht *adj (Ton)* calme; *(Mensch)* maître(sse)
de soi; **B~heit** *f* maîtrise *f* de soi
Beherrschung *f (Selbstbeherrschung)* maîtrise
f de soi; **die ~ verlieren** perdre son sang-
froid
beherzigen [bə'hɛrtsigən] *vt* prendre à cœur
beherzt *adj* courageux(-euse)
behielt *etc* [bə'hi:lt] *vb siehe* **behalten**
behilflich [bə'hɪlflɪç] *adj*: **jdm (bei etw) ~ sein**
aider qn (à faire qch)
behindern [bə'hɪndərn] *vt (Bewegung, Verkehr)*
entraver; *(Sicht, Arbeit)* gêner; *(Gegner)* faire
obstruction à
Behinderte, r *f(m)* handicapé(e) *m/f*
Behinderung *f (siehe vt)* encombrement *m*;
entrave *f*; *(Körperbehinderung)* handicap *m*
Behörde [bə'hø:rdə] *f* autorité *f*; *(Amtsgebäude)*
bureaux *mpl* de l'administration
behördlich [bə'hø:rtlɪç] *adj* officiel(le)
behüten [bə'hy:tən] *vt (bewachen)* garder,
surveiller; **jdn vor etw** *Dat* **~** préserver qn de qch;
Gott behüte! jamais de la vie!
behütet *adj (Jugend etc)* bien protégé(e)
behutsam [bə'hu:tza:m] *adj (Vorgehen, Schritte)*
prudent(e) ▷ *adv (berühren)* doucement; **B~keit** *f*
prudence *f*

⬤ SCHLÜSSELWORT

bei [bai] *präp +Dat* **1** chez; **beim Friseur** chez le
coiffeur; **bei seinen Eltern wohnen** habiter
chez ses parents; **H. Schmitt, bei Neumeier** *(in
Adresse)* H. Schmitt, chez Neumeier; **bei Collins
arbeiten** travailler chez Collins; **etw bei sich
haben** avoir qch sur soi; **jdn bei sich haben**
avoir qn avec soi; **bei Goethe** chez Goethe; **beim
Militär** à l'armée; **bei seinem Talent** avec un
talent pareil
2 *(Zustand, Tätigkeit ausdrückend)*: **bei Nacht/Tag**
nuit/jour; **bei Nebel** par temps de brouillard;
bei Regen sous la pluie; **bei solcher Hitze** avec
une chaleur pareille; **bei meiner Ankunft**
quand je suis arrivé(e), à mon arrivée; **bei der
Arbeit** pendant le travail; **ich habe ihm bei der
Arbeit geholfen** je l'ai aidé dans son travail; **bei
guter Gesundheit sein** être en bonne santé; **bei
offenem Fenster schlafen** dormir avec la
fenêtre ouverte; **bei Gefahr Scheibe
einschlagen** en cas de danger, casser la vitre; **er
war gerade beim Essen/Lesen** il était en train
de manger/lire

beibehalten ['baibəhaltən] *unreg vt* conserver
Beibehaltung *f* maintien *m*
Beiblatt ['baiblat] *nt* supplément *m*
Beiboot ['baibo:t] *nt* canot *m*
beibringen ['baibrɪŋən] *unreg vt (herbeibringen:
Beweis, Gründe)* fournir; *(Zeugen)* produire; **jdm
etw ~** *(Wunde, Niederlage)* infliger qch à qn;
(Ordnung, Manieren) apprendre qch à qn;
(Mathematik etc) enseigner qch à qn; *(umg: zu
verstehen geben)* faire comprendre qch à qn
Beichte ['baiçtə] *f* confession *f*
beichten *vt (Sünden)* confesser ▷ *vi* se confesser
Beicht-: **~geheimnis** *nt* secret *m* de la confession;
~stuhl *m* confessional *m*; **~vater** *m* confesseur *m*
beide ['baidə] *pron* les deux; **die ~n Teller** les
deux assiettes; **~ Hände** les deux mains; **meine
~n Brüder** mes deux frères; **~ Mal** les deux fois;
die ersten ~n les deux premiers(-ières); **alle ~**
tous (toutes) les deux; **alles ~s** les deux (choses);
wir ~ nous deux; **einer von ~n** l'un des deux;
eines von ~n l'un ou l'autre; **keiner/keins von
~n** ni l'un(e) ni l'autre
beider-: **~lei** *adj*: **Menschen ~lei Geschlechts** des
personnes des deux sexes; **~seitig** *adj*
(Lungenentzündung) double; **im ~seitigen
Einverständnis** d'un commun accord; **~seits**
adv: **die Regierungen stimmten ~seits zu** les
gouvernements ont tous deux donné leur accord
▷ *präp +Gen* de part et d'autre de
beidhändig ['baithɛndɪç] *adj* ambidextre
beidrehen ['baidre:ən] *vi (Schiff)* se mettre en
panne
beidseitig ['baitsaitɪç] *adj* des deux côtés
beieinander [baiai'nandər] *adv* ensemble; **gut ~
sein** *(umg: gesundheitlich)* se sentir bien; *(: geistig)*
avoir toutes ses facultés
Beifahrer, in ['baifa:rər(ɪn)] *m(f) (im Auto,*

Motorrad) passager(-ère); (*bei Lkw*) deuxième chauffeur *m*; **~sitz** *m* place *f* à côté du conducteur

Beifall ['baɪfal] (**-(e)s**) *m* applaudissements *mpl*; (*Zustimmung*) approbation *f*; **~ heischend** (*geh*) qui cherche l'approbation

beifällig ['baɪfɛlɪç] *adj* approbateur(-trice)

Beifallsruf *m* acclamation *f*, bravo *m*

Beifilm ['baɪfɪlm] *m* court métrage *m* (*qui passe avant un autre film*)

beifügen ['baɪfyːgən] *vt* joindre ▷ *vi* ajouter

Beigabe ['baɪgaːbə] *f* complément *m*

beige ['bɛːʒə] *adj* beige

beigeben ['baɪgeːbən] *unreg vt* (*zufügen*) ajouter; (*mitgeben*) adjoindre ▷ *vi*: **klein ~** capituler

Beigeschmack ['baɪgəʃmak] *m* arrière-goût *m*; (*von Worten, Taten*) pointe *f*

Beihilfe ['baɪhɪlfə] *f* (*für Bedürftige*) aide *f*; (*Studienbeihilfe*) bourse *f*; (*kein pl: Jur*) complicité *f*; **wegen ~ zum Mord** (*Jur*) pour complicité de meurtre; **b~fähig** *adj* (*Maßnahme*) pouvant faire l'objet d'une subvention

beikommen ['baɪkɔmən] *unreg vi +Dat* venir à bout de

Beil [baɪl] (**-(e)s, -e**) *nt* hache *f*

Beiladung ['baɪlaːdʊŋ] *f* charge *f* supplémentaire

Beilage ['baɪlaːgə] *f* (*Zeitungsbeilage etc*) supplément *m*; (: *Werbung*) encart *m* (publicitaire); (*Koch*) garniture *f*

beiläufig ['baɪlɔyfɪç] *adj* (*Bemerkung*) fait(e) en passant ▷ *adv* en passant

beilegen ['baɪleːgən] *vt* (*hinzufügen*) joindre; (*beimessen*) accorder; (*enden*) régler

beileibe [bar'laɪbə] *adv*: **~ nicht** sûrement pas

Beileid ['baɪlaɪt] *nt* condoléances *fpl*; **herzliches ~** toutes mes condoléances

beiliegend ['baɪliːgənt] *adj* ci-joint(e)

beim [baɪm] = **bei dem**; **er war gerade ~ Essen/ Lesen** il était justement en train de manger/lire

beimessen ['baɪmɛsən] *unreg vt* accorder

Bein [baɪn] (**-(e)s, -e**) *nt* (*von Mensch, Hosenbein*) jambe *f*; (*von Tier*) patte *f*; (*vom Möbelstück*) pied *m*; **wieder auf den ~en sein** être remis(e); **jdm ein ~ stellen** faire un croc-en-jambe à qn; **wir sollten uns auf die ~e machen** (*umg*) nous devrions nous mettre en route; **jdm ~e machen** (*umg: antreiben*) secouer qn; **die ~e in die Hand nehmen** (*umg*) prendre ses jambes à son cou; **etw auf die ~e stellen** (*fig*) mettre qch sur pied

beinah(e) *adv* presque

Beiname ['baɪnaːmə] *m* surnom *m*

Beinbruch *m* fracture *f* de la jambe; **das ist kein ~** (*umg*) il n'y a pas de quoi en faire un drame!

beinhalten [bə'ɪnhaltən] *vt* contenir

Beipackzettel ['baɪpaktsɛtəl] *m* (*einer Ware*) notice *f* (explicative)

beipflichten ['baɪpflɪçtən] *vi*: **jdm/einer Sache ~** être d'accord avec qn/qch

Beiprogramm ['baɪprogram] *nt* avant-programme *m*

Beirat ['baɪraːt] *m* (*Berater*) conseil *m*; (*Körperschaft*) comité *m* consultatif

beirren [bə'ɪrən] *vt*: **jdn ~** désarçonner qn; **sich nicht ~ lassen** ne pas se laisser troubler

Beirut [baɪ'ruːt] *nt* Beyrouth

beisammen [baɪ'zamən] *adv* ensemble; **~haben** *unreg vt*: **er hat (sie) nicht alle ~** (*umg*) il lui manque une case; **B~sein** (**-s**) *nt* réunion *f*

Beischlaf ['baɪʃlaːf] *m* coït *m*; (*Jur*) rapports *mpl* sexuels

Beisein ['baɪzaɪn] (**-s**) *nt* présence *f*

beiseite [baɪ'zaɪtə] *adv* (*schieben*) de côté; (*Theat*) en aparté; (*stehen, gehen*) à l'écart; **Spaß ~!** trêve de plaisanterie!

beiseite-: **~legen** *vt*: **etw ~legen** (*sparen*) mettre qch de côté; **~schaffen** *vt*: **jdn/etw ~schaffen** faire disparaître qn/qch

beisetzen ['baɪzɛtsən] *vt* (*begraben*) enterrer; (*Urne*) inhumer

Beisetzung *f* (*von Toten*) enterrement *m*, obsèques *fpl*; (*von Urne*) inhumation *f*

Beisitzer, in ['baɪzɪtsər(ɪn)] (**-s, -**) *m(f)* assesseur *m*

Beispiel ['baɪʃpiːl] (**-(e)s, -e**) *nt* exemple *m*; **zum ~** par exemple; **mit gutem ~ vorangehen** montrer l'exemple; **ein ~ geben** donner un exemple; **sich** *Dat* **an jdm ein ~ nehmen** prendre exemple sur qn; **b~haft** *adj* exemplaire; **b~los** *adj* sans précédent

beispielsweise *adv* par exemple

beispringen ['baɪʃprɪŋən] *unreg vi*: **jdm ~** venir au secours de qn

beißen ['baɪsən] *unreg vt* mordre; (*subj: Rauch, Säure*) piquer ▷ *vi* (*siehe vt*) mordre; piquer ▷ *vr* (*Farben*) jurer; **in etw** *Akk* **~** mordre dans qch; **sich** *Akk* **auf die Zunge ~** se mordre la langue

beißend *adj* piquant(e); (*Hohn, Spott*) mordant(e), caustique

Beißzange ['baɪstsaŋə] *f* pince *f* coupante

Beistand ['baɪʃtant] (**-(e)s, ¨e**) *m* assistance *f*; (*Jur*) avocat *m*; **jdm ~ leisten** aider qn

beistehen ['baɪʃteːən] *unreg vi*: **jdm ~** soutenir qn

Beistelltisch ['baɪʃtɛltɪʃ] *m* desserte *f*

beisteuern ['baɪʃtɔyərn] *vt* (*Geld, Beitrag*) donner

beistimmen ['baɪʃtɪmən] *vi +Dat* être d'accord avec

Beistrich ['baɪʃtrɪç] *m* virgule *f*

Beitrag ['baɪtraːk] (**-(e)s, ¨e**) *m* contribution *f*; (*Aufsatz*) article *m*; (*Mitgliedsbeitrag*) cotisation *f*; (*Versicherungsbeitrag*) prime *f*; **einen ~ zu etw leisten** contribuer à qch

beitragen ['baɪtraːgən] *unreg vt* (*Geld*) donner ▷ *vi* (*mithelfen*): **~ zu** contribuer à; **sein Teil zu etw ~** faire sa part de qch, contribuer à qch

beitrags-: **~frei** *adj* non soumis(e) à contribution, sans cotisation; **~pflichtig** *adj* soumis(e) à contribution; **~pflichtig sein** être assujetti(e); **B~rückerstattung** *f* remboursement *m* de la cotisation; **B~satz** *m* taux *m* de cotisation

beitreten ['baɪtreːtən] *unreg vi* adhérer

Beitritt ['baɪtrɪt] (**-(e)s, -e**) *m* adhésion *f*

Beitrittserklärung *f* déclaration *f* d'adhésion

Beitrittsland *nt* (*zu EU*) nouveau pays *m* membre; **potenzielles ~** pays *m* candidat (*à l'adhésion*)

Beiwagen ['baɪvaːgən] *m* (*Motorradbeiwagen*) sidecar *m*; (*Straßenbahnbeiwagen*) baladeuse *f*, remorque *f*

beiwohnen ['baɪvoːnən] *vi* (*geh*): **einer Sache** *Dat* ~ assister à qch

Beiwort ['baɪvɔrt] *nt* adjectif *m*

Beize ['baɪtsə] *f* (*Koch*) marinade *f*; (*Holzbeize*) teinture *f*

beizeiten [baɪ'tsaɪtən] *adv* à temps

bejahen [bə'jaːən] *vt* (*Frage, Vorschlag*) répondre par l'affirmative à; (*gutheißen: Leben*) approuver

bejahrt [bə'jaːrt] *adj* âgé(e)

bejammern [bə'jamərn] *vt* déplorer

bejammernswert *adj* pitoyable, déplorable

bekakeln [bə'kaːkəln] (*umg*) *vt* discuter

bekam *etc* [bə'kam] *vb siehe* **bekommen**

bekämpfen [bə'kɛmpfən] *vt* combattre; (*Schädlinge, Unkraut, Seuche, Missstände*) lutter contre ▷ *vr* se battre

Bekämpfung *f* lutte *f*

bekannt [bə'kant] *adj* connu(e); (*nicht fremd*): **mit jdm ~ sein** connaître qn; **darf ich ~ machen? Herr Blau, Herr Grün** je vous présente Monsieur Blau, Monsieur Grün; **~ geben** annoncer; **~ machen** annoncer, publier; **jdn mit jdm ~ machen** présenter qn à qn; **sich mit etw ~ machen** se familiariser avec qch; **das ist mir ~** je suis au courant; **es kommt mir ~ vor** ça me rappelle qch; **sie kommt mir ~ vor** il me semble que je la connais; **es ist ~, dass ...** il est bien connu que ...

Bekannte, r *f(m)* connaissance *f*

Bekanntenkreis *m* cercle *m* d'amis

bekanntermaßen *adv* comme on le sait

Bekannt-: ~gabe *f* annonce *f*; **~heitsgrad** *m* degré *m* de célébrité; **b~lich** *adv* comme chacun sait; **~machung** *f* annonce *f*; (*Anschlag etc*) avis *m*; **~schaft** *f* connaissance *f*; **mit etw ~schaft machen** avoir affaire à qch

bekehren [bə'keːrən] *vt* convertir ▷ *vr* se convertir

Bekehrung *f* conversion *f*

bekennen [bə'kɛnən] *unreg vt* reconnaître; (*seinen Glauben*) affirmer ▷ *vr*: **sich zu einem Glauben ~** faire profession d'une *od* professer une croyance; **sich schuldig ~** s'avouer coupable; **die B~de Kirche** *mouvement protestant de résistance au nazisme*

Bekenntnis [bə'kɛntnɪs] (**-ses, -se**) *nt* aveu *m*; (*Religion*) confession *f*; **ein ~ zur Demokratie ablegen** se déclarer partisan(e) de la démocratie; **~schule** *f* école *f* libre *od* religieuse

beklagen [bə'klaːgən] *vt* (*Los, Menschen*) plaindre; (*geh: Verluste, Toten*) déplorer ▷ *vr* se plaindre

beklagenswert *adj* (*Mensch*) à plaindre; (*Situation, Umstände, Zustände*) déplorable; (*Unfall*) terrible

beklatschen [bə'klatʃən] *vt* applaudir

bekleben [bə'kleːbən] *vt*: **etw mit Bildern/ Plakaten ~** coller des images/des affiches sur qch

bekleckern [bə'klɛkərn] (*umg*) *vt* tacher, salir ▷ *vr* se salir; **sich die Bluse ~** tacher son chemisier

bekleiden [bə'klaɪdən] *vt* habiller, vêtir; (*geh: Amt*) occuper; **leicht bekleidet** légèrement vêtu(e)

Bekleidung *f* (*Kleidung*) habillement *m*; **~sindustrie** *f* industrie *f* textile

beklemmen [bə'klɛmən] *vt* oppresser

Beklemmung *f* oppression *f*; (*Gefühl der Angst*) angoisse *f*; **~en bekommen** avoir des palpitations

beklommen [bə'klɔmən] *adj* angoissé(e); **B~heit** *f* angoisse *f*

bekloppt [bə'klɔpt] (*umg*) *adj* tapé(e), timbré(e)

beknackt [bə'knakt] (*umg*) *adj* con(ne)

beknien [bə'kniːən] (*umg*) *vt* supplier (à genoux)

bekommen [bə'kɔmən] *unreg vt* (*erhalten*) recevoir; (*Angst, Hunger*) avoir (de plus en plus); (: *Krankheit, Zug*) attraper; (*Kind, Fieber*) avoir; (*Stelle*) obtenir ▷ *vi*: **jdm ~** convenir à qn; **das Essen ist mir nicht ~** j'ai mal digéré *od* supporté le repas; **wir ~ Schnee** il va y avoir de la neige; **wir bekamen Schnee** nous avons eu de la neige; **wir ~ Besuch/ Ärger/Schwierigkeiten** nous allons avoir des visites/des ennuis/des problèmes; **wir bekamen Besuch/Ärger/Schwierigkeiten** nous avons eu des visites/des ennuis/des problèmes; **einen Eindruck ~** se faire une idée, avoir une impression; **sie bekommt ein Baby** elle attend un enfant; **ich bekomme einen Kaffee** un café, s'il vous plaît; **etw zu sehen/hören ~** voir/ entendre qch; **etw fertig ~** (arriver à) terminer qch; **es mit jdm zu tun ~** avoir affaire à qn; **etw satt** *od* **über ~** en avoir par-dessus la tête de qch; **wohl bekomms!** à la vôtre!; **es nicht über sich** *Dat* **~, etw zu tun** ne pas arriver à faire qch

bekömmlich [bə'kœmlɪç] *adj* (*Essen*) digeste

beköstigen [bə'kœstɪgən] *vt* nourrir

bekräftigen [bə'krɛftɪgən] *vt* confirmer

Bekräftigung *f* confirmation *f*

bekreuzigen [bə'krɔʏtsɪgən] *vr* se signer

bekriegen [bə'kriːgən] *vt* faire la guerre à ▷ *vr* se disputer

bekritteln [bə'krɪtəln] (*pej*) *vt*: **jdn/etw ~** chercher la petite bête chez qn/dans qch

bekümmern [bə'kʏmərn] *vt* inquiéter

bekunden [bə'kʊndən] *vt* (*sagen*) exprimer; (*zeigen*) manifester

belächeln [bə'lɛçəln] *vt* sourire de

beladen [bə'laːdən] *unreg vt* charger ▷ *adj*: **~ sein (mit)** être chargé(e) (de)

Belag [bə'laːk] (**-(e)s, -̈e**) *m* revêtement *m*; (*Brotbelag*) fromage, charcuterie *etc*; (*auf Pizza, auf Tortenboden, zwischen Brotscheiben*) garniture *f*; (*Zahnbelag*) tartre *m*; (*Bremsbelag*) garniture *f*; **einen ~ auf der Zunge haben** avoir la langue chargée *od* pâteuse

belagern [bə'laːgərn] *vt* (*Festung*) assiéger; (*umg: Menschen*) harceler

Belagerung *f* siège *m*; **~szustand** *m* état *m* de siège

belämmert [bə'lɛmərt] (*umg*) *adj* (*ärgerlich*) embêtant(e); (*betreten*) hébété(e)

Belang [bə'laŋ] (**-(e)s**) *m*: **von/ohne ~ sein** être important(e)/sans importance; **Belange** *pl* intérêts *mpl*

belangen *vt* (*Jur*): **jdn gerichtlich ~** poursuivre

qn en justice

belanglos *adj* insignifiant(e)

Belanglosigkeit *f* caractère *m* futile

belassen [bə'lasən] *unreg vt* laisser; **es dabei ~ en** rester là

Belastbarkeit *f* (*von Brücke, Aufzug*) charge *f* admissible; (*von Menschen, Nerven*) résistance *f*

belasten [bə'lastən] *vt* charger; (*Organ, Körper*) surmener; (: *Stromnetz*) surcharger; (*Umwelt*) polluer; (*fig: bedrücken*) accabler; (*Wirts: Konto*) débiter; (*Finanz: Haus, Etat, Steuerzahler*) grever ▷ *vr* (*Jur*) s'incriminer; **etw (mit einer Hypothek) ~** hypothéquer qch; **sich ~ mit** (*mit Arbeit, Sorgen*) s'accabler de; (*mit Schuld*) se couvrir de

belastend *adj* (*bedrückend*) pénible; (*Jur*): **~es Material** pièces *fpl* à conviction

belästigen [bə'lɛstɪgən] *vt* harceler

Belästigung *f* désagrément *m*; (*durch Lärm etc*) nuisance *f*; (*körperlich*) harcèlement *m*

Belastung [bə'lastʊŋ] *f* (*Last*) charge *f*; (*Gewicht, Sorge*) poids *m*; (*von Organ etc*) surmenage *m*; (*von Umwelt*) pollution *f*; (*Wirts*) débit *m*; (*Finanz*) charges *fpl*; (*Jur*) accusation *f*; (*mit Hypothek*) hypothèque *f*

Belastungs-: **~material** *nt* (*Jur*) pièces *fpl* à conviction; **~probe** *f* (*Tech*) essai *m* de fonctionnement continu; (*fig*) test *m*; **~zeuge** *m* témoin *m* à charge

belaubt [bə'laʊpt] *adj*: **dicht ~ sein** être feuillu(e) *od* couvert(e) de feuilles

belaufen [bə'laʊfən] *unreg vr*: **sich auf etw** *Akk* **~** s'élever à qch

belauschen [bə'laʊʃən] *vt* écouter, épier

beleben [bə'le:bən] *vt* (*anregen*) animer; (*Konjunktur*) stimuler; (*jds Hoffnungen*) encourager ▷ *vr* (*Augen*) s'éclairer; (*Stadt*) s'animer

belebend *adj* stimulant(e)

belebt [bə'le:pt] *adj* (*Straße*) animé(e)

Beleg [bə'le:k] (**-(e)s, -e**) *m* (*Wirts*) reçu *m*; (*Beweis*) pièce *f* justificative, attestation *f*; (*Beispiel*) exemple *m*

belegen [bə'le:gən] *vt* (*Boden*) recouvrir, revêtir; (*Kuchen, Brot*) garnir; (*Platz, Zimmer*) occuper; (: *vorbestellen*) réserver; (*Kurs, Vorlesung*) s'inscrire à; (*Ausgaben*) justifier; (*urkundlich beweisen*) prouver; (*Mil: mit Bomben*) bombarder; (*mit Strafe, Zoll*) infliger

Belegschaft *f* personnel *m*

belegt *adj* (*besetzt*) occupé(e); (*Zunge*) chargé(e); (*Stimme*) voilé(e); **~e Brote** canapés *mpl*

belehren [bə'le:rən] *vt* (*lehren*) instruire; (*informieren*) informer; **er ist nicht zu ~** il n'en fait qu'à sa tête

Belehrung *f* formation *f*; (*Zurechtweisung*) leçon *f*

beleibt [bə'laɪpt] *adj* corpulent(e)

beleidigen [bə'laɪdɪgən] *vt* vexer, blesser; (*Jur*) diffamer

beleidigt *adj* offensé(e); (*gekränkt*) vexé(e); **die ~e Leberwurst spielen** (*umg*) prendre la mouche

Beleidigung *f* insulte *f*; (*Jur*) diffamation *f*

beleihen [bə'laɪən] *unreg vt* (*Wirts*) accorder une hypothèque sur

belemmert [bə'lɛmərt] (*umg*) *adj siehe* **belämmert**

belesen [bə'le:zən] *adj* cultivé(e)

beleuchten [bə'lɔʏçtən] *vt* (*anleuchten*) illuminer; (*mit Licht versehen*) éclairer; (*Problem*) éclaircir

Beleuchter, in (**-s, -**) *m(f)* (*Theat*) éclairagiste *m/f*

Beleuchtung *f* éclairage *m*; (*von Gebäude*) illumination *f*

beleumdet [bə'lɔʏmdət], **beleumundet** [bə'lɔʏmʊndət] *adj*: **gut/schlecht ~ sein** avoir une bonne/mauvaise réputation

Belgien ['bɛlgiən] (**-s**) *nt* la Belgique

Belgier, in (**-s, -**) *m(f)* Belge *m/f*

belgisch *adj* belge

Belgrad ['bɛlgra:t] *nt* Belgrade

belichten [bə'lɪçtən] *vt* (*Phot*) exposer

Belichtung *f* (*Phot*) exposition *f*

Belichtungsmesser (**-s, -**) *m* posemètre *m*

Belieben [bə'li:bən] *nt*: **nach ~** (*Antwort*) comme vous voulez; (*Koch*) à volonté

belieben *vi unpers* (*geh*): **wie es Ihnen beliebt** comme il vous plaira

beliebig [bə'li:bɪç] *adj*: **ein ~er/eine ~e/ein ~es ...** n'importe quel(le) ..., un(e) ... quelconque ▷ *adv*: **~ viel** autant qu'il vous *etc* plaira; **in ~er Reihenfolge** dans n'importe quel ordre; **ein ~es Beispiel** un exemple pris au hasard; **eine ~e Auswahl von** quelques

beliebt [bə'li:pt] *adj* populaire; (*Mensch*) aimé(e); (*Buch, Thema, Film*) en vogue; (*Ziel*) très fréquenté(e), touristique; **sich bei jdm ~ machen** se faire apprécier de qn; **B~heit** *f* popularité *f*

beliefern [bə'li:fərn] *vt* fournir

bellen ['bɛlən] *vi* aboyer

Belletristik [bɛle'trɪstɪk] *f* littérature *f*

belohnen [bə'lo:nən] *vt* récompenser

Belohnung *f* récompense *f*

Belüftung [bə'lʏftʊŋ] *f* aération *f*

Belüftungsanlage *f* ventilateur *m*

belügen [bə'ly:gən] *unreg vt* mentir à; **sich selbst ~** se mentir à soi-même

belustigen [bə'lʊstɪgən] *vt* amuser

Belustigung *f* divertissement *m*; **zu meiner ~** à mon grand amusement

bemächtigen [bə'mɛçtɪgən] *vr*: **sich einer Sache/Person ~** *Gen* s'emparer de qch/qn

bemalen [bə'ma:lən] *vt* (*Wand*) peindre; (*Papier*) peindre sur; (*verzieren: Dose, Schrank*) décorer ▷ *vr* (*pej: schminken*) se farder

bemängeln [bə'mɛŋəln] *vt* critiquer

bemannen [bə'manən] *vt* (*Schiff, Flugzeug, Wachtturm*) équiper en personnel

Bemannung *f* équipage *m*

bemänteln [bə'mɛntəln] *vt* (*geh: Fehler, Versagen*) minimiser; (*Eigenschaft*) dissimuler

bemerkbar *adj* (*Verbesserung, Verschlechterung*) sensible; **sich ~ machen** (*Person*) se faire remarquer; (*Unruhe, Müdigkeit*) se faire sentir

bemerken [bə'mɛrkən] *vt* remarquer; **nebenbei bemerkt** soit dit en passant

bemerkenswert *adj* remarquable

Bemerkung *f* remarque *f*

bemessen [bə'mɛsən] *unreg vt* (*zuteilen*) calculer; **knapp/reichlich** ~ calculer juste/large
bemitleiden [bə'mɪtlaɪdən] *vt* plaindre
bemittelt [bɪ'mɪtəlt] *adj* aisé(e), fortuné(e)
bemühen [bə'my:ən] *vr* (*sich Mühe geben*) faire des efforts; (*geh: gehen*) se déplacer; (*beanspruchen*) mettre à contribution; **sich ~, etw zu tun** s'efforcer de faire qch; **sich um jdn/etw ~** prendre soin de qn/de qch; **sich um eine Stelle** ~ chercher un emploi
bemüht *adj*: (**darum**) ~ **sein, etw zu tun** se donner de la peine pour faire qch
Bemühung *f* (*gew pl: Anstrengung*) effort *m*; (*pl: Dienstleistung*) services *mpl*
bemüßigt [bə'my:sɪçt] *adj*: **sich ~ fühlen** *od* **sehen** (*geh*) se voir contraint(e) de
bemuttern [bə'mʊtərn] *vt* dorloter
benachbart [bə'naxbaːrt] *adj* voisin(e)
benachrichtigen [bə'naːxrɪçtɪgən] *vt* informer
Benachrichtigung *f* avis *m*; **die ~ der Eltern ist in solchen Fällen notwendig** dans les cas de ce genre, il est indispensable d'avertir les parents
benachteiligen [bə'naːxtaɪlɪgən] *vt* désavantager; **ich fühle mich benachteiligt!** je me sens lésé(e)!
benebeln [bə'ne:bəln] *vt* griser; **benebelt sein** (*umg*) être éméché(e)
benehmen [bə'ne:mən] *unreg vr* se comporter; **B~ (-s)** *nt* comportement *m*; **kein B~ haben** ne pas savoir se tenir
beneiden [bə'naɪdən] *vt* envier
beneidenswert *adj* enviable
Beneluxländer ['be:nelʊkslɛndər] *pl*, **Beneluxstaaten** *pl* Benelux *m*
benennen [bə'nɛnən] *unreg vt* (*Pflanze, Straße*) donner un nom à; (*Täter*) nommer; **etw/jdn nach jdm** ~ donner à qch/qn le nom de qn
Bengel ['bɛŋəl] **(-s, -)** (*umg*) *m* garnement *m*
Benimm [bə'nɪm] **(-s)** (*umg*) *m* savoir-vivre *m inv*
benommen [bə'nɔmən] *adj* hébété(e)
benoten [bə'no:tən] *vt* noter
benötigen [bə'nø:tɪgən] *vt* avoir besoin de
benutzen [bə'nʊtsən], **benützen** [bə'nʏtsən] *vt* utiliser; (*Bücherei*) fréquenter; (*Zug, Taxi*) prendre
Benutzer, in, **Benützer, in (-s, -)** *m(f)* (*von Gegenstand*) utilisateur(-trice) *m/f*; (*von Bücherei etc*) usager *m*
benutzerdefiniert *adj* (*Comput*) définissable par l'utilisateur
benutzerfreundlich *adj* (*Comput*) convivial(e)
Benutzung, Benützung *f* utilisation *f*; **jdm etw zur ~ überlassen** mettre qch à la disposition de qn; **etw in ~ nehmen** utiliser qch
Benzin [bɛnt'si:n] **(-s, -e)** *nt* (*Aut*) essence *f*; (*Reinigungsbenzin*) benzine *f*; **~einspritzanlage** *f* injecteur *m*; **~kanister** *m* bidon *m* d'essence; **~tank** *m* réservoir *m* (d'essence); **~uhr** *f* jauge *f*
beobachten [bə'lo:baxtən] *vt* observer; (*Patient*) mettre en observation; (*überwachen: verdächtige Person*) surveiller; (*bemerken*) remarquer
Beobachter, in (-s, -) *m(f)* observateur(-trice) *m/f*; (*eines Unfalls*) témoin *m*; (*Presse, TV*)

correspondant(e) *m/f*; **er ist ein guter ~** il est très observateur
Beobachtung *f* observation *f*; (*polizeilich*) surveillance *f*
beordern [bə'lɔrdərn] *vt*: **jdn zu sich ~** faire venir qn
bepacken [bə'pakən] *vt* charger
bepflanzen [bə'pflantsən] *vt* planter
bequatschen [bə'kvatʃən] (*umg*) *vt* (*überreden*) convaincre; **etw ~** discuter qch
bequem [bə'kve:m] *adj* confortable; (*Lösung, Ausrede, Schüler*) facile; (*Untergebene*) docile; (*pej: träge*) paresseux(-euse) ▷ *adv*: **das kann man ~ in einer Stunde tun** on peut facilement le faire en une heure; **machen Sie sich's ~** mettez-vous à l'aise
bequemen [bə'kve:mən] (*pej*) *vr* (*sich endlich entschließen*): **sich ~ zu** condescendre à; (*gehen*) se déplacer
Bequemlichkeit *f* confort *m*; (*Faulheit*) paresse *f*; **sie liebt ihre ~** elle aime ses aises
Ber. *abk* = **Bericht; Beruf**
beraten [bə'ra:tən] *unreg vt* conseiller; (*besprechen*) débattre ▷ *vr* tenir conseil; **sich mit jdm ~** délibérer avec qn; **gut/schlecht ~ sein** être bien/mal avisé(e); **sich ~ lassen** prendre conseil; **sich von jdm ~ lassen** consulter qn
beratend *adj*: **jdm ~ zur Seite stehen** assister qn à titre consultatif
Berater, in (-s, -) *m(f)* conseiller(-ère) *m/f*; **~vertrag** *m* (*Wirts*) contrat *m* d'expert-conseil
beratschlagen [bə'ra:tʃla:gən] *vt* délibérer de ▷ *vi* délibérer
Beratung *f* (*Auskunft, Ratschlag*) conseils *mpl*; (*ärztlich*) consultation *f*; (*Besprechung*) délibération *f*
Beratungsstelle *f* bureau *m* d'information
berauben [bə'raʊbən] *vt* voler
berauschen [bə'raʊʃən] *vt* griser, enivrer ▷ *vr*: **sich an etw** *Dat* ~ se griser de qch, s'enivrer de qch
berauschend *adj*: **das war nicht sehr ~** (*ironisch*) ce n'était pas très passionnant
berechenbar [bə'rɛçənba:r] *adj* calculable; (*Verhalten*) prévisible
berechnen [bə'rɛçnən] *vt* calculer; (*anrechnen*) facturer; **~d** *adj* calculateur(-trice)
Berechnung *f* calcul *m*; (*Wirts*) facturation *f*; **etw aus ~ tun** faire qch par calcul
berechtigen [bə'rɛçtɪgən] *vt* donner droit à; (*fig*) justifier; **alles berechtigt zu der Hoffnung, dass ...** tout porte à croire que ...
berechtigt [bə'rɛçtɪçt] *adj* justifié(e), fondé(e)
Berechtigung *f* autorisation *f*; (*fig*) justification *f*
bereden [bə're:dən] *vt* (*besprechen*) discuter; (*überreden*) convaincre ▷ *vr* discuter
beredt [bə're:t] *adj* éloquent(e)
Bereich [bə'raɪç] **(-(e)s, -e)** *m* (*Bezirk*) région *f*; (*Sachgebiet*) domaine *m*; **in jds ~ fallen** être de la compétence *od* du ressort de qn; **im ~ des Möglichen** dans le domaine du possible
bereichern [bə'raɪçərn] *vt* enrichir ▷ *vr*

s'enrichir; **sich auf Kosten anderer ~** s'enrichir
sur le dos des autres
Bereifung [bə'raɪfʊŋ] f pneus mpl
bereinigen [bə'raɪnɪgən] vt (Angelegenheit) régler;
(Missverständnis) dissiper; (Verhältnis) normaliser
bereisen [bə'raɪzən] vt parcourir
bereit [bə'raɪt] adj prêt(e); **zu etw ~ sein** être
prêt(e) à qch; **sich ~ erklären** se déclarer prêt(e)
bereiten vt préparer; (Kummer, Freude) causer;
einer Sache Dat **ein Ende ~** mettre fin à qch
bereit-: **~finden** unreg vt, vr se déclarer prêt(e);
~halten unreg vt avoir sous la main ▷ vr se tenir
prêt(e); **~legen** vt préparer; **~machen** vt
préparer ▷ vr se préparer
bereits adv déjà
Bereit-: **~schaft** f disponibilité f; (Polizeieinheit)
unité f (prête à intervenir); **in ~schaft sein** être
prêt(e); (Polizei) être prêt(e) à intervenir; (Arzt)
être de garde; **~schaftsarzt** m médecin m de
garde; **~schaftsdienst** m permanence f;
~schaftsdienst haben être de permanence;
b~stehen unreg vi être prêt(e); **b~stellen** vt
préparer; (Truppen, Maschinen) mettre à
disposition; (Geld etc): **etw für etw b~stellen**
affecter qch à qch
Bereitung f (förmlich) préparation f
bereitwillig adj obligeant(e) ▷ adv
obligeamment; **B~keit** f obligeance f
bereuen [bə'rɔʏən] vt regretter
Berg [bɛrk] (-(e)s, -e) m montagne f; **mit etw
(nicht) hinterm ~ halten** (ne pas) faire mystère
de qch; **über alle ~e sein** être loin; **noch nicht
über den ~ sein** ne pas être sorti(e) de l'auberge;
über den ~ sein arriver au bout du tunnel; **b~ab**
adv: **b~ab gehen/fahren** descendre; **mit seinen
Kräften geht es rapide b~ab** ses forces sont en
train de décliner (rapidement); **b~an** adv: **es
geht steil b~an** la pente est très raide; **~arbeiter**
m mineur m; **b~auf** adv: **b~auf gehen/fahren**
monter; **~bahn** f chemin m de fer de montagne;
~bau m exploitation f minière
bergen ['bɛrgən] unreg vt (in Sicherheit bringen)
sauver; (enthalten) contenir
bergeweise ['bɛrgəvaɪzə] adv à foison
Bergführer m guide m de montagne
Berggipfel m sommet m
bergig ['bɛrgɪç] adj montagneux(-euse)
Berg-: **~kamm** m crête f; **~kette** f chaîne f de
montagnes; **~kristall** m cristal m de roche;
~mann (-(e)s, -leute) m mineur m; **~not** f: **in
~not sein/geraten** être en détresse (en
montagne); **~predigt** f (Rel) sermon m sur la
montagne; **~rettungsdienst** m secours m en
montagne; **~rutsch** m glissement m de terrain;
~schuh m chaussure f de montagne; **~ski** m ski
qui se trouve en amont de l'autre; **~steigen** (-s) nt
alpinisme m; **~steiger, in** (-s, -) m(f) alpiniste
m/f; **~und-Tal-Bahn** f montagnes fpl russes
Bergung ['bɛrgʊŋ] f sauvetage m
Bergwacht f secours m en montagne
Bergwerk nt mine f
Bericht [bə'rɪçt] (-(e)s, -e) m rapport m, compte m

rendu; (mündlich auch) récit m; **b~en** vt (schriftlich)
faire un rapport sur, rapporter; (mündlich)
rapporter, raconter ▷ vi faire un rapport; **jdm
etw b~en** rapporter qch à qn; **über etw** Akk **b~en**
faire un rapport sur qch; **~erstatter, in** m(f)
reporter m; (im Ausland) correspondant(e) m/f;
~erstattung f rapport m
berichtigen [bə'rɪçtɪgən] vt corriger
Berichtigung f correction f
berieseln [bə'ri:zəln] vt arroser; (pej) inonder
Berieselung f arrosage m; **die dauernde ~ mit
Musik** le flot ininterrompu de musique
Berieselungsanlage f arroseur m
Beringmeer ['be:rɪŋme:r] nt mer f de Béring
beritten [bə'rɪtən] adj: **die ~e Polizei** la police
montée
Berlin [bɛr'li:n] (-s) nt Berlin
Berliner, in (-s, -) m(f) Berlinois(e) m/f ▷ m (Koch)
beignet m à la confiture ▷ adj attrib berlinois(e)
berlinerisch (umg) adj (Dialekt) berlinois(e)
Bermudas [bɛr'mu:das] pl: **auf den ~** dans les
Bermudes
Bern [bɛrn] (-s) nt Berne
Bernhardiner [bɛrnhar'di:nər] (-s, -) m (Zool)
saint-bernard m
Bernstein ['bɛrnʃtaɪn] m ambre m (jaune)
bersten ['bɛrstən] unreg vi (Behälter, Mauer) se
fendre; (Eis, Glas) se briser; **vor Neugierde ~**
brûler de curiosité; **vor Ungeduld ~** brûler
d'impatience; **vor Wut ~** être fou(folle) de rage
berüchtigt [bə'rʏçtɪçt] adj (Gegend, Lokal) mal
famé(e); (Verbrecher) notoire
berücksichtigen [bə'rʏkzɪçtɪgən] vt (jdn,
Bedürfnisse) prendre en considération, tenir
compte de; (Bewerbung, Antrag) prendre en
considération
Berücksichtigung f prise f en compte; **in** od
unter ~ der Tatsache, dass ... compte tenu du
fait que ...
Beruf [bə'ru:f] (-(e)s, -e) m profession f, métier m;
ohne ~ sans profession; **von ~** de métier; **was
sind Sie von ~?** que faites-vous dans la vie?;
seinen ~ verfehlt haben avoir raté sa vocation;
im ~ stehen travailler
berufen unreg vt (einsetzen) nommer ▷ vr: **sich auf
jdn ~** se réclamer de qn; **sich auf etw ~** se
prévaloir de qch ▷ adj (Kritiker, Lehrer) très
compétent(e); (ausersehen): **zu etw ~ sein** avoir la
vocation de qch; **sich zu etw ~ fühlen** se sentir
destiné(e) à qch; **aus ~em Munde** de source
sûre; **ich will es nicht ~** (umg) touchons du bois
beruflich adj professionnel(le); **~ unterwegs
sein** être en voyage d'affaires
Berufs-: **~ausbildung** f formation f
professionnelle; **b~bedingt** adj
professionnel(le); **b~begleitend** adj:
b~begleitender Unterricht formation f
continue; **~berater, in** m(f) conseiller(-ère) m/f
d'orientation; **~beratung** f orientation f
professionnelle; **~bezeichnung** f dénomination
f professionnelle; **b~bildend** adj: **b~bildende
Schule** école f de formation professionnelle;

~bildungswerk nt mesures d'encouragement à la formation professionnelle des jeunes handicapés; **~erfahrung** f expérience f professionnelle; **~feuerwehr** f pompiers mpl (de métier); **b~fremd** adj qui ne correspond pas à ma etc formation professionnelle; **~geheimnis** nt secret m professionnel; **~krankheit** f maladie f professionnelle; **~kriminalität** f banditisme m; **~leben** nt vie f professionnelle; **im ~leben stehen** travailler; **b~mäßig** adj professionnel(le); **~risiko** nt risques mpl du métier; **~schule** f école f professionnelle; **~soldat** m militaire m de carrière; **~sportler** m sportif m professionnel; **b~tätig** adj: **b~tätig sein** exercer une activité professionnelle, travailler; **~unfähigkeit** f incapacité f de travail; **~unfall** m accident m du travail; **~verbot** nt: **jdm ~verbot erteilen** interdire à qn d'exercer sa profession; (einem Arzt) radier qn; **~verkehr** m heures fpl de pointe; **~wahl** f choix m d'une profession

Berufung f (Ernennung, von Nachfolger) nomination f; (Jur) appel m, recours m; (innerer Auftrag): **~ zu** vocation f de; **~ einlegen** faire appel; **unter ~ auf etw** Akk (förmlich) en se référant à qch

Berufungsgericht nt cour f d'appel

Berufungsverfahren nt procédure f d'appel

beruhen [bə'ru:ən] vi: **auf etw** Dat ~ être fondé(e) sur qch; **eine Sache auf sich ~ lassen** ne pas poursuivre qch; **das beruht auf Gegenseitigkeit** c'est réciproque

beruhigen [bə'ru:ɪgən] vt calmer; (Gewissen) soulager ▷ vr se calmer; (Situation) s'arranger; **beruhigt sein** être rassuré(e); **Kamillentee beruhigt den Magen** la camomille est bonne contre les maux d'estomac

beruhigend adj rassurant(e); (Mittel) calmant(e), tranquillisant(e)

Beruhigung f (des Gewissens) soulagement m; (von Mensch): **zu Ihrer ~** pour vous rassurer

Beruhigungsmittel nt tranquillisant m, calmant m

Beruhigungsspritze f injection f de calmant

berühmt [bə'ry:mt] adj célèbre; **das war nicht (gerade) ~** (umg) ce n'était pas fameux; **~-berüchtigt** adj notoire; **B~heit** f célébrité f

berühren [bə'ry:rən] vt toucher; (flüchtig erwähnen) effleurer ▷ vr se toucher; (Bereiche) être proches; (Math) être tangent(e)s; **von etw peinlich berührt sein** être très gêné(e) par qch

Berührung f contact m; (Math) tangence f; (Erwähnen) mention f

Berührungspunkt m point m de contact

bes. abk (= besonders) en part. (= en particulier)

besagen [bə'za:gən] vt signifier

besagt adj (förmlich) ledit(ladite), mentionné(e)

besaiten [bə'zaɪtən] vt: **neu ~** remplacer les cordes de; (Tennis) recorder

besänftigen [bə'zɛnftɪgən] vt apaiser, calmer

Besänftigung f apaisement m

besät [bə'zɛ:t] adj: **~ mit** jonché(e) de

Besatz [bə'zats] (**-es**, **-̈e**) m bordure f

Besatzung f (Mil) armée f d'occupation; (Naut, Flug) équipage m

Besatzungsmacht f force f d'occupation

Besatzungszone f zone f d'occupation

besaufen [bə'zaʊfən] unreg (umg) vr se soûler, prendre une cuite

beschädigen [bə'ʃɛ:dɪgən] vt endommager, abîmer

Beschädigung f endommagement m; (Stelle) dégât m, dommage m

beschaffen [bə'ʃafən] vt procurer, fournir ▷ adj: **so ~ sein, dass ...** être tel(le) que ...; **sich** Dat **etw ~ se** procurer qch; **B~heit** f nature f

Beschaffung f acquisition f

beschäftigen [bə'ʃɛftɪgən] vt occuper; (beruflich) employer; (innerlich) préoccuper ▷ vr s'occuper

beschäftigt adj occupé(e); (angestellt) employé(e)

Beschäftigung f (Beruf, Arbeitsstelle) emploi m, poste m; (Tätigkeit) occupation f; **~ mit** (Befassen) intérêt m pour; **einer ~ nachgehen** (förmlich) travailler

Beschäftigungsprogramm nt plan m de création d'emplois

Beschäftigungstherapie f ergothérapie f

beschämen [bə'ʃɛ:mən] vt faire honte à

beschämend adj honteux(-euse); (Hilfsbereitschaft, Gefühl) gênant(e)

beschämt adj honteux(-euse)

Beschämung f (Zustand) honte f

beschatten [bə'ʃatən] vt (Schatten werfen auf) faire de l'ombre à, ombrager; (Verdächtige) surveiller

beschaulich [bə'ʃaʊlɪç] adj (Abend, Leben, Mensch) tranquille; (Rel) contemplatif(-ive)

Bescheid [bə'ʃaɪt] (**-(e)s, -e**) m: **~ bekommen** être informé(e); (Jur) être notifié(e); **~ wissen** être au courant; **jdm ~ geben** od **sagen** renseigner qn; **jdm ordentlich ~ sagen** (umg) dire ses quatre vérités à qn; **auf ~ der Behörde** par ordre des autorités

bescheiden [bə'ʃaɪdən] unreg vr: **sich ~ mit** se contenter de ▷ vt: **etw abschlägig ~** (förmlich) rejeter qch ▷ adj modeste; (Mahl) frugal(e); **B~heit** f modestie f

bescheinen [bə'ʃaɪnən] unreg vt (Sonne) briller sur; (Licht, Lampe) éclairer

bescheinigen [bə'ʃaɪnɪgən] vt (bezeugen) attester; (bestätigen) certifier; **hiermit wird bescheinigt, dass ...** il est certifié par la présente que ...

Bescheinigung f attestation f; (Quittung) reçu m

bescheißen [bə'ʃaɪsən] unreg (umg!) vt rouler (umg)

beschenken [bə'ʃɛŋkən] vt faire un cadeau à

bescheren [bə'ʃe:rən] vt: **jdm etw ~** (an Weihnachten) offrir qch à qn; **mal sehen, was uns das neue Jahr beschert!** je me demande ce que nous réserve l'année prochaine

Bescherung f (der Weihnachtsgeschenke) distribution f des cadeaux de Noël; (umg: unangenehme Sache) tuile f; **da haben wir die ~!** (umg) nous voilà dans de beaux draps!

bescheuert [bə'ʃɔʏərt] (umg) adj (verrückt) dingue

beschichten [bə'ʃɪçtən] vt (Tech) enduire, revêtir

Beschichtung f (Tech) revêtement m

beschicken [bəˈʃɪkən] vt (Wirts: Markt, Messe) participer à

beschießen [bəˈʃiːsən] unreg vt tirer sur

beschildern [bəˈʃɪldərn] vt signaliser

beschimpfen [bəˈʃɪmpfən] vt insulter, couvrir d'injures

Beschimpfung f insulte f, injure f

beschirmen [bəˈʃɪrmən] vt (geh: beschützen) protéger

Beschiss [bəˈʃɪs] (-es) (umg!) m: **das ist ~!** c'est de la triche! (umg)

beschissen (umg!) pp von **bescheißen** ▷ adj chiant(e) (umg!)

Beschlag [bəˈʃlaːk] (-(e)s, ¨e) m (Metallband) armature f; (Überzug: auf Metall) ternissure f; (Hufeisen) fers mpl (à cheval); **jdn/etw in ~ nehmen** od **mit ~ belegen** accaparer qn/qch

beschlagen [bəˈʃlaːgən] unreg vt (Truhe, Tür) garnir de ferrures; (Pferd, Schuhe) ferrer; (Fenster) couvrir de buée, embuer; (Metall) ternir ▷ vi, vr (Fenster, Spiegel) se couvrir de buée; (Metall) se ternir ▷ adj: **in etw** Dat **~ sein** (sich gut auskennen) être ferré(e) en qch

beschlagnahmen vt saisir, confisquer; (hum: Person) accaparer

Beschlagnahmung f saisie f, confiscation f

beschleunigen [bəˈʃlɔʏnɪɡən] vt accélérer; (Arbeit auch) activer; (Wachstum) stimuler ▷ vi (Aut) accélérer; **er beschleunigte seine Schritte** il a pressé le pas

Beschleunigung f accélération f

beschließen [bəˈʃliːsən] unreg vt (entscheiden) décider; (Gesetz) adopter; (beenden) terminer

beschlossen [bəˈʃlɔsən] adj (entschieden) décidé(e) ▷ pp von **beschließen**; **das ist ~e Sache** la décision est prise

Beschluss [bəˈʃlʊs] (-es, ¨sse) m décision f; (kein pl; veraltend: Ende) clôture f; **einen ~ fassen** prendre une décision

beschlussfähig adj: **~ sein** avoir atteint le quorum

beschmieren [bəˈʃmiːrən] vt (Wand) barbouiller

beschmutzen [bəˈʃmʊtsən] vt salir

beschneiden [bəˈʃnaɪdən] unreg vt (Hecke) tailler; (Flügel) rogner, couper; (Rel) circoncire; (jds Rechte, Freiheit) restreindre

beschnuppern [bəˈʃnʊpərn] vr (Hunde) se flairer; (fig: umg) se jauger

beschönigen [bəˈʃøːnɪɡən] vt embellir; **~der Ausdruck** euphémisme m

beschränken [bəˈʃrɛŋkən] vt limiter, restreindre ▷ vr se limiter; **sich auf etw** Akk **~** (Mensch) s'en tenir à qch; (Vorkommen, Regelung) ne concerner que qch

beschrankt [bəˈʃraŋkt] adj (Bahnübergang) gardé(e)

beschränkt [bəˈʃrɛŋkt] adj limité(e); (Verhältnisse) modeste; (Mensch) borné(e); (pej: geistig) idiot(e); **Gesellschaft mit ~er Haftung** société f à responsabilité limitée; **B~heit** f (geistig) étroitesse f d'esprit; (von Raum) exiguïté f

Beschränkung f (das Beschränken) limitation f; **jdm ~en auferlegen** imposer des restrictions à qn

beschreiben [bəˈʃraɪbən] unreg vt décrire; (Papier) écrire sur

Beschreibung f description f; **deine Unordnung/das spottet jeder ~!** ton désordre/ cela dépasse les bornes!

beschriften [bəˈʃrɪftən] vt écrire sur, étiqueter

Beschriftung f (das Beschriften) étiquetage m; (Aufbeschriftung, Unterschrift) inscription f

beschuldigen [bəˈʃʊldɪɡən] vt accuser

Beschuldigung f accusation f

beschummeln [bəˈʃʊməln] (umg) vt rouler ▷ vi tricher

Beschuss [bəˈʃʊs] m: **jdn/etw unter ~ nehmen** (Mil) tirer sur qn/qch; (fig) tirer à boulets rouges sur qn/qch; **unter ~ geraten** se faire tirer dessus; (fig) être attaqué(e) de toutes parts

beschützen [bəˈʃʏtsən] vt: **~ (vor** +Dat) protéger (de)

Beschützer, in (-s, -) m(f) protecteur(-trice) m/f

beschwatzen [bəˈʃvatsən] (umg) vt (überreden) embobiner

Beschwerde [bəˈʃveːrdə] f (Klage) plainte f; (pl: Leiden) souffrance f, douleur f; (selten: Mühe) peine f; (Reklamation) réclamation f; **~ einlegen** (förmlich) porter plainte; **b~frei** adj en bonne santé; **~frist** f (Jur) délai m de recours

beschweren [bəˈʃveːrən] vt (mit Gewicht) rendre plus lourd(e), alourdir; (fig) peiner ▷ vr se plaindre

beschwerlich adj pénible

beschwichtigen [bəˈʃvɪçtɪɡən] vt apaiser, calmer

Beschwichtigung f apaisement m

beschwindeln [bəˈʃvɪndəln] (umg) vt (betrügen) duper; (belügen) raconter des bobards à

beschwingt [bəˈʃvɪŋt] adj gai(e), enjoué(e); (Schritt) léger(-ère)

beschwipst [bəˈʃvɪpst] (umg) adj éméché(e)

beschwören [bəˈʃvøːrən] unreg vt (Aussage) jurer, affirmer sous serment; (anflehen) implorer, supplier; (Geister) conjurer

beseelen [bəˈzeːlən] vt (Natur) animer; (innerlich erfüllen) habiter

besehen [bəˈzeːən] unreg vt regarder (de près), examiner; **genau ~** à y regarder de près

beseitigen [bəˈzaɪtɪɡən] vt se débarrasser de; (Fehler) supprimer; (Zweifel) lever; **jdn ~** (verhüllend) supprimer qn, se débarrasser de qn

Beseitigung f élimination f, suppression f

Besen [ˈbeːzən] (-s, -) m balai m; (pej: umg) mégère f; **~stiel** m manche m à balai

besessen [bəˈzɛsən] pp von **besitzen** ▷ adj obsédé(e); (von einer Idee etc) possédé(e); **wie ~ arbeiten** travailler comme un(e) fou(folle)

besetzen [bəˈzɛtsən] vt occuper; (Rolle) attribuer; (mit Edelstein, Spitzen) garnir

besetzt adj occupé(e); (Hotel) complet(-ète); **B~zeichen** nt (Tel) tonalité f occupée

Besetzung f occupation f; (Gesamtheit der Schauspieler) distribution f; **zweite ~** (Theat) doublure f

besichtigen [bəˈzɪçtɪɡən] vt visiter

Besichtigung f visite f

besiedeln vt: **dicht/dünn besiedelt** à forte/ faible densité (de population)

Besied(e)lung [bə'zi:d(ə)lʊŋ] f peuplement m

besiegeln [bə'zi:gəln] vt (Freundschaft) sceller; (Schicksal, Los) régler

besiegen [bə'zi:gən] vt vaincre; (Angst, Zweifel) surmonter

Besiegte, r [bə'zi:ktə(r)] f(m) vaincu(e) m/f

besinnen [bə'zɪnən] unreg vr (nachdenken) réfléchir; (erinnern): **sich auf etw** Akk ~ se rappeler de qch; **sich anders** ~ changer d'avis

besinnlich adj paisible; (Gesichtsausdruck) songeur(-euse)

Besinnung f (Bewusstsein) connaissance f; **die ~ verlieren** perdre connaissance; **ohne** od **nicht bei ~ sein** être sans connaissance; **zur ~ kommen** reprendre connaissance; (fig) revenir à la raison

besinnungslos adj (bewusstlos) sans connaissance; (fig) hors de soi

Besitz [bə'zɪts] (-es) m (das Besitzen) possession f; (Eigentum) biens mpl; (Landgut) propriété f; **etw in ~ nehmen** prendre possession de qch; **etw geht in jds ~ über** qn entre en possession de qch; **eine Hotelkette in japanischem ~** une chaîne d'hôtels détenue par des Japonais; **~anspruch** m droit m à la propriété; **b~anzeigend** adj possessif(-ive)

besitzen unreg vt avoir, posséder; (Eigenschaft) avoir

Besitzer, in (-s, -) m(f) propriétaire m/f; **den ~ wechseln** changer de propriétaire

Besitz-: **~ergreifung** f prise f de possession; **~nahme** f entrée f en possession od en jouissance; **~tum** nt (gesamter Besitz) biens mpl; **meine ~tümer** mes biens

Besitzung f (Grundbesitz) propriété f, terre f

Besitzurkunde f titre m de propriété

besoffen [bə'zɔfən] (umg) adj bourré(e)

besohlen [bə'zo:lən] vt ressemeler

Besoldung [bə'zɔldʊŋ] f (von Beamten) traitement m; (von Soldaten) solde f

besondere, r, s [bə'zɔndərə(r, s)] adj (außergewöhnlich) exceptionnel(le); (ausgefallen, speziell, separat) particulier(-ière); (Auftrag) spécial(e); (Bezahlung) supplémentaire; **nichts/ etwas B~s** rien/quelque chose de spécial; **im B~n** (speziell) en particulier; (hauptsächlich) principalement

Besonderheit f particularité f

besonders adv (hauptsächlich) principalement, surtout; (nachdrücklich) expressément; (außergewöhnlich) particulièrement; (sehr) énormément; (extra) spécialement; **nicht ~ pas** particulièrement; **das Essen/der Film war nicht ~** (umg) le repas/le film n'était pas génial; **wie gehts dir? — nicht ~** (umg) comment vas-tu? — couci-couça

besonnen [bə'zɔnən] adj (Mensch) réfléchi(e); (Verhalten, Vorgehen) sage; **B~heit** f sagesse f

besorgen [bə'zɔrgən] vt (kaufen) acheter; (beschaffen) se procurer, obtenir; (erledigen, sich

kümmern um) s'occuper de; **es jdm ~** (umg) ne pas l'envoyer dire à qn

besorglich adj (Sorge erweckend) inquiétant(e)

Besorgnis (-, -se) f inquiétude f; **b~erregend** adj inquiétant(e)

besorgt [bə'zɔrkt] adj inquiet(-ète); **B~heit** f inquiétude f

Besorgung f (Kauf) acquisition f, achat m; **~en machen** faire des courses

bespannen [bə'ʃpanən] vt (Mus) monter, doter de cordes; (Tennis) corder

bespielbar adj (Rasen) praticable; (Tonbandkassette) utilisable

bespielen [bə'ʃpi:lən] vt (Tonband, Schallplatte) enregistrer sur

bespitzeln [bə'ʃpɪtsəln] vt espionner

besprechen [bə'ʃpreçən] unreg vt discuter; (Tonband etc) enregistrer sur; (Buch, Theaterstück) faire la critique de ▷ vr: **sich mit jdm ~** se concerter avec qn

Besprechung f (Unterredung) entretien m, discussion f; (von Buch) critique f

bespringen [bə'ʃprɪŋən] unreg vt (Tier) couvrir, monter

bespritzen [bə'ʃprɪtsən] vt (anfeuchten) humecter (de fines gouttelettes), mouiller; (beschmutzen) éclabousser

besser ['bɛsər] Komp adj meilleur(e) ▷ adv mieux; **du hättest ~ ...** tu aurais mieux fait de ...; **umso** od **desto ~!** tant mieux!; **immer ~** de mieux en mieux; **~e Leute** des gens bien; **er hält sich für etwas B~es** il se croit supérieur; **dieses Ferienhaus ist nur eine ~e Gartenlaube!** (pej) ce n'est qu'une cabane de jardin qui n'a de la maison de vacances que le nom; **~ gesagt ...** ou plutôt ...; **jdn eines B~en belehren** détromper qn; **sich eines B~en besinnen** se raviser; **das wäre ja noch ~!** (ironisch) il ne manquerait plus que ça!; **es geht ihm ~** il va mieux

bessern vt améliorer ▷ vr s'améliorer; (Patient) aller mieux

Besserung f amélioration f; **gute ~!** prompt rétablissement!; **auf dem Weg(e) der ~ sein** aller mieux

Besserwisser, in (-s, -) m(f) bêcheur(-euse) m/f

Bestand [bə'ʃtant] (-(e)s, ¨e) m (kein pl: Fortbestehen) persistance f, continuité f; (Kassenbestand) encaisse f; (Vorrat) stock m; **eiserner ~** stock de sécurité; **~ haben** od **von ~ sein** durer, persister

bestanden pp von **bestehen** ▷ adj: **nach ~er Prüfung** après avoir réussi l'examen

beständig [bə'ʃtɛndɪç] adj constant(e); (Wetter) stable; (Stoffe) résistant(e)

Bestandsaufnahme f inventaire m

Bestandsüberwachung f contrôle m des stocks

Bestandteil m (Einzelteil) partie f, élément m; (Zutat) ingrédient m; **sich in seine ~e auflösen** se décomposer, se désintégrer

bestärken [bə'ʃtɛrkən] vt: **jdn in etw** Dat ~ confirmer qn dans qch

bestätigen [bə'ʃtɛ:tɪgən] vt confirmer; (Wirts:

Empfang) accuser réception de; *(anerkennen)* reconnaître ▷ *vr* se confirmer; **jdn ~** *(im Amt)* ratifier la nomination de qn; **jdm etw ~** confirmer qch à qn

Bestätigung *f* confirmation *f*

bestatten [bə'ʃtatən] *vt (geh)* inhumer

Bestattung *f* inhumation *f*

Bestattungsinstitut *nt* pompes *fpl* funèbres

bestäuben [bə'ʃtɔʏbən] *vt (Kuchen)* saupoudrer; *(Pflanze)* féconder (avec du pollen)

bestaunen [bə'ʃtaʊnən] *vt* admirer

beste, r, s *Superl adj* meilleur(e) ▷ *adv*: **am ~n** le mieux; **jdn zum B~n haben** se moquer de qn; **das B~ aus etw machen** tirer le meilleur parti de qch; **eine Geschichte zum B~n geben** raconter une histoire; **aufs B~** au mieux; **er tut sein B~s** il fait de son mieux; **zu jds B~n** pour le bien de qn; **es steht nicht zum B~n** ça s'annonce mal; **das B~ vom B~n** le nec plus ultra; **sie singt am ~n** c'est elle qui chante le mieux; **so ist es am ~n** c'est mieux ainsi; **am ~n gehst du gleich** il vaut mieux que tu partes tout de suite

bestechen [bə'ʃtɛçən] *unreg vt (Zeuge)* suborner; *(Beamte)* corrompre ▷ *vi (Eindruck machen)* séduire

bestechend *adj (Schönheit)* fascinant(e); *(Eindruck)* très bon (bonne); *(Angebot)* alléchant(e), séduisant(e)

bestechlich *adj* corruptible, vénal(e); **B~keit** *f* vénalité *f*, corruption *f*

Bestechung *f* corruption *f*; *(von Zeugen auch)* subornation *f*

Bestechungsgelder *pl* pots-de-vin *mpl*

Bestechungsversuch *m* tentative *f* de corruption

Besteck [bə'ʃtɛk] **(-(e)s, -e)** *nt* couverts *mpl*; *(Med)* instruments *mpl*; **~kasten** *m* ménagère *f*

bestehen [bə'ʃte:ən] *unreg vi (existieren)* exister; *(andauern)* durer ▷ *vt (Probe, Prüfung)* réussir; *(Kampf: veraltet)* soutenir; **es besteht kein Zweifel, dass …** il est indubitable que …; **die Schwierigkeit/das Problem besteht darin, dass …** la difficulté/le problème réside dans le fait que …; **~ bleiben** subsister, demeurer; **aus etw ~** se composer de qch; **auf etw** *Dat* **~** insister sur qch; **vor jdm ~** s'imposer devant qn; **B~** *nt (Vorhandensein)* existence *f*; **das 100-jährige B~ einer Firma/eines Staates feiern** célébrer les cent ans d'existence d'une société/d'un État

bestehlen [bə'ʃte:lən] *unreg vt* voler

besteigen [bə'ʃtaɪgən] *unreg vt (Berg)* escalader; *(Fahrzeug)* monter dans; *(Pferd)* monter; *(Thron)* accéder à

Bestellbuch *nt* carnet *m* de commandes

Bestelleingang *m (Wirts)* réception *f* d'une *od* de la commande

bestellen [bə'ʃtɛlən] *vt (Waren)* commander; *(reservieren lassen)* réserver; *(jdn)* faire venir; *(ausrichten)* transmettre; *(nominieren)* nommer, désigner; *(Acker)* cultiver; **wie bestellt und nicht abgeholt** *(umg)* complètement perdu(e); **er hat nichts** *od* **nicht viel zu ~** il n'a rien à dire; **ich bin für 10 Uhr bestellt** j'ai rendez-vous à

10 heures; **es ist schlecht um ihn bestellt** ça se présente mal pour lui

Bestell-: **~formular** *nt* bon *m* de commande; **~nummer** *f* numéro *m* de commande; **~schein** *m* bon *m* de commande

Bestellung *f (Wirts)* commande *f*; *(Auftrag)* ordre *m*; *(Botschaft, Nachricht)* message *m*; *(Ernennung)* nomination *f*

bestenfalls ['bɛstən'fals] *adv* dans le meilleur des cas

bestens ['bɛstəns] *adv (ausgezeichnet)* parfaitement (bien); **ich danke ~** je vous remercie beaucoup

besteuern [bə'ʃtɔʏərn] *vt (jdn)* imposer; *(Waren auch)* taxer

bestialisch [bɛsti'a:lɪʃ] *adj* bestial(e)

besticken [bə'ʃtɪkən] *vt* garnir de broderies

Bestie ['bɛstiə] *f* bête *f* féroce; *(fig)* brute *f*

bestimmen [bə'ʃtɪmən] *vt (entscheiden, anordnen)* décréter, ordonner; *(festsetzen)* fixer, déterminer; *(beherrschen, prägen)* marquer; *(vorsehen)* destiner; *(ernennen)* désigner; *(definieren)* déterminer ▷ *vi (verfügen)*: **über jdn/etw ~** disposer de qn/qch; **du hast hier nichts zu ~** tu n'as pas voix au chapitre; **er kann über sein Geld allein ~** il peut disposer de son argent comme il l'entend

bestimmend *adj* déterminant(e), décisif(-ive)

bestimmt *adj (feststehend, gewiss)* certain(e); *(entschlossen)* décidé(e); *(: Ton)* ferme; *(Artikel)* défini(e) ▷ *adv* sûrement, certainement; **ein ~es Buch** un certain livre, un livre en particulier; **suchen Sie etwas B~es?** cherchez-vous quelque chose de particulier?; **B~heit** *f (Entschlossenheit)* détermination *f*; *(Gewissheit)* conviction *f*; **in** *od* **mit aller B~heit** avec conviction

Bestimmung *f (Verordnung)* décret *m*, ordonnance *f*; *(Festsetzen)* fixation *f*; *(Verwendungszweck)* destination *f*; *(kein pl: Schicksal)* destin *m*; *(Definition)* définition *f*; **etw seiner ~ übergeben** inaugurer qch

Bestimmungs-: **~bahnhof** *m* (gare *f* de) destination *f*; **b~gemäß** *adj* conformément aux dispositions en vigueur; **~ort** *m* destination *f*

Bestleistung *f* record *m*

bestmöglich *adj* le (la) meilleur(e) possible; **die ~e Lösung** la meilleure solution (possible)

Best.-Nr. *abk* = **Bestellnummer**

bestrafen [bə'ʃtra:fən] *vt* punir

Bestrafung *f* punition *f*

bestrahlen [bə'ʃtra:lən] *vt (subj: Sonne, Lampe, Licht)* éclairer; *(Med)* traiter par radiothérapie

Bestrahlung *f (Med)* séance *f* de radiothérapie

Bestreben [bə'ʃtre:bən] **(-s)** *nt* effort *m*

bestrebt [bə'ʃtre:pt] *adj*: **~ sein, etw zu tun** chercher à faire qch

Bestrebung *f (gew pl)* tentative *f*

bestreichen [bə'ʃtraɪçən] *unreg vt (Brot)* tartiner; *(Oberfläche)* enduire

bestreiken [bə'ʃtraɪkən] *vt (Industrie: Betrieb, Fabrik)* faire grève dans, immobiliser en faisant grève; **die Fabrik wird zur Zeit bestreikt** l'usine est en grève

bestreiten [bəˈʃtraɪtən] unreg vt (abstreiten) nier, contester; (finanzieren) financer; (den Verlauf gestalten) mettre sur pied

bestreuen [bəˈʃtrɔyən] vt: **etw mit etw ~** répandre qch sur qch; (mit Zucker etc) saupoudrer qch sur qch

bestricken [bəˈʃtrɪkən] vt (fig) ensorceler

Bestseller [bɛstˈsɛlər] (**-s, -**) m best-seller m

Bestuhlung [bəˈʃtuːlʊŋ] f sièges mpl

bestürmen [bəˈʃtyrmən] vt (mit Fragen, Bitten etc) assaillir; (Mil) donner l'assaut à

bestürzen [bəˈʃtyrtsən] vt bouleverser, consterner

bestürzend adj (Nachrichten) bouleversant(e), consternant(e)

bestürzt adj bouleversé(e), consterné(e)

Bestürzung f consternation f

Bestzeit f (bes Sport) meilleur temps m

Besuch [bəˈzuːx] (**-(e)s, -e**) m visite f; (Teilnahme) fréquentation f; **einen ~ bei jdm machen** rendre visite à qn; **~ haben** avoir de la visite od des visites; **bei jdm auf** od **zu ~ sein** être en visite chez qn

besuchen vt (jdn) rendre visite à; (Ort, Museum, Patienten, Kunden) visiter; (Vorstellung, Gottesdienst) assister à; (Schule, Universität) aller à; (Kurs) suivre; **gut besucht** fréquenté(e)

Besucher, in (**-s, -**) m(f) visiteur(-euse) m/f

Besuchs-: ~erlaubnis f (im Gefängnis) autorisation f de visite; **~zeit** f heures fpl de visite; **~zimmer** nt (im Haus) chambre f d'amis; (im Krankenhaus etc) salon m

besudeln [bəˈzuːdəln] vt (Wände) souiller; (Namen, Ehre) entacher

betagt [bəˈtaːkt] adj (geh) d'un âge avancé

betasten [bəˈtastən] vt tâter, palper

betätigen [bəˈtɛːtɪgən] vt (Maschine) faire marcher; (Schalter, Bremsen) actionner ▷ vr exercer une activité; **sich politisch/künstlerisch ~** exercer une activité politique/artistique; **sich als etw ~** travailler comme qch

Betätigung f (Beschäftigung) activité f; (kein pl: Tech) actionnement m

betäuben [bəˈtɔybən] vt (Nerv) endormir; (Schmerz) calmer; (durch Narkose) anesthésier; (durch Schlag) assommer; (durch Lärm) assourdir; (durch Geruch) griser, enivrer; (Gewissen) apaiser; **ein ~der Duft** une odeur enivrante

Betäubung f: **örtliche ~** anesthésie f locale

Betäubungsmittel nt anesthésique m

Bete [ˈbeːtə] f: **Rote ~** betterave f rouge

beteiligen [bəˈtaɪlɪgən] vr: **sich ~ an** +Dat participer à, prendre part à; (finanziell) avoir part à ▷ vt: **jdn ~ an** +Dat faire participer qn à; (finanziell) intéresser qn à; **sich an den Unkosten ~** participer aux frais

Beteiligte, r f(m) (Mitwirkender) participant(e) m/f; (finanziell) associé(e) m/f; **eine für alle ~n befriedigende Lösung** une solution satisfaisante pour tous les intéressés

Beteiligung f participation f; (Anteil) part f

beten [ˈbeːtən] vt, vi prier

beteuern [bəˈtɔyərn] vt déclarer; (Unschuld) protester de

Beteuerung f (siehe vt) déclaration f; protestation f

Beton [beˈtõː] (**-s, -s**) m béton m

betonen [bəˈtoːnən] vt accentuer; (bekräftigen) insister sur; (farblich) faire ressortir

betonieren [beto'niːrən] vt bétonner; **die gegensätzlichen Standpunkte sind betoniert** les positions des deux parties sont bien arrêtées

Betonmischmaschine f bétonnière f, bétonneuse f

betont [bəˈtoːnt] adj ostensible; (Kühle, Sachlichkeit) voulu(e), étudié(e) ▷ adv: **er benahm sich ~ lässig** il prenait un air désinvolte

Betonung f accentuation f; (fig): **die ~ einer Sache** l'accent mis sur qch

betören [bəˈtøːrən] vt ensorceler

Betr. abk = **Betreff**

betr. abk (= betreffend, betreffs) concerne, concernant

Betracht [bəˈtraxt] m: **(nicht) in ~ kommen** (ne pas) entrer en ligne de compte; **jdn/etw in ~ ziehen** prendre qn/qch en considération; **jdn/ etw außer ~ lassen** ne pas tenir compte de qn/ qch; **außer ~ bleiben** ne pas être pris(e) en considération

betrachten vt contempler; (fig) considérer; **jdn als etw ~** considérer qn comme qch

Betrachter, in (**-s, -**) m(f) observateur(-trice) m/f

beträchtlich [bəˈtrɛçtlɪç] adj considérable

Betrachtung f (kein pl: Ansehen) contemplation f; (: fig) examen m; (Überlegung) considération f; **über etw Akk ~en anstellen** se livrer à des considérations sur qch

Betrag [bəˈtraːk] (**-(e)s, ¨-e**) m montant m; **~ erhalten** (Wirts) pour acquit; **b~en** unreg vi (ausmachen) s'élever à ▷ vr se comporter

Betragen (**-s**) nt comportement m; (in Zeugnis) conduite f

betrauen [bəˈtrauən] vt: **jdn mit etw ~** confier qch à qn

betrauern [bəˈtrauərn] vt pleurer

beträufeln [bəˈtrɔyfəln] vt: **mit etw ~** arroser de quelques gouttes de qch

Betreff m: **~: Ihr Schreiben vom ...** Objet: votre courrier du ...; **in diesem** od **dem ~** (förmlich) à ce sujet

betreffen [bəˈtrɛfən] unreg vt concerner; **was mich betrifft** en ce qui me concerne

betreffend adj (erwähnt) mentionné(e); (zuständig) compétent(e)

betreffs [bəˈtrɛfs] präp +Gen (förmlich) concernant

betreiben [bəˈtraɪbən] unreg vt (Gewerbe) exercer; (Geschäft) avoir, tenir; (Handel, Studien, Politik) faire; (vorantreiben) activer; (Tech: antreiben) faire marcher; **auf jds B~ Akk hin** (förmlich) à l'instigation de qn

betreten [bəˈtreːtən] unreg vt (Haus, Baustelle) entrer dans; (Rasen, Gelände) marcher sur; (Bühne) entrer en ▷ adj (Schweigen, Gesichtsausdruck) embarrassé(e), gêné(e); **„B~ verboten!"** "défense d'entrer!"

betreuen [bə'trɔyən] vt (Personen) s'occuper de; (Reisegruppe) accompagner; (Projekt) être responsable de

Betreuer, in (-s, -) m(f) accompagnateur(-trice) m/f

Betreuung f (Med) soins mpl (médicaux); (: Person) garde-malade m/f; **er wurde mit der ~ der Gruppe beauftragt** on lui a confié le groupe

Betrieb [bə'tri:p] (-(e)s, -e) m (Unternehmen) entreprise f; (Tätigkeit: von Maschine) fonctionnement m; (umg: Treiben, Trubel) animation f; **eine Maschine in/außer ~ setzen** mettre une machine en marche/hors service; **außer ~ sein** être hors service; **eine Maschine in ~ nehmen** mettre une machine en marche; **in ~ sein/nehmen** être/mettre en service; **in den Geschäften herrscht großer ~** les magasins sont bondés

betrieblich adj qui concerne l'entreprise, de l'entreprise

Betriebs-: **~anleitung** f instructions fpl, mode m d'emploi; **~ausflug** m sortie organisée pour le personnel d'une entreprise; **~ausgaben** pl charges fpl (d'exploitation); **b~bereit** adj prêt(e) à fonctionner, en état de marche; **b~eigen** adj appartenant à l'entreprise; **~erlaubnis** f permis m (d'exploitation); **b~fähig** adj en état de marche; **~ferien** pl fermeture f annuelle; **~führung** f gestion f; **~geheimnis** nt secret m professionnel; **~kapital** nt fonds m de roulement; **~klima** nt ambiance f de travail; **~kosten** pl charges fpl (d'exploitation); **~leitung** f direction f; **~rat** m comité m d'entreprise; **~rente** f retraite f; **b~sicher** adj fiable; **~stoff** m carburant m; **~störung** f panne f; **~system** m (Comput) système m d'exploitation; **~unfall** m accident m du travail; **~wirt** m diplômé m en gestion d'entreprise; **~wirtschaft(slehre)** f gestion f d'entreprise

betrinken [bə'trɪŋkən] unreg vr s'enivrer

betroffen [bə'trɔfən] pp von **betreffen** ▷ adj (bestürzt) bouleversé(e); **ein ~es Gesicht machen** avoir l'air consterné

betrüben [bə'try:bən] vt attrister, affliger

betrübt [bə'try:pt] adj affligé(e); **zu Tode ~ sein** être profondément affligé(e)

Betrug [bə'tru:k] (-(e)s) m tromperie f, supercherie f; (Jur) fraude f

betrügen [bə'try:gən] unreg vt tromper, escroquer; (Ehepartner) tromper; (Zoll, Steuerbehörde) frauder ▷ vr se faire des illusions; **jdn um 100 Euro ~** escroquer 100 euros à qn

Betrüger, in (-s, -) m(f) escroc m

betrügerisch adj frauduleux(-euse); **in ~er Absicht** avec une intention frauduleuse

betrunken [bə'trʊŋkən] adj ivre; **B~e, r** f(m) personne f ivre

Bett [bɛt] (-(e)s, -en) nt lit m; (Federbett) édredon m; **das ~ beziehen** changer les draps; **ins** od **zu ~ gehen** aller se coucher; **er hat sich ins gemachte ~ gelegt** (fig) c'est un fils à papa; **das ~ hüten (müssen)** (devoir) garder le lit; **~bezug**

m housse f d'édredon; **~couch** f canapé-lit m; **~decke** f couverture f; (Daunenbett) couette f; (Überwurf) couvre-lit m

bettelarm ['bɛtəl|arm] adj pauvre comme Job

Bettelei [bɛtə'laɪ] (pej) f mendicité f

Bettelmönch m frère m (d'un ordre) mendiant

betteln vi mendier

betten vt (Verletzten) coucher; (Kopf) poser; (Bett machen für) faire le lit de

Bett-: **~hupferl** (Südd) nt friandise prise juste avant d'aller se coucher; **b~lägerig** adj alité(e); **~laken** nt drap m; **~lektüre** f livre m de chevet

Bettler, in ['bɛtlər(ɪn)] (-s, -) m(f) mendiant(e) m/f

Bett-: **~nässer (-s, -)** m enfant m incontinent od énurétique; **~ruhe** f: **der Arzt hat völlige ~ruhe angeordnet** le médecin lui etc a ordonné le repos; **~schwere** f (umg): **die nötige ~schwere haben** od **bekommen** être prêt(e) à aller se coucher; **~tuch** nt drap m; **~vorleger** m descente f de lit; **~wäsche** f draps mpl; **~zeug** (umg) nt literie f (sans matelas)

betucht [bə'tu:xt] (umg) adj aisé(e)

betulich [bə'tu:lɪç] adj (übertrieben besorgt) trop attentionné(e); (Redeweise) tarabiscoté(e)

betupfen [bə'tʊpfən] vt tamponner

Beuge f (von Arm, Bein) pli m

beugen ['bɔygən] vt (Körperteil) plier; (Gram) décliner; (: Verb) conjuguer; (Gesetz, Regeln, Recht) transgresser ▷ vr (sich lehnen) se pencher; (sich fügen) se soumettre

Beule ['bɔylə] f bosse f

beunruhigen [bə'ʊnru:ɪgən] vt inquiéter ▷ vr s'inquiéter; **ich bin über etw** Akk **beunruhigt** qch m'inquiète

Beunruhigung f inquiétude f

beurkunden [bə'lu:rkʊndən] vt certifier

beurlauben [bə'lu:rlaʊbən] vt donner un congé à; (suspendieren) donner son congé à

beurteilen [bə'lʊrtaɪlən] vt juger; **jdn/etw falsch ~** se méprendre sur qn/qch; **jdn/etw richtig ~** avoir raison au sujet de qn/qch

Beurteilung f jugement m; (Note) note f

Beurteilungsgespräch nt entrevue f initiale

Beute ['bɔytə] (-) f butin m; (Jagdbeute, Tier) proie f; (fig: Opfer) victime f

Beutel (-s, -) m (Tasche) sac m; (Waschbeutel, Kosmetikbeutel) trousse f; (Geldbeutel) porte-monnaie m inv; (Tabaksbeutel) blague f; (von Känguru) poche f

bevölkern [bə'fœlkərn] vt peupler; (füllen) envahir

Bevölkerung f population f

Bevölkerungs-: **~dichte** f densité f de population; **~explosion** f explosion f démographique; **~schicht** f couche f sociale od de la population; **~statistik** f statistiques fpl démographiques

bevollmächtigen [bə'fɔlmɛçtɪgən] vt autoriser, mandater

Bevollmächtigte, r f(m) mandataire m/f

Bevollmächtigung f procuration f

bevor [bə'fo:r] konj avant de +inf, avant que +sub;

~munden vt maintenir en tutelle; **~stehen** unreg vi être imminent(e); **der schwerste Teil steht uns noch ~** le plus dur est encore à venir; **~stehend** adj imminent(e)
bevorzugen vt (lieber mögen) préférer; (besser behandeln) favoriser
bevorzugt [bə'fo:rtsu:kt] adv: **etw ~ abfertigen** s'occuper de qch en priorité
Bevorzugung f préférence f
bewachen [bə'vaxən] vt surveiller; (Schatz) garder; „**bewachter Parkplatz**" "parking gardé"
bewachsen [bə'vaksən] adj: **~ mit** (re)couvert(e) de
Bewachung f (das Bewachen) surveillance f; (Leute) garde f; **jdn/etw unter ~ stellen** faire surveiller qn/qch
bewaffnen [bə'vafnən] vt armer ▷ vr s'armer
bewaffnet adj armé(e); (Überfall) à main armée
Bewaffnung f armement m
bewahren [bə'va:rən] vt (behalten; veraltend: aufbewahren) garder; (behüten, schützen) préserver, protéger; **jdn vor etw ~** préserver qn de qch; **(Gott) bewahre!** jamais de la vie!
bewähren [bə'vɛ:rən] vr (Mensch) faire ses preuves; (Regelung) se révéler efficace; **diese Maschine hat sich (gut) bewährt** nous avons bien fait d'acheter cette machine
bewahrheiten [bə'va:rhaɪtən] vr se vérifier
bewährt adj éprouvé(e)
Bewährung f (Jur) sursis m; **ein Jahr Gefängnis mit ~** un an de prison avec sursis
Bewährungs-: **~frist** f délai m probatoire; **~helfer** m contrôleur m judiciaire; **~probe** f: **etw einer ~probe** Dat **unterziehen** mettre qch à l'épreuve
bewaldet [bə'valdət] adj boisé(e)
bewältigen [bə'vɛltɪgən] vt surmonter; (Arbeit, Aufgabe) venir à bout de; (Strecke) parcourir; (Portion) arriver à manger
bewandert [bə'vandərt] adj: **in etw** Dat **~ sein** s'y connaître en qch
Bewandtnis [bə'vantnɪs] f: **damit hat es folgende ~** à savoir
bewässern [bə'vɛsərn] vt irriguer
Bewässerung f irrigation f
bewegen¹ [bə've:gən] vt bouger, remuer; (jdn: rühren) émouvoir, toucher; (: beschäftigen) préoccuper ▷ vr bouger; (an anderen Ort) se déplacer; (Preis) varier, fluctuer; (sich verhalten) se comporter; **der Preis bewegt sich um die 50 Euro** le prix s'élève à environ 50 euros
bewegen² [bə've:gən] unreg vt: **jdn zu etw ~** décider qn à faire qch
bewegend adj émouvant(e)
Beweggrund m mobile m
beweglich adj mobile; (flink) agile; (geistig wendig) vif(vive)
bewegt [bə've:kt] adj (unruhig: Leben, Vergangenheit) agité(e), mouvementé(e); (Zeit, Epoche) troublé(e); (Meer) agité(e); (ergriffen) ému(e)
Bewegung f mouvement m; (körperliche Betätigung)

exercice m; (innere) émoi m, émotion f; **keine ~!** pas un geste!; **sich** Dat **~ machen** prendre de l'exercice; **etw in ~ setzen** (fig) mettre qch en branle; **sich in ~ setzen** (Zug etc) se mettre en marche
Bewegungs-: **~drang** m besoin m de bouger; **~freiheit** f liberté f de mouvement; **b~los** adj immobile
beweinen [bə'vaɪnən] vt pleurer
Beweis [bə'vaɪs] **(-es, -e)** m preuve f; (Math) démonstration f; **etw unter ~ stellen** établir la preuve de qch, prouver qch; **als ~ meiner Freundschaft/Dankbarkeit** en témoignage de mon amitié/de ma reconnaissance; **~aufnahme** f (Jur) instruction f; **b~bar** adj que l'on peut prouver
beweisen unreg vt prouver; (Jur) prouver, produire la preuve de; (Math) démontrer; (Mut, Geschmack, Charakter) faire preuve de; **was zu ~ war** ce qu'il fallait démontrer (C.Q.F.D.)
Beweis-: **~führung** f argumentation f; **~kraft** f valeur f de preuve; **b~kräftig** adj (Argument) probant(e); (Indizien) concluant(e); **~last** f (Jur) charge f de la preuve; **~mittel** nt (Jur) preuve f; **~stück** nt pièce f à conviction
bewenden [bə'vɛndən] vi: **es bei etw ~ lassen** se contenter de qch
bewerben [bə'vɛrbən] unreg vr poser sa candidature; **sich um eine Stelle ~** poser sa candidature à un poste; **sich bei einer Firma ~** faire une demande d'emploi auprès d'une entreprise
Bewerber, in (-s, -) m(f) candidat(e) m/f
Bewerbung f (Vorgang) candidature f; (Schreiben) demande f d'emploi
Bewerbungsbogen m formulaire m de demande d'emploi
Bewerbungsunterlagen pl dossier m de candidature
bewerfen [bə'vɛrfən] unreg vt (verputzen) crépir; **jdn mit etw ~** jeter qch sur qn
bewerkstelligen [bə'vɛrkʃtɛlɪgən] vt arriver à obtenir
bewerten [bə've:rtən] vt évaluer; (Note geben) noter; (Äußerung, Menschen) juger
bewilligen [bə'vɪlɪgən] vt accorder
Bewilligung f autorisation f
bewirken [bə'vɪrkən] vt (verursachen) provoquer, entraîner; (erreichen) obtenir
bewirten [bə'vɪrtən] vt régaler
bewirtschaften [bə'vɪrtʃaftən] vt (Hotel) gérer; (Landwirtschaft) exploiter; „**bewirtschaftete Hütte**" "refuge gardé"
Bewirtung f (das Bewirten) accueil m; (Essen und Getränke) repas m
bewog etc [bə'vo:k] vb siehe **bewegen²**
bewogen [bə'vo:gən] pp von **bewegen²**
bewohnbar adj habitable
bewohnen [bə'vo:nən] vt habiter
Bewohner, in m(f) (von Land, Gebiet) habitant(e) m/f; (von Haus, Wohnung) occupant(e) m/f
bewölkt [bə'vœlkt] adj nuageux(-euse)

Bewölkung *f* nuages *mpl*; **schwache/starke/ zunehmende/aufgelockerte** ~ peu nuageux/très nuageux/de plus en plus nuageux/nuages épars
Bewölkungsauflockerung *f* dissipation *f* des nuages
Bewunderer, in (**-s, -**) *m(f)* admirateur(-trice) *m/f*
bewundern [bə'vʊndərn] *vt* admirer; **~swert** *adj* admirable
Bewunderung *f* admiration *f*
bewusst [bə'vʊst] *adj* (*absichtlich*) intentionnel(le); (*geistig wach*) conscient(e); (*bereits erwähnt*) nommé(e); **sich** *Dat* **einer Sache** *Gen* ~ **sein/werden** être conscient(e)/prendre conscience de qch; **jdm etw** ~ **machen** faire prendre conscience de qch à qn; **sich** *Dat* **etw** ~ **machen** se rendre compte de qch; **~los** *adj* sans connaissance; **~los werden** perdre connaissance; **B~losigkeit** *f* perte *f* de connaissance, évanouissement *m*; **bis zur B~losigkeit** (*umg*) jusqu'à saturation, à n'en plus finir; **B~sein** (**-s**) *nt* conscience *f*; (*Med*) connaissance *f*; (*Psych*) conscient *m*; **das B~sein verlieren/wiedererlangen** perdre/reprendre connaissance; **das B~sein und Unterbewußtsein** le conscient et le subconscient; **das politische B~sein** la conscience politique; **bei (vollem) B~sein sein** avoir toute sa connaissance; **sich** *Dat* **etw ins B~sein rufen** se rappeler qch; **im B~sein, dass** ... conscient(e) du fait que ...; **allmählich kam ihm zu(m) B~sein, dass** ... il se rendit peu à peu compte que ...
Bewusstseins-: **~bildung** *f* (*Pol*) formation *f* d'une conscience politique; **b~erweiternd** *adj*: **b~erweiternde Drogen** hallucinogènes *mpl*; **~erweiterung** *f* élargissement *m* du champ de la conscience; **~spaltung** *f* schizophrénie *f*
Bez. *abk* = **Bezirk**
bez. *abk* (= *bezüglich*) concerne, concernant
bezahlen [bə'tsa:lən] *vt* payer; **etw macht sich bezahlt** qch en vaut la peine; **bitte ~!** l'addition, s'il vous plaît!; **etw teuer ~ müssen** (*fig*) payer cher qch
Bezahlung *f* paiement *m*; **gegen** *od* **für ~** moyennant paiement; **ohne ~** gratuitement
bezähmen [bə'tsɛ:mən] *vt* (*Leidenschaft, Neugierde*) réfréner; (*Hunger*) dominer
bezaubern [bə'tsaʊbərn] *vt* charmer; **~d** *adj* ravissant(e)
bezeichnen [bə'tsaɪçnən] *vt* (*kennzeichnen*) marquer; (*beschreiben*) décrire; (*nennen, bedeuten*) désigner; (*charakterisieren: Schwäche, Einstellung*) être caractéristique de; **jdn als Lügner ~** qualifier qn de menteur; **jdn als fähig ~** déclarer qn capable
bezeichnend *adj* caractéristique
Bezeichnung *f* (*kein pl: Markierung, Kennzeichnung*) marquage *m*; (*Benennung*) désignation *f*, nom *m*; (*Ausdruck*) expression *f*; (*Beschreibung*) description *f*
bezeugen [bə'tsɔʏgən] *vt* (*bestätigen*) confirmer; (*Jur*) attester, témoigner de; (*geh: Teilnahme, Interesse*) témoigner de

bezichtigen [bə'tsɪçtɪgən] *vt* accuser; **jdn einer Sache** *Gen* ~ accuser qn de qch
Bezichtigung *f* accusation *f*
beziehen [bə'tsi:ən] *unreg vt* (*Möbel*) recouvrir; (*Bett*) changer les draps de; (*Haus, Wohnung*) emménager dans; (*Standpunkt, Position*) adopter; (*Zeitung*) être abonné(e) à; (*Waren*) faire venir; (*Gehalt*) percevoir ▷ *vr* (*Himmel*) se couvrir; (*betreffen*): **sich auf jdn/etw ~** concerner qn/qch; **etw auf jdn/etw ~** appliquer qch à qn/qch; **ich beziehe mich auf Ihr Schreiben vom ...** nous vous remercions de votre courrier du ...
Beziehung *f* (*Verbindung*) relation *f*; (*Zusammenhang*) rapport *m*; (*Verhältnis*) lien *m*; (*Hinsicht*) sens *m*, point *m* de vue; **diplomatische ~en unterhalten** entretenir des relations diplomatiques; **etw zu etw in ~ setzen** établir un rapport entre qch et qch, mettre qch en rapport avec qch; **seine ~en spielen lassen** se faire pistonner; **~en zu jdm haben** (*vorteilhaft*) avoir de bonnes relations avec qn
beziehungsweise *konj* (*genauer gesagt*) ou plutôt; (*im anderen Fall*) respectivement, ou
beziffern [bə'tsɪfərn] *vt* (*angeben*): ~ **auf** +*Akk* chiffrer à
Bezirk [bə'tsɪrk] (**-(e)s, -e**) *m* (*Stadtbezirk*) quartier *m*; (*Polizeibezirk*) district *m*; (*fig*) domaine *m*
Bezirkskarte *f* (*Eisenb*) abonnement valable sur une partie seulement du réseau
bezirzen [bə'tsɪrtsən] (*umg*) *vt* ensorceler
bezogen [bə'tso:gən] *pp von* **beziehen**
Bezogene, r [bə'tso:gənə(r)] *f(m)* (*von Scheck etc*) tiré *m*
Bezug [bə'tsu:k] (**-(e)s, ̈e**) *m* (*Überzug: von Sofa*) garniture *f*; (*Bettbezug*) housse *f*; (*Wirts: von Waren*) achat *m*; (*von Zeitung*) abonnement *m*; (*von Rente*) perception *f*; (*Beziehung*) rapport *m*, lien *m*; **Bezüge** *pl* (*Gehalt*) appointements *mpl*; **keinen ~ zur Realität haben** se faire des illusions; **in ~ auf** +*Akk* en ce qui concerne; **mit** *od* **unter ~ auf** (*förmlich*) suite à; ~ **nehmen auf** (*förmlich*) se référer à
bezüglich [bə'tsy:klɪç] *präp* +*Gen* concernant ▷ *adj* (*Gram: Fürwort*) relatif(-ive)
Bezugnahme *f*: **unter ~ auf Ihr Schreiben** (*förmlich*) (comme) suite à votre courrier
Bezugs-: **~person** *f* personne *f* la plus importante; **~preis** *m* (*Wirts*) prix *m* d'achat; **~quelle** *f* source *f* d'approvisionnement; **~recht** *nt* (*Finanz*) droit *m* de souscription; **~schein** *m* bon *m* d'achat, certificat *m* de souscription
bezuschussen [bə'tsu:ʃʊsən] *vt* subventionner
bezwecken [bə'tsvɛkən] *vt* avoir pour but; **was bezweckst du damit?** à quoi veux-tu en venir?
bezweifeln [bə'tsvaɪfəln] *vt* douter de, mettre en doute
bezwingen [bə'tsvɪŋən] *unreg vt* vaincre, triompher de
Bf. *abk* = **Bahnhof; Brief**
BfA (**-**) *f abk* (= *Bundesversicherungsanstalt für Angestellte*) ≈ GMF *f* (= *garantie mutuelle des fonctionnaires*)

BfV (-) *nt abk* (= *Bundesamt für Verfassungsschutz*) *office chargé de s'assurer que la constitution allemande est respectée*

BG *f abk* (= *Berufsgenossenschaft*) association *f* professionnelle

BGB (-) *nt abk* = **Bürgerliches Gesetzbuch**

BGH (-) *m abk* = **Bundesgerichtshof**

BGS (-) *m abk* = **Bundesgrenzschutz**

BH (-s, -(s)) *m abk* (= *Büstenhalter*) soutien-gorge *m*

Bhf. *abk* = **Bahnhof**

BI *f abk* = **Bürgerinitiative**

bibbern ['bɪbərn] (*umg*) *vi* trembler

Bibel ['biːbəl] (-, -n) *f* Bible *f*

bibelfest *adj* versé(e) dans la Bible

Biber ['biːbər] (-s, -) *m* (*Zool*) castor *m*

Biberbetttuch *nt* drap *m* en finette

Bibliografie *f* bibliographie *f*

bibliophil [biblio'fiːl] *adj* bibliophile

Bibliothek [biblio'teːk] (-, -en) *f* bibliothèque *f*

Bibliothekar, in [bibliote'kaːr(ɪn)] (-s, -e) *m(f)* bibliothécaire *m/f*

biblisch ['biːblɪʃ] *adj* biblique

Bidet [bi'deː] (-s, -s) *nt* bidet *m*

bidirektional [bidirɛktsio'naːl] *adj* bidirectionnel(le); ~**es Drucken** impression *f* aller-retour

bieder [biːdər] *adj* (*rechtschaffen*) honnête; (*pej*) niais(e)

Biedermann (-(e)s, -männer) (*pej*) *m* petit bourgeois *m*

Biedermeier ['biːdərmaɪər] (-s) *nt* (*Stil*) style *m* Biedermeier (*début du XIXe siècle*)

biegbar ['biːkbaːr] *adj* pliable, flexible

Biege *f:* **eine ~ machen** (*umg*) faire un tour

biegen ['biːgən] *unreg vt* plier; (*Ast*) courber ▷ *vr* (*Ast, Blech*) plier; (*Straße*) tourner; (*Mensch, Körper*) ployer ▷ *vi* (*Auto, Straße*) tourner; **sich vor Lachen** ~ se tordre de rire; **auf B~ oder Brechen** coûte que coûte

biegsam ['biːkzaːm] *adj* (*Material*) flexible; (*Körper, auch fig*) souple

Biegung *f* (*von Straße*) tournant *m*; (*von Fluss*) coude *m*

Biene ['biːnə] *f* abeille *f*; (*veraltet: umg: Mädchen*) poupée *f*

Bienen-: ~**honig** *m* miel *m* (d'abeille); ~**königin** *f* (*Zool*) reine *f* (*abeille*); ~**korb** *m* ruche *f*; ~**stich** *m* (*Koch*) *sorte de frangipane*; ~**stock** *m* ruche *f*; ~**wachs** *nt* cire *f* d'abeille

Bier [biːr] (-(e)s, -e) *nt* bière *f*; **zwei ~, bitte!** deux bières, s'il vous plaît!; **das ist/ist nicht mein/dein** ~ c'est/ce n'est pas mon/ton problème; ~**brauer** (-s, -) *m* brasseur *m*; ~**deckel** *m* dessous *m* de verre; ~**filz** *m* dessous *m* de verre (en feutre); ~**krug** *m* chope *f*; ~**schinken** *m* = **Bierwurst**; ~**seidel** *nt* chope *f*; ~**wurst** *f* (*Koch*) *sorte de mortadelle*

Biest [biːst] (-s, -er) (*umg: pej*) *nt* (*Tier*) (sale) bête *f*; (*Mensch*) brute *f*; (*Frau*) garce *f*

biestig (*umg*) *adj* infect(e)

bieten ['biːtən] *unreg vt* (*anbieten*) offrir; (*Anlass, Leistungen*) fournir; (*Schwierigkeiten*) présenter;

(*geh: Hand*) tendre, donner; (*darbieten: Film, Schauspiel, Anblick*) présenter; (*Unterhaltung*) proposer ▷ *vr* se présenter ▷ *vi* (*bei Versteigerung*) faire une enchère; **sich Dat etw ~ lassen** accepter qch

Bigamie [biga'miː] *f* bigamie *f*

bigott [bi'gɔt] *adj* bigot(e)

Bikini [bi'kiːni] (-s, -s) *m* bikini *m*

Bilanz [bi'lants] *f* bilan *m*; ~ **machen** *od* **eine ~ aufstellen** (*Wirts*) dresser *od* établir son bilan; (**die**) ~ **ziehen** (*fig*) dresser le bilan; ~**prüfer** *m* commissaire *m* aux comptes

bilateral ['biːlatera:l] *adj* bilatéral(e)

Bild [bɪlt] (-(e)s, -er) *nt* (*Gemälde*) tableau *m*; (*Foto*) photo *f*; (*Zeichnung*) dessin *m*; (*Fernsehbild, Metapher*) image *f*; (*Theat*) scène *f*; (*Spiegelbild*) reflet *m*, image; (*Anblick*) vue *f*; (*fig: Eindruck*) impression *f*; (: *Vorstellung*) idée *f*; **ein ~ machen** *od* **knipsen** faire une photo; **über etw Akk im ~ sein** être au courant de qch; **jdn (über etw) ins ~ setzen** mettre qn au courant (de qch); **ein ~ für die Götter sein** (*umg: hum*) être impayable; ~**auflösung** *f* (*TV*) résolution *f*; ~**band** *m* livre *m* illustré, beau livre; ~**bericht** *m* reportage *m* photographique; ~**beschreibung** *f* (*Sch*) description *f* d'un tableau

bilden ['bɪldən] *vt* (*Kreis, Reihe; erziehen*) former; (*Regierung, Verein; sein, ausmachen*) constituer; (*Sätze*) construire; (*modellieren*) façonner ▷ *vr* (*entstehen*) se former, se développer; (*geistig*) s'instruire; (*kulturell*) se cultiver; **sich Dat eine Meinung** *od* **ein Urteil ~** se faire une opinion

bildend *adj:* **die ~en Künste** les arts *mpl* plastiques

Bilder-: ~**buch** *nt* livre *m* d'images; ~**rahmen** *m* cadre *m*; ~**sturm** *m* (*Hist*) iconoclasme *m*

Bild-: ~**fläche** (*umg*) *f* (*fig*): **auf der ~fläche erscheinen** apparaître; **von der ~fläche verschwinden** disparaître; **b~haft** *adj* (*Sprache*) imagé(e); ~**hauer, in** (-s, -) *m(f)* sculpteur *m*; **b~hübsch** *adj* ravissant(e); **b~lich** *adj* (*Ausdrucksweise*) figuré(e); (*Vorstellung*) concret(-ète); (*Schilderung*) vivant(e); **sich Dat etw b~lich vorstellen** se représenter qch (concrètement)

Bildnis [bɪltnɪs] *nt* portrait *m*

Bild-: ~**röhre** *f* (*TV*) tube *m* cathodique; ~**schirm** *m* écran *m*; ~**schirmschoner** *n* (*Comput*) économiseur *m* d'écran; ~**schirmtext** *m* = Minitel® *m*; **b~schön** *adj* très beau(belle); ~**sichtgerät** *nt* écran *m* de visualisation; ~**stock** *m* statue de la Vierge ou d'un saint au bord d'une route

Bildung ['bɪldʊŋ] *f* (*kein pl: Wissen, Benehmen*) éducation *f*; (: *Allgemeinwissen*) culture *f*; (*von Wörtern, Sätzen, Schaum, Wolken etc*) formation *f*; (*von Ausschuss, Regierung etc*) constitution *f*

Bildungs-: ~**gang** *m* formation *f*; ~**gefälle** *nt* différence *f* de niveau culturel; ~**gut** *nt:* **zum deutschen ~gut gehören** faire partie du patrimoine culturel allemand; ~**lücke** *f* lacune *f* (*dans les connaissances*); ~**politik** *f* politique *f* de l'éducation; ~**urlaub** *m* congé-formation *m*;

~weg m: **auf dem zweiten ~weg** en cours du soir; **~wesen** nt enseignement m
Bildzuschrift f réponse f avec photographie
Billard ['bɪljart] (**-s, -e**) nt billard m; **~ball** m boule f od bille f de billard; **~kugel** f boule f od bille f de billard
Billiarde [bɪli'ardə] f mille billions mpl
billig ['bɪlɪç] adj (nicht teuer) bon marché unver; (schlecht) mauvais(e); (: fig) piètre, mauvais(e); (gerecht) justifié(e)
billigen ['bɪlɪgən] vt approuver; **etw stillschweigend ~** donner son approbation tacite à qch
Billigladen m magasin m discount
Billigpreis m (Werbesprache): „Schuhe zu ~en" "chaussures à prix cassés"
Billigung f approbation f
Billigware (pej) f camelote f
Billion [bɪli'oːn] f billion m
bimmeln ['bɪməln] vi sonner
Bimsstein ['bɪmsʃtaɪn] m pierre f ponce
bin [bɪn] vb siehe **sein**
binär [bi'nɛːr] adj binaire; **B~zahl** f nombre m binaire
Binde ['bɪndə] f (Med) bandage m; (Armbinde) brassard m; (Damenbinde) serviette f (périodique); **sich** Dat **einen hinter die ~ gießen** od **kippen** (umg) s'enfiler un verre; **~gewebe** nt tissu m conjonctif; **~glied** nt lien m; **~hautentzündung** f conjonctivite f; **~mittel** nt liant m
binden unreg vt (zusammenbinden, festbinden) attacher; (: Blumen) attacher ensemble; (: Besen, Schleife) faire; (: Buch) relier; (Soße, Mus) lier; (Staub) mouiller; (fesseln) ligoter; (verpflichten) obliger ▷ vr (sich verpflichten) s'engager; **etw an etw** Akk **~** attacher qch à qch; **sich an jdn ~** s'engager vis-à-vis de qn
bindend adj (Zusage, Versprechen, Abmachung) qui lie, qui engage
Binder m (Krawatte) cravate f
Bindestrich m trait m d'union
Bindewort nt conjonction f
Bindfaden m ficelle f; **es regnet Bindfäden** (umg) il pleut des cordes
Bindung f (menschliche Beziehung) relation f; (Verbundenheit) lien m; (Verpflichtung) obligation f; (Skibindung) fixation f
binnen ['bɪnən] präp +Dat od Gen en l'espace de; **~deutsch** adj allemand(e) (d'Allemagne); **B~hafen** m port m intérieur od fluvial; **B~handel** m commerce m intérieur; **B~markt** m (Wirts) marché m intérieur; **der Europäische B~markt** le marché unique européen
Binse ['bɪnzə] f (Bot) jonc m; **in die ~n gehen** (umg) s'en aller à vau-l'eau
Binsenwahrheit f vérité f de La Palice, lapalissade f
bioaktiv [bioak'tiːf] adj (Waschmittel) aux enzymes
Biochemie [bioçe'miː] f biochimie f
Biografie [biogra'fiː] f biographie f
Bioladen ['biola:dən] (umg) m magasin m biologique

Biologe [bio'loːgə] m biologiste m
Biologie [biolo'giː] f biologie f
Biologin f biologiste f
biologisch [bio'loːgɪʃ] adj biologique ▷ adv: **~ abbaubar** biodégradable; **~-dynamisch** adj (Gemüsebau etc) biodynamique
Biophysik [biofy'ziːk] f biophysique f
Biotechnik [bio'teçnɪk] f biotechnologie f
Bioterrorismus [biotɛro'rɪsmʊs] m bioterrorisme m
Biotop [bio'toːp] m od nt biotope m
birgt [bɪrkt] vb siehe **bergen**
Birke ['bɪrkə] f bouleau m
Birma ['bɪrma] (**-s**) nt (Geog) la Birmanie
Birnbaum m poirier m
Birne ['bɪrnə] f poire f; (Elek) ampoule f (électrique); (umg: Kopf) caboche f
birst [bɪrst] vb siehe **bersten**
bis [bɪs] präp +Akk jusqu'à ▷ konj (mit Zahlen): **10 ~ 20** entre 10 et 20; **von ... ~ ...** de ... à; **wolkig ~ heiter** nuageux à ensoleillé; **Platz ~ (zu) 25 Personen** de la place pour un maximum de 25 personnes; (zeitlich) jusqu'à ce que; **~ es dunkel wird** jusqu'à ce qu'il fasse nuit, jusqu'à la tombée de la nuit; **~ auf Weiteres** jusqu'à nouvel ordre; **~ in die Nacht (hinein)** jusque tard dans la nuit; **~ bald/gleich** à bientôt/tout à l'heure; **~ wann?** jusqu'à quand?; **~ wann ist das fertig?** ce sera prêt quand?; **~ hierher** jusqu'ici; **~ ins Letzte** od **Kleinste** jusque dans les moindres détails; **~ auf** +Akk (außer) sauf; (einschließlich) jusqu'à
Bisamratte ['biːzamratə] f rat m musqué
Bischof ['bɪʃɔf] (**-s, ̈-e**) m évêque m
bischöflich ['bɪʃøːflɪç] adj épiscopal(e)
bisexuell [bizɛksu'ɛl] adj bisexuel(le)
bisher [bɪs'heːr] adv jusqu'à présent
bisherig adj précédent(e)
Biskaya [bɪs'ka:ya] f: **der Golf von ~** le golfe de Gascogne
Biskuit [bɪs'kviːt] (**-(e)s, -s** od **-e**) m od nt, **~gebäck** nt (Koch) ≈ biscuit m de Savoie; **~teig** m ≈ pâte f à biscuit de Savoie
bislang [bɪs'laŋ] adv jusqu'à présent
Biss (**-es, -e**) m (das Beißen) coup m de dent; (Wunde) morsure f
biss etc [bɪs] vb siehe **beißen**
bisschen ['bɪsçən]: **ein ~** adj un peu de adv un peu; **kein ~** (umg) pas du tout; **ein klein(es) ~** un petit peu
Bissen ['bɪsən] (**-s, -**) m bouchée f; **sich** Dat **jeden ~ vom** od **am Munde absparen** se serrer la ceinture
bissig ['bɪsɪç] adj (Hund) qui mord; (Bemerkung) acerbe, caustique; „**Vorsicht, ~er Hund**" "attention, chien méchant"
bist [bɪst] vb siehe **sein**
Bistum ['bɪstuːm] (**-s, ̈-er**) nt évêché m
bisweilen [bɪs'vaɪlən] adv de temps en temps
Bit [bɪt] (**-(s), -(s)**) nt (Comput) bit m
Bittbrief m requête f (écrite)
Bitte ['bɪtə] f prière f, demande f; **auf seine ~ hin**

sur *od* à sa demande; **b~** *interj* (*als Aufforderung*) je vous/te prie; (*Wunsch ausdrückend*) s'il vous/te plaît; **gib mir b~ die Milch** passe-moi le lait s'il te plaît; **vielen Dank!** — **b~ sehr!** merci beaucoup! — je vous en/t'en prie!; **wie b~?** comment?; **wie spät ist es b~?** quelle heure est-il, s'il vous/te plaît?; **darf ich?** — **aber b~!** puis-je? — je vous en/t'en prie!; **b~ schön!** je vous en/t'en prie!; **na b~!** tu vois!

bitten *unreg vt* demander; (*inständig*) prier ▷ *vi* (*einladen*) inviter; **ich lasse ~** (*förmlich*) faites entrer; **aber ich bitte dich!** mais bien sûr!; **ich bitte darum** (*förmlich*) je vous en prie; **ich muss doch (sehr) ~!** dites donc!; **er lässt sich gerne ~** il aime bien se faire prier; **jdn zu Tisch/zum Tanz ~** inviter qn à passer à table/à danser; **~d** *adj* suppliant(e), implorant(e)

bitter ['bɪtər] *adj* amer(-ère); (*Schokolade*) à croquer; (*Erfahrung, Wahrheit*) cruel(le); (*Reue*) cuisant(e); (*Not, Unrecht*) extrême ▷ *adv*: **etw ~ nötig haben** avoir grand besoin de qch; **das ist mein ~er Ernst!** je ne plaisante pas!; **~böse** *adj* (*Mensch*) fâché(e); (*Blick*) mauvais(e); **~ernst** *adj*: **damit ist es mir ~ernst** je ne plaisante pas; **B~keit** *f* amertume *f*; **~lich** *adj* amer(-ère) ▷ *adv* amèrement

Bittgesuch *nt* requête *f*

Bittsteller, in (**-s, -**) *m(f)* solliciteur(-euse) *m/f*, quémandeur(-euse) *m/f*

Biwak ['bi:vak] (**-s, -s** *od* **-e**) *nt* bivouac *m*

Bizeps ['bi:tsɛps] (**-(e)s, -e**) *m* biceps *m*

Bj., BJ. *abk* = **Baujahr**

BKA *abk* = **Bundeskriminalamt**

Blabla [bla:'bla:] (**-(s)**) (*umg*) *nt* blablabla *m*

blähen ['blɛːən] *vt* gonfler ▷ *vr* se gonfler ▷ *vi* (*Med*) ballonner

Blähungen *pl* (*Med*) flatulence *f*, ballonnement *m*

blamabel [bla'ma:bəl] *adj* honteux(-euse)

Blamage [bla'ma:ʒə] *f* honte *f*

blamieren [bla'mi:rən] *vr* se ridiculiser ▷ *vt* couvrir de honte

blank [blaŋk] *adj* (*glänzend*) brillant(e); (*unbedeckt*) nu(e); (: *Draht*) dénudé(e), mis(e) à nu; (*abgewetzt*) lustré(e); (*sauber*) propre; (*offensichtlich*) pur(e); **~ sein** (*umg: ohne Geld*) être fauché(e)

blanko ['blaŋko] *adv*: **einen Scheck ~ unterschreiben** signer un chèque en blanc; **B~scheck** *m* chèque *m* en blanc; **jdm einen B~scheck ausstellen** (*fig*) donner carte blanche à qn; **B~vollmacht** *f* blanc-seing *m*

Bläschen ['blɛːsçən] *nt* (*Med*) petite ampoule *f*, vésicule *f*

Blase ['bla:zə] *f* bulle *f*; (*Anat: Harnblase*) vessie *f*; (*Med*) ampoule *f*, cloque *f*; **sich** *Dat* **~n laufen** se faire des ampoules aux pieds

Blasebalg *m* soufflerie *f*; (*klein*) soufflet *m*

blasen *unreg vt* souffler; (*Mus: Instrument*) jouer de; (: *Melodie*) vouloir ▷ *vi* souffler; (*auf Instrument*) jouer; **der Wind bläst die Blätter durch die Straßen** le vent fait voler les feuilles de par les rues; **zum Aufbruch ~** (*fig*) donner le signal du départ

Blasenentzündung *f* (*Med*) cystite *f*

Bläser, in ['blɛːzər(ɪn)] (**-s, -**) *m(f)* (*Mus*): **die ~** les instruments *mpl* à vent

blasiert [bla'zi:rt] (*pej*) *adj* hautain(e)

Blas-: ~instrument *nt* instrument *m* à vent; **~kapelle** *f* orchestre *m* de cuivres, fanfare *f*; **~musik** *f* musique *f* pour instruments à vent

Blasphemie [blasfe'mi:] *f* blasphème *m*

blass [blas] *adj* pâle; (*Ausdruck*) blême; (*Ahnung, Vorstellung*) vague; (*Neid*) pur(e); **~ vor Schreck/ Neid sein** être vert(e) de peur/jalousie

Blässe ['blɛsə] (**-**) *f* pâleur *f*

Blatt [blat] (**-(e)s, ̈er**) *nt* feuille *f*; (*Seite*) page *f*; (*Zeitung*) journal *m*; (*Karten*) jeu *m*; (*von Säge, Axt*) lame *f*; **vom ~ singen** *od* **spielen** déchiffrer; **kein ~ vor den Mund nehmen** ne pas mâcher ses mots; **das steht auf einem anderen ~** c'est une autre histoire

blättern ['blɛtərn] *vi* (*Farbe, Verputz*) s'écailler; **in etw** *Dat* **~** feuilleter qch

Blätterteig *m* pâte *f* feuilletée

Blattlaus *f* (*Zool*) puceron *m*

blau [blaʊ] *adj* bleu(e); (*vor Kälte*) violacé(e); (*Auge*) au beurre noir; (*umg: betrunken*) noir(e), beurré(e); (*Koch*) au bleu; **~er Fleck** bleu *m*; **mit einem ~en Auge davonkommen** (*fig*) s'en tirer à bon compte; **~er Brief** (*Sch*) lettre *f* d'avertissement; **er wird sein ~es Wunder erleben** (*umg*) il ne se rend pas compte de ce qui va lui tomber dessus; **~äugig** *adj* aux yeux bleus; **B~beere** *f* (*Bot*) myrtille *f*

Blaue *nt*: **das ~ vom Himmel (herunter) lügen** (*umg*) mentir comme un arracheur de dents *od* comme on respire; **Fahrt ins ~** voyage-surprise *m*

Blau-: ~kraut *nt* chou *m* rouge; **~licht** *nt* gyrophare *m*; **b~machen** (*umg*) *vi* ne pas aller travailler; **~pause** *f* bleu *m* (de tirage); **~säure** *f* acide *m* cyanhydrique; **~strumpf** *m* bas-bleu *m*

Blazer ['blɛ:zər] *m* blazer *m*

Blech [blɛç] (**-(e)s, -e**) *nt* tôle *f*; (*Backblech*) plaque *f*; (*kein pl: Mus*) cuivres *mpl*; **~ reden** (*umg*) raconter des sornettes; **~bläser** *pl* cuivres *mpl*; **~büchse** *f* boîte *f* (en fer-blanc), boîte de conserve; **~dose** *f* boîte *f* (en fer-blanc), boîte de conserve

blechen (*umg*) *vt* cracher ▷ *vi* casquer

Blech-: ~schaden *m* (*Aut*) dégât *m* matériel mineur; **~schere** *f* cisaille *f*; **~trommel** *f* tambour *m*

blecken ['blɛkən] *vt*: **die Zähne ~** montrer les dents

Blei [blaɪ] (**-(e)s, -e**) *nt* plomb *m* ▷ *m* (*Bleistift*) crayon *m*

Bleibe *f* gîte *m*, endroit où loger

bleiben *unreg vi* rester; (*Einstellung nicht ändern*): **bei etw ~** persister dans qch; (*umkommen*) mourir; **ernst ~** garder son sérieux; **es bleibt zu hoffen, dass ...** il reste à espérer que ...; **wo bleibst du denn?** (*umg*) qu'est-ce que tu fais?; **~d** *adj* (*Erinnerung*) durable; (*Schaden*) permanent(e); **ein Geschenk von ~dem Wert** un cadeau qui ne se démode pas; **~ lassen** *unreg vt* (*aufgeben*) arrêter; **etw ~ lassen** (*unterlassen*) ne pas faire qch

bleich [blaɪç] *adj* très pâle, blême; **~en** *vt* (*Wäsche*) blanchir; (*Haare*) décolorer; **B~gesicht** (*umg*) *nt* visage *m* pâle

bleiern *adj* (*Gewicht, Rohr*) en plomb; (*Farbe*) au plomb; (*Schwere, Müdigkeit, Schlaf*) de plomb

blei-: ~frei *adj* (*Benzin*) sans plomb; **B~gießen** *nt* coutume de la Saint-Sylvestre qui consiste à prédire l'avenir à partir de la forme que prend du plomb fondu jeté dans l'eau; **~haltig** *adj* plombifère; **B~stift** *m* crayon *m*; **B~stiftabsatz** *m* talon *m* aiguille; **B~stiftspitzer** *m* taille-crayon *m*; **B~vergiftung** *f* saturnisme *m*

Blende ['blɛndə] *f* (*Phot: Vorrichtung*) diaphragme *m*; (*: Öffnung*) ouverture *f* (du diaphragme); (*Lichtschutz*) écran *m*

blenden *vi* éblouir ▷ *vt* aveugler, éblouir; (*bezaubern*) fasciner

blendend (*umg*) *adj* (*ausgezeichnet*) formidable; **~ aussehen** avoir très bonne mine

Blender (**-s, -**) *m* bluffeur *m*, frimeur *m*

blendfrei ['blɛntfraɪ] *adj* (*Glas*) antireflet *unver*

Blendschutzzaun ['blɛntʃʊtstsaʊn] *m* (*auf Autobahnen etc*) barrière *f* antiaveuglante

Blick [blɪk] *m* (**-(e)s, -e**) *m* regard *m*; (*kurz*) coup *m* d'œil; (*Aussicht*) vue *f*; (*kein pl: Urteilsfähigkeit*) jugement *m*; **mit einem ~** en un clin d'œil, tout de suite; **einen (guten) ~ für etw haben** avoir le coup d'œil pour qch; **keinen ~ für etw haben** (*verstehen*) n'avoir pas le sens de qch; **den bösen ~ haben** avoir le mauvais œil; **den ~ senken** baisser les yeux; **auf den ersten ~** de prime abord; (*gleich*) au premier coup d'œil; **Liebe auf den ersten ~** le coup de foudre; **einen ~ auf etw werfen** jeter un coup d'œil à qch

blicken *vi* regarder; **das lässt tief ~** c'est révélateur; **sich ~ lassen** se montrer

Blick-: ~fang *m* point *m* de mire; **als ~fang** pour attirer l'attention; **~feld** *nt* champ *m* visuel; **~kontakt** *m* contact *m* visuel; **~punkt** *m* (*Standpunkt*) point *m* de vue; **im ~punkt der Öffentlichkeit stehen** mener une vie de vedette

blieb *etc* [bli:p] *vb siehe* **bleiben**

blies *etc* [bli:s] *vb siehe* **blasen**

blind [blɪnt] *adj* aveugle; (*Spiegel, Glas etc*) terni(e); **~er Passagier** passager *m* clandestin; **~er Alarm** fausse alerte *f*; **~er Zufall** un pur hasard; **für etw ~ sein** ne pas voir qch

Blinddarm *m* appendice *m*; **~entzündung** *f* appendicite *f*

Blinde, r ['blɪndə] *f(m)* aveugle *m/f*

Blindekuh *f*: **~ spielen** jouer à colin-maillard

Blinden-: ~hund *m* chien *m* d'aveugle; **~schrift** *f* braille *m*; **~stock** *m* canne *f* blanche (d'aveugle)

Blind-: ~flug *m* vol *m* sans visibilité; **~gänger** *m* (*Mil*) obus *m* non éclaté; (*fig*) nullité *f*; **~heit** *f* cécité *f*; **mit ~heit geschlagen sein** (*fig*) être aveugle; **b~lings** *adv* aveuglément; **~schleiche** *f* orvet *m*; **b~schreiben** *unreg* *vi* taper au toucher

blinken ['blɪŋkən] *vi* (*Stern, Metall*) scintiller; (*Leuchtturm*) clignoter; (*Aut*) mettre son clignotant ▷ *vt* (*Signal*) lancer

Blinker (**-s, -**) *m* (*Aut*) clignotant *m*

Blinklicht *nt* (*Aut*) clignotant *m*; (*an Bahnübergängen etc*) feu *m* clignotant

blinzeln ['blɪntsəln] *vi* cligner des yeux

Blitz [blɪts] (**-es, -e**) *m* éclair *m*; (*Phot*) flash *m*; **der ~ hat eingeschlagen** la foudre est tombée; **wie ein ~ aus heiterem Himmel** comme un coup de tonnerre; **~ableiter** (**-s, -**) *m* paratonnerre *m*; **~aktion** *f* opération *f* éclair; **b~artig** *adj* (*Geschwindigkeit*) fulgurant(e) ▷ *adv* à une vitesse fulgurante; **b~en** *vi* (*Metall*) briller, étinceler; (*Augen: vor Wut*) flamboyer; (*: vor Vergnügen*) étinceler ▷ *vi unpers*: **es b~t** il y a des éclairs; **~gerät** *nt* (*Phot*) flash *m*; **~krieg** *m* guerre *f* éclair; **~licht** *nt* (*Phot*) flash *m*; **b~sauber** *adj* reluisant(e) (de propreté); **b~schnell** *adj* rapide comme l'éclair; **~würfel** *m* (*Phot*) cube-flash *m*

Block [blɔk] (**-(e)s, ¨-e**) *m* bloc *m*; (*Häuser*) pâté *m*

Block-: ~ade [blɔ'ka:də] *f* blocus *m*; **~buchstabe** *m* majuscule *f* d'imprimerie, capitale *f*; **b~en** *vt* (*abfangen*) contrer; **~flöte** *f* flûte *f* à bec; **b~frei** *adj* (*Pol*) non aligné(e); **~haus** *nt*, **~hütte** *f* cabane *f* en rondins

blockieren [blɔ'ki:rən] *vt* bloquer; (*Verhandlungen*) entraver ▷ *vi* (*Räder*) se bloquer

Block-: ~schokolade *f* chocolat *m* à cuire; **~schrift** *f* majuscules *fpl* d'imprimerie; **~stunde** *f* (*Sch*) heures *fpl* de cours groupées; **~unterricht** *m* (*Sch*) enseignement par thèmes et non par matières

blöd(e) *adj* idiot(e)

blödeln ['blø:dəln] (*umg*) *vi* débloquer

Blödheit *f* stupidité *f*

Blödian ['blø:dian] *m* (**-(e)s, -e**) (*umg: pej*) *m* crétin *m*

Blöd-: ~mann (*umg*) *m* crétin *m*; **~sinn** (*umg: pej*) *m* idiotie *f*; **b~sinnig** (*umg*) *adj* stupide

blöken ['blø:kən] *vi* bêler

blond [blɔnt] *adj* blond(e)

Blondine [blɔn'di:nə] *f* blonde *f*

bloß [blo:s] *adj* (*unbedeckt*) découvert(e); (*nackt*) nu(e); (*alleinig, nur*) simple ▷ *adv* (*nur*) uniquement; **mit der ~en Hand** à main nue; **mit ~em Auge** à l'œil nu; **der ~e Gedanke** rien que d'y penser; **~er Neid** de la jalousie pure et simple; **lass das ~!** garde-t'en bien!; **wie ist das ~ passiert?** mais comment une chose pareille a-t-elle pu se produire?

Blöße ['blø:sə] *f* nudité *f*; **sich** *Dat* **eine ~ geben** (*fig*) montrer un point faible

bloßlegen *vt* mettre à nu; (*fig*) révéler

bloßstellen *vt* couvrir de honte

Blouson [blu'zõ:] *nt od m* blouson *m*

blühen ['bly:ən] *vi* fleurir; (*fig*) prospérer; (*umg: bevorstehen*) attendre

blühend *adj* (*Pflanze*) en fleurs; (*Aussehen*) resplendissant(e), radieux(-euse); (*Handel*) florissant(e); (*Fantasie*) débordant(e); **wie das ~e Leben aussehen** respirer la santé

Blume ['blu:mə] *f* fleur *f*; (*von Wein*) bouquet *m*; (*von Bier*) mousse *f*; **jdm etw durch die ~ sagen** dire qch à qn à mots couverts

Blumen-: ~geschäft *nt* magasin *m* de fleurs, fleuriste *m*; **~kasten** *m* jardinière *f*; **~kohl** *m* chou-fleur *m*; **~strauß** *m* bouquet *m* de fleurs;

~topf m pot m de fleurs; **~zwiebel** f oignon m (de fleur), bulbe m

Bluse ['bluːzə] f chemisier m

Blut [bluːt] (-(e)s) nt sang m; ~ **stillend** hémostatique; **(nur) ruhig ~!** du calme!; **kaltes ~ bewahren** garder son sang-froid; **sich bis aufs ~ bekämpfen** se livrer une lutte acharnée; **jdm im ~ liegen** être inné(e) chez qn; **b~arm** adj (Med) anémique; **~bahn** f appareil m circulatoire; **b~befleckt** adj taché(e) de sang; **~bild** nt formule f hématologique; **~buche** f hêtre m pourpre; **~druck** m tension f (artérielle)

Blüte ['blyːtə] f fleur f; (fig: Blütezeit) apogée m; (umg: gefälschte Banknote) faux billet m

Blutegel m sangsue f

bluten vi saigner; **~ müssen** (umg) devoir casquer

Blütenstaub m pollen m

blütenweiß adj d'une blancheur éclatante

Bluter (-s, -) m (Med) hémophile m/f

Bluterguss m (Med) hématome m

Bluterkrankheit f hémophilie f

Blütezeit f floraison f; (fig) apogée m

Blutgerinnsel nt caillot m

Blutgruppe f groupe m sanguin

blutig adj sanglant(e); (umg): **ein ~er Anfänger** un parfait débutant; **es wurde ~er Ernst daraus** la situation a tourné au vinaigre

blut-: **~jung** adj tout jeune; **B~konserve** f (Med) sang provenant des donneurs, conservé en sachet ou flacon; **B~körperchen** nt globule m; **B~krebs** m leucémie f; **B~probe** f prise f de sang; **~rünstig** adj sanguinaire; **B~schande** f inceste m; **B~senkung** f (Med) sédimentation f sanguine; **eine B~senkung machen** déterminer la vitesse de sédimentation sanguine; **B~spender, in** m(f) donneur(-euse) m/f de sang; **~stillend** adj hémostatique; **B~sturz** m hémorragie f

blutsverwandt adj consanguin(e)

Bluttat f crime m de sang

Bluttransfusion f transfusion f (sanguine)

Blutung f saignement m

Blut-: **b~unterlaufen** adj (Augen) injecté(e) de sang; **~vergießen** nt effusion f de sang; **~vergiftung** f septicémie f; **~wurst** f boudin m; **~zuckerspiegel** m taux m de glycémie

BLZ abk = **Bankleitzahl**

BND (-s, -) m abk = **Bundesnachrichtendienst**

Bö [bøː] (-, -en) f rafale f

Bob [bɔp] (-s, -s) m bob(sleigh) m

Boccia ['bɔtʃa] nt o f ≈ boules fpl

Bock [bɔk] (-(e)s, ≃e) m (Rehbock) cerf m; (Ziegenbock) bouc m; (Gestell) tréteau m; (Sport) cheval m d'arçons; **alter ~** (umg) vieux chnoque m; **den ~ zum Gärtner machen** enfermer le loup dans la bergerie; **einen ~ schießen** (fig: umg) faire une gaffe; **total/keinen ~ auf Arbeit haben** (umg) avoir très envie/ne pas avoir envie de bosser

Bockbier nt bière forte

bocken ['bɔkən] (umg) vi (Auto) ne plus très bien rouler; (Mensch) se buter

bockig (umg) adj entêté(e)

Bocksbeutel m bouteille de vin de Franconie à large panse

Bockshorn nt: **sich (nicht) von jdm ins ~ jagen lassen** (ne pas) se laisser intimider par qn

Bocksprung m cabriole f; (Sport) saute-mouton m

Bockwurst f grosse saucisse de Francfort

Boden ['boːdən] (-s, ≃) m (Erde, Erdreich, Gebiet) terrain m; (Grundfläche) sol m; (Fußboden) sol, plancher m; (unterste Fläche) fond m; (Dachboden, Speicher) grenier m; **zu ~ fallen** tomber par terre; **festen ~ unter den Füßen haben** (fig) être dans une situation stable; **den ~ unter den Füßen verlieren** perdre pied; **am ~ zerstört sein** (umg) être complètement épuisé(e); **ich hätte (vor Scham) im ~ versinken können** j'aurais voulu rentrer sous terre; **etw (nicht) aus dem ~ stampfen können** (ne pas) pouvoir faire apparaître qch comme par miracle; **auf dem ~ der Tatsachen bleiben** s'en tenir aux faits; **jdn auf den ~ der Wirklichkeit zurückholen** ramener qn à la réalité; **~fläche** f surface f; **b~los** adj (Behälter) sans fond; (umg: Frechheit) incroyable; **~personal** nt personnel m au sol; **~satz** m (Wein) lie f; (Kaffee) marc m; **~schätze** pl ressources fpl naturelles

Bodensee ['boːdənzeː] m (Geog): **der ~** le lac de Constance

bodenständig adj autochtone, du terroir

Bodenturnen nt gymnastique f au sol

Bodybuilding ['bɔdibɪldɪŋ] nt body-building m

Böe ['bøːə] (-, -n) f siehe **Bö**

bog etc [boːk] vb siehe **biegen**

Bogen ['boːgən] (-s, -) m (Biegung) courbe f, coude m; (Archit, Math, Mil) arc m; (Mus: Geigenbogen) archet m; (Papier) feuille f; **den ~ heraushaben** (umg) avoir trouvé le truc; **einen großen ~ um jdn/etw machen** (meiden) éviter qn/qch; **jdn in hohem ~ hinauswerfen** (umg) ficher qn à la porte sans autre forme de procès; **~gang** m arcade f; **~lampe** f lampe f à arc; **~schießen** nt tir m à l'arc; **~schütze** m archer m

Bohle ['boːlə] f madrier m

Böhme ['bøːmə] m Bohémien m (de Bohême)

Böhmen nt la Bohême

Böhmin f Bohémienne f (de Bohême)

böhmisch ['bøːmɪʃ] adj bohémien(ne) (de Bohême); **das sind für mich ~e Dörfer** (umg) c'est du chinois pour moi

Bohne ['boːnə] f haricot m; (Kaffeebohne) grain m (de café); **nicht die ~** (umg) que dalle

Bohnen-: **~kaffee** m café m (en grains); **~stange** f (umg: fig) grande perche f; **~stroh** nt: **dumm wie ~stroh** (umg) bête comme ses pieds

bohnern vt cirer, encaustiquer

Bohnerwachs nt cire f à parquet

bohren ['boːrən] vt (Loch) percer; (Brunnen) creuser; (mit Bohrer, Maschine) forer; (hineinbohren): **~ in** +Akk enfoncer dans ▷ vi (mit Werkzeug) forer; (Zahnarzt) passer la roulette; (drängen) insister; (peinigen) tourmenter; **in der Nase ~** se mettre les doigts dans le nez; **nach Öl/Wasser ~** creuser un puits pour trouver du pétrole/de l'eau

Bohr-: **~er** (**-s, -**) *m* perceuse *f*; (*von Zahnarzt*) fraise *f*, roulette *f*; **~insel** *f* plate-forme *f* de forage; **~maschine** *f* perceuse *f*; **~turm** *m* derrick *m*

Boiler ['bɔʏlər] (**-s, -**) *m* chauffe-eau *m inv*, chaudière *f*

Boje ['boːjə] *f* balise *f*

Bolivianer, in [bolivi'aːnər(ɪn)] *m(f)* Bolivien(ne) *m/f*

bolivianisch *adj* bolivien(ne)

Bolivien [bo'liːviən] *nt* la Bolivie

bolivisch *adj* bolivien(ne)

Böllerschuss ['bœlərʃʊs] *m* salve *f* d'artillerie

Bollwerk ['bɔlvɛrk] *nt* bastion *m*; (*Naut*) quai *m*

Bolschewismus [bɔlʃe'vɪsmʊs] *m* bolchevisme *m*

Bolzen ['bɔltsən] (**-s, -**) *m* boulon *m*

bolzen (*umg*) *vt* (*Ball*) envoyer

bombardieren [bɔmbar'diːrən] *vt* bombarder

Bombe ['bɔmbə] *f* bombe *f*; **wie eine ~ einschlagen** éclater comme une bombe

Bomben-: **~angriff** *m* raid *m* aérien; **~anschlag** *m* attentat *m* à la bombe; **~erfolg** (*umg*) *m* succès *m* fou; **~geschäft** (*umg*) *nt*: **ein ~geschäft machen** faire des affaires en or; **b~sicher** (*umg*) *adj* sûr(e) et certain(e)

bombig (*umg*) *adj* super *unver*

Bon [bɔŋ] (**-s, -s**) *m* bon *m*; (*Kassenzettel*) ticket *m* de caisse

Bonbon [bõ'bõː] (**-s, -s**) *m od nt* bonbon *m*

Bonn [bɔn] *nt* (*Geog*) Bonn

Bonus ['boːnʊs] (**-, -se**) *m* (*Wirts*) bonification *f*, rabais *m*; (*von Versicherung*) bonus *m*

Bonze ['bɔntsə] (**-n, -n**) *m* bonze *m*

Bonzenviertel (*umg*) *nt* quartier *m* chic

Boom [buːm] (**-s, -s**) *m* boom *m*

Boot [boːt] (**-(e)s, -e**) *nt* bateau *m*; **in einem** *od* **im gleichen ~ sitzen** être logé(e) à la même enseigne

Bord [bɔrt] (**-(e)s, -e**) *m* (*Naut: kein pl*): **an ~** à bord ▷ *nt* (*Brett*) étagère *f*; **über ~ gehen** passer par-dessus bord; **von ~ gehen** (*im Schiff*) débarquer

Bordell [bɔr'dɛl] (**-s, -e**) *nt* bordel *m*

Bordfunk(anlage) *mf* radio *f* de bord

Bordstein *m* bord *m* du trottoir

borgen ['bɔrgən] *vt* (*geben*): **jdm etw ~** prêter qch à qn; (*erhalten*): **sich** *Dat* **etw ~** emprunter qch

Borke ['bɔrkə] *f* écorce *f*

Borkenschokolade *f* copeaux *mpl* de chocolat

Borneo ['bɔrneo] *nt* Bornéo *f*

borniert [bɔr'niːrt] (*pej*) *adj* borné(e)

Börse ['bœːrzə] *f* (*Finanz*) Bourse *f*; (*Geldbörse*) porte-monnaie *m inv*

Börsen-: **~kurs** *m* cours *m* de la Bourse; **~makler** *m* agent *m* de change; **~notierung** *f* cotation *f* en Bourse

Borste ['bɔrstə] *f* soie *f* (*de porc ou de sanglier*)

Borte ['bɔrtə] *f* bordure *f*; (*Band*) liseré *m*

Borwasser ['boːrvasər] *nt* eau *f* boriquée

bösartig *adj* (*Mensch*) méchant(e); (*Geschwulst*) malin(-igne)

Böschung ['bœʃʊŋ] *f* (*Straßenböschung, Bahndamm*) talus *m*; (*Uferböschung*) berge *f*

böse ['bøːzə] *adj* (*schlecht*) mauvais(e); (*umg: zornig*)

Gesicht) fâché(e); (: *unartig*) vilain(e); (*schlimm: Krankheit*) grave; **jdm/auf jdn ~ sein** en vouloir à qn; **~ werden** se fâcher; **das war nicht ~ gemeint** il ne faut pas mal le prendre

boshaft ['boːshaft] *adj* méchant(e); (*Absicht*) mauvais(e)

Bosheit *f* méchanceté *f*

Bosnien ['bɔsniən] *nt* la Bosnie

bosnisch ['bɔsniʃ] *adj* bosnien(ne)

Boss [bɔs] (**-es, -e**) (*umg*) *m* patron *m*

böswillig ['bøːsvɪlɪç] *adj* malveillant(e)

bot *etc* [boːt] *vb siehe* **bieten**

Botanik [bo'taːnɪk] *f* botanique *f*

botanisch [bo'taːnɪʃ] *adj* botanique

Bote ['boːtə] (**-n, -n**) *m* messager *m*; (*Laufbursche*) garçon *m* de courses

Botengang *m* course *f*, commission *f*

Botenjunge *m* coursier *m*

Botin *f* messagère *f*

Botschaft *f* (*Mitteilung*) message *m*; (*Pol*) ambassade *f*; **die Frohe ~** (*Rel*) l'Évangile *m*; **~er, in** (**-s, -**) *m(f)* ambassadeur(-drice) *m/f*

Bottich ['bɔtɪç] (**-(e)s, -e**) *m* cuve *f*, baquet *m*

Bottleparty ['bɔtlpaːrti] *f* soirée *où les invités apportent leurs boissons*

Bouillon [bʊ'ljõː] (**-, -s**) *f* bouillon *m*

Boulevard- [bulə'vaːr]: **~blatt** (*umg*) *nt* feuille *f* de chou; **~presse** *f* presse *f* à sensation; **~stück** *nt* pièce *f* de boulevard

Boutique [bu'tiːk] *f* boutique *f*

Bowle ['boːlə] *f* punch *m*

Bowling ['boːlɪŋ] *nt* bowling *m*; **~bahn** *f* bowling *m*

Box [bɔks] *f* (*Lautsprecherbox*) boîtier *m* de haut-parleur

boxen *vi* boxer

Boxer (**-s, -**) *m* boxeur *m*; (*Hund*) boxer *m*

Boxhandschuh *m* gant *m* de boxe

Boxkampf *m* match *m* de boxe

Boykott [bɔʏ'kɔt] (**-(e)s, -s**) *m* boycott(age) *m*

boykottieren [bɔʏko'tiːrən] *vt* boycotter

BR *m abk* (*= Bayrischer Rundfunk*) radio bavaroise

brach *etc* [braːx] *vb siehe* **brechen**

brachial [braxi'aːl] *adj*: **mit ~er Gewalt** (*geh*) par la force

brachliegen ['braːxliːgən] *unreg vi* être en friche; (*fig*) rester inutilisé(e)

brachte *etc* ['braxtə] *vb siehe* **bringen**

Brackwasser ['brakvasər] *nt* eau *f* saumâtre

Branche ['brãːʃə] *f* (*Geschäftszweig*) succursale *f*; (*Wirtschaftszweig*) secteur *m*; (*umg: Fachgebiet*) domaine *m*

Branchenverzeichnis *nt* ≈ pages *fpl* jaunes

Brand [brant] (**-(e)s, -e**) *m* incendie *m*; (*Med*) gangrène *f*; **in ~ setzen** *od* **stecken** mettre le feu à; **~anschlag** *m* incendie *m* criminel; **b~eilig** *adj* très urgent(e)

branden ['brandən] *vi* (*Meer*) déferler

Brandenburg *nt* le Brandebourg

Brandherd *m* foyer *m* d'incendie

brandmarken *vt* (*fig*) stigmatiser

Brandmauer *f* mur *m* coupe-feu

brandneu (umg) adj flambant neuf(neuve)
Brand-: **~salbe** f pommade f pour brûlures;
~stifter m incendiaire m/f, pyromane m/f;
~stiftung f incendie m criminel
Brandung f ressac m
Brandwunde f brûlure f
brannte etc ['brantə] vb siehe **brennen**
Branntwein ['brantvaɪn] m eau-de-vie f,
spiritueux m; **~brennerei** f distillerie f
Brasilianer, in [brazili'a:nər(ɪn)] (**-s, -**) m(f)
Brésilien(ne) m/f
brasilianisch adj brésilien(ne)
Brasilien [bra'zi:liən] nt le Brésil
brät etc [brɛt] vb siehe **braten**
Bratapfel m pomme f au four
braten ['bra:tən] unreg vt rôtir; (in Pfanne) (faire)
frire
Braten (**-s, -**) m rôti m; **den ~ riechen** (fig: umg)
soupçonner quelque chose
Brat-: **~hähnchen** nt, **~hendl** (Südd, Österr) nt,
~huhn nt poulet m rôti; **~kartoffeln** pl pommes
fpl de terre sautées; **~pfanne** f poêle f (à frire);
~rost m gril m
Bratsche ['bra:tʃə] f alto m
Bratspieß m broche f
Bratwurst f (zum Braten) saucisse f (à griller);
(gebraten) saucisse grillée
Brauch [braʊx] (**-(e)s, Bräuche**) m coutume f
brauchbar adj utilisable; (Vorschlag) utile;
(Mensch) capable
brauchen vt avoir besoin de; (mit Zeitangabe)
prendre; (benutzen) utiliser; (verbrauchen)
consommer; **wie lange braucht man, um ...?**
combien de temps faut-il pour ...?; **das brauchst
du nicht zu machen!** tu n'as pas besoin de le
faire!, ça n'est pas nécessaire!; **du brauchst es
mir nur zu sagen** tu n'as qu'à me le dire
Brauchtum nt coutumes fpl, traditions fpl
Braue ['braʊə] f sourcil m
brauen ['braʊən] vt (Bier) brasser; (Zaubertrank)
préparer
Brauerei [braʊə'raɪ] f brasserie f
braun [braʊn] adj brun(e), marron unver; (Haar)
brun(e); (von Sonne) bronzé(e); (pej) nazi(e);
~ gebrannt bronzé(e)
Bräune ['brɔʏnə] f (Sonnenbräune) hâle m; **b~n** vt
(Koch) faire revenir, faire rissoler; (Sonne) hâler,
bronzer
Braunkohle f lignite m
Braunschweig ['braʊnʃvaɪk] (**-s**) nt Brunswick
Brause ['braʊzə] f (Dusche) douche f; (von
Gießkanne) pomme f (d'arrosoir); (Getränk)
limonade f
brausen vi (Wind, Wellen) rugir; (schnell fahren)
foncer ▷ vr (duschen) prendre une douche
Brausepulver nt limonade f en poudre
Brausetablette f comprimé m effervescent
Braut [braʊt] (**-, Bräute**) f mariée f; (Verlobte)
fiancée f
Bräutigam ['brɔʏtɪgam] (**-s, -e**) m marié m
Braut-: **~jungfer** f demoiselle f d'honneur; **~kleid**
nt robe f de mariée; **~paar** nt mariés mpl

brav [bra:f] adj (artig) sage; (ehrenhaft) honnête;
(bieder: Frisur, Kleid) simple, peu sophistiqué(e); **sei
schön ~!** sois sage!
bravo ['bra:vo] interj bravo
BRD f abk (= Bundesrepublik Deutschland) RFA f; voir
article

⬤ **BRD**
⬤
⬤ La BRD (Bundesrepublik Deutschland) est le
⬤ nom officiel de la République fédérale
⬤ d'Allemagne. La BRD comprend 16 Länder (voir
⬤ Land). La BRD fut le nom donné à l'ancienne
⬤ Allemagne de l'Ouest, par opposition à
⬤ l'Allemagne de l'Est (la DDR). La réunification
⬤ de l'Allemagne eut lieu le 3 octobre 1990.

Brech-: **~bohne** f haricot m vert; **~durchfall** m
gastro-entérite f; **~eisen** nt levier m
brechen unreg vt (zerbrechen) casser; (Licht)
réfracter; (Widerstand, Trotz) vaincre; (Schweigen,
Vertrag, Versprechen) rompre; (Rekord) battre;
(Blockade) forcer; (Recht) violer; (fig: jdn) briser;
(speien) vomir ▷ vi (zerbrechen: Rohr etc) crever;
(Leder) se fendiller; (speien) vomir ▷ vr (Strahlen)
être réfracté(e); (Schall) être répercuté(e) od
renvoyé(e); (Brandung) se briser; **sich den Arm/
das Bein ~** se casser le bras/la jambe; **jdm den
Arm/das Bein ~** casser le bras/la jambe à qn; **die
Ehe ~** commettre un adultère; **mir bricht das
Herz** ça me fend le cœur; **~d** od **zum B~ voll sein**
être plein(e) à craquer
Brecher (**-s, -**) m brisant m
Brechmittel nt: **er ist das reinste ~** (umg) il me
dégoûte; **das ist das reinste ~** (umg) c'est
répugnant
Brechreiz m nausée f
Brechung f (Phys) réfraction f
Brei [braɪ] (**-(e)s, -e**) m pâte f; (für Kinder, Kranke)
bouillie f; **um den heißen ~ herumreden** (umg)
tourner autour du pot
breit [braɪt] adj large; (Lachen) gras(se); **10 m ~
sein** avoir 10 mètres de large; **die ~e
Öffentlichkeit** le grand public; **die ~e Masse** les
masses fpl ▷ adv: **ein ~ gefächertes Angebot** un
vaste choix; **~beinig** adv les jambes écartées
Breite f largeur f; (Geog) latitude f
breiten vt: **etw über jdn/etw ~** étendre qch sur
qn/qch ▷ vr: **die Nacht breitete sich über das
Dorf** la nuit tombait sur le village
Breitengrad m latitude f
Breitensport m sport m de masse
breit-: **~machen** unreg (umg) vr s'étaler;
~schlagen unreg (umg) vt: **sich ~schlagen lassen**
se laisser persuader; **~schult(e)rig** adj large
d'épaules; **~treten** unreg (umg: pej) vt rabâcher;
B~wandfilm m film m en cinémascope
Bremen ['bre:mən] nt (Geog) Brême
Bremsbelag m garniture f de frein
Bremse ['brɛmzə] f (Tech) frein m; (Zool) taon m
bremsen vi freiner ▷ vt freiner; (jdn) arrêter ▷ vr:
ich kann mich ~ (umg) ça ne me dit vraiment rien

Brems-: **~flüssigkeit** f liquide m de freins; **~licht** nt feu m (de) stop; **~pedal** nt pédale f de frein; **~schuh** m mâchoire f de frein; **~spur** f trace f de dérapage; **~weg** m distance f de freinage

brennbar adj combustible; **leicht ~** inflammable

Brennelemente pl éléments mpl combustibles

brennen ['brɛnən] unreg vi brûler; (Licht) être allumé(e); (Gewürz) emporter la bouche; (Schnaps) brûler la gorge ▷ vt brûler; (Ziegel, Ton) (faire) cuire; (Branntwein) distiller; (Kaffee) torréfier; **mit einer Zigarette ein Loch in etw** Akk **~** faire un trou dans qch avec une cigarette; **darauf ~, etw zu tun** brûler (d'envie) de faire qch; **es brennt!** au feu!; **wo brennts denn?** (umg) il n'y a pas le feu!

Brenn-: **~material** nt combustible m; **~nessel** f (Bot) ortie f; **~ofen** m four m; **~punkt** m foyer m; (Mittelpunkt) centre m; **~spiritus** m alcool m à brûler; **~stoff** m combustible m

brenzlig ['brɛntslɪç] adj (Geruch) de brûlé; (fig: Situation) qui sent le roussi

Bresche ['brɛʃə] f: **in die ~ springen** (fig) intervenir

Bretagne [bre'tanjə] f: **die ~** la Bretagne

Bretone, -in [bre'to:nə] (-n, -n) m(f) (Geog) Breton(ne) m/f

Brett [brɛt] (-(e)s, -er) nt planche f; (Bücherbrett) étagère f; (Spielbrett) plateau m; **Bretter** pl (umg: Skier) skis mpl; (Theat) planches fpl; **schwarze(s) ~** tableau m d'affichage; **er hat ein ~ vor dem Kopf** (umg) il est bouché

Bretterbude f cabane f, baraque f

Bretterzaun m palissade f

Brettspiel nt jeu m de société

Brezel ['bre:tsəl] (-, -n) f (Koch) bretzel m

brichst etc [brɪçst] vb siehe **brechen**

Brief [bri:f] (-(e)s, -e) m lettre f; **~beschwerer (-s, -)** m presse-papiers m inv; **~block** m bloc m de papier à lettres; **~drucksache** f lettre envoyée au tarif imprimé; **~freund, in** m(f) correspondant(e) m/f; **~karte** f carte-lettre f; **~kasten** m boîte f aux lettres; **~kopf** m en-tête m; **b~lich** adv par écrit; **~marke** f timbre m; **~öffner** m coupe-papier m unver; **~papier** nt papier m à lettres; **~tasche** f portefeuille m; **~taube** f (Zool) pigeon m voyageur; **~telegramm** nt télégramme à tarif réduit (distribué avec le courrier); **~träger, in** m(f) facteur m; **~umschlag** m enveloppe f; **~waage** f pèse-lettre m; **~wahl** f vote m par correspondance; **~wechsel** m correspondance f

briet etc [bri:t] vb siehe **braten**

Brigade [bri'ga:də] f (Mil) brigade f

brillant [brɪl'jant] adj (ausgezeichnet) excellent(e); **B~ (-en, -en)** m brillant m

Brille ['brɪlə] f lunettes fpl; (WC-Brille) lunette f

Brillen-: **~gestell** nt monture f (de lunettes); **~schlange** f serpent m à lunettes; (hum) femme qui porte des lunettes; **~träger, in** m(f): **er ist ~träger** il porte des lunettes

bringen ['brɪŋən] unreg vt apporter; (mitnehmen) emporter; (begleiten) emmener; (: im Auto) conduire; (einbringen) rapporter; (veröffentlichen)

sortir; (Theat, Film) donner; (Rundf, TV) passer; (umg: tun können, schaffen) arriver à (faire); **jdn dazu ~, etw zu tun** convaincre qn de faire qch; **jdn zum Lachen/Weinen ~** faire rire/pleurer qn; **es weit ~** réussir dans la vie; **jdn nach Hause ~** ramener qn; **jdn um etw ~** faire perdre qch à qn; **es zu etwas ~** réussir; **jdn auf eine Idee ~** donner une idée à qn

brisant [bri'zant] adj (fig: geh) explosif(-ive)

Brisanz [bri'zants] f (fig: geh) caractère m explosif

Brise ['bri:zə] f brise f

Brite, -in ['brɪtə] m(f) Britannique m/f; **die ~n** les Britanniques mpl

britisch ['brɪtɪʃ] adj britannique; **die B~en Inseln** les îles fpl Britanniques

bröckelig ['brœkəlɪç] adj friable

Brocken ['brɔkən] (-s, -) m (Stückchen) morceau m; (Bissen) bouchée f; (Felsbrocken) fragment m; (umg: Person) armoire f à glace; **ein paar ~ Spanisch** quelques bribes fpl d'espagnol; **ein harter ~** (umg) un sacré morceau

brodeln ['bro:dəln] vi bouillonner

Brokat [bro'ka:t] (-(e)s, -e) m brocart m

Brokkoli ['brɔkoli] pl brocoli m

Brom [bro:m] (-s) nt brome m

Brombeere ['brɔmbe:rə] f mûre f

bronchial [brɔnçi'a:l] adj bronchique

Bronchien ['brɔnçjən] pl bronches fpl

Bronchitis [brɔn'çi:tɪs] f bronchite f

Bronze ['brõ:sə] f bronze m; **~zeit** f âge m du bronze

Brosame ['bro:za:mə] f miette f

Brosche ['brɔʃə] f broche f

Broschüre [brɔ'ʃy:rə] f brochure f

Brösel ['brø:zəl] (-s, -) m miette f

Brot [bro:t] (-(e)s, -e) nt pain m; (belegtes Brot) tartine f; **ein hartes** od **schweres ~** (fig) un métier pénible

Brötchen ['brø:tçən] nt petit pain m; **kleine ~ backen** (fig) se serrer la ceinture; **~geber** m (hum) patron m

brotlos ['bro:tlo:s] adj (Mensch) sans travail; (Arbeit etc) peu lucratif(-ive)

Brotzeit (Südd) f (Pause) pause f

browsen [braʊzən] vi (Comput) surfer od naviguer sur le Net

Browser ['braʊzər] m (Comput) navigateur m

Bruch [brʊx] (-(e)s, ¨e) m (zerbrochene Stelle) cassure f; (Vertragsbruch; zwischen Menschen, Ländern) rupture f; (Med: Eingeweidebruch) hernie f; (: Beinbruch etc) fracture f; (Math) fraction f; **etw als ~ verkaufen** vendre des déchets od des morceaux cassés de; **zu ~ gehen** se casser; (fig): **ihre Freundschaft ist in die Brüche gegangen** ils se sont brouillés; **sich einen ~ heben** se faire une hernie; **~bude** (umg) f taudis m; **b~fest** adj incassable

brüchig ['brʏçɪç] adj (Material) cassant(e), fragile; (Stein) friable; (Stimme) rauque

Bruch-: **~landung** f atterrissage m forcé (avec des dégâts); **~rechnen** nt fractions fpl; **~schaden** m casse f; **~stelle** f point m de rupture; (von Knochen) fracture f; **~strich** m (Math) barre f de fraction;

~stück nt fragment m; **~teil** m fraction f; **~zahl** f fraction f

Brücke ['brʏkə] f pont m; (Zahnbrücke) bridge m; (Naut) passerelle f; (Teppich) petit tapis m; **alle ~n hinter sich** Dat **abbrechen** (fig) couper les ponts

Bruder ['bruːdər] (**-s, ⸚**) m frère m; (pej: umg) type m; **unter Brüdern** (umg) entre amis

brüderlich adj fraternel(le); **~ teilen** partager fraternellement; **B~keit** f fraternité f, sentiments mpl fraternels

Brüderschaft f fraternité f; **~ trinken** boire à une nouvelle amitié

Brühe ['bryːə] f bouillon m; (pej: Getränk) lavasse f; (: Wasser) eau f sale

brühwarm ['bryː'varm] (umg) adj: **er hat das sofort ~ weitererzählt** il n'a pas réussi à le garder pour lui deux minutes

Brühwürfel m bouillon m cube

brüllen ['brʏlən] vi (Mensch) hurler; (Kind) hurler, brailler; (Ochse) mugir; (Löwe) rugir

Brummbär (umg) m bougon m

brummeln ['brʊməln] vt, vi marmonner

brummen vi (Bär, Mensch) grogner; (Insekt) bourdonner; (Motor) vrombir, ronfler; (umg: murren) ronchonner ▷ vt (Antwort, Worte) grommeler; (Lied) chantonner; **jdm brummt der Kopf** qn a mal au crâne

Brummer ['brʊmər] (**-s, -**) m, **Brummi** ['brʊmi] (**-s, -s**) (umg) ▷ m (Lastwagen) gros poids m lourd, mastodonte m

Brummschädel (umg) m gueule f de bois

brünett [brʏ'nɛt] adj brun(e)

Brunft [brʊnft] (**-, ⸚e**) f rut m

Brunnen ['brʊnən] (**-s, -**) m fontaine f; (tief) puits m; (natürlich) source f; **~kresse** f cresson m de fontaine

Brunst [brʊnst] f rut m; **~zeit** f rut m

brüsk [brʏsk] adj brusque

brüskieren [brʏs'kiːrən] vt offenser

Brüssel ['brʏsəl] (**-s**) nt Bruxelles

Brust [brʊst] (**-, ⸚e**) f poitrine f; (weibliche Brust) sein m; **einem Kind die ~ geben** allaiter un enfant; **~beutel** m bourse portée sur la poitrine

brüsten ['brʏstən] vr se vanter

Brust-: ~fellentzündung f pleurésie f; **~kasten** (umg) m thorax m, coffre m; **~korb** m thorax m, cage f thoracique; **~schwimmen** nt brasse f; **~ton** m: **im ~ton der Überzeugung** d'un ton convaincu

Brüstung ['brʏstʊŋ] f balustrade f; (Brückenbrüstung) parapet m; **~warze** f mamelon m

Brut [bruːt] (**-, -en**) f (Tiere) couvée f; (Brüten) incubation f; (pej: Gesindel) engeance f

brutal [bru'taːl] adj brutal(e); **B~ität** f brutalité f

Brutapparat m (für Tiere) couveuse f, incubateur m

brüten ['bryːtən] vi (Vogel) couver; **über etw** Dat **~** (fig) ruminer qch; **~de Hitze** chaleur f accablante

Brüter (**-s, -**) m: **Schneller ~** surgénérateur m

Brutkasten m (Med) couveuse f

Brutstätte f lieu m de couvaison; (fig) foyer m

brutto ['brʊto] adv brut; **B~einkommen** nt revenu m brut; **B~gehalt** nt salaire m brut;

B~gewicht nt poids m brut; **B~gewinn** m bénéfice m brut; **B~lohn** m salaire m brut; **B~sozialprodukt** nt produit m national brut, P.N.B. m

brutzeln ['brʊtsəln] (umg) vi grésiller ▷ vt faire frire

Btx abk = **Bildschirmtext**

Bub [buːp] (**-en, -en**) m garçon m

Bube ['buːbə] (**-n, -n**) m (veraltet: Schurke) coquin m; (Karten) valet m

Bubikopf m ≈ coupe f au carré

Buch [buːx] (**-(e)s, ⸚er**) nt livre m; (Wirts: gew pl) livre de comptes; **er redet wie ein ~** (umg) il parle comme un livre; **ein ~ mit sieben Siegeln** (fig) une énigme; **die Bücher führen** s'occuper de la comptabilité; **die Bücher prüfen** vérifier les comptes; **über etw** Akk **~ führen** noter qch dans ses moindres détails; **~binder** (**-s, -**) m relieur m; **~drucker** m imprimeur m

Buche f (Bot) hêtre m

Buchecker ['buːxɛkər] (**-, -n**) f (Bot) faîne f

buchen vt (Flug, Hotel) réserver, retenir; (Betrag) inscrire; **etw als Erfolg ~** considérer qch comme un succès

Bücherbrett nt étagère f (de bibliothèque)

Bücherei [byːçə'raɪ] f bibliothèque f

Bücherregal nt bibliothèque f (rayonnage)

Bücherschrank m bibliothèque f (armoire)

Buchfink ['buːxfɪŋk] m pinson m

Buch-: ~führer f responsable m de la comptabilité; **~führung** f comptabilité f; **~gemeinschaft** f club m du livre; **~halter, in** (**-s, -**) m(f) comptable m/f; **~handel** m marché m du livre; **im ~handel erhältlich** (disponible) en librairie; **~händler, in** m(f) libraire m/f; **~handlung** f librairie f; **~prüfung** f vérification f des comptes; **~rücken** m dos m d'un od du livre

Buchse ['bʊksə] f (Elek) prise f (femelle)

Büchse ['bʏksə] f (Konserve) boîte f (de conserve); (Gewehr) fusil m

Büchsen-: ~fleisch nt viande f en conserve; **~milch** f lait m condensé; **~öffner** m ouvre-boîtes m

Buchstabe (**-ns, -n**) m lettre f (de l'alphabet)

buchstabieren [buːxʃtaˈbiːrən] vt épeler

buchstäblich ['buːxʃtɛːplɪç] adv (geradezu, regelrecht) littéralement

Buchstütze f serre-livres m inv

Bucht ['bʊxt] (**-, -en**) f baie f; (Parkbucht) place f de stationnement

Buchung ['buːxʊŋ] f (Reservierung) réservation f; (Wirts) écriture f

Buchweizen m sarrasin m, blé m noir

Buchzeichen nt signet m

Buckel ['bʊkəl] (**-s, -**) m (umg: Rücken) dos m; (Med) bosse f; **er kann mir den ~ runterrutschen!** (umg) qu'il aille au diable!

buckeln (umg: pej) vi s'écraser

bücken ['bʏkən] vr se baisser

bucklig adj bossu(e); (uneben) cahoteux(-euse)

Bückling ['bʏklɪŋ] m (Koch) hareng m saur; (Verbeugung) courbette f

Budapest ['bu:dapɛst] (**-s**) nt Budapest
buddeln ['bʊdəln] (umg) vt, vi creuser
Bude ['bu:də] f baraque f; (umg) piaule f; **jdm die ~ einrennen** (umg) tanner qn
Budget [bʏ'dʒe:] (**-s, -s**) nt budget m
Büfett (**-s, -s**) nt (Anrichte) buffet m; (Verkaufstisch in Café etc) bar m; **kaltes ~** buffet froid
Büffel ['bʏfəl] (**-s, -**) m (Zool) buffle m
büffeln ['bʏfəln] (umg) vi, vt bûcher
Bug [bu:k] (**-(e)s, -e**) m (Naut) proue f; (Flug) nez m
Bügel ['by:gəl] (**-s, -**) m (Kleiderbügel) cintre m; (Steigbügel) étrier m; (Brillenbügel) branche f; (Griff) poignée f; **~brett** nt planche f à repasser; **~eisen** nt fer m à repasser; **~falte** f pli m (de pantalon); **b~frei** adj qui ne se repasse pas
bügeln vt, vi repasser
bugsieren [bʊ'ksi:rən] (umg) vt traîner
Buhmann ['bu:man] (umg) m bouc m émissaire
Bühne ['by:nə] f (Podium) estrade f; (Theat) scène f; **etw gut über die ~ bringen** (umg) mener qch à bien
Bühnenbild nt décor m
Bühnenbildner, in (**-s, -**) m(f) décorateur(-trice) m/f de théâtre
Buhruf ['bu:ru:f] m huée f
buk etc [bu:k] vb siehe **backen**
Bukarest ['bu:karɛst] (**-s**) nt Bucarest
Bulgare [bʊl'ga:rə] m Bulgare m
Bulgarien nt la Bulgarie
Bulgarin f Bulgare f
bulgarisch adj bulgare
Bull-: ~auge nt hublot m; **~dogge** f bouledogue m; **~dozer** (**-s, -**) m bulldozer m
Bulle ['bʊlə] (**-n, -n**) m (Zool) taureau m; **die ~n** (pej: umg) les flics mpl
Bullenhitze (umg) f chaleur f étouffante
Bulletin [bʏl'tɛ̃:] (**-s, -s**) nt bulletin m
Bumerang ['bu:məraŋ] (**-s, -e**) m boomerang m
Bummel ['bʊməl] (**-s, -**) m balade f; (Schaufensterbummel) lèche-vitrines m inv
Bummelant [bʊmə'lant] m lambin m; (Faulenzer) fainéant m
Bummelei [bʊmə'laɪ] (umg) f flemme f
bummeln vi (gehen) se balader, flâner; (umg: trödeln) lambiner; (: faulenzen) se la couler douce
Bummelstreik m grève f du zèle
Bummelzug (umg) m tortillard m
Bummler, in ['bʊmlər(ɪn)] (**-s, -**) (umg) m(f) (langsamer Mensch) lambin(e) m/f; (Faulenzer) flemmard(e) m/f
bumsen ['bʊmzən] vi (umg: dröhnen): **es hat gebumst** on a entendu un bruit sourd; (schlagen, stoßen) cogner; (umg!: koitieren) baiser (umg!)
Bund¹ [bʊnt] (**-(e)s, ⁻e**) m (Vereinigung) alliance f; (Pol) fédération f, état m fédéral; (Hosenbund, Rockbund) ceinture f; **den ~ fürs Leben schließen** convoler (en justes noces); **der ~ und die Länder** (Pol) le gouvernement fédéral et ceux des régions, la Fédération et les États mpl
Bund² [bʊnt] (**-(e)s, -e**) nt (Strohbund, Spargelbund etc) botte f

Bündchen ['bʏntçən] nt (Kragenbündchen) col m; (Ärmelbündchen) poignet m
Bündel (**-s, -**) nt paquet m; (von Papieren) liasse f; (Strahlenbündel) faisceau m
bündeln vt (Zeitungen, Briefe) faire un paquet de; (Radieschen, Spargel) mettre en botte
Bundes- ['bʊndəs]: **~bahn** f: **die (Deutsche) ~bahn** les chemins mpl de fer allemands; **~bank** f banque f nationale (allemande); **~bürger** m citoyen m allemand; **~gebiet** nt territoire m de la R.F.A.; **~gerichtshof** m cour f suprême (allemande); **~grenzschutz** (Brd) m police f (allemande) des frontières; **~hauptstadt** f capitale f allemande; **~haushalt** m budget m allemand
Bundeskanzler, in m(f) chancelier(-ière) m/f allemand, ≈ premier ministre m; voir article

⬤ **BUNDESKANZLER**
⬤
⬤ Élu pour 4 ans, le Bundeskanzler dirige le
⬤ gouvernement fédéral. Il est officiellement
⬤ proposé par le Bundespräsident mais doit
⬤ obtenir la majorité au Parlement pour être
⬤ élu.

Bundes- ['bʊndəs]: **~kriminalamt** nt police criminelle fédérale; **~land** nt land m, État m; **~liga** f (Sport) ligue f nationale; **~nachrichtendienst** m services mpl secrets allemands; **~post** f: **die (Deutsche) ~post** la poste
Bundespräsident m président m; voir article

⬤ **BUNDESPRÄSIDENT**
⬤
⬤ Le Bundespräsident est à la tête de la République
⬤ fédérale d'Allemagne. Il est élu pour cinq ans
⬤ par les membres du Bundestag et par les
⬤ délégués du Landtage (assemblées
⬤ régionales). Il représente l'Allemagne aussi
⬤ bien dans son pays qu'à l'étranger. Son
⬤ mandat ne peut être renouvelé qu'une fois.

Bundesrat m conseil m fédéral; voir article

⬤ **BUNDESRAT**
⬤
⬤ Bundespost Le Bundesrat ou Chambre haute
⬤ du Parlement allemand est constitué de 68
⬤ membres nommés par les gouvernements
⬤ des Länder. Sa fonction principale concerne
⬤ les lois fédérales et la juridiction des Länder.
⬤ Le Bundesrat peut intervenir dans d'autres
⬤ projets de lois mais il peut être mis en
⬤ minorité par le Bundestag.

Bundes- ['bʊndəs]: **~regierung** f gouvernement m fédéral (d'un État); **~republik** f République f fédérale d'Allemagne; **~staat** m État m fédéral; **~straße** f route f nationale
Bundestag m Parlement m allemand, Bundestag m; voir article

Bundestag

Le *Bundestag* ou Chambre basse du Parlement allemand, est élu au suffrage universel direct. Il se compose de 646 membres : la moitié sont élus au premier tour (*Erststimme*), et l'autre moitié sont élus à la représentation proportionnelle au second tour de la liste régionale parlementaire (*Zweitstimme*). Le Bundestag exerce un contrôle parlementaire sur le gouvernement.

Bundes- ['bʊndəs]: **~tagsabgeordnete, r** f(m) député m; **~tagswahl** f élections fpl parlementaires; **~verfassungsgericht** nt cour f suprême

Bundeswehr f armée f allemande; *voir article*

Bundeswehr

La *Bundeswehr* désigne les forces armées allemandes. Établie en 1955, elle fut tout d'abord composée de volontaires, mais depuis 1956 elle accueille aussi les appelés du contingent, le service militaire étant obligatoire pour les hommes de 18 ans et plus (voir *Wehrdienst*). En temps de paix, le Ministre de la Défense dirige la Bundeswehr mais en temps de guerre, le *Bundeskanzler* la prend en charge. La Bundeswehr est placée sous la juridiction de l'OTAN.

Bund-: **~falten** pl (*Hose*) pince f; **~hose** f pantalon m à pinces
bündig ['bʏndɪç] adj (kurz) concis(e), succinct(e)
Bündnis ['bʏntnɪs] (**-ses, -se**) nt alliance f
Bungalow ['bʊŋalo] (**-s, -s**) m bungalow m
Bunker ['bʊŋkər] (**-s, -**) m bunker m; (*Luftschutzbunker*) abri m antiaérien
Bunsenbrenner ['bʊnzənbrɛnər] (**-s, -**) m bec m Bunsen
bunt [bʊnt] adj aux couleurs variées; (*fig*: *ungeordnet*) mélangé(e); **~e Farben** couleurs fpl variées; **jdm wird es zu ~** (umg) c'en est trop pour qn; **B~film** m film m en couleur; **B~stift** m crayon m de couleur; **B~wäsche** f linge m de couleur
Bürde ['bʏrdə] f fardeau m
Burg [bʊrk] (**-, -en**) f (*Festung*) forteresse f, château m fort; (*Sandburg*) château (de sable)
Bürge, -in ['bʏrgə] (**-n, -n**) m(f) garant(e) m/f, caution f
bürgen vi se porter garant; **für jdn/etw ~** se porter garant pour qn/de qch
Bürger, in (**-s, -**) m(f) (*von Ort, Stadt*) citoyen(ne) m/f; (*Soziologie*) bourgeois(e) m/f; **~initiative** f initiative f populaire; **~krieg** m guerre f civile; **b~lich** (*Rechte*) civique; (*Klasse; pej*) bourgeois(e); **b~liches Gesetzbuch** Code m civil; **~meister, in** m(f) maire m; **b~nah** adj (*Politik*) qui tient compte de l'opinion publique; **~rechte** pl droits mpl civils; **~rechtler, in** (**-s, -**) m(f)

défenseur m des droits civils; **~schaft** f citoyens mpl; **~schreck** m personne qui fait peur aux bourgeois; **~steig** m trottoir m; **~tum** (**-s**) nt bourgeoisie f
Burgfriede(n) m (*fig*) trêve f
Burggraben m douve f
Bürgin f siehe **Bürge**
Bürgschaft f caution f; **~ leisten** se porter caution
Burgund [bʊr'gʊnt] (**-(s)**) nt la Bourgogne
Burgunder (**-s, -**) m (*Wein*) bourgogne m
Burgverlies nt oubliettes fpl
Burkina Faso [bʊr'kina'fa:so] nt le Burkina-Faso
Burma ['bʊrma] nt la Birmanie
Büro [by'ro:] (**-s, -s**) nt bureau m; **~angestellte, r** f(m) employé(e) m/f de bureau; **~automatisierung** f bureautique f; **~bedarf** m fournitures fpl de bureau; **~kaufmann** m employé m de bureau; **~klammer** f trombone m; **~kraft** f employé(e) m/f de bureau
Bürokrat [byro'kra:t] (**-en, -en**) m bureaucrate m
Bürokratie [byrokra'ti:] f bureaucratie f
bürokratisch adj bureaucratique
Bürokratismus m bureaucratie f
Büroschluss m heure f de fermeture des bureaux
Bursche (**-n, -n**) m garçon m, gars m; (*Diener*) ordonnance f
Burschenschaft f confrérie f (d'étudiants)
burschikos [bʊrʃi'ko:s] adj (*Mädchen*) garçon manqué unver; (*Benehmen*) de garçon manqué; (*unbekümmert*) désinvolte
Bürste ['bʏrstə] f brosse f
bürsten vt brosser
Bus [bʊs] (**-ses, -se**) m (auto)bus m
Busch [bʊʃ] (**-(e)s, ̈-e**) m (*Strauch*) buisson m; (*in Tropen*) brousse f; **auf den ~ klopfen** (umg) tâter le terrain
Büschel ['bʏʃəl] (**-s, -**) nt (*Gras, Haar*) touffe f
buschig adj touffu(e)
Busen ['bu:zən] (**-s, -**) m poitrine f; **~freund, in** m(f) ami(e) m/f intime
Bushaltestelle f arrêt m d'autobus
Bussard ['bʊsart] (**-s, -e**) m buse f
Buße ['bu:sə] f pénitence f; (*Geldbuße*) amende f
büßen ['by:sən] vi: **für etw ~** expier qch ▷ vt payer
Bußgeld nt amende f
Buß- und Bettag m jour de pénitence protestant, le mercredi précédant le dernier dimanche de l'année liturgique
Büste ['bʏstə] f (*Kunst*) buste m
Büstenhalter (**-s, -**) m soutien-gorge m
Butan [bu'ta:n] (**-s**) nt butane m
Bütte ['bʏtə] f cuve f, baquet m
Büttenpapier nt papier fait à la main
Büttenrede ['bʏtənre:də] f discours de carnaval
Butter ['bʊtər] f beurre m; **alles ist in (bester) ~** (umg) tout baigne dans l'huile; **~blume** f bouton m d'or; **~brot** nt tartine f (beurrée); **~brotpapier** nt papier m sulfurisé; **~cremetorte** f gâteau m od tarte f à la crème; **~dose** f beurrier m; **~milch** f babeurre m; **b~weich** adj très tendre, fondant(e); (*fig: umg*) mou (molle)

Butz ['bʊts] (**-en, -en**) *m* (*Kerngehäuse*) trognon *m*
Butzenscheibe *f vitre en culs de bouteille*
BVG *nt abk* (= *Betriebsverfassungsgesetz*) droit *m* du
travail; = **Bundesverfassungsgericht**
b. w. *abk* (= *bitte wenden*) TSVP

BWL *abk* = **Betriebswirtschaftslehre**
Byte [baɪt] (**-s, -s**) *nt* (*Comput*) octet *m*
Bz. *abk* = **Bezirk**
bzgl. *abk* (= *bezüglich*) concerne, concernant
bzw. *abk* (= *beziehungsweise*) resp.

Cc

C, c [tse:] *nt* C, c *m*; **C wie Cäsar** ≈ C comme
Célestin
C *abk* = **Celsius**
ca. [ka] *abk* (= *circa*) env.
Cabriolet [kabrio'le:] **(-s, -s)** *nt* (voiture *f*)
décapotable *f*
Café [ka'fe:] **(-s, -s)** *nt* café *m*, salon *m* de thé
Cafeteria [kafete'ri:a] **(-, -s)** *f* cafétéria *f*
Calais [ka'lɛ:] **(-)** *nt*: **die Straße von ~** le Pas de
Calais
Callcenter ['kɔːlsɛntər] *nt* centre *m* d'appels
Calvinismus [kalvi'nɪsmʊs] *m* calvinisme *m*
calvinistisch *adj* calviniste
Camembert ['kaməmbeːr] **(-s, -s)** *m* camembert *m*
campen ['kɛmpən] **(-s, -s)** *vi* faire du camping
Camper, in (-s, -) *m(f)* campeur(-euse) *m/f*
Camping ['kɛmpɪŋ] **(-s)** *nt* camping *m*; **~bus** *m*
camping-car *m*; **~kocher** *m* réchaud *m* de
camping, camping-gaz® *m*; **~platz** *m* (terrain *m*
de) camping *m*
Cape [keːp] **(-s, -)** *nt* cape *f*
Caravan ['karavan] **(-s, -s)** *m* caravane *f*
Cargo ['kargo] **(-s, -s)** *m* cargaison *f*
Casanova [kaza'noːva] **(-s, -s)** *m* (*Frauenheld*) don
Juan *m*
Cäsium ['tsɛːzɪʊm] *nt* césium *m*
Cayennepfeffer [ka'jɛnpfɛfər] *m* poivre *m* de
Cayenne
ccm *abk* (= *Kubikzentimeter*) cm³
CD *f abk* (= *Compact Disc*) CD *m*; **CD-Brenner** *m*
graveur *m* de CD; **CD-ROM (-, -s)** *f* CD-ROM *m*
CDU [tseː.deː'luː] *f abk* (= *Christlich-Demokratische
Union (Deutschlands)*) parti chrétien-démocrate
allemand; *voir article*

⊜ **CDU**
⊜
⊜
⊜ La CDU (Christlich-Demokratische Union) ou
⊜ l'Union chrétienne démocrate est un parti
⊜ politique conservateur existant depuis 1945.
⊜ Elle est majoritaire dans tous les *Länder*, sauf
⊜ en Bavière où sa sœur la CSU est le parti
⊜ dirigeant. Les deux partis forment une
⊜ coalition au *Bundestag*. La CDU est le deuxième
⊜ plus grand parti politique allemand après le
⊜ SPD, le Parti social-démocrate.

Cellist, in [tʃɛ'lɪst(ɪn)] *m(f)* violoncelliste *m/f*
Cello ['tʃɛlo] **(-s, -s** *od* **Celli)** *nt* violoncelle *m*
Cellophan® [tsɛlo'faːn] **(-)** *nt* Cellophane® *f*
Celsius ['tsɛlzɪʊs] *adj* Celsius
Cembalo ['tʃɛmbalo] **(-s, -s)** *nt* clavecin *m*
Cent [sɛnt] **(-s, -s)** *m* (*Untereinheit des Euro*) cent *m*,
centime *m*; (*Untereinheit des Dollar*) cent *m*
Cervelat [tsɛrvə'laːt] **(-s, -s)** *m* (*Wurst*) *siehe*
Zervelat
Ces (-, -) *nt* (*Mus*) do *m* bémol
ces (-, -) *nt* (*Mus*) = **Ces**
Ceylon ['tsaɪlon] **(-s)** *nt* Ceylan *m*
Chamäleon [ka'mɛːleon] **(-s, -s)** *nt* caméléon *m*
Champagner [ʃam'panjər] **(-s, -)** *m* champagne *m*
Champignon ['ʃampɪnjõ] **(-s, -s)** *m* champignon
m de Paris
Chance ['ʃãːs(ə)] *f* chance *f*
Chancengleichheit *f* égalité *f* des chances
Chaos ['kaːɔs] **(-)** *nt* chaos *m*
Chaot, in [ka'oːt(ɪn)] **(-en, -en)** (*pej*) *m(f)*
écervelé(e) *m/f*; (*Pol*) ≈ anarchiste *m/f*
chaotisch [ka'oːtɪʃ] *adj* chaotique
Charakter [ka'raktər] **(-s, -e)** *m* (*von Ding*)
caractère *m*, nature *f*; (*von Mensch*) caractère;
(*Mensch*) personnage *m*; **c~fest** *adj* qui a du
caractère
charakterisieren [karakteri'ziːrən] *vt*
caractériser
Charakteristik [karakte'rɪstɪk] *f* description *f*
charakteristisch [karakte'rɪstɪʃ] *adj*
caractéristique, typique
charakter-: **~lich** *adj* de caractère; **~los** *adj* sans
caractère; **C~losigkeit** *f* manque *m* de caractère;
C~schwäche *f* faiblesse *f* de caractère; **C~stärke**
f force *f* de caractère; **C~zug** *m* trait *m* de
caractère
Charge ['ʃarʒə] *f* (*Amt, Rang*) poste *m*
Charisma ['çaːrɪsma] **(-s, Charismen** *od*
Charismata) *nt* charisme *m*
charmant [ʃar'mant] *adj* charmant(e)
Charme [ʃarm] **(-s)** *m* charme *m*
Charta ['karta] **(-, -s)** *f* charte *f*
Charterflug ['tʃartərfluːk] *m* vol *m* charter
Chartermaschine ['tʃartərmaʃiːnə] *f* charter *m*
chartern ['tʃartərn] *vt* affréter
Chassis [ʃa'siː] **(-, -)** *nt* châssis *m*

Chat [tʃɛt] (-s, -s) m (Comput) chat m
Chatroom [tʃetruːm] (-s, -s) m (Comput) salon m
de conversation
chatten [tʃetən] m (Comput) chatter
Chauffeur [ʃɔ'føːr] m chauffeur m
chauffieren [ʃɔ'fiːrən] vt conduire
Chaussee [ʃo'seː] f (veraltet) route f
Chauvi ['ʃovi] (-s, -s) (umg) m macho m
Chauvinismus [ʃovi'nɪsmʊs] m (Pol)
chauvinisme m; **männlicher ~** machisme m
Chauvinist [ʃovi'nɪst] m chauvin m
checken ['tʃɛkən] vt (überprüfen) vérifier; (umg:
verstehen) piger
Chef, in [ʃɛf(ɪn)] (-s, -s) m(f) patron(ne) m/f; **~arzt**
m chef m de clinique; **~etage** f étage m réservé à
la direction; **~redakteur, in** m(f)
rédacteur(-trice) m/f en chef; **~sekretärin** f
secrétaire f de direction; **~visite** f tournée f du
chef de clinique
Chemie [çe'miː] (-) f chimie f; **~faser** f fibre f
synthétique
Chemikalie [çemi'kaːliə] f produit m chimique
Chemiker, in ['çe:mikər(ɪn)] (-s -) m(f) chimiste
m/f; **chemisch** ['çeːmɪʃ] adj chimique;
chemische Reinigung nettoyage m à sec;
(Geschäft) pressing m
Chemotechnik [çemo'tɛçnɪk] (-) f génie m
chimique
Chemotherapie [çemotera'piː] f
chimiothérapie f
chic [ʃɪk] adj unver (Kleidung) chic unver; (Auto, Villa)
superbe
Chicorée [ʃiko'reː] (-s) m od f chicorée f
Chiffon ['ʃifõ] (-s, -s) m mousseline f (de soie)
Chiffre ['ʃifər] f (in Zeitung) chiffre m;
(Geheimzeichen) chiffre, code m
chiffrieren [ʃɪ'friːrən] vt chiffrer, écrire en code
Chile ['tʃiːle] (-s) nt le Chili
Chilene, -in [tʃi'leːnə] (-n, -n) m(f) Chilien(ne) m/f
chilenisch adj chilien(ne)
Chili ['tʃili] (-s) m piment m
China ['çiːna] (-s) nt la Chine
Chinese, -in [çi'neːzə] (-n, -n) m(f) Chinois(e) m/f
chinesisch adj chinois(e)
Chinin [çi'niːn] (-s) nt (Med) quinine f
Chip [tʃɪp] (-s, -s) m (Spielmarke) jeton m; (Comput)
puce f; **~s** (Kartoffelchips) (pommes fpl) chips fpl
Chirurg, in [çi'rʊrg(ɪn)] (-en, -en) m(f)
chirurgien(ne) m/f
Chirurgie [çirʊr'giː] f chirurgie f
chirurgisch adj chirurgical(e); **ein ~er Eingriff**
une intervention chirurgicale
Chlor [kloːr] (-s) nt chlore m; **c~en** vt (Wasser)
chlorer
Chloroform [kloro'fɔrm] (-s) nt chloroforme m;
c~ieren [klorofor'miːrən] vt chloroformer
Chlorophyll [kloro'fʏl] (-s) nt chlorophylle f
Choke [tʃoːk] (-s, -s) m (Aut) starter m
Cholera ['koːlera] (-) f choléra m
Choleriker, in [ko'leːrikər(ɪn)] (-s, -) m(f)
personne f colérique
cholerisch [ko'leːrɪʃ] adj colérique

Cholesterin [çolɛste'riːn] (-s) nt cholestérol m;
~spiegel m taux m de cholestérol
Chor [koːr] (-(e)s, ̈-e) m chœur m; **im ~** en chœur
Choral [ko'raːl] (-s, Choräle) m choral m
Choreograf, in [koreo'graːf(ɪn)] m(f)
chorégraphe m/f
Choreografie [koreogra'fiː] f chorégraphie f
Chor-: **~gestühl** nt stalles fpl du chœur; **~knabe**
m jeune choriste m, petit chanteur m; **~leiter** m
chef m de chœur
Chose ['ʃoːzə] (umg) f (Angelegenheit) affaire f
Chr. abk = Christus; Chronik
Christ [krɪst] (-en, -en) m chrétien m; **~baum** m
arbre m de Noël
Christenheit f chrétienté f
Christentum (-s) nt christianisme m
Christin f chrétienne f
Christ-: **~kind** nt (Weihnachten) ≈ père m Noël;
(Jesus) enfant m Jésus; **c~lich** adj chrétien(ne);
~licher Verein Junger Männer association
chrétienne de jeunes gens; **~messe** f messe f de
minuit (à Noël); (evangelisch) culte m de (la nuit de)
Noël; **~rose** f rose f de Noël
Christus (Christi) m le Christ; **Christi
Himmelfahrt** l'Ascension f
Chrom [kroːm] (-s) nt chrome m
chromatisch [kro'maːtɪʃ] adj chromatique
Chromosom [kromo'zoːm] (-s, -en) nt
chromosome m
Chromosomensatz m (ensemble m de)
chromosomes mpl, caryotype m
Chronik ['kroːnɪk] f chronique f
chronisch adj (Med) chronique; (umg: dauernd)
perpétuel(le)
Chronologie [kronolo'giː] f chronologie f
chronologisch adj chronologique
Chrysantheme [kryzan'teːmə] f chrysanthème m
CIA ['siːaɪ'eɪ] (-) f od m abk (= Central Intelligence
Agency) CIA f
circa ['tsɪrka] adv environ
Cis (-, -) nt (Mus) do m dièse
cis (-, -) nt (Mus) = **Cis**
City ['sɪti] (-, -s) f centre-ville m
clean [kliːn] (umg) adj (nicht mehr drogenabhängig)
qui a décroché, clean unver
clever ['klɛvər] adj (gerissen) malin(-igne), rusé(e)
Clip (-s, -s) m (Ohrclip) clip m
Clique ['klɪkə] f bande f
Cliquenwirtschaft ['klɪkənvɪrtʃaft] (pej: umg) f
copinage m
Clou [kluː] (-s, -s) m (von Geschichte) fin f; (von Show)
clou m
Clown [klaʊn] (-s, -s) m clown m
cm abk (= Zentimeter) cm
COBOL ['koːbɔl] nt cobol m
Cockerspaniel ['kɔkərʃpaːniəl] (-s, -s) m cocker m
Cockpit ['kɔkpɪt] (-s, -s) nt cockpit m, poste m de
pilotage
Cocktail ['kɔkteːl] (-s, -s) m cocktail m; **~kleid** nt
robe f de cocktail; **~party** f cocktail m
Code [koːt] (-s, -s) m code m
Cola ['koːla] (-, -s) (umg) f od nt coca® m

Collage [kɔ'la:ʒə] f collage m
Colt [kɔlt] (-s, -s) m colt m
Comicheft ['kɔmɪkhɛft] nt journal m de bandes dessinées
Comics ['kɔmɪks] pl bandes fpl dessinées
Computer [kɔm'pju:tər] (-s, -s) m ordinateur m; **~bild** nt portrait-robot m (dressé à l'aide d'un ordinateur); **~fahndung** f recherche de malfaiteurs avec des moyens informatiques; **c~gesteuert** adj assisté(e) par ordinateur; **~steuerung** f gestion f informatisée; **~technik** f informatique f
Conférencier [kõferāsi'e:] (-s, -s) m animateur m
Container [kɔn'te:nər] (-s, -s) m conteneur m, container m; **~bahnhof** m terminal m de conteneurs; **~schiff** nt porte-conteneurs m inv
Contergankind [kɔntɛr'gankɪnt] (umg) nt enfant victime de la thalidomide
cool [ku:l] (umg) adj (gefasst, ruhig) cool unver; (ausgezeichnet) super unver
Cord [kɔrt] (-(e)s, -e) m velours m côtelé
Cordsamt m velours m côtelé
Cornflakes ['kɔ:rnfle:ks] pl corn-flakes mpl
Cornichon [kɔrni'ʃõ:] (-s, -s) nt cornichon m
Costa Rica ['kɔsta 'ri:ka] nt le Costa Rica
Couch [kautʃ] (-, -es od -en) f canapé m, divan m; **~garnitur** f canapé avec deux fauteuils assortis; **~tisch** m table f basse
Couleur [ku'lø:r] (-s, -s) f (geh) tendance f
Countdown, Count-down ['kaunt'daun] (-s, -s) m compte m à rebours
Coup [ku:] (-s, -s) m coup m
Coupé [ku'pe:] (-s, -s) nt (Aut) coupé m
Coupon [ku'põ:, ku'pɔŋ] (-s, -s) m (Finanz, Textil) coupon m
Courage [ku'ra:zə] (-) f courage m

Cousin, e [ku'zē:, ku'zi:nə] (-s, -s) m(f) cousin(e) m/f
Cover ['kavər] (-s, -s) nt (Schallplattenhülle) pochette f
Cowboy ['kaubɔy] (-s, -s) m cow-boy m
Cracker ['krɛkər] (-s, -) m cracker m
Creme [kre:m] (-, -s) f crème f; (Schuhcreme) cirage m; (fig) crème, élite f; **c~farben** adj crème unver
cremig adj crémeux(-euse)
Cromargan® [kromar'ga:n] (-s) nt acier m inoxydable, inox m
Croupier [krupi'e:] (-s, -s) m croupier m
Crux [kruks] (-) f = **Krux**
CSU [tse:lɛs'lu:] f abk (= Christlich-Soziale Union) équivalent bavarois du parti chrétien-démocrate; voir article

● **CSU**
●
● La CSU (Christlich-Soziale Union) ou Union
● chrétienne sociale a été fondée en 1945 en
● Bavière. Comme sa sœur la CDU, c'est un parti
● de droite.

Curriculum [ku'ri:kulum] (-s, **Curricula**) nt (geh: Univ) programme m
Curry (-s) m od nt curry m
Currypulver ['karipulfər] nt curry m
Currywurst f saucisse f au curry
Cursor ['kø:rsər] (-s) m (Comput) curseur m
Cutter, in ['katər(ɪn)] (-s, -) m(f) (Film) monteur(-euse) m/f
CVJM (-) m abk (= Christlicher Verein Junger Menschen) association chrétienne de jeunes gens

85

Dd

D, d [de:] *nt* D, d *m*; **D wie Dora** = D comme Désirée
D. *abk* (= *Doktor (der evangelischen Theologie)*) Dr. (en
théologie)

 SCHLÜSSELWORT

da [da:] *adv* **1** (*örtlich*) là; (*hier*) ici; **das Stück
Kuchen da!** ce morceau de gâteau-là!; **da sein**
(*anwesend*) être là, être présent(e); **wieder da sein**
être de retour; **noch da sein** être encore là; (*übrig
bleiben*) rester; **ist Post/sind Briefe für mich da?**
y a-t-il du courrier/des lettres pour moi?; **es ist
noch Suppe da** il reste de la soupe; **so etwas ist
noch nie da gewesen** ça ne s'est jamais vu; **ist
er schon da?** est-il arrivé?; **da draußen** là
dehors; **da bin ich** me voici; **ich bin schon 2
Stunden da** ça fait deux heures que je suis ici;
da, wo (là) où; **ist noch Milch da?** il reste du
lait?; **da hast du dein Geld!** voilà ton argent!
2 (*dann*) alors, là; **da sagte sie ...** alors elle a dit ...
3: **da haben wir aber Glück gehabt** là, nous
avons vraiment eu de la chance; **da kann man
nichts machen** il n'y a rien à faire; **es war
niemand im Zimmer, da habe ich ...** il n'y
avait personne dans la pièce, alors j'ai ...; **was
gibts denn da zu lachen?** qu'est-ce qui vous fait
rire?; **was hast du dir denn da gedacht?** qu'es-
tu allé(e) imaginer?
▷ *konj* (*weil*) comme; **da er keine Zeit hatte,
fuhren wir gleich nach Hause** comme il était
pressé, nous sommes rentrés tout de suite

d. Ä. *abk* (= *der Ältere*) l'Ancien
DAAD (-) *m abk* (= *Deutscher Akademischer
Austauschdienst*) office allemand chargé d'organiser les
séjours d'étude à l'étranger
dabehalten *unreg vt* (*Kranken, Besuch*) garder;
(*Schüler*) consigner
dabei [da'baɪ] *adv* (*räumlich*) à côté; (*zeitlich*) en
même temps; (*außerdem*) en outre; (*obwohl,
obgleich*) pourtant; **nahe ~** tout près; **~ sein**
(*anwesend*) assister; (*beteiligt*) participer; **ich bin
~!** je suis de la partie!; **~ sein, etw zu tun** être en
train de faire qch; **ein Haus mit einem Garten
~** une maison avec un jardin; **er hat sich ~ den
Arm gebrochen** c'est comme ça qu'il s'est cassé

le bras; **was ist schon ~?** et alors?; **es ist doch
nichts ~, wenn ...** qu'est-ce que cela peut faire
que ...?; **das Dumme** *od* **das Schwierige ~ ist,
dass ...** le problème, c'est que ...; **ich finde gar
nichts ~ moi**, ça ne me dérange pas; **es kommt
doch nichts ~ heraus** ça ne mènera à rien (de
bon), ça ne sert à rien; **die ~ entstehenden
Kosten** les frais qui en découlent; **hast du ~
etwas gelernt?** est-ce que cela t'a appris quelque
chose?; **~ darf man nicht vergessen, dass ...** il
ne faut cependant pas oublier que ...; **wenn ich
arbeite, kann ich nicht ~ fernsehen** je ne peux
pas travailler en regardant la télévision; **er ist
jung und ~ auch noch wohlhabend** il est jeune
et riche de surcroît; **er hat nichts verstanden, ~
habe ich es ihm doch erklärt** il n'a rien
compris; je le lui ai pourtant expliqué; **er ist
bereits an der Spitze, und ~ noch keine 30!**
(*umg*) il n'a pas 30 ans et il est déjà au sommet!;
es soll nicht ~ bleiben l'affaire n'en restera pas
là; **es bleibt ~** un point c'est tout; **~bleiben** *unreg
vi* (*bei Firma, Stelle etc*) rester; (*nicht aufhören*): **bis
zum Schluss ~bleiben** continuer jusqu'au bout;
bleiben wir ~ restons-en là; **~haben** *unreg vt*
(*Ding*) avoir sur soi; (*Person*) être avec; **~stehen**
unreg vi être présent(e); **er stand ~, als es
passierte** il se trouvait là quand c'est arrivé, il a
assisté à la scène
Dach [dax] (-(e)s, ̈er) *nt* toit *m*; **unter ~ und
Fach sein** (*abgeschlossen*) être conclu(e); (*in
Sicherheit*) être en lieu sûr; **jdm eins aufs ~ geben**
(*umg*) sonner les cloches à qn; **~boden** *m* grenier
m; **~decker** (-s, -) *m* couvreur *m*; **~fenster** *nt*
lucarne *f*; **~first** *m* faîte *m*; **~gepäckträger** *m*
galerie *f*; **~geschoss** *nt* étage *m* mansardé,
combles *mpl*; (*oberster Stock*) dernier étage;
~lawine *f* neige qui tombe du toit; **~luke** *f* lucarne *f*;
~pappe *f* carton à bitume; **~rinne** *f* gouttière *f*
Dachs [daks] (-es, -e) *m* (*Zool*) blaireau *m*
Dachschaden (*umg*) *m*: **einen ~ haben** avoir une
araignée au plafond
Dachstuhl *m* charpente *f* du toit
dachte *etc* ['daxtə] *vb siehe* **denken**
Dachterrasse *f* terrasse *f* (*sur le toit*)
Dachverband *m* organisme qui en chapeaute plusieurs
autres

Dachziegel *m* tuile *f*
Dackel ['dakəl] **(-s, -)** *m* (*Zool*) basset *m*
dadurch [da'dʊrç] *adv* (*durch diesen Umstand*) de ce
fait; (*aus diesem Grund*) ainsi; (*räumlich*) à travers
▷ *konj*: ~, **dass** du fait que; **er ist ~ berühmt
geworden, dass** ce qui l'a rendu célèbre, c'est
que
dafür [da'fy:r] *adv* pour (cela); (*zugunsten einer
Sache*) en faveur (de cela); (*als Gegenleistung*) en
retour; (*als Ersatz*) en échange; (*am Satzanfang*): ~,
dass er ... quand on pense qu'il ...; **die
Voraussetzung ~ ist, dass** ... tout cela à
condition que ...; **er ist erst 10 Jahre alt; ~ kann
er viel** il n'a que 10 ans, mais il est en avance sur
son âge; **alles spricht ~, dass** ... tout semble
indiquer que ...; **~ ist er immer zu haben!** il ne
dira pas non!; **er ist bekannt ~, dass** ... tout le
monde sait qu'il ...; **bin ich ja hier** c'est pour
cela que je suis ici; **er kann nichts ~, dass** ... ce
n'est pas de sa faute si ...; **~ sein** (*zustimmen*) être
d'accord; (*gerne haben*) être pour od favorable;
~ sein, dass ... (*der Meinung sein*) être d'avis que ...;
D~halten (-s) *nt*: **nach meinem D~halten** à
mon avis
DAG *f abk* (= *Deutsche Angestellten-Gewerkschaft*)
syndicat des employés
dagegen [da'ge:gən] *adv* contre (cela); (*im
Vergleich*) par contre; (*bei Tausch*) en échange ▷ *konj*
(*jedoch*) par contre; **sich ~ wehren/auflehnen/
sträuben** s'y opposer; **wir kämpfen ~** nous nous
battons contre cela; **ich habe nichts ~** je ne suis
pas contre (cela); **ich war ~** j'étais contre; **ich
war ~, dass** ... je me suis opposé(e) à ce que ...;
haben/hätten Sie was ~, wenn ich rauche? ça
vous dérange si je fume?; **sollen wir ins Kino
gehen? — ich hätte nichts ~** on va au cinéma?
— pourquoi pas?; **~ kann man nichts tun** on ne
peut rien y faire; **~halten** *unreg vt* tenir contre;
(*vergleichen*) comparer; (*entgegnen*) objecter;
~setzen *vt* (y) opposer; **~sprechen** *unreg vi*
s'opposer; **was spricht ~, dass** ...? qu'est-ce qui
s'oppose à ce que ...?; **es spricht nichts ~!** rien ne
s'y oppose!
dahaben ['da:ha:bən] *unreg vt* (*vorrätig haben*) avoir
en réserve; (*bei sich haben*) avoir sur soi
daheim [da'haɪm] *adv* à la maison; **bei uns ~**
dans ma famille; **wo bist du ~?** d'où viens-tu?;
D~ (-s) *nt* foyer *m*
daher [da'he:r] *adv* de là ▷ *konj* (*deshalb*) c'est
pourquoi; **von ~ haben wir nichts zu
befürchten** nous n'avons rien à craindre de ce
côté-là; **~ kommt es, dass** ... c'est pour cela que
...; **~ rühren unsere Probleme** voilà l'origine de
nos problèmes; **~ die Schwierigkeiten** d'où les
difficultés; **~gelaufen** *adj*: **jeder ~gelaufene
Kerl** n'importe qui; **~reden** *vi*: **red doch nicht
so dumm ~!** (*umg*) cesse de débiter des sottises!
▷ *vt* dire n'importe quoi
dahin [da'hɪn] *adv* (*räumlich*) vers cet endroit;
(*vergangen*) fini(e); **bis ~** (*zeitlich*) jusque-là; **ich
fahre heute ~** j'y vais aujourd'hui; **ist es noch
weit bis ~?** c'est encore loin?; **das tendiert ~**

c'est la tendance; **sich ~ einigen, dass** ... être
d'accord sur le fait que ...; **sich ~ äußern, dass**
... s'exprimer en ce sens que ...; **er bringt es
noch ~, dass** ... il est capable de ...; **~ gehend** en
ce sens; **sie haben sich ~ gehend geäußert,
dass** ... ils se sont exprimés en ce sens que ..., ils
ont fait une déclaration selon laquelle ...; **sich ~
gehend einigen, dass** ... trouver un accord en ce
sens que ...; **bis ~ ist noch viel Zeit** (jusque-là)
nous avons encore le temps; **~ sein** être perdu(e);
mein ganzes Geld ist ~ (*verloren*) je n'ai plus
d'argent; **~gegen** *konj* (*jedoch*) au contraire;
~gehen *unreg vi* (*Zeit*) passer; **~gestellt** *adv*:
~gestellt bleiben rester en suspens; **etw
~gestellt sein lassen** passer qch sous silence;
~schleppen *vr* se traîner; (*fig*) traîner;
~schmelzen *vi* fondre; **~schwinden** *unreg vi*
diminuer
dahinten [da'hɪntən] *adv* (*weit entfernt*) là-bas
dahinter [da'hɪntər] *adv* (*räumlich*) derrière; (*fig*)
là-dessous; (*danach*) ensuite; **sich ~ klemmen** *od*
knien (*umg*) s'accrocher; **~ kommen** (*umg*)
découvrir le pot aux roses; (*langsam verstehen*) finir
par comprendre; **~ stecken** (*umg*) se cacher
derrière; (*Person*) en être l'instigateur(-trice); **er
wirkt so streng, es steckt aber nicht viel ~** il
ne faut pas se fier à son apparence sévère
dahinvegetieren [da'hɪnvege'ti:rən] *vi* végéter
dahinziehen *vr* se prolonger
Dahlie ['da:liə] *f* dahlia *m*
DAK (-) *f abk* (= *Deutsche Angestellten-Krankenkasse*)
assurance maladie des employés
Dakar *nt* Dakar
dalassen ['da:lasən] *unreg vt* laisser (ici); (*aus
Versehen*) oublier
dalli ['dali] (*umg*) *adv*: ~, ~! et que ça saute!
damalig ['da:ma:lɪç] *adj* d'alors
damals ['da:ma:ls] *adv* à cette époque; **~ im
Sommer** cet été-là; **~ und heute** autrefois et
aujourd'hui; **seit ~** depuis lors
Damaskus [da'maskʊs] *nt* Damas
Damast [da'mast] **(-(e)s, -e)** *m* damas *m*
Dame ['da:mə] *f* dame *f*; (*Schach*) dame, reine *f*;
(*Spiel*) dames *fpl*; **meine ~n und Herren!**
mesdames et messieurs!
Damen-: **~besuch** *m* visite *f* féminine; **~binde** *f*
serviette *f* hygiénique; **d~haft** *adj* distingué(e);
~sattel *m*: **im ~sattel reiten** monter en
amazone; **~wahl** *f*: **bei ~wahl** quand c'est aux
dames d'inviter les messieurs
Damespiel *nt* jeu *m* de dames
damit [da'mɪt] *adv* avec cela; (*begründend*) de ce
fait; (*daraufhin*) sur ce ▷ *konj* pour que +*sub*; **was
ist ~?** qu'en est-il?; **was soll ich denn ~?** que
voulez-vous que j'en fasse?; **ist Ihre Frage ~
beantwortet?** ai-je répondu à votre question?;
er nahm den Brief und ging ~ zum Kasten il a
pris la lettre puis il a mis la lettre à la boîte; **~,
dass du jetzt jammerst, ...** en te lamentant, ...;
~ steht fest, dass er kommt alors c'est décidé, il
viendra; **~ beenden wir das Programm** ainsi se
termine notre programme; **genug ~!** (*umg*) ça

suffit comme ça!; **her ~**! (umg) donne!; **Schluss ~**! (umg) ça suffit!

dämlich ['dɛːmlɪç] (umg) adj idiot(e)

Damm [dam] (-(e)s, ¨-e) m (Deich) digue f; (Staudamm) barrage m; (Hafendamm) quai m; (Bahndamm, Straßendamm) remblai m

dämmen ['dɛmən] vt (geh: Wasser) endiguer; (Schall) amortir

dämm(e)rig adj (Zimmer) sombre; (Licht) faible; **es wird dämm(e)rig** la nuit tombe

Dämmerlicht nt pénombre f

dämmern ['dɛmərn] vi (Tag) se lever; (Abend) tomber; **es dämmert schon** (Morgen werden) le jour se lève; (Abend werden) la nuit tombe; **es dämmerte ihm, dass ...** (umg) il commença à réaliser que ...; **jetzt dämmerts (bei) mir!** (umg) ça y est, j'ai pigé!

Dämmerung f pénombre f; (Morgendämmerung) aube f; (Abenddämmerung) crépuscule m; **bei** od **mit Anbruch der ~** (morgens) à l'aube; (abends) au crépuscule

Dämmerzustand m (Halbschlaf) état m de somnolence; (Bewusstseinstrübung) état de semi-conscience

Dämmung f isolation f

Dämon ['dɛːmɔn] (-s, -en) m démon m

dämonisch [dɛ'moːnɪʃ] adj démoniaque

Dampf [dampf] (-(e)s, ¨-e) m vapeur f; **jdm ~ machen** (umg) secouer qn; **~ ablassen** se défouler; **d~en** vi fumer; (Zug) avancer

dämpfen ['dɛmpfən] vt (Koch) cuire à la vapeur; (bügeln) repasser (à la vapeur); (Lärm) étouffer; (Gefühle) calmer

Dampfer ['dampfər] (-s, -) m bateau m à vapeur; **auf dem falschen ~ sein** (fig) faire fausse route

Dämpfer (-s, -) m (Mus: bei Klavier) étouffoir m; (: bei Geige, Trompete) sourdine f; **er hat einen ~ bekommen** (fig) ça l'a refroidi

Dampf-: **~kochtopf** m cocotte-minute f; **~maschine** f machine f à vapeur; **~schiff** nt bateau m à vapeur; **~walze** f rouleau m compresseur

Damwild ['damvɪlt] nt daim m

danach [da'naːx] adv (räumlich: hinter etwas) derrière; (in Richtung) vers cela; (zeitlich) ensuite; (nach Zeitangabe) plus tard; **er griff ~** il tendit la main pour s'en emparer; **wer ist ~ an der Reihe?** à qui le tour?; **mir war nicht ~ zumute** ça ne me disait rien; **wenn man ihn ~ beurteilt** si on le juge d'après cela; **~ kann man nicht gehen** on ne peut pas s'y fier; **ich werde mich ~ richten** je m'y conformerai; **wenn man ~ ginge, was er sagt** si l'on se fiait à ce qu'il dit; **mir ist nicht ~** je n'en ai pas envie; **er sieht auch ~ aus** il en a bien l'air

Däne ['dɛːnə] (-n, -n) m Danois m

daneben [da'neːbən] adv (räumlich) à côté; (im Vergleich damit) en comparaison; (außerdem) en outre, en même temps; **~ sein** (umg: verwirrt sein) ne pas être dans son assiette; **links/rechts ~** à gauche/à droite; **~benehmen** unreg (umg) vr se conduire de façon inadmissible; **~gehen** unreg vi

(Ziel verfehlen) manquer la cible; (umg: misslingen) échouer; **~greifen** unreg vi (fig: mit Schätzung etc) se tromper

Dänemark ['dɛːnəmark] (-s) nt le Danemark

Dänin ['dɛːnɪn] f Danoise f

dänisch adj danois(e)

Dänisch nt (Ling) le danois

Dank [daŋk] (-(e)s) m remerciement m; **vielen** od **schönen** od **besten** od **herzlichen ~** merci beaucoup; **jdm ~ sagen** (geh) remercier qn; **mit (bestem) ~ zurück!** je vous le rends en vous remerciant; **d~** präp +Dat od Gen grâce à; **d~bar** adj reconnaissant(e); (lohnend) qui en vaut la peine; (Publikum) bon(ne); (Stoff) solide; **~barkeit** f gratitude f

danke interj merci; **~ schön** od **sehr!** merci beaucoup!; **~, gleichfalls** merci, de même

danken vi dire merci ▷ vt (geh) savoir gré à; **jdm für etw ~** remercier qn de qch; **ich danke** merci; **niemand wird dir das ~** personne ne t'en sera reconnaissant; **nichts zu ~**! il n'y a pas de quoi!; **„Betrag ~d erhalten"** "paiement reçu, merci"; **~d ablehnen** décliner à regret

dankenswert adj (Aufgabe, Arbeit) qui en vaut la peine; (Bemühung) louable

Dank-: **~gottesdienst** m culte m d'action de grâce; **d~sagen** vi dire merci; **~sagung** f (bei Todesfall) remerciements mpl; **~schreiben** nt lettre f de remerciement

dann [dan] adv (danach, dahinter) ensuite; (zu dem Zeitpunkt, in diesem Fall) alors; (außerdem) en outre; **bis ~!** (umg) à la prochaine!; **wir sind von ~ bis ausgebucht** tout est complet du tant au tant; **~ und wann** de temps en temps; **~ eben nicht!** tant pis!; **erst ~, wenn ...** pas avant que +sub ...; **~ erst recht nicht!** d'autant moins!

dannen ['danən] adv: **von ~ gehen** s'en aller

daran [da'ran] adv à cela, y; (zeitlich: anschließend): **im Anschluss ~** ensuite; **~ zweifeln** en douter; **~ denken/arbeiten** y penser/travailler; **~ hat er kein Interesse** il ne s'y intéresse pas; **er ist schuld ~** c'est de sa faute; **~ ist kein wahres Wort** il n'y a rien de vrai là-dedans; **das liegt ~, dass ...** c'est dû au fait que ..., c'est parce que ...; **mir liegt viel ~** j'y tiens beaucoup; **schlecht ~ sein** (umg) être mal en point; **sie ist gut ~** tout va bien pour elle; **das Dümmste ~, dass ... ist** le pire od ce qui est bête, c'est que ...; **Sie täten gut ~, diesen Rat zu befolgen** vous feriez bien de suivre ce conseil; **ich war nahe ~, zu ...** j'étais sur le point de ...; **er ist ~ gestorben** il en est mort; **wir können nichts ~ ändern** nous ne pouvons rien y changer; **es ist nichts ~** (ist nicht fundiert) il n'en est rien; (ist nichts Besonderes) ça n'a rien de spécial; **~gehen** unreg vi attaquer; **~machen** (umg) vr: **sich ~machen, etw zu tun** se mettre à faire qch; **~setzen** vt mettre en œuvre; **er hat alles ~gesetzt, von dort wegzukommen** il a tout mis en œuvre pour quitter cet endroit

darauf [da'raʊf] adv (räumlich: auf etw) dessus; (zielgerichtet) dans cette direction; (danach) ensuite; (als Reaktion, Konsequenz) en conséquence; ~ **aus sein, etw zu tun** chercher à faire qch; **es kommt ganz ~ an, ob sie mitmacht** cela dépend si elle participe; **ich komme nicht ~** cela m'échappe; **die Tage** ~ les jours suivants; ~ **folgend** suivant(e); **am Tag** ~ le lendemain; **ein Jahr** ~ l'année suivante; **seine Behauptungen stützen sich ~, dass ...** ce qu'il dit est fondé sur le fait que ...; **wie kommst du ~?** d'où te vient cette idée?; ~ **steht Gefängnis** c'est passible d'une peine de prison; **~folgend** adj suivant(e); **~hin** adv (aus diesem Grund) en conséquence; (im Hinblick darauf): **wir müssen es ~hin prüfen, ob ...** nous devons l'examiner pour savoir si ...; **~legen** vt poser dessus, ajouter

daraus [da'raʊs] adv en; **was ist ~ geworden?** qu'en est-il advenu?; ~ **geht hervor, dass ...** il en ressort que ...; **mach dir nichts ~!** ne t'en fais pas!

darbieten ['da:rbi:tən] vt présenter ▷ vr se présenter

Darbietung f spectacle m

Dardanellen [darda'nɛlən] pl Dardanelles fpl

darein- präf siehe **drein-**

darf etc [darf] vb siehe **dürfen**

darin [da'rɪn] adv (räumlich: in etw) là-dedans, y; (in dieser Beziehung) en cela; ~ **liegt das Problem** c'est là que réside le problème; ~ **liegt ein Widerspruch** c'est contradictoire; **der Unterschied liegt ~, dass ...** la différence réside dans le fait que ...

darlegen ['da:rle:gən] vt présenter

Darlegung f exposé m

Darleh(e)n (-s, -) nt prêt m

Darm [darm] (-(e)s, ̈-e) m (Anat) intestin m; (für Saiten, Schläger, Wurstdarm) boyau m; **~ausgang** m anus m; **~grippe** f grippe f intestinale; **~saite** f corde f (en boyau)

darstellen ['da:rʃtɛlən] vt représenter; (Theat) représenter, jouer; (beschreiben, schildern) décrire ▷ vr se présenter

Darsteller, in (-s, -) m(f) interprète m/f

darstellerisch adj d'acteur(-trice); **eine ~e Höchstleistung** une interprétation remarquable

Darstellung f (Bild, Theat) représentation f; (Beschreibung, Geschichte) description f

darüber [da'ry:bər] adv au-dessus; (direkt auf etw) par-dessus; (mehr, höher) plus; (währenddessen) entre-temps; (in Bezug auf Thema) à ce sujet, en; (dabei, aus diesem Grund) à cause de cela; **im Stockwerk** ~ à l'étage au-dessus od du dessus; **seine Gedanken** ~ ce qu'il en pense; ~ **fahren** passer par-dessus; ~ **liegen** (fig) être plus élevé(e); ~ **stehen** (fig) être au-dessus de cela; ~ **streiten** se disputer à ce sujet; ~ **sprechen** en parler; **er war so beschäftigt und hat ~ vergessen ...** il était si occupé qu'il en a oublié ...; **die Aufgabe war so schwer, ich habe lange ~ gesessen** ce devoir m'a pris longtemps parce qu'il était très difficile; **er hat sich ~ geärgert/ gefreut** cela l'a irrité/réjoui; ~ **geht nichts** il n'y

a rien de mieux; ~ **hinaus** (außerdem) en outre; ~ **hinweg sein** (fig) l'avoir surmonté(e)

darum [da'rʊm] adv (räumlich) autour; (hinsichtlich einer Sache) pour cela ▷ konj (deshalb) c'est pourquoi; ~ **herum** tout autour; **wir bitten ~** nous vous le demandons; **wir beten ~** nous vous en prions; **ich bemühe mich ~** je m'y efforce; **es geht ~, dass ...** voici ce dont il s'agit: ...; **es geht ~, ob ...** il s'agit de savoir si ...; **er würde viel ~ geben, wenn** od **dass ...** il donnerait beaucoup pour que ...; ~ **geht es mir/geht es mir nicht** c'est ça/ce n'est pas ça qui m'importe; **wir werden nicht ~ herumkommen, es zu tun** nous ne pourrons pas nous dispenser de le faire; **ach ~!** c'était donc pour cela!; **warum nicht? ~!** (umg) pourquoi pas? parce que!; siehe auch **drum**; **~kommen** unreg vi (verlieren) en être privé(e)

darunter [da'rʊntər] adv (räumlich, bei Bekleidung) dessous; (dazwischen, dabei) parmi eux(elles); (unter dieser Angelegenheit) par là; (weniger, niedriger) au-dessous, moins; **Kinder von 10 Jahren und ~** les enfants de 10 ans et moins; **100 Euro und keinen Cent ~** 100 euros et pas un centime de moins; **ein Stockwerk ~** à l'étage inférieur; **was verstehen Sie ~?** qu'entendez-vous par là?; ~ **kann ich mir nichts vorstellen** cela ne me dit rien; ~ **fallen** être concerné(e); ~ **mischen** (Mehl) ajouter; **sich ~ mischen** s'y mêler; ~ **setzen** (Unterschrift) apposer

das [das] art, pron siehe **der**

Dasein ['da:zaɪn] (-s) nt existence f; (Anwesenheit) présence f

da sein unreg vi siehe **da**

Daseinsberechtigung f raison f d'être

Daseinskampf m lutte f pour la survie

dasjenige ['dasje:nɪgə] pron siehe **derjenige**

dass [das] konj que; (damit) pour que; ~ **er gekommen ist, hat mich gefreut** j'étais content(e) qu'il soit venu; **schön, ~ Sie so früh kommen** c'est gentil (à vous) de venir si tôt; **ausgenommen** od **außer ~ ...** sauf que ...; **das kommt daher, ~ er krank war** c'est dû au fait qu'il a été malade; **das liegt daran, ~ die Luft so schlecht ist** c'est parce que l'air est irrespirable; ~ **er doch schon da wäre!** si seulement il était déjà là!; **anstatt ~ er das tut** au lieu de le faire; **ohne ~ ...** sans que ...; **zu teuer, als ~ ...** trop cher(chère) pour que ...

dasselbe [das'zɛlbə] pron siehe **derselbe**

dastehen ['da:ʃte:ən] unreg vi (Mensch) rester; (in Situation, Lage befinden) se trouver; (fig): **gut/ schlecht ~** être en bonne/mauvaise posture; **allein ~** être seul(e) au monde

Dat. m abk (= Dativ) dat.

Datei [da'taɪ] f fichier m; **~manager** m gestionnaire m de fichiers; **~verwaltung** f gestion f de fichier; **~verzeichnis** nt (Comput) répertoire m des fichiers

Daten ['da:tən] pl (Comput) données fpl; **~autobahn** f autoroute f de l'information; **~bank** f banque f de données; **~erfassung** f saisie f (des données); **~satz** m article m;

~schutz m protection f des données; **~sichtgerät** nt écran m de visualisation; **~techniker** m ingénieur m informaticien; **~träger** m support m de données; **~übertragung** f transfert m de données; **~verarbeitung** f traitement m de données; **~verarbeitungsanlage** f appareil m de traitement de données

datieren [da'ti:rən] vt dater ▷ vi: **von ...~** dater de ...

Dativ ['da:ti:f] (**-s, -e**) m datif m; **~objekt** nt complément m d'objet indirect

dato ['da:to] adv: **bis ~** (Wirts) à ce jour; (umg) jusqu'à maintenant

Dattel ['datəl] (**-, -n**) f (Bot) datte f

Datum ['da:tʊm] (**-s, Daten**) nt date f; **Daten** pl (Angaben) données fpl; (Fakten) faits mpl; **das heutige ~** la date d'aujourd'hui

Datumsgrenze f (Geog) ligne f de changement de date

Dauer ['daʊər] (**-, -n**) f durée f; **für die ~ eines Jahres** pour une durée d'un an; **von ~ sein** durer; **es war nur von kurzer ~** ce fut de courte durée; **auf die ~** à la longue; **auf ~** à demeure; **~auftrag** m prélèvement m automatique; **~beschäftigung** f emploi m stable od permanent; **d~haft** adj (Lösung) durable; **~haftigkeit** f durabilité f, solidité f; **~karte** f abonnement m; **~lauf** m course f de fond; **~lutscher** m sucette f; **~mieter, in** m(f) locataire m/f à demeure

dauern vi (andauern) durer; **das dauert noch** (umg) c'est loin d'être fini; **es hat sehr lange gedauert, bis er ...** il lui a fallu beaucoup de temps pour ...

dauernd adj (ununterbrochen) ininterrompu(e); (häufig) constant(e); (andauernd) permanent(e) ▷ adv (regnen) sans arrêt; (stören, unterwegs sein) constamment; **etw ~ tun** toujours faire qch

Dauer-: ~regelung f solution f durable; **~regen** m pluie f incessante; **~stellung** f situation f stable, poste m permanent; **~welle** f permanente f; **~wurst** f (Koch) ≈ saucisson m sec; **~zustand** m état m permanent; **~zustand sein** être chronique; **zum ~zustand werden** devenir chronique

Däumchen ['dɔʏmçən] nt: **~ drehen** se tourner les pouces

Daumen ['daʊmən] (**-s, -**) m pouce m; **~ lutschen** sucer son pouce; **jdm die ~ drücken** od **halten** (umg) dire une petite prière pour qn; **über den ~ peilen** (umg) y aller au pif; **über den ~ gepeilt** (umg) au pif; **~ drehen** (umg) se tourner les pouces; **~lutscher** (pej) m enfant qui suce son pouce

Daune ['daʊnə] f édredon m

Daunendecke f édredon m

davon [da'fɔn] adv (von dieser Stelle entfernt, weg von) de là, en; (dadurch) à cause de cela, en; (Trennung, Teil, Material, Thema) de cela, en; (mit Passiv): **~ betroffen werden** être touché(e) par cela; **weg ~!** n'y touche(z) pas!; **die Hälfte/das Doppelte ~** la moitié/le double (de cela); **das kommt ~!** c'est bien fait!; **~ abgesehen** à part cela; **es hängt ~ ab, ob ...** cela dépend si ...; **~ sprechen** en parler;

~ wissen être au courant; **wenn wir einmal ~ absehen, dass ...** si nous faisons abstraction du fait que ...; **er ist auf und ~** il a filé; **das hast du nun ~!** tu vois le résultat!; **was habe ich ~?** à quoi cela m'avance?; **~fahren** unreg vi partir; **~jagen** vt faire fuir; **~kommen** unreg vi s'en tirer; **mit dem Schrecken ~kommen** en être quitte pour la peur; **er ist noch einmal (mit dem Leben) ~gekommen** une fois de plus, il s'en est tiré (sain et sauf); **~lassen** unreg vt: **die Finger ~lassen** (umg) ne pas s'en mêler; **~laufen** unreg vi (schnell fortlaufen) se sauver; (außer Kontrolle geraten) monter en flèche; **seine Frau ist ihm ~gelaufen** sa femme l'a quitté; **das ist ja zum D~laufen!** (umg) c'est un comble!; **~machen** vr s'enfuir; **~tragen** unreg vt (Sieg) remporter; **eine Verletzung ~tragen** être blessé(e)

davor [da'fo:r] adv (räumlich) devant; (zeitlich) auparavant, avant; **das Jahr ~** l'année précédente; **~ warnen** mettre en garde (contre cela); **Angst ~ haben** en avoir peur

dazu [da'tsu:] adv (dabei, damit) avec cela; (außerdem) en plus; (zu diesem Zweck, dafür) pour cela; (zum Thema, darüber) sur cela; **das ist nicht ~ da, dass man ...** ça n'est pas là pour qu'on ...; **sich ~ äußern** donner son opinion (sur cela); **das gehört ~** (versteht sich von selbst) c'est évident; **es gehört schon einiges ~, das zu tun** il faut du cran pour le faire; **und ~ noch** et en plus; **wie komme ich denn ~?** quelle idée!; **~ fähig sein** en être capable; **ein Beispiel ~** un exemple; **im Gegensatz/Vergleich ~** contrairement à/par comparaison avec cela; **dumm und noch frech ~!** bête et insolent en plus!; **aber ich bin nicht ~ gekommen** mais je n'en ai pas trouvé le temps; **das Recht ~ haben, etw zu tun** avoir le droit de faire qch; **~ bereit sein, etw zu tun** être prêt(e) à faire qch; **~gehören** vi en faire partie; **~gehörig** adj correspondant(e); **~kommen** unreg vi (eintreffen, erscheinen) survenir; (hinzugefügt werden) s'ajouter; **kommt noch etwas ~?** et avec ça?; **~lernen** vt: **schon wieder was ~gelernt!** (umg) on n'a jamais fini d'apprendre!; **~mal** adv (damals) en ce temps-là; **von anno ~mal** (umg: altmodisch) antédiluvien(ne); **~setzen** vt: **darf ich mich ~setzen?** puis-je m'asseoir avec vous?; **~tun** unreg vt ajouter; **D~tun** nt: **er hat es ohne dein D~tun geschafft** il y est arrivé sans ton aide

dazwischen [da'tsvɪʃən] adv (räumlich) au milieu; (zeitlich) entre-temps; (dabei) dans le tas, y; (bei Maß-, Mengenangaben) entre les deux; **~fahren** unreg vi (eingreifen) intervenir; (unterbrechen) interrompre; **~funken** (umg) vi (eingreifen) s'en mêler; **~kommen** unreg vi (störend vorkommen) survenir; **ich bin mit dem Rock ~gekommen** ma jupe s'y est prise; **es ist etwas ~gekommen** il y a eu un contretemps; **wenn (mir) nichts ~kommt!** si tout va bien!; **~reden** vi (unterbrechen) interrompre; (sich einmischen) s'en mêler; **~treten** unreg vi (fig) intervenir

DB f abk (= Deutsche Bahn) chemins mpl de fer allemands

DBP *f abk* = **Deutsche Bundespost**
DDR (-) *f abk* (= *Deutsche Demokratische Republik*) RDA
f; voir article

● **DDR**
●
● La DDR (Deutsche Demokratische Republik)
● était le nom de l'ancienne République
● démocratique allemande, fondée en 1949
● dans la zone d'occupation soviétique.
● L'érection du mur de Berlin en 1961 isola
● complètement la DDR du reste des pays
● occidentaux. D'importantes manifestations
● réclamant la démocratisation du régime
● provoquèrent la destruction du mur et
● l'ouverture des frontières en 1989. La DDR et
● la BRD furent réunifiées en 1990.

DDT® *nt abk* (*Insektenmittel*) DDT *m*
Dealer, in ['di:lər(ɪn)] (**-s, -**) (*umg*) *m(f)* dealer *m*
Debatte [de'batə] *f* discussion *f*; (*Pol*) débat *m*;
  das steht hier nicht zu ~ il ne s'agit pas de cela;
  etw zur ~ stellen mettre qch à l'ordre du jour
  (d'un débat)
debattieren [deba'ti:rən] *vt, vi* discuter
Debet ['de:bɛt] (**-s, -s**) *nt* (*Finanz*) débit *m*
Debüt [de'by:] (**-s, -s**) *nt* débuts *mpl*
dechiffrieren [deʃɪ'fri:rən] *vt* déchiffrer
Deck [dɛk] (**-(e)s, -s** *od* **-e**) *nt* (*Schiff*) pont *m*; (*Bus*)
  impériale *f*; **an ~ gehen** aller sur le pont;
  ~adresse *f adresse utilisée pour la correspondance*;
  ~bett *nt* édredon *m*
Decke *f* (*Wolldecke*) couverture *f*; (*Daunendecke*)
  édredon *m*; (*Tischdecke*) nappe *f*; (*Zimmerdecke*)
  plafond *m*; (*Straßendecke*) revêtement *m*;
  (*Schneedecke, Staubdecke*) couche *f*; **unter einer ~**
  stecken (*fig: umg*) être de mèche; **an die ~ gehen**
  (*umg*) bondir; **mir fällt die ~ auf den Kopf** (*fig:*
  umg) j'étouffe
Deckel (**-s, -**) *m* couvercle *m*; (*von Flasche*) bouchon
  m; (*Buchdeckel*) couverture *f*; **du kriegst gleich**
  eins auf den ~ (*umg*) tu vas te faire sonner les
  cloches
decken *vt* couvrir; (*Sport*) marquer ▷ *vi* (*Farbe*) être
  suffisamment épais(se) ▷ *vr* (*übereinstimmen:*
  Meinung, Interesse) être semblables; (*Math*)
  coïncider; **den Tisch ~** mettre le couvert; **etw**
  über etw *Akk* **~** mettre qch sur qch; **mein Bedarf**
  ist gedeckt (*fig*) j'en ai bien assez; **sich an einen**
  gedeckten Tisch setzen (*fig*) mettre les pieds
  sous la table; **gedeckter Apfelkuchen** tourte *f*
  aux pommes
Deckmantel *m*: **unter dem ~ von** sous le couvert
  de
Deckname *m* pseudonyme *m*
Deckung *f* (*Schützen*) protection *f*; (*Schutz*) abri *m*;
  (*Sport: von Gegner*) marquage *m*; (*: Spieler*) marqueur
  m; (*Übereinstimmen: von Meinung*) accord *m*; (*Math*)
  coïncidence *f*; (*Finanz*) couverture *f*; **in ~ gehen** se
  mettre à l'abri; **zur ~ seiner Schulden** pour
  couvrir ses dettes
deckungsgleich *adj* (*Ansichten*) qui coïncide;

(*Math*) congruent(e)
de facto [de: 'fakto] *adv* de facto
Defekt [de'fɛkt] (**-(e)s, -e**) *m* (*von Maschine*) panne
  f; (*körperlich, geistig*) défaut *m*; **d~** *adj* (*Maschine etc*)
  défectueux(-euse)
defensiv [defɛn'si:f] *adj* défensif(-ive)
Defensive *f*: **in die/der ~** sur la défensive
definieren [defi'ni:rən] *vt* définir
Definition [definitsi'o:n] *f* définition *f*
definitiv [defini'ti:f] *adj* définitif(-ive)
Defizit ['de:fitsɪt] (**-s, -e**) *nt* déficit *m*; (*Mangel*)
  carence *f*
defizitär [defitsi'tɛ:r] *adj* déficitaire
Deflation [deflatsi'o:n] *f* déflation *f*
deflationär [deflatsio'nɛ:r] *adj* déflationniste
deformieren [defɔr'mi:rən] *vt* déformer
deftig ['dɛftɪç] *adj* (*Essen*) consistant(e); (*Witz*)
  grossier(-ère)
Degen ['de:gən] (**-s, -**) *m* épée *f*
degenerieren [degene'ri:rən] *vi* dégénérer;
  (*Sitten*) se corrompre
degradieren [degra'di:rən] *vt* (*Offizier: fig*)
  dégrader
dehnbar ['de:nba:r] *adj* extensible, élastique;
  D~keit *f* élasticité *f*
dehnen *vt* (*Stoff, Glieder*) étirer; (*Vokal*) allonger ▷ *vr*
  (*Stoff*) s'étirer, prêter; (*Mensch*) s'étirer; (*Zeit*) se
  prolonger; (*Strecke*) s'étendre
Dehnung *f* (*von Stoff*) élasticité *f*; (*von Vokal*)
  allongement *m*
Deich [daɪç] (**-(e)s, -e**) *m* digue *f*
Deichsel ['daɪksəl] (**-, -n**) *f* timon *m*
deichseln (*umg*) *vt* (*fig*): **wir werden es schon ~!**
  nous allons arranger ça!
dein, e [daɪn(ə)] *pron* (*possessiv*) ton (ta); **deine** *pl*
  les tien(ne)s; **herzliche Grüße, D~e Elke**
  amitiés, Elke; **~e Hände/Füße** tes mains/pieds;
  siehe auch **sein**
deine, r, s *pron* le(la) tien(ne); **der/die/das D~** le
  (la) tien(ne); **die D~n** (*Angehörige*) les tiens
deiner *pron* (*Gen von du*) de toi; **wir gedenken ~**
  nous nous souvenons de toi
deinerseits *adv* de ton côté; **nun musst du ~**
  etwas tun à toi de faire quelque chose
  maintenant
deinesgleichen *pron* les gens comme toi; **~**
  würde so etwas natürlich nicht tun quelqu'un
  comme toi ne ferait évidemment pas une chose
  pareille
deinetwegen ['daɪnət've:gən] *adv* pour toi;
  (*wegen dir*) à cause de toi
deinetwillen *adv*: **um ~** pour toi; **das habe ich**
  nur um ~ getan c'est pour toi que je l'ai fait
deinige *pron*: **der/die/das D~** le(la) tien(ne)
deins *pron siehe* **deine(r, s)**
dekadent [deka'dɛnt] *adj* décadent(e)
Dekadenz *f* décadence *f*
Dekan [de'ka:n] (**-s, -e**) *m* doyen *m*
deklamieren [dekla'mi:rən] *vt* déclamer
Deklaration [deklaratsi'o:n] *f* déclaration *f*
deklarieren [dekla'ri:rən] *vt* déclarer
deklassieren [dekla'si:rən] *vt* (*Soziologie*)

déclasser; (*Sport*) surclasser
Deklination [deklinatsi'o:n] *f* déclinaison *f*
deklinieren [dekli'ni:rən] *vt* décliner
Dekolleté, Dekolletee [dekɔl'te:] (-s, -s) *nt* décolleté *m*
dekolletiert [dekɔl'ti:rt] *adj* décolleté(e)
dekonzentrieren [dekɔntsɛn'tri:rən] *vt* (*verteilen*) déconcentrer
Dekor [de'ko:r] (-s, -s *od* -e) *m od nt* décor *m*
Dekorateur, in [dekora'tø:r(ɪn)] *m(f)* (*Schaufensterdekorateur*) étalagiste *m/f*
Dekoration [dekoratsi'o:n] *f* décoration *f*; (*Theat*) décor *m*
dekorativ [dekora'ti:f] *adj* décoratif(-ive)
dekorieren [deko'ri:rən] *vt* décorer
Dekostoff ['de:koʃtɔf] *m* tissu *m* d'ameublement
Dekret [de'kre:t] (-(e)s, -e) *nt* décret *m*
Delegation [delegatsi'o:n] *f* délégation *f*
delegieren [dele'gi:rən] *vt*: ~ **an** +*Akk* (*Aufgaben*) déléguer à; (*entsenden*): **jdn zu** *od* **in etw** ~ déléguer qn à qch
Delegierte, r *f(m)* délégué(e) *m/f*
Delfin [dɛl'fi:n] (-s, -e) *m* dauphin *m*
Delfinschwimmen *nt* brasse *f* papillon
Delhi *nt* Delhi
delikat [deli'ka:t] *adj* délicat(e); (*Essen*) délicieux(-euse)
Delikatesse [delika'tesə] *f* (*Feinkost*) mets *m* exquis; (*geh*: *Zartgefühl*) délicatesse *f*; **~ngeschäft** *nt* épicerie *f* fine
Delikt [de'lɪkt] (-(e)s, -e) *nt* délit *m*
Delinquent [delɪŋ'kvɛnt] *m* (*geh*) délinquant *m*
Delirium [de'li:riʊm] *nt*: **im ~ sein** délirer
Delle ['dɛlə] (*umg*) *f* bosse *f*
Delphin *etc* [dɛl'fi:n] (-s, -e) *m siehe* **Delfin** *etc*
Delta ['dɛlta] (-s, -s) *nt* delta *m*
dem [de(:)m] *art, pron siehe* **der**
Demagoge [dema'go:gə] (-n, -n) *m* démagogue *m*
Demarkationslinie [demarkatsi'o:nzli:niə] *f* ligne *f* de démarcation
Dementi [de'mɛnti] (-s, -s) *nt* démenti *m*
dementieren [demɛn'ti:rən] *vt* démentir
dem-: **~entsprechend** *adj* conforme à cela ▷ *adv* conformément à cela; (*demnach*) en conséquence; **sich ~entsprechend verhalten** agir en conséquence; **~gemäß** *adv* = **dementsprechend**; **~nach** *adv* (*folglich, also*) par conséquent; **er kommt ~nach doch nicht** il ne viendra donc quand même pas; **~nächst** *adv* (*bald*) sous peu
Demo ['de:mo] (-s, -s) (*umg*) *f* manif *f*
Demografie [demogra'fi:] *f* démographie *f*
Demokrat, in [demo'kra:t(ɪn)] (-en, -en) *m(f)* démocrate *m/f*
Demokratie [demokra'ti:] *f* démocratie *f*; **~verständnis** *nt* conception *f* de la démocratie
demokratisch *adj* démocratique
demokratisieren [demokrati'zi:rən] *vt* démocratiser
demolieren [demo'li:rən] *vt* démolir
Demonstrant, in [demɔn'strant(ɪn)] *m(f)* manifestant(e) *m/f*
Demonstration [demɔnstratsi'o:n] *f*

(*Protestkundgebung*) manifestation *f*; (*Zurschaustellung*) démonstration *f*
demonstrativ [demɔnstra'ti:f] *adj* (*Fehlen*) voulu(e); (*anschaulich, Gram*) démonstratif(-ive)
demonstrieren [demɔn'stri:rən] *vi* manifester ▷ *vt* (*vorführen*) faire une démonstration de; (*guten Willen*) manifester; **für/gegen etw ~** manifester pour/contre qch
Demontage [demɔn'ta:ʒə] *f* démontage *m*; (*fig*) démantèlement *m*
demontieren [demɔn'ti:rən] *vt* démonter; (*fig*) démanteler; (*abmontieren*) enlever
demoralisieren [demorali'zi:rən] *vt* démoraliser
Demoskopie [demosko'pi:] *f* sondage *m* d'opinion
demoskopisch [demo'sko:pɪʃ] *adj* (*Institut*) de sondage d'opinion; **~e Umfrage** *od* **Untersuchung** sondage *m* d'opinion
demselben *pron Dat von* **derselbe; dasselbe**
Demut ['de:mu:t] *f* humilité *f*
demütig ['de:my:tɪç] *adj* humble
demütigen ['de:my:tɪgən] *vt* humilier ▷ *vr*: **sich ~ vor** +*Dat* s'humilier devant
Demütigung *f* humiliation *f*
demzufolge ['de:mtsu'fɔlgə] *adv* par conséquent
den [de(:)n] *art, pron siehe* **der**
denen ['de:nən] *Dat von die pl pron* (*demonstrativ*) à ceux-ci (celles-ci); (: *mit präp*) ceux-ci (celles-ci); (*relativ*) à qui, auxquels (auxquelles); (: *von Sachen*) auxquels (auxquelles); (: *mit präp*) qui, lesquels (lesquelles); **die Bücher/Häuser von ~** les livres/ maisons dont
Denk-: **~anstoß** *m*: **jdm einen ~anstoß geben** donner matière à réflexion à qn; **~art** *f* (*Einstellung*) mentalité *f*; **d~bar** *adj* concevable ▷ *adv* (*äußerst*) extrêmement
denken ['dɛŋkən] *unreg vi* penser; (*überlegen*) réfléchir ▷ *vt* (*sich vorstellen*) penser; (*glauben, vermuten*) penser, croire ▷ *vr*: **sich Dat etw ~** s'imaginer qch; **gut/schlecht über jdn/etw ~** penser du bien/mal de qn/qch; **an jdn/etw ~** penser à qn/qch; **etw gibt jdm zu ~ qch** donne à réfléchir à qn; **denke daran!** penses-y!; **daran ist gar nicht zu ~** c'est hors de question; **wo ~ Sie hin!** vous n'y pensez pas!; **~ Sie mal!** figurez-vous!; **ich denke nicht daran, das zu tun** je me garderai bien de le faire; **für jdn/etw gedacht sein** être prévu(e) pour qn/qch
Denken (-s) *nt* (*Überlegen*) réflexion *f*; (*Denkfähigkeit*) pensée *f*
Denker, in (-s, -) *m(f)* penseur(-euse) *m/f*; **das Volk der Dichter und ~** le peuple des poètes et des philosophes
Denk-: **~fähigkeit** *f* intelligence *f*; **d~faul** *adj* à l'esprit paresseux; **~fehler** *m* faute *f* de raisonnement; **~hilfe** *f* indication *f*
Denkmal (-s, ⁻er) *nt* monument *m*; **~schutz** *m*: **etw unter ~schutz stellen** classer qch monument historique
Denk-: **~pause** *f*: **eine ~pause einlegen** faire une pause pour réfléchir; **~schrift** *f* mémoire *m*; **~vermögen** *nt* intelligence *f* (pénétrante);

d~würdig adj mémorable; **~zettel** m: **jdm einen ~zettel verpassen** donner une leçon à qn
denn [dɛn] konj (kausal) car; (konzessiv): **es sei ~(, dass)** à moins que +sub ▷ adv (geh: nach Komparativ) que; (verstärkend): **wann/wer/wie/wo ~?** quand/qui/comment/où donc?; **mehr/besser ~ je** plus/mieux que jamais; **was soll das ~ heißen?** qu'est-ce que cela peut bien vouloir dire?; **weshalb ~?** pourquoi donc?; **warum ~ nicht?** et pourquoi pas?; **hast du das ~ nicht verstanden?** tu n'as donc pas compris?
dennoch [ˈdɛnnɔx] konj pourtant, cependant ▷ adv: **und ~, ...** et pourtant ...
denselben Akk von **derselbe** ▷ Dat pl von **derselbe** etc
Denunziant, in [denʊntsiˈant(ɪn)] m(f) dénonciateur(-trice) m/f
denunzieren [denʊnˈtsiːrən] vt dénoncer
Deospray [ˈdeːoʃpraɪ] nt od m spray m déodorant
Dependance [depãˈdãːns] f (Hotel: Nebengebäude) dépendance f
deplatziert [deplaˈtsiːrt] adj déplacé(e)
Deponent, in [depoˈnɛnt(ɪn)] m(f) déposant(e) m/f
Deponie f décharge f
deponieren [depoˈniːrən] vt déposer
deportieren [depɔrˈtiːrən] vt déporter
Depot [deˈpoː] (**-s, -s**) nt dépôt m
Depp [dɛp] (**-en, -en**) (pej) m (Dialekt) idiot m
Depression [deprɛsiˈoːn] f dépression f
depressiv adj dépressif(-ive); (Wirts) déprimé(e)
deprimieren [depriˈmiːrən] vt déprimer

⬤ SCHLÜSSELWORT

der [deˈ(ː)r] (f **die**, nt **das**, Gen **des, der, des**, Dat **dem, der, dem**, Akk **den, die, das**, pl **die, der, den, die**) art le (la); **der Tisch** la table; **das Haus** la maison; **die Blume** la fleur; **die Melone** le melon; **das Kind** l'enfant m; **die Fenster/Kinder** les fenêtres fpl/enfants mpl; **der Rhein** le Rhin; **der Klaus** (umg) Klaus
▷ pron (relativ: Subjekt) qui; (: Akk) que; (: Dat) à qui; **die Frau, die hier wohnt** la femme qui habite ici; **der Mann, den ich gesehen habe** l'homme que j'ai vu; **das Kind, dem ich das Buch gegeben hatte** l'enfant à qui j'avais donné le livre
▷ pron (demonstrativ) celui-ci (celle-ci); (: jener, dieser) celui-là (celle-là); (: pl) ceux-ci (celles-ci); (: jene) ceux-là (celles-là); (Mensch) c'est lui (elle); **der mit der Brille** celui avec les lunettes; **ich will den (da)** j'aimerais celui-ci (celle-ci); **unser Chef? der ist schon weg!** le patron? il est déjà parti!; **der und der** un tel; **wie dem auch sei** quoi qu'il en soit

derart adv tellement; **er hat sich ~ geärgert** il s'est tellement fâché; **~ig** adj tel(le), pareil(le) ▷ adv tellement; **ein ~iges Haus** une telle maison, une maison pareille

derb [dɛrp] adj (Material) solide; (Kost) fruste; (Mensch, Spaß) grossier(-ière)
Derbheit f grossièreté f
deren [ˈdeːrən] Gen von **die** pron (relativ: sg) dont, duquel (de laquelle); (: pl) dont, desquels (desquelles); (demonstrativ: pl) de ceux-ci (celles-ci)
derentwillen [ˈdeːrəntˈvɪlən] adv: **um ~** (relativ) pour qui, pour lequel (laquelle); (: pl) pour qui, pour lesquels (lesquelles); (von Sachen) pour lequel (laquelle); (: pl) pour lesquels (lesquelles)
dergestalt adv (geh): **~, dass ...** ainsi que ...
der-: **~gleichen** pron unver (adjektivisch): le (le); (substantivisch): **er tat nichts ~gleichen** il n'en fit rien; **und ~gleichen (mehr)** et d'autres choses de ce genre; **~jenige** (f **diejenige**, nt **dasjenige**) pron celui (celle); (adjektivisch) ce (cette); **diejenigen, die** ceux qui; **~maßen** adv tellement; **~selbe** (f **dieselbe**, nt **dasselbe**) pron le (la) même; **dieselben** les mêmes; **~weil(en)** adv pendant ce temps, entre-temps; **~zeit** adv (jetzt) en ce moment; **~zeitig** adj (jetzig) actuel(le); (damalig) de l'époque
des¹ [dɛs] art, pron siehe **der**
des² [dɛs] nt (Mus) ré m inv bémol; **~-Moll** ré bémol mineur; **D~-Dur** ré bémol majeur
Deserteur [dezɛrˈtøːr] m déserteur m
desertieren [dezɛrˈtiːrən] vi déserter
desgl. abk = **desgleichen**
desgleichen [ˈdɛsˈɡlaɪçən] adv (ebenso) de même ▷ pron une chose pareille
deshalb [ˈdɛsˈhalp] adv pour cette raison ▷ konj c'est pourquoi
Design [diˈzaɪn] (**-s, -s**) nt style m, conception f; (als Fach) design m, stylisme m, esthétique f industrielle
Designer, in m(f) styliste m/f
designiert [deziˈɡniːrt] adj attrib: **der ~e Vorsitzende/Nachkomme** le président/successeur désigné
Desinfektion [dɛzɪnfɛktsiˈoːn] f désinfection f
Desinfektionsmittel nt désinfectant m
desinfizieren [dɛzɪnfiˈtsiːrən] vt désinfecter
Desinteresse [dɛsɪntəˈrɛsə] (**-s**) nt: **~ an** +Dat manque m d'intérêt pour
desinteressiert [dɛsɪntərɛˈsiːrt] adj indifférent(e)
desorientieren [dɛsɔriɛnˈtiːrən] vt: **völlig desorientiert sein** être totalement désorienté(e)
Despot [dɛsˈpoːt] (**-en, -en**) m despote m
despotisch adj despotique
desselben pron Gen von **derselbe**; **dasselbe**
dessen [ˈdɛsən] Gen von **der, das** pron (relativ) dont, duquel (de laquelle); (demonstrativ) de celui-ci (celle-ci), son (sa); **~ ungeachtet** néanmoins
Dessert [dɛˈsɛːr] (**-s, -s**) nt dessert m
Dessin [dɛˈsɛ̃ː] (**-s, -s**) nt (Textil) motif m
Destillation [dɛstɪlatsiˈoːn] f distillation f
destillieren [dɛstɪˈliːrən] vt distiller
desto [ˈdɛsto] konj d'autant; **je schneller, ~ teurer** plus c'est rapide, plus c'est cher; **je**

schöner, ~ **besser** le plus beau possible;
~ **besser!** tant mieux!

destruktiv [destruk'ti:f] *adj* (*geh*)
destructeur(-trice)

deswegen ['dɛs've:gən] *adv* pour cette raison;
eben ~ pour cela même

Detail [de'taɪ] (**-s, -s**) *nt* détail *m*

detaillieren [detaji:rən] *vt* détailler

Detektiv, in [detɛk'ti:f('ti:vɪn)] (**-s, -e**) *m(f)*
détective *m/f*; **~roman** *m* roman *m* policier

Detektor [de'tɛktɔr] *m* (*Tech*) détecteur *m*

Detonation [detonatsi'o:n] *f* détonation *f*

Deut *m*: **keinen** *od* **nicht einen** ~ absolument
rien

deuten ['dɔytən] *vt* (*auslegen*) interpréter;
(*Zukunft*) prédire ▷ *vi*: ~ **auf** +*Akk* indiquer

deutlich *adj* clair(e); (*Unterschied*) net(te) ▷ *adv*:
jdm etw ~ **machen** faire comprendre qch à qn;
~ **werden** parler sans ambages; **jdm etw** ~ **zu**
verstehen geben mettre les points sur les i pour
qn, ne pas cacher qch à qn; **D~keit** *f* netteté *f*

deutsch [dɔytʃ] *adj* allemand(e); **~e Schrift**
écriture *f* gothique; **auf D~** en allemand; **auf gut**
D~ (gesagt) (*fig: umg*) pour parler net; **D~ (-(s)**) *nt*
(*Ling*) l'allemand *m*; **sie spricht fließend D~** elle
parle couramment l'allemand; **er versteht D~** il
comprend l'allemand; **D~e** *nt* (*Ling*) allemand *m*;
ins D~e übersetzen traduire en allemand; **D~e,**
r *f(m)* (*Geog*) Allemand(e) *m/f*; **er ist D~er** il est
allemand; **D~e Demokratische Republik** *f* (*Hist*)
République *f* démocratique allemande; **~es**
Beefsteak *nt* steak *m* haché; **~feindlich** *adj*
germanophobe; **~freundlich** *adj* germanophile;
D~land *nt* l'Allemagne *f*; **D~landfrage** *f*
question *f* allemande; **D~landlied** *nt* hymne *m*
national allemand; **D~landpolitik** *f* (*Hist*)
politique de la RFA concernant la RDA (avant la
réunification); (*Pol: von fremdem Staat*) politique *f* à
l'égard de l'Allemagne; **D~schweiz** *f* Suisse *f*
alémanique *od* allemande; **~sprachig** *adj* de
langue allemande; (*Zeitung, Ausgabe etc*) en langue
allemande; **~stämmig** *adj* d'origine allemande

Deutung *f* interprétation *f*

Devise [de'vi:zə] *f* devise *f*; **Devisen** *pl* (*Finanz*)
devises *fpl*

Devisenkontrolle *f* contrôle *m* des changes

Dez. *abk* = **Dezember**

Dezember [de'tsɛmbər] (**-(s), -**) *m* décembre *m*;
siehe auch **September**

dezent [de'tsɛnt] *adj* discret(-ète)

Dezentralisation [detsentralizatsi'o:n] *f*
décentralisation *f*

Dezernat [detser'na:t] (**-(e)s, -e**) *nt* (*Verwaltung*)
service *m*

Dezernent [detser'nɛnt] *m* chef *m* de service

Dezibel [detsi'bɛl] (**-s, -**) *nt* décibel *m*

dezimal [detsi'ma:l] *adj* décimal(e); **D~bruch** *m*
fraction *f* décimale; **D~system** *nt* système *m*
décimal

Dezime ['de:tsimə] *f* (*Mus: Intervall*) dixième *f*

dezimieren [detsi'mi:rən] *vt* décimer ▷ *vr* subir
des pertes importantes

DFB *m abk* (= *Deutscher Fußball-Bund*) *fédération*
allemande du football

DFG *f abk* (= *Deutsche Forschungsgemeinschaft*) *conseil*
national allemand de la recherche

DGB *m abk* (= *Deutscher Gewerkschaftsbund*) *fédération*
des syndicats allemands

dgl. *abk* = **dergleichen**

d. h. *abk* (= *das heißt*) c.-à-d.

Dia ['di:a] (**-s, -s**) *nt* (*Phot*) diapo(sitive) *f*

Diabetes [dia'be:tɛs] *m* diabète *m*

Diabetiker, in [dia'be:tikər(ɪn)] *m(f)* diabétique
m/f

Diagnose [dia'gno:zə] *f* diagnostic *m*; **~zentrum**
nt centre *m* médical

diagnostizieren [diagnɔsti'tsi:rən] *vt*
diagnostiquer ▷ *vi* établir un diagnostic

diagonal [diago'na:l] *adj* diagonal(e)

Diagonale *f* diagonale *f*

Diagramm [dia'gram] *nt* diagramme *m*; **~papier**
nt papier *m* millimétré

Diakonie [diako'ni:] *f* (*Rel*) service social protestant

diakonisch [dia'ko:nɪʃ] *adj* du service social
protestant

Dialekt [dia'lɛkt] (**-(e)s, -e**) *m* dialecte *m*; **d~al** *adj*
dialectal(e); **~ausdruck** *m* expression *f*
dialectale; **d~frei** *adj, adv* sans accent; **d~isch** *adj*
(*Philos*) dialectique

Dialog [dia'lo:k] (**-(e)s, -e**) *m* dialogue *m*

Dialysegerät [dia'ly:zəgərɛ:t] *nt* rein *m* artificiel

Diamant [dia'mant] *m* diamant *m*

Diapositiv [diapozi'ti:f] (**-s, -e**) *nt* (*Phot*)
diapositive *f*

Diaprojektor *m* projecteur *m* de diapositives

Diät [di'ɛ:t] (**-, -en**) *f* régime *m*; ~ **halten** suivre un
régime; **Diäten** *pl* (*Pol*) indemnité *f*
parlementaire; ~ **leben** suivre un régime

dich [dɪç] *Akk von du* pron te; (*vor Vokal, stummem h*)
t'; (*nach präp*) toi; **für** ~ pour toi; ~ **habe ich**
gesehen toi, je t'ai vu(e)

dicht [dɪçt] *adj* (*Nebel, Haar, Wald*) épais(se);
(*Gewebe*) serré(e); (*Menschenmenge, Verkehr*) dense;
(*undurchlässig: Dach*) étanche; (*fig: Programm*)
fourni(e); (*umg: zu*) fermé(e) ▷ *adv*: ~ **an/bei** tout
près de; ~ **hintereinander** l'un derrière l'autre;
er ist nicht ganz ~ (*umg*) il déraille; ~ **machen**
obturer; ~ **bevölkert** à forte densité de
population; *siehe auch* **dichtmachen**

Dichte *f* (*von Nebel*) épaisseur *f*; (*von Haar*) volume
m; (*von Gewebe*) texture *f* serrée; (*von Verkehr, Stoff*)
densité *f*

dichten *vt* (*Leitung, Dach, Leck*) rendre étanche;
(*Wasserhahn*) étouper; (*Naut*) calfater ▷ *vi* (*reimen*)
écrire des poèmes; (*umg: erfinden*) inventer

Dichter, in (**-s, -**) *m(f)* poète *m*; **d~isch** *adj*
poétique; **~lesung** *f* (*séance f de*) lecture *f* de
poèmes par l'auteur

dichthalten *unreg* (*umg*) *vi* la boucler

dichtmachen (*umg*) *vt* (*schließen*) boucler; *siehe*
auch **dichthalten**

Dichtung *f* (*Tech, Aut*) joint *m*; (*Gedichte*) poésie *f*;
(*Prosa*) œuvre *f* littéraire; ~ **und Wahrheit** (*fig*) la
réalité et la fiction

dick [dɪk] adj épais(se); (Mensch; umg: Lüge, Fehler) gros(se); (umg: Verkehr) dense; (geschwollen) enflé(e); **miteinander durch ~ und dünn gehen** se tenir les coudes; **die Wand ist 80 cm ~** ce mur a 80 cm d'épaisseur; **die beiden Buben sind ~e Freunde** les deux garçons sont inséparables; **D~darm** m gros intestin m

Dicke f épaisseur f

dick-: **~fellig** (pej) adj blindé(e); **~flüssig** adj visqueux(-euse); **D~häuter** m pachyderme m

Dickicht (-s, -e) nt fourré m

Dick-: **~kopf** m tête f de mule; **d~lich** adj rondelet(te); **~milch** f lait m caillé; **~schädel** (umg) m = **Dickkopf**; **d~tun** (pej: umg) vr faire le malin

die [di:] art, pron siehe **der**

Dieb, in [di:p, 'di:bɪn] **(-(e)s, -e)** m(f) voleur(-euse) m/f; **haltet den ~!** au voleur!; **d~isch** adj voleur(-euse); (umg: Vergnügen) malin(-igne); **~stahl (-(e)s, -e)** m vol m

diejenige ['di:je:nɪɡə] pron siehe **derjenige**

Diele ['di:lə] f (Brett) planche f (de plancher), latte f; (Flur) entrée f

dienen ['di:nən] vi servir; (behilflich sein) aider; **womit kann ich ~?** qu'y a-t-il pour votre service?; (im Geschäft auch) vous désirez?; **damit ist mir nicht/wenig gedient** cela ne m'arrange pas/pas beaucoup

Diener (-s, -) m domestique m; (umg: Verbeugung) courbette f; (fig) serviteur m; **~in** f servante f

dienern vi (fig): **~ vor** +Dat faire des courbettes devant

Dienerschaft f domestiques mpl

dienlich adj: **jdm/einer Sache ~ sein** être utile à qn/qch

Dienst [di:nst] **(-(e)s, -e)** m service m; **jdm einen guten ~ erweisen** rendre service à qn; **der ~ am Nächsten** le service du prochain; **~ am Kunden** service après-vente; **jdm zu ~en stehen** être aux ordres de qn; **außer ~** à la retraite; **im ~** en service; **~ haben** être de service; **~ habend** od **tuend** de service; **~ machen** faire son service; **der öffentliche ~** le service public; **~abteil** nt compartiment m réservé au personnel

Dienstag m mardi m; **am ~** mardi; **~ in acht Tagen** od **in einer Woche** mardi en huit; **~ vor einer Woche** od **acht Tagen** mardi dernier

dienstags adv le mardi

Dienst-: **~alter** nt ancienneté f; **d~beflissen** adj empressé(e); **~bote** m domestique m; **~boteneingang** m entrée f de service; **d~eifrig** adj empressé(e); **d~frei** adj: **d~frei haben** avoir congé; **~gebrauch** m: **nur für den ~gebrauch** réservé à l'administration; **~geheimnis** nt secret m professionnel; **~gespräch** nt (Telefonat) communication f de service; **~grad** m grade m; **~herr** m patron m; **~leistung** f (prestation f de) service m; **~leistungsbetrieb** m entreprise f du secteur tertiaire; **~leistungsgewerbe** nt (secteur m) tertiaire m; **d~lich** adj (Schreiben, Vorgehen) officiel(le); (Angelegenheiten) professionnel(le); **~mädchen** nt bonne f; **~plan** m tableau m de

service; **~reise** f voyage m d'affaires; **~siegel** nt cachet m officiel; **~stelle** f service m; **~vorschrift** f règlement m (de service); **~wagen** m voiture f de service; **~weg** m voie f hiérarchique; **~wohnung** f logement m de service; **~zeit** f heures fpl de travail; (Öffnungszeit) heures fpl d'ouverture; (Mil) durée f du service militaire

dies [di:s] pron (demonstrativ) ceci, cela; **~ sind meine Eltern** voilà mes parents

diesbezüglich adj à ce sujet

diese, r, s pron (adjektivisch) ce (cette); (: vor Vokal, stummem h) cet (cette); (pl) ces; (substantivisch) celui-là (celle-là); (in der Nähe) celui-ci (celle-ci); (pl) ceux-là (celles-là), ceux-ci (celles-ci); (Sache auch) cela, ceci; **~ Schuhe** ces chaussures; **~ sind schöner** ceux-ci (celles-ci) sont plus beaux (belles)

Diesel ['di:zəl] m (Kraftstoff) gazole m, gas-oil m; (Fahrzeug) diesel m

dieselbe, dieselben [di:'zɛlbə] pron, adj siehe **derselbe**

Dieselöl ['di:zəlø:l] nt gazole m, gas-oil m

diesig adj brumeux(-euse)

dies-: **~jährig** adj de cette année; **~mal** adv cette fois-ci; **~seitig** adj: **das ~seitige Ufer** cette rive-ci; **~seits** präp +Gen de ce côté de; **D~seits** nt: **das D~seits** ce monde m

Dietrich ['di:trɪç] **(-s, -e)** m crochet m

diffamieren [dɪfa'mi:rən] (pej) vt diffamer

Diffamierungskampagne [dɪfa'mi:rʊŋs-kampanjə] (pej) f campagne f de diffamation

differential etc [dɪfɛrɛntsi'a:l] adj siehe **differenzial** etc

Differenz [dɪfə'rɛnts] **(-, -en)** f différence f; **Differenzen** pl (geh: Meinungsverschiedenheit) différend m

differenzial [dɪfɛrɛntsi'a:l] adj différent(e); **D~getriebe** nt engrenage m différentiel; **D~rechnung** f calcul m différentiel

differenzieren [dɪfɛrɛn'tsi:rən] vt différencier ▷ vi (unterscheiden) faire la différence

differenziert adj (geh) varié(e)

diffus [dɪ'fu:s] adj (Gedanken etc) confus(e); (Phys) diffus(e)

digital [digi'ta:l] adj (Comput) numérique; **D~anzeige** f affichage m numérique; **D~fernsehen** nt télévision f numérique; **D~rechner** m calculateur m numérique; **D~uhr** f montre f à affichage numérique

Diktafon, Diktaphon® [dɪkta'fo:n] nt Dictaphone® m

Diktat [dɪk'ta:t] **(-(e)s, -e)** nt dictée f; (Gebot) ordres mpl; (Pol) diktat m; (von Mode etc) tyrannie f

Diktator [dɪk'ta:tɔr] m dictateur m; **d~isch** adj dictatorial(e)

Diktatur [dɪkta'tu:r] f dictature f

diktieren [dɪk'ti:rən] vt (Brief) dicter; (Bedingungen) imposer

Diktion [dɪktsi'o:n] f diction f

Dilemma [di'lɛma] **(-s, -s** od **-ta)** nt dilemme m

Dilettant, in [dile'tant(ɪn)] m(f) dilettante m/f; **d~isch** adj de dilettante

Dimension [dimɛnziˈoːn] f (geh) dimension f

Dimmer ['dɪmər] m variateur m de lumière

DIN f abk (= Deutsche Industrie-Norm) (conforme aux) normes du bureau allemand de normalisation; ~ A4 A4

Ding [dɪŋ] (-(e)s, -e) nt chose f; (Angelegenheit, Sache) affaire f; **das ist ein ~ der Unmöglichkeit** c'est matériellement impossible; **vor allen ~en** avant tout; **guter ~e sein** être de bonne humeur; **so wie die ~e liegen, nach Lage der ~e** dans la situation actuelle, au point où nous en sommes, vu les circonstances; **es müsste nicht mit rechten ~en zugehen, wenn ...** c'est bien le diable si ...; **ein krummes ~ drehen** faire un coup tordu; **d~fest** adj: **jdn d~fest machen** mettre qn sous les verrous; **d~lich** adj réel(le)

Dings (umg) nt machin m, truc m

Dingsbums ['dɪŋsbʊms] (umg) nt siehe **Dings**

Dingsda (umg) nt siehe **Dings**

Dinosaurier [dinoˈzaʊriər] m dinosaure m

Dioptrie [diɔpˈtriː] f dioptrie f

Diözese [diøˈtseːzə] f diocèse m

Diphtherie [dɪfteˈriː] f diphtérie f

Dipl. Ing. abk = **Diplom-Ingenieur**

Diplom [diˈploːm] (-(e)s, -e) nt diplôme m; **~arbeit** f mémoire m

Diplomat [diploˈmaːt] (-en, -en) m diplomate m

Diplomatenkoffer m valise f diplomatique

Diplomatie [diplomaˈtiː] f diplomatie f

diplomatisch [diploˈmaːtɪʃ] adj diplomatique; (fig: geschickt) diplomate

Diplom-Ingenieur m ingénieur m diplômé

dir [diːr] Dat von du pron te; (vor Vokal, stummem h) t'; (nach präp) toi; **mit ~** avec toi

direkt [diˈrɛkt] adj direct(e); (Antwort) franc(franche) ▷ adv (umg: regelrecht) vraiment; **~ fragen** demander franchement; **~er Speicherzugriff** (Comput) accès m direct à la mémoire; **D~flug** m vol m direct

Direktion [dirɛktsiˈoːn] f direction f

Direktmandat nt (Pol) mandat m direct

Direktor, in m(f) directeur(-trice) m/f; (von Museum) conservateur(-trice) m/f

Direktorat [dirɛktoˈraːt] nt direction f

Direktorium [dirɛkˈtoːriʊm] nt conseil m d'administration

Direkt-: **~übertragung** f émission f en direct; **~verkauf** m vente f directe; **~werbung** f publicité f ciblée

Dirigent, in [diriˈgɛnt(ɪn)] m(f) chef m d'orchestre

dirigieren [diriˈgiːrən] vt diriger

Dirne ['dɪrnə] f (Prostituierte) prostituée f

Dis (-, -) nt (Mus): **~-dur** ré m dièse majeur

dis (-, -) nt (Mus): **~-moll** ré m dièse mineur

Disco ['dɪsko] (-s, -s) f discothèque f, boîte f

Discountgeschäft [dɪsˈkaʊntɡəʃɛft] nt magasin m discount

Disharmonie [dɪsharmoˈniː] f (Mus) dissonance f; (von Farben) discordance f

Diskette [dɪsˈkɛtə] f disquette f

Diskettenlaufwerk nt lecteur m de disquettes

Disko ['dɪsko] (-s, -s) f = **Disco**

Diskont [dɪsˈkɔnt] (-s, -e) m (Finanz) escompte m; **~satz** m (Finanz) taux m d'escompte

Diskothek [dɪskoˈteːk] (-, -en) f discothèque f

diskreditieren [dɪskrediˈtiːrən] vt (geh) discréditer

Diskrepanz [dɪskreˈpants] f (geh) divergence f

diskret [dɪsˈkreːt] adj discret(-ète)

Diskretion [dɪskretsiˈoːn] f discrétion f; **strengste ~ wahren** rester très discret(-ète)

diskriminieren [dɪskrimiˈniːrən] vt (geh) faire de la discrimination contre

Diskriminierung f discrimination f

Diskussion [dɪskʊsiˈoːn] f discussion f; **(nicht) zur ~ stehen** (ne pas) être à l'ordre du jour; **etw zur ~ stellen** mettre qch à l'ordre du jour

Diskussionsbeitrag m contribution f à la discussion

Diskuswerfen ['dɪskʊsvɛrfən] nt lancer m du disque

diskutabel [dɪskuˈtaːbəl] adj discutable

diskutieren [dɪskuˈtiːrən] vt discuter ▷ vi: **~ über** +Akk discuter de; **darüber lässt sich ~** on peut en discuter

dispensieren [dɪspɛnˈziːrən] vt dispenser

disponieren [dɪspoˈniːrən] vi (geh: planen) prendre ses dispositions; **~ über** +Akk disposer de

Disposition [dɪspozitsiˈoːn] f (geh) disposition f; **jdm zur od zu jds ~ stehen** être à la disposition de qn

disqualifizieren [dɪskvalifiˈtsiːrən] vt disqualifier

dissen ['dɪsən] (umg) vt débiner (umg)

Dissertation [dɪsɛrtatsiˈoːn] f thèse f (de doctorat)

Dissident, in [dɪsiˈdɛnt(ɪn)] m(f) dissident(e) m/f

Distanz [dɪsˈtants] f distance f; (fig: Abstand, Entfernung) recul m; **~ halten** garder ses distances

distanzieren [dɪstanˈtsiːrən] vr: **sich von jdm/ etw ~** prendre ses distances par rapport à od avec qn/qch

distanziert adj distant(e)

Distel ['dɪstəl] (-, -n) f chardon m

Disziplin [dɪstsiˈpliːn] f discipline f

Disziplinarmaßnahme [dɪstsipliˈnarmaːsnaːmə] f mesures f pl disciplinaires

Disziplinarstrafe f peine f disciplinaire

Disziplinarverfahren [dɪstsipliˈnarfɛrfaːrən] nt mesures f pl disciplinaires

dito ['diːto] adv idem

Diva ['diːva] (-, -s) f diva f, grande cantatrice f; (Film) star f

divers [diˈvɛrs] adj: **~e** pl plusieurs; **„D~es"** "divers"; **wir haben noch D~es vor** on a encore pas mal de choses à faire

Dividende [diviˈdɛndə] f dividende m

dividieren [diviˈdiːrən] vt: **etw ~ (durch)** diviser qch (par) ▷ vi faire une division

d. J. abk (= der Jüngere) le Jeune; (= dieses Jahres) courant(e), de cette année

Djakarta [dʒaˈkarta] nt Djakarta

DJH nt abk (= Deutsches Jugendherbergswerk) fédération allemande des auberges de jeunesse

DKP *f abk* (= *Deutsche Kommunistische Partei*) parti
communiste allemand
DLRG *f abk* (= *Deutsche Lebens-Rettungs-Gesellschaft*)
association allemande de sauveteurs
DLV *m abk* (= *Deutscher Leichtathletik-Verband*)
fédération allemande d'athlétisme
DM *f abk* (Hist: = *Deutsche Mark*) DM *m*
d. M. *abk* (= *dieses Monats*) courant, de ce mois
D-Mark ['de:mark] (-, -) (Hist) *f* mark *m*
DNS *f abk* (= *Desoxyribo(se)nukleinsäure*) ADN *m*

 SCHLÜSSELWORT

doch [dɔx] *adv* **1** (*dennoch, trotzdem*) malgré tout,
quand même; (*sowieso*) de toute façon; **er kam
doch noch** finalement, il est quand même venu;
du weißt es ja doch (immer) besser de toute
façon, tu as toujours raison; **es war doch ganz
interessant** finalement, c'était assez
intéressant; **und doch** et pourtant; **also doch!**
(*tatsächlich*) c'était donc vrai!
2 (*als bejahende Antwort*) si; **das ist nicht wahr —
doch!** ce n'est pas vrai — si!
3 (*auffordernd*): **komm doch** viens donc!; **lass ihn
doch** mais laisse-le donc tranquille!; **nicht
doch!** mais non!
4 (*zur Betonung*): **sie ist/war doch noch so jung**
(mais) elle est/était si jeune; **Sie wissen doch,
wie das ist** vous savez ce que c'est; **wenn doch** si
seulement
▷ *konj* (*aber*) pourtant; **es war schon spät, doch
er kam noch** il était déjà tard, mais il est venu
quand même; **und doch hat er es getan** il l'a
fait malgré tout

Docht [dɔxt] (-(e)s, -e) *m* mèche *f*
Dock [dɔk] (-s, -s *od* -e) *nt* dock *m*, bassin *m*; (*zum
Ausbessern*) cale *f* sèche
docken *vt* (*Schiff*) mettre en cale sèche;
(*Raumfahrzeug*) accoster, arrimer ▷ *vi* être en cale
sèche
Dockgebühren *pl* droits *mpl* de bassin
Dogge ['dɔgə] *f* dogue *m*; **Deutsche ~** danois *m*
Dogma ['dɔgma] (-s, Dogmen) *nt* dogme *m*
dogmatisch [dɔ'gma:tɪʃ] *adj* dogmatique
Dohle ['do:lə] *f* choucas *m*
Doktor ['dɔktɔr] (-s, -en) *m* (*akademischer Grad*)
docteur *m*; (*Arzt*) médecin *m*, docteur *m*; **den** *od*
seinen ~ machen (*umg*) faire une thèse; **zum ~
gehen** aller chez le médecin
Doktorand, in [dɔktɔ'rant('randɪn)] (-en, -en)
m(f) candidat(e) *m/f* au doctorat
Doktorarbeit *f* thèse *f* de doctorat
Doktortitel *m* titre *m* de docteur
Doktrin [dɔk'tri:n] (-, -en) *f* doctrine *f*
doktrinär [dɔktri'nɛ:r] *adj* doctrinal(e); (*pej*)
doctrinaire
Dokument [doku'mɛnt] *nt* document *m*; (*fig*)
témoignage *m*
Dokumentar-: **~bericht** *m* (émission *f*)
documentaire *m*; **~film** *m* (film *m*) documentaire
m; **d~isch** *adj* documentaire

dokumentieren [dokumɛn'ti:rən] *vt*
documenter, étayer avec des documents; (*fig: zu
erkennen geben*) exprimer, montrer
Dolch [dɔlç] (-(e)s, -e) *m* poignard *m*; **~stoß** *m*
coup *m* de poignard; (*fig*) coup bas
doll [dɔl] (*umg*) *adj* = **toll**
dolmetschen ['dɔlmɛtʃən] *vt* interpréter,
traduire ▷ *vi* servir d'interprète
Dolmetscher, in (-s, -) *m(f)* interprète *m/f*
Dolomiten [dolo'mi:tən] *pl*: **die ~** les Dolomites
fpl
Dom [do:m] (-(e)s, -e) *m* cathédrale *f*
Domäne [do'mɛ:nə] *f* domaine *m*
dominant [dɔmi'nant] *adj* dominant(e)
dominieren [dɔmi'ni:rən] *vt, vi* dominer
Dominikanische Republik [domini'ka:nɪʃə
repu'bli:k] *f* République *f* dominicaine
Dompfaff ['do:mpfaf] (-en, -en) *m* bouvreuil *m*
Dompteur, -teuse [dɔmp'tø:r(-'tø:zə)] *m(f)*
dompteur(-euse) *m/f*
Donau [do:nau] *f*: **die ~** le Danube
Donner ['dɔnər] (-s, -) *m* tonnerre *m*; **wie vom ~
gerührt** comme frappé(e) par la foudre
donnern *vi unpers* tonner ▷ *vi* (*lärmen*) gronder ▷ *vt*
(*umg: werfen*) expédier
Donnerschlag *m* coup *m* de tonnerre
Donnerstag *m* jeudi *m*; *siehe auch* **Dienstag**; **d~s**
adv le jeudi
Donnerwetter *nt* (*fig: umg*) engueulade *f* ▷ *interj*
(*verärgert*) bon sang!; (*überrascht*) ça alors!; (*umg:
anerkennend*) dis donc!; **ein ~ loslassen** tempêter;
das wird ein schönes ~ geben! ça va faire un
sacré grabuge!
doof [do:f] (*umg*) *adj* idiot(e); (*Idee*) débile
dopen ['dopən] *vt* doper
Dopingkontrolle ['dopɪŋkɔntrɔlə] *f* contrôle *m*
antidopage
Doppel ['dɔpəl] (-s, -) *nt* double *m* ▷ *in zW* double;
~band *m* (*von doppeltem Umfang*) volume *m* double;
(*zwei Bände*) deux volumes *mpl*; **~bett** *nt* grand lit
m; **d~bödig** *adj* (*fig*) équivoque, à double sens;
d~deutig *adj* à double sens; **~gänger, in** (-s, -)
m(f) sosie *m*; **~haushälfte** *f* maison *f* jumelle;
d~klicken *vi* (*Comput*): **d~klicken (auf** *Akk*)
double-cliquer (sur); **~korn** *m* eau-de-vie *f* de
grain (*de plus de 38°*); **~punkt** *m* deux points *mpl*;
d~seitig *adj* (*Anzeige*) sur deux pages;
(*Lungenentzündung, Diskette*) double; **d~sinnig** *adj* à
double sens; **~stecker** *m* prise *f* double;
d~stöckig *adj* à deux étages; **~stunde** *f* (*Sch*)
cours *m* de deux heures
doppelt *adj* double; (*Buchführung*) en partie double
▷ *adv*: **die Karte habe ich ~** cette carte, je l'ai en
double; **in ~er Ausführung** en deux
exemplaires; **etw ~ bezahlen** payer qch deux
fois; **sich ~ freuen** se réjouir doublement; **~ und
dreifach** (*umg*) plutôt deux fois qu'une; **~
gemoppelt** (*umg*) répété(e) pour rien
Doppel-: **~verdiener** *mpl* foyer *m* à deux salaires;
~zentner *m* quintal *m*; **~zimmer** *nt* chambre *f*
pour deux personnes
Dorf [dɔrf] (-(e)s, **~er**) *nt* village *m*; **~bewohner, in**

m(f) villageois(e) *m/f*

dörflich ['dœrflıç] *adj* villageois(e)

Dorn[1] [dɔrn] (**-(e)s, -en**) *m* (*Bot*) épine *f*; **das ist mir ein ~ im Auge** (*fig*) cela me dérange

Dorn[2] [dɔrn] (**-(e)s, -e**) *m* (*an Schnalle*) ardillon *m*

dornig *adj* épineux(-euse)

Dornröschen *nt* la Belle au bois dormant

dörren ['dœrən] *vt* (faire) sécher

Dörrfleisch *nt* viande *f* séchée

Dörrobst ['dœrɔːpst] *nt* fruits *mpl* secs

Dorsch [dɔrʃ] (**-(e)s, -e**) *m* (*Zool*) jeune morue *f*

dort [dɔrt] *adv* (*da*) là; **von ~ aus** de là(-bas); **~ drüben/oben/hinten** là-bas/-haut/-derrière; **~her** *adv* de là; **er kommt gerade ~her** il en vient justement; **~hin** *adv* là-bas; **sie geht gerade ~hin** elle y va justement; **~hinaus** *adv*: **frech bis ~hinaus** (*umg*) insolent(e) comme c'est pas permis; **~ig** *adj* de là-bas

Dose ['doːzə] *f* boîte *f*; (*aus Porzellan*) petit pot *m*; (*Steckdose*) prise *f*; **in ~n** (*Konserven*) en boîte

Dosen *pl von* **Dose; Dosis**

dösen ['døːzən] (*umg*) *vi* somnoler

Dosen-: **~bier** *nt* bière *f* en boîte; **d~fertig** *adj*: **d~fertiges Gericht** plat *m* cuisiné; **~milch** *f* lait *m* concentré; **~öffner** *m* ouvre-boîte *m*; **~pfand** *nt* consigne *f* sur les canettes et les bouteilles jetables

dosieren [do'ziːrən] *vt* doser

Dosierung *f* dosage *m*

Dosis ['doːzɪs] (**-, Dosen**) *f* dose *f*

dotieren [do'tiːrən] *vt* doter; **ein gut dotierter Posten** un poste bien rémunéré

Dotter ['dɔtər] (**-s, -**) *m od nt* jaune *m* d'œuf

Double ['duːbəl] (**-s, -s**) *nt* (*Film*) doublure *f*

Doublé [du'bleː] (**-s, -s**) *nt* plaqué *m*

Download ['daʊnloːd] (**-s, -s**) *m* (*Comput*) téléchargement *m*

downloaden ['daʊnloːdən] *vt, vi* (*Comput*) télécharger

Dozent, in [do'tsɛnt(ın)] *m(f)*: **~ für ≈** maître *m* de conférences en

dpa (**-**) *f abk* (= *Deutsche Presse-Agentur*) *agence de presse allemande*

Dr. *abk* = **Doktor**

Drache ['draxə] (**-n, -n**) *m* dragon *m*

Drachen (**-, -**) *m* (*Spielzeug*) cerf-volant *m*; (*Sport*) deltaplane *m*; (*pej: umg: Frau*) dragon *m*; **einen ~ steigen lassen** lancer un cerf-volant; **~fliegen** *nt* (*Sport*) deltaplane *m*, vol *m* libre

Dragee, Dragée [dra'ʒeː] (**-s, -s**) *nt* dragée *f*

Draht [draːt] (**-(e)s, ¨e**) *m* fil *m* de fer; (*Telefondraht*) fil; **auf ~ sein** (*umg*) ouvrir l'œil; **~gitter** *nt* treillis *m*, grillage *m*

drahtig *adj* (*Mann*) sportif(-ive)

draht-: **~los** *adj* sans fil; **D~seil** *nt* câble *m* métallique; **Nerven wie D~seile** (*umg*) des nerfs d'acier; **D~seilbahn** *f* funiculaire *m*; **D~zange** *f* pince *f* coupante; **D~zieher, in** *m(f)* (*fig*) instigateur(-trice) *m/f*

Drall *m* (*fig: Hang*) tendance *f*; **einen ~ nach links haben** (*Aut*) tirer *od* porter à gauche

drall [dral] *adj* robuste; (*Busen*) ferme

Drama ['draːma] (**-s, Dramen**) *nt* drame *m*

Dramatiker, in [dra'maːtikər(ın)] (**-s, -**) *m(f)* dramaturge *m/f*

dramatisch [dra'maːtıʃ] *adj* dramatique; (*Begabung*) d'acteur(-trice)

Dramaturg, in [drama'tʊrk(-'tʊrgın)] (**-en, -en**) *m(f)* dramaturge *m/f* (*conseiller*)

dran [dran] (*umg*) *siehe* **daran** *adv* (*an der Reihe*): **jetzt bin ich ~!** c'est mon tour!; **früh/spät ~ sein** être en avance/en retard; **ich weiß nicht, wie ich (bei ihm) ~ bin** je ne sais que penser (de lui); **~ glauben müssen** (*umg*) devoir y passer; **~bleiben** *unreg* (*umg*) *vi* ne pas lâcher prise; **bitte bleiben Sie ~!** ne quittez pas!

Drang (**-(e)s, ¨e**) *m* (*Antrieb*) impulsion *f*; (*physiologisch*) besoin *m*; (*kein pl: Druck*) pression *f*

drang *etc* [draŋ] *vb siehe* **dringen**

drängeln ['drɛŋəln] (*pej*) *vt* (*zur Eile*) presser ▷ *vi* pousser ▷ *vr*: **sich nach vorn ~** jouer des coudes pour avancer

drängen ['drɛŋən] *vt* (*schieben*) pousser; (*antreiben*) presser ▷ *vi* presser; **auf etw** *Akk* **~** insister sur qch; **es drängt mich** ça ne presse pas

drangsalieren [draŋza'liːrən] (*pej*) *vt* tourmenter

dran-: **~halten** (*umg*) *vr* se manier; **~kommen** *unreg vi* (*umg: Sch: beim Melden*) être interrogé(e); **jetzt komm aber ich ~!** c'est (à) mon tour maintenant!; **~nehmen** *unreg* (*umg*) *vt* (*Schüler*) interroger

drastisch ['drastıʃ] *adj* (*Maßnahme*) draconien(ne); (*Schilderung*) cru(e)

drauf [draʊf] (*umg*) *adv siehe* **darauf**; **gut ~ sein** (*umg*) avoir la pêche; **~ und dran sein, etw zu tun** être sur le point de faire qch; **D~gänger (-s, -)** *m* fonceur(-euse) *m/f*; **~gehen** *unreg* (*umg*) *vi* y passer; **~haben** *vt*: **etw ~haben** (*können*) faire qch sans problème; (*Kenntnisse*) savoir qch sur le bout des doigts; **~legen** (*umg*) *vt* (*Betrag*) ajouter; **~los** *adv*: **immer feste ~drauflos!** continuez!, ne vous découragez pas!; **~zahlen** *vi* (*umg: fig: Einbußen erleiden*) y laisser des plumes

draußen ['draʊsən] *adv* dehors; (*weit entfernt: da draußen*) là-bas (au loin); **~ auf dem Meer** au large

Drechsler, in ['drɛkslər(ın)] (**-s, -**) *m(f)* tourneur *m*

Dreck [drɛk] (**-(e)s**) *m* saleté *f*; (*umg: pej: Sache, Angelegenheit*) affaires *fpl*; **macht euren ~ alleine** débrouillez-vous tout seuls!; **~ am Stecken haben** (*fig: umg*) avoir quelque chose sur la conscience; **der letzte ~ sein** (*umg: pej*) être une ordure; **jdn wie den letzten ~ behandeln** traiter qn comme un chien

dreckig *adj* sale; (*umg: unverschämt: Bemerkung*) grossier(-ère); (*: unanständig: Witz*) cochon(ne); (*Lachen*) gras(se); **es geht mir ~** (*umg*) je vais mal

Dreckskerl (*umg*) *m* salopard *m*

Dreh [dreː] (*umg*) *m*: **den ~ raushaben** *od* **weghaben** avoir trouvé le truc

Dreh-: **~achse** *f* axe *m* de rotation; **~arbeiten** *pl* (*Film*) tournage *m*; **~bank** *f* tour *m*; **d~bar** *adj* rotatif(-ive); **~buch** *nt* (*Film*) scénario *m*

drehen *vt* tourner; (*Zigaretten*) rouler ▷ *vi* (*wenden*) tourner ▷ vr tourner; (Mensch) se tourner; **an etw** Dat ~ tourner qch; **ein (krummes) Ding ~** (umg) faire un coup tordu; **mir dreht sich alles** (umg) j'ai la tête qui tourne; **es dreht sich um ...** il s'agit de ...; **es dreht sich darum, dass ...** voici ce dont il s'agit: ...

Dreher, in (-s, -) m(f) tourneur m

Dreh-: **~kreuz** nt tourniquet m; **~orgel** f orgue m de Barbarie; **~ort** m (Film) lieu m de tournage; **am ~ort** en extérieur; **~restaurant** nt restaurant m panoramique; **~scheibe** f plaque f tournante; **~tür** f tambour m; **~ung** f (Rotation) rotation f; (Umdrehung, Wendung) tour m; **~wurm** (umg) m: **den ~wurm haben/bekommen** avoir/attraper le tournis; **~zahl** f nombre m de tours; **~zahlmesser** m compte-tours m inv

drei [draɪ] num trois; **nicht bis ~ zählen können** (umg) ne pas être très futé(e); **eine ~ viertel Stunde** trois quarts d'heure; **~ viertel Liter** 7,5 décilitres; **aller guten Dinge sind ~!** (Sprichwort) jamais deux sans trois!; (nach zwei missglückten Versuchen) la troisième fois sera la bonne!; **D~eck** nt triangle m; **~eckig** adj triangulaire; **D~ecksverhältnis** nt ménage m à trois; **~einhalb** num trois et demi(e); **~einhalb Kilometer** trois kilomètres et demi; **er ist ~einhalb (Jahre alt)** il a trois ans et demi; **D~einigkeit** f Trinité f

dreierlei adj unver trois sortes de

drei-: **~fach** adj triple ▷ adv triplement, trois fois; **D~faltigkeit** f Trinité f; **D~fuß** m trépied m; **D~gangschaltung** f: **ein Fahrrad mit D~gangschaltung** un vélo à trois vitesses; **~hundert** num trois cents; **D~käsehoch** (umg) m marmot m; **D~klang** m (Mus) triple accord m; **D~königsfest** nt Épiphanie f, fête f des Rois; **~mal** adv trois fois; **~malig** adj: **nach ~maliger Warnung** après trois avertissements

dreinblicken ['draɪnblɪkən] vi: **traurig ~** avoir l'air triste

dreinreden ['draɪnreːdən] vi (umg): **jdm ~** (dazwischenreden) interrompre qn; (sich einmischen) se mêler des affaires de qn

Drei-: **~punktgurt** m (Aut) ceinture f trois points; **~rad** nt tricycle m; **~satz** m (Math) règle f de trois; **~sprung** m (Sport) triple saut m

dreißig ['draɪsɪç] num trente

dreißigste, r, s adj trentième

dreist [draɪst] adj impudent(e)

Dreistigkeit f impudence f

drei-: **D~viertelstunde** f: **eine D~viertelstunde** trois quarts mpl d'heure; **D~vierteltakt** m: **im D~vierteltakt** (Mus) à trois temps; **~zehn** num treize; **jetzt schlägts (aber) ~zehn!** (umg) ça, c'est le comble!; **~zehnte, r, s** adj treizième

dreschen ['drɛʃən] unreg vt (Getreide) battre; (umg: verprügeln) rosser; **Phrasen ~** (umg) débiter de belles phrases

Dresden ['dreːsdən] nt (Geog) Dresde

dressieren [drɛˈsiːrən] vt (Tier) dresser

Dressur [drɛˈsuːr] f dressage m

Dr. h. c. abk (= doctor honoris causa) docteur m honoris causa

driften ['drɪftən] vi dériver

Drillbohrer m perceuse f

drillen ['drɪlən] vt (Loch) percer; (Mil: Soldaten) faire faire l'exercice à, entraîner; (fig: Kind) dresser; **auf etw** Akk **gedrillt sein** (umg) être dressé(e) à (faire) qch

Drilling m triplé m

drin [drɪn] (umg) adv siehe **darin**; **bis jetzt ist noch alles ~** pour le moment tout est encore possible; **das ist nicht ~** (geht nicht) il n'en est pas question

dringen ['drɪŋən] unreg vi pénétrer; **~ durch** traverser; **an od in die Öffentlichkeit ~** transpirer; **auf etw** Akk **~** insister sur qch; **in jdn ~** (geh) presser qn

dringend ['drɪŋənt] adj urgent(e); (Rat) pressant(e); (Verdacht) fort(e) ▷ adv: **~ empfehlen** recommander vivement

dringlich adj (Aufgabe) urgent(e)

Dringlichkeit f (von Aufgabe) urgence f

drinnen ['drɪnən] adv (in geschlossenem Raum) à l'intérieur, dedans

drinstecken ['drɪnʃtɛkən] (umg) vi: **da steckt man nicht drin** c'est difficile à dire

drischt etc [drɪʃt] vb siehe **dreschen**

dritt adv: **zu ~** à trois; **wir kommen zu ~** nous serons trois

dritte, r, s adj troisième; **die D~ Welt** le tiers monde; **D~, r** f(m) troisième m/f; **im Beisein D~r** en présence de tiers

Drittel (-s, -) nt tiers m; **zwei ~** deux tiers

drittens adv troisièmement

drittklassig adj de troisième catégorie

Dr. jur. abk (= Doktor der Rechtswissenschaften) Dr. en droit

DRK (-) nt abk (= Deutsches Rotes Kreuz) Croix-Rouge allemande

Dr. med. abk (= Doktor der Medizin) Dr. (en médecine)

droben ['droːbən] adv là-haut

Droge ['droːgə] f (Rauschgift) drogue f; (Medizin) remède m

dröge ['drøːgə] adj (norddeutsch) sec (sèche)

drogen-: **~abhängig** adj toxicomane; **D~händler, in** m(f) trafiquant(e) m/f de drogue; **~süchtig** adj toxicomane

Drogerie [drogəˈriː] f droguerie f; voir article

Drogist, in [droˈɡɪst(ɪn)] m(f) droguiste m/f

Drohbrief m lettre f de menace

drohen ['droːən] vi menacer; **jdm (mit etw) ~** menacer qn (de qch)

Drohgebärde f geste m de menace; (fig) menace f

Drohne ['dro:nə] f (Zool) faux bourdon m
dröhnen ['drø:nən] vi (Motor) vrombir; (Stimme, Musik) retentir; (Kopf) éclater
Drohung ['dro:ʊŋ] f menace f
drollig ['drɔlıç] adj drôle; (niedlich) mignon(ne)
Drop-out ['drɔp'aʊt] m (Mensch) drop-out m/f, marginal(e); (Comput) perte f d'information
Drops [drɔps] (-, -) m od nt bonbon m acidulé
drosch etc [drɔʃ] vb siehe **dreschen**
Droschke ['drɔʃkə] f fiacre m
Drossel ['drɔsəl] (-, -n) f (Zool) grive f
drosseln ['drɔsəln] vt (Motor etc) mettre au ralenti; (Heizung) baisser; (Strom, Produktion) réduire; (Tempo) ralentir
Dr. phil. abk (= Doktor der Geisteswissenschaften) Dr. ès lettres m
Dr. theol. abk (= Doktor der Theologie) Dr. en théologie m
drüben ['dry:bən] adv de l'autre côté; (umg: auf DDR/BRD bezogen) de l'autre côté (de l'ancienne frontière)
drüber ['dry:bər] (umg) adv siehe **darüber**
Druck[1] [drʊk] (-(e)s, ¨-e) m pression f; ~ hinter etw Akk machen activer qch; unter dem ~ der Verhältnisse en raison des circonstances; einen ~ im Kopf/Magen haben avoir la tête lourde/l'estomac lourd; durch einen ~ auf den Knopf en appuyant sur le bouton
Druck[2] [drʊk] (-(e)s, -e od -s) m (Typ: Vorgang) impression f; (: Produkt) tirage m; im ~ sein être sous presse; ~buchstabe m caractère m d'imprimerie; in ~buchstaben schreiben écrire en caractères d'imprimerie
Drückeberger ['drʏkəbɛrgər] (-s, -) (umg: pej) m tire-au-flanc m inv
drucken ['drʊkən] vt, vi imprimer
drücken ['drʏkən] vt (herabsetzen) baisser; (wehtun: Schuhe, Rucksack) faire mal à; (Hand) serrer; (Klinke) tourner; (Knopf) appuyer sur; (bedrücken) oppresser ▷ vi (drängeln, stoßen) pousser; (Schuhe etc) faire mal ▷ vr (umg): sich vor etw Dat ~ s'esquiver devant qch; jdm etw in die Hand ~ glisser qch dans la main de qn; jdn an sich Akk ~ serrer qn contre soi; „bitte ~" "pousser"; mir drückt der Magen j'ai un poids sur l'estomac
drückend adj (Hitze, Armut) accablant(e); (Last, Steuern) écrasant(e)
Drucker (-s, -) m (Comput) imprimante f
Drücker (-s, -) m (Türdrücker) poignée f; (Gewehrdrücker) détente f; am ~ sein od sitzen (umg) être bien placé(e); auf den letzten ~ (umg) au tout dernier moment
Druckerei [drʊkə'raı] f imprimerie f
Druckerschwärze f encre f d'imprimerie
Druck-: ~fahne f épreuve f; ~fehler m faute f d'impression; ~knopf m bouton-pression m; ~luft f air m comprimé; ~luftbremse f (Aut) frein m à air comprimé; ~messer m (Phys) manomètre m; ~mittel nt moyen m de pression; d~reif adj bon(bonne) à tirer; (fig) châtié(e); ~sache f imprimé m; ~schrift f caractères mpl d'imprimerie; bitte in od mit ~schrift

ausfüllen veuillez écrire en caractères d'imprimerie; ~taste f touche f
drum [drʊm] (umg) adv siehe **darum; seis ~!** (umg) tant pis!; mit allem D~ und Dran et tout ce qui va avec
Drumherum (umg) nt tout ce qui va avec
drunten ['drʊntən] adv (im Tal) en bas; (auf der Erde) sur terre
Drüse ['dry:zə] f (Anat) glande f
DSB (-) m abk (= Deutscher Sport-Bund) fédération sportive allemande
Dschungel ['dʒʊŋəl] (-s, -) m jungle f
DSD nt abk (= Duales System Deutschland) voir article

○ **DSD**
○
○ Le DSD (Duales System Deutschland) est un
○ système introduit en Allemagne qui permet
○ de séparer les ordures ménagères en deux
○ catégories, afin de limiter l'impact sur
○ l'environnement. Les déchets normaux sont
○ traités de façon habituelle : incinération ou
○ enfouissement. Les emballages marqués
○ d'un point vert (Grüner Punkt) sont collectés
○ séparément puis recyclés.

dt. abk = **deutsch**
DTC (-) m abk (= Deutscher Touring Automobil Club) ≈ Touring Club m de France
Dtzd. abk (= Dutzend) douzaine(s) f(pl)
du [du:] (Akk dich) (Dat dir) pron tu; du hast es mir gesagt c'est toi qui me l'as dit; mit jdm per du sein être à tu et à toi avec qn; du zu jdm sagen tutoyer qn; Du nt: jdm das Du anbieten proposer à qn de se tutoyer
Dübel (-s, -) m cheville f
dübeln ['dy:bəln] vt fixer avec des chevilles
Dublee [du'ble:] (-s, -s) nt = **Doublé**
Dublin ['dablın] nt Dublin
ducken ['dʊkən] vr se baisser; (fig) courber l'échine ▷ vt (Kopf) baisser; (fig: demütigen) humilier
Duckmäuser ['dʊkmɔʏzər] (-s, -) m lâche m
Dudelsack ['du:dəlzak] m cornemuse f
Duell [du'ɛl] (-s, -e) nt duel m
Duett [du'ɛt] (-(e)s, -e) nt duo m
Duft [dʊft] (-(e)s, ¨-e) m (von Blumen) parfum m; (von Essen) odeur f agréable; (von Parfüm) senteur f
duften vi sentir bon
duftig adj (Stoff, Kleid) léger(-ère)
Duftnote f (von Parfüm) senteur f
dulden ['dʊldən] vt (zulassen) tolérer; (leiden) endurer ▷ vi (geh: leiden) souffrir; er ist hier nur geduldet nous tolérons tout juste sa présence
duldsam adj patient(e)
dumm [dʊm] adj (Mensch) bête, stupide, idiot(e); (Bemerkung) stupide, idiot(e); (umg: ärgerlich) idiot(e); das wird mir zu ~! (umg) j'en ai marre!; der D~e sein être le dindon de la farce; der ~e August (umg) le clown; du willst mich wohl für ~ verkaufen (umg) tu me prends pour un imbécile; sich ~ und dämlich reden (umg)

parler pendant des heures; **so etwas D~es** c'est bête; **~dreist** *adj* insolent(e)

dummerweise *adv* bêtement

Dummheit *f* (*Mangel an Intelligenz*) bêtise *f*, stupidité *f*; (*Tat*) bêtise, sottise *f*

Dummkopf (*pej*) *m* imbécile *m*

dumpf [dʊmpf] *adj* (*Ton*) sourd(e); (*Luft*) étouffant(e), lourd(e); (*Erinnerung, Schmerz*) vague; (*Leben*) morne; **D~heit** *f* (*von Ton*) bruit *m* sourd; (*von Leben*) torpeur *f*

dumpfig *adj* (*Geruch*) de renfermé; (*Geschmack*) de moisi

Dumpingpreis ['dampɪŋpraɪs] *m* (*Wirts*) prix *m* sacrifié

Düne ['dy:nə] *f* dune *f*

Dung [dʊŋ] *m* = **Dünger**

düngen ['dyŋən] *vt* fertiliser, amender

Dünger (**-s,** -) *m* engrais *m*

dunkel ['dʊŋkəl] *adj* sombre; (*Farbe*) foncé(e); (*Stimme*) grave; (*Ahnung*) vague; (*pej: verdächtig*) louche; **im D~n tappen** (*fig*) tâtonner

Dünkel ['dyŋkəl] (-s) *m* suffisance *f*; **d~haft** *adj* prétentieux(-euse)

Dunkelheit *f* (*Finsternis*) obscurité *f*; (*von Farbe*) nuance *f* foncée; **bei Einbruch der ~** à la tombée de la nuit

Dunkelkammer *f* chambre *f* noire

dunkeln *vi unpers*: **es dunkelt** il commence à faire nuit ▷ *vi* (*Holz, Farbe*) foncer

Dunkelziffer *f* cas *mpl* non enregistrés

dünken ['dyŋkən] *vr* (*geh*): **er dünkt sich (wohl) etwas Besseres!** il ne se prend pas pour n'importe qui!

dünn [dyn] *adj* mince; (*Vorhang, Luft, Rauch*) léger(-ère); (*Haar, Bevölkerung*) clairsemé(e); (*Suppe, Kaffee*) clair(e); **~ besiedelt** peu peuplé(e); **~ gesät** clairsemé(e); **D~darm** *m* (*Anat*) intestin *m* grêle; **~flüssig** *adj* fluide; **D~heit** *f* (*von Luft*) transparence *f*; (*von Suppe*) goût *m* aqueux; **~machen** (*umg*) *vr* filer

Dunst [dʊnst] (**-es,** -̈e) *m* brume *f*; (*durch Abgase, Zigaretten, Essen*) (nuage *m* de) fumée *f*; **~abzugshaube** *f* hotte *f* (aspirante)

dünsten ['dynstən] *vt* cuire à l'étuvée

Dunstglocke *f* nuage *m* de pollution; (*Smog*) smog *m*

dunstig ['dʊnstɪç] *adj* (*Herbstmorgen*) brumeux(-euse); (*Luft, Raum*) enfumé(e)

Duplikat [dupli'ka:t] (**-(e)s,** -e) *nt* duplicata *m*, copie *f*

Dur [du:r] (-, -) *nt* (*Mus*) majeur *m*; **F-~** fa majeur

durch [dʊrç] *präp +Akk* **1** (*hindurch*) par, à travers; **durch die ganze Welt reisen** faire le tour du monde

2 (*mittels*) par; **Tod durch Herzschlag/den Strang** mort par crise cardiaque/pendaison; **durch die Post** par la poste; **durch seine Ablehnung ist das Projekt gescheitert** le projet a dû être enterré à cause de son refus;

durch seine Bemühungen grâce à son intervention, par son entremise

3 (*Math*): **8 durch 4 = 2** 8 (divisé) par 4 = 2

▷ *adv* **1** (*hindurch*): **die ganze Nacht durch** toute la nuit; **den Sommer durch** tout l'été; **durch und durch verfault** complètement pourri(e)

2 (*durchgebraten*): **(gut) durch** bien cuit(e)

3 (*umg*): **durch sein** (*durchgekommen sein: Gesetz, Schüler bei Prüfung*) avoir passé; (*fertig sein*) avoir fini; **bei jdm unten durch sein** ne plus avoir la cote auprès de qn

durcharbeiten *vt* (*Akten, Buch*) étudier à fond; (*ausarbeiten: Text*) travailler ▷ *vi* (*ohne Pause arbeiten*) travailler sans interruption ▷ *vr*: **sich durch etw ~** se frayer un chemin à travers qch; (*fig*) venir à bout de qch

durchatmen *vi* respirer à fond

durchaus [dʊrç'aʊs] *adv* (*unbedingt; als Antwort*) absolument; (*mit Sicherheit*) tout à fait; (*in verneinten Sätzen*): **~ nicht** pas du tout; **das lässt sich ~ machen** c'est tout à fait possible; **ich bin ~ Ihrer Meinung** je suis tout à fait de votre avis

durchbeißen *unreg vt* couper avec les dents ▷ *vr* (*fig*) se débrouiller

durchblättern *vt* feuilleter

Durchblick ['dʊrçblɪk] *m* vue *f*; (*fig: umg: Verständnis*) idée *f*; **den (vollen) ~ haben** être au clair; **keinen ~ haben** (*umg*) rien (y) piger; **d~en** *vi* regarder; (*umg: verstehen*): **bei etw d~en** piger qch; **etw d~en lassen** laisser entendre qch

Durchblutung [dʊrç'blu:tʊŋ] *f* irrigation *f*

durchbohren *vt untr* (*mit Bohrer*) percer; (*mit Kugel*) transpercer; **jdn mit Blicken ~** transpercer qn du regard

durchboxen ['dʊrçbɔksən] (*umg*) *vr*: **sich durch etw ~** se frayer un chemin à travers qch

durchbrechen[1] ['dʊrçbrɛçən] *unreg vt* (*in zwei Teile brechen*) casser en deux; (*Wand*) percer ▷ *vi* (*Mensch durch Boden*) passer à travers; (*Knospe*) éclore; (*Zahn, Sonne*) percer

durch'brechen[2] *unreg vt untr* rompre; (*Schranken*) faire tomber; (*Schallmauer*) franchir; (*Gewohnheit*) perdre

durchbrennen *unreg vi* (*Draht*) fondre; (*Sicherung*) sauter; (*umg: weglaufen*): **~ mit** filer avec

durchbringen *unreg vt* (*Kranken*) tirer d'affaire; (*umg: Familie*) nourrir; (*Antrag*) faire accepter; (*Kandidat*) faire réussir; (*vergeuden*) dilapider ▷ *vr* (*Geld*) gagner sa vie

Durchbruch ['dʊrçbrʊx] *m* percée *f*; (*eines Zahns*) fait *m* de percer; **zum ~ kommen** s'imposer

durchdacht [dʊrç'daxt] *adj* réfléchi(e)

durchdenken *unreg vt untr* considérer dans tous ses détails

durch-: **~diskutieren** *vt* discuter à fond; **~drängen** *vr*: **sich drängen ~** se frayer un passage à travers; **~drehen** *vt* (*Fleisch*) hacher ▷ *vi* (*umg*) craquer

durchdringen[1] ['dʊrçdrɪŋən] *unreg vi* (*Stimme*) porter; (*Nachricht*) arriver; (*Ideen*) s'imposer; **durch etw ~** traverser qch; **mit etw ~** faire prévaloir qch

durch'dringen² *unreg vt untr* (*Wand*) traverser; (*innerlich ergreifen*) s'emparer de

durchdringend *adj* pénétrant(e)

durchdrücken ['dʊrçdrʏkən] *vt* faire passer; (*seinen Willen*) imposer; (*Knie*) effacer; **das Kreuz ~** se redresser

durcheinander [dʊrçlaɪˈnandər] *adv* pêle-mêle; **~ sein** ne pas s'y retrouver; (*Zimmer*) être en désordre; **D~ (-s)** *nt* (*Verwirrung*) confusion *f*; (*Unordnung*) désordre *m*; **~bringen** *vt* déranger, mettre en désordre; (*verwirren*) troubler; (*verwechseln*) confondre; **~reden** *vi* parler (*tous(toutes)*) en même temps; (*wirr reden*) parler confusément; **~trinken** *vi* faire des mélanges; **~werfen** *vi* (*Unordnung machen*) mettre sens dessus dessous; (*verwechseln*) confondre

durch-: **~fahren¹** *unreg vi* (*ohne Unterbrechung*) rouler sans interruption; (*: Zug*) être direct(e); **können wir ~fahren?** (*ohne Umsteigen*) le train est-il direct?; **der Zug fährt bis Hamburg ~** il n'y a pas d'arrêt avant Hambourg; **die Nacht ~fahren** rouler toute la nuit; **~'fahren²** *unreg vt untr* traverser; **D~fahrt** *f* passage *m*; (*Durchreise*) traversée *f*; „**D~fahrt bitte freihalten!"** "défense de stationner"; „**D~fahrt verboten!"** "passage interdit!"; **auf der D~fahrt sein** être de passage; **D~fall** *m* (*Med*) diarrhée *f*; **~fallen** *unreg vi* tomber (à travers); (*Theaterstück*) faire un four; (*in Prüfung*) échouer; **~finden** *unreg vr* s'y retrouver; **~fliegen** *unreg vi* (*ohne Zwischenlandung fliegen*) voler sans escale; (*umg: in Prüfung*) être recalé(e); **D~flug** *m*: **Passagiere auf dem D~flug** les passagers en transit

durchforschen *vt untr* (*Land*) explorer; (*Wissensgebiet*) étudier à fond

durchforsten [dʊrçˈfɔrstən] *vt untr* (*Wald*) éclaircir; (*fig: umg: Akten etc*) faire le ménage dans

durchfragen *vr* demander son chemin

durchfressen *unreg vt* ronger

durchführbar *adj* réalisable; **technisch ~** techniquement possible

durchführen ['dʊrçfyːrən] *vt* (*ausführen*) réaliser; (*hindurchleiten: Mensch*) accompagner, guider; (*: Straße*) faire passer; (*veranstalten*) organiser ▷ *vi* passer

Durchführung *f* (*von Plan, Experiment*) exécution *f*; (*von Kurs, Reise*) organisation *f*; **zur ~ bringen** (*Gesetz, Reform*) mettre en application

Durchgang ['dʊrçgaŋ] *m* passage *m*; (*Phase*) phase *f*, stade *m*; (*Sport*) partie *f*; (*bei Wahl*) tour *m* (de scrutin); „**~ verboten!"** "passage interdit!"

durchgängig ['dʊrçgɛŋɪç] *adj* constant(e)

Durchgangs-: **~handel** *m* commerce *m* de transit; **~lager** *nt* camp *m* volant; **~stadium** *nt* stade *m* intermédiaire; **~verkehr** *m* circulation *f* (de passage)

durchgeben ['dʊrçgeːbən] *unreg vt* (*Rundf, TV: Hinweis, Wetter*) donner; (*: Lottozahlen*) annoncer; **jdm etw telefonisch ~** communiquer qch à qn par téléphone

durchgefroren ['dʊrçgəfroːrən] *adj* (*Mensch*)

transi(e) (de froid)

durchgehen ['dʊrçgeːən] *unreg vt* (*gründlich besprechen*) examiner point par point; (*umg: durchsuchen*) passer au crible ▷ *vi* passer; (*Zug*) être direct(e); (*Pferd*) s'emballer; (*Mensch*) être ~ **durch** (*durch Haus, Stadt etc; Flüssigkeit, Lärm etc*) traverser; (*durch Kontrolle*) passer; **bitte ~!** (*im Bus*) avancez, s'il vous plaît!; **mein Temperament ging mit mir durch** je me suis emporté(e); **jdm etw ~ lassen** laisser passer qch à qn

durchgehend *adj* (*Zug*) direct(e) ▷ *adv* (*geöffnet*) sans interruption

durchgeschwitzt ['dʊrçgəʃvɪtst] *adj* (*Person*) en nage; (*Hemd*) trempé(e) de sueur

durch-: **~greifen** *unreg vi* (*einschreiten*) intervenir (énergiquement); **~halten** *unreg vi* tenir bon ▷ *vt* (*Kampf, Ehe*) supporter; (*Tempo*) maintenir; **D~haltevermögen** *nt* résistance *f*, endurance *f*; **~hängen** *unreg vi* fléchir; (*umg: fig*) se traîner; **~hecheln** (*umg: pej*) *vt* éreinter; **~kämpfen** *vt* (*Recht*) arriver à faire valoir ▷ *vr* (*durchs Leben*) se débrouiller; **hast du dich endlich zu einem Entschluss ~gekämpft?** as-tu enfin réussi à te décider?; **~kommen** *unreg vi* (*durch Gedränge*) se frayer un chemin, passer; (*Nachricht*) parvenir; (*Sonne*) percer (à travers les nuages); (*Wasser*) entrer; (*im Leben*) réussir; (*auskommen*) y arriver; (*bestehen im Examen*) être reçu(e); (*überleben*) s'en tirer; (*Tel: Verbindung bekommen*) obtenir la communication

durchkreuzen *vt untr* (*Plan*) contrarier; (*Atlantik*) traverser

durchlassen *unreg vt* laisser passer; **jdm etw ~** (*umg*) passer qch à qn

durchlässig *adj* (*undicht*) pas étanche, perméable; (*Schuh*) qui prend l'eau

Durchlauf ['dʊrçlaʊf] *m* (*Comput*) passage *m*; (*Sport*) tour *m* de piste

durchlaufen¹ *unreg vt* (*Schuhe, Sohlen*) user ▷ *vi*: **bis zum Ziel ~** ne pas s'arrêter avant d'être arrivé(e) à destination; **durch ein Tor ~** passer par une porte

durch'laufen² *unreg vt untr* (*Schule*) terminer; (*Phase*) mener à terme

Durchlauf(wasser)erhitzer (-s, -) *m* chauffe-eau *m inv*

durch-: **~leben** *vt untr* vivre; **~lesen** *unreg vt* lire d'un bout à l'autre; **~leuchten** *vt untr* (*Med*) radiographier; (*jds Vergangenheit*) passer au crible; **D~leuchtung** *f* (*Med*) radiographie *f*; **~liegen** *vt*: **eine ~gelegene Matratze** un matelas défoncé; **~löchern** *vt untr* (*mit Löchern*) trouer; (*mit Kugeln*) cribler; (*fig*) miner; **~machen** *vt* (*Leiden*) endurer; (*Ausbildung*) mener à terme, terminer; **wir machen die Nacht ~** nous allons passer une nuit blanche, nous allons faire la fête toute la nuit; **D~marsch** *m* (*von Truppen*) passage *m*; **D~messer (-s, -)** *m* diamètre *m*

durchnässen *vt untr* tremper

durch-: **~nehmen** *unreg vt* traiter; **~nummerieren** *vt* numéroter (en continu); **~organisieren** *vt* organiser dans les moindres détails; **~pausen** *vt* calquer; **~peitschen** vt fouetter; (pej: Reform) expédier

durchqueren [dʊrç'kveːrən] vt untr traverser

durch-: **~rechnen** vt calculer (minutieusement); **~regnen** vi unpers: **hier regnet es ~** il y a une fuite dans le toit; **D~reiche** f passe-plat m; **D~reise** f passage m; **auf der D~reise sein** être de passage; **D~reisevisum** nt visa m de transit; **~ringen** unreg vr: **sich zu einem Entschluss ~ringen** se résoudre à prendre une décision; **~rosten** vi rouiller complètement; **~rutschen** vi glisser à travers; (bei Prüfung) passer de justesse

durchs [dʊrçs] = **durch das**

Durchsage ['dʊrçzaːgə] f (Mitteilung) communiqué m

Durchsatz ['dʊrçzats] m débit m

durchschauen[1] ['dʊrçʃaʊən] vi regarder (à travers)

durch'schauen[2] vt untr (jdn) ne pas se laisser tromper par; (Lüge) percer à jour; **du bist durchschaut** je vois clair dans ton petit jeu

durchscheinen ['dʊrçʃaɪnən] unreg vi (Sonne) briller (à travers les nuages); (Schrift, Untergrund) se voir, transparaître; **~d** adj transparent(e)

durchschlafen ['dʊrçʃlaːfən] unreg vi dormir sans se réveiller

Durchschlag ['dʊrçʃlaːk] m (Doppel) copie f; (Sieb) passoire f

durchschlagen[1] ['dʊrçʃlaːgən] unreg vt (entzweischlagen) casser en deux; (Nagel) enfoncer; (sieben) passer; (Charakter) transparaître; (Sicherung) sauter ▷ vr se débrouiller; **an der Decke schlägt die Nässe durch** la pluie a fait une tache au plafond

durch'schlagen[2] unreg vt untr (durchdringen) transpercer

durchschlagend adj (Erfolg) retentissant(e); **eine ~e Wirkung haben** être d'une efficacité remarquable

Durchschlagpapier nt papier-calque m; (Kohlepapier) papier m carbone

Durchschlagskraft f (von Geschoss) force f de pénétration; (fig: von Argument) impact m

durch-: **~schlängeln** vr (durch etw) se faufiler; **~schlüpfen** vi: **~ etw ~schlüpfen** se glisser à travers qch; **~schneiden** unreg vt couper

Durchschnitt ['dʊrçʃnɪt] m (Mittelwert) moyenne f; **über/unter dem ~** au-dessus/au-dessous de la moyenne; **im ~** en moyenne; **d~lich** adj moyen(ne) ▷ adv en moyenne; **d~lich begabt/groß** moyennement doué(e)/grand(e)

Durchschnitts-: **~geschwindigkeit** f vitesse f moyenne; **~mensch** m: **der ~mensch ist ja kein Millionär** la plupart des gens ne sont pas millionnaires; **~wert** m valeur f moyenne

Durch-: **~schrift** f copie f; **~schuss** m (Loch) trou m (de balle); **d~schwimmen** unreg vt untr traverser à la nage; **d~segeln** (umg) vi (nicht bestehen) être recalé(e); **d~sehen** unreg vt (flüchtig ansehen) parcourir; (prüfen) examiner ▷ vi: **d~ etw d~sehen** voir à travers qch

durch sein (umg) vi siehe **durch**

durchsetzen[1] ['dʊrçzɛtsən] vt (Recht) faire prévaloir; (Meinung) imposer ▷ vr s'imposer; **er hat durchgesetzt, dass ...** il a obtenu que ...; **seinen Kopf ~** arriver à ses fins

durch'setzen[2] vt untr (Gemisch) mélanger; **durchsetzt sein mit** od **von** être entremêlé(e) de

Durchsicht ['dʊrçzɪçt] f (von Akten) examen m

durchsichtig adj (Stoff) transparent(e); (Lügen) évident(e); (Manöver) qui manque de subtilité; **D~keit** f transparence f; (von Manöver) manque m de subtilité

durch-: **~sickern** vi suinter; (fig) s'ébruiter; **~sieben** vt tamiser; **~sitzen** unreg vt user; **~spielen** vt jouer sans interruption; **~sprechen** unreg vt discuter (à fond); **~stehen** unreg vt endurer; **D~stehvermögen** nt endurance f; **~stellen** vt (Tel) passer; **~stöbern** auch untr vt (Kisten) fouiller; (Haus, Wohnung) fouiller dans; **~stoßen** unreg vt (verschleißen) user ▷ vi arriver; **etw ~ etw ~stoßen** pousser od passer qch à travers qch; **~streichen** unreg vt (ausstreichen) barrer, rayer; **~stylen** vt donner un style à; **~suchen** vt untr fouiller; (Jur) perquisitionner; **~suchen nach** fouiller pour trouver; **D~suchung** f perquisition f; **D~suchungsbefehl** m mandat m de perquisition; **~trainieren** vt (Sportler) entraîner; (Körper) soumettre à un entraînement intensif; **(gut) ~trainiert** (bien) entraîné(e); **~tränken** vt untr (geh) tremper; **~trennen** vt couper; **~treten** unreg vt (Pedal, Starter) appuyer à fond sur; **~trieben** adj (Mensch) rusé(e); **~wachsen** adj (Fleisch) entrelardé(e); (Speck) maigre; (umg: mittelmäßig) mi-figue, mi-raisin unver

Durchwahl ['dʊrçvaːl] f (Tel) automatique m; (Anschluss) appel m direct; **~nummer** f indicatif m

durch-: **~weg** adv complètement; **~wursteln** (umg) vr s'en sortir tant bien que mal; **~zählen** vt faire le compte de ▷ vi compter; **~zechen** vt untr: **eine ~zechte Nacht** une nuit passée à boire; **~ziehen[1]** unreg vt faire passer ▷ vi (Gewitter) passer ▷ vr se poursuivre; **~ etw ~ziehen** traverser qch; **~'ziehen[2]** unreg vt untr (Gebiet) sillonner; **sein Haar ist von Grau ~zogen** il grisonne; **~zucken** vt untr traverser; **D~zug** m (Luft) courant m d'air; (von Truppen, Vögeln) passage m; **~zwängen** vt: **~zwängen ~** faire passer de force à travers ▷ vr: **sich ~zwängen ~** se frayer un passage à travers

 SCHLÜSSELWORT

dürfen ['dʏrfən] (pt **dürfte**) (pp **gedurft** od (als Hilfsverb) **dürfen**) vi **1** (Erlaubnis haben): **ich darf das** j'ai le droit; **darf ich?** je peux?; **darf ich ins Kino (gehen)?** je peux aller au cinéma?; **du darfst** d'accord; **es darf geraucht werden** on peut fumer; **das darf nicht geschehen** il faut l'éviter à tout prix

2 (in Höflichkeitsformeln): **darf ich Sie bitten, das zu tun?** auriez-vous l'amabilité de faire cela?; **was darf es sein?** et pour Monsieur/Madame?

3 (können): **das dürfen Sie mir glauben** vous pouvez me croire

4 (*Möglichkeit*): **das dürfte genug sein** ça devrait suffire; **es dürfte Ihnen bekannt sein, dass ...** vous savez sans doute que ...; **wir freuen uns, Ihnen mitteilen zu dürfen, dass ...** nous avons le plaisir de vous annoncer que ...; **das darf doch nicht wahr sein!** ce n'est pas possible!; **da darf sie sich nicht wundern** c'est bien fait pour elle

durfte *etc* ['dʊrftə] *vb siehe* **dürfen**

dürftig ['dʏrftɪç] *adj* (*ärmlich*) misérable; (*unzulänglich*) insuffisant(e)

dürr [dʏr] *adj* (*Ast*) mort(e); (*Land*) aride; (*pej: mager*) décharné(e)

Dürre *f* sécheresse *f*

Durst [dʊrst] (**-(e)s**) *m* soif *f*; **~ haben** avoir soif; **einen über den ~ getrunken haben** (*umg*) avoir bu un coup de trop

durstig *adj* assoiffé(e); **~ sein** avoir soif

Durststrecke *f* (*fig*) période *f* difficile

Dusche ['dʊʃə] *f* douche *f*; **das war eine kalte ~** (*fig*) ce fut une douche froide

duschen *vi, vr* se doucher, prendre une douche

Duschgel *nt* gel *m* pour la douche

Duschgelegenheit *f* possibilité *f* de se doucher

Düse ['dy:zə] *f* tuyère *f*; (*Flugzeugdüse*) réacteur *m*

Dusel ['du:zəl] (*umg*) *m*: **da hat er (einen) ~ gehabt** cette fois, il a eu de la veine

Düsen-: **~antrieb** *m* propulsion *f* par réacteur; **~flugzeug** *nt* avion *m* à réaction; **~jäger** *m* chasseur *m* à réaction

Dussel ['dʊsəl] (**-s, -**) (*umg*) *m* crétin *m*

Düsseldorf ['dʏsəldɔrf] *nt* Düsseldorf

duss(e)lig ['dʊs(ə)lɪç] (*umg*) *adj* hébété(e)

düster ['dy:stər] *adj* sombre; **D~keit** *f* obscurité *f*

Dutzend ['dʊtsənt] (**-s, -e**) *nt* douzaine *f*; **im ~** à la douzaine; **~(e) Mal** des dizaines de fois; **~mensch** *m* homme *m* comme les autres, ≈ Français *m* moyen; **~ware** (*pej*) *f* marchandise *f* fabriquée en série; **d~weise** *adv* par douzaines

duzen ['du:tsən] *vt* tutoyer ▷ *vr* se tutoyer; *voir article*

Duzfreund *m* ami *m*

DVD *f abk* (= *Digital Versatile Disc*) DVD *m*

DW *abk* (= *Deutsche Welle*) ≈ RFI *f*

Dynamik [dy'na:mɪk] *f* (*auch fig*) dynamique *f*; (*von Mensch*) dynamisme *m*

dynamisch [dy'na:mɪʃ] *adj* dynamique; (*Renten*) indexé(e)

Dynamit [dyna'mi:t] (**-s**) *nt* dynamite *f*

Dynamo [d'yna:mo] (**-s, -s**) *m* dynamo *f*

dz *abk* = **Doppelzentner**

D-Zug *m* train *m* direct; **ein alter Mann ist doch kein ~** (*umg*) je fais ce que je peux

Ee

E, e [e:] *nt* E, e *m*; **E wie Emil** ≈ E comme Eugène, ≈ É comme Émile

E *abk* = **Eilzug; Europastraße**

Ebbe ['ɛbə] *f* marée *f* basse; **~ und Flut** le flux et le reflux, la marée

eben ['e:bən] *adj* plat(e) ▷ *adv (gerade)* juste; *(bestätigend)* justement; *(gerade noch, knapp)* de justesse; **zu ~er Erde** au rez-de-chaussée; **sie ist ~ erst angekommen** elle vient d'arriver; **das ist ~ so** c'est comme ça

Ebenbild *nt*: **das genaue ~ seines Vaters** le portrait de son père

ebenbürtig *adj*: **jdm (an** *od* **in** *Dat)* **~ sein** égaler qn (en)

ebendeswegen ['e:bəndɛs've:gən] *adv* précisément pour cela *od* cette raison

Ebene ['e:bənə] *f* plaine *f*; *(fig)* niveau *m*; *(Math, Phys)* plan *m*

eben-: **~erdig** *adj (Wohnung)* au rez-de-chaussée; **~falls** *adv* également; **danke, ~falls!** merci, moi de même!; **E~heit** *f (von Land, Fläche)* aspect *m* plat; **E~holz** *nt* ébène *f*; **~so** *adv* de la même manière; **~so gut/schön wie** aussi bien/beau que

Eber ['e:bər] **(-s, -)** *m (Zool)* verrat *m*

Eberesche *f* sorbier *m*

ebnen ['e:bnən] *vt* aplanir, niveler; **jdm/etw den Weg ~** *(fig)* aplanir le terrain pour qn/qch

Echo ['ɛço] **(-s, -s)** *nt* écho *m*; **ein lebhaftes ~ finden** trouver un écho très favorable

Echolot ['ɛçolo:t] *nt (Tech)* sonar *m*

Echse ['ɛksə] *f* (reptile *m*) saurien *m*

echt [ɛçt] *adj* vrai(e); *(Perlen auch)* véritable; *(Picasso auch)* authentique; *(umg)* typique ▷ *adv (umg)* vraiment; **E~heit** *f* authenticité *f*; *(von Problem, Schmerz)* réalité *f*

Eckball ['ɛkbal] *m* corner *m*

Ecke ['ɛkə] *f* coin *m*; *(von Kragen)* pointe *f*; *(Sport)* corner *m*; *(Math)* angle *m*; **an/in der ~** au/dans le coin; **gleich um die ~** tout près (d'ici); **an allen ~n und Enden sparen** *(umg)* économiser sur tout; **jdn um die ~ bringen** *(umg)* supprimer qn; **mit jdm um ein paar ~n herum verwandt sein** *(umg)* être un(e) cousin(e) éloigné(e) de qn

eckig *adj* anguleux(-euse); *(Bewegung)* gauche

Eckzahn *m* canine *f*

Eckzins *m* taux de base

Ecu [e'ky:] **(-, -s)** *m* écu *m*

Ecuador [ekua'do:r] **(-s)** *nt* l'Équateur *m*

Edamer ['e:damər] *m* édam *m*

edel ['e:dəl] *adj (Holz)* précieux(-euse); *(Wein)* fin(e); *(Pferd)* de race; *(Tat, Mensch)* noble; **E~gas** *nt* gaz *m* rare; **E~holz** *nt* bois *m* précieux; **E~metall** *nt* métal *m* précieux; **E~stein** *m* pierre *f* précieuse

EDV *f abk (= elektronische Datenverarbeitung)* traitement *m* électronique des données

EEG **(-)** *nt abk (= Elektroenzephalogramm)* électroencéphalogramme *m*

Efeu ['e:fɔy] **(-s)** *m* lierre *m*

Effeff [ɛf'ɛf] *(umg) nt*: **etw aus dem ~ können** faire qch comme un pro

Effekt [ɛ'fɛkt] **(-s, -e)** *m* effet *m*; **optischer ~** effet visuel

Effekten [ɛ'fɛktən] *pl (Finanz)* titres *mpl*, valeurs *fpl*; **~börse** *f* Bourse *f* des valeurs

Effekthascherei [ɛfɛkthaʃə'raɪ] *(pej) f*: **das ist reine ~** c'est du vent

effektiv [ɛfɛk'ti:f] *adj (wirkungsvoll)* efficace; *(tatsächlich)* effectif(-ive), réel(le)

effektvoll *adj* qui fait de l'effet, frappant(e)

Effizienz [ɛfi'tsiɛnts] *f (geh)* efficacité *f*

EG *f abk (= Europäische Gemeinschaft)* CE *f*; = **Erdgeschoss**

egal [e'ga:l] *adj* égal(e); **das ist mir ganz ~** ça m'est complètement égal

egalitär [egali'tɛ:r] *adj (geh)* égalitaire

Egge ['ɛgə] *f (Agr)* herse *f*

Egoismus [ego'ɪsmʊs] *m* égoïsme *m*

Egoist, in *m(f)* égoïste *m/f*

egoistisch *adj* égoïste

egozentrisch [ego'tsɛntrɪʃ] *adj* égocentrique

eh [e:] *adv (sowieso: umg)* de toute façon *od* manière; **seit eh und je** depuis toujours

eh., e.h. *abk (= ehrenhalber)* honoraire

ehe *konj* avant que +*sub*

Ehe ['e:ə] *f* mariage *m*; **die ~ ist/wird geschieden** ils ont divorcé/sont en train de divorcer; **~beratung** *f* consultation *f* conjugale; **~brecher, in** *m(f)* homme(femme) adultère *m/f*; **~bruch** *m* adultère *m*; **~frau** *f* épouse *f*, femme *f*; **~leute** *pl* époux *mpl*; **e~lich** *adj (Beziehungen)* conjugal(e); *(Kind)* légitime; **e~los** *adj* célibataire

ehemalig adj ancien(ne)
ehemals adv autrefois
Ehe-: ~**mann** m époux m, mari m; ~**paar** nt couple m (marié); ~**partner, in** m(f) conjoint(e) m/f
eher ['eːər] adv (früher) plus tôt; (lieber, mehr) plutôt; (wahrscheinlicher) plus probablement; **umso ~, als** d'autant plus que
Ehe-: ~**ring** m alliance f; ~**scheidung** f divorce m; ~**schließung** f mariage m
eheste, r, s ['eːəstə(r, s)] adj: **am ~n Termin** le plus tôt possible ▷ adv: **am ~n** (am liebsten) de préférence; **am ~n kann man heute noch als EDV-Spezialist eine Stelle finden** c'est encore en tant qu'informaticien qu'on a le plus de chances de trouver du travail de nos jours
Ehe-: ~**vermittlung** f (Büro) agence f matrimoniale; ~**versprechen** nt promesse f de mariage
ehrbar ['eːrbaːr] adj (Person) honnête; (Beruf) honorable
Ehre f honneur m; **etw in ~n halten** prendre grand soin de qch; **wir geben uns die ~ Ihnen mitzuteilen, dass ...** nous avons l'honneur de vous annoncer que ...; **zu ~n von** en l'honneur de; **mit etw (keine) ~ einlegen** (ne pas) tirer gloire de qch; **jdm die letzte ~ erweisen** rendre les derniers honneurs à qn
ehren vt (Sieger) récompenser; (das Alter) respecter
ehren-: ~**amtlich** adj honoraire; **E~bürger** m citoyen m d'honneur; **E~friedhof** m cimetière m militaire; **E~gast** m invité m d'honneur; ~**haft** adj honorable; ~**halber** adv: **der Doktortitel wurde ihm ~halber verliehen** il est docteur honoris causa; **E~konsul** m consul m honoraire; **E~mal** nt monument m aux morts; **E~mann** m homme m d'honneur; **E~mitglied** nt membre m honoraire; **E~platz** m place f d'honneur; **E~rechte** pl: **bürgerliche E~rechte** droits mpl civiques; ~**rührig** adj (Worte) injurieux(-euse), diffamatoire; **E~runde** f (Sport) tour m d'honneur; **E~sache** f affaire f d'honneur; **E~sache!** (umg) promis!, compte(z) sur moi!; **E~tag** m anniversaire m; ~**voll** adj honorable; **E~wort** nt parole f d'honneur; **auf E~wort** sur parole; ~**wörtlich** adj solennel(le)
ehr-: ~**erbietig** adj respectueux(-euse); **E~furcht** f (profond) respect m; **E~furcht gebietend** imposant(e), grave; ~**fürchtig** adj respectueux(-euse); **E~gefühl** nt sens m de l'honneur; **E~geiz** m ambition f; ~**geizig** adj ambitieux(-euse); ~**lich** adj honnête; (Antwort) sincère ▷ adv honnêtement; **es ~lich meinen** avoir des intentions honnêtes; ~**lich verdientes Geld** de l'argent bien gagné; ~**lich gesagt** à vrai dire; ~**lich?** c'est vrai?; **E~lichkeit** f honnêteté f; ~**los** adj peu honorable
Ehrung f honneur m, hommage m
ehrwürdig adj vénérable
Ei [aɪ] (-(e)s, -er) nt (von Huhn etc) œuf m; **Eier** pl (umg!: Hoden) couilles fpl (umg!); **jdn wie ein rohes Ei behandeln** (fig) prendre des pincettes avec qn; **wie aus dem Ei gepellt aussehen** (umg) être tiré(e) à quatre épingles; **das Ei des Kolumbus** l'œuf de Colomb
ei interj hé, tiens; (beschwichtigend): **ei gewiss** od **freilich!** mais bien sûr!
Eibe ['aɪbə] f if m
Eichamt ['aɪçamt] nt bureau m des poids et mesures
Eiche f chêne m
Eichel (-, -n) f (Bot, Anat) gland m; (Karten) trèfle m
eichen vt étalonner; **auf etw geeicht sein** (umg: fig) s'y connaître en qch
Eichhörnchen nt écureuil m
Eichmaß nt étalon m
Eichung f étalonnage m
Eid [aɪt] (-(e)s, -e) nt serment m; **unter ~ stehen** être sous serment od assermenté(e); **eine Erklärung an ~es statt abgeben** (Jur) faire une déclaration solennelle
Eidechse ['aɪdɛksə] f (Zool) lézard m
eidesstattlich adj: ~**e Erklärung** déclaration f solennelle (tenant lieu de serment)
Eid-: ~**genosse** m confédéré m; (Schweizer) Suisse m; ~**genossenschaft** f: **Schweizerische ~genossenschaft** Confédération f helvétique; **e~lich** adj sous (la foi du) serment
Eidotter m od nt jaune m d'œuf
Eier-: ~**becher** m coquetier m; ~**kuchen** m crêpe f; ~**likör** m liqueur f à l'œuf
eiern ['aɪərn] (umg) vi (Rad) être voilé(e); (Schallplatte) gondoler
Eier-: ~**schale** f coquille f d'œuf; ~**stock** m ovaire m; ~**uhr** f sablier m
Eifel ['aɪfəl] f (Geog) Eifel m
Eifer ['aɪfər] (-s) m zèle m; **mit großem ~ bei der Sache sein** y mettre tout son cœur; **im ~ des Gefechts** dans le feu de l'action; **e~n** vi: **gegen jdn/etw e~n** combattre qn/qch avec acharnement ▷ vi (streben): **nach etw e~n** aspirer à qch; ~**sucht** f jalousie f; ~**süchtig** adj: **(auf jdn/etw) e~süchtig** jaloux(-ouse) (de qn/qch)
eifrig ['aɪfrɪç] adj (Arbeiter) zélé(e); (Anhänger) fervent(e)
Eigelb ['aɪɡɛlp] (-(e)s, -) nt jaune m d'œuf
eigen ['aɪɡən] adj (jdm selbst/zu jdm gehörend) propre (vorgestellt); (Meinung) personnel(le); (Eingang) séparé(e); (typisch) particulier(-ière); (eigenartig) étrange; (übergenau) pointilleux(-euse); **mein/sein ~es Fahrrad** mon/son propre vélo; **ich möchte kurz in ~er Sache sprechen** je voudrais maintenant parler brièvement en mon nom propre; **sich Dat etw zu ~ machen** faire sien(ne) qch, adopter qch; **E~art** f particularité f; ~**artig** adj étrange, bizarre; **E~bau** m: **Gemüse im E~bau ziehen** manger les légumes de son jardin; **E~bedarf** m besoins mpl personnels; **den E~bedarf decken** subvenir à ses propres besoins; **E~bedarf anmelden** résilier le bail d'un locataire parce que l'on veut occuper l'appartement soi-même; **E~brötler, in** (-, -s) m(f) (komischer Kauz) original(e) m(f); **E~gewicht** nt (Tech) poids m mort; (Wirts: Nettogewicht) poids net; ~**händig** adj autographe; **E~heim** nt maison f dont on est

propriétaire; **E~heit** f particularité f;
E~initiative f initiative f personnelle; **E~kapital**
nt capital m propre; **E~lob** nt éloge m de soi-
même, vantardise f; **~mächtig** adj (selbstherrlich)
autoritaire; (unbefugt) non autorisé(e) ▷ adv:
~mächtig entscheiden décider de son propre
chef; **E~mittel** pl (Finanz) fonds mpl propres;
E~name m nom m propre; **E~nutz** m égoïsme m
eigens adv exprès, spécialement
Eigen-: **~schaft** f (Merkmal: von Mensch) qualité f;
(: von Sache) propriété f, caractéristique f; **in
seiner ~schaft als** en (sa) qualité de;
~schaftswort nt adjectif m; **~sinn** m
obstination f, opiniâtreté f; **e~sinnig** adj
obstiné(e), têtu(e); **e~ständig** adj
indépendant(e), autonome; **~ständigkeit** f
indépendance f, autonomie f; **~sucht** f égoïsme m
eigentlich adj (wirklich: Grund) vrai(e), profond(e);
(ursprünglich: Bedeutung) propre ▷ adv en fait;
(überhaupt) au fait; **was willst du ~ hier?** mais au
fait, qu'est-ce que tu viens faire ici?
Eigentor nt (Sport) but m contre son propre camp
Eigentum nt propriété f
Eigentümer, in (-s, -) m(f) propriétaire m/f
eigentümlich adj (seltsam) bizarre, étrange;
(charakteristisch) caractéristique, typique
Eigentümlichkeit f (Kennzeichen) propriété f,
caractéristique f; (Besonderheit) particularité f
Eigentumsdelikt nt (Jur) délit m contre les biens
Eigentumswohnung f appartement m dont on
est propriétaire
eigenverantwortlich adj, adv à ses etc risques et
périls
eigenwillig adj (eigensinnig) opiniâtre;
(unkonventionell) original(e)
eignen vr: **sich ~ (für/als)** convenir
(pour/comme)
Eignung f aptitude f
Eignungsprüfung f, **Eignungstest (-(e)s, -s** od
-e) ▷ m test m d'aptitude
Eilbote m: **per** od **durch ~n** (en) exprès od par
Chronopost®
Eilbrief m lettre f envoyée (en) exprès od par
Chronopost®
Eile f hâte f, précipitation f; **es hat große ~** c'est
très urgent; **es hat keine ~** ça ne presse pas
Eileiter [ˈaɪlaɪtər] m trompe f (utérine od de
Fallope)
eilen vi (Mensch) se presser, se dépêcher; (dringend
sein) être urgent(e)
eilends adv à la hâte, précipitamment
eilfertig adj (dienstbeflissen) empressé(e);
(vorschnell) précipité(e), hâtif(-ive)
Eilgut nt colis m exprès
eilig adj (in Eile, schnell) pressé(e); (dringlich)
urgent(e); **es ~ haben** être pressé(e)
Eil-: **~päckchen** nt colis m exprès od Chronopost®;
~tempo nt: **etw im ~tempo machen** faire qch à
toute vitesse; **~zug** m train m rapide;
~zustellung f envoi m (en) exprès od par
Chronopost®
Eimer [ˈaɪmər] **(-s, -)** m seau m; **im ~ sein** (umg)

être fichu(e)
ein [ˈaɪn] adv: **nicht ~ noch aus wissen** ne plus
savoir quoi faire od à quel saint se vouer; **E~/Aus**
(an Geräten) marche/arrêt; **er geht bei uns ~ und
aus** il vient très souvent à la maison
ein, e [ˈaɪn(ə)] num, indef art un(e); **er ist ihr E~
und Alles** il est tout pour elle; siehe auch **eine(r,
s); Mal**
einander [aɪˈnandər] pron l'un(e) l'autre; **sie
lieben/hassen ~** ils s'aiment/se détestent
einarbeiten [ˈaɪnlarbaɪtən] vt: **jdn ~** former qn;
jdn in etw Akk **~** apprendre qch à qn; **sich** Akk **~**
apprendre le métier; **sich** Akk **~ in etw** Akk
apprendre qch
Einarbeitungszeit f temps m od période f de
formation
einarmig [ˈaɪnlarmɪç] adj manchot(e)
einäschern [ˈaɪnleʃərn] vt (Leichnam) incinérer;
(Stadt etc) réduire en cendres
einatmen [ˈaɪnlaːtmən] vt respirer ▷ vi inspirer
einäugig [ˈaɪnlɔɪɡɪç] adj borgne
einbahnig [ˈaɪnbaːnɪç] adj à sens unique
Einbahnstraße [ˈaɪnbaːnʃtrasə] f (rue f à) sens m
unique
Einband [ˈaɪnbant] m couverture f, reliure f
einbändig [ˈaɪnbɛndɪç] adj en un volume
einbauen [ˈaɪnbauən] vt (Schrank etc) encastrer,
poser; (Küche) (faire) installer; (Motor) poser
Einbau-: **~küche** f cuisine f à éléments; **~möbel**
pl meubles mpl encastrés; **~schrank** f placard m
Einbauten pl (Schränke etc) meubles mpl encastrés
einbegriffen [ˈaɪnbəɡrɪfən] adj compris(e),
inclus(e)
einbehalten [ˈaɪnbəhaltən] unreg vt retenir
einbeinig [ˈaɪnbaɪnɪç] adj unijambiste
einberufen unreg vt (Versammlung) convoquer; (Mil:
Soldaten) appeler sous les drapeaux
Einberufung f (von Versammlung) convocation f;
(Mil) appel m (sous les drapeaux); **~sbefehl** m
(Mil) avis m d'incorporation
einbetten [ˈaɪnbɛtən] vt (Kabel) poser
Einbettzimmer nt (in Krankenhaus) chambre f
particulière
einbeulen [ˈaɪnbɔɪlən] vt cabosser
einbeziehen [ˈaɪnbətsiːən] unreg vt inclure
einbiegen [ˈaɪnbiːɡən] unreg vi tourner
einbilden [ˈaɪnbɪldən] vr: **sich Dat etw ~**
s'imaginer qch; (stolz sein): **sich** Dat **viel auf etw**
Akk **~** être très fier(fière) de qch, se targuer de qch;
was bildest du dir eigentlich ein? (umg) qu'est-
ce que tu imagines?
Einbildung f imagination f; (Dünkel) suffisance f;
~skraft f imagination f
einbinden [ˈaɪnbɪndən] unreg vt (Buch) relier
einbläuen [ˈaɪnblɔɪən] vt: **jdm etw ~** faire
entrer qch dans la tête de qn
Einblick [ˈaɪnblɪk] m (Kenntnis) aperçu m, idée f;
~ in die Akten nehmen consulter les dossiers;
jdm ~ in etw Akk **gewähren** permettre à qn de
consulter qch; **in etw** Akk **~ haben** être au
courant de qch
einbrechen [ˈaɪnbrɛçən] unreg vi (gewaltsam

eindringen) pénétrer par effraction; (*Einbruch verüben*) cambrioler, faire un cambriolage; (*Nacht*) tomber; (*Winter*) arriver; (*einstürzen*) s'effondrer; (*durchbrechen: in Eis*) passer à travers la couche de glace ▷ *vt* (*Tür*) enfoncer, forcer; (*Wand*) défoncer; **in ein Haus ~** cambrioler une maison, pénétrer par effraction dans une maison; **bei ~der Dunkelheit** à la tombée de la nuit

Einbrecher (**-s, -**) *m* cambrioleur *m*

einbringen ['aɪnbrɪŋən] *unreg vt* (*Geld, Vorteil*) rapporter; (*Ernte*) rentrer; (*Zeit*) rattraper; (*mitbringen: Kapital, Kenntnisse*) apporter; **das bringt nichts ein** (*fig*) ça ne sert à rien

einbrocken ['aɪnbrɔkən] (*umg*) *vt*: **jdm/sich etwas ~** se mettre/mettre qn dans de beaux draps

Einbruch ['aɪnbrʊx] *m* (*Hauseinbruch*) cambriolage *m*; (*des Winters*) arrivée *f*; (*der Nacht*) tombée *f*; (*Einsturz, finanziell*) effondrement *m*; **bei ~ der Dunkelheit** à la tombée de la nuit

einbruchssicher *adj* (*Schloss*) incrochetable; (*Haus*) muni(e) d'un système d'alarme

Einbuchtung ['aɪnbʊxtʊŋ] *f* échancrure *f*; (*Bucht*) baie *f*

einbürgern ['aɪnbʏrgərn] *vt* (*Person*) naturaliser ▷ *vr* (*Brauch*) se répandre; (*Ausdruck*) entrer dans le langage courant; **das hat sich so eingebürgert** c'est entré dans les mœurs

Einbürgerung *f* (*einer Person*) naturalisation *f*

Einbuße ['aɪnbuːsə] *f* perte *f*; **der Prozess hat seinem Ansehen schwere ~ getan** ce procès a gravement entaché sa réputation

einbüßen ['aɪnbyːsən] *vt* (*verlieren*) perdre ▷ *vi*: **an etw** *Dat* **~** perdre de qch

einchecken ['aɪntʃɛkən] *vt* enregistrer ▷ *vi* se présenter à l'enregistrement

eincremen ['aɪnkreːmən] *vt* enduire de crème

eindämmen ['aɪndɛmən] *vt* endiguer

eindecken ['aɪndɛkən] *vr*: **sich (mit etw) ~** s'approvisionner (en qch) ▷ *vt* (*umg: überhäufen*): **mit Arbeit eingedeckt sein** avoir du pain sur la planche

eindeutig ['aɪndɔʏtɪç] *adj* (*Beweis*) incontestable; (*Absage*) clair(e)

eindeutschen ['aɪndɔʏtʃən] *vt* (*Fremdwort*) germaniser

eindösen ['aɪndøːzən] (*umg*) *vi* s'assoupir

eindringen ['aɪndrɪŋən] *unreg vi*: **~ in** +*Akk* pénétrer dans; (*in Haus*) pénétrer (par effraction) dans, s'introduire dans; **in ein Geheimnis ~** pénétrer un secret; **auf jdn ~** (*bedrängen*) attaquer qn; (*mit Bitten*) presser qn

eindringlich *adj* (*Bitte*) pressant(e) ▷ *adv*: **ich habe ihn ~ gebeten, zu** je l'ai prié instamment de

Eindringling *m* intrus *m*

Eindruck ['aɪndrʊk] *m* impression *f*; **~ auf jdn machen** impressionner qn; **einen guten ~ machen** faire bonne impression

eindrücken ['aɪndrʏkən] *vt* (*Tür*) enfoncer; (*Mauer*) défoncer; (*Kotflügel*) cabosser ▷ *vr* s'enfoncer

eindrucksfähig *adj* impressionnable

eindrucksvoll *adj* (*Erlebnis*) impressionnant(e); (*Gebäude*) imposant(e)

eine, r, s *pron* un(une); **das ~ Buch, das andere** (l')un des livres, l'autre; **~r von uns** l'un d'entre nous; **~r nach dem anderen** l'un après l'autre; **wie kann ~r nur so dumm sein?** comment peut-on être aussi bête?; *siehe auch* **ein(e)**

einebnen ['aɪnleːbnən] *vt* aplanir

Einehe ['aɪnleːə] *f* monogamie *f*

eineiig ['aɪnlaɪç] *adj*: **~e Zwillinge** des vrais jumeaux/vraies jumelles

eineinhalb ['aɪnlaɪn'halp] *num* un(e) et demi

einengen ['aɪnlɛŋən] *vt* (*Person*) gêner; (*Begriff, Freiheit*) restreindre

Einer ['aɪnər] *m* (*Math*) unité *f*; (*Ruderboot*) skiff *m*

Einerlei ['aɪnərlaɪ] (**-s**) *nt* monotonie *f*; **~** *adj* (*gleichartig*) le(la) même; **es ist mir e~** ça m'est égal

einerseits *adv*: **~ ... andererseits** d'une part ... d'autre part

einesteils ['aɪnəstaɪls] *adv*: **~ ... anderenteils** d'une part ... d'autre part

einfach ['aɪnfax] *adj* simple ▷ *adv* simplement; **etw ~ tun** faire qch (sans hésiter); (*geradezu*): **~ großartig** vraiment extraordinaire; **E~heit** *f* simplicité *f*; **der E~heit halber** pour simplifier les choses

einfädeln ['aɪnfɛːdəln] *vt* enfiler; (*fig: umg*) tramer, manigancer ▷ *vr* (*Aut*) prendre la bonne file

einfahren ['aɪnfaːrən] *unreg vt* (*Ernte, Antenne*) rentrer; (*Barriere*) enfoncer, emboutir; (*Auto*) roder ▷ *vi* (*Zug*) entrer en gare; (*Bergb*) descendre

Einfahrt *f* entrée *f*; (*von Zug*) entrée en gare; (*Weg*) entrée, accès *m*; (*von Autobahn*) bretelle *f* (de raccordement); (*Bergb*) descente *f*; **„~ freihalten!"** "stationnement interdit"

Einfall ['aɪnfal] *m* (*Idee*) idée *f*; (*von Licht*) incidence *f*; (*Mil*) invasion *f*; **e~en** *unreg vi* (*einstürzen*) s'écrouler, s'effondrer; (*Licht*) entrer, tomber; (*einstimmen*) joindre sa voix; **e~en in** +*Akk* (*Mil*) envahir; **etw fällt jdm ein** qn pense (soudain) à qch; **das fällt mir gar nicht ein!** il n'en est pas question!; **sich** *Dat* **etwas e~en lassen** trouver une solution; **dabei fällt mir mein Onkel ein, der ...** cela me fait penser à mon oncle, qui ...; **es fällt mir jetzt wieder ein** ça va me revenir

einfallslos *adj* qui manque d'imagination

einfallsreich *adj* ingénieux(-euse), imaginatif(-ive)

Einfalt ['aɪnfalt] *f* naïveté *f*, simplicité *f* d'esprit

einfältig ['aɪnfɛltɪç] *adj* (*geistig beschränkt*) niais(e), sot(te); (*arglos, naiv*) naïf(-ïve)

Einfaltspinsel ['aɪnfaltspɪnzəl] (*umg: pej*) *m* imbécile *m*

Einfamilienhaus [aɪnfa'miːliənhaʊs] *nt* maison *f* individuelle, pavillon *m*

einfangen ['aɪnfaŋən] *unreg vt* attraper; (*Stimmung*) rendre

einfarbig ['aɪnfarbɪç] *adj* d'une seule couleur; (*Stoff etc*) uni(e)

einfassen ['aɪnfasən] *vt* (*Beet*) border, entourer;

(*Stoff*) border; (*Edelstein*) enchâsser, sertir

Einfassung f (*von Beet, Stoff*) bordure f

einfetten ['aɪnfɛtən] vt (*Backblech*) beurrer; (*Hände*) enduire de crème; (*Leder, Schuhe*) cirer

einfinden ['aɪnfɪndən] unreg vr arriver

einfliegen ['aɪnfli:gən] unreg vt (*Medikamente, Helfer*) acheminer par avion; (*neues Flugzeug*) faire un vol d'essai sur ▷ vi arriver

einfließen ['aɪnfli:sən] unreg vi (*Wasser*) couler; (*Luft*) arriver; (*beiläufig bemerken*): **etw ~ lassen** mentionner qch en passant

einflößen ['aɪnflø:sən] vt: **jdm etw ~** faire prendre qch à qn, administrer qch à qn; (*fig: Angst etc*) inspirer qch à qn

Einfluss ['aɪnflʊs] m influence f; **auf jdn ~ ausüben** influencer qn; **auf etw** Akk **~ nehmen** influencer qch; **~bereich** m zone f d'influence; **e~reich** adj influent(e)

einflüstern ['aɪnflʏstərn] vt: **jdm etw ~** souffler qch à qn; (*pej*) suggérer qch à qn

einförmig ['aɪnfœrmɪç] adj monotone; **E~keit** f monotonie f

einfrieren ['aɪnfri:rən] unreg vi geler ▷ vt (*Lebensmittel*) congeler; (*Löhne: Beziehungen*) geler

einfügen ['aɪnfy:gən] vt (*Steine etc*) encastrer, insérer; (*zusätzlich*) ajouter; (*Comput*) insérer

einfühlen ['aɪnfy:lən] vr: **sich in jdn ~** se mettre à la place de qn; **sich in etw** Akk **~** bien sentir qch

einfühlsam adj (*Mensch*) qui fait preuve de sensibilité, intuitif(-ive); (*Worte*) empreint(e) de sympathie (et de compréhension)

Einfühlungsvermögen nt capacité f à se mettre à la place des autres, psychologie f

Einfuhr ['aɪnfu:r] f importation f; **~bestimmung** f (*gew pl*) disposition f relative à l'importation

einführen ['aɪnfy:rən] vt (*Neues, Sitten*) introduire; (*importieren*) importer; (*bekannt machen: Mensch*) présenter; (*in Arbeit, Idee*): **jdn in etw** Akk **~** initier qn à qch; **jdn in sein Amt ~** établir qn dans ses fonctions

Einfuhr-: **~genehmigung** f licence f d'importation; **~kontingent** nt contingent m; **~sperre** f, **~stopp** m embargo m sur les importations

Einführung f (*von Neuem, Sitten, in Buch*) introduction f; (*von Mensch*) présentation f; (*in Amt*) installation f

Einführungspreis m prix m de lancement

Einfuhrzoll m taxe f à l'importation

einfüllen ['aɪnfʏlən] vt verser

Eingabe ['aɪnga:bə] f (*Gesuch*) requête f; (*Comput*) entrée f; **~/Ausgabe** (*Comput*) entrée/sortie f

Eingang ['aɪngaŋ] m entrée f; (*Wareneingang, Posteingang*) arrivée f; (*Erhalt*) réception f; **wir bestätigen den ~ Ihres Schreibens vom ...** nous accusons réception de votre lettre du ...

eingängig ['aɪngɛŋɪç] adj facile à retenir

eingangs adv au début, d'abord ▷ präp +Gen au début de

Eingangs-: **~bestätigung** f accusé m de réception, récépissé m; **~halle** f hall m d'entrée; **~stempel** m (*Wirts*) cachet d'arrivée du courrier; **~tür** f

porte f d'entrée

eingeben ['aɪnge:bən] unreg vt (*Arznei*) administrer; (*Comput*) entrer; (*geh: Gedanken*) inspirer

eingebettet ['aɪngəbɛtət] adj: **zwischen Hügeln ~** entouré(e) de collines

eingebildet ['aɪngəbɪldət] adj (*Krankheit*) imaginaire; (*pej: Mensch, Benehmen*) vaniteux(-euse), prétentieux(-euse); **~er Kranker** malade m imaginaire, hypocondriaque m

Eingeborene, r ['aɪngəbo:rənə(r)] f(m) indigène m/f, autochtone m/f

Eingebung f inspiration f

eingedenk ['aɪngədɛŋk] präp +Gen en considération de

eingefahren ['aɪngəfa:rən] adj bien rodé(e)

eingefallen ['aɪngəfalən] adj (*Gesicht*) creux(creuse), hâve

eingefleischt ['aɪngəflaɪʃt] adj invétéré(e); **~er Junggeselle** célibataire m endurci

eingehen ['aɪnge:ən] unreg vi (*Eingang finden*) entrer; (*eintreffen*) arriver; (*sterben*) mourir; (*Firma*) faire faillite; (*Stoff*) rétrécir; (*verständlich sein*): **jdm ~** entrer dans la tête de qn; (*sich widmen, beachten*): **auf jdn/etw ~** prêter attention à qn/qch; (*zustimmen*): **auf einen Vorschlag ~** accepter une proposition ▷ vt (*Vertrag*) conclure; (*Wette*) faire; (*Risiko*) prendre; (*Verbindung*) contracter; **bei dieser Hitze/Kälte geht man ja ein!** (*umg*) on crève de chaud/de froid!

eingehend adj (*gründlich*) approfondi(e); (*ausführlich*) détaillé(e)

eingekeilt ['aɪngəkaɪlt] adj (*in Menschenmenge*) serré(e); (*Auto*) coincé(e)

Eingemachte, s ['aɪngəma:xtə(s)] nt conserves fpl

eingemeinden ['aɪngəmaɪndən] vt: **~ in** +Akk rattacher à

eingenommen ['aɪngənɔmən] adj: **von jdm/etw ~ sein** être séduit(e) par qn/qch; **gegen jdn/etw ~ sein** être prévenu(e) contre qn/qch; **er ist sehr von sich selbst ~** il est imbu de sa personne

eingeschränkt ['aɪngəʃrɛŋkt] adj: **in ~en Verhältnissen leben** vivre dans des conditions modestes

eingeschrieben ['aɪngəʃri:bən] adj (*Brief*) recommandé(e); (*Mitglied*) inscrit(e)

eingeschworen ['aɪngəʃvo:rən] adj: **auf etw** Akk **~ sein** ne jurer que par qch

eingesessen ['aɪngəzɛsən] adj établi(e) de longue date

eingespannt ['aɪngəʃpant] adj très pris(e)

eingespielt ['aɪngəʃpi:lt] adj: **aufeinander ~ sein** bien s'entendre

Eingeständnis ['aɪngəʃtɛntnɪs] nt aveu m

eingestehen ['aɪngəʃte:ən] unreg vt avouer

eingestellt ['aɪngəʃtɛlt] adj: **fortschrittlich/ausländerfeindlich ~ sein** avoir des idées progressistes/xénophobes; **auf Export ~ sein** être spécialisé(e) dans l'exportation; **ich bin im Moment nicht auf Besuch ~** en ce moment, je ne suis pas d'humeur à recevoir des visites

eingetragen ['aɪngətraːgən] *adj* (*Verein*) reconnu(e) (par les autorités); **~er Gesellschaftssitz** siège *m* social; **~es Warenzeichen** marque *f* déposée

Eingeweide ['aɪngəvaɪdə] (**-s, -**) *nt* (*gew pl*) viscères *mpl*

Eingeweihte, r ['aɪngəvaɪtə(r)] *f(m)* initié(e) *m(f)*

eingewöhnen ['aɪngəvøːnən] *vr*: **sich ~ in** +*Akk* s'habituer à, s'acclimater dans

Eingewöhnung *f* acclimatation *f*

eingießen ['aɪngiːsən] *unreg vt* verser

eingleisig ['aɪnglaɪzɪç] *adj* à voie unique; **er denkt sehr ~** il est très étroit d'esprit, il n'a aucune imagination

eingliedern ['aɪngliːdərn] *vt*: **~ (in** +*Akk*) intégrer (à *od* dans), incorporer (à *od* dans) ▷ *vr*: **sich ~ (in** +*Akk*) s'intégrer (à *od* dans)

eingraben ['aɪngraːbən] *unreg vt* (*Pflanze*) mettre en terre; (*Pfahl*) enfoncer ▷ *vr* (*Tier*) se terrer; **das hat sich in mein(em) Gedächtnis eingegraben** c'est resté gravé dans ma mémoire

eingravieren ['aɪngraviːrən] *vt* graver

eingreifen ['aɪngraɪfən] *unreg vi* (*in Konflikt*) intervenir; (*Zahnrad*) s'engrener

Eingreifen *nt* intervention *f*

eingrenzen ['aɪngrɛntsən] *vt* enclore, délimiter; (*Problem*) circonscrire

Eingriff ['aɪngrɪf] *m* intervention *f*; (*Operation*) intervention (chirurgicale), opération *f*

einhaken ['aɪnhaːkən] *vt* (*befestigen*) accrocher ▷ *vr*: **sich bei jdm ~** prendre le bras de qn ▷ *vi* (*umg: sich einmischen*) mettre son grain de sel

Einhalt ['aɪnhalt] *m*: **jdm ~ gebieten** (*geh*) arrêter qn; **etw** *Dat* **~ gebieten** mettre un terme à qch

einhalten *unreg vt* suivre; (*Versprechen*) tenir; (*Frist*) respecter ▷ *vi* s'arrêter

einhämmern ['aɪnhɛmərn] *vt*: **jdm etw ~** faire entrer qch dans la tête de qn

einhandeln ['aɪnhandəln] *vt*: **etw gegen** *od* **für etw ~** échanger qch contre qch ▷ *vr* (*umg: bekommen*) se ramasser

einhändig ['aɪnhɛndɪç] *adj* manchot(e) ▷ *adv* d'une (seule) main

einhändigen ['aɪnhɛndɪgən] *vt* remettre (en mains propres)

einhängen ['aɪnhɛŋən] *vt* (*Tür*) monter; (*Telefon*) raccrocher ▷ *vi* (*Telefon*) raccrocher; **sich bei jdm ~** prendre le bras de qn

einheften ['aɪnhɛftən] *vt* (*Akten etc*) classer

einheimisch ['aɪnhaɪmɪʃ] *adj* (*Ware*) du pays; (*Pflanze*) indigène; (*Bevölkerung*) indigène, autochtone; **E~e, r** *f(m)* autochtone *m/f*; **ich bin kein E~er** je ne suis pas d'ici

einheimsen (*umg*) *vt* (*Lob*) récolter; (*Geschenk*) obtenir; (*Preis*) décrocher

einheiraten ['aɪnhaɪraːtən] *vi*: **in einen Betrieb ~** épouser le fils ou la fille du patron (*d'une entreprise*)

Einheit ['aɪnhaɪt] *f* unité *f*; **eine geschlossene ~ bilden** former un ensemble cohérent; **e~lich** *adj* (*Kleidung, Gestaltung*) uniformisé(e), tous (toutes) pareils (pareilles); (*Preis*) unique; (*genormt*) standard *unver*; (*in sich geschlossen*) cohérent(e)

Einheits-: **~liste** *f* (*Pol*) liste *f* unique; **~preis** *m* prix *m* unique

einheizen ['aɪnhaɪtsən] *vt* (*Ofen*) allumer ▷ *vi* (*umg*): **jdm (ordentlich) ~** dire ses quatre vérités à qn

einhellig ['aɪnhɛlɪç] *adj* (*Meinung*) unanime; **~ ablehnen** rejeter à l'unanimité

einholen ['aɪnhoːlən] *vt* (*aufholen*) rattraper; (*Rat, Erlaubnis*) demander; (*Tau*) haler; (*Netz, Segel, Fahne*) amener ▷ *vi* (*umg: einkaufen*) faire les courses

Einhorn ['aɪnhɔrn] *nt* licorne *f*

einhüllen ['aɪnhʏlən] *vt* envelopper

einhundert ['aɪn'hʊndərt] *num* cent

einig ['aɪnɪç] *adj* (*vereint*) uni(e); (**sich** *Dat*) **~ sein** être d'accord; **~ werden** tomber d'accord

einige, r, s ['aɪnɪgə(r, s)] *pron* (*etwas: adjektivisch*) un peu de; (*: substantivisch*) un peu; **~ Mal(e)/Tage** plusieurs fois/jours; **vor ~n Tagen/Wochen** il y a quelques jours/semaines; **in ~r Entfernung** à quelque distance, un peu plus loin; **es gibt noch ~s zu regeln** il reste encore plusieurs questions à régler; **~ Hundert Unterschriften** plusieurs centaines de signatures; **mit Ausnahme ~r weniger** à l'exception de quelques personnes

einigen *vt* (*Volk*) unir; (*Parteien*) réconcilier ▷ *vr*: **sich ~ auf** +*Akk* se mettre d'accord sur

einigermaßen *adv* (*sehr, ziemlich*) assez, plutôt; (*leidlich*) à peu près

einiggehen *unreg vi*: **~ (in** +*Dat*) être d'accord (sur)

Einigkeit *f* unité *f*; (*Übereinstimmung*) accord *m*

Einigung *f* (*Übereinstimmung*) accord *m*; (*Pol: von Ländern*) unification *f*

einimpfen ['aɪnɪmpfən] *vt* inoculer; (*fig*) inculquer

einjagen ['aɪnjaːgən] *vt*: **jdm Furcht** *od* **einen Schrecken ~** faire très peur à qn

einjährig ['aɪnjɛːrɪç] *adj* (*Pflanze*) annuel(le); (*Kind*) d'un an

einkalkulieren ['aɪnkalkuliːrən] *vt* prévoir, inclure dans ses calculs

einkassieren ['aɪnkasiːrən] *vt* (*Geld*) encaisser; (*umg: wegnehmen*) se mettre dans la poche

Einkauf ['aɪnkaʊf] *m* achat *m*; (*Wirts: Abteilung*) service *m* (des) achats

einkaufen *vt* acheter ▷ *vi* faire les courses *od* des achats ▷ *vr* (*in Altenheim*) acheter un appartement; **~ gehen** aller faire les courses

Einkäufer ['aɪnkɔʏfər] *m* (*Wirts*) acheteur *m*

Einkaufs-: **~bummel** *m*: **einen ~bummel machen** faire du shopping; **~korb** *m* panier *m* à provisions; **~leiter** *m* (*Wirts*) chef *m* du service des achats; **~netz** *nt* filet *m* à provisions; **~preis** *m* prix *m* d'achat; **~wagen** *m* caddie *m*; **~zentrum** *nt* centre *m* commercial

einkehren ['aɪnkeːrən] *vi*: **~ (in** +*Dat*) (*in Gasthof*) s'arrêter (dans); **~ (bei)** (*geh: sich einstellen*) arriver (chez)

einkerben ['aɪnkɛrbən] *vt* (*Stock*) entailler; (*Zeichen*) graver

einkesseln ['aɪnkɛsəln] *vt* encercler

einklagen ['aɪnklaːgən] *vt* (*Schulden*) aller devant

les tribunaux pour obtenir le recouvrement de

einklammern ['aɪnklamərn] vt mettre entre parenthèses

Einklang ['aɪnklaŋ] m harmonie f; **in ~ bringen** harmoniser

einklassig ['aɪnklasɪç] adj (Schule) à une seule classe

einkleiden ['aɪnklaɪdən] vt habiller; (Gedanken) formuler ▷ vr: **sich ~** se constituer une garderobe

einklemmen ['aɪnklɛmən] vt coincer

einknicken ['aɪnknɪkən] vt (Streichholz) casser (à demi); (Papier) corner ▷ vi (Knie) fléchir

Einknöpffutter ['aɪnknœpffʊtər] nt doublure f amovible

einkochen ['aɪnkɔxən] vt (Marmelade) faire; (Obst) faire des conserves de ▷ vi (se) réduire

Einkommen ['aɪnkɔmən] (**-s, -**) nt revenu m

einkommens-: **~schwach** adj à faible revenu; **~stark** adj à revenu élevé; **E~steuer** f impôt m sur le revenu; **E~steuererklärung** f déclaration f d'impôt sur le revenu; **E~verhältnisse** pl situation fsg financière, revenu msg

einkreisen ['aɪnkraɪzən] vt encercler, cerner

einkriegen ['aɪnkri:gən] (umg) vr: **sich nicht ~ können (vor Lachen)** rire aux larmes

Einkünfte ['aɪnkʏnftə] pl revenus mpl

einladen ['aɪnla:dən] unreg vt (Person) inviter; (Gepäck) charger; **jdn ins Kino ~** inviter qn (à aller) au cinéma

Einladung f invitation f

Einlage ['aɪnla:gə] f (in Brief, Paket) pièce f jointe, annexe f; (Programmeinlage) intermède m; (Finanz: Kapitaleinlage) apport m, mise f de fonds; (Spareinlage) dépôt m; (Koch: in Suppe) aliments solides dans un potage; (in Schuh) support m; (Zahneinlage) plombage m provisoire; **musikalische ~** intermède musical

einlagern ['aɪnla:gərn] vt (Kartoffel) entreposer, mettre en réserve; (Möbel) mettre en dépôt

Einlass ['aɪnlas] (**-es, ⁻e**) m (Zutritt) admission f, entrée f; **jdm ~ gewähren** laisser entrer qn

einlassen unreg vt (Mensch) laisser entrer; (Wasser) faire couler; (einsetzen: Platte) encastrer ▷ vr: **sich auf etw** Akk **~** s'aventurer dans qch; **sich mit jdm ~** se commettre avec qn; **sich auf einen Kompromiss ~** consentir à un compromis; **ich lasse mich auf keine Diskussion ein** je refuse de discuter

Einlauf ['aɪnlaʊf] m (Sport) arrivée f; (Med) lavement m; (Koch: in Suppe) mélange de pâte que l'on verse dans un potage bouillant

einlaufen unreg vi arriver; (in Hafen) entrer dans le port; (Wasser) couler; (Stoff) rétrécir ▷ vt (Schuhe) porter pour s'y habituer, faire ▷ vr (Sport) s'échauffer; (Motor, Maschine) se roder; **jdm das Haus ~** envahir la maison de qn

einläuten ['aɪnlɔʏtən] vt sonner; (Sport: Runde) annoncer

einleben ['aɪnle:bən] vr s'acclimater

Einlegearbeit f marqueterie f

einlegen ['aɪnle:gən] vt (Blatt) insérer; (Film)

charger; (Sohle) mettre; (Koch: Gurken, Heringe) mariner; (in Holz etc) incruster, appliquer; (Finanz: einzahlen) déposer; (Pause) faire; (Protest) formuler; (Veto) opposer; (Berufung) faire, interjeter; **ein gutes Wort für jdn ~** intercéder en faveur de qn

Einlegesohle f semelle f orthopédique

einleiten ['aɪnlaɪtən] vt (beginnen: Maßnahmen) prendre; (Jur: Verfahren) engager; (Feier, Rede) commencer; (Geburt) provoquer ▷ vi (einführen) faire une introduction

Einleitung f introduction f

einlenken ['aɪnlɛŋkən] vi (fig) céder

einlesen ['aɪnle:zən] unreg vr: **sich in ein Gebiet ~** lire des ouvrages sur un sujet ▷ vt: **Daten ~** mettre des données en mémoire

einleuchten ['aɪnlɔʏçtən] vi (klar sein): (jdm) **~** paraître évident(e) (à qn)

einleuchtend adj convaincant(e)

einliefern ['aɪnli:fərn] vt (Paket) livrer; **jdn ins Krankenhaus ~** hospitaliser qn

Einlieferungsschein m récépissé m

einliegend ['aɪnli:gənt] adj ci-joint(e)

Einliegerwohnung ['aɪnli:gərvo:nʊŋ] f studio m à usage locatif (dans une maison particulière)

einlochen ['aɪnlɔxən] (umg) vt (einsperren) coffrer

einloggen ['aɪnlɔgən] vi (Comput) ouvrir une session ▷ vr se connecter (sur un système)

einlösen ['aɪnlø:zən] vt (Scheck) encaisser; (Schuldschein, Pfand) retirer; (Versprechen) s'acquitter de, tenir

einmachen ['aɪnmaxən] vt mettre en conserve

Einmachglas nt bocal m od pot m à confiture

einmal ['aɪnma:l] adv (ein einziges Mal) une (seule) fois; (erstens) (tout) d'abord; (später, irgendwann) un jour; (früher, vorher) jadis, une fois; **nehmen wir ~ an** supposons; **erst ~** (tout) d'abord; **noch ~** encore une fois; **nicht ~** même pas, pas même; **auf ~** tout à coup, soudain; **es war ~** il était une fois; **~ ist k~** (Sprichwort) une fois n'est pas coutume; **waren Sie schon ~ in Rom?** êtes-vous déjà allés à Rome?

Einmaleins nt tables fpl de multiplication; (fig) b a ba m

einmalig adj unique; (hervorragend) extraordinaire

Einmannbetrieb m entreprise f individuelle

Einmannbus m bus sans receveur

Einmarkstück [aɪn'markʃtʏk] nt pièce f d'un mark

Einmarsch ['aɪnmarʃ] m (Mil) invasion f; (von Sportlern) entrée f

einmarschieren vi (Truppen): **~ (in** +Akk) envahir; (Sportler) faire son entrée (dans)

einmengen ['aɪnmɛŋən] vr siehe **einmischen**

einmieten ['aɪnmi:tən] vr: **sich bei jdm ~** louer une chambre chez qn; **sich in einem Hotel ~** prendre une chambre d'hôtel

einmischen ['aɪnmɪʃən] vr: **sich ~ in** +Akk se mêler de

einmotten ['aɪnmɔtən] vt (Kleider etc) ranger (avec de l'antimite)

einmünden ['aɪnmʏndən] vi: **~ in** +Akk (Fluss) se jeter dans; (Straße) déboucher sur

einmütig ['aɪnmyːtɪç] adj unanime
einnähen ['aɪnnɛːən] vt (enger machen) rétrécir; (befestigen) coudre
Einnahme ['aɪnnaːmə] f (gew pl: Geld) recette f, revenu m; (von Medizin) absorption f; (Mil) prise f; **~n und Ausgaben** recettes et dépenses; **~quelle** f source f de revenu
einnehmen ['aɪnneːmən] unreg vt (Geld) gagner; (Medizin, Mahlzeit, Mil: Stadt) prendre; (Raum, Platz) occuper, prendre; (beschäftigen) occuper; **jdn für/ gegen jdn/etw ~** prévenir qn en faveur de/contre qn/qch; **von sich eingenommen sein** (pej) être imbu(e) de soi-même
einnehmend adj (Wesen) charmant(e)
einnicken ['aɪnnɪkən] (umg) vi piquer un petit somme
einnisten ['aɪnnɪstən] vr se nicher; (fig) s'incruster
Einöde ['aɪnløːdə] f désert m
einordnen ['aɪnlɔrdnən] vt (Karteikarten etc) classer ▷ vr (sich anpassen) s'intégrer, s'adapter; (Aut) prendre la bonne file
einpacken ['aɪnpakən] vt (Geschenke) emballer; (in Koffer, Paket) mettre
einparken ['aɪnparkən] vt garer ▷ vi se garer
einpendeln ['aɪnpɛndəln] vr (fig) se stabiliser
einpennen ['aɪnpɛnən] (umg) vi s'endormir
einpferchen ['aɪnpfɛrçən] vt parquer; (fig) entasser
einpflanzen ['aɪnpflantsən] vt planter; (fig) inculquer; (Med: Organ) greffer
einplanen ['aɪnplaːnən] vt prévoir
einprägen ['aɪnprɛːgən] vt (Zeichen) graver; (beibringen): **jdm ~** inculquer à qn ▷ vr (Spuren) s'imprimer; (Erlebnisse) rester gravé(e) dans la mémoire; **sich** Dat **etw ~** mémoriser qch
einprägsam ['aɪnprɛːkzaːm] adj (Melodie) facile à retenir
einprogrammieren ['aɪnprogramiːrən] vt (Comput) programmer
einquartieren ['aɪnkvartiːrən] vt installer, loger
einrahmen ['aɪnraːmən] vt (Bild) encadrer; (umgeben) entourer
einrangieren ['aɪnrãʒiːrən] vt (Person) situer
einrasten ['aɪnrastən] vi s'enclencher
einräumen ['aɪnrɔʏmən] vt (ordnen) ranger; (überlassen) laisser, céder; (zugestehen) concéder
einrechnen ['aɪnrɛçnən] vt comprendre; (berücksichtigen) tenir compte de
einreden ['aɪnreːdən] vt: **jdm/sich etw ~** persuader qn/se persuader de qch ▷ vi: **auf jdn ~** chercher à persuader qn
einregnen ['aɪnreːgnən] vr: **es hat sich eingeregnet** le temps s'est mis à la pluie
einreiben ['aɪnraɪbən] unreg vt frotter, frictionner
einreichen ['aɪnraɪçən] unreg vt présenter
Einreichungsfrist f délai m (de soumission)
einreihen ['aɪnraɪən] vt (einordnen) ranger; (klassifizieren) classer ▷ vr (Auto: sich einreihen) prendre la bonne file
Einreise ['aɪnraɪzə] f entrée f; **~bestimmungen** pl dispositions relatives à l'entrée dans un pays; **~erlaubnis** f,

Einreisegenehmigung f visa m d'entrée
einreisen ['aɪnraɪzən] vi (in ein Land) entrer
Einreiseverbot nt interdiction f de séjour
Einreisevisum nt visa m d'entrée
einreißen ['aɪnraɪsən] unreg vt (Papier) déchirer; (Gebäude) raser ▷ vi (kaputtgehen) se déchirer; (Gewohnheit werden) s'enraciner
einrenken ['aɪnrɛŋkən] vt (Gelenk, Knie) remettre; (fig: umg) rabibocher ▷ vr (fig: umg) s'arranger
einrichten ['aɪnrɪçtən] vt (Wohnung) aménager; (Knochenbruch) réduire; (eröffnen) ouvrir; (arrangieren) arranger ▷ vr (in Haus) s'installer; (sich anpassen) se débrouiller; (sich einstellen): **sich auf** +Akk se préparer à; **es (sich** Dat**) so ~, dass ...** s'arranger pour que ...
Einrichtung f (Wohnungseinrichtung) aménagement m; (Laboreinrichtung, Praxiseinrichtung) équipement m; (öffentliche Anstalt) institution f; (Dienste) service m; (Gewohnheit): **zu einer ständigen ~ werden** devenir une véritable institution
Einrichtungsgegenstand m meuble m
einrollen ['aɪnrɔlən] vt enrouler ▷ vi (Zug) entrer en gare ▷ vr se mettre en boule
einrosten ['aɪnrɔstən] vi rouiller; (fig) se rouiller
einrücken ['aɪnrʏkən] vt (Zeile, Text) renfoncer, faire commencer en retrait; (Anzeige) insérer ▷ vi (in Land) entrer
Eins [aɪns] (**-, -en**) f un m; **e~** num un(e); **es ist mir alles e~** ça m'est égal; **e~ zu e~** (Sport) un à un; **mit jdm e~ werden** tomber d'accord avec qn; **mit etw e~ werden** s'identifier avec qch; **e~ a** (umg) extra unver
einsäen ['aɪnzɛːən] vt (Rasen) semer
einsalzen ['aɪnzaltsən] vt saler
einsam ['aɪnzaːm] adj (Mensch) seul(e), solitaire; (Leben) solitaire; (abgelegen: Gegend) isolé(e); **~e Klasse** od **Spitze** (umg) vraiment super unver; **E~keit** f (von Mensch, Leben) solitude f; (von Gegend) isolement m
einsammeln ['aɪnzaməln] vt (Früchte) ramasser, cueillir; (Geld) recueillir; (Hefte) ramasser
Einsatz ['aɪnzats] m (Koffereinsatz) compartiment m amovible; (Stoffeinsatz) empiècement m; (Spieleinsatz) mise f, enjeu m; (Bemühung) effort m; (Risiko) risque m; (Mil: Aktion) opération f, campagne f; (Mus) entrée f; (Verwendung, das Einsetzen): **der ~ von etw** le recours à qch; **im ~** au combat; **etw unter ~ seines Lebens tun** faire qch au péril de sa vie; **~befehl** m avis m d'incorporation; **e~bereit** adj (Maschine) opérationnel(le); (Feuerwehrleute) prêt(e) à intervenir; (Helfer) disponible; **~kommando** nt détachement m spécial
einschalten ['aɪnʃaltən] vt (Radio, Licht etc) allumer; (Aut: Gang) passer; (Pause) faire; (Anwalt) faire appel à ▷ vr (dazwischentreten) intervenir
Einschaltquote f (TV) audience f, taux m d'écoute
einschärfen ['aɪnʃɛrfən] vt: **jdm etw ~** inculquer qch à qn
einschätzen ['aɪnʃɛtsən] vt (beurteilen: Mensch)

juger; (*Situation, Arbeit*) évaluer ▷ *vr* se juger

einschenken ['aɪnʃɛŋkən] *vt* verser

einscheren ['aɪnʃeːrən] *vi* se rabattre

einschicken ['aɪnʃɪkən] *vt* envoyer

einschieben ['aɪnʃiːbən] *unreg vt* (*hineinschieben*) mettre, glisser; (*Sonderzug etc*) ajouter; (*Patienten*) prendre (entre deux); (*Diskussion*) avoir le temps pour; **eine Pause ~** faire une pause

einschießen ['aɪnʃiːsən] *vt* (*Fenster*) envoyer un ballon dans; (*Wirts: Geld*) injecter

einschiffen ['aɪnʃɪfən] *vt* embarquer ▷ *vr* s'embarquer

einschl. *abk* (= *einschließlich*) (y) compris

einschlafen ['aɪnʃlaːfən] *unreg vi* s'endormir; (*Glieder*) s'engourdir; (*fig*) cesser peu à peu

einschläfern ['aɪnʃlɛːfərn] *vt* (*schläfrig machen*) endormir, faire dormir; (*Gewissen*) apaiser; (*narkotisieren*) anesthésier; (*töten: Tier*) piquer

einschläfernd *adj* (*Med*) narcotique; (*langweilig*) ennuyeux(-euse)

Einschlag ['aɪnʃlaːk] *m* (*von Blitz*) impact *m*; (*von Geschoss*) point *m* d'impact; (*fig: Beimischung*) influence *f*; **e~en** ['aɪnʃlaːgən] *unreg vt* (*Nagel*) enfoncer; (*zertrümmern: Fenster, Zähne*) casser; (*Schädel*) fracasser; (*Aut: Räder*) braquer; (*Saum*) rabattre; (*Ware*) emballer; (*Weg, Richtung*) prendre; (*Laufbahn*) suivre, embrasser ▷ *vi* (*sich einigen*) toper; (*Anklang finden*) avoir du succès *unreg* (*Blitz, Bombe*): **e~en (in** +*Akk*) tomber (sur); **auf jdn/etw e~en** rouer qn/qch de coups; **es muss irgendwo eingeschlagen haben** la foudre a dû tomber quelque part; **gut e~en** (*umg*) bien marcher

einschlägig ['aɪnʃlɛːgɪç] *adj* (*Geschäft*) spécialisé(e); (*Literatur*) concernant ce sujet; **er ist ~ vorbestraft** (*Jur*) il a déjà été condamné pour le même délit

einschleichen ['aɪnʃlaɪçən] *unreg vr* (*in Haus*) s'introduire (subrepticement); (*Fehler*) se glisser; **sich in jds Vertrauen ~** s'insinuer dans la confiance de qn

einschleppen ['aɪnʃlɛpən] *vt* (*Krankheit etc*) introduire

einschleusen ['aɪnʃlɔyzən] *vt*: **~ (in** +*Akk*) introduire clandestinement *od* illégalement (dans)

einschließen ['aɪnʃliːsən] *unreg vt* (*Kind, Häftling*) enfermer; (*Gegenstand*) mettre sous clef; (*Mil*) cerner, encercler; (*Bergleute*) bloquer (sous terre); (*umgeben*) entourer; (*einbegreifen*) inclure, comprendre ▷ *vr*: **sich ~ (in** +*Dat*) s'enfermer (dans)

einschließlich *adv* (*mitgerechnet*) inclusivement, compris ▷ *präp* +*Gen* y compris; **~ Porto** port compris

einschmeicheln ['aɪnʃmaɪçəln] *vr*: **sich ~ bei** s'insinuer dans les bonnes grâces de

einschmelzen ['aɪnʃmɛltsən] *vt* fondre

einschmuggeln ['aɪnʃmʊgəln] *vt* introduire illégalement *od* en contrebande

einschnappen ['aɪnʃnapən] *vi* (*Tür*) se fermer; (*umg: beleidigt sein*) se vexer; **eingeschnappt sein**

avoir pris la mouche

einschneiden ['aɪnʃnaɪdən] *vt, vi* couper

einschneidend ['aɪnʃnaɪdənt] *adj* (*Veränderung*) radical(e), profond(e); (*Bedeutung*) primordial(e)

einschneien ['aɪnʃnaɪən] *vi*: **eingeschneit sein** être bloqué(e) par la neige

Einschnitt ['aɪnʃnɪt] *m* (*Schnittstelle*) découpure *f*; (*Med*) incision *f*; (*bedeutendes Ereignis*) événement *m* décisif, tournant *m*; (*fig: Zäsur*) coupure *f*

einschnüren ['aɪnʃnyːrən] *vt* (*einengen*) serrer; **dieser Kragen schnürt mir den Hals ein** ce col m'étrangle

einschränken ['aɪnʃrɛŋkən] *vt* (*reduzieren*) réduire; (*Freiheit, Rechte, Begriff*) limiter, restreindre; (*Behauptung*) nuancer ▷ *vr* (*sich bescheiden*) réduire ses dépenses; **~d möchte ich sagen, dass ...** je voudrais toutefois préciser que ...

Einschränkung *f* (*von Freiheit*) limitation *f*, restriction *f*; (*von Kosten*) réduction *f*; (*von Begriff*) restriction; (*von Behauptung*) réserve *f*; **nur mit/ohne ~** sous/sans réserve

Einschreib(e)brief *m* lettre *f* recommandée

einschreiben ['aɪnʃraɪbən] *unreg vt* (*eintragen*) inscrire; (*Post*) recommander ▷ *vr* s'inscrire; **E~ nt** envoi *m* recommandé

Einschreib(e)sendung *f* envoi *m* recommandé

einschreiten ['aɪnʃraɪtən] *vi* intervenir; **gegen jdn/etw ~** prendre des mesures contre qn/qch

Einschub ['aɪnʃuːp] (**-s, ¨e**) *m* (*in Satz*) insertion *f*

einschüchtern ['aɪnʃʏçtərn] *vt* intimider

Einschüchterung ['aɪnʃʏçtərʊŋ] *f* intimidation *f*

einschulen ['aɪnʃuːlən] *vt*: **eingeschult werden** (*Kind*) commencer l'école *od* sa scolarité

Einschuss ['aɪnʃʊs] *m* (*Einschussstelle*) point *m* d'impact; (*Fußball*) (tir *m* au) but *m*

einschweißen ['aɪnʃvaɪsən] *vt* (*in Plastik*) emballer sous plastique; (*Tech*) souder

einschwenken ['aɪnʃvɛŋkən] *vi* (*Auto*) tourner

einsehen ['aɪnzeːən] *unreg vt* (*hineinsehen in, verstehen*) voir; (*prüfen*) examiner; (*Fehler*) reconnaître; **das sehe ich nicht ein** je ne suis pas d'accord; **E~ (-s)** *nt*: **ein/kein E~ haben** se montrer compréhensif(-ive)/intransigeant(e)

einseifen ['aɪnzaɪfən] *vt* savonner; (*fig: umg*) embobiner

einseitig ['aɪnzaɪtɪç] *adj* (*auf einer Körperseite: Lähmung*) partiel(le); (*Erklärung, Pol*) unilatéral(e); (*Ernährung*) mal équilibré(e); (*Ausbildung*) trop spécialisé(e); (*Darstellung*) peu objectif(-ive); (*Diskette*) simple; **~e Lähmung** hémiplégie *f*; **E~keit** *f* (*von Beurteilung, Bericht*) partialité *f*; (*von Ausbildung*) caractère *m* trop spécialisé

einsenden ['aɪnzɛndən] *unreg vt* envoyer

Einsender, in (**-s, -**) *m(f)* expéditeur(-trice) *m(f)*

Einsendeschluss *m* date *f* limite d'envoi

Einsendung *f* envoi *m*

einsetzen ['aɪnzɛtsən] *vt* (*einfügen*) mettre, poser; (*ausfüllen*) mettre; (*ernennen: in Amt*) nommer; (*riskieren*) risquer; (*verwenden*) avoir recours à; (*Mil*) déployer; (*Polizei*) faire intervenir; (*Geld*) investir, affecter ▷ *vi* (*Kälte*) arriver; (*Fieber*) se déclarer; (*Mus*) commencer à jouer; (: *Chor*) commencer à chanter ▷ *vr* (*bemühen*) payer de sa personne; **sich für jdn/etw ~** se battre pour qn/qch; **ich werde mich dafür ~, dass ...** je ferai tout mon possible pour que ...

Einsicht ['aɪnzɪçt] *f* (*Einblick*) aperçu *m*; (*Verständnis*) compréhension *f*; **als Richter hat er ~ in alle Akten** en tant que juge, il a accès à tous les dossiers; **zu der ~ kommen, dass ...** en arriver à la conclusion que ...

einsichtig *adj* (*vernünftig*) compréhensif(-ive); (*verständlich*) compréhensible; **jdm etw ~ machen** expliquer qch à qn

einsichtslos *adj* buté(e)

einsichtsvoll *adj* compréhensif(-ive)

einsickern ['aɪnzɪkərn] *vi* s'infiltrer

Einsiedler ['aɪnzi:dlər] (**-s, -**) *m* ermite *m*

einsilbig ['aɪnzɪlbɪç] *adj* monosyllab(iqu)e; (*fig: wortkarg*) laconique

Einsilbigkeit *f* (*fig*) laconisme *m*

einsinken ['aɪnzɪŋkən] *unreg vi* s'enfoncer; (*Boden*) s'affaisser

Einsitzer ['aɪnzɪtsər] (**-s, -**) *m* monoplace *m*

einsortieren ['aɪnzɔrti:rən] *vt* ranger; (*Dokumente*) classer

einspannen ['aɪnʃpanən] *vt* (*Papier*) mettre; (*Pferde*) atteler; (*umg: Person*) embringuer; (*Werkstück*) fixer; **jdn für seine Zwecke ~** se servir de qn

einsparen ['aɪnʃpa:rən] *vt* (*Arbeitsplätze*) supprimer; (*Kosten*) réduire

Einsparung *f* économie *f*

einspeichern ['aɪnʃpaɪçərn] *vt* (*Comput*): **~ (in** +*Akk*) entrer (dans)

einsperren ['aɪnʃpɛrən] *vt* enfermer

einspielen ['aɪnʃpi:lən] *vr* (*Sport, Mus*) s'échauffer; (*Neuregelung*) se roder ▷ *vt* (*Film: Geld*) rapporter; (*Lied, Schallplatte*) enregistrer; **sich aufeinander ~** (*Team*) se souder; **gut eingespielt** (*Team*) soudé(e)

einsprachig ['aɪnʃpra:xɪç] *adj* monolingue

einspringen ['aɪnʃprɪŋən] *unreg vi* (*aushelfen*): **für jdn ~** remplacer qn au pied levé; (*mit Geld*) tirer qn d'embarras

einspritzen ['aɪnʃprɪtsən] *vt* injecter

Einspritzmotor *m* moteur *m* à injection

Einspruch ['aɪnʃprʊx] *m* objection *f*; **gegen etw ~ erheben** s'opposer à qch; **~ einlegen** (*Jur*) faire appel

Einspruchsfrist *f* (*Jur*) délai *m* d'appel

Einspruchsrecht *nt* droit *m* d'appel

einspurig ['aɪnʃpu:rɪç] *adj* (*Gleis*) à voie unique; (*Fahrbahn, Straße*) à une (seule) voie

einst [aɪnst] *adv* (*früher*) autrefois, jadis; (*zukünftig*) un jour

Einstand ['aɪnʃtant] *m* (*Tennis*) égalité *f*; (*Antritt*) entrée *f* en fonctions; **er hat gestern seinen ~ gegeben** hier il a offert un verre pour fêter son entrée en fonction

einstechen ['aɪnʃtɛçən] *unreg vt* (*hineinstechen*) enfoncer; (*durchstechen*) piquer

einstecken ['aɪnʃtɛkən] *vt* (*in etwas stecken*) mettre; (*Gerät*) brancher; (*mitnehmen in Tasche etc*)

prendre; (*Brief*) mettre à la boîte, poster; (*pej: stehlen*) empocher; (*umg: überlegen sein*) mettre dans sa poche; (*Prügel, Niederlage*) encaisser; (*Beschimpfung*) prendre

einstehen ['aɪnʃte:ən] *unreg vi* (*sich verbürgen*): **~ (für** +*Akk*) se porter garant(e) (de); **für einen Schaden ~** réparer un dommage

einsteigen ['aɪnʃtaɪgən] *unreg vi* (*hineinklettern*) grimper; (*umg: sich beteiligen*) participer; **~ in** +*Akk* (*in Fahrzeug*) monter dans; (*in Schiff*) s'embarquer sur; **~!** (*Eisenb*) en voiture!

einstellbar *adj* réglable

einstellen ['aɪnʃtɛlən] *vt* (*hineinstellen*) mettre (à l'intérieur); (*Arbeitskräfte*) embaucher, engager; (*Arbeit*) arrêter, cesser; (*Zahlungen*) cesser, suspendre; (*Geräte, Kamera*) régler, mettre au point; (*Radio*) allumer; (*Sender*) mettre, se mettre à l'écoute de; (*unterstellen*) entreposer ▷ *vr* (*erscheinen*) se manifester; (*kommen*) arriver; **sich auf jdn/etw ~** s'adapter à qn/qch

einstellig *adj* (*Zahl*) à un (seul) chiffre

Einstellplatz *m* place *f* de parking

Einstellung *f* (*von Arbeitskräften*) embauche *f*; (*das Regulieren*) réglage *m*, mise *f* au point; (*das Aufhören*) arrêt *m*, cessation *f*; (*Haltung, Ansicht*) attitude *f*

Einstellungs-: ~gespräch *nt* entretien *m* d'embauche; **~stopp** *m* arrêt *m* de l'embauche; **~untersuchung** *f* examen *m* médical préalable à l'embauche

Einstieg ['aɪnʃti:k] (**-(e)s, -e**) *m* (*das Einsteigen*) montée *f*; (*Zugang, Tür, fig*) entrée *f*

einstig ['aɪnstɪç] *adj* ancien(ne), d'autrefois

einstimmen ['aɪnʃtɪmən] *vi* (*mitmachen*) se mettre de la partie ▷ *vt* (*Mus: Instrument*) accorder; (*in Stimmung bringen*) mettre dans l'ambiance

einstimmig *adj* (*Beschluss*) unanime; (*Mus*) à une (seule) voix; **E~keit** *f* (*Einmütigkeit*) unanimité *f*

einst-: ~malig *adj* ancien(ne), d'autrefois; **~mals** *adv* autrefois, jadis

einstöckig ['aɪnʃtœkɪç] *adj* (*Haus*) à un (seul) étage

einstöpseln ['aɪnʃtœpsəln] *vt* (*Elek*) brancher

einstoßen ['aɪnʃto:sən] *vt* (*Tür*) enfoncer; (*Scheibe*) casser

einstreichen ['aɪnʃtraɪçən] (*pej: umg*) *vt* (*Geld, Gewinn*) empocher

einstreuen ['aɪnʃtrɔyən] *vt* (*Bemerkungen*) placer, glisser

einstudieren ['aɪnʃtudi:rən] *vt* (*Rolle*) apprendre; (*Lied*) répéter

einstufen ['aɪnʃtu:fən] *vt* classer

Einstufung *f* classement *m*

einstündig ['aɪnʃtʏndɪç] *adj* d'une heure

einstürmen ['aɪnʃtʏrmən] *vi*: **auf jdn mit Fragen/Eindrücken ~** assaillir qn de questions/ d'impressions

Einsturz ['aɪnʃtʊrts] *m* (*von Gebäude*) effondrement *m*

einstürzen ['aɪnʃtʏrtsən] *vi* s'effondrer, s'écrouler; **auf jdn ~** (*fig*) s'abattre sur qn

Einsturzgefahr *f* danger *m* d'effondrement

einstweilen *adv* en attendant
einstweilig *adj* provisoire; **~e Verfügung** (*Jur*) arrêt *m* provisoire
eintägig ['aɪntɛːgɪç] *adj* d'un jour
Eintagsfliege ['aɪntaːksfliːgə] *f* (*Zool*) éphémère *m*
eintasten ['aɪntastən] *vt* (*Text*) entrer
eintauchen ['aɪntauxən] *vt* (*in Flüssigkeit*) tremper ▷ *vi* plonger
eintauschen ['aɪntauʃən] *vt* échanger
eintausend ['aɪn'tauzənt] *num* mille
einteilen ['aɪntaɪlən] *vt* (*in Teile*) diviser; (*sinnvoll aufteilen*) répartir; **jdn für etw ~** assigner qch à qn; **seine Zeit ~** s'organiser
einteilig *adj* (*Badeanzug*) une pièce unver
Einteilung *f* répartition *f*, organisation *f*; (*von Geld*) gestion *f*
eintönig ['aɪntøːnɪç] *adj* monotone; **E~keit** *f* monotonie *f*
Eintopf *m* plat *m* unique; **~gericht** ['aɪntɔpfgə rɪçt] *nt* plat *m* unique
Eintracht ['aɪntraxt] *f* concorde *f*, harmonie *f*
einträchtig ['aɪntrɛçtɪç] *adv* en (bonne) harmonie
Eintrag ['aɪntraːk] (**-(e)s, -̈e**) *m* inscription *f*; **amtlicher ~** enregistrement *m*
eintragen ['aɪntraːgən] *unreg vt* (*einschreiben, einzeichnen*) inscrire; (*einbringen*) rapporter ▷ *vr* (*in Liste*): **sich ~ (in** +*Akk*) s'inscrire (sur); **jdm etw ~** valoir qch à qn
einträglich ['aɪntrɛːklɪç] *adj* profitable, lucratif(-ive)
Eintragung *f*: **~ (in** +*Akk*) inscription *f* (dans *od* sur)
eintreffen ['aɪntrɛfən] *unreg vi* (*ankommen*) arriver; (*passieren*) se produire; (*wahr werden*) se réaliser, s'accomplir
eintreiben ['aɪntraɪbən] *unreg vt* (*Geldbeträge*) recouvrer
eintreten ['aɪntreːtən] *unreg vi* (*hineingehen*) entrer; (*sich ereignen: Tod, Besserung*) se produire, survenir; (: *Ereignis*) se produire, arriver; (*beitreten*): **~ in** +*Akk* (*in Klub, Partei*) adhérer à, devenir membre de ▷ *vt* (*Tür*) enfoncer (d'un coup de pied); **für jdn/etw ~** intervenir en faveur de qn/qch
eintrichtern ['aɪntrɪçtərn] (*umg*) *vt*: **jdm etw ~** fourrer qch dans le crâne de qn
Eintritt ['aɪntrɪt] *m* entrée *f*; (*in Verein etc*) adhésion *f*; **„~ frei!"** "entrée libre!"; **„~ verboten"** "entrée interdite"; **bei ~ der Dunkelheit** à la tombée de la nuit
Eintritts-: **~geld** *nt* prix *m* du billet; **~karte** *f* billet *m*; **~preis** *m* prix *m* du billet
eintrocknen ['aɪntrɔknən] *vi* se dessécher
Eintrübung ['aɪntryːbʊŋ] *f* ciel (*devenant*) nuageux *ou couvert*
eintrudeln ['aɪntruːdəln] (*umg*) *vi* s'amener
eintunken ['aɪntʊŋkən] *vt*: **~ (in** +*Akk*) tremper (dans)
einüben ['aɪnyːbən] *vt* étudier; (*Theat*) répéter
einverleiben ['aɪnfɛrlaɪbən] *vt* incorporer, intégrer; **sich** *Dat* **etw ~** (*Land, Gebiet*) annexer qch; (*hum: essen*) engloutir qch

Einvernehmen ['aɪnfɛrneːmən] (**-s, -**) *nt* entente *f*, accord *m*; **im ~ mit** en accord avec
einverstanden ['aɪnfɛrʃtandən] *interj* d'accord, entendu ▷ *adj*: **~ sein (mit)** être d'accord (avec); **sich mit etw ~ erklären** se déclarer d'accord avec qch
Einverständnis ['aɪnfɛrʃtɛntnɪs] (**-ses**) *nt* accord *m*; **im ~ mit jdm handeln** agir avec l'accord de qn
einwachsen ['aɪnvaksən] *vt* (*Boden*) cirer; (*Ski*) farter
Einwand ['aɪnvant] (**-(e)s, -̈**) *m* objection *f*; **einen ~ (gegen etw) erheben** formuler une objection (contre qch)
Einwanderer ['aɪnvandərər] *m* immigrant *m*, immigré *m*
einwandern *vi*: **~ (in** +*Akk od* **nach)** immigrer (en)
Einwanderung *f* immigration *f*
einwandfrei *adj* (*Ware*) impeccable, sans défaut; (*Benehmen*) irréprochable; (*Beweis*) irréfutable ▷ *adv*: **etw ~ beweisen** démontrer qch d'une manière irréfutable
einwärts ['aɪnvɛrts] *adv* vers l'intérieur
einwecken ['aɪnvɛkən] *vt* (*Obst, Gemüse*) mettre en conserve
Einwegflasche ['aɪnveːgflaʃə] *f* bouteille *f* non consignée
Einwegspritze *f* seringue *f* jetable
einweichen ['aɪnvaɪçən] *vt* faire tremper
einweihen ['aɪnvaɪən] *vt* (*Brücke, Gebäude*) inaugurer; (*umg: zum ersten Mal benutzen*) étrenner; **jdn in etw** *Akk* **~** initier qn à qch; **er ist eingeweiht** il est au courant
Einweihung *f* (*von Brücke, Gebäude*) inauguration *f*; (*von jdm*) initiation *f*
einweisen ['aɪnvaɪzən] *unreg vt* (*in Amt*) installer; (*in Arbeit*) initier; (*Aut*) aider à se garer; **~ (in** +*Akk*) (*in Anstalt, Krankenhaus*) envoyer *od* faire admettre (à *od* dans)
Einweisung *f* (*in Amt*) installation *f*; (*in Arbeit*) initiation *f*; (*in Anstalt*) internement *m*; (*in Krankenhaus*) hospitalisation *f*
einwenden ['aɪnvɛndən] *unreg vt* objecter; **dagegen lässt sich nichts ~** il n'y a rien à redire
einwerfen ['aɪnvɛrfən] *unreg vt* (*Brief*) mettre à la boîte, poster; (*Münze*) introduire; (*Sport: Ball*) remettre en jeu; (*Fenster*) casser; (*fig: äußern*) objecter
einwickeln ['aɪnvɪkəln] *vt* (*Ware*) emballer; (*Baby*) emmitoufler; (*umg*): **sich ~ lassen** se laisser emboîner
einwilligen ['aɪnvɪlɪgən] *vi*: **~ (in** +*Akk*) consentir (à)
Einwilligung *f* consentement *m*, accord *m*
einwirken ['aɪnvɪrkən] *vi*: **auf jdn/etw ~** influer sur qn/qch, exercer une influence sur qn/qch; **etw ~ lassen** (*Med*) attendre l'effet de qch
Einwirkung *f* (*siehe vt*) influence *f*; effet *m*
Einwohner, in ['aɪnvoːnər(ɪn)] (**-s, -**) *m(f)* habitant(e) *m(f)*; **~meldeamt** *nt* en Allemagne, *administration chargée d'enregistrer les changements de domicile*; **sich beim ~meldeamt (an)melden**

≈ déclarer son arrivée à la mairie *od* au commissariat; **~schaft** f population f, habitants mpl

Einwurf ['aɪnvʊrf] m (*von Brief*) postage m; (*von Münze*) introduction f; (*Einwand*) objection f; (*Sport*) remise f en jeu; (*Öffnung*) ouverture f

Einzahl ['aɪntsaːl] f singulier m

einzahlen vt (*Geld*) verser; **Geld auf ein Konto ~** verser de l'argent sur un compte

Einzahlung f versement m

einzäunen ['aɪntsɔʏnən] vt (*Grundstück*) clôturer

einzeichnen ['aɪntsaɪçnən] vt inscrire

Einzel ['aɪntsəl] (**-s, -**) nt (*Tennis*) simple m; **~aufstellung** f (*Wirts*) état m détaillé; **~bett** nt lit m à une place; **~ergebnis** nt résultat m partiel; **~fahrschein** m billet m simple; **~fall** m cas m isolé; **~gänger, in** m(f) solitaire m/f; **~haft** f régime m cellulaire

Einzelhandel m (*Wirts*) commerce m de détail, petit commerce

Einzelhandelsgeschäft nt commerce m de détail

Einzelhandelspreis m prix m de détail

Einzel-: ~händler m détaillant m; **~heit** f détail m; **~kampf** m (*Sport*) compétition f individuelle; **~karte** f (*Fahrschein*) billet valable pour un (*seul*) trajet; **~kind** nt enfant m/f unique

Einzeller ['aɪntsɛlər] (**-s, -**) m (*Biol*) organisme m unicellulaire

einzeln adj seul(e), unique; (*getrennt*) séparé(e); (*vereinzelt*) isolé(e); (*von Paar*) dépareillé(e) ▷ adv: **~ angeben** spécifier; **E~e** quelques; **der/die E~e** l'individu m; **das E~e** le particulier; **ins E~e gehen** entrer dans les détails; **etw im E~en besprechen** discuter qch en détail; **~ aufführen** énoncer un à un; **bitte ~ (eintreten)** une personne à la fois, s'il vous plaît

Einzel-: ~preis m prix m unitaire; **~stehende, r** f(m) personne f vivant seule; **~teil** nt (*Bestandteil*) élément m; (*Ersatzteil*) pièce f détachée; **etw in seine ~teile zerlegen** démonter qch; **~zimmer** nt (*in Hotel*) chambre f à un lit

einziehen ['aɪntsiːən] unreg vt (*Kopf*) baisser; (*Fühler*) rétracter; (*Antenne*) rentrer; (*Fahrgestell*) relever; (*Netze*) amener; (*Zwischenwand*) dresser; (*Steuern*) percevoir; (*Erkundigungen*) prendre; (*Mil: Rekruten*) appeler (sous les drapeaux); (*Banknoten*) retirer de la circulation; (*Luft*) aspirer, respirer ▷ vi (*in Wohnung*) emménager; (*in Land, Stadion etc*) entrer; (*Friede, Ruhe*) s'établir; (*Flüssigkeit, Salbe*) pénétrer

einzig ['aɪntsɪç] adj unique, seul(e); (*ohnegleichen*) unique ▷ adv (*nur*) seulement, uniquement; (*umg: außerordentlich*) très, incroyablement; **~ und allein deshalb gehe ich heute hin** c'est uniquement pour cette raison que j'y vais; **das E~e** la seule chose; **der/die E~e** la seule personne; **kein ~es Mal** pas une seule fois; **kein E~er** personne; **~artig** adj unique, extraordinaire

Einzug ['aɪntsuːk] m (*in Haus*) emménagement m; (*Einmarsch*) entrée f; (*von Banknoten etc*) retrait m (de la circulation); (*von Steuern, Gebühren*)

perception f

Einzugs-: ~ermächtigung f (*Finanz*) autorisation f de prélèvement automatique; **~verfahren** nt (*Finanz*) système m de virement automatique

Eis [aɪs] (**-es, -**) nt glace f; (*Eiswürfel*) glaçon m; **~ am Stiel** esquimau m; *siehe auch* **eislaufen**; **~bahn** f patinoire f; **~bär** m ours m blanc; **~becher** m coupe f glacée; **~bein** (*Koch*) jarret m de porc; **~berg** m iceberg m; **~beutel** m compresse f glacée; **~blumen** pl cristaux mpl de glace; **~bombe** f (*Koch*) bombe f glacée; **~café** nt café m glacé

Eischnee ['aɪʃneː] m (*Koch*) œufs mpl en neige

Eisdecke f couche f de glace

Eisdiele f glacier m

Eisen ['aɪzən] (**-s, -**) nt fer m; **ein heißes ~** une question brûlante; **zum alten ~ gehören** être bon pour la retraite; **noch ein** *od* **mehrere ~ im Feuer haben** avoir plus d'une corde à son arc

Eisenbahn f chemin m de fer; **es ist (aller)höchste ~** (*umg*) il n'y a plus une minute à perdre; **~abteil** nt compartiment m (de chemin de fer); **~er (-s, -)** m cheminot m; **~netz** nt réseau m ferroviaire; **~schaffner** m contrôleur m des chemins de fer; **~überführung** f passerelle f (par-dessus la voie ferrée); **~übergang** m passage m à niveau; **~wagen** m wagon m, voiture f (de chemin de fer); **~wa(g)gon** m (*Güterwagen*) wagon m (de marchandises)

Eisen-: ~erz nt minerai m de fer; **e~haltig** adj ferrugineux(-euse); **~mangel** m carence f en fer; **~warenhandlung** f quincaillerie f

eisern ['aɪzərn] adj (*aus Eisen*) de *od* en fer; (*Gesundheit, Disziplin*) de fer; (*Energie*) farouche; **~e Reserve** vivres mpl de réserve; **~ bleiben** rester inébranlable

Eis-: ~fach nt freezer m; **e~frei** adj (*Straße*) non verglacé(e); **e~gekühlt** adj glacé(e); **~hockey** nt hockey m sur glace

eisig ['aɪzɪç] adj glacial(e)

Eis-: ~kaffee m café m glacé; **e~kalt** adj (*Wasser*) glacé(e); (*Miene, Typ*) glacial(e), dur(e); **~kunstlauf** f patinage m artistique; **~lauf** f patinage m; **e~laufen** unreg vi patiner; **~meer** nt mer f de glace; **nördliches/südliches ~meer** océan m (Glacial) Arctique/Antarctique; **~pickel** m piolet m

Eisprung ['aɪʃprʊŋ] m (*Med*) ovulation f

Eis-: ~schießen nt (*Sport*) curling m; **~schokolade** f chocolat m glacé; **~scholle** f banquise f; **~schrank** m frigidaire® m; **~stadion** nt patinoire f; **~stockschießen** nt (*Sport*) curling m; **~würfel** m glaçon m; **~zapfen** m glaçon m; **~zeit** f période f glaciaire

eitel ['aɪtəl] adj (*Mensch*) vaniteux(-euse); (*Hoffnung, Gedanke*) vain(e); (*Freude*) pur(e); **E~keit** f (*von Mensch*) vanité f

Eiter ['aɪtər] (**-s**) m pus m

eiterig adj purulent(e)

eitern vi suppurer

Eiweiß (**-es, -e**) nt blanc m d'œuf; (*Chem*) albumine f

Eizelle f ovule m
EKD f abk (= Evangelische Kirche in Deutschland) l'Eglise protestante allemande
Ekel¹ ['e:kəl] (**-s**) m dégoût m; **vor jdm/etw ~ empfinden** trouver qn/qch dégoûtant(e)
Ekel² ['e:kəl] (**-s, -**) (umg) nt (Mensch) individu m répugnant
ekelerregend adj dégoûtant(e), répugnant(e)
ekelhaft adj, **ek(e)lig** adj dégoûtant(e), répugnant(e)
ekeln vt dégoûter ▷ vr: **sich vor etw** Dat ~ trouver qch dégoûtant od répugnant; **dieser Gestank/das Essen ekelt mich** cette puanteur/cette nourriture me donne la nausée; **es ekelt jdn** od **jdm vor etw** Dat qch dégoûte qn
EKG (-) nt abk (= Elektrokardiogramm) électrocardiogramme m
eklatant [ekla'tant] adj (aufsehenerregend) spectaculaire; (offensichtlich) flagrant(e)
Ekstase [ɛk'staːzə] f extase f; **jdn in ~ versetzen** plonger qn dans l'extase
Ekuador [ekua'doːr] (**-s**) nt = **Ecuador**
Ekzem [ɛk'tseːm] (**-s, -e**) nt eczéma m
EL abk (= Esslöffel) c. à s.
Elan [e'lãː] (**-s**) m enthousiasme m
elastisch [e'lastıʃ] adj élastique; (Bewegung) souple; (fig) souple, flexible
Elastizität [elastitsi'tɛːt] f (von Material) élasticité f
Elbe ['ɛlbə] f (Fluss) Elbe f
Elch [ɛlç] (**-(e)s, -e**) m (Zool) élan m
Elefant [ele'fant] (**-en, -en**) m éléphant m; **wie ein ~ im Porzellanladen** (umg) comme un éléphant dans un magasin de porcelaine
elegant [ele'gant] adj élégant(e)
Eleganz [ele'gants] f élégance f
elektrifizieren [elɛktrifi'tsiːrən] vt électrifier
Elektrifizierung [elɛktrifi'tsiːrʊŋ] f électrification f
Elektriker [e'lɛktrikər] (**-s, -**) m électricien m
elektrisch [e'lɛktrıʃ] adj électrique
elektrisieren [elɛktri'ziːrən] vt (elektrisch aufladen) électriser; (Med: jdn) soigner par électrothérapie; (fig) électriser, galvaniser ▷ vr recevoir une décharge électrique
Elektrizität [elɛktritsi'tɛːt] f électricité f
Elektrizitätswerk nt centrale f électrique
Elektrizitätszähler m compteur m d'électricité
Elektroartikel [e'lɛktro|artıkəl] m appareil m électroménager
Elektrode [elɛk'troːdə] f électrode f
Elektro-: **~gerät** nt appareil m électrique; **~herd** m cuisinière f électrique; **~kardiogramm** nt électrocardiogramme m; **~lyse** [elektro'lyːzə] f électrolyse f; **~motor** m moteur m électrique
Elektron [e'lɛktrɔn] (**-s, -en**) nt électron m
Elektronen(ge)hirn (umg) nt cerveau m électronique
Elektronenrechner m ordinateur m
Elektronik [elɛk'troːnık] f électronique f; (Teile) système m électronique
elektronisch adj électronique; **~e Post** courrier m électronique; **~er Briefkasten** boîte f aux lettres électronique
Elektro-: **~rasierer** m rasoir m électrique; **~schock** m électrochoc m; **~technik** f électrotechnique f; **~techniker, in** m(f) (Elektriker) électricien(ne) m/f; (Ingenieur) ingénieur m électricien
Element [ele'mɛnt] (**-s, -e**) nt élément m; (gew pl: Anfangsgründe) rudiments mpl; **in seinem ~ sein** être dans son élément
elementar [elemɛn'taːr] adj (Recht) fondamental(e); (Wissen) élémentaire, rudimentaire; (Trieb) naturel(le); **E~teilchen** nt particule f élémentaire
Elend ['eːlɛnt] (**-(e)s**) nt misère f; **da kann man ja das heulende ~ kriegen** (umg) c'est triste à pleurer; **e~** adj misérable; (krank) malade, souffrant(e); (umg: Hunger) terrible ▷ adv: **e~ aussehen** avoir très mauvaise mine; **es war e~ kalt** il faisait un froid de loup; **mir ist ganz e~** je ne me sens vraiment pas bien
elendiglich ['eːlɛndıklıç] adv misérablement; **~ zugrunde gehen** avoir une fin misérable
Elendsviertel nt bidonville m
elf [ɛlf] num onze; **E~** (**-, -en**) f (Sport) onze m
Elfe f elfe m, lutin m
Elfenbein nt ivoire m; **~küste** f: **die ~küste** la Côte d'Ivoire
Elfmeter m (Sport) penalty m
elfte, r, s adj onzième
eliminieren [elimi'niːrən] vt éliminer
elitär [eli'tɛːr] adj (pej) élitiste ▷ adv d'une manière élitiste
Elite [e'liːtə] f élite f; **~truppe** f (Mil) corps m d'élite
Elixier [elı'ksiːr] (**-s, -e**) nt élixir m
Elle ['ɛlə] f (Maßeinheit, Messstab) aune f; (Knochen) cubitus m
Ell(en)bogen m coude m; **die Ell(en)bogen gebrauchen** jouer des coudes;
Ell(en)bogenfreiheit f (fig) liberté f d'action
Ellipse [ɛ'lıpsə] f ellipse f
E-Lok ['eːlɔk] (-) f abk (= elektrische Lokomotive) locomotive f électrique
Elsass ['ɛlzas] nt (**-(e)s**); **das ~** l'Alsace f
Elsässer, in ['ɛlzɛsər(ın)] m(f) Alsacien(ne) m(f)
elsässisch adj alsacien(ne)
Elster ['ɛlstər] (**-, -n**) f (Zool) pie f
elterlich adj des parents, parental(e)
Eltern ['ɛltərn] pl parents mpl; **nicht von schlechten ~ sein** (umg) ne pas être piqué(e) des vers; **~abend** m (Sch) réunion f de parents d'élèves; **~beirat** m (Sch) comité m de parents (d'élèves); **~haus** nt maison f familiale; **e~los** adj sans parents, orphelin(e); **~sprechtag** m (Sch) réunion f parents-professeurs; **~teil** m parent m; **~zeit** f ≈ congé m parental d,éducation
Email [e'maːj] (**-s, -s**) nt émail m
E-Mail ['iːmeːl] (-) f courrier m électronique; **jdm eine ~ schicken** envoyer un mail à qn
E-Mail-Adresse ['iːmeːl-] f adresse f e-mail, adresse f électronique

emaillieren [ema'ji:rən] vt émailler
Emanze [e:'mantsə] (gew pej) f féministe f
Emanzipation [emantsipatsi'o:n] f (von Frau)
libération f; (von Minderheit) émancipation f
emanzipieren [emantsi'pi:rən] vt émanciper
▷ vr s'émanciper, se libérer
Embargo [ɛm'bargo] (-s, -s) nt embargo m
Emblem [ɛm'ble:m] (-s, -e) nt (Hoheitszeichen)
emblème m
Embolie [ɛmbo'li:] f embolie f
Embryo ['ɛmbryo] (-s, -s od -nen) m embryon m
Embryonenforschung f recherche f embryons
Emigrant, in [emi'grant(ın)] m(f) émigré(e) m(f),
émigrant(e) m(f)
Emigration [emigratsi'o:n] (-s, -s od -nen) f
émigration f; **in die ~ gehen** s'exiler
emigrieren [emi'gri:rən] vi émigrer
Emissionskurs [emisi'o:nskʊrs] m cours m od
taux m d'émission
Emmentaler ['ɛmənta:lər] m emmenthal m
EMNID abk (= Erforschung, Meinung, Nachrichten,
Informationsdienst) institut de sondage d'opinion
emotional [emotsio'na:l] adj émotif(-ive)
emotionsgeladen [emotsi'o:nsgəla:dən] adj
chargé(e) d'émotion
Empf. abk = **Empfänger**
empfahl etc [ɛm'pfa:l] vb siehe **empfehlen**
empfand etc [ɛm'pfant] vb siehe **empfinden**
Empfang [ɛm'pfaŋ] (-(e)s, ⏜e) m (Rundf, TV)
réception f; (Begrüßung) accueil m; **ein Päckchen
in ~ nehmen** prendre livraison d'un colis; **nach**
od **bei ~ zahlbar** payable à la livraison
empfangen unreg vt recevoir; (begrüßen) accueillir,
recevoir ▷ vi (schwanger werden) concevoir
Empfänger, in [ɛm'pfɛŋər(ın)] (-s, -) m(f) (von
Brief, Paket etc) destinataire m/f; (Gerät) récepteur
m; (Wirts) réceptionnaire m/f, consignataire m/f;
~ unbekannt (auf Briefen) inconnu à cette adresse
empfänglich adj: **~ (für)** sensible (à)
Empfängnis (-, -se) f conception f; **e~verhütend**
adj contraceptif(-ive); **~verhütung** f
contraception f
Empfangs-: **~bestätigung** f accusé m de
réception; **~chef** m (von Hotel) chef m
réceptionniste; **~dame** f réceptionniste f;
~gerät nt récepteur m; **~schein** m reçu m;
~störung f parasites mpl; **~zimmer** nt salon m
empfehlen [ɛm'pfe:lən] unreg vt recommander
▷ vr (sich verabschieden) prendre congé; **es
empfiehlt sich ...** il est recommandé de ...
empfehlenswert adj à recommander; **es wäre ~**
ce serait une bonne idée
Empfehlung f recommandation f; **auf ~ von** sur
la recommandation de
Empfehlungsschreiben nt lettre f de
recommandation
empfiehlst etc [ɛm'pfi:lst] vb siehe **empfehlen**
empfinden [ɛm'pfındən] unreg vt ressentir,
éprouver; (Hunger) éprouver, avoir; (für etw halten):
etw als Beleidigung ~ ressentir qch comme une
insulte; **E~ (-s)** nt: **meinem E~ nach** selon moi
empfindlich adj (Stelle, Gerät) sensible; (Stoff)

fragile; (Farbe) salissant(e); (leicht beleidigt)
susceptible; (hart, schmerzlich) douloureux(-euse),
sensible ▷ adv: **diese Kritik hat ihn ~ getroffen**
cette critique l'a piqué au vif; **E~keit** f
sensibilité f; (leichte Reizbarkeit) susceptibilité f
empfindsam adj (Mensch) sensible
Empfindung f sensation f; (Seelenempfindung)
sentiment m
empfindungslos adj insensible
empfing [ɛm'pfıŋ] vb siehe **empfangen**
empfohlen [ɛm'pfo:lən] pp von **empfehlen** ▷ adj:
~er Richtpreis prix m conseillé
empor [ɛm'po:r] adv vers le haut
emporarbeiten vr (geh) réussir grâce à son travail
Empore [ɛm'po:rə] f (Archit) galerie f
empören [ɛm'pøːrən] vt indigner ▷ vr s'indigner;
(sich erheben) se révolter
empörend adj (Benehmen) scandaleux(-euse)
emporkommen unreg vi s'élever; (vorankommen)
réussir
Emporkömmling (pej) m parvenu m
Empörung f indignation f; (Meuterei) révolte f,
rébellion f
emsig ['ɛmzıç] adj (Mensch) affairé(e), zélé(e);
(Sammler) assidu(e)
Endbahnhof m (gare f) terminus m
Endbetrag m montant m final
Ende ['ɛndə] (-s, -n) nt fin f; (Stelle, wo etw aufhört)
bout m, extrémité f; **am ~** à la fin; **er wohnt am ~
der Welt** (umg) il habite au bout du monde; **am
~ sein** (umg: erschöpft) être au bout du rouleau;
~ Dezember fin décembre; **zu ~ gehen** toucher à
sa fin, prendre fin; **der Film/die Pause ist
(gleich) zu ~** le film/la récréation est (presque)
terminé(e); **etw zu ~ führen** mener qch à bien;
letzten ~s en fin de compte; **ein böses od kein
gutes ~ nehmen** mal se terminer; **ich bin mit
meiner Geduld am ~** je suis à bout de patience;
ich bin am ~ meiner Weisheit je ne sais plus
quoi faire
Endeffekt m résultat m final; **im ~** en fin de
compte
enden vi finir, se terminer; (beenden) terminer
Endergebnis nt résultat m final
endgültig adj définitif(-ive)
Endivie [ɛn'di:viə] f endive f, chicorée f
End-: **~kampf** m (Sport) finale f; **~lagerung** f
stockage m des déchets radioactifs; **e~lich** adj
(Math, Philosophie) fini(e) ▷ adv enfin, finalement;
(na) e~lich! enfin!; **komm e~lich!** dépêche-toi!;
hör e~lich damit auf! ça suffit comme ça!; **e~los**
adj sans fin; (langwierig) interminable; **es hat
e~los gedauert** (umg) ça a pris une éternité;
~lospapier nt papier m en continu; **~produkt** nt
produit m final; **~spiel** nt (Sport) finale f; **~spurt**
m sprint m final; **~station** f terminus m
Endung f terminaison f
Endverbraucher m consommateur m
Energie [enɛr'gi:] f énergie f; **~aufwand** m
dépense f d'énergie; **~bedarf** m besoins mpl
énergétiques; **~einsparung** f économie f
d'énergie; **~gewinnung** f production f d'énergie;

~haushalt m équilibre m énergétique; **e~los** adj
sans énergie; **~quelle** f source f d'énergie;
~versorgung f alimentation f en énergie;
~wirtschaft f secteur m de la production
d'énergie

energisch [e'nɛrgɪʃ] adj énergique; (Worte) ferme;
~ durchgreifen prendre des mesures énergiques

eng [ɛŋ] adj (schmal) étroit(e); (Kleidung) serré(e),
moulant(e); (Sinn, Bedeutung) restreint(e); (fig:
Horizont) limité(e); (Freundschaft) intime;
(: Verhältnis) étroit(e); **in die ~ere Wahl kommen**
être retenu(e) lors d'une première sélection

Engadin ['ɛŋgadiːn] nt: **das ~** l'Engadine f

Engagement [āgaʒə'māː] (**-s, -s**) nt (von Künstler)
engagement m; (geh: Einsatz) engagement
(personnel)

engagieren [āga'ʒiːrən] vt (Künstler) engager ▷ vr
s'engager; **ein engagierter Schriftsteller** (geh)
un écrivain engagé

Enge ['ɛŋə] f étroitesse f; (Ärmlichkeit) pauvreté f;
(Meerenge) détroit m; **jdn in die ~ treiben** acculer
qn; **in die ~ geraten** se trouver le dos au mur

Engel ['ɛŋəl] (**-s, -**) m ange m; **e~haft** adj
angélique

Engelsgeduld f: **sie hat eine ~** elle a une
patience d'ange

Engelszungen pl: **mit ~ reden** déployer toute sa
force de persuasion

engherzig adj mesquin(e)

England ['ɛŋlant] nt l'Angleterre f

Engländer, in ['ɛŋlɛndər(ɪn)] (**-s, -**) m(f)
Anglais(e) m(f)

englisch ['ɛŋlɪʃ] adj anglais(e); **E~, e** nt (Ling)
l'anglais m

engmaschig ['ɛŋmaʃɪç] adj à mailles serrées

Engpass m (in Straße) rétrécissement m de la
chaussée; (Versorgungsschwierigkeiten) difficultés fpl
d'approvisionnement; (Verkehr) bouchon m

en gros [ā'gro] adv (Wirts) en gros

engstirnig ['ɛŋʃtɪrnɪç] adj (Mensch) borné(e);
(Entscheidung) d'un esprit borné

Enkel ['ɛŋkəl] (**-s, -**) m (Enkelsohn) petit-fils m; **~in** f
petite-fille f; **~kind** nt (Enkelsohn) petit-fils m;
(Enkeltochter) petite-fille f; **meine ~kinder** mes
petits-enfants

en masse [ā'mas] adv en masse

enorm [e'nɔrm] adj énorme; (umg: herrlich, kolossal)
formidable ▷ adv énormément; **~ viel**
énormément

en passant [āpa'sā] adv en passant

Ensemble [ā'sābəl] (**-s, -s**) nt (Theat) troupe f;
(Mus, Kleidung) ensemble m

entarten [ɛnt'laːrtən] vi dégénérer; (Sitten) se
corrompre

entbehren [ɛnt'beːrən] vt (verzichten auf) se passer
de

entbehrlich adj superflu(e)

Entbehrung f privation f

entbinden [ɛnt'bɪndən] unreg vt (Med) accoucher
▷ vi (Med) accoucher; **~ (von)** (befreien) dispenser
(de)

Entbindung f (Med) accouchement m

Entbindungsheim nt clinique f obstétrique

Entbindungsstation f maternité f

entblößen [ɛnt'bløːsən] vt (Körperteil) dénuder
▷ vr se déshabiller

entbrennen [ɛnt'brɛnən] unreg vi (Kampf, Streit)
éclater; **sie ist in Liebe zu ihm entbrannt** elle
brûle d'amour pour lui

entbürokratisieren [ɛntbyrokrati'ziːrən] vt
rendre moins bureaucratique

entdecken [ɛnt'dɛkən] vt découvrir

Entdecker, in (**-s, -**) m(f) découvreur(-euse) m/f;
der ~ Amerikas celui qui a découvert l'Amérique

Entdeckung f découverte f

Ente ['ɛntə] f canard m; **kalte ~** (Koch) sorte de
punch

entehren [ɛnt'leːrən] vt déshonorer

enteignen [ɛnt'laɪgnən] vt exproprier

enteisen [ɛnt'laɪzən] vt (auftauen) dégivrer

enterben [ɛnt'lɛrbən] vt déshériter

Enterhaken ['ɛntərhaːkən] m grappin m

Entertainer [ɛntər'teːnər] (**-s, -**) m comique m

entfachen [ɛnt'faxən] vt attiser

entfallen [ɛnt'falən] unreg vi (wegfallen, ausfallen)
être supprimé(e); **jdm ~** (vergessen) échapper à qn;
auf jdn ~ (als Anteil) revenir à qn, échoir à qn

entfalten [ɛnt'faltən] vt déployer; (Karte auch)
déplier ▷ vr s'épanouir; (Talente) se développer;
(Fallschirm) s'ouvrir

Entfaltung f épanouissement m; **etw zur ~
bringen** faire s'épanouir qch; **zur ~ kommen**
s'épanouir pleinement

entfernen [ɛnt'fɛrnən] vt: **~ (aus od von)** enlever
(de) ▷ vr s'éloigner

entfernt adj éloigné(e); (Ähnlichkeit) vague ▷ adv:
nicht im E~esten! pas le moins du monde!; **weit
(davon) ~ sein, etw zu tun** être loin de faire qch

Entfernung f (Abstand) distance f; (Wegschaffen)
enlèvement m, élimination f; **unerlaubte ~ von
der Truppe** absence f sans permission

Entfernungsmesser m (Phot) télémètre m

entfesseln [ɛnt'fɛsəln] vt déclencher ·

entfetten [ɛnt'fɛtən] vt dégraisser

entflammen [ɛnt'flamən] vt (Zorn, Leidenschaft)
enflammer, attiser ▷ vi (zu brennen beginnen)
s'enflammer, prendre feu; (Streit) éclater;
(Leidenschaft) s'enflammer

entfliehen [ɛnt'fliːən] unreg vi (+Dat) (geh)
échapper (à); **aus dem Gefängnis ~** s'évader de
prison

entfremden [ɛnt'frɛmdən] vt (+Dat) éloigner (de),
détourner (de) ▷ vr: **sich jdm/einer Sache ~** se
détacher de qn/qch; **etw seinem Zweck ~**
utiliser qch autrement que prévu

Entfremdung f aliénation f

entfrosten [ɛnt'frɔstən] vt dégivrer

Entfroster (**-s, -**) m (Aut) dégivreur m

entführen [ɛnt'fyːrən] vt (Person) enlever;
(Flugzeug) détourner

Entführer, in (**-s, -**) m(f) (von Person)
ravisseur(-euse) m(f); (von Flugzeug) pirate m de
l'air

Entführung f (von Person) enlèvement m, rapt m;

(*von Flugzeug*) détournement *m*

entgegen [ɛnt'geːgən] *präp+Dat* contre ▷ *adv:* **neuen Ufern ~!** en avant vers de nouveaux rivages!; **~bringen** *unreg vt:* **jdm etw ~bringen** faire preuve de *od* témoigner de qch envers qn; **~gehen** *unreg vi+Dat* aller à la rencontre de; (*einer Gefahr, Schwierigkeiten*) aller au-devant de; **der Sommer/das Stück geht seinem Ende ~** l'été/la pièce touche à sa fin; **~gesetzt** *adj* opposé(e), contraire; (*widersprechend*) contradictoire; **~halten** *unreg vt* (*fig*) opposer, objecter; **~kommen** *unreg vi+Dat* venir à la rencontre de; (*Zugeständnisse machen*) accéder à; **das kommt unseren Plänen sehr ~** cela concorde parfaitement avec nos projets; **E~kommen (-s)** *nt* (*Freundlichkeit*) prévenance *f*; (*Zugeständnis*) concession *f*; **~kommend** *adj* (*fig*) obligeant(e); **~laufen** *unreg vi+Dat* courir au-devant de; (*im Widerspruch stehen mit*) être contraire à; **E~nahme** *f* réception *f*; **~nehmen** *unreg vt* (*Auftrag, Beschwerde*) recevoir; (*Glückwünsche*) accepter; **~sehen** *unreg vi:* **einer Sache** *Dat* **~sehen** attendre qch; **~setzen** *vt* opposer; **dem habe ich ~zusetzen, dass ...** je vous répondrai que ...; **jdm/einer Sache Widerstand ~setzen** opposer de la résistance à qn/à qch; **~stehen** *unreg vi:* **dem steht nichts ~** rien ne s'y oppose; **~treten** *unreg vi+Dat* (*sich in den Weg stellen*) s'opposer à; (*einem Vorurteil*) combattre; **~wirken** *vi+Dat* contrecarrer, agir contre

entgegnen [ɛnt'geːgnən] *vt, vi* (*antworten*) répliquer, rétorquer

Entgegnung *f* réponse *f*, riposte *f*

entgehen [ɛnt'geːən] *unreg vi+Dat* échapper à; **sich** *Dat* **etw ~ lassen** manquer qch

entgeistert [ɛnt'gaɪstərt] *adj* hébété(e)

Entgelt [ɛnt'gɛlt] **(-(e)s, -e)** *nt* rémunération *f*; **als ~** à titre de rémunération

entgelten *unreg vt:* **jdm etw ~** récompenser qn de *od* pour qch, revaloir qch à qn

entgiften [ɛnt'gɪftən] *vt* (*Abgase*) filtrer

entgleisen [ɛnt'glaɪzən] *vi* dérailler

Entgleisung *f* déraillement *m*

entgleiten [ɛnt'glaɪtən] *unreg vi* échapper; **jdm ~** échapper à qn; **jds Hand ~** glisser des mains de qn

entgräten [ɛnt'grɛːtən] *vt* enlever les arêtes de

Enthaarungsmittel [ɛnt'haːrʊŋsmɪtəl] *nt* dépilatoire *m*

enthalten [ɛnt'haltən] *unreg vt* contenir ▷ *vr* s'abstenir; **sich der Stimme ~** s'abstenir

enthaltsam [ɛnt'haltzaːm] *adj* sobre; (*sexuell*) chaste; **E~keit** *f* sobriété *f*; (*sexuell*) chasteté *f*

enthärten [ɛnt'hɛrtən] *vt* (*Wasser*) adoucir; (*Metall*) recuire

enthaupten [ɛnt'haʊptən] *vt* décapiter; (*als Hinrichtung auch*) guillotiner

enthäuten [ɛnt'hɔʏtən] *vt* (*Fisch, Wild*) dépouiller

entheben [ɛnt'heːbən] *unreg vt:* **jdn einer Sache** *Gen* ~ libérer qn de qch

enthemmen [ɛnt'hɛmən] *vt, vi* désinhiber

enthüllen [ɛnt'hʏlən] *vt* dévoiler

Enthüllung *f* révélation *f*

Enthusiasmus [ɛntuzi'asmʊs] *m* enthousiasme *m*

enthusiastisch *adj* enthousiaste

entkalken [ɛnt'kalkən] *vt* (*Kessel*) détartrer; (*Wasser*) adoucir

entkernen [ɛnt'kɛrnən] *vt* dénoyauter

entkleiden [ɛnt'klaɪdən] *vt* (*geh*) dévêtir ▷ *vr* se dévêtir

entkommen [ɛnt'kɔmən] *unreg vi* réussir à s'échapper

entkorken [ɛnt'kɔrkən] *vt* déboucher

entkräften [ɛnt'krɛftən] *vt* (*Mensch*) affaiblir, épuiser; (*Argument*) réfuter, infirmer

entkrampfen [ɛnt'krampfən] *vt* décrisper

entladen [ɛnt'laːdən] *unreg vt* décharger ▷ *vr* (*Elek*) se décharger; (*Gewehr*) partir; (*Gewitter, Ärger etc*) éclater

entlang [ɛnt'laŋ] *präp* (*+Akk od Dat*) le long de ▷ *adv:* **an etw** *Dat* **~** le long de qch; **~ dem Fluss** *od* **den Fluss ~** *od* **am Fluss ~** le long du fleuve; **hier ~** par ici; **~gehen** *unreg vt* suivre, marcher le long de ▷ *vi:* **an etw** *Dat* **~gehen** longer qch

entlarven [ɛnt'larfən] *vt* (*Betrüger*) démasquer; (*Absicht*) dévoiler

entlassen [ɛnt'lasən] *unreg vt* (*aus Krankenhaus*) donner l'autorisation de rentrer à la maison à; (*Arbeiter*) licencier

Entlassung *f* (*aus Krankenhaus*) autorisation *f* de rentrer à la maison; (*von Arbeiter*) licenciement *m*; **es gab 20 ~en** vingt personnes ont été licenciées

Entlassungsabfindung *f* indemnités *fpl* de licenciement

Entlassungszeugnis *nt* (*Sch*) certificat *m* de fin d'études

entlasten [ɛnt'lastən] *vt* décharger; (*Verkehr*) décongestionner, délester; (*Angeklagten*) décharger, disculper; (*Konto*) créditer

Entlastung *f* (*von Arbeit*) décharge *f*; (*des Verkehrs*) délestage *m*, décongestionnement *m*; (*des Angeklagten*) disculpation *f*; (*des Vorstandes*) approbation *f*

Entlastungszeuge *m* témoin *m* à décharge

Entlastungszug *m* train *m* supplémentaire

entledigen [ɛnt'leːdɪgən] *vr+Gen* (*einer Person*) se débarrasser de; (*eines Auftrags*) s'acquitter de

entleeren [ɛnt'leːrən] *vt* vider

entlegen [ɛnt'leːgən] *adj* (*Ort*) isolé(e), perdu(e)

entleihen [ɛnt'laɪən] *vt* emprunter

entlocken [ɛnt'lɔkən] *vt:* **jdm etw ~** arracher qch à qn

entlohnen *vt* rémunérer

entlüften [ɛnt'lʏftən] *vt* aérer, ventiler; (*Heizung etc*) purger

entmachten [ɛnt'maxtən] *vt* réduire le pouvoir de

entmenscht [ɛnt'mɛnʃt] *adj* déshumanisé(e)

entmilitarisieren [ɛntmilitari'ziːrən] *vt* démilitariser

entmündigen [ɛnt'mʏndɪgən] *vt* (*Jur*) frapper d'incapacité

entmutigen [ɛnt'muːtɪgən] *vt* décourager

Entnahme [ɛnt'naːmə] *f* (*von Blut*) prélèvement *m*

Entnazifizierung *f* dénazification *f*

entnehmen [ɛnt'neːmən] *unreg vt:* **~ (aus)** (*Waren*) prendre (dans); (*folgern*) conclure; **wie ich Ihren**

Worten entnehme, ... d'après ce que vous venez de dire, ...

entnerven [ɛnt'nɛrfən] vt épuiser (nerveusement)

entpuppen [ɛnt'pʊpən] vr: **sich als etw ~** s'avérer être qch

entrahmen [ɛnt'raːmən] vt écrémer

entreißen [ɛnt'raɪsən] unreg vt arracher

entrichten [ɛnt'rɪçtən] vt acquitter, régler

entrosten [ɛnt'rɔstən] vt débarrasser de sa rouille, dérouiller

entrümpeln [ɛnt'rʏmpəln] vt débarrasser

entrüsten [ɛnt'rʏstən] vt indigner ▷ vr: **sich ~ (über** +Akk) s'indigner (de)

entrüstet adj indigné(e), outré(e)

Entrüstung f indignation f

Entsafter [ɛnt'zaftər] **(-s, -)** m presse-agrumes m électrique

entsagen [ɛnt'zaːgən] vi +Dat renoncer à

entschädigen [ɛnt'ʃɛːdɪgən] vt: **~ (für)** dédommager (de), indemniser (de)

Entschädigung f dédommagement m, indemnité f

entschärfen [ɛnt'ʃɛrfən] vt désamorcer

Entscheid [ɛnt'ʃaɪt] **(-(e)s, -e)** m (förmlich) décision f

entscheiden unreg vt (Frage) résoudre, trancher; (Wettkampf) être décisif(-ive) pour le résultat de ▷ vi (Frage) décider; (Wettkampf) être décisif(-ive) ▷ vr se décider; **darüber habe ich nicht zu ~** il ne m'appartient pas d'en décider; **sich für/gegen jdn/etw ~** se décider pour/contre qn/qch

entscheidend adj décisif(-ive); (Unterschied) capital(e); (Stimme) prépondérant(e); **das E~e** ce qui compte

Entscheidung f décision f; **wie ist die ~ ausgefallen?** qu'est-ce qui a été décidé?

Entscheidungs-: **~befugnis** f pouvoir m décisionnel; **e~fähig** adj capable de prendre des décisions; **~spiel** nt belle f

entschieden [ɛnt'ʃiːdən] adj (Gegner) résolu(e); (Meinung) catégorique, ferme; (klar, entschlossen) net(te), clair(e) ▷ pp von **entscheiden**; **das geht ~ zu weit** cela dépasse vraiment les bornes; **E~heit** f détermination f; **mit E~heit verneinen** nier catégoriquement

entschlacken [ɛnt'ʃlakən] vt (Med: Körper) débarrasser de ses toxines

entschließen [ɛnt'ʃliːsən] unreg vr se décider; **sich zu nichts ~ können** ne pas arriver à se décider; **kurz entschlossen** bref

Entschließung f (Pol) décision f, résolution f

entschlossen [ɛnt'ʃlɔsən] adj décidé(e), résolu(e) ▷ adv d'une manière décidée, sans hésiter ▷ pp von **entschließen**; **E~heit** f résolution f

Entschluss [ɛnt'ʃlʊs] m décision f; **einen ~ fassen** prendre une décision; **aus eigenem ~ handeln** agir de son propre chef; **es ist mein fester ~, das zu tun** je suis fermement décidé à faire cela

entschlüsseln [ɛnt'ʃlʏsəln] vt (Text) déchiffrer; (Geheimnachricht, Funkspruch) décoder

entschluss-: **~freudig** adj (Mensch) qui se décide facilement; **E~kraft** f résolution f; **~los** adj indécis(e)

entschuldbar [ɛnt'ʃʊltbaːr] adj pardonnable, excusable

entschuldigen [ɛnt'ʃʊldɪgən] vt excuser ▷ vi: **~ Sie bitte!** je vous prie de m'excuser!, excusez-moi ▷ vr: **sich ~ für** s'excuser de; **sich ~ lassen** se faire excuser

entschuldigend adj, adv d'un air de s'excuser

Entschuldigung f excuse f; **~!** pardon!; **jdn um ~ bitten** demander pardon à qn, s'excuser auprès de qn

entschwinden [ɛnt'ʃvɪndən] unreg vi (Schiff etc) disparaître; (Zeit) passer (vite)

entsenden [ɛnt'zɛndən] vt (geh: Delegierte) envoyer

entsetzen [ɛnt'zɛtsən] vt horrifier ▷ vr être horrifié(e); **E~ (-s)** nt (von Mensch) horreur f

entsetzlich adj effroyable, horrible; (umg: sehr groß: Enttäuschung, Schmerzen) épouvantable, terrible

entsetzt adj horrifié(e)

entsichern [ɛnt'zɪçərn] vt armer

entsinnen [ɛnt'zɪnən] unreg vr: **sich (einer Sache** Gen od **an etw** Akk) **~** se souvenir (de qch), se rappeler (qch)

entsorgen [ɛnt'zɔrgən] vt éliminer les déchets produits par

Entsorgung f (von Kraftwerken) élimination f des déchets; (von Chemikalien) élimination f

entspannen [ɛnt'ʃpanən] vt détendre; (Muskeln) décontracter; (Pol: Lage) rendre moins tendu(e) ▷ vr se détendre; (Gesicht) se décontracter

Entspannung f (von Mensch, Pol) détente f; (von Lage) apaisement m

Entspannungspolitik f politique f de détente

Entspannungsübungen pl exercices mpl de relaxation

entspiegelt [ɛnt'ʃpiːgəlt] adj (Glasscheibe, Brillengläser) antireflet unver

entsprechen [ɛnt'ʃprɛçən] unreg vi +Dat correspondre à; **den Anforderungen** Dat **~** répondre od satisfaire aux exigences; **den Wünschen** Dat **~** correspondre aux désirs

entsprechend adj (angemessen) correspondant(e) ▷ adv en conséquence ▷ präp +Dat (gemäß): **~ unserer Vereinbarung** suivant ce que nous avons convenu

entspringen [ɛnt'ʃprɪŋən] unreg vi (Fluss) prendre sa source; (sich aus etw erklären lassen) être dû (due) à

entstammen [ɛnt'ʃtamən] vi +Dat venir de; (einer Familie) être issu(e) de

entstehen [ɛnt'ʃteːən] unreg vi naître; (Unruhe) se produire; (Kosten) être occasionné(e); (neuer Stadtteil) être construit(e); **wir wollen nicht den Eindruck ~ lassen, ...** nous ne voulons pas donner l'impression ...; **für ~den** od **entstandenen Schaden haften** être responsable des dommages occasionnés

Entstehung f (von Gerücht) origine f; (von Gebäuden) construction f

entstellen [ɛnt'ʃtɛlən] vt (Mensch) défigurer; (Bericht, Wahrheit) déformer

entstören [ɛnt'ʃtøːrən] vt (Rundf, Tel) déparasiter; (Aut) munir d'un dispositif antiparasite, antiparasiter

enttäuschen [ɛnt'tɔyʃən] vt décevoir; **von jdm/ über etw** Akk **enttäuscht sein** être déçu(e) de qn/de qch

Enttäuschung f déception f

entwachsen [ɛnt'vaksən] unreg vi +Dat (geh: herauswachsen aus) sortir de

entwaffnen [ɛnt'vafnən] vt désarmer; **~d** adj désarmant(e)

Entwarnung [ɛnt'varnʊŋ] f fin f d'alerte; (Zeichen) signal m de fin d'alerte

entwässern [ɛnt'vɛsərn] vt (Boden, Gebiet) drainer, assainir; (Gewebe) débarrasser d'un excès de liquide

Entwässerung f drainage m

entweder [ɛnt've:dər] konj: **~ ... oder ...** soit ... soit ..., ou (bien) ... ou (bien) ...

entweichen [ɛnt'vaiçən] unreg vi (Luft, Gase) fuir; (geh: fliehen) s'échapper

entweihen [ɛnt'vaiən] vt profaner

entwenden [ɛnt'vɛndən] unreg vt dérober

entwerfen [ɛnt'vɛrfən] unreg vt (Zeichnung) esquisser, ébaucher; (Modell) concevoir; (Plan) dresser; (Vortrag) écrire; (Gesetz) rédiger

entwerten [ɛnt've:rtən] vt (Geld) dévaluer; (Fahrschein) composter

Entwerter (-s, -) m composteur m

entwickeln [ɛnt'vɪkəln] vt développer; (System) mettre au point; (Mut, Energie) rassembler ▷ vr (wachsen) se développer; (entstehen) naître

Entwickler (-s, -) m (Phot) révélateur m

Entwicklung [ɛnt'vɪklʊŋ] f développement m; **in der ~** à l'étude; (Jugendliche etc) en pleine croissance

Entwicklungs-: **~abschnitt** m stade m de développement; **~helfer, in** m(f) coopérant(e) m(f); **~hilfe** f aide f au développement; **~jahre** pl puberté f; **~land** nt pays m en voie de développement; **~zeit** f période f de développement; (Phot) temps m de développement

entwirren [ɛnt'vɪrən] vt démêler, débrouiller

entwöhnen [ɛnt'vøːnən] vt (Säugling) sevrer; (Süchtige) désintoxiquer; **jdn etw** Dat od **von etw ~** (Süchtigen) déshabituer qn de qch

Entwöhnung f sevrage m

entwürdigend [ɛnt'vʏrdɪgənt] adj dégradant(e)

Entwurf [ɛnt'vʊrf] m (Zeichnung) croquis m; (Konzept, Vertragsentwurf) projet m

entwurzeln [ɛnt'vʊrtsəln] vt déraciner

entziehen [ɛnt'tsi:ən] unreg vt (+Dat) (Führerschein, Erlaubnis, Unterstützung) retirer (à); (Flüssigkeit) tirer (de) ▷ vr: **sich jdm/einer Sache ~** (entkommen) échapper à qn/à qch; **das entzieht sich meiner Kenntnis** je l'ignore; **sich der Pflicht/ Verantwortung ~** se dérober à ses obligations/ son devoir; **sich jds Blicken ~** se dérober au regard de qn

Entziehung f (des Führerscheins) retrait m; (von Rauschgift) désintoxication f

Entziehungs-: **~anstalt** f centre m de désintoxication; **~erscheinung** f crise f de manque; **~kur** f cure f de désintoxication

entziffern [ɛnt'tsɪfərn] vt (mühsam lesen) déchiffrer; (dechiffrieren) décoder

entzücken [ɛnt'tsʏkən] vt ravir; **E~ (-s)** nt ravissement m

entzückend adj ravissant(e); (Kind) adorable

Entzug [ɛnt'tsu:k] (-(e)s) m (einer Lizenz etc) retrait m; (Med) désintoxication f, sevrage m

Entzugserscheinung f symptôme m de manque

entzündbar adj: **leicht ~** inflammable; (Temperament) irascible

entzünden [ɛnt'tsʏndən] vt (Fackel, Feuer) allumer; (Begeisterung) déchaîner; (Hass) attiser; (Streit) déclencher ▷ vr s'enflammer; (Begeisterung) se déchaîner; (Streit) se déclencher

Entzündung f (Med) inflammation f

entzündungshemmend adj anti-inflammatoire

Entzündungsherd m (Med) foyer m infectieux

entzwei [ɛnt'tsvai] adv cassé(e); **~brechen** unreg vt casser (en deux) ▷ vi se casser

entzweien vt (Familie) désunir; (Freunde) brouiller ▷ vr (Familie) être désuni(e); **sich mit jdm ~** se brouiller avec qn

entzweigehen unreg vi se casser; (Freundschaft) se briser

Enzian ['ɛntsia:n] (-s, -e) m gentiane f

Enzyklika [ɛn'tsy:klika] (-, -liken) f (Rel) encyclique f

Enzyklopädie [ɛntsyklopɛ'di:] f encyclopédie f

Enzym [ɛn'tsy:m] (-s, -e) nt enzyme m

Epidemie [epide'mi:] f épidémie f

Epilepsie [epile'psi:] f épilepsie f

episch ['e:pɪʃ] adj épique

Episode [epi'zo:də] f épisode m

Epoche [e'pɔxə] f époque f; **e~machend** adj qui fait époque

Epos ['e:pɔs] (-, **Epen**) nt épopée f

Equipe [e'kɪp] f équipe f

er [e:r] (Akk **ihn**, Dat **ihm**) pron il; **er war es** c'est lui

erachten [ɛr'laxtən] vt (geh): **etw als/für etw ~** considérer qch comme qch; **E~** nt: **meines E~s** à mon avis

erarbeiten [ɛr'larbaitən] vt (erwerben: Vermögen) acquérir par son travail; (Wissen) acquérir; (Modell) élaborer

Erbanlage ['ɛrplanla:gə] f (Biol) caractère m héréditaire

erbarmen [ɛr'barmən] vr +Gen avoir pitié de ▷ vt: **er sieht zum E~ aus** il fait pitié (à voir); **Herr, erbarme dich (unser)!** Seigneur, prends pitié (de nous)!; **E~ (-s)** nt pitié f

erbärmlich [ɛr'bɛrmlɪç] adj (Zustände) lamentable, déplorable; (Lohn) de misère; (gemein) misérable, vil(e)

Erbärmlichkeit f (von Zuständen) état m lamentable; (Gemeinheit) bassesse f

erbarmungs-: **~los** adj sans pitié, impitoyable

▷ *adv* sans pitié; **~voll** *adj* plein(e) de compassion, miséricordieux(-euse); **~würdig** *adj* pitoyable; (*Mensch*) digne de pitié

erbauen [ɛr'bauən] *vt* (*Stadt*) bâtir; (*fig*) édifier ▷ *vr*: **sich an etw** *Dat* ~ être édifié(e) par qch; **er ist von meinem Plan nicht gerade erbaut** (*umg*) il n'est pas spécialement emballé par mon projet

Erbauer (-s, -) *m* bâtisseur *m*

erbaulich *adj* édifiant(e)

Erbauung *f* (*von Stadt*) construction *f*; **etw zur ~ lesen/hören** lire/écouter qch pour son édification

erbberechtigt *adj* ayant droit à la succession

erbbiologisch *adj*: **~es Gutachten** (*Jur*) expertise *f* génétique

Erbe¹ [ˈɛrbə] **(-n, -n)** *m* héritier *m*; **jdn zum** *od* **als ~n einsetzen** faire de qn son héritier

Erbe² [ˈɛrbə] **(-s)** *nt* héritage *m*; **das (väterliche/ mütterliche) ~ antreten** hériter (de son père/sa mère); **auf sein ~ (nicht) verzichten** (ne pas) refuser un héritage

erben *vt, vi* hériter (de); (*umg*) hériter de

Erbengemeinschaft *f* cohéritiers *mpl*

erbeuten [ɛr'bɔytən] *vt* (*Mil*) prendre

Erb-: **~faktor** *m* facteur *m* héréditaire; **~feind** *m* ennemi *m* héréditaire; **~folge** *f* ordre *m* de succession; **~in** *f* héritière *f*

erbitten [ɛr'bɪtən] *vt* demander, solliciter

erbittern [ɛr'bɪtərn] *vt* aigrir

erbittert [ɛr'bɪtərt] *adj* acharné(e) ▷ *adv*: **sich ~ wehren** mener une lutte acharnée, se défendre avec acharnement

erblassen [ɛr'blasən] *vi* pâlir; **vor Neid/Schreck ~** pâlir d'envie/d'effroi

Erblasser, in (-s, -) *m(f)* (*Jur*) testateur(-trice) *m(f)*

erbleichen [ɛr'blaɪçən] *vi siehe* **erblassen**

erblich [ˈɛrplɪç] *adj* héréditaire; **er ist ~ vorbelastet** il a des antécédents

erblichen *pp von* **erbleichen**

erblicken [ɛr'blɪkən] *vt* (*geh*) apercevoir

erblinden [ɛr'blɪndən] *vi* perdre la vue

erblos *adj* sans héritiers

Erbmasse [ˈɛrpmasə] *f* (*Jur*) masse *f* successorale; (*Biol*) génotype *m*

erbosen [ɛr'boːzən] *vt* (*geh*) courroucer ▷ *vr* s'irriter

erbrechen [ɛr'brɛçən] *unreg vt, vr* vomir

Erbrecht *nt* droit *m* successoral

Erbschaft *f* héritage *m*, succession *f*

Erbschaftssteuer *f* droits *mpl* de succession

Erbschafts- und Schenkungssteuer *f* impôt *m* sur le transfert de capitaux

Erbschleicher, in [ˈɛrpʃlaɪçər(ɪn)] **(-s, -)** (*pej*) *m(f)* captateur(-trice) *m(f)* de testament

Erbse [ˈɛrpsə] *f* petit pois *m*

Erb-: **~stück** *nt* objet *m* hérité; **~sünde** *f* péché *m* originel; **~teil** *nt* (*Jur*) part *f* d'héritage; (*Veranlagung*) caractère *m* héréditaire

Erd-: **~achse** *f* axe *m* de la terre; **~apfel** *m* (*Österr*) pomme *f* de terre; **~atmosphäre** *f* atmosphère *f*; **~bahn** *f* orbite *f* terrestre; **~beben (-s, -)** *nt*

tremblement *m* de terre; **~beere** *f* fraise *f*; **~boden** *m* sol *m*; **etw dem ~boden gleichmachen** raser qch

Erde *f* terre *f*; (*Boden*) sol *m*; **auf die ~ fallen** tomber par terre; **auf der ganzen ~** sur toute la planète, dans le monde entier; **auf ~n** sur terre; **du wirst mich noch unter die ~ bringen** (*umg*) tu finiras par me tuer; **e~n** *vt* (*Elek*) relier à la terre

erdenkbar [ɛr'dɛŋkbaːr] *adj* imaginable; **sich** *Dat* **alle ~e Mühe geben** se donner toutes les peines du monde

erdenklich *adj* = **erdenkbar**

Erd-: **~erwärmung** *f* réchauffement *m* de la planète; **~gas** *nt* gaz *m* inv naturel; **~geschoss** *nt* rez-de-chaussée *m* inv

erdig *adj* terreux(-euse)

Erd-: **~kunde** *f* géographie *f*; **~nuss** *f* cacahuète *f*; **~oberfläche** *f* surface *f* de la terre; **~öl** *nt* pétrole *m*; **~ölfeld** *nt* gisement *m* pétrolifère; **~ölindustrie** *f* industrie *f* pétrolière; **~reich** *nt* terre *f*, sol *m*

erdreisten [ɛr'draɪstən] *vr*: **sich ~, etw zu tun** prendre son courage à deux mains pour faire qch; (*pej*) avoir l'audace de faire qch

erdrosseln [ɛr'drɔsəln] *vt* étrangler

erdrücken [ɛr'drykən] *vt* écraser; (*fig*) accabler

erdrückend *adj* (*Beweismaterial*) accablant(e); (*Übermacht*) écrasant(e)

Erd-: **~rutsch** *m* glissement *m* de terrain; **~stoß** *m* secousse *f* tellurique; **~teil** *m* continent *m*

erdulden [ɛr'dʊldən] *vt* endurer, supporter

ereifern [ɛr'laɪfərn] *vr*: **sich über etw** *Akk od* **wegen einer Sache** *Gen* **~** s'exciter à cause de qch

ereignen [ɛr'laɪgnən] *vr* se produire, survenir

Ereignis [ɛr'laɪgnɪs] **(-ses, -se)** *nt* événement *m*; **e~los** *adj* calme; **e~reich** *adj* (*Tag*) mouvementé(e)

Eremit [ere'miːt] **(-en, -en)** *m* ermite *m*

ererbt [ɛr'ɛrpt] *adj* (*Haus*) acquis(e) par succession, hérité(e); (*Krankheit*) héréditaire

erfahren [ɛr'faːrən] *unreg vt* (*zu wissen bekommen*) apprendre; (*erleben*) éprouver ▷ *adj* expérimenté(e); **in etw** *Dat* **~ sein** être versé(e) dans qch

Erfahrung *f* expérience *f*; **~en sammeln** acquérir de l'expérience; **etw in ~ bringen** trouver qch; **aus ~** par expérience

Erfahrungsaustausch *m* échange *m* d'expériences

erfahrungsgemäß *adv* par expérience

erfassen [ɛr'fasən] *vt* saisir; (*einbeziehen*) comprendre; (*registrieren*) recenser

erfinden [ɛr'fɪndən] *unreg vt* inventer; **frei erfunden** imaginaire

Erfinder, in (-s, -) *m(f)* inventeur(-trice) *m/f*

erfinderisch *adj* inventif(-ive)

Erfindung *f* invention *f*; (*Lüge*) invention, mensonge *m*

Erfindungsgabe *f* imagination *f*

Erfolg [ɛr'fɔlk] **(-(e)s, -e)** *m* succès *m*, réussite *f*; (*Folge, Ergebnis*) résultat *m*; **viel ~!** bonne chance!;

~ haben avoir du succès; **~ versprechend** (*Mensch*) d'avenir; (*Versuch, Unternehmen*) prometteur(-euse)

erfolgen [ɛrˈfɔlɡən] *vi* (*sich ergeben*) se produire, s'ensuivre; (*stattfinden*) avoir lieu; (*Zahlung*) être effectué(e); **nach erfolgter Zahlung** après règlement

erfolg-: ~los *adj* (*Mensch*) qui n'a pas de succès; (*Versuch, Unternehmen*) infructueux(-euse); **E~losigkeit** *f* (*von Mensch*) manque *m* de succès; (*von Versuch, Unternehmen*) échec *m*; **~reich** *adj* (*Mensch*) qui a du succès, qui réussit; (*Bewerber*) reçu(e); (*Versuch, Unternehmen*) couronné(e) de succès, réussi(e); **E~serlebnis** *nt* succès *m*

erfolgversprechend *adj siehe* **Erfolg**

erforderlich *adj* (*Mittel*) nécessaire; (*Kenntnisse*) requis(e)

erfordern [ɛrˈfɔrdərn] *vt* demander, requérir

Erfordernis (**-ses, -se**) *nt* exigence *f*

erforschen [ɛrˈfɔrʃən] *vt* (*Land*) explorer; (*Problem*) étudier; (*Gewissen*) sonder

Erforscher, in (**-s, -**) *m(f)* explorateur(-trice) *m(f)*

Erforschung *f* exploration *f*; **nach gründlicher ~ seines Gewissens** après avoir sondé sa conscience *od* fait son examen de conscience

erfragen [ɛrˈfraːɡən] *vt* demander, s'enquérir de

erfreuen [ɛrˈfrɔʏən] *vr*: **sich an etw ~** se réjouir de qch ▷ *vt* faire plaisir à; **sich bester Gesundheit** *Gen etc* **~** (*geh*) être en parfaite santé *etc*; **sehr erfreut!** (*förmlich: bei Vorstellung*) enchanté(e)!

erfreulich [ɛrˈfrɔʏlɪç] *adj* (*Nachrichten*) bon (bonne); (*Ergebnis*) qui fait plaisir; (*Anblick*) agréable

erfreulicherweise *adv* heureusement

erfrieren [ɛrˈfriːrən] *unreg vi* (*Mensch*) mourir de froid; (*Glieder*) être gelé(e); (*Pflanzen*) geler

erfrischen [ɛrˈfrɪʃən] *vt* rafraîchir ▷ *vr* se rafraîchir

Erfrischung *f* rafraîchissement *m*

Erfrischungsgetränk *nt* boisson *f* rafraîchissante, rafraîchissement *m*

Erfrischungsraum *m* buvette *f*

erfüllen [ɛrˈfʏlən] *vt* remplir; (*Bitte*) satisfaire; (*Wunsch*) exaucer; (*Erwartung*) répondre à; (*Schmerz, Freude*) envahir ▷ *vr* (*Wirklichkeit werden*) se réaliser; **ein erfülltes Leben** une vie bien remplie

Erfüllung *f* (*von Wunsch*) réalisation *f*; **in ~ gehen** se réaliser, devenir réalité; **~ finden** s'épanouir

ergänzen [ɛrˈɡɛntsən] *vt* (*vervollständigen*) compléter; (*hinzufügen*) ajouter ▷ *vr* se compléter

Ergänzung *f* complément *m*; (*Zusatz*) supplément *m*

ergattern [ɛrˈɡatərn] (*umg*) *vt* réussir à avoir, dégot(t)er

ergaunern [ɛrˈɡaʊnərn] (*umg*) *vt* se procurer de manière malhonnête

ergeben [ɛrˈɡeːbən] *unreg vt* (*Betrag, Summe*) rapporter; (*Beweis*) fournir; (*Bild*) donner ▷ *vr* (*kapitulieren*) se rendre, capituler; (*sich hingeben, widmen*) s'adonner; (*folgen*) s'ensuivre, en résulter

▷ *adj* (*treu*) dévoué(e); (*demütig*) humble; **5 plus 4 ergibt 9** 5 et 4 font 9; **gründliche Untersuchungen ergaben, dass ...** des recherches approfondies ont montré que ...; **es hat sich gerade so ~, dass wir ...** il s'est trouvé que nous ...; **E~heit** *f* dévouement *m*; **etw mit E~heit tragen** endurer *od* subir qch avec résignation

Ergebnis [ɛrˈɡeːpnɪs] (**-ses, -se**) *nt* résultat *m*; (*von Spiel*) score *m*; **zu einem ~ kommen** aboutir à une conclusion; **e~los** *adj* sans résultat; **e~los bleiben** *od* **verlaufen** ne pas aboutir

ergehen [ɛrˈɡeːən] *unreg vi* (*förmlich: Befehl*) être donné(e); (*Gesetz*) paraître, être publié(e) ▷ *vi unpers*: **es erging ihm gut/schlecht** cela s'est bien/mal passé pour lui ▷ *vr*: **sich (in langen Reden) über ein Thema ~** s'étendre sur un sujet; **etw über sich ~ lassen** supporter *od* subir qch patiemment; **wie ist es Ihnen ergangen?** comment cela s'est-il passé?

ergiebig [ɛrˈɡiːbɪç] *adj* (*Quelle*) abondant(e); (*Untersuchung*) fructueux(-euse); (*Thema*) riche; (*Boden*) fertile

ergo [ˈɛrɡo] *konj* donc, par conséquent

Ergonomie [ɛrɡonoˈmiː] *f* ergonomie *f*

Ergotherapie [ɛrɡoteraˈpiː] *f* ergothérapie *f*

ergötzen [ɛrˈɡœtsən] *vt* délecter ▷ *vr*: **sich an etw** *Dat* **~** se délecter de qch

ergrauen [ɛrˈɡraʊən] *vi* grisonner

ergreifen [ɛrˈɡraɪfən] *unreg vt* saisir; (*Täter*) arrêter, appréhender; (*Beruf*) embrasser; (*Maßnahmen*) prendre; (*innerlich rühren*) toucher; **für jdn Partei ~** prendre parti pour qn; **das Wort ~** prendre la parole

ergreifend *adj* émouvant(e)

ergriffen *adj*: **~ sein** être ému(e) ▷ *pp von* **ergreifen**; **E~heit** *f* émotion *f*

ergründen [ɛrˈɡrʏndən] *vt* (*Sinn etc*) pénétrer; (*Ursache, Motive*) découvrir

Erguss [ɛrˈɡʊs] (**-es, ¨e**) *m* (*Ausströmen*) effusion *f*, débordement *m*; (*Wortschwall*) épanchement *m*

erhaben [ɛrˈhaːbən] *adj* (*Druck, Muster*) en relief; (*Anblick*) sublime, noble; (*überlegen*) **über etw** *Akk* **~ sein** être au-dessus de qch

Erhalt *m*: **bei** *od* **nach ~** dès réception

erhalten [ɛrˈhaltən] *unreg vt* (*Ware, Brief, Lob*) recevoir; (*zugeteilt bekommen, gewinnen*) obtenir; (*bewahren*) conserver; (: *Gesundheit*) garder ▷ *adj*: **gut ~** bien conservé(e); **das Wort ~** obtenir la parole; **jdn am Leben ~** maintenir qn en vie

erhältlich [ɛrˈhɛltlɪç] *adj* (*Ware*) disponible, en vente

Erhaltung *f* (*Bewahrung*) maintien *m*; (: *von Gebäude, Energie*) conservation *f*

erhängen [ɛrˈhɛŋən] *vt* pendre ▷ *vr* se pendre

erhärten [ɛrˈhɛrtən] *vt* (*hart machen*) durcir, rendre dur(e); (*Behauptung*) confirmer, corroborer ▷ *vt* (*Verdacht*) se confirmer

erhaschen [ɛrˈhaʃən] *vt* (*Beute*) attraper; (*Blick*) surprendre

erheben [ɛrˈheːbən] *unreg vt* (*Glas, Hand, Blick, Steuern*) lever; (*rangmäßig: Protest*) élever;

(Forderungen) formuler; *(Fakten)* rassembler; *(geh: Klage)* porter ▷ *vr (aufstehen; ausbrechen: Sturm)* se lever; *(Frage)* se poser; *(Geschrei)* s'élever; *(sich auflehnen)* se soulever; **Anspruch auf etw** *Akk* ~ revendiquer qch; **sich über eine Schwierigkeit** ~ surmonter une difficulté

erheblich [ɛr'he:plɪç] *adj* considérable

Erhebung *f (Aufstand)* soulèvement *m*; *(von Gebühren)* perception *f*; *(Ermittlung)* enquête *f*

erheitern [ɛr'haɪtərn] *vt* égayer

Erheiterung *f* amusement *m*, divertissement *m*; **zur allgemeinen** ~ à la grande joie de tous

erhellen [ɛr'hɛlən] *vt (Zimmer)* éclairer; *(Geheimnis)* éclaircir ▷ *vr* s'éclaircir; *(Gesicht)* s'illuminer

erhitzen [ɛr'hɪtsən] *vt (heiß machen)* chauffer; *(erregen)* échauffer ▷ *vr* chauffer; *(fig)* s'exciter

erhoffen [ɛr'hɔfən] *vt* espérer; **was erhoffst du dir davon?** qu'est-ce que tu espères y gagner?

erhöhen [ɛr'hø:ən] *vt (Mauer, Gebäude)* réhausser, rendre plus haut(e); *(Steuern, Geschwindigkeit, Risiko)* augmenter; *(Wachsamkeit)* redoubler de ▷ *vr (Kosten)* augmenter; **erhöhte Temperatur haben** avoir de la température

Erhöhung *f (von Gehalt, Risiko)* augmentation *f*

erholen [ɛr'ho:lən] *vr (von Krankheit)* se remettre, se rétablir; *(von Schreck)* se remettre; *(entspannen)* se reposer; *(Preise)* se stabiliser; *(Aktien)* remonter

erholsam *adj* reposant(e); *(Ruhe)* qui fait du bien

Erholung *f (Gesundung)* rétablissement *m*; *(Entspannung)* repos *m*; **zur ~ fahren** *(nach Krankheit)* partir en convalescence; *(zum Ferienaufenthalt)* prendre des vacances

erholungs-: **~bedürftig** *adj* qui a besoin de repos; **E~gebiet** *nt* région *f* de villégiature; **E~heim** *nt* maison *f* de repos; **E~zentrum** *nt* lieu *m* de villégiature

erhören [ɛr'hø:rən] *vt (Bitte, Gebet)* exaucer

Erika ['e:rika] (-, **Eriken**) *f (Bot)* bruyère *f*

erinnern [ɛr'ɪnərn] *vt*: ~ **(an** +*Akk)* rappeler ▷ *vr*: **sich** ~ **(an** +*Akk)* se souvenir (de), se rappeler

Erinnerung *f* souvenir *m*; **Erinnerungen** *(Literatur)* mémoires *mpl*; **zur ~ an** +*Akk* en souvenir de; **jdn/etw in guter ~ behalten** garder un bon souvenir de qn/qch

Erinnerungs-: **~stück** *nt* souvenir *m*; **~tafel** *f* plaque *f* commémorative; **~wert** *m* valeur *f* sentimentale

Eriwan (**-s**) *nt* Erevan

erkalten [ɛr'kaltən] *vi* refroidir; *(fig)* se refroidir

erkälten [ɛr'kɛltən] *vr* prendre froid, s'enrhumer; **sich** *Dat* **die Blase** ~ attraper une cystite

erkältet *adj* enrhumé(e); ~ **sein** être enrhumé(e)

Erkältung *f* rhume *m*, refroidissement *m*

erkämpfen [ɛr'kɛmpfən] *vt (Sieg, Medaille)* remporter, obtenir

erkennbar *adj* reconnaissable

erkennen [ɛr'kɛnən] *unreg vt* reconnaître; *(Krankheit)* diagnostiquer; *(wahrnehmen)* distinguer; **jdm zu ~ geben, dass ...** faire comprendre à qn que ...

erkenntlich *adj*: **sich für etw** *Akk* ~ **zeigen** exprimer sa reconnaissance pour qch; **E~keit** *f*

(Dankbarkeit) reconnaissance *f*; *(Geschenk)* marque *f* de reconnaissance

Erkenntnis (**-, -se**) *f (Wissen)* connaissance *f*, science *f*; *(das Erkennen)* reconnaissance *f*; *(Einsicht)*: **zu der ~ kommen** *od* **gelangen, dass ...** en arriver à la conclusion que ... ▷ *nt (Jur)* jugement *m*

Erkennung *f* reconnaissance *f*

Erkennungs-: **~dienst** *m* service *m* anthropométrique; **~marke** *f* plaque *f* d'identité; **~zeichen** *nt* signe *m* de reconnaissance

Erker ['ɛrkər] (**-s, -**) *m* encorbellement *m*; **~fenster** *nt* bow-window *m*, oriel *m*

erklärbar *adj* explicable

erklären [ɛr'klɛ:rən] *vt* expliquer; *(Krieg)* déclarer; *(Rücktritt)* annoncer; **ich kann mir nicht ~, warum ...** je ne comprends (vraiment) pas pourquoi ...; **etw für ungültig ~** déclarer qch nul (et non avenu), annuler qch

erklärlich *adj* explicable; *(verständlich)* compréhensible

erklärt *adj attrib (Gegner)* déclaré(e); *(Favorit, Liebling)* reconnu(e)

Erklärung *f (das Erklären)* explication *f*; *(Mitteilung)* déclaration *f*; **eine ~ abgeben** faire une déclaration

erklecklich [ɛr'klɛklɪç] *adj (geh)* considérable

erklimmen [ɛr'klɪmən] *unreg vt* escalader, parvenir au sommet de

erklingen [ɛr'klɪŋən] *unreg vi* être entendu(e), retentir

erklomm *etc* [ɛr'klɔm] *vb siehe* **erklimmen**

erklommen *pp von* **erklimmen**

erkranken [ɛr'kraŋkən] *vi* tomber malade; ~ **an** +*Dat* attraper, être atteint(e) de

Erkrankung *f* maladie *f*

erkunden [ɛr'kʊndən] *vt (bes Mil: Gelände)* reconnaître; *(herausfinden)* apprendre

erkundigen *vr*: **sich nach jdm** ~ demander *od* prendre des nouvelles de qn; **sich nach etw** ~ se renseigner sur *od* s'informer de qch; **sich über jdn** *Akk* ~ recueillir des informations sur qn, se renseigner sur qn; **ich werde mich** ~ je vais me renseigner; **sich nach dem Stand der Untersuchungen** ~ demander où en sont les recherches

Erkundigung *f* demande *f* de renseignements; **~en einziehen** prendre des renseignements

Erkundung *f* reconnaissance *f*

erlahmen [ɛr'la:mən] *vi (Kräfte)* diminuer, décliner; *(Interesse)* faiblir; *(Eifer)* fléchir

erlangen [ɛr'laŋən] *vt (Vorteil, Mehrheit)* obtenir; *(Bedeutung)* prendre; *(Gewissheit)* acquérir

Erlass [ɛr'las] (**-es, -̈e**) *m (Verfügung)* décret *m*, arrêt *m*; *(Aufhebung: von Strafe)* remise *f*

erlassen *unreg vt (verkünden)* promulguer, publier; *(aufheben: Strafe)* remettre; **jdm etw** ~ faire grâce de qch à qn

erlauben [ɛr'laʊbən] *vt* permettre ▷ *vr* se permettre; **jdm etw** ~ permettre qch à qn; **sich** *Dat* **etw** ~ se permettre qch; *(sich etw leisten)*

125

s'offrir qch?; ~ **Sie?** vous permettez?; ~ **Sie mal!** dites donc!; **was ~ Sie sich (eigentlich)!** vous ne manquez pas de culot!

Erlaubnis [ɛr'laʊpnɪs] (**-,-se**) f permission f, autorisation f; (*Schriftstück*) permis m

erläutern [ɛr'lɔʏtərn] vt expliquer

Erläuterung f explication f; **zur ~** pour clarifier les choses

Erle ['ɛrlə] f (*Bot*) aune m, aulne m

erleben [ɛr'le:bən] vt (*erfahren*) avoir; (*durchleben*) vivre, connaître; (*miterleben*) voir; **etw noch ~** être encore en vie pour voir qch; **so wütend habe ich ihn noch nie erlebt** je ne l'ai encore jamais vu piquer une telle colère

Erlebnis [ɛr'le:pnɪs] (**-ses,-se**) nt expérience f; (*Abenteuer*) aventure f; **e~reich** adj mouvementé(e)

erledigen [ɛr'le:dɪgən] vt (*Arbeit*) faire, s'acquitter de, exécuter; (*Antrag*) donner suite à, traiter; (*Akte*) s'occuper de; (*umg: erschöpfen*) épuiser; (: *ruinieren*) ruiner; (: *umbringen*) liquider ▷ vr (*sich klären*) s'arranger; **das od die Sache ist erledigt** c'est chose faite; **ich habe noch einiges in der Stadt zu ~** j'ai encore différentes choses à faire en ville

erledigt (*umg*) adj (*erschöpft*) crevé(e), claqué(e); (*ruiniert*) ruiné(e); **er ist für mich ~** je ne veux plus entendre parler de lui

Erledigung f: **um rasche ~ wird gebeten** urgent; **in ~ Ihres Auftrags/Ihrer Anfrage** suite à od en réponse à votre commande/demande

erlegen [ɛr'le:gən] vt (*Wild*) tuer

erleichtern [ɛr'laɪçtərn] vt (*Arbeit, Leben*) faciliter; (*Last*) alléger; (*Mensch*) soulager; **sein Herz/ Gewissen ~** s'épancher/soulager sa conscience; **erleichtert aufatmen** pousser un soupir de soulagement

Erleichterung f (*Gefühl der Beruhigung*) soulagement m; (*von Bedingungen*) amélioration f; (*von Arbeit*) facilitation f, simplification f

erleiden [ɛr'laɪdən] unreg vt (*Niederlage, Verlust*) subir, essuyer; (*Schmerzen*) endurer, souffrir

erlernbar adj qui peut s'apprendre

erlernen [ɛr'lɛrnən] vt apprendre

erlesen [ɛr'le:zən] adj (*Speisen*) exquis(e); (*Publikum*) choisi(e)

erleuchten [ɛr'lɔʏçtən] vt (*auch fig*) éclairer; **hell erleuchtet** illuminé(e)

Erleuchtung f inspiration f

erliegen [ɛr'li:gən] unreg vi+Dat être vaincu(e) par; (*fig*) succomber à; (*einem Irrtum*) être victime de; **zum E~ kommen** s'immobiliser; **zum E~ bringen** paralyser

Erlös [ɛr'lø:s] (**-es,-e**) m produit m

erlöschen [ɛr'lœʃən] unreg vi (*Feuer*) s'éteindre; (*Interesse*) faiblir; (*Vertrag, Recht*) expirer, arriver à expiration; **ein erloschener Vulkan** un volcan éteint

erlösen [ɛr'lø:zən] vt (*Mensch*) délivrer; (*Rel*) sauver

Erlöser (**-s,-**) m (*Rel*) Sauveur m; (*Befreier*) libérateur m

Erlösung f délivrance f; (*Rel*) rédemption f, salut m

ermächtigen [ɛr'mɛçtɪgən] vt autoriser, habiliter

Ermächtigung f autorisation f

ermahnen [ɛr'ma:nən] vt exhorter

Ermahnung f exhortation f

Ermang(e)lung [ɛr'maŋəluŋ] f: **in ~ +Gen** faute de, à défaut de

ermäßigen [ɛr'mɛsɪgən] vt (*Gebühr*) accorder une réduction sur ▷ vr être réduit(e)

Ermäßigung f réduction f

ermessen [ɛr'mɛsən] unreg vt (*Umfang, Ausmaß*) se rendre compte de; **E~ (-s)** nt jugement m; **in jds E~ liegen** être à la discrétion de qn; **nach menschlichem E~** autant qu'on puisse en juger

Ermessensfrage f question f d'appréciation

ermitteln [ɛr'mɪtəln] vt (*Wert*) calculer; (*Täter*) retrouver ▷ vi: **gegen jdn ~** faire une enquête sur qn

Ermittlung [ɛr'mɪtluŋ] f (*Polizeiermittlung*) enquête f; **~en anstellen über +Akk** enquêter sur

Ermittlungsverfahren nt (*Jur*) enquête f préliminaire

ermöglichen [ɛr'mø:klɪçən] vt rendre possible, permettre; **jdm das Studium/einen Ferienaufenthalt ~** permettre à qn de faire des études/prendre des vacances

ermorden [ɛr'mɔrdən] vt tuer, assassiner

Ermordung f meurtre m, assassinat m

ermüden [ɛr'my:dən] vt fatiguer ▷ vi se fatiguer; (*Tech: Stahl etc*) fatiguer

ermüdend adj fatigant(e)

Ermüdung f fatigue f

Ermüdungserscheinung f effet m de la fatigue

ermuntern [ɛr'mʊntərn] vt (*ermutigen*) encourager; (*beleben*) vivifier; (*aufmuntern*) remonter le moral à

ermutigen [ɛr'mu:tɪgən] vt encourager

ernähren [ɛr'nɛ:rən] vt nourrir ▷ vr: **sich ~ von** se nourrir de; **sich richtig/gesund ~** avoir une alimentation équilibrée/saine; **sich falsch ~** mal se nourrir

Ernährer, in (**-s,-**) m(f) soutien m de famille

Ernährung f (*das Ernähren*) alimentation f; (*Nahrung*) nourriture f; (*Med auch*) nutrition f; (*Unterhalt*) entretien m

ernennen [ɛr'nɛnən] unreg vt nommer, désigner; **jdn zu etw ~** nommer qn qch

Ernennung f nomination f

erneuern [ɛr'nɔʏərn] vt (*Reifen, Verband*) changer; (*Vertrag, Pass*) renouveler; (*Gebäude*) rénover; (: *restaurieren*) restaurer; (*neu beleben: Freundschaft etc*) renouer

Erneuerung f (*von Reifen, Verband*) changement m; (*von Vertrag*) renouvellement m; (*von Gebäude*) rénovation f, modernisation f; (: *Restauration*) restauration f; (*von Teil*) remplacement m; (*von Freundschaft*) renouement m

erneut adj (*Versuch, Angebot*) nouveau(nouvelle), réitéré(e); (*Fehlschlag*) nouveau(nouvelle) ▷ adv à od de nouveau

erniedrigen [ɛr'ni:drɪgən] vt (Preise, Druck)
baisser; (demütigen) humilier, rabaisser ▷ vr
s'humilier, se rabaisser
Ernst [ɛrnst] (-es) m sérieux m; (Bedrohlichkeit)
gravité f; **das ist mein ~** je parle sérieusement;
im ~ sérieusement; **mit etw ~ machen** mettre
qch à exécution; **der ~ des Lebens** la dure
réalité; **e~** adj sérieux(-euse), grave; (ehrlich
gemeint) sérieux(-euse); (bedrohlich) grave;
~ gemeint sérieux(-euse); **jdn/etw e~ nehmen**
prendre qn/qch au sérieux; **es e~ meinen** parler
sérieusement; **es steht e~ um ihn** son état est
grave; **~fall** m: **im ~fall** en cas d'urgence; **e~haft**
adj sérieux(-euse); (Krankheit) grave; **~haftigkeit**
f sérieux m; (von Krankheit) gravité f; **e~lich** adj
sérieux(-euse) ▷ adv sérieusement; **e~lich
krank sein** être gravement malade
Ernte ['ɛrntə] f récolte f; **~dankfest** nt fête f des
moissons
ernten vt récolter
ernüchtern [ɛr'nʏçtərn] vt dégriser; (fig)
désenchanter, désillusionner
Ernüchterung f dégrisement m; (fig)
désenchantement m, désillusion f
Eroberer [ɛr'lobərər] (-s, -) m conquérant m
erobern vt conquérir
Eroberung f conquête f
eröffnen [ɛr'lœfnən] vt ouvrir ▷ vr (Möglichkeiten)
se présenter; **jdm etw ~** (mitteilen) faire part de
qch à qn
Eröffnung f ouverture f; (Mitteilung) déclaration f,
révélation f
Eröffnungsansprache f discours m od allocution
f d'ouverture
Eröffnungsfeier f cérémonie f d'ouverture
erogen [ɛro'ge:n] adj (Zonen) érogène
erörtern [ɛr'lœrtərn] vt (Vorschlag) discuter
Erörterung f discussion f
Eroscenter ['e:rɔssentər] nt maison de passe
Erotik [e'ro:tɪk] f érotisme m
erotisch adj érotique
Erpel ['ɛrpəl] (-, -) m (Zool) canard m (mâle)
erpicht [ɛr'pɪçt] adj: ~ **(auf** +Akk) avide (de)
erpressen [ɛr'prɛsən] vt (Geld etc) extorquer;
(Mensch) faire chanter
Erpresser, in (-s, -) m(f) maître m chanteur
Erpressung f chantage m
erproben [ɛr'pro:bən] vt mettre à l'essai
erprobt adj (Gerät, Medikamente) qui a fait l'objet de
tests, testé(e); (Fähigkeit) éprouvé(e); (Mitarbeiter)
qui a fait ses preuves
erraten [ɛr'ra:tən] unreg vt deviner
errechnen [ɛr'rɛçnən] vt calculer
erregbar [ɛr'rɛ:kba:r] adj (reizbar) irritable; **E~keit**
f irritabilité f
erregen [ɛr're:gən] vt (hervorrufen) susciter;
(aufregen, sinnlich erregen) exciter; (ärgern) irriter;
(Durst) donner ▷ vr: **sich ~ (über** +Akk) s'énerver
(à cause de)
Erreger (-s, -) m (von Krankheit) agent m
Erregtheit f excitation f
Erregung f (Aufregung) émotion f; (Zustand) émoi m,

agitation f; (sexuell) excitation f; (Wut) irritation f
erreichbar adj (Ziel) que l'on peut atteindre; **in
~er Nähe bleiben** rester à proximité; **er ist
jederzeit telefonisch ~** on peut le joindre au
téléphone à n'importe quel moment
erreichen [ɛr'raɪçən] vt atteindre; (Zug) attraper;
(zustande bringen) obtenir; (sich in Verbindung setzen
mit) joindre; **ein hohes Alter ~** atteindre un âge
avancé; **vom Bahnhof/zu Fuß leicht zu ~**
facilement accessible depuis la gare/à pied
errichten [ɛr'rɪçtən] vt (Gebäude) ériger,
construire; (gründen) fonder
erringen [ɛr'rɪŋən] unreg vt remporter
erröten [ɛr'rø:tən] vi rougir
Errungenschaft [ɛr'rʊŋənʃaft] f conquête f;
(umg: Anschaffung) acquisition f
Ersatz [ɛr'zats] (-es) m remplacement m;
(Schadensersatz) dédommagement m; **als ~ für jdn
einspringen** remplacer qn au pied levé;
~befriedigung f: **eine ~befriedigung sein**
combler un manque affectif; **~dienst** m (Mil)
service m civil; **~kasse** f caisse f privée
d'assurance-maladie; **e~los** adv: **der Paragraf
wird e~los gestrichen** le paragraphe est
définitivement supprimé; **~mann** m
remplaçant m; **~mutter** f seconde mère f;
e~pflichtig adj obligé(e) de payer un
dédommagement; **~reifen** m roue f de secours;
~teil nt pièce f de rechange; **e~weise** adv à titre
de dédommagement, en compensation
ersaufen [ɛr'zaʊfən] unreg (umg) vi se noyer
ersäufen [ɛr'zɔʏfən] (umg) vt noyer
erschaffen [ɛr'ʃafən] unreg vt créer
erscheinen [ɛr'ʃaɪnən] unreg vi (sich zeigen)
apparaître; (wirken) paraître, sembler; (auftreten)
se présenter; (veröffentlicht werden) paraître, être
publié(e); **das erscheint mir vernünftig** cela
me paraît raisonnable
Erscheinung f (das Erscheinen, Geist) apparition f;
(Krankheitserscheinung, Alterserscheinung) signe m;
(Gestalt) personnage m; (äußere Erscheinung) aspect
m; **in ~ treten** se manifester
Erscheinungsform f manifestation f
Erscheinungsjahr nt (von Buch) année f de
parution
erschießen [ɛr'ʃi:sən] unreg vt tuer (d'un coup de
revolver od de fusil)
erschlaffen [ɛr'ʃlafən] vi (Muskeln, Haut) perdre de
son élasticité
erschlagen [ɛr'ʃla:gən] unreg vt assommer ▷ adj
(umg: todmüde) claqué(e)
erschleichen [ɛr'ʃlaɪçən] vt (Erbschaft) faire de la
captation de; (Gunst, Vertrauen) s'insinuer dans
erschließen [ɛr'ʃli:sən] unreg vt (Gebiet) rendre
accessible; (Absatzmarkt) créer, ouvrir;
(Baugelände) viabiliser; (Bodenschätze) exploiter
erschöpfen [ɛr'ʃœpfən] vt épuiser ▷ vr: **sich in
etw** Dat ~ se limiter à qch
erschöpfend adj (ausführlich) exhaustif(-ive);
(ermüdend) épuisant(e)
Erschöpfung f épuisement m
erschossen [ɛr'ʃɔsən] (umg) adj: **(völlig) ~ sein**

être (complètement) claqué(e)

erschrak *etc* [ɛrˈfraːk] *vb siehe* **erschrecken**

erschrecken [ɛrˈfrɛkən] *vt* effrayer, faire peur à ▷ *vi* (*unreg*) s'effrayer, prendre peur

erschreckend *adj* effrayant(e), effroyable

erschrickt *etc* [ɛrˈfrɪkt] *vb siehe* **erschrecken**

erschrocken [ɛrˈfrɔkən] *adj* effrayé(e) ▷ *pp von* **erschrecken**

erschüttern [ɛrˈfʏtərn] *vt* ébranler; (*ergreifen*) bouleverser; **ihn kann nichts ~** il ne perd jamais son sang-froid

erschütternd *adj* (*Nachricht etc*) bouleversant(e)

Erschütterung *f* (*von Gebäude*) ébranlement *m*; (*des Bodens*) tremblement *m*; (*von Mensch*) bouleversement *m*

erschweren [ɛrˈfveːrən] *vt* rendre (plus) difficile; **~de Umstände** (*Jur*) circonstances *fpl* aggravantes; **es kommt noch ~d hinzu, dass ...** c'est d'autant plus grave que ...

erschwindeln [ɛrˈfvɪndəln] *vt* obtenir par escroquerie

erschwingen [ɛrˈfvɪŋən] *unreg vt* s'offrir

erschwinglich *adj* abordable

ersehen [ɛrˈzeːən] *unreg vt* (*geh: schließen*) conclure; **etw aus den Akten ~** conclure qch de la consultation du dossier

ersehnen [ɛrˈzeːnən] *vt* languir après, désirer ardemment

ersetzbar *adj* remplaçable

ersetzen [ɛrˈzɛtsən] *vt* remplacer; (*erstatten*) rembourser

ersichtlich [ɛrˈzɪçtlɪç] *adj* (*Grund*) apparent(e)

ersparen [ɛrˈfpaːrən] *vt* (*Geld*) épargner, économiser; **jdm etw ~** épargner qch à qn; **sich etw ~** s'épargner qch; **ihr blieb auch nichts erspart** le sort s'est acharné contre elle

Ersparnis (**-**, **-se**) *f* économie *f*; **~ an** +*Dat* économie de

ersprießlich [ɛrˈfpriːslɪç] *adj* (*fruchtbar*) fructueux(-euse); (*angenehm*) agréable, plaisant(e)

 SCHLÜSSELWORT

erst [eːrst] *adv* **1** d'abord; (*anfänglich*) au début; **mach erst einmal deine Hausaufgaben, ehe du spielen gehst** fais tes devoirs avant d'aller jouer; **wenn du das erst mal hinter dir hast, dann geht schon alles leichter** une fois que tu l'auras fait, tout ira mieux; **erst als endlich alle eingestiegen waren, konnte der Bus losfahren** le bus n'a pas pu partir avant que tout le monde soit enfin monté; **da gings erst richtig los** ça ne faisait que commencer

2 (*nicht früher als*) pas avant; **erst gestern** pas plus tard qu'hier; **erst morgen** pas avant demain; **erst als** seulement quand, ce n'est que quand; **wir fahren erst später** nous partons plus tard (que prévu); **gerade erst** tout juste; **er ist (gerade) erst angekommen** il vient (seulement *od* tout juste) d'arriver

3: **wäre er doch erst zurück!** si seulement il

pouvait être de retour!; **damit fange ich erst gar nicht an!** ça ne vaut même pas la peine de commencer!; **jetzt erst recht!** à plus forte raison!

erstarren [ɛrˈftarən] *vi* (*vor Kälte*) s'engourdir; (*vor Furcht*) se figer; (*Materie*) se solidifier, se figer

erstatten [ɛrˈftatən] *vt* (*Unkosten*) rembourser; **Anzeige (gegen jdn) ~** porter plainte (contre qn); **Bericht ~** faire un rapport

Erstattung *f* (*von Unkosten*) remboursement *m*

Erstaufführung [ˈeːrstlaʊffyːrʊŋ] *f* première *f*

erstaunen [ɛrˈftaʊnən] *vt* (*Mensch*) étonner, surprendre ▷ *vi* s'étonner, être surpris(e); **E~** (**-s**) *nt* étonnement *m*

erstaunlich *adj* étonnant(e), surprenant(e) ▷ *adv* étonnamment

Erstausgabe *f* première édition *f*, édition originale

erstbeste, r, s *adj* premier(-ière) venu(e)

erste, r, s *adj* premier(-ière); **als E~s** (tout) d'abord; **fürs E~** pour commencer; **der E~ des Monats** le premier du mois; **in ~r Linie** en premier lieu; **E~ Hilfe** premiers secours *mpl od* soins *mpl*; **das ~ Mal** la première fois; **~ Qualität** de première qualité; **~ Wahl** premier choix; **der E~ in der Klasse** le premier de la classe

erstechen [ɛrˈfteçən] *unreg vt* poignarder

erstehen [ɛrˈfteːən] *unreg vt* (*geh: kaufen*) acquérir ▷ *vi* (*von Neuem entstehen*) ressusciter, renaître

ersteigen [ɛrˈftaɪgən] *unreg vt* (*Berg*) escalader

ersteigern [ɛrˈftaɪgərn] *vt* acheter aux enchères

erstellen [ɛrˈftɛlən] *vt* (*förmlich: Gebäude*) construire; (*Gutachten*) établir

erstens *adv* premièrement, primo

erstere, r, s *pron* le (la) premier(-ière)

ersticken [ɛrˈftɪkən] *vt* étouffer; (*Begeisterung*) réprimer ▷ *vi* (*Mensch*) étouffer; (*Feuer*) s'éteindre; **an etw** *Dat* **~** s'étouffer avec qch; **in der Arbeit ~** être surchargé(e) de travail; **mit erstickter Stimme** d'une voix étranglée

Erstickung *f* étouffement *m*

erst-: **~klassig** *adj* (*Ware*) de premier choix; (*Hotel*) de première classe; (*Essen*) de première qualité; (*Sportler*) de première catégorie; **E~kommunion** *f* première communion *f*; **~malig** *adj* premier(-ière); **~mals** *adv* pour la première fois; **~rangig** *adv* (*Problem*) de la plus haute importance; (*erstklassig: Sportler*) de première catégorie

erstrebenswert [ɛrˈftreːbənsveːrt] *adj* enviable

erstrecken [ɛrˈftrɛkən] *vr* s'étendre

Erststimme *f* première voix donnée à un candidat local lors d'une élection au parlement fédéral; voir article

ERSTSTIMME/ZWEITSTIMME

Le système de l'*Erststimme* et de la *Zweitstimme* (premier et deuxième vote) est utilisé pour l'élection des membres du *Bundestag*. Chaque électeur est pourvu de deux votes. Le premier lui sert à choisir un candidat dans sa circonscription électorale, le candidat qui obtient la majorité des votes est élu membre du Parlement. Le deuxième vote permet de choisir un parti. Tous les seconds votes sont comptabilisés dans chaque *Land* et une représentation proportionnelle de chaque parti est nommée au *Bundestag*.

Ersttagsstempel *m* oblitération *f* "premier jour"
erstunken [ɛrˈʃtʊŋkən] *adj*: **das ist ~ und erlogen** (*umg*) c'est des bobards
Erstwähler, in (**-s, -**) *m(f)* nouvel(le) électeur(-trice) *m(f)*
ersuchen [ɛrˈzuːxən] *vt* (*geh*): **~ um** solliciter, requérir
ertappen [ɛrˈtapən] *vt* se surprendre
erteilen [ɛrˈtaɪlən] *vt* (*Auftrag, Erlaubnis, Rat*) donner; **Unterricht ~** faire la classe, donner des leçons
ertönen [ɛrˈtøːnən] *vi* être entendu(e)
Ertrag [ɛrˈtraːk] (**-(e)s, ˙-e**) *m* (*Ergebnis von Arbeit*) rendement *m*; (*Gewinn*) bénéfice *m*, revenu *m*
ertragen *unreg vt* supporter
erträglich [ɛrˈtrɛːklɪç] *adj* supportable; (*umg*) *leidlich*) passable
ertragreich *adj* (*Boden*) fertile; (*Geschäft*) lucratif(-ive)
ertränken [ɛrˈtrɛŋkən] *vt* noyer
erträumen [ɛrˈtrɔʏmən] *vt*: **sich** *Dat* **etw ~** rêver qch
ertrinken [ɛrˈtrɪŋkən] *unreg vi* se noyer; **E~** (**-s**) *nt* noyade *f*
erübrigen [ɛrˈlyːbrɪgən] *vt* (*Geld*) économiser, épargner; (*Zeit*) trouver ▷ *vr* être inutile
erwachen [ɛrˈvaxən] *vi* se réveiller; (*Gefühle, Interesse*) être éveillé(e); **ein böses E~** (*fig*) un réveil pénible, un dur retour à la réalité
erwachsen [ɛrˈvaksən] *adj* adulte ▷ *vi unreg* (*geh*: *sich ergeben, sich entwickeln*) résulter; **~ sein** (*Mensch*) être adulte; **daraus erwuchsen ihm Unannehmlichkeiten** cela lui a causé des ennuis
Erwachsene, r *f(m)* adulte *m/f*
Erwachsenenbildung *f* formation *f* continue
erwägen [ɛrˈvɛːgən] *unreg vt* (*Plan*) examiner; (*Möglichkeiten*) examiner, considérer
Erwägung *f* considération *f*; **etw in ~ ziehen** prendre qch en considération
erwähnen [ɛrˈvɛːnən] *vt* mentionner; **~swert** *adj* digne d'être mentionné(e)
Erwähnung *f* mention *f*
erwärmen [ɛrˈvɛrmən] *vt* chauffer ▷ *vr* se réchauffer; **sich für jdn/etw ~** commencer à trouver qn sympathique/à s'intéresser à qch
erwarten [ɛrˈvartən] *vt* (*warten auf: Gäste, Post*) attendre; (*rechnen mit*) s'attendre à; **etw kaum ~ können** attendre qch avec impatience; **es steht zu ~, dass ...** (*geh*) on peut s'attendre à ce que *+sub ...*; **E~** *nt*: **über E~** au delà de mes espérances; **wider E~** contre toute attente
Erwartung *f* attente *f*; **in ~ Ihrer baldigen Antwort** (*förmlich*) dans l'espoir d'une prompte réponse

erwartungsgemäß *adv* comme il fallait s'y attendre
erwartungsvoll *adj* plein(e) d'espoir
erwecken [ɛrˈvɛkən] *vt* éveiller; **den Anschein** *od* **Eindruck ~** donner l'impression; **etw zu neuem Leben ~** faire revivre qch
erwehren [ɛrˈveːrən] *vr+Gen* (*geh*) repousser; **sich des Lachens nicht ~ können** ne pouvoir s'empêcher de rire; **sich des Eindrucks nicht ~ können, dass ...** avoir la forte impression que ...
erweichen [ɛrˈvaɪçən] *vt* (*umstimmen*) attendrir; **sich nicht ~ lassen** être inexorable
Erweis [ɛrˈvaɪs] (**-es, -e**) *m* preuve *f*
erweisen [ɛrˈvaɪzən] *unreg vt* (*zuteilwerden lassen: Ehre, Dienst*) rendre; (*nachweisen*) prouver ▷ *vr*: **sich als etw ~** s'avérer être qch; **es hat sich erwiesen, dass ...** il s'est avéré que ...; **sich jdm gegenüber dankbar ~** se montrer reconnaissant(e) envers qn
erweitern [ɛrˈvaɪtərn] *vt* élargir; (*Geschäft*) agrandir; (*Med*) dilater; (*Kenntnisse*) approfondir; (*Macht*) étendre ▷ *vr* (*siehe vt*) s'élargir; s'agrandir; se dilater; s'étendre
Erweiterung *f* (*siehe vt*) élargissement *m*; développement *m*; dilatation *f*; extension *f*
Erwerb [ɛrˈvɛrp] (**-(e)s, -e**) *m* (*Kauf*) acquisition *f*; (*Beruf*) travail *m*; (*Lohn*) salaire *m*
erwerben [ɛrˈvɛrbən] *unreg vt* (*kaufen*) faire l'acquisition de, acquérir; (*Fähigkeit, Wissen*) acquérir; (*Ruhm, Achtung*) gagner; **er hat sich** *Dat* **große Verdienste um die Firma erworben** il a rendu de grands services à l'entreprise
erwerbs-: **~fähig** *adj* capable d'exercer une activité professionnelle *od* de gagner sa vie; **~los** *adj* sans source de revenus, sans emploi; **E~quelle** *f* source *f* de revenus, ressource *f*; **~tätig** *adj* actif(-ive); **~unfähig** *adj* dans l'incapacité de travailler, invalide
erwidern [ɛrˈviːdərn] *vt* (*antworten*) répondre, répliquer; (*Besuch*) rendre; **er erwidert ihre Gefühle** c'est un amour partagé
Erwiderung *f* réponse *f*; **in ~ Ihres Schreibens vom ...** (*förmlich*) en réponse à votre lettre du ...
erwirtschaften [ɛrˈvɪrtʃaftən] *vt* (*Gewinn etc*) se procurer
erwischen [ɛrˈvɪʃən] (*umg*) *vt* attraper, choper; **ihn hats schwer erwischt!** (*umg: verliebt*) il est follement amoureux; (: *krank*) il l'a chopé(e)
erwünscht [ɛrˈvʏnʃt] *adj* (*Gelegenheit*) rêvé(e); **Fremdsprachenkenntnisse ~** langues étrangères souhaitées; **du bist hier nicht ~!** on ne veut pas te voir ici!
erwürgen [ɛrˈvʏrgən] *vt* étrangler
Erz [eːrts] (**-es, -e**) *nt* minerai *m*
erzählen [ɛrˈtsɛːlən] *vt* raconter; (*Ereignis*) rapporter ▷ *vi* raconter; **sie kann gut ~** c'est une excellente conteuse; **dem werd ich was ~!** (*umg*) il va m'entendre!
Erzähler, in (**-s, -**) *m(f)* narrateur(-trice) *m(f)*
Erzählung *f* récit *m*
Erzbischof *m* archevêque *m*

Erzengel *m* archange *m*

erzeugen [ɛr'tsɔygən] *vt* produire; (*Angst*) provoquer

Erzeuger *m* (*Wirts*) producteur *m*

Erzeugerpreis *m* (*Wirts*) prix *m* à la production

Erzeugnis (**-ses, -se**) *nt* produit *m*

Erzeugung *f* production *f*

Erzfeind *m* ennemi *m* juré

Erzgebirge *nt* (*Geog*) Erzgebirge *m*, monts *mpl* Métallifères

erziehbar *adj*: **ein Heim für schwer ~e Kinder** un établissement d'éducation spécialisée

erziehen [ɛr'tsi:ən] *unreg vt* (*Kind*) élever; (*bilden*) éduquer; **jdn zur Ordnung/Sparsamkeit ~** apprendre l'ordre/l'économie à qn

Erzieher, in (**-s, -**) *m*(*f*) (*Berufsbezeichnung*) éducateur(-trice) *m*(*f*)

Erziehung *f* éducation *f*

erziehungs-: **~berechtigt** *adj* qui a l'autorité parentale; **E~berechtigte, r** *f*(*m*) personne qui a l'autorité parentale; **E~heim** *nt* centre *m* d'éducation surveillée

erzielen [ɛr'tsi:lən] *vt* (*Ergebnis*) obtenir; (*Erfolg, Preis*) remporter; (*Tor*) marquer

erzkonservativ ['ɛrtskɔnzɛrva'ti:f] *adj* ultra-conservateur(-trice)

erzürnen [ɛr'tsʏrnən] *vt* (*geh*) mettre en colère

erzwingen [ɛr'tsvɪŋən] *unreg vt* forcer, obtenir de force

Es [ɛs] *nt* (*Mus*) mi *m* bémol

es [ɛs] (*Dat* **ihm**) *pron* (*Subjekt*) il (elle); (*Objekt*) le (la); (*unpersönlich*) il; **es regnet/schneit** il pleut/neige; **wie geht es Ihnen?** comment allez-vous?

Esche ['ɛʃə] *f* frêne *m*

Esel ['e:zəl] (**-s, -**) *m* âne *m*; **ich ~!** (*umg*) ce que je suis bête!

Eselsbrücke *f* (*Gedächtnishilfe*) moyen *m* mnémotechnique

Eselsohr (*umg*) *nt* (*in Buch*) corne *f*

Eskalation [ɛskalatsi'o:n] *f* escalade *f*

eskalieren [ɛska'li:rən] *vt* intensifier ▷ *vi* s'intensifier

Eskimo ['ɛskimo] (**-s, -s**) *m* Esquimau *m*

Eskorte [ɛs'kɔrtə] *f* (*Mil*) escorte *f*

eskortieren [ɛskɔr'ti:rən] *vt* (*geh*) escorter

Espe ['ɛspə] *f* tremble *m*

Espenlaub ['ɛspənlaup] *nt*: **wie ~ zittern** trembler comme une feuille

Espresso [ɛs'prɛso] (**-(s), -s** *od* **Espressi**) *m* express *m*

ess-: **~bar** ['ɛsba:r] *adj* mangeable; (*Pilz*) comestible; **E~besteck** *nt* couvert *m*; **E~ecke** *f* coin *m* repas

essen ['ɛsən] *unreg vt, vi* manger; **zu Mittag ~** déjeuner; **~ gehen** (*auswärts*) aller au restaurant; **warm/kalt ~** manger chaud/froid; **~ Sie gern Äpfel?** vous aimez les pommes?; **E~** (**-s, -**) *nt* repas *m*

Essen(s)-: **Essen(s)ausgabe** *f* distribution *f* des repas; (*Stelle*) comptoir *m*; **Essen(s)marke** *f* ticket-repas *m*; **Essen(s)zeit** *f* heure *f* du repas

Essgeschirr *nt* vaisselle *f*

Essig ['ɛsɪç] (**-s, -e**) *m* vinaigre *m*; **damit ist es ~** (*umg*) c'est tombé à l'eau; **~gurke** *f* cornichon *m* (au vinaigre)

Ess-: **~kastanie** *f* marron *m*; **~löffel** *m* cuiller *f* od cuillère *f* à soupe; **~lokal** *nt* restaurant *m*; **~tisch** *m* table *f*; **~waren** *pl* aliments *mpl*, produits *mpl* alimentaires; **~zimmer** *nt* salle *f* à manger

Establishment [ɪs'tæblɪʃmənt] (**-s, -s**) *nt* establishment *m*

Este, -in ['e:stə] (**-n, -n**) *m*(*f*) (*Geog*) Estonien(ne) *m*/*f*

Estland ['e:stlant] *nt* l'Estonie *f*

estnisch *adj* (*Geog*) estonien(ne)

Estragon ['ɛtragɔn] (**-s**) *m* estragon *m*

Estrich ['ɛstrɪç] (**-s, -e**) *m* sol *m* en béton

etablieren [eta'bli:rən] *vr* s'établir

Etage [e'ta:ʒə] *f* étage *m*

Etagen-: **~bett** *nt* lits *mpl* superposés; **~heizung** *f* chauffage *m* central individuel; **~wohnung** *f* appartement qui fait tout un étage

Etappe [e'tapə] *f* étape *f*

etappenweise *adv* par étapes

Etat [e'ta:] (**-s, -s**) *m* budget *m*; **~jahr** *nt* année *f* budgétaire; **~posten** *m* poste *m* budgétaire

etc *abk* (= *et cetera*) etc

etepetete [e:təpe'te:tə] (*umg*) *adj* guindé(e)

Ethik ['e:tɪk] *f* éthique *f*

ethisch ['e:tɪʃ] *adj* éthique

ethnisch ['ɛtnɪʃ] *adj* ethnique; **~e Säuberung(saktionen** *pl*) *f* purification *f* ethnique

Etikett [eti'kɛt] (**-(e)s, -e**) *nt* étiquette *f*

Etikette [eti'kɛtə] *f* étiquette *f*

Etikettenschwindel *m* (*Pol*): **es ist reinster ~, wenn …** c'est se moquer du monde que de …

etikettieren [etikɛ'ti:rən] *vt* étiqueter

etliche, r, s ['ɛtlɪçə(r, s)] *pron* (*sg*) considérable; **~ Fehler** un certain nombre de *od* pas mal de fautes; **~ Zeit** pas mal de temps; **~s** pas mal de choses

Etsch [ɛtʃ] *f* (*Fluss*): **die ~** l'Adige *m*

Etüde [e'ty:də] *f* étude *f*

Etui [ɛt'vi:] (**-s, -s**) *nt* étui *m*

etwa ['ɛtva] *adv* (*ungefähr*) environ; (*zum Beispiel*) par exemple; (*möglicherweise, vielleicht*) par hasard, peut-être; **nicht ~** non pas; **Sie kommen doch, oder ~ nicht?** vous viendrez, bien sûr?; (*entrüstet, erstaunt*): **hast du ~ schon wieder kein Geld dabei?** tu ne vas pas me dire que tu a encore oublié ton argent!; **willst du ~ schon gehen?** tu ne t'en vas pas déjà?; **in ~** à peu près; **das stimmt in ~** c'est à peu près ça

etwaig ['ɛtvaɪç] *adj* éventuel(le)

etwas *pron* quelque chose; (*verneinend*) rien ▷ *adv* un peu; **noch ~ Kaffee/Wein?** encore un peu de café/vin?; **ich habe noch nie so ~ gesehen** je n'ai jamais rien vu de pareil; **er kann ~** il est très capable; **nein, so ~!** ça alors!; **E~** *nt*: **das gewisse E~** ce je-ne-sais-quoi, ce petit quelque chose

Etymologie [etymolo'gi:] *f* étymologie *f*

EU (**-**) *f abk* (= *Europäische Union*) UE *f*

euch [ɔyç] *Akk, Dat von ihr* *pron* vous

euer ['ɔyər] *pron* (*possessiv*) votre; (*persönlich*: *Gen von* *ihr*): **ich werde ~ gedenken** je penserai à vous; **eure Bücher** vos livres; **ist das ~ Auto?** c'est votre voiture?, cette voiture est-elle à vous?; **viele Grüße, E~ Horst** amitiés, Horst

euere, r, s *pron siehe* **eure(r, s)**

EU-Erweiterung *f* élargissement *m* de l'UE

Eule ['ɔylə] *f* chouette *f*, hibou *m*

EU-Mitgliedstaat *f* État *m* membre de l'Union européenne

Euphemismus [ɔyfe'mɪsmʊs] *m* euphémisme *m*

Eurasien [ɔy'raːziən] *nt* l'Eurasie *f*

Euratom [ɔyra'toːm] (-) *f abk* (= *Europäische Atomgemeinschaft*) Euratom *m*

eure, r, s ['ɔyʀə(ʀ, s)] *pron* le(la) vôtre ▷ *pron* (*possessiv*) *siehe* **euer**

eurerseits *adv* de votre côté

euresgleichen *pron* des gens comme vous

euretwegen *adv* (*für euch*) pour vous; (*wegen euch*) à cause de vous

euretwillen *adv* = **euretwegen**

Eurhythmie [ɔyʀʏt'miː] *f* = **Eurythmie**

eurige *pron*: **der/die/das E~** le (la) vôtre

Euro ['ɔyʀo] *m* (*Währung*) euro *m*

Eurocheque [ɔyro'ʃɛk] (-s, -s) *m* eurochèque *m*

Eurokrat [ɔyro'kraːt] (-en, -en) *m* eurocrate *m*

Europa [ɔy'roːpa] *nt* l'Europe *f*

Europaabgeordnete, r *f(m)* eurodéputé(e) *m(f)*

Europäer, in [ɔyro'pɛːɐ(ɪn)] (-s, -) *m(f)* Européen(ne) *m(f)*

europäisch *adj* européen(ne); **das E~e Parlament** le Parlement européen; **die E~e Gemeinschaft** la Communauté (économique) européenne

Europa-: **~meister** *m* champion *m* d'Europe; **~parlament** *nt* Parlement *m* européen; **~rat** *m* Conseil *m* de l'Europe; **~straße** *f* route *f* européenne

Eurozone ['ɔyrotsoːnə] *f* Euroland *m*

Eurythmie [ɔyʀʏt'miː] *f* gymnastique *f* rythmique

Euter ['ɔytɐr] (-s, -) *nt* pis *m*

Euthanasie [ɔytana'ziː] *f* euthanasie *f*

ev. *abk* (= *evangelisch*) protestant(e)

E.V., e. V. *abk* (= *eingetragener Verein*) société *f* inscrite au registre du commerce

evakuieren [evaku'iːrən] *vt* évacuer

evangelisch [evaŋ'geːlɪʃ] *adj* protestant(e)

Evangelist [evaŋge'lɪst] (-en, -en) *m* évangéliste *m*

Evangelium [evaŋ'geːliʊm] *nt* évangile *m*

Eva(s)kostüm ['eːfa(s)kɔstyːm] (*umg*) *nt*: **im ~** (*hum*) en tenue d'Ève

Eventualfall [evɛntu'alfal] *m* éventualité *f*

eventuell [evɛntu'ɛl] *adj* éventuel(le) ▷ *adv* éventuellement

Everest ['ɛvərɛst] (-s) *m* Everest *m*

Evolution [evolutsi'oːn] *f* évolution *f*

evolutionär [evolutsio'nɛːr] *adj* évolutif(-ive)

evtl. *abk* = **eventuell**

EWG [eːveː'geː] (-) *f abk* (= *Europäische Wirtschaftsgemeinschaft*) CEE *f*

ewig ['eːvɪç] *adj* éternel(le) ▷ *adv* éternellement; **auf ~** à tout jamais, pour toujours; **ich habe**

dich ~ lange nicht gesehen (*umg*) ça fait une éternité que je ne t'ai pas vu; **das dauert ja ~!** (*umg*) qu'est-ce que c'est long!; **E~keit** *f* éternité *f*; **bis in alle E~keit** à tout jamais

EWS *nt abk* (= *Europäisches Währungssystem*) SME *m*

EWU (-) *f abk* (= *Europäische Währungsunion*) UME *f*

ex [ɛks] (*umg*) *adv*: **etw ex trinken** boire qch cul sec

Ex- *in zW* ex-

exakt [ɛ'ksakt] *adj* (*Zahl*) exact(e); (*Arbeit*) précis(e)

exaltiert [ɛksal'tiːrt] *adj* (*geh*: *überspannt*) exalté(e)

Examen [ɛ'ksaːmən] (-s, - *od* **Examina**) *nt* examen *m*

Examensangst *f* trac *m*

Examensarbeit *f* mémoire *m*

examiniert [ɛksami'niːrt] *adj* (*Krankenschwester etc*) diplômé(e)

Exekutive [ɛkseku'tiːvə] *f* (*Pol*) exécutif *m*

Exempel [ɛ'ksɛmpəl] (-s, -) *nt*: **um ein ~ zu statuieren** pour l'exemple; **die Probe aufs ~ machen** mettre cela à l'épreuve

Exemplar [ɛksɛm'plaːr] (-s, -e) *nt* exemplaire *m*; **e~isch** *adj* exemplaire

exerzieren [ɛksɛr'tsiːrən] *vt* (*Truppen*) faire faire l'exercice à, entraîner; (*anwenden*) roder ▷ *vi* être à l'entraînement

Exhibitionist, in [ɛkshibitsio'nɪst] *m(f)* exhibitionniste *m/f*

Exil [ɛ'ksiːl] (-s, -e) *nt* exil *m*

Exilregierung *f* gouvernement *m* en exil

existentiell [ɛksɪstɛntsi'ɛl] *adj siehe* **existenziell**

Existenz [ɛksɪs'tɛnts] *f* existence *f*; (*Lebensgrundlage*) gagne-pain *m inv*; (*pej*: *Mensch*) personnage *m*; **~berechtigung** *f* raison *f* d'être; **~grundlage** *f* principale source *f* de revenu

existenziell [ɛksɪstɛntsi'ɛl] *adj*: **von ~er Bedeutung** d'une importance capitale

Existenz-: **~kampf** *m* lutte *f* pour la survie; **~minimum** (-s, -ma) *nt* minimum *m* vital

existieren [ɛksɪs'tiːrən] *vi* exister

exkl. *abk* = **exklusive**

exklusiv [ɛksklu'ziːf] *adj* (*Bericht*) exclusif(-ive); (*Gesellschaft*) chic *unver*; **E~bericht** *m* reportage *m* exclusif

exklusive [ɛksklu'ziːvə] *präp +Gen* non compris(e), sans ▷ *adv* non compris(e)

Exkursion [ɛkskʊrzi'oːn] *f* voyage *m* d'études

Exmatrikulation [ɛksmatrikulatsi'oːn] *f* (*Univ*) radiation *f*

exmatrikulieren [ɛksmatriku'liːrən] *vr* radier de la liste des étudiants

Exot [ɛ'ksoːt] (-en, -en) *m* (*Tier*) animal *m* exotique; (*Pflanze*) plante *f* exotique; (*Mensch*) personne *venant d'un pays lointain*

exotisch [ɛ'ksoːtɪʃ] *adj* exotique

expandieren [ɛkspan'diːrən] *vi* (*Wirts*) être en pleine expansion

Expansion [ɛkspanzi'oːn] *f* expansion *f*

expansiv [ɛkspan'ziːf] *adj* (*Kostenentwicklung*) en hausse; (*Wirtschaft*) en pleine expansion

expedieren [ɛkspe'diːrən] *vt* expédier

Expedition [ɛkspeditsi'oːn] *f* (*Forschungsreise*)

expédition f; (Wirts: Versandabteilung) service m des expéditions

Experiment [ɛksperi'mɛnt] nt expérience f

experimentell [ɛksperimen'tɛl] adj (Physik etc) expérimental(e)

experimentieren [ɛksperimɛn'tiːrən] vi faire une od des expériences, expérimenter; **mit etw ~** faire des expériences avec od sur qch

Experte, -in [ɛks'pɛrtə] (-n, -n) m(f) expert m

explodieren [ɛksplo'diːrən] vi exploser

Explosion [ɛksplozi'oːn] f explosion f

explosiv [ɛksplo'ziːf] adj explosif(-ive); (Mensch) d'un tempérament explosif

Exponent [ɛkspo'nɛnt] m (Math) exposant m

exponieren [ɛkspo'niːrən] vt (jdn) exposer ▷ vr s'exposer

exponiert adj (ungeschützt) mal abrité(e), exposé(e)

Export [ɛks'pɔrt] (-(e)s, -e) m exportation f; **~artikel** m article m d'exportation

Exporteur [ɛkspɔr'tøːr] m exportateur m

Exporthandel m commerce m d'exportation

exportieren [ɛkspɔr'tiːrən] vt exporter

Export-: ~kaufmann m exportateur m; **~land** nt pays m exportateur; **~ware** f article m d'exportation

Expressdienst [ɛks'prɛsdiːnst] m service m express

Expressgut [ɛks'prɛsguːt] nt ≈ colis m express

Expressionismus [ɛkspresio'nɪsmʊs] m expressionnisme m

Expressreinigung f pressing m

Expresszug m (train m) express m

extern [ɛks'tɛrn] adj (Abitur, Prüfung) par correspondance

extra ['ɛkstra] adj unver (umg: gesondert: Zimmer) à part; (besondere) spécial(e) ▷ adv (gesondert) à part; (speziell) spécialement; (absichtlich) exprès; (vor adj: besonders) extra-; **E~ (-s, -s)** nt option f; **E~ausgabe** f édition f spéciale; **E~blatt** nt édition f spéciale; **E~klasse** (umg) f catégorie f à part

Extrakt [ɛks'trakt] (-(e)s, -e) m extrait m

Extratour (umg: pej) f: **sich** Dat **~en leisten** faire des caprices

extravagant [ɛkstrava'gant] adj excentrique

Extrawurst (umg) f: **er will immer eine ~ (gebraten haben)** il ne veut jamais faire comme tout le monde

Extrem (-s, -e) nt extrême m

extrem [ɛks'treːm] adj extrême; **E~fall** m cas m extrême

Extremist, in m(f) extrémiste m/f

Extremistenerlass [ɛkstre'mɪstənˌɛrlas] m (Berufsverbot) loi interdisant aux personnes taxées d'extrémisme de travailler dans la fonction publique

extremistisch [ɛkstre'mɪstɪʃ] adj extrémiste

Extremitäten [ɛkstremi'tɛːtən] pl extrémités fpl

extrovertiert [ɛkstrover'tiːrt] adj extraverti(e)

exzellent [ɛkstsɛ'lɛnt] adj (geh) excellent(e)

exzentrisch [ɛks'tsɛntrɪʃ] adj excentrique

Exzess [ɛks'tsɛs] (-es, -e) m excès m

EZB f abk (= Europäische Zentralbank) BCE f

Ff

F, f [ɛf] (-, -) *nt* (*Buchstabe*) F, f *m*; **F wie Friedrich** ≈ F comme François

f *f abk* (= *feminin*) f

Fa. *abk* (= *Firma*) Sté

Fabel ['fa:bəl] (-, -n) *f* fable *f*; **f~haft** *adj* extraordinaire; (*Bezahlung*) fabuleux(-euse)

Fabrik [fa'bri:k] (-, -en) *f* usine *f*; **~anlage** *f* établissement *m* industriel

Fabrikant [fabri:'kant] *m* (*Hersteller*) fabricant *m*; (*Besitzer*) industriel *m*

Fabrikarbeiter, in *m(f)* ouvrier(-ière) *m/f* (*d'usine*)

Fabrikat [fabri:'ka:t] (-(e)s, -e) *nt* (*Marke*) marque *f*; (*Produkt*) produit *m*

Fabrikation [fabri:katsi'o:n] *f* fabrication *f*

Fabrik-: ~besitzer, in *m(f)* propriétaire *m/f* d'usine; **~gelände** *nt* terrain *m* de l'usine; (*einer bestimmten Fabrik*) terrain *m* de l'usine; **f~neu** *adj* sorti(e) d'usine

fabrizieren [fabri'tsi:rən] (*umg: pej*) *vt* (*anstellen*) fabriquer; (*Geschichte*) fabriquer de toutes pièces

Fach [fax] (-(e)s, ̈-er) *nt* (*in Schrank, Regal etc*) rayon *m*, casier *m*; (*Sachgebiet*) domaine *m*; (*Schulfach*) matière *f*, discipline *f*; **ein Mann vom ~** un spécialiste; **~arbeiter, in** *m(f)* ouvrier(-ière) *m/f* spécialisé(e); **~arzt, ärztin** *m(f)* spécialiste *m/f* (*médecin*); **~ausdruck** *m* terme *m* technique; **~bereich** *m* domaine *m*; (*Univ*) matière *f*; **~buch** *nt* livre *m od* ouvrage *m* pour spécialistes

Fächer ['fɛçər] (-s, -) *m* éventail *m*

Fach-: ~frau *f* spécialiste *f*; **~gebiet** *nt* domaine *m* (de spécialisation); **~geschäft** *nt* magasin *m* spécialisé; **~händler** *m* magasin *m* spécialisé; **~hochschule** *f* ≈ institut *m* universitaire de technologie (I.U.T.); **~idiot** (*umg: pej*) *m* spécialiste *m* borné; **~kraft** *f* personne *f* qualifiée; **~kreise** *pl*: **in ~kreisen** parmi les experts; **f~kundig** *adj* expert(e); **~lehrer** *m* professeur *m* (spécialisé); **f~lich** *adj* professionnel(le); **~mann** (-(e)s, -leute) *m* spécialiste *m*; **f~männisch** *adj* de spécialiste; **~richtung** *f* discipline *f*; **~schule** *f* école *f* professionnelle; **f~simpeln** (*umg*) *vi* parler boutique *od* métier; **f~spezifisch** *adj* (*Ausbildung*) spécialisé(e); (*Ausdruck*) technique; **~verband** *m* association *f* professionnelle; **~welt** *f* spécialistes *mpl*; **~werk** *nt* colombage *m*;

~werkhaus *nt* maison *f* à colombage

Fackel ['fakəl] (-, -n) *f* flambeau *m*

fackeln (*umg*) *vi* hésiter; **nicht lange gefackelt!** décide-toi!

Fackelzug *m* retraite *f* aux flambeaux

fad(e) *adj* fade; (*langweilig*) ennuyeux(-euse)

Faden ['fa:dən] (-s, ̈-) *m* fil *m*; **der rote ~** le fil conducteur; **den ~ verlieren** perdre le fil; **alle Fäden laufen hier zusammen** c'est ici que se trouve le centre des opérations; **~nudeln** *pl* (*Koch*) vermicelle *msg*; **f~scheinig** *adj* (*Kleidung, Stoff*) élimé(e); (*Lüge, Ausrede*) cousu(e) de fil blanc

Fagott [fa'gɔt] (-(e)s, -e) *nt* (*Mus*) basson *m*

fähig ['fɛ:ıç] *adj* capable; **zu allem ~ sein** être capable de tout; **F~keit** *f* capacité *f*; (*Begabung*) talent *m*

Fähnchen ['fɛ:nçən] *nt* fanion *m*

fahnden ['fa:ndən] *vi*: **~ nach** rechercher

Fahndung *f* recherches *fpl*

Fahndungsliste *f* liste *f* des personnes recherchées par la police

Fahne ['fa:nə] *f* (*Flagge*) drapeau *m*; **mit fliegenden ~n zum Feind überlaufen** tourner casaque et passer à l'ennemi; **eine ~ haben** (*umg*) empester l'alcool

Fahnenflucht *f* désertion *f*

Fahrausweis *m* (*förmlich*) titre *m* de transport

Fahrbahn *f* chaussée *f*

fahrbar *adj*: **~er Untersatz** (*hum*) bagnole *f*

Fahrdienstleiter *m* chef *m* de district

Fähre ['fɛ:rə] *f* bac *m*; (*Autofähre*) ferry(-boat) *m*

fahren ['fa:rən] *unreg vt* (*lenken*) conduire; (: *Rad, Motorrad*) faire de; (*befördern*) transporter; (*Benzin, Reifen*) rouler avec; (*Rennen*) participer à, faire ▷ *vi* aller; (*fahren können*) conduire; (*abfahren*) partir ▷ *vr*: **das Auto fährt sich gut** la voiture est facile à conduire; **mit dem Zug/Auto ~** aller en train/en voiture; **ich fahre mit dem Auto nach Norwegen** je vais en Norvège en voiture; **links/rechts ~** rouler à gauche/à droite; **der Zug fährt um 8.15** le train part à 8h15; **die U-Bahn fährt alle fünf Minuten** il y a un métro toutes les cinq minutes; **aus dem Bett ~** sauter du lit; **mit der Hand über den Tisch ~** passer la main sur la table; **ein Gedanke fuhr ihm durch den Kopf** une idée lui passa par la tête; **(bei etw) gut/**

schlecht ~ (zurechtkommen) être content(e)/
mécontent(e) (de qch); **was ist (denn) in dich
gefahren?** quelle mouche t'a piqué?, qu'est-ce
qui te prend?; ~ **lassen** (Hoffnung) renoncer à;
einen ~ lassen (umg) péter

fahrend adj: ~**es Volk** gens mpl de voyage

Fahrer, in ['fa:rər(ın)] (**-s, -**) m(f)
conducteur(-trice) m/f; ~**flucht** f délit m de fuite

Fahr-: ~**gast** m passager(-ère) m/f; ~**geld** nt prix
m du billet; ~**gelegenheit** f moyen m de
transport; ~**gestell** nt châssis m; (Flug) train m
d'atterrissage

fahrig ['fa:rıç] adj (Bewegung) nerveux(-euse);
(unkonzentriert) distrait(e)

Fahr-: ~**karte** f billet m; (für Bus, U-Bahn) ticket m;
~**kartenausgabe** f guichet m; ~**kartenautomat**
m distributeur m de billets od de tickets;
~**kartenkontrolle** f contrôle m des billets;
~**kartenschalter** m guichet m; **f~lässig** f
négligent(e); **f~lässige Tötung** homicide m
involontaire; ~**lässigkeit** f négligence f;
~**lehrer, in** (**-s, -**) m(f) moniteur(-trice) m/f
d'auto-école; ~**plan** (**-s, ⁻e**) m horaire m;
f~planmäßig adj, adv (Eisenb) à l'heure prévue;
~**praxis** f pratique f (de la conduite); ~**preis** m
prix m du billet; ~**prüfung** f examen m du permis
de conduire; ~**rad** nt bicyclette f, vélo m; ~**radweg**
m piste f cyclable; ~**rinne** f (Naut) chenal m;
~**schein** m ticket m; ~**scheinentwerter** m
composteur m

Fährschiff nt ferry-(boat) m

Fahr-: ~**schule** f auto-école f; ~**schüler, in** (**-s, -**)
m(f) apprenti(e) conducteur(-trice); ~**spur** f voie
f; ~**stuhl** (**-s, ⁻e**) m ascenseur m; ~**stunde** f leçon
f de conduite

Fahrt [fa:rt] (**-, -en**) f (Reise) voyage m; (kurz) trajet
m; (im Auto auch) tour m; (Geschwindigkeit) vitesse f;
gute ~! bon voyage!, bonne route!; **in voller ~** à
toute vitesse; **volle ~ voraus** (Naut) en avant
toute; **in ~ kommen** (umg) se mettre en train

fährt etc [fɛ:rt] vb siehe **fahren**

fahrtauglich ['fa:rtaʊklıç] adj (Mensch) capable de
od en état de conduire; (Fahrzeug) en état de marche

Fährte ['fɛ:rtə] f (von Wild) traces fpl; (bei Verbrechen)
piste f; **jdn auf eine falsche ~ locken** mettre qn
sur la mauvaise piste

Fahrtenschreiber m tachygraphe m

Fahrtkosten pl frais mpl de déplacement

Fahrtrichtung f sens m de la marche

fahr-: ~**tüchtig** ['fa:rtʏçtıç] adj (Mensch) capable
de od en état de conduire; (Fahrzeug) en état de
marche; ~**untüchtig** adj (Mensch) qui n'est pas
capable de od en état de conduire; (Fahrzeug) qui
n'est pas en état de marche; **F~verbot** nt retrait
m du permis de conduire; **F~verhalten** nt (von
Fahrer) comportement m (au volant); (von Wagen)
tenue f de route; **F~zeug** nt véhicule m;
F~zeugbrief m = carte f grise; **F~zeughalter (-s, -)**
m propriétaire m d'un véhicule; **F~zeugpapiere**
pl papiers mpl du véhicule (carte grise et certificat de
contrôle technique)

Faible ['fɛ:bl] (**-s, -s**) nt (geh) faible m

fair [fɛ:r] adj (Mensch, Urteil) équitable; (Spiel,
Kampf) fair play unver

Fäkalien [fɛ'ka:liən] pl matières fpl fécales

faktisch ['faktıʃ] adj effectif(-ive), réel(le) ▷ adv
en fait

Faktor m facteur m

Faktum (**-s, Fakten**) nt fait m

fakturieren [faktu'ri:rən] vt (Wirts) facturer

Fakultät [fakʊl'tɛ:t] f faculté f

Falke ['falkə] (**-n, -n**) m faucon m

Falklandinseln ['falklantlınzəln] pl: **die ~** les
Malouines fpl

Fall [fal] (**-(e)s, ⁻e**) m (Sturz, Untergang) chute f;
(Sachverhalt, Gram, Med) cas m; (Jur) affaire f; **jdn/
etw zu ~ bringen** faire tomber qn/qch; **auf
jeden ~, auf alle Fälle** en tout cas; **gesetzt den
~ od für den ~, dass ...** au cas où ...; **jds ~ sein**
(umg) être la tasse de thé de qn; **klarer ~!** (umg)
c'est évident!; **auf keinen ~!** il n'en est pas
question!

Falle f piège m; (umg: Bett) plumard m; **jdm eine ~
stellen** tendre un piège à qn

fallen unreg vi tomber; (Wahl) se porter sur; (im
Krieg) tomber au champ d'honneur; (Preis,
Temperatur) baisser; (Worte) être prononcé(e);
(Bemerkung) être fait(e); (Name) être
mentionné(e); (Tor) être marqué(e); ~ **lassen**
(Bemerkung) laisser échapper; (Plan) renoncer à;
(Mitarbeiter) lâcher; **etw ~ lassen** laisser tomber
qch; **das fällt mir leicht/schwer** c'est facile/
difficile (pour moi)

fällen ['fɛlən] vt (Baum) abattre; (Urteil) rendre

fällig ['fɛlıç] adj (Wechsel, Zinsen) dû(due), arrivé(e)
à échéance; (Bus, Zug) attendu(e); **das ist schon
längst ~** il est grand temps

Fälligkeit f (Wirts) échéance f

Fallobst nt fruits mpl tombés

Fallout, Fall-out [fo'laʊt] (**-s, -s**) m retombées fpl
radioactives

falls konj au cas où

Fall-: ~**schirm** m parachute m; ~**schirmspringer,
in** m(f) parachutiste m/f; ~**schirmtruppe** f unité
f de parachutistes; ~**strick** m piège m; ~**studie** f
étude f de cas

fällt etc [fɛlt] vb siehe **fallen**

Falltür f trappe f

fallweise (Österr) adv selon le cas, cas par cas;
(arbeiten) occasionnellement

Fallwind m vent m catabatique

falsch [falʃ] adj faux(fausse) ▷ adv: **etw ~
verstehen** comprendre qch de travers, mal
comprendre qch; **ein ~es Spiel (mit jdm)
treiben** user de procédés déloyaux (envers qn);
~ **verbunden sein** (Telefon) s'être trompé(e) de
numéro; **die Uhr geht ~** la montre n'est pas à
l'heure; siehe auch **falschliegen**

fälschen ['fɛlʃən] vt (Geld, Unterschrift) contrefaire;
Papiere/einen Pass ~ faire de faux papiers/un
faux passeport

Fälscher, in (**-s, -**) m(f) faussaire m/f

Falschgeld nt fausse monnaie f

Falschheit f fausseté f

fälschlich adj faux(fausse), erroné(e) ▷ adv à tort
fälschlicherweise adv par erreur
falschliegen unreg vi: **mit etw** Dat ~ (umg) se tromper dans qch
Falschmeldung f (Presse) fausse nouvelle f
Fälschung f (Gegenstand) contrefaçon f
fälschungssicher adj infalsifiable
Faltblatt nt dépliant m; (in Zeitschrift etc) encart m
Faltboot nt canot m pliant
Fältchen ['fɛltçən] nt petit pli m
Falte ['faltə] f pli m; (in Haut) ride f
falten vt plier; (Hände) joindre
faltenlos adj (Haut) sans rides, lisse
Faltenrock m jupe f plissée
Falter ['faltər] (-s, -) m (Tagfalter) papillon m; (Nachtfalter) papillon de nuit
faltig adj (Hände, Haut) ridé(e); (zerknittert: Rock) froissé(e)
falzen ['faltsən] vt (Papierbogen) plier
Fam. abk = **Familie**
familiär [famili'ɛːr] adj (Gründe, Schwierigkeiten) de famille; (Ton, Atmosphäre, Verhältnis) familier(-ière)
Familie [fa'miːliə] f famille f; ~ **Francke** (als Anschrift) Monsieur et Madame Francke; ~ **haben** avoir des enfants
Familien-: **~ähnlichkeit** f air m de famille; **~anschluss** m: **Unterkunft mit ~anschluss** hébergement m dans une famille d'accueil; **~betrieb** m entreprise f od exploitation f familiale; **~kreis** m cercle m de famille; **im ~kreis** en famille; **im engsten ~kreis** dans la plus stricte intimité; **~mitglied** nt membre m de la famille; **~name** m nom m de famille; **~packung** f paquet m familial; **~pass** m passeport où est inscrit au moins un enfant; (Bahn) carte de circulation à tarif réduit pour toute la famille; **~planung** f planning m familial; **~stand** m état m civil; **~vater** m père m de famille; **~verhältnisse** pl milieu msg familial
Fan [fɛn] (-s, -s) m fan m
Fanatiker, in [fa'naːtikər(ɪn)] (-s, -) m(f) fanatique m/f
fanatisch adj fanatique
Fanatismus [fana'tɪsmʊs] m fanatisme m
fand etc [fant] vb siehe **finden**
Fang [faŋ] (-(e)s, ˝e) m capture f; (Beute) prise f; **Fänge** pl (Zähne) crocs mpl; (Krallen) serres fpl; **einen guten ~ machen** (Mann, Frau) avoir trouvé un beau parti
fangen unreg vt attraper ▷ vr (nicht fallen) retrouver son équilibre; (seelisch) se reprendre; (in Leistung) se rattraper
Fangfrage f question f piège
Fanggründe pl lieux mpl de pêche
Fangopackung ['faŋgopakʊŋ] f compresse f de boue
fängt etc [fɛŋkt] vb siehe **fangen**
Fantasie [fanta'ziː] f imagination f; **~gebilde** nt fantasme m; **f~los** adj sans imagination
fantasieren [fanta'ziːrən] vi fantasmer; (Med) délirer
fantasievoll adj (Mensch) plein(e) d'imagination;

(Erzählung) haut(e) en couleur
Fantast [fan'tast] (-en, -en) m doux rêveur m
fantastisch adj (Geschichte) invraisemblable; (umg: unglaublich, großartig) fantastique
Farb-: **~abzug** m tirage m couleur; **~aufnahme** f photo f en couleurs; **~band** nt ruban m encreur; **~dia** nt diapositive f en couleurs
Farbe ['farbə] f couleur f; (Malerfarbe) peinture f; (zum Färben) teinture f; (Farbton) nuance f; ~ **bekennen** jouer cartes sur table
farbecht ['farplɛçt] adj grand teint unver
farbempfindlich adj (Gewebe) dont les couleurs ne résistent pas au lavage
färben ['fɛrbən] vi déteindre ▷ vt teindre ▷ vr (Blätter) jaunir
farben-: **~blind** adj daltonien(ne); **~freudig, farbenfroh** adj aux couleurs gaies; **~prächtig** adj haut(e) en couleur
Farb-: **~fernsehen** nt télévision f (en) couleur; **~film** m film m en couleur; (Phot) pellicule f couleur; **~foto** nt photo f en couleur; **~fotografie** f photographie f en couleur
farbig adj (bunt) coloré(e); (fig) haut(e) en couleur; (Mensch) de couleur
Farbige, r f(m) homme(femme) m/f de couleur
Farb-: **~kasten** m boîte f de couleurs; **f~lich** adv du point de vue des couleurs; **f~los** adj incolore; (fig) terne; **~stift** m crayon m de couleur; **~stoff** m colorant m; **~ton** m ton m
Färbung ['fɛrbʊŋ] f (Farbe) coloration f; (Verfahren) teinture f; (fig: Tendenz) tendance f
Farn [farn] (-(e)s, -e) m, **Farnkraut** nt fougère f
Färöer [fɛ'røːər] pl îles fpl Féroé
Fasan [fa'zaːn] (-(e)s, -e(n)) m faisan m
Fasching ['faʃɪŋ] (-s, -e od -s) m carnaval m
Faschingszug m cortège m du carnaval
Faschismus [fa'ʃɪsmʊs] m fascisme m
Faschist, in m(f) fasciste m/f
faschistisch [fa'ʃɪstiʃ] adj fasciste
faseln ['faːzəln] (umg: pej) vi (Unsinn reden) radoter
Faser ['faːzər] (-, -n) f fibre f
faserig adj (Fleisch) filandreux(-euse); (Papier) fibreux(-euse)
fasern vi (Stoff) s'effilocher
Faserschreiber m (crayon m) feutre m
Fass [fas] (-es, ˝er) nt tonneau m; (für Öl) baril m; **Bier vom** ~ bière f à la pression; **ein ~ ohne Boden** (fig) un gouffre
Fassade [fa'saːdə] f façade f
fassbar adj (Ergebnis) concret(-ète); (begreifbar) compréhensible
Fassbier nt bière f à la pression
fassen ['fasən] vt (ergreifen, angreifen, begreifen) saisir; (festnehmen: Verbrecher) arrêter; (enthalten) contenir; (formulieren) formuler; (Beschluss, Vertrauen) prendre; (Plan) imaginer, concevoir; (Edelstein) sertir, monter ▷ vi (Sohle) adhérer; (Zahnrad) s'engrener ▷ vr (sich wieder beherrschen) se ressaisir; **etw in Worte** ~ exprimer qch; **keinen klaren Gedanken ~ können** avoir du mal à rassembler ses idées; **nicht zu ~!** c'est incroyable!; siehe auch **kurzfassen**

fasslich ['fasliç] adj compréhensible

Fasson [fa'sõ:] (-, -s) f forme f; (von Frisur, Kleid) style m; **aus der ~ geraten** perdre la forme, prendre du poids

Fassung ['fasʊŋ] f (Umrahmung, Einfassung) monture f; (bei Lampe) douille f; (Textversion) version f; (Beherrschung) contenance f; **jdn aus der ~ bringen** faire perdre contenance à qn; **völlig außer ~ geraten** perdre son sang-froid

fassungs-: **~los** adj atterré(e), consterné(e); **F~vermögen** nt (bei Behälter) contenance f; (bei Mensch) compréhension f, entendement m; **das übersteigt mein F~vermögen** cela dépasse mon entendement

fast [fast] adv presque; **~ nie** presque jamais

fasten ['fastən] vi jeûner; **F~** (-s) nt jeûne m; **F~zeit** f (Rel) carême m

Fastnacht f carnaval m

faszinieren [fastsi'ni:rən] vt fasciner

fatal [fa'ta:l] adj (Fehler) fatal(e); (Auswirkung) fâcheux(-euse); (Gefühl, Lage) très désagréable

fauchen ['fauxən] vi (Katze) feuler

faul [faʊl] adj (Person) paresseux(-euse); (Essen, Obst etc) pourri(e); (pej: Witz, Ausrede) mauvais(e); (Geschäft) douteux(-euse), louche; **daran ist etwas ~** il y a quelque chose de louche là-dessous

faulen vi pourrir

faulenzen ['faʊlɛntsən] vi paresser, fainéanter

Faulenzer, in (-s, -) m(f) paresseux(euse) m/f, fainéant(e)

Faulheit f paresse f

faulig adj putride

Fäulnis ['fɔylnɪs] f putréfaction f

Faulpelz (umg: pej) m flemmard(e) m/f

Faust ['faʊst] (-, **Fäuste**) f poing m; **das passt wie die ~ aufs Auge** (umg) ça arrive comme un cheveu sur la soupe; **auf eigene ~** (fig) de sa propre initiative

Fäustchen ['fɔystçən] nt: **sich** Dat **ins ~ lachen** rire sous cape

faustdick (umg) adj (Lüge) gros(se), grossier(-ière); **er hat es ~ hinter den Ohren** il a plus d'un tour dans son sac

Fausthandschuh m, **Fäustling** m moufle f

Faustregel f règle f générale

Faustschlag m coup m de poing

Favorit, in [favo'ri:t(ɪn)] (-en, -en) m(f) favori(-ite) m/f

Faxen ['faksən] (umg) pl: **~ machen** faire le pitre

Fazit ['fa:tsɪt] (-s, -s) nt bilan m; **das ~ aus etw ziehen** faire le bilan de qch

FCKW (-s, -s) m abk (= Fluorchlorkohlenwasserstoff) CFC m

FdH (umg) abk (= Friss die Hälfte) mange moins

FDP f abk (= Freie Demokratische Partei) le parti libéral allemand; voir article

⬤ **FDP**
⬤
⬤ Le FDP (Freie Demokratische Partei), fondé en 1948,
⬤ est le parti allemand du centre. Par le passé,
⬤ ce parti libéral a formé des coalitions

⬤ gouvernementales avec le SPD et la CDU/CSU,
⬤ aussi bien au niveau régional qu'au
⬤ Bundestag.

Feb. abk **= Februar**

Februar ['fe:brua:r] (-(s), -e) m février m; **siehe auch September**

fechten ['fɛçtən] unreg vi (kämpfen) se battre; (Sport) faire de l'escrime

Feder ['fe:dər] (-, -n) f plume f; (Tech) ressort m; **~n lassen (müssen)** (umg) y laisser des plumes; **in den ~n liegen** (umg) être au plumard; **~ball** m volant m; (Spiel) badminton m; **~bett** nt édredon m; **f~führend** adj (Behörde) responsable; **~halter** m porte-plume m inv; **f~leicht** adj léger(-ère) comme une plume, poids plume unver; **~lesen** nt: **nicht viel ~lesens mit jdm machen** ne pas prendre de gants avec qn; **~mäppchen** nt trousse f d'écolier

federn vi (nachgeben: Sprungbrett, Reifen etc) faire ressort; (: Polster etc) rebondir ▷ vt (Auto) équiper d'une suspension; (Sessel) monter sur ressorts; **auf den Fußspitzen ~** se déplacer sur la pointe des pieds; **das Bett ist gut gefedert** le lit a un bon sommier

Federung f (bei Auto) suspension f; (bei Bett, Polster) ressorts mpl

Feder-: **~vieh** nt volaille f; **~weiße, r** m vin m nouveau od bourru; **~zeichnung** f dessin m à la plume

Fee [fe:] f fée f

feenhaft ['fe:ənhaft] adj féérique

Fegefeuer ['fe:gəfɔyər] nt (Rel) purgatoire m

fegen ['fe:gən] vt (kehren) balayer; (umg: sausen) passer en trombe od à toute allure

fehl [fe:l] adj: **~ am Platz** od **Ort sein** être déplacé(e)

Fehlanzeige (umg) f néant m

fehlen vi manquer; (Mensch) être absent(e) ▷ vi unpers: **es fehlte nicht viel und ich hätte ihn verprügelt** il s'en est fallu de peu que je le frappe, j'ai failli le frapper; **etw fehlt jdm** qch manque à qn; **du fehlst mir** tu me manques; **an etw** Dat **~** manquer de qch; **das hat mir gerade noch gefehlt!** (ironisch) il ne manquait plus que ça!; **weit gefehlt!** (fig) vous n'y êtes pas du tout!; (ganz im Gegenteil) loin de là; **mir ~ die Worte** je ne sais que dire; **was fehlt Ihnen?** qu'est-ce qui ne va pas?; **wo fehlt es?** qu'est-ce qui ne va pas?; **es ~ 5 Löffel** il manque cinq cuillères

Fehlentscheidung f mauvaise décision f

Fehler (-s, -) m faute f, erreur f; (Mangel, Schwäche) défaut m; **~beseitigung** f (Comput) débogage m; **f~frei** adj (Mensch) irréprochable; (Arbeit) impeccable; (Rechtschreibung) sans fautes; **f~haft** adj défectueux(-euse); **f~los** adj sans fautes; **~meldung** f (Comput) message m d'erreur; **~suchprogramm** nt (Comput) programme m de débogage

Fehl-: **~geburt** f fausse couche f; **f~gehen** unreg vi (geh: sich verirren) s'égarer; (sich irren) se tromper; **~griff** m erreur f; **~konstruktion** f: **eine ~konstruktion sein** être mal conçu(e); **~schlag**

m échec *m*; **f~schlagen** *unreg vi* échouer;
~schluss *m* conclusion *f* erronée; **~start** *m*
(*Sport*) faux départ *m*; **~tritt** *m* faux pas *m*; (*fig*:
Affäre) bêtise *f*; **~urteil** *nt* erreur *f* de jugement;
~zündung *f* (*Aut*) raté *m*
Feier ['faɪər] (*-, -n*) *f* fête *f*; **~abend** *m* fin *f* du
travail; **~abend machen** avoir fini sa journée de
travail; **bei mir** *od* **damit ist ~abend!** (*umg*) ça
suffit comme ça!
feierlich *adj* (*ernsthaft, würdig*) solennel(le);
(*förmlich*) cérémonieux(-euse); **das ist ja nicht**
mehr ~ (*umg*) ça dépasse les bornes; **F~keit** *f*
solennité *f*; **F~keiten** *pl* (*Veranstaltung, Fest*)
festivités *fpl*
feiern *vt* fêter, célébrer ▷ *vi* fêter
Feiertag *m* jour *m* férié
Feige *f* figue *f*
feig(e) [faɪk, faɪgə] *adj* lâche
Feigheit *f* lâcheté *f*
Feigling (*pej*) *m* lâche *m*
Feile ['faɪlə] *f* lime *f*
feilen *vt, vi* limer; **an etw** *Dat* **~** limer qch; (*fig*)
polir qch
feilschen ['faɪlʃən] *vi* marchander
fein [faɪn] *adj* fin(e); (*Humor*) subtil(e); (*vornehm*)
distingué(e); **~!** très bien!; **du bist dir wohl zu ~**
dafür! (*pej*) tu te crois trop bien pour ça?; **er ist ~**
raus (*umg*) il s'en est bien tiré; **sich ~ machen** se
mettre sur son trente et un
Feind, in [faɪnt, 'faɪndɪn] (*-(e)s, -e*) *m(f)*
ennemi(e) *m/f*; **~bild** *nt* idée *f* préconçue de
l'ennemi; **f~lich** *adj* (*gegnerisch*) ennemi(e);
(*feindselig*) hostile; **~schaft** *f* inimitié *f*; **f~selig**
adj hostile; **~seligkeit** *f* hostilité *f*
fein-: **~fühlig** *adj* sensible; **F~gefühl** *nt*
délicatesse *f*, tact *m*; **F~heit** *f* finesse *f*; (*Einzelheit,*
Nuance) subtilité *f*; **F~kostgeschäft** *nt* épicerie *f*
fine; **F~schmecker (-s, -)** *m* gourmet *m*;
F~wäsche *f* linge *m* fin; **F~waschmittel** *nt*
lessive *f* pour linge fin
feist [faɪst] *adj* (*Gesicht*) replet(-ète)
feixen ['faɪksən] (*umg*) *vi* ricaner
Feld [fɛlt] (*-(e)s, -er*) *nt* (*Acker*) champ *m*; (*Gebiet*)
domaine *m*; (*auf Formular, bei Brettspiel, Schach*) case
f; (*Sport*) peloton *m*; **Argumente ins ~ führen**
avancer des arguments; **das ~ räumen** battre en
retraite; **das ist ein weites ~** c'est un vaste
domaine; **~arbeit** *f* travail *m* de la terre, travaux
mpl des champs; (*von Forscher*) recherches *fpl* sur le
terrain; **~bett** *nt* lit *m* de camp; **~blume** *f* fleur *f*
des champs; **~herr** *m* commandant *m* en chef;
~salat *m* mâche *f*; **~stecher (-s, -)** *m* jumelles *fpl*
Feld-Wald-und-Wiesen- (*umg*) *in zW* ordinaire
Feld-: **~webel (-s, -)** *m* sergent *m*; **~weg** *m* sentier
m; **~zug** *m* campagne *f*
Felge ['fɛlgə] *f* (*Aut*) jante *f*
Felgenbremse *f* frein *m* sur jante
Fell [fɛl] (*-(e)s, -e*) *nt* (*von Hund, Hase etc*) poil *m*,
pelage *m*; (*von Schaf*) toison *f*; (*von toten Tieren*) peau
f; (*verarbeitetes Fell*) fourrure *f*; **ein dickes ~ haben**
(*fig*) avoir la peau dure; **ihm sind die ~e**
weggeschwommen (*umg*) tous ses espoirs se

sont envolés
Fels [fɛls] (*-en, -en*) *m* = **Felsen**
Felsen ['fɛlzən] (*-s, -*) *m* rocher *m*; **f~fest** *adj*
ferme, inébranlable; **~vorsprung** *m* saillie *f*
rocheuse, rocher *m* en saillie
felsig *adj* rocheux(-euse)
Felsspalte *f* anfractuosité *f*
Felswand *f* paroi *f* rocheuse
feminin [femi'niːn] *adj* féminin(e); (*pej*)
efféminé(e)
Feministin [femi'nɪstɪn] *f* féministe *f*
Fenchel ['fɛnçəl] (*-s*) *m* fenouil *m*
Fenster ['fɛnstər] (*-s, -*) *nt* fenêtre *f*; **weg vom ~**
sein (*umg*) être hors circuit; **~bank** *f*, **~brett** *nt*
appui *m* de fenêtre; **~heber** *m* (*Aut*) lève-glaces *m*;
~laden *m* volet *m*; **~leder** *nt* peau *f* de chamois;
~platz *m* place *f* côté fenêtre; **~putzer (-s, -)** *m*
laveur *m* de carreaux; **~scheibe** *f* vitre *f*
Ferien ['feːrɪən] *pl* vacances *fpl*; **die großen ~** les
grandes vacances; **~ haben** être en vacances;
~ machen prendre des vacances; **in (die) ~**
fahren partir en vacances; **~kurs** *m* cours *m*
d'été *od* de vacances; **~lager** *nt* colonie *f* de
vacances; **~reise** *f* voyage *m*; **~wohnung** *f*
appartement *m* (pour les vacances); **~zeit** *f*
temps *m* des vacances
Ferkel ['fɛrkəl] (*-s, -*) *nt* porcelet *m*
fern [fɛrn] *adj* lointain(e) ▷ *präp* +*Gen* loin de;
~ von hier loin d'ici; **der F~e Osten** l'Extrême-
Orient *m*; *siehe auch* **fernhalten; fernliegen;**
F~amt *nt* (*Tel*) service *m* interurbain;
F~bedienung *f* télécommande *f*; **~bleiben** *unreg*
vi ne pas prendre part
Ferne *f* lointain *m*; **aus der ~** de loin; **der Tag**
liegt noch in weiter ~ ce jour est encore lointain
ferner *konj* (*außerdem*) en outre ▷ *adv* (*weiterhin*):
~ liefen ... autres concurrents (non classés): ...
▷ *adj* (*Zukunft*) plus lointain(e); (*Aufträge*)
additionnel(le)
Fern-: **~fahrer** *m* routier *m*; **~gespräch** *nt*
communication *f* interurbaine; **f~gesteuert** *adj*
téléguidé(e); **~glas** *nt* jumelles *fpl*; **f~halten**
unreg vt: **(sich) f~halten** se tenir à l'écart;
~heizung *f* chauffage *m* urbain; **~kopie** *f*
télécopie *f*; **~kopierer** *m* télécopieur *m*;
~kurs(us) *m* cours *m* par correspondance;
~lenkung *f* téléguidage *m*; **~licht** *nt* (*Aut*) feux
mpl de route; **f~liegen** *unreg vi*: **es liegt mir f~,**
das zu tun loin de moi, la pensée de faire cela
Fernmelde- *in zW* télécommunications;
~amt *nt* central *m* téléphonique
Fern-: **~ost**: **in/aus ~ost** en/d'Extrême-Orient;
f~östlich *adj* d'Extrême-Orient, extrême-
oriental(e); **~rohr** *nt* longue-vue *f*; **~ruf** *m*
(*förmlich*) appel *m* interurbain; **~schreiben** *nt*
télex *m*; **~schreiber** *m* téléscripteur *m*;
f~schriftlich *adv* par télex
Fernsehansager *m* speaker *m*
Fernsehapparat *m* poste *m* de télévision
fernsehen ['fɛrnzeːən] *unreg vi* regarder la
télévision; **F~ (-s)** *nt* télévision *f*; **im F~** à la
télévision

Fernseher (*umg*) *m* (*Apparat*) télé *f*; (*Zuschauer*) téléspectateur *m*

Fernseh-: **~gebühr** *f* redevance *f*; **~gerät** *nt* téléviseur *m*; **~programm** *nt* (*Kanal*) chaîne *f*; (*Sendung*) émission *f*; (*Fernsehzeitschrift*) programme *m* des émissions télévisées de la semaine; **~schirm** *m* écran *m* (de télévision); **~sendung** *f* émission *f* de télévision; **~übertragung** *f* retransmission *f*; **~überwachungsanlage** *f* télévision *f* en circuit fermé; **~zuschauer** *m* téléspectateur *m*

Fern-: **~sprecher** *m* téléphone *m*; **~sprechnummer** *f* numéro *m* de téléphone; **~sprechzelle** *f* cabine *f* téléphonique; **~steuerung** *f* télécommande *f*; **~straße** *f* ≈ route *f* nationale

Fernstudium *nt* cours *mpl* par correspondance; *voir article*

◉ **FERNSTUDIUM**
◉
◉
◉ *Fernstudium* désigne l'enseignement
◉ universitaire à distance. Les étudiants ne
◉ vont pas à l'université mais suivent leurs
◉ cours par correspondance, avec des
◉ programmes radio ou des émissions
◉ télévisées. Le premier téléenseignement vit
◉ le jour en 1974. Ce système permet ainsi de
◉ concilier des études avec une carrière
◉ professionnelle ou des enfants.

Fern-: **~universität** *f* cours *d'enseignement de niveau supérieur par correspondance*; **~verkehr** *m* trafic *m* longue distance; **~weh** *m* virus *m* des voyages; **~zug** *m* train *m* des grandes lignes

Ferse ['fɛrzə] *f* talon *m*

Fersengeld *nt*: ~ **geben** (*umg*) tourner les talons

fertig ['fɛrtɪç] *adj* (*bereit*) prêt(e); (*beendet, vollendet*) fini(e), terminé(e); (*umg: ausgebildet*) qui a fini sa formation; **mit etw ~ sein** avoir terminé qch; **etw ~ kaufen** acheter qch tout(e) fait(e); **~ machen** (*beenden*) terminer; **jdn ~ machen** (*bereit machen, vorbereiten*) préparer qn; **sich ~ machen** se préparer; **mit jdm ~ sein** (*umg*) avoir rompu avec qn; **mit jdm/etw ~ werden** venir à bout de qn/qch; **mit den Nerven ~ sein** être à bout de nerfs; **~ essen/lesen** finir de manger/de lire; **~ bringen** (*beenden*) terminer; **~ stellen** achever; *siehe auch* **fertigbringen, fertigmachen**; **F~bau** *m* construction *f* en préfabriqué; **~bringen** *unreg* (*umg*) *vt*: **es ~bringen, etw zu tun** arriver à faire qch

fertigen *vt* fabriquer

Fertig-: **~gericht** *nt* plat *m* cuisiné; **~haus** *nt* maison *f* en préfabriqué; **~keit** *f* adresse *f*, dextérité *f*; **f~machen** (*umg*) *vt* (*ermüden*) épuiser; (*deprimieren*) donner le cafard à; (*abkanzeln*) démolir; *siehe auch* **fertig**; **f~stellen** *vi* achever

Fertigung *f* fabrication *f*, production *f*

Fertigware *f* produit *m* fini; **fertigwerden** *unreg vi siehe* **fertig**

fesch [fɛʃ] (*umg: Südd, Österr*) *adj* (*modisch*) chic

unver; (*hübsch*) séduisant(e)

Fessel ['fɛsəl] (**-, -n**) *f* lien *m*

fesseln *vt* (*Gefangenen*) ligoter; (*fig*) captiver; **ans Bett gefesselt** (*fig*) cloué(e) au lit

fesselnd *adj* captivant(e)

Fest (**-(e)s, -e**) *nt* fête *f*; **frohes ~!** (*Weihnachten*) joyeux Noël!; **man soll die ~e feiern, wie sie fallen** (*Sprichwort*) *il ne faut pas laisser passer les occasions de faire la fête*

fest [fɛst] *adj* ferme; (*Nahrung, Stoff*) solide; (*Schuhe*) bon(ne); (*Preis, Wohnsitz, Anstellung*) fixe; (*Gehalt*) régulier(-ière); (*Bindung*) sérieux(-euse); (*Schlaf*) profond(e) ▷ *adv* (*schlafen*) à poings fermés; **sie hat einen ~en Freund** elle a un petit ami; **~e Kosten** (*Wirts*) frais *mpl* fixes; **~ entschlossen sein** être décidé(e) *od* résolu(e); **~ angestellt** qui a un emploi fixe; **~ umrissen** (*Begriff*) bien défini(e); (*Vorstellung*) précis(e)

Festbeleuchtung *f* illumination *f*

fest-: **~binden** *unreg vi* attacher; **~bleiben** *unreg vi* rester inébranlable, tenir bon; **F~essen** *nt* banquet *m*; **~fahren** *unreg vr* (*fig*) s'enliser; **~halten** *unreg vt* (*Gegenstand*) tenir, ne pas lâcher; (*Ereignis*) immortaliser ▷ *vi*: **an etw** *Dat* **~halten** (*Meinung, Glauben*) ne pas démordre de qch ▷ *vr*: **sich an etw** *Dat* **~halten** s'accrocher à qch

festigen *vt* consolider, renforcer ▷ *vr* (*Beziehung*) se consolider; (*Gesundheit*) s'améliorer

Festiger *m* fixateur *m*

Festigkeit *f* (*Stabilität*) stabilité *f*; (*Entschlossenheit*) fermeté *f*

Festival ['fɛstival] (**-s, -s**) *nt* festival *m*

fest-: **~klammern** *vr*: **sich ~klammern an** +*Dat* s'accrocher à; **~klemmen** *vt* coincer; **F~komma** *nt* (*Comput*) virgule *f* fixe; **F~land** *nt* continent *m*; **~legen** *vt* fixer ▷ *vr* (*sich entscheiden*) se décider; **jdn auf etw** *Akk* **~legen** (*festnageln*) astreindre qn à qch; (*verpflichten*) forcer qn à s'engager à qch

festlich *adj* de fête; (*Hochzeit*) célébré(e) en grande pompe

fest-: **~liegen** *unreg vi* (*Geld*) être immobilisé(e); (*Termin*) être fixé(e); **~machen** *vt* fixer ▷ *vi* (*Schiff*) mouiller; **~nageln** *vt*: **jdn (auf etw** *Akk***) ~nageln** (*umg*) forcer qn à s'engager (à qch); **F~nahme** *f* arrestation *f*; **~nehmen** *unreg vt* arrêter; **F~platte** *f* (*Comput*) disque *m* dur; **F~preis** *m* prix *m* fixe

Festrede *f* discours *m* solennel

fest-: **~schnallen** *vt, vr siehe* **anschnallen**; **~setzen** *vt* fixer ▷ *vr* (*sich ansammeln*) se déposer; **F~spiele** *pl* festival *msg*; **~stehen** *unreg vi* être fixé(e); (*Entschluss*) être arrêté(e); **~stellbar** *adj* (*herauszufinden*) qui peut être constaté(e); **~stellen** *vt* constater; (*herausfinden*) établir; **F~stellung** *f* constatation *f*; **die F~stellung machen, dass** constater que; **F~tag** *m* (jour *m* de) fête *f*; **F~ung** *f* forteresse *f*; **~verzinslich** *adj* (*Finanz*) à intérêt fixe; **F~wertspeicher** *m* (*Comput*) mémoire *f* morte; **F~wochen** *pl* festival *msg*; **F~zelt** *nt* chapiteau *m*

Fete (*umg*) *f* fête *f*

Fête (*umg*) *f* = **Fete**

Fett [fɛt] (**-(e)s, -e**) *nt* graisse *f*; (*an Fleisch*) gras *m*

fett adj gras(se); (Mensch, fig: Auftrag, Bankkonto etc) gros(se) ▷ adv: ~ **gedruckt** en caractères gras; **~arm** adj pauvre en graisse, léger(-ère)

fetten vt (einschmieren) graisser

Fett-: **~fleck** m tache f de gras; **~gehalt** m teneur f en graisse

fettig adj gras(se)

Fettnäpfchen nt: **ins ~ treten** mettre les pieds dans le plat

Fettsäure f acide m gras

Fetzen ['fɛtsən] (**-s, -**) m (Stofffetzen, Papierfetzen) lambeau m; (Kleidung) loque f; **dass die ~ fliegen** (umg) comme des bêtes od une bête; **in ~ gehen/ sein** être/s'en aller en lambeaux

feucht [fɔʏçt] adj humide; **~fröhlich** (umg) adj joyeux(-euse); (Abend) bien arrosé(e); **F~igkeit** f humidité f; **F~igkeitscreme** f crème f hydratante

feudal [fɔʏ'daːl] adj féodal(e); (umg) rupin(e)

Feuer ['fɔʏər] (**-s, -**) nt feu m; (fig) ardeur f; **~!** au feu!; ~ **fangen** prendre feu; (fig) s'enflammer; ~ **machen** faire du feu; **für jdn durchs ~ gehen** se mettre en quatre pour qn; ~ **und Flamme sein (für)** (umg) être tout feu tout flamme (pour); **haben Sie ~?** vous avez du feu?; **~alarm** m alerte f au feu; **~eifer** m enthousiasme m; **f~fest** adj (Geschirr) allant au four; **~gefahr** f danger m d'incendie; **bei ~gefahr** en cas d'incendie; **f~gefährlich** adj inflammable; **~leiter** f échelle f d'incendie; **~löscher (-s, -)** m extincteur m; **~melder (-s, -)** m avertisseur m d'incendie

feuern vi (schießen) tirer; (heizen): **mit Öl/Holz ~ se** chauffer au fioul/au bois ▷ vt (umg: schleudern) balancer; (: entlassen) virer; **jdm eine ~** (umg) donner une baffe à qn

feuerpolizeilich adj (Bestimmungen) relatif(-ive) à la prévention des incendies

feuerrot adj rouge vif unver

Feuersbrunst f (geh) embrasement m

Feuer-: **~schlucker** m avaleur m de feu; **~schutz** m (Vorbeugung) mesures fpl de prévention des incendies; **f~sicher** adj à l'épreuve du feu; **~stein** m silex m, pierre f à briquet; **~stelle** f foyer m; **~treppe** f escalier m de secours; **~versicherung** f assurance f incendie; **~waffe** f arme f à feu; **~wehr (-, -en)** f sapeurs-pompiers mpl; **~wehrauto** nt voiture f de pompiers; **~wehrmann** m pompier m; **~werk** nt feu m d'artifice; **~werkskörper** m pièce f d'artifice; **~zangenbowle** f sorte de punch chaud; **~zeug** nt briquet m

Feuilleton [fœjə'tõ:] (**-s, -s**) nt partie littéraire et culturelle d'un journal

feurig ['fɔʏrɪç] adj (Liebhaber) passionné(e); (Blick) ardent(e); (Wein) capiteux(-euse)

ff. abk (= folgende Seiten) et suiv.

FH f abk (= Fachhochschule) ≈ IUT m

Fiche [fiːʃ] (**-(s), -s**) m od nt microfiche f

ficht etc [fɪçt] vb siehe **fechten**

Fichte ['fɪçtə] f épicéa m

ficken ['fɪkən] (umg!) vt, vi baiser (umg!)

fidel [fi'deːl] (umg) adj joyeux(-euse)

Fidschiinseln, Fidschi-Inseln ['fɪdʒiˌɪnzəln]: **die** ~ pl (les îles fpl) Fi(d)ji fpl

Fieber ['fiːbər] (**-s, -**) nt fièvre f; ~ **haben** avoir de la fièvre; **f~haft** adj fiévreux(-euse); (hektisch) fébrile

fiebern vi avoir de la fièvre

Fieberthermometer nt thermomètre m (médical)

fiebrig adj (Erkältung) avec de la fièvre

fiel etc [fiːl] vb siehe **fallen**

fies [fiːs] (umg) adj dégoûtant(e)

Figur [fi'guːr] (**-, -en**) f (Körperform) silhouette f, stature f; (Mensch) personnage m; (Spielfigur) pion m; (: Schachfigur) pièce f; (geometrisch, Tanzfigur) figure f; (Skulptur) statue f; **eine gute/schlechte/ traurige ~ abgeben** faire bonne/piètre/triste figure

fiktiv [fɪk'tiːf] adj (geh) fictif(-ive)

Filet [fi'leː] (**-s, -s**) nt (Koch) filet m

Filiale [fi'liaːlə] f (Wirts) succursale f

Filipino [fili'piːno] (**-s, -s**) m Philippin m

Film [fɪlm] (**-(e)s, -e**) m (Spielfilm) film m; (Phot) pellicule f; **einen ~ drehen** tourner un film; **~aufnahme** f prise f de vue

Filmemacher, in m(f) cinéaste m/f

filmen vt filmer ▷ vi tourner

Film-: **~festspiele** pl festival msg du cinéma; **~kamera** f caméra f; **~schauspieler, in** m(f) acteur(-trice) m/f (de cinéma); **~spule** f bobine f (de film); **~verleih** m distributeur m (de films); **~vorführgerät** nt projecteur m de cinéma

Filter ['fɪltər] (**-s, -**) m filtre m; **eine Zigarette mit/ohne ~** une cigarette avec/sans filtre; **~kaffee** m café-filtre m

filtern vt filtrer

Filterpapier nt papier-filtre m

Filterzigarette f cigarette f à bout filtre

Filz [fɪlts] (**-es, -e**) m feutre m

filzen vt (umg: durchsuchen) fouiller ▷ vi (Wolle) feutrer

Filzschreiber m, **Filzstift** m feutre m, stylo-feutre m

Fimmel ['fɪməl] (**-s, -**) (umg) m (Tick) manie f; **du hast wohl einen ~!** ça va pas, la tête?

Finale [fi'naːlə] (**-s, -(s)**) nt (Mus, Sport) finale f

Finanz [fi'nants] f finance f; **~amt** nt perception f; **~beamte, r** m agent m du fisc; **~en** pl finances fpl; **das übersteigt meine ~en** (umg) c'est au-dessus de mes moyens

finanziell [finantsi'ɛl] adj financier(-ière)

finanzieren [finan'tsiːrən] vt financer

finanz-: **~kräftig** adj solide sur le plan financier; **F~minister** m ministre m des Finances; **~schwach** adj fragile sur le plan financier; **F~wesen** nt finances fpl; **F~wirtschaft** f finances fpl

finden ['fɪndən] unreg vt trouver; (Verlorenes) retrouver ▷ vi: **nach Hause ~** trouver son chemin ▷ vr (entdeckt werden) être retrouvé(e); **ich finde schon allein hinaus** merci, je trouverai bien la sortie; **ich finde nichts dabei, wenn ...** je ne trouve rien de mal à ce que ...; **sich ~ in** +Akk (sich *fügen*) se faire à; **das wird sich ~** ça va s'arranger

Finder, in (-s, -) *m(f)* celui(celle) qui trouve; **~lohn** *m* récompense *f*

findig *adj* ingénieux(-euse)

fing *etc* [fɪŋ] *vb siehe* **fangen**

Finger ['fɪŋər] (-s, -) *m* doigt *m*; **lange ~ machen** (*umg*) piquer; **das kann sich jeder an den (fünf) ~n abzählen** (*umg*) ça saute aux yeux!; **sich** *Dat* **etw aus den ~n saugen** inventer qch de toutes pièces; **lass die ~ davon!** (*umg*) ne t'en mêle pas!; **jdm auf die ~ sehen** (*umg*) avoir qn à l'œil; **~abdruck** *m* empreinte *f* digitale; **~handschuh** *m* gant *m*; **~hut** *m* dé *m* à coudre; (*Bot*) digitale *f*; **~nagel** *m* ongle *m*; **~ring** *m* bague *f*; **~spitze** *f* bout *m* du doigt; **~spitzengefühl** *nt* doigté *m*; **~zeig** (-(e)s, -e) *m* signe *m*

fingieren [fɪŋ'giːrən] *vt* (*geh*) feindre, simuler

fingiert *adj* fictif(-ive)

Fink ['fɪŋk] (-en, -en) *m* pinson *m*

Finne, Finnin ['fɪnə] (-n, -n) *m(f)* (*Geog*) Finnois(e) *m/f*, Finlandais(e) *m/f*

finnisch *adj* (*Geog*) finnois(e), finlandais(e); **Finnisch, e** *nt* (*Ling*) finnois *m*

Finnland *nt* la Finlande

finster ['fɪnstər] *adj* sombre; (*unheimlich*) sinistre
▷ *adv*: **jdn ~ ansehen** jeter un regard noir à qn; **im F~n tappen** être dans le noir (le plus complet); **F~nis** (-, -) *f* obscurité *f*, ténèbres *fpl*

Finte ['fɪntə] *f* (*geh*) ruse *f*

Firma (-, **Firmen**) *f* entreprise *f*

Firmen-: **~aufdruck** *m* en-tête *m*; **~inhaber** *m* propriétaire *m* d'une *od* de l'entreprise; **~register** *nt* registre *m* du commerce; **~schild** *nt* enseigne *f*; **~übernahme** *f* rachat *f*; **~wagen** *m* voiture *f* de fonction; **~zeichen** *nt* marque *f* de fabrique, logo *m*

Firmung *f* (*Rel*) confirmation *f*

Firnis ['fɪrnɪs] (-ses, -se) *m* vernis *m*

Firnschnee ['fɪrnʃneː] *m* névé *m*

fis [fɪs] *nt* (*Mus*) fa *m inv* dièse; **F~-Dur** fa dièse majeur

Fisch [fɪʃ] (-(e)s, -e) *m* poisson *m*; **Fische** *mpl* (*Astrol*) Poissons *mpl*; **das sind kleine ~e** (*umg*) ce sont des détails; **~besteck** *nt* couvert *m* à poisson

fischen *vt, vi* pêcher

Fischer (-s, -) *m* pêcheur *m*

Fischerei [fɪʃə'raɪ] *f* pêche *f*

Fisch-: **~fang** *m* pêche *f*; **~geschäft** *nt* poissonnerie *f*; **~gräte** *f* arête *f*; **~gründe** *pl* lieux *mpl* de pêche; **~stäbchen** *nt* bâtonnet *m* de poisson; **~sterben** *nt* disparition *f* des poissons (*due à la pollution*); **~zucht** *f* pisciculture *f*; **~zug** *m* coup *m* de filet

Fisimatenten [fizima'tɛntən] *pl* (*umg*) (*Ausflüchte*) échappatoires *fpl*; (*Umstände*) chichis *mpl*

Fiskus ['fɪskʊs] *m* (*Staatskasse*) Trésor *m* (public)

fit [fɪt] *adj* en forme; **F~ness** ['fɪtnɛs] (-) *f* forme *f* physique; **F~nesscenter** ['-sɛntər] *nt* centre *m* de remise en forme

Fittich ['fɪtɪç] (-(e)s, e) *m*: **jdn unter seine ~e nehmen** (*umg*) prendre qn sous son aile

fix [fɪks] *adj* (*flink*) rapide; (*gleichbleibend*) fixe; **~e Idee** idée *f* fixe; **~ und fertig** (*völlig fertig*) tout(e) prêt(e); (*umg: erschöpft*) complètement crevé(e)

fixen (*umg*) *vi* (*Drogen spritzen*) se shooter

Fixer, in (-s, -) *m(f)* drogué(e) *m/f* (*qui se shoote*)

fixieren [fɪ'ksiːrən] *vt* fixer; (*schriftlich festhalten*) consigner (par écrit); **auf jdn/etw fixiert sein** (*Psych*) faire une fixation sur qn/qch

Fixkosten *pl* (*Wirts*) frais *mpl* fixes

Fixum (-s, **Fixa**) *nt* fixe *m*

FKK *abk* = **Freikörperkultur**

flach [flax] *adj* plat(e); (*Fluss*) peu profond(e); (*oberflächlich*) superficiel(le); **auf dem ~en Land** en rase campagne

Fläche ['flɛçə] *f* surface *f*; (*Math auch*) superficie *f*

flächendeckend *adj* (*Telefonnetz, Verkehrsnetz*) qui couvre l'ensemble du territoire

Flächeninhalt *m* (*Math*) superficie *f*

flach-: **~fallen** *unreg* (*umg*) *vi* tomber à l'eau; **F~heit** *f* aspect *m* plat; **F~land** *nt* plaine *f*; **~liegen** *unreg* (*umg*) *vi* être malade; **F~mann** (-(e)s, -männer) (*umg*) *m* flacon *m* plat

Flachs [flaks] (-es) *m* (*Bot*) lin *m*

flachsen ['flaksən] (*umg*) *vi* plaisanter

flackern ['flakərn] *vi* (*Kerze, Flamme*) vaciller

Fladen ['flaːdən] (-s, -) *m* (*Koch*) galette *f*; (*umg: Kuhfladen*) bouse *f* (de vache); **~brot** *nt* pain *m* plat

Flagge ['flagə] *f* pavillon *m*

flaggen *vi* pavoiser

flagrant [fla'grant] *adj* (*geh*) flagrant(e); *siehe auch* **in flagranti**

flambieren [flam'biːrən] *vt* (*Koch*) flamber

Flame ['flaːmə] (-n, -n) *m* Flamand *m*

Flamin, Flämin *f* Flamande *f*

Flamingo [fla'mɪŋɡo] (-s, -s) *m* flamant *m* (rose)

flämisch ['flɛːmɪʃ] *adj* flamand(e)

Flämisch, e *nt* (*Ling*) le flamand

Flamme ['flamə] *f* flamme *f*; **in ~n stehen** être en flammes; (*in Flammen aufgehen*) être réduit(e) en cendres

Flandern ['flandərn] *nt* la Flandre, les Flandres *fpl*

Flanell [fla'nɛl] (-s, -e) *m* flanelle *f*

Flanke ['flaŋkə] *f* (*Anat*) flanc *m*; (*Sport: Spielfeldseite*) aile *f*

Flasche ['flaʃə] *f* bouteille *f*; (*umg: Versager*) cloche *f*

Flaschen-: **~bier** *nt* bière *f* en bouteille *od* canette; **~öffner** *m* ouvre-bouteilles *m*, décapsuleur *m*; **~wein** *m* (*in Restaurant*) vin *m* en bouteille; **~zug** *m* palan *m*

flatterhaft (*pej*) *adj* volage

flattern ['flatərn] *vi* (*Vogel*) voleter; (*Wäsche*) flotter au vent; (*Puls*) battre de manière irrégulière

flau [flaʊ] *adj* (*schwach: Brise*) faible; (*Wirts, Finanz*) stagnant(e); **jdm ist ~** qn se sent mal

Flaum [flaʊm] (-(e)s) *m* duvet *m*

flauschig ['flaʊʃɪç] *adj* duveteux(-euse)

Flausen ['flaʊzən] *pl* (*Unsinn*) bêtises *fpl*

Flaute ['flaʊtə] *f* calme *m* (plat); (*Wirts*) stagnation *f*, marasme *m*

Flechte ['flɛçtə] *f* (*Haar*) tresse *f*, natte *f*; (*Bot*) lichen *m*; (*Med*) lichen *m* (*dermatose à pellicules ou à croûtes*)

flechten *unreg vt* tresser
Fleck [flɛk] (**-(e)s, -e**) *m* tache *f*; (*umg: Ort, Stelle*) endroit *m*; **nicht vom ~ kommen** ne pas avancer; **am falschen ~ sparen** faire des économies au mauvais endroit; **sich nicht vom ~ rühren** ne pas bouger; **vom ~ weg** sur-le-champ
Fleckchen *nt*: **ein schönes ~ (Erde)** un joli petit coin; **ein einsames ~ Erde** un petit coin tranquille
Flecken (**-s, -**) *m* (*Fleck*) tache *f*; (*entlegenes Dorf*) bourg *m*, bourgade *f*; **f~los** *adj* sans tache; (*fig*) immaculé(e); **~mittel** *nt*, **~wasser** *nt* détachant *m*
fleckig *adj* (*schmutzig*) taché(e)
Fledermaus ['fleːdərmaʊs] *f* chauve-souris *f*
Flegel ['fleːgəl] (**-s, -**) (*pej*) *m* (*Mensch*) mufle *m*; **f~haft** (*pej*) *adj* grossier(-ière); **~jahre** *pl* âge *msg* ingrat
flegeln (*pej*) *vr* se vautrer
flehen ['fleːən] *vi*: **zu Gott ~** implorer Dieu; **um Gnade ~** implorer l'indulgence
flehentlich *adj* suppliant(e)
Fleisch ['flaɪʃ] (**-(e)s**) *nt* (*Koch*) viande *f*; (*Anat*) chair *f*; (*von Frucht*) chair, pulpe *f*; **~ fressend** carnivore; **sich** *Dat od Akk* **ins eigene ~ schneiden** se faire du tort à soi-même; **~brühe** *f* (*Koch*) bouillon *m* (gras)
Fleischer (**-s, -**) *m* boucher *m*
Fleischerei [flaɪʃə'raɪ] *f* boucherie *f*
fleischfressend *adj* carnivore
fleischig *adj* charnu(e)
Fleisch-: **f~lich** *adj* charnel(le), de la chair; **f~los** *adj* sans viande; **~salat** *m* (*Koch*) salade de viande froide; **~vergiftung** *f* intoxication *f* alimentaire (*causée par la viande avariée*); **~wolf** *m* hachoir *m* (à viande) (*appareil*); **~wunde** *f* blessure *f* ouverte; **~wurst** *f* (*Koch*) saucisse *f*
Fleiß ['flaɪs] (**-es**) *m* application *f*; **ohne ~ kein Preis** (*Sprichwort*) on n'a rien sans rien
fleißig *adj* assidu(e); (*Schüler*) appliqué(e); (*umg: unermüdlich*) infatigable ▷ *adv*: **~ studieren/ arbeiten** bien travailler
flektieren [flɛk'tiːrən] *vt* (*Gram*) décliner; (: *Verb*) conjuguer
flennen ['flɛnən] (*umg: pej*) *vi* pleurer, pleurnicher
fletschen ['flɛtʃən] *vt* (*Zähne*) montrer
Fleurop® ['flɔʏrɔp] *f* Interflora®
flexibel [flɛ'ksiːbəl] *adj* flexible, souple; (*Firma, Wirtschaft*) qui sait s'adapter
Flexibilität [flɛksibili'tɛːt] *f* flexibilité *f*, souplesse *f*
flicht *etc* [flıçt] *vb siehe* **flechten**
Flicken (**-s, -**) *m* pièce *f*
flicken ['flıkən] *vt* raccommoder, rapiécer
Flickzeug *nt* (*für Fahrrad etc*) trousse *f* de réparation
Flieder ['fliːdər] (**-s, -**) *m* lilas *m*
Fliege ['fliːgə] *f* mouche *f*; (*Querbinder*) nœud *m* papillon; **zwei ~n mit einer Klappe schlagen** (*Sprichwort*) faire d'une pierre deux coups
fliegen *unreg vi* voler; (*Wolken*) passer; (*Funken*)

jaillir; (*umg: herausgeworfen werden*) être viré(e); (: *hinfallen*) s'étaler ▷ *vt* (*Flugzeug*) piloter; (*Menschen*) transporter (par avion); (*Etappe*) faire; **auf jdn/etw ~** (*umg*) avoir un faible pour qn/qch; **aus der Kurve ~** manquer le virage
fliegend *adj* (*Händler, Verkaufsbuden*) ambulant(e)
Fliegen-: **~gewicht** *nt* poids *m* mouche; **~klatsche** ['fliːgənklatʃə] *f* tapette *f* (à mouches); **~pilz** *m* (*Bot*) tue-mouches *m*, fausse oronge *f*
Flieger (**-s, -**) *m* (*Pilot*) aviateur *m*, pilote *m*; (*umg: Flugzeug*) avion *m*; **~alarm** *m* alerte *f* aérienne
fliehen ['fliːən] *unreg vi* fuir; **vor etw** *Dat* **~** fuir (devant) qch
Fliehkraft ['fliːkraft] *f* (*Phys*) force *f* centrifuge
Fliese ['fliːzə] *f* carreau *m*
fliesen *vt* carreler
Fließ-: **~arbeit** *f* travail *m* à la chaîne; **~band** *nt* chaîne *f* (de montage); **am ~band arbeiten** travailler à la chaîne; **~bandproduktion** *f* production *f* à la chaîne; **f~en** *unreg vi* couler; (*Strom*) circuler; **f~en in** +*Akk* (*Fluss*) se jeter dans; **f~end** *adj* (*Wasser, Rede, Deutsch*) courant(e); (*Verkehr*) fluide; (*nicht klar abgegrenzt: Übergänge*) graduel(le) ▷ *adv*: **sie spricht f~end Deutsch** elle parle couramment l'allemand; **~heck** *nt* arrière *m* profilé; **~komma** *nt* (*Comput*) virgule *f* flottante
flimmern ['flımərn] *vi* (*Luft, Wasser*) scintiller; **flimmert mir vor den Augen** j'ai des éblouissements; **das Bild flimmert** (*TV, Film*) l'image est mal réglée
flink [flıŋk] *adj* agile, vif(vive); **F~heit** *f* agilité *f*
Flinte ['flıntə] *f* fusil *m*; **die ~ ins Korn werfen** jeter le manche après la cognée
Flirt (**-s, -s**) *m* flirt *m*; **einen ~ (mit jdm) haben** avoir un flirt (avec qn)
flirten ['flırtən] *vi* flirter
Flittchen (**-s, -**) (*pej: umg*) *nt* coureuse *f*
Flitter (**-s, -**) *m* (*Flitterschmuck*) paillettes *fpl*
Flitterwochen *pl* lune *fsg* de miel
flitzen ['flıtsən] (*umg*) *vi* filer (comme une flèche)
Flitzer (**-s, -**) (*umg*) *m* (*Auto*) bolide *m*
floaten ['floːtən] *vt* (*Finanz*) laisser flotter ▷ *vi* flotter
flocht *etc* [flɔxt] *vb siehe* **flechten**
Flocke ['flɔkə] *f* flocon *m*
flog *etc* [floːk] *vb siehe* **fliegen**
Floh (**-(e)s, ⁻e**) *m* puce *f*; **jdm einen ~ ins Ohr setzen** (*umg*) donner des idées à qn
floh *etc* [floː] *vb siehe* **fliehen**
Flohmarkt *m* marché *m* aux puces
Flop [flɔp] (**-s, -s**) *m* (*Misserfolg*) flop *m*
Floppy Disk, Floppy Disc ['flɔpɪ-] (**-, -s**) *f* disquette *f*
Flora ['floːra] (**-, -ren**) *f* flore *f*
Florenz [flo'rɛnts] *nt* Florence
Florida ['floːrida] (**-s**) *nt* la Floride
florieren [flo'riːrən] *vi* prospérer
Florist, in *m(f)* fleuriste *m/f*
Floskel ['flɔskəl] (**-, -n**) *f* formule *f* (toute faite)
Floß [floːs] (**-es, ⁻e**) *nt* radeau *m*
floss *etc* [flɔs] *vb siehe* **fließen**

Flosse ['flɔsə] f (Fischflosse, Robbenflosse) nageoire f; (Taucherflosse) palme f; (umg: Hand) patte f

Flöte ['fløːtə] f (Mus) flûte f

flöten ['fløːtən] vi jouer de la flûte; ~ **gehen** (umg) être perdu(e) od paumé(e)

Flötist, in [fløˈtɪst(ɪn)] m(f) flûtiste m/f

flott [flɔt] (umg) adj (schnell) rapide; (schwungvoll: Musik) entraînant(e); (chic) chic unver, élégant(e); (Naut) à flot

Flotte f flotte f, marine f

Flottenstützpunkt m base f navale

flottmachen vt (Schiff) remettre à flot; (Auto, Fahrrad etc) réparer

Fluch [fluːx] (-(e)s, ¨e) m juron m

fluchen vi jurer; **auf jdn/über etw** ~ pester contre qn/qch

Flucht [flʊxt] (-, -en) f fuite f; (gerade Reihe) enfilade f; **auf der** ~ **sein** être en fuite; **die** ~ **ergreifen** prendre la fuite; **jdn/etw in die** ~ **schlagen** mettre qn/qch en fuite, faire fuir qn/qch

fluchtartig adj précipité(e)

flüchten ['flʏçtən] vi fuir ▷ vr (Schutz suchen) se réfugier; **vor jdm/etw** ~ fuir (devant) qn/qch

Fluchthilfe f: ~ **leisten** aider quelqu'un à fuir

flüchtig adj (oberflächlich) superficiel(le); (kurz: Blick, Besuch) rapide; (geflohen) en fuite; (Chem) volatil(e) ▷ adv: **ich kenne ihn nur** ~ je ne le connais que de loin; ~**er Speicher** (Comput) mémoire f volatile; **F~keit** f (Unkonzentriertheit) inattention f; **F~keitsfehler** m faute f d'inattention

Flüchtling m réfugié(e) m/f

Flüchtlingslager nt camp m de réfugiés

Fluchtversuch m tentative f d'évasion

Fluchtweg m sortie f de secours

Flug [fluːk] (-(e)s, ¨e) m vol m; **wie im** ~(e) en un éclair; ~**abwehr** f (Mil) défense f aérienne; ~**bahn** f trajectoire f; (Kreisbahn) orbite f; ~**begleiter, in** m(f) steward m, hôtesse f de l'air; ~**blatt** nt tract m

Flügel ['flyːgəl] (-s, -) m aile f; (Fensterflügel, Türflügel) battant m; (Konzertflügel) piano m à queue; ~**tür** f porte f à deux battants

flugfähig adj capable de voler; (Flugzeug) en état de navigation

Fluggast m passager(-ère) m/f

flügge ['flʏgə] adj (Vogel) prêt(e) à quitter le nid; (Mensch) capable de voler de ses propres ailes; ~ **werden/sein** apprendre à/savoir voler; (fig) être capable de voler de ses propres ailes

Flug-: ~**geschwindigkeit** f vitesse f de vol; ~**gesellschaft** f compagnie f aérienne; ~**hafen** m aéroport m; ~**höhe** f altitude f de vol; ~**lärm** m bruit m des avions; ~**lehrer** m moniteur(-trice) m/f d'aviation; ~**linie** f (Strecke) trajet m; (umg: Gesellschaft) compagnie f aérienne; ~**lotse** m aiguilleur m du ciel; ~**plan** m horaire m des vols; ~**platz** m aéroport m; (klein) aérodrome m; ~**reise** f voyage m en avion

flugs [flʊks] adv sans plus tarder

Flug-: ~**schein** m (Ticket) billet m d'avion; (des Piloten) brevet m de pilote; ~**schreiber** m boîte f noire; ~**steig** m salle f d'embarquement; ~**strecke** f itinéraire m (de vol); ~**ticket** nt billet m d'avion; ~**verkehr** m trafic m aérien; ~**wesen** nt aviation f

Flugzeug nt avion m; ~**entführung** f détournement m d'avion; ~**führer** m pilote m; ~**halle** f hangar m; ~**träger** m porte-avions m inv

fluktuieren [flʊktuˈiːrən] vi (geh) fluctuer

Flunder ['flʊndər] (-, -n) f (Zool) flet m

flunkern ['flʊŋkərn] (umg) vi raconter des bobards

Fluor ['fluːɔr] (-s) nt fluor m

Flur¹ [fluːr] (-(e)s, -e) m (Wohnungsflur) corridor m

Flur² [fluːr] (-, -en) f (geh) campagne f, champs mpl; **allein auf weiter** ~ **stehen** être seul(e) au monde

Fluss [flʊs] (-es, ¨e) m rivière f; (ins Meer fließend) fleuve m; (Fließen) flot m; **im** ~ **sein** (fig) être en cours; **etw in** ~ **Akk bringen** mettre qch en train; **f~ab(wärts)** adv en aval; **f~auf(wärts)** adv en amont; ~**diagramm** nt organigramme m

flüssig ['flʏsɪç] adj liquide; (Verkehr) fluide; (Stil) coulant(e); **F~keit** f liquide m; (von Metall, Stil) fluidité f; ~**machen** vt (Geld) débloquer

Flussmündung f embouchure f

Flusspferd nt hippopotame m

flüstern ['flʏstərn] vi, vt chuchoter

Flüsterpropaganda f bouche à oreille m

Flut [fluːt] (-, -en) f (Gezeiten) marée f haute; (Wassermassen; fig) flot m

fluten vi: **in etw** Akk ~ (Wasser, Menschen) envahir qch

Flutlicht nt projecteurs mpl

flutschen ['flʊtʃən] (umg) vi (rutschen) glisser; (funktionieren) marcher comme sur des roulettes

Flutwelle f raz m de marée

Fly-over, Flyover [flaɪˈloːva] (-s, -s) m autopont m

focht etc [fɔxt] vb siehe **fechten**

föderalistisch [føderaˈlɪstɪʃ] adj fédéraliste

föderativ [føderaˈtiːf] adj fédératif(-ive)

Fohlen ['foːlən] (-s, -) nt poulain m

Föhn [føːn] (-(e)s, -e) m (Wind) foehn m; (Haartrockner) sèche-cheveux m inv

föhnen vt sécher (au sèche-cheveux)

Föhnfrisur f brushing m

Föhre ['føːrə] f pin m (sylvestre)

Folge ['fɔlgə] f (Reihenfolge) série f; (Auswirkung, Ergebnis) suite f, conséquence f; (Fortsetzung) épisode m; **in rascher** ~ coup sur coup; **etw zur** ~ **haben** entraîner qch; ~**n haben** avoir des conséquences; **einer Sache** Dat ~ **leisten** (geh) donner suite à qch; ~**erscheinung** f conséquence f, effet m

folgen vi +Dat suivre; (zeitlich) succéder; (gehorchen) obéir; (sich ergeben) résulter; **jdm** ~ **können** arriver à suivre qn; **daraus folgt, dass ...** il en résulte que ..., il s'ensuit que ...

folgend adj suivant(e); **im F~en** par la suite; (schriftlich auch) ci-après

folgendermaßen ['fɔlgəndərˈmaːsən] adv de la manière suivante

folgen-: **~los** *adj* sans suite(s); **~reich** *adj* riche de conséquences, capital(e); **~schwer** *adj* lourd(e) de conséquences
folgerichtig *adj* conséquent(e), logique
folgern *vt* conclure à ▷ *vi* conclure; **aus etw ~, dass** déduire de qch que
Folgerung *f* conclusion *f*
Folgeschaden *m* dommage *m* causé par le sinistre
folgewidrig *adj* inconséquent(e)
folglich ['fɔlklıç] *adv* en conséquence, par conséquent
folgsam ['fɔlkzaːm] *adj* obéissant(e); **F~keit** *f* obéissance *f*
Folie ['foːliə] *f* film *m*, pellicule *f*
Folklore ['fɔlkloːər] *f* folklore *m*
Folter ['fɔltər] (**-, -n**) *f* torture *f*; **jdn auf die ~ spannen** (*fig*) mettre qn au supplice
foltern *vt* torturer
Fön® [føːn] (**-(e)s, -e**) *m* sèche-cheveux *m inv*
Fonds [fõː] (**-, -**) *m* fonds *m*; (*Finanz: Schuldverschreibung*) obligation *f* d'Etat
Fondue [fõdyː] (**-s, -s** *od* **-, -s**) *nt od f* fondue *f*
Fono-, fono- *in zW siehe* **Phono-; phono-**
Fontäne [fɔn'tɛːnə] *f* jet *m* d'eau
foppen ['fɔpən] *vt* se moquer de, faire marcher
forcieren [fɔr'siːrən] *vt* (*erzwingen*) imposer; (*Tempo*) forcer; (*Konsum*) pousser à; (*Produktion*) accélérer
Förderband ['fœrdərbant] *nt* convoyeur *m*, tapis *m* roulant
Förderer, Förderin (**-s, -**) *m(f)* bienfaiteur(-trice) *m/f*
Förderkorb *m* (*Bergb*) cage *f* d'extraction
Förderkurs *m* (*Sch*) cours *m* de soutien *od* de rattrapage
förderlich *adj* +*Dat* bon(ne) pour
fordern ['fɔrdərn] *vt* (*verlangen*) exiger; (*fig: Opfer*) faire; (*herausfordern*) provoquer ▷ *vi* exiger beaucoup
fördern ['fœrdərn] *vt* (*Mensch, Talent, Neigung*) encourager; (*Plan*) favoriser, promouvoir; (*Produktivität*) stimuler; (*finanziell*) soutenir, financer; (*Kohle*) extraire
Förderplattform *f* plate-forme *f* de forage
Förderstufe *f* (*Sch*) *enseignement sans groupes de niveaux*
Förderturm *m* (*auf Bohrstelle*) derrick *m*, tour *f* de forage; (*Bergb*) tour d'extraction
Forderung ['fɔrdərʊŋ] *f* exigence *f*; (*Wirts: Anspruch*) créance *f*
Förderung ['fœrdərʊŋ] *f* (*von Nachwuchs*) encouragement *m*; (*von Industrie, Tourismus*) promotion *f*; (*von Kohle*) extraction *f*
Forelle [fo'rɛlə] *f* truite *f*
Form [fɔrm] (**-, -en**) *f* forme *f*; (*Gussform, Backform*) moule *m*; **in ~ sein** être en forme; **in ~ von** sous forme de; **die ~ wahren** respecter les convenances; **in aller ~** en bonne et due forme
formal [fɔr'maːl] *adj* formel(le); (*Grund*) de forme ▷ *adv* sur le papier
formalisieren [fɔrmali'ziːrən] *vt* formaliser

Formalität [fɔrmalı'tɛːt] *f* formalité *f*; **alle ~en erledigen** accomplir (toutes) les formalités
Format [fɔr'maːt] (**-(e)s, -e**) *nt* format *m*; (*fig: Niveau*) niveau *m*
formatieren [fɔrma'tiːrən] *vt* formater
Formation [fɔrmatsi'oːn] *f* formation *f*
formbar *adj* malléable
Formblatt *nt* formulaire *m*
Formel *f* formule *f*
formelhaft *adj* (*Sprache, Stil*) stéréotypé(e), figé(e)
formell [fɔr'mɛl] *adj* formel(le)
formen *vt* former
Formfehler *m* (*gesellschaftlich*) faux pas *m*; (*Jur*) vice *m* de forme
formieren [fɔr'miːrən] *vt* (*Mannschaft*) former ▷ *vr* se ranger
förmlich ['fœrmlıç] *adj* (*offiziell*) officiel(le) ▷ *adv* (*umg: geradezu*) pratiquement; **F~keit** *f* formalité *f*; (*Benehmen*) cérémonie *f*
formlos *adj* informe; (*zwanglos: Benehmen etc*) sans façon; (*Antrag, Brief*) simple, sans (aucune) formalité
Formsache *f* formalité *f*
Formular [fɔrmu'laːr] (**-s, -e**) *nt* formulaire *m*
formulieren [fɔrmu'liːrən] *vt* formuler
Formulierung *f* formulation *f*
formvollendet *adj* parfait(e); (*Vase etc*) d'une forme parfaite
forsch [fɔrʃ] *adj* résolu(e), énergique
forschen [fɔrʃən] *vi* (*wissenschaftlich*) faire de la recherche; **nach jdm/etw ~** chercher *od* rechercher qn/qch
forschend *adj* scrutateur(-trice), inquisiteur(-trice)
Forscher, in (**-s, -**) *m(f)* chercheur(-euse) *m/f*; (*Naturforscher*) scientifique *m/f*
Forschung ['fɔrʃʊŋ] *f* recherche *f*; **~ und Lehre** la recherche et l'enseignement
Forschungsreise *f* voyage *m* d'étude
Forst [fɔrst] (**-(e)s, -e**) *m* forêt *f*; **~arbeiter** *m* employé *m* des eaux et forêts
Förster, in ['fœrstər] (**-s, -**) *m(f)* garde *m* forestier
Forst-: **~haus** *nt* maison *f* forestière; **~wesen** *nt* eaux et forêts *fpl*; **~wirtschaft** *f* sylviculture *f*
fort [fɔrt] *adv* (*weg*) loin; **~!** va-t-en!; **und so ~** et ainsi de suite; **in einem ~** sans s'arrêter; **~bestehen** *unreg* vi persister, survivre; **~bewegen** *vt* déplacer ▷ *vr* se déplacer; **~bilden** *vr* poursuivre sa formation; **F~bildung** *f* perfectionnement *m*; **berufliche Fortbildung** formation *f* professionnelle; **~bleiben** *unreg* vi ne pas revenir; **~bringen** *unreg* vt (*Person*) emmener; **etw ~bringen** emporter qch; **F~dauer** *f* prolongation *f*; **~dauernd** *adj* continuel(le); (*in der Vergangenheit*) continu(e) ▷ *adv* continuellement; **~fahren** *unreg* vi (*wegfahren*) partir; (*weitermachen, fortsetzen*) continuer ▷ *vt* (*wegbringen*) emporter; **~führen** *vt* (*Arbeit etc*) poursuivre, continuer; (*wegführen*) emmener; **F~gang** *m* (*Weggang*) départ *m*; (*Verlauf*) suite *f*; **~gehen** *unreg* vi (*weggehen*) s'en aller, partir; (*andauern*) continuer; **~geschritten** *adj* avancé(e);

~kommen unreg vi (wegkommen) parvenir à s'en aller; (vorankommen) progresser; (verloren gehen) disparaître; **~können** unreg vi pouvoir s'en aller; **~lassen** unreg vt (auslassen) omettre; **jdn ~lassen** (weggehen lassen) laisser partir qn; **~laufend** adj: **~laufend nummeriert** numéroté(e) en continu; **~machen** (umg) vr filer, décamper; **~müssen** unreg vi devoir partir; **~pflanzen** vr se reproduire; **F~pflanzung** f reproduction f

FORTRAN ['fɔrtran] nt fortran m

fortreißen unreg vt arracher; (mit sich reißen) entraîner

Forts. abk (= Fortsetzung) suite f

fortschaffen vt enlever

fortschreiten unreg vi (voranschreiten: Krankheit) progresser; (Alter, Arbeit) avancer

Fortschritt ['fɔrtʃrɪt] (-s, -e) m progrès m; **~e machen** faire des progrès; **f~lich** adj progressiste; (Methode) d'avant-garde

fortschrittsgläubig adj qui croit au progrès

fort-: **~setzen** vt (fortführen) continuer, poursuivre; **F~setzung** f continuation f, poursuite f; (folgender Teil) suite f; **F~setzung folgt** à suivre; **F~setzungsroman** m roman-feuilleton m; **~während** adj constant(e), continuel(le); **~wirken** vi continuer d'agir; **~ziehen** unreg vt tirer ▷ vi (umziehen) déménager

Foto ['fo:to] (-s, -s) nt photo f ▷ m (umg: Fotoapparat) appareil-photo m; **ein ~ machen** prendre une photo; **~album** (-s, -s) nt album m de photos; **~apparat** (-s, -s) m appareil-photo m; **~graf, in** (-en, -en) m(f) photographe m/f; **~grafie** f photographie f; **f~grafieren** vt photographier, prendre en photo ▷ vi faire de la photo; **~kopie** f photocopie f; **f~kopieren** vt photocopier; **~kopierer** (umg) m photocopieuse f; **~kopiergerät** nt photocopieuse f; **~safari** f safari-photo m

Foul [faʊl] (-s, -s) nt (Sport) faute f

Foyer [foa'je:] (-s, -s) nt foyer m; (in Hotel) hall m

FPÖ (-) f abk (= Freiheitliche Partei Österreichs) parti libéral de droite autrichien

Fr. abk (= Frau) Mme

Fracht [fraxt] (-, -en) f chargement m; (Naut) cargaison f; (Preis) fret m; **~ zahlt Empfänger** (Wirts) port m dû; **~brief** m lettre f de voiture od de connaissement

Frachter (-s, -) m cargo m

fracht-: **~frei** adj (Wirts) franco de port; **F~gut** nt fret m; **F~kosten** pl (Wirts) frais mpl de transport

Frack [frak] (-(e)s, ̈-e) m frac m, habit m

Frage ['fra:gə] f question f; **jdm eine ~ stellen** poser une question à qn; **das ist gar keine ~, das steht außer ~** cela ne fait aucun doute; siehe auch **infrage**; **~bogen** m questionnaire m

fragen vt interroger ▷ vi demander ▷ vr se demander; **nach dem Weg ~** demander son chemin; **ohne lange zu ~** sans poser trop de questions; **da fragst du mich zu viel** (umg) là, tu m'en demandes de trop; **nach** od **wegen** (umg) **jdm ~** (nach jds Befinden) demander des nouvelles de qn; **es fragt sich** (ist zweifelhaft) on peut se

poser la question

Fragerei [fra:gə'raɪ] (pej) f questions fpl incessantes

Fragestunde f (Parl) heure réservée aux interpellations

Fragezeichen nt point m d'interrogation

fraglich adj (zweifelhaft) incertain(e); (betreffend) en question

fraglos adv incontestablement

Fragment [fra'gmɛnt] nt fragment m

fragmentarisch [fragmɛn'ta:rɪʃ] adj fragmentaire

fragwürdig ['fra:kvʏrdɪç] adj douteux(-euse)

Fraktion [fraktsi'o:n] f (Pol) groupe m parlementaire, coalition f

Fraktionsvorsitzende, r f(m) (Pol) président m du groupe parlementaire

Fraktionszwang m obligation de voter selon les directives de son parti

frank [fraŋk] adv: **~ und frei** franchement

Franken¹ ['fraŋkən] (-s) nt (Geog) la Franconie

Franken² ['fraŋkən] (-, -) m (Schweizer Franken) franc m (suisse)

Frankfurt ['fraŋkfʊrt] (-s) nt (Geog) Francfort

Frankfurter (-s, -) m (Koch) saucisse f de Francfort

frankieren [fraŋ'ki:rən] vt affranchir

Frankiermaschine f machine f à affranchir

fränkisch ['fraŋkɪʃ] adj (Geog) franconien(ne)

franko adv (Post) franco

Frankreich ['fraŋkraɪç] nt la France

Franse ['franzə] f frange f

fransen vi (Stoff) s'effranger, s'effilocher

Franzbranntwein m sorte de baume

Franzose [fran'tso:zə] (-n, -n) m Français m

Französin [fran'tsø:zɪn] f Française f

französisch adj français(e); **~es Bett** grand lit m; **die ~e Riviera** la Côte d'Azur; **Französisch, e** nt (Ling) français m

Französisch-Guayana nt la Guyane française

Französischschweizer, in m(f) Suisse m/f romand(e)

Fräse ['frɛ:zə] f (Werkzeug) fraiseuse f; (für Holz) toupie f

Fraß (-es, -e) (pej: umg) m (Essen) tambouille f

fraß etc [fra:s] vb siehe **fressen**

Fratze ['fratsə] (umg) f (Grimasse) grimace f; **eine ~ schneiden** faire une grimace

Frau [fraʊ] (-, -en) f femme f; (Anrede) Madame f; **~ Doktor** Docteur m

Frauen-: **~arzt** m gynécologue m; **~bewegung** f mouvement m de libération de la femme; **f~feindlich** adj misogyne; **~haus** nt centre m d'hébergement pour femmes battues; **~held** m don Juan m; **~rechtlerin** f féministe f; **~zimmer** (pej) nt bonne femme f

Fräulein ['frɔylaɪn] nt demoiselle f; „~" "Mademoiselle"

fraulich ['fraʊlɪç] adj féminin(e)

frech [frɛç] adj (unverschämt) insolent(e); (keck) coquin(e); **F~dachs** m petit impertinent m; **F~heit** f insolence f, impertinence f; **sich** Dat **(einige) F~heiten erlauben** se permettre des impertinences

Fregatte [fre'gatə] f frégate f
frei [fraɪ] adj libre; (Arbeitsstelle) vacant(e), à pourvoir; (Mitarbeiter) indépendant(e), free-lance unver; (Tag) de congé; (Aussicht) dégagé(e); (Ansichten) large; (unbekleidet) nu(e); (Geld) disponible ▷ adv librement; **von etw ~ sein** être sans qch; **im F~en** en plein air; **unter ~em Himmel** à la belle étoile; **auf ~er Strecke** en rase campagne; **„Zimmer ~"** "chambre à louer"; **Morgen/Mittwoch ist ~** demain/mercredi nous avons congé; **aus ~en Stücken** od **~em Willen** de son plein gré; **~ nach ...** dans le style de ...; **der Film ist ~ ab 16 (Jahren)** ce film est interdit aux moins de 16 ans; **~ Haus** (Wirts) franco de port; **~er Wettbewerb** (Wirts) libre concurrence f; **~ Schiff** (Wirts) franco à bord; **~e Marktwirtschaft** économie f de marché; **~ halten** laisser libre; (reservieren) garder; **~ sprechen** parler sans notes; **~ stehen** (leer stehen) être inoccupé(e); **F~bad** nt piscine f en plein air; **~bekommen** unreg vt: **jdn ~bekommn** obtenir la libération de qn; **einen Tag ~bekommen** obtenir un jour de congé; **~beruflich** adj indépendant(e); **F~betrag** m dégrèvement m fiscal
Freier (-s, -) m prétendant m
Frei-: **~exemplar** nt exemplaire m gratuit; **~fahrkarte** f billet m gratuit; **~gänger** m prisonnier m en liberté conditionnelle (autorisé à aller travailler à l'extérieur pendant la journée); **f~geben** unreg vt (Preise) libérer; (Straße, Strecke etc) ouvrir (à la circulation) ▷ vi: **jdm f~geben** donner congé à qn; **f~gebig** adj généreux(-euse); **~gebigkeit** f générosité f; **~gehege** nt installation f à ciel ouvert; **~gepäck** nt bagages mpl en franchise; **~haben** unreg vt avoir congé; **~hafen** m port m franc; **f~halten** unreg vt (für jdn bezahlen) régaler; siehe auch **frei**; **~handel** m libre-échange m; **~handelszone** f zone f de libre-échange; **f~händig** adv (fahren) conduire sans tenir le guidon
Freiheit f liberté f; **sich** Dat **die ~ nehmen, etw zu tun** prendre la liberté de faire qch; **f~lich** adj libéral(e)
Freiheits-: **~drang** m soif f de liberté; **~kampf** m lutte f de libération; **~kämpfer, in** m(f) guérillero m; **~strafe** f (Jur) peine f de prison
frei-: **~heraus** adv franchement; **F~karte** f billet m gratuit; **~kaufen** vt: **jdn ~kaufen** racheter qn; **sich ~kaufen** se racheter; **~kommen** unreg vi être libéré(e); **F~körperkultur** f naturisme m; **F~landgemüse** nt légumes mpl de pleine terre od de plein champ; **~lassen** unreg vt (Gefangenen) libérer; (Tier) remettre en liberté; **F~lauf** m (von Fahrrad) roue f libre; **~legen** vt mettre à jour, dégager; **~lich** adv (jedoch, allerdings) cependant; **ja ~lich!** mais certainement!; **F~lichtbühne** f théâtre m en plein air; **F~lichtmuseum** nt village musée; **~machen** vt (Post) affranchir ▷ vr (entkleiden, beim Arzt) se déshabiller; (umg: freie Zeit erübrigen) se libérer; **F~maurer** m franc-maçon m
freimütig ['fraɪmy:tɪç] adj franc(franche)

Frei-: **f~nehmen** unreg vt: **sich** Dat **einen Tag f~nehmen** prendre un jour de congé; **~raum** m (fig) liberté f d'action; **f~schaffend** adj indépendant(e), free-lance unver; **~schärler (-s, -)** m franc-tireur m; **f~schwimmen** unreg vr (fig) voler de ses propres ailes; **f~setzen** vt (Energien) libérer; **f~sprechen** unreg vt: **jdn (von etw) f~sprechen** acquitter od décharger qn (de qch); **~spruch** m acquittement m; **f~stehen** unreg vi: **es steht dir f~, das zu tun** tu es libre de le faire; **das steht Ihnen völlig f~** à vous de décider; siehe auch **frei**; **f~stellen** vt: **jdm etw f~stellen** laisser qn décider qch; **~stoß** m coup m franc; **~stunde** f (Sch) heure f de libre
Freitag m vendredi m; siehe auch **Dienstag**
freitags adv le vendredi
Frei-: **~tod** m suicide m; **~übungen** pl exercices mpl de gymnastique; **~umschlag** m enveloppe f affranchie; **f~willig** adj volontaire; **~willige, r** f(m) volontaire m/f; **~willigkeit** f caractère m volontaire; **~zeichen** nt (Tel) tonalité f; **~zeit** f (freie Zeit) temps m libre; (Veranstaltung) sortie f; **~zeitgestaltung** f organisation f des loisirs; **~zeitwert** m possibilités fpl de loisirs; **dieser Ort hat einen hohen ~zeitwert** cet endroit propose de nombreuses activités et attractions; **~zeitzentrum** nt centre m de loisirs; **f~zügig** adj (unbürgerlich) libre; (mit Geld) peu regardant(e), généreux(-euse); **innerhalb der EG sind alle Bürger f~zügig** les citoyens de la CE sont libres de s'établir dans le pays de leur choix
fremd [frɛmt] adj (nicht vertraut) inconnu(e); (nicht eigen) d'autrui; (ausländisch) étranger(-ère); **etw/ jd ist jdm ~** qn ne connaît pas qch/qn; **ich bin hier ~** je ne suis pas d'ici; **sich ~ fühlen** se sentir dépaysé(e); **~artig** adj étrange
Fremde, r f(m) étranger(-ère) m/f ▷ f: **die ~** (das Ausland) l'étranger m
Fremden-: **~führer, in** m(f) guide m; **~heim** nt pension f; **~legion** f légion f étrangère; **~pass** m pièce d'identité délivrée à titre provisoire aux réfugiés et aux apatrides; **~verkehr** m tourisme m; **~verkehrszentrale** f office m du tourisme; **~zimmer** nt: **„~zimmer"** "chambres à louer"
fremd-: **~gehen** unreg (umg) vi être infidèle; **F~kapital** nt (Wirts) capital m d'emprunt; **F~körper** m corps m étranger; **~ländisch** adj étranger(-ère); **F~ling** m étranger(-ère) m; **F~sprache** f langue f étrangère; **F~sprachenkorrespondentin** f secrétaire f bilingue od trilingue; **~sprachig** adj attrib de langue étrangère; (Unterricht) en langue étrangère; (Literatur) étranger(-ère); **~sprachlich** adj (Wort) étranger(-ère); (Unterricht) des langues étrangères; **F~wort** nt mot m étranger
frenetisch [fre'ne:tɪʃ] adj (geh) frénétique
Frequenz [fre'kvɛnts] f fréquence f
Fresko ['fresko] (-s, -ken) nt fresque f
Fresse (umg) f gueule f
fressen ['frɛsən] unreg vt (subj: Tier) manger; (: Mensch: umg) bouffer; (verbrauchen: Benzin) consommer; (: Geld) engloutir; (umg: verstehen)

145

piger ▷ vi (siehe vt) manger; bouffer; **an etw** Dat ~ (zerstören) ronger qch; **einen Narren an jdm gefressen haben** adorer qn; **einen Narren an etw** Dat **gefressen haben** raffoler de qch; **den hab ich gefressen!** il me les casse!

Freude ['frɔydə] f joie f; ~ **an etw** Dat **haben** trouver plaisir à qch; **jdm eine ~ machen** od **bereiten** faire plaisir à qn

Freudentanz m: **einen ~ aufführen** danser de joie

freudestrahlend adj rayonnant(e) (de joie)

freudig adj (froh) joyeux(-euse); (beglückend: Nachricht, Überraschung) bon (bonne) ▷ adv avec joie; **~es Ereignis** heureux événement m

freudlos adj triste

freuen ['frɔyən] vt unpers faire plaisir à ▷ vr être content(e) od enchanté(e), se réjouir; **sich über etw** Akk ~ se réjouir de qch; **es freut mich, dass** ... je suis heureux(-euse) que ...; **es freut mich sehr, Sie kennenzulernen** enchanté(e)!; **es hat mich sehr gefreut, Sie kennenzulernen!** (je suis) heureux(-euse) d'avoir fait votre connaissance!; **sich auf etw** Akk ~ attendre qch avec impatience; **sich auf jdn ~** être impatient(e) de voir qn; **sich zu früh ~** se réjouir prématurément

Freund ['frɔynt] (-(e)s, -e) m ami m; (Anhänger) amateur m; **ich bin kein ~ von so etwas** je n'aime pas ce genre de chose; **~in** f amie f; **f~lich** adj (Mensch, Miene) aimable; (Wohnung, Gegend) accueillant(e); (Farbe, Wetter) agréable; **mit f~lichen Grüßen** (Briefschluß) veuillez agréer, Monsieur/Madame/Messieurs l'assurance de nos sentiments dévoués; **würden Sie bitte so f~lich sein und das tun?** auriez-vous l'amabilité de faire cela?; **f~licherweise** adv aimablement; **~lichkeit** f amabilité f; **~schaft** f amitié f; **mit jdm ~schaft schließen** se lier d'amitié avec qn; **f~schaftlich** adj amical(e)

Frevel ['fre:fəl] (-s, -) m offense f; (fig) crime m; **f~haft** adj coupable

Frieden ['fri:dən] (-s, -) m paix f; **im ~** en temps de paix; **~ schließen** faire la paix; **um des lieben ~s willen** (umg) pour avoir la paix; **jdn (mit etw) in ~ lassen** laisser qn tranquille (avec qch); **ich traue dem ~ nicht** (umg) c'est le calme avant la tempête

Friedens-: **~bewegung** f mouvement m pour la paix; **~schluss** m conclusion f de la paix; **~truppen** pl forces fpl de maintien de la paix; **~verhandlungen** pl négociations fpl de paix; **~vertrag** m traité m de paix; **~zeit** f temps m de paix

fried-: **~fertig** adj pacifique; **F~hof** m cimetière m; **~lich** adj (Volk, Gegend, Tier) paisible; (friedfertig, friedvoll) pacifique; (Demonstration) non violent(e); **etw auf ~lichem Wege lösen** résoudre qch pacifiquement

frieren ['fri:rən] unreg vi avoir froid ▷ vi unpers geler; **ich friere, es friert mich** j'ai froid; **heute hat es gefroren** aujourd'hui, il a gelé

Fries [fri:s] (-es, -e) m (Archit) frise f

Friese, -in ['fri:zə] m(f) (Geog) Frison(ne)

Friesland nt la Frise

frigid(e) adj frigide

Frikadelle [frika'dɛlə] f boulette f de viande hachée

Frikassee [frika'se:] (-s, -s) nt fricassée f

Frisbee ['frisbi] (-, -s) nt frisbee m

frisch [frɪʃ] adj frais (fraîche); (lebhaft, munter) plein(e) d'entrain; **~ gestrichen!** peinture fraîche!; **sich ~ machen** faire un brin de toilette; **jdn auf ~er Tat ertappen** prendre qn sur le fait

Frische f fraîcheur f; **in alter ~** (umg) comme toujours; **~datum** nt date f limite de vente

Frischhaltebeutel m sachet m hermétique

Friseur, Friseuse [fri'zø:r(fri'zø:zə)] (-s, -e) m(f) coiffeur(-euse) m/f

frisieren [fri'zi:rən] vt coiffer; (Abrechnung) truquer; (Motor) trafiquer ▷ vr se coiffer

Frisiersalon m salon m de coiffure

Frisör [fri'zø:r] m = **Friseur**

frisst [frɪst] vb siehe **fressen**

Frist [frɪst] (-, -en) f (Zeitraum) délai m; (Termin) date f limite; **eine ~ einhalten** respecter un délai; **eine ~ verstreichen lassen** laisser passer un délai; (bei Rechnung) ne pas payer dans les délais

fristen vt: **ein kümmerliches Dasein ~ mener** une existence misérable

Fristenlösung f, **Fristenregelung** f légalisation de l'avortement jusqu'à trois mois de grossesse

frist-: **~gemäß**, **~gerecht** adj dans les délais impartis; **~los** adj sans préavis

Frisur [fri'zu:r] f coiffure f

Fritteuse [fri'tø:zə] f friteuse f

frittieren [fri'ti:rən] vt (faire) frire

frivol [fri'vo:l] adj (Mensch) frivole; (Witz) léger(-ère)

Frl. abk (= Fräulein) Mlle

froh [fro:] adj (Mensch, Miene) joyeux(-euse); (Ereignis) heureux(-euse); (Nachricht) bon (bonne); **ich bin ~, dass** ... je suis content(e) que ...; **die F~e Botschaft** l'Evangile m; **seines Lebens nicht mehr ~ werden** accumuler les déboires

fröhlich ['frø:lɪç] adj joyeux(-euse), gai(e) ▷ adv (unbekümmert) sans s'inquiéter; **F~keit** f gaieté f

frohlocken (pej) vi exulter

Frohsinn m enjouement m

fromm [frɔm] adj pieux(-euse) ▷ adv pieusement; **ein ~er Wunsch** un vain espoir

Frömmigkeit f piété f

frönen ['frø:nən] vi +Dat s'adonner à

Fronleichnam [fro:n'laıçna:m] (-(e)s) m Fête-Dieu f

Front [frɔnt] (-, -en) f (von Gebäude) façade f; (Mil) front m; **klare ~en schaffen** clarifier les positions; **gegen jdn/etw ~ machen** faire front contre qn/qch

frontal [frɔn'ta:l] adj, adv de plein fouet, de front; **F~angriff** m (fig) attaque f de front

fror etc [fro:r] vb siehe **frieren**

Frosch [frɔʃ] (-(e)s, ̈-e) m grenouille f; (Feuerwerk)

pétard m; **sei kein ~!** (umg) ne joue pas les trouble-fête!; **~mann** m homme-grenouille m; **~schenkel** m cuisse f de grenouille

Frost [frɔst] (-(e)s, ̈e) m gel m; **f~beständig** adj résistant(e) au gel; **~beule** f engelure f

frösteln ['frœstəln] vi frissonner; **es fröstelt mich** j'ai des frissons

frostig adj glacial(e)

Frostschutzmittel nt antigel m

Frottee, Frotté [frɔ'te:] (-(s), -s) nt od m tissu m éponge

frottieren [frɔ'ti:rən] vt frictionner

Frottier(hand)tuch nt serviette f éponge

frotzeln ['frɔtsəln] (umg) vt taquiner ▷ vi plaisanter

Frucht [frʊxt] (-, ̈e) f fruit m; (Embryo) embryon m, fœtus m; (Getreide) récolte f; **~ tragen** fructifier; (fig) porter ses fruits; **f~bar** adj fertile; (Frau, Tier) fécond(e); (fig) fructueux(-euse); **~barkeit** f (siehe adj) fertilité f; fécondité f; **~becher** m (Koch) coupe f glacée aux fruits; **f~bringend** adj fructueux(-euse)

Früchtchen ['frʏçtçən] (umg) nt (Tunichtgut) vaurien m

Fruchteis nt glace f aux fruits

fruchten vi porter ses fruits

fruchtig adj fruité(e)

fruchtlos adj (nutzlos) infructueux(-euse)

Fruchtsaft m jus m de fruit

früh [fry:] adj (Zug) tôt le matin; (Winter, Tod, Obst) précoce ▷ adv (zeitig) tôt, de bonne heure; **am ~en Morgen** tôt le matin; **in ~er Kindheit** dès la prime enfance; **heute ~** ce matin; **von ~ bis spät** du matin au soir; **von ~ auf** dès le plus jeune âge; **F~aufsteher (-s, -)** m lève-tôt m inv; **F~dienst** m: **F~dienst haben** être de l'équipe du matin

Frühe f (Morgen) matin m; **in aller ~** de bonne heure, de bon matin

früher adj (einst) antérieur(e); (ehemalig) ancien(ne) ▷ adv autrefois; **~ oder später** tôt ou tard; **~ war das anders** autrefois, c'était différent

frühestens adv au plus tôt

Frühgeburt f naissance f avant terme; (Kind) prématuré(e) m(f)

Frühjahr nt printemps m

Frühjahrsmüdigkeit f fatigue f de printemps

Frühjahrsputz m nettoyages mpl de printemps

Frühling m printemps m; **im ~** au printemps

früh-: **~reif** adj précoce; **F~rentner** m préretraité m; **F~schicht** f équipe f du matin; **F~schoppen** m petit verre m du matin; **F~sport** m gymnastique f matinale; **F~stück** nt petit déjeuner m; **~stücken** vi prendre le petit déjeuner; **F~stücksbüfett** nt buffet m pour le petit déjeuner; **F~warnsystem** nt (Mil) système m de première alerte; **~zeitig** adj (vorzeitig) précoce ▷ adv (rechtzeitig) de bonne heure, tôt; (vorzeitig) prématurément

Frust (-(e)s) (umg) m frustration f

frustrieren [frʊs'tri:rən] vt frustrer

FSV abk (= Fußball-Sportverein) FC m

FU (-) f abk (= Freie Universität Berlin) une des universités de Berlin

Fuchs [fʊks] (-es, ̈e) m (Zool) renard m

fuchsen (umg) vt énerver, agacer ▷ vr en faire une jaunisse

Füchsin ['fʏksɪn] f renarde f

Fuchsschwanz m (Säge) scie f égoïne

fuchsteufelswild adj furieux(-euse), fou (folle)

Fuchtel ['fʊxtl] (umg) f: **unter jds ~** sous la coupe de qn

fuchteln ['fʊxtəln] (umg) vi gesticuler

Fuge ['fu:gə] f interstice m; (Mus) fugue f; **aus den ~n geraten** (fig) être mis(e) sens dessus dessous

fügen ['fy:gən] vt (setzen) joindre; (geh: bewirken) vouloir ▷ vr (+Dat) (sich unterordnen) se soumettre (à), se plier (à) ▷ vi unpers se trouver; **sich in sein Schicksal ~** se résigner à son sort; **es fügte sich, dass ...** il s'est trouvé que ..., le hasard a voulu que ...

fügsam ['fy:kza:m] adj soumis(e), docile

Fügung f: **eine ~ des Himmels/Schicksals** un décret de la Providence/du sort

fühlbar adj sensible

fühlen ['fy:lən] vt (empfinden, spüren) sentir; (abtasten) tâter ▷ vi sentir ▷ vr se sentir; **mit jdm ~** comprendre les sentiments de qn

Fühler (-s, -) m (von Insekt) antenne f; (von Schnecke) corne f

Fühlung f (Kontakt): **mit jdm ~ halten/ aufnehmen** garder le contact/prendre contact avec qn; **~nahme** f: **eine persönliche ~nahme** un contact personnel

fuhr etc [fu:r] vb siehe **fahren**

Fuhre f (Ladung) cargaison f

führen ['fy:rən] vt (leiten) être à la tête de; (begleiten, beeinflussen) mener, conduire; (als Fremdenführer) guider; (Geschäft, Haushalt, Liste) tenir; (Waren) avoir, vendre; (Name) porter; (förmlich: Fahrzeug) conduire; (Konto) avoir ▷ vi mener ▷ vr (sich benehmen) se conduire; **jdn durch eine Stadt ~** faire visiter une ville à qn; **etw mit sich ~** avoir qch sur soi; **den Löffel zum Mund ~** porter la cuillère à la bouche; **was führt Sie zu mir?** (förmlich) qu'est-ce qui vous amène?; **Geld/seine Papiere bei sich ~** (förmlich) avoir de l'argent/ses papiers sur soi; **das führt zu nichts** cela ne mène à rien; **Schottland führt mit 3:0** l'Écosse mène 3 à zéro

Führer, in ['fy:rər(ɪn)] m(f) (von Land, Gruppe) leader m; (Fremdenführer) guide m; **~haus** nt cabine f; **~schein** m permis m de conduire; **den ~schein machen** (Fahrunterricht nehmen) prendre des leçons de conduite; (die Prüfung ablegen) passer l'examen du permis de conduire; **~scheinentzug** m retrait m de permis de conduire

Fuhrpark m parc m de véhicules

Führung ['fy:rʊŋ] f conduite f; (eines Unternehmens) direction f; (Parteiführung) leadership m; (Mil) commandement m; (Besichtigung mit Führer) visite f guidée

Führungs-: **~kraft (-, ̈e)** f cadre m supérieur; **~stab** m (Mil) état-major m; (Wirts) direction f;

~stil m style m de gestion; **~zeugnis** nt
(polizeilich) certificat m de bonne vie et mœurs od
de moralité

Fuhrunternehmen nt entreprise f de transport

Fuhrwerk nt char m

Fülle ['fʏlə] f (Menge, Vielfalt) abondance f, masse f

füllen vt remplir; (Zahn) plomber; (Koch) farcir;
(Platz: in Anspruch nehmen) occuper ▷ vr: **sich mit
etw ~** se remplir de qch

Füller (**-s, -**) m stylo m plume od à encre

Füllfederhalter m stylo m à encre

Füllgewicht nt (Wirts) poids m de remplissage;
(auf Dosen) poids net

füllig ['fʏlɪç] adj rondelet(te)

Fulltime-Job, Fulltimejob [fʊltaɪm'dʒɔb] m
emploi m à plein temps

Füllung f remplissage m; (Holzfüllung) panneau m;
(Zahnfüllung) plombage m; (Koch) farce f

fummeln ['fʊməln] (umg) vi: **an etw** Dat **~** tripoter
qch

Fund [fʊnt] (**-(e)s, -e**) m trouvaille f, découverte f

Fundament [fʊnda'mɛnt] nt (von Gebäude)
fondations fpl; (Grundlage, Basis) fondement m,
base f; **f~al** adj fondamental(e)

Fundbüro nt bureau m des objets trouvés

Fundgrube f (fig) mine f

fundieren [fʊn'diːrən] vt (finanziell sichern)
consolider; (These) fonder, étayer

fundiert adj (Wissen) approfondi(e), solide

fündig ['fʏndɪç] adj (Bergb): **~ werden** découvrir
un gisement; (fig) faire une découverte

Fundsachen pl objets mpl trouvés

fünf [fʏnf] num cinq; **seine ~ Sinne beisammen
haben** avoir toute sa raison; **~(e) gerade sein
lassen** (umg) ne pas y regarder de trop près;
~hundert num cinq cent(s); **~jährig** adj (Frist) de
cinq ans; (Plan) quinquennal(e); (Kind) de cinq
ans; **F~kampf** m pentathlon m;
F~prozentklausel f voir article; **F~tagewoche** f
semaine f de cinq jours; **~tausend** num cinq
mille

● **Fünfprozentklausel**

● La Fünfprozentklausel est une clause électorale
● stipulant que seuls les partis obtenant 5 % ou
● plus au deuxième vote (Zweitstimme) peuvent
● être représentés au Parlement. Cela évite la
● présence importante de plusieurs petits
● partis qui, sous la république de Weimar,
● avait conduit à une instabilité politique.

fünfte, r, s adj cinquième

Fünftel (**-s, -**) nt cinquième m

fünfzehn num quinze

fünfzehnte, r, s adj quinzième

fünfzig num cinquante

fünfzigste, r, s adj cinquantième

fungieren [fʊŋ'giːrən] vi: **als etw ~** faire fonction
de qch

Funk [fʊŋk] (**-s**) m radio f; **~ausstellung** f
exposition f de radiotélévision

Funke (**-ns, -n**) m étincelle f

funkeln vi (subj: Sterne, Augen) étinceler; (Wasser)
scintiller

funkelnagelneu (umg) adj flambant neuf(neuve)

Funken (**-s, -**) m siehe **Funke**

funken vi (durch Funk) transmettre par radio;
(Funken sprühen) lancer des étincelles; (umg:
funktionieren) marcher ▷ vt envoyer (par radio);
(Sos) lancer; **endlich hat es bei ihr gefunkt**
(umg) elle a enfin pigé

Funker (**-s, -**) m opérateur m radio

Funk-: **~gerät** nt poste m de radio; **~haus** nt
maison f de la radio; **~kolleg** nt enseignement m
universitaire radiophonique; **~sprechgerät** nt
radiotéléphone m, talkie-walkie m;
~sprechverkehr m radiotéléphonie f; **~spruch** m
message m radio; **~station** f station f (de) radio,
poste m émetteur; **~stille** f (fig) silence m radio;
~streife f voiture f de police (munie d'une radio);
~taxi nt radio-taxi m

Funktion [fʊŋktsi'oːn] f fonction f; (Tätigkeit)
fonctionnement m; **in ~ treten** entrer en
fonction; **in ~ setzen** faire fonctionner; **etw
außer ~ setzen** détraquer qch; **jdn außer ~
setzen** mettre qn dans l'incapacité de travailler

Funktionär, in [fʊŋktsio'nɛːr(ɪn)] (**-s, -e**) m(f)
fonctionnaire m/f

funktionieren [fʊŋktsio'niːrən] vi fonctionner

funktions-: **~fähig** adj capable de fonctionner;
F~taste f touche f de fonction; **~tüchtig** adj en
bon état

Funsel (umg) f loupiote f

Funzel (umg) f = **Funsel**

für [fyːr] präp +Akk pour; **~ etw sein** être pour qch;
~ sich leben (allein) vivre seul(e); **was ~ ein/
eine ...?** (in Fragen) quelle sorte de ...?; **was ~ eine
Frechheit!** (umg) quelle impertinence!; **das hat
etwas ~ sich** cela a du bon; **~s Erste** pour le
moment; **Schritt ~ Schritt** pas à pas; **Tag ~ Tag**
jour après jour; **F~ ~** nt: **das F~ und Wider** le pour
et le contre; **F~bitte** f intercession f

Furche ['fʊrçə] f sillon m

furchen vt sillonner

Furcht [fʊrçt] f crainte f; **f~bar** adj terrible,
effroyable; (umg: schrecklich) affreux(-euse)

fürchten ['fʏrçtən] vt craindre ▷ vr: **sich (vor
jdm/etw)** ~ avoir peur (de qn/qch) ▷ vi: **um jdn/
etw ~** craindre pour qn/qch; **~, dass ...** craindre
que ...

fürchterlich adj terrible

furchtlos adj sans peur, intrépide

furchtsam adj craintif(-ive)

füreinander [fyːrlaɪ'nandər] adv l'un(e) pour
l'autre

Furie ['fuːriə] f furie f

Furnier [fʊr'niːr] (**-s, -e**) nt placage m

furnieren vt plaquer

Furore [fu'roːrə] f od nt: **~ machen** (umg) faire
fureur

fürs [fyːrs] = **für das**

Fürsorge ['fyːrzɔrgə] f (persönlich) soins mpl;
(Sozialfürsorge) assistance f; (umg:

Sozialunterstützung) aide *f* sociale; (: *Sozialamt)* bureau *m* d'aide sociale; **von der ~ leben** bénéficier de l'aide sociale; **~r, in** (**-s, -**) *m(f)* travailleur(-euse) *m/f* social(e); **~unterstützung** *f* prestations *fpl* sociales

fürsorglich *adj* plein(e) de sollicitude

Fürsprache *f* (*Empfehlung*) recommandation *f*; **für jdn ~ einlegen** intercéder pour qn

Fürsprecher, in *m(f)* défenseur *m*

Fürst [fʏrst] (**-en, -en**) *m* prince *m*

Fürstentum *nt* principauté *f*

Fürstin *f* princesse *f*

fürstlich *adj* princier(-ière)

Furt [fʊrt] (**-, -en**) *f* gué *m*

Furunkel [fuˈrʊŋkəl] (**-s, -**) *nt od m* furoncle *m*

Fürwort [ˈfyːrvɔrt] *nt* pronom *m*

Furz (**-es, ⁼e**) (*umg!*) *m* pet *m* (*umg!*)

furzen [ˈfʊrtsən] (*umg!*) *vi* péter (*umg!*)

Fusion [fuziˈoːn] *f* fusion *f*

fusionieren [fuzioˈniːrən] *vt, vi* fusionner

Fuß [fuːs] (**-es, ⁼e**) *m* (*von Mensch*) pied *m*; (*von Tier*) patte *f*; (*von Säule*) base *f*; **bei ~!** au pied!; **jdm etw vor die Füße werfen** jeter qch aux pieds de qn; **zu ~** à pied; **gut zu ~ sein** être un(e) bon (bonne) marcheur(-euse); **auf freiem ~ sein** être libre; (**festen**) **~ fassen** (*heimisch werden*) (re)prendre pied; (*sich niederlassen*) s'adapter; **jdn/etw mit Füßen treten** fouler qn/qch aux pieds; **mit jdm auf gutem ~ stehen** être en bons termes avec qn; **auf großem ~ leben** mener grand train; **~ball** *m* football *m*; (*Ball*) ballon *m* de football; **~ballplatz** *m* terrain *m* de football; **~ballspiel** *nt* match *m* de football; **~ballspieler** *m* footballeur *m*; **~balltoto** *m od nt* loto *m* sportif; **~boden** *m* plancher *m*;

~bodenheizung *f* chauffage *m* par le sol; **~bremse** *f* (*Aut*) frein *m* (à pied), pédale *f* de frein

Fussel [ˈfʊsəl] (**-, -n** *od* **-s, -**) *f od m* peluche *f*

fusselig [ˈfʊsəlɪç] *adj* pelucheux(-euse)

fusseln [ˈfʊsəln] *vi* pelucher

fußen *vi*: **auf etw** *Dat* **~** reposer *od* être fondé(e) sur qch

Fuß-: ~ende *nt* pied *m* (*d'un lit*); **~gänger, in** (**-s, -**) *m(f)* piéton(ne) *m/f*; **~gängerunterführung** *f* passage *m* souterrain (pour piétons); **~gängerzone** *f* zone *f* piétonnière *od* piétonne; **~gelenk** *nt* cheville *f*; **~leiste** *f* plinthe *f*; **~nagel** *m* ongle *m* des pieds; **~note** *f* note *f* (en bas de page); **~pfleger, in** *m(f)* pédicure *m/f*; **~pilz** *m* mycose *f* (des pieds); **~spur** *f* trace *f* (de pas); **~stapfen** (**-s, -**) *m*: **in jds ~stapfen treten** (*fig*) marcher sur les traces de qn; **~tritt** *m* coup *m* de pied; **~volk** (*pej*) *nt* (*fig*): **das ~volk** la piétaille; **~weg** *m* (*Pfad*) sentier *m*; (*Bürgersteig*) trottoir *m*; **das ist ein ~weg von 10 Minuten** c'est à dix minutes à pied

futsch [fʊtʃ] (*umg*) *adj* foutu(e)

Futter [ˈfʊtər] (**-s, -**) *nt* nourriture *f* (*pour animaux*), fourrage *m*; (*Stoff*) doublure *f*

Futteral [fʊtəˈraːl] (**-s, -e**) *nt* étui *m*

futtern [ˈfʊtərn] (*umg*) *vt, vi* (*essen*) bouffer

füttern [ˈfʏtərn] *vt* donner à manger à; (*Kleidung*) doubler; „**~ verboten**", „**bitte nicht ~**" "prière de ne rien donner aux animaux"

Futterneid *m* (*fig*) jalousie *f*

Fütterung *f*: **die nächste ~ der Raubtiere findet um 17 Uhr statt** le prochain repas des fauves et à 17 heures

Futur (**-s, -e**) *nt* futur *m*

Gg

G, g [ge:] *nt* (*Buchstabe*) G, g *m*; **G wie Gustav** ≈ G comme Gaston

g *abk* (= *Gramm*) g; (*Österr*) = **Groschen**

gab *etc* [ga:p] *vb siehe* **geben**

Gabardine ['gabardi:n] (**-s, -**) *m* gabardine *f*

Gabe ['ga:bə] *f* don *m*

Gabel ['ga:bəl] (**-, -n**) *f* (*Essgabel*) fourchette *f*; (*Mistgabel, Heugabel, Astgabel*) fourche *f*; (*Telefongabel*) support *m* (du combiné); **~frühstück** *nt* ≈ lunch *m*

gabeln *vr* bifurquer

Gabelstapler (**-s, -**) *m* chariot *m* élévateur

Gabelung *f* (*von Straße*) bifurcation *f*

Gabentisch ['ga:bəntɪʃ] *m* table où sont empilés des cadeaux

Gabun [ga'bu:n] *nt* le Gabon *m*

gackern ['gakərn] *vi* (*Huhn*) caqueter; (*Mädchen*) jacasser

gaffen ['gafən] *vi* regarder bouche bée

Gag [gɛk] (**-s, -s**) *m* gag *m*; (*Werbegag*) truc *m od* astuce *f* publicitaire

Gage ['ga:ʒə] *f* cachet *m*

gähnen ['gɛ:nən] *vi* bâiller; **~de Leere** gouffre *m* béant

GAL (**-**) *f abk* (= *Grün-Alternative Liste*) groupement de partis écologistes et d'autres petits partis d'opposition

Gala ['gala] *f* gala *m*

galant [ga'lant] *adj* galant(e)

Galapagosinseln [ga'la(:)pagoslɪnzəln] *pl*: **die ~** les (îles *fpl*) Galapagos *fpl*

Galavorstellung *f* représentation *f* de gala

Galerie [galə'ri:] *f* galerie *f*

Galgen ['galgən] (**-s, -**) *m* (*zur Todesstrafe*) potence *f*; (*Ständer*) girafe *f*; **~frist** *f* (*fig*) répit *m*; **~humor** *m* humour *m* noir; **~strick** *m*, **~vogel** (*umg*) *m* gibier *m* de potence

Galionsfigur [gali'o:nsfigu:r] *f* figure *f* de proue

gälisch ['gɛ:lɪʃ] *adj* gaélique

Galle ['galə] *f* (*Organ*) vésicule *f* biliaire; **mir kommt die ~ hoch** ça m'échauffe la bile

Gallenstein *m* calcul *m* biliaire

Galopp [ga'lɔp] (**-s, -s** *od* **-e**) *m* galop *m*; **im ~** au galop

galoppieren [galɔ'pi:rən] *vi* galoper

galt *etc* [galt] *vb siehe* **gelten**

galvanisieren [galvani'zi:rən] *vt* galvaniser

Gamasche [ga'maʃə] *f* guêtre *f*

Gambia ['gambia] *nt* la Gambie

Gammastrahlen ['gamaʃtra:lən] *pl* rayons *mpl* gamma

gamm(e)lig ['gam(ə)lɪç] (*umg*) *adj* (*Essen*) pourri(e); (*Kleidung*) débraillé(e)

gammeln ['gaməln] (*umg*) *vi* (*Mensch*) glander

Gammler, in ['gamlər(ɪn)] (**-s, -**) (*pej*) *m(f)* marginal(e) *m/f*

Gämse ['gɛmzə] (**-, -n**) *f* chamois *m*

Gang [gaŋ] (**-(e)s, ¨e**) *m* (*Gangart*) démarche *f*; (: *von Pferd*) allure *f*; (*Besorgung, Botengang*) course *f*; (*Ablauf, Verlauf*) cours *m*; (*Essensgang*) plat *m*; (*in Haus, Zug*) couloir *m*; (*in Kirche*) allée *f* centrale; (*Bergb*) galerie *f*; (*Aut*) vitesse *f*; **seinen ~ beschleunigen** presser le pas; **seinen ~ verlangsamen** ralentir; **einen ~ machen** *od* **tun** faire une course; **jdm einen ~ abnehmen** faire une course pour qn; **einen ~ zur Bank machen** faire un saut à la banque; **den ~ nach Canossa antreten** faire amende honorable; **seinen gewohnten ~ gehen** suivre son cours; **einen leisen ~ haben** (*Maschine*) être silencieux(-euse); **in ~ bringen** (*Motor, Maschine*) mettre en marche; (*Sache, Vorgang*) lancer; **in ~ kommen** (*Motor, Maschine*) démarrer, se mettre en marche; (*Sache, Vorgang*) s'amorcer; **in ~ sein** (*Motor, Maschine*) tourner; (*Sache*) être en cours; **sich in ~ setzen** démarrer; **den ersten ~ einlegen** passer en première

gang *adj*: **~ und gäbe sein** être courant

Gangart *f* allure *f*; **eine härtere ~ einschlagen** (*fig*) prendre des mesures (plus sévères)

gangbar *adj* (*Weg*) praticable; (*Methode*) habituel(le)

Gängelband ['gɛŋəlbant] *nt* (*fig*): **am ~ gehen** être tenu(e) en laisse; **jdn am ~ haben** tenir qn en laisse

gängeln *vt* tenir en laisse

Ganges ['gaŋgɛs] *m* Gange *m*

gängig ['gɛŋɪç] *adj* courant(e); (*Methode, Meinung*) répandu(e)

Gangschaltung *f* (*an Fahrrad*) dérailleur *m*; (*Auto*) boîte *f* de vitesses

Gangster ['gɛŋstər] (**-s, -**) *m* gangster *m*

Gangway ['gæŋweɪ] (**-, -s**) *f* passerelle *f*

Ganove [ga'noːvə] **(-n, -n)** (umg) m truand m
Gans [gans] **(-s, ⸚e)** f oie f; **dumme ~** (umg) sotte f
Gänse-: **~blümchen** nt pâquerette f; **~braten** m
oie f rôtie; **~füßchen** (umg) pl guillemets mpl;
~haut f: **eine ~haut haben** od **bekommen** avoir
la chair de poule; **~marsch** m: **im ~marsch** à la
queue leu leu
Gänserich (-s, -e) m jars m
ganz [gants] adj (gesamt): **der/die ~e ...** tout(e)
le(la) ...; (vollständig, auch Zahl) entier(-ière); (nicht
kaputt) intact(e) ▷ adv (ziemlich) assez; (völlig:
aufessen) jusqu'à la dernière miette; (: unglücklich)
très; (: still) absolument; (: vergessen)
complètement; **sein ~es Geld** tout son argent;
die ~e Stadt/Wahrheit toute la ville/vérité; **die
~e Zeit** tout le temps; **eine ~e Menge** beaucoup
(de); **eine ~e Note** (Mus) une ronde; **im (Großen
und)** G**~en** dans l'ensemble; **etw wieder ~
machen** (umg) réparer qch; **~e fünf Wochen** (so
lange) pendant cinq (longues) semaines; (nur)
cinq semaines en tout et pour tout; **~ gewiss!**
bien sûr!; **ein ~ klein wenig** un tout petit peu;
sie ist ~ die Mutter elle est tout le portrait de sa
mère; **es sieht ~ so aus** ça en a tout l'air; **~ und
gar** tout à fait, complètement; **~ und gar nicht**
absolument pas, pas du tout
Ganze, s nt: **es geht ums ~** l'enjeu est
considérable; **aufs ~ gehen** jouer son va-tout
Ganzheitsmethode ['gantshaɪtsmetoːdə] f (Sch)
lecture f globale
gänzlich ['gɛntslɪç] adv complètement
ganz-: **~tägig** ['gantstɛːgɪç] adj (qui dure) toute la
journée ▷ adv toute la journée; (arbeiten) à plein
temps; **~tags** adv (arbeiten) à plein temps;
G**~tagsschule** f école où les enfants vont le matin et
l'après-midi
Ganztagsstelle f poste m od emploi m à plein
temps
gar [gaːr] adj (durchgekocht) cuit(e) ▷ adv: **~ nicht/
nichts** pas/rien du tout; **~ keiner** personne; **
~ nicht schlecht** pas mal du tout; **~ kein Grund**
aucune raison; **er wäre ~ zu gern noch länger
geblieben** il aurait bien aimé rester, il serait
bien resté; **oder ~** ou même
Garage [ga'raːʒə] f garage m
Garantie [garan'tiː] f garantie f; **das fällt noch
unter die ~** c'est couvert par la garantie
garantieren vt garantir ▷ vi: **für etw ~** garantir
qch
garantiert adv garanti; (umg) à coup sûr;
~ lösungsmittelfrei garanti sans solvant; **er
kommt ~** il viendra sûrement
Garantieschein m bon m od certificat m de
garantie
Garaus ['gaːrlaus] (umg) m: **jdm den ~ machen**
liquider qn
Garbe ['garbə] f gerbe f
Gardasee ['gardaseː] m lac m de Garde
Garde ['gardə] f garde f; **die alte ~** la vieille garde
Garderobe [garde'roːbə] f (Kleidung) garde-robe f;
(Ablage) portemanteau m; (Theat: Umkleideraum)
loge f; (: für die Besucher) vestiaire m

Garderobenfrau f dame f du vestiaire
Garderobenständer m portemanteau m
Gardine [gar'diːnə] f rideau m
Gardinenpredigt (umg) f: **jdm eine ~ halten**
sermonner qn
Gardinenstange f tringle f (à rideaux)
garen ['gaːrən] vt (faire) cuire ▷ vi cuire
gären ['gɛːrən] unreg vi (Wein) fermenter; **es gärt
im Volk** le peuple est en effervescence, la révolte
gronde
Garn [garn] **(-(e)s, -e)** nt fil m; **jdm ins ~ gehen**
être pris(e) au piège par qn
Garnele [gar'neːlə] f crevette f
garni [gar'niː] adj siehe **Hotel garni**
garnieren [gar'niːrən] vt garnir
Garnierung f garniture f
Garnison [garni'zoːn] **(-, -en)** f garnison f
Garnitur [garni'tuːr] **(-, -en)** f (Satz) ensemble m;
zur zweiten ~ gehören être de deuxième ordre
garstig ['garstɪç] adj épouvantable
Garten ['gartən] **(-s, ⸚)** m jardin m; **botanischer ~**
jardin botanique; **~arbeit** f jardinage m; **~bau** m
horticulture f; **~bauausstellung** f exposition f
horticole; **~fest** nt garden-party f; **~gerät** nt
outil m de jardinage; **~haus** nt pavillon m;
~kresse f cresson m; **~laube** f (Gartenhäuschen)
tonnelle f; **~lokal** nt restaurant m avec jardin;
~schere f sécateur m; **~tür** f porte f du od de
jardin; **~zaun** m clôture f; **~zwerg** m nain m (de
jardin); (pej: umg) avorton m
Gärtner m, **in** ['gɛrtnər(ɪn)] **(-s, -)** m(f)
jardinier(-ière) m/f
Gärtnerei [gɛrtnə'raɪ] f établissement m
horticole
gärtnern vi jardiner
Gärung ['gɛːrʊŋ] f fermentation f
Gas [gaːs] **(-es, -e)** nt gaz m inv; **~ geben** (Aut)
mettre les gaz, accélérer
Gascogne [gas'kɔnjə] f Gascogne f
Gas-: **~flasche** f bonbonne f de gaz; g**~förmig** adj
gazeux(-euse); **~hahn** m robinet m du gaz; **~herd**
m cuisinière f à gaz; **~kocher** m réchaud m à gaz;
~leitung f conduite f de gaz; **~maske** f masque
m à gaz; **~pedal** nt accélérateur m; **~pistole** f
pistolet m à gaz
Gasse ['gasə] f ruelle f
Gassenhauer (-s, -) (umg) m (veraltet) rengaine f
Gassenjunge m voyou m
Gast [gast] **(-es, ⸚e)** m (in Familie) invité(e) m/f, hôte
m/f; (in Lokal) client(e) m/f, hôte; (in Land)
visiteur(-euse) m/f; (bei Veranstaltung) artiste m/f
en vedette américaine; **bei jdm zu ~ sein** être
l'hôte de qn; **Gäste haben** avoir des invités;
~arbeiter m in m(f) travailleur(-euse) m/f
immigré(e)
Gäste-: **~bett** nt lit m d'ami; **~buch** nt livre m
d'or; **~zimmer** nt chambre f d'ami(s)
gast-: **~freundlich, gastfrei** adj (Mensch)
hospitalier(-ière), accueillant(e);
G**~freundlichkeit** f, G**~freundschaft** f
hospitalité f; G**~geber, in (-s, -)** m(f)
hôte(hôtesse) m/f; G**~haus** nt, G**~hof** m

auberge f; **G~hörer, in** m(f) auditeur(-trice) m/f libre

gastieren [gas'ti:rən] vi donner une représentation od des représentations en vedette américaine

Gast-: ~land nt pays m d'accueil; **g~lich** adj hospitalier(-ière), accueillant(e); **~rolle** f: **eine ~rolle spielen** (Theat) passer en vedette américaine

Gastronomie [gastrono'mi:] f (förmlich: Gaststättengewerbe) hôtellerie f

gastronomisch [gastro'no:mıʃ] adj gastronomique

Gast-: ~spiel nt (Theat) représentation f (au cours d'une tournée); (Sport) match m à l'extérieur; **ein ~spiel geben** (Theat) donner une représentation exceptionnelle; (fig) ne faire que passer; **~stätte** f auberge f; **~stube** f (Raum) salle f; **~wirt** m patron m; **~wirtschaft** f auberge f; **~zimmer** nt (in Pension) chambre f; (in Wohnung) chambre f d'ami

Gas-: ~vergiftung f intoxication f par le gaz; **~versorgung** f alimentation f en gaz; **~werk** nt usine f à gaz; **~zähler** m compteur m à gaz

Gatte ['gatə] **(-n, -n)** m (förmlich) époux m; **die ~n** les époux mpl

Gatter ['gatər] **(-s, -)** nt (Zaun) barrière f, clôture f; (Tür) portail m; (Elek) porte f

Gattin f épouse f

Gattung ['gatʊŋ] f (bei Tieren, Pflanzen) espèce f; (Art, Literaturgattung) genre m

GAU [gaʊ] abk (= größter anzunehmender Unfall) problème le plus grave pour lequel des mesures de sécurité ont été prises (lors de la construction d'une centrale nucléaire)

Gaudi ['gaʊdi] (umg: Südd, Österr) nt od f amusement m, plaisir m

Gaukler ['gaʊklər] **(-s, -)** m saltimbanque m

Gaul [gaʊl] **(-(e)s, Gäule)** (pej) m canasson m, cheval m

Gaumen ['gaʊmən] **(-s, -)** m palais m

Gauner ['gaʊnər] **(-s, -)** m escroc m, filou m

Gaunerei [gaʊnə'raɪ] f escroquerie f

Gaunersprache f argot m (du milieu)

Gaze ['ga:zə] f gaze f

Gazelle [ga'tsɛlə] f gazelle f

geachtet [gə'laxtət] adj (Name) respecté(e)

Geäst [gəl'ɛst] nt ramure f, branches fpl

geb. abk = **geboren**

Gebäck [gə'bɛk] **(-(e)s, -e)** nt pâtisserie f, (petits) gâteaux mpl

gebacken [gə'bakən] pp von **backen** ▷ adj (gebraten) frit(e)

Gebälk [gə'bɛlk] **(-(e)s)** nt charpente f

gebannt [gə'bant] adj fasciné(e)

gebar etc [gə'ba:r] vb siehe **gebären**

Gebärde [gə'bɛ:rdə] f geste m

gebärden vr se conduire, se comporter

gebären [gə'bɛ:rən] unreg vt mettre au monde

Gebärmutter f utérus m

Gebäude [gə'bɔʏdə] **(-s, -)** nt bâtiment m; **~komplex** m ensemble m od complexe m

immobilier; **~reinigung** f (das Reinigen) nettoyage m; (Firma) entreprise f de nettoyage

Gebein [gə'baɪn] **(-(e)s, -e)** nt os mpl

Gebell [gə'bɛl] **(-(e)s)** nt aboiement m

geben ['ge:bən] unreg vt donner; (Interview, Frist, Ehre) accorder; (schicken: tun) mettre; (in Obhut, zur Aufbewahrung) confier; (ergeben) produire; (Schatten) faire; (Party, Essen) donner, organiser ▷ vi donner ▷ vi unpers: **es gibt** il y a ▷ vr (sich verhalten) se comporter, se conduire; (aufhören) cesser; **sie gibt gerne** elle est très généreuse; **jdm etw ~** donner qch à qn; **jdm etw zu essen ~** donner qch à manger à qn; **in die Post ~** mettre à la poste, poster; **dem werde ich es ~** (umg) il va voir ce qu'il va voir; **das gibt keinen Sinn** ça n'a pas de od aucun sens; **darauf kann man nichts ~** on ne peut pas tabler là-dessus; **er gibt Englisch** il enseigne l'anglais; **er wird einmal einen guten Vater ~** il fera un excellent père; **etw verloren ~** faire une croix sur qch; **viel/nicht viel auf etw** Akk **~** tenir/ne pas tenir beaucoup à qch; **5 plus 3 gibt 8** (Math) 5 plus 3 font od égalent 8; **er gäbe alles darum, sie noch einmal wiederzusehen** il donnerait tout pour la revoir; **das Auto in die Reparatur** od **in die Werkstatt ~** donner la voiture à réparer; **etw von sich ~** (Laute etc) émettre qch; **ein gutes Beispiel ~** donner l'exemple; **~ Sie mir Herrn Braun** (Tel) passez-moi Monsieur Braun; **das wird Ärger ~** ça ne se passera pas comme ça; **gleich gibts was** (umg) ça va barder; **was gibts?** qu'est-ce qu'il y a?; **was gibt es im Kino?** qu'est-ce qu'on joue au cinéma?; **was gibt es zu Mittag?** qu'y a-t-il pour le déjeuner od à manger ce midi?; **es wird Frost ~** il va geler; **es wird einen heißen Sommer ~** l'été sera chaud; **das gibt es nicht!** c'est impossible!; **das gibts doch nicht!** c'est pas vrai!; **sich geschlagen ~** s'avouer battu(e); **das wird sich ~** cela va s'arranger

Gebet [gə'be:t] **(-(e)s, -e)** nt prière f; **jdn ins ~ nehmen** exhorter qn

gebeten [gə'be:tən] pp von **bitten**

gebeugt [gə'bɔʏkt] adj (Haltung) courbé(e); (Kopf) penché(e); (Schultern) tombant(e)

gebiert etc [gə'bi:rt] vb siehe **gebären**

Gebiet [gə'bi:t] **(-(e)s, -e)** nt région f; (Hoheitsgebiet) territoire m; (Fachgebiet) domaine m; **auf diesem ~** dans ce domaine

gebieten unreg vt (befehlen) ordonner; (subj: Lage etc) exiger

Gebieter, in (-s, -) m(f) maître(-esse) m/f

gebieterisch adj impérieux(-euse), autoritaire

Gebietshoheit f souveraineté f territoriale

Gebilde [gə'bıldə] **(-s, -)** nt formation f, structure f

gebildet adj cultivé(e)

Gebimmel [gə'bıməl] **(-s)** nt tintement m

Gebirge [gə'bırgə] **(-s, -)** nt montagne f; **im ~** à la montagne

gebirgig adj montagneux(-euse)

Gebirgs-: ~bahn f train m de montagne; **~massiv** nt massif m montagneux; **~zug** m **(-(e)s, ̈-e)** m chaîne f de montagnes

Gebiss [gə'bɪs] **(-es, -e)** nt (von Mensch, Tier) dentition f, denture f; (künstlich) appareil m dentaire, dentier m

gebissen pp von **beißen**

Gebläse [gə'blɛ:zə] **(-s, -)** nt (Aut) compresseur m

geblasen [gə'bla:zən] pp von **blasen**

geblichen [gə'blɪçən] pp von **bleichen**

geblieben [gə'bli:bən] pp von **bleiben**

geblümt [gə'bly:mt] adj fleuri(e)

Geblüt [gə'bly:t] **(-(e)s)** nt: von edlem ~ de sang noble

gebogen [gə'bo:gən] pp von **biegen**

geboren [gə'bo:rən] pp von **gebären** ▷ adj né(e); **wann sind Sie ~?** quelle est votre date de naissance?; **wo sind Sie ~?** où êtes-vous né(e)?; **Anna Müller, ~e Schulz** Anna Müller, née Schulz; **er ist der ~e Musiker** c'est un musicien-né

geborgen [gə'bɔrgən] pp von **bergen** ▷ adj en sécurité; **sich (bei jdm) ~ fühlen** se sentir en sécurité (auprès de qn)

geborsten [gə'bɔrstən] pp von **bersten**

Gebot (-(e)s, -e) nt (Rel) commandement m; (im Verkehr) règle f; (bei Auktion) enchère f; **das ~ der Stunde sein** être nécessaire dans les circonstances actuelles

gebot etc [gə'bo:t] vb siehe **gebieten**

geboten [gə'bo:tən] pp von **bieten**; **gebieten** ▷ adj (ratsam) indiqué(e); (notwendig) nécessaire; (dringend gebieten) vivement conseillé(e), qui s'impose

Gebr. abk (= Gebrüder) frères mpl

gebracht [gə'braxt] pp von **bringen**

gebrannt [gə'brant] pp von **brennen** ▷ adj: **ein ~es Kind scheut das Feuer** (Sprichwort) chat échaudé craint l'eau froide

gebraten [gə'bra:tən] pp von **braten**

Gebräu [gə'brɔy] **(-(e)s, -e)** nt breuvage m, mixture f

Gebrauch [gə'braux] **(-(e)s, Gebräuche)** m (kein pl: Benutzung) utilisation f, usage m; (gew pl: Sitte) coutume f; ~ **machen von** se servir de, employer; **zum äußerlichen ~** à usage externe

gebrauchen vt employer, utiliser; **etw gut ~ können** avoir grand besoin de qch; **er ist zu nichts zu ~** il n'est bon à rien; **das ist zu nichts zu ~** c'est inutilisable

gebräuchlich [gə'brɔyçlɪç] adj courant(e)

Gebrauchs-: ~anweisung f mode m d'emploi; **~artikel** m article m utilitaire; **g~fertig** adj prêt(e) à l'emploi; **~gegenstand** m objet m d'usage courant; **~grafik** f graphisme m

gebraucht [gə'brauxt] adj usagé(e), d'occasion; **G~wagen** m voiture f d'occasion

Gebrechen [gə'brɛçən] **(-s, -)** nt infirmité f

gebrechlich [gə'brɛçlɪç] adj (Mensch) infirme, invalide; **G~keit** f infirmité f, invalidité f

gebrochen [gə'brɔxən] pp von **brechen** ▷ adj (Bein) cassé(e); (Zahl) fractionnaire

Gebrüder [gə'bry:dər] pl frères mpl

Gebrüll [gə'brʏl] **(-(e)s)** nt (von Mensch) hurlements mpl; (von Löwe) rugissement m

gebückt [gə'bʏkt] adj: **eine ~e Haltung haben** avoir le dos voûté

Gebühr [gə'by:r] **(-, -en)** f (Post) tarif m; (Telefongebühr) redevance f; (Grundgebühr) taxe f de base; (Honorar) honoraires mpl; **zu ermäßigter ~** à tarif réduit; **~ (be)zahlt Empfänger** ≈ port dû; **nach ~** (fig) comme il convient; **über ~** (fig) exagérément, outre mesure

gebühren vi: **jdm ~** être dû(due) à qn, revenir de droit à qn ▷ vr: **das gebührt sich nicht** ça ne se fait pas; **wie es sich gebührt** comme il faut

gebührend adj (verdient) dû(due), mérité(e); (angemessen) adéquat(e)

Gebühren-: ~einheit f (Tel) unité f (Télécom); **~erlass** m exonération f od exemption f des taxes; **~ermäßigung** f (für Rentner) réduction f (accordée sur les tarifs); **g~frei** adj franco de port, en franchise; **g~pflichtig** adj soumis(e) à la taxe, payant(e); **g~pflichtige Verwarnung** (Jur) amende f

gebunden [gə'bʊndən] pp von **binden** ▷ adj: **vertraglich ~ sein** être lié(e) par contrat

Geburt [gə'bu:rt] **(-, -en)** f naissance f; **von ~ Deutscher** allemand de naissance; **das war eine schwere ~!** (fig: umg) ce fut pénible!; **vor/ nach Christi ~** avant/après Jésus-Christ

Geburten-: ~beschränkung f limitation f des naissances; **~kontrolle** f contrôle m des naissances; **~regelung** f planning m familial; **~rückgang** m baisse f de la natalité; **g~schwach** adj (Jahrgang) à faible natalité; **~ziffer** f taux m de natalité

gebürtig [gə'bʏrtɪç] adj originaire; **sie ist ~e Schweizerin** elle est d'origine suisse

Geburts-: ~anzeige f faire-part m inv de naissance; **~datum** nt date f de naissance; **~fehler** m malformation f congénitale; **~haus** nt maison f natale; **~helfer, in** m(f) accoucheur m, sage-femme f; (Arzt) médecin m accoucheur, obstétricien(ne) m/f; **~hilfe** f (als Fach) obstétrique f; **~jahr** nt année f de naissance; **~ort** m lieu m de naissance; **~schein** m acte m de naissance; **~tag** m anniversaire m; (auf Formularen) date f de naissance; **heute habe ich ~tag** c'est mon anniversaire (aujourd'hui); **herzlichen Glückwunsch zum ~tag!** bon anniversaire!; **~urkunde** f acte m de naissance

Gebüsch [gə'bʏʃ] **(-(e)s, -e)** nt buissons mpl, broussailles fpl

gedacht [gə'daxt] pp von **denken**; **gedenken**

gedachte etc vb siehe **gedenken**

Gedächtnis [gə'dɛçtnɪs] nt (Erinnerungsvermögen) mémoire f; (Andenken) souvenir m; **aus dem ~** de mémoire; **zum ~ an** à la mémoire de; **wenn mich mein ~ nicht trügt** si j'ai bonne mémoire; **~feier** f commémoration f; **~hilfe** f moyen m mnémotechnique; **~schwund** m pertes fpl de mémoire; **~verlust** m amnésie f

gedämpft [gə'dɛmpft] adj (Geräusch) amorti(e); (Stimmung) feutré(e); (Freude) tempéré(e); (Licht) tamisé(e); (Farben) sourd(e)

Gedanke [gə'daŋkə] **(-ns, -n)** m idée f; (Denken)

pensée f; **sich über etw** Akk **~n machen** se faire du souci pour qch, s'inquiéter de qch; **auf einen ~n kommen** avoir une idée; **jdn auf andere ~n bringen** changer les idées à qn; **etw ganz in ~n tun** faire qch machinalement; **auf dumme ~n kommen** (umg) faire des bêtises; **in ~n** en pensée

Gedanken-: **~austausch** m échange m d'idées od de vues; **~freiheit** f liberté f de pensée; **g~los** adj distrait(e) ▷ adv sans réfléchir; **~losigkeit** f étourderie f; **~sprung** m coq-à-l'âne m inv; **~strich** m tiret m; **~übertragung** f transmission f de pensée, télépathie f; **g~verloren** adj perdu(e) dans ses pensées, absent(e); **g~voll** adj pensif(-ive)

Gedärm [gə'dɛrm] (-(e)s, -e) nt boyaux mpl, intestins mpl

Gedeck [gə'dɛk] (-(e)s, -e) nt (Teller und Besteck) couvert m; (Menü) menu m (à prix fixe); **ein ~ auflegen** mettre un couvert

gedeckt adj (Farbe) sourd(e)

Gedeih m: **auf ~ und Verderb** pour le meilleur et pour le pire

gedeihen [gə'daiən] unreg vi (Pflanze) bien pousser; (Mensch, Tier) grandir, bien se développer; (Werk etc) (bien) avancer; **die Sache ist so weit gediehen, dass …** cela a pris de telles proportions que …

gedenken [gə'dɛŋkən] unreg vi+Gen (geh: denken an) penser à; **~, etw zu tun** compter faire qch, avoir l'intention de faire qch; **G~** nt: **zum G~ an jdn** à la mémoire de qn, en souvenir de qn

Gedenk-: **~feier** f commémoration f; **~minute** f minute f de silence; **~stätte** f monument m (commémoratif); **~tafel** f plaque f commémorative; **~tag** m anniversaire m

Gedicht [gə'dɪçt] (-(e)s, -e) nt poème m, poésie f; **das ist ein ~** (fig) quelle merveille!

gediegen [gə'di:gən] adj (Schulwerk, Verarbeitung, Kenntnisse) solide; (Metall) pur(e); (Charakter) sérieux(-euse); (rechtschaffen) honnête; **G~heit** f (siehe adj) solidité f; pureté f; sérieux m; honnêteté f

gedieh etc [gə'di:] vb siehe **gedeihen**

gediehen pp von **gedeihen**

gedr. abk (= gedruckt) imprimé(e)

Gedränge [gə'drɛŋə] (-s) nt (das Drängeln) bousculade f; (Menschen, Menge) foule f, cohue f; **ins ~ kommen** (fig) se retrouver od être dans le pétrin

gedrängt adj (Übersicht) concis(e); **~ voll** bondé(e)

gedroschen [gə'drɔʃən] pp von **dreschen**

gedruckt [gə'drʊkt] (umg) adj: **lügen wie ~** mentir comme on respire

gedrückt [gə'drʏkt] adj (Stimmung, Miene) déprimé(e)

gedrungen [gə'drʊŋən] pp von **dringen** ▷ adj (Mensch, Körperbau) trapu(e)

Geduld [gə'dʊlt] f patience f; **~ haben** avoir de la patience, être patient(e); **die ~ verlieren** perdre patience, s'impatienter; **mir reißt** od **ich verliere die ~** je suis à bout de patience

gedulden [gə'dʊldən] vr patienter

geduldig adj patient(e)

Geduldsprobe f: **das stellte ihn auf eine harte ~** cela a mis sa patience à rude épreuve

Geduldsspiel nt jeu m de patience

gedungen [gə'dʊŋən] (pej) adj (geh: Mörder) à gages

gedunsen [gə'dʊnzən] adj bouffi(e)

gedurft [gə'dʊrft] pp von **dürfen**

geehrt [gə'le:rt] adj honoré(e); **Sehr ~er Herr Schmidt!** Monsieur; **Sehr ~e Damen und Herren!** (in Rede) Mesdames et Messieurs; (in Briefen) Monsieur/Madame, Messieurs

geeignet [gə'laɪgnət] adj (Mittel, Methode) adapté(e), approprié(e); (Wort) juste; **für etw/jdn ~ sein** être bon (bonne) pour qch/qn; **im ~en Augenblick** au bon moment

Gefahr [gə'faːr] (-, -en) f danger m; **in ~** en danger; **~ laufen, etw zu tun** risquer de faire qch; **auf die ~ hin, dass ihr mich auslacht …** vous risquez de vous moquer de moi, mais …; **auf die ~ hin, etw zu tun** au risque de faire qch; **auf eigene ~** à ses risques et périls; **außer ~** (nicht gefährdet) pas en danger; (nicht mehr gefährdet) hors de danger

gefährden [gə'fɛːrdən] vt (Mensch) mettre en danger; (Land) menacer; (Plan, Fortschritt etc) compromettre

Gefährdung f menace f

gefahren [gə'faːrən] pp von **fahren**

Gefahren-: **~quelle** f facteur m de risque; **~stelle** f endroit m dangereux; **~zulage** f prime f de risque

gefährlich [gə'fɛːrlɪç] adj dangereux(-euse); (Krankheit) grave

Gefährte, -in [gə'fɛːrtə] (-n, -n) m(f) compagnon (compagne) m/f

Gefälle [gə'fɛlə] (-s, -) nt (Neigungsgrad) inclinaison f, pente f; (von Strom) dénivellation f, chute f; (soziales Gefälle) disparités fpl; **starkes ~!** descente dangereuse!

Gefallen¹ [gə'falən] (-s, -) m (Gefälligkeit) service m; **jdm einen ~ tun** rendre service à qn; **jdm etw zu ~ tun** faire qch pour faire plaisir à qn

Gefallen² [gə'falən] (-s) nt plaisir m; **an etw** Dat **~ finden** trouver od prendre plaisir à qch; **an jdm ~ finden** se prendre d'affection pour qn

gefallen unreg pp von **gefallen; fallen** ▷ vi: **jdm ~** plaire à qn; **er/es gefällt mir** il/ça me plaît; **die Sache gefällt mir nicht** ça me paraît suspect; **sich** Dat **etw ~ lassen** endurer qch

Gefallene, r m soldat m mort à la guerre

gefällig [gə'fɛlɪç] adj (hilfsbereit) serviable; (ansprechend) agréable, plaisant(e); **sonst noch etwas ~?** (veraltet, ironisch) ce sera tout?; **zur ~en Beachtung** (förmlich) veuillez noter; **G~keit** f (Hilfsbereitschaft) obligeance f; **etw aus G~keit tun** faire qch pour rendre service

gefälligst adv: **warten Sie ~, bis Sie an der Reihe sind** attendez votre tour, s'il vous plaît; **sei ~ still!** veux-tu te taire?

gefallsüchtig adj avide de plaire

gefällt [gə'fɛlt] vb siehe **gefallen**

gefangen [gə'faŋən] pp von **fangen** ▷ adj (im Krieg)

prisonnier(-ière); ~ **halten** détenir; ~ **nehmen**
faire prisonnier(-ière)
Gefangene, r f(m) (Verbrecher) détenu(e) m/f;
(Kriegsgefangene) prisonnier(-ière) m/f (de guerre)
Gefangenenlager nt camp m de prisonniers
Gefangen-: ~nahme f capture f; **~schaft** f (Haft)
détention f; (Kriegsgefangenschaft) captivité f
Gefängnis [gə'fɛŋnɪs] (-ses, -se) nt (Gebäude)
prison f; **auf Meineid steht** ~ le parjure est
passible de prison; **~strafe** f peine f de prison;
~wärter m gardien m de prison; **~zelle** f cellule f
(de prison)
gefärbt [gə'fɛrpt] adj (Lebensmittel) contenant des
colorants; (Haare) teint(e); (Bericht)
tendancieux(-euse)
Gefasel [gə'fa:zəl] (-s) nt radotage m
Gefäß [gə'fɛ:s] (-es, -e) nt récipient m; (Blutgefäß)
vaisseau m (sanguin)
gefasst [gə'fast] adj (beherrscht) calme; **auf etw**
Akk ~ **sein** s'attendre à qch; **er kann sich auf**
etw Akk ~ **machen** (umg) il va voir ce qu'il va voir
Gefecht [gə'fɛçt] (-(e)s, -e) nt combat m; **jdn/etw**
außer ~ **setzen** mettre qn/qch hors de combat;
(fig) mettre qn/qch hors d'état de nuire,
neutraliser qn/qch
gefedert [gə'fe:dərt] adj (Matratze) à ressorts;
gut/schlecht ~ (Auto) qui a une bonne/mauvaise
suspension
gefeiert [gə'faɪərt] adj célèbre
gefeit [gə'faɪt] adj: **gegen etw** ~ **sein** être à l'abri
de qch
gefestigt [gə'fɛstɪçt] adj (Charakter) affirmé(e)
Gefieder [gə'fi:dər] (-s, -e) nt plumage m
gefiedert adj à plumes
gefiel etc [gə'fi:l] vb siehe **gefallen**
Geflecht [gə'flɛçt] (-(e)s, -e) nt entrelacement m,
entrelacs m
gefleckt [gə'flɛkt] adj tacheté(e), moucheté(e)
Geflimmer [gə'flɪmər] (-s) nt papillotement m
geflissentlich [gə'flɪsəntlɪç] adv volontairement
geflochten [gə'flɔxtən] pp von **flechten**
geflogen [gə'flo:gən] pp von **fliegen**
geflohen [gə'flo:ən] pp von **fliehen**
geflossen [gə'flɔsən] pp von **fließen**
Geflügel [gə'fly:gəl] (-s) nt volaille f
geflügelt adj: **~e Worte** citations fpl
Geflüster [gə'flʏstər] (-s) nt chuchotement m
gefochten [gə'fɔxtən] pp von **fechten**
Gefolge [gə'fɔlgə] (-s, -) nt suite f
Gefolgschaft [gə'fɔlkʃaft] f (Anhänger) partisans
mpl; (Gefolge) suite f
Gefolgsmann (-(e)s, -leute) m partisan m
gefragt [gə'fra:kt] adj (begehrt) (très) demandé(e)
gefräßig [gə'frɛ:sɪç] adj vorace
Gefreite, r [gə'fraɪtə(r)] m (Mil) caporal m
gefressen [gə'frɛsən] pp von **fressen**
gefrieren [gə'fri:rən] unreg vi geler
Gefrier-: ~fach nt freezer m; **~fleisch** nt viande f
congelée; **g~getrocknet** adj lyophilisé(e); **~gut**
nt surgelés mpl; **~punkt** m point m de
congélation; **~schutzmittel** nt antigel m;
~truhe f congélateur m

gefror etc [gə'fro:r] vb siehe **gefrieren**
gefroren pp von **frieren**; **gefrieren**
Gefüge [gə'fy:gə] (-s, -) nt structure f
gefügig adj (gehorsam) docile; **jdn** ~ **machen** faire
obéir qn, soumettre qn
Gefühl [gə'fy:l] (-(e)s, -e) nt (physisch) sensation f;
(seelisch) sentiment m; (Ahnung) impression f; **ein**
~ **für etw haben** avoir le sens de qch; **etw im** ~
haben savoir qch intuitivement; **das höchste**
der ~e (umg: das Maximum) le maximum; **das**
wäre das höchste der ~e ce serait génial; **g~los**
adj insensible; (Worte) dur(e)
gefühls-: ~betont adj émotif(-ive); **G~duselei**
(umg) f sensiblerie f; **G~leben** nt sensibilité f;
~mäßig adj instinctif(-ive); **G~mensch** m
émotif(-ive) m/f
gefühlvoll adj (empfindsam) (très) sensible;
(ausdrucksvoll) expressif(-ive) ▷ adv (spielen, singen)
avec beaucoup de sentiment; (umgehen) avec tact
gefüllt [gə'fʏlt] adj (Koch) farci(e); (: Pralinen)
fourré(e)
gefunden [gə'fʊndən] pp von **finden** ▷ adj: **das**
war ein ~es Fressen für ihn quelle aubaine
pour lui
gegangen [gə'gaŋən] pp von **gehen**
gegeben [gə'ge:bən] pp von **geben** ▷ adj: **zu ~er**
Zeit en temps voulu od utile; **unter den ~en**
Umständen dans les circonstances actuelles
gegebenenfalls [gə'ge:bənənfals] adv le cas
échéant

 SCHLÜSSELWORT

gegen ['ge:gən] präp+Akk **1** contre; **gegen einen**
Baum fahren rentrer dans od percuter un arbre;
X gegen Y (Sport, Jur) X contre Y; **gegen den**
Wind contre le vent; **nichts gegen jdn haben**
n'avoir rien contre qn; **ein Mittel gegen**
Schnupfen un remède contre od pour le rhume
2 (in Richtung auf) vers; **gegen Osten** vers l'est
3 (ungefähr) vers; **gegen 3 Uhr** vers 3 heures;
gegen Abend vers le soir
4 (gegenüber) envers; **gerecht gegen alle** juste
envers tous
5 (im Austausch für) contre, pour; **einen alten**
Wagen gegen einen neuen austauschen
échanger une vieille voiture contre une neuve;
gegen bar kaufen payer cash
6 (verglichen mit) par rapport à, à côté de

Gegen-: ~angriff m contre-offensive f, contre-
attaque f; **~besuch** m: **jdm einen ~besuch**
machen rendre à qn sa visite; **~beweis** m preuve
f du contraire
Gegend ['ge:gənt] (-, -en) f région f; (Richtung)
direction f
Gegen-: ~darstellung f (Presse) réponse f;
g~einander adv l'un(e) contre l'autre;
~fahrbahn f voie f opposée; **~forderung** f
(Finanz) créance d'un débiteur; **~frage** f autre
question f; **~gewicht** nt contrepoids m; **~gift** nt
antidote m; **~kandidat** m challenger m, rival m;

~klage f (*Jur*) demande f reconventionnelle; **g~läufig** adj (*Entwicklung*) en sens contraire; **~leistung** f contrepartie f, compensation f; **~lichtaufnahme** f photographie f à contre-jour; **~liebe** f: **keine ~liebe finden** ne pas être aimé(e) en retour; (*keine Zustimmung*) ne pas obtenir de réaction favorable; **~maßnahme** f contre-mesure f; **~mittel** nt antidote m; **~partei** f (*andere Seite*) partie f adverse; (*Pol*) parti m adverse; **~probe** f contre-épreuve f
Gegensatz m (*bei Begriff, Wort*) contraire m; (*bei Meinung etc*) contradiction f; **Gegensätze überbrücken** surmonter les différences
gegensätzlich adj opposé(e), contraire; (*widersprüchlich*) contradictoire
Gegen-: **~schlag** m contre-attaque f, riposte f; **~seite** f (*Gegenpartei*) partie f adverse; (*Rückseite*) autre côté m; **g~seitig** adj (*Einverständnis, Abmachung*) commun(e); **sich g~seitig helfen** s'entraider; **in g~seitigem Einverständnis** d'un commun accord; **~seitigkeit** f réciprocité f; **~spieler** m (*Gegner*) rival m, adversaire m; (*Sport*) homologue m; **~sprechanlage** f interphone m; **~stand** m objet m; (*Thema*) sujet m; **g~ständlich** adj (*Kunst*) figuratif(-ive); **g~standslos** adj (*überflüssig*) superflu(e); (*grundlos*) non fondé(e); **~stimme** f (*bei Abstimmung*) voix f contre, non m; **~stoß** m contre-attaque f, riposte f; **~stück** nt (*passendes Stück bei Paar*) pendant m; (*gegensätzliches Stück*) contraire m; **~teil** nt contraire m; **im ~teil!** au contraire!; **ganz im ~teil** bien au contraire; **das ~teil bewirken** avoir l'effet inverse; **ins ~teil umschlagen** changer du tout au tout; **g~teilig** adj contraire, opposé(e); **ich habe nichts ~teiliges gehört** il n'y a pas eu de démenti, que je sache
gegenüber [ge:gən'ly:bər] präp +Dat (*räumlich*) en face de; (*angesichts*) vis-à-vis de; (*im Vergleich zu*) par rapport à ▷ adv (*räumlich*) en face; ~ **steht ein alter Baum** en face, il y a un vieil arbre; **die Schmidts wohnen** ~ les Schmidt habitent (juste) en face; **allen Fragen** ~ **aufgeschlossen** très ouvert(e); **mir** ~ **hat er das nicht geäußert** (à moi,) il ne m'a rien dit de tel; **jdm** ~ **freundlich sein** (*zu jdm*) être aimable envers od avec qn; **du bist ihm** ~ **im Nachteil** tu es désavantagé(e) par rapport à lui; **G~** (-**s**, -) nt (*bei Kampf*) adversaire m; (*Mensch, der gegenüber sitzt*) vis-à-vis m inv; (*bei Diskussion*) interlocuteur(-trice) m/f; **~liegen** unreg vr se faire face; **~stehen** unreg vr s'affronter ▷ vi: **jdm feindlich/mit Misstrauen ~stehen** avoir une attitude hostile/méfiante vis-à-vis de qn; **einer Katastrophe ~stehen** être confronté(e) à une catastrophe; **~stellen** vt (*Menschen*) confronter; (*zum Vergleich*) confronter, comparer; **G~stellung** f (*von Menschen*) confrontation f; (*von Begriffen, Vergleich*) comparaison f; **~treten** unreg vi +Dat: **jdm ~treten** se présenter devant qn, affronter qn
Gegen-: **~veranstaltung** f contre-manifestation f; **~verkehr** m circulation f en sens inverse; **~vorschlag** m contre-proposition f

Gegenwart ['ge:gənvart] f (*Gram*) présent m; (*Anwesenheit*) présence f; **in** ~ **von** en présence de
gegenwärtig adj (*augenblicklich*) actuel(le), présent(e); (*anwesend*) présent(e) ▷ adv actuellement; **das ist mir nicht mehr** ~ cela m'échappe
gegenwartsbezogen adj (*Roman etc*) actuel(le)
Gegen-: **~wert** m équivalent m; **~wind** m vent m contraire; **~wirkung** f réaction f; **g~zeichnen** vt contresigner; **~zug** m riposte f; (*Eisenb*) train m en sens inverse
gegessen [gə'gesən] pp von **essen**
geglichen [gə'glıçən] pp von **gleichen**
gegliedert [gə'gli:dərt] adj articulé(e); (*fig*) structuré(e)
geglitten [gə'glıtən] pp von **gleiten**
geglommen [gə'glɔmən] pp von **glimmen**
geglückt [gə'glYkt] adj réussi(e)
Gegner ['ge:gnər] (-**s**, -) m adversaire m; (*militärisch*) ennemi m; **g~isch** adj adverse; **~schaft** f opposition f
gegolten [gə'gɔltən] pp von **gelten**
gegoren [gə'go:rən] pp von **gären**
gegossen [gə'gɔsən] pp von **gießen**
gegr. abk (= *gegründet*) fondé(e)
gegraben [gə'gra:bən] pp von **graben**
gegriffen [gə'grıfən] pp von **greifen**
gegrillt [gə'grılt] adj grillé(e)
Gehabe [gə'ha:bə] (-**s**) nt manières fpl
gehabt [gə'ha:pt] pp von **haben**
Gehackte, s [gə'haktə(s)] nt viande f hachée
Gehalt¹ [gə'halt] (-(**e**)**s**, -**e**) m (*Inhalt*) contenu m; (*Anteil*) teneur f
Gehalt² [gə'halt] (-**s**, ̈-**er**) nt (*Bezahlung*) salaire m, traitement m
gehalten [gə'haltən] pp von **halten** ▷ adj: ~ **sein, etw zu tun** (*förmlich*) être tenu(e) de faire qch
Gehalts-: **~abrechnung** f bulletin m de paie; **~anspruch** m (*gew pl*) prétentions fpl; **~empfänger** m salarié m; **~erhöhung** f augmentation f (de salaire); **~gruppe** f fourchette f des salaires; **~konto** f compte m courant; **~streifen** m bulletin m de paie; **~wunsch** m prétentions fpl; **~zulage** f (*Gehaltserhöhung*) augmentation f (de salaire); (*Sonderzulage*) prime f
gehaltvoll adj (*nahrhaft*) nourrissant(e); (*Buch*) riche, intéressant(e)
gehandicapt, gehandikapt [gə'hɛndikɛpt] adj handicapé(e)
gehangen [gə'haŋən] pp von **hängen**
geharnischt [gə'harnıʃt] adj (*fig*) énergique
gehässig [gə'hɛsıç] adj malveillant(e); **G~keit** f méchanceté f, malveillance f
gehauen [gə'hauən] pp von **hauen**
gehäuft [gə'hɔyft] adj (*Löffel*) gros(se)
Gehäuse [gə'hɔyzə] (-**s**, -) nt (*von Wecker, Radio*) boîtier m; (*von Apfel etc*) trognon m; (*von Schnecke etc*) coquille f
gehbehindert ['ge:behındərt] adj handicapé(e)
Gehege [gə'he:gə] (-**s**, -) nt (*im Zoo*) enclos m; (*Jagd*) réserve f; **jdm ins** ~ **kommen** (*fig*) marcher sur

les plates-bandes de qn

geheim [gə'haɪm] *adj* secret(-ète); (*Kraft*) occulte; ~ **halten** ne pas révéler; **streng** ~ strictement confidentiel(le); **im G~en** en secret, en cachette; **G~dienst** *m* services *mpl* secrets; **G~fach** *nt* tiroir *m* secret

Geheimnis (**-ses, -se**) *nt* secret *m*; ~**krämer** *m* (petit) cachottier *m*; **g~voll** *adj* mystérieux(-euse)

Geheim-: ~**nummer** *f* (*Tel*) numéro *m* confidentiel *od* inscrit sur liste rouge; ~**polizei** *f* police *f* secrète; ~**rat** *m* conseiller *m* privé; ~**ratsecken** (*umg*) *pl*: **er hat** ~**ratsecken** il est dégarni sur le devant; ~**schrift** *f* code *m*; ~**tipp** *m* tuyau *m* (*umg*); ~**waffe** *f* arme *f* secrète

Geheiß [gə'haɪs] (**-es**) *nt*: **auf jds** ~ sur l'ordre de qn

geheißen [gə'haɪsən] *pp von* **heißen**

gehemmt [gə'hɛmt] *adj* complexé(e)

gehen ['geːən] *unreg* *vi* aller; (*zu Fuß gehen*) marcher; (*funktionieren*) fonctionner, marcher; (*weggehen*) partir, s'en aller; (*abfahren*) partir; (*Teig*) lever; (*hineingehen, passen*) (pouvoir) entrer; (*florieren*) bien marcher; (*abdanken, zurücktreten*) démissionner; (*dauern*) durer ▷ *vt* parcourir ▷ *vi* *unpers*: **wie geht es Ihnen?** comment allez-vous?; ~ **lassen** laisser partir; **laß mich** ~! laisse-moi partir!; (*unbeherrscht sein*) perdre son self-control; (*nachlässig sein*) se laisser aller; **mit einem Mädchen** ~ sortir avec une (jeune) fille; **gut gekleidet** ~ s'habiller avec soin; **das Zimmer geht nach Süden** la chambre donne sur le sud; **die Geschäfte** ~ **gut** les affaires marchent bien; **der Artikel geht gut** cet article marche bien; **in sich** *Akk* ~ faire son examen de conscience; **nach etw** ~ (*urteilen*) en juger par qch; **wie viele Leute** ~ **in deinen Wagen?** il y a de la place pour combien de personnes dans ta voiture?; **das Klavier geht nicht durch die Tür** le piano n'entre pas par la porte; **wie lange geht das schon so?** depuis quand est-ce que ça dure?; **der Rock geht ihr bis zum Knie** la jupe lui arrive aux genoux; **nichts geht über** +*Akk* (il n'y a) rien de tel que; **das geht über meinen Verstand!** ça me dépasse!; **in die Tausende** ~ se chiffrer par milliers; **mir/ihm geht es gut** je vais/il va bien; **geht das?** c'est possible?; **es geht** ça va; **das geht nicht** ce n'est pas possible; **es geht um etw** il s'agit de qch; **darum geht es (mir) nicht** il ne s'agit pas de ça; **morgen geht es nicht** demain, cela ne va pas être possible *od* ça ne va pas

gehetzt [gə'hɛtst] *adj* harcelé(e), stressé(e)

geheuer [gə'hɔʏər] *adj*: **nicht** ~ inquiétant(e), sinistre; (*fragwürdig*) suspect(e)

Geheul [gə'hɔʏl] (**-(e)s**) *nt* hurlements *mpl*

Gehilfe, Gehilfin [gə'hɪlfə] (**-n, -n**) *m(f)* (*in Beruf*) stagiaire *m/f*; (*Helfer*) assistant(e) *m/f*

Gehirn [gə'hɪrn] (**-(e)s, -e**) *nt* cerveau *m*; ~**erschütterung** *f* commotion *f* cérébrale; ~**hautentzündung** *f* méningite *f*; ~**schlag** *m* attaque *f* (d'apoplexie); ~**wäsche** *f* lavage *m* de cerveau

gehoben [gə'hoːbən] *pp von* **heben** ▷ *adj* (*Position*) supérieur(e); (*Stimmung*) joyeux(-euse); ~**er Dienst** échelons supérieurs de la fonction publique; **für** ~**e Ansprüche** de luxe

geholfen [gə'hɔlfən] *pp von* **helfen**

Gehör [gə'høːr] (**-(e)s**) *nt* (*Hörvermögen*) ouïe *f*; **kein musikalisches** ~ **haben** ne pas avoir d'oreille; **absolutes** ~ oreille *f* absolue; ~ **finden** (*förmlich*) être écouté(e); **jdm** ~ **schenken** écouter qn

gehorchen [gə'hɔrçən] *vi* +*Dat* (*folgsam sein*) obéir; **jdm** ~ obéir à qn

gehören [gə'høːrən] *vi* (*als Eigentum*) appartenir; (*passend sein, einen Platz haben*) être à sa place ▷ *vr* *unpers*: **es gehört sich nicht** cela ne se fait pas; **das gehört mir/Gisela** c'est à moi/à Gisela; **das gehört nicht zur Sache** cela n'a aucun rapport; **er gehört ins Bett** il devrait être couché; **zu etw** ~ (*Bestandteil sein*) faire partie de qch; **dazu gehört Mut** cela demande du courage; **dazu gehört (schon) einiges** *od* **etwas** il faut le faire

gehörig *adj* (*gebührend*) convenable, dû(due); (*stark*) gros(se); **zu etw** ~ appartenant à qch, faisant partie de qch; **jdm** ~ appartenant à qn

gehörlos *adj* sourd(e)

gehorsam [gə'hoːrzaːm] *adj* obéissant(e); **G~** (**-s**) *m* obéissance *f*

Gehörschaden *m* troubles *mpl* de l'audition

Gehörsinn *m* ouïe *f*

Gehsteig ['geːʃtaɪk], **Gehweg** *m* trottoir *m*

Geier ['gaɪər] (**-s, -**) *m* vautour *m*; **weiß der** ~! (*umg*) Dieu seul le sait!

geifern ['gaɪfərn] *vi* (*aus Wut*) écumer; (*fig*) être fou (folle) de rage

Geige ['gaɪgə] *f* violon *m*; **die erste** ~ **spielen** être premier violon; (*fig*) avoir le beau rôle; **zweite** ~ **spielen** être deuxième violon; (*fig*) devoir se contenter du second rôle

Geiger, in (**-s, -**) *m(f)* violoniste *m/f*

Geigerzähler *m* compteur *m* Geiger

geil [gaɪl] *adj* lascif(-ive), excité(e); (*umg: gut*) super; **auf jdn/etw** ~ **sein** désirer qn/qch

Geisel ['gaɪzəl] (**-, -n**) *f* otage *m*; ~**nahme** *f* prise *f* d'otage(s)

Geißel ['gaɪsəl] (**-, -n**) *f* fouet *m*; (*fig*) fléau *m*

geißeln *vt* flageller; (*fig*) fustiger

Geist [gaɪst] (**-(e)s, -er**) *m* esprit *m*; **der Heilige** ~ le Saint-Esprit; **von allen guten** ~**ern verlassen sein** (*umg*) être devenu(e) fou (folle); **hier scheiden sich die** ~**er** ici les avis sont partagés; **den** *od* **seinen** ~ **aufgeben** (*umg*) rendre l'âme

Geister-: ~**fahrer** (*umg*) *m* automobiliste *qui a pris l'autoroute à contresens*; **g~haft** *adj* fantomatique; ~**hand** *f*: **wie von** ~ **hand** mû (mue) par une force invisible, comme par miracle

geistes-: ~**abwesend** *adj* distrait(e); **G~blitz** *m* idée *f* géniale; **G~gegenwart** *f* présence *f* d'esprit; ~**gegenwärtig** *adj* qui a de la présence d'esprit ▷ *adv* avec beaucoup de présence d'esprit; ~**gestört** *adj* déséquilibré(e), qui a des problèmes psychologiques; **G~haltung** *f* tournure *f* d'esprit, attitude *f*; ~**krank** *adj*

atteint(e) d'une maladie mentale; **G~kranke, r**
f(m) malade *m/f* mental(e); **G~krankheit** *f*
maladie *f* mentale; **~schwach** *adj* faible d'esprit;
G~störung *f* trouble *m* mental; **G~verfassung** *f*
état *m* d'esprit; **G~wissenschaften** *pl* sciences *fpl*
humaines; **G~zustand** *m* état *m* mental; **jdn auf**
seinen G~zustand untersuchen soumettre qn
à un examen psychiatrique

geistig *adj* (*intellektuell*) intellectuel(le); (*Psych*)
mental(e); (*unkörperlich*) spirituel(le); (*alkoholisch*)
alcoolisé(e); **~ behindert** handicapé(e)
mental(e); **~-seelisch** spirituel(le)

geistlich *adj* spirituel(le); (*religiös*)
religieux(-euse); (: *Stand*) ecclésiastique; (: *Musik*)
sacré(e); **G~e, r** *m* ecclésiastique *m*; **G~keit** *f*
clergé *m*

geist-: **~los** *adj* stupide; **~reich** *adj* spirituel(le),
plein(e) d'esprit; **~tötend** *adj* abrutissant(e);
~voll *adj* qui a une grande vivacité d'esprit, vif
(vive)

Geiz [gaɪts] **(-es)** *m* avarice *f*
geizen *vi:* (**mit etw**) **~** être avare (de qch)
Geizhals *m* avare *m*
geizig *adj* avare
Geizkragen (*umg*) *m* grigou *m*
gekannt [gə'kant] *pp von* **kennen**
Gekicher [gə'kɪçər] **(-s)** *nt* ricanements *mpl*, rires
mpl étouffés
Geklimper [gə'klɪmpər] **(-s)** (*umg*) *nt*
(*Klaviergeklimper*) pianotage *m*
Geklingel [ge'klɪŋəl] **(-s)** *nt* sonnerie *f*
geklungen [gə'klʊŋən] *pp von* **klingen**
gekniffen [gə'knɪfən] *pp von* **kneifen**
gekommen [gə'kɔmən] *pp von* **kommen**
gekonnt [gə'kɔnt] *adj* (*Spiel, Taktik*) habile,
adroit(e) ▷ *pp von* **können**
gekoppelt [gə'kɔpəlt] *adj* (*Comput*) en ligne
Gekritzel [gə'krɪtsəl] **(-s)** *nt* gribouillage *m*
gekrochen [gə'krɔxən] *pp von* **kriechen**
gekünstelt [ge'kʏnstəlt] *adj* (*Lächeln*) forcé(e);
(*Sprache, Benehmen*) affecté(e), maniéré(e)
Gel [ge:l] **(-s, -e)** *nt* gel *m*
Gelabere [gə'la:bərə] **(-s)** (*umg*) *nt* blabla *m*
Gelächter [gə'lɛçtər] **(-s, -)** *nt* rires *mpl*; **in ~**
ausbrechen éclater de rire
gelackmeiert [gə'lakmaɪərt] (*umg*) *adj* roulé(e)
geladen [ge'la:dən] *pp von* **laden** ▷ *adj* chargé(e);
(*umg: wütend*) furax
Gelage [gə'la:gə] **(-s, -)** *nt* beuverie *f*
gelagert [gə'la:gərt] *adj:* **in ähnlich ~en Fällen**
dans les cas semblables; **in anders ~en Fällen**
lorsque les circonstances sont différentes
gelähmt [gə'lɛ:mt] *adj* paralysé(e); **G~e, r** *f(m)*
paralysé(e) *m/f*
Gelände [gə'lɛndə] **(-s, -)** *nt* terrain *m*; **~fahrzeug**
nt véhicule *m* tout terrain; **g~gängig** *adj* tout
terrain *unver*; **~lauf** *m* cross-country *m*; **~marsch**
m course *f* à travers un terrain varié
Geländer [gə'lɛndər] **(-s, -)** *nt* (*Balkongeländer etc*)
balustrade *f*; (*Treppengeländer*) rampe *f*
gelang *etc vb siehe* **gelingen**
gelangen [gə'laŋən] *vi:* **~ an** +*Akk od* **zu** arriver à,

atteindre; (*erwerben*) acquérir; **in jds Besitz ~**
tomber entre les mains de qn; **in die richtigen/**
falschen Hände ~ être/ne pas être en bonnes
mains
gelangweilt *adj* qui s'ennuie
gelassen [gə'lasən] *pp von* **lassen** ▷ *adj* calme;
G~heit *f* calme *m*
Gelatine [ʒela'ti:nə] *f* gélatine *f*
gelaufen [gə'laʊfən] *pp von* **laufen**
geläufig [gə'lɔʏfɪç] *adj* (*üblich*) courant(e);
(*vertraut*) familier(-ière); **das ist mir nicht ~** je ne
connais pas cela, ça ne me dit rien; **G~keit** *f*
(*Perfektion*) aisance *f*
gelaunt [gə'laʊnt] *adj:* **schlecht/gut ~ de**
mauvaise/bonne humeur; **wie ist er ~?** de quelle
humeur est-il?, comment est-il luné?
Geläute (-(e)s) *nt* son *m* des cloches
gelb [gɛlp] *adj* jaune; (*Ampellicht*) orange; **~lich** *adj*
jaunâtre
Gelbsucht *f* jaunisse *f*
Geld [gɛlt] **(-(e)s, -er)** *nt* argent *m*; **etw zu ~**
machen monnayer qch; **zu ~ kommen** devenir
riche; **er hat ~ wie Heu** (*umg*) il est plein aux as;
sein ~ unter die Leute bringen (*umg*) dépenser
son argent; **am ~ hängen** *od* **kleben** être près de
ses sous; **staatliche** *od* **öffentliche ~er** fonds *mpl*
od deniers *mpl* publics; **~adel** *m:* **der ~adel** les
ploutocrates *mpl*; (*hum: die Reichen*) les riches *mpl*;
~anlage *f* placement *m*; **~automat** *m*
distributeur *m* automatique de billets, guichet *m*
automatique; **~automatenkarte** *f* carte *f* de
retrait; **~beutel** *m* porte-monnaie *m inv*;
~bombe *f petit coffre-fort contenant la recette d'une*
entreprise; **~börse** *f* porte-monnaie *m inv*;
~einwurf *m* introduction *f* de la monnaie;
~geber (-s, -) *m* bailleur *m* de fonds; **g~gierig** *adj*
cupide; **~institut** *nt* établissement *m* financier;
~mittel *pl* moyens *mpl* financiers; **~quelle** *f*
source *f* de financement; **~schein** *m* billet *m* de
banque; **~schrank** *m* coffre-fort *m*; **~strafe** *f*
amende *f*; **~stück** *nt* pièce *f* de monnaie;
~wechsel *m* change *m*; **~wert** *m* (*Kaufkraft*)
pouvoir *m* d'achat
geleckt [gə'lɛkt] *adj:* **wie ~ aussehen** être tiré(e) à
quatre épingles
Gelee [ʒe'le:] **(-s, -s)** *nt od m* gelée *f*
gelegen [gə'le:gən] *pp von* **liegen** ▷ *adj* situé(e);
(*passend*) opportun(e); **das kommt mir sehr ~** ça
m'arrange; **mir ist viel daran ~** (*wichtig*) j'y
tiens beaucoup; **mir ist nichts daran ~** je n'y
tiens pas
Gelegenheit [gə'le:gənhaɪt] *f* occasion *f*; **bei**
jeder ~ chaque fois que l'occasion se présente, à
tout propos; **bei ~** à l'occasion
Gelegenheits-: **~arbeit** *f* travail *m* intermittent;
~arbeiter *m* travailleur *m* temporaire; **~kauf** *m*
occasion *f*
gelegentlich [gə'le:gəntlɪç] *adj* qui a lieu de
temps en temps, relativement rare ▷ *adv* (*ab und*
zu) de temps en temps; (*bei Gelegenheit*) à
l'occasion ▷ *präp* +*Gen* (*förmlich: aus Anlass*) à
l'occasion de

gelehrig [gə'le:rɪç] *adj* qui apprend facilement, intelligent(e)

gelehrt *adj* savant(e); *(Mensch)* érudit(e); **G~e, r** *f(m)* érudit(e) *m/f*; **G~heit** *f* érudition *f*

Geleise [gə'laɪzə] **(-s, -)** *nt siehe* **Gleis**

Geleit [gə'laɪt] **(-s, -e)** *nt* escorte *f*; **freies** *od* **sicheres ~** sauf-conduit *m*; **jdm das letzte ~ geben** *(verhüllend)* accompagner qn à sa dernière demeure

geleiten *vt* escorter, accompagner

Geleitschutz *m* escorte *f*

Gelenk [gə'lɛŋk] **(-(e)s, -e)** *nt (von Mensch)* articulation *f*; *(von Maschine)* articulation, joint *m*

gelenkig *adj* souple

gelernt [gə'lɛrnt] *adj* qualifié(e)

gelesen [gə'le:zən] *pp von* **lesen**

Geliebte, r *f(m)* amant *m*, maîtresse *f*

geliefert [gə'li:fərt] *(umg) adj*: **ich bin ~** je suis fichu(e)

geliehen [gə'li:ən] *pp von* **leihen**

gelind(e) *adj (mild)* doux (douce) ▷ *adv*: **~ gesagt** c'est le moins qu'on puisse dire

gelingen [gə'lɪŋən] *unreg vi* réussir; **die Arbeit gelingt mir nicht** je n'arrive pas à faire ce travail; **es ist mir gelungen, etw zu tun** j'ai réussi *od* je suis arrivé(e) à faire qch; **etw ist gut/ schlecht gelungen** qch est réussi(e)/raté(e); **G~** *nt* réussite *f*, succès *m*

gelitten [gə'lɪtən] *pp von* **leiden**

gell [gɛl] *interj (dial)* hein, n'est-ce pas?

gellen ['gɛlən] *vi* résonner, retentir

gellend *adj* strident(e), perçant(e)

geloben [gə'lo:bən] *vt, vi* promettre (solennellement); **sich** *Dat* **etw ~** prendre la résolution de faire qch, se promettre de faire qch; **das Gelobte Land** la terre promise

Gelöbnis [gə'lø:pnɪs] *nt* promesse *f* solennelle

gelogen [gə'lo:gən] *pp von* **lügen**

gelten [ˈgɛltən] *unreg vi (Fahrkarte)* être valable; *(Pass)* être valide; *(Gesetz)* être en vigueur ▷ *vi unpers*: **es gilt, etw zu tun** il s'agit de faire qch ▷ *vt (wert sein)* valoir; **das gilt nicht!** ce n'est pas de jeu!; **das gilt bei ihm nicht viel** il y attache peu d'importance; **jdm viel/wenig ~** compter beaucoup/peu pour qn; **jdm ~** être destiné(e) à qn; **seine Liebe gilt der Malerei** la peinture est sa grande passion; **für jdn ~** *(zutreffen)* s'appliquer à qn; **als** *od* **für etw ~** *(angesehen werden als)* passer pour qch; **etw ~ lassen** admettre qch, laisser qch passer; **für diesmal lasse ich's ~** va pour cette fois; **als gelte es sein Leben** comme s'il y allait de sa vie; **was gilt die Wette?** qu'est-ce qu'on parie?; **die Wette gilt!** chiche!

geltend *adj (Preise, Gesetz)* en vigueur; *(Meinung)* répandu(e); **etw ~ machen** faire valoir qch; **einen Einwand ~ machen** formuler une objection; **sich ~ machen** se manifester

Geltung ['gɛltʊŋ] *f (Ansehen, Prestige)* prestige *m*; **~ haben** *(förmlich)* être valable; **etw** *Dat* **~ verschaffen** imposer qch; **sich** *Dat* **~ verschaffen** s'imposer; **etw zur ~ bringen** mettre qch en valeur; **zur ~ kommen** être mis(e) en valeur

Geltungs-: **~bedürfnis** *nt* besoin *m* de se faire valoir; **~dauer** *f* période *f* de validité; **g~süchtig** *adj* qui a besoin de se faire valoir

Gelübde [gə'lʏpdə] **(-s, -)** *nt* vœu *m*

gelungen [gə'lʊŋən] *pp von* **gelingen** ▷ *adj* réussi(e); *(witzig)* drôle

gelüsten [g'lʏstən] *vt unpers*: **mich gelüstet nach einem Eis** j'ai envie d'une glace

Gem. *abk* = **Gemeinde**

gemächlich [gə'mɛ:çlɪç] *adj* tranquille ▷ *adv* sans se presser

gemacht [gə'ma:xt] *adj (gewollt, gekünstelt)* artificiel(le); **ein ~er Mann sein** avoir sa fortune assurée

Gemahl [gə'ma:l] **(-(e)s, -e)** *m* époux *m*

gemahlen [gə'ma:lən] *pp von* **mahlen**

Gemahlin *f* épouse *f*

Gemälde [gə'mɛ:ldə] **(-s, -)** *nt* tableau *m*

gemasert [gə'ma:zərt] *adj (Holz)* veiné(e)

gemäß [gə'mɛ:s] *präp +Dat (zufolge)* conformément à, selon ▷ *adj*: **jdm/einer Sache ~ sein** convenir à qn/qch; **~ den Bestimmungen** selon le règlement; **eine der Leistung ~e Bezahlung** un montant correspondant au travail fourni

gemäßigt *adj* modéré(e); *(Klima)* tempéré(e)

Gemauschel [gə'maʊʃəl] *(umg) nt* manigances *fpl*

Gemecker [gə'mɛkər] **(-s)** *nt (von Ziegen)* bêlements *mpl*; *(umg: Nörgelei)* rouspétance *f*

gemein [gə'maɪn] *adj (niederträchtig)* ignoble; *(allgemein)* commun(e); **etw ~ haben (mit)** avoir qch en commun (avec); **ein ~er Soldat** un simple soldat

Gemeinde [gə'maɪndə] *f* commune *f*; *(Pfarrgemeinde)* paroisse *f*; *(Kirchengemeinde)* assemblée *f* (des fidèles); **~abgaben** *pl* taxes *fpl* municipales; **~amt** *nt* ≈ mairie *f*; **~ordnung** *f* arrêtés *mpl* municipaux; **~rat** *m* conseil *m* municipal; *(Mitglied)* conseiller *m* municipal; **~schwester** *f* infirmière *f* visiteuse; **~steuer** *f* taxe *f* municipale; **~verwaltung** *f* administration *f* municipale; **~vorstand** *m* ≈ conseil *m* municipal; **~wahl** *f* élections *fpl* municipales; **~zentrum** *nt* foyer *m* municipal; *(Rel)* centre *m* paroissial

Gemein-: **~eigentum** *nt* propriété *f* collective; **g~gefährlich** *adj (Verbrecher)* qui constitue un danger public; **~gut** *nt* domaine *m* public; **~heit** *f (Niedertracht, Tat)* méchanceté *f*; **so eine ~heit!** *(umg)* quelle vacherie!; **g~hin** *adv* d'ordinaire, en général; **~kosten** *pl* frais *mpl* généraux; **~nutz** *m* intérêt *m* général; **g~nützig** *adj* d'utilité publique; *(wohltätig)* charitable; **~platz** *m* lieu *m* commun; **g~sam** *adj* commun(e) ▷ *adv*: **etw g~sam haben (mit)** avoir qch en commun (avec); **g~same Sache mit jdm machen** faire cause commune avec qn; **der ~same Markt** le Marché commun; **g~sames Konto** compte *m* joint; **etw g~sam tun** faire qch ensemble; **~samkeit** *f (gemeinsame Eigenschaft)* point *m* commun; **~schaft** *f* communauté *f*; **eheliche ~schaft** *(Jur)* mariage *m*; **in ~schaft mit** conjointement avec; **~schaft Unabhängiger Staaten** Communauté des États indépendants; **g~schaftlich** *adj siehe* **gemeinsam**; **~schaftsantenne** *f* antenne *f* collective; **~schaftsarbeit** *f* travail *m* d'équipe; **~schaftsbesitz** *m* copropriété *f*; **~schaftskunde** *f* instruction *f* civique; **~schaftsproduktion** *f* coproduction *f*; **~schaftsraum** *m* salle *f* commune; **~sinn** *m* sens *m* civique, civisme *m*; **g~verständlich** *adj* à la portée de tous; **~wesen** *nt* chose *f* publique; **~wohl** *nt* bien *m* public

Gemenge [gə'mɛŋə] **(-s, -)** *nt* (*Handgemenge*) bagarre *f*; (*Mischung*) mélange *m*

gemessen [gə'mɛsən] *pp von* **messen** ▷ *adj* (*Schritt, Bewegung*) mesuré(e); (*Abstand*) respectueux(-euse)

Gemetzel [gə'mɛtsəl] **(-s, -)** *nt* carnage *m*

gemieden [gə'miːdən] *pp von* **meiden**

Gemisch [gə'mɪʃ] **(-es, -e)** *nt* mélange *m*

gemischt *adj* mélangé(e); (*Gesellschaft, Gruppe*) hétérogène; (*Gefühle*) mitigé(e); **~er Salat** salade *f* composée *od* mixte

gemocht [gə'mɔxt] *pp von* **mögen**

gemolken [gə'mɔlkən] *pp von* **melken**

Gemse ['gɛmzə] **(-, -n)** *f siehe* **Gämse**

Gemunkel [gə'mʊŋkəl] **(-s)** (*umg*) *nt* ragots *mpl*

Gemurmel [gə'mʊrməl] **(-s)** *nt* murmure *m*; (*unverständliches Reden*) marmonnement *m*

Gemüse [gə'myːzə] **(-s, -)** *nt* légumes *mpl*; **junges ~** (*umg*) des petits jeunes; **~garten** *m* potager *m*; **~händler, in** *m(f)* marchand(e) *m/f* de fruits et légumes *od* des quatre saisons; **~platte** *f*: **eine ~platte** un plat de légumes

gemusst [gə'mʊst] *pp von* **müssen**

gemustert [gə'mʊstərt] *adj* à motifs

Gemüt [gə'myːt] **(-(e)s, -er)** *nt* (*seelisch, Mensch*) nature *f*; **sich** *Dat* **etw zu ~e führen** (*umg*) se régaler de qch; **die ~er erregen** échauffer les esprits

gemütlich *adj* (*Haus, Lokal*) où on se sent bien, accueillant(e); (*Abend*) très agréable; (*Tempo, Spaziergang*) tranquille; (*Mensch*) sympathique; **machs dir ~!** mets-toi à ton aise!, fais comme chez toi!; **G~keit** *f* (*Bequemlichkeit*) confort *m*; (*Behaglichkeit*) tranquillité *f*, bien-être *m*

Gemüts-: ~bewegung *f* émotion *f*; **g~krank** *adj* dépressif(-ive); **~mensch** *m* père *m* peinard; **~ruhe** *f* calme *m*; **in aller ~ruhe** (*umg*) sans perdre son sang-froid; (*gemächlich*) en prenant tout son temps, (tout) tranquillement; **~zustand** *m* état *m* d'âme, disposition *f* d'esprit

gemütvoll *adv* avec beaucoup de sensibilité

Gen [geːn] **(-s, -e)** *nt* gène *m*

Gen. *abk* = **Genitiv; Genossenschaft**

gen. *abk* (= *genannt*) ment(ionné)

genannt [gə'nant] *pp von* **nennen**

genas *etc* [gə'naːs] *vb siehe* **genesen**

genau [gə'naʊ] *adj* (*exakt*) exact(e), précis(e) ▷ *adv* (*exakt*) avec précision; (*sorgfältig*) soigneusement; **er kam ~, als ...** il est arrivé juste au moment où ...; **G~eres** plus de détails; **es ging ~ daneben** c'est tombé juste à côté; **~ richtig** exact(e); **das**

reicht ~ il y en a juste assez; **~!** exactement!; **etw ~ nehmen** prendre qch au sérieux; **etw ~ wissen** être certain(e) de qch; **~ auf die Minute**; **auf die Minute ~** à la minute près; **~ genommen** à strictement parler

Genauigkeit *f* (*Exaktheit*) exactitude *f*, précision *f*; (*Sorgfältigkeit*) soin *m*

genauso [gə'naʊzoː] *adv* (*vor adj*) aussi; (*alleinstehend*) de la même manière *od* façon; **~ gut** aussi bien

Gendarm [ʒanˈdarm] **(-s, -e)** *m* gendarme *m*

Gen.-Dir. *abk* (= *Generaldirektor*) PDG *m*

genehm [gə'neːm] *adj*: **jdm ~ sein** convenir à qn

genehmigen *vt* autoriser; **sich** *Dat* **etw ~** s'offrir qch

Genehmigung *f* autorisation *f*

geneigt [gə'naɪkt] *adj* (*geh: Zuhörer, Ohr*) attentif(-ive); **~ sein, etw zu tun** être prêt(e) à faire qch; **jdm ~ sein** être bien disposé(e) envers qn

General [geneˈraːl] **(-s, -e** *od* **ë-e)** *m* général *m*; **~direktor** *m* P.D.G. *m*; **~konsulat** *nt* consulat *m* général; **~probe** *f* (répétition *f*) générale *f*; **~stabskarte** *f* carte *f* d'état-major; **~streik** *m* grève *f* générale; **g~überholen** *vt* effectuer une révision générale de, réviser complètement; **~versammlung** *f* assemblée *f* générale; **~vertretung** *f* représentation *f* générale

Generation [generatsi'oːn] *f* génération *f*

Generationskonflikt *m* conflit *m* de générations

Generator [geneˈraːtɔr] *m* générateur *m*

generell [genəˈrɛl] *adj* général(e)

genesen [ge'neːzən] *unreg vi* (*geh*) se rétablir

Genesende, r *f(m)* convalescent(e) *m/f*

Genesung *f* rétablissement *m*, guérison *f*

Genetik [ge'neːtɪk] *f* génétique *f*

genetisch [ge'neːtɪʃ] *adj* génétique

Genf ['gɛnf] *nt* Genève

Genfer *adj attrib* de Genève, genevois(e); **der ~ See** le lac Léman *od* de Genève

genial [geni'aːl] *adj* génial(e), de génie

Genialität [geniali'tɛːt] *f* génie *m*

Genick [gə'nɪk] **(-(e)s, -e)** *nt* nuque *f*; **jdn/einer Sache das ~ brechen** (*fig*) anéantir qn/qch; **~starre** *f* (*umg: steifer Hals*) torticolis *m*

Genie [ʒe'niː] **(-s, -e)** *nt* génie *m*

genieren [ʒe'niːrən] *vt* déranger ▷ *vr* se gêner; **geniert es Sie, wenn ...?** cela vous dérange si ...?; **~ Sie sich nicht!** ne vous gênez pas!

genießbar *adj* (*eßbar*) mangeable; (*trinkbar*) buvable

genießen [gə'niːsən] *unreg vt* (*sich erfreuen an*) aimer (beaucoup); (: *Essen, Trinken*) savourer; (*geh: zu sich nehmen*) manger, prendre; (*erhalten: Erziehung, Bildung*) jouir de, avoir; **das ist nicht zu ~** c'est immangeable; **er ist heute nicht zu ~** (*umg*) il n'est pas à prendre avec des pincettes aujourd'hui

Genießer (-s, -) *m* épicurien *m*; (*im Essen*) (fin) gourmet *m*; (*des Lebens*) bon vivant *m*; **g~isch** *adj* de plaisir ▷ *adv* avec délectation

Genitalien [geni'taːliən] *pl* organes *mpl* génitaux

Genitiv ['geːnitiːf] *m* génitif *m*
Genmaïs *m* maïs *m* transgénique
genmanipuliert *adj* génétiquement modifié(e)
genommen [gə'nɔmən] *pp von* **nehmen**
genormt [gə'nɔrmt] *adj* (*Verwaltung*) normalisé(e)
genoss *etc* [gə'nɔs] *vb siehe* **genießen**
Genosse [gə'nɔsə] (**-n, -n**) *m* camarade *m*
genossen *pp von* **genießen**
Genossenschaft *f* coopérative *f*
Genossin *f* camarade *f*
genötigt [gə'nøːtɪçt] *adj*: **sich ~ sehen, etw zu tun** se voir dans l'obligation de faire qch
Genre [ʒãːrə] (**-s, -s**) *nt* genre *m*
Gent [gɛnt] (**-s**) *nt* Gand
Gentechnologie *f* génie *m* génétique
Genua ['geːnua] *nt* Gênes
Genueser, in [genu'eːzər(ɪn)] *m(f)* Génois(e) *m/f*
genug [gə'nuːk] *adv* assez, suffisamment; **ich habe ~ (davon)** j'en ai assez; **jetzt ist(s) aber ~!** ça suffit (comme ça)!
Genüge [gə'nyːgə] *f*: **jdm/etw ~ tun** *od* **leisten** (*geh*) satisfaire qn/à qch; **etw zur ~ kennen** (*abwertend*) connaître qch par cœur
genügen *vi* (*ausreichen*) suffire, être suffisant(e); (*Anforderungen*) satisfaire; **das genügt** ça suffit
genügend *adj* suffisant(e); (*befriedigend*) satisfaisant(e)
genügsam [gə'nyːkzaːm] *adj* qui se contente de peu, modeste; **G~keit** *f* modestie *f*
Genugtuung [gə'nuːktuːʊŋ] *f* satisfaction *f*
Genus ['geːnʊs] (**-, Genera**) *nt* (*Gram*) genre *m*
Genuss [gə'nʊs] (**-es, ¨e**) *m* (*Zusichnehmen: kein pl*) consommation *f*; (*Vergnügen*) plaisir *m*; **etw mit ~ essen** se régaler (en mangeant qch); **in den ~ einer Sache** *Gen* **kommen** bénéficier de qch
genüsslich [gə'nʏslɪç] *adv* avec délectation
Genussmittel *pl* alimentation fine, confiserie, tabac *etc*
geöffnet [gə'œfnət] *adj* ouvert(e)
Geograf [geo'graːf] (**-en, -en**) *m* géographe *m*
Geografie [geogra'fiː] *f* géographie *f*
Geografin *f* géographe *f*
geografisch *adj* géographique
Geologe [geo'loːgə] (**-n, -n**) *m* géologue *m*
Geologie [geolo'giː] *f* géologie *f*
Geologin *f* géologue *f*
Geometrie [geome'triː] *f* géométrie *f*
geordnet [gə'ɔrdnət] *adj*: **in ~en Verhältnissen leben** avoir une vie rangée
Georgien (**-s**) *nt* la Géorgie
Gepäck [gə'pɛk] (**-(e)s**) *nt* bagages *mpl*; **~abfertigung** *f* (*Flug*) enregistrement *m* des bagages; (*Eisenb*) guichet *m* pour l'expédition des bagages; **~annahme** *f* (*Flug*) enregistrement *m* des bagages; (*Eisenb*) guichet *m* pour l'expédition des bagages; (*zur Aufbewahrung*) consigne *f*; **~aufbewahrung** *f* consigne *f*; **~aufgabe** *f* = **Gepäckabfertigung**; **~ausgabe** *f* (*Eisenb*) guichet *m* pour le retrait des bagages); (*Flug*) livraison *f* des bagages; **~netz** *nt* filet *m*; **~schein** *m* bulletin *m* de consigne; **~stück** *nt*: **pro Person nur ein ~stück!** un sac ou une valise par personne!; **~träger** *m* porteur *m*; (*beim Fahrrad*)

porte-bagages *m inv*; **~wagen** *m* fourgon *m*
Gepard ['geːpart] (**-(e)s, -e**) *m* guépard *m*
gepfeffert [gə'pfɛfərt] (*umg*) *adj* (*Preise*) salé(e); (*Fragen, Prüfung*) coton *unver*; (*Kritik*) mordant(e)
gepfiffen [gə'pfɪfən] *pp von* **pfeifen**
gepflegt [gə'pfleːkt] *adj* (*nicht vernachlässigt*) soigné(e); (: *Park*) bien entretenu(e); (*kultiviert*) raffiné(e); (*Speisen, Wein*) de qualité
Gepflogenheit [gə'pfloːgənhaɪt] *f* (*geh*) coutume *f*
Geplapper [gə'plapər] (**-s**) *nt* babillage *m*
Geplauder [gə'plaʊdər] (**-s**) *nt* bavardage *m*
Gepolter [gə'pɔltər] (**-s**) *nt* (*Krach*) fracas *m*, vacarme *m*
gepr. *abk* (= *geprüft*) diplômé(e)
gepriesen *pp von* **preisen**
gequält [gə'kvɛːlt] *adj* (*Lächeln*) contraint(e); (*Miene, Ausdruck*) peiné(e); (*Stimme*) rauque
Gequatsche [gə'kvatʃə] (**-s**) *nt* (*pej: umg*) *n* bavardage *m*; (*Blödsinn*) âneries *fpl*
gequollen [gə'kvɔlən] *pp von* **quellen**
Gerade *f* (*Math*) droite *f*

 SCHLÜSSELWORT

gerade [gə'raːdə] *adj* (*nicht krumm, aufrecht*) droit(e); **eine gerade Zahl** un chiffre pair
▷ *adv* **1** (*genau*) justement; (*speziell*): **gerade deshalb** précisément pour cela; **das ist es ja gerade!** justement!; **warum gerade ich?** pourquoi moi?; **jetzt gerade nicht!** pas maintenant!; **nicht gerade schön** pas précisément beau(belle); **da wir gerade von Geld sprechen** à propos d'argent
2 (*nicht krumm, aufrecht*): **gerade biegen** redresser; **gerade stehen** se tenir droit(e)
3 (*eben, soeben*): **er wollte gerade aufstehen** il allait justement se lever; **gerade erst** tout juste; **gerade noch** tout juste; **gerade weil** justement *od* précisément parce que

gerade-: **~aus** *adv* tout droit; **~biegen** *unreg vt* (*fig*) arranger; **~heraus** *adv* franchement, sans détour
gerädert [gə'rɛːdərt] (*umg*) *adj*: **wie ~ sein** *od* **sich wie ~ fühlen** être éreinté(e)
geradeso *adv* de la même manière *od* façon; **~ dumm** *etc* (tout) aussi bête *etc*; **~ wie** (tout) comme
geradestehen *unreg vi*: **für jdn/etw ~** répondre de qn/qch
geradewegs *adv* directement
geradezu *adv* (*beinahe*) pour ainsi dire
geradlinig *adj* rectiligne; (*Strecke, Nachkomme etc*) direct(e)
gerammelt [gə'ramərt] *adv*: **~ voll** (*umg*) plein(e) à craquer
Geranie [gə'raːniə] *f* géranium *m*
gerann *etc* [gə'ran] *vb siehe* **gerinnen**
gerannt [gə'rant] *pp von* **rennen**
Gerät [gə'rɛːt] (**-(e)s, -e**) *nt* appareil *m*; (*landwirtschaftliches Gerät*) machine *f*; (*Werkzeug*) outil *m*; (*Zubehör: kein pl*) équipement *m*; **die ~e**

(*Sport*) les agrès *mpl*
gerät *etc* [gə're:t] *vb siehe* **geraten**
geraten [gə'ra:tən] *pp von* **raten**; **geraten** ▷ *vi*
unreg (*gelingen*) réussir; (*mit präp: zufällig gelangen*)
se retrouver; **gut/schlecht** ~ bien/ne pas réussir;
an jdn ~ tomber sur qn; **in etw** *Akk* ~ se retrouver
dans qch; **in Angst** ~ prendre peur; **nach jdm** ~
ressembler à qn; **außer sich** *Dat* ~ être hors de
soi
Geräteturnen *nt* exercices *mpl* aux agrès
Geratewohl [gəra:tə'vo:l] *nt*: **aufs** ~ au hasard
geräuchert [gə'rɔʏçɐt] *adj* fumé(e)
geraum [gə'raʊm] *adj*: **seit ~er Zeit** depuis un
certain temps
geräumig [gə'rɔʏmɪç] *adj* spacieux(-euse)
Geräusch [gə'rɔʏʃ] (**-(e)s, -e**) *nt* bruit *m*; **g~arm**
adj qui fait peu de bruit; **~kulisse** *f* bruit *m* de
fond; (*Film, Rundf, TV*) bruitage *m*; **g~los** *adj*
silencieux(-euse); **~pegel** *m* niveau *m* sonore;
g~voll *adj* bruyant(e)
Gerber (**-s, -**) *m* tanneur *m*
Gerberei [gɛrbə'raɪ] *f* tannerie *f*
gerecht [gə'reçt] *adj* juste, équitable; (*Lohn, Strafe*)
mérité(e); (*Forderungen*) légitime; **jdm/etw ~**
werden apprécier qn/qch à sa juste valeur;
~fertigt *adj* justifié(e)
Gerechtigkeit *f* justice *f*
Gerechtigkeits-: **~fanatiker, in** *m(f)* fanatique
m/f de justice; **~gefühl** *nt*, **~sinn** *m* sens *m* de la
justice
Gerede [gə're:də] (**-s**) *nt* bavardage *m*; (*Klatsch*)
potins *mpl*
geregelt [gə're:gəlt] *adj* (*Arbeit, Mahlzeiten*)
régulier(-ière); (*Leben*) réglé(e)
gereift [gə'raɪft] *adj* mûr(e)
gereizt [gə'raɪtst] *adj* irrité(e), énervé(e);
(*Stimmung*) tendu(e); (*Ton*) irrité(e); **G~heit** *f*
irritation *f*
Gericht [gə'rɪçt] (**-(e)s, -e**) *nt* (*Jur*) tribunal *m*;
(*Essen*) plat *m*; **jdn vor ~ bringen** poursuivre qn
en justice; **einen Fall vor ~ bringen** saisir le
tribunal d'une affaire; **über jdn zu ~ sitzen**
juger qn; **mit jdm ins ~ gehen** (*fig*) faire le
procès de qn; **das Letzte** *od* **Jüngste** ~ le
Jugement dernier; **g~lich** *adj* judiciaire;
(*Verhandlung, Entscheidung*) du tribunal ▷ *adv* par
voie de justice; **ein g~liches Nachspiel haben**
avoir des suites judiciaires, passer devant les
tribunaux; **g~lich gegen jdn vorgehen**
poursuivre qn en justice; **jdn g~lich belangen**
poursuivre qn en justice
Gerichts-: **~akten** *pl* comptes rendus *mpl*
d'audience; **~barkeit** *f* juridiction *f*; **~entscheid**
m décision *f* du tribunal; **~hof** *m* cour *f* (de
justice); **~kosten** *pl* frais *mpl* de justice;
g~medizinisch *adj* médico-légal(e); **~saal** *m*
salle *f* du *od* de tribunal; **~stand** *m* tribunal *m*
compétent; **~termin** *m* jour *m* de l'audience;
~verfahren *nt* procédure *f* judiciaire;
~verhandlung *f* procès *m*; **~vollzieher** *m*
huissier *m*; **~weg** *m*: **gegen jdn auf dem ~weg**
vorgehen poursuivre qn en justice; **gegen etw**

auf dem ~weg vorgehen porter une affaire
devant les tribunaux
gerieben [gə'ri:bən] *pp von* **reiben** ▷ *adj* (*Käse*)
râpé(e); (*umg: schlau*) rusé(e), retors(e)
geriet *etc* [gə'ri:t] *vb siehe* **geraten**
gering [gə'rɪŋ] *adj* (*Lohn, Temperatur*) bas(basse),
peu élevé(e); (*Entfernung, Höhe*) faible;
(*Schwierigkeiten*) mineur(e); (*Schaden*) léger(-ère);
~es Interesse peu d'intérêt; **~e Bedeutung/**
Zeit/Kosten peu d'importance/de temps/de
frais; ~ **achten** faire peu de cas de, mépriser;
~fügig *adj* insignifiant(e); **~fügig Beschäftigte**
≈ travailleurs à temps partiel; **~schätzig** *adj*
méprisant(e); **G~schätzung** *f* mépris *m*, dédain *m*
geringste, r, s *adj* moindre; **beim ~n Geräusch**
aufschrecken sursauter au moindre bruit; **er**
hat nicht das ~ bisschen Respekt vor mir il n'a
pas le moindre respect pour moi; **das ist mein**
~s Problem c'est le cadet de mes soucis; **nicht**
im G~n pas le moins du monde; **nicht das G~**
rien du tout
geringstenfalls *adv* (tout) au moins
gerinnen [gə'rɪnən] *unreg vi* (*Milch*) cailler; (*Blut*)
se coaguler
Gerinnsel [gə'rɪnzəl] (**-s, -**) *nt* (*Blutgerinnsel*) caillot *m*
Gerippe [gə'rɪpə] (**-s, -**) *nt* squelette *m*; (*von Schiff,*
Gebäude) carcasse *f*
gerissen [gə'rɪsən] *pp von* **reißen** ▷ *adj* rusé(e)
geritten [gə'rɪtən] *pp von* **reiten**
geritzt [gə'rɪtst] (*umg*) *adj*: **die Sache ist ~**
entendu comme ça
Germane [gɛr'ma:nə] (**-n, -n**) *m* Germain *m*
Germanist, in [gɛrma'nɪst(ɪn)] *m(f)* germaniste
m/f
Germanistik *f*: ~ **studieren** faire des études
d'allemand
gern(e) *adv* volontiers; **jdn/etw gern(e) haben**
od **mögen** aimer bien qn/qch; **etw gern(e) tun**
(*mögen*) aimer faire qch; **er kann mich gern(e)**
haben (*umg*) qu'il aille se faire voir; **gern(e)!**
volontiers!, avec plaisir!; **ja, gern(e)!** oui,
volontiers!; (*aber*) **gern(e)!** bien sûr!; **gern**
geschehen! il n'y a pas de quoi!; **ich möchte**
gern(e) wissen, ob... je voudrais (bien) savoir si
...; **ich hätte gern(e) ...** je voudrais ...; **ein gern**
gesehener Gast un hôte apprécié
Gernegroß (**-, -e**) *m* frimeur *m*
gerochen [gə'rɔxən] *pp von* **riechen**
Geröll [gə'rœl] (**-(e)s, -e**) *nt* éboulis *mpl*
geronnen [gə'rɔnən] *pp von* **gerinnen**; **rinnen**
Gerste ['gɛrstə] *f* orge *f*
Gerstenkorn *nt* (*in Auge*) orgelet *m*
Gerte ['gɛrtə] *f* baguette *f*
gertenschlank *adj* très mince
Geruch [gə'rʊx] (**-(e)s, ~e**) *m* (*Duft*) odeur *f*; **er**
kommt langsam in den ~ der
Ausländerfeindlichkeit de plus en plus de gens
disent qu'il est xénophobe; **g~los** *adj* inodore
Geruch(s)sinn *nt* odorat *m*
Gerücht [gə'rʏçt] (**-(e)s, -e**) *nt* rumeur *f*
geruchtilgend *adj* désodorisant(e)
gerufen [gə'ru:fən] *pp von* **rufen**

geruhen [gəˈruːən] *vi* (*geh*) daigner
geruhsam [gəˈruːzaːm] *adj* tranquille
Gerümpel [gəˈrʏmpəl] (**-s**) *nt* bric-à-brac *m inv*
gerungen [gəˈrʊŋən] *pp von* **ringen**
Gerüst [gəˈrʏst] (**-(e)s, -e**) *nt* échafaudage *m*; (*von Plan*) grandes lignes *fpl*
Ges. *abk* (= *Gesellschaft*) Sté
gesalzen [gəˈzaltsən] *pp von* **salzen** ▷ *adj* (*umg: Preis, Rechnung*) salé(e)
gesamt [gəˈzamt] *adj*: **der/die/das ~e** ... tout(e) le (la) ..., le (la) ... tout(e) entier(-ière); **die ~en Kosten** l'ensemble des frais; **im G~en** (*veraltend*) en tout; **G~auflage** *f* tirage *m*; **G~ausgabe** *f* édition *f* complète; **G~betrag** *m* total *m*; **~deutsch** *adj* qui concerne l'ensemble de l'Allemagne; **G~deutschland** *nt* l'Allemagne *f* dans son ensemble; **G~eindruck** *m* impression *f* d'ensemble; **G~heit** *f* ensemble *m*; **G~hochschule** *f voir article*

● **Gesamthochschule**
●
● Une *Gesamthochschule* est une institution
● regroupant différents organismes
● d'enseignement supérieur comme une
● université, un institut de formation des
● maîtres et un institut des sciences
● appliquées, par exemple. Les étudiants
● peuvent préparer plusieurs diplômes dans
● la même matière et les changements
● d'orientation se font plus aisément que dans
● les institutions individuelles.

Gesamtmasse *f* (*Wirts*) actif *m*
Gesamtschaden *m* montant *m* total des dégâts
Gesamtschule *f voir article*

● **Gesamtschule**
●
● La *Gesamtschule* est un établissement
● polyvalent d'enseignement secondaire.
● Traditionnellement les élèves allemands
● fréquentent un *Gymnasium*, une *Realschule* ou
● une *Hauptschule* selon leurs aptitudes. La
● Gesamtschule a été créée par opposition au
● système sélectif des Gymnasien, mais ces
● établissements restent très controversés en
● Allemagne où beaucoup de parents préfèrent
● le système traditionnel.

Gesamtwert *m* valeur *f* totale
Gesamtwertung *f* (*Sport*) classement *m* général
gesandt *pp von* **senden**
Gesandte, r [gəˈzantə(r)] *f(m)* représentant *m* (permanent)
Gesandtschaft [gəˈzantʃaft] *f* représentation *f* diplomatique
Gesang [gəˈzaŋ] (**-(e)s, ¨e**) *m* chant *m*; **~buch** *nt* (*Rel*) recueil *m* de cantiques; **~verein** *m* chorale *f*
Gesäß [gəˈzɛːs] (**-es, -e**) *nt* derrière *m*, postérieur *m*
gesättigt [gəˈzɛtɪçt] *adj* (*Chem*) saturé(e)
gesch. *abk* (= *geschieden*) divorcé(e)

Geschädigte, r [gəˈʃɛːdɪçtə(r)] *f(m)* victime *f*, personne *f* lésée
geschaffen [gəˈʃafən] *pp von* **schaffen**
Geschäft [gəˈʃɛft] (**-(e)s, -e**) *nt* affaire *f*; (*Laden*) magasin *m*, commerce *m*; (*umg: Firma, Büro*) boulot *m*; (*Aufgabe*) tâche *f*; (*Handel: kein pl*) commerce, affaires *fpl*; (*Geschäftsabschluss*) conclusion *f* d'une affaire; **mit jdm ins ~ kommen** faire des affaires avec qn; **dabei hat er ein ~ gemacht** il a fait une bonne affaire; **für jdn die ~e führen** gérer les affaires de qn; **sein ~ verrichten** faire ses besoins
Geschäftemacher (**-s, -**) *m* affairiste *m*, brasseur *m* d'affaires
geschäftig *adj* affairé(e)
geschäftlich *adj* d'affaires, commercial(e) ▷ *adv* pour affaires; **~ unterwegs** en voyage d'affaires
Geschäfts-: **~abschluss** *m* conclusion *f* d'une affaire; **~aufgabe, ~auflösung** *f* fermeture *f* définitive; **~bedingungen** *pl* conditions *fpl* d'un *od* du contrat; **~bereich** *m* (*Parl*) portefeuille *m*; **Minister ohne ~bereich** ministre *m* sans portefeuille; **~bericht** *m* rapport *m* de gestion; **g~fähig** *adj* (*Jur*) compétent(e); **~führer** *m* gérant *m*; (*von Klub*) secrétaire *m*; **~gebaren** *nt* manière *f* de mener les affaires; **~geheimnis** *nt* secret *m* professionnel; **~inhaber, in** *m(f)* propriétaire *m/f* (d'un commerce), patron(ne) *m/f*; **~jahr** *nt* exercice *m*; **~kosten** *pl*: **auf ~kosten** aux frais de l'entreprise; **~lage** *f* situation *f* financière; **~leitung** *f* direction *f*, gestion *f*; **~mann** (**-(e)s, -leute**) *m* homme *m* d'affaires; **g~mäßig** *adj* sec(sèche); **~ordnung** *f* règlement *m*; **eine Frage zur ~ordnung** une question de procédure; **~partner** *m* associé *m*; **~reise** *f* voyage *m* d'affaires; **~schluss** *m* heure *f* de fermeture; **~sinn** *m* sens *m* des affaires; **~stelle** *f* bureau *m*, agence *f*; **g~tüchtig** *adj* habile en affaires; **~viertel** *nt* quartier *m* des affaires; **~wagen** *m* voiture *f* de fonction; **~wesen** *nt* affaires *fpl*; **~zeiten** *pl* heures *fpl* d'ouverture; **~zweig** *m* secteur *m*
geschah *etc* [gəˈʃaː] *vb siehe* **geschehen**
geschehen [gəˈʃeːən] *unreg vi* (*sich ereignen*) arriver, se produire; (*Verbrechen, Mord*) être commis(e); **gern ~!** (il n'y a) pas de quoi!; **etw geschieht jdm** (*veraltend*) qch arrive à qn; **dabei geschieht dir nichts** il ne t'arrivera rien; **das geschieht ihm (ganz) recht** c'est bien fait pour lui; **ich wusste nicht, wie mir geschah** je ne comprenais pas ce qui m'arrivait; **was soll mit ihm ~?** qu'est-ce qu'on va faire de lui?; **was soll damit ~?** qu'est-ce qu'on va en faire?; **es war um ihn ~** c'en était fait de lui; **G~** (**-s**) *nt*: **das weltpolitische G~** les événements *mpl* internationaux
gescheit [gəˈʃaɪt] *adj* intelligent(e); (*vernünftig*) raisonnable, sensé(e); **aus einer Sache nicht ~ werden** ne rien comprendre à qch; **nichts G~es** (*umg*) rien de bon
Geschenk [gəˈʃɛŋk] (**-(e)s, -e**) *nt* cadeau *m*; **~artikel** *m* article *m* pour offrir; **~gutschein** *m*

chèque-cadeau *m*; **~packung** *f* emballage-cadeau *m*; **~sendung** *f* (*förmlich*) *colis contenant un cadeau*

Geschichte [gə'ʃɪçtə] *f* histoire *f*; **mach keine ~n!** ne fais pas d'histoires!

Geschichtenerzähler (**-s, -**) *m* conteur *m*

geschichtlich *adj* historique

Geschichts-: **~buch** *nt* livre *m* d'histoire; **~fälschung** *f* falsification *f* de l'histoire; **~schreiber** *m* historien *m*; **~zahl** *f* date *f* historique

Geschick [gə'ʃɪk] (**-(e)s, -e**) *nt* (*Geschicklichkeit*) adresse *f*, habileté *f*; (*geh: Schicksal*) destin *m*, sort *m*

Geschicklichkeit *f* adresse *f*, habileté *f*

Geschicklichkeitsspiel *nt* jeu *m* d'adresse

geschickt *adj* habile, adroit(e); (*beweglich*) agile

geschieden [gə'ʃiːdən] *adj* divorcé(e) ▷ *pp von* **scheiden**

geschieht [gə'ʃiːt] *vb siehe* **geschehen**

geschienen [gə'ʃiːnən] *pp von* **scheinen**

Geschirr [gə'ʃɪr] (**-(e)s, -e**) *nt* vaisselle *f*; (*für Pferd*) harnais *m*; (*Küchengeschirr*) batterie *f* de cuisine; **~spülmaschine** *f* lave-vaisselle *m inv*; **~tuch** *nt* torchon *m*

geschissen [gə'ʃɪsən] *pp von* **scheißen**

geschlafen [gə'ʃlaːfən] *pp von* **schlafen**

geschlagen [gə'ʃlaːgən] *pp von* **schlagen**

geschlaucht [gə'ʃlauxt] (*umg*) *adv*: **~ sein** être claqué(e)

Geschlecht [gə'ʃlɛçt] (**-(e)s, -er**) *nt* (*männlich od weiblich*) sexe *m*; (*Gattung*) espèce *f*; (*Generation*) génération *f*; (*Familie*) famille *f*; (*Gram*) genre *m*; **g~lich** *adj* sexuel(le)

Geschlechts-: **~krankheit** *f* maladie *f* vénérienne, MST *f*; **g~los** *adj* asexué(e); **~organ** *nt* organe *m* sexuel; **g~reif** *adj* pubère; **~teil** *nt od m* organe *m* sexuel; **~verkehr** *m* rapports *mpl* sexuels; **~wort** *nt* (*Gram*) article *m*

geschlichen [gə'ʃlɪçən] *pp von* **schleichen**

geschliffen [gə'ʃlɪfən] *pp von* **schleifen**

geschlossen [gə'ʃlɔsən] *pp von* **schließen** ▷ *adj* fermé(e) ▷ *adv*: **~ hinter jdm stehen** se solidariser avec qn; **~e Gesellschaft** (*Fest*) réception *f* privée; **~e Ortschaft** agglomération *f*

geschlungen [gə'ʃlʊŋən] *pp von* **schlingen**

Geschmack [gə'ʃmak] (**-(e)s, ̈-e**) *m* goût *m*; **nach jds ~** au goût de qn; **an etw** *Dat* **~ finden** prendre goût à qch; **auf den ~ kommen** y prendre goût; **je nach ~** selon les goûts; **er hat einen sicheren ~** il a un goût sûr od du goût; **g~los** *adj* (*Speisen*) fade; (*Arznei*) sans goût; (*fig*) de mauvais goût ▷ *adv* sans goût; **~(s)sache** *f* question *f* de goût; **~(s)sinn** *m* goût *m*

Geschmacksverirrung *f*: **unter ~ leiden** (*ironisch*) n'avoir aucun goût

geschmackvoll *adj* de bon goût ▷ *adv* avec goût

Geschmeide [gə'ʃmaɪdə] (**-s, -**) *nt* bijoux *mpl*

geschmeidig *adj* souple, lisse; (*Haut*) doux (douce)

Geschmiere [gə'ʃmiːrə] (**-s**) *nt* gribouillis *m*; (*Bild*) barbouillage *m*

geschmissen [gə'ʃmɪsən] *pp von* **schmeißen**

geschmolzen [gə'ʃmɔltsən] *pp von* **schmelzen**

Geschnetzelte, s [gə'ʃnɛtsəltə(s)] *nt* émincé *m*

geschnitten [gə'ʃnɪtən] *pp von* **schneiden**

geschoben [gə'ʃoːbən] *pp von* **schieben**

geschollen *pp von* **schallen**

gescholten [gə'ʃɔltən] *pp von* **schelten**

Geschöpf [gə'ʃœpf] (**-(e)s, -e**) *nt* créature *f*

geschoren [gə'ʃoːrən] *pp von* **scheren**

Geschoss [gə'ʃɔs] (**-es, -e**), **Geschoß** [gə'ʃoːs] (**-es, -e**) (*Österr*) *nt* (*Mil*) projectile *m*; (*Stockwerk*) étage *m*

geschossen [gə'ʃɔsən] *pp von* **schießen**

geschraubt [gə'ʃraupt] *adj* tarabiscoté(e)

Geschrei [gə'ʃraɪ] (**-s**) *nt* cris *mpl*; (*Aufhebens*) histoires *fpl*

geschrieben [gə'ʃriːbən] *pp von* **schreiben**

geschrie(e)n [gə'ʃriː(ə)n] *pp von* **schreien**

geschritten [gə'ʃrɪtən] *pp von* **schreiten**

geschunden [gə'ʃʊndən] *pp von* **schinden**

Geschütz [gə'ʃʏts] (**-es, -e**) *nt* pièce *f* d'artillerie; **schwere ~e auffahren** employer les grands moyens; **~feuer** *nt* tir *m* d'artillerie

geschützt *adj* (*Lage, Ecke*) abrité(e); (*Pflanze, Tier*) protégé(e)

Geschw. *abk* = **Geschwister**

Geschwader [gə'ʃvaːdər] (**-s, -**) *nt* escadre *f*

Geschwafel [gə'ʃvaːfəl] (**-s**) (*umg: pej*) *nt* verbiage *m*, blabla *m*

Geschwätz [gə'ʃvɛts] (**-es**) *nt* bavardage *m*; (*Klatsch*) ragots *mpl*

geschwätzig *adj* bavard(e); **G~keit** *f* loquacité *f*

geschweige [gə'ʃvaɪgə] *adv*: **~ (denn)** et encore moins

geschwiegen [gə'ʃviːgən] *pp von* **schweigen**

geschwind [gə'ʃvɪnt] *adj* rapide

Geschwindigkeit [gə'ʃvɪndɪçkaɪt] *f* (*Tempo*) vitesse *f*; (*Heftigkeit*) rapidité *f*; **mit einer ~ von ...** à une vitesse de ...

Geschwindigkeits-: **~begrenzung**, **~beschränkung** *f* limitation *f* de vitesse; **~kontrolle** *f* contrôle *m* de vitesse; **~messer** *m* (*Aut*) compteur *m*; **~überschreitung** *f* excès *m* de vitesse

Geschwister [gə'ʃvɪstər] *pl* frères *mpl* et sœurs *fpl*

geschwollen [gə'ʃvɔlən] *pp von* **schwellen** ▷ *adj* enflé(e); (*pej: Redeweise etc*) ampoulé(e)

geschwommen [gə'ʃvɔmən] *pp von* **schwimmen**

geschworen [gə'ʃvoːrən] *pp von* **schwören**

Geschworene, r *f(m)* juré(e) *m(f)*; **die ~n** les membres *mpl* du jury

Geschwulst [gə'ʃvʊlst] (**-, ̈-e**) *f* tumeur *f*

geschwunden [gə'ʃvʊndən] *pp von* **schwinden**

geschwungen [gə'ʃvʊŋən] *pp von* **schwingen** ▷ *adj* arqué(e)

Geschwür [gə'ʃvyːr] (**-(e)s, -e**) *nt* ulcère *m*; (*Furunkel*) furoncle *m*

gesehen [gə'zeːən] *pp von* **sehen**

Geselle [gə'zɛlə] (**-n, -n**) *m* (*Handwerksgeselle*) compagnon *m*; (*Bursche: veraltend*) type *m*

gesellen *vr*: **sich zu jdm ~** se joindre à qn

Gesellenbrief *m* brevet *m* d'apprentissage

Gesellenprüfung *f* examen *m* de fin

d'apprentissage

gesellig *adj* (*Abend*) sympathique; (*Mensch, Wesen*) sociable; **~es Beisammensein** rencontre *f* informelle; **G~keit** *f* (*Wesenszug*) sociabilité *f*

Gesellschaft *f* société *f*; (*Begleitung*) compagnie *f*; (*Umgang*) fréquentations *fpl*; (*Oberschicht*) bonne société; (*Kreis von Menschen*) assemblée *f*; (*pej*) clique *f*; **in schlechte ~ geraten** avoir de mauvaises fréquentations; **jdm ~ leisten** tenir compagnie à qn; **geschlossene ~** (*Fest*) réception *f* privée; **(nur) zur ~** pour faire comme tout le monde; **eine ~ geben** (*geh*) donner une réception

Gesellschafter (-s, -) *m* (*Wirts*) associé *m*

gesellschaftlich *adj* (*soziologisch*) social(e)

Gesellschafts-: **~anzug** *m* tenue *f* de cérémonie; **g~fähig** *adj* sortable; **~ordnung** *f* structures *fpl* sociales; **~reise** *f* voyage *m* organisé; **~schicht** *f* couche *f* sociale; **~spiel** *nt* jeu *m* de société; **~system** *nt* système *m* social

gesessen [gəˈzɛsən] *pp von* **sitzen**

Gesetz [gəˈzɛts] **(-es, -e)** *nt* loi *f*; (*Richtlinie, Regel*) principe *m*; **vor dem ~** devant la loi; **nach dem ~** d'après od selon la loi; **das Gesetz ~ (der Wirtschaft** *etc*) la règle d'or (en économie *etc*); **~blatt** *nt* = journal *m* officiel; **~buch** *nt* code *m*; **~entwurf** *m* projet *m* de loi

Gesetzeshüter *m* (*ironisch*) gardien *m* de la paix

Gesetzesvorlage *f* projet *m* de loi

Gesetz-: **g~gebend** *adj* législatif(-ive); **~geber** *m* législateur *m*; **~gebung** *f* législation *f*; **g~lich** *adj* légal(e); **g~licher Feiertag** jour *m* férié; **~lichkeit** *f* légalité *f*; **g~los** *adj* (*Zustände*) anarchique; **g~mäßig** *adj* (*gesetzlich*) légal(e); **eine g~mäßige Entwicklung** une évolution naturelle

gesetzt *adj* posé(e), pondéré(e) ▷ *konj*: **~ den Fall ...** en supposant que ...

gesetzwidrig *adj* illégal(e)

ges. gesch. *abk* (= *gesetzlich geschützt*) marque déposée

Gesicht [gəˈzɪçt] **(-(e)s, -er)** *nt* visage *m*; (*Miene*) mine *f*; **das Zweite ~** la seconde vue, le don de voyance; **jdn/etw zu ~ bekommen** voir qn/qch; **das ist mir nie zu ~ gekommen** je ne l'ai jamais vu; **aus dem ~ verlieren** perdre de vue; **jdm etw ins ~ sagen** dire qch à qn en face; **sein wahres ~ zeigen** montrer son vrai visage; **das ~ verlieren** perdre la face; **jdm wie aus dem ~ geschnitten sein** être tout le portrait de qn; **ein langes ~ machen** faire triste od grise mine

Gesichts-: **~ausdruck** *m* expression *f*; **~farbe** *f* teint *m*; **~feld** *nt* champ *m* visuel; **~kreis** *m* (*geistiger Horizont*) horizon *m*; **jdn aus dem ~kreis verlieren** perdre qn de vue; **~punkt** *m* point *m* de vue; **~wasser** *nt* démaquillant *m*; **~züge** *pl* traits *mpl* (du visage)

Gesindel [gəˈzɪndəl] **(-s)** *nt* canaille *f*

gesinnt [gəˈzɪnt] *adj*: **jdm böse/gut ~ sein** être mal/bien disposé(e) envers qn

Gesinnung [gəˈzɪnʊŋ] *f* (*Ansichten*) opinions *fpl*

Gesinnungs-: **~genosse** *m*: **jds ~genosse** *personne qui pense comme qn*; **~losigkeit** *f* manque *m* de

principes; **~schnüffelei** (*pej*) *f*: **~schnüffelei betreiben** *fourrer son nez dans les affaires des autres pour connaître leurs opinions politiques*; **~wandel** *m* volte-face *f* inv

gesittet [gəˈzɪtət] *adj* (*wohlerzogen*) bien élevé(e)

gesoffen [gəˈzɔfən] *pp von* **saufen**

gesogen [gəˈzoːgən] *pp von* **saugen**

gesollt [gəˈzɔlt] *pp von* **sollen**

gesondert [gəˈzɔndərt] *adj* séparé(e)

gesonnen [gəˈzɔnən] *pp von* **sinnen**

gespalten [gəˈʃpaltən] *adj* (*Bewusstsein*) double; (*Lippe*) fendu(e)

Gespann [gəˈʃpan] **(-(e)s, -e)** *nt* (*Tiere*) attelage *m*; (*umg*) tandem *m*

gespannt *adj* (*voll Erwartung*) impatient(e); (*neugierig, begierig*) curieux(-euse); (*einem Streit nahe*) tendu(e); **ich bin ~, ob ...** j'aimerais bien savoir si ..., je me demande si ...; **auf etw/jdn ~ sein** attendre qch/l'arrivée de qn avec impatience; **ich bin ~ wie ein Flitzebogen** (*hum*: *umg*) je brûle d'impatience, je suis mort(e) de curiosité

Gespenst [gəˈʃpɛnst] **(-(e)s, -er)** *nt* fantôme *m*; (*fig*: *Gefahr*) spectre *m*; **~er sehen** (*hum*) avoir des visions

gespensterhaft *adj* fantomatique

gespenstisch *adj* sinistre

gespie(e)n [gəˈʃpiː(ə)n] *pp von* **speien**

Gespiele, Gespielin [gəˈʃpiːlə] **(-n, -n)** *m(f)* partenaire *m/f*

gespielt [gəˈʃpiːlt] *adj* feint(e), simulé(e)

gesponnen [gəˈʃpɔnən] *pp von* **spinnen**

Gespött [gəˈʃpœt] **(-(e)s)** *nt* moqueries *fpl*; **zum ~ werden** se couvrir de ridicule

Gespräch [gəˈʃprɛːç] **(-(e)s, -e)** *nt* (*Unterhaltung*) conversation *f*; (*Diskussion*) discussion *f*; (*Anruf*) appel *m*; **mit jdm im ~ bleiben** rester en contact avec qn; **ein ~ unter vier Augen** une conversation entre quatre yeux; **mit jdm ins ~ kommen** s'entretenir avec qn; (*fig*) nouer contact avec qn

gesprächig *adj* bavard(e), loquace; **G~keit** *f* loquacité *f*

Gesprächs-: **~einheit** *f* (*Tel*) unité *f* Télécom; **~gegenstand** *m* sujet *m* de conversation; **~partner** *m* interlocuteur *m*; **~stoff** *m*, **~thema** *nt* sujet *m* de conversation

gesprenkelt [gəˈʃprɛŋkəlt] *adj* tacheté(e), moucheté(e)

gesprochen [gəˈʃprɔxən] *pp von* **sprechen**

gesprossen [gəˈʃprɔsən] *pp von* **sprießen**

gesprungen [gəˈʃprʊŋən] *pp von* **springen**

Gespür [gəˈʃpyːr] **(-s)** *nt* flair *m*, feeling *m*; **ein ~ für etw haben** avoir le sens de qch

gest. *abk* (= *gestorben*) décédé(e)

Gestalt [gəˈʃtalt] **(-, -en)** *f* (*von Personen*) stature *f*, apparence *f*; (*Form*) forme *f*; (*Person, Persönlichkeit, Literatur*) personnage *m*; **in ~ von** sous forme de; **~ annehmen** prendre corps

gestalten *vt* (*Kunstwerk*) créer; (*Einrichtung*) agencer, aménager; (*organisieren*) organiser ▷ *vr* se révéler; **etw interessant/interessanter ~** rendre qch intéressant(e)/plus intéressant(e)

Gestaltung f (*von Kunstwerk*) forme f; (*von Abend*) organisation f

gestanden [gə'ʃtandən] pp von **stehen; gestehen**

geständig [gə'ʃtɛndɪç] adj: ~ **sein** avouer

Geständnis [gə'ʃtɛntnɪs] (**-ses, -se**) nt aveu m

Gestank [gə'ʃtaŋk] (**-(e)s**) m puanteur f

gestatten [gə'ʃtatən] vt permettre; **jdm etw ~** permettre qch à qn; **~ Sie?** vous permettez?; **sich** Dat **~, etw zu tun** se permettre de faire qch

Geste ['gɛstə] f geste m

Gesteck [gə'ʃtɛk] (**-(e)s, -e**) nt composition f florale

gestehen [gə'ʃte:ən] unreg vt avouer; **offen gestanden** à vrai dire

Gestein [gə'ʃtaɪn] (**-(e)s, -e**) nt roche f

Gestell [gə'ʃtɛl] (**-(e)s, -e**) nt support m; (*Regal*) étagère f; (*Fahrgestell*) châssis m; (*Bettgestell*) cadre m; (*Brillengestell*) monture f; (*umg: dürrer Mensch*) squelette m

gestellt adj (*nicht natürlich*) artificiel(le)

gestern ['gɛstərn] adv hier; **~ Abend/Morgen** hier soir/matin; **von ~** (*altmodisch*) démodé(e); **er ist nicht von ~** (*umg*) il n'est pas tombé de la dernière pluie

gestiefelt [gə'ʃti:fəlt] adj: **der G~e Kater** le Chat botté

gestiegen [gə'ʃti:gən] pp von **steigen**

Gestik f gestuelle f

gestikulieren [gɛstiku'li:rən] vi gesticuler

Gestirn [gə'ʃtɪrn] (**-(e)s, -e**) nt astre m; (*Sternbild*) constellation f

gestoben [gə'ʃto:bən] pp von **stieben**

Gestöber [gə'ʃtø:bər] (**-s, -**) nt rafale f (de neige); (*länger*) tempête f (de neige)

gestochen [gə'ʃtɔxən] pp von **stechen** ▷ adj (*Handschrift*) (très) soigné(e)

gestohlen [gə'ʃto:lən] pp von **stehlen; der kann mir ~ bleiben** (*umg*) qu'il aille se faire voir; **das kann mir ~ bleiben** (*umg*) je m'en fiche

gestorben [gə'ʃtɔrbən] pp von **sterben**

gestört [gə'ʃtø:rt] adj perturbé(e); (*Unterhaltung*) interrompu(e); (*Rundfunkempfang*) brouillé(e)

gestoßen [gə'ʃto:sən] pp von **stoßen**

Gestotter [gə'ʃtɔtər] (**-(s)**) nt bégaiements mpl

Gesträuch [gə'ʃtrɔʏç] (**-(e)s, -e**) nt branchages mpl

gestreift [gə'ʃtraɪft] adj (*Muster*) rayé(e), à rayures

gestrichen [gə'ʃtrɪçən] pp von **streichen** ▷ adj: **~ voll** plein(e) à ras bord; **ein ~er Teelöffel voll** une cuillère à café rase

gestrig ['gɛstrɪç] adj d'hier; (*altmodisch*) désuet(-ète), dépassé(e)

gestritten [gə'ʃtrɪtən] pp von **streiten**

Gestrüpp [gə'ʃtrʏp] (**-(e)s, -e**) nt broussailles fpl

gestunken [gə'ʃtʊŋkən] pp von **stinken**

Gestüt [gə'ʃty:t] (**-(e)s, -e**) nt haras m

gestylt [gə'staɪlt] adj (*Person, Kleidung*) chic unver

Gesuch [gə'zu:x] (**-(e)s, -e**) nt (*Antrag*) demande f, requête f

gesucht adj demandé(e); (*Verbrecher, Ausdrucksweise*) recherché(e)

gesund [gə'zʊnt] adj (*körperlich*) en bonne santé, bien portant(e); (*vernünftig*) qui a toute sa raison, sain(e) (d'esprit); (*gut für die Gesundheit*) bon (bonne) pour la santé; **~ sein** être en bonne santé; **wieder ~ werden** guérir; **~ und munter** frais (fraîche) et dispos(e)

gesunden vi se rétablir

Gesundheit f santé f; (*fig*) bon état m; **~!** à tes od vos souhaits!; **bei guter ~** en bonne santé; **g~lich** adj de santé ▷ adv pour ce qui est de la santé; **wie geht es Ihnen g~lich?** comment va la santé?

Gesundheits-: **~amt** nt administration f régionale de la santé publique; **~apostel** (*umg*) m (*ironisch*) obsédé(e) m(f) de la santé; **~fürsorge** f (services mpl de) santé f publique; **~polizei** f police f sanitaire; **~risiko** nt risque m pour la santé; **g~schädlich** adj mauvais(e) pour la santé; **~wesen** nt (services mpl de la) santé f publique; **~zeugnis** nt certificat m médical (de bonne santé); **~zustand** m état m de santé

gesundschreiben unreg vt: **jdn ~ schreiben** déclarer qn en bonne santé

gesungen [gə'zʊŋən] pp von **singen**

gesunken [gə'zʊŋkən] pp von **sinken**

getan [gə'ta:n] pp von **tun** ▷ adj: **nach ~er Arbeit** une fois le travail terminé

Getöse [gə'tø:zə] (**-s**) nt vacarme m

getragen [gə'tra:gən] pp von **tragen** ▷ adj (*Stimme*) posé(e)

Getränk [gə'trɛŋk] (**-(e)s, -e**) nt boisson f

Getränkeautomat m distributeur m de boissons

Getränkekarte f (*in Restaurant*) carte f des vins; (*in Café*) liste f des boissons

getrauen [gə'traʊən] vr oser

Getreide [gə'traɪdə] (**-s, -**) nt céréales fpl; **~speicher** m silo m (à céréales)

getrennt [gə'trɛnt] adj séparé(e) ▷ adv séparément; **~ leben** être séparés

getreten [gə'tre:tən] pp von **treten**

getreu [gə'trɔʏ] adj fidèle

Getriebe [gə'tri:bə] (**-s, -**) nt (*Aut*) vitesses fpl; (*Leute*) foule f

getrieben pp von **treiben**

Getriebeöl nt huile f de graissage

getroffen [gə'trɔfən] pp von **treffen**

getrogen [gə'tro:gən] pp von **trügen**

getrost [gə'tro:st] adv en toute tranquillité; **du kannst dich ~ auf ihn verlassen** tu peux lui faire confiance

getrunken [gə'trʊŋkən] pp von **trinken**

Getto ['gɛto] (**-s, -s**) nt ghetto m

Getue [gə'tu:ə] (**-s**) (*pej*) nt chichis mpl

Getümmel [gə'tʏməl] (**-s**) nt mêlée f, cohue f

geübt [gə'y:pt] adj expert(e)

GEW (**-**) abk (= *Gewerkschaft Erziehung und Wissenschaft*) syndicat du personnel de l'enseignement et de la recherche scientifique

Gew. abk = **Gewerkschaft**

Gewächs [gə'vɛks] (**-es, -e**) nt (*Med*) tumeur f; (*Pflanze*) plante f

gewachsen [gə'vaksən] pp von **wachsen** ▷ adj: **etw** Dat **~ sein** être à la hauteur de qch; **jdm ~ sein** être capable de tenir tête à qn

Gewächshaus nt serre f
gewagt [gə'vaːkt] adj (kühn: Mode) osé(e),
audacieux(-euse); (Unternehmen) risqué(e); (Witz,
Bemerkung) osé(e)
gewählt [gə'vɛːlt] adj (Sprache) châtié(e)
gewahr [gə'vaːr] adj (geh): **einer Sache** Gen ~
werden se rendre compte de qch
Gewähr [gə'vɛːr] f garantie f; **keine** ~
übernehmen für etw ne pas garantir qch, ne
pas répondre de qch; **ohne** ~ sans garantie; **die
Angabe erfolgt ohne** ~ cette information est
donnée sous toutes réserves
gewähren vt (Wunsch) accéder à; (bewilligen)
accorder; **jdn** ~ **lassen** laisser faire qn
gewährleisten vt garantir
Gewahrsam [gə'vaːrzaːm] **(-s)** m: **in** ~ **bringen**
mettre en lieu sûr; (Polizeigewahrsam) placer en
détention préventive; **etw in** ~ **nehmen** se voir
confier qch
Gewährsmann (-(e)s, -leute) m source f
Gewährung f (von Wunsch) consentement m; (von
Kredit) octroi m
Gewalt [gə'valt] **(-, -en)** f (Macht) pouvoir m;
(Kontrolle) contrôle m; (Zwang) force f; (große Kraft)
puissance f; (Gewalttaten) violence f; **mit aller** ~
coûte que coûte; **die ausübende/
gesetzgebende/richterliche** ~ le pouvoir
exécutif/législatif/judiciaire; **elterliche** ~
autorité f parentale; **höhere** ~ force majeure;
~ **über etw** Akk **haben** contrôler qch; ~ **über etw**
Akk **verlieren** perdre le contrôle de qch; **etw in
der** ~ **haben** être maître(-esse) de soi; **etw in
der** ~ **haben** maîtriser qch; **~anwendung** f
recours m à la force
Gewaltenteilung f séparation f des pouvoirs
Gewaltherrschaft f dictature f
gewaltig adj (riesig, stark, umg: groß) énorme;
(mächtig) puissant(e) ▷ adv (umg) sacrément; **sich**
~ **irren** se mettre le doigt dans l'œil
gewalt-: **~los** adj non violent(e) ▷ adv sans
violence; **G~marsch** m marche f forcée; **~sam**
adj violent(e); **~tätig** adj violent(e);
G~verbrechen nt crime m violent; **G~verzicht** m
non-agression f
Gewand [gə'vant] **(-(e)s, ⁻er)** nt vêtement m,
habit m
gewandt [gə'vant] adj (Tänzer, Turner) agile; (Stil)
élégant(e); (Auftreten) sûr(e) de soi; (erfahren)
expérimenté(e) ▷ pp von **wenden**; **G~heit** f
aisance f
gewann etc [gə'van] vb siehe **gewinnen**
gewaschen [gə'vaʃən] pp von **waschen**
Gewässer [gə'vɛsər] **(-s, -)** nt eau f; **stehendes** ~
eau dormante od stagnante
Gewebe [gə'veːbə] **(-s, -)** nt tissu m
Gewehr [gə'veːr] **(-(e)s, -e)** nt (Waffe) fusil m; **~lauf**
m canon m de fusil
Geweih [gə'vaɪ] **(-(e)s -e)** nt bois mpl
Gewerbe [gə'vɛrbə] **(-s, -)** nt métier m; **Handel
und** ~ le commerce et l'industrie; **fahrendes** ~
commerce m ambulant; siehe auch
gewerbetreibend; **~aufsichtsamt** nt inspection

f du travail; **~schein** m licence f; **~schule** f école
f professionnelle; **~steuer** f ≈ taxe f
professionnelle
gewerbetreibend adj qui exerce un métier
Gewerbezweig m secteur m d'activité
gewerblich adj commercial(e)
gewerbsmäßig adj professionnel(le)
Gewerkschaft [gə'vɛrkʃaft] f syndicat m
Gewerkschaft(l)er, in (-s, -) m(f) (Funktionär)
syndicaliste m/f; (Mitglied) personne f syndiquée
gewerkschaftlich adj: **wir haben uns** ~
organisiert nous sommes syndiqué(e)s
Gewerkschaftsbund m confédération f
syndicale
gewesen [gə'veːzən] pp von **sein**
gewichen [gə'vɪçən] pp von **weichen**
Gewicht [gə'vɪçt] **(-(e)s, -e)** nt poids m; **ins** ~
fallen être déterminant(e)
gewichten vt (statistisch) pondérer
Gewichtheben (-s) nt haltérophilie f
gewichtig adj (wichtig) important(e)
Gewichtsklasse f (Sport) catégorie f (de poids)
gewieft [gə'viːft] (umg) adj futé(e)
gewiegt (umg) adj fortiche
gewiesen [gə'viːzən] pp von **weisen**
gewillt [gə'vɪlt] adj: ~ **sein, etw zu tun** être
décidé(e) à faire qch
Gewimmel [gə'vɪməl] **(-s)** nt fourmillement m,
grouillement m
Gewinde [gə'vɪndə] **(-s, -)** nt (von Schraube) pas m de
vis
Gewinn [gə'vɪn] **(-(e)s, -e)** m (Wirts) bénéfice m;
(Preis) lot m; (fig) gain m; ~ **bringend**
lucratif(-ive); **etw mit** ~ **verkaufen** vendre qch à
profit; **aus etw** ~ **schlagen** (umg) tirer profit de
qch; **~anteil** m (Wirts) part f de bénéfice;
~ausschüttung f partage m des bénéfices; (bei
Lotterie) distribution f des gains; **~beteiligung** f
participation f aux bénéfices
gewinnbringend adj lucratif(-ive);
Gewinnchancen pl (beim Wetten) cote f
gewinnen unreg vt gagner; (Kohle, Öl) extraire ▷ vi
gagner; **jdn (für etw)** ~ obtenir le soutien de qn
(pour qch); **Zeit** ~ gagner du temps; **an
Zuversicht/Weisheit** ~ gagner en assurance/
sagesse
gewinnend adj charmant(e)
Gewinner, in (-s, -) m(f) (Sieger) vainqueur m; (in
Lotterie) gagnant(e) m(f)
Gewinn-: **~spanne** f marge f bénéficiaire; **~sucht**
f cupidité f; **~- und Verlustrechnung** f compte m
des pertes et profits
Gewinnung f (von Kohle etc) extraction f; (von
Energie, Zucker etc) production f
Gewirr [gə'vɪr] **(-(e)s, -)** nt enchevêtrement m;
(von Straßen) dédale m
gewiss [gə'vɪs] adj certain(e) ▷ adv (sicherlich)
sûrement; **ein ~es Lächeln** un certain sourire;
ein ~er Herr Blau un certain Monsieur Blau;
sich einer Sache Gen ~ **sein** être certain(e) de
qch; **in ~em Maße** dans une certaine mesure;
das weiß ich ganz ~ j'en suis certain(e)

Gewissen [gəˈvɪsən] **(-s, -)** nt conscience f; **jdm ins ~ reden** sermonner qn; **etw/jdn auf dem ~ haben** avoir qch/la mort de qn sur la conscience; **g~haft** adj consciencieux(-euse); **~haftigkeit** f soin m, minutie f; **g~los** adj sans scrupules

Gewissens-: **~bisse** pl remords mpl; **~frage** f cas m de conscience; **~freiheit** f liberté f de conscience; **~konflikt** m cas m de conscience

gewissermaßen [gəvɪsərˈmaːsən] adv en quelque sorte, d'une certaine manière

Gewissheit f certitude f; **sich Dat über eine Sache ~ verschaffen** s'assurer de qch

gewisslich adv assurément

Gewitter [gəˈvɪtər] **(-s, -)** nt orage m

gewittern vi unpers: **es gewittert** il y a de l'orage

gewitterschwül adj lourd(e)

Gewitterwolke f nuage m d'orage; (fig: umg) nuage noir

gewittrig adj orageux(-euse)

gewitzigt [gəˈvɪtsɪçt] adj: **~ sein** être devenu(e) prudent(e)

gewitzt [gəˈvɪtst] adj futé(e)

gewoben [gəˈvoːbən] pp von **weben**

gewogen [gəˈvoːgən] pp von **wiegen** ▷ adj (geh): **jdm ~ sein** être bien disposé(e) envers qn; **etw Dat ~ sein** être favorable à qch

gewöhnen [gəˈvøːnən] vt: **jdn an etw Akk ~** habituer qn à qch ▷ vr: **sich an etw Akk ~** s'habituer à qch

Gewohnheit [gəˈvoːnhaɪt] f habitude f; **aus ~** par habitude; **zur ~ werden** devenir une habitude; **sich Dat etw zur ~ machen** prendre l'habitude de qch

Gewohnheits-: **~mensch** m esclave m/f de ses habitudes; **~recht** nt droit m coutumier; **~tier** (umg) nt esclave m/f de ses habitudes

gewöhnlich [gəˈvøːnlɪç] adj (durchschnittlich, normal) ordinaire, banal(e); (Leben) de tous les jours; (Mensch, Tag) comme les autres; (ordinär) vulgaire ▷ adv: **wie ~** comme d'habitude

gewohnt [gəˈvoːnt] adj habituel(le); **etw ~ sein** avoir l'habitude de qch

Gewöhnung f habitude f; (Sucht) accoutumance f

Gewölbe [gəˈvœlbə] **(-s, -)** nt (Decke) voûte f; (Kellerraum) cave f voûtée

gewollt [gəˈvɔlt] adj artificiel(le) ▷ pp von **wollen**

gewonnen [gəˈvɔnən] pp von **gewinnen**

geworben [gəˈvɔrbən] pp von **werben**

geworden [gəˈvɔrdən] pp von **werden**

geworfen [gəˈvɔrfən] pp von **werfen**

gewrungen [gəˈvrʊŋən] pp von **wringen**

Gewühl [gəˈvyːl] **(-(e)s)** nt (Gedränge) cohue f

gewunden [gəˈvʊndən] pp von **winden**

gewürfelt [gəˈvʏrfəlt] adj (Muster) à carreaux

Gewürz [gəˈvʏrts] **(-es, -e)** nt épice f; **~gurke** f cornichon m; **~nelke** f clou m de girofle

gewürzt adj épicé(e)

gewusst [gəˈvʊst] pp von **wissen**

GEZ abk (= Gebühreneinzugszentrale) organisme de perception de la redevance radio et télévision

gez. abk (= gezeichnet) signé(e)

gezackt [gəˈtsakt] adj (Fels, Blatt) dentelé(e)

gezähnt [gəˈtsɛːnt], **gezahnt** [gəˈtsaːnt] adj denté(e)

gezeichnet [gəˈtsaɪçnət] adj marqué(e)

Gezeiten [gəˈtsaɪtən] pl marées fpl

Gezeter [gəˈtseːtər] **(-s)** nt vociférations fpl

gezielt [gəˈtsiːlt] adj ciblé(e)

geziemen [gəˈtsiːmən] vr unpers (veraltend): **das geziemt sich nicht (für jdn)** ça n'est pas convenable (pour qn)

geziemend adj convenable

geziert [gəˈtsiːrt] adj affecté(e), maniéré(e); **G~heit** f affectation f

gezogen [gəˈtsoːgən] pp von **ziehen**

Gezwitscher [gəˈtsvɪtʃər] **(-s, -)** nt gazouillis m

gezwungen [gəˈtsvʊŋən] adj (Benehmen, Atmosphäre) embarrassé(e); (Lächeln) forcé(e) ▷ pp von **zwingen**

gezwungenermaßen adv: **etw ~ tun** être obligé(e) de faire qch

GG abk = **Grundgesetz**

ggf. abk = **gegebenenfalls**

Ghana ['gaːna] nt le Ghana m

Ghetto ['gɛto] **(-s, -s)** nt ghetto m

G. I. **(-s, -s)** m G.I. m

Gibraltar [giˈbraltar] **(-s)** nt Gibraltar

gibt etc vb siehe **geben**

Gicht [gɪçt] f goutte f; **g~ig, g~isch** adj goutteux(-euse)

Giebel ['giːbəl] **(-s, -)** m pignon m; **~dach** nt toit m en pente; **~fenster** nt fenêtre au dernier étage d'une maison à pignon

Gier [giːr] f cupidité f

gierig adj avide

gießen ['giːsən] unreg vt verser; (Blumen, Garten) arroser; (Metall) couler ▷ vi unpers: **es gießt (in Strömen)** (umg) il pleut à verse

Gießerei [giːsəˈraɪ] f fonderie f

Gießkanne f arrosoir m

Gift [gɪft] **(-(e)s, e)** nt poison m; **das ist ~ für dich** (umg) tu t'empoisonnes avec ça; **darauf kannst du ~ nehmen** (umg) c'est tout ce qu'il y a de plus sûr; **g~grün** adj vert pomme unver

giftig adj (Stoff, Dampf etc) toxique; (Pflanze, Pilz) vénéneux(-euse); (Schlange, fig) venimeux(-euse)

Gift-: **~müll** m déchets mpl toxiques; **~pilz** m champignon m vénéneux; **~schrank** m armoire f à pharmacie (où l'on range les produits toxiques); **~stoff** m produit m toxique; **~wolke** f nuage m toxique; **~zahn** m crochet m à venin; **~zwerg** (umg) m petit roquet m

gigantisch [gɪˈgantɪʃ] adj (Bauten) gigantesque; (Erfolg) immense

Gilde ['gɪldə] f corporation f

gilt etc vb siehe **gelten**

ging etc [gɪŋ] vb siehe **gehen**

Ginster ['gɪnstər] **(-s, -)** m genêt m

Gipfel ['gɪpfəl] **(-s, -)** m sommet m; **das ist der ~ der Unverschämtheit!** c'est un comble!, quel culot!; **~konferenz** f (conférence f au) sommet m

gipfeln vi: **in etw Dat ~** se terminer par qch

Gipfeltreffen nt (conférence f au) sommet m

Gips [gɪps] **(-es, -e)** m plâtre m; **~abdruck** m

moulage *m* en plâtre; **~bein** *(umg)* *nt* jambe *f*
plâtrée *od* dans le plâtre
gipsen *vt* plâtrer
Gipsfigur *f* plâtre *m*
Gipsverband *m* plâtre *m*
Giraffe [gi'rafə] *f* girafe *f*
Girlande [gɪr'landə] *f* guirlande *f*
Giro ['ʒi:ro] (**-s, -s**) *nt* virement *m*; **~konto** *nt*
compte *m* courant, compte-chèques *m*; **~scheck**
m chèque *m* barré, chèque de virement
girren ['gɪrən] *vi* roucouler
Gis [gɪs] (**-, -**) *nt* *(Mus)* sol *m* dièse
Gischt [gɪʃt] (**-(e)s, -e**) *m od f* écume *f*
Gitarre [gi'tarə] *f* guitare *f*
Gitarrist, in [gita'rɪst(ɪn)] *m(f)* guitariste *m/f*
Gitter ['gɪtər] (**-s, -**) *nt* grille *f*; *(für Pflanzen)*
treillage *m*; *(Zaun)* grillage *m*, clôture *f*; **hinter ~n**
sein *(umg)* être sous les verrous; **~bett** *nt* lit *m*
d'enfant; **~fenster** *nt* fenêtre *f* à barreaux;
~zaun *m* clôture *f*
Glacéhandschuh, Glaceehandschuh [gla'se:-
hantʃu:] *m* gant *m* de chevreau; **jdn mit ~en**
anfassen prendre des gants avec qn
Gladiole [gladi'o:lə] *f* glaïeul *m*
Glanz [glants] (**-es**) *m* aspect *m* brillant, éclat *m*;
(von Sternen, Augen) éclat; *(fig)* éclat, splendeur *f*;
~abzug *m* *(Phot)* épreuve *f* sur papier glacé
glänzen ['glɛntsən] *vi* briller; **durch etw ~** briller
par qch
glänzend *adj* brillant(e); **wir haben uns ~**
amüsiert *(umg)* on s'est drôlement amusés(-ées)
Glanz-: ~leistung *f* brillante performance *f*;
g~los *adj* terne; **~papier** *nt* papier *m* glacé;
~stück *nt* chef-d'œuvre *m*; **~zeit** *f* apogée *m*
Glas [gla:s] (**-es, ¨er**) *nt* verre *m*; *(Einmachglas)*
bocal *m*; **ein/zwei ~ Wein** un verre/deux verres
de vin; **~bläser** (**-s, -**) *m* souffleur *m* *(de verre)*; **~er**
(**-s, -**) *m* vitrier *m*
gläsern ['glɛ:zərn] *adj* de *od* en verre
Glasfaser *f* fibre *f* de verre
glasieren [gla'zi:rən] *vt* *(Tongefäß)* vernisser;
(Gebäck) glacer
glasig *adj* *(Kartoffeln, Zwiebeln)* doré(e); *(Blick, Augen)*
vitreux(-euse)
Glas-: g~klar *adj* limpide; **~platte** *f* plaque *f* de
verre; **~scheibe** *f* vitre *f*
Glasur [gla'zu:r] *f* vernis *m*; *(Koch)* glaçage *m*
Glaswolle *f* laine *f* de verre
glatt [glat] *adj* *(eben)* lisse; *(rutschig)* glissant(e);
(pej: allzu gewandt) mielleux(-euse); *(Med: Bruch)*
simple; *(Absage)* catégorique; *(Lüge)* évident(e)
▷ *adv:* **~ rasiert** rasé(e) de près; **~ streichen**
lisser; **das habe ich ~ vergessen** j'ai
complètement oublié; *siehe auch* **glattgehen**
Glätte ['glɛtə] *f* *(von Fläche)* aspect *m* lisse;
(Schneeglätte, Eisglätte) état *m* glissant
Glatteis *nt* verglas *m*; **jdn aufs ~ führen** mener
qn en bateau
glätten *vt* lisser ▷ *vr (Wogen, Meer)* se calmer;
(Falten) disparaître
glatt-: ~gehen *unreg (umg)* *vi* marcher comme sur
des roulettes; **es ist ~gegangen** ça a marché

comme sur des roulettes; **~stellen** *vt* équilibrer;
~weg *(umg)* *adv* tout simplement
Glatze ['glatsə] *f* calvitie *f*; **eine ~ bekommen**
devenir chauve
glatzköpfig *adj* chauve
Glaube ['glaubə] (**-ns, -n**) *m* *(Rel)* foi *f*;
(Überzeugung) croyance *f*, conviction *f*; **den ~n an**
jdn/etw verlieren ne plus croire en qn/à qch
glauben *vt, vi + Dat* croire; **an etw** *Akk* **~** croire à
qch; **an Gott ~** croire en Dieu; **jdm aufs Wort ~**
croire qn sur parole; **wers glaubt, wird selig**
(ironisch) elle est bien bonne!; **man glaubte ihn**
verloren on le croyait perdu; **daran ~ müssen**
(umg) y passer
Glaubens-: ~bekenntnis *nt* profession *f* de foi;
~freiheit *f* liberté *f* religieuse *od* de conscience;
~gemeinschaft *f* communauté *f* religieuse; **die**
großen ~gemeinschaften les principales
confessions *fpl*
glaubhaft ['glaubhaft] *adj* crédible; **jdm etw ~**
machen convaincre qn de qch
Glaubhaftigkeit *f* crédibilité *f*
gläubig ['glɔybɪç] *adj* *(Rel)* croyant(e);
(vertrauensvoll) confiant(e); **G~e, r** *f(m)* *(Rel)*
croyant(e) *m(f)*; **die G~en** les fidèles *mpl*
Gläubiger, in (**-s, -**) *m(f)* créancier(-ière) *m(f)*
glaubwürdig ['glaubvvrdıç] *adj* *(Erklärung)*
plausible, crédible; **~ sein** *(Mensch)* être digne de
foi; **G~keit** *f* crédibilité *f*
gleich [glaɪç] *adj:* **der/die/das ~e ... (wie)** le(la)
même ... (que) ▷ *adv* toujours tout aussi; *(sofort,*
bald) tout de suite; **das bleibt sich doch ~!** ça
revient au même!; **~ gesinnt** qui a les mêmes
idées; **~ lautend** homonyme; **~ hinter dem**
Haus juste derrière la maison; **~ am Anfang** dès
le début; **es ist mir ~** ça m'est égal; **2 mal 2 ist ~**
4 2 fois 2 font *od* égalent 4; **zu ~en Teilen** à parts
égales; **ganz ~ wer** peu importe qui; **G~es mit**
G~em vergelten rendre la pareille; **~ groß** de la
même taille; **~!** une minute!; **bis ~!** à tout à
l'heure!; **wie war doch ~ Ihr Name?** comment
c'est votre nom, déjà?; **es ist ~ drei Uhr** il est
presque trois heures; **~ nach dem Essen** juste
après le repas; **~altrig** *adj* du même âge; **~artig**
adj semblable; **~bedeutend** *adj* synonyme;
~berechtigt *adj* égal(e); **G~berechtigung** *f*
égalité *f*; **~bleibend** *adj* invariable, constant(e);
bei ~bleibendem Gehalt à salaire égal, pour le
même salaire
gleichen *unreg* *vi:* **jdm/etw ~** ressembler à qn/qch
▷ *vr* se ressembler
gleichermaßen *adv* de la même manière *od* façon
gleich-: ~falls *adv* également, pareillement;
danke ~falls! merci, pareillement!;
G~förmigkeit *f* uniformité *f*; **~gestellt** *adj:*
rechtlich ~gestellt qui a les mêmes droits;
G~gewicht *nt* équilibre *m*; **jdn aus dem**
G~gewicht bringen troubler qn; **~gültig** *adj*
indifférent(e); *(belanglos)* sans intérêt; **das ist**
mir ~gültig ça m'est égal *od* indifférent;
G~gültigkeit *f* indifférence *f*
Gleichheit *kein pl* *f* égalité *f*; *(Identität)* similitude

f; (*Industrie, Finanz*) parité f

Gleichheitsprinzip nt principe m d'égalité

Gleichheitszeichen nt signe m d'égalité

gleich-: **~kommen** unreg vi+Dat correspondre à; **jdm an etw** Akk **~kommen** égaler qn en qch; **das kommt einer Beleidigung ~** cela frôle l'insulte; **~laufend** adj parallèle; **~lautend** adj homonyme

Gleichmacherei (*pej*) f nivellement m (par le bas)

gleich-: **~mäßig** adj régulier(-ière); **G~mut** m égalité f d'humeur; **~namig** adj (Math: Brüche) qui ont un dénominateur commun

Gleichnis (**-ses, -se**) nt (in der Bibel) parabole f

gleich-: **~rangig** adj (Beamte etc) de même rang; (*Problem*) de même importance; (*Straße*) de même type; **~sam** adv pour ainsi dire; **~schalten** (pej) vt mettre au pas; **G~schritt** m: **im G~schritt gehen** marcher au pas cadencé; **im G~schritt, marsch!** en avant, marche!; **~sehen** unreg vi+Dat ressembler à; **~stellen** vt: **jdn jdm ~stellen** (rechtlich etc) assimiler qn à qn; **G~strom** m courant m continu; **~tun** unreg vt unpers: **es jdm ~tun** imiter qn; **es jdm im Laufen ~tun** courir aussi bien que qn; **G~ung** f équation f; **~viel** adv (geh): **~viel wer** peu importe qui; **~viel ob er kommt oder nicht** qu'il vienne ou non; **~wertig** adj (Geld) qui a la même valeur; (Leistung, Qualität) équivalent(e); (Gegner) de force égale; **~wohl** adv néanmoins; **~zeitig** adj simultané(e)

Gleis [glaɪs] (**-es, -e**) nt (Schiene) voie f (ferrée), rails mpl; (Bahnsteig) quai m; **aus dem ~ kommen** être perturbé(e)

gleißend ['glaɪsənt] adj brillant(e)

Gleitboot nt hydroglisseur m

gleiten unreg vi glisser; (in der Luft) planer

gleitend ['glaɪtənt] adj: **~e Arbeitszeit** horaire m flexible od à la carte

Gleit-: **~flug** m vol m plané; **~klausel** f clause f d'indexation; **~zeit** f (gleitende Arbeitszeit) horaire m flexible od à la carte

Gletscher ['glɛtʃər] (**-s, -**) m glacier m; **~spalte** f crevasse f

glich etc [glɪç] vb siehe **gleichen**

Glied [gliːt] (**-(e)s, -er**) nt (Körperglied, Penis) membre m; (Teil) partie f; (einer Kette) maillon m; (Mil) rang m; **der Schreck steckt ihr noch in den ~ern** elle en a encore froid dans le dos

gliedern vt structurer; (Arbeit) organiser

Gliederschmerz m rhumatisme m

Gliederung f (Aufbau) structure f; (das Gliedern) organisation f

Gliedmaßen pl membres mpl

glimmen ['glɪmən] unreg vi (Feuer, Asche) rougeoyer; (Zigarette) luire faiblement

Glimmer (**-s, -**) m (Mineral) mica m

Glimmstängel (umg) m clope f

glimpflich ['glɪmpflɪç] adj (nachsichtig) clément(e); (schadlos) sans gravité; **~ davonkommen** s'en tirer à bon compte

glitschig ['glɪtʃɪç] adj glissant(e); (Fisch) gluant(e)

glitt etc [glɪt] vb siehe **gleiten**

glitzern ['glɪtsərn] vi scintiller

global [glo'baːl] adj (weltweit) mondial(e);

(ungefähr, pauschal) général(e)

Globus ['gloːbʊs] (**- od -ses, Globen** od **-se**) m mappemonde f

Glocke ['glɔkə] f cloche f; (einer Blume) clochette f; **etw an die große ~ hängen** crier qch sur les toits

Glocken-: **~blume** f campanule f; **~geläut** nt son m de cloches; **~schlag** m: **mit dem** od **auf den ~schlag** à l'heure pile; **~spiel** nt carillon m; (Mus) glockenspiel m; **~turm** m clocher m

Glöckner m sonneur m

glomm etc [glɔm] vb siehe **glimmen**

Glorie ['gloːriə] f gloire f; (von Heiligen) auréole f

glorreich ['gloːraɪç] adj (gew ironisch) glorieux(-euse)

Glossar [glɔ'saːr] (**-s, -e**) nt glossaire m

Glosse ['glɔsə] f (Presse, TV) commentaire m

Glotze (umg) f télé f

glotzen ['glɔtsən] (umg) vi regarder bêtement

Glück [glʏk] (**-(e)s**) nt (guter Zufall) chance f; (Freude, Zustand) bonheur m; **~ haben** avoir de la chance; **viel ~!** bonne chance!; **zum ~!** heureusement!; **ein ~!** quelle chance!; **auf gut ~** (aufs Geratewohl) à tout hasard; (unvorbereitet) au petit bonheur; (wahllos) au hasard; **sie weiß noch nichts von ihrem ~** (ironisch) elle ne sait pas encore ce qui l'attend; **er kann von ~ sagen, dass ...** il peut s'estimer heureux de ce que ...; **~auf** nt: **~auf!** (Bergleute) salut!

Glucke f (Bruthenne) couveuse f; (mit Jungen) mère poule f

glücken vi réussir; **es glückte ihm, es zu bekommen** il a réussi à l'obtenir

gluckern ['glʊkərn] vi (Bach, Wasser) clapoter

glücklich adj heureux(-euse) ⊳ adv (selig) avec bonheur; (ausgehen) bien; (umg: endlich) finalement; **~erweise** adv heureusement

Glücksbringer m porte-bonheur m inv

glückselig [glʏk'zeːlɪç] adj aux anges

Glücks-: **~fall** m coup m de chance; **~kind** nt personne qui a de la chance; **~pfennig** m sou porte-bonheur; **~pilz** (umg) m veinard(e) m(f); **~rad** nt roue f de la fortune; **~sache** f: **das ist ~sache** c'est une question de chance; **~spiel** nt jeu m de hasard; **~stern** m bonne étoile f; **~strähne** f: **eine ~strähne haben** avoir une période de chance

glückstrahlend adj rayonnant(e) de bonheur

Glückszahl f chiffre m porte-bonheur

Glückwunsch (**-es, -̈e**) m félicitations fpl; **herzlichen ~ zum Geburtstag!** bon anniversaire!; **~telegramm** nt télégramme m de félicitations

Glühbirne f ampoule f (électrique)

glühen ['glyːən] vi (Draht, Kohle) rougeoyer; (Sonne, Ofen, Ohren) être brûlant(e); (vor Begeisterung) brûler d'enthousiasme

glühend adj brûlant(e); (Metall) chauffé(e) au rouge; (Hass) implacable

Glüh-: **~faden** m (Elek) filament m; **~lampe** f lampe f à incandescence; **~wein** m vin m chaud; **~würmchen** nt ver m luisant

Glukose [glu'koːsə] f glucose m

Glut [glu:t] (-, **-en**) f (*Feuersglut*) braise f; (*Röte*) rougeoiement m; (*Hitze*) chaleur f torride; (*von Leidenschaft, Liebe*) ardeur f

Glyzerin [glytse'ri:n] (**-s**) nt glycérine f; **~seife** f savon m à la glycérine

GmbH (-, **-s**) f abk (= *Gesellschaft mit beschränkter Haftung*) SARL f

Gnade ['gna:də] f (*Gunst*) faveur f; (*Erbarmen, Rel*) grâce f; (*Milde*) clémence f; ~ **vor Recht ergehen lassen** se montrer indulgent(e)

gnaden vi: (**dann**) **gnade dir Gott!** (alors) malheur à toi!

Gnaden-: **~brot** nt: **jdm/einem Tier das ~brot geben** entretenir qn/nourrir un animal par charité; **~frist** f délai m de grâce; **~gesuch** nt recours m en grâce; **g~los** adj sans pitié; **~stoß** m coup m de grâce

gnädig ['gnɛ:dıç] adj (*barmherzig*) charitable; (*nachsichtig*) indulgent(e), clément(e); **~e Frau** (*Anrede*) chère Madame

Gobelin [gobə'lɛ̃:] (**-s, -s**) m tapisserie f

Gockel ['gɔkəl] (**-s, -**) (*umg: gew Südd*) m coq m

Gold [gɔlt] (-(**e**)s) nt or m; **nicht mit ~ zu bezahlen** od **aufzuwiegen sein** valoir son pesant d'or; **~barren** m lingot m d'or; **g~en** adj en or, d'or; **g~ene Worte** de sages conseils mpl; **~fisch** m poisson m rouge; **~grube** f mine f d'or; **~hamster** m hamster m

goldig ['gɔldıç] (*umg*) adj adorable

Gold-: **~regen** m (*Bot*) cytise m; **g~richtig** (*umg*) adj absolument juste; **~schmied** m orfèvre m; **~schnitt** m dorure f sur tranche; **~standard** m étalon-or m; **~stück** nt pièce f d'or; (*fig: umg*) perle f; **~waage** f: **jedes Wort auf die ~waage legen** peser ses mots

Golf¹ [gɔlf] (-(**e**)s, -e) m (*Geog*) golfe m

Golf² [gɔlf] (**-s**) nt (*Sport*) golf m; **~platz** m terrain m de golf; **~schläger** m crosse f de golf; **~spieler** m joueur m de golf

Golfstaaten pl: **die ~** les États mpl du Golfe

Golfstrom m Gulf Stream m

Gondel ['gɔndəl] (-, **-n**) f (*Boot*) gondole f; (*bei Seilbahn*) cabine f

gondeln (*umg*) vi: **durch die Welt ~** rouler sa bosse

Gong [gɔŋ] (**-s, -s**) m gong m

gönnen ['gœnən] vt: **jdm etw ~** trouver que qn a mérité qch; **sich** Dat **etw ~** s'accorder qch

Gönner (-**s, -**) m bienfaiteur m; **g~haft** adj condescendant(e); **~in** f bienfaitrice f; **~miene** f air m condescendant

gor etc [go:r] vb siehe **gären**

Gorilla [go'rıla] (**-s, -s**) m gorille m

goss etc [gɔs] vb siehe **gießen**

Gosse ['gɔsə] f caniveau m; (*fig*) rue f

Gotik ['go:tık] f gothique m

Gott [gɔt] (-**es, ̈-er**) m dieu m; (*als Name, Anruf*) Dieu m; **~ sei Dank!** Dieu soit loué!; **grüß ~!** (*gew Südd, Österr*) bonjour!; **um ~es willen!** mon Dieu!; **leider ~es** malheureusement; **ach ~!** mon Dieu!; **den lieben ~ einen guten Mann sein lassen** (*umg*)

ne pas s'en faire; **ein Bild für die Götter** (*hum: umg*) un triste spectacle; **das wissen die Götter** Dieu seul le sait; **über ~ und die Welt reden** parler de choses et d'autres; **wie ~ in Frankreich leben** (*umg*) vivre comme un coq en pâte

Götterspeise f (*Koch*) dessert à la gelée de fruits

Gottes-: **~dienst** m (*katholisch*) messe f; (*evangelisch*) culte m; **~haus** nt maison f de Dieu, lieu m de culte; **~krieger, in** m(f) terroriste mf religieux(-euse); **~lästerung** f blasphème m; **~mutter** f mère f de Dieu

Gottheit f divinité f

Göttin [gœtın] f déesse f

göttlich adj divin(e)

gott-: **~lob** interj Dieu merci; **~los** adj athée; (*verwerflich*) impie; **~verlassen** adj maudit(e); **G~vertrauen** nt foi f

Götze ['gœtsə] (-**n, -n**) m idole f

Grab [gra:p] (-(**e**)s, ̈-er) nt tombe f

Graben (-**s, ̈-**) m fossé m; (*Mil*) tranchée f

graben ['gra:bən] unreg vt, vi creuser; **nach etw ~** creuser pour trouver qch

Grabesstille f silence m de mort

Grab-: **~mal** nt tombeau m, monument m funéraire; **~rede** f oraison f funèbre; **~stein** m pierre f tombale

Gracht [graxt] (-, **-en**) f canal m

Grad [gra:t] (-(**e**)s, -e) m degré m; (*Rang*) grade m; (*akademischer Grad*) titre m; **im höchsten ~(e)** extrêmement; **Verbrennungen ersten ~es** brûlures fpl du premier degré; **~einteilung** f graduation f; **g~linig** adj siehe **geradlinig**

graduell [gradu'ɛl] adj (*geh*) graduel(le)

gradweise adv graduellement

Graf [gra:f] (-**en, -en**) m comte m

Graffiti [gra'fi:ti] pl graffiti mpl

Grafik ['gra:fık] f (*Kunst, Technik*) arts mpl graphiques

Grafiker, in (-**s, -**) m(f) graphiste m/f

Gräfin ['grɛ:fın] f comtesse f

grafisch adj graphique; **~e Darstellung** graphique m

Grafschaft f comté m

Grahambrot ['gra:hambro:t] nt sorte de pain complet

Gralshüter ['gra:lzhy:tər] (-**s, -**) m (*fig*) gardien m

Gram [gra:m] (-(**e**)s) m chagrin m

grämen ['grɛ:mən] vr être rongé(e) de chagrin ▷ vt affliger; **sich zu Tode ~** mourir de chagrin

Gramm [gram] (-**s, -**) nt gramme m

Grammatik [gra'matık] f grammaire f

grammatisch adj grammatical(e)

Grammofon, Grammophon (-**s, -e**) nt phonographe m

Granat [gra'na:t] (-(**e**)s -e) m (*Stein*) grenat m; **~apfel** m grenade f

Granate f (*Mil*) grenade f

grandios [gran'dio:s] adj grandiose

Granit [gra'ni:t] (-**s, -e**) m granit m; **auf ~ beißen** se heurter à un mur

grantig ['grantıç] (*umg*) adj de mauvais poil

Graphik ['gra:fık] f = **Grafik**

Graphiker, in ['gra:fıkər(ın)] (-**s, -**) m(f) = **Grafiker**

graphisch ['graːfɪʃ] *adj* = **grafisch**

grapschen ['grapʃən] (*umg*) *vt* rafler; **(sich** *Dat*) **etw ~** rafler qch

Gras [graːs] **(-es, ¨-er)** *nt* herbe *f*; **über etw** *Akk* **~ wachsen lassen** attendre que les choses se soient tassées; **g~en** *vi* (*Tiere*) paître; **~halm** *m* brin *m* d'herbe

grasig *adj* herbeux(-euse)

Grasnarbe *f* gazon *m*

grassieren [gra'siːrən] *vi* (*Gerücht*) courir; (*Virus, Grippe*) sévir

grässlich ['grɛslɪç] *adj* épouvantable; (*Angst, Verlegenheit*) terrible

Grat [graːt] **(-(e)s, -e)** *m* (*Berggrat*) arête *f*; (*Tech*) bavure *f*

Gräte ['grɛːtə] *f* arête *f*

Gratifikation [gratifikatsi'oːn] *f* prime *f*

gratis ['graːtɪs] *adv* gratuitement; **G~probe** *f* échantillon *m* gratuit

Grätsche ['grɛːtʃə] *f* (*Sport*) écart *m*; **in der ~** à l'écart, les jambes écartées

Gratulant, in [gratu'lant(ɪn)] *m(f)* personne qui félicite

Gratulation [gratulatsi'oːn] *f* félicitations *fpl*

gratulieren [gratu'liːrən] *vi*: **jdm (zu etw) ~** féliciter qn (de qch); **jdm zum Geburtstag ~** souhaiter bon anniversaire à qn; **jdm zum bestandenen Examen ~** féliciter qn d'avoir réussi à un examen; **ich gratuliere!** (toutes mes) félicitations!

Gratwanderung *f*: **sich auf einer ~ befinden** (*fig*) être sur la corde raide

grau [graʊ] *adj* gris(e); (*Haar*) blanc (blanche); (*umg: Markt*) semi-clandestin(e); **~ meliert** grisonnant(e); **der ~e Alltag** la monotonie du quotidien; **G~brot** *nt* siehe **Mischbrot**

Gräuel ['grɔʏəl] **(-s, -)** *m* horreur *f*; **jdm ein ~ sein** faire horreur à qn; **~propaganda** *f* campagne *f* de diffamation; **~tat** *f* atrocité *f*

grauen[1] *vi* (*Tag*) se lever

grauen[2] *vi unpers*: **es graut jdm vor etw** qn frémit à l'idée de qch ▷ *vr*: **sich** *Dat* **od** *Akk* **vor etw ~** frémir à l'idée de qch

Grauen (-s) *nt* horreur *f*; **g~haft** *adj* (*Anblick, Verbrechen*) effroyable, horrible; (*Wetter, Geschmack, Schmerzen*) épouvantable ▷ *adv* d'une manière effroyable; **g~voll** *adj* = **grauenhaft**

grauhaarig *adj* aux cheveux blancs

gräulich ['grɔʏlɪç] *adj* (*schrecklich*) atroce, abominable

Graupelregen ['graʊpəlreːgən], **Graupelschauer** *m* giboulée *f*

grausam ['graʊzaːm] *adj* (*Mensch, Tat, Sitten*) cruel(e); (*Verbrechen, Kälte*) atroce; **G~keit** *f* (*siehe adj*) cruauté *f*; atrocité *f*

grausen *vi unpers, vr* siehe **grauen**; **G~** ['graʊzən] **(-s)** *nt* horreur *f*; **da kann man das kalte G~ kriegen** (*umg*) ça fait froid dans le dos

Grauzone *f* zone *f* d'ombre

gravieren [gra'viːrən] *vt* graver

gravierend *adj* déterminant(e)

Grazie ['graːtsiə] **(-, -en)** *f* grâce *f*

graziös [gratsi'øːs] *adj* gracieux(-euse)

Greencard, Green Card ['griːnkaːrd] **(-, -s)** *f* permis *m* de travail

greifbar *adj* (*konkret*) tangible; (*verfügbar*) disponible; **in ~er Nähe** à portée de main

greifen ['graɪfən] *unreg vt* saisir; (*auf Musikinstrument*) jouer ▷ *vi* (*mit der Hand*) tendre la main; (*Reifen*) adhérer; (*nicht rutschen, einrasten*) mordre; **nach etw ~** tendre la main pour prendre *od* saisir qch; **um sich ~** (*Panik, Feuer, Seuche*) se propager; **zur Flasche ~** se mettre à boire; **diese Zahl ist zu niedrig gegriffen** ce chiffre est trop bas; **(mitten) aus dem Leben gegriffen** pris(e) sur le vif

Greifer (-s, -) *m* (*Tech*) benne *f* preneuse

Greifvogel *m* rapace *m*, oiseau *m* de proie

Greis [graɪs] **(-es, -e)** *m* vieillard *m*

Greisenalter *nt* vieillesse *f*

greisenhaft *adj* de vieillard

Greisin *f* vieille femme *f*

grell [grɛl] *adj* (*Licht*) aveuglant(e); (*Farbe*) criard(e); (*Stimme, Ton*) strident(e)

Gremium ['greːmiʊm] *nt* commission *f*

Grenadier [grena'diːər] **(-s, -e)** *m* grenadier *m*

Grenzbeamte, r *m* douanier *m*

Grenzbezirk *m* zone *f* frontalière

Grenze *f* frontière *f*; (*zwischen Grundstücken, fig*) limite *f*; **über die ~ gehen/fahren** passer la frontière; **er kam über die grüne ~** il a passé illégalement la frontière; **hart an der ~ des Erlaubten** à la limite de la légalité; **sich in ~n halten** être limité(e)

grenzen *vi*: **an etw** *Akk* **~** être voisin(e) de qch; (*Land*) avoir une frontière commune avec qch; (*fig*) frôler *od* friser qch

grenzenlos *adj* infini(e); (*Frechheit*) qui dépasse les bornes

Grenz-: **~fall** *m* cas *m* limite; **~gänger** *m* (*Arbeiter*) frontalier *m*; **~gebiet** *nt* zone *f* frontalière; (*fig*) domaine *m* intermédiaire; **~kosten** *pl* coûts *mpl* marginaux; **~linie** *f* ligne *f* de démarcation; (*Sport*) limite *f* du terrain; **~schutz** *m* protection *f* des frontières; **~übergang** *m* poste-frontière *m*; **g~überschreitend** *adj* international(e); **~wert** *m* valeur *f* limite; **~zwischenfall** *m* incident *m* de frontière

Greuel *etc* ['grɔʏəl] **(-s, -)** *m* siehe **Gräuel** *etc*

greulich ['grɔʏlɪç] *adj* siehe **gräulich**

Grieche ['griːçə] *m* Grec *m*

Griechenland *nt* la Grèce

Griechin *f* Grecque *f*

Griechisch *nt* (*Ling*) le grec

griechisch *adj* grec (grecque)

griesgrämig ['griːsgrɛːmɪç] *adj* grincheux(-euse)

Grieß [griːs] **(-es, -e)** *m* (*Koch*) semoule *f*; **~brei** *m* semoule *f* au lait

Griff [grɪf] **(-(e)s, -e)** *m* (*an Tür, Topf, Koffer*) poignée *f*; (*Sport*) prise *f*; **jdn/etw in den ~ bekommen** réussir à maîtriser qn/qch; **mit jdm/etw einen guten ~ getan haben** avoir fait un bon choix (en prenant qn/qch)

griff *etc vb* siehe **greifen**

griffbereit *adj* à portée de main; **etw ~ haben** avoir qch à portée de main

Griffel ['grɪfəl] (**-s, -**) *m* (*Schreibgriffel*) crayon *m* d'ardoise; (*Bot*) style *m*

griffig ['grɪfɪç] *adj* (*Fahrbahn etc*) qui n'est pas glissant(e); (*Ausdruck*) pratique

Grill [grɪl] (**-s, -s**) *m* gril *m*

Grille ['grɪlə] *f* grillon *m*; (*fig*) lubie *f*

grillen *vt* griller

Grillplatz *m* aire de pique-nique avec des barbecues

Grimasse [gri'masə] *f* grimace *f*; **~n schneiden** faire des grimaces

Grimm [grɪm] (**-(e)s**) *m* courroux *m*

grimmig *adj* (*Mensch, Miene*) furieux(-euse); (*Schmerz*) atroce; (*Kälte*) terrible

grinsen ['grɪnzən] *vi* sourire; (*höhnisch*) ricaner

Grippe ['grɪpə] *f* grippe *f*

Grips [grɪps] (**-es, -e**) (*umg*) *m* cervelle *f*

grob [gro:p] *adj* grossier(-ière); (*Netz*) à grosses mailles; (*Verstoß*) flagrant(e); (*nicht exakt*) approximatif(-ive) ▷ *adv* (*reden*) grossièrement; **~ geschätzt** en gros; **aus dem Gröbsten heraus sein** (*umg*) avoir le pire derrière soi; **G~heit** *f* grossièreté *f*

Grobian ['gro:bia:n] (**-s, -e**) *m* brute *f*

grobknochig *adj* solidement charpenté(e)

grobschlächtig *adj* lourdaud(e)

Grog [grɔk] (**-s, -s**) *m* grog *m*

groggy ['grɔgɪ] *adj* groggy *unver*

grölen ['grø:lən] (*pej*) *vt* brailler

Groll [grɔl] (**-(e)s**) *m* ressentiment *m*

grollen *vi* (*Donner*) gronder; (*geh*) être de mauvaise humeur; (**mit**) **einer Sache** *Dat* **~** se plaindre de qch

Grönland ['grø:nlant] (**-s**) *nt* le Groenland; **Grönländer, in** (**-s, -**) *m(f)* Groenlandais(e) *m/f*

Groschen ['grɔʃən] (**-s, -**) *m* (*umg*) pièce *f* de dix pfennigs; (*Österr*) groschen *m*; (*fig*) sou *m*; **~roman** (*pej*) *m* roman *m* à l'eau de rose

groß [gro:s] *adj* grand(e); (*Aufgabe*) important(e) ▷ *adv*: **~ angelegt** de grande envergure; **die ~en Ferien** les grandes vacances; **sich** *Dat* **~e Mühe geben** se donner beaucoup de peine; **im ~en und ganzen** dans l'ensemble; **wie ~ bist du?** combien mesures-tu?; **er ist 1,80 m ~** il mesure 1,80 m; **die G~en Seen** les grands lacs (américains); **die ~e Zehe** le gros orteil; **~es Geld** billets *mpl* (*de 100 euros et plus*); **der ~e Bruder** le grand frère; **die G~en** (*Erwachsene*) les grandes personnes; **mit etw ~ geworden sein** avoir grandi avec qch; **~er Lärm** beaucoup de bruit; **~en Hunger haben** avoir une faim de loup; **~e Mode sein** être très à la mode; **~ und breit** (*umg*) en long et en large; *siehe auch* **großschreiben**; **G~abnehmer** *m* gros client *m*; **G~alarm** *m* alerte *f* générale; **~artig** *adj* remarquable; **G~aufnahme** *f* gros plan *m*; **G~betrieb** *m* grosse entreprise *f*; **G~britannien** *nt* la Grande-Bretagne; **G~buchstabe** *m* majuscule *f*

Größe ['grø:sə] *f* taille *f*; (*von Fläche, Land*) superficie *f*; (*von Haus auch*) dimensions *fpl*; (*Math*) valeur *f*; (*von Ereignis*) importance *f*; **eine**

unbekannte ~ une inconnue

Groß-: **~einkauf** *m*: **~einkauf machen** faire ses achats *mpl* de la semaine; **~einsatz** *m*: **~einsatz der Polizei** intervention *f* massive des forces de police; **~eltern** *pl* grands-parents *mpl*

Größenordnung *f* ordre *m* de grandeur

großenteils *adv* en grande partie

Größenunterschied *m* différence *f* de taille

Größenwahn(sinn) *m* mégalomanie *f*

groß-: **~flächig** *adj* grand(e), vaste; (*Gesicht*) large; **G~format** *nt* grand format *m*; **G~grundbesitzer** *m* gros propriétaire *m*; **G~handel** *m* commerce *m* de gros; **G~handelspreisindex** *m* indice *m* des prix de gros; **G~händler** *m* grossiste *m*; **~herzig** *adj* magnanime; **G~hirn** *nt* cerveau *m*; **G~industrielle, r** *m* gros industriel *m*

Grossist [grɔ'sɪst] *m* grossiste *m*

groß-: **~jährig** *adj* majeur(e); **~kotzig** (*umg*: *pej*) *adj* crâneur(-euse); **G~kundgebung** *f* grande manifestation *f*; **G~macht** *f* grande puissance *f*; **G~maul** *nt* grande gueule *f*; **G~mut** *f* magnanimité *f*; **~mütig** *adj* magnanime; **G~mutter** *f* grand-mère *f*; **G~packung** *f* pack *m*; **G~raum** *m*: **der G~raum München** l'agglomération *f* munichoise; **G~raumbüro** *nt* bureau *m* paysager; **G~raumwagen** *m* voiture *f* à couloir central (*sans compartiments*); **G~rechner** *m* gros ordinateur *m*; **G~reinemachen** *nt* grand nettoyage *m*; **~schreiben** *unreg* *vt*: **ein Wort ~schreiben** écrire un mot avec une majuscule; **etw ~schreiben** (*fig*) attacher une grande importance à qch; **G~schreibung** *f* emploi *m* des majuscules; **~spurig** *adj* (*Mensch*) qui se donne de grands airs; (*Rede*) grandiloquent(e); **G~stadt** *f* grande ville *f*

größte, r, s [grø:stə(r, s)] *adj* *siehe* **groß**

größtenteils *adv* pour la plupart

Groß-: **~tuer** (**-s, -**) *m* vantard *m*; **g~tun** *unreg* *vi* faire l'important; **~unternehmer** *m* chef *m* d'une grande entreprise; **~vater** *m* grand-père *m*; **~verbraucher** *m* gros consommateur *m*; **~verdiener** *m* personne qui a un gros revenu; **~wild** *nt* gros gibier *m*; **g~ziehen** *unreg* *vt* élever; **g~zügig** *adj* généreux(-euse); (*Planung*) ambitieux(-euse); (*Stadt, Anlage*) vaste

grotesk [gro'tɛsk] *adj* grotesque

Grotte ['grɔtə] *f* grotte *f* (*artificielle*)

grub *etc* [gru:p] *vb* *siehe* **graben**

Grübchen ['gry:pçən] *nt* fossette *f*

Grube ['gru:bə] *f* fosse *f*; (*Bergb*) mine *f*

grübeln ['gry:bəln] *vi* ruminer; **über etw** *Akk* **~** ruminer qch

Grubenarbeiter *m* mineur *m*

Grubengas *nt* grisou *m*

Grübler ['gry:blər] (**-s, -**) *m* personne *f* soucieuse; **g~isch** *adj* soucieux(-euse), sombre

Gruft [gruft] (**-, ̈-e**) *f* (*Grabstätte*) tombe *f*

grün [gry:n] *adj* vert(e); (*unreif*: *fig*) qui manque de maturité; **die G~en** (*Pol*) les verts *mpl* od écologistes *mpl*; *voir article*; **~e Minna** (*umg*) panier *m* à salade; **~e Welle** synchronisation *f* des feux; **G~er Punkt** *voir article*; **sich ~ und blau**

od **gelb ärgern** *(umg)* être furax; **auf keinen ~en Zweig kommen** *(umg)* n'arriver à rien

⊚ DIE GRÜNEN

⊚
⊚ *Die Grünen* désigne le parti écologique
⊚ allemand. Fondé en 1980, le parti est allié
⊚ depuis 1993 au Bündnis 90, parti originaire
⊚ d'Allemagne de l'Est.

⊚ GRÜNER PUNKT

⊚
⊚ Le *Grüner Punkt* est un symbole représentant
⊚ un point vert. On le trouve sur certains
⊚ emballages qui doivent être séparés des
⊚ ordures ménagères pour être recyclés par le
⊚ système DSD. Les fabricants financent le
⊚ recyclage des emballages en achetant des
⊚ licences à la DSD et répercutent souvent le
⊚ coût sur les consommateurs.

Grünanlage *f* espace *m* vert
Grund [grʊnt] *(-(e)s, ⸚e)* *m* *(Boden, Fläche)* terrain *m*; *(von Gewässer, Gefäß)* fond *m*; *(Motiv, Ursache)* raison *f*; *(fig: Fundament)* base *f*; **von ~ auf** à fond, complètement; **aus gesundheitlichen Gründen** pour des raisons de santé; **im ~e (genommen)** au fond; **ich habe ~ zu der Annahme, dass ...** je suis fondé(e) à croire que; **einer Sache** *Dat* **auf den ~ gehen** essayer d'élucider qch; **sich in ~ und Boden schämen** être mort(e) de honte; *siehe auch* **aufgrund**; **zugrunde**; **~ausbildung** *f* formation *f* de base; **~ausstattung** *f* équipement *m* de base; **~bedeutung** *f* sens *m* premier; **~bedingung** *f* condition *f* de base; **~begriff** *m* notion *f* de base; **~besitz** *m* propriété *f* foncière; **~buch** *nt* registre *m* foncier; **g~ehrlich** *adj* foncièrement honnête
gründen [grʏndən] *vt* fonder ▷ *vr*: **sich auf etw** *Akk* **~** se fonder sur qch ▷ *vi*: **auf etw** *Dat* **~** être fondé(e) sur qch
Gründer, in *(-s, -)* *m(f)* fondateur(-trice) *m/f*
grund-: **~falsch** *adj* complètement faux (fausse); **G~gebühr** *f* taxe *f* de base; **G~gedanke** *m* idée *f* fondamentale; **G~gehalt** *nt* salaire *m* de base; **G~gesetz** *nt* *(Grundprinzip)* principe *m* fondamental; *(Verfassung)* constitution *f* allemande
Grundierung [grʊn'diːrʊŋ] *f* couche *f* de fond
Grund-: **~kapital** *nt* capital *m* social; **~kurs** *m* *(Sch)* cours *m* de base; **~lage** *f* base *f*; **jeder ~lage entbehren** être dénué(e) de tout fondement; **g~legend** *adj* fondamental(e)
gründlich *adj* *(Mensch, Arbeit)* consciencieux(-euse); *(Vorbereitung)* minutieux(-euse); *(Kenntnisse)* approfondi(e) ▷ *adv* *(umg)* complètement; **jdm ~ die Meinung sagen** dire ses quatre vérités à qn
grund-: **~los** *adj* *(fig)* sans fondement; **G~mauer** *f* fondation *f*; **G~nahrungsmittel** *nt* aliment *m* de base
Gründonnerstag *m* jeudi *m* saint

Grund-: **~ordnung** *f*: **die freiheitlich-demokratische ~ordnung** *les principes constitutionnels de l'État (allemand)*; **~rechenart** *f* opération *f* arithmétique; **~recht** *nt* droit *m* fondamental; **~regel** *f* règle *f* de base; **~riss** *m* *(eines Hauses)* plan *m*; *(fig)* aperçu *m*; *(in Buchtitel)* éléments *mpl*; **~satz** *m* principe *m*; **g~sätzlich** *adj* fondamental(e); *(prinzipiell)* de principe ▷ *adv* en principe; **das ist g~sätzlich verboten** c'est formellement interdit; **~satzurteil** *nt* jugement *m* qui fait jurisprudence; **~schuld** *f* hypothèque *f*
Grundschule *f* école *f* primaire; *voir article*

⊚ GRUNDSCHULE

⊚
⊚ La *Grundschule* est l'école primaire qui accueille
⊚ les enfants de 6 à 10 ans. Il n'y a pas
⊚ d'examens proprement dits à la Grundschule,
⊚ mais les parents reçoivent deux fois par an un
⊚ rapport sur les progrès de l'enfant. Beaucoup
⊚ d'enfants fréquentent un *Kindergarten* de 3 à 6
⊚ ans, mais le Kindergarten ne dispense pas
⊚ d'enseignement scolaire.

Grund-: **~stein** *m* première pierre *f*; *(fig)* bases *fpl*; **~steuer** *f* taxe *f* foncière; **~stück** *nt* terrain *m*; **~stücksmakler** *m* agent *m* immobilier; **~stufe** *f* *(Sch)* premier degré *m* (du primaire)
Gründung *f* fondation *f*
Gründungsurkunde *f* acte *m* constitutif
Gründungsversammlung *f* assemblée *f* constitutive
grund-: **~verschieden** *adj* fondamentalement différent(e); **G~wasser** *nt* nappe *f* phréatique; **G~wasserspiegel** *m* niveau *m* de la nappe phréatique; **G~zug** *m* trait *m* fondamental; **etw in seinen G~zügen darstellen** présenter les grandes lignes de qch
Grüne, s *nt*: **im ~n wohnen** vivre à la campagne; **ins ~ fahren** aller à la campagne; *siehe auch* **grün**
Grün-: **~kohl** *m* chou *m* frisé; **~schnabel** *m* blanc-bec *m*; **~span** *m* vert-de-gris *m*; **~streifen** *m* *(in der Mitte)* terre-plein *m* central; *(am Straßenrand)* bas-côté *m*
grunzen ['grʊntsən] *vi* grogner
Gruppe ['grʊpə] *f* groupe *m*
Gruppen-: **~arbeit** *f* travail *m* d'équipe; **~dynamik** *f* dynamique *f* de groupe; **~reise** *f* voyage *m* organisé; **~therapie** *f* thérapie *f* de groupe; **g~weise** *adv* en groupes
gruppieren [grʊ'piːrən] *vt* regrouper ▷ *vr* se regrouper
gruselig *adj* qui donne des frissons
gruseln ['gruːzəln] *unpers vi*: **es gruselt jdm vor etw** qch donne des frissons à qn ▷ *vr* avoir des frissons
Gruß [gruːs] *(-es, ⸚e)* *m* salutations *fpl*; *(Geste)* salut *m*; **Grüße an** +*Akk* (bien le) bonjour à, bien des choses (de ma part) à; **ohne ~ an jdm vorbeigehen** dépasser qn sans le saluer; **einen (schönen) ~ an Ihre Gattin!** *(geh)* mes hommages à votre épouse; **viele** *od* **liebe Grüße**

amitiés *fpl*; **mit freundlichen Grüßen**
(*Briefformel*) veuillez agréer, Monsieur/Madame,
l'expression de mes sentiments distingués; **mit**
bestem ~ *od* **besten Grüßen** (*Briefformel*)
meilleures salutations

grüßen ['gry:sən] *vt* saluer; **jdn von jdm ~**
transmettre à qn les amitiés de qn, saluer qn de
la part de qn; **jdn ~ lassen** envoyer ses amitiés à
qn

Grütze ['grʏtsə] *f* (*Brei*) bouillie *f* de céréales; **rote**
~ dessert *à base de jus de fruits rouges*

Guatemala [guate'ma:la] *nt* le Guatemala

gucken ['gʊkən] (*umg*) *vi* regarder; **nach etw ~**
jeter un coup d'œil à qch

Guckloch *nt* judas *m*

Guerilla [ge'rɪlja] (**-(s), -**) *f*, **Guerillakrieg** *m*
guérilla *f*

Guernsey ['gə:nzɪ] *nt* Guernesey *f*

Guinea [gi'ne:a] *nt* la Guinée

Gulasch ['gu:laʃ] (**-(e)s, -e**) *nt* goulasch *m*

gültig ['gʏltɪç] *adj* valable, valide; (*Geld*) qui a
cours; (*Gesetz*) en vigueur; **~ werden** (*Bestimmung*)
entrer en vigueur; **G~keit** *f* validité *f*;
G~keitsdauer *f* durée *f* de validité

Gummi ['gʊmi] (**-s, -s**) *nt od m* caoutchouc *m*; (*umg*:
Gummiband) élastique *m*; (: *Kondom*) capote *f*;
~band *nt* élastique *m*; **~bärchen** *nt* bonbon *à la*
gélatine en forme d'ours; **~baum** *m* caoutchouc *m*
(*plante verte*)

gummieren [gʊ'mi:rən] *vt* gommer

Gummi-: **~knüppel** *m* matraque *f*; **~paragraf**
(*umg*) *m* article que l'on peut interpréter de plusieurs
manières; **~stiefel** *m* botte *f* en caoutchouc;
~strumpf *m* bas *m* à varices; **~zelle** *f* cellule *f*
capitonnée, cabanon *m*; **~zug** *m* élastique *m*

Gunst [gʊnst] *f* faveur *f*

günstig ['gʏnstɪç] *adj* (*Zeit, Lage, Eindruck*)
favorable; (*Gelegenheit*) bon(bonne); (*Angebot,*
Preis) avantageux(-euse); **bei ~er Witterung** si le
temps le permet; **im ~sten Fall** dans le meilleur
des cas; **etw ~ bekommen** *od* **erstehen** acheter
qch à un prix avantageux

Gurgel ['gʊrgəl] (**-, -n**) *f* gorge *f*

gurgeln *vi* (*Mensch*) se gargariser; (*Wasser*)
gargouiller

Gurke ['gʊrkə] *f* concombre *m*; **saure ~**
cornichon *m*

Gurt [gʊrt] (**-(e)s, -e**) *m* ceinture *f*

Gurtanlegepflicht *f* (*förmlich*) obligation *f* de
mettre la ceinture de sécurité

Gürtel ['gʏrtəl] (**-s, -**) *m* ceinture *f*; (*Geog*) zone *f*;
~linie *f* taille *f*; **~reifen** *m* pneu *m* à carcasse
radiale; **~rose** *f* zona *m*; **~tier** *nt* tatou *m*

gurten *vi* attacher sa ceinture

GUS *f abk* (= *Gemeinschaft Unabhängiger Staaten*) CEI *f*

Guss [gʊs] (**-es, ~e**) *m* (*das Gießen*) fonte *f*; (*umg*:
Regenguss) averse *f*; (*Koch*) glaçage *m*; **(wie) aus**
einem ~ cohérent(e), homogène; **~eisen** *nt*
fonte *f*

Gut [gu:t] (**-(e)s, ~er**) *nt* (*Landgut*) propriété *f*,
domaine *m*; (*Besitz*) bien *m*; (*Ware*)
marchandise *f*

---

gut *adj* bon(ne); **alles Gute** meilleurs vœux; **das**
ist gut gegen Husten (*umg*) c'est bon contre *od*
pour la toux; **sei so gut (und) gib mir das Buch**
passe-moi le livre, s'il te plaît; **das ist alles gut**
und schön, aber ... c'est bien joli, mais ...; **du**
bist gut! (*umg*) tu en as de bonnes!; **das ist so**
gut wie fertig c'est pratiquement terminé; **ich**
sags dir im Guten! je t'avertis!
▷ *adv* bien; **es geht ihm/uns gut** il va/nous
allons bien; **das ist noch einmal gut gegangen**
on l'a échappé belle (une fois de plus); **es wird**
schon alles gut gehen ne vous faites pas de
souci; **gut gehend** qui marche bien,
florissant(e); **gut gelaunt** de bonne humeur;
gut gemeint qui part d'une bonne intention;
gut schmecken être bon(ne); **gut situiert**
aisé(e); **gut unterrichtet** bien informé(e); **also**
gut bon, d'accord; **gut, aber ...** d'accord, mais
...; **(na) gut, ich komme** bon, d'accord, je viens;
du hast es gut! tu as de la chance!; **gut und**
gern en tout cas; **gut drei Stunden** trois bonnes
heures; **das kann gut sein** c'est bien possible;
lass es gut sein ça ira comme ça; **machs gut!**
(*umg*) bonne chance!; *siehe auch* **guttun**

Gut-: **~achten** (**-s, -**) *nt* expertise *f*; **~achter** (**-s, -**)
m expert *m*; **~achterkommission** *f* commission *f*
d'experts; **g~artig** *adj* (*Charakter, Mensch*)
gentil(le); (*Tier*) inoffensif(-ive); (*Med*)
bénin(bénigne); **g~bürgerlich** *adj* bourgeois(e);
~dünken *nt*: **nach ~dünken** à sa *etc* guise,
comme bon lui *etc* semble

Güte ['gy:tə] *f* (*charakterlich*) bonté *f*; (*Qualität*)
qualité *f*; **ach du meine ~!** (*umg*) mon Dieu!

Güteklasse *f* qualité *f*

Güter-: **~abfertigung** *f* expédition *f* des
marchandises; **~bahnhof** *m* gare *f* de
marchandises; **~gemeinschaft** *f* (régime *m* de la)
communauté *f* de(s) biens; **~trennung** *f* (régime
m de la) séparation *f* des biens; **~verkehr** *m* trafic
m de marchandises; **~wagen** *m* wagon *m* de
marchandises; **~zug** *m* train *m* de marchandises

Gütesiegel, Gütezeichen *nt* label *m* de qualité

gut-: **~gläubig** *adj* crédule; **G~haben** (**-s, -**) *nt*
avoir *m*; **~haben** *unreg vt* avoir à son crédit;
~heißen *unreg vt* approuver; **~herzig** *adj* qui a
bon cœur

gütig ['gy:tɪç] *adj* bon (bonne), gentil(le)

gütlich ['gy:tlɪç] *adj, adv* à l'amiable

gut-: **~machen** *vt* (*in Ordnung bringen*) réparer;
~mütig *adj* facile à vivre; **G~mütigkeit** *f*
bonhomie *f*

Gutsbesitzer *m* propriétaire *m* foncier

Gut-: **~schein** *m* bon *m*; **g~schreiben** *unreg vt*
créditer; **~schrift** *f* inscription *f* au crédit

Gutsherr *m* propriétaire *m* foncier

Gutshof *m* propriété *f*, domaine *m*; **guttun** *unreg*
vi: **jdm guttun** faire du bien à qn

gutwillig *adj* (*Schüler, Mensch*) plein(e) de bonne
volonté; (*Tier*) docile

Guyana [gu'jaːna] (**-s**) *nt* la Guyane
Gymnasiallehrer, in [gʏmnazi'aːlleːrər(ɪn)] *m(f)*
professeur *m* de lycée
Gymnasium [gʏm'naːziʊm] *nt* lycée *m*; *voir article*

- **GYMNASIUM**
-
- Le *Gymnasium* est une école secondaire
- d'enseignement général. Au bout de six ans,
- les élèves obtiennent la *mittlere Reife* (cela se

fait automatiquement dans certaines
régions, mais dans d'autres régions il faut
passer l'examen). Les neuf années d'études
aboutissent à l'*Abitur*, diplôme qui permet
l'accès à l'université.

Gymnastik [gʏm'nastɪk] *f* gymnastique *f*;
~ **machen** *od* **treiben** faire de la gymnastique
Gynäkologe, -login [gynɛko'loːgə] (**-n, -n**) *m(f)*
gynécologue *m/f*

H, h [ha:] *nt* (*Buchstabe*) H, h *m*; (*Mus*) si *m*; **H wie Heinrich** ≈ H comme Henri
ha *abk* (= *Hektar*) ha
Haag [ha:k] *m*: **Den ~** La Haye
Haar [ha:r] ‹**-(e)s, -e**› *nt* (*Kopfhaar*) cheveu *m*; (*von Tier, Pflanze, Brusthaar, Schamhaar*) poil *m*; **sie hat schöne ~e** elle a de beaux cheveux; **um ein ~** à un cheveu près; **sich** *Dat* **in die ~e kriegen** (*umg*) se crêper le chignon; **~e auf den Zähnen haben** être dur(e) à cuire; **sich die ~e raufen** (*umg*) s'arracher les cheveux; **das ist an den ~en herbeigezogen** (*umg*) c'est tiré par les cheveux; **kein gutes ~ an jdm/etw lassen** démolir qn/qch; **~ansatz** *m* naissance *f* des cheveux; **~bürste** *f* brosse *f* à cheveux
haaren *vi, vr* perdre ses poils
Haaresbreite *f*: **um ~** à un cheveu près
Haar-: **~färbemittel** *nt* teinture *f* pour les cheveux; **~festiger** *m* fixateur *m*; **h~genau** *adv* (*übereinstimmen*) exactement; (*erklären*) jusque dans les moindres détails; **das trifft h~genau zu** c'est très juste
haarig *adj* poilu(e); (*umg*) difficile
Haar-: **~klammer** *f* pince *f* à cheveux; **h~klein** *adv* (*beschreiben, erzählen*) jusque dans les moindres détails; **~klemme** *f* pince *f* à cheveux; **~los** *adj* (*Kopf*) chauve; **~nadel** *f* épingle *f* à cheveux; **~nadelkurve** *f* virage *m* en épingle à cheveux; **h~scharf** *adj* (*Beobachtung*) très attentif(-ive) ▷ *adv*: **h~scharf danebengehen** (*Schuss*) passer de justesse à côté; **~schnitt** *m* coupe *f* de cheveux; **~schopf** *m* tignasse *f*; **~spalterei** (*pej*) *f* ergotage *m*; **~spange** *f* barrette *f*; **h~spray** *nt* laque *f*; **h~sträubend** *adj* (*Grausamkeit, Geschichte*) à faire dresser les cheveux sur la tête, épouvantable; (*Dummheit, Frechheit*) inouï(e); (*empörend*) choquant(e); **~teil** *nt* postiche *m*; **~waschmittel** *nt* shampooing *m*; **~wasser** *nt* lotion *f* capillaire
Hab [ha:p] *nt*: **sein gesamtes ~ und Gut** tous ses biens *mpl* matériels
Habe ['ha:bə] ‹-› *f* biens *mpl*
haben ['ha:bən] *unreg Hilfsverb, vt* avoir ▷ *vr* (*umg*: *sich zieren*) faire des chichis ▷ *vr unpers*: **und damit hats sich!** un point, c'est tout!; **da hast du 10 Euro** voilà 10 euros; **die ~s ja!** (*umg*) ils ont de quoi!; **du hast zu gehorchen** tu dois obéir; **er hat nichts zu sagen** il n'a rien à dire; **ich habe (viel) zu tun** j'ai (beaucoup) à faire, je suis (très) occupé(e); **Angst/Hunger ~** avoir peur/faim; **Ferien ~** être en vacances; **morgen werden wir Nebel ~** demain, il va y avoir du brouillard; **in Australien ~ sie jetzt Winter** en Australie, c'est l'hiver; **was hast du denn?** qu'as-tu donc?, qu'est-ce qu'il y a?; **ich hätte gern ...** j'aimerais bien ...; **es schlecht** *od* **nicht leicht/bequem ~** avoir la vie dure/une vie facile; **es im Hals/am Herzen ~** (*umg*) avoir mal à la gorge/des ennuis cardiaques; **dich hats wohl!** (*umg*) ça va pas?; **da hast dus/~ wirs!** (*umg*) il fallait s'y attendre!; **zu ~ sein** (*erhältlich*) être disponible; (*Mädchen, Mann*) être libre; **für etw zu ~ sein** (*interessiert sein*) être intéressé(e) par qch; (*begeistert sein*) être amateur de qch; **etw von jdm ~** (*bekommen haben*) avoir obtenu qch de qn; (*ererbt od erfahren haben*) tenir qch de qn; **das hast du jetzt davon** c'est bien fait pour toi; **wie gehabt!** comme d'habitude!
Haben ‹**-s, -**› *nt* (*Wirts*) avoir *m*
Habgier *f* cupidité *f*
habgierig *adj* cupide
habhaft *adj*: **jds/einer Sache ~ werden** (*geh*) s'emparer de qn/qch
Habicht ['ha:bɪçt] ‹**-(e)s, -e**› *m* faucon *m*
Habseligkeiten ['ha:pze:lɪçkaɪtən] *pl* affaires *fpl*
Habsucht ['ha:pzʊxt] (*pej*) *f* cupidité *f*
habsüchtig ['ha:pzʏçtɪç] (*pej*) *adj* cupide
Hachse ['haksə] *f* (*Koch*) jarret *m*
Hackbraten *m* rôti *m* haché
Hackbrett *nt* planche *f* à découper; (*Mus*) tympanon *m*
Hacke ['hakə] *f* (*Gerät*) pioche *f*; (*Ferse, Absatz*) talon *m*
hacken *vi* (*im Garten*) piocher; (*Vogel*) picorer ▷ *vt* (*Erde*) piocher; (*Holz*) couper (à la hache); (: *Fleisch*) hacher; **ein Loch ~ in** +*Akk* faire un trou dans
Hacker ['hakər] ‹**-s, -**› *m* (*Comput*) pirate *m*
Hack-: **~fleisch** *nt* viande *f* hachée; **~ordnung** *f* ordre *m* hiérarchique; (*fig*) ordre des préséances, hiérarchie *f*; **~steak** *nt* steak *m* haché
hadern ['ha:dərn] *vi* (*geh*): **mit jdm ~** (*streiten*) se quereller avec qn; **mit dem Schicksal ~** s'en prendre au destin

Hafen ['haːfən] (**-s, ·̈**) *m* port *m*; (*fig*) havre *m*; **~anlagen** *pl* installations *fpl* portuaires; **~arbeiter** *m* docker *m*; **~gebühren** *pl* droits *mpl* de port; **~meister** *m* capitaine *m* de *od* du port; **~mole** *f* jetée *f*; **~stadt** *f* ville *f* portuaire, port *m*

Hafer ['haːfər] (**-s, -**) *m* avoine *f*; **jdn sticht der ~** (*umg*) qn ne tient pas en place; **~flocken** *pl* flocons *mpl* d'avoine; **~schleim** *m* bouillie *f* d'avoine, porridge *m*

Haff [haf] (**-s, -s** *od* **-e**) *nt* lagune *f*

Haft [haft] (**-**) *f* détention *f*; **~anstalt** *f* prison *f*; **h~bar** *adj* responsable; **jdn für etw h~bar sein** être responsable de qn/qch; **jdn für etw h~bar machen** rendre qn responsable de qch; **~befehl** *m* mandat *m* d'arrêt

haften *vi*: **für jdn/etw ~** (*Jur*) se porter garant(e) de qn/qch; (*verantwortlich sein*) être responsable de qn/qch ▷ *vi* (*kleben*): (**an etw** *Dat*) **~** coller (à qch); „**für Garderobe wird nicht gehaftet**" "la direction décline toute responsabilité en cas de vol"; **~ bleiben** rester collé(e)

Häftling ['hɛftlɪŋ] *m* détenu *m*

Haft-: ~pflicht *f* responsabilité *f* civile; **~pflichtversicherung** *f* assurance *f* responsabilité civile; **~richter** *m* juge *m* d'instruction; **~schale** *f* lentille *f* de contact; **~ung** *f* (*Jur*) responsabilité *f*; **für Wertsachen keine ~ung** (*in Hotelzimmern*) nous déclinons toute responsabilité en cas de vol

Hagebutte ['haːgəbʊtə] *f* cynorhodon *m*

Hagel ['haːgəl] (**-s**) *m* grêle *f*; **~korn** *nt* grêlon *m*; (*Med*) orgelet *m*

hageln *vi unpers* grêler ▷ *vt unpers* (*fig*) pleuvoir

Hagelschauer *m* giboulée *f* accompagnée de grêle

hager ['haːgər] *adj* décharné(e)

Häher ['hɛːər] (**-s, -**) *m* geai *m*

Hahn [haːn] (**-(e)s, ·̈e**) *m* (*Zool*) coq *m*; (*Wetterhahn*) girouette *f*; (*Wasserhahn, Gashahn*) robinet *m*; (*Abzug*) détente *f*; **~ im Korb sein** (*umg*) être comme un pacha; **danach kräht kein ~ mehr** (*umg*) ça n'intéresse plus personne

Hähnchen ['hɛːnçən] *nt* poulet *m*

Hai(fisch) ['haɪ(fɪʃ)] (**-(e)s, -e**) *m* requin *m*

Haiti [ha'iːti] *nt* Haïti *m*

Häkchen ['hɛːkçən] *nt* agrafe *f*

häkeln ['hɛːkəln] *vt* faire au crochet ▷ *vi* faire du crochet

Häkelnadel *f* crochet *m*

Haken ['haːkən] (**-s, -**) *m* crochet *m*; (*Angelhaken*) hameçon *m*; (*Zeichen*) signe *m* (*pour cocher*); (*Nachteil*) hic *m*; **einen ~ schlagen** changer brusquement de direction; **~kreuz** *nt* croix *f* gammée; **~nase** *f* nez *m* crochu

halb [halp] *adj* demi(e) ▷ *adv* (*nur teilweise*) à moitié, à demi; (*beinahe*) presque; **~ eins** midi et demie; **eine ~e Stunde** une demi-heure; **ein ~es Jahr** six mois; **ein ~es Dutzend** une demi-douzaine; **nur die ~e Arbeit machen** ne faire que la moitié du travail; **ein ~er Ton** (*Mus*) un demi-ton; **eine ~e Note** (*Mus*) une blanche; **~ so schlimm!** ça n'est pas si grave que ça!; **nichts**

H~es und nichts Ganzes ni du lard ni du cochon; (**noch**) **ein ~es Kind sein** être tout juste sorti(e) de l'enfance; **auf ~er Strecke** *od* **~em Weg(e)** à mi-chemin; **~ fertig** à moitié fini(e); **~ so groß** deux fois plus petit(e); **etw ~ machen** faire qch à moitié; **~ offen** entrouvert(e); **~ voll** à moitié plein(e); **mit jdm ~-~e machen** (*umg*) couper la poire en deux; **~ ... ~ ...** moitié ... moitié ..., mi-... mi-...; **~ und ~** moitié-moitié; **H~bruder** *m* demi-frère *m*; **H~dunkel** *nt* pénombre *f*

halber ['halbər] *präp +Gen* (*wegen*) pour (cause de); (*um ... willen*) pour (l'amour de) ...

halb-: ~fest *adj* (*Phys*) visqueux(-euse); **~fett** *adj* (*Milch*) demi-écrémé(e); **H~finale** *nt* demi-finale *f*; **H~gefrorene, s** *nt* (*Koch*) crème *f* glacée, parfait *m*; **H~heit** *f* demi-mesure *f*; **~herzig** *adj* sans conviction

halbieren [hal'biːrən] *vt* partager en deux

Halb-: ~insel *f* presqu'île *f*; **~jahr** *nt* semestre *m*; **h~jährlich** *adj* semestriel(le) ▷ *adv* tous les six mois; **~kreis** *m* demi-cercle *m*; **~kugel** *f* hémisphère *m*; **h~lang** *adj* mi-long(longue); **nun mach mal h~lang!** (*umg*) tu charries!; **h~laut** *adj, adv* à mi-voix; **~leiter** *m* semi-conducteur *m*; **~linke, r** *m* (*Sport*) intérieur *m* gauche; **~mast** *adv*: **auf h~mast stehen** être en berne; **~messer** *m* (*Math*) rayon *m*; **~mond** *m* croissant *m* (de lune); (*von Islam*) croissant; **~pension** *f* demi-pension *f*; **~rechte, r** (**-, -**) *m* (*Sport*) intérieur *m* droit; **~schlaf** *m* demi-sommeil *m*; **~schuh** *m* chaussure *f* basse; **~schwester** *f* demi-sœur *f*; **h~seiden** *adj* contenant 50% de soie; (*pej: Dame*) aux mœurs légères; (*: Hotel*) borgne; (*: Milieu*) louche; **h~seitig** *adj* (*Kopfschmerzen*) d'un côté; (*Anzeige*) sur une demi-page; **h~seitige Lähmung** hémiplégie *f*; **~starke, r** *m* jeune voyou *m*; **h~stündlich** *adj, adv* toutes les demi-heures; **h~tags** *adv*: **~tags arbeiten** travailler à mi-temps; **~tagsarbeit** *f* travail *m* à mi-temps; **~tagskraft** *f* personne *f* employée à mi-temps; **~ton** *m* (*Mus*) demi-ton *m*; **h~trocken** *adj* (*Wein*) demi-sec(sèche); **~waise** *f* orphelin(e) *m/f* de père *od* de mère; **h~wegs** (*umg*) *adv* (*einigermaßen*) plus ou moins; **~welt** *f* demi-monde *m*; **~wertzeit** *f* (*Phys*) demi-vie *f*; **~wüchsige, r** *f(m)* adolescent(e) *m/f*; **~zeit** *f* (*Sport*) mi-temps *f*

Halde ['haldə] *f* (*Schlackenhalde*) terril *m*, crassier *m*; (*Schutthalde*) tas *m*, amas *m*; (*Kohlenhalde*) charbon *m* non vendu

half *etc* [half] *vb siehe* **helfen**

Hälfte ['hɛlftə] *f* moitié *f*; **Kinder zahlen die ~** les enfants paient demi-tarif

Halfter¹ ['halftər] (**-s, -**) *nt od m* (*für Tiere*) licou *m*

Halfter² ['halftər] (**-, -n** *od* **-s, -**) *f od nt* (*für Pistole*) étui *m*

Hall [hal] (**-(e)s, -e**) *m* (*geh*) bruit *m*

Halle ['halə] *f* (*Bahnhofshalle, Hotelhalle, Messehalle*) hall *m*; (*Fabrikhalle, Werkshalle*) atelier *m*; (*für Flugzeuge*) hangar *m*; (*Sporthalle*) salle *f*

halleluja [hale'luːja] *interj* alléluia

hallen *vi* résonner

Hallen-: **~bad** nt piscine f couverte; **~sport** m
sport m en salle; **~tennis** nt tennis m en salle
hallo [ha'lo:] interj (Ruf, überrascht) hé; (am Telefon)
allô
Halluzination [halutsinatsi'o:n] f hallucination f
Halm ['halm] (-(e)s, -e) m (Getreidehalm) tige f;
(Grashalm) brin m
Halogenlampe [halo'ge:nlampə] f lampe f (à)
halogène
Halogenscheinwerfer m phare m halogène
Hals [hals] (-es, ¨e) m cou m; (innen auch) gorge f;
(von Flasche) col m; (von Instrument) manche m; ~
über Kopf précipitamment; **sich** Dat **nach jdm/
etw den ~ verrenken** (umg) tendre le cou pour
voir qn/qch; **jdm um den ~ fallen** se jeter au cou
de qn; **jdn auf dem** od **am ~ haben** (umg) avoir
qn sur les bras od sur le dos; **aus vollem ~(e)
lachen** rire à gorge déployée; **aus vollem ~e
singen** chanter à tue-tête; **das hängt mir zum ~
raus** (umg) j'en ai ras le bol; **etw in den falschen
~ bekommen** avaler qch de travers; (falsch
verstehen) prendre qch de travers; **~abschneider**
(pej: umg) m escroc m; **~band** nt collier m;
h~brecherisch adj (Tempo) fou(folle); (Fahrt)
périlleux(-euse); **~entzündung** f angine f;
~kette f collier m; **~-Nasen-Ohren-Arzt** m oto-
rhino(-laryngologiste) m/f; **~schlagader** f
carotide f; **~schmerzen** pl mal msg à la gorge;
h~starrig adj obstiné(e); **~tuch** nt foulard m;
~- und Beinbruch interj bonne chance; **~weh** nt
mal m à la gorge; **~weite** f encolure f; **~wirbel** m
vertèbre f cervicale
Halt [halt] (-(e)s, -e) m (kurzes Anhalten) arrêt m;
(für Füße, Hände) prise f; (fig) appui m, soutien m;
den ~ verlieren perdre pied; **keinen inneren ~
haben** manquer d'équilibre; **~ machen**
= **haltmachen**; **h~** interj stop ▷ adv (eben) ma foi;
h~bar adj (Material) résistant(e); (Lebensmittel)
longue conservation unver; (fig) tenable;
mindestens h~bar bis 6.11. à consommer avant
le 6.11; **~barkeit** f (von Lebensmitteln) conservation
f; **~barkeitsdatum** nt date f limite de
consommation
halten ['haltən] unreg vt (nicht loslassen, einhalten)
tenir; (Gottesdienst, Hochzeit) célébrer; (Unterricht)
donner; (Prüfung) faire passer; (Rede) prononcer;
(bewahren) respecter; (Takt; in bestimmtem Zustand)
garder; (verteidigen) défendre; (zurückhalten)
retenir; (Haustiere, Angestellte) avoir; (Zeitung) lire
▷ vi tenir; (frisch bleiben) se garder; (stoppen)
s'arrêter ▷ vr (frisch bleiben) se garder; (Wetter)
durer, tenir; (sich behaupten) tenir bon; **halt den
Mund!** (umg) ferme-la!; **etw** od **gegen etw** Akk
~ tenir qch contre qch; **viel auf etw** Akk **~**
attacher beaucoup d'importance à qch; **viel auf
jdn ~** avoir une haute opinion de qn; **auf sich ~**
(auf Äußeres) prendre soin de sa personne; **auf
etw** Akk **~** (auf Äußeres achten) tenir à qch; **jdn/etw
für jdn/etw ~** considérer qn/qch comme qn/qch;
viel ~ von avoir une haute opinion de; **davon
halt(e) ich nichts** ça n'est pas une bonne idée;
das kannst du ~, wie du willst fais comme bon

te semble; **an sich** Akk **~** (sich beherrschen) se
retenir; **zu jdm ~** ne pas laisser tomber qn; **er
hat sich gut ge~** (umg) il est bien conservé; **sich
rechts/links ~** tenir sa droite/gauche; **sich an
ein Versprechen ~** tenir une promesse; **sich an
jdn ~** (richten nach) s'en remettre à qn; (wenden an)
s'adresser à qn; **sich an etw ~** (an Regel, Vorschrift)
respecter qch; (Diät) suivre qch strictement
Halter ['haltər] (-s, -) m (von Fahrzeug, Hund)
propriétaire m/f
Halterung f support m
Haltestelle f arrêt m
Halteverbot nt: **absolutes ~** stationnement m
strictement interdit, arrêt m interdit;
eingeschränktes ~ stationnement limité
halt-: **~los** adj (Mensch) instable; (Weinen) sans
retenue; **H~losigkeit** f (Schwäche) caractère m
instable; (Hemmungslosigkeit) manque m de
retenue; **~machen** vi s'arrêter; **vor nichts
~machen** ne reculer devant rien
Haltung f (Körperhaltung) posture f; (Einstellung)
attitude f; (Selbstbeherrschung) maîtrise f de soi,
self-control m; (das Halten, Besitzen) possession f;
~ bewahren faire bonne contenance
Haltverbot nt = **Halteverbot**
Halunke [ha'lʊŋkə] (-n, -n) m canaille f
Hamburg ['hamburk] (-s) nt Hambourg
Hamburger (-s, -) m Hambourgeois m; (Koch)
hamburger m ▷ adj hambourgeois(e)
Hamburgerin f Hambourgeoise f
hämisch ['hɛ:mɪʃ] adj méchant(e)
Hammel ['haməl] (-s, ¨ od -) m mouton m; **~fleisch**
nt mouton m; **~sprung** m (Pol) vote où les députés
quittent la chambre et y reviennent par une porte
représentant le "oui", le "non" ou l'abstention
Hammer ['hamər] (-s, ¨) m marteau m; **unter
den ~ kommen** être vendu(e) aux enchères
hämmern ['hɛmərn] vt (Metall) marteler ▷ vi
(Mensch) donner des coups de marteau; (Herz,
Puls) battre (fort); **an die Tür ~** cogner contre la
porte
Hammondorgel ['hæməndlɔrgəl] f orgue m
électrique
Hämoglobin ['hɛmoglo'bi:n] (-s) nt
hémoglobine f
Hämorr(ho)iden [hɛmɔr(o)'i:dən] pl
hémorroïdes fpl
Hampelmann ['hampəlman] m pantin m
Hamster ['hamstər] (-s, -) m hamster m
Hamsterer (-s, -) (umg) m personne qui amasse des
provisions
Hamsterkauf m achats mpl effectués par peur
panique d'une disette
hamstern vi (Dinge aufbewahren) faire des
provisions ▷ vt faire des stocks de
Hand [hant] (-, ¨e) f main f; **jdm die ~ geben/
schütteln** tendre/serrer la main à qn; **eine ~
voll** une poignée; **etw zur** od **bei der ~ haben**
avoir qch sous la od à portée de main; (Ausrede,
Erklärung) avoir qch tout(e) prêt(e); **zur ~ sein** être
à portée de main; **jdm zur ~ gehen** donner un
coup de main à qn; **freie ~ haben** avoir carte

blanche; **etw aus der ~ geben** se défaire de qch; **rechter/linker ~** à droite/gauche; **an ~ von** à l'aide de; **erster/zweiter ~** de première/seconde main; **zu Händen von** à l'attention de; **in festen Händen sein** ne plus être libre; **die ~ für jdn ins Feuer legen** répondre de qn; **~ aufs Herz** franchement; **jdn auf Händen tragen** être aux petits soins pour qn; **bei etw die** od **seine ~ im Spiel haben** être mêlé(e) à qch; **eine ~ wäscht die andere** (Sprichwort) un petit service en vaut un autre; **das hat weder ~ noch Fuß** (Sprichwort) cela n'a ni queue ni tête; **das liegt auf der ~** (umg) c'est clair comme de l'eau de roche; **die öffentliche ~** les pouvoirs mpl publics; **~arbeit** f travail m manuel; (Nadelarbeit) travaux mpl d'aiguille; **~arbeiter** m travailleur(-euse) m/f manuel(le); **~ball** m handball m; **~besen** m balayette f; **~betrieb** m: **auf ~betrieb schalten** mettre en mode manuel; **~bewegung** f geste m (de la main); **~bibliothek** f bibliothèque f d'ouvrages à consulter; **~bremse** f frein m à main; **~buch** nt manuel m; **~creme** f crème f pour les mains

Händedruck m poignée f de main

Händeklatschen nt applaudissements mpl

Handel[1] ['handəl] (**-s**) m commerce m; (Abmachung, Geschäft) affaire f; **im ~ sein** (Wirtschaftszweig) être dans le commerce; **(mit jdm) ~ treiben** faire du commerce (avec qn); **etw in den ~ bringen** commercialiser qch; **etw aus dem ~ ziehen** retirer qch du commerce

Handel[2] ['handəl] (**-s, -̈**) m (Streit): **Händel haben** se disputer; **Händel suchen** chercher la bagarre

handeln ['handəln] vi faire du commerce; (feilschen): **~ um** marchander; (verhandeln) négocier; (tätig werden) agir; (zum Thema haben): **~ von** traiter de ▷ vr unpers: **es handelt sich um jdn/etw** il s'agit de qn/qch; **worum handelt es sich denn?** de quoi s'agit-il?; **mit etw ~** (Handel treiben) faire commerce de qch; **mit jdm ~** faire du commerce avec qn

Handels-: **~bank** f banque f commerciale; **~bilanz** f balance f commerciale; **aktive/passive ~bilanz** balance commerciale en excédent/déficit; **~delegation** f délégation f commerciale; **h~einig** adj: **mit jdm h~einig werden/sein** conclure/avoir conclu une affaire avec qn; **~gesellschaft** f société f commerciale; **~kammer** f chambre f de commerce; **~klasse** f catégorie f, choix m; **~marine** f marine f marchande; **~marke** f marque f; **~name** m nom m commercial; **~recht** nt droit m commercial; **~register** nt registre m du commerce; **~reisende, r** f(m) voyageur m de commerce, représentant(e); **~schule** f école f de commerce; **~sperre** f embargo m; **h~üblich** adj standard unver; **h~übliche Preise** prix mpl courants; **~vertreter** m représentant (e) (de commerce); **~vertretung** f agence f commerciale; **~ware** f marchandise f, article m

händeringend ['hɛndərɪŋənd] adv en se tordant les mains; (dringend) instamment

Hand-: **~feger** (**-s, -**) m balayette f; **~fertigkeit** f habileté f (manuelle); **h~fest** adj (Kerl) solide; (Prügel, Schlägerei) sérieux(-euse); (Mahlzeit) nourrissant(e); (Ideen, Pläne) solide, fondé(e); **~fläche** f paume f; **h~gearbeitet** adj fait(e) (à la) main; **~gelenk** nt poignet m; **aus dem ~gelenk** (umg: ohne Mühe) avec aisance; (: improvisiert) au pied levé; **~gemenge** nt mêlée f; **~gepäck** nt bagages mpl à main; **h~geschrieben** adj manuscrit(e); **~granate** f grenade f (à main); **h~greiflich** adj (Beweis) tangible; **h~greiflich werden** en venir aux mains; **~griff** m (Gegenstand) poignée f; (Handhabung, Bewegung) geste m; **h~haben** unreg vt (Maschine) manipuler, se servir de; (Menschen) manipuler; (Angelegenheit) traiter; (Gesetze, Regeln) appliquer

Handicap, Handikap ['hɛndikɛp] (**-s, -s**) nt handicap m

Hand-: **~käse** m petit fromage rond au cumin; **~koffer** m petite valise f; **~kuss** m baisemain m; **~langer** (**-s, -**) m (ungelernter Arbeiter) manœuvre m; (pej: Helfer) homme m de main

Händler, in ['hɛndlər(ɪn)] (**-s, -**) m(f) commerçant(e) m/f

handlich ['hantlɪç] adj maniable

Handlung ['handlʊŋ] f (Tat) acte m; (in Buch, Film, Drama) action f; (Geschäft) magasin m

Handlungs-: **~ablauf** m déroulement m de l'action; **~bevollmächtigte, r** f(m) fondé m de pouvoir; **h~fähig** adj (Regierung) capable d'agir; (Jur) habileté(e); **~freiheit** f liberté f d'action; **~reisende, r** m voyageur m de commerce; **~vollmacht** f procuration f commerciale; **~weise** f manière f d'agir

Hand-: **~pflege** f soins mpl des mains; **~rücken** m dos m de la main; **~schelle** f menotte f; **~schlag** m: **per** od **mit ~schlag** par une poignée de main; **~schrift** f écriture f; (Text) manuscrit m; **h~schriftlich** adj manuscrit(e) ▷ adv à la main; **~schuh** m gant m; **~schuhfach** nt (Aut) boîte f à gants; **~stand** m (Sport) arbre m (droit); **~tasche** f sac m à main; **~tuch** nt serviette f de toilette; **das ~tuch werfen** od (umg) **schmeißen** jeter l'éponge; **~umdrehen** nt: **im ~umdrehen** (schnell) en un tour de main; **~voll** f poignée f

Handwerk nt (Beruf) métier m; **jdm das ~ legen** mettre fin aux activités de qn

Handwerker (**-s, -**) m ouvrier m; **wir haben seit Wochen die ~ im Haus** voilà des semaines qu'il y a des travaux chez nous

Handwerks-: **~betrieb** m entreprise f artisanale, atelier m; **~kammer** f chambre f des métiers; **~zeug** nt outils mpl

Handwörterbuch nt dictionnaire m de poche

Handy ['hɛndi] (**-s, -s**) nt (Tel) (téléphone m) portable m, mobile m

Hand-: **~zeichen** nt (Geste) signe m de la main; **durch ~zeichen** (bei Abstimmung) à main levée; **~zettel** m tract m

hanebüchen ['haːnəbyːçən] adj (geh) inouï(e)

Hanf [hanf] (**-(e)s**) m chanvre m

Hang [haŋ] (**-(e)s, -̈e**) m (Berghang) pente f; **zu etw**

~ **haben** (*Vorliebe*) avoir un penchant pour qch
Hangar ['haŋaːr] (**-s, -s**) *m* hangar *m*
Hänge-: ~**brücke** *f* pont *m* suspendu; ~**lampe** *f*
suspension *f*; ~**matte** *f* hamac *m*; **h~n** ['hɛŋən]
vi (*unreg: befestigt sein*) être accroché(e); (*gehenkt*
werden) être pendu(e) ▷ *vt* (*aufhängen*) accrocher
▷ *vr* (*sich festsetzen*) se coller, s'accrocher; **an etw**
Dat **h~n** être accroché(e) à qch; **an jdm/etw h~n**
(*abhängig sein von*) dépendre de qn/qch; (*gernhaben*)
tenir à qn/qch; **mit ~n und Würgen** (*umg*) à
grand-peine; **den Kopf h~n lassen** être triste;
sich h~n an +*Akk* s'accrocher à; **h~n bleiben (an**
+*Dat*) rester accroché(e) (à); (*fig: an einem Ort*)
prendre racine (à); (*im Gedächtnis*) rester gravé(e)
(dans); **der Verdacht blieb an ihm h~n** les gens
ont continué de le soupçonner; **es bleibt ja**
doch alles an mir h~n (*umg*) c'est sur moi que
tout finira par retomber; **h~n lassen** (*vergessen:*
Hut etc) oublier; (*Arme etc*) baisser; (*umg: im Stich*
lassen) laisser tomber; **sich h~n lassen** se laisser
aller
Hängeschloss *nt* cadenas *m*
Hanglage *f*: **Haus in ~** maison *f* sur un terrain en
pente
Hannover [ha'noːfər] (**-s**) *nt* Hanovre
Hannoveraner, in [hanovə'raːnər(ɪn)] *m(f)*
habitant(e) *m/f* de Hanovre, Hanovrien(ne) *m/f*
hannoverisch *adj* d'Hanovre, hanovrien(ne)
Hansaplast® [hanza'plast] (**-(e)s**) *nt* ≈
sparadrap *m*
Hanse ['hanzə] *f* Hanse *f* (germanique)
hänseln ['hɛnzəln] *vt* taquiner
Hansestadt ['hanzəʃtat] *f* ville *f* hanséatique
Hanswurst [hans'vʊrst] *m* pitre *m*
Hantel ['hantəl] (**-, -n**) *f* haltère *m*
hantieren [han'tiːrən] *vi* s'affairer; **mit etw ~**
manier qch
hapern ['haːpərn] *vi unpers*: **es hapert an etw** *Dat*
on manque de qch
Happen ['hapən] (**-s, -**) *m* bouchée *f*
happig ['hapɪç] (*umg*) *adj* exorbitant(e)
Hardware ['haːdwɛə] (**-, -s**) *f* hardware *m*,
matériel *m*
Harem ['haːrɛm] (**-s, -s**) *m* harem *m*
Harfe ['harfə] *f* harpe *f*
Harke ['hɛrkə] *f* râteau *m*
harken *vt, vi* ratisser
harmlos ['harmloːs] *adj* inoffensif(-ive);
(*Medikament*) sans effets secondaires; (*Krankheit*)
bénin(bénigne); (*Vergnügen, Bemerkung*)
innocent(e)
Harmlosigkeit *f* (*eines Medikaments*) caractère *m*
inoffensif; (*einer Krankheit*) bénignité *f*
Harmonie [harmo'niː] *f* harmonie *f*
harmonieren *vi* (*Farben, Töne*) s'harmoniser;
(*Menschen*) bien s'entendre
Harmonika [har'moːnika] (**-, -s**) *f* harmonica *m*;
(*Ziehharmonika*) accordéon *m*
harmonisch [har'moːnɪʃ] *adj* harmonieux(-euse)
Harmonium [har'moːniʊm] (**-s, -nien** *od* **-s**) *nt*
harmonium *m*
Harn [harn] (**-(e)s, -e**) *m* urine *f*; ~**blase** *f* vessie *f*

Harnisch ['harnɪʃ] (**-(e)s, -e**) *m* armure *f*; **jdn in ~**
bringen mettre qn en colère; **in ~ geraten** se
mettre en colère
Harpune [har'puːnə] *f* harpon *m*
harren ['harən] *vi*: **auf jdn/etw ~** vivre dans
l'attente de qn/qch, attendre qn/qch
Harsch [harʃ] (**-(e)s**) *m* neige *f* tôlée
harschig *adj*: ~**er Schnee** neige *f* tôlée
hart [hart] *adj* dur(e); (*Währung*) fort(e); (*Winter,*
Gesetze) rigoureux(-euse); (*Aufprall*) violent(e)
▷ *adv*: ~ **arbeiten** travailler dur; ~ **gekocht** (*Ei*)
dur(e); **jdm ~ auf den Fersen sein** talonner qn;
das ist ~ an der Grenze (des Erlaubten) c'est à
la limite de ce qui est permis; **es geht ~ auf ~**
c'est une lutte sans merci
Härte ['hɛrtə] *f* dureté *f*; **soziale ~n** les inégalités
sociales; ~**fall** *m* (*Mensch*) cas *m* social
härten *vt* durcir ▷ *vr* s'endurcir
Hart-: ~**faserplatte** *f* panneau *m* dur;
h~gesotten (*umg*) *adj* (*fig*) dur(e) à cuire;
~**gummi** *m od nt* caoutchouc *m* durci; **h~herzig**
adj dur(e); **h~näckig** *adj* (*Mensch*) obstiné(e);
(*Husten*) persistant(e); ~**näckigkeit** *f* obstination
f; ~**platte** *f* disque *m* dur; ~**wurst** *f* ≈ saucisse *f*
sèche, salami *m*
Harz¹ [haːrts] (**-es, -e**) *nt* résine *f*
Harz² [haːrts] (**-es, -e**) *m* (*Geog*) Harz *m* (*massif*
montagneux d'Allemagne centrale)
harzig *adj* (*Holz*) résineux(-euse)
Haschee [ha'ʃeː] (**-s, -s**) *nt* hachis *m*
haschen ['haʃən] *vt* attraper
Haschisch ['haʃɪʃ] (**-**) *nt od m* haschisch *m*
Hase ['haːzə] (**-n, -n**) *m* lièvre *m*; **ein alter ~ sein**
(*umg*) être un vieux routier; **falscher ~** (*Koch*) rôti
m haché; **wissen, wie der ~ läuft** (*umg*) voir la
tournure que vont prendre les choses
Haselnuss ['haːzəlnʊs] *f* noisette *f*
Hasenfuß (*umg*) *m* poule *f* mouillée
Hasenscharte *f* bec-de-lièvre *m*
haspeln (*umg*) *vi* (*überstürzt sprechen*) bafouiller
Hass [has] (**-es**) *m* haine *f*; **einen ~ (auf jdn)**
haben (*umg: Wut*) être furax (contre qn)
hassen ['hasən] *vt* haïr, détester; **etw wie die**
Pest ~ (*umg*) ne pas pouvoir sentir qch
hasserfüllt *adj* plein(e) de haine
hässlich ['hɛslɪç] *adj* laid(e); (*gemein*) méchant(e);
(*unerfreulich*) vilain(e); **H~keit** *f* laideur *f*
Hast (**-**) *f* (*geh*) hâte *f*
hast [hast] *vb siehe* **haben**
hasten *vi* (*geh*) se hâter
hastig *adj* (*Schritte*) pressé(e); (*Bewegung*)
nerveux(-euse) ▷ *adv*: ~ **trinken/rauchen** boire/
fumer nerveusement
hat [hat] *vb siehe* **haben**
hätscheln ['hɛtʃəln] *vt* (*pej: verwöhnen*)
chouchouter; (*zärtlich*) câliner
hatte *etc* ['hatə] *vb siehe* **haben**
hätte *etc* ['hɛtə] *vb siehe* **haben**
Haube ['haʊbə] *f* (*Kopfbedeckung*) coiffe *f*; (*von*
Nonne auch) cornette *f*; (*von Krankenschwester*)
bonnet *m*; (*Aut*) capot *m*; (*Trockenhaube*) casque *m*
(*séchoir*); **unter die ~ kommen** (*umg*) se caser;

unter der ~ sein (umg) être casé(e)

Hauch [haʊx] (-(e)s, -e) m souffle m; (leichter Duft) vague odeur f; (fig: Anflug) soupçon m; **h~dünn** adj (Scheiben) très mince od fin(e); **h~en** vi (ausatmen) souffler ▷ vt (flüstern) souffler; **h~fein** adj (Schleier, Nebel) très fin(e); (Scheiben) très mince; (Schokolade) en fines lamelles

Haue ['haʊə] f (Hacke) pioche f; (umg: Schläge) raclée f

hauen unreg vt (umg: schlagen) frapper; (verprügeln) rosser; (Stein) tailler; (Erz) extraire ▷ vi (umg: schlagen) frapper; **einen Nagel in die Wand ~** enfoncer un clou dans le mur; **jdm ein Buch auf den Kopf ~** taper sur la tête de qn avec un livre; **etw in die Ecke ~** flanquer qch dans un coin; **ein Loch in etw** Akk **~** faire un trou dans qch; **jdn vom Stuhl ~** (umg: fig) renverser qn; **jdm auf die Schulter ~** taper sur l'épaule de qn; **jdm eine ~** (umg) en flanquer une à qn

Häufchen ['hɔʏfçən] nt petit tas m; **ein ~ Unglück** od **Elend sein** faire pitié

Haufen ['haʊfən] (-s, -) m tas m; (Leute) foule f; **ein ~ Leute/Bücher** (umg: viele) un tas de gens/ bouquins; **auf einem ~** (beieinander) ensemble; **etw** Akk **über den ~ werfen** (umg: verwerfen) chambouler qch; **jdn über den ~ rennen/ fahren** (umg) renverser qn

häufen ['hɔʏfən] vt accumuler ▷ vr (Einbrüche) être de plus en plus fréquent(e); (Beweise) s'accumuler

haufenweise (umg) adv en masse, en quantité; **etw ~ haben** avoir des quantités de qch

häufig ['hɔʏfiç] adj fréquent(e) ▷ adv fréquemment, souvent; **H~keit** f fréquence f

Haupt [haʊpt] (-(e)s, Häupter) nt (Kopf) tête f; (Oberhaupt) chef m ▷ in zW principal(e); **~akteur** m acteur m principal; (fig) cheville f ouvrière; **~aktionär** m actionnaire m principal; **~bahnhof** m gare f centrale; **h~beruflich** adv à plein temps; **~buch** nt (Wirts) grand livre m; **~darsteller, in** m(f) acteur(-trice) m/f principal(e); **~eingang** m entrée f principale; **~fach** nt matière f principale; **~film** m long métrage m; **~gang** m, **~gericht** nt plat m principal; **~geschäftsstelle** f agence f centrale, siège m; **~geschäftszeit** f heures fpl d'affluence; **~gewinn** m gros lot m; **~hahn** m (robinet m de la) conduite f principale; **~leitung** f conduite f principale

Häuptling ['hɔʏptlɪŋ] m chef m

Haupt-: ~mahlzeit f repas m principal; **~mann** (-(e)s, -leute) m (Mil) capitaine m; **~nahrungsmittel** nt nourriture f de base, aliment m principal; **~person** f personnage m principal; **~postamt** nt poste f centrale; **~probe** f dernière répétition f (avant la générale), couturière f; **~quartier** nt quartier m général; **~rolle** f rôle m principal; **~sache** f essentiel m; **in der ~sache** surtout, notablement; **h~sächlich** adv surtout ▷ adj principal(e); **~saison** f haute saison f; **~satz** m proposition f principale; **~schalter** m commutateur m central od de secteur; **~schlagader** f aorte f; **~schlüssel** m

passe-partout m inv; **~schule** f premier cycle de l'enseignement secondaire (5e à 9e année); voir article

● **HAUPTSCHULE**
●
● La Hauptschule est une école secondaire
● d'enseignement général avec une orientation
● technique qui accueille les élèves après la
● Grundschule. Les élèves restent cinq ans dans
● une Hauptschule et la majorité continuent
● ensuite pour apprendre un métier ou étudier
● une matière concrète.

Haupt-: ~sendezeit f heures fpl de grande écoute; **~stadt** f capitale f; **~straße** f grand-route f; (in Stadt) rue f principale; **~verkehrsstraße** f (in Stadt) artère f principale; (Durchgangsstraße) route f à grande circulation; (zwischen Städten) route nationale; **~verkehrszeit** f heures fpl de pointe; **~versammlung** f assemblée f générale; **~wohnsitz** m domicile m principal; **~wort** nt substantif m, nom m

hau ruck ['hau 'rʊk] interj oh hisse

Haus [haʊs] (-es, Häuser) nt maison f; (Bewohner) maisonnée f; (von Schnecke) coquille f; (Theat) salle f; **nach ~e** à la maison; **zu ~e** à la maison; **fühl dich wie zu ~e!** fais comme chez toi!; **ein Freund des ~es** un ami de la famille; **von ~(e) aus** (ursprünglich) de naissance; (von Natur) de nature; **~ halten** (sparen) être économe; **mit den Kräften ~ halten** ménager ses forces; **wir liefern frei ~** nous livrons gratuitement à domicile; **das erste ~ am Platze** (Hotel) le meilleur établissement de la ville; **~angestellte** f employée f de maison; **~apotheke** f pharmacie f; **~arbeit** f travaux mpl ménagers; (Sch) devoirs mpl; **~arrest** m (von Kind) interdiction f de sortir; (Jur) assignation f à domicile, résidence f surveillée; **~arzt, ~ärztin** m/f médecin m de famille; **~aufgabe** f (Sch) devoir m; **~besetzung** f squat m; **~besitzer, in** m(f) propriétaire m/f; **~besuch** m (von Arzt) visite f à domicile; **~boot** nt péniche f

Häuschen ['hɔʏsçən] nt: **ganz aus dem ~ sein** (umg) être dans tous ses états

hauseigen adj privé(e)

Hauseigentümer, in m(f) propriétaire m/f

hausen ['haʊzən] (pej) vi (wohnen) nicher; (umg: wüten) faire des dégâts

Häuser-: ~block m pâté m de maisons; **~makler** m agent m immobilier; **~reihe, ~zeile** f rangée f de maisons

Haus-: ~flur m palier m; **~frau** f ménagère f, femme f au foyer; **~freund** m ami m de la maison; (umg: Liebhaber) ami de madame; **~friedensbruch** m (Jur) violation f de domicile; **~gebrauch** m: **für den ~gebrauch reicht es mir** ça me suffit pour ce que j'en fais; **h~gemacht** adj maison unver; **~gemeinschaft** f: **unsere ~gemeinschaft ist sehr gut** nous nous entendons très bien (entre voisins); **~halt** m ménage m; (Pol, Wirts) budget m; **h~halten** unreg *vi* (*veraltend: sparen*) être économe; **mit den Kräften h~halten** ménager ses forces; **~hälterin** *f* gouvernante *f*

Haushalts-: **~auflösung** *f*: **bei der ~auflösung meiner Großeltern** lorsque mes grands-parents ont quitté leur appartement, lorsque nous avons débarrassé l'appartement de mes grands-parents; **~debatte** *f* (*Parl*) débat *m* budgétaire; **~geld** *nt* argent *m* du ménage; **~gerät** *nt* appareil *m* ménager; **~hilfe** *f* femme *f* de ménage; **~jahr** *nt* année *f* budgétaire; **~packung** *f* paquet *m* familial; **~periode** *f* période *f* budgétaire; **~plan** *m* budget *m*; **~schule** *f* école *f* ménagère

Haus-: **~haltung** *f* (*förmlich: Haushalt*) ménage *m*; (*Führen des Haushaltes*) conduite *f* de la maison; (*Sparsamkeit*) économie *f*; **~haltwaren** *pl* articles *mpl* ménagers; **~herr, in** *m(f)* maître(maîtresse) *m/f* de maison; (*Vermieter*) propriétaire *m/f*; **h~hoch** *adv*: **h~hoch verlieren** être battu(e) à plate couture

hausieren [hau'zi:rən] *vi* faire du porte à porte; „**Betteln und H~ verboten!**" "colportage et mendicité interdits!"

Hausierer (-s, -) *m* colporteur *m*

hausintern ['haus|ıntɛrn] *adj* interne

häuslich ['hɔyslıç] *adj* (*Pflichten*) familial(e); (*Frieden*) des ménages; (*Mensch*) casanier(-ière); (*Pflege*) à domicile ▷ *adv*: **sich irgendwo ~ einrichten** *od* **niederlassen** s'installer quelque part; **H~keit** *f* vie *f* de famille; (*von Hausfrau*) dons *mpl* de ménagère

Haus-: **~macherart** ['hausmaxərla:rt] *f*: **nach ~macheart** maison *unver*; **~mann (-(e)s, -männer)** *m* homme *m* au foyer; **~mannskost** *f* cuisine *f* bourgeoise; **~marke** *f* (*eigene Marke*) marque *f* maison; (*bevorzugte Marke*) marque préférée; **~meister, in** *m(f)* concierge *m/f*; **~mittel** *nt* remède *m* de bonne femme; **~musik** *f* musique *f* en famille; **~nummer** *f* numéro *m* (*de la maison*); **~ordnung** *f* règlement *m* intérieur; **~putz** *m* nettoyage *m*; **~ratversicherung** *f* assurance *f* multirisque habitation; **~schlüssel** *m* clé *f* de la maison; **~schuh** *m* pantoufle *f*; **~schwamm** *m* pourriture *f* sèche

Hausse ['ho:sə] *f* hausse *f*

Haus-: **~segen** *m*: **bei ihnen hängt der ~segen schief** (*hum*) il y a de l'eau dans le gaz; **~stand** *m*: **einen ~stand gründen** fonder un foyer; **~suchung** *f* perquisition *f*; **~telefon** *nt* téléphone *m* privé; **~tier** *nt* animal *m* domestique; **~tür** *f* porte *f* de la maison *od* d'entrée; **~verbot** *nt*: **jdm ~verbot erteilen** refuser de recevoir qn chez soi; **~verwalter** *m* gérant *m* d'immeuble(s); **~verwaltung** *f* gérance *f* d'immeuble(s); **~wirt, in** *m(f)* propriétaire *m/f*; **~wirtschaft** *f* économie *f* domestique

Haut [haut] (**-, Häute**) *f* peau *f*; (*von Zwiebel*) pelure *f*; **mit ~ und Haar(en)** (*umg*) complètement; **auf der faulen ~ liegen** (*umg*) se tourner les pouces; **aus der ~ fahren** (*umg*) sortir de ses gonds; **~arzt, ~ärztin** *m(f)* dermatologue *m*; **~creme** *f*

crème *f* pour la peau

häuten ['hɔytən] *vt* (*Tier*) dépouiller ▷ *vr* (*Schlange*) muer

haut-: **~eng** *adj* collant(e); **H~farbe** *f* couleur *f* de (la) peau; **~freundlich** *adj* pour peaux sensibles; **~nah** *adj* (*fig*) très évocateur(-trice); **H~salbe** *f* pommade *f* pour la peau

Havanna [ha'vana] (**-s**) *nt* La Havane

Haxe ['haksə] *f siehe* **Hachse**

Hbf. *abk* = **Hauptbahnhof**

H-Bombe *f abk* = **Wasserstoffbombe**

he [he:] *interj* hé

Hebamme ['he:plamə] *f* sage-femme *f*

Hebebühne ['he:bəby:nə] *f* plate-forme *f* élévatrice, pont *m* élévateur

Hebel ['he:bəl] (**-s, -**) *m* levier *m*; **alle ~ in Bewegung setzen** (*umg*) tout mettre en œuvre; **am längeren ~ sitzen** (*umg*) être en position de force

heben ['he:bən] *unreg vt* soulever; (*Arm, Hand, Augen*) lever; (*Niveau, Stimmung*) améliorer ▷ *vr* (*Vorhang*) se lever; (*Wasserspiegel*) s'élever; (*Stimmung*) s'améliorer; **einen ~ gehen** (*umg*) aller boire un coup

Hebräer [he'brɛ:ər(ın)] (**-s, -**) *m* Hébreu *m*

hebräisch [he'brɛ:ıʃ] *adj* hébreu, hébraïque

Hebriden [he'bri:dən] *pl*: **die ~** les Hébrides *fpl*

hecheln ['hɛçəln] *vi* (*Hund*) haleter

Hecht [hɛçt] (**-(e)s, -e**) *m* brochet *m*; (*umg: Schwimmen: Hechtsprung*) plongeon *m* droit

Heck [hɛk] (**-(e)s, -e**) *nt* arrière *m*

Hecke ['hɛkə] *f* haie *f*

Heckenrose *f* églantine *f*

Heckenschütze *m* franc-tireur *m*

Heck-: **~fenster** *nt* lunette *f* od vitre *f* arrière; **~klappe** *f* hayon *m* (arrière); **~motor** *m* (*Aut*) moteur *m* à l'arrière

heda ['he:da] *interj* hé, holà

Heer [he:r] (**-(e)s, -e**) *nt* armée *f*; (*umg: Unmenge*) foule *f*

Hefe ['he:fə] *f* levure *f*; **~stückchen** *nt* pâtisserie *f* levée

Heft¹ ['hɛft] (**-(e)s, -e**) *nt* (*Schreibheft*) cahier *m*; (*Zeitschrift*) numéro *m*

Heft² ['hɛft] *nt* (*von Messer*) manche *m*; **jdm das ~ aus der Hand nehmen** destituer qn du pouvoir

Heftchen *nt* (*Fahrkartenheftchen, Briefmarkenheftchen*) carnet *m*

heften *vt* (*befestigen*) fixer; (*mit Nadel*) épingler; (*nähen*) bâtir; (*mit Heftmaschine*) agrafer ▷ *vr*: **sich an jds Fersen ~** ne pas lâcher qn d'une semelle; **~ an** +*Akk* fixer à

Hefter (-s, -) *m* classeur *m*

heftig *adj* violent(e); (*Mensch*) au tempérament violent; (*: Worte*) dur(e); **H~keit** *f* violence *f*; (*Unbeherrschtheit*) manque *m* de retenue

Heft-: **~klammer** *f* agrafe *f*; **~maschine** *f* agrafeuse *f*; **~pflaster** *nt* sparadrap *m*; **~zwecke** *f* punaise *f*

hegen ['he:gən] *vt* (*Wild, Bäume*) s'occuper de, protéger; (*Wunsch, Misstrauen*) caresser; (*Verdacht*) nourrir

Hehl [heːl] *m od nt*: **kein(en) ~ aus etw** *Dat* **machen** ne pas faire mystère de qch

Hehler (-s, -) *m* receleur(-euse) *m/f*

Heide[1] ['haɪdə] **(-n, -n)** *m* (*Rel*) païen *m*

Heide[2] ['haɪdə] *f* (*Gebiet*) lande *f*; (*Heidekraut*) bruyère *f*; **~kraut** *nt* bruyère *f*

Heidelbeere *f* myrtille *f*

Heiden-: **~angst** (*umg*) *f*: **eine ~angst vor etw/ jdm haben** avoir une frousse terrible de qch/qn; **~arbeit** (*umg*) *f* boulot *m* monstre; **~geld** (*umg*) *nt* argent *m* fou; **~tum** *nt* paganisme *m*

Heidin *f* païenne *f*

heidnisch ['haɪdnɪʃ] *adj* païen(ne)

heikel ['haɪkəl] *adj* délicat(e); (*wählerisch*) difficile

Heil (-(e)s) *nt* (*Glück*) bonheur *m*; (*Rel*) salut *m*; **Ski/Petri ~!** bonne glisse/pêche!

heil [haɪl] *adj* (*nicht kaputt*) intact(e); (*unverletzt*) sain(e) et sauf(sauve); (*geheilt*) guéri(e); **mit ~er Haut davonkommen** s'en tirer (sans une égratignure); **die ~e Welt** un monde idéal

Heiland (-(e)s, -e) *m* Sauveur *m*

Heil-: **~anstalt** *f* clinique *f*; **~bad** *nt* (*Bad*) bain *m* médicinal; (*Ort*) station *f* thermale; **h~bar** *adj* guérissable

Heilbutt ['haɪlbʊt] **(-s, -e)** *m* flétan *m*

heilen *vt*, *vi* guérir; **als geheilt entlassen werden** être déclaré(e) guéri(e)

heilfroh (*umg*) *adj* ravi(e)

Heilgymnastik *f* physiothérapie *f*

heilig ['haɪlɪç] *adj* saint(e); **die H~e Schrift** l'Écriture *f* sainte; **es ist mein ~er Ernst** je ne plaisante pas; *siehe auch* **heiligsprechen**; **H~abend** *m* veille *f* od réveillon *m* de Noël

Heilige, r *f(m)* saint(e) *m/f*

heiligen *vt* sanctifier; **der Zweck heiligt die Mittel** la fin justifie les moyens

Heiligenschein *m* auréole *f*

Heilig-: **~keit** *f* sainteté *f*; **h~sprechen** *unreg vt* canoniser; **~tum** *nt* (*Ort*) lieu *m* saint; (*Gegenstand*) relique *f*

Heil-: **~kunde** *f* médecine *f*; **h~los** *adj* épouvantable; **~mittel** *nt* remède *m*; **~praktiker, in** *m(f)* guérisseur(-euse) *m/f*; **~quelle** *f* source *f* thermale; **h~sam** *adj* (*fig*) salutaire

Heilsarmee *f* armée *f* du Salut

Heilstätte *f* sanatorium *m*

Heilung *f* guérison *f*

heim [haɪm] *adv* à la maison, chez moi/soi *etc*

Heim (-(e)s, -e) *nt* (*Zuhause*) foyer *m*, chez soi *m*; (*Altersheim*) maison *f* (de retraite); (*Kinderheim*) maison pour enfants; (*Fürsorgeheim*) foyer; (*Klubhaus, für Verein*) club *m*; **~arbeit** *f* travail *m* à domicile

Heimat ['haɪmaːt] **(-, -en)** *f* (*von Mensch*) patrie *f*; (*von Tier, Pflanze*) pays *m* d'origine, habitat *m*; **~fest** *nt* fête *f* folklorique; **~film** *m* film *m* régionaliste; **~kunde** *f* (*Sch*) histoire *f* (et géographie *f*) locale(s); **~land** *nt* pays *m* natal; **h~lich** *adj* (*zur Heimat gehörend*) du pays; (*Gefühle*) nostalgique; (*Klänge*) qui rappelle le pays natal; **h~los** *adj* sans patrie; **~museum** *nt* musée *m* régional; **~ort** *nt*

lieu *m* d'origine; **~vertriebene, r** *f(m)* réfugié(e) *m/f*

heim-: **~begleiten** *vt* raccompagner; **~bringen** *vt* raccompagner; **H~computer** *m* ordinateur *m* familial

heimelig ['haɪməlɪç] *adj* où l'on se sent chez soi

heim-: **~fahren** *unreg vi* rentrer chez soi; **H~fahrt** *f* retour *m*; **H~gang** *m* (*Tod*) décès *m*; **~gehen** *unreg vi* rentrer chez soi; (*sterben*) décéder; **~isch** *adj* (*Bräuche, Pflanzen, Industrie*) régional(e), local(e); (*Bevölkerung*) indigène; **sich ~isch fühlen** se sentir chez soi; **H~kehr (-, -en)** *f* retour *m*; **~kehren** *vi* rentrer; **H~kind** *nt* enfant qui a grandi dans un établissement social; **~kommen** *vi* rentrer; **H~leiter, in** *m(f)* directeur(-trice) *m/f* (de foyer *od* de maison *etc*)

heimlich *adj* secret(-ète) ⊳ *adv*: **~, still und leise** (*umg*) en douce; **H~keit** *f* secret *m*; **H~tuerei** (*pej*) *f* cachotteries *fpl*

Heim-: **~reise** *f* (voyage *m* de) retour *m*; **~spiel** *nt* (*Sport*) match *m* à domicile; **h~suchen** *vt* frapper; **h~tückisch** *adj* insidieux(-euse); (*Tat, Blick*) malveillant(e), sournois(e); **h~wärts** *adv* (vers) chez soi; **h~wärts gehen** rentrer chez soi; **~weg** *m* (chemin *m* du) retour *m*; **~weh** *nt* mal *m* du pays; **~werker** *m* bricoleur(-euse) *m/f*; **h~zahlen** *vt*: **jdm etw h~zahlen** se venger de qch sur qn, revaloir qch à qn

Heirat ['haɪraːt] **(-, -en)** *f* mariage *m*; **h~en** *vi* se marier ⊳ *vt* épouser

Heirats-: **~antrag** *m* demande *f* en mariage; **~anzeige** *f* (*Inserat*) petite annonce *f* (pour trouver un conjoint); (*Bekanntgabe einer Heirat*) faire-part *m inv* de mariage; **~schwindler** *m* escroc *m* (qui promet le mariage à une femme pour lui soutirer de l'argent); **~urkunde** *f* acte *m* de mariage; **~vermittlung** *f* agence *f* matrimoniale

heiser ['haɪzər] *adj* enroué(e); **H~keit** *f* enrouement *m*

heiß [haɪs] *adj* chaud(e); (*Thema*) brûlant(e); (*Kampf, Diskussion*) acharné(e); (*leidenschaftlich*) passionné(e); (*aufreizend*) excitant(e) ⊳ *adv*: **~ ersehnt** tant attendu(e); **~ umstritten** brûlant(e); **jdn/etw ~ und innig lieben** aimer qn/qch à la folie; **es wird nicht so ~ gegessen, wie es gekocht wird** (*Sprichwort*) la situation n'est pas si grave que ça; **~e Ware** (*gestohlen*) marchandises *fpl* volées; **~er Draht** téléphone *m* rouge; **~es Geld** capitaux *mpl* fébriles; **~es Eisen** (*fig*) sujet *m* brûlant; **~blütig** *adj* passionné(e), ardent(e)

heißen ['haɪsən] *unreg vi* (*Namen haben*) s'appeler; (*bedeuten*) vouloir dire, signifier; (*lauten*) être ⊳ *vt* (*nennen*) appeler; (*geh: befehlen*) dire à ⊳ *vi unpers*: **es heißt, dass ...** on dit que ...; **wie ~ Sie?** comment vous appelez-vous?; **das heißt** c'est-à-dire; **das will schon etwas ~** ce n'est pas rien; **jdn willkommen ~** souhaiter la bienvenue à qn; **jetzt heißt es abwarten** maintenant il s'agit d'attendre

heiß-: **H~hunger** *m* faim *f* de loup; **~laufen** *unreg vi*, *vr* chauffer; **H~luft** *f* air *m* chaud; **H~luftherd**

m four *m* à chaleur tournante; **H~mangel** *f*
machine *f* à repasser; **H~wasserbereiter (-s, -)** *m*
chauffe-eau *m inv*
heiter ['haɪtər] *adj (Wetter)* clair(e); *(fröhlich: auch
ironisch)* gai(e); **aus ~em Himmel** *(fig)*
brusquement; **H~keit** *f* gaieté *f*
heizbar *adj (Zimmer)* avec chauffage; **leicht ~**
facile à chauffer
heizen *vt, vi* chauffer
Heizer (-s, -) *m* chauffeur *m (de chaudière)*
Heiz-: **~gerät** *nt* appareil *m* de chauffage;
~körper *m* radiateur *m*; **~material** *nt*
combustible *m*; **~ofen** *m* radiateur *m* (d'appoint);
~öl *nt* mazout *m*; **~sonne** *f* radiateur *m*
parabolique; **~ung** *f* chauffage *m*; **~ungsanlage**
f chauffage *m*; **~ungsmonteur** *m* chauffagiste *m*
Hektar [hɛk'taːr] **(-s, -)** *nt od m* hectare *m*
Hektik *f (der Großstadt)* agitation *f* fébrile; *(Eile)*
précipitation *f*
hektisch ['hɛktɪʃ] *adj (Zeit)* stressant(e);
(Betriebsamkeit) fébrile
Hektoliter [hɛkto'liːtər] *m od nt* hectolitre *m*
Held [hɛlt] **(-en, -en)** *m* héros *m*
heldenhaft ['hɛldənhaft] *adj* héroïque
Heldin *f* héroïne *f*
helfen ['hɛlfən] *unreg vi +Dat* aider; *(subj:
Medikament)* être efficace ▷ *vi unpers:* **es hilft
nichts, du musst ...** il n'y a rien à faire, il faut
que tu ..., il faut absolument que tu ...; **sich** *Dat*
zu ~ wissen savoir s'y prendre, se débrouiller; **er
weiß sich** *Dat* **nicht mehr zu ~** il ne sait plus à
quel saint se vouer
Helfer, in (-s, -) *m(f)* aide *m/f*; *(Mitarbeiter)*
assistant(e)
Helfershelfer *m* complice *m*
Helgoland ['hɛlgolant] *nt petite île rocheuse de la mer
du Nord*
Helikopter [heli'kɔptər] **(-s, -)** *m* hélicoptère *m*
hell [hɛl] *adj* clair(e); *(Lachen)* sonore; *(umg:
Mensch, Verstand)* vif (vive); *(umg: Aufregung,
Wahnsinn, Freude)* énorme ▷ *adv (umg: sehr)*
absolument; **~es Bier** bière *f* blonde; **~blau** *adj*
bleu clair *unver*; **~blond** *adj* blond pâle
Helle, s *nt (Bier)* blonde *f*
Heller (-s, -) *m ≈* sou *m*; **auf ~ und Pfennig
herausgeben** rendre jusqu'au dernier sou
hellhörig *adj (Wohnung)* mal insonorisé(e);
~ werden dresser l'oreille
Helligkeit *f* clarté *f*
helllicht ['hɛllɪçt] *adj:* **am ~en Tag** en plein jour
hell-: **~sehen** *vi:* **~sehen können** avoir le don de
seconde vue; **H~seher, in** *m(f)* voyant(e) *m/f*;
~wach *adj* bien éveillé(e)
Helm [hɛlm] **(-(e)s, -e)** *m* casque *m*
Helsinki ['hɛlzɪŋki] **(-s)** *nt* Helsinki
Hemd [hɛmt] **(-(e)s, -en)** *nt* chemise *f*;
(Unterhemd) gilet *m*; **~bluse** *f* chemisier *m*;
~blusenkleid *nt* robe-chemisier *f*
Hemdenknopf *m* bouton *m* de chemise
hemdsärmelig *adj* en bras de chemise; *(umg)*
décontracté(e)
Hemisphäre [hemi'sfɛːrə] *f* hémisphère *m*

hemmen ['hɛmən] *vt (Entwicklung, Fortschritt,
Wachstum)* entraver; *(Menschen: psychisch)* inhiber;
gehemmt sein avoir des complexes
Hemmschuh *m (fig)* entrave *f*
Hemmung *f (Psych)* complexe *m*; *(Bedenken)*
scrupule *m*; **~ des Fortschritts** entrave *f* au
progrès
hemmungslos *adj (Mensch)* sans aucune retenue;
(weinen) sans retenue ▷ *adv (Weinen)* sans retenue
Hengst [hɛŋst] **(-es, -e)** *m (Pferd)* étalon *m*
Henkel ['hɛŋkəl] **(-s, -e)** *m* anse *f*; **~krug** *m*
cruche *f*
henken ['hɛŋkən] *vt* pendre
Henker (-s, -) *m* bourreau *m*
Henne ['hɛnə] *f* poule *f*
Hepatitis [hepa'tiːtɪs] **(-, Hepatiden)** *f* hépatite *f*

 SCHLÜSSELWORT

her [heːr] *adv* **1** *(Richtung):* **komm her** viens ici;
komm her zu mir viens vers moi; **von England
her** d'Angleterre; **von weit her** de loin; **wo bist
du her?** d'où viens-tu *od* es-tu?; **her damit!**
donne!; **wo hat er das her?** où a-t-il trouvé ça?;
wo ist das her? d'où est-ce que ça vient?; **hinter
jdm her sein** *(umg)* courir après qn; **hinter etw**
Dat **her sein** être à la recherche de qch; **es ist
nicht weit her mit jdm/etw** qn/qch n'est
vraiment pas extraordinaire
2 *(Blickpunkt):* **von der Form her** du point de vue
de la forme, pour ce qui est de la forme
3 *(zeitlich):* **das ist 5 Jahre her** ça s'est passé il y a
cinq ans

herab [hɛ'rap] *adv:* **er kam den Hügel/die
Treppe ~** il descendait la colline/l'escalier;
~hängen *unreg vi* pendre; **~lassen** *unreg vt (Lasten)*
(faire) descendre; *(Vorhang)* baisser ▷ *vr:* **sich
~lassen, etw zu tun** s'abaisser à faire qch;
~lassend *adj* condescendant(e); **H~lassung** *f*
attitude *f* condescendante; **~sehen** *unreg vi:*
~sehen auf *+Akk* regarder (d'en haut); *(fig)*
regarder de haut; **~setzen** *vt (Preise)* baisser;
(Geschwindigkeit) réduire; *(jdn, jds Leistung)*
rabaisser; **zu stark ~gesetzten Preisen** à des
prix sacrifiés; **H~setzung** *f (von Preisen, Kosten)*
baisse *f*; **~sinken** *unreg vi (Ballon)* descendre;
~stürzen *vi:* **von etw ~stürzen** tomber de qch
▷ *vr* se jeter; **~würdigen** *vt* rabaisser
heran [hɛ'ran] *adv:* **näher ~!** approche-toi!,
approchez-vous!; **rechts/links ~** à droite/
gauche; **nur ~!** venez ici!; **~bilden** *vt* former;
~bringen *unreg vt (näherbringen):* **jdn an jdn/etw
~bringen** amener qn auprès de qn/près de qch;
etw an jdn ~bringen intéresser qn à qch;
~fahren *unreg vi* s'approcher; **~gehen** *unreg vi:* **an
jdn/etw ~gehen** *(sich nähern)* s'approcher de qn/
qch; an etw *Akk* **~gehen** *(in Angriff nehmen)*
s'attaquer à qch; **~kommen** *unreg vi:* **(an jdn/
etw) ~kommen** s'approcher (de qn/qch); **alle
Probleme an sich** *Akk* **~kommen lassen** avoir
une attitude attentiste; **~lassen** *unreg vt* laisser

s'approcher; **niemanden** *od* **keinen an sich**
~lassen être très renfermé(e); **~machen** (*umg*) *vr:*
sich an jdn ~machen entreprendre qn; **sich an**
die Arbeit ~machen s'attaquer au travail; **sich**
an die Butterbrote ~machen attaquer les
tartines; **~treten** *unreg vi:* **mit etw an jdn**
~treten (*sich wenden*) soumettre qch à qn;
~wachsen *unreg vi* (*Kinder*) grandir;
H~wachsende, r *f(m)* adolescent(e); **~winken** *vt*
(*Taxi*) héler; **jdn ~winken** faire signe à qn de
s'approcher; **~ziehen** *unreg vt* (*Gegenstand*) tirer à
soi; (*Pflanzen*) cultiver; (*Tiere*) élever; (*Nachwuchs*)
former; (*Sachverständige*) faire appel à; **jdn zur**
Hilfe/Unterstützung ~ziehen demander
l'aide/le soutien de qn; **etw zum Vergleich**
~ziehen faire la comparaison avec qch

herauf [hɛˈraʊf] *adv:* **er kam die Treppe ~** il a
monté l'escalier; **~beschwören** *unreg vt* (*Unheil*)
provoquer; (*Erinnerung*) évoquer; **~bringen** *unreg*
vt (*Gegenstand*) monter, apporter; **~holen** *vt* aller
chercher, monter; **~kommen** *unreg vi* monter;
~setzen *vt* augmenter; **~ziehen** *unreg vt* tirer (à
soi) ▷ *vi* (*Sturm, Gewitter*) se préparer; (*nach oben*
umziehen) déménager à l'étage supérieur

heraus [hɛˈraʊs] *adv:* **er nahm das Heft aus der**
Schublade ~ il a pris le cahier dans le tiroir;
~ sein (*Blinddarm, Splitter*) avoir été enlevé(e);
(*Zähne*) avoir percé; (*Blumen*) avoir poussé, être
éclos(e); (*aus Stadt, Land etc; Buch, Briefmarke etc*) être
sorti(e); (*Gesetz*) être promulgué(e) *od* publié(e);
aus etw ~ sein (*überstanden haben*) avoir surmonté
qch; **aus dem Gröbsten ~ sein** avoir le pire
derrière soi; **es ist noch nicht ~** (*entschieden*) ce
n'est pas encore décidé; **nach vorn ~ wohnen**
habiter l'avant (de l'immeuble) *od* du côté rue;
~ damit! (*umg*) donne!; **~ mit dem Geld!** (*umg*)
ton fric!; **~ mit der Sprache!** (*umg*) parle!, je
t'écoute!; **~arbeiten** *vt* (*Problem, Wesentliches*)
souligner; (*Arbeitszeit*) rattraper; **~bekommen**
unreg vt (*Flecken*) arriver à enlever; (*Wechselgeld*)
recevoir; (*erfahren*) réussir à découvrir; (*lösen*
können) trouver la solution de; **~bringen** *unreg vt*
sortir; (*umg: herausbegleiten*) accompagner; (*umg:*
Geheimnis) découvrir; **jdn/etw ganz groß**
~bringen (*umg*) faire beaucoup de battage
autour de qn/qch; **~finden** *unreg vi* (*nach draußen*
finden) trouver la sortie ▷ *vt* découvrir; **~fordern**
vt (*Gegner*) défier; (*Schicksal*) provoquer; **~fordernd**
adj provocateur(-trice), provocant(e);
H~forderung *f* (*Provokation*) provocation *f*; (*große*
Aufgabe) gageure *f*; **~geben** *unreg vt* (*zurückgeben*)
rendre; (*veröffentlichen*) publier ▷ *vi* (*Wechselgeld*
geben) rendre la monnaie; **können Sie (mir)**
~geben? avez-vous la monnaie?; **H~geber, in**
m(f) éditeur(-trice) *m/f*; **~gehen** *unreg vi:* **aus sich**
~gehen sortir de sa coquille; **~haben** *unreg vt*
(*Flecken*) avoir réussi à enlever; (*Mieter*) avoir
réussi à se débarrasser de; (*Rätsel, Aufgabe*) avoir
trouvé la solution de; **~haben, wie man etw**
macht avoir trouvé comment faire qch; **~halten**
unreg vr: **sich aus etw ~halten** ne pas se mêler de
qch; **~hängen**[1] *unreg vi* pendre; **~hängen**[2] *vt*

(*Wäsche*) pendre; (*Fahnen*) déployer; **~holen** *vt*
sortir; (*Ergebnis*) arriver à obtenir; (*Sieg*)
remporter; (*Geheimnis*) arriver à percer; **~hören** *vt*
percevoir; **~kehren** *vt:* **den Vorgesetzten**
~kehren se prendre au sérieux dans son rôle de
patron; **~kommen** *unreg vi* sortir; (*umg: bekannt*
werden) être révélé(e); (*Gesetz*) être publié(e) *od*
promulgué(e); **aus den Sorgen nicht**
~kommen être accablé(e) de soucis; **er kam aus**
dem Staunen nicht ~ il était héberlué; **dabei**
kommt doch nichts ~ ça ne sert à rien; **mit etw**
~kommen (*umg: sagen*) dire qch; **es kommt auf**
dasselbe ~ ça revient au même; **~nehmen** *unreg*
vt (*entfernen*) sortir; **sich** *Dat* **etw ~nehmen** (*umg:*
sich erlauben) se permettre qch; **sich** *Dat*
Freiheiten ~nehmen prendre des libertés; **Sie**
nehmen sich zu viel ~! vous exagérez!; **~ragen**
vi: **ein Ereignis von ~ragender Wichtigkeit** un
événement d'une importance capitale; **~reden** *unreg*
vr arriver à s'en sortir (à force de bonnes paroles),
trouver des excuses; **~reißen** *unreg vt* arracher;
jdn aus seiner Umgebung ~reißen arracher qn
à son milieu; **~rücken** (*umg*) *vt:* **Geld ~rücken**
casquer ▷ *vi:* **mit etw ~rücken** (*sagen*) révéler *od*
dire qch; **~rutschen** *vi:* **aus etw ~rutschen**
glisser de qch; **das ist mir leider ~gerutscht!**
(*umg: fig*) ça m'a échappé!; **~schlagen** *unreg vt*
(*Nagel*) arracher; (*Staub*) enlever; (*umg: Vorteile,*
Geld) se procurer; **~ sein** *unreg vi siehe* **heraus**;
~springen *unreg vi* sauter; **was springt dabei**
für mich ~? qu'est-ce que ça me rapporterait?;
~stellen *vt* mettre dehors, sortir; (*betonen*)
souligner ▷ *vr* (*sich zeigen*) s'avérer; **sich als etw**
~stellen se révéler qch; **das muss sich erst**
~stellen attendons de voir; **~strecken** *vt* (*Kopf*)
sortir; (*Arm*) sortir, tendre; (*Zunge*) tirer; **~suchen**
vt: **sich** *Dat* **jdn/etw ~suchen** choisir qn/qch;
~treten *unreg vi* sortir; **~wachsen** *unreg vi* (*aus*
Kleidern) devenir trop grand(e) pour, ne plus
pouvoir mettre; **~werfen** *unreg vt:* **das ist**
~geworfenes Geld c'est de l'argent jeté par les
fenêtres; (*umg: Gewinn*) tirer; **~wirtschaften** *vt*
~wollen *vi:* **nicht mit etw ~wollen** (*umg: sagen*)
refuser de dire qch; **~ziehen** *unreg vt* tirer; (*Zahn*)
arracher; (*Splitter*) enlever

herb [hɛrp] *adj* (*Geschmack, Duft*) âcre; (*Wein*) sec
(sèche); (*Enttäuschung*) amer(-ère); (*Verlust*)
douloureux(-euse); (*Worte, Kritik*) acerbe; (*Gesicht,*
Schönheit) austère

herbei [hɛrˈbaɪ] *adv ici;* **~führen** *vt* (*bewirken*)
amener, provoquer; **~lassen** *unreg vr:* **sich zu etw**
~lassen condescendre à qch; **~schaffen** *vt*
apporter; (*jdn*) amener; **~sehnen** *vt* attendre
avec impatience

herbekommen [ˈheːrbəkɔmən] *unreg* (*umg*) *vt* se
procurer

herbemühen [ˈheːrbəmyːən] *vr* (*geh*) se donner la
peine de venir

Herberge [ˈhɛrbɛrgə] *f* auberge *f*

Herbergsmutter *f* mère *f* aubergiste

Herbergsvater *m* père *m* aubergiste

herbitten *unreg vt* convier, inviter

herbringen *unreg vt* apporter; *(jdn)* amener

Herbst [hɛrpst] *(-(e)s, -e)* *m* automne *m*; **h~lich** *adj* automnal(e), d'automne; **~zeitlose** *f (Bot)* colchique *m*

Herd [heːrt] *(-(e)s, -e)* *m* cuisinière *f*; *(von Unruhen; Med)* foyer *m*

Herde ['heːrdə] *f* troupeau *m*

Herdentrieb *m* instinct *m* grégaire

Herdplatte *f (von Elektroherd)* plaque *f*

herein [hɛ'raɪn] *adv*: **er kam ins Zimmer ~** il est entré dans la pièce; **~!** entrez!; **~bitten** *unreg vt* prier d'entrer; **~brechen** *unreg vi (Krieg)* éclater; **die Dunkelheit brach ~** la nuit est tombée; **über jdn ~brechen** *(Schicksal)* s'abattre sur qn; **~bringen** *unreg vt* apporter; *(jdn)* amener; **~fallen** *unreg vi (umg: getäuscht werden)* se faire avoir; **auf jdn/etw ~fallen** être dupé(e) par qn/qch; **~kommen** *unreg vi* entrer; *(umg: Waren, Bücher etc)* arriver; **~lassen** *unreg vt* laisser entrer; **~legen** *vt (umg: betrügen)* rouler; **~platzen, ~schneien** *(umg)* vi arriver à l'improviste; **~spazieren** *(umg)* vi: **~spaziert!** entrez!

Her-: **~fahrt** *f* voyage *m*, trajet *m*; **h~fallen** *unreg vi*: **über etw** *Akk* **h~fallen** se précipiter sur qch; **über jdn h~fallen** se jeter sur qn; **mit Fragen über jdn h~fallen** assaillir qn de questions; **~gang** *m* déroulement *m* des faits; **h~geben** *unreg vt (übergeben)* donner; *(zurückgeben)* rendre; **sich zu etw h~geben** prêter son nom à qch; **das Thema gibt nichts h~** ce n'est pas un sujet intéressant; **h~gebracht** *adj*: **in h~gebrachter Weise** selon la coutume; **h~gehen** *unreg vi*: **hinter jdm h~gehen** suivre qn; **es geht hoch/laut h~** il y a de l'ambiance/du bruit; **h~gelaufen** *adj (Kerl)* venu(e) d'on ne sait où; **h~haben** *unreg (umg) vt*: **wo hat er das h~?** d'où sort-il ça?, où est-il allé chercher ça?; **h~halten** *unreg (umg) vt* tendre, rapprocher; **(für jdn/etw) h~halten müssen** payer (pour qn/qch); **h~hören** vi écouter; **hör mal h~!** écoute!

Hering ['heːrɪŋ] *(-s, -e)* *m* hareng *m*; *(Zeltpflock)* sardine *f*

her-: **~kommen** *unreg vi (näher kommen)* s'approcher; *(herrühren)* venir; *(abstammen)* descendre; **komm mal ~!** viens (voir) ici!; **~kömmlich** *adj* conventionnel(le); **H~kunft** *(-, -künfte)* *f* origine *f*; **H~kunftsland** *nt* pays *m* d'origine; **~laufen** *unreg vi*: **hinter/neben jdm ~laufen** suivre/accompagner qn; **~leiten** *vt (Rechte etc)* faire découler; **~machen** *vr*: **sich über jdn/etw ~machen** attaquer qn/qch ▷ *vt (umg)*: **viel ~machen** faire de l'effet; **wenig ~machen** avoir piètre allure

Hermelin [hɛrmə'liːn] *(-s, -e)* *nt (Zool)* hermine *f*

hermetisch [hɛr'meːtɪʃ] *adj* hermétique ▷ *adv*: **~ abgeriegelt** bouclé(e), impossible d'accès

her-: **~nach** *adv* ensuite; **~nehmen** *unreg vt*: **wo soll ich das ~nehmen?** d'où je le(la) sortirais?

Heroin [hero'iːn] *(-s)* *nt* héroïne *f*; **h~süchtig** *adj* héroïnomane

heroisch [he'roːɪʃ] *adj (geh)* héroïque

Herr [hɛr] *(-(e)n, -en)* *m (Herrscher)* seigneur *m*; *(Mann)* monsieur *m*; *(Rel)* Seigneur *m*; *(vor Namen)* Monsieur; **mein ~!** Monsieur!; **meine ~en!** Messieurs!; **Sehr geehrter ~ Blum** *(in Brief)* Cher Monsieur; **Lieber ~ Blum** *(in Brief)* Cher Monsieur Blum; **„~en"** *(Toilette)* "Messieurs"; **die ~en der Schöpfung** *(hum: Männer)* les messieurs; **einer Sache** *Gen* **~ werden** reprendre qch en main

Herrchen *(umg) nt (von Hund)* maître *m*

Herren-: **~bekanntschaft** *f* ami *m*; **~bekleidung** *f* habillement *m* masculin; **„~bekleidung"** "rayon hommes"; **~besuch** *m* visite *f* masculine; **~doppel** *nt* double *m* messieurs; **~einzel** *nt* simple *m* messieurs; **~haus** *nt* maison *f* de maître; **~konfektion** *f (Wirts)* confection *f* hommes; **~leben** *nt (fig)* vie *f* oisive; **h~los** *adj* sans maître; **~magazin** *nt* magazine *m* pour hommes

Herrgott *m* Seigneur *m*; **~ noch mal!** *(umg)* bon sang!, nom d'un chien!

Herrgottsfrühe *(umg) f*: **in aller ~** à l'aube

herrichten ['heːrrɪçtən] *vt (Essen, Kleid)* préparer; *(Bett)* faire

Herrin *f* maîtresse *f*

herrisch *adj* autoritaire

herrje *interj* Seigneur

herr-: **~lich** *adj* merveilleux(-euse); **H~lichkeit** *f* splendeur *f*; **H~schaft** *f* pouvoir *m*; *(Herr und Herrin)* maîtres *mpl*; **meine H~schaften!** Mesdames et Messieurs!; **~schaftlich** *adj (vornehm)* magnifique

herrschen ['hɛrʃən] *vi (Partei, Diktator)* être au pouvoir; *(König, Freude, Stille)* régner; **es herrscht Nebel** il y a du brouillard; **hier ~ ja schöne Zustände!** c'est du joli!

Herrscher, in *(-s, -)* *m(f)* maître(-esse) *m/f*; *(König, Königin)* souverain(e) *m/f*

Herrschsucht *f* soif *f* de pouvoir

her-: **~rühren** *vi*: **von etw ~rühren** provenir de qch; **~sagen** *vt* réciter; **~sehen** *unreg vi*: **hinter jdm/etw ~sehen** suivre qn/qch du regard of des yeux; **~ sein** *unreg vi siehe* **her**; **~stammen** *vi*: **~stammen von** venir de; **~stellen** *vt* fabriquer; *(Verbindung)* établir; *(Ruhe)* rétablir; **H~steller** *(-s, -)* *m* fabricant *m*, producteur *m*; **H~stellung** *f* fabrication *f*, production *f*; **H~stellungskosten** *f* frais *mpl* de production; **~tragen** *unreg vt*: **etw hinter jdm ~tragen** suivre qn en portant qch

herüber [hɛ'ryːbər] *adv*: **hier ~, bitte!** par ici, je vous prie!; **~reichen** *vt (Salz)* passer ▷ vi: **~reichen bis** aller jusqu'à

herum [hɛ'rʊm] *adv*: **um etw ~** autour de qch; **~ sein** *(umg: Stunde, Zeit)* être passé(e); **~ärgern** *vr (umg)* s'énerver; **~doktern** *(umg)* vi: **an jdm ~doktern** jouer les toubibs avec qn; **an etw** *Dat* **~doktern** bricoler qch; **~drehen** *vt (Schlüssel)* tourner; *(auf die andere Seite)* retourner; **~drücken** *(umg) vr*: **sich um etw ~drücken** esquiver qch; **~fahren** *unreg vi (umherfahren)* faire un tour ▷ *vt (Besucher)* faire faire le tour à; **um etw ~fahren** faire le tour de qch; **~führen** *vt*: **jdn in der Stadt ~führen** faire faire le tour de la ville *od* un tour de

187

ville à qn ▷ vi: **die Autobahn führt um die Stadt ~** l'autoroute contourne la ville; **~gammeln** (umg) vi traîner; **~gehen** unreg vi (auf und ab gehen) faire les cent pas; (in einer Runde gehen: Person) passer d'une personne à l'autre; (: Ding) passer de main en main; (vergehen) passer; **um etw ~gehen** faire le tour de qch; **etw ~gehen lassen** faire passer qch; **~hacken** (umg) vi: **auf jdm ~hacken** récriminer contre qn; **~irren** vi errer; **~kommen** unreg vi (um Kurve) arriver à prendre; (umg: vermeiden) arriver à éviter; **weit ~kommen** (umg) voyager beaucoup; **viel/wenig ~kommen** voir beaucoup/peu de monde; **~kriegen** (umg) vt (überreden) convaincre; (verbringen) passer; **~lungern** (umg) vi traînasser; **~quälen** vr: **sich mit jdm ~quälen** perdre son temps à s'occuper de qn; **seit Wochen quält sie sich mit dieser bösen Bronchitis/schwierigen Entscheidung ~** il y a des semaines qu'elle souffre de cette méchante bronchite/que cette décision difficile la tourmente; **~reißen** unreg vt (Steuer) donner un brusque coup de; **~schlagen** vr: **sich mit etw ~schlagen** (Problemen) être aux prises avec qch; **~schleppen** vt: **etw mit sich ~schleppen** (Sorge, Problem) être accablé(e) par qch; (Krankheit) traîner qch; **~sprechen** unreg vr s'ébruiter; **~treiben** unreg (pej) vr se traîner; **H~treiber, in** (**-s, -**) (pej) m(f) vagabond(e) m/f; **~werfen** unreg vt (Gegenstände) lancer; (Kopf) tourner brusquement; (Steuer) donner un brusque coup de; (Hebel) tirer brusquement; **~ziehen** unreg vi (von Ort zu Ort) se déplacer

herunter [heˈrʊntər] adv: **~ (mit euch)!** descendez!; **vom Himmel ~** du (haut du) ciel; **~ sein** (umg: gesundheitlich, nervlich) être au bout du rouleau; (: Fieber) être tombé(e); (: Preise) avoir baissé; (: Wirtschaft, Betrieb) être dans un piètre état; **mit den Nerven/der Gesundheit ~ sein** être à bout de nerfs/au bout du rouleau; **~gekommen** adj (Mensch) dans un triste état; (Gegend) en pleine récession; (Haus) délabré(e); **~handeln** (umg) vt (Preis) marchander pour faire baisser; **~hauen** unreg (umg) vt: **jdm eine ~hauen** flanquer une baffe à qn; **~kommen** unreg vi descendre; (gesundheitlich) s'affaiblir; (moralisch) se laisser aller; (Firma) péricliter; **~laden** unreg vt (Comput) télécharger; **~lassen** unreg vt (Rolläden) baisser; **~leiern** (umg) vt (Text) débiter; **~machen** (umg) vt (herabsetzen) démolir; (zurechtweisen) attraper; **~putzen** (umg) vt démolir; **~ sein** unreg (umg) vi siehe **herunter**; **~spielen** vt (Zwischenfall) minimiser; **~stufen** vt (in niedrigere Gehaltsklasse) rétrograder; (in niedrigere Versicherungsklasse) accorder un bonus à; **~wirtschaften** (umg) vt amener à la ruine

hervorbrechen unreg vi (geh: Sonne) poindre, apparaître; (Zorn) éclater

hervorbringen unreg vt produire

hervorgehen unreg vi (als Sieger) sortir; (als Resultat) résulter; **aus dem Brief/daraus geht hervor, dass** ... il ressort de cette lettre/il en ressort que ...

hervorheben unreg vt souligner

hervorkommen vi apparaître

hervorragend adj (ausgezeichnet) excellent(e), extraordinaire

hervorrufen unreg vt (bewirken) provoquer

hervorstoßen unreg vt (Worte) proférer

hervortreten unreg vi (heraustreten) sortir; (Adern) saillir, être gonflé(e); **als etw ~** se faire un nom en tant que qch; **mit etw ~** (an die Öffentlichkeit) sortir qch

hervortun unreg vr: **sich mit etw ~** se distinguer par qch; (umg: sich wichtigtun) se pavaner avec qch

Herz [hɛrts] (**-ens, -en**) nt cœur m; **ein ~ und eine Seele sein** être inséparables; **sein ~ an jdn/etw hängen** s'attacher à qn/qch; **mein ~ hängt daran** j'y tiens (beaucoup); **seinem ~en Luft machen** donner libre cours à sa colère; **sich Dat ein ~ fassen** prendre son courage à deux mains; **es liegt mir am ~en** ça me tient à cœur; **du sprichst mir aus dem ~en** c'est exactement mon sentiment; **mit ganzem ~en** de tout mon etc cœur; **etw auf dem ~en haben** avoir qch sur le cœur; **sich Dat etw zu ~en nehmen** prendre qch à cœur; **jdn/etw auf ~ und Nieren prüfen** soumettre qn/qch à un examen approfondi; **~anfall** m crise f cardiaque; **~beschwerden** pl: **~beschwerden haben** être cardiaque

herzen vt presser contre son cœur

Herzensbrecher m bourreau m des cœurs

Herzenslust f: **nach ~** à cœur joie

Herzenswunsch m souhait m le plus cher

herz-: **~ergreifend** adj bouleversant(e); **~erweichend** adj qui fend le cœur; **H~fehler** m malformation f cardiaque; **~haft** adj (Essen) nourrissant(e); (Lachen) joyeux(-euse)

herziehen [ˈhɛːrtsiːən] unreg vi: **über jdn/etw ~** (umg) démolir qch/qn

Herz-: **~infarkt** m infarctus m (du myocarde); **~klappe** f valvule f (du cœur); **~klopfen** nt palpitations fpl; **ich hatte ~klopfen** (vor Angst, Aufregung) j'en avais des palpitations; **h~krank** adj cardiaque; **h~lich** adj chaleureux(-euse) ▷ adv chaleureusement; **h~lich gern!** très volontiers!; **h~lichen Glückwunsch!** tous mes vœux!; **h~liche Grüße** amitiés; **~lichkeit** f gentillesse f; **h~los** adj sans cœur; **~losigkeit** f manque m de cœur

Herzog, in [ˈhɛrtsoːk(-gɪn)] (**-(e)s, ̈e**) m(f) duc(duchesse) m/f; **h~lich** adj ducal(e); **~tum** nt duché m

Herz-: **~schlag** m battement m de cœur; (Med) rythme m cardiaque; **~schrittmacher** m stimulateur m cardiaque; **h~zerreißend** adv à fendre l'âme

Hesse [ˈhɛsə] m: **er ist ~** il est originaire de la Hesse

Hessen [ˈhɛsən] (**-s**) nt (Geog) la Hesse

Hessin f: **sie ist ~** elle est originaire de la Hesse

hessisch adj de (la) Hesse

heterogen [hetero'geːn] adj hétérogène

heterosexuell [heterozɛˈksuɛl] adj hétérosexuel(le)

Hetze ['hɛtsə] f (*Eile*) hâte f, précipitation f; (*pej:*
Verleumdung) campagne f de calomnie; **das war
wieder eine ~ heute!** ça a de nouveau été la
course, aujourd'hui!; **die ewige ~ im Büro** notre
rythme de travail effréné

hetzen vt (*jagen*) traquer ▷ vr (*sich eilen*) se
dépêcher ▷ vi (*eilen*) se dépêcher; (*pej: Hass schüren*)
calomnier; **Hunde auf jdn ~** lâcher les chiens
contre qn; **jdn auf jdn ~** monter qn contre qn;
gegen jdn/etw ~ monter les gens contre qn/qch

Hetzerei [hɛtsə'raɪ] f = **Hetze**

Hetzkampagne ['hɛtskampanjə] (*pej*) f
campagne f de calomnie

Heu [hɔy] (**-(e)s**) nt foin m; **~boden** m grenier m à
foin, fenil m

Heuchelei [hɔyçə'laɪ] (*pej*) f hypocrisie f

heucheln ['hɔyçəln] vt simuler, feindre ▷ vi être
hypocrite

Heuchler, in [hɔyçlər(ɪn)] (**-s, -**) m(f) hypocrite
m/f; **h~isch** adj hypocrite

Heuer (**-, -n**) (*Naut*) solde f

heuer ['hɔyər] (*Südd, Österr, Schweiz*) adv cette
année

heuern ['hɔyərn] vt engager

Heugabel f fourche f à foin

Heuhaufen m meule f de foin

heulen ['hɔylən] vi hurler; (*umg: weinen*) pleurer;
das ~de Elend bekommen avoir le cafard

heurig ['hɔyrɪç] (*Südd, Österr, Schweiz*) adj de cette
année; **H~e, r** m (*junger Wein*) vin m nouveau

Heuschnupfen m rhume m des foins

Heuschrecke f sauterelle f; (*in heißen Ländern*)
criquet m pèlerin

heute ['hɔytə] adv aujourd'hui; **~ Abend** ce soir;
~ früh *od* **Morgen** ce matin; **~ in einer Woche**
aujourd'hui en huit; **von ~ auf morgen**
(*plötzlich*) du jour au lendemain; **H~** nt: **das H~** le
présent

heutig ['hɔytɪç] adj d'aujourd'hui; (*Problem*)
actuel(le)

heutzutage ['hɔyttsuːtaːgə] adv de nos jours

Hexe ['hɛksə] f sorcière f

hexen vi avoir des pouvoirs magiques; **ich kann
doch nicht ~!** je ne peux pas faire de miracles!

Hexen-: ~häuschen nt maison f de pain d'épice;
~meister m sorcier m; **~schuss** m (*Med*)
lumbago m

Hexerei [hɛksə'raɪ] f sorcellerie f

HG f *abk* = **Handelsgesellschaft**

Hg. *abk* (= *Herausgeber*) éd.

hg. *abk* = *herausgegeben*) publié(e)

Hieb (**-(e)s, -e**) m (*Schlag*) coup m; (*Wunde*) marque f
de coup; **~e bekommen** (*umg: Prügel*) recevoir
une correction

hieb etc [hiːp] vb siehe **hauen**

hieb- und stichfest adj irrévocable

hielt etc [hiːlt] vb siehe **halten**

hier [hiːr] adv ici; **~ spricht Dr Müller** (*Tel*) ici le
docteur Müller; **~ und jetzt** tout de suite, sans
plus tarder; **~ und da** (*ab und zu*) de temps en
temps; *siehe auch* **hierbehalten, hierbleiben,
hierlassen**

Hierarchie [hierar'çiː] f hiérarchie f

hier-: ~auf adv là-dessus; **~aus** adv: **~aus folgt,
dass ...** par conséquent ...; **~behalten** *unreg* vt
garder; **~bei** adv (*währenddessen*) ce faisant; **~bei
handelt es sich um ...** il s'agit (ici) de ...;
~bleiben *unreg* vi rester (ici); **~durch** adv (*kausal*)
ainsi; (*örtlich*) par ici; **~her** adv ici; **~her gehören**
aller ici; (*Person*) être à sa place; (*relevant sein*) être
pertinent(e); (*in dieser Beziehung*) en
cela; **bis ~hin** jusqu'ici; **~lassen** *unreg* vt laisser
ici; **~mit** adv avec cela; **~mit erkläre ich**
(*förmlich*) je déclare solennellement; **~nach** adv
(*später*) plus tard; (*folglich*) en conséquence; **~über**
adv (*währenddessen*) ce faisant; **~von** adv de cela,
en; **~von abgesehen** cela mis à part; **~zu** adv
(*dafür*) pour cela; (*dazu*) avec cela; (*außerdem*) en
outre; (*zu diesem Punkt*) à ce sujet; **~zulande, ~ zu
Lande** adv par ici

hiesig ['hiːzɪç] adj d'ici

hieß etc [hiːs] vb siehe **heißen**

Hi-Fi-Anlage ['haɪfiːanlaːgə] f chaîne f hi-fi

Hightechindustrie ['haɪtɛklɪndʊs'triː] f
industrie f de pointe

Hilfe ['hɪlfə] f aide f; **Erste ~** premiers secours mpl
od soins mpl; **~! à l'aide!**; **jdm ~ leisten** porter
assistance à qn, aider qn; **~leistung** f assistance
f; **unterlassene ~leistung** (*Jur*) non-assistance f
à personne en danger; **~stellung** f (*Gymnastik*)
aide f; (*fig*) soutien m

hilf-: ~los adj perdu(e); (*ungeschickt*) maladroit(e);
H~losigkeit f air m perdu, incapacité f à se
débrouiller tout(e) seul(e); **~reich** adj serviable

Hilfs-: ~aktion f opération f de secours;
~arbeiter m ouvrier m spécialisé; **h~bedürftig**
adj (*schwach*) invalide; (*Not leidend*) dans le
besoin; **h~bereit** adj serviable, obligeant(e);
~dienst m (*Organisation*) service m d'urgence;
~kraft f (*Aushilfe*) assistant(e); **~mittel** nt (*oft pl*)
moyen m; **~verb** nt, **~zeitwort** nt (verbe m)
auxiliaire m

hilft etc [hɪlft] vb siehe **helfen**

Himalaja [hi'maːlaja] (**-s**) m: **der ~** l'Himalaya m

Himbeere ['hɪmbeːrə] f framboise f

Himmel ['hɪməl] (**-s, -**) m ciel m; **um ~s willen!**
(*umg*) pour l'amour de Dieu!; **im sieb(en)ten ~
sein** être au septième ciel; **h~angst** adj: **es ist
mir h~angst** j'ai des sueurs froides; **~bett** nt lit
m à baldaquin; **h~blau** adj bleu(e) ciel

Himmelfahrt f (*Rel*) Ascension f

Himmelfahrtskommando (*umg*) nt (*Mil*)
commando-suicide m; (*Unternehmen*) mission-
suicide f

Himmelreich nt (*Rel*) royaume m des cieux

himmelschreiend adj (*Ungerechtigkeit*) criant(e);
(*Dummheit*) consternant(e)

Himmelsrichtung f direction f; **die vier ~en** les
quatre points mpl cardinaux; **aus allen ~en**
(*überallher*) des quatre coins du monde

himmelweit adj: **ein ~er Unterschied** une
différence considérable

himmlisch ['hɪmlɪʃ] adj céleste; (*wunderbar*)
divin(e)

hin | hingehen

hin [hɪn] *adv* **1** (*räumlich*): **bis zur Mauer hin** jusqu'au mur; **nach Westen hin** vers l'ouest; **geh doch zu ihr hin** va vers elle; **er summte eine Melodie vor sich hin** il fredonnait une mélodie; **wo ist er hin?** (*umg*) où est-il passé?; **einmal Basel, hin und zurück** Bâle, aller (et) retour; **hin und her gehen** faire les cent pas; **etw hin und her überlegen** tourner et retourner qch dans son esprit; **hin und wieder** de temps en temps; **Regen hin, Regen her** qu'il pleuve ou non; **Sonntag hin, Sonntag her, wir müssen einfach heute das Auto waschen!** dimanche ou pas dimanche, nous devons absolument laver la voiture!
2: auf ... hin; **auf meine Bitte hin** à ma demande; **auf seinen Rat hin** sur son conseil; **auf meinen Brief hin** suite à ma lettre; **nichts wie hin!** (*umg*) allons-y!; **nach außen hin** (*fig*) en apparence
3: hin sein (*umg: kaputt sein*) être fichu(e); **meine Ruhe ist hin** c'en est fait de ma tranquillité, finie la tranquillité; **mein Glück ist hin** c'en est fait de mon bonheur

hinab [hɪ'nap] *adv* = **hinunter**; **~gehen** *unreg vi* descendre; **~sehen** *unreg vi* regarder (vers le bas)
hinarbeiten ['hɪnarbaɪtən] *vi*: **auf etw** *Akk* ~ (*Ziel*) préparer qch
hinauf [hɪ'nauf] *adv* vers le haut; **~arbeiten** *vr* (*in Laufbahn*) gravir les échelons (de la hiérarchie); **~gehen** *vi* monter; **~steigen** *unreg vi* monter, grimper
hinaus [hɪ'naus] *adv* dehors; **~ mit dir!** dehors!; **nach hinten/vorn** ~ vers l'arrière/l'avant; **darüber** ~ en plus de cela; **auf Jahre/Wochen** ~ pour des années/semaines, pour les années/ semaines à venir; **~befördern** *vt*: **jdn (zur Tür) ~befördern** mettre qn à la porte, jeter qn dehors; **~fliegen** *unreg* (*umg*) *vi* (*hinausgeworfen werden*) être flanqué(e) à la porte; **~führen** *vi*: **über etw** *Akk* **~führen** aller au-delà de qch; **~gehen** *unreg vi* sortir; **das geht über meine Kräfte** ~ c'est au-delà de mes forces; **~laufen** *unreg vi* sortir; **~laufen auf** +*Akk* (*fig*) revenir à; **~schieben** *unreg vt* (*aufschieben*) remettre; **~schießen** *unreg vi*: **über das Ziel ~schießen** (*fig*) aller trop loin; **~werfen** *unreg vt* (*Gegenstand*) jeter (dehors); (*Person*) mettre dehors *od* à la porte; **~wollen** *unreg vi* vouloir sortir; **hoch ~wollen** être ambitieux(-euse); **worauf wollen Sie damit ~?** où voulez-vous en venir?; **~ziehen** *unreg vt* (*Verhandlungen*) faire durer ▷ *vr* (*Aufbruch*) (ne cesser d')être remis(e); **~zögern** *vt* remettre ▷ *vr* (ne cesser d')être remis(e)
hin-: **~bekommen** *unreg* (*umg*) *vt*: **das hast du gut ~bekommen** bravo(, tu t'es bien débrouillé(e))!; **~biegen** *unreg* (*umg*) *vt* (*Angelegenheit*) arranger; **~blättern** (*umg*) *vt* (*Geld*) cracher, sortir
Hinblick ['hɪnblɪk] *m*: **in** *od* **im** ~ **auf** +*Akk* eu égard à

hindenken ['hɪndɛŋkən] *unreg vi*: **wo denken Sie hin!** vous n'y pensez pas!
hinderlich ['hɪndərlɪç] *adj*: **einer Sache** *Dat* ~ **sein** faire obstacle à qch; **jds Karriere** *Dat* ~ **sein** ne pas être bon(ne) pour la carrière *od* l'avancement de qn
hindern *vt* gêner; **jdn an etw** *Dat* ~ empêcher qn de faire qch
Hindernis (**-ses, -se**) *nt* obstacle *m*; **~lauf** *m*, **~rennen** *nt* (*Sport*) course *f* d'obstacles
Hinderungsgrund *m* obstacle *m*
hindeuten ['hɪndɔytən] *vi*: **auf etw** *Akk* ~ (*zeigen*) montrer *od* indiquer qch ▷ *vi* (*schließen lassen*) indiquer
Hinduismus [hɪndu'ɪsmʊs] *m* hindouisme *m*
hindurch [hɪn'dʊrç] *adv*: **durch den Wald** ~ à travers la forêt; **die ganze Nacht** ~ toute la nuit
hindürfen [hɪn'dʏrfən] *unreg* (*umg*) *vi* avoir la permission d'y aller
hinein [hɪ'naɪn] *adv*: **wo gehört das hin? — da ~!** où ça va? — là!; **in etw** *Akk* ~ dans qch; **bis in die Nacht** ~ jusqu'à la tombée de la nuit; **bis tief in die Nacht** ~ jusque tard dans la nuit; **~fallen** *unreg vi*: **in etw** *Akk* **~fallen** tomber dans qch; **~finden** *unreg vr*: **sich in etw** *Akk* **~finden** (*vertraut machen*) se familiariser avec qch; (*abfinden*) se faire à qch; **~gehen** *unreg vi*: **~gehen in** +*Akk* entrer dans; **~knien** (*umg*) *vr*: **sich in eine Aufgabe/Arbeit ~knien** se consacrer corps et âme à une tâche/un travail; **~mischen** *vr* (*sich einmischen*) s'en mêler; **~passen** *vi* entrer, aller; **~reden** *vi* (*dazwischenreden*) interrompre; **jdm in etw** *Akk* **~reden** donner des conseils à qn au sujet de qch; **~stecken** *vt* (*Schlüssel*) mettre; (*umg: investieren*) consacrer; **~steigern** *vr*: **sich in eine Hysterie ~steigern** devenir complètement hystérique; **sich in ein Problem ~steigern** être accaparé(e) par un problème; **~versetzen** *vr*: **sich in jds Lage** *od* **jdn ~versetzen** se mettre à la place de qn; **~ziehen** *unreg vt* tirer (pour faire entrer) ▷ *vi* (*in Wohnung*) emménager; **jdn in etw** *Akk* **~ziehen** (*Konflikt, Gespräch*) mêler qn à qch
hin-: **~fahren** *unreg vi* (*mit Fahrzeug*) se rendre; (: *an bestimmten Ort*) s'y rendre ▷ *vt* (*Sache*) amener; (*Person*) conduire; **~- und zurückfahren** faire l'aller et retour; **mit der Hand ~fahren über** +*Akk* passer la main sur; **H~fahrt** *f* aller *m*; **~fallen** *unreg vi* tomber; **~fällig** *adj* (*Mensch*) frêle, invalide; (*Argument*) non valable; (*Pläne*) tombé(e) à l'eau; **~fliegen** *unreg vi* se rendre; (*an bestimmten Ort*) s'y rendre; (*umg: hinfallen*) se casser la figure; **H~flug** *m* aller *m*
hing *etc* [hɪŋ] *vb siehe* **hängen**
Hingabe *f* dévouement *m*; **mit** ~ **tanzen** se donner corps et âme à la danse; **mit** ~ **singen** chanter de tout son cœur
hingeben *unreg vr*: **sich einer Sache** ~ s'adonner à qch; **sich jdm** ~ se donner à qn
hingebungsvoll ['hɪnge:bʊŋsfɔl] *adv* (*voller Hingabe*) avec dévouement
hingegen [hɪn'ge:gən] *konj* par contre
hin-: **~gehen** *unreg vi* (*Mensch*) y aller, s'y rendre;

(*Zeit*) passer; (*Blick*): **~gehen über** +*Akk* parcourir; **~ und zurückgehen** faire l'aller et retour; **~gerissen** *adj* enthousiasmé(e); **~- und hergerissen sein** (*unschlüssig sein*) être tiraillé(e); **~halten** *unreg vt* (*Gegenstand*) tendre; (*vertrösten, warten lassen*) faire attendre; **H~haltetaktik** *f* moyens *mpl* dilatoires

hinhauen ['hɪnhaʊən] *unreg* (*umg*) *vi* (*gut gehen*) marcher; (*ausreichen*) suffire ▷ *vr* (*sich hinlegen*) s'allonger

hinhören ['hɪnhøːrən] *vi* écouter

hinken ['hɪŋkən] *vi* (*Mensch*) boiter; (*Vergleich*) être boiteux(-euse)

hin-: ~kommen *unreg vi* (*an Ort*) s'y rendre, y aller; (*umg: auskommen*) y arriver; (: *ausreichen, stimmen*) être bon(ne); **wo ist das ~gekommen?** où diable est-il/elle?; **wo kämen wir da ~?** ce serait un comble!; **mit den Vorräten ~kommen** avoir suffisamment de provisions; **~länglich** *adj* suffisant(e) ▷ *adv* suffisamment; **~legen** *vt* (*aus der Hand legen*) poser; (*für jdn zurechtlegen*) laisser; (*Person*) coucher; (*umg: bezahlen*) sortir ▷ *vr* (*zum Schlafen*) se coucher; (*ausrutschen*) tomber de tout son long; **sich der Länge nach ~legen** (*umg*) s'étaler; **~nehmen** *unreg vt* (*fig*) accepter; **~reichen** *vi* (*genügen*) suffire ▷ *vt*: **jdm etw ~reichen** tendre qch à qn; **~reichend** *adj* suffisant(e); **H~reise** *f* aller *m*; **~reißen** *unreg vt* (*begeistern*) enthousiasmer; **jdn zu etw ~reißen** pousser qn à qch; **sich ~reißen lassen, etw zu tun** se laisser entraîner à faire qch; **~reißend** *adj* (*Landschaft, Anblick*) enchanteur(-teresse); (*Schönheit, Mensch*) ravissant(e); **~richten** *vt* exécuter; **H~richtung** *f* exécution *f*; **~sehen** *unreg vi* regarder; **bei genauerem H~sehen** en y regardant de plus près

hin sein ['hɪnzaɪn] *unreg* (*umg*) *vi siehe* **hin**

hin-: ~setzen *vr* s'asseoir; **H~sicht** *f*: **in mancher** *od* **gewisser H~sicht** à certains égards; **~sichtlich** *präp* +*Gen* en ce qui concerne; **~sollen** (*umg*) *vi*: **wo soll ich/das Buch ~?** je ne sais pas où aller/mettre le livre; **H~spiel** *nt* (*Sport*) match *m* aller; **~stellen** *vt* poser, mettre ▷ *vr* se mettre; **jdn/etw als etw ~stellen** présenter qn/qch comme qch

hintanstellen [hɪnt'ʔanʃtɛlən] *vt* mettre au second plan

hinten ['hɪntən] *adv* derrière; (*am Ende*) à la fin; **von ~** par derrière; **~ und vorn** (*betrügen*) sur toute la ligne; **das reicht ~ und vorn nicht** cela ne suffit en aucun cas; **jdn von ~ und vorne bedienen** être aux petits soins pour qn; **~dran** (*umg*) *adv* derrière; **~herum** *adv* par derrière; (*fig*) en cachette

hinter ['hɪntər] *präp* +*Dat* derrière; (*nach*) après ▷ *präp* +*Akk* derrière; **etw ~ sich** *Dat* **haben** avoir qch derrière soi; **etw ~ sich** *Akk* **bringen** se débarrasser une bonne fois pour toutes de qch; **sie hat viel ~ sich** elle en a vu de toutes les couleurs; **~ die Wahrheit/ein Geheimnis kommen** découvrir la vérité/un secret; **sich ~ jdn stellen** (*fig*) soutenir qn; **H~achse** *f* essieu *m*

arrière; **H~ausgang** *m* porte *f* de derrière *od* de service; **H~bänkler (-s, -)** (*pej*) *m* (*Pol*) député *m* sans portefeuille; **H~bein** *nt* (*von Tier*) patte *f* de derrière; **sich auf die H~beine stellen** (*sich wehren*) monter sur ses grands chevaux; (*sich anstrengen*) faire un gros effort; **H~bliebene, r** *f(m)*: **die H~bliebenen** la famille du défunt

hintere, r, s *adj* (*an der Rückseite*) arrière *unver*, de derrière; (*am Ende*) dernier(-ière)

hinter-: ~einander *adv* (*räumlich*) l'un(e) derrière l'autre; (*zeitlich*) l'un(e) après l'autre; **zwei Tage ~einander** deux jours de suite; **~einanderher** *adv* l'un(e) derrière l'autre; **~einanderweg** *adv* (*ohne Pause*) coup sur coup; **H~eingang** *m* porte *f* de derrière *od* de service; **H~gedanke** *m* arrière-pensée *f*; **~gehen** *unreg vt untr* tromper; **H~grund** *m* fond *m*; (*von Bühne*) arrière-plan *m*; (*Zusammenhang*) antécédents *mpl*, circonstances *fpl*; **im H~grund bleiben** rester dans l'ombre; **in den H~grund treten** passer au second plan; **~gründig** *adj* énigmatique; **H~grundprogramm** *nt* programme *m* non prioritaire; **H~halt** *m* embuscade *f*; **etw im H~halt haben** avoir qch en réserve; **~hältig** *adj* sournois(e); **H~haus** *nt* partie d'un bâtiment qui donne sur la cour; **~her** *adv* (*hinter jdm*) derrière; (*danach*) ensuite; **~her sein** +*Dat* (*verfolgen*) être aux trousses de; **~her sein, dass …** (*umg*) veiller à ce que …; **H~hof** *m* arrière-cour *f*; **H~kopf** *m* occiput *m*; **H~land** *nt* arrière-pays *m inv*; **~lassen** *unreg vt untr* laisser; (*nach Tod*) léguer; **H~lassenschaft** *f* héritage *m*; **~legen** *vt untr* déposer; **H~list** *f* ruse *f*; **~listig** *adj* trompeur(-euse), sournois(e); **H~mann (-(e)s, -männer)** *m* (*pej*) instigateur *m*; **mein H~mann** la personne derrière moi

Hintern ['hɪntərn] **(-s, -)** (*umg*) *m* postérieur *m*; **jdm den ~ versohlen** botter le derrière à qn

Hinter-: ~rad *nt* roue *f* arrière; **~radantrieb** *m* (*Aut*) roues *fpl* arrière motrices; **h~rücks** (*pej*) *adv* par derrière; **~teil** *nt* (*umg*) postérieur *m*; **~treffen** *nt*: **ins ~treffen kommen** être en perte de vitesse; **h~treiben** *unreg vt* (*Pläne*) faire échouer; **~treppe** *f* escalier *m* de service; **~tür** *f* porte *f* de derrière *od* de service; (*fig: Ausweg*) porte de sortie; **h~ziehen** *unreg vt untr*: **Steuern h~ziehen** frauder le fisc

hintun ['hɪntuːn] *unreg* (*umg*) *vt*: **ich weiß nicht, wo ich ihn ~ soll** (*fig*) je n'arrive pas à le remettre

hinüber [hɪ'nyːbər] *adv* de l'autre côté; **bis zum anderen Ufer ~** jusqu'à l'autre rive; **~ sein** (*umg: verdorben sein*) être gâté(e); (: *unbrauchbar sein*) être fichu(e); **~gehen** *unreg vi*: **~gehen über** +*Akk* (*Straße*) traverser; (*Brücke*) passer; **ich geh schnell mal ~** j'y vais deux minutes

hinunter [hɪ'nʊntər] *adv*: **jdn bis ~ begleiten** accompagner qn jusqu'en bas; **~bringen** *unreg vt* (*etwas*) descendre; **~schlucken** *vt* avaler; (*Ärger, Worte*) ravaler; **~spülen** *vt* (*Essen, Tablette*) faire descendre; (*Ärger*) noyer; **~steigen** *unreg vi* descendre

hinwärts ['hɪnvɛrts] *adv* (*auf dem Hinweg*) à l'aller

Hinweg ['hɪnveːk] *m* aller *m*

hinweg-: ~**gehen** unreg vi: ~**gehen über etw** Akk (fig) passer sur qch; ~**helfen** unreg vi: **jdm über etw** Akk ~**helfen** aider qn à surmonter qch; ~**kommen** unreg vi: **über etw** Akk ~**kommen** (überwinden) surmonter qch; ~**sehen** unreg vi: **darüber ~sehen, dass ...** fermer les yeux sur le fait que ...; ~**setzen** vr: **sich ~setzen über** +Akk (nicht beachten) passer outre à

Hinweis ['hɪnvaɪs] (-**es, -e**) m indication f; (Anhaltspunkt) indice m; **unter ~ auf ...** en se référant à ...; **sachdienliche ~e** renseignements mpl utiles

hinweisen unreg vi: **auf etw** Akk ~ (zeigen) indiquer qch ▷ vt: **jdn auf etw** Akk ~ (aufmerksam machen) attirer l'attention de qn sur qch; (sagen) faire remarquer qch à qn

Hinweisschild nt panneau m indicateur

Hinweistafel f tableau m indicateur

hinwerfen unreg vt jeter; (Arbeit) laisser tomber; (Bemerkung) laisser échapper; (Skizze, Aufsatz) ébaucher; **eine hingeworfene Bemerkung** une remarque (faite) en passant

hinwirken vi: **auf etw** Akk ~ se battre pour qch

Hinz [hɪnts] m: ~ **und Kunz** (umg) n'importe qui

hinziehen unreg vr (lange dauern) traîner en longueur; (sich erstrecken) s'étendre; **sich zu jdm hingezogen fühlen** être attiré(e) par qn

hinzielen vi: ~ **auf** +Akk viser (à)

hinzu [hɪn'tsu:] adv en plus; ~**fügen** vt ajouter; **H~fügung** f: **unter H~fügung von etw** (förmlich) en y joignant qch; ~**kommen** unreg vi (Mensch) s'y joindre; (Umstand) s'y ajouter; **es kommt noch ~, dass ...** à cela s'ajoute que ...; ~**ziehen** unreg vt faire appel à

Hiobsbotschaft ['hi:ɔpsbo:tʃaft] f très mauvaise nouvelle f

Hirn [hɪrn] (-(**e)s, -e**) nt cerveau m; (Koch) cervelle f; ~**gespinst** (-(**e)s, -e**) nt chimère f; ~**hautentzündung** f méningite f; **h~verbrannt** (umg) adj complètement fou(folle)

Hirsch [hɪrʃ] (-(**e)s, -e**) m cerf m; ~**horn** nt corne f

Hirse ['hɪrzə] f millet m

Hirt, in ['hɪrt(ɪn)] (-**en, -en**) m(f), **Hirte** (-**n, -n**) ▷ m berger(-ère) m/f

hissen ['hɪsən] vt hisser

Historiker, in [hɪs'to:rikər(ɪn)] (-**s, -**) m(f) historien(ne) m/f

historisch [hɪs'to:rɪʃ] adj historique

Hit [hɪt] (-**s, -s**) (umg) m (Mus) tube m; (fig) (gros) succès m; ~**parade** f hit-parade m

Hitze ['hɪtsə] (-) f chaleur f; **bei starker/ mittlerer ~ backen** cuire à four chaud/moyen; **h~beständig** adj résistant à la chaleur; ~**frei** (-) nt: ~**frei haben** (Sch) avoir congé à cause de la canicule; ~**welle** f vague f de chaleur

hitzig adj (Mensch, Temperament) fougueux(-euse); (Debatte) houleux(-euse)

Hitz-: ~**kopf** m tête f brûlée; **h~köpfig** adj emporté(e); ~**schlag** m coup m de chaleur

hl. abk = **heilig**

H-Milch ['ha:mɪlç] f lait m longue conservation od UHT

HNO-Arzt m oto-rhino m

hob etc [ho:p] vb siehe **heben**

Hobby ['hɔbi] (-**s, -s**) nt hobby m; ~**keller** m pièce consacrée à un hobby (à la cave), atelier m

Hobel ['ho:bəl] (-**s, -**) m rabot m; (Küchengerät) coupe-légumes m; ~**bank** f établi m

hobeln vt (Holz) raboter; (Gurken etc) couper en tranches ▷ vi raboter

Hobelspäne pl copeaux mpl

hoch [ho:x] (attrib **hohe(r, s)**) adj haut(e); (Schnee, Wasser) profond(e); (Preis, Besucherzahl, Gewicht) élevé(e); (Fieber) fort(e); (Summe) important(e); (Offizier) supérieur(e); (Bildung) grand(e); (Besuch, Feiertag) important(e); (hell: Stimme, Ton) aigu(ë); (Alter) avancé(e) ▷ adv haut; (sehr) très; (schätzen, preisen, spielen) beaucoup; (bezahlen) cher; ~ **achten** tenir en haute estime; ~ **begabt** = **hochbegabt**; ~ **dotiert** bien rémunéré(e); ~ **entwickelt** (Kultur, Land) très évolué(e); (Geräte, Methoden) perfectionné(e); **der Kasten ist 10 cm** ~ cette caisse a 10 cm de haut; **der Schnee liegt 10 cm** ~ il y a 10 cm de neige; **ein hohes Lob** un grand compliment; **wir stellen sehr hohe Aufforderungen** nous sommes très exigeants; **2 ~ 5** (Math) 2 puissance 5; **das ist mir zu ~** (umg) ça me dépasse; **ein hohes Tier** (umg) une huile; **Hände ~!** haut les mains!; **wenn es ~ kommt** (umg) tout au plus; **Kopf ~!** courage!; ~ **und heilig versprechen** promettre solennellement; **acht Mann ~** à huit; siehe auch **hochempfindlich, hochgestellt**

Hoch (-**s, -s**) nt (Ruf) vivat m; (Met) anticyclone m; **ein dreifaches ~ dem Brautpaar!** hip, hip, hip, hourra od un ban pour les mariés!

hoch-: **H~achtung** f considération f; **mit vorzüglicher H~achtung** (förmlich: Briefschluss) veuillez agréer, Monsieur/Madame, mes salutations distinguées; ~**achtungsvoll** adv (Briefschluss) veuillez agréer, Monsieur/Madame, mes salutations distinguées; ~**aktuell** adj d'actualité; **H~altar** m maître-autel m; **H~amt** nt grand-messe f; ~**arbeiten** vr réussir à force de travail; ~**begabt** adj extrêmement doué(e); ~**betagt** adj très âgé(e); **H~betrieb** m activité f intense; **H~betrieb haben** avoir beaucoup de travail; ~**bringen** unreg vt (Gegenstand) monter; **H~burg** f (fig) fief m; **H~deutsch** nt haut allemand m, allemand (classique) m; **H~druck** m (Met) haute pression f; (Bluthochdruck) hypertension f; **H~ebene** f haut plateau m; ~**empfindlich** adj très sensible; ~**fahren** unreg vi (erschreckt) se dresser en sursaut, sursauter ▷ vt (Comput) amorcer, initialiser; ~**fliegend** adj (fig) ambitieux(-euse); **H~form** f pleine forme f; **H~gebirge** nt haute montagne f; **H~gefühl** nt exaltation f; ~**gehen** unreg vi (sich aufwärts bewegen) monter; (explodieren) exploser; **etw ~gehen lassen** faire sauter qch; **H~genuss** m délice m; ~**gestellt** adj (Persönlichkeit) haut placé(e); ~**gestochen** (umg: pej) adj prétentieux(-euse); **H~glanz** m (Phot) glaçage m; **etw auf H~glanz**

bringen faire reluire qch; **~gradig** *adj* extrême; **~halten** *unreg vt* tenir en l'air, soulever; *(fig)* tenir en haute estime; **H~haus** *nt* tour *f* (d'habitation); **~heben** *unreg vt* soulever; *(Hand)* lever; **~kant** *adv*: **etw ~kant stellen** poser qch debout *od* de chant; **jdn ~kant hinauswerfen** *(umg)* flanquer qn dehors; **~kommen** *unreg vi* monter; *(gesund werden)* se remettre; *(beruflich, gesellschaftlich)* réussir; **H~konjunktur** *f* boom *m*; **H~land** *nt* régions *fpl* montagneuses; **~leben** *vi*: **jdn ~leben lassen** porter un toast à la santé de qn; **H~leistungssport** *m* sport *m* de haut niveau; **~modern** *adj* ultramoderne; **H~mut** *m* arrogance *f*; **~mütig** *adj* arrogant(e); **~näsig** *adj* prétentieux(-euse); **~nehmen** *unreg vt* *(aufheben: Kind, Korb)* soulever; *(mit nach oben nehmen: Koffer)* monter; *(umg: verspotten)* taquiner; **H~ofen** *m* haut-fourneau *m*; **~prozentig** *adj* *(Alkohol)* fort(e); **~ragen** *vi* se dresser; **H~rechnung** *f* extrapolation *f*; **H~saison** *f* haute saison *f*; **H~schätzung** *f* haute estime *f*

Hochschulabschluss *m* diplôme *m* de fin d'études supérieures, diplôme universitaire

Hochschulbildung *f* formation *f* universitaire

Hochschule *f* établissement *m* d'enseignement supérieur; *(Universität)* université *f*

Hochschulreife *f*: **er hat (die) ~** ≈ il a le (niveau du) baccalauréat

Hoch-: **~seefischerei** *f* pêche *f* en haute mer; **~sitz** *m* *(Jagd)* affût *m* perché; **~sommer** *m* plein été *m*; **~spannung** *f* haute tension *f*; **h~spielen** *vt* monter en épingle; **~sprache** *f* langue *f* classique; **h~springen** *unreg vi* sauter; **~sprung** *m* saut *m* en hauteur

höchst [hø:çst] *adv* extrêmement

Hochstapler ['ho:xsta:plər] (-s, -) *m* imposteur *m*

höchste, r *adj* le(la) plus haut(e); *(äußerste)* extrême, très grand(e); **die ~ Instanz** *(Jur)* la plus haute instance; **aufs H~ erstaunt/erfreut** extrêmement étonné(e)/content(e)

hochstellen *vt* *(Stühle)* mettre; *(Kragen)* remonter; *(Math: Zahl)* mettre en exposant

höchstens *adv* (tout) au plus, au maximum

Höchstgeschwindigkeit *f* vitesse *f* maximum *od* maximale

Höchstgrenze *f* limite *f* supérieure, plafond *m*

Hochstimmung *f* bonne humeur *f*

Höchst-: **~leistung** *f* meilleure performance *f*; *(bei Produktion)* rendement *m* maximum; **h~persönlich** *adv* en personne; **~preis** *m* prix *m* maximum

Hochstraße *f* route *f* surélevée

Höchststand *m* niveau *m* maximum

höchstwahrscheinlich *adv* (très) vraisemblablement

Hoch-: **~technologie** *f* technologie *f* de pointe; **~tour** *f*: **auf ~touren laufen** *od* **arbeiten** tourner *od* travailler à plein régime; **h~trabend** *adj* pompeux(-euse); **~- und Tiefbau** *m* bâtiments *mpl* et travaux *mpl* publics; **~verrat** *m* haute trahison *f*; **~wasser** *nt* *(Flut)* marée *f* haute; *(Überschwemmung)* inondation *f*; **h~wertig** *adj* de très bonne qualité; **~würden** *m* révérend *m*; **~zahl** *f* exposant *m*

Hochzeit ['hɔxtsait] (-, -en) *f* mariage *m*; **man kann nicht auf zwei ~en tanzen** *(Sprichwort)* on ne peut pas tout avoir; **~sreise** *f* voyage *m* de noces; **~stag** *m* jour *m* du mariage; *(Jahrestag)* anniversaire *m* de mariage

hochziehen *unreg vt* *(Rollladen, Hose)* remonter; *(Brauen, Schultern)* hausser

Hocke ['hɔkə] *f* *(Stellung)* position *f* accroupie; *(Sport: Sprung)* saut *m* fléchi; *(beim Skilaufen)* œuf *m*

hocken ['hɔkən] *vi* être accroupi(e); *(untätig sitzen)* rester ▷ *vr* s'accroupir; *(umg: sich setzen)* s'asseoir

Hocker (-s, -) *m* *(Stuhl)* tabouret *m*

Höcker ['hœkər] (-s, -) *m* bosse *f*

Hockey ['hɔki] (-s) *nt* hockey *m*; **~schläger** *m* crosse *f*

Hoden (-s, -) *m* testicule *m*

Hof [ho:f] (-(e)s, ¨e) *m* cour *f*; *(Bauernhof)* ferme *f*; *(von Mond)* halo *m*; **einem Mädchen den ~ machen** *(veraltet)* faire la cour à une jeune fille

hoffen ['hɔfən] *vi, vt* espérer; **auf jdn/etw ~** compter sur qn/qch

hoffentlich *adv*: **~ regnet es morgen** j'espère qu'il pleuvra demain; **~ nicht** j'espère que non

Hoffnung ['hɔfnʊŋ] *f* espoir *m*; **in der ~, dass ...** dans l'espoir que ...; **jdm ~en machen** susciter l'espoir chez qn; **sich ~en auf etw** *Akk* **machen** espérer qch; **sich** *Dat* **keine ~en machen** ne pas se faire d'illusions; **guter ~ sein** *(schwanger)* attendre un heureux événement

hoffnungs-: **~los** *adj* désespéré(e); **H~losigkeit** *f* *(der Lage)* caractère *m* désespéré; **H~schimmer** *m* lueur *f* d'espoir; **~voll** *adj* plein(e) d'espoir

höflich ['hø:flıç] *adj* poli(e); **H~keit** *f* politesse *f*

hohe, r, s ['ho:ə(r, z)] *adj attrib siehe* **hoch**

Höhe ['hø:ə] *f* hauteur *f*; *(von Berg)* altitude *f*; *(von Mieten, Gehalt, Preisen)* montant *m*; **ein Scheck in ~ von ...** un chèque d'un montant de ...; **nicht auf der ~ sein** *(umg)* ne pas être en forme; **das ist doch die ~!** *(umg)* c'est un comble!; **er geht immer gleich in die ~** *(umg)* il prend facilement la mouche; **auf der ~ der Zeit sein** être à la page

Hoheit ['ho:hait] *f* *(Pol)* souveraineté *f*; *(Titel)* altesse *f*

Hoheits-: **~gebiet** *nt* territoire *m* national; **~gewalt** *f* souveraineté *f*; **~gewässer** *pl* eaux *fpl* territoriales; **~zeichen** *nt* emblème *m* national

Höhen-: **~angabe** *f* indication *f* de l'altitude; *(auf Karte)* cote *f*; **~flug** *m*: **geistiger ~flug** envolée *f*; **~kurort** *m* station *f* d'altitude; **~lage** *f* altitude *f*; **~luft** *f* air *m* des montagnes; **~messer** (-s, -) *m* altimètre *m*; **~sonne** *f* *(Gerät)* lampe *f* à rayons ultraviolets; **~unterschied** *m* différence *f* d'altitude; **~zug** *m* chaîne *f* de montagnes

Höhepunkt *m* point *m* culminant; *(von Macht, Ruhm)* apogée *m*; *(von Leiden)* paroxysme *m*

höher *adj* plus haut(e) ▷ *adv* plus haut

hohl [ho:l] *adj* creux(-euse); *(Stimme)* caverneux(-euse)

Höhle ['hø:lə] *f* grotte *f*, caverne *f*; *(Zool, fig)* antre *m*, tanière *f*

Hohl-: **~kreuz** nt lordose f; **~maß** nt mesure f de capacité; **~raum** m cavité f; **~spiegel** m miroir m concave; **~weg** m chemin m creux

Hohn [hoːn] (**-(e)s**) m dérision f; **das ist der reinste ~** c'est ridicule

höhnen ['høːnən] vt, vi railler

höhnisch adj méprisant(e)

Hokuspokus [hoːkʊs'poːkʊs] (**-**) interj (Zauberformel) abracadabra ▷ m (fig: Täuschung) tour m de passe-passe

hold [hɔlt] adj gracieux(-euse)

holen ['hoːlən] vt aller chercher; **Atem** od **Luft ~** reprendre son souffle; **bei ihm ist nichts zu ~** il est très pauvre; **sich** Dat **Rat/Hilfe/Erlaubnis ~** demander conseil/de l'aide/la permission; **sich** Dat **eine Erkältung ~** prendre froid; **sich** Dat **eine Lungenentzündung ~** attraper une pneumonie; **jdn/etw ~ lassen** envoyer chercher qn/qch

Holland ['hɔlant] nt la Hollande

Holländer, in ['hɔlɛndər(ɪn)] m(f) Hollandais(e) m/f

holländisch adj hollandais(e)

Hölle ['hœlə] f enfer m; **jdm die ~ heißmachen** (umg) en faire voir à qn

Höllenlärm m bruit m infernal

höllisch ['hœlɪʃ] adj infernal(e); (Qualen, Angst) terrible

Hologramm [holo'gram] (**-s, -e**) nt hologramme m

holperig ['hɔlpərɪç] adj (Weg) cahoteux(-euse); (Vortrag) hésitant(e), heurté(e)

holpern ['hɔlpərn] vi (Wagen, Rad) cahoter; **beim Lesen ~** trébucher sur les mots

Holunder [ho'lʊndər] (**-s, -**) m sureau m

Holz [hɔlts] (**-es, ¨er**) nt bois m; **aus ~** en od de bois; **aus dem gleichen/anderem ~ (geschnitzt) sein** être/ne pas être de la même trempe; **~bläser** m; **die ~bläser** (Mus) les bois mpl

hölzern ['hœltsərn] adj en bois; (fig) gauche

Holz-: **~fäller** (**-s, -**) m bûcheron m; **~faserplatte** f panneau m de fibres de bois; **h~frei** adj sans bois; **~haus** nt maison f en bois

holzig adj (Spargel) filandreux(-euse)

Holz-: **~klotz** m billot m; (Spielzeug) cube m en bois; **~kohle** f charbon m de bois; **~kopf** (umg) m crétin m; **~scheit** nt bûche f; **~schuh** m sabot m; **~weg** m: **auf dem ~weg sein** se tromper; **~wolle** f copeaux mpl de bois; **~wurm** m ver m du bois

Homecomputer ['hoʊmkɔm'pjuːtər] (**-s, -**) m ordinateur m familial

Homepage ['hoʊmpeɪdʒ] f (Comput) page f d'accueil

Homo-Ehe ['hoːmoe:ə] (umg) f mariage m homosexuel

homogen [homo'geːn] adj homogène

Homöopath [homøo'paːt] (**-en, -en**) m homéopathe m

Homöopathie [homøopa'tiː] f homéopathie f

homosexuell [homozɛksu'ɛl] adj homosexuel(le)

Hongkong [hɔŋ'kɔŋ] (**-s**) nt Hong-Kong

Honig ['hoːnɪç] (**-s, -e**) m miel m; **~lecken** nt: **das ist kein ~lecken** ce n'est pas une sinécure;

~melone f melon m d'hiver od d'Antibes; **~wabe** f rayon m de miel

Honorar [hono'raːr] (**-s, -e**) nt honoraires mpl

Honoratioren [honoratsi'oːrən] pl notables mpl

honorieren [hono'riːrən] vt (bezahlen) rétribuer; (anerkennen) récompenser; (Scheck) honorer

Hopfen ['hɔpfən] (**-s, -**) m houblon m; **bei ihm ist ~ und Malz verloren** (umg) c'est un cas désespéré

hoppla ['hɔpla] interj hop là

hopsen ['hɔpsən] vi (Kinder) sautiller

Hörapparat m appareil m acoustique

hörbar adj audible

horchen vi écouter

Horcher (**-s, -**) m indiscret(-ète) m/f

Horde ['hɔrdə] f horde f

hören ['høːrən] vt entendre; (anhören, reden lassen) écouter ▷ vi entendre; (erfahren) apprendre; **auf jdn/etw ~** écouter qn/qch; **von jdm ~** avoir des nouvelles de qn; **~ Sie mal!** (erbost) dites donc!; **das lässt sich ~!** à la bonne heure!; **von sich ~ lassen** donner de ses nouvelles; **H~** nt: **es verging ihm H~ und Sehen** (umg) il en est resté soufflé; **H~sagen** nt: **vom H~sagen** par ouï-dire

Hörer, in (**-s, -**) m(f) (Zuhörer, Rundf) auditeur(-trice) m/f; (Univ) auditeur(-trice) m/f libre ▷ m (Telefonhörer) écouteur m, combiné m

Hörerin f siehe **Hörer**

Hörfunk (**-s**) m radio f

Hörgerät nt, **Hörhilfe** f appareil m acoustique

hörig ['høːrɪç] adj: **sie ist ihm (sexuell) ~** elle lui est (sexuellement) soumise

Horizont [hori'tsɔnt] (**-(e)s, -e**) m horizon m; **das geht über meinen ~** ça me dépasse

horizontal [horitsɔn'taːl] adj horizontal(e)

Hormon [hɔr'moːn] (**-s, -e**) nt hormone f

Hörmuschel f écouteur m

Horn [hɔrn] (**-(e)s, ¨er**) nt corne f; (Mus) cor m; **ins gleiche ~ blasen** être du même avis; **sich** Dat **die Hörner abstoßen** (umg) avoir jeté sa gourme

Hörnchen ['hœrnçən] nt (Koch) croissant m

Hornhaut f callosité f

Hornisse [hɔr'nɪsə] f frelon m

Hornochs(e) (umg) m andouille f

Horoskop [horo'skoːp] (**-s, -e**) nt horoscope m

horrend [hɔ'rɛnt] adj incroyable

Hörrohr nt (Med) stéthoscope m

Horror ['hɔrɔr] m: **einen ~ vor jdm/etw haben** avoir horreur de qn/qch

Hörsaal m amphithéâtre m

Hörspiel nt pièce f radiophonique

Horst [hɔrst] (**-(e)s, -e**) m (Adlerhorst) aire f

Hort [hɔrt] (**-(e)s, -e**) m (Sch) garderie f; (als Zuflucht) refuge m; **h~en** vt stocker, amasser

Hortensie [hɔr'tɛnziə] f hortensia m

Hörweite f: **in/außer ~** à portée/hors de portée de voix

Hose ['hoːzə] f pantalon m; (Unterhose) slip m; **in die ~ gehen** (umg) foirer; **die ~n anhaben** (fig) porter la culotte

Hosen-: **~anzug** m tailleur-pantalon m; **~boden** m: **sich auf den ~boden setzen** (umg) bûcher;

~rock *m* jupe-culotte *f*; **~tasche** *f* poche *f* de pantalon; **~träger** *pl* bretelles *fpl*

Hostess ['hɔstɛs] (-, **-en**) *f* hôtesse *f*

Hostie ['hɔstiə] *f* hostie *f*

Hotel [ho'tɛl] (**-s, -s**) *nt* hôtel *m*; **~fach** *nt* hôtellerie *f*; **~ garni** *nt* hôtel *sans restaurant*

Hotelier [hoteli'e:] (**-s, -s**) *m* hôtelier *m*

Hr. *abk* (= *Herr*) M.

Hrsg. *abk* = **Herausgeber(in)**

hrsg. *abk* = **herausgegeben**

Hub [hu:p] (**-(e)s, ̈-e**) *m* (*Tech*) course *f*

hüben ['hy:bən] *adv*: **~ und drüben** des deux côtés

Hubraum *m*: **ein Auto mit 1600 cm³ ~** une voiture de 1600 cm³ de cylindrée

hübsch [hypʃ] *adj* joli(e); (*Gegend*) charmant(e) ▷ *adv*: **immer ~ langsam!** (*umg*) mollo!, du calme!; **immer ~ der Reihe nach!** chacun son tour!

Hubschrauber (**-s, -**) *m* hélicoptère *m*

huckepack ['hʊkəpak] *adv* sur le dos

hudeln ['hu:dəln] (*umg*) *vi* bâcler

Huf ['hu:f] (**-(e)s, -e**) *m* sabot *m*; **~eisen** *nt* fer *m* à cheval; **~nagel** *m* clou *m* à ferrer

Hüfte ['hyftə] *f* hanche *f*

Hüftgürtel *m* porte-jarretelles *m inv*

Hüfthalter *m* gaine *f*

Huftier *nt* (*animal m*) ongulé *m*

Hügel ['hy:gəl] (**-s, -**) *m* colline *f*; (*Erdhügel*) monticule *m*, tas *m*

hügelig *adj* vallonné(e)

Huhn [hu:n] (**-(e)s, ̈-er**) *nt* poule *f*; (*Koch*) poulet *m*; **da lachen ja die Hühner** (*umg*) c'est ridicule

Hühnchen ['hy:nçən] *nt* (*Koch*) poulet *m*; **mit jdm ein ~ zu rupfen haben** (*umg*) avoir un compte à régler avec qn

Hühner-: **~auge** *nt* (*Med*) cor *m* (au pied); **~brühe** *f* bouillon *m* de poule; **~klein** *nt* abattis *mpl*; **~stall** *m* poulailler *m*

huldigen ['hʊldıgən] *vi*: **jdm ~** rendre hommage à qn

Huldigung *f* hommage *m*

Hülle ['hylə] *f* enveloppe *f*; (*von Schallplatte*) pochette *f*; (*von Buch*) couverture *f*; (*von Ausweis*) étui *m*; (*Verpackung*) emballage *m*; **in ~ und Fülle** en abondance; **die ~n fallen lassen** se déshabiller

hüllen *vt*: **~ in** +*Akk* envelopper dans

Hülse ['hylzə] *f* (*von Pflanze, Erbse etc*) gousse *f*; (*von Geschoss*) douille *f*; (*Behälter, Etui*) étui *m*

Hülsenfrucht *f* légumineuse *f*

human [hu'ma:n] *adj* humain(e)

Humanismus [huma'nısmʊs] *m* humanisme *m*

humanistisch [huma'nıstıʃ] *adj*: **~es Gymnasium** lycée *m* classique

humanitär [humani'tɛ:r] *adj* humanitaire

Humanität *f* humanité *f*

Humanmedizin *f* médecine *f* (humaine)

Hummel ['hʊməl] (**-, -n**) *f* bourdon *m*

Hummer ['hʊmər] (**-s, -**) *m* homard *m*

Humor [hu'mo:r] (**-s, -e**) *m* humour *m*; **~ haben** avoir de l'humour; **~ist, in** *m(f)* humoriste *m/f*;

h~istisch *adj* humoristique; **h~voll** *adj* plein(e) d'humour

humpeln ['hʊmpəln] *vi* boiter

Humpen ['hʊmpən] (**-s, -**) *m* hanap *m*

Humus ['hu:mʊs] (**-**) *m* humus *m*

Hund [hʊnt] (**-(e)s, -e**) *m* chien *m*; (*umg: Lump*) salaud *m*; **das ist ein dicker ~!** (*umg*) quel culot!; **bekannt sein wie ein bunter ~** (*umg*) être connu(e) comme le loup blanc; **~e, die bellen, beißen nicht** (*Sprichwort*) chien qui aboie ne mord pas; **auf den ~ kommen** (*umg*) tomber dans la dèche; **vor die ~e gehen** y passer

hunde-: **~elend** (*umg*) *adj*: **mir ist ~elend** je suis malade comme un chien; **H~hütte** *f* niche *f*; **H~kuchen** *m* biscuit *m* pour chien; **H~marke** *f* *plaque attestant le règlement de la taxe sur les chiens*; **~müde** (*umg*) *adj* crevé(e); **H~rasse** *f* race *f* de chien

hundert ['hʊndərt] *num* cent; **H~** (**-s, -e**) *nt* centaine *f*; **H~e von Menschen** des centaines de personnes

Hunderter (**-s, -**) *m* (*Math*) centaine *f*; (*umg: Geldschein*) billet *m* de cent

Hundert-: **~jahrfeier** *f* centenaire *m*; **h~mal** *adv* cent fois; **~meterlauf** *m*: **der/ein ~meterlauf** le/un cent mètres; **h~prozentig** *adj* à cent pour cent; (*völlig*) absolu(e)

hundertste, r, s *adj* centième; **vom H~n ins Tausendste kommen** s'éloigner du sujet

hunderttausend *num* cent mille

Hunde-: **~salon** *m* salon *m* de toilettage (*pour chiens*); **~steuer** *f* taxe *f* sur les chiens; **~wetter** (*umg*) *nt* temps *m* de chien

Hündin ['hʏndın] *f* chienne *f*

hundserbärmlich [hʊntsɛrbɛrmlıç] (*umg*) *adv* horriblement

Hüne ['hy:nə] (**-n, -n**) *m*: **ein ~ von Mensch** un colosse

Hünengrab *nt* tumulus *m*

Hunger ['hʊŋər] (**-s**) *m* faim *f*; **~ haben** avoir faim; **~lohn** (*pej*) *m* salaire *m* de misère

hungern *vi* (*Hunger leiden*) souffrir de la faim, être affamé(e); **nach etw ~** (*fig*) avoir soif de qch

Hungersnot *f* famine *f*

Hungerstreik *m* grève *f* de la faim

Hungertuch *nt*: **am ~ nagen** tirer le diable par la queue

hungrig ['hʊŋrıç] *adj* affamé(e)

Hupe ['hu:pə] *f* klaxon *m*

hupen *vi* klaxonner

hupfen *vi siehe* **hüpfen**; **das ist gehupft wie gesprungen** (*umg*) c'est blanc bonnet et bonnet blanc, c'est kif-kif

hüpfen ['hʏpfən] *vi* sautiller

Hupkonzert (*umg*) *nt* concert *m* de klaxons

Hürde ['hʏrdə] *f* (*Sport*) haie *f*; (*fig*) obstacle *m*; **eine ~ nehmen** (*fig*) franchir un obstacle

Hürdenlauf *m* course *f* de haies

Hure ['hu:rə] *f* putain *f*

hurra [hʊ'ra:] *interj* hourra

hurtig ['hʊrtıç] *adj* rapide ▷ *adv* vite

huschen ['hʊʃən] *vi* passer furtivement

Husten ['hu:stən] (-s) *m* toux *f*; ~ **haben** tousser; **h~** *vi* tousser; **auf etw** *Akk* **h~** (*umg*) se foutre de qch; **~anfall** *m* quinte *f* de toux; **~bonbon** *nt od m* pastille *f* contre la toux; **~saft** *m* sirop *m* contre la toux

Hut¹ [hu:t] (-(e)s, ⁻e) *m* chapeau *m*; **zwei Sachen unter einen ~ bringen** (*umg*) concilier deux choses; **das kannst du dir an den ~ stecken!** (*umg*) tu peux te le mettre où je pense!

Hut² [hu:t] (-) *f* (*Obhut*) garde *f*; **vor etw** *Dat* **auf der ~ sein** prendre garde à qch; **vor jdm auf der ~ sein** se méfier de qn

hüten ['hy:tən] *vt* garder ▷ *vr*: **sich vor etw** *Dat* ~ prendre garde à qch; **sich vor jdm ~** se méfier de qn; **das Bett/Haus ~** garder le lit/la chambre; **sich ~, etw zu tun** se garder de faire qch; **ich werde mich ~!** (*umg*) je m'en garderai bien!

Hüter, in *m(f)* gardien(ne) *m/f*

Hutnadel *f* épingle *f* à chapeau

Hutschnur *f*: **das geht mir über die ~** (*umg*) trop c'est trop

Hütte ['hytə] *f* cabane *f*; (*in schlechtem Zustand*) baraque *f*; (*im Gebirge*) refuge *m*; (*Eisenhütte*) usine *f* sidérurgique

Hütten-: **~industrie** *f* industrie *f* métallurgique; **~käse** *m* fromage *m* blanc (*granuleux*); **~schuh** *m*

chausson *m*; **~werk** *nt* usine *f* métallurgique

hutzelig ['hʊtsəlɪç] (*umg*) *adj* ridé(e)

Hyäne [hy'ɛ:nə] *f* hyène *f*

Hyazinthe [hya'tsɪntə] *f* jacinthe *f*

Hydrant [hy'drant] *m* bouche *f* d'incendie

Hydraulik (-) *f* hydraulique *f*

hydraulisch [hy'draʊlɪʃ] *adj* hydraulique

Hygiene [hygi'e:nə] (-) *f* hygiène *f*

hygienisch [hygi'e:nɪʃ] *adj* hygiénique

Hymne ['hymnə] *f* hymne *m*

hyper- ['hypɛr] *präf* hyper

Hypertext ['haipərtɛkst] *m* (*Comput*) hypertexte *m*

Hypnose [hyp'nozə] *f* hypnose *f*

hypnotisch *adj* hypnotique

Hypnotiseur [hypnoti'zø:r] *m* hypnotiseur *m*

hypnotisieren [hypnoti'zi:rən] *vt* hypnotiser

Hypothek [hypo'te:k] (-, -en) *f* hypothèque *f*; **eine ~ aufnehmen** prendre une hypothèque; **etw mit einer ~ belasten** grever qch d'une hypothèque, hypothéquer qch

Hypothese [hypo'te:zə] *f* hypothèse *f*

hypothetisch [hypo'te:tɪʃ] *adj* hypothétique

Hysterie [hyste'ri:] *f* hystérie *f*

hysterisch *adj* hystérique; **einen ~en Anfall bekommen** (*fig*) avoir une crise de nerfs

I i

I, i [iː] *nt* I, i *m*; **I wie Ida** ≈ I comme Irma; **das Tüpfelchen auf dem I** (*fig*) la dernière touche

i. *abk* = **in; im**

i. A. *abk* (= *im Auftrag*) p.p.

iberisch [iˈbeːrɪʃ] *adj* ibérique; **die I~e Halbinsel** la péninsule ibérique

iberoamerikanisch [iˈbeːroamerikaːnɪʃ] *adj* ibéro-américain(e)

IC (-) *m abk* (= *Intercity-Zug*) rapide *m*

ICE (-) *m abk* (= *Intercityexpresszug*) ≈ TGV *m*

ich [ɪç] (*Akk* **m~**, *Dat* **mir**) *pron* je; (*vor Vokal od stummem h*) j'; **~ bins!** c'est moi!; **~ Idiot!** (*umg*) que je suis bête!; **I~ -(s), -(s)** *nt* moi *m*; **mein besseres I~** ma conscience; **I~form** *f*: **in der I~form** à la première personne (du singulier)

i. d. *abk* (*bei Ortsnamen*) = **in dem; in der**

Ideal [ideˈaːl] (**-s, -e**) *nt* idéal *m*; **i~** *adj* idéal(e); **~fall** *m* cas *m* idéal; **im ~fall** dans le meilleur des cas, idéalement

Idealismus [ideaˈlɪsmʊs] *m* idéalisme *m*

Idealist, in *m(f)* idéaliste *m/f*

idealistisch *adj* idéaliste

Idealvorstellung *f* idéal *m*

Idee [iˈdeː] *f* idée *f*; **eine ~** (*ein bisschen*) un peu; **eine fixe ~** une idée fixe; **jdn auf die ~ bringen, etw zu tun** donner à qn l'idée de faire qch

ideell [ideˈɛl] *adj* idéel(le)

ideenlos [iˈdeːənloːs] *adj* sans imagination

Ideenlosigkeit *f* manque *m* d'imagination

identifizieren [idɛntifiˈtsiːrən] *vt* identifier ▷ *vr*: **sich ~ (mit)** s'identifier (à *od* avec)

identisch [iˈdɛntɪʃ] *adj* identique; **mit jdm/etw ~ sein** être identique à qn/qch

Identität [idɛntiˈtɛːt] *f* identité *f*

Ideologe [ideoˈloːgə] (**-n, -n**) *m* idéologue *m*

Ideologie [ideoloˈgiː] *f* idéologie *f*

Ideologin *f* idéologue *f*

ideologisch [ideoˈloːgɪʃ] *adj* idéologique

idiomatisch [idioˈmaːtɪʃ] *adj* idiomatique

Idiot, in [idiˈoːt(ɪn)] (**-en, -en**) (*pej*) *m(f)* idiot(e) *m(f)*

Idiotenhügel (*umg*) *m* (*hum*) piste *f* verte

idiotensicher (*umg*) *adj* d'une simplicité enfantine

Idiotie [idioˈtiː] (*pej*) *f* idiotie *f*

idiotisch (*pej*) *adj* idiot(e)

Idol [iˈdoːl] (**-s, -e**) *nt* idole *f*

idyllisch [iˈdʏlɪʃ] *adj* idyllique

IG *f abk* (= *Industriegewerkschaft*) syndicat *m*

Igel [ˈiːgəl] (**-s, -**) *m* hérisson *m*

igitt(igitt) [iˈgɪt(iˈgɪt)] *interj* beurk, pouah

Iglu [ˈiːglu] (**-s, -s**) *m od nt* igloo *m*

Ignorant [ɪgnoˈrant] (**-en, -en**) *m* (*geh*) ignorant(e) *m(f)*

Ignoranz *f* (*geh*) ignorance *f*

ignorieren [ɪgnoˈriːrən] *vt* (*jdn*) ignorer; (*etwas*) ne pas tenir compte de

IHK *f abk* (= *Industrie- und Handelskammer*) ≈ CCI *f*

ihm [iːm] *Dat von er, es pron* lui; (*nach präp*) lui (elle); **ich habe es ~ gesagt** je le lui ai dit; **mit ~** avec lui; **es ist ~ nicht gut** il ne se sent pas bien

ihn [iːn] *Akk von er pron* le(la); **ich schreibe an ~** je lui écris; **ich frage ~** je vais lui demander

ihnen [ˈiːnən] *Dat von sie pl pron* leur; (*nach präp*) eux(elles); **I~** *Dat von Sie pron* vous, à vous; (*nach präp*) vous

⊘ SCHLÜSSELWORT

ihr [iːr] *pers pron* **1** (*2. Person pl nom*, *Akk*, *Dat* **euch**) vous; **ihr schlaft** vous dormez
2 (*3. Person f sg Dat*) lui; (*: nach präp*) lui (elle); **mit ihr** avec elle

⊘ SCHLÜSSELWORT

ihr(e) *poss pron* **1** (*3. Person sg f*) son (sa); **ihr Hund** son chien; **ihr Auto** sa voiture; **ihre Mutter** sa mère; **ihre Schuhe** ses chaussures
2 (*3. Person pl*) leur; **ihr Leben** leur vie; **ihre Freude** leur joie; **ihre Schuhe** leurs chaussures

Ihr(e) *poss pron* votre; **~ Schuhe** vos chaussures

ihre, r, s *pron* (*sg*) le (la) sien(ne); (*pl*) les siens(siennes); (*von mehreren*) le (la) leur; (*: pl*) les leurs; **der/die/das I~** le (la) sien(ne); **sie tat das I~** (*geh*) elle a fourni sa part d'effort; **I~, r, s** *pron* le (la) vôtre; (*pl*) les vôtres; **der/die/das I~** le (la) vôtre

ihrer [ˈiːrər] *pron*: **wir gedenken ~** (*geh*) nous pensons à elle; (*pl*) nous pensons à eux (elles)

Ihrer *Gen von Sie pron*: **wir gedenken ~** (*geh*) nous pensons à vous

ihrerseits *adv (sg)* de son côté; *(pl)* de leur côté
Ihrerseits *adv* de votre côté
ihresgleichen *pron* des gens comme elle; *(von mehreren)* des gens comme eux (elles); **eine Frechheit, die ~ sucht** une insolence sans pareille
ihretwegen *adv (für sie sg)* pour elle; *(für sie pl)* pour eux(elles); *(wegen ihr)* à cause d'elle; *(wegen ihnen)* à cause d'eux (elles); **sie sagte, ~ könnten wir gehen** elle a dit que, quant à elle, nous pouvions partir; **~ musste er zu Hause bleiben** il a dû rester à la maison à cause d'elle
ihretwillen *adv* = **ihretwegen**
ihrige ['iːrɪɡə] *pron*: **der/die/das ~** *od* **I~** le(la) sien(ne); *(von mehreren)* le (la) leur
i. J. *abk (= im Jahre)* en
Ikone [i'koːnə] *f* icône *f*
IKRK *nt abk (= Internationales Komitee vom Roten Kreuz)* CICR *m*
illegal ['ɪleɡaːl] *adj* illégal(e)
illegitim ['ɪleɡitiːm] *adj* illégitime
Illusion [ɪluzi'oːn] *f* illusion *f*; **sich** *Dat* **~en machen** se faire des illusions; **sich einer ~ hingeben** caresser une illusion; **sich keiner ~ hingeben** ne se faire aucune illusion
illusorisch [ɪlu'zoːrɪʃ] *adj* illusoire; **es wäre ~ zu glauben, dass …** il serait illusoire de croire que …
Illustration [ɪlʊstratsi'oːn] *f* illustration *f*
illustrieren [ɪlʊs'triːrən] *vt* illustrer
Illustrierte *f* illustré *m*, magazine *m*
Iltis ['ɪltɪs] **(-ses, -se)** *m* putois *m*
im [ɪm] = **in dem**
Image ['ɪmɪtʃ] **(-(s), -s)** *nt* image *f* de marque; **~pflege** ['ɪmɪtʃpfleːɡə] *(umg) f*: **~pflege treiben** *ne penser qu'à son image de marque*
imaginär [imagi'nɛːr] *adj* imaginaire
Imbiss ['ɪmbɪs] **(-es, -e)** *m (Essen)* casse-croûte *m inv*; **~halle, Imbissstube** *f* snack(-bar) *m*
imitieren [imi'tiːrən] *vt* imiter
Imker ['ɪmkər] **(-s, -)** *m* apiculteur *m*; **~ei** *f* apiculture *f*
immanent [ima'nɛnt] *adj (innewohnend)* inhérent(e)
Immatrikulation [ɪmatrikulatsi'oːn] *f* inscription *f*
immatrikulieren [ɪmatriku'liːrən] *vt* inscrire ▷ *vr* s'inscrire
immens [ɪ'mɛns] *adj (geh)* immense
immer ['ɪmər] *adv* toujours; *(jeweils)* chaque fois, toujours; **schon ~** depuis toujours; **~ vier zusammen** quatre par quatre; **~ zu viert antreten** se ranger quatre par quatre; **~ wieder** toujours, constamment; **etw ~ wieder tun** ne cesser de faire qch, faire qch sans cesse; **~ noch** toujours, encore; **~ noch nicht** (ne …) toujours pas; **für ~** pour toujours, à tout jamais; **~ wenn ich …** chaque fois que je …; **~ schöner/trauriger** de plus en plus beau(belle)/triste; **~ schön langsam** doucement; **~ dieser Ärger!** *(umg)* nous n'aurons donc jamais la paix!; **was (auch) ~ geschieht** quoi qu'il arrive; **wer (auch) ~ kommt** peu importe qui viendra; **wie die Sache (auch) ~ ausgeht** de quelque manière que ça se

termine; **wo (auch) ~ das sein mag** où que ce soit; **~hin** *adv* tout de même; **~zu** *adv* sans arrêt, continuellement
Immigrant, in [ɪmi'ɡrant(ɪn)] **(-en, -en)** *m(f)* immigrant(e) *m/f*
immigrieren [ɪmi'ɡriːrən] *vi* immigrer
Immobilien [ɪmo'biːliən] *pl* biens *mpl* immobiliers; *(in Zeitungsannoncen)* immobilier *msg*; **~händler, Immobilienmakler** *m* agent *m* immobilier
immun [ɪ'muːn] *adj* immunisé(e)
immunisieren [ɪmuni'ziːrən] *vt* immuniser
Immunität [ɪmuni'tɛːt] *f* immunité *f*
Immunschwäche *f* déficience *f* immunitaire, immunodéficience *f*
Immunsystem *nt* système *m* immunitaire
Imperativ (-s, -e) *m* impératif *m*
Imperfekt ['ɪmpɛrfɛkt] **(-s, -e)** *nt* imparfait *m*
Imperialismus [ɪmperia'lɪsmʊs] **(-)** *m* impérialisme *m*
Imperialist [ɪmperia'lɪst] *m* impérialiste *m*; **i~isch** *adj* impérialiste
impertinent [ɪmpɛrti'nɛnt] *adj* impudent(e)
Impfausweis *m* certificat *m* de vaccination
impfen ['ɪmpfən] *vt* vacciner; **jdn gegen etw ~** vacciner qn contre qch
Impf-: ~pass *m* carnet *m* de vaccination; **~schutz** *m* protection *f* conférée par un vaccin; **~stoff** *m* vaccin *m*
Impfung *f* vaccination *f*
Impfzwang *m* vaccination *f* obligatoire
implizieren [ɪmpli'tsiːrən] *vt (geh)* impliquer
implizit [ɪmpli'tsiːt] *adv* implicitement
imponieren [ɪmpo'niːrən] *vi*: **jdm ~** impressionner qn
imponierend *adj* impressionnant(e)
Import [ɪm'pɔrt] **(-(e)s, -e)** *m* importation *f*
Importeur [ɪmpɔr'tøːr] *m* importateur *m*
importieren [ɪmpɔr'tiːrən] *vt* importer
Importware *f* importation *f*
imposant [ɪmpo'zant] *adj* imposant(e)
impotent ['ɪmpotɛnt] *adj* impuissant(e)
Impotenz ['ɪmpotɛnts] *f* impuissance *f*
imprägnieren [ɪmprɛ'ɡniːrən] *vt (wasserdicht machen)* imperméabiliser
Impressionismus [ɪmpresio'nɪsmʊs] *m* impressionnisme *m*
Impressum [ɪm'prɛsʊm] **(-s, -ssen)** *nt* marque *f* de l'éditeur; *(von Zeitung)* encadré *m* administratif
Improvisation [ɪmprovizatsi'oːn] *f* improvisation *f*
improvisieren [ɪmprovi'ziːrən] *vt, vi* improviser
Impuls [ɪm'pʊls] **(-es, -e)** *m* impulsion *f*, élan *m*; *(Phys)* impulsion *f*; **etw aus einem ~ heraus tun** faire qch impulsivement; **einem plötzlichen ~ folgend …** pris(e) d'une impulsion soudaine …
impulsiv [ɪmpʊl'ziːf] *adj (Mensch)* impulsif(-ive); *(Handeln, Entschluss)* irréfléchi(e)
imstande, im Stande [ɪm'ʃtandə] *adj*: **~ sein, etw zu tun** *(in der Lage)* être en mesure de faire qch; *(fähig)* être capable de faire qch; **er ist zu allem ~** il est capable de tout

⊙ SCHLÜSSELWORT

in [ɪn] *präp +Akk* **1** (*räumlich: wohin?*) dans; **etw in eine Schublade legen** mettre qch dans un tiroir; **in den Garten gehen** aller dans le jardin; **in die Stadt** en ville; **in die Schule gehen** aller à l'école; **in die Hunderte gehen** se chiffrer par centaines **2** (*zeitlich*): **bis ins 20. Jahrhundert** jusqu'au XXe siècle
▷ *präp +Dat* **1** (*räumlich: wo?*) dans; **in einer Schublade liegen** être dans un tiroir; **im Garten sitzen** être assis(e) dans le jardin; **in der Stadt** en ville; **in der Schule sein** être à l'école; **es in sich haben** (*umg: Text*) être coriace; (: *Whisky*) être corsé(e); **er handelt in Holz** il est dans le commerce du bois **2** (*zeitlich: wann?*): **in diesem Jahr** cette année; **in jenem Jahr** cette année-là; **heute in zwei Wochen** aujourd'hui en quinze, dans quinze jours **3** (*als Verlaufsform*): **etw im Liegen/Stehen tun** faire qch couché(e)/debout
▷ *adj*: **in sein** (*umg*) être in

inaktiv ['ɪnlakti:f] *adj* inactif(-ive); (*Mitglied*) honoraire
Inangriffnahme [ɪn'langrɪfnaːmə] *f* (*förmlich*) mise *f* en train
Inanspruchnahme [ɪn'lanʃpruxnaːmə] *f +Gen* (*förmlich: einer Sozialleistung*): **im Falle einer ~ der Arbeitslosenunterstützung** en cas de recours aux allocations de chômage
Inaugenscheinnahme [ɪn'augənʃaɪnnaːmə] *f* (*förmlich*) inspection *f*, visite *f*
Inbegriff ['ɪnbəgrɪf] *m* incarnation *f*
inbegriffen *adv* y compris
Inbetriebnahme ['ɪnbətriːpnaːmə] *f* (*förmlich: von Maschine*) mise *f* en service; (*von Gebäude, U-Bahn etc*) inauguration *f*
inbrünstig ['ɪnbrʏnstɪç] *adj* fervent(e)
indem [ɪn'deːm] *konj* (*dadurch, dass*) grâce au fait que; (*während*) pendant que; **~ man etw macht** en faisant qch
Inder, in ['ɪndər(ɪn)] *m(f)* Indien(ne) *m(f)*
indes(sen) [ɪn'dɛs(ən)] *adv* (*jedoch*) néanmoins, pourtant; (*inzwischen*) entre-temps ▷ *konj* (*während*) pendant que
Index ['ɪndɛks] (**-es, -e** *od* **Indizes**) *m* (*Inhaltsverzeichnis*) index *m*; (*Zahl*) indice *m*; **auf dem ~ stehen** (*verboten sein*) être à l'index; **~währung** *f* monnaie *f* indexée; **~zahl** *f* indice *m*
Indianer, in [ɪndi'aːnər(ɪn)] (**-s, -**) *m(f)* Indien(ne) *m(f)* (d'Amérique); **~häuptling** *m* chef *m* indien; **~stamm** *m* tribu *f* indienne
indianisch *adj* amérindien(ne), indien(ne)
Indien ['ɪndiən] (**-s**) *nt* l'Inde *f*
indifferent ['ɪndɪfərɛnt] *adj* (*geh: Haltung etc*) indifférent(e)
indigniert [ɪndɪ'gniːrt] *adj* (*geh*) indigné(e)
Indikation [ɪndikatsi'oːn] *f*: **medizinische/ soziale ~** indication *f* thérapeutique/sociale de l'avortement

Indikationsmodell *nt* (*Jur*) projet de loi visant à autoriser l'avortement uniquement lorsque les conditions médicales ou sociales le demandent
Indikativ ['ɪndikatiːf] (**-s, -e**) *m* indicatif *m*
Indikator [ɪndi'kaːtɔr] *m* (*geh*) indice *m*, indicateur *m*
indirekt ['ɪndirɛkt] *adj* indirect(e); **~e Steuer** impôt *m* indirect
indisch ['ɪndɪʃ] *adj* indien(ne); **der I~e Ozean** l'océan *m* Indien
indiskret ['ɪndɪskreːt] *adj* indiscret(-ète)
Indiskretion [ɪndɪskretsi'oːn] *f* indiscrétion *f*
indiskutabel ['ɪndɪskutaːbəl] *adj* hors de question
indisponiert ['ɪndɪsponiːrt] *adj* (*geh*) peu bien *unver*
Individualist, in [ɪndividua'lɪst(ɪn)] *m(f)* individualiste *m/f*
Individualität [ɪndividuali'tɛt] *f* individualité *f*
individuell [ɪndividu'ɛl] *adj* individuel(le) ▷ *adv*: **etw ~ gestalten** donner une note personnelle à qn
Individuum [ɪndi'viːduʊm] (**-s, Individuen**) *nt* individu *m*
Indiz [ɪn'diːts] (**-es, -ien**) *nt* indice *m*; **ein ~ für** un indice de
Indizienbeweis *m* preuve *f* indirecte
Indochina ['ɪndo'çiːna] *nt* l'Indochine *f*
indogermanisch ['ɪndogɛr'maːnɪʃ] *adj* indo-européen(ne)
indoktrinieren [ɪndɔktri'niːrən] (*pej*) *vt* endoctriner
Indonesien [ɪndo'neːziən] (**-s**) *nt* l'Indonésie *f*
Indonesier, in [ɪndo'neːziər(ɪn)] *m(f)* Indonésien(ne) *m(f)*
indonesisch [ɪndo'neːzɪʃ] *adj* indonésien(ne)
Indossament [ɪndɔsa'mɛnt] *nt* endos *m*
Indossant [ɪndɔ'sant] *m* endosseur *m*
Indossat [ɪndɔ'saːt] (**-en, -en**) *nt* endossataire *m*
indossieren *vt* endosser
Induktion [ɪndʊktsi'oːn] *f* induction *f*
industrialisieren [ɪndʊstriali'ziːrən] *vt* industrialiser
Industrialisierung *f* industrialisation *f*
Industrie [ɪndʊs'triː] *f* industrie *f*; **in der ~ arbeiten** travailler dans l'industrie; **~gebiet** *nt* région *f* industrielle; (*in einer Stadt, Region*) zone *f* industrielle; **~gelände** *nt* zone *f* industrielle; **~gesellschaft** *f* société *f* industrielle; **~kapitän** (*umg*) *m* gros industriel *m*; **~kaufmann** *m* cadre à formation commerciale
industriell [ɪndʊstri'ɛl] *adj* industriel(le); **die ~e Revolution** la révolution industrielle; **I~e, r** *f(m)* industriel *m*
Industrie-: **~müll** *m* déchets *mpl* industriels; **~staat** *m* pays *m* industriel; **~- und Handelskammer** *f* Chambre *f* de commerce et d'industrie; **~zweig** *m* branche *f* od secteur *m* de l'industrie
ineffektiv ['ɪnlɛfɛktiːf] *adj* (*geh*) inefficace, sans effet
ineinander [ɪnlaɪ'nandər] *adj*: **~ verliebt sein** être amoureux (l'un de l'autre); **~ übergehen** se confondre

ineinanderfügen vi (Teile) emboîter
ineinandergreifen unreg vi (Zahnräder) s'engrener; (Ereignisse etc) s'enchaîner
ineinanderstecken vi être emboîtés (l'un dans l'autre)
infam [ɪnˈfaːm] adj (bösartig) infâme, abject(e)
Infanterie [ɪnfantəˈriː] f infanterie f
Infarkt [ɪnˈfarkt] (-(e)s, -e) m infarctus m
Infekt [ɪnˈfɛkt] m infection f
Infektion [ɪnfɛktsiˈoːn] f infection f
Infektionsherd m foyer m d'infection
Infektionskrankheit m maladie f infectieuse
infektiös [ɪnfɛktsiˈøːs] adj contagieux(-euse)
Infinitiv [ˈɪnfinitiːf] (-s, -e) m infinitif m
infizieren [ɪnfiˈtsiːrən] vt infecter ▷ vr: sich ~ (bei) être infecté(e) (par); sich mit Hepatitis ~ attraper une hépatite
in flagranti [ɪn flaˈɡranti] adv en flagrant délit
Inflation [ɪnflatsiˈoːn] f inflation f
inflationär [ɪnflatsioˈnɛːr] adj inflationniste
Inflationsrate f taux m d'inflation
inflatorisch [ɪnflaˈtoːrɪʃ] adj inflationniste
Info [ˈɪnfo] (-s, -s) (umg) nt documentation f
infolge [ɪnˈfɔlɡə] präp +Gen à la suite de, à cause de ▷ adv: ~ von à la suite de; ~dessen adv par conséquent
Informant [ɪnfɔrˈmant] m informateur m
Informatik [ɪnfɔrˈmaːtɪk] f informatique f; ~er, in m(f) informaticien(ne) m(f)
Information [ɪnfɔrmatsiˈoːn] f information f; **Informationen** pl (Comput) données fpl; **zu Ihrer ~** à titre d'information
Informations-: ~abruf m (Comput) recherche f documentaire; ~monopol nt monopole m de l'information; ~träger m support m de données
informativ [ɪnfɔrmaˈtiːf] adj instructif(-ive)
informell [ˈɪnfɔrmɛl] adj (nicht offiziell) informel(le)
informieren [ɪnfɔrˈmiːrən] vt informer ▷ vr: sich ~ über +Akk s'informer de
infrage, in Frage [ɪnˈfraːɡə] adv: etw ~ stellen remettre qch en question; ~ kommend possible; **das kommt nicht ~!** il n'en est pas question!
Infrarotbestrahlung [ˈɪnfraroːtbəʃtraːluŋ] f traitement m aux infrarouges
Infrastruktur [ˈɪnfraʃtruktuːr] f infrastructure f
Infusion [ɪnfuziˈoːn] f perfusion f
Ing. abk = **Ingenieur(in)**
Ingenieur, in [ɪnʒeniˈøːr(ɪn)] m ingénieur m; ~schule f école f d'ingénieurs
Ingwer [ˈɪŋvər] (-s) m gingembre m
Inh. abk (= Inhaber(in)) propriétaire m; (= Inhalt) contenu m
Inhaber, in [ˈɪnhaːbər(ɪn)] (-s, -) m(f) (von Rekord, Genehmigung, Konzession, Titel, Lizenz) détenteur(-trice) m/f; (von Pass, Führerschein) titulaire m/f; (von Restaurant, Hotel) propriétaire m/f; (von Scheck) porteur m
inhaftieren [ɪnhafˈtiːrən] vt incarcérer
Inhaftierung f incarcération f
Inhalationsapparat [ɪnhalatsiˈoːnzaparaːt] m inhalateur m

inhalieren [ɪnhaˈliːrən] vt (Med) inhaler; (beim Rauchen) avaler ▷ vi faire des inhalations
Inhalt [ˈɪnhalt] (-(e)s, -e) m contenu m; (Fläche) contenance f, capacité f; (Volumen) volume m; (von Wort) contenu; (von Leben) sens m; **i~lich** adv en ce qui concerne le contenu; **i~reich** adj = **inhaltsreich**
Inhalts-: ~angabe f résumé m; **i~los** adj creux(creuse); **i~reich** adj (Buch, Film, Rede) très intéressant(e); ~verzeichnis nt (in Paket) indication f du contenu; (in Buch) table f des matières, sommaire m; (Comput) répertoire m
inhuman [ˈɪnhumaːn] adj inhumain(e)
initialisieren [initsialiˈziːrən] vt initialiser
Initialisierung f initialisation f
initiativ adj (geh: Mensch) plein(e) d'initiative
Initiative [initsiaˈtiːvə] f initiative f; **die ~ ergreifen** prendre l'initiative; **~ besitzen** faire preuve d'initiative
Initiator, in [initsiˈaːtɔr(ɪn)] m(f) (geh) instigateur/-trice) m/f
Injektion [ɪnjɛktsiˈoːn] f injection f
injizieren [ɪnjiˈtsiːrən] vt injecter
Inka [ˈɪŋka] (-(s), -s) m Inca m/f
Inkaufnahme [ɪnˈkaʊfnaːmə] f (förmlich): **unter ~ finanzieller Verluste** en acceptant d'éventuelles pertes financières
inkl. abk = **inklusive**
inklusive [ɪnkluˈziːvə] präp +Gen y compris ▷ adv inclusivement
Inklusivpreis m prix m tout compris
inkognito [ɪnˈkɔɡnito] adv (geh) incognito
inkompetent [ˈɪnkɔmpetɛnt] adj incompétent(e)
inkomplett [ˈɪnkɔmplɛt] adj (geh) incomplet(-ète)
inkonsequent [ˈɪnkɔnzekvɛnt] adj inconséquent(e)
inkorrekt [ˈɪnkɔrɛkt] adj incorrect(e)
Inkrafttreten [ɪnˈkraftreːtən] (-s) nt entrée f en vigueur
Inkubationszeit [ɪnkubatsiˈoːnstsaɪt] f (Med) période f d'incubation
Inkubator [ɪnkuˈbaːtɔr] m (Med) couveuse f
Inland [ˈɪnlant] (-(e)s) nt (Geog) intérieur m (des terres); (Pol) territoire m national, intérieur (du pays); (Wirts) marché m intérieur; **im ~ und Ausland, im In- und Ausland** ici od dans le pays et à l'étranger; ~flug m vol m intérieur
Inlandsbrief m lettre f au tarif intérieur
Inlandsporto nt tarif m postal intérieur
Inlay [ˈɪnleɪ] (-s, -s) nt inlay m
Inlett [ˈɪnlɛt] (-(e)s, -s) nt housse f de couette
inmitten [ɪnˈmɪtən] präp +Gen au milieu de ▷ adv: ~ von au milieu de
innehaben [ˈɪnhaːbən] unreg vt (Amt) exercer; (Titel) porter; (Rekord) détenir
innehalten [ˈɪnhaltən] unreg vi s'interrompre
innen [ˈɪnən] adv à l'intérieur; **nach ~** vers l'intérieur; **von ~** de l'intérieur; **I~architekt, in** m(f) décorateur(-trice) m(f), architecte m/f d'intérieur; **I~aufnahme** f (prise f en) intérieur m; **I~ausstattung** f aménagement m intérieur; **I~bahn** f (Sport) piste f centrale; **I~dienst** m: **im**

I~dienst sein travailler dans un bureau;
I~einrichtung f aménagement m intérieur;
I~hof m cour f intérieure; **I~leben** nt (seelisch) vie f intérieure; (umg: körperlich) entrailles fpl;
I~minister m ministre m de l'Intérieur; **I~politik** f politique f intérieure; **~politisch** adj de politique intérieure; **I~raum** m intérieur m; **viel I~raum haben** (Auto) avoir un habitacle spacieux; **I~stadt** f centre-ville m; **I~tasche** f poche f intérieure; **I~wand** f paroi f; **I~welt** f monde m intérieur; **I~winkel** m angle m intérieur

innerbetrieblich adj interne; **etw ~ regeln** régler qch au sein de l'entreprise

innerdeutsch adj entre les deux parties de l'Allemagne (ex-RDA et RFA)

innere, r, s adj intérieur(e); (Med) interne; **auf der ~n Station liegen** être dans le service de médecine interne

Innere, s (-n) nt intérieur m; **in seinem Inner(e)n** au fond de lui-même

Innereien [ɪnə'raɪən] pl abats mpl

inner-: **~halb** adv: **~halb von** (räumlich) à l'intérieur de; (zeitlich) en ▷ präp+Gen (räumlich) à l'intérieur de; (zeitlich) en; **~halb von drei Jahren** en trois ans; **~halb kürzester Zeit** en très peu de temps; **~lich** adj intérieur(e), interne; (geistig) profond(e), intime; **ein Medikament zur ~lichen Anwendung** un médicament à usage interne od à prendre par voie orale;
I~lichkeit f vie f intérieure; **~parteilich** adj à l'intérieur du parti; **~parteiliche Demokratie** démocratie f au sein du parti

innerste, r, s adj central(e); (Gedanken, Gefühle) le (la) plus profond(e)

Innerste, s nt (seelisch) fond m de soi-même; (von Land) centre m; **bis ins ~ getroffen** touché(e) od atteint(e) au vif

innewohnen ['ɪnəvo:nən] vi+Dat (geh) être inhérent(e) à

innig ['ɪnɪç] adj (Freundschaft) profond(e); **mein ~ster Wunsch** mon souhait le plus cher; **~lich** adv profondément

Innung ['ɪnʊŋ] f corporation f; **du blamierst die ganze ~** (hum: umg) tu nous couvres de honte od de ridicule

inoffiziell ['ɪnlɔfitsiɛl] adj non officiel(le); (Mitteilung, Nachricht) officieux(-euse)

inoperabel ['ɪnlopera:bəl] adj inopérable

ins [ɪns] = **in das**

Insasse, -in ['ɪnzasə] (-n, -n) m(f) (von Anstalt) pensionnaire m/f; (von Auto) passager(-ère) m/f

insbesondere [ɪnsbə'zɔndərə] adv notamment, en particulier

Inschrift ['ɪnʃrɪft] f inscription f

Insekt [ɪn'zɛkt] (-(e)s, -en) nt insecte m

Insektenvertilgungsmittel, Insektizid [ɪnzɛkti'tsi:t] (-s, -e) nt insecticide m

Insel ['ɪnzəl] f île f; (Verkehrsinsel) refuge m (pour piétons)

Inserat [ɪnze'ra:t] (-(e)s, -e) nt (petite) annonce f

Inserent [ɪnze'rɛnt] m annonceur m

inserieren [ɪnze'ri:rən] vi passer une annonce ▷ vt passer une annonce pour

insgeheim [ɪnsgə'haɪm] adv secrètement, en secret

insgesamt [ɪnsgə'zamt] adv en tout; (allgemein) somme toute

insofern [ɪnzo'fɛrn] adv (in dieser Hinsicht) sur ce point; (deshalb) dans cette mesure ▷ konj (wenn) dans la mesure où, si; **~ als** dans la mesure où

insolvent ['ɪnzɔlvɛnt] adj insolvable

Insolvenz f insolvabilité f

insoweit adv = **insofern**

in spe [ɪn'ʃpe:] (umg) adj: **unser Schwiegersohn ~** notre futur gendre

Inspektion [ɪnspɛktsi'o:n] f inspection f, contrôle m; (Aut) révision f

Inspektor, in [ɪn'spɛktɔr(ɪn)] m(f) inspecteur(-trice) m(f)

Inspiration [ɪnspiratsi'o:n] f inspiration f

inspirieren [ɪnspi'ri:rən] vt inspirer; **sich von etw ~ lassen** être inspiré(e) par qch

Inspizient [ɪnspitsi'ent] m chef m de plateau

inspizieren [ɪnspi'tsi:rən] vt inspecter, contrôler

instabil ['ɪnstabi:l] adj instable

Installateur [ɪnstala'tø:r] m (Wasserinstallateur) plombier m; (Elektroinstallateur) monteur m électricien; (Gasinstallateur) ajusteur-gazier m

installieren [ɪnsta'li:rən] vt installer

instand, in Stand [ɪn'ʃtant] adv: **etw ist gut/schlecht ~** qch est en bon/mauvais état; **etw ~ setzen** remettre qch en état; **etw ~ halten** maintenir qch en bon état; **jdn ~ setzen, etw zu tun** permettre à qn de faire qch; **I~haltung** [ɪn'ʃtanthaltʊŋ] f entretien m

inständig [ɪn'ʃtɛndɪç] adj instant(e), pressant(e) ▷ adv: **~ bitten** prier instamment

Instandsetzung f remise f en état, réparation f; (eines Gebäudes) restauration f

Instantgetränk [ɪn'stantgətrɛŋk] nt boisson f soluble od en poudre

Instanz [ɪn'stants] f instance f; **in erster/zweiter ~** en première/deuxième instance

Instanzenweg m voie f hiérarchique

Instinkt [ɪn'stɪŋkt] (-(e)s, -e) m instinct m

instinktiv [ɪnstɪŋk'ti:f] adj instinctif(-ive)

Institut [ɪnsti'tu:t] (-(e)s, -e) nt institut m

Institution [ɪnstitutsi'o:n] f institution f; **staatliche ~en** institutions fpl nationales

institutionell [ɪnstitutsio'nɛl] adj institutionnel(le)

Instruktion [ɪnstrʊktsi'o:n] f instruction f

instruktiv [ɪnstrʊk'ti:f] adj instructif(-ive)

Instrument [ɪnstru'mɛnt] nt instrument m; **ein ~ spielen** jouer d'un instrument

Instrumentarium [ɪnstrumɛn'ta:riʊm] nt (Med) équipement m; (Mus) instruments mpl

insular [ɪnzu'la:r] adj insulaire

Insulin [ɪnzu'li:n] (-s) nt insuline f

inszenieren [ɪnstse'ni:rən] vt (Theat) mettre en scène; (fig: pej) orchestrer

Inszenierung f mise f en scène

intakt [ɪn'takt] *adj* intact(e)
Integral [ɪnte'gra:l] *nt* (*Math*) intégrale *f*
Integralrechnung [ɪnte'gra:lrɛçnʊŋ] *f* calcul *m* intégral
Integration [ɪntegratsi'o:n] *f* intégration *f*
integrieren [ɪnte'gri:rən] *vt* intégrer; **integrierte Gesamtschule** établissement *m* secondaire polyvalent
Integrität [ɪntegri'tɛ:t] *f* intégrité *f*
Intellekt [ɪntɛ'lɛkt] (**-(e)s**) *m* intellect *m*
intellektuell [ɪntɛlɛktu'ɛl] *adj* intellectuel(le); **I~e, r** *f(m)* intellectuel(le) *m(f)*
intelligent [ɪntɛli'gɛnt] *adj* intelligent(e)
Intelligenz [ɪntɛli'gɛnts] *f* intelligence *f*; (*Gruppe, Schicht*) intelligentsia *f*; **~bestie** (*pej*) *f* (*hum*) grosse tête *f*; **~quotient** *m* quotient *m* intellectuel
Intendant [ɪntɛn'dant] *m* directeur *m*
Intensität [ɪntɛnzi'tɛ:t] *f* intensité *f*
intensiv [ɪntɛn'zi:f] *adj* intense; (*Gespräch*) approfondi(e); **~ieren** *vt* intensifier; **I~kurs** *m* cours *m* intensif; **I~station** *f* service *m* de réanimation
Intercityzug [ɪntər'sɪtitsu:k] *m* rapide *m*
interessant [ɪntere'sant] *adj* intéressant(e); **sich ~ machen** faire l'intéressant(e); **das ist ja ~!** (*ironisch*) très intéressant!; **dieser Preis ist für mich nicht ~** (*Wirts*) à ce prix-là, l'affaire ne m'intéresse pas
interessanterweise *adv* curieusement
Interesse [ɪnte'rɛsə] (**-s, -n**) *nt* intérêt *m*; **~ haben an** +*Dat* être intéressé(e) par; **es ist in deinem eigenen ~, das zu tun** c'est dans ton intérêt de le faire, tu as intérêt à le faire; **jds ~n wahrnehmen/vertreten** défendre/représenter les intérêts de qn
interessehalber *adv* par curiosité
Interessen-: **~gebiet** *nt* centre *m* d'intérêt; **~gegensatz** *m* conflit *m* d'intérêts; **~gemeinschaft** *f* (*Wirts*) association *f*
Interessent, in [ɪntere'sɛnt(ɪn)] *m(f)* personne *f* intéressée; (*Wirts: möglicher Käufer*) amateur *m*; **es haben sich mehrere ~en gemeldet** plusieurs personnes se sont montrées intéressées
Interessenvertretung *f*: **die ~ von jdm sein** représenter les intérêts de qn
interessieren [ɪntere'si:rən] *vt* intéresser ▷ *vr*: **sich ~ (für)** s'intéresser (à); **jdn für etw ~** intéresser qn à qch; **an jdm/etw interessiert sein** s'intéresser à qn/qch
interessiert *adj* intéressé(e); **politisch ~** qui s'intéresse à la politique; **an jdm/etw ~ sein** s'intéresser à qn/qch
Interimslösung [ɪntərɪmslø:zʊŋ] *f* solution *f* provisoire
Interimsregierung *f* gouvernement *m* par intérim
Interkontinentalrakete [ɪntərkontinen-'ta:lrake:tə] *f* missile *m* intercontinental
intern [ɪn'tɛrn] *adj* interne
Internat [ɪntɛr'na:t] (**-(e)s, -e**) *nt* internat *m*
international [ɪntɛrnatsio'na:l] *adj* international(e)

Internatsschüler, in *m(f)* interne *m/f*, pensionnaire *m/f*
Internet ['ɪntərnɛt] *nt*: **das ~** l'Internet *m*; **~anbieter** *m* fournisseur *m* d'accès à Internet; **~anschluss** *m* connexion *f* Internet; **~café** *nt* cybercafé *m*; **~zugang** *m* accès *m* à Internet
internieren [ɪntɛr'ni:rən] *vt* interner
Internierungslager *nt* camp *m* d'internement
Internist, in *m(f)* spécialiste *m/f* en médecine interne
Interpol ['ɪntərpo:l] (**-**) *f abk* (= *Internationale Kriminalpolizeiliche Organisation*) Interpol *m*
interpolieren [ɪntərpo'li:rən] *vt* interpoler
Interpret, in [ɪntər'pre:t(ɪn)] (**-en, -en**) *m(f)* interprète *m/f*
Interpretation [ɪntərpretatsi'o:n] *f* interprétation *f*
interpretieren [ɪntɛrpre'ti:rən] *vt* interpréter
Inter-: **~punktion** [ɪntərpʊŋktsi'o:n] *f* ponctuation *f*; **~railkarte** *f* carte *f* Inter-Rail; **~vall** [ɪntər'val] (**-s, -e**) *nt* intervalle *m*; **i~venieren** *vi* intervenir; **~view** [ɪntər'vju:] (**-s, -s**) *nt* interview *f*; **i~viewen** *vt* interviewer
intim [ɪn'ti:m] *adj* intime; (*Angelegenheit auch*) personnel(le); (*Kenntnisse*) approfondi(e); **~e Beziehungen mit jdm haben** avoir des relations (sexuelles) avec qn; **I~bereich** *m* (*Anat*) parties *fpl* génitales
Intimität [ɪntimi'tɛ:t] *f* intimité *f*
Intim-: **~sphäre** *f*: **jds ~sphäre verletzen** ne pas respecter la vie privée de qn; **~spray** *m od nt* déodorant *m* intime; **~verkehr** *m* (*euph*) rapports *mpl*
intolerant ['ɪntolerant] *adj* intolérant(e)
Intranet ['ɪntranɛt] *nt* intranet *m*
intransitiv ['ɪntranzitiːf] *adj* intransitif(-ive)
intravenös [ɪntrave'nø:s] *adj* intraveineux(-euse)
intrigant [ɪntri'gant] *adj* intrigant(e)
Intrige [ɪn'tri:gə] *f* intrigue *f*
intrinsisch [ɪn'trɪnzɪʃ] *adj*: **~er Wert** valeur *f* intrinsèque
introvertiert [ɪntrovɛr'ti:rt] *adj* introverti(e)
Intuition [ɪntuitsi'o:n] *f* intuition *f*
intuitiv [ɪntui'ti:f] *adj* intuitif(-ive)
intus ['ɪntʊs] (*umg*) *adj*: **etw ~ haben** (*Schnaps etc*) avoir avalé qch; (*Wissen*) s'être mis qch dans la tête
Invalide [ɪnva'li:də] (**-n, -n**) *m* invalide *m*
Invalidenrente *f* pension *f* d'invalidité
Invasion [ɪnvazi'o:n] *f* invasion *f*
Inventar [ɪnvɛn'ta:r] (**-s, -e**) *nt* inventaire *m*
inventarisieren [ɪnventari'zi:rən] *vt* faire l'inventaire de, inventorier
Inventur [ɪnvɛn'tu:r] *f* (*Wirts*) inventaire *m*; **~ machen** faire l'inventaire
investieren [ɪnvɛs'ti:rən] *vt* investir; **investiertes Kapital** capital *m* investi; **Gefühle in jdn** ~ avoir des sentiments pour qn
Investition [ɪnvɛstitsi'o:n] *f* investissement *m*
Investitionszuschuss *m* aide *f* à l'investissement

Investmentfonds [ɪn'vɛstməntfõ:] m fonds m d'investissement
Investmentgesellschaft [ɪn'vɛstməntɡəzɛlʃaft] f société f d'investissement
inwendig ['ɪnvɛndɪç] adj intérieur(e); **jdn in- und auswendig kennen** (umg) connaître qn très bien; **etw in- und auswendig kennen** connaître qch comme sa poche
inwiefern [ɪnvi'fɛrn], **inwieweit** adv, konj dans quelle mesure
Inzest [ɪn'tsɛst] (**-(e)s, -e**) m inceste m
Inzucht ['ɪntsʊxt] f (bei Tieren) croisement m d'animaux de même souche; (bei Menschen) intermariage m
inzwischen [ɪn'tsvɪʃən] adv entre-temps
IOK nt abk (= Internationales Olympisches Komitee) CIO m
Ion [i'o:n] (**-s, -en**) nt ion m
ionisch [i'o:nɪʃ] adj: **I~es Meer** mer f Ionienne
IQ m abk (= Intelligenzquotient) QI m
i. R. abk (= im Ruhestand) à la retraite
Irak [i'ra:k] (**-s**) m: **der ~** l'Irak m, l'Iraq m
Iraker, in (**-s, -**) m(f) Irakien(ne) m/f
irakisch adj irakien(ne)
Iran [i'ra:n] (**-s**) m: **der ~** l'Iran m
Iraner, in (**-s, -**) m(f) Iranien(ne) m(f)
iranisch adj iranien(ne)
irdisch ['ɪrdɪʃ] adj terrestre; **den Weg alles I~en gehen** payer tribut à la nature
Ire ['i:rə] (**-n, -n**) m Irlandais m
irgend ['ɪrɡənt] adv: **komm, wenn du ~ kannst** od **es dir ~ möglich ist** fais tout ton possible pour venir; **~ so ein Vertreter/Bettler** un de ces représentants/mendiants; **wer (es) ~ kann, sollte kommen** tous ceux qui le peuvent devraient absolument venir; **ich tue, was ich ~ kann** je vais faire tout mon possible; **~ein, e** adj un(e) (quelconque); **ich will nicht ~ein Buch** je ne veux pas n'importe quel livre; **das ist nicht ~eine Sängerin, das ist Maria Callas** ce n'est pas n'importe quelle cantatrice, c'est Maria Callas; **haben Sie (sonst) noch ~einen Wunsch?** vous souhaitez autre chose?; **~ein Genie hat das erfunden** ça a été inventé par je ne sais quel génie; **~eine, r, s** pron (jemand) quelqu'un; (ein Beliebiger) n'importe qui; (: von Dingen) n'importe lequel (laquelle); **~einer hat mir gesagt** quelqu'un m'a dit, je ne sais plus qui m'a dit; **ich heirate doch nicht ~eine** je ne vais tout de même pas épouser la première venue; **~einmal** adv (fragend) jamais; **das wird er schon ~einmal lernen** il finira bien par l'apprendre; **warst du schon ~einmal in Deutschland?** es-tu déjà od jamais allé(e) en Allemagne?; **~etwas** pron quelque chose; **~jemand** pron quelqu'un; **~wann** adv un jour; **~wer** pron quelqu'un; **er ist nicht ~wer, er ist der Bundeskanzler** ce n'est pas n'importe qui, c'est le premier ministre; **~wie** adv d'une façon ou d'une autre; **ich hab das ~wie schon mal gesehen** j'ai l'impression de l'avoir déjà vu; **~wo** adv quelque part; (verneinend) nulle part; **~wohin** adv (fragend, bedingend) quelque part; (verneinend) n'importe où

Irin ['i:rɪn] f Irlandaise f
Iris ['i:rɪs] (**-, -**) f (Bot) iris m; (Anat: pl auch Iriden) iris m
irisch adj irlandais(e); **I~e See** mer f d'Irlande
irisieren [iri'zi:rən] vi avoir des reflets irisés
IRK nt abk (= Internationales Rotes Kreuz) CICR m
Irland ['ɪrlant] (**-s**) nt l'Irlande f; (Republik Irland) la République d'Irlande, l'Eire f
Irländer, in ['ɪrlɛndər(ɪn)] (**-s, -**) m(f) siehe **Ire**; **Irin**
Ironie [iro'ni:] f ironie f; **das ist (die) ~ des Schicksals!** c'est l'ironie du sort!
ironisch [i'ro:nɪʃ] adj ironique
irrational ['ɪratsiona:l] adj irrationnel(le)
irre ['ɪrə] adj fou(folle); (umg) dément(e) ▷ adv (intensivierend: sehr, stark) hyper, super; **ein ganz ~r Typ** (umg) un type complètement dingue; **~ gut** (umg) dément(e), super; **I~** f: **in die I~ gehen** se fourvoyer; **I~(r)** f(m) fou (folle) m(f)
irreal ['ɪrea:l] adj irréel(le)
irreführen vt induire en erreur
Irreführung f tromperie f, mystification f
irrelevant ['ɪrelevant] adj: **~ (für)** sans importance (pour)
irremachen vt rendre fou (folle)
irren vi (unrecht haben) se tromper; (umherirren) errer ▷ vr se tromper; **jeder kann sich mal ~** tout le monde peut se tromper; **wenn ich mich nicht irre** si je ne m'abuse; **sich in jdm/etw ~** se tromper sur le compte de qn/sur qch; **I~anstalt** f (veraltet) asile m d'aliénés; **I~haus** nt: **hier geht es zu wie im I~haus** (umg) c'est une vraie maison de fous
irrewerden unreg vi: **an jdm/etw ~** ne pas savoir où on en est avec qn/qch
Irr-: **~fahrt** ['ɪrfa:rt] f odyssée f; **~garten** m labyrinthe m; **~glaube** m erreur f
irrig ['ɪrɪç] adj erroné(e)
irritieren [ɪri'ti:rən] vt (verwirren) déconcerter; (ärgern) irriter; (stören) déranger
Irr-: **~läufer** m courrier m mal acheminé; **~licht** nt feu m follet; **~sinn** m (Unsinn) folie f; **es wäre ~sinn, das zu tun** ce serait de la folie de faire cela; **i~sinnig** adj fou (folle); (Tat) de folie ▷ adv: **i~sinnig komisch** hilarant(e), désopilant(e); **~tum** (**-s, -tümer**) m erreur f; **im ~tum sein** être dans l'erreur; **~tum!** faux!; **i~tümlich** adj erroné(e)
ISBN f abk (= international Standardbuchnummer) ISBN m
Ischias ['ɪʃias] (**-**) f od nt sciatique f; **~nerv** m nerf m sciatique
ISDN nt abk (= Integrated Services Digital Network) RNIS m
Islam ['ɪslam] (**-s**) m islam m
islamisch [ɪs'la:mɪʃ] adj islamique
Island ['i:slant] (**-s**) nt l'Islande f
Isländer, in ['i:slɛndər(ɪn)] (**-s, -**) m(f) Islandais(e) m/f
isländisch adj islandais(e)
Isolation [izolatsi'o:n] f siehe **Isolierung**
Isolator [izo'la:tor] m isolant m
Isolierband nt ruban m isolant

isolieren [ɪzo'liːrən] vt isoler ▷ vr s'isoler
Isolierstation f (Med) salle f des contagieux
Isolierung f isolement m; (Elek) isolation f
Israel ['ɪsraeːl] (-s) nt Israël m
Israeli [ɪsra'eːli] (-(s), -s) mf Israélien(ne) m/f
israelisch adj israélien(ne)
isst [ɪst] vb siehe **essen**
ist [ɪst] vb siehe **sein**
Istanbul ['ɪstambuːl] nt Istamboul, Istanbul

Istbestand m (Geld) encaisse f; (Waren)
  marchandises fpl en stock
Italien [i'taːliən] (-s) nt l'Italie f
Italiener, in [itali'eːnɐr(ɪn)] (-s, -) m(f) Italien(ne)
  m(f)
italienisch adj italien(ne); **die ~e Schweiz** la
  Suisse italienne, le Tessin
I.V., i.V. abk (= in Vertretung, in Vollmacht) p.p., pour
IWF m abk (= Internationaler Währungsfonds) FMI m

J, j [jɔt] *nt* (*Buchstabe*) J, j *m*; **J wie Julius** ≈ J comme Joseph

 SCHLÜSSELWORT

ja [jaː] *adv* **1** oui; **ich glaube ja** je crois que oui; **Ja und Amen zu allem sagen** (*umg*) dire amen à tout, tout accepter sans broncher
2 (*fragend*): **ich habe gekündigt — ja?** j'ai donné ma démission — c'est vrai?
3 (*unbedingt*): **sei ja vorsichtig** fais bien attention; **tu das ja nicht!** ne le fais surtout pas!
4 (*schließlich*): **Sie wissen ja, dass ...** vous n'êtes pas sans savoir que ...; **sie ist ja erst fünf** (n'oubliez pas qu')elle n'a que cinq ans
5 (*feststellend*): **ich habe es ja gewusst** j'en étais sûr(e); **das sag ich ja!** c'est bien ce que je disais!
6 (*vergewissernd*): **du kommst doch, ja?** tu ne viens pas?
7 (*verstärkend*): **das ist ja schlimm** c'est vraiment grave; **ja, also ich gehe dann mal!** bon, eh bien je vais partir; **ja, also so geht das nicht** non, non, ça ne va pas comme ça

Jacht [jaxt] (**-, -en**) *f* yacht *m*
Jacke ['jakə] *f* veste *f*; (*Anzugjacke auch*) veston *m*
Jackenkleid *nt* ensemble *m* (*robe et veste*)
Jacketkrone ['dʒɛkɪtkroːnə] *f* jaquette *f*
Jackett [ʒa'kɛt] (**-s, -s** *od* **-e**) *nt* veste *f*, veston *m*
Jade ['jaːdə] *f* jade *m*
Jagd [jaːkt] (**-, -en**) *f* chasse *f*; **~ machen auf etw** +*Akk* chasser qch; (*fig*) être à la poursuite de qch; **~beute** *f* tableau *m* de chasse; **~flugzeug** *nt* avion *m* de chasse, chasseur *m*; **~gewehr** *nt* fusil *m* de chasse; **~hund** *m* chien *m* de chasse; **~schein** *m* permis *m* de chasse; **~wurst** *f* saucisson fumé à l'ail et à la moutarde
jagen ['jaːgən] *vi* chasser; (*rennen, schnell fahren*) aller à toute vitesse ▷ *vt* chasser; (*verfolgen*) poursuivre; **nach Ruhm/dem Glück ~** courir après la gloire/le bonheur; **jdm etw in den Arm ~** (*umg: stoßen*) enfoncer qch dans le bras de qn; **mit Rosenkohl kannst du mich ~** (*umg*) j'ai horreur des choux de Bruxelles
Jäger, in ['jɛːgər(ɪn)] (**-s, -**) *m(f)* chasseur(-euse) *m(f)* ▷ *m* (*Mil*) chasseur *m*; **~latein** (*umg*) *nt* fanfaronnades *fpl*; **~schnitzel** *nt* escalope *f* (à la sauce) chasseur

Jaguar ['jaːguaːr] (**-s, -e**) *m* jaguar *m*
jäh [jɛː] *adj* (*plötzlich*) subit(e); (*steil*) abrupt(e); **~lings** *adv* brusquement
Jahr [jaːr] (**-(e)s, -e**) *nt* année *f*, an *m*; **ein halbes ~** six mois; **einmal im ~** une fois par an; **im ~e 1989** en 1989; **die sechziger ~e** les années soixante; **mit dreißig ~en** à trente ans; **in den besten ~en sein** être dans la fleur de l'âge; **nach ~ und Tag** bien plus tard; **mit den ~en** (*umg*) à la fin de l'année; *siehe auch* **Sechzigerjahre**; **j~aus** *adv*: **j~aus, j~ein** bon an mal an; **~buch** *nt* annuaire *m*
jahrelang *adj* qui dure des années, prolongé(e) ▷ *adv* pendant des années
Jahres-: **~abonnement** *nt* abonnement *m* annuel; **~abschluss** *m* bilan *m* annuel; **~ausgleich** *m* péréquation *f* des impôts; **~beitrag** *m* cotisation *f* annuelle; **~bericht** *m* rapport *m* annuel; **~hauptversammlung** *f* assemblée *f* générale annuelle; **~karte** *f* abonnement *m* annuel; **~tag** *m* anniversaire *m*; **~umsatz** *m* chiffre *m* d'affaires annuel; **~wechsel** *m* nouvel an *m*; **~zahl** *f* date *f*; **~zeit** *f* saison *f*
Jahr-: **~gang** *m* année *f*; (*von Wein*) année, millésime *m*; **er ist ~gang 1990** il est né en 1990; **~hundert** *nt* siècle *m*; **~hundertfeier** *f* centenaire *m*; **~hundertwende** *f* tournant *m* du siècle
jährlich ['jɛːrlɪç] *adj* annuel(le) ▷ *adv* chaque année; **einmal/zweimal ~** une/deux fois par an
Jahr-: **~markt** *m* foire *f*; **~tausend** *nt* millénaire *m*; **~zehnt** *nt* décennie *f*
Jähzorn ['jɛːtsɔrn] *m* rage *f*
jähzornig *adj* colérique, irascible
Jalousie [ʒalu'ziː] *f* persiennes *fpl*
Jamaika [ja'maɪka] (**-s**) *nt* la Jamaïque
Jammer ['jamər] (**-s**) *m* (*Klagen*) lamentations *fpl*; (*Elend*) misère *f*; **es ist ein ~, dass ...** c'est vraiment dommage que ...
jämmerlich ['jɛmərlɪç] *adj* pitoyable, misérable; (*Weinen, Geschrei*) de douleur; (*Leistung*) lamentable; (*Bezahlung*) de misère; **J~keit** *f* misère *f*
jammern *vi* se lamenter ▷ *vt unpers*: **es jammert**

jdn (geh) qn est pris de pitié; **über etw** Akk ~ se lamenter sur qch

jammerschade (umg) adj: **das ist ~** c'est vraiment dommage

Jan. abk = **Januar**

Januar ['janua:r] (**-s, -e**) m janvier m; siehe auch **September**

Japan ['ja:pan] (**-s**) nt le Japon

Japaner, in [ja'pa:nər(ɪn)] (**-s, -**) m(f) Japonais(e) m(f)

japanisch adj japonais(e)

Jargon [ʒar'gõ:] (**-s, -s**) m (Fachsprache) jargon m; (ordinär) argot m

Jasager ['ja:za:gər] (**-s, -**) (pej) m personne f qui est toujours d'accord avec tout le monde, béni-oui-oui m

Jastimme f voix f pour, oui m

jäten ['jɛ:tən] vt sarcler

Jauche ['jaʊxə] (-) f purin m; **~grube** ['jaʊxəgru:bə] f fosse f à purin

jauchzen ['jaʊxtsən] vi pousser des cris de joie

Jauchzer (**-s, -**) m cri m de joie

jaulen ['jaʊlən] vi hurler

Jause ['jaʊzə] (Österr) f ≈ goûter m

Jausenstation (Österr) f petite auberge à la montagne où l'on peut prendre une collation

jawohl adv oui

Jawort nt: **jdm das ~ geben** consentir à épouser qn; (bei Trauung) dire "oui"

Jazz [dʒɛz] (-) m jazz m; **~keller** m club m de jazz

je [je:] adv (jemals) jamais ▷ konj: **je nach ...** selon le (la) ...; **hast du so was je gesehen?** as-tu jamais od déjà vu une chose pareille?; **sie zahlten je 5 Euro** ils ont payé chacun 5 euros; **seit eh und je** depuis la nuit des temps; **je nachdem** selon; **je nachdem, ob ...** selon que ...; **je eher, desto besser** le plus tôt serait le mieux, le plus tôt possible; **je länger, je lieber** le plus long possible, de préférence

Jeans [dʒi:nz] pl jean m; **~anzug** m ensemble m en jean

jede, r, s ['je:də(r, s)] pron (adjektivisch) chaque; (substantivisch) chacun(e); (alle) tous (toutes); (jeder Beliebige) n'importe qui; **~s Mal** chaque fois; **~s Mal, wenn er ...** chaque fois qu'il ...; **~s Kind** n'importe quel enfant; **zu ~r Stunde** à n'importe quelle heure; **ohne ~n Zweifel** sans aucun doute; **~n Augenblick** d'un moment à l'autre; **~r Zweite** une personne sur deux; **das kann doch wirklich ~r!** c'est à la portée de n'importe qui!

jedenfalls adv de toute manière, quoi qu'il en soit; (zumindest) du moins

jedermann pron tout le monde; **das ist nicht ~s Sache** ça ne plaît pas à tout le monde

jederzeit adv à tout moment

jedoch [je'dɔx] adv, konj cependant, pourtant

jeher ['je:he:r] adv: **von** od **seit ~** depuis toujours

jein [jaɪn] adv (hum) ni oui, ni non

jemals ['je:ma:ls] adv jamais

jemand ['je:mant] pron quelqu'un; (bei Negation) personne; **ohne ~en zu fragen** sans demander à personne

Jemen ['je:mən] (**-s**) m: **der ~** le Yémen

Jemenit, in m(f) Yéménite m/f

jemenitisch adj yéménite

Jenaer Glas® ['je:naərgla:s] nt pyrex® m

jene, r, s ['je:nə(r, s)] pron (adjektivisch) ce (cette); (substantivisch) celui-là (celle-là); (der Vorherige) ce (cette) dernier(-ière); **über dieses und ~s sprechen** parler de choses et d'autres

jenseits ['je:nzaɪts] adv de l'autre côté ▷ präp+Gen de l'autre côté de, au-delà de; **J~** nt: **das J~** l'au-delà m; **jdn ins J~ befördern** (umg) expédier qn dans l'autre monde

Jersey ['dʒø:rzi] (**-(s), -s**) m Jersey f

Jerusalem [je'ru:zalɛm] nt Jérusalem

Jesses ['jɛsəz] (umg) interj mon Dieu

Jesuit (**-en, -en**) m jésuite m

Jesus ['je:zʊs] (**Jesu**) m Jésus m; **~ Christus** Jésus-Christ m

Jet [dʒɛt] (**-(s), -s**) (umg) m jet m, avion m à réaction

jetten (umg) vi prendre l'avion

jetzig ['jɛtsɪç] adj actuel(le)

jetzt [jɛtst] adv maintenant; (heutzutage) aujourd'hui; **~ gleich** tout de suite; **bis ~** jusqu'à présent

jeweilig adj respectif(-ive); **die ~e Regierung** le gouvernement en place

jeweils adv chaque fois; **~ zwei zusammen** (toujours) deux par deux; **zu ~ 5 Euro** (à) 5 euros pièce; **~ das Erste** tous les premiers, chaque fois le premier; **~ am Monatsletzten** le dernier jour de chaque mois

Jg. abk = **Jahrgang**

Jh. abk (= **Jahrhundert**) s.

jiddisch ['jɪdɪʃ] adj yiddish unver

Jiu-Jitsu ['dʒiːudʒɪtsu] (**-(s)**) nt jiu-jitsu m inv

Job [dʒɔp] (**-s, -s**) (umg) m boulot m

jobben ['dʒɔbən] (umg) vi faire des petits boulots

Joch [jɔx] (**-(e)s, -e**) nt joug m

Jochbein nt os m de la pommette od malaire

Jockey, Jockei ['dʒɔke] (**-s, -s**) m jockey m

Jod [jo:t] (**-(e)s**) nt iode m

jodeln ['jo:dəln] vi iodler

joggen ['dʒɔgən] vi faire du jogging

Joghurt, Jogurt ['jo:gʊrt] (**-s, -s**) m od nt yaourt m

Johannisbeere [jo'hanɪsbe:rə] f groseille f (rouge); **Schwarze ~** cassis m

Johanniter [joha'ni:tər] pl (auch: **Johanniterunfallhilfe**) services d'ambulances

johlen ['jo:lən] vi brailler

Joint [dʒɔɪnt] (**-s, -s**) (umg) m joint m

Joint Venture ['dʒɔɪntventʃər] (**-, -s**) nt joint-venture f

Joker ['jo:kər] (**-s, -**) m joker m

Jolle ['jɔlə] f yole f

Jongleur [ʒõ'glø:r] (**-s, -e**) m jongleur m

jonglieren [ʒõ'gli:rən] vi: **~ mit** jongler avec

Jordanien [jɔr'da:niən] (**-s**) nt la Jordanie

Jordanier, in m(f) Jordanien(ne) m(f)

jordanisch adj jordanien(ne)

Journalismus [ʒʊrna'lɪsmʊs] m journalisme m

Journalist, in [ʒʊrna'lɪst(ɪn)] m(f) journaliste m/f

journalistisch *adj* journalistique
jovial [jovi'a:l] *adj* jovial(e)
Joystick ['dʒɔɪstɪk] (**-s, -s**) *m* (*Comput*) manche *m* à balai, manette *f* de jeu
Jubel ['ju:bəl] (**-s**) *m* cris *mpl* de joie; **~, Trubel, Heiterkeit** ambiance *f* animée; **~jahr** *nt*: **alle ~jahre (einmal)** (*umg*) tous les trente-six du mois
jubeln *vi* pousser des cris de joie
Jubilar, in [jubi'la:r(ɪn)] (**-s, -e**) *m(f)* *personne qui fête un anniversaire (années de service etc)*
Jubiläum [jubi'lɛːʊm] (**-s, Jubiläen**) *nt* anniversaire *m*
jucken ['jʊkən] *vi* démanger; (*Kratzen*) gratter; **es juckt mich am Arm** mon bras me démange; **das juckt mich** ça me gratte; **was juckt mich das?** (*umg*) j'en ai rien à cirer
Juckpulver *nt* poil *m* à gratter
Juckreiz *m* démangeaisons *fpl*
Judaslohn ['ju:daslo:n] *m* *argent gagné d'une manière honteuse*
Jude ['ju:də] (**-n, -n**) *m* juif *m*
Juden-: **~stern** *m* étoile *f* de David; **~tum** *nt* (*Religion, Kultur*) judaïsme *m*; **~verfolgung** *f* persécution *f* des juifs
Jüdin ['jy:dɪn] *f* juive *f*
jüdisch *adj* juif (juive)
Judo ['ju:do] (**-(s)**) *nt* judo *m*
Jugend ['ju:gənt] (**-**) *f* jeunesse *f*; (*junge Leute auch*) jeunes *mpl*; **~amt** *nt* ≈ aide *f* sociale à l'enfance; **~buch** *m* livre *m* pour adolescents; **j~frei** *adj* (*Film*) autorisé(e) aux moins de 18 ans; **seine Witze sind ja wohl nicht j~frei** ses plaisanteries sont plutôt osées; **~freund, in** *m(f)* ami(e) d'enfance; **~gruppe** *f* groupe *m* de jeunes; **~herberge** *f* auberge *f* de jeunesse; **~hilfe** *f* = **Jugendamt**; **~klub** *m* club *m* de jeunes; **~kriminalität** *f* délinquance *f* juvénile; **j~lich** *adj* jeune; **~liche, r** *f(m)* adolescent(e) *m(f)*, jeune *m/f*; **~liebe** *f* amour *m* de jeunesse; **~meister, in** *m(f)* champion(ne) *m(f)* junior; **~richter** *m* juge *m* pour enfants; **~schutz** *m* protection *f* des mineurs; **~stil** *m* art *m* nouveau; **~strafanstalt** *f* *établissement pénitentiaire pour mineurs*; **~sünde** *f* péché *m* de jeunesse; **~traum** *m* rêve *m* de jeunesse; **~zentrum** *nt* ≈ M.J.C. *f*
Jugoslawe [jugo'sla:və] (**-n, -n**) *m* Yougoslave *m*
Jugoslawien [jugo'sla:viən] (**-s**) *nt* la Yougoslavie
Jugoslawin *f* Yougoslave *f*
jugoslawisch *adj* yougoslave

Juli ['ju:li] (**-(s), -s**) *m*, **Julei** [ju'laɪ] (**-s, -s**) ▷ *m* juillet *m*; *siehe auch* **September**
Jumbojet ['dʒambodʒɛt] (**-s, -s**) *m* jumbo-jet *m*
jun. *abk* (= *Junior*) junior
jung [jʊŋ] *adj* jeune; **die ~en Leute** les jeunes *mpl*
Junge (**-n, -n**) *m* (*Kind*) garçon *m*
Junge, s (**-n, -n**) *nt* (*Zool*) petit *m*
Jünger ['jyŋər] (**-s, -**) *m* disciple *m*
jünger *adj* plus jeune
Jungfer (**-, -n**) *f*: **alte ~** vieille fille *f*
Jungfernfahrt *f* premier voyage *m*
Jung-: **~frau** *f* vierge *f*; (*Astrol*) Vierge *f*; **~frau sein** (*sexuell*) être vierge; **~geselle** *m* célibataire *m*; **~gesellin** *f* célibataire *f*
Jüngling ['jyŋlɪŋ] *m* jeune homme *m*
Jungsozialist *m* jeune socialiste *m*
jüngst [jyŋst] *adv* récemment
jüngste, r, s *adj* le (la) plus jeune; (*neueste*) dernier(-ière); **die ~ Vergangenheit** le passé récent; **das J~ Gericht** le Jugement dernier; **der J~ Tag** le jour du Jugement dernier
Jungwähler, in *m(f)* nouvel(le) électeur(-trice) *m/f*
Juni ['ju:ni] (**-(s), -s**) *m* juin *m*; *siehe auch* **September**
Junior ['ju:niɔr] (**-s, -en**) *m* (*hum: Kind*) rejeton *m*; (*Juniorchef*) fils *m* du patron; (*Sport*) junior *m*
Juno ['ju:no] (**-s, -s**) *m* = **Juni**
Junta ['xʊnta] (**-, -ten**) *f* junte *f*
jur. *abk* = **juristisch**
Jura ['ju:ra]: **~ studieren** faire du droit
Jurist, in [ju'rɪst(ɪn)] *m(f)* juriste *m/f*; **j~isch** *adj* juridique; (*Studium, Fakultät*) de droit
Juror ['ju:rɔr] (**-s, Juroren**) *m* membre *m* du jury
Jury [ʒy'ri:] (**-, -s**) *f* jury *m*
Juso ['ju:zo] (**-s, -s**) *m* *abk* (= *Jungsozialist*) *jeune membre du parti socio-démocrate allemand*
just [jʊst] *adv*: **~ in dem Augenblick** à ce moment précis
Justiz [jʊs'ti:ts] (**-**) *f* justice *f*; **~beamte, r** *m* fonctionnaire *m* au tribunal; **~irrtum** *nt* erreur *f* judiciaire; **~minister** *m* ministre *m* de la Justice; **~mord** *m* assassinat *m* juridique
Juwel [ju've:l] (**-s, -en**) *nt od m* bijou *m*, joyau *m*; (*Person*) perle *f*; (*Sache*) joyau
Juwelier [juve'li:r] (**-s, -e**) *m* joaillier *m*, bijoutier *m*; **~geschäft** *nt* bijouterie *f*
Jux [jʊks] (**-es, -e**) (*umg*) *m* blague *f*; **nur aus ~** juste pour rigoler
jwd *adv* (*hum*) au diable

K, k [ka:] *nt* (*Buchstabe*) K, k *m*; **K wie Kaufmann** ≈ K comme Kléber

Kabarett [kaba'rɛt] (**-s, -e** *od* **-s**) *nt* (*Ort*) cabaret *m*; (*Darbietung*) spectacle *m* satirique; **~ist, in** *m(f)* chansonnier *m*

Kabel ['ka:bəl] (**-s, -**) *nt* câble *m*; **~fernsehen** *nt* (télévision *f* par) câble *m*

Kabeljau ['ka:bəljaʊ] (**-s, -e** *od* **-s**) *m* (*Zool*) morue *f*; (*Koch*) cabillaud *m*, morue fraîche

kabeln *vt* câbler ▷ *vi* envoyer un câble

Kabine [ka'bi:nə] *f* cabine *f*; (*in Flugzeug*) carlingue *f*

Kabinenbahn *f* télécabine *f*

Kabinett [kabi'nɛt] (**-s, -e**) *nt* (*Pol*) cabinet *m*; (*Qualitätswein*) vin (*allemand*) de qualité supérieure

Kabriolett [kabrio'lɛt] (**-s, -s**) *nt* cabriolet *m*

Kachel ['kaxəl] (**-, -n**) *f* carreau *m*

kacheln *vt* carreler

Kachelofen *m* poêle *m* en faïence

Kacke ['kakə] (*umg!*) *f* merde *f* (*umg!*)

Kadaver [ka'da:vər] (**-s, -**) *m* charogne *f*

Kadenz [ka'dɛnts] (**-, -en**) *f* cadence *f*

Kader ['ka:dər] (**-s, -**) *m* (*Mil, Pol*) cadre *m*; (*Sport*) sélection *f*; **~schmiede** (*umg*) *f* (*Pol*) ≈ grande école *f*

Kadett [ka'dɛt] (**-en, -en**) *m* (*Mil*) élève *m* officier

Käfer ['kɛ:fər] (**-s, -**) *m* scarabée *m*, coléoptère *m*

Kaff [kaf] (**-s, -s** *od* **-e**) (*umg: pej*) *nt* patelin *m*

Kaffee ['kafe] (**-s, -s**) *m* café *m*; (*Nachmittagskaffee*) ≈ goûter *m*; **zwei ~, bitte!** deux cafés, s'il vous plaît!; **das ist kalter ~** (*umg*) tout le monde est au courant; **~bohne** *f* grain *m* de café; **~fahrt** *f* (*Ausflug*) tour en voiture (*ou* en car) avec goûter; **~haus** (*Österr*) *nt* café *m*; **~kanne** *f* cafetière *f*; **~klatsch** (*umg*) *m*: **sich zum ~klatsch treffen** se retrouver pour papoter autour d'un café; **~kränzchen** *nt*: **sich zum ~kränzchen treffen** se retrouver régulièrement pour papoter autour d'un café; **~löffel** *m* cuiller *f* à café, petite cuiller; **~maschine** *f* cafetière *f* électrique; **~mühle** *f* moulin *m* à café; **~satz** *m* marc *m* de café; **~tante** *f* (*hum*) grand(e) buveur(-euse) *m/f* de café; **~wärmer** *m* couvre-cafetière *m*

Käfig ['kɛ:fɪç] (**-s, -e**) *m* cage *f*

kahl [ka:l] *adj* (*ohne Haare*) chauve; (*ohne Federn*) déplumé(e); (*unbelaubt*) dépouillé(e); (*Landschaft*) désolé(e); (*Raum*) vide; **~ fressen** manger les feuilles de; **~ geschoren** tondu(e); **K~heit** *f* (*von Kopf*) calvitie *f*; (*von Landschaft*) aspect *m* désolé; **K~kopf** *m* (*Person*) chauve *m*; **einen K~kopf haben** être chauve; **~köpfig** *adj* chauve; **K~schlag** *m* (*Wald*) clairière *f*

Kahn [ka:n] (**-(e)s, ̈e**) *m* barque *f*; (*Lastkahn*) péniche *f*, chaland *m*

Kai [kaɪ] (**-s, -s**) *m* quai *m*

Kairo ['kaɪro] (**-s**) *nt* Le Caire

Kaiser ['kaɪzər] (**-s, -**) *m* empereur *m*; **~in** *f* impératrice *f*; **k~lich** *adj* impérial(e); **~reich** *nt* empire *m*; **~schmarren** *m* morceaux de crêpe aux raisins secs; **~schnitt** *m* (*Med*) césarienne *f*

Kajak ['ka:jak] (**-s, -s**) *m* kayac *m*

Kajüte [ka'jy:tə] *f* cabine *f*

Kakao [ka'ka:o] (**-s, -s**) *m* cacao *m*; **jdn/etw durch den ~ ziehen** (*umg: verspotten*) se moquer de qn/qch; **~pulver** *nt* cacao *m*

Kakerlak ['ka:kərlak] (**-s** *od* **-en, -en**) *m* blatte *f*

Kaktee [kak'te:ə] (**-, -n**) *f*, **Kaktus** ['kaktʊs] (**-, -se** *od* **-n**) ▷ *m* cactus *m inv*

Kalauer ['ka:laʊər] (**-s, -**) *m* calembour *m*

Kalb [kalp] (**-(e)s, ̈er**) *nt* veau *m*

kalben *vi* vêler

Kalbfleisch *nt* veau *m* (*viande*)

Kalbsleder *nt* vachette *f*

Kaleidoskop ['kalaɪdo'sko:p] (**-s, -e**) *nt* kaléidoscope *m*

Kalender [ka'lɛndər] (**-s, -**) *m* calendrier *m*; (*Taschenkalender*) agenda *m*

Kali ['ka:li] (**-s, -s**) *nt* potasse *f*

Kaliber [ka'li:bər] (**-s, -**) (*umg*) *nt* calibre *m*

Kalifornien [kali'fɔrniən] (**-s**) *nt* la Californie

Kalk [kalk] (**-(e)s, -e**) *m* (*im Wasser*) calcaire *m*; (*zum Tünchen*) chaux *f*; (*im Körper*) calcium *m*

kalken *vt* (*Wände*) blanchir à la chaux; (*Bäume*) chauler

kalkhaltig *adj* calcaire

Kalkstein *m* calcaire *m*

Kalkül [kal'ky:l] (**-s, -e**) *m od nt* (*geh*) calcul *m*

Kalkulation [kalkulatsi'o:n] *f* calcul *m*

Kalkulator [kalku'la:tɔr] *m* comptable *m*

kalkulieren [kalku'li:rən] *vt* calculer ▷ *vi* compter

Kalkutta [kal'kʊta] (**-s**) *nt* Calcutta

Kalorie [kalo'ri:] *f* calorie *f*
kalorienarm *adj* pauvre en calories, (à) basses calories
kalorienbewusst *adj* qui fait attention aux calories
kalt [kalt] *adj* froid(e); **mir ist (es) ~** j'ai froid; **~e Platte** assiette *f* anglaise; **der K~e Krieg** la guerre froide; **die Wohnung kostet ~ 600 Euro** le loyer de l'appartement est de 600 euros, charges non comprises; **~ bleiben** (*fig*) rester impassible; **~ lächelnd** (*pej*) sans sourciller; **~blütig** *adj* (*pej: Mensch*) sans pitié; (: *Tat*) commis(e) de sang-froid; (*ruhig*) qui ne perd pas son sang-froid, calme; **K~blütigkeit** *f* sang-froid *m*; (*pej*) cruauté *f*
Kälte ['kɛltə] (*-*) *f* froid *m*; (*fig*) froideur *f*; **wir haben 10 Grad ~** il fait moins 10; **vor ~ zittern** grelotter (de froid); **~einbruch** *m* forte chute *f* de la température; **~grad** *m* degré *m* au-dessous de zéro; **~welle** *f* vague *f* de froid
Kalt-: ~front *f* front *m* froid; **k~herzig** *adj* froid(e); **k~machen** (*umg*) *vt* descendre; **~miete** *f* loyer *m* sans les charges; **~schale** *f* (*Koch*) soupe froide aux fruits; **k~schnäuzig** (*umg*) *adj* froid(e); **k~stellen** *vt* (*umg: fig*) écarter
Kalvinismus [kalvi'nɪsmʊs] *m* calvinisme *m*
kalvinistisch *adj* calviniste
Kalzium ['kaltsiʊm] (*-s*) *nt* calcium *m*
kam *etc* [ka:m] *vb siehe* **kommen**
Kambodscha [kam'bɔdʒa] *nt* le Kampuchéa, le Cambodge
Kamel [ka'me:l] (*-(e)s, -s*) *nt* chameau *m*
Kamelhaar- *in zW* en poils de chameau
Kamera ['kamera] (*-, -s*) *f* caméra *f*
Kamerad, in [kamə'ra:t, -'ra:dɪn] (*-en, -en*) *m(f)* camarade *m/f*; **~schaft** *f* camaraderie *f*; **k~schaftlich** *adj* amical(e) ▷ *adv*: **jdm k~schaftlich auf die Schulter klopfen** taper amicalement sur l'épaule de qn
Kameraführung *f* prises *fpl* de vue
Kameramann (*-(e)s, -männer*) *m* cameraman *m*
Kameratelefon (*-s, -e*) *nt* téléphone *m* avec appareil photo
Kamerun ['kaməru:n] (*-s*) *nt* le Cameroun
Kamille [ka'mɪlə] *f* camomille *f*
Kamillentee *m* (infusion *f* de) camomille *f*
Kamin [ka'mi:n] (*-s, -e*) *m* cheminée *f*; **etw in den ~ schreiben** (*umg*) faire une croix sur qch; **~feger** (*-s, -*) *m*, **Kaminkehrer** (*-s, -*) ▷ *m* ramoneur *m*
Kamm [kam] (*-(e)s, ~e*) *m* peigne *m*; (*Bergkamm, Hahnenkamm*) crête *f*; **alle(s) über einen ~ scheren** tout mettre dans le même sac, mettre tout le monde dans le même sac
kämmen ['kɛmən] *vt* peigner ▷ *vr* se peigner
Kammer ['kamər] (*-, -n*) chambre *f*; (*Abstellraum*) débarras *m*; (*Herzkammer*) ventricule *m*; **~diener** *m* valet *m* de chambre; **~jäger** *m* (*Schädlingsbekämpfer*) employé du service de désinsectisation ou de dératisation; **~musik** *f* musique *f* de chambre; **~ton** *m* (*Mus*) la *m* du diapason; **~zofe** *f* femme *f* de chambre

Kammgarn *nt* peigné *m*
Kammstück *nt* (*Koch*) épaule *f*
Kampagne [kam'panjə] *f* campagne *f*
Kampf [kampf] (*-(e)s, ~e*) *m* combat *m*; (*Wettbewerb, Anstrengung*) lutte *f*; **jdm/einer Sache den ~ ansagen** déclarer la guerre à qn/qch; **~ dem Atomtod!** non au nucléaire!; **k~bereit** *adj* prêt(e) au combat
kämpfen ['kɛmpfən] *vi* se battre, lutter; **mit den Tränen ~** retenir ses larmes; **mit dem Schlaf ~** lutter contre le sommeil; **mit jdm/sich selbst ~** lutter contre qn/soi-même; **um etw ~** se battre pour qch
Kampfer ['kampfər] (*-s*) *m* camphre *m*
Kämpfer, in (*-s, -*) *m(f)* combattant(e) *m(f)*; (*in Wettkampf*) concurrent(e) *m(f)*
Kampf-: ~flugzeug *nt* avion *m* de combat; **~geist** *m* esprit *m* combatif; **~handlung** *f* opération *f*; **k~los** *adv* sans combattre; **k~lustig** *adj* bagarreur(-euse); **~platz** *m* champ *m* de bataille; (*Sport*) arène *f*; **~richter** *m* arbitre *m*; **~stoff** *m* arme *f*
kampieren [kam'pi:rən] *vi* camper
Kampuchea [kampu'tʃe:a] (*-s*) *nt* = **Kambodscha**
Kanada ['kanada] (*-s*) *nt* le Canada
Kanadier, in [ka'na:diər(ɪn)] (*-s, -*) *m(f)* Canadien(ne) *m(f)*
kanadisch [ka'na:dɪʃ] *adj* canadien(ne)
Kanal [ka'na:l] (*-s, Kanäle*) *m* canal *m*; (*Rinne*) chenal *m*; (*für Abwässer, zur Entwässerung*) égout *m*; (*TV*) canal, chaîne *f*; (*Rundf*) station *f*; **der ~** (*Ärmelkanal*) la Manche; **~inseln** *pl* les îles *fpl* anglo-normandes
Kanalisation [kanalizatsi'o:n] *f* (*für Abwasser*) égouts *mpl*
kanalisieren [kanali'zi:rən] *vt* canaliser
Kanarienvogel [ka'na:riənfo:gəl] *m* canari *m*
Kanarische Inseln [ka'na:rɪʃə'ɪnzəln] *pl*: **die Kanarischen Inseln** les (îles *fpl*) Canaries *fpl*
Kandare [kan'da:rə] *f*: **jdn an die ~ nehmen** tenir qn en bride
Kandidat, in [kandi'da:t(ɪn)] (*-en, -en*) *m(f)* candidat(e) *m/f*; **jdn als ~en aufstellen** proposer qn comme candidat
Kandidatur [kandida'tu:r] *f* candidature *f*
kandidieren [kandi'di:rən] *vi* poser sa candidature
kandiert [kan'di:rt] *adj* confit(e)
Kandis(zucker) ['kandɪs(tsʊkər)] (*-*) *m* sucre *m* candi
Känguru ['kɛnguru] (*-s, -s*) *nt* kangourou *m*
Kaninchen [ka'ni:nçən] *nt* lapin *m*
Kanister [ka'nɪstər] (*-s, -*) *m* bidon *m*
kann [kan] *vb siehe* **können**
Kännchen ['kɛnçən] *nt* (*für Kaffee*) petite cafetière *f*; (*für Milch*) (petit) pot *m*
Kanne ['kanə] *f* (*Krug*) cruche *f*; (*Kaffeekanne*) cafetière *f*; (*Milchkanne*) bidon *m*; (*Gießkanne*) arrosoir *m*
Kannibale [kani'ba:lə] (*-n, -n*) *m* cannibale *m*
kannst *vb siehe* **können**
kannte *etc* ['kantə] *vb siehe* **kennen**

Kanon ['kaːnɔn] (-s, -s) m (Mus) canon m

Kanone [ka'noːnə] f (Waffe) canon m; (umg: Könner) as m; **das ist unter aller ~** (umg) c'est pire que tout

Kanonenfutter (umg) nt chair f à canon

Kantate [kan'taːtə] f cantate f

Kante ['kantə] f bord m; (Webkante) lisière f; (Rand, Borte) bord; **Geld/etw auf die hohe ~ legen** (umg) mettre de l'argent/qch de côté; **etw ist** od **steht (so) auf der ~** (umg) qch est incertain

kantig ['kantɪç] adj (Holz) équarri(e); (Gesicht) anguleux(-euse)

Kantine [kan'tiːnə] f cantine f

Kanton [kan'toːn] (-s, -e) m (in der Schweiz) canton m

Kantor ['kantɔr] m maître m de chapelle

Kanu ['kaːnu] (-s, -s) nt canoë m

Kanüle [ka'nyːlə] f canule f

Kanzel ['kantsəl] (-, -n) f (in Kirche) chaire f; (Flug) cockpit m

Kanzlei [kants'laɪ] f chancellerie f; (Büro eines Anwalts) étude f

Kanzler ['kantslər] (-s, -) m chancelier m

Kap [kap] (-s, -s) nt cap m; **das ~ der Guten Hoffnung** le cap de Bonne Espérance

Kapazität [kapatsi'tɛːt] f capacité f; (Fachmann) sommité f

Kapelle [ka'pɛlə] f (Gebäude) chapelle f; (Mus) (petit) orchestre m

Kapellmeister, in m(f) (Mil) chef m de musique; (von Tanzkapelle etc) chef d'orchestre

Kaper ['kaːpər] f câpre f

kapern (umg) vt dénicher

kapieren [ka'piːrən] (umg) vt, vi piger

Kapillare [kapɪ'laːrə] f capillaire m

Kapital [kapi'taːl] (-s, -e od -ien) nt capital m; **aus etw ~ schlagen** tirer profit de qch; **~anlage** f placement m; **~aufwand** m dépense f d'investissement; **~ertrag** m plus-values fpl; **~ertragssteuer** f impôt m sur les plus-values; **~flucht** f fuite f des capitaux; **~gesellschaft** f société f par actions

Kapitalismus [kapita'lɪsmʊs] m capitalisme m

Kapitalist [kapita'lɪst] m capitaliste m

kapitalistisch adj capitaliste

kapital-: **~kräftig** adj riche; **K~markt** m marché m monétaire; **K~verbrechen** nt crime m grave; (mit Todesstrafe) crime capital

Kapitän [kapi'tɛːn] (-s, -e) m capitaine m; (von Flugzeug) commandant m

Kapitel [ka'pɪtəl] (-s, -) nt chapitre m; **das ist ein ~ für sich** il y aurait beaucoup à dire là-dessus

Kapitell [kapi'tɛl] (-s, -e) nt chapiteau m

Kapitulation [kapitulatsi'oːn] f capitulation f

kapitulieren [kapitu'liːrən] vi capituler; (fig) abandonner, renoncer

Kaplan [ka'plaːn] (-s, Kapläne) m (in Pfarrei) vicaire m

Kappe ['kapə] f (Mütze) bonnet m; (mit Schirm) casquette f; (auf Füllfederhalter) capuchon m; (auf Dose) couvercle m; (auf Flasche) capsule f; (von Schuh)

bout m (renforcé); **das nehme ich auf meine ~** (umg) j'en assume l'entière responsabilité

kappen vt (Tau, Zweig) couper

kapriziös [kapritsi'øːs] adj capricieux(-euse)

Kapsel ['kapsəl] (-, -n) f capsule f; (Medizinkapsel) gélule f

Kapstadt ['kapʃtat] (-s) nt Le Cap

kaputt [ka'pʊt] (umg) adj (defekt) cassé(e); (erschöpft) crevé(e); (Gesundheit) affaibli(e); (Ehe) désuni(e), brisé(e); (Firma) ruiné(e); (Nerven) à bout; **~ machen** (Gegenstand) casser, abîmer; (Firma, Gesundheit) ruiner; (Menschen) tuer; **~ schlagen** fracasser; **der Fernseher ist ~** (umg) la télé est nase; **ein ~er Typ** (umg) un paumé; siehe auch **kaputtmachen**; **~gehen** unreg (umg) vi (Auto, Gerät) se détraquer; (Schuhe, Stoff) s'abîmer; (Firma) faire faillite; **~gehen an** +Dat crever de; **~lachen** (umg) vr mourir de rire; **~machen** (umg) vt siehe **kaputt** ▷ vr se tuer (au travail); **~schlagen** unreg (umg) vt fracasser

Kapuze [ka'puːtsə] f capuchon m

Karabiner [kara'biːnər] (-s, -) m (Gewehr) carabine f

Karacho [ka'raxo] (-s) (umg) nt: **mit ~** à fond la caisse

Karaffe [ka'rafə] f carafe f

Karambolage [karambo'laːʒə] (umg) f (Zusammenstoß) carambolage m

Karamell [kara'mɛl] (-s) m caramel m; **~bonbon** m od nt caramel m

Karat [ka'raːt] (-(e)s, -e) nt carat m

Karate [ka'raːtə] (-(s)) nt karaté m

karätig [ka'rɛːtɪç] adj: **9-~** à neuf carats

Karawane [kara'vaːnə] f caravane f

Kardinal [kardi'naːl] (-s, Kardinäle) m cardinal m; **~fehler** m erreur f fondamentale; **~tugend** f vertu f cardinale; **~zahl** f nombre m cardinal

kardiologisch [kardio'loːgɪʃ] adj cardiologique, de cardiologie

Karenzzeit [ka'rɛntstsaɪt] f période f d'attente

Karfiol [karfi'oːl] (-s) (Österr) m (Blumenkohl) chou-fleur m

Karfreitag [kaːr'fraɪtaːk] m vendredi m saint

karg [kark] adj (Landschaft, Boden) pauvre, ingrat(e); (Lohn, Vorräte) maigre; (Mahlzeit) frugal(e); **~ mit Worten sein** être avare de paroles; **K~heit** f (siehe adj) pauvreté f; frugalité f

kärglich ['kɛrklɪç] adj misérable

Kargo ['kargo] (-s, -s) m siehe **Cargo**

Karibik [ka'riːbɪk] (-) f: **die ~** la mer des Antilles

karibisch adj antillais(e); **das K~e Meer** la mer des Antilles; **die K~en Inseln** les Antilles fpl

kariert [ka'riːrt] adj (Stoff, Kleidungsstück) à carreaux; (Papier) quadrillé(e)

Karies ['kaːriɛs] (-) f carie f

Karikatur [karika'tuːr] f caricature f; **~ist, in** m(f) caricaturiste m/f

karikieren [kari'kiːrən] vt caricaturer

kariös [kari'øːs] adj carié(e)

karitativ [karita'tiːf] adj charitable, de bienfaisance

Karneval ['karnəval] (**-s, -e** od **-s**) m carnaval m; voir article

Karnickel [kar'nɪkəl] (**-s, -**) (umg) nt (Kaninchen) lapin m
Kärnten ['kɛrntən] (**-s**) nt la Carinthie
Karo ['ka:ro] (**-s, -s**) nt carreau m; **~ass** nt as m de carreau
Karosse [ka'rɔsə] f carrosse m
Karosserie [karɔsə'ri:] f carosserie f
Karotte [ka'rɔtə] f carotte f
Karpaten [kar'pa:tən] pl: **die ~** les Carpates fpl
Karpfen ['karpfən] (**-s, -**) m carpe f
Karre ['karə] f (Karren) char m, charrette f; (umg: Auto) tacot m
Karree [ka:'re:] (**-s, -s**) nt: **einmal ums ~ gehen** (umg) faire le tour du pâté de maisons
karren ['karən] vt (Sand) charrier; **K~** (**-s, -**) m char m, charrette f; **den K~ aus dem Dreck ziehen** (umg) tout arranger
Karriere [kari'ɛ:rə] f carrière f; **~ machen** faire carrière; **~macher, in** (**-s, -**) (pej) m(f) arriviste m/f
Karsamstag [ka:r'zamsta:k] m samedi m saint
Karst [karst] (**-s, -e**) m karst m
karstig adj karstique
Karte ['kartə] f carte f; (Eintrittskarte, Fahrkarte) billet m; (Karteikarte) fiche f; **alles auf eine ~ setzen** mettre tous ses œufs dans le même panier; **mit offenen ~n spielen** jouer cartes sur table
Kartei [kar'taɪ] (**-, -en**) f fichier m; **~karte** (**-, -en**) f fiche f; **~schrank** m fichier m
Kartell [kar'tɛl] (**-s, -e**) nt (Wirts) cartel m; **~amt** nt commission f antitrust; **~gesetzgebung** f lois fpl antitrust
Karten-: **~haus** nt château m de cartes; **~legen** nt cartomancie f; **~spiel** nt jeu m de cartes; **~telefon** nt téléphone m à carte; **~verkauf** m vente f des billets; **~vorverkauf** m location f
Kartoffel [kar'tɔfəl] (**-, -n**) f pomme f de terre; **~brei** m purée f (de pommes de terre); **~chips** pl chips mpl; **~knödel** m sorte de gros gnocchi; **~mus** nt purée f (de pommes de terre); **~puffer** m pommes de terre râpées rissolées; **~püree** nt purée f (de pommes de terre); **~salat** m salade f de pommes de terre

Karton [kar'tõ:] (**-s, -s**) m carton m
kartoniert [karto'ni:rt] adj cartonné(e)
Karussell [karu'sɛl] (**-s, -s**) nt manège m
Karwoche ['ka:rvɔxə] f semaine f sainte
Karzinom [kartsi'no:m] (**-s, -e**) nt carcinome m
Kaschemme [ka'ʃɛmə] (pej) f bouge m
kaschieren [ka'ʃi:rən] vt dissimuler
Kaschmir ['kaʃmi:r] (**-s, -e**) nt (Geog) le Cachemire; (Wolle) cachemire m; **~wolle** (**-s, -e**) f cachemire m
Käse ['kɛ:zə] (**-s, -**) m fromage m; (umg: Unsinn) bêtises fpl; **~blatt** (umg) nt feuille f de chou; **~glocke** f cloche f à fromage; **~kuchen** m (Koch) tourte au fromage blanc; **~rinde** f croûte f de fromage
Kaserne [ka'zɛrnə] f caserne f
Kasernenhof m cour f de caserne
käseweiß (umg) adj blanc (blanche) comme un cachet d'aspirine
käsig ['kɛ:zɪç] adj (umg: Gesicht) blême; (Haut) laiteux(-euse)
Kasino [ka'zi:no] (**-s, -s**) nt (Mil) mess m; (Kantine in Büro) cantine f; (Spielkasino) casino m
Kaskoversicherung ['kaskofɛrzɪçərʊŋ] f (Aut: Teilkaskoversicherung) ≈ assurance f (automobile) au tiers; (: Vollkaskoversicherung) assurance tous risques
Kasper ['kaspər] (**-s, -**) m guignol m
Kasperl(e)theater ['kaspərl(ə)tea:tər] nt guignol m (théâtre)
Kaspisches Meer ['kaspɪʃəs'me:r] nt mer f Caspienne
Kasse ['kasə] f caisse f; (Krankenkasse) caisse d'assurance-maladie; (Sparkasse) caisse d'épargne; **an der ~** à la caisse; **~ machen** faire ses comptes; **die ~ führen** tenir la caisse; **getrennte ~ machen** od **haben** payer séparément; **jdn zur ~ bitten** (umg) présenter la note à qn; **gut bei ~ sein** (umg) avoir des sous; **knapp bei ~ sein** être à court (d'argent)
Kasseler ['kasələr] (**-s, -**) nt côte f de porc fumée
Kassen-: **~arzt** m ≈ médecin m conventionné; **~bestand** m encaisse f; **~führer** m caissier m; **~patient** m patient m membre d'une caisse d'assurance-maladie; **~prüfung** f vérification f des comptes; **~schlager** (umg) m succès m; **~sturz** m: **~sturz machen** faire les comptes; **~wart** m trésorier m; **~zettel** m ticket m de caisse
Kasserolle [kasə'rɔlə] f casserole f
Kassette [ka'sɛtə] f cassette f; (Phot) chargeur m; (Bücherkassette) coffret m; (Archit) caisson m
Kassettenrekorder (**-s, -**) m magnétophone m (à cassettes)
Kassiber [ka'si:bər] (**-s, -**) m message m clandestin (d'un prisonnier)
kassieren [ka'si:rən] vt (Geld) encaisser; (umg: einnehmen) empocher; (: wegnehmen) confisquer ⊳ vi: **darf ich ~?** puis-je encaisser?
Kassierer, in [ka'si:rər(ɪn)] (**-s, -**) m(f) caissier(-ière) m/f; (von Klub) trésorier(-ière) m/f
Kastanie [kas'ta:niə] f (Baum: Rosskastanie) marronnier m; (: Edelkastanie) châtaignier m; (Frucht: Rosskastanie) marron m; (Edelkastanie,

Esskastanie) châtaigne *f*
Kastanienbaum *m (Bot)* châtaignier *m*;
(*Rosskastanienbaum*) marronnier *m*
Kästchen ['kɛstçən] *nt* coffret *m*
Kaste ['kastə] *f* caste *f*
Kastell [kas'tɛl] (**-s, -e**) *nt* château *m*
Kasten ['kastən] (**-s, ∺**) *m (Kiste)* caisse *f*;
(*Briefkasten*) boîte *f* (aux lettres); (*Schaukasten*)
vitrine *f*; (*Sport*) plinth *m*; **er hat was auf dem ~**
(*umg*) il n'est pas bête; **~form** *f* moule *m* à
gâteaux rectangulaire; **~wagen** *m* camionnette *f*
kastrieren [kas'triːrən] *vt* châtrer
Katakombe [kata'kɔmbə] *f* catacombe *f*
Katalanien [kata'laːniən] *nt* la Catalogne
katalanisch *adj* catalan(e)
Katalog [kata'loːk] (**-(e)s, -e**) *m* catalogue *m*
katalogisieren [katalogi'ziːrən] *vt* cataloguer
Katalysator [kataly'zaːtɔr] *m* pot *m* catalytique
Katamaran [katama'raːn] (**-s, -e**) *m* catamaran *m*
Katapult [kata'pʊlt] (**-(e)s, -e**) *m od nt* fronde *f*;
(*für Flugzeug*) catapulte *f*
katapultieren [katapʊl'tiːrən] *vt* catapulter ▷ *vr*
(*Pilot*) utiliser le siège éjectable; (*fig*) se lancer
Katar ['kaːtar] *nt* le Qatar
Katarrh, Katarr [ka'tar] (**-s, -e**) *m* catarrhe *m*
Katasteramt [ka'tastəramt] *nt* cadastre *m*
katastrophal [katastro'faːl] *adj* catastrophique
Katastrophe [kata'stroːfə] *f* catastrophe *f*
Katastrophen-: ~alarm *m* alerte donnée en cas de
catastrophe naturelle; **~gebiet** *f* zone *f* sinistrée;
~schutz *m* ≈ plan *m* ORSEC
Kat-Auto ['katlaʊto] *nt* voiture équipée d'un pot
catalytique
Katechismus [kate'çɪsmʊs] *m* catéchisme *m*
Kategorie [katego'riː] *f* catégorie *f*
kategorisch [kate'goːrɪʃ] *adj* catégorique
kategorisieren [kategori'ziːrən] *vt (geh)* classer
par catégories
Katenbrot ['kaːtənbroːt] *nt* pain complet très dense
Kater ['kaːtər] (**-s, -**) *m* matou *m*; (*umg*) gueule *f* de
bois; **~frühstück** *nt* petit déjeuner (comprenant des
harengs saurs et des cornichons) censé guérir la gueule de
bois
kath. *abk (= katholisch)* catholique
Katheder [ka'teːdər] (**-s, -**) *nt (Sch)* bureau *m* du
professeur; (*Univ*) chaire *f*
Kathedrale [kate'draːlə] *f* cathédrale *f*
Katheter [ka'teːtər] (**-s, -**) *m* sonde *f*, cathéter *m*
Kathode [ka'toːdə] *f* cathode *f*
Katholik, in [kato'liːk(ɪn)] (**-en, -en**) *m(f)*
catholique *m/f*
katholisch [ka'toːlɪʃ] *adj* catholique
Katholizismus [katoli'tsɪsmʊs] *m* catholicisme *m*
Katode [ka'toːdə] *f siehe* **Kathode**
katzbuckeln ['katsbʊkəln] (*pej: umg*) *vi* faire des
courbettes
Kätzchen ['kɛtsçən] *nt (Zool, Bot)* chaton *m*
Katze ['katsə] *f* chat *m*; **die ~ aus dem Sack**
lassen vendre la mèche; **die ~ im Sack kaufen**
acheter les yeux fermés
Katzen-: ~auge *nt (Aut)* catadioptre *m*; **~jammer**
(*umg*) *m* déprime *f*; **~musik** (*pej*) *f* cacophonie *m*;

~sprung (*umg*) *m*: **es ist nur ein ~sprung** c'est à
deux pas; **~wäsche** (*umg*) *f* brin *m* de toilette;
~zunge *f (Koch)* langue de chat en chocolat
Kauderwelsch ['kaʊdərvɛlʃ] (**-(s)**) (*umg*) *nt*
charabia *m*
kauen ['kaʊən] *vt, vi* mâcher; **Nägel ~** se ronger
les ongles; **an einem Problem ~** (*umg*) ruminer
un problème
kauern ['kaʊərn] *vi* être accroupi(e) ▷ *vr*
s'accroupir
Kauf [kaʊf] (**-(e)s, Käufe**) *m* achat *m*; **ein**
günstiger ~ une affaire; **etw in ~ nehmen**
s'accommoder de qch
kaufen *vt* acheter ▷ *vi* faire des achats; **diese**
Marke wird viel/selten gekauft cette marque
se vend bien/peu; **dafür kann ich mir nichts ~**
(*ironisch*) ça me fait une belle jambe
Käufer, in ['kɔyfər(ɪn)] (**-s, -**) *m(f)* acheteur(-euse)
m/f, acquéreur *m*
Kauf-: ~frau *f* commerçante *f*; **~haus** *nt* grand
magasin *m*; **~kraft** *f* pouvoir *m* d'achat; **~laden**
m (Spielzeug) épicerie *f* (jeu)
käuflich ['kɔyflɪç] *adj* achetable, à acheter;
(*bestechlich*) vénal(e), corruptible; (*pej: Liebe*)
vénal(e) ▷ *adv*: **~ erwerben** acheter
Kauf-: ~lust *f* envie *f* d'acheter; **k~lustig** *adj*
désireux(-euse) d'acheter; **~mann** (**-(e)s, -leute**)
m commerçant *m*; **k~männisch** *adj*
commercial(e); **k~männischer Angestellter**
≈ employé *m* de bureau; **~preis** *m* prix *m* d'achat;
~summe *f* argent *m* nécessaire; **~vertrag** *m*
contrat *m* de vente; **~willige, r** *f(m)*
acheteur(-euse) éventuel(le); **~zwang** *m*: **kein od**
ohne ~zwang sans obligation d'achat
Kaugummi ['kaʊgʊmi] *m od nt* chewing-gum *m*
Kaukasus ['kaʊkazʊs] *m*: **der ~** le Caucase
Kaulquappe ['kaʊlkvapə] *f* têtard *m*
kaum [kaʊm] *adv (fast nicht)* à peine, (ne ...)
presque pas; (*schwerlich*) difficilement;
(*wahrscheinlich nicht*) (ne ...) sans doute pas; (*soeben*)
à peine, juste; **~ dass** à peine; **wohl ~** il y a peu de
chances, j'en doute; **ich glaube ~** ça
m'étonnerait
Kausalzusammenhang [kaʊ'zaːltsuzamənhaŋ]
m relation *f* de cause à effet
Kaution [kaʊtsi'oːn] *f* caution *f*
Kautschuk ['kaʊtʃʊk] (**-s, -e**) *m* caoutchouc *m*
Kauz [kaʊts] (**-es, Käuze**) *m (Zool)* chat-huant *m*;
(*Mensch*) excentrique *m*
Kavalier [kava'liːr] (**-s, -e**) *m (höflicher Mann)*
gentleman *m*
Kavaliersdelikt *nt* peccadille *f*
Kavallerie [kavalə'riː] *f* cavalerie *f*
Kaviar ['kaːviar] *m* caviar *m*
Kcal *abk (= Kilokalorie)* kcal
keck [kɛk] *adj (Antwort, Benehmen)* désinvolte,
effronté(e); (*Hut*) pimpant(e); (*Frisur*) coquet(te);
K~heit *f* impertinence *f*, désinvolture *f*
Kegel ['keːgəl] (**-s, -**) *m (Form)* cône *m*; (*Spielfigur*)
quille *f*; **~bahn** *f* bowling *m*; **k~förmig** *adj*
conique
kegeln *vi* jouer aux quilles

Kehle ['ke:lə] f gorge f; **etw in die falsche ~ bekommen** avaler qch de travers; (fig) prendre qch de travers; **aus voller ~** à gorge déployée
Kehlkopf m larynx m; **~krebs** m cancer m du larynx
Kehre ['ke:rə] f (Biegung) virage m; (Sport) demi-tour m dorsal
kehren vt (drehen) tourner; (mit Besen) balayer ▷ vr: **sich nicht an etw** Dat **~** ne pas se soucier de qch; **die Augen zum Himmel ~** lever les yeux au ciel; **jdm den Rücken ~** tourner le dos à qn; **in sich** Akk **gekehrt** (versunken) perdu(e) dans ses pensées; (verschlossen) introverti(e)
Kehricht (-s) m od nt balayures fpl
Kehr-: ~maschine f balayeuse f; **~reim** m refrain m; **~seite** f (einer Münze) côté m pile; (fig) désavantage m; **die ~seite der Medaille** (fig) le revers de la médaille
kehrtmachen vi faire demi-tour
Kehrtwendung f volte-face f inv
keifen ['kaɪfən] vi criailler, rouspéter
Keil [kaɪl] (-(e)s, -e) m coin m; (Kopfkeil) petit matelas servant à surélever la tête; (Aut) cale f
keilen vt coincer, caler ▷ vr (umg: sich prügeln) se taper dessus
Keilerei [kaɪləˈraɪ] (umg) f bagarre f
Keilriemen m (Aut) courroie f du ventilateur
Keilschrift f écriture f cunéiforme
Keim [kaɪm] (-(e)s, -e) m germe m; **etw im ~ ersticken** étouffer qch dans l'œuf
keimen vi germer; (Hoffnung) naître
keim-: ~frei adj stérile, stérilisé(e); **~tötend** adj antiseptique, désinfectant(e); **K~zelle** f (fig) point m de départ
kein, e pron pas de; **ich habe ~e Kinder/~en Hund** je n'ai pas d'enfants/de chien; **es ist ~e Milch mehr da** il n'y a plus de lait; **~ Mensch** personne; (das ist) **~e schlechte Idee** ce n'est pas une mauvaise idée; **das ist ~e Stunde/drei Monate her** ça s'est passé il y a moins d'une heure/de trois mois
keine, r, s pron aucun(e); (niemand) personne; **keins von beiden** ni l'un ni l'autre; **~r von uns** aucun d'entre nous; **~r von uns beiden** ni lui(elle) ni moi
keinerlei ['kaɪnər'laɪ] adj attrib (ne ...) aucun(e)
keinesfalls adv (ne ...) en aucun cas, (ne ...) pas du tout
keineswegs adv (ne ...) pas du tout
keinmal adv (ne ...) pas une seule fois
Keks [ke:ks] (-es, -e) m od nt biscuit m
Kelch [kɛlç] (-(e)s, -e) m (Glas) coupe f; (Rel, Bot) calice m
Kelle ['kɛlə] f (Schöpfkelle) louche f; (Maurerkelle) truelle f; (Signalstab) bâton m (de contractuel)
Keller ['kɛlər] (-s, -) m cave f
Kellerei [kɛlə'raɪ] f cave f; (Firma) entreprise f viticole
Kellergeschoss nt sous-sol m
Kellerwohnung f appartement m en sous-sol
Kellner, in ['kɛlnər(ɪn)] (-s, -) m(f) serveur(-euse) m/f

kellnern (umg) vi travailler comme serveur(-euse)
Kelte, -in ['kɛltə] (-n, -n) m(f) Celte m/f
Kelter f pressoir m
keltern ['kɛltərn] vt presser
keltisch adj celtique
Kenia ['ke:nia] (-s) nt le Kenya
kennen ['kɛnən] unreg vt connaître; (Sprache, jds Alter) savoir ▷ vr se connaître; **jdn an etw** Dat **~ reconnaître** qn à qch; **~ Sie sich schon?** avez-vous (déjà) été présentés?, vous vous connaissez?; **kennst du mich noch?** tu te souviens de moi?
kennenlernen vt découvrir; (jdn) faire la connaissance de ▷ vr faire connaissance; (zum ersten Mal treffen) être présentés(-ées)
Kenner, in (-s, -) m(f) connaisseur(-euse) m(f)
Kennkarte f carte f d'identité
kenntlich adj: **etw ~ machen** marquer qch; **an etw** Dat **~ sein** être reconnaissable à qch
Kenntnis (-, -se) f connaissance f; (pl: Fachwissen) connaissances fpl; **etw zur ~ nehmen** prendre note de qch; **von etw ~ nehmen** prendre connaissance de qch; **jdn in ~ setzen** informer qn; **über ~se (von etw) verfügen** s'y connaître (en qch); **~nahme** f: **zur ~nahme** (förmlich) à titre d'information
Kenn-: ~wort nt (Chiffre) code m; (Losungswort) mot m de passe; **~zeichen** nt (Eigenart) caractéristique f, signe m distinctif; (Markierung) marque f; **(amtliches** od **polizeiliches) ~zeichen** (Aut) numéro m d'immatriculation; **k~zeichnen** vt marquer; (charakterisieren) caractériser; **~ziffer** f code m; (Wirts) référence f
kentern ['kɛntərn] vi chavirer
Keramik [ke'ra:mɪk] (-, -en) f (Technik) céramique f; (Gegenstand) poterie f
Kerbe ['kɛrbə] f encoche f; **in dieselbe** od **die gleiche ~ hauen** (umg) poursuivre les mêmes objectifs
Kerbel (-s, -) m cerfeuil m
kerben vt faire des entailles dans
Kerbholz nt: **etw auf dem ~ haben** avoir qch à se reprocher
Kerker ['kɛrkər] (-s, -) m cachot m
Kerl [kɛrl] (-s, -e) (umg) m (Mann) type m; **sie ist ein netter ~** elle est sympa; **du gemeiner ~!** (umg) salaud!
Kern [kɛrn] (-(e)s, -e) m noyau m; (von Apfel, Orange, Zitrone) pépin m; (fig: von Problem) cœur m, fond m; **der harte ~** le noyau dur; **~energie** f énergie f nucléaire; **~fach** nt matière f obligatoire; **~forschung** f recherche f (en physique) nucléaire; **~frage** f question f essentielle; **~gehäuse** nt trognon m; **k~gesund** adj en parfaite santé
kernig adj (Mensch) robuste; (Ausspruch) piquant(e)
Kern-: ~kraftwerk nt centrale f nucléaire; **k~los** adj sans pépins; **~obst** nt fruits mpl à noyaux od à pépins (sans les agrumes); **~physik** f physique f nucléaire; **~punkt** m point m essentiel; **~reaktor** m réacteur m nucléaire; **~seife** f savon m de Marseille; **~spaltung** f fission f de l'atome;

~stück nt (fig) essentiel m; (von Theorie etc) élément m fondamental; **~waffe** f arme f nucléaire; **k~waffenfrei** adj dénucléarisé(e); **~waffenverzicht** m désarmement m nucléaire; **~zeit** f plage f fixe

Kerze ['kɛrtsə] f bougie f; (Bot: Kastanienblüte) fleur f de marronnier; (Sport) chandelle f

kerzen-: **~gerade** adj droit(e) comme un i; **K~halter** m porte-bougie m; **K~ständer** m bougeoir m; (mit mehreren Kerzen) chandelier m

kess [kɛs] adj (Mädchen) joli(e); (flott: Kleidung) coquet(te); (Hut) pimpant(e)

Kessel ['kɛsəl] (-s, -) m (Wasserkessel) bouilloire f; (Mulde) cuvette f; (von Lokomotive etc) chaudière f; **~stein** m tartre m; **~treiben** (-s, -) nt (fig) chasse f aux sorcières

Kette ['kɛtə] f chaîne f; (Gedankenkette) enchaînement m; (von Ereignissen) série f; **jdn an die ~ legen** tenir la bride haute à qn

ketten vt enchaîner; **jdn an sich ~** (fig) s'attacher qn

Ketten-: **~fahrzeug** nt véhicule m à chenilles; **~hund** m chien m de garde; **~karussell** nt manège m (où les sièges sont suspendus à des chaînes); **~laden** m magasin m à succursales multiples; **~raucher** m fumeur m invétéré; **~reaktion** f réaction f en chaîne

Ketzer, in ['kɛtsər(ɪn)] (-s, -) m(f) hérétique m/f

Ketzerei [kɛtsə'raɪ] f hérésie f

ketzerisch adj hérétique

keuchen ['kɔʏçən] vi haleter

Keuchhusten m coqueluche f

Keule ['kɔʏlə] f massue f; (Koch) cuisse f; (: von Wild) cuissot m

keusch [kɔʏʃ] adj chaste; **K~heit** f chasteté f

Kffr., Kfr. abk = Kauffrau

Kfm. abk = Kaufmann

kfm. abk = kaufmännisch

Kfz (-(s), -(s)) nt abk = **Kraftfahrzeug**

KG (-, -s) f abk (= Kommanditgesellschaft) société f en commandite simple

kg abk (= Kilogramm) kg

kHz abk (= Kilohertz) kHz

Kibbuz [kɪ'buːts] (-, Kibbuzim od -e) m kibboutz m

kichern ['kɪçərn] vi glousser; (boshaft) ricaner

kicken ['kɪkən] (umg) vt (treten) donner un coup de pied à, botter ▷ vi (Fußball spielen) jouer au foot

kidnappen ['kɪtnɛpən] vt kidnapper

Kidnapper, in (-s, -) m(f) ravisseur(-euse) m/f, kidnappeur(-euse) m/f

Kiebitz ['kiːbɪts] (-es, -e) m (Zool) vanneau m

Kiefer¹ ['kiːfər] (-s, -) m (Anat) mâchoire f

Kiefer² ['kiːfər] (-, -n) f (Bot) pin m

Kiefernholz nt (bois m de) pin m

Kiefernzapfen m pomme f de pin

Kieferorthopäde m orthodontiste m

Kieker ['kiːkər] (-s, -) m: **jdn auf dem ~ haben** (umg) en vouloir à qn

Kiel [kiːl] (-(e)s, -e) m (Naut) quille f; **~wasser** nt sillage m

Kieme ['kiːmə] f branchie f

Kies [kiːs] (-es, -e) m gravier m; (umg: Geld) pognon m

Kiesel ['kiːzəl] (-s, -) m caillou m; **~stein** m caillou m

Kiesgrube f gravière f

Kiesweg m allée f de gravier

Kiev ['kiːɛf] (-s) nt Kiev

kiffen ['kɪfən] (umg) vt fumer de l'herbe

Kilimandscharo [kiliman'dʒaːro] (-s) m Kilimandjaro m

Killer, in ['kɪlər(ɪn)] (-s, -) (umg) m(f) assassin m; (gedungener) tueur(-euse) m(f) (à gages)

Kilo ['kiːlo] (-s, -(s)) nt kilo m; **~byte** nt kilo-octet m; **~gramm** (-s, -e) nt kilogramme m

Kilometer [kilo'meːtər] m kilomètre m; **~fresser** (umg) m: **er ist ein ~fresser** il avale les kilomètres; **~geld** nt indemnité f kilométrique; **k~lang** adj de plusieurs kilomètres; **~pauschale** f forfait m kilométrique (déductible du revenu imposable); **~stand** m kilométrage m, chiffre m au compteur; **~stein** m borne f kilométrique; **~zähler** m compteur m

Kilowatt [kilo'vat] nt kilowatt m

Kilowattstunde f kilowattheure m

Kimme ['kɪmə] f (an Gewehr) cran m de mire

Kind [kɪnt] (-(e)s, -er) nt enfant m/f; **sich freuen wie ein ~** être absolument ravi(e); **von ~ auf** dès l'enfance; **mit ~ und Kegel** (hum: umg) avec toute la smala; **sich bei jdm lieb ~ machen** se faire bien voir de qn

Kinder-: **~arzt** m pédiatre m; **~bett** nt lit m d'enfant; **~dorf** nt village m d'enfants

Kinderei [kɪndə'raɪ] f enfantillage m

Kinder-: **~erziehung** f éducation f; **k~feindlich** adj qui n'aime pas les enfants; (Architektur, Planung) peu adapté(e) aux besoins de l'enfant; **~freibetrag** m abattement m pour enfant(s) à charge; **k~freundlich** adj (Hotel, Land etc) où les enfants sont bienvenus

Kindergarten m jardin m d'enfants, école f maternelle; voir article

● **KINDERGARTEN**

● Un Kindergarten est une école maternelle pour
● les enfants de 3 à 6 ans. L'enseignement n'est
● pas académique mais ludique (chants,
● activités manuelles, etc.). La majorité des
● Kindergartens sont financés par la ville ou
● l'église, et non par l'État. Les parents
● contribuent également au coût.

Kinder-: **~gärtnerin** f jardinière f d'enfants; **~geld** nt allocations fpl familiales; **~heim** nt établissement m pour enfants, foyer m pour enfants; (für Waisenkinder) orphelinat m; **~krankheit** f maladie f infantile; **~krippe** f crèche f; **~laden** m (Kindergarten) crèche pratiquant les méthodes nouvelles; **~lähmung** f polio(myélite) f; **k~leicht** adj enfantin(e); **k~lieb** adj qui aime les enfants; **~lied** nt chanson f pour enfants; **k~los** adj sans enfant; **~mädchen** nt nurse f;

~pflegerin f puéricultrice f; **k~reich** adj (Familie) nombreux(-euse); **~schuh** m: **noch in den ~schuhen stecken** en être encore à ses premiers balbutiements; **~schwester** f puéricultrice f; **~sendung** f émission f pour enfants; **~spiel** nt: **das ist ein ~spiel** c'est un jeu d'enfant; **~stube** f: **eine gute ~stube haben** être bien élevé(e); **~tagesstätte** f crèche f (à plein temps); **~teller** m (in Restaurants) menu m enfant; **~wagen** m landau m; (Sportwagen) poussette f; **~zeit** f enfance f; **~zimmer** nt chambre f d'enfants

Kindes-: **~alter** nt: **im ~alter** dans l'enfance; **~beine** pl: **von ~beinen an** depuis la plus tendre enfance; **~misshandlung** f (Jur) mauvais traitements mpl à enfants

kind-: **~gemäß** adj adapté(e) aux enfants; **K~heit** f enfance f; **~isch** (pej) adj puéril(e); **~lich** adj d'enfant, enfantin(e)

Kindskopf (umg) m grand enfant m

Kinetik [ki'nɛːtɪk] f (Tech) cinétique f

Kinkerlitzchen ['kɪŋkərlɪtsçən] (umg) pl broutilles fpl

Kinn [kɪn] (**-(e)s, -e**) nt menton m; **~haken** m (Boxen) crochet m (à la mâchoire); **~lade** f mâchoire f inférieure

Kino ['kiːno] (**-s, -e**) nt (Gebäude) cinéma m; (Filmvorführung) film m; **ins ~ gehen** aller au cinéma; **~besucher** m spectateur m; **~gänger, in** m(f) cinéphile m/f; **~programm** nt programme m de cinéma

Kiosk [ki'ɔsk] (**-(e)s, -e**) m kiosque m

Kippe ['kɪpə] f (Müllkippe) décharge f, dépotoir m; (umg: Zigarettenstummel) mégot m; **auf der ~ stehen** (fig) être tangent(e)

kippen vt faire basculer; (Fenster) faire pivoter; (schütten) verser ▷ vi (Fahrzeug, Stuhl) basculer, se renverser; (Mensch) perdre l'équilibre; **einen ~ (gehen)** (umg: trinken) aller prendre un pot

Kipper ['kɪpər] (**-s, -**) m (Aut) camion m à benne basculante

Kippfenster nt fenêtre f pivotante

Kippschalter m interrupteur m à bascule

Kirche ['kɪrçə] f église f; **in die ~ gehen** aller à l'église; **die ~ fängt um 10 Uhr an** la messe est à 10 heures

Kirchen-: **~bank** f banc m d'église; **~chor** m chorale f; **~diener** m sacristain m; **~jahr** nt année f liturgique; **~konzert** nt concert m spirituel od de musique sacrée; **~lied** nt cantique m; **~recht** nt droit m canon; **~schiff** nt nef f; **~steuer** f impôt m ecclésiastique; **~tag** m congrès m des églises

Kirch-: **~gänger** (**-s, -**) m pratiquant m; **~hof** m cimetière m; **k~lich** adj (Trauung, Beerdigung) religieux(-euse); (Amt) ecclésiastique; **~turm** m clocher m; **~weih** (**-, -en**) f kermesse f, fête f villageoise

Kirgistan [kɪrgiz'staːn] (**-s**) nt le Kirghizistan

Kirmes ['kɪrmɛs] (**-, -sen**) f = **Kirchweih**

Kirschbaum (**-s, ̈-e**) m cerisier m

Kirsche ['kɪrʃə] f cerise f; **mit ihm ist nicht gut ~n essen** c'est un mauvais coucheur

Kirsch-: **~torte** f tarte f aux cerises; **Schwarzwälder ~torte** Forêt-Noire f; **~wasser** nt kirsch m

Kissen ['kɪsən] (**-s, -**) nt coussin m; (Kopfkissen) oreiller m; **~bezug** m taie f d'oreiller; **~schlacht** f bataille f de polochons

Kiste ['kɪstə] f caisse f; (umg: Auto) bagnole f; (: Angelegenheit) histoire f

Kita ['kɪta] f abk (= Kindertagesstätte) halte-garderie f; (für Kleinkinder) crèche f

Kitsch [kɪtʃ] (**-(e)s**) m kitsch m

kitschig adj kitsch unver

Kitt [kɪt] (**-(e)s, -e**) m mastic m

Kittchen (umg) nt taule f

Kittel (**-s, -**) m blouse f

kitten vt recoller; (Ehe etc) replâtrer

Kitz [kɪts] (**-es, -e**) nt chevreau m, cabri m; (Rehkitz) faon m

kitzelig ['kɪtsəlɪç] adj chatouilleux(-euse); (fig) délicat(e)

kitzeln vt chatouiller ▷ vi (jucken) gratter

Kiwi ['kiːvi] (**-, -s**) f kiwi m

KKW (**-s, -s**) nt abk = **Kernkraftwerk**

Kl. abk (= Klasse) classe f

Klacks [klaks] (**-es, -e**) (umg) m: **ein ~** (von Sahne) un chouïa de; (von Farbe) une touche de

Kladde ['kladə] f cahier m de brouillon; (Block) bloc-notes m

klaffen ['klafən] vi bâiller

kläffen ['klɛfən] vi japper

Kläffer (pej) m roquet m

Klage ['klaːgə] f plainte f; **eine ~ gegen jdn einreichen** od **erheben** porter plainte contre qn; **~mauer** f: **die ~mauer** le mur des Lamentations

klagen vi (jammern) se lamenter; (sich beschweren) se plaindre; (Jur) porter plainte; **jdm sein Leid** od **seine Not ~** raconter ses malheurs à qn

Kläger, in ['klɛːgər(ɪn)] (**-s, -**) m(f) (Jur) plaignant(e); (in Scheidung) demandeur(-deresse) m(f)

Klageschrift f (Jur) acte m d'accusation; (bei Scheidung) demande f de divorce

kläglich ['klɛːklɪç] adj (Ton, Stimme) plaintif(-ive); (Gesichtsausdruck) pitoyable; (oft pej: jämmerlich) lamentable; **ein ~es Ende nehmen** avoir une triste fin

Klamauk [kla'maʊk] (**-s**) (umg) m (wilder Lärm) chahut m; (im Theater) grosse comédie f

Klamm (**-, -en**) f gorge f

klamm adj (Finger) engourdi(e); (Wäsche) humide et froid(e)

Klammer ['klamər] (**-, -n**) f (Wäscheklammer) pince f (à linge); (in Text, Math) parenthèse f; (Büroklammer) trombone m; (Heftklammer) agrafe f; (Zahnklammer) appareil m (dentaire); **~ auf/zu** ouvrez/fermez la parenthèse; **~affe** m (Comput) arobase f

klammern vt (Wäsche) mettre à sécher ▷ vr: **sich an etw** Akk **~** se cramponner à qch; **sich an jdn ~** se cramponner à qn; (fig) s'accrocher à qn

klammheimlich [klam'haɪmlɪç] (umg) adj furtif(-ive) ▷ adv en douce

Klamotte [kla'mɔtə] (pej) f (Film etc) (vieux) navet

m; **Klamotten** *pl* (*umg*: *Kleider*) fringues *fpl*; (*Zeug*) bordel *m*

Klampfe ['klampfə] (*umg*) *f* (*Mus*) guitare *f*

klang *etc* [klan] *vb siehe* **klingen**

Klang (-(e)s, ¨e) *m* son *m*; **k~lich** *adj* (*Qualität*) du son; **k~los** *adj* sourd(e); **k~voll** *adj* (*Stimme*) harmonieux(-euse)

Klappbett *nt* lit *m* pliant

Klappe ['klapə] *f* clapet *m*; (*Herzklappe*) valve *f*; (*umg*: *Bett*) pieu *m*; **eine große ~ haben** (*umg*) être grande gueule; **die ~ halten** (*umg*) la fermer

klappen *vt*: **nach oben/unten ~** (*Sitz*) soulever/rabattre; (*Deckel*) ouvrir/fermer; (*Mantelkragen*) relever/rabattre ▷ *vi* claquer; (*gelingen*) marcher; **hat es mit den Karten/dem Job geklappt?** ça a marché pour les billets/le boulot?

Klapper ['klapər] (-, -n) *f* (*von Baby*) hochet *m*

klapperig *adj* (*Fahrzeug*) déglingué(e); (*umg*: *Gaul*) boiteux(-euse); (*Mensch*) impotent(e)

klappern *vi* claquer; (*Schreibmaschine*) cliqueter; (*Pferdehufe*) résonner; **mit den Augenwimpern ~** cligner des yeux

Klapperschlange *f* serpent *m* à sonnettes

Klapperstorch *m* cigogne *f*; **er glaubt noch an den ~ ≈** il croit encore au père Noël

Klapp-: **~messer** *nt* couteau *m* de poche, canif *m*; **~rad** *nt* vélo *m* pliant; **~sitz** *m* siège *m* pliant; **~stuhl** *m* chaise *f* pliante; **~tisch** *m* table *f* pliante; **~verdeck** *nt* capote *f*

Klaps [klaps] (-es, -e) *m* tape *f*

klar [kla:r] *adj* clair(e); (*Naut*, *Mil*) prêt(e) ▷ *adv*: **~ sehen** y voir clair; **sich** *Dat* **über etw** *Akk* **~ werden** rendre compte de qch; **ist dir das endlich ~ geworden?** tu as enfin compris?; **bei ~em Verstand sein** être en pleine possession de ses moyens; **(na) ~!** bien sûr!; **sich** *Dat* **über etw** *Akk* **im K~en sein** être tout à fait conscient(e) de qch; **mit jdm wieder ins K~e kommen** régler un différend avec qn

Kläranlage *f* station *f* d'épuration

Klare, r (*umg*) *m* schnaps *m*

klären *vt* (*Abwässer*) épurer; (*Problem*) résoudre; (*Missverständnis*) dissiper ▷ *vr* (*Flüssigkeit*) (re)devenir clair(e); (*Frage*, *Problem*) être élucidé(e)

klargehen *unreg* (*umg*) *vi* marcher

Klarheit *f* clarté *f*; **sich** *Dat* **~ über etw** *Akk* **verschaffen** tirer qch au clair

Klarinette [klari'nɛtə] *f* clarinette *f*

klar-: **~kommen** *unreg* (*umg*) *vi*: **mit jdm ~kommen** arriver à s'entendre avec qn; **mit etw ~kommen** venir à bout de qch; **~legen** (*umg*) *vt* (*bien*) expliquer; **~machen** *vt* (*Schiff*) appareiller; **jdm etw ~machen** faire comprendre qch à qn; **sich** *Dat* **die Folgen von etw ~machen** se rendre compte des conséquences de qch; **K~sichtfolie** *f* cellophane® *f*; **~stellen** *vt* éclaircir; **K~text** *m*: **im K~text** décodé(e); (*fig*: *umg*) en clair

Klärung ['klɛːrʊŋ] *f* (*von Abwässern*) épuration *f*; (*von Frage*, *Problem*) éclaircissement *m*, élucidation *f*

Klasse *f* classe *f*; (*Warenklasse*, *Qualitätsklasse*; *Sport*) catégorie *f*; **erster ~ fahren** voyager en première (classe)

klasse ['klasə] (*umg*) *adj* super

Klassen-: **~arbeit** *f* interrogation *f* (écrite); **~bewusstsein** *nt* conscience *f* de classe; **~buch** *nt* (*Sch*) registre des absences, punitions, devoirs etc; **~gesellschaft** *f* société *f* de classes; **~kamerad, in** *m(f)* camarade *m/f* de classe; **~kampf** *m* lutte *f* des classes; **~lehrer, in** *m(f)* professeur *m* principal; **k~los** *adj* (*Gesellschaft*) sans classes; **~sprecher, in** *m(f)* délégué(e) *m(f)* de classe; **~treffen** *nt* réunion *f* d'anciens élèves; **~ziel** *nt*: **das ~ziel nicht erreichen** (*Sch*) ne pas avoir le niveau; (*fig*) ne pas être à l'hauteur; **~zimmer** *nt* salle *f* de classe

klassifizieren [klasifi'tsi:rən] *vt* classer

Klassifizierung *f* classification *f*

Klassik ['klasɪk] (-) *f* (*Epoche*) époque *f* classique; (*Antike*) Antiquité *f* classique; **~er** (-s, -) *m* classique *m*

klassisch *adj* classique

Klassizismus [klasi'tsɪsmʊs] *m* classicisme *m*

Klatsch [klatʃ] (-(e)s, -e) *m* (*pej*: *Gerede*) potins *mpl*, ragots *mpl*; **~base** (*umg*: *pej*) *f* commère *f*

Klatsche *f* (*Fliegenklatsche*) tapette *f*

klatschen *vi* (*applaudieren*) applaudir; (*pej*: *reden*) cancaner; (*Regen*) tambouriner; **in die Hände ~** taper dans les mains

Klatsch-: **~mohn** *m* coquelicot *m*; **k~nass** (*umg*) *adj* trempé(e); **~spalte** (*umg*) *f* chronique *f* mondaine; **~tante** (*pej*: *umg*) *f* commère *f*

klauben ['klaʊbən] *vt* (*herauspicken*) enlever un à un

Klaue ['klaʊə] *f* (*von Raubvogel*) serre *f*; (*umg*: *Schrift*) gribouillis *m*

klauen (*umg*) *vt* piquer, faucher

Klause ['klaʊzə] *f* (*Einsiedelei*) ermitage *m*; (*Klosterzelle*) cellule *f*

Klausel ['klaʊzəl] (-, -n) *f* clause *f*

Klausur [klaʊ'zu:r] *f* (*Rel*) clôture *f*; (*Abgeschlossenheit*) isolement *m*; (*Univ*) examen *m* écrit; **~arbeit** *f* examen *m* écrit

Klaviatur [klavia'tu:r] *f* clavier *m*

Klavichord [klavi'kɔrt] (-(e)s, -e) *nt* clavicorde *m*

Klavier [kla'vi:r] (-s, -e) *nt* piano *m*; **~abend** *m* récital *m* de piano; **~auszug** *m* adaptation *f* pour piano; **~stimmer** *m* accordeur *m* (de pianos)

Klebeband *nt* ruban *m* adhésif

Klebemittel *nt* colle *f*

kleben ['kle:bən] *vt* coller ▷ *vi* coller, adhérer; (*umg*: *für Sozialversicherung*) cotiser; **jdm eine ~** (*umg*) flanquer une gifle à qn; **an etw** *Akk* **~** coller od adhérer à qch

Klebeverband *m* pansement *m* adhésif, sparadrap *m*

Klebezettel *m* étiquette *f* autocollante

klebrig *adj* collant(e)

Klebstoff *m* colle *f*

Klebstreifen *m* papier *m* collant, Scotch® *m*

kleckern ['klɛkərn] *vi* (*Flecken machen*) faire des taches ▷ *vt* (*verschütten*) renverser

Klecks [klɛks] (-es, -e) *m* (*Flecken*) tache *f*; (*kleine Menge*) chouïa *m*

klecksen *vi* (*mit Tinte*) faire des taches

Klee [kle:] (-s) *m* trèfle *m*; **jdn/etw über den**

grünen ~ loben porter qn/qch aux nues; **~blatt** nt (Bot) feuille f de trèfle; (drei Personen) trio m; (Kreuzung) échangeur m
Kleid [klaɪt] (-(e)s, -er) nt robe f; **Kleider** pl (Kleidung) vêtements mpl
kleiden ['klaɪdən] vt habiller; (gut stehen) aller (bien) à ▷ vr s'habiller
Kleider-: **~bad** nt nettoyage m à sec (superficiel); **~bügel** m cintre m; **~bürste** f brosse f à habits; **~schrank** m penderie f, armoire f; **~ständer** m portemanteau m
kleidsam adj seyant(e)
Kleidung f vêtements mpl
Kleidungsstück nt vêtement m
Kleie ['klaɪə] f son m
klein [klaɪn] adj petit(e); (bescheiden, einfach) modeste, humble ▷ adv: **ein ~ wenig** un petit peu; **haben Sie es nicht ~er?** vous n'avez pas la monnaie?; **~ anfangen** partir de rien; **~ hacken** hacher menu(e); **~ machen** (Holz) couper; (umg: Geld) faire la monnaie de; **~ schneiden** couper en petits morceaux; **ein ~es Bier** od **K~es** une petite bière; **von ~ an** od **auf** (von Kindheit an) dès l'enfance; (von Anfang an) dès le début; **das ~ere Übel** le moindre mal; **beim ~sten Geräusch** au moindre bruit; **K~anzeige** f petite annonce f; **K~arbeit** f: **in zäher** od **mühseliger K~arbeit** grâce à un travail long et minutieux; **K~asien** nt l'Asie f Mineure; **~bürgerlich** adj (petit(e)-)bourgeois(e); **K~bus** m minibus m; **K~e, r** f(m) petit(e) m/f; **K~e, s** nt petit m
Klein-: **~familie** f famille f nucléaire; **~format** nt petit format m; **im ~format** petit format unver; **~gedruckte, s** nt clauses fpl; **~geld** nt monnaie f; **das nötige ~geld haben** (fig) avoir les moyens; **k~gläubig** adj défaitiste; **~golf** nt minigolf m; **k~hacken** vt siehe **klein**; **~holz** nt petit bois m; **~holz aus jdm machen** réduire qn en bouillie
Kleinigkeit f petite chose f; (Einzelheit) détail m; **wegen od bei jeder ~** pour un rien; **eine ~ essen** manger un morceau; **das war doch (nur) eine ~** ce n'était rien du tout
klein-: **~kariert** (umg: pej) adv: **~kariert denken** être mesquin(e) od borné(e); **K~kind** nt petit enfant m, bambin m; **K~kram** (umg) m (klein) babioles fpl; (unwichtig) broutilles fpl; **K~kredit** m petit crédit m; **~kriegen** (umg) vt (zerkleinern: Knochen, Fleisch) réduire en petits morceaux; (kaputt machen) finir par esquinter; (fig: unterkriegen) dompter; **~laut** adj penaud(e); **~lich** adj mesquin(e); **K~lichkeit** f mesquinerie f; **~machen** vt siehe **klein**
Kleinod ['klaɪnoːt] (-s, Kleinodien) nt bijou m; (fig) joyau m
Klein-: **~rechner** m calculatrice f; **k~schneiden** vt siehe **klein**; **k~schreiben** vt écrire avec une minuscule; **~stadt** f petite ville f; **k~städtisch** adj provincial(e)
kleinstmöglich adj: **der/die/das ~e ...** le(la) plus petit(e) ... possible
Kleinwagen m petite voiture f
Kleister ['klaɪstər] (-s, -) m colle f

kleistern vt coller
Klemme ['klɛmə] f pince f; (Haarklemme) pince crocodile; (Med) agrafe f; (schwierige Situation) pétrin m; **in der ~ sitzen** od **sein** (umg) être dans le pétrin
klemmen vt (festhalten) coincer; (quetschen) pincer ▷ vi (Tür, Schloss) être bloqué(e) od coincé(e) ▷ vr: **sich hinter jdn ~** (fig) tenter d'obtenir le soutien de qn; **sich hinter etw** Akk **~** se mettre (sérieusement) à qch; **sich** Dat **einen Finger ~** se pincer le doigt
Klempner ['klɛmpnər] (-s, -) m plombier m
Kleptomanie [klɛptomaˈniː] f cleptomanie f
Kleriker ['kleːrikər] (-s, -) m ecclésiastique m
Klerus ['kleːrʊs] (-) m clergé m
Klette ['klɛtə] f (Bot) bardane f; (umg: Mensch) pot m de colle; **sich wie eine ~ an jdn hängen** ne pas lâcher qn
Kletterer ['klɛtərər] (-s, -) m grimpeur(-euse) m(f)
Klettergerüst nt portique d'escalade pour les enfants
klettern vi grimper; **über/auf etw** Akk **~** grimper par-dessus/sur qch
Kletterpflanze f plante f grimpante
Kletterseil nt corde f
Klettverschluss m fermeture f velcro
klicken ['klɪkən] vi (Kamera) faire clic; (Sicherheitsgurt) s'enclencher; (Comput) cliquer
Klient, in [kliˈɛnt(ɪn)] (-en, -en) m(f) client(e) m/f
Klima ['kliːma] (-s, -s od -te) nt climat m; **~anlage** f climatisation f; **~schutz** m protection f de climat
klimatisieren [klimatiˈziːrən] vt climatiser
Klimawechsel m changement m d'air
Klimbim [klɪmˈbɪm] (-s) (umg) m (unnützer Kram) bazar m
klimpern ['klɪmpərn] (umg) vi (auf Klavier) pianoter; (mit Gitarre) gratter sa guitare; **mit Münzen/Schlüsseln ~** faire cliqueter des pièces de monnaie/des clés
Klinge ['klɪŋə] f lame f; **jdn über die ~ springen lassen** (umg) démolir qn
Klingel ['klɪŋəl] (-, -n) f sonnette f; **~beutel** m bourse f de la quête; **~knopf** m bouton m de sonnette; **~ton** m (Telefon, Handy) sonnerie f
klingeln vi sonner; (Motor) faire un bruit métallique; **es hat geklingelt** (an Tür) on a sonné; **bei jdm ~** sonner chez qn
klingen ['klɪŋən] unreg vi (Glocken) sonner; (Instrumente) retentir; (Stimme) résonner; (Gläser) tinter; **seine Stimme klingt ruhig** sa voix est calme; **das klingt herrlich** ça a l'air merveilleux
Klinik ['kliːnɪk] (-, -en) f clinique f
klinisch ['kliːnɪʃ] adj clinique
Klinke ['klɪŋkə] f poignée f
Klinker ['klɪŋkər] (-s, -) m brique f recuite
Klipp (-es, -e) m siehe **Clip**
klipp adv: **~ und klar** sans détour
Klippe ['klɪpə] f (im Meer) écueil m, récif m; (fig) écueil
klippenreich adj semé(e) d'écueils
klirren ['klɪrən] vi (Ketten, Waffen) cliqueter; (Gläser) tinter; **~de Kälte** froid m de canard

217

Klischee [klɪˈʃeː] **(-s, -s)** nt (fig) cliché m;
~**vorstellung** f stéréotype m

Klitoris [ˈkliːtoʁɪs] **(-, -)** f clitoris m

Klo [kloː] **(-s, -s)** (umg) nt toilettes fpl

Kloake [kloˈaːkə] f cloaque m

klobig [ˈkloːbɪç] adj (Gegenstand) massif(-ive);
(plump) pataud(e)

Klobrille (umg) f lunette f des toilettes

Klofrau (umg) f dame f pipi

Klon [kloːn] **(-s, -e)** m clone m

klonen [ˈkloːnən] vt cloner

Klopapier (umg) nt papier m toilettes, P.Q. m

klopfen [ˈklɔpfən] vi (an Tür) frapper; (Herz) battre;
(Motor) cogner ▷ vt battre; (Fleisch) attendrir; ~ **in**
+Akk (einschlagen) enfoncer dans; **auf/an/gegen
etw** Akk ~ taper sur/à/contre qch; **jdm auf die
Finger** ~ taper sur les doigts de qn; **es klopft** on
frappe; **jdm auf die Schulter** ~ taper sur
l'épaule de qn; **Staub vom Ärmel** ~ tapoter sa
manche pour faire partir la poussière

Klopfer (-s, -) m (Teppichklopfer) tapette f;
(Türklopfer) heurtoir m

Klöppel [ˈklœpəl] **(-s, -)** m (von Glocke) battant m

klöppeln vi faire de la dentelle

Klops [klɔps] **(-es, -e)** m boulette f de viande

Klosett [kloˈzɛt] **(-s, -e** od **-s)** nt W.-C. mpl

Kloß [kloːs] **(-es, ̈-e)** m (Koch) boulette f (de pâte);
(im Hals) boule f

Kloster [ˈkloːstər] **(-s, ̈-e)** nt couvent m; **ins ~
gehen** entrer au couvent

klösterlich [ˈkløːstərlɪç] adj monastique

Klotz [klɔts] **(-es, ̈-e)** m (aus Holz) bloc m; (Spielzeug)
cube m; (Mensch) rustre m; **jdm ein ~ am Bein
sein** être un boulet pour qn

Klub [klʊp] **(-s, -s)** m club m; ~**jacke** f blazer m;
~**sessel** m (fauteuil m) club m

Kluft [klʊft] **(-, ̈-e)** f (Spalt) fissure f; (fig: Gegensatz)
fossé m; (kein pl: Kleidung: umg) attirail m;
(: Uniform) uniforme m

klug [kluːk] adj (intelligent, schlau) intelligent(e);
(weise) sage; **ich werde daraus nicht ~** je n'y
comprends rien; **aus jdm nicht ~ werden** ne pas
savoir que penser de qn; **K~heit** f intelligence f;
(von Entscheidung) sagesse f

Klümpchen [ˈklʏmpçən] nt petit morceau m

klumpen [ˈklʊmpən] vi (Erde) coller (aux
chaussures); (Koch) faire des grumeaux

Klumpen (-s, -) m (Erdklumpen) motte f;
(Blutklumpen) caillot m; (Goldklumpen) pépite f;
(Koch) grumeau m

Klumpfuß [ˈklʊmpfuːs] m pied m bot

Klüngel [ˈklʏŋəl] **(-s, -)** (umg: pej) m (Clique) clique f

Klunker [ˈklʊŋkər] **(-s, -)** (umg) m (Schmuck)
verroterie f

km abk (= Kilometer) km

km/h abk (= Kilometer je Stunde) km/h

knabbern [ˈknabərn] vt grignoter ▷ vi: **an etw**
Dat **zu ~ haben** (umg) ne pas être au bout de ses
peines avec qch

Knabe [ˈknaːbə] **(-n, -n)** m garçon m

knabenhaft adj de garçon

Knäckebrot [ˈknɛkəbroːt] nt galette f suédoise

knacken [ˈknakən] vt (Nüsse) casser; (umg: Tresor,
Autos) cambrioler; (Geheimcode) déchiffrer ▷ vi
craquer; (Radio) grésiller

Knacker [ˈknakər] **(-s, -)** (pej) m: **ein alter ~** un
vieux croulant

knackfrisch (umg) adj bien frais (fraîche)

knackig adj (Apfel, Möhre) croquant(e); (umg:
Mädchen) sexy unver

Knacks [knaks] **(-es, -e)** m (Laut) craquement m;
(Sprung) fêlure f; (umg: Schaden) problème m;
einen ~ weghaben (umg) ne plus être le même

Knackwurst f (Koch) ≈ saucisse f de Francfort

Knall [knal] **(-(e)s, -e)** m (von Explosion) détonation
f; (von Aufprall) fracas m; (Peitschenknall)
claquement m; (von Korken) "pan" m; **einen ~
haben** (umg) être fêlé(e); ~ **und Fall** (umg) sur-le-
champ; **jdn ~ und Fall entlassen** renvoyer qn
sans autre forme de procès; ~**bonbon** nt od m
diablotin m (pétard); ~**effekt** (umg) m: **einen
~effekt haben** faire l'effet d'une bombe; **k~en** vi
(Schuss) partir; (Tür, Peitsche) claquer; (Korken)
sauter; (umg: Sonne) taper ▷ vt (umg: werfen)
flanquer; (schießen) tirer; **gegen etw k~en**
(Mensch) se cogner contre qch; (Auto) percuter
qch; **jdm eine k~en** (umg) flanquer une gifle à
qn; ~**frosch** m pétard m; **k~hart** (umg) adj
(schonungslos) très dur(e); (Film) violent(e); (Porno)
hard inv ▷ adv sans prendre de gants; **k~rot** adj
rouge vif inv

knapp [knap] adj (eng: Kleidungsstück) juste,
serré(e); (Geld) à peine suffisant(e); (Portionen)
maigre; (Zeit) limité(e); (Sprache, Bericht) concis(e);
(Sieg) remporté(e) de justesse; (Mehrheit) faible;
eine ~e Stunde une petite heure; **ein ~es Meter**
à peine un mètre; **meine Zeit ist ~ bemessen**
j'ai très peu de temps; **mit ~er Not** à grand-
peine; ~ **neben/unter** juste à côté de/sous;
~**halten** unreg vt: **jdn ~** (mit Geld) donner peu
d'argent à qn; **K~heit** f (von Geld, Vorräten) pénurie
f; (von Zeit) manque m; (von Kleidungsstück)
étroitesse f; (von Ausdrucksweise) concision f

knarren vi craquer

Knast [knast] **(-(e)s)** (umg) m taule f

Knatsch [knatʃ] **(-es)** (umg) m problèmes mpl

knattern [ˈknatərn] vi (Motorrad) pétarader;
(Maschinengewehr) crépiter

Knäuel [ˈknɔʏəl] **(-s, -)** m od nt (Wollknäuel) pelote f;
(Menschenknäuel) grappe f

Knauf [knaʊf] **(-(e)s, Knäufe)** m pommeau m;
(Türknauf) bouton m

Knauser [ˈknaʊzər] **(-s, -)** (umg: pej) m radin m

knauserig (umg: pej) adj radin(e)

knausern (pej) vi être radin(e)

knautschen [ˈknaʊtʃən] (umg) vt froisser ▷ vi se
froisser

Knebel [ˈkneːbəl] **(-s, -)** m bâillon m; (Fensterknebel)
poignée f

knebeln vt bâillonner

Knecht [knɛçt] **(-(e)s, -e)** m (beim Bauern) valet m
de ferme; (fig: Sklave) esclave m

knechten vt opprimer

Knechtschaft f servitude f

kneifen ['knaɪfən] *unreg vt* pincer; *(Augen)* plisser ▷ *vi (Kleidung)* serrer; **vor etw ~** *(umg)* se dérober à qch, esquiver qch
Kneifzange *f* tenailles *fpl*; *(kleine)* pince *f*
Kneipe ['knaɪpə] *(umg)* *f* bistro *m*
Kneippkur ['knaɪpkuːr] *f* cure hydrothérapique assortie d'un régime
Knete ['kneːtə] *(umg)* *f (Geld)* pognon *m*
kneten *vt (Teig)* pétrir; *(Muskeln)* masser
Knetmasse *f* pâte *f* à modeler
Knick [knɪk] *(-(e)s, -e)* *m* pli *m*; *(in Blume)* cassure *f*; *(Kurve, Biegung)* coude *m*; *(eingedrückte Stelle)* bosse *f*
knicken *vt (brechen)* casser; *(falten)* plier ▷ *vi* (se) casser; „**nicht ~!**" "ne pas plier!"; **geknickt sein** *(fig)* être déprimé(e)
knickerig ['knɪkərɪç] *(umg)* *adj* radin(e)
Knicks [knɪks] *(-es, -e)* *m* révérence *f*
knicksen *vi* faire la révérence
Knie [kniː] *(-s, -)* *nt* genou *m*; *(in Rohr)* coude *m*; **in die ~ gehen** s'effondrer; *(fig)* s'incliner; **etw übers ~ brechen** décider qch à la va-vite; **~beuge** *f* flexion *f* (du genou); **~bundhose** *m* culotte *f*, knickerbocker *m*; **~fall** *m* génuflexion *f*; **~gelenk** *nt* articulation *f* du genou; **~kehle** *f* jarret *m*
knien *vi* être à genoux ▷ *vr* se mettre à genoux, s'agenouiller; **sich in die Arbeit ~** se plonger dans son travail
Kniescheibe *f* rotule *f*
Kniestrumpf *m* chaussette *f* (montante)
Kniff *(-(e)s, -e)* *m (Falte)* pli *m*; *(fig)* truc *m*
kniff *etc* [knɪf] *vb siehe* **kneifen**
kniff(e)lig *adj* délicat(e)
knipsen ['knɪpsən] *vt (Fahrkarte)* poinçonner; *(fotografieren)* prendre en photo ▷ *vi (fotografieren)* prendre des photos
Knirps [knɪrps] *(-es, -e)* *m (kleiner Junge)* petit bonhomme *m*; *(pej: kleiner Mensch)* nabot *m*; **Sie hat einen neuen ~® gekauft** Elle a acheté un nouveau parapluie *m* télescopique *od* pliant
knirschen ['knɪrʃən] *vi (Schnee)* crisser; **mit den Zähnen ~** grincer des dents
knistern ['knɪstərn] *vi (Feuer)* crépiter; *(Papier)* produire un froissement; *(Seide)* froufrouter; **mit Papier ~** froisser du papier; **~de Spannung** une atmosphère tendue
Knitterfalte *f* pli *m*
knitterfrei *adj* infroissable
knittern *vi* se froisser
knobeln ['knoːbəln] *vi (würfeln)* jouer aux dés; *(umg: nachdenken)* se creuser la cervelle
Knoblauch ['knoːplaʊx] *(-(e)s, -e)* *m* ail *m*; **~zehe** *f* gousse *f* d'ail
Knöchel ['knœçəl] *(-s, -)* *m (Fingerknöchel)* jointure *f* (des doigts); *(Fußknöchel)* cheville *f*
Knochen ['knɔxən] *(-s, -)* *m* os *m*; **nass bis auf die ~** trempé(e) jusqu'aux os; **sich bis auf die ~ blamieren** se couvrir de ridicule; **~arbeit** *(umg)* *f* travail *m* de forçat; **~bau** *m* ossature *f*; **~bruch** *m* fracture *f*; **~gerüst** *nt* squelette *m*; **k~hart** *adj (Brot, Piste, Boden)* très dur(e); **~mark** *nt* moelle *f*
knöchern ['knœçərn] *adj* en os

knochig ['knɔxɪç] *adj* osseux(-euse)
Knödel ['knøːdəl] *(-s, -)* *m* boulette de pâte cuite dans du potage
Knolle ['knɔlə] *f (Bot)* bulbe *m*; *(umg: Nase)* pif *m*
Knopf [knɔpf] *(-(e)s, "-e)* *m* bouton *m*
Knopfdruck *m*: **ein ~ genügt** il suffit d'appuyer sur le bouton
knöpfen ['knœpfən] *vt* boutonner
Knopfloch *nt* boutonnière *f*
Knorpel ['knɔrpəl] *(-s, -)* *m (Anat)* cartilage *m*
knorpelig *adj* nerveux(-euse)
knorrig ['knɔrɪç] *adj* noueux(-euse)
Knospe ['knɔspə] *f (Bot)* bourgeon *m*
knospen *vi* bourgeonner, donner des bourgeons
knoten ['knoːtən] *vt* nouer
Knoten *(-s, -)* *m* nœud *m*; *(Med, Bot)* nodosité *f*; *(Haarknoten)* chignon *m*; **~punkt** *m (im Verkehr)* carrefour *m*
knotig *adj* noueux(-euse)
knuffen ['knʊfən] *(umg)* *vt* donner une bourrade à
knüllen *vt* chiffonner, froisser
Knüller ['knʏlər] *(-s, -)* *(umg)* *m* succès *m* fou; *(Reportage)* scoop *m*
knüpfen ['knʏpfən] *vt* nouer; *(Teppich)* faire ▷ *vr*: **sich an etw** *Akk* **~** être attaché(e) à qch; **Hoffnungen an etw** *Akk* **~** fonder des espoirs sur qch; **Bedingungen an etw** *Akk* **~** faire qch à certaines conditions
Knüppel ['knʏpəl] *(-s, -)* *m* bâton *m*; *(Polizeiknüppel)* matraque *f*; *(Flug)* manche *m* à balai; *(Aut)* levier *m* de (changement de) vitesse; **jdm ~ zwischen die Beine werfen** mettre des bâtons dans les roues à qn; **k~dick** *(umg)* *adj* gros(se) comme le bras; **wenns kommt, kommts immer gleich k~dick** tout arrive toujours en même temps; **~schaltung** *f* vitesses *fpl* au plancher
knurren ['knʊrən] *vi (Hund)* gronder; *(Mensch)* grogner; *(Magen)* gargouiller
knusp(e)rig ['knʊsp(ə)rɪç] *adj* croustillant(e)
knutschen ['knuːtʃən] *(umg)* *vt* peloter ▷ *vi*, *vr* se peloter
k. o. *adj (Boxen)* K.-O. *m*; **~ sein** être K.-O.
Koalition [koalitsi'oːn] *f* coalition *f*
Kobalt ['koːbalt] *(-s)* *nt* cobalt *m*
Kobold ['koːbɔlt] *(-(e)s, -e)* *m* lutin *m*
Kobra ['koːbra] *(-, -s)* *f* cobra *m*
Koch [kɔx] *(-(e)s, "-e)* *m* cuisinier *m*; **~beutel** *m* poche dans laquelle on cuit des aliments; **~buch** *nt* livre *m* de cuisine; **k~echt** *adj* qui résiste à la cuisson, grand teint *unver*
kochen *vt* (faire) cuire; *(Kaffee, Tee)* faire; *(Wasser, Wäsche)* faire bouillir ▷ *vi (Essen bereiten)* faire la cuisine; *(sieden: umg: wütend sein)* bouillir; **sie kocht gut** c'est une bonne cuisinière; **etw auf kleiner Flamme ~** cuire qch à feu doux
Kocher *(-s, -)* *m* réchaud *m*
Köcher ['kœçər] *(-s, -)* *m (für Pfeile)* carquois *m*
kochfertig *adj* prêt(e) à cuire
Kochgelegenheit *f* possibilité *f* de faire la cuisine
Köchin ['kœçɪn] *f* cuisinière *f*
Koch-: **~kunst** *f* art *m* culinaire; **~löffel** *m* cuiller

f de *od* en bois; **~nische** f coin-cuisine *m*, kitchenette *f*; **~platte** f plaque *f* de cuisson; **~salz** *nt* sel *m* de cuisine; **~topf** *m* casserole *f*; **~wäsche** f linge *m* à bouillir

Kode [koːt] **(-s, -s)** *m* code *m*

Köder ['køːdər] **(-s, -)** *m* appât *m*

ködern *vt* appâter, attirer

Koexistenz [koɛksɪs'tɛnts] f coexistence *f*

Koffein [kɔfe'iːn] **(-s)** *nt* caféine *f*; **k~frei** *adj* décaféiné(e)

Koffer ['kɔfər] **(-s, -)** *m* valise *f*; **seine ~ packen** faire ses valises; **~kuli** *m* chariot *m* à bagages; **~radio** *nt* transistor *m*; **~raum** *m* coffre *m*

Kognak ['kɔnjak] **(-s, -s)** *m* cognac *m*

Kohl [koːl] **(-(e)s, -e)** *m* chou *m*; **das macht den ~ (auch) nicht fett** (*umg*) ça ne changera pas grand-chose

Kohldampf (*umg*) *m*: ~ **haben** avoir la dalle

Kohle ['koːlə] f charbon *m*; (*umg: Geld*) blé *m*; **wie auf glühenden ~n sitzen** être sur des charbons ardents; **~hydrat (-(e)s, -e)** *nt* hydrate *m* de carbone; **~kraftwerk** *nt* centrale *f* électrique au charbon

kohlen ['koːlən] (*umg*) *vi* raconter des bobards

Kohlen-: **~bergwerk** *nt* mine *f* de charbon; **~dioxid (-(e)s, -e)** *nt* gaz *m* carbonique; **~grube** f mine *f* de charbon; **~händler** *m* charbonnier *m*; **~säure** f acide *m* carbonique; **ein Getränk mit/ohne ~säure** une boisson gazeuse/non gazeuse; **~stoff** *m* carbone *m*

Kohlepapier *nt* papier *m* carbone

Köhler ['køːlər] **(-s, -)** *m* charbonnier *m*

Kohlestift *m* fusain *m*

Kohlezeichnung f (dessin *m* au) fusain *m*

Kohl-: **~kopf** *m* chou *m*; **~meise** f (mésange *f*) charbonnière *f*; **k~(pech)rabenschwarz** *adj* (*Haar*) noir(e) comme le jais; (*Nacht*) noir(e); **~rabi (-s, -s)** *m* chou *m* rave; **k~schwarz** *adj* (*Haare, Augen*) noir(e) comme du jais; (*Hände*) très sale

Koitus ['koːɪtʊs] **(-, -** *od* **-se)** *m* coït *m*

Koje ['koːjə] f (*Nische*) alcôve *f*; (*umg: Bett*) pieu *m*

Kokain [koka'iːn] **(-s)** *nt* cocaïne *f*

kokett [ko'kɛt] *adj* coquet(te)

kokettieren [kokɛ'tiːrən] *vi* (*flirten*) flirter

Kokos-: **~flocken** *pl* noix *f* de coco râpée; **~milch** f lait *m* de coco; **~nuss** ['koːkɔsnʊs] f noix *f* de coco; **~palme** f cocotier *m*

Koks [koːks] **(-es, -e)** *m* (*Brennstoff*) coke *m*; (*umg: Kokain*) coke *f*

Kolben ['kɔlbən] **(-s, -)** *m* (*Gewehrkolben*) crosse *f*; (*Tech*) piston *m*; (*Maiskolben*) épi *m*; (*Chem*) cornue *f*

Kolchose [kɔl'çoːzə] f kolkhoze *m*

Kolibri ['koːlibri] **(-s, -s)** *m* colibri *m*

Kolik ['koːlɪk] **(-, -en)** f colique *f*

Kollaborateur, in [kɔlabora'tøːr(ɪn)] *m(f)* collaborateur(-trice) *m/f*

Kollaps [kɔ'laps] **(-es, -e)** *m* (*Med*) grave malaise *m* cardiovasculaire

Kolleg [kɔl'eːk] **(-s, -s** *od* **-ien)** *nt* (*Vorlesung*) cours *m*

Kollege, -in [kɔ'leːgə] **(-n, -n)** *m(f)* collègue *m/f*

kollegial [kɔlegi'aːl] *adj* (*Benehmen*) qui fait preuve d'esprit d'équipe; (*Beschluss*) collégial(e)

Kollegin f *siehe* **Kollege**

Kollegium *nt* (*Lehrerkollegium*) corps *m* enseignant; (*Gruppe mit gleichem Beruf*) commission *f*

Kollekte [kɔ'lɛktə] f (*in der Kirche*) quête *f*

Kollektion [kɔlɛktsi'oːn] f collection *f*; (*Sortiment*) choix *m*

Kollektiv (-s, -e) *nt* collectif *m*

kollektiv [kɔlɛk'tiːf] *adj* collectif(-ive)

Kollektor [kɔ'lɛktɔr] *m* (*für Sonnenenergie*) capteur *m* solaire

Koller ['kɔlər] **(-s, -)** (*umg*) *m* (*Wutanfall*) accès *m* od crise *f* de colère

kollidieren [kɔli'diːrən] *vi* entrer en collision; (*zeitlich*) se chevaucher

Kollier [kɔli'eː] **(-s, -s)** *nt* collier *m*

Kollisionskurs [kɔlizi'oːnskʊrs] *m*: **auf ~ gehen** chercher la bagarre

Köln [kœln] **(-s)** *nt* Cologne

kölnisch *adj* de Cologne; **K~wasser** *nt* eau *f* de Cologne

kolonial [koloni'aːl] *adj* colonial(e); **K~macht** f nation *f* colonisatrice; **K~warenhändler** *m* épicier *m*

Kolonie [kolo'niː] f colonie *f*

kolonisieren [koloni'ziːrən] *vt* coloniser; (*nutzbar machen*) rendre fertile

Kolonist, in [kolo'nɪst(ɪn)] *m(f)* colon *m*

Kolonne [ko'lɔnə] f colonne *f*; (*Arbeitskolonne*) équipe *f*; (*von Fahrzeugen*) convoi *m*; **in ~(n) fahren** rouler en convoi

Koloratur [kolora'tuːr] f coloratur *f*

Koloss [ko'lɔs] **(-es, -e)** *m* colosse *m*

kolossal [kolɔ'saːl] *adj* (*riesig*) gigantesque ▷ *adv*: **~ reich** extrêmement riche; **sich ~ verschätzen** se tromper de beaucoup dans son estimation

Kölsch [kœlʃ] **(-(s))** *nt* (*Koch*) bière blonde et forte de Cologne

Kolumbianer, in [kolʊmbi'aːnər(ɪn)] *m(f)* Colombien(ne) *m(f)*

Kolumbien [ko'lʊmbiən] *nt* la Colombie

kolumbisch *adj* colombien(ne)

Koma ['koːma] **(-s, -s** *od* **-ta)** *nt* coma *m*

Kombi ['kɔmbi] **(-s, -s)** *m* break *m*

Kombination [kɔmbinatsi'oːn] f combinaison *f*; (*Vermutung*) raisonnement *m*; (*Hose und Jackett, Kleid mit Jacke*) ensemble *m*; **nordische ~** combiné *m* nordique

Kombinationsschloss *nt* serrure *f* à combinaisons

kombinieren [kɔmbi'niːrən] *vt* combiner ▷ *vi* (*schlussfolgern, vermuten*) réfléchir, raisonner; (*Sport*) jouer de manière concertée

Kombiwagen *m* break *m*

Kombizange f pince *f* universelle

Komet [ko'meːt] **(-en, -en)** *m* comète *f*

kometenhaft *adj* fulgurant(e)

Komfort [kɔm'foːr] **(-s)** *m* (*Bequemlichkeit*) confort *m*; (*Zubehör: von Auto*) option *f*; (*: von Gerät*) accessoires *mpl* supplémentaires

komfortabel [kɔmfɔr'taːbəl] *adj* confortable

Komik ['koːmɪk] **(-)** f comique *m*; **~er (-s, -)** *m* comique *m*

komisch ['koːmɪʃ] *adj* (*lustig*) drôle; (*merkwürdig*) bizarre, curieux(-euse)

komischerweise ['koːmɪʃərˈvaɪzə] (*umg*) *adv* (*seltsamerweise*) curieusement

Komitee (**-s, -s**) *nt* comité *m*

Komma ['kɔma] (**-s, -s** *od* **-ta**) *nt* virgule *f*; **fünf ~ drei** cinq virgule trois

Kommandant [kɔmanˈdant], **Kommandeur** [kɔmanˈdøːr] *m* commandant *m*

kommandieren [kɔmanˈdiːrən] *vt, vi* commander; **jdn an die Front ~** appeler qn au front

Kommanditgesellschaft [kɔmanˈdiːtgəzɛlʃaft] *f* (*société f en*) commandite *f*

Kommando [kɔˈmando] (**-s, -s**) *nt* (*Befehl*) ordre *m*; (*Befehlsgewalt*) commandement *m*; (*Truppeneinheit*) commando *m*; **auf ~** sur commande; **~brücke** *f* passerelle *f* (de commandement)

kommen ['kɔmən] *unreg vi* venir; (*ankommen, näher kommen, eintreffen, geschehen*) arriver; (*Blumen*) apparaître; (*Zähne*) percer ▷ *vi unpers*: **es kam eins zum anderen und ...** une chose en amenant une autre, ...; **in die Schule ~** commencer sa scolarité; **ins Krankenhaus ~** être hospitalisé(e); **ihm ~ die Tränen** il (en) a les larmes aux yeux; **und so kam es, dass ...** c'est ainsi que ...; **daher kommt es, dass ...** c'est pour cela que ...; **er kommt als Erster dran** il passera le premier; **jetzt kommt er an die Reihe** c'est (à) son tour; **wie kommt es, dass du ...?** comment se fait-il que tu ...?; **und so kam es dann auch** ça n'a pas manqué; **etw ~ lassen** commander qch; **nichts auf jdn/etw ~ lassen** n'admettre aucune critique au sujet de qn/qch; **es kam zum Streit** cela s'est terminé par une dispute; **es kam zum Krieg** la guerre fut déclarée; **das kommt in den Schrank** ça va dans l'armoire; **um etw ~** (*verlieren*) perdre qch; **hinter etw** *Akk* **~** (*entdecken*) découvrir qch; **(wieder) zu sich ~** (*Bewusstsein wiedererlangen*) reprendre connaissance; **zu etw ~** obtenir qch; **zur Sache ~** en venir aux faits; **jdm frech ~** être insolent(e) avec qn; **auf jeden Vierten kommt ein Platz** il y a des places pour une personne sur quatre; **mir kommt eine Idee** j'ai une idée; **wie komme ich nach Freiburg?** pouvez-vous m'indiquer comment me rendre à Fribourg?; **unter ein Auto ~** se faire renverser par une voiture; **wie hoch kommt das?** combien ça coûte?; **das kommt auf 50 Euro** ça coûte 50 euros; **etw ist im K~** (*wird modern*) qch est à la mode; **komm gut nach Hause!** bon retour!; **in Bewegung ~** se mettre à bouger; **mein Auto kam ins Schleudern** j'ai perdu le contrôle de ma voiture; **jdn besuchen ~** venir voir qn; **was kommt diese Woche im Kino?** qu'est-ce qu'on passe au cinéma cette semaine?; **das kommt davon!** c'est bien fait!; **du kommst mir gerade recht!** (*ironisch*) tu ne pouvais pas mieux tomber!; **auf etw** *Akk* **~** (*sich erinnern*) se rappeler qch; (*sprechen über*) en venir à parler de qch; **wer zuerst kommt, mahlt zuerst** (*Sprichwort*) les premiers arrivés sont les premiers servis

Kommen (**-s**) *nt* venue *f*

kommend *adj* (*Woche, Frühling*) prochain(e); (*Generationen, Ereignisse*) futur(e); (*Mode*) de la saison à venir; (*am*) **~en Montag** lundi prochain

Kommentar [kɔmɛnˈtaːr] (**-s, -e**) *m* commentaire *m*; **kein ~** je n'ai rien à dire; **k~los** *adj* sans commentaire

Kommentator [kɔmɛnˈtaːtɔr] *m* commentateur *m*

kommentieren [kɔmɛnˈtiːrən] *vt* commenter; **kommentierte Ausgabe** édition *f* annotée

kommerziell [kɔmɛrtsiˈɛl] *adj* commercial(e)

Kommilitone, -in [kɔmiliˈtoːnə] (**-n, -n**) *m(f)* camarade *m/f* d'université

Kommiss [kɔˈmɪs] (**-es**) *m* armée *f*

Kommissar [kɔmɪˈsaːr] *m* (*Polizeikommissar*) commissaire *m*

kommissarisch *adj* par intérim

Kommission [kɔmɪsiˈoːn] *f* (*Ausschuss*) commission *f*; (*Wirts*): **etw in ~ geben** confier qch à un commissionnaire

Kommode [kɔˈmoːdə] *f* commode *f*

kommunal [kɔmuˈnaːl] *adj* communal(e); (*von Stadt auch*) municipal(e)

Kommunal-: **~abgaben** *pl* impôts *mpl* locaux; **~politik** *f* politique *f* communale; **~verwaltung** *f* administration *f* communale; **~wahl** *f* élections *fpl* communales

Kommune [kɔˈmuːnə] *f* (*Gemeinde*) commune *f*; (*Wohngemeinschaft*) communauté *f*

Kommunikation [kɔmunɪkatsiˈoːn] *f* communication *f*

kommunikativ [kɔmunɪkaˈtiːf] *adj* (*Mensch*) communicatif(-ive); (*Fähigkeiten*) de communication

Kommunikee [kɔmyniˈkeː] (**-s, -s**) *nt siehe* **Kommuniqué**

Kommunion [kɔmuniˈoːn] *f* communion *f*; (*Erstkommunion*) première communion

Kommuniqué [kɔmyniˈkeː] (**-s, -s**) *nt* communiqué *m*

Kommunismus [kɔmuˈnɪsmʊs] *m* communisme *m*

Kommunist, in [kɔmuˈnɪst(ɪn)] *m(f)* communiste *m/f*; **k~isch** *adj* communiste

kommunizieren [kɔmuniˈtsiːrən] *vi* (*Rel*) communier; (*geh*) communiquer

Komödiant, in [komødiˈant(ɪn)] *m(f)* comédien(ne) *m(f)*

Komödie [koˈmøːdiə] *f* comédie *f*; **~ spielen** jouer la comédie

Kompagnon [kɔmpanˈjõː] (**-s, -s**) *m* associé *m*

kompakt [kɔmˈpakt] *adj* (*dicht*) compact(e)

Kompaktanlage *f* chaîne *f* compacte

Kompanie [kɔmpaˈniː] *f* compagnie *f*

Komparativ ['kɔmparatiːf] (**-s, -e**) *m* comparatif *m*

Kompass ['kɔmpas] (**-es, -e**) *m* boussole *f*

kompatibel [kɔmpaˈtiːbəl] *adj* compatible

Kompatibilität [kɔmpatibiliˈtɛːt] *f* compatibilité *f*

Kompendium [kɔmˈpɛndiʊm] (**-s, -ien**) *nt* (*Abriss*) abrégé *m*

Kompensation [kɔmpɛnzatsi'oːn] *f* compensation *f*

kompensieren [kɔmpɛn'ziːrən] *vt* compenser

kompetent [kɔmpe'tɛnt] *adj* compétent(e)

Kompetenz *f* compétence *f*; **~bereich** *m* (domaine *m* de) compétence *f*; **~streitigkeiten** *pl* conflit *m* de compétence

komplementieren [kɔmplemɛn'tiːrən] *vt* (*geh*) compléter

komplett [kɔm'plɛt] *adj* complet(-ète)

komplex *adj* complexe; **K~** (**-es, -e**) *m* (*Gebäudekomplex, Psych*) complexe *m*; (*Zusammengehöriges*) ensemble *m*

Komplikation [kɔmplikatsi'oːn] *f* complication *f*

Kompliment [kɔmpli'mɛnt] (**-(e)s, -e**) *nt* compliment *m*

Komplize, -in [kɔm'pliːtsə] (**-n, -n**) *m(f)* complice *m/f*

komplizieren [kɔmpli'tsiːrən] *vt* compliquer ▷ *vr* se compliquer

kompliziert *adj* compliqué(e); (*Med: Bruch*) multiple

Komplizin *f siehe* **Komplize**

Komplott [kɔm'plɔt] (**-(e)s, -e**) *nt* complot *m*

komponieren [kɔmpo'niːrən] *vt* (*Mus*) composer

Komponist, in [kɔmpo'nɪst(ɪn)] *m(f)* compositeur(-trice) *m(f)*

Komposition [kɔmpozitsi'oːn] *f* composition *f*

Kompost [kɔm'pɔst] (**-(e)s, -e**) *m* compost *m*; **~haufen** *m* tas *m* de compost

Kompott [kɔm'pɔt] (**-(e)s, -e**) *nt* compote *f*

Kompresse [kɔm'prɛsə] *f* compresse *f*

Kompressor [kɔm'prɛsɔr] *m* compresseur *m*

komprimiert [kɔmpri'miːrt] *adj* comprimé(e)

Kompromiss [kɔmpro'mɪs] (**-es, -e**) *m* compromis *m*; **einen ~ schließen** faire un compromis; **k~bereit** *adj* conciliant(e); **~lösung** *f* compromis *m*

kompromittieren [kɔmprɔmi'tiːrən] *vt* compromettre

Kondensation [kɔndɛnzatsi'oːn] *f* condensation *f*

Kondensator [kɔndɛn'zaːtɔr] *m* condensateur *m*

kondensieren [kɔndɛn'ziːrən] *vt* condenser

Kondens-: **~milch** *f* lait *m* concentré; **~streifen** *m* traînée *f* de condensation; **~wasser** *nt* condensation *f*, buée *f*

Kondition [kɔnditsi'oːn] *f* (*Bedingung*) condition *f*; (*Sport*) condition physique, forme *f*

Konditionalsatz [kɔnditsio'naːlzats] *m* subordonnée *f* conditionnelle

Konditionsschwäche *f* mauvaise forme *f* physique

Konditionstraining *nt* entraînement *m*

Konditor [kɔn'diːtɔr] *m* pâtissier *m*

Konditorei [kɔndito'raɪ] *f* pâtisserie *f*; (*mit Café*) salon *m* de thé

Kondolenzbrief [kɔndo'lɛntsbriːf] *m* lettre *f* de condoléances

kondolieren [kɔndo'liːrən] *vi*: **jdm ~** présenter ses condoléances à qn

Kondom [kɔn'doːm] (**-s, -e**) *nt* préservatif *m*

Kondor ['kɔndɔr] (**-s, -e**) *m* condor *m*

Konfektion [kɔnfɛktsi'oːn] *f* confection *f*

Konfektionsgröße *f* taille *f*

Konferenz [kɔnfe'rɛnts] *f* conférence *f*; **~schaltung** *f* multiplex *m*

konferieren [kɔnfe'riːrən] *vi* conférer

Konfession [kɔnfɛsi'oːn] *f* confession *f*; **k~ell** *adj* confessionnel(le)

konfessions-: **~gebunden** *adj* confessionnel(le); **~los** *adj* sans confession; **K~schule** *f* école *f* libre

Konfetti [kɔn'fɛti] (**-(s)**) *nt* confettis *mpl*

Konfiguration [kɔnfiguratsi'oːn] *f* configuration *f*

Konfirmand, in [kɔnfir'mant, -'mandɪn] (**-en, -en**) *m(f)* confirmand(e) *m/f*

Konfirmation [kɔnfirmatsi'oːn] *f* confirmation *f*

konfirmieren [kɔnfir'miːrən] *vt* confirmer

konfiszieren [kɔnfɪs'tsiːrən] *vt* confisquer

Konfitüre [kɔnfi'tyːrə] *f* confiture *f*

Konflikt [kɔn'flɪkt] (**-(e)s, -e**) *m* conflit *m*; **mit etw in ~ geraten** *od* **kommen** entrer en conflit avec qch; **~herd** *m* zone *f* de conflit; **~stoff** *m* source *f* de conflits

Konföderation [kɔnføderatsi'oːn] *f* confédération *f*

konform [kɔn'fɔrm] *adj* identique; **mit jdm** (**in etw** *Dat*) **~ gehen** *od* **sein** être entièrement d'accord avec qn (sur qch)

Konformist, in [kɔnfɔr'mɪst(ɪn)] *m(f)* conformiste *m/f*

Konfrontation [kɔnfrɔntatsi'oːn] *f* confrontation *f*

konfrontieren [kɔnfrɔn'tiːrən] *vt* confronter

konfus [kɔn'fuːs] *adj* confus(e)

Konglomerat [kɔnglome'raːt] *nt* (*geh*) rassemblement *m*

Kongo ['kɔŋgo] (**-s**) *m* Congo *m*

Kongress [kɔn'grɛs] (**-es, -e**) *m* congrès *m*; **~halle** *f* palais *m* des congrès

kongruent *adj* (*Math: Figuren*) congruent(e)

Kongruenz [kɔŋgru'ɛnts] *f* (*Math*) congruence *f*

König ['køːnɪç] (**-(e)s, -e**) *m* roi *m*

Königin ['køːnɪgɪn] *f* reine *f*; **~pastete** *f* bouchée *f* à la reine

königlich *adj* royal(e) ▷ *adv* (*umg: außerordentlich*) royalement

Königreich *nt* royaume *m*

Königspaar *nt* couple *m* royal

Königtum ['køːnɪçtuːm] (**-(e)s, -tümer**) *nt* (*Staatsform*) royauté *f*

konisch ['koːnɪʃ] *adj* conique

Konj. *abk* = **Konjunktiv**

Konjugation [kɔnjugatsi'oːn] *f* conjugaison *f*

konjugieren [kɔnju'giːrən] *vt* conjuguer

Konjunktion [kɔnjʊŋktsi'oːn] *f* conjonction *f*

Konjunktiv ['kɔnjʊŋktiːf] (**-s, -e**) *m* subjonctif *m*

Konjunktur [kɔnjʊŋk'tuːr] *f* conjoncture *f* (économique); (*Hochkonjunktur*) conjoncture favorable; **steigende/fallende ~** tendance *f* à la hausse/baisse; **~barometer** *nt* baromètre *m* économique; **~lage** *f* conjoncture *f* (économique); **~politik** *f* politique *f* conjoncturelle

konkav [kɔn'kaːf] *adj* concave
konkret [kɔn'kreːt] *adj* concret(-ète); *(Malerei)*
figuratif(-ive); **könnten Sie hierzu Ihre ~e
Meinung sagen?** pourriez-vous préciser votre
pensée?
Konkurrent, in [kɔnkʊ'rɛnt(ɪn)] *m(f)*
concurrent(e) *m(f)*
Konkurrenz [kɔnkʊ'rɛnts] *f* concurrence *f*; **jdm ~
machen** faire concurrence à qn; **außer ~** hors
concours; **k~fähig** *adj* compétitif(-ive); **~kampf**
m concurrence *f*
konkurrieren [kɔnkʊ'riːrən] *vi* être en
concurrence
Konkurs [kɔn'kʊrs] **(-es, -e)** *m* faillite *f*; **den ~
eröffnen** mettre (une entreprise) en liquidation;
vor dem ~ stehen être au bord de la faillite;
~ machen *(umg)* faire faillite; **~verfahren** *nt*
procédure *f* de faillite; **~verwalter** *m*
administrateur *m* judiciaire, syndic *m* (de
faillite)

 SCHLÜSSELWORT

können ['kœnən] *(pt* **konnte,** *pp* **gekonnt** *od (als
Hilfsverb)* **können)** *vt, vi* **1** *(vermögen)* pouvoir; **ich
kann nichts dafür** je n'y peux rien
2 *(wissen, beherrschen)* savoir; **was können Sie?**
que savez-vous faire?; **können Sie Deutsch?**
vous savez l'allemand?; **können Sie Auto
fahren?** vous savez conduire?; **sie kann keine
Mathematik** elle n'est pas douée en math
3 *(dürfen)* pouvoir; **kann ich gehen?** je peux
partir?; **könnte ich ...?** (est-ce que) je pourrais
...?; **kann ich mit?** *(umg)* je peux venir?; **du
kannst mich (mal)!** *(umg!)* va te faire foutre!
(umg!)
4 *(möglich sein)*: **das kann sein** c'est possible;
kann sein *(umg)* c'est possible, peut-être

Können (-s) *nt* capacités *fpl*, adresse *f*
Könner *m* expert *m* (en la matière)
konnte *etc* ['kɔntə] *vb siehe* **können**
konsequent [kɔnze'kvɛnt] *adj (logisch)* logique;
(unbeirrbar) résolu(e), inébranlable; **ein Ziel ~
verfolgen** poursuivre obstinément un but
Konsequenz [kɔnze'kvɛnts] *f (Unbeirrbarkeit)*
détermination *f*, obstination *f*; *(Folge)*
conséquence *f*; **die ~en tragen** supporter les
conséquences
konservativ [kɔnzɛrva'tiːf] *adj*
conservateur(-trice)
Konservative, r *f(m)* conservateur(-trice) *m(f)*
Konservatorium [kɔnzɛrva'toːriʊm] *nt*
conservatoire *m*
Konserve [kɔn'zɛrvə] *f* conserve *f*; **Musik aus
der ~** musique *f* enregistrée
Konservenbüchse, Konservendose *f* boîte *f* de
conserve
konservieren [kɔnzɛr'viːrən] *vt (Lebensmittel)*
conserver; *(Gemälde)* préserver
Konservierung *f* conservation *f*
Konservierungsmittel *nt*, **Konservierungs-**

stoff *m* agent *m* conservateur
Konsole [kɔnzo:lə] *f* console *f*
konsolidieren *vt* consolider
Konsolidierung *f* consolidation *f*
Konsonant [kɔnzo'nant] *m* consonne *f*
Konsortium [kɔn'zɔrtsiʊm] *nt* consortium *m*
konspirativ [kɔnspira'tiːf] *adj*
conspirateur(-trice); **~e Wohnung** cachette *f*
konstant [kɔn'stant] *adj (gleichbleibend)*
constant(e); *(beharrlich)* obstiné(e)
Konstellation [kɔnstɛlatsi'oːn] *f* constellation *f*;
(fig) situation *f*; *(von Faktoren etc)* combinaison *f*
Konstitution [kɔnstitutsi'oːn] *f (körperliche
Verfassung, Pol)* constitution *f*
konstitutionell [kɔnstitutsio'nɛl] *adj*
constitutionnel(le)
konstruieren [kɔnstru'iːrən] *vt (Gebäude,
Flugzeug)* concevoir; *(Math, Sätze)* construire;
(fig) imaginer
Konstrukteur, in [kɔnstrʊk'tøːr(ɪn)] *m(f)*
constructeur(-trice) *m(f)*
Konstruktion [kɔnstrʊktsi'on] *f* construction *f*
Konstruktionsfehler *m (im Entwurf)* défaut *m* od
vice *m* de conception; *(im Aufbau)* défaut *od* vice de
construction
konstruktiv [kɔnstrʊk'tiːf] *adj (geh)*
constructif(-ive); *(Tech: die Konstruktion betreffend)*
de construction
Konsul ['kɔnzʊl] **(-s, -n)** *m* consul *m*
konsularisch [kɔnzu'laːrɪʃ] *adj* consulaire
Konsulat [kɔnzu'laːt] *nt* consulat *m*
Konsultation [kɔnzʊltatsi'oːn] *f* consultation *f*
konsultieren [kɔnzʊl'tiːrən] *vt* consulter
Konsum [kɔn'zuːm] **(-s, -s)** *m (Verzehr, Genuss)*
consommation *f*; *(Genossenschaft, Laden)*
coopérative *f*; **~artikel** *m* bien *m* de
consommation
Konsument [kɔnzu'mɛnt] *m* consommateur *m*
Konsumgesellschaft *f* société *f* de
consommation
konsumieren [kɔnzu'miːrən] *vt* consommer
Konsumzwang *m* incitation *f* massive à la
consommation
Kontakt [kɔn'takt] **(-(e)s, -e)** *m* contact *m*; **mit
jdm ~ aufnehmen** prendre contact avec qn;
~abzug *m* (épreuve *f* par) contact *m*; **k~arm** *adj*
qui a du mal à se faire des amis, qui a des
problèmes de communication; **k~freudig** *adj*
sociable
kontaktieren [kɔntak'tiːrən] *vt* prendre contact
avec, contacter
Kontaktlinse *f* lentille *f* de contact
Kontaktmann (-(e)s, -männer) *m* contact *m*
Konterfei ['kɔntərfaɪ] **(-s, -s)** *nt* portrait *m*
kontern ['kɔntɛrn] *vt (er: Bemerkung)*
répondre du tac au tac à ▷ *vi* contre-attaquer
Konterrevolution ['kɔntərrevolutsi:on] *f* contre-
révolution *f*
Kontinent [kɔnti'nɛnt] **(-(e)s, -e)** *m* continent *m*
kontinental [kɔntinɛn'taːl] *adj* continental(e)
Kontingent [kɔntɪŋ'gɛnt] **(-(e)s, -e)** *nt*
contingent *m*, quota *m*; *(Mil)* contingent

kontinuierlich [kɔntinu'iːrlɪç] *adj* continu(e), constant(e)

Kontinuität [kɔntinui'tɛːt] *f* continuité *f*

Konto ['kɔnto] (**-s, Konten**) *nt* compte *m*; **das geht auf mein ~** (*umg: ich bin schuldig*) c'est de ma faute; (*: ich zahle*) c'est ma tournée; **~auszug** *m* relevé *m* de compte; **~inhaber, in** *m(f)* titulaire *m/f* d'un compte; **~korrent** (**-s, -e**) *nt* compte *m* courant

Kontor [kɔn'toːr] (**-s, -e**) *nt* bureau *m*

Kontorist, in [kɔnto'rɪst(ɪn)] *m(f)* employé(e) *m(f)* de bureau

Kontostand *m* position *f* od solde *m* d'un compte

kontra ['kɔntra] *präp* +*Akk, adv* contre

Kontra (**-s, -s**) *nt* (*Karten*) contre *m*; **jdm ~ geben** (*umg*) contredire qn; **~bass** *m* contrebasse *f*

Kontrahent [kɔntra'hɛnt] *m* (*Gegner*) adversaire *m*

Kontrakt [kɔn'trakt] (**-(e)s, -e**) *m* contrat *m*

Kontrapunkt *m* (*Mus*) contrepoint *m*

konträr [kɔn'trɛːr] *adj* contraire, opposé(e)

Kontrast [kɔn'trast] (**-(e)s, -e**) *m* contraste *m*

Kontrollabschnitt *m* talon *m*

Kontrolle [kɔn'trɔlə] *f* contrôle *m*; (*Aufsicht auch*) surveillance *f*

Kontrolleur [kɔntrɔ'løːr] *m* (*Fahrkartenkontrolleur*) contrôleur *m*

kontrollieren [kɔntrɔ'liːrən] *vt* (*Aussage*) vérifier; (*Regierung, Arbeit*) exercer une surveillance sur, surveiller; (*Gepäck, Lebensmittel*) contrôler, vérifier

Kontroll-: ~lampe *f* lampe *f* témoin; (*Aut*) voyant *m*; **~turm** *m* tour *f* de contrôle; **~uhr** *f* horloge *f* pointeuse

Kontroverse [kɔntro'vɛrzə] *f* controverse *f*

Kontur [kɔn'tuːr] *f* contour *m*

Konvention [kɔnvɛntsi'oːn] *f* (*gew pl*) convention *f*

Konventionalstrafe [kɔnvɛntsio'naːlʃtraːfə] *f* indemnité *f* pour rupture de contrat

konventionell [kɔnvɛntsio'nɛl] *adj* conventionnel(le)

Konversation [kɔnvɛrzatsi'oːn] *f* conversation *f*

Konversationslexikon *nt* encyclopédie *f*

konvertieren [kɔnvɛr'tiːrən] *vi* convertir

konvex [kɔn'vɛks] *adj* convexe

Konvoi ['kɔnvɔy] (**-s, -s**) *m* convoi *m*; **im ~ fahren** rouler en convoi

Konzentrat [kɔntsɛn'traːt] *nt* concentré *m*

Konzentration [kɔntsɛntratsi'oːn] *f* concentration *f*

Konzentrationsfähigkeit *f* (faculté *f* de) concentration *f*

Konzentrationslager *nt* camp *m* de concentration

konzentrieren [kɔntsɛn'triːrən] *vt* concentrer ▷ *vr* se concentrer

konzentriert *adj* concentré(e); (*Warenangebot*) grand(e) ▷ *adv* (*zuhören*) attentivement; **~ arbeiten** se concentrer sur son travail

Konzept [kɔn'tsɛpt] (**-(e)s, -e**) *nt* (*klar umrissener Plan, Programm*) plan *m*, programme *m*; (*Entwurf, Rohfassung*) brouillon *m*; **jdm aus dem ~ bringen** faire perdre le fil à qn

Konzeptpapier *nt* papier *m* brouillon

Konzern [kɔn'tsɛrn] (**-s, -e**) *m* consortium *m*

Konzert [kɔn'tsɛrt] (**-(e)s, -e**) *nt* (*Aufführung*) concert *m*; (*Stück*) concerto *m*

konzertiert [kɔntsɛr'tiːrt] *adj* concerté(e)

Konzertmeister *m* premier violon *m*

Konzertsaal *m* salle *f* de concert

Konzession [kɔntsɛsi'oːn] *f* (*Wirts*) concession *f*, licence *f*; (*Zugeständnis*) concession

Konzessionär, in [kɔntsɛsio'nɛːr(ɪn)] (**-s, -e**) *m(f)* titulaire *m/f* d'une licence, concessionnaire *m/f*

konzessionieren [kɔntsɛsio'niːrən] *vt* (*förmlich*) accorder une licence pour

Konzil [kɔn'tsiːl] (**-s, -e** *od* **-ien**) *nt* concile *m*

konzipieren [kɔntsi'piːrən] *vt* (*Auto, Gerät*) concevoir; (*Aufsatz, Rede*) ébaucher

kooperativ [kolopera'tiːf] *adj* coopératif(-ive)

kooperieren [kolope'riːrən] *vi* coopérer

Koordinate [kolɔrdi'naːtə] *f* coordonnée *f*

Koordinatensystem *nt* coordonnées *fpl*

koordinieren [kolɔrdi'niːrən] *vt* coordonner

Kopenhagen [ko:pən'ha:gən] (**-s**) *nt* Copenhague *f*

Kopf [kɔpf] (**-(e)s, ̈-e**) *m* tête *f*; (*führende Person*) chef *m*; **von ~ bis Fuß** de la tête aux pieds; **~ hoch!** courage!; **~ an ~** (*in Rennen*) à égalité; **pro ~** par tête *od* personne; **~ oder Zahl?** pile ou face?; **jdm den ~ waschen** (*fig: umg*) remettre qn à sa place; **jdm über den ~ wachsen** dépasser qn; **jdn vor den ~ stoßen** offenser qn; **sich Dat an den ~ fassen** (*fig*) ne pas en revenir; **sich Dat (über etw** *Akk*) **den ~ zerbrechen** se creuser la tête (à propos de qch); **sich Dat etw durch den ~ gehen lassen** réfléchir (calmement) à qch; **sich Dat etw in den ~ gesetzt haben** s'être mis qch en tête; **sich Dat etw aus dem ~ schlagen** renoncer à qch; **den ~ hängen lassen** (*fig*) baisser les bras; **etw auf den ~ stellen** (*unordentlich machen*) mettre qch sens dessus dessous; (*verdrehen*) altérer qch; **etw aus dem ~ wissen** savoir qch par cœur; **im ~ rechnen** calculer de tête; **er ist nicht auf den ~ gefallen** il n'est pas bête; **~bahnhof** *m* (gare *f*) terminus *m*; **~bedeckung** *f* couvre-chef *m*

Köpfchen ['kœpfçən] (*umg*) *nt*: **~ haben** avoir quelque chose dans la tête

köpfen ['kœpfən] *vt* (*Person*) décapiter; (*Ei*) ouvrir; (*Flasche*) déboucher; **den Ball ~** faire une tête

Kopf-: ~ende *nt* chevet *m*; **~haut** *f* cuir *m* chevelu; **~hörer** *m* écouteurs *mpl*; **~keil** *m* petit matelas servant à surélever la tête; **~kissen** *nt* oreiller *m*; **k~lastig** *adj* (*Flugzeug*) qui a tendance à piquer du nez; (*Verwaltung*) mal équilibré(e) (*avec trop de cadres supérieurs*); **k~los** *adj* (*fig*) paniqué(e); **~losigkeit** *f* panique *f*; **k~rechnen** *vi* (*nur infin*) calculer de tête; **~salat** *m* laitue *f*, salade *f*; **k~scheu** *adj*: **jdn k~scheu machen** effaroucher qn; **~schmerzen** *pl* maux *mpl* de tête, mal *m* à la tête; **~sprung** *m* plongeon *m*; **~stand** *m* poirier *m*; **~steinpflaster** *nt* pavé *m*; **~stütze** *f* appuie-tête *m inv*; **~tuch** *nt* foulard *m*; **k~über** *adv* la tête la première; **~weh** *nt* mal *m* de tête; **~weh haben** avoir mal à la tête; **~zerbrechen** (**-s**) *nt*: **jdm ~zerbrechen machen** être un souci pour qn

Kopie [ko'pi:] f copie f
kopieren [ko'pi:rən] vt copier; *(fotokopieren)* photocopier; *(Person)* imiter
Kopierer (-s, -) *(umg)* m, **Kopiergerät** nt photocopieuse f
Kopilot, in ['ko:pilo:t(ɪn)] m(f) copilote m/f
Koppel¹ ['kɔpəl] (-, -n) f *(Weide)* pâturage m
Koppel² ['kɔpəl] (-s, -) nt *(Gürtel)* ceinturon m
koppeln vt *(Tech)* coupler; *(Unternehmungen)* combiner; **mit etw gekoppelt sein** être combiné(e) avec qch
Kopp(e)lung f *(siehe vt)* couplage m; combinaison f
Kopp(e)lungsmanöver nt arrimage m
Koralle [ko'ralə] f corail m
Korallenkette f collier m de corail
Korallenriff nt récif m de corail
Koran [ko'ra:n] (-s, -e) m Coran m
Korb [kɔrp] (-(e)s, ̈-e) m panier m, corbeille f; **jdm einen ~ geben** *(fig)* rembarrer qn; **~ball** m basket-ball m
Körbchen ['kœrpçən] nt *(von Büstenhalter)* bonnet m
Korbstuhl m chaise f de rotin
Kord [kɔrt] (-s) m *siehe* **Cord**
Kordel ['kɔrdəl] (-, -n) f cordelette f
Kordsamt m *siehe* **Cordsamt**
Korea [ko're:a] (-s) nt la Corée
Koreaner, in (-s, -) m(f) Coréen(ne) m/f
Korfu ['kɔrfu] (-s) nt Corfou f
Korinthe [ko'rɪntə] f raisin m sec (de Corinthe)
Kork [kɔrk] (-(e)s, -e) m *(Material)* liège m
Korken (-s, -) m bouchon m; **~zieher** (-s, -) m tire-bouchon m
Korn¹ [kɔrn] (-(e)s, ̈-er) nt *(Samen, Salzkorn, Sandkorn)* grain m; *(Getreide)* blé m; *(Hagelkorn)* grêlon m; *(von Gewehr)* guidon m
Korn² [kɔrn] (-(e)s, -) m *(Branntwein)* eau-de-vie f de grain
Korn³ (-(e)s, -e) nt: **etw aufs ~ nehmen** *(umg)* s'en prendre à qch
Kornblume f bleuet m
Körnchen ['kœrnçən] nt petit grain m
Körnerfresser ['kœrnərfrɛsər] *(umg: pej)* m végétarien m
Kornfeld nt champ m de blé
körnig adj *(sandartig)* granuleux(-euse); *(Reis)* qui ne colle pas
Kornkammer f grenier m
Körnung ['kœrnʊŋ] f *(Tech)* granulation f; *(Phot)* grain m
Körper ['kœrper] (-s, -) m corps m; **~bau** m physique m; **k~behindert** adj handicapé(e) physique; **~geruch** m odeur f (corporelle); **~gewicht** nt poids m; **~größe** f taille f; **~haltung** f maintien m, manière f de se tenir; **k~lich** adj physique; **k~liche Arbeit** travail m manuel; **~pflege** f hygiène f corporelle; **~schaft** f *(Jur)* personne f morale; **~schaft des öffentlichen Rechts** collectivité f; **~schaftssteuer** f impôt m sur les sociétés; **~teil** m partie f du corps; **~verletzung** f *(Jur)*: **schwere ~verletzung** coups mpl et blessures fpl
Korps [ko:r] (-, -) nt *(Mil)* corps m; *(Univ)*

corporation f d'étudiants; **das diplomatische ~** le corps diplomatique
korpulent [kɔrpu'lɛnt] adj corpulent(e)
korrekt [kɔ'rɛkt] adj correct(e); **K~heit** f correction f
Korrektor, in [kɔ'rɛktɔr, -'to:rɪn] (-s, -) m(f) *(im Verlag)* correcteur(-trice) m(f)
Korrektur [kɔrɛk'tu:r] f correction f; **~ lesen** corriger les épreuves
Korrespondent, in [kɔrɛspɔn'dɛnt(ɪn)] m(f) *(von Zeitung)* correspondant(e) m(f)
Korrespondenz [kɔrɛspɔn'dɛnts] f *(Briefwechsel)* correspondance f; **~qualität** f qualité f courrier
korrespondieren [kɔrɛspɔn'di:rən] vi correspondre
Korridor ['kɔrido:r] (-s, -e) m corridor m
korrigieren [kɔri'gi:rən] vt corriger; *(Meinung, Einstellung)* changer
Korrosion [kɔrozi'o:n] f corrosion f
Korrosionsschutz [kɔrozi'o:nsʃʊts] m *(Mittel)* anticorrosif m
korrumpieren [kɔrʊm'pi:rən] vt corrompre
korrupt [kɔ'rʊpt] adj corrompu(e)
Korruption [kɔrʊptsi'o:n] f corruption f
Korse, -in ['kɔrzə] (-n -n) m(f) Corse m/f
Korsett [kɔr'zɛt] (-(e)s, -e) nt corset m
Korsika ['kɔrzika] (-s) nt la Corse
korsisch adj corse
koscher ['ko:ʃər] adj casher unver
Koseform ['ko:zəfɔrm] f diminutif m
kosen vt câliner ▷ vi se faire des câlins
Kosename m petit nom m, surnom m
Kosewort nt mot m tendre
Kosmetik [kɔs'me:tɪk] f soins mpl de beauté
Kosmetikerin f esthéticienne f
Kosmetiksalon m salon m de beauté
kosmetisch adj cosmétique; *(Chirurgie)* esthétique, plastique; *(fig)* superficiel(le)
kosmisch ['kɔsmɪʃ] adj cosmique
Kosmonaut, in [kɔsmo'naʊt(ɪn)] (-en, -en) m(f) cosmonaute m/f
Kosmopolit [kɔsmopo'li:t] (-en, -en) m (personne f) cosmopolite m
kosmopolitisch adj cosmopolite
Kosmos ['kɔsmɔs] (-) m cosmos m
Kosovo (-s) nt le Kosovo
Kost [kɔst] (-) f *(Nahrung)* nourriture f; *(Verpflegung)* pension f; **er bekommt ~ und Logis frei** il est nourri et logé gratuitement
kostbar adj précieux(-euse)
Kostbarkeit f valeur f; *(Wertstück)* objet m de valeur
kosten vt *(Preis haben)* coûter; *(Zeit)* demander, prendre; *(Geduld)* demander ▷ vi *(versuchen)* déguster; **was kostet das?** combien ça coûte?; **koste es, was es wolle** coûte que coûte; **jdn Nerven ~** épuiser qn nerveusement; **jdn Zeit ~** prendre du temps à qn
Kosten pl coût msg; *(Ausgaben)* frais mpl; **die ~ tragen** assumer les frais; **auf seine ~ kommen** *(fig)* y trouver son compte; **auf jds ~** *(von jds Geld)* aux frais de qn; *(zu jds Nachteil)* au détriment de

qn; ~anschlag m devis m; k~deckend adj rentable, couvrant les frais; ~erstattung f remboursement m des frais; ~frage f question f de prix; k~günstig adj avantageux(-euse); k~los adj gratuit(e); k~pflichtig adj (Verwarnung) taxé(e); ein Auto k~pflichtig abschleppen mettre une voiture en fourrière; ~voranschlag m devis m

Kostgeld nt pension f

köstlich ['kœstlıç] adj (Essen) délicieux(-euse); (Geschichte, Einfall) très amusant(e) ▷ adv: ~ schmecken être délicieux(-euse); sich ~ amüsieren beaucoup s'amuser

Kostprobe f échantillon m

kostspielig adj coûteux(-euse)

Kostüm [kɔs'ty:m] (-s, -e) nt costume m; (Damenkostüm auch) tailleur m; ~fest nt bal m costumé

kostümieren [kɔsty'mi:rən] vr se déguiser; sich als Clown ~ se déguiser en clown

Kostümverleih m location f de costumes

Kot [ko:t] (-(e)s) m excréments mpl

Kotelett [kotə'lɛt] (-s, -s) nt côtelette f

Koteletten pl (Bart) favoris mpl

Köter ['kø:tər] (-s, -) (pej) m clebs m, clébard m

Kotflügel m aile f

kotzen ['kɔtsən] (umg!) vi dégobiller (umg!); das ist zum K~ c'est dégoûtant

KPD (-) f abk (= Kommunistische Partei Deutschlands) parti communiste allemand

KPÖ (-) f abk (= Kommunistische Partei Österreichs) parti communiste autrichien

Kr. abk = Kreis

Krabbe ['krabə] f crabe m

krabbeln vi ramper

Krach [krax] (-(e)s, -e) m (kein pl: lautes Geräusch) fracas m; (andauernd) bruit m; (umg: Streit) dispute f; ~ machen faire du bruit; ~ schlagen faire un scandale

krachen vi (Lärm machen: Donner) gronder; (Schüsse) éclater; (umg: brechen) craquer ▷ vr (umg) se disputer; gegen etw ~ se cogner contre qch

krächzen ['krɛçtsən] vi (Vogel) croasser; (Mensch) parler d'une voix rauque

Kräcker ['krɛkər] (-s, -) m cracker m

kraft [kraft] präp +Gen en vertu de

Kraft (-, -̈e) f force f; (nervlich) résistance f; (von Energiequelle) puissance f; (Arbeitskraft) travailleur(-euse); außer ~ sein (Jur) ne plus être valable; in ~ treten/sein entrer/être en vigueur; mit vereinten Kräften werden wir ... tous ensemble, nous ...; nach (besten) Kräften de son mieux; die treibende ~ sein être la force motrice; ~aufwand m dépense f d'énergie; ~ausdruck m gros mot m; ~brühe f consommé m, bouillon m

Kräfteverhältnis ['krɛftəfɛrhɛltnɪs] nt (Pol) équilibre m des forces; (von Mannschaften etc) rapport m des forces

Kraftfahrer, in m(f) automobiliste m/f

Kraftfahrzeug nt voiture f; ~brief, ~schein m ≈ carte f grise; ~steuer f impôt sur les automobiles,

≈ vignette f; ~versicherung f assurance-auto(mobile) f

kräftig ['krɛftıç] adj (Druck, Stimme, Wind) fort(e); (Pflanze) vigoureux(-euse); (Arme) puissant(e); (Suppe, Essen) nourrissant(e); (Farbe) vif (vive) ▷ adv (gebaut) solidement; (ziehen, zuschlagen) fort

kräftigen ['krɛftıgən] vt fortifier

kraft-: ~los adj sans force, faible; (Jur) non valable; k~meier (umg: pej) m fier-à-bras m; K~probe f épreuve f de force; K~rad nt moto(cyclette) f; K~stoff m carburant m; ~voll adj vigoureux(-euse); K~wagen m (förmlich) automobile f; K~werk nt centrale f (électrique)

Kragen ['kra:gən] (-s, -) m (von Kleidung) col m; da ist mir der ~ geplatzt (umg) là, j'ai explosé; es geht ihm an den ~ (umg) ça va aller mal pour lui; ~weite f encolure f

Krähe ['krɛ:ə] f corneille f

krähen vi (Hahn) chanter; (Säugling) gazouiller

krakeelen [kra'ke:lən] (umg: pej) vi brailler

krakelig [kra'kə:lıç] (umg) adj (Schrift) tremblotant(e)

Kralle ['kralə] f (von Tier) griffe f; (Vogelkralle) serre f

krallen vt, vr: die Finger in etw Akk ~, sich an etw Akk ~ s'agripper à qch

Kram [kra:m] (-(e)s) (umg) m (Plunder, Sachen) fourbi m, bazar m; (Angelegenheit) affaire f; den ~ hinschmeißen tout plaquer

kramen vi: in etw Dat ~ fouiller dans qch; nach etw ~ fouiller pour trouver qch; etw aus etw ~ tirer qch de qch

Kramladen (pej) m petit magasin m

Krampf [krampf] (-(e)s, -̈e) m (Muskelkrampf) crampe f; (zuckend) spasme m, convulsion f; (umg: Unsinn) idioties fpl; ~ader f varice f

krampfen vt (Finger) crisper ▷ vr: sich um etw ~ serrer qch ▷ vi (Krämpfe haben) avoir des convulsions

krampfhaft adj convulsif(-ive); (Versuche) désespéré(e)

Kran [kra:n] (-(e)s, -̈e) m (Tech) grue f; (Wasserkran) robinet m

Kranich ['kra:nıç] (-s, -e) m (Zool) grue f

krank [kraŋk] adj malade; schwer ~ gravement malade; ~ sein/werden être/tomber malade; sich ~ stellen faire le malade; das macht/du machst mich ~! (umg) ça me rend/tu me rends malade!

Kranke, r f(m) malade m/f; (Patient) patient m(f)

kränkeln ['krɛŋkəln] vi être souffreteux(-euse)

kranken ['kraŋkən] vi: an etw Dat ~ souffrir de qch

kränken ['krɛŋkən] vt vexer, blesser

Kranken-: ~bericht m bulletin m de santé; ~besuch m visite f (à un malade); ~geld nt prestations fpl de l'assurance maladie; ~geschichte f passé m médical; ~gymnastik f kinésithérapie f; ~haus nt hôpital m; ~kasse f caisse f (d'assurance-)maladie; ~pfleger m (mit Schwesternausbildung) infirmier m; ~schein m ≈ feuille f de maladie; ~schwester f infirmière f; ~versicherung f assurance-maladie f; ~wagen m ambulance f

krankfeiern (*umg*) *vi* être soit disant malade
krankhaft *adj* (*Veränderung*) pathologique; (*Angst etc*) maladif(-ive); **sein Geiz ist schon** ~ il est d'une avarice maladive
Krankheit *f* maladie *f*; **nach langer schwerer** ~ des suites d'une longue maladie
Krankheitserreger (**-s, -**) *m* agent *m* pathogène
kranklachen (*umg*) *vr* se tordre de rire
kränklich ['krɛŋklɪç] *adj* souffreteux(-euse)
krank-: **~melden** *vr* se faire porter malade; **~schreiben** *vt* mettre qn en arrêt-maladie
Kränkung *f* offense *f*, insulte *f*
Kranz [krants] (**-es, ̈e**) *m* couronne *f*; (*kreisförmig Angeordnetes*) cercle *m*
Kränzchen ['krɛntsçən] *nt* petite couronne *f*; (*fig*) groupe de femmes qui se réunissent régulièrement pour bavarder autour d'une tasse de café
Krapfen ['krapfən] (**-s, -**) *m* beignet *m*; (*Berliner*) beignet *m* à la confiture
krass [kras] *adj* grossier(-ière); (*Unterschied*) très net(te)
Krater ['kra:tər] (**-s, -**) *m* cratère *m*
Kratzbürste ['kratsbʏrstə] *f* (*fig*) mégère *f*
Krätze ['krɛtsə] *f* (*Med*) gale *f*
kratzen ['kratsən] *vt* (*mit Nägeln, Krallen*) griffer; (*jucken, sich kratzen*) gratter; (*einritzen*) graver; (*umg: stören*) turlupiner ▷ *vi* (*Katze*) griffer; (*Pullover etc*) gratter; **das kratzt mich nicht** (*umg*) je m'en fiche
Kratzer (**-s, -**) *m* (*Wunde*) égratignure *f*; (*Werkzeug*) grattoir *m*
kratzig *adj* (*Socken*) rêche; (*Wein*) râpeux(-euse)
Kraul [kraʊl] (**-s**) *nt* crawl *m*
kraulen *vi* (*schwimmen*) nager le crawl, crawler ▷ *vt* (*streicheln*) caresser
Kraulstil *m* crawl *m*
kraus [kraʊs] *adj* (*Haar*) crépu(e); (*Stirn*) plissé(e); (*verworren*) confus(e)
Krause ['kraʊzə] *f* (*Halskrause*) fraise *f*
kräuseln ['krɔʏzəln] *vt* (*Haar*) friser; (*Stoff*) froncer; (*Stirn*) plisser; (*Wasser*) rider ▷ *vr* (*Haar*) friser; (*Stirn*) se plisser; (*Wasser*) se rider
Kraut [kraʊt] (**-(e)s, Kräuter**) *nt* (*Blätter*) fane *f*; **Kräuter** *pl* (*Koch*) fines herbes *fpl*; (*Heilkraut*) herbes médicinales; **dagegen ist kein ~ gewachsen** on ne peut rien y faire; **ins ~ schießen** (*fig*) se multiplier; **wie ~ und Rüben** (*umg*) sens dessus dessous
Kräuterlikör ['krɔʏtərlikø:r] *m* liqueur *f* aux herbes
Kräutertee *m* infusion *f*, tisane *f*
Krawall [kra'val] (**-s, -e**) *m* (*Aufruhr*) émeute *f*; (*Lärm*) tapage *m*
Krawatte [kra'vatə] *f* (*Schlips*) cravate *f*
Kraxe ['kraksə] *f* (*Rückentrage für Kleinkinder*) porte-bébé *m*
kreativ [krea'ti:f] *adj* créatif(-ive); **K~urlaub** *m* vacances avec activités artistiques
Kreatur [krea'tu:r] *f* créature *f*
Krebs [kre:ps] (**-es, -e**) *m* (*Zool*) crabe *m*; (: *Flusskrebs*) écrevisse *f*; (*Med*) cancer *m*; (*Astrol*) Cancer *m*; ~ **sein** (*Astrol*) être (du) Cancer;

k~erregend *adj* cancérigène; **k~krank** *adj* qui a le cancer, cancéreux(-euse); **k~rot** *adj* rouge comme une écrevisse; **~vorsorge** *f* dépistage *m* du cancer
Kredit [kre'di:t] (**-(e)s, -e**) *m* crédit *m*; **k~fähig** *adj* à qui l'on peut faire crédit; **~institut** *nt* établissement *m* de crédit; **~karte** *f* carte *f* de crédit; **~konto** *nt* compte *m* créditeur; **~würdigkeit** *f* solvabilité *f*
Kreide ['kraɪdə] *f* craie *f*; **bei jdm (tief) in der ~ stehen** (*umg*) avoir une sacrée ardoise chez qn; **k~bleich** *adj* blanc (blanche) comme un linge
kreieren [kre'i:rən] *vt* (*Mode*) lancer; (*Stil*) créer
Kreis [kraɪs] (**-es, -e**) *m* cercle *m*; (*Verwaltungskreis*) circonscription *f*, district *m*; **im ~ gehen** tourner en rond; (*weite*) ~**e ziehen** avoir des répercussions; **weite ~e der Bevölkerung** une grande partie de la population; **eine Feier im kleinen ~e** une fête en petit comité; **im ~e der Familie** dans l'intimité
kreischen ['kraɪʃən] *vi* (*Vogel*) piailler; (*umg: Mensch*) pousser des cris perçants; (*Reifen*) crisser
Kreisel ['kraɪzəl] (**-s, -**) *m* toupie *f*; (*Verkehrskreisel*) rond-point *m*
kreisen ['kraɪzən] *vi* tourner; (*Vogel*) tournoyer; (*herumgereicht werden*) circuler, passer de main en main; ~ **um** tourner autour de
kreis-: ~**förmig** *adj* circulaire; **K~lauf** *m* (*Med*) circulation *f*; (*der Natur etc*) cycle *m*; **K~laufstörungen** *pl* troubles *mpl* circulatoires; **K~säge** *f* scie *f* circulaire
Kreißsaal ['kraɪsza:l] *m* salle *f* d'accouchement
Kreisstadt *f* chef-lieu *m* de circonscription *od* de district
Kreisverkehr *m* sens *m* giratoire
Krem [kre:m] (**-, -s**) *f* = **Creme**
Krematorium [krema'to:riʊm] *nt* crématorium *m*
Kreml ['kre:ml] (**-s**) *m*: **der** ~ le Kremlin
Krempe ['krɛmpə] *f* bord *m* (*d'un chapeau*)
Krempel (**-s**) (*umg: pej*) *m* bazar *m*
Kren [kre:n] (**-(e)s**) (*Österr*) *m* raifort *m*
krepieren [kre'pi:rən] *vi* (*umg: sterben*) crever; (*Bombe*) éclater
Krepp [krɛp] (**-s, -s** *od* **-e**) *m* crêpe *m*; ~**papier** *nt* papier *m* crêpé; ~**sohle** *f* semelle *f* de crêpe
Kresse ['krɛsə] *f* cresson *m*
Kreta ['kre:ta] (**-s**) *nt* la Crète
Kreter, in (**-s, -**) *m(f)* Crétois(e) *m/f*
kretisch *adj* crétois(e)
kreuz [krɔʏts] *adj*: ~ **und quer** dans tous les sens
Kreuz (**-es, -e**) *nt* croix *f*; (*Kreuzzeichen*) signe *m* de croix; (*Mus*) dièse *m*; (*Autobahnkreuz*) échangeur *m*; (*Anat*) reins *mpl*; (*Karten*) trèfle *m*; **zu ~e kriechen** courber l'échine; **jdn aufs ~ legen** mettre qn sur le dos; (*umg*) rouler qn; **das ~ machen** (*Rel*) se signer
kreuzen *vt* croiser; (*Linie*) couper ▷ *vr* (*Linien*) se couper; (*Meinungen, Ansichten etc*) s'opposer; (*Briefe*) se croiser ▷ *vi* (*Naut*) croiser
Kreuzer (**-s, -**) *m* (*Schiff*) croiseur *m*
Kreuz-: ~**fahrt** *f* croisière *f*; ~**feuer** *nt*: **ins ~feuer geraten/im ~feuer stehen** être attaqué(e) de

toutes parts; **~gang** m (Archit) cloître m
kreuzigen vt crucifier
Kreuzigung f crucifixion f
Kreuzotter f vipère f
Kreuzschmerzen pl: **~ haben** avoir mal m aux
reins
Kreuzung f (Verkehrskreuzung) croisement m,
carrefour m; (das Züchten) croisement; (Tier,
Pflanze) hybride m
Kreuz-: ~verhör nt contre-interrogatoire m;
~weg m carrefour m; (Rel) chemin m de croix;
~worträtsel nt mots mpl croisés; **~zeichen** nt
signe m de croix; **~zug** m croisade f
kribb(e)lig ['krɪb(ə)lɪç] (umg) adj (nervös)
nerveux(-euse), agité(e)
kribbeln ['krɪbəln] vi (jucken) démanger, gratter;
(prickeln) picoter
kriechen ['kriːçən] unreg vi ramper; (Verkehr)
rouler au pas
Kriecher (-s, -) (pej) m lèche-bottes m inv
Kriechspur f (auf Autobahn) voie pour véhicules lents
Kriechtier nt reptile m
Krieg [kriːk] (-(e)s, -e) m guerre f; **~ führen (mit**
od **gegen**) faire la guerre (à)
kriegen ['kriːgən] (umg) vt (Hunger, Angst etc) avoir
(de plus en plus); (Erlaubnis, Arbeit) obtenir;
(Besuch) avoir; (erwischen) attraper; **sie kriegt ein**
Kind elle est enceinte; **jdn dazu ~, etw zu tun**
obtenir de qn qu'il fasse qch
Krieger (-s, -) m guerrier m; **~denkmal** nt
monument m aux morts; **k~isch** adj
guerrier(-ière), belliqueux(-euse); (Aktion)
militaire
Kriegführung f guerre f, stratégie f
Kriegs-: ~beil nt: **das ~beil begraben** enterrer la
hache de guerre; **~bemalung** f peinture f de
guerre; **in voller ~bemalung** (umg)
peinturluré(e); **~dienstverweigerer** m objecteur
m de conscience; **~erklärung** f déclaration f de
guerre; **~fuß** m: **mit jdm auf (dem) ~fuß**
stehen être fâché(e) avec qn; **mit etw Dat auf**
(dem) ~fuß stehen avoir des problèmes avec
qch; **~gefangene, r** f(m) prisonnier(-ière) m(f) de
guerre; **~gefangenschaft** f captivité f; **~gericht**
nt cour f martiale; **~pfad** m: **auf dem ~pfad sein**
(umg) être sur le sentier de la guerre; **~rat** m
conseil m de guerre; **~recht** nt droit m de la
guerre; **~schauplatz** m théâtre m des opérations;
~schiff nt navire m de guerre; **~verbrecher** m
criminel m de guerre; **~versehrte, r** f(m) mutilé(e)
m(f) de guerre; **~zustand** m état m de guerre
Krim [krɪm] f: **die ~** la Crimée
Krimi ['kriːmi] (-s, -s) (umg) m polar m
kriminal [krimi'naːl] adj criminel(le), pénal(e);
K~beamte, r m inspecteur m de la police
judiciaire; **K~film** m film m policier; **K~ität**
[kriminali'tɛːt] f criminalité f; **K~polizei** f police
f judiciaire; **K~roman** m roman m policier
kriminell [krimi'nɛl] adj criminel(le)
Kriminelle, r f(m) criminel(le) m(f)
Krimskrams ['krɪmskrams] (-es) (umg) m bric-à-
brac m, camelote f

Kringel ['krɪŋəl] (-s, -) m (der Schrift) boucle f;
(Koch) petit biscuit en forme d'anneau
kringelig adj: **sich ~ lachen** (umg) se tordre de rire
Kripo ['kriːpo] (-) (umg) f abk = **Kriminalpolizei**
Krippe ['krɪpə] f (Futterkrippe) mangeoire f; (Rel,
Kindern) crèche f
Krippenspiel nt (Theat) mystère m
Krise ['kriːzə] f crise f; (Med auch) accès m
kriseln vi unpers: **es kriselt** il y a de l'eau dans le gaz
krisen-: ~fest adj à l'abri des crises; **K~herd** m
foyer m de crise; **K~management** nt gestion f de
crise; **K~stab** m cellule f de crise
Kristall [krɪs'tal] (-s, -e) m od nt cristal m; **~glas** nt
(Werkstoff) cristal m
Kriterium [kri'teːrium] nt (geh: Maßstab) critère m
Kritik [kri'tiːk] (-, -en) f critique f; **unter jeder** od
aller ~ sein (umg) être en-dessous de tout; **an**
jdm/etw ~ üben critiquer qn/qch
Kritiker, in ['kriːtikər(ɪn)] (-s, -) m(f) critique m/f
kritiklos adj dénué(e) d'esprit critique
kritisch ['kriːtɪʃ] adj critique
kritisieren [kriti'ziːrən] vt (beurteilen, besprechen)
faire la critique de; (tadeln) critiquer ▷ vi (tadeln)
critiquer
kritteln ['krɪtəln] vi ergoter
kritzelig adj (Schrift) illisible
kritzeln ['krɪtsəln] vt gribouiller, griffonner ▷ vi
griffonner
Kroate, -in [kro'aːtə] (-n, -n) m(f) Croate m/f
Kroatien (-s) nt la Croatie
kroatisch adj croate
kroch etc [krɔx] vb siehe **kriechen**
Krokant [kro'kant] (-s) m ≈ nougatine f
Krokodil [kroko'diːl] (-s, -e) nt crocodile m
Krokodilstränen pl larmes fpl de crocodile
Krokus ['kroːkus] (-, - od -se) m crocus m
Krone ['kroːnə] f (eines Herrschers) couronne f;
einen in der ~ haben (umg) avoir un verre dans
le nez; **das setzt doch allem die ~ auf!** il ne
manquait plus que ça!, ça, c'est le bouquet!
krönen ['krøːnən] vt couronner
Kron-: ~juwel nt joyau m de la couronne; **~korken**
m capsule f; **~leuchter** m lustre m; **~prinz** m
prince m héritier; **~prinzessin** f princesse f
héritière
Krönung ['krøːnuŋ] f couronnement m
Kronzeuge m (Jur: Hauptzeuge) témoin m principal
Kropf [krɔpf] (-(e)s, ¨e) m (Med) goitre m; (von
Vogel) jabot m
Krösus ['krøːzus] (-ses, -se) m: **ich bin doch kein**
~ (umg) je ne suis pas millionnaire
Kröte ['krøːtə] f (Zool) crapaud m; **Kröten** pl (umg:
Geld) pognon m
Krücke ['krʏkə] f (für Gehbehinderte) béquille f;
(Griff) pommeau m
Krug [kruːk] (-(e)s, ¨e) m cruche f; (Bierkrug)
chope f
Krümel ['kryːməl] (-s, -) m miette f
krümelig adj qui s'émiette, friable
krümeln vi s'émietter
krumm [krʊm] adj (gebogen) tordu(e); (kurvig)
courbe, courbé(e); (zwielichtig) louche; **keinen**

Finger ~ machen (umg) ne pas lever le petit doigt; **ein ~es Ding drehen** (umg) faire des choses pas réglo; siehe auch **krummnehmen**; **~beinig** adj aux jambes torses

krümmen ['krʏmən] vt (Finger, Rücken) plier; (Draht) tordre ▷ vr (Fluss) faire une boucle; (Straße) tourner; (Finger) se plier; (Rücken) se courber; **sich vor Schmerzen/Lachen ~** se tordre de douleur/rire

krummlachen (umg) vr se tordre de rire; **sich krumm- und schieflachen** se tordre de rire

krummnehmen unreg (umg) vt prendre de travers; **jdm etw ~** en vouloir à qn de qch

Krümmung f (das Krümmen) torsion f; (von Fluss) boucle f; (von Weg) virage m; (Math) courbe f; (Med) déviation f

krumpeln ['krʊmpəln] (umg) vt (knittern) chiffonner, froisser ▷ vi (umg) se froisser

Krüppel ['krʏpəl] (**-s, -**) m infirme m

Kruste ['krʊstə] f croûte f

Krux [krʊks] (**-**) f (Schwierigkeit) problème m, nœud m

Kruzifix [krutsi'fɪks] (**-es, -e**) nt crucifix m

Krypta ['krʏpta] (**-, Krypten**) f crypte f

Kt. abk = **Kanton**

Kuba ['ku:ba] (**-s**) nt Cuba f

Kubaner, in [ku'ba:nər(ɪn)] m(f) Cubain(e) m/f

kubanisch [ku'ba:nɪʃ] adj cubain(e)

Kübel ['ky:bəl] (**-s, -**) m (Eimer) seau m; (Bottich) cuve f, baquet m

Kubik-: **~meter** m mètre m cube; **~zahl** f cube m; **~zentimeter** m centimètre m cube

Küche ['kʏçə] f cuisine f

Kuchen ['ku:xən] (**-s, -**) m gâteau m; **~blech** nt plaque f à gâteaux; **~form** f moule m à pâtisserie; **~gabel** f fourchette f à gâteaux od à dessert

Küchen-: **~gerät** nt ustensile m de cuisine; (elektrisch) appareil m électroménager; **~herd** m cuisinière f; **~messer** nt couteau m de cuisine; **~schabe** f cafard m, blatte f; **~schrank** m buffet m de cuisine

Kuchenteig m pâte f à gâteau

Küchenzettel m menu m

Kuckuck ['kʊkʊk] (**-s, -e**) m (Zool) coucou m; (umg: von Gerichtsvollzieher) scellé m; **das weiß der ~** (umg) Dieu seul le sait!

Kuckucksuhr f coucou m (horloge)

Kuddelmuddel ['kʊdəlmʊdəl] (**-s, -**) (umg) m od nt fouillis m

Kufe ['ku:fə] f (Fass) cuve f; (Schlittenkufe) patin m

Kugel ['ku:gəl] (**-, -n**) f (Körper) boule f; (: kleiner) bille f; (Math) sphère f; (Erdkugel) globe m; (Gewehrkugel) balle f; (Gelenkkugel) condyle m; **eine ruhige ~ schieben** (umg) se la couler douce; **k~förmig** adj sphérique; **~kopf** m (in Schreibmaschine) boule f; **~kopfschreibmaschine** f machine f (à écrire) à boule; **~lager** nt roulement m à billes

kugeln vi (Tränen) rouler ▷ vr (vor Lachen) se rouler par terre

kugel-: **~rund** adj rond(e) comme un ballon; (umg: Mensch) grassouillet(te); **K~schreiber** m stylo m à bille, bic® m; **~sicher** adj pare-balles; **K~stoßen** (**-s**) nt lancement m du poids

Kuh [ku:] (**-, ̈e**) f vache f; (pej: Frau) chameau m; **~dorf** (pej: umg) nt bled m; **~fladen** m bouse f de vache; **~handel** (pej: umg) m marchandage m; **~haut** f: **das geht auf keine ~haut** (umg) ça dépasse les bornes

kühl [ky:l] adj frais (fraîche); (leicht abweisend, nüchtern) froid(e); **K~anlage** f système m frigorifique

Kühle f fraîcheur f

kühlen vt refroidir, rafraîchir

Kühler (**-s, -**) m (Aut) radiateur m; **~haube** f capot m

Kühl-: **~flüssigkeit** f liquide m de refroidissement; **~haus** nt entrepôt m frigorifique; **~raum** m chambre f froide; **~schrank** m réfrigérateur m; **~tasche** f glacière f (portative), sac m fraîcheur; **~truhe** f congélateur m

Kühlung f (das Kühlen) réfrigération f, refroidissement m; (Vorrichtung) système m de refroidissement

Kühlwagen m (Eisenb) wagon m frigorifique; (Lastwagen) camion m frigorifique

Kühlwasser nt (Aut) eau f de refroidissement

kühn [ky:n] adj (mutig) hardi(e), intrépide; (gewagt) audacieux(-euse); (frech) effronté(e); **K~heit** f (Mut) hardiesse f; (Unverschämtheit) impertinence f

Kuhstall m étable f

k. u. k. abk = kaiserlich und königlich; **die ~ Monarchie** l'empire m austro-hongrois

Küken ['ky:kən] (**-s, -**) nt poussin m; (umg: Nesthäkchen) petit(e) dernier(-ière)

kulant [ku'lant] adj arrangeant(e)

Kulanz [ku'lants] f souplesse f

Kuli ['ku:li] (**-s, -s**) m (Lastträger) coolie m; (umg: Kugelschreiber) stylo m, bic® m

kulinarisch [kuli'na:rɪʃ] adj culinaire

Kulisse [ku'lɪsə] f coulisse f; (Rahmen) cadre m

kullern ['kʊlərn] vi (rollen) rouler

Kult [kʊlt] (**-(e)s, -e**) m culte m; **mit etw einen ~ treiben** avoir le culte de qch

kultivieren [kʊlti'vi:rən] vt cultiver

kultiviert adj (gepflegt) raffiné(e); (gebildet) cultivé(e)

Kultstätte f lieu m de culte

Kultur [kʊl'tu:r] (**-, -en**) f culture f; **~banause** (pej) m inculte m; **~betrieb** m vie f culturelle; **~beutel** m trousse f de toilette

kulturell [kʊltu'rɛl] adj culturel(le)

Kultur-: **~film** m documentaire m; **~geschichte** f histoire f de la civilisation; **~teil** m (von Zeitung) rubrique f culturelle

Kultusminister ['kʊltʊsmɪnɪstər] m ministre m de la Culture

Kultusministerium nt ministère m de la Culture

Kümmel ['kʏməl] (**-s, -**) m cumin m; (Branntwein) kummel m

Kummer ['kʊmər] (**-s**) m chagrin m; **jdm ~ machen** (umg) donner du souci à qn

kümmerlich ['kʏmərlɪç] adj (ärmlich) misérable; (gering) minable; (schwächlich) chétif(-ive)

kümmern vt regarder ▷ vr: **sich um jdn/etw ~** s'occuper de qn/qch; **das kümmert mich nicht** ça m'est égal

Kumpan, in [kʊm'pa:n(ɪn)] **(-s, -e)** m(f) (Kamerad) camarade m/f, copain (copine) m(f); (Kerl, Mittäter) complice m/f

Kumpel ['kʊmpəl] **(-s, -)** m (umg: Freund) copain m; (Bergmann) mineur m

kündbar ['kʏntba:r] adj résiliable

Kunde¹ ['kʊndə] **(-n, -n)** m client m

Kunde² ['kʊndə] f (Botschaft) nouvelle f

Kunden-: **~beratung** f service m clients; **~dienst** m service m après-vente; **~karte** f carte f de fidélité; **~fang** (pej) m: **auf ~fang sein** racoler les clients, faire de la prospection; **~konto** nt compte m; **~kreis** m clientèle f; **~werbung** f prospection f

Kund-: **~gabe** f annonce f; **k~geben** unreg vt annoncer; **~gebung** f (Versammlung) manifestation f

kundig adj expérimenté(e); (Rat, Blick) d'expert; **sich ~ machen** se mettre à jour

kündigen ['kʏndɪgən] vi (Arbeitnehmer) démissionner ▷ vt (Wohnung) résilier le bail de; (Mietvertrag, Sparvertrag) résilier; (Stelle) démissionner de; (Gelder) demander le remboursement de; **jdm ~** (Arbeitgeber) licencier qn; (Vermieter) donner congé à qn; (Mieter) donner un préavis de départ à qn; **zum 1. Oktober ~** donner sa démission à compter du 1er octobre; (Mieter) donner son congé pour le 1er octobre; **jdm die Stellung ~** donner son congé à qn, licencier qn; **sie hat ihm die Freundschaft gekündigt** elle s'est brouillée avec lui

Kündigung f (durch Arbeitgeber) licenciement m, congé m; (durch Arbeitnehmer, Vermieter) congé; (von Vertrag) résiliation f

Kündigungsfrist f préavis m (de congé)

Kündigungsschutz m protection des salariés contre le licenciement abusif

Kundin f cliente f

Kundschaft f clientèle f

Kundschafter (-s, -) m espion m; (Mil) éclaireur m

künftig ['kʏnftɪç] adj futur(e) ▷ adv désormais, à l'avenir

Kunst [kʊnst] **(-, ⁻e)** f art m; **das ist (doch) keine ~** ça n'est pas compliqué; **mit seiner ~ am Ende sein** ne plus savoir que faire; **das ist eine brotlose ~** ça ne nourrit pas son homme; **~akademie** f (école f des) beaux-arts mpl; **~druck** m reproduction f; **~dünger** m engrais m chimique; **~eisbahn** f patinoire f (artificielle); **~(erziehung)** f (Sch) arts mpl plastiques; **~faser** f fibre f synthétique; **~fehler** m (ärztlich) faute f professionnelle (d'un médecin); **~fertigkeit** f adresse f, habileté f; **~flieger** m pilote m de voltige aérienne; **~führer** m (Buch) guide m culturel; **~gegenstand** m objet m d'art; **k~gerecht** adj conforme aux règles de l'art; **~geschichte** f histoire f de l'art; **~gewerbe** nt arts mpl décoratifs; **~griff** m truc m; **~handel** m commerce m des œuvres d'art; **~händler** m marchand m d'objets d'art; **~handwerk** nt artisanat m; **~harz** nt résine f synthétique; **~leder** nt simili-cuir m

Künstler, in ['kʏnstlər(ɪn)] **(-s, -)** m(f) artiste m/f; **k~isch** adj artistique; **~name** m pseudonyme m; **~pech** (umg) nt manque m de bol

künstlich ['kʏnstlɪç] adj artificiel(le); (gewollt) affecté(e), forcé(e) ▷ adv: **sich ~ aufregen** (umg) se monter la tête pour trois fois rien; **~es Gebiss** fausses dents fpl, dentier m; **~e Intelligenz/Befruchtung** intelligence f/insémination f artificielle

Kunst-: **~pause** f silence m calculé; **~sammler (-s, -)** m collectionneur m d'objets d'art; **~seide** f soie f artificielle; **~stoff** m plastique m; **~stopfen (-s)** nt stoppage m; **~stück** nt (von Akrobat) numéro m d'acrobatie; (Zauberer) tour m de magie; **das ist kein ~stück** (umg) ce n'est vraiment pas difficile; **~turnen** nt gymnastique f; **k~voll** adj réussi(e) ▷ adv soigneusement; **~werk** nt œuvre f d'art

kunterbunt ['kʊntərbʊnt] adj (farbig) bariolé(e); (durcheinander) pêle-mêle unver

Kupee [ku'pe:] **(-s, -s)** nt siehe **Coupé**

Kupfer ['kʊpfər] **(-s, -)** nt cuivre m

kupfern adj de od en cuivre

Kupferstich m taille-douce f

Kupon [ku'põ:] **(-s, -s)** m siehe **Coupon**

Kuppe ['kʊpə] f (Bergkuppe) sommet m; (Fingerkuppe) bout m

Kuppel (-, -n) f coupole f

Kuppelei [kʊpə'laɪ] f (Jur) proxénétisme m

kuppeln vi (Aut) embrayer ▷ vt (Tech) coupler

Kuppler, in ['kʊplər(ɪn)] m(f) proxénète m/f

Kupplung f (Aut) embrayage m; (Anhängerkupplung) attelage m; **die ~ (durch)treten** débrayer

Kur [ku:r] **(-, -en)** f cure f; **eine ~ machen** faire une cure; **jdn in die ~ nehmen** (umg) dire deux mots à qn

Kür [kyːr] **(-, -en)** f (Sport) figures fpl libres

Kuratorium [kura'to:riʊm] nt (Vereinigung) conseil m d'administration

Kurbel ['kʊrbəl] **(-, -)** f manivelle f

kurbeln vt (drehen) tourner ▷ vi tourner la manivelle

Kurbelwelle f vilebrequin m

Kürbis ['kʏrbɪs] **(-ses, -se)** m citrouille f, potiron m; (exotisch) gourde f

Kurfürst ['ku:rfʏrst] m prince m électeur

Kurgast m curiste m/f

Kurhaus nt hôtel m thermal

Kurier [ku'ri:r] **(-s, -e)** m messager m

kurieren [ku'ri:rən] vt guérir; **jdn von etw ~** guérir qn de qch

kurios [kuri'o:s] adj curieux(-euse)

Kuriosität [kuriozi'tɛ:t] f curiosité f

Kur-: **~karte** f carte f de curiste; **~konzert** nt concert organisé dans une station thermale; **~ort** m station f thermale; **~park** m parc m (dans une station thermale); **~pfuscher** (umg: pej) m charlatan m

Kurs [kʊrs] **(-es, -e)** m (Richtung) route f; (Lehrgang,

Finanz) cours *m;* **den ~ wechseln** changer de cap;
~ auf Hamburg nehmen mettre le cap sur
Hambourg; **den ~ halten** suivre son chemin;
einen ~ besuchen *od* **mitmachen** suivre un
cours; **harter/weicher ~** *(Pol)* ligne *f* dure/du
compromis; **hoch im ~ stehen** *(fig)* être très en
vogue; **~änderung** *f* changement *m* de cap;
~buch *nt* indicateur *m od* horaire *m* (des chemins
de fer)
Kurschatten *(umg)* *m* ami(e) rencontré(e) lors d'une
cure thermale
Kürschner, in ['kʏrʃnər(ɪn)] **(-s, -)** *m(f)* fourreur *m*
kursieren [kʊr'zi:rən] *vi (Banknoten)* être en
circulation; *(Gerüchte)* courir
kursiv *adj (Schrift)* italique
Kursnotierung *f* cote *f,* cours *m*
Kursus ['kʊrzʊs] **(-, Kurse)** *m* cours *m*
Kurs-: ~wagen *m* voiture *f* directe; **~wert** *m* cote
f; **~zettel** *m* Cote *f* officielle
Kurtaxe *f* taxe *f* de séjour
Kurve ['kʊrvə] *f (Math etc)* courbe *f; (Straßenkurve)*
virage *m; (Bogenlinie)* arc *m; (von Frau)* rondeur *f;*
die ~ nicht kriegen *(umg)* se planter
kurvenreich *adj:* „**~e Strecke"** "attention,
virages (dangereux)"; **eine ~e Blondine** une
blonde bien roulée
Kurverwaltung *f* administration *f* d'une station
thermale *od* de la station
kurvig *adj (Straße)* sinueux(-euse)
kurz [kʊrts] *adj* court(e); *(knapp)* bref (brève),
concis(e); *(unfreundlich)* sec (sèche) ▷ *adv (für eine
kurze Zeit)* brièvement; *(nicht weit, nicht lang)* peu;
zu ~ kommen être défavorisé(e); **den Kürzeren
ziehen** perdre au change; **~ und bündig**
concis(e); **~ und gut** bref; **eine Sache ~ abtun**
régler qch de manière expéditive; **~ gefasst**
sommaire; **~ gesagt** en un mot; **vor K~em** il y a
peu (de temps); **seit K~em** depuis peu; **~ darauf**
peu après; **darf ich mal ~ stören?** puis-je vous
déranger une seconde?; **über ~ oder lang** tôt ou
tard; *siehe auch* **kurzfassen, kurzhalten,
kurztreten**
Kurzarbeit *f* chômage *m* partiel; *voir article*

⊙ **KURZARBEIT**
⊙
⊙ *Kurzarbeit* désigne une semaine de travail
⊙ courte imposée par un manque de travail.
⊙ Ce type de semaine a été introduit
⊙ récemment comme alternative préférable
⊙ au licenciement. La semaine de travail courte
⊙ doit recueillir l'approbation de l'Arbeitsamt,
⊙ équivalent allemand de l'ANPE, qui verse
⊙ alors une compensation de salaire au
⊙ travailleur.

kurzärmelig *adj* à manches courtes
kurzatmig *adj* au souffle court

Kürze ['kʏrtsə] *f (räumlich)* manque *m* de
longueur; *(zeitlich)* brièveté *f; (Knappheit)*
concision *f; (Unfreundlichkeit)* sécheresse *f;* **in ~**
sous peu
kürzen *vt (in der Länge)* raccourcir; *(Zeit)*
écourter; *(Gehalt etc)* diminuer, réduire; *(Math)*
simplifier
kurzerhand ['kʊrtsər'hant] *adv* brusquement,
sans plus de cérémonie
Kurz-: k~fassen *vr* être bref(brève); **~fassung** *f*
version *f* abrégée; **k~fristig** *adj (ohne
Vorankündigung)* brusque; *(für kurze Zeit)* à court
terme; **~geschichte** *f* nouvelle *f;* **k~halten**
unreg vt tenir la bride haute à; **k~lebig** *adj*
éphémère
kürzlich ['kʏrtslɪç] *adv* récemment
Kurz-: ~meldung *f* flash *m* d'information;
~parker *m:* „**nur für ~parker"** "réservé au
stationnement de courte durée"; **k~schließen**
vt court-circuiter; **~schluss** *m* court-circuit *m;*
(fig) coup *m* de tête; **~schlusshandlung** *f*
coup *m* de tête; **~schrift** *f* sténographie *f;*
k~sichtig *adj* myope; **~streckenläufer, in** *m(f)*
sprinter(-euse) *m(f);* **k~treten** *unreg vi*
(fig: umg) se restreindre; **k~um** *adv* bref, en un
mot
Kürzung *f (siehe vt)* raccourcissement *m;*
diminution *f,* réduction *f*
Kurz-: ~waren *pl* (articles *mpl* de) mercerie *f;*
~welle *f (Rundf)* ondes *fpl* courtes; **k~zeitig** *adj* de
courte durée
kuschelig *adj* douillet(te), moelleux(-euse)
kuscheln ['kʊʃəln] *vr* se blottir
kuschen ['kʊʃən] *vi* s'aplatir ▷ *vr (Hund)* se
coucher; *(Mensch)* s'aplatir
Kusine [ku'zi:nə] *f* cousine *f*
Kuss [kʊs] **(-es, -̈e)** *m* baiser *m*
küssen ['kʏsən] *vt* embrasser; **jdm die Hand ~**
baiser la main de qn
Küste ['kʏstə] *f* côte *f*
Küstengewässer *pl* eaux *fpl* territoriales
Küstenschiff *nt* caboteur *m*
Küster ['kʏstər] **(-s, -)** *m* sacristain *m,* bedeau *m*
Kutsche ['kʊtʃə] *f* diligence *f*
Kutscher (-s, -) *m* cocher *m*
kutschieren [kʊ'tʃi:rən] *vi:* **durch die Gegend ~**
(umg) vadrouiller
Kutte ['kʊtə] *f* froc *m*
Kuvert [ku'vɛrt] **(-s, -e** *od* **-s)** *nt* enveloppe *f;*
(Gedeck) couvert *m*
Kuwait (-s) *nt* le Koweït, le Kuweit
KV *abk (Mus: = Köchelverzeichnis)* Koechel
KW *abk (= Kurzwelle)* OC *fpl*
kW *abk (= Kilowatt)* kW
Kybernetik [kyber'ne:tɪk] *f* cybernétique *f*
kybernetisch [kyber'ne:tɪʃ] *adj* cybernétique
kyrillisch [ky'rɪlɪʃ] *adj* cyrillique
KZ (-s, -s) *nt abk* = **Konzentrationslager**

L

L, l [ɛl] *nt* (*Buchstabe*) L, l *m*; **L wie Ludwig** = L comme Louis

l *abk* (= *Liter*) l

laben ['la:bən] *vt* rafraîchir ▷ *vr*: **sich an etw** *Dat* ~ savourer qch

labern ['la:bərn] (*umg*) *vi, vt* radoter

labil [la'bi:l] *adj* (*Med: Konstitution*) fragile; (: *Kreislauf*) mauvais(e), instable

Labor [la'bo:r] (**-s, -e** *od* **-s**) *nt* laboratoire *m*

Laborant, in [labo'rant(ɪn)] *m(f)* laborantin(e) *m/f*

Laboratorium [labora'to:riʊm] *nt* laboratoire *m*

laborieren [labo'ri:rən] *vi*: **an einer Bronchitis ~** (*umg*) traîner une bronchite

Labyrinth [laby'rɪnt] (**-s, -e**) *nt* labyrinthe *m*

Lache¹ ['la(:)xə] *f* (*von Flüssigkeit*) flaque *f*; (*Blutlache*) mare *f*

Lache² ['laxə] *f* (*Gelächter*) rire *m*

lächeln ['lɛçəln] *vi* sourire; **L~** (**-s**) *nt* sourire *m*

lachen ['laxən] *vi* rire; **~ über** +*Akk* rire de; **das wäre doch gelacht, wenn** ... ce serait ridicule si ...; (**bei jdm**) **nichts zu ~ haben** ne pas se marrer (avec qn); **dass ich nicht lache!** (*umg*) laisse-moi rire!; **L~** (**-s**) *nt* rire *m*; **dir wird das L~ schon noch vergehen!** rira bien qui rira le dernier

Lacher (**-s, -**) *m*: **die ~ auf seiner Seite haben** avoir les rieurs de son côté

lächerlich ['lɛçərlɪç] *adj* ridicule; **jdn ~ machen** ridiculiser qn; **L~keit** *f* ridicule *m*

Lach-: **~gas** *nt* gaz *m* hilarant; **l~haft** (*pej*) *adj* ridicule; **~krampf** *m*: **einen ~krampf bekommen** avoir une crise de fou rire

Lachs [laks] (**-es, -e**) *m* saumon *m*

Lachsalve ['laxzalvə] *f* éclat *m* de rire

Lachsschinken *m* sorte de jambon fumé

Lack [lak] (**-(e)s, -e**) *m* laque *f*, vernis *m*; (*von Auto*) peinture *f*

lackieren [la'ki:rən] *vt* (*Möbel*) vernir, laquer; (*Auto*) refaire la peinture de; **sich** *Dat* **die Fingernägel ~** se mettre du vernis à ongles

Lackierer [la'ki:rər] (**-s, -**) *m* vernisseur *m*

Lackleder *nt* cuir *m* verni

Lackmus ['lakmʊs] (**-**) *m od nt* (*Chem*) tournesol *m*; **~papier** *nt* papier *m* de tournesol

Lade ['la:də] *f* (*Schublade*) tiroir *m*; **~baum** *m* mât *m* de charge; **~fläche** *f* surface *f* de chargement; **~gerät** *nt* chargeur *m*; **~gewicht** *nt* charge *f*

admissible; **~hemmung** *f*: **das Gewehr hat ~hemmung** le fusil s'est enrayé; **~kontrollleuchte** *f* (*Aut*) témoin *m* de charge

laden ['la:dən] *unreg vt* charger; (*einladen*) inviter; (*Jur*) citer; **eine schwere Verantwortung auf sich** *Akk* **~** assumer une lourde responsabilité; **eine schwere Schuld auf sich** *Akk* **~** se mettre un poids sur la conscience; **nur für ge~e Gäste** uniquement sur invitation

Laden ['la:dən] (**-s, ˙**) *m* (*Geschäft*) magasin *m*; (*Fensterladen*) volet *m*; (*Rollladen*) store *m*; (*Betrieb: umg*) boîte *f*; **der ~ läuft** (*umg*) les affaires marchent; **~besitzer** *m* propriétaire *m* (de magasin); **~dieb** *m* personne qui fait du vol à l'étalage; **~diebstahl** *m* vol *m* à l'étalage; **~hüter** (**-s, -**) *m* rossignol *m*; **~preis** *m* prix *m* de vente; **~schluss** *m* heure *f* de fermeture; **~tisch** *m* comptoir *m*; **unter dem ~tisch** sous le manteau

Laderampe *f* rampe *f* de chargement

Laderaum *m* (*Naut*) cale *f*; (*Flug*) soute *f*

lädieren [lɛ'di:rən] *vt* endommager

lädt *etc* [lɛ:t] *vb siehe* **laden**

Ladung ['la:dʊŋ] *f* charge *f*; (*Naut, Flug*) cargaison *f*; (*das Beladen*) chargement *m*; (*umg: große Menge*) paquet *m*

lag *etc* [la:k] *vb siehe* **liegen**

Lage ['la:gə] *f* situation *f*; (*Position*) position *f*; (*Schicht*) couche *f*; (*Mus: Stimmlage*) registre *m*; **in der ~ sein, etw zu tun** (*imstande sein*) être en mesure de faire qch; **eine gute ~ haben** être bien situé(e); **eine ruhige ~ haben** être (situé(e) dans un endroit) tranquille; **Herr der ~ sein** être maître de la situation; **~bericht** *m* rapport *m*, compte-rendu *m*; **~besprechung** *f* discussion *f* *od* analyse *f* de la situation

lagenweise *adv* par couches

Lageplan *m* plan *m* (topographique)

Lager ['la:gər] (**-s, -**) *nt* (*Mil, Pfadfinderlager*) camp *m*; (*Wirts: Raum*) entrepôt *m*; (: *Vorrat*) stock *m*; (*Schlaflager*) lit *m*; (*von Tier*) tanière *f*; (*Tech*) palier *m*, support *m*; (*von Bodenschätzen*) gisement *m*; **etw auf ~ haben** (*umg*) avoir qch en réserve; **~arbeiter** *m* magasinier *m*, manœuvre *m* dans un entrepôt; **~bestand** *m* stock *m*; **den ~bestand aufnehmen** faire l'inventaire; **~feuer** *nt* feu *m* de camp; **~geld** *nt* frais *mpl* d'entreposage; **~haus** nt entrepôt m

Lagerist, in [la:gə'rɪst(ɪn)] m(f) magasinier m

lagern ['la:gərn] vt (aufbewahren) entreposer, stocker; (betten) mettre, poser ▷ vi (Vorräte) être entreposé(e); (Menschen) camper ▷ vr (rasten) faire une halte, s'arrêter; **über** od **auf etw** Dat ~ (Nebel, Staub) recouvrir qch; **kühl** ~ conserver au frais; **der Fall ist anders gelagert** la situation n'est pas la même

Lager-: ~raum m entrepôt m; **~schuppen** m hangar m; **~stätte** f gisement m

Lagerung f (von Waren) entreposage m; (Tech: Lager) palier m

Lagune [la'gu:nə] f lagune f

lahm [la:m] adj paralysé(e); (pej: umg: langsam, langweilig) mou(molle); (: Ausrede) mauvais(e); **die Geschäfte waren** ~ les affaires battaient de l'aile; **eine ~e Ente sein** (umg) être un mollasson; siehe auch **lahmlegen; ~arschig** ['la:mlarʃɪç] (umg!) adj mollasson(ne) (umg); **~en** vi traîner la jambe

lähmen ['lɛ:mən], **lahmlegen** vt paralyser

Lähmung f paralysie f

Laib [laɪp] (**-s, -e**) m: **ein** ~ **Brot** une miche de pain, un pain

Laich [laɪç] (**-(e)s, -e**) m frai m; **l~en** vi frayer

Laie ['laɪə] (**-n, -n**) m profane m; (Rel) laïc m; (Theat) amateur m

laienhaft adj de profane

Lakai [la'kaɪ] (**-en, -en**) m laquais m

Laken ['la:kən] (**-s, -**) nt (Betttuch) drap m

lakonisch [la'ko:nɪʃ] adj (Antwort) laconique

Lakritz [la'krɪts] m od nt, **Lakritze** [la'krɪtsə] f réglisse m

lala ['la'la] (umg) adv: **so** ~ couci-couça

lallen ['lalən] vi (Betrunkener) bafouiller; (Baby) gazouiller

Lama ['la:ma] (**-s, -s**) nt lama m

Lamelle [la'mɛlə] f lamelle f; (von Jalousie) lame f; (von Heizkörper) élément m

lamentieren [lamɛn'ti:rən] vi se lamenter

Lametta [la'mɛta] (**-s**) nt guirlande de Noël en papier d'argent

laminieren [lami'ni:rən] vt (Karton) plastifier

Lamm [lam] (**-(e)s, -̈er**) nt agneau m; **~fell** nt agneau m; **l~fromm** adj doux(douce) comme un agneau; **~wolle** f lambswool f

Lampe ['lampə] f lampe f; (Straßenlampe) lampadaire m

Lampenfieber nt trac m

Lampenschirm m abat-jour m inv

Lampion [lampi'ö:] (**-s, -s**) m lampion m

lancieren [lãsi:rən] vt (Mode) lancer; (Meldung) publier

Land [lant] (**-(e)s, -̈er**) nt (Festland) terre f; (Gelände, Erdboden) terrain m; (nicht Stadt) campagne f; (Staatsgebiet, Nation) pays m; (Bundesland) land m; **auf dem ~(e)** à la campagne; **bei uns zu ~e** chez nous; **an** ~ **gehen** débarquer; **etw an** ~ **ziehen** (umg) obtenir qch; **aus aller Herren Länder** de tous les pays du monde; siehe auch **hierzulande**; voir article

● **LAND**
●
● Un Land (au pluriel Länder) est un état membre
● de la BRD. La BRD est formée de 16 Länder :
● Bade-Wurtemberg, Basse-Saxe, Bavière,
● Berlin, Brandebourg, Brême, Hambourg,
● Hesse, Mecklembourg-Poméranie-
● Occidentale, Rhénanie-du-Nord-Westphalie,
● Rhénanie-Palatinat, Sarre, Saxe, Saxe-Anhalt,
● Schleswig-Holstein, Thuringe. Chaque Land
● a son assemblée et sa constitution.

Landbesitz m propriété f foncière

Landbesitzer m propriétaire m foncier

Landebahn f piste f d'atterrissage

Landeerlaubnis f autorisation f d'atterrir

landeinwärts [lant'laɪnvɛrts] adv vers l'intérieur du pays od des terres

landen ['landən] vi (Flugzeug) atterrir; (Schiff) accoster; (Passagier) débarquer; (umg: geraten) atterrir; **mit deinen Komplimenten kannst du bei mir nicht** ~ (umg) ce genre de compliments ne prend pas avec moi

Ländereien [lɛndə'raɪən] pl terres fpl

Länderspiel nt rencontre f internationale

Landes-: ~amt nt administration f régionale (au niveau du land); **~farben** pl couleurs fpl nationales; **~grenze** f frontière f; **~innere, s** nt intérieur m du pays; **~kind** nt enfant m du pays; **~kunde** f instruction f civique; **~sprache** f langue f nationale; **~tracht** f costume m national; **l~üblich** adj (Honorar) courant(e); (Tracht) du pays; **das ist dort l~üblich** c'est la coutume là-bas od dans ce pays; **~vater** m souverain m; **~verrat** m haute trahison f; **~währung** f monnaie f nationale; **l~weit** adv, adj dans tout le pays

Landeverbot nt interdiction f d'atterrir

Land-: ~flucht f exode m rural; **~haus** nt maison f de campagne; **~karte** f carte f (géographique); **~kreis** m district m (administratif); **l~läufig** adj courant(e)

ländlich ['lɛntlɪç] adj rural(e)

Land-: ~plage f fléau m; **~rat** m ≈ sous-préfet m; **~schaft** f paysage m; (Landstrich) région f; **die politische ~schaft** la scène politique; **l~schaftlich** adj du paysage; (Besonderheiten) régional(e); **~sitz** m propriété f à la campagne

Landsmann, -männin [-mɛnɪn] (**-(e)s, -leute**) m(f) compatriote m/f

Land-: ~straße f route f départementale; **~streicher, in** (**-s, -**) m(f) vagabond(e) m/f; **~strich** m contrée f, région f; **~tag** m parlement m (d'un land)

Landung ['landʊŋ] f (von Flugzeug) atterrissage m; (von Schiff) accostage m

Landungs-: ~boot nt péniche f de débarquement; **~brücke** f débarcadère m; **~platz** m endroit aménagé pour l'accostage

Land-: ~urlaub m permission f à terre; **~vermesser** m arpenteur-(géomètre) m; **~weg** m: **etw auf dem ~weg befördern** transporter qch par (voie de) terre; **~wirt** m agriculteur m;

~wirtschaft f agriculture f; **~wirtschaft betreiben** être agriculteur(-trice); **~zunge** f langue f de terre

lang [laŋ] adj long(ue); (umg: Mensch) grand(e) ▷ adv: **~ anhaltender Beifall** des applaudissements nourris; **~ ersehnt** longuement od tant désirée; **ein zwei Meter ~es Brett** une planche de deux mètres de long(ueur); **3 Jahre ~** pendant trois ans; **vor ~er Zeit** il y a longtemps; **seit L~em** depuis longtemps; **sein Leben ~** toute sa vie; **über kurz oder ~** tôt ou tard; **er machte ein ~es Gesicht** il faisait une drôle de tête; **hier wird mir die Zeit nicht ~** ici, je ne m'ennuie pas; **~ und breit** en long et en large; **~atmig** adj interminable

lange adv longtemps; **wie ~ muss ich noch warten?** combien de temps vais-je encore devoir attendre?, je vais attendre encore longtemps?; **wie ~ hat er das schon?** depuis combien de temps est-ce qu'il l'a?, il l'a depuis longtemps?; **er verdient ~ nicht so viel** il est loin de gagner autant; **wenn der das schafft, kannst du das schon ~** s'il y arrive, tu y arriveras facilement

Länge ['lɛŋə] f longueur f; (Geog) longitude f; **~n haben** avoir des longueurs; **etw der ~ nach falten** plier qch dans le sens de la longueur; **sich in die ~ ziehen** tirer en longueur; **etw in die ~ ziehen** faire durer qch; **der ~ nach hinfallen** tomber de tout son long

langen ['laŋən] vi (ausreichen) suffire; (sich erstrecken) s'étendre, aller; (fassen) tendre la main; **das langt** ça suffit; **es langt mir!** (umg) j'en ai assez!; **jdm eine ~** (umg) flanquer une baffe à qn

Längengrad m longitude f

Längenmaß nt unité f de longueur

länger adj plus long(ue); **wir mussten ~e Zeit warten** (ziemlich lang) nous avons dû attendre assez longtemps

Langeweile (-) f ennui m

lang-: **~fristig** adj, adv à long terme; **~jährig** adj (Gewohnheit) vieux (vieille); (Freundschaft, Mitarbeiter) de longue date; **~jährige Erfahrungen** plusieurs années d'expérience; **L~lauf** m ski m de fond; **~lebig** adj (Tier, Mensch) qui vit longtemps; **~lebige Konsumgüter** biens mpl durables

länglich adj long(ue) (longue)

Langmut (-) f patience f

langmütig adj patient(e)

längs [lɛŋs] präp (+Gen od Dat) le long de ▷ adv dans le sens de la longueur

langsam adj lent(e) ▷ adv (allmählich) peu à peu; **ich muss jetzt ~ gehen** il va être temps (pour moi) de partir; **immer (schön) ~!** (umg) doucement!; **L~keit** f lenteur f

Langschläfer, in m(f) lève-tard m/f

Langspielplatte f 33-tours m

längsseits adv bord à bord ▷ präp +Gen le long de

längst [lɛŋst] adv (seit Langem) depuis longtemps; (vor langer Zeit) il y a longtemps; **das ist ~ nicht alles!** ce n'est de loin pas tout!, ce n'est que le début!

längste, r, s adj le (la) plus long(ue)

längstens adv (höchstens) tout au plus

Langstreckenflug m vol m longue distance

Langstreckenläufer m coureur m de fond

Languste [laŋˈgʊstə] f langouste f

lang-: **~weilen** vt ennuyer ▷ vr s'ennuyer; **L~weiler (-s, -)** (umg: pej) m raseur m; **~weilig** adj ennuyeux(-euse); **L~welle** f grandes ondes fpl; **~wierig** adj prolongé(e)

Lanolin [lanoˈliːn] (-s) nt lanoline f

Lanze ['lantsə] f lance f

Lanzette [lanˈtsɛtə] f lancette f

Laos ['laːɔs] nt le Laos m

lapidar [lapiˈdaːr] adj lapidaire

Lapislazuli [lapɪsˈlaːtsuli] (-, -) m lapis-lazuli m

Lappalie [laˈpaːliə] f bagatelle f

Lappe ['lapə] (-n, -n) m (Geog) Lapon m

Lappen (-s, -) m chiffon m; (Anat) lobe m; **jdm durch die ~ gehen** (umg) passer sous le nez de qn

läppern ['lɛpərn] (umg) vr unpers: **es läppert sich zusammen** ça finit par s'accumuler

Lappin f Lapone f

läppisch ['lɛpɪʃ] (pej) adj (kindisch) puéril(e); (lächerlich) ridicule

Lappland ['laplant] (-s) nt la Laponie

Lappländer, in ['laplɛndər(ɪn)] (-s, -) m(f) Lapon(e) m/f

lappländisch adj lapon(e)

Lapsus ['lapsʊs] (-, -) m (geh) lapsus m

Laptop ['lɛptɔp] (-, -) m (Comput) portable m

Lärche ['lɛrçə] f mélèze m

Lärm [lɛrm] (-(e)s) m bruit m; **~ machen** faire du bruit; **~belästigung** f pollution f sonore; **l~en** vi faire du bruit; **~pegel** m niveau m sonore

Larve ['larfə] f larve f

las etc [laːs] vb siehe **lesen**

lasch [laʃ] adj (schlaff) mou (molle); (nicht streng, locker: Behandlung, Einstellung) laxiste; (Geschmack) fade

Lasche ['laʃə] f (Schuhlasche) languette f; (Tech) élément m de raccord

Laser ['leːzər] (-s, -) m laser m; **~drucker** m imprimante f laser

---

 SCHLÜSSELWORT

lassen ['lasən] (pt **ließ**, pp **gelassen** od (als Hilfsverb) **lassen**) vt 1 (unterlassen) arrêter; **lass das (sein)!** arrête!; **lassen wir das!** arrêtons!, ça suffit comme ça!; **er kann das Trinken nicht lassen** il n'arrive pas à arrêter de boire; **tu, was du nicht lassen kannst!** fais-le, si tu ne peux pas t'en empêcher

2 (zurücklassen) laisser; **etw zu Hause lassen** laisser qch à la maison

3 (überlassen): **jdm etw lassen** laisser qch à qn

4 (zugestehen): **das muss man ihr lassen, sie ist eine tolle Hausfrau** il faut reconnaître qu'elle est une ménagère accomplie

▷ vi: **lass mal, ich mache das schon** laisse, je m'en occupe

▷ Hilfsverb 1 (veranlassen): **etw machen lassen**

faire faire qch; **sich** *Dat* **etw schicken lassen** se faire envoyer qch; **jdn etw wissen lassen** faire savoir qch à qn; **sich einen Bart wachsen lassen** se laisser pousser la barbe
2 *(zulassen, belassen)*: **jdn gewinnen lassen** laisser qn gagner; **ich lasse mich nicht beleidigen!** je ne supporterai pas cet affront!; **das Licht brennen lassen** laisser la lumière allumée; **jdn ins Haus lassen** laisser entrer qn; **jdn warten lassen** faire attendre qn; **lass es dir gut gehen!** bonne chance!
3: **lass uns gehen** partons!
4 *(möglich sein)*: **die Tür lässt sich nicht schließen** la porte ne ferme pas; **das lässt sich machen** c'est possible

lässig ['lɛsɪç] *adj* décontracté(e); **L~keit** *f* décontraction *f*
lässlich ['lɛslɪç] *adj* véniel(le)
Lasso ['laso] **(-s, -s)** *nt* lasso *m*
lässt [lɛst] *vb siehe* **lassen**
Last [last] **(-, -en)** *f (Gegenstand)* fardeau *m*, charge *f*; *(Naut, Flug)* cargaison *f*; *(Gewicht)* poids *m*;
Lasten *pl (Gebühren)* charges *fpl*; **jdm etw zur ~ legen** imputer qch à qn; **jdm zur ~ fallen** importuner qn; *siehe auch* **zulasten**; **~auto** *nt* camion *m*
lasten *vi*: **auf jdm/etw ~** peser sur qn/qch
Lastenaufzug *m* monte-charge *m inv*
Lastenausgleich (-s) *m compensation accordée aux victimes de la période de la seconde guerre mondiale et de l'après-guerre*
Laster ['lastər] **(-s, -)** *nt* vice *m* ▷ *m (umg: Lkw)* poids lourd *m*
Lästerer ['lɛstərər] **(-s, -)** *m* mauvaise langue *f*; *(Gotteslästerer)* blasphémateur *m*
lasterhaft *adj* dépravé(e)
lästerlich *adj* calomniateur(-trice)
lästern ['lɛstərn] *vi*: **über jdn/etw ~** médire de qn/qch ▷ *vt (Gott)* blasphémer; *(schlechtreden)* calomnier
Lästerung *f* médisance *f*; *(Gotteslästerung)* blasphème *m*
lästig ['lɛstɪç] *adj* importun(e); **jdm ~ werden** importuner qn; **jdm ~ sein** *od* **fallen** déranger qn
Last-: **~kahn** *m* péniche *f*; **~kraftwagen** *m* poids lourd *m*; **~schrift** *f* inscription *f* au débit; **~tier** *nt* bête *f* de somme; **~träger** *m* porteur *m*; **~wagen** *m* camion *m*; **~zug** *m* train *m* routier
Latein [la'taɪn] **(-s)** *nt* latin *m*; **mit seinem ~ am Ende sein** y perdre son latin; **~amerika (-s)** *nt* l'Amérique *f* latine; **l~amerikanisch** *adj* latino-américain(e)
lateinisch *adj* latin(e); *(Schrift)* romain(e)
latent [la'tɛnt] *adj* latent(e)
Laterne [la'tɛrnə] *f* lanterne *f*; *(Straßenlaterne)* réverbère *m*
Laternenpfahl *m* lampadaire *m*
Latinum [la'tiːnʊm] **(-s)** *nt*: **kleines/großes ~** *examen de latin au niveau de la troisième/du baccalauréat*
Latrine [la'triːnə] *f* latrines *fpl*
Latsche ['latʃə] *f (Bot)* pin *m* nain

latschen ['laːtʃən] *(umg) vi (lässig gehen)* se traîner
Latte ['latə] *f (schmales Brett)* latte *f*; *(Sport: Stange)* barre *f*; *(Fussball)* barre transversale
Lattenrost *m (Teil des Betts)* sommier *m* à lattes
Lattenzaun *m* clôture *f* à claire-voie
Latz [lats] **(-es, -e)** *m (für Säugling)* bavoir *m*, bavette *f*; *(an Kleidungsstück, Hosenlatz)* plastron *m*
Lätzchen ['lɛtsçən] *nt* bavoir *m*
Latzhose *f* salopette *f*
lau [lau] *adj (Wasser)* tiède; *(Wetter, Wind, Nacht)* doux (douce); *(Haltung, Gefühle, Mensch)* nonchalant(e), peu enthousiaste; *(Interesse)* mitigé(e)
Laub [laup] **(-es)** *nt* feuillage *m*, feuilles *fpl*; **~baum** *m* arbre *m* à feuilles caduques
Laube ['laubə] *f* tonnelle *f*
Laub-: **~frosch** *m* rainette *f*; **~säge** *f* scie *f* à chantourner; **~wald** *m* forêt *f* d'arbres feuillus
Lauch [laux] **(-(e)s, -e)** *m* poireau *m*
Lauer ['lauər] *f*: **auf der ~ sein** *od* **liegen** être aux aguets
lauern *vi* être aux aguets; **auf jdn/etw ~** épier qn/qch
Lauf [lauf] **(-(e)s, Läufe)** *m* cours *m*; *(das Laufen, Sport)* course *f*; *(Gewehrlauf)* canon *m*; **im ~e des Gesprächs/des Tages** au cours de la conversation/de la journée; **einer Sache** *Dat* **ihren ~ lassen** laisser qch suivre son cours; **sie ließ ihren Gefühlen freien ~** elle donna libre cours à ses sentiments; **im ~e der Zeit** au fil du temps; **~bahn** *f* carrière *f*; **eine ~bahn einschlagen** embrasser une carrière; **~bursche** *m* garçon *m* de courses
laufen ['laufən] *unreg vi* marcher; *(rennen)* courir; *(fließen)* couler; *(eingeschaltet sein)* être en marche; *(gültig sein)* être valide; *(gespielt werden: Film)* passer; *(: Stück)* jouer; *(im Gang sein)* être en cours; *(umg: Bewerbung, Antrag)* être à l'examen ▷ *vt (Strecke)* parcourir; *(Rennen)* participer à; *(Bestzeit)* courir ▷ *vr*: **sich müde ~** se fatiguer à force de marcher; **auf jds Namen** *Akk* **~** être au nom de qn; **es lief mir eiskalt über den Rücken** ça m'a fait froid dans le dos; **~ lassen** *(Person)* laisser partir; **die Dinge ~ lassen** laisser les choses aller (à la dérive); **die Sache ist ge~** *(umg)* ça a marché; **Ski/Schlittschuh/Rollschuh ~** faire du ski/du patin à glace/du patin à roulettes; **sich** *Dat* **Blasen ~** attraper des ampoules en marchant
laufend *adj (ständig)* continuel(le); *(gegenwärtig)* courant(e), en cours; **auf dem L~en sein/halten** être/tenir au courant (des derniers développements); **am ~en Band** sans arrêt; **~e Nummer** dernier numéro *m*; *(von Konto)* numéro d'ordre; **~e Kosten** frais *mpl* d'exploitation
Läufer ['lɔyfər] **(-s, -)** *m (Sport)* coureur *m*; *(: Fussball)* demi *m*; *(Schach)* fou *m*; *(Teppich)* chemin *m*
Läuferin *f (Sport)* coureuse *f*
Lauffeuer *nt*: **sich wie ein ~ verbreiten** se répandre comme une traînée de poudre
läufig *adj (Hündin)* en chaleur
Lauf-: **~kundschaft** *f* clientèle *f* de passage;

~masche f maille f filée; **~pass** m: **jdm den ~pass geben** (umg) plaquer qn; **~schritt** m: **im ~schritt** au pas de course; **~stall** m parc m (pour bébés); **~steg** m passerelle f

läuft etc [lɔyft] vb siehe **laufen**

Laufwerk nt (Comput) lecteur m de disquette

Laufzeit f (von Wechsel, Vertrag) durée f (de validité); (von Maschine) temps m de fonctionnement

Lauge ['laʊɡə] f (Chem) solution f alcaline; (Seifenlauge) lessive f, eau f savonneuse

Laugenbrezel f bretzel m

Laune ['laʊnə] f (Stimmung) humeur f; (schlechte Laune) (mauvaise) humeur; (Einfall) caprice m; **guter/schlechter ~ sein** être de bonne/ mauvaise humeur

launenhaft adj lunatique

launisch (pej) adj lunatique

Laus [laʊs] (-, **Läuse**) f (Blattlaus) puceron m; (Kopflaus) pou m; **ihm ist (wohl) eine ~ über die Leber gelaufen** (umg) il est de mauvais poil; **~bub** m petit garnement m

lauschen ['laʊʃən] vi (heimlich) être aux écoutes, écouter; **etw** Dat od **auf etw** Akk **~** écouter qch attentivement

lauschig ['laʊʃɪç] adj tranquille

Lausejunge (umg) m petit garnement m

lausen ['laʊzən] vt épouiller

lausig ['laʊzɪç] (umg: pej) adj (Bezahlung) minable; (Angelegenheit) déplorable; (Kälte, Zeit) épouvantable ▷ adv affreusement mal

laut [laʊt] adj bruyant(e); (Stimme) fort(e); (Farbe) criard(e) ▷ adv fort; (lesen) à haute voix ▷ präp +Gen d'après, selon; **~er, bitte!** plus fort, s'il vous plaît!; **etw ~er stellen** mettre qch plus fort, augmenter le volume de qch; **~ werden** (bekannt) se faire jour

Laut (-(e)s, -e) m son m

Laute ['laʊtə] f luth m

lauten ['laʊtən] vi: **wie lautet das englische Original?** que dit l'original anglais?; **wie lautet das Urteil?** quel est le verdict?

läuten ['lɔytən] vi, vt (Glocke) sonner; **es hat geläutet** on a sonné; **er hat davon (etwas) ~ hören** (umg) il en a entendu parler

lauter ['laʊtər] adj (rein) pur(e); (aufrichtig) sincère ▷ adv (umg: nur) un tas de; **das sind ~ Lügen** c'est un tissu de mensonges; **vor ~ Freude/Angst habe ich vergessen ...** j'étais si content/j'ai eu si peur que j'ai oublié ...; **L~keit** f (Aufrichtigkeit) sincérité f

läutern ['lɔytərn] vt purifier; **jdn ~** changer qn en mieux

Läuterung f (von Metall etc) purification f; (von Person) changement m complet

laut-: **~hals** adv (lachen) à gorge déployée; (schreien) à tue-tête; **~los** adj silencieux(-euse); (Stille) absolu(e); **~malend** adj onomatopéique; **L~schrift** f transcription f phonétique; **L~sprecher** m haut-parleur m; **L~sprecheranlage** f sonorisation f; **L~sprecherwagen** m voiture f (à) haut-parleur; **~stark** adj très fort(e); **L~stärke** f (Rundf) volume m

Lautwerk nt sonnerie f

lauwarm ['laʊvarm] adj tiède

Lava ['laːva] (-, **Laven**) f lave f

Lavendel [la'vɛndəl] (-s, -) m lavande f

Lawine [la'viːnə] f avalanche f

Lawinengefahr f danger m d'avalanches

lawinensicher adj à l'abri des avalanches

lax [laks] adj relâché(e)

Layout, Lay-out ['leːlaʊt] (-s, -s) nt (Typ) mise f en page

Lazarett [latsa'rɛt] (-(e)s, -e) nt hôpital m militaire

leasen ['liːzən] vt louer (à bail)

Leasing ['liːzɪŋ] (-s, -s) nt crédit-bail m, leasing m

Lebemann (-männer) m noceur m

Leben (-s, -) nt vie f; **das gesellschaftliche/ künstlerische ~** la vie sociale/artistique; **am ~ sein/bleiben** être/rester en vie; **ums ~ kommen** périr; **das ~ verlieren** perdre la vie; **etw ins ~ rufen** créer qch; **das ewige ~** la vie éternelle; **seines ~ nicht mehr sicher sein** craindre pour sa vie; **etw für sein ~ gern tun** adorer faire qch

leben ['leːbən] vi vivre; (am Leben sein auch) être en vie; **von etw ~** vivre de qch; **für jdn/etw ~** vivre pour qn/qch; **in ihr lebt eine Hoffnung auf ein besseres Dasein** elle nourrit l'espoir d'une vie meilleure; **~ Sie wohl!** adieu!

lebend adj vivant(e); **~es Inventar** cheptel m vif

lebendig [le'bɛndɪç] adj vivant(e); (lebhaft auch) plein(e) de vie; **L~keit** f (Lebhaftigkeit) vivacité f

Lebens-: **~abend** m soir m de la vie; **~alter** nt âge m; **~anschauung** f conception f de la vie; **~art** f (Lebensweise) mode m de vie; **seine ~art haben** manquer de savoir-vivre; **~aufgabe** f: **sich etw zur ~aufgabe machen** se consacrer entièrement à qch; **l~bejahend** adj optimiste; **~dauer** f longévité f; (von Maschine) (durée f de) vie f; **~erfahrung** f expérience f de la vie; **~erwartung** f espérance f de vie; **l~fähig** adj viable; **~freude** f joie f de vivre; **~gefahr** f danger m de mort; **~gefahr!** danger de mort!); **in ~gefahr schweben** od sein être entre la vie et la mort od dans un état critique; **l~gefährlich** adj très dangereux(-euse); (Verletzung, Krankheit) grave; **~gefährte, -in** m(f) compagnon (compagne) m/f; **~größe** f: **in ~größe** grandeur nature unver; **~haltung** f coût m de (la) vie; **~haltungskosten** pl coût msg de la vie; **~hilfe** f assistance f; **~inhalt** m raison f d'être; **~jahr** nt: **mit dem vollendeten 18. ~jahr** à 18 ans révolus; **~künstler** m bon vivant m; **~lage** f situation f; **l~länglich** adj (Strafe) à perpétuité; **~lauf** m (Leben) vie f; (schriftlich) curriculum m vitae; **l~lustig** adj heureux(-euse) de vivre; **~mittel** pl produits mpl alimentaires, aliments mpl; **~mittelchemie** f chimie f agro-alimentaire; **~mittelgeschäft** nt magasin m d'alimentation, épicerie f; **~mittelvergiftung** f intoxication f alimentaire; **l~müde** adj las(se) de vivre; **~raum** m (Biol) habitat m; **~retter** m sauveteur m; **du bist mein ~retter** tu m'as sauvé la vie; **~standard** m niveau m de vie;

~**stellung** f situation f pour la vie; ~**stil** m style m de vie; ~**unterhalt** m subsistance f; ~**versicherung** f assurance-vie f; ~**wandel** m vie f; ~**weise** f mode m de vie; ~**weisheit** f (Spruch) maxime f; **l~wichtig** adj vital(e); ~**zeichen** nt signe m de vie; ~**zeit** f: **auf ~zeit** à vie; **Beamter auf ~zeit** fonctionnaire m (à vie)

Leber ['le:bər] (-, -n) f foie m; **frei** od **frisch von der ~ weg reden** (umg) parler sans ambages; ~**fleck** m grain m de beauté; ~**käse** m sorte de pain de viande; ~**tran** m huile f de foie de morue; ~**wurst** f saucisse f au pâté de foie

Lebewesen nt être m vivant

Lebewohl nt (geh) adieu m

leb-: ~**haft** adj vif (vive); (Straße) animé(e); (Verkehr) dense; (deutlich: Erinnerung) net(te); **L~haftigkeit** f (einer Person) vivacité f; **L~kuchen** m pain m d'épice; ~**los** adj (Körper, Natur) inanimé(e); (Augen, Gesicht) impassible; **L~tag** m: **das werde ich mein L~tag nicht vergessen** je ne l'oublierai jamais; **L~zeiten** pl: **zu jds L~zeiten** du vivant de qn

lechzen ['lɛçtsən] vi: **nach etw ~** (fig) être avide de qch

leck [lɛk] adj (Boot) qui prend l'eau; (Rohr) qui fuit; **L~** (-(e)s, -e) nt fuite f

lecken¹ vi (Loch haben) fuir; (: Boot) prendre l'eau

lecken² vt (schlecken) lécher

lecker ['lekər] adj délicieux(-euse); **L~bissen** m gourmandise f, délice m; **L~maul** (umg) nt (petit(e)) gourmand(e) m/f

led. abk = **ledig**

Leder ['le:dər] (-s, -) nt cuir m; (umg: Fußball) ballon m; **vom ~ ziehen** s'emporter; ~**hose** f pantalon m de cuir; (von Tracht) culotte f de cuir

ledern adj en od de cuir

Lederwaren pl articles mpl de maroquinerie

ledig ['le:dɪç] adj célibataire; **einer Sache** Gen ~ **sein** être libre de qch; ~**lich** adv uniquement, ne ... que; **es kostet ~lich 10 Euro** ça ne coûte que 10 euros

leer [le:r] adj vide; (Seite) blanc (blanche); (Gerede, Phrasen) vide de sens; **eine Wohnung ~ mieten** louer un appartement non meublé; ~ **laufen** tourner à vide; ~ **gefegt** désert(e); ~ **stehend** vide

Leere (-) f vide m; **im Saal herrschte gähnende ~** il n'y avait pour ainsi dire personne dans la salle

leeren vt vider; (Briefkasten) faire la levée de ▷ vr se vider

Leer-: ~**gewicht** nt poids m à vide; ~**gut** nt emballages mpl à recycler; ~**lauf** m (Aut) point m mort; ~**lauf haben** (unproduktive Zeit) connaître un passage à vide; ~**taste** f (Schreibmaschine) barre f d'espacement

Leerung f vidage m; (Post) levée f

Leerzimmer nt chambre f non meublée

legal [le'ga:l] adj légal(e); ~**isieren** [legali'zi:rən] vt légaliser; **L~ität** [legali'tɛ:t] f légalité f; **(etwas) außerhalb der L~ität** (euph) pas très catholique

Legasthenie [legaste'ni:] f dyslexie f

Legastheniker, in [legas'te:nikər(ɪn)] m(f) dyslexique m/f

Legebatterie f batterie f (pour l'élevage de poules pondeuses)

legen ['le:gən] vt (tun) mettre, poser; (in flache Lage) coucher; (Kabel, Schienen) poser; (Ei) pondre; (Haare) mettre en pli ▷ vr (Mensch) s'allonger; (Nebel) se poser; (Betrieb, Interesse) baisser; (Schmerzen, Sturm) se calmer; **sich ins Bett ~** (aller) se coucher

Legende [le'gɛndə] f légende f

leger [le'ʒɛ:r] adj (Kleidung) décontracté(e)

legieren [le'gi:rən] vt (Metalle) allier

Legierung f alliage m

Legislative [legɪsla'ti:və] f législatif m

Legislaturperiode [legɪsla'tu:rperio:də] f législature f

legitim [legi'ti:m] adj légitime; **L~ation** [legiti:matsi'o:n] f légitimation f; ~**ieren** [legiti:'mi:rən] vt légitimer ▷ vr (ausweisen) prouver son identité; **L~ität** [legitimi'tɛ:t] f légitimité f

Lehm [le:m] (-(e)s, -e) m terre f glaise; **l~ig** adj glaiseux(-euse)

Lehne ['le:nə] f (Rückenlehne) dossier m; (Armlehne) accoudoir m

lehnen vt: **etw an etw** Akk ~ appuyer qch contre qch ▷ vi: **an etw** Dat ~ s'appuyer à qch ▷ vr: **sich an etw** Akk/**auf etw** Akk ~ s'appuyer contre/à qch

Lehnstuhl (-s, -e) m fauteuil m

Lehr-: ~**amt** nt enseignement m; ~**befähigung** f aptitude f à l'enseignement; ~**brief** m certificat m d'apprentissage; ~**buch** nt manuel m

Lehre ['le:rə] f (Ausbildung) apprentissage m; (: nicht manuell) formation f; (Gedankenlehre, Glaubenssystem) doctrine f; (Gesetzmäßigkeit) théorie f; (Erfahrung) leçon f; (Tech) jauge f, calibre m; **bei jdm in die ~ gehen** faire son apprentissage chez qn; **das soll mir eine ~ sein** ça me servira de leçon

lehren vt (unterrichten) enseigner

Lehrer, in (-s, -) m(f) professeur m; (Grundschullehrer) instituteur(-trice) m/f; ~**ausbildung** f formation f pédagogique (des enseignants); ~**kollegium** nt corps m enseignant; ~**zimmer** nt salle f des professeurs

Lehr-: ~**freiheit** f liberté f de l'enseignement; ~**gang** m cours m; ~**geld** nt frais mpl d'apprentissage; ~**geld für etw zahlen müssen** apprendre qch à ses dépens; ~**jahre** pl années fpl d'apprentissage; ~**körper** m (förmlich) corps m enseignant; ~**kraft** f (förmlich) enseignant(e) m/f; ~**ling** m apprenti m; ~**mittel** nt (gew pl) matériel m pédagogique; ~**mittelfreiheit** f gratuité f du matériel scolaire; ~**pfad** m sentier m éducatif (avec des explications sur la faune et la flore); ~**plan** m programme m (scolaire); **l~reich** adj instructif(-ive); ~**satz** m théorème m; ~**stelle** f place f d'apprentissage; ~**stuhl** m (förmlich) chaire f; ~**zeit** f apprentissage m

Leib [laɪp] (-(e)s, -er) m corps m; **halt ihn mir vom ~!** tiens-le à distance!; **etw am eigenen ~(e) spüren** apprendre qch à ses dépens

leiben ['laɪbən] vi: **das ist er wie er leibt und lebt** c'est lui tout craché
Leibes-: **~erziehung** f éducation f physique; **~kräfte** pl: **aus ~kräften schreien** crier de toutes ses forces; **~visitation** f fouille f
Leib-: **~gericht** nt plat m favori; **l~haftig** adj en chair et en os; (Teufel) incarné(e); **l~lich** adj (Sohn) vrai(e); **~rente** f rente f viagère; **~schmerzen** pl mal msg au ventre; **~wache** f garde m du corps
Leiche ['laɪçə] f cadavre m; **er geht über ~n** (umg: pej) il ne recule devant rien
Leichen-: **~beschauer (-s, -)** m médecin m légiste; **l~blass** adj pâle comme la mort; **~halle** f chapelle f mortuaire; **~hemd** nt linceul m; **~schau** f autopsie f; **~wagen** m corbillard m
Leichnam ['laɪçnaːm] (-(e)s, -e) m dépouille f
leicht [laɪçt] adj léger(-ère); (nicht schwierig) facile ▷ adv (schnell) facilement; (nicht schlimm) légèrement; **nichts ~er als das!** rien de plus facile!; **es sich** Dat **~ machen** ne pas se fatiguer; (nicht gewissenhaft) ne pas s'en faire; **es jdm ~ machen** faciliter les choses à qn; **~ verletzt** légèrement blessé(e); **~ zerbrechlich** fragile; siehe auch **leichtfallen, leichtnehmen, leichttun**; **L~athletik** f athlétisme m; **~fallen** unreg vi: **jdm ~fallen** être facile pour qn; **~fertig** adj irréfléchi(e); **~gläubig** adj crédule; **L~gläubigkeit** f crédulité f; **~hin** adv à la légère
Leichtigkeit f (Mühelosigkeit) facilité f
leicht-: **~lebig** adj insouciant(e); **L~matrose** m novice m; **L~metall** nt métal m léger; **~nehmen** unreg vt prendre à la légère; **L~sinn** m légèreté f, imprudence f; **sträflicher L~sinn** négligence f coupable od criminelle; **~sinnig** adj imprudent(e); **~tun** unreg vr: **sich** Dat od Akk **mit** od **bei etw ~tun** n'avoir aucun problème avec qch
Leid [laɪt] (-(e)s) nt peine f; **jdm sein ~ klagen** conter ses malheurs à qn
leid [laɪt] adj: **etw ~ haben** od **sein** en avoir assez de qch; siehe auch **leidtun**
leiden ['laɪdən] unreg vt souffrir de; (erlauben) tolérer ▷ vi souffrir; **jdn/etw nicht ~ können** ne pas pouvoir souffrir qn/qch; **an etw** Dat **~** être atteint(e) de qch; **unter etw** Dat **~** souffrir de qch; **L~ (-s, -)** nt (Krankheit) maladie f
Leidenschaft f passion f; **l~lich** adj passionné(e); (begeistert) enthousiaste
Leidens-: **~genosse, -in** m(f) compagnon (compagne) m/f d'infortune; **~geschichte** f (Christi) Passion f; (fig) malheurs mpl
leider ['laɪdər] adv malheureusement; **~ (Gottes) nicht** malheureusement pas; **wir müssen Ihnen ~ mitteilen, dass ...** nous avons le regret de vous annoncer que ...
leidig ['laɪdɪç] adj fâcheux(-euse)
leidlich ['laɪtlɪç] adj passable ▷ adv à peu près
Leidtragende, r f(m) (Opfer) victime f; **die ~n** (Hinterbliebenen) la famille du défunt
leidtun unreg vi: **es tut mir leid** je suis désolé(e); **das tut mir leid** cela me fait de la peine; **er tut mir leid** il me fait pitié; **er kann einem ~** il fait pitié

Leidwesen nt: **zu jds ~** au grand regret de qn
Leier ['laɪər] (-, -n) f (Mus) lyre f; **immer die alte ~!** (umg) c'est toujours la même rengaine!
Leierkasten m orgue m de Barbarie
leiern vt (Kurbel) tourner; (umg: Gedicht) débiter (d'une voix monotone)
Leihbibliothek, Leihbücherei f bibliothèque f de prêt
leihen ['laɪən] unreg vt prêter; (mieten) louer; **sich** Dat **etw ~** emprunter qch
Leih-: **~gabe** f prêt m; **~gebühr** f frais mpl de location; **~haus** nt mont-de-piété m; **~schein** m reconnaissance f de dépôt de gage; (in der Bibliothek) bulletin m de prêt; **~wagen** m voiture f de location; **l~weise** adv à titre de prêt
Leim [laɪm] (-(e)s, -e) m colle f; **jdm auf den ~ gehen** (umg) se faire avoir par qn; **l~en** vt coller
Leine ['laɪnə] f corde f; (Hundeleine) laisse f; **~ ziehen** (umg) se tirer
Leinen (-s, -) nt lin m; (grob, segeltuchartig, als Bucheinband) toile f; **l~** adj (aus Leinenstoff) de od en lin
Lein-: **~samen** m graine f de lin; **~tuch** nt drap m; **~wand** f (Kunst) toile f; (Film) écran m
leise ['laɪzə] adj (Stimme) bas (basse); (Berührung) doux (douce); (Geräusch, Wind, Regen, Zweifel) léger(-ère); (Mensch) silencieux(-euse); **~!** silence!; **mit ~r Stimme** à voix basse; **das Radio ~r stellen** baisser (le volume de) la radio; **nicht die ~ste Ahnung haben** ne pas (en) avoir la moindre idée
Leisetreter (pej: umg) m personne qui a peur de se mouiller
Leiste ['laɪstə] f (Abschlußleiste) bordure f; (Zierleiste) garniture f; (Anat) aine f
leisten ['laɪstən] vt (Arbeit) faire; (vollbringen) accomplir; **Hilfe ~** prêter secours; **Widerstand ~** résister; **der Motor leistet zu wenig** le moteur n'est pas assez puissant; **sich** Dat **etw ~ können** pouvoir se permettre qch; **sich** Dat **etw ~** (sich herausnehmen) se permettre qch; (sich gönnen) s'offrir qch; **sich** Dat **eine Frechheit ~** être insolent(e)
Leistenbruch m hernie f (inguinale)
Leistung f (Geleistetes) performance f; (Kapazität) rendement m; (Phys: von Motor, Maschine) puissance f; **Leistungen** pl (finanziell) prestations fpl
Leistungs-: **~abfall** m (in Bezug auf Qualität) baisse f de qualité; (in Bezug auf Quantität) baisse de rendement; (von Schüler) baisse du travail; **~anstieg** m amélioration f du rendement; **~druck** m obligation f de réussir; **l~fähig** adj performant(e); **~fähigkeit** f capacité f, efficacité f; **l~gerecht** adj: **l~gerechtes Gehalt** salaire m correspondant au rendement; **~gesellschaft** f méritocratie f; **l~orientiert** adj axé(e) sur l'efficacité; **~prinzip** nt principe m du rendement; **l~schwach** adj (Schüler) faible; (Maschine) à faible rendement; **~sport** m sport m de compétition; **~zulage** f prime f de rendement
Leitartikel m éditorial m

Leitbild nt modèle m
leiten ['laıtən] vt (führen, lenken) être à la tête de;
(Firma, Orchester etc) diriger; (Gas, Wasser) amener;
(Wärme, Strom) conduire ▷ vi (Metall) être
conducteur(-trice); **sich von jdm/etw ~ lassen**
suivre qn/qch; (fig) se laisser influencer par qn/
qch; **~d** adj (Phys) conducteur(-trice); (Stellung) de
cadre, à responsabilité; (Gedanke, Idee)
directeur(-trice); (Ingenieur, Beamter) en chef; **~der
Angestellter** cadre m supérieur
Leiter[1] ['laıtər] (-s, -) m (Direktor) directeur m; (von
Expedition, Gruppe) chef m; (Phys) conducteur m
Leiter[2] ['laıtər] (-, -n) f échelle f
Leiterin f directrice f
Leiterplatte f (Comput) circuit m imprimé
Leit-: **~faden** m précis m; **~fähigkeit** f
conductibilité f; **~gedanke** m idée f directrice;
~linie f (Grundsatz) principe m, grande ligne f;
(Fahrbahnmarkierung) ligne jaune; **~motiv** nt (Mus)
leitmotiv m; **~planke** f glissière f de sécurité;
~spruch m slogan m
Leitung f (Führung, die Leitenden) direction f; (von
Firma) gestion f; (für Wasser, Gas, Strom) conduite f;
(Kabel) câble m; (Telefonleitung) ligne f; **eine lange
~ haben** (fig) avoir la comprenette un peu dure;
da ist jemand in der ~ (umg) il y a quelqu'un
d'autre en ligne
Leitungs-: **~draht** m fil m conducteur; **~mast** m
poteau m électrique, pylône m; **~rohr** nt conduite
f; **~wasser** nt eau f du robinet
Leit-: **~währung** f monnaie f de référence; **~werk**
nt (Flug) empennage m; **~zins** m taux m de base
Lektion [lɛktsi'o:n] f leçon f; **jdm eine ~ erteilen**
(zurechtweisen) faire la leçon à qn
Lektor, in ['lektɔr, lɛk'to:rın] m(f) (Univ)
lecteur(-trice) m/f; (im Verlag) éditeur(-trice) m/f,
rédacteur(-trice)
Lektüre [lɛk'ty:rə] f lecture f
Lende ['lɛndə] f (Anat) lombes mpl, reins mpl;
(Koch) filet m
Lendenbraten m filet m rôti
lenken vt (Fahrzeug) conduire; (Kind) guider;
(Staat) gouverner; (Wirtschaft) diriger; (Verdacht)
faire peser; (Blick, Aufmerksamkeit) tourner;
(Gespräch) amener; **etw auf sich ~** s'attirer qch
Lenker (-s, -) m (Lenkstange) guidon m; (Person)
conducteur m
Lenkrad nt volant m
Lenkstange f (Fahrradlenkstange) guidon m
Lenkung f (das Führen, Lenken) conduite f; (Aut:
Mechanismus) direction f
Lenz [lɛnts] (-es, -e) m printemps m; **sich** Dat
einen (faulen) ~ machen (umg) se la couler
douce
Leopard [leo'part] (-en, -en) m léopard m
Lepra ['le:pra] (-) f lèpre f; **~kranke, r** f(m)
lépreux(-euse) m/f
Lerche ['lɛrçə] f alouette f
lernbegierig adj studieux(-euse)
lernbehindert adj attardé(e)
lernen vt apprendre; (Handwerk) faire un
apprentissage de ▷ vi travailler; (in der Ausbildung

sein) suivre une formation; **er lernt bei der
Firma Braun** il est en apprentissage chez Braun
Lernhilfe f outil m pédagogique
Lesart ['le:zart] f (Wortlaut) version f
lesbar ['le:sba:r] adj lisible
Lesbierin ['lɛsbiərın] f lesbienne f
lesbisch adj lesbien(ne)
Lese ['le:zə] f (Weinlese) vendanges fpl
Lesebrille f lunettes fpl pour lire
Lesebuch nt livre m de lecture
lesen unreg vt (Text) lire; (Messe) dire; (ernten)
récolter; (auslesen) trier ▷ vi lire; (Univ) donner un
cours ▷ vr: **das Buch liest sich schnell** ce livre
se lit vite od est facile à lire; **etw aus jds Augen/
Gesicht ~** lire qch dans le regard/sur le visage
de qn
lesenswert adj qui mérite d'être lu(e)
Leser, in (-s, -) m(f) lecteur(-trice) m/f
Leseratte ['le:zəratə] (umg) f rat m de bibliothèque
Leser-: **~brief** m lettre f de lecteur; **„~briefe"**
"courrier des lecteurs"; **~kreis** m lecteurs mpl;
l~lich adj lisible; **~zuschrift** f lettre f de lecteur
Lese-: **~saal** m salle f de lecture; **~stoff** m lecture
f; **~zeichen** nt signet m; **~zirkel** m club m de
lecture de magazines
Lesotho [le'zo:to] nt le Lesotho
Lesung ['le:zʊŋ] f lecture f
lethargisch [le'targıʃ] adj léthargique
Lette, -in (-n, -n) m(f) Letton(ne) m/f
lettisch adj letton(ne)
Lettland ['lɛtlant] (-s) nt la Lettonie
Letzt f: **zu guter ~** finalement
letzte, r, s ['lɛtstə(r, s)] adj dernier(-ière);
(abschließend auch) final(e); (restlich auch) ultime;
das ~ Mal la dernière fois; **der L~ Wille** les
dernières volontés fpl; **zum ~n Mal** pour la
dernière fois; **bis zum L~n** jusqu'au bout; **bis
ins L~** jusqu'au moindre détail; **in ~r Zeit** ces
derniers temps; **am L~n des Monats** le dernier
(jour) du mois
Letzte, s nt: **das ist doch das ~!** (umg) c'est un
comble!
letztens adv (kürzlich) récemment; (zuletzt)
finalement
letztere, r, s adj ce (cette) dernier(-ière)
letztlich adv en fin de compte
letztmals adv la dernière fois
Leuchte ['lɔʏçtə] f (Lampe) lampe f; (umg: kluger
Kopf) lumière f
leuchten vi briller; (mit Lampe) éclairer; **jdm ~**
éclairer qn
Leuchter (-s, -) m (Kronleuchter) chandelier m;
(Armleuchter) candélabre m; (für eine Kerze)
bougeoir m
Leucht-: **~farbe** f couleur f fluorescente; **~feuer**
nt balise f; **~käfer** m ver m luisant, luciole f;
~kugel f balle f traçante; **~pistole** f (pistolet m)
lance-fusées m inv; **~rakete** f fusée f éclairante;
~reklame f enseigne f lumineuse; **~röhre** f tube
m fluorescent; **~signal** nt signal m lumineux;
~turm m phare m; **~zifferblatt** nt cadran m
lumineux

leugnen ['lɔygnən] vt, vi nier
Leugnung f dénégation f
Leukämie [lɔyke'mi:] f leucémie f
Leukoplast® [lɔyko'plast] **-(e)s, -e)** nt (Heftpflaster) sparadrap m
Leumund ['lɔymʊnt] **(-(e)s)** m réputation f
Leumundszeugnis nt certificat m de bonne vie et mœurs
Leute ['lɔytə] pl gens mpl; (umg: Familie) famille fsg; (Personal) subordonnés mpl; (Mil) hommes mpl; **vor allen ~n** devant tout le monde; **kleine ~** (fig) des petites gens; **etw unter die ~ bringen** (umg: Gerücht) divulguer qch; **kommt mal her, ~!** (umg) venez voir, vous tous!
Leutnant ['lɔytnant] **(-s, -s** od **-e)** m lieutenant m
leutselig ['lɔytze:lɪç] adj bienveillant(e); **L~keit** f bienveillance f, affabilité f
Leviten [le'vi:tən] pl: **jdm die ~ lesen** (umg) faire la morale à qn
lexikalisch [lɛksi'ka:lɪʃ] adj lexical(e)
Lexikon ['lɛksikɔn] **(-s, Lexiken** od **Lexika)** nt (Konversationslexikon) encyclopédie f; (Wörterbuch) dictionnaire m
lfd. abk = **laufend**
Libanese, -in [liba'ne:zə] **(-n, -n)** m(f) Libanais(e) m/f
libanesisch adj libanais(e)
Libanon ['li:banɔn] **(-s)** m: **der ~** le Liban
Libelle [li'bɛlə] f (Zool) libellule f; (Tech) niveau m à bulle
liberal [libe'ra:l] adj large d'idées; (Pol) libéral(e)
Liberale, r f(m) (Pol) libéral(e) m/f
Liberalisierung [liberali'zi:rʊŋ] f libéralisation f
Liberia [li'be:ria] nt le Libéria, le Liberia
Libero ['li:bero] **(-s, -s)** m arrière m volant
Libyen ['li:byən] **(-s)** nt la Libye
Libyer, in (-s,-) m(f) Libyen(ne) m/f
libysch adj libyen(ne)
Licht **(-(e)s, -er)** nt lumière f; (Kerze) bougie f; **~ machen** (anschalten) allumer (la lumière); (anzünden) allumer une bougie; **da geht mir ein ~ auf** (umg) ça a fait tilt; **jdn hinters ~ führen** faire marcher qn; **ans ~ kommen** se faire jour
licht [lɪçt] adj (voller Licht, hell) clair(e); (Haare) clairsemé(e); **~e Höhe** hauteur f maximum; **~e Weite** diamètre m intérieur
Licht-: ~bild nt (Paßbild) photo f d'identité; **~blick** m (Hoffnung) lueur f d'espoir; **l~echt** adj grand teint unver; **l~empfindlich** adj (Film) sensible à la lumière
lichten ['lɪçtən] vt (Wald) éclaircir; (Anker) lever ▷ vr (Haare, Bestände) se faire rare; (Nebel) se lever; (Reihen) s'éclaircir
lichterloh ['lɪçtɐ'lo:] adv: **~ brennen** flamber
Licht-: ~geschwindigkeit f vitesse f de la lumière; **~griffel** m crayon m optique; **~hupe** f appel m de phares; **~jahr** nt année-lumière f; **~maschine** f dynamo f; **~mess** nt la Chandeleur; **~pause** f photocopie f; (bei Blaupausverfahren) bleu m; **~schalter** nt interrupteur m; **l~scheu** adj qui craint la lumière; (Gesindel) louche; **~schranke** f détecteur m photo-électrique; **~schutzfaktor** m

indice m de protection; **~strahl** m rayon m lumineux
Lichtung f clairière f
Lid [li:t] **(-(e)s, -er)** nt paupière f; **~schatten** m fard m à paupières; **~strich** m (trait m d')eye-liner m
lieb [li:p] adj gentil(le); (artig) sage; (willkommen) bienvenu(e); (geliebt) cher (chère) ▷ adv: **am ~sten lese ich Kriminalromane** ce que je préfère ce sont les romans policiers; **~e Grüße, Deine Silvia** amitiés, Silvia; **L~e Anne, ~er Klaus! ...** Chère Anne, cher Klaus ...; **würden Sie so ~ sein** auriez-vous l'amabilité; **das ist ~ von dir** c'est gentil à toi; **den ~en langen Tag** (umg) toute la sainte journée; **es ist mir ~, dass ...** je suis content(e) que ...; **es wäre mir ~er, wenn ...** j'aimerais mieux od je préférerais que ...; **~ gewinnen** se mettre à aimer; **~ haben** aimer beaucoup; **sich bei jdm ~ Kind machen** (pej) tout faire pour se faire bien voir
liebäugeln ['li:plɔygəln] vi: **mit dem Gedanken ~, etw zu tun** caresser l'idée de faire qch
Liebe ['li:bə] f amour m; **~ zu** amour pour; **etw mit ~ tun** faire qch avec amour; **bei aller ~ (, das geht aber zu weit!)** trop c'est trop!; **l~bedürftig** adj qui a besoin d'affection; **l~bedürftig sein** avoir besoin d'affection
lieben ['li:bən] vt aimer; **etw ~d gern tun** adorer faire qch
liebens-: ~wert adj très sympathique; **~würdig** adj aimable; **~würdigerweise** adv aimablement; **L~würdigkeit** f amabilité f
lieber ['li:bər] adv: **etw ~ tun** préférer faire qch; **ich gehe ~ nicht** je préfère ne pas y aller; **ich trinke ~ Wein als Bier** je préfère le vin à la bière; **bleib ~ im Bett** il vaut mieux que tu restes au lit
Liebes-: ~brief m lettre f d'amour; **~dienst** m faveur f; **~erklärung** f déclaration f d'amour; **~kummer** m: **~kummer haben** avoir un chagrin d'amour; **~paar** nt amoureux mpl; **~roman** m roman m d'amour
liebevoll adj (zärtlich) affectueux(-euse), tendre; (sorgfältig) soigneux(-euse) ▷ adv (siehe adj) tendrement; soigneusement
lieb-: L~haber, in (-s,-) m(f) amant m; maîtresse f; (Kenner) amateur(-trice) m/f; (Sammler) collectionneur(-euse) m/f; **L~haberei** f violon m d'Ingres; **~kosen** vt untr câliner; **~lich** adj (Landschaft) charmant(e); (Duft, Wein) doux (douce); **L~ling** m (von Eltern, Publikum) préféré(e) m/f; (Anrede) chéri(e) m/f; **L~lings-** in zW préféré(e); **~los** adj (Bemerkung, Worte) méchant(e); (Mensch) sans cœur ▷ adv n'importe comment; **L~schaft** f aventure f
liebste, r, s adj préféré(e) ▷ adv: **etw am ~n mögen** préférer qch
Liechtenstein ['lɪçtənʃtain] **(-s)** nt le Liechtenstein
Lied [li:t] **(-(e)s, -er)** nt chanson f; (Kirchen) chant m, cantique m; **davon kann ich ein ~ singen** j'en sais quelque chose
Liederabend m récital m de chant

Liederbuch nt recueil m de chansons; (Rel) recueil de chants
liederlich ['li:dərlıç] adj (unordentlich) négligé(e); (pej: unmoralisch) dissolu(e); **L~keit** f (siehe adj) manque m de soin; corruption f
Liedermacher m auteur-compositeur m
lief etc [li:f] vb siehe **laufen**
Lieferant [lifə'rant] m fournisseur m
Lieferanteneingang m (von Privathaus) entrée f de service; (von Geschäft etc) entrée des fournisseurs
liefer-: **~bar** adj (vorrätig) disponible; **L~bedingungen** pl conditions fpl de livraison; **L~frist** f délai m de livraison
liefern ['li:fərn] vt (Waren) livrer; (Rohstoffe) produire; (versorgen mit) fournir ▷ vi livrer
Liefer-: **~schein** m bon m de livraison; **~termin** m délai m de livraison; **~ung** f livraison f; **~ungsgeschäft** nt marché m à terme; **~wagen** m voiture f de livraison; **~zeit** f délai m de livraison
Liege ['li:gə] f divan m; (Campingliege) lit m de camp; **~geld** nt surestarie f
liegen ['li:gən] unreg vi (waagerecht sein) être couché(e); (sich befinden) se trouver, être; (geografische Lage haben) être (situé(e)); (rangieren) être; **die Entscheidung liegt bei Ihnen** à vous de décider; **die Verantwortung liegt bei Ihnen** c'est vous qui êtes responsable; **es liegt bei Ihnen, ob Sie das Angebot annehmen** à vous de décider si vous voulez accepter cette offre (ou non); **jdm schwer im Magen ~** peser sur l'estomac de qn; **an etw** Dat **~** (Ursache) tenir à qch; **woran liegt es?** à quoi cela tient-il?; **mir liegt nichts daran** je n'y tiens pas; **mir liegt viel daran** j'y tiens beaucoup; **so, wie die Dinge jetzt ~** les choses étant ce qu'elles sont, dans le contexte actuel; **an mir soll es nicht ~!** ne vous inquiétez pas pour moi!; **Sprachen ~ mir nicht** je ne suis pas doué(e) pour les langues; **~ bleiben** (nicht aufstehen) rester couché(e); (nicht aufgehoben od mitgenommen werden) rester; (nicht ausgeführt werden) rester en plan; **auf der Autobahn ~ bleiben** être en panne sur l'autoroute; **~ lassen** (vergessen) oublier; **etw links ~ lassen** passer qch à gauche; (fig) ne pas tenir compte de qch; **einen Ort links/rechts ~ lassen** passer un endroit à gauche/à droite; **L~schaft** f (gew pl) terrain m
Liege-: **~platz** m (auf Schiff, in Zug etc) couchette f; (Ankerplatz) mouillage m; **~sitz** m (Aut) siège m à dossier réglable; **~stuhl** m chaise f longue; **~stütz** m traction f; **~wagen** m wagon-couchette m; **~wiese** f pelouse f
lieh etc [li:] vb siehe **leihen**
ließ etc [li:s] vb siehe **lassen**
liest etc [li:st] vb siehe **lesen**
Lift [lıft] **(-(e)s, -e** od **-s)** m (Aufzug) ascenseur m
liften vi (mit Skilift) prendre le télésiège
Liga ['li:ga] **(-, Ligen)** f (Sport) catégorie f
liieren [li'i:rən] vt: **(mit jdm) liiert sein** (Firmen etc) être associé(e) (avec qn); (ein Verhältnis haben) avoir une liaison (avec qn)
Likör [li'kø:r] **(-s, -e)** m liqueur f

lila ['li:la] adj mauve; **L~ (-s, -s)** nt mauve m
Lilie ['li:liə] f lis m
Liliputaner, in [lilipu'ta:nər(ın)] **(-s, -)** m(f) nain(e) m/f
Limit ['lımıt] **(-s, -s** od **-e)** nt limite f; (Finanz) plafond m
Limo ['lımo] f = **Limonade**
Limonade [limo'na:də] f limonade f
Limone [li'mo:nə] f (Frucht) lime f, citron m vert
lind [lınt] adj (Luft, Wind) doux (douce)
Linde ['lındə] f tilleul m
lindern ['lındərn] vt soulager
Linderung f soulagement m
Lineal [line'a:l] **(-s, -e)** nt règle f
linear [line'a:r] adj linéaire
Linguist, in [lıŋgu'ıst(ın)] m(f) linguiste m/f
Linguistik f linguistique f
Linie ['li:niə] f ligne f; **eine ~ bilden** s'aligner; **in einer ~ stehen** être alignés(-ées); **in erster ~** en premier lieu; **auf der ganzen ~** sur toute la ligne; **auf die** od **seine** etc **~ achten** (hum; umg) surveiller sa ligne; **fahren Sie mit der ~ 2** prenez la ligne 2 od le 2
Linien-: **~blatt** nt transparent m; **~bus** m bus m régulier; **~flug** m vol m de ligne; **~richter** m (Tennis) juge m de ligne; (Fussball etc) juge de touche; **l~treu** (pej) adj qui suit la ligne du parti
linieren [li'ni:rən] vt régler; **liniertes Papier** papier m réglé
Link [lıŋk] m (Comput) lien m
Linke ['lıŋkə] f (Hand) main f gauche; (Pol) gauche f
linke, r, s adj gauche; (Pol) de gauche; **die ~ Seite** l'envers m; **~ Masche** maille f à l'envers; **ein L~r** (Pol) un gauchiste; **~r Hand** à gauche; **das mache ich mit der ~n Hand** (umg) pas besoin d'être futé pour la faire
linkisch adj gauche
links adv à gauche; (verkehrt herum) à l'envers; (mit der linken Hand) de la main gauche ▷ präp +Gen sur la gauche de; **(mit) ~ schreiben** écrire de la main gauche; **~ von mir** à ma gauche; **~ vom Eingang** à gauche de l'entrée; **mit ~** (umg) facilement; **L~abbieger** m véhicule m tournant à gauche; **L~außen (-s, -)** m (Sport) ailier m gauche; **L~händer, in (-s, -)** m(f) gaucher(-ère) m/f; **L~kurve** f virage m à gauche; **~lastig** adj qui penche à gauche; **~liberal** adj libéral(e) de gauche; **~radikal** adj d'extrême gauche; **L~ruck** m (Pol) tournant m à gauche; **L~rutsch** m = **Linksruck**; **L~steuerung** f conduite f à gauche; **L~verkehr** m circulation f à gauche
Linoleum [li'no:leum] **(-s)** nt linoléum m
Linse ['lınzə] f lentille f; (Kontaktlinse) lentille (de contact)
linsen (umg) vi guigner
Lippe ['lıpə] f lèvre f; **etw auf den ~n haben** avoir qch sur le bord des lèvres; **das bringe ich nicht über die ~n** je n'arrive pas à le dire
Lippenbekenntnis nt engagement m purement verbal; **~se reichen hier nicht aus!** il nous faut plus que des paroles!

Lippenstift m rouge m à lèvres
liquid(e) adj (Firma) solvable; (Gelder) liquide
Liquidation [likvidatsi'o:n] f (einer Firma) liquidation f
Liquidationswert [likvidatsi'o:nsve:rt] m bilan m de liquidation
Liquidator [likvi'da:tɔr] m liquidateur m
liquidieren [likvi'di:rən] vt liquider; (Rechnung ausstellen) facturer
Liquidität [likvidi'tɛ:t] f liquidité f
lispeln ['lɪspəln] vi zézayer
Lissabon ['lɪsabɔn] (-s) nt Lisbonne
List [lɪst] (-, -en) f ruse f; **mit ~ und Tücke** (umg) par des moyens détournés
Liste ['lɪstə] f liste f
listen vt (auflisten) faire une liste de, répertorier
Listen-: **~platz** m place f sur la liste du parti; **~preis** m prix m de catalogue; **~wahl** f scrutin m de liste
listig adj rusé(e)
Litanei [lita'naɪ] f litanie f
Litauen ['li:taʊən] (-s) nt la Lituanie
Litauer, in (-s, -) m(f) Lituanien(ne) m/f
litauisch adj lituanien(ne)
Liter ['li:tər] (-s, -) m od nt litre m
literarisch [lɪte'ra:rɪʃ] adj littéraire
Literatur [lɪtera'tu:r] f littérature f; **~preis** m prix m littéraire; **~wissenschaft** f lettres fpl
literweise ['li:tərvaɪzə] adv au litre; **etw ~ trinken** boire des litres de qch
Litfaßsäule ['lɪtfaszɔʏlə] f colonne f Morris
Lithografie [litogra'fi:] f lithographie f
litt etc [lɪt] vb siehe **leiden**
Liturgie [litʊr'gi:] f liturgie f
liturgisch [li'tʊrgɪʃ] adj liturgique
Litze ['lɪtsə] f cordon m; (Elek) fil m
live [laɪf] adj, adv (Rundf, TV) en direct
Livree [li'vre:] f livrée f
livriert [li'vri:rt] adj en livrée
Lizenz [li'tsɛnts] f licence f; **etw in ~ herstellen** fabriquer qch sous licence; **~ausgabe** f édition f autorisée
Lkw, LKW (-(s), -(s)) m abk = **Lastkraftwagen**
l. M. abk (= laufenden Monats) courant
Lob [lo:p] (-(e)s) nt éloge m
Lobby ['lɔbi] (-s, -s) f (Hotelhalle) hall m; (Interessengruppe) lobby m, groupe de pression
loben ['lo:bən] vt faire un l'éloge de, louer; **das lob ich mir** ça me plaît
lobenswert adj digne d'éloge, louable
lobenswerterweise adv d'une manière tout à fait louable
löblich ['lø:plɪç] adj (oft ironisch) louable
Loblied nt: **ein ~ auf jdn/etw singen** chanter les louanges de qn/qch
Loch [lɔx] (-(e)s, ̈-er) nt trou m; (im Zahn) carie f; (pej: Wohnung) taudis m; (umg: Gefängnis) taule f; **ein ~ od Löcher in die Luft gucken** rêvasser; **aus dem letzten ~ pfeifen** être à bout (de forces)
lochen vt (Papier) perforer; (Fahrkarte) poinçonner
Locher (-s, -) m perforatrice f
löcherig ['lœçərɪç] adj troué(e)

löchern (umg) vt harceler
Loch-: **~karte** f carte f perforée; **~streifen** m bande f perforée; **~zange** f poinçonneuse f
Locke ['lɔkə] f boucle f
locken[1] vt (herbeilocken) attirer; (reizen) tenter
locken[2] vt (Haare) boucler
lockend adj attrayant(e), séduisant(e)
Lockenstab m fer m à friser
Lockenwickler m bigoudi m
locker ['lɔkər] adj (Schraube) desserré(e); (Zahn) qui branle; (Stein) branlant(e); (Boden, Erde) meuble; (Kuchen, Schaum) léger(-gère); (Band etc) lâche; (nicht streng) relâché(e); (umg) cool unver ▷ adv lâchement; **~lassen** unreg vi: **nicht ~lassen** ne pas céder (d'un pouce); **~machen** (umg) vt (Geld) lâcher
lockern vt (Griff, Schraube, Seil) desserrer; (Muskeln) relâcher; (Arme) détendre; (Vorschriften etc) assouplir ▷ vr (Schraube) se desserrer; (Zahn) se déchausser, branler; (Atmosphäre) se détendre; (Sitten) se relâcher; (fig: Beziehungen) devenir moins tendu(e)
Lockerungsübung f exercices mpl d'assouplissement
lockig ['lɔkɪç] adj bouclé(e)
Lockmittel nt appât m
Lockruf m cri m
Lockung f attrait m
Lockvogel (pej) m (fig) leurre m; **~angebot** nt offre f alléchante
Loden ['lo:dən] (-s, -) m loden m; **~mantel** m loden m
lodern ['lo:dərn] vi flamber
Löffel ['lœfəl] (-s, -) m cuillère f, cuiller f; (als Maßangabe) cuillerée f
löffeln vt (essen) manger à la cuillère; **Suppe auf einen Teller ~** mettre de la soupe dans une assiette avec une louche
löffelweise adv par cuillerées
log etc [lo:k] vb siehe **lügen**
Logarithmentafel [loga'rɪtmənta:fəl] f table f de logarithmes
Logarithmus [loga'rɪtmʊs] m logarithme m
Loge ['lo:ʒə] f loge f
Loggia ['lɔdʒa] (-, -ien) f (Balkon) loggia f
Logierbesuch m hôte m
logieren [lo'ʒi:rən] vi loger
Logik ['lo:gɪk] (-) f logique f
Logis [lo'ʒi:] (-, -) nt: **Kost und ~** chambre f avec pension
logisch ['lo:gɪʃ] adj logique; (umg: selbstverständlich): **(das ist doch) ~!** ça va de soi
logo ['logo] (umg) interj bien sûr
Logopäde, -in [logo'pɛ:də] (-n, -n) m(f) orthophoniste m/f
Lohn [lo:n] (-(e)s, ̈-e) m (Belohnung) récompense f; (Bezahlung) salaire m; **~abrechnung** f bulletin m de paie; **~arbeit** f (Wirts) main-d'œuvre f; **~ausfall** m perte f de salaire; **~ausgleich** m compensation f de salaire; **~buchhaltung** f comptabilité f (des salaires); **~büro** nt (bureau m de la) comptabilité f (des salaires); **~empfänger** m

salarié(e) m/f
lohnen ['lo:nən] vr en valoir la peine ▷ vt
(rechtfertigen) mériter; **es lohnt sich nicht, das
zu tun** ça ne vaut pas la peine de le faire; **jdm
etw ~** (danken) récompenser qn de qch
lohnend adj qui en vaut la peine
Lohn-: **~erhöhung** f augmentation f (de salaire);
~forderung f revendication f salariale;
~fortzahlung f droit au salaire en cas de maladie,
accident etc; **~gruppe** f catégorie f de salaire;
~konto nt compte m salaire; **~kosten** pl charges
fpl salariales; **~politik** f politique f salariale;
~-Preis-Spirale f spirale f prix-salaires; **~runde** f
négociations fpl salariales; **~steuer-
jahresausgleich** m demande de remboursement de
trop-perçu (au fisc); **~steuerkarte** f carte de
contribuable; **~stopp** m blocage m des salaires;
~streifen m fiche f de paie; **~tüte** f enveloppe f
de paie
Loipe ['lɔʏpə] f piste f de ski de fond
Lok [lɔk] (**-, -s**) f abk (= Lokomotive) loco f
lokal [lo'ka:l] adj local(e)
Lokal (**-(e)s, -e**) nt (Gaststätte) café m; (Restaurant)
restaurant m
Lokalblatt (umg) nt journal m local
lokalisieren [loka:li'zi:rən] vt (geh) localiser
Lokalität [lokali'tɛ:t] f lieu m; (Raum) local m
Lokal-: **~presse** f presse f locale; **~teil** m
chronique f locale; **~termin** m descente f sur les
lieux
Lokomotive [lokomo'ti:və] f locomotive f
Lokomotivführer m conducteur m de locomotive
Lombardei [lɔmbar'daɪ] f Lombardie f
Lombardkredit ['lɔmbartkredi:t] m prêt m sur
nantissement
Lombardsatz m taux m de prêt sur nantissement
London ['lɔndɔn] (**-s**) nt Londres
Londoner (**-s, -**) m Londonien m ▷ adj
londonien(ne)
Londonerin f Londonienne f
Lorbeer ['lɔrbe:r] (**-s, -en**) m laurier m; **sich auf
seinen ~en ausruhen** se reposer sur ses lauriers;
~blatt nt feuille f de laurier
Lore ['lo:rə] f (Bergb) truc m
Los (**-es, -e**) nt (Schicksal) sort m, destin m;
(Lotterielos) billet m de loterie; **das große ~
ziehen** gagner le gros lot; **den Gewinner durch
das ~ entscheiden** tirer le gagnant au sort
los [lo:s] adj (nicht befestigt) détaché(e) ▷ adv: **~!**
(vorwärts) en avant!; (Beeilung) allons!; **der Knopf
ist ~** le bouton est parti; **was ist ~?** qu'est-ce qu'il
y a?; **was ist (denn) mit ihm ~?** (fehlt ihm) qu'est-
ce qu'il a?; **irgendwas ist mit ihm ~** il a quelque
chose; **mit ihm ist nichts ~** (ihm fehlt nichts) il n'a
rien; (er taugt nichts) ce n'est vraiment pas une
lumière; **dort ist nichts ~** c'est un trou!; **dort
ist viel ~** c'est un endroit très animé; **jdn/etw ~
sein** être débarrassé(e) de qn/qch; **wir wollen
früh ~** nous voulons partir de bonne heure;
nichts wie ~! allons-y!
lösbar adj soluble
losbinden unreg vt détacher

losbrechen unreg vi (abbrechen) se casser; (einsetzen:
Sturm, Gewitter, Beifall) éclater
losch etc [lɔʃ] vb siehe **löschen**
Löschblatt ['lœʃblat] nt buvard m
löschen ['lœʃən] vt (Feuer, Licht) éteindre; (Durst)
étancher; (Datei, Tonband) effacer; (Kredit)
annuler; (Fracht) décharger ▷ vi (Feuerwehr)
éteindre l'incendie
Lösch-: **~fahrzeug** nt voiture f de pompiers;
~gerät nt extincteur m; **~papier** nt papier m
buvard; **~taste** f touche f d'effacement
Löschung f (von Fracht) déchargement m
Löschzug m voitures fpl de pompiers
lose ['lo:zə] adj (Knopf) qui se décou(d); (Schraube)
desserré(e); (Blatt) volant(e); (nicht verpackt) en
vrac; (moralisch) dissolu(e) ▷ adv lâchement
Lösegeld nt rançon f
losen ['lo:zən] vi tirer au sort
lösen ['lø:zən] vt (abtrennen) détacher; (Rätsel,
Problem) résoudre; (Handbremse) desserrer;
(Fahrkarte) acheter; (Chem) dissoudre; (Husten,
Krampf) soulager; (Verlobung) rompre ▷ vr
(aufgehen) se défaire; (Schuss) partir; (Zucker etc) se
dissoudre; **sich von jdm/etw ~** se détacher de
qn/qch
los-: **~fahren** unreg vi (Fahrzeug) démarrer, partir;
~gehen unreg vi (beginnen) commencer;
(aufbrechen: Bombe, Gewehr) partir; **jetzt gehts ~!**
(umg) c'est parti!; **auf jdn ~gehen** se jeter sur qn;
~kaufen vt payer une rançon pour; **~kommen**
unreg vi (fortkommen) (pouvoir) s'en aller; (sich
befreien) se libérer; **von jdm ~kommen** arriver à
se détacher de qn; **~lassen** unreg vt lâcher; **der
Gedanke lässt mich nicht mehr ~** cette idée ne
me quitte plus; **~laufen** unreg vi partir en
courant; **~legen** (umg) vi: **nun leg mal ~ und
erzähl(e)** ... vas-y, raconte ...
löslich ['lø:slɪç] adj soluble; **L~keit** f solubilité f
loslösen vt détacher ▷ vr se détacher
losmachen vt détacher; (Boot) démarrer ▷ vr se
détacher
Losnummer f numéro m du billet (de loterie)
los-: **~sagen** vr: **sich von jdm/etw ~sagen**
rompre avec qn/qch; **~schießen** unreg vi (plötzlich
in Bewegung kommen) foncer; (umg: sprechen) se
mettre à parler; **schieß ~!** (umg) raconte!;
~schrauben vt dévisser; **~sprechen** unreg vt (Rel)
absoudre; **~stürzen** vi: **auf jdn/etw ~stürzen**
précipiter sur qn/qch
Losung ['lo:zʊŋ] f (Wahlspruch) slogan m;
(Kennwort) mot m de passe
Lösung ['lø:zʊŋ] f (chemisch, von Problem etc)
solution f; (von Verlobung) rupture f
Lösungsmittel nt solvant m
loswerden unreg (umg) vt se débarrasser de;
(verkaufen) écouler; **losziehen** unreg vi (sich
aufmachen) partir; **gegen jdn losziehen** tempêter
contre qn
Lot [lo:t] (**-(e)s, -e**) nt (Senkblei) fil m à plomb;
(Senkrechte) verticale f; (Math) perpendiculaire f;
(nicht) im ~ sein (ne pas) être d'aplomb; (Sachen)
(ne pas) être en ordre

loten vt vérifier l'alignement de ▷ vi mesurer la profondeur, sonder
löten ['lø:tən] vt souder
Lothringen ['lo:trɪŋən] (-s) nt la Lorraine
Lötkolben m fer m à souder
lotrecht adj vertical(e)
Lotse ['lo:tsə] (-n, -n) m (Naut) pilote m; (Flug) aiguilleur m du ciel
lotsen vt (Naut) piloter; (Flug) diriger; (umg): jdn ins Kino/in die Stadt ~ traîner qn au cinéma/en ville
Lotterie [lɔtə'ri:] f loterie f
Lotterleben ['lɔtərle:bən] (umg: pej) nt vie f dissolue
Lotto ['lɔto] (-s, -s) nt (Lotterie) loterie f; (Kinderspiel) loto m; **im ~ gewinnen** gagner au loto; **~schein** m billet m de loterie; **~zahlen** pl numéros mpl gagnants (à la loterie)
Löwe ['lø:və] (-n, -n) m lion m; (Astrol) Lion m; **~ sein** être (du) Lion
Löwen-: **~anteil** m part f du lion; **~mäulchen** nt gueule-de-loup f; **~zahn** m pissenlit m
Löwin ['lø:vɪn] f lionne f
loyal [loa'ja:l] adj loyal(e)
Loyalität [loajali'tɛ:t] f loyauté f
LP (-, -s) f abk (= Langspielplatte) 33-tours m
LSD nt abk (= Lysergsäurediäthylamid) LSD m
lt. abk (= laut) selon
Luchs [lʊks] (-es, -e) m lynx m; **wie ein ~ aufpassen** n'avoir pas les yeux dans sa poche
Lücke ['lʏkə] f (in Zaun) brèche f; (in Wissen, Gesetz) lacune f
Lücken-: **~büßer** (-s, -) m bouche-trou m; **l~haft** adj (Wissen, Beweise) incomplet(-ète); (Versorgung) intermittent(e); **l~los** adj complet(-ète); **~test** m test m de complètement
lud etc [lu:t] vb siehe **laden**
Luder ['lu:dər] (-s, -) (umg) nt (pej: Frau) garce f; **ein armes ~** une misérable créature
Luft [lʊft] (-, ‑e) f air m; (Atem) souffle m; (Platz, Spielraum) espace m; **an die ~ gehen** sortir prendre l'air; (frische) **~ schnappen** (umg) prendre l'air; **die ~ anhalten** retenir son souffle; **seinem Herz ~ machen** s'épancher; **die ~ fliegen** exploser; **schnell** od **leicht in die ~ gehen** (umg) s'emporter facilement; **die ~ ist rein** (umg) le champ est libre; **jdn an die (frische) ~ setzen** (umg) mettre qn à la porte; **er ist ~ für mich** pour moi, il n'existe plus; **jdn wie ~ behandeln** ignorer qn; **in der ~ hängen** od **schweben** être incertain(e); **hier ist dicke ~** (umg: fig) il y a de l'orage dans l'air; **die Behauptung ist aus der ~ gegriffen** c'est inventé de toutes pièces; **~angriff** m (Mil) attaque f aérienne; **~aufnahme** f photographie f aérienne; **~ballon** m ballon m; **~blase** f bulle f d'air; **~-Boden-Rakete** f fusée f air-sol; **~brücke** f pont m aérien; **l~dicht** adj hermétique; **~druck** m pression f atmosphérique; **l~durchlässig** adj perméable à l'air; (Kontaktlinsen) perméable à l'oxygène, semi-souple
lüften ['lʏftən] vt aérer; (Geheimnis) révéler ▷ vi

aérer; **seinen Hut ~** se découvrir
Luft-: **~fahrt** f aviation f; **~feuchtigkeit** f humidité f de l'air; **~fracht** f fret m aérien; **l~gekühlt** adj à refroidissement par air; **~gewehr** nt fusil m à air comprimé
luftig adj (Zimmer) (bien) aéré(e); (Kleider) léger(-ère); **in ~er Höhe** à une hauteur vertigineuse
Luft-: **~kissenfahrzeug** nt aéroglisseur m; **~krieg** m guerre f aérienne; **~kurort** m station f climatique; **l~leer** adj: **l~leerer Raum** vide m; **~linie** f: **100 km ~linie** 100 km à vol d'oiseau; **~loch** nt trou m d'air; **~matratze** f matelas m pneumatique; **~pirat** m pirate m de l'air; **~post** f poste f aérienne; **mit ~post** par avion; **~postpapier** nt papier m pelure; **~pumpe** f (für Fahrrad) pompe f; **~raum** m espace m aérien; **~röhre** f trachée f; **~schlange** f serpentin m; **~schloss** nt château m en Espagne; **~schutz** m défense f antiaérienne; **~schutzbunker** m abri m antiaérien; **~schutzkeller** m abri m antiaérien; **~sprung** m galipette f; **einen ~sprung machen** sauter de joie; **~stützpunkt** m base f aérienne; **~tanken** nt ravitaillement m en vol
Lüftung ['lʏftʊŋ] f aération f
Luft-: **~veränderung** f changement m d'air; **~verkehr** m trafic m aérien; **~verschmutzung** f pollution f atmosphérique; **~waffe** f armée f de l'air; **~weg** m: **etw auf dem ~weg befördern** transporter qch par avion; **~zufuhr** f arrivée f d'air; **~zug** m courant m d'air
Lug [lu:k] m: **~ und Trug** des mensonges mpl
Lüge ['ly:gə] f mensonge m; **jdn ~n strafen** accuser qn de mentir; **eine Behauptung ~n strafen** démentir une affirmation
lügen ['ly:gən] unreg vi mentir; **~ wie gedruckt** (umg) mentir comme on respire
Lügner, in (-s, -) m(f) menteur(-euse) m/f
Luke ['lu:kə] f (Dachluke) lucarne f; (Naut) écoutille f
lukrativ [lukra'ti:f] adj lucratif(-ive)
Lümmel ['lʏməl] (-s, -) (pej) m vaurien m
lümmeln (pej) vr se vautrer
Lump [lʊmp] (-en, -en) m gredin m
lumpen ['lʊmpən] vt: **sich nicht ~ lassen** (umg) faire les choses comme il faut
Lumpen (-s, -) m chiffon m; **~sammler** m chiffonnier m
Lumperei [lʊmpə'raɪ] (pej) f sale coup m
lumpig ['lʊmpɪç] adj (gemein) ignoble; (wenig) minable; (zerlumpt) déguenillé(e); **~e 10 Euro** seulement 10 euros
Lüneburger Heide ['ly:nəbʊrgər 'haɪdə] f: **die ~** les landes fpl de Lunebourg
Lunge ['lʊŋə] f poumon m; **eiserne ~** poumon d'acier
Lungen-: **~entzündung** f pneumonie f; **l~krank** adj malade des poumons, tuberculeux(-euse); **~zug** m: **einen ~zug machen** avaler la fumée
Lunte ['lʊntə] f mèche f; **ich rieche ~** ça sent le roussi
Lupe ['lu:pə] f loupe f; **jdn/etw unter die ~**

nehmen examiner qn/qch de très près
lupenrein *adj* (*Edelstein*) parfait(e)
Lupine [lu'pi:nə] *f* lupin *m*
Lurch [lʊrç] (**-(e)s, -e**) *m* batracien *m*
Lust [lʊst] (**-, ̈-e**) *f* (*Freude, auch sexuell*) plaisir *m*;
(*Begierde, auch sexuell*) désir *m*; (*Neigung*) envie *f*;
keine (große) ~ haben ne pas (en) avoir (très)
envie; **~ haben zu** *od* **auf etw** *Akk*/**etw zu tun**
avoir envie de qch/de faire qch; **er hat die ~
daran verloren** il en a perdu l'envie; **solange du
~ hast** tant que tu voudras; **je nach ~ und Laune**
selon mon *etc* humeur; **l~betont** *adj* sensuel(le)
lüstern ['lʏstərn] *adj* lascif(-ive), lubrique
Lustgefühl *nt* plaisir *m*
Lustgewinn *m* plaisir *m*
lustig ['lʊstɪç] *adj* (*komisch*) drôle; (*fröhlich*) gai(e);
sich über jdn/etw ~ machen se moquer de qn/
qch; **das kann ja ~ werden!** (*umg*) ça va être gai!
Lust-: **l~los** *adj* sans enthousiasme; (*Finanz*)
morose; **~mord** *m* meurtre *m* à mobile sexuel;
~prinzip *nt* principe *m* du plaisir; **~spiel** *nt*
comédie *f*; **l~wandeln** *vi* se balader
luth. *abk* (= *lutherisch*) luthérien(ne)
Lutheraner, in [lʊtə'ra:nər(ın)] *m(f)*
luthérien(ne) *m/f*

lutschen ['lʊtʃən] *vt* sucer ▷ *vi*: **am Daumen ~**
sucer son pouce
Lutscher (-s, -) *m* sucette *f*
Luxemburg ['lʊksəmbʊrk] (**-s**) *nt* le Luxembourg
Luxemburger, in (**-s, -**) *m(f)* Luxembourgeois(e)
m/f
luxemburgisch ['lʊksəmbʊrgɪʃ] *adj*
luxembourgeois(e)
luxuriös [lʊksuri'ø:s] *adj* luxueux(-euse)
Luxus ['lʊksʊs] (**-**) *m* luxe *m*; **~artikel** *m* article *m*
de luxe; **~ausführung** *f* modèle *m* de luxe;
~dampfer *m* paquebot *m* de luxe; **~hotel** *nt*
hôtel *m* de luxe; **~steuer** *f* taxe *f* de luxe
LVA (**-**) *f abk* (= *Landesversicherungsanstalt*) *caisse
d'assurance et de retraite publique*
LW *abk* (= *Langwelle*) GO *fpl*
Lymphe ['lʏmfə] *f* lymphe *f*
Lymphknoten *m* ganglion *m* (lymphatique)
lynchen ['lʏnçən] *vt* lyncher
Lynchjustiz *f* lynchage *m*
Lyrik ['ly:rɪk] (**-**) *f* poésie *f* lyrique; **~er, in** (**-s, -**)
m(f) poète *m* lyrique
lyrisch *adj* lyrique
LZB *f abk* (= *Landeszentralbank*) *Banque centrale
régionale*

Mm

M, m [ɛm] *nt* M, m *m*; **M wie Martha** ≈ M comme Marcel
m *abk* (= *Meter*) m; (= *männlich*) masc
M. *abk* = **Monat**
MA. *abk* = **Mittelalter**
M.A. *abk* = **Magister/Magistra Artium** maîtrise *f*
Maas [maːs] (-) *f* Meuse *f*
Maat [maːt] (-(e)s, -e *od* -en) *m* (*Naut*) quartier-maître *m*
Machart *f* façon *f*
machbar *adj* faisable, réalisable
Mache (-) (*pej*: *umg*) *f* (*Vortäuschung*) frime *f*; **jdn in der ~ haben** malmener qn; **etw in der ~ haben** travailler à qch

SCHLÜSSELWORT

machen ['maxən] *vt* **1** (*tun*) faire; **was machen Sie (beruflich)?** qu'est-ce que vous faites dans la vie?; **was macht die Arbeit?** comment va le travail?, et le travail, ça marche?; **das lass ich nicht mit mir machen!** ça, je ne le tolérerai pas!; **mit mir könnt ihrs ja machen!** (*umg*) c'est ça, ne vous gênez pas!; **Schluss machen** arrêter
2 (*herstellen, anfertigen, richten*) faire; **Essen machen** faire *od* préparer à manger; **sein Bett machen** faire son lit; **ein Foto machen** faire *od* prendre une photo; **aus Holz gemacht** en bois; **etw machen lassen** (*herstellen lassen*) faire faire qch; (*reparieren lassen*) faire réparer qch
3 (*ablegen*: *Examen, Abitur*) passer
4 (*teilnehmen*): **einen Kurs machen** suivre un cours; **eine Reise machen** faire un voyage
5 (*verursachen, bereiten*): **jdm Angst/Freude machen** faire peur/plaisir à qn; **jdm Kopfschmerzen machen** donner des maux de tête à qn; **das macht die Kälte** c'est dû au froid; **jdn lachen machen** faire rire qn
6 (*ausmachen, schaden*) faire; **macht nichts!** ça ne fait rien!; **die Kälte/der Rauch macht mir nichts** le froid/la fumée ne me dérange pas
7 (*mit Präpositionen*): **jdm zum Sklaven/zu seiner Frau machen** faire de qn un esclave/sa femme; **aus jdm etw machen** faire qch de qn
8 (*Math*): **wie viel macht das?** ça fait combien?; **3 und 5 macht 8** 3 plus 5 égalent 8; **das macht 15 Euro** ça fait 15 euros
9 (*umg*: *Kindersprache*): **groß/klein machen** faire la grosse/petite commission; **Pipi/Aa machen** faire pipi/caca
▷ *vi*: **mach schnell!** dépêche-toi!; **mach schon** *od* **schneller!** (*umg*) plus vite que ça!; **mach, dass du wegkommst!** ouste, va-t-en!; **machs gut!** bonne chance!; **das macht müde** ça fatigue; **das macht hungrig/durstig** ça donne faim/soif; **das macht dick** ça fait grossir; **er macht in Politik** (*umg*) il fait de la politique; **er macht in Malerei** il barbouille (des toiles); **jetzt macht sie auf große Dame** (*umg*) maintenant, elle joue les grandes dames; **lass mich mal machen** (*umg*) laisse-moi faire; **(sich** *Dat***) in die Hosen machen** (*umg*) faire dans sa culotte
▷ *vr*: **sich an etw** *Akk* **machen** (*beginnen*) se mettre à qch; **sich** *Dat* **viel aus jdm/etw machen** tenir (beaucoup) à qn/qch; **mach dir nichts daraus** ne t'en fais pas; **sich auf den Weg machen** se mettre en route; **das macht sich gut** c'est bien; **sich wichtig machen** faire l'important(e)

Machenschaften (*pej*) *pl* intrigues *fpl*, machinations *fpl*
Macher (-s, -) (*umg*) *m* battant *m*
macho ['matʃo] (*umg*) *adj* macho
Macht [maxt] (-, -̈e) *f* (*Kraft, Stärke*) force *f*; (*Staat*) puissance *f*; (*kein pl*: *Einfluss*) pouvoir *m*; **mit aller ~** de tous mes *od* ses forces; **an der ~ sein** être au pouvoir; **die ~ der Gewohnheit** la force de l'habitude; **alles in unserer ~ Stehende** tout ce qui est en notre pouvoir; **~apparat** *m* (*Pol*) appareil *m* du pouvoir; **~befugnis** *f* pouvoir *m*; **~ergreifung** *f* prise *f* de pouvoir; **~haber** (-s, -) *m* dirigeant *m*
mächtig ['mɛçtɪç] *adj* puissant(e); (*beeindruckt*: *Wirkung*) considérable; (*Baum*: *umg*: *ungeheuer*) énorme ▷ *adv* (*umg*) terriblement; **einer Sache** *Gen* **~ sein** maîtriser qch; **M~keit** *f* puissance *f*
Macht-: **m~los** *adj* (*Mensch, Staat*) impuissant(e); (*hilflos*) désarmé(e); **~probe** *f* épreuve *f* de force; **m~voll** *adj* puissant(e); **~wort** *nt*: **ein ~wort sprechen** faire acte d'autorité
Machwerk (*pej*) *nt* travail *m* bâclé

Macke ['makə] f (umg: Fehler, Schadstelle) défaut m;
eine ~ haben avoir un grain
Macker (-s, -) (umg) m mec m
MAD (-) m abk (= Militärischer Abschirmdienst) service
de contre-espionage
Madagaskar [mada'gaskar] (-s) nt Madagascar m
ou f
Mädchen ['mɛ:tçən] nt jeune fille f; (Kind) petite
fille; (Zimmermädchen, Hausmädchen) femme f de
chambre; **~ für alles** (umg) bonne f à tout faire;
m~haft adj (Benehmen, Kleid) de petite fille;
~name m nom m de jeune fille
Made ['ma:də] f (Zool) asticot m
Madeira [ma'de:ra] (-s, -s) m Madère f; (Wein)
madère m
Mädel ['mɛ:dl] (-s, -(s)) nt (Dialekt) jeune fille f;
(: Kind) petite fille
madig ['ma:dɪç] adj (Obst) véreux(-euse);
~machen vt: **jdm etw ~machen** (umg) gâcher
qch à qn
Madonna [ma'dɔna] (-, **Madonnen**) f Vierge f,
madone f
Madrid [ma'drɪt] (-s) nt Madrid
mag [ma:k] vb siehe **mögen**
Mag. abk = **Magister**
Magazin [maga'tsi:n] (-s, -e) nt magazine m; (an
Gewehr, Lager) magasin m; (Bibliotheksmagazin)
réserve f
Magd [ma:kt] (-, ⸚e) f servante f
Magen ['ma:gən] (-s, - od ⸚) m estomac m; **jdm auf
den ~ schlagen** (umg) donner une indigestion à
qn; (fig) rester sur l'estomac de qn; **sich Dat den
~ verderben** attraper une indigestion; **~bitter** m
bitter m; **~geschwür** nt ulcère m de od à
l'estomac; **~knurren** nt gargouillements mpl
(dans l'estomac), borborygmes mpl; **~schmerzen**
pl maux mpl d'estomac; **~verstimmung** f
embarras m gastrique
mager ['ma:gər] adj maigre; **M~keit** f maigreur
f; **M~milch** f lait m écrémé; **M~stufe** f (Koch)
faible teneur f en matières grasses; **M~sucht** f
(Med) anorexie f
Magie [ma'gi:] f magie f
Magier ['ma:giər] (-s, -) m magicien m
magisch ['ma:gɪʃ] adj magique
Magister [ma'gɪstər] (-s, -) m (Univ: Titel) maîtrise f
Magistrat [magɪs'tra:t] (-(e)s, -e) m
(Stadtverwaltung) municipalité f
Magnat [ma'gna:t] (-en, -en) m magnat m
Magnet [ma'gne:t] (-s od -e, -en) m aimant m;
~band nt (Comput) bande f magnétique; **m~isch**
adj magnétique
magnetisieren [magneti'zi:rən] vt (Phys)
aimanter
Magnet-: ~kompass m boussole f; **~nadel** f
aiguille f aimantée; **~tafel** f tableau m
magnétique
magst [ma:kst] vb siehe **mögen**
Mahagoni [maha'go:ni] (-s) nt acajou m
Mähdrescher (-s, -) m moissonneuse-batteuse f
mähen ['mɛ:ən] vt (Rasen) tondre; (Gras) faucher
▷ vi faucher

Mahl [ma:l] (-(e)s, -e od ⸚er) nt repas m
mahlen vt moudre
Mahlzeit f repas m ▷ interj bon appétit
Mahnbrief m rappel m
Mähne ['mɛ:nə] f (von Tier) crinière f; (hum: von
Mensch) tignasse f
mahnen ['ma:nən] vt (warnend) avertir; (wegen
Schuld) mettre en demeure; **jdn an etw** Akk od
wegen etw ~ (erinnern) rappeler qch à qn; **jdn zur
Eile/Vorsicht ~** exhorter qn à se dépêcher/
à la prudence
Mahn-: ~gebühr f frais mpl de sommation; **~mal**
nt mémorial m; **~schreiben** nt rappel m,
sommation f
Mahnung f avertissement m; (mahnende Worte)
exhortation f
Mähren (-s) nt la Moravie
Mai [maɪ] (-(e)s, -e) m mai m; siehe auch
September; **~baum** m mât m enrubanné;
~bowle m (Koch) punch m à l'aspérule;
~glöckchen nt muguet m; **~käfer** m hanneton m
Mail [me:l] (-, -s) f (Comput) courrier m
électronique
Mailand ['maɪlant] (-s) nt Milan
mailen ['me:lən] vi (Comput): **jdm etw ~** envoyer
qch à qn par mail
Main [maɪn] (-(e)s) m Main m
Mainz [maɪnts] nt Mayence f
Mais [maɪs] (-es, -e) m maïs m; **~kolben** m épi m
de maïs
Maismehl nt farine f de maïs
Majestät [majɛs'te:t] f (kein pl: Erhabenheit)
majesté f; (Titel) Majesté f
majestätisch adj majestueux(-euse)
Majestätsbeleidigung f crime m de lèse-majesté
Majonäse [majɔ'nɛ:zə] (-, -n) f mayonnaise f
Major [ma'jo:r] (-s, -e) m (Mil) commandant m
Majoran [majo'ra:n] (-s, -e) m marjolaine f
makaber [ma'ka:bər] adj macabre
Makedonien nt = **Mazedonien**
Makel ['ma:kəl] (-s, -) m défaut m; (moralisch) tare
f; **ohne ~** irréprochable
mäkelig (pej) adj difficile
makellos adj (Stoff) sans défaut; (Sauberkeit)
immaculé(e); (Vergangenheit) irréprochable
mäkeln ['mɛ:kəln] (pej) vi ronchonner; **an jdm/
etw ~** trouver à redire à qn/qch
Make-up [me:k'lap] (-s, -s) nt maquillage m;
(flüssig) fond m de teint
Makkaroni [maka'ro:ni] pl macaronis mpl
Makler, in ['ma:klər(ɪn)] (-s, -) m(f) (Finanz)
courtier(-ière) m; (Grundstücksmakler) agent m
immobilier; **~gebühr** f courtage m
Makrele [ma'kre:lə] f maquereau m
Makro- in zW macro-
Makrone [ma'kro:nə] f macaron m
Mal (-(e)s, -e) nt (Zeitpunkt, Anlass) fois f; (Zeichen)
marque f; (Sport: Markierung) (ligne f de) touche f;
ein für alle ~ une fois pour toutes; **von ~ zu ~**
d'une fois à l'autre; **mit einem ~(e)** tout d'un
coup
mal [ma:l] adv (Math) fois; (umg) siehe **einmal**

-mal *suff* fois; **zwei-/dreimal** deux/trois fois
Malaie, -aiin [ma'laɪə] (**-n, -n**) *m(f)* Malais(e) *m/f*
malaiisch *adj* malais(e)
Malaria [ma'la:ria] (-) *f* malaria *f*, paludisme *m*
Malawi [ma'la:vi] (**-s**) *nt* le Malawi
Malaysia [ma'laɪzia] (**-s**) *nt* la Malaysia
Malaysier, in (**-s, -**) *m(f)* Malaysien(ne)
malaysisch *adj* malaysien(ne)
Malbuch *nt* album *m* à colorier
Malediven *pl*: **die ~** les Maldives *fpl*
malen *vt* (*mit Farbe, Öl*) peindre; (*zeichnen*)
  dessiner; (*langsam schreiben*) tracer; (*anstreichen*)
  peindre ▷ *vi* peindre
Maler, in (**-s, -**) *m(f)* peintre *m*; (*Anstreicher*) peintre
  (en bâtiment)
Malerei [ma:lə'raɪ] *f* peinture *f*
malerisch *adj* (*Talent*) de peintre *unver*; (*Szene, Lage*)
  pittoresque
Malkasten *m* boîte *f* de couleurs
Mallorca [ma'jɔrka, ma'lɔrka] (**-s**) *nt* Majorque *f*
malnehmen *unreg vt, vi* multiplier
Malta ['malta] (**-s**) *nt* Malte *f*
Malteser, in [mal'te:zər(ɪn)] (**-s, -**) *m(f)* Maltais(e)
  m(f)
Malteser-Hilfsdienst *m* association bénévole de
  secouristes
maltesisch *adj* maltais(e)
malträtieren [maltrɛ'ti:rən] *vt* maltraiter
Malve ['malvə] *f* (*Bot*) rose *f* trémière
Malz [malts] (**-es**) *nt* malt *m*; **~bier** *nt* bière *f*
  fortement maltée; **~bonbon** *nt* pastille *f* à
  l'extrait de malt; **~kaffee** *m* (*Koch*) succédané de
  café à base de malt grillé
Mama ['mama:] (**-, -s**), **Mami** ['mami] (**-, -s**) (*umg*)
  f maman *f*
Mammografie [mamɔgra'fi:] *f* (*Med*)
  mammographie *f*
Mammon ['mamɔn] (**-s**) (*pej*) *m* (*hum*) pactole *m*
Mammut ['mamʊt] (**-s, -e** *od* **-s**) *nt* mammouth *m*
  ▷ *in zW* gigantesque
mampfen ['mampfən] (*umg*) *vt, vi* bâfrer
man [man] *pron* on; **~ hat mir gesagt** on m'a dit;
  ~ vermutet, dass on suppose que; **diese Farbe**
  trägt ~ nicht mehr cette couleur ne se porte
  plus; **wie schreibt ~ das?** comment ça s'écrit?;
  das tut ~ nicht! ça ne se fait pas!; **~ nehme ...**
  prendre ...
Management ['mɛnɪdʒmənt] (**-s, -s**) *nt* (*Tätigkeit*)
  management *m*; (*Führungskräfte*) cadres *mpl*
  supérieurs
managen ['mɛnɪdʒən] *vt* gérer; (*Sportler*) être le
  manager de; (*Künstler*) être l'imprésario de; **das**
  werden wir schon ~! on se débrouillera!
Manager, in ['mɛnɪdʒər(ɪn)] *m(f)* chef *m*
manch [manç] *pron unver*: **~ ein(e) ...** plus
  d'un(e) ...; **e, r, s** ['mançə(r, s)] *pron* plus d'un(e);
  ~e (Leute) certains; **an ~en Stellen** à certains
  endroits; **so ~es Mal** (*öfters*) plus d'une fois
mancherlei [mançər'laɪ] *pron unver* (*adjektivisch*)
  toutes sortes de; (*substantivisch*) toutes sortes de
  choses
manchmal *adv* parfois

Mandant, in [man'dant(ɪn)] *m(f)* (*Jur*)
  mandant(e)
Mandarine [manda'ri:nə] *f* mandarine *f*
Mandat [man'da:t] (**-(e)s, -e**) *nt* mandat *m*; **sein ~**
  niederlegen démissionner
Mandel ['mandəl] (**-, -n**) *f* amande *f*; (*Anat*)
  amygdale *f*; **gebrannte ~n** amandes grillées;
  ~entzündung *f* amygdalite *f*, angine *f*
Mandoline [mando'li:nə] *f* mandoline *f*
Mandschurei [mandʒu'raɪ] (**-s**) *f*: **die ~** la
  Mandchourie
Manege [ma'nɛ:ʒə] *f* (*im Zirkus*) piste *f*; (*in einer*
  Reitschule) manège *m*; **~ frei!** dégagez la piste!
Mangel[1] ['maŋəl] (**-, -n**) *f* (*für Wäsche*) calandre *f*;
  jdn durch die ~ drehen (*umg*) en faire voir de
  toutes les couleurs à qn; (*Prüfling, Verdächtiger*)
  cuisiner qn
Mangel[2] ['maŋəl] (**-s, ¨**) *m* (*Fehler*) défaut *m*, point
  m faible; **~ (an** +*Dat*) (*Knappheit*) manque *m* (de)
Mangel-: **~beruf** *m*: **Elektriker ist ein ~beruf** on
  manque d'électriciens; **~erscheinung** *f* (*Med*)
  maladie *f* de carence; **m~haft** *adj* (*ungenügend*)
  insuffisant(e); (*Material*) défectueux(-euse)
mangeln *vi unpers*: **es mangelt jdm an etw** *Dat* qn
  manque de qch ▷ *vt* (*Wäsche*) calandrer
mangels *präp* +*Gen* à défaut de, faute de
Mangelware *f* denrée *f* rare
Mango ['maŋo] (**-, -s**) *f* mangue *f*
Manie [ma'ni:] *f* (*geh*) obsession *f*
Manier [ma'ni:r] (-) *f* (*kein pl: Art*) manière *f*; (*pej*)
  affectation *f*; **Manieren** *pl* (*Umgangsformen*)
  manières *fpl*
maniieriert [mani'ri:rt] *adj* (*geh*) affecté(e)
manierlich *adj* bien élevé(e); (*umg: ordentlich*)
  correct(e)
Manifest [mani'fɛst] (**-es, -e**) *nt* manifeste *m*
manifestieren [manifɛs'ti:rən] *vt* (*geh*) exprimer
  ▷ *vr* se manifester
Maniküre [mani'ky:rə] *f* (*Handpflege*) soins *mpl* des
  mains
maniküren *vt* faire les mains *od* les ongles de
Manila [ma'ni:la] *nt* Manille, Manila
Manipulation [manipulatsi'o:n] *f* manipulation *f*
manipulieren [manipu'li:rən] *vt* manipuler
Manko ['maŋko] (**-s, -s**) *nt* défaut *m*; (*Wirts*)
  déficit *m*
Mann [man] (**-(e)s, ¨er**) *m* homme *m*; (*Ehemann*)
  mari *m*; (*Naut: pl: Leute*) homme; **pro ~** par
  personne; **der kleine ~** (*umg*) les faibles; **mit ~**
  und Maus untergehen périr corps et biens;
  seinen ~ stehen être à la hauteur, se débrouiller;
  etw an den ~ bringen (*umg: etw verkaufen*) placer
  qch; **einen kleinen ~ im Ohr haben** (*hum: umg*)
  avoir un grain
Männchen ['mɛnçən] *nt* petit homme *m*,
  bonhomme *m*; (*Tier*) mâle *m*; **~ machen** faire le
  beau
Mannequin [manə'kɛ:] (**-s, -s**) *nt* mannequin *m*
Männersache ['mɛnərzaxə] *f* (*Angelegenheit*)
  affaire *f* d'homme; (*Arbeit*) travail *m* d'homme
mannhaft *adj* (*mutig, tapfer*) courageux(-euse)
mannigfaltig ['manɪçfaltɪç] *adj* (*geh: Erlebnisse,*

Eindrücke) varié(e), multiple; **M~keit** f variété f
männlich ['mɛnlıç] adj mâle; (Gram) masculin(e)
Mannsbild (veraltet: pej) nt (bon)homme m
Mannschaft f (Sport) équipe f; (Naut, Flug) équipage m; (Mil) homme m (de troupe)
Mannschaftsgeist m esprit m d'équipe
Mannsleute (umg) pl hommes mpl
Manometer [mano'me:tər] nt manomètre m
Manöver [ma'nø:vər] (-s, -) nt manœuvre f
manövrieren [manø'vri:rən] vt, vi manœuvrer
Mansarde [man'zardə] f mansarde f
Manschette [man'ʃɛtə] f (an Hemd) manchette f; (Papiermanschette) cache-pot m inv en papier; (Tech) manchon m; ~n haben (umg: Angst) avoir la frousse
Manschettenknopf m bouton m de manchette
Mantel ['mantəl] (-s, ̈) m manteau m; (Tech) gaine f; **~tarif** m tarif m syndical; **~tarifvertrag** m convention f collective
Manuskript [manu'skrıpt] (-(e)s, -e) nt manuscrit m; (für Radio, TV) script m
Mappe ['mapə] f (Federmappe, Bleistiftmappe) trousse f; (Aktenordner) classeur m; (Aktentasche) serviette f; (Schulmappe) cartable m
Maracuja [mara'ku:ja] (-, -s) f fruit m de la passion
Marathonlauf ['ma:ratɔnlaʊf] m marathon m
Märchen ['mɛ:rçən] nt conte m (de fées); (Lüge) histoire f, mensonge m; **m~haft** adj (Geschichte) fabuleux(-euse); (wunderschön) merveilleux(-euse); **~prinz** m prince m charmant
Marder ['mardər] (-s, -) m (Zool) martre f
Margarine [marga'ri:nə] f margarine f
Marge ['marʒə] (-s, -) f (Wirts) marge f (bénéficiaire)
Margerite [margə'ri:tə] f marguerite f
Maria [ma'ri:a] (-) f (Rel) Marie f, Vierge f
Marienbild nt Vierge f, madone f
Marienkäfer m coccinelle f, bête f à bon Dieu
Marihuana [marihu'a:na] (-s) nt marijuana f
Marille [ma'rılə] (Österr) f abricot m
Marinade [mari'na:də] f marinade f
Marine [ma'ri:nə] f marine f
marinieren [mari'ni:rən] vt mariner
Marionette [mario'nɛtə] f marionnette f
Mark¹ [mark] (-, -) f (Münze) mark m
Mark² [mark] (-(e)s) nt (Knochenmark) moelle f; **das geht mir durch ~ und Bein** je trouve ça insupportable; **jdn bis ins ~ treffen** (fig) piquer qn au vif
markant [mar'kant] adj (Gesicht, Erscheinung) marquant(e); (Stil) caractéristique
Marke ['markə] f (Warensorte, Fabrikat) marque f; (Rabattmarke, Briefmarke) timbre m; (Essensmarke) ticket m; (aus Metall etc) jeton m
Marken-: **~artikel** m article m de marque; **~butter** f beurre m de qualité; **~zeichen** nt marque f, label m
Marketing ['markətıŋ] (-s) nt marketing m
markieren [mar'ki:rən] vt (kennzeichnen) marquer; (umg) simuler ▷ vi (umg: sich verstellen) faire semblant

Markierung f (Kennzeichnung) marque f
markig ['markıç] adj (Person) énergique; (Stil, Worte) vigoureux(-euse)
Markise [mar'ki:zə] f (vor Schaufenster, Balkon etc) store m
Markklößchen nt (Koch) quenelle f préparée avec de la moelle
Markstück (Hist) nt pièce f d'un mark
Markt [markt] (-(e)s, ̈e) m marché m; (Marktplatz) place f de marché; **der Gemeinsame ~** (umg) le Marché commun; **der schwarze ~** le marché noir; **~analyse** f analyse f de marché; **~anteil** m part f de marché; **~bericht** m (Wirts) bulletin m des cours de la Bourse; **~forschung** f étude f de marché; **~frau** f marchande f (au marché); **m~gängig** adj commercialisable; **m~gerecht** adj conforme aux tendances du marché; **~halle** f marché m couvert; **~lücke** f (Wirts) créneau m; **~platz** m place f du marché; **~preis** m (Wirts) prix m courant od du marché; **~stand** m étal m, éventaire m; **m~üblich** adj (Preise, Mieten) pratiqué(e) sur le marché, courant(e); **~wert** m valeur f marchande; **~wirtschaft** f économie f de marché
Marmelade [marmə'la:də] f confiture f
Marmor ['marmɔr] (-s, -e) m marbre m
marmorieren [marmo'ri:rən] vt marbrer
Marmorkuchen m (Koch) gâteau m marbré
marmorn adj de od en marbre
Marokkaner, in [marɔ'ka:nər(ın)] (-s, -) m(f) Marocain(e) m(f)
marokkanisch [marɔ'ka:nıʃ] adj marocain(e)
Marokko [ma'rɔko] (-s) nt le Maroc
Marone [ma'ro:nə] (-, -n od **Maroni**) f (Koch) marron m
Marotte [ma'rɔtə] f marotte f
Marsch¹ (-, -en) f (Geog) polder m
Marsch² (-(e)s, ̈e) m marche f; **jdm den ~ blasen** (umg) sonner les cloches à qn; **m~** [marʃ] interj marche; **m~ ins Bett!** ouste, au lit!; **~befehl** m ordre m de marche; **m~bereit** adj (Truppe etc) prêt(e) à partir
marschieren [mar'ʃi:rən] vi marcher
Marschverpflegung f (Mil) provisions fpl (de marche), rations fpl (de marche)
Marseille [mar'sɛ:j] (-s) nt Marseille
Marsmensch ['marsmɛnʃ] m martien(ne) m/f
Marstall ['marʃtal] m (Stallungen) écuries fpl (d'une maison princière)
Marter ['martər] f (geh) martyre m
martern vt martyriser
Martinshorn ['marti:nshɔrn] nt sirène f (de police, d'ambulance etc)
Märtyrer, in ['mɛrtyrər(ın)] (-s, -) m(f) martyr(e) m(f)
Martyrium [mar'ty:rium] nt (fig) martyre m
Marxismus [mar'ksısmʊs] m marxisme m
März [mɛrts] (-(es), -e) m mars m; siehe auch September
Märzenbier nt sorte de bière forte
Marzipan [martsi'pa:n] (-s, -e) nt massepain m
Masche ['maʃə] f maille f; **das ist die neueste ~**

(*umg: das ist modern*) c'est le dernier cri; **durch die ~n schlüpfen** passer à travers les mailles (du filet)

Maschendraht *m* treillis *m* métallique

maschenfest *adj* (*Strümpfe*) indémaillable

Maschine [ma'ʃiːnə] *f* machine *f*; **~ schreiben** taper à la machine

maschinell [maʃi'nɛl] *adj* automatique ▷ *adv* à la machine

Maschinen-: **~bauer** *m* ingénieur *m* mécanicien; **~bauingenieur** *m* ingénieur *m* mécanicien diplômé; **m~geschrieben** *adj* tapé(e) à la machine, dactylographié(e); **~gewehr** *nt* mitrailleuse *f*; **m~lesbar** *adj* (*Comput*) exploitable par ordinateur; **~öl** *nt* huile *f* de graissage, lubrifiant *m*; **~pistole** *f* mitraillette *f*; **~raum** *m* salle *f* des machines; (*Naut*) machinerie *f*; **~saal** *m* salle *f* des machines; **~schaden** *m* panne *f*; **~schlosser** *m* ajusteur-mécanicien *m*; **~schrift** *f* dactylographie *f*; **~sprache** *f* (*Comput*) langage *m* machine

Maschinerie [maʃinə'riː] *f* mécanisme *m*

Maschinist [maʃi'nɪst] *m* (*Naut*) mécanicien *m*

Maser ['maːzər] (**-**, **-n**) *f* (*von Holz*) fibre *f*

Masern *pl* (*Med*) rougeole *f*

Maserung *f* (*von Holz*) fibres *fpl*

Maske ['maskə] *f* masque *m*

Masken-: **~ball** *m* bal masqué; **~bildner, in** *m(f)* maquilleur(-euse) *m(f)*; **~verleih** *m* costumier *m*

Maskerade [maskə'raːdə] *f* (*Kostüm*) déguisement *m*

maskieren [mas'kiːrən] *vt* (*verkleiden*) déguiser; (*fig*) cacher ▷ *vr* se déguiser

Maskottchen [mas'kɔtçən] *nt* mascotte *f*

Maskulinum [masku'liːnʊm] (**-s**, **Maskulina**) *nt* masculin *m*

Masochist [mazo'xɪst] (**-en**, **-en**) *m* masochiste *m*

Maß¹ (**-es**, **-e**) *nt* mesure *f*; (*Mäßigung*) mesure, modération *f*; (*Messbecher*) verre *m* gradué; **nach ~** sur mesure; **~ halten = maßhalten**; **~ nehmen** prendre les mesures; **über alle ~en** (*literarisch*) outre mesure; **mit zweierlei ~ messen** (*fig*) avoir deux poids, deux mesures; **in besonderem ~e** particulièrement; **das ~ ist voll** (*fig*) la mesure est comble

Maß² (**-**, **-(e)**) *f* (*Bier*) ≈ litre *m* (*de bière*)

maß *etc* [maːs] *vb siehe* **messen**

Massage [ma'saːʒə] *f* massage *m*

Massaker [ma'saːkər] (**-s**, **-**) *nt* massacre *m*

Maßanzug *m* complet *m* sur mesure

Maßarbeit *f* travail *m* sur mesure; (*fig*) travail *m* impeccable

Masse ['masə] *f* masse *f*; (*Koch*) mélange *m*; **eine ganze ~** (*umg*) des masses

Maßeinheit *f* unité *f* de mesure

Massen-: **~absatz** *m* (*Wirts*) ventes *fpl* massives; **~artikel** *m* article *m* fabriqué en série; **~blatt** *nt* journal *m* à grand tirage; **~grab** *nt* fosse *f* commune; **m~haft** *adj* en masse; **~karambolage** *f* carambolage *m*; **~medien** *pl* mass media *mpl*; **~produktion** *f* production *f* en série; **~quartier** (*oft pej*) *nt* centre *m*

d'hébergement; **~veranstaltung** *f* manifestation *f* de masse; **~vernichtungswaffen** *pl* armes *fpl* de destruction massive; **~ware** *f* marchandise *f* fabriquée en série; **m~weise** *adv* en masse

Masseur, in [ma'søːr(ɪn)] *m(f)* masseur(-euse) *m/f*

Masseuse [ma'søːzə] *f* masseuse *f*

maß-: **~gebend** *adj* (*Person*) compétent(e); (*Urteil, Einfluß*) décisif(-ive), déterminant(e); **~gebende Kreise** les milieux *mpl* autorisés; **~geblich** *adj* prépondérant(e) ▷ *adv*: **an etw ~geblich beteiligt sein** jouer un rôle prépondérant dans qch; **~geschneidert** *adj* (*Anzug*) fait(e) sur mesure; **~halten** *unreg vi* être modéré(e)

massieren [ma'siːrən] *vt* masser

massig ['masɪç] *adj* (*wuchtig: Gestalt, Fels*) massif(-ive) ▷ *adv* (*umg: massenhaft*) en masse

mäßig ['mɛːsɪç] *adj* (*Preise*) modéré(e); (*Einkommen*) modique; (*Qualität etc*) moyen(ne) ▷ *adv*: **~ trinken/essen** boire/manger avec modération; **~en** *vt* (*Ungeduld*) contenir; (*Tempo*) modérer ▷ *vr* (*beim Essen etc*) se modérer; **sein Tempo ~en** ralentir; **M~keit** *f* (*Maßhalten*) modération *f*; (*Mittelmäßigkeit*) médiocrité *f*

massiv [ma'siːf] *adj* massif(-ive); (*Beleidigung*) grossier(-ière); **~ werden** (*umg*) devenir grossier(-ière); **M~** (**-s**, **-e**) *nt* (*Gebirgsstock*) massif *m*

Maß-: **~krug** *m* chope *f* d'un litre; **m~los** *adj* (*unmäßig*) excessif(-ive); (*äußerst*) énorme ▷ *adv* énormément; **~nahme** *f* mesure *f*; **m~regeln** *vt* (*Schüler*) prendre des mesures disciplinaires contre; **~stab** *m* (*Geog*) échelle *f*; (*Richtlinie, Norm*) norme *f*; (*Lineal*) règle *f*; **das ist (für mich) kein ~stab** (*fig*) ce n'est pas une référence (pour moi); **m~stab(s)getreu** *adj* à l'échelle; **m~voll** *adj* modéré(e)

Mast [mast] (**-(e)s**, **-e(n)**) *m* (*von Schiff*) mât *m*; (*Elek*) pylône *m*

Mastdarm *m* (*Anat*) rectum *m*

mästen ['mɛstən] *vt* (*Tier*) engraisser

masturbieren [mastʊr'biːrən] *vi* se masturber

Material [materi'aːl] (**-s**, **-ien**) *nt* (*Stoff, Rohstoff*) matière *f*; (*Hilfsmittel, Ausrüstung*) matériel *m*; (*Unterlagen*) documents *mpl*; **~fehler** *m* défaut *m*

Materialismus [materia'lismus] *m* matérialisme *m*

Materialist, in [materia'lɪst] *m(f)* matérialiste *m/f*

materialistisch *adj* matérialiste

Materialkosten *pl* frais *mpl* de matériel

Materie [ma'teːriə] *f* matière *f*

materiell [materi'ɛl] *adj* matériel(le); **~ eingestellt sein** (*pej*) être matérialiste

Mathe ['matə] (**-**) (*umg*) *f* (*Sch*) math(s) *f(pl)*

Mathematik [matema'tiːk] *f* mathématiques *fpl*; **~er, in** (**-s**, **-**) *m(f)* mathématicien(ne) *m(f)*

mathematisch [mate'maːtɪʃ] *adj* mathématique

Matinee [mati'neː] *f* (*Theat*) matinée *f*

Matjeshering ['matjəsheːrɪŋ] *m* (*Koch*) (jeune) hareng *m*

Matratze [ma'tratsə] *f* matelas *m*

Matrix ['maːtrɪks] *f* matrice *f*

Matrixdrucker *m* imprimante *f* matricielle

Matrize [ma'tri:tsə] f matrice f; (zum Abziehen) stencil m

Matrose [ma'tro:zə] (-n, -n) m marin m

Matsch [matʃ] (-(e)s) m (Schlamm) boue f; (Schneematsch) neige f fondante od fondue; (breiige Masse) bouillie f

matschig adj boueux(-euse); (Schnee) fondu(e); (Obst) blet(te)

matt [mat] adj (Glas) dépoli(e); (Metall, Augen) terne; (Schimmer) faible; (Phot) mat(e); (Lächeln) fatigué(e), faible; (Witz) plat(e); (Schach) mat unver; **jdn ~ setzen** (lit) mettre qn en échec; siehe auch **mattsetzen**; **M~ (-s, -s)** nt (Schach) échec m

Matte ['matə] f (an der Tür) paillasson m; (Bastmatte) natte f; (Sport) tapis m

Mattigkeit f (Müdigkeit) fatigue f

Mattscheibe f (TV) écran m; **~ haben** (umg) être dans les vapes

mattsetzen vt (fig) faire échec à qn

Matura [ma'tu:ra] (-) (Österr, Schweiz) f (Abitur) ≈ baccalauréat m

Mätzchen ['mɛtsçən] nt (umg): **~ machen** faire des chichis

mau [mau] (umg) adj (unwohl) patraque

Mauer ['mauər] (-, -n) f mur m; **~blümchen** (umg) nt (fig) jeune fille qui fait tapisserie

mauern vt maçonner, construire ▷ vi faire de la maçonnerie; (Sport) bétonner

Mauersegler m (Zool) martinet m

Mauerwerk nt (die Mauern) murs mpl; (Stein) maçonnerie f

Maul [maul] (-(e)s, Mäuler) nt (von Tier, pej: von Mensch) gueule f; **ein loses** od **lockeres ~ haben** (umg: frech sein) avoir la langue bien affilée; **ein großes ~ haben** (umg) avoir une grande gueule; **halts ~!** (umg) ferme-la!; **sich** Dat **das ~ zerreißen** (umg) médire; **~beerbaum** m mûrier m; **m~en** (umg) vi râler; **~esel** m (Zool) mulet m; **~korb** m muselière f; **~sperre** m (umg): **die ~sperre kriegen** rester bouche bée; **~tasche** f (Koch) gros ravioli aux épinards; **~tier** nt (Zool) mulet m; **~- und Klauenseuche** f (Med) fièvre f aphteuse

Maulwurf m (Zool) taupe f

Maulwurfshaufen m taupinière f

Maurer ['maurər] (-s, -) m maçon m; **pünktlich wie die ~** (hum) ≈ toujours à l'heure

Mauretanien [maurə'ta:niən] nt la Mauritanie

Mauritius [mau'ri:tsius] nt l'île f Maurice

Maus [maus] (-, Mäuse) f (auch Comput) souris f; **Mäuse** pl (umg: Geld) radis mpl

mauscheln ['mauʃəln] (umg: pej) vt, vi magouiller

mäuschenstill ['mɔysçən'ʃtɪl] adj: **~ sein** ne pas piper mot

Mausefalle f souricière f

mausen vt (umg: wegnehmen) chiper ▷ vi (Katze) attraper des souris

Mauser (-) f (von Vogel) mue f

mausern vr (Vogel) muer; (umg: Mensch) faire peau neuve

mausetot (umg) adj (Mensch) raide mort(e)

Maut [maut] f péage m; **~straße** f route f à péage

maxi ['maksi] adj (Mode) maxi unver

maximal [maksi'ma:l] adj (Größe, Betrag) maximal(e), maximum ▷ adv (höchstens) au maximum

Maxime [ma'ksi:mə] f maxime f

maximieren [maksi'mi:rən] vt (Gewinn, Nutzen etc) maximiser

Maximum ['maksimum] (-s, Maxima) nt maximum m

Mayonnaise [majɔ'nɛ:zə] (-, -n) f mayonnaise f

Mazedonien [matse'do:niən] (-s) nt la Macédoine

Mäzen [mɛ'tse:n] (-s, -e) m mécène m

MdB, M. d. B. nt abk (= Mitglied des Bundestages) député m

MdL, M. d. L. nt abk (= Mitglied des Landtages) député m (au parlement d'un land)

m. E. abk (= meines Erachtens) à mon avis

Mechanik [me'ça:nɪk] f mécanique f

Mechaniker, in (-s, -) m(f) mécanicien(ne) m(f)

mechanisch adj mécanique

mechanisieren [meçani:zi:rən] vt mécaniser

Mechanisierung f mécanisation f

Mechanismus [meça'nɪsmus] m mécanisme m

meckern ['mɛkərn] vi (Ziege) bêler, chevroter; (umg) râler

Mecklenburg ['mɛklənburk] nt le Mecklembourg

Medaille [me'daljə] f médaille f

Medaillon [medal'jõ:] (-s, -) nt médaillon m

Medien ['me:diən] pl von **Medium**; **~verbund** m: **etw im ~verbund lernen** suivre un enseignement multimédia de qch

Medikament [medika'mɛnt] nt médicament m

medikamentös [medikamɛn'tø:s] adj médicamenteux(-euse)

Meditation [meditatsi'o:n] f méditation f

meditieren [medi'ti:rən] vi (geh) méditer

Medium ['me:dium] nt (Phys) milieu m; (für Hypnose) médium m; (Unterrichtsmedium) moyen m, outil m; **die Medien** les media(s) fpl; **etw durch das ~ Tanz/Malerei ausdrücken** utiliser la danse/peinture pour exprimer qch

Medizin [medi'tsi:n] (-, -en) f (kein pl: Wissenschaft) médecine f; (Medikament) médicament m

Mediziner, in (-s, -) m(f) ≈ médecin m; (Student) étudiant(e) m/f en médecine

medizinisch adj (ärztlich) médical(e); (heilend: Bäder, Kräuter) médicinal(e); **~-technische Assistentin** assistante f de médecin

Medizinmann m guérisseur m, sorcier m

Meer [me:r] (-(e)s, -e) nt mer f; (fig: Fülle, riesige Menge) multitude f; **ans ~ fahren** aller au bord de la mer; **~busen** m golfe m; **~enge** f détroit m

Meeres-: **~boden** m fond m de la mer; **~früchte** pl (Koch) fruits mpl de mer; **~klima** nt climat m océanique; **~kunde** f océanographie f; **~spiegel** m niveau m de la mer; **~tiefe** f profondeur f de la mer

Meer-: **~jungfrau** f sirène f; **~rettich** m raifort m; **~schweinchen** nt (Zool) cochon m d'Inde, cobaye m; **~wasser** nt eau f de mer

Mega- in zW méga

Megafon, Megaphon [mega'fo:n] **(-s, -e)** *nt* mégaphone *m*

Mehl [m'e:l] **(-(e)s, -e)** *nt* farine *f*

mehlig *adj* (*fein wie Mehl*: *Pulver*) fin(e); (*mit Mehl bestäubt*: *Hände, Schürze*) couvert(e) de farine, enfariné(e) (*umg*); (*Obst, Kartoffeln*) farineux(-euse)

Mehlschwitze *f* (*Koch*) roux *m*

Mehlspeise (*Österr*) *f* (*Koch*) entremets *m*

mehr [me:r] *pron* (*adjektivisch*) plus de
▷ *substantivisch* plus ▷ *adv* plus, davantage;
~ **Geld/Häuser** plus d'argent/de maisons; **ich brauche** ~ il m'en faut plus; **nie** ~ jamais plus, plus jamais; ~ **oder weniger** plus ou moins; **es war niemand** ~ **da** il n'y avait plus personne; **wenn niemand** ~ **eine Frage hat** s'il n'y a plus de questions; **es dauert nicht** ~ **lange** ça ne sera pas long; **M~arbeit** *f* (*zusätzliche Arbeit*) surcroît *m* de travail; **M~aufwand** *m* dépense *f* supplémentaire; **M~belastung** *f* charge *f* supplémentaire; **~deutig** *adj* (*Wort*) ambigu(ë), à double sens; **M~einkommen** *nt* revenu *m* supplémentaire

mehren ['me:rən] *vt* (*vergrößern*) accroître ▷ *vr* (*zunehmen*) se multiplier

mehrere *pron* plusieurs

mehreres *pron* plusieurs choses

mehrfach *adj* (*Hinsicht*) divers(e); (*wiederholt*: *Versagen, Ermahnung*) répété(e); **in ~er Ausfertigung** en plusieurs exemplaires

Mehrfamilienhaus *nt* petit immeuble *m*

Mehrheit *f* majorité *f*; **m~lich** *adj* majoritaire
▷ *adv* à la majorité; **~swahlrecht** *nt* scrutin *m* majoritaire

mehr-: **~jährig** *adj attrib* de plusieurs années; **M~kosten** *pl* frais *mpl* supplémentaires; **~malig** *adj* répété(e); **~mals** *adv* plusieurs fois; **M~parteiensystem** *nt* pluripartisme *m*; **M~platzsystem** *nt* (*Comput*) système *m* multi-utilisateurs *od* multiposte; **~sprachig** *adj* polyglotte; **~stimmig** *adj, adv* à plusieurs voix; **M~wertsteuer** *f* (*Wirts*) taxe *f* sur la valeur ajoutée, TVA *f*; **M~zahl** *f* (*größerer Teil*): **die M~zahl (von)** la majorité (de), la plupart (de); (*Gram*) pluriel *m*

Mehrzweck- *in zW* à usages multiples, polyvalent(e)

meiden ['maɪdən] *unreg vt* éviter

Meile ['maɪlə] *f* mille *m*; **das riecht man drei ~n gegen den Wind** (*umg*) ça embaume à cent lieues à la ronde

Meilenstein *m* borne *f*; (*fig*) événement *m* marquant

meilenweit *adv* très loin; ~ **zu sehen sein** se voir de très loin

mein, [maɪn(ə)] *poss pron* mon (ma); (*pl*) mes;
~ **Buch** mon livre; **~e Schwester** ma sœur; **~e Schuhe** mes chaussures; **~e Hände/Füße** mes mains/pieds; *siehe auch* **sein(e)**

meine, r, s *pron* le (la) mien(ne)

Meineid ['maɪnlaɪt] *m* parjure *m*

meinen ['maɪnən] *vi* (*denken*) penser ▷ *vt* (*der Ansicht sein*) penser; (*sagen*) dire; (*sagen wollen*) vouloir dire; (*beabsichtigen*) entendre; **ich meine, wir sollten gehen** je pense que nous devrions partir, à mon avis, nous devrions partir; **wie Sie ~!** comme vous voudrez!; **was ~ Sie?** qu'en pensez-vous?; **das will ich ~!** (*umg*) je pense bien!; **damit bin ich gemeint** cela s'adresse à moi; **er meint es doch nur gut (mit dir)!** cela part d'un bon sentiment; **das war nicht böse gemeint** ça n'a pas été dit méchamment

meiner *pron Gen von ich* (*geh*): **erinnert ihr euch ~?** vous souvenez-vous de moi?

meinerseits *adv* pour ma part, quant à moi; **freut mich — ganz ~** enchanté(e) — enchanté(e)

meinesgleichen ['maɪnəs'glaɪçən] *pron* des gens comme moi

meinetwegen ['maɪnət've:gən] *adv* (*mir zuliebe*) pour moi; (*wegen mir*) à cause de moi; ~! (*umg*: *von mir aus*) si tu veux!

meinetwillen *adv siehe* **meinetwegen**

meinige *pron*: **der/die/das ~** *od* **M~** le (la) mien(ne)

meins [maɪns] *pron siehe* **meine(r, s)**

Meinung ['maɪnʊŋ] *f* avis *m*, opinion *f*; **meiner ~ nach** à mon avis; **einer ~ sein** être du même avis; **jdm die ~ sagen** dire ses quatre vérités à qn

Meinungs-: **~austausch** *m* échange *m* de vues; **~forschungsinstitut** *nt* institut *m* d'opinion publique; **~freiheit** *f* liberté *f* d'opinion; **~umfrage** *f* sondage *m* d'opinion; **~verschiedenheit** *f* divergence *f* de vues

Meise ['maɪzə] *f* (*Zool*) mésange *f*; **eine ~ haben** (*umg*) avoir un petit grain

Meißel ['maɪsəl] **(-s, -)** *m* ciseau *m*

meißeln *vt* (*Stein*) tailler; (*Statue*) sculpter

meist [maɪst] *adv* (*in der Regel*) généralement; **~bietend** *adj*: **~bietend versteigern** vendre au plus offrant

meiste, r, s *adj*: **die ~n Leute** la plupart des gens; **die ~ Zeit** la plupart du temps; **er hat das ~ Geld** c'est lui qui a le plus d'argent

meistens *adv* la plupart du temps

Meister, in ['maɪstər(ɪn)] **(-s, -)** *m(f)* maître *m*; (*Sport*) champion(ne) *m/f*; **seinen ~ machen** passer son brevet de maîtrise; **es ist noch kein ~ vom Himmel gefallen** (*Sprichwort*) ≈ c'est en forgeant qu'on devient forgeron; **~brief** *m* brevet *m* de maîtrise; **m~haft** *adj* (*Arbeit*) parfait(e); (*Können*) magistral(e); **~in** *f siehe* **Meister**; **~leistung** *f* chef-d'œuvre *m*

meistern *vt* maîtriser; **sein Leben ~** bien se débrouiller dans la vie

Meister-: **~schaft** *f* maîtrise *f*; (*Sport*) championnat *m*; **~stück, ~werk** *nt* chef-d'œuvre *m*

meistgefragt *adj* le(la) plus demandé(e)

meistgekauft *adj attrib* le (la) plus vendu(e)

Mekka ['mɛka] **(-s, -s)** *nt* La Mecque

Melancholie [melaŋko'li:] *f* mélancolie *f*

melancholisch [melaŋ'ko:lɪʃ] *adj* mélancolique

Melange [me'lã:ʒə] (*Österr*) *f* (*Koch*) café *m* au lait

Meldeamt *f* endroit où l'on déclare les changements de domicile pour les étrangers (en France: la mairie ou le commissariat de police)

Meldefrist f délai m
melden vt (berichten) annoncer, signaler; (anzeigen: Unfall, Einbruch etc) signaler; (registrieren) déclarer ▷ vr s'annoncer; (Sch) lever la main; (freiwillig) se porter volontaire; (von sich hören lassen) donner signe de vie; (auf etw, am Telefon) répondre; **nichts zu ~ haben** (umg) n'avoir rien à signaler; **wen darf ich ~?** qui dois-je annoncer?; **es meldet sich niemand** (Telefon) ça ne répond pas; **sich auf eine Anzeige ~** répondre à une annonce; **sich zu Wort ~** demander la parole
Meldepflicht f déclaration f obligatoire
Meldestelle f bureau m
Meldung ['mɛldʊŋ] f (Mitteilung) avis m; (Bericht) information f, nouvelle f
meliert [me'liːrt] adj (Haar) grisonnant(e); (Wolle) chiné(e)
melken ['mɛlkən] unreg vt (Tier) traire; (fig: umg: Person) dépouiller
Melodie [melo'diː] f mélodie f
melodisch [me'loːdɪʃ] adj (Stimme) mélodieux(-euse)
melodramatisch [melodra'maːtɪʃ] adj mélodramatique
Melone [me'loːnə] f melon m; (Hut) (chapeau m) melon
Membran(e) [mɛm'braːn(ə)] f membrane f
Memoiren [memo'aːrən] pl mémoires mpl
Menge ['mɛŋə] f (Quantum) quantité f; (Menschenmenge) foule f; (Math) ensemble m; (umg: große Anzahl) masse f, tas m; **jede ~ Geld** (umg) de l'argent à foison; **in rauen ~n** (umg) en masse; **eine ~ Bücher** beaucoup de livres; **eine ~ Leute** une foule de gens
mengen vt mélanger ▷ vr: **sich in etw** Akk **~** (umg) se mêler de qch; **sich unter eine Gruppe ~** se mêler à un groupe
Mengenlehre f (Math) théorie f des ensembles
Mengenpreis m (Wirts) prix m de gros
Mengenrabatt m remise f sur la quantité
Menorca [me'nɔrka] nt Minorque f
Mensa ['mɛnza] f (-, -s od **Mensen**) f (Univ) restaurant m universitaire
Mensch¹ [mɛnʃ] (-en, -en) m homme m, être m humain; (Person) personne f ▷ interj mince alors!; **kein ~** personne; **von ~ zu ~** (in vertraulichem Gespräch) entre quatre yeux; **~ ärgere dich nicht** (Spiel) jeu de société
Mensch² [mɛnʃ] (-(e)s, -er) (umg) nt salope f
Menschen-: **~affe** m (Zool) anthropoïde m, grand singe m; **~feind** m misanthrope m; **m~freundlich** adj (Haltung) bienveillant(e); **~gedenken** nt: **der kälteste Winter seit ~gedenken** de mémoire d'homme l'hiver le plus rigoureux; **~handel** m trafic m d'êtres humains; **~kenner** m fin psychologue m; **~kenntnis** f psychologie f; **m~leer** adj désert(e); **~liebe** f amour m du prochain, philanthropie f; **~masse**, **~menge** f foule f (de gens); **m~möglich** adj (Unternehmen) humainement possible; **~opfer** nt (Menschenleben) victime f; **~rechte** pl droits mpl de l'homme; **m~scheu** adj (Tier) farouche;

(Einsiedler) sauvage; **~schlag** m type m; **~seele** f: **keine ~seele** (niemand) pas âme qui vive; **m~unwürdig** adj (Leben) indigne (d'un être humain); (Zustände) dégradant(e); **~verachtung** f mépris m pour l'humanité; **~verstand** m: **gesunder ~verstand** bon sens m; **~würde** f dignité f humaine; **m~würdig** adj digne (d'un être humain)
Mensch-: **~heit** f humanité f; **m~lich** adj humain(e); **~lichkeit** f humanité f
Menstruation [mɛnstruatsi'oːn] f (Med) menstruation f, règles fpl
Mentalität [mɛntali'tɛːt] f mentalité f
Menthol [mɛn'toːl] (-s) nt menthol m
Menü [me'nyː] (-s, -s) nt (Koch, Comput) menu m; **~ essen** prendre le menu (à prix fixe); **m~gesteuert** adj (Comput) guidé(e) par le menu
Merinowolle [me'riːnovɔlə] f mérinos m
merkbar adj (spürbar) perceptible, sensible
Merkblatt nt notice f
merken ['mɛrkən] vt remarquer ▷ vr (im Gedächtnis behalten): **sich** Dat **jdn/etw ~** ne pas oublier qn/qch
merk-: **~lich** adj sensible, visible; **M~mal** nt caractéristique f; **~würdig** adj étrange; **M~würdigkeit** f (merkwürdige Sache) curiosité f; **M~zettel** m pense-bête m
meschugge [me'ʃʊgə] (umg) adj cinglé(e)
Mess-: **~band** nt mètre m à ruban; **m~bar** adj mesurable; **~becher** m verre m gradué; **~buch** nt (Rel) missel m; **~diener** m (Rel) enfant m de chœur, servant m
Messe ['mɛsə] f (Ausstellung) foire f; (Rel) messe f; (Mil) mess m; **auf der ~** à la foire; **~ausweis** m carte f d'exposant; **~gelände** nt parc m des expositions; **~halle** f hall m d'exposition
messen unreg vt mesurer ▷ vr: **sich ~ mit** se mesurer à
Messeneuheit f nouveauté présentée lors d'une foire
Messer (-s, -) nt couteau m; **auf des ~s Schneide stehen** (fig) ne tenir qu'à un fil; **jdm ins offene ~ laufen** (fig) ≈ se précipiter dans la gueule du loup; **~(haar)schnitt** m coupe f au rasoir; **~rücken** m dos m de la lame (d'un couteau); **m~scharf** adj (sehr scharf) très tranchant(e); (umg: äußerst scharfsinnig) vif(vive); **~spitze** f pointe f du couteau; (in Rezept) pointe de couteau; **~stecherei** f rixe f
Messe-: **~schlager** (umg) m grand succès m de la foire; **~stadt** f ville f de foire; **~stand** m stand m
Messgerät nt appareil m de mesure
Messgewand nt (Rel) chasuble f
Messias [mɛ'siːas] (-) m (Rel) Messie m
Messing ['mɛsɪŋ] (-s) nt laiton m
Messstab m (Aut: Ölmessstab etc) jauge f
Messung f mesure f
Messwert m (Ableseergebnis) chiffre m (sur un compteur)
Metall [me'tal] (-s, -e) nt métal m; **die ~verarbeitende Industrie** la métallurgie (de transformation)
metallen adj = **metallisch**

metallisch *adj* métallique
Metallurgie [metalur'gi:] *f* métallurgie *f*
Metapher [me'tafər] (**-**, **-n**) *f* métaphore *f*
metaphorisch [meta'fo:rɪʃ] *adj* métaphorique
Metaphysik [metafy'zi:k] *f* métaphysique *f*
Metastase [meta'sta:zə] *f* (*Med*) métastase *f*
Meteor [mete'o:r] (**-s**, **-e**) *m* météore *m*
Meteorologe [meteoro'lo:gə] *m* météorologue *m*
Meter ['me:tər] (**-s**, **-**) *m od nt* mètre *m*; **in 500 ~
Höhe** à 500 mètres d'altitude; **~maß** *nt* mètre *m*;
~ware *f* (*Textil*) marchandise *f* vendue au mètre;
m~weise *adv* par mètres; (*umg: in großen Mengen*)
en veux-tu en voilà
Methode [me'to:də] *f* méthode *f*; **Methoden** *pl*
(*Sitten*) manières *fpl*
Methodik [me'to:dɪk] *f* méthodologie *f*
methodisch [me'to:dɪʃ] *adj* méthodique
Metier [meti'e:] (**-s**, **-s**) *nt* (*hum*) métier *m*
metrisch ['me:trɪʃ] *adj* métrique
Metronom [metro'no:m] (**-s**, **-e**) *nt* métronome *m*
Metropole [metro'po:lə] *f* métropole *f*
Mettwurst ['mɛtvʊrst] *f* saucisse à tartiner
Metzger ['mɛtsgər] (**-s**, **-**) *m* boucher *m*
Metzgerei [mɛtsgə'raɪ] *f* boucherie *f*
Meuchelmord ['mɔʏçəlmɔrt] *m* assassinat *m*
meuchlings ['mɔʏçlɪŋs] *adv* traîtreusement
Meute ['mɔʏtə] *f* meute *f*
Meuterei [mɔʏtə'raɪ] *f* mutinerie *f*
Meuterer (**-s**, **-**) *m* mutin *m*
meutern *vi* se mutiner
Mexikaner, in [mɛksi'ka:nər(ɪn)] (**-s**, **-**) *m(f)*
Mexicain(e) *m/f*
mexikanisch *adj* mexicain(e)
Mexiko ['mɛksiko] (**-s**) *nt* le Mexique
MEZ *abk* = *Mitteleuropäische Zeit*) heure *f* de
l'Europe centrale
MFG *f abk* = *Mitfahrgelegenheit*; **suche eine ~ nach
Paris** cherche place dans voiture allant à Paris
MG (**-(s)**, **-(s)**) *nt abk* = **Maschinengewehr**
mg *abk* (= *Milligramm*) mg
mhd. *abk* (= *mittelhochdeutsch*) moyen haut
allemand *m*
MHz *abk* (= *Megahertz*) MHz
miauen [mi'aʊən] *vi* miauler
mich [mɪç] *Akk von ich pron* me; (*nach präp*) moi; **für
~** pour moi; **~!** moi!
mick(e)rig ['mɪk(ə)rɪç] (*umg: pej*) *adj* (*Kerl*)
malingre; (*Betrag*) dérisoire; (*Pflanze*) chétif(-ive)
midi ['mi:di] *adj* (*Mode*) midi *unver*
mied *etc* [mi:t] *vb siehe* **meiden**
Miederwaren ['mi:dərva:rən] *pl* corsets *mpl*
Mief [mi:f] (**-s**) (*umg: pej*) *m* air *m* renfermé
miefig (*umg*) *adj*: **hier riecht es ziemlich ~** ça
sent le renfermé
Miene ['mi:nə] *f* mine *f*; **gute ~ zum bösen Spiel
machen** faire contre mauvaise fortune bon cœur
Mienenspiel *nt* mimique *f*
mies [mi:s] (*umg*) *adj* (*Wetter, Stimmung, Charakter*)
sale, mauvais(e); **mir ist ~** je suis mal fichu; *siehe
auch* **miesmachen**
Miese ['mi:zə] (*umg*) *pl*: **in den ~n sein** être à
découvert

miesmachen (*umg*) *vt* dénigrer
Miesmacher, in (*umg*) *m(f)* rabat-joie *m/f inv*
Miesmuschel ['mi:smʊʃəl] *f* moule *f*
Mietauto *nt* voiture *f* de location
Miete ['mi:tə] *f* loyer *m*; **kalte/warme ~** loyer
avec/sans chauffage; **zur ~ wohnen** être
locataire
mieten *vt* louer
Mieter, in (**-s**, **-**) *m(f)* (*von Wohnung*) locataire *m*
Mieterschutz *m* protection *f* des locataires
Mietshaus *nt* immeuble *m* de rapport
Miet-: **~vertrag** *m* contrat *m* de location;
~wucher *m* (fait *m* de faire payer des) loyers *mpl*
exorbitants
Mieze ['mi:tsə] (*umg*) *f* (*Katze*) minet(te);
(*Mädchen*) nana *f*
Migräne [mi'grɛ:nə] *f* migraine *f*
Mikado [mi'ka:do] (**-s**, **-s**) *nt* mikado *m*
Mikrobe [mi'kro:bə] *f* microbe *m*
Mikro-: **~chip** *m* (*Comput*) puce *f*; **~computer** *m*
micro-ordinateur; **~fiche** *m od nt* microfiche *f*;
~film *m* microfilm *m*; **~fon**, **~phon** (**-s**, **-e**) *nt*
microphone *m*; **~prozessor** *m* microprocesseur
m; **~skop** [mikro'sko:p] (**-s**, **-e**) *nt* microscope *m*;
m~skopisch *adj* microscopique; **~welle** *f* micro-
onde *f*; **~wellenherd** ['mi:krovɛlənhe:rt] *m* four
m à micro-ondes
Milbe ['mɪlbə] *f* (*Zool*) mite *f*
Milch [mɪlç] (**-**) *f* lait *m*; (*Fischmilch*) laitance *f*;
~bar *f* milk-bar *m*; **~drüse** *f* glande *f* mammaire;
~glas *nt* verre *m* dépoli
milchig *adj* laiteux(-euse)
Milch-: **~kaffee** *m* café *m* au lait;
~mädchenrechnung *f* châteaux *mpl* en Espagne;
~mann (**-(e)s, -männer**) *m* laitier *m*;
~mixgetränk *nt* milk-shake *m*; **~pulver** *nt* lait *m*
en poudre; **~straße** *f* voie *f* lactée; **~tüte** *f*
carton *m* de lait; **~zahn** *m* dent *f* de lait
mild [mɪlt] *adj* doux(douce); (*nicht streng*)
clément(e); (*freundlich*) bienveillant(e); (*Gabe*)
charitable
Milde ['mɪldə] *f* (*des Klimas*) douceur *f*; (*Güte*)
bienveillance *f*; (*des Richters*) clémence *f*
mildern *vt* (*Urteil*) rendre moins sévère; (*Schmerz*)
atténuer; **~de Umstände** circonstances
atténuantes
Milieu [mili'ø:] (**-s**, **-s**) *nt* (*soziale Umwelt*)
milieu *m*; **m~geschädigt** *adj* (*Kind*) victime de
son milieu
militant [mili'tant] *adj* (*Gruppe, Haltung*)
militant(e)
Militär [mili'tɛ:r] (**-s**) *nt* armée *f*; **zum ~ müssen**
(*umg*) être obligé(e) de faire son service; **~dienst**
m service *m* militaire; **~gericht** *nt* tribunal *m*
militaire; **m~isch** *adj* militaire
Militarismus [milita'rɪsmʊs] *m* militarisme *m*
militaristisch *adj* militariste
Militärpflicht *f* service *m* militaire obligatoire
Militärzeit *f* service *m* militaire
Miliz [mi'li:ts] (**-**, **-en**) *f* (*in sozialistischen Staaten*)
milice *f*
Mill. *abk* = **Million(en)**

Milli- *in zW* milli-
Milliardär, in [mɪliar'dɛːr(ɪn)] **(-s, -e)** *m(f)* milliardaire *m/f*
Milliarde [mɪli'ardə] *f* milliard *m*
Millimeter *m od nt* millimètre *m*; **~papier** *nt* papier *m* millimétrique *od* millimétré
Million [mɪli'oːn] **(-, -en)** *f* million *m*
Millionär, in [mɪlio'nɛːr(ɪn)] **(-s, -e)** *m(f)* millionnaire *m/f*
millionenschwer *(umg)* adj riche à millions
Milz [mɪlts] **(-, -en)** *f (Anat)* rate *f*
mimen ['miːmən] *(umg: pej)* vt: **den Unschuldigen ~** faire l'innocent(e)
Mimik ['miːmɪk] *f* mimique *f*
Mimose [mi'moːzə] *f* mimosa *m*; *(fig)* hypersensible *m/f*
Minarett [mina'rɛt] **(-s, -e)** *nt* minaret *m*
minder ['mɪndər] adj *(Qualität, Ware)* inférieur(e) ▷ adv moins; **~bemittelt** adj *(finanziell)* économiquement faible; **geistig ~bemittelt** *(ironisch)* demeuré(e)
Minderheit *f* minorité *f*
Minderheitsregierung *f* gouvernement *m* minoritaire
minder-: **~jährig** adj mineur(e); **M~jährige** *f(m)* mineur(e) *m(f)*; **M~jährigkeit** *f* minorité *f*
mindern vt, vr diminuer
Minderung *f (von Wert, Qualität)* baisse *f*
minder-: **~wertig** adj *(Ware)* de qualité inférieure; **M~wertigkeitsgefühl** *nt* sentiment *m* d'infériorité; **M~wertigkeitskomplex (-es, -e)** *m* complexe *m* d'infériorité
Mindest- ['mɪndəst] *in zW* minimum; **~alter** *nt* âge *m* minimum; **~betrag** *m* montant *m* minimum
mindeste, r, s adj le (la) plus petit(e) possible; *(nach Verneinung)* le (la) moindre ▷ adv: **nicht im M~n** *od* **~n** pas le moins du monde; **nicht das M~** *od* **~** absolument rien; **ich habe nicht die ~ Lust** je n'ai pas la moindre envie; **zum M~n** *od* **~n** au moins; **~ns** adv au moins
Mindest-: **~lohn** *m* salaire *m* minimum, ≈ SMIG *m*; **~maß** *nt* minimum *m*; **~umtausch** *m* change *m* obligatoire
Mine ['miːnə] *f* mine *f*; *(Kugelschreibermine)* cartouche *f*
Minenfeld *nt* champ *m* de mines
Mineral [mine'raːl] **(-s, -e od -ien)** *nt* minéral *m*; **m~isch** adj minéral(e); **~öl** *nt* huile *f* minérale; **~ölgesellschaft** *f* compagnie *f* pétrolière; **~ölsteuer** *f* taxe *f* sur les produits pétroliers; **~wasser** *nt* eau *f* minérale
mini adj *(Mode)* mini unver
Miniatur [minia'tuːr] *f* miniature *f*
Minigolf ['minigɔlf] *nt* minigolf *m*
Minijob ['minidʒɔp] *m* mini-job *m*
minimal [mini'maːl] adj minimal(e), minimum
Minimum ['miːnimʊm] **(-s, -ma)** *nt* minimum *m*
Minipille *f* mini-pilule *f*
Minirock *m* mini-jupe *f*
Minister, in [mi'nɪstər(ɪn)] **(-s, -)** *m(f) (Pol)* ministre *m*

ministeriell [mɪnɪsteri'ɛl] adj ministériel(le)
Ministerium [mɪnɪs'teːrium] *nt* ministère *m*
Ministerpräsident, in *m(f)* Premier ministre *m*; *(eines Bundeslandes)* président d'un "land" allemand
Minna ['mɪna] *(umg)* f: **jdn zur ~ machen** ≈ engueuler qn; **grüne ~** panier *m* à salade
Minsk [mɪnsk] *nt* Minsk
minus ['miːnʊs] adv, präp +Gen moins; **3 Grad ~** moins trois; **M~ (-, -)** *nt (Wirts)* déficit *m*; **M~pol** *m (Elek)* pôle *m* négatif; **M~punkt** *m (bei Bewertung)* point *m* négatif; **M~zeichen** *nt* signe *m* moins
Minute [mi'nuːtə] *f* minute *f*; **auf die ~** à l'heure pile
Minutenzeiger *m* aiguille *f* des minutes
Minze ['mɪntsə] *f* menthe *f*
Mio. abk = **Million(en)**
mir [miːr] *Dat von ich* pron (à) moi; *(nach präp)* moi; *(reflexiv)* me; **~ nichts, dir nichts** sans crier gare
Mirabelle [mira'bɛlə] *f* mirabelle *f*
Mischbrot *nt* pain *m* bis
Mischehe *f* mariage *m* mixte
mischen ['mɪʃən] vt mélanger; *(Karten)* battre; *(Comput)* fusionner ▷ vi battre les cartes ▷ vr *(sich vermengen)* se mélanger; *(Menschen)* se mêler; **sich in etw** *Akk* **~** se mêler de qch
Misch-: **~gemüse** *nt* macédoine *f* de légumes; **~ling** *m (Mensch)* métis *m*; **~masch** *(umg)* *m* méli-mélo *m*; **~maschine** *f* bétonnière *f*; **~pult** *nt (Rundf, TV)* table *f* de mixage
Mischung *f* mélange *m*
Mischwald *m* forêt *f* mixte
miserabel [mizə'raːbəl] *(umg)* adj *(Essen, Film)* minable; *(Gesundheit)* pitoyable; *(Benehmen)* lamentable
Misere [mi'zeːrə] *f (von Leuten, Wirtschaft etc)* situation *f* catastrophique; *(geh: von Hunger, Krieg etc)* misère *f*
miss-: **~achten** vt untr ne pas tenir compte de; *(Person)* ignorer; **M~achtung** *f* mépris *m*; **M~behagen** *nt* malaise *m*, gêne *f*; *(Missfallen)* déplaisir *m*; **M~bildung** *f* malformation *f*; **~billigen** vt untr désapprouver, réprouver; **M~billigung** *f* désapprobation *f*, réprobation *f*; **M~brauch** *m (übermäßiger Gebrauch)* abus *m*; *(falscher Gebrauch)* mauvais usage *m*, usage abusif; **~brauchen** vt untr abuser de; **~deuten** vt untr mal interpréter
missen ['mɪsən] vt se passer de; *(Erfahrung)* être privé(e) de
Misserfolg *m* échec *m*
Missernte *f* mauvaise récolte *f*
Missetat ['mɪsətaːt] *f* méfait *m*
Missetäter, in *(umg)* *m(f)* coupable *m/f*
miss-: **~fallen** unreg vi untr *(+Dat)* déplaire à; **M~fallen (-s)** *nt* mécontentement *m*, déplaisir *m*; **M~geburt** *f (Med)* enfant *m* difforme; *(fig)* monstre *m*; **M~geschick** *nt* mésaventure *f*; **~glücken** vi untr *(Versuch)* échouer; **der Kuchen/die Überraschung ist mir ~glückt** j'ai raté mon gâteau/mon effet de surprise; **~gönnen** vt untr: **jdm etw ~gönnen** *(Erfolg, Reichtum)* en vouloir à

qn de qch; (*Geld*) accorder qch à qn à contrecœur; **M~griff** *m* erreur *f*; **M~gunst** *f* ressentiment *m*; **~günstig** *adj* (*Mensch, Blick, Worte*) plein(e) de ressentiment; **~handeln** *vt* maltraiter; **M~handlung** *f* mauvais traitements *mpl*

Mission [mɪsiˈoːn] *f* mission *f*

Missionar, in [mɪsioˈnaːr(ɪn)] *m(f)* missionnaire *m/f*

missionarisch *adj* missionnaire

Missklang *m* dissonance *f*; (*fig: Unstimmigkeit*) désaccord *m*

Misskredit *m* discrédit *m*

misslang [mɪsˈlaŋ] *vb siehe* **misslingen**

misslich *adj* (*Lage*) pénible, délicat(e)

missliebig *adj* peu apprécié(e)

misslingen [mɪsˈlɪŋən] *unreg vi* (*Experiment etc*) échouer

Misslingen (**-s**) *nt* échec *m*

misslungen [mɪsˈlʊŋən] *pp von* **misslingen**

Miss-: **~management** *nt* (*Wirts*) mauvaise gestion *f*; **~mut** *nt* mauvaise humeur *f*; **m~mutig** *adj* maussade; **m~raten** *unreg vi untr* (*Essen*) rater ▷ *adj* (*Essen*) raté(e); (*Kind*) qui a mal tourné; **~stand** *m* anomalie *f*; **soziale ~stände** des injustices sociales; **~stimmung** *f* (*zwischen Menschen*) mésentente *f*

misst *vb siehe* **messen**

miss-: **~trauen** *vi untr* (+*Dat*) se méfier de; **M~trauen** (**-s**) *nt*: **M~trauen gegenüber** méfiance *f* à l'égard de; **M~trauensantrag** (**-(e)s, -träge**) *m* (*Pol*) motion *f* de censure; **M~trauensvotum** (**-s, -voten**) *nt* (*Pol*) adoption *f* d'une motion de censure; **~trauisch** *adj* méfiant(e) ▷ *adv* avec méfiance; **M~vergnügen** *nt* (*geh*) déplaisir *m*; **M~verhältnis** *nt* disproportion *f*; **~verständlich** *adj* ambigu(ë); **M~verständnis** *nt* malentendu *m*; **~verstehen** *unreg vt untr* mal comprendre

Misswahl *f* concours *m* de beauté

Misswirtschaft *f* mauvaise gestion *f*

Mist [mɪst] (**-(e)s**) *m* fumier *m*; (*umg: pej: Unsinn*) bêtises *fpl*; **~!** (*umg*) c'est de la foutaise!; **das ist nicht auf seinem ~ gewachsen** (*umg*) ce n'est pas de son cru

Mistel (**-, -n**) *f* gui *m*

Mist-: **~gabel** *f* fourche *f* à fumier; **~haufen** *m* tas *m* de fumier; **~stück, ~vieh** (*umg!*) *nt* (*Mann*) fumier *m* (*umg!*); (*Frau*) salope *f* (*umg!*)

mit [mɪt] *präp* +*Dat* avec ▷ *adv* (*außerdem, auch*) aussi; **~ der Bahn/dem Flugzeug** en train/avion; **~ dem nächsten Flugzeug/Bus kommen** venir par le prochain avion/car; **~ mir waren es 5 Leute** avec moi cela faisait cinq personnes; **~ Bedienung** service compris; **~ 10 Jahren sollte man das wissen** à 10 ans il devrait le savoir; **~ der Zeit** avec le temps; **~ Tinte schreiben** écrire à l'encre; **wie wärs ~ einem Bier?** que dirais-tu d'une bière?; **was ist ~ deinem Urlaub/der Antwort?** qu'en est-il de tes vacances/la réponse?; **was ist ~ ihm?** qu'est-ce qu'il a?; **~ Verlust** à perte; **das musst du ~ bedenken** tiens-en compte; **etw ~ berechnen**

facturer qch; **willst du ~?** (*umg*) tu viens avec nous?; **er ist ~ der Beste in der Gruppe** il est l'un des meilleurs du groupe

Mitarbeit [ˈmɪtlarbaɪt] *f* collaboration *f*; **m~en** *vi*: **m~en (an** *Dat* **od bei)** collaborer (à); **seine Frau arbeitet mit** sa femme travaille aussi

Mitarbeiter, in *m(f)* collaborateur(-trice) *m(f)*; **Mitarbeiter** *pl* (*Personal*) collaborateurs *mpl*; **freier/ständiger ~** collaborateur indépendant/engagé à titre permanent

Mitarbeiterstab *m* équipe *f* de collaborateurs

mit-: **~bekommen** *unreg vt* recevoir; (*umg: verstehen*) piger; **~bestimmen** *vi* avoir voix au chapitre ▷ *vt* influencer; **M~bestimmung** *f* participation *f*; **~bringen** *unreg vt* (*Mensch*) amener; (*umg: einkaufen*) acheter; (**jdm**) **etw ~bringen** (*als Geschenk*) apporter qch (à qn)

Mitbringsel [ˈmɪtbrɪŋzəl] (**-s, -**) *nt* (*Geschenk*) petit cadeau *m*; (*Andenken*) petit souvenir *m*

Mit-: **~bürger, in** *m(f)* concitoyen(ne) *m/f*; **m~denken** *unreg vi* réfléchir; **m~dürfen** *unreg vi* avoir la permission de venir; **~eigentümer** *m* copropriétaire *m*

miteinander [mɪtlaɪˈnandər] *adv* ensemble; **~ reden** se parler

miterleben *vt* (*aus nächster Nähe, dabei sein*) assister à; (*als Zeitgenosse*) vivre

Mitesser [ˈmɪtlɛsər] (**-s, -**) *m* point *m* noir

mit-: **~fahren** *unreg vi* venir od y aller aussi; **er fährt nach Norwegen und ich fahre ~** il va en Norvège et je l'accompagne; **M~fahrgelegenheit** *f* place *f* dans une voiture; **M~fahrzentrale** *f* ≈ allôstop *m*; **~fühlen** *unreg vi*: **(~ jdm/etw) ~fühlen** sympathiser (avec qn/qch); **~fühlend** *adj* compatissant(e); **~führen** *vt* (*förmlich: Papiere*) avoir sur soi; (*Ware*) transporter; (*Fluss*) charrier; **~geben** *unreg vt*: **jdm etw ~geben** donner qch (à emporter) à qn; **jdm eine Person ~geben** (*als Begleitung*) confier une personne à qn; **M~gefühl** *nt* sympathie *f*, compassion *f*; **~gehen** *unreg vi* venir; **etw ~gehen lassen** (*umg*) faucher qch; **überall wo ich hingehe, geht er ~!** il m'accompagne od me suit partout où je vais; **~genommen** (*umg*) *adj*: **~genommen sein/aussehen** (*Mensch*) être/avoir l'air épuisé(e); (*umg: Möbel, Auto etc*) endommagé(e); **M~gift** *f* dot *f*

Mitglied [ˈmɪtgliːt] *nt* membre *m*

Mitgliedsbeitrag *m* cotisation *f*

Mitgliedschaft *f* affiliation *f*

mit-: **~haben** *unreg vt*: **etw ~haben** avoir emporté qch; **~halten** *unreg vi* suivre; **~helfen** *unreg vi* aider, donner un coup de main; **M~hilfe** *f* concours *m*; **~hören** *vt, vi* (*zufällig*) entendre; (*zur Überwachung*) écouter; **~kommen** *unreg vi* venir; (*umg: mithalten, verstehen*) suivre; **M~läufer** *m* (*pej*) suiveur *m*; (*Pol*) sympathisant(e) *m(f)*

Mitleid *nt* pitié *f*

Mitleidenschaft *f*: **jdn/etw in ~ ziehen** toucher qn/qch

mitleidig *adj* (*Blick*) compatissant(e)

mitleidslos *adj* impitoyable

mit-: **~machen** vt (teilnehmen) prendre part à, participer à; (Lehrgang) suivre; (leiden) subir ▷ vi (siehe vt) participer; souffrir; **da macht mein Chef nicht ~** (umg: einverstanden sein) mon patron ne va pas marcher; **M~mensch** m prochain m; **~mischen** (umg) vi +Dat (sich beteiligen) avoir son mot à dire (dans); (sich einmischen) se mêler (de), s'en mêler; **~nehmen** unreg vt (Person) emmener; (Sache) emporter; (anstrengen) épuiser; „**zum M~nehmen**" (Pizza etc) "à emporter"; **~reden** vi: **(bei etw) ~reden** avoir son mot à dire (sur qch) ▷ vt: **Sie haben hier nichts ~zureden** cela ne vous regarde pas; **~reißen** unreg vt emporter; (fig) enthousiasmer; **~reißend** adj (Rhythmus) entraînant(e); (Reden) convaincant(e); (Film, Fußballspiel) captivant(e)

mitsamt [mɪt'zamt] präp +Dat avec

mitschneiden unreg vt (Sendung) enregistrer

mitschreiben unreg vt noter ▷ vi prendre des notes

Mitschuld f complicité f

mitschuldig adj: **an etw** Dat **~ sein** être complice de qch; (an Unfall) participer la responsabilité de qch

Mitschuldige, r f(m) complice m/f

Mit-: **~schüler, in** m(f) camarade m/f d'école; **m~spielen** vi (bei Spiel) prendre part au jeu; (in Orchester, Mannschaft) jouer; (fig: umg: mitmachen) être de la partie; (: Gründe) entrer en jeu; **er hat ihr übel** od **schlimm m~gespielt** (sehr schlecht behandelt) il l'a très mal traitée; **~spieler, in** m(f) autre joueur(-euse) m/f; **~spracherecht** nt droit m d'intervention

Mittag ['mɪta:k] **(-(e)s, -e)** m midi m; **(zu) ~ essen** déjeuner; **~ machen** prendre une pause, aller déjeuner; **gestern/heute/Sonntag ~** hier/aujourd'hui/dimanche à midi; **~essen** nt déjeuner m

mittags adv à midi; **M~pause** f pause f de midi; (in Geschäften) ≈ fermeture f entre midi et deux heures; **M~ruhe** f (in Geschäften) ≈ fermeture f entre midi et deux heures; **M~schlaf** m sieste f; **M~zeit** f: **während** od **in der M~zeit** à l'heure du déjeuner

Mittäter, in ['mɪttɛːtər(ɪn)] m(f) complice m/f

Mitte ['mɪtə] f (räumlich, zeitlich) milieu m; (von Stadt, Kreis, Pol) centre m; **einer aus unserer ~** l'un d'entre nous; **sie ist ~ dreißig** elle a dans les trente-cinq ans

mitteilen ['mɪttaɪlən] vt: **jdm etw ~** annoncer (qch) à qn ▷ vr: **sich jdm ~** s'ouvrir à qn

mitteilsam adj (Mensch) communicatif(-ive)

Mitteilung f (Bekanntgabe) communication f; (Nachricht) nouvelle f; **jdm (eine) ~ von etw machen** (förmlich) notifier qch à qn; (bekannt geben) annoncer qch à qn; **~ an unsere Kunden/Gäste** nous informons notre aimable clientèle/nos hôtes

Mitteilungsbedürfnis nt besoin m de s'épancher

Mittel ['mɪtəl] **(-s, -)** nt moyen m; (Med: Medikament) remède m; (Math) moyenne f ▷ pl (Gelder) moyens mpl; **kein ~ unversucht lassen** tout essayer; **als letztes ~** en désespoir de cause; **ein ~ zum Zweck sein** être un moyen d'arriver à ses fins; **~alter** nt moyen âge m; **m~alterlich** adj médiéval(e); (völlig veraltet: Zustände) moyenâgeux(-euse); **~amerika (-s)** nt l'Amérique f centrale; **m~amerikanisch** adj d'Amérique centrale; **m~bar** adj (Einfluss) indirect(e); **~deutschland** nt l'Allemagne f centrale; **~ding** nt: **das ist ein ~ding zwischen grau und schwarz** c'est entre le gris et le noir; **~europa (-s)** nt l'Europe f centrale; **~europäer, in** m(f) habitant(e) m(f) d'Europe centrale; **m~europäisch** adj d'Europe centrale; **~finger** m majeur m; **m~fristig** adj à moyen terme; **~gebirge** nt chaîne de montagnes d'altitude moyenne; **m~groß** adj de taille moyenne; **~klasse** f (Bevölkerungsschicht) classe f moyenne; **ein Auto der ~klasse** une voiture de milieu de gamme; **m~los** adj (Mensch) sans argent; **~maß** nt: **das (gesunde) ~maß** le juste milieu; **m~mäßig** adj moyen(ne); **~mäßigkeit** f médiocrité f; **~meer (-s)** nt Méditerranée f; **m~prächtig** (umg) adv moyennement (bien); **~punkt** m centre m

mittels präp +Gen au moyen de

Mittelschicht f classe f moyenne

Mittelsmann (-(e)s, -männer od **-leute)** m intermédiaire m

Mittel-: **~stand** m classes fpl moyennes; **~streckenrakete** f fusée f de moyenne portée; **~streifen** m bande f médiane; **~stufe** f (Sch) classes moyennes du second degré; **~stürmer** m (Sport) avant-centre m; **~weg** m moyen terme m; **~welle** f (Rundf) ondes fpl moyennes; **~wert** m moyenne f

mitten ['mɪtən] adv au milieu; **~ auf der Straße/in der Nacht** en pleine rue/nuit; **er ging ~ durch** il est passé en plein milieu; **~drin** adv (umg) en plein milieu; **~durch** adv (umg) tout au travers; **~durch gehen** passer en plein milieu

Mitternacht ['mɪtərnaxt] f minuit m

mitternachts adv à minuit

Mittler (-s, -) m médiateur m

mittlere, r, s ['mɪtlərə(r, s)] adj du milieu; (durchschnittlich) moyen(ne); **der M~ Osten** le Moyen-Orient; **~s Reife** voir article; **~s Management** cadres mpl moyens

○ **MITTLERE REIFE**
○
○ La mittlere Reife est un diplôme obtenu après
○ dix années d'études à l'école. Lorsqu'un élève
○ a de bons résultats dans plusieurs matières,
○ il est autorisé à rejoindre un Gymnasium pour
○ préparer l'Abitur.

mittlerweile ['mɪtlər'vaɪlə] adv entre(-)temps

Mittwoch ['mɪtvɔx] **(-(e)s, -e)** m mercredi m; siehe auch **Dienstag**

mittwochs adv le mercredi

mitunter [mɪt'lʊntər] adv de temps en temps

mit-: **~verantwortlich** adj (Mensch) coresponsable, qui porte une part de responsabilité; (Umstände) qui contribuent;

~verdienen vi travailler également;
M~verschulden nt (von Mensch) part f de
responsabilité; **~wirken** vi: ~**wirken (bei** od **an**
+Dat) collaborer (à); (Theat) participer;
M~wirkende, r f(m): **die M~wirkenden** (Theat)
les acteurs mpl; **M~wirkung** f collaboration f;
unter M~wirkung von avec le concours de;
M~wisser m complice m; **M~wohnzentrale** f
bureau chargé de trouver des chambres dans des
appartements à plusieurs locataires

mixen ['mɪksən] vt (Getränke) mélanger; (am
Mischpult) faire le mixage de

Mixer ['mɪksər] (**-s, -**) m (Barmixer) barman m;
(Küchenmixer) mixer m; (Rundf, TV) ingénieur m
du son

Mixtur [mɪks'tu:r] f (Pharm) mixture f

ml abk (= Milliliter) ml

mm abk (= Millimeter) mm

MMS abk (= Multimedia Messaging Service) MMS® m

Möbel ['mø:bəl] (**-s, -**) nt meuble m; **~packer** m
déménageur m; **~wagen** m camion m de
déménagement

mobil [mo'bi:l] adj mobile; (umg: munter) alerte;
~ **machen** (Mil) mobiliser

Mobile ['mo:bilə] (**-s, -s**) nt mobile m

Mobiliar [mobili'a:r] (**-s, -e**) nt mobilier m

mobilisieren [mobili'zi:rən] vt mobiliser

Mobilmachung f mobilisation f

Mobiltelefon nt téléphone n mobile

möblieren [mø'bli:rən] vt meubler; **möbliert
wohnen** habiter un appartement meublé

Moçambique [mozam'bɪk] (**-s**) nt siehe **Mosambik**

mochte etc ['mɔxtə] vb siehe **mögen**

möchte etc ['mœçtə] vb siehe **mögen**

Möchtegern- ['mœçtəgɛrn] in zW (ironisch) soi-
disant; **er ist so ein ~politiker** il se prend pour
un homme politique

Modalität [modali'tɛ:t] f (geh) modalité f

Mode ['mo:də] f mode f; **~beruf** m profession f à
la mode; **~farbe** f couleur f à la mode; **~heft,
~journal** nt journal m de mode, magazine m
féminin

Modell [mo'dɛl] (**-s, -e**) nt modèle m; (Mannequin)
mannequin m; **~eisenbahn** f train m électrique
(jouet); **~fall** m (typisches Beispiel) cas m typique

modellieren [modɛ'li:rən] vt modeler

Modellversuch m (bes Sch) projet m pilote

Modem ['mo:dɛm] (**-s, -s**) nt (Comput) modem m

Modenschau f défilé m de mode

Modepapst m gourou m de la mode

Moder ['mo:dər] (**-s**) m pourriture f

Moderator, in [mode'ra:tɔr, -a'to:rɪn] m(f) (Rundf,
TV) présentateur(-trice) m(f)

moderieren [mode'ri:rən] vt (Rundf, TV) présenter
▷ vi être présentateur(-trice)

moderig adj (Keller, Luft) qui sent le moisi

modern [mo'dɛrn] adj moderne; (Kleid, Frisur) à la
mode

modernisieren [modɛrni'zi:rən] vt (Haus)
rénover; (Betrieb) moderniser

Mode-: **~salon** m maison f de couture; **~schmuck**
m bijou m fantaisie; **~schöpfer, in** m(f) couturier

m, styliste m/f de mode; **~wort** nt mot m à la
mode

Modi ['mo:di] pl von **Modus**

modifizieren [modifi'tsi:rən] vt modifier

modisch ['mo:dɪʃ] adj à la mode

Modistin [mo'dɪstɪn] f modiste f

Modul ['mo:dʊl] (**-s, -n**) nt (Tech, Comput) module m

Modus ['mo:dʊs] (**-, Modi**) m mode m

Mofa ['mo:fa] (**-s, -s**) nt mobylette f

mogeln ['mo:gəln] (umg) vi tricher

 SCHLÜSSELWORT

mögen ['mø:gən] (pt **mochte**, pp **gemocht** od (als
Hilfsverb) **mögen**) vt, vi **1** (gernhaben): **ich mag ihn**
je l'aime bien; **ich mag Blumen/Schokolade**
j'aime les fleurs/le chocolat; **ich mag (es) nicht,
wenn man mir immer widerspricht** je n'aime
pas qu'on me contredise constamment; **ich mag
nicht mehr** (ich habe genug) j'en ai assez; (ich kann
nicht mehr) je n'en peux plus

2 (wollen): **möchtest du einen Drink?**
(aimerais-tu) quelque chose à boire?; **ich
möchte nicht, dass du nach 10 Uhr draußen
spielst** je ne veux pas que tu joues dehors après
10 heures du soir

▷ Hilfsverb **1** (Wunsch: wollen): **möchtest du etwas
essen?** aimerais-tu manger quelque chose?; **ich
möchte nach Rom reisen** j'aimerais aller à
Rome; **ich möchte das gern haben** j'aimerais
od je voudrais bien l'avoir; **man möchte
meinen, dass ...** on dirait que ...; **sie mag** od
möchte nicht bleiben elle n'a pas envie de
rester; **das mag wohl sein** c'est bien possible;
was mag das (wohl) heißen? qu'est-ce que ça
signifie?

2 (Aufforderung: sollen): **sag ihr, sie möchte zu
Hause anrufen** dis-lui de téléphoner à la
maison

Mogler, in ['mo:glər(ɪn)] m(f) tricheur(-euse) m(f)

möglich ['mø:klɪç] adj possible; **alles M~e**
(vielerlei) toutes sortes de choses; **er tat sein
M~stes** il a fait son possible

möglicherweise adv peut-être

Möglichkeit f possibilité f; (Gelegenheit) occasion
f; **nach ~** si possible

möglichst adv dans la mesure du possible

Mohair [mo'hɛ:r] (**-, -s**) m mohair m

Mohammedaner, in [mohame'da:nər(ɪn)] (**-s, -**)
m(f) musulman(e) m(f)

Mohär [mo'hɛ:r] (**-, -s**) m mohair m

Mohn [mo:n] (**-(e)s, -e**) m (Bot) pavot m;
(Klatschmohn) coquelicot m; (Mohnsamen) graine f
de pavot

Möhre ['mø:rə] (**-, -n**) f carotte f

Mohrenkopf ['mo:rənkɔpf] m tête f de nègre

Mohrrübe f carotte f

mokieren [mo'ki:rən] vr: **sich über jdn/etw ~** se
moquer de qn/qch

Mokka ['mɔka] (**-s**) m moka m

Moldau ['mɔldaʊ] (**-**) f: **die ~** la Moldau

Moldawien *nt* la Moldavie
Mole ['moːlə] *f* (*Naut*) môle *m*
Molekül [mole'kyːl] (**-s, -e**) *nt* molécule *f*
molekular [moleku'laːr] *adj* moléculaire
molk *etc* [mɔlk] *vb siehe* **melken**
Molkerei [mɔlkə'raɪ] *f* laiterie *f*; **~butter** *f* beurre *m* ordinaire
Moll [mɔl] (**-, -**) *nt* (*Mus*) mode *m* mineur; **f/a-~** fa/la mineur
mollig *adj* douillet(te); (*dicklich*: *Figur*) potelé(e), dodu(e)
Moment¹ [mo'mɛnt] (**-(e)s, -e**) *m* (*Augenblick*) instant *m*, moment *m*; (*Zeitpunkt*) moment; **im ~** en ce moment; **~ (mal)!** un instant!; **im ersten ~** tout d'abord
Moment² [mo'mɛnt] (**-(e)s, -e**) *nt* (*Umstand*) facteur *m*
momentan [momɛn'taːn] *adj* (*augenblicklich*) actuel(le); (*vorübergehend*) passager(-ère) ▷ *adv* (*siehe adj*) actuellement; momentanément
Monaco ['moːnako] (**-s**) *nt* Monaco
Monarch, in [mo'narç(ɪn)] (**-en, -en**) *m(f)* monarque *m*
Monarchie [monar'çiː] *f* monarchie *f*
Monat ['moːnat] (**-(e)s, -e**) *m* mois *m*; **sie ist im sechsten ~** (*schwanger*) elle est enceinte de six mois; **was verdient er im ~?** combien gagne-t-il par mois?
monatelang *adv* pendant des mois
monatlich *adj* mensuel(le)
Monats-: **~blutung** *f* règles *fpl*; **~gehalt** *nt*: **das dreizehnte ~gehalt** le treizième mois; **~karte** *f* (*carte f d*')abonnement *m* mensuel; **~rate** *f* mensualité *f*; **m~weise** *adv* mensuellement
Mönch [mœnç] (**-(e)s, -e**) *m* moine *m*
Mond [moːnt] (**-(e)s, -e**) *m* lune *f*; **auf** *od* **hinter dem ~ leben** (*umg*) être dans la lune; **diese Uhr geht nach dem ~** (*umg*) cette montre est fantaisiste
mondän *adj* mondain(e)
Mond-: **~fähre** *f* module *m* lunaire; **~finsternis** *f* éclipse *f* de lune; **~flug** *m* vol *m* lunaire; **m~hell** *adj* (*Nacht*) éclairé(e) par la lune, de clair de lune; **~landung** *f* alunissage *m*; **~schein** *m* clair *m* de lune; **~scheintarif** *m* (*Telefontarif*) tarif *m* réduit (*la nuit*); **~sonde** *f* sonde *f* lunaire; **~stein** *m* pierre *f* de lune
Monegasse, -in [mone'gasə] (**-n, -n**) *m(f)* Monégasque *m/f*
monegassisch *adj* monégasque
Monetarismus [moneta'rɪsmʊs] *m* monétarisme *m*
Monetarist *m* monétariste *m*
Moneten [mo'neːtən] (*umg*) *pl* pognon *msg*
Mongole [mɔŋ'goːlə] (**-n, -n**) *m* (*Geog*) Mongol *m*
Mongolei [mɔŋgo'laɪ] *f*: **die ~** la Mongolie
Mongolin *f* (*Geog*) Mongole *f*
mongolisch *adj* (*Geog*) mongol(e)
mongoloid [mɔŋgolo'iːt] *adj* (*Med*) mongolien(ne) *m/f*
Mongoloide, r [mɔŋgolo'iːdə(r)] *f(m)* mongolien(ne)

monieren [mo'niːrən] *vt, vi* critiquer
Monitor ['moːnitɔr] *m* moniteur *m*
Monogramm [mono'gram] *nt* monogramme *m*
Monolog [mono'loːk] (**-s, -e**) *m* monologue *m*
Monopol (**-s, -e**) *nt* monopole *m*
monopolisieren [monopoli'ziːrən] *vt* monopoliser
Monopolstellung *f* (*Wirts*) monopole *m*
monoton [mono'toːn] *adj* monotone
Monotonie [monoto'niː] *f* monotonie *f*
Monster ['mɔnstər] (**-s, -**) *nt* monstre *m*
monströs [mɔn'strøːs] (*oft pej*) *adj* monstrueux(-euse)
Monsun [mɔn'zuːn] (**-s, -e**) *m* mousson *f*
Montag ['moːntaːk] (**-(e)s, -e**) *m* lundi *m*; *siehe auch* **Dienstag**
Montage [mɔn'taːʒə] *f* montage *m*
montags *adv* le lundi
Montanindustrie [mɔn'taːnɪndʊstriː] *f* industrie *f* du charbon et de l'acier
Montblanc [mõ'blãː] *m* Mont-Blanc *m*
Monte Carlo ['mɔntə 'karlo] *nt* Monte Carlo
Montenegro [mɔnte'neːgro] *nt* le Monténégro
Monteur [mɔn'tøːr] *m* monteur *m*
montieren [mɔn'tiːrən] *vt* monter
Montur [mɔn'tuːr] (*umg*) *f* (*Spezialkleidung*) tenue *f*
Monument [monu'mɛnt] *nt* monument *m*
monumental [monumɛn'taːl] *adj* monumental(e)
Moor [moːr] (**-(e)s, -e**) *nt* marécage *m*; **~bad** *nt* bain *m* de boue
moorig *adj* marécageux(-euse)
Moos [moːs] (**-es, -e**) *nt* mousse *f*
Moped ['moːpɛt] (**-s, -s**) *nt* vélomoteur *m*, mobylette *f*
Mops [mɔps] (**-es, ¨e**) *m* (*Hunderasse*) carlin *m*
mopsen ['mɔpsən] (*umg*) *vt* (*wegnehmen*) chiper
Moral [mo'raːl] (**-, -en**) *f* morale *f*; (*von Volk, Soldaten*) moral *m*; **m~isch** *adj* moral(e); **den ~ischen haben** (*umg*) ne pas avoir le moral; **~predigt** *f* sermon *m*
Moräne [mo'rɛːnə] *f* moraine *f*
Morast [mo'rast] (**-(e)s, -e**) *m* bourbier *m*
morastig *adj* (*Boden*) boueux(-euse)
Mord [mɔrt] (**-(e)s, -e**) *m* meurtre *m*; **dann gibt es ~ und Totschlag** (*umg*) ça va barder; **~anschlag** *m* attentat *m*
morden *vt* assassiner ▷ *vi* commettre un meurtre, tuer
Mörder, in ['mœrdər(ɪn)] (**-s, -**) *m(f)* meurtrier(-ière) *m(f)*, assassin *m*
mörderisch *adj* (*fig*: *schrecklich*) épouvantable; (*Preise*) scandaleux(-euse); (*Konkurrenzkampf*) implacable ▷ *adv* (*umg*: *entsetzlich*) horriblement
Mordkommission *f* ≈ brigade *f* criminelle
Mords- *in ZW* terrible; **~glück** (*umg*) *nt* chance *f* inouïe; **~kerl** (*umg*) *m* (*Verwegener*) fameux gaillard *m*; **m~mäßig** (*umg*) *adj* énorme; **~schreck** (*umg*) *m* peur *f* bleue
Mordverdacht *m*: **unter ~ stehen** être soupçonné(e) de meurtre
Mordwaffe *f* arme *f* du crime

morgen ['mɔrgən] *adv* demain; (*nachgestellt*):
heute/gestern M~ ce/hier matin; **bis ~!** à
demain!; **~ in acht Tagen** demain en huit; **~ um
diese Zeit** demain à la même heure; **~ früh**
demain matin; **M~ (-s, -)** *m* matin *m*; **am M~** le
matin; **guten M~!** bonjour!; **M~grauen** *nt* aube
f; **M~mantel** *m*, **M~rock** *m* robe *f* de chambre;
M~röte *f* aurore *f*
morgens *adv* le matin; **von ~ bis abends** du
matin au soir
Morgenstunde *f*: **Morgenstund(e) hat Gold im
Mund(e)** (*Sprichwort*) l'avenir appartient à ceux
qui se lèvent tôt
morgig ['mɔrgıç] *adj* de demain; **der ~e Tag**
demain
Morphium ['mɔrfɪʊm] *nt* morphine *f*
morsch [mɔrʃ] *adj* (*Holz*) pourri(e); (*Knochen*)
fragile
Morsealphabet ['mɔrzəlalfabeːt] *nt* (alphabet *m*)
morse *m*
morsen *vt* envoyer en morse ▷ *vi* envoyer un
message en morse
Mörser ['mœrzər] (-) *m* mortier *m*
Mörtel ['mœrtəl] (-s, -) *m* mortier *m*
Mosaik [moza'iːk] (-s, -en *od* -e) *nt* mosaïque *f*
Mosambik [mozam'bık] (-s) *nt* le Mozambique
Moschee [mɔ'ʃeː] *f* mosquée *f*
Mosel ['moːzəl] *f* Moselle *f*; **~(wein)** *m* vin *m* de
Moselle
mosern ['moːzərn] (*umg*) *vi* rouspéter
Moskau ['mɔskaʊ] (-s) *nt* Moscou
Moskauer, in (-s, -) *m(f)* Moscovite *m/f*
Moskito [mɔs'kiːto] (-s, -s) *m* (*Zool*) moustique *m*
(tropical); **~netz** *nt* moustiquaire *f*
Moslem ['mɔslɛm] (-s, -s) *m* musulman *m*
Most [mɔst] (-(e)s, -e) *m* (*aus Trauben*) moût *m*;
(*Apfelwein*) cidre *m*; (*trüber Fruchtsaft*) jus *m* de fruit
Motel [mo'tel] (-s, -s) *nt* motel *m*
Motiv [mo'tiːf] (-s, -e) *nt* motif *m*
Motivation [motivatsi'oːn] *f* motivation *f*
motivieren [moti'viːrən] *vt* motiver
Motor ['moːtɔr] (-s, -en) *m* moteur *m*; **~boot** *nt*
canot *m* automobile; **~haube** *f* capot *m*
motorisch *adj* (*Med*) moteur(-trice)
motorisieren [motori'ziːrən] *vt* motoriser
Motor-: **~öl** *nt* huile *f* de graissage; **~rad** *nt* moto
f; **~radfahrer, in** *m(f)* motocycliste *m/f*; **~roller** *m*
scooter *m*; **~schaden** *m* panne *f* de moteur
Motte ['mɔtə] *f* (*Zool*) mite *f*
motten-: **~fest** *adj* traité(e) à l'antimite,
résistant(e) aux mites; **M~kiste** *f*: **etw aus der
M~kiste hervorholen** (*fig*) déterrer qch;
M~kugel *f* boule *f* de naphtaline; **M~pulver** *nt*
(poudre *f*) antimite *m*
Motto ['mɔto] (-s, -s) *nt* devise *f*
motzen ['mɔtsən] (*umg*) *vi* rouspéter
Möwe ['møːvə] *f* mouette *f*
MP3-Spieler (-s, -) *m* baladeur *m* numérique,
lecteur *m* MP3
Möwe ['møːvə] *f* mouette *f*
Mrd. *abk* = **Milliarde(n)**
MS *abk* (= *Motorschiff*) M/S; = **multiple Sklerose**

MTA (-, -s) *f abk* (= *medizinisch-technische Assistentin*)
laborantine *f*
mtl. *abk* = **monatlich**
Mücke ['mʏkə] *f* (*Zool*) moustique *m*; **aus einer ~
einen Elefanten machen** (*umg*) se faire une
montagne de quelque chose
Muckefuck ['mʊkəfʊk] (-s) (*umg*) *m* jus *m* de
chaussettes
Mucken *pl*: **seine ~ haben** avoir des sautes
d'humeur; (*Sache*) clocher
mucken (*umg*) *vi*: **ohne zu ~** sans broncher
Mückenstich *m* piqûre *f* de moustique
Mucks [mʊks] (-es, -e) *m* bruit *m*; **keinen ~ sagen**
ne pas piper mot; (*widersprechend*) ne pas broncher
mucksen (*umg*) *vr*: **sich nicht ~** ne pas bouger;
(*Laut geben*) ne pas piper mot
mucksmäuschenstill ['mʊks'mɔʏsçənʃtɪl] (*umg*)
adj: **es war ~** on aurait entendu voler une
mouche
müde ['myːdə] *adj* fatigué(e); **einer Sache** *Gen* **~
sein** *od* **werden** être las(se) de qch, se lasser de qch
Müdigkeit ['myːdıçkaıt] *f* fatigue *f*; **nur keine ~
vorschützen!** (*umg*) pas de faux-fuyants!
Müesli ['myːɛsli] (-s) *nt* (*Koch*) muesli *m*
Muff [mʊf] (-(e)s, -e) *m* (*Handwärmer*) manchon *m*
Muffel (-s, -) (*umg*) *m* (*mürrischer Mensch*) grognon *m*
muffig *adj* (*Luft*) qui sent le renfermé; (*Mensch*)
renfrogné(e)
Mühe ['myːə] *f* peine *f*; **mit ~ und Not** à grand-
peine; **es ist** *od* **die ~ wert** ça en vaut la
peine; **sich** *Dat* **die ~ machen** prendre la peine;
sich *Dat* **~ geben** se donner de la peine; **m~los**
adv sans peine
muhen ['muːən] *vi* (*Kuh*) meugler
mühen *vr* se donner de la peine
mühevoll *adj* pénible
Mühle ['myːlə] *f* moulin *m*; (*Mühlespiel*) jeu de
société pour deux joueurs
Mühlstein *m* meule *f*
Mühsal (-, -e) *f* peines *fpl*, tribulations *fpl*
mühsam *adj* pénible ▷ *adv* péniblement
mühselig *adj* pénible
Mulatte, -in [mu'latə] (-n, -n) *m(f)*
mulâtre(-tresse) *m/f*
Mulde ['mʊldə] *f* (*im Gelände*) petite cuvette *f*
Mull [mʊl] (-(e)s, -e) *m* (*Verbandsmull*) gaze *f*
Müll [mʏl] (-(e)s) *m* (*Haushaltsmüll*) ordures *fpl*;
(*Industriemüll*) déchets *mpl*; **~abfuhr** *f* ramassage
m des ordures; (*Leute*) voirie *f*; **~abladeplatz** *m*
décharge *f* publique, dépotoir *m*
Mullbinde *f* bande *f* de gaze
Mülldeponie *f* décharge *f* publique, dépotoir *m*
Mülleimer *m* poubelle *f*
Müller (-s, -) *m* meunier *m*
Müll-: **~haufen** *m* tas *m* d'ordures; **~schlucker** (-s,
-) *m* vide-ordures *m inv*; **~tonne** *f* poubelle *f*;
~verbrennungsanlage *f* usine *f* d'incinération;
~wagen *m* camion *m* de la voirie
mulmig ['mʊlmıç] (*umg*) *adj* (*Gefühl*) bizarre;
(*Situation*) délicat(e); **ihm ist ~** (*leicht übel*) il se
sent mal
Multi ['mʊlti] (-s, -s) (*umg*) *m* multinationale *f*

multi- in zW multi; **~lateral** adj multilatéral(e); **~national** adj multinational(e); **M~pack (-s, -s)** nt od m pack m
multiple Sklerose [mʊl'tiːplə skleˈroːzə] f sclérose f en plaques
multiplizieren [mʊltipliˈtsiːrən] vt multiplier
Mumie ['muːmiə] f momie f
Mumm [mʊm] (**-s**) (umg) m cran m
Mumps [mʊmps] (-) m od f (Med) oreillons mpl
München ['mʏnçən] (**-s**) nt Munich;
Münch(e)ner (-s, -) m Munichois m ▷ adj munichois(e)
Münch(e)nerin f Munichoise f
Mund [mʊnt] (**-(e)s, ¨er**) m bouche f; **halt den ~!** (umg) tais-toi!; **den ~ aufmachen** (fig: seine Meinung sagen) parler franchement; **sie ist nicht auf den ~ gefallen** (umg) elle n'a pas la langue dans sa poche; **jdm über den ~ fahren** (umg) couper la parole à qn; **~art** f dialecte m
Mündel ['mʏndəl] (**-s, -**) nt (Jur) pupille m/f
münden ['mʏndən] vi: **~ in** +Akk se jeter dans
mund-: ~faul adj (Mensch) peu loquace; **M~fäule** f (Med) stomatite f; **~gerecht** adj (Bissen) ≈ pas trop gros(se); **M~geruch** m mauvaise haleine f; **M~harmonika** f harmonica m
mündig ['mʏndɪç] adj (volljährig) majeur(e); (fig: selbstständig denkend) responsable; **M~keit** f majorité f
mündlich ['mʏntlɪç] adj (Absprache) verbal(e); (Prüfung) oral(e) ▷ adv: **alles Weitere ~!** je t'expliquerai le reste de vive voix!; **~e Verhandlung** (Jur) audition f des témoins (et de l'accusé)
Mundpropaganda f publicité f gratuite
Mundraub m (Jur) vol m de nourriture
M-und-S-Reifen m (Aut) pneu-neige m
Mundstück nt (von Instrument) embouchure f; (von Zigarette) bout m
mundtot adj: **jdn ~ machen** réduire qn au silence
Mündung ['mʏndʊŋ] f (von Fluss) embouchure f; (von Gewehr) gueule f; (von Rohr etc) bouche f
Mund-: ~wasser nt bain m de bouche; **~werk** nt (umg): **ein großes ~werk haben** avoir une grande gueule; **~winkel** m coin m de la bouche; **~-zu-~-Beatmung** f (Med) bouche-à-bouche m inv
Munition [munitsi'oːn] f munitions fpl
Munitionslager nt dépôt m de munitions
munkeln ['mʊŋkəln] vt, vi (umg) chuchoter; **man munkelt, dass ...** il paraît que ...
Münster ['mʏnstər] (**-s, -**) nt cathédrale f
munter ['mʊntər] adj (lebhaft, heiter) plein(e) d'entrain; (unbekümmert) gai(e); (wach) éveillé(e); (wieder gesund) en forme; **M~keit** f gaîté f
Münzanstalt f (Hôtel m de la) Monnaie f
Münzautomat m distributeur m automatique
Münze ['mʏntsə] f pièce f de monnaie; **etw für bare ~ nehmen** prendre qch pour argent comptant
münzen vt (Metall) monnayer; (Geldstück) battre, frapper; **auf jdn/etw gemünzt sein** viser qn/qch
Münz-: ~fernsprecher ['mʏntsfɛrnʃpreçər] m téléphone m public; **~wechsler** m distributeur m

de monnaie
mürb(e) [mʏrp, 'mʏrbə] adj (Obst) bien mûr(e); (Holz) pourri(e); (Gebäck) friable; **~machen** vt (fig) briser; **M~teig** m pâte f brisée
Murmel ['mʊrməl] (**-, -n**) f bille f
murmeln vt, vi murmurer
Murmeltier ['mʊrməltiːr] nt marmotte f; **schlafen wie ein ~** dormir comme une marmotte
murren ['mʊrən] vi grogner
mürrisch ['mʏrɪʃ] adj grincheux(-euse)
Mus [muːs] (**-es, -e**) nt (Koch: aus Früchten) compote f; (: aus Kartoffeln) purée f; **zu ~ verkochen** réduire en purée
Muschel ['mʊʃəl] (**-, -n**) f coquillage m; (Telefonmuschel) écouteur m
Muse ['muːzə] f muse f
Museum [mu'zeːʊm] (**-s, Museen**) nt musée m
museumsreif adj antédiluvien(ne)
Museumswärter m gardien m de musée
Musik [mu'ziːk] (**-, -en**) f musique f
Musikalienhandlung [muziˈkaːliənhandlʊŋ] f magasin m de musique
musikalisch [muziˈkaːlɪʃ] adj (Mensch) musicien(ne); (Verständnis) musical(e)
Musikant, in [muziˈkant(ɪn)] (**-en, -en**) m(f) musicien(ne) m(f)
Musikbox f juke-box m
Musiker, in ['muːzikər(ɪn)] (**-s, -**) m(f) musicien(ne) m/f
Musik-: ~hochschule f conservatoire m (de musique); **~instrument** nt instrument m de musique; **~kapelle** f orchestre m, fanfare f; **~stück** nt morceau m (de musique); **~stunde** f leçon f de musique
musisch ['muːzɪʃ] adj (Mensch) qui a le sens artistique très développé, artiste; (Veranlagung) artistique; **~es Gymnasium** lycée avec uniquement des sections artistiques
musizieren [muziˈtsiːrən] vi jouer de la musique
Muskat [mʊs'kaːt] (**-(e)s, -e**) m (Koch) muscade f
Muskel ['mʊskəl] (**-s, -n**) m muscle m; **~kater** m: **einen ~kater haben** être courbaturé(e); **~paket** (umg) nt (hum) hercule m; **~zerrung** f (Med) claquage m (musculaire)
Muskulatur [mʊskulaˈtuːr] f musculature f
muskulös [mʊskuˈløːs] adj (Mensch, Körper) musclé(e)
Müsli ['myːsli] (**-s, -**) nt (Koch) muesli m
Muss nt nécessité f
muss [mʊs] vb siehe **müssen**
Muße ['muːsə] (-) f loisir m
Musselin [mʊsəˈliːn] (**-s, -e**) m mousseline f
müssen ['mʏsən] (pt **musste**, pp **gemusst** od (als Hilfsverb) **~**) vi devoir; **ich muss es tun** je dois le faire; **er muss es nicht tun** il n'est pas obligé de le faire; **wir ~ Ihnen leider mitteilen, dass ...** nous avons le regret de vous faire savoir que ...; **er hat gehen ~** il a dû partir; **muss das sein?** si c'est (absolument) nécessaire?; **ich muss mal** (umg) j'ai besoin d'aller aux toilettes; **das mussste ja so kommen!** ça devait arriver!; **es**

muss geregnet haben il a dû pleuvoir

Mussheirat (*umg*) *f* mariage *m* forcé

müßig ['my:sıç] *adj* (*untätig*) oisif(-ive); (*zwecklos*) vain(e); **M~gang** *m* (*geh*) oisiveté *f*

musst [mʊst] *vb siehe* **müssen**

musste *etc* ['mʊstə] *vb siehe* **müssen**

Muster ['mʊstər] (**-s, -**) *nt* (*Vorlage, Vorbild*) modèle *m*; (*Dessin*) motif *m*; (*Probe*) échantillon *m*; **~ ohne Wert** échantillon sans valeur; **~beispiel** *nt* exemple *m* parfait; **ein ~beispiel für** un modèle de; **m~gültig, m~haft** *adj* exemplaire

mustern *vt* (*betrachten*) dévisager; (*Tapete*) orner de motifs; (*Truppen*) passer en revue; (*für Wehrdienst*) passer son examen médical à

Musterprozess *m* affaire-test *f* (*destinée à faire jurisprudence*)

Musterschüler *m* élève *m* modèle

Musterung *f* (*von Stoff*) motif *m*; (*Mil*) inspection *f*

Mut [mu:t] *m* courage *m*; **nur ~!** courage!; **jdm ~ machen** encourager qn; **~ fassen** reprendre courage

mutig *adj* courageux(-euse)

mutlos *adj* découragé(e)

mutmaßen *vt, vi* supposer

mutmaßlich ['mu:tma:slıç] *adj* (*Täter*) présumé(e) ▷ *adv* probablement

Mutprobe *f* épreuve *f* de courage

Mutter ['mʊtər] (**-, ̈-**) *f* mère *f*; (*Tech*) écrou *m*

Mütterberatungsstelle ['mʏtərbəra:tʊŋsʃtɛlə] *f* centre *m* de consultation maternelle

Mutter-: ~gesellschaft *f* (*Wirts*) société *f* mère; **~gottes** (**-**) *f* (*Rel*) Vierge *f*; **~land** *nt* patrie *f*; **~leib**

m: **ein Kind im ~leib** un enfant dans le ventre de sa mère

mütterlich ['mʏtərlıç] *adj* maternel(le)

mütterlicherseits *adv* du côté de ma *etc* mère

Mutter-: ~liebe *f* amour *m* maternel; **m~los** *adj* sans mère; **~mal** *nt* (*Fleck*) envie *f*; **~milch** *f* lait *m* maternel

Mütterpass *m* (*Med*) carte *f* de femme enceinte

Mutterschaft *f* maternité *f*

Mutterschaftshilfe *f* allocation *f* de maternité

Mutter-: ~schutz *m* dispositions légales visant à protéger les femmes enceintes et les enfants en bas âge; **m~seelenallein** *adj* absolument seul(e); **~sprache** *f* langue *f* maternelle; **~tag** *m* fête *f* des mères

Mutti (**-, -s**) (*umg*) *f* maman *f*

mutwillig ['mu:tvılıç] *adj* (*Zerstörung*) intentionnel(le)

Mütze ['mʏtsə] *f* (*Wollmütze*) bonnet *m*; (*mit Schirm*) casquette *f*

MV *f abk* (= *Mitgliederversammlung*) AG *f*

MW *abk* (= *Mittelwelle*) OM *fpl*

MwSt, Mw.-St. *abk* (= *Mehrwertsteuer*) ≈ T.V.A. *f*

mysteriös [mʏsteri'ø:s] *adj* mystérieux(-euse)

Mystik ['mʏstık] *f* mystique *f*

Mystiker, in (**-s, -**) *m(f)* mystique *m/f*

mystisch *adj* (*zu Mystik gehörend*) mystique; (*rätselhaft*) mystérieux(-euse)

Mythen ['mi:tən] *pl von* **Mythos**

Mythologie [mytolo'gi:] *f* mythologie *f*

Mythos (**-, Mythen**) *m* (*Sage*) mythe *m*; (*Person*) personnage *m* mythique

Nn

N, n [εn] nt N, n m; **N wie Nordpol** ≈ N comme Nicolas

N abk (= Norden, Nationalstraße) N

na [na] interj eh bien; **na, so was!** ça alors!; **na gut!** (umg) bon, d'accord!; **na also!** tu vois!; **na und?** (umg) et alors?

Nabel ['naːbəl] (**-s, -**) m nombril m; **der ~ der Welt** le nombril du monde; **~schnur** f cordon m ombilical

 SCHLÜSSELWORT

nach [naːx] präp+Dat **1** (örtlich) à; **nach Köln fahren/umziehen** aller/déménager à Cologne; **nach links/rechts** à gauche/droite; **etw nach oben ziehen/schieben** tirer/pousser qch vers le haut; **etw nach hinten schieben** pousser qch en arrière; **von A nach B** de A à B

2 (zeitlich) après; **zehn (Minuten) nach drei** trois heures dix; **immer schön einer nach dem anderen!** ne poussez pas!; **bitte nach Ihnen!** après vous!

3 (gemäß) selon; **nach dem Gesetz** selon la loi; **die Uhr nach dem Radio stellen** régler sa montre d'après la radio; **jdn/etw nur dem Namen nach kennen** ne connaître qn/qch que de nom; **ihrer Sprache nach (zu urteilen)** d'après od à en juger par la manière dont elle s'exprime; **nach allem, was ich weiß** d'après ce que je sais

▷ adv: **nach und nach** peu à peu, progressivement; **ihm nach!** suivons-le!, suivez-le!; **nach wie vor** toujours

nachäffen ['naːxlɛfən] (pej) vt singer
nachahmen ['naːxlaːmən] vt imiter
nachahmenswert adj exemplaire
Nachahmung f imitation f; **jdm etw zur ~ empfehlen** recommander à qn de prendre exemple sur qch
nacharbeiten ['naːxlarbaɪtən] vt (nachholen) rattraper; (überarbeiten) finir
Nachbar, in ['naxbaːr(ɪn)] (**-s, -n**) m(f) voisin(e) m/f; **~haus** nt maison f voisine; **n~lich** adj (Beziehung) de bon voisinage; (räumlich) voisin(e); **~schaft** f voisinage m; (Leute) voisins mpl; **~staat**

m État m voisin

Nach-: ~beben nt réplique f sismique; **~behandlung** f (Med) suivi m médical; **n~bekommen** (umg) vt (nachkaufen) racheter; **n~bestellen** vt faire une seconde commande de; **~bestellung** f commande f renouvelée; **n~beten** (pej: umg) vt répéter bêtement; **n~bezahlen** vt (später) payer ultérieurement; **n~bezeichnet** adj (Wirts: Ware) suivant(e); **n~bilden** vt faire une copie de; **~bildung** f reproduction f, copie f; **n~blicken** vi+Dat suivre des yeux; **n~datieren** vt postdater

nachdem [naːx'deːm] konj (zeitlich) après que; (weil) puisque, comme; **je ~ (ob)** selon (que)

nach-: ~denken unreg vi: **~denken über** +Akk réfléchir à; **darüber darf man gar nicht ~denken** c'est inquiétant; **N~denken** (**-s**) nt réflexion f; **~denklich** adj (zum Nachdenken geneigt) contemplatif(-ive); (Gesicht) pensif(-ive); **jdn ~denklich machen** faire réfléchir qn

Nachdruck ['naːxdrʊk] m (Betonung, Tatkraft) insistance f; (Typ) réimpression f; **besonderen ~ darauf legen, dass ...** insister sur le fait que ...; **etw mit ~ sagen** insister sur qch

nachdrücklich ['naːxdrʏklɪç] adj (Wunsch, Warnung) explicite ▷ adv avec insistance; **~ auf etw Dat bestehen** insister sur qch

nacheifern ['naːxlaɪfərn] vi+Dat imiter

nacheinander [naːxlaɪˈnandər] adv (räumlich) l'un(e) derrière od après l'autre; (zeitlich) l'un(e) après l'autre; **drei Tage ~** trois jours de suite

nachempfinden ['naːxlɛmpfɪndən] unreg vt (Gefühle) ressentir; **das kann ich (Ihnen) ~!** je comprends ce que vous ressentez!

nacherzählen ['naːxlɛrtsɛːlən] vt raconter (à sa façon)

Nacherzählung f récit m; (Sch) compte m rendu

Nachf. abk = Nachfolger

Nachfahr ['naːxfaːr] (**-en** od **-s, -en**) m descendant m

nachfahren unreg vi (hinterherfahren) suivre

Nachfolge ['naːxfɔlgə] f succession f; **jds ~ antreten** succéder à qn; **die ~ antreten** prendre la succession

nachfolgen vi: **jdm ~** (hinterherkommen) suivre qn; (in Amt etc) succéder à qn; (Beispiel nehmen) suivre l'exemple de qn; **etw Dat ~** suivre qch

nachfolgend adj suivant(e)
Nachfolger, in (-s, -) m(f) successeur m
nachforschen vi faire des recherches
Nachforschung f recherche f; **~en anstellen** se renseigner
Nachfrage ['naːxfraːɡə] f demande f; **danke der ~** (förmlich) merci de votre attention
nachfragen vi (sich erkundigen) se renseigner, demander
nach-: **~fühlen** vt siehe **nachempfinden**; **~füllen** vt (Behälter) remplir; (Flüssigkeit etc) rajouter; **~geben** unreg vi céder; (Seil etc) se relâcher; (Preise, Kurse) fléchir; **N~gebühr** f (Post) surtaxe f; **N~geburt** f (Gewebe) placenta m
nachgehen ['naːxɡeːən] unreg vi (Uhr) retarder; **jdm/etw ~** (folgen) suivre qn/qch; **einer Sache** Dat **~** (erforschen) se renseigner sur qch, étudier qch; **einer geregelten Arbeit ~** avoir un poste stable; **seinen Geschäften ~** vaquer à ses occupations
nachgerade adv (geradezu) presque
Nachgeschmack ['naːxɡəʃmak] m arrière-goût m
nachgiebig ['naːxɡiːbɪç] adj (Mensch, Haltung) indulgent(e); (Boden, Material etc) moux (molle), élastique; **N~keit** f (von Mensch) indulgence f; (von Boden etc) élasticité f
nachgießen unreg vt, vi: **darf ich (Wein) ~?** encore une goutte de vin?
nachgrübeln ['naːxɡryːbəln] vi: **~ (über** +Akk**)** se creuser la tête (au sujet de)
nachgucken ['naːxɡʊkən] vt, vi = **nachsehen**
nachhaken ['naːxhaːkən] (umg) vi (mit Fragen) insister
nachhallen vi (Klang) retentir
nachhaltig ['naːxhaltɪç] adj (Eindruck) durable; (Widerstand) tenace
nachhängen ['naːxhɛŋən] unreg vi +Dat (Erinnerungen) s'abandonner à
nachhause adv à la maison
Nachhauseweg [naːxˈhaʊzəveːk] m chemin m du retour
nachhelfen ['naːxhɛlfən] unreg vi (+Dat) aider; **er hat dem Glück ein bisschen nachgeholfen** il a un peu forcé la chance
nachher [naːxˈheːr] adv (anschließend) ensuite; (später) plus tard; **bis ~** (umg) à tout à l'heure
Nachhilfe f aide f; **~lehrer, in** m(f) répétiteur(-trice) m/f; **~schüler, in** m(f) élève m/f (en cours particuliers); **~unterricht** m cours mpl particuliers
Nachhinein ['naːxhɪnaɪn] adv: **im ~** (hinterher) ultérieurement; (rückblickend) après coup, rétrospectivement
Nachholbedarf m: **einen ~ (an etw** Dat**) haben** avoir un retard (en qch) à combler
nachholen ['naːxhoːlən] vt (Zurückgebliebenes) aller chercher; (Versäumtes) rattraper
Nachkomme ['naːxkɔmə] (-n, -n) m descendant m
nachkommen unreg vi (+Dat) suivre; (mitkommen, Schritt halten) (arriver à) suivre; (einer Verpflichtung) ne pas manquer à; (Bitte) exaucer; **Sie können Ihr Gepäck ~ lassen** vous pouvez faire suivre vos bagages
Nachkommenschaft f descendance f
Nachkriegs- ['naːxkriːks] in zW d'après-guerre; **~zeit** f après-guerre m
Nach-: **~lass** (**-es, -lässe**) m (Wirts) remise f; (Erbe) héritage m; **n~lassen** unreg vt (Seil etc) relâcher; (Strafe, Schulden) remettre; (Summe) rabattre; (Preis) diminuer ▷ vi (Sturm) se calmer; (Fieber) tomber; (Spannung, Interesse) se relâcher; (Gehör, Gedächtnis, Augen) baisser; (Leistung) devenir moins bon (bonne); (Geschäft) marcher moins bien; **er hat schwer n~gelassen** (umg) il a beaucoup baissé; **n~lässig** adj (Arbeit) bâclé(e); (Mensch) négligent(e); (Kleidung) négligé(e); **~lässigkeit** f laisser-aller m; **~lassverwalter** m exécuteur m testamentaire
nachlaufen ['naːxlaʊfən] unreg vi +Dat courir après
nachliefern ['naːxliːfərn] vt (später liefern) livrer ultérieurement; (zuzüglich liefern) faire une livraison supplémentaire de, livrer encore
nachlösen ['naːxløːzən] vi (Zuschlag) acheter un supplément (dans le train); (zur Weiterfahrt) acheter un autre billet (dans le train)
nachm. abk (= nachmittags) de l'après-midi
nachmachen ['naːxmaxən] vt (Person, Gebärde) imiter; (Geld) contrefaire; (Fotos) faire refaire; (Versäumtes) faire plus tard; **jdm alles ~** imiter tout ce que fait qn; **das soll (mir) erst mal einer ~!** je défie quiconque d'en faire autant!
Nachmieter, in ['naːxmiːtər(ɪn)] m(f) locataire m/f suivant(e)
Nachmittag ['naːxmɪtaːk] m après-midi m ou f; **am ~** l'après-midi; **gestern/heute ~** hier/cet après-midi
nachmittags adv l'après-midi
Nachmittagsvorstellung f matinée f
Nachnahme f (Sendung) objet m contre remboursement; **per ~** contre remboursement
Nach-: **~name** m nom m de famille; **n~nehmen** unreg vt (Essen) reprendre de; **~porto** nt surtaxe f
nachprüfbar ['naːxpryːfbaːr] adj vérifiable
nachprüfen ['naːxpryːfən] vt vérifier
nachrechnen ['naːxrɛçnən] vt (Zahlen) vérifier ▷ vi (zurückrechnen) refaire le calcul
Nachrede ['naːxreːdə] f: **üble ~** (Jur) diffamation f
nachreichen ['naːxraɪçən] vt (Unterlagen) communiquer plus tard
Nachricht ['naːxrɪçt] (**-, -en**) f nouvelle f; **Nachrichten** pl informations fpl; **wir geben Ihnen ~, sobald ...** nous vous informerons dès que ...
Nachrichten-: **~agentur** f agence f de presse; **~dienst** m (Geheimdienst) service m secret od de renseignements; (Radio) journal m parlé; **~satellit** m satellite m de télécommunications; **~sperre** f black-out m; **~sprecher, in** m(f) présentateur(-trice) m/f; **~technik** f télécommunications fpl
nachrücken ['naːxrʏkən] vi (Truppen) avancer; **auf einen Posten ~** accéder à un poste
Nachruf ['naːxruːf] m nécrologie f

nachrüsten ['naːxrʏstən] *vt* moderniser ▷ *vi* se moderniser

nachsagen ['naːxzaːgən] *vt* (*nachsprechen*) répéter; **jdm etw ~** (*wiederholen*) répéter qch après qn; (*vorwerfen*) reprocher qch à qn; **das lasse ich mir nicht ~!** je ferai taire ces mauvaises langues!; **dass ich geizig sein soll, lasse ich mir nicht ~** moi, avare? c'est de la calomnie!

Nachsaison ['naːxzɛzõː] *f* arrière-saison *f*, basse saison *f*

nachschenken ['naːxʃɛŋkən] *vt* remettre; **darf ich Ihnen noch (etwas) ~?** encore une goutte?

nachschicken ['naːxʃɪkən] *vt siehe* **nachsenden**

nachschlagen ['naːxʃlaːgən] *unreg vt* (*Wort, Sache*) vérifier ▷ *vi:* **jdm ~** tenir de qn; **in einem Wörterbuch ~** consulter un dictionnaire

Nachschlagewerk *nt* ouvrage *m* de référence

Nachschlüssel *m* double *m* (*d'une clé*)

nachschmeißen ['naːxʃmaɪsən] (*umg*) *unreg vt:* **das ist ja nachgeschmissen!** c'est donné!

nachschreiben *unreg vt* (*Test*) rattraper

Nachschrift ['naːxʃrɪft] *f* (*von Vorlesung*) notes *fpl*; (*in Brief*) post-scriptum *m inv*

Nachschub ['naːxʃuːp] *m* (*Versorgung*) ravitaillement *m*; (*neues Material*) matériel *m* de renfort

nachsehen ['naːxzeːən] *unreg vi+Dat* (*hinterherblicken*) suivre du regard; (*kontrollieren*) vérifier ▷ *vt* vérifier; **jdm etw ~** (*nicht übel nehmen*) passer qch à qn

Nachsehen *nt:* **das ~ haben** se retrouver le bec dans l'eau

nachsenden ['naːxzɛndən] *unreg vt* faire suivre

Nachsicht ['naːxzɪçt] (**-**) *f* indulgence *f*

nachsichtig *adj* indulgent(e)

Nachsilbe ['naːxzɪlbə] *f* suffixe *m*

nachsinnen *unreg vi:* **~ (über** +*Akk*) réfléchir (à)

nachsitzen ['naːxzɪtsən] *unreg vi* être en retenue

Nachsorge *f* (*Med*) suivi *m* médical

Nachspann ['naːxʃpan] *m* générique *m*

Nachspeise ['naːxʃpaɪzə] *f* dessert *m*

Nachspiel ['naːxʃpiːl] *nt* (*Folgen*) suites *fpl*

nachspielen *vt* (*Stück*) reprendre, rejouer ▷ *vi* (*Sport*) jouer les prolongations

nachspionieren ['naːxʃpioniːrən] (*umg*) *vi+Dat* espionner

nachsprechen ['naːxʃprɛçən] *unreg vt:* **jdm etw ~** répéter qch après qn

nachspülen *vt* (*Geschirr*) rincer

nächst [nɛːçst] *präp +Dat* (*geh: räumlich*) à côté de; (*außer*) après; **~beste, r, s** *adj attrib* (*Mensch, Job*) premier(-ière) venu(e), n'importe quel(le); (*zweitbeste*) second(e) (*dans l'ordre de préférence*)

Nächste, r *f(m)* (*Mitmensch*) prochain *m*

nächste, r, s *adj* suivant(e); (*Verwandte*) proche; (*Haus*) voisin(e); **am ~n Tag** le lendemain; **aus ~r Nähe** de tout près; **der N~ bitte!** au suivant!; **wer ist der N~?** à qui le tour?; **in ~r Zeit** prochainement; **der ~ Angehörige** le plus proche parent

nachstehen ['naːxʃteːən] *unreg vi:* **jdm in nichts ~** ne le céder en rien à qn

nachstehende, r, s *adj attrib* ci-dessous

nachstellen ['naːxʃtɛlən] *vi+Dat* (*verfolgen*) poursuivre ▷ *vt* (*neu einstellen*) régler

Nächstenliebe *f* amour *m* du prochain

nächstens *adv* (*demnächst*) prochainement; (*umg: am Ende*) bientôt

nächst-: **~gelegen** *adj* le (la) plus proche; **~liegend** *adj* (*Grundstück*) voisin(e); (*Antwort, Grund*) évident(e); **~möglich** *adj:* **zum ~möglichen Termin** le plus tôt possible

nachsuchen ['naːxzuːxən] *vi* (*gründlich suchen*) chercher; **um etw ~** (*geh*) solliciter qch, demander qch

Nacht (**-**, **⸚e**) *f* nuit *f*; **gute ~!** bonne nuit!; **in der ~** pendant la nuit; **heute ~** cette nuit; **Dienstag ~** mardi soir, la nuit de mardi à mercredi; **in der ~ auf** *od* **zum Dienstag** dans la nuit de lundi à mardi; **über ~** pendant la nuit; (*fig*) du jour au lendemain; **eines ~s** une nuit; **die Heilige ~** la nuit de Noël; **bei ~ und Nebel** (*umg*) à la faveur de la nuit; **sich** *Dat* **die ~ um die Ohren schlagen** passer une nuit blanche

Nachtausgabe *f* (*von Zeitung*) édition *f* du soir

Nachtdienst *m* service *m* de nuit

Nachteil ['naːxtaɪl] *m* inconvénient *m*, désavantage *m*; **im ~ sein** être désavantagé(e)

nachteilig *adj* (*Folgen*) défavorable

nächtelang ['nɛçtəlaŋ] *adv* (pendant) des nuits entières

Nachtfalter *m* (*Zool*) papillon *m* de nuit, phalène *m* ou *f*

Nachthemd *nt* chemise *f* de nuit

Nachtigall ['naxtɪgal] (**-**, **-en**) *f* rossignol *m*

Nachtisch ['naːxtɪʃ] *m* (*Koch*) *siehe* **Nachspeise**

Nachtleben *nt* vie *f* nocturne, sorties *fpl*

nächtlich ['nɛçtlɪç] *adj* nocturne; (*Stille*) de la nuit; **~e Ruhestörung** tapage *m* nocturne

Nacht-: **~lokal** *nt* boîte *f* de nuit; **~mahl** (*Österr*) *nt* dîner *m*; **~mensch** *m* noctambule *m/f*; **~portier** *m* portier *m* de nuit

Nachtrag ['naːxtraːk] (**-(e)s, -träge**) *m* supplément *m*

nach-: **~tragen** *unreg vt* (*hinterhertragen*) rapporter; (*ergänzen*) compléter; **jdm etw ~tragen** (*übel nehmen*) garder rancune de qch à qn; **~tragend** *adj* rancunier(-ière); **~träglich** *adj* (*später*) ultérieur(e); (*verspätet: Glückwünsche*) tardif(-ive) ▷ *adv* ultérieurement; **~trauern** *vi:* **jdm/etw ~trauern** regretter qn/qch

Nachtruhe ['naxtruːə] *f:* **angenehme ~!** bonne nuit!

nachts *adv* la nuit; **um 3 Uhr ~** à 3 heures du matin

Nachtschicht *f* poste *m* de nuit; (*Personal*) équipe *f* de nuit

Nachtschwester *f* infirmière *f* de nuit

nachtsüber *adv* (pendant) la nuit

Nacht-: **~tarif** *m* tarif *m* de nuit; **~tisch** *m* table *f* de chevet; **~topf** *m* pot *m* de chambre; **~wache** *f* veille *f*, garde *f* de nuit; **~wächter** *m* veilleur *m* de nuit; **~zeug** (*umg*) *nt* affaires *fpl* pour la nuit

Nach-: **~untersuchung** *f* contrôle *m* médical;

265

n~vollziehen *unreg vt* comprendre; **n~wachsen**
unreg vi repousser; **~wahl** *f (Pol)* élection *f*
partielle (ultérieure); **~wehen** *pl* tranchées *fpl*
utérines; *(fig)* suites *fpl* fâcheuses; **n~weinen** *vi*
+*Dat* regretter; **dieser Sache weine ich keine
Träne n~** ça ne va pas me manquer
Nachweis ['naːxvaɪs] **(-es, -e)** *m* preuve *f*; **den ~
für etw erbringen** *od* **liefern** fournir la preuve
de qch; **n~bar** *adj (Schuld, Tat)* qui peut être
prouvé(e); **n~en** *unreg vt (beweisen)* prouver; **jdm
etw n~en** *(Zimmer)* trouver qch pour qn; *(Straftat)*
prouver que qn a commis qch; **n~lich** *adj
(Versagen)* qui peut être prouvé(e) ▷ *adv*: **n~lich
verreist gewesen sein** pouvoir prouver qu'on
était en voyage
Nachwelt ['naːxvɛlt] *f*: **die ~** la postérité
nach-: **~wirken** *vi* continuer de produire de
l'effet; **N~wirkung** *f* séquelles *fpl*; **N~wort** *nt*
postface *f*; **N~wuchs** *m (Kinder)* progéniture *f*;
(beruflich etc) nouvelles recrues *fpl*, sang *m* frais;
~zahlen *vt, vi* payer
nachzählen *vi* recompter, vérifier
Nachzahlung *f (zusätzlich)* supplément *m*
nachziehen ['naːxtsiːən] *unreg vt (Bein)* traîner;
(Linie) retracer, repasser sur; *(Lippen)* redessiner;
(Schraube) resserrer ▷ *vi (folgen)* suivre
Nachzügler (-s, -) *m* retardataire *m/f*;
(Nachkömmling) enfant *m/f* venu(e) sur le tard
Nackedei ['nakədaɪ] **(-(e)s, -s)** *(umg) m (hum: Kind)*
bébé *m* tout nu
Nacken ['nakən] **(-s, -)** *m* nuque *f*; **jdm im ~
sitzen** *(bedrängen)* être toujours sur le dos de qn
nackt [nakt] *adj* nu(e); *(Fels)* vif (vive); *(Tatsachen)*
cru(e); **auf der ~en Erde** à même le sol;
N~baden *nt* fait de se baigner nu, nudisme *m*;
N~heit *f* nudité *f*; **N~kultur** *f* naturisme *m*
Nadel ['naːdəl] **(-, -n)** *f* aiguille *f*; *(Stecknadel)*
épingle *f*; **~baum** *m* conifère *m*; **~kissen** *nt*
pelote *f* à épingles; **~öhr** *nt* chas *m*; **~wald** *m*
forêt *f* de conifères
Nagel ['naːgəl] **(-s, ⸚e)** *m* clou *m*; *(Fingernagel)* ongle
m; **sich** *Dat* **etw unter den ~ reißen** *(umg)*
faucher qch; **etw an den ~ hängen** *(umg)* laisser
tomber qch, abandonner qch; **Nägel mit
Köpfen machen** *(umg)* ne pas faire les choses à
moitié; **~bürste** *f* brosse *f* à ongles; **~feile** *f* lime
f à ongles; **~haut** *f* cuticule *f*; **~lack** *m* vernis *m* à
ongles; **~lackentferner (-s, -)** *m* dissolvant *m*
nageln *vt (Kiste etc)* clouer; *(benageln)* clouter;
(Med: Knochen) mettre une agrafe à
nagelneu *(umg) adj* flambant neuf (neuve)
Nagelschere *f* ciseaux *mpl* à ongles
nagen ['naːgən] *vt (subj: Tier)* ronger ▷ *vi*: **~ an** +*Dat*
ronger; *(knabbern)* grignoter
Nagetier ['naːgətiːr] *nt* rongeur *m*
nah ['naː] *adj, adv* = **nahe**
Nahaufnahme *f* gros plan *m*
nahe ['naːə] *adj* proche ▷ *adv (tout)* près ▷ *präp*
+*Dat* près de; **~ an etw** près de qch; **von N~m** de
près; **der N~ Osten** le Proche-Orient; **~
kommen** +*Dat* approcher de; **jdm zu ~ treten**
(fig) blesser qn; **mit jdm ~ verwandt sein** être

un(e) proche parent(e) de qn; *siehe auch*
naheliegen, nahestehen *etc*
Nähe ['nɛːə] **(-)** *f* proximité *f*; *(Umgebung)* environs
mpl; **in der ~** tout près; **in der ~ des Bahnhofs/
von Nürnberg** près de la gare/de Nuremberg; **in
seiner ~** près de lui; **aus der ~** de près
nahebei *adv* à proximité, tout près
nahebringen *unreg vi (fig)*: **jdm etw ~** expliquer
qch à qn
nahegehen *unreg vi* +*Dat (fig)* bouleverser
nahelegen *vt (fig)*: **jdm etw ~** suggérer qch à qn
naheliegen *unreg vi (fig: Verdacht, Gedanke)*
s'imposer; **der Verdacht liegt nahe** *od* **ist ~d,
dass ...** on ne peut s'empêcher de soupçonner
que ...; **~d** *(Grund)* évident(e)
nahen *vi* approcher ▷ *vr* s'approcher
nähen ['nɛːən] *vt* coudre; *(Wunde)* recoudre ▷ *vi*
coudre; *(Med)* faire des points de suture
näher *adj* plus proche; *(Erklärung, Auskünfte)* plus
précis(e) ▷ *adv (siehe adj)* plus près; plus de
détails; **ich kenne ihn nicht ~** je ne le connais
pas bien; **~ kommen** approcher; *siehe auch*
näherkommen
Nähere, s *nt* précisions *fpl*, détails *mpl*
Näherei [nɛːəˈraɪ] *f* couture *f*
Naherholungsgebiet *nt* région de villégiature à
proximité d'une grande ville
Näherin *f* couturière *f*
näherkommen *unreg vr (fig)* se rapprocher
nähern *vr* s'approcher
Näherungswert *m (Math)* valeur *f* approximative
nahestehen *unreg vi (fig)*: **jdm ~** être proche de qn;
einer Partei ~ être un sympathisant d'un parti;
~d *(Freund)* intime
nahezu *adv* presque
Nähgarn *nt* fil *m* (à coudre)
Nahkampf *m* corps *m* à corps
Nähkasten *m* boîte *f* à ouvrage
nahm *etc* [naːm] *vb siehe* **nehmen**
Nähmaschine *f* machine *f* à coudre
Nähnadel *f* aiguille *f*
Nahost [naːˈlɔst] *m*: **aus ~** du Proche-Orient
Nährboden *m (für Bakterien, fig)* bouillon *m* de
culture
nähren ['nɛːrən] *vt* nourrir; *(Säugling)* allaiter ▷ *vr*
se nourrir; **er sieht gut genährt aus** il a l'air
bien nourri
nahrhaft ['naːrhaft] *adj* nourrissant(e)
Nährstoffe *pl* substances *fpl* nutritives,
nutriments *mpl*
Nahrung ['naːrʊŋ] *f* nourriture *f*, alimentation *f*;
einem Gerücht neue ~ geben alimenter la
rumeur
Nahrungs-: **~aufnahme** *f* absorption *f* de
nourriture; **~mittel** *nt* aliment *m*, denrée *f*
alimentaire; **~mittelindustrie** *f* industrie *f* agro-
alimentaire; **~suche** *f* recherche *f* de nourriture
Nährwert *m* valeur *f* nutritive
Nähseide *f* (fil *m* de) soie *f*
Naht [naːt] **(-, ⸚e)** *f* couture *f*; *(Med)* suture *f*; *(Tech)*
soudure *f*; **aus allen Nähten platzen** *(umg:
Mensch)* être un gros patapouf; *(Raum)* être

plein(e) à craquer; **n~los** adj sans couture; (Tech)
sans soudure ▷ adv: **n~los ineinander
übergehen** s'enchaîner
Nahverkehr m trafic m urbain
Nahverkehrszug m train m régional
Nähzeug nt trousse f od matériel m de couture
Nahziel nt but m od objectif m immédiat
naiv [na'i:f] adj naïf (naïve); (pej: Idee) bête
Naivität [naivi'tɛ:t] f naïveté f
Name ['na:mə] (**-ns, -n**) m nom m; **wie ist Ihr ~?**
comment vous appelez-vous?; **im ~n von** au
nom de; **dem ~n nach müsste sie Russin sein**
d'après son nom, elle doit être russe; **ich kenne
ihn nur dem ~n nach** je ne le connais que de
nom; **die Dinge beim ~n nennen** (fig) appeler
un chat un chat
namens adv du nom de ▷ präp +Gen (förmlich) au
nom de
Namensänderung f changement m de nom
Namenstag m fête f
namentlich ['na:məntlɪç] adj (Abstimmung)
nominal(e) ▷ adv (besonders) surtout
namhaft ['na:mhaft] adj (berühmt) connu(e);
(beträchtlich) considérable, important(e); **jdn ~
machen** (förmlich) identifier qn
Namibia [na'mi:bia] nt la Namibie
nämlich ['nɛ:mlɪç] adv (und zwar) à savoir; (denn)
en effet; **~e** adj: **der/die/das N~e** le (la) même
nannte etc ['nantə] vb siehe **nennen**
nanu [na'nu:] interj eh bien
Napalm ['na:palm] (**-s**) nt napalm m
Napf [napf] (**-(e)s, ̈-e**) m écuelle f; **~kuchen** m
(Koch) sorte de kouglof
Nappa(leder) ['napa(le:dər)] (**-(s)**) nt nappa m
(cuir fin)
Narbe ['narbə] f cicatrice f; (Bot) stigmate m
narbig ['narbɪç] adj (Gesicht, Haut) couvert(e) de
cicatrices
Narkose [nar'ko:zə] f anesthésie f; **~arzt, -ärztin**
m(f) médecin m anesthésiste
Narr [nar] (**-en, -en**) m fou m; **jdn zum ~en
halten** se moquer de qn; **n~en** vt duper, berner
Narrenfreiheit f: **~ haben** od **genießen** avoir
carte blanche
narrensicher (umg) adj (Gerät) indétraquable
Narrheit f folie f
Närrin ['nɛrɪn] f folle f
närrisch adj fou (folle); **die ~en Tage** la période
du carnaval
Narzisse [nar'tsɪsə] f (Bot) narcisse m; (gelbe)
jonquille f
narzisstisch [nar'tsɪstɪʃ] adj narcissique
NASA ['na:za] (**-**) f abk (= National Aeronautics and
Space Administration) NASA f
naschen ['naʃən] vt (Schokolade etc) grignoter;
(heimlich) manger en cachette ▷ vi grignoter
naschhaft adj gourmand(e)
Nase ['na:zə] f nez m; (Sinn) odorat m, nez; (von
Fels) surplomb m; **sich Dat die ~ putzen** (sich
schnäuzen) se moucher; **jdn an der ~
herumführen** faire marcher qn; **jdm auf der ~
herumtanzen** (umg) en faire voir à qn; **jdm etw**

vor der ~ wegschnappen (umg) faire passer qch
sous le nez de qn; (**von jdm/etw) die ~
vollhaben** (umg) en avoir ras le bol (de qn/qch);
jdm etw auf die ~ binden (umg) révéler qch à qn;
(**immer**) **der ~ nach** (umg) tout droit; **da solltest
du dich an die eigene ~ fassen!** (umg) mêle-toi
de tes oignons!
Nasen-: ~bluten nt saignement m de nez; **~loch**
nt narine f; **~tropfen** pl gouttes fpl pour le nez
naseweis adj (frech) effronté(e), impertinent(e);
(neugierig) curieux(-euse)
Nashorn ['na:shɔrn] nt rhinocéros m
nass [nas] adj mouillé(e)
Nassauer ['nasauər] (**-s, -**) (umg: pej) m parasite m;
n~n vi jouer les parasites
Nässe ['nɛsə] (**-**) f humidité f; „**vor ~ schützen**"
(Aufschrift) "craint l'humidité"
nässen vt mouiller ▷ vi (Wunde) suinter; **das Bett
~** faire de l'énurésie
nasskalt adj froid(e) et humide
Nassrasur f rasage m mécanique
Nation [natsi'o:n] f nation f; **die Vereinten ~en**
les Nations fpl unies
national [natsio'na:l] adj national(e); **N~elf** f
équipe f nationale de football; **N~feiertag** m fête
f nationale; **N~hymne** f hymne m national
nationalisieren [natsionali'zi:rən] vt
nationaliser
Nationalisierung f nationalisation f
Nationalismus [natsiona'lɪsmʊs] m
nationalisme m
nationalistisch [natsiona'lɪstɪʃ] adj nationaliste
Nationalität [natsionali'tɛ:t] f
(Staatsangehörigkeit) nationalité f; (nationale
Minderheit) minorité f ethnique
National-: ~mannschaft f équipe f nationale;
~park m parc m national; **~sozialismus** m
national-socialisme m, nazisme m; **~sozialist** m
national-socialiste m, nazi m
NATO ['na:to] f abk OTAN f
Natrium ['na:trium] (**-s**) nt sodium m
Natron ['na:trɔn] (**-s**) nt bicarbonate m de soude
Natter ['natər] (**-, -n**) f (Zool) vipère f
Natur [na'tu:r] f nature f; (Wesensart: von Mensch)
nature, naturel m; **das geht gegen meine ~** ça va
à l'encontre de ma nature; **von ~ aus blond sein**
être naturellement blond(e), être un(e) vrai(e)
blond(e); **von ~ aus schüchtern sein** être d'un
naturel timide; **~ sein** (umg) être nature od
naturel(le)
Naturalien [natu'ra:liən] pl: **in ~ bezahlt
werden** être payé(e) en nature
Naturalismus [natu:ra'lɪsmʊs] m naturalisme m
Naturell [natu'rɛl] (**-es, -e**) nt naturel m
Natur-: ~erscheinung f phénomène m naturel;
~forscher m naturaliste m; **n~gemäß** adj
naturel(le) ▷ adv naturellement; **~geschichte** f
histoire f naturelle; **~gesetz** nt loi f de la nature;
n~getreu adj réaliste; **~heilkunde** f médecines
fpl douces od naturelles; **~katastrophe** f
catastrophe f naturelle; **~lehrpfad** m circuit m
forestier éducatif

natürlich [na'ty:rlıç] *adj* naturel(le) ▷ *adv* naturellement; **eines ~en Todes sterben** mourir de mort naturelle; **ja, ~!** bien entendu!
natürlicherweise [na'ty:rlıçər'vaɪzə] *adv* naturellement
Natürlichkeit *f* naturel *m*
Natur-: **~park** *m* parc *m* naturel; **~produkt** *nt* (*Rohstoff*) matière *f* première; (*landwirtschaftliches Erzeugnis*) produit *m* naturel; **n~rein** *adj* naturel(le); **~schutz** *m*: **unter ~schutz stehen** être une espèce protégée; **~schutzgebiet** *nt* réserve *f* naturelle; **~talent** *nt*: **er ist wirklich ein ~talent** il est vraiment doué, il a des dons naturels; **n~verbunden** *adj* attaché(e) à la nature; **~wissenschaft** *f* sciences *fpl* naturelles; **~wissenschaftler, in** *m(f)* scientifique *m/f*; **~zustand** *m* état *m* naturel
Nautik ['naʊtɪk] *f* navigation *f*, art *m* nautique
nautisch ['naʊtɪʃ] *adj* nautique
Navelorange ['na:vəlorã:ʒə] *f* orange *f* navel
Navigation [navigatsi'o:n] *f* navigation *f*
Navigationsinstrumente *pl* instruments *mpl* de navigation
Nazi (**-s, -s**) *m* nazi *m*
NB *abk* (= *nota bene*) NB
Nchf. *abk* = **Nachfolger**
n. Chr. *abk* (= *nach Christus*) apr. J.-C.
NDR (**-**) *m abk* (= *Norddeutscher Rundfunk*) *radio d'Allemagne du Nord*
Neapel [ne'a:pəl] (**-s**) *nt* Naples
neapolitanisch [neapoli'ta:nıʃ] *adj* napolitain(e)
Nebel ['ne:bəl] (**-s, -**) *m* brouillard *m*
nebelig *adj* de brouillard
Nebelscheinwerfer *m* (phare *m*) antibrouillard *m*
Nebel(schluss)leuchte *f* (feu *m*) antibrouillard *m* arrière
neben ['ne:bən] *präp* +*Dat* (*räumlich*) à côté de; (*verglichen mit*) par rapport à; (*außer*) à côté de, outre ▷ *präp* +*Akk* à côté de; **~an** *adv* à côté; **N~anschluss** *m* (*Tel*) ligne *f* supplémentaire; **N~ausgaben** *pl* (*Kosten*) faux frais *mpl*; **N~ausgang** *m* sortie *f* latérale; **~bei** *adv* (*außerdem*) en outre, en plus; (*beiläufig*) en passant; **~bei bemerkt** *od* **gesagt** soit dit en passant; **N~beruf** *m* activité *f* secondaire; **N~beschäftigung** *f* activité *f* secondaire; **N~buhler, in** (**-s, -**) *m(f)* rival(e) *m/f*; **~einander** *adv* l'un(e) à côté de l'autre, côte à côte; **~einanderher** *adv* l'un(e) à côté de l'autre, côte à côte; **~einanderlegen** *vt* poser l'un(e) à côté de l'autre; **N~eingang** *m* entrée *f* latérale; **N~einkünfte** *pl* revenu *m* annexe *od* d'appoint; **N~erscheinung** *f* effet *m* secondaire; **N~fach** *nt* matière *f* secondaire; **N~fluss** *m* affluent *m*; **N~gebäude** *nt* annexe *f*; **N~gedanke** *m* (*oft pl*) arrière-pensée *f*; **N~geräusch** *nt* (*Rundf*) parasites *mpl*, interférences *fpl*; **~her** *adv* (*zusätzlich*) en plus; (*gleichzeitig*) en même temps; (*daneben*) à côté; **~herfahren** *unreg vi* rouler à côté; **N~höhle** *f* (*Anat*) sinus *m*; **N~kläger** *m* (*Jur*) codemandeur *m*; **N~kosten** *pl* (*zur Miete*) charges *fpl*; **N~mann** (**-(e)s, -männer**) *m* voisin *m*;

N~produkt *nt* sous-produit *m*; **N~raum** *m* (*benachbart*) pièce *f* voisine; (*Abstellraum*) débarras *m*; **N~rolle** *f* rôle *m* secondaire; **N~sache** *f* chose *f* secondaire; **das ist N~sache** c'est sans importance; **~sächlich** *adj* (*Dinge*) insignifiant(e); (*Frage*) secondaire; **N~saison** *f* basse saison *f*; **N~satz** *m* (*Gram*) (proposition *f*) subordonnée *f*; **~stehend** *adj*: **~stehende Abbildung** illustration *f* ci-contre; **N~stelle** *f* (*Filiale*) succursale *f*; **N~straße** *f* route *f* secondaire; (*in Stadt*) rue *f* latérale; **N~strecke** *f* (*Eisenb*) ligne *f* secondaire; **N~verdienst** *m* salaire *m* d'appoint; **N~zimmer** *nt* pièce *f* voisine
neblig *adj* = **nebelig**
nebst [ne:pst] *präp* +*Dat* avec
Necessaire [nese'sɛ:r] (**-s, -s**) *nt* (*Reisenecessaire*) trousse *f* de voyage *od* de toilette; (*Nagelnecessaire*) trousse de manucure
Neckar ['nɛkar] (**-s**) *m* Neckar *m*
necken ['nɛkən] *vt* taquiner
Neckerei [nɛkə'raɪ] *f* taquinerie *f*
neckisch *adj* (*Spielchen*) badin(e); (*Hütchen*) coquet(te)
nee [ne:] (*umg*) *adv* non
Neffe ['nɛfə] (**-n, -n**) *m* neveu *m*
negativ ['ne:gati:f] *adj* négatif(-ive); **N~** (**-s, -e**) *nt* négatif *m*
Neger, in ['ne:gər(ın)] (**-s, -**) (*pej*) *m(f)* noir(e) *m/f*; (*pej*) nègre (négresse) *m/f*; **~kuss** *m* (*Koch*) tête *f* de nègre
negieren [ne'gi:rən] *vt* (*abstreiten*) nier; (*Gram*) mettre à la forme négative
nehmen ['ne:mən] *unreg vt* prendre; (*Geschenk, Trinkgeld*) accepter; (*Material*) utiliser; (*Hoffnung*) enlever; **jdm etw ~** prendre *od* enlever qch à qn; **etw an sich** *Akk* **~** garder qch; **etw auf sich** (*Akk*) **~** prendre qch sur soi, assumer qch; **jdn zu sich ~** recueillir qn chez soi; **etw zu sich ~** prendre qch; **~ Sie doch bitte** servez-vous, je vous en prie; **man nehme ...** (*Koch*) prendre ...; **wie mans nimmt** tout est relatif; **die Mauer nimmt einem die ganze Sicht** le mur bouche la vue; **er ließ es sich** *Dat* **nicht ~, es persönlich zu machen** il a insisté pour le faire lui-même; **sich ernst ~** se prendre au sérieux
Nehrung ['ne:rʊŋ] *f* (*Geog*) langue *f* de terre
Neid [naɪt] (**-(e)s**) *m* jalousie *f*
Neider ['naɪdər] (**-s, -**) *m* jaloux(-se) *m/f*, envieux(-euse) *m/f*
Neidhammel (*umg*) *m* jaloux(-se) *m/f*, envieux(-euse) *m/f*
neidisch *adj* envieux(-euse); **auf jdn/etw ~ sein** être jaloux(-se) de qn/qch
Neige *f* (*in Glas, Flasche*) reste *m*, fond *m*; **der Vorrat geht zur ~** les réserves sont presque épuisées; **der Tag geht zur ~** la nuit tombe
neigen ['naɪgən] *vt* (*Gefäß etc*) incliner; (*Körper, Kopf*) pencher ▷ *vi*: **zu etw ~** avoir tendance à qch; (*Meinung*) pencher pour qch
Neigung *f* (*des Geländes*) inclinaison *f*; (*Zuneigung*) affection *f*; **~ zu** (*Tendenz*) tendance *f* à; (*Vorliebe*) penchant *m* pour

Neigungswinkel *m* angle *m* d'inclinaison
nein [naɪn] *adv* non; **aber ~! ah!** non!; **~, so was!**
pas possible!, ça alors!
Nektar ['nɛktar] (**-s, -e**) *m* nectar *m*
Nektarine [nɛkta'ri:nə] *f* nectarine *f*
Nelke ['nɛlkə] *f* (*Bot*) œillet *m*; (*Koch*) clou *m* de girofle
nennen ['nɛnən] *unreg vt* (*Kind*) appeler; (*angeben*:
Namen, Betrag, Sache) indiquer; (*Sieger etc*) désigner
▷ *vr* (*heißen*) s'appeler; **das nenne ich Mut!** voilà
ce que j'appelle du courage!; **wie nennt man ...?**
comment appelle-t-on *od* s'appelle ...?
nennenswert *adj* digne d'être mentionné(e)
Nenner (**-s, -**) *m* (*Math*) dénominateur *m*; **etw auf
einen (gemeinsamen) ~ bringen** trouver le
dénominateur commun de qch
Nennung *f*: **ohne ~ von Namen** sans mentionner
personne
Nennwert *m* (*Finanz*) valeur *f* nominale
Neon ['ne:ɔn] (**-s**) *nt* néon *m*
Neonazi *m* néonazi(e) *m/f*
Neon-: **~licht** *nt* éclairage *m* au néon; **~reklame** *f*
enseigne *f* lumineuse au néon; **~röhre** *f* tube *m*
au néon *od* fluorescent
Nepal ['ne:pal] *nt* le Népal
Nepp [nɛp] (**-s**) (*umg: pej*) *m*: **das ist der reinste ~**
c'est du vol organisé, c'est de l'arnaque
Nerv [nɛrf] (**-s, -en**) *m* nerf *m*; **starke/schwache
~en haben** avoir les nerfs solides/fragiles; **die
~en sind mit ihm durchgegangen** il a craqué;
jdm auf die ~en gehen *od* **fallen** énerver qn
nerven (*umg*) *vt* taper sur les nerfs de ▷ *vi* être
énervant(e)
nerven-: **~aufreibend** *adj* éprouvant(e) (pour les
nerfs); **N~bündel** (*umg*) *nt* paquet *m* de nerfs;
N~gas *nt* (*Mil*) gaz *m inv* neuroplégique;
N~heilanstalt *f* maison *f* de santé, clinique *f*
psychiatrique; **N~heilkunde** *f* (*Med*) neurologie
f; **N~klinik** *f* clinique *f* psychiatrique; (*Neurologie*)
clinique neurologique; **~krank** *adj* (*geistig*)
névrosé(e); (*körperlich*) qui souffre d'une maladie
du système nerveux; **N~probe** *f*: **das war eine
echte N~probe** ce fut vraiment stressant;
N~säge (*umg*) *f* casse-pieds *m/f inv*; **N~schwäche**
f neurasthénie *f*; (*umg: schwache Nerven*) nerfs *mpl*
fragiles; **N~system** *nt* système *m* nerveux;
N~zusammenbruch *m* dépression *f* (nerveuse)
nervig ['nɛrvɪç] (*umg*) *adj* musclé(e)
nervlich ['nɛrflɪç] *adj* (*Belastung*) pour les nerfs
nervös [nɛr'vø:s] *adj* nerveux(-euse); (*Leiden*)
d'origine nerveuse
Nervosität [nɛrvozi'tɛ:t] *f* nervosité *f*
nervtötend *adj* abrutissant(e)
Nerz [nɛrts] (**-es, -e**) *m* vison *m*
Nessel ['nɛsəl] (**-, -n**) *f* ortie *f*; **sich in die ~n
setzen** (*fig: umg*) se fourrer dans le pétrin; **~sucht**
f urticaire *f*
Nessessär [nesɛ'sɛ:r] (**-s, -s**) *nt siehe* **Necessaire**
Nest [nɛst] (**-(e)s, -er**) *nt* nid *m*; (*umg: kleiner Ort*)
trou *m*; (*pej: von Dieben etc*) repaire *m*;
~beschmutzer (*pej*) *m personne qui crache dans la
soupe*; **~häkchen** ['nɛsthɛ:kçən] *nt* petit(e)

dernier(-ière) *m/f*
nett [nɛt] *adj* joli(e); (*Abend*) sympathique;
(*freundlich*) gentil(le); **sei so ~ und räum auf!** sois
gentil, range tes affaires!
netterweise ['nɛtər'vaɪzə] *adv* gentiment
Nettigkeit *f* (*nettes Wesen*) gentillesse *f*; (*Worte*)
mot *m* gentil
netto *adv* (*Wirts*) net (nette); **N~einkommen** *nt*
revenu *m* net; **N~gewicht** *nt* poids *m* net;
N~gewinn *m* bénéfice *m* net; **N~lohn** *m* salaire
m net; **N~verdienst** *m* gain *m* net
Netz [nɛts] (**-es, -e**) *nt* filet *m*; (*Spinnennetz*) toile *f*;
(*System, Strom*) réseau *m*; **er ist ihr ins ~
gegangen** elle l'a pris dans ses filets; **~anschluss**
m raccordement *m* au secteur; **~haut** *f* rétine *f*;
~hemd *nt* tricot de corps à grosses mailles; **~karte** *f*
(*Eisenb*) abonnement *m*; **~spannung** *f* tension *f*
neu [nɔy] *adj* nouveau(nouvelle); (*noch nicht
gebraucht*) neuf (neuve); (*Sprachen, Geschichte*)
moderne ▷ *adv*: **~ schreiben** réécrire; **~ machen**
refaire; **~ eröffnet** récemment ouvert(e); (*wieder
geöffnet*) rouvert(e); **seit N~estem** depuis peu;
auf ein N~es! (*aufmunternd*) ce n'est que partie
remise!; **was gibts N~es?** (*umg*) quoi de neuf?;
die ~esten Nachrichten les dernières nouvelles
fpl; **von N~em** (*von vorn*) au début; (*wieder*) encore
une fois; **N~ankömmling** *m* nouveau venu
(nouvelle venue) *m/f*; **N~anschaffung** *f* nouvelle
acquisition *f*; **~artig** *adj* inédit(e); **N~auflage** *f*
réédition *f*; **N~ausgabe** *f* nouvelle édition *f*
(*revue*); **N~bau** (**-(e)s, -ten**) *m* (*Haus*) maison *f*
neuve; **N~bauwohnung** *f* appartement *m* dans
un immeuble neuf; **N~bearbeitung** *f* nouvelle
édition *f* refondue; (*das Neubearbeiten*) refonte *f*;
N~beginn *m* nouveau départ *m*; **N~-Delhi** *nt*
New Delhi; **~deutsch** (*pej*) *adj*: **ein ~deutscher
Ausdruck** un mot (allemand) à la mode, un
néologisme (en allemand)
Neudruck *m* réimpression *f*
Neue, r *f(m)* nouveau (nouvelle)
Neuemission *f* (*von Aktien*) nouvelle émission *f*
neuerdings *adv* (*seit Kurzem*) depuis peu; (*von
Neuem*) de nouveau
Neuerscheinung *f* nouveauté *f*
Neuerung *f* innovation *f*
Neu-: **~fassung** *f* nouvelle version *f*; **~fundland**
(**-s**) *nt* Terre-Neuve *f*; **~fundländer, in**
[nɔy'fʊntlɛndər(ɪn)] (**-s, -**) *m(f)* habitant(e) *m/f* de
Terre-Neuve, Terre-Neuvien(ne) *m/f* ▷ *m* (*Hund*)
terre-neuve *m*; **n~fundländisch** *adj* de Terre-
Neuve, terre-neuvien(ne); **n~geboren** *adj*
nouveau-né(e); **sich wie ~geboren fühlen** se
sentir renaître; **~geborene, s** *nt* nouveau-né *m*
Neugier(de) *f* curiosité *f*
neugierig *adj* curieux(-euse)
Neuguinea [nɔygi'ne:a] (**-s**) *nt* la Nouvelle-
Guinée
Neuheit *f* nouveauté *f*
Neuigkeit *f* nouvelle *f*
Neu-: **~jahr** *nt* nouvel an *m*; **Prosit ~jahr!** bonne
année!; **~jahrsnacht** *f* (nuit *f* de la) Saint-
Sylvestre *f*; **~kauf** *m* nouvelle acquisition *f*;

~**land** nt terre f vierge; (fig) nouveau domaine m;
n~lich adv l'autre jour, récemment; **n~lich
morgen(s)** l'autre matin; ~**ling** m novice m/f,
débutant(e) m/f; **n~modisch** adj à la mode; (pej)
nouveau genre unver; ~**mond** m nouvelle lune f
neun [nɔyn] num neuf; **N~** (-, -en) f: **ach du
grüne N~e!** (umg) ça alors!; ~**malklug** (pej) adj
bêcheur(-euse); ~**te, r, s** adj neuvième; **N~tel** (-s,
-) nt neuvième m; ~**zehn** num dix-neuf;
~**zehnte, r, s** adj dix-neuvième; ~**zig** num quatre-
vingt-dix; ~**zigste, r, s** adj quatre-vingt-dixième
Neuordnung f réorganisation f
Neureg(e)lung f nouvelle réglementation f
neureich (pej) adj nouveau riche unver; **N~e, r** f(m)
nouveau (nouvelle) riche m/f
Neurologie [nɔyrolo'gi:] f neurologie f
Neurose [nɔy'ro:zə] f névrose f
Neurotiker, in [nɔy'ro:tikər(ɪn)] (-s, -) m(f)
névrosé(e) m/f
neurotisch adj névrosé(e)
Neu-: ~**schnee** m neige f fraîche; ~**schottland** (-s)
nt la Nouvelle-Calédonie; ~**seeland** [nɔy'ze:lant]
(-s) nt la Nouvelle-Zélande; ~**seeländer, in** (-s, -)
m(f) Néo-Zélandais(e) m/f; **n~seeländisch** adj
néo-zélandais(e); **n~sprachlich** adj:
n~sprachliches Gymnasium lycée où
l'enseignement est centré sur les langues vivantes
neutral [nɔy'tra:l] adj neutre
neutralisieren [nɔytrali'zi:rən] vt neutraliser
Neutralität [nɔytrali'tɛ:t] f neutralité f
Neutron ['nɔytrɔn] (-s, -en) nt neutron m
Neutrum ['nɔytrʊm] (-s, -a od -en) nt neutre m
Neu-: ~**wert** m valeur f à l'état neuf; **n~wertig** adj
à l'état neuf; ~**zeit** f temps mpl modernes;
n~zeitlich adj moderne
NGO f abk (= non-governmental organization) ONG f
NH, N. H. abk (= Normalhöhenpunkt) point de référence
pour l'altitude
nhd. abk (= neuhochdeutsch) haut allemand m
moderne
Nicaragua [nika'ra:gua] (-s) nt le Nicaragua
nicaraguanisch [nikaragu'a:nɪʃ] adj
nicaraguayen(ne)

🅞 **SCHLÜSSELWORT**

nicht [nɪçt] adv **1** (Verneinung) ne ... pas; **nicht
amtlich** non officiel(le); **nicht rostend**
inoxydable; **er raucht nicht** il ne fume pas; **er
hat nicht geraucht** il n'a pas fumé; **ich auch
nicht** moi non plus; **noch nicht** pas encore;
nicht mehr plus; **nicht mehr als** pas plus de
2 (Bitte, Verbot): **nicht!** non!; **bitte nicht
berühren!** (prière de) ne pas toucher!; **nicht
rauchen** défense de fumer; **nicht doch!**
arrête(z)!

3 (rhetorisch): **du bist müde/das ist schön, nicht
(wahr)?** tu es fatigué(e)/c'est beau, n'est-ce pas?
4: **was du nicht sagst!** ça alors!

Nicht-: ~**achtung** f (Geringschätzung) manque m
d'égards; **n~amtlich** adj siehe **nicht;**

~**anerkennung** f non-reconnaissance f;
~**angriffspakt** m pacte m de non-agression
Nichte ['nɪçtə] f nièce f
Nicht-: ~**einhaltung** f (+Gen) violation f,
inobservation f; ~**einmischung** f (Pol) non-
intervention f, non-ingérence f; ~**gefallen** nt:
bei ~gefallen (zurück) (remboursement) en cas
de non-satisfaction
nichtig ['nɪçtɪç] adj (geh: ungültig) nul(le), non
valable; (wertlos) vain(e); (belanglos) futile; **N~keit**
f (Jur) nullité f; (Sinnlosigkeit) futilité f;
Nichtraucher, in m(f) non-fumeur(-euse) m/f;
„Nichtraucher" (Schild) "non-fumeurs"; **ich
bin Nichtraucher** je ne fume pas; **nichtrostend**
adj siehe **nicht**
nichts [nɪçts] pron rien; ~ **ahnend** qui ne se doute
de rien; ~ **sagend = nichtssagend; das macht ~**
ça ne fait rien; ~ **als** rien que; ~ **da!**
(ausgeschlossen) jamais!, hors de question!; ~ **wie
raus!** (umg) filons!; ~ **wie hin!** allons-y vite!; **für
~ und wieder ~** pour des prunes; **N~** (-s) nt néant
m; (pej: Person) nullité f; **vor dem N~ stehen** avoir
tout perdu
Nichtschwimmer m: **er ist ~** il ne sait pas nager
nichts-: ~**destotrotz** (umg) adv n'empêche;
~**destoweniger** adv néanmoins; **N~könner** (pej)
m bon(ne) m/f à rien, nullité f; ~**nutzig** adj
(Mensch) bon(ne) à rien; ~**sagend** adj (Gesicht)
sans expression; (Worte) creux (creuse); **N~tun**
(-s) nt oisiveté f
Nichtzutreffende, s nt: ~**s (bitte) streichen!**
rayer les mentions inutiles
Nickel ['nɪkəl] (-s) nt nickel m
nicken ['nɪkən] vi hocher la tête, faire un signe de
tête affirmatif
Nickerchen ['nɪkərçən] (umg) nt roupillon m; **ein
~ machen** piquer un roupillon
Nicki ['nɪki] (-s, -s) m sweat-shirt en velours
nie [ni:] adv jamais; ~ **wieder** od **mehr** jamais
plus, plus jamais; ~ **und nimmer** jamais de la
vie; **fast ~** presque jamais
nieder ['ni:dər] adj (niedrig) bas (basse); (Klasse)
inférieur(e); (Wasser) peu profond(e), bas (basse)
▷ adv (hinunter): **er beugte sich ~** il s'est penché
(en avant); ~ **mit den Tyrannen!** à bas les
tyrans!; **auf und ~** de haut en bas; ~**deutsch** adj
(Ling) du od de bas allemand; ~**drücken** vt
(Türklinke) appuyer sur; (geh: bedrücken) accabler;
N~gang m déclin m; ~**gedrückt** adj accablé(e),
abattu(e); ~**gehen** unreg vi (Sonne) se coucher;
(Flugzeug) atterrir; (Regen) s'abattre; ~**geschlagen**
adj abattu(e), découragé(e); **N~geschlagenheit** f
abattement m, découragement m; **N~lage** f
défaite f
Niederlande ['ni:dərlandə] pl: **die ~** les Pays-Bas
mpl
Niederländer, in ['ni:dərlɛndər(ɪn)] (-s, -) m(f)
Néerlandais(e) m/f
niederländisch adj néerlandais(e); **N~** nt (Ling)
néerlandais m
nieder-: ~**lassen** unreg vr s'établir; (sich setzen)
s'asseoir; **N~lassung** f (an Ort) installation f;

(Wirts) filiale f; **~legen** vt (auf den Boden) poser;
(Kranz) déposer; (Arbeit) cesser; (Amt)
démissionner de; (schriftlich festlegen) consigner
par écrit; **~machen** (umg) vt massacrer;
N~österreich (-s) nt la Basse-Autriche; **N~rhein**
m Rhin m inférieur; **~rheinisch** adj du Rhin
inférieur; **N~sachsen** nt la Basse-Saxe;
N~schlag m (Chem: Bodensatz) précipité m; (Met)
précipitations fpl; (Boxen) knock-down m;
radioaktiver N~schlag retombées fpl
radioactives; **~schlagen** unreg vt (Gegner)
terrasser; (Aufstand) réprimer; (Augen) baisser
▷ vr (Chem) former un précipité; **das Verfahren
wurde ~geschlagen** (Jur) l'affaire a été classée;
sich in etw Dat **~schlagen** (Erfahrungen etc)
s'exprimer dans qch; **~schlagsfrei** ['ni:dər-
ʃla:ksfraɪ] adj sans précipitations;
~schmetternd adj (Nachricht, Ergebnis)
renversant(e); **~schreiben** unreg vt coucher par
écrit; **N~schrift** f notes fpl; (Protokoll) procès-
verbal m; **~stimmen** vt rejeter (par le vote);
~tourig adj à bas régime; **~trächtig** adj ignoble,
vil(e); **N~trächtigkeit** f vilenie f
Niederung f (Senke) cuvette f
niederwalzen ['ni:dərvaltsən] vt (zerstören)
écraser
niederwerfen ['ni:dərverfən] unreg vt (Aufstand)
réprimer, écraser; (geh: Gegner) vaincre
niedlich ['ni:tlɪç] adj mignon(ne), adorable
niedrig ['ni:drɪç] adj bas (basse); (Geschwindigkeit)
faible; **N~keit** f (von Stufe, Haus) peu m de hauteur,
faible hauteur f; (fig: pej) bassesse f
niemals ['ni:ma:ls] adv jamais
niemand ['ni:mant] pron personne
Niemandsland ['ni:mantslant] (-s) nt zone f
neutre, no man's land m
Niere ['ni:rə] f rein m; (Koch) rognon m;
künstliche ~ rein artificiel
Nierenentzündung f (Med) néphrite f
nieseln ['ni:zəln] vi unpers: **es nieselt** il bruine
Nieselregen m bruine f
niesen ['ni:zən] vi éternuer
Niespulver nt poudre f à éternuer
Niete ['ni:tə] f (Tech) rivet m; (Los) numéro m
perdant; (umg: Mensch) raté(e) m/f; **n~n** vt riveter
Nietenhose f jean m
niet- und nagelfest (umg) adj rivé(e) au sol
Niger ['ni:gər] m (Fluss) Niger m ▷ nt (Land) le
Niger
Nigeria [ni'ge:ria] (-s) nt le Nigéria
nigerianisch [nige:ri'a:nɪʃ] adj nigérian(e)
Nihilismus [nihi'lɪsmʊs] m nihilisme m
Nihilist [nihi'lɪst] m nihiliste m/f
nihilistisch adj nihiliste
Nikolaus ['ni:kolaʊs] (-, -e od (hum: umg))
Nikoläuse) m saint Nicolas m; **~abend** m la
Saint-Nicolas
Nikosia [niko'zi:a] nt Nicosie
Nikotin [niko'ti:n] (-s) nt nicotine f; **n~arm** adj
pauvre en nicotine; **n~haltig** adj contenant de la
nicotine
Nil [ni:l] (-s) m Nil m; **~pferd** nt hippopotame m

Nimbus ['nɪmbʊs] (-, -se) m (fig) réputation f
Nimmersatt ['nɪmərzat] (-(e)s, -e) (umg) m
glouton(ne) m/f, goinfre m/f
Nimmerwiedersehen (umg) nt: **auf ~** pour
toujours
nimmst [nɪmst] vb siehe **nehmen**
nimmt [nɪmt] vb siehe **nehmen**
nippen ['nɪpən] vt, vi siroter
Nippes ['nɪpəs] pl, **Nippsachen** ['nɪpzaxən] pl
bibelots mpl
nirgends ['nɪrgənts] adv nulle part; **überall und
~** partout et nulle part
nirgendwo adv nulle part
nirgendwohin adv nulle part
Nirosta® [ni'rɔsta] (-s) m inox m
Nische ['ni:ʃə] f niche f
nisten ['nɪstən] vi nicher
Nitrat [ni'tra:t] (-(e)s, -e) nt nitrate m
Niveau [ni'vo:] (-s, -s) nt niveau m; (geistiger Rang)
niveau (intellectuel); **unter meinem ~** indigne
de moi; **kein/wenig ~ haben** être inculte/peu
cultivé(e); **ein Hotel mit ~** un hôtel chic od de
luxe; **ein Film mit ~** un film intellectuel
nivellieren [nivɛ'li:rən] vt aplanir
nix [nɪks] (umg) pron = **nichts**
Nixe ['nɪksə] f sirène f
Nizza ['nɪtsa] (-s) nt Nice
n. J. abk (= nächstes Jahres) de l'année prochaine
n. M. abk (= nächsten Monats) du mois prochain
NN, N. N. abk (= Normalnull) le niveau de la mer
NO abk (= Nordost) NE
nobel ['no:bəl] adj (großzügig) généreux(-euse);
(elegant) chic unver, distingué(e)
Nobelpreisträger, in [no'bɛlpraɪstrɛ:gər(ɪn)] m(f)
prix m Nobel

 SCHLÜSSELWORT

noch [nɔx] adv **1** (weiterhin, wie zuvor) encore,
toujours; **noch nicht** pas encore; **noch nie**
encore jamais; **noch immer, immer noch**
toujours; **bleiben Sie doch noch** restez encore
un peu; **ich möchte gern(e) noch bleiben**
j'aimerais bien rester (encore un moment); **ich
gehe kaum noch aus** je ne sors presque plus;
ich habe kaum noch Geld je n'ai presque plus
d'argent
2 (irgendwann) encore; **das kann noch passieren**
ça peut encore arriver; **er wird noch kommen** il
va venir
3 (nicht später als): **noch vor einer Woche** il y a
seulement une semaine; **noch am selben Tag** le
jour-même; **noch im 19. Jahrhundert** encore
au XIXe siècle; **können Sie das heute noch
erledigen?** pouvez-vous le faire aujourd'hui?;
gerade noch tout juste
4 (zusätzlich): **wer noch?** qui d'autre?; **was noch?**
quoi encore?; **noch (ein)mal** encore une fois;
noch dreimal encore trois fois; **noch einen
Tee?** encore une tasse de thé?; **noch einer**
encore un(e); **und es regnete auch noch** pour
tout arranger, il a plu

5 (zuerst): **ich muss erst noch (etwas) essen** il faut d'abord que je mange quelque chose **6** (bei Vergleichen): **noch größer** encore plus grand(e); **das ist noch besser** c'est encore mieux; **und wenn es noch so schwer ist** même si c'est très difficile **7**: **Geld noch und noch** (umg) un tas d'argent, de l'argent à la pelle; **das ist noch (lange) kein Grund!** ce n'est pas une raison!

▷ konj: **weder A noch B** ni A ni B

nochmal adv siehe **noch**
nochmalig adj nouveau (nouvelle)
nochmals adv encore une fois, de nouveau
Nockenwelle ['nɔkənvɛlə] f (Tech) arbre m à cames
Nockerl ['nɔkərl] (-s, -n) nt (Koch) boulette f (de pâte)
NOK abk (= Nationales Olympisches Komitee) comité olympique allemand
Nom. abk (= Nominativ) nom
Nomade [no'ma:də] (-n, -n) m nomade m
Nominalwert [nomi'na:lve:rt] m valeur f nominale
Nominativ ['no:minati:f] (-s, -e) m nominatif m
nominell [nomi'nɛl] adj nominal(e)
nominieren [nomi'ni:rən] vt nommer
Nonne ['nɔnə] f religieuse f
Nonnenkloster nt couvent m (de religieuses)
Nonplusultra [nɔnplʊs'lʊltra] (-s) nt nec plus ultra m
Nonstop-Flug, Nonstopflug [nɔn'ʃtɔpflu:k] m vol m sans escale
Nordafrika ['nɔrt'la:frika] nt l'Afrique f du Nord
nordafrikanisch adj nord-africain(e)
Nordamerika nt l'Amérique f du Nord
nordamerikanisch ['nɔrtlameri'ka:nɪʃ] adj nord-américain(e)
nordd. abk = **norddeutsch**
norddeutsch adj d'Allemagne du Nord, du nord de l'Allemagne
Norddeutschland nt l'Allemagne f du Nord
Norden ['nɔrdən] (-s) m nord m
Nord-: **~irland** nt l'Irlande f du Nord; **n~isch** adj nordique; **n~ische Kombination** (Ski) combiné m nordique; **~kap** nt cap m Nord; **~korea** nt la Corée du Nord
nördlich ['nœrtlɪç] adj (Gebiet) du nord, septentrional(e); (Breite) nord unver ▷ präp +Gen au nord de; **der ~e Polarkreis** le cercle polaire arctique; **N~es Eismeer** océan m Glacial arctique; **~ von** au nord de
Nord-: **~licht** nt aurore f boréale; **~-Ostsee-Kanal** m canal m de Kiel; **~pol** m pôle m Nord; **~polargebiet** nt Arctique m
Nordrhein-Westfalen ['nɔrtraɪnvɛst'fa:lən] (-s) nt la Rhénanie-Westphalie
Nord-: **~see** f mer f du Nord; **~-Süd-Gefälle** nt clivage m Nord-Sud; **n~wärts** adv vers le nord; **~wind** m vent m du nord, bise f
Nörgelei [nœrgə'laɪ] (pej) f récriminations fpl, remarques fpl continuelles
nörgeln (pej) vi maugréer

Nörgler (-s, -) (pej) m ronchonneur(-euse) m/f
Norm [nɔrm] (-, -en) f norme f; (Leistungssoll) quota m
normal [nɔr'ma:l] adj normal(e); (Puls) régulier(-ière); **bist du noch ~?** (umg) ça va pas?; **N~(benzin)** nt essence f (ordinaire), ordinaire m
normalerweise adv normalement
Normalfall m: **im ~** normalement, habituellement
Normalgewicht nt poids m normal; (genormt) étalon m de poids
normalisieren [nɔrmali'zi:rən] vt (Lage) normaliser ▷ vr revenir à la normale
Normalisierung f normalisation f
Normalzeit f heure f légale
Normandie [nɔr'man'di:] f Normandie f
normen vt (Maße) standardiser
Norwegen ['nɔrve:gən] (-s) nt la Norvège
Norweger, in (-s, -) m(f) Norvégien(ne) m/f
norwegisch adj norvégien(ne); **N~** nt (Ling) norvégien m
Nostalgie [nɔstal'gi:] f nostalgie f
Not [no:t] (-, ¨e) f (Bedrängnis) détresse f; (Mangel) misère f, dénuement m; (Sorge, Mühe) peine f; (Notwendigkeit) nécessité f; **zur ~** à la rigueur; **mit knapper ~** à grand-peine; **in ~ sein** (in Seenot, Bedrängung) être en détresse; (bedürftig) être dans le besoin; **in seiner ~** dans sa détresse; **~ leidend** (Bevölkerung) nécessiteux(-euse); **er hat seine liebe ~ damit/mit ihr** il a bien du mal/du mal avec elle; **wenn ~ am Mann ist** en cas de besoin; (im Notfall) en cas d'urgence
Notar, in [no'ta:r(ɪn)] (-s, -e) m(f) notaire m; **n~iell** adj notarié(e) ▷ adv: **n~iell beglaubigt** notarié(e), fait(e) devant notaire
Not-: **~arzt** m médecin m d'urgence, médecin du SAMU; **~ausgang** m sortie f de secours; **~behelf** (-s, -e) m moyen m de fortune, expédient m; **~bremse** f (im Zug) signal m d'alarme; **~dienst** m service m d'urgence; **n~dürftig** adj (kaum ausreichend) piètre; (behelfsmäßig) provisoire ▷ adv: **sich n~dürftig verständigen** se débrouiller
Note ['no:tə] f note f; (Banknote) billet m (de banque); (Gepräge) touche f; **Noten** pl (Mus) partition f; **~n lesen** (Mus) déchiffrer (la musique); **eine persönliche ~** une touche personnelle
Noten-: **~bank** f banque f d'émission; **~blatt** nt partition f; **~linie** f (Mus) ligne f (d'une portée); **~schlüssel** m (Mus) clef f; **~ständer** m pupitre m (à musique)
Not-: **~fall** m urgence f; **im ~fall** en cas d'urgence; **n~falls** adv au besoin, si besoin est; **n~gedrungen** adv par nécessité; **etw n~gedrungen machen** être contraint(e) de faire qch; **~groschen** ['no:tgrɔʃən] m pécule m
notieren [no'ti:rən] vt noter; (Finanz) coter ▷ vi: **~ auf** (Finanz) être coté(e) à
Notierung f (Finanz: von Kurs) cotation f
nötig ['nø:tɪç] adj nécessaire ▷ adv (dringend): **etw ~ brauchen** avoir grand besoin de qch; **etw ~ haben** avoir besoin de qch; **das habe ich nicht**

~! il ne manquait plus que ça!; **es ist nicht ~** c'est inutile

nötigen vt (zwingen) obliger, forcer; (eindringlich auffordern) prier instamment, presser; **~falls** adv au besoin, si besoin est

Nötigung f (Jur) contrainte f

Notiz [no'tiːts] (-, -en) f (kurze Aufzeichnung) note f; (Zeitungsnotiz) entrefilet m; **~ von jdm/etw nehmen** prêter attention à qn/qch; **~block** m bloc-notes m; **~buch** nt calepin m, carnet m; **~zettel** m bout m de papier

Not-: **~lage** f situation f critique, détresse f; **in eine ~lage geraten** se mettre dans le pétrin; **n~landen** vi faire un atterrissage forcé; **~landung** f atterrissage m forcé; **~lösung** f solution f provisoire, compromis m; **~lüge** f pieux mensonge m

notorisch [no'toːrɪʃ] adj (geh) notoire

Not-: **~ruf** m (Tel) appel m d'urgence; (: Nummer) numéro m des urgences; **~rufsäule** f téléphone réservé aux appels d'urgence; **n~schlachten** vt abattre; **~stand** m (Pol) état m d'urgence; **~standsgebiet** nt (wirtschaftlich) région f touchée par la crise (économique); (bei Katastrophen) région sinistrée; **~standsgesetz** nt loi en vigueur lors d'un état d'urgence; **~unterkunft** f logement m od hébergement m provisoire; **~verband** m pansement m provisoire; **~wehr** (-) f légitime défense f; **n~wendig** adj nécessaire; (zwangsläufig) inéluctable; **~wendigkeit** f nécessité f; **~zucht** f (Jur) viol m

Nougat ['nuːgat] (-s, -s) m od nt = Nugat

Nov. abk = November

Novelle [no'vɛlə] f (Erzählung) nouvelle f; (Jur, Pol) amendement m

November [no'vɛmbər] (-(s), -) m novembre m; siehe auch **September**

Novum ['noːvʊm] (-s, Nova) (geh) nt innovation f

NPD (-) f abk (= Nationaldemokratische Partei Deutschlands) parti allemand d'extrême-droite

Nr. abk (= Nummer) n°, N°

NRW abk = Nordrhein-Westfalen

NS abk (= Nachschrift) P-S; (= Nationalsozialismus) nazisme m

NSG nt abk = Naturschutzgebiet

N. T. abk (= Neues Testament) Nouveau Testament m

Nu [nuː] m: **im Nu** en un clin d'œil

Nuance [ny'ãːsə] f nuance f; (Kleinigkeit) soupçon m

nüchtern ['nʏçtərn] adj (nicht betrunken) pas ivre; (ohne Essen: Person) à jeun, l'estomac vide; (Einrichtung) sobre; (Urteil) objectif(-ive); **auf ~en Magen** à jeun; **N~heit** f sobriété f

Nudel ['nuːdəl] (-, -n) f: **~n** pl nouilles fpl, pâtes fpl; **eine dicke ~** (umg: Mensch) un vrai bibendum; **eine komische ~** (umg: Mensch) un drôle de numéro; **~holz** nt rouleau m à pâtisserie

Nugat ['nuːgat] (-s, -s) m od nt praliné m

nuklear [nukle'aːr] adj attrib nucléaire; **N~waffe** f arme f nucléaire

null [nʊl] num zéro; **~ Fehler/Uhr** zéro faute/heure; **~ und nichtig** nul (nulle) et non avenu(e); **das Spiel steht drei zu ~** le score est de trois à

zéro; **auf/über/unter ~ stehen** être à/au-dessus de/en dessous de zéro; **in ~ Komma nichts** (umg) en un rien de temps; **die Stunde ~** un nouveau départ; **gleich ~ sein** être inexistant(e); **N~ (-, -en)** f zéro m; (umg: pej: Mensch) nullité f

nullachtfünfzehn ['nʊl'laxt'fʏnftseːn] (umg: pej) adj ringard(e)

Nulldiät f (Med) jeûne m

Nulllösung ['nʊlløːzʊŋ] f (Pol) option f zéro

Nullpunkt m (point m) zéro m; **auf dem ~ angekommen sein** (Tiefpunkt) être dans le creux de la vague

Nulltarif m (für Verkehrsmittel) gratuité f (des transports en commun)

numerisch [nu'meːrɪʃ] adj (zahlenmäßig) numérique; **~es Tastenfeld** bloc m od clavier m numérique

Numerus ['nuːmerʊs] (-, Numeri) m (Gram) nombre m; **~ clausus** (Univ) numerus clausus m

Nummer ['nʊmər] (-, -n) f numéro m; (Größe: Kleidung) taille f; (: Schuhe) pointure f; **auf ~ sicher gehen** (umg) ne pas prendre de risques

nummerieren [nume'riːrən] vt numéroter

Nummern-: **~konto** nt compte m à numéros; **~scheibe** f (Tel) cadran m; **~schild** nt (Aut) plaque f minéralogique

nun [nuːn] adv (jetzt) maintenant ▷ interj eh bien, alors; **was ~?** et maintenant?; **das ist ~ mal so** c'est comme ça; **~, wie stehts?** alors, ça va?

nur [nuːr] adv seulement; **nicht ~ ..., sondern auch ...** non seulement ..., mais aussi ...; **alle, ~ ich nicht** tous sauf moi; **wo bleibt er ~?** mais où est-il donc?; **ich hab das ~ so gesagt** j'ai dit ça comme ça

Nürnberg ['nʏrnbɛrk] (-s) nt Nuremberg m

nuscheln ['nʊʃəln] (umg) vt, vi marmonner

Nuss [nʊs] (-, ̈-e) f noix f; (Haselnuss) noisette f; **eine doofe ~** (umg) un(e) imbécile; **eine harte ~ sein** (umg) être un casse-tête; **~baum** m noyer m; **~knacker (-s, -)** m casse-noix m inv, casse-noisettes m

Nüster ['nyːstər] (-, -n) f naseau m

Nutte ['nʊtə] (pej) f putain f

nutz [nʊts] adj = nütze; **~bar** adj (Boden) cultivable; **etw ~bar machen** exploiter qch; **N~barmachung** f exploitation f; **~bringend** adj (Verwendung) profitable ▷ adv: **etw ~bringend anwenden** mettre qch à profit

nütze adj: **zu nichts ~ sein** n'être bon (bonne) à rien

nutzen vi (Maßnahme etc) être utile, servir ▷ vt exploiter; (Gelegenheit) profiter de; **es nutzt nichts** ça ne sert à rien; **wozu soll das (alles) ~?** à quoi bon tout cela?; **was nutzt es?** à quoi bon?; **N~ (-s)** m (Nützlichkeit) utilité f, usage m; (Vorteil) intérêt m; **zum N~ der Öffentlichkeit** d'utilité publique; **aus etw Dat N~ ziehen** tirer profit od parti de qch; **es wäre von N~, wenn ...** il serait utile que ...; **jdm von N~ sein** être utile à qn

nützen vt, vi siehe **nutzen**

Nutz-: **~fläche** f surface f utile; (Agr) surface exploitable; **~last** f charge f utile

nützlich ['nʏtslɪç] *adj* utile; **N~keit** *f* utilité *f*
nutz-: **~los** *adj* inutile; (*Bemühung*) vain(e);
  N~losigkeit *f* inutilité *f*; **N~nießer (-s, -)** *m*
  bénéficiaire *m/f*
Nutzung *f* (*Gebrauch*) utilisation *f*; (*das Ausnutzen*)
exploitation *f*
n.V. *abk* (= *nach Vereinbarung*) comme convenu
NW *abk* (= *Nordwest*) NO
Nylon ['naɪlɔn] **(-(s))** *nt* nylon *m*
Nymphe *f* nymphe *f*

Oo

O, o [oː] *nt* (*Buchstabe*) O, o *m*; **O wie Otto** ≈ O comme Oscar

O *abk* (= *Osten*) O

o. a. *abk* (= *oben angeführt*) supra, plus haut

o. Ä. *abk* (= *oder Ähnliche(s)*) ou similaire

Oase [oˈaːzə] *f* oasis *f*

OB (**-s, -s**) *m abk* = **Oberbürgermeister**

ob [ɔp] *konj* si; **als ob** comme si; **(so) tun, als ob** (*umg*) faire semblant; **ob das wohl wahr ist?** je me demande si c'est vrai; **und ob!** et comment!; **ob ich (nicht) lieber gehe?** peut-être que je ferais mieux de partir

Obacht [ˈoːbaxt] *f*: **(auf jdn/etw) ~ geben** (*achten auf*) faire attention (à qn/qch); **auf jdn ~ geben** (*bewachen*) surveiller qn

ÖBB *f abk* (= *Österreichische Bundesbahnen*) chemins *mpl* de fer autrichiens

Obdach [ˈɔpdax] **(-(e)s)** *nt* abri *m*, refuge *m*; **o~los** *adj* sans abri *inv*; **~lose, r** *f(m)* sans-abri *inv*; **~losenasyl, ~losenheim** *nt* centre *m* d'hébergement pour sans-abri

Obduktion [ɔpdʊktsiˈoːn] *f* autopsie *f*

obduzieren [ɔpduˈtsiːrən] *vt* autopsier, faire l'autopsie de

O-Beine [ˈoːbaɪnə] *pl* jambes *fpl* arquées

Obelisk [obeˈlɪsk] **(-en, -en)** *m* obélisque *m*

oben [ˈoːbən] *adv* en haut; **nach ~** vers le haut; **nach ~ tragen** monter; **~ erwähnt; ~ genannt** mentionné(e) ci-dessus; **siehe ~** voir ci-dessus; **ganz ~** tout en haut; **~ ohne** (*umg*) les seins nus; **von ~ bis unten** (*ganz und gar*) complètement; (*von Mensch*) des pieds à la tête; **die Abbildung ~ links** *od* **links ~** la figure en haut à gauche; **von ~ herab** (*überheblich*) de haut; **jdn von ~ bis unten ansehen** toiser qn; **die da ~** (*umg*: *die Vorgesetzten*) ceux qui prennent les décisions; **Befehl von ~** ordre d'en haut; **~an** *adv* tout en haut; **~auf** *adv* (*obendrauf*) dessus; (*munter*) en forme; **~drein** *adv* par-dessus le marché; **~hin** *adv* en passant

Ober [ˈoːbər] **(-s, -)** *m* (*Kellner*) serveur *m*; (*Karten*) dame *f*; **Herr ~!** monsieur!, s'il vous plaît!

Ober-: **~arm** *m* avant-bras *m inv*; **~arzt** *m* chef *m* de clinique; **~aufsicht** *f* surveillance *f* générale; **~bayern** *nt* Haute-Bavière *f*; **~befehl** *m* haut commandement *m*; **~befehlshaber** *m* commandant *m* en chef; **~begriff** *m* terme *m*

générique; **~bekleidung** *f* vêtements *mpl* (de dessus); **~bett** *nt* couette *f*; **~bürgermeister** *m* maire *m*; **~deck** *nt* (*Schiff*) pont *m* supérieur; (*Bus*) impériale *f*

obere, r, s *adj* supérieur(e); (*Stockwerk auch*) du dessus; (*Flusslauf*) haut(e); **die ~n Zehntausend** (*umg*) la haute; **O~ (-n, -n)** *m* (*Rel*) supérieur *m*; **die O~n** (*in Hierarchie*) nos *etc* supérieurs

Ober-: **~fläche** *f* surface *f*; **o~flächlich** *adj* superficiel(le) ▷ *adv* superficiellement; **bei o~flächlicher Betrachtung** à première vue; **jdn (nur) o~flächlich kennen** ne pas bien connaître qn; **~flächlichkeit** *f* caractère *m* superficiel; **~geschoss** *nt* étage *m*; **im zweiten ~geschoss** au deuxième étage; **o~halb** *adv*: **o~halb von Köln** au-dessus de Cologne ▷ *präp* +*Gen* au-dessus de; **weiter o~halb** plus haut; **~hand** *f*: **die ~hand gewinnen (über** +*Akk*) prendre le dessus (sur); **~haupt** *nt* chef *m*; **~haus** *nt* (*Pol*) Chambre *f* haute; **~hemd** *nt* chemise *f*; **~herrschaft** *f* suprématie *f*

Oberin *f* (*Rel*) mère *f* supérieure

ober-: **~irdisch** *adj* (*Gang*) en surface; (*Leitung*) aérien(ne); **O~italien** *nt* l'Italie *f* du Nord; **O~kellner** *m* maître *m* d'hôtel; **O~kiefer** *m* mâchoire *f* supérieure; **O~kommando** *nt* haut commandement *m*; **O~körper** *m* haut *m* du corps; **O~lauf** *m* (*von Fluss*) cours *m* supérieur; **O~leitung** *f* direction *f* générale; (*Elek*) câble *m* aérien; **O~lippe** *f* lèvre *f* supérieure; **O~material** *nt*: **„O~material Leder"** "dessus cuir"; **O~schenkel** *m* cuisse *f*; **O~schicht** *f* couches *fpl* supérieures (de la société); **O~schule** *f* lycée *m*; **O~schüler, in** *m(f)* lycéen(ne) *m/f*; **O~schwester** *f* (*Med*) infirmière *f* en chef; **O~seite** *f* dessus *m*

Oberst [ˈoːbərst] **(-en** *od* **-s, -en** *od* **-e)** *m* colonel *m*

oberste, r, s *adj* (*Knopf, Regal*) du haut; (: *Stockwerk*) dernier(-ière); (*Befehlshaber, Gesetz, Prinzip*) suprême; (*Klasse*) supérieur(e)

Ober-: **~stübchen** (*umg*) *nt*: **er ist nicht ganz richtig im ~stübchen** il est un peu timbré; **~stufe** *f* (*Sch*) second cycle *m*; **~teil** *nt* partie *f* supérieure, haut *m*; **~wasser** *nt*: **wieder ~wasser haben/bekommen** avoir repris/ reprendre le dessus; **~weite** *f* tour *m* de poitrine

obgleich [ɔpˈglaɪç] *konj* bien que +*sub*, quoique +*sub*

Obhut ['ɔphuːt] (-) f garde f; **in jds ~ sein** être sous la garde de qn

obig ['oːbɪç] adj (förmlich) ci-dessus, susmentionné(e)

Objekt [ɔp'jɛkt] (-(e)s, -e) nt objet m

Objektiv (-s, -e) nt objectif m

objektiv [ɔpjɛk'tiːf] adj (geh) objectif(-ive)

Objektivität [ɔpjɛktivi'tɛːt] f objectivité f

Oblate [o'blaːtə] f (Koch) oublie f; (Rel) hostie f

obligat [obli'gaːt] adj (oft hum: unvermeidlich) de rigueur, inévitable

Obligation [obligatsi'oːn] f obligation f

obligatorisch [obliga'toːrɪʃ] adj obligatoire

Oboe [o'boːə] f hautbois m

Oboist, in [obo'ɪst(ɪn)] m(f) hautboïste m/f

Obrigkeit ['oːbrɪçkaɪt] f (als Begriff) autorité f; (Behörden, Rel) autorités fpl

Obrigkeitsdenken nt soumission f

obschon [ɔp'ʃoːn] konj (geh) quoique +subj

Observatorium [ɔpzɛrva'toːriʊm] nt observatoire m

observieren [ɔpzɛr'viːrən] vt (polizeilich) surveiller

obskur [ɔps'kuːr] adj (unbekannt) obscur(e); (verdächtig: Sache) louche

Obst [oːpst] (-(e)s) nt fruits mpl; **~bau** m arboriculture f fruitière; **~baum** m arbre m fruitier; **~garten** m verger m; **~händler** m marchand m de fruits; **~kuchen** m tarte f aux fruits; **~ler** (-s, -) m eau f de vie de fruits; **~saft** m jus m de fruits; **~salat** m salade f de fruits; **~wasser** nt = Obstler

obszön [ɔps'tsøːn] adj obscène

Obszönität [ɔpstsøni'tɛːt] f obscénité f

Obus ['oːbʊs] (-ses, -se) m (umg: Trolleybus) trolley m

obwohl [ɔp'voːl] konj bien que +sub, quoique +sub

Ochse ['ɔksə] (-n, -n) m bœuf m; (umg: Dummkopf) imbécile m; **er stand da wie der ~ vom Berg** (umg) il était bien emprunté

ochsen (umg) vt, vi bûcher

Ochsenschwanzsuppe f soupe f à la queue de bœuf

Ochsenzunge f langue f de bœuf

Ocker ['ɔkər] (-s, -) m od nt ocre f

öd(e) [øːt, 'øːdə] adj (karg) inculte; (verlassen) désert(e); (fade) monotone; **öd und leer** désolé(e)

Öde f solitude f; (fig) ennui m

oder ['oːdər] konj ou; **entweder ... ~ soit ... soit, ou ... ou; du kommst doch, ~?** tu viens, non?

Ofen ['oːfən] (-s, ̈-e) m (Heizofen) poêle m; (Herdofen) fourneau m; (Backofen) four m; (Hochofen) haut fourneau; **jetzt ist der ~ aus** (umg) ça c'est la goutte d'eau qui fait déborder le vase; **~rohr** nt tuyau m de poêle

offen ['ɔfən] adj ouvert(e); (Turnier) open unver; (Stelle) vacant(e); (Frage) non résolu(e); (aufrichtig) franc (franche); (Haare) au vent ▷ adv: **~ gesagt** à vrai dire, franchement; **~ bleiben** (Fenster) rester ouvert(e); **~ halten** (Tür) tenir ouvert(e); **~ lassen** (Tür etc) laisser ouvert(e); **seine Meinung ~ sagen** dire franchement ce que l'on pense; **~ stehen** (Tür etc) être ouvert(e); **~er Wein** vin m en carafe; **~es Bein** (Med) jambe f gonflée d'œdème;

auf ~er See en haute mer, au large; **aufs ~e Meer hinausfahren** prendre le large; **auf ~er Strecke** en rase campagne; **Tag der ~en Tür** journée f portes ouvertes; **~e Handelsgesellschaft** société f en nom collectif; **ein ~es Wort mit jdm reden** s'expliquer franchement avec qn; siehe auch **offenbleiben, offenhalten, offenlassen, offenstehen**

offenbar adj manifeste, évident(e) ▷ adv (vermutlich) apparemment

offenbaren [ɔfən'baːrən] vt révéler

Offenbarung f révélation f

Offenbarungseid m (Jur) serment m déclaratoire (par lequel un débiteur jure n'avoir pas les moyens de rembourser ses dettes)

offen-: ~bleiben unreg vi (fig: Frage, Entscheidung) rester en suspens; siehe auch **offen; ~halten** unreg vt (fig: Stelle) réserver; siehe auch **offen; O~heit** f (von Mensch, Antwort) franchise f, sincérité f; (Aufgeschlossenheit) ouverture f d'esprit; **~herzig** adj (Mensch, Bekenntnis) sincère; (hum: Kleid) décolleté(e); **O~herzigkeit** f sincérité f; **~kundig** adj manifeste; **~lassen** unreg vt (fig: Frage) laisser en suspens; (Arbeitsstelle) réserver; siehe auch **offen; ~sichtlich** adj manifeste, évident(e) ▷ adv apparemment

offensiv [ɔfɛn'ziːf] adj offensif(-ive)

Offensive f offensive f

offenstehen unreg vi (fig: Rechnung) être impayé(e); **es steht Ihnen offen, es zu tun** vous êtes libre de le faire; **diese Möglichkeit steht ihm offen** c'est une possibilité qui s'offre à lui; **die (ganze) Welt steht ihm offen** le monde lui appartient; siehe auch **offen**

öffentlich ['œfəntlɪç] adj public(-ique); **die ~e Hand** les pouvoirs mpl publics; **Anstalt des ~en Rechts** établissement m de droit public; **der ~e Dienst** la fonction publique; **Ausgaben der ~en Hand** les dépenses fpl publiques

Öffentlichkeit f (Leute) public m; (das Öffentlichsein) caractère m public; **in aller ~** en public; **an die ~ dringen** transpirer; **unter Ausschluss der ~** à huis clos

Öffentlichkeitsarbeit f relations fpl publiques

öffentlich-rechtlich adj attrib de droit public

offerieren [ɔfe'riːrən] vt offrir

Offerte [ɔ'fɛrtə] f offre f

offiziell [ɔfitsi'ɛl] adj officiel(le)

Offizier [ɔfi'tsiːr] (-s, -e) m officier m

Offizierskasino nt mess m

offline ['ɔflaɪn] adj (Comput) hors ligne

öffnen ['œfnən] vt, vi ouvrir ▷ vr s'ouvrir; (Blüten) éclore; **jdm die Tür ~** ouvrir la porte à qn

Öffner ['œfnər] (-s, -) m (Büchsenöffner) ouvre-boîte m; (Türöffner) portier m automatique

Öffnung ['œfnʊŋ] f ouverture f

Öffnungszeiten pl heures fpl d'ouverture

Offsetdruck ['ɔfsɛtdrʊk] m impression f offset

oft [ɔft] adv souvent; (in kurzen Abständen) fréquemment

öfter ['œftər] adv assez souvent; **~ als** plus souvent que; **des ~en** à diverses reprises; **~ mal**

was Neues (*umg*) rien de plus sain que le changement

öfters *adv* = **öfter**

oftmals *adv* souvent

o. g. *abk* (= *oben genannt*) précité(e), susnommé(e)

oh [o:] *interj* oh

OHG *abk* (= *offene Handelsgesellschaft*) société *f* en nom collectif

ohne ['o:nə] *präp +Akk* sans ▷ *konj*: ~ **dass** sans que; ~ **etw zu tun** sans faire qch; **das ist nicht (so)** ~ (*umg*) ce n'est pas si simple; ~ **Weiteres** sans aucune difficulté; (*sofort*) sans hésiter; **das Darlehen ist ~ Weiteres bewilligt worden** on lui a tout de suite accordé le prêt; **das kann man nicht ~ Weiteres voraussetzen** on ne peut pas compter là-dessus; ~ **dass er es wusste** sans qu'il fût au courant, à son insu; ~**dies** *adv* de toute façon; ~**einander** *adv* l'un(e) sans l'autre; ~**gleichen** *adv* sans pareil(le); ~**hin** *adv* de toute façon; **es ist ~hin schon spät** il est déjà *od* assez tard comme ça

Ohnmacht ['o:nmaxt] *f* évanouissement *m*; (*Machtlosigkeit*) impuissance *f*; **in ~ fallen** s'évanouir

ohnmächtig ['o:nmeçtıç] *adj* évanoui(e); (*fig*) impuissant(e); **sie ist ~** elle s'est évanouie; **einer Sache** *Dat* ~ **gegenüberstehen** ne rien pouvoir faire contre qch; ~**e Wut** *od* ~**er Zorn** une rage impuissante

Ohr [o:r] (-**(e)s, -en**) *nt* oreille *f*; (*Gehör*) ouïe *f*; **jdm die ~en lang ziehen** (*umg*) harceler qn; **jdm in den ~en liegen** rebattre les oreilles de qn; **seinen ~en nicht trauen** (*umg*) ne pas en croire ses oreilles; **jdn übers ~ hauen** (*umg*) duper qn; **auf dem ~ bin ich taub** (*fig*) je ne veux rien entendre; **schreib es dir hinter die ~en** (*umg*) mets-toi bien ça en tête; **bis über die** *od* **beide ~en verliebt sein** être éperdument amoureux(-euse); **viel um die ~en haben** (*umg*) être complètement débordé(e); **halt die ~en steif!** (*umg*) ne te laisse pas abattre!

Öhr [ø:r] (-**(e)s, -e**) *nt* chas *m*

Ohren-: ~**arzt** *m* oto-rhino(-laryngologiste) *m*; **o~betäubend** *adj* assourdissant(e); ~**sausen** *nt* (*Med*) bourdonnement *m* d'oreilles; ~**schmalz** *nt* cérumen *m*; ~**schmerzen** *pl* mal *m* à l'oreille *od* aux oreilles; ~**schützer** *pl* serre-tête *m unver*; ~**sessel** (-**s, -**) *m* bergère *f* à oreilles (*fauteuil*)

Ohr-: ~**feige** *f* gifle *f*; **o~feigen** *vt* gifler; **ich hätte mich o~feigen können!** (*umg*) je me serais flanqué des gifles!; ~**läppchen** *nt* lobe *m* de l'oreille; ~**ring** *m* boucle *f* d'oreille; ~**wurm** *m* (*Zool*) perce-oreille *m*; (*Mus*) ritournelle *f*

o. J. *abk* (= *ohne Jahr*) l'année *n'est pas précisée*

oje [o'je:] *interj* hélas

okay [o'ke:] (*umg*) *interj* O.K. ▷ *adj* O.K. *unver*

okkupieren [ɔku'pi:rən] *vt* (*Gebiet*) occuper

Ökoladen ['ø:kola:dən] *m* magasin *m* de produits biologiques

Ökologie [økolo'gi:] *f* écologie *f*

ökologisch [øko'lo:gıʃ] *adj* écologique

Ökonomie [økono'mi:] *f* économie *f*; (*als*

Wissenschaft) économie (politique)

ökonomisch [øko'no:mıʃ] *adj* économique

Ökopax [øko'paks] (-**en, -en**) (*umg*) *m* écolo *m* (pacifiste)

Ökosystem ['ø:kozyste:m] *nt* écosystème *m*

Okt. *abk* = **Oktober**

Oktan [ɔk'ta:n] (-**s, -e**) *nt* octane *m*; ~**zahl** *f* indice *m* d'octane

Oktave [ɔk'ta:və] *f* octave *f*

Oktett [ɔk'tet] (-**(e)s, -e**) *nt* (*Mus*) octuor *m*

Oktober [ɔk'to:bər] (-**(s), -**) *m* octobre *m*; *siehe auch* **September**

Oktoberfest *nt voir article*

⊜ **OKTOBERFEST**
⊜
⊜ Le festival de la bière ou *Oktoberfest* a lieu tous
⊜ les ans en octobre à Munich, dans un grand
⊜ champ où l'on installe tentes à bière,
⊜ montagnes russes et autres attractions. Les
⊜ participants prennent place le long de
⊜ grandes tables de bois, boivent de la bière
⊜ dans d'énormes chopes d'un litre et
⊜ savourent des bretzels tout en écoutant des
⊜ orchestres de cuivre. Le festival est un succès
⊜ aussi bien auprès des touristes que des gens
⊜ du pays.

ökumenisch [øku'me:nıʃ] *adj* œcuménique

Öl [ø:l] (-**(e)s, -e**) *nt* huile *f*; (*Erdöl*) pétrole *m*; **auf Öl stoßen** découvrir du pétrole; **Öl auf die Wogen gießen** ramener le calme; **Ölbaum** *m* olivier *m*

Oleander [ole'andər] (-**s, -**) *m* laurier-rose *m*

ölen *vt* huiler; (*Tech*) lubrifier; **sich Dat die Schultern ~** s'enduire les épaules d'huile solaire; **wie ein geölter Blitz** (*umg*) en moins de deux

Öl-: ~**farbe** *f* peinture *f* à l'huile; ~**feld** *nt* gisement *m* de pétrole; ~**film** *m* pellicule *f* d'huile; ~**gemälde** *nt* peinture *f* à l'huile; ~**heizung** *f* chauffage *m* au mazout

ölig *adj* (*ölhaltig*) oléagineux(-euse); (*schmierig*) huileux(-euse); (*pej*: *Stimme*) mielleux(-euse)

Ölindustrie *f* industrie *f* pétrolière

oliv [o'li:f] *adj* (*vert*) olive *unver*

Olive [o'li:və] *f* olive *f*

Olivenöl *nt* huile *f* d'olive

Öljacke *f* ciré *m*

oll [ɔl] *adj* (*umg*) vieux (vieille); **das sind ~e Kamellen** c'est des vieilles histoires

Öl-: ~**messstab** *m* jauge *f* (de niveau d'huile); ~**ofen** *m* poêle *m* à mazout; ~**pest** *f* marée *f* noire; ~**plattform** *f* plate-forme *f* pétrolière; ~**sardine** *f* sardine *f* à l'huile; ~**scheich** (*umg*) *m* émir *m* du pétrole; ~**stand** *m* niveau *m* d'huile; ~**standsanzeiger** *m* indicateur *m* de niveau d'huile; ~**tanker** *m* pétrolier *m* (*navire*); ~**teppich** *m* nappe *f* de pétrole

Ölung *f* lubrification *f*; **die Letzte ~** (*Rel*) l'extrême-onction *f*

Ölwanne *f* carter *m*

Ölwechsel *m* vidange *f*
Olymp [o'lɪmp] (**-s**) *m* (*Geog*) Olympe *m*
Olympiade [olʏmpi'a:də] *f* olympiade *f*
Olympia-: ~**sieger, in** [o'lʏmpiazi:gər(ɪn)] champion(ne) *m/f* olympique; ~**stadion** *nt* stade *m* olympique; ~**teilnehmer, in** *m(f)* sportif(-ive) qui participe aux jeux olympiques
olympisch [o'lʏmpɪʃ] *adj* olympique
Ölzeug *nt* ciré *m*
Oma ['o:ma] (**-, -s**) (*umg*) *f* mémé *f*, mamie *f*
Oman [o'ma:n] *nt* Oman *m*
Ombudsmann ['ɔmbʊtsman] *m* médiateur *m*
Omelett [ɔm(ə)'lɛt] (**-(e)s, -s**) *nt* omelette *f*
Omelette *f* = **Omelett**
Omen ['o:mɛn] (**-s, -** *od* **Omina**) *nt* présage *m*
ominös [omi'nø:s] *adj* (*unheilvoll*) de mauvais augure
Omnibus ['ɔmnibʊs] *m* (*auto*)bus *m*; ~**bahnhof** *m* gare *f* routière
O. m. U. *abk* (= *Originalfassung mit Untertiteln*) version originale sous-titrée
Onanie [ona'ni:] *f* onanisme *m*
onanieren *vi* se masturber
ondulieren [ɔndu'li:rən] *vt* friser
Onkel ['ɔŋkəl] (**-s, -**) *m* oncle *m*
online ['ɔnlain] *adj* (*Comput*) en ligne
Onlinedienst *adj* service *m* en ligne
Onyx ['onyks] (**-(e)s, -e**) *m* onyx *m*
OÖ *abk* (= *Oberösterreich*) (de) la Haute-Autriche
OP *m abk* = **Operationssaal**
Opa ['o:pa] (**-s, -s**) (*umg*) *m* pépé *m*, papy *m*
Opal [o'pa:l] (**-s, -e**) *m* opale *f*
Oper ['o:pər] *f* opéra *m*
Operation [operatsi'o:n] *f* opération *f*
Operationssaal *m* salle *f* d'opération
Operationsschwester *f* infirmière *f* de salle d'opération
operativ [opəra'ti:f] *adj* (*Med*) chirurgical(e); (*Mil*) opérationnel(le); **eine Geschwulst ~ entfernen** opérer une tumeur
operieren [ope'ri:rən] *vt, vi* opérer; **sich ~ lassen** se faire opérer, être opéré(e)
Opern-: ~**glas** *nt* jumelles *fpl* de théâtre; ~**haus** *nt* opéra *m*; ~**sänger, in** *m(f)* chanteur(-euse) *m/f* d'opéra
Opfer ['ɔpfər] (**-s, -**) *nt* (*Gabe*) offrande *f*; (*Verzicht*) sacrifice *m*; (*bei Unfall*) victime *f*; **jdm/einer Sache zum ~ fallen** être la victime de qn/qch; ~**bereitschaft** *f* abnégation *f*
opfern *vt* (*darbringen*) sacrifier ▷ *vr* se sacrifier
Opferstock *m* tronc *m* (*boîte*)
Opferung *f* sacrifice *m*
Opium ['o:piʊm] (**-s**) *nt* opium *m*
Opponent, in [ɔpo'nɛnt(ɪn)] (**-en, -en**) *m(f)* opposant(e) *m/f*
opponieren [ɔpo'ni:rən] *vi*: (**gegen jdn/etw**) ~ s'opposer (à qn/qch)
opportun [ɔpɔr'tu:n] *adj* (*geh*) opportun(e); **O~ismus** *m* (*geh*) opportunisme *m*; **O~ist, in** *m(f)* (*geh*) opportuniste *m/f*
Opposition [ɔpozitsi'o:n] *f* (*geh*) opposition *f*
oppositionell [ɔpozitsio'nɛl] *adj* d'opposition

Oppositionsführer *m* leader *m* de l'opposition
optieren [ɔp'ti:rən] *vi* (*förmlich*): ~ **für** opter pour
Optik ['ɔptɪk] *f* optique *f*
Optiker, in (**-s, -**) *m(f)* opticien(ne) *m/f*
optimal [ɔpti'ma:l] *adj* optimal(e); **der/die/das ~e ...** le(la) meilleur(e) ... possible
Optimismus [ɔpti'mɪsmʊs] *m* optimisme *m*
Optimist, in [ɔpti'mɪst(ɪn)] *m(f)* optimiste *m/f*; **o~isch** *adj* optimiste
Option [ɔptsi'o:n] *f* option *f*
optisch ['ɔptɪʃ] *adj* optique; ~**e Täuschung** illusion *f* d'optique
opulent [opu'lɛnt] *adj* (*Essen*) somptueux(-euse)
Orakel [o'ra:kəl] (**-s, -**) *nt* oracle *m*
oral [o'ra:l] *adj* (*Med*) par voie orale
Orange [o'rã:ʒə] *f* orange *f*; **o~** *adj* orange *inv*
Orangeade [orã'ʒa:də] *f* orangeade *f*
Orangeat [orã'ʒa:t] (**-s, -e**) *nt* écorce *f* d'orange confite
Orangen-: ~**marmelade** *f* confiture *f* d'orange; ~**saft** *m* jus *m* d'orange; ~**schale** *f* écorce *f* d'orange
Orangerie [orãʒə'ri:] *f* orangerie *f*
Orang-Utan ['o:raŋ'lu:tan] (**-s, -s**) *m* orang-outan *m*
Oratorium [ora'to:riʊm] *nt* (*Mus*) oratorio *m*; (*Betraum*) oratoire *m*
Orchester [ɔr'kɛstər] (**-s, -**) *nt* orchestre *m*; ~**graben** *m* fosse *f* d'orchestre
Orchidee [ɔrçi'de:ə] *f* orchidée *f*
Orden ['ɔrdən] (**-s, -**) *m* (*Rel*) ordre *m*; (*Mil etc*) décoration *f*; **einen ~ bekommen** être décoré(e)
Ordens-: ~**bruder** *m* moine *m*, religieux *m*; ~**gemeinschaft** *f* communauté *f* religieuse; ~**schwester** *f* religieuse *f*
ordentlich ['ɔrdəntlıç] *adj* (*ordnungsliebend*) ordonné(e); (*geordnet*) (bien) rangé(e); (*anständig*) honnête; (*umg: annehmbar*) pas mal *unver*; (*: tüchtig*) bon (bonne); (*Arbeit*) régulier(-ière) ▷ *adv* (*umg: sehr*) vraiment; ~**er Professor** professeur *m* titulaire; ~**es Mitglied** membre *m* à part entière; **eine ~e Tracht Prügel** une bonne raclée; ~ **arbeiten** bien faire son travail; **O~keit** *f* (*von Mensch*) caractère *m* ordonné(e); (*von Leben, Leuten*) honnêteté *f*; (*von Zimmer*) aspect *m* rangé
Order (**-, -s** *od* **-n**) *f* (*Wirts*) commande *f*; (*Mil*) ordre *m*
ordern *vt* commander
Ordinalzahl [ɔrdi'na:ltsa:l] *f* nombre *m* ordinal
ordinär [ɔrdi'nɛ:r] *adj* (*pej: vulgär*) vulgaire; (*: billig*) bon marché *unver*; (*alltäglich, gewöhnlich*) ordinaire
Ordinarius [ɔrdi'na:riʊs] (**-, Ordinarien**) *m* (*Univ*) professeur *m* titulaire
ordnen ['ɔrdnən] *vt* (*sortieren: Papiere, Bücher etc*) ranger; (*Gedanken*) mettre de l'ordre dans ▷ *vr* se mettre en place
Ordner (**-s, -**) *m* (*Mensch*) membre *m* du service d'ordre; (*Aktenordner*) classeur *m*
Ordnung *f* (*geordneter Zustand*) ordre *m*; (*Ordnen*) rangement *m*; (*Vorschrift*) règlement *m*; ~ **machen** *od* **schaffen** faire de l'ordre; **geht in ~** (*umg*) (c'est) entendu; **in ~!** d'accord!; **für ~**

sorgen maintenir l'ordre; **etw in ~ bringen**
(*reparieren*) réparer qch; (*bereinigen*) régler qch; **jdn
zur ~ rufen** rappeler qn à l'ordre; **bei ihm muss
alles seine ~ haben** (*räumlich*) il exige que
chaque chose soit à sa place; (*zeitlich*) il aime la
routine
Ordnungs-: ~amt *nt service municipal qui accorde
licences, permis etc*; **o~gemäß** *adj* (*Erledigung*)
réglementaire; (*Verhalten*) correct(e); **o~halber**
adv pour la forme; **~liebe** *f* goût *m* de l'ordre;
o~liebend *adj* (très) ordonné(e); **~strafe** *f*
amende *f*; **o~widrig** *adj* non réglementaire,
illégal(e); **~widrigkeit** *f* infraction *f*; **~zahl** *f*
nombre *m* ordinal
ORF (-) *m abk* = **Österreichischer Rundfunk**
Organ [ɔr'gaːn] (**-s, -e**) *nt* organe *m*; (*umg: Stimme*)
voix *f*
Organisation [ɔrganizatsi'oːn] *f* organisation *f*
Organisationstalent *nt* talent *m* d'organisateur;
(*Person*) organisateur(-trice) *m(f)* de premier ordre
Organisator [ɔrgani'zaːtɔr] *m*
organisateur(-trice) *m(f)*
organisatorisch [ɔrganiza'toːrɪʃ] *adj* (*Talent*)
d'organisateur(-trice); **in der Hauptsache eine
~e Aufgabe** un problème d'organisation avant
tout
organisch [ɔr'gaːnɪʃ] *adj* organique
organisieren [ɔrgani'ziːrən] *vt* organiser; (*umg:
beschaffen*) se débrouiller pour obtenir ▷ *vr*
s'organiser
Organismus [ɔrga'nɪsmʊs] *m* organisme *m*
Organist, in [ɔrga'nɪst(ɪn)] *m(f)* organiste *m/f*
Organspender *m* donneur *m* d'organe
Organverpflanzung *f* greffe *f* d'organe
Orgasmus [ɔr'gasmʊs] *m* orgasme *m*
Orgel ['ɔrgəl] *f* orgue *m*; **~konzert** *nt* (*Mus*) œuvre
f pour orgue; (*Veranstaltung*) récital *m* d'orgue;
~pfeife *f* tuyau *m* d'orgue; **wie die ~pfeifen
stehen** être alignés(-ées) par ordre de grandeur
Orgie ['ɔrgiə] *f* orgie *f*
Orient ['oːriɛnt] (**-s**) *m* Orient *m*; **der Vordere ~** le
Proche-Orient
Orientale, -in [oːriɛn'taːlə] (**-n, -n**) *m(f)*
Oriental(e) *m/f*
orient-: ~alisch *adj* oriental(e); **~ieren** [oːriɛn'tiː-
rən] *vt* (*unterrichten*) informer, mettre au courant;
(*ausrichten*) orienter ▷ *vr*: **sich an** *od* **nach etw** *Dat*
~ieren se servir de qch pour s'orienter; **sich
über etw** *Akk* **~ieren** (*sich erkundigen*) se mettre au
courant de qch; **eine links ~ierte Zeitung** un
journal de gauche; **O~ierung** [oːriɛn'tiːrʊŋ] *f*
orientation *f*; (*Unterrichtung*) information *f*; **die
O~ierung verlieren** se perdre
Orientierungssinn *m* sens *m* de l'orientation
Orientierungsstufe *f* (*Sch*) cycle *m* d'orientation;
voir article

⬤
⬤ *Orientierungsstufe* est le nom donné aux deux
⬤ premières années passées dans une école
⬤ secondaire. Durant ces deux années, l'élève

est jugé sur ses capacités et peut être
⬤ transféré au bout de ces deux ans dans une
⬤ école qui lui correspond mieux.

Origano [o'riːgano] (**-**) *m* origan *m*
original [origi'naːl] *adj* original(e) ▷ *adv*:
~ Meißener Porzellan porcelaine de Meissen
authentique; **wir übertragen den 2. Akt ~**
(*direkt*) nous transmettons le second acte en
direct; **O~** (**-s, -e**) *nt* original *m*; **O~aufnahme** *f*
(*auf Film, Band*) enregistrement *m* original; (*Foto*)
original *m*; **O~ausgabe** *f* édition *f* originale;
O~fassung *f* version *f* originale
Originalität [originali'tɛːt] *f* (*Echtheit*)
authenticité *f*; (*von Idee, Mensch*) originalité *f*
Originalübertragung *f* émission *f* en direct
originell [origi'nɛl] *adj* original(e)
Orkan [ɔr'kaːn] (**-(e)s, -e**) *m* ouragan *m*; **o~artig**
adj (*Wind*) qui souffle en tempête, violent(e);
(*Beifall*) frénétique
Orkneyinseln ['ɔːknɪlɪnzəln] *pl* îles *fpl* Orkney
Ornament [ɔrna'mɛnt] *nt* motif *m*
ornamental [ɔrnamɛn'taːl] *adj* (*Muster*)
ornemental(e)
Ornithologe, -in [ɔrnito'loːgə] (**-n, -n**) *m(f)*
ornithologue *m/f*
Ort¹ [ɔrt] (**-(e)s, -e**) *m* endroit *m*, lieu *m*; (*Ortschaft*)
endroit; (*Math*) lieu; **an ~ und Stelle** sur place;
am angegebenen ~ à l'endroit cité; **~ der
Handlung ist Paris** la scène est à Paris; **das ist
höheren ~s entschieden worden** (*hum, förmlich*)
la décision a été prise en haut lieu
Ort² [ɔrt] (**-(e)s, ¨er**) *m*: **vor ~** (*Bergb*) au fond; (*fig*)
sur place
Örtchen ['œrtçən] (*umg*) *nt* petit coin *m*
orten *vt* repérer
orthodox [ɔrto'dɔks] *adj* orthodoxe
Orthografie [ɔrtogra'fiː] *f* orthographe *f*
orthografisch [ɔrto'graːfɪʃ] *adj* orthographique
Orthopäde [ɔrto'pɛːdə] (**-n, -n**) *m* orthopédiste *m*
Orthopädie [ɔrtopɛ'diː] *f* orthopédie *f*
Orthopädin *f* orthopédiste *f*
orthopädisch *adj* orthopédique
örtlich ['œrtlɪç] *adj* local(e) ▷ *adv*: **~ begrenzt**
limité(e) dans l'espace *od* géographiquement;
jdn ~ betäuben faire une anesthésie locale à qn;
Örtlichkeit *f* (*Gegend*) endroit *m*; **die
Örtlichkeiten** *pl* (*umg: hum*) les toilettes *pl*; **sich
mit den Örtlichkeiten vertraut machen** se
familiariser avec les lieux
Orts-: ~angabe *f* indication *f* du lieu; **o~ansässig**
adj (*Mitarbeiter, Familie*) qui habite à proximité;
(*Industrie*) local(e); **~bestimmung** *f* (*Geog*)
repérage *m*
Ortschaft *f* localité *f*; **geschlossene ~**
agglomération *f*
orts-: ~fremd *adj* étranger(-ère); **ich bin hier
~fremd** je ne suis pas d'ici; **~fremde, r** *f(m)*
étranger(-ère) *m(f)*; **O~gespräch** *nt*
communication *f* locale; **O~gruppe** *f* section *f*
locale; **O~kenntnis** *f*: (**gute**) **O~kenntnis haben**
bien connaître l'endroit; **O~krankenkasse** *f*:

Allgemeine O~krankenkasse ≈ caisse *f* primaire régionale d'assurance maladie; **~kundig** *adj* qui connaît l'endroit; **O~name** *m* nom *m* de lieu; **O~netz** *nt* (*Tel*) réseau *m* local *od* urbain; **O~netzkennzahl** *f* indicatif *m*; **O~schild** *nt panneau indiquant l'entrée d'une localité*; **O~sinn** *m* sens *m* de l'orientation; **O~tarif** *m* tarif *m* local; **~üblich** *adj* local(e), de l'endroit; **O~zeit** *f* heure *f* locale; **O~zuschlag** *m* indemnité *f* de résidence

Ortung *f* repérage *m*

öS. *abk* = **österreichischer Schilling**

Öse ['ø:zə] *f* (*an Kleidung*) œillet *m*

Oslo ['ɔslo] *nt* Oslo

Ossi ['ɔsi] *m voir article*

● **Ossi**
●
● *Ossi* est un terme familier et irrespectueux
● désignant un Allemand de l'ancienne DDR.

Ost-: **~afrika** *nt* l'Afrique *f* orientale; **~asien** *nt* l'Extrême-Orient *m*; **~berlin** *nt* Berlin-Est; **~block** *m* pays *mpl* de l'Est; **o~deutsch** *adj* est-allemand(e), d'Allemagne de l'Est; **~deutschland** *nt* l'Allemagne *f* de l'Est; **~en** (**-s**) *m* est *m*; **der Ferne ~en** l'Extrême-Orient *m*; **der Mittlere ~en** le Moyen-Orient; **der Nahe ~en** le Proche-Orient; **im ~en** à l'est

ostentativ [ɔstɛntaˈtiːf] *adj* ostensible

Oster-: **~ei** *nt* œuf *m* de Pâques; **~feiertage** *pl* week-end *m* de Pâques; **~fest** *nt* fête *f* de Pâques; **~glocke** *f* (*Bot*) jonquille *f*; **~hase** *m* lapin *m* de Pâques

Osterinseln *pl* îles *fpl* de Pâques

österlich ['ø:stərlɪç] *adj* pascal(e)

Ostermarsch *m manifestation pacifiste de Pâques*

Ostermontag *m* lundi *m* de Pâques

Ostern ['o:stərn] (**-**, **-**) *nt* Pâques *fpl*; **frohe** *od* **fröhliche ~!** joyeuses Pâques!

Österreich ['ø:stəraɪç] (**-s**) *nt* l'Autriche *f*

Österreicher, in (**-s**, **-**) *m(f)* Autrichien(ne) *m(f)*

österreichisch *adj* autrichien(ne)

Ostersonntag *m* dimanche *m* de Pâques

Ost-: **~erweiterung** *f* (*von EU, Nato*) élargissement

m à l'Est; **~europa** (**-s**) *nt* l'Europe *f* de l'Est; **o~europäisch** *adj* d'Europe de l'Est; **~küste** *f* côte *f* orientale

östlich ['œstlɪç] *adj* oriental(e), de l'est ▷ *adv:* ~ **von Hamburg/der Elbe** à l'est de Hambourg/l'Elbe ▷ *präp* +*Gen* à l'est de

Ostpolitik *f* politique *f* à l'égard des pays de l'Est

Östrogen [œstroˈgeːn] (**-s**, **-e**) *nt* œstrogène *m*

Ost-: **~see** *f:* **die ~see** la Baltique; **~verträge** *pl traités conclus entre les deux Allemagne (avant la réunification);* **o~wärts** *adv* vers l'est; **~wind** *m* vent *m* d'est

OSZE *f abk* (= *Organisation für Sicherheit und Zusammenarbeit in Europa*) OSCE *f*

oszillieren [ɔstsɪˈliːrən] *vi* osciller

Otter¹ ['ɔtər] (**-s**, **-**) *m* (*Marder*) loutre *f*

Otter² ['ɔtər] (**-**, **-n**) *f* (*Schlange*) vipère *f*

ÖTV (**-**) *f abk* (= *Gewerkschaft Öffentliche Dienste, Transport und Verkehr*) *syndicat des services publics*

Ouvertüre [uvɛrˈtyːrə] *f* (*Mus*) ouverture *f*; (*fig*) introduction *f*

oval [oˈvaːl] *adj* oval(e)

Ovation [ovatsiˈoːn] *f* (*geh*) ovation *f*

Overall ['ouvərɔːl] (**-s**, **-s**) *m* (*Schutzanzug*) salopette *f*, combinaison *f* (*de travail*)

Overheadprojektor ['oːvərhɛdprojɛktɔr] *m* rétroprojecteur *m*

ÖVP (**-**) *f abk* (= *Österreichische Volkspartei*) *parti conservateur autrichien*

Ovulation [ovulatsiˈoːn] *f* ovulation *f*

Oxid, Oxyd [ɔˈksyːt] (**-(e)s**, **-e**) *nt* oxyde *m*

oxidieren, oxydieren [ɔksyˈdiːrən] *vt* oxyder ▷ *vi* s'oxyder

Oxidierung, Oxydierung *f* oxydation *f*

Ozean ['oːtseaːn] (**-s**, **-e**) *m* océan *m*; **~dampfer** *m* paquebot *m* (transatlantique)

Ozeanien [otseˈaːniən] (**-s**) *nt* l'Océanie *f*

ozeanisch [otseˈaːnɪʃ] *adj* océanien(ne); (*Klima*) océanique

Ozeanografie [otseanograˈfiː] *f* océanographie *f*

Ozeanriese (*umg*) *m* paquebot *m* (géant)

Ozon [oˈtsoːn] (**-s**) *nt od m* ozone *m*; **~loch** *nt* trou *m* dans la couche d'ozone; **~schicht** *f* couche *f* d'ozone

Pp

P, p [pe:] *nt* (*Buchstabe*) P, p *m*; **P wie Peter** ≈ P comme Pierre

P. *abk* = **Pastor; Pater**

Paar [pa:r] (**-(e)s, -e**) *nt* paire *f*; (*Ehepaar*) couple *m*; **p~** *adj unver*: **ein p~** quelques; **ein ~ mal** plusieurs fois

paaren *vt* (*Tiere*) accoupler ▷ *vr* (*Tiere*) s'accoupler; (*fig*) s'allier

Paar-: **~hufer** *pl* (*Zool*) artiodactyles *mpl*; **~lauf** *m* (*Sport*) patinage *m* par couples

Paarung *f* (*von Tieren*) accouplement *m*; (*fig*) combinaison *f*

paarweise *adv* par couples, deux par deux

Pacht [paxt] (**-, -en**) *f* bail *m*; (*Entgelt*) loyer *m*; **p~** *vt* louer; (*fig*) monopoliser; **du hast das Sofa doch nicht für dich gep~et** (*umg*) arrête de monopoliser le canapé

Pächter, in ['pɛçtər(ɪn)] (**-s, -**) *m(f)* tenancier(-ière)

Pachtvertrag *m* bail *m*

Pack¹ [pak] (**-(e)s, -e** *od* **⁻e**) *m* pile *f*; (*zusammengeschnürt*) liasse *f*

Pack² [pak] (**-(e)s**) (*pej*) *nt* racaille *f*

Päckchen ['pɛkçən] *nt* petit paquet *m*; (*Zigaretten*) paquet

Packeis *nt* banquise *f*

packen *vt* (*Koffer, Paket*) faire; (*Kleider in Koffer etc*) mettre; (*fassen*) saisir; (*Comput*) tasser; (*umg: schaffen*) arriver à faire; (*fig: fesseln*) empoigner ▷ *vi* faire ses bagages; **~ wirs!** (*umg*) allons-y!

Packen (**-s, -**) *m* pile *f*; (*fig: Menge*) tas *m*

Packer, in (**-s, -**) *m(f)* emballeur(-euse)

Packesel *m* âne *m* (*qui porte les fardeaux*); (*umg: fig*) bête *f* de somme

Packpapier *nt* papier *m* d'emballage

Packung *f* (*Menge*) paquet *m*; (*Verpackung*) emballage *m*; (*Pralinenpackung*) boîte *f*; (*Med*) compresse *f*

Packzettel *m* (*im Päckchen*) bordereau *m* d'envoi

Pädagoge [pɛda'go:gə] (**-n, -n**) *m* pédagogue *m*

Pädagogik *f* pédagogie *f*

Pädagogin *f* pédagogue *f*

pädagogisch *adj* pédagogique; **~e Hochschule** (*für Grundschullehrer*) ≈ École *f* normale; (*für Hauptschullehrer*) ≈ centre *m* pédagogique régional de formation des maîtres

Paddel ['padəl] (**-s, -**) *nt* pagaie *f*; **~boot** *nt* canoë *m*

paddeln *vi* pagayer

Pädiatrie [pɛdia'tri:] *f* pédiatrie *f*

Padua ['pa:dʊa] *nt* Padoue

paffen ['pafən] (*umg*) *vt, vi* fumer

Page ['pa:ʒə] (**-, -n**) *m* (*in Hotel*) chasseur *m*; (*Geschichte*) page *m*

Pagenkopf *m* coiffure *f* à la Jeanne d'Arc

Pagode [pa'go:də] *f* pagode *f*

Paillette [paɪ'jɛtə] *f* paillette *f*

Paket [pa'ke:t] (**-(e)s, -e**) *nt* paquet *m*; (*Postpaket auch*) colis *m*; **~annahme** *f* guichet pour l'expédition des colis postaux; **~ausgabe** *f* guichet pour la remise des colis postaux au destinataire; **~karte** *f* récépissé *m* (*pour l'envoi d'un colis*); **~post** *f* service *m* des colis postaux; **mit der ~post schicken** envoyer comme colis; **~schalter** *m* guichet *m* des colis

Pakistan ['pa:kɪsta:n] (**-s**) *nt* le Pakistan

Pakistaner, in [pakɪs'ta:nər(ɪn)] (**-s, -**) *m(f)*, **Pakistani** (**-(s), -(s)**) *m* Pakistanais(e) *m/f*

pakistanisch *adj* pakistanais(e)

Pakt [pakt] (**-(e)s, -e**) *m* pacte *m*

Palais [pa'lɛ:] (**-, -**) *nt*, **Palast** [pa'last] (**-es, Paläste**) *m* palais *m*

Palästina [palɛ'sti:na] (**-s**) *nt* la Palestine

Palästinenser, in [palɛsti'nɛnzər(ɪn)] (**-s, -**) *m(f)* Palestinien(ne)

palästinensisch *adj* palestinien(ne)

Palatschinke [pala'tʃɪŋkə] (*Österr*) *f* (*gew pl: Koch*) crêpe roulée fourrée à la confiture

Palaver [pa'la:vər] (**-s, -**) (*umg*) *nt* palabres *fpl*

Palette [pa'lɛtə] *f* (*zum Malen, Ladepalette*) palette *f*; (*fig*) gamme *f*

Palme ['palmə] *f* palmier *m*; **jdn auf die ~ bringen** (*umg*) rendre qn furax

Palmsonntag *m* dimanche *m* des Rameaux

Pampelmuse ['pampəlmu:zə] *f* pamplemousse *m*

Pamphlet [pam'fle:t] (**-(e)s, -e**) *nt* pamphlet *m*

pampig ['pampɪç] (*umg*) *adj* (*frech*) insolent(e)

Panama ['panama] (**-s**) *nt* le Panama; **~kanal** *m* canal *m* de Panama

Panda ['panda] (**-s, -s**) *m* panda *m*

Panflöte ['pa:nflø:tə] *f* flûte *f* de Pan

panieren [pa'ni:rən] *vt* paner

Paniermehl [pa'ni:rme:l] *nt* chapelure *f*

Panik ['pa:nɪk] *f* panique *f*; **in ~ ausbrechen** être pris de panique; **~mache** (*umg: pej*) *f* attitude *f* alarmiste

panisch ['pa:nɪʃ] *adj* (*Angst*) panique; **in ~er Eile** pris(e) de panique

Panne ['panə] *f* (*Aut*) panne *f*; (*Missgeschick*) problème *m*; **eine ~ haben** tomber en panne; **uns ist eine ~ passiert** (*fig*) nous avons eu un petit ennui

Pannendienst *m*, **Pannenhilfe** *f* service *m* de dépannage

Panorama [pano'ra:ma] (**-s, -men**) *nt* panorama *m*

panschen ['panʃən] (*umg*) *vi* patauger ▷ *vt* (*Wein etc*) couper (d'eau)

Pant(h)er ['pantər] (**-s, -**) *m* panthère *f*

Pantoffel [pan'tɔfəl] (**-s, -n**) *m* pantoufle *f*; **er steht unter dem ~** c'est sa femme qui porte la culotte; **~held** (*umg: pej*) *m* homme *m* dominé par sa femme

Pantolette [panto'lɛtə] *f* escarpin *m*

Pantomime [panto'mi:mə] *f* pantomime *f*

pantschen ['pantʃən] (*umg*) *vi, vt siehe* **panschen**

Panzer ['pantsər] (**-s, -**) *m* (*Platte*) blindage *m*; (*von Schildkröte etc*) carapace *f*; (*Fahrzeug*) char *m* (d'assaut); **~faust** *f* bazooka *m*; **~glas** *nt* verre *m* pare-balles; **~grenadier** *m* tankiste *m*

panzern *vt* (*Fahrzeug etc*) blinder ▷ *vr* (*fig*) se blinder

Panzerschrank *m* coffre-fort *m*

Panzerwagen *m* char *m* (d'assaut)

Papa [pa'pa:] (**-s, -s**) (*umg*) *m* papa *m*

Papagei [papa'gaɪ] (**-s, -en**) *m* perroquet *m*

Papaya [pa'pa:ja] (**-, -s**) *f* papaye *f*

Papier [pa'pi:r] (**-s, -e**) *nt* papier *m*; (*Finanz: Wertpapier*) titre *m*; **Papiere** *pl* (*Urkunden*) documents *mpl*; (*Ausweis, Dokumente*) papiers *mpl*; **seine ~e bekommen** (*entlassen werden*) être relâché(e)

papieren *adj* (*aus Papier*) en papier; (*Stil*) plat(e)

Papier-: **~fabrik** *f* usine *f* de papeterie; **~geld** *nt* billets *mpl* de banque; **~geschäft** *nt* papeterie *f*; **~korb** *m* corbeille *f* à papier; **~kram** (*umg*) *m* paperasserie *f*; **~krieg** (*umg: pej*) *m* démêlés *mpl* avec la bureaucratie; **~tüte** *f* sac *m* en papier

Pappbecher *m* gobelet *m* en carton

Pappdeckel *m* carton *m*

Pappe ['papə] *f* carton *m*; **er ist nicht von ~** (*umg*) ce n'est pas une mauviette; **es ist nicht von ~** (*umg*) ce n'est pas de la camelotte

Pappel *f* peuplier *m*

pappen (*umg*) *vt, vi* coller

Pappenheimer *pl*: **ich kenne meine ~** (*umg*) je sais à qui j'ai affaire

Pappenstiel (*umg*) *m*: **keinen ~ wert sein** valoir que dalle; **etw für einen ~ bekommen** avoir qch pour une bouchée de pain

papperlapapp [papərla'pap] *interj* n'importe quoi

pappig (*umg*) *adj* (*klebrig*) poisseux(-euse)

Pappmaschee, Pappmaché [papma'ʃe:] (**-s, -s**) *nt* papier *m* mâché

Pappteller *m* assiette *f* en carton

Paprika ['paprika] (**-s, -(s)**) *m* (*Gewürz*) paprika *m*;

(*Paprikaschote*) poivron *m*; **~schote** *f*: **gefüllte ~schoten** poivrons *mpl* farcis

Papst [pa:pst] (**-(e)s, ⸚e**) *m* pape *m*

päpstlich ['pɛ:pstlɪç] *adj* papal(e)

Papua-Neuguinea [pa:puanɔygi'ne:a] *nt* la Papouasie-Nouvelle-Guinée

Parabel [pa'ra:bəl] *f* parabole *f*

Parabolantenne [para'bo:lantɛnə] *f* antenne *f* parabolique

Parabolspiegel *m* miroir *m* parabolique

Parade [pa'ra:də] *f* (*Mil*) défilé *m*; (*Fechten*) parade *f*; (*Fussball*) arrêt *m*; **~beispiel** *nt* excellent exemple *m*; **~schritt** *m* pas *m* de l'oie

Paradies [para'di:s] (**-es, -e**) *nt* paradis *m*; **ein ~ für Sportler/Naturfreunde** le paradis des sportifs/amis de la nature; **p~isch** *adj* paradisiaque; (*Ruhe*) merveilleux(-euse)

Paradox [para'dɔks] (**-es, -e**) *nt* paradoxe *m*; **p~** *adj* paradoxal(e)

Paraffin [para'fi:n] (**-s, -e**) *nt* (*Paraffinöl*) pétrole *m*; (*Paraffinwachs*) paraffine *f*

Paragraf [para'gra:f] (**-en, -en**) *m* paragraphe *m*; (*Jur*) article *m*

Paragrafenreiter (*umg: pej*) *m* tatillon *m*

Paraguay [paragu'a:i] (**-s**) *nt* le Paraguay

Paraguayer, in *m(f)* Paraguayen(ne)

paraguayisch *adj* paraguayen(ne)

parallel [para'le:l] *adj* parallèle; **~ schalten** (*Elek*) monter en parallèle

Parallele *f* parallèle *f*

Parameter [pa'ra:metər] *m* paramètre *m*

paramilitärisch [paramili'tɛ:rɪʃ] *adj* paramilitaire

Paranuss ['pa:ranʊs] *f* noix *f* du Brésil

paraphieren [para'fi:rən] *vt* parapher

Parasit [para'zi:t] (**-en, -en**) *m* parasite *m*

parat [pa'ra:t] *adj* prêt(e); **etw ~ haben** avoir qch sous la main; **etw ~ legen** mettre qch à disposition

Pärchen ['pɛ:rçən] *nt* (*Liebespärchen*) couple *m* (d'amoureux); (*von Tieren*) couple

Parcours [par'ku:r] (**-, -**) *m* parcours *m*

Pardon [par'dõ:] (**-s**) *m od nt* pardon *m*; **~!** pardon!; **kein ~ kennen** être impitoyable

Parfüm [par'fy:m] (**-s, -s** *od* **-e**) *nt* parfum *m*

Parfümerie [parfymə'ri:] *f* parfumerie *f*

Parfümflasche *f* flacon *m* de parfum

parfümieren [parfy'mi:rən] *vt* parfumer ▷ *vr* se parfumer

parieren [pa'ri:rən] *vt* parer ▷ *vi* (*umg*) obéir

Paris [pa'ri:s] *nt* Paris

Pariser [pa'ri:zər] (**-s, -**) *m* Parisien *m*; (*umg: Kondom*) capote *f* anglaise ▷ *adj attrib* parisien(ne)

Pariserin *f* Parisienne *f*

Parität [pari'tɛ:t] *f* (*von Währung*) parité *f*; **p~isch** *adj* (*geh*) paritaire; **p~ische Mitbestimmung** représentation *f* proportionnelle

Pariwert [pa:rive:rt] *m* valeur *f* nominale

Park [park] (**-s, -s**) *m* parc *m*

Parka ['parka] (**-(s), -s**) *m* parka *m*

Park-and-ride-System ['pa:kand'raɪdzyste:m] *nt* parkings situés à la périphérie des grandes villes, *permettant aux banlieusards de se rendre au centre par les transports en commun*

Parkanlage f parc m

Parkbucht f emplacement destiné à l'arrêt des autobus

parken vt garer ▷ vi se garer; „P~ verboten" "défense de stationner"

Parkett [par'kɛt] (-(e)s, -e) nt parquet m; (Theat) orchestre m

Park-: ~**haus** nt parking m couvert; ~**lücke** f place f de stationnement; ~**ometer** (umg) nt od m parcomètre m; ~**platz** m (Gelände) parking m; (für Einzelwagen) place f de stationnement; ~**scheibe** f disque m de stationnement; ~**uhr** f parcomètre m; ~**verbot** nt interdiction f de stationner; ~**wächter** m (von Park) gardien m (de parc); (von Parkplatz) gardien de parking

Parlament [parla'mɛnt] nt parlement m

Parlamentarier, in [parlamen'ta:riər(ɪn)] (-s, -) m(f) parlementaire m/f

parlamentarisch adj (Sitzung) du parlement, parlementaire

Parlaments-: ~**ausschuss** m commission f parlementaire; ~**beschluss** m décret m du parlement; ~**ferien** pl vacances fpl parlementaires; ~**mitglied** nt membre m du parlement, député m; ~**sitzung** f session f du parlement

Parmesan [parme'za:n] (-(s)) m parmesan m

Parodie [paro'di:] f: ~ (auf +Akk) parodie f (de); **p~ren** vt parodier

Parodontose [parodɔn'to:zə] f déchaussement m des dents

Parole [pa'ro:lə] f (Kennwort) mot m de passe; (Wahlspruch) slogan m

Partei [par'taɪ] f (im Mietshaus) locataire m/f; (Pol) parti m; **für jdn ~ ergreifen** prendre parti pour qn; ~**buch** nt carte f d'adhérent

Parteienverkehr (Österr) m heures fpl de bureau

Partei-: ~**führung** f direction f du parti; ~**genosse** m membre m du parti; **p~isch** adj (nicht neutral) partial(e); **p~lich** adj (Interesse etc) du parti; ~**linie** f ligne f du parti; **p~los** adj non inscrit(e); ~**mitglied** nt membre m du parti; ~**nahme** f prise f de position; **p~politisch** adj concernant la politique du parti; ~**programm** nt programme m du parti; ~**tag** m congrès m du parti; ~**vorsitzende, r** f(m) dirigeant(e) du parti

Parterre [par'tɛr] (-s, -s) nt rez-de-chaussée m inv; (Theat) orchestre m

Partie [par'ti:] f partie f; (Wirts) lot m; **mit von der ~ sein** en être; **eine gute/schlechte ~ sein** être/ne pas être un beau parti

partiell [partsi'ɛl] adj partiel(le)

Partikel[1] [par'ti:kəl] (-s, - od -, -n) nt od f particule f

Partikel[2] [par'ti:kəl] (-, -n) f (Gram) particule f

Partisan, in [parti'za:n(ɪn)] (-s od -en, -en) m(f) partisan(e)

Partitur [parti'tu:r] f partition f

Partizip [parti'tsi:p] (-s, -ien) nt participe m; ~ **Präsens/Perfekt** participe présent/passé

Partner, in [ˈpartnər(ɪn)] (-s, -) m(f) (Vertragspartner, Geschäftspartner) associé(e);

(Ehepartner) conjoint(e); (Lebenspartner) ami(e), compagnon(compagne) m/f; (Spielpartner) partenaire m/f; ~**schaft** f association f; **p~schaftlich** adj (Verhältnis) d'égal à égal; **p~schaftliches Verhalten** m(pl) pour les autres; ~**stadt** f ville f jumelée

partout [par'tu:] adv: **das will mir ~ nicht in den Kopf!** (umg) il n'y a rien à faire, je n'arrive pas à me le mettre dans la tête!

Party ['pa:rti] (-, -s) f fête f

Parzelle [par'tsɛlə] f parcelle f (de terrain), terrain m

Pascha ['paʃa] (-s, -s) m pacha m

Pass [pas] (-es, ¨e) m (Ausweis) passeport m; (Bergpass) col m

passabel [pa'sa:bəl] adj (Lösung) passable, acceptable; (Befinden) ni bon (bonne) ni mauvais(e)

Passage [pa'sa:ʒə] f (Ladenstraße) galerie f marchande; (Abschnitt) passage m

Passagier [pasa'ʒi:r] (-s, -e) m passager(-gère); **blinder ~** passager clandestin; ~**dampfer** m paquebot m; ~**flugzeug** nt avion m (affecté au transport de passagers)

Passah(fest) ['pasa(fɛst)] (-s) nt pâque f (juive)

Passamt nt service m des passeports

Passant, in [pa'sant(ɪn)] m(f) passant(e)

Passbild nt photo f d'identité

passé, passee [pa'se:] (umg) adj: **diese Mode ist längst ~** c'est vraiment passé de mode

passen ['pasən] vi (Kleidung, Farbe etc) aller (bien); (auf Frage, beim Kartenspiel) passer; (Sport) passer le ballon, faire une passe; **diese Schuhe ~ mir gut/ mir nicht mehr** ces chaussures me vont bien/ne me vont plus; **Sonntag passt uns nicht** dimanche ne nous convient pas; **deine Einstellung passt mir nicht** (gefällt mir nicht) je n'aime pas ton attitude; **zu etw** Dat ~ aller bien avec qch; **zu jdm ~** (Mensch) aller bien avec qn; **er passt nicht zu dir** ce n'est pas l'homme qu'il te faut; **das könnte dir so ~!** (umg) il ne manquerait plus que ça!

passend adj (in Größe, Form) qui va bien; (in Farbe, Stil) assorti(e); (genehm, angemessen) approprié(e); **haben Sie es ~?** (Geld) vous avez la monnaie?

Passfoto nt photo f d'identité

passierbar [pa'si:rba:r] adj (Weg) praticable; (Fluss, Kanal) franchissable

passieren vt passer; (Straße) traverser ▷ vi (geschehen) se passer, arriver; **es ist ein Unfall passiert** il y a eu un accident

Passierschein m laissez-passer m inv

Passion [pasi'o:n] f passion f; (Rel) Passion f

passioniert [pasio'ni:rt] adj enthousiaste

Passionsspiel nt mystère m de la Passion

Passionszeit f semaine f sainte

passiv ['pasi:f] adj passif(-ive); ~**es Wahlrecht** éligibilité f; **P~** (-s, -e) nt passif m

Passiva [pa'si:va] pl passif m

Passivität [pasivi'tɛ:t] f passivité f

Passivposten (-s, -) m inscription f au débit

Pass-: ~**kontrolle** f contrôle m des passeports;

~stelle f service m des passeports; **~straße** f route passant par un col
Paste ['pastə] f (zäher Brei) pâte f
Pastell [pas'tɛl] (-(e)s, -e) nt (Bild) pastel m; **p~farben** adj pastel inv
Pastete [pas'te:tə] f (Leberpastete etc) pâté m; (Pastetchen) vol-au-vent m inv
pasteurisieren [pastøri'zi:rən] vt pasteuriser
Pastor, in ['pastɔr(ɪn)] m(f) pasteur m
Pate ['pa:tə] (-n, -n) m parrain m; **bei etw ~ stehen** (fig) influencer qch
Patenkind nt filleul(e)
Patenonkel m parrain m
patent [pa'tɛnt] adj (umg: Mensch) super inv; (Idee, Lösung) génial(e)
Patent (-(e)s, -e) nt brevet m; **etw als** od **zum ~ anmelden** déposer une demande de brevet pour qch; **~amt** nt ≈ Institut m national de la propriété industrielle
Patentante f marraine f
patentieren [patɛn'ti:rən] vt (Erfindung) breveter
Patent-: ~inhaber m détenteur(-trice) d'un brevet; **~lösung** f solution f parfaite; **~schutz** m droit m d'exploitation exclusif; **~urkunde** f brevet m
Pater ['pa:tər] (-s od **Patres**) m père m
Paternoster [patər'nɔstər] (-s, -) m (Aufzug) ascenseur m (à la chaîne sans fin)
pathetisch [pa'te:tɪʃ] adj pathétique
Pathologe, -in [pato'lo:gə] (-n, -n) m(f) pathologiste m/f
pathologisch adj pathologique
Pathos ['pa:tɔs] (-) nt pathétique m
Patience [pasi'ã:s] f: **~n legen** faire des patiences
Patient, in [patsi'ɛnt(ɪn)] m(f) patient(e)
Patin ['pa:tɪn] f marraine f
Patina ['pa:tina] (-) f patine f
Patnareis ['patnarais] m riz m à grains longs
Patriarch [patri'arç] (-en, -en) m patriarche m
patriarchalisch [patriar'ça:lɪʃ] adj patriarcal(e)
Patriot, in [patri'o:t(ɪn)] (-en, -en) m(f) patriote m/f
patriotisch adj patriotique
Patriotismus [patrio'tɪsmʊs] m patriotisme m
Patron, in [pa'tro:n(ɪn)] (-s, -e) m(f) (Rel) saint(e) patron(ne)
Patrone f cartouche f
Patrouille [pa'trʊljə] f patrouille f
patrouillieren [patrʊl'ji:rən] vi patrouiller
patsch [patʃ] interj flac
Patsche (umg) f (Notlage) pétrin m; (Händchen) menotte f; (Fliegenpatsche) tapette f; **jdm aus der ~ helfen** tirer qn du pétrin
patschen vi (im Wasser) patauger; **das Baby patscht mit der Hand auf den Tisch** le bébé tape sur la table avec sa main potelée
patschnass (umg) adj trempé(e)
Patt [pat] (-s, -s) nt pat m; (fig) impasse f
patzen ['patsən] (umg) vi se ficher dedans
patzig ['patsɪç] (umg) adj insolent(e)
Pauke ['paʊkə] f (Mus) timbale f; **auf die ~ hauen** (umg) faire la fête; **mit ~n und Trompeten durchfallen** (umg) se planter

pauken vt, vi (lernen) bûcher
Pauker (-s, -) (umg) m (Sch: Lehrer) prof m/f
pausbäckig ['paʊsbɛkɪç] adj joufflu(e)
pauschal [paʊ'ʃa:l] adj forfaitaire; (einheitlich) unitaire; (fig: Urteil) hâtif(e) ▷ adv: **wir berechnen ~ 50 Euro** nous demandons un forfait de 50 euros; **etw ~ versichern** contracter une assurance tous risques pour qch
Pauschale f (Einheitspreis) forfait m; (geschätzter Betrag) devis m estimatif
Pauschal-: ~preis m forfait m; **~reise** f voyage m organisé; **~summe** f forfait m; **~urteil** nt généralisation f hâtive; **~versicherung** f assurance f tous risques
Pause ['paʊzə] f pause f; (Sch) récréation f; (Theat) entracte m
pausen vt (durchzeichnen) décalquer
Pausen-: ~brot m casse-croûte m inv (pour la récréation); **~hof** m cour f de récréation; **p~los** adj ininterrompu(e) ▷ adv: **er redet p~los** c'est un vrai moulin à paroles; **~zeichen** nt (Rundf) indicatif m
pausieren [paʊ'zi:rən] vi s'interrompre
Pauspapier ['paʊspapi:r] nt papier-calque m
Pavian ['pa:via:n] (-s, -e) m babouin m
Pavillon ['paviljõ] (-s, -s) m pavillon m
Pazifik [pa'tsi:fɪk] (-s) m Pacifique m
pazifisch adj: **der P~e Ozean** m Pacifique **Pazifist, in** [patsi'fɪst(ɪn)] m(f) pacifiste m/f
pazifistisch adj pacifiste
PC abk = **Personal Computer**
PDS f abk (= Partei des Demokratischen Sozialismus) parti socialiste allemand; voir article

⬤ **PDS**
⬤
⬤ Le PDS (Partei des Demokratischen
⬤ Sozialismus) fut fondé en 1989 comme
⬤ successeur du SED, l'ancien parti
⬤ communiste est-allemand. Ses objectifs sont
⬤ de s'imposer sur la scène politique
⬤ allemande, à la gauche du SPD et d'établir une
⬤ société socialiste et démocratique.

Pech [pɛç] (-s, -e) nt poix f; (fig) malchance f; **~ haben** avoir de la malchance, ne pas avoir de chance; **zusammenhalten wie ~ und Schwefel** (umg) s'entendre comme larrons en foire; **~ gehabt!** (umg) pas de chance!; **p~schwarz** (umg) adj (Haar) noir(e) comme jais; (Nacht) noir(e); **~strähne** f série f noire; **~vogel** (umg) m: **er ist ein ~vogel** il n'a vraiment pas de chance
Pedal [pe'da:l] (-s, -e) nt (von Fahrrad) pédale f; (von Auto) accélérateur m; (von Orgel) pédalier m; **in die ~e treten** pédaler (fort)
Pedant [pe'dant] m personne f pointilleuse
Pedanterie [pedantə'ri:] f minutie f excessive
pedantisch adj (Mensch) pointilleux(-euse); (Arbeit) minutieux(-euse)
Peddigrohr ['pɛdɪçro:r] nt rotin m
Pediküre [pedi'ky:rə] f (Fußpflege) soins mpl du pied; (Fußpflegerin) pédicure f

Pegel ['pe:gəl] (**-s, -**) *m* indicateur *m* de niveau; (*Geräuschpegel*) audiomètre *m*; **~stand** *m* niveau *m* de l'eau

peilen ['paɪlən] *vt* déterminer; **die Lage ~** (*umg*) prendre le vent

Pein [paɪn] (**-**) *f* tourments *mpl*, souffrance *f*

peinigen *vt* (*geh: subj*) tourmenter

peinlich *adj* (*unangenehm*) gênant(e) ▷ *adv*: **~ genau** avec une précision méticuleuse; **in seinem Zimmer herrscht ~e Ordnung** dans sa chambre, tout est méticuleux; **er vermied es ~st, davon zu sprechen** il a tout fait pour éviter le sujet

Peinlichkeit *f* (*von Situation*) côté *m* gênant

Peitsche ['paɪtʃə] *f* fouet *m*

peitschen *vt, vi* fouetter

Peitschenhieb *m* coup *m* de fouet

Pekinese [peki'ne:zə] (**-n, -n**) *m* (*Zool*) pékinois *m*

Peking ['pe:kɪŋ] (**-s**) *nt* Pékin

Pelikan ['pe:lika:n] (**-s, -e**) *m* pélican *m*

Pelle ['pɛlə] *f* (*von Wurst, Kartoffel*) peau *f*; **jdm auf die ~ rücken** (*umg: angreifen*) s'en prendre à qn; (*bedrängen*) harceler qn, casser les pieds à qn

pellen *vt* (*Wurst*) peler; (*Kartoffel*) éplucher; (*Eier*) enlever la coquille de

Pellkartoffeln *pl* pommes *fpl* de terre en robe des champs

Peloponnes [pelopɔ'ne:s] (**-(e)s** *od* **-**) *m od f* Péloponnèse *m*

Pelz [pɛlts] (**-es, -e**) *m* fourrure *f*

pelzig *adj* (*Zunge*) pâteux(-euse); (*Haut*) velouté(e)

Pendel ['pɛndəl] (**-s, -**) *nt* pendule *m*

pendeln *vi* (*schwingen*) osciller, se balancer; (*Zug, Fähre*) faire la navette; (*fig*) osciller, hésiter

Pendelverkehr *m* (*von Bus etc*) navette *f*; (*Berufsverkehr*) banlieusards qui se rendent à leur travail par les transports en commun

Pendler, in ['pɛndlər(ɪn)] (**-s, -**) *m(f)* banlieusard(e) *m/f* (*qui se rend à son travail par les transports en commun*)

Penes ['pe:ne:s] *pl von* **Penis**

penetrant [pene'trant] *adj* (*Geruch*) fort(e); (*pej: Person*) envahissant(e) ▷ *adv*: **das schmeckt ~ nach Knoblauch** ça a un fort goût d'ail; **das riecht ~ nach Knoblauch** ça pue l'ail

peng [pɛŋ] *interj* pan

penibel [pe'ni:bəl] *adj* (*geh*) pointilleux(-euse)

Penis ['pe:nɪs] (**-, -se** *od* **Penes**) *m* pénis *m*

Penne (*umg*) *f* (*Sch*) lycée *m*

pennen (*umg*) *vi* (*schlafen*) pioncer

Penner (*umg: pej*) *m* (*Landstreicher*) clochard *m*; (*verschlafener Mensch*) endormi *m*

Pensen ['pɛnzən] *pl von* **Pensum**

Pension [pɛnzi'o:n] *f* pension *f*; (*Ruhestand*) retraite *f*; **halbe ~** mi-pension; **volle ~** pension complète; **in ~ gehen** prendre sa retraite

Pensionär, in [pɛnzio'nɛ:r(ɪn)] (**-s, -e**) *m(f)* (*fonctionnaire m/f*) retraité(e) *m/f*

Pensionat (**-(e)s, -e**) *nt* pensionnat *m*

pensionieren [pɛnzio'ni:rən] *vt* mettre à la retraite; **sich ~ lassen** prendre sa retraite

pensioniert *adj* retraité(e)

Pensionierung *f* départ *m* à la retraite

Pensions-: **p~berechtigt** *adj* qui a droit à une pension de retraite; **~gast** *m* pensionnaire *m*; **~kasse** *f* caisse *f* de retraite; **~preis** *m* prix *m* de la pension; **p~reif** *adj* qui devrait prendre sa retraite

Pensum ['pɛnzʊm] (**-s, Pensen**) *nt* tâche *f*; (*Sch: Lehrstoff*) programme *m*

Penthaus, Penthouse ['pɛnthaʊs] (**-, -s**) *nt* appartement *m* de luxe (*au dernier étage d'un immeuble*)

Peperoni [pepe'ro:ni] *pl* piments *mpl*

per [pɛr] *präp +Akk* par; (*Wirts: bis*) d'ici à; **~ Adresse** chez; **mit jdm ~ du sein** (*umg*) tutoyer qn; **~ sofort** (*Wirts*) immédiatement; **~ conto** (*Wirts*) au débit de

perfekt [pɛr'fɛkt] *adj* parfait(e); (*abgemacht*) conclu(e) ▷ *adv*: **sie spricht ~ Deutsch** elle parle couramment l'allemand; **die Sache ~ machen** conclure l'affaire; **der Vertrag ist ~** le contrat est conclu

Perfekt ['pɛrfɛkt] (**-(e)s, -e**) *nt* (*Gram*) parfait *m*

perfektionieren [pɛrfɛktsio'ni:rən] *vt* perfectionner

Perfektionismus [pɛrfɛktsio'nɪsmʊs] *m* perfectionnisme *m*

Perforation [pɛrforatsi'o:n] *f* (*von Papier*) pointillé *m*

perforieren [pɛrfo'ri:rən] *vt* perforer

Pergament [pɛrga'mɛnt] *nt* parchemin *m*; **~papier** *nt* papier *m* surfurisé

Pergola ['pɛrgola] (**-, Pergolen**) *f* tonnelle *f*

Periode [peri'o:də] *f* période *f*; (*Med*) règles *fpl*; **0,33 ~ 0,3333 etc**

periodisch [peri'o:dɪʃ] *adj* périodique ▷ *adv* périodiquement

Peripherie [perife'ri:] *f* périphérie *f*; (*von Stadt auch*) banlieue *f*; **~gerät** *nt* (*Comput*) périphérique *m*

Perle ['pɛrlə] *f* perle *f*; (*fig*) perle rare; (*veraltet: umg: Hausgehilfin*) bonne *f*

perlen *vi* (*Sekt, Wein*) pétiller; (*Schweiß*) perler; (*Bläschen, Tropfen*) se former

Perlenkette *f* collier *m* de perles

Perlhuhn *nt* pintade *f*

Perlmutt ['pɛrlmʊt] (**-s**) *nt* nacre *f*

Perlon® ['pɛrlɔn] (**-s**) *nt* perlon® *m*

Perlwein *m* mousseux *m*

perplex [pɛr'plɛks] (*umg*) *adj* perplexe

Perser ['pɛrzər] (**-s, -**) *m* Persan *m*; (*umg: Teppich*) tapis *m* persan

Perserin *f* Persane *f*

Persianer [pɛrzi'a:nər] (**-s, -**) *m* astrakan *m*

Persien ['pɛrziən] (**-s, -**) *nt* la Perse

Persiflage [pɛrzi'fla:ʒə] *f*: **~ (auf +Akk)** satire *f* (de)

persisch *adj* persan(e); **P~er Golf** golfe *m* Persique

Person [pɛr'zo:n] (**-, -en**) *f* personne *f*; (*Frau*) femme *f*; **ich für meine ~** quant à moi; **Angaben zur ~ machen** décliner son identité; **er ist Finanz- und Außenminister in einer ~** il est à la fois ministre des Finances et des Affaires étrangères

Personal [pɛrzo'naːl] (**-s**) *nt* personnel *m*; **~akte** *f* dossier *m* (*d'une personne*); **~ausweis** *m* carte *f* d'identité; **~bogen** *m* dossier *m* de candidature; **~büro** *nt* service *m* du personnel; **~chef** *m* chef *m* du personnel; **~ Computer** *m* P.C. *m*; **~daten** *pl* données *fpl* concernant le personnel

Personalien [pɛrzo'naːliən] *pl*: **die ~ feststellen** faire un contrôle d'identité

Personalität [pɛrzonali'tɛːt] *f* personnalité *f*

Personal-: **~kosten** *pl* frais *mpl od* dépenses *fpl* de personnel; **~mangel** *m* manque *m* de personnel; **~pronomen** *nt* pronom *m* personnel; **~rat** *m* comité *m* d'entreprise

personell [pɛrzo'nɛl] *adj* (*Veränderungen*) de personnel

Personen-: **~aufzug** *m* ascenseur *m*; **~beschreibung** *f* signalement *m*; **~gedächtnis** *nt*: **sie hat ein gutes/kein ~gedächtnis** elle a/ n'a pas la mémoire des visages; **~kennzeichen** *nt* matricule *m*; **~kraftwagen** *m* voiture *f*; **~kreis** *m* groupe *m* de personnes; **~kult** (*pej*) *m* culte *m* de la personnalité; **~schaden** *m* victime(s) *f(pl)*; **~verkehr** *m* transport *m* de passagers; **~waage** *f* pèse-personne *m*; **~zug** *m* train *m* de voyageurs

personifizieren [pɛrzonifi'tsiːrən] *vt* (*geh: darstellen*) personnifier

persönlich [per'zøːnlıç] *adj* (*Meinung*) personnel(le); (*Eigentum*) privé(e); (*Bemerkung*) blessant(e); (*Worte, Ton*) chaleureux(-euse); (*Gespräch*) amical(e) ▷ *adv* (*erscheinen*) en personne; (*auf Briefen*) personnelle; **~ werden** faire des remarques désobligeantes; **jdn ~ angreifen** faire une attaque personnelle contre qn; **~ haften** (*Wirts*) se porter garant(e); **P~keit** *f* personnalité *f*; **P~keiten des öffentlichen Lebens** des personnalités connues

Perspektive [pɛrspɛk'tiːvə] *f* perspective *f*; **das eröffnet ganz neue ~n** cela ouvre des horizons nouveaux

Peru [pe'ruː] (**-s**) *nt* le Pérou

Peruaner, in [peru'aːnər(ın)] (**-s, -**) *m(f)* Péruvien(ne)

peruanisch *adj* péruvien(ne)

Perücke [pe'rʏkə] *f* perruque *f*

pervers [pɛr'vɛrs] *adj* pervers(e); **P~ität** [pɛrvɛrzi'tɛːt] *f* perversité *f*

Pessar [pɛ'saːr] (**-s, -e**) *nt* suppositoire *m* vaginal; (*zur Empfängnisverhütung*) diaphragme *m*

Pessimismus [pɛsi'mısmʊs] *m* pessimisme *m*

Pessimist, in [pɛsi'mıst(ın)] *m(f)* pessimiste *m/f*; **p~isch** *adj* pessimiste

Pest [pɛst] (**-**) *f* (*Med*) peste *f*; **jdn wie die ~ hassen** (*umg*) ne pas pouvoir sentir qn; **etw wie die ~ hassen** (*umg*) avoir horreur de qch

Petersilie [petər'ziːliə] *f* persil *m*

Petrodollar [petro'dolar] *m* pétrodollar *m*

Petro(l)chemie [petro:(l)çe'miː] *f* pétrochimie *f*

Petroleum [pe'tro:leum] (**-s**) *nt* pétrole *m*

petto ['pɛto] *adv*: **etw in ~ haben** (*umg*) avoir qch en réserve

Petunie [pe'tuːniə] *f* pétunia *m*

petzen ['pɛtsən] *vi* (*Sch*) rapporter

Pf (*Hist*) *abk* = **Pfennig**

Pfad [pfaːt] (**-(e)s, -e**) *m* sentier *m*, chemin *m*; **~finder, in** *m(f)* scout *m*, guide *f*

Pfaffe ['pfafə] (**-n, -n**) (*pej*) *m* curé *m*, cureton *m*

Pfahl [pfaːl] (**-(e)s, ¨e**) *m* poteau *m*; **~bau** *m* bâtiment *m* sur pilotis

Pfalz [pfalts] (**-**) *f* Palatinat *m*

Pfälzer ['pfɛltsər] *adj* palatin(e)

Pfand [pfant] (**-(e)s, ¨er**) *nt* gage *m*; (*Flaschenpfand*) consigne *f*; **~brief** *m* (*Finanz*) obligation *f*

pfänden ['pfɛndən] *vt* hypothéquer; (*Mensch*) saisir les biens de

Pfänderspiel *nt* jeu de société avec des gages

Pfand-: **~leihanstalt** *f* mont-de-piété *m*, crédit *m* municipal; **~leiher** (**-s, -**) *m* prêteur *m* sur gages; **~recht** *nt* (*Jur*) droit *m* de saisie-exécution; **~schein** *m* reconnaissance *f* (*de dépôt de gage*)

Pfändung ['pfɛndʊŋ] *f* saisie *f*

Pfanne ['pfanə] *f* poêle *f*; **jdn in die ~ hauen** (*umg*) démolir qn; (*hereinlegen*) avoir qn

Pfannengericht *nt* plat cuit à la poêle, sauté *m*

Pfannkuchen *m* crêpe *f*; (*Berliner*) beignet *m*

Pfarrei [pfar'raı] *f* paroisse *f*

Pfarrer (**-s, -**) *m* curé *m*; (*evangelisch, von Freikirchen*) pasteur *m*

Pfarrhaus *nt* presbytère *m*

Pfarrkirche *f* église *f* paroissiale

Pfau [pfaʊ] (**-(e)s, -en**) *m* paon *m*

Pfauenauge *nt* paon-de-jour *m*, vanesse *f*

Pfd. *abk* (= *Pfund*) livre *f*

Pfeffer ['pfɛfər] (**-s, -**) *m* poivre *m*; **er soll bleiben, wo der ~ wächst!** (*umg*) qu'il aille au diable!; **~korn** *nt* grain *m* de poivre; **~kuchen** *m* pain *m* d'épice; **~minz** (**-es, -e**) *nt* (*Bonbon*) bonbon *m* à la menthe; **~minze** *f* menthe *f*; **~minztee** *m* thé *m* à la menthe; **~mühle** *f* moulin *m* à poivre

pfeffern *vt* poivrer; (*umg: werfen*) balancer; **gepfefferte Preise** des prix exorbitants; **gepfefferte Witze** des plaisanteries salées; **jdm eine ~** (*umg*) flanquer une baffe à qn

Pfeffernuss *f* petit pain d'épice rond

Pfeife ['pfaıfə] *f* (*Tabakpfeife*) pipe *f*; (*von Schiedsrichter etc*) sifflet *m*; (*Orgelpfeife*) tuyau *m*; **nach jds ~ tanzen** obéir à qn au doigt et à l'œil

pfeifen *vt, vi* (*Melodie*) siffler; **ich pfeif(e) drauf!** (*umg*) je m'en fiche!

Pfeifenreiniger *m* cure-pipe *m*

Pfeifer (**-s, -**) *m* joueur *m* de pipeau

Pfeifkonzert *nt* huées *fpl*

Pfeil [pfaıl] (**-(e)s, -e**) *m* flèche *f*

Pfeiler ['pfaılər] (**-s, -**) *m* pilier *m*; (*Brückenpfeiler*) pile *f*

Pfennig ['pfɛnıç] (**-(e)s, -e**) (*Hist*) *m* pfennig *m*; **~absatz** *m* talon *m* aiguille; **~fuchser** (**-s, -**) (*umg*) *m* pingre *m*

pferchen ['pfɛrçən] *vt* entasser

Pferd [pfeːrt] (**-(e)s, -e**) *nt* cheval *m*; (*Sport*) cheval d'arçons; **mit ihm kann man ~e stehlen** (*umg*) c'est un chic type; **auf das falsche/richtige ~**

setzen miser sur le bon/mauvais cheval
Pferde-: **~äpfel** *pl* crottin *msg* (de cheval); **~fuß** *m*: **die Sache hat einen ~fuß** il y a un nœud; **~rennen** *nt* courses *fpl* de chevaux; *(Sportart)* hippisme *m*; **~schwanz** *m* queue *f* de cheval; **~stall** *m* écurie *f*; **~stärke** *f* puissance *f* (*en chevaux*)
Pfiff (**-(e)s, -e**) *m* coup *m* de sifflet; (*umg: besonderer Reiz*) touche *f* (originale)
pfiff *etc* [pfɪf] *vb siehe* **pfeifen**
Pfifferling ['pfɪfərlɪŋ] *m* chanterelle *f*
pfiffig *adj* (*Junge*) futé(e); (*Idee*) astucieux(-euse)
Pfingsten ['pfɪŋstən] (**-,-**) *nt* Pentecôte *f*
Pfingstrose *f* pivoine *f*
Pfingstsonntag *m* dimanche *m* de Pentecôte
Pfirsich ['pfɪrzɪç] (**-s, -e**) *m* pêche *f*
Pflanze ['pflantsə] *f* plante *f*
pflanzen *vt* planter ▷ *vr* (*umg*) se planter
Pflanzenfett *nt* graisse *f* végétale
Pflanzenschutzmittel *nt* pesticide *m*
Pflanzer (**-s, -**) *m* planteur *m*
pflanzlich *adj* (*Stoffe*) végétal(e)
Pflanzung *f* plantation *f*
Pflaster ['pflastər] (**-s, -**) *nt* (*Heftpflaster*) pansement *m*; (*von Straße*) chaussée *f*; **ein teures/ heißes** *od* **gefährliches ~** (*umg*) un endroit cher/ dangereux; **~maler** *m* artiste *m* des rues (*qui fait des dessins à la craie sur le trottoir*); **p~müde** (*umg*) *adj* qui a les jambes comme du coton
pflastern *vt* (*Hof*) paver
Pflasterstein *m* pavé *m*
Pflaume ['pflaʊmə] *f* prune *f*; (*umg: pej: Mensch*) nouille *f*; **~mus** *nt* confiture *f* de prune
Pflege ['pfle:gə] *f* (*von Mensch, Tier*) soins *mpl*; (*von Maschine*) entretien *m*; (*von Idee, Brauchtum*) préservation *f*; **jdn/etw in ~ nehmen** prendre soin de qn/qch, s'occuper de qn/qch; **in ~ sein** (*Kind*) être chez des parents nourriciers; **p~bedürftig** *adj* (*Patient*) qui a besoin de soins; **~eltern** *pl* parents *mpl* nourriciers, famille *f* d'accueil; **~fall** *m* personne qui a besoin de soins constants; **~geld** *nt* prestations *fpl* de la sécurité sociale; **~heim** *nt* (*für alte Menschen*) maison *f* de retraite; (*für Behinderte*) maison de santé; (*für Kranke*) clinique *f*; **~kind** *nt* enfant placé dans une famille d'accueil od chez des parents nourriciers; **p~leicht** *adj* d'entretien facile; **~mutter** *f* mère *f* nourricière
pflegen *vt* (*Kranke*) soigner; (*Kleidung, Auto, Beziehungen*) entretenir; (*Garten*) soigner, cultiver ▷ *vi* (*gewöhnlich tun*): **ich pflege mittags ein Stündchen zu schlafen** j'ai l'habitude de faire une sieste d'une petite heure l'après-midi ▷ *vr* se soigner; **wie man zu sagen pflegt** comme on dit
Pfleger (**-s, -**) *m* (*im Krankenhaus*) aide *m* infirmier; (*voll qualifiziert*) infirmier *m*
Pflegerin *f* (*im Krankenhaus*) aide *f* soignante
Pflegesatz *m* frais *mpl* d'hospitalisation
Pflegevater *m* père *m* nourricier
pfleglich *adj* (*sorgsam*) soigneux(-euse)
Pflicht [pflɪçt] (**-, -en**) *f* devoir *m*; (*Sport*) figures *fpl* imposées; **Rechte und ~en** droits et devoirs; **p~bewusst** *adj* conscencieux(-euse);

~bewusstsein *nt* sens *m* du devoir; **~fach** *nt* (*Sch*) matière *f* obligatoire; **~gefühl** *nt* sens *m* du devoir; **p~gemäß** *adj* consciencieux(-euse) ▷ *adv* consciencieusement; **~umtausch** *m* (*von Geld*) change *m* obligatoire; **p~vergessen** *adj* (*Mensch*) oublieux(-euse) de ses devoirs; **~versicherung** *f* assurance *f* obligatoire
Pflock [pflɔk] (**-(e)s, ¨e**) *m* pieu *m*
pflücken ['pflʏkən] *vt* cueillir
Pflug [pflu:k] (**-(e)s, ¨e**) *m* charrue *f*
pflügen ['pfly:gən] *vt* (*Feld*) labourer
Pforte ['pfɔrtə] *f* porte *f*
Pförtner, in ['pfœrtnər(ɪn)] (**-s, -**) *m(f)* (*von Wohnhaus*) concierge *m/f*; (*von Krankenhaus*) portier *m*; (*von Betrieb*) réceptionniste *m/f*
Pfosten ['pfɔstən] (**-s, -**) *m* (*senkrechter Balken*) montant *m*
Pfote ['pfo:tə] *f* (*auch: umg: Hand*) patte *f*
Pfropf [pfrɔpf] (**-(e)s, -e**) *m* (*in Rohr*) bouchon *m* (*accidentel*); (*Blutpfropf*) caillot *m* (de sang)
pfropfen *vt* (*umg: stopfen*) boucher; (*Baum*) greffer; **gepfropft voll** plein(e) à craquer; **P~** (**-s, -**) *m* *siehe* **Propf**
pfui [pfʊi] *interj* (*Ekel*) pouah, berk; (*Buhruf*) hou; **~ Teufel** (*umg*) pouah! quelle horreur!; **~, schäm dich!** hou! le vilain!
Pfund [pfʊnt] (**-(e)s, -e**) *nt* livre *f*
pfundig (*umg*) *adj* génial(e)
Pfundskerl ['pfʊntskɛrl] (*umg*) *m* type *m* super
pfundweise *adv*: **etw ~ essen** manger des tonnes de qch
pfuschen ['pfʊʃən] (*umg: pej*) *vi* (*liederlich arbeiten*) faire du travail bâclé; **jdm in etw** *Akk* **~** se mêler des affaires de qn
Pfuscher, in ['pfʊʃər(ɪn)] (**-s, -**) (*umg: pej*) *m(f)* bousilleur(-euse); (*Kurpfuscher*) charlatan *m*
Pfuscherei [pfʊʃə'raɪ] (*umg: pej*) *f* travail *m* bâclé
Pfütze ['pfʏtsə] *f* flaque *f* (d'eau)
PH *f abk* (= *pädagogische Hochschule*) IUFM *m*
Phänomen [fɛno'me:n] (**-s, -e**) *nt* phénomène *m*
phänomenal *adj* (*Erfindung*) génial(e); (*Gedächtnis*) phénoménal(e)
Phantasie *etc* [fanta'zi:] *f siehe* **Fantasie** *etc*
phantasieren [fanta'zi:rən] *vi siehe* **fantasieren**
phantasievoll *adj siehe* **fantasievoll**
Phantast [fan'tast] (**-en, -en**) *m siehe* **Fantast**
phantastisch *adj siehe* **fantastisch**
Phantom [fan'to:m] (**-s, -e**) *nt* (*Trugbild*) chimère *f*; **~bild** *nt* portrait-robot *m*
Pharisäer [fari'zɛ:ər] (**-s, -**) *m* (*fig*) tartuffe *m*
Pharmazeut, in [farma'tsɔʏt(ɪn)] (**-en, -en**) *m(f)* pharmacien(ne); **p~isch** *adj* pharmaceutique
Pharmazie *f* pharmacie *f*
Phase ['fa:zə] *f* phase *f*
Philanthrop [filan'tro:p] (**-en, -en**) *m* philanthrope *m*; **p~isch** *adj* philanthropique
Philatelist, in [filate'lɪst(ɪn)] *m(f)* philatéliste *m/f*
Philharmoniker [fɪlhar'mo:nikər] *pl* orchestre *msg* philharmonique
Philippine, -in [fɪlɪ'pi:nə] (**-n, -n**) *m(f)* Philippin(e) *m/f*
Philippinen *pl* Philippines *fpl*

philippinisch *adj* philippin(e)
Philologe [filo'lo:gə] (**-n, -n**) *m* philologue *m*
Philologie [filolo'gi:] *f* philologie *f*
Philologin *f* philologue *f*
Philosoph, in [filo'zo:f(ɪn)] (**-en, -en**) *m(f)*
philosophe *m/f*
Philosophie [filozo'fi:] *f* philosophie *f*
philosophieren [filozo'fi:rən] *vi*: ~ (**über** +*Akk*)
philosopher (sur)
philosophisch *adj* philosophique; (*besinnlich*)
contemplatif(-ive)
Phlegma ['flɛɡma] (**-s**) *nt* apathie *f*
phlegmatisch [flɛ'ɡma:tɪʃ] *adj* apathique
Phlox [flɔks] (**-es, -e**) *m* phlox *m*
Phobie [fo'bi:] *f* phobie *f*
Phonetik [fo'ne:tɪk] *f* phonétique *f*
phonetisch *adj* phonétique
Phonotypistin [fonoty'pɪstɪn] *f* audiotypiste *f*
Phosphat [fɔs'fa:t] (**-(e)s, -e**) *nt* phosphate *m*
Phosphor ['fɔsfɔr] (**-s**) *m* phosphore *m*
phosphoreszieren [fɔsfores'tsi:rən] *vi* être
phosphorescent(e)
Photo ['fo:to] (**-s, -s**) *nt siehe* **Foto**
Phrasen (*pej*) *fpl* mots *mpl* creux; ~ **dreschen**
(*umg*) parler pour ne rien dire
Phrasierung [fra'zi:rʊŋ] *f* phrasé *m*
pH-Wert *m* pH *m*
Physik [fy'zi:k] *f* physique *f*
physikalisch [fyzi'ka:lɪʃ] *adj* physique
Physiker, in ['fy:zikər(ɪn)] (**-s, -**) *m(f)*
physicien(ne)
Physikum ['fy:zikʊm] (**-s**) *nt* (*Univ*) examen de fin de
premier cycle d'études médicales
Physiologe [fyzio'lo:gə] (**-n, -n**) *m* physiologiste *m*
Physiologie [fyziolo'gi:] *f* physiologie *f*
Physiologin *f* physiologiste *f*
physisch ['fy:zɪʃ] *adj* physique
Pianist, in [pia'nɪst(ɪn)] *m(f)* pianiste *m/f*
pianistisch *adj* pianistique
Piccolo[1] ['pɪkolo] (**-s, -s**) *m* (*Kellner*) apprenti
serveur *m* ▷ *nt* (*Mus*) piccolo *m*
Piccolo[2] ['pɪkolo] (**-, -(s)**) *m* (*Piccoloflasche*) demi-
bouteille *f* de champagne
picheln ['pɪçəln] (*umg*) *vi* boire
Pickel ['pɪkəl] (**-s, -**) *m* (*auf der Haut*) bouton *m*;
(*Werkzeug*) pioche *f*; (*Eispickel*) piolet *m*
pickelig *adj* boutonneux(-euse)
picken ['pɪkən] *vt, vi* picorer
picklig *adj* = **pickelig**
Picknick ['pɪknɪk] (**-s, -e** *od* **-s**) *nt* pique-nique *m*;
~ **machen** pique-niquer
piekfein ['pi:k'faɪn] (*umg*) *adj* chic *inv*
pieksauber ['pi:k'zaʊbər] (*umg*) *adj* impec(cable)
piepen ['pi:pən] *vi* (*Vogel*) piailler; (*Maus*) pousser
des petits cris; **bei dir piepts wohl!** (*umg*) ça va
pas, non?; **es war zum P~!** (*umg*) c'était à se
tordre de rire!
piepsen *vi* (*singen*) piailler; (*sprechen*) parler d'une
voix aiguë; (*Funkgerät etc*) émettre des signaux
Pier [pi:ər] (**-s, -s** *od* **-e**) *m od f* embarcadère *m*,
débarcadère *m*
piesacken ['pi:zakən] (*umg*) *vt* tourmenter

pieseln ['pi:zəln] (*umg*) *vi* pisser
Pietät [pie'tɛ:t] *f* respect *m*; **p~los** *adj*
irrévérencieux(-euse)
Pigment [pɪ'ɡment] (**-(e)s, -e**) *nt* pigment *m*
Pik[1] [pi:k] (**-s, -s**) *nt* (*Karten*) pique *m*
Pik[2] [pi:k] (**-s, -e** *od* **-s**) *m*: **einen ~ auf jdn haben**
(*umg*) avoir une dent contre qn
pikant [pi'kant] *adj* (*Speise*) épicé(e); (*Geschichte*)
piquant(e)
Pike [pi:kə] *f*: **etw von der ~ auf lernen** (*umg*)
apprendre qch sur le tas (*en commençant au bas de*
l'échelle)
piken ['pi:kən] *vt, vi* (*umg: stechen*) piquer
pikiert [pi'ki:rt] *adj* froissé(e)
Pikkolo ['pɪkolo] *m* = **Piccolo**
Piktogramm [pɪkto'gram] *nt* pictogramme *m*
Pilger, in ['pɪlgər(ɪn)] (**-s, -**) *m(f)* pèlerin(e); **~fahrt**
f pèlerinage *m*
pilgern *vi* faire un pèlerinage; (*umg: gehen*) se
rendre
Pille ['pɪlə] *f* pilule *f*
Pilot, in [pi'lo:t(ɪn)] (**-en, -en**) *m(f)* pilote *m*
Pilotenschein *m* brevet *m* de pilote
Pils [pɪls] (**-, -**) *nt*, **Pils(e)ner** (**-s, -**) ▷ *nt* bière blonde
à fort goût de houblon
Pilz [pɪlts] (**-es, -e**) *m* champignon *m*; **wie ~e aus**
dem Boden schießen pousser comme des
champignons; **~beratungsstelle** *f* service
d'information pour les cueilleurs de champignons;
~krankheit *f* mycose *f*
Pimmel ['pɪməl] (**-s, -**) (*umg*) *m* (*Penis*) queue *f*
pimpelig ['pɪmpəlɪç] (*umg: pej*) *adj* poule
mouillée
pingelig ['pɪŋəlɪç] (*umg*) *adj* tatillon(ne)
Pinguin ['pɪŋgui:n] (**-s, -e**) *m* pingouin *m*
Pinie ['pi:niə] *f* pin *m*
Pinkel (**-s, -**) (*umg: pej*) *m*: **ein feiner** *od*
vornehmer ~ un bêcheur
pinkeln ['pɪŋkəln] (*umg*) *vi* pisser
Pinnwand ['pɪnvant] *f* panneau *m* d'affichage
Pinsel ['pɪnzəl] (**-s, -**) *m* pinceau *m*; (*umg: pej*:
Dummkopf) imbécile *m*
pinseln *vt* (*umg: malen*) barbouiller; (*Med*)
badigeonner ▷ *vi* peinturlurer
Pinte ['pɪntə] (*umg*) *f* (*Lokal*) bistro *m*
Pinzette [pɪn'tsɛtə] *f* pincettes *fpl*
Pionier [pio'ni:r] (**-s, -e**) *m* pionnier *m*; **~arbeit** *f*
travail *m* innovateur
Pipi [pi'pi:] (**-s, -s**) *nt* pipi *m*
Pirat [pi'ra:t] (**-en, -en**) *m* pirate *m*
Piratensender *m* émetteur *m* pirate
Pirsch [pɪrʃ] (**-**) *f* traque *f*
pissen ['pɪsən] (*umg!*) *vi* pisser (*umg!*); (*regnen*)
flotter; **es pisst** il pleut comme vache qui pisse
Pistazie [pɪs'ta:tsiə] *f* pistache *f*
Piste ['pɪstə] *f* piste *f*
Pistole [pɪs'to:lə] *f* pistolet *m*; **wie aus der ~**
geschossen antworten (*umg*) répondre sans
hésiter; **jdm die ~ auf die Brust setzen** mettre
qn au pied du mur
pitsch(e)nass ['pɪtʃ(ə)'nas] (*umg*) *adj* trempé(e)
Pizza ['pɪtsa] (**-, -s**) *f* pizza *f*

Pkw, PKW (-(s), -(s)) *m abk* (= *Personenkraftwagen*) voiture *f*

Pl. *abk* (= *Plural, Platz*) pl.

placken ['plakən] *vr* trimer

Plackerei [plakə'raɪ] (*umg*) *f* boulot *m* épuisant

plädieren [plɛ'di:rən] *vi* plaider

Plädoyer [plɛdoa'je:] (-s, -s) *nt* plaidoyer *m*

Plage ['pla:gə] *f* fléau *m*; (*Mühe*) soucis *mpl*; **~geist** (*umg*) *m* plaie *f*

plagen *vt* tourmenter ▷ *vr* peiner, trimer

Plagiat [plagi'a:t] *nt* plagiat *m*

Plakat [pla'ka:t] (-(e)s, -e) *nt* affiche *f*; (*aus Pappe*) pancarte *f*

Plakatwand *f* colonne *f* Morris

Plakette [pla'kɛtə] *f* (*Abzeichnen*) badge *m*; (*an Wänden*) plaque *f*

Plan [pla:n] (-(e)s, ⁝e) *m* plan *m*; **Pläne schmieden** faire des projets; **auf dem ~ stehen** être prévu(e); **nach ~ verlaufen** se dérouler comme prévu; **jdn auf den ~ rufen** faire descendre qn dans l'arène; **Grüner ~** *plan agricole annuel du gouvernement allemand*

Plane *f* bâche *f*

planen *vt* (*Haus*) concevoir, dresser le plan de; (*Entwicklung*) planifier; (*Mord etc*) préméditer

Planer, in (-s, -) *m(f)* urbaniste *m/f*

Planet [pla'ne:t] (-en, -en) *m* planète *f*

Planetarium [plane'ta:rium] *nt* planétarium *m*

Planetenbahn *f* orbite *f* (planétaire)

plangemäß *adj siehe* **planmäßig**

planieren [pla'ni:rən] *vt* aplanir, niveler

Planierraupe *f* bulldozer *m*

Planke ['plaŋkə] *f* (*Brett*) poutre *f*

Plänkelei [plɛŋkə'laɪ] *f* querelle *f*

plänkeln ['plɛŋkəln] *vi* (*sich harmlos streiten*) se quereller

Plankton ['plaŋktɔn] (-s) *nt* plancton *m*

planlos *adj* sans méthode, au petit bonheur; (*ziellos*) sans but ▷ *adv* (*siehe adj*) sans méthode; sans but

planmäßig *adj* comme prévu; (*methodisch*) systématique; (*nach Fahrplan od Flugplan*) à l'heure ▷ *adv* (*ankommen*) à l'heure

Plan(t)schbecken ['plan(t)ʃbɛkən] *nt* pataugeoire *f*

plan(t)schen *vi* barboter

Plansoll (-s) *nt* objectif *m* de production

Planstelle *f* poste prévu au budget

Plantage [plan'ta:ʒə] *f* plantation *f*

Planung *f* planification *f*

Planwagen *m* chariot *m* bâché

Planwirtschaft *f* économie *f* planifiée

Plappermaul (*umg*) *nt* petit(e) bavard(e)

plappern ['plapərn] (*umg*) *vi* jacasser

plärren ['plɛrən] *vi* (*Mensch*) brailler; (*Radio*) beugler

Plasma ['plasma] (-s, Plasmen) *nt* (*Med*) plasma *m* (sanguin)

Plastik¹ ['plastɪk] *f* (*Kunst*) sculpture *f*

Plastik² ['plastɪk] (-s) *nt* (*Kunststoff*) plastique *m*; **~beutel** *m* sac *m* en plastique; **~folie** *f* scellofrais® *m*; **~tüte** *f* sac *m* en plastique

Plastilin [plasti'li:n] (-s) *nt* pâte *f* à modeler

plastisch ['plastɪʃ] *adj* (*formbar*) plastique, malléable; (*bildhauerisch*) plastique; (*anschaulich*) vivant(e); **stell dir das ~ vor!** imagine la scène!

Platane [pla'ta:nə] *f* platane *m*

Plateau [pla'to:] (-s, -s) *nt* plateau *m*

Platin ['pla:ti:n] (-s) *nt* platine *m*

Platitüde [plati'ty:də] *f* platitude *f*

platonisch [pla'to:nɪʃ] *adj* (*Liebe*) platonique; (*von Plato*) platonicien(ne)

platsch [platʃ] *interj* flac

platschen *vi* (*Regen etc*) tambouriner; (*fallen*) tomber (bruyamment)

plätschern ['plɛtʃərn] *vi* (*Wasser*) clapoter; (*Bach*) gazouiller; (*Gespräch*) prendre un tour plus léger

platschnass *adj* trempé(e)

platt [plat] *adj* plat(e); (*Reifen*) à plat; **~ sein** (*umg*) völlig überrascht) être ébahi(e); **einen P~en haben** (*umg*) avoir crevé; **P~ (-(s))** *nt* bas allemand *m*; **~deutsch** *adj* en bas allemand

Platte *f* plaque *f*; (*Schallplatte*) disque *m*; (*Steinplatte*) bloc *m*; (*Servierteller*) plat *m*; (*Tischplatte*) dessus *m* (de table); (*umg: Glatze*) crâne *m* dégarni; **gemischte ~** assiette *f* froide; **die ~ kenne ich schon** (*umg*) ce disque, je l'ai déjà entendu

Plätteisen *nt* fer *m* à repasser

plätteln ['plɛtəln] *vt* carreler

plätten *vt, vi* repasser

Platten-: ~album *nt* album *m*; **~leger** (-s, -) *m* carreleur *m*; **~spieler** *m* tourne-disque *m*, électrophone *m*; **~teller** *m* platine *f*

Plattform *f* plate-forme *f*

Plattfuß *m* pied *m* plat; (*umg: Reifenpanne*) crevaison *f*

Plattitüde [plati'ty:də] *f* platitude *f*

Platz [plats] (-es, ⁝e) *m* place *f*; (*Stelle*) endroit *m*; (*Sportplatz*) terrain *m*; **~ machen** faire de la place; **seinen ~ behaupten** tenir bon; **fehl am ~e sein** être déplacé(e); **~ haben** avoir de la place; **jdm ~ machen** faire de la place à qn; (*zur Seite treten*) laisser passer qn; **~ nehmen** prendre place, s'asseoir; **~ sparend = platzsparend**; einen Spieler vom **~ stellen od verweisen** renvoyer un joueur; **auf die Plätze, fertig, los!** à vos marques ... prêts? partez!; **auf ~ zwei** en seconde place; **das erste Hotel am ~** le meilleur hôtel de la place; **~angst** (*Med*) agoraphobie *f*; (*umg*) claustrophobie *f*; **~anweiser, in** (-s, -) *m(f)* placeur *m*, ouvreuse *f*

Plätzchen ['plɛtsçən] *nt* (*Koch: Gebäck*) biscuit *m*

platzen *vi* éclater; (*aufplatzen*) craquer, se déchirer; (*Haut*) se gercer; (*umg: scheitern: Geschäft*) se casser le nez; (*: Verlobung*) être rompu(e); (*: Theorie*) ne pas marcher; (*: Verschwörung*) échouer; (*: Wechsel*) être refusé(e); **ihre Freundschaft ist geplatzt** ils se sont brouillés; **vor Wut ~** (*umg*) être furax

platzieren [pla'tsi:rən] *vt* placer ▷ *vr* (*Sport*) se placer; (*: Tennis*) se placer en tête de série; (*umg: sich setzen*) se poser; (*: sich stellen*) se planter

Platz-: ~karte *f* réservation *f*; **~konzert** *nt*

concert *m* en plein air; **~mangel** *m* manque *m* de place; **~patrone** *f* cartouche *f* à blanc; **~regen** *m* averse *f*; **p~sparend** *adj* à faible encombrement, compact(e); **~verweis** *m* renvoi *m*; **~wart** *m* (*Sport*) gardien *m* de stade; **~wunde** *f* plaie *f* béante

Plauderei [plaʊdəˈraɪ] *f* bavardage *m*

plaudern [ˈplaʊdərn] *vi* bavarder

Plausch [plaʊʃ] (**-(e)s, -e**) (*umg*) *m* papotage *m*

plausibel [plaʊˈziːbəl] *adj* plausible

Play-back, Playback [ˈpleɪbæk] (**-s, -s**) *nt* play-back *m inv*

Playboy [ˈpleɪbɔɪ] *m* play-boy *m*

plazieren [plaˈtsiːrən] *vt, vr siehe* **platzieren**

Plebejer, in [pleˈbeːjər(ɪn)] (**-s, -**) *m(f)* plébéien(ne)

plebejisch [pleˈbeːjɪʃ] *adj* plébéien(ne)

pleite [ˈplaɪtə] (*umg*) *adj:* **~ sein** (*Firma*) avoir fait faillite; (*Person*) être fauché(e); **P~** (*umg*) *f* (*Bankrott*) faillite *f*; (*Reinfall*) bide *m*; **P~ machen** faire faillite; **~gehen** *unreg vi* faire faillite

Pleitegeier (*umg*) *m* (*drohende Pleite*) faillite *f* imminente; (*Bankrotteur*) failli *m*, *personne qui a fait faillite*

plemplem [plɛmˈplɛm] (*umg*) *adj* débile

Plenarsitzung [pleˈnaːrzɪtsʊŋ] *f* séance *f* plénière

Plenum [ˈpleːnʊm] (**-s, Plenen**) *nt* plenum *m*

Pleuelstange [ˈplɔʏəlʃtaŋə] *f* bielle *f*

Plexiglas® [ˈplɛksiglaːs] *nt* plexiglas® *m*

Plissee [plɪˈseː] (**-s, -s**) *nt* plissé *m*; **~rock** *m* jupe *f* plissée

Plockwurst [ˈplɔkvʊrst] *f sorte de salami*

Plombe [ˈplɔmbə] *f* plomb *m*; (*Zahnplombe*) plombage *m* (*umg*), amalgame *m*

plombieren [plɔmˈbiːrən] *vt* plomber; (*Zahn*) plomber, obturer

Plotter [ˈplɔtər] (**-s -s**) *m* traceur *m* de courbes

plötzlich [ˈplœtslɪç] *adj* soudain(e); (*Bewegung*) brusque ▷ *adv* soudain

Pluderhose [ˈpluːdərhoːzə] *f* pantalon *m* bouffant

Plumeau [plyˈmoː] (**-s, -s**) *nt* édredon *m*

plump [plʊmp] *adj* (*Mensch*) lourdaud(e); (*Hände, Körper*) épais(se), lourd(e); (*Bewegung*) gauche; (*pej: Versuch*) maladroit(e); **~e Annäherungsversuche** assiduités *fpl* (maladroites)

plumps *interj* boum

plumpsen (*umg*) *vi* tomber (comme une masse)

Plumpsklo(sett) (*umg*) *nt* fosse *f* d'aisances

Plunder [ˈplʊndər] (**-s**) (*umg: pej*) *m* camelotte *f*

Plünderer *m* pilleur *m*

Plundergebäck *nt sorte de feuilleté*

plündern [ˈplʏndərn] *vt, vi* piller

Plünderung [ˈplʏndərʊŋ] *f* pillage *m*

Plural [ˈpluːraːl] (**-s, -e**) *m* pluriel *m*; **im ~ stehen** être au pluriel

pluralistisch [pluraˈlɪstɪʃ] *adj* pluraliste

plus [plʊs] *konj, präp +Gen, adv* (*Math*) plus; **~/minus null abschließen** clore sans gains ni pertes; **P~** (**-, -**) *nt* (*Finanz: Mehrbetrag*) excédent *m*; (*: Gewinn*) bénéfice *m*; (*Vorteil*) avantage *m*

Plüsch [plyːʃ] (**-(e)s, -e**) *m* peluche *f*; **~tier** *nt*

(*animal m en*) peluche *f*

Plus-: ~pol *m* pôle *m* positif; **~punkt** *m* (*Sport*) point *m*; (*fig*) avantage *m*; **~quamperfekt** (**-s, -e**) *nt* plus-que-parfait *m*

Plutonium [pluˈtoːnium] (**-s**) *nt* plutonium *m*

PLZ *abk* (= *Postleitzahl*) code *m* postal

Po [poː] (**-s, -s**) (*umg*) *m* postérieur *m*

Pöbel [ˈpøːbəl] (**-s**) *m* populace *f*

Pöbelei [pøːbəˈlaɪ] *f* grossièreté *f*

pöbelhaft *adj* vulgaire

pochen [ˈpɔxən] *vi* frapper, cogner; (*Herz*) battre; **auf etw** *Akk* **~** (*fig*) insister sur qch

Pocken [ˈpɔkən] *pl* (*Med*) variole *f*

Pocken(schutz)impfung *f* vaccination *f* contre la variole

Pocketkamera [ˈpɔkətkaməra] *f* appareil-photo *m* compact

pockig [ˈpɔkɪç] *adj* variolé(e)

Podest [pɔˈdɛst] (**-(e)s, -e**) *nt od m* (*Sockel*) piédestal *m*; (*Podium*) podium *m*

Podium [ˈpoːdiʊm] *nt* estrade *f*

Podiumsdiskussion *f* débat *m* public

Poesie [poeˈziː] *f* poésie *f*; **~album** *nt cahier où les amis d'un enfant écrivent chacun un poème*

Poet [poˈeːt] (**-en, -en**) *m* poète *m*; **p~isch** *adj* poétique

Pointe [pɔˈɛ̃ːtə] *f* conclusion *f*

pointiert [poɛ̃ˈtiːrt] *adj* incisif(-ive)

Pokal [poˈkaːl] (**-s, -e**) *m* coupe *f*; **~spiel** *nt* match *m* de coupe

Pökelfleisch [ˈpøːkəlflaɪʃ] *nt* viande *f* salée (*par salaison*)

pökeln *vt* saler (*pour conserver*)

Poker [ˈpoːkər] (**-s**) *nt* poker *m*

pokern [ˈpoːkərn] *vi* faire une partie de poker; (*fig*) bluffer

Pol [poːl] (**-s, -e**) *m* pôle *m*; **der ruhende ~** *une personne au calme imperturbable*

pol. *abk* = **politisch; polizeilich**

polar [poˈlaːr] *adj* polaire; (*geh: gegensätzlich*) diamétralement opposé(e)

polarisieren [polariˈziːrən] *vt* (*Phys*) polariser ▷ *vr* se polariser

Polar-: ~kreis *m* cercle *m* polaire; **~licht** *nt* aurore *f* boréale; **~stern** *m* étoile *f* polaire

Pole [ˈpoːlə] (**-n, -n**) *m* Polonais *m*

Polemik [poˈleːmɪk] *f* polémique *f*

polemisch *adj* polémique

polemisieren [polemiˈziːrən] *vi* polémiquer, faire de la polémique

Polen [ˈpoːlən] (**-s**) *nt* la Pologne

Police [poˈliːs(ə)] *f* police *f* (d'assurance)

Polier [poˈliːr] (**-s, -e**) *m* chef *m* d'équipe

polieren *vt* (*Boden, Möbel*) cirer; (*Silber*) nettoyer

Poliklinik [poliˈkliːnɪk] *f* policlinique *f*

Polin *f* Polonaise *f*

Politesse [poliˈtɛsə] *f* (*Frau*) contractuelle *f*

Politik [poliˈtiːk] *f* politique *f*; **in die ~ gehen** se lancer dans la politique; **eine ~ verfolgen** avoir une politique

Politiker, in [poˈliːtikər(ɪn)] (**-s, -**) *m(f)* homme *m*/femme *f* politique

politisch [po'li:tɪʃ] *adj* politique
politisieren [politi'zi:rən] *vi* faire de la politique
  ▷ *vt* politiser; **jdn ~** intéresser qn à la politique
Politur [poli'tu:r] *f* (*von Möbeln etc*) surface *f*
  (encaustiquée); (*Mittel*) encaustique *f*
Polizei [poli'tsaɪ] (-, -en) *f* police *f*; **~aufsicht** *f*:
  unter ~aufsicht stehen être sous liberté
  conditionnelle; **~beamte, r** *m* agent *m* de police;
  p~lich *adj* (*Aufsicht*) policier(-ière); (*Anordnung*) de
  police ▷ *adv*: **sich p~lich melden** déclarer son
  arrivée au commissariat de police; **p~liches
  Kennzeichen** plaque *f* minéralogique; **p~liches
  Führungszeugnis** certificat *m* de bonne vie et
  mœurs; **~präsidium** *nt* préfecture *f* de police;
  ~revier *nt* (*Bezirk*) secteur *m*; (*Polizeiwache*)
  commissariat *m*; **~spitzel** *m* indicateur *m*;
  ~staat *m* État *m* policier; **~streife** *f* patrouille *f*
  (de police); **~stunde** *f* heure de fermeture légale des
  cafés etc; **~wache** *f* commissariat *m*; **p~widrig** *adj*
  illégal(e)
Polizist, in [poli'tsɪst(ɪn)] *m(f)* agent *m* de police
Pollen ['pɔlən] (-s, -) *m* pollen *m*
polnisch ['pɔlnɪʃ] *adj* polonais(e)
Polohemd ['po:lohɛmt] *nt* polo *m*
Polster ['pɔlstər] (-s, -) *nt* coussin *m*; (*Polsterung*)
  rembourrage *m*; (*in Kleidung*) épaulette *f*; (*fig: Geld*)
  réserves *fpl*; **~er** (-s, -) *m* tapissier *m*; **~garnitur** *f*
  canapé avec des fauteuils assortis; **~möbel** *pl* meubles
  mpl rembourrés
polstern *vt* (*Möbel*) rembourrer; (*Kleidung*)
  rembourrer (les épaules de); **sie ist gut
  gepolstert** (*umg*) elle est bien enveloppée;
  (: *finanziell*) elle a des réserves
Polsterung *f* rembourrage *m*
Polterabend ['pɔltəra:bənt] *m* fête, la veille d'un
  mariage, où l'on casse de la vaisselle pour porter bonheur
  aux mariés
poltern *vi* (*Krach machen*) faire du vacarme;
  (*schimpfen*) tempêter
Polygamie [polyga'mi:] *f* polygamie *f*
Polynesien [poly'ne:ziən] (-s) *nt* la Polynésie
Polynesier, in (-s, -) *m(f)* Polynésien(ne)
polynesisch *adj* polynésien(ne)
Polyp [po'ly:p] (-en, -en) *m* (*Zool*) polype *m*; (*umg:
  Polizist*) flic *m*; **Polypen** *pl* (*Med*) végétations *fpl*
Polytechnikum [poly'tɛçnikʊm] (-s,
  Polytechnika) *nt* ≈ Institut *m* universitaire de
  technologie
polytechnisch *adj* polytechnique
Pomade [po'ma:də] *f* brillantine *f*
Pommern ['pɔmərn] (-s) *nt* la Poméranie
Pommes frites [pɔm'frɪt] *pl* frites *fpl*
Pomp [pɔmp] (-(e)s) *m* faste *m*
pompös [pɔm'pø:s] *adj* somptueux(-euse)
Pontius ['pɔntsiʊs] *m*: **von ~ zu Pilatus laufen**
  (*umg*) courir à droite et à gauche
Pony ['pɔni] (-s, -s) *nt* (*Zool*) poney *m* ▷ *m* (*Frisur*)
  frange *f*
Popcorn ['pɔpkɔrn] (-s) *nt* pop-corn *m inv*
Popel ['po:pəl] (-s, -) *m* (*umg*) (*Nasenschleim*) crotte *f*
  de nez; (*pej: Mensch*) minus *m*
popelig (*umg*) *adj* (*schäbig*) minable

Popelin [popə'li:n] (-s, -e) *m*, **Popeline** *f*
  popeline *f*
Popmusik *f* musique *f* pop
Popo [po'po:] (-s, -s) (*umg*) *m* postérieur *m*
Popper ['pɔpər] (-s, -) *m* jeune *m* B.C.B.G
poppig ['pɔpɪç] *adj* (*Farbe*) criard(e); (*Kleid etc*) aux
  couleurs criardes
populär [popu'lɛ:r] *adj* (*Mensch, Lied*) populaire;
  (*Ort*) en vogue; (*Methode*) à la portée de tous
Popularität [populari'tɛ:t] *f* popularité *f*
populärwissenschaftlich *adj* de vulgarisation
Pore ['po:rə] *f* pore *m*
Pornografie [pɔrnogra'fi:] *f* pornographie *f*
pornografisch [pɔrno'gra:fɪʃ] *adj*
  pornographique
porös [po'rø:s] *adj* poreux(-euse); (*Gummi*) qui
  laisse passer l'eau
Porree ['pɔre] (-s, -s) *m* poireau *m*
Portal [pɔr'ta:l] (-s, -e) *nt* portail *m*
Portefeuille [pɔrt(ə)'fø:j] *nt* portefeuille *m*
Portemonnaie [pɔrtmɔ'nɛ:] (-s, -s) *nt* porte-
  monnaie *m inv*
Portier [pɔrti'e:] (-s, -s) *m* (*in Hotel*) portier *m*
Portion [pɔrtsi'o:n] *f* portion *f*; (*fig: Menge*) dose *f*;
  eine gehörige ~ Glück beaucoup de chance;
  eine halbe ~ (*umg: schmächtiger Mensch*) une demi-
  portion; **eine ~ Kaffee** deux tasses *fpl* de café
  (*servies dans une petite cafetière*)
Portmonee [pɔrtmo'ne:] (-s, -s) *nt* siehe
  Portemonnaie
Porto ['pɔrto] (-s, -s *od* **Porti**) *nt* port *m*,
  affranchissement *m*; **~zahlt (der) Empfänger**
  port dû; **p~frei** *adj* franco *inv* de port
Portrait [pɔr'trɛ:] (-s, -s) *nt* = **Porträt**
portraitieren [pɔrtrɛ'ti:rən] *vt* = **porträtieren**
Porträt [pɔr'trɛ:] (-s, -s) *nt* portrait *m*
porträtieren [pɔrtrɛ'ti:rən] *vt* faire le portrait de
Portugal ['pɔrtugal] (-s) *nt* le Portugal
Portugiese [pɔrtu'gi:zə] (-n, -n) *m*, **Portugiesin** *f*
  Portugais(e) *m/f*
portugiesisch *adj* portugais(e)
Portwein ['pɔrtvaɪn] *m* porto *m*
Porzellan [pɔrtse'la:n] (-s, -e) *nt* (*Material*)
  porcelaine *f*; (*Geschirr*) vaisselle *f*
Posaune [po'zaʊnə] *f* trombone *m*
Pose ['po:zə] *f* pose *f*
posieren [po'zi:rən] *vi* poser (pour la galerie)
Position [pozitsi'o:n] *f* position *f*; (*beruflich*) poste
  m, situation *f*; (*auf Liste*) poste
Positionslichter *pl* feux *mpl* de navigation
positiv ['po:ziti:f] *adj* positif(-ive); (*umg: sicher*)
  sûr(e); **~zu etw stehen** être favorable à qch; **P~**
  (-s, -e) *nt* (*Phot*) épreuve *f* positive
Positur [pozi'tu:r] *f* pose *f*; **sich in ~ setzen** *od*
  stellen prendre une attitude étudiée, poser pour
  la galerie
Posse ['pɔsə] *f* farce *f*
Possen (-s, -) *m* (*gew pl: Unfug*) bêtises *fpl*
possessiv ['pɔsesi:f] *adj* possessif(-ive);
  P~(pronomen) (-s, -e) *nt* pronom *m* possessif;
  (*adjektivisch*) adjectif *m* possessif
possierlich [pɔ'si:rlɪç] *adj* comique

Post [pɔst] (-, -en) f (Postamt) poste f; (Briefe) courrier m; ist ~ für mich da? y a-t-il du courrier pour moi?; mit der ~ par la poste; mit gleicher ~ sous ce pli; mit getrennter ~ sous pli séparé; etw auf die ~ geben poster qch; auf die ~ od zur ~ gehen aller à la poste; ~amt nt bureau m de poste; ~anweisung f mandat m postal, mandat-poste m; ~barscheck m chèque m postal non barré; ~bote m facteur m

Posten (-s, -) m poste m; (Warenmenge) lot m; (auf Liste) article m; (Mil) sentinelle f; ~ beziehen prendre son poste; nicht ganz auf dem ~ sein (nicht gesund) ne pas être dans son assiette

Poster ['pɔstər] (-s, -(s)) nt poster m

Postf. abk (= Postfach) B.P.

Post-: ~fach nt boîte f postale; ~gebühr f tarif m postal; ~geheimnis nt secret m de la correspondance; p~ieren vt (Wachen etc) poster; ~karte f carte f postale; p~lagernd adj en poste restante; ~leitzahl f code m postal

postmodern [pɔstmoˈdɛrn] adj postmoderne

Post-: ~scheckkonto nt compte m chèque postal; ~sparbuch nt livret m de Caisse (nationale) d'épargne; ~sparkasse f Caisse f nationale d'épargne; ~stempel m cachet m de la poste; p~wendend adv par retour de courrier; ~wertzeichen nt (förmlich) timbre-poste m; ~wurfsendung f publicité f par courrier individuel

potent [poˈtɛnt] adj viril(e); (einflussreich) puissant(e); (zahlungskräftig) important(e)

Potential [potɛntsiˈaːl] (-s, -e) nt siehe Potenzial

potentiell [potɛntsiˈɛl] adj siehe potenziell

Potenz [poˈtɛnts] f (Math) puissance f; (eines Mannes) virilité f

Potenzial [potɛntsiˈaːl] (-s, -e) nt potentiel m

potenziell [potɛntsiˈɛl] adj potentiel(le), possible

potenzieren [potɛnˈtsiːrən] vt (fig: verstärken) multiplier; eine Zahl mit 3/5 ~ (Math) élever un nombre à la puissance 3/5

Potpourri ['pɔtpuri] (-s, -s) nt (Mus) pot-pourri m

Pott [pɔt] (-(e)s, ̈-e) (umg) m pot m; p~hässlich (umg) adj laid(e) comme un pou

PR abk (= Public Relations) relations fpl publiques

Präambel [prɛˈlambəl] f préambule m

Pracht [praxt] (-) f splendeur f; es ist eine wahre ~ c'est magnifique; ~exemplar nt merveille f

prächtig ['prɛçtɪç] adj (Haus, Garten etc) magnifique, superbe; (Mensch) remarquable, formidable (umg); (Idee) excellent(e)

Prachtstück nt merveille f

prachtvoll adj magnifique

prädestinieren [predɛstiˈniːrən] vt prédestiner

Prädikat [prediˈkaːt] (-(e)s, -e) nt (Bewertung) mention f; (Gram) prédicat m; Wein mit ~ vin de qualité

Prädikatswein m vin allemand de qualité supérieure

Präfektur [prefɛkˈtuːr] f préfecture f

Prag [praːk] (-s) nt Prague

prägen ['prɛːgən] vt (Münze) frapper; (Leder) gaufrer; (Ausdruck) créer; (Charakter) forger; (Stadtbild) transformer; das Erlebnis prägte ihn

ça l'a marqué

prägend adj marquant(e)

pragmatisch [praˈgmaːtɪʃ] adj pragmatique

prägnant [prɛˈgnant] adj (Sprache, Definition) concis(e)

Prägnanz f concision f

Prägung ['prɛːgʊŋ] f (von od auf Münzen) frappe f; (des Charakters) formation f; (auf Leder) empreinte f (gaufrée); (Eigenart) caractère m

prahlen ['praːlən] vi se vanter

Prahlerei [praːləˈraɪ] (pej) f vantardise f

prahlerisch adj fanfaron(ne)

Praktik ['praktɪk] f pratique f

praktikabel [praktɪˈkaːbəl] adj réaliste

Praktikant, in [praktɪˈkant(ɪn)] m(f) stagiaire m/f

Praktikum (-s, Praktika od Praktiken) nt stage m

praktisch ['praktɪʃ] adj pratique ▷ adv (im Grunde) pratiquement; ~er Arzt généraliste m/f; ~es Beispiel exemple m concret

praktizieren [praktiˈtsiːrən] vt (Methode, Idee) mettre en pratique, appliquer ▷ vi exercer

Praline [praˈliːnə] f, **Pralinee** [praliˈneː] (-s, -s) nt (bonbon m au) chocolat m

prall [pral] adj (Sack) rebondi(e); (Ball) bien gonflé(e); (Segel) tendu(e); (Arme) dodu(e); in der ~en Sonne en plein soleil

prallen vi: ~ gegen od auf +Akk heurter; (Sonne) donner en plein sur

prallvoll adj plein(e) à craquer

Prämie ['prɛːmiə] f prime f

prämien-: ~begünstigt adj avec prime; P~geschäft nt (Wirts) marché m à prime; ~sparen vi souscrire à un plan d'épargne à primes

prämieren [prɛˈmiːrən] vt (belohnen) primer; (auszeichnen) donner un prix à

prangen ['praŋən] vi resplendir

Pranger ['praŋər] (-s, -) m (Hist) pilori m; jdn an den ~ stellen (fig) mettre od clouer qn au pilori

Pranke ['praŋkə] f patte f; (umg: große Hand) grosse patte, battoir m

Präparat [prepaˈraːt] (-(e)s, -e) nt préparation f

präparieren vt (vorbereiten) préparer; (konservieren) conserver, naturaliser; (Med) disséquer

Präposition [prepozitsiˈoːn] f préposition f

Prärie [prɛˈriː] f Grande Prairie f

Präsens ['prɛːzɛns] (-) nt présent m

präsent adj (geh): das habe ich im Augenblick nicht ~ cela m'échappe

präsentieren [prezɛnˈtiːrən] vt présenter ▷ vr se présenter

Präsenzbibliothek f bibliothèque f d'ouvrages à consulter

Präsenzpflicht f obligation f de présence, présence f obligatoire

Präservativ [prezɛrvaˈtiːf] (-s, -e) nt préservatif m

Präsident, in [preziˈdɛnt(ɪn)] m(f) président(e) m/f; ~schaft f présidence f; ~schaftskandidat m candidat m à la présidence

präsidieren [preziˈdiːrən] vi présider

Präsidium [prɛˈziːdiʊm] nt (Vorsitz) présidence f; (Polizeipräsidium) ≈ préfecture f de police

prasseln ['prasəln] vi (Feuer) crépiter; (Regen, Hagel) tambouriner

prassen ['prasən] vi festoyer

Präteritum [prɛ'te:ritʊm] (-s, Präterita) nt prétérit m

Pratze ['pratsə] f patte f

präventiv [prɛvɛn'ti:f] adj préventif(-ive)

Praxis ['praksɪs] (-, Praxen) f pratique f; (von Arzt) cabinet m; (von Anwalt) étude f; **die ~ sieht anders aus** c'est différent dans la pratique; **ein Beispiel aus der ~** un exemple concret

Präzedenzfall [prɛtse:'dɛntsfal] m précédent m

präzis [prɛ'tsi:s] adj précis(e)

Präzision [prɛtsizi'o:n] f précision f

predigen ['pre:dɪgən] vt, vi prêcher

Prediger (-s, -) m prédicateur m

Predigt ['pre:dɪçt] (-, -en) f sermon m

Preis [praɪs] (-es, -e) m prix m; **um keinen/jeden ~** à aucun/tout prix; **~ausschreiben** nt concours m; **p~bewusst** adj regardant(e); **~bindung** f contrôle m des prix; **~brecher** m (Firma) entreprise f qui casse les prix

Preiselbeere f airelle f

preisen ['praɪzən] unreg vt louer; **sich glücklich ~** (geh) s'estimer heureux(-euse)

Preis-: **~entwicklung** f tendance f des prix; **~erhöhung** f hausse f des prix; **~ermäßigung** f rabais m; **~frage** f question f de prix; (Wettbewerb) question de concours

preisgeben unreg vt (aufgeben) abandonner; (ausliefern) livrer; (verraten) révéler

preis-: **~gebunden** adj à prix fixe; **P~gefälle** nt éventail m des prix; **~gekrönt** adj couronné(e); **P~gericht** nt jury m; **~günstig** adj avantageux(-euse); **P~index** m indice m des prix; **P~lage** f gamme f de prix; **~lich** adj (Lage) des prix; (Unterschied) de prix; **P~liste** f liste f de prix; **P~nachlass** m baisse f de prix, rabais m; **P~richter** m membre m du jury; **P~schild** nt étiquette f; **P~spanne** f différence f de prix; **P~stopp** m contrôle m des prix; **P~sturz** m chute f des prix; **P~träger, in** m(f) lauréat(e); **P~vorteil** m prix m avantageux; **~wert** adj avantageux(-euse)

prekär [pre'kɛ:r] adj précaire

Prellbock ['prɛlbɔk] m (Eisenb) butoir m; **als ~ dienen** (umg) servir de tampon

prellen vt (stoßen) heurter; (betrügen) escroquer

Prellung f (Med) contusion f

Premiere [prəmi'ɛ:rə] f première f

Premierminister, in [prəmi'e:mɪnɪstər(ɪn)] m(f) premier ministre m

Presse ['prɛsə] f (für Obst) presse-citron m inv; (kein pl: Zeitungen etc) presse f; **~agentur** f agence f de presse; **~ausweis** m carte f de presse; **~dienst** m service m de presse; **~erklärung** f déclaration f à la presse; **~freiheit** f liberté f de la presse; **~konferenz** f conférence f de presse; **~meldung** f communiqué m de presse

pressen vt presser

Pressestelle f service m de presse

Presseverlautbarung f communiqué m de presse

pressieren [prɛ'si:rən] vi: **es pressiert** c'est urgent

Pressluft ['prɛslʊft] f air m comprimé; **~bohrer** m marteau-piqueur m

Prestige [prɛs'ti:ʒə] (-s) nt prestige m; **~verlust** m perte f de prestige

Preuße ['prɔysə] (-n, -n) m Prussien m

Preußen (-s) nt la Prusse

Preußin f Prussienne f

preußisch adj prussien(ne)

prickeln ['prɪkəln] vi (Haut) démanger; (Sekt) pétiller

Priel [pri:l] (-(e)s, -e) m résidu d'eau de mer dans les laisses à marée basse

pries etc [pri:s] vb siehe **preisen**

Priester, in ['pri:stər(ɪn)] (-s, -) m(f) prêtre(-tresse)

prima ['pri:ma] adj unver (Ware) de première qualité; (umg) super; **~!** super!

primär [pri'mɛ:r] adj (geh: wesentlich) primordial(e); (: ursprünglich) initial(e); (: Ursache) premier(-ière), principal(e); **P~daten** pl données fpl de base; **P~energie** f énergie f primaire

Primel ['pri:məl] (-, -n) f primevère f

primitiv [primi'ti:f] adj primitif(-ive)

Primitivität [primitivi'tɛ:t] f (von einer Kultur) primitivisme m

Primzahl ['pri:mtsa:l] f nombre m premier

Printer ['prɪntər] (-s, -) m imprimante f

Prinz [prɪnts] (-en, -en) m prince m

Prinzessin [prɪn'tsɛsɪn] f princesse f

Prinzip [prɪn'tsi:p] (-s, -ien) nt principe m; **aus ~** par principe; **im ~** en principe

prinzipiell [prɪntsi'piel] adj de principe ▷ adv par principe

prinzipienlos adj sans principes

Priorität [priori'tɛ:t] f (Vorrang) priorité f; **Prioritäten** pl (Wirts: Aktien) actions fpl de priorité; **~en setzen** décider de ce qui est le plus urgent

Prise ['pri:zə] f (Salz) pincée f; (Tabak) prise f

Prisma ['prɪsma] (-s, Prismen) nt prisme m

privat [pri'va:t] adj privé(e); (Angelegenheit) personnel(le) ▷ adv: **jdn ~ sprechen** parler à qn en privé; **„P~"** (Aufschrift) "privé"; **„an P~ zu verkaufen"** "vends à particulier"; **P~besitz** m propriété f privée; **„aus P~besitz"** (Leihgabe) "collection particulière"; **P~gespräch** m entretien m privé; (am Telefon) communication f privée

privatisieren [privati'zi:rən] vt privatiser

Privat-: **~klinik** f clinique f privée; **~patient, in** m(f) client(e) privé(e) (dont le traitement n'est pas remboursé); **~schule** f école f privée od libre; **~wirtschaft** f secteur m privé

Privileg [privi'le:k] (-(e)s, -ien) nt privilège m

Pro (-s) nt pour m

pro [pro:] präp +Akk par; **~ Stück** pièce

Probe ['pro:bə] f essai m; (Teststück) échantillon m; (Theat) répétition f; **jdn auf die ~ stellen** mettre qn à l'épreuve; **etw auf die ~ stellen** tester qch; **zur** od **auf ~** à l'essai; **er ist auf ~ angestellt** il est engagé à l'essai; **~arbeit** f échantillon m de

travail; **~exemplar** nt échantillon m; **~fahrt** f
essai m de route; **~lauf** m essai m
proben vt (Mus) répéter
Probe-: **~stück** nt échantillon m; **p~weise** adv à
l'essai; **~zeit** f période f d'essai
probieren [pro'bi:rən] vt essayer; (Wein, Speise)
goûter ▷ vi (siehe vt) essayer; goûter
Probierstube f salle f de dégustation
Problem [pro'ble:m] (**-s, -e**) nt problème m; **vor
einem ~ stehen** être confronté(e) à un problème
Problematik [proble:'ma:tik] f problématique f
problematisch [proble:'ma:tiʃ] adj
problématique; (Verhältnis) difficile
problemlos adj, adv sans problèmes
Problemstellung f problématique f
Produkt [pro'dʊkt] (**-(e)s, -e**) nt produit m
Produktion [prodʊktsi'o:n] f production f
Produktions-: **~anlage** f usine f de production;
~güter pl biens mpl de production; **~leiter** m
directeur m de la production; **~stätte** f lieu m de
production
produktiv [prodʊk'ti:f] adj (Betrieb)
productif(-ive); (Arbeit) fructueux(-euse);
(Künstler) fécond(e)
Produktivität [prodʊktivi'tɛ:t] f productivité f
Produzent, in [produ'tsɛnt(ɪn)] m(f)
producteur(-trice)
produzieren [produ'tsi:rən] vt produire ▷ vr se
produire
Prof. [prof] abk = **Professor**
profan [pro'fa:n] adj (weltlich) profane;
(gewöhnlich) banal(e)
professionell [profesio'nɛl] adj professionnel(le)
Professor, in [pro'fɛsɔr(ɪn)] m(f) professeur m
Professur [profe'su:r] f: **~ (für)** chaire f (de)
Profi ['pro:fi] (**-s, -s**) (umg) m professionnel m
Profil [pro'fi:l] (**-s, -e**) nt (Seitenansicht) profil m;
(fig) personnalité f; (Querschnitt) profil
transversal; (Längsschnitt) profil longitudinal;
(von Reifen) (dessin m de la) bande f de roulement;
(von Schuhsohle) dessin
profilieren [profi'li:rən] vr (sich auszeichnen) se
distinguer
Profilsohle f semelle f à profil antidérapant
Profit [pro'fi:t] (**-(e)s, -e**) m profit m, bénéfice m
profitieren [profi'ti:rən] vi: **von jdm ~** tirer
avantage de la compagnie de qn; **von etw ~**
profiter de qch
Profitmacherei (umg: pej) f mercantilisme m
pro forma adv pour la forme
Pro-forma-Rechnung f facture f pro forma
Prognose [pro'gno:zə] (**-n**) f pronostic m
Programm [pro'gram] (**-s, -e**) nt programme m;
(Sender) chaîne f; (Kollektion) gamme f; **nach ~**
comme prévu; **~fehler** m (Comput) erreur f de
programmation; **p~gesteuert** adj commandé(e)
par programme; **~hinweis** m programme m
programmieren [progra'mi:rən] vt prévoir;
(Comput) programmer; **auf Erfolg
programmiert sein** partir gagnant(e);
programmierter Unterricht enseignement m
programmé

Programmierer, in (**-s, -**) m(f) programmeur(-euse)
Programmiersprache f (Comput) langage m de
programmation
Programmierung f (Comput) programmation f
programmmäßig adj selon le programme
Programmvorschau f: **~ (für)** programme m
(de); (Film) bande-annonce f (de)
progressiv [progrɛ'si:f] adj (geh: fortschrittlich)
progressiste
Projekt [pro'jɛkt] (**-(e)s, -e**) nt projet m
Projektor [pro'jɛktɔr] m projecteur m
projizieren [proji'tsi:rən] vt projeter
proklamieren [prokla'mi:rən] vt proclamer
Pro-Kopf-Einkommen nt revenu m par habitant
Prokura [pro'ku:ra] (**-, Prokuren**) f (förmlich)
procuration f (générale)
Prokurist, in [proku'rɪst(ɪn)] m(f) fondé m de
pouvoir
Prolet [pro'le:t] (**-en, -en**) (pej) m prolo m
Proletariat [proletari'a:t] (**-(e)s, -e**) nt
prolétariat m
Proletarier [prole'ta:riər] (**-s, -**) m prolétaire m
proletarisch [prole'ta:riʃ] adj prolétaire,
prolétarien(ne)
Prolog [pro'lo:k] (**-(e)s, -e**) m prologue m
Promenade [promə'na:də] f promenade f
Promenadenmischung f (hum) chien m bâtard
Promille [pro'mɪle] (**-(s), -**) nt (Alkoholgehalt)
alcoolémie f; **~grenze** f taux m maximum légal
d'alcoolémie
prominent [promi'nɛnt] adj important(e)
Prominenz [promi'nɛnts] f personnalités fpl,
célébrités fpl
Promoter [pro'mo:tər] (**-s, -**) m organisateur m
Promotion [promotsi'o:n] f (Univ) (obtention f
du) doctorat m
promovieren [promo'vi:rən] vi obtenir son
doctorat
prompt [prɔmpt] adj rapide ▷ adv (wie erwartet)
évidemment
Pronomen [pro'no:mɛn] (**-s, -**) nt pronom m
Propaganda [propa'ganda] (**-**) f propagande f
propagandistisch [propagan'dɪstɪʃ] adj de
propagande
propagieren [propa'gi:rən] vt prôner
Propangas [pro'pa:nga:s] nt propane m
Propeller [pro'pɛlər] (**-s, -**) m hélice f
proper ['prɔpər] (umg) adj pimpant(e)
Prophet, in [pro'fe:t(ɪn)] (**-en, -en**) m(f) prophète
(prophétesse) m/f
prophetisch adj prophétique
prophezeien [profe'tsaɪən] vt prédire, annoncer
Prophezeiung f prophétie f
prophylaktisch [profy'laktɪʃ] adj prophylactique
Proportion [prɔpɔrtsi'o:n] f proportion f
proportional [prɔpɔrtsio'na:l] adj
proportionnel(le); **P~schrift** f (Comput)
espacement m proportionnel
proportioniert [prɔpɔrtsio'ni:rt] adj: **gut/
schlecht ~** bien/mal proportionné(e)
Proporz [pro'pɔrts] (**-es, -e**) m représentation f
proportionnelle

Prosa ['pro:za] (-) f prose f
prosaisch [pro'za:ıʃ] adj (Text) en prose; (Mensch) prosaïque
prosit ['pro:zıt] interj à la vôtre; ~ **Neujahr!** bonne année!
Prospekt [pro'spɛkt] (-(e)s, -e) m (Werbeschrift) prospectus m
prost [pro:st] interj à la vôtre/tienne, santé
Prostata ['prɔstata] (-) f prostate f
Prostituierte [prostitu'i:rtə] (-n, -n) f prostituée f
Prostitution [prostitutsi'o:n] f prostitution f
prot. [prot] abk = **protestantisch**
Protegé [prote'ʒe:] (-s, -s) m protégé m
Protein [prote'i:n] (-s, -e) nt protéine f
Protektionismus [protɛktsio'nısmʊs] m protectionnisme m
Protektorat [protɛkto'ra:t] (-(e)s, -e) nt protectorat m
Protest [pro'tɛst] (-(e)s, -e) m protestation f
Protestant, in [protɛs'tant(ın)] m(f) protestant(e); **p~isch** adj protestant(e)
Protestbewegung f mouvement m de protestation
protestieren [protɛs'ti:rən] vi protester
Protestkundgebung f manifestation f
Prothese [pro'te:zə] f prothèse f; (Zahnprothese) prothèse dentaire, dentier m
Protokoll [proto'kɔl] (-s, -e) nt procès-verbal m; (diplomatisch) protocole m; **(das) ~ führen** rédiger le procès-verbal; **etw zu ~ geben** faire mettre qch au procès-verbal; (bei Polizei) signaler qch; **~führer** m secrétaire m (chargé de rédiger le procès-verbal); (Jur) greffier m
protokollieren [protoko'li:rən] vt (Sitzung) rédiger le procès-verbal de; (Bemerkung) noter
Proton ['pro:tɔn] (-s, -en) nt proton m
Prototyp m prototype m
Protz [prɔts] (-en, -e(n)) (umg) m esbroufe f; (Mensch) vantard m
protzen (umg) vi se vanter; **mit etw ~** étaler qch
protzig (umg) adj tape-à-l'œil inv
Proviant [provi'ant] (-s, -e) m provisions fpl
Provinz [pro'vınts] (-, -en) f province f; **das ist finsterste ~** (pej) c'est un trou
provinziell [provın'tsiɛl] adj provincial(e)
Provinzler, in (pej) m(f) provincial(e)
Provision [provizi'o:n] f (Wirts) commission f
Provisionsbasis f: **auf ~** à la commission
provisorisch [provi'zo:rıʃ] adj provisoire
Provisorium [provi'zo:rium] (-s, -ien) nt solution f provisoire
Provokation [provokatsi'o:n] f provocation f
provokativ [provoka'ti:f] adj provocant(e)
provokatorisch adj provocant(e)
provozieren [provo'tsi:rən] vt provoquer
Prozedur [protse'du:r] f procédure f; (pej) histoires fpl; **die ~ beim Zahnarzt** le supplice chez le dentiste
Prozent [pro'tsɛnt] (-(e)s, -e) nt: **5 ~** 5 pour cent; **~e bekommen** (Provision) toucher un pourcentage; (weniger zahlen) obtenir une remise; **~rechnung** f calcul m du pourcentage; **~satz** m

pourcentage m; **p~ual** [protsɛntu'a:l] adj: **p~uale Beteiligung** pourcentage m
Prozess [pro'tsɛs] (-es, -e) m (Jur) procès m; (Vorgang) processus m; **jdm den ~ machen** faire un procès à qn; **es zum ~ kommen lassen** porter une affaire devant les tribunaux; **mit etw/jdm kurzen ~ machen** (umg) régler qch/le cas de qn sans traîner
prozessieren [protsɛ'si:rən] vi: ~ **(mit** od **gegen)** être en procès (avec)
Prozession [protsɛsi'o:n] (-en) f procession f
Prozesskosten pl frais mpl de justice; **~hilfe** f aide f judiciaire
prüde ['pry:də] adj prude
Prüderie [pry:də'ri:] f pruderie f
prüfen ['pry:fən] vt (Kandidat) faire passer un examen à; (Kenntnisse) contrôler; (Gerät) tester, contrôler le fonctionnement de; (nachprüfen) vérifier; (erwägen) considérer; (mustern) scruter
Prüfer, in (-s, -) m(f) examinateur(-trice)
Prüfling m candidat(e)
Prüfung f examen m; (Überprüfung) vérification f; (fig: Heimsuchung) épreuve f; **eine ~ machen** passer un examen; **durch eine ~ fallen** échouer à un examen
Prüfungs-: **~ausschuss** m examinateurs mpl; **~kommission** f jury m (d'examen); **~ordnung** f règlement m (d'un examen)
Prügel ['pry:gəl] (-s, -) m (Knüppel) gourdin m ▷ pl raclée f
Prügelei [pry:gə'laı] f bagarre f
Prügelknabe m bouc m émissaire
prügeln vt battre ▷ vr se battre
Prügelstrafe f châtiment m corporel
Prunk [prʊŋk] (-(e)s) m faste m (excessif); **p~voll** adj fastueux(-euse)
prusten ['pru:stən] (umg) vi s'ébrouer
PS abk (= Pferdestärke) CV; (= Postskript(um)) P-S
Psalm [psalm] (-s, -en) m psaume m
pseudo- [psɔydo] in zW pseudo
pst interj chut
Psyche ['psy:çə] f psychologie f
Psychiater [psy'çia:tər] (-s, -) m psychiatre m
Psychiatrie [psyçia'tri:] f psychiatrie f
psychiatrisch adj psychiatrique
psychisch ['psy:çıʃ] adj (Belastung, Reaktion) psychologique; (Krankheit) mental(e), psychique; ~ **gestört** déséquilibré(e)
Psychoanalyse [psyçoana'ly:zə] f psychanalyse f
Psychologe [psyço'lo:gə] (-n, -n) m psychologue m
Psychologie f psychologie f
Psychologin f psychologue f
psychologisch adj psychologique
Psychotherapeut, in [psyçotera'pɔyt(ın)] (-en, -en) m(f) psychothérapeute m/f
Psychotherapie f psychothérapie f
PTT (Schweiz) abk (= Post, Telefon, Telegraf) PTT mpl (en Suisse)
Pubertät [pubɛr'tɛ:t] f puberté f
publik [pu'bli:k] adj: ~ **werden** venir à la connaissance du public, devenir public; **etw ~ machen** rendre qch public

Publikum ['puːblikʊm] (**-s**) *nt* public *m*; (*Zuschauer*) public, assistance *f*; (*Zuhörer*) public, auditoire *m*; (*Sport*) public, spectateurs *mpl*; **in diesem Lokal verkehrt ein schlechtes ~** la clientèle de ce bistro est peu recommandable

Publikumserfolg *m* succès *m* (auprès du public)

Publikumsverkehr *m*: „**~ Freitag 9–13**" "ouvert au public le vendredi de 9 à 13 heures"

publizieren [publiˈtsiːrən] *vt* (*Buch etc*) publier

Pudding ['pʊdɪŋ] (**-s, -e** *od* **-s**) *m* ≈ flan *m*; **~pulver** *nt* préparation *f* pour flan

Pudel ['puːdəl] (**-s, -**) *m* caniche *m*; **~mütze** *f* bonnet *m* de laine; **p~wohl** (*umg*) *adj*: **sich p~wohl fühlen** avoir la pêche

Puder ['puːdər] (**-s, -**) *m* poudre *f*; **~dose** *f* poudrier *m*

pudern *vt* poudrer

Puderzucker *m* sucre *m* glace

Puerto Ricaner, in [pʊɛrtoriˈkaːnər(ɪn)] (**-s, -**) *m(f)* Portoricain(e)

puerto-ricanisch *adj* portoricain(e)

Puerto Rico [pʊˈɛrtoˈriːko] (**-s**) *nt* Porto Rico *f*

Puff[1] [pʊf] (**-(e)s, ̈e**) (*umg*) *m* (*Stoß*) gnon *m*

Puff[2] [pʊf] (**-(e)s, -e**) *m* (*Wäschepuff*) panier *m* à linge (capitonné); (*Sitzpuff*) pouf *m*

Puff[3] [pʊf] (**-s, -s**) (*umg*) *nt od m* (*Bordell*) bordel *m*

Puffer (**-s, -**) *m* (*Eisenb, Comput*) tampon *m*; **~speicher** *m* mémoire *f* tampon *od* intermédiaire; **~staat** *m* État *m* tampon; **~zone** *f* zone *f* tampon

Puffreis *m* riz *m* soufflé

Pulle ['pʊlə] (*umg*) *f* bouteille *f*

Pulli ['pʊli] (**-s, -s**) (*umg*) *m* pull *m*

Pullover (**-s, -**) *m* pull-over *m*

Pullunder [pʊˈlʊndər] (**-s, -**) *m* débardeur *m*

Puls [pʊls] (**-es, -e**) *m* pouls *m*; **~ader** *f* artère *f*; **sich** *Dat* **die ~ader(n) aufschneiden** s'ouvrir les veines

pulsieren [pʊlˈziːrən] *vi* (*Blut, Ader*) battre; (*fig*) vibrer

Pult [pʊlt] (**-(e)s, -e**) *nt* (*für Redner*) estrade *f*; (*für Dirigent*) pupitre *m*; (*Schaltpult*) pupitre de commande

Pulver ['pʊlfər] (**-s, -**) *nt* poudre *f*; **~fass** *nt*: (**wie**) **auf einem ~fass sitzen** se trouver dans une situation explosive

pulverig *adj* poudreux(-euse), pulvérulent(e); (*Schnee*) poudreux(-euse)

pulverisieren [pʊlveriˈziːrən] *vt* pulvériser

Pulverkaffee *m* café *m* soluble

Pulverschnee *m* poudreuse *f*

pummelig ['pʊməlɪç] (*umg*) *adj* rondelet(te)

Pump (**-(e)s**) (*umg*) *m*: **auf ~** à crédit

Pumpe ['pʊmpə] *f* pompe *f*; (*umg: Herz*) palpitant *m*

pumpen *vt* pomper; (*umg: leihen*) prêter; (*: entleihen*) emprunter

Pumpernickel ['pʊmpərnɪkəl] (**-s, -**) *m* pain de seigle noir

Pumphose *f* culotte *f*

puncto ['pʊŋkto] *präp+Gen*: **in ~ X** en ce qui concerne X

Punkt [pʊŋkt] (**-(e)s, -e**) *m* point *m*; **der springende ~** l'élément *m* déterminant; **der**

tote ~ le point mort; **nun mach aber mal einen ~!** (*umg*) ça suffit, maintenant!; **~ 10 Uhr** à 10 heures pile; **p~gleich** *adj* (*Sport*) à égalité

punktieren [pʊŋkˈtiːrən] *vt* (*Med*) ponctionner; **eine punktierte Note** (*Mus*) une note pointée; **eine punktierte Linie** des pointillés *mpl*

pünktlich ['pʏŋktlɪç] *adj* (*Mensch*) ponctuel(le); (*Erscheinen*) à l'heure; **~ sein** être à l'heure; **P~keit** *f* ponctualité *f*

Punkt-: **~richter** *m* juge *m* (aux points); **~sieg** *m* victoire *f* aux points; **~wertung** *f* système *m* des points; **~zahl** *f* score *m*

Punsch [pʊnʃ] (**-(e)s, -e**) *m* punch *m*

Pupille [puˈpɪlə] *f* pupille *f*

Puppe ['pʊpə] *f* poupée *f*; (*Marionette*) marionnette *f*; (*Insektenpuppe*) chrysalide *f*; (*Schaufensterpuppe*) mannequin *m*

Puppen-: **~haus** *nt* maison *f* de poupée; **~spieler** *m* montreur *m* de marionnettes, marionnettiste *m*; **~stube** *f* maison *f* de poupée; **~theater** *nt* théâtre *m* de marionnettes; **~wagen** *m* landau *m* de poupée

pur [puːr] *adj* pur(e); (*Whisky etc*) sec *inv*

Püree [pyˈreː] (**-s, -s**) *nt* purée *f*; (*Kartoffelpüree*) purée de pommes de terre)

Purpur ['pʊrpʊr] (**-s**) *m* (*Farbe*) pourpre *m*; (*Stoff*) pourpre *f*; **p~rot** *adj* pourpre

Purser ['pəːsər] (**-s, -**) *m* commissaire *m* du bord

Purzelbaum ['pʊrtsəlbaʊm] (*umg*) *m* culbute *f*

purzeln *vi* tomber

Puste ['puːstə] (**-**) (*umg*) *f* souffle *m*

Pustel ['pʊstəl] (**-, -n**) *f* bouton *m* (*sur la peau*)

pusten (*umg*) *vi* souffler

Pute ['puːtə] *f* dinde *f*

Puter (**-s, -**) *m* dindon *m*; **p~rot** *adj* rouge comme une pivoine

Putsch [pʊtʃ] (**-(e)s, -e**) *m* putsch *m*, coup *m* d'État; **p~en** *vi* faire un putsch; **~ist** *m* putschiste *m*; **~versuch** *m* tentative *f* de putsch

Putte ['pʊtə] *f* statue représentant un ange ou un enfant nu

Putz [pʊts] (**-es**) *m* (*Mörtel*) crépi *m*; **eine Mauer mit ~ verkleiden** crépir un mur

putzen *vt* nettoyer; (*Schuhe*) cirer; (*Gemüse*) éplucher ▷ *vr* faire sa toilette; (**sich** *Dat*) **die Zähne ~** se brosser les dents; (**sich** *Dat*) **die Nase ~** se moucher

Putzfrau *f* femme *f* de ménage

putzig *adj* (*niedlich*) mignon(ne)

Putzlappen *m* chiffon *m*

putzmunter (*umg*) *adj* en pleine forme

Putz-: **~tag** *m* jour *m* de nettoyage; **~teufel** (*umg*) *m*: **sie ist ein wahrer ~teufel** elle a la manie de l'astiquage; **~zeug** *nt* matériel *m* de nettoyage

Puzzle ['pasəl] (**-s, -s**) *nt* puzzle *m*

PVC (**-s**) *nt abk* (*Material*) PVC *m*

Pygmäe [pyˈɡmɛːə] (**-n, -n**) *m* pygmée *m*

Pyjama [piˈdʒaːma] (**-s, -s**) *m* pyjama *m*

Pyramide [pyraˈmiːdə] *f* pyramide *f*

Pyrenäen [pyreˈnɛːən] *pl*: **die ~** les Pyrénées *fpl*

Python ['pyːton] (**-s, -s** *od* **Pythonen**) *m*, **Pythonschlange** *f* python *m*

Qq

Q, q [kuː] *nt* (*Buchstabe*) Q, q *m*; **Q wie Quelle** ≈ Q comme Quintal

qm *abk* (= *Quadratmeter*) m²

quabb(e)lig ['kvab(ə)lıç] *adj* gélatineux(-euse)

Quacksalber ['kvakzalbər] (**-s, -**) (*umg: pej*) *m* charlatan *m*

Quader ['kvaːdər] (**-s, -**) *m* (*Steinblock*) pierre *f* de taille, parallélépipède *m* rectangle

Quadrat [kvaˈdraːt] (**-(e)s, -e**) *nt* carré *m*; **fünf im** *od* **zum ~** cinq au carré; **q~isch** *adj* carré(e); (*Gleichung*) du second degré; **~latschen** (*umg*) *pl* (*hum: Schuhe*) godasses *fpl*; **~meter** *m* mètre *m* carré; **~wurzel** *f* racine *f* carrée; **~zahl** *f* nombre *m* au carré

quadrieren [kvaˈdriːrən] *vt* (*Math*) élever au carré

quadrofon, quadrophon [kvadroˈfoːn] *adj* tétraphonique, quadriphonique

quaken ['kvaːkən] *vi* (*Frosch*) coasser; (*Ente*) cancaner

quäken ['kvɛːkən] (*umg*) *vi* brailler

quäkend *adj* (*Stimme*) strident(e)

Quäker, in (**-s, -**) *m(f)* quaker(esse) *m/f*

Qual [kvaːl] *f* (*Quälerei*) torture *f*; (*Leiden*) souffrance *f*; (*seelisch*) tourment *m*; **die ~ der Wahl** l'embarras *m* du choix

quälen ['kvɛːlən] *vt* torturer; (*mit Bitten*) harceler; (*subj: Krankheit*) faire souffrir ▷ *vr* (*sich abmühen*) peiner; (*geistig*) se tourmenter; **~de Ungewissheit** incertitude angoissante

Quälerei [kvɛːləˈraɪ] *f* (*das Quälen*) torture *f*

Quälgeist (*umg*) *m* casse-pieds *m inv*

Qualifikation [kvalifikatsiˈoːn] *f* qualification *f*

qualifizieren [kvalifiˈtsiːrən] *vt* qualifier ▷ *vr* se qualifier; **Artikel als minderwertig ~** déclarer que des articles sont de mauvaise qualité

qualifiziert *adj* (*Arbeiter, Nachwuchs*) qualifié(e); (*Arbeit*) de professionnel; (*Pol: Mehrheit*) absolu(e)

Qualität [kvaliˈtɛːt] *f* qualité *f*

qualitativ [kvalitaˈtiːf] *adj* qualitatif(-ive)

Qualitäts-: ~kontrolle *f* contrôle *m* de qualité; **~ware** *f* produit *m* de qualité; **~wein** *m* vin *m* de qualité (*d'origine contrôlée*)

Qualle ['kvalə] *f* méduse *f*

Qualm [kvalm] (**-(e)s**) *m* épaisse fumée *f*

qualmen *vi* fumer; (*umg: Mensch*) fumer comme un sapeur ▷ *vt* (*umg*) fumer

qualvoll ['kvaːlfɔl] *adj* (*Leiden, Tod*) atroce

Quanten ['kvantən] *pl von* **Quantum**

Quantentheorie ['kvantənteoriː] *f* théorie *f* des quanta

Quantität [kvantiˈtɛːt] *f* quantité *f*

quantitativ [kvantitaˈtiːf] *adj* quantitatif(-ive)

Quantum ['kvantʊm] (**-s, Quanten**) *nt* (*Phys*) quantum *m*; (*Anteil*) quota *m*, ration *f*

Quarantäne [karanˈtɛːnə] *f* quarantaine *f*

Quark [kvark] (**-s**) *m* (*Koch*) sorte de fromage blanc; (*umg*) foutaise *f*

Quartal [kvarˈtaːl] (**-s, -e**) *nt* trimestre *m*

Quartalsabschluss *m* bilan *m* trimestriel

Quartett [kvarˈtɛt] (**-(e)s, -e**) *nt* (*Kartenspiel*) jeu *m* des sept familles; (*Mus*) quatuor *m*; (*4 Karten*) famille *f*

Quartier [kvarˈtiːr] (**-s, -e**) *nt* (*Unterkunft*) logement *m*, gîte *m*; (*Mil*) quartiers *mpl*

Quarz [kvaːrts] (**-es, -e**) *m* quartz *m*; **~uhr** *f* montre *f* à quartz

quasi ['kvaːzi] *adv* quasiment ▷ *präf* quasi

quasseln ['kvasəln] (*umg*) *vi* jacasser

Quaste ['kvastə] *f* (*Troddel*) gland *m* (*décoration*); (*von Pinsel*) brosse *f*

Quästur [kvɛsˈtuːr] *f* (*Univ*) caisse *f*

Quatsch [kvatʃ] (**-es**) (*umg*) *m* bêtises *fpl*; (*Unsinn auch*) sornettes *fpl*; **~ machen** faire des bêtises

quatschen (*umg*) *vi* papoter

Quatschkopf (*pej: umg*) *m* (*Schwätzer*) moulin *m* à paroles

Quebec [kwɪˈbɛk] *nt* (*Stadt*) Québec; (*Provinz*) le Québec

Quecksilber ['kvɛkzɪlbər] *nt* mercure *m*

Quelle ['kvɛlə] *f* (*auch Comput*) source *f*; **an der ~ sitzen** (*fig: umg*) être bien placé(e)

quellen *unreg vi* (*hervorquellen*) jaillir; (*schwellen*) gonfler

Quellenangabe *f* indication *f* des sources, note *f* bibliographique

Quellensteuer *f* retenue *f* à la source

Quengelei [kvɛŋəˈlaɪ] (*umg*) *f* jérémiades *fpl*

quengelig *adj* (*Kind*) geignard(e), pleurnicheur(-euse)

quengeln (*umg*) *vi* pleurnicher; (*jammern und bitten*) geindre

quer [kveːr] adv (der Breite nach) en travers, en diagonale; (rechtwinklig) transversalement; **~ durch den Wald** à travers la forêt; **~ zur Fahrbahn** en travers de la chaussée; **~ gestreift** à rayures (diagonales); siehe auch **quergehen, querlegen; Q~balken** m (in Giebel, Decke) poutre f transversale

Quere ['kveːrə] f: **jdm in die ~ kommen** (umg: hindern) mettre des bâtons dans les roues à qn

quer-: **~feldein** adv à travers champs; **Q~feldeinrennen** nt cross-country m inv; (mit Motorrädern) moto-cross m inv; (Radrennen) cyclo-cross m inv; **Q~flöte** f flûte f traversière; **Q~format** nt format m oblong; **~gehen** unreg vi (umg: verkehrt verlaufen) aller de travers; **Q~kopf** (umg: pej) m empêcheur m de tourner en rond; **~legen** vr (fig: umg) faire obstacle; **Q~schiff** nt transept m; **Q~schläger** m (Geschoss) ricochet m; **Q~schnitt** m coupe f od section f transversale; (repräsentative Auswahl) échantillon m; **~schnittsgelähmt** adj paraplégique; **Q~schnittslähmung** f paraplégie f; **Q~straße** f rue f transversale; **Q~strich** m barre f; (Typ) tiret m; **Q~strich durch das T** barre transversale du T; **Q~summe** f (Math) somme des unités formant un nombre; **Q~treiber** (-s, -) m (umg: pej) m empêcheur m de tourner en rond

Querulant, in [kveruˈlant(ɪn)] m(f) râleur(-euse) m/f

Querverbindung f liaison f transversale; (fig) lien m

Quetsch [kvɛtʃ] (-(e)s, -e) m (Koch) quetsche f

quetschen ['kvɛtʃən] vt presser, écraser; (Finger etc) écraser, meurtrir ▷ vr (sich klemmen) se coincer; (sich zwängen) se presser

Quetschung f contusion f

Queue [køː] (-s, -s) nt (Billard) queue f

quicklebendig ['kvɪkleˈbɛndɪç] (umg) adj (Kind) plein(e) de vie

quiek(s)en ['kviːk(s)ən] vi (Schwein) couiner; (Mensch) pousser des cris perçants

quietschen ['kviːtʃən] vi grincer; (Mensch) pousser des cris

quietschvergnügt ['kviːtʃfɛrgnyːkt] (umg) adj gai(e) comme un pinson

quillt etc [kvɪlt] vb siehe **quellen**

Quintessenz ['kvɪntɛsɛnts] f quintessence f

Quintett [kvɪnˈtɛt] (-(e)s, -e) nt quintette m

Quirl [kvɪrl] (-(e)s, -e) m (Küchengerät) fouet m (électrique)

quirlen ['kvɪrlən] vt (mit Quirl) battre au fouet

quirlig ['kvɪrlɪç] (umg) adj (lebhaft) vif (vive)

quitt [kvɪt] adj: **(mit jdm) ~ sein** être quitte (envers qn)

Quitte f coing m

quitte(n)gelb adj jaune comme un coing

quittieren [kvɪˈtiːrən] vt (bestätigen) quittancer, donner un reçu pour; (Dienst) quitter

Quittung f quittance f, reçu m; (unangenehme Folgen) conséquence f directe

Quiz [kvɪs] (-, -) nt jeu-concours m (télévisé ou radiophonique)

quoll etc [kvɔl] vb siehe **quellen**

Quote ['kvoːtə] f proportion f, taux m

Quotient [kvotsiˈent] (-en, -en) m quotient m

Quotierung f cote f

Rr

R, r [ɛr] nt (Buchstabe) R, r m; **R wie Richard** ≈ R comme Raoul

R, r abk (= Radius) rayon m

r. abk (= rechts) à dr.

Rabatt [ra'bat] (-(e)s, -e) m rabais m, remise f

Rabatte f plate-bande f

Rabattmarke f timbre-ristourne m

Rabatz [ra'bats] (-es) (umg) m boucan m

Rabbi ['rabi] (-(s), -s od **Rabbiner**) m rabbin m

Rabe ['ra:bə] (-n, -n) m corbeau m

Rabenmutter (pej) f marâtre f

rabenschwarz adj (Haare) noir(e) comme jais; **eine ~e Nacht** une nuit d'encre

rabiat [rabi'a:t] adj (roh, gewalttätig) brutal(e); (wild, wütend) furieux(-euse)

Rache ['raxə] f vengeance f

Rachen (-s, -) m gorge f

rächen ['rɛçən] vt venger ▷ vr se venger; (Leichtsinn, Faulheit) coûter cher; **sich an jdm/etw ~** se venger de qn/qch; **das wird sich ~** ça vous etc coûtera cher

Rachenmandel f amygdale f

Rachitis [ra'xi:tɪs] (-) f rachitisme m

rachsüchtig adj (Mensch) vindicatif(-ive), rancunier(-ière)

Racker ['rakər] (-s, -) (umg) m garnement m

Raclette ['raklɛt] (-s, -s) f od nt raclette f

Rad [ra:t] (-(e)s, ¨er) nt roue f; (Fahrrad) vélo m; (der Geschichte, der Zeit) cours m; **~ fahren** faire du vélo; **~ schlagen** faire la roue; **unter die Räder kommen** (umg) sombrer; **das fünfte ~ am Wagen sein** (umg) être la cinquième roue du carrosse

Radar ['ra:da:r] (-s) m od nt radar m; **~falle** f contrôle m radar; **~kontrolle** f contrôle m radar

Radau [ra'dau] (-s) m (umg) boucan m; **~ machen** faire du boucan; (Unruhe stiften) faire des histoires

Raddampfer m bateau m à vapeur

radebrechen ['ra:dəbrɛçən] vt, vi baragouiner

radeln (umg) vi faire du vélo; **zur Post ~** aller à la poste à od en vélo; **3 km ~** faire 3 km à vélo

Rädelsführer ['rɛ:dəlsfy:rər] (-s, -) m meneur m

Rad-: ~fahrer, in m(f) cycliste m/f; (pej: umg) lèche-bottes m/f inv; **~fahrweg** m piste f cyclable

radieren [ra'di:rən] vt, vi gommer, effacer

Radiergummi m gomme f

Radierung f (Kunst) gravure f; (Abdruck) eau-forte f

Radieschen [ra'di:sçən] nt radis m

radikal [radi'ka:l] adj (extrem) extrémiste; (Maßnahme) radical(e); (Ablehnung) catégorique ▷ adv: **~ gegen etw vorgehen** prendre des mesures radicales contre qch

Radikale, r f(m) extrémiste m/f

Radikalenerlass m décret excluant de la fonction publique les extrémistes

Radikalisierung [radikali'zi:rʊŋ] f radicalisation f

Radikalkur (umg) f remède m de cheval

Radio ['ra:dio] (-s, -s) nt radio f; **im ~** à la radio; **r~aktiv** adj radioactif(-ive); **r~aktiver Niederschlag** retombées fpl radioactives; **~aktivität** f radioactivité f; **~apparat** m poste m de radio; **~rekorder** m radiocassette f; **~sender** m émetteur m radio

Radium ['ra:diʊm] (-s) nt radium m

Radius ['ra:diʊs] (-, **Radien**) m rayon m

Radkappe f enjoliveur m

Radler, in (umg) m(f) cycliste m/f; **~maß** (umg) f panaché m

Rad-: ~rennbahn f vélodrome m; **~rennen** nt course f cycliste; **~sport** m cyclisme m

RAF (-) f abk (= Rote-Armee-Faktion) mouvement terroriste allemand

raffen ['rafən] (-) vt (Besitz, Geld) amasser; (Stoff) froncer

Raffgier f cupidité f

Raffinade [rafi'na:də] f sucre m raffiné

Raffinesse [rafi'nɛsə] (-) f (Feinheit) gadget m, option f; (Schlauheit) subtilité f

raffinieren [rafi'ni:rən] vt raffiner

raffiniert adj (Mensch, Trick) subtil(e), astucieux(-euse); (Kleid) chic unver; (Zucker) raffiné(e)

Rage ['ra:ʒə] (-) f rage f

ragen ['ra:gən] vi s'élever

Ragout [ra'gu:] (-s, -s) nt ragoût m

Rahm [ra:m] (-s) m crème f

rahmen vt encadrer

Rahmen (-s, -) m cadre m; (von Brille) monture f; **aus dem ~ fallen** sortir de l'ordinaire; **im ~ des Möglichen** dans le domaine du possible; **~plan** m plan m général; **~programm** nt programme des *manifestations secondaires*; **~richtlinien** *pl* directives *fpl* générales

räkeln ['rɛːkəln] *(umg)* *vr siehe* **rekeln**

Rakete [ra'keːtə] *f* fusée *f*

Raketenstützpunkt *m* base *f* de lancement

Rallye ['rali] **(-s, -s)** *f* rallye *m*

rammdösig ['ramdøːzɪç] *(umg)* *adj* abruti(e)

rammen ['ramən] *vt* *(Pfahl)* enfoncer; *(Schiff)* heurter; *(Auto)* emboutir

Rampe ['rampə] *f* rampe *f*

Rampenlicht *nt* feux *mpl* de la rampe; **sie möchte immer im ~ stehen** elle cherche toujours à se mettre en vedette

ramponieren [rampo'niːrən] *(umg)* *vt* esquinter

Ramsch [ramʃ] **(-(e)s, -e)** *(pej)* *m* camelote *f*

ran [ran] *(umg)* *adv* = **heran**

Rand [rant] **(-(e)s, ̈er)** *m* bord *m*; *(von Wald)* lisière *f*; *(von Stadt)* périphérie *f*; *(auf Papier)* marge *f*; *(Schmutzrand)* auréole *f*; *(unter Augen)* cerne *f*; **außer ~ und Band** *(ausgelassen)* déchaîné(e); *(vor Wut)* hors de soi; **am ~e bemerkt** soit dit en passant; *siehe auch* **zurande**

randalieren [randa'liːrən] *vi* faire du tapage

Rand-: ~bemerkung *f* *(Notiz)* note *f* en marge; *(fig)* remarque *f* en passant; **~erscheinung** *f* phénomène *m* secondaire; **~figur** *f* personnage *m* secondaire; **~gebiet** *nt* *(Geog)* région *f* limitrophe; *(Pol)* région frontière; **~stein** *m* *(Bordstein)* bordure *f* du trottoir; **~streifen** *m* *(von Straße)* accotement *m*; **r~voll** *adj* plein(e) à ras bord

rang *etc* [raŋ] *vb siehe* **ringen**

Rang **(-(e)s, ̈e)** *m* *(Stand, Stellung)* rang *m*; *(Wert)* calibre *m*; *(Theat)* balcon *m*; **ein Mann von ~ und Namen** un personnage important; **erster/ zweiter ~** premier/deuxième balcon; **~abzeichen** *nt* galon *m*; **~älteste, r** *f(m)* *(Mil)* officier *m* supérieur

rangeln ['raŋəln] *(umg)* *vi* se chamailler; *(um Posten)* se battre

Rangierbahnhof [rãˈʒiːrbaˈnhoːf] *m* gare *f* de triage

rangieren *vt* *(Eisenb)* aiguiller ▷ *vi* *(fig)* se classer

Rangiergleis *nt* voie *f* de garage

Rang-: ~liste *f* *(Sport)* classement *m*; **~ordnung** *f* ordre *m* hiérarchique; **~stufe** *f* degré *m* hiérarchique

rank [raŋk] *adj*: **~ und schlank** élancé(e)

Ranke ['raŋkə] *f* vrille *f*

Ränke ['rɛŋkə] *pl*: **~ schmieden** tramer un complot

ranken *vr* *(Pflanzen)* grimper

ranklotzen ['ranklɔtsən] *(umg)* *vi* bosser

ranlassen *unreg* *(umg)* *vt*: **jdn ~** laisser qn essayer; *(an sich)* laisser qn s'approcher

rann *etc* [ran] *vb siehe* **rinnen**

rannte *etc* ['rantə] *vb siehe* **rennen**

Ranzen ['rantsən] **(-s, -)** *m* *(Schulmappe)* cartable *m*; *(umg: Bauch)* panse *f*

ranzig ['rantsɪç] *adj* *(Butter)* rance

rapid [ra'piːt] *adj* rapide

Rappe ['rapə] **(-n, -n)** *m* *(Pferd)* cheval *m* noir

Rappel ['rapəl] **(s, -)** *m* *(umg: Fimmel)* accès *m* de folie; **einen ~ kriegen** piquer une crise

rappeln *vi* *(Tür etc)* trembler

Rappen ['rapən] **(-s, -)** *m* *(Schweiz)* centime *m* (suisse)

Raps [raps] **(-es, -e)** *m* colza *m*

Rapsöl *nt* huile *f* de colza

rar [raːr] *adj* rare; *siehe auch* **rarmachen**

Rarität [rariˈtɛːt] *f* rareté *f*

rarmachen *(umg)* *vr* se faire rare

rasant [ra'zant] *adj* *(schnell)* très rapide; *(umg: Person, Wohnung etc)* superbe

rasch [raʃ] *adj* rapide

rascheln *vi*: **das Laub raschelt im Wind** on entend le vent dans les feuilles; **mit der Zeitung ~** faire du bruit en tournant les pages du journal

Rasen **(-)** *m* gazon *m*, pelouse *f*

rasen ['raːzən] *vi* *(umg: schnell fahren)* foncer; **vor Zorn ~** être fou (folle) de colère

rasend *adj* *(Eifersucht)* fou(folle); *(Entwicklung, Tempo)* très rapide; **~e Kopfschmerzen** de violents maux de tête

Rasen-: ~mäher **(-s, -)** *m*, **~mähmaschine** *f* tondeuse *f* (à gazon); **~platz** *m* pelouse *f*; **~sprenger** *m* arroseur *m* automatique

Raserei [raːzəˈraɪ] *f* *(Wut)* fureur *f*; *(Schnelle)* vitesse *f* folle

Rasier-: ~apparat *m* rasoir *m*; **~creme** *f* crème *f* à raser; **r~en** *vt* *(Mensch)* raser ▷ *vr* se raser; **sich** *Dat* **die Beine/sich** *Akk* **unter den Achseln r~en** s'épiler les jambes/les aisselles; **~klinge** *f* lame *f* de rasoir; **~messer** *nt* rasoir *m*; **~pinsel** *m* blaireau *m*; **~seife** *f* savon *m* à barbe; **~wasser** *nt* after-shave *m*; **~zeug** *nt* nécessaire *m* à raser

raspeln ['raspəln] *vt* râper

Rasse ['rasə] *f* race *f*; **~hund** *m* chien *m* de race

Rassel **(-, -n)** *f* *(Mus)* crécelle *f*; *(für Baby)* hochet *m*

rasseln *vi* *(Wecker)* sonner; *(Atem)* être rauque; **~ mit** faire tinter; **durch das Examen ~** *(umg)* se planter à son examen

Rassenhass *m* haine *f* raciale, racisme *m*

Rassentrennung *f* ségrégation *f* raciale

rassig ['rasɪç] *adj* racé(e)

rassisch *adj* racial(e)

Rassismus [ra'sɪsmʊs] **(-)** *m* racisme *m*

rassistisch [ra'sɪstɪʃ] *adj* raciste

Rast [rast] **(-, -en)** *f* pause *f*, arrêt *m*; **r~en** *vi* s'arrêter

Raster ['rastər] **(-s, -)** *m od nt* grille *f*

Rast-: ~haus *nt*, **~hof** *m* *(an Autobahn)* restoroute *m*; **r~los** *adj* *(unermüdlich)* infatigable; *(unruhig)* agité(e); **~platz** *m* *(an Autobahn)* aire *f* de repos; **~stätte** *f* = **Rasthaus**

Rasur [ra'zuːr] *f* rasage *m*; *(Radieren)* gommage *m*

Rat [raːt] **(-(e)s, -schläge)** *m* conseil *m*; *(pl: Räte: Ratsversammlung)* conseil; *(: Mitglied)* conseiller *m*; **einen guten ~ geben** donner un bon conseil; **jdm mit ~ und Tat zur Seite stehen** soutenir qn en paroles et en actes; **(sich** *Dat)* **keinen ~ wissen** ne savoir que faire; **sich ~ suchend an jdn wenden** demander conseil à qn; *siehe auch* **zurate**

Rate f acompte m; **auf ~n kaufen** acheter à crédit; **in ~n bezahlen** payer à crédit
raten unreg vt (erraten) deviner; **jdm ~** (empfehlen) conseiller qn; **rate mal!** devine!; **dreimal darfst du ~** ça n'est pas difficile à deviner
ratenweise adv à tempérament
Ratenzahlung f paiement m par acomptes
Ratespiel nt devinettes fpl; (TV) jeu-concours m
Ratgeber (-s, -) m (Person) conseiller m; (Buch) manuel m
Rathaus nt mairie f
Ratifikation [ratifikatsi'o:n] f ratification f
ratifizieren [ratifi'tsi:rən] vt ratifier
Ratifizierung f ratification f
Ration [ratsi'o:n] f ration f; **eiserne ~** vivres mpl de réserve
rational [ratsio'na:l] adj rationnel(le)
rationalisieren [ratsionali'zi:rən] vt rationaliser
rationell [ratsio'nɛl] adj rationnel(le)
rationieren [ratsio'ni:rən] vt rationner
Rationierung f rationnement m
ratlos adj perplexe
Ratlosigkeit f perplexité f
rätoromanisch [rɛtoro'ma:nɪʃ] adj rhéto-roman(e), romanche
ratsam adj indiqué(e)
Ratschlag m conseil m
Rätsel ['rɛ:tsəl] **(-s, -)** nt (Denkaufgabe) devinette f; (Geheimnis) énigme f; **vor einem ~ stehen** être perplexe; **r~haft** adj mystérieux(-euse); **es ist mir r~haft** je n'arrive pas à me l'expliquer, je ne comprends vraiment pas; **r~n** vi se creuser la tête; **~raten** nt devinettes fpl
Ratsherr m conseiller m municipal
Ratskeller m restaurant m de l'hôtel de ville
Ratte ['ratə] f rat m; **die ~n verlassen das sinkende Schiff** les rats quittent le navire
Rattenfänger (-s, -) m (fig: pej) démagogue m
rattern ['ratərn] vi (Maschinengewehr) crépiter; (Auto) pétarader
rau [rau] adj (Material, Hände) rêche, rugueux(-euse); (Stimme) rauque; (Hals) enroué(e); (Klima) rude; (Mensch, Benehmen) grossier(-ière); **in ~en Mengen** (umg) en masse
Raub [raup] **(-(e)s)** m (von Gegenstand) vol m (à main armée); (von Mensch) enlèvement m; (Beute) proie f; **~bau** m exploitation f abusive; **mit seiner Gesundheit ~bau treiben** s'abîmer la santé; **~druck** m édition f pirate
raubeinig adj rustre
rauben vt (wegnehmen) voler; (entführen) enlever ▷ vi se livrer au brigandage; **jdm etw ~** (fig) priver qn de qch
Räuber ['rɔybər] **(-s, -)** m brigand m; **r~isch** adj (Bande) de malfaiteurs; (Tier) prédateur(-trice); **in r~ischer Absicht** avec l'intention de voler
Raub-: ~fisch m poisson m prédateur; **r~gierig** adj rapace; **~kassette** f cassette f piratée; **~mord** m vol m avec homicide; **~tier** nt prédateur m; **~überfall** m attaque f à main armée; **~vogel** m rapace m

Rauch [raux] **(-(e)s)** m fumée f
rauchen vt, vi fumer; **mir raucht der Kopf** j'en ai la tête qui tourne; „**R~ verboten!**" "défense de fumer!"
Raucher, in (-s, -) m(f) fumeur(-euse) m/f; **~abteil** nt compartiment m fumeurs
räuchern ['rɔyçərn] vt (Fleisch) fumer
Räucherspeck m lard m fumé
Räucherstäbchen nt bâton m d'encens
Rauch-: ~fahne f traînée f de fumée; **~fang** m (Rauchabzug) hotte f; **~fleisch** nt viande f fumée
rauchig adj (Geschmack) fumé(e); (Zimmer, Luft) enfumé(e); (Stimme) rauque
Rauchschwaden pl nuages mpl de fumée
Rauchwaren pl (Pelzwaren) fourrures fpl
räudig ['rɔydɪç] adj galeux(-euse)
rauf [rauf] (umg) adv siehe **herauf; hinauf**
Raufasertapete f papier m peint ingrain
Raufbold (-(e)s, -e) m brute f
raufen vt (Haar) arracher ▷ vi, vr se bagarrer
Rauferei [raufə'rai] f bagarre f
rauflustig adj bagarreur(-euse)
rauh etc [rau] adj siehe **rau** etc
rauhaarig adj (Dackel) à poils durs
Raum [raum] **(-(e)s, Räume)** m (Zimmer) pièce f; (Platz) place f; (Gebiet) région f; (Weltraum) espace m; **~sparend** (Einteilung) qui fait gagner de la place; (Möbel) peu encombrant(e); **eine Frage im ~ stehen lassen** laisser une question en suspens; **~ausstatter, in** m(f) (förmlich) décorateur(-trice) m/f (d'intérieur); **~bild** nt image f stéréoscopique od en relief
räumen ['rɔymən] vt (Wohnung) quitter; (Platz, Stadt, Gebiet) évacuer; (Schnee, Schutt) enlever; (einräumen, aufräumen) ranger; **etw von etw ~** débarrasser qch de qch
Raum-: ~fähre f navette f spatiale; **~fahrer** m astronaute m; **~fahrt** f astronautique f
Räumfahrzeug ['rɔymfa:rtsɔyk] nt bulldozer m; (für Schnee) chasse-neige m inv
Rauminhalt m (Math) volume m
Raumkapsel f capsule f spatiale
räumlich ['rɔymlıç] adj (Darstellung) en relief; **~es Sehen** vision f stéréoscopique od en trois dimensions; **R~keiten** pl locaux mpl
Raum-: ~mangel m manque m de place; **~maß** nt unité f de volume; **~meter** m mètre m cube; **~pflegerin** f femme f de ménage; **~schiff** nt vaisseau m spatial, astronef m; **~station** f station f spatiale
Räumung ['rɔymuŋ] f fait de quitter; (unter Zwang) évacuation f
Räumungs-: ~befehl m mandat m d'expulsion; **~klage** f procès pour expulser un locataire; **~verkauf** m liquidation f des stocks
raunen ['raunən] vt, vi murmurer
Raupe ['raupə] f chenille f
Raupenschlepper (-s, -) m véhicule m à chenilles
Raureif (-s, -e) m givre m
raus [raus] (umg) adv = **heraus; hinaus**
Rausch [rauʃ] **(-(e)s, Räusche)** m ivresse f; **einen ~ haben** être ivre

rauschen vi (*Wasser*) murmurer; (*Bäume*) bruire; (*umg: Mensch*) foncer

rauschend adj (*Fest*) éblouissant(e); **~er Beifall** une salve d'applaudissements

Rauschgift nt drogue f; **~handel** m trafic m de drogue; **~süchtige, r** m(f) drogué(e) m/f

rausfliegen unreg (*umg*) vi être fichu(e) dehors; (*aus Job*) être viré(e)

räuspern ['rɔyspərn] vr se racler la gorge

Rausschmeißer ['rausʃmaisər] **(-s, -)** (*umg*) m (*in Lokal*) videur m

Raute ['rautə] f (*Math*) losange m

rautenförmig adj en (forme de) losange

Razzia ['ratsia] **(-, Razzien**) f rafle f

Reagenzglas [rea'gɛntsgla:s] nt éprouvette f

reagieren [rea'gi:rən] vi réagir; **~ auf** +Akk réagir à

Reaktion [reaktsi'o:n] f réaction f

reaktionär [reaktsio'nɛ:r] adj réactionnaire

Reaktions-: **~fähigkeit** f réactions fpl; **~geschwindigkeit** f (*von Fahrer, Sportler etc*) vitesse f de réaction, réflexes mpl; **~vermögen** nt (*von Mensch*) réflexes mpl

reaktivieren [reakti'vi:rən] vt (*Kenntnisse*) rafraîchir; (*Med: Glieder*) rééduquer

Reaktor [re'aktɔr] m réacteur m; **~katastrophe** f catastrophe f nucléaire; **~kern** m cœur m du réacteur

real [re'a:l] adj (*Wirts*) réel(le); (*wirklichkeitsbezogen*) réaliste; **R~einkommen** nt revenu m réel

realisierbar [reali'zi:rba:r] adj réalisable

realisieren [reali'zi:rən] vt réaliser

Realismus [rea'lɪsmʊs] m réalisme m

Realist, in [rea'lɪst(ɪn)] m(f) réaliste m/f; **r~isch** adj réaliste

Realität [reali'tɛ:t] f réalité f

realitätsfremd adj qui n'a pas le sens des réalités, peu réaliste

Realpolitik f politique f réaliste, realpolitik f

Realschule f école f secondaire, collège m; *voir article*

● **REALSCHULE**

● La *Realschule* est une des écoles secondaires
● que les élèves allemands peuvent choisir
● après la *Grundschule*. Après six années
● d'études, les élèves obtiennent la *mittlere Reife*.
● Ils peuvent alors soit s'orienter vers un métier
● soit continuer leurs études. Dans ce dernier
● cas, ils ont la possibilité de faire une année
● dans un *Gymnasium* pour essayer d'obtenir
● l'*Abitur*.

Rebe ['re:bə] f vigne f, vignoble m

Rebell, in [re'bɛl(ɪn)] **(-en, -en**) m(f) rebelle m/f

rebellieren [rebɛ'li:rən] vi se rebeller

Rebellion [rebɛli'o:n] f rébellion f

rebellisch [re'bɛlɪʃ] adj rebelle

Reb-: **~huhn** nt perdrix f; **~laus** f phylloxéra m; **~stock** m vigne f

Rebus ['re:bʊs] **(-, -se**) m od nt rébus m

rechen ['rɛçən] vt, vi ratisser

Rechen (-s, -) m râteau m

Rechen-: **~anlage** f ordinateur m; **~aufgabe** f problème m d'arithmétique; **~fehler** m erreur f de calcul; **~maschine** f calculatrice f

Rechenschaft f comptes mpl; **~ geben** od **ablegen** rendre compte; **jdm über etw** Akk **~ ablegen** rendre compte de qch à qn; **~ verlangen** demander des comptes; **jdn zur ~ ziehen** (*für etw*) demander des comptes à qn; **jdm ~ schulden** avoir des comptes à rendre à qn; **~sbericht** m rapport m

Rechenschieber m règle f à calcul

Rechenzentrum nt centre m informatique

rechnen ['rɛçnən] vt calculer; (*einberechnen, veranschlagen*) compter ▷ vi calculer; (*Haus halten*) compter; **jdn/etw zu** od **unter etw** +Akk **~** compter qn/qch parmi qch; **mit etw ~** s'attendre à qch; **auf jdn/etw ~** compter sur qn/qch; **R~** nt calcul m

Rechner (-s, -) m calculatrice f; (*Comput*) ordinateur m; **r~isch** adv mathématiquement

Rechnung f (*auch fig*) calcul m; (*von Waren*) facture f; (*in Restaurant etc*) addition f; **jdm/etw ~ tragen** tenir compte de qn/qch; **auf eigene ~** à mes *etc* risques et périls; **(jdm) etw in ~ stellen** facturer qch (à qn)

Rechnungs-: **~buch** nt livre m de comptes; **~hof** m ≈ Cour f des comptes; **~jahr** nt exercice m; **~prüfer** m vérificateur m; **~prüfung** f vérification f des comptes

Recht (-(e)s, -e) nt droit m; **~ auf** +Akk droit à; **~ sprechen** rendre la justice; **mit** od **zu ~** à bon droit; **von ~s wegen** (*eigentlich*) en fait; **er ist zu seinem ~ gekommen** il a obtenu ce qui lui revenait de droit; **im ~ sein** être dans son droit; **gleiches ~ für alle!** égalité des droits pour tous!

recht [rɛçt] adj (*richtig, geeignet*) qu'il faut, juste; (: *Alter*) convenable; (*echt*) vrai(e) ▷ adv (*vor adj: ziemlich*) très; (*richtig*) vraiment; **der ~e Ort/Zeitpunkt** le bon endroit/moment; **er hat noch nicht die ~e Frau gefunden** il n'a pas encore trouvé la femme qu'il lui faut; **das ist mir ~** cela me convient; **jetzt erst ~** plus que jamais; **nach dem R~en sehen** veiller à ce que tout se passe bien; **etwas/nichts R~es** quelque chose/rien de bon; **~ haben** avoir raison; **jdm ~ geben** donner raison à qn; **alles, was ~ ist** (*empört*) trop c'est trop; (*anerkennend*) c'est indéniable; **du kommst gerade ~, um ...** tu arrives à point nommé pour ...; **gehe ich ~ in der Annahme, dass ...?** ai-je raison de penser que ...?; **~ herzlichen Dank** merci mille fois

Rechte (-n, -n) f (*Hand*) main f droite; (*Pol*) droite f

rechte, r, s adj droit(e); (*Pol*) de droite

Recht-: **~eck (-s, -e**) nt rectangle m; **r~eckig** adj rectangulaire; **r~fertigen** untr vt justifier ▷ vr: **sich r~fertigen (vor**) se justifier (devant); **~fertigung** f justification f; **r~haberisch** (*pej*) adj (*Mensch*) qui veut toujours avoir raison; (*Verhalten*) opiniâtre; **r~lich** adj (*gesetzlich*) légal(e); (: *Gleichstellung*) en droit ▷ adv: **jdn r~lich belangen** poursuivre qn en justice; **r~lich nicht**

zulässig illégal(e); **r~los** adj sans droits;
r~mäßig adj légal(e)
rechts [rɛçts] adv à droite ▷ präp +Gen: ~ **der**
Straße sur le côté droit de la rue; ~ **stehen** (Pol) être de droite; ~ **stricken** faire du
point à l'endroit; **R~abbieger** m véhicule m qui
tourne à droite; **R~anspruch** m droit m;
R~anwalt, -anwältin m(f) avocat m; **R~beistand**
m conseiller m juridique
rechtschaffen adj (Charakter, Mensch) droit(e),
honnête ▷ adv honnêtement
Rechtschreibung f orthographe f
Rechts-: ~**drehung** f virage m à droite;
~**extremist** m extrémiste m de droite; ~**fall** m
(Jur) affaire f; ~**frage** f problème m juridique;
r~gültig adj légal(e); ~**händer, -in** (-s, -) m(f)
droitier(-ière) m/f; **r~kräftig** adj (Urteil)
irrévocable; ~**kurve** f virage m à droite; ~**lage** f
situation f juridique; **r~lastig** adj trop chargé(e)
à droite; (fig) très à droite; ~**lenker** m véhicule m
avec conduite à droite; ~**pflege** f justice f;
~**pfleger** m fonctionnaire qui a une formation juridique
Rechtsprechung ['rɛçtʃprɛçʊŋ] f juridiction f
rechts-: ~**radikal** adj d'extrême droite; **R~schutz**
m protection f juridique; ~**seitig** adj du côté
droit; **R~spruch** m verdict m, jugement m;
R~staat m État m de droit; **R~streit** m litige m;
~**ungültig** adj juridiquement nul(le);
~**verbindlich** adj qui constitue une obligation
légale, qui lie juridiquement; **R~verkehr** m (Aut)
circulation f à droite; **R~weg** m voie f judiciaire;
der R~weg ist ausgeschlossen la décision du
jury est sans appel; ~**widrig** adj illégal(e);
R~wissenschaft f droit m
rechtwinklig adj à angle droit; (Dreieck) rectangle
rechtzeitig adj (Ankunft) à l'heure; (Eingreifen) à
temps ▷ adv à temps
Reck [rɛk] ((e)s, -e) nt barre f fixe
recken vt (Hals) tendre ▷ vr s'étirer
Recycling [ri'saɪklɪŋ] (-s) nt récupération f
Redakteur, in [redak'tø:r(ɪn)] m(f)
rédacteur(-trice) m/f
Redaktion [redakˈtsi'o:n] f rédaction f
Rede ['re:də] f (vor Publikum) discours m; **eine ~**
halten faire un discours; **jdm in die ~ fallen**
interrompre qn; **jdn zur ~ stellen** demander des
explications à qn; **das ist nicht der ~ wert** ça ne
vaut pas la peine d'en parler; **wovon ist die ~?** de
quoi est-il question?; **davon kann keine ~ sein** il
ne saurait en être question; ~**freiheit** f liberté f
d'expression; **r~gewandt** adj éloquent(e)
reden vi parler ▷ vt dire ▷ vr: **sich heiser ~**
s'enrouer à force de parler; **mit jdm über jdn/**
etw ~ parler de qn/qch avec qn; **(viel) von sich ~**
machen faire (beaucoup) parler de soi; **darüber**
lässt sich ~ pourquoi pas?; (über Preis, Bedingungen)
on peut s'entendre; **mit sich ~ lassen**
(gesprächsbereit sein) être ouvert(e) à toute
discussion; (zu Zugeständnissen bereit sein) être
prêt(e) à faire des concessions; **sich in Wut ~**
s'énerver de plus en plus
Redensart f manière f de parler

Rederei [re:dəˈraɪ] f bavardages mpl
Redeschwall m flot m de paroles
Redewendung f expression f
redigieren [rediˈgiːrən] vt rédiger
redlich ['re:tlɪç] adj honnête; **R~keit** f
honnêteté f
Redner, in m(f) orateur(-trice) m/f
redselig ['re:tzeːlɪç] adj bavard(e); **R~keit** f
loquacité f
reduzieren [reduˈtsiːrən] vt réduire
Reduzierung f réduction f
Reede ['re:də] f mouillage m
Reeder (-s, -) m armateur m
Reederei [re:dəˈraɪ] f compagnie f de navigation
reell [re'ɛl] adj (ehrlich) honnête; (tatsächlich)
véritable; (Math) réel(le)
Reetdach ['re:tdax] nt toit m de chaume
Referat [refeˈraːt] (-(e)s, -e) nt (Bericht) rapport m;
(Vortrag) exposé m; (Verwaltung) service m; **ein ~**
halten faire un exposé
Referendar, in [referɛnˈdar(ɪn)] m(f) stagiaire
m/f; (Studienreferendar) professeur m stagiaire;
(Gerichtsreferendar) avocat m stagiaire
Referendum [refeˈrɛndʊm] (-s, Referenden) nt
référendum m
Referent, in [refeˈrɛnt(ɪn)] m(f) (Vortragender)
conférencier(-ière) m/f; (Univ: Gutachter) assesseur
m; (Sachbearbeiter) expert(e) m/f
Referenz [refeˈrɛnts] f (Beurteilung) référence f
referieren [refeˈriːrən] vi: ~ **über** +Akk faire un
compte-rendu de ▷ vt exposer
reffen ['rɛfən] vt ariser ▷ vi ariser la voile
reflektieren [reflɛkˈtiːrən] vt (Licht) réfléchir ▷ vi
réfléchir à la lumière; (nachdenken) réfléchir; ~ **auf**
+Akk viser
Reflektor [reˈflɛktɔr] m réflecteur m
Reflex [reˈflɛks] (-es, -e) m réflexe m
reflexiv [reflɛˈksiːf] adj réfléchi(e)
Reform [reˈfɔrm] (-, -en) f réforme f
Reformation [refɔrmatˈsi'o:n] f Réformation f
Reformator [refɔrˈmaːtɔr] m réformateur(-trice)
m/f; **r~isch** adj réformateur(-trice)
reformbedürftig adj qui mérite d'être réformé(e)
Reformer m réformateur(-trice) m/f
Reformhaus nt magasin m diététique
reformieren [refɔrˈmiːrən] vt réformer
Refrain [rəˈfrɛː] (-s, -s) m refrain m
Regal [reˈgaːl] (-s, -e) nt étagère f
Regatta [reˈgata] (-, Regatten) f régate f
Reg.-Bez. abk = **Regierungsbezirk**
rege ['re:gə] adj (lebhaft) animé(e); (wach, lebendig)
vif (vive); (Geschäft) prospère
Regel ['re:gəl] (-, -n) f règle f; (Med) règles fpl; **in**
der od **aller ~** en règle générale; **nach allen ~n**
der Kunst selon les règles de l'art; **r~los** adj
désordonné(e); **r~mäßig** adj régulier(-ière)
▷ adv: **er kommt r~mäßig zu spät** il arrive
régulièrement en retard; ~**mäßigkeit** f
régularité f
regeln vt régler ▷ vr se régler; **gesetzlich**
geregelt sein faire l'objet d'une loi
regel-: ~**recht** adj (Verfahren) en règle; (umg:

Frechheit etc) sacré(e); **R~ung** *f (Vereinbarung)* règlement *m*; *(das Regeln)* régulation *f*; **~widrig** *adj (Verhalten)* contraire au règlement

Regen (**-s, -**) *m* pluie *f*; **saurer ~** pluie acide; **vom ~ in die Traufe kommen** *(Sprichwort)* tomber de Charybde en Scylla

regen ['re:gən] *vr (bewegen)* bouger; *(Widerspruch)* se faire sentir

Regenbogen *m* arc-en-ciel *m*; **~haut** *f* iris *m*; **~presse** *f* presse *f* à sensation

regenerieren [regene'ri:rən] *vr* régénérer

Regen-: **~fall** *m (gew pl)* chute *f* de pluie; **~guss** *m* averse *f*; **~mantel** *m* imperméable *m*; **~menge** *f* pluviosité *f*; **~rinne** *f* gouttière *f*; **~schauer** *m* averse *f*; **~schirm** *m* parapluie *m*

Regent, in [re'gɛnt(ɪn)] *m(f) (Stellvertreter)* régent(e) *m/f*

Regentag *m* jour *m* de pluie

Regentropfen *m* goutte *f* de pluie

Regentschaft *f* régence *f*

Regen-: **~wald** *m* forêt *f* tropicale; **~wetter** *nt* temps *m* pluvieux; **~wurm** *m* ver *m* de terre; **~zeit** *f* saison *f* des pluies

Regie [re'ʒi:] *f (Film etc)* réalisation *f*; *(Theat)* mise *f* en scène; *(fig)* direction *f*; **unter der ~ von** sous la direction de; **~anweisung** *f* indication *f* scénique

regieren [re'gi:rən] *vt (Land, Volk)* gouverner; *(fig)* diriger ▷ *vi* exercer le pouvoir; *(König)* régner

Regierung *f* gouvernement *m*; *(in Monarchie)* règne *m*; **an die ~ kommen** arriver au pouvoir

Regierungs-: **~bezirk** *m* région *f* administrative; **~erklärung** *f* déclaration *f* de politique; **r~fähig** *adj (Mehrheit)* nécessaire pour former un gouvernement; *(Koalition)* majoritaire; **~programm** *nt* programme *m* gouvernemental; **~sprecher** *m* porte-parole *m inv* du gouvernement; **~vorlage** *f* projet *m* de loi gouvernemental; **~wechsel** *m* changement *m* de gouvernement; **~zeit** *f*: **während seiner ~zeit** lorsqu'il était au pouvoir; *(von König)* pendant son règne

Regime [re'ʒi:m] (**-s, -**) *nt* régime *m*

Regiment [regi'mɛnt] (**-s, -er**) *nt (Mil)* régiment *m*; **ein strenges ~ führen** être sévère

Region [regi'o:n] *f* région *f*

regional [regio'na:l] *adj* régional(e)

Regionalprogramm *nt* programme *m* régional

Regisseur, in [reʒɪ'søːr(ɪn)] *m(f) (Film)* réalisateur(-trice) *m/f*; *(Theat)* metteur *m* en scène

Register [re'gɪstər] (**-s, -**) *nt (Verzeichnis)* répertoire *m*; *(Stichwortverzeichnis)* index *m*; *(amtliche Liste; von Orgel)* registre *m*; **alle ~ ziehen** faire flèche de tout bois; **~tonne** *f* tonneau *m* (de jauge)

Registratur [regɪstra'tuːr] *f (Raum)* archives *fpl*; *(Schrank)* fichier *m*

registrieren [regɪs'triːrən] *vt* enregistrer

Registrierkasse *f* caisse *f* enregistreuse

reglementieren [reglemɛn'tiːrən] *vt* réglementer

Regler ['re:glər] (**-s, -**) *m* régulateur *m*

reglos ['re:klo:s] *adj* immobile

regnen ['re:gnən] *unpers vi*: **es regnet** il pleut; **es regnet in Strömen** il pleut à verse

regnerisch *adj* pluvieux(-euse)

Regress [re'grɛs] (**-es, -e**) *m (Jur)* réparation *f*; **~anspruch** *m* demande *f* d'indemnité

Regression [regrɛsi'o:n] *f (von Wirtschaft)* récession *f*

regresspflichtig *adj*: **jdn ~ machen** rendre qn responsable

regsam ['re:kza:m] *adj (Geist)* alerte, vif (vive)

regulär [regu'lɛːr] *adj (Arbeitszeit)* normal(e); *(Preis)* courant(e)

regulieren [regu'liːrən] *vt* régler; *(Fluss)* régulariser; **sich von selbst ~** être autorégulateur(-trice)

Regung ['re:guŋ] *f* mouvement *m*; *(Gefühl auch)* sentiment *m*

regungslos *adj* immobile

Reh [re:] (**-(e)s, -e**) *nt* chevreuil *m*, biche *f*

Rehabilitationszentrum [rehabilita-tsi'o:nstsɛntrʊm] *nt* centre *m* de rééducation

rehabilitieren [rehabili'tiːrən] *vt (Kranken etc)* rééduquer; *(Ruf, Ehre)* réhabiliter ▷ *vr* se réhabiliter

Reh-: **~bock** *m* chevreuil *m*; **~braten** *m* cuissot *m* de chevreuil (rôti); **~kitz** *nt* faon *m*

Reibach ['raɪbax] (**-s**) *(umg) m*: **einen ~ machen** faire une très bonne affaire

Reibe ['raɪbə] *f*, **Reibeisen** *nt* râpe *f*

Reibekuchen *m* pommes de terre râpées rôties

reiben *unreg vt (scheuern)* frotter; *(Koch)* râper ▷ *vr (Flächen etc)* frotter; **etw in** *od* **auf etw** *Akk* **~** frictionner qch avec qch; **sich** *Dat* **die Hände/Augen ~** se frotter les mains/les yeux

Reiberei [raɪbə'raɪ] *f (gew pl)* friction *f*

Reibfläche *f (von Streichholzschachtel)* frottoir *m*

Reibung *f* frottement *m*; *(fig)* friction *f*

reibungslos *adj (fig)* sans heurts

Reich (**-(e)s, -e**) *nt (Herrschaftsbereich)* empire *m*; *(fig)* royaume *m*; **das Dritte ~** le troisième Reich

reich [raɪç] *adj (wohlhabend)* riche; *(aufwendig)* somptueux(-euse); *(Boden)* riche, fertile; *(Möglichkeiten)* nombreux(-euse); *(Leben)* bien rempli(e) ▷ *adv*: **eine ~ ausgestattete Bibliothek** une bibliothèque très bien fournie

reichen *vi (sich erstrecken)* s'étendre, aller; *(genügen)* suffire ▷ *vt (hinhalten)* tendre; *(bei Tisch)* passer; *(anbieten)* offrir; **das reicht!** ça suffit!; **so weit das Auge reicht** à perte de vue

reich-: **~haltig** *adj (Auswahl)* très grand(e); *(Essen)* riche; **~lich** *adj (sehr viel: Geschenke)* à profusion ▷ *adv (mehr als genügend)* largement; **~liche Zeit** largement assez de temps; **R~tum** (**-s, -tümer**) *m* richesse *f*; *(Reichhaltigkeit)* abondance *f*; **R~weite** *f* portée *f*; **etw ist in R~weite** qch est à portée de main; **Mutti ist in R~weite** maman n'est pas loin

Reif (**-(e)s, -e**) *m (kein pl: Raureif)* givre *m*; *(Ringreif)* anneau *m*

reif [raɪf] *adj* mûr(e); **für etw ~ sein** *(umg)* être mûr(e) pour qch

Reife (-) f maturité f; **mittlere** ~ (Sch) ≈ BEPC m
reifen vi, vt mûrir
Reifen (-s, -) m (Fahrzeugreifen) pneu m; (von Fass)
cercle m; **~druck** m pression f de gonflage;
~panne f crevaison f, pneu m crevé; **~profil** nt
profil m (de pneu), bande f de roulement;
~schaden m crevaison f, pneu m crevé
Reifeprüfung f baccalauréat m
Reifezeugnis nt baccalauréat m
reiflich ['raɪflɪç] adj mûr(e)
Reihe ['raɪə] f (Anordnung) rangée f; (geordnete
Aufstellung: von Menschen) rang m; (fig: von Beispielen
etc; Serie) série f; **eine ganze ~ von** toute une série
de; **der ~ nach** à tour de rôle; **er ist an der** od
kommt an die ~ c'est son tour; **außer der ~**
avant son tour; (ausnahmsweise)
exceptionnellement; **etw auf die ~ kriegen**
(umg) arranger qch; **aus der ~ tanzen** (umg) se
singulariser
reihen vt (Perlen) enfiler; (beim Nähen) faufiler ▷ vr:
B reiht sich an A B suit A
Reihen-: **~folge** f ordre m; **alphabetische ~folge**
ordre alphabétique; **~haus** nt maison attenante aux
maisons voisines; **~untersuchung** f campagne f de
dépistage; **r~weise** adv (in Reihen) par séries;
(umg: in großer Anzahl) par dizaines od centaines od
milliers
Reiher (-s, -) m héron m
reihum [raɪˈʊm] adv: **es geht ~** chacun (à) son
tour; **wir machen das ~** nous le faisons à tour de
rôle; **etw ~ gehen lassen** faire passer qch
Reim [raɪm] (-(e)s, -e) m rime f; **darauf kann ich
mir keinen ~ machen** (umg) ça n'a ni rime ni
raison
reimen vt faire rimer ▷ vr rimer
rein [raɪn] adj pur(e); (sauber) propre; (Gewissen)
net(te) ▷ adv (umg) = **herein; hinein** (ausschließlich)
purement; (umg: völlig): **~ gar nichts** vraiment
rien du tout; **das ist die ~ste Freude** c'est un
vrai plaisir; **das ist der ~ste Hohn** c'est se
moquer du monde; **sich (von einem Verdacht**
etc) **~ waschen** se blanchir (d'un soupçon etc);
~en Tisch machen faire table rase; **etw ins R~e
schreiben** mettre qch au propre; **etw ins R~e
bringen** tirer qch au clair; **~ unmöglich** (umg)
absolument impossible
Rein- in zW (Wirts) net(te)
Reinemachefrau f femme f de ménage
rein(e)weg (umg) adv (völlig) vraiment
Rein-: **~fall** (umg) m échec m; **r~fallen** vi (umg):
auf jdn/etw r~fallen se faire avoir par qn/qch;
~gewinn m bénéfice m net; **~heit** f pureté f; (von
Wäsche) propreté f
reinigen vt nettoyer; (Nägel) se nettoyer; (Wasser)
purifier
Reiniger m détergent m
Reinigung f (Geschäft) teinturerie f, pressing m;
chemische ~ nettoyage m à sec
Reinigungsmittel nt produit m de nettoyage
rein-: **~lich** adj propre; **R~lichkeit** f propreté f;
R~machefrau f = **Reinemachefrau; ~rassig** adj
de race; **~reiten** unreg (umg) vt mettre dans de

beaux draps; **R~schrift** f copie f au propre;
R~vermögen f capital m net
Reis[1] [raɪs] (-es, -e) m (Koch) riz m
Reis[2] [raɪs] (-es, -er) m (Zweig) brindille f
Reise ['raɪzə] f voyage m; **gute ~!** bon voyage!; **auf
~n sein/gehen** être/partir en voyage; **er ist viel
auf ~n** il voyage beaucoup; **~andenken** nt
souvenir m (de voyage); **~apotheke** f trousse f à
pharmacie; **~begleiter, in** m(f) (Betreuer)
accompagnateur(-trice) m/f; **~bericht** m récit m
de voyage; (Film) documentaire m touristique;
~büro nt agence f de voyages, voyagiste m;
r~fertig adj prêt(e) pour le départ; **~fieber** nt
fièvre f du départ; **~führer** m guide m; **~gepäck**
nt bagages mpl; **~gesellschaft** f (Veranstalter)
voyagiste m, tour-opérateur m; (Reisegruppe)
groupe m de touristes; **~kosten** pl frais mpl de
déplacement; **~krankheit** f (im Schiff) mal m de
mer; (im Flugzeug) mal de l'air; (im Auto) mal de la
route; (im Zug) mal; **~lektüre** f livres
mpl à lire en voyage; **~lust** f envie f de voyager
reisen vi voyager
Reisende, r f(m) voyageur(-euse) m/f;
(Handelsvertreter) représentant(e) m/f de commerce
Reise-: **~necessaire, nessessär** nt nécessaire m
de voyage; **~pass** m passeport m; **~pläne** pl
projets mpl de voyage; **~proviant** m casse-croûte
m inv; **~route** f itinéraire m; **~scheck** m chèque
m de voyage; **~schreibmaschine** f machine f à
écrire portative; **~spesen** pl frais mpl de
déplacement; **~tasche** f sac m de voyage;
~veranstalter m voyagiste m, tour-opérateur m;
~verkehr m circulation f (des départs en vacances od
des rentrées de vacances); **~wetter** nt temps m de
vacances; **~ziel** nt destination f
Reisig ['raɪzɪç] (-s) nt petit bois m, brindilles fpl
Reißaus (umg) m: **~ nehmen** prendre la poudre
d'escampette
Reißbrett nt planche f à dessin
Reißbrettstift m punaise f
reißen unreg vi (Stoff) se déchirer; (Seil) casser;
(zerren) tirer ▷ vt (ziehen) tirer; (zerreißen) déchirer;
(Witz) faire; **etw an sich** Akk ~ (Besitz) s'emparer
de qch; (Unterhaltung) accaparer qch; **sich um
jdn/etw ~** s'arracher qn/qch; **wenn alle Stricke
~** (umg) au pire des cas; siehe auch **hingerissen**
Reißen ['raɪsən] nt (Gewichtheben) arraché m; (umg:
Gliederreißen) tiraillements mpl
reißend adj (Fluss) impétueux(-euse); **~en Absatz
finden** partir comme des petits pains
Reißer (-s, -) (umg) m (Ware) marchandise f qu'on
s'arrache (Theat) gros succès m; (Buch) best-seller
m; **r~isch** (pej) adj tape-à-l'œil
Reiß-: **~leine** f poignée f d'ouverture (pour
parachute); **~nagel** m punaise f; **~schiene** f té m;
~verschluss m fermeture f éclair; **~wolf** m
déchiqueteuse f; **~zeug** nt matériel m de dessin
(industriel); **~zwecke** f = **Reißnagel**
Reitbahn f manège m
reiten ['raɪtən] unreg vt monter ▷ vi: (auf einem
Pferd) ~ monter (à cheval); **Schritt/Trab ~** aller
au pas/trot; **ein Rennen ~** participer à une

course (de chevaux)

Reiter, in (**s, -**) *m(f)* cavalier(-ière) *m/f*

Reit-: ~**hose** *f* culotte *f* de cheval; ~**peitsche** *f* cravache *f*; ~**pferd** *nt* cheval *m* de selle; ~**schule** *f* manège *m*; ~**stiefel** *m* botte *f* d'équitation; ~**turnier** *nt* concours *m* hippique; ~**weg** *m* piste *f* pour cavaliers; ~**zeug** *nt* équipement *m* d'équitation

Reiz [raits] (**-es, -e**) *m* (*Physiologie*) stimulation *f*; (*Verlockung*) attrait *m*, charme *m*; **Reize** *pl* (*von Frau etc*) charmes *mpl*

reizbar *adj* (*aufbrausend*) irritable; **R~keit** *f* irritabilité *f*

reizen *vt* (*stimulieren*) stimuler; (*verlocken*) attirer; (*subj: Aufgabe, Angebot*) intéresser; (*irritieren, ärgern*) irriter; (*Karten*) demander ▷ *vi*: **der Rauch reizt zum Husten** la fumée fait tousser; **zum Widerspruch** ~ susciter la contradiction

reizend *adj* charmant(e)

Reiz-: ~**husten** *m* toux *f* sèche; ~**klima** *nt* climat *m* vivifiant; **r~los** *m* (*Mädchen*) sans charme; (*Angebot, Essen*) peu attrayant(e); **r~voll** *adj* (*Anblick*) charmant(e); (*Angebot*) alléchant(e); ~**wäsche** (*umg*) *f* lingerie *f* sexy; ~**wort** *nt* mot *m* chargé de connotations

rekapitulieren [rekapitu'li:rən] *vt* récapituler

rekeln ['re:kəln] (*umg*) *vr* (*sich strecken*) s'étirer; (*lümmeln*) se prélasser

Reklamation [reklamatsi'o:n] *f* réclamation *f*

Reklame [re'kla:mə] *f* publicité *f*; ~ **machen für etw** faire de la publicité pour qch; **mit etw ~ machen** (*pej*) afficher qch; ~**trommel** *f*: **die ~trommel für jdn/etw rühren** (*umg*) faire un grand battage (publicitaire) pour qn/qch; ~**wand** *f* panneau *m* publicitaire

reklamieren [rekla'mi:rən] *vt* (*beanstanden*) se plaindre de; (*zurückfordern*) réclamer ▷ *vi* se plaindre

rekonstruieren [rekonstru'i:rən] *vt* (*Gebäude*) reconstruire; (*Vorfall*) reconstituer

Rekonvaleszenz [rekɔnvalɛs'tsɛnts] *f* convalescence *f*

Rekord [re'kɔrt] (**-es, -e**) *m* record *m*; ~**leistung** *f* record *m*

Rekrut [re'kru:t] (**-en, -en**) *m* recrue *f*

rekrutieren [rekru'ti:rən] *vt* (*Arbeitskräfte*) recruter ▷ *vr*: **sich ~ aus** (*Team*) être recruté(e) parmi

Rektor, in ['rɛktɔr(ɪn)] *m(f)* (*Univ*) recteur *m*; (*Sch*) directeur(-trice) *m/f*

Rektorat [rɛktɔ'rat] (**-s, -e**) *nt* (*Univ*) rectorat *m*; (*Sch*) direction *f*

Rel. *abk* (= *Religion*) religion *f*

Relais [rə'lɛ:] (**-, -**) *nt* relais *m*

Relation [relatsi'o:n] *f* relation *f*

relativ [rela'ti:f] *adj* relatif(-ive) ▷ *adv*: ~ **gut** (*ziemlich*) relativement bon bonne); **R~ität** [relativi'tɛ:t] *f* relativité *f*

Relativpronomen *nt* pronom *m* relatif

relaxen [re'laksən] *vi* se relaxer

relevant [rele'vant] *adj* pertinent(e)

Relevanz *f* pertinence *f*

Relief [reli'ɛf] (**-s, -s**) *nt* relief *m*

Religion [religi'o:n] *f* religion *f*

Religions-: ~**freiheit** *f* liberté *f* religieuse; ~**lehre** *f* instruction *f* religieuse; **r~los** *adj* sans confession; ~**unterricht** *m* instruction *f* religieuse; ~**zugehörigkeit** *f* religion *f*

religiös [religi'ø:s] *adj* religieux(-euse)

Religiosität [religiozi'tɛ:t] *f* piété *f*

Relikt [re'lɪkt] (**-(e)s, -e**) *nt* (*Überrest*) vestige *m*

Reling ['re:lɪŋ] (**-, -s**) *f* bastingage *m*

Reliquie [re'li:kviə] *f* relique *f*

Remis [rə'mi:] (**-, -** *od* **-en**) *nt* (*Schach*) partie *f* nulle; (*Sport*) match *m* nul

Remittent *m* bénéficiaire *m*

Remmidemmi ['rɛmi'dɛmi] (**-s**) (*umg*) *nt* (*Krach*) boucan *m*; (*Trubel*) foire *f*

Remoulade [remu'la:də] *f* rémoulade *f*

rempeln ['rɛmpəln] (*umg*) *vt* (*auch Sport*) bousculer; (*foulen*) pousser ▷ *vi* pousser

Ren [rɛn] (**-s, -s** *od* **-e**) *nt* renne *m*

Renaissance [rənɛ'sã:s] *f* Renaissance *f*; (*fig*) renaissance

Rendezvous [rãde'vu:] (**-, -**) *nt* rendez-vous *m inv*

Rendite [rɛn'di:tə] *f* rapport *m*

Reneklode [re:nə'klo:də] *f* reine-claude *f*

renitent [reni'tɛnt] *adj* récalcitrant(e)

Rennbahn *f* (*Pferderennbahn*) champ *m* de courses; (*Radrennbahn*) vélodrome *m*; (*Aut*) circuit *m* automobile

rennen ['rɛnən] *vi, vt* courir; **um die Wette ~** faire la course; **gegen jdn/etw ~** se cogner contre qn/qch (en courant); **R~** (**-s, -**) *nt* course *f*; **das R~ machen** gagner

Renner (**-s, -**) *m* (*umg: Verkaufsschlager*) gros succès *m*

Renn-: ~**fahrer** *m* coureur *m*; ~**pferd** *nt* cheval *m* de course; ~**platz** *m* (*Pferderennplatz*) champ *m* de courses; ~**rad** *nt* vélo *m* de course; ~**sport** *m* courses *fpl*; ~**wagen** *m* voiture *f* de course

renommiert [renɔ'mi:rt] *adj* renommé(e)

renovieren [reno'vi:rən] *vt* rénover

Renovierung *f* rénovation *f*

rentabel [rɛn'ta:bəl] *adj* rentable, lucratif(-ive)

Rentabilität [rɛntabili'tɛ:t] *f* rentabilité *f*

Rente ['rɛntə] *f* (*Altersrente*) retraite *f*; (*Versicherungsrente*) pension *f*; **auf** *od* **in ~ gehen** prendre sa retraite

Renten-: ~**basis** *f* viager *m*; ~**empfänger** *m* retraité(e) *m/f*; ~**papier** *nt* valeur *f* à taux; ~**versicherung** *f* assurance *f* invalidité-vieillesse

Rentier ['rɛnti:r] *nt* renne *m*

rentieren [rɛn'ti:rən] *vr* être rentable; **das rentiert (sich) nicht** ça n'en vaut pas la peine

Rentner, in ['rɛntnər(ɪn)] (**-s, -**) *m(f)* retraité(e) *m/f*

reparabel [repa'ra:bəl] *adj* réparable

Reparation [reparatsi'o:n] *f* réparation *f*

Reparatur [repara'tu:r] *f* réparation *f*; **etw in ~ geben** donner qch à réparer; **r~bedürftig** *adj* en mauvais état; ~**werkstatt** *f* atelier *m* de réparation; (*Aut*) garage *m*

reparieren [repa'ri:rən] *vt* réparer

Repertoire [repɛrto'a:r] (**-s, -s**) *nt* répertoire *m*

Reportage [repɔr'taːʒə] f reportage m
Reporter, in [re'pɔrtər(ɪn)] (**-s, -**) m(f) reporter m
Repräsentant, in [reprɛzɛn'tant(ɪn)] m(f)
représentant(e) m/f
Repräsentanz f (Wirts) succursale f
repräsentativ [reprɛzɛnta'tiːf] adj (stellvertretend,
typisch) représentatif(-ive); (beeindruckend) de
prestige; **die ~en Pflichten eines Botschafters**
les obligations sociales d'un ambassadeur
repräsentieren [reprɛzɛn'tiːrən] vt représenter
Repressalie [reprɛ'saːliə] f représailles fpl
reprivatisieren [reprivati'ziːrən] vt privatiser
Reprivatisierung f privatisation f
Reproduktion [reprodʊktsi'oːn] f reproduction f
reproduzieren [reprodu'tsiːrən] vt reproduire
Reptil [rɛp'tiːl] (**-s, -ien**) nt reptile m
Republik [repu'bliːk] f république f
Republikaner [republi'kaːnər] (**-s, -**) m
républicain m; (in Deutschland) membre d'un parti
d'extrême droite
republikanisch adj républicain(e)
Republikflucht f émigration illégale de RDA, avant la
réunification
Requiem ['reːkviɛm] (**-s, -s**) nt requiem m
Requisiten pl (Theat) accessoires mpl
Reservat [rezɛr'vaːt] (**-(e)s, -e**) nt (Gebiet) réserve f
Reserve [re'zɛrvə] f réserve f; **etw/jdn in ~**
haben/halten avoir/garder qch/qn en réserve;
jdn aus der ~ locken faire sortir qn de sa réserve;
~rad nt roue f de secours; **~spieler** m remplaçant
m; **~tank** m réservoir m de secours
reservieren [rezɛr'viːrən] vt réserver
reserviert adj réservé(e)
Reservist [rezɛr'vɪst] m réserviste m
Reservoir [rezɛrvo'aːr] (**-s, -e**) nt réservoir m
Residenz [rezi'dɛnts] f résidence f
residieren [rezi'diːrən] vi résider
Resignation [rezɪgnatsi'oːn] f résignation f;
(förmlich: Rücktritt) démission f
resignieren [rezɪ'gniːrən] vi se résigner
resolut [rezo'luːt] adj résolu(e)
Resolution [rezolutsi'oːn] f résolution f;
(Bittschrift) pétition f
Resonanz [rezo'nants] f résonance f; **~boden** m
table f d'harmonie; **~körper** m caisse f de
résonance
Resopal® [rezo'paːl] (**-s**) nt formica® m
resozialisieren [rezotsiali'ziːrən] vt réinsérer
dans la société
Resozialisierung f réinsertion f sociale
Respekt [rɛ'spɛkt] (**-(e)s**) m respect m; **bei allem**
~ sauf votre respect
respektabel [rɛspɛk'taːbəl] adj respectable
respektieren [rɛspɛk'tiːrən] vt respecter;
(Wechsel) honorer
respektlos adj irrespectueux(-euse)
Respektsperson f personne f importante
respektvoll adj respectueux(-euse)
Ressentiment [rɛsãti'mãː] (**-s, -s**) nt: **~ gegen**
ressentiment m (à l'égard) de
Ressort [rɛ'soːr] (**-s, -s**) nt: **in jds ~ fallen** être du
ressort de qn

Ressourcen [rɛ'sʊrsən] pl ressources fpl
Rest [rɛst] (**-(e)s, -e**) m reste m; (von Stoff) coupon
m; **Reste** pl (Wirts) fins fpl de série; (Essensreste)
restes mpl; **das hat mir den ~ gegeben** (umg) ça a
été la goutte d'eau qui fait déborder le vase
Restaurant [rɛsto'rãː] (**-s, -s**) nt restaurant m
restaurieren [rɛstaʊ'riːrən] vt restaurer
Restaurierung f restauration f
Rest-: **~betrag** m solde m; **r~lich** adj qui reste;
r~los adv (völlig) complètement; **~müll** m
déchets mpl non recyclables; **~posten** m
invendus mpl
Resultat [rezʊl'taːt] (**-(e)s, -e**) nt résultat m
Retorte [re'tɔrtə] f cornue f; **aus der ~** (umg)
artificiel(le)
Retortenbaby (umg) nt bébé-éprouvette m
Retortenstadt (umg) f ville f nouvelle
retour [re'tuːr] adv (veraltet): **3 Euro ~** 3 euros de
monnaie; **~ sind wir gelaufen** nous sommes
rentrés à pied
Retouren pl (Waren) marchandises fpl retournées
Retrospektive [retrospɛk'tiːvə] f (Rückschau)
rétrospective f
retten ['rɛtən] vt sauver ▷ vr se sauver; **bist du**
noch zu ~? (umg) ça va pas, la tête?; **sich vor etw**
nicht mehr ~ können être submergé(e) de qch
Retter, in m(f) sauveur m
Rettich ['rɛtɪç] (**-s, -e**) m radis m
Rettung f (das Retten) sauvetage m; (Hilfe) secours
m; **jds letzte ~ sein** être le dernier espoir de qn
Rettungs-: **~aktion** f opération f de sauvetage;
~boot nt canot m de sauvetage; **~dienst** m
secours mpl; **~gürtel** m bouée f (de sauvetage);
~insel f radeau m de sauvetage; **r~los** adj
désespéré(e) ▷ adv: **sie waren r~los verloren** il
n'y avait plus aucun espoir de les retrouver
vivants; **~ring** m bouée f (de sauvetage);
~schwimmer m sauveteur m; (am Strand)
surveillant m de plage; **~wagen** m ambulance f
Return-Taste [ri'tœːrntastə] f touche f de retour
retuschieren [retʊ'ʃiːrən] vt retoucher
Reue ['rɔyə] (**-**) f remords mpl; (Bedauern) regret m
reuen vt (geh): **es reut ihn** il le regrette
reuig ['rɔyɪç] adj (Sünder) repentant(e); (Miene)
contrit(e)
reumütig adj repentant(e)
Reuse ['rɔyzə] f nasse f
Revanche [re'vãːʃə] f revanche f
revanchieren [revã'ʃiːrən] vr: **sich für etw ~** (sich
rächen) se venger de qch; (erwidern) revaloir qch
Revers [re'vɛːr] (**-, -**) m od nt (an Kleidung) revers m
revidieren [revi'diːrən] vt (abändern, korrigieren)
réviser; (überprüfen) vérifier
Revier [re'viːr] (**-s, -e**) nt (Zool: Territorium)
territoire m; (Jagdrevier) terrain m de) chasse f;
(Polizeidienststelle) commissariat m (de police);
(Dienstbereich) domaine m; (Bergb) bassin m
houiller; (Mil) infirmerie f
Revision [revizi'oːn] f (von Ansichten etc) révision f;
(Wirts) vérification f; (Jur) appel m
Revisionsverhandlung f appel m
Revisor [re'viːzɔr] (**-s, -en**) m (Wirts) vérificateur m

(de comptes)

Revolte [reˈvɔltə] f révolte f

revoltieren [revɔlˈtiːrən] vi se révolter

Revolution [revɔlutsiˈoːn] f révolution f

Revolutionär [revɔlutsioˈnɛːr] (**-s, -e**) m révolutionnaire m

revolutionär adj révolutionnaire

revolutionieren [revɔlutsioˈniːrən] vt révolutionner

Revoluzzer [revoˈlʊtsər] (**-s, -**) (pej) m soi-disant révolutionnaire m

Revolver [reˈvɔlvər] (**-s, -**) m révolver m

Revue [rəˈvyː] f (Theat) revue f, spectacle m de music-hall; **etw/jdn ~ passieren lassen** passer qch/qn en revue

Reykjavik [ˈraɪkjaviːk] nt Reykjavik

Rezensent [retsɛnˈzɛnt] m critique m

rezensieren [retsɛnˈziːrən] vt faire un compte-rendu de

Rezension f critique f

Rezept [reˈtsɛpt] (**-(e)s, -e**) nt (auch fig) recette f; (Med) ordonnance f; **r~frei** adj délivré(e) sans ordonnance

Rezeption [retsɛptsiˈoːn] f (von Hotel) réception f

rezeptpflichtig adj délivré(e) uniquement sur ordonnance

Rezession [retsɛsiˈoːn] f récession f

rezitieren [retsiˈtiːrən] vt réciter

R-Gespräch nt (communication f en) P.C.V. m

Rh, rh abk (= Rhesus(faktor) positiv) Rh+

Rhabarber [raˈbarbər] (**-s**) m rhubarbe f

Rhein [raɪn] (**-(e)s**) m Rhin m

rhein. abk = **rheinisch**

rheinisch adj rhénan(e)

Rhein-: **~land** nt Rhénanie f; **~länder, in** m(f) Rhénan(e) m/f (de Rhénanie); **~land-Pfalz** nt la Rhénanie-Palatinat

Rhesusfaktor [ˈreːzusfaktɔr] m facteur m rhésus

Rhetorik [reˈtoːrɪk] f rhétorique f

rhetorisch [reˈtoːrɪʃ] adj rhétorique; (Frage) pour la forme

Rheuma(tismus) (**-s**) nt rhumatisme m

rheumatisch [rɔʏˈmaːtɪʃ] adj rhumatismal(e)

Rhinozeros [riˈnoːtserɔs] (**- od -ses, -se**) nt rhinocéros m; (umg: Dummkopf) imbécile m

Rhodesien [roˈdeːziən] (**-s**) nt la Rhodésie

Rhododendron [rodoˈdɛndrɔn] (**-s, Rhododendren**) m od nt rhododendron m

Rhodos [ˈroːdɔs] (**-**) nt Rhodes f

Rhone [ˈroːnə] f: **die ~** le Rhône

rhythmisch [ˈrʏtmɪʃ] adj rythmique; **~e Gymnastik** gymnastique f rythmique

Rhythmus (**-**) m rythme m

Richtantenne [ˈrɪçtʔantɛnə] f antenne f directionnelle

richten [ˈrɪçtən] vt (lenken) diriger; (einstellen) régler; (instand setzen) réparer; (zurechtmachen) préparer; (bestrafen) juger ▷ vi (urteilen): **~ über** +Akk juger ▷ vr: **sich nach jdm ~** faire comme cela convient à qn; **sich nach etw ~** se conformer à qch; (subj: Preis, Bezahlung etc) correspondre à qch, dépendre de qch; **~ an** +Akk adresser à; **~ auf**

+Akk (Waffe) pointer sur; **den Kurs nach Norden ~** mettre le cap sur le nord; **wir ~ uns ganz nach unseren Kunden** chez nous, le client est roi

Richter, in (**-s, -**) m(f) juge m; **sich zum ~ machen** se permettre de juger; **r~lich** adj du juge

Richtfest nt fête pour célébrer la fin du gros œuvre

Richtgeschwindigkeit f vitesse f conseillée

richtig adj bon (bonne); (echt, ordentlich) vrai(e) ▷ adv (korrekt) correctement, juste; (in der Tat) effectivement; **der/die R~e** la personne qu'il faut; **wenn ich den R~en treffe** lorsque je rencontrerai l'homme de ma vie; **das R~e** ce qu'il faut; **die Uhr geht ~** la montre est à l'heure; **R~keit** f (von Antwort) exactitude f; (von Verhalten) justesse f; (von Urkunde, Papier) authenticité f; **das hat schon seine R~keit** c'est juste; **~stellen** vt (Irrtum) rectifier; **R~stellung** f correction f

Richt-: **~linie** f directive f; **~preis** m prix m indicatif; **~schnur** f (fig) ligne f de conduite

Richtung f direction f; (Tendenz) tendance f; **in ~ Berlin/Süden** dans la direction od en direction de Berlin/du sud; **in jeder ~** dans tous les sens

richtungslos adj (Mensch) sans but

richtungweisend adj qui montre la direction à suivre

rieb etc [riːp] vb siehe **reiben**

riechen [ˈriːçən] unreg vt, vi sentir; **ich kann das/ihn nicht ~** (umg) je ne peux sentir ça/le sentir; **das konnte ich doch nicht ~** (umg: wissen) je ne pouvais tout de même pas le deviner; **an etw** Dat **~** sentir od renifler qch; **es riecht nach Gas** ça sent le gaz

Riecher (**-s, -**) m: **einen guten** od **den richtigen ~ haben** (umg) avoir de l'intuition

Ried [riːt] (**-(e)s, -e**) nt (Schilf) roseau m

rief etc [riːf] vb siehe **rufen**

Riege [ˈriːɡə] f équipe f

Riegel [ˈriːɡəl] (**-s, -**) m (Schieber) verrou m; (von Seife) pain m; (von Schokolade) barre f; **einer Sache einen ~ vorschieben** mettre fin à qch

Riemen [ˈriːmən] (**-s, -**) m (Treibriemen) courroie f; (Band) ceinture f; (Naut) aviron m; **sich am ~ reißen** (umg) faire un gros effort; **~antrieb** m transmission f par courroie

Riese [ˈriːzə] (**-n, -n**) m géant m

rieseln vi (Wasser) couler, ruisseler; (Schnee, Staub) tomber doucement

Riesen-: **~erfolg** (umg) m succès m fou; **~gebirge** nt monts mpl des Géants (en Bohême); **r~groß** adj énorme, gigantesque; **r~haft** adj gigantesque; **~rad** nt grande roue f; **~schritt** m: **mit ~schritten** à pas de géant; **~slalom** m slalom m géant

riesig [ˈriːzɪç] adj énorme

Riesin f géante f

Riesling [ˈriːslɪŋ] (**-s, -e**) m riesling m

riet etc [riːt] vb siehe **raten**

Riff [rɪf] (**-(e)s, -e**) nt récif m

rigoros [riɡoˈroːs] adj rigoureux(-euse)

Rille [ˈrɪlə] f rainure f

Rind [rɪnt] (-(e)s, -er) nt (Tier) bovin m; (Fleisch) bœuf m; vom ~ de bœuf

Rinde ['rɪndə] f (Baumrinde) écorce f; (Brotrinde, Käserinde) croûte f

Rindfleisch nt viande f de bœuf

Rindsbraten m rôti m de bœuf

Rindsleder nt cuir m de bœuf

Rindvieh nt (Zool) bétail m; (umg) imbécile m

Ring [rɪŋ] (-(e)s, -e) m anneau m; (Schmuck) bague f; (Kreis, Vereinigung) cercle m; (Boxring) ring m; **Ringe** pl (Turngerät) anneaux mpl; ~buch nt classeur m

ringeln ['rɪŋəln] vt enrouler ▷ vr s'enrouler; (Rauch) former des volutes

Ringelnatter f couleuvre f

Ringeltaube f pigeon m ramier

ringen unreg vi (kämpfen) lutter ▷ vt (Hände) se tordre; ~ um lutter pour; nach od um etw ~ (streben) aspirer à qch; **R~ (-s)** nt lutte f

Ringer m lutteur m

Ringfinger m annulaire m

ringförmig adj circulaire

Ringkampf m (Sport) lutte f

Ringmauer f mur m d'enceinte

Ringrichter m arbitre m

rings adv tout autour; ~ um das Haus standen Bäume il y avait des arbres tout autour de la maison, la maison était entourée d'arbres

ringsherum adv tout autour

Ringstraße f boulevard m périphérique

ringsum adv tout autour

ringsumher adv (rundherum) tout autour; (überall) partout

Rinne ['rɪnə] f (im Boden) rigole f; (Regenrinne) gouttière f

rinnen unreg vi (Gefäß) fuir; (Flüssigkeit) couler, ruisseler; das Geld rinnt ihm durch die Finger c'est un panier percé

Rinnsal (-s, -e) nt filet m d'eau

Rinnstein m caniveau m

Rippchen ['rɪpçən] nt côte f de porc

Rippe ['rɪpə] f (Anat) côte f; (von Heizkörper) ailette f

Rippen-: ~fellentzündung f pleurésie f; ~speer m od nt: Kasseler ~speer côte de porc fumée; ~stoß m bourrade f

Rips [rɪps] (-es, -e) m reps m

Risiko ['riːziko] (-s, -s od Risiken) nt risque m; r~freudig adj qui a le goût du risque

riskant [rɪs'kant] adj risqué(e)

riskieren [rɪs'kiːrən] vt risquer

riss etc [rɪs] vb siehe **reißen**

Riss (-es, -e) m (in Mauer etc) fissure f; (in Haut) gerçure f; (in Papier, Stoff) déchirure f; (Tech) schéma m

rissig ['rɪsɪç] adj (Mauer) fissuré(e); (Hände) gercé(e)

Ritt (-(e)s, -e) m chevauchée f

ritt etc [rɪt] vb siehe **reiten**

Ritter (-s, -) m chevalier m; jdn zum ~ schlagen adouber qn; arme ~ pl = pain m perdu; ~burg f château m fort; r~lich adj (Sitten) chevaleresque; (Verhalten) de gentleman; ~schlag m accolade f;

~tum nt chevalerie f; ~zeit f âge m de la chevalerie

rittlings adv à cheval

Ritual [ritu'aːl] (-s, -e od -ien) nt rituel m

rituell [ritu'ɛl] adj rituel(le)

Ritus ['riːtʊs] (-, Riten) m rite m

Ritze ['rɪtsə] f fissure f

ritzen vt graver; (mit dem Fingernagel) faire des marques od des entailles dans ▷ vr s'égratigner; die Sache ist geritzt (umg) c'est décidé

Rivale, -in [ri'vaːlə] (-n, -n) m(f) rival(e) m/f

rivalisieren [rivali'ziːrən] vi: mit jdm ~ rivaliser avec qn

Rivalität [rivali'tɛːt] f rivalité f

Riviera [rivi'eːra] f: die ~ la Riviera

Rizinusöl ['riːtsinʊsləːl] nt huile f de ricin

r.-k. abk (= römisch-katholisch) catholique

Robbe ['rɔbə] f phoque m

robben ['rɔbən] aux sein vi ramper

Robbenfang m chasse f aux phoques

Robe ['roːbə] f robe f

Roboter ['rɔbɔtər] (-s, -) m robot m; ~technik f robotique f

robust [ro'bʊst] adj robuste

roch etc [rɔx] vb siehe **riechen**

Rochade [rɔ'xaːdə] f: die kleine/große ~ le petit/grand roque

röcheln ['rœçəln] vi respirer bruyamment; (Sterbender) râler

Rock¹ [rɔk] (-(e)s, ̈e) m jupe f; (Jackett) veston m; (Uniformrock) uniforme m

Rock² [rɔk] (-(s), -(s)) m (Mus) rock m; ~gruppe f groupe m rock; ~musik f rock m

Rockzipfel m: an Mutters ~ hängen (umg) être pendu(e) aux jupes de sa mère

Rodel ['roːdəl] (-s, -) m (Schlitten) luge f; ~bahn f piste f de luge

rodeln vi faire de la luge, luger

Rodelschlitten m luge f

roden ['roːdən] vt (Wald) déboiser, défricher; (Bäume) abattre ▷ vi (siehe vt) déboiser, défricher

Rodung f (Fläche) clairière f

Rogen ['roːgən] (-s, -) m œufs mpl de poisson

Roggen ['rɔgən] (-s, -) m seigle m; ~brot nt pain m de seigle

roh [roː] adj (ungekocht) cru(e); (unbearbeitet) brut(e); (grob) grossier(-ière); mit ~er Gewalt par la force; R~bau m gros œuvre m; das Haus ist im R~bau fertig le gros œuvre est terminé; R~eisen nt fonte f; R~fassung f brouillon m; R~heit f brutalité f; R~kost f crudités fpl; R~ling (pej) m (Mensch) brute f; (Tech) ébauche f; R~material nt matière f première; R~öl nt pétrole m brut

Rohr [roːr] (-(e)s, -e) nt tuyau m; (Bot) roseau m; (für Stühle) rotin m; (Gewehrrohr) canon m; ~bruch m tuyau m crevé

Röhre ['røːrə] f tube m; (für Wasser) tuyau m; (Backröhre) four m; in die ~ gucken (umg: fernsehen) regarder la télé

Rohr-: ~geflecht nt vannerie f; ~leger (-s, -) m installateur m; ~leitung f conduite f; ~post f poste f pneumatique; **~spatz** m: **schimpfen wie ein ~spatz** (umg) jurer comme un charretier; **~stock** m canne f; **~stuhl** m chaise f en osier; **~zange** f clé f serre-tubes; **~zucker** m sucre m de canne

Rohseide f soie f grège

Rohstoff m matière f première

Rokoko ['rokoko] (**-(s)**) nt rococo m

Rollbahn f piste f

Rolle ['rɔlə] f (Papierrolle, Stoffrolle; Sport) rouleau m; (Garnrolle etc) bobine f; (unter Möbeln etc) roulette f; (Flug) rôle m; (Theat) rôle m; **eine ~ spielen** jouer un rôle; **das spielt keine ~** ça n'a pas d'importance; **bei** od **in etw** Dat **eine/keine ~ spielen** influencer/ne pas influencer qch; **aus der ~ fallen** mal se conduire

rollen vt rouler; (Teig) abaisser; (zusammenrollen) enrouler ▷ vi rouler; (Schiff) tanguer ▷ vr s'enrouler; **den Stein ins R~ bringen** lever un lièvre

Rollen-: **~besetzung** f distribution f des rôles; **~konflikt** m conflit m de rôles; **~lager** nt palier m à rouleaux; **~spiel** nt jeu m de rôles; **~tausch** m permutation f des rôles

Roller (**-s, -**) m (für Kinder) trottinette f; (Motorroller) scooter m

Rollfeld nt piste f

Rolli ['rɔli] (**-s, -s**) m col roulé m

Roll-: **~kragen** m col m roulé; **~laden** (**-s, -läden**) m store m; **~mops** m rollmops m

Rollo ['rɔlo] (**-, -s**) nt store m

Roll-: **~schinken** m jambon m roulé; **~schrank** m classeur m à rideau; **~schuh** m patin m à roulettes; **~schuhlaufen** nt patin m à roulettes; **~splitt** m gravillons mpl; **~stuhl** m fauteuil m roulant; **~treppe** f escalier m mécanique

Rom [roːm] (**-s**) nt Rome; **das sind Zustände wie im alten ~** (umg: unmoralisch) c'est décadent; (: primitiv) c'est vraiment moyenâgeux

röm. abk = römisch

Roman [ro'maːn] (**-s, -e**) m roman m; **~heft** nt roman m à l'eau de rose

Romanik [ro'maːnɪk] f l'art m roman

romanisch adj roman(e); (Volk) de langue romane, romanisé(e)

Romanist, in [roma'nɪst(ɪn)] (**-en, -en**) m(f) romaniste m/f

Romanschriftsteller m romancier(-ière) m/f

Romantik [ro'mantɪk] f romantisme m

Romantiker, in (**-s, -**) m(f) romantique m/f

romantisch adj romantique

Romanze [ro'mantsə] f romance f; (Liebelei) histoire f d'amour

Römer ['røːmər] (**-s, -**) m Romain m; (Glas) verre m à pied

Römerin f Romaine f

Römertopf® m diable m (cocotte en argile)

römisch ['røːmɪʃ] adj romain(e); **~-katholisch** adj catholique romain(e)

röm.-kath. abk (= römisch-katholisch) catholique

Rommé, Rommee [rɔ'meː] (**-s, -s**) nt rami m

Rondell [rɔn'dɛl] (**-s, -e**) nt (Verkehrskreisel) rond-

point m, sens m giratoire

röntgen ['rœntgən] vt radiographier; **R~aufnahme** f radio(graphie) f; **R~bild** nt radio(graphie) f; **R~strahlen** pl rayons mpl X

rosa ['roːza] adj unver rose

Rose ['roːzə] f rose f

Rosé [ro'zeː] (**-s, -s**) m (Wein) rosé m

Rosen-: **~kohl** m choux mpl de Bruxelles; **~kranz** m chapelet m; **~montag** m lundi m de carnaval

Rosette [ro'zɛtə] f (Fenster) rosace f; (aus Papier) rosette f

rosig ['roːzɪç] adj rose

Rosine [ro'ziːnə] f raisin m sec; **große ~n im Kopf haben** (umg) avoir la folie des grandeurs

Rosinenbrot nt gros pain aux raisins

Rosmarin ['roːsmariːn] (**-s**) m romarin m

Ross [rɔs] (**-es, -e**) nt cheval m; **auf dem hohen ~ sitzen** se prendre pour quelqu'un d'important; **~kastanie** f (Baum) marronnier m; (Frucht) marron m; **~kur** (umg) f remède m de cheval

Rost [rɔst] (**-(e)s, -e**) m rouille f; (Gitter) grille f; (Bettrost) sommier m; **~braten** m rôti cuit sur le gril; **~bratwurst** f saucisse f à griller

rosten vi rouiller

rösten ['røːstən] vt (Brot, Kastanien) griller; (Kartoffeln) faire sauter

rostfrei adj inoxydable

rostig adj rouillé(e)

Röstkartoffeln pl pommes fpl de terre sautées

Rostschutz m (Mittel) antirouille m

rot [roːt] adj rouge; **werden rouge**; **einen ~en Kopf bekommen** rougir; **in den ~en Zahlen sein** avoir un découvert; **das R~e Kreuz** la Croix-Rouge; **die R~e Armee** l'Armée f rouge; **R~e Bete** betterave f rouge; **das R~e Meer** la mer Rouge

Rotation [rotatsi'oːn] f rotation f

rot-: **~bäckig** adj aux joues rouges; **R~barsch** m perche f de mer; **~blond** adj (Haar) blond roux

Rotbuche f hêtre m

Röte ['røːtə] (**-**) f rougeur f

Röteln pl rubéole f

röten vt, vr rougir

Rotgold nt or m rouge

rothaarig adj roux (rousse)

rotieren [ro'tiːrən] vi tourner; (umg: sich aufregen) paniquer

Rot-: **~käppchen** nt le petit chaperon rouge; **~kehlchen** nt rouge-gorge m; **~kohl** m, **~kraut** nt chou m rouge

rötlich adj rougeâtre

rot-: **~sehen** unreg (umg) vi voir rouge; **R~stift** m crayon m rouge; **den R~stift ansetzen** procéder à des coupes sombres; **R~wein** m vin m rouge

Rotz [rɔts] (**-es, -e**) (umg) m morve f; **r~frech** (umg) adj morveux(-euse); **r~näsig** (umg: pej) adj morveux(-euse)

Rouge [ruːʒ] (**-s, -s**) nt rouge m

Roulade [ru'laːdə] f paupiette f

Roulette, Roulett [ru'lɛt] (**-s, -s**) nt roulette f

Route [ruːtə] f itinéraire m

Routine [ru'tiːnə] f (Erfahrung) expérience f;

(*Gewohnheit*) routine f
routiniert [ruti'niːərt] *adj* (*geh*) expérimenté(e)
Rowdy ['raʊdɪ] (**-s, -s**) *m* (*zerstörerisch*) vandale *m*;
(*lärmend*) voyou *m*
rubbeln ['rʊbəln] (*umg*) *vt, vi* frotter
Rübe ['ryːbə] f: **Gelbe ~** carotte f; **Rote ~** betterave
f (rouge)
Rübenzucker *m* sucre *m* de betterave
rüber ['ryːbər] (*umg*) *adv* = **herüber; hinüber**
Rubin [ru'biːn] (**-s, -e**) *m* rubis *m*
Rubrik [ru'briːk] (**-, -en**) f (*Kategorie*) rubrique f;
(*Spalte*) colonne f
Ruck [rʊk] ((**e)s, -e**) *m* secousse f; **sich** *Dat* **einen**
~ geben (*umg*) se secouer
ruck *adv*: **das geht ~, zuck** c'est vite fait
Rückantwort f réponse f; **um ~ wird gebeten**
R.S.V.P
ruckartig *adj* (*unerwartet*) brusque; (*ungleichmäßig*)
saccadé(e)
Rück-: **~besinnung** f: **-besinnung auf** retour *m* à;
r~bezüglich *adj* réfléchi(e); **~blende** f flash-
back *m*; **~blick** *m*: **im ~blick auf etw** *Akk* en
évoquant qch; **r~blickend** *adj* rétrospectif(-ive)
▷ *adv* avec le recul; **r~datieren** *vt* antidater
Rücken (**-s, -**) *m* dos *m*; (*Nasenrücken*) arête f;
(*Bergrücken*) crête f; **jdm in den ~ fallen** (*fig*) tirer
dans le dos de qn; **jdm den ~ stärken** soutenir
qn
rücken *vt* (*Möbel*) déplacer; (*Spielfiguren*) jouer ▷ *vi*
bouger, se déplacer; (*Platz machen*) se pousser; **an**
jds Stelle ~ prendre la place de qn
Rücken-: **~deckung** f soutien *m*; **~lage** f: **in**
~lage sur le dos; **~lehne** f dossier *m*; **~mark** *nt*
moelle f épinière; **~schwimmen** *nt* nage f sur le
dos; **~stärkung** f (*fig*) encouragement *m*; **~wind**
m vent *m* arrière; **~wirbel** *m* vertèbre f
Rück-: **~erstattung** f remboursement *m*;
~fahrkarte f billet *m* aller-retour; **~fahrt** f
retour *m*; **~fall** *m* (*von Patient*) rechute f; (*von*
Verbrecher) récidive f; **r~fällig** *adj* (*Kranker*) qui fait
une rechute; (*Verbrecher*) récidiviste; **r~fällig**
werden récidiver; **~fenster** *nt* vitre f arrière;
~flug *m* (*vol m de*) retour *m*; **~frage** f demande f
de précisions; **nach ~frage bei der zuständigen**
Behörde après s'être informé auprès des
autorités compétentes; **r~fragen** *vi* demander
des précisions; **~führung** f (*von Menschen*)
rapatriement *m*; **~gabe** f (*von Dingen*) restitution
f; **~gang** *m* baisse f; **r~gängig** *adj*: **etw r~gängig**
machen (*Bestellung, Termin*) annuler qch; (*Vertrag*)
résilier qch; (*Abmachung*) revenir sur qch;
~gewinnung f (*von Land, Gebiet*) reconquête f; (*aus*
verbrauchten Stoffen) récupération f
Rückgrat (**-(e)s, -e**) *nt* colonne f vertébrale; **ein**
Mensch ohne ~ (*fig*) quelqu'un qui n'a pas le
courage de ses opinions
Rück-: **~griff** *m*: **~griff auf** +*Akk* recours à; **~halt**
m (*Unterstützung*) soutien *m*; (*Einschränkung*)
réserve f; **r~haltlos** *adj* (*Offenheit*) total(e) ▷ *adv*
entièrement; **~hand** f (*Sport*) revers *m*; **~kauf** *m*
rachat *m*; **~kehr** (**-, -en**) f retour *m*; **~koppelung** f
rétroaction f; **~lage** f (*Reserve*) réserve f; **~lauf** *m*

marche f arrière; (*beim Tonband*) rebobinage *m*;
r~läufig *adj* (*Entwicklung*) régressif(-ive); (*Preise*)
en baisse; **eine r~läufige Entwicklung** un
retour en arrière; **~licht** *nt* feu *m* arrière; **~lings**
adv (*von hinten*) par derrière; (*rückwärts*) à l'envers;
~nahme f reprise f; **~porto** *nt* port *m* pour la
réponse; **~reise** f (*voyage m de*) retour *m*; **~ruf** *m*
(*von Waren*) rappel *m*; **sie bittet um ~ruf** (*Tel*) elle
vous prie de la rappeler
Rucksack ['rʊkzak] *m* sac *m* à dos
Rück-: **~schau** f (*in Medien*) rétrospective f;
~schau halten regarder en arrière, considérer le
passé; **r~schauend** *adv* rétrospectivement;
~schlag *m* (*Verschlechterung*) revers *m*; **~schluss** *m*
conclusion f; **~schritt** *m* régression f;
r~schrittlich *adj* rétrograde; **~seite** f dos *m*; (*von*
Papier) verso *m*; (*von Münze etc*) revers *m*, côté *m*
pile; **siehe ~seite** voir au verso
Rücksicht f considération f; **~ auf jdn/etw**
nehmen tenir compte de qn/qch; **~nahme** f
considération f, égards *mpl*
rücksichtslos *adj* (*Mensch*) qui manque d'égards;
(*Benehmen*) inconsidéré(e); (*Fahren*) imprudent(e);
(*unbarmherzig*) impitoyable; **R~igkeit** f manque *m*
d'égards pour les autres
rücksichtsvoll *adj* prévenant(e), plein(e)
d'égards
Rück-: **~siedler, in** (**-s, -**) *m(f)* personne qui rentre dans
son pays d'origine (après plusieurs générations); **~sitz** *m*
siège *m* arrière; **~spiegel** *m* rétroviseur *m*; **~spiel**
nt match *m* retour; **~sprache** f entretien *m*;
~sprache mit jdm nehmen *od* **halten**
s'entretenir avec qn; **~stand** *m* (*Überrest*) résidu
m; (*Außenstände*) arriéré *m*; (*Verzug*) retard *m*; **im**
~stand sein être en retard; **mit seiner Arbeit im**
~stand kommen prendre du retard dans son
travail; **r~ständig** *adj* (*Methoden*) dépassé(e);
(*Zahlungen*) dû (due), en souffrance; **~stau** *m* (*von*
Autos) bouchon *m*; **~stoß** *m* (*von Gewehr*) recul *m*;
~strahler (**-s, -**) *m* catadioptre *m*; **~strom** *m* (*von*
Menschen, Fahrzeugen) mouvement *m* inverse;
~taste f touche f retour; **~tritt** *m* (*von Minister etc*)
démission f; (*von Fahrrad*) frein *m* à rétropédalage;
~trittbremse f frein *m* à rétropédalage;
~trittsklausel f clause f de retrait; **~vergütung** f
remboursement *m*; **r~versichern** *vt* réassurer
▷ *vi, vr* se réassurer; **~versicherung** f réassurance
f; **r~wärts** *adv* (*nach hinten*) en arrière;
r~wärtsfahren *unreg vi* reculer; **~wärtsgang** *m*
marche f arrière; **r~wärtsgehen** *unreg vi* reculer;
~weg *m* retour *m*; **r~wirkend** *adj* rétroactif(-ive)
▷ *adv* rétroactivement, avec effet rétroactif;
~wirkung f effet *m* rétroactif; **eine**
Gesetzesänderung mit ~wirkung vom ... un
amendement avec effet rétroactif à compter du
...; **~zahlung** f remboursement *m*; **~zieher** (*umg*)
m: **einen ~zieher machen** se défiler; **~zug** *m*
retraite f; **~zugsgefecht** *nt* combat *m* d'arrière-
garde
Rüde (**-n, -n**) *m* (*Zool*) mâle *m* (*du chien, du loup, de la*
marte etc)

rüde ['ryːdə] adj brutal(e)

Rudel ['ruːdəl] (**-s, -**) nt (von Wölfen) bande f; (von Hirschen) troupeau m

Ruder ['ruːdər] (**-s, -**) nt rame f; (Steuer) gouvernail m; **das ~ fest in der Hand haben** (fig) avoir la situation en main; **~boot** nt bateau m à rames; **~er (-s, -)** m rameur(-euse) m/f

rudern vt (Boot) faire avancer (en ramant); (Strecke) couvrir à la rame ▷ vi ramer; **mit den Armen ~** agiter les bras

Ruf [ruːf] (**-(e)s, -e**) m (von Mensch, Tier) cri m; (Ansehen) réputation f; (Univ) offre f de poste

rufen unreg vt appeler; (ausrufen) crier ▷ vi appeler, crier; **nach jdm/etw ~** appeler qn/qch; **um Hilfe ~** appeler à l'aide od au secours; **das kommt mir wie ge~** (umg) ça tombe à point nommé

Rüffel ['ryfəl] (**-s, -**) (umg) m savon m

Ruf-: **~mord** m diffamation f; **~name** m prénom m (usuel); **~nummer** f numéro m de téléphone; **~säule** f (für Taxi) téléphone m; (an Autobahn) borne f d'appel; **~weite** f: **in ~weite sein/bleiben** être/rester à portée de voix; **~zeichen** nt (Tel) tonalité f

Rüge ['ryːgə] f réprimande f

rügen vt réprimander

Ruhe ['ruːə] (**-**) f (Stille, Gelassenheit) calme m; (Schweigen) silence m; (Ausruhen, Stillstand) repos m; (Ungestörtheit) tranquillité f; **~!** silence!; **jdn (mit etw) in ~ lassen** laisser qn tranquille (avec qch); **sich zur ~ setzen** prendre sa retraite; **immer mit der ~!** (umg) du calme!; **angenehme ~!** bonne nuit!; **~ bewahren** garder son calme; **das lässt ihm keine ~** il n'arrête pas d'y penser; **die ~ weghaben** (umg) rester imperturbable; **die letzte ~ finden** être conduit(e) à sa dernière demeure; **~lage** f (von Mensch) position f couchée; **in der ~lage** (Pendel) au repos; **r~los** adj agité(e)

ruhen vi (ausruhen) se reposer; (stillstehen) être arrêté(e); (: Waffen) se taire; (begraben sein) reposer; **~ auf** +Dat (liegen) être posé sur

Ruhe-: **~pause** f pause f; **~platz** m halte f; **~raum** m salle f de repos; **~sitz** m (Sitz) siège m à dossier réglable; (Alterssitz) maison f de retraite; **~stand** m retraite f; **~stätte** f: **letzte ~stätte** dernière demeure f; **~störung** f tapage m nocturne; **~tag** m (Tag zum Ausruhen) jour m de repos; **„Montag ~tag"** "fermeture hebdomadaire le lundi"

ruhig ['ruːɪç] adj calme, (Wochenende, Leben) tranquille; (Hand) sûr(e) ▷ adv (getrost): **kommen Sie ~ herein** mais entrez donc!; **sei ~!** tais-toi!; **etw ~ mit ansehen** (gleichgültig) regarder qch sans broncher; **du könntest ~ mal etwas tun!** tu pourrais quand même faire quelque chose!

Ruhm [ruːm] (**-(e)s**) m gloire f

rühmen ['ryːmən] vt louer, vanter ▷ vr se vanter

rühmlich adj (Tat) glorieux(-euse); (Ausnahme) important(e)

ruhmlos adj sans gloire

ruhmreich adj glorieux(-euse)

Ruhr¹ [ruːr] (**-**) f (Med) dysenterie f

Ruhr² [ruːr] f (Geog) Ruhr f

Rührei ['ryːrlaɪ] nt œufs mpl brouillés

rühren vt remuer; (Gemüt bewegen) toucher ▷ vr bouger ▷ vi (in Kochtopf) remuer; **von etw ~** provenir de qch; **~ an** +Akk toucher à; **das rührt mich nicht!** (umg) ça ne me fait ni chaud ni froid!

rührend adj touchant(e); **das ist ~ von Ihnen** c'est vraiment très gentil à vous

Ruhrgebiet nt Ruhr f

rührig adj actif(-ive)

rührselig adj sentimental(e)

Rührung f émotion f

Ruin [ruˈiːn] (**-s, -e**) m ruine f; **vor dem ~ stehen** être au bord de la ruine

Ruine f ruine f

ruinieren [ruiˈniːrən] vt (Person) ruiner; (Stoff) abîmer

ruinös [ruiˈnøːs] adj (Preise etc) ruineux(-euse)

rülpsen ['rylpsən] (umg) vi roter

Rum [rʊm] (**-s, -s**) m rhum m

rum (umg) adv = **herum**

Rumäne [ruˈmɛːnə] (**-n, -n**) m Roumain m

Rumänien (**-s**) nt la Roumanie

Rumänin f Roumaine f

rumänisch adj roumain(e)

rumfuhrwerken ['rʊmfuːrvɛrkən] (umg) vi s'affairer

rumkriegen ['rʊmkriːgən] (umg) vt (überreden) convaincre; (Zeit) arriver au bout de

Rummel ['rʊməl] (**-s**) m (umg) tapage m; (Jahrmarkt) foire f; **~platz** m champ m de foire

rumoren [ruˈmoːrən] vi faire du bruit

Rumpelkammer ['rʊmpəlkamər] (umg) f débarras m

rumpeln vi (Donner) gronder; (Wagen) cahoter

Rumpf [rʊmpf] (**-(e)s, ̈-e**) m tronc m; (Flug) fuselage m; (Naut) coque f

rümpfen ['rympfən] vt froncer

Rumtopf m fruits macérés dans du rhum

rund [rʊnt] adj rond(e) ▷ adv (ungefähr) environ; **eine ~e Zahl** od **Summe** un chiffre rond; **wenn der das erfährt, gehts ~** (umg) s'il l'apprend, ça va chauffer; **~ um die Uhr** 24 heures sur 24; **~ um die Welt reisen** faire le tour du monde; **R~blick** m panorama m; **R~bogen** m arc m en plein cintre; **R~brief** m circulaire f

Runde ['rʊndə] f (Rundgang) ronde f; (in Rennen) tour m; (Gesellschaft) cercle m; (von Getränken) tournée f; **die ~ machen** (sich herumsprechen) se répandre comme une traînée de poudre; (herumgegeben werden) passer de main en main; **über die ~n kommen** arriver à joindre les deux bouts; **eine ~ spendieren** od **schmeißen** (umg) payer une tournée

runden vt arrondir ▷ vr (fig) se préciser

rund-: **~erneuert** adj rechapé(e); **R~fahrt** f circuit m; **R~flug** m circuit m (en avion); **R~frage** f enquête f; **~fragen** vi demander autour de soi

Rundfunk ['rʊntfʊŋk] (**-(e)s**) m radio f; (Rundfunkanstalt) station f de radio; **im ~** à la radio; **~anstalt** f station f de radio; **~empfang** m réception f; **~gebühr** f redevance f radio; **~gerät** nt radio f; **~sendung** f émission f de radio;

~zeitschrift f journal où sont annoncés les programmes de la radio

Rund-: ~gang m (Spaziergang) tour m; (von Wachmann) ronde f; **~gang durch** (zur Besichtigung) visite f de; **r~heraus** adv carrément; **r~herum** adv tout autour, de tous les côtés; (umg: völlig) complètement; **r~lich** adj (Form, Figur) rondelet(te); (Gesicht) rond(e); **~reise** f circuit m; **~ruf** m appel m à la population; **~schreiben** nt circulaire f; **r~um** adv tout autour; (fig) entièrement; **~ung** f (von Gewölbe) arrondi m, courbure f; (von Wangen) rondeur f; **~(wander)weg** m circuit m; **r~weg** adv complètement; (ablehnen) catégoriquement

Rune ['ruːnə] f rune f

runter ['rʊntər] (umg) adv = **herunter; hinunter; ~fahren** vt (Comput) arrêter; **~laden** vt, vi (Comput) télécharger; **~würgen** (umg) vt (Ärger) ravaler

Runzel ['rʊntsəl] (-, -n) f ride f

runzelig adj ridé(e)

runzeln vt plisser; **die Stirn ~** froncer les sourcils

Rüpel ['ryːpəl] (-s, -) (pej) m mufle m; **r~haft** (pej) adj grossier(-ière)

Rupfen (-s, -) m (toile f de) jute m

rupfen ['rʊpfən] vt (Huhn) plumer; (Federn, Gras, Unkraut) arracher; **wie ein gerupftes Huhn aussehen** avoir l'air d'un épouvantail

ruppig ['rʊpɪç] adj (unhöflich) brusque; (struppig) débraillé(e)

Rüsche ['ryːʃə] f volant m

Ruß [ruːs] (-es) m suie f

Russe ['rʊsə] (-n, -n) m Russe m

Rüssel ['rʏsəl] (-s, -) m trompe f

rußen vi fumer

rußig adj couvert(e) de suie

Russin f Russe f

russisch adj russe; **~e Eier** œufs mpl à la russe

Russland (-s) nt la Russie

rüsten ['rʏstən] vi (Mil) s'armer ▷ vr (geh: sich bereit machen) se préparer

Rüster ['ryːstər] (-, -n) f orme m

rüstig ['rʏstɪç] adj alerte; **R~keit** f vigueur f

rustikal [rʊstiˈkaːl] adj rustique

Rüstung ['rʏstʊŋ] f armement m; (Ritterrüstung) armure f

Rüstungs-: ~beschränkung f contrôle m des armements; **~gegner** m antimilitariste m/f; **~industrie** f industrie f de l'armement; **~kontrolle** f contrôle m des armements; **~wettlauf** m course f à l'armement

Rüstzeug nt outils mpl; (Wissen) connaissances fpl

Rute ['ruːtə] f (Zweig) baguette f

Rutsch [rʊtʃ] (-(e)s, -e) m: **~ nach links/rechts** (Pol) glissement m à gauche/droite; **guten ~!** (umg) bonne année!; **in einem** od **auf einen ~** (umg) d'un seul coup; **~bahn** f toboggan m

rutschen vi glisser; (ausrutschen, Auto) déraper; **auf dem Stuhl hin und her ~** remuer sur sa chaise

rutschfest adj antidérapant(e)

rutschig adj glissant(e)

rütteln ['rʏtəln] vt secouer ▷ vi: **an der Tür/dem Fenster ~** cogner à la porte/fenêtre; **daran ist nichts zu ~** (umg) on ne peut rien y changer

Rüttelschwelle f casse-vitesse m

Ss

S, s [ɛs] *nt* S, s *m*; **S wie Samuel** ≈ S comme Suzanne
S. *abk* (= *Seite*) p.; (= *Süden*) S; (= *Schilling*) S
s. *abk* (= *siehe*) v.; (= *Sekunde*) s.
SA (-) *f abk* (*Hist*: = *Sturmabteilung*) S.A., formation paramilitaire du parti nazi
s. a. *abk* (= *siehe auch*) voir aussi
Saal [zaːl] (-(e)s, **Säle**) *m* salle *f*
Saar-: **~land** ['zaːrlant] (-s) *nt*: **das ~land** la Sarre; **~länder, in** (-s, -) *m(f)* Sarrois(e) *m/f*; **s~ländisch** *adj* sarrois(e)
Saat [zaːt] (-, -en) *f* (*Samen*) semence *f*, graines *fpl*; (*Pflanzen*) semis *mpl*; (*Säen*) semailles *fpl*; **~gut** *nt* graines *fpl*
Sabbat ['zabat] (-s, -e) *m* sabbat *m*
sabbern ['zabərn] (*umg*) *vi* baver; (*pej: sprechen*) jacasser
Säbel ['zɛːbəl] (-s, -) *m* sabre *m*
Sabotage [zabo'taːʒə] *f* sabotage *m*
Saboteur, in [zabo'tøːr(ɪn)] *m(f)* saboteur(-euse) *m/f*
sabotieren [zabo'tiːrən] *vt* saboter
Sa(c)charin [zaxa'riːn] (-s) *nt* saccharine *f*
Sachanlagen ['zaxʔanlaːgən] *pl* immobilisations *fpl*
Sachbearbeiter, in *m(f)* spécialiste *m/f*; (*Beamter*) responsable *m/f*
Sachbuch *nt* ouvrage *m* de vulgarisation
sachdienlich *adj* utile
Sache ['zaxə] *f* affaire *f*; (*Ding*) chose *f*; (*Gegenstand auch*) objet *m*; (*Frage*) question *f*; (*Thema*) sujet *m*; **meine ~n** (*umg*) mes affaires; **mit 60/100 ~n** (*umg*) à 60/100 à l'heure; **zur ~!** revenons à nos moutons!; **das gehört nicht zur ~** cela n'a rien à voir (avec le sujet); **eine ~ für sich** un autre problème; **ich habe mir die ~ anders vorgestellt** ce n'est pas comme cela que je m'imaginais les choses; **er versteht seine ~** il s'y connaît; **das ist so eine ~** (*umg*) c'est toute une affaire; **mach keine ~n!** (*umg*) ne fais pas d'histoires!; **bei der ~ bleiben** ne pas s'écarter du sujet; **bei der ~ sein** être à son affaire
Sachertorte ['zaxərtɔrtə] *f* gâteau au chocolat, spécialité viennoise
Sach-: **~gebiet** *nt* domaine *m*; **s~gemäß** *adj* (*Behandlung*) adéquat(e), approprié(e); **~kenntnis**

f (*in einem Wissensgebiet*) connaissances *fpl* (en la matière); (*der Sachlage*) connaissance *f* des faits; **~kunde** *f* (*Sch*) activités *fpl* d'éveil; **s~kundig** *adj* compétent(e); **~lage** *f* circonstances *fpl*; **~leistung** *f* (*gew pl*) prestation *f* en nature; **s~lich** *adj* (*objektiv*) objectif(-ive); (*faktisch*) factuel(le); (*nüchtern*) sobre; **bleiben Sie bitte s~lich!** ne vous énervez pas!
sächlich ['zɛxlɪç] *adj* neutre
Sachlichkeit *f* objectivité *f*
Sachregister *nt* index *m* thématique
Sachschaden *m* dommage *m* matériel
Sachse ['zaksə] (-n, -n) *m* Saxon *m*
Sachsen (-s) *nt* la Saxe
Sachsen-Anhalt *nt* la Saxe-Anhalt
Sächsin *f* Saxonne *f*
sächsisch ['zɛksɪʃ] *adj* saxon(ne)
sacht(e) *adj* (*Berührung, Bewegung*) léger(-ère) ▷ *adv* doucement; (*allmählich*) peu à peu
Sach-: **~verhalt** (-(e)s, -e) *m* faits *mpl*; **s~verständig** *adj* d'experts; **~verständige, r** *f(m)* expert(e) *m/f*
Sack [zak] (-(e)s, **⁻e**) *m* sac *m*; (*Anat, Zool*) poche *f*; (*umg!: Hoden*) couilles *fpl* (*umg!*); **mit ~ und Pack** (*umg*) avec armes et bagages; **~bahnhof** *m* gare *f* terminus
sacken *vi* (*Mensch, Haus*) s'affaisser; **in die Knie ~** s'affaisser
Sack-: **~gasse** *f* cul-de-sac *m*; **~hüpfen** *nt* course *f* en sac; **~leinen** *nt*, **~leinwand** *f* toile *f* à sac
Sadismus [za'dɪsmʊs] *m* sadisme *m*
Sadist, in [za'dɪst(ɪn)] *m(f)* sadique *m/f*; **s~isch** *adj* sadique
säen ['zɛːən] *vt, vi* semer; **dünn gesät** rare
Safari [za'faːri] (-, -s) *f* safari *m*; **~park** *m* réserve *f*
Safe [zeːf] (-s, -s) *m od nt* coffre-fort *m*
Saffianleder ['zafianleːdər] *nt* maroquin *m*
Safran ['zafran] (-s) *m* safran *m*
Saft [zaft] (-(e)s, **⁻e**) *m* jus *m*; (*Bot*) sève *f*; **ohne ~ und Kraft** (*fig*) plat(e)
saftig *adj* juteux(-euse); (*Gras, Grün*) tendre; (*umg: Ohrfeige*) retentissant(e); (: *Rechnung*) salé(e); (: *Brief*) pas piqué(e) des vers; (: *Antwort*) bien envoyé(e)
Saftladen (*pej: umg*) *m* boîte *f* minable
saftlos *adj* (*Obst*) sans jus

Sage ['za:gə] *f* légende *f*

Säge ['zɛ:gə] *f* scie *f*; **~blatt** *nt* lame *f* (de scie); **~mehl** *nt* sciure *f*; **~mühle** *f* = **Sägewerk**

sagen ['za:gən] *vt, vi* dire; **jdm etw ~** dire qch à qn; **wie sagt man ... auf Deutsch?** comment dit-on ... en allemand?; **es ist nicht zu ~, wie ...** *(unglaublich)* c'est incroyable comme ...; **unter uns gesagt** entre nous soit dit; **wie gesagt** comme je l'ai déjà dit; **lass dir das gesagt sein** tiens-le-toi pour dit; **sich** *Dat* **nichts ~ lassen** être têtu(e) comme une mule; **das hat nichts zu ~** ça ne veut rien dire; **das ist nicht gesagt** ce n'est pas dit; **sage und schreibe 100 Euro!** *(umg)* 100 euros, c'est incroyable!

sägen *vt* scier ▷ *vi (hum: umg: schnarchen)* ronfler

sagenhaft *adj* légendaire; *(umg: Glück etc)* incroyable; *(: hervorragend)* fabuleux(-euse)

Sägespäne *pl* copeaux *mpl*

Sägewerk *nt* scierie *f*

Sago ['za:go] **(-s)** *m od nt* sagou *m (fécule de palmier)*

sah *etc* [za:] *vb siehe* **sehen**

Sahara [za'ha:ra] *f* Sahara *m*

Sahne ['za:nə] **(-)** *f* crème *f*; **~torte** *f* tarte *f* à la crème

sahnig *adj* crémeux(-euse)

Saison [zɛ'zõ:] **(-, -s)** *f* saison *f*

saisonal [zɛzo'na:l] *adj* saisonnier(-ière)

Saisonarbeiter *m* saisonnier *m*

saisonbedingt *adj* saisonnier(-ière)

Saite ['zaɪtə] *f* corde *f*; **andere** *od* **strengere ~n aufziehen** *(umg)* employer la manière forte

Saiteninstrument *nt* instrument *m* à cordes

Sakko ['zako] **(-s, -s)** *m od nt* veste *f*

Sakrament [zakra'mɛnt] *nt* sacrement *m*

Sakrileg [zakri'le:k] **(-s, -e)** *nt* sacrilège *m*

Sakristei [zakrɪs'taɪ] *f* sacristie *f*

Salamander [zala'mandər] **(-s, -)** *m* salamandre *f*

Salami [za'la:mi] **(-, -s)** *f* salami *m*

Salat [za'la:t] **(-(e)s, -e)** *m* salade *f*; *(Kopfsalat auch)* laitue *f*; **da haben wir den ~!** *(umg)* nous voilà dans de beaux draps!; **~besteck** *nt* couvert *m* à salade; **~platte** *f (Koch)* assiette *f* de crudités; **~soße** *f* vinaigrette *f*

Salbe ['zalbə] *f* pommade *f*

Salbei [zal'baɪ] **(-s** *od* **-)** *m od f* sauge *f*

salben *vt (weihen)* sacrer

Salbung *f* sacre *m*

salbungsvoll *adj* onctueux(-euse)

saldieren [zal'di:rən] *vt* solder

Saldo ['zaldo] **(-s, Salden)** *m* solde *m*; **~übertrag, ~vortrag** *m* report *m* à nouveau

Saline [za'li:nə] *f* saline *f*

Salm [zalm] **(-(e)s, -e)** *m* saumon *m*

Salmiak [zalmi'ak] **(-s)** *m* chlorure *m* d'ammonium; **~geist** *m* ammoniaque *f*

Salmonellen [zalmo'nɛlən] *pl* salmonelles *fpl*

Salon [za'lõ:] **(-s, -s)** *m* salon *m*; **s~fähig** *adj* présentable

salopp [za'lɔp] *adj (Kleidung, Manieren)* décontracté(e); *(Ausdrucksweise, Sprache)* familier(-ière)

Salpeter [zal'pe:tər] **(-s)** *m* salpêtre *m*; **~säure** *f*

acide *m* nitrique

Salto ['zalto] **(-s, -s** *od* **Salti)** *m* saut *m* périlleux

salü ['zaly] *(Schweiz)* **interj** salut

Salut [za'lu:t] **(-(e)s, -e)** *m* salut *m*

salutieren [zalu'ti:rən] *vt* saluer

Salve ['zalvə] *f* salve *f*

Salz [zalts] **(-es, -e)** *nt* sel *m*; **s~arm** *adj* pauvre en sel; **~bergwerk** *nt* mine *f* de sel; **~brezel** *f* bretzel *m*

Salzburg *nt* Salzbourg

salzen *vt* saler

salzig *adj* salé(e)

Salz-: **~kartoffeln** *pl* pommes *fpl* de terre bouillies; **s~los** *adj* sans sel; **~säule** *f*: **zur ~säule erstarren** être changé(e) en statue de sel; **~säure** *f* acide *m* chlorhydrique; **~stange** *f* pâtisserie salée, semblable au bretzel, mais de forme allongée; **~streuer** *m* salière *f*; **~wasser** *nt (Meerwasser)* eau *f* de mer

Sambia ['zambia] **(-)** *nt* la Zambie

sambisch *adj* zambien(ne)

Samen ['za:mən] **(-s, -)** *m (Bot)* graine *f*; *(Sperma)* sperme *m*; **~bank** *f* banque *f* du sperme; **~handlung** *f* graineterie *f*

sämig ['zɛ:mɪç] *adj* épais(se)

Sammel-: **~anschluss** *m* raccordement *m* collectif; **~band** *m* anthologie *f*; **~becken** *nt* réservoir *m*; *(fig)* ramassis *m*; **~begriff** *m* terme *m* générique; **~bestellung** *f* commande *f* groupée; **~büchse** *f* tronc *m*; **~fahrschein** *m (für mehrere Personen)* billet *m* collectif; *(für mehrere Fahrten)* abonnement *m*; **~mappe** *f* chemise *f*

sammeln *vt (Beeren)* ramasser; *(Geld)* collecter; *(Unterschriften)* recueillir; *(Truppen; fig: Eindrücke etc)* rassembler; *(als Hobby)* collectionner ▷ *vr* se rassembler; *(konzentrieren)* se concentrer

Sammelnummer *f* numéro *m* collectif

Sammelsurium [zaməl'zu:riʊm] *nt* salmigondis *m*

Sammeltransport *m* transport *m* groupé

Sammler, in **(-s, -)** *m(f)* collectionneur(-euse) *m/f*

Sammlung ['zamlʊŋ] *f (das Sammeln)* collecte *f*; *(das Gesammelte)* collection *f*; *(Konzentration)* concentration *f*

Samstag ['zamsta:k] *m* samedi *m*; *siehe auch* **Dienstag**

samstags *adv* le samedi

samt [zamt] *präp +Dat* avec ▷ *adv*: **~ und sonders** tous sans exception; **S~ (-(e)s, -e)** *m* velours *m*; **S~handschuh ~: jdn mit S~handschuhen anfassen** prendre des gants avec qn

samtig *adj (Haut)* de pêche; *(Stimme)* velouté(e)

sämtlich ['zɛmtlɪç] *adj (pl)* tous(toutes) les; **Schillers ~e Werke** les œuvres complètes de Schiller; **~er Besitz** tous mes/ses *etc* biens

Sanatorium [zana'to:riʊm] *nt* sanatorium *m*

Sand [zant] **(-(e)s, -e)** *m* sable *m*; **das** *od* **die gibts wie ~ am Meer** *(umg)* il y en a plus qu'assez; **etw verläuft im ~e** qch finit en queue de poisson

Sandale [zan'da:lə] *f* sandale *f*

Sandalette [zanda'lɛtə] *f* sandalette *f*

Sandbank *f* banc *m* de sable

Sanddorn m argousier m
Sandelholz ['zandəlhɔlts] (**-es**) nt bois m de santal
sandig ['zandıç] adj (Boden) sablonneux(-euse)
Sand-: **~kasten** m bac m à sable; **~kastenspiele** pl (Mil) exercices mpl de stratégie (sur une maquette du terrain); (fig) manœuvres fpl; **~kuchen** m = gâteau m de Savoie; **~mann** m, **~männchen** nt marchand m de sable; **~papier** nt papier m de verre; **~stein** m grès m; **s~strahlen** vt décaper à la sableuse; **~strand** m plage f de sable
sandte etc ['zantə] vb siehe **senden**
Sanduhr f sablier m
sanft [zanft] adj doux (douce); (Berührung) léger(-ère); (Schlaf) paisible ▷ adv doucement; **S~heit** f douceur f; **~mütig** adj doux (douce)
sang etc [zaŋ] vb siehe **singen**
Sänger, in ['zɛŋər(ın)] (**-s, -**) m(f) chanteur(-euse) m/f
sang- und klanglos (umg) adv sans tambour ni trompette
Sani ['zani] (**-s, -s**) (umg) m = **Sanitäter**
sanieren [za'niːrən] vt (Stadt, Haus) rénover; (Betrieb) remettre à flot; (Fluss) assainir ▷ vr s'enrichir; (Unternehmen) se remettre à flot
Sanierung f (von Stadt) rénovation f; (von Betrieb) renflouement m
sanitär [zani'tɛːr] adj sanitaire; **~e Anlagen** (installations fpl) sanitaires mpl
Sanitäter [zani'tɛːtər] (**-s, -**) m secouriste m/f; (in Krankenwagen) ambulancier(-ière) m/f
Sanitätsauto nt, **Sanitätswagen** m ambulance f
sank etc [zaŋk] vb siehe **sinken**
Sanktion [zaŋktsi'oːn] f sanction f
sanktionieren [zaŋktsio'niːrən] vt sanctionner
San Marino [zan ma'riːno] nt Saint-Marin m
sann etc [zan] vb siehe **sinnen**
Saphir ['zaːfiːr] (**-s, -e**) m saphir m
Sarajewo [zara'jeːvo] nt Sarajevo
Sarde ['zardə] (**-n, -n**) m Sarde m/f
Sardelle [zar'dɛlə] f anchois m
Sardine [zar'diːnə] f sardine f
Sardinier, in (**-s, -**) m(f) Sarde m/f
sardinisch, sardisch adj sarde
sardonisch [zar'doːnıʃ] adj sardonique
Sarg [zark] (**-(e)s, ⁼e**) m cercueil m
Sarkasmus [zar'kasmʊs] m sarcasme m
sarkastisch [zar'kastıʃ] adj sarcastique
SARS, Sars [zars] abk (= Schweres Akutes Respiratorisches Syndrom) pneumonie f atypique, SRAS m
saß etc [zas] vb siehe **sitzen**
Satan ['zaːtan] (**-s, -e**) m Satan m; (umg: pej) peau f de vache
Satansbraten (**-s, -**) (umg) m petit diable m
Satellit [zatɛ'liːt] (**-en, -en**) m satellite m
Satelliten-: **~foto** nt photo f satellite; **~stadt** f cité-satellite f; **~station** f station f spatiale; **~übertragung** f transmission f par satellite
Satin [za'tɛ̃ː] (**-s, -s**) m satin m
Satire [za'tiːrə] f satire f

Satiriker, in m(f) satiriste m/f
satirisch [za'tiːrıʃ] adj satirique
Satsuma ['zatsuma] f mandarine f
satt [zat] adj rassasié(e), repu(e); (Farbe) vif (vive); (selbstgefällig) suffisant(e); **~ sein** avoir assez mangé, n'avoir plus faim; **jdn/etw ~ sein** (umg) en avoir marre de qn/qch; **sich ~ essen** manger à sa faim; **~ machen** rassasier; siehe auch **satthaben, satthören, sattsehen**
Sattel ['zatəl] (**-s, ⁼**) m selle f; (von Berg) col m; **s~fest** adj (fig): **in etw** Dat **s~fest sein** être ferré(e) en qch
satteln vt seller
Sattelschlepper m semi-remorque m
Satteltasche f sacoche f
satthaben unreg (umg) vt: **jdn/etw ~** en avoir marre de qn/qch
Sattheit f (Selbstgefälligkeit) suffisance f; (Intensität von Farbe) éclat m
satthören vr: **sich ~ an** +Dat se lasser d'écouter
sättigen ['zɛtıgən] vt rassasier; (Verlangen) assouvir; (Chem) saturer ▷ vi (satt machen) rassasier
Sattler (**-s, -**) m sellier m
sattsehen unreg vr: **sich ~ an** +Dat se lasser de voir
Satz [zats] (**-es, ⁼e**) m (Gram) phrase f; (: Nebensatz, Adverbialsatz etc) proposition f; (Lehrsatz) principe m; (Math) théorème m; (der gesetzte Text) composition f; (Mus) mouvement m; (Comput) article m; (von Töpfen, Briefmarken etc) série f; (Sport) set m; (Kaffeesatz) marc m; (Bodensatz) dépôt m; (Steuersatz, Zinssatz, Beitragssatz) taux m; (Spesensatz) indemnité f; (großer Sprung) bond m; **~bau** m syntaxe f; **~gegenstand** m sujet m; **~lehre** f (Gram) syntaxe f; **~teil** m syntagme m
Satzung f (Statut) statuts mpl
satzungsgemäß adj conforme aux statuts
Satzzeichen nt signe m de ponctuation
Sau [zau] (**-, Säue**) f truie f; (umg!: schmutzig) cochon m (umg); (: gemein) salaud m (umg!), salope f (umg!); **die ~ rauslassen** (umg) vider son sac; **jdn zur ~ machen** (umg) enguirlander qn
sauber ['zaubər] adj propre; (anständig) honnête; (sorgfältig) soigné(e); (umg: ironisch: großartig) joli(e); **~ sein** (Kind, Hund) être propre; **~ halten** entretenir; **~ machen** nettoyer; **S~keit** f propreté f (von Charakter) probité f
säuberlich ['zɔybərlıç] adv soigneusement
Saubermann (umg) m honnête homme m
säubern vt nettoyer; (Pol etc) purger
Säuberung f nettoyage m
Säuberungsaktion f purge f
saublöd (umg) adj bête comme ses pieds
Saubohne f fève f
Sauce ['zoːsə] f = **Soße**
Sauciere [zosi'eːrə] f saucière f
Saudi-Araber, in [zaudi'laːrabər(ın)] (**-s, -**) m(f) Saoudien(ne) m/f
Saudi-Arabien [zaudila'raːbiən] (**-s**) nt l'Arabie f saoudite
saudi-arabisch [zaudila'raːbıʃ] adj saoudien(ne)
sauer ['zauər] adj acide; (Wein) aigre; (Milch)

caillé(e); (umg: verdrießlich) fâché(e); **saurer**
Regen pluies fpl acides; **~ werden** (Milch, Sahne)
tourner; (: Mensch) se vexer; **jdm das Leben ~**
machen mener la vie dure à qn; **S~braten** m rôti
de bœuf mariné au vinaigre
Sauerei [zaʊə'raɪ] (umg) f (Schmutz etc) saloperie f;
(Unanständigkeit) cochonnerie f
Sauerkirsche f griotte f
Sauerkraut (-(e)s) nt choucroute f
säuerlich ['zɔɪərlɪç] adj (Geschmack) aigrelet(te);
(Gesicht) vexé(e)
Sauer-: **~milch** f lait m caillé; **~rahm** m crème f
aigre; **~stoff** m oxygène m; **~stoffgerät** nt (im
Flugzeug) masque m à oxygène; **~stoffzelt** nt
tente f à oxygène; **~teig** m levain m
saufen ['zaʊfən] unreg vt boire ▷ vi s'abreuver;
(umg: viel trinken) picoler; **wie ein Loch ~** (umg)
boire comme un trou
Säufer, in ['zɔɪfər(ɪn)] (-s, -) (umg) m(f) ivrogne
m/f
Sauferei [zaʊfə'raɪ] (umg: pej) f alcool m;
(Saufgelage) beuverie f
Saufgelage (umg: pej) nt beuverie f
säuft etc [zɔɪft] vb siehe **saufen**
saugen ['zaʊgən] unreg vt (Flüssigkeit) sucer,
aspirer; (mit Staubsauger) aspirer ▷ vi: **~ an** +Dat
(Pfeife) tirer sur
säugen ['zɔɪgən] vt allaiter
Sauger ['zaʊgər] (-s, -) m (auf Flasche) tétine f;
(Staubsauger) aspirateur m
Säugetier nt mammifère m
saugfähig adj absorbant(e)
Säugling m nourrisson m
Säuglingspflege f puériculture f
Säuglingsschwester f puéricultrice f
Saugorgan [zaʊgɔrgaːn] nt organe m de succion
Sau-: **s~kalt** (umg) adj: **es ist s~kalt** il fait un froid
de canard; **~kerl** (pej: umg) m salaud m; **~klaue**
(umg) f écriture f de cochon; **~laden** (pej: umg) m
bordel m
Säule ['zɔɪlə] f colonne f; (Stütze, Pfeiler) pilier m
Saum [zaʊm] (-(e)s, Säume) m (von Kleid etc) ourlet
m; (Rand) bord m; (von Wald) lisière f
saumäßig (umg) adj (Glück) incroyable; (pej: elend)
infect(e)
säumen ['zɔɪmən] vt (Kleid) ourler; (geh: umgeben)
border ▷ vi (geh: zaudern) tarder
säumig ['zɔɪmɪç] adj (geh: Schuldner) dont les
paiements sont en retard
Sauna ['zaʊna] (-, -s) f sauna m
Säure ['zɔɪrə] (-, -n) f (Chem) acide m; (Geschmack)
acidité f; **s~beständig** adj résistant aux acides
Saure-Gurken-Zeit (umg) f (hum) calme m plat
säurehaltig adj acide
Saurier ['zaʊriər] (-s, -) m saurien m
Saus [zaʊs] (-es) m: **in ~ und Braus leben** mener
la grande vie
säuseln ['zɔɪzəln] vi (Wind) murmurer; (ironisch:
sprechen) susurrer
sausen ['zaʊzən] vi (Wind) mugir; (Ohren)
bourdonner; (umg: eilen) foncer; **~ lassen** (umg:
Plan) faire une croix sur; (: Person) plaquer

Sau-: **~stall** (umg: pej) m bordel m; **~wetter** (umg)
nt temps m de cochon; **s~wohl** (umg) adj: **ich**
fühle mich s~wohl j'ai la pêche
Saxofon, Saxophon [zakso'foːn] (-s, -e) nt
saxophone m
Saxofonist, in, Saxophonist, in
[zaksofo'nɪst(ɪn)] m(f) saxophoniste m/f
SB abk = **Selbstbedienung**
S-Bahn f abk (= Schnellbahn, Stadtbahn) train m de
banlieue
SBB abk (= Schweizerische Bundesbahnen) CFF mpl
Schabe ['ʃaːbə] f (Zool) blatte f, cafard m
schaben vt (Möhren) gratter; (reiben, scheuern) racler
Schaber (-s, -) m grattoir m
Schabernack (-(e)s, -e) m farce f
schäbig ['ʃɛːbɪç] adj (abgenützt) miteux(-euse);
(gemein) infect(e); (geizig) mesquin(e); **S~keit** f
(Gemeinheit) méchanceté f; (Geiz) mesquinerie f
Schablone [ʃa'bloːnə] f pochoir m; (fig)
stéréotype m
schablonenhaft adj stéréotypé(e)
Schach [ʃax] (-s, -s) nt échecs mpl; (Stellung) échec
m; **~ (und) matt!** échec et mat!; **jdn in ~ halten**
tenir qn en échec; **~brett** nt échiquier m
Schachfigur f pièce f d'échecs
schachmatt adj échec et mat; **jdn ~ setzen**
battre qn (aux échecs); (fig) mettre qn en échec
Schachpartie f partie f d'échecs
Schachspiel nt jeu m d'échecs
Schacht [ʃaxt] (-(e)s, ̈e) m (Bergb) puits m; (für
Aufzug) cage f
Schachtel (-, -n) f boîte f; **alte ~** (umg: pej) vieille
bique f
Schachtelsatz m phrase f à tiroirs
Schachzug m coup m (aux échecs); (fig) manœuvre f
schade ['ʃaːdə] adj: **das ist ~** c'est dommage
▷ interj: **(wie) ~!** (quel) dommage!; **es ist ~, dass**
... c'est dommage que ...; **um jdn/etw ist es ~**
c'est dommage pour qn/qch; **um ihn ist es**
nicht ~ bon débarras; **für etw zu ~ sein** être trop
beau (belle) pour qch; **sich** Dat **für etw zu ~ sein**
ne pas s'abaisser à faire qch
Schädel ['ʃɛːdəl] (-s, -) m crâne m; **einen dicken ~**
haben (umg) avoir la tête dure; **~bruch** m
fracture f du crâne
Schaden (-s, ̈) m (Zerstörung, Beschädigung)
dommages mpl, dégâts mpl; (körperlich) lésion f;
(Defekt) handicap m; (Nachteil) perte f; **zu ~**
kommen subir des dommages; (physisch) être
blessé(e); **jdm ~ zufügen** causer un préjudice à qn
schaden ['ʃaːdən] vi nuire; **jdm/etw ~** nuire à qn/
qch; **das schadet nichts** ça ne fait pas de mal;
(macht nichts) ça ne fait rien
Schaden-: **~ersatz** m dommages et intérêts mpl;
~ersatz leisten payer des dommages et intérêts;
~ersatzanspruch m demande f de dommages et
intérêts; **s~ersatzpflichtig** adj tenu(e) de payer
des dommages et intérêts; **~freiheitsrabatt** m
bonus m; **~freude** f joie f malveillante; **s~froh**
adj (Mensch) qui se réjouit du malheur des autres;
(Lachen) mauvais(e)

317

schadhaft ['ʃaːthaft] adj endommagé(e)

schädigen ['ʃɛdɪɡən] vt nuire à

Schädigung f (Schaden) dommage m; **die ~ einer Sache** une atteinte à qch

schädlich adj (Stoffe) dangereux(-euse), nocif(-ive); (Tier) nuisible; (Einfluss) néfaste; (Folge) fâcheux(-euse)

Schädlichkeit f (von Stoffen) nocivité f

Schädling m animal m nuisible

Schädlingsbekämpfungsmittel nt pesticide m

schadlos ['ʃaːtloːs] adj: **sich ~ halten für** se dédommager de; **sich ~ halten an** +Dat se venger sur

Schadstoff (-(e)s, -e) m substance f toxique; **s~arm** adj qui contient peu de substances nocives; **s~haltig** adj qui contient des substances nocives od toxiques

Schaf [ʃaːf] (-(e)s, -e) nt mouton m; (umg: Dummkopf) cruche f; **das schwarze ~ sein** être la brebis galeuse; **~bock** m bélier m

Schäfchen ['ʃɛːfçən] nt agneau m; **sein ~ ins Trockene bringen** (fig) faire sa pelote; **~wolken** pl nuages mpl moutonnés, cirro-cumulus mpl

Schäfer, in ['ʃɛːfər(ɪn)] (-s, -) m(f) berger(-ère) m/f; **~hund** m (chien m de) berger m

Schaffen (-s) nt œuvre f

schaffen¹ ['ʃafən] unreg vt (Werk) créer; (Ordnung) rétablir; (Platz) faire; **sich** Dat **Feinde ~** se faire des ennemis; **dafür ist er wie ge~** il est vraiment fait pour cela

schaffen² ['ʃafən] vt (bewältigen: Arbeit) arriver à faire; (: Portion) (arriver à) terminer; (: Prüfung) réussir; (umg: erschöpfen) éreinter; (transportieren) transporter ▷ vi (umg: arbeiten) bosser; (tun) faire; **das ist nicht zu ~** c'est impossible; **das hat mich geschafft** ça m'a épuisé; **ich habe damit/mit ihm nichts zu ~** je n'ai rien à voir là-dedans/avec lui; **jdm schwer zu ~ machen** (zusetzen) en faire voir de toutes les couleurs à qn; (bekümmern) préoccuper qn; **sich** Dat **an etw** Dat **zu ~ machen** travailler sur qch

Schaffensdrang m (von Künstler) impulsion f créatrice

Schaffenskraft f créativité f

Schaffner, in ['ʃafnər(ɪn)] (-s, -) m(f) (Busschaffner) receveur(-euse) m/f; (Eisenb) contrôleur(-euse) m/f

Schaffung f création f

Schafskäse m fromage m de brebis

Schaft [ʃaft] (-(e)s, ¨-e) m (von Werkzeug etc) manche m; (von Gewehr) crosse f; (von Stiefel) tige f; **~stiefel** m botte f haute

Schakal [ʃaˈkaːl] (-s, -e) m chacal m

Schäkel ['ʃɛːkəl] (-s, -) m manille f

Schäker, in ['ʃɛːkər(ɪn)] (-s, -e) m(f) (Witzbold) blagueur(-euse) m/f

schäkern vi (umg: scherzen) blaguer; (: flirten) flirter

Schal (-s, -e od -s) m écharpe f

schal [ʃaːl] adj (Geschmack) pas frais(fraîche), éventé(e)

Schälchen ['ʃɛːlçən] nt coupelle f

Schale ['ʃaːlə] f (Kartoffelschale, Obstschale) peau f; (: abgeschält) pelure f; (Nussschale, Muschelschale,

Eischale) coquille f; (Schüssel) coupe f; **sich in ~ werfen** (umg) se mettre sur son trente et un

schälen ['ʃɛːlən] vt (Kartoffeln, Obst) éplucher ▷ vr (Haut) peler; **ein Ei (aus der Pelle) ~** enlever la coquille d'un œuf

Schalentier nt crustacé m

Schalk [ʃalk] (-s, -e od ¨-e) m (veraltet) farceur m

schalkhaft adj espiègle

Schall [ʃal] (-(e)s, -e) m son m; **Name ist ~ und Rauch** l'habit ne fait pas le moine; **s~dämmend** adj d'insonorisation; **~dämpfer** m (Aut) pot m d'échappement; (an Gewehr) silencieux m; **s~dicht** adj insonorisé(e)

schallen vi résonner

schallend adj (Ton) sonore; (Ohrfeige) retentissant(e)

Schall-: ~geschwindigkeit f vitesse f du son; **~grenze** f, **~mauer** f mur m du son; **~platte** f disque m; **s~schluckend** adj antisonique

Schalotte [ʃaˈlɔtə] f échalote f

schalt etc [ʃalt] vb siehe **schelten**

Schalt-: ~bild nt schéma m des circuits; **~brett** nt tableau m de commande

schalten ['ʃaltən] vt mettre ▷ vi (Aut) changer de vitesse; (reagieren) réagir; (umg: begreifen) piger; **in Reihe/parallel ~** monter en série/en parallèle; **ein Gerät auf ein/aus ~** allumer/éteindre un appareil, mettre en marche/arrêter un appareil; **~ und walten** faire à sa guise; **wir ~ zurück ins Studio** nous rendons l'antenne au studio

Schalter (-s, -) m (Elek) interrupteur m, commutateur m; (bei Post, Bank; Fahrkartenschalter) guichet m; **~beamte, r** m guichetier(-ière) m/f; **~stunden** pl heures fpl d'ouverture (des guichets)

Schalt-: ~hebel m levier m de commande; (Aut) levier m (de changement) de vitesse; **~jahr** nt année f bissextile; **~knüppel** m (Aut) levier m (de changement) de vitesse; (Flug) manche m à balai; **~kreis** m circuit m intégré; **~plan** m (Elek) schéma m des circuits; **~pult** nt pupitre m de commande; **~stelle** f (fig) position f stratégique od clé; **~tafel** f pupitre m de commande; **~uhr** f minuterie f

Schaltung f (Elek) circuit m; (Aut) changement m de vitesse

Scham [ʃaːm] (-) f honte f; (Organe) parties fpl génitales

schämen ['ʃɛːmən] vr avoir honte; **sich jds/einer Sache** od **für jdn/etw ~** avoir honte de qn/qch; **schäm dich!** tu devrais avoir honte!

Scham-: ~gefühl nt pudeur f; **~haare** pl poils mpl du pubis; **s~haft** adj honteux(-euse); **~lippen** pl lèvres fpl de la vulve; **s~los** adj éhonté(e)

Schande ['ʃandə] (-) f honte f; **zu meiner ~ muss ich gestehen, dass …** je dois avouer à ma grande honte que …

schänden ['ʃɛndən] vt (Frau, Kind) violer; (Grab) profaner; (Namen, Ansehen) souiller

Schandfleck ['ʃantflɛk] (-(e)s, -e) m: **ein ~ in der Landschaft sein** déparer od abîmer le paysage

schändlich ['ʃɛntlɪç] adj honteux(-euse) ▷ adv honteusement; **S~keit** f ignominie f

Schandtat f infamie f; (umg: hum) folie f
Schändung f (von Frau, Kind) viol m; (von Grab) profanation f; (von Namen) discrédit m
Schank [ʃaŋk] (-(e)s, ̈-e) m débit m
Schänke ['ʃɛŋkə] f siehe **Schenke**
Schank-: ~**erlaubnis** f, ~**konzession** f licence f (de débit de boissons); ~**tisch** m comptoir m
Schanze ['ʃantsə] f (Mil) retranchement m; (Sprungschanze) tremplin m
Schar [ʃaːr] (-, -en) f (von Personen) foule f; (von Vögeln) volée f; **in** ~**en** en grand nombre
Scharade [ʃa'raːdə] f charade f
scharen vr s'assembler, se rassembler
scharenweise adv en grand nombre
scharf [ʃarf] adj (Klinge) tranchant(e); (Kurve) en épingle à cheveux; (Wind, Kälte) glacial(e); (Ton) aigu(ë); (Essen) épicé(e); (Geruch, Geschmack) piquant(e); (Worte) dur(e); (Kritik) acerbe; (Vorgesetzter, Maßnahmen) sévère; (Protest) virulent(e); (Bewachung) strict(e); (Hund) méchant(e); (Auge) perçant(e); (Ohr) fin(e); (Verstand) vif (vive); (Phot) net(te); (Munition) de combat; (umg: geil) excité(e) ▷ adv: ~ **nachdenken** se concentrer, bien réfléchir; ~**e Sachen** (umg: Schnaps) des alcools mpl forts; (: Drogen) des drogues fpl dures; **auf etw** Akk ~ **sein** (umg) être fou(folle) de qch; **mit** ~**em Blick** (fig) avec perspicacité; ~ **einstellen** régler; ~ **aufpassen** od **zuhören** faire très attention
Scharfblick m (fig) perspicacité f
Schärfe ['ʃɛrfə] f (von Klinge) dureté f, sévérité f; (von Augen, Ohren) acuité f; (an Kamera, Fernsehen) netteté f
schärfen vt (Klinge) aiguiser; (Verstand) affiner
Schärfentiefe f profondeur f de champ
scharf-: ~**machen** (umg) vt exciter; **S**~**richter** m bourreau m; **S**~**schütze** m tireur m d'élite; **S**~**sinn** m perspicacité f; ~**sinnig** adj (Mensch) perspicace; (Überlegung) fin(e)
Scharlach ['ʃarlax] (-s, -e) m (Farbe) (couleur f) écarlate f; (Scharlachfieber) scarlatine f
Scharlatan ['ʃarlatan] (-s, -e) m charlatan m
Scharmützel [ʃar'mʏtsəl] (-s, -) nt escarmouche f
Scharnier [ʃar'niːr] (-s, -e) nt charnière f
Schärpe ['ʃɛrpə] f écharpe f
scharren ['ʃarən] vt, vi gratter
Scharte ['ʃartə] f entaille f; (in Berg) petit col m
schartig ['ʃartɪç] adj (Klinge) ébréché(e)
Schaschlik ['ʃaʃlɪk] (-s, -s) m od nt brochette f
Schatten ['ʃatən] (-s, -) m ombre f; **im** ~ à l'ombre; **jdn/etw in den** ~ **stellen** (fig) éclipser qn/qch; **man kann nicht über seinen eigenen** ~ **springen** (fig) chassez le naturel, il revient au galop; ~**bild** nt silhouette f; **s**~**haft** adj (Gestalt) indistinct(e); (Erinnerung) vague; ~**morelle** f griotte f; ~**riss** m silhouette f; ~**seite** f (von Planeten) face f cachée; (Nachteil) revers m de la médaille; ~**spiel** nt ombres fpl chinoises
schattieren [ʃa'tiːrən] vt (Hintergrund) ombrer
Schattierung f (von Farbe) nuance f
schattig ['ʃatɪç] adj ombragé(e)
Schatulle [ʃa'tʊlə] f coffret m; (Geldschatulle)

cassette f
Schatz [ʃats] (-es, ̈-e) m trésor m; ~**amt** nt Trésor m (public)
schätzbar ['ʃɛtsbaːr] adj évaluable, appréciable; **schwer** ~ difficile à évaluer
Schätzchen nt chéri(e) m/f
schätzen vt (abschätzen) évaluer, estimer; (würdigen) estimer, apprécier ▷ vi (vermuten) estimer; **etw zu** ~ **wissen** (savoir) apprécier qch; **sich glücklich** ~ s'estimer heureux(-euse); ~ **lernen** apprécier de plus en plus
Schätzer m expert m (en estimations)
Schatzkammer f Trésor m (public)
Schatzmeister m (bei Verein etc) trésorier(-ière) m/f
Schätzung f estimation f, évaluation f; **nach meiner** ~ selon mes calculs
schätzungsweise adv (ungefähr) approximativement; (vermutlich) probablement
Schätzwert m valeur f estimée
Schau [ʃaʊ] (-) f spectacle m; (Ausstellung) exposition f; (Sicht, Blickwinkel) vue f; **etw zur** ~ **stellen** faire étalage de qch; **eine** ~ **abziehen** (umg) se donner en spectacle; **jdm die** ~ **stehlen** (umg) ravir la vedette à qn; ~**bild** nt diagramme m
Schauder ['ʃaʊdər] (-s, -) m frissons mpl; **s**~**haft** adj épouvantable
schaudern vi frissonner; **mir schaudert vor ihm** je le trouve inquiétant; **es schaudert mich vor etw** qch me donne des frissons
schauen ['ʃaʊən] vi regarder; **da schau her!** regarde!
Schauer ['ʃaʊər] (-s, -) m (Regenschauer) averse f; (vor Schreck) frisson m; ~**geschichte** f histoire f épouvantable; **s**~**lich** adj épouvantable; ~**mann** (-(e)s, -leute) m débardeur m; ~**märchen** (umg) nt histoire f épouvantable
schauern vi siehe **schaudern**
Schaufel ['ʃaʊfəl] (-, -n) f pelle f; (von Turbine) aube f
schaufeln vt (Sand etc) pelleter; (Schnee) enlever à la pelle; (Grab, Grube) creuser
Schaufenster nt vitrine f; ~**auslage** f étalage m; ~**bummel** m lèche-vitrines m inv; ~**dekorateur** m étalagiste m; ~**puppe** f mannequin m
Schaugeschäft nt show-business m
Schaukasten m vitrine f
Schaukel ['ʃaʊkəl] (-, -n) f balançoire f
schaukeln vi (subj: Kind) se balancer; (: Schiff) tanguer; **wir werden das Kind** od **die Sache schon** ~ (umg) on se débrouillera pour y arriver
Schaukelpferd nt cheval m à bascule
Schaukelstuhl m fauteuil m à bascule, rocking-chair m
Schaulaufen (-s) nt (Eiskunstlauf) exhibition f
Schaulustige, r ['ʃaʊlʊstɪgə(r)] f(m) badaud(e) m/f
Schaum [ʃaʊm] (-(e)s, Schäume) m (auf dem Wasser) écume f; (Seifenschaum; von Getränken) mousse f; **Eiweiß zu** ~ **schlagen** battre des blancs d'œufs en neige; ~ **schlagen** (umg: pej) brasser du vent; ~**bad** nt bain m moussant
schäumen ['ʃɔʏmən] vi mousser; **er schäumte**

vor Wut il écumait (de rage)
Schaumgummi m caoutchouc m mousse®
schaumig adj (Creme) mousseux(-euse)
Schaum-: **~krone** f (auf Bier) mousse f; **~löffel** m
écumoire f; **~schläger** (pej) m fanfaron(ne) m/f;
~schlägerei (umg: pej) f fanfaronnade f; **~stoff** m
produit m alvéolaire; **~wein** m mousseux m
Schauplatz m scène f
schaurig adj épouvantable
Schauspiel nt (geh) spectacle m; (Theat) pièce f
Schauspieler, in m(f) acteur(-trice) m/f,
comédien(ne) m/f
schauspielerisch adj d'acteur(-trice), de
comédien(ne)
schauspielern vi (pej) jouer la comédie
Schauspielhaus nt théâtre m
Schauspielschule f école f d'art dramatique
Schausteller (**-s, -**) m forain m
Scheck [ʃɛk] (**-s, -s**) m chèque m; **~buch** nt, **~heft**
nt carnet m de chèques, chéquier m
scheckig adj (Pferd) miroité(e)
Scheckkarte f carte f d'identité bancaire
scheel [ʃe:l] adj (Blick) soupçonneux(-euse) ▷ adv:
jdn ~ ansehen regarder qn de travers
scheffeln ['ʃɛfəln] (umg: pej) vt amasser
Scheibe ['ʃaɪbə] f (runder, flacher Gegensatz) disque
m; (Brot, Wurst, Zitrone etc) tranche f; (Glasscheibe)
vitre f; (Schießscheibe) cible f; (Puck) palet m;
(Töpferscheibe) tour m; **von ihm/davon könntest
du dir eine ~ abschneiden** (umg) tu devrais
prendre exemple sur lui/là-dessus
Scheiben-: **~bremse** f frein m à disque;
~heizanlage f dégivrage m; **~honig** m miel m en
rayon; **~waschanlage** f lave-glace m; **~wischer**
m essuie-glace m
Scheich [ʃaɪç] (**-s, -e** od **-s**) m cheik m
Scheide ['ʃaɪdə] f (Anat) vagin m; (für Schwert etc)
gaine f
scheiden unreg vt (trennen) séparer; (Ehe) dissoudre
▷ vi (weggehen) partir ▷ vr (Wege) se séparer;
(Meinungen) diverger; **sich ~ lassen** divorcer; **von
dem Moment an waren wir (zwei)
geschiedene Leute** (umg) dès lors, tout était fini
entre nous; **aus dem Leben ~** trépasser
Scheideweg m: **am ~ stehen** être à la croisée des
chemins
Scheidung f (Ehescheidung) divorce m; **die ~
einreichen** demander le divorce, entamer une
procédure de divorce
Scheidungsgrund m motif m du divorce
Scheidungsklage f demande f en divorce
Schein [ʃaɪn] (**-(e)s, -e**) m (kein pl: Licht) lumière f;
(: schwach) lueur f; (Anschein) apparence f;
(Geldschein) billet m; (Bescheinigung) certificat m,
attestation f; **den ~ wahren** sauver les
apparences; **etw nur zum ~ tun** faire semblant
de faire qch; **s~bar** adv (umg: anscheinend) en
apparence, apparemment
scheinen unreg vi (Sonne, Licht) briller; (Anschein
haben) sembler; **mir scheint ...** il me semble ...
Schein-: **~firma** f société f fictive; **s~heilig** adj
hypocrite; **~tod** m mort f apparente; **s~tot** adj:

er ist s**~tot** il a l'air mort; **~werfer** (**-s, -**) m
projecteur m; (Aut) phare m
Scheißdreck (umg!) m merde f (umg!); **das geht
dich einen ~ an** de quoi je me mêle? (umg)
Scheiße ['ʃaɪsə] (**-**) (umg!) f merde f (umg!); **~!**
merde! (umg!)
scheißegal (umg!) adj: **das ist mir doch ~!** je
m'en fous complètement! (umg)
scheißen (umg!) vi chier (umg!)
scheißfreundlich (pej: umg!) adj tout sucre tout
miel
Scheißkerl (umg!) m salaud m (umg!)
Scheit [ʃaɪt] (**-(e)s, -e** od **-er**) nt bûche f
Scheitel ['ʃaɪtəl] (**-s, -**) m (von Kurve etc) sommet m;
(Haarscheitel) raie f
scheiteln vt: **jdm das Haar ~** faire une raie dans
les cheveux de qn
Scheitelpunkt m (einer Kurve) sommet m; (einer
Karriere) tournant m décisif
Scheiterhaufen ['ʃaɪtərhaʊfən] m bûcher m
scheitern ['ʃaɪtərn] vi échouer; (Ehe) être un
échec; **an etw** Dat **~** (an Mannschaft) être battu(e)
par; (an Widerstand) se heurter à
Schelle ['ʃɛlə] f (Klingel) sonnette f
schellen vi sonner; **es hat geschellt** on a sonné
Schellfisch ['ʃɛlfɪʃ] m églefin m
Schelm [ʃɛlm] (**-(e)s, -e**) m farceur(-euse) m/f
schelmisch adj espiègle
Schelte ['ʃɛltə] f réprimande f
schelten unreg vt gronder ▷ vi: **mit jdm ~** gronder
qn
Schema ['ʃe:ma] (**-s, -s** od **-ta**) nt (Konzept) plan m;
(Darstellung) schéma m; **nach einem
(bestimmten) ~ arbeiten** suivre un plan
(donné); **nach ~ F** (pej) comme d'habitude
schematisch [ʃe'ma:tɪʃ] adj (Darstellung)
schématique; (mechanisch) machinal(e)
Schemel ['ʃe:məl] (**-s, -**) m tabouret m
schemenhaft adj vague
Schenke ['ʃɛŋkə] f bistro m
Schenkel ['ʃɛŋkəl] (**-s, -**) m (Anat) cuisse f; (von
Winkel) côté m; (von Zirkel) branche f
schenken ['ʃɛŋkən] vt offrir; **jdm etw ~** offrir qch
à qn; **sich** Dat **etw ~** (umg) se dispenser de qch;
das ist geschenkt! (billig) c'est vraiment donné!;
ihm ist nie etwas geschenkt worden (fig) il n'a
pas eu la vie facile
Schenkung f donation f
Schenkungsurkunde f (acte m de) donation f
scheppern ['ʃɛpərn] (umg) vi s'entrechoquer
bruyamment
Scherbe ['ʃɛrbə] f tesson m, débris m;
(archäologisch) tesson; **in ~n gehen** se casser en
mille morceaux
Schere ['ʃe:rə] f ciseaux mpl; (groß) cisailles fpl;
(Zool) pince f; **eine ~** une paire de ciseaux
scheren¹ unreg vt (Schaf etc) tondre; (Haar) couper
à ras
scheren² vr (sich kümmern) se préoccuper; **sich
nicht um jdn/etw ~** ne pas se soucier de qn/qch;
scher dich ins Bett! (umg) ouste, au lit!; **scher
dich zum Teufel!** (umg) va te faire foutre!

Scherenschleifer (**-s,** **-**) *m* rémouleur *m*
Scherenschnitt *m* découpages *mpl*
Schererei [ʃeːrəˈraɪ] (*umg*) *f* (*gew pl*) tracasserie *f*
Scherflein [ˈʃɛrflaɪn] *nt* obole *f*
Scherz [ʃɛrts] (**-es, -e**) *m* plaisanterie *f*
scherzen *vi* plaisanter
Scherzfrage *f* devinette *f*
scherzhaft *adj* (*Antwort*) drôle
Scheu *f* (*Angst*) crainte *f*; **~ vor** +*Dat* (*Ehrfurcht*)
respect *m* de
scheu [ʃɔy] *adj* (*ängstlich*) craintif(-ive); (*schüchtern*)
timide
Scheuche *f* = **Vogelscheuche**
scheuchen [ˈʃɔyçən] *vt* (*fortjagen*) chasser
scheuen *vr*: **sich vor etw** *Dat* ~ craindre qch ▷ *vt*
(*Gefahr*) reculer devant; (*Anstrengung, Öffentlichkeit*)
éviter; (*Aufgabe*) se dérober à ▷ *vi* (*Pferd*)
s'emballer; **weder Kosten noch Mühe ~** faire
tout son possible (sans regarder à la dépense)
Scheuer-: **~bürste** *f* brosse *f* (*à carrelage*); **~lappen**
m serpillière *f*; **~leiste** *f* plinthe *f*
scheuern *vt* (*putzen: Dielen*) nettoyer; (*Töpfe*)
récurer ▷ *vi* (*reiben*) frotter ▷ *vr*: **sich** *Akk* (**wund**) ~
s'écorcher; **jdm eine ~** (*umg*) flanquer une gifle
à qn
Scheuklappe *f* œillère *f*
Scheune [ˈʃɔynə] *f* grange *f*
Scheunendrescher (**-s,** **-**) *m*: **er isst wie ein ~**
(*umg*) il mange comme quatre
Scheusal [ˈʃɔyza:l] (**-s, -e**) *nt* monstre *m*
scheußlich [ˈʃɔyslɪç] *adj* épouvantable; (*hässlich*)
hideux(-euse) ▷ *adv* horriblement; **S~keit** *f* (*von
Anblick*) laideur *f*; (*von Verbrechen*) atrocité *f*;
(*scheußliche Sache*) horreur *f*
Schi [ʃi:] (**-s, -er**) *m siehe* **Ski**
Schicht [ʃɪçt] (**-,** **-en**) *f* couche *f*; (*in Fabrik etc*) poste
m; **ihre ~ ist um 19 Uhr zu Ende** elle termine
son travail à 19 heures; **~arbeit** *f* travail *m* posté
od par roulement, trois-huit *mpl*; **s~en** *vt*
empiler; **~käse** *m* fromage frais sec avec une couche de
fromage frais gras; **~unterricht** *m* (*Sch*) cours
uniquement le matin ou l'après-midi; **~wechsel** *m*
relève *f*
Schick [ʃɪk] (**-(e)s**) *m* chic *m*; **s~** [ʃɪk] *adj* = **chic**
schicken *vt* envoyer ▷ *vr* (*beeilen*) se dépêcher ▷ *vr*
impers (*anständig sein*) être convenable; **sich ~ in**
+*Akk* (*fügen*) se faire à, accepter; **das schickt sich
nicht** ce n'est pas convenable
Schickeria [ʃɪkəˈriːa] *f* (*ironisch*) intelligentsia *f* de
la mode
schicklich *adj* convenable
Schicksal (**-s, -e**) *nt* destin *m*; **s~haft** *adj* fatidique
Schicksalsschlag *m* coup *m* du destin
Schickse [ˈʃɪksə] (**-**) (*umg*) *f* poule *f*
Schiebedach *nt* (*Aut*) toit *m* ouvrant
schieben [ˈʃiːbən] *unreg vt* pousser; (*umg: handeln
mit*) faire du trafic de ▷ *vr* (*sich bewegen*) se presser;
die Schuld auf jdn ~ rejeter la responsabilité sur
qn; **etw vor sich** *Dat* **her ~** (*fig*) repousser qch
Schieber (**-s,** **-**) *m* (*Riegel*) loquet *m*; (*umg:
Schwarzhändler: Drogenschieber*) dealer *m*
Schiebetür *f* porte *f* coulissante

Schiebung *f* (*Parteilichkeit*) favoritisme *m*
schied *etc* [ʃi:t] *vb siehe* **scheiden**
Schieds-: **~gericht** *nt* (*Jur*) tribunal d'arbitrage;
(*bei Sport, Wettbewerb*) commission *f* d'arbitrage;
~richter *m* (*fig: Sport*) arbitre *m*; **s~richtern** *vt*
arbitrer; **~spruch** *m* décision *f* du tribunal
d'arbitrage; **~verfahren** *nt* procédure *f*
d'arbitrage
schief [ʃi:f] *adj* (*Ebene*) en pente, incliné(e); (*Turm*)
penché(e); (*Vergleich*) mal choisi(e); (*Blick, Lächeln*)
désabusé(e) ▷ *adv* de travers; **jdn ~ ansehen**
regarder qn de travers; **auf die ~e Bahn geraten**
od **kommen** s'écarter du droit chemin; **ein ~es
Bild der Wirklichkeit zeichnen** donner une
image fausse de *od* déformer la réalité; *siehe auch*
schiefgehen, schiefliegen
Schiefer [ˈʃiːfər] (**-s,** **-**) *m* ardoise *f*; **~dach** *nt* toit *m*
d'ardoise; **~tafel** *f* ardoise *f*
schiefgehen (*umg*) *unreg vi*: **schief gehen** (*umg*)
mal tourner; **es wird schon ~!** (*hum*) t'en fais
pas!
schiefgewickelt *adj*: **da bist du ~!** (*umg*) alors là,
tu te mets le doigt dans l'œil!
schieflachen (*umg*) *vr* se tordre de rire
schiefliegen (*umg*) *unreg vi* se tromper
schielen [ˈʃiːlən] *vi* loucher; (*umg: spähen*) lorgner;
nach etw ~ lorgner qch
schien *etc* [ʃi:n] *vb siehe* **scheinen**
Schienbein *nt* tibia *m*
Schiene [ˈʃiːnə] *f* (*für Fahrzeuge*) rail *m*; (*Med*)
attelle *f*
schienen *vt* éclisser
Schienenbus *m* autorail *m*
Schienenstrang *m* ligne *f* de chemin de fer
schier [ʃi:r] *adj* pur(e); (*Fleisch*) maigre ▷ *adv*
presque
Schießbude *f* stand *m* de tir
Schießbudenfigur *f* (*umg*): **du bist die reinste ~**
tu es complètement ridicule
schießen [ˈʃiːsən] *unreg vt* (*Wild*) tuer; (*Kugel*) tirer;
(*Ball, Rakete*) envoyer ▷ *vi* tirer; (*in die Höhe*)
bondir; (*Flüssigkeit*) jaillir; (*Salat*) monter en
graine; **auf jdn ~** tirer sur qn; **aus dem Boden ~**
pousser; (*fig*) pousser comme des champignons;
das Auto kam um die Ecke geschossen la
voiture a débouché à toute allure d'une rue
latérale; **jdm durch den Kopf ~** (*fig*) traverser
l'esprit de qn; **das ist zum S~** (*umg*) c'est à se
tordre de rire
Schießerei [ʃiːsəˈraɪ] *f* fusillade *f*
Schieß-: **~gewehr** *nt* (*hum*) fusil *m*; **~hund** *m*: **wie
ein ~hund aufpassen** (*umg*) faire très attention;
~platz *m* champ *m* de tir; **~pulver** *nt* poudre *f* à
canon; **~scharte** *f* meurtrière *f*; **~stand** *m* stand
m de tir
Schiff [ʃɪf] (**-(e)s, -e**) *nt* bateau *m*; (*Kirchenschiff*) nef
f; **s~bar** *adj* navigable; **~bau** *m* construction *f*
navale; **~bruch** *m* naufrage *m*; **~bruch erleiden**
faire naufrage; (*fig*) échouer; **s~brüchig** *adj*
naufragé(e)
Schiffchen *nt* petit bateau *m*; (*Weben*) navette *f*;
(*Mütze*) calot *m*

Schiffer (-s, -) *m* navigateur *m*; *(von Lastkahn)* batelier *m*; **~klavier** *nt* accordéon *m*

Schiff-: **~fahrt** *f* navigation *f*; **~fahrtslinie** *f* ligne *f* maritime; **~fahrtszeichen** *nt* panneau *m* de signalisation nautique; **~schaukel** *f* manège *m*

Schiffs-: **~junge** *m* mousse *m*; **~körper** *m* coque *f*; **~ladung** *f* cargaison *f*; **~makler** *m* courtier *m* maritime; **~schraube** *f* hélice *f*

Schikane [ʃi'ka:nə] *f* tracasserie *f*; **mit allen ~n** *(umg)* avec tous les gadgets; **das hat er aus reiner ~ gemacht** il l'a fait rien que pour nous embêter

schikanieren [ʃika'ni:rən] *vt (Untergebene, Rekruten)* tyranniser; *(Mitschüler)* brimer

schikanös [ʃika'nø:s] *adj* chicanier(-ière)

Schild¹ [ʃilt] (-(e)s, -e) *m (Schutz)* bouclier *m*; *(von Tier)* carapace *f*; *(Mützenschild)* visière *f*; **etw im ~e führen** tramer qch

Schild² [ʃilt] (-(e)s, -er) *nt* écriteau *m*; *(Verkehrsschild)* panneau *m*; *(Namensschild; an Monument, Haus, Grab)* plaque *f*; *(in Demonstration)* pancarte *f*; *(Etikett)* étiquette *f*

Schildbürger *m* béotien *m*

Schilddrüse *f* thyroïde *f*

schildern ['ʃildərn] *vt* décrire

Schilderung *f* description *f*; *(eines Zeugen)* récit *m*

Schild-: **~kröte** *f* tortue *f*; **~krötensuppe** *f* consommé *m* à la tortue; **~mütze** *f* casquette *f*

Schilf [ʃilf] (-(e)s, -e) *nt*, **Schilfrohr** *nt (Bot)* roseau *m*; *(Material)* jonc *m*

Schilfrohr *nt siehe* **Schilf**

Schillerlocke ['ʃilərlɔkə] *f (Koch: Gebäck)* feuilleté *m* à la crème; *(Räucherfisch)* morceau de roussette fumée

schillern ['ʃilərn] *vi* chatoyer, miroiter

schillernd *adj* chatoyant(e); *(Charakter)* énigmatique

Schilling ['ʃiliŋ] *m* schilling *m*

schilt *etc* [ʃilt] *vb siehe* **schelten**

Schimmel ['ʃiməl] (-s, -) *m* moisissure *f*; *(Pferd)* cheval *m* blanc

schimmelig *adj* moisi(e)

schimmeln *vi* moisir

Schimmer ['ʃimər] (-s) *m (Lichtschein)* lueur *f*; *(Glanz)* éclat *m*; **keinen (blassen) ~ von etw haben** *(umg)* n'avoir pas la moindre idée de qch

schimmern *vi (Kerze)* jeter une faible lueur; *(Seide, Perlen)* briller, chatoyer

Schimpanse [ʃim'panzə] (-n, -n) *m* chimpanzé *m*

Schimpf [ʃimpf] (-(e)s, -e) *m* affront *m*, insulte *f*; **mit ~ und Schande** honteusement

schimpfen *vi* pester ▷ *vt* gronder; *(nennen)* appeler; **mit jdm ~** gronder qn

Schimpfkanonade *f* bordée *f* d'insultes

Schimpfwort *nt* gros mot *m*

Schindel ['ʃindəl] (-, -n) *f* bardeau *m*

schinden ['ʃindən] *unreg vt (quälen)* maltraiter ▷ *vr (sich abmühen)* peiner; **Eindruck ~** *(umg)* en mettre plein la vue; **Zeit ~** *(umg)* essayer de gagner du temps

Schinder (-s, -) *(pej) m (Ausbeuter)* exploiteur *m*

Schinderei [ʃində'rai] *f (Qual)* corvée *f*

Schindluder ['ʃintlu:dər] *nt*: **mit jdm ~ treiben** malmener qn; **mit seiner Gesundheit ~ treiben** détruire sa santé

Schinken ['ʃiŋkən] (-s, -) *m* jambon *m*; *(pej: umg: dickes Buch)* pavé *m*; *(: großes Gemälde)* croûte *f*; **~speck** *m* lard *m* (maigre)

Schippe ['ʃipə] *f* pelle *f*; **jdn auf die ~ nehmen** *(umg)* mettre qn en boîte; **s~n** *vt* pelleter

Schirm [ʃirm] (-(e)s, -e) *m (Regenschirm)* parapluie *m*; *(Sonnenschirm)* parasol *m*; *(Bildschirm, Wandschirm)* écran *m*; *(Lampenschirm)* abat-jour *m inv*; *(Mützenschirm)* visière *f*; *(Pilzschirm)* chapeau *m*; **~bildaufnahme** *f* radiographie *f*; **~herr, in** *m(f)* patron(ne) *m/f*; **~herrschaft** *f* patronage *m*; **~mütze** *f* casquette *f*; **~ständer** *m* porte-parapluies *m inv*

schiss *etc* [ʃis] *(umg!) vb siehe* **scheißen**

Schiss *(umg) m*: **~ haben** avoir les jetons

schizophren [ʃitso'fre:n] *adj* schizophrène; *(absurd, widersprüchlich)* absurde, inconséquent(e)

Schizophrenie [ʃitsofre'ni:] *f* schizophrénie *f*

schlabbern ['ʃlabərn] *(umg) vt (Flüssigkeit)* laper ▷ *vi (sich voll kleckern)* s'en mettre partout

Schlacht [ʃlaxt] (-, -en) *f* bataille *f*; *(fig)* combat *m*

schlachten *vt (Tier)* tuer; *(umg: hum: Flasche Wein)* ouvrir

Schlachtenbummler *(umg) m* supporter d'une équipe jouant à l'extérieur

Schlachter (-s, -) *m* boucher *m*

Schlachterei [ʃlaxtə'rai] *f (Geschäft)* boucherie *f*

Schlacht-: **~feld** *nt* champ *m* de bataille; **~fest** *nt* jour *m* où l'on tue le cochon; **~haus** *nt*, **~hof** *m* abattoir *m*; **~opfer** *nt (Rel)* sacrifice *m*; **~plan** *m* plan *m* de bataille; **~platte** *f* assiette *f* de charcuterie; **~ruf** *m* cri *m* de guerre; **~schiff** *nt* cuirassé *m*; **~vieh** *nt* animaux *mpl* de boucherie

Schlacke ['ʃlakə] *f (von Kohle)* scorie *f*

schlackern *(umg) vi (Kleidung)* pendre; **mit den Ohren ~** *(fig)* rester sans voix

Schlaf [ʃla:f] (-(e)s) *m* sommeil *m*; **um seinen ~ kommen** *od* **gebracht werden** perdre le sommeil; **~anzug** *m* pyjama *m*

Schläfchen ['ʃlɛ:fçən] *nt* (petite) sieste *f*

Schläfe *f* tempe *f*

schlafen *unreg vi* dormir; **~ gehen** aller se coucher; **S~gehen** *nt* coucher *m*; **vor dem S~gehen** avant d'aller me/se *etc* coucher

Schlafenszeit *f*: **es ist ~** c'est l'heure d'aller se coucher

Schläfer, in ['ʃlɛ:fər(in)] (-s, -) *m(f)* dormeur(-euse) *m/f*

schlaff [ʃlaf] *adj (Haut)* flasque; *(erschöpft)* épuisé(e); *(pej: energielos)* mou (molle); **S~heit** *f (von Haut, Muskeln)* flaccidité *f*, aspect *m* flasque; *(Erschöpftheit)* épuisement *m*

Schlafgelegenheit *f* endroit *m* où dormir

Schlafittchen [ʃla'fitçən] *(umg) nt*: **jdn am** *od* **beim ~ nehmen** *od* **packen** prendre qn au collet

Schlaf-: **~lied** *nt* berceuse *f*; **s~los** *adj*: **eine s~lose Nacht** une nuit blanche; **~losigkeit** *f* insomnie *f*; **~mittel** *nt* somnifère *m*; **~mütze** *(umg) f* andouille *f*

schläfrig ['ʃlɛːfrɪç] *adj* (*Mensch*) qui a sommeil; (*Stimmung*) soporifique; **jdn ~ machen** endormir qn

Schlaf-: **~rock** *m* robe *f* de chambre; **Apfel im ~rock** pomme *f* en croûte; **Würstchen im ~rock** saucisse *f* en croûte; **~saal** *m* dortoir *m*; **~sack** *m* sac *m* de couchage

schläft *etc* [ʃlɛːft] *vb siehe* **schlafen**

Schlaf-: **~tablette** *f* somnifère *m*; **s~trunken** *adj* ensommeillé(e); **~wagen** *m* wagon-lit *m*; **s~wandeln** *vi* être somnambule; **~wandler, in** (**s, -**) *m(f)* somnambule *m/f*; **~zimmer** *nt* chambre *f* à coucher

Schlag [ʃlaːk] (**-(e)s, ̈-e**) *m* (*Hieb*) coup *m*; (*Med: Hirnschlag*) attaque *f* (d'apoplexie) *f*; (*Stromschlag*) secousse *f*; (*Blitzschlag*) foudre *f*; (*Schicksalsschlag*) coup du destin; (*Österr: Schlagsahne*) chantilly *f*; (*umg: Portion*) portion *f*; (*Art*) type *m*, espèce *f*; **Schläge** *pl* (*Tracht Prügel*) raclée *f*; **beim letzten ~ der Turmuhr ist es 9 Uhr** lorsque le dernier coup sonne au clocher, il est 9 heures; **~ acht Uhr** (*umg*) à huit heures sonnantes; **mit einem ~** tout d'un coup; **auf einen ~** d'un seul coup; **~ auf ~** coup sur coup; **keinen ~ tun** (*umg*) ne pas lever le petit doigt; **ich dachte, mich trifft der ~** (*umg*) ça m'a scié(e); **vom gleichen ~ sein** être taillé(e) du même bois; **ein ~ ins Wasser** (*umg*) un coup pour rien; **ein ~ ins Gesicht** une gifle; **~abtausch** *m* (*Boxen*) échange *m* de coups; (*fig*) joute *f* oratoire; **~ader** *f* artère *f*; **~anfall** *m* attaque *f* (d'apoplexie); **s~artig** *adj* brusque; **~baum** *m* barrière *f*; **~bohrer** *m* perceuse *f* à percussion

Schlägel ['ʃlɛːgəl] (**-s, -**) *m* (*Trommelschlägel*) baguette *f*; (*Hammer*) marteau *m*; *siehe auch* **Schlegel**

schlagen ['ʃlaːgən] *unreg vt* battre; (*einschlagen*) enfoncer; (*Kreis, Bogen*) décrire, faire; (*Purzelbaum*) faire; (*Stunde*) sonner; (*Schlacht*) livrer; (*Holz, Bäume*) abattre ▷ *vi* battre; (*Uhr*) sonner; (*Vogel*) chanter; (*Flammen*) jaillir ▷ *vr* (*sich prügeln*) se battre; **ein Ei in die Pfanne ~** casser un œuf dans la poêle; **Eier schaumig ~** battre des œufs en neige; **sich ge~ geben** s'avouer battu(e); **eine ge~e Stunde** une heure entière; **Profit aus etw ~ tirer** profit de qch; **ein Bein über das andere ~** croiser les jambes; **gegen etw ~** heurter qch; **um sich ~** se débattre; **mit den Flügeln ~** battre des ailes; **der Blitz schlug in den Baum** la foudre est tombée sur l'arbre, la foudre a frappé l'arbre; **nach jdm ~** (*geraten*) ressembler à qn; **sich nach links/Norden ~** se diriger vers la gauche/le nord; **sich auf jds Seite ~** se ranger du côté de qn; **sich gut** *od* **tapfer ~** (*fig*) bien s'en sortir

schlagend *adj* (*Beweis*) concluant(e); (*Verbindung*) où l'on se bat en duel

Schlager ['ʃlaːgər] (**-s, -**) *m* (*Mus*) tube *m*; (*Erfolg*) succès *m*; (*Buch*) best-seller *m*

Schläger ['ʃlɛːgər] (**-s, -**) *m* (*pej: Mensch*) brute *f*; (*Sport: Spieler*) batteur *m*; (: *Tennisschläger*) raquette *f*; (: *Hockeyschläger*) crosse *f*; (: *Golfschläger*) club *m*

Schlägerei [ʃlɛːgəˈraɪ] *f* bagarre *f*

Schlagersänger, in *m(f)* chanteur(-euse) *m/f* pop

Schlägertyp (*umg*) *m* brute *f*

schlag-: **~fertig** *adj* (*Mensch*) qui a de la repartie; (*Antwort*) du tac au tac; **S~fertigkeit** *f* repartie *f*; **S~instrument** *nt* instrument *m* à percussion; **S~kraft** *f* force *f*; (*Mil*) force de frappe; (*Boxen*) punch *m*; **~kräftig** *adj* (*Armee*) puissant(e); (*Boxer*) qui a du punch; (*Beweise*) concluant(e); **S~loch** *nt* nid *m* de poules; **S~obers** (*Österr*) *nt* = **Schlagsahne**; **S~rahm** *m*, **~sahne** *f* crème *f* fouettée, chantilly *f*; **S~seite** *f* (*Naut*) bande *f*; **S~seite haben** donner de la bande; **S~stock** *m* (*förmlich*) matraque *f*

Schlagwort *nt* slogan *m*

Schlagzeile *f* manchette *f*; **~n machen** (*umg*) faire la une des journaux

Schlagzeug *nt* (*Mus*) batterie *f*; (*in Orchester*) percussion *f*

Schlagzeuger, in (**-s, -**) *m(f)* batteur *m*

schlaksig ['ʃlaːksɪç] (*umg*) *adj* gauche

Schlamassel [ʃlaˈmasəl] (**-s, -**) (*umg*) *m od nt* pagaille *f*

Schlamm [ʃlam] (**-(e)s, -e**) *m* boue *f*

schlammig *adj* boueux(-euse)

Schlampe, r ['ʃlampə(r)] (*pej: umg*) *f(m)* souillon *f*

schlampen (*umg*) *vi* bâcler

Schlamperei [ʃlampəˈraɪ] (*umg*) *f* (*Unordnung*) pagaille *f*; (*schlechte Arbeit*) travail *m* bâclé

schlampig (*umg*) *adj* (*Mensch*) débraillé(e); (*Arbeit*) bâclé(e)

schlang *etc* [ʃlaŋ] *vb siehe* **schlingen**

Schlange ['ʃlaŋə] *f* (*Zool*) serpent *m*; (*Menschenschlange*) queue *f*; (*von Autos*) file *f*; **~ stehen** faire la queue

schlängeln ['ʃlɛŋəln] *vr* (*Schlange*) ramper; (*Fluss, Weg*) serpenter

Schlangen-: **~biss** *m* morsure *f* de serpent; **~gift** *nt* venin *m*; **~linie** *f* ligne *f* sinueuse

schlank [ʃlaŋk] *adj* mince; **S~heit** *f* minceur *f*; **S~heitskur** *f* cure *f* d'amaigrissement; **~weg** (*umg*) *adv* sans hésiter, tout de go

schlapp [ʃlap] *adj* (*erschöpft*) épuisé(e); (*umg: energielos*) mou (molle); (*locker*) relâché(e)

Schlappe (*umg*) *f* veste *f*

Schlappen (**-s, -**) (*umg*) *m* pantoufle *f*, savate *f*

Schlapp-: **~heit** *f* (*Erschöpfung*) épuisement *m*; (*umg: Laschheit*) mollesse *f*; **~hut** *m* chapeau *m* mou; **s~machen** (*umg*) *vi* flancher; **~schwanz** (*pej: umg*) *m* chiffe *f* molle

Schlaraffenland [ʃlaˈrafənlant] *nt* pays *m* de cocagne

schlau [ʃlaʊ] *adj* (*Mensch*) malin(-igne); (*Plan*) astucieux(-euse); **aus etw nicht ~ werden** ne rien comprendre à qch; **aus jdm nicht ~ werden** ne pas comprendre qn; **S~berger** (**-s, -**) (*umg*) *m* petit malin *m*

Schlauch [ʃlaʊx] (**-(e)s, Schläuche**) *m* tuyau *m*; (*in Reifen*) chambre *f* à air; (*umg: Anstrengung*) corvée *f*; **auf dem ~ stehen** (*umg*) être coincé(e); **~boot** *nt* canot *m* pneumatique

schlauchen (*umg*) *vt* (*anstrengen*) pomper

schlauchlos *adj* sans chambre à air
Schläue ['ʃlɔyə] (-) *f* ruse *f*
Schlaufe ['ʃlaufə] *f* boucle *f*; (*an Kleidung*)
passant *m*
Schlauheit *f* ruse *f*
Schlaukopf *m*, **Schlaumeier** (*umg*) ▷ *m* petit
malin *m*
Schlawiner [ʃla'vi:nər] (-s, -) (*hum: umg*) *m*
vaurien *m*
schlecht [ʃlɛçt] *adj* mauvais(e); (*verdorben*)
avarié(e) ▷ *adv* mal; (*kaum*) difficilement; **jdm
geht es ~** (*gesundheitlich*) qn va mal; (*wirtschaftlich*)
qn est dans la gêne; **heute geht es ~** (*zeitlich*)
aujourd'hui, ça ne va pas bien; **er kann ~ Nein
sagen** il peut difficilement dire non; **~ gelaunt**
de mauvaise humeur; **auf jdn ~ zu sprechen
sein** avoir une mauvaise opinion de qn; **jdm ist
(es) ~** qn se sent mal; **er hat nicht ~ gestaunt**
(*umg*) il tombait des nues; **~ und recht** tant bien
que mal; **mehr ~ als recht** plutôt mal; *siehe auch*
schlechtmachen
schlechterdings *adv* absolument
schlechthin *adv* tout simplement; **der
Dramatiker ~** le type même du dramaturge,
le parfait dramaturge
Schlechtigkeit *f* méchanceté *f*
schlechtmachen *vt* calomnier
schlechtweg *adv* tout simplement
schlecken ['ʃlɛkən] *vt* (*lecken*) lécher; (*naschen*)
manger ▷ *vi* manger des sucreries
Schlegel ['ʃle:gəl] (-s, -) *m* (*Koch*) cuisse *f*; *siehe auch*
Schlägel
schleichen ['ʃlaɪçən] *unreg vi* se glisser; (*heimlich*)
marcher à pas de loup ▷ *vr* se glisser; **um das
Haus ~** rôder autour de la maison
schleichend *adj* (*Krankheit, Gift*) insidieux(-euse);
(*Inflation*) rampant(e)
Schleichweg *m* chemin *m* dérobé; **auf ~en** (*fig*)
par des voies détournées
Schleichwerbung *f* publicité *f* indirecte
Schleie ['ʃlaɪə] *f* (*Zool*) tanche *f*
Schleier ['ʃlaɪər] (-s, -) *m* voile *m*; **~eule** *f* effraie *f*;
s~haft (*umg*) *adj*: **jdm s~haft sein** échapper à qn
Schleife ['ʃlaɪfə] *f* boucle *f*; (*auf Schuh auch*; *im Haar*)
nœud *m*; (*Kranzschleife*) ruban *m*
schleifen¹ *vi* traîner ▷ *vt* (*ziehen*) traîner;
(*niederreißen*) raser; **die Kupplung ~ lassen** faire
patiner l'embrayage
schleifen² *vt unreg* (*Messer*) aiguiser; (*Edelstein*)
tailler; (*Mil: Soldaten*) entraîner
Schleif-: **~lack** *m* vernis *m* à polir; **~maschine** *f*
meule *f*; **~papier** *nt* papier *m* émeri; **~stein** *m*
pierre *f* à aiguiser
Schleim [ʃlaɪm] (-(e)s, -e) *m* (*Med*) mucosité *f*;
(*von Schnecke*) bave *f*; (*Koch*) gruau *m*; **~haut** *f*
muqueuse *f*
schleimig *adj* visqueux(-euse); (*pej*)
mielleux(-euse)
schlemmen ['ʃlɛmən] *vi* festoyer
Schlemmer, in *m(f)* gourmet *m*
Schlemmerei [ʃlɛmə'raɪ] *f* festins *mpl* (continus)
Schlemmerlokal *nt* bon restaurant *m*

schlendern ['ʃlɛndərn] *vi* flâner
Schlendrian ['ʃlɛndria:n] (-(e)s) (*umg: pej*) *m*
laisser-aller *m*
Schlenker ['ʃlɛŋkər] (-s, -) *m* écart *m*; (*umg: kleiner
Umweg*) petit détour *m*
schlenkern *vt* (*Arme*) balancer ▷ *vi*: **mit den
Armen/Beinen ~** balancer les bras/jambes
Schlepp *m*: **jdn/etw in ~ nehmen** remorquer
qn/qch
Schleppe ['ʃlɛpə] *f* (*von Kleid*) traîne *f*
schleppen *vt* traîner; (*Auto, Schiff*) remorquer ▷ *vr*
se traîner
schleppend *adj* (*Gang*) traînant(e); (*Bedienung*,
Abfertigung) très lent(e)
Schlepper (-s, -) *m* (*Traktor*) tracteur *m*; (*Schiff*)
remorqueur *m*
Schlepp-: **~kahn** *m* péniche *f* (remorquée); **~lift**
m remonte-pente *m*; **~netz** *nt* chalut *m*; **~tau** *nt*
câble *m* de remorquage; **jdn ins ~tau nehmen**
(*umg*) prendre qn sous son aile
Schlesien ['ʃle:ziən] (-s) *nt* la Silésie
Schlesier, in (-s, -) *m(f)* Silésien(ne) *m/f*
schlesisch *adj* silésien(ne)
Schleswig-Holstein ['ʃle:svɪç'hɔlʃtaɪn] *nt* le
Schleswig-Holstein
Schleuder ['ʃlɔydər] (-, -n) *f* (*Steinschleuder*) fronde
f; (*Wäscheschleuder*) essoreuse *f*; (*Zentrifuge*)
centrifugeuse *f*; **~gefahr** *f*: „**Achtung ~gefahr**"
"(attention,) chaussée glissante"; **~honig** *m*
miel *m* (*passé à l'extracteur*); **s~n** *vt* (*werfen*) lancer;
(*Wäsche*) essorer ▷ *vi* (*Aut*) déraper; **ins ~n
kommen** faire un dérapage; (*fig: umg*) avoir des
difficultés
Schleuder-: **~preis** (*umg*) *m* prix *m* sacrifié; **~sitz**
m siège *m* éjectable; **~ware** *f* marchandise *f*
bradée
schleunig ['ʃlɔynɪç] *adj* (*Aktion, Handeln*) rapide;
(*Schritte*) précipité(e)
schleunigst *adv* au plus vite
Schleuse ['ʃlɔyzə] *f* écluse *f*
schleusen *vt* (*Schiffe*) écluser; (*Menschen*) faire
passer; (*heimlich*) infiltrer; **S~wärter** *m* éclusier *m*
Schlich (-(e)s, -e) *m* (*gew pl*) truc *m*; **jdm auf die ~e
kommen** comprendre le petit jeu de qn
schlich *etc* [ʃlɪç] *vb siehe* **schleichen**
schlicht [ʃlɪçt] *adj* simple ▷ *adv* (*ganz einfach*) tout
simplement
schlichten *vt* (*Streit: vermitteln*) jouer les
médiateurs dans; (: *beilegen*) régler
Schlichter, in (-s, -) *m(f)* médiateur(-trice) *m/f*
Schlichtheit *f* simplicité *f*
Schlichtung *f* conciliation *f*
Schlick [ʃlɪk] (-(e)s, -e) *m* vase *f*; (*Ölschlick*) nappe *f*
schlief *etc* [ʃli:f] *vb siehe* **schlafen**
Schließe ['ʃli:sə] *f* fermeture *f*
schließen ['ʃli:sən] *unreg vt* fermer; (*Sitzung*) clore;
(*Lücke*) boucher; (*Frieden, Ehe*) conclure; (*Vertrag*)
passer ▷ *vr* se fermer; (*enden*) se terminer;
(*Wunde*) se cicatriser ▷ *vi* se fermer; (*folgern*)
conclure; **etw in sich ~** comporter qch; **Max
und Anna schlossen Freundschaft** Max et
Anna se sont liés d'amitié; **jdn/etw in sein Herz**

~ se prendre d'affection pour qn/qch; **aus etw ~,
dass** conclure de qch que; **auf etw** *Akk* ~ **lassen**
suggérer qch; *„geschlossen"* "fermé"
Schließfach *nt* consigne *f* automatique
schließlich *adv* finalement; (*immerhin*) après tout;
~ **und endlich** finalement
Schliff (**-(e)s, -e**) *m* taille *f*; (*fig*) savoir-vivre *m*;
einer Sache den letzten ~ geben (*fig*) mettre la
dernière main à qch
schliff *etc* [ʃlɪf] *vb siehe* **schleifen**
schlimm [ʃlɪm] *adj* mauvais(e); (*Fehler*) grave;
(*Zeiten*) difficile; (*umg: entzündet*) enflammé(e);
das ist halb so ~! ce n'est si grave que ça!; **~er** *adj*
pire; **umso ~er** d'autant plus grave; **~ste, r, s** *adj*
pire
schlimmstenfalls *adv* au pire (des cas)
Schlinge [ˈʃlɪŋə] *f* boucle *f*; (*Falle*) collet *m*; (*als
Verband*) écharpe *f*; **den Arm in der ~ tragen**
avoir le bras en écharpe
Schlingel (**-s, -**) *m* vaurien *m*
schlingen *unreg vt* (*binden*) mettre, attacher ▷ *vi*
(*pej: essen*) s'empiffrer ▷ *vr* s'enrouler
schlingern *unreg vi* tanguer
Schlingpflanze *f* plante *f* grimpante
Schlips [ʃlɪps] (**-es, -e**) *m* cravate *f*; **sich auf den ~
getreten fühlen** (*umg*) être vexé(e)
Schlitten [ˈʃlɪtən] (**-s, -**) *m* (*Rodelschlitten*) luge *f*;
(*Pferdeschlitten*) traîneau *m*; (*Tech*) chariot *m*; **mit
jdm ~ fahren** (*umg*) enguirlander qn; **~fahren**
(**-s**) *nt* luge *f*
schlittern [ˈʃlɪtərn] *vi* patiner
Schlittschuh [ˈʃlɪtʃuː] *m* patin *m* à glace; **~ laufen**
patiner, faire du patin à glace; **~bahn** *f* patinoire
f; **~läufer, in** *m(f)* patineur(-euse) *m/f*
Schlitz [ʃlɪts] (**-es, -e**) *m* fente *f*; (*Hosenschlitz*)
braguette *f*; **s~äugig** *adj* aux yeux bridés; **s~en** *vt*
(*aufschlitzen*) ouvrir; **~ohr** (*umg*) *nt* filou *m*
schlohweiß [ˈʃloːvaɪs] *adj* (*Haar*) blanc (blanche)
comme neige
Schloss (**-es, ¨er**) *nt* (*Bau*) château *m*; (*Vorrichtung*)
serrure *f*; (*an Schmuck*) fermoir *m*; **hinter ~ und
Riegel** sous les verrous
schloss *etc* [ʃlɔs] *vb siehe* **schließen**
Schlosser [ˈʃlɔsər] (**-s, -**) *m* (*für Schlüssel*) serrurier
m; (*Autoschlosser*) mécanicien *m*
Schlosserei [ʃlɔsəˈraɪ] *f* (*in Fabrik*) atelier *m* de
métallurgie
Schlosshund (**-(e)s, -e**) *m*: **heulen wie ein ~**
(*umg*) pleurer comme une Madeleine
Schlot [ʃloːt] (**-(e)s, -e**) *m* cheminée *f*
schlottern [ˈʃlɔtərn] *vi* (*vor Kälte*) grelotter; (*vor
Angst*) trembler; (*Kleidung*) flotter
Schlucht [ʃlʊxt] (**-, -en**) *f* gorge *f*
schluchzen [ˈʃlʊxtsən] *vi* sangloter
Schluck [ʃlʊk] (**-(e)s, -e**) *m* gorgée *f*; (*ein bisschen*)
goutte *f*
Schluckauf (**-s**) *m*, **Schlucken** (**-s**) ▷ *m* hoquet *m*
Schlucken (**-s**) *m* = **Schluckauf**; **s~** *vt* avaler;
(*umg: Alkohol, Benzin*) engloutir ▷ *vi* avaler
Schlucker (**-s, -**) (*umg*) *m*: **armer ~** pauvre diable *m*
Schluckimpfung *f* vaccination *f* par voie orale
schluderig (*umg: pej*) *adj* bâclé(e)

schludern [ˈʃluːdərn] *vi* bâcler
schlug *etc* [ʃluːk] *vb siehe* **schlagen**
Schlummer [ˈʃlʊmər] (**-s**) *m* (petit) somme *m*
schlummern *vi* faire un petit somme; (*fig*) être
caché(e)
Schlund [ʃlʊnt] (**-(e)s, ¨e**) *m* (*Anat*) gosier *m*; (*fig*)
gouffre *m*
schlüpfen [ˈʃlʏpfən] *vi* se glisser; (*Vogel etc*) éclore
Schlüpfer [ˈʃlʏpfər] (**-s, -**) *m* slip *m*
Schlupfloch [ˈʃlʊpflɔx] *nt* (*Versteck*) cachette *f*; (*fig*)
refuge *m*
schlüpfrig [ˈʃlʏpfrɪç] *adj* glissant(e); (*pej*) obscène;
S~keit *f* surface *f* glissante; (*pej*) obscénité *f*
Schlupfwinkel (**-s, -**) *m* cachette *f*; (*fig*) refuge *m*
schlurfen [ˈʃlʊrfən] *vi* traîner les pieds, se traîner
schlürfen [ˈʃlʏrfən] *vt* (*Suppe*) manger
bruyamment ▷ *vi* boire bruyamment
Schluss [ʃlʊs] (**-es, ¨e**) *m* fin *f*; (*von Theaterstück etc
auch*) épilogue *m*; (*Schlussfolgerung*) conclusion *f*;
am ~ à la fin; **~ für heute!** ça suffit pour
aujourd'hui!; **~ jetzt!** ça suffit, maintenant!;
~ damit! ça suffit!; **~ machen** (*aufhören*) arrêter;
(*zumachen*) fermer; (*Freundschaft beenden*) rompre;
~bilanz *f* bilan *m* de clôture
Schlüssel [ˈʃlʏsəl] (**-s, -**) *m* clé *f*, clef *f*; (*Lösungsheft*)
corrigé *m*; **~bein** *nt* clavicule *f*; **~blume** *f*
primevère *f*; **~bund** *m* trousseau *m* de clés;
~dienst *m* serrurerie *f* express; **~erlebnis** *nt*
expérience *f* décisive; **~kind** *nt* enfant *qui rentre à la
maison avant ses parents*; **~loch** *nt* trou *m* de la
serrure; **~position** *f* position *f* clé; **~wort** *nt*
(*Kennwort*) code *m*; (*Comput*) mot-clé *m*
Schlussfolgerung *f* conclusion *f*
Schlussformel *f* (*in Brief*) formule *f* de politesse;
(*bei Vertrag*) clause *f* finale
schlüssig [ˈʃlʏsɪç] *adj* (*folgerichtig*) concluant(e);
sich *Dat* (**über etw** *Akk*) ~ **sein** être sûr(e) (de
qch); **S~keit** *f* validité *f*
Schluss-: ~licht *nt* feu *m* arrière; (*fig*) lanterne *f*
rouge; **~punkt** *m* point *m* final; **~strich** *m*:
einen ~strich unter etw *Akk* **ziehen** tirer un
trait sur qch; **~verkauf** *m* soldes *mpl*; **~wort** *nt*
conclusion *f*
Schmach [ʃmaːx] (**-**) *f* honte *f*, ignominie *f*
schmachten [ˈʃmaxtən] *vi* languir; **nach jdm/
etw ~** languir loin de qn/après qch
schmächtig [ˈʃmɛçtɪç] *adj* frêle
schmackhaft [ˈʃmakhaft] *adj* (*Essen*)
délicieux(-euse); **jdm etw ~ machen** (*fig*) faire
un tableau flatteur de qch à qn
schmähen [ˈʃmɛːən] *vt* (*geh*) calomnier
schmählich *adj* honteux(-euse),
ignominieux(-euse)
Schmähung *f* calomnie *f*
schmal [ʃmaːl] *adj* étroit(e); (*Person, Buch etc*)
mince; (*karg*) maigre; **~brüstig** *adj* gringalet(te)
schmälern [ˈʃmɛːlɐn] *vt* (*Ertrag, Lohn*) diminuer;
(*Ruf, Verdienst*) rabaisser
Schmalfilm *m* film *m* de format réduit (*8 mm*)
Schmalspur *f* (*Eisenb*) voie *f* étroite ▷ *in zW* (*pej*)
au rabais

Schmalz [ʃmalts] (**-es, -e**) nt (Koch) graisse f (fondue); (Schweineschmalz) saindoux m ▷ m (kein pl) sentimentalisme m excessif

schmalzig adj (Lied etc) à l'eau de rose

Schmankerl ['ʃmaŋkərl] (**-s, -n**) (Österr) nt (Leckerbissen) friandise f

schmarotzen [ʃma'rɔtsən] vi (Bot) être parasite; (fig) vivre en parasite

Schmarotzer (**-s, -**) m parasite m

Schmarren ['ʃmarən] (**-s, -**) (Österr) m (Koch) crêpe sucrée coupée en morceaux; (fig: umg) idioties fpl; **das geht dich einen ~ an!** (umg) ça ne te regarde pas!

schmatzen ['ʃmatsən] vi manger bruyamment

Schmaus [ʃmaʊs] (**-es, Schmäuse**) m festin m; **s~en** vi se régaler

schmecken ['ʃmɛkən] vt (kosten) goûter ▷ vi (Essen) être bon(ne); (umg: Arbeit) plaire; **es hat (mir) gut geschmeckt** c'était bon; **schmeckt es (Ihnen)?** vous aimez?; **das schmeckt nach mehr!** (umg) ça a un goût de revenez-y!; **es sich ~ lassen** manger avec appétit

Schmeichelei [ʃmaiçə'lai] f mot m flatteur

schmeichelhaft ['ʃmaiçəlhaft] adj flatteur(-euse)

schmeicheln vi +Dat flatter

Schmeichler, in (**-s, -**) m(f) flatteur(-euse) m/f

schmeichlerisch adj flatteur(-euse)

schmeißen ['ʃmaisən] unreg (umg) vt jeter, balancer; (aufhören) arrêter; (managen) se débrouiller avec ▷ vi: **mit etw ~** jeter qch; **eine Runde** od **Lage ~** payer une tournée

Schmeißfliege f mouche f bleue

Schmelz [ʃmɛlts] (**-es, -e**) m (Email) émail m; (Glasur) vernis m; **s~bar** adj fusible

schmelzen unreg vt faire fondre ▷ vi fondre

Schmelz-: **~hütte** f fonderie f; **~käse** m fromage m fondu; **~ofen** m haut fourneau m; **~punkt** m point m de fusion; **~tiegel** m creuset m; **~wasser** nt neige f fondue

Schmerbauch ['ʃmeːrbaʊx] (umg) m bedaine f

Schmerz [ʃmɛrts] (**-es, -en**) m douleur f; (Trauer) chagrin m; **~en haben** avoir mal; **s~empfindlich** adj sensible

schmerzen vt faire mal à; (fig) blesser ▷ vi faire mal

Schmerzensgeld nt dommages mpl et intérêts mpl

schmerz-: **~frei** adj (Patient) qui n'a pas mal; (Operation) indolore; **~haft** adj douloureux(-euse); **~lich** adj douloureux(-euse); **~lindernd** adj calmant(e), analgésique; **~los** adj indolore; **S~mittel** nt calmant m, analgésique m; **~stillend** adj calmant(e), analgésique; **S~tablette** f calmant m, analgésique m

Schmetterling ['ʃmɛtərlɪŋ] m papillon m

Schmetterlingsstil m brasse f papillon

schmettern ['ʃmɛtərn] vt (werfen) lancer, projeter; (singen) chanter à tue-tête ▷ vi (Trompete) retentir; **(den Ball) ~** (Sport) faire un smash

Schmied [ʃmiːt] (**-(e)s, -e**) m forgeron m

Schmiede ['ʃmiːdə] f forge f; **~eisen** nt fer m forgé

schmieden vt (Metall) forger; (Pläne) faire

schmiegen ['ʃmiːgən] vt (Kopf) poser ▷ vr (Mensch) se blottir; **sich ~ an** +Akk (Stoff) épouser la forme de

schmiegsam ['ʃmiːkzaːm] adj (Material) flexible, souple

Schmiere ['ʃmiːrə] f (ölige Masse) graisse f, lubrifiant m; (pej: schlechtes Theater) théâtre m de cabotins; (umg) **~ stehen** (umg) faire le guet

schmieren vt (streichen) étaler; (Aufstrich, Butter) tartiner; (ölen, fetten) graisser, lubrifier; (umg: pej: bestechen) graisser la patte à; (schreiben) griffonner ▷ vi (Fett etc) être lubrifiant(e); (Kuli, Scheibenwischer) couler; (schreiben) griffonner; **es läuft wie geschmiert** ça marche comme sur des roulettes; **jdm eine ~** (umg) flanquer une gifle à qn; **S~komödiant** (pej) m cabotin(e) m/f

Schmier-: **~fett** nt lubrifiant m; **~fink** (pej) m (schmutziges Kind) petit cochon m; **~geld** (pej) nt pot-de-vin m; **~heft** (umg) nt cahier m de brouillon

schmierig adj (Hände) gras(se); (fig: eklig) obséquieux(-euse)

Schmier-: **~käse** m fromage m à tartiner; **~mittel** nt lubrifiant m; **~öl** nt huile f de graissage; **~seife** f savon m noir

schmilzt [ʃmɪltst] vb siehe **schmelzen**

Schminke ['ʃmɪŋkə] f maquillage m

schminken vt maquiller ▷ vr se maquiller

schmirgeln ['ʃmɪrgəln] vt poncer

Schmirgelpapier (**-s**) nt papier m émeri

Schmiss (**-es, -e**) m (Narbe) balafre f; (umg: Schwung) pep m

schmiss etc [ʃmɪs] vb siehe **schmeißen**

schmissig ['ʃmɪsɪç] adj (umg) qui a du pep

Schmöker ['ʃmøːkər] (**-s, -**) (umg) m (gros) bouquin m

schmökern vi bouquiner

schmollen ['ʃmɔlən] vi bouder

schmollend adj boudeur(-euse)

schmolz etc [ʃmɔlts] vb siehe **schmelzen**

Schmorbraten m rôti m braisé

schmoren ['ʃmoːrən] vt braiser ▷ vi cuire à feu doux

Schmu [ʃmuː] (**-s**) (umg) m triche f; **~ machen** tricher

Schmuck [ʃmʊk] (**-(e)s, -e**) m (Ringe etc) bijoux mpl; (Verzierung) décoration f; **~blatttelegramm** nt télégramme m illustré

schmücken ['ʃmʏkən] vt décorer

schmuck-: **~los** adj (Kleid) sobre; (Raum) dépouillé(e); **S~losigkeit** f sobriété f; **S~sachen** pl bijoux mpl; **S~stück** nt (Ring etc) bijou m; (fig) joyau m

schmudd(e)lig ['ʃmʊd(ə)lɪç] (umg: pej) adj (schlampig) malpropre; (schmutzig) crasseux(-euse)

Schmuggel ['ʃmʊgəl] (**-s**) m contrebande f

schmuggeln vt passer en contrebande ▷ vi faire de la contrebande

Schmuggelware f marchandise f de contrebande

Schmuggler, in (**-s, -**) m(f) contrebandier(-ière) m/f

schmunzeln ['ʃmʊntsəln] vi sourire
schmusen ['ʃmuːzən] (umg) vi (zärtlich sein) se faire des câlins; **mit jdm ~** faire un câlin à qn
Schmutz [ʃmʊts] (-es) m saleté f; **~ abweisend** antisalissant(e); **s~en** vi (Stoff) être salissant(e); **~fink** (umg) m souillon f; **~fleck** m tache f
schmutzig adj sale; (Witz) cochon(ne); (Geschäfte) louche; **seine ~e Wäsche an der Öffentlichkeit waschen** laver son linge sale en public
Schnabel ['ʃnaːbəl] (-s, ̈-) m bec m; **reden, wie einem der ~ gewachsen ist** (unüberlegt) parler sans réfléchir; (unaffektiert) parler naturellement
Schnack [ʃnak] (-(e)s, -s) (Nordd: umg) m (Schwatz) causette f; (pej: Geschwätz) bavardage m
schnacken ['ʃnakən] (Nordd: umg) vi bavarder
Schnake ['ʃnaːkə] f (Insekt) tipule f; (Stechmücke) moustique m
Schnalle ['ʃnalə] f boucle f
schnallen vt (festmachen) attacher; **den Gürtel enger ~** (fig) se serrer la ceinture
schnalzen ['ʃnaltsən] vi: **mit etw ~** faire claquer qch
Schnäppchen ['ʃnɛpçən] (umg) nt bonne affaire f
schnappen ['ʃnapən] vt saisir; (erwischen) attraper ▷ vi: **nach etw ~** essayer d'attraper qch; **wollen wir noch frische Luft ~?** on va prendre l'air?; **nach Luft ~** avoir de la peine à respirer
Schnappschloss nt cadenas m
Schnappschuss m instantané m
Schnaps [ʃnaps] (-es, ̈-e) m (klarer) eau-de-vie f; (umg: Branntwein) alcool m fort; **~idee** (umg) f idée f saugrenue
schnarchen ['ʃnarçən] vi ronfler
schnattern ['ʃnatərn] vi (Gänse; umg: schwatzen) jacasser; (vor Kälte) frissonner
schnauben ['ʃnaʊbən] vi (Pferd) s'ébrouer ▷ vr: **sich** Dat (**die Nase**) ~ se moucher
schnaufen ['ʃnaʊfən] vi haleter
Schnaufer (-s, -) (umg) m souffle m
Schnauzbart ['ʃnaʊtsbaːrt] m moustache f
Schnauze f (von Tier) museau m; (Ausguss) bec m; (umg: Mund) gueule f; **auf die ~ fallen** (umg) se casser la figure; **die ~ vollhaben** (umg) en avoir plein le dos; **etw frei nach ~ machen** (umg) faire qch au petit bonheur la chance
schnäuzen ['ʃnɔʏtsən] vr se moucher
Schnecke ['ʃnɛkə] f escargot m; (Nacktschnecke) limace f; (Gebäck) pain m aux raisins; **jdn zur ~ machen** (umg) passer un savon à qn
Schneckenhaus nt coquille f
Schneckentempo (umg) nt: **im ~** au ralenti
Schnee [ʃneː] (-s) m neige f; **das ist ~ von gestern** (umg) c'est de l'histoire ancienne; **~ball** m boule f de neige; **~besen** m (Koch) fouet m; **~brett** nt corniche f de neige; **~fall** m chute f de neige; **~flocke** f flocon m de neige; **~gestöber** nt tempête f de neige; **~glöckchen** nt perce-neige m ou f inv; **~grenze** f limite f des chutes de neige; **~kette** f chaîne f; **~könig** m: **sich freuen wie ein ~könig** (umg) être aux anges; **~mann** m bonhomme m de neige; **~pflug** m chasse-neige m inv; **~regen** m neige f fondue; **~schmelze** f

fonte f des neiges; **s~sicher** adj où l'on est sûr de trouver de la neige; **~treiben** nt tempête f de neige; **~verwehung** f congère f; **~wittchen** nt Blanche-Neige f
Schneid [ʃnait] (-(e)s) (umg) m cran m
Schneidbrenner (-s, -) m chalumeau m
Schneide ['ʃnaɪdə] f tranchant m; (Klinge) lame f
schneiden unreg vt couper; (Film) monter; (Tonband) couper et recoller; (Aut: beim Überholen) faire une queue de poisson à ▷ vi (Wind) cingler; (Kälte) mordre ▷ vr se couper; (umg: sich täuschen): **da hat er sich aber geschnitten!** là, il s'est vraiment mis le doigt dans l'œil!; **Gesichter scheiden** faire des grimaces; **die Luft ist zum S~** (umg) on étouffe, ici; **jdn ~** (nicht beachten) faire comme si qn n'existait pas
schneidend adj (Kante) tranchant(e); (Wind) cinglant(e); (Spott) mordant(e)
Schneider, in (-s, -) m(f) tailleur m, couturière f; **frieren wie ein ~** (umg) crever de froid; **aus dem ~ sein** (umg) être sorti(e) d'une mauvaise passe
Schneiderei [ʃnaɪdə'raɪ] f (Geschäft) atelier m de couture
schneidern vt, vi coudre
Schneidersitz m: **im ~ sitzen** être assis(e) en tailleur
Schneidezahn m incisive f
schneidig adj (forsch) fringant(e); (mutig) qui a du cran
schneien ['ʃnaɪən] vi unpers: **es schneit** il neige; **jdm ins Haus ~** (umg: Besuch) arriver chez qn à l'improviste; (: Rechnung, Brief) arriver dans la boîte de qn
Schneise ['ʃnaɪzə] f (Waldschneise) laie f
schnell [ʃnɛl] adj rapide; **das ging ~** ça n'a pas traîné; **machen Sie ~!** faites vite!; **S~bahn** f train m de banlieue; **S~boot** nt vedette f
Schnelle f: **etw auf die ~ machen** faire qch à la va-vite
schnellen vi bondir; (Preise) faire un bond; **in die Höhe ~** sauter en l'air, bondir
Schnellgericht nt (Jur) tribunal des affaires sommaires; (Koch) plat m cuisiné
Schnellhefter m chemise f (classeur)
Schnelligkeit f rapidité f
Schnell-: ~imbiss m (Lokal) snack(-bar) m; (Essen) casse-croûte m inv; **~kochtopf** m (Dampfkochtopf) autocuiseur m, cocotte-minute® f; **~kurs** m cours m accéléré; **~reinigung** f pressing m express
schnellstens adv au plus vite
Schnellstraße f voie f rapide
Schnellzug m (train m) rapide m
Schnepfe ['ʃnɛpfə] f (Zool) bécasse f
schnetzeln ['ʃnɛtsəln] vt émincer
schneuzen ['ʃnɔʏtsən] vr siehe **schnäuzen**
Schnickschnack ['ʃnɪkʃnak] (-(e)s) m (umg: pej: Gerede) inepties fpl; (: Überflüssiges) camelote f
Schnippchen ['ʃnɪpçən] nt: **jdm ein ~ schlagen** jouer un tour à qn
schnippeln ['ʃnɪpəln] (umg) vt découper ▷ vi: **an etw** Dat **~** arracher des bouts de qch, tripoter qch

schnippen ['∫nɪpən] vi: **mit den Fingern ~** faire claquer ses doigts

schnippisch ['∫nɪpɪ∫] adj insolent(e)

Schnipsel ['∫nɪpsəl] (**-s, -**) (umg) m od nt petit morceau m; (Papierschnipsel) bout m de papier

schnitt etc [∫nɪt] vb siehe **schneiden**

Schnitt (**-(e)s, -e**) m coupe f; (Öffnung) entaille f, coupure f; (Wunde) coupure; (Schnittpunkt) intersection f; (Durchschnitt) moyenne f; (Schnittmuster) patron m; (Ernte) récolte f; (an Buch) tranche f; (von Gesicht) forme f; (umg: Gewinn) bénéfice m; (Film) montage m; **im ~** en moyenne; **~blumen** pl fleurs fpl coupées; **~bohnen** pl haricots mpl verts

Schnitte f (Scheibe) tranche f; (belegtes Brot) tartine f

schnittfest adj (Tomaten) ferme

Schnittfläche f coupe f

schnittig ['∫nɪtɪç] adj (Mann, Erscheinung) élégant(e); (Auto) racé(e)

Schnitt-: **~lauch** m ciboulette f; **~muster** nt patron m; **~punkt** m intersection f; **~stelle** f (Comput) interface f; **~wunde** f coupure f

Schnitzarbeit f sculpture f (sur bois)

Schnitzel (**-s, -**) nt (Papierschnitzel) petit morceau m; (Koch) escalope f; **~jagd** f rallye-papier m (jeu où l'on suit qn à l'aide d'une trace de confettis)

schnitzen ['∫nɪtsən] vt sculpter

Schnitzer (**-s, -**) m sculpteur m; (umg: Fehler) gaffe f

Schnitzerei [∫nɪtsə'raɪ] f sculpture f (sur bois)

schnodderig ['∫nɔdərɪç] (umg) adj sans-gêne inv

schnöde ['∫nø:də] adj (Behandlung) ignoble; (Gewinn) méprisable ▷ adv d'une manière ignoble

Schnorchel ['∫nɔrçəl] (**-s, -**) m (von Taucher) tuba m

schnorcheln vi faire de la plongée (avec un tuba)

Schnörkel ['∫nœrkəl] (**-s, -**) m fioriture f

schnorren ['∫nɔrən] (umg) vt taper ▷ vi vivre aux crochets des autres

Schnorrer (**-s, -**) (umg) m parasite m

Schnösel ['∫nø:zəl] (**-s, -**) (umg) m petit morveux m

schnüffeln ['∫nyfəln] vi (Hund) flairer, renifler; (umg: spionieren) fouiner ▷ vt (umg: Klebstoff etc) respirer, sniffer; **an etw** Dat **~** renifler qch

Schnüffler (**-s, -**) m (Spion) espion m; (umg: von Klebstoff etc) sniffeur m

Schnuller ['∫nʊlər] (**-s, -**) m tétine f

Schnulze ['∫nʊltsə] (umg: pej) f mélo m

schnulzig (umg: pej) adj mélodramatique

Schnupfen ['∫nʊpfən] (**-s, -**) m rhume m

schnupfen vt, vi (Tabak) priser

Schnupftabak m tabac m à priser

schnuppe ['∫nʊpə] (umg) adj: **jdm ~ sein** être égal à qn

schnuppern ['∫nʊpərn] vi: **an etw** Dat **~** renifler qch

Schnur [∫nu:r] (**-, ̈e**) f ficelle f; (Kordel) cordon m; (Elek) fil m

Schnürchen ['∫ny:rçən] nt: **es läuft** od **klappt wie am ~** (umg) ça marche comme sur des roulettes

schnüren ['∫ny:rən] vt (Paket) ficeler; (Schuhe) lacer

schnurgerade adj tout(e) droit(e)

Schnurrbart ['∫nʊrba:rt] m moustache f

schnurren ['∫nʊrən] vi ronronner

Schnürschuh m chaussure f à lacets

Schnürsenkel m lacet m

schnurstracks (umg) adv tout droit

Schnute ['∫nu:tə] (umg) f moue f

schob etc [∫o:p] vb siehe **schieben**

Schock¹ [∫ɔk] (**-(e)s, -e**) nt (60 Stück) soixantaine f; (umg: Menge) tapée f

Schock² [∫ɔk] (**-(e)s, -s**) m choc m; **unter ~ stehen** être sous le choc

schocken vt, **schockieren** (umg) ▷ vt choquer

schofel ['∫o:fəl] (umg: pej) adj moche

Schöffe ['∫œfə] (**-n, -n**) m juré m

Schöffengericht nt tribunal avec un jury

Schöffin f jurée f

Schokolade [∫oko'la:də] f chocolat m

schokoladen adj en od de chocolat

Schokoladenosterhase m lapin m de Pâques en chocolat

Schokoladenriegel m barre f de chocolat

Schokoladentorte f gâteau m au chocolat

scholl etc [∫ɔl] vb siehe **schallen**

Scholle ['∫ɔlə] f (Erdscholle) motte f de terre; (Eisscholle) glace f flottante; (Fisch) plie f

 SCHLÜSSELWORT

schon [∫o:n] adv **1** (bereits) déjà; **schon vor 100 Jahren** déjà il y a cent ans; **warst du schon einmal in Paris?** tu es déjà allé(e) à Paris?; **ich war schon einmal da** (früher) j'y suis déjà allé(e); **das war schon immer so** ça a toujours été comme ça; **wartest du schon lange?** il y a longtemps que tu attends?; **schon oft** (déjà) souvent; **wie schon so oft** comme déjà souvent; **schon immer** toujours; **was, schon wieder?** quoi, encore?; **ich habe das schon mal gehört** j'ai déjà entendu ça quelque part; **hast du schon gehört?** tu as entendu la nouvelle?; **er wollte schon die Hoffnung aufgeben, als ...** il avait presque renoncé quand ...

2 (bestimmt): **du wirst schon sehen** tu verras bien; **das wird schon noch gut** ça va (sûrement) s'arranger

3 (bloß): **allein schon der Gedanke an ...** rien que de penser à ...; **wenn ich das schon höre** rien que d'entendre des choses pareilles; **hör schon auf damit!** arrête!; **was macht das schon, wenn ...?** qu'est-ce que ça peut bien faire que ...?

4 (einschränkend): **ja schon, aber ...** d'accord, mais ...

5: (**das ist**) **schon möglich** c'est bien possible; **schon gut!** bon(, d'accord)!; **du weißt schon** tu sais bien; **komm schon!** allez, viens!; **und wenn schon!** et alors?; **da müssten wir schon großes Pech haben!** ce serait vraiment jouer de malchance!

schön [∫ø:n] adj beau(belle); (vor Vokal und stumm h) bel(le); (nett) bon(ne); (umg: iro) joli(e) ▷ adv (bei

Verben) bien; (*umg: ziemlich*) vraiment; **~e Grüße** bien le bonjour; **~e Ferien!** bonnes vacances!; **da hast du etwas S~es angerichtet** en voilà de belles; **sich ~ machen** se faire beau(belle); **eines ~en Tages** un beau jour; **~en Dank!** merci beaucoup!; **danke ~!** merci beaucoup!; **bitte ~!** je vous en prie!; **~ weich/warm** bien tendre/chaud(e); **sich ganz ~ ärgern** être furieux(-euse)

schonen ['ʃoːnən] *vt* ménager ▷ *vr* se ménager

schonend *adj* (*Behandlung*) doux(douce) ▷ *adv*: **jdm etw ~ beibringen** annoncer qch à qn avec ménagement

Schoner ['ʃoːnər] (**-s, -**) *m* (*Naut*) schooner *m*, goélette *f*

Schönfärberei *f* idéalisation *f*

Schonfrist *f* délai *m* de grâce

Schöngeist *m* bel esprit *m*

Schönheit *f* beauté *f*

Schönheits-: **~fehler** *m* imperfection *f*; **~operation** *f* opération *f* de chirurgie esthétique; **~wettbewerb** *m* concours *m* de beauté

Schonkost (**-**) *f* régime *m*

Schönschrift *f*: **in ~** en s'appliquant

schöntuerisch (*umg*) *adj* flatteur(-euse)

schöntun *unreg* (*umg*) *vi*: **jdm ~** passer la pommade à qn

Schonung *f* (*Nachsicht*) égards *mpl*; (*von Gegenstand*) ménagement *m*; (*Forst*) pépinière *f*

schonungslos *adj* impitoyable

Schonzeit *f* période *f* de fermeture de la chasse

Schopf [ʃɔpf] (**-(e)s, ⸚e**) *m* touffe *f* de cheveux; **eine Gelegenheit beim ~ ergreifen** *od* **fassen** saisir la balle au bond

schöpfen ['ʃœpfən] *vt* (*Flüssigkeit*) puiser; (*Suppe*) servir; (*Mut, Luft*) prendre; (*Hoffnung*) reprendre

Schöpfer (**-s, -**) *m* créateur *m*; (*Gott*) Créateur *m*; (*umg: Schöpflöffel*) louche *f*; **s~isch** *adj* créateur(-trice)

Schöpfkelle *f*, **Schöpflöffel** *m* louche *f*

Schöpfung *f* création *f*

Schoppen ['ʃɔpən] (**-s, -**) *m* (*Glas Wein*) grand verre *m* (de vin); **~wein** *m* vin *m* en carafe

schor *etc* [ʃoːr] *vb siehe* **scheren**

Schorf [ʃɔrf] (**-(e)s, -e**) *m* croûte *f*

Schorle ['ʃɔrlə] *f* vin ou jus de pomme coupé d'eau minérale

Schornstein ['ʃɔrnʃtaɪn] *m* cheminée *f*; **~feger** (**-s, -**) *m* ramoneur *m*

Schoß (**-es, ⸚e**) *m* genoux *mpl*; (*von Rock*) basque *f*; **auf jds ~** sur les genoux de qn; **im ~ der Familie** au sein de sa famille

schoss *etc* [ʃɔs] *vb siehe* **schießen**

Schoßhund *m* chien *m* d'appartement

Schössling ['ʃœslɪŋ] *m* pousse *f*

Schote ['ʃoːtə] *f* (*Bot*) cosse *f*

Schotte ['ʃɔtə] *m* (**-n, -n**) *m* Écossais *m*

Schottenrock ['ʃɔtənrɔk] *m* kilt *m*

Schotter ['ʃɔtər] *m* (*im Straßenbau*) cailloutis *m*; (*Eisenb*) ballast *m*

Schottin ['ʃɔtɪn] *f* Écossaise *f*

schottisch ['ʃɔtɪʃ] *adj* écossais(e)

Schottland (**-s**) *nt* l'Écosse *f*

schraffieren [ʃraˈfiːrən] *vt* hachurer

schräg [ʃrɛːk] *adj* (*Wand: schief, geneigt*) penché(e), pas droit(e); (*Linie*) oblique ▷ *adv*: **~ gedruckt** en italique; **etw ~ stellen** mettre qch de biais; **~ gegenüber** de l'autre côté (un peu plus loin)

Schräge ['ʃrɛːgə] *f* inclinaison *f*

Schräg-: **~kante** *f* bord *m* biseauté, chanfrein *m*; **~schrift** *f* italique *m*; **~streifen** *m* biais *m*; **~strich** *m* barre *f* oblique

Schramme ['ʃramə] *f* éraflure *f*

schrammen *vt* érafler

Schrank [ʃraŋk] (**-(e)s, ⸚e**) *m* placard *m*; (*Kleiderschrank*) armoire *f*; **~bett** *nt* lit *m* pliant; **~e** *f* barrière *f*; (*fig: Grenze*) limite *f*; (: *Hindernis*) obstacle *m*; **jdn in seine ~en (ver)weisen** remettre qn à sa place; **s~enlos** *adj* sans bornes; (*zügellos*) effréné(e); **~enwärter** *m* garde-barrière *m*

schrank-: **~fertig** *adj* lavé(e) et repassé(e); **S~koffer** *m* malle *f* penderie; **S~wand** *f* armoire *f* murale

Schraube ['ʃraubə] *f* vis *f*; (*Schiffsschraube*) hélice *f*; **bei jdm ist eine ~ locker** (*umg*) il manque une case à qn

schrauben *vt* visser; **etw in die Höhe ~** (*Preise, Rekorde*) faire monter qch; **seine Ansprüche in die Höhe ~** devenir de plus en plus exigeant(e)

Schrauben-: **~mutter** *f* écrou *m*; **~schlüssel** (**-s, -**) *m* clé *f* à molette; **~zieher** (**-s, -**) *m* tournevis *m*

Schraubstock ['ʃraupʃtɔk] *m* étau *m*

Schrebergarten ['ʃreːbərgartən] *m* jardin *m* ouvrier, lopin *m* de terre (*à cultiver*)

Schreck [ʃrɛk] (**-(e)s, -e**) *m* frayeur *f*; **jdm einen ~ einjagen** faire une belle peur à qn

Schrecken (**-s, -**) *m* (*plötzliches Erschrecken*) frayeur *f*; (*Furcht*) terreur *f*; **s~** *vt* (*geh: ängstigen*) effrayer ▷ *vi*: **aus dem Schlaf s~** s'éveiller en sursaut

schreckensbleich *adj* blême de peur

Schreckensherrschaft *f* régime *m* de terreur

Schreck-: **~gespenst** *nt* spectre *m*; **s~haft** *adj* (*Mensch, Tier*) craintif(-ive); **s~lich** *adj* épouvantable ▷ *adv*: **s~lich schlecht** très mauvais(e); **s~lich gerne!** (*umg*) très volontiers!; **~schraube** (*pej: umg*) *f* sorcière *f*; **~schuss** *m* coup *m* en l'air; **~sekunde** *f* seconde *f* de panique

Schrei [ʃraɪ] (**-(e)s, -e**) *m* cri *m*; **der letzte ~** (*umg*) le dernier cri

Schreib-: **~abteil** *nt* (*in Zug*) compartiment *réservé aux travaux de bureau*; **~bedarf** *m* fournitures *fpl* de bureau; **~block** *m* bloc-notes *m*; **~dichte** *f* (*von Diskette*) densité *f*

schreiben ['ʃraɪbən] *unreg vt, vi* écrire ▷ *vr* (*korrespondieren*) s'écrire; **wie schreibt sich das?** comment ça s'écrit?; *siehe auch* **gesundschreiben, krankschreiben**; **S~** (**-s, -**) *nt* lettre *f*

Schreiber, in (**-s, -**) *m(f)* auteur *m*; (*Büroschreiber*) secrétaire *m/f*

schreib-: **~faul** *adj* trop paresseux(-euse) pour écrire; **S~fehler** *m* faute *f* d'orthographe; **S~heft** *nt* cahier *m* (d'écriture); **S~kraft** *f* dactylo *f*; **S~maschine** *f* machine *f* à écrire; **S~papier** *nt* papier *m*; **S~schrank** *m* secrétaire *m*; **S~schrift** *f*

écriture f manuscrite; **S~schutz** m (*Comput*)
protection f d'écriture; **S~stube** f (*Mil*) bureau m;
S~tisch m bureau m; **S~tischtäter** m *cerveau
derrière un crime*
Schreibung f orthographe f
Schreib-: **~unterlage** f sous-main m *inv*; **~waren**
pl fournitures fpl de bureau; **~warengeschäft** nt
papeterie f; **~weise** f orthographe f; (*Stil*) style m;
~zentrale f pool m des dactylos; **~zeug** nt
matériel m (pour écrire)
schreien ['ʃraɪən] *unreg* vi, vt crier ▷ vr: **sich
heiser ~** s'égosiller; **es war zum S~** (*umg*) c'était
vraiment tordant; **nach etw ~** demander qch à
grands cris
schreiend adj (*Ungerechtigkeit*) criant(e); (*Farbe*)
criard(e)
Schreier (**-s, -**) m personne f qui crie; (*Unruhestifter*)
fauteur m de troubles
Schreihals (*umg*) m braillard(e) m/f
Schreikrampf m cris mpl hystériques
Schrein [ʃraɪn] (**-(e)s, -e**) m coffret m
Schreiner ['ʃraɪnər] (**-s, -**) m (*von Möbeln*)
menuisier m; (*Zimmermann*) charpentier m
Schreinerei [ʃraɪnə'raɪ] f menuiserie f
schreinern ['ʃraɪnərn] vi faire de la menuiserie
schreiten ['ʃraɪtən] *unreg* vi marcher; **zum
Angriff/zur Tat ~** passer à l'attaque/l'acte
schrie etc [ʃriː] vb siehe **schreien**
Schrieb (**-(e)s, -e**) (*umg*) m bafouille f
schrieb etc [ʃriːp] vb siehe **schreiben**
Schrift [ʃrɪft] (**-, -en**) f écriture f; (*Buch, Gedrucktes*)
écrit m; (*Schriftart*) caractères mpl; **die (Heilige) ~**
l'Écriture (sainte); **~art** f (*Handschrift*) écriture;
(*Typ*) caractères mpl; **~bild** nt écriture; **~deutsch**
nt bon allemand m; **~führer** m secrétaire m;
s~lich adj écrit(e) ▷ adv par écrit; **das kann ich
Ihnen s~lich geben** (*umg*) c'est sûr et certain;
~probe f (*Handschrift*) exemple m *od* échantillon m
d'écriture; **~setzer** m typographe m; **~sprache** f
langue f écrite
Schriftsteller, in (**-s, -**) m(f) écrivain m; **s~isch** adj
d'écrivain
Schrift-: **~stück** nt document m; **~verkehr,
~wechsel** m correspondance f; **~zeichen** nt
caractère m
schrill [ʃrɪl] adj (*Stimme*) perçant(e); (*Ton*) aigu(ë);
~en vi (*Stimme*) être perçant(e); (*Telefon*) retentir
schritt etc [ʃrɪt] vb siehe **schreiten**
Schritt (**-(e)s, -e**) m pas m; (*Gangart, fig: Maßnahme*)
démarche f; (*von Hose*) entrejambes m; **mit zehn
~en Abstand** à dix pas; **für ~ pas à pas; jdm
auf ~ und Tritt folgen** suivre qn comme son
ombre; **„~ fahren"** "roulez au pas"; **mit etw ~
halten** ne pas se laisser dépasser par qch; **den
ersten ~ tun** faire le premier pas; **~macher** m
stimulateur m cardiaque; **~tempo** nt: **im
~tempo fahren** rouler au pas; **s~weise** adv
progressivement
schroff [ʃrɔf] adj brusque; (*Felswand*) abrupt(e);
(*Gegensatz*) prononcé(e)
schröpfen ['ʃrœpfən] (*umg*) vt (*fig*) plumer
Schrot [ʃroːt] (**-(e)s, -e**) m *od* nt (*Blei*) plomb m;

(*Getreide*) farine f brute); **~flinte** f fusil m (de
chasse); **~mehl** nt farine f brute
Schrott [ʃrɔt] (**-(e)s, -e**) m ferraille f; **ein Auto zu
~ fahren** démolir une voiture; **~händler** m
ferrailleur m; **~haufen** m tas m de ferraille;
s~reif adj bon(ne) pour la casse; **~wert** m valeur
f à la casse; **das Auto hat nur noch ~wert** cette
voiture est bonne pour la casse
schrubben ['ʃrʊbən] (*umg*) vt frotter
Schrubber (**-s, -**) (*umg*) m balai-brosse m
Schrulle ['ʃrʊlə] (*pej*) f (*Eigenart*) lubie f; (*Frau*)
vieille f maniaque
schrullig adj excentrique
schrumpfen ['ʃrʊmpfən] vi (*Apfel, Mensch*) se
ratatiner; (*Organ*) s'atrophier; (*Kapital*) fondre
Schub [ʃuːp] (**-s, ¨e**) m poussée f; (*Anzahl*) fournée
f; (*von Krankheit*) crise f; **einer Sache** *Dat* **einen ~
versetzen** pousser qch; **~fach** nt tiroir m;
~karren m brouette f; **~lade** f tiroir m
Schubs [ʃuːps] (**-es, -e**) (*umg*) m bourrade f; **s~en**
(*umg*) vt, vi pousser
schüchtern ['ʃʏçtərn] adj timide; **S~heit** f
timidité f
schuf etc [ʃuːf] vb siehe **schaffen¹**
Schuft [ʃʊft] (**-(e)s, -e**) (*pej: umg*) m canaille f
schuften (*umg*) vi bosser
schuftig (*pej*) adj mesquin(e)
Schuh [ʃuː] (**-(e)s, -e**) m chaussure f; (*Bremsschuh*)
sabot m (de frein); **jdm etw in die ~e schieben**
(*umg*) mettre qch sur le dos de qn; **wo drückt der
~?** (*fig*) qu'est-ce qui ne va pas?; **~band** nt lacet m;
~creme f cirage m; **~größe** f pointure f (de
chaussure); **~löffel** m chausse-pied m; **~macher**
(**-s, -**) m cordonnier m; **~putzer** m cireur m;
~spanner m embauchoir m; **~werk** nt
chaussures fpl
Schukostecker m fiche f avec terre
Schul-: **~arbeit** f, **~aufgaben** pl devoirs mpl;
~bank f: **die ~bank drücken** (*umg*) aller à l'école;
~behörde f ≈ inspection f pédagogique; **~besuch**
m fréquentation f de l'école, assiduité f; **~buch** nt
livre m scolaire
Schuld [ʃʊlt] (**-, -en**) f responsabilité f;
(*Verschulden*) faute f; (*Finanz*) dette f; **das war
nicht meine ~!** ce n'est pas ma faute!; **jdm ~
geben; jdm die ~ geben** *od* **zuschieben** rendre
qn responsable; (**an etw** *Dat*) **~ haben** être
responsable (de qch); **in jds ~ stehen** (*geh*) être
redevable à qn; **~en machen** s'endetter; **s~** adj:
(**an etw** *Dat*) **s~ sein** être responsable (de qch)
schuldbewusst adj
schulden ['ʃʊldən] vt devoir; **~frei** adj (*Mensch*)
qui n'a pas de dettes; (*Besitz*) non hypothéqué(e)
Schuldgefühl nt culpabilité f
schuldhaft adj coupable
Schuldienst (**-(e)s**) m enseignement m
schuldig adj coupable; **jdm etw ~ sein** *od* **bleiben**
devoir qch à qn; **jdn ~ sprechen** déclarer qn
coupable; **~ geschieden sein** être divorcé(e) aux
torts exclusifs; **jdm den ~en Respekt erweisen**
traiter qn avec le respect qui lui est dû; **S~keit** f
devoir m

schuldlos adj innocent(e)

Schuldner, in (-s, -) m(f) débiteur(-trice) m/f

Schuld-: **~schein** m reconnaissance f de dette; **~spruch** m verdict m de culpabilité; **~verschreibung** f obligation f; **~wechsel** m (Finanz) traite f; **~zins** m intérêts mpl débiteurs

Schule ['ʃuːlə] f école f; (Unterricht) classe f; **auf** od **in der ~** à l'école; **in die ~ gehen** aller à l'école; **in die ~ kommen** commencer sa scolarité; **~ machen** (fig) faire école

schulen vt (Personal) former; (Geist, Ohr) exercer

Schüler, in ['ʃyːlər(ɪn)] (-s, -) m(f) élève m/f; **~ausweis** m carte f de lycéen; **~lotse** m élève chargé d'aider ses camarades à traverser la rue; **~mitverwaltung** f (Prinzip) participation f (dans les écoles); (Organisation) ≈ comité m des délégués de classe; **~zeitung** f journal m des élèves

Schul-: **~ferien** pl vacances fpl scolaires; **~fernsehen** nt télévision f scolaire; **s~frei** adj: **s~freier Tag** jour m où il n'y a pas classe; **s~frei haben** avoir congé; **~funk** m radio f scolaire; **~geld** nt frais mpl de scolarité; **~heft** nt cahier m; **~hof** m préau m, cour f de l'école

schulisch ['ʃuːlɪʃ] adj scolaire

Schul-: **~jahr** nt année f scolaire; **~junge** m écolier m; **~kind** nt écolier(-ière) m/f; **~landheim** nt maison réservée aux classes vertes; **~leiter, in** m(f) directeur(-trice) m/f d'école; **~mädchen** nt écolière f; **~medizin** f médecine f conventionnelle; **~ordnung** f règlement m scolaire; **~pflicht** f scolarité f obligatoire; **s~pflichtig** adj (Alter) scolaire; (Kind) d'âge scolaire; **~ranzen** m cartable m (à bretelles); **~reife** f: **die ~reife haben** être assez mûr(e) pour commencer sa scolarité; **~schiff** nt navire-école m; **~sprecher, in** m(f) représentant(e) m/f des élèves; **~stunde** f heure f de classe; **~tasche** f cartable m

Schulter ['ʃultər] (-, -n) f épaule f; **etw auf die leichte ~ nehmen** prendre qch à la légère; **~blatt** nt omoplate f

schultern vt (Gewehr) épauler; (Rucksack) mettre sur ses épaules

Schultüte f grand cornet rempli de sucreries que les enfants reçoivent le jour où ils vont à l'école pour la première fois

Schulung f formation f

Schulweg m chemin m de l'école

Schulzeugnis nt bulletin m (scolaire)

schummeln ['ʃʊməln] (umg) vi tricher

schumm(e)rig ['ʃʊm(ə)rɪç] adj (Beleuchtung) faible; (Raum) sombre

schund etc [ʃʊnt] vb siehe schinden

Schund (-(e)s) (umg) m camelote f; (Buch) mauvais livre m, navet m; **~roman** m roman m de gare

schunkeln ['ʃʊŋkəln] vi se balancer

Schuppe ['ʃʊpə] f (von Fisch, Schlange) écaille f; (Hautschuppe) squame f; **Schuppen** pl (Haarschuppe) pellicules fpl

schuppen vt (Fisch) enlever les écailles de ▷ vr (Haut) peler

Schuppen (-s, -) m remise f; (umg: pej: Lokal) troquet m; siehe Schuppe

schuppig ['ʃʊpɪç] adj (Haut) qui pèle; (Haar) avec des pellicules; (Fisch, Tier) couvert(e) d'écailles

Schur [ʃuːr] (-, -en) f tonte f

Schüreisen nt tisonnier m

schüren ['ʃyːrən] vt (Feuer) tisonner; (Hass) attiser

schürfen ['ʃʏrfən] vi (Bergb): **~ nach** chercher ▷ vt (Bergb) extraire; (Haut, Knie) écorcher, égratigner; **sich** Dat **die Haut ~** s'écorcher

Schürfung f éraflure f

Schürhaken (-s, -) m tisonnier m

Schurke ['ʃʊrkə] (-n, -n) (pej) m vaurien m

Schurkerei [ʃʊrkə'raɪ] f sale coup m

Schurwolle f: „**reine ~**" „pure laine vierge"

Schürze ['ʃʏrtsə] f, **Schurz** [ʃʊrts] (-es, -e) ▷ m tablier m

schürzen ['ʃʏrtsən] vt (Kleid) retrousser; (Lippen) pincer

Schürzenjäger (umg) m coureur m (de jupons)

Schuss [ʃʊs] (-es, ̈e) m (Gewehrschuss) coup m de feu; (Fussball etc) tir m; (Spritzer: Wein) doigt m; (: Essig) filet m; (Weben) trame f; **~ fahren** (Ski) descendre en schuss; (**gut**) **in ~ sein** (umg) être en bon état; (Mensch) être en pleine forme; **etw in ~ halten** (umg) entretenir qch; **weit(ab) vom ~ sein** (umg) être au diable; **der goldene ~** (fig) la dose fatale; **ein ~ in den Ofen** (umg) un coup pour rien; **~bereich** m portée f; **s~bereit** adj armé(e)

Schüssel ['ʃʏsəl] (-, -n) f saladier m; (Waschschüssel) bassine f

schusselig ['ʃʊsəlɪç] (umg: pej) adj distrait(e)

Schuss-: **~linie** f ligne f de tir; **in jds ~linie geraten** (fig) être en butte aux critiques de qn; **s~sicher** adj pare-balles inv; **~verletzung** f blessure f par balles; **~waffe** f arme f à feu; **~waffengebrauch** m (förmlich) usage m d'armes à feu; **~wechsel** m échange m de coups de feu

Schuster ['ʃuːstər] (-s, -) m cordonnier m; **auf ~s Rappen** pedibus

Schutt [ʃʊt] (-(e)s) m (Trümmer, Bauschutt) décombres mpl; „**~ abladen verboten**" „défense de déposer des ordures"; **~abladeplatz** m décharge f (publique)

Schüttelfrost m frissons mpl

schütteln ['ʃʏtəln] vt secouer ▷ vr (vor Kälte) frissonner; (vor Ekel) frémir; **jdm die Hand ~** serrer la main à qn

schütten ['ʃʏtən] vt verser ▷ vi unpers pleuvoir à verse

schütter adj (Haar) clairsemé(e)

Schutthalde f terril m

Schutthaufen m tas m de décombres

Schutz [ʃʊts] (-es) m protection f; (Zuflucht) abri m; **jdn in ~ nehmen** prendre la défense de qn; **~anzug** m combinaison f de protection; **s~bedürftig** adj vulnérable; **~befohlene, r** f(m) protégé(e) m/f; **~blech** nt (an Rädern) garde-boue m inv; **~brief** m (Versicherung) certificat m d'assurance auto, carte f verte; **~brille** f lunettes fpl de protection

Schütze ['ʃʏtsə] (-n, -n) m tireur m; (Schießsportler)

marqueur m; (Astrol) Sagittaire m

schützen ['ʃʏtsən] vt protéger ▷ vr se protéger;
~ **vor** +Dat od **gegen** protéger de od contre;
gesetzlich geschützt marque déposée;
urheberrechtlich geschützt tous droits (de
reproduction) réservés; **vor Nässe ~** craint
l'humidité

Schützenfest nt concours m de tir

Schutzengel m ange m gardien

Schützen-: ~**graben** m tranchée f; ~**hilfe** f: jdm
~**hilfe geben** od **leisten** soutenir qn; ~**verein** m
club m de tir

Schutz-: ~**gebiet** nt (Pol) protectorat m;
(Naturschutzgebiet) parc m naturel; ~**gebühr** f taxe
f (nominale); ~**haft** f détention f préventive;
~**heilige, r** f(m) (saint(e)) patron(ne) m/f; ~**helm**
m casque m; ~**hütte** f refuge m; ~**impfung** f
vaccination f préventive

Schützling ['ʃʏtslɪŋ] m protégé(e) m/f; **die
Kindergärtnerin und ihre ~e** la puéricultrice et
les enfants dont elle s'occupe

Schutz-: **s~los** adj sans défense; ~**mann** (-(e)s, -
leute od -**männer**) m agent m de police; ~**marke** f
marque f déposée; ~**maßnahme** f mesure f de
sécurité; ~**patron** m (saint(e)) patron(ne) m/f;
~**polizei** f police f; ~**schirm** m écran m
protecteur; ~**umschlag** m jaquette f; ~**verband**
m (Med) pansement m; ~**vorrichtung** f dispositif
m de protection; ~**zoll** m droit m protecteur

Schw. abk = **Schwester**

schwabbelig ['ʃvab(ə)lɪç] (umg) adj (Körperteil)
flasque; (Gelee) gélatineux(-euse)

Schwabe ['ʃva:bə] (-n, -n) m Souabe m

Schwaben (-s) nt la Souabe

Schwäbin f Souabe f

schwäbisch ['ʃvɛ:bɪʃ] adj souabe

schwach [ʃvax] adj faible; (Tee, Gift) léger(-ère);
(Gesundheit) fragile; (Programm) médiocre;
(Gedächtnis) mauvais(e); (Stunde) de faiblesse;
~ **werden** s'affaiblir; **ein ~er Trost** une piètre
consolation; **mach mich nicht ~!** (umg) je ne
veux pas le savoir!; **auf ~en Beinen** od **Füßen
stehen** (Theorie, Behauptung) ne pas tenir debout

Schwäche ['ʃvɛçə] f faiblesse f; ~ **für** (+Akk) faible
m pour

schwächen vt (körperlich) affaiblir; (Widerstand)
diminuer; (Argument) rendre moins
convaincant(e)

Schwachheit f faiblesse f

Schwachkopf (umg: pej) m imbécile m

schwächlich adj maladif(-ive), chétif(-ive)

Schwächling (pej) m gringalet m

Schwach-: ~**sinn** m (Med) débilité f mentale;
(umg: Quatsch) idioties fpl; **s~sinnig** adj débile;
~**stelle** f point m faible; ~**strom** m courant m de
faible intensité

Schwächung ['ʃvɛçʊŋ] f affaiblissement m

Schwaden ['ʃva:dən] (-s, -) m (von Nebel, Rauch)
nuage m

schwafeln ['ʃva:fəln] (pej: umg) vi radoter ▷ vt:
dummes Zeug ~ dire n'importe quoi

Schwager ['ʃva:gər] (-s, ⸚) m beau-frère m

Schwägerin ['ʃvɛ:gərɪn] f belle-sœur f

Schwalbe ['ʃvalbə] f hirondelle f

Schwall [ʃval] (-(e)s, -e) m (von Wasser) torrent m;
(von Worten) flot m

Schwamm (-(e)s, ⸚e) m éponge f; (Hausschwamm,
Kellerschwamm) moisissure f, pourriture f sèche;
~ **drüber!** (umg) passons l'éponge!

schwamm etc [ʃvam] vb siehe **schwimmen**

schwammig adj spongieux(-euse); (Gesicht)
bouffi(e); (Begriff) vague

Schwan [ʃva:n] (-(e)s, ⸚e) m cygne m

schwand etc [ʃvant] vb siehe **schwinden**

schwanen (umg) vi unpers: **jdm schwant etw** qn a
le pressentiment de qch

schwang etc [ʃvaŋ] vb siehe **schwingen**

schwanger ['ʃvaŋər] adj enceinte

schwängern ['ʃvɛŋərn] vt (oft förmlich) rendre
enceinte, faire un enfant à

Schwangerschaft f grossesse f

Schwangerschaftsabbruch m interruption f de
grossesse

Schwangerschaftsgymnastik f gymnastique f
prénatale

Schwank [ʃvaŋk] (-(e)s, ⸚e) m farce f; (Geschichte)
histoire f drôle

schwanken vi (Bäume) se balancer; (Boot)
tanguer; (Preise, Zahlen, Temperatur) fluctuer;
(taumeln) chanceler; (zögern) hésiter; **ins S~
kommen** (Gebäude) se mettre à trembler; (Preise,
Kurs) fluctuer; (Überzeugung) chanceler

Schwankung f fluctuation f, variation f

Schwanz [ʃvants] (-es, ⸚e) m queue f; **kein ~** (umg)
pas un chat

schwänzen ['ʃvɛntsən] (umg) vt sécher ▷ vi faire
l'école buissonnière

schwappen ['ʃvapən] vi (hin und her) clapoter;
(überschwappen) déborder

Schwarm [ʃvarm] (-(e)s, ⸚e) m (von Bienen) essaim
m; (umg) idole f

schwärmen ['ʃvɛrmən] vi (Bienen) essaimer;
(begeistert reden) parler avec enthousiasme; **für
jdn/etw ~** adorer qn/qch

Schwärmerei [ʃvɛrmə'raɪ] f fantasme m

schwärmerisch adj (Verehrung) passionné(e);
(Blick, Worte) d'adoration

Schwarte ['ʃvartə] f (Koch) couenne f; (umg: Buch)
vieux bouquin m

Schwartenmagen (-s) m ≈ fromage m de tête

schwarz [ʃvarts] adj noir(e); (schmutzig) sale;
(illegal: Geschäfte) louche ▷ adv: ~ **auf weiß** (umg)
noir sur blanc; **das ~e Brett** le tableau
d'affichage; **in den ~en Zahlen sein** être
créditeur(-trice); **ins S~e treffen** mettre dans le
mille; ~**e Liste** liste f noire; **das S~e Meer** la mer
Noire; **S~er Peter** (Karten) sorte de jeu des familles;
jdm den ~en Peter zuschieben (Verantwortung
abschieben) rejeter la responsabilité sur qn; siehe
auch **schwarzärgern, schwarzmalen,
schwarzsehen**; **S~arbeit** f travail m au noir;
S~arbeiter m travailleur m clandestin

schwarzärgern vr être furieux(-euse);
Schwarzbrot nt (Pumpernickel) pain de seigle très noir;

(braun) pain m bis; **Schwarze, r** f(m) Noir(e) m/f
Schwärze ['∫vɛrtsə] f noirceur f; (Farbe) noir m;
(Druckerschwärze) encre f d'imprimerie
schwärzen vt noircir
schwarz-: **~fahren** unreg vi (ohne Fahrkarte)
resquiller; **S~fahrer, in** m(f) (in Bus etc)
resquilleur(-euse) m/f; **S~handel** m marché m
noir; **S~händler** m profiteur m (qui vend au marché
noir); **~hören** vi (Rundf) écouter la radio sans avoir payé
sa redevance
schwärzlich ['∫vɛrtslıç] adj noirâtre
Schwarz-: **s~malen** vi tout voir en noir; **etw**
s~malen noircir qch; **~markt** m marché m noir;
s~sehen vi (TV) regarder la télé sans avoir payé sa
redevance; (umg: Pessimist) tout voir en noir; **~seher**
m (Pessimist) pessimiste m/f; (TV) téléspectateur qui
n'a pas payé sa redevance; **~wald** m Forêt-Noire f;
~wälder Kirschtorte f (gâteau m) forêt-noire f;
s~-weiß, ~weiß adj noir(e) et blanc(blanche);
~weißfernseher m téléviseur m noir et blanc;
~weißfilm m (im Kino) film m en noir et blanc;
(zum Fotografieren) pellicule f noir et blanc;
~wurzel f salsifis m
Schwatz (**-es, -e**) (umg) m bavardage m
schwatzen ['∫vatsən] vi, **schwätzen** ['∫vɛtsən]
▷ vi bavarder; (über belanglose Dinge) papoter;
(Unsinn reden) radoter
Schwätzer, in ['∫vɛtsər(ın)] (**-s, -**) (umg: pej) m(f)
bavard(e) m/f
schwatzhaft adj bavard(e)
Schwebe ['∫ve:bə] f: **in der ~** (fig) en suspens; (Jur,
Wirts) en souffrance
Schwebebahn f téléphérique m
Schwebebalken m (Sport) poutre f
schweben vi (frei in der Luft) planer; (aufgehängt sein)
être suspendu(e); (unentschieden sein) être en
suspens; **ein Bild schwebte mir vor Augen**
j'avais une image devant les yeux; **in
Lebensgefahr ~** être entre la vie et la mort
schwebend adj (Tech) suspendu(e); (Chem) en
suspension; (fig) en suspens; **~es Verfahren**
(Jur) procédure f en cours
Schwede ['∫ve:də] (**-n, -n**) m Suédois m
Schweden (**-s**) nt la Suède; **~platte** f assiette de
fruits de mer fumés et marinés à la suédoise
Schwedin f Suédoise f
schwedisch adj suédois(e)
Schwefel ['∫ve:fəl] (**-s**) m soufre m
schwefelig adj (Säure) sulfureux(-euse); (Geruch)
de soufre
Schwefelsäure f acide m sulfurique
Schweif [∫vaif] (**-(e)s, -e**) m queue f
schweifen vi errer
Schweigegeld nt pot-de-vin m
Schweigeminute f minute f de silence
schweigen ['∫vaigən] unreg vi se taire; **kannst du
~?** je peux compter sur ta discrétion?; **ganz zu ~
von ...** sans parler de ...; **S~** (**-s**) nt silence m; **sich
in S~ hüllen** se retrancher dans le mutisme
schweigend adj (Mehrheit) silencieux(-euse)
Schweigepflicht f secret m professionnel
schweigsam ['∫vaikza:m] adj silencieux(-euse);

S~keit f silence m
Schwein [∫vain] (**-(e)s, -e**) nt cochon m; (Koch)
porc m; (umg: Glück) bol m; **kein ~** (umg) pas un
chat
Schweine-: **~braten** m rôti m de porc; **~fleisch** nt
viande f de porc; **~geld** (umg) nt: **ein ~geld** une
fortune; **~hund** (umg) m salaud m; **~rei**
[∫vainə'rai] f (umg: Zustand) bordel m; (: Gemeinheit)
vacherie f; **so eine ~rei!** c'est dégoûtant!
Schweineschmalz nt saindoux m
Schweinestall m porcherie f
schweinisch (pej) adj (Bemerkung) cochon(ne)
Schweins-: **~haxe** f pied m de porc; **~leder** nt
peau f de porc; **~ohr** nt oreille f de cochon;
(Gebäck) palmier m
Schweiß [∫vais] (**-es, -**) m sueur f; **~band** nt (beim
Sport) bandeau m
Schweißbrenner (**-s, -**) m chalumeau m
schweißen vt souder
Schweißer (**-s, -**) m soudeur m
Schweißfüße pl: **~ haben** transpirer des pieds
Schweißnaht f (cordon m de) soudure f
Schweiz [∫vaits] f: **die ~** la Suisse
Schweizer ['∫vaitsər] (**-s, -**) m Suisse m ▷ adj attrib
suisse; **~ Käse** emmenthal m; **~deutsch** nt
suisse m alémanique od allemand; **~in** f Suisse f;
s~isch adj suisse
schwelen ['∫ve:lən] vi couver
schwelgen ['∫vɛlgən] vi faire ripaille; **in
Erinnerungen ~** se laisser aller à ses souvenirs
Schwelle ['∫vɛlə] f seuil m; (Eisenb) traverse f
schwellen unreg vi (Med) enfler; (Fluss) grossir
Schwellenland nt pays m nouvellement
industrialisé
Schwellung f (Med) enflure f
Schwemme f (Überangebot) surabondance f
schwemmen ['∫vɛmən] vt: **etw an Land ~** rejeter
qch sur la côte
Schwengel ['∫vɛŋəl] (**-s, -**) m (von Pumpe) bras m;
(von Glocke) battant m
Schwenk [∫vɛŋk] (**-s, -s**) m (Film) panoramique m;
~arm m bras m oscillant; **s~bar** adj pivotant(e)
schwenken vt faire pivoter; (Fahne) agiter;
(Kartoffeln) faire revenir ▷ vi tourner; (Mil)
effectuer une conversion; **die Kamera ~** faire un
panoramique
Schwenkung f (Drehung) rotation f; (Mil)
conversion f
schwer [∫ve:r] adj lourd(e); (schwierig, hart)
difficile; (ernst) grave; (Gold) massif(-ive); (Wein)
capiteux(-euse); (Musik) sérieux(-euse);
(Schmerzen) fort(e); (Gewitter) violent(e) ▷ adv (umg:
sehr) vraiment; **~ behindert = schwerbehindert;
~ erziehbar** difficile; **jdm etw ~ machen** rendre
qch difficile pour qn; **sich Dat ~ machen** se
compliquer la vie; **~ verdaulich** (Speise)
indigeste, lourd(e); (fig) difficile; **~ verdient**
(Geld) durement gagné(e); **~ verletzt** grièvement
blessé(e); **~ verletzt/krank sein** être gravement
blessé(e)/malade; **~ verwundet** grièvement
blessé(e); **~ erkältet sein** avoir un gros rhume;
er lernt ~ il a des difficultés d'apprentissage; **er**

ist ~ in Ordnung (umg) c'est quelqu'un de bien; ~ hören être dur(e) d'oreille; siehe auch schwerfallen, schwernehmen, schwertun, schwerwiegend; S~arbeiter m travailleur m de force; S~athletik f haltérophilie, boxe, lutte etc; ~behindert adj gravement handicapé(e); S~behinderte, r f(m) handicapé(e) m/f profond(e); S~beschädigte, r f(m) grand(e) invalide m/f

Schwere (-) f gravité f; (Gewicht) poids m; s~los adj (Zustand) d'apesanteur; ~losigkeit f apesanteur f

schwer-: ~fallen unreg vi: jdm ~fallen être difficile pour qn; ~fällig adj lourd(e); (Mensch) lourdaud(e); (Verstand) lent(e); S~fälligkeit f lourdeur f; S~gewicht nt poids m lourd; (fig) accent m; ~gewichtig adj très lourd(e); ~hörig adj dur(e) d'oreille; S~industrie f industrie f lourde; S~kraft f pesanteur f; S~kranke, r f(m) grand(e) malade m/f; ~lich adv difficilement; S~metall nt métal m lourd; ~mütig adj mélancolique; ~nehmen unreg vt mal supporter; S~punkt m centre m de gravité; (fig) essentiel m; S~punktstreik m grève f perlée; ~reich (umg) adj attrib plein(e) aux as

Schwert [ʃveːrt] (-(e)s, -er) nt (Waffe) épée f; (von Schiff) dérive f; ~lilie f iris m

schwer-: ~tun unreg vr: sich Dat od Akk (mit od bei etw) ~tun avoir des difficultés (avec qch); S~verbrecher, in m(f) criminel(le) m/f; S~verletzte, r f(m) blessé(e) m/f grave; ~wiegend adj (Grund) important(e); (Fehler) grave

Schwester ['ʃvɛstər] (-, -n) f sœur f; (Krankenschwester) infirmière f; (Ordensschwester) religieuse f; s~lich adj de sœur

Schwesternhelferin f aide f soignante

Schwesternschule f école f d'infirmières

Schwesterpartei f équivalent m (d'un parti politique)

schwieg etc [ʃviːk] vb siehe schweigen

Schwieger-: ~eltern pl beaux-parents mpl; ~mutter f belle-mère f; ~sohn m gendre m; ~tochter f belle-fille f; ~vater m beau-père m

Schwiele ['ʃviːlə] f (an den Händen) callosité f, cal m

schwielig adj calleux(-euse)

schwierig ['ʃviːrɪç] adj difficile; S~keit f difficulté f; ohne S~keiten sans peine; in S~keiten sein/geraten avoir des problèmes; S~keitsgrad m degré m de difficulté

schwillt etc [ʃvɪlt] vb siehe schwellen

Schwimm-: ~bad nt piscine f; ~becken nt piscine f

schwimmen unreg vi nager; (treiben, nicht sinken) flotter; im Geld ~ (umg) rouler sur l'or; ~ gehen aller se baigner; mir schwimmt alles vor den Augen je vois trouble; in ~dem Fett backen faire frire

Schwimmer (-s, -) m nageur m; (Angeln) flotteur m

Schwimmerin f nageuse f

Schwimm-: ~flosse f palme f; ~haut f palmure f; ~lehrer, in m(f) maître nageur m; ~meister m maître nageur m; ~sport m natation f; ~weste f gilet m de sauvetage

Schwindel ['ʃvɪndəl] (-s) m (Gleichgewichtsstörung) vertige m; (Betrug) escroquerie f; (umg: Kram) fourbi m; s~erregend adj vertigineux(-euse); s~frei adj: s~frei sein ne pas avoir le vertige

schwindeln vi (umg: lügen) mentir ▷ vr: sich durch die Prüfung ~ tricher pour réussir son examen; jdm schwindelt es qn a la tête qui tourne; (in der Höhe) qn a le vertige; sich durchs Leben ~ passer sa vie à mentir

schwinden ['ʃvɪndən] unreg vi (Hoffnung) s'évanouir; (Licht) baisser; (Kräfte) décliner

Schwindler, in (-s -) m(f) escroc m; (Lügner) menteur(-euse) m/f

schwindlig adj qui a le vertige; mir ist ~ j'ai le vertige

Schwindsucht f (veraltet) phtisie f

schwingen ['ʃvɪŋən] unreg vt balancer; (Waffe etc) brandir ▷ vi (Pendel) osciller; (klingen) résonner; (vibrieren) vibrer ▷ vr: sich auf etw Akk ~ sauter sur qch

Schwinger (-s, -) m (Boxen) swing m

Schwingtor nt (bei Garage) porte f basculante

Schwingtür f porte f battante

Schwingung f (Phys) oscillation f

Schwips [ʃvɪps] (-es, -e) m: einen ~ haben être éméché(e)

schwirren ['ʃvɪrən] vi (Mücken) susurrer; (Fliegen) bourdonner; (Gerüchte) courir; (umg: sich bewegen) filer

Schwitze ['ʃvɪtsə] f (Koch) roux m

schwitzen vi transpirer; (Fenster) être couvert(e) de buée ▷ vt (Koch: Mehl) faire dorer

schwofen ['ʃvoːfən] (umg) vi danser

schwoll etc [ʃvɔl] vb siehe schwellen

schwor etc [ʃvoːr] vb siehe schwören

schwören ['ʃvøːrən] unreg vi jurer ▷ vt: einen Eid ~ prêter serment; auf jdn/etw ~ (fig) ne jurer que par qn/qch

schwul [ʃvuːl] (umg) adj homo

schwül [ʃvyːl] adj (Wetter, Luft) lourd(e)

Schwule, r (umg) m homo m

Schwüle (-) f temps m lourd

Schwulität [ʃvuliˈtɛːt] (umg) f (gew pl) pétrin m

Schwulst [ʃvʊlst] (-(e)s) m (in der Sprache) emphase f

schwulstig adj (Lippen) enflé(e)

schwülstig ['ʃvʏlstɪç] (pej) adj (Ausdruck, Sprache) pompeux(-euse)

Schwund [ʃvʊnt] (-(e)s) m (Med) atrophie f; (Abnahme) diminution f

Schwung [ʃvʊŋ] (-(e)s, ¨e) m élan m; (Bewegung zur Seite) oscillation f; (Sprung) bond m; (Energie) énergie f; (umg: Menge) tapée f; ~ holen prendre son élan; in ~ sein (Wirtschaft) être en plein essor; ~ in die Sache bringen (umg) faire avancer les choses; s~haft adj florissant(e); ~rad nt (Tech) volant m; s~voll adj (mitreißend) entraînant(e) ▷ adv avec beaucoup d'entrain

schwur etc [ʃvuːr] vb siehe schwören

Schwur (-(e)s, ¨e) m serment m; ~gericht nt ≈ cour f d'assises (avec des jurés)

sechs [zɛks] num six; S~eck nt hexagone m;

~hundert *num* six cents; **~tausend** *num* six mille
sechste, r, s *adj* sixième
Sechstel [zɛkstəl] (**-s, -**) *nt* sixième *m*
sechzehn ['zɛçtse:n] *num* seize; **~te, r, s** *adj* seizième
sechzig ['zɛçtsɪç] *num* soixante
Sechzigerjahre *pl*: **die ~** les années soixante; **sechzigste, r, s** *adj* soixantième
Secondhandladen [sɛkənd'hɛndla:dən] *m* magasin *m* de vêtements d'occasion, fripier *m*
See¹ [ze:] (**-s, -n**) *m* lac *m*
See² [ze:] *f* mer *f*; **an der ~** au bord de la mer; **in ~ stechen** prendre le large; **auf hoher ~** en haute mer; **~bad** *nt* station *f* balnéaire; **~bär** *m* (*umg: hum*) vieux loup *m* de mer; **~fahrt** *f* navigation *f* maritime; (*Reise*) traversée *f*; **s~fest** *adj* (*Mensch*) qui a le pied marin; **~fracht** *f* fret *m* maritime; **~gang** *m* mer *f* houleuse; **~hund** *m* phoque *m*, veau *m* marin; **~igel** *m* oursin *m*; **~karte** *f* carte *f* marine; **s~krank** *adj*: **s~krank sein** avoir le mal de mer; **~krankheit** *f* mal *m* de mer
Seele ['ze:lə] *f* âme *f*; **jdm aus der ~ sprechen** exprimer exactement le sentiment de qn; **das liegt** *od* **lastet mir auf der ~** cela me pèse (sur la conscience); **eine ~ von Mensch** un amour
Seelen-: **~amt** *nt* messe *f* des morts; **~friede(n)** *m* tranquillité *f* d'esprit; **~heil** *nt* salut *m*; (*fig*) santé *f* morale; **~ruhe** *f*: **in aller ~ruhe** sans sourciller; **s~ruhig** *adv* tranquillement; **s~vergnügt** *adj* tout(e) content(e); **~wanderung** *f* métempsycose *f*, réincarnation *f*
Seeleute ['ze:lɔytə] *pl von* **Seemann**
seelisch *adj* (*geistig, psychisch*) psychique, psychologique; (*Rel*) spirituel(le)
Seelsorge *f* soutien *m* moral
Seelsorger (**-s, -**) *m* directeur *m* de conscience
See-: **~macht** *f* puissance *f* maritime; **~mann** (**-(e)s, -leute**) *m* marin *m*; **~mannsheim** *nt* foyer *m* de marins; **~meile** *f* mille *m* marin; **~möwe** *f* mouette *f*
Seengebiet ['ze:əngəbi:t] (**-(e)s, -e**) *nt* région *f* des lacs
See-: **~not** *f* détresse *f* (en mer); **in ~not** en détresse; **~notruf** *m* SOS *m*; **~nplatte** *f* plaine parsemée *f* de lacs; **~pferd(chen)** *nt* hippocampe *m*; **~räuber** *m* pirate *m*; **~recht** *nt* droit *m* maritime; **~rose** *f* nénuphar *m*; **~stern** *m* étoile *f* de mer; **~tang** *m* varech *m*; **s~tüchtig** *adj* (*Schiff*) en état de naviguer; **~versicherung** *f* assurance *f* maritime; **~weg** *m* voie *f* maritime; **auf dem ~weg** par mer; **~zunge** *f* sole *f*
Segel ['ze:gəl] (**-s, -**) *nt* voile *f*; **mit vollen ~n** toutes voiles dehors; **die ~ streichen** (*fig*) déposer les armes; **~boot** *nt* voilier *m*; **~fliegen** (**-s**) *nt* vol *m* à voile; **~flieger** *m* pilote *m* de planeur, vélivole *m*; **~flugzeug** *nt* planeur *m*
segeln *vt* piloter ▷ *vi* (*Schiff*) naviguer; (*Segler*) faire de la voile; (*Wolken, Vogel*) planer, voler; **nach Panama ~** aller au Panama en bateau à voile; **durch eine Prüfung ~** (*umg*) se ramasser à un examen
Segel-: **~schiff** *nt* voilier *m*; **~sport** *m* voile *f*;

~tuch *nt* toile *f*
Segen ['ze:gən] (**-s, -**) *m* bénédiction *f*
segensreich *adj* (*nützlich: Erfindung*) très utile
Segler ['ze:glər] (**-s, -**) *m* (*Person*) plaisancier *m*; (*Boot*) voilier *m*; (*Flugzeug*) planeur *m*
Seglerin *f* femme *f* qui fait de la voile
Segment [zɛ'gmɛnt] (**-(e)s, -e**) *nt* segment *m*
segnen ['ze:gnən] *vt* bénir
Segregation [segregatsi'o:n] *f* ségrégation *f*
segregieren [zegre'gi:rən] *vt* (*geh: trennen*) séparer, pratiquer la ségrégation entre *od* dans
sehen ['ze:ən] *unreg vt* voir ▷ *vi* voir; (*in bestimmte Richtung*) regarder; **mal ~(, ob ...)** nous verrons bien (si ...); **sieht man das?** ça se voit?; **etw gern ~** (*gernhaben*) aimer bien qch; **du siehst das nicht richtig** tu ne comprends pas; **so gesehen hast du Recht** si on regarde les choses sous cet angle, tu as raison; **sich ~ lassen** se montrer; **das neue Rathaus kann sich ~ lassen** le nouvel hôtel de ville est superbe; **siehe oben/unten** voir ci-dessus/ci-dessous; **siehe Seite 18** voir page 18; **da kann man mal ~** tu vois; **nach jdm ~** (*jdn betreuen*) s'occuper de qn; **auf etw** *Akk* **~ (*achten*)** veiller à qch; **jdn kommen ~** voir venir qn
sehenswert *adj* à voir
Sehenswürdigkeiten *pl* attractions *f pl* touristiques, choses *f pl* à voir
Seher, in (**-s, -**) *m(f)* (*Prophet*) devin(eresse) *m/f*
Sehfehler *m* trouble *m* de la vue
Sehkraft *f* vue *f*
Sehne ['ze:nə] *f* (*Anat*) tendon *m*; (*an Bogen; Math*) corde *f*
sehnen *vr*: **sich ~ nach** (*jdm, Heimat*) s'ennuyer de; (*etw*) avoir très envie de
Sehnenscheidenentzündung ['ze:nənʃaidənɛnttsyndʊŋ] *f* (*Med*) tendinite *f*
sehnig *adj* (*Gestalt*) nerveux(-euse), musclé(e); (*Fleisch*) tendineux(-euse)
sehnlich *adj* (*Wunsch*) le(la) plus cher(chère) ▷ *adv* ardemment
Sehnsucht *f* désir *m* ardent; (*nach Vergangenem*) nostalgie *f*; **jdn mit ~ erwarten** attendre qn avec impatience
sehnsüchtig *adj* (*Blick, Augen etc*) ardent(e), plein(e) de convoitise; (*Wunsch*) ardent(e); (*Erwartung*) impatient(e) ▷ *adv* (*blicken*) avec convoitise; (*erwarten*) avec impatience
sehnsuchtsvoll *adv* avec impatience
Sehprüfung *f* examen *m* de la vue
sehr [ze:r] *adv* très; (*mit Verben*) beaucoup; **~ viel Zeit/Geld** beaucoup de temps/d'argent; **zu ~** trop; **er ist ~ dafür/dagegen** il est tout à fait pour/contre; **wie ~ er sich auch bemühte ...** malgré ses efforts, ...; **danke ~!** merci beaucoup!; **bitte ~!** je vous en prie!; **S~ geehrter Herr Grün** (*in Briefen*) Monsieur
Sehschwäche *f* mauvaise vue *f*
Sehvermögen ['ze:fɛrmø:gən] (**-s**) *nt* vue *f*, vision *f*
sei *etc* [zai] *vb siehe* **sein**
seicht [zaiçt] *adj* (*Wasser*) peu profond(e); (*fig*) superficiel(le)

seid [zaɪt] *vb siehe* **sein**
Seide ['zaɪdə] *f* soie *f*
Seidel (**-s, -**) *nt* chope *f*
seiden *adj* (*aus Seide*) en soie; (*wie Seide*)
soyeux(-euse); **S~papier** *nt* papier *m* de soie;
S~raupe *f* ver *m* à soie
seidig ['zaɪdɪç] *adj* soyeux(-euse)
Seife ['zaɪfə] *f* savon *m*
Seifen-: **~blase** *f* bulle *f* de savon; (*fig*) promesse *f*
en l'air; **~lauge** *f* eau *f* savonneuse; **~pulver** *nt*
savon *m* en poudre *od* en paillettes; **~schale** *f*
porte-savon *m*; **~schaum** *m* mousse *f* (de savon)
seifig ['zaɪfɪç] *adj* (*Geschmack*) de savon; (*Substanz*)
savonneux(-euse)
seihen ['zaɪən] *vt* (*Flüssigkeit*) filtrer, passer
Seil [zaɪl] (**-(e)s, -e**) *nt* corde *f*; (*Drahtseil, Kabel*)
câble *m*; **~bahn** *f* téléphérique *m*; **~hüpfen** (**-s**),
~springen (**-s**) *nt* saut *m* à la corde; **~tänzer, in**
m(f) funambule *m/f*; **~zug** *m* palan *m*

 SCHLÜSSELWORT

sein [zaɪn] (*pt* **war**) (*pp* **gewesen**) *vi* **1** être; **sie ist
20 (Jahre)** elle a 20 ans; **es ist
Mitternacht/16.15 Uhr** il est minuit/16h15
2: seien Sie mir bitte nicht böse il ne faut pas
m'en vouloir; **was sind Sie (beruflich)?** que
faites-vous dans la vie?; **sei so gut und mach
dein Bett** sois gentil(le), fais ton lit; **wenn ich
Sie/du wäre** à votre/ta place; **das wärs** voilà; (*in
Geschäft*) ce sera tout
3 (*Resultat*): **3 und 5 ist 8** 3 plus 5 égalent 8; **dem
ist nicht so** il n'en est pas ainsi; **es sei denn,
dass ...** à moins que ...; **wie dem auch sei** quoi
qu'il en soit; **sei es, wie es wolle** quoi qu'il en
soit; **wie wäre es mit einem Kaffee?** que diriez-
vous d'un café?; **damit ist nichts** (*umg: es klappt
nicht*) ça ne marche pas; **ach, sei nicht so!** (*umg*)
ne fais pas d'histoires!; **ist was?** qu'est-ce qu'il y
a?; **mir ist kalt** j'ai froid; **mir ist nicht gut** je
ne me sens pas (très) bien; **mir ist, als hätte ich
geträumt** j'ai l'impression d'avoir rêvé; **mir ist
heute nicht nach Alkohol** (*umg*) je n'ai pas
envie d'alcool aujourd'hui, je ne suis pas
d'humeur à boire aujourd'hui; **etw sein lassen**
(*umg: aufhören*) arrêter qch; (*nicht tun*) ne pas faire
qch; **lass das sein!** arrête!
4 (*Hilfsverb*) être; **er ist angekommen** il est
arrivé; **sie ist angekommen** elle est arrivée; **er
ist jahrelang krank gewesen** il a été malade
pendant des années; **wie ist das zu verstehen?**
comment faut-il l'interpréter?; **er ist nicht zu
ersetzen** il est irremplaçable
5 (*Anweisung*): **die Frage ist auf einem
gesonderten Blatt zu beantworten** veuillez
répondre à cette question sur une feuille séparée

sein, e *poss pron* (*mit männlichem Substantiv*) son; (*mit
weiblichem Substantiv*) sa; (: *vor Vokalen und stummem
h*) son; (*mit Plural*) ses; **er ist gut ~e zwei Meter**
(*umg*) il fait bien deux mètres
Seine ['zɛːn(ə)] *f* Seine *f*

seine, r, s *pron* le (la) sien(ne); **~ sind blau** les
siens (siennes) sont bleus (bleues); **die S~n** (*geh*)
les siens; **jedem das S~** à chacun ses goûts
seiner *pron Gen von* **er, es**
seinerseits *adv* de son côté
seinerzeit *adv* à cette époque
seinesgleichen *pron* (*Leute*) les gens comme lui
seinet-: **~wegen** *adv* (*für ihn*) pour lui; (*umg: von
ihm aus*) en ce qui le concerne; **~willen** *adv*: **um
~willen** pour lui
seinige *pron* (*geh*): **der/die/das ~** *od* **S~** le (la)
sien(ne)
seins *pron siehe* **seine(r, s)**
Seismograf [zaɪsmo'graːf] (**-en, -en**) *m*
sismographe *m*
Seismologe [zaɪsmo'loːgə] (**-n, -n**) *m* sismologue *m*
seit [zaɪt] *konj* depuis que ▷ *präp +Dat* depuis;
~ Langem depuis longtemps; **~ gestern** depuis
hier; **er ist ~ einer Woche hier** cela fait une
semaine qu'il est ici; **~ eh und je** (*umg*) de tout
temps; **~dem** *adv* depuis ▷ *konj* depuis
Seite ['zaɪtə] *f* côté *m*; (*von Angelegenheit*) côté,
aspect *m*; (*Buchseite*) page *f*; **~ an ~** côte à côte;
jdm zur ~ stehen (*fig*) soutenir qn; **jdn zur ~
nehmen** prendre qn à part; **jdn auf die ~
schaffen** (*umg: ermorden*) faire disparaître qn; **auf
der einen ~ ..., auf der anderen (~) ...** d'une
part ..., d'autre part ...; **einer Sache** *Dat* **die
beste ~ abgewinnen** tirer le meilleur parti de
qch; **das ist seine schwache/starke ~** c'est son
point faible/fort; *siehe auch* **aufseiten, vonseiten**
Seiten-: **~ansicht** *f* vue *f* de côté; **~ausgang** *m*
sortie *f* latérale; **~blick** *m* regard *m* en coin;
~eingang *m* entrée *f* latérale; **~hieb** *m* (*fig*) coup
m de bec; **s~lang** *adj* de plusieurs pages; **~ruder**
nt (*Flug*) gouvernail *m* de direction
seitens *präp +Gen* (*förmlich*) du côté de
Seiten-: **~schiff** *nt* nef *f* latérale; **~sprung** *m*
(*Ehebruch*) aventure *f*; **~stechen** *nt* point *m* de
côté; **~straße** *f* rue *f* latérale; **~streifen** *m* bande
f latérale; **s~verkehrt** *adj* à l'envers; **~wind** *m*
vent *m* latéral; **~zahl** *f* numéro *m* de page;
(*Gesamtzahl*) nombre *m* de pages
seit-: **~her** *adv* depuis; **~lich** *adj* latéral(e) ▷ *adv*
latéralement ▷ *präp +Gen* à côté de; **~wärts** *adv*
de côté
Sek., sek. *abk* (= *Sekunde*) s.
Sekret [ze'kreːt] (**-s, -e**) *nt* (*Med*) sécrétion *f*
Sekretär [zekre'tɛːr] (**-s, -e**) *m* secrétaire *m*
Sekretariat [zekretari'aːt] (**-(e)s, -e**) *nt*
secrétariat *m*
Sekretärin *f* secrétaire *f*
Sekt [zɛkt] (**-(e)s, -e**) *m* ≈ champagne *m*
Sekte *f* secte *f*
Sektion [zɛktsi'oːn] *f* (*Abteilung*) section *f*
Sektor ['zɛktɔr] *m* secteur *m*; (*Sachgebiet*)
domaine *m*
sekundär [zekʊn'dɛːr] *adj* secondaire;
S~literatur *f* bibliographie *f* (*des ouvrages consacrés
à un sujet*)
Sekundarstufe [zekʊn'daːrʃtuːfə] *f* (*Sch*) niveau *m*
secondaire

Sekunde [zeˈkʊndə] f seconde f
Sekundenschnelle f: **in ~** en un rien de temps
Sekundenzeiger m aiguille f des secondes
sel. abk = **selig**
selber [ˈzɛlbər] pron = **selbst**; **S~machen** nt
  bricolage m; **Möbel zum S~machen** meubles
  mpl en kit
selbig pron (geh) le(la) même; **noch am ~en Tag** le
  jour même
Selbst (-) nt moi m

 SCHLÜSSELWORT

selbst [zɛlpst] pron **1: ich/er selbst** moi/lui-
  même; **wir selbst** nous-mêmes; **sie ist die
  Tugend selbst** c'est la vertu même od
  personnifiée; **wie gehts? — gut, und selbst?**
  comment ça va? — bien, et toi/vous?
  2 (ohne Hilfe) tout(e) seul(e); **von selbst** de lui-
  même (d'elle-même); (ich) de moi-même; **sie
  näht ihre Kleider selbst** elle fait ses robes elle-
  même; **selbst gebacken** maison inv; **selbst
  gemacht** (Kleidung) qu'on a fait soi-même;
  (Marmelade etc) maison inv; **selbst gestrickt**
  tricoté(e) à la main; (umg: Methode etc)
  artisanal(e); **selbst verdientes Geld** de l'argent
  qu'on a gagné soi-même; **selbst ist der Mann/
  die Frau!** on n'est jamais mieux servi que par
  soi-même!; **das muss er selbst wissen** c'est à
  lui de décider
  ▷ adv même; **selbst wenn** même si; **selbst Gott**
  même Dieu

Selbstabholer m: **Möbelmarkt für ~** marché m
  de l'ameublement (cash and carry)
Selbstachtung f dignité f personnelle
selbständig etc [ˈzɛlpʃtɛndɪç] adj siehe
  selbstständig etc
Selbst-: **~anzeige** f (Jur) fait de se livrer à la justice;
  ~auslöser m (Phot) obturateur m à retardement;
  ~bedienung f self-service m; **~befriedigung** f
  masturbation f; **~beherrschung** f maîtrise f de
  soi, self-control m; **~bestätigung** f: **für jdn eine
  ~bestätigung sein** redonner confiance en soi à
  qn, donner de l'assurance à qn; **~bestimmung** f
  (Pol) autodétermination f; **~beteiligung** f
  franchise f; **s~bewusst** adj sûr(e) de soi;
  ~bewusstsein nt confiance f en soi, assurance f;
  ~bildnis nt autoportrait m; **~disziplin** f
  autodiscipline f; **~erhaltung** f (instinct m de)
  survie f; **~erkenntnis** f connaissance f de soi;
  ~fahrer m: **Autovermietung für ~fahrer**
  location f de voitures sans chauffeur; **s~gefällig**
  (pej) adj suffisant(e); **s~gerecht** (pej) adj
  content(e) de soi, suffisant(e); **~gespräch** nt
  monologue m; **s~gewiss** adj sûr(e) de soi;
  s~herrlich adj autoritaire; (selbstgerecht)
  suffisant(e); **~hilfe** f fait de se débrouiller tout seul;
  zur ~hilfe greifen prendre les choses en main;
  ~klebefolie f pellicule f adhésive; **s~klebend** adj
  autocollant(e); **~kostenpreis** m prix m coûtant
  od de revient; **zum ~kostenpreis** au prix

coûtant; **~kritik** f autocritique f; **s~los** adj
  (Mensch) altruiste; (Hilfe, Verzicht)
  généreux(-euse); **~mord** m suicide m; **~mörder,
  in** m(f) suicidé(e); **s~mörderisch** adj suicidaire;
  s~sicher adj sûr(e) de soi; **~sicherheit** f
  assurance f
selbstständig [ˈzɛlpʃtɛndɪç] adj indépendant(e);
  sich ~ machen (beruflich) se mettre à son compte;
  S~keit f indépendance f
Selbst-: **~studium** nt instruction f od études fpl
  d'autodidacte; **~sucht** f égoïsme m; **s~süchtig**
  adj (Mensch) égoïste; **s~tätig** adj (automatisch)
  automatique; **~überwindung** f (effort m de)
  volonté f; **s~vergessen** adj distrait(e), absent(e);
  ~verlag m: **im ~verlag** à compte d'auteur;
  s~verschuldet adj (Unfall) dont on est
  responsable; **~versorger** m: **~versorger sein**
  subvenir à ses propres besoins; **Urlaub für
  ~versorger** vacances fpl en appartement etc
selbstverständlich adj évident(e); (Hilfe)
  naturel(le) ▷ adv bien sûr, naturellement; **ich
  halte das für ~** c'est tout naturel; **aber ~!** mais
  bien sûr!; **es ist ~, dass …** il va sans dire od il est
  évident que …; **S~keit** f (Unbefangenheit) naturel
  m; (natürliche Voraussetzung) évidence f
Selbst-: **~verständnis** nt image f de soi;
  ~verteidigung f autodéfense f; **~vertrauen** nt
  confiance f en soi; **~verwaltung** f autogestion f;
  ~wählferndienst m automatique m;
  ~wertgefühl nt amour-propre m; **s~zufrieden**
  (pej) adj fat(e), suffisant(e); **~zweck** m fin f en soi
selig [ˈzeːlɪç] adj (glücklich) aux anges; (Rel)
  bienheureux(-euse); (tot) défunt(e); **S~keit** f
  béatitude f
Sellerie [ˈzɛləriː] (-s, -(s)) m céleri(-rave) m;
  (Stangensellerie) céleri m à côtes
selten [ˈzɛltən] adj rare ▷ adv rarement
Seltenheit f rareté f; (Rarität) curiosité f
Seltenheitswert (-(e)s) m valeur f due à la rareté
  (relative)
Selter(s)wasser nt eau f de Seltz
seltsam [ˈzɛltzaːm] adj étrange
seltsamerweise adv étrangement, bizarrement
Seltsamkeit f étrangeté f
Semester [zeˈmɛstər] (-s, -) nt semestre m
Semi- [zemi] in zW semi-; **~kolon** (-s, -s) nt point-
  virgule m
Seminar [zemiˈnaːr] (-s, -e) nt (Institut)
  département m; (Kurs) séminaire m, séance f de
  travaux pratiques
semitisch [zeˈmiːtɪʃ] adj sémite; (Ling) sémitique
Semmel [ˈzɛməl] (-, -n) f petit pain m; **~brösel** pl
  chapelure f sg; **~knödel** (Südd, Österr) m quenelle à
  base de pain et d'œufs
sen. abk (= senior) senior
Senat [zeˈnaːt] (-(e)s, -e) m sénat m
Senator [zeˈnaːtɔr] (-s, -en) m sénateur m
Sende-: **~bereich** m zone f d'émission, couverture
  f; **~folge** f (Serie) série f d'émissions; **~mast** m
  émetteur m
senden unreg vt (Brief etc) envoyer; (ausstrahlen)
  émettre ▷ vi (ausstrahlen) émettre

Sendepause f pause f
Sender (-s, -) m émetteur m
Sende-: ~**raum** m studio m; ~**reihe** f série f
d'émissions; ~**schluss** m fin f des émissions;
~**station** f station f (d'émission); ~**zeit** f temps
m d'antenne
Sendung ['zɛndʊŋ] f (Brief, Paket) envoi m;
(Aufgabe) mission f; (Rundf, TV) émission f
Senegal ['ze:negal] m le Sénégal
Senegaler, in m(f) Sénégalais(e) m/f
Senf [zɛnf] (-(e)s, -e) m moutarde f; **seinen ~**
dazugeben (umg) (y) mettre son grain de sel;
~**korn** nt graine f de moutarde
sengen ['zɛŋən] vt (Haare) brûler légèrement,
roussir; (Federn) flamber ▷ vi (Sonne) taper
senil [ze'ni:l] (pej) adj sénile
Senior ['ze:niɔr] (-s, -en) m (Mensch im Rentenalter)
retraité m, personne f du troisième âge; (Wirts)
associé m principal
Seniorenheim [zeni'o:rənhaɪm] nt maison f de
retraite
Seniorenpass [zeni'o:rənpas] m ≈ carte f Vermeil
Senkblei ['zɛŋkblaɪ] nt fil m à plomb
Senke f (Mulde) cuvette f
Senkel (-s, -) m lacet m
senken vt (Blick, Preise, Stimme) baisser; (Steuern)
diminuer; (Kopf) pencher, courber; (Tech) creuser
▷ vr (Boden) s'enfoncer; (Haus) s'affaisser;
(Wasserspiegel) baisser
Senk-: ~**fuß** m pied m plat; ~**grube** f fosse f
d'aisances; **s~recht** adj vertical(e); ~**rechte** f
(Math) perpendiculaire f; ~**rechtstarter** m (Flug)
avion m à décollage vertical; (fig) personne qui a fait
une carrière fulgurante, jeune loup m
Senkung f (das Senken) abaissement m; (Med) (test
m de vitesse de) sédimentation f sanguine
Senner, in ['zɛnər(ɪn)] m(f) berger(-ère) (d'alpage)
Sensation [zɛnzatsi'o:n] f sensation f
sensationell [zɛnzatsio'nɛl] adj sensationnel(le)
Sensationsblatt nt journal m à sensation
Sensationssucht (pej) f sensationnalisme m
Sense ['zɛnzə] f faux f; **dann ist ~!** (umg) ça suffit
comme ça!
sensibel [zɛn'zi:bəl] adj sensible
sensibilisieren [zɛnzibili'zi:rən] vt sensibiliser
Sensibilität [zɛnzibili'tɛ:t] f sensibilité f
sensitiv [zɛnzi'ti:f] adj hypersensible, trop
sensible
Sensor ['zɛnzɔr] m détecteur m
sentimental [zɛntimɛn'ta:l] adj sentimental(e)
Sentimentalität [zɛntimɛntali'tɛ:t] f
sentimentalisme m
separat [zepa'ra:t] adj (Zimmer, Wohnung)
indépendant(e); (Eingang) particulier(-ière);
(Abkommen) séparé(e)
Sept. abk = **September**
September [zɛp'tɛmbər] (-(s), -) m septembre m;
im ~ en septembre; **heute ist der zweite ~** nous
sommes le 2 septembre; **am 2. ~** le 2 septembre;
im letzten/nächsten ~ en septembre dernier/
prochain
septisch ['zɛptɪʃ] adj (Wunde) infecté(e)

sequentiell [zekvɛntsi'ɛl] adj siehe **sequenziell**
Sequenz [ze'kvɛnts] f série f; (Film, Comput)
séquence f
sequenziell [zekvɛntsi'ɛl] adj: ~**e Datei** fichier m
séquentiel; ~**er Zugriff** accès m séquentiel
Serbe ['zɛrbə] (-n, -n) m Serbe m
Serbien (-s) nt la Serbie
Serbin f Serbe f
serbisch adj serbe
serbokroatisch [zɛrbokro'a:tɪʃ] adj serbo-croate
Serenade [zere'na:də] f sérénade f
Serie ['ze:riə] f série f; **etw in ~ herstellen**
produire qch en série
seriell [zeri'ɛl] adj (Comput) série unver; ~**er**
Anschluss accès m séquentiel; ~**er Drucker**
imprimante f séquentielle
Serien-: ~**anfertigung**, ~**herstellung** f
production f en série; **s~mäßig** adj (Ausstattung)
standard unver; (Herstellung) en série ▷ adv
(herstellen) en série; ~**nummer** f numéro m de
série; ~**schalter** m (Elek) commutateur m à
plusieurs directions; **s~weise** adv en série
seriös [zeri'ø:s] adj sérieux(-euse); (anständig)
convenable
Serpentine [zɛrpɛn'ti:nə] f (Straße) route f en
lacet
Serum ['ze:rʊm] (-s, Seren) nt sérum m
Servelat(wurst) [tsɛrvə'la:t(vʊrst)] f siehe
Zervelat(wurst)
Service [zɛr'vi:s] (-(s), - od -, -s) nt od m service m
servieren [zɛr'vi:rən] vt (Essen) servir; (Ball)
passer ▷ vi servir
Serviererin [zɛr'vi:rərɪn] f serveuse f
Servierwagen (-s, -) m table f roulante
Serviette [zɛrvi'ɛtə] f serviette f (de table)
Servobremse ['zɛrvobrɛmzə] f servofrein m
Servolenkung f direction f assistée
Servus ['zɛrvʊs] (Südd, Österr) interj salut
Sesam ['ze:zam] (-s, -s) m sésame m
Sessel ['zɛsəl] (-s, -) m fauteuil m; ~**lift** m
télésiège m
sesshaft ['zɛshaft] adj (Leben) sédentaire;
(ansässig) établi(e)
Set [zɛt] (-s, -s) nt od m (Schlüsseln etc) jeu m;
(Unterwäsche etc) ensemble m; (Deckchen) set m (de
table)
Setzei nt œuf m au plat
setzen ['zɛtsən] vt (hintun, hinstellen) poser; (Gast)
asseoir, placer; (Hoffnung, Segel, Komma) mettre;
(Termin, Frist, Ziel) fixer; (pflanzen) planter,
repiquer; (Typ: Text) composer; (Geld) miser ▷ vr
(Platz nehmen) s'asseoir; (Kaffee, Tee) tirer; (Staub,
Geruch) pénétrer ▷ vi (springen) sauter; (wetten)
miser; (Typ) composer; **etw in Klammern/**
Anführungszeichen ~ mettre qch entre
parenthèses/guillemets; **jdm ein Denkmal ~**
élever un monument à qn; **jdn auf Diät ~** mettre
qn au régime; **auf ein Pferd ~** miser sur un
cheval; **sich zu jdm ~** s'asseoir à côté de qn
Setzer ['zɛtsər] (-s, -) m (Typ) compositeur m,
typographe m
Setzerei [zɛtsə'raɪ] f atelier m de composition

Setzkasten *m* (*Typ*) casse *f*; (*an Wand*) *étagère pour ranger de tout petits bibelots*
Setzling *m* (*Bot*) semis *m*
Seuche ['zɔʏçə] *f* épidémie *f*
Seuchengebiet *nt* *zone où sévit une épidémie*
seufzen ['zɔʏftsən] *vi* soupirer
Seufzer ['zɔʏftsər] (**-s, -**) *m* soupir *m*
Sex [zɛks] (**-(es)**) *m* sexe *m*
Sextant [zɛks'tant] (**-en, -en**) *m* sextant *m*
Sexualität [zɛksuali'tɛːt] *f* sexualité *f*
Sexualkunde [zɛksu'aːlkʊndə] *f* éducation *f* sexuelle
sexuell [zɛksu'ɛl] *adj* sexuel(le)
sexy *adj* sexy *inv*
Seychellen [ze'ʃɛlən] *pl* Seychelles *fpl*
sezieren [ze'tsiːrən] *vt* disséquer
SFB *m abk* (= *Sender Freies Berlin*) *radio berlinoise*
Sfr, sFr *abk* (= *Schweizer Franken*) FS
Shampoo(n) [ʃɛm'puː(n)] (**-s, -s**) *nt* shampooing *m*
Shetlandinseln ['ʃɛtlantlɪnzəln] *pl* îles *fpl* Shetland
shoppen ['ʃɔpən] *vi* faire du shopping; **~ gehen** aller faire du shopping
Shorts [ʃɔrts] *pl* short *m*
Showmaster ['ʃoʊmaːstər] (**-s, -**) *m* animateur *m*
siamesisch [zia'meːzɪʃ] *adj*: **~e Zwillinge** frères siamois, sœurs siamoises
Siamkatze *f* chat *m* siamois
Sibirien [zi'biːriən] (**-s**) *nt* la Sibérie
sibirisch *adj* sibérien(ne)
sich [zɪç] *pron* se; (*nach präp*) soi; **~ lieben** s'aimer; **etw bei ~ haben** avoir qch sur soi; **hier sitzt es ~ gut**, on est bien assis, ici
Sichel ['zɪçəl] (**-, -n**) *f* faucille *f*; (*Mondsichel*) croissant *m*
sicher ['zɪçər] *adj* (*gewiss*) sûr(e), certain(e); (*geschützt, ungefährdet*) en sécurité; (*zuverlässig*) sûr(e); (*selbstsicher*) sûr(e) de moi/lui/d'elle *etc* ▷ *adv* certainement, sûrement; **~ nicht** sûrement pas; **aber ~!** mais bien sûr!; **~ vor** +*Dat* à l'abri de; **sich** *Dat* **einer Sache/jds ~ sein** être sûr(e) de qch/qn; **~ ist ~** (*umg*) un tiens vaut mieux que deux tu l'auras
sichergehen *unreg* *vi* assurer ses arrières
Sicherheit ['zɪçərhaɪt] *f* sécurité *f*; (*Gewissheit*) certitude *f*; (*Zuverlässigkeit*) sûreté *f*, fiabilité *f*; (*Selbstsicherheit*) assurance *f*; **jdn/etw in ~ bringen** mettre qn/qch en sécurité; **sich in ~ bringen** se mettre en sécurité; **~ leisten** (*Wirts*) se porter garant(e)
Sicherheits-: **~abstand** *m* distance suffisante pour freiner; **~bestimmungen** *pl* mesures *fpl* de sécurité; **~bindung** *f* (*Ski*) fixation *f* de sécurité; **~einrichtungen** *pl* dispositif *m* de sécurité; **~glas** *nt* verre *m* sécurit®; **~gurt** *m* ceinture *f* de sécurité; **s~halber** *adv* par mesure de sécurité; **~nadel** *f* épingle *f* de sûreté *od* de nourrice; **~polizei** *f* (services *mpl* de la) Sûreté *f*; **~rat** *m* (*der UNO*) Conseil *m* de sécurité; **~schloss** *nt* serrure *f* de sécurité; **~spanne** *f* marge *f* de sécurité; **~verschluss** *m* cran *m* de sécurité; **~vorkehrung** *f* mesure *f* de sécurité

sicherlich *adv* certainement
sichern *vt* (*Tür, Fenster*) bien fermer; (*Waffe*) mettre le cran de sûreté de; (*Comput*) sauvegarder; (*Bergsteiger; garantieren*) assurer; **~ gegen** *od* **vor** +*Dat* (*schützen*) protéger contre *od* de; **jdm etw ~** obtenir qch pour qn; **sich etw ~** se procurer qch
sicherstellen *vt* (*Beute*) mettre en sécurité; (*gewährleisten*) garantir
Sicherung *f* protection *f*; (*an Waffen*) cran *m* de sécurité; (*Elek*) plombs *mpl*; **da ist (bei) ihm die ~ durchgebrannt** (*umg*) là, il a piqué une crise
Sicherungskopie *f* (*Comput*) (copie *f* de) sauvegarde *f*
Sicht [zɪçt] *f* (*Sehweite*) visibilité *f*; (*Betrachtungsweise*) manière *f* de voir; (*Ausblick*) vue *f*; **auf** *od* **nach ~** (*Wirts*) à vue; **auf lange** *od* **weite ~** à long terme; **s~bar** *adj* visible; (*offensichtlich*) visible, sensible; **~barkeit** *f* visibilité *f*; **~blende** *f* paravent *m*
sichten *vt* apercevoir; (*ordnen*) classer; (*durchsehen*) examiner
sicht-: **~lich** *adj* évident(e) ▷ *adv* de toute évidence; **S~verhältnisse** *pl* visibilité *f*; **S~vermerk** *m* visa *m*; **S~weite** *f* visibilité *f*; **außer/in S~weite** hors de/en vue
Sickergrube *f* fosse *f* d'aisances
sickern ['zɪkərn] *vi* (*Flüssigkeit*) suinter; (*Nachricht*) transpirer
Sie (*Akk* **~**) (*Dat* **Ihnen**) *pron* vous
sie [ziː] (*Akk* **~**) (*Dat sg* **ihr**) (*Dat pl* **ihnen**) *pron* (*weiblich: sg: Nom*) elle; (: *Akk*) la; (*pl: Nom*) elles; (: *Akk*) les; **für ~** pour elle; (*pl*) pour eux (elles); (*männlich: Nom*) il; (: *Akk*) le; (: *Dat*) lui; (: *pl: Nom*) ils; (: *pl: Akk*) les
Sieb [ziːp] (**-(e)s, -e**) *nt* tamis *m*; (*Gemüsesieb*) passoire *f*; (*Teesieb*) passoire, passe-thé *m*
sieben¹ ['ziːbən] *vt* tamiser; (*fig*) trier ▷ *vi*: **bei der Prüfung wird stark gesiebt** (*umg*) beaucoup de gens vont se planter à cet examen
sieben² ['ziːbən] *num* sept; **S~gebirge** *nt*: **das S~gebirge** le Siebengebirge (*chaîne de montagnes de Rhénanie*); **~hundert** *num* sept cent; **S~meter** *m* (*Sport*) pénalité *f*; **S~sachen** *pl* affaires *fpl*; **S~schläfer** *m* loir *m*; **~tausend** *num* sept mille
siebte, r, s ['ziːptə(r, z)] *adj* septième
Siebtel (**-s, -**) *nt* septième *m*
siebzehn ['ziːptseːn] *num* dix-sept; **~te, r, s** *adj* dix-septième
siebzig ['ziːptsɪç] *num* soixante-dix; **~ste, r, s** *adj* soixante-dixième
siedeln ['ziːdəln] *vi* s'établir
sieden ['ziːdən] *unreg* *vi* (*Wasser*) bouillir
Siedepunkt *m* point *m* d'ébullition
Siedler (**-s, -**) *m* colon *m*
Siedlung *f* (*Ansiedlung*) établissement *m*, agglomération *f*; (*Neubausiedlung etc*) cité *f*
Sieg [ziːk] (**-(e)s, -e**) *m* victoire *f*
Siegel ['ziːgəl] (**-s, -**) *nt* sceau *m*; **~lack** *m* cire *f* à cacheter; **~ring** *m* chevalière *f*
siegen ['ziːgən] *vi* remporter la *od* une victoire, vaincre; **über jdn/etw ~** battre qn/qch
Sieger, in (**-s, -**) *m(f)* vainqueur *m*; **zweiter ~**

second m; **~ehrung** f (Sport) remise f des médailles; **~macht** f pays m qui a gagné la guerre

siegessicher adj sûr(e) de réussir

Siegeszug m marche f victorieuse

siegreich adj victorieux(-euse)

siehe etc ['zi:ə] vb siehe **sehen**

Siel [zi:l] (**-(e)s, -e**) nt od m (Schleuse) vanne f; (Abwasserkanal) égout m

Sierra Leone ['ziɛrale'o:nə] nt la Sierra Leone

siezen ['zi:tsən] (umg) vt vouvoyer

Signal [zɪ'gna:l] (**-s, -e**) nt signal m; **~anlage** f signal m (de route)

signalisieren [zɪgnali'zi:rən] vt signaler, indiquer

Signatur [zɪgna'tu:r] f (geh: Unterschrift) signature f; (Bibliothekssignatur) cote f

signieren [zɪ'gni:rən] vt signer

Silbe ['zɪlbə] f syllabe f

Silber ['zɪlbər] (**-s**) nt argent m; **~bergwerk** nt mine f d'argent; **~blick** m: **einen ~blick haben** avoir un léger strabisme; **~hochzeit** f noces fpl d'argent

silbern adj (aus Silber) d'argent, en argent; (Klang) argentin(e); (Hochzeit etc) d'argent

Silberpapier nt papier m aluminium od d'argent

Silhouette [zilu'ɛtə] f silhouette f

Silikonchip [zili'ko:ntʃɪp] m, **Silikonplättchen** nt puce f (électronique), microplaquette f

Silo ['zi:lo] (**-s, -s**) nt od m silo m

Silvaner [zɪl'va:nər] (**-s, -**) m cépage de vin blanc

Silvester [zɪl'vɛstər] (**-s, -**) nt, **Silvesterabend** m Saint-Sylvestre f, réveillon m du jour de l'an; voir article

● **SILVESTER**
●
● Silvester désigne le réveillon du nouvel an en
● allemand. Bien que ce ne soit pas un jour férié
● officiel, la plupart des entreprises finissent
● plus tôt et les magasins ferment à midi. La
● majorité des Allemands allument feux
● d'artifices et fusées à minuit et font la fête
● jusqu'au petit matin.

Simbabwe [zɪm'ba:bvə] (**-s**) nt le Zimbabwe

simpel ['zɪmpəl] adj (Aufgabe) très simple; **S~** (**-s, -**) (umg) m idiot(e)

Sims [zɪms] (**-es, -e**) m od nt (Kaminsims) dessus m de cheminée; (Fenstersims) rebord m (de fenêtre)

simsen ['zimsən] (umg) vt, vi envoyer un minimessage

Simulant, in [zimu'lant(ɪn)] (**-en, -en**) m(f) faux (fausse) malade m/f

Simulator [zimu'la:tɔr] (**-s, -en**) m simulateur m

simulieren [zimu'li:rən] vt simuler ▷ vi faire semblant

simultan [zimʊl'ta:n] adj simultané(e) ▷ adv: **~ dolmetschen** faire de la traduction simultanée; **S~dolmetscher** m interprète m (qui fait de la traduction simultanée)

sind [zɪnt] vb siehe **sein**

Sinfonie [zɪnfo'ni:] f symphonie f

Singapur ['zɪŋgapu:r] (**-s**) nt Singapour

singen ['zɪŋən] unreg vi, vt chanter

Singhalese, -in [zɪŋga'le:zə] m(f) Cingalais(e) m/f

singhalesisch adj cingalais(e)

Single¹ ['sɪŋgəl] (**-s, -s**) m (Alleinlebender) célibataire m/f

Single² ['sɪŋgəl] (**-(s), -(s)**) nt (Tennis etc) simple m

Single³ ['sɪŋgəl] (**-, -(s)**) f (Schallplatte) 45 tours msg

Sing-: ~sang m (Gesang) chant m monotone; **~spiel** nt comédie f lyrique, opéra-comique m; **~stimme** f (Vokalpart) partie f chorale od vocale

Singular ['zɪŋgula:r] (**-s, -e**) m singulier m

Singvogel ['zɪŋfo:gəl] m oiseau m chanteur

sinken ['zɪŋkən] unreg vi (Schiff) couler, sombrer; (Sonne) se coucher, disparaître; (Kopf, Hände) tomber; (niedriger werden, abnehmen) baisser; (Boden, Gebäude, Fundament) s'affaisser; **das Wasser ist gesunken** le niveau de l'eau a baissé; **den Mut/die Hoffnung ~ lassen** perdre courage/espoir

Sinn [zɪn] (**-(e)s, -e**) m sens m; (Bewusstsein) conscience f; **im ~e des Verstorbenen** selon les dernières volontés du défunt; **im ~e des Gesetzes** selon la loi; **~ für etw haben** avoir le sens de qch; **es hat keinen/wenig ~** ça ne sert à rien/pas à grand-chose; **die fünf ~e** les cinq sens mpl; **der sechste ~** le sixième sens; **seine fünf ~e zusammennehmen** se concentrer; **etw im ~ haben** songer à (faire) qch; **das war nicht der ~ der Sache** ce n'est pas qui était prévu; **es kam mir plötzlich in den ~** ça m'est soudain venu à l'esprit; **von ~en sein** avoir tous ses esprits; **~bild** nt symbole m; **s~bildlich** adj symbolique

sinnen unreg vi (nachdenken) songer; **auf etw** Akk **~** méditer qch

Sinnenmensch m épicurien m

Sinnes-: ~organ nt organe m des sens; **~täuschung** f hallucination f; **~wandel** m changement m de dispositions, revirement m

sinnfällig adj qui tombe sous le sens

sinngemäß adj (Übersetzung, Wiedergabe) qui respecte l'esprit plutôt que la lettre, libre

sinnig adj (Verhalten) raisonnable; (Geschenk) pratique; (ironisch) vraiment intelligent(e)

sinn-: ~lich adj sensuel(le); (Eindruck) des sens; (Wahrnehmung) par les sens; **S~lichkeit** f sensualité f; **~los** adj (unsinnig) insensé(e) ▷ adv: **~los betrunken** ivre mort(e); **in seiner ~losen Wut hat er alle Scheiben eingeschlagen** fou de rage, il a cassé toutes les vitres; **S~losigkeit** f inutilité f, vanité f; **~reich** adj (Einrichtung) utile; **S~verwandt** adj synonyme; **~voll** adj (Leben, Arbeit) qui a un sens; (Einrichtung, Gebrauch) intelligent(e); (nützlich) utile

Sintflut ['zɪntflu:t] f déluge m; **nach mir die ~** (umg) après moi le déluge; **s~artig** adj: **s~artige Regenfälle** pluies fpl torrentielles

Sinus ['zi:nʊs] (**-, -** od **-se**) m sinus m; **~satz** m théorème m de trigonométrie

Siphon [zi'fõ:] (**-s, -s**) m siphon m

Sippe ['zɪpə] f tribu f

Sippschaft ['zɪpʃaft] (pej: umg) f (Verwandtschaft) tribu f, smala f; (Bande) équipe f
Sirene [zi're:nə] f sirène f
Sirup ['zi:rʊp] (-s, -e) m sirop m
Sisal ['zi:zal] (-s) m sisal m
Sisyphusarbeit ['zi:zyfʊsarbaɪt] f travail m de Sisyphe, tâche f ingrate
Sit-in [sɪt'lɪn] (-(s), -s) nt: ein ~ machen organiser un sit-in
Sitte ['zɪtə] f (Gewohnheit) coutume f; (gew pl: Manieren) manières fpl; (: Sittlichkeit) mœurs fpl; **das ist bei uns so** ~ c'est la coutume chez nous; **was sind denn das für ~n?** en voilà des manières!
Sitten-: **~polizei** f brigade f mondaine od des mœurs; **~strolch** (umg) m satyre m; **s~widrig** adj immoral(e)
Sittich ['zɪtɪç] (-(e)s, -e) m perruche f
sitt-: **~lich** adj moral(e); **S~lichkeit** f moralité f; **S~lichkeitsverbrechen** nt crime m d'ordre sexuel; **~sam** adj (wohlerzogen) bien élevé(e); (schamhaft) pudique
Situation [zituatsi'o:n] f situation f
situiert [zitu'i:rt] adj: **gut ~ sein** vivre dans l'aisance
Sitz [zɪts] (-es, -e) m siège m; (Sitzfläche) assise f; **auf einen ~** (umg) d'un coup; **der Anzug hat einen guten ~** ce costume lui/vous etc va bien; **~bad** nt baignoire f sabot
sitzen unreg vi être assis(e); (Kleidung) aller (bien); (Bemerkung) faire de l'effet; (im Gefängnis) être en prison; **~ bleiben** rester assis(e); (Sch) redoubler; (Mädchen) avoir coiffé sainte Catherine; **auf etw** Dat **~ bleiben** (fig) ne pas arriver à vendre qch, se retrouver avec qch sur les bras; **~ lassen** (Sch) faire redoubler; (Mädchen) laisser tomber; (Wartenden) poser un lapin à; **etw (nicht) auf sich** Dat **~ lassen** (ne pas) encaisser qch; **locker ~** (Deckel, Schraube etc) ne pas être bien vissé; **so lange üben, bis der Stoff sitzt** (umg) répéter jusqu'à ce qu'on ait retenu sa leçon; **einen ~ haben** (umg) avoir un verre dans le nez; **er sitzt im Kultusministerium** (umg) il est au ministère de la Culture
sitzend adj (Tätigkeit) sédentaire
Sitz-: **~fleisch** (umg) nt: **~fleisch haben** (Gast) s'incruster; (ausdauernd sein) être têtu(e); **kein ~fleisch haben** (nicht ausdauernd sein) manquer d'endurance; **~gelegenheit** f siège m; **~ordnung** f plan m de table; **~platz** m siège m; **40 ~plätze** 40 places assises; **~streik** m sit-in m
Sitzung f (Versammlung) séance f
Sitzungssaal m salle f de conférences
Sizilianer, in [zitsili'a:nər(ɪn)] (-s, -) m(f) Sicilien(ne)
sizilianisch adj sicilien(ne)
Sizilien [zi'tsi:liən] (-s) nt la Sicile
Skai® [skaɪ] (-s) nt skaï® m
Skala ['ska:la] (-, **Skalen**) f (von Messinstrumenten) échelle f; (Farbskala) gamme f
Skalpell [skal'pɛl] (-s, -e) nt scalpel m
skalpieren [skal'pi:rən] vt scalper

Skandal [skan'da:l] (-s, -e) m scandale m
skandalös [skanda'lø:s] adj scandaleux(-euse)
Skandinavien [skandi'na:viən] (-s) nt la Scandinavie
Skandinavier, in m(f) Scandinave m/f
skandinavisch adj scandinave
Skat [ska:t] (-(e)s, -e od -s) m jeu de cartes pour trois joueurs
Skateboard ['ske:tbɔ:d] (-s, -s) nt planche f à roulettes
skaten ['ske:tən] vi (mit Inlineskates) faire du roller; (mit Skateboards) faire du skateboard
Skelett [ske'lɛt] (-(e)s, -e) nt squelette m
Skepsis ['skɛpsɪs] (-) f scepticisme m
skeptisch ['skɛptɪʃ] adj sceptique
Ski [ʃi:] (-s, -er) m ski m; **~ laufen** od **fahren** faire du ski; **~bob** m ski-bob m; **~fahrer, in** m(f) skieur(-euse); **~fliegen** nt saut m à ski; **~hütte** f relais m de ski; **~langlauf** m ski m de fond; **~läufer, in** m(f) skieur(-euse); **~lehrer, in** m(f) moniteur(-trice) de ski; **~lift** m téléski m; **~springen** nt saut m à ski; **~stiefel** m chaussure f de ski; **~stock** m bâton m de ski; **~wachs** nt fart m
Skizze ['skɪtsə] f esquisse f
skizzieren [skɪ'tsi:rən] vt esquisser; (Bericht) rédiger le brouillon de; (Plan etc) donner les grandes lignes de
Sklave ['skla:və] (-n, -n) m esclave m
Sklaventreiber (-s, -) (pej) m esclavagiste m
Sklaverei [skla:və'raɪ] f esclavage m
Sklavin f esclave f
sklavisch adj d'esclave
Sklerose [skle'ro:zə] f sclérose f
skontieren [skɔn'ti:rən] vt accorder une remise sur
Skonto ['skɔnto] (-s, -s) m od nt escompte m
Skooter ['sku:tər] (-s, -) m (auf Jahrmarkt etc) auto f tamponneuse
Skorbut [skɔr'bu:t] (-(e)s) m scorbut m
Skorpion [skɔrpi'o:n] (-s, -e) m scorpion m; (Astrol) Scorpion
Skrupel ['skru:pəl] (-s, -) m scrupule m; **s~los** adj sans scrupules
Skulptur [skʊlp'tu:r] f sculpture f
skurril [skʊ'ri:l] adj (geh) bizarre
Slalom ['sla:lɔm] (-s, -s) m slalom m
Slang [slɛŋ] (-s) m argot m; (Fachjargon) jargon m
Slawe ['sla:və] (-n, -n) m Slave m
Slawin f Slave f, femme f slave
slawisch adj slave
Slip [slɪp] (-s) m (Kleidungsstück) slip m
Slowake [slo'va:kə] m Slovaque m
Slowakei [slova'kaɪ] f Slovaquie f
Slowakin f Slovaque f
slowakisch adj slovaque
Slowenien [slo've:niən] nt la Slovénie
Slum [slam] (-s, -s) m quartier m de taudis
S. M. abk (= Seine Majestät) S.M.
Smaragd [sma'rakt] (-(e)s, -e) m émeraude f
Smog [smɔk] (-(s), -s) m smog m
Smoking ['smo:kɪŋ] (-s, -s) m smoking m

SMS (-, -) *f abk* (= *Short Message Service*) SMS *m*; **jdm eine ~ schicken** envoyer un SMS à qn
SMV (-, -s) *f abk* = **Schülermitverwaltung**
Snob [snɔp] (-s, -s) *m* snob *m*
snobistisch [sno'bɪstɪʃ] *adj* snob *unver*
SO *abk* (= *Südost(en)*) SE

 SCHLÜSSELWORT

so [zoː] *adv* **1** (*so sehr*) tellement; **das hat ihn so geärgert, dass ...** ça l'a tellement irrité que ...; **ein so altes Haus** une maison tellement vieille; **so groß/schön wie ...** (*im Vergleich*) aussi grand(e)/beau (belle) que ...; **so viel** (*ebenso viel*) autant; **so viel für heute!** ça suffit pour aujourd'hui!; **halb/doppelt so viel** deux fois moins/plus; **rede nicht so viel** tu parles trop; **so weit sein** (*umg: fertig*) être prêt(e); **so weit wie** *od* **als möglich** autant que possible, dans la mesure du possible; **ich bin so weit zufrieden** en gros, je suis satisfait; **das ist ja so weit ganz gut** jusqu'ici, ça n'est pas mal; **es ist bald so weit** ça y est presque; **so wenig wie möglich** le moins possible; **so wenig sie auch aß, sie wurde nicht dünner** elle avait beau manger très peu, elle ne maigrissait pas
2 (*auf diese Weise*) ainsi, comme ça; **mach es nicht so wie ich** ne suis pas mon exemple; **so oder so** de toute façon; **und so weiter** etc.; **oder so was** ou quelque chose du même genre; **das ist gut so** ça va bien comme ça; **so ist sie nun einmal** elle est comme ça; **so genannt** = **sogenannt**; **das habe ich nur so gesagt** je plaisantais; **so gut es geht** de mon/ton *etc* mieux
3 (*solch*): **so etwas ist noch nie passiert!** ça n'est encore jamais arrivé!, c'est la première fois que ça se produit!; **so ein Haus habe ich noch nie gesehen** je n'ai jamais vu une maison pareille!; **so ein Gauner/eine Unverschämtheit!** quel escroc/culot!; **so jemand wie ich** les gens comme moi; **na so was!** ça alors!
4 (*umg: umsonst*): **ich habe es so bekommen** je l'ai eu pour rien
▷ *konj:* **so wie es jetzt ist** dans les circonstances actuelles; *siehe auch* **sodass**
▷ *interj:* **so?** ah oui?; **so, das wärs** bon, voilà

s. o. *abk* = **siehe oben**
sobald [zo'balt] *konj* aussitôt que, dès que
Söckchen [zœkçən] *nt* socquette *f*
Socke [ˈzɔkə] *f* chaussette *f*; **sich auf die ~n machen** (*umg*) se mettre en route
Sockel [ˈzɔkəl] (-s, -) *m* (*von Pfeiler*) socle *m*; (*von Gebäude*) base *f*; (*für Glühbirne*) douille *f*
Sockenhalter *m* fixe-chaussette *m*
sodass [zo'das] *konj* si bien que; **sie brach sich ein Bein, ~ sie den Skiurlaub abbrechen musste** elle s'est cassé la jambe et a (donc) dû interrompre ses vacances de neige
Sodawasser [ˈzoːdavasər] *nt* eau *f* de Seltz
Sodbrennen [ˈzoːtbrɛnən] (-s, -) *nt* brûlures *fpl* d'estomac

Sodomie [zodo'miː] *f* sodomie *f*
soeben [zo'leːbən] *adv* (*vor sehr kurzer Zeit*) justement
Sofa [ˈzoːfa] (-s, -s) *nt* sofa *m*, canapé *m*
sofern [zo'fɛrn] *konj* à condition que
soff *etc* [zɔf] *vb siehe* **saufen**
Sofia [ˈzɔfia] *nt* Sofia
sofort [zo'fɔrt] *adv* immédiatement, tout de suite; **(ich) komme ~!** j'arrive!; **S~hilfe** *f* secours *mpl* d'urgence
sofortig *adj* immédiat(e)
Sofortmaßnahme *f* mesure *f* d'urgence
Softeis [ˈsɔftlais] (-es) *nt* crème *f* glacée
Softie [ˈzɔftiː] (*umg*) *m* homme *m* tendre
Software [ˈzɔftweːər] *f* (*Comput*) logiciel *m*; **s~kompatibel** *adj* compatible au plan du logiciel; **~-Paket** *nt* progiciel *m*
Sog (-(e)s, -e) *m* (*Strömung*) aspiration *f*; (*von Strudel*) mouvement *m*, tourbillon *m*
sog *etc* [zoːk] *vb siehe* **saugen**
sog. *abk* = **sogenannt**
sogar [zo'gaːr] *adv* même
sogenannt [ˈzoːgənant] *adj attrib* soi-disant *inv*; **sogleich** *adv* immédiatement, tout de suite
Sogwirkung *f* (*fig*) attraction *f*
Sohle [ˈzoːlə] *f* (*Fußsohle*) plante *f* (du pied); (*Schuhsohle*) semelle *f*; (*Talsohle etc*) fond *m*; (*Bergb*) étage *m*; **auf leisen ~n** à pas de loup; **sich** *Dat* **die ~n nach etw ablaufen** (*umg*) chercher qch partout
sohlen *vt* ressemeler
Sohn [zoːn] (-(e)s, -e) *m* fils *m*
Sojasoße [ˈzoːjazoːsə] *f* sauce *f* au soja
solang(e) *konj* tant que
Solar- [zo'laːr] *in zW* solaire; **~energie** *f* énergie *f* solaire; **~heizung** *f* chauffage *m* à l'énergie solaire
Solarium [zo'laːriʊm] (-s) *nt* solarium *m*
Solbad [ˈzoːlbaːt] *nt* (*Kurort*) centre *m* d'hydrothérapie (*eau salée*)
solch [zɔlç] *adj unver* tel(le)
solche, r, s *adj* tel(le); **ein ~r Mensch** une telle personne
Sold [zɔlt] (-(e)s, -e) *m* solde *f*
Soldat [zɔl'daːt] (-en, -en) *m* soldat *m*; **s~isch** *adj* (*Haltung*) de soldat; (*Disziplin*) militaire
Söldner [ˈzœldnər] (-s, -) *m* mercenaire *m*
Sole [ˈzoːlə] *f* saumure *f*
Solei [ˈzoːlai] *nt* œuf macéré dans du vinaigre
Soli [ˈzoːli] *pl von* **Solo**
solidarisch [zoli'daːrɪʃ] *adj* solidaire
solidarisieren [zolidari'ziːrən] *vr*: **sich ~ mit** se solidariser avec
Solidarität [zolidari'tɛːt] *f* solidarité *f*
Solidaritätsstreik [zolidari'tɛːtsʃtraik] *m* grève *f* de solidarité
Solidarpakt *m* mesures destinées à financer la réunification allemande
solid(e) [zo'liːd(ə)] *adj* (*Material*) solide; (*Leben, Person*) respectable; (*Arbeit, Wissen*) approfondi(e)
Solist, in [zo'lɪst(ɪn)] *m(f)* soliste *m/f*

Soll (-(s), -(s)) *nt* (Finanz) débit *m*; (Arbeitsmenge) objectif *m* (de production); ~ **und Haben** le débit et le crédit
soll *etc* [zɔl] *vb siehe* **sollen**

 SCHLÜSSELWORT

sollen ['zɔlən] (*pt* **sollte**, *pp* **gesollt** *od* (*als Hilfsverb*) **sollen**) *vb* *od* **1** (*Pflicht, Befehl*) devoir; **was soll ich tun?** que (dois-je) faire?; **du hättest nicht gehen sollen** tu n'aurais pas dû y aller; **komm, ruf einfach bei ihm an!** — **soll ich?** allez, appelle-le! — tu crois?; **soll ich dir helfen?** je peux t'aider?; **ich soll dich von ihm grüßen** il m'a demandé de bien te saluer; **du sollst nicht töten** (*Bibel*) tu ne tueras pas; **sag ihm, er soll warten** dis-lui d'attendre; **das sollst du nicht (machen** *od* **tun**) c'est défendu
2 (*Vermutung*): **sie soll verheiratet sein** elle serait mariée; **was soll das (heißen)?** qu'est-ce que ça signifie?; **was soll das sein?** qu'est-ce que c'est que ça?; **was solls?** et puis zut!; **man sollte glauben, dass ...** on dirait presque que ...; **sollte das passieren, ...** si cela devait se produire *od* le cas échéant, ...; **mir soll es gleich sein** pour moi, c'est du pareil au même
3 (*konjunktivisch*): **er sollte sie nie wiedersehen** il ne devait jamais la revoir

sollte *etc* ['zɔltə] *vb siehe* **sollen**
Solo (-s, -s *od* **Soli**) *nt* solo *m*
solo ['zo:lo] *adv* (*Mus*) en solo; (*umg*) tout(e) seul(e)
solvent [zɔl'vɛnt] *adj* solvable
Solvenz [zɔl'vɛnts] *f* solvabilité *f*
Somalia [zo'ma:lia] *nt* la Somalie
Sombrero [zɔm'bre:ro] (-s, -s) *m* sombrero *m*
somit [zo'mɪt] *konj* par conséquent, donc
Sommer ['zɔmər] (-s, -) *m* été *m*; ~ **wie Winter** été comme hiver; ~**ferien** *pl* vacances *fpl* d'été; (*Jur*) vacances judiciaires; ~**frische** *f* vacances *fpl* d'été; ~**halbjahr** *nt* semestre *m* d'été; ~**kleid** *nt* robe *f* d'été; **s~lich** *adj* (*Wetter*) estival(e); (*Kleidung*) d'été; ~**reifen** *m* pneu *m* (normal); **s~s** *adv* en été; ~**schlussverkauf** *m* soldes *mpl* d'automne; ~**semester** *nt* semestre *m* d'été; ~**sprossen** *pl* taches *fpl* de rousseur; ~**zeit** *f* été *m*
Sonate [zo'na:tə] *f* sonate *f*
Sonde ['zɔndə] *f* sonde *f*
Sonder- ['zɔndər] *in zW* spécial(e); ~**anfertigung** *f* modèle *m* fait sur mesure; ~**angebot** *nt* offre *f* spéciale; ~**ausgabe** *f* édition *f* spéciale; **s~bar** *adj* étrange; ~**beauftragte, r** *f(m)* envoyé(e) spécial(e); ~**fahrt** *f* excursion *f* spéciale; ~**fall** *m* exception *f*; **s~gleichen** *adj unver*: **eine Frechheit s~gleichen** une impertinence sans pareille; ~**konto** *nt* compte *m* spécial; **s~lich** *adj* (*sonderbar*) étrange; (*besonders, eigenartig*) particulier(-ière) ▷ *adv* (*besonders*) particulièrement; **ohne s~liche Begeisterung** sans grand enthousiasme; ~**ling** *m* original *m*; ~**marke** *f* timbre *m* spécial; ~**müll** *m* déchets *mpl* spéciaux
sondern *konj* mais ▷ *vt* séparer; **nicht nur ...,**

~ **auch ...** non seulement ..., mais encore ...
Sonder-: ~**preis** *m* prix *m* spécial; ~**regelung** *f* règle *f* spéciale, exception *f*; ~**schule** *f* établissement *m* scolaire spécialisé; ~**stempel** *m* (*bei Post*) cachet *m* (d'oblitération) spécial; ~**vergünstigungen** *pl* à-côtés *mpl*; ~**wünsche** *pl* souhaits *mpl* (particuliers); ~**zug** *m* train *m* spécial
sondieren [zɔn'di:rən] *vt* sonder ▷ *vi* sonder, faire un sondage
Sonett [zo'nɛt] (-(e)s, -e) *nt* sonnet *m*
Sonnabend ['zɔnla:bənt] *m* dimanche *m*; *siehe auch* **Dienstag**
Sonne ['zɔnə] *f* soleil *m*; **an die ~ gehen** sortir (au soleil)
sonnen *vt* mettre au soleil ▷ *vr* prendre des bains de soleil, se bronzer
Sonnen-: ~**aufgang** *m* lever *m* du *od* de soleil; **s~baden** *vi* prendre un bain *od* des bains de soleil; ~**blume** *f* tournesol *m*; ~**brand** *m* coup *m* de soleil; ~**brille** *f* lunettes *fpl* de soleil; ~**creme** *f* crème *f* solaire; ~**energie** *f* énergie *f* solaire; ~**finsternis** *f* éclipse *f* (de soleil); ~**fleck** *m* tache *f* solaire; **s~gebräunt** *adj* bronzé(e); ~**hut** *m* chapeau *m* de soleil *od* de plage; **s~klar** *adj* ensoleillé(e); (*umg: eindeutig*) clair(e) comme le jour; ~**licht** *nt* (lumière *f* du) soleil *m*; ~**milch** *f* lait *m* *od* lotion *f* solaire; ~**öl** *nt* huile *f* solaire; ~**schein** *m* soleil *m*; ~**schirm** *m* parasol *m*; ~**schutz** *m* protection *f* solaire *od* contre le soleil; ~**schutzfaktor** *m* facteur *m* de protection; ~**segel** *nt* vélum *m*; ~**stich** *m* insolation *f*; ~**system** *nt* système *m* solaire; ~**uhr** *f* cadran *m* solaire; ~**untergang** *m* coucher *m* de *od* du soleil; ~**wende** *f* solstice *m*; ~**zelle** *f* (*Phys*) cellule *f* photo-électrique
sonnig ['zɔnɪç] *adj* ensoleillé(e); (*Gemüt*) heureux(-euse)
Sonntag ['zɔnta:k] *m* dimanche *m*; *siehe auch* **Dienstag**
sonntäglich *adj attrib* du dimanche ▷ *adv*: ~ **gekleidet** endimanché(e)
sonntags *adv* le dimanche
Sonntagsdienst *m*: ~ **haben** (*Apotheke*) être ouvert(e) le dimanche
Sonntagsfahrer (*pej*) *m* chauffeur *m* du dimanche
sonst [zɔnst] *adv* (*außerdem*) sinon; (*in anderen Beziehungen*) autrement; (*zu anderer Zeit*) une autre fois; (*gewöhnlich*) d'habitude; (*ehemals*) avant ▷ *konj* sinon; **wer/was ~?** qui/quoi d'autre?; ~ **noch etwas?** et avec ça?, ce sera tout?; ~ **nichts** c'est tout; ~ **jemand** (*umg: wer auch immer*) quelqu'un d'autre, n'importe qui; **da kann ja ~ was passieren** il peut arriver quelque chose; ~ **wer** (*umg: wer auch immer*) quelqu'un d'autre, n'importe qui; ~ **wo** (*umg*) quelque part (d'autre) ailleurs; ~ **woher** (*umg*) de quelque part (d'autre); ~ **wohin** (*umg*) quelque part; **er denkt, er ist ~ wer** (*umg*) il se prend pour quelqu'un d'important; **alles war wie ~** rien n'avait changé; ~ **gehts dir gut?** (*ironisch: umg*) ça va pas?

sonstig adj autre; „**-es**" "divers"
sooft [zo'lɔft] konj aussi souvent que
Sopran [zo'praːn] (**-s, -e**) m (voix f de) soprano m; (Mensch) soprano m/f
Sopranistin [zopraˈnɪstɪn] f soprano f
Sopranschlüssel m clé f d'ut, première ligne f
Sorge ['zɔrɡə] f souci m; (Fürsorge) soin m; **dafür ~ tragen, dass …** (geh) veiller à ce que …; **sich** Dat **um jdn/etw ~n machen** se faire du souci pour qn/qch; **in ~ sein** se faire du souci
sorgen vi: **für jdn ~** s'occuper de qn ▷ vr se faire du souci; **sich ~ um** se faire du souci pour; **dafür ~, dass …** veiller à ce que …; **dafür ist gesorgt** on s'en occupe; **für Ruhe ~** rétablir le calme; **für große Aufregung ~** provoquer des remous; **~frei** adj (Leben) sans souci(s); **S~kind** nt enfant handicapé; **~voll** adj soucieux(-euse); (Worte) plein(e) d'inquiétude
Sorgerecht (**-(e)s**) nt droit m de garde
Sorgfalt ['zɔrkfalt] (**-**) f soin m; **viel ~ auf etw** Akk **verwenden** faire qch très soigneusement
sorgfältig adj (Arbeit) soigné(e)
sorglos adj (Leben) sans souci; (Mensch) insouciant(e)
sorgsam adj attentif(-ive)
Sorte ['zɔrtə] f (Art) sorte f; (Warensorte) variété f; **Sorten** pl (Finanz) devises fpl
sortieren [zɔr'tiːrən] vt trier
Sortiermaschine f trieuse f
sortiert adj assortis(-ies)
Sortiment [zɔrti'mɛnt] nt assortiment m, choix m
SOS nt abk SOS m
sosehr [zo'zeːr] konj malgré le fait que; **~ ich mich angestrengt habe, ich bin nicht fertig geworden** j'ai eu beau faire un gros effort od malgré mes efforts, je n'ai pas réussi à terminer
soso [zo'zoː] interj: **~!** (erstaunt) ah bon!; (drohend) ah ça!
Soße ['zoːsə] f (Koch) sauce f; (Salatsoße) vinaigrette f
Soufflé, Soufflee [zu'fleː] (**-s, -s**) nt soufflé m
Souffleur, -euse [zu'fløːr] m(f) souffleur(-euse) m/f
soufflieren [zu'fliːrən] vt souffler ▷ vi jouer les souffleurs
soundso ['zoːʊntzoː] adv: **~ lange/breit** etc de telle longueur/largeur etc
soundsovielte, r, s adj: **am S~n** (Datum) le tantième
Souterrain [zutɛ'rɛ̃ː] (**-s, -s**) nt sous-sol m
Souvenir [zuvə'niːr] (**-s, -s**) nt souvenir m
souverän [zuvə'rɛːn] adj (Staat) souverain(e); (Überlegen) supérieur(e); (ausgezeichnet) excellent(e) ▷ adv (fig) d'une manière remarquable
Souveränität [zuvəreni'tɛːt] f (Unabhängigkeit) souveraineté f; (Überlegenheit) supériorité f, autorité f
soviel [zo'fiːl] konj autant que; **~ ich weiß, …** (wie sehr) autant que je sache, …; siehe auch **so**
soweit [zo'vaɪt] konj (pour) autant que; siehe auch **so**

sowenig [zo've:niç] konj aussi peu que; siehe auch **so**
sowie [zo'viː] konj (sobald) dès que; (ebenso, und) ainsi que
sowieso [zovi'zoː] adv de toute façon
Sowjetbürger, in m(f) citoyen(ne) soviétique, Soviétique m/f
sowjetisch [zɔ'vjɛtɪʃ] adj soviétique
Sowjet-: **~republik** f république f soviétique; **~union** f Union f soviétique
sowohl [zo'voːl] konj: **~ … als** od **wie auch …** aussi bien … que …, autant … que …
sozial [zotsi'aːl] adj social(e) ▷ adv: **~ eingestellt** qui a une conscience sociale; **~es Jahr** année de service civil volontaire; **~er Wohnungsbau** ≈ HLM fpl; **S~abbau** m réductions fpl dans le budget des services sociaux; **S~abgaben** pl contributions fpl à la Sécurité sociale; **S~amt** nt (bureaux mpl des) services mpl sociaux; **S~arbeiter, in** m(f) travailleur(-euse) social(e); **S~beruf** m travail m social; **S~demokrat** m social-démocrate m; **~demokratisch** adj social(e)-démocrate; **S~fall** m cas m social; **S~hilfe** f aide f sociale, prestations fpl sociales
Sozialisation [zotsializatsi'oːn] f socialisation f
sozialisieren [zotsiali'ziːrən] vt (Wirts) étatiser; (Psych, Soziologie) socialiser
Sozialismus [zotsia'lɪsmʊs] m socialisme m
Sozialist, in [zotsia'lɪst(ɪn)] m(f) socialiste m/f; **s~isch** adj socialiste
Sozial-: **~kunde** f (Sch) éducation f civique; **~leistungen** pl cotisation f patronale (de Sécurité sociale); **~pädagoge, Sozialpädagogin** m(f) animateur(-trice) m/f socio-éducatif(-ive); **~partner** m partenaire m social; **~politik** f politique f sociale; **~produkt** nt produit m national; **~rente** f prestations fpl de vieillesse; **~staat** m État-providence m; **~versicherung** f ≈ Sécurité f sociale
Sozialwohnung f ≈ HLM f; voir article

◉ **SOZIALWOHNUNG**
◉
◉ Une Sozialwohnung est un appartement ou une
◉ maison que la municipalité loue à bas prix
◉ aux personnes à faibles revenus. Ces
◉ logements sociaux sont financés par les fonds
◉ publics. Les candidats à la Sozialwohnung
◉ doivent justifier leur demande.

Soziologe [zotsio'loːɡə] (**-n, -n**) m sociologue m
Soziologie [zotsiolo'giː] f sociologie f
Soziologin f sociologue f
soziologisch [zotsio'loːɡɪʃ] adj sociologique
Sozius ['zoːtsiʊs] (**-, -se**) m (Wirts) associé m; (Motorrad) passager m; **~sitz** m siège m du passager
sozusagen [zotsu'zaːɡən] adv pour ainsi dire
Spachtel ['ʃpaxtəl] (**-s, -**) m spatule f
spachteln vt (Mauerfugen, Ritzen) boucher ▷ vi (umg: essen) manger (de bon appétit)
Spagat [ʃpa'ɡaːt] (**-s, -e**) m od nt (Sport) grand écart m

Spag(h)etti [ʃpaˈɡɛti] *pl* spaghettis *mpl*
spähen [ˈʃpɛːən] *vi* regarder
Spalier [ʃpaˈliːr] (**-s, -e**) *nt* (*Gerüst*) espalier *m*; (*Leute*) haie *f*; ~ **stehen** *od* **ein ~ bilden** former *od* faire la haie; **~obst** *nt* fruits cultivés en espalier
Spalt [ʃpalt] (**-(e)s, -e**) *m* (*Öffnung*) ouverture *f*; (*in Fels*) fissure *f*; (*Türspalt*) entrebâillement *m*; (*fig: Kluft*) fossé *m*
Spalte *f* (*in Fels, in Mauer*) fissure *f*; (*Gletscherspalte*) crevasse *f*; (*in Text*) colonne *f*
spalten *vt* (*Holz*) fendre; (*Phys: Atomkerne*) provoquer la fission de; (*fig*) diviser ▷ *vr* (*Holz*) se fendre; (*Haare*) fourcher; (*Gruppe*) se diviser
Spaltung *f* (*fig*) scission *f*; (*Biol*) division *f*; (*Phys*) fission *f*; (*des Bewusstseins*) schizophrénie *f*
Span [ʃpaːn] (**(e)s, ˸e**) *m* copeau *m*
Spanferkel *nt* cochon *m* de lait
Spange [ˈʃpaŋə] *f* (*Haarspange*) barrette *f*; (*Schnalle*) boucle *f*; (*Armreif*) bracelet *m*
Spaniel [ˈʃpaːniəl] (**-s, -s**) *m* épagneul *m*
Spanien [ˈʃpaːniən] (**-s**) *nt* l'Espagne *f*
Spanier, in (**-s, -**) *m(f)* Espagnol(e)
spanisch *adj* espagnol(e); **das kommt mir ~ vor** (*umg*) ça me paraît bizarre; **~e Wand** paravent *m*
spann *etc* [ʃpan] *vb siehe* **spinnen**
Spann (**-(e)s, -e**) *m* cou-de-pied *m*; **~beton** (**-s**) *m* béton *m* armé; **~betttuch** *nt* drap-housse *m*; **~e** *f* (*Zeitspanne*) intervalle *m*; (*Differenz*) marge *f* (*bénéficiaire*)
spannen *vt* (*straffen*) tendre; (*Bogen*) bander; (*einlegen: Werkstück*) monter, fixer; (: *Briefbogen*) mettre ▷ *vi* (*Kleidung*) être trop serré(e) ▷ *vr* (*sich wölben: Brücke etc*) former un arc; **auf etw ~** (*umg: ungeduldig warten*) guetter qch
spannend *adj* passionnant(e)
Spanner (**-s, -**) *m* (*Hosenspanner*) cintre *m* (pour pantalons); (*Schuhspanner*) embauchoir *m*
Spannkraft *f* tension *f*; (*fig*) énergie *f*
Spannung *f* tension *f*; (*fig: Neugier*) suspense *m*
Spannungsgebiet *nt* région *f* conflictuelle
Spannungsmesser *m* voltmètre *m*
Spannweite *f* (*von Flügeln, Flug*) envergure *f*
Spanplatte *f* (*panneau m* en) aggloméré *m*
Spar-: **~brief** *m* (*Finanz*) lettre *f* de crédit; **~buch** *nt* carnet *m* d'épargne; **~büchse** *f* tirelire *f*
sparen [ˈʃpaːrən] *vt, vi* économiser; **sich** *Dat* **etw ~** (*Arbeit*) éviter qch; (*Bemerkung*) garder qch pour soi; **mit etw ~** économiser (sur) qch, faire des économies de qch; **an etw** *Dat* **~** économiser (sur) qch
Sparer (**-s, -**) *m* (*bei Bank etc*) épargnant *m*
Sparflamme *f* petite flamme *f*; **auf ~** (*umg*) sans se presser
Spargel [ˈʃparɡəl] (**-s, -**) *m* asperge *f*
Spar-: **~girokonto** *nt* compte *m* d'épargne; **~groschen** *m* pécule *m*; **~kasse** *f* caisse *f* d'épargne; **~konto** *nt* compte *m* d'épargne
spärlich [ˈʃpɛːrlɪç] *adj* (*Rest*) petit(e); (*Ertrag*) maigre; (*Haar*) rare; (*Bekleidung*) modeste; (*Beleuchtung*) faible
Spar-: **~maßnahme** *f* mesure *f* d'économie; **~packung** *f* paquet *m* familial; **~programm** *nt*

(*bei Waschmaschine*) programme *m* économique; (*in Politik*) programme d'économies; **s~sam** *adj* (*Mensch*) économe; (*Gerät, Auto*) économique; **s~sam im Verbrauch** à faible consommation (d'énergie), économique; **~samkeit** *f* sens *m* de l'économie; **~schwein** *nt* tirelire *f* (*en forme de petit cochon*)
spartanisch [ʃparˈtaːnɪʃ] *adj* spartiate
Sparte [ˈʃpartə] *f* secteur *m*; (*Presse*) rubrique *f*
Sparvertrag (**-(e)s, ˸e**) *m* contrat *m* d'épargne
Spaß [ʃpaːs] (**-es, ˸e**) *m* (*Scherz*) plaisanterie *f*; (*Freude*) plaisir *m*; **jdm ~ machen** amuser qn; **viel ~!** amuse-toi bien!; **er versteht keinen ~** il n'a pas le sens de l'humour; **s~en** *vi* plaisanter; **mit ihm ist nicht zu s~en** c'est quelqu'un qui ne plaisante pas
spaßeshalber *adv* par plaisanterie, pour rire
spaßhaft *adj* drôle
spaßig *adj* = **spaßhaft**
Spaß-: **~macher** *m* plaisantin *m*; **~verderber** (**-s, -**) *m* rabat-joie *m inv*; **~vogel** *m* plaisantin *m*
Spastiker [ˈʃpastikər] (**-s, -**) *m* handicapé *m* moteur
spastisch *adv*: ~ **gelähmt** handicapé(e) moteur
spät [ʃpɛːt] *adj* tardif(-ive) ▷ *adv* tard; **heute Abend wird es** ~ ce n'est pas aujourd'hui qu'on ira se coucher tôt; **wie ~ ist es?** quelle heure est-il?; **~nachts** tard le soir, tard dans la nuit
Spaten [ˈʃpaːtən] (**-s, -**) *m* pelle *f*, bêche *f*
später *adj* ultérieur(e); (*zukünftig*) futur(e) ▷ *adv* plus tard; **an ~ denken** penser à l'avenir; **bis ~!** (*umg*) à tout à l'heure!
spätestens *adv* au plus tard
Spätlese *f* (*Wein*) vin vendangé tardivement
Spatz [ʃpats] (**-en, -en**) *m* moineau *m*
Spätzle [ˈʃpɛtslə] *pl* pâtes aux œufs
spazieren [ʃpaˈtsiːrən] *vi* se promener; ~ **fahren** (aller) faire un tour; **jdn/etw ~ fahren** (*ausfahren*) emmener qn/qch faire un tour; (*Baby*) aller promener qn; ~ **gehen** aller se promener
Spazier-: **~gang** *m* promenade *f*; **einen ~gang machen** aller se promener, faire une promenade; **~gänger, in** *m(f)* promeneur(-euse); **~stock** *m* canne *f*; **~weg** *m* sentier *m*
SPD *f abk* (= *Sozialdemokratische Partei Deutschlands*) parti social-démocrate allemand; *voir article*

● **SPD**
●
●
● Le SPD (Sozialdemokratische Partei
● Deutschlands), le Parti social-démocrate,
● existe depuis 1945. C'est le plus grand parti
● politique allemand.

Specht [ʃpɛçt] (**-(e)s, -e**) *m* (*Zool*) pic *m*
Speck [ʃpɛk] (**-(e)s, -e**) *m* lard *m*; **mit ~ fängt man Mäuse** (*Sprichwort*) ≈ on ne prend pas les mouches avec du vinaigre; **ran an den ~** (*umg*) au boulot!
speckig *adj* (*abgewetzt*) élimé(e)
Spediteur [ʃpediˈtøːr] *m* entrepreneur *m* de transports; (*Möbelspediteur*) entreprise *f* de déménagement

Spedition [ʃpeditsiˈoːn] f (Beförderung) transport m; (Speditionsfirma) entreprise f de transports; (Umzugsfirma) entreprise de déménagement

Speer [ʃpeːr] (-(e)s, -e) m lance f; (Sport) javelot m; **~werfen** nt lancer m du javelot

Speiche [ˈʃpaɪçə] f (von Rad) rayon m

Speichel [ˈʃpaɪçəl] (-s) m salive f; **~lecker** (pej: umg) m lèche-cul m

Speicher [ˈʃpaɪçər] (-s, -) m (Lagergebäude) entrepôt m; (Dachspeicher) grenier m; (Kornspeicher) grenier à blé; (Wasserspeicher) réservoir m; (Comput) mémoire f

speichern vt (lagern) mettre en réserve, entreposer; (Wasser) accumuler; (Comput) enregistrer

speien [ˈʃpaɪən] unreg vt cracher ▷ vi (spucken) cracher; (sich übergeben) vomir

Speise [ˈʃpaɪzə] f mets m, plat m; **kalte und warme ~n** plats chauds et froids, plats cuisinés et sandwichs; **~eis** nt (Koch) glace f; **~fett** nt graisse f et huile f alimentaire; **~kammer** f garde-manger m inv; **~karte** f menu m

speisen vi (geh: essen) manger ▷ vt (Tech: versorgen): **~ mit** alimenter en

Speise-: **~öl** nt huile f alimentaire; **~röhre** f œsophage m; **~saal** m salle f à manger; **~wagen** m wagon-restaurant m; **~zettel** m menu m

Spektakel [ʃpɛkˈtaːkəl] (-s, -) nt (Veranstaltung) spectacle m ▷ m (umg: Lärm) tohu-bohu m, boucan m

spektakulär [ʃpɛktakuˈlɛːr] adj spectaculaire

Spektrum [ˈʃpɛktrʊm] (-s, -tren) nt (Phys) spectre m; (geh: fig) éventail m

Spekulant, in [ʃpekuˈlant(ɪn)] m(f) spéculateur(-trice)

Spekulation [ʃpekulatsiˈoːn] f spéculation f

Spekulatius [ʃpekuˈlaːtsiʊs] (-, -) m (Koch) biscuit sec aux épices, spéculoos m

spekulieren [ʃpekuˈliːrən] vi (Finanz) faire de la spéculation; **auf etw** Akk **~** (umg) miser sur qch

Spelunke [ʃpeˈlʊŋkə] (pej) f bouge m

spendabel [ʃpɛnˈdaːbəl] (umg) adj généreux(-euse)

Spende [ˈʃpɛndə] f don m

spenden vt (Geld) donner, faire don de; (Blut, Wasser) donner; (Schatten) faire; (Seife) distribuer; **S~konto** nt compte sur lequel peuvent être versés des dons

Spender, in (-s, -) m(f) donateur(-trice); (Med) donneur(-euse) ▷ m (Gerät) distributeur m

spendieren [ʃpɛnˈdiːrən] vt offrir

Spengler [ˈʃpɛŋlər] (-s, -) m plombier m

Sperling [ˈʃpɛrlɪŋ] m moineau m

Sperrbezirk m zone f interdite

Sperre f (Gegenstand) barrière f; (Fahrkartensperre, Eingangssperre) portillon m; (Verbot) interdiction f, embargo m; (Polizeisperre) barrage m; **über etw** Akk **eine ~ verhängen** interdire qch, mettre un embargo sur qch

sperren [ˈʃpɛrən] vt fermer; (verbieten) interdire; (Konto) bloquer; (Comput) invalider; (Sport: Spieler)

suspendre; (einschließen) enfermer ▷ vr: **sich ~ gegen** (sich sträuben) s'opposer à ▷ vi (klemmen) être bloqué(e); (schließen) fermer

Sperr-: **~feuer** nt (Mil) tir m de barrage; (fig) avalanche f; **~frist** f période f de suspension; **~gebiet** nt zone f interdite; **~gut** nt marchandises f pl encombrantes; **~holz** nt contre-plaqué m

sperrig adj encombrant(e)

Sperr-: **~konto** nt compte m bloqué; **~müll** m déchets m pl encombrants; **~sitz** m (Theat) fauteuil m d'orchestre; **~stunde** f heure de fermeture légale des cafés etc; **~vermerk** m clause f od adjonction f restrictive

Spesen [ˈʃpeːzən] pl frais m pl

Spessart [ˈʃpɛsart] (-s) m plateau boisé de l'Allemagne moyenne

Spezi [ˈʃpeːtsi] (-s, -s) (umg) m (Freund) pote m; (Getränk) coca-limonade m

Spezial- [ʃpetsiˈaːl] in zW spécial(e); **s~angefertigt** adj fait(e) sur mesure; **~ausbildung** f formation f spécialisée; **~ausführung** f modèle m spécial; **~gebiet** nt domaine m de spécialisation, spécialité f

spezialisieren [ʃpetsialiˈziːrən] vr: **sich auf etw** +Akk **~** se spécialiser dans qch

Spezialisierung f spécialisation f

Spezialist, in [ʃpetsiaˈlɪst(ɪn)] m(f): **ein ~ für etw** un spécialiste de qch

Spezialität [ʃpetsialiˈtɛːt] f spécialité f

speziell [ʃpetsiˈɛl] adj spécial(e) ▷ adv spécialement

Spezifikation [ʃpetsifikatsiˈoːn] f spécification f

spezifisch [ʃpeˈtsiːfɪʃ] adj spécifique

Sphäre [ˈsfɛːrə] f sphère f

Sphinx [sfɪŋks] (-, -e) f sphinx m

spicken [ˈʃpɪkən] vt (Koch) larder, entrelarder; (Rede) entrelarder ▷ vi (Sch: umg) copier

Spickzettel (-s, -) (umg) m (Sch) antisèche m, tube m

spie etc [ʃpiː] vb siehe **speien**

Spiegel [ˈʃpiːgəl] (-s, -) m miroir m; (Wasserstand) niveau m; (Übersicht) tableau m récapitulatif; (an Uniform) patte f (sur le col d'un uniforme); **~bild** nt reflet m, image f; **s~bildlich** adj (Abbildung) inversé(e)

Spiegelei [ˈʃpiːgəlaɪ] nt œuf m au plat

spiegeln vt refléter ▷ vr se refléter ▷ vi (blitzen) briller; (blenden) éblouir; (reflektieren) réfléchir la lumière

Spiegelreflexkamera f appareil m reflex

Spiegelschrift f écriture f inversée

Spiegelung f reflet m

spiegelverkehrt adj inversé(e)

Spiel [ʃpiːl] (-(e)s, -e) nt jeu m; (Sport: Wettkampf) match m; (Schauspiel) pièce f; **leichtes ~ (mit od bei jdm) haben** avoir beau jeu (avec qn); **die Hand** od **Finger im ~ haben** être compromis(e); **jdm/etw aus dem ~ lassen** ne pas impliquer qn/ y mêler qch; **sie liebt das ~ mit dem Feuer** elle aime jouer avec le feu; **auf dem ~ stehen** être en jeu; **etw aufs ~ setzen** mettre qch en jeu;

~automat *m* machine *f* à sous; ~bank *f* casino *m*; ~dose *f* boîte *f* à musique

spielen *vt* (*Instrument*) jouer de; (*Spiel*) jouer à ▷ *vi* jouer; (*stattfinden*) se passer; **etw ~ lassen** (*Beziehungen*) faire jouer qch; **was wird hier gespielt?** (*umg*) mais qu'est-ce qui se passe ici?

spielend *adv* avec une grande facilité

Spieler, in (**-s, -**) *m(f)* joueur(-euse)

Spielerei [ʃpiːləˈraɪ] *f* (*nichts Anstrengendes*) jeu *m* d'enfant; (*pej: unwichtiges Extra*) gadget *m*

spielerisch *adj* enjoué(e); ~**es Können** (*Sport*) aisance *f*, excellent jeu *m*

Spiel-: ~**feld** *nt* terrain *m*; ~**film** *m* film *m* (*long métrage*); ~**geld** *nt* (*Einsatz*) mise *f*; (*unechtes Geld*) argent *m* factice; ~**karte** *f* carte *f* à jouer; ~**kasino** *nt* casino *m*; ~**konsole** *f* console *f* de jeu; ~**leiter** *m* (*Theat*) régisseur *m*; (*bei Quiz, Gesellschaftsspiel etc*) meneur *m* de jeu; ~**mannszug** *m* fanfare *f*; ~**plan** *m* (*Theat*) programme *m*; ~**platz** *m* aire *f* de jeu; ~**raum** *m* (*fig*) jeu *m*, liberté *f*; ~**regel** *f* règle *f* du jeu; ~**sachen** *pl* jouets *mpl*; ~**stand** *m* score *m*; ~**straße** *f* rue interdite aux voitures, pour permettre aux enfants d'y jouer; ~**tisch** *m* table *f* de jeu od à jouer; ~**uhr** *f* boîte *f* à musique; ~**verderber** (**-s, -**) *m* trouble-fête *m inv*; ~**waren** *pl* jouets *mpl*; ~**zeit** *f* (*Saison*) saison *f*; (*Spieldauer*) temps *m* de jeu; ~**zeug** *nt* (*Gesamtheit*) jouets *mpl*; (*einzelner Gegenstand*) jouet *m*

Spieß [ʃpiːs] (**-es, -e**) *m* (*Waffe*) lance *f*; (*Bratspieß*) broche *f*; (*Schaschlikspieß*) brochette *f*; (*Mil: umg*) sergent *m*; **den ~ umdrehen** od **umkehren** (*fig*) passer à l'attaque, retourner la situation; **schreien** od **brüllen wie am ~** (*umg*) crier comme un enragé

Spießbürger (*pej*) *m* (petit) bourgeois *m*

spießen *vt*: **etw auf etw ~** (*auf Gabel*) piquer qch avec qch; (*feststecken*) épingler qch sur qch

Spießer (**-s, -**) (*pej*) *m* (petit) bourgeois *m*

spießig (*pej*) *adj* (petit(e)-)bourgeois(e)

Spießrutenlauf [ˈʃpiːsruːtənlaʊf] *m* (*fig*) fait d'affronter une foule hostile

Spikes [spaɪks] *pl* (*Sport*) chaussures *fpl* à pointes; (*Aut*) pneus *mpl* à clous

Spike(s)reifen [ˈʃpaɪk(s)raɪfən] *m* pneu *m* à clous

Spinat [ʃpiˈnaːt] (**-(e)s, -e**) *m* épinards *mpl*

Spind [ʃpɪnt] (**-(e)s, -e**) *m* od *nt* (petite) armoire *f*

spindeldürr [ˈʃpɪndəlˈdYr] *adj* très maigre, chétif(-ive)

Spinett [ʃpiˈnɛt] (**-(e)s, -e**) *nt* épinette *f*

Spinne [ˈʃpɪnə] *f* araignée *f*

spinnefeind (*umg*) *adj*: **mit jdm ~ sein** être à couteaux tirés avec qn; **sich** od **einander** *Dat* ~ **sein** être à couteaux tirés

spinnen *unreg vt* (*Garn*) filer; (*Netz*) tisser ▷ *vi* (*umg*: *verrückt sein*) dérailler

Spinnengewebe *nt* = **Spinngewebe**

Spinnennetz *nt* toile *f* d'araignée

Spinner, in (**-s, -**) (*umg*) *m(f)* cinglé(e)

Spinnerei [ʃpɪnəˈraɪ] *f* filature *f*; (*umg*) folie *f*

Spinngewebe *nt* toile *f* d'araignée

spinnig (*umg*) *adj* (*verrückt*) cinglé(e)

Spinnrad *nt* rouet *m*

Spinnwebe *f* toile *f* d'araignée

Spion [ʃpiˈoːn] (**-s, -e**) *m* espion *m*; (*Guckloch*) judas *m*

Spionage [ʃpioˈnaːʒə] *f* espionnage *m*; ~**abwehr** *f* contre-espionnage *m*; ~**dienst** *m* services *mpl* secrets; ~**satellit** *m* satellite-espion *m*

spionieren [ʃpioˈniːrən] *vi* faire de l'espionnage

Spionin *f* espionne *f*

Spirale [ʃpiˈraːlə] *f* spirale *f*; (*Med*) stérilet *m*

Spirituosen [ʃpirituˈoːzən] *pl* spiritueux *mpl*

Spiritus [ˈʃpiːritus] (**-, -se**) *m* alcool *m*; ~**kocher** *m* réchaud *m* à alcool

Spital [ʃpiˈtaːl] (**-s, ̈er**) (*Österr, Schweiz*) *nt* hôpital *m*

Spitz (**-es, -e**) *m* (*Zool*) loulou *m* (de Poméranie)

spitz [ʃpɪts] *adj* (*Nadel, Messer*) pointu(e); (*Bleistift*) taillé(e); (*Math: Winkel*) obtus(e); (*Gesicht*) émacié(e); (*Zunge*) bien pendu(e); (*Bemerkung*) acerbe; ~**bekommen** *unreg* (*umg*) *vt*: **etw** ~**bekommen** découvrir qch; **S~bogen** *m* arc *m* en ogive; **S~bube** *m* (*umg: Schlingel*) petit gredin *m*

spitze (*umg*) *adv* (*toll*) super bien

Spitze *f* pointe *f*; (*vorderer Teil, erster Platz*) tête *f*; (*gew pl: Gewebe*) dentelle *f*; (*Stichelei*) coup *m* de griffe; (*Bemerkung*) remarque *f* acerbe; (*führende Gruppe*) direction *f*; **etw auf die ~ treiben** dépasser les bornes od aller trop loin avec qch; **das ist einsame ~!** (*umg: toll*) c'est super!

Spitzel (**-s, -**) *m* indicateur *m* (de police)

spitzen *vt* (*Bleistift*) tailler; (*Ohren*) dresser

Spitzen- *in zW* (*erstklassig, höchste*) de première catégorie, excellent(e); (*aus Spitze*) en dentelle; ~**marke** *f* excellente marque *f*; ~**reiter** *m* (*Sport*) leader *m*; (*Kandidat*) favori *m*; (*Ware*) article *m* très demandé; (*Schlager*) disque *m* en tête du hit-parade; ~**sportler, in** *m(f)* sportif(-ive) de première catégorie, champion(ne) *m/f*; ~**tanz** *m* pointes *fpl*; ~**verband** *m* organisation *f* leader dans son secteur; ~**zeit** *f* (*Hauptverkehrszeit*) heures *fpl* de pointe; (*Bestzeit*) meilleur temps *m*

Spitzer (**-s, -**) *m* taille-crayon *m*

spitzfindig *adj* subtil(e)

spitzig *adj siehe* **spitz**

Spitz-: ~**kehre** *f* (*Haarnadelkurve*) virage *m* en épingle à cheveux; (*Ski*) conversion *f*; ~**maus** *f* musaraigne *f*; ~**name** *m* surnom *m*

Spleen [ʃpliːn] (**-s, -e** od **-s**) (*umg*) *m* manie *f*

Splitt [ʃplɪt] (**-s, -e**) *m* gravillons *mpl*

Splitter (**-s, -**) *m* éclat *m*; **s~fasernackt** (*umg*) *adj* nu(e) comme un ver; ~**gruppe** *f* groupe *m* dissident

SPÖ (**-**) *f abk* (= *Sozialdemokratische Partei Österreichs*) *parti social-démocrate autrichien*

sponsern [ˈʃpɔnzərn] *vt* sponsoriser

Sponsor [ˈʃpɔnzɔr] (**-s, -s**) *m* sponsor *m*

spontan [ʃpɔnˈtaːn] *adj* spontané(e)

Spontaneität [ʃpɔntaneiˈtɛːt] *f* spontanéité *f*

sporadisch [ʃpoˈraːdɪʃ] *adj* sporadique

Spore [ˈʃpoːrə] *f* spore *f*

Sporn [ʃpɔrn] (**-(e)s, Sporen**) *m* éperon *m*

Sport [ʃpɔrt] (**-(e)s, -e**) *m* sport *m*; (*fig*) passe-temps *m inv*; ~ **treiben** faire du sport; **sich** *Dat* **einen ~ aus etw machen** prendre un malin

plaisir à faire qch; **~abzeichen** nt brevet m
sportif; **~artikel** m (gew pl) article m de sport;
~fest nt fête f sportive; **~flugzeug** nt petit avion
m; **~geist** m esprit m sportif; **~halle** f salle f de
sport; **~klub** m club m sportif; **~lehrer, in** m(f)
professeur m d'éducation physique

Sportler, in (**-s, -**) m(f) sportif(-ive)

sport-: **~lich** adj sportif(-ive); (fair) fair-play inv,
sportif(-ive); (Kleidung, Auto) de sport; **~lich-
elegant** d'une élégance décontractée;
S~medizin f médecine f du sport; **S~platz** m
terrain m de sport; **S~schuh** m (Turnschuh)
chaussure f de sport, basket f; (sportlicher Schuh)
chaussure sport

Sportsfreund (umg) m (fig) ami m

Sport-: **~stadion** nt stade m; **~verein** m club m
sportif; **~wagen** m voiture f de sport; **~zeug** nt
affaires fpl de sport

Spot [spɔt] (**-s, -s**) m spot m

Spott [ʃpɔt] (**-(e)s**) m railleries fpl; **s~billig** (umg)
adj (Ware) donné(e); **s~en** vi: **s~en über** +Akk se
moquer de; **das s~et jeder Beschreibung** c'est
indescriptible

Spötter (**-s, -**) m moqueur m

spöttisch [ʃpœtɪʃ] adj moqueur(-euse)

sprach etc [ʃpraːx] vb siehe **sprechen**

Sprachbarriere f barrière f linguistique

sprachbegabt adj doué(e) pour les langues

Sprache f langue f; (Sprechfähigkeit) parole f;
(Ausdrucksweise) style m; (Art zu Sprechen) manière f
de parler; (durch Zeichen, Musik etc) langage m;
heraus mit der ~! (umg) parle!; **zur ~ kommen**
être mentionné(e); **jdm bleibt die ~ weg** qn
reste bouche bée; **etw zur ~ bringen**
mentionner qch; **in französischer ~** en langue
française

Sprachenschule f école f de langues

Sprach-: **~fehler** m défaut m d'élocution;
~fertigkeit f facilité f od aisance f (à s'exprimer);
~führer m manuel m de conversation;
~gebrauch m usage m; **~gefühl** nt sens m
linguistique; **~kenntnisse** pl connaissances fpl
linguistiques, langues fpl étrangères; **keine
~kenntnisse haben** ne pas parler de langues
étrangères; **mit guten englischen
~kenntnissen** avec de bonnes connaissances
d'anglais; **~kurs** m cours m de langue; **~labor** nt
laboratoire m de langues; **~lehre** f grammaire f;
s~lich adj (Vergleich) linguistique; **s~los** adj
muet(te); (erschrocken) héberlué(e), muet(te);
~rohr nt (fig) voix f; **~störung** f défaut m
d'élocution; **~wissenschaft** f linguistique f

sprang etc [ʃpraŋ] vb siehe **springen**

Spray [spreː] (**-s, -s**) m od nt spray m; **~dose** f
aérosol m, spray m

sprayen vt vaporiser

Sprechanlage f interphone m

Sprechblase f bulle f

sprechen [ʃpreçən] unreg vi parler ▷ vt (Worte)
dire; (Sprache) parler; (jdn) parler à; **mit jdm ~**
parler avec qn; **über etw** Akk **~** parler de qch; **das
spricht für ihn** c'est tout à son honneur; **frei ~**

parler librement; **nicht gut auf jdn/etw zu ~
sein** ne pas avoir une haute opinion de qn/qch;
es spricht vieles dafür, dass ... tout semble
indiquer que ...; **hier spricht man Spanisch** ici
on parle espagnol; **wir ~ uns noch!** je n'ai pas dit
mon dernier mot!

sprechend adj (Augen) expressif(-ive); (Beweis)
formel(le)

Sprecher, in (**-s, -**) m(f) locuteur(-trice); (für
Gruppe) porte-parole m inv; (Rundf, TV) speaker(ine)

Sprech-: **~funk** m radio f; **~funkgerät** nt radio f;
~stunde f consultation f; **~stundenhilfe** f
secrétaire f médicale; **~zelle** f (förmlich:
Telefonzelle) cabine f téléphonique; **~zimmer** nt
cabinet m (de consultation)

spreizen [ʃpraɪtsən] vt (Beine, Finger) écarter;
(Flügel) déployer ▷ vr (sich zieren) se faire prier

Spreizfuß m (Med) pied m tourné en dehors

Sprengbombe f bombe f explosive

sprengen [ʃprɛŋən] vt (mit Sprengstoff; Spielbank)
faire sauter; (Tür) enfoncer, forcer; (Schloss)
forcer; (Versammlung) faire se dissoudre; (Rasen)
arroser

Spreng-: **~kopf** m ogive f; **~ladung** f, **~satz** m
charge f d'explosifs; **~stoff** m explosif m;
~stoffanschlag m attentat m à la bombe

Spreu [ʃprɔʏ] (**-**) f balle f (des céréales)

sprichst etc [ʃprɪçst] vb siehe **sprechen**

Sprichwort nt proverbe m, dicton m

sprichwörtlich adj proverbial(e)

sprießen [ʃpriːsən] unreg vi (se mettre à) pousser

Springbrunnen m jet m d'eau

springen [ʃprɪŋən] unreg vi sauter; (umg: schnell
laufen) courir; (Ball) rebondir; (zerspringen) se
casser, se fêler; **etw ~ lassen** (umg) offrir qch;
etw springt (jdm) in die Augen qch saute aux
yeux (de qn)

springend adj: **der ~e Punkt** ce qui compte

Springer (**-s, -**) m (Sport) sauteur m; (Schach)
cavalier m; (Angestellter) homme m à tout faire

Spring-: **~flut** f grande marée f (à l'époque des
syzygies); **~form** f (Koch) moule m à gâteau (à bords
amovibles); **~reiten** nt (Sport) jumping m; **~seil** nt
corde f à sauter

Sprinkler [ʃprɪŋklər] (**-s, -**) m arroseur m

sprinten [ʃprɪntən] vi piquer un sprint, sprinter

Sprit [ʃprɪt] (**-(e)s, -e**) (umg) m essence f

Spritze [ʃprɪtsə] f piqûre f; (an Schlauch) buse f;
(Löschgerät) tuyau m d'incendie

spritzen vt (verspritzen) gicler; (anspritzen) arroser;
(Med) faire une piqûre de, injecter; (Wein) couper
▷ vi (Wasser, heißes Fett) gicler; **sie spritzt** (Drogen)
elle se shoote

Spritzer (**-s, -**) m (Wodka etc) goutte f, giclée f;
(Farbspritzer, Wasserspritzer) goutte

spritzig adj (Wein) nerveux(-euse); (Auto) qui a de
bonnes reprises, nerveux(-euse)

Spritzpistole f pistolet m

Spritztour (umg) f petit tour m

spröde [ʃprøːdə] adj (Material) cassant(e); (Haut)
sec(sèche), desséché(e); (Stimme) rauque; (Person)
austère

Spross (**-es, -e**) *m* (*von Pflanze*) pousse *f*; (*Kind*) rejeton *m*
spross *etc* [ʃprɔs] *vb siehe* **sprießen**
Sprosse [ˈʃprɔsə] *f* (*von Leiter*) barreau *m*, échelon *m*
Sprossenwand *f* espalier *m*
Sprössling [ˈʃprœslɪŋ] (*umg*) *m* (*Kind*) rejeton *m*
Sprotte [ˈʃprɔtə] *f* sprat *m* (*petit poisson*)
Spruch [ʃprʊx] (**-(e)s, ̈-e**) *m* dicton *m*; (*Jur: Richterspruch*) jugement *m*; **Sprüche** *pl* (*pej: Phrasen*) verbiage *msg*; **Sprüche machen** *od* **klopfen** (*umg*) parler pour ne rien dire; **~band** *nt* bannière *f*
spruchreif *adj*: **die Sache ist noch nicht ~** il est trop tôt pour en discuter; **die Sache ist jetzt ~** on peut en parler, maintenant
Sprudel [ˈʃpruːdəl] (**-s, -**) *m* eau *f* minérale gazeuse
sprudeln *vi* jaillir; (*kochendes Wasser*) bouillonner; **~ vor** (*Mensch*) pétiller de
Sprudelwasser *nt* eau *f* minérale gazeuse
Sprühdose *f* spray *m*, aérosol *m*
sprühen *vt* (*Wasser*) vaporiser; (*Funken*) faire jaillir ▷ *vi* jaillir; **~ vor** (*fig*) pétiller de
Sprühregen *m* petite pluie *f* fine, bruine *f*
Sprung [ʃprʊŋ] (**-(e)s, ̈-e**) *m* saut *m*; (*Riss*) fissure *f*; **immer auf dem ~ sein** (*umg*) ne pas tenir en place; **jdm auf die Sprünge helfen** donner un coup de main à qn, dépanner qn; **auf einen ~ bei jdm vorbeikommen** (*umg*) faire un saut chez qn; **damit kann man keine großen Sprünge machen** (*umg*) ça ne permet pas de faire des folies; **~brett** *nt* tremplin *m*; (*am Schwimmbecken*) plongeoir *m*; **~feder** *f* ressort *m*; **s~haft** *adj* (*Mensch*) qui ne tient pas en place; (*Aufstieg*) fulgurant(e); **~schanze** *f* tremplin *m* (de ski); **~tuch** *nt* (*zur Rettung*) filet *m*; (*bei Trampolin*) toile *f*; **~turm** *m* grand plongeoir *m* (*de plongée de haut vol*)
Spucke [ˈʃpʊkə] (**-**) *f* salive *f*
spucken *vt* cracher ▷ *vi* cracher; (*umg: erbrechen*) vomir; **in die Hände ~** (*fig*) mettre la main à la pâte
Spucknapf (**-(e)s, -e**) *m* crachoir *m*
Spuk [ʃpuːk] (**-(e)s, -e**) *m* esprit *m*, revenant *m*; (*fig*) horreur *f*
spuken *vi* (*Geist*) hanter les lieux; **hier spukt es** cet endroit est hanté
Spülbecken *nt* (*in Küche*) évier *m*
Spule [ˈʃpuːlə] *f* bobine *f*
Spüle [ˈʃpyːlə] *f* évier *m*
spulen *vt* enrouler, bobiner
spülen *vt* (*Geschirr*) laver, faire; (*ausspülen, nachspülen*) rincer ▷ *vi* (*abspülen*) faire la vaisselle; (**die Toilette**) ~ tirer la chasse (d'eau); **etw an Land ~** rejeter qch sur le rivage
Spül-: **~gang** *m* programme *m* de rinçage; **~maschine** *f* lave-vaisselle *m* *inv*; **~mittel** *nt* produit *m* pour la vaisselle; **~stein** *m* évier *m*
Spülung *f* rinçage *m*; (*Med*) lavement *m*; (*Wasserspülung*) chasse *f* d'eau
Spur [ʃpuːr] (**-, -en**) *f* (*Abdruck*) trace *f*, empreinte *f*; (*Fußspuren, Radspur, Tonbandspur*) piste *f*; (*Zeichen*) trace; (*Fährte*) piste, trace; (*Ski: Loipe*) piste; (*Kleinigkeit*) soupçon *m*; (*Fahrspur*) file *f*; **keine ~,**

nicht die ~ pas le moins du monde; **auf der richtigen/falschen ~ sein** être sur la bonne/une fausse piste; **jdm auf die ~ kommen** retrouver qn; **eine heiße ~** la bonne piste; (**seine**) **~en hinterlassen** (*fig*) laisser son empreinte
spürbar *adj* sensible, évident(e)
spuren (*umg*) *vi* obéir; (*sich fügen*) se mettre au pas ▷ *vt* (*Loipe*) suivre
spüren [ˈʃpyːrən] *vt* sentir; **etw zu ~ bekommen** sentir qch; (*fig*) regretter qch
Spurenelement *nt* oligo-élément *m*
Spurensicherung *f* laboratoire *m* médico-légal
Spürhund [ˈʃpyːrhʊnt] *m* (*Hund*) chien *m* policier; (*fig*) indicateur *m*
spurlos *adv* sans laisser de traces; **~ an jdm vorübergehen** ne pas marquer qn
Spurrille *f* sillon *m* (*dû à des marques de pneu, défonçant la chaussée*)
Spurt [ʃpʊrt] (**-(e)s, -s** *od* **-e**) *m* sprint *m*
spurten *vi* piquer un sprint, sprinter
Spurweite *f* (*von Auto*) empattement *m*; (*von Eisenbahn*) écartement *m* des rails
sputen [ˈʃpuːtən] *vr* se dépêcher
Squash [skvɔʃ] (**-**) *nt* (*Sport*) squash *m*
SRG *f abk* (= *Schweizerische Radio- und Fernsehgesellschaft*) SSR *f*
Sri Lanka [ˈsriːˈlaŋka] *nt* le Sri Lanka
SS¹ (**-**) *f abk* (*Hist:* = *Schutzstaffel*) S.S. *mpl*
SS² (**-, -**) *nt abk* (= *Sommersemester*) semestre *m* d'été
s. S. *abk* = **siehe Seite**
SSV *abk* = **Sommerschlußverkauf**
St. *abk* (= *Stück*) pièce *f*; (= *Sankt*) saint; (= *Stunde*) h
Staat [ʃtaːt] (**-(e)s, -en**) *m* État *m*; (*kein pl: Prunk*) pompe *f*; (*: Kleidung*) parure *f*; **mit etw ~ machen** afficher qch
Staatenbund *m* confédération *f*
staatenlos *adj* apatride
staatlich *adj attrib* (*Interessen*) de l'État; (*Anerkennung*) en tant qu'État; (*Betrieb*) d'État; (*Mittel*) public(-ique) ▷ *adv*: **~ geprüft** diplômé(e) d'État, officiel(le)
Staats-: **~affäre** *f* affaire *f* d'État; **~akt** *m* cérémonie *f* officielle; **~angehörige, r** *f(m)* citoyen(ne); **~angehörigkeit** *f* nationalité *f*; **~anleihe** *f* emprunt *m* public; **~anwalt** *m* ≈ procureur *m* de la République; **~bürger** *m* citoyen *m*; **~dienst** *m* fonction *f* publique; **s~eigen** *adj* étatisé(e); **~eigentum** *nt* propriété *f* de l'État; **~empfang** *m* réception *f* officielle; **~examen** *nt* (*Univ*) examen dont l'obtention donne accès aux carrières de l'enseignement; **s~feindlich** *adj* subversif(-ive); **~gebiet** *nt* territoire *m* national; **~geheimnis** *nt* (*hum*) secret *m* d'État; **~haushalt** *m* budget *m* de l'État; **~hoheit** *f* souveraineté *f* (d'un État de l'État); **~kosten** *pl*: **auf ~kosten** aux frais de l'État; **~mann** (**-(e)s, -männer**) *m* homme *m* d'État; **s~männisch** *adj* d'homme d'État, politique; **~oberhaupt** *nt* chef *m* de l'État *od* d'État; **s~politisch** *adj* politique; **~präsident** *m* président *m*; **~schuld** *f* dette *f* publique; **~sekretär** *m* secrétaire *m* d'État; **~streich** *m* coup *m* d'État

Stab [ʃtaːp] (**-(e)s,** ⸚**e**) *m* bâton *m*; (*Gitterstab*)
barreau *m*; (*für Stabhochsprung*) perche *f*; (*für
Staffellauf*) témoin *m*; (*von Menschen*) équipe *f*; (*von
Experten*) groupe *m*

Stäbchen [ˈʃtɛːpçən] *nt* (*Eßstäbchen*) baguette *f*

Stabhochsprung *m* saut *m* à la perche

stabil [ʃtaˈbiːl] *adj* stable; (*Möbel*) solide;
(*Gesundheit*) robuste

Stabilisator [ʃtabiliˈzaːtɔr] *m* (*Tech*) stabilisateur *m*

stabilisieren [ʃtabiliˈziːrən] *vt* stabiliser; (*fig*)
rendre stable ▷ *vr* se stabiliser; (*Med: Zustand*)
s'améliorer

Stabilisierung *f* stabilisation *f*

Stabilität [ʃtabiliˈtɛːt] *f* stabilité *f*

Stabsarzt *m* médecin *m* du Service de santé des
armées

stach *etc* [ʃtaːx] *vb siehe* **stechen**

Stachel [ˈʃtaxəl] (**-s, -n**) *m* (*von Pflanze*) épine *f*; (*von
Biene etc*) dard *m*; (*von Igel etc*) piquant *m*; **~beere** *f*
groseille *f* à maquereau; **~draht** *m* fil *m* de fer
barbelé

stachelig *adj* (*Tier*) à piquants; (*Pflanze*)
épineux(-euse)

Stachelschwein *nt* porc-épic *m*

Stadion [ˈʃtaːdiɔn] (**-s, Stadien**) *nt* stade *m*

Stadium [ˈʃtaːdiʊm] *nt* stade *m*

Stadt [ʃtat] (**-,** ⸚**e**) *f* ville *f*; (*Stadtverwaltung*)
municipalité *f*; **s~auswärts** *adv* en sortant de la
ville; **~autobahn** *f* autoroute *f* urbaine; **~bad** *nt*
piscine *f* municipale; **s~bekannt** *adj* connu(e)
dans toute la ville; **~bezirk** *m* municipalité *f*;
~bücherei *f* bibliothèque *f* municipale

Städtchen [ˈʃtɛːtçən] *nt* petite ville *f*

Städtebau (**-(e)s**) *m* urbanisme *m*

stadteinwärts *adv* vers la ville

Städter, in *m(f)* citadin(e)

Stadt-: **~gespräch** *nt* (*Tel*) communication *f*
urbaine; **es ist das ~gespräch** toute la ville en
parle; **~guerilla** *f* guérilla *f* urbaine; **~haus** *nt*
(*Rathaus*) mairie *f*

städtisch *adj* (*Leben*) en ville; (*Anlagen*)
municipal(e)

Stadt-: **~kasse** *f* budget *m* municipal; **~kern** *m*
centre-ville *m*; **~kreis** *m* municipalité *f*; **~mauer**
f remparts *mpl*; **~mitte** *f* centre-ville *m*; **~park** *m*
jardin *m* public; **~plan** *m* plan *m* (de ville); **~rand**
m périphérie *f*; **~rat** *m* (*Behörde*) conseil *m*
municipal; **~rundfahrt** *f* tour *m* de ville; **~teil** *m*
quartier *m*; **~tor** *nt* porte *f* (d'une ville);
~verwaltung *f* (*Behörde*) municipalité *f*; **~viertel**
nt quartier *m*; **~zentrum** *nt* centre-ville *m*

Staffel [ˈʃtafəl] (**-, -n**) *f* (*Sport*) équipe *f* (de course de
relais); (*Flug*) escadron *m*

Staffelei [ʃtafəˈlaɪ] *f* (*Gerüst*) chevalet *m*

Staffellauf *m* (*Sport*) (course *f* de) relais *m*

staffeln *vt* échelonner

Staffeltarif *m* (*Steuer*) barème *m* progressif

Staffelung *f* (*der Preise, der Gehälter*)
échelonnement *m*

Stagnation [ʃtagnatsiˈoːn] *f* (*geh*) stagnation *f*

stagnieren [ʃtaˈgniːrən] *vi* (*Wasser*) stagner;
(*Wirtschaft*) être stagnant(e)

stahl *etc* [ʃtaːl] *vb siehe* **stehlen**

Stahl (**-(e)s,** ⸚**e**) *m* acier *m*; **~helm** *m* casque *m*
lourd; **~kammer** *f* salle *f* des coffres; **~wolle** *f*
laine *f* d'acier

stak *etc* [ʃtaːk] *vb siehe* **stecken**

staken [ˈʃtaːkən] *vt* (*Boot*) faire avancer (avec une
perche)

Stall [ʃtal] (**-(e)s,** ⸚**e**) *m* étable *f*; (*Pferdestall*) écurie
f; (*Kaninchenstall*) clapier *m*; (*Schweinestall*)
porcherie *f*; (*Hühnerstall*) poulailler *m*

Stallungen *pl* (*für Pferde*) écuries *fpl*

Stamm [ʃtam] (**-(e)s,** ⸚**e**) *m* (*Baumstamm*) tronc *m*;
(*Volksstamm*) tribu *f*; (*Gram*) racine *f*;
(*Bakterienstamm*) souche *f*; **~aktie** *f* part *f* sociale;
~baum *m* arbre *m* généalogique; (*von Tier*)
pedigree *m*; **~buch** *nt* livret *m* de famille

stammeln *vt, vi* bégayer

stammen *vi:* **~ von** *od* **aus** venir de

Stamm-: **~essen** *nt* plat du jour servi dans une cantine
etc; **~form** *f* forme *f* de base; **~gast** *m* habitué *m*;
~halter *m* héritier *m* (mâle)

stämmig [ˈʃtɛmɪç] *adj* trapu(e); (*Beine*) robuste;
S~keit *f* robustesse *f*

Stamm-: **~kapital** *nt* capital *m* social; **~kunde** *m*
habitué *m*; **~kundin** *f* habituée *f*; **~lokal** *nt*
restaurant *m* habituel; (*Kneipe*) bistro *m* préféré;
~personal *nt* personnel *m* engagé à titre
définitif; **~platz** *m* place *f* habituelle; **~tisch** *m*
(*Tisch in Gasthaus*) table réservée aux habitués d'un café;
~zelle *f* cellule *f* souche; **embryonale ~zellen**
cellules souches embryonnaires

Stamperl [ˈʃtampərl] (**-s, -n**) (*Österr*) *nt* petit verre à
eau-de-vie sans pied

stampfen [ˈʃtampfən] *vi* (*laut auftreten*) taper du
pied; (*gehen*) marcher d'un pas lourd; (*stapfen*)
patauger ▷ *vt* (*zerkleinern*) réduire en purée

Stampfer (**-s, -**) *m* (*Stampfgerät*) presse-purée *m inv*

Stampfkartoffeln *f* purée *f* (de pommes de
terre), pommes *fpl* mousseline

stand *etc* [ʃtant] *vb siehe* **stehen**

Stand (**-(e)s,** ⸚**e**) *m* (*Stehen*) position *f* debout;
(*Zustand, Stufe; Pol: Klasse*) état *m*; (*Spielstand*) score
m; (*Wasserstand, Benzinstand*) niveau *m*; (*Zählerstand
etc*) chiffre *m* (au compteur *etc*); (*Messestand etc*)
stand *m*; (*Beruf*) profession *f*; **bei jdm** *od* **gegen
jdn einen schweren ~ haben** avoir de la peine à
s'imposer devant qn; **etw auf den neuesten ~
bringen** mettre qch à jour

Standard [ˈʃtandart] (**-s, -s**) *m* norme *f*;
~ausführung *f* modèle *m* standard

standardisieren [ʃtandardiˈziːrən] *vt*
standardiser

Standardpreis *m* prix *m* courant

Standardwerk *nt* ouvrage *m* de référence

Standarte *f* (*Mil*) étendard *m*; (*auf Auto*) fanion *m*

Standbild *nt* statue *f*

Ständchen [ˈʃtɛntçən] *nt* sérénade *f*

Ständer (**-s, -**) *m* (*Kleiderständer*) portemanteau *m*;
(*Kerzenständer*) bougeoir *m*; (*Notenständer*)
pupitre *m*

Standes-: **~amt** *nt* bureau *m* de l'état civil (à la
mairie); **s~amtlich** *adj:* **s~amtliche Trauung**

mariage m civil; **~beamte, r** m officier m de l'état civil; **~bewusstsein** nt conscience f de classe; **~dünkel** m snobisme m; **s~gemäß** adj (Heirat) avec une personne du même rang; (Wohnung) de grand standing ▷ adv (heiraten) avec une personne du même rang; **~unterschied** m différence f de classe

stand-: **~fest** adj stable; (fig: zuverlässig) sur qui on peut compter, fidèle; **nicht mehr ganz ~fest sein** (angetrunken) être pompette; **S~geld** nt taxe payable par les personnes qui vendent des marchandises dans les marchés; **~haft** adj (Haltung) imperturbable; **~halten** unreg vi +Dat tenir tête à

ständig ['ʃtɛndɪç] adj (Wohnort, Bedrohung) permanent(e); (ununterbrochen) constant(e) ▷ adv constamment; **~er Begleiter** compagnon m

Stand-: **~licht** nt feu m de position; **~ort** m emplacement m; (Mil) garnison f; **~pauke** (umg) f: **jdm eine ~pauke halten** faire un sermon à qn; **~punkt** m (Einstellung) point m de vue; **auf dem ~punkt stehen, dass ...** être d'avis que ...; **~spur** f (Aut) bande f d'arrêt d'urgence; **~uhr** f horloge f

Stange ['ʃtaŋə] f barre f; (lang) perche f; (Zigaretten) cartouche f; **von der ~** (umg: nicht Einzelanfertigung) en prêt-à-porter; **jdm die ~ halten** ne pas laisser tomber qn; **bei der ~ bleiben** persévérer; **eine ~ Geld** (umg) un joli magot

Stängel ['ʃtɛŋəl] (-s, -) m tige f; (von Kirsche) queue f; **fast vom ~ fallen** (umg) en rester baba

Stangenbohne f haricot m à rames

Stangenbrot nt baguette f

stank etc [ʃtaŋk] vb siehe **stinken**

stänkern ['ʃtɛŋkərn] (umg) vi médire

Stanniol [ʃtani'o:l] (-s, -e) nt papier m aluminium

Stanze ['ʃtantsə] f (Tech) poinçon m

stanzen vt (Leder) estamper; (Löcher) faire (au poinçon)

Stapel ['ʃta:pəl] (-s, -) m (Holz, Wäsche) pile f; (Naut) cale f sèche; **~lauf** m (course f de) relais m

stapeln vt (Bücher, Wäsche) empiler ▷ vr (Arbeit etc) s'accumuler

Stapelverarbeitung f (Comput) traitement m par lots

stapfen ['ʃtapfən] vi avancer d'un pas lourd; (im Schlamm) patauger

Star¹ [ʃta:r] (-(e)s, -e) m (Zool) étourneau m; **grauer ~** (Med) cataracte f; **grüner ~** (Med) glaucome m

Star² [ʃta:r] (-s, -s) m (Film etc) star f, vedette f

starb etc [ʃtarp] vb siehe **sterben**

stark [ʃtark] adj fort(e); (mächtig) puissant(e); (Glaube) inébranlable; (umg: hervorragend) génial(e); (bei Maßangabe): **das Brett ist 15 mm ~** cette planche a 15 mm d'épaisseur ▷ adv très; (beschädigt etc) sérieusement; **einen ~en Charakter haben** avoir de la force de caractère; **er ist ein ~er Raucher** c'est un grand fumeur; **das ist ein ~es Stück!** (umg) c'est incroyable!; **er ist ~erkältet** il a un gros rhume; siehe auch **starkmachen**

Stärke ['ʃtɛrkə] f (körperliche Kraft) force f; (Dicke)

épaisseur f; (Heftigkeit, Intensität) intensité f; (von Brille) puissance f; (fig: starke Seite) point m fort; (von Mannschaft, Armee) effectif m; (Koch) amidon m; **~mehl** nt maïzena® f

stärken vt (Mensch) rendre fort(e), fortifier; (Selbstbewusstsein) renforcer; (Gesundheit) être bon (bonne) pour; (Wäsche) amidonner, empeser; (erfrischen) revigorer ▷ vi remonter ▷ vr (essen) manger quelque chose; **~des Mittel** remontant m

starkmachen vr: **sich für jdn/etw ~** (umg) tout mettre en œuvre pour qn/qch

Starkstrom m courant m à haute tension

Stärkung ['ʃtɛrkʊŋ] f (das Stärken) renforcement m; (Essen) en-cas m inv, quelque chose à manger

Stärkungsmittel nt (Med) fortifiant m

starr [ʃtar] adj rigide; (unnachgiebig: Haltung) inflexible; (Blick) fixe

starren vi (blicken) regarder fixement; **vor Dreck ~** être crasseux(-euse); **vor sich** Akk **hin ~** regarder fixement devant soi

Starr-: **~heit** f rigidité f; (von Blick) fixité f; **s~köpfig** (pej) adj têtu(e); **~sinn** m obstination f

Start [ʃtart] (-(e)s, -e) m (Anfang) départ m; (Flug) décollage m; **~automatik** f starter m automatique; **~bahn** f piste f d'envol; **s~en** vt (Aut) mettre en marche; (Flug) lancer ▷ vi (Flug) décoller; (Sport) prendre le départ; **~er** (**-s, -**) m (Aut) starter m; **~erlaubnis** f (Flug) autorisation f de décoller; **~hilfe** f (Flug) décollage m assisté; (Finanz) contribution f au démarrage (d'une entreprise); **jdm ~hilfe geben** aider qn à démarrer; **~hilfekabel** nt câble m de démarrage; **s~klar** adj (Flug) prêt(e) à décoller; (Sport) prêt(e) (à prendre le départ); **~kommando** nt (Sport) signal m du départ; **~loch** nt (Sport) marque f (de départ); **~schuss** m signal m du départ; **~zeichen** nt signal m du départ

Stasi f abk voir article

⊚ **STASI**
⊚
⊚ Stasi est l'abréviation de
⊚ Staatssicherheitsdienst, les services secrets
⊚ de la DDR, fondés en 1950 et démantelés en
⊚ 1989. Ces services secrets organisèrent un
⊚ important réseau d'espionnage sur les
⊚ employés qui occupaient une position de
⊚ confiance aussi bien dans la DDR que dans la
⊚ BRD. Des dossiers sur plus de six millions de
⊚ personnes avaient été constitués.

Statik ['ʃta:tɪk] (-) f (Phys) statique f

Station [ʃtatsi'o:n] f (Haltestelle) arrêt m; (Krankenstation) service m; **~ machen** faire halte

stationär [ʃtatsio'nɛ:r] adj fixe; (Med) nécessitant l'hospitalisation

stationieren [ʃtatsio'ni:rən] vt (Truppen) cantonner; (Atomwaffen etc) entreposer

Stations-: **~arzt, Stationsärztin** m/f médecin-chef m (d'un service dans un hôpital); **~vorsteher** m chef m de gare

statisch ['ʃta:tɪʃ] adj (Phys) statique

351

Statist, in [ʃta'tɪst(ɪn)] *m(f)* figurant(e)
Statistik *f* statistique *f*; **~er, in** *m(f)*
statisticien(ne)
statistisch *adj* statistique
Stativ [ʃta'ti:f] *nt* trépied *m*
statt [ʃtat] *konj* au lieu de ▷ *präp* (+*Gen od Dat*) à la
place de; **nimm ~ des Koffers** *od* **dem Koffer
einen Rucksack** prends un sac à dos au lieu
d'une valise *od* plutôt qu'une valise; **an jds ~** à la
place de qn; **an Kindes ~ annehmen** adopter un
enfant; **er spielte, ~ zu arbeiten** au lieu de
travailler, il a joué
stattdessen *adv* au lieu de cela
Stätte ['ʃtɛtə] *f* endroit *m*
statt-: ~finden *unreg vi* avoir lieu; **~haft** *adj* (*geh*)
licite; **S~halter** *m* gouverneur *m*; **~lich** *adj* (*Figur*)
imposant(e); (*Bursche*) bien bâti(e); (*Sammlung,
Menge*) impressionnant(e); (*Familie*)
nombreux(-euse); (*Summe*) considérable
Statue ['ʃta:tuə] *f* statue *f*
Statur [ʃta'tu:r] (**-,-**) *f* stature *f*
Status ['ʃta:tʊs] (**-,-**) *m* statut *m*; **~symbol** *nt*
signe *m* extérieur de richesse
Statut [ʃta'tu:t] (**-(e)s, -en**) *nt* statut *m*
Stau [ʃtaʊ] (**-(e)s, -e**) *m* blocage *m*; (*Verkehrsstau*)
embouteillage *m*
Staub [ʃtaʊp] (**-(e)s**) *m* poussière *f*; **~ wischen**
ôter la poussière; **~ saugen** passer l'aspirateur;
sich aus dem ~ machen (*umg*) filer
stauben ['ʃtaʊbən] *vi* faire de la poussière; **es
staubt** il y a de la poussière
Staubfaden *m* (*Bot*) filet *m*
staubig ['ʃtaʊbɪç] *adj* (*Straße*) poussiéreux(-euse);
(*Kleidung*) couvert(e) de poussière
Staub-: ~lappen *m* chiffon *m* (à poussière);
~lunge *f* (*Med*) pneumoconiose *f*; **s~saugen** *vi*
passer l'aspirateur; **~sauger** (**-s, -**) *m* aspirateur
m; **~tuch** *nt* chiffon *m* (à poussière)
Staudamm *m* barrage *m*
Staude ['ʃtaʊdə] *f* (*Bot*) arbuste *m*
stauen ['ʃtaʊən] *vt* (*Wasser*) empêcher
l'écoulement de, endiguer; (*Blut*) arrêter (une
effusion de) ▷ *vr* (*Wasser*) s'accumuler; (*Blut*)
cesser de couler; (*Verkehr*) être bloqué(e); (*Ärger*)
monter
staunen ['ʃtaʊnən] *vi* s'étonner, être étonné(e);
S~ (**-s**) *nt* étonnement *m*
Stausee ['ʃtaʊze:] (**-s, -n**) *m* lac *m* artificiel (*d'un
barrage*)
Staustufe *f* bief *m*
Stauung ['ʃtaʊʊŋ] *f* (*von Wasser*) accumulation *f*;
(*von Blut*) arrêt *m* de la circulation; (*von Verkehr*)
embouteillage *m*
Std., Stde. *abk* = **Stunde**
stdl. *abk* = **stündlich**
Steak [ʃte:k] *nt* steak *m*
Stechen (**-s, -**) *nt* (*Sport*) belle *f*; (*Schmerz*) douleur *f*
lancinante
stechen ['ʃtɛçən] *unreg vt* piquer; (*mit Messer*)
donner un coup de couteau à *od* dans; (*Karten*)
prendre; (*in Kupfer etc*) graver; (*Torf*) extraire;
(*Spargel*) récolter ▷ *vi* piquer; (*Sonne*) taper dur;
(*mit Stechkarte*) pointer ▷ *vr*: **sich** *Akk od Dat* **in den
Finger ~** se piquer le doigt ▷ *vb unpers*: **das sticht**
ça pique; **in See ~** prendre le large
stechend *adj* (*Hitze*) torride; (*Geruch*) pénétrant(e);
(*Schmerz*) lancinant(e)
Stech-: ~ginster *m* (*Bot*) genêt *m* (épineux);
~karte *f* carte *f* de pointage; **~mücke** *f*
moustique *m*; **~palme** *f* (*Bot*) houx *m*; **~uhr** *f*
machine *f* à pointer
Steck-: ~brief *m* avis *m* de recherche,
signalement *m*; **s~brieflich** *adv*: **s~brieflich
gesucht werden** être recherché(e) par la police;
~dose *f* prise *f*
stecken ['ʃtɛkən] *vt* mettre; (*Nadel*) enfoncer;
(*Pflanzen*) planter; (*beim Nähen*) épingler ▷ *vi unreg*
(*festsitzen*) être bloqué(e); (*Nadeln*) être enfoncé(e);
(*umg: sein*) être; **~ in** +*Akk* (*umg: investieren*)
consacrer à; **der Schlüssel steckt** la clé est dans
la serrure; **zeigen, was in einem steckt**
montrer ce dont on est capable; **wo steckt er?**
(*umg*) où est-il encore allé se fourrer?; **es jdm ~**
(*umg*) dire ses quatre vérités à qn; **hinter etw** *Dat*
~ être derrière qch; **~ bleiben** être immobilisé(e);
(*umg: beim Reden*) avoir un blanc; **~ lassen**
(*Schlüssel*) laisser dans la serrure
Steckenpferd *nt* (*fig*) passe-temps *m inv* favori,
hobby *m*
Stecker (**-s, -**) *m* (*Elek*) prise *f*
Steck-: ~nadel *f* épingle *f*; **~schach** *nt* (jeu *m*
d')échecs *mpl* de voyage; **~schlüssel** *m* clé *f* à
pipe; **~schwamm** *m* éponge utilisée pour les
compositions florales
Steg [ʃte:k] (**-(e)s, -e**) *m* (*schmale Brücke*) passerelle
f; (*Bootssteg*) débarcadère *m*
Stegreif *m*: **aus dem ~** en improvisant
Stehaufmännchen ['ʃte:laʊfmɛnçən] *nt*
(*Spielzeug*) figurine qui se redresse d'elle-même
stehen ['ʃte:ən] *unreg vi* (*sich befinden*) être, se
trouver; (*stillstehen, angehalten haben*) être arrêté(e);
(*nicht laufen*) être debout ▷ *vi unpers*: **es steht
schlecht um ihn/seine Karriere** ça s'annonce
mal pour lui/ses perspectives d'avancement ▷ *vr*:
sich gut/schlecht ~ (*umg*) bien/mal aller; **jdm ~**
(*Kleidungsstücke*) aller (bien) à qn; **wie stehts?**
comment ça va?; (*Sport*) quel est le score?; **es
steht 2:1 für München** Munich mène 2 à 1; **zum
S~ bringen** (arriver à) immobiliser; **mit dem
Dativ ~** régir le datif; **auf Betrug steht eine
Gefängnisstrafe** la fraude est passible d'une
peine de prison; **zu seinem Wort ~** s'en tenir à
sa parole; **wie ~ Sie dazu?** qu'en pensez-vous?;
wie steht es damit? alors(, qu'en est-il)?;
~ bleiben s'arrêter; (*sich nicht hinsetzen*) rester
debout; (*Fehler*) ne pas être corrigé(e); **~ lassen**
laisser; (*vergessen*) oublier; (*Bart*) laisser pousser;
alles ~ und liegen lassen tout laisser tomber;
jdn einfach ~ lassen (*nicht beachten*) faire comme
si qn n'existait pas
stehend *adj attrib* (*Fahrzeug*) à l'arrêt; (*Gewässer*)
dormant(e), stagnant(e)
Steh-: ~imbiss *m* buvette *f*; **~kragen** *m* col *m*
droit; **~lampe** *f* lampadaire *m*

stehlen [ˈʃteːlən] *unreg vt* voler
Stehplatz *m* place *f* debout
Stehvermögen *nt* endurance *f*
Steiermark [ˈʃtaɪərmark] *f* Styrie *f*
steif [ʃtaɪf] *adj* (*nicht beweglich*) raide; (*Stoff*) rigide; (*Gesellschaft*) guindé(e); (*umg: Grog*) bien fort(e); ~ **und fest auf etw** *Dat* **beharren** ne pas démordre de qch; **S~heit** *f* raideur *f*, rigidité *f*
Steigbügel [ˈʃtaɪkbyːgəl] *m* étrier *m*
Steige [ˈʃtaɪgə] *f* (*Kiste*) cageot *m*
Steigeisen *nt* crampon *m*
steigen *unreg vi* (*klettern*) grimper; (*Flugzeug, Ballon*) monter, prendre de l'altitude; (*Preise, Temperatur*) augmenter; (*Wasserspiegel*) s'élever; (*Nebel*) se lever ▷ *vt* grimper; **in/auf etw** *Akk* ~ monter dans/sur qch; **das Blut stieg ihm in den Kopf** le sang lui est monté au visage; **der Erfolg stieg ihm zu Kopf** le succès lui est monté à la tête
steigern *vt* (*Leistung*) améliorer; (*Wert*) ajouter à; (*Tempo*) accélérer; (*Gram*) former les degrés de comparaison de ▷ *vi*: ~ **um** (*in Auktion*) faire une enchère *od* une offre pour ▷ *vr* (*Spannung*) augmenter; (*Leistung*) s'améliorer
Steigerung *f* augmentation *f*, accroissement *m*; (*Gram*) formation *f* du comparatif
Steigung *f* (*Anstieg*) montée *f*; (*Hang*) pente *f*
steil [ʃtaɪl] *adj* (*Abhang*) raide; (*Fels*) escarpé(e); **S~hang** *m* pente *f* raide
Stein [ʃtaɪn] (*-(e)s, -e*) *m* pierre *f*; (*in Uhr*) rubis *m*; (*Kern in Obst*) noyau *m*; (*Spielstein*) pion *m*; **der ~ des Anstoßes** (*geh*) la pomme de discorde; **mir fällt ein ~ vom Herzen!** (*fig*) quel soulagement!; **bei jdm einen ~ im Brett haben** (*umg*) être dans les petits papiers de qn; **jdm ~e in den Weg legen** mettre des bâtons dans les roues de qn; **~adler** *m* (*Zool*) aigle *m* royal; **s~alt** *adj* vieux(vieille) comme Mathusalem; **~bock** *m* (*Zool*) bouquetin *m*; (*Astrol*) Capricorne *m*; **~bruch** *m* carrière *f*; **~butt** (*-s, -e*) *m* (*Zool*) turbot *m*
steinern *adj* en *od* de pierre; (*Miene*) impassible
Stein-: **~erweichen** *nt*: **zum ~erweichen weinen** pleurer à fendre le cœur *od* l'âme; **~garten** *m* rocaille *f*; **~gut** *nt* grès *m*; **s~hart** *adj* dur(e) comme la pierre
steinig *adj* rocailleux(-euse), caillouteux(-euse); (*fig: mühevoll*) pénible
steinigen *vt* lapider
Stein-: **~kohle** *f* anthracite *m*; **~kohlenbergwerk** *nt* mine *f* de charbon; **~metz** (*-es, -e*) *m* tailleur *m* de pierre; **~pilz** *m* bolet *m*; **s~reich** (*umg*) *adj* plein(e) aux as; **~schlag** *m*: „Achtung, ~schlag" „attention, chute de pierres"; **~zeit** *f* âge *m* de la pierre
Steiß [ʃtaɪs] (*-es, -e*) *m* bas *m* du dos; **~bein** *nt* coccyx *m*
Stelle [ˈʃtɛlə] *f* (*Ort*) endroit *m*, emplacement *m*; (*Position*) place *f*; (*Abschnitt*) passage *m*; (*beim Zitieren*) référence *f*; (*Arbeit*) emploi *m*, poste *m*; (*Amt*) poste; **auf der ~** (*sofort*) sur-le-champ; **drei ~n hinter dem Komma** (*Math*) trois décimales *fpl*; **eine freie** *od* **offene ~** un poste libre *od* à pourvoir; **an anderer ~** ailleurs; **er ist immer**

gleich zur ~ il est toujours là quand on a besoin de lui; **nicht von der ~ kommen** ne pas avancer; *siehe auch* **anstelle**
stellen *vt* mettre; (*anordnen*) disposer; (*Uhr*) mettre à l'heure; (*Bedingungen, Falle*) poser; (*Antrag, Diagnose*) faire; (*Szene*) arranger; (*Dieb*) prendre ▷ *vr* (*sich aufstellen*) se mettre; (*bei Polizei*) se livrer; (*vorgeben*): **sich dumm ~** faire l'idiot(e); **infrage ~** remettre en question; **eine Forderung ~** exiger quelque chose; **sich einer Herausforderung ~** relever un défi; **sich zu etw ~** prendre position à propos de qch; **sich hinter jdn/etw ~** (*fig*) soutenir qn/qch; **das Radio lauter ~** mettre la radio plus fort; **das Radio leiser ~** baisser la radio; **auf sich** *Akk* **selbst gestellt sein** devoir se débrouiller tout(e) seul(e)
Stellen-: **~angebot** *nt* offre *f* d'emploi; **~anzeige** *f* (*Gesuch*) demande *f* d'emploi; (*Angebot*) offre *f* d'emploi; **~gesuch** *nt* demande *f* d'emploi; **~markt** *m* marché *m* du travail; (*in Zeitung*) offres *fpl* d'emploi; **~nachweis** *m*, **~vermittlung** *f* ≈ Agence *f* nationale pour l'emploi; **s~weise** *adv* par endroits; **~wert** *m* (*fig*): **einen hohen ~wert haben** être très en vue
Stellung *f* (*Anordnung*) disposition *f*; (*Körperhaltung, Mil*) position *f*; (*Posten*) poste *m*; ~ **nehmen zu** prendre position à propos de; **~nahme** *f* prise *f* de position
stellungslos *adj* sans emploi
stell-: **~vertretend** *adj attrib* remplaçant(e), suppléant(e); **S~vertreter, in** *m(f)* (*von Amts wegen*) remplaçant(e) *m/f*, suppléant(e) *m/f*; **S~werk** *nt* (*Eisenb*) poste *m* d'aiguillage
Stelze [ˈʃtɛltsə] *f* échasse *f*
stelzen (*umg*) *vi* marcher comme quelqu'un qui a avalé son parapluie
Stemmbogen *m* (*Ski*) virage *m* en chasse-neige
Stemmeisen *nt* ciseau *m* à bois
stemmen [ˈʃtɛmən] *vt* (*Gewicht*) soulever; (*Loch*) pratiquer ▷ *vr*: **sich ~ gegen** (*fig*) être violemment opposé(e) à
Stempel [ˈʃtɛmpəl] (*-s, -*) *m* tampon *m*; (*Poststempel*) cachet *m* de la poste; (*Tech: Prägestempel*) matrice *f*; (*Bot*) pistil *m*; **einer Sache seinen ~ aufdrücken** (*fig*) marquer qch; **jdm seinen ~ aufdrücken** (*fig*) influencer qn; **~kissen** *nt* tampon *m* encreur
stempeln *vt* tamponner; (*Briefmarke*) oblitérer ▷ *vi* (*umg: Stempeluhr betätigen*) pointer; ~ **gehen** (*umg*) être au chômage
Stengel [ˈʃtɛŋəl] (*-s, -*) *m siehe* **Stängel**
Steno [ˈʃteno] (*umg*) *f* sténo *f*; **~graf, in** *m(f)* (*im Büro*) sténodactylo *m/f*; **~grafie** *f* sténo(graphie) *f*; **s~grafieren** *vt* sténographier, prendre en sténo ▷ *vi* sténographier, connaître la sténo; **~gramm** *nt* texte *m* en sténo; **~typist, in** *m(f)* sténodactylo *m/f*
Steppdecke *f* couette *f*
Steppe *f* steppe *f*
steppen [ˈʃtɛpən] *vt* coudre au point de piqûre, surpiquer ▷ *vi* faire des claquettes
Stepptanz *m* claquettes *fpl*

Sterbe-: **~bett** *nt:* **auf dem ~bett liegen** être sur son lit de mort; **am ~bett des Vaters** au chevet de son père; **~fall** *m* décès *m;* **~hilfe** *f* euthanasie *f;* **~kasse** *f* assurance *f* décès

sterben ['ʃtɛrbən] *unreg vi* mourir; **an einer Krankheit/Verletzung ~** mourir d'une maladie/des suites d'une blessure; **er ist für mich gestorben** *(fig: umg)* pour moi, il n'existe plus; **S~ nt: im S~ liegen** être sur son lit de mort

sterbens-: **~elend** *adj* malade comme un chien; **~langweilig** *(umg) adj* mortellement ennuyeux(-euse); **S~wörtchen** *(umg) nt:* **er hat kein S~wörtchen gesagt** il n'a pas pipé mot

Sterbesakramente *pl* derniers sacrements *mpl*

Sterbeurkunde *f* acte *m* de décès

sterblich ['ʃtɛrplɪç] *adj* mortel(le); **S~keit** *f* condition *f* de mortel; **S~keitsziffer** *f* taux *m* de mortalité

stereo- ['ste:reo] *in zW* stéréo; **S~anlage** *f* chaîne *f* stéréo; **~fon, ~phon** *adj* stéréophonique; **S~sendung** *f* émission *f* en stéréo; **~typ** *adj (Antwort)* tout(e) fait(e); *(Lächeln)* figé(e)

steril [ʃte'ri:l] *adj (keimfrei)* stérile, stérilisé(e); *(unfruchtbar)* stérile; *(fig: kalt, nüchtern)* froid(e)

Sterilisation [ʃterilizatsi'o:n] *f* stérilisation *f*

sterilisieren [ʃterili'zi:rən] *vt* stériliser

Sterilisierung *f* stérilisation *f*

Stern [ʃtɛrn] **(-(e)s, -e)** *m* étoile *f;* **das steht (noch) in den ~en** c'est impossible à prévoir; **unter einem guten ~ stehen** bien s'annoncer; **unter einem ungünstigen ~ stehen** être voué(e) à l'échec; **~bild** *nt* constellation *f;* **~chen** *nt (Zeichen)* astérisque *m;* **~fahrt** *f* rallye *m;* **~schnuppe** *f* étoile *f* filante; **~stunde** *f (geh)* moment *m* déterminant; **~warte** *f* observatoire *m;* **~zeichen** *nt (Astrol)* signe *m* (astrologique)

stet [ʃte:t] *adj* constant(e)

Stethoskop [ʃteto'sko:p] **(-(e)s, -e)** *nt* stéthoscope *m*

stetig *adj (Wind)* constant(e); *(Steigung)* régulier(-ère); *(Arbeit)* continu(e), soutenu(e); *(Math: Funktion)* continu(e)

stets *adv* toujours

Steuer¹ ['ʃtɔyər] **(-s,-)** *nt (Naut)* barre *f;* *(Steuerruder)* gouvernail *m;* *(Aut)* volant *m*

Steuer² ['ʃtɔyər] **(-, -n)** *f* impôt *m*

Steuer-: **s~begünstigt** *adj (Investitionen, Hypothek)* sujet(te) à dégrèvements (fiscaux); *(Waren)* à taux de TVA réduit; **~berater, in** *m(f)* conseiller(-ère) fiscal(e); **~bescheid** *m* avis *m* d'imposition, feuille *f* d'impôt; **~bord** *nt* tribord *m;* **~erklärung** *f* déclaration *f* d'impôts; **~erlass** *m* exonération *f* fiscale; **s~frei** *adj* net(te) d'impôt, exonéré(e); **~freibetrag** *m* abattement *m;* **~hinterziehung** *f* fraude *f* fiscale; **~karte** *f* document d'état civil à présenter au fisc; **~klasse** *f* tranche *f* du barème fiscal; **~knüppel** *m (Flug)* manche *m* à balai; **s~lich** *adj attrib* fiscal(e); **~mann** **(-(e)s,-männer** *od* **-leute)** *m* timonier *m;* *(beim Rudern)* barreur *m*

steuern *vt (Auto)* conduire; *(Flugzeug)* piloter; *(Entwicklung)* contrôler; *(Tonstärke)* régler ▷ *vi (Kurs nehmen)* se diriger

Steuer-: **~paradies** *nt* paradis *m* fiscal; **s~pflichtig** *adj* imposable; **~progression** *f* impôt *m* progressif; **~prüfung** *f* contrôle *m* fiscal; **~pult** *nt (Elek)* pupitre *m* de commande; **~rad** *nt (Aut)* volant *m;* *(Naut)* gouvernail *m;* **~rückvergütung** *f* bonification *f* de trop-perçu

Steuerung *f (Vorrichtung: Aut)* direction *f;* (: *Naut, Flug)* timonerie *f;* *(Steuervorgang: Naut)* conduite *f;* (: *Flug)* pilotage *m;* *(Tech, Comput)* commande *f*

Steuervergünstigung *f* dégrèvement *m* (d'impôt)

Steuerzahler (-s, -) *m* contribuable *m*

Steward ['stju:ərt] **(-s, -s)** *m* steward *m*

Stewardess ['stju:ərdɛs] **(-, -en)** *f* hôtesse *f* de l'air

StGB (-s) *nt abk* = **Strafgesetzbuch**

stibitzen [ʃti'bɪtsən] *(umg) vt* subtiliser

Stich [ʃtɪç] **(-e)** *m (Insektenstich)* piqûre *f;* *(Messerstich)* entaille *f,* coup *m* de couteau; *(beim Nähen)* point *m;* *(Färbung)* teinte *f,* nuance *f;* *(Karten)* levée *f;* *(Kunst)* gravure *f;* **ein ~ ins Rote** une nuance rouge; **einen ~ haben** *(Esswaren)* ne pas être frais(fraîche), être avarié(e); *(umg: Mensch: verrückt sein)* avoir un grain; **jdn im ~ lassen** laisser tomber qn; **etw im ~ lassen** abandonner qch

Stichelei [ʃtɪçə'laɪ] *(umg) f* remarques *fpl* désobligeantes

sticheln *(pej: umg) vi (fig)* faire des remarques désobligeantes

Stich-: **~flamme** *f* colonne *f* de feu; **s~haltig** *adj* concluant(e); **~probe** *f* échantillonnage *m,* contrôle *m* par sondage

stichst *etc* [ʃtɪçst] *vb siehe* **stechen**

Stich-: **~straße** *f* rue *f* sans issue; **~tag** *m* date-limite *f;* **~wahl** *f* second tour *m;* **~wort (-s, -e)** *nt (Theat)* réplique *f* (indiquant à un acteur le moment où il doit parler à son tour); *(für Vortrag, Nacherzählung etc)* mot-clé *m;* (*pl:* -wörter: *in Wörterbuch)* entrée *f,* adresse *f;* **~wortkatalog** *m* catalogue *m* par ordre des matières; **~wortverzeichnis** *nt* index *m* (des mots-clés); **~wunde** *f* entaille *f*

sticken ['ʃtɪkən] *vt, vi* broder

Sticker ['stɪkər] **(-s, -)** *m (Aufkleber)* autocollant *m*

Stickerei *f* broderie *f*

stickig *adj:* **hier ist aber ~e Luft** ça sent vraiment le renfermé ici

Stickstoff (-(e)s) *m (Chem)* azote *m*

stieben ['ʃti:bən] *unreg vi (geh: Funken)* fuser

Stiefel ['ʃti:fəl] **(-s, -)** *m* botte *f;* *(Trinkgefäß)* chope de deux litres

Stief- ['ʃti:f] *in zW* beau-(belle-); **~kind** *nt* beau-fils(belle-fille); *(fig)* enfant *m* mal aimé; **~mutter** *f* belle-mère *f;* **~mütterchen** *nt (Bot)* pensée *f;* **s~mütterlich** *adj (lieblos)* sans amour ▷ *adv:* **jdn/etw s~mütterlich behandeln** négliger qn/qch; **~vater** *m* beau-père *m*

stieg *etc* [ʃti:k] *vb siehe* **steigen**

Stiege ['ʃti:gə] *f (Treppe)* escalier *m*

Stieglitz ['ʃti:glɪts] **(-es, -e)** *m (Zool)* chardonneret *m*

stiehlst *etc* [ʃtiːlst] *vb siehe* **stehlen**
Stiel [ʃtiːl] (**-(e)s, -e**) *m* (*von Gerät*) manche *m*; (*von Glas*) pied *m*; (*Bot*) tige *f*; **Eis am ~** esquimau *m* (glacé)
Stielaugen (*umg*) *pl* (*fig*): **~ machen** écarquiller les yeux
Stier (**-(e)s, -e**) *m* (*Zool*) taureau *m*; (*Astrol*) Taureau
stier [ʃtiːr] *adj* (*Blick*) fixe
stieren *vi* regarder fixement
Stierkampf *m* course *f* de taureaux, corrida *f*
Stierkämpfer *m* toréador *m*
stieß *etc* [ʃtiːs] *vb siehe* **stoßen**
Stift [ʃtɪft] (**-(e)s, -e**) *m* (*Farbstift, Bleistift*) crayon *m*; (*Filzstift*) feutre *m*; (*Metallstift*) cheville *f*; (*: Nagel*) petit clou *m*; (*umg: Lehrling*) apprenti *m* ▷ *nt* (*Altersheim*) maison *f* de retraite; (*Rel*) couvent *m*
stiften *vt* (*Orden*) fonder; (*Preis*) créer; (*Unruhe etc*) provoquer; (*Geld*) donner; (*umg: spendieren*) payer
Stifter, in (**-s, -**) *m(f)* (*Rel*) donateur(-trice)
Stiftung *f* (*Jur: Schenkung*) donation *f*; (*Spende*) don *m*; (*Organisation*) fondation *f*
Stiftzahn *m* dent *f* artificielle
Stil [ʃtiːl] (**-(e)s, -e**) *m* style *m*; **er macht Geschäfte großen ~s** *od* **im großen ~** il fait de grosses affaires; **~blüte** *f* perle *f* (*erreur*); **~bruch** *m* rupture *f* de style
stilisieren [ʃtili'ziːrən] *vt* (*geh*) styliser
stilistisch [ʃti'lɪstɪʃ] *adj* stylistique
still [ʃtɪl] *adj* (*Ort, Mensch*) tranquille; (*See*) calme; (*Liebe*) secret(-ète); **~er Teilhaber** (*Wirts*) associé *m* commanditaire; **er ist ein ~es Wasser** il n'est pire eau que l'eau qui dort; **ich dachte mir im S~en** je me suis dit; **der S~e Ozean** l'océan *m* Pacifique
Stille *f* (*Ruhe*) tranquillité *f*; (*Unbewegtheit*) calme *m*; **in aller ~** dans la plus stricte intimité
stillen *vt* (*Blut*) arrêter, étancher; (*Schmerzen*) calmer; (*Sehnsucht*) apaiser; (*Hunger*) assouvir; (*Durst*) étancher; (*Säugling*) allaiter
still-: **~gestanden** *interj* halte; **S~halteabkommen** *nt* moratoire *m*; **~halten** *unreg vi* se tenir tranquille, ne pas bouger; **S~leben** *nt* nature *f* morte; **~legen** *vt* (*Betrieb*) fermer; (*Verkehr*) arrêter; **S~legung** *f* (*von Betrieb*) fermeture *f*; **~liegen** *unreg vi* (*außer Betrieb sein*) être fermé(e) (définitivement); **~schweigen** *unreg vi* garder le silence; **S~schweigen** *nt* silence *m* absolu; **~schweigend** *adj* silencieux(-euse); (*Übereinkunft, Einverständnis*) tacite; **S~stand** *m* (*kein pl: von Entwicklung*) arrêt *m*; **zum S~stand bringen** arrêter; **~stehen** *unreg vi* (*Maschine*) être arrêté(e); (*Verkehr*) être bloqué(e); (*Betrieb*) chômer
Stilmöbel *pl* meubles *mpl* de style
stilvoll *adv* avec goût
Stimm-: **~abgabe** *f* vote *m*; **~bänder** *pl* cordes *fpl* vocales; **s~berechtigt** *adj* qui a le droit de vote; **~bruch** *m*: **er ist im ~bruch** sa voix est en train de muer
Stimme [ʃtɪmə] *f* voix *f*; (*Mus: Partie*) partie *f*; **seine ~ abgeben** voter; **s~n** *vi* (*richtig sein*) être juste *od* vrai(e); (*wählen*) voter ▷ *vt* (*Mus*) accorder;

für/gegen etw s~n voter pour/contre qch; **jdn traurig s~n** rendre qn triste; **stimmt so!** gardez la monnaie!; **zu etw s~n** aller (bien) avec qch
Stimmen-: **~gewirr** *nt* brouhaha *m*; **~gleichheit** *f* égalité *f* de voix; **~mehrheit** *f* majorité *f*
Stimm-: **~enthaltung** *f* abstention *f*; **~gabel** *f* diapason *m*; **s~haft** *adj* (*Laut*) sonore
stimmig *adj* cohérent(e)
Stimm-: **~lage** *f* registre *m*; **s~los** *adj* (*Laut*) sourd(e); **~recht** *nt* droit *m* de vote; **~ung** *f* (*Gemütsstimm*) humeur *f*; (*Atmosphäre*) atmosphère *f*; (*vorherrschende Meinung*) opinion *f* publique; **in ~ung kommen** s'animer; **~ung gegen jdn/etw machen** dresser l'opinion publique contre qn/qch; **~ung für jdn/etw machen** influencer l'opinion publique en faveur de qn/qch
Stimmungs-: **~kanone** (*umg*) *f* boute-en-train *m inv*; **~mache** (*pej*) *f* propagande *f*; **s~voll** *adj* (*Gedicht*) émouvant(e); (*Abend*) animé(e)
Stimmzettel *m* bulletin *m* de vote
stimulieren [ʃtimu'liːrən] *vt* stimuler
stinken ['ʃtɪŋkən] *unreg vi* puer; **an der Sache stinkt etwas** (*umg*) ça sent le roussi; **mir stinkts!** (*umg*) j'en ai ras le bol!
Stink-: **s~faul** (*umg: pej*) *adj* qui n'en fiche pas une, feignant(e); **s~langweilig** (*umg*) *adj* mortellement ennuyeux(-euse); **~tier** *nt* (*Zool*) mouffette *f*; **~wut** (*umg*) *f*: **auf jdn eine ~wut haben** être fou(folle) de rage contre qn
Stipendium [ʃti'pɛndiʊm] *nt* bourse *f* (d'études)
stippen ['ʃtɪpən] (*umg*) *vt* (*eintauchen*) tremper
Stippvisite ['ʃtɪpviˈziːtə] *f* petite visite *f*
stirbst *etc* [ʃtɪrpst] *vb siehe* **sterben**
Stirn [ʃtɪrn] (**-, -en**) *f* front *m*; **die ~ haben zu ...** avoir le front de ...; **~band** *nt* serre-tête *m inv*; **~höhle** *f* sinus *m* (frontal); **~runzeln** *nt* froncement *m* de sourcils
stob *etc* [ʃtoːp] *vb siehe* **stieben**
stöbern ['ʃtøːbərn] (*umg*) *vi* (*herumsuchen*) fouiner
stochern ['ʃtɔxərn] *vi*: **in den Zähnen ~** se curer les dents; **im Essen ~** chipoter
Stock [ʃtɔk] (**-(e)s, -̈e**) *m* bâton *m*; (*zum Gehen auch*) canne *f*; (*Zeigestock*) baguette *f*; (*Bot*) arbrisseau *m*; (*Etage: pl: - od -werke*) étage *m*; **über - und Stein** par monts et par vaux
stock- (*umg*) *in zW* (*vor adj*) complètement
Stöckelschuh ['ʃtœkəlʃuː] *m* chaussure *f* à talon aiguille
stocken *vi* (*Atem*) s'arrêter; (*beim Sprechen*) s'interrompre, hésiter; (*Arbeit, Entwicklung*) être interrompu(e); (*Verkehr*) être bloqué(e); (*Milch*) tourner
stockend *adj* (*Verkehr*) qui avance au ralenti; (*Unterhaltung*) entrecoupé(e) de silences
stockfinster (*umg*) *adj*: **es ist ~** il fait noir comme dans un four
Stockholm ['ʃtɔkhɔlm] (**-s**) *nt* Stockholm
stock-: **S~rose** *f* rose *f* trémière; **~sauer** (*umg*) *adj* furibard(e); **~taub** *adj* sourd(e) comme un pot; **S~ung** *f* (*von Arbeit etc*) interruption *f*; (*von Verkehr*) embouteillage *m*; **S~werk** *nt* étage *m*; **S~werkbett** *nt* lits *mpl* superposés

355

Stoff [ʃtɔf] (-(e)s, -e) m (Textilien) étoffe f; (Substanz, Materie) matière f; (von Buch etc) sujet m; (umg: Rauschgift) came f

Stoffel (-s, -) (pej: umg) m rustre m

stoff-: **~lich** adj (materiell) matériel(le), physique; **die ~liche Fülle** la quantité de matière; **S~rest** m coupon m (d'étoffe); **S~tier** nt animal m en tissu; **S~wechsel** m métabolisme m

stöhnen ['ʃtø:nən] vi soupirer

stoisch ['ʃto:ɪʃ] adj (Ruhe) olympien(ne)

Stola ['ʃto:la] (-, Stolen) f étole f

Stollen ['ʃtɔlən] (-s, -) m (Bergb) galerie f; (Koch) sorte de cake de Noël; (Sport: von Schuhen) crampon m

stolpern ['ʃtɔlpərn] vi trébucher; **über etw ~** (fig: zu Fall kommen) tomber sur qch

stolz [ʃtɔlts] adj fier(fière); (Bauwerk) majestueux(-euse); (ironisch: Preis) exorbitant(e); **S~** (-es) m (Hochmut) orgueil m; (große Befriedigung) fierté f; **~ieren** [ʃtɔl'tsi:rən] vi se pavaner

stopfen ['ʃtɔpfən] vt (hineinstopfen) enfoncer; (vollstopfen) remplir; (nähen) raccommoder ▷ vi (Med) constiper; **jdm das Maul ~** (umg) clouer le bec à qn

Stopfgarn nt fil m à repriser

Stopp [ʃtɔp] (-s, -s) m arrêt m; (Lohnstopp) blocage m

Stoppel ['ʃtɔpəl] (-, -n) f (Halmrest) chaume m; (Bartstoppel) barbe f de plusieurs jours

stoppen vt arrêter; (mit Stoppuhr: Läufer) chronométrer; (: Zeit) mesurer ▷ vi s'arrêter; (Zeit nehmen) chronométrer

Stopp-: **~schild** nt stop m; **~straße** f route od rue f non prioritaire; **~uhr** f chronomètre m

Stöpsel ['ʃtœpsəl] (-s, -) m (von Waschbecken) bonde f; (für Flasche) bouchon m; (umg: kleiner Junge) petit gars m

Stör [ʃtø:r] (-(e)s, -e) m (Zool) esturgeon m

Störaktion f perturbation f concertée

störanfällig adj peu fiable

Storch [ʃtɔrç] (-(e)s, ̈e) m cigogne f

Store [ʃto:r] (-s, -s) m rideau m de voile, voilage m

stören ['ʃtø:rən] vt déranger; (behindern) entraver; (Rundf: Empfang) perturber; (: Sender) entraver la réception de ▷ vr: **sich an etw Dat ~** prendre ombrage de qch, mal supporter qch; **was mich an ihm/daran stört** ce qui me déplaît chez lui/dans cette affaire; **störe ich?** je vous dérange?; **stört es Sie, wenn ich rauche?** ça vous dérange si je fume?

störend adj (Geräusch) désagréable; **ein ~er Umstand** un ennui od désagrément

Störenfried (-(e)s, -e) m importun m

Störfall m accident m (dans une centrale nucléaire)

stornieren [ʃtɔr'ni:rən] vt (Auftrag) annuler; (Buchungsfehler) contre-passer ▷ vi (siehe vt) annuler une commande; contre-passer une écriture

Storno ['ʃtɔrno] (-s) m od nt (von Buchungsfehler) contre-passation f; (von Auftrag) annulation f

störrig ['ʃtœrɪç], **störrisch** ['ʃtœrɪʃ] adj récalcitrant(e)

Störsender m brouilleur m

Störung f (das Stören) dérangement m; (Rundf) perturbation f, parasites mpl; (Tech, Comput) panne f; (Med) trouble m; **entschuldigen Sie die ~** excusez-moi de vous déranger

Störungsstelle f (Tel) ≈ service m qualité (de France-Télécom)

Stoß [ʃto:s] (-es, ̈e) m coup m; (leicht) petit coup; (mit Ellbogen) coup de coude; (mit Fuß) coup de pied; (Schwimmbewegung) mouvement m; (Erdstoß) secousse f; (Haufen: Zeitungen) pile f; **seinem Herzen einen ~ geben** prendre son courage à deux mains; **~dämpfer** (-s, -) m amortisseur m

Stößel ['ʃtø:səl] (-s, -) m pilon m; (Aut) poussoir m

stoßen unreg vt (mit Druck) pousser; (mit Schlag) donner un coup à; (mit Fuß) donner un coup de pied à; (mit Hörnern) donner un coup de corne à; (anstoßen): **sich Dat (an etw Dat) den Kopf ~** se cogner la tête (contre qch); (zerkleinern) piler ▷ vr (sich verletzen): **er hat sich Dat am Regal gestoßen** il s'est cogné à l'étagère; (fig) se heurter à ▷ vi: **~ an od auf +Akk (finden)** tomber sur; (angrenzen) être à côté de; **zu jdm ~** se joindre à qn

stoß-: **~fest** adj (Uhr) résistant aux chocs; **S~gebet** nt petite prière f; **S~stange** f pare-chocs m unver

stößt [ʃtø:st] vb siehe **stoßen**

Stoß-: **~verkehr** m circulation f des heures de pointe; **~zahn** m défense f; **~zeit** f (im Verkehr) heures fpl de pointe; (in Geschäft) heures d'affluence

Stotterer (-s, -) m, **Stotterin** f bègue m/f

stottern ['ʃtɔtərn] vt, vi bégayer

Stövchen ['ʃtø:fçən] (-s, -) nt chauffe-plats m unver

StPO abk = **Strafprozessordnung**

Str. abk (= Straße) rue f

stracks [ʃtraks] adv tout droit

Straf-: **~anstalt** f établissement m pénitentiaire; **~arbeit** f (Sch) punition f; **~bank** f (Sport) banc m de pénalité; **s~bar** adj (Verhalten, Tat) punissable, répréhensible; **sich s~bar machen** commettre une infraction (à la loi); **~barkeit** f caractère m punissable

Strafe ['ʃtra:fə] f punition f; (Jur) peine f; (Gefängnisstrafe) peine de prison; (Geldstrafe) amende f; **bei ~ verboten** passible de poursuites

strafen vt punir; **mit seinen Kindern ist er wirklich gestraft** il n'a vraiment pas la vie facile avec ses enfants

strafend adj attrib (Wort) sévère; (Blick) de reproche

straff [ʃtraf] adj (Seil, Tuch) tendu(e); (Haltung) raide; (Ordnung) strict(e); (Stil) concis(e)

straffällig ['ʃtra:fɛlɪç] adj: **~ werden** commettre une infraction (à la loi)

straffen vt (Seil, Segel) tendre; (Rede) rendre plus concis(e)

straf-: **~frei** adj: **~frei ausgehen** ne pas être puni(e); **S~gefangene, r** f(m) détenu(e); **S~gesetzbuch** nt Code m pénal; **S~kolonie** f bagne m

sträflich ['ʃtrɛ:flɪç] adj (Leichtsinn) impardonnable ▷ adv (vernachlässigen etc) d'une manière impardonnable

Sträfling m bagnard m
Straf-: **~mandat** nt (Jur) contravention f; **~maß** nt
peine f; **s~mildernd** adj: **s~mildernde**
Umstände (des) circonstances fpl atténuantes;
~porto nt supplément m d'affranchissement;
~predigt f sermon m; **~prozessordnung** f Code
m de procédure pénale; **~punkt** m point m en
moins; **~raum** m (Sport) surface f de réparation;
~recht nt (Jur) droit m pénal; **s~rechtlich** adj
pénal(e); **~stoß** m penalty m; **~tat** f délit m;
s~versetzen vt untr (Beamte) muter (par mesure
de sanction); **~vollzug** m exécution f d'une od de
la peine; **~vollzugsanstalt** f (Jur) établissement
m pénitentiaire; **~zettel** m P.-V. m
Strahl [ʃtraːl] (**-(e)s, -en**) m rayon m; (Wasserstrahl)
jet m
strahlen vi briller; (Licht) être intense od vif(vive);
(Mensch) avoir le visage rayonnant; (Kernreaktor)
émettre des rayonnements radioactifs; **~des**
Wetter un temps superbe
Strahlen-: **~behandlung** f radiothérapie f;
~belastung f irradiation f; **s~d** adj (Wetter)
radieux(-euse); (Blick, Gesicht) rayonnant(e);
~dosis f dose f de rayonnements; **s~geschädigt**
adj souffrant du mal des rayons, irradié(e);
~krankheit f mal m des rayons; **~opfer** nt
victime f de l'irradiation; **~schutz** m protection f
contre l'irradiation; **~therapie** f radiothérapie f
Strahlung f (Phys) radiation f
Strähne [ˈʃtrɛːnə] f (Haarsträhne) mèche f
strähnig adj (Haar) en mèches désordonnées
stramm [ʃtram] adj (Haltung) (bien) droit(e); (nicht
locker) serré(e); (kräftig) robuste; **~stehen** unreg vi
(Mil) être au garde-à-vous
Strampelhöschen nt barboteuse f
strampeln [ˈʃtrampəln] vi (Baby) gigoter; (umg:
Rad fahren) pédaler
Strand [ʃtrant] (**-(e)s, ¨e**) m plage f; **~bad** nt plage
f aménagée
stranden [ˈʃtrandən] vi échouer
Strand-: **~gut** nt (kein pl) objets mpl rejetés sur le
rivage, épaves fpl; **~korb** m grand fauteuil de plage en
osier; **~segeln** nt (Sport) sorte de bateau à voile sur roues
Strang [ʃtraŋ] (**-(e)s, ¨e**) m (Strick, Seil) corde f;
(Bündel) pelote f; (Nervenstrang) cordon m;
(Schienenstrang) ligne f; **über die Stränge**
schlagen (umg) dépasser les bornes; **an einem ~**
ziehen (fig) agir de concert; **wenn alle Stränge**
reißen (umg) au pire des cas
strangulieren [ʃtraŋguˈliːrən] vt étrangler
Strapaze [ʃtraˈpaːtsə] f effort m énorme
strapazieren [ʃtrapaˈtsiːrən] vt (Material) user;
(Mensch, Kräfte) épuiser
strapazierfähig adj (Material) solide, résistant(e)
strapaziös [ʃtrapatsiˈøːs] adj épuisant(e)
Straßburg [ˈʃtraːsbʊrk] (**-s**) nt Strasbourg
Straße [ˈʃtraːsə] f (über Land) route f; (in Ortschaft,
Stadt) rue f; **auf der ~** dans la rue; **auf der ~**
liegen (umg) être au chômage; **auf die ~ gesetzt**
werden (umg) être mis(e) à la porte; **Verkauf**
(auch) über die ~ vente de plats à emporter
Straßen-: **~bahn** f tramway m; **~bauarbeiten** pl

travaux mpl (d'entretien des routes);
~beleuchtung f éclairage m public; **~café** nt
café m avec terrasse; **~ecke** f coin m (de la rue);
~feger (**-s, -**) m balayeur m; **~glätte** f chaussée f
glissante; **~händler** m marchand m ambulant;
~junge (pej) m garnement m; **~karte** f carte f
routière; **~kehrer** m balayeur m; **~mädchen** nt
fille f des rues; **~rand** m bord m de la route;
~sperre f barrage m; **~überführung** f passerelle
f; **~verkauf** m (von Restaurant) vente f de plats à
emporter; **~verkehr** m circulation f;
~verkehrsordnung f code m de la route;
~zustandsbericht m informations fpl routières
Stratege [ʃtraˈteːɡə] m stratège m
Strategie [ʃtrateˈɡiː] f stratégie f
strategisch adj stratégique
Stratosphäre [ʃtratoˈsfɛːrə] (**-**) f stratosphère f
sträuben [ˈʃtrɔʏbən] vt hérisser ▷ vr (Haar etc) se
hérisser; (Mensch): **sich gegen etw ~** s'opposer
(avec acharnement) à qch
Strauch [ʃtraʊx] (**-(e)s, Sträucher**) m buisson m;
s~eln [ˈʃtraʊxəln] vi trébucher
Strauß¹ [ʃtraʊs] (**-es, Sträuße**) m (Blumenstrauß)
bouquet m
Strauß² [ʃtraʊs] (**-es, -e**) m (Zool) autruche f
Strebe [ˈʃtreːbə] f étai m
Strebebalken m étai m
streben vi: **~ nach** aspirer à; **~ zu** od **nach** (sich
bewegen) se diriger vers
Strebepfeiler m arc-boutant m
Streber (**-s, -**) (pej) m (Sch) bûcheur m
strebsam adj (Mensch) travailleur(-euse)
Strebsamkeit f zèle m
Strecke [ˈʃtrɛkə] f trajet m; (Entfernung) distance f;
(Eisenb, Math) ligne f; **auf der ~ Paris-Brüssel**
entre Paris et Bruxelles; **auf der ~ bleiben** (fig)
rester en plan; **zur ~ bringen** (Jagd) tuer
strecken vt (Glieder) étendre; (Hals) tendre;
(Waffen) déposer; (Koch: Suppe) allonger ▷ vr
s'étirer; **seinen Körper ~** s'étirer; **~weise** adv
par endroits, en partie
Streich [ʃtraɪç] (**-(e)s, -e**) m (Scherz) farce f; (Schlag)
coup m; **jdm einen ~ spielen** faire une farce à qn
streicheln vt caresser
streichen unreg vt (berühren): **jdm die Haare ~**
passer la main dans les cheveux de qn; (auftragen:
Butter etc) étaler; (bestreichen: Brot) tartiner;
(anmalen) peindre; (durchstreichen) barrer;
(Schulden) annuler; (Zuschuss etc) supprimer ▷ vi
(berühren): **jdm über die Haare ~** passer la main
dans les cheveux de qn; (Wind) souffler;
(schleichen) rôder; **etw glatt ~** lisser qch
Streicher pl (Mus) (joueurs mpl d')instruments
mpl à cordes
Streich-: **~holz** nt allumette f; **~holzschachtel** f
boîte f d'allumettes; **~instrument** nt
instrument m à cordes; **~käse** m fromage m à
tartiner; **~wurst** f ≈ pâté m de foie
Streifband nt bande f (de journal); **~zeitung** f
journal m (envoyé) sous bande
Streife f patrouille f
streifen [ˈʃtraɪfən] vt (leicht berühren) frôler,

effleurer; (*Thema, Problem*) effleurer; (*abstreifen*)
enlever ▷ *vi* (*gehen*) errer; **jdn mit einem Blick ~**
regarder qn furtivement

Streifen (**-s, -**) *m* (*Linie*) ligne *f*; (*mehrere nebeneinander*) rayure *f*; (*Stück, auf Fahrbahn*) bande *f*; (*umg: Film*) film *m*; **~karte** *f* (*für Verkehrsmittel*) = carnet *m* de tickets (*sous forme d'une carte unique*); **~wagen** *m* voiture *f* de police

Streifschuss *m* blessure *f* superficielle (*par balle*)

Streifzug *m* expédition *f*; (*Bummel*) tour *m*; (*kurzer Überblick*) tour d'horizon, aperçu *m*

Streik [ʃtraɪk] (**-(e)s, -s**) *m* grève *f*; **in den ~ treten** se mettre en grève; **~brecher** (**-s, -**) *m* briseur *m* de grève; **s~en** *vi* faire la grève; **der Computer s~t** (*umg*) l'ordinateur est détraqué; **da s~e ich** (*umg*) je refuse; **~kasse** *f* fonds *m* de solidarité pour grévistes; **~maßnahmen** *pl* mesures *fpl* de mouvement *m* de grève; **~posten** *m* piquet *m* de grève

Streit [ʃtraɪt] (**-(e)s, -e**) *m* dispute *f*

streiten *unreg vi, vr* se disputer; **darüber kann man** *od* **lässt sich ~** c'est discutable

Streitfrage *f* question *f* épineuse

Streitgespräch *nt* débat *m*

streitig *adj*: **jdm etw ~ machen** contester qch à qn

Streitigkeiten *pl* conflit *msg*

Streit-: **~kräfte** *pl* belligérants *mpl*; **s~lustig** *adj* querelleur(-euse); **~punkt** *m* point *m* litigieux; **~sucht** *f* humeur *f* querelleuse; **s~süchtig** *adj* querelleur(-euse)

streng [ʃtrɛŋ] *adj* (*Lehrer*) sévère; (*Maßnahme*) sévère, draconien(ne); (*Vorschrift, Anweisungen*) strict(e); (*Gesicht*) dur(e); (*Winter*) rigoureux(-euse); (*Geruch*) fort(e) ▷ *adv*: **~ geheim** top secret; **~ genommen** en fait; **~ vertraulich** strictement confidentiel; **Rauchen ~ verboten!** il est strictement interdit de fumer!

Strenge *f* sévérité *f*; (*von Winter*) rigueur *f*

streng-: **~gläubig** *adj* strict(e); **~stens** *adv* rigoureusement

Stress [ʃtrɛs] (**-es, -e**) *m* stress *m*

stressen *vt* stresser

stressfrei *adj* sans stress

stressig (*umg*) *adj* stressant(e)

Streu [ʃtrɔʏ] *f* litière *f*

streuen *vt* répandre ▷ *vi* (*Phys*) se disperser, se diffuser; (*mit Streugut*) répandre du sable; (: *mit Salz*) répandre du sel; **„Wege nicht gestreut"** "chaussée glissante"

Streuer (**-s, -**) *m* saupoudreuse *f*; (*Salzstreuer*) salière *f*; (*Pfefferstreuer*) poivrier *m*

Streufahrzeug *nt* camion *m* de la voirie (*qui répand du sable ou du sel sur les chaussées verglacées*)

Streugut *nt* (*Sand*) sable *m* (*pour chaussées verglacées*)

streunen *vi* errer

Streusel [ˈʃtrɔʏzəl] (**-s, -**) *m* *od nt* mélange croquant de sucre, de beurre et de farine; **~kuchen** *m* tarte recouverte d'un mélange croquant de sucre, de beurre et de farine

Streuung *f* (*Phys*) dispersion *f*, diffusion *f*; (*Verbreitung*) diffusion

strich *etc* [ʃtrɪç] *vb siehe* **streichen**

Strich (**-(e)s, -e**) *m* trait *m*; (*von Geweben*) poils *mpl*; (*von Fell*) (sens *m* du) poil *m*; **einen ~ durch etw machen** barrer *od* rayer qch; **jdm einen ~ durch die Rechnung machen** (*umg*) mettre des bâtons dans les roues de qn; **machen wir einen ~ darunter** (*Diskussion*) passons à autre chose; (*Streitigkeit*) oublions le passé; **unter dem ~** (*als Ergebnis*) tout compte fait; **das geht mir gegen den ~** (*umg*) ça me rend malade; **jdn nach ~ und Faden belügen** (*umg*) mentir effrontément à qn; **auf den ~ gehen** (*umg*) se prostituer; **~code** *m* code *m* barres; **~einteilung** *f* graduation *f*, échelle *f*

stricheln [ˈʃtrɪçəln] *vt*: **eine gestrichelte Linie** une ligne non continue

Strich-: **~junge** (*umg*) *m* jeune prostitué *m*; **~kode** *m* code *m* barres; **~mädchen** (*umg*) *nt* jeune prostituée *f*; **~punkt** *m* point-virgule *m*; **s~weise** *adv* par endroits; **s~weise Regen** (*Met*) pluie par endroits

Strick [ʃtrɪk] (**-(e)s, -e**) *m* corde *f*; (*umg: Kind*) garnement *m*; **wenn alle ~e reißen** au pire des cas; **jdm aus etw einen ~ drehen** utiliser qch pour nuire à qn

stricken *vi, vt* tricoter

Strick-: **~jacke** *f* cardigan *m*; **~leiter** *f* échelle *f* de corde; **~nadel** *f* aiguille *f* à tricoter; **~waren** *pl* lainages *mpl*; **~zeug** *nt* tricot *m*

striegeln [ˈʃtriːɡəln] *vt* étriller

Strieme [ˈʃtriːmə] *f* marque *f* de coup, zébrure *f*

Striemen (**-s, -**) *m* = **Strieme**

strikt [strɪkt] *adj* (*Befehl*) formel(le); (*Ordnung*) méticuleux(-euse)

Strippe [ˈʃtrɪpə] (*umg*) *f* (*Tel*) fil *m*; **jdn an der ~ haben** avoir qn au bout du fil

strippen (*umg*) *vi* faire du strip-tease

Stripper, in (**-s, -**) *m(f)* strip-teaseur(-euse)

stritt *etc* [ʃtrɪt] *vb siehe* **streiten**

strittig [ˈʃtrɪtɪç] *adj* (*Punkt, Frage*) litigieux(-euse)

Stroh [ʃtroː] (**-(e)s**) *nt* paille *f*; **~blume** *f* (*Bot*) immortelle *f*; **~dach** *nt* toit *m* de chaume; **~feuer** *nt*: **ein ~feuer sein** (*fig*) n'être qu'un feu de paille; **~halm** *m* fétu *m* de paille; (*Trinkhalm*) paille *f*; **~mann** (**-(e)s, -männer**) *m* (*Wirts*) homme *m* de paille; (*Karten*) mort *m*; **~witwe** *f* femme dont le mari est absent; **~witwer** *m* homme dont l'épouse est absente

Strolch [ʃtrɔlç] (**-(e)s, -e**) (*pej*) *m* chenapan *m*

Strom [ʃtroːm] (**-(e)s, ¨e**) *m* (*Fluss*) fleuve *m*; (*Strömung, Elek*) courant *m*; (*fig: große Menge*) flot *m*; **mit dem ~ schwimmen** suivre le courant; **gegen den ~ schwimmen** nager à contre-courant; **der Wein floss in Strömen** le vin coulait à flots; **es regnet in Strömen** il pleut à verse; **unter ~ stehen** (*Elek*) être sous tension; **s~abwärts** *adv* (*Position*) en aval; (*Richtung*) vers l'aval; **s~aufwärts** *adv* (*Position*) en amont; (*Richtung*) vers l'amont; **~ausfall** *m* panne *f* de courant; **~bedarf** *m* consommation *f* d'électricité

strömen [ˈʃtrøːmən] *vi* (*Wasser*) couler (à flots); (*Luft, Gas*) s'échapper; (*Menschen*) se précipiter (en masse)

Strom-: **~kabel** nt câble m électrique; **~kreis** m circuit m (électrique); **s~linienförmig** adj aérodynamique; **~netz** nt réseau m (électrique); **~schiene** f rail m conducteur; **~schnelle** f rapide m; **~sperre** f coupure f de courant; **~stärke** f intensité f du courant

Strömung ['ʃtrøːmʊŋ] f courant m

Stromzähler m compteur m d'électricité

Strophe ['ʃtroːfə] f strophe f

strotzen ['ʃtrɔtsən] vi: ~ **vor** od **von** (Gesundheit, Lebensfreude) déborder de

strubbelig ['ʃtrʊbəlɪç] adj échevelé(e)

Strudel ['ʃtruːdəl] (**-s, -**) m (Wasserwirbel) tourbillon m; (Koch) pâtisserie autrichienne aux pommes

strudeln vi tourbillonner

Struktur [ʃtrʊk'tuːr] f structure f; (von Gewebe) contexture f

strukturell [ʃtrʊktu'rɛl] adj (Veränderung) de structure

strukturieren [ʃtrʊktu'riːrən] vt structurer

Struktur-: **~politik** f réformes fpl de structure; **~reform** f réforme f de structure

Strumpf [ʃtrʊmpf] (**-(e)s, ^e**) m bas m; (Kniestrumpf) chaussette f; **auf Strümpfen** en chaussettes; **~band** nt jarretière f; **~halter** m jarretelle f; **~hose** f collant m; **~maske** f bas servant de masque

Strunk [ʃtrʊŋk] (**-(e)s, ^e**) m (von Baum) souche f; (von Kohl) trognon m

struppig ['ʃtrʊpɪç] adj (Haar, Kerl) hirsute

Stube ['ʃtuːbə] f chambre f; **die gute ~** le salon

Stuben-: **~arrest** m interdiction f de sortir; **~fliege** f mouche f (domestique); **~hocker** (umg) m pantouflard m; **s~rein** adj (Hund) propre

Stuck [ʃtʊk] (**-(e)s**) m stuc m

Stück [ʃtʏk] (**-(e)s, -e**) nt morceau m; (Land) morceau, parcelle f; (Einzelteil, Theat) pièce f; (etwas): **ein ~ weiter** un peu plus loin; **ein ~ spazieren gehen** aller faire un petit tour; **am ~** (nicht aufgeschnitten) entier(-ière); **in einem ~** (ohne Pause) sans arrêt; **aus freien ~en** sans y être forcé(e), de mon/son etc propre chef; **große ~e auf jdn halten** avoir une haute opinion de qn; **~ für ~** l'un après l'autre; **in ~e gehen** se casser en mille morceaux; **das ist ein starkes ~!** (umg) c'est incroyable!, c'est un comble!; **~arbeit** f travail m aux pièces

Stuckateur [ʃtʊka'tøːr] m stucateur m

Stück-: **~gut** nt (Eisenb) ≈ colis m express; **~kosten** pl (Wirts) prix msg unitaire; **~lohn** m paiement m à la pièce; **s~weise** adv pièce par pièce, petit à petit; (Wirts) séparément; **~werk** nt chose f inachevée

Student, in [ʃtu'dɛnt(ɪn)] m(f) étudiant(e)

Studenten-: **~ausweis** m carte f d'étudiant; **~futter** nt mélange de noix et de raisins secs; **~verbindung** f association f (traditionnelle) d'étudiants; **~werk** nt ≈ service m d'assistance universitaire; **~wohnheim** nt résidence f universitaire

studentisch adj (Leben) estudiantin(e); (Freiheit) des étudiants

Studie ['ʃtuːdiə] f étude f

Studien-: **~beratung** f ≈ service m d'orientation et d'assistance universitaire; **~buch** nt livret d'étudiant; **~fahrt** f voyage m d'études; **~kolleg** nt cours de préparation pour étudiants étrangers; **~platz** m place f à l'université

studieren [ʃtu'diːrən] vt (Jura etc) faire des études de, étudier; (Frage etc) étudier ▷ vi (Hochschule besuchen) faire des études

Studio ['ʃtuːdio] (**-s, -**) nt atelier m; (TV etc) studio m

Studium ['ʃtuːdiʊm] nt études fpl

Stufe ['ʃtuːfə] f marche f; (Entwicklungsstufe) phase f, stade m; (Niveau) niveau m; (Tech: bei Schalter) intensité f

Stufen-: **~heck** nt (Aut): **ein Pkw mit ~heck** une berline; **~leiter** f: **die ~leiter des Erfolgs** le chemin du succès; **s~los** adj (Tech: Schalter) à réglage continu; **~plan** m plan m étape par étape; **~schnitt** m (Frisur) coupe f en dégradés; **s~weise** adv par étapes, progressivement

Stuhl [ʃtuːl] (**-(e)s, ^e**) m chaise f; **zwischen zwei Stühlen sitzen** (fig) être assis(e) entre deux chaises

Stuhlgang m selles fpl

Stukkateur [ʃtʊka'tøːr] m siehe **Stuckateur**

Stulle ['ʃtʊlə] f tartine f

stülpen ['ʃtʏlpən] vt (umdrehen) retourner; **etw über etw** Akk **~** recouvrir qch avec qch, mettre qch sur qch; **den Kragen nach oben ~** remonter son col

stumm [ʃtʊm] adj muet(te); (Blick) entendu(e); (Gebärde) silencieux(-euse)

Stummel (**-s, -**) m bout m; (Zigarettenstummel) bout, mégot m (umg)

Stummfilm m film m muet

Stümper ['ʃtʏmpər] (**-s, -**) (pej) m incapable m; **s~haft** adj bâclé(e)

stümpern (umg) vi faire du travail bâclé, bâcler

Stumpf (**-(e)s, ^e**) m (Baumstumpf) souche f; (Beinstumpf) moignon m; **mit ~ und Stiel** complètement

stumpf [ʃtʊmpf] adj (Messer etc) qui coupe mal, émoussé(e); (Metall, Blick) terne; (Mensch) amorphe; (Math: Winkel) obtus(e); **S~heit** f (siehe adj) manque m de tranchant; manque d'éclat; manque d'énergie; **S~sinn** (-(e)s) m (von Arbeit) stupidité f; (Zustand) abrutissement m; **~sinnig** adj (Arbeit) stupide; (Leben) morne

Stunde ['ʃtʊndə] f heure f; (Zeit) moment m; **eine halbe ~** une demi-heure; **~ um ~** heure après heure; **die ~ null** un nouveau départ

stunden vt: **jdm etw ~** prolonger le délai accordé à qn pour payer qch

Stunden-: **~geschwindigkeit** f vitesse f horaire od à l'heure; **~kilometer** pl kilomètres mpl à l'heure, kilomètres/heure mpl; **s~lang** adv pendant des heures; **~lohn** m salaire m horaire; **~plan** m horaire m des cours; **s~weise** adv à l'heure

stündlich ['ʃtʏntlɪç] adv (einmal pro Stunde) toutes les heures; (dauernd) constamment

stupide [ʃtu'pi:də] *adj* idiot(e)

Stups [ʃtʊps] (**-es, -e**) (*umg*) *m* petit coup *m* (de coude *etc*)

stupsen *vt* pousser, donner un petit coup (de coude *etc*) à

Stupsnase *f* nez *m* retroussé

stur [ʃtu:r] *adj* (*Mensch*) borné(e); (*Arbeit*) stupide ▷ *adv*: **er fuhr ~ geradeaus** il continua obstinément tout droit; **auf ~ schalten, sich ~ stellen** (*umg*) se braquer; **ein ~er Bock** (*umg*) une tête de mule

Sturm [ʃtʊrm] (**-(e)s, ̈e**) *m* tempête *f*; (*Mil etc*) assaut *m*; (*Fussball*) avants *mpl*; **gegen etw ~ laufen** (*fig*) partir en guerre contre qch; **~ läuten** se pendre à la sonnette

stürmen [ˈʃtʏrmən] *vi* (*Wind*) tempêter; (*rennen*) se précipiter ▷ *vt* prendre d'assaut ▷ *vb unpers*: **es stürmt** le vent souffle en tempête

Stürmer (**-s, -**) *m* (*Sport*) avant *m*

sturmfrei *adj*: **eine ~e Bude** (*umg*) un endroit discret

stürmisch *adj* (*Meer*) houleux(-euse); (*Empfang*) enthousiaste; (*Beifall*) frénétique; (*Protest*) véhément(e); (*Entwicklung*) fulgurant(e); (*Liebhaber*) passionné(e); **~es Wetter** (temps *m* de) tempête *f*, gros temps *m*; **nicht so ~!** du calme!

Sturm-: **~schritt** *m*: **im ~schritt** au pas de course; **~tief** *nt* (*Met*) dépression *f* cyclonale; **~warnung** *f* avis *m* de coup de vent; **~wind** *m* tempête *f*

Sturz [ʃtʊrts] (**-es, ̈e**) *m* chute *f*

stürzen [ˈʃtʏrtsən] *vt* (*werfen, absetzen*) faire tomber; (*Kragen etc*) retourner ▷ *vi* (*fallen*) tomber; (*rennen*) se précipiter ▷ *vr* se précipiter; **sich auf jdn/etw ~** se précipiter sur qn/qch; **jdn ins Unglück ~** provoquer le malheur de qn; **sich in die Arbeit ~** se jeter à corps perdu dans son travail; **sich ins Nachtleben ~** se mettre à faire la noce; „**nicht ~!**" "fragile!", "haut/bas"; **sich in Unkosten ~** se lancer dans de grosses dépenses

Sturz-: **~flug** *m* piqué *m*; **~helm** *m* casque *m* de protection; **~regen** *m* grosse pluie *f*

Stuss [ʃtʊs] (**-es**) (*umg*) *m* foutaises *fpl*

Stute [ˈʃtu:tə] *f* (*Pferd*) jument *f*

Stuttgart [ˈʃtʊtgart] (**-s**) *nt* Stuttgart

Stützbalken *m* poutre *f* (de support)

Stütze [ˈʃtʏtsə] *f* support *m*; (*Hilfe*) soutien *m*; **die ~n der Gesellschaft** les piliers *mpl* de la société

stutzen [ˈʃtʊtsən] *vt* (*Bart, Sträucher*) tailler; (*Ohr, Schwanz*) couper; (*Flügel*) couper, rogner ▷ *vi* (*innehalten*) s'arrêter net; (*argwöhnisch*) hésiter

stützen *vt* soutenir; (*Ellbogen, Kinn etc*) mettre ▷ *vr*: **sich auf jdn/etw ~** s'appuyer sur qn/qch

stutzig *adj*: **~ werden** devenir méfiant(e); **jdn ~ machen** éveiller les soupçons de qn

Stützmauer *f* mur *m* de soutènement

Stützpunkt *m* base *f*; (*von Hebel, fig*) point *m* d'appui

Stützungskäufe *pl* achats *mpl* de soutien

StVO *abk* = **Straßenverkehrsordnung**

stylen [ˈstaɪlən] *vt* concevoir

Styropor® [ʃtyro'po:r] (**-s**) *nt* polystyrène *m* expansé

s. u. *abk* = **siehe unten**

Subjekt [zʊp'jɛkt] (**-(e)s, -e**) *nt* sujet *m*; (*pej: Mensch*) personnage *m*

subjektiv [zʊpjɛk'ti:f] *adj* subjectif(-ive)

Subjektivität [zʊpjɛktivi'tɛ:t] *f* subjectivité *f*

Subkontinent [ˈzʊpkɔntinɛnt] *m* sous-continent *m*

Subkultur [ˈzʊpkʊltu:r] *f* subculture *f*

sublimieren [zubli'mi:rən] *vt* sublimer

Submission [zʊpmɪsi'o:n] *f* (*Wirts*) adjudication *f*

Substantiv [zʊpstan'ti:f] (**-s, -e**) *nt* substantif *m*

Substanz [zʊp'stants] *f* (*Materie*) substance *f*; (*Wirts: kein pl: Kapital*) capital *m*; **das geht jdm an die ~** ça use qn

subtil [zʊp'ti:l] *adj* (*geh: Unterschied*) subtile

subtrahieren [zʊptra'hi:rən] *vt* soustraire

Subtraktion [zʊptraktsi'o:n] *f* soustraction *f*

subtropisch [ˈzʊptro:pɪʃ] *adj* subtropical(e)

Subvention [zʊpvɛntsi'o:n] *f* subvention *f*

subventionieren [zʊpvɛntsio'ni:rən] *vt* subventionner

subversiv [zʊpvɛr'zi:f] *adj* subversif(-ive)

Such-: **~aktion** *f* recherches *fpl*; **~bild** *nt* casse-tête consistant en un dessin dissimulé dans un autre; **~dienst** *m* agence *f* de recherche

Suche *f* recherche *f*

suchen [ˈzu:xən] *vt* chercher; (*Pilze, Beeren*) aller ramasser *od* cueillir; (*versuchen*): **er sucht ihm zu schaden** il cherche à lui nuire ▷ *vi* chercher; **du hast hier nichts zu ~** tu n'as rien à faire ici; **nach Worten ~** chercher ses mots; (*sprachlos sein*) rester bouche bée; **such!** (*zu Hund*) cherche!; **~ und ersetzen** (*Comput*) rechercher et remplacer

Sucher (**-s, -**) *m* (*Phot*) viseur *m*

Suchmaschine *f* (*Comput*) moteur *m* de recherche

Suchscheinwerfer *m* projecteur *m*

Sucht [zʊxt] (**-, ̈e**) *f* besoin *m* irrésistible; (*Med*) dépendance *f*

süchtig [ˈzʏçtɪç] *adj* intoxiqué(e); **S~e, r** *f(m)* drogué(e)

Suchtmittel *nt* drogue *f*, stupéfiant *m*

Sud [zu:t] (**-(e)s, -e**) *m* (*von Fisch*) court-bouillon *m* (dans lequel a cuit le poisson)

Süd [zy:t] (**-(e)s**) *m* sud *m*; **~afrika** *nt* l'Afrique *f* du Sud; **~amerika** *nt* l'Amérique *f* du Sud

Sudan [zu'da:n] (**-s**) *m*: **der ~** le Soudan

Sudanese, -in [zuda'ne:zə] (**-n, -n**) *m(f)* Soudanais(e)

Süd-: **~asien** *nt* l'Asie *f* du Sud; **s~deutsch** *adj* d'Allemagne du Sud; **~deutschland** *nt* l'Allemagne *f* du Sud; **~en** [ˈzy:dən] (**-s, -**) *m* sud *m*; **im ~en (von)** au sud (de)

Sudetenland [zu'de:tənlant] *nt* Sudètes *mpl*

Süd-: **~europa** *nt* l'Europe *f* du Sud, le sud de l'Europe; **~frucht** *f* fruit *m* tropical; **~korea** *nt* la Corée du Sud, la République de Corée; **s~ländisch** *adj* (des pays) du sud; **s~lich** *adj* du sud, méridional(e) ▷ *präp +Gen*: **s~lich von** au sud de; **der s~liche Polarkreis** le cercle polaire antarctique; **~ostasien** *nt* le Sud-Est asiatique; **~pol** *m* pôle *m* Sud; **~polarmeer** *nt* océan *m*

Antarctique; **~see** f Pacifique m (sud);
~seeinseln pl l'Océanie f; **~tirol** nt le Tyrol
italien; **s~wärts** adv vers le sud, en direction du
sud; **~wein** m vin blanc doux (italien); **~westafrika**
nt le Sud-Ouest africain (la future Namibie)
Sueskanal, Suezkanal ['zu:ɛskana:l] **(-s)** m
canal m de Suez
Suff [zʊf] (umg) m (Betrunkenheit) ivresse f
süffig ['zʏfɪç] adj (Wein) qui se laisse boire
süffisant [zʏfi'zant] adj suffisant(e)
suggerieren [zʊge'ri:rən] vt: **jdm etw** ~ créer qch
chez qn
suggestiv [zʊgɛs'ti:f] adj (Wirkung) suggestif(-ive);
S~frage [zʊgɛs'ti:ffra:gə] f question f insidieuse
suhlen ['zu:lən] vr se vautrer
Sühne ['zy:nə] f pénitence f
sühnen vt expier
Sühnetermin m (Jur) tentative f de conciliation
Suite ['svi:tə] f (Zimmerflucht) suite f
Sulfonamid [zʊlfona'mi:t] **(-(e)s, -e)** nt
sulfamide m
Sultan ['zʊltan] **(-s, -e)** m sultan m
Sultanine [zʊlta'ni:nə] f (gros) raisin m sec
Sülze ['zʏltsə] f (Koch) aspic m
summarisch [zʊ'ma:rɪʃ] adj sommaire
Summe f somme f
summen vi (Biene, Gerät) bourdonner; (Mensch)
fredonner ▷ vt (Lied) fredonner
Summer (-s, -) m sonnette f (à trembleur)
summieren [zʊ'mi:rən] vt additionner ▷ vr
s'accumuler
Sumpf [zʊmpf] **(-(e)s, ̈e)** m marais m
sumpfig adj (Gebiet) marécageux(-euse)
Sund [zʊnt] **(-(e)s, -e)** m détroit m
Sünde ['zʏndə] f péché m
Sünden-: ~bock (umg) m bouc m émissaire; **~fall**
m (Rel) chute f, péché m originel; **~register** nt
(fig) liste f de méfaits; **er hat ein langes
~register** il a beaucoup de méfaits à son actif
Sünder, in m(f) pécheur(-eresse)
sündhaft adj coupable; (umg: Preise) exorbitant(e)
sündigen ['zʏndɪgən] vi pécher; (hum) faire des
excès
Super (-s) nt (Benzin) super m
super ['zu:pər] (umg) adj super inv ▷ adv super
bien
Superlativ ['zu:pərlati:f] **(-s, -e)** m superlatif m
Super-: ~macht f superpuissance f; **~mann** m
superman m; **~markt** m supermarché m
Suppe ['zʊpə] f (Koch) soupe f, potage m; (umg:
Nebel) purée f de pois; **jdm die ~ versalzen**
mettre des bâtons dans les roues de qn
Suppen-: ~fleisch nt bouilli m; **~grün** nt légumes
mpl pour la soupe; **~kasper** (umg) m enfant qui
chipote en mangeant; **~kelle** f louche f; **~teller** m
assiette f creuse od à soupe; **~würfel** m bouillon
m cube
Surfbrett nt planche f de surf
surfen ['zø:rfən] vi faire du surf
Surfer m surfeur m
Surinam [zuri'nam] **(-s)** nt le Surinam
Surrealismus [zʊrea'lɪsmʊs] m surréalisme m

surren ['zʊrən] vi bourdonner
Surrogat [zʊro'ga:t] **(-(e)s, -e)** nt succédané m
Susine [zu'zi:nə] f (Bot) prune f (d'origine italienne)
suspekt [zʊs'pɛkt] adj suspect(e)
suspendieren [zʊspɛn'di:rən] vt (Beamten)
suspendre; **jdn von etw ~** destituer qn de qch
Suspendierung f suspension f
süß [zy:s] adj (zuckrig) doux (douce), sucré(e);
(lieblich) mignon(ne)
Süße (-) f douceur f
süßen vt sucrer
Süßholz nt: **~ raspeln** (fig) passer de la pommade
Süßigkeit f (Bonbon etc) sucrerie f, friandise f
süß-: ~lich adj (Geschmack) doucereux(-euse); (fig)
mièvre; **S~rahmbutter** f beurre m doux od non
salé; **~sauer** adj aigre-doux(-douce); (fig:
gezwungen) mi-figue, mi-raisin inv; **S~speise** f
(Koch) dessert m; **S~stoff** m édulcorant m;
S~waren pl confiseries fpl; **S~wasser** nt eau f
douce
SV (-) m abk = **Sportverein**
SW abk (= Südwest(en)) SO
Swasiland ['sva:zilant] **(-s)** nt le Swaziland
Sweatshirt ['svɛtʃɪrt] **(-s, -s)** nt sweat-shirt m
SWR (-) m abk (= Südwestrundfunk) radio du sud-ouest de
l'Allemagne
Symbol [zym'bo:l] **(-s, -e)** nt symbole m; **s~haft**
adj symbolique
Symbolik f symbolisme m
symbolisch adj symbolique
symbolisieren [zymboli'zi:rən] vt symboliser
Symmetrie [zyme'tri:] f symétrie f; **~achse** f axe
m de symétrie
symmetrisch [zy'me:trɪʃ] adj symétrique
Sympathie [zympa'ti:] f sympathie f; **er hat sich**
Dat **alle ~(n) verscherzt** il s'est aliéné (la
sympathie de) tout le monde; **~kundgebung** f
manifestation f de soutien; **~streik** m grève f de
solidarité
Sympathisant, in m(f) sympathisant(e)
sympathisch [zym'pa:tɪʃ] adj sympathique; **er
ist mir ~** je le trouve sympathique
sympathisieren [zympati'zi:rən] vi sympathiser
Symphonie [zymfo'ni:] f symphonie f
Symptom [zymp'to:m] **(-s, -e)** nt symptôme m
symptomatisch [zympto'ma:tɪʃ] adj
symptomatique
Synagoge [zyna'go:gə] f synagogue f
synchron [zyn'kro:n] adj (Tech) synchrone;
S~getriebe nt vitesses fpl synchronisées,
synchroniseur m
synchronisieren [zynkroni'zi:rən] vt
synchroniser
Syndikat [zyndi'ka:t] **(-(e)s, -e)** nt (Wirts)
coopérative f
Syndrom [zyn'dro:m] **(-s, -e)** nt syndrome m
Synkope [zyn'ko:pə] f (Mus) syncope f
Synode [zy'no:də] f synode m
Synonym [zyno'ny:m] **(-s, -e)** nt synonyme m;
s~ adj synonyme
Syntax ['zyntaks] **(-, -en)** f syntaxe f
Synthese [zyn'te:zə] f synthèse f

Synthetik (**-s**) *nt* fibres *fpl* synthétiques
synthetisch *adj* synthétique
Syphilis ['zy:filɪs] (**-**) *f* syphilis *f*
Syrer, in ['zy:rər(ɪn)] (**-s, -**) *m(f)* Syrien(ne)
Syrien (**-s**) *nt* la Syrie
syrisch *adj* syrien(ne)
System [zʏs'te:m] (**-s, -e**) *nt* système *m*; **~analyse** *f* analyse *f* fonctionnelle
Systematik *f* classement *m* systématique; (*Biol*) taxinomie *f*
systematisch [zʏste'ma:tɪʃ] *adj* systématique
systematisieren [zʏstemati'zi:rən] *vt*

systématiser
Systemdiskette *f* disquette *f* système
Systemkritiker *m* personne qui critique le système
Szenarium [stse'na:riʊm] *nt* scénario *m*
Szene ['stse:nə] *f* scène *f*; (*Vorfall*) incident *m*; (*umg: Drogenszene etc*) milieu *m*, monde *m*; **jdm eine ~ machen** faire une scène à qn; **sich in der ~ auskennen** (*umg*) être bien introduit(e) (*dans un milieu*); **sich in ~ setzen** poser pour la galerie
Szenenwechsel *m* changement *m* de décor
Szenerie *f* décor *m*
Szepter ['stɛptər] (**-s, -**) *nt* sceptre *m*

Tt

T, t [te:] *nt* (*Buchstabe*) T, t *m*; **T wie Theodor** ≈ T comme Thérèse

t *abk* (= *Tonne*) t

Tabak ['ta:bak] (**-s, -e**) *m* tabac *m*

Tabasco® [ta'basko] (**-s**) *m* Tabasco® *m*

tabellarisch [tabɛ'la:rɪʃ] *adj* graphique; **~er Lebenslauf** curriculum *m* vitae (*en style télégraphique*)

Tabelle *f* tableau *m*

Tabellenführer *m* équipe *f* en tête du classement

Tabernakel [tabɛr'na:kəl] (**-s, -**) *m* tabernacle *m*

Tablett (**-(e)s, -s** *od* **-e**) *nt* plateau *m*

Tablette [ta'blɛtə] *f* comprimé *m*

Tabu [ta'bu:] (**-s, -s**) *nt* (*Verbot*) tabou *m*; **t~** *adj* tabou(e)

tabuisieren [tabui'zi:rən] *vt* tabouiser

Tabulator [tabu'la:tɔr] *m* tabulateur *m*

Tacho (**-s, -s**) *m* = **Tachometer**

Tachometer [taxo'me:tər] (**-s, -**) *m od nt* (*Aut*) compteur *m* (de vitesse)

Tadel ['ta:dəl] (**-s, -**) *m* (*Rüge*) réprimande *f*, blâme *m*; (*Makel*) faute *f*; **ein Mensch ohne ~** quelqu'un d'irréprochable; **t~los** *adj* irréprochable

tadeln *vt* critiquer

tadelnswert *adj* répréhensible

Tadschikistan [ta'dʒi:ksta:n] *nt* le Tadjikistan

Tafel ['ta:fəl] (**-, -n**) *f* tableau *m*; (*förmlich: festlicher Speisetisch*) table *f*; (*Anschlagtafel*) panneau *m* d'affichage; (*Schiefertafel*) ardoise *f*; (*Gedenktafel*) plaque *f*; (*Illustration*) planche *f*; (*Tabelle*) table; (*Schokolade etc*) tablette *f*; **t~fertig** *adj* (*Gerichte*) prêt(e) à servir

Tafel-: ~obst *nt* fruits *mpl*; **~öl** *nt* huile *f* de table; **~spitz** *m* bœuf bouilli à l'autrichienne

Täfelung *f* lambris *mpl*, revêtement *m*

Tafelwasser *nt* eau *f* minérale

Taft [taft] (**-(e)s, -e**) *m* taffetas *m*

Tag [ta:k] (**-(e)s, -e**) *m* jour *m*; **am ~** pendant la journée; **unter ~** (*tagsüber*) de jour; **bei ~(e)** de jour; **unter/über ~** (*Bergb*) au fond/au jour; **eines (schönen) ~es** un (beau) jour; **dieser ~e** ces prochains jours; **acht ~e** huit jours; **von ~ zu ~** de jour en jour; **~ für ~** (*täglich*) jour après jour; **~ und Nacht** jour et nuit; **guten ~!** bonjour!; **auf den ~ (genau)** jour pour jour; **auf seine alten ~e**

malgré son grand âge; **an den ~ kommen** se faire jour; **er legte großes Interesse an den ~** il a manifesté beaucoup d'intérêt; **in den ~ hinein leben** vivre au jour le jour; **seine ~e haben** (*umg*) avoir ses règles; **t~aus** *adv*: **t~aus, t~ein** jour après jour; **~dienst** *m* service *m* de jour

Tage-: ~bau *m* (*Bergb*) exploitation *f* à ciel ouvert; **~buch** *nt* journal *m* (intime); **~dieb** *m* fainéant *m*; **~geld** *nt* indemnité *f* journalière

tagein [ta:k'laɪn] *adv siehe* **tagaus**

tagelang *adv* des journées entières

tagen *vi* siéger ▷ *vb unpers*: **es tagt** le jour se lève

Tages-: ~ablauf *m* journée *f*; **~anbruch** *m* lever *m* du jour; **~ausflug** *m* excursion *f* (*d'une journée*); **~creme** *f* crème *f* de jour; **~decke** *f* couvre-lit *m*; **~fahrt** *f* excursion *f* (*d'une journée*); **~karte** *f* carte *f* journalière; (*Speisekarte*) menu *m* du jour; **~kasse** *f* (*an Theater*) guichet *m*; (*Tageseinnahmen*) recette *f* journalière; **~kurs** *m* cours *m* du jour; **~licht** *nt* lumière *f* du jour; **~lichtprojektor** *m* rétroprojecteur *m*; **~mutter** *f* gardienne *f*; **~ordnung** *f* ordre *m* du jour; **an der ~ordnung sein** être à l'ordre du jour; **~rückfahrkarte** *f* aller-retour *m* valable une journée; **~schau** *f* journal *m* télévisé; **~wert** *m* valeur *f* du jour; **~zeit** *f* heure *f* (du jour); **zu jeder ~- und Nachtzeit** à toute heure (du jour et de la nuit); **~zeitung** *f* quotidien *m*

tageweise *adv* certains jours

taghell *adj*: **es war schon ~** il faisait grand jour ▷ *adv*: **~ erleuchtet** éclairé(e) comme en plein jour

tägl. *abk* = **täglich**

täglich ['tɛ:klɪç] *adj* quotidien(ne) ▷ *adv* tous les jours; **einmal ~** une fois par jour

tags [ta:ks] *adv*: **~ darauf** *od* **danach** le lendemain; **~ zuvor** la veille; **~über** *adv* pendant la journée

tagtäglich *adj* quotidien(ne) ▷ *adv* tous les jours

Tagung *f* congrès *m*

Tagungsort *m* lieu où se tient un congrès

Tahiti [ta'hi:ti] *nt* Tahiti *m*

Taifun [taɪ'fu:n] (**-s, -e**) *m* typhon *m*

Taiga ['taɪga] (**-**) *f* taïga *f*

Taille ['taljə] *f* taille *f*; **auf ~ gearbeitet** cintré(e)

tailliert [ta'jiːrt] *adj* cintré(e)

Taiwan ['taɪvan] (**-s**) *nt* Taiwan *f*
takeln ['ta:kəln] *vt* gréer
Takt [takt] (**-(e)s, -e**) *m* (*Feingefühl*) tact *m*; (*Mus*) mesure *f*; **~gefühl** *nt* tact *m*
Taktik (**-, -en**) *f* tactique *f*
taktisch *adj* (*Vorgehen*) tactique; (*Fehler*) de tactique ▷ *adv:* **~ klug** adroit(e) (d'un point de vue tactique)
Takt-: t~los *adj* qui manque de tact; **~losigkeit** *f* manque *m* de tact; (*Bemerkung*) remarque *f* blessante; **~stock** *m* baguette *f* (de chef d'orchestre); **~strich** *m* barre *f* de mesure; **t~voll** *adj* plein(e) de tact ▷ *adv* avec tact
Tal [ta:l] (**-(e)s, ⸚er**) *nt* vallée *f*
Talar [ta'la:r] (**-s, -e**) *m* (*Jur*) robe *f*; (*Univ*) toge *f*
Talbrücke *f* pont qui enjambe une vallée
Talent [ta'lɛnt] (**-(e)s, -e**) *nt* talent *m*
talentiert [talɛn'ti:rt] *adj* talentueux(-euse)
talentlos *adj* sans talent
talentvoll *adj* qui a du talent
Taler ['ta:lər] (**-s, -**) *m* thaler *m*
Talfahrt *f* descente *f*; (*fig*) chute *f*
Talg [talk] (**-(e)s, -e**) *m* (*für Kerzen etc*) suif *m*; (*Hauttalg*) sébum *m*; **~drüse** *f* glande *f* sébacée
Talisman ['ta:lɪsman] (**-s, -e**) *nt* talisman *m*
Talkshow ['tɔ:kʃo:] (**-, -s**) *f* causerie *f* télévisée
Talkumpuder ['talkʊmpu:dər] *m* talc *m*
Tal-: ~sohle *f* fond *m* de la (la) vallée; **~sperre** *f* barrage *m*; **t~wärts** *adv* vers la vallée
Tamburin [tambu'ri:n] (**-s, -e**) *nt* tambourin *m*
Tampon ['tampɔn] (**-s, -s**) *m* tampon *m*
Tamtam [tam'tam] (**-s, -s**) *nt* (*Mus*) tam-tam *m*; (*umg: Wirbel*) tapage *m*
TAN *f abk* (= *Transaktionsnummer*) numéro *m* secret de transaction
Tandem ['tandɛm] (**-s, -s**) *nt* tandem *m*
Tang [taŋ] (**-(e)s, -e**) *m* algues *fpl*
Tangente [taŋ'gɛntə] *f* (*Math*) tangente *f*; (*Autostraße*) périphérique *m*
Tanger ['taŋər] *nt* Tanger
tangieren [taŋ'gi:rən] *vt* (*berühren, betreffen*) toucher
Tango ['taŋo] (**-s, -s**) *m* tango *m*
Tank [taŋk] (**-s, -s**) *m* réservoir *m*
tanken *vi* prendre de l'essence; (*Flug*) se ravitailler (en kérosène) ▷ *vt* (*Benzin*) prendre; (*umg: frische Luft, neue Kräfte etc*) faire provision de
Tanker (**-s, -**) *m* pétrolier *m*
Tank-: ~laster *m* camion-citerne *m*; **~säule** *f* pompe *f* à essence; **~schiff** *nt* pétrolier *m*; **~stelle** *f* station-service *f*; **~uhr** *f* jauge *f* d'essence; **~verschluss** *m* bouchon *m* du réservoir; **~wart** *m* pompiste *m*
Tanne ['tanə] *f* sapin *m*
Tannenbaum *m* sapin *m*
Tannenzapfen *m* pomme *f* de pin
Tansania [tan'za:nia] (**-s**) *nt* la Tanzanie
Tansanier, in *m(f)* Tanzanien(ne) *m(f)*
Tante ['tantə] *f* tante *f*; **~-Emma-Laden** (*umg*) *m* petit commerce de quartier
Tantieme [tãti'e:mə] *f* part *f* de bénéfice; (*für Künstler etc*) droits *mpl* d'auteur

Tanz [tants] (**-es, ⸚e**) *m* danse *f*
tänzeln ['tɛntsəln] *vi* (*Frau*) sautiller; (*Pferd*) trottiner
tanzen *vi, vt* danser
Tänzer, in (**-s, -**) *m(f)* danseur(-euse) *m(f)*
Tanz-: ~fläche *f* piste *f* (de danse); **~lokal** *nt* dancing *m*; **~schule** *f* école *f* de danse; **~tee** *m* thé *m* dansant
Tapet (*umg*) *nt:* **etw aufs ~ bringen** mettre qch sur le tapis
Tapete [ta'pe:tə] *f* papier *m* peint
Tapetenwechsel (*umg*) *m* (*fig*) changement *m* d'air
tapezieren [tape'tsi:rən] *vt* tapisser ▷ *vi* poser des papiers peints
Tapezierer (**-s, -**) *m* tapissier *m*
tapfer ['tapfər] *adj* courageux(-euse) ▷ *adv* courageusement; **sich ~ schlagen** (*fig*) bien se défendre; **T~keit** *f* courage *m*
tappen ['tapən] *vi* aller à tâtons; **durchs Zimmer ~** traverser la pièce à tâtons; **im Dunklen ~** (*fig*) tâtonner
täppisch ['tɛpɪʃ] *adj* lourdaud(e)
Tara ['ta:ra] (**-, Taren**) *f* tare *f*
Tarantel [ta'rantəl] *f* tarentule *f*
Tarif [ta'ri:f] (**-s, -e**) *m* tarif *m*; (*Lohntarif, Steuertarif*) barème *m*; **nach/über/unter ~ bezahlen** payer selon le/au-dessus de/au-dessous du tarif (syndical); **~autonomie** *f* négociation *f* salariale libre; **~gruppe** *f* catégorie *f* de salaire; **t~lich** *adj* fixé(e) par la convention collective ▷ *adv* (*festgelegt*) par la convention collective; (*bezahlt*) selon la convention collective; **~lohn** *m* salaire *m* fixé par la convention collective; **~partner** *m:* **die ~partner** les partenaires *mpl* sociaux; **~vereinbarung** *f* convention *f* collective; **~verhandlungen** *pl* négociations *fpl* salariales; **~vertrag** *m* convention *f* collective
tarnen ['tarnən] *vt* (*Panzer etc*) camoufler; (*jdn, Absicht*) déguiser ▷ *vr:* **sich (als etw) ~** se déguiser (en qch)
Tarnfarbe *f* peinture *f* de camouflage
Tarnmanöver *nt* manœuvre *f* de diversion
Tarnung *f* camouflage *m*
Tarock [ta'rɔk] (**-s, -s**) *nt od m* tarot *m* (*jeu de cartes*)
Tasche ['taʃə] *f* (*an Kleidung*) poche *f*; (*Handtasche, Einkaufstasche*) sac *m*; (*Aktentasche*) serviette *f*; **in die eigene ~ wirtschaften** se remplir les poches; **jdm auf der ~ liegen** (*umg*) vivre aux crochets de qn
Taschen- *in zW* de poche; **~buch** *nt* livre *m* de poche; **~dieb** *m* pickpocket *m*; **~geld** *nt* argent *m* de poche; **~lampe** *f* lampe *f* de poche; **~messer** *nt* canif *m*; **~rechner** *m* calculatrice *f* de poche, calculette *f*; **~tuch** *nt* mouchoir *m*; **~uhr** *f* montre *f* de gousset
Tasmanien [tas'ma:niən] (**-s**) *nt* la Tasmanie
Tasse ['tasə] *f* tasse *f*; **eine ~ Kaffee** une tasse de café; **er hat nicht alle ~n im Schrank** (*umg*) il lui manque une case
Tastatur [tasta'tu:r] *f* clavier *m*
Taste ['tastə] *f* touche *f*

tasten vi tâtonner ▷ vt (Med) palper; (Funkspruch) taper; (Telefonnummer) composer ▷ vr avancer à tâtons; **nach etw ~** chercher qch à tâtons; **T~telefon** nt téléphone m à touches

Tastsinn m sens m du toucher

tat etc [taːt] vb siehe **tun**

Tat (-, -en) f acte m, action f; (Verbrechen) méfait m; **in der ~** en effet; **etw in die ~ umsetzen** mettre qch en pratique; **jdn auf frischer ~ ertappen** prendre qn sur le fait

Tatarbeefsteak [taˈtaːrbiːfsteːk] nt steak m tartare

Tatbestand m faits mpl

Tatendrang m besoin m d'agir

tatenlos adj passif(-sive) ▷ adv: **~ zusehen** regarder sans rien faire

Täter, in [ˈtɛːtər(ɪn)] (-s, -) m(f) coupable m/f; **~schaft** f culpabilité f

tätig adj (aktiv) actif(-ive); **~ sein** (beruflich) travailler; **~er Teilhaber** associé qui prend part à la gestion de l'entreprise

tätigen vt (geh: machen) effectuer; (Geschäft) conclure

Tätigkeit f activité f; **in ~** (Maschine) en marche; **außer ~** (Maschine) arrêté(e)

Tätigkeitsbereich m domaine m d'activité

tatkräftig adj énergique

tätlich adj: **~e Beleidigung** voie f de fait; **~ werden** se livrer à des voies de fait; **T~keit** f voie f de fait

Tatort (-(e)s, -e) m lieux mpl du crime

tätowieren [tɛtoˈviːrən] vt tatouer

Tätowierung f tatouage m

Tat-: **~sache** f fait m; **jdn vor vollendete ~sachen stellen** mettre qn devant le fait accompli; **t~sächlich** adj vrai(e) ▷ adv vraiment; **t~verdächtig** adj suspect(e)

Tatze [ˈtatsə] f patte f

Tau¹ [taʊ] (-(e)s, -e) nt cordage m

Tau² [taʊ] (-(e)s) m rosée f

taub [taʊp] adj sourd(e); (Körperglied) engourdi(e); (Nuss) vide

Taube [ˈtaʊbə] f pigeon m; (als Symbol) colombe f

Taubenschlag m pigeonnier m; **hier geht es zu wie in einem ~** (umg) on entre ici comme dans un moulin

taub-: **T~heit** f surdité f; **~stumm** adj sourd(e)-muet(te)

tauchen [ˈtaʊxən] vi plonger ▷ vt (kurz eintauchen) tremper; **aus dem Wasser ~** émerger

Taucher, in (-s, -) m(f) plongeur(-euse) m/f; **~anzug** m scaphandre m; **~brille** f lunettes fpl de plongée

Tauchsieder (-s, -) m thermoplongeur m

Tauchstation f: **auf ~ gehen** (U-Boot) plonger

tauen [ˈtaʊən] vi fondre ▷ vi unpers: **es taut** il dégèle ▷ vt faire fondre

Taufbecken nt fonts mpl baptismaux

Taufe [ˈtaʊfə] f baptême m

taufen vt baptiser

Täufling [ˈtɔʏflɪŋ] m personne qui reçoit le baptême

Tauf-: **~name** m nom m de baptême; **~pate** m

parrain m; **~patin** f marraine f; **~schein** m extrait m de baptême

taugen [ˈtaʊgən] vi convenir; **~ für** être fait(e) pour

Taugenichts (-es, -e) m vaurien m

tauglich [ˈtaʊklɪç] adj (Mil) apte au service; **~ für etw sein** (geeignet) convenir pour qch; **T~keit** f aptitude f

Taumel [ˈtaʊməl] (-s) m vertige m; (fig) transport m

taumelig adj: **jdm ist** od **wird ~** qn est pris(e) de vertige

taumeln vi chanceler

Taunus [ˈtaʊnʊs] (-) m Taunus m

Tausch [taʊʃ] (-(e)s, -e) m échange m; **einen guten/schlechten ~ machen** gagner/perdre au change

tauschen vt échanger ▷ vi faire un échange

täuschen [ˈtɔʏʃən] vt, vi tromper ▷ vr se tromper; **wenn mich nicht alles täuscht** si je ne m'abuse

täuschend adj trompeur(-euse)

Tauschhandel m troc m

Täuschung f tromperie f; (Irrtum) illusion f

Täuschungsmanöver nt feinte f

tausend [ˈtaʊzənt] num mille; **T~** nt millier m; **T~er** (-s, -) m (Geldschein) billet m de mille marks; **T~füßler** (-s, -) m mille-pattes m inv; **~ste, r, s** adj millième

Tauwetter nt dégel m

Tauziehen nt lutte f à la corde; (fig) lutte acharnée

Taxe [ˈtaksə] f (Gebühr) taxe f; (Taxi) taxi m

Taxi [ˈtaksi] (-(s), -(s)) nt taxi m

taxieren [taˈksiːrən] vt (schätzen) estimer

Taxi-: **~fahrer, in** m(f) chauffeur m de taxi; **~stand** m station f de taxis

Tb, Tbc f abk (= Tuberkulose) tuberculose f

Tblisi [dbiˈlisi] nt Tbilissi

Teakholz [ˈtiːkhɔlts] nt teck m

Team [tiːm] (-s, -s) nt équipe f; **~arbeit** f travail m en équipe

Technik [ˈtɛçnɪk] f technique f; (Funktionsweise) mécanisme m

Techniker, in (-s, -) m(f) technicien(ne) m(f)

technisch adj technique; **~e Hochschule** ≈ institut m universitaire de technologie

Technologie [tɛçnoloˈgiː] f technologie f

technologisch [tɛçnoˈloːgɪʃ] adj technologique

Techtelmechtel [tɛçtəlˈmɛçtəl] (-s) (umg) nt amourette f

Teddybär [ˈtɛdibɛːr] m ours m en peluche

TEE m abk (= Trans-Europ-Express) TEE m

Tee [teː] (-s, -s) m thé m; (aus anderen Pflanzen) tisane f, infusion f; **~beutel** m sachet m de thé; **~kanne** f théière f; **~küche** f kitchenette f; **~licht** nt bougie f pour chauffe-plat; **~löffel** m ≈ cuillère f à café; **~mischung** f mélange m de thés

Teenager [ˈtiːneːdʒər] (-s, -) m adolescent m

Teer [teːr] (-(e)s, -e) m goudron m

teeren vt goudronner

Teerose f rose f thé

Teerpappe f couverture f goudronnée
Teesieb nt passe-thé m
Teewagen m table f roulante
Teheran ['te:həra:n] (**-s**) nt Téhéran
Teich [taıç] (**-(e)s, -e**) m mare f; **der große** ~ (umg: hum) l'Atlantique m
Teig [taık] (**-(e)s, -e**) m pâte f
teigig ['taıgıç] adj (Kuchen) mal cuit(e)
Teigwaren pl pâtes fpl
Teil [taıl] (**-(e)s, -e**) m partie f ▷ m od nt (Anteil) part f ▷ nt (Ersatzteil) pièce f; **zum** ~ en partie; **ich für meinen** ~ ... pour ma part, je ...; **ich dachte mir mein** ~ (umg) je n'en pensais pas moins; **t~bar** adj divisible; **~betrag** m montant m partiel; **~chen** nt (Partikel) particule f; (Gebäckstück) (petit) gâteau m
teilen vt (in zwei oder mehrere Teile; Math) diviser; (aufteilen, gemeinsam haben) partager ▷ vi: **mit jdm** ~ partager avec qn ▷ vr (Vorhang) s'ouvrir; (Weg) bifurquer; (Meinungen) diverger; **sich etw** ~ se partager qch
Teil-: **~gebiet** nt (Bereich) branche f; (räumlich) secteur m; **t~haben** unreg vi: **t~haben an** +Dat participer à; **~haber, in** (**-s, -**) m(f) associé(e) m/f; **~kaskoversicherung** f assurance responsabilité civile, vol et incendie
Teilnahme (-) f participation f; (Interesse) intérêt m; (Mitleid) sympathie f; **jdm seine herzliche ~ aussprechen** présenter ses sincères condoléances à qn; **t~berechtigt** adj qui remplit les conditions requises
teilnahmslos adj indifférent(e)
teilnehmen unreg vi: ~ **an** +Dat participer à
Teilnehmer, in (**-s, -**) m(f) participant(e) m/f
teils adv en partie; ~ ..., ~ en partie ... en partie
Teil-: **~schaden** m dommage m partiel; **~strecke** f (von Straße) tronçon m; (bei Bus etc) section f; **~stück** nt partie f
Teilung f partage m
teil-: **~weise** adv en partie; **T~zahlung** f paiement m échelonné; (Rate) acompte m; **T~zeitarbeit** f travail m à temps partiel
Teint [tɛ̃:] (**-s, -s**) m teint m
Telearbeit ['te:lɔarbaıt] m télétravail m
Telebrief ['te:lebri:f] m, **Telefax** ['te:lefaks] ▷ nt télécopie f
Telefon [tele'fo:n] (**-s, -e**) nt téléphone m; **ans ~ gehen** répondre au téléphone; **~anruf** m, **Telefonat** [telefo'na:t] (**-(e)s, -e**) ▷ nt appel m téléphonique, coup m de fil
Telefon-: **~buch** nt annuaire m (du téléphone); **~gebühr** f tarif m (téléphonique); (Grundgebühr) redevance f pour le téléphone; **~gespräch** nt conversation f téléphonique; **~häuschen** nt cabine f téléphonique; **~hörer** m écouteur m
telefonieren [telefo'ni:rən] vi téléphoner; **mit jdm** ~ téléphoner à qn; **bei jdm** ~ téléphoner de chez qn
telefonisch [tele'fo:nɪʃ] adj téléphonique; (Benachrichtigung) par téléphone ▷ adv: **ich bin ~ zu erreichen** on peut me joindre par téléphone
Telefonist, in [telefo'nɪst(ın)] m(f)

standardiste m/f
Telefon-: **~nummer** f numéro m de téléphone; **~seelsorge** f ≈ SOS Amitié m; **~zelle** f cabine f téléphonique; **~zentrale** f standard m
Telegraf [tele'gra:f] (**-en, -en**) m télégraphe m
Telegrafen-: **~amt** nt service m télégraphique; **~leitung** f ligne f télégraphique; **~mast** m poteau m télégraphique
Telegrafie [telegra'fi:] f télégraphie f
telegrafieren [telegra'fi:rən] vt, vi télégraphier
telegrafisch [tele'gra:fıʃ] adj télégraphique ▷ adv: **jdm ~ Geld überweisen** envoyer de l'argent à qn par mandat télégraphique
Telegramm [tele'gram] (**-s, -e**) nt télégramme m; **~adresse** f adresse f télégraphique; **~formular** nt formulaire m pour télégramme; **~stil** m: **im ~stil** en style télégraphique
Telegraph etc = **Telegraf** etc
Telekolleg ['te:ləkɔle:k] nt (TV) ≈ télé-enseignement m universitaire
Telekonferenz ['te:ləkɔnfərɛnts] f téléconférence f
Teleobjektiv ['te:ləɔpjɛkti:f] nt téléobjectif m
Telepathie [telepa'ti:] f télépathie f
telepathisch [tele'pa:tıʃ] adj télépathique
Teleskop [tele'sko:p] (**-s, -e**) nt télescope m
Telex ['te:lɛks] (**-es, -e**) nt télex m
Teller ['tɛlɐ] (**-s, -**) m assiette f; **~gericht** nt plat simple (servi sur assiette)
Tempel ['tɛmpəl] (**-s, -**) m temple m
Temperafarbe ['tɛmperafarbə] f détrempe f
Temperament [tempera'mɛnt] nt tempérament m; (Schwung) vitalité f; **sein ~ ist mit ihm durchgegangen** il s'est emporté; **t~los** adj moux (molle); **t~voll** adj plein(e) d'entrain
Temperatur [tɛmpera'tu:r] f température f; **erhöhte ~ haben** avoir de la température
temperieren [tɛmpə'ri:rən] vt (Wein) chambrer; (Badewasser) amener à la bonne température
Tempo ['tɛmpo] (**-s, -s**) nt (Geschwindigkeit) vitesse f; (Arbeitstempo etc) rythme m; (pl: Tempi: Mus) tempo m; **~!** dépêche-toi!, dépêchez-vous!; **das ~ angeben** (fig) donner le ton
temporär [tempo'rɛ:r] adj temporaire
Tempotaschentuch® nt mouchoir m en papier
Tendenz [tɛn'dɛnts] f tendance f
tendenziös [tɛndɛntsi'ø:s] (pej) adj tendancieux(-euse)
tendieren [tɛn'di:rən] vi: **zu etw** ~ avoir tendance à qch; **nach links** ~ avoir des idées gauchisantes
Teneriffa [tene'rifa] (**-s**) nt Tenerife f
Tenne ['tɛnə] f aire f de battage
Tennis ['tɛnıs] (-) nt tennis m; **~ball** m balle f de tennis; **~platz** m court m (de tennis); **~schläger** m raquette f de tennis; **~schuh** m (chaussure f de) tennis m ou f; **~spieler, in** m(f) joueur(-euse) m/f de tennis; **~turnier** nt tournoi m de tennis
Tenor [te'no:r] (**-s, ¨-e**) m ténor m
Teppich ['tɛpıç] (**-s, -e**) m tapis m; **~boden** m moquette f; **~kehrmaschine** f balai m mécanique; **~klopfer** (**-s, -**) m tapette f
Termin [tɛr'mi:n] (**-s, -e**) m (Zeitpunkt) date f;

(*Arzttermin etc*) rendez-vous *m* inv; (*Jur: Verhandlungstermin*) audience *f*; **der letzte** od **äußerste ~** le dernier délai, la date limite; **den ~ einhalten** être dans les délais; **sich** *Dat* **einen ~ geben lassen** prendre rendez-vous; **~börse** *f* marché *m* à terme; **t~gerecht** *adj, adv* à la date fixée; **~geschäft** *nt* opération *f* à terme
terminieren [tɛrmi'niːrən] *vt* (*befristen*) limiter; (*Termine*) fixer
Terminkalender *m* agenda *m*
Terminologie [tɛrminolo'giː] *f* terminologie *f*
Termite [tɛr'miːtə] *f* termite *m*
Terpentin [tɛrpen'tiːn] (**-s, -e**) *nt* térébenthine *f*
Terrain [tɛ'rɛ̃ː] (**-s, -s**) *nt* terrain *m*; **das ~ erkunden** (*Mil*) reconnaître le terrain; **das ~ sondieren** (*fig*) sonder le terrain
Terrarium [tɛ'raːriʊm] *nt* terrarium *m*
Terrasse [tɛ'rasə] *f* terrasse *f*
Terrier ['tɛriər] (**-s, -**) *m* terrier *m* (*chien*)
Terrine [tɛ'riːnə] *f* terrine *f*
territorial [tɛritori'aːl] *adj* territorial(e)
Territorium [tɛri'toːriʊm] *nt* territoire *m*
Terror ['tɛrɔr] (**-s**) *m* terreur *f*; **~anschlag** *m* attentat *m* terroriste
terrorisieren [tɛrori'ziːrən] *vt* terroriser
Terrorismus [tɛro'rɪsmʊs] *m* terrorisme *m*
Terrorist, in *m(f)* terroriste *m/f*
terroristisch *adj* terroriste
Terrororganisation *f* organisation *f* terroriste
Terz [tɛrts] (**-, -en**) *f* (*Mus*) tierce *f*
Terzett [tɛr'tsɛt] (**-(e)s, -e**) *nt* trio *m*
Tesafilm® ['teːzafɪlm] (**-s, -e**) *m* scotch® *m*
Test [tɛst] (**-s, -s**) *m* test *m*
Testament [tɛsta'mɛnt] *nt* testament *m*; **das Alte/Neue ~** l'Ancien/le Nouveau Testament
testamentarisch [tɛstamɛn'taːrɪʃ] *adj* testamentaire
Testamentsvollstrecker (**-s, -**) *m* exécuteur *m* testamentaire
Testat [tɛs'taːt] (**-(e)s, -e**) *nt* attestation *f*
Testator [tɛs'taːtɔr] *m* testateur(-trice) *m/f*
Test-: **~bild** *nt* (*TV*) mire *f*; **t~en** *vt* tester; **~person** *f* cobaye *m*; **~pilot** *m* pilote *m* d'essai; **~stopp** *m* interdiction *f* des essais nucléaires
Tetanus ['teːtanʊs] (**-**) *m* tétanos *m*; **~impfung** *f* vaccination *f* antitétanique
teuer ['tɔyər] *adj* cher (chère); **teures Geld kosten** coûter une fortune; **das wird ihn ~ zu stehen kommen** (*fig*) ça lui coûtera cher
Teuerung *f* hausse *f* des prix
Teuerungswelle *f* hausse *f* continue des prix
Teuerungszulage *f* indemnité *f* de vie chère
Teufel ['tɔyfəl] (**-s, -**) *m* diable *m*; **den ~ an die Wand malen** (*schwarzmalen*) tout peindre en noir; (*Unheil heraufbeschwören*) tenter le diable; **pfui ~!** pouah!; **in ~s Küche kommen** (*umg*) se mettre dans le pétrin; **geh zum ~!** va te faire voir!; **jdn zum ~ jagen** (*umg*) envoyer qn au diable; **dann ist der ~ los** (*umg*) ça va barder
Teufelei [tɔyfə'laɪ] *f* méchanceté *f*
Teufelsaustreibung *f* exorcisme *m*
Teufelskreis *m* cercle *m* vicieux

teuflisch ['tɔyflɪʃ] *adj* diabolique; (*umg: Durst etc*) épouvantable
Text [tɛkst] (**-(e)s, -e**) *m* texte *m*; (*zu Bildern*) légende *f*; (*Liedertext*) paroles *fpl*; (*Bibeltext*) passage *m*; **~aufgabe** *f* (*Math*) problème *m*; **~dichter** *m* librettiste *m*; **t~en** *vi* (*Schlagertexte*) écrire des chansons; (*Werbetexte*) être rédacteur publicitaire
textil [tɛks'tiːl] *adj* textile; **T~branche** *f* textile *m*
Textilien *pl* textiles *mpl*
Textilindustrie *f* industrie *f* textile
Textilwaren *pl* textiles *mpl*
Text-: **~stelle** *f* passage *m*; **~verarbeitung** *f* traitement *m* de texte; **~verarbeitungssystem** *nt* système *m* de traitement de texte
TH (**-, -s**) *f abk* = **technische Hochschule**
Thailand ['taɪlant] (**-s**) *nt* la Thaïlande
Thailänder, in ['taɪlɛndər(ɪn)] (**-s, -**) *m(f)* Thaïlandais(e) *m/f*
Theater [te'aːtər] (**-s, -**) *nt* théâtre *m*; (*umg: Aufregung*) cinéma *m*; **~ spielen** faire du théâtre; (*fig*) jouer la comédie; (**ein**) **~ machen** faire des histoires; **~besucher** *m* spectateur(-trice) *m/f*; **~karte** *f* billet *m* (de théâtre); **~kasse** *f* guichet *m*; **~stück** *nt* pièce *f* de théâtre
theatralisch [tea'traːlɪʃ] *adj* (*fig*) théâtral(e)
Theke ['teːkə] *f* (*Schanktisch*) comptoir *m*, bar *m*; (*Ladentisch*) comptoir
Thema ['teːma] (**-s, Themen** od **-ta**) *nt* (*von Aufsatz, Gespräch*) sujet *m*; (*Mus*) thème *m*
thematisch [te'maːtɪʃ] *adj* thématique
Themenkreis *m* thématique *f*
Themse ['tɛmzə] *f*: **die ~** la Tamise
Theologe, -in [teo'loːgə] (**-n, -n**) *m(f)* théologien(ne) *m/f*
Theologie [teolo'giː] *f* théologie *f*
Theologin *f siehe* **Theologe**
theologisch [teo'loːgɪʃ] *adj* théologique
Theoretiker, in [teo're:tikər(ɪn)] (**-s, -**) *m(f)* théoricien(ne) *m/f*
theoretisch *adj* théorique ▷ *adv*: **~ (gesehen) hast du recht** en théorie, tu as raison
Theorie [teo'riː] *f* théorie *f*
Therapeut, in [tera'pɔyt(ɪn)] (**-en, -en**) *m(f)* thérapeute *m/f*
therapeutisch *adj* thérapeutique; (*Gruppe*) qui suit une thérapie
Therapie [tera'piː] *f* thérapie *f*
therapieren [tera'piːrən] *vt* traiter
Thermalbad *nt* (*Badeort*) station *f* thermale; (*Bad*) bain *m* thermal
Thermalquelle *f* source *f* thermale
Thermodrucker ['tɛrmodrʊkər] *m* imprimante *f* thermique
Thermografie [tɛrmogra'fiː] *f* thermographie *f*
Thermometer [tɛrmo'meːtər] (**-s, -**) *nt* thermomètre *m*
Thermosflasche® ['tɛrmɔsflaʃə] *f* thermos® *m*
Thermostat [tɛrmo'staːt] (**-(e)s** od **-en, -e(n)**) *m* thermostat *m*
These ['teːzə] *f* thèse *f*
Thrombose [trɔm'boːzə] *f* thrombose *f*

Thron [troːn] (-(e)s, -e) *m* trône *m*
thronen *vi* trôner
Thron-: **~erbe** *m* héritier *m* du trône; **~folge** *f* succession *f* au trône; **~folger, in** *m(f)* héritier(-ière) *m/f* du trône
Thunfisch ['tuːnfɪʃ] *m* thon *m*
Thüringen ['tyːrɪŋən] (-s) *nt* la Thuringe
Thüringer, in *m(f)* Thuringien(ne) *m/f*
thüringisch *adj* thuringien(ne)
Thymian ['tyːmiaːn] (-s, -e) *m* thym *m*
Tiara [ti'aːra] (-, **Tiaren**) *f* tiare *f*
Tiber ['tiːbər] *m* Tibre *m*
Tibet ['tiːbɛt] (-s) *nt* le Tibet
Tick [tɪk] (-(e)s, -s) *m* (*nervöser*) tic *m*; (*Eigenart, Fimmel*) manie *f*
ticken *vi* (*Uhr*) faire tic tac
Ticket ['tɪkət] (-s, -s) *nt* billet *m*
tief [tiːf] *adj* profond(e); (*Stimme*) grave; (*Temperatur etc, Wolken*) bas(se) ▷ *adv* profondément; **~er Teller** assiette *f* creuse; **im ~en Winter** en plein hiver; **~ in der Nacht** en pleine nuit; **bis ~ in die Nacht** jusque tard dans la nuit; **das lässt ~ blicken** c'est révélateur; **~ greifend** profond(e); **~ schürfend** approfondi(e); **~ verschneit** où la neige est profonde; **eine Etage ~er** un étage plus bas; **T~** (-s, -s) *nt* (*von Wetter, Stimmung*) dépression *f*; **T~bau** *m* génie *m* civil; **T~druck** *m* (*Met*) basses pressions *fpl*
Tiefe *f* profondeur *f*
Tiefebene ['tiːfleːbənə] *f* bassin *m*
Tiefenpsychologie *f* psychologie *f* des profondeurs
Tiefenschärfe *f* profondeur *f* de champ
tief-: **~ernst** *adj* très sérieux(-euse); **T~flug** *m* vol *m* à basse altitude; **T~gang** *m* (*Naut*) tirant *m* d'eau; (*geistig*) profondeur *f*; **T~garage** *f* garage *m* souterrain; **~gefrieren** *vt* surgeler; **~gekühlt** *adj* surgelé(e); **T~kühlfach** *nt* congélateur *m*, freezer *m*; **T~kühlkost** *f* surgelés *mpl*; **T~kühltruhe** *f* congélateur *m*; **T~lader** (-s, -) *m* semi-remorque *m* à plate-forme surbaissée; **T~land** *nt* plaine *f*; **T~parterre** *nt* sous-sol *m*; **T~punkt** *m* (*fig*) creux *m* de la vague; **T~schlag** *m* (*Boxen*) coup *m* bas; **T~see** *f* grands fonds *mpl*; **~sinnig** *adj* profond(e); (*schwermütig*) mélancolique; **T~stand** *m* niveau *m* le plus bas; **~stapeln** *vi* être trop modeste; **T~start** *m* départ *m* accroupi
Tiefstwert *m* valeur *f* la plus basse, minimum *m*
Tiegel ['tiːgəl] (-s, -) *m* (*Koch*) poêle *f*; (*Chem*) creuset *m*
Tier [tiːr] (-(e)s, -e) *nt* animal *m*; **ein hohes ~** (*umg*) un gros bonnet; **~art** *f* espèce *f* animale; **~arzt, Tierärztin** *m/f* vétérinaire *m/f*; **~freund** *m* ami *m* des animaux; **~garten** *m* jardin *m* zoologique; **~handlung** *f* boutique *f* d'animaux; **~heim** *nt* ≈ foyer *m* de la S.P.A.; **t~isch** *adj* animal(e); (*pej*) bestial(e) ▷ *adv* (*umg: sehr*) extrêmement; **mit t~ischem Ernst** avec le plus grand sérieux; **t~isch viel** énormément; **~kreis** *m* zodiaque *m*; **~kunde** *f* zoologie *f*; **t~lieb** *adj*

qui aime les animaux; **~medizin** *f* médecine *f* vétérinaire; **~park** *m* jardin *m* zoologique; **~quälerei** *f* cruauté *f* envers les animaux; **~reich** *nt* règne *m* animal; **~schutzverein** *m* Société *f* protectrice des animaux; **~versuch** *m* vivisection *f*, expérimentation *f* sur des animaux; **~welt** *f* monde *m* animal
Tiger, in ['tiːgər(ɪn)] (-s, -) *m(f)* tigre (tigresse) *m/f*
tilgen ['tɪlgən] *vt* effacer; (*Schulden*) rembourser
Tilgung *f* (*siehe vt*) suppression *f*; remboursement *m*
Tilgungsfonds *m* fonds *m* d'amortissement
timen ['taɪmən] *vt* (*mit Stoppuhr*) chronométrer; (*den richtigen Moment abpassen*) choisir le moment de
Tinktur [tɪŋk'tuːr] *f* teinture *f*
Tinte ['tɪntə] *f* encre *f*; **in der ~ sitzen** (*umg*) être dans le pétrin
Tinten-: **~fass** *nt* encrier *m*; **~fisch** *m* seiche *f*, calmar *m*; (*achtarmig*) pieuvre *f*; **~kuli** *m* stylo *m* à bille; **~stift** *m* crayon *m* à copier
Tipp [tɪp] (-s, -s) *m* (*umg: Hinweis*) tuyau *m*; (*Wettschein*) bulletin *m*; (*an Polizei*) dénonciation *f*
tippen ['tɪpən] *vt* (*auf Schreibmaschine*) taper ▷ *vi* (*umg: schreiben*) taper; (: *raten*): **~ auf** +*Akk* parier sur; (*im Lotto etc*) jouer; **an etw** *Akk* **~** (*berühren*) toucher légèrement qch
Tippfehler *m* faute *f* de frappe
Tippse (*umg*) *f* dactylo *f*
tipptopp ['tɪp'tɔp] (*umg*) *adj* impeccable
Tippzettel *m* (*für Lotto*) grille *f* de loterie; (*für Fußballtoto*) grille *f* de loto sportif
Tirana [ti'raːna] *nt* Tirana
Tirol [ti'roːl] (-s) *nt* le Tyrol
Tiroler, in (-s, -) *m(f)* Tyrolien(ne) *m/f*
tirolerisch, tirolisch *adj* tyrolien(ne)
Tisch [tɪʃ] (-(e)s, -e) *m* table *f*; **bei ~** à table; **vor/nach ~** avant/après le repas; **bitte, zu ~!** à table!; **unter den ~ fallen** (*fig*) tomber à l'eau; **reinen ~ machen** (*umg*) faire table rase; **~decke** *f* nappe *f*
Tischler (-s, -) *m* menuisier *m*
Tischlerei [tɪʃlə'raɪ] *f* menuiserie *f*
Tischlerhandwerk *nt* menuiserie *f*
tischlern *vi* faire de la menuiserie
Tisch-: **~nachbar** *m* voisin(e) *m/f* de table; **~ordnung** *f* plan *m* de table; **~rechner** *m* calculatrice *f*; **~rede** *f* discours *m* (*lors d'un repas de fête*); **~tennis** *nt* tennis *m* de table, ping-pong *m*; **~tennisschläger** *m* raquette *f* de ping-pong; **~tuch** *nt* nappe *f*
Titel ['tiːtəl] (-s, -) *m* titre *m*; **~anwärter** *m* candidat(e) *m/f* au titre; **~bild** *nt* (*auf Zeitschriften*) photo *f* de couverture; (*von Buch*) frontispice *m*; **~geschichte** *f* histoire *f* qui fait la une; **~rolle** *f* rôle *m* principal; **~seite** *f* (*von Zeitung*) couverture *f*; (*Buchtitel*) page *f* de titre; **~verteidiger** *m* détenteur(-trice) *m/f* du titre
titulieren [titu'liːrən] *vt* appeler
tja [tja] *interj* eh bien
TL *abk* (= *Teelöffel*) c. à c.
Toast [toːst] (-(e)s, -s *od* -e) *m* (*Brot*) toast *m*, pain *m* grillé; (*Trinkspruch*) toast; **~brot** *nt* pain *m* de mie

toasten vt (Brot) griller ▷ vi: ~ **auf** +Akk porter un toast à

Toaster (**-s, -**) m grille-pain m inv

toben ['to:bən] vi (Meer) être très agité(e); (Wind) souffler en tempête; (Kampf) faire rage; (Kinder, Publikum) être déchaîné(e)

Tob-: ~**sucht** f folie f furieuse; **t~süchtig** adj fou (folle) furieux(-euse); ~**suchtsanfall** m accès m de folie furieuse

Tochter ['tɔxtər] (**-, -̈**) f fille f; ~**gesellschaft** f filiale f

Tod [to:t] (**-(e)s, -e**) m mort f; **eines natürlichen/ gewaltsamen ~es sterben** mourir de mort naturelle/violente; **den ~ finden** trouver la mort; **jdn/etw auf den ~ nicht leiden können** (umg) ne pas pouvoir sentir qn/qch; **zu ~e betrübt sein** être très affligé(e); **sich zu ~e langweilen** s'ennuyer à mourir; **sich zu ~e erschrecken** être mort(e) de peur; **t~ernst** (umg) adj sérieux(-euse) comme un pape ▷ adv très sérieusement

Todes-: ~**angst** f peur f panique; ~**ängste ausstehen** (umg) être mort(e) de peur; ~**anzeige** f faire-part m inv de décès; ~**fall** m décès m; ~**kampf** m agonie f; ~**opfer** nt victime f (qui trouve la mort dans un accident); ~**stoß** m coup m de grâce; ~**strafe** f peine f de mort; ~**tag** m anniversaire m de la mort; ~**ursache** f cause f de la mort; ~**urteil** nt condamnation f à mort; ~**verachtung** f: **mit ~verachtung** (umg) avec dégoût

Todfeind m ennemi m mortel

todkrank adj condamné(e)

tödlich ['tø:tlɪç] adj mortel(le)

tod-: ~**müde** adj mort(e) de fatigue; ~**schick** (umg) adj très chic inv; ~**sicher** (umg) adj absolument sûr(e) ▷ adv sûrement; **T~sünde** f péché m mortel; ~**traurig** adj très triste

Togo ['to:go] nt Togo m

Toilette [toa'lɛtə] f (WC) toilettes fpl, W.C. mpl; (Körperpflege, Kleidung) toilette; **auf die ~ gehen** aller aux toilettes; **auf der ~ sein** être aux toilettes

Toiletten-: ~**artikel** m article m de toilette; ~**papier** nt papier m hygiénique; ~**tisch** m coiffeuse f; ~**wasser** nt eau f de toilette

toi, toi, toi ['tɔy'tɔy'tɔy] interj (viel Glück) bonne chance; (unberufen) touchons du bois

Tokio ['to:kjo] (**-s**) nt Tokyo

tolerant [tole'rant] adj tolérant(e)

Toleranz f tolérance f

tolerieren [tole'ri:rən] vt tolérer

toll [tɔl] (umg) adj (verrückt) fou(folle); (ausgezeichnet) super unver, formidable

tollen vi faire le fou

Toll-: ~**heit** f folie f; ~**kirsche** f belladone f; **t~kühn** adj téméraire; ~**wut** f rage f; **t~wütig** adj enragé(e)

Tölpel ['tœlpəl] (**-s, -**) (pej) m balourd m

Tomate [to'ma:tə] f tomate f; **du treulose ~!** (umg) espèce de lâcheur!

Tomatenmark (**-(e)s**) nt concentré m de tomate

Tomatensuppe f soupe f à la tomate

Tombola ['tɔmbola] f tombola f

Ton¹ [to:n] (**-(e)s, -e**) m (Erde) argile f

Ton² [to:n] (**-(e)s, -̈e**) m ton m; (Laut) son m; (Betonung) accent m; **den ~ angeben** donner le ton; **der gute ~** les convenances fpl; **keinen ~ herausbringen** ne pas arriver à sortir un seul mot, rester muet(te); **etw in den höchsten Tönen loben** faire très grand cas de qch; ~**abnehmer** m tête f de lecture, pick-up m inv; **t~angebend** adj qui donne le ton; ~**arm** m bras m de lecture od de pick-up, pick-up m inv; ~**art** f tonalité f; ~**band** nt bande f magnétique; ~**bandaufnahme** f enregistrement m sur bande magnétique; ~**bandgerät** nt magnétophone m

tönen ['tø:nən] vi (klingen) retentir ▷ vt colorer; (Haare) teindre

Tonerde f: **essigsaure ~** acétate m d'aluminium

tönern ['tø:nərn] adj en terre cuite

Ton-: ~**fall** m (Intonation) intonations fpl; ~**film** m film m parlant; **t~haltig** adj glaiseux(-euse); ~**höhe** f ton m

Tonika ['to:nika] (**-, -iken**) f tonique f

Tonikum (**-s, -ika**) nt fortifiant m

Ton-: ~**ingenieur** m ingénieur m du son; ~**kopf** m tête f de lecture; ~**künstler** m compositeur m; ~**leiter** f gamme f; **t~los** adj (Stimme) sourd(e)

Tonnage [tɔ'na:ʒə] f tonnage m

Tonne ['tɔnə] (**-, -n**) f (Faß: für Öl) baril m; (: für Wasser) tonneau m; (Maß) tonne f

Ton-: ~**taube** f pigeon m d'argile; ~**taubenschießen** nt tir m au pigeon d'argile; ~**techniker** m technicien m du son; ~**waren** pl poteries fpl

Top [tɔp] (**-s, -s**) nt (Kleidungsstück) haut m

top (umg) adj extra inv

Topas [to'pa:s] (**-es, -e**) m topaze f

Topf [tɔpf] (**-(e)s, -̈e**) m pot m; (Kochtopf) marmite f, casserole f; **alles in einen ~ werfen** (fig) tout mettre dans le même sac; ~**blume** f fleur f en pot

Topfen ['tɔpfən] (**-s, -**) (Österr) m sorte de fromage blanc

Töpfer, in ['tœpfər(ɪn)] (**-s, -**) m(f) potier(-ière) m/f

Töpferei [tœpfə'raɪ] f poterie f

töpfern vi faire de la poterie

Töpferscheibe f tour m (de potier)

topfit ['tɔp'fɪt] adj en pleine forme

Topfkratzer m éponge f od tampon m à récurer

Topflappen m gant m isolant

topografisch [topo'gra:fɪʃ] adj topographique

topp [tɔp] interj tope-là

Tor¹ [to:r] (**-en, -en**) m (Narr) sot(te) m

Tor² [to:r] (**-(e)s, -e**) m (Stadttor; Skitor) porte f; (Sport) but m; ~**bogen** m (arc m d'un) portail m; ~**einfahrt** f porte f cochère

Torero [to're:ro] (**-(s), -s**) m torero m

Torschluss m: (**kurz) vor ~** à la dernière minute

Torf [tɔrf] (**-(e)s**) m tourbe f; ~**mull** m tourbe f; ~**stechen** nt extraction f de la tourbe

Torheit f sottise f

töricht ['tø:rɪçt] adj sot(te)

torkeln ['tɔrkəln] vi tituber

369

torpedieren [tɔrpe'diːrən] vt torpiller
Torpedo [tɔr'peːdo] **(-s, -s)** m torpille f
Torschlusspanik ['toːrʃluspaˌnɪk] (umg) f (von Unverheirateten) peur f de rester vieille fille od vieux garçon
Törtchen ['tœrtçən] nt tartelette f
Torte ['tɔrtə] f gâteau m; (Obsttorte) tarte f
Tortenguss m gelée f pour nappage
Tortenheber m pelle f à tarte
Tortur [tɔr'tuːr] f (fig) torture f
Torwart **(-(e)s, -e)** m gardien m de but
tosen ['toːzən] vi (Wasser, Wellen, Meer) être très agité(e); (Wind) hurler; **~der Beifall** une tempête d'applaudissements
Toskana [tɔs'kaːna] f: **die ~** la Toscane
tot [toːt] adj mort(e); (Kapital) improductif(-ive); (erschöpft) mort(e) de fatigue; **~ geboren** mort-né(e); **sich ~ stellen** faire le(la) mort(e); **er war auf der Stelle ~** il est mort sur le coup; **der ~e Winkel** l'angle m mort; **einen ~en Punkt haben** avoir un passage à vide; **das T~e Meer** la mer Morte
total [to'taːl] adj total(e) ▷ adv (umg: völlig) complètement; **T~ausverkauf** m liquidation f (totale)
totalitär [totaliˈtɛːr] adj totalitaire
Totaloperation f ablation f; (von Gebärmutter) hystérectomie f
Totalschaden m dommages mpl irréparables
totarbeiten vr se tuer au travail
totärgern (umg) vr se fâcher tout rouge
Tote, r f(m) mort(e) m/f; (Todesopfer) victime f
töten ['tøtən] vt, vi tuer ▷ vr se tuer
Toten-: ~bett nt lit m de mort; **t~blass** adj livide, blême; **~gräber (-s, -)** m fossoyeur m; **~hemd** nt linceul m; **~kopf** m tête f de mort; **~maske** f masque m mortuaire; **~messe** f messe f des morts; **~schein** m certificat m de décès; **~stille** f silence m de mort; **~tanz** m danse f macabre; **~wache** f veillée f funèbre
tot-: ~fahren unreg vt écraser (et tuer); **~kriegen** (umg) vt: **nicht ~zukriegen sein** être increvable; **~lachen** (umg) vr se bidonner
Toto ['toːto] **(-s, -s)** m od nt (Pferdetoto) ≈ P.M.U. f; (Fußballtoto) loto m sportif; **~schein** m (siehe Toto) ≈ bulletin m de P.M.U.; ≈ grille f de loto sportif
tot-: ~reden (umg) vt assommer (de discours); **~sagen** vt annoncer la mort de; **T~schlag** m homicide m volontaire; **~schlagen** unreg vt (jdn, Zeit) tuer; **T~schläger** m meurtrier m; (Waffe) matraque f; **~schweigen** unreg vt passer sous silence; **~treten** unreg vt écraser
Tötung ['tøːtʊŋ] f meurtre m
Toupet [tu'peː] **(-s, -s)** nt (Haarteil) postiche m
toupieren [tu'piːrən] vt crêper
Tour [tuːr] **(-, -en)** f (Ausflug, Reise) tour m, voyage m; (Bergtour) excursion f; (bestimmte Strecke) trajet m; (Umdrehung) tour; **auf vollen ~en laufen** tourner à plein régime; (fig) battre son plein; **auf ~en kommen** (sich aufregen) s'énerver; (Aut) atteindre sa vitesse maximum; **in einer ~** (umg) sans arrêt; **auf die krumme ~** (umg) par des moyens malhonnêtes; **auf die sanfte ~** (umg) avec des flatteries
Touren-: ~schreiber m gyromètre m; **~zahl** f nombre m de tours; **~zähler** m compte-tours m inv
Tourismus [tu'rɪsmʊs] m tourisme m
Tourist, in m(f) touriste m/f; **~enklasse** f classe f touriste
Touristik f tourisme m
touristisch adj touristique
Tournee [tʊr'neː] **(-, -s** od **-n)** f tournée f; **auf ~ gehen** partir en tournée
toxisch ['tɔksɪʃ] adj toxique
Trab [traːp] **(-(e)s)** m (Gangart) trot m; **auf ~ sein** (Mensch) être très occupé(e)
Trabant [tra'bant] m (Astron) satellite m
Trabantenstadt f cité-satellite f
traben vi trotter, aller au trot
Trabrennen nt course f de trot
Tracht [traxt] **(-, -en)** f (Kleidung) costume m; **eine ~ Prügel** une volée de coups
trachten vi (geh): **~ nach** aspirer à; **etw zu tun ~** s'efforcer de faire qch; **jdm nach dem Leben ~** vouloir attenter aux jours de qn
Trachtengruppe f groupe m folklorique
trächtig ['trɛçtɪç] adj (Tier) plein(e); (Gedanke, Idee) fécond(e)
Tradition [traditsi'oːn] f tradition f
traditionell [traditsio:'nɛl] adj traditionnel(le)
traf etc [traːf] vb siehe **treffen**
Tragbahre f brancard m, civière f
tragbar adj (Gerät) portatif(-ive), portable; (Kleidung) mettable; (erträglich) supportable
träge ['trɛːɡə] adj (ohne Schwung: Mensch) moux(molle), léthargique; (Bewegung) indolent(e); (Masse) inerte; **geistig ~** intellectuellement paresseux(-euse)
tragen ['traːɡən] unreg vt porter; (Brücke, Dach) soutenir; (Unternehmen, Klub) financer; (Folgen, Risiko, Kosten) supporter, assumer ▷ vi porter; (schwanger sein) être enceinte ▷ vr: **sich mit dem Gedanken ~, etw zu tun** songer à faire qch; **schwer an etw** Dat **~** avoir de la peine à porter qch; (fig) être accablé(e) par qch; **zum T~ kommen** se révéler utile
tragend adj (Säule, Bauteil) porteur(-euse); (Idee, Motiv) fondamental(e)
Träger ['trɛːɡər] **(-s, -)** m porteur m; (an Kleidung) bretelle f; (Körperschaft etc) responsable m; (Stahlträger, Holzträger, Betonträger) poutre f; (Stütze von Brücken) pilier m; **~kleid** nt robe-chasuble f; **~rakete** f fusée f porteuse; **~rock** m jupe f à bretelles
Tragetasche f sac m
Trag-: ~fähigkeit f charge f admissible; **~fläche** f (Flug) aile f; **~flügelboot** nt hydrofoil m
Trägheit ['trɛːkhaɪt] f (von Mensch) indolence f; (von Bewegung) lenteur f; (geistig) paresse f; (Phys) inertie f
Tragik ['traːɡɪk] f tragique m
tragikomisch [tragi'ko:mɪʃ] adj tragi-comique
tragisch adj tragique; **etw ~ nehmen** prendre qch au tragique

Traglast f charge f
Tragödie [tra'gø:diə] f tragédie f
trägst etc [trɛ:kst] vb siehe **tragen**
Tragweite f portée f; **ein Ereignis von großer ~** un événement d'une grande portée
Tragwerk nt (von Flugzeug) surface f portante
Trainee [trɛ:'ni:] (-s, -s) m (in Unternehmen) stagiaire m
Trainer, in ['trɛ:nər(ın)] (-s, -) m(f) entraîneur m
trainieren [trɛ'ni:rən] vt entraîner; (Übung) s'entraîner à ▷ vi s'entraîner; **Fußball ~** s'entraîner au football
Training (-s, -s) nt entraînement m
Trainingsanzug m survêtement m
Trakt [trakt] (-(e)s, -e) m (Gebäudeteil) aile f
traktieren vt (umg: schlecht behandeln) maltraiter; (quälen) tourmenter
Traktor ['traktɔr] m tracteur m
trällern ['trɛlərn] vt, vi fredonner
Tram [tram] (-, -s), **Trambahn** f tramway m
Tramp (-s, -s) m vagabond m
trampeln ['trampəln] vi (Zuschauer etc) trépigner ▷ vt (Pfad) faire en piétinant; **über** od **durch das Gras ~** (gehen) marcher sur la pelouse; **auf etw ~** écraser qch
Trampelpfad m sentier m (battu)
Trampeltier nt chameau m; (umg) empoté(e) m/f
trampen ['trampən] vi faire du stop
Tramper, in (-s, -) m(f) auto-stoppeur(-euse) m/f
Trampolin [trampo'li:n] (-s, -e) nt trampoline m
Tran [tra:n] (-(e)s, -e) m (Öl) huile f de poisson; **im ~ sein** être hébété(e)
Trance ['trã:s(ə)] f transe f
Tranchierbesteck nt service m à découper
tranchieren [trã'ʃi:rən] vt découper
Träne ['trɛ:nə] f larme f
tränen vi larmoyer
Tränengas nt gaz m lacrymogène
tranig ['tra:nıç] (umg) adj gnangnan inv
trank etc [traŋk] vb siehe **trinken**
Tränke ['trɛŋkə] f abreuvoir m
tränken vt (nass machen) imbiber; (Tiere) donner à boire à
Tranquilizer ['træŋkwılaızər] (-s, -) m tranquillisant m
Transaktion [translaktsi'o:n] f transaction f
Tranchierbesteck nt siehe **Tranchierbesteck**
transchieren [trã'ʃi:rən] vt siehe **tranchieren**
Transfer [trans'fe:r] (-s, -s) m transfert m
Transformator [transfɔr'ma:tɔr] m transformateur m
Transfusion [transfuzi'o:n] f transfusion f (sanguine)
Transistor [tran'zistɔr] m transistor m
Transit [tran'zi:t] m transit m
transitiv ['tranziti:f] adj transitif(-ive)
Transitverkehr [tran'zi:tferke:r] m trafic m en transit
Transitvisum nt visa m de transit
transparent [transpa'rɛnt] adj transparent(e); **T~** (-(e)s, -e) nt (Bild) transparent m; (Spruchband) banderole f

transpirieren [transpi'ri:rən] vi transpirer
Transplantation [transplantatsi'o:n] f (Med) greffe f
transponieren [transpo'ni:rən] vt (Mus) transposer
Transport [trans'pɔrt] (-(e)s, -e) m transport m; **t-fähig** adj transportable
transportieren [transpɔr'ti:rən] vt transporter; (Film) enrouler
Transport-: ~kosten pl frais mpl de transport; **~mittel** nt moyen m de transport; **~unternehmen** nt entreprise f de transports
Transuse ['tra:nzu:zə] (pej) f lambin(e) m/f
Transvestit [transves'ti:t] (-en, -en) m travesti m
Trapez [tra'pe:ts] (-es, -e) nt trapèze m
Trassat [tra'sa:t] (-en, -en) m tiré m
trat etc [tra:t] vb siehe **treten**
Tratsch (-(e)s) (umg: pej) m ragots mpl
tratschen ['tra:tʃən] (umg) vi cancaner
Tratte ['tratə] f traite f
Traube ['traubə] f (auch fig) grappe f; (Beere) raisin m; (von Bienen) essaim m
Traubenlese f vendanges fpl
Traubenzucker m sucre m de raisin
trauen ['trauən] vi +Dat: **jdm ~** faire confiance à qn ▷ vr (wagen) oser ▷ vt (Brautpaar) marier; **etw** Dat **~** croire qch; **jdm nicht über den Weg ~** se méfier de qn; **sich ~ lassen** se marier
Trauer ['trauər] (-) f chagrin m; (für Verstorbenen) deuil m; **~anzeige** f faire-part m inv de décès; **~fall** m décès m; **~feier** f funérailles fpl; **~flor** (-s, -e) m crêpe m; **~kleidung** f vêtements mpl de deuil; **~kleidung tragen** porter le deuil; **~marsch** m marche f funèbre; **~miene** f mine f d'enterrement
trauern vi: **~ um** pleurer (la mort de)
Trauer-: ~rand m bordure f noire (de faire-part de décès); **~spiel** nt tragédie f; **~weide** f saule m pleureur
Traufe ['traufə] f gouttière f
träufeln ['trɔyfəln] vt verser goutte à goutte ▷ vi tomber goutte à goutte
traulich ['traulıç] adj (Beisammensein, Atmosphäre) intime
Traum [traum] (-(e)s, Träume) m rêve m; **aus der ~!** c'était un beau rêve!; **das fällt mir nicht im ~ ein** cette idée ne m'effleure même pas
Trauma (-s, -men od -ta) nt traumatisme m
Traumbild nt vision f de rêve
Traumdeutung f interprétation f des rêves
träumen ['trɔymən] vi, vt rêver; **das hätte ich mir nicht ~ lassen** je me demande si je rêve
Träumer, in (-s, -) m(f) rêveur(-euse) m/f
Träumerei [trɔymə'raı] f rêverie f
träumerisch adj rêveur(-euse)
traumhaft adj (unwirklich) fantastique; (wunderbar) merveilleux(-euse)
traurig ['traurıç] adj triste; **T~keit** f tristesse f
Trauring m alliance f
Trauschein m extrait m d'acte de mariage
Trauung f mariage m
Trauzeuge, -in m(f) témoin m (de mariage)

Travellerscheck ['trɛvələrʃɛk] *m* chèque *m* de voyage, traveller's chèque *m*

treffen ['trɛfən] *unreg vi* (*Geschoss, Hieb*) atteindre son but; (*Schütze*) viser juste ▷ *vt* (*subj: Geschoss, Schütze, Bemerkung etc*) toucher; (*begegnen*) rencontrer; (*Entscheidung, Maßnahmen*) prendre; (*Vorbereitungen, Auswahl*) faire ▷ *vr* (*begegnen*) se rencontrer; **eine Vereinbarung ~** se mettre d'accord; **er hat es gut getroffen** (*in beneidenswerter Lage*) il a eu de la chance; (*gut nachgemacht*) c'est ressemblant; **ihn trifft keine Schuld** il n'a aucun reproche à se faire; **sich getroffen fühlen** se sentir visé(e); **~ auf** +*Akk* (*in Wettkampf*) être opposé(e) à; **es traf sich, dass ...** le hasard voulut que ...; **es trifft sich gut** cela tombe bien; **wie es sich so trifft** comme cela se trouve

Treffen (**-s, -**) *nt* rencontre *f*; **t~d** *adj* pertinent(e); (*Beschreibung*) excellent(e)

Treffer (**-s, -**) *m* (*Schuss etc*) tir *m* réussi *od* dans le mille; (*Fussball, Hockey etc*) but *m*; (*Los*) billet *m* gagnant

trefflich *adj* excellent(e)

Treffpunkt *m* (*Ort*) lieu *m* de rendez-vous; (*fig: Zentrum*) rendez-vous *m inv*

Treibeis *nt* glaces *fpl* flottantes

treiben ['traɪbən] *unreg vt* (*Tiere, Menschen*) mener; (*Rad*) actionner, entraîner; (*Maschine*) faire marcher; (*drängen, anspornen*) pousser; (*Studien, Sport*) faire; (*Blüten, Knospen*) pousser, produire ▷ *vi* (*auf dem Wasser*) aller à la dérive; (*Wolken*) passer; (*Pflanzen*) pousser; (*Koch: aufgehen*) lever; (*harn-, schweißtreibend wirken: Medikament*) être diurétique; **Unsinn ~** faire des bêtises; **es wild ~** être déchaîné(e); **die ~de Kraft** le moteur; **Handel mit etw ~** faire le commerce de qch; **Handel mit jdm ~** faire des affaires avec qn; **es zu weit ~** aller trop loin; **T~** (**-s**) *nt* (*Tätigkeit*) activité *f*; (*lebhafter Verkehr etc*) animation *f*; (*Treibjagd*) battue *f*

Treib-: ~gas *nt* gaz *m* propulseur; **~gut** *nt* objets *que la mer rejette sur les côtes*; **~haus** *nt* serre *f*; **~hauseffekt** *m* effet *m* de serre; **~jagd** *f* battue *f*; (*fig*) chasse *f* à la sorcière; **~rad** *nt* roue *f* motrice; **~riemen** *m* courroie *f* de transmission; **~sand** *m* sables *mpl* mouvants; **~stoff** *m* carburant *m*

Trekking [trɛkɪŋ] (**-s, -s**) *nt* trekking *m*

Trend [trɛnt] (**-s, -s**) *m* tendance *f*; **~setter** *m*: **ein ~setter sein** donner le ton, lancer les modes; **~wende** *f* tournant *m*

trennbar *adj* séparable

trennen ['trɛnən] *vt* séparer; (*zerteilen*) diviser; (*abtrennen, lösen*) détacher; (*Begriffe*) distinguer; (*Wort, Silben, Tel: Verbindung*) couper ▷ *vr* se séparer; (*Ideen*) différer; **sich von jdm/etw ~** se séparer de qn/qch

Trennschärfe *f* (*Rundf*) sélectivité *f*

Trennung *f* séparation *f*; (*von Besitz*) division *f*; (*von Begriffen*) distinction *f*; (*von Wörtern*) coupure *f* (*en fin de ligne*)

Trennungsstrich *m* tiret *m*

Trennwand *f* cloison *f*

treppab *adv*: **~ laufen** descendre (l'escalier)

treppauf *adv*: **~ steigen** monter (l'escalier)

Treppe ['trɛpə] *f* escalier *m*; (*umg: Stockwerk*) étage *m*

Treppen-: ~geländer *nt* rampe *f* (d'escalier); **~haus** *nt* cage *f* d'escalier; **~stufe** *f* marche *f* d'escalier

Tresen ['tre:zən] (**-s, -**) *m* (*Theke*) bar *m*; (*Ladentisch*) comptoir *m*

Tresor [tre'zo:r] (**-s, -e**) *m* coffre-fort *m*; (*Raum*) salle *f* des coffres

Tretboot *nt* pédalo *m*

treten ['tre:tən] *unreg vi* (*gehen*) marcher, avancer; (*Tränen, Schweiß*) jaillir ▷ *vt* (*mit Fußtritt*) donner un coup de pied à; (*niedertreten*) piétiner; (*fig: antreiben*) pousser; **ans Fenster ~** aller vers la fenêtre; **zur Seite ~** s'écarter; **nach jdm/etw ~** donner un coup de pied à qn/dans qch; **gegen etw ~** buter contre qch; **auf etw** *Akk* **~** marcher sur qch; **jdm auf den Fuß ~** marcher sur le pied de qn; **in etw** *Akk* **~** marcher dans qch; **der Fluss trat über die Ufer** la rivière a débordé; **in Verbindung ~** entrer en contact; **in Streik ~** se mettre en grève; **in Erscheinung ~** apparaître; **in den Ruhestand ~** prendre sa retraite

Treter ['tre:tər] (*umg*) *pl* (*Schuhe*) pompes *fpl*

Tretmine *f* (*Mil*) mine *f* antipersonnel

Tretmühle *f* galère *f*

treu [trɔy] *adj* (*Diener, Hund, Ehemann, Dienste*) fidèle; **~doof** (*umg*) *adj* bébête

Treue (**-**) *f* fidélité *f*

Treu-: ~händer (**-s, -**) *m* fidéicommissaire *m*; **~handgesellschaft** *f* société *f* fiduciaire; **t~herzig** *adj* confiant(e), naïf (naïve); **t~lich** *adv* fidèlement; **t~los** *adj* sur qui on ne peut pas compter, déloyal(e)

Trevira® [tre'vi:ra] (**-s**) *nt* polyester *m*

Triangel ['tri:aŋəl] (**-s, -**) *m* (*Mus*) triangle *m*

Tribüne [tri'by:nə] *f* tribune *f*

Tribut [tri'bu:t] (**-(e)s, -e**) *m* tribut *m*

Trichter ['trɪçtər] (**-s, -**) *m* entonnoir *m*

Trick [trɪk] (**-s, -e** *od* **-s**) *m* truc *m*; (*pej: List*) astuce *f*; **~film** *m* dessin *m* animé

trieb *etc* [tri:p] *vb siehe* **treiben**

Trieb (**-(e)s, -e**) *m* (*instinkthaft*) instinct *m*; (*geschlechtlich*) pulsion *f*; (*Neigung*) tendance *f*; (*an Baum etc*) pousse *f*; **~feder** *f* ressort *m*; (*fig*) instigateur(-trice) *m/f*; **t~haft** *adj* maladif(-ive); **~kraft** *f* (*Tech*) force *f* motrice; (*fig*) moteur *m*; **~täter** *m* auteur *m* d'un crime sexuel; **~wagen** *m* autorail *m*; **~werk** *nt* (*Tech*) groupe *m* moteur

triefen ['tri:fən] *vi* ruisseler

triefnass *adj* trempé(e) (jusqu'aux os)

Trient [tri'ɛnt] (**-s**) *nt* (*Geog*) Trente *f*

trifft *etc* [trɪft] *vb siehe* **treffen**

triftig ['trɪftɪç] *adj* convaincant(e)

Trigonometrie [trigonome'tri:] *f* trigonométrie *f*

Trikot¹ [tri'ko:] (**-s, -s**) *nt* maillot *m*

Trikot² [tri'ko:] (**-s**) *m* (*Gewebe*) jersey *m*

Triller ['trɪlər] (**-s, -**) *m* (*Mus*) trille *m*

trillern *vi* faire des trilles

Trillerpfeife *f* sifflet *m*

Trilogie [trilo'gi:] f trilogie f
Trimester [tri'mɛstər] (**-s, -**) nt trimestre m
Trimm-dich-Pfad m parcours m de santé
trimmen vt (mit Schere) tondre; (durch Sport)
entraîner ▷ vr se maintenir en forme; **jdn auf
etw** Akk ~ (umg) inculquer qch à qn
Trinidad und Tobago ['trɪnidat ʊnt to'ba:go] nt
Trinité et Tobago f
trinkbar adj potable
trinken ['trɪŋkən] unreg vt, vi boire; **einen ~
(gehen)** (umg) (aller) boire un coup; **auf jdn/etw
~** boire à la santé de qn/à qch
Trinker, in (**-s, -**) m(f) alcoolique m/f
trink-: **~fest** adj: **~fest sein** bien supporter
l'alcool; **T~geld** nt pourboire m; **T~halle** f (Kiosk)
buvette f; **T~halm** m paille f; **T~milch** f lait m;
T~spruch m toast m; **T~wasser** nt eau f potable
Trio ['tri:o] (**-s, -s**) nt trio m
Trip [trɪp] (**-s, -s**) (umg) m (Reise) voyage m;
(Rauschzustand) trip m
Tripolis ['tri:polɪs] nt Tripoli
trippeln ['trɪpəln] vi trottiner
Tripper ['trɪpər] (**-s, -**) m blennorragie f
trist [trɪst] adj morne; (Farbe) terne
tritt etc [trɪt] vb siehe **treten**
Tritt (**-(e)s, -e**) m pas m; (Fußtritt) coup m de pied;
~brett nt marchepied m; **~leiter** f escabeau m
Triumph [tri'ʊmf] (**-(e)s, -e**) m triomphe m;
~bogen m arc m de triomphe
triumphieren [trium'fi:rən] vi triompher;
~ über +Akk triompher de
trivial [trivi'a:l] adj banal(e); **T~literatur** f
littérature f de gare
trocken ['trɔkən] adj sec (sèche); (fig: nüchtern)
sobre; (Humor) pince-sans-rire inv; **sich ~
rasieren** se raser au rasoir électrique;
T~automat m sèche-linge m inv; **T~batterie** f
pile f sèche; **T~beerenauslese** f vin de qualité
obtenu à partir de grains de raisin séchés sur la vigne;
T~dock nt cale f sèche; **T~eis** nt neige f
carbonique; **T~element** nt pile f sèche; **T~haube**
f casque m (séchoir); **T~heit** f sécheresse f; **~legen**
vt (Sumpf) assécher; (Kind) changer; **T~milch** f
lait m en poudre; **T~rasur** f rasage m électrique;
T~zeit f (Jahreszeit) saison f sèche
trocknen vt, vi sécher
Trockner (**-s, -**) m (für Hände) sèche-mains m inv;
(Wäschetrockner) sèche-linge m inv
Troddel ['trɔdəl] (**-, -n**) f gland m
Trödel ['trø:dəl] (**-s**) (umg) m bric-à-brac m inv;
~markt m marché m aux puces
trödeln (umg) vi traîner
Trödler (**-s, -**) m (Händler) brocanteur m
trog etc [tro:k] vb siehe **trügen**
Trog (**-(e)s, ⁻e**) m auge f
trollen ['trɔlən] (umg) vr se tirer
Trommel ['trɔməl] (**-, -n**) f tambour m;
(Revolvertrommel) barillet m; (Brottrommel) boîte f;
die ~ rühren (umg) faire du battage; **~fell** nt
tympan m; **~feuer** nt feu m roulant
trommeln vi jouer du tambour ▷ vt (Takt) battre
Trommelrevolver m revolver m

Trommelwaschmaschine f machine f à laver à
tambour
Trommler, in ['trɔmlər(ɪn)] (**-s, -**) m(f)
joueur(-euse) m/f de tambour; (Mil) tambour m
Trompete [trɔm'pe:tə] f trompette f
trompeten vt jouer à la trompette; (umg: laut
verkünden) trompeter ▷ vi jouer de la trompette
Trompeter (**-s, -**) m trompettiste m
Tropen ['tro:pən] pl tropiques mpl; **~helm** m
casque m colonial; **t~tauglich** adj apte à vivre
sous les tropiques
Tropf [trɔpf] (**-(e)s, ⁻e**) m (umg: Kerl) type m; (Med:
Infusion) goutte-à-goutte m inv; **armer ~** pauvre
diable m
tröpfeln ['trœpfəln] vi tomber goutte à goutte
▷ vi unpers: **es tröpfelt** il tombe des gouttes
Tropfen (**-s, -**) m goutte f; **Tropfen** pl (Medizin)
gouttes fpl; **ein guter** od **edler ~** un bon petit vin;
ein ~ auf den heißen Stein (umg) une goutte
d'eau dans la mer
tropfen vi (Regen, Schweiß etc) tomber goutte à
goutte; (Wasserhahn) goutter; (Nase) couler ▷ vt
(Tinktur) verser goutte à goutte ▷ vi unpers: **es
tropft** il tombe des gouttes
tropfenweise adv goutte à goutte
tropfnass adj trempé(e) (jusqu'aux os)
Tropfsteinhöhle f grotte f avec des stalactites
Trophäe [tro'fɛ:ə] f trophée m
tropisch ['tro:pɪʃ] adj tropical(e)
Trost [tro:st] (**-es**) m consolation f; **nicht ganz** od
recht bei ~ sein avoir perdu la raison
trösten ['trø:stən] vt consoler
Tröster, in (**-s, -**) m(f) consolateur(-trice) m/f
tröstlich adj (Worte, Brief) de consolation; (Gedanke)
rassurant(e), réconfortant(e)
trost-: **~los** adj (Verhältnisse) affligeant(e);
(Landschaft) désolé(e); **T~pflaster** nt (fig) (piètre)
consolation f; **T~preis** m prix m de consolation;
~reich adj réconfortant(e)
Tröstung ['trø:stʊŋ] f réconfort m
Trott [trɔt] (**-(e)s, -e**) m (Gangart) trot m; (Routine)
train-train m inv
Trottel (**-s, -**) (umg) m crétin m
trotten vi se traîner
Trotteur [tro'tø:r] (**-s, -s**) m trotteur m
Trottoir [trɔto'a:r] (**-s, -s** od **-e**) nt (veraltet) trottoir m
trotz [trɔts] präp (+Gen od Dat) malgré; **~ allem** od
alledem malgré tout
Trotz (**-es**) m esprit m de contradiction; **etw aus ~
tun** faire qch par défi; **jdm zum ~** pour braver
qn; **~alter** m âge difficile (vers deux ans)
trotzdem adv quand même ▷ konj (umg) bien
que
trotzen vi (trotzig sein) faire la mauvaise tête; **jdm
~** tenir tête à qn; **der Kälte/Gefahr ~** braver le
froid/danger
trotzig adj (Antwort) provocant(e); (Benehmen) de
défi; (Kind) difficile
Trotzkopf m mauvaise tête f
Trotzreaktion f réaction f de dépit
trüb(e) adj (Augen, Metall) terne; (Aussichten)
sombre; (Flüssigkeit) trouble; (Glas) opaque;

(*Mensch, Gedanke, Stimmung, Zeiten*) triste; (*Tag, Wetter*) gris(e)

Trubel ['tru:bəl] (**-s**) *m* tumulte *m*

trüben ['try:bən] *vt* (*Flüssigkeit*) troubler, ternir; (*Stimmung, Freude*) gâter ▷ *vr* (*Flüssigkeit*) se troubler; (*Glas, Metall*) se ternir; (*Stimmung*) se gâter

Trübheit *f* (*von Augen*) manque *m* d'éclat; **die ~ des Wetters** le temps couvert

Trübsal (**-, -e**) *f* (*Trauer*) chagrin *m*; **~ blasen** (*umg*) avoir le cafard

trüb-: **~selig** *adj* triste; **T~sinn** *m* humeur *f* chagrine; **~sinnig** *adj* d'humeur chagrine

trudeln ['tru:dəln] *vi* (*Flug*) vriller

Trüffel ['trʏfəl] (**-, -n**) *f* truffe *f*

Trug (**-(e)s**) *m* imposture *f*; (*der Sinne*) illusion *f*

trug *etc* [tru:k] *vb siehe* **tragen**

trügen ['try:gən] *unreg vt, vi* tromper; **wenn mich nicht alles trügt** si je ne m'abuse

trügerisch *adj* trompeur(-euse)

Trugschluss ['tru:gʃlʊs] *m* idée *f* fausse

Truhe ['tru:ə] *f* bahut *m*

Trümmer ['trʏmər] *pl* débris *mpl*; (*Bautrümmer*) décombres *mpl*, ruines *fpl*; **in ~ gehen** tomber en ruines; **~feld** *nt* paysage *m* ravagé; **~haufen** *m* amas *m* de décombres

Trumpf [trʊmpf] (**-(e)s, ̈-e**) *m* atout *m*

trumpfen *vt* prendre avec l'atout ▷ *vi* jouer atout

Trunk [trʊŋk] (**-(e)s, ̈-e**) *m* breuvage *m*

trunken *adj* ivre; **T~bold** (**-(e)s, -e**) *m* ivrogne *m*; **T~heit** *f* ivresse *f*; **T~heit am Steuer** conduite *f* en état d'ébriété

Trunksucht *f* alcoolisme *m*

Trupp [trʊp] (**-s, -s**) *m* groupe *m*

Truppe *f* troupe *f*; **nicht von der schnellen ~ sein** (*umg*) être lent(e)

Truppenteil *m* unité *f*

Truppenübungsplatz *m* champ *m* de manœuvre

Trust [trast] (**-(e)s, -e** *od* **-s**) *m* trust *m*

Truthahn ['tru:tha:n] *m* (*Zool*) dindon *m*; (*Koch*) dinde *f*

Tschad [tʃat] (**-s**) *m*: **der ~** le Tchad

Tscheche, Tschechin ['tʃɛçə] (**-n, -n**) *m/f* Tchèque *m/f*

tschechisch *adj* tchèque

Tschechische Republik *f* République *f* tchèque

Tschechoslowake [tʃɛçoslo'va:kə] (**-n, -n**) *m* Tchécoslovaque *m*

Tschechoslowakei [tʃɛçoslova'kaɪ] *f*: **die ~** la Tchécoslovaquie

Tschechoslowakin *f* Tchécoslovaque *f*

tschechoslowakisch *adj* tchécoslovaque

tschüss [tʃʏs] (*umg*) *interj* salut, tchao

T-Shirt ['ti:ʃə:t] (**-s, -s**) *nt* T-shirt *m*

TU (**-**) *f abk* (= *technische Universität*) ≈ IUT *m*

Tuba ['tu:ba] (**-, Tuben**) *f* (*Mus*) tuba *m*

Tube ['tu:bə] *f* tube *m*

Tuberkulose [tuberku'lo:zə] *f* tuberculose *f*

Tuch [tu:x] (**-(e)s, ̈-er**) *nt* (*Stoff*) étoffe *f*; (*Stück Stoff*) pièce *f* de tissu; (*Tischtuch*) nappe *f*; (*Halstuch*) foulard *m*; (*Kopftuch*) fichu *m*; (*Handtuch*) serviette *f*; **ein rotes ~ für jdn sein** (*umg*) faire voir rouge

à qn; **~fühlung** *f* contact *m*

tüchtig ['tʏçtɪç] *adj* (*fleißig*) travailleur(-euse); (*fähig, brauchbar*) bon (bonne); (*umg: kräftig*) sacré(e); **etwas T~es lernen** *od* **werden** (*umg*) apprendre un bon métier; **T~keit** *f* (*Fähigkeit*) capacité *f*; (*Fleiß*) zèle *m*; **körperliche T~keit** bonne forme *f*

Tücke ['tʏkə] *f* (*Arglist, Trick*) méchanceté *f*; **voller ~n sein** être difficile; **seine ~n haben** être capricieux(-euse); **das ist die ~ des Objekts** c'est le problème, avec ce genre de choses

tückisch *adj* (*Kurve*) dangereux(-euse); (*Krankheit*) pernicieux(-euse); (*böswillig*) malveillant(e)

tüftelig (*umg*) *adj* (*Arbeit*) minutieux(-euse)

tüfteln ['tʏftəln] (*umg*) *vi* (*basteln*) bricoler; **an einem Problem ~** se casser la tête sur un problème

Tugend ['tu:gənt] (**-, -en**) *f* vertu *f*; **t~haft** *adj* vertueux(-euse)

Tüll [tʏl] (**-s, -e**) *m* tulle *m*

Tülle *f* (*von Kanne*) bec *m*

Tulpe ['tʊlpə] *f* tulipe *f*

tummeln ['tʊməln] *vr* s'ébattre; (*sich beeilen*) se dépêcher

Tummelplatz *m* terrain *m* de jeu; (*fig*) terrain de prédilection

Tümmler ['tʏmlər] (**-s, -**) *m* (*Delfin*) marsouin *m*

Tumor ['tu:mɔr] (**-s, -e**) *m* tumeur *f*

Tümpel ['tʏmpəl] (**-s, -**) *m* mare *f*

Tumult [tu'mʊlt] (**-(e)s, -e**) *m* tumulte *m*

tun [tu:n] *unreg vt* (*machen*) faire; (*legen etc*) mettre; (*Seufzer*) pousser ▷ *vr*: **sich schwer mit etw ~** avoir des problèmes avec qch ▷ *vi*: **freundlich ~** prendre un air aimable; **jdm etw ~** (*antun*) faire qch à qn; **das tut es auch** (*genügt*) cela fera l'affaire; **damit ist es nicht getan** ça ne suffit pas; **was tuts?** qu'est-ce que ça fait?; **das tut nichts** ça ne fait rien; **das tut nichts zur Sache** cela ne change rien à l'affaire; **es mit jdm zu ~ bekommen** od **haben** avoir affaire à qn; **das tut gut** ça fait du bien; **so ~, als ob ...** faire comme si ...; **Sie täten gut daran ...** vous feriez bien ...; **ich habe zu ~** (*bin beschäftigt*) j'ai à faire; **mit wem habe ich zu ~?** à qui ai-je l'honneur?; **es tut sich etwas/viel** il se passe quelque chose/beaucoup de choses; **Tun** (**-s**) *nt* action *f*

Tünche ['tʏnçə] *f* chaux *f*

tünchen *vt* blanchir à la chaux

Tundra ['tʊndra] (**-, -ren**) *f* toundra *f*

Tunesien [tu'ne:ziən] (**-s**) *nt* la Tunisie

Tunesier, in (**-s, -**) *m(f)* Tunisien(ne) *m/f*

tunesisch *adj* tunisien(ne)

Tunfisch *m siehe* **Thunfisch**

Tunis ['tu:nɪs] *nt* Tunis

Tunke ['tʊŋkə] *f* sauce *f*

tunken *vt* tremper

tunlichst ['tu:nlɪçst] *adv* (*möglichst*) si possible; (*auf jeden Fall*) absolument

Tunnel ['tʊnəl] (**-s, -** *od* **-s**) *m* tunnel *m*

Tunte ['tʊntə] (*pej: umg*) *f* tante *f*

Tüpfelchen *nt*: **das ~ auf dem i** la dernière touche

tüpfeln ['typfəln] vt moucheter
tupfen ['tʊpfən] vt tamponner; (mit Farbe) moucheter; **T~** (**-s, -**) m point m; (größer) pois m
Tupfer (**-s, -**) m (umg: Tupfen) point m; (Verbandsmull) tampon m
Tür [tyːr] (**-, -en**) f porte f; **an die ~ gehen** aller ouvrir la porte; **zwischen ~ und Angel** (fig) en vitesse; **jdn vor die ~ setzen** mettre qn à la porte; **Weihnachten steht vor der ~** Noël approche; **mit der ~ ins Haus fallen** (umg) y aller tout de go; **~angel** f gond m
Turban ['tʊrbaːn] (**-s, -e**) m turban m
Turbine [tʊr'biːnə] f turbine f
turbulent [tʊrbu'lɛnt] adj turbulent(e)
Türdrücker m poignée f
Türgriff m poignée f
Türke ['tʏrkə] (**-n, -n**) m Turc m
Türkei [tʏr'kaɪ] f: **die ~** la Turquie
Türkin f Turque f
Türkis (**-es, -e**) m (Edelstein) turquoise f; **t~** [tʏr'kiːs] adj turquoise unver
türkisch adj turc (turque)
Türklinke f poignée f
Turkmenistan [tʊrk'mɛːnɪstaːn] nt le Turkménistan
Turm [tʊrm] (**-(e)s, ̈-e**) m tour f; (Kirchturm) clocher m; (Sprungturm) plongeoir m
türmen ['tʏrmən] vr (Wolken) s'amonceler; (Bücher) s'empiler; (Arbeit) s'accumuler ▷ vt (häufen): **~ auf** +Akk entasser sur ▷ vi (umg) se tirer
Turmspringen nt plongeon m de haut vol
Turmuhr f horloge f
Turnanzug m tenue f de gymnastique
turnen ['tʊrnən] vi (Sport treiben) faire de la gymnastique; (herumklettern) grimper ▷ vt (Übung) faire; **T~** (**-s**) nt gymnastique f
Turner, in (**-s, -**) m(f) gymnaste m/f
Turn-: ~gerät nt appareil m de gymnastique; **die ~geräte** les agrès mpl; **~halle** f salle f de gymnastique; **~hose** f short m
Turnier [tʊr'niːr] (**-s, -e**) nt tournoi m; (Tanzturnier) concours m
Turn-: ~lehrer, in m(f) professeur m de gymnastique; **~schuh** m basket f; **~stunde** f heure f de gymnastique
Turnus ['tʊrnʊs] (**-, -se**) m roulement m; **im ~** à tour de rôle
Turnverein m société f de gymnastique
Turnzeug nt tenue f de gymnastique

Tür-: ~öffner m portier m automatique; **~pfosten** m montant m de porte; **~schloss** nt serrure f (de porte)
turteln ['tʊrtəln] (umg) vi se faire des mamours
Tusch [tʊʃ] (**-(e)s, -e**) m fanfare f
Tusche ['tʊʃə] f encre f de Chine; (Wimperntusche) mascara m
tuscheln ['tʊʃəln] vi chuchoter
tuschen vt (mit Tusche malen) peindre à l'encre de Chine; (Wimpern) se mettre du mascara sur, se maquiller
Tuschkasten m boîte f de peinture
tut etc [tuːt] vb siehe **tun**
Tüte ['tyːtə] f cornet m; (Tragtüte) sac m; **in die ~ blasen** (umg) souffler dans le ballon; **das kommt nicht in die ~!** (umg) pas question!
tuten ['tuːtən] vi (Aut) klaxonner; **von T~ und Blasen keine Ahnung haben** (umg) ne rien y connaître
TÜV [tʏf] (**-**) m abk (= Technischer Überwachungsverein) office chargé du contrôle périodique obligatoire des véhicules; **durch den ~ kommen** passer son certificat de contrôle; voir article

○ **TÜV**
○
○
○ Le TÜV (Technischer Überwachungsverein)
○ est l'organisme chargé de la vérification du
○ bon fonctionnement des machines et en
○ particulier des véhicules. Les voitures de plus
○ de trois ans doivent passer un contrôle de
○ sécurité et de pollution tous les deux ans.
○ Le TÜV est l'équivalent allemand du contrôle
○ technique.

Twen [tvɛn] (**-(s), -s**) m jeune d'une vingtaine d'années
Twinset ['tvɪnsɛt] nt od m twin-set m
Typ [tyːp] (**-s, -en**) m type m; (Modell) modèle m
Type f (Buchstabe) caractère m; (umg: Mensch) numéro m
Typenrad nt (Drucker) marguerite f
Typenraddrucker m imprimante f à marguerite
Typhus ['tyːfʊs] (**-**) m typhus m
typisch ['tyːpɪʃ] adj typique
Tyrann [ty'ran] (**-en, -en**) m tyran m
Tyrannei [tyra'naɪ] f tyrannie f
tyrannisch adj tyrannique
tyrannisieren [tyrani'ziːrən] vt tyranniser
Tyrrhenisch [tʏ'reːnɪʃ] nt: **~es Meer** la mer Tyrrhénienne

Uu

U, u [u:] *nt* U, u *m*; **U wie Ulrich** = U comme Ursule

u. *abk* = *und*

u. a. *abk* (= *unter anderem*) en part.; (= *und andere(s)*) etc.

u. Ä. *abk* (= *und Ähnliche(s)*) et similaires

u. A. w. g. *abk* (= *um Antwort wird gebeten*) RSVP

U-Bahn ['u:ba:n] *f abk* (= *Untergrundbahn*) métro *m*

übel ['y:bəl] *adj* mauvais(e); **mir ist ~** je me sens mal; **~ gelaunt** de mauvaise humeur; **jdm etw ~ nehmen** en vouloir à qn de qch; *siehe auch* **übelwollen**; **Übel (-s, -)** *nt* mal *m*; **zu allem Übel** pour comble de malheur; **Übelkeit** *f* nausée *f*; **Übeltäter** *m* malfaiteur(-trice) *m/f*; **~wollen** *vi* +Dat vouloir du mal à

üben ['y:bən] *vt* (*Instrument*) s'exercer à, étudier; (*Geduld, Gerechtigkeit*) faire preuve de; (*Gedächtnis, Muskeln*) exercer ▷ *vi* s'exercer, s'entraîner; **Kritik an etw** *Dat* ~ critiquer qch

 SCHLÜSSELWORT

über ['y:bər] *präp* +Dat **1** (*räumlich*) en dessus de, au-dessus de, par-dessus, sur; **das Bild hängt über dem Klavier an der Wand** le tableau est suspendu au mur au-dessus du piano; **wir wohnen über ihnen** nous sommes à l'étage du dessus; **zwei Grad über null** deux degrés au-dessus de zéro, plus deux

2 (*zeitlich: während*) pendant; **über der Arbeit einschlafen** s'endormir en travaillant; **über einem Glas Wein alles besprechen** discuter des détails autour d'un verre de vin

▷ *präp* +Akk **1** (*räumlich*) au-dessus de, par dessus, sur; **hänge das Bild übers Klavier** mets le tableau au-dessus du piano; **Fehler über Fehler** faute sur faute; **er lachte über das ganze Gesicht** son visage s'est épanoui en un large sourire

2 (*zeitlich*) pour; **über Weihnachten/die Feiertage wegfahren** partir pour Noël/les fêtes; **die ganze Zeit über** tout le temps; **den (ganzen) Sommer über** (pendant) tout l'été; **über kurz oder lang** tôt ou tard

3 (*mit Zahlen*): **Kinder über 12 Jahren** les enfants de plus de douze ans; **ein Scheck über 200 Euro** un chèque de 200 euros

4 (*auf dem Wege*) via, par; **nach Köln über Aachen fahren** aller à Cologne via Aix-la-Chapelle; **ich habe die Nummer über die Auskunft erfahren** j'ai obtenu le numéro par les renseignements

5 (*betreffend*) sur; **ein Buch über Bananen** un livre sur les bananes; **über jdn/etw lachen** rire de qn/qch

6: **sie liebt ihn über alles** elle l'aime plus que tout

▷ *adv*: **über und über** complètement; **jdm in etw** *Dat* **über sein** (*umg*) être meilleur(e) que qn en qch

überall [y:bər'|al] *adv* partout; (*bei jeder Gelegenheit*) toujours; **~her** *adv* de toutes parts; **~hin** *adv* en tous sens

überaltert [y:bər'|altərt] *adj* (*Bevölkerung*) où il y a une forte proportion de personnes âgées

Überangebot ['y:bər|angəbo:t] *nt* excédent *m*

überanstrengen [y:bər'|anʃtrɛŋən] *vt untr* surmener ▷ *vr untr* se surmener

überantworten [y:bər'|antvɔrtən] *vt untr* (*geh: übermitteln*) remettre; (*ausliefern*) livrer

überarbeiten [y:bər'|arbaitən] *vt untr* (*Text*) remanier ▷ *vr untr* se surmener

überaus ['y:bər|aus] *adv* extrêmement

überbacken [y:bər'bakən] *unreg vt untr* faire dorer, gratiner

Überbau ['y:bərbau] *m* superstructure *f*

überbeanspruchen ['y:bərbəlanʃpruxən] *vt untr* (*Menschen, Körper*) surmener; (*Maschine*) fatiguer

Überbein ['y:bərbain] *nt* ganglion *m*

überbekommen ['y:bərbəkɔmən] *unreg* (*umg*) *vt*: **jdn/etw ~** en avoir par-dessus la tête de qn/qch

überbelichten ['y:bərbəliçtən] *vt untr* surexposer

Überbeschäftigung ['y:bərbəʃɛftiguŋ] *f* suremploi *m*

überbewerten ['y:bərbəve:rtən] *vt untr* surestimer; (*Äußerungen*) attacher une trop grande importance à

überbieten [y:bər'bi:tən] *unreg vt untr* (*Angebot*) enchérir sur; (*Leistung*) dépasser; (*Rekord*) battre ▷ *vr*: **sich an etw** *Dat* (**gegenseitig**) **~** rivaliser de qch

Überbleibsel ['y:bərblaɪpsəl] **(-s, -)** nt reste m
Überblick ['y:bərblɪk] m vue f d'ensemble; (Abriß) aperçu m; **jdm einen ~ über etw** Akk **geben** donner à qn un aperçu de qch; **den ~ verlieren** ne plus être au courant; **sich** Dat **einen ~ verschaffen** se faire une idée générale
überblicken [y:bər'blɪkən] vt untr (Platz, Landschaft) avoir vue sur; (fig) voir; (Sachverhalt, Lage) comprendre
überbringen [y:bər'brɪŋən] unreg vt untr remettre
Überbringer (-s, -) m porteur(-euse) m/f
Überbringung f remise f
überbrücken [y:bər'brʏkən] vt untr (Fluss) construire un pont sur; (Gegensatz) concilier; (Zeit) passer
Überbrückung f: **100 Euro zur ~** 100 euros pour me etc tirer d'embarras
Überbrückungsdarlehen nt prêt m relais
überdauern [y:bər'dauərn] vt untr survivre à
Überdecke ['u:bərdɛkə] f couvre-lit m
überdenken [y:bər'dɛŋkən] unreg vt untr réfléchir à
überdies [y:bər'di:s] adv en outre
überdimensional ['y:bərdimɛnziona:l] adj trop grand(e)
Überdosis ['y:bərdo:zɪs] f (von Medikament) dose f massive; (von Droge) surdose f, overdose f; (von Salz, Arbeit, Langweile) dose excessive
überdrehen [y:bər'dre:ən] vt untr (Uhr etc) endommager en remontant trop
überdreht (umg) adj surexcité(e)
Überdruck ['y:bərdrʊk] m (Tech) surpression f
Überdruss ['y:bərdrʊs] **(-es)** m dégoût m; **bis zum ~** à satiété
überdrüssig ['y:bərdrʏsɪç] adj+Gen las(se) de
überdurchschnittlich ['y:bərdʊrçʃnɪtlɪç] adj supérieur(e) à la moyenne
übereck [y:bər'lɛk] adv en diagonale od travers
übereifrig ['y:bərlaɪfrɪç] adj trop empressé(e)
übereignen [y:bər'laɪɡnən] vt untr (geh): **jdm etw ~** transmettre qch à qn
übereilen [y:bər'laɪlən] vt untr précipiter
übereilt adj précipité(e)
übereinander [y:bərlaɪ'nandər] adv l'un(e) sur l'autre; (sprechen) l'un(e) de l'autre
übereinanderschlagen unreg vt (Beine) croiser
übereinkommen [y:bər'laɪnkɔmən] unreg vi (geh) convenir
Übereinkunft [y:bər'laɪnkʊnft] **(-, -künfte)** f accord m
übereinstimmen [y:bər'laɪnʃtɪmən] vi (die gleiche Meinung haben) être d'accord; (Meinungen) concorder; (Angaben, Messwerte, Zahlen etc) concorder, correspondre; (Farben, Stile etc) aller bien ensemble
Übereinstimmung f (siehe vi) accord m; concordance f
überempfindlich ['y:bərlɛmpfɪntlɪç] adj trop sensible, hypersensible
überfahren[1] ['y:bərfa:rən] unreg vt, vi (mit Fähre, Boot etc) traverser
über'fahren[2] unreg vt untr (Person, Tier) écraser; (Ampel) brûler; (Vorfahrtsschild) ne pas respecter;

(fig: umg) prendre de vitesse
Überfahrt ['y:bərfa:rt] f traversée f
Überfall ['y:bərfal] m (auf Bank etc) attaque f à main armée, hold-up m inv; (auf Person) agression f; (auf Land) attaque
überfallen [y:bər'falən] unreg vt untr (Bank, Land) attaquer; (Person) agresser; (umg: besuchen) rendre visite à l'improviste à
überfällig ['y:bərfɛlɪç] adj (Zug etc) en retard; (Zahlung) en souffrance
Überfallkommando nt ≈ police f secours
überfliegen [y:bər'fli:gən] unreg vt untr (Land, Buch) survoler
überfließen ['y:bərfli:sən] unreg vi déborder; (Farben ineinander) se mélanger
überflügeln [y:bər'fly:gəln] vt untr devancer
Überfluss ['y:bərflʊs] m excédent m; **ein ~ an** +Dat un excédent de; **zu allem** od **zum ~** pardessus le marché; **~gesellschaft** f société f d'abondance
überflüssig ['y:bərflʏsɪç] adj superflu(e); (unnötig) inutile
überfluten [y:bər'flu:tən] vt untr (Fluß) déborder sur; (fig) envahir
überfordern [y:bər'fɔrdərn] vt untr (Menschen) trop en demander à; (Kräfte etc) dépasser; **sich überfordert fühlen** être dépassé(e)
überfragt [y:bər'fra:kt] adj: **da bin ich ~** c'est trop me demander
überführen[1] ['y:bərfy:rən] vt (Leiche etc) transférer
über'führen[2] vt untr: **jdn eines Verbrechens ~** convaincre qn d'un crime
Überführung f (von Leiche) transfert m; (von Täter) conviction f; (Brücke) viaduc m; (: für Fußgänger) passerelle f
überfüllt [y:bər'fʏlt] adj bondé(e)
Übergabe ['y:bərga:bə] f remise f; (Mil) reddition f, capitulation f
Übergang ['y:bərgaŋ] m (Stelle zum Passieren) passage m; (Wandel, Überleitung) transition f; (Zwischenlösung) solution f provisoire
Übergangs-: **~erscheinung** f phénomène m transitoire; **übergangslos** adj, adv sans transition; **~lösung** f solution f provisoire; **~stadium** nt phase f de transition; **~zeit** f période f de transition; (Jahreszeit) demi-saison f
übergeben [y:bər'ge:bən] unreg vt untr remettre; (Amt) se démettre de; (Mil) livrer ⊳ vr vomir; **eine Brücke dem Verkehr ~** ouvrir un pont à la circulation
übergehen[1] ['y:bərge:ən] unreg vi (Besitz, zum Feind etc) passer; **~ zu** passer à; **~ in** +Akk se transformer en
über'gehen[2] unreg vt untr (Fehler) ne pas voir; (Mensch) oublier
übergeordnet ['y:bərgəlɔrdnət] adj (Behörde) supérieur(e)
Übergepäck ['y:bərgəpɛk] nt excédent m de bagages
übergeschnappt ['y:bərgəʃnapt] (umg) adj cinglé(e)
Übergewicht ['y:bərgəvɪçt] nt (von Gepäck)

excédent m; (größere Bedeutung) prépondérance f;
~ **haben** (Person) avoir des kilos en trop; (Brief)
être trop lourd(e)
übergießen¹ ['y:bərgi:sən] unreg vt: **jdm etw ~**
renverser qch sur qn
über'gießen² unreg vt untr (Braten, Person) arroser
überglücklich ['y:bərglʏklɪç] adj ravi(e), aux
anges
übergreifen ['y:bərgraɪfən] unreg vi: ~ **auf** +Akk
(auf Rechte etc) empiéter sur; (Feuer, Streik, Krankheit)
se propager dans; **ineinander ~** se chevaucher
übergroß ['y:bərgro:s] adj trop grand(e),
gigantesque
Übergröße ['y:bərgrø:sə] f (bei Kleidung) grande
taille f
überhaben ['y:bərha:bən] unreg (umg) vt (satt
haben) en avoir assez de; **ich habe nur noch 3
Euro über** il ne me reste plus que 3 euros
überhandnehmen [y:bər'hant-] unreg vi
s'accroître outre mesure; (Unkraut) se propager
outre mesure
überhängen ['y:bərhɛŋən] unreg vi (Dach)
surplomber
überhäufen [y:bər'hɔʏfən] vt untr: **jdn mit
Geschenken ~** combler qn de cadeaux; **jdn mit
Vorwürfen ~** accabler qn de reproches
überhaupt [y:bər'haʊpt] adv (eigentlich) en fait;
(im Allgemeinen) somme toute; (besonders) surtout;
(in Verneinung) du tout; ~ **nicht** pas du tout
überheblich [y:bər'he:plɪç] adj
présomptueux(-euse); **Überheblichkeit** f
présomption f
überhöht [y:bər'hø:t] adj (Forderung, Preise)
excessif(-ive); (Kurve) relevé(e)
überholen [y:bər'ho:lən] vt untr (Aut) dépasser,
doubler; (Gerät, Maschine) réviser
Überholspur f voie f rapide
überholt adj dépassé(e)
Überholverbot [y:bər'ho:lfɛrbo:t] nt interdiction
f de dépasser
überhören [y:bər'hø:rən] vt untr (nicht hören) ne
pas entendre; (absichtlich) ne pas tenir compte de;
das möchte ich überhört haben! je ne le
relèverai pas!
Über-Ich, Überich ['y:bərlɪç] (-s) nt sur-moi m
überirdisch ['y:bərlɪrdɪʃ] adj surnaturel(le)
überkochen ['y:bərkɔxən] vi déborder
überkompensieren ['y:bərkɔmpɛnzi:rən] vt untr
surcompenser
überkonfessionell ['y:bərkɔnfɛsionɛl] adj (Schule)
laïc (laïque)
überladen [y:bər'la:dən] unreg vt untr (Fahrzeug; mit
Arbeit) surcharger ▷ adj (Stil) surchargé(e)
Überlandleitung ['y:bərlantlaɪtʊŋ] f câble m
aérien
Überlänge ['y:bərlɛŋə] f longueur f excessive
überlassen [y:bər'lasən] unreg vt untr laisser ▷ vr
untr: **sich** Dat **etw ~** s'abandonner à qch; **es jdm
~, etw zu tun** laisser qn faire qch; **das bleibt
Ihnen ~** à vous d'en décider; **jdn sich** Dat **selbst
~** abandonner qn à son sort
überlasten [y:bər'lastən] vt untr surcharger;

(Herz) fatiguer
Überlauf ['y:bərlaʊf] m (Tech) trop-plein m
überlaufen¹ ['y:bərlaʊfən] unreg vi (Flüssigkeit)
déborder; **zum Feind ~** passer à l'ennemi
über'laufen² unreg vt untr (Schauer etc) parcourir
▷ adj (mit Touristen) envahi(e); (Kursus)
complet(-ète)
Überläufer ['y:bərlɔʏfər] (-s, -) m déserteur m
überleben [y:bər'le:bən] vt untr survivre à;
Überlebende, r f(m) survivant(e) m/f
überlebensgroß adj plus grand(e) que nature
überlegen [y:bər'le:gən] vt untr (überdenken)
réfléchir à ▷ vi untr (nachdenken) réfléchir ▷ adj:
jdm ~ sein être supérieur(e) à qn; **ich habe es
mir anders** od **noch einmal überlegt** j'ai
changé d'avis; **Überlegenheit** f supériorité f
Überlegung f réflexion f
überleiten ['y:bərlaɪtən] vi: **zu etw** Dat **~** faire la
transition avec qch
überlesen [y:bər'le:zən] unreg vt untr (übersehen) ne
pas voir
überliefern [y:bər'li:fərn] vt untr (Sitte)
transmettre
Überlieferung f tradition f; **schriftliche ~en**
sources fpl écrites
überlisten [y:bər'lɪstən] vt untr se montrer plus
malin(-igne) que
überm ['y:bərm] = **über dem**
Übermacht ['y:bərmaxt] f supériorité f
übermächtig ['y:bərmɛçtɪç] adj trop puissant(e);
(Gefühl etc) irrésistible
übermannen [y:bər'manən] vt untr envahir
Übermaß ['y:bərma:s] nt excès m
übermäßig ['y:bərmɛ:sɪç] adj excessif(-ive) ▷ adv
trop
Übermensch ['y:bərmɛnʃ] m surhomme m;
übermenschlich adj surhumain(e)
übermitteln [y:bər'mɪtəln] vt untr transmettre
übermorgen ['y:bərmɔrgən] adv après-demain
Übermüdung [y:bər'my:dʊŋ] f épuisement m
Übermut ['y:bərmu:t] m exubérance f
übermütig ['y:bərmy:tɪç] adj exubérant(e);
werde nicht gleich ~! calme-toi!
übern ['y:bərn] = **über den**
übernächste, r, s ['y:bərnɛ:çstə(r, s)] adj: **der ~
Zug** le train après le suivant; **~s Jahr** dans deux
ans; **am ~n Tag** le surlendemain
übernachten [y:bər'naxtən] vi untr passer la nuit
übernächtigt [y:bər'nɛçtɪçt] adj (Person) qui n'a
pas assez dormi, fatigué(e); **~ aussehen** avoir
l'air fatigué
Übernachtung f nuit f; **~ mit Frühstück**
chambre avec petit déjeuner
Übernahme ['y:bərna:mə] f (von Sendung)
réception f; (von Geschäft) reprise f; (von
Verantwortung, Kosten) prise f en charge
übernational ['y:bərnatsiona:l] adj
supranational(e)
übernatürlich ['y:bərnaty:rlɪç] adj surnaturel(le)
übernehmen [y:bər'ne:mən] unreg vt untr
(Sendung) recevoir; (als Nachfolger) reprendre;
(Verantwortung, Amt, Kosten, Haftung) assumer ▷ vr

untr (sich überanstrengen) se surmener
überörtlich ['y:bərœrtlıç] adj régional(e)
überparteilich ['y:bərpartaılıç] adj (Zeitung)
indépendant(e); (Amt, Präsident etc) au-dessus des
partis politiques
Überproduktion ['y:bərprodʊktsio:n] f
surproduction f
überprüfen [y:bər'pry:fən] vt untr vérifier; (Pol:
jdn) passer au crible
Überprüfung f contrôle m
überqueren [y:bər'kve:rən] vt untr traverser
überragen¹ [y:bər'ra:gən] vt untr surplomber; (fig)
dépasser
'**überragen²** vi dépasser
überragend adj remarquable, exceptionnel(le)
überraschen [y:bər'raʃən] vt untr surprendre;
vom Regen überrascht werden être surpris(e)
par la pluie
Überraschung f surprise f
überreden [y:bər're:dən] vt untr persuader,
convaincre; **jdn zu etw ~** convaincre qn de faire
qch
Überredungskunst f art m de la persuasion
überregional ['y:bərregiona:l] adj qui dépasse le
cadre régional; (Zeitung, Sender) national(e)
überreichen [y:bər'raıçən] vt untr remettre
überreichlich adj surabondant(e) ▷ adv trop
überreizt [y:bər'raıtst] adj: **nervlich ~** à bout de
nerfs
Überrest m (gew pl: von Essen) reste m; (von Haus)
vestige m
überrumpeln [y:bər'rʊmpəln] vt untr prendre par
surprise; (umg: überwältigen) prendre au dépourvu
überrunden [y:bər'rʊndən] vt untr dépasser
übers ['y:bərs] = **über das**
übersättigen [y:bər'zɛtıgən] vt untr saturer
Übersättigung f saturation f
Überschallflugzeug nt avion m supersonique
Überschallgeschwindigkeit f vitesse f
supersonique
überschatten [y:bər'ʃatən] vt untr ombrager; (fig)
jeter une ombre sur
überschätzen [y:bər'ʃɛtsən] vt untr surestimer
▷ vr untr se surestimer
überschaubar [y:bər'ʃaʊba:r] adj (Plan) facile à
comprendre; (Risiko) limité(e)
überschäumen ['y:bərʃɔymən] vi (Bier) déborder;
~des Temperament vitalité f débordante
überschlafen [y:bər'ʃla:fən] unreg vt untr (Problem)
attendre le lendemain pour résoudre
Überschlag ['y:bərʃla:k] m (Finanz) évaluation f;
(Sport) saut m périlleux
überschlagen¹ [y:bər'ʃla:gən] unreg vt untr
(berechnen) évaluer, estimer; (auslassen: Seite)
sauter ▷ vi untr (Auto, Flugzeug) faire un tonneau;
(Mensch) faire la culbute; (Stimme) se casser ▷ adj
(Temperatur) tiède; **sich vor Eifer ~** (umg) se
mettre en quatre
'**überschlagen²** unreg vt (Beine) croiser ▷ vi (Wellen)
déferler; (Funken) jaillir; **in etw** Akk **~** (Stimmung
etc) basculer dans qch
überschnappen ['y:bərʃnapən] vi (Stimme) se

casser; (umg: Mensch) devenir cinglé(e)
überschneiden [y:bər'ʃnaıdən] unreg vr untr
(Linien) se recouper; (Pläne, Themen) coïncider
überschreiben [y:bər'ʃraıbən] unreg vt untr (mit
Titel) intituler; (Comput) écraser; **jdm etw ~** céder
qch à qn
überschreiten [y:bər'ʃraıtən] unreg vt untr (Grenze,
Schwelle) franchir; (Gleise) traverser; (Alter,
Höhepunkt, Kraft, Geschwindigkeit) dépasser; (Gesetz)
transgresser; (Vollmacht) outrepasser
Überschrift ['y:bərʃrıft] f titre m
überschuldet [y:bər'ʃʊldət] adj criblé(e) de
dettes; (Grundstück) hypothéqué(e)
Überschuss ['y:bərʃʊs] m (Wirts: Reinertrag)
bénéfice m net; **ein ~ an Lehrern** trop de
professeurs
überschüssig ['y:bərʃʏsıç] adj (Ware)
excédentaire; **~e Energie** un trop-plein
d'énergie
überschütten [y:bər'ʃʏtən] vt untr: **jdn/etw mit
etw ~** couvrir qn/qch de qch; **jdn mit Vorwürfen
~** accabler qn de reproches
Überschwang ['y:bərʃvaŋ] m exubérance f
überschwänglich ['y:bərʃvɛŋlıç] adj (Lob,
Begeisterung) excessif(-ive)
überschwappen ['y:bərʃvapən] (umg) vi déborder
überschwemmen [y:bər'ʃvɛmən] vt untr inonder;
(Land) envahir
Überschwemmung f inondation f
überschwenglich ['y:bərʃvɛŋlıç] adj siehe
überschwänglich
Übersee ['y:bərze:] f: **in** od **nach ~** outre-mer; **aus**
od **von ~** d'outre-mer; **überseeisch** adj d'outre-
mer
übersehbar [y:bər'ze:ba:r] adj (Folgen,
Zusammenhang etc) évident(e); (Kosten, Dauer etc)
facile à estimer; (Gelände, Platz) visible
übersehen [y:bər'ze:ən] unreg vt untr (Land)
embrasser du regard, voir; (Folgen) se rendre
compte de; (nicht beachten) ne pas faire attention à
übersenden [y:bər'zɛndən] unreg vt untr envoyer
übersetzen¹ [y:bər'zɛtsən] vt untr traduire; **etw
ins Deutsche ~** traduire qch en allemand
'**übersetzen²** vi (mit Boot etc) faire la traversée
Übersetzer, in [y:bər'zɛtsər(ın)] (**-s, -**) m(f)
traducteur(-trice) m/f
Übersetzung [y:bər'zɛtsʊŋ] f traduction f; (Tech)
transmission f
Übersicht ['y:bərzıçt] f (Fähigkeit) vue f
d'ensemble; (kurze Darstellung) résumé m; **die ~
verlieren** être perdu(e); **übersichtlich** adj
(Gelände) dégagé(e), que l'on voit bien;
(Darstellung) clair(e); **~lichkeit** f clarté f
Übersichtskarte f carte f à grande échelle
übersiedeln ['y:bərzi:dəln] vi déménager
überspannen [y:bər'ʃpanən] vt untr (zu sehr
spannen) trop tendre; (überdecken) recouvrir
überspannt adj exalté(e); (Idee) extravagant(e);
Überspanntheit f exaltation f
überspielen [y:bər'ʃpi:lən] vt untr (verbergen)
étouffer; **eine Platte (auf Band) ~** enregistrer
un disque (sur bande magnétique)

überspitzt [y:bər'ʃpɪtst] *adj (Formulierung)* exagéré(e)

überspringen¹ [y:bər'ʃprɪŋən] *unreg vt untr* sauter

'überspringen² *vi (Funke)* jaillir; *(gute Laune)* se transmettre

übersprudeln ['y:bərʃpru:dəln] *vi* déborder

überstehen¹ [y:bər'ʃte:ən] *unreg vt untr* surmonter; *(Winter)* supporter

'überstehen² *unreg vi* dépasser

übersteigen [y:bər'ʃtaɪɡən] *unreg vt untr (Zaun)* escalader; *(fig)* dépasser

übersteigert [y:bər'ʃtaɪɡərt] *adj* excessif(-ive)

übersteuern [y:bər'ʃtɔʏərn] *vi untr (Auto)* survirer

überstimmen [y:bər'ʃtɪmən] *vt untr* mettre en minorité; *(Antrag)* rejeter

überstrapazieren ['y:bərʃtrapatsi:rən] *vt untr* user ▷ *vr untr* s'épuiser

überstreifen ['y:bərʃtraɪfən] *vt:* **(sich** *Dat)* **etw ~** enfiler qch

überströmen¹ [y:bər'ʃtrø:mən] *vt untr:* **von Blut überströmt sein** être couvert(e) de sang

'überströmen² *vi:* **~ vor** +*Dat* déborder de

Überstunde ['y:bərʃtʊndə] *f* heure *f* supplémentaire

überstürzen [y:bər'ʃtʏrtsən] *vt untr (Entscheidung, Abreise)* précipiter ▷ *vr untr (Ereignisse)* se précipiter

überstürzt *adj (Aufbruch)* précipité(e); *(Entschluss)* hâtif(-ive)

übertariflich ['y:bərtariflɪç] *adj, adv* au-dessus du barème officiel

übertölpeln [y:bər'tœlpəln] *vt untr* duper

übertönen [y:bər'tø:nən] *vt untr* couvrir, noyer

Übertopf ['y:bərtɔpf] *m* cache-pot *m inv*

Übertrag ['y:bərtra:k] **(-(e)s, -träge)** *m* report *m*; **übertragbar** *adj* transmissible; *(Methode)* applicable

übertragen [y:bər'tra:ɡən] *unreg vt untr (von einer Stelle zu einer anderen)* transposer; *(Rundf, TV)* diffuser; *(übersetzen)* traduire; *(Verantwortung)* confier; *(Krankheit, Tech)* transmettre; *(Methode)* appliquer ▷ *vr untr:* **sich ~ auf** +*Akk* se communiquer à ▷ *adj (Bedeutung)* figuré(e)

Übertragung *f (Rundf, TV)* diffusion *f*; *(Med, Tech)* transmission *f*; *(von Ämtern, Aufgaben etc)* attribution *f*, remise *f*

übertreffen [y:bər'trefən] *unreg vt untr* dépasser

übertreiben [y:bər'traɪbən] *unreg vt, vi untr* exagérer; **man kann es auch ~** n'exagérons rien

Übertreibung *f* exagération *f*

übertreten¹ [y:bər'tre:tən] *unreg vt untr (Gebot, Gesetz etc)* transgresser

'übertreten² *unreg vi untr (Sport)* mordre sur la ligne; *(Fluss)* déborder; **~ zu** *(in andere Partei)* passer à; *(zu anderem Glauben)* se convertir à

Übertretung *f (von Gebot, Gesetz etc)* transgression *f*

übertrieben [y:bər'tri:bən] *adj* exagéré(e)

Übertritt ['y:bərtrɪt] *m (zu anderem Glauben)* conversion *f*; *(zu anderer Partei)* défection *f*

übertrumpfen [y:bər'trʊmpfən] *vt untr* surpasser; *(Karte)* surcouper

übertünchen [y:bər'tʏnçən] *vt untr* blanchir; *(fig)* dissimuler

überübermorgen ['y:bər'y:bərmɔrɡən] *(umg) adv* dans trois jours

übervölkert [y:bər'fœlkərt] *adj* surpeuplé(e)

übervoll ['y:bərfɔl] *adj (Gefäß)* trop plein(e); *(Bus)* comble

übervorteilen [y:bər'fɔrtaɪlən] *vt untr* escroquer

überwachen [y:bər'vaxən] *vt untr* surveiller; *(Verdächtigen)* filer

Überwachung *f* surveillance *f*

Überwachungsdienst *m* service *m* de surveillance

überwältigen [y:bər'vɛltɪɡən] *vt untr (Dieb etc)* maîtriser; *(subj: Schlaf)* envahir; *(: Schönheit etc)* subjuguer

überwechseln *vi* passer; **~ in** +*Akk* passer à

überweisen [y:bər'vaɪzən] *unreg vt untr (Geld)* virer; *(Patient)* adresser

Überweisung *f (Finanz)* virement *m*; *(von Patient)* recommandation *f*; **~sschein** *m (von Arzt)* lettre *d'un généraliste qui envoie un patient chez un spécialiste*

überwerfen¹ [y:bər'vɛrfən] *unreg vt (Kleidungsstück)* jeter sur les épaules

über'werfen² *unreg vr untr:* **sich (mit jdm) ~** se brouiller (avec qn)

überwiegen [y:bər'vi:ɡən] *unreg vi untr* prédominer

überwiegend *adj (Mehrheit)* grand(e) ▷ *adv* principalement

überwinden [y:bər'vɪndən] *unreg vt untr* surmonter; *(Steigung)* venir à bout de ▷ *vr untr* se dominer, faire un effort sur soi-même

Überwindung *f* effort *m* (sur soi-même)

überwintern [y:bər'vɪntərn] *vi untr* passer l'hiver; *(Winterschlaf halten)* hiberner

Überwurf ['y:bərvʊrf] *m* cape *f*, pèlerine *f*

Überzahl ['y:bərtsa:l] *f (überwiegende Mehrheit)* grande majorité *f*; **in der ~ sein** être majoritaire *od* en majorité

überzählig ['y:bərtsɛ:lɪç] *adj* excédentaire

überzeichnen ['y:bərtsaɪçnən] *vt untr (Finanz)* sursouscrire

überzeugen [y:bər'tsɔʏɡən] *vt untr* convaincre, persuader

überzeugend *adj* convaincant(e)

überzeugt *adj attrib* convaincu(e)

Überzeugung *f* conviction *f*; **zu der ~ gelangen, dass ...** être de plus en plus convaincu que ...

Überzeugungskraft *f* force *f* de persuasion

überziehen¹ [y:bər'tsi:ən] *unreg vt untr (Kissen, Schachtel)* recouvrir; *(Konto)* mettre à découvert; *(Redezeit)* dépasser ▷ *vr untr (Himmel)* se couvrir; **die Betten frisch ~** changer les draps

'überziehen² *unreg vt (Mantel)* mettre

Überziehungskredit *m* autorisation *f* de découvert

überzüchten [y:bər'tsyçtən] *vt untr* sélectionner à outrance

Überzug ['y:bərtsu:k] *m (Hülle, Bezug)* housse *f*; *(Belag, Schicht)* revêtement *m*; *(Koch)* glaçage *m*

üblich ['y:plɪç] *adj* habituel(le); *(Preis)* courant(e); **allgemein ~ sein** être pratique courante; **das ist dort so ~** c'est la coutume là-bas

U-Boot ['uːboːt] *nt* sous-marin *m*
übrig ['yːbrɪç] *adj (restlich)* restant(e); **die ~en** les autres; **die ~en Sachen** les autres choses; **das Übrige** le reste; **im Übrigen** sinon; **ist noch etwas ~?** reste-t-il encore quelque chose?; **~ bleiben** rester; **~ lassen** laisser; **einiges/viel zu wünschen ~ lassen** *(umg)* laisser/laisser sérieusement à désirer; *siehe auch* **übrighaben**
übrigens ['yːbrɪɡəns] *adv* du reste; *(nebenbei bemerkt)* d'ailleurs
übrighaben *unreg (umg) vi:* **für jdn viel/etwas ~** beaucoup/bien aimer qn; **für jdn nichts ~** ne pas supporter qn
Übung ['yːbʊŋ] *f* exercice *m*; *(Üben)* entraînement *m*; **~ macht den Meister** *(Sprichwort)* c'est en forgeant qu'on devient forgeron
Übungs-: **~arbeit** *f* exercice *m*; **~platz** *m* terrain *m* d'entraînement; *(Mil)* terrain de manœuvre; **~sache** *f:* **etw ist (reine) ~sache** qch demande de l'entraînement
u. d. M. *abk (= unter dem Meeresspiegel)* au-dessous du niveau de la mer
ü. d. M. *abk (= über dem Meeresspiegel)* au-dessus du niveau de la mer
UdSSR *f abk (Geog: = Union der Sozialistischen Sowjetrepubliken)* URSS *f*
u. E. *abk (= unseres Erachtens)* à notre avis
Ufer ['uːfər] *(-s, -)* *nt (von Fluss, See etc)* rive *f*; *(Meeresufer)* rivage *m*; **u~los** *adj (endlos)* interminable; *(grenzenlos)* infini(e); **ins ~lose gehen** *(Debatte etc)* être interminable; *(Kosten)* monter en flèche
UFO, Ufo *(-(s), -s) nt abk (= unbekanntes Flugobjekt)* OVNI *m*
UG *abk (= Untergeschoss)* sous-sol *m*
Uganda [u'ɡanda] *(-s) nt* l'Ouganda *m*
Ugander, in *m(f)* Ougandais(e) *m/f*
ugandisch *adj* ougandais(e)
ugs. *abk (= umgangssprachlich)* fam.
U-Haft ['uːhaft] *f abk (= Untersuchungshaft)* préventive *f*
Uhr [uːr] *(-, -en)* *f* horloge *f*; *(Armbanduhr)* montre *f*; **wie viel ~ ist es?** quelle heure est-il?; **um wie viel ~?** à quelle heure?; **1 ~** une heure; **20 ~ 5** vingt heures cinq, 20h05; **rund um die ~** *(umg)* 24 heures sur 24; **~(arm)band** *nt* bracelet *m* de montre; **~(en)gehäuse** *nt* boîtier *m* de montre; **~kette** *f* chaîne *f* de montre; **~macher** *(-s, -)* *m* horloger(-ère) *m/f*; **~werk** *nt* mécanisme *m* *(de montre ou d'horloge)*; **~zeiger** *m* aiguille *f* *(d'une montre)*; **~zeigersinn:** **im ~zeigersinn** dans le sens des aiguilles d'une montre; **entgegen dem ~zeigersinn** dans le sens inverse des aiguilles d'une montre; **~zeit** *f* heure *f*
Uhu ['uːhu] *(-s, -s) m* grand duc *m*
Ukraine [ukra'iːnə] *f:* **die ~** l'Ukraine *f*
Ukrainer, in [ukra'iːnər(ɪn)] *(-s, -) m(f)* Ukrainien(ne) *m/f*
UKW *abk (= Ultrakurzwelle)* FM *f*
Ulk [ʊlk] *(-s, -e) m* plaisanterie *f*
ulkig ['ʊlkɪç] *adj* drôle
Ulme ['ʊlmə] *f* orme *m*

Ultimatum [ʊlti'maːtʊm] *(-s, Ultimaten) nt* ultimatum *m*; **jdm ein ~ stellen** donner un ultimatum à qn
Ultimo ['ʊltimo] *(-s, -s) m* dernier jour *m* du mois
ultimo *adv:* **~ Mai** le dernier jour du mois de mai
Ultra-: **~kurzwelle** *f* onde *f* ultracourte; **~schall** *m* ultrason *m*; **u~violett** *adj* ultraviolet(te)

 SCHLÜSSELWORT

um [ʊm] *präp +Akk* **1** *(um ... herum)* autour de; **er schlug um sich** il se débattit (comme un beau diable)
2 *(mit Zeitangabe: ungefähr)*: **um Weihnachten** autour de Noël; **um 8 Uhr herum** autour des 8 heures; *(: genau)*: **um 8 (Uhr)** à 8 heures
3 *(mit Größenangabe)*: **etw um 4 cm kürzen** raccourcir qch de 4 cm; **sie ist um zwei Jahre älter (als ich)** elle a deux ans de plus (que moi); **um 10% teurer** plus cher (chère) de 10%; **um vieles besser** nettement mieux; **um nichts besser** pas mieux
4 *(wegen)*: **Sorgen um seine Zukunft** des soucis pour son avenir
5 *(nach)*: **Stunde um Stunde** heure après heure
6 *(über)*: **es geht um das Prinzip** c'est une question de principe
7: **der Kampf um den Titel** la lutte pour le titre; **um Geld spielen** jouer pour de l'argent; **jdn um etw bringen** faire perdre qch à qn
▷ *präp +Gen:* **um ... willen** pour l'amour de ...; **um Gottes willen** pour l'amour du ciel
▷ *konj:* **um ... zu** pour ...; **zu klug, um zu ...** trop intelligent(e) pour ...; *siehe auch* **umso**
▷ *adv* **1** *(ungefähr)* environ; **um (die) 30 Leute** environ trente personnes
2 *(vorbei)*: **um sein** *(umg)* être fini(e); **die zwei Stunden sind um** les deux heures sont passées *od* écoulées

umadressieren ['ʊmʔadrɛsiːrən] *vt* faire suivre
umändern ['ʊmʔɛndərn] *vt (Kleid)* transformer; *(Plan)* modifier
Umänderung *f (siehe vt)* transformation *f*; modification *f*
umarbeiten ['ʊmʔarbaɪtən] *vt (Kleid)* transformer; *(Buch etc)* remanier
umarmen [ʊm'ʔarmən] *vt untr* étreindre
Umbau ['ʊmbaʊ] *(-(e)s, -e od -ten) m* transformation *f*
umbauen ['ʊmbaʊən] *vt* transformer
umbenennen ['ʊmbənɛnən] *unreg vt* rebaptiser
umbesetzen ['ʊmbəzɛtsən] *vt (Mannschaft)* changer la composition de; *(Rolle, Posten, Stelle)* donner à quelqu'un d'autre
umbestellen [ʊmbəʃtɛlən] *vt (Patienten)* donner un autre rendez-vous à; *(etwas)* changer (la date de)
umbiegen ['ʊmbiːɡən] *unreg vt (Draht)* plier ▷ *vi* tourner
umbilden ['ʊmbɪldən] *vt* réorganiser; *(Pol)* remanier

umbinden ['ʊmbɪndən] *unreg vt* (*Tuch, Krawatte*) mettre
umblättern ['ʊmblɛtərn] *vt* tourner
umblicken ['ʊmblɪkən] *vr* (*nach allen Seiten blicken*) regarder autour de soi; (*zurückblicken*) regarder derrière soi
umbrechen¹ ['ʊmbrɛçən] *unreg vt* (*Baum*) abattre; (*Ast*) casser
um'brechen² *unreg vt untr* (*Typ*) mettre en pages
umbringen ['ʊmbrɪŋən] *unreg vt* assassiner, tuer ▷ *vr* se suicider
Umbruch ['ʊmbrʊx] *m* (*Umwandlung*) bouleversement *m*; (*Typ*) mise *f* en pages
umbuchen ['ʊmbu:xən] *vt* (*Flug*) changer; (*Reise*) changer sa réservation pour; (*Finanz*) virer
Umbuchung *f* (*siehe vt*) changement *m*; virement *m*
umdatieren [ʊmdati:rən] *vt* changer la date de
umdenken ['ʊmdɛŋkən] *unreg vi* changer sa façon de penser
umdisponieren ['ʊmdɪsponi:rən] *vi* modifier ses projets
umdrängen [ʊm'drɛŋən] *vt untr* se presser autour de
umdrehen ['ʊmdre:ən] *vt* (*auf die andere Seite*) retourner; (*Hals*) tordre ▷ *vi* faire demi-tour ▷ *vr* se retourner; **eine Platte ~** mettre l'autre face (d'un disque); **jdm den Arm ~** tordre le bras à qn
Umdrehung *f* rotation *f*, tour *m*; (*Phys, Tech*) rotation
umeinander [ʊmlaɪ'nandər] *adv* (*räumlich*) l'un(e) autour de l'autre; **sich ~ kümmern** s'occuper l'un(e) de l'autre
umerziehen ['ʊmlɛrtsi:ən] *unreg vt* rééduquer
umfahren¹ ['ʊmfa:rən] *unreg vt* (*zu Boden werfen*) renverser
um'fahren² *unreg vt untr* (*Hindernis*) contourner; (*die Welt*) faire le tour de
umfallen ['ʊmfalən] *unreg vi* tomber; (*umg: nachgeben*) tourner casaque
Umfang ['ʊmfaŋ] *m* (*Ausmaß*) étendue *f*; (*von Buch*) longueur *f*; (*Reichweite*) portée *f*; (*Fläche*) surface *f*; (*von Kreis*) circonférence *f*; **in großem ~** sur une grande échelle, en grand; **in vollem ~** intégralement, complètement; **u~reich** *adj* (*Änderungen*) de grande envergure; (*Buch etc*) volumineux(-euse); (*Wissen*) vaste
umfassen [ʊm'fasən] *vt untr* (*umgeben*) entourer; (*mit Armen*) prendre dans ses bras; (*umzingeln*) encercler; (*enthalten*) comprendre
umfassend *adj* (*Darstellung, Geständnis*) complet(-ète); (*Maßnahmen*) général(e); (*Wissen*) vaste
Umfeld ['ʊmfɛlt] *nt* environnement *m*
umformatieren ['ʊmfɔrmati:rən] *vt* reformater
umformen ['ʊmfɔrmən] *vi* transformer; (*Roman, Gedicht*) remanier
Umformer (**-s, -**) *m* transformateur *m*
umformulieren ['ʊmfɔrmuli:rən] *vt* reformuler
Umfrage ['ʊmfra:gə] *f* sondage *m*; **~ halten** faire un sondage
umfüllen ['ʊmfʏlən] *vt* transvaser

umfunktionieren ['ʊmfʊŋktsioni:rən] *vt* transformer
Umgang ['ʊmgaŋ] (**-s**) *m* (*gesellschaftlicher Verkehr*) relations *fpl*; **~ mit** (*Behandlung*) contact *m* avec; **~ haben mit** +*Dat* être en contact avec
umgänglich ['ʊmgɛŋlɪç] *adj* (*Mensch*) facile à vivre
Umgangs-: **~formen** *pl* (bonnes) manières *fpl*; **~sprache** *f* langue *f* familière; (*Mehrheitssprache*) langue véhiculaire; **u~sprachlich** *adj* familier(-ière)
umgeben [ʊm'ge:bən] *unreg vt untr* entourer
Umgebung *f* (*Landschaft*) environs *mpl*; (*Milieu*) environnement *m*; (*Personen*) entourage *m*; **in den näheren/weiteren ~ Münchens** dans la banlieue/les environs de Munich
umgehen¹ ['ʊmge:ən] *unreg vi* (*Gerücht, Liste*) circuler; (*Gespenst*) hanter les lieux; **mit jdm/ etw ~ können** savoir comment s'y prendre avec qn/qch; **mit jdm grob ~** traiter qn avec rudesse; **mit Geld sparsam ~** être économe
um'gehen² *unreg vt untr* (*Ortschaft*) contourner; (*Steuer*) éviter de payer; (*Gesetz etc*) éluder, tourner; (*Antwort*) tourner
umgehend *adj* rapide ▷ *adv* immédiatement
Umgehung *f* (*von Stadt*) contournement *m*; (*von Gesetz*) manière *f* de tourner
Umgehungsstraße *f* route *f* de contournement
umgekehrt ['ʊmgəke:rt] *adj* inverse ▷ *adv* inversement; **und ~** et vice versa; **es ist genau ~** c'est tout le contraire
umgestalten ['ʊmgəʃtaltən] *vt* (*Schaufenster*) refaire; (*reorganisieren*) réorganiser
umgewöhnen ['ʊmgəvø:nən] *vr* s'habituer, s'adapter
umgraben ['ʊmgra:bən] *unreg vt* bêcher
umgruppieren ['ʊmgrʊpi:rən] *vt* réorganiser
Umhang ['ʊmhaŋ] *m* cape *f*
umhängen ['ʊmhɛŋən] *vt* (*Bild*) accrocher ailleurs, déplacer; (*Jacke*) mettre; **jdm etw ~** mettre qch sur les épaules de qn
Umhängetasche *f* sacoche *f*, sac *m* à bandoulière
umhauen ['ʊmhaʊən] *vt* (*Baum*) abattre; (*umg: fig*) renverser
umher [ʊm'he:r] *adv* autour, alentours; **~gehen** *unreg vi* aller çà et là, déambuler; **~irren** *unreg vi* errer; **~ziehen** *unreg vi* rouler sa bosse
umhinkönnen [ʊm'hɪnkœnən] *unreg vi*: **ich kann nicht umhin, das zu tun** je suis obligé de le faire
umhören ['ʊmhø:rən] *vr* se renseigner
umkämpfen [ʊm'kɛmpfən] *vt untr* (*Entscheidung*) contester; (*Wahlkreis, Sieg*) se battre pour obtenir
Umkehr ['ʊmke:r] (**-**) *f* demi-tour *m*; **der Prediger rief die Sünder zur ~ auf** le prédicateur exhorta les pécheurs à s'amender
umkehren *vi* faire demi-tour; (*geh: sich bessern*) s'amender ▷ *vt* retourner; (*Reihenfolge*) intervertir ▷ *vr* (*Verhältnisse*) s'inverser; **die Entwicklung hat sich umgekehrt** on assiste au phénomène inverse
Umkehrfilm *m* film *m* inversible

umkippen ['ʊmkɪpən] vt (Glas) renverser; (Auto)
faire faire un tonneau à ▷ vi se renverser;
(Meinung ändern) retourner sa veste; (umg:
ohnmächtig werden) tomber dans les pommes;
(Meer, Gewässer) être pollué(e)
umklammern [ʊmˈklamərn] vt untr (mit Händen)
étreindre; (festhalten) serrer
umklappen ['ʊmklapən] vt rabattre
Umkleidekabine ['ʊmklaɪdəkabiːnə] f (im
Schwimmbad) cabine f
Umkleideraum ['ʊmklaɪdəraʊm] m vestiaire m
umknicken ['ʊmknɪkən] vt (Ast) casser; (Papier)
plier ▷ vi: **mit dem Fuß ~** se fouler la cheville
umkommen ['ʊmkɔmən] unreg vi mourir, périr;
(Lebensmittel) se gâter
Umkreis ['ʊmkraɪs] m environs mpl; (Math) cercle
m circonscrit; **im ~ von 50 km** dans un rayon de
50 km
umkreisen [ʊmˈkraɪzən] vt untr tourner autour de
umkrempeln ['ʊmkrempəln] vt (mehrmals)
retrousser; (von innen nach außen) retourner; (umg:
Betrieb) réorganiser
umladen ['ʊmlaːdən] unreg vt (Last) transborder;
(Wagen) recharger
Umlage ['ʊmlaːgə] f participation f
Umlauf m (von Geld, Gerüchten, Schreiben) circulation
f; (von Planet etc) révolution f; (Rundschreiben)
circulaire f; **in ~ bringen** mettre en circulation
Umlaufbahn f orbite f
umlaufen ['ʊmlaʊfən] unreg vi (Planet etc) tourner;
(Blut, Schreiben, Gerüchte) circuler
Umlaufkapital nt capital m de roulement
Umlaufvermögen nt actif m de roulement
Umlaut ['ʊmlaʊt] m (Vokalveränderung) inflexion f
vocalique; (Laut) voyelle f dotée d'un tréma
umlegen ['ʊmleːgən] vt (Mantel, Schal) mettre;
(Hebel) actionner; (Termin, Leitung) déplacer;
(Mauer, Baum) abattre; (Kosten) ventiler; (umg:
töten) descendre
umleiten ['ʊmlaɪtən] vt (Verkehr) dévier; (Fluß)
détourner
Umleitung f déviation f
umlernen ['ʊmlɛrnən] vi se recycler; (fig) revoir
sa façon de penser
umliegend ['ʊmliːgənt] adj (Ortschaften)
environnant(e)
ummelden ['ʊmmɛldən] vt signaler le
changement d'adresse de ▷ vr signaler son
changement d'adresse
Umnachtung [ʊmˈnaxtʊŋ] f: **geistige ~**
égarement m
umnähen [ʊmnɛːən] vt (Saum) coudre
umorganisieren ['ʊmɔrganiziːrən] vt
réorganiser
umpflanzen ['ʊmpflantsən] vt transplanter;
(Topfpflanze) rempoter
umpolen ['ʊmpoːlən] vt (Elek) inverser la polarité
de
umquartieren ['ʊmkvartiːrən] vt loger ailleurs,
reloger
umrahmen [ʊmraːmən] vt untr (umgeben)
encadrer

Umrahmung f (Rahmen) cadre m; **mit
musikalischer ~** avec des (intermèdes)
musicaux
umranden [ʊmˈrandən] vt untr entourer
umräumen ['ʊmrɔymən] vt (anders anordnen)
disposer autrement ▷ vi changer la disposition
des meubles
umrechnen ['ʊmreçnən] vt convertir
Umrechnung f conversion f
Umrechnungskurs m cours m du change
umreißen [ʊmˈraɪsən] unreg vt untr (Plan) exposer
les grandes lignes de
umrennen ['ʊmrɛnən] unreg vt renverser (en
courant)
umringen [ʊmˈrɪŋən] vt untr entourer
Umriss ['ʊmrɪs] m contour m; **etw in ~en
erzählen** résumer qch
umrühren ['ʊmryːrən] vt (Suppe) remuer
umrüsten ['ʊmrʏstən] vt: **~ auf** +Akk équiper de
ums [ʊms] = **um das**
umsatteln ['ʊmzatəln] (umg) vi (Beruf wechseln)
se recycler
Umsatz ['ʊmzats] m chiffre m d'affaires;
~beteiligung f commission f; **~einbuße** f baisse
f du chiffre d'affaires; **~steuer** f impôt m sur le
chiffre d'affaires
umschalten ['ʊmʃaltən] vt (Schalter, Hebel)
actionner ▷ vi (Fernsehzuschauer) changer de
chaîne, zapper (umg); **die Ampel schaltet auf
Rot um** le feu passe au rouge; **in den dritten
Gang ~** passer la troisième; **„wir schalten jetzt
um nach Hamburg"** "nous passons maintenant
l'antenne à Hambourg"
Umschalttaste f touche f de majuscule
Umschau f tour m d'horizon; **~ halten nach**
chercher des yeux
umschauen ['ʊmʃaʊən] vr: **sich ~ nach** chercher
des yeux
Umschlag ['ʊmʃlaːk] m (Briefumschlag) enveloppe
f; (Buchumschlag) couverture f; (Med) compresse f;
(an Hose) revers m; (Gütermenge) débit m; (Umladen)
transbordement m; (von Wetter, Stimmung)
changement m (brusque)
umschlagen ['ʊmʃlaːgən] unreg vi (Wetter,
Stimmung) changer brusquement; (Naut) chavirer
▷ vt (Ärmel) retrousser; (Seite) tourner; (Waren)
transborder
Umschlag-: ~hafen m port m de transbordement;
~platz m lieu m de transbordement; **~seite** f
couverture f
umschlingen [ʊmˈʃlɪŋən] unreg vt untr (Pflanze)
s'enrouler autour de; (Person) enlacer
umschreiben¹ ['ʊmʃraɪbən] unreg vt (neu schreiben)
récrire; **~ auf** +Akk (Haus) céder à
um'schreiben² unreg vt untr (anders ausdrücken)
paraphraser; (abgrenzen) délimiter, définir
umschulden ['ʊmʃʊldən] vt (Kredit) consolider
Umschuldung ['ʊmʃʊldʊŋ] f consolidation f
umschulen ['ʊmʃuːlən] vt (Kind) faire changer
d'école; (für anderen Beruf) recycler
umschwärmen [ʊmˈʃvɛrmən] vt untr voltiger
autour de; **von Verehrern umschwärmt**

werden *(fig)* avoir une nuée d'admirateurs
Umschweife ['ʊmʃvaɪfə] *pl*: **ohne ~** sans détours *od* ambages
umschwenken ['ʊmʃvɛnkən] *vi (Kran)* pivoter; *(fig)* retourner sa veste; *(Wind)* tourner
Umschwung ['ʊmʃvʊŋ] *m (Gymnastik)* soleil *m*; *(fig)* revirement *m*
umsegeln [ʊm'ze:gəln] *vt untr* faire le tour de *(à la voile)*; *(Erde)* tourner autour de
umsehen ['ʊmze:ən] *unreg vr* regarder autour de soi; **sich nach jdm ~** chercher qn (du regard *od* des yeux); **sich nach einer Stelle/Wohnung ~** chercher un emploi/appartement; **ich möchte mich nur mal ~** *(in Geschäft)* je regarde simplement
um sein ['ʊmzaɪn] *(umg) unreg vi siehe* **um**
umseitig ['ʊmzaɪtɪç] *adj* au verso
umsetzen ['ʊmzɛtsən] *vt (Waren)* écouler; *(an anderen Platz)* déplacer ▷ *vr (Schüler)* changer de place; **etw in etw** *Akk* **~** convertir qch en qch; **sein Geld in Süßigkeiten ~** dépenser tout son argent en sucreries; **etw in die Tat ~** mettre qch en pratique
Umsicht ['ʊmzɪçt] *f* circonspection *f*
umsichtig *adj* circonspect(e), réfléchi(e)
umsiedeln ['ʊmzi:dəln] *vi* déménager
umso ['ʊmzo] *konj (desto)*: **~ besser/schlimmer** d'autant mieux/plus grave; **~ mehr, als ...** d'autant plus que ...
umsonst [ʊm'zɔnst] *adv (vergeblich)* en vain; *(gratis)* gratuitement
umspringen ['ʊmʃprɪŋən] *unreg vi (Wind)* tourner; **die Ampel springt auf Rot/Grün um** le feu passe au rouge/vert; **mit jdm (grob) ~** être brusque avec qn
Umstand ['ʊmʃtant] *(-(e)s, Umstände) m (Tatsache)* circonstance *f*; **Umstände** *pl (Förmlichkeiten)* manières *fpl*; **mildernde Umstände** circonstances *fpl* atténuantes; **den Umständen entsprechend** relativement; **in anderen Umständen sein** être enceinte; **unter Umständen** peut-être; **die näheren Umstände** les détails; **ich möchte Ihnen wirklich keine Umstände machen** ne vous dérangez (surtout) pas pour moi; **das macht wirklich keine Umstände** cela ne me dérange pas du tout; **viel Umstände mit etw machen** se donner beaucoup de mal *od* se mettre en quatre pour qch
umständehalber *adv* en raison des circonstances, pour des raisons imprévues
umständlich ['ʊmʃtɛntlɪç] *adj (Mensch)* qui complique des choses; *(Methode)* (trop) compliqué(e); *(ungeschickt)* maladroit(e); **etw ~ machen** compliquer qch
Umstands-: **~bestimmung** *f (Gram)* complément *m* circonstanciel; **~kleid** *nt* robe *f* de grossesse; **~wort** *nt* adverbe *m*
umstehend ['ʊmʃte:ənt] *adj attrib (umseitig)* au verso; *(ringsum stehend)* présent(e)
Umstehende, n *pl* spectateurs *mpl*
Umsteigefahrschein *m* billet *m od* ticket *m* de correspondance

umsteigen ['ʊmʃtaɪgən] *unreg vi* changer (de train); **~ auf** +*Akk (umg)* passer à; *(auf ein anderes Auto etc)* changer de
umstellen¹ ['ʊmʃtɛlən] *vt (an anderen Ort)* changer de place, déplacer; *(Hebel, Weichen)* actionner; *(Uhr)* mettre à l'heure ▷ *vr*: **sich ~ auf** +*Akk* s'adapter à; **die Produktion/den Betrieb auf Elektronikteile ~** se convertir à l'électronique; **auf Computer ~** s'informatiser; **auf Erdgas ~** se faire raccorder au réseau de gaz naturel
um'stellen² *vt untr* encercler
Umstellung *f* changement *m*; *(Umgewöhnung)* adaptation *f*
umstimmen ['ʊmʃtɪmən] *vt (Mus)* accorder; *(jdn)* faire changer d'avis
umstoßen ['ʊmʃto:sən] *unreg vt (umwerfen)* renverser; *(Plan)* bouleverser
umstritten [ʊm'ʃtrɪtən] *adj (Plan, Projekt)* controversé(e)
Umsturz ['ʊmʃtʊrts] *m* renversement *m*
umstürzen ['ʊmʃtʏrtsən] *vt (umwerfen)* renverser ▷ *vi (Stuhl etc)* se renverser
umstürzlerisch *adj* subversif(-ive)
Umtausch ['ʊmtaʊʃ] *m* échange *m*; *(von Geld)* change *m*; **diese Waren sind von ~ ausgeschlossen** ces marchandises ne sont ni reprises ni échangées
umtauschen *vt* échanger; *(Geld)* changer
Umtriebe ['ʊmtri:bə] *(pej) pl* manigances *fpl*
umtun ['ʊmtu:n] *unreg (umg) vr*: **sich nach jdm/etw ~** *(suchen)* être à la recherche de *od* chercher qn/qch
umverteilen ['ʊmfɛrtaɪlən] *vt* redistribuer
Umverteilung *f* redistribution *f*
umwälzend ['ʊmvɛltsənt] *adj (Veränderungen)* radical(e); *(Ereignisse)* qui marque un bouleversement, révolutionnaire
Umwälzung *f (fig)* bouleversement *m*
umwandeln ['ʊmvandəln] *vt* transformer; *(Elek)* convertir
umwechseln ['ʊmvɛksəln] *vt (Geld)* changer
Umweg ['ʊmve:k] *m* détour *m*; *(fig)* moyen *m* détourné
Umwelt ['ʊmvɛlt] *f* environnement *m*; **~auto** *(umg) nt* voiture munie d'un catalyseur; **~belastung** *f* pollution *f*; **~bewusstsein** *nt* conscience *f* écologique; **u~feindlich** *adj* polluant(e); **u~freundlich** *adj* non polluant(e), qui respecte l'environnement; **~katastrophe** *f* catastrophe *f* écologique; **~kriminalität** *f* crimes *mpl* contre l'environnement, infractions *fpl* aux lois antipollution; **~ministerium** *nt* ministère *m* de l'Environnement; **~politik** *f* politique *f* de l‚environnement; **u~schädlich** *adj* polluant(e); **~schutz** *m* défense *f* de l'environnement; **~schützer** *m* défenseur *m* de l'environnement, écologiste *m*; **~verschmutzung** *f* pollution *f*
umwenden ['ʊmvɛndən] *unreg vt (Seite, Kopf)* tourner ▷ *vr* se retourner
umwerben [ʊm'vɛrbən] *unreg vt untr* courtiser
umwerfen ['ʊmvɛrfən] *unreg vt* renverser; *(Mantel)* jeter sur ses épaules; *(Plan)* bouleverser

umwerfend (umg) adj renversant(e)
umziehen ['ʊmtsiːən] unreg vi déménager ▷ vt
(Kind) changer ▷ vr se changer
umzingeln [ʊm'tsɪŋəln] vt untr encercler
Umzug ['ʊmtsuːk] m (Festumzug) procession f;
(Wohnungsumzug) déménagement m
UN pl abk = United Nations; **die UN** l'ONU f
un-: **~abänderlich** adj (Entscheidung) irrévocable
▷ adv: **~abänderlich feststehen** être irrévocable;
~abdingbar adj impératif(-ive); (Recht)
intangible; **~abhängig** adj indépendant(e);
U~abhängigkeit f indépendance f;
~abkömmlich adj occupé(e); **~ablässig** adj
continuel(le), incessant(e); **~absehbar** adj
imprévisible; (Weite etc) infini(e); **~absichtlich**
adj involontaire; **~abwendbar** adj inéluctable
unachtsam ['ʊnlaxtzaːm] adj distrait(e); **U~keit**
f distraction f, inattention f
unan-: **~fechtbar** adj (Entscheidung) incontestable;
~gebracht adj déplacé(e); **~gefochten** adj
incontesté(e); **~gemeldet** adj (Patient) qui n'a pas
pris rendez-vous; (Besucher) inattendu(e) ▷ adv:
~gemeldet kommen venir sans s'annoncer;
~gemessen adj (Bezahlung, Strafe) inadéquat(e);
(zu hoch) excessif(-ive); **~genehm** adj
désagréable; **~gepasst** adj non conformiste;
~nehmbar adj inacceptable; **U~nehmlichkeit** f
désagrément m; **Unannehmlichkeiten** pl ennuis
mpl; **~sehnlich** adj insignifiant(e); **~ständig** adj
grossier(-ière); **U~ständigkeit** f grossièreté f;
~tastbar adj (Rechte, Würde etc) inviolable,
intangible
unappetitlich ['ʊnlapetiːtlɪç] adj (Essen) peu
appétissant(e); (unhygienisch) dégoûtant(e)
Unart ['ʊnlaːrt] f désobéissance f; (Angewohnheit)
mauvaise habitude f
unartig adj désobéissant(e), pas sage
un-: **~aufdringlich** adj discret(-ète); **~auffällig** adj
(Mensch) effacé(e); (Benehmen, Kleidung)
discret(-ète) ▷ adv discrètement; **~auffindbar**
adj introuvable; **~aufgefordert** adj (Hilfe)
spontané(e) ▷ adv spontanément;
~aufgefordert zugesandte Manuskripte les
manuscrits non sollicités; **~aufhaltsam** adj
inexorable ▷ adv inexorablement; **~aufhörlich**
adj incessant(e) ▷ adv continuellement, sans
cesse; **~auflöslich** adj (Vertrag) qui ne peut être
rompu(e); (Widerspruch) insoluble; **~aufmerksam**
adj inattentif(-ive), distrait(e); **~aufrichtig** adj
malhonnête; **~ausbleiblich** adj inévitable;
~ausführbar adj irréalisable; **~ausgefüllt** adj
(Formular) qui n'a pas été rempli(e), à remplir;
(Mensch) frustré(e); (Leben) raté(e); (Zeit, Tag)
perdu(e); **~ausgeglichen** adj (Mensch) instable,
peu équilibré(e); **~ausgesetzt** adj incessant(e);
~ausgewogen adj peu équilibré(e);
~aussprechlich adj imprononçable; (Elend)
indicible; **~ausstehlich** adj insupportable;
~ausweichlich adj inévitable
unbändig ['ʊnbɛndɪç] adj (Kind) turbulent(e);
(Gefühl) irrépressible
unbarmherzig ['ʊnbarmhɛrtsɪç] adj impitoyable

unbeabsichtigt ['ʊnbəlapzɪçtɪçt] adj involontaire
unbeachtet ['ʊnbəlaxtət] adj inaperçu(e);
(Warnung) dont on n'a pas tenu compte
unbedacht ['ʊnbədaxt] adj irréfléchi(e)
unbedarft ['ʊnbədarft] (umg) adj naïf (naïve)
unbedenklich ['ʊnbədɛnklɪç] adj (Plan) qui ne
présente aucune difficulté ▷ adv sans hésiter
unbedeutend ['ʊnbədɔytənt] adj (Summe)
insignifiant(e); (Fehler) futile
unbedingt ['ʊnbədɪŋt] adj absolu(e) ▷ adv
absolument; **musst du ~ gehen?** tu dois
vraiment partir?; **nicht ~** pas forcément
unbefangen ['ʊnbəfaŋən] adj (ungehemmt)
spontané(e), sans complexes; (unvoreingenommen)
impartial(e); **U~heit** f (siehe adj) spontanéité f;
impartialité f
unbefriedigend ['ʊnbəfriːdɪgənd] adj (Ergebnis)
insuffisant(e)
unbefriedigt ['ʊnbəfriːdɪçt] adj insatisfait(e)
unbefristet ['ʊnbəfrɪstət] adj permanent(e)
unbefugt ['ʊnbəfuːkt] adj (Zutritt, Person) non
autorisé(e); **Zutritt für U~e verboten** entrée
interdite aux personnes non autorisées
unbegabt ['ʊnbəgaːpt] adj peu doué(e)
unbegreiflich [ʊnbə'graɪflɪç] adj (unverständlich)
incompréhensible; (unvorstellbar) inconcevable
unbegreiflicherweise adv inexplicablement
unbegrenzt ['ʊnbəgrɛntst] adj illimité(e)
unbegründet ['ʊnbəgrʏndət] adj injustifié(e)
Unbehagen ['ʊnbəhaːgən] nt malaise m, gêne f
unbehaglich ['ʊnbəhaːklɪç] adj (Wohnung)
inconfortable; (Gefühl) désagréable
unbeherrscht ['ʊnbəhɛrʃt] adj incontrôlé(e);
(Mensch) qui s'emporte facilement
unbeholfen ['ʊnbəhɔlfən] adj maladroit(e),
gauche; **U~heit** f maladresse f
unbeirrt ['ʊnbəlɪrt] adj (Streben) obstiné(e)
unbekannt ['ʊnbəkant] adj inconnu(e); **~e**
Größe inconnue f
unbekannterweise adv: **grüß(e) sie ~ von mir**
transmets-lui mes salutations bien que je n'aie
pas le plaisir de la connaître
unbekümmert ['ʊnbəkʏmərt] adj insouciant(e)
unbelastet ['ʊnbəlastət] adj (Haus) non
hypothéqué(e) od grevé(e) d'hypothèques;
politisch ~ sans antécédents politiques
unbelehrbar [ʊnbə'leːrbaːr] adj incorrigible;
(Rassist etc) invétéré(e)
unbeliebt ['ʊnbəliːpt] adj impopulaire; **U~heit** f
impopularité f
unbemannt ['ʊnbəmant] adj (Raumflug) sans
équipage; (Flugzeug) sans pilote
unbemerkt ['ʊnbəmɛrkt] adv sans être vu(e)
unbenommen [ʊnbə'nɔmən] adj (förmlich): **es**
bleibt od **ist Ihnen ~ zu …** libre à vous de …
unbequem ['ʊnbəkveːm] adj (Stuhl)
inconfortable; (Mensch) importun(e); (Regelung)
fastidieux(-euse)
unberechenbar [ʊnbə'rɛçənbaːr] adj
incalculable; (Mensch, Verhalten) imprévisible
unberechtigt ['ʊnbəreçtɪçt] adj (Kritik)
injustifié(e); (nicht erlaubt) non autorisé(e)

unberücksichtigt [ʊnbəˈrʏkzɪçtɪçt] adj: **etw ~ lassen** ne pas tenir compte de qch

unberührt [ˈʊnbəryːrt] adj intact(e); (Bett) qui n'est pas défait(e); (Speisen) qui n'a pas été entamé(e); **sie ist noch ~** elle est vierge; **von einem Ereignis ~ bleiben** ne pas être affecté(e) par un événement

unbeschadet [ʊnbəˈʃaːdət] präp+Gen nonobstant ▷ adv (ohne Schaden) sans dommage

unbescheiden [ˈʊnbəʃaɪdən] adj (Forderung) abusif(-ive)

unbescholten [ˈʊnbəʃɔltən] adj intègre

unbeschrankt [ˈʊnbəʃraŋkt] adj: **~er Bahnübergang** passage m à niveau non gardé

unbeschränkt [ʊnbəˈʃrɛŋkt] adj: **~e Haftung** responsabilité f illimitée

unbeschreiblich [ʊnbəˈʃraɪplɪç] adj indescriptible

unbeschwert [ˈʊnbəʃveːrt] adj (sorgenfrei) sans souci; (Melodie) léger(-ère)

unbesehen [ʊnbəˈzeːən] adv (ohne zu überlegen) sans réfléchir; (ohne es anzusehen) sans l'avoir vu; **das glaube ich dir ~** je te crois sur parole

unbesonnen [ˈʊnbəzɔnən] adj irréfléchi(e)

unbesorgt [ˈʊnbəzɔrkt] adj sans souci; **Sie können ganz ~ sein** rassurez-vous

unbespielt [ˈʊnbəʃpiːlt] adj (Kassette) vierge

unbeständig [ˈʊnbəʃtɛndɪç] adj (Mensch) inconstant(e); (Wetter, Lage) instable

unbestechlich [ʊnbəˈʃtɛçlɪç] adj incorruptible

unbestimmt [ˈʊnbəʃtɪmt] adj indéfini(e); (Zukunft) incertain(e); **U~heit** f incertitude f

unbestritten [ˈʊnbəʃtrɪtən] adj incontesté(e)

unbeteiligt [ʊnbəˈtaɪlɪçt] adj (desinteressiert) distant(e); **an etw** Dat **~ sein** n'avoir rien à voir dans qch

unbeugsam [ˈʊnbɔykzaːm] adj inébranlable

unbewacht [ˈʊnbəvaxt] adj (Bahnübergang) non gardé(e); (Parkplatz) sans surveillance; **in einem ~en Augenblick** pendant que personne ne faisait attention

unbewaffnet [ˈʊnbəvafnət] adj non armé(e), sans armes

unbeweglich [ˈʊnbəveːklɪç] adj (Gelenk, Gerät) fixe, immobile; (Miene) impassible; (geistig schwerfällig) inflexible

unbewegt adj immobile; (fig) impassible

unbewohnt [ˈʊnbəvoːnt] adj inhabité(e)

unbewusst [ˈʊnbəvʊst] adj inconscient(e)

unbezahlbar [ʊnbəˈtsaːlbaːr] adj excessif(-ive); (fig: extrem kostbar) sans prix; (nützlich) inestimable

unbezahlt adj non payé(e); (Rechnung) impayé(e)

unblutig [ˈʊnbluːtɪç] adj, adv sans effusion de sang

unbrauchbar [ˈʊnbrauxbaːr] adj (Arbeit) inutile; (Gerät) inutilisable; **U~keit** f inutilité f

unbürokratisch [ˈʊnbyrokratɪʃ] adj, adv sans formalité administrative excessive

und [ʊnt] konj et; **~ so weiter** et cetera, etc.; **na ~?** et alors?

Undank [ˈʊndaŋk] m ingratitude f; **u~bar** adj ingrat(e); **~barkeit** f ingratitude f

undefinierbar [ʊndefiˈniːrbaːr] adj indéfinissable

undemokratisch [ʊndemoˈkraːtɪʃ] adj antidémocratique, peu démocratique

undenkbar [ʊnˈdɛŋkbaːr] adj impensable, inconcevable

undeutlich [ˈʊndɔytlɪç] adj (Schrift) illisible; (Erinnerung) vague; (Aussprache) peu clair(e), mauvais(e) ▷ adv (siehe adj) d'une manière illisible; vaguement; d'une manière peu claire, mal

undicht [ˈʊndɪçt] adj (Gefäß) qui fuit, pas étanche; (Dach) qui a des fuites

undifferenziert [ˈʊndɪfərɛntsiːrt] adj (geh: Kritik, Denken) simpliste; (Farben, Angebot) uniforme

Unding [ˈʊndɪŋ] nt: **das ist ein ~** c'est insensé

unduldsam [ˈʊndʊldsaːm] adj intolérant(e)

un-: **~durchdringlich** adj impénétrable; **~durchführbar** adj irréalisable; **~durchlässig** adj étanche; **~durchschaubar** adj impénétrable; **~durchsichtig** adj (Glas) opaque; (Stoff) non transparent(e); (Motive) obscur(e), peu clair(e); (pej) louche

uneben [ˈʊnleːbən] adj (Gelände, Straße) accidenté(e)

unecht [ˈʊnlɛçt] adj (Schmuck, Freundlichkeit) faux (fausse)

unehelich [ˈʊnleːəlɪç] adj (Kind) illégitime; (Mutter) célibataire

unehrlich [ˈʊnleːrlɪç] adj malhonnête

uneigennützig [ˈʊnlaɪɡənnʏtsɪç] adj désintéressé(e)

uneingeschränkt [ˈʊnlaɪŋɡəʃrɛŋkt] adj illimité(e); (Handel) libre; (Zustimmung) inconditionnel(le)

uneinig [ˈʊnlaɪnɪç] adj désuni(e), en désaccord; (sich Dat) **~ sein** être en désaccord, ne pas être d'accord; **U~keit** f désaccord m

uneinnehmbar [ʊnlaɪnˈneːmbaːr] adj imprenable, inexpugnable

uneins [ˈʊnlaɪns] adj en désaccord

unempfänglich [ˈʊnlɛmpfɛŋlɪç] adj: **~ für** insensible à

unempfindlich [ˈʊnlɛmpfɪntlɪç] adj insensible; (Stoff) pratique; **U~keit** f insensibilité f

unendlich [ʊnˈlɛntlɪç] adj infini(e) ▷ adv infiniment; (sehr) très; **U~keit** f infinité f

un-: **~entbehrlich** adj indispensable; **~entgeltlich** adj gratuit(e); **~entschieden** adj indécis(e); **~entschieden enden** (Sport) se terminer sur un match nul; **~entschlossen** adj indécis(e); **~entschuldbar** adj inexcusable; **~entwegt** adj (Anstrengung) constant(e); (Kämpfer) infatigable ▷ adv (unaufhörlich) constamment; **~erbittlich** adj inflexible; (Schicksal) implacable; **~erfahren** adj inexpérimenté(e); **~erfreulich** adj (Nachricht) désagréable, fâcheux(-euse); **~erfüllt** adj (Wunsch, Bitte) non exaucé(e); (Leben) insatisfait(e); **~ergiebig** adj (Quelle) peu abondant(e); (Thema) stérile; (Ernte) maigre; (Nachschlagewerk) inutile; **~ergründlich** adj (Tiefe) insondable; (Wesen) impénétrable; **~erheblich** adj (Verlust) insignifiant(e); **~erhört** adj

(unverschämt) inouï(e); *(Summe)* énorme; *(Bitte)*
sans réponse ▷ *adv*: **~erhört viel arbeiten**
travailler énormément; **~erhört aufpassen**
faire extrêmement attention; **~erlässlich** *adj*
(Bedingung) sine qua non; **~erlaubt** *adj* illicite;
~erledigt *adj (Post)* en attente; *(Rechnung)* non
réglé(e); *(schwebend)* en suspens; **~ermesslich** *adj*
immense; **~ermüdlich** *adj* infatigable;
~erreichbar *adj* inaccessible; *(telefonisch)*
impossible à obtenir; **~ersättlich** *adj* insatiable;
~erschlossen *adj (Land)* inexploré(e); *(Vorkommen,*
Boden) inexploité(e); **~erschöpflich** *adj (Vorräte)*
inépuisable; *(Geduld)* sans limites; **~erschrocken**
adj intrépide; **~erschütterlich** *adj* inébranlable;
~erschwinglich *adj* inabordable; **~ersetzlich** *adj*
irremplaçable; **~erträglich** *adj* insupportable;
(Frechheit) intolérable; **~erwartet** *adj*
inattendu(e), imprévu(e); **~erwünscht** *adj*
(Besuch) importun(e); *(Kind)* non désiré(e); *(Effekt)*
fâcheux(-euse); **~erzogen** *adj* mal élevé(e)
unfähig ['ʊnfɛːɪç] *adj* incompétent(e); **~ sein,**
etw zu tun être incapable de faire qch; **U~keit** *f*
(siehe adj) incompétence *f*; incapacité *f*
unfair ['ʊnfɛːr] *adj* injuste; *(Sport)* pas correct(e)
Unfall ['ʊnfal] *m* accident *m*; **~arzt** *m* médecin *m*
des urgences; **~flucht** *f* délit *m* de fuite;
~krankenhaus *nt* hôpital qui s'occupe *(exclusivement)*
des urgences; **~opfer** *nt* victime *f (d'un accident)*;
~station *f* service *m* des urgences; **~stelle** *f* lieu
m de l'accident; **~versicherung** *f* assurance *f*
(contre les) accidents; **~wagen** *m* voiture *f*
accidentée; *(umg: Rettungswagen)* ambulance *f*
unfassbar [ʊn'fasbaːr] *adj* inconcevable
unfehlbar [ʊn'feːlbaːr] *adj* infaillible ▷ *adv* à
coup sûr; **U~keit** *f* infaillibilité *f*
unfertig ['ʊnfɛrtɪç] *adj (Werk)* inachevé(e);
(Mensch) immature
unflätig ['ʊnflɛːtɪç] *adj* ordurier(-ière), obscène
unfolgsam ['ʊnfɔlkzaːm] *adj* désobéissant(e)
unförmig ['ʊnfœrmɪç] *adj (formlos)* informe; *(groß)*
énorme; *(Füße)* difforme
unfrankiert ['ʊnfraŋkiːrt] *adj* non affranchi(e)
unfrei ['ʊnfraɪ] *adj (Volk)* asservi(e); *(Leben)*
d'esclave; *(Paket)* non affranchi(e)
unfreiwillig *adj (unbeabsichtigt)* involontaire;
(gezwungen) forcé(e)
unfreundlich ['ʊnfrɔʏntlɪç] *adj (Mensch)* peu
aimable; *(Wetter)* maussade; **U~keit** *f* manque *m*
d'amabilité
Unfriede(n) ['ʊnfriːdə(n)] *m* discorde *f*
unfruchtbar ['ʊnfrʊxtbaːr] *adj* stérile; **U~keit** *f*
stérilité *f*
Unfug ['ʊnfuːk] *m (Benehmen)* bêtises *fpl*; *(Unsinn)*
sottises *fpl*; **grober ~** trouble *m* de l'ordre public
Ungar, in ['ʊŋgar(ɪn)] **(-n, -n)** *m(f)* Hongrois(e)
m/f; **u~isch** *adj* hongrois(e)
Ungarn (-s) *nt* la Hongrie
ungastlich ['ʊngastlɪç] *adj (Mensch)*
inhospitalier(-ière)
ungeachtet ['ʊngəlaxtət] *präp* +*Gen* malgré
ungeahndet ['ʊngəlaːndət] *adj* impuni(e)
ungeahnt ['ʊngəlaːnt] *adj (Möglichkeiten)*

inespéré(e); *(Talente)* insoupçonné(e)
ungebeten ['ʊngəbeːtən] *adj (Gast)* importun(e)
ungebildet ['ʊngəbɪldət] *adj (unkultiviert)* inculte;
(ohne Bildung) sans instruction
ungeboren ['ʊngəboːrən] *adj* à naître
ungebräuchlich ['ʊngəbrɔʏçlɪç] *adj* inusité(e)
ungebraucht ['ʊngəbraʊxt] *adj* neuf (neuve)
ungebührlich ['ʊngəbyːrlɪç] *adj (Verhalten)*
inconvenant(e); *(Forderung)* excessif(-ive)
ungebunden ['ʊngəbʊndən] *adj (Buch)* non
relié(e), broché(e); *(frei, unverheiratet)* libre; *(Pol)*
indépendant(e)
ungedeckt ['ʊngədɛkt] *adj (Scheck)* sans
provision; *(schutzlos)* sans protection *od* défense
Ungeduld ['ʊngədʊlt] *f* impatience *f*
ungeduldig ['ʊngədʊldɪç] *adj* impatient(e)
ungeeignet ['ʊngəlaɪgnət] *adj (Sache, Mensch)* qui
ne convient pas; *(Maßnahmen)* peu approprié(e)
ungefähr ['ʊngəfɛːr] *adv* environ, à peu près ▷ *adj*
approximatif(-ive); **so ~!** plus ou moins!; **das**
kommt nicht von ~ ce n'est pas par hasard
ungefährlich ['ʊngəfɛːrlɪç] *adj* sans danger
ungehalten ['ʊngəhaltən] *adj* irrité(e),
mécontent(e)
ungeheuer ['ʊngəhɔʏər] *adj* énorme ▷ *adv (umg)*
énormément; **U~ (-s, -)** *nt* monstre *m*; **~lich** *adj*
monstrueux(-euse)
ungehindert ['ʊngəhɪndərt] *adj* libre
ungehobelt ['ʊngəhoːbəlt] *adj (Bretter)* non
raboté(e); *(unbeholfen)* gauche; *(unhöflich)*
grossier(-ière)
ungehörig ['ʊngəhøːrɪç] *adj* inconvenant(e);
U~keit *f* inconvenance *f*
ungehorsam ['ʊngəhoːrzaːm] *adj*
désobéissant(e); **U~ (-s)** *m* désobéissance *f*
ungeklärt ['ʊngəklɛːrt] *adj (Frage, Rätsel)* non
résolu(e); *(Abwasser)* non épuré(e)
ungekürzt ['ʊngəkyrtst] *adj* intégral(e); *(Film)*
sans coupures
ungeladen ['ʊngəlaːdən] *adj (Gewehr, Batterie)* non
chargé(e); *(Gast)* sans invitation
ungelegen ['ʊngəleːgən] *adj (Besuch, Vorschlag)*
inopportun(e); *(Stunde)* indû(-due) ▷ *adv*:
komme ich ~? est-ce que je dérange?; **jdm ~**
kommen déranger qn; **U~heit** *f (gew pl)* ennui *m*
ungelernt ['ʊngəlɛrnt] *adj*: **~er Arbeiter** ouvrier
m non spécialisé, manœuvre *m*
ungelogen ['ʊngəloːgən] *adv* honnêtement
ungemein ['ʊngəmaɪn] *adj* énorme ▷ *adv*
extrêmement
ungemütlich ['ʊngəmyːtlɪç] *adj (Wohnung)* peu
confortable; *(Person)* désagréable; **er kann ~**
werden il est très désagréable quand il se fâche
ungenau ['ʊngənaʊ] *adj* imprécis(e)
Ungenauigkeit *f* imprécision *f*, manque *m* de
précision
ungeniert ['ʊnʒeniːrt] *adj (ungehemmt)* sans
complexes; *(bedenkenlos, taktlos)* sans gêne ▷ *adv*
sans se gêner
ungenießbar ['ʊngəniːsbaːr] *adj (Essen)*
immangeable; *(Trinken)* imbuvable; *(umg)*
insupportable

ungenügend ['ʊngəny:gənt] (-s) adj insuffisant(e)
ungenutzt ['ʊngənʊtst] adj inutilisé(e); **eine Chance ~ lassen** laisser passer sa chance
ungepflegt ['ʊngəpfle:kt] adj (Person) peu soigné(e); (Hände, Garten) négligé(e)
ungerade ['ʊngəra:də] adj impair(e)
ungerecht ['ʊngərɛçt] adj injuste
ungerechtfertigt adj injustifié(e)
Ungerechtigkeit f injustice f
ungeregelt ['ʊngəre:gəlt] adj (unregelmäßig) désordonné(e); (nicht erledigt) non réglé(e)
ungereimt ['ʊngəraɪmt] adj (Verse) non rimé(e), qui ne rime pas; (fig) incohérent(e)
ungern ['ʊngɛrn] adv de mauvaise grâce, à contrecœur
ungerührt ['ʊngəry:rt] adj impassible
ungesättigt [`ʊngəzɛtɪçt] adj (Chem) non saturé(e)
ungeschehen ['ʊngəʃe:ən] adj: **etw ~ machen** réparer qch
Ungeschicklichkeit ['ʊngəʃɪklɪçkaɪt] f maladresse f
ungeschickt adj maladroit(e) ▷ adv maladroitement; **sich ~ anstellen** mal s'y prendre
ungeschliffen ['ʊngəʃlɪfən] adj (Edelstein) non taillé(e); (Messer etc) non aiguisé(e); (pej: Benehmen) grossier(-ière)
ungeschmälert ['ʊngəʃmɛ:lərt] adj: **mein ~er Dank** toute ma gratitude
ungeschminkt ['ʊngəʃmɪŋkt] adj (Gesicht) non maquillé(e), sans maquillage; (Wahrheit) tout(e) nu(e)
ungeschoren ['ʊngəʃo:rən] (umg) adj: **jdn ~ lassen** épargner qn; **~ davonkommen** (umg) s'en tirer à bon compte
ungesellig ['ʊngəzɛlɪç] adj peu sociable
ungesetzlich ['ʊngəzɛtslɪç] adj illégal(e)
ungestempelt ['ʊngəʃtɛmpəlt] adj (Briefmarke) non oblitéré(e)
ungestört ['ʊngəʃtø:rt] adj ininterrompu(e); **~ arbeiten** travailler en paix; **~ bleiben** ne pas être dérangé(e)
ungestraft ['ʊngəʃtra:ft] adv impuni(e)
ungestüm ['ʊngəʃty:m] adv avec fougue; **U~ (-(e)s)** nt fougue f, impétuosité f
ungesund ['ʊngəzʊnt] adj (Klima, Speise) malsain(e); (Aussehen) maladif(-ive)
ungetrübt ['ʊngətry:pt] adj (Glück, Freude) sans nuage
Ungetüm ['ʊngəty:m] (-(e)s, -e) nt monstre m
ungeübt ['ʊngəly:pt] adj inexpérimenté(e)
ungewiss ['ʊngəvɪs] adj incertain(e); **jdn (über etw) im U~en lassen** laisser qn dans l'incertitude (à propos de qch); **U~heit** f incertitude f
ungewöhnlich ['ʊngəvø:nlɪç] adj inhabituel(le); (Mensch, Fleiß) extraordinaire
ungewohnt ['ʊngəvo:nt] adj inhabituel(le)
ungewollt ['ʊngəvɔlt] adj (nicht gewollt) non désiré(e); (unbeabsichtigt) involontaire ▷ adv sans le vouloir

Ungeziefer ['ʊngətsi:fər] (-s) nt vermine f
ungezogen ['ʊngətso:gən] adj (Kind) désobéissant(e); **U~heit** f désobéissance f, mauvaise conduite f
ungezwungen ['ʊngətsvʊŋən] adj (Benehmen) détendu(e); (Unterhaltung) à batons rompus
unglaubhaft ['ʊnglaʊphaft] adj (Ausrede etc) peu vraisemblable
ungläubig ['ʊnglɔybɪç] adj (Gesicht) incrédule; (Rel) incroyant(e); **die U~en** les infidèles mpl
unglaublich adj incroyable, inouï(e)
unglaubwürdig adj (Person) qui n'est pas digne de foi; (Aussage) peu vraisemblable; (Geschichte) invraisemblable; **sich ~ machen** perdre sa crédibilité
ungleich ['ʊnglaɪç] adj inégal(e); (Paar, Socken) mal assorti(e) ▷ adv (weitaus) infiniment; **~artig** adj différent(e); **U~behandlung** f discrimination f; **U~heit** f inégalité f; **~mäßig** adj inégal(e); (nicht regelmäßig) irrégulier(-ière)
Unglück ['ʊnglʏk] **(-(e)s, -e)** nt malheur m; (Pech) malchance f; (Verkehrsunglück) accident m; **zu allem ~** pour comble de malheur; **u~lich** adj malheureux(-euse); (Zeitpunkt) mauvais(e); **u~licherweise** adv malheureusement; **u~selig** adj malheureux(-euse)
Unglücksfall m malheur m
Unglücksrabe (umg) m malchanceux m, personne qui n'a vraiment pas de chance
Ungnade ['ʊngna:də] f: **(bei jdm) in ~ fallen** tomber en disgrâce (auprès de qn)
ungültig ['ʊngʏltɪç] adj (Pass) périmé(e); **etw für ~ erklären** annuler qch; **U~keit** f nullité f
ungünstig ['ʊngʏnstɪç] adj défavorable; (Termin) mal choisi(e); (Augenblick) mauvais(e); (Wetter) peu favorable; (nicht preiswert) cher (chère)
ungut ['ʊngu:t] adj (Gefühl) désagréable; **nichts für ~!** ne le prenez pas mal!
unhaltbar ['ʊnhaltba:r] adj (Zustände) insupportable; (Behauptung) insoutenable
unhandlich ['ʊnhantlɪç] adj peu maniable
Unheil ['ʊnhaɪl] nt malheur m; **~ anrichten** faire des siennes; **~ bringend** qui porte malheur, funeste; **u~bar** adj incurable; **u~voll** adj funeste
unheimlich ['ʊnhaɪmlɪç] adj (Geschichte, Gestalt) sinistre; (umg: sehr groß) énorme ▷ adv (umg: sehr) vachement; **das ist mir ~** ça me fait froid dans le dos; **er ist mir ~** il me donne la chair de poule
unhöflich ['ʊnhø:flɪç] adj impoli(e); **U~keit** f impolitesse f
unhörbar [ʊn'hø:rba:r] adj inaudible
unhygienisch ['ʊnhygie:nɪʃ] adj pas hygiénique
Uni ['ʊni] **(-, -s)** (umg) f fac f
uni ['yni:] adj uni(e)
Uniform [uni'fɔrm] f uniforme m
uniformiert [unifɔr'mi:rt] adj en uniforme
uninteressant ['ʊnɪnterɛsant] adj inintéressant(e)
uninteressiert ['ʊnɪntərə'si:rt] adj pas intéressé(e), indifférent(e)
Union [uni'o:n] f union f; **die Junge ~** (Pol) association de jeunes chrétiens-démocrates

Unionsparteien *fpl les deux partis chrétiens-démocrates allemands (CDU et CSU)*
universal [univɛr'zaːl], **universell** *adj* universel(le)
Universität [univɛrzi'tɛːt] *f* université *f*; **auf die ~ gehen, die ~ besuchen** faire des études universitaires
Universum [uni'vɛrzʊm] (**-s**) *nt* univers *m*
unkenntlich ['ʊnkɛntlɪç] *adj* méconnaissable; **U~keit** *f*: **bis zur U~keit** au point d'être méconnaissable
Unkenntnis ['ʊnkɛntnɪs] *f* ignorance *f*
unklar ['ʊnklaːr] *adj* (*Bild*) flou(e); (*Text, Rede*) peu clair(e); (**sich** *Dat*) **im U~en sein über** +*Akk* ne pas être au clair sur; **U~heit** *f* manque *m* de clarté, confusion *f*; (*Unentschiedenheit*) incertitude *f*
unklug ['ʊnkluːk] *adj* imprudent(e)
unkompliziert ['ʊnkɔmplitsiːrt] *adj* pas compliqué(e), simple
Unkosten ['ʊnkɔstən] *pl* frais *mpl*; **sich in ~ stürzen** (*umg*) se mettre en frais; **~beitrag** *m* participation *f* aux frais
Unkraut ['ʊnkraʊt] *nt* (*Bot*) mauvaises herbes *fpl*; **~ vergeht nicht** (*Sprichwort*) on ne se débarrassera pas de moi *etc* aussi facilement; **~vertilgungsmittel** *nt* herbicide *m*, désherbant *m*
unkündbar ['ʊnkʏntbaːr] *adj* (*Stelle, Vertrag*) permanent(e)
unlängst ['ʊnlɛŋst] *adv* récemment
unlauter ['ʊnlaʊtər] *adj* (*Wettbewerb*) déloyal(e)
unleserlich ['ʊnleːzərlɪç] *adj* illisible
unleugbar ['ʊnlɔʏkbaːr] *adj* indéniable
unlogisch ['ʊnloːgɪʃ] *adj* illogique
unlösbar [ʊn'løːsbar] *adj* (*Problem*) insoluble
unlöslich *adj* insoluble
Unlust ['ʊnlʊst] *f* manque *m* d'enthousiasme
unlustig *adj* maussade
Unmasse ['ʊnmasə] (*umg*) *f* masse *f*
unmäßig ['ʊnmɛːsɪç] *adj* démesuré(e), excessif(-ive) ▷ *adv* à l'excès
Unmenge ['ʊnmɛŋə] *f* quantité *f* énorme
Unmensch ['ʊnmɛnʃ] *m* monstre *m*; **u~lich** *adj* inhumain(e), barbare; (*ungeheuer: Hitze*) épouvantable
unmerklich [ʊn'mɛrklɪç] *adj* imperceptible
unmissverständlich ['ʊnmɪsfɛrʃtɛntlɪç] *adj* (*Antwort*) catégorique; (*Verhalten*) sans équivoque
unmittelbar ['ʊnmɪtəlbaːr] *adj* (*Nähe, Folge*) immédiat(e); (*Kontakt*) direct(e) ▷ *adv* (*sofort*) immédiatement; (*ohne Umweg*) directement; **~ bevorstehen** être imminent(e)
unmöbliert ['ʊnmøbliːrt] *adj* non meublé(e)
unmodern ['ʊnmodɛrn] *adj* passé(e) de mode
unmöglich ['ʊnmøːklɪç] *adj* impossible; (*umg: unpassend*) ridicule ▷ *adv* (*keinesfalls*) en aucun cas, vraiment pas; **~ aussehen** (*umg*) avoir l'air ridicule; **sich** *Akk* **~ machen** (*umg*) se ridiculiser; **U~keit** *f* impossibilité *f*
unmoralisch ['ʊnmora:lɪʃ] *adj* immoral(e)
unmotiviert ['ʊnmotiviːrt] *adj* sans fondement
unmündig ['ʊnmʏndɪç] *adj* (*minderjährig*) mineur(e)

Unmut ['ʊnmuːt] *m* mauvaise humeur *f*
unnachahmlich ['ʊnnaːxlaːmlɪç] *adj* inimitable
unnachgiebig ['ʊnnaːxgiːbɪç] *adj* (*Material*) rigide; (*fig*) intransigeant(e)
unnahbar [ʊn'naːbaːr] *adj* d'un abord difficile
unnatürlich ['ʊnnatyːrlɪç] *adj* peu naturel(le); (*Licht*) artificiel(le); (*Tod*) violent(e); (*gezwungen*) contraint(e)
unnormal ['ʊnnɔrmaːl] *adj* anormal(e)
unnötig ['ʊnnøːtɪç] *adj* inutile; **~erweise** *adv* inutilement
unnütz ['ʊnnʏts] *adj* inutile
UNO ['uːno] *f abk* = *United Nations Organisation*; **die ~** l'ONU *f*
unordentlich ['ʊnɔrdəntlɪç] *adj* (*Mensch*) désordonné(e); (*Arbeit*) bâclé(e); (*Zimmer*) en désordre
Unordnung ['ʊnɔrdnʊŋ] *f* désordre *m*; **etw in ~ bringen** mettre qch en désordre
unorganisiert ['ʊnɔrganiziːrt] *adj* inorganisé(e)
unparteiisch ['ʊnpartaɪʃ] *adj* impartial(e)
Unparteiische, r *m* personne *f* neutre; (*Fussball*) arbitre *m*
unparteilich ['ʊnpartaɪlɪç] *adj* (*Pol*) impartial(e)
unpassend ['ʊnpasənt] *adj* (*Äußerung*) déplacé(e); (*Zeit*) mal choisi(e), mauvais(e)
unpässlich ['ʊnpɛslɪç] *adj*: **~ sein, sich ~ fühlen** ne pas se sentir très bien
unpersönlich ['ʊnpɛrzøːnlɪç] *adj* impersonnel(le)
unpolitisch ['ʊnpoliːtɪʃ] *adj* (*Mensch*) apolitique
unpraktisch ['ʊnpraktɪʃ] *adj* peu pratique; (*Mensch*) qui manque de sens pratique
unproduktiv ['ʊnprodʊktiːf] *adj* (*Arbeit*) improductif(-ive)
unproportioniert ['ʊnpropɔrtsioniːrt] *adj* mal proportionné(e)
unpünktlich ['ʊnpʏŋktlɪç] *adj* qui n'est pas ponctuel(le); (*verspätet*) qui n'est pas à l'heure
unqualifiziert ['ʊnkvalifitsiːrt] *adj* (*Arbeiter*) non qualifié(e); (*Äußerung*) non fondé(e)
Unrat ['ʊnraːt] (**-(e)s**) *m* (*geh: Abfälle etc*) déchets *mpl*
unrationell ['ʊnratsionɛl] *adj* (*Betrieb, Arbeit*) peu efficace
unrealistisch ['ʊnrealɪstɪʃ] *adj* irréaliste, peu réaliste
unrecht ['ʊnrɛçt] *adj* (*Weg*) mauvais(e); **~ haben** avoir tort; **jdm ~ geben** donner tort à qn; **das ist mir gar nicht so** ~ ça ne me dérange pas; **U~** *nt* injustice *f*; **zu U~** à tort; **nicht zu U~** non sans raison; **im U~ sein** avoir tort; **~mäßig** *adj* (*Besitz*) illégitime
unredlich ['ʊnreːtlɪç] *adj* malhonnête; **U~keit** *f* malhonnêteté *f*
unreell ['ʊnreɛl] *adj* (*unredlich*) malhonnête; (*Preis*) exorbitant(e)
unregelmäßig ['ʊnreːgəlmɛsɪç] *adj* irrégulier(-ière); (*Leben*) peu réglé(e); **U~keit** *f* irrégularité *f*
unreif ['ʊnraɪf] *adj* (*Obst*) pas mûr(e), vert(e); (*Mensch*) qui manque de maturité

unrein ['ʊnraɪn] *adj (Haut)* à problèmes; *(Gedanken, Taten)* impur(e); **etw ins U~e schreiben** écrire qch au brouillon

unrentabel ['ʊnrɛntaːbəl] *adj* qui n'est pas rentable

unrichtig ['ʊnrɪçtɪç] *adj* incorrect(e)

Unruh ['ʊnruː] *f (von Uhr)* roue *f* de rencontre

Unruhe (-) *f* agitation *f*; **Unruhen** *pl* troubles *mpl*; **~stifter, in (-s, -)** *m(f)* agitateur(-trice) *m/f*, fauteur *m* de troubles

unruhig *adj* agité(e); *(Gegend)* bruyant(e)

unrühmlich ['ʊnryːmlɪç] *adj* peu glorieux(-euse)

uns [ʊns] *Akk, Dat von wir pron* nous

unsachgemäß ['ʊnzaxɡəmɛs] *adj (Behandlung)* abusif(-ive)

unsachlich ['ʊnzaxlɪç] *adj* subjectif(-ive)

unsagbar [ʊnˈzaːkbaːr] *adj* indicible ▷ *adv (sehr)* extrêmement

unsäglich [ʊnˈzɛːklɪç] *adj, adv* = **unsagbar**

unsanft ['ʊnzanft] *adj* brusque

unsauber ['ʊnzaʊbər] *adj (schmutzig)* pas très propre, sale; *(Arbeit)* bâclé(e); *(Mus: Ton)* faux (fausse); *(Angelegenheit, Geschäft)* louche

unschädlich ['ʊnʃɛːtlɪç] *adj* inoffensif(-ive); **jdn/ etw ~ machen** mettre qn/qch hors d'état de nuire

unscharf ['ʊnʃarf] *adj (Konturen)* peu net(te); *(Bild etc)* flou(e)

unschätzbar [ʊnˈʃɛtsbaːr] *adj* inestimable

unscheinbar ['ʊnʃaɪnbaːr] *adj* qu'on ne remarque pas, modeste

unschlagbar [ʊnˈʃlaːkbaːr] *adj* imbattable

unschlüssig ['ʊnʃlʏsɪç] *adj* indécis(e)

unschön ['ʊnʃøːn] *adj (hässlich)* laid(e); *(unfreundlich)* désagréable

Unschuld ['ʊnʃʊlt] *f* innocence *f*; *(Jungfräulichkeit)* virginité *f*

unschuldig ['ʊnʃʊldɪç] *adj* innocent(e); *(jungfräulich)* vierge

unschwer ['ʊnʃveːr] *adv* facilement

unselb(st)ständig ['ʊnzɛlp(st)ʃtɛndɪç] *adj* qui manque d'indépendance

unselig ['ʊnzeːlɪç] *adj* triste; *(verhängnisvoll)* funeste

unser ['ʊnzər] *poss pron (adjektivisch)* notre; **uns(e)re Bücher/Häuser** nos livres/maisons; **gedenkt ~** *(geh)* pensez à nous

uns(e)re, r, s *pron* le (la) nôtre; **~ sind rot** les nôtres sont rouges

unsereiner *(umg) pron* nous autres

unsereins *(umg) pron* = **unsereiner**

uns(e)rerseits ['ʊnz(ə)rərzaɪts] *adv* de notre côté, quant à nous

uns(e)resgleichen *pron* les gens comme nous

uns(e)rige, r, s *pron*: **der/die/das uns(e)rige** *od* **Uns(e)rige** le(la) nôtre

unseriös ['ʊnzeriøːs] *adj (unehrlich)* pas sérieux(-euse), sur qui on ne peut pas compter

unsertwegen ['ʊnzərtˈveːɡən] *adv (für uns)* pour nous, à cause de nous; *(von uns aus)* en ce qui nous concerne

unsertwillen *adv*: **um ~** pour nous

unsicher ['ʊnzɪçər] *adj (gefährlich)* peu sûr(e); *(nicht selbstsicher)* qui manque d'assurance, peu sûr(e) de soi; *(unzuverlässig)* peu fiable; *(ungewiss)* incertain(e); **U~heit** *f (von Verhalten)* manque *m* d'assurance

unsichtbar ['ʊnzɪçtbaːr] *adj* invisible; **U~keit** *f* invisibilité *f*

Unsinn ['ʊnzɪn] *m* bêtises *fpl*

unsinnig *adj (Gerede)* absurde; *(Preise)* exorbitant(e) ▷ *adv (umg: sehr)* terriblement

Unsitte ['ʊnzɪtə] *f* mauvaise habitude *f*

unsittlich ['ʊnzɪtlɪç] *adj* indécent(e); **U~keit** *f* indécence *f*

unsolide ['ʊnzoliːdə] *adj (Mensch, Lebenswandel)* dissolu(e)

unsozial ['ʊnzotsiaːl] *adj (Verhalten)* asocial(e); *(Politik)* antisocial(e)

unsportlich ['ʊnʃpɔrtlɪç] *adj (Mensch)* qui n'aime pas le sport

unsre, r, s ['ʊnzrə(r, s)] *pron siehe* **uns(e)re(r, s)**

unsrige, r, s ['ʊnzrɪɡə(r, s)] *pron siehe* **uns(e)rige(r, s)**

unsterblich ['ʊnʃtɛrplɪç] *adj* immortel(le); **U~keit** *f* immortalité *f*

unstet ['ʊnʃteːt] *adj (Mensch, Leben)* agité(e); *(wankelmütig)* versatile

Unstimmigkeit ['ʊnʃtɪmɪçkaɪt] *f* discordance *f*; *(gew pl: Streit)* désaccord *m*

Unsumme ['ʊnzʊmə] *f* somme *f* considérable, fortune *f*

unsympathisch ['ʊnzympaːtɪʃ] *adj* antipathique; **er/das ist mir ~** il/cela ne me plaît pas

untad(e)lig ['ʊntaːd(ə)lɪç] *adj* irréprochable

Untat ['ʊntaːt] *f* méfait *m*

untätig ['ʊntɛːtɪç] *adj* inactif(-ive); **~ zusehen** regarder sans rien faire

untauglich ['ʊntaʊklɪç] *adj (Mil)* inapte; **er ist für den Posten** ~ il n'est pas fait pour ce poste; **U~keit** *f* inaptitude *f*

unteilbar [ʊnˈtaɪlbaːr] *adj* indivisible

unten ['ʊntən] *adv* en bas; *(am unteren Ende)* au bout; **nach ~** vers le bas; **siehe ~** voir ci-dessous; **ich bin bei ihm ~ durch** *(umg)* je n'ai plus la cote auprès de lui; **~an** *adv (am unteren Ende)* au bout; **(bei jdn) ~an stehen** *(fig)* ne pas être important(e) (pour qn); **~drunter** *(umg) adv* (en-)dessous; **~herum** *(umg) adv* en bas

 SCHLÜSSELWORT

unter ['ʊntər] *präp +Dat* **1** *(räumlich, zeitlich)* en-dessous de, sous; **unter dem Tisch sitzen** être assis(e) sous la table; **das Bild hängt unter dem Kalender** le tableau est en-dessous du calendrier; **Jugendliche unter 18 Jahren** les jeunes de moins de dix-huit ans; **unter dem Durchschnitt** en-dessous de la moyenne **2** *(zwischen)* entre; **sie waren unter sich** ils (elles) étaient entre eux(elles); **einer unter ihnen** l'un d'entre eux; **unter anderem** entre autres, notamment; **unter der Woche** pendant la semaine

3: **unter etw leiden** souffrir de qch
▷ *präp* +*Akk* **1** (*räumlich*) en-dessous de, sous; **etw unter den Teppich kehren** mettre qch sous le tapis
2 (*zwischen*): **ich rechne ihn unter meine besten Freunde** je le compte parmi mes meilleurs amis; **das fällt unter den Paragrafen 218** cela tombe sous le coup de l'article (de loi) 218; **unter der Hand** par la bande; (*verkaufen*) sous le manteau

Unter-: **~abteilung** *f* subdivision *f*; **~arm** *m* avant-bras *m inv*; **~bau** *m* (*Fundament*) fondations *fpl*; (*fig: Basis*) bases *fpl*; **u~belegt** *adj* (*Kurs*) qui n'est pas complet(-ète); (*Hotel*) à moitié vide; **u~belichten** ['ʊntərbəlɪçtən] *vt untr* sous-exposer; **~beschäftigung** ['ʊntərbəʃɛftɪɡʊŋ] *f* sous-emploi *m*; **u~besetzt** ['ʊntərbəzɛtst] *adj* qui manque de personnel; **u~bewerten** *vt untr* sous-évaluer; **~bewusstsein** ['ʊntərbəvʊstzaɪn] *nt* subconscient *m*; **u~bezahlt** ['ʊntərbətsaːlt] *adj* sous-payé(e)

unterbieten [ʊntər'biːtən] *unreg vt untr* (*Wirts*) vendre moins cher que; (*Rekord*) battre; (*fig*) faire pire que

unterbinden [ʊntər'bɪndən] *unreg vt untr* empêcher

unterbleiben [ʊntər'blaɪbən] *unreg vi untr* (*aufhören*) cesser; **etw ist unterblieben** (*wurde versäumt*) qch n'a pas eu lieu *od* n'a pas été fait(e)

Unterbodenschutz [ʊntər'boːdənʃʊts] *m* (*Aut*) couche *f* antirouille (*sous le chassis*)

unterbrechen [ʊntər'brɛçən] *unreg vt untr* interrompre; (*Kontakt*) couper

Unterbrechung *f* interruption *f*

unterbreiten [ʊntər'braɪtən] *vt untr* (*Plan*) soumettre

unterbringen ['ʊntərbrɪŋən] *unreg vt* (*verstauen*) arriver à mettre, caser; (*in Hotel, Heim, bei jdm*) loger; **~ bei** (*umg: beruflich*) placer *od* caser chez; **gut/schlecht untergebracht sein** être bien/mal logé(e)

unterbuttern ['ʊntərbʊtərn] (*umg*) *vt*: **sich nicht ~ lassen** ne pas se laisser marcher dessus

unterderhand [ʊntərder'hant] *adv siehe* **unter**

unterdessen [ʊntər'dɛsən] *adv* entre-temps, pendant ce temps

Unterdruck ['ʊntərdrʊk] *m* (*Phys, Tech*) basse pression *f*

unterdrücken [ʊntər'drʏkən] *vt untr* (*Gefühle*) réprimer; (*Bemerkung*) se mordre la langue pour ne pas faire; (*Leute*) opprimer

untere, r, s ['ʊntərə(r, s)] *adj* inférieur(e)

untereinander [ʊntəraɪ'nandər] *adv* (*unter uns/euch/sich*) entre nous/vous/eux *od* elles; (*gegenseitig*) mutuellement, réciproquement; (*miteinander*) ensemble; (*räumlich*) l'un(e) au-dessous de l'autre

unterentwickelt ['ʊntərɛntvɪkəlt] *adj* sous-développé(e)

unterernährt ['ʊntərɛrnɛːrt] *adj* sous-alimenté(e)

Unterernährung *f* sous-alimentation *f*

unterfordern [ʊntərfɔrdərn] *vt untr* ne pas exiger assez de

Unterführung [ʊntərˈfyːrʊŋ] *f* passage *m* souterrain

Unterfunktion ['ʊntərfʊŋktsioːn] *f* (*Med*) insuffisance *f*

Untergang ['ʊntərɡaŋ] *m* (*Ruin*) ruine *f*; (*von Staat, Kultur*) déclin *m*; (*von Schiff*) naufrage *m*; (*von Gestirn*) coucher *m*; **dem ~ geweiht sein** être voué(e) à l'échec

untergeben [ʊntər'ɡeːbən] *adj* subordonné(e)

Untergebene, r *f(m)* subalterne *m/f*

untergehen ['ʊntərɡeːən] *unreg vi* (*Schiff*) couler; (*Sonne*) se coucher; (*Staat, Kultur*) être en plein déclin; (*Volk*) périr; (*im Lärm*) se perdre; **davon geht die Welt nicht unter** ce n'est pas la fin du monde

untergeordnet ['ʊntərɡəʔɔrdnət] *adj* (*Dienststelle*) subalterne; (*Bedeutung*) secondaire

Untergeschoss ['ʊntərɡəʃɔs] *nt* sous-sol *m*

Untergewicht ['ʊntərɡəvɪçt] *nt* poids *m* insuffisant

untergliedern [ʊntər'ɡliːdərn] *vt* subdiviser

untergraben [ʊntər'ɡraːbən] *unreg vt* (*Ruf*) ébranler

Untergrund ['ʊntərɡrʊnt] *m* sous-sol *m*; (*Pol*) clandestinité *f*; **~bahn** *f* métro *m*; **~bewegung** *f* mouvement *m* clandestin

unterhaken ['ʊntərhaːkən] *vt untr* prendre le bras de ▷ *vr untr*: **sich bei jdm ~** prendre le bras de qn

unterhalb ['ʊntərhalp] *präp* +*Gen* au dessous de ▷ *adv*: **~ von** au-dessous de; **weiter ~** plus bas

Unterhalt ['ʊntərhalt] *m* entretien *m*; **seinen ~ verdienen** gagner sa vie

unterhalten [ʊntər'haltən] *unreg vt untr* entretenir; (*Geschäft*) tenir; (*Konto*) avoir; (*belustigen*) divertir ▷ *vr untr* (*sprechen*) s'entretenir; **sich gut ~** se divertir, s'amuser

unterhaltend *adj* divertissant(e)

unterhaltsam [ʊntər'haltzaːm] *adj* (*Abend*) divertissant(e); (*Person*) amusant(e)

Unterhalts-: **~kosten** *pl* frais *mpl* d'entretien; **u~pflichtig** *adj* tenu(e) de payer un pension alimentaire; **~zahlung** *f* pension *f* alimentaire

Unterhaltung *f* entretien *m*; (*Vergnügen*) distraction *f*

Unterhaltungs-: **~film** *m* film *m* distrayant; **~industrie** *f* industrie *f* des loisirs; **~kosten** *pl* frais *mpl* d'entretien; **~musik** *f* musique *f* légère

Unterhändler ['ʊntərhɛntlər] *m* négociateur *m*

Unterhaus ['ʊntərhaus] *nt* (*Pol*) Chambre *f* basse *od* des communes

Unterhemd ['ʊntərhɛmt] *nt* tricot *m* de corps

Unterholz ['ʊntərhɔlts] *nt* sous-bois *m inv*

Unterhose ['ʊntərhoːzə] *f* slip *m*

unterirdisch ['ʊntərʔɪrdɪʃ] *adj* souterrain(e)

unterkellern [ʊntər'kɛlərn] *vt untr* construire avec une cave, doter d'une cave

Unterkiefer ['ʊntərkiːfər] *m* mâchoire *f* inférieure

Unterkleid ['ʊntərklaɪt] *nt* combinaison *f*

unterkommen ['ʊntərkɔmən] *unreg vi (Unterkunft finden)* trouver à se loger; *(umg: Arbeit finden)* trouver du travail; **das ist mir noch nie untergekommen** *(umg)* je n'ai encore jamais vu ça

unterkühlt [ʊntər'ky:lt] *adj (Körper)* atteint(e) d'hypothermie; *(fig)* froid(e)

Unterkunft ['ʊntərkʊnft] *(-, -künfte)* f logement m; **~ und Verpflegung** le gîte et le couvert

Unterlage ['ʊntərla:gə] f *(Schreibunterlage)* sous-main m inv; *(Beleg)* document m

Unterlass ['ʊntərlas] m: **ohne ~** sans relâche

unterlassen [ʊntər'lasən] *unreg vt untr (versäumen)* omettre (de faire); *(sich enthalten)* renoncer à; *(nicht tun)* ne pas faire

unterlaufen [ʊntər'laʊfən] *unreg vi untr:* **mir ist ein Fehler ~** j'ai fait une faute ▷ *adj:* **mit Blut ~** *(Augen)* injecté(e) de sang

unterlegen¹ ['ʊntərle:gən] *vt (Stoff)* doubler

unterlegen² [ʊntər'le:gən] *adj* inférieur(e); *(besiegt)* vaincu(e); **zahlenmäßig ~ sein** être inférieur(e) en nombre

Unterlegscheibe f *(Tech)* rondelle f

Unterleib ['ʊntərlaɪp] m bas-ventre m

unterliegen [ʊntər'li:gən] *unreg vi untr (besiegt werden)* être vaincu(e); *(unterworfen sein)* être soumis(e)

Unterlippe ['ʊntərlɪpə] f lèvre f inférieure

untermalen [ʊntər'ma:lən] *vt untr (mit Musik)* accompagner

untermauern [ʊntər'mauərn] *vt untr* étayer

Untermiete ['ʊntərmi:tə] f: **(bei jdm) zur ~ wohnen** être sous-locataire (de qn)

Untermieter, in *(-s, -)* m(f) sous-locataire m/f

unternehmen [ʊntər'ne:mən] *unreg vt untr* entreprendre; *(Versuch, Reise)* faire; **U~** *(-s, -)* nt entreprise f

unternehmend *adj* entreprenant(e)

Unternehmens-: **~berater** m conseiller m en gestion d'entreprise; **~forschung** f recherche f opérationnelle; **~planung** f gestion f prévisionnelle

Unternehmer, in [ʊntər'ne:mər(ɪn)] *(-s, -)* m(f) chef m d'entreprise; **~verband** m association f patronale

unternehmungslustig *adj* entreprenant(e), dynamique

Unteroffizier ['ʊntərɔfitsiːr] m sous-officier m

unterordnen ['ʊntərɔrdnən] *vr* se soumettre

unterprivilegiert ['ʊntərprivilegiːrt] *adj* déshérité(e)

Unterprogramm ['ʊntərprogram] nt *(Comput)* sous-programme m

Unterredung [ʊntər're:dʊŋ] f entretien m, entrevue f

Unterricht ['ʊntərrɪçt] *(-(e)s, -e)* m enseignement m; *(Lehrstunde)* cours m; **jdm ~ geben** donner des cours à qn; **u~en** [ʊntər'rɪçtən] *vt untr (Unterricht geben)* enseigner; *(informieren)* informer ▷ *vi untr* enseigner ▷ *vr untr:* **sich u~en über** +Akk se renseigner sur

Unterrichtsfach nt matière f

Unterrichtsgegenstand m sujet m *(de cours)*

Unterrock ['ʊntərrɔk] m jupon m

untersagen [ʊntər'za:gən] *vt untr* interdire

Untersatz ['ʊntərzats] m *(für Gläser)* dessous m de verre; *(für Flaschen)* dessous de bouteille; *(für Blumentöpfe)* soucoupe f

unterschätzen [ʊntər'ʃɛtsən] *vt untr* sous-estimer

unterscheiden [ʊntər'ʃaɪdən] *unreg vt untr* distinguer ▷ *vr untr:* **sich von jdm/etw ~** différer *od* être différent(e) de qn/qch

Unterscheidung f distinction f

Unterschenkel ['ʊntərʃɛŋkəl] m jambe f *(du genou au pied)*

Unterschicht ['ʊntərʃɪçt] f couche f *(sociale)* inférieure

unterschieben ['ʊntərʃi:bən] *unreg vt:* **jdm etw ~** attribuer qch à qn *(à tort)*

Unterschied ['ʊntərʃi:t] *(-(e)s, -e)* m différence f; **im ~ zu** à la différence de, contrairement à; **ohne ~** sans distinction; **u~lich** *adj* différent(e); *(veränderlich)* variable

unterschiedslos *adv* sans distinction, indifféremment

unterschlagen [ʊntər'ʃla:gən] *unreg vt untr (Geld)* détourner; *(verheimlichen)* taire

Unterschlagung f *(von Geld)* détournement m de fonds; *(von Beweisen, Briefen)* soustraction f

Unterschlupf ['ʊntərʃlʊpf] *(-(e)s, -schlüpfe)* m refuge m

unterschlüpfen ['ʊntərʃlʏpfən] *(umg)* vi se réfugier

unterschreiben [ʊntər'ʃraɪbən] *unreg vt, vi untr* signer

Unterschrift ['ʊntərʃrɪft] f signature f; *(Bildunterschrift)* légende f

unterschriftsberechtigt *adj* autorisé(e) à signer

unterschwellig ['ʊntərʃvelɪç] *adj* latent(e)

Unterseeboot ['ʊntərze:bo:t] nt sous-marin m

Unterseite ['ʊntərzaɪtə] f dessous m

Untersetzer ['ʊntərzɛtsər] m = **Untersatz**

untersetzt [ʊntər'zɛtst] *adj (Gestalt)* trapu(e)

unterste, r, s [ʊntərstə(r, s)] *adj:* **die ~ Schublade** le tiroir du bas; **das ~ Stockwerk** le rez-de-chaussée

unterstehen¹ [ʊntər'ʃte:ən] *unreg vi untr (+Dat)* être subordonné(e) (à) ▷ *vr untr* oser

'unterstehen² *unreg vi (bei Regen)* se mettre à l'abri

unterstellen¹ [ʊntər'ʃtɛlən] *vt untr:* **jdm etw ~** *(Abteilung)* mettre qn à la tête de qch, confier qch à qn; *(pej: unterschieben)* accuser qn de qch à tort; **jdm unterstellt sein** être sous les ordres de qn; **etw** *Dat* **unterstellt sein** relever de qch

'unterstellen² *vt (Auto)* mettre à l'abri ▷ *vr* se mettre à l'abri

Unterstellung f *(falsche Behauptung)* imputation f; *(Andeutung)* insinuation f

unterstreichen [ʊntər'ʃtraɪçən] *unreg vt untr* souligner

Unterstufe ['ʊntərʃtu:fə] f degré m inférieur

unterstützen [ʊntər'ʃtʏtsən] *vt untr* soutenir; *(aus öffentlichen Mitteln)* subventionner

Unterstützung f soutien m; (Zuschuss) subvention f

untersuchen [ʊntər'zu:xən] vt untr examiner; (Verbrechen) enquêter sur; (analysieren) analyser; **sich ärztlich ~ lassen** consulter un médecin, passer un examen médical

Untersuchung f (siehe vt) examen m; enquête f; analyse f

Untersuchungs-: **~ausschuss** m commission f d'enquête; **~ergebnis** nt (Jur) résultat m de l'enquête; (Med) résultat de l'examen od des analyses; **~gefängnis** nt prison réservée à la détention préventive; **~haft** f détention f préventive; **~richter** m juge m d'instruction

Untertagebau [ʊntər'ta:gəbau] m exploitation f souterraine

untertags [ʊntər'ta:ks] adv = tagsüber

Untertan ['ʊntərta:n] (-s, -en) m sujet m

untertänig ['ʊntərtɛ:nɪç] adj soumis(e)

Untertasse ['ʊntərtasə] f soucoupe f; **fliegende ~** soucoupe volante

untertauchen ['ʊntərtauxən] vi plonger; (verschwinden) disparaître; (Verbrecher) se cacher

Unterteil ['ʊntərtaɪl] nt od m partie f inférieure, bas m

unterteilen [ʊntər'taɪlən] vt untr subdiviser

Unterteilung f subdivision f

Untertitel ['ʊntərti:təl] m sous-titre m; (für Bild) légende f

untertreiben [ʊntər'traɪbən] unreg vt untr minimiser ▷ vi untr minimiser les choses

unterwandern [ʊntər'vandərn] vt untr noyauter

Unterwäsche ['ʊntərvɛʃə] f sous-vêtements mpl

unterwegs [ʊntər've:ks] adv en route od chemin; (auf Reisen) en voyage

unterweisen [ʊntər'vaɪzən] unreg vt untr instruire

Unterwelt ['ʊntərvɛlt] f enfers mpl; (fig) milieu m

unterwerfen [ʊntər'vɛrfən] unreg vt untr (Volk, Gebiet) soumettre, assujettir ▷ vr untr se soumettre

unterwürfig [ʊntər'vʏrfɪç] adj soumis(e)

unterzeichnen [ʊntər'tsaɪçnən] vt untr signer

Unterzeichner m signataire m/f

unterziehen¹ ['ʊntərtsi:ən] unreg vt mettre (dessous)

unter'ziehen² unreg vr untr: **sich etw** Dat **~** se soumettre à qch; (einer Prüfung) passer qch

Untiefe ['ʊnti:fə] f (seichte Stelle) bas-fond m, haut-fond m

untragbar [ʊn'tra:kba:r] adj (unerträglich) insupportable, intolérable

untreu ['ʊntrɔy] adj (Liebhaber) infidèle; **sich** Dat **selbst ~ werden** ne pas rester fidèle à soi-même; **seinen Grundsätzen ~ werden** renier ses principes

Untreue f infidélité f

untröstlich [ʊn'trø:stlɪç] adj inconsolable

Untugend ['ʊntu:gənt] f mauvaise habitude f

un-: **~überbrückbar** adj (Gegensätze etc) inconciliable; (Kluft) infranchissable; **~überlegt** adj irréfléchi(e) ▷ adv sans réfléchir;

~übersehbar adj (Fehler, Schaden) évident(e); (Menge) immense; **~übersichtlich** adj (Gelände) peu dégagé(e); (Kurve) sans visibilité; (System, Plan) confus(e); **~übertroffen** adj inégalé(e); **~umgänglich** adj inévitable, incontournable; **~umstößlich** adj irréfutable; **~umstritten** adj incontesté(e); **~umw~den** adv sans détour

ununterbrochen ['ʊnlʊntərbrɔxən] adj ininterrompu(e) ▷ adv sans arrêt

un-: **~veränderlich** adj inaltérable, immuable; (Math): **~veränderliche Größe** constante f; **~verantwortlich** adj irresponsable; **~verarbeitet** adj brut(e); **~verbesserlich** adj incorrigible; **~verbindlich** adj (nicht bindend) qui n'engage à rien; (reserviert) réservé(e) ▷ adv (Wirts) sans engagement de votre part, sans obligation d'achat; **~verbindlicher Richtpreis** prix m indicatif conseillé; **~verblümt** adj (Wahrheit) tout(e) nu(e) ▷ adv sans détour; **~verdaulich** adj indigeste; **~verdient** adj qui n'est pas mérité(e); (Tadel etc) injuste; **~verdorben** adj (fig) intègre; **~verdrossen** adj infatigable; **~vereinbar** adj incompatible, inconciliable; **~verfälscht** adj pur(e); (Natur) intact(e), sauvage; **~verfänglich** adj (Frage) anodin(e); **~verfroren** adj (Benehmen) effronté(e); **~vergänglich** adj impérissable; **~vergesslich** adj inoubliable; **~vergleichlich** adj incomparable ▷ adv (sehr) bien, beaucoup; **~verhältnismäßig** adv démesurément; **~verheiratet** adj célibataire; **~verhofft** adj inespéré(e); **~verhohlen** adj à peine déguisé(e); **~verkäuflich** adj: „**~verkäuflich**" "cet objet n'est pas à vendre"; **~verkennbar** adj indubitable, évident(e); **~verletzlich** adj (Rechte) inviolable; **~verletzt** adj indemne; **~vermeidlich** adj inévitable; **~vermittelt** adj, adv soudain(e); **U~vermögen** nt incapacité f; **~vermögend** adj (arm) démuni(e); **~vermutet** adj inattendu(e), imprévu(e); **~vernünftig** adj (Mensch, Entscheidung) pas raisonnable, stupide; **~verrichtet** adj: **~verrichteter Dinge** sans avoir rien fait, les mains vides; **~verschämt** adj (Kerl) effronté(e), qui ne manque pas de culot; (Preise) exorbitant(e); **U~verschämtheit** f (Art) culot m; **das ist eine U~verschämtheit!** quel culot!; **~verschuldet** adj qui n'est pas mérité(e), injuste; **~versehens** adv soudain; **~versehrt** adj (nicht beschädigt) intact(e); **~versöhnlich** adj irréconciliable; **~verständlich** adj incompréhensible; **es ist mir ~verständlich, wie ...** je ne comprends pas comment ...; **~versteuert** adj détaxé(e); **~versucht** adj: **nichts ~versucht lassen** tenter l'impossible; **~verträglich** adj (Essen) indigeste; (Menschen) difficile à vivre; (Gegensätze) incompatible, inconciliable; **~vertretbar** adj insoutenable; **~verwechselbar** adj indubitable; **~verwüstlich** adj (Material) inusable; (Mensch) inébranlable; (Humor) imperturbable; **~verzeihlich** adj impardonnable; **~verzinslich** adj sans intérêt; **~verzollt** adj franc (franche) de douane; **~verzüglich** adj immédiat(e) ▷ adv

immédiatement; **~vollendet** *adj* inachevé(e);
~vollkommen *adj* imparfait(e); **~vollständig** *adj*
incomplet(-ète); **~vorbereitet** *adj* non
préparé(e); **jdn ~vorbereitet treffen** prendre qn
au dépourvu; **~voreingenommen** *adj*
impartial(e); **~vorhergesehen** *adj* imprévu(e);
~vorsichtig *adj* imprudent(e); **~vorstellbar** *adj*
inimaginable; **~vorteilhaft** *adj* peu
avantageux(-euse)

unwahr ['ʊnvaːr] *adj* faux (fausse); **~haftig** *adj*
menteur(-euse); **U~heit** *f* fausseté *f*; *(unwahre
Aussage)* mensonge *m*; **~scheinlich** *adj*
invraisemblable; *(unglaubhaft)* peu
vraisemblable; *(umg: groß)* incroyable ▷ *adv*:
~scheinlich viel Geld énormément d'argent;
sich ~scheinlich freuen être absolument
ravi(e); **das ist ~scheinlich gut** c'est vraiment
délicieux; **U~scheinlichkeit** *f* invraisemblance *f*

unwegsam ['ʊnveːkzaːm] *adj* impraticable
unweigerlich [ʊn'vaɪɡərlɪç] *adj* inéluctable ▷ *adv*
immanquablement

unweit ['ʊnvaɪt] *präp +Gen* non loin de ▷ *adv* à
proximité

Unwesen ['ʊnveːzən] *nt (Unfug)* méfaits *mpl*; **sein
~ treiben** faire des siennes; *(Mörder etc)*
commettre des méfaits, sévir

unwesentlich *adj* peu important(e), secondaire
▷ *adv*: **~ besser** pas beaucoup mieux

Unwetter ['ʊnvɛtər] *nt* tempête *f*

unwichtig ['ʊnvɪçtɪç] *adj* peu important(e), sans
importance

un-: ~widerlegbar *adj* irréfutable; **~widerruflich**
adj irrévocable; **~widerstehlich** *adj* irrésistible

unwiederbringlich [ʊnviːdər'brɪŋlɪç] *adj (geh)*
irrévocable

Unwille(n) ['ʊnvɪlə(n)] *m* mécontentement *m*
unwillig *adj* mécontent(e); *(widerwillig)*
récalcitrant(e) ▷ *adv* à contre-cœur

unwillkürlich ['ʊnvɪlkyːrlɪç] *adj (Reaktion)*
involontaire ▷ *adv* involontairement

unwirklich ['ʊnvɪrklɪç] *adj (Erscheinung)* irréel(le)

unwirksam ['ʊnvɪrkzaːm] *adj* inefficace

unwirsch ['ʊnvɪrʃ] *adj* bourru(e)

unwirtlich ['ʊnvɪrtlɪç] *adj (Land)*
inhospitalier(-ière), peu accueillant(e)

unwirtschaftlich ['ʊnvɪrtʃaftlɪç] *adj (Verfahren)*
peu rentable *od* économique

unwissend ['ʊnvɪsənt] *adj* ignorant(e)
Unwissenheit *f* ignorance *f*

unwissenschaftlich *adj (Verfahren)* peu
scientifique

unwissentlich *adv* sans le savoir

unwohl ['ʊnvoːl] *adj*: **mir ist ~, ich fühle mich ~**
je ne me sens pas (très) bien; **U~sein (-s)** *nt*
malaise *m*

unwürdig ['ʊnvyrdɪç] *adj (+Gen)* indigne (de)

Unzahl ['ʊntsaːl] *f* quantité *f*

unzählig [ʊn'tsɛːlɪç] *adj* innombrable

unzeitgemäß ['ʊntsaɪtɡəmɛːs] *adj (altmodisch)*
dépassé(e)

un-: ~zerbrechlich *adj* incassable; **~zerstörbar**
adj indestructible; **~zertrennlich** *adj* inséparable

Unzucht ['ʊntsʊxt] *f* attentat *m* aux mœurs *od* à
la pudeur

unzüchtig ['ʊntsyçtɪç] *adj* indécent(e); *(Filme,
Schriften)* pornographique

un-: ~zufrieden *adj* mécontent(e);
U~zufriedenheit *f* mécontentement *m*;
~zugänglich *adj* inaccessible; **allen Mahn~gen
~zugänglich sein** ne pas écouter les
avertissements; **~zulänglich** *adj* insuffisant(e);
~zulässig *adj* inadmissible; **~zumutbar** *adj*
excessif(-ive); **~zurechnungsfähig** *adj*
irresponsable; **für ~zurechnungsfähig erklärt
werden** *(Jur)* être déclaré(e) atteint(e)
d'aliénation mentale; **~zusammenhängend** *adj*
incohérent(e); **~zustellbar** *adj (Brief)*: „**falls
~zustellbar, bitte zurück an Absender**‟ "en
cas d'absence, prière de retourner à
l'expéditeur"; **~zutreffend** *adj* inexact(e);
U~zutreffendes bitte streichen rayer les
mentions inutiles; **~zuverlässig** *adj* peu sûr(e)
od fiable

unzweckmäßig ['ʊntsvɛkmɛːsɪç] *adj (nicht ratsam)*
inopportun(e); *(ungeeignet)* peu approprié(e);
(unpraktisch) peu pratique

unzweideutig ['ʊntsvaɪdɔytɪç] *adj* sans
équivoque

unzweifelhaft ['ʊntsvaɪfəlhaft] *adj* indubitable

Update ['apdeːt] *nt (Comput)* mise *f* à jour

üppig ['ʏpɪç] *adj (Frau, Busen)* plantureux(-euse);
(Essen) copieux(-euse); *(Vegetation)* luxuriant(e);
(Haar) abondant(e)

Ur- ['uːr] *in zW (erste)* premier(-ière); *(ursprünglich)*
originel(le); **~abstimmung** ['uːrapʃtɪmʊŋ] *f*
scrutin *m*

Ural [u'raːl] (**-s**) *m*: **der ~** l'Oural *m*

uralt ['uːrialt] *adj* très vieux (vieille)

Uran [u'raːn] (**-s**) *nt* uranium *m*

Uraufführung *f* première *f*

urbar *adj*: **Land/die Wüste ~ machen** faire
fructifier des terres/verdoyer le désert

Ur-: ~einwohner *mpl* premiers habitants *mpl*;
~eltern *pl* ancêtres *mpl*; **~enkel, in** *m(f)* arrière-
petit-fils (arrière-petite-fille) *m/f*; **~fassung** *f*
version *f* originale; **u~gemütlich** *(umg)* *adj* super
sympa *unver*; **~großeltern** *pl* arrière-grands-
parents *mpl*; **~großmutter** *f* arrière-grand-mère
f; **~großvater** *m* arrière-grand-père *m*

Urheber, in (**-s, -**) *m(f)* instigateur(-trice) *m/f*;
(Autor) auteur *m*; **~recht** *nt* droit *m* d'auteur;
u~rechtlich *adj*: **u~rechtlich geschützt** tous
droits (de reproduction) réservés

urig ['uːrɪç] *(umg)* *adj (Mensch)* truculent(e);
(Atmosphäre) pittoresque

Urin [u'riːn] (**-s, -e**) *m* urine *f*

urkomisch *adj* très drôle, hilarant(e)

Urkunde *f* document *m*, acte *m*; *(Kaufurkunde)*
contrat *m*

Urkundenfälschung *f* faux *m*

urkundlich ['uːrkʊntlɪç] *adj (Nachweis)* écrit(e)
▷ *adv* avec document à l'appui

Urlaub ['uːrlaʊp] (**-(e)s, -e**) *m* congé *m*, vacances
fpl; *(Mil etc)* permission *f*; **~ machen** être en

vacances; **~er, in** (**-s, -**) *m(f)* vacancier(-ière) *m/f*
Urlaubs-: **~geld** *nt* prime *f* de vacances; **~ort** *m*
lieu *m* de villégiature; **u~reif** *adj*: **u~reif sein**
avoir besoin de vacances; **~vertretung** *f*
remplacement *m*; (*Person*) remplaçant(e) *m/f*
Urmensch *m* homme *m* préhistorique
Urne ['ʊrnə] *f* urne *f*; **zur ~ gehen** aller aux urnes
Urologe [uro'loːgə] *m* urologue *m*
urplötzlich ['uːr'plœtslɪç] (*umg*) *adv* tout à coup
Ursache ['uːrzaxə] *f* cause *f*; (*Grund*) raison *f*;
    keine ~! il n'y a pas de quoi!; (*auf Entschuldigung*) il
    n'y a pas de mal!
ursächlich ['uːrzɛçlɪç] *adj* causal(e)
Ursprung ['uːrʃprʊŋ] *m* origine *f*; (*von Fluß*)
    source *f*
ursprünglich ['uːrʃprʏŋlɪç] *adj* (*anfänglich*)
    initial(e) ▷ *adv* (*anfangs*) au départ
Ursprungsland *nt* pays *m* d'origine
Ursprungszeugnis *nt* certificat *m* d'origine
Urteil ['ʊrtaɪl] (**-s, -e**) *nt* jugement *m*; (*Jur*)
    sentence *f*, verdict *m*; **ein ~ über etw** *Akk* **fällen**
    prononcer *od* porter un jugement sur qch; **sich**
    Dat **ein ~ über etw** *Akk* **erlauben** se permettre de
    juger qch; **u~en** *vi* juger; **über etw** *Akk* **u~en**
    juger qch
Urteilsbegründung *f* attendus *mpl* du jugement
Urteilsspruch *m* sentence *f*

Urtrieb ['uːrtriːp] (**-(e)s**) *m* instinct *m* primitif,
    pulsion *f*
urtümlich ['uːrtyːmlɪç] *adj* primitif(-ive);
    (*Landschaft*) intact(e)
Uruguay [uru'guaːi] (**-s**) *nt* l'Uruguay *m*; **~er, in**
    m(f) Uruguayen(ne) *m/f*; **u~isch** *adj*
    uruguayen(ne)
Ur-: **~wald** *m* forêt *f* vierge; **u~wüchsig** *adj*
    (*Landschaft*) intact(e); **~zeit** *f* préhistoire *f*; **vor**
    ~zeiten (*umg*) il y a une éternité; **seit ~zeiten**
    (*umg*) depuis toujours
USA *pl abk* = *Vereinigte Staaten von Amerika*; **die ~** les
    USA *mpl*
Usambaraveilchen [uzam'baːrafaɪlçən] *nt* (*Bot*)
    saintpaulia *m*
Usbekistan [ʊs'beːkistaːn] *nt* l'Ouzbékistan *m*
usw. *abk* (= *und so weiter*) etc.
Utensilien [utɛn'ziːliən] *pl* ustensiles *mpl*
Utopie [uto'piː] *f* utopie *f*
utopisch [u'toːpɪʃ] *adj* utopique
u. U. *abk* = *unter Umständen*
UV *abk* = *ultraviolett*; **UV-Strahlen** rayons *mpl* UV
u. v. a. (m.) *abk* (= *und vieles anderes (mehr)*) et
    beaucoup d'autres
u. W. *abk* (= *unseres Wissens*) à notre connaissance
Ü-Wagen *m* car *m* de reportage
uzen ['uːtsən] (*umg*) *vt, vi* charrier

Vv

V, v [faʊ] *nt* (*Buchstabe*) V, v *m*; **V wie Viktor** ≈ V comme Victor

V *abk* (= *Volt*) V; = **Vers**

v. a. *abk* (= *vor allem*) avant tout

Vaduz [fa'dʊts] *nt* Vaduz

Vagabund [vaga'bʊnt] (**-en, -en**) *m* vagabond *m*

vagabundieren [vagabʊn'diːrən] *vi* vagabonder

vag(e) *adj* vague

Vagina [va'giːna] (**-, Vaginen**) *f* vagin *m*

Vakuum ['vaːkuʊm] (**-s, Vakua** *od* **Vakuen**) *nt* vide *m*; **~packung** *f* emballage *m* sous vide; **v~verpackt** *adj* emballé(e) sous vide

Valuta [va'luːta] (**-, -ten**) *f* devise *f*

Vampir ['vampiːr] (**-s, -e**) *m* vampire *m*

Vandalismus [vanda'lɪsmʊs] *m* vandalisme *m*

Vanille [va'nɪljə] *f* vanille *f*; **~stange** *f* gousse *f* de vanille; **~zucker** *m*, **~zucker** *m* sucre *m* vanillé

V. A. R. *f abk* (= *Vereinigte Arabische Republik*) RAU *f*

variabel [vari'aːbəl] *adj* variable

Variable [vari'aːblə] *f* variable *f*

Variante [vari'antə] *f* variante *f*

Variation [variatsi'oːn] *f* variation *f*

Varieté, Varietee [varie'teː] (**-s, -s**) *nt* music-hall *m*

variieren [vari'iːrən] *vt, vi* varier

Vase ['vaːzə] *f* vase *m*

Vater ['faːtər] (**-s, ̈**) *m* père *m*; **~ Staat** (*umg*) l'État *m*; **~land** *nt* patrie *f*

väterlich ['fɛːtərlɪç] *adj* paternel(le)

väterlicherseits *adv* du côté paternel

Vater-: ~schaft *f* paternité *f*; **~schaftsklage** *f* action *f* en recherche de paternité; **~stadt** *f* ville *f* natale; **~stelle** *f*: **~stelle bei jdm vertreten** tenir lieu de père à qn; **~unser** (**-s, -**) *nt* Notre Père *m*

Vati ['faːti] (**-s, -s**) (*umg*) *m* papa *m*

Vatikan [vati'kaːn] (**-s**) *m* Vatican *m*

V-Ausschnitt ['faʊlaʊsʃnɪt] *m* encolure *f* en V

v. Chr. *abk* (= *vor Christus*) av. J.-C.

Vegetarier, in [vege'taːriər(ɪn)] (**-s, -**) *m(f)* végétarien(ne) *m/f*

vegetarisch *adj* végétarien(ne)

Vegetation [vegetatsi'oːn] *f* végétation *f*

vegetieren [vege'tiːrən] (*pej*) *vi* végéter

Vehikel [ve'hiːkəl] (**-s, -**) (*pej: umg: Auto*) *nt* tacot *m*

Veilchen ['faɪlçən] *nt* violette *f*; (*umg: blaues Auge*) œil *m* au beurre noir

Vektor ['vɛktɔr] (**-s, -en**) *m* vecteur *m*

Velours(leder) [vəˈluːr(leːdər)] *nt* daim *m*

Vene ['veːnə] *f* veine *f*

Venedig [ve'neːdɪç] *nt* Venise

venezianisch [venetsi'aːnɪʃ] *adj* vénitien(ne)

Venezolaner, in [venetso'laːnər(ɪn)] (**-s, -**) *m(f)* Vénézuélien(ne) *m/f*

venezolanisch *adj* vénézuélien(ne)

Venezuela [venetsu'eːla] (**-s**) *nt* le Venezuela

Ventil [vɛn'tiːl] (**-s, -e**) *nt* (*Luftventil, Dampfventil*) valve *f*, soupape *f*

Ventilator [vɛntila'toːr] *m* ventilateur *m*

verabreden [fɛr'apreːdən] *vt* convenir de, fixer ▷ *vr*: **sich mit jdm ~** prendre rendez-vous avec qn; **mit jdm verabredet sein** avoir rendez-vous avec qn; **schon verabredet sein** être déjà pris

Verabredung *f* accord *m*; (*Treffen*) rendez-vous *m inv*; **ich habe eine ~** j'ai rendez-vous

verabreichen [fɛr'apraɪçən] *vt* (*Medikament etc*) donner

verabscheuen [fɛr'apʃɔʏən] *vt* détester

verabschieden [fɛr'apʃiːdən] *vt* prendre congé de; (*Gesetz*) adopter ▷ *vr*: **sich (von jdm) ~** prendre congé (de qn)

Verabschiedung *f* (*von Menschen*) adieux *mpl*; (*Feier*) réception *f* d'adieu; (*von Gesetz*) adoption *f*

verachten [fɛr'axtən] *vt* mépriser; **das ist nicht zu ~** (*umg*) il ne faut pas cracher dessus

verächtlich [fɛr'ɛçtlɪç] *adj* (*voller Verachtung*) méprisant(e); (*verachtenswert*) méprisable; **jdn ~ machen** dénigrer qn

Verachtung *f* mépris *m*; **jdn/etw mit ~ strafen** traiter qn/qch avec mépris

veralbern [fɛr'albərn] (*umg*) *vt* ridiculiser

verallgemeinern [fɛralgə'maɪnərn] *vt* généraliser

Verallgemeinerung *f* généralisation *f*

veralten [fɛr'altən] *vi* tomber en désuétude; (*Buch, These*) être dépassé(e)

Veranda [ve'randa] (**-, Veranden**) *f* véranda *f*

veränderlich [fɛr'ɛndərlɪç] *adj* variable; (*Mensch, Wesen*) changeant(e), lunatique

Veränderlichkeit *f* variabilité *f*

verändern *vt* transformer ▷ *vr* changer;

(beruflich) changer d'emploi
Veränderung f changement m; **eine berufliche**
~ un changement d'emploi
verängstigen [fɛr'ɛŋstɪgən] vt *(erschrecken)*
effrayer, faire peur à; *(einschüchtern)* intimider
verankern [fɛr'aŋkərn] vt *(Schiff)* amarrer; *(fig)*
ancrer
veranlagen [fɛr'anla:gən] vt *(für Steuerzwecke)*
imposer
veranlagt *adj*: **künstlerisch** ~ **sein** avoir des
talents artistiques; **praktisch** ~ **sein** avoir un
certain sens pratique; **zu** *od* **für etw** ~ **sein** être
fait(e) pour qch
Veranlagung f *(Steuerveranlagung)* avis m
d'imposition, feuille f d'impôts; *(körperlich)*
prédisposition f; *(angeborene Fähigkeit)* don m
veranlassen [fɛr'anlasən] vt: **Maßnahmen** ~
faire en sorte que des mesures soient prises;
eine Untersuchung/alles Nötige ~ faire une
enquête/le nécessaire; **sich veranlasst sehen,**
etw zu tun se voir dans l'obligation de faire qch;
jdn zu etw ~ pousser qn à faire qch
Veranlassung f *(Anlaß)* raison f; **auf jds** ~ **(hin)** à
l'instigation de qn
veranschaulichen [fɛr'anʃaʊlɪçən] vt illustrer
Veranschaulichung f illustration f
veranschlagen [fɛr'anʃla:gən] vt *(Kosten)* estimer
veranstalten [fɛr'anʃtaltən] vt organiser; *(Lärm)*
faire
Veranstalter, in (**-s, -**) m(f) organisateur(-trice) m/f
Veranstaltung f *(Veranstalten)* organisation f;
(Ereignis) manifestation f; *(feierlich, öffentlich)*
cérémonie f
Veranstaltungskalender m calendrier m des
manifestations
verantworten [fɛr'antvɔrtən] vt assumer la
responsabilité de ▷ vr: **sich (vor jdm) für etw** ~
répondre de qch (devant qn); ~ **vor** +Dat répondre
devant
verantwortlich *adj* responsable; **jdn für etw** ~
machen rendre qn responsable de qch
Verantwortlichkeit f responsabilité f
Verantwortung f responsabilité f; **jdn zur** ~
ziehen demander des comptes à qn; **auf eigene**
~ à ses risques et périls
verantwortungs-: ~**bewusst** *adj* responsable;
V~gefühl nt sens m des responsabilités; ~**los** *adj*
irresponsable; ~**voll** *adj* *(Aufgabe)* qui comporte
des responsabilités; *(Beruf, Position)* à
responsabilités; *(Mensch)* responsable
verarbeiten [fɛr'arbaɪtən] vt *(Material)* travailler;
(Motiv) utiliser; *(bewältigen)* assimiler; **Holz zu**
Papier ~ transformer du bois en papier; ~**de**
Industrie industrie f de transformation
verarbeitet *adj*: **gut** ~ bien fini(e)
Verarbeitung f *(Art und Weise)* finition f;
(Bewältigung) assimilation f
verärgern [fɛr'ɛrgərn] vt mécontenter, irriter
verarmen [fɛr'armən] vi s'appauvrir
verarschen [fɛr'arʃən] *(umg!)* vt se foutre de
(umg!)
verarzten [fɛr'a:rtstən] vt soigner

verausgaben [fɛr'laʊsga:bən] vr *(finanziell)* se
ruiner; *(fig)* se donner à fond
veräußern [fɛr'lɔʏsərn] vt *(Jur: förmlich)* céder
Verb [vɛrp] (**-s, -en**) nt verbe m
Verb. *abk* = **Verband**
verbal [vɛr'ba:l] *adj* verbal(e)
verband *etc* [fɛr'bant] *vb siehe* **verbinden**
Verband (**-(e)s, ¨e**) m *(Med)* bandage m; *(Bund)*
association f; *(Mil)* unité f, formation f
Verband(s)-: **Verband(s)kasten** m pharmacie f
(portative); **Verband(s)päckchen** nt bande f de
gaze *(enroulée)*; **Verband(s)stoff** m (bande f de)
gaze f; **Verband(s)zeug** nt pansements mpl
verbannen [fɛr'banən] vt bannir
Verbannung f bannissement m
verbarrikadieren [fɛrbarika'di:rən] vt barricader
▷ vr se barricader
verbauen [fɛr'baʊən] vt: **sich** *Dat* **die Zukunft/**
alle Chancen ~ gâcher ses perspectives d'avenir/
toutes ses chances ▷ vt *(zum Bauen verwenden)*
utiliser
verbeißen [fɛr'baɪsən] vt: **sich** *Dat* **eine**
Bemerkung/das Lachen ~ se mordre les lèvres
pour ne pas faire une remarque/ne pas éclater de
rire
verbergen [fɛr'bɛrgən] *unreg* vt cacher ▷ vr se
cacher; **etw vor jdm** ~ cacher qch à qn
verbessern [fɛr'bɛsərn] vt *(besser machen)*
améliorer; *(berichtigen)* corriger ▷ vr s'améliorer;
(beruflich, finanziell) améliorer sa condition
verbessert *adj* *(Ausgabe, Auflage)* revu(e) et
corrigé(e)
Verbesserung f amélioration f; *(Berichtigung)*
correction f
verbeugen [fɛr'bɔʏgən] vr: **sich** ~ **vor** +Dat
s'incliner devant
Verbeugung f révérence f
verbiegen [fɛr'bi:gən] *unreg* vt tordre
verbieten [fɛr'bi:tən] *unreg* vt interdire
verbilligen [fɛr'bɪlɪgən] vt réduire le prix de ▷ vr
devenir moins cher; **verbilligte Waren**
marchandises à prix réduit
verbinden [fɛr'bɪndən] *unreg* vt *(Orte)* relier;
(Menschen) lier; *(kombinieren)* combiner; *(Med)*
panser; *(Tel)* mettre en communication ▷ vr *(zu*
Bündnis) s'unir; *(Chem)* se combiner; **jdm die**
Augen ~ bander les yeux de qn; **etw mit etw** ~
(in Zusammenhang bringen) associer qch à *od* avec
qch; **können Sie mich bitte mit Herrn Meyer**
~? pourriez-vous me passer M. Meyer, s'il vous
plaît?; **ich bin/Sie sind falsch verbunden** je me
suis/vous vous êtes trompé(e) de numéro
verbindlich [fɛr'bɪntlɪç] *adj* *(bindend)* obligatoire;
(freundlich) aimable; ~ **zusagen** consentir
formellement
Verbindlichkeit f *(bindender Charakter)* caractère m
obligatoire; *(Höflichkeit)* obligeance f;
Verbindlichkeiten pl obligations fpl
Verbindung f *(von Orten)* liaison f; *(Beziehung)*
contact m; *(Zusammenschluss, Bündnis)* association
f; *(Kombination)* combinaison f; *(Zugverbindung,*
Verkehrsverbindung) liaison; *(Tel: Anschluss)*

communication f; (Chem) composé m;
(Studentenverbindung) corporation f; **mit jdm in
~ stehen** être en contact avec qn; **sich in ~
setzen (mit)** prendre contact (avec); **keine ~
bekommen** (Tel) ne pas obtenir la
communication

Verbindungsmann (-s, -männer od -leute) m
intermédiaire m; (Agent) agent m de liaison

Verbindungsstraße f voie f de communication

verbissen [fɛr'bɪsən] adj (Kampf, Gegner)
acharné(e); (Gesichtsausdruck) tendu(e); **V~heit** f
(siehe adj) acharnement m; aspect m tendu

verbitten [fɛr'bɪtən] unreg vt: **sich** Dat **etw ~** ne
pas tolérer qch

verbittern [fɛr'bɪtərn] vt (Menschen) aigrir ▷ vi
s'aigrir; **jdm des Lebens ~** empoisonner la vie
de qn

verblassen [fɛr'blasən] vi s'estomper

Verbleib [fɛr'blaɪp] (-(e)s) m (geh): **sein ~** l'endroit
m où il se trouve; **v~en** [fɛr'blaɪbən] unreg vi (geh)
rester; **wir sind so verblieben, dass wir ...** nous
sommes convenu(e)s que nous ...

verbleit adj (Benzin) au plomb

verblenden [fɛr'blɛndən] vt (Menschen) aveugler

Verblendung [fɛr'blɛndʊŋ] f (fig) aveuglement m

verblöden [fɛr'blø:dən] (umg) vi s'abrutir

verblüffen [fɛr'blyfən] vt épater

Verblüffung f: **zu meiner ~** à ma (grande)
stupéfaction

verblühen [fɛr'bly:ən] vi se faner

verbluten [fɛr'blu:tən] vi mourir d'hémorragie

verbohren [fɛr'bo:rən] (umg) vr: **sich in etw** Akk **~**
(Idee) s'obstiner dans qch

verbohrt (pej) adj obstiné(e)

verborgen [fɛr'bɔrgən] adj caché(e); **~e Mängel**
vices mpl cachés

Verbot [fɛr'bo:t] (-(e)s, -e) nt interdiction f

verboten adj interdit(e), défendu(e); **Rauchen ~!**
défense de fumer!; **Zutritt ~!** entrée interdite!;
er sah ~ aus (umg) il était accoutré d'une
manière pas possible

verbotenerweise adv en dépit de l'interdiction

Verbotsschild nt panneau m d'interdiction

verbrämen [fɛr'brɛ:mən] vt (fig) enjoliver

Verbrauch [fɛr'braux] (-(e)s) m consommation f;
sparsam im ~ économique

verbrauchen vt (Benzin, Energie) consommer;
(Vorrat) utiliser; (Geld) dépenser; (Kraft) épuiser;
**der Wagen verbraucht 10 Liter Benzin auf 100
km** la voiture fait du 10 litres aux 100

Verbraucher, in (-s, -) m(f) consommateur(-trice)
m/f; **~markt** m hypermarché m; **~schutz** m
protection f des consommateurs; **~verband** m
association f de consommateurs

Verbrauchsgüter pl biens mpl de consommation

verbraucht adj usé(e); (Luft) vicié(e)

verbrechen [fɛr'brɛçən] unreg (umg) vt
commettre, faire; **V~** (-s, -) nt crime m

Verbrecher, in (-s, -) m(f) criminel(le) m/f; **v~isch**
adj criminel(le); **~kartei** f casier m judiciaire

verbreiten [fɛr'braɪtən] vt (Nachricht, Schrecken,
Ruhe) répandre; (Licht, Wärme) diffuser ▷ vr

(Nachricht, Seuche) se propager; **sich über etw** Akk
~ s'étendre sur qch; **weit verbreitet**
= **weitverbreitet**

verbreitern [fɛr'braɪtərn] vt élargir

Verbreitung f (von Nachricht, Schrecken, Krankheit)
propagation f

verbrennbar adj combustible

verbrennen [fɛr'brɛnən] unreg vt brûler; (Leiche)
incinérer; (Haar) roussir; (verbrühen) ébouillanter
▷ vi brûler; **sich** Dat **den Mund ~** (fig: umg) en
dire trop long, gaffer

Verbrennung f (Med) brûlure f; (von Leiche,
Abfällen) incinération f; (in Motor; von Papier)
combustion f

Verbrennungsanlage f centrale f d'incinération

Verbrennungsmotor m moteur m à explosion

verbriefen [fɛr'bri:fən] vt confirmer par écrit

verbringen [fɛr'brɪŋən] unreg vt passer

verbrüdern [fɛr'bry:dərn] vr: **sich mit jdm ~**
fraterniser avec qn

Verbrüderung [fɛr'bry:dərʊŋ] f fraternisation f

verbrühen [fɛr'bry:ən] vt ébouillanter ▷ vr
s'ébouillanter

verbuchen [fɛr'bu:xən] vt (Finanz) enregistrer;
(Erfolg) mettre à son actif; (Misserfolg) essuyer

verbummeln [fɛr'bʊməln] (umg) vt (Zeit) perdre;
(Verabredung) rater

Verbund [fɛr'bʊnt] (-(e)s, -e) m (Wirts) trust m

verbunden [fɛr'bʊndən] pp von **verbinden** ▷ adj:
jdm ~ sein être l'obligé(e) de qn

verbünden [fɛr'byndən] vr s'allier

Verbundenheit f attachement m

Verbündete, r f(m) allié(e) m/f

verbundfahren unreg vi = circuler avec une carte
(en utilisant plusieurs moyens de transport)

Verbundglas nt verre m feuilleté

verbürgen [fɛr'byrgən] vr: **sich für jdn/etw ~**
répondre de qn/qch ▷ vt (garantieren) garantir;
ein verbürgtes Recht un droit acquis

verbüßen [fɛr'by:sən] vt (Strafe) purger

verchromt [fɛr'kro:mt] adj chromé(e)

Verdacht [fɛr'daxt] (-(e)s) m soupçon m; **~
schöpfen** avoir des soupçons; **jdn in ~ haben**
soupçonner qn; **es besteht ~ auf Krebs** on
craint qu'il ne s'agisse d'un cancer; **auf ~** (umg) à
tout hasard

verdächtig [fɛr'dɛçtɪç] adj suspect(e); **~en**
[fɛr'dɛçtɪgən] vt (+Gen) soupçonner (de); **V~ung** f
suspicion f

verdammen [fɛr'damən] vt condamner; **jdn/
etw zu etw ~** condamner qn/qch à qch

Verdammnis (-, -se) f damnation f

verdammt (umg!) adj sacré(e) (umg) ▷ adv
sacrément (umg); **~ noch mal!** nom de Dieu!
(umg!)

verdampfen [fɛr'dampfən] vi s'évaporer ▷ vt
faire évaporer

verdanken [fɛr'daŋkən] vt: **jdm etw ~** devoir qch
à qn

verdarb etc [fɛr'darp] vb siehe **verderben**

verdattert [fɛr'datərt] (umg) adj ahuri(e) ▷ adv
d'un air ahuri

verdauen [fɛr'dauən] vt digérer
verdaulich [fɛr'dauliç] adj digestible, digeste;
  schwer ~ indigeste; **leicht ~** très digeste, facile à
  digérer
Verdauung f digestion f
Verdauungsbeschwerden pl troubles mpl
  digestifs
Verdauungsstörung f indigestion f
Verdeck [fɛr'dɛk] (-(e)s, -e) nt (Aut) capote f;
  (Naut) pont m supérieur
verdecken vt cacher
verdenken [fɛr'dɛŋkən] unreg vt: **jdm etw ~** tenir
  rigueur de qch à qn
verderben [fɛr'dɛrbən] unreg vt gâcher; (moralisch)
  corrompre, pervertir ▷ vi (Essen) s'avarier;
  (Mensch) être corrompu(e); **sich den Magen ~** se
  rendre malade; **sich die Augen ~** s'abîmer les
  yeux od la vue; **es sich** Dat **mit jdm ~** se brouiller
  avec qn
Verderben (-s) nt perte f
verderblich adj (Einfluss) nocif(-ive), mauvais(e);
  (Lebensmittel) périssable
verderbt adj (veraltet) corrompu(e); **V~heit** f
  dépravation f
verdeutlichen [fɛr'dɔytliçən] vt expliquer
verdichten [fɛr'dɪçtən] vt (Phys, Tech) comprimer
  ▷ vr (Nebel) s'épaissir; (Verdacht, Eindruck)
  s'intensifier
Verdichter m compresseur m
verdienen [fɛr'di:nən] vt (Geld) gagner; (moralisch)
  mériter ▷ vi: **~ an** +Dat (Gewinn machen) tirer
  profit de
Verdienst [fɛr'di:nst] (-(e)s, -e) m (Einkommen)
  revenu m ▷ nt mérite m; **~(e) um** services mpl
  rendus à; **v~voll** adj méritoire
verdient [fɛr'di:nt] adj mérité(e); (Person)
  émérite; **sich um etw ~ machen** bien mériter
  de qch
verdirbt etc [fɛr'dɪrpt] vb siehe **verderben**
verdolmetschen [fɛr'dɔlmɛtʃən] (umg) vt
  traduire
verdonnern [fɛr'dɔnərn] (umg) vt (zu Haft etc)
  condamner; **jdn zu etw ~** condamner qn à qch
verdoppeln [fɛr'dɔpəln] vt doubler; **seine
  Anstrengungen ~** redoubler d'efforts
Verdopp(e)lung f redoublement m
verdorben [fɛr'dɔrbən] pp von **verderben** ▷ adj
  (Essen) avarié(e); (moralisch) corrompu(e),
  dépravé(e)
verdorren [fɛr'dɔrən] vi se dessécher
verdrängen [fɛr'drɛŋən] vt refouler
Verdrängung f refoulement m
verdrecken [fɛr'drɛkən] vt salir
verdrehen [fɛr'dre:ən] vt (Hals, Kopf) tourner;
  (Augen) rouler; (Sinn, Wahrheit) fausser; **jdm den
  Kopf ~** tourner la tête à qn
verdreht (umg: pej) adj (Mensch) toqué(e)
verdreifachen [fɛr'draɪfaxən] vt tripler
verdrießen [fɛr'dri:sən] unreg vt contrarier
verdrießlich [fɛr'dri:slɪç] adj (Mensch, Miene)
  renfrogné(e), dépité(e)
verdross etc [fɛr'drɔs] vb siehe **verdrießen**

verdrossen [fɛr'drɔsən] pp von **verdrießen** ▷ adj
  (lustlos) morose
verdrücken [fɛr'drʏkən] (umg) vt (essen) engloutir
  ▷ vr (sich fortschleichen) filer
Verdruss [fɛr'drʊs] (-es, -e) m contrariété f; **zu
  jds ~** au grand déplaisir de qn
verduften [fɛr'dʊftən] vi s'évaporer; (umg) se
  volatiliser
verdummen [fɛr'dʊmən] vt abrutir ▷ vi s'abrutir
Verdummung f abrutissement m
verdunkeln [fɛr'dʊŋkəln] vt (Raum) obscurcir;
  (Tat) camoufler ▷ vr (Himmel) s'assombrir
Verdunk(e)lung f (Vorrichtung) store m; (fig)
  camouflage m; (Jur) suppression f de preuves
verdünnen [fɛr'dʏnən] vt (Flüssigkeit) diluer
Verdünner (-s, -) m diluant m
verdunsten [fɛr'dʊnstən] vi s'évaporer
Verdunstung f évaporation f
verdursten [fɛr'dʊrstən] vi mourir de soif
verdutzt [fɛr'dʊtst] adj déconcerté(e)
verebben [fɛr'ɛbən] vi décroître (peu à peu)
veredeln [fɛr'le:dəln] vt (Metalle) affiner; (Erdöl)
  raffiner; (Fasern) apprêter; (Bot) greffer
verehren [fɛr'le:rən] vt admirer; (Rel) vénérer;
  jdm etw ~ (umg: schenken) faire cadeau de qch
  à qn
Verehrer, in (-s, -) m(f) admirateur(-trice) m/f;
  (Liebhaber auch) soupirant m
verehrt adj honoré(e), vénéré(e); **(sehr) ~e
  Anwesende** od **Gäste!** Mesdames et Messieurs!;
  sehr ~es Publikum! Mesdames et Messieurs!;
  Sehr ~e Frau Meier (Briefanrede) Madame
Verehrung f admiration f; (Rel) vénération f
vereidigen [fɛr'laɪdɪgən] vt assermenter; **jdn auf
  etw** Akk **~** faire prêter serment à qn sur qch
Vereidigung f prestation f de serment
Verein [fɛr'laɪn] (-(e)s, -e) m association f, société
  f; **ein wohltätiger ~** une association charitable;
  v~bar adj compatible
vereinbaren [fɛr'laɪnba:rən] vt (Ort, Termin,
  Bedingungen) convenir de; (Gegensätze) concilier;
  etw mit seinem Gewissen nicht ~ können
  trouver qch moralement inacceptable
Vereinbarkeit f compatibilité f
Vereinbarung f (Übereinkommen) accord m; **laut ~**
  comme convenu
vereinen vt unir; (Prinzipien) concilier; **mit
  vereinten Kräften** tous ensemble; **die
  Vereinten Nationen** les Nations fpl unies
vereinfachen [fɛr'laɪnfaxən] vt simplifier
Vereinfachung f simplification f
vereinheitlichen [fɛr'laɪnhaɪtlɪçən] vt
  uniformiser
vereinigen [fɛr'laɪnɪgən] vt réunir ▷ vr
  (zusammentreffen) se réunir; **sich ~ mit** s'unir à;
  die Vereinigten Staaten les États-Unis mpl; **die
  Vereinigten Arabischen Emirate** les Émirats
  mpl Arabes Unis; **das Vereinigte Königreich** le
  Royaume-Uni
Vereinigung f union f; (Verein) association f
vereinnahmen [fɛr'laɪnna:mən] vt (Geld, Zinsen)
  encaisser; **jdn (für sich) ~** accaparer qn

vereinsamen [fɛrˈlaɪnzaːmən] vi devenir (de plus en plus) solitaire

vereint adj uni(e)

vereinzelt [fɛrˈlaɪntsəlt] adj isolé(e)

vereisen [fɛrˈlaɪzən] vi geler ▷ vt (Med) insensibiliser

vereiteln [fɛrˈlaɪtəln] vt (Plan) déjouer

vereitern [fɛrˈlaɪtərn] vi s'infecter

vereitert adj (Med) infecté(e)

verelenden [fɛrˈleːlɛndən] vi tomber dans la misère

verenden [fɛrˈlɛndən] vi périr

verengen [fɛrˈlɛŋən] vr rétrécir

vererben [fɛrˈlɛrbən] vt léguer; (Biol) transmettre ▷ vr se transmettre

vererblich [fɛrˈlɛrplɪç] adj héréditaire

Vererbung f hérédité f, transmission f (héréditaire)

Vererbungslehre f génétique f

verewigen [fɛrˈleːvɪgən] vt immortaliser ▷ vr (umg) laisser des traces

Verf. abk = **Verfasser**

verfahren [fɛrˈfaːrən] unreg vi (handeln) procéder ▷ vt (Geld) dépenser (en transports); (Benzin) consommer; (Fahrkarte) utiliser ▷ vr (Weg verlieren) se tromper de route ▷ adj (Situation) sans issue

Verfahren (-s, -) nt procédé m; (Jur) procédure f

Verfahrensweise f manière f de procéder

Verfall [fɛrˈfal] (-(e)s) m déclin m; (von Gebäude) délabrement m; (von Gutschein, Garantie, Wechsel) échéance f

verfallen unreg vi (Reich) tomber en décadence; (Gebäude) tomber en ruine; (Mensch) décliner; (ungültig werden) expirer ▷ adj (Gebäude) délabré(e); (Karten, Briefmarken, Pass) périmé(e); **~ in** +Akk (Schlaf) sombrer dans; (Schweigen) tomber dans; **~ auf** +Akk (Gedanken) avoir; (neues Projekt) avoir l'idée de; **jdm völlig ~ sein** être l'esclave de qn; **einem Laster ~ sein** s'adonner à un vice

Verfallsdatum nt date f d'expiration; (der Haltbarkeit) date limite de consommation

verfälschen [fɛrˈfɛlʃən] vt (Bericht) falsifier; (Lebensmittel) dénaturer

verfangen [fɛrˈfaŋən] unreg vr (in Netz etc) être pris(e); (in Widersprüchen) s'empêtrer

verfänglich [fɛrˈfɛŋlɪç] adj (Frage, Situation) délicat(e); (Aussage, Beweismaterial etc) compromettant(e)

verfärben [fɛrˈfɛrbən] vr changer de couleur

verfassen [fɛrˈfasən] vt (Rede) rédiger; (Urkunde) établir

Verfasser, in (-s, -) m(f) auteur m

Verfassung f (auch Pol) constitution f; (Zustand) état m; **sie ist in guter/schlechter ~** elle va bien/mal

Verfassungs-: **v~feindlich** adj hostile à la constitution, anticonstitutionnel(le); **~gericht** nt cour constitutionnelle; **v~mäßig** adj constitutionnel(le); **~schutz** m (Aufgabe) protection f de la constitution; (Amt) office chargé de s'assurer que la constitution est respectée; **v~widrig** adj anticonstitutionnel(le)

verfaulen [fɛrˈfaʊlən] vi pourrir

verfechten [fɛrˈfɛçtən] unreg vt défendre

Verfechter [fɛrˈfɛçtər(ɪn)] (-s, -) m défenseur m

verfehlen [fɛrˈfeːlən] vt manquer, rater; **das Thema ~** être à côté de la question

verfehlt adj (Versuch, Politik) manqué(e), infructueux(-euse); (Bemerkung, Annahme) déplacé(e); **es wäre ~, etw zu tun** ce serait une erreur de faire qch

Verfehlung f (Verstoß) infraction f, manquement m

verfeinern [fɛrˈfaɪnərn] vt améliorer

verfertigen [fɛrˈfɛrtɪgən] vt fabriquer

verfestigen [fɛrˈfɛstɪgən] vr (fester werden: Klebstoff) durcir; (Gewohnheit) s'enraciner

verfeuern [fɛrˈfɔʏərn] vt (Heizmaterial) brûler; (Munition) utiliser

verfilmen [fɛrˈfɪlmən] vt filmer

Verfilmung f adaptation f cinématographique

verfilzen [fɛrˈfɪltsən] vi (Stoff etc) feutrer; (Haare) s'emmêler

verflachen [fɛrˈflaxən] vi (Gelände) devenir plus plat(e); (Diskussion) tomber dans les platitudes

verfliegen [fɛrˈfliːgən] unreg vi (Duft, Ärger) se dissiper; (Zeit) passer très vite ▷ vr se perdre

verflixt [fɛrˈflɪkst] (umg) adj (verdammt) fichu(e), sacré(e) ▷ adv bigrement, bougrement

verflossen [fɛrˈflɔsən] adj (Zeiten, Monat) passé(e); (umg: Liebhaber) ancien(ne)

verfluchen [fɛrˈfluːxən] vt maudire

verflüchtigen [fɛrˈflʏçtɪgən] vr (Alkohol etc) se volatiliser; (Geruch) disparaître

verfolgen [fɛrˈfɔlgən] vt poursuivre; (Pol) persécuter; (Spur, Plan, Entwicklung) suivre; **jdn gerichtlich ~** poursuivre qn en justice; **vom Pech verfolgt werden** od **sein** jouer de malchance

Verfolger, in (-s, -) m(f) poursuivant(e) m/f

Verfolgte, r f(m) (Pol) victime f de persécutions (politiques)

Verfolgung f (von Mensch) poursuite f; (Pol) persécution f; (von Plan, Entwicklung) fait de suivre; **strafrechtliche ~** poursuites fpl judiciaires

Verfolgungswahn m folie f de la persécution

verfrachten [fɛrˈfraxtən] vt (Waren) expédier

verfremden [fɛrˈfrɛmdən] vt appliquer l'effet de distanciation à

verfressen [fɛrˈfrɛsən] (umg: pej) adj goinfre

verfrüht [fɛrˈfryːt] adj prématuré(e)

verfügbar adj disponible

verfügen [fɛrˈfyːgən] vt (anordnen) ordonner ▷ vr (geh) se rendre ▷ vi: **~ über** +Akk disposer de; **über etw** Akk **frei ~ können** pouvoir disposer librement de qch

Verfügung f (Anordnung) décret m; (Jur) arrêt m; **jdm etw zur ~ stellen** mettre qch à la disposition de qn; **etw zur freien ~ haben** avoir qch à sa disposition; **jdm zur ~ stehen** être à la disposition de qn

Verfügungsgewalt f (Jur) pouvoir m de disposition

verführen [fɛrˈfyːrən] vt (sexuell) séduire; (die Jugend, das Volk etc) dévoyer; **jdn zu etw ~** pousser qn à faire qch

Verführer, in **(-s, -)** m(f) séducteur(-trice) m/f

verführerisch adj (Angebot, Duft, Anblick) tentant(e); (Aussehen) séduisant(e)

Verführung f séduction f; (Versuchung) tentation f

Vergabe [fɛr'ga:bə] f (von Arbeiten) adjudication f; (von Stipendium, Auftrag etc) attribution f

vergällen [fɛr'gɛlən] vt: **jdm die Freude/das Leben ~** gâcher la joie/la vie de qn

vergammeln [fɛr'gaməln] (umg) vi se laisser aller; (Nahrung) devenir immangeable ▷ vt (Zeit) perdre

vergangen [fɛr'gaŋən] adj (Jahr, Woche) dernier(-ière), passé(e); **V~heit** f passé m; (geschichtlich) histoire f; **V~heitsbewältigung** f fait d'assumer son passé

vergänglich [fɛr'gɛŋlıç] adj passager(-ère); **V~keit** f caractère m passager

vergasen [fɛr'ga:zən] vt (Kohle) gazéifier; (töten) gazer

Vergaser **(-s, -)** m (Aut) carburateur m; **~motor** m moteur m à explosion

vergaß etc [fɛr'ga:s] vb siehe **vergessen**

vergeben [fɛr'ge:bən] unreg vt (verzeihen) pardonner; (weggeben) donner; **~ an** +Akk attribuer à; **sich** Dat **etwas/nichts ~** perdre/ne pas perdre la face; **~ sein** (umg: verlobt, verheiratet) être déjà casé(e)

vergebens adv en vain

vergeblich [fɛr'ge:plıç] adj vain(e), inutile ▷ adv en vain

Vergebung f (Verzeihen) pardon m; (von Preis etc) attribution f; **um ~ bitten** demander pardon

vergegenwärtigen [fɛr'ge:gənvɛrtıgən] vr: **sich** Dat **etw ~** se représenter qch

vergehen [fɛr'ge:ən] unreg vi (Zeit) passer; (Schmerzen) passer, disparaître ▷ vr: **sich gegen ein Gesetz ~** transgresser une loi; **vor Angst ~** mourir de peur; **vor Sehnsucht ~** languir; **sich an jdm ~** violer qn; **ihm vergeht die Lust/der Appetit** il perd l'envie/l'appétit; **V~** **(-s, -)** nt délit m

vergeistigt [fɛr'gaıstıçt] adj: **ein ~er Mensch** un pur esprit

vergelten [fɛr'gɛltən] unreg vt: **etw mit etw ~** rendre qch pour qch; **jdm etw ~** faire payer qch à qn

Vergeltung f vengeance f

Vergeltungsmaßnahme f mesure f de rétorsion

Vergeltungsschlag m représailles fpl

vergesellschaften [fɛrgə'zɛlʃaftən] vt (Wirts) nationaliser; (Soziol) rendre sociable

vergessen [fɛr'gɛsən] unreg vt oublier ▷ vr s'emporter; **das werde ich ihm nie ~** je m'en souviendrai, je le lui revaudrai; **V~heit** f oubli m; **in V~heit geraten** tomber dans l'oubli

vergesslich [fɛr'gɛslıç] adj: **~ werden** perdre la mémoire; **V~keit** f mauvaise mémoire f

vergeuden [fɛr'gɔʏdən] vt gaspiller

vergewaltigen [fɛrgə'valtıgən] vt (Frau, Recht) violer; (Sprache) faire violence à

Vergewaltigung f viol m; (fig) violation f

vergewissern [fɛrgə'vɪsərn] vr s'assurer; **sich einer Sache** Gen ~ s'assurer de qch

vergießen [fɛr'gi:sən] unreg vt (versehentlich) renverser; (Tränen, Blut) verser

vergiften [fɛr'gıftən] vt empoisonner

Vergiftung f empoisonnement m

vergilben [fɛr'gılbən] vi jaunir

Vergissmeinnicht [fɛr'gısmaınnıçt] **(-(e)s, -e)** nt myosotis m

vergisst [fɛr'gıst] vb siehe **vergessen**

vergittern [fɛr'gıtərn] vt munir de grillages, grillager

verglasen [fɛr'gla:zən] vt vitrer

Vergleich [fɛr'glaıç] **(-(e)s, -e)** m comparaison f; (Jur) compromis m; **einen ~ schließen** (Jur) transiger; **in keinem ~ zu etw stehen** être sans comparaison possible avec qch; **im ~ mit** od **zu** en comparaison de, par comparaison à; **v~bar** adj comparable

vergleichen unreg vt comparer ▷ vr se comparer; (Jur) s'arranger, transiger

vergleichsweise adv comparativement

verglühen [fɛr'gly:ən] vi (Feuer) s'éteindre, mourir; (Draht) griller; (Raumkapsel, Meteor etc) se désintégrer

vergnügen [fɛr'gny:gən] vr s'amuser; **V~** **(-s, -)** nt plaisir m, joie f; **etw macht jdm (großes) V~** qch fait (très) plaisir à qn; **das war ein teures V~** (umg) voilà un plaisir coûteux; **viel V~!** amusez-vous od amuse-toi bien!; **nur zum V~** uniquement pour son etc plaisir

vergnüglich adj où l'on s'est bien amusé(e), (très) agréable

vergnügt [fɛr'gny:kt] adj (Mensch, Treiben) joyeux(-euse), gai(e); (Stunde, Abend) agréable

Vergnügung f divertissement m, amusement m

Vergnügungs-: **~park** m parc m d'attractions; **v~süchtig** adj avide de plaisir; **~viertel** nt quartier des théâtres, des cinémas etc

vergolden [fɛr'gɔldən] vt (Schmuck etc) dorer

vergönnen [fɛr'gœnən] vt accorder

vergöttern [fɛr'gœtərn] vt adorer

vergraben [fɛr'gra:bən] unreg vt (in der Erde) enterrer; (verbergen) enfouir ▷ vr (in Arbeit etc) se plonger

vergrämt [fɛr'grɛ:mt] adj contrarié(e)

vergreifen [fɛr'graıfən] unreg vr: **sich an jdm ~** se livrer à des voies de fait sur qn; (sexuell) violer qn; **sich an etw** Dat **~** s'approprier qch; **sich im Ton ~** être trop brusque

vergriffen [fɛr'grıfən] adj (Buch) épuisé(e); (Ware) plus disponible

Vergrößerer m agrandisseur m

vergrößern [fɛr'grø:sərn] vt agrandir; (mengenmäßig) augmenter; (mit Lupe) grossir ▷ vr s'agrandir; (Anzahl) augmenter

Vergrößerung f agrandissement m; (Zunahme) augmentation f; (mit Lupe) grossissement m

Vergrößerungsglas nt loupe f

Vergünstigung [fɛr'gynstıgʊŋ] f (Preisermäßigung) rabais m; (Vorteil) privilège m

vergüten [fɛr'gy:tən] vt (Arbeit, Leistung) payer,

rémunérer; **jdm etw ~** (Unkosten, Auslagen) rembourser qch à qn

Vergütung f (Bezahlung) paiement m, rémunération f; (von Unkosten, Auslagen) remboursement m

verh. abk = **verheiratet**

verhaften [fɛr'haftən] vt arrêter

Verhaftete, r f(m) personne f arrêtée, prévenu(e) m/f

Verhaftung f arrestation f

verhallen [fɛr'halən] vi (Geräusch) s'éteindre; (Rufe) se perdre

verhalten [fɛr'haltən] unreg vr se comporter ▷ vr unpers: **wie verhält es sich damit?** (wie ist die Lage?) qu'en est-il?; (wie wird das gehandhabt?) comment faut-il s'y prendre? ▷ vt (geh: Zorn, Tränen) contenir; (Schritt) ralentir ▷ adj (Ärger, Zorn) contenu(e); **sich ruhig ~** rester tranquille; (sich nicht bewegen) ne pas bouger; **wie verhält sich die Sache?** où en est la situation?; **2 verhält sich zu 4 wie 1 zu 2** 2 est à 4 ce que 1 est à 2; **wenn sich das so verhält ...** s'il en est ainsi ...; **V~ (-s)** nt comportement m

Verhaltens-: ~forschung f étude f du comportement, éthologie f; **v~gestört** adj perturbé(e); **~maßregel** f règle f de conduite

Verhältnis [fɛr'hɛltnɪs] (-ses, -se) nt (Relation) rapport m, relation f; (Größenverhältnis) proportion f; (Beziehung) relations fpl, rapports mpl; (Liebesverhältnis) liaison f; (Einstellung) position f; **Verhältnisse** pl (Umstände) conditions fpl; (Lage) situation f; **aus was für ~sen kommt er?** quelle est son origine sociale?; **in bescheidenen/gesicherten ~sen leben** vivre modestement/dans l'aisance; **über seine ~se leben** vivre au-dessus de ses moyens; **klare ~se schaffen** mettre les choses au clair; **v~mäßig** adj relatif(-ive) ▷ adv (proportional) proportionnellement; (relativ) relativement; **~wahl** f scrutin m proportionnel; **~wahlrecht** nt représentation f proportionnelle; **~wort** nt préposition f

verhandeln [fɛr'handəln] vi négocier ▷ vt négocier; (Jur) juger; **(mit jdm) über etw** Akk ~ négocier qch (avec qn); **gegen jdn/in einem Fall ~** juger qn/une affaire

Verhandlung f négociation f; (Jur) procès m; **~en führen** mener des négociations, négocier

Verhandlungsbasis f (Finanz): **~ 300.000 Euro** prix à débattre 300 000 euros

verhangen [fɛr'haŋən] adj (Himmel) couvert(e)

verhängen [fɛr'hɛŋən] vt (Spiegel etc) couvrir; (Strafe) prononcer; (Ausnahmezustand) proclamer

Verhängnis [fɛr'hɛŋnɪs] (-ses, -se) nt fatalité f; **jdm zum ~ werden**, **jds ~ sein** être fatal(e) à qn; **v~voll** adj fatal(e)

verharmlosen [fɛr'harmlo:zən] vt minimiser

verharren [fɛr'harən] vi (in Stellung) demeurer; (hartnäckig) persister

verhärten [fɛr'hɛrtən] vr (Material, Gewebe) durcir

verhaspeln [fɛr'haspəln] (umg) vr s'embrouiller

verhasst [fɛr'hast] adj détesté(e), haï(e)

verhätscheln [fɛr'hɛːtʃəln] vt choyer

Verhau [fɛr'hau] (-(e)s, -e) m (zur Absperrung) barrière f; (Käfig) cage f

verhauen unreg (umg) vt (verprügeln) rouer de coups; (Prüfung etc) louper

verheben [fɛr'he:bən] unreg vr se donner un tour de reins

verheerend [fɛr'he:rənt] adj catastrophique

verhehlen [fɛr'he:lən] vt cacher

verheilen [fɛr'haɪlən] vi guérir

verheimlichen [fɛr'haɪmlɪçən] vt cacher

verheiraten [fɛr`haɪra:tən] vt marier ▷ vr se marier

verheiratet [fɛr'haɪra:tət] adj marié(e)

verheißen [fɛr'haɪsən] unreg vt promettre

verheißungsvoll adj prometteur(-euse)

verheizen [fɛr'haɪtsən] vt (Brennmaterial) brûler; (umg: seine Kräfte) gaspiller; (: Soldaten) envoyer au massacre; (: Sportler, Arbeiter) claquer

verhelfen [fɛr'hɛlfən] unreg vi: **jdm zu etw ~** (zu Wohnung, Arbeit etc) aider qn à obtenir qch; **jdm zur Flucht ~** aider qn à s'enfuir; **jdm zum Sieg ~** aider qn à remporter la victoire

verherrlichen [fɛr'hɛrlɪçən] vt glorifier

verheult [fɛr'hɔylt] adj (Augen) gonflé(e) (par les larmes); **ein ~es Gesicht haben** avoir l'air d'avoir pleuré

verhexen [fɛr'hɛksən] vt ensorceler; **es ist wie verhext** il n'y a vraiment rien à faire

verhindern [fɛr'hɪndərn] vt empêcher; **verhindert sein** avoir un empêchement; **ein verhinderter Politiker** (umg) un politicien manqué

Verhinderung f empêchement m

verhöhnen [fɛr'hø:nən] vt rire de

verhohnepipeln [fɛr'ho:nəpi:pəln] (umg) vt se payer la tête de

Verhöhnung f raillerie f

verhökern [fɛr'hø:kərn] (umg) vt brader

Verhör [fɛr'hø:r] (-(e)s, -e) nt interrogatoire m; (von Zeugen) audition f

verhören vt interroger ▷ vr entendre de travers

verhüllen [fɛr'hʏlən] vt (Haupt, Körperteil) couvrir; (mit Schleier) voiler

verhungern [fɛr'huŋərn] vi mourir de faim

verhunzen [fɛr'huntsən] (umg) vt gâcher

verhüten [fɛr'hy:tən] vt empêcher, prévenir; **Gott verhüte, dass es morgen regnet** pourvu qu'il ne pleuve pas demain

verhütten [fɛr'hʏtən] vt fondre, traiter

Verhütung f (von Unfällen) prévention f

Verhütungsmittel nt contraceptif m

verifizieren [verifi'tsi:rən] vt vérifier

verinnerlichen [fɛr'ɪnərlɪçən] vt intérioriser

verirren [fɛr'ɪrən] vr se perdre

verjagen [fɛr'ja:gən] vt chasser

verjähren [fɛr'jɛːrən] vi (Verbrechen) bénéficier de la prescription; (Anspruch) se périmer

Verjährungsfrist f délai m de prescription

verjubeln [fɛr'ju:bəln] (umg) vt (Geld) claquer

verjüngen [fɛr'jʏŋən] vt rajeunir ▷ vr (Säule) être plus large à la base, être effilé(e)

verkabeln [fɛr'kaːbəln] vt (Stadtteil) câbler;
(Stromleitungen) poser
Verkabelung f câblage m
verkalken [fɛr'kalkən] vi (Med) se scléroser; (umg:
senil werden) être sclérosé(e); (Wasserkessel) être
entartré(e)
verkalkulieren [fɛrkalkuˈliːrən] vr se tromper
dans ses calculs
Verkalkung f (Med) artériosclérose f; (umg:
Senilität) sénilité f (précoce)
verkannt [fɛr'kant] adj méconnu(e)
verkatert [fɛr'kaːtərt] (umg) adj qui a la gueule de
bois
Verkauf [fɛr'kaʊf] m vente f; (Verkaufsabteilung)
service m (des) vente(s); **zum ~ stehen** être à
vendre
verkaufen vt vendre; **jdn für dumm ~** prendre
qn pour un idiot; „**zu ~**" " à vendre"
Verkäufer, in [fɛr'kɔʏfər(ɪn)] (**-s, -**) m(f)
vendeur(-euse) m/f; (im Außendienst)
représentant(e) m/f
verkäuflich [fɛr'kɔʏflɪç] adj (zu verkaufen) à vendre;
(absetzbar) vendable
Verkaufs-: **~abteilung** f service m (des) vente(s);
~automat m distributeur m automatique;
~bedingungen pl conditions fpl de vente; **~leiter**
m directeur m des ventes; **v~offen** adj: **v~offener
Samstag** samedi où les magasins sont ouverts toute la
journée; **~schlager** m article m très demandé;
~stelle f point m de vente
Verkehr [fɛr'keːr] (**-s, -e**) m (Straßenverkehr, Umlauf)
circulation f; (Kontakt, Umgang) relations fpl;
(Geschlechtsverkehr) rapports mpl (sexuels); **für den
~ freigeben** ouvrir à la circulation; **~ mit jdm
pflegen** entretenir des relations avec qn; **etw
aus dem ~ ziehen** retirer qch de la circulation;
etw in (den) ~ bringen mettre qch en
circulation
verkehren vi (Bahn, Bus etc) circuler;
(Geschlechtsverkehr haben) avoir des rapports
(sexuels) ▷ vt fausser ▷ vr se transformer; **bei
jdm ~** fréquenter qn; **in einem Café ~** fréquenter
un café; **mit jdm ~** être en contact od en relation
avec qn; **mit jdm brieflich od schriftlich ~**
(förmlich) correspondre avec qn; **sich ins
Gegenteil ~** changer du tout au tout
Verkehrs-: **~ader** f artère f; **~ampel** f feux mpl (de
circulation); **~amt** nt office m du tourisme;
~aufkommen nt (förmlich) densité f de la
circulation; **v~beruhigt** adj (Zone) à circulation
réduite; **~beruhigung** f réduction f de la
circulation; **~betriebe** pl transports mpl; **~büro**
nt office m du tourisme; **~delikt** nt infraction f
au code de la route; **~erziehung** f enseignement
m du code de la route; **v~frei** adj fermé(e) à la
circulation; **v~günstig** adj situé à proximité d'un
arrêt d'autobus ou de tramway, ou d'une gare; **~insel** f
refuge m; **~knotenpunkt** m plaque f tournante;
~meldung f information f routière; **~mittel** nt
moyen m de transport; **öffentliche ~mittel**
transports mpl publics od en commun; **~ordnung**
f code m de la route; **~polizei** f police f de la

circulation; **~schild** nt panneau m de
signalisation; **v~sicher** adj (Fahrzeug) conforme
aux normes de sécurité; **~stau** m bouchon m;
~stockung f gros bouchon m; **~sünder** (umg) m
contrevenant m au code de la route; **~teilnehmer**
m usager m de la route; **v~tüchtig** adj (Fahrzeug)
en état de marche; (Mensch) capable de conduire;
~unfall m accident m de la circulation; **~verbund**
m transports mpl publics; **~verein** m office m du
tourisme, syndicat m d'initiative; **v~widrig** adj
(Verhalten) contrevenant au code de la route;
~zeichen nt panneau m de signalisation
verkehrt adj (falsch) faux(fausse); (umgekehrt) à
l'envers
verkennen [fɛr'kɛnən] unreg vt méconnaître;
(unterschätzen) sous-estimer
Verkettung [fɛr'kɛtʊŋ] f: **eine ~ unglücklicher
Umstände** un malheureux concours de
circonstances
verkitten [fɛr'kɪtən] vt boucher au mastic,
mastiquer
verklagen [fɛr'klaːɡən] vt (Jur) porter plainte
contre
verklappen [fɛr'klapən] vt déverser en mer
verklären [fɛr'klɛːrən] vt transfigurer ▷ vr
s'éclairer
verklausulieren [fɛrklaʊzuˈliːrən] vt (Vertrag)
ajouter des clauses restrictives à
verkleben [fɛr'kleːbən] vt, vi coller
verkleiden [fɛr'klaɪdən] vr se déguiser ▷ vt
(Wand) revêtir; (Schacht, Tunnel) revêtir l'intérieur
de; (vertäfeln) lambrisser; (Heizkörper) couvrir
Verkleidung f (Kostümierung) déguisement m;
(Archit) revêtement m
verkleinern [fɛr'klaɪnərn] vt (kleiner machen)
réduire ▷ vr (kleiner werden) diminuer
verklemmt [fɛr'klɛmt] adj (Mensch) plein(e)
d'inhibitions, complexé(e)
verklickern [fɛr'klɪkərn] (umg) vt expliquer
verklingen [fɛr'klɪŋən] unreg vi s'évanouir, se
perdre
verknacksen [fɛr'knaksən] (umg) vt: **sich** Dat
den Fuß ~ se fouler la cheville
verknallen [fɛr'knalən] (umg) vr: **sich in jdn ~**
tomber (follement) amoureux(-euse) de qn
verknappen [fɛr'knapən] vr devenir rare
verkneifen [fɛr'knaɪfən] unreg (umg) vr (sich
versagen) se priver de qch; **ich konnte mir das
Lachen nicht ~** je n'ai pas pu m'empêcher de
rire
verkniffen [fɛr'knɪfən] adj tendu(e)
verknöchert [fɛr'knœçərt] adj (fig) fossilisé(e)
verknoten [fɛr'knoːtən] vt (Schnürbänder, Schal etc)
nouer
verknüpfen [fɛr'knʏpfən] vt (Faden) attacher;
(Gedanken etc) associer; **etw mit etw ~**
(kombinieren) combiner qch avec qch
Verknüpfung f (fig) association f
verkochen [fɛr'kɔxən] vt (Flüssigkeit) faire
évaporer, réduire ▷ vi (Flüssigkeit) s'évaporer;
Himbeeren zu Marmelade ~ faire de la
confiture de framboises

verkohlen [fɛr'ko:lən] *vt* (*umg*): jdn ~ se payer la tête de qn ▷ *vi* être carbonisé(e)

verkommen [fɛr'kɔmən] *unreg vi* (*Garten, Haus etc*) être à l'abandon; (*Mensch*) se laisser aller; (: *moralisch*) se dévoyer; (*Lebensmittel*) se gâter ▷ *adj* (*Haus*) délabré(e); (*Mensch*) qui se laisse aller; (: *moralisch*) dévoyé(e); **V~heit** *f* (*von Haus etc*) (état *m* d')abandon *m*; (*von Mensch*) déchéance *f*; (: *moralisch*) dépravation *f*

verkorken [fɛr'kɔrkən] *vt* boucher

verkorksen [fɛr'kɔrksən] (*umg*) *vt* bousiller

verkörpern [fɛr'kœrpərn] *vt* incarner

verköstigen [fɛr'kœstɪgən] *vt* nourrir

verkrachen [fɛr'kraxən] (*umg*) *vr* se brouiller

verkracht (*umg*) *adj* (*gescheitert*) raté(e)

verkraften [fɛr'kraftən] *vt* supporter

verkrampfen [fɛr'krampfən] *vr* se crisper

verkrampft [fɛr'krampft] *adj* crispé(e)

verkratzen [fɛr'kratsən] *vt* griffer

verkriechen [fɛr'kri:çən] *unreg vr* se terrer, se tapir

verkrümmen [fɛr'krʏmən] *vt* (*Rücken*) rendre voûté(e); (*Finger*) rendre tordu(e), déformer

verkrümmt [fɛr'krʏmt] *adj* (*Rücken*) voûté(e)

Verkrümmung *f* (*Med: der Wirbelsäule*) déviation *f*

verkrüppelt [fɛr'krʏpəlt] *adj* estropié(e)

verkrustet [fɛr'krʊstət] *adj* (*Wunde*) recouvert(e) d'une croûte

verkühlen [fɛr'ky:lən] *vr* prendre froid

verkümmern [fɛr'kʏmərn] *vi* (*Pflanze*) s'étioler; (*Mensch, Tier*) dépérir; (*Gliedmaßen*) s'atrophier; (*Talent*) se perdre; **emotionell/geistig ~** ne pas pouvoir s'épanouir/utiliser ses facultés intellectuelles

verkünden [fɛr'kʏndən] *vt* annoncer; (*Urteil*) prononcer; **etw überall ~** crier qch sur les toits

verkündigen [fɛr'kʏndɪgən] *vt* proclamer; (*Unheil*) annoncer; (*Evangelium*) prêcher

verkuppeln [fɛr'kʊpəln] *vt* (*Wagen*) accoupler; **jdn an jdn ~** marier qn avec qn

verkürzen [fɛr'kʏrtsən] *vt* raccourcir; (*Wort*) abréger; **sich** *Dat* **die Zeit ~** passer le temps; **verkürzte Arbeitszeit** journée *f* de travail réduite

Verkürzung *f* réduction *f*; (*von Wort*) abréviation *f*

Verl. *abk* = **Verlag**; **Verleger**

verladen [fɛr'la:dən] *unreg vt* embarquer

Verlag [fɛr'la:k] (**-(e)s, -e**) *m* maison *f* d'édition

verlagern [fɛr'la:gərn] *vt* (*Gewicht, Schwerpunkt*) déplacer; (*an anderen Ort bringen*) transférer ▷ *vr* se déplacer

Verlagsanstalt *f* maison *f* d'édition

Verlagswesen *nt* édition *f*

verlangen [fɛr'laŋən] *vt* exiger, demander ▷ *vi*: **nach jdm/etw ~** demander qn/qch; **Sie werden am Telefon verlangt** on vous demande au téléphone; **~ Sie Herrn X** demandez Monsieur X; **V~** (**-s, -**) *nt*: **V~ nach** désir *m* de; **auf jds V~ (hin)** à la demande de qn

verlängern [fɛr'lɛŋərn] *vt* (*länger machen*) rallonger; (*zeitlich*) prolonger; (*Suppe*) allonger; (*Pass, Abonnement*) renouveler; **ein verlängertes Wochenende** un week-end prolongé

Verlängerung *f* prolongation *f*; (*Sport*) prolongations *fpl*

Verlängerungsschnur *f* rallonge *f*

verlangsamen [fɛr'laŋza:mən] *vt* ralentir; (*Geschwindigkeit*) réduire ▷ *vr* ralentir

Verlass [fɛr'las] *m*: **auf jdn/etw ist kein ~** on ne peut pas se fier à qn/qch

verlassen [fɛr'lasən] *unreg vt* (*Haus, Fahrzeug, Land, Thema*) quitter; (*Familie, Frau, Kind*) abandonner ▷ *vr*: **sich ~ auf** +*Akk* compter sur ▷ *adj* abandonné(e); **einsam und ~** seul au monde; **V~heit** *f* (*von Mensch*) solitude *f*

verlässlich [fɛr'lɛslɪç] *adj* sûr(e)

Verlaub [fɛr'laʊp] *m*: **mit ~** sauf votre respect

Verlauf [fɛr'laʊf] *m* (*Ablauf*) déroulement *m*; (*von Kurve*) tracé *m*; **einen guten/schlechten ~ nehmen** prendre une bonne/mauvaise tournure; **im ~ von** au cours de

verlaufen *unreg vi* (*Feier, Abend, Urlaub*) se dérouler; (*Tinte, Farbe*) s'étaler ▷ *vr* (*sich verirren*) s'égarer; (*sich auflösen*) se disperser; **die Straße/Grenze verläuft von Osten nach Westen** la rue/frontière va d'est en ouest; **die Grenze verläuft entlang des Flusses** la frontière longe la rivière; **die Grenze verläuft sich hier** la frontière est ici

Verlautbarung *f* avis *m*

verlauten [fɛr'laʊtən] *vi*: **etw ~ lassen** révéler qch; **wie verlautet** comme on l'a annoncé

verleben [fɛr'le:bən] *vt* (*Urlaub etc*) passer

verlebt [fɛr'le:pt] *adj* (*Gesicht*) de fêtard

verlegen [fɛr'le:gən] *vt* (*an anderen Ort*) déplacer; (*Wohnsitz*) transférer; (*verlieren*) égarer; (*Termin*) remettre; (*Leitungen, Kabel, Fliesen etc*) poser; (*Buch*) éditer ▷ *vr*: **sich auf etw** *Akk* **~** recourir à qch ▷ *adj* embarrassé(e), gêné(e); **die Handlung nach Paris ~** transposer l'action à Paris; **nicht ~ sein um** ne pas être à court de; **V~heit** *f* embarras *m*; **jdn in V~heit bringen** mettre qn dans l'embarras

Verleger [fɛr'le:gər] (**-s, -**) *m* éditeur *m*

verleiden [fɛr'laɪdən] *vt* gâcher; **jdm den Urlaub/Abend ~** gâcher les vacances/la soirée de qn

Verleih [fɛr'laɪ] (**-(e)s, -e**) *m* (*Firma*) entreprise *f* de location; (*das Verleihen*) location *f*; (*Filmverleih*) distributeur *m*

verleihen *unreg vt*: **an jdn ~** (*leihweise, Geld*) prêter à qn; (*gegen Gebühr*) louer à qn; (*verschaffen*) conférer à qn; (*Medaille, Preis*) décerner à qn

Verleiher (**-s, -**) *m* loueur *m*; (*von Filmen*) distributeur *m*; (*von Büchern*) prêteur *m*

Verleihung *f* (*von Dingen*) prêt *m*; (: *gegen Gebühr*) location *f*; (*von Medaille, Preis*) remise *f*

verleiten [fɛr'laɪtən] *vt*: **~ zu** (*etw Unerlaubtem*) entraîner à

verlernen [fɛr'lɛrnən] *vt* oublier

verlesen [fɛr'le:zən] *unreg vt* (*Text*) lire à haute voix; (*Beeren, Obst etc*) trier ▷ *vr* se tromper en lisant, mal lire

verletzbar *adj* vulnérable

verletzen [fɛr'lɛtsən] *vt* blesser; (*Gesetz etc*) violer ▷ *vr* se blesser

verletzend adj blessant(e)
verletzlich adj vulnérable
Verletzte, r f(m) blessé(e) m/f
Verletzung f blessure f; (Verstoß) violation f
verleugnen [fɛr'lɔʏgnən] vt renier; **er lässt sich immer ~** il fait toujours dire qu'il n'est pas là
Verleugnung f reniement m
verleumden [fɛr'lɔʏmdən] vt calomnier
verleumderisch adj calomniateur(-trice)
Verleumdung f calomnie f, diffamation f
verlieben vr: **sich in jdn/etw ~** tomber amoureux(-euse) de qn/qch
verliebt [fɛr'li:pt] adj amoureux(-euse); **V~heit** f état m amoureux
verlieren [fɛr'li:rən] unreg vt, vi perdre ▷ vr (Angst, Geruch) se dissiper; (verschwinden) se perdre; **an Wert/an Höhe ~** perdre de sa valeur/de l'altitude; **du hast hier nichts verloren!** tu n'as rien à faire ici!; **deine Mühe ist bei** od **an ihr verloren** tu perds ton temps avec elle
Verlierer m perdant m
Verlies [fɛr'li:s] (**-es, -e**) nt oubliettes fpl
verloben [fɛr'lo:bən] vr: **sich ~ mit** se fiancer à od avec; **verlobt sein** être fiancé(e)
Verlobte, r [fɛr'lo:ptə(r)] f(m) fiancé(e) m/f
Verlobung f fiançailles fpl
verlocken [fɛr'lɔkən] vt attirer
verlockend adj (Angebot) attrayant(e), alléchant(e)
Verlockung f tentation f
verlogen [fɛr'lo:gən] adj menteur(-euse); (Kompliment, Versprechungen) mensonger(-ère); (Moral) hypocrite; **V~heit** f hypocrisie f
verlor etc [fɛr'lo:r] vb siehe **verlieren**
verloren pp von **verlieren** ▷ adj perdu(e); **~e Eier** œufs mpl pochés; **auf ~em Posten kämpfen** od **stehen** défendre une cause perdue; **der ~e Sohn** le fils prodigue; **jdn/etw ~ geben** considérer qn/qch comme perdu(e); **~ gehen** se perdre; **an ihm ist ein Sänger ~ gegangen** il aurait pu être un excellent chanteur, c'est un chanteur manqué
verlosch etc [fɛr'lɔʃ] vb siehe **verlöschen**
verloschen pp von **verlöschen**
verlöschen [fɛr'lœʃən] unreg vi (Licht) s'éteindre; (Inschrift, Farbe, Erinnerung) s'estomper
verlosen [fɛr'lo:zən] vt tirer au sort
Verlosung f tirage m au sort
verlottern [fɛr'lɔtərn] (umg; pej) vi (Mensch) mal tourner; (Haus) se délabrer; (Garten) être à l'abandon
verludern (umg) vi mal tourner
Verlust [fɛr'lʊst] (**-(e)s, -e**) m perte f; (finanziell auch) déficit m; **mit ~ verkaufen** vendre à perte; **~geschäft** nt: **das war ein ~geschäft** nous avons perdu de l'argent dans cette affaire
vermachen [fɛr'maxən] vt léguer
Vermächtnis [fɛr'mɛçtnɪs] (**-ses, -se**) nt legs m
vermählen [fɛr'mɛ:lən] vr se marier
Vermählte, n pl mariés mpl
Vermählung f mariage m
vermakeln [fɛr'ma:kəln] vt vendre
vermarkten [fɛr'marktən] vt (Wirts)

commercialiser; (Skandal) exploiter; (Künstler etc) monnayer la célébrité de
Vermarktung [fɛr'marktʊŋ] f commercialisation f
vermasseln [fɛr'masəln] (umg) vt gâcher
vermehren [fɛr'me:rən] vt (Besitz) augmenter, faire fructifier ▷ vr (Anzahl) augmenter; (sich fortpflanzen) se reproduire
Vermehrung f augmentation f; (Fortpflanzung) reproduction f
vermeiden [fɛr'maɪdən] unreg vt éviter
vermeidlich adj évitable
vermeintlich [fɛr'maɪntlɪç] adj (Freund) soi-disant unver; (Täter) présumé(e)
vermengen [fɛr'mɛŋən] vt mélanger; (fig) confondre ▷ vr se mélanger
Vermenschlichung [fɛr'mɛnʃlɪçʊŋ] f humanisation f
Vermerk [fɛr'mɛrk] (**-(e)s, -e**) m remarque f; (in Ausweis) mention f
vermerken vt noter; **etw übel ~** mal prendre qch; **jdm etw übel ~** en vouloir à qn de qch
vermessen [fɛr'mɛsən] unreg vt (Land) mesurer, arpenter ▷ vr (falsch messen) se tromper (en mesurant) ▷ adj présomptueux(-euse); **V~heit** f présomption f
Vermessung f (von Land) arpentage m
Vermessungsamt nt cadastre m
Vermessungsingenieur m (arpenteur m) géomètre m
vermiesen [fɛr'mi:zən] (umg) vt: **jdm den Urlaub ~** gâcher les vacances de qn
vermieten [fɛr'mi:tən] vt louer
Vermieter, in (**-s, -**) m(f) propriétaire m/f
Vermietung f location f
vermindern [fɛr'mɪndərn] vt (Tempo, Zahl, Ausgaben) réduire; (Gefahr) restreindre; (Preis) baisser ▷ vr (Einfluss) diminuer; **verminderte Zurechnungsfähigkeit** responsabilité f limitée
Verminderung f réduction f
verminen [fɛr'mi:nən] vt miner
vermischen [fɛr'mɪʃən] vt mélanger ▷ vr se mélanger; **„Vermischtes"** "faits divers"
vermissen [fɛr'mɪsən] vt (Mensch) s'ennuyer de; (Gegenstand) avoir perdu; (Sonne) regretter; **als vermisst gemeldet** od **vermisst sein** être porté(e) disparu(e)
Vermisste, r f(m) personne f portée disparue
Vermisstenanzeige f avis m de recherche
vermitteln [fɛr'mɪtəln] vi (in Streit) servir de médiateur ▷ vt (Treffen, Gespräch) arranger; (Arbeitskräfte) procurer; (Gefühl, Bild, Idee etc) donner; (Wissen) transmettre; **~de Worte** paroles fpl conciliantes
Vermittler, in [fɛr'mɪtlər(ɪn)] (**-s, -**) m(f) (Wirts) intermédiaire m; (Schlichter) médiateur(-trice) m/f
Vermittlung f entremise f; (Stellenvermittlung) bureau m de placement; (Tel) central m téléphonique; (Schlichtung) médiation f
Vermittlungsgebühr f commission f
vermodern [fɛr'mo:dərn] vi pourrir, se décomposer

vermögen [fɛr'møːgən] *unreg vt* (*erreichen*) obtenir;
~, **etw zu tun** arriver à faire qch, pouvoir faire
qch; **V~** (**-s, -**) *nt* fortune *f*; (*Fähigkeit*) faculté *f*;
ein V~ kosten (*umg*) coûter une fortune
vermögend *adj* fortuné(e)
Vermögens-: **~berater** *m* conseiller *m* en
placements; **~erklärung** *f* déclaration *f* de la
fortune; **~steuer** *f* impôt *m* sur la fortune;
~werte *mpl* avoir *msg*, biens *mpl*; **v~wirksam** *adv*:
sein Geld v~wirksam anlegen placer son argent
dans des plans d'épargne (*avec des avantages fiscaux*)
▷ *adj*: **v~wirksame Leistungen** *contributions
versées par l'employeur à des plans d'épargne exonérés
d'impôts*
vermummen [fɛr'mʊmən] *vr* s'envelopper
Vermummungsverbot (**-(e)s**) *nt* interdiction d'avoir
le visage masqué lors d'une manifestation
vermurksen [fɛr'mʊrksən] (*umg*) *vt* bousiller
vermuten [fɛr'muːtən] *vt* supposer, présumer;
(*argwöhnen*) soupçonner; **ich vermute ihn dort**
je suppose qu'il y est
vermutlich *adj* (*Ergebnis*) probable ▷ *adv*
probablement
Vermutung *f* supposition *f*; **die ~ liegt nahe,
dass ...** tout porte à croire que ...
vernachlässigen [fɛr'naːxlɛsɪgən] *vt* négliger
Vernachlässigung *f* fait *m* de négliger; (*Pflicht*)
négligence *f*; **sie wurde der ~ ihrer Kinder
beschuldigt** on l'a accusé de ne pas s'occuper de
ses enfants
vernähen [fɛr'nɛːən] *vt* (*Faden*) arrêter
vernarben [fɛr'narbən] *vi* (*Wunde*) se
cicatriser
vernarbt *adj* couvert(e) de cicatrices
vernarren [fɛr'narən] (*umg*) *vr*: **in jdn/etw
vernarrt sein** être entiché(e) de qn/qch
vernaschen [fɛr'naʃən] *vt* (*Geld*) dépenser en
friandises; (*umg: Mädchen, Mann*) s'envoyer
vernehmen [fɛr'neːmən] *unreg vt* entendre;
(*richterlich*) procéder à l'audition de; (*subj:
polizeilich*) interroger; **V~** *nt*: **dem V~ nach** à ce
que l'on dit
vernehmlich *adj* intelligible
Vernehmung *f* (*richterlich*) audition *f*; (*polizeilich*)
interrogatoire *m*
vernehmungsfähig *adj* en état de témoigner
verneigen [fɛr'naɪgən] *vr*: **sich vor jdm/etw ~**
s'incliner devant qn/qch
Verneigung *f* révérence *f*
verneinen [fɛr'naɪnən] *vt* (*Frage*) répondre par la
négative à; (*ablehnen*) refuser à; (*Gram*) mettre à la
forme négative
verneinend *adj* négatif(-ive)
Verneinung *f* (*von Frage*) réponse *f* négative;
(*Ablehnung*) refus *m*; (*Gram*) négation *f*
vernichten [fɛr'nɪçtən] *vt* (*Akten, Ernte*) détruire;
(*Hoffnung*) réduire à néant; (*Feind*) anéantir;
(*Schädling*) exterminer
vernichtend *adj* (*Niederlage*) écrasant(e); (*Blick*)
foudroyant(e); (*Kritik*) cinglant(e)
Vernichtungslager *nt* camp *m* d'extermination
Vernichtungsschlag (**-(e)s, ¨e**) *m* coup *m* terrible

verniedlichen [fɛr'niːtlɪçən] *vt* minimiser
vernieten [fɛr'niːtən] *vt* river
Vernissage [vɛrnɪ'saːʒə] *f* vernissage *m*
Vernunft [fɛr'nʊnft] (**-**) *f* raison *f*; **~ annehmen**
entendre raison; **~ kommen** entendre
raison; **jdn zur ~ bringen** ramener qn à la raison
vernünftig [fɛr'nʏnftɪç] *adj* raisonnable; (*umg:
Essen, Arbeit etc*) convenable
veröden [fɛr'løːdən] *vi* se dépeupler ▷ *vt*
(*Krampfadern*) procéder à l'ablation de
veröffentlichen [fɛr'lœfəntlɪçən] *vt* publier
Veröffentlichung *f* publication *f*
verordnen [fɛr'lɔrdnən] *vt* (*Medikament*) prescrire
Verordnung *f* décret *m*; (*Med*) ordonnance *f*
verpachten [fɛr'paxtən] *vt* affermer, donner à
bail
verpacken [fɛr'pakən] *vt* emballer; (*einwickeln*)
envelopper
Verpackung *f* emballage *m*
Verpackungsmaterial *nt* matériau *m*
d'emballage
verpassen [fɛr'pasən] *vt* manquer, rater; **jdm
eine (Ohrfeige) ~** (*umg*) flanquer une gifle à qn
verpatzen [fɛr'patsən] (*umg*) *vt* rater
verpennen [fɛr'pɛnən] (*umg*) *vi, vr* dormir trop
longtemps
verpesten [fɛr'pɛstən] (*pej*) *vt* (*Luft*) empester
verpetzen [fɛr'pɛtsən] (*umg*) *vt* moucharder,
cafarder
verpfänden [fɛr'pfɛndən] *vt* (*Haus*) hypothéquer;
(*Gegenstand*) mettre en gage
verpfeifen [fɛr'pfaɪfən] *unreg* (*umg*) *vt* dénoncer
verpflanzen [fɛr'pflantsən] *vt* transplanter
Verpflanzung *f* transplantation *f*; (*Med*) greffe *f*
verpflegen [fɛr'pfleːgən] *vt* nourrir
Verpflegung *f* nourriture *f*; (*im Hotel*) pension *f*
verpflichten [fɛr'pflɪçtən] *vt* obliger; (*anstellen,
vertraglich binden*) engager ▷ *vr* s'engager ▷ *vi*
engager; **sich zu etw ~** s'engager à qch; **jdm
verpflichtet sein** être redevable à qn; **jdm zu
Dank verpflichtet sein** être l'obligé(e) de qn;
~d (*Zusage*) ferme
Verpflichtung *f* (*sozial, finanziell etc*) obligation *f*;
(*Pflicht, Aufgabe*) devoir *m*; (*Engagieren*)
engagement *m*
verpfuschen [fɛr'pfuʃən] (*umg*) *vt* bâcler
verplanen [fɛr'plaːnən] (*umg*) *vt* (*Zeit*) organiser;
(*Geld*) attribuer ▷ *vr* (*falsch planen*) se tromper dans
ses plans
verplappern [fɛr'plapərn] (*umg*) *vr* trahir un
secret
verplempern [fɛr'plɛmpərn] (*umg*) *vt* gaspiller
verpönt [fɛr'pøːnt] *adj* mal vu(e)
verprassen [fɛr'prasən] *vt* dilapider
verprügeln [fɛr'pryːgəln] *vt* rosser, battre
verpuffen [fɛr'pʊfən] *vi* craquer; (*fig*) se perdre en
fumée
Verputz [fɛr'pʊts] *m* plâtre *m*; (*Rauputz*) crépi *m*
verputzen *vt* (*Haus*) crépir; (*umg: Essen*) engloutir
verqualmen [fɛr'kvalmən] (*umg: pej*) *vt* (*Zimmer*)
enfumer
verquer [fɛr'kveːr] *adj* (*schräg, schief*) de travers;

(*sonderlich*) bizarre; **jdm ~ kommen** ne pas convenir à qn

verquollen [fɛr'kvɔlən] *adj* (*Augen, Gesichtszüge*) gonflé(e), bouffi(e); (*Holz*) gauchi(e)

verrammeln [fɛr'raməln] *vt* barricader

Verrat [fɛr'raːt] (**-(e)s**) *m* trahison *f*; **~ an jdm üben** trahir qn

verraten *unreg vt* trahir; (*fig: erkennen lassen*) montrer ▷ *vr* se trahir

Verräter, in [fɛr'rɛːtər(ɪn)] (**-s, -**) *m(f)* traître(-esse) *m/f*; **v~isch** *adj* traître

verrauchen [fɛr'rauxən] *vi* (*Zorn, Qualm*) se dissiper

verrechnen [fɛr'rɛçnən] *vt* (*Scheck*) porter en compte ▷ *vr* se tromper dans ses calculs; (*fig*) se tromper; **etw mit etw ~** compenser qch avec qch

Verrechnung *f*: „**nur zur ~**" (*auf Scheck*) "à porter en compte"

Verrechnungsscheck *m* chèque *m* barré

verregnet [fɛr're:gnət] *adj* pluvieux(-euse); (*Ernte*) dévasté(e) par la pluie

verreisen [fɛr'raızən] *vi* partir en voyage

verreißen [fɛr'raısən] *unreg vt* (*Theaterstück*) démolir

verrenken [fɛr'rɛŋkən] *vt* (*Gliedmaßen*) démettre; (*Med*) luxer ▷ *vr*: **sich den Knöchel ~** se fouler la cheville

Verrenkung *f* (*Bewegung*) contorsion *f*; (*Med*) luxation *f*

verrennen [fɛr'rɛnən] *unreg vr*: **sich in eine Idee ~** ne pas démordre d'une idée

verrichten [fɛr'rıçtən] *vt* (*Arbeit*) accomplir

verriegeln [fɛr'ri:gəln] *vt* verrouiller

verringern [fɛr'rıŋərn] *vt* diminuer, réduire ▷ *vr* diminuer

Verringerung *f* diminution *f*, réduction *f*

verrinnen [fɛr'rınən] *unreg vi* (*Wasser*) s'écouler; (*Zeit*) passer

Verriss [fɛr'rıs] (**-es, -e**) *m* critique *f* en règle

verrohen [fɛr'ro:ən] *vi* devenir brutal(e)

verrosten [fɛr'rɔstən] *vi* rouiller

verrotten [fɛr'rɔtən] *vi* (*Laub, Holz*) pourrir, se décomposer; (*Gesellschaft*) dégénérer

verrucht [fɛr'ru:xt] *adj* infâme; **V~heit** *f* infamie *f*

verrücken [fɛr'rʏkən] *vt* déplacer

verrückt *adj* fou(folle); **auf jdn/etw ~ sein** (*umg*) être fou(folle) de qn/qch; *siehe auch* **verrücktspielen**; **V~e, r** *f(m)* fou (folle) *m/f*; **V~heit** *f* folie *f*; **~spielen** (*umg*) *vi* faire des siennes

Verruf [fɛr'ru:f] *m*: **jdn in ~ bringen** discréditer qn; **in ~ geraten** tomber en discrédit

verrufen *adj* (*Lokal*) mal famé(e); (*Mensch*) mal vu(e)

verrutschen [fɛr'rʊtʃən] *vi* glisser

Vers [fɛrs] (**-es, -e**) *m* vers *m*; (*in Bibel*) verset *m*

versachlichen [fɛr'zaxlıçən] *vt* (*Diskussion etc*) dépassionner

versacken [fɛr'zakən] *vi* (*in Schlamm etc*) s'enfoncer; (*umg: lange zechen*) faire la foire

versagen [fɛr'za:gən] *vt*: **jdm etw ~** refuser qch à qn ▷ *vi* (*Mensch, Stimme*) défaillir; (*Regierung*) faillir à sa tâche, échouer; (*Maschine, Motor*) tomber en panne; **sich** *Dat* **etw ~** se refuser qch; **V~ (-s)** *nt* défaillance *f*; **menschliches V~** défaillance humaine

Versager (-s, -) *m* (*Mensch*) raté *m*

versalzen [fɛr'zaltsən] *vt* (*Suppe*) trop saler; (*fig: umg*) bousiller ▷ *vi* devenir salé(e)

versammeln [fɛr'zaməln] *vt* réunir, rassembler ▷ *vr* se réunir; **vor versammelter Mannschaft** devant l'équipe au complet

Versammlung *f* réunion *f*, assemblée *f*

Versammlungsfreiheit *f* liberté *f* de réunion

Versand [fɛr'zant] (**-(e)s**) *m* expédition *f*; (*Abteilung*) service *m* expédition; **~abteilung** *f* service *m* expédition; **v~en** [fɛr'zandən] *vi* s'ensabler

Versand-: **~handel** *m* vente *f* par correspondance; **~haus** *nt* maison *f* de vente par correspondance; **~kosten** *pl* frais *mpl* d'expédition; **~weg** *m*: **auf dem ~weg** par correspondance

versauern [fɛr'zauərn] *vi* (*Mensch*) s'encroûter

versäumen [fɛr'zɔʏmən] *vt* (*verpassen*) manquer, rater; (*unterlassen*) négliger; (*Zeit*) perdre

Versäumnis (-, -se) *f* (*Unterlassung*) omission *f*, négligence *f*

verschachern [fɛr'ʃaxərn] (*umg: pej*) *vt* brader

verschachtelt [fɛr'ʃaxtəlt] *adj* (*Satz*) compliqué(e)

verschaffen [fɛr'ʃafən] *vt*: **jdm etw ~** procurer qch à qn ▷ *vr* obtenir

verschämt [fɛr'ʃɛ:mt] *adj* gêné(e)

verschandeln [fɛr'ʃandəln] (*umg*) *vt* gâcher

verschanzen [fɛr'ʃantsən] *vr*: **sich hinter etw** *Dat* **~** se retrancher derrière qch

verschärfen [fɛr'ʃɛrfən] *vt* (*Strafe, Gesetze*) rendre plus sévère; (*Zensur, Kontrollen*) intensifier ▷ *vr* (*Spannungen*) s'intensifier; (*Lage*) s'aggraver

Verschärfung *f* intensification *f*

verscharren [fɛr'ʃarən] *vt* enterrer

verschätzen [fɛr'ʃɛtsən] *vr* se tromper

verschenken [fɛr'ʃɛŋkən] *vt* (*Gegenstand*) offrir; (*Chance, Sieg*) laisser échapper

verscherzen [fɛr'ʃɛrtsən] *vr*: **sich** *Dat* **etw ~** perdre qch

verscheuchen [fɛr'ʃɔʏçən] *vt* chasser; (*Müdigkeit*) surmonter

verschicken [fɛr'ʃıkən] *vt* envoyer

verschieben [fɛr'ʃi:bən] *unreg vt* (*Möbel etc*) déplacer; (*zeitlich*) remettre; (*Eisenb*) manœuvrer; (*umg: Waren, Devisen*) faire le trafic de ▷ *vr* (*verrutschen*) glisser; (*Termin*) être remis(e)

Verschiebung *f* (*siehe vt*) déplacement *m*; ajournement *m*; trafic *m*

verschieden [fɛr'ʃi:dən] *adj* différent(e) ▷ *adv*: **~ lang/groß sein** ne pas avoir la même longueur/ taille; **das ist ganz ~** (*wird verschieden gehandhabt*) ça dépend; **V~e** (*mehrere*) plusieurs; **V~es** plusieurs choses; **etwas V~es** quelque chose d'autre; „**V~es**" (*in Zeitung*) "faits divers"; **~artig** *adj* de nature différente, différent(e); **zwei so ~artige ...** deux ... tellement différents

verschiedenerlei *adj* divers(e)

Verschiedenheit f différence f
verschiedentlich adv à plusieurs reprises
verschiffen [fɛrˈʃɪfən] vt transporter par bateau
verschimmeln [fɛrˈʃɪməln] vi moisir
verschlafen [fɛrˈʃlaːfən] unreg vi, vr se réveiller trop tard ▷ vt (Tag) passer à dormir; (versäumen) oublier ▷ adj endormi(e)
Verschlag [fɛrˈʃlaːk] m réduit m, cagibi m
verschlagen [fɛrˈʃlaːgən] unreg vt (mit Brettern) clouer, fermer; (Tennis) mal engager; (Buchseite) perdre ▷ adj (pej) roué(e); **es verschlug ihr die Sprache/den Atem** ça lui a coupé la parole/le souffle; **an einen Ort ~ werden** échouer quelque part
verschlampen [fɛrˈʃlampən] (umg) vt (verlieren) paumer ▷ vi (Mensch) se laisser aller
verschlechtern [fɛrˈʃlɛçtərn] vt rendre moins bon(ne); (Stellung) aggraver ▷ vr (Lage) se dégrader; (Chancen, Aussichten) devenir moins bon(ne); (Gesundheitszustand) empirer; (Wetter) se gâter; (finanziell) être moins bien payé(e)
Verschlechterung f aggravation f, dégradation f
verschleiern [fɛrˈʃlaɪərn] vt (mit Schleier) voiler; (Tatbestände) cacher, étouffer
Verschleierung [fɛrˈʃlaɪərʊŋ] f (fig) dissimulation f
Verschleierungstaktik f mesures fpl prises pour étouffer l'affaire
Verschleiß [fɛrˈʃlaɪs] (-es, -e) m usure f
verschleißen unreg vt user ▷ vi s'user
verschleppen [fɛrˈʃlɛpən] vt (Menschen) déporter; (Seuche) propager; (hinauszögern) faire traîner en longueur; **eine verschleppte Grippe** une grippe mal soignée
verschleudern [fɛrˈʃlɔydərn] vt (Vermögen) gaspiller; (Waren) brader
verschließbar adj (Tür, Koffer etc) qui ferme à clé
verschließen [fɛrˈʃliːsən] unreg vt (Haus, Tür etc) fermer à clé; (Flasche) boucher ▷ vr se fermer; **sich allem Neuen ~** refuser tout changement; **diese Möglichkeit war uns verschlossen** ça n'était pas possible pour nous
verschlimmern [fɛrˈʃlɪmərn] vt aggraver ▷ vr s'aggraver, empirer
Verschlimmerung f aggravation f
verschlingen [fɛrˈʃlɪŋən] unreg vt (Lebensmittel, Geld) engloutir; (Buch) dévorer; (Fäden) nouer
verschliss etc [fɛrˈʃlɪs] vb siehe **verschleißen**
verschlissen [fɛrˈʃlɪsən] pp von **verschleißen** ▷ adj (Kleidung) élimé(e)
verschlossen [fɛrˈʃlɔsən] pp von **verschließen** ▷ adj fermé(e) à clé; (fig) renfermé(e); **V~heit** f (von Mensch) caractère m renfermé
verschlucken [fɛrˈʃlʊkən] vt avaler; (Geld) engloutir ▷ vr avaler de travers
Verschluss [fɛrˈʃlʊs] m fermeture f; (an Schmuck) fermoir m; (Phot) obturateur m; (Stöpsel) bouchon m; **unter ~ halten** garder sous clé
verschlüsseln [fɛrˈʃlʏsəln] vt (Nachricht) coder
verschmachten [fɛrˈʃmaxtən] vi languir
verschmähen [fɛrˈʃmɛːən] vt dédaigner
verschmelzen [fɛrˈʃmɛltsən] unreg vt fondre

▷ vi se mêler
verschmerzen [fɛrˈʃmɛrtsən] vt se consoler de, surmonter
verschmieren [fɛrˈʃmiːrən] vt (verstreichen) étaler; (schmutzig machen) souiller
verschmitzt [fɛrˈʃmɪtst] adj malicieux(-euse)
verschmutzen [fɛrˈʃmʊtsən] vt salir; (Umwelt) polluer ▷ vi se salir
verschnaufen [fɛrˈʃnaʊfən] (umg) vi, vr souffler
verschneiden [fɛrˈʃnaɪdən] vt (Whisky etc) couper
verschneit [fɛrˈʃnaɪt] adj enneigé(e)
Verschnitt [fɛrˈʃnɪt] m (von Whisky etc) coupage m; (Reste) déchets mpl
verschnörkelt [fɛrˈʃnœrkəlt] adj tarabiscoté(e)
verschnupft [fɛrˈʃnʊpft] adj: **~ sein** être enrhumé(e); (umg: beleidigt) être vexé(e)
verschnüren [fɛrˈʃnyːrən] vt ficeler
verschollen [fɛrˈʃɔlən] adj disparu(e)
verschonen [fɛrˈʃoːnən] vt épargner; **jdn mit etw ~** épargner qch à qn; **von etw verschont bleiben** être épargné(e) par qch
verschönern [fɛrˈʃøːnərn] vt embellir
verschossen [fɛrˈʃɔsən] (umg) adj: **in jdn ~ sein** s'être entiché(e) de qn
verschränken [fɛrˈʃrɛŋkən] vt (Arme, Beine) croiser; (Hände) joindre
verschrecken [fɛrˈʃrɛkən] vt effaroucher
verschreiben [fɛrˈʃraɪbən] unreg vt (Papier) utiliser; (Med) prescrire ▷ vr faire une faute; **sich einer Sache ~** se consacrer à qch
verschreibungspflichtig adj délivré(e) uniquement sur ordonnance
verschrie(e)n [fɛrˈʃriː(ə)n] adj mal famé(e)
verschroben [fɛrˈʃroːbən] adj bizarre
verschrotten [fɛrˈʃrɔtən] vt mettre à la ferraille
verschüchtert [fɛrˈʃʏçtərt] adj intimidé(e)
verschulden [fɛrˈʃʊldən] vt (Unfall) causer, être responsable de ▷ vi, vr s'endetter; **V~ (-s)** nt faute f; **ohne mein/sein V~** sans que j'y sois/qu'il y soit pour rien
verschuldet adj endetté(e)
Verschuldung f endettement m
verschütten [fɛrˈʃʏtən] vt (versehentlich) renverser; (zuschütten) remplir, combler; (unter Trümmern) ensevelir
verschwand etc [fɛrˈʃvant] vb siehe **verschwinden**
verschweigen [fɛrˈʃvaɪgən] unreg vt taire; **jdm etw ~** cacher qch à qn
verschweißen [fɛrˈʃvaɪsən] vt souder
verschwenden [fɛrˈʃvɛndən] vt gaspiller
Verschwender, in (-s, -) m(f) gaspilleur(-euse) m/f
verschwenderisch adj (Mensch) dépensier(-ière), prodige; (Aufwand) excessif(-ive)
Verschwendung f gaspillage m
verschwiegen [fɛrˈʃviːgən] adj (Mensch) discret(-ète); (Ort) retiré(e); **V~heit** f (von Mensch) discrétion f; (von Ort) isolement m
verschwimmen [fɛrˈʃvɪmən] unreg vi (subj: Farben) se mélanger; (vor Augen) se brouiller
verschwinden [fɛrˈʃvɪndən] unreg vi disparaître;

verschwinde! (*umg*) fiche le camp!; **V~** (**-s**) *nt* disparition *f*
verschwindend *adj* (*Anzahl, Menge*) infime
verschwitzen [fɛrˈʃvɪtsən] *vt* (*Kleidung*) tremper de sueur; (*umg: vergessen*) oublier
verschwitzt *adj* (*Mensch*) en sueur
verschwommen [fɛrˈʃvɔmən] *adj* (*Farbe*) fondu(e); (*Bild*) flou(e)
verschwören [fɛrˈʃvøːrən] *unreg vr* conspirer
Verschwörer, in (**-s, -**) *m(f)* conspirateur(-trice) *m/f*
Verschwörung *f* conspiration *f*
verschwunden [fɛrˈʃvʊndən] *pp von* **verschwinden**
versehen [fɛrˈzeːən] *unreg vt* (*Dienst, Pflicht*) accomplir; (*Haushalt*) tenir; (*Amt*) remplir ▷ *vr* se tromper; **jdn/etw mit etw ~** (*ausstatten*) munir qn/qch de qch; **sich mit etw ~** se munir de qch; **ehe er (es) sich ~ hatte ...** il n'a pas eu le temps de dire ouf que ...; **V~** (**-s, -**) *nt* méprise *f*; **aus V~** par mégarde
versehentlich *adv* par mégarde
Versehrte, r [fɛrˈzeːrtə(r)] *f(m)* invalide *m/f*
verselb(st)ständigen [fɛrˈzɛlp(st)ʃtɛndɪgən] *vr* (*beruflich*) se mettre à son compte
versenden [fɛrˈzɛndən] *unreg vt* (*Waren*) expédier
versengen [fɛrˈzɛŋən] *vt* brûler; (*subj: Feuer auch*) roussir
versenken [fɛrˈzɛŋkən] *vt* enfoncer; (*Schiff*) couler; (*Sarg*) descendre; (*Antenne*) baisser ▷ *vr*: **sich ~ in** +*Akk* se plonger dans
versessen [fɛrˈzɛsən] *adj*: **auf jdn/etw ~** fou (folle) de qn/qch; **darauf ~ sein, etw zu tun** tenir absolument à faire qch
versetzen [fɛrˈzɛtsən] *vt* (*an andere Stelle*) déplacer; (*dienstlich*) muter; (*verpfänden*) mettre en gage; (*in Schule*) faire passer dans la classe supérieure; (*umg: vergeblich warten lassen*) poser un lapin à; (*nicht geradlinig anordnen*) décaler ▷ *vi* (*antworten*) rétorquer ▷ *vr*: **sich in jdn** *od* **in jds Lage ~** se mettre à la place de qn; **etw mit etw ~** (*mischen*) mélanger qch et qch; **jdm einen Tritt/Schlag ~** donner un coup de pied/coup à qn; **jdn in gute Laune ~** mettre qn de bonne humeur; **jdn in Unruhe ~** troubler qn
Versetzung *f* (*dienstlich*) mutation *f*; (*in Schule*) passage *m* dans la classe supérieure
verseuchen [fɛrˈzɔʏçən] *vt* polluer; (*durch radioaktive Stoffe*) contaminer
Versicherer (**-s, -**) *m* assureur *m*
versichern [fɛrˈzɪçərn] *vt* assurer ▷ *vr +Gen* s'assurer de; **etw ~ gegen** assurer qch contre
Versicherte, r *f(m)* assuré(e) *m/f*
Versicherung *f* assurance *f*; (*Gesellschaft*) compagnie *f* d'assurance
Versicherungs-: **~anspruch** *m* droit *m* à une prestation de l'assurance; **~beitrag** *m* prime *f* d'assurance; (*bei staatlicher Versicherung etc*) cotisation *f*; **~gesellschaft** *f* compagnie *f* d'assurance; **~leistung** *f* prestation *f* de l'assurance; **~nehmer** (**-s, -**) *m* (*förmlich*) assuré(e) *m/f*; **~police** *f* police *f* d'assurance; **~prämie** *f*

prime *f* d'assurance; **~schutz** *m* couverture *f* de l'assurance; **~summe** *f* montant *m* assuré; **~träger** *m* (*förmlich*) assureur *m*
versickern [fɛrˈzɪkərn] *vi* s'infiltrer
versiegeln [fɛrˈziːgəln] *vt* (*Brief*) cacheter; (*Parkett*) vitrifier
versiegen [fɛrˈziːgən] *vi* tarir; (*fig: Kräfte*) décliner
versiert [vɛrˈziːrt] *adj*: **in etw** *Dat* **~ sein** être versé(e) dans qch
versilbern [fɛrˈzɪlbərn] *vt* (*Besteck*) argenter
versinken [fɛrˈzɪŋkən] *unreg vi* s'enfoncer; (*Schiff*) couler; **ich hätte vor Scham** *od* **im Boden ~ mögen** j'aurais voulu rentrer sous terre de honte; **in etw** *Akk* **versunken sein** être plongé(e) dans qch
versinnbildlichen [fɛrˈzɪnbɪltlɪçən] *vt* symboliser
Version [vɛrziˈoːn] *f* version *f*
Versmaß [ˈfɛrsmaːs] *nt* mètre *m*
versöhnen [fɛrˈzøːnən] *vt* réconcilier ▷ *vr*: **sich mit jdm ~** se réconcilier avec qn
versöhnlich *adj* conciliant(e)
Versöhnung *f* réconciliation *f*
Versöhnungsfest *nt* fête *f* de l'expiation, Yom Kippour *m*
versonnen [fɛrˈzɔnən] *adj* songeur(-euse); (*träumerisch*) rêveur(-euse)
versorgen [fɛrˈzɔrgən] *vt* fournir, approvisionner; (*unterhalten*) entretenir; (*sich kümmern um*) s'occuper de ▷ *vr*: **sich ~ mit** se pourvoir de, s'approvisionner en; **jdn mit etw ~** fournir qch à qn
Versorger, in *m(f)* (*Ernährer*) soutien *m* de famille
Versorgung *f* approvisionnement *m*; (*Unterhalt*) entretien *m*; (*Altersversorgung etc*) allocation *f*
Versorgungs-: **~betrieb** *m* service *m* public; **~lage** *f* situation *f* de l'approvisionnement; **~netz** *nt* réseau *m* de distribution
verspannen [fɛrˈʃpanən] *vr* (*Muskeln*) se crisper
verspäten [fɛrˈʃpɛːtən] *vr* être en retard
verspätet *adj* (*Zug, Abflug, Ankunft*) en retard; (*Glückwünsche*) tardif(-ive)
Verspätung *f* retard *m*; **~ haben** avoir du retard; **mit zwanzig Minuten ~** avec vingt minutes de retard
versperren [fɛrˈʃpɛrən] *vt* (*Weg*) barrer; (*Sicht*) boucher; (*Tür*) barricader
verspielen [fɛrˈʃpiːlən] *vt* (*Geld*) perdre au jeu ▷ *vr* (*auf Instrument*) faire une fausse note; **bei jdm verspielt haben** ne plus être bien vu de qn
verspielt [fɛrˈʃpiːlt] *adj* joueur(-euse)
versponnen [fɛrˈʃpɔnən] *adj* farfelu(e)
verspotten [fɛrˈʃpɔtən] *vt* se moquer de
versprach *etc* [fɛrˈʃprax] *vb siehe* **versprechen**
versprechen [fɛrˈʃprɛçən] *unreg vt* promettre ▷ *vr* (*etwas Nichtgemeintes sagen*) faire un lapsus; **sich** *Dat* **etw von etw ~** attendre qch de qch; **V~** (**-s, -**) *nt* promesse *f*
Versprecher (**-s, -**) (*umg*) *m* lapsus *m*
Versprechung *f* (*gew pl*) promesse *f*
verspüren [fɛrˈʃpyːrən] *vt* ressentir, éprouver
verstaatlichen [fɛrˈʃtaːtlɪçən] *vt* nationaliser, étatiser

Verstaatlichung f nationalisation f, étatisation f
Verstand [fɛrˈʃtant] m raison f; **den ~ verlieren** perdre la raison; **über jds ~ gehen** dépasser qn; **etw mit ~ trinken** savourer qch
verstandesmäßig adj rationnel(le)
verständig [fɛrˈʃtɛndɪç] adj raisonnable
verständigen [fɛrˈʃtɛndɪɡən] vt avertir, prévenir ▷ vr communiquer; (sich einigen) se mettre d'accord, s'entendre
Verständigkeit f sagesse f, bon sens m
Verständigung f (Kommunikation) communication f; (Benachrichtigung) notification f; (Einigung) accord m
verständlich [fɛrˈʃtɛntlɪç] adj compréhensible; (akustisch) intelligible; **sich ~ machen** (hörbar) se faire entendre; (sich klar ausdrücken) se faire comprendre
verständlicherweise adv à juste titre
Verständlichkeit f intelligibilité f, clarté f
Verständnis (-ses, -se) nt (das Verstehen) compréhension f; **für etw kein ~ haben** ne pas comprendre qch; (für Kunst etc) ne pas rien comprendre à qch; **„wir bitten um Ihr ~"** "nous vous prions de bien vouloir nous excuser"; **v~los** (Mensch) adj qui ne comprend pas; (Blick, Gesichtsausdruck) déconcerté(e); **v~voll** adj compréhensif(-ive)
verstärken [fɛrˈʃtɛrkən] vt (Mauer, Pfeiler, Truppen, Mannschaft) renforcer; (Strom, Spannung, Ton) amplifier; (erhöhen) augmenter ▷ vr augmenter
Verstärker (-s, -) m (Tech) amplificateur m
Verstärkung f (siehe vt) renforcement m; amplification f; (Hilfe) renforts mpl
verstauben [fɛrˈʃtaʊbən] vi se couvrir de poussière
verstaubt [fɛrˈʃtaʊpt] (pej) adj (fig) dépassé(e)
verstauchen [fɛrˈʃtaʊxən] vt: **sich Dat etw ~** se fouler od se tordre qch
Verstauchung f foulure f, entorse f
verstauen [fɛrˈʃtaʊən] vt caser
Versteck [fɛrˈʃtɛk] (-(e)s, -e) nt cachette f; **~ spielen** jouer à cache-cache
verstecken vt cacher ▷ vr se cacher
versteckt adj caché(e); (Tür) secret(-ète), dérobé(e); (Lächeln, Blick) furtif(-ive); (Vorwürfe, Andeutung) voilé(e)
verstehen [fɛrˈʃteːən] unreg vt comprendre; (gut hören auch) entendre; (Handwerk etc) connaître ▷ vr se comprendre; (gut auskommen) bien s'entendre; **etw von Kunst ~** s'y connaître dans le domaine de l'art; **jdm etw zu ~ geben** laisser entendre qch à qn; **das ist nicht wörtlich zu ~** il ne faut pas le prendre au pied de la lettre; **die Preise ~ sich einschließlich Lieferung** les prix indiqués comprennent la livraison; **sich auf etw** Akk **~** s'y connaître en qch; **das versteht sich (von selbst)** cela va de soi
versteifen [fɛrˈʃtaɪfən] vt (Material) renforcer ▷ vi (Gelenke) devenir raide ▷ vr (fig): **sich auf etw** Akk **~** ne pas démordre de qch
versteigen [fɛrˈʃtaɪɡən] unreg vr: **sie hat sich zu der Behauptung verstiegen, dass ...** elle est

allée jusqu'à prétendre que ...
versteigern [fɛrˈʃtaɪɡərn] vt vendre aux enchères
Versteigerung f vente f aux enchères
versteinern [fɛrˈʃtaɪnərn] vi se fossiliser
verstellbar adj réglable
verstellen [fɛrˈʃtɛlən] vt (verändern) ajuster; (falsch einstellen) dérégler; (richtig einstellen) régler; (versperren) bloquer; (Stimme) déguiser ▷ vr (heucheln) jouer la comédie
Verstellung f (Heuchelei) simulation f, comédie f; (von Stimme) déguisement m
versteuern [fɛrˈʃtɔɪərn] vt payer des impôts sur; **zu ~** imposable
verstiegen [fɛrˈʃtiːɡən] adj (Idee) saugrenu(e)
verstimmen [fɛrˈʃtɪmən] vt (Instrument) désaccorder; (Mensch) mettre de mauvaise humeur; **(sich** Dat**) den Magen ~** se déranger l'estomac
Verstimmung f (fig) mauvaise humeur f
verstockt [fɛrˈʃtɔkt] adj têtu(e); **V~heit** f entêtement m
verstohlen [fɛrˈʃtoːlən] adj furtif(-ive)
verstopfen [fɛrˈʃtɔpfən] vt (Ritze) boucher, calfeutrer; (Innenstadt) embouteiller; (Med) constiper
Verstopfung f (von Rohr) engorgement m; (von Straße) embouteillage m; (Med) constipation f
verstorben [fɛrˈʃtɔrbən] adj décédé(e), défunt(e)
Verstorbene, r f(m) défunt(e) m/f
verstört [fɛrˈʃtøːrt] adj (Mensch) troublé(e), perturbé(e)
Verstoß [fɛrˈʃtoːs] (-es, ¨e) m: **~ gegen** infraction f à
verstoßen unreg vt (Mensch) chasser, bannir ▷ vi: **~ gegen** contrevenir à, violer
verstrahlen [fɛrˈʃtraːlən] vt (radioaktiv) irradier
verstreichen [fɛrˈʃtraɪçən] unreg vt (Butter, Salbe) étendre ▷ vi (Zeit) s'écouler; (Frist) expirer
verstreuen [fɛrˈʃtrɔɪən] vt répandre
verstricken [fɛrˈʃtrɪkən] vr: **sich in etw** Akk **~** s'empêtrer dans qch ▷ vt (fig) impliquer, mêler; **in etw verstrickt sein** être impliqué(e) dans qch
verströmen [fɛrˈʃtrøːmən] vt répandre
verstümmeln [fɛrˈʃtʏməln] vt mutiler, estropier; (fig) estropier
verstummen [fɛrˈʃtʊmən] vi se taire; (Lärm) cesser
Versuch [fɛrˈzuːx] (-(e)s, -e) m (Bemühung) tentative f, essai m; (Sport) essai; (wissenschaftlich) expérience f; **das käme auf einen ~ an** il faudrait essayer
versuchen vt (Essen) goûter; (ausprobieren) essayer; (verführen) tenter ▷ vr: **sich an etw** Dat **~** s'essayer à qch
Versuchs-: **~anstalt** f centre m de recherche; **~bohrung** f sondage m d'exploration; **~kaninchen** nt (Tier) lapin m de laboratoire; (pej: umg) cobaye m; **~objekt** nt sujet m d'expérience; (fig) cobaye m; **~reihe** f série f d'expériences; **v~weise** adv à titre expérimental
Versuchung f tentation f
versumpfen [fɛrˈzʊmpfən] vi (Gebiet) devenir marécageux(-euse); (umg: verwahrlosen) être

perdu(e); (: *lange zechen*) faire la bringue

versündigen [fɛr'zʏndɪgən] *(geh) vr*: **sich an jdm/etw ~** se rendre coupable envers qn/qch

Versunkenheit *f* contemplation *f*

versüßen [fɛr'zy:sən] *vt*: **jdm etw ~** faciliter qch à qn

vertagen [fɛr'ta:gən] *vt* ajourner

Vertagung *f* ajournement *m*

vertauschen [fɛr'tauʃən] *vt* échanger; **vertauschte Rollen** des rôles *mpl* inversés

verteidigen [fɛr'taɪdɪgən] *vt* défendre ▷ *vr* se défendre

Verteidiger, in (**-s, -**) *m(f)* défenseur *m*; (*Anwalt*) avocat(e) *m/f*; (*Fussball, Rugby*) arrière *m*

Verteidigung *f* défense *f*

Verteidigungsminister *m* ministre *m* de la Défense

verteilen [fɛr'taɪlən] *vt* distribuer; (*Salbe etc*) étaler ▷ *vr* se disperser

Verteiler (**-s, -**) *m* (*Aut*) distributeur *m*; (*Wirts*) concessionnaire *m*

Verteilung *f* distribution *f*; (*von Bevölkerung, Salbe etc*) répartition *f*

verteuern [fɛr'tɔyərn] *vt* (*teuer machen*) rendre plus cher, renchérir ▷ *vr* augmenter, renchérir

Verteuerung [fɛr'tɔyərʊŋ] *f* renchérissement *m*

verteufeln [fɛr'tɔyfəln] *vt* dénigrer

verteufelt (*umg*) *adj* (*Lage, Angelegenheit*) infernal(e)

vertiefen [fɛr'ti:fən] *vt* (*Graben*) creuser; (*fig: Kluft*) rendre plus profond(e); (*Wissen*) approfondir; (*Abneigung, Gefühle*) intensifier ▷ *vr* (*tiefer werden*) devenir plus profond(e), se creuser; **sich in etw** *Akk* **~** se plonger dans qch; **in Gedanken vertieft** plongé(e) dans ses pensées

Vertiefung *f* (*Mulde*) creux *m*

vertikal [vɛrti'ka:l] *adj* vertical(e)

vertilgen [fɛr'tɪlgən] *vt* (*Unkraut, Ungeziefer*) détruire, éliminer; (*umg: essen*) engloutir

Vertilgungsmittel *nt* (*Insektenvertilgungsmittel*) insecticide *m*

vertippen [fɛr'tɪpən] *vr* faire une faute de frappe

vertonen [fɛr'to:nən] *vt* (*Text*) mettre en musique; (*Film*) sonoriser

Vertonung *f* adaptation *f* musicale

vertrackt [fɛr'trakt] *adj* compliqué(e)

Vertrag [fɛr'tra:k] (**-(e)s, -̈e**) *m* (*Jur*) contrat *m*; (*Pol*) traité *m*

vertragen [fɛr'tra:gən] *unreg vt* supporter ▷ *vr*: **sich mit jdm ~** (bien) s'entendre avec qn; (*aussöhnen*) se réconcilier avec qn; **sich mit etw ~** (*Nahrungsmittel, Farbe*) aller avec qch; (*Aussage, Verhalten*) concorder avec qch; **viel ~ können** (*umg: Alkohol*) bien supporter l'alcool

vertraglich *adj* contractuel(le) ▷ *adv*: **etw ~ regeln** régler qch par contrat

verträglich [fɛr'trɛ:klɪç] *adj* (*Mensch, Wesen*) conciliant(e); (*Speisen*) digeste; (*Medikament*) bien toléré(e) (par l'organisme); **V~keit** *f* (*von Speise*) digestibilité *f*; (*von Medikament*) fait d'être bien toléré par l'organisme

Vertrags-: **~bruch** *m* rupture *f* de contrat;

v~brüchig *adj* qui ne respecte pas les stipulations du contrat; **v~brüchig werden** rompre le contrat; **v~fähig** *adj* (*Jur*) apte à contracter; **~händler** *m* concessionnaire *m*; **v~mäßig** *adj* contractuel(le) ▷ *adv* conformément au contrat; **~partner** (**-s, -**) *m* partie *f* contractante, contractant(e) *m/f*

Vertragsspieler *m* (*Fussball*) joueur *m* sous contrat; **Vertragswerkstatt** *f* concessionnaire *m* (*garage*); **vertragswidrig** *adj* contraire au contrat

vertrauen [fɛr'trauən] *vi* (*+Dat*) avoir confiance en; **~ auf** *+Akk* faire confiance à; **V~** (**-s**) *nt* confiance *f*; **jdn ins V~ ziehen** mettre qn dans la confidence; **V~ zu jdm fassen** avoir de plus en plus confiance en qn; **im V~ (gesagt)** soit dit entre nous; **~erweckend** *adj* qui inspire confiance

Vertrauens-: **~arzt** *m* médecin-conseil *m*; **~frage** *f* (*Pol*) question *f* de confiance; **~mann** (**-(e)s, -männer** *od* **-leute**) *m* homme *m* de confiance; **~sache** *f* (*vertrauliche Angelegenheit*) affaire *f* confidentielle; (*Frage des Vertrauens*) question *f* de confiance; **v~selig** *adj* trop confiant(e); **~stellung** *f* poste *m* de confiance; **v~voll** *adj* confiant(e); **wenden Sie sich v~voll an Frau X** adressez-vous en toute confiance à Madame X; **~votum** *nt* vote *m* de confiance; **v~würdig** *adj* digne de confiance

vertraulich [fɛr'traulɪç] *adj* confidentiel(le); **V~keit** *f* caractère *m* confidentiel; (*Aufdringlichkeit*) familiarité *f* excessive

verträumt [fɛr'trɔymt] *adj* (*Mensch, Blick*) rêveur(-euse); (*Ort, Städtchen*) paisible

vertraut [fɛr'traut] *adj* familier(-ière); **sich mit dem Gedanken ~ machen, dass ...** se faire à l'idée que ...

Vertraute, r *f(m)* confident(e) *m/f*; **Vertrautheit** *f* familiarité *f*

vertreiben [fɛr'traɪbən] *unreg vt* chasser; (*aus Land*) expulser; (*Wirts*) vendre; (*Zeit*) passer

Vertreibung *f* (*aus Land*) expulsion *f*

vertretbar *adj* justifiable; (*Theorie*) défendable

vertreten [fɛr'tre:tən] *unreg vt* (*Kollegen*) remplacer; (*Interessen*) défendre; (*Ansicht*) soutenir; (*Staat, Firma, Wahlkreis*) représenter; **sich** *Dat* **die Beine ~** se dégourdir les jambes

Vertreter, in *m(f)* remplaçant(e) *m/f*, suppléant(e) *m/f*; (*Repräsentant*) représentant(e) *m/f*; (*Verfechter*) défenseur *m*; **~provision** *f* commission *f*

Vertretung *f* représentation *f*; (*vertretende Person*) représentant(e) *m/f*; (: *von Arzt*) remplaçant(e) *m/f*; (*von Firma*) agence *f*; **die ~ (für jdn) übernehmen** remplacer qn

Vertretungsstunde *f* (*Sch*) heure *f* de suppléance

vertretungsweise *adv* à titre de remplaçant

Vertrieb [fɛr'tri:p] (**-(e)s, -e**) *m* vente *f*; (*Abteilung*) service *m* commercial *od* des ventes; **den ~ für eine Firma haben** être dépositaire *od* concessionnaire des produits d'une société

Vertriebene, r [fɛr'tri:bənə(r)] *f(m)* expulsé(e) *m/f*, exilé(e) *m/f*

Vertriebskosten *pl* frais *mpl* de commercialisation

vertrinken [fɛr'trɪŋkən] *unreg vt* dépenser en boisson

vertrocknen [fɛr'trɔknən] *vi* se dessécher; *(Brunnen)* tarir

vertrödeln [fɛr'trøːdəln] *(umg) vt (Zeit)* perdre

vertrösten [fɛr'trøːstən] *vt* faire attendre

vertun [fɛr'tuːn] *unreg vt* gaspiller ▷ *vr (umg)* se tromper

vertuschen [fɛr'tʊʃən] *vt* étouffer

verübeln [fɛr'lyːbəln] *vt*: **jdm etw ~** en vouloir à qn de qch

verüben [fɛr'lyːbən] *vt* commettre, perpétrer

verulken [fɛr'lʊlkən] *vt* se moquer de

verunglimpfen [fɛr'lʊnɡlɪmpfən] *vt* dénigrer

verunglücken [fɛr'lʊnɡlʏkən] *vi* avoir un accident, être victime d'un accident; *(umg: misslingen)* rater; **tödlich ~** se tuer dans un accident

Verunglückte, r *f(m)* victime *f*

verunreinigen [fɛr'lʊnraɪnɪɡən] *vt* salir; *(Umwelt)* polluer

verunsichern [fɛr'lʊnzɪçərn] *vt* semer le doute dans l'esprit de

verunstalten [fɛr'lʊnʃtaltən] *vt* défigurer

veruntreuen [fɛr'lʊntrɔyən] *vt* détourner

verunzieren [fɛr'lʊntsiːrən] *vt* déparer

verursachen [fɛr'luːrzaxən] *vt* causer

verurteilen [fɛr'luːrtaɪlən] *vt* condamner; *(für schuldig befinden)* reconnaître coupable; **zum Scheitern verurteilt** voué(e) à l'échec

Verurteilung *f* condamnation *f*

vervielfachen [fɛr'fiːlfaxən] *vt* multiplier ▷ *vr* se multiplier

vervielfältigen [fɛr'fiːlfɛltɪɡən] *vt (Text)* polycopier; *(fotokopieren)* photocopier

Vervielfältigung *f (das Vervielfältigen)* polycopie *f*; *(das Fotokopieren)* photocopie *f*

Vervielfältigungsapparat *m* copieur *m*

vervollkommnen [fɛr'fɔlkɔmnən] *vt* perfectionner ▷ *vr*: **sich in etw** *Dat* **~** se perfectionner en qch

vervollständigen [fɛr'fɔlʃtɛndɪɡən] *vt* compléter

verw. *abk* = **verwitwet**

verwachsen [fɛr'vaksən] *unreg vi (Narbe, Wunde)* disparaître ▷ *vr (sich von selber regulieren)* disparaître (avec le temps) ▷ *adj (Mensch)* difforme

verwackeln [fɛr'vakəln] *vt (Phot)* rendre flou(e)

verwählen [fɛr'vɛːlən] *vr* se tromper de numéro

verwahren [fɛr'vaːrən] *vt (aufbewahren)* conserver ▷ *vr*: **sich ~ (gegen)** se défendre (de)

verwahrlosen *vi (Haus)* être à l'abandon; *(Mensch)* se négliger; *(moralisch)* mal tourner

verwahrlost *adj (Mensch, Äußeres)* négligé(e); *(moralisch)* dévoyé(e)

Verwahrung *f (von Geld)* dépôt *m*; **jdn in ~ nehmen** mettre qn en garde à vue

verwaist [fɛr'vaɪst] *adj (Kind)* orphelin(e); *(Ort, Haus)* abandonné(e)

verwalten [fɛr'valtən] *vt* gérer; *(Stadt)* administrer; *(Haus)* être gérant(e) de

Verwalter, in *m(f)* administrateur(-trice) *m/f*; *(Hausverwalter)* gérant(e) *m/f*

Verwaltung *f (von Stadt)* administration *f*; *(von Haus)* gérance *f*; *(von Vermögen)* gestion *f*

Verwaltungs-: **~apparat** *m* appareil *m* administratif; **~bezirk** *m* circonscription *f* administrative; **~gericht** *nt* tribunal *m* administratif

verwandeln [fɛr'vandəln] *vt (umwandeln)* transformer ▷ *vr* se transformer; **jdn/etw in etw** *Akk* **~** transformer qn/qch en qch

Verwandlung *f* transformation *f*

verwandt [fɛr'vant] *adj*: **mit jdm ~ sein** être apparenté(e) à *od* parent(e) de qn; **geistig ~ sein** être très proche, être des âmes sœurs

Verwandte, r *f(m)* parent(e) *m/f*

Verwandtschaft *f* parenté *f*; *(fig)* analogie *f*

verwarnen [fɛr'varnən] *vt* donner un avertissement à

Verwarnung *f* avertissement *m*; **gebührenpflichtige ~** contravention *f*

verwaschen [fɛr'vaʃən] *adj* délavé(e); *(fig)* flou(e)

verwässern [fɛr'vɛsərn] *vt (Lebensmittel)* (trop) diluer

verwechseln [fɛr'vɛksəln] *vt* confondre; **sich zum V~ ähnlich sein** se ressembler comme deux gouttes d'eau

Verwechslung *f* confusion *f*

verwegen [fɛr've:ɡən] *adj (Mensch)* téméraire; *(Plan)* audacieux(-euse); **V~heit** *f (siehe adj)* témérité *f*; audace *f*

verwehren [fɛr've:rən] *vt (geh)*: **jdm etw ~** interdire qch à qn

Verwehung *f (Schneeverwehung)* congère *f*

verweichlichen [fɛr'vaɪçlɪçən] *vt* affaiblir ▷ *vi* s'affaiblir

verweichlicht *adj* affaibli(e)

verweigern [fɛr'vaɪɡərn] *vt* refuser; **jdm etw ~** refuser qch à qn; **den Gehorsam/die Aussage ~** refuser d'obéir/de témoigner

Verweigerung *f* refus *m*

verweilen [fɛr'vaɪlən] *vi (geh)* rester, demeurer; *(bei Thema etc)* s'attarder

verweint [fɛr'vaɪnt] *adj (Augen)* gonflé(e) de larmes; *(Gesicht)* en pleurs

Verweis [fɛr'vaɪs] **(-es, -e)** *m (Tadel)* réprimandes *fpl*, remontrances *fpl*; *(Hinweis)* renvoi *m*

verweisen [fɛr'vaɪzən] *unreg vt (von der Schule)* renvoyer; *(geh: tadeln)* réprimander ▷ *vi*: **~ auf etw** *Akk* renvoyer à qch; **jdn auf etw** *Akk* **~** *(hinweisen)* renvoyer qn à qch; **Marie an Paul ~** envoyer Marie chez Paul; **jdn vom Platz** *od* **des Spielfeldes ~** renvoyer qn du terrain; **jdn des Landes ~** expulser qn

Verweisung *f* renvoi *m*; *(Landesverweisung)* expulsion *f*

verwelken [fɛr'vɛlkən] *vi (Blumen)* se faner; *(Haut)* se rider

verweltlichen [fɛr'vɛltlɪçən] *vt* séculariser

verwendbar *adj* utilisable

verwenden [fɛrˈvɛndən] *unreg vt* utiliser, se servir de; (*Methode*) suivre; (*Mühe, Zeit*) consacrer; (*Geld*) dépenser ▷ *vr*: **sich für jdn/etw ~** intercéder en faveur de qn/qch

Verwendung *f* emploi *m*, utilisation *f*

Verwendungsmöglichkeit *f* possibilité *f* d'utilisation, application *f* possible

Verwendungszweck *m* application *f*, utilité *f*

verwerfen [fɛrˈvɛrfən] *unreg vt* (*Plan, Klage, Antrag*) rejeter; (*Urteil*) casser; (*Handlungsweise*) condamner ▷ *vr* (*Holz*) travailler; (*Geol*) se déplacer

verwerflich [fɛrˈvɛrflɪç] *adj* (*Tat*) répréhensible

verwertbar *adj* utilisable

verwerten [fɛrˈveːrtən] *vt* (*Abfälle*) recycler, utiliser; (*Idee*) exploiter; (*Erfahrung*) tirer profit de

Verwertung *f* utilisation *f*, exploitation *f*

verwesen [fɛrˈveːzən] *vi* se décomposer

Verwesung *f* décomposition *f*

verwickeln [fɛrˈvɪkəln] *vt*: **jdn in etw** *Akk* **~** impliquer qn dans qch ▷ *vr* (*Fäden etc*) s'emmêler; (*fig*) être mêlé(e); **in etw** *Akk* **verwickelt sein** être impliqué(e) dans qch; **sich in Widersprüche ~** se perdre dans des contradictions

verwickelt *adj* compliqué(e)

Verwicklung *f* (*gew pl: Komplikation*) complication *f*

verwildern [fɛrˈvɪldərn] *vi* (*Garten*) être à l'abandon; (*Tier*) retourner à l'état sauvage; (*Jugend*) ne plus avoir de morale

verwildert *adj* (*jds Aussehen*) débraillé(e); (*Garten*) à l'abandon

verwinden [fɛrˈvɪndən] *unreg vt* surmonter

verwirklichen [fɛrˈvɪrklɪçən] *vt* réaliser ▷ *vr* se réaliser

Verwirklichung *f* réalisation *f*

verwirren [fɛrˈvɪrən] *vt* (*Fäden*) emmêler; (*jdn*) déconcerter ▷ *vr* (*Fäden*) s'emmêler; (*Sinne etc*) être troublé(e)

Verwirrung *f* confusion *f*; **jdn in ~ bringen** troubler qn

verwischen [fɛrˈvɪʃən] *vt* (*Farben*) mélanger; (*verschmieren*) étaler (accidentellement); (*Spuren*) effacer ▷ *vr* s'estomper

verwittern [fɛrˈvɪtərn] *vi* (*Gestein*) être érodé(e); (*Holz, Hütte*) se dégrader

verwitwet [fɛrˈvɪtvət] *adj* veuf (veuve)

verwöhnen [fɛrˈvøːnən] *vt* (*nett sein*) gâter; (*verziehen*) trop gâter

verwöhnt *adj* (*Kind*) gâté(e); **für ~e Ansprüche** *od* **für den ~en Geschmack** pour les gens raffinés; **für ~e Ansprüche** pour les personnes exigeantes

verworfen [fɛrˈvɔrfən] *adj* dépravé(e)

verworren [fɛrˈvɔrən] *adj* confus(e), embrouillé(e)

verwundbar [fɛrˈvʊntbaːr] *adj* vulnérable

verwunden [fɛrˈvʊndən] *vt* blesser

verwunderlich [fɛrˈvʊndərlɪç] *adj* surprenant(e), étonnant(e)

verwundern *vt* surprendre, étonner ▷ *vr*: **sich ~ über** +*Akk* s'étonner de

Verwunderung *f* étonnement *m*, surprise *f*

Verwundete, r *f(m)* blessé(e) *m/f*

Verwundung *f* blessure *f*

verwünschen [fɛrˈvʏnʃən] *vt* maudire; (*in Märchen*) ensorceler

verwurzelt [fɛrˈvʊrtsəlt] *adj*: **(fest) in etw** *Dat* **~** (*fig*) enraciné(e) dans qch

verwüsten [fɛrˈvyːstən] *vt* ravager, dévaster

Verwüstung *f* dévastation *f*

Verz. *abk* = **Verzeichnis**

verzagen [fɛrˈtsaːgən] *vi* se décourager

verzagt [fɛrˈtsaːkt] *adj* découragé(e)

verzählen [fɛrˈtsɛːlən] *vr* faire une erreur de calcul, se tromper

verzahnen [fɛrˈtsaːnən] *vt* emboîter; (*Zahnräder*) engrener

verzanken [fɛrˈtsaŋkən] (*umg*) *vr* se brouiller

verzapfen [fɛrˈtsapfən] (*umg*) *vt*: **Unsinn ~** dire n'importe quoi

verzaubern [fɛrˈtsaʊbərn] *vt* ensorceler; (*fig*) charmer

Verzehr (-(e)s) *m*: **zum alsbaldigen ~ bestimmt** à consommer immédiatement

verzehren [fɛrˈtseːrən] *vt* (*essen*) manger; (*aufbrauchen*) dilapider

Verzehrzwang *m* obligation *f* de consommer

verzeichnen [fɛrˈtsaɪçnən] *vt* (*in Liste*) inscrire, consigner; (*Erfolg*) mettre à son actif; (*Verlust, Niederlage*) essuyer

Verzeichnis (-ses, -se) *nt* liste *f*; (*in Buch*) index *m*; (*Comput*) répertoire *m*

verzeihen [fɛrˈtsaɪən] *unreg vt*: **jdm etw ~** pardonner qch à qn; (*entschuldigen*) excuser qn de qch ▷ *vi* pardonner; **~ Sie!** excusez-moi!

verzeihlich *adj* pardonnable

Verzeihung *f* pardon *m*; **~!** pardon!; **jdn um ~ bitten** demander pardon à qn

verzerren [fɛrˈtsɛrən] *vt* déformer; (*Gesicht*) altérer; **sich** *Dat* **einen Muskel ~** se froisser un muscle

verzetteln [fɛrˈtsɛtəln] *vr* s'éparpiller

Verzicht [fɛrˈtsɪçt] **(-(e)s, -e)** *m*: **~ leisten auf** +*Akk* renoncer à; **v~en** *vi* renoncer; **v~en auf** +*Akk* renoncer à

verziehen [fɛrˈtsiːən] *unreg vt* (*Mund*) tordre; (*Kind*) mal élever ▷ *vr* (*Nebel*) se dissiper; (*Gesicht*) se tordre; (*Pullover*) rétrécir; (*Holz*) travailler; (*umg: verschwinden*) disparaître ▷ *vi*: **„verzogen"** "n'habite plus à l'adresse indiquée"; **keine Miene ~** ne pas sourciller; **das Gesicht ~** faire la grimace

verzieren [fɛrˈtsiːrən] *vt* décorer

Verzierung *f* décoration *f*

verzinsen [fɛrˈtsɪnzən] *vt* (*Kapital*) payer des intérêts sur

verzinslich *adj* (*Darlehen*) à intérêt; **nicht ~** sans intérêt

verzogen [fɛrˈtsoːgən] *adj* (*Kind*) mal élevé(e); *siehe auch* **verziehen**

verzögern [fɛrˈtsøːgərn] *vt* différer; (*verlangsamen*) ralentir ▷ *vr* (*Abreise*) être remis(e)

Verzögerung *f* retard *m*

Verzögerungstaktik *f* méthodes *fpl* dilatoires

413

verzollen [fɛr'tsɔlən] *vt* dédouaner; **haben Sie etwas zu ~?** avez-vous quelque chose à déclarer?

verzücken [fɛr'tsʏkən] *vt* ravir

Verzückung *f* ravissement *m*

Verzug [fɛr'tsu:k] *m* retard *m*; **mit etw in ~ geraten** prendre du retard dans qch; (*mit Zahlungen*) s'arriérer dans qch

verzweifeln [fɛr'tsvaɪfəln] *vi* désespérer; **an etw** *Dat* ~ désespérer de qch; **es ist zum V~!** c'est à désespérer!

verzweifelt *adj* désespéré(e)

Verzweiflung *f* désespoir *m*; **jdn zur ~ bringen** faire le désespoir de qn

verzweigen [fɛr'tsvaɪgən] *vr* (*Ast*) se ramifier; (*Straße*) bifurquer

verzwickt [fɛr'tsvɪkt] (*umg*) *adj* embrouillé(e)

Vesper ['fɛspər] (**-, -n**) *f od nt* (*Rel*) vêpres *fpl*; (*Mahlzeit*) goûter *m*

Vestibül [vɛsti'by:l] (**-s, -e**) *nt* (*von Hotel*) hall *m*; (*von Theater*) foyer *m*

Veto ['ve:to] (**-s, -s**) *nt* veto *m*; **~ einlegen** mettre son veto

Vetter ['fɛtər] (**-s, -**) *m* cousin *m*

vgl. *abk* (= *vergleiche*) comp.

v. H. *abk* (= *vom Hundert*) %

VHS (**-**) *f abk* = **Volkshochschule**

via ['vi:a] *präp* via

Viadukt [via'dʊkt] (**-(e)s, -e**) *m od nt* viaduc *m*

vibrieren [vi'bri:rən] *vi* vibrer

Video ['vi:deo] (**-s, -s**) *nt* vidéo *f*; **~aufnahme** *f* enregistrement *m* vidéo; **~gerät** *nt* magnétoscope *m*; **~kamera** *f* caméra *f* vidéo; **~rekorder** *m* magnétoscope *m*; **~spiel** *nt* jeu *m* vidéo; **~text** *m* vidéotex *m*; **~überwachung** *f* vidéosurveillance *f*

Vieh [fi:] (**-(e)s**) *nt* bétail *m*; (*umg: Tier*) bête *f*; **v~isch** (*pej*) *adj* bestial(e); (*Leben*) misérable; (*Mühe, Arbeit*) énorme; **~zucht** *f* élevage *m* (du bétail)

viel [fi:l] *adj* beaucoup de ▷ *adv* beaucoup; **~es** beaucoup de choses; **~e** (*pl: Menschen*) beaucoup de gens; **~ zu wenig** beaucoup trop peu; **~en Dank!** merci beaucoup!; **in ~em** à bien des égards; **noch (ein)mal so ~ Zeit** deux fois plus de temps; **einer zu ~** un de trop; **gleich ~e Angestellte/Anteile** le même nombre d'employés/de parts; **was kann er schon ~ machen?** que peut-il bien faire?; **~ beschäftigt** très occupé(e); **~ gefragt** très demandé(e); **~ geprüft** (*hum*) qui a beaucoup souffert; **~ sagend** éloquent(e); **~ versprechend** prometteur(-euse); **V~eck** *nt* polygone *m*

vielerlei *adj unver* divers(es)

vielerorts *adv* à beaucoup d'endroits

viel-: **~fach** *adj* multiple ▷ *adv* (*umg: häufig*) fréquemment; **ein ~facher Millionär** un multimillionnaire; **auf ~fachen Wunsch** à la demande générale; **V~fache, s** *nt* (*Math*) multiple *m*; **um ein V~faches steigen** monter en flèche; **V~falt** (**-**) *f* variété *f*; **~fältig** *adj* varié(e); **V~fraß** (*umg*) *m* goinfre *m*; **~köpfig** *adj* (*Familie*) nombreux(-euse)

vielleicht [fi'laɪçt] *adv* peut-être; (*etwa*) environ; (*in Bitten*) par hasard; **du bist ~ ein Idiot!** (*umg*) que tu es bête!

viel-: **~mal(s)** *adv* beaucoup; **danke ~mals!** merci infiniment!; **ich bitte ~mals um Entschuldigung!** mille pardons!; **~mehr** *adv* plutôt ▷ *konj* au contraire; **~sagend** *adj* éloquent(e); **~schichtig** *adj* (*fig*) hétérogène; **~seitig** *adj* (*Mensch*) polyvalent(e); (*Möglichkeiten*) multiple; (*von vielen Personen: Wunsch etc*) général(e); **~versprechend** *adj* prometteur(-euse); **V~völkerstaat** *m* État regroupant plusieurs ethnies

vier [fi:r] *num* quatre; **unter ~ Augen** entre quatre yeux; **auf allen ~en** à quatre pattes; **alle ~e von sich strecken** (*umg*) s'étendre; **V~beiner** *m* quadrupède *m*; (*hum*) chien *m*; **V~eck (-(e)s, -e)** *nt* quadrilatère *m*; (*Rechteck*) rectangle *m*; (*gleichseitig*) carré *m*; **~eckig** *adj* quadrilatéral(e); (*rechteckig*) rectangle; (*quadratisch*) carré(e); **~hundert** *num* quatre cent(s); **V~kantschlüssel** *m* clé *f* à quatre pans; **~köpfig** *adj*: **eine ~köpfige Familie** une famille de quatre personnes; **V~mächteabkommen** *nt* traité *m* quadripartite

viert *adj*: **wir gingen zu ~** nous étions quatre

Viertaktmotor *m* moteur *m* à quatre temps

viertausend *num* quatre mille

vierte, r, s ['fi:rtə(r, s)] *adj* quatrième

vierteilen *vt* écarteler

Viertel ['fɪrtəl] (**-s, -**) *nt* quart *m*; **~finale** *nt* quart *m* de finale; **~jahr** *nt* trimestre *m*; **v~jährlich** *adj* trimestriel(le)

vierteln *vt* partager en quatre

Viertel-: **~note** *f* (*Mus*) noire *f*; **~stunde** *f* quart *m* d'heure

vier-: **~türig** *adj* à quatre portes; **V~waldstättersee** *m* lac *m* des Quatre-Cantons; **~zehn** *num* quatorze; **in ~zehn Tagen** dans quinze jours; **~zehntägig** *adj* de quinze jours; **~zehnte, r, s** *adj* quatorzième; **~zig** ['fɪrtsɪç] *num* quarante; **~zigste, r, s** *adj* quarantième; **V~zigstundenwoche** *f* semaine *f* de quarante heures

Vietnam [viɛt'nam] (**-s**) *nt* le Vietnam, le Viêt-nam

Vietnamese, -in [viɛtna'me:zə] (**-n, -n**) *m(f)* Vietnamien(ne) *m/f*

vietnamesisch *adj* vietnamien(ne)

Vikar [vi'ka:r] (**-s, -e**) *m* vicaire *m*

Villa ['vɪla] (**-, Villen**) *f* villa *f*

Villenviertel *nt* quartier *m* résidentiel

violett [vio'lɛt] *adj* violet(te)

Violine [vio'li:nə] *f* violon *m*

Violinschlüssel *m* clé *f* de sol

virtuell [vɪrtu'ɛl] *adj* (*Comput*) virtuel(le)

virtuos [vɪrtu'o:s] *adj* virtuose; (*Spiel, Leistung*) de virtuose

Virtuose, -in [vɪrtu'o:zə] (**-n, -n**) *m(f)* virtuose *m/f*

Virus ['vi:rʊs] (**-, Viren**) *m od nt* virus *m*

Visage [vi'za:ʒə] (*pej*) *f* tronche *f*

vis-a-vis, vis-à-vis [viza'vi:] *adv* (*veraltet*) en face

Visier [viˈziːr] (**-s, -e**) nt (an Helm) visière f; (an Waffe) mire f

Vision [viziˈoːn] (**-, -en**) f vision f

Visite [viˈziːtə] f (Med) visite f

Visitenkarte f carte f de visite

Viskose [vɪsˈkoːzə] (**-**) f viscose f

visuell [vizuˈɛl] adj visuel(le)

Visum [ˈviːzʊm] (**-s, Visa** od **Visen**) nt visa m; **~zwang** m visa m obligatoire

vital [viˈtaːl] adj (Mensch) plein(e) de vitalité; (lebenswichtig) vital(e)

Vitamin [vitaˈmiːn] (**-s, -e**) nt vitamine f; **~mangel** m carence f en vitamines; **~präparat** nt préparation f vitaminée

Vitrine [viˈtriːnə] f vitrine f

Vivisektion [vivizɛktsiˈoːn] f vivisection f

Vize [ˈfiːtsə] m (umg) numéro m deux; (Vizemeister) second(e) m/f

Vize- in zW vice-; **~meister** m second(e) m/f

v. J. abk (= vorigen Jahres) de l'année passée

Vlies [fliːs] (**-es, -e**) nt toison f

v. M. abk (= vorigen Monats) du mois passé

V-Mann m abk = **Verbindungsmann**; **Vertrauensmann**

VN pl abk (= Vereinte Nationen) ONU f

Vogel [ˈfoːgəl] (**-s, -̈**) m oiseau m; **einen ~ haben** (umg) avoir un grain; **den ~ abschießen** (umg) décrocher la timbale; **jdm den ~ zeigen** (umg) faire signe à qn qu'il est cinglé; **~bauer** nt cage f; **~beerbaum** m sorbier m (des oiseleurs); **~dreck** (umg) m fiente f d'oiseau; **~häuschen** nt abri m pour oiseaux; **~perspektive** f, **~schau** f: **aus der ~perspektive** vu(e) d'avion; **~scheuche** (umg) f épouvantail m; **~schutzgebiet** nt réserve f ornithologique; **~-Strauß-Politik** f politique f de l'autruche

Vogesen [voˈgeːzən] pl les Vosges fpl

Voicemail [ˈvɔʏsmeɪl] f (Service) messagerie f vocale

Vokabel [voˈkaːbəl] (**-, -n**) f mot m (de vocabulaire)

Vokabular [vokabuˈlaːr] (**-s, -e**) nt vocabulaire m

Vokal [voˈkaːl] (**-s, -e**) m voyelle f

Volk [fɔlk] (**-(e)s, -̈er**) nt peuple m; (umg: viele Menschen) foule f; **etw unters ~ bringen** (Nachricht) répandre od propager qch

Völker-: ~ball m ≈ balle-au-prisonnier m; **~bund** m Société f des Nations; **~kunde** f ethnologie f; **~mord** m génocide m; **~recht** nt droit m international (public); **v~rechtlich** adj de droit international public; **v~rechtliche Anerkennung eines Staates** reconnaissance f officielle d'un État; **~verständigung** f entente f entre les peuples; **~wanderung** f migration f

Volks-: ~abstimmung f référendum m, vote m; **~begehren** nt initiative f populaire; **~deutsche, r** f(m) personne d'origine (ethnique) allemande; **~entscheid** m référendum m; **~feind** (pej) m ennemi m du peuple; **~fest** nt fête f populaire

Volkshochschule f université f populaire; voir article

Volks-: ~krankheit f épidémie f; **~lauf** m marche f populaire; **~lied** nt chanson f populaire; **~mund** m langage m populaire; **~republik** f république f populaire; **die ~republik China** la République populaire de Chine; **~schule** f école f primaire; **~stamm** m tribu f; **~stück** nt pièce de théâtre populaire en dialecte; **~tanz** m danse f folklorique; **~trauertag** m jour m de deuil national; **v~tümlich** adj populaire; **~vertreter, in** m(f) représentant(e) m/f du peuple; **~vertretung** f parlement m; **~wirtschaft** f économie f nationale; (Fach) économie politique, sciences fpl économiques; **~wirtschaftler** m économiste m; **~zählung** f recensement m

voll [fɔl] adj plein(e); (ganz: Jahr, Vertrauen) entier(-ière); (kräftig: Farbe, Ton) intense ▷ adv (unterstützen, zustimmen, einsatzfähig) entièrement; (verantwortlich, zurechnungsfähig) pleinement; (arbeiten) à plein temps; **eine Hand ~ Nüsse** une poignée de noisettes; **ein ~es Dutzend** douze; **das genügt ~ und ganz** ça suffit largement; **jdm ~ und ganz zustimmen** être entièrement d'accord avec qn; **in ~er Größe** (Bild) grandeur nature unver; (bei plötzlicher Erscheinung etc) dans toute sa splendeur; **~ sein** (umg: satt) être calé(e); (: betrunken) être bourré(e); **aus dem V~en schöpfen** dépenser sans compter; **jdn (nicht) für ~ nehmen** (umg) (ne pas) prendre qn au sérieux; siehe auch **vollmachen, vollschreiben, volltanken**

vollauf [fɔlˈlaʊf] adv amplement; **~ zu tun haben** avoir plus qu'assez à faire

voll-: ~automatisch adj entièrement automatique; **V~bad** nt bain m; **V~bart** m barbe f; **~beschäftigt** adj: **~beschäftigt sein** (Arbeiter) travailler à plein temps; **V~beschäftigung** f plein emploi m; **im V~besitz +Gen** en pleine possession de; **V~bier** nt bière avec une teneur en moût élevée (de 11 à 14%); **V~blut** nt (Zool) pur-sang m inv; **~blütig** adj pur-sang unver; **V~bremsung** f: **eine V~bremsung machen** freiner à fond; **~bringen** unreg vt untr accomplir; **V~dampf** m (umg): **mit V~dampf** (arbeiten etc) à toute vitesse; **~enden** vt untr achever; **~endet** adj (vollkommen) accompli(e); **~ends** adv entièrement; **V~endung** f (Krönung, Abschluß) achèvement m; **nach** od **mit V~endung des 60. Lebensjahres** dès 60 ans révolus

voller adj +Gen plein(e) de

Völlerei [fœləˈraɪ] (pej) f gloutonnerie f

Volleyball [ˈvɔlibal] m volley(-ball) m

voll-: ~fett adj (Käse) gras(se); **~führen** vt untr (Bewegung, Freudentanz) exécuter; **V~gas** nt:

V~gas geben mettre les gaz; **mit V~gas** (*umg*) (à) pleins gaz
völlig ['fœlıç] *adj* complet(-ète) ⊳ *adv* complètement
voll-: **~jährig** *adj* majeur(e);
V~kaskoversicherung *f* assurance *f* tous risques; **~kommen** *adj* (*fehlerlos*) parfait(e) ⊳ *adv* (*umg*: *völlig*) complètement; **V~kommenheit** *f* perfection *f*; **V~kornbrot** *nt* pain *m* complet; **~laufen** *unreg vi*: **etw ~laufen lassen** remplir qch (à ras bord); **~machen** *vt* (*umg*: *füllen*) remplir, to fill (up); (*: beschmutzen*) faire dans; (*: vollständig machen*) compléter; **V~macht** (-, -en) *f* procuration *f*; **jdm V~macht geben** donner procuration à qn; **V~milch** *f* lait *m* entier; **V~mond** *m* pleine lune *f*; **V~narkose** *f* anesthésie *f* générale; **V~pension** *f* pension *f* complète; **~schlank** *adj* rondelet(te); **~schreiben** *unreg vt* remplir; **~ständig** *adj* complet(-ète) ⊳ *adv* (*völlig*) complètement; **~strecken** *vt untr* (*Jur*) exécuter; **~tanken** *vt*, *vi* faire le plein; (*Tank*) remplir le réservoir de; **V~treffer** *m* (*beim Schießen*) coup *m* dans le mille; (*fig*) gros succès *m*; **V~verpflegung** *f* pension *f* complète; **V~versammlung** *f* assemblée *f* plénière; **V~waise** *f* orphelin(e) *m/f* de père et de mère; **V~waschmittel** *nt* lessive *f* toutes températures; **~wertig** *adj* complet(-ète); (*Stellung*) équivalent(e); **V~wertkost** *f* aliments *mpl* complets; **~zählig** *adj* complet(-ète); (*anwesend*) au grand complet; **~ziehen** *unreg vt untr* (*ausführen*) exécuter, accomplir; (*Befehl*, *Urteil*) exécuter ⊳ *vr untr* s'accomplir; **V~zug** *m* (*von Urteil*) exécution *f*
Volontär, in [volɔn'tɛː(r)ɪn)] (-s, -e) *m(f)* stagiaire *m/f*
Volontariat [volɔntari'aːt] (-(e)s, -e) *nt* stage *m*
Volt [vɔlt] (- *od* -(e)s, -) *nt* volt *m*
Volumen [vo'luːmən] (-s, - *od* **Volumina**) *nt* volume *m*
vom [fɔm] = **von dem**

 SCHLÜSSELWORT

von [fɔn] *präp +Dat* **1** (*Ausgangspunkt*) de; **westlich von Freiburg** à l'ouest de Fribourg; **von A bis Z** de A à Z; **von morgens bis abends** du matin au soir; **von Paris nach Bonn** de Paris à Bonn; **von wo kommt der Zug?** d'où vient le train?; **von wo sind Sie jetzt gekommen?** d'où arrivez-vous?; **vom Bus springen** sauter du bus; **sie ist vom Land** elle vient de la campagne; **von wann ist dieser Brief?** de quand date cette lettre?; **von morgen an** dès demain; **Ihr Schreiben von vor zwei Wochen** votre lettre d'il y a quinze jours; **von dort aus kann man die Alpen sehen** de là, on voit les Alpes; **etw von sich aus tun** faire qch spontanément *od* de soi-même; **von mir aus** (*umg*) si ça vous chante, moi, ça m'est égal
2 (*Eigenschaft*): **ein Mann von Welt** un homme d'expérience; **eine Sache von Wichtigkeit** une affaire d'importance

3 (*im Passiv*, *Ursache*): **ein Gedicht von Schiller** un poème de Schiller; **ich bin müde vom Wandern** je suis fatigué(e) après cette randonnée; **von was bist du müde? du hast doch den ganzen Tag nichts getan!** pourquoi es-tu fatigué(e)? tu n'as rien fait de toute la journée!; **das kommt vom Rauchen!** c'est parce que tu fumes (trop)!; **er kauft das von seinem Taschengeld** il l'achète avec son argent de poche
4 (*als Genitiv*): **die Königin von Holland** la reine de Hollande; **ein Freund von mir** un ami à moi; **das ist nett von dir** c'est gentil à toi; **jeweils zwei von zehn** deux sur dix
5 (*Maße*, *Größe etc*): **zwei Söhne von drei und fünf Jahren** deux fils, un de trois ans et un de cinq ans; **im Alter von 12 Jahren** à l'âge de douze ans
6 (*bei Adelstitel*): **die Prinzessin von Wales** la princesse de Galles
7 (*über*): **er erzählte vom Urlaub** il a parlé de ses vacances
8: **von wegen!** (*umg*) pas du tout!

voneinander *adv* l'un(e) de l'autre
vonseiten, von Seiten [fɔn'zaitən] *präp +Gen* du côté de
vonstattengehen [fɔn'ʃtatən-] *unreg vi* se passer

 SCHLÜSSELWORT

vor [foːr] *präp +Dat* **1** (*räumlich*, *in Gegenwart von*) devant; **vor der Kirche links abbiegen** tourner à gauche devant l'église; **vor sich hin summen** fredonner
2 (*zeitlich*): **vor 2 Tagen/einer Woche** il y a deux jours/une semaine; **5 (Minuten) vor 4** 4 heures moins cinq; **vor Kurzem** il y a peu
3 (*Ursache*): **vor Wut** de colère; **vor Hunger sterben** mourir de faim; **vor lauter Arbeit habe ich deinen Geburtstag vergessen!** je suis tellement débordé(e) que j'ai oublié ton anniversaire!
4: **vor allem, vor allen Dingen** avant tout ⊳ *präp +Akk* (*räumlich*) devant; **stell dich vor das Fenster** mets-toi devant la fenêtre ⊳ *adv*: **vor und zurück schaukeln** se balancer en avant et en arrière

vorab [foːr'|ap] *adv* tout d'abord
Vor-: **~abdruck** *m* publication *f* en avant-première; **~abend** *m* veille *f*; **~ahnung** *f* pressentiment *m*
voran [fo'ran] *adv* (*an der Spitze*) en tête; (*vorwärts*) en avant; **~bringen** *vt* faire avancer; **~gegangen** *adj* précédent(e); **~gehen** *unreg vi* (*vorn gehen*) marcher en tête; (*Fortschritte machen*) progresser; **einer Sache** *Dat* **~gehen** précéder qch; **~kommen** *unreg vi* avancer; **~machen** *vi* (*umg*: *sich beeilen*) se magner
Voranmeldung ['foːr|anmeldʊŋ] *f* (*Tel*) préavis *m*
Voranschlag ['foːr|anʃlaːk] *m* devis *m*
voranstellen [fo'ranʃtɛlən] *vt* (+*Dat*) mettre *od*

placer en tête (de); (*fig*) donner la priorité à
Voranzeige ['foːrlantsaɪgə] *f* (*von Film*) bande-annonce *f*
Vorarbeiter, in ['foːrlarbaɪtər(ɪn)] *m(f)* contremaître(-esse) *m/f*
voraus [fo'raʊs] *adv* devant; (*zeitlich: im Voraus*) en avance, à l'avance; **jdm ~ sein** être meilleur(e) que qn; **~bezahlen** *vt* payer d'avance; **~gehen** *unreg vi* (*vorn gehen*) aller devant; (*Ruf, zeitlich*) précéder; **~haben** *unreg vt*: **jdm etw ~haben** avoir l'avantage de qch sur qn; **V~sage** *f* prédiction *f*; (*Wettervoraussage*) prévisions *fpl*; **~sagen** *vt* prédire; **~sehen** *unreg vt* prévoir; **~setzen** *vt* (*erfordern*) demander; (*sicher annehmen*) supposer; **~gesetzt dass** ... à condition que ...; **etw als bekannt ~setzen** supposer que qch est connu(e); **V~setzung** *f* (*Bedingung*) condition *f*; (*Annahme*) supposition *f*, prémisse *f*; **unter der V~setzung, dass** ... à condition que ...; **V~sicht** *f* prévoyance *f*; **aller V~sicht nach** selon toute vraisemblance; **~sichtlich** *adv* probablement, vraisemblablement; **~sichtliche Ankunft 15 Uhr 30** arrivée prévue à 15 heures 30; **V~zahlung** *f* paiement *m* anticipé
Vorbau (-(e)s, -ten) *m* (*von Gebäude*) porche *m*
vorbauen ['foːrbaʊən] *vt* adjoindre ▷ *vi* (+*Dat*) prévenir
Vorbedacht ['foːrbədaxt] *m*: **mit/ohne ~** (*Überlegung*) avec prudence/sans réfléchir; (*Absicht*) avec/sans préméditation
Vorbedingung ['foːrbədɪŋʊŋ] *f* condition *f* sine qua non
Vorbehalt ['foːrbəhalt] **(-(e)s, -e)** *m* réserve *f*; **unter dem ~, dass** ... à condition que ...
vorbehalten *unreg vt*: **sich etw ~** se réserver qch; **Änderungen ~** sous réserve de modifications; **alle Rechte ~** tous droits réservés; **diese Entscheidung ist** *od* **bleibt ihm ~** à lui de décider
vorbehaltlos *adj, adv* sans réserve *od* restriction
vorbei [fɔr'baɪ] *adv* (*zeitlich*) passé(e); (*zu Ende*) fini(e), terminé(e); **er möchte ~** il aimerait passer; **wir sind schon in Heidelberg ~** nous avons déjà passé Heidelberg; **~!** (*nicht getroffen*) raté!; **aus und ~** bel et bien fini(e); **damit ist es nun ~** c'est du passé; **~bringen** *unreg* (*umg*) *vt* apporter; **~gehen** *unreg vi* passer; **bei jdm ~gehen** (*umg*) passer voir qn, faire un saut chez qn; **~kommen** *unreg vi*: **bei jdm ~kommen** passer chez qn; **~reden** *vi*: **an etw** *Dat* **~reden** éviter de parler de qch; **aneinander ~reden** ne pas être sur la même longueur d'onde
vorbelastet ['foːrbəlastət] *adj* (*erblich*) qui a des antécédents
vorbereiten ['foːrbəraɪtən] *vt* préparer
Vorbereitung *f* préparation *f*, préparatif *m*
vorbestellen ['foːrbəʃtɛlən] *vt* réserver
Vorbestellung *f* réservation *f*
vorbestraft ['foːrbəʃtraft] *adj* qui a un casier judiciaire
vorbeugen ['foːrbɔygən] *vr* se pencher (en avant) ▷ *vi*: **einer Sache** *Dat* **~** prévenir qch

vorbeugend *adj* (*Maßnahme*) préventif(-ive)
Vorbeugung *f* prévention *f*; **zur ~ gegen** pour prévenir
Vorbild ['foːrbɪlt] *nt* modèle *m*; **sich** *Dat* **jdn zum ~ nehmen** prendre exemple sur qn; **v~lich** *adj* exemplaire
Vorbildung ['foːrbɪldʊŋ] *f* formation *f* préalable
Vorbote ['foːrboːtə] *m* (*fig*) signe *m* avant-coureur
vorbringen ['foːrbrɪŋən] *unreg vt* (*Wunsch*) exprimer; (*Vorschlag*) faire; (*Laut*) sortir; (*Wort*) dire; (*umg: nach vorne*) apporter
vordatieren ['foːrdatiːrən] *vt* antidater
Vorder- ['fɔrdər]: **~achse** *f* essieu *m* avant; **~ansicht** *f* vue *f* de face; **~asien** *nt* le Proche-Orient
vordere, r, s *adj* de devant, antérieur(e)
Vorder-: **~front** *f* (*von Gebäude*) façade *f*; **~grund** *m* premier plan *m*; **im ~grund stehen** (*fig*) être au premier plan; **v~gründig** *adj* (*Erklärung etc*) superficiel(le); **~grundprogramm** *nt* (*Comput*) programme *m* prioritaire; **v~hand** *adv* pour le moment; **~mann (-(e)s, -männer)** *m*: **mein/sein ~mann** la personne devant moi/lui *od* qui me/le précède; **jdn auf ~mann bringen** (*umg*) mettre qn au pas; **etw auf ~mann bringen** mettre de l'ordre dans qch; **~seite** *f* devant *m*; **~sitz** *m* siège *m* avant
vorderste, r, s *adj* premier(-ière)
vordrängen ['foːrdrɛŋən] *vr* jouer des coudes
vordringen ['foːrdrɪŋən] *unreg vi*: **bis zu jdm/etw ~** arriver jusqu'à qn/qch, atteindre qn/qch
vordringlich *adj* très urgent(e), prioritaire
Vordruck ['foːrdrʊk] *m* formulaire *m*
vorehelich ['foːrleːəlɪç] *adj* (*Beziehungen*) prénuptial(e)
voreilig ['foːrlaɪlɪç] *adj* (*Bemerkung*) irréfléchi(e); (*Schlussfolgerung*) hâtif(-ive); **~e Schlüsse ziehen** tirer des conclusions hâtives
voreinander [foːrlaɪ'nandər] *adv* l'un(e) devant l'autre; **~ Angst haben** avoir peur l'un de l'autre
voreingenommen ['foːrlaɪŋənɔmən] *adj* plein(e) de préjugés, prévenu(e); **V~heit** *f* préjugés *mpl*, parti *m* pris
voreingestellt ['foːrlaɪŋəʃtɛlt] *adj*: **~er Parameter** (*Comput*) paramètre *m* prédéfini
vorenthalten ['foːrlɛnthaltən] *unreg vt*: **jdm etw ~** (*Bezahlung, Erbe etc*) priver qn de qch; (*Nachricht, Brief etc*) cacher qch à qn
Vorentscheidung ['foːrlɛntʃaɪdʊŋ] *f* décision *f* préliminaire
vorerst ['foːrleːrst] *adv* pour le moment
vorfabrizieren ['foːrfabritsiːrən] *vt* préfabriquer
Vorfahr ['foːrfaːr] **(-en, -en)** *m* ancêtre *m*
vorfahren *unreg vi* (*umg: vorausfahren*) précéder les autres; (*vors Haus etc*) s'arrêter devant (*la maison etc*)
Vorfahrt *f* priorité *f*; **~ (be)achten!** respectez la priorité!
Vorfahrts-: **~regel** *f* règle *f* de priorité; **~schild** *nt* panneau *m* de priorité; **~straße** *f* route *f* *od* rue *f* prioritaire
Vorfall ['foːrfal] *m* (*Ereignis*) incident *m*

vorfallen *unreg vi (sich ereignen)* se passer, arriver

Vorfeld ['foːrfɛlt] *nt (von Flugplatz)* aire *f* de stationnement; *(fig)* marge *f*

Vorfilm ['foːrfɪlm] *m court métrage qui précède le film principal*

vorfinanzieren ['foːrfinantsiːrən] *vt* préfinancer

vorfinden ['foːrfɪndən] *unreg vt* trouver

Vorfreude ['foːrfrɔydə] *f* joie *f* anticipée

Vorfrühling ['foːrfryːlɪŋ] *m* printemps *m* précoce

vorfühlen ['foːrfyːlən] *vi* tâter le terrain

vorführen ['foːrfyːrən] *vt (zeigen)* présenter; *(demonstrieren)* montrer; **jdn dem Gericht ~** traduire qn en justice

Vorführwagen ['foːrfyːrvaːgən] *m* voiture *f* de démonstration

Vorgabe ['foːrgaːbə] *f (Sport)* avantage *m*; *(an Maßen, Bestimmungen etc)* référence *f* ▷ *in zW (Comput)* prédéfini(e)

Vorgang ['foːrgaŋ] *m* processus *m*; *(Akten)* dossier *m*

Vorgänger, in ['foːrgɛŋər(ɪn)] **(-s, -)** *m(f)* prédécesseur *m*

vorgaukeln ['foːrgaʊkəln] *vt*: **jdm etw ~** faire miroiter qch à qn

vorgeben ['foːrgeːbən] *unreg vt (nach vorn bringen)* apporter; *(vortäuschen)* prétendre; *(Sport)* donner un avantage de; *(bestimmen)* donner, fixer

Vorgebirge ['foːrgəbɪrgə] *nt* contreforts *mpl*

vorgefasst ['foːrgəfast] *adj (Meinung)* préconçu(e)

vorgefertigt ['foːrgəfɛrtɪçt] *adj* préfabriqué(e)

Vorgefühl ['foːrgəfyːl] *nt* pressentiment *m*

vorgehen ['foːrgeːən] *unreg vi (voraus)* aller à l'avance; *(nach vorn)* avancer; *(handeln)* procéder, agir; *(Uhr)* avancer; *(Vorrang haben)* avoir la priorité; *(passieren)* se passer; **gegen jdn ~** prendre des mesures contre qn; **gegen jdn gerichtlich ~** intenter une action en justice contre qn

Vorgehen (-s) *nt (Handeln)* manière *f* d'agir

Vorgehensweise *f* manière *f* d'agir, procédé *m*

vorgerückt ['foːrgərʏkt] *adj (Stunde, Alter)* avancé(e)

Vorgeschichte ['foːrgəʃɪçtə] *f* préhistoire *f*; *(von Fall, Krankheit)* antécédents *mpl*

Vorgeschmack ['foːrgəʃmak] *m* avant-goût *m*

Vorgesetzte, r ['foːrgəzɛtstə(r)] *f(m)* supérieur(e) *m/f*

vorgestern ['foːrgɛstərn] *adv* avant-hier; **von ~** *(fig)* antédiluvien(ne)

vorgreifen ['foːrgraɪfən] *unreg vi*: **jdm/einer Sache ~** devancer qn/qch

vorhaben ['foːrhaːbən] *unreg vt* projeter; **hast du schon etw vor?** as-tu déjà prévu qch?

Vorhaben (-s, -) *nt* intention *f*, projet *m*

vorhalten ['foːrhaltən] *unreg vt (fig: vorwerfen)* reprocher ▷ *vi (Vorräte etc)* suffire; **beim Niesen die Hand/ein Taschentuch ~** se mettre la main/un mouchoir devant la bouche lorsqu'on éternue; **etw als Vorbild ~** citer qch en exemple

Vorhaltung *f (gew pl)* reproche *m*

Vorhand ['foːrhant] **(-)** *f (Tennis)* coup *m* droit

vorhanden [foːr'handən] *adj (verfügbar)* disponible; *(existierend)* présent(e); **V~sein (-s)** *nt* existence *f*, présence *f*

Vorhang ['foːrhaŋ] *m* rideau *m*; **der eiserne ~** le rideau de fer

Vorhängeschloss ['foːrhɛŋəʃlɔs] *nt* cadenas *m*

Vorhaut ['foːrhaʊt] *f* prépuce *m*

vorher [foːr'heːr] *adv* auparavant; **am Tage ~** la veille; **kurz ~** peu auparavant; **~bestimmen** *vt (Schicksal)* prédéterminer; **~gehen** *unreg vi* précéder

vorherig [foːr'heːrɪç] *adj* précédent(e), antérieur(e)

Vorherrschaft ['foːrhɛrʃaft] *f* prédominance *f*

vorherrschen *vi* prédominer

vorher-: V~sage *f* prédiction *f*; *(Wetter)* prévisions *fpl*; **~sagen** *vt (Entwicklung)* prévoir; *(prophezeien)* prédire; **~sehbar** *adj* prévisible; **~sehen** *unreg vt* prévoir

vorhin [foːr'hɪn] *adv* tout à l'heure, à l'instant

Vorhinein ['foːrhɪnaɪn] *adv*: **im ~** à l'avance, au préalable

vorig ['foːrɪç] *adj (Woche, Jahr)* dernier(-ière); *(Besitzer)* précédent(e)

Vorjahr ['foːrjaːr] *nt* année *f* passée *od* dernière

vorjährig ['foːrjɛːrɪç] *adj* de l'année passée

vorjammern ['foːrjamərn] *vt*: **jdm (etwas) ~** se lamenter devant qn

Vorkämpfer, in ['foːrkɛmpfər(ɪn)] *m(f)* pionnier(-ière) *m/f*

Vorkaufsrecht ['foːrkaʊfsrɛçt] *nt* droit *m* de préemption

Vorkehrung ['foːrkeːrʊŋ] *f* précaution *f*; **~en treffen** prendre des précautions

Vorkenntnis ['foːrkɛntnɪs] *f* notions *fpl*, connaissances *fpl* préalables; *(Erfahrung)* expérience *f*

vorknöpfen ['foːrknœpfən] *(umg) vt*: **sich** *Dat* **jdn ~** passer un savon à qn

vorkommen ['foːrkɔmən] *unreg vi (nach vorn)* avancer; *(geschehen, sich ereignen)* arriver; *(vorhanden sein, auftreten)* se trouver; *(erscheinen)* paraître; **so was soll ~!** c'est la vie!; **sich** *Dat* **dumm ~** se trouver bête

Vorkommen (-s, -) *nt (von Erdöl etc)* gisement *m*

Vorkommnis ['foːrkɔmnɪs] **(-ses, -se)** *nt* incident *m*

Vorkriegs- ['foːrkriːks] *in zW* d'avant-guerre

vorladen ['foːrlaːdən] *unreg vt (bei Gericht)* assigner (à comparaître)

Vorladung *f* citation *f*

Vorlage ['foːrlaːgə] *f (das Vorlegen)* présentation *f*; *(Muster)* modèle *m*; *(Gesetzesvorlage)* projet *m*; *(von Beweismaterial)* production *f*; *(Fussball)* passe *f*

vorlassen ['foːrlasən] *unreg vt (vorgehen lassen)* laisser passer devant; *(überholen lassen)* laisser doubler; **bei jdm vorgelassen werden** être reçu(e) par qn

Vorlauf ['foːrlaʊf] **(-(e)s, Vorläufe)** *m (Sport)* éliminatoires *fpl*; *(an Tonband etc)* marche *f* avant

Vorläufer *m* précurseur *m*

vorläufig ['foːrlɔyfɪç] *adj* provisoire, temporaire ▷ *adv (fürs Erste)* pour l'instant

vorlaut ['foːrlaʊt] *adj* impertinent(e)

Vorleben ['foːrleːbən] *nt* vie *f* antérieure

vorlegen ['foːrleːgən] *vt* (*darlegen*) présenter; (*zur Ansicht, Prüfung etc*) soumettre; (*vorweisen*) produire, présenter ▷ *vr* se pencher en avant; **jdm etw zur Unterschrift ~** donner qch à signer à qn

Vorleger (**-s**) *m* (*Bettvorleger*) descente *f* de lit; (*im Badezimmer*) tapis *m* de bain

Vorleistung ['foːrlaɪstʊŋ] *f* (*Vorausbezahlung*) acompte *m*; (*Vorarbeit*) travaux *mpl* préliminaires

vorlesen ['foːrleːzən] *unreg vt* lire à haute voix, donner lecture de

Vorlesung *f* (*Univ*) cours *m* (magistral)

Vorlesungsverzeichnis *nt* programme *m* des cours

vorletzte, r, s ['foːrlɛtstə(r, s)] *adj* avant-dernier(-ière); **~ Woche** il y a deux semaines

Vorliebe ['foːrliːbə] *f* préférence *f*; **etw mit ~ tun** aimer beaucoup faire qch

vorliebnehmen [foːr'liːp] *unreg vi*: **~ mit** se contenter de

vorliegen ['foːrliːgən] *unreg vi* (*Bericht, Ergebnis*) être disponible; **hier liegt ein Irrtum vor** il y a erreur; **es liegt kein Tatmotiv vor** le motif du crime n'est pas connu; **etw liegt jdm vor** qn a qch sous les yeux; **etw liegt gegen jdn vor** on a qch à reprocher à qn

vorliegend *adj* présent(e)

vorlügen ['foːrlyːgən] *vt*: **jdm etw ~** dire des mensonges à qn

vorm. *abk* (= *vormittags*) du matin; (= *vormals*) auparavant

vormachen ['foːrmaxən] *vt*: **jdm etw ~** (*zeigen*) montrer à qn comment faire qch; **jdm etw ~** (*fig*) en faire accroire à qn; **wir wollen uns doch nichts ~!** parlons ouvertement!, trêve de politesses!

Vormachtstellung ['foːrmaxtʃtɛlʊŋ] *f* suprématie *f*

vormalig ['foːrmaːlɪç] *adj* ancien(ne)

vormals *adv* autrefois

Vormarsch ['foːrmarʃ] *m* (*Mil*) progression *f*

vormerken ['foːrmɛrkən] *vt* (*Datum etc*) prendre note de, retenir; (*Bestellung*) prendre note de, noter; **jdn für etw ~** réserver *od* prévoir qn pour qch

Vormittag ['foːrmɪtaːk] *m* matinée *f*; **am ~** le matin; **heute/Freitag ~** ce/vendredi matin

vormittags *adv* le matin

Vormund ['foːrmʊnt] (**-(e)s, -e** *od* **-münder**) *m* tuteur *m*; **~schaft** *f* tutelle *f*

vorn(e) ['fɔrn(ə)] *adv* devant; **nach vorn(e)** en avant; **von vorn(e)** (*von Neuem*) de nouveau; **von vorn(e) anfangen** recommencer à zéro; **er betrügt sie von vorn(e) bis hinten** (*umg*) il la trompe avec n'importe qui

Vorname ['foːrnaːmə] *m* prénom *m*

vornan [fɔrn'lan] *adv* en tête

vornehm ['foːrneːm] *adj* distingué(e); **in ~en Kreisen** chez les gens bien; **die ~e Gesellschaft** la haute société

vornehmen *unreg vt* (*vor den Mund halten*: *Hand etc*) mettre devant sa bouche; (*durchführen*) procéder à; **sich** *Dat* **etw ~** (*Ausflug, Arbeit*) projeter qch; (*beschließen*) prendre la résolution de faire qch; **sich** *Dat* **jdn ~** dire ses quatre vérités à qn; **er hat sich** *Dat* **zu viel vorgenommen** il n'a pas le temps de faire tout ce qu'il avait prévu

vornehmlich (*geh*) *adv* avant tout

vorn(e)weg ['fɔrn(ə)vɛk] *adv* en tête; (*als Erstes*) en premier

vornherein ['fɔrnhɛraɪn] *adv*: **von ~** de prime abord, tout de suite

vornüber [fɔrn'lyːbər] *adv* la tête la première

Vorort ['foːrlɔrt] *m* faubourg *m*; **~zug** *m* train *m* de banlieue

Vorpommern *nt* la Poméranie ultérieure

vorprogrammiert ['foːrprogramiːrt] *adj* (*Erfolg*) couru(e) d'avance; (*Antwort*) stéréotypé(e)

Vorrang ['foːrraŋ] *m* priorité *f*, préséance *f*; **jdm/ einer Sache ~ geben** donner la priorité à qn/qch

vorrangig *adj* prioritaire

Vorrat ['foːrraːt] *m* provisions *fpl*, réserves *fpl*; **solange der ~ reicht** (*Wirts*) jusqu'à épuisement des stocks; **auf ~ schlafen/arbeiten** dormir/ travailler à l'avance

vorrätig ['foːrrɛːtɪç] *adj* en magasin *od* stock

Vorratskammer *f* garde-manger *m inv*

Vorraum *m* antichambre *f*; (*Büro*) réception *f*

vorrechnen ['foːrrɛçnən] *vt*: **jdm etw ~** faire le compte de qch à qn; **jdm seine Fehler ~** énumérer à qn ses erreurs

Vorrecht ['foːrrɛçt] *nt* privilège *m*

Vorrede ['foːrreːdə] *f* préambule *m*

Vorrichtung ['foːrrɪçtʊŋ] *f* dispositif *m*

vorrücken ['foːrrykən] *vi*, *vt* avancer

Vorruhestand ['foːrruːəʃtant] *m* préretraite *f*, retraite *f* anticipée

Vorruhestandsgeld *nt* préretraite *f*

Vorrunde ['foːrrʊndə] *f* éliminatoire *f*

Vors. *abk* = **Vorsitzende(r)**

vors [foːrs] = **vor das**

vorsagen ['foːrzaːgən] *vt* faire répéter; (*Sch*: *zuflüstern*) souffler ▷ *vi* souffler

Vorsaison ['foːrzɛzõ:] *f* avant-saison *f*

Vorsatz ['foːrzats] *m* résolution *f*; (*Jur*) préméditation *f*; **einen ~ fassen** prendre une résolution

vorsätzlich ['foːrzɛtslɪç] *adj* (*Jur*) prémédité(e) ▷ *adv* (*Jur*) avec préméditation

Vorschau ['foːrʃaʊ] *f* (*Rundf, TV*) aperçu *m* des programmes; (*Film*) bande-annonces *fpl*

Vorschein ['foːrʃaɪn] *m*: **zum ~ kommen** (*sichtbar werden*) apparaître; (*fig*) se faire jour

vorschieben ['foːrʃiːbən] *unreg vt* pousser; (*fig*) mettre en avant; **jdn ~** utiliser qn comme homme de paille

vorschießen ['foːrʃiːsən] *unreg* (*umg*) *vt* (*Geld*) avancer

Vorschlag ['foːrʃlaːk] *m* proposition *f*

vorschlagen ['foːrʃlaːgən] *unreg vt* proposer

Vorschlaghammer *m* (gros) marteau *m*

vorschnell ['foːrʃnɛl] *adj* (*Beschluss, Handlung*)

419

précipité(e), hâtif(-ive); (*Bemerkung*) irréfléchi(e)

vorschreiben ['foːrʃraɪbən] *unreg vt* (*als Muster*) écrire (un modèle de); (*befehlen*) prescrire; **ich lasse mir nichts ~** je n'ai d'ordres à recevoir de personne

Vorschrift ['foːrʃrɪft] *f* prescription *f*; (*Anweisungen*) instruction *f*; **Dienst nach ~** grève *f* du zèle; **jdm ~en machen** donner des ordres à qn

vorschriftsmäßig *adj* réglementaire

Vorschub ['foːrʃuːp] *m*: **jdm/etw ~ leisten** encourager qn/qch

Vorschule ['foːrʃuːlə] *f* enseignement *m* préscolaire

vorschulisch ['foːrʃuːlɪʃ] *adj* préscolaire

Vorschuss ['foːrʃʊs] *m* avance *f*

vorschützen ['foːrʃʏtsən] *vt* (*Krankheit*) prétexter; (*Unwissenheit*) alléguer

vorschweben ['foːrʃveːbən] *vi*: **jdm schwebt etw vor** qn voit qch

vorsehen ['foːrzeːən] *unreg vt* (*planen*) prévoir ▷ *vr*: **sich ~ vor** +*Dat* prendre garde à; **das ist dafür nicht vorgesehen** ça n'est pas fait pour cela; **etw/jdn für etw ~** destiner qch/qn à qch

Vorsehung *f* Providence *f*

vorsetzen ['foːrzɛtsən] *vt* (*nach vorn*) avancer; (*anbieten*) offrir; **~ vor** +*Akk* mettre *od* placer devant

Vorsicht ['foːrzɪçt] *f* prudence *f*; **~!** attention!; **~, Stufe!** attention à la marche!; **etw mit ~ genießen** (*umg: fig*) ne pas prendre qch à la lettre

vorsichtig *adj* prudent(e)

vorsichtshalber *adv* par précaution

Vorsichtsmaßnahme *f* mesure *f* de précaution

Vorsilbe ['foːrzɪlbə] *f* préfixe *m*

vorsingen ['foːrzɪŋən] *vt, vi* chanter

vorsintflutlich ['foːrzɪntfluːtlɪç] (*umg*) *adj* antédiluvien(ne)

Vorsitz ['foːrzɪts] *m* présidence *f*; **den ~ führen** assurer la présidence

Vorsitzende, r *f(m)* président(e) *m/f*

Vorsorge ['foːrzɔrgə] *f* (*zur Vorsicht*) précaution *f*; (*Fürsorge*) prévoyance *f*; (**für etw**) **~ treffen** prendre les précautions nécessaires (pour qch)

vorsorgen *vi*: **~ für** prévoir

Vorsorgeuntersuchung ['foːrzɔrgəʔʊntərzuːxʊŋ] *f* (*Med*) bilan *m* de santé, check-up *m*

vorsorglich ['foːrzɔrklɪç] *adv* par précaution

Vorspann ['voːrʃpan] (**-(e)s, -e**) *m* (*Film, TV*) générique *m*; (*Presse*) introduction *f*

vorspannen *vt* atteler

Vorspeise ['foːrʃpaɪzə] *f* entrée *f*

Vorspiegelung ['foːrʃpiːgəlʊŋ] *f*: **unter ~ falscher Tatsachen** s'appuyant sur des allégations mensongères

Vorspiel ['foːrʃpiːl] *nt* (*Mus*) prélude *m*

vorspielen *vt*: **jdm etw ~** jouer qch à qn ▷ *vi* (*zur Prüfung etc*) passer une audition; **jdm etwas ~** jouer la comédie devant qn

vorsprechen ['foːrʃprɛçən] *unreg vt* dire (d'abord); (*vortragen*) présenter ▷ *vi* (*Theat: zur Probe*) passer une audition; **bei jdm ~** aller voir qn

vorspringend ['foːrʃprɪŋənt] *adj* en saillie; (*Nase,*

Kinn) proéminent(e)

Vorsprung ['foːrʃprʊŋ] *m* saillie *f*; (*von Küste*) promontoire *m*; (*Abstand*) avance *f*; **einen ~ vor jdm haben** avoir une longueur d'avance sur qn

Vorstadt ['foːrʃtat] *f* faubourg *m*

Vorstand ['foːrʃtant] *m* (*Gremium*) direction *f*; (*Wirts auch*) conseil *m* d'administration, directeur(-trice) *m/f*

Vorstandssitzung *f* réunion *f* du conseil d'administration

Vorstandsvorsitzende, r *f(m)* président *m* du conseil d'administration

vorstehen ['foːrʃteːən] *unreg vi* (*Zähne*) être en avant; (*Nase, Kinn*) être proéminent(e); (*als Vorstand*): **einer Sache** *Dat* **~** (*fig*) diriger qch

Vorsteher, in (**-s, -**) *m(f)* (*von Abteilung*) chef *m*, responsable *m/f*; (*von Gefängnis*) directeur(-trice) *m/f*; (*Bahnhofsvorsteher*) chef de gare

vorstellbar *adj* imaginable

vorstellen ['foːrʃtɛlən] *vt* (*nach vorne*) avancer; (*vor etwas*) mettre *od* placer devant; (*Uhr, Zeiger*) avancer; (*bekannt machen, vorführen*) présenter; (*darstellen*) représenter; (*bedeuten*) signifier, dire ▷ *vr* se présenter; **sich** *Dat* **etw ~** se représenter *od* s'imaginer qch; **darunter kann ich mir nichts ~** ça ne me dit rien; **stell dir das nicht so einfach vor** ce n'est pas aussi simple que tu l'imagines

Vorstellung *f* (*Bekanntmachen*) présentations *fpl*; (*Vorführung*) présentation *f*; (*Theat etc*) représentation *f*; (*in Firma*) entretien *m*; (*Gedanke*) idée *f*; (*Fantasie, Einbildung*) imagination *f*

Vorstellungsgespräch *nt* entretien *m*

Vorstellungsvermögen *nt* imagination *f*

Vorstoß ['foːrʃtoːs] *m* attaque *f*, assaut *m*; (*fig: Versuch*) tentative *f*

vorstoßen *unreg vi* (*ins Unbekannte*) s'aventurer

Vorstrafe ['foːrʃtraːfə] *f* (*Jur*) condamnation *f* antérieure, antécédents *mpl* judiciaires

vorstrecken ['foːrʃtrɛkən] *vt* (*Kopf, Geld*) avancer

Vorstufe ['foːrʃtuːfə] *f* premier stade *m*

Vortag ['foːrtak] *m* veille *f*

vortasten ['foːrtastən] *vr* avancer à tâtons; **sich zur Tür ~** réussir à trouver la porte à tâtons; **sich zu einer Lösung ~** réussir à trouver une solution après bien des tâtonnements

vortäuschen ['foːrtɔʏʃən] *vt* simuler, feindre

Vortäuschung *f* simulation *f*; **unter ~ falscher Tatsachen** en s'appuyant sur des allégations mensongères

Vorteil ['foːrtaɪl] (**-s, -e**) *m* avantage *m*; **im ~ sein (gegenüber)** avoir un avantage (sur); **die Vor- und Nachteile** les avantages et les inconvénients *mpl*; **sich zu seinem ~ ändern** changer à son avantage; **v~haft** *adj* avantageux(-euse)

Vortrag ['foːrtraːk] (**-(e)s, Vorträge**) *m* (*Vorlesung, Bericht*) conférence *f*; (*Darbietung*) interprétation *f*; (*Wirts, Finanz*) report *m*; **einen ~ halten** faire une conférence

vortragen ['foːrtraːgən] *unreg vt* (*Gedicht*) réciter; (*Lied*) interpréter, chanter; (*Rede*) tenir; (*Meinung,*

Bitte, Wunsch) exprimer; (*Plan*) présenter; (*Wirts, Finanz: übertragen*) reporter

Vortragsabend *m* conférence *f*; (*mit Musik*) récital *m*; (*mit Gedichten*) récital poétique

Vortragsreihe *f* cycle *m* de conférences

vortrefflich [foːrˈtrɛflɪç] *adj* excellent(e)

vortreten [ˈfoːrtreːtən] *unreg vi* (*nach vorne*) avancer; (*Augen*) être globuleux(-euse); (*Knochen*) être saillant(e)

Vortritt [ˈfoːrtrɪt] (**-s**) *m*: jdm den ~ lassen céder le pas à qn, laisser passer qn

vorüber [foˈryːbər] *adv*: wir sind schon an Kiel ~ nous avons déjà passé Kiel; (*zeitlich*) passé(e); ~gehen *unreg vi* passer; an jdm ~gehen (*ignorieren*) passer devant qn (*en faisant semblant de ne pas le voir*); ~gehend *adj* temporaire, momentané(e)

Voruntersuchung [ˈfoːrʔʊntərzuːxʊŋ] *f* (*Med*) examen *m* préalable; (*Jur*) enquête *f* préalable *od* préparatoire

Vorurteil [ˈfoːrʔʊrtail] *nt* préjugé *m*

vorurteilsfrei, vorurteilslos *adj* sans préjugés *od* parti pris

Vorverkauf [ˈfoːrfɛrkauf] *m* location *f*

Vorverkaufsstelle *f* guichet *m* de location

vorverlegen [ˈfoːrfɛrleːgən] *vt* avancer

vorvorgestern [ˈfoːrˈfoːrgɛstərn] (*umg*) *adv* il y a trois jours

vorwagen [ˈfoːrvaːgən] *vr* oser s'avancer, s'aventurer

Vorwahl [ˈfoːrvaːl] *f* (*Pol*) élections *fpl* primaires; (*Tel*) indicatif *m*

vorwählen [ˈfoːrvɛːlən] *vt* (*Programm, Waschgang*) présélectionner; (*Tel*) composer (*avant le numéro*)

Vorwahlnummer *f* indicatif *m*

Vorwand [ˈfoːrvant] (**-(e)s, Vorwände**) *m* prétexte *m*

Vorwarnung [ˈfoːrvarnʊŋ] *f* avertissement *m*

vorwärts [ˈfoːrvɛrts] *adv* en avant; ~! (*umg*) plus vite!; mit etw geht es ~ qch progresse; siehe auch **vorwärtsgehen, vorwärtskommen**; **V~gang** *m* marche *f* avant; ~gehen *unreg vi* progresser, avancer; mit etw geht es ~ qch progresse; ~kommen *unreg vi* progresser

Vorwäsche *f* prélavage *m*

vorwaschen [ˈfoːrvaʃən] *vt* prélaver

Vorwaschgang *m* prélavage *m*

vorweg [foˈrvɛk] *adv* (*im Voraus*) d'avance, à l'avance; (*an der Spitze*) en tête; (*als Erstes*) avant de commencer; **V~nahme** *f* anticipation *f*; ~nehmen *unreg vt* anticiper sur

vorweisen [ˈfoːrvaizən] *unreg vt* (*vorzeigen*)

présenter; (*verfügen über*) disposer de

vorwerfen [ˈfoːrvɛrfən] *unreg vt* (*beschuldigen*) reprocher; (*hinwerfen*) jeter; sich *Dat* nichts vorzuwerfen haben n'avoir rien à se reprocher; das wirft er mir heute noch vor il m'en tient toujours rigueur; Tieren etw ~ jeter qch aux animaux

vorwiegend [ˈfoːrviːgənt] *adj* prédominant(e) ▷ *adv* en grande partie

Vorwitz [ˈfoːrvɪts] *m* impertinence *f*

vorwitzig *adj* impertinent(e)

Vorwort [ˈfoːrvɔrt] (**-(e)s, -e**) *nt* (*in Buch*) préface *f*

Vorwurf [ˈfoːrvʊrf] (**-(e)s, -e**) *m* reproche *m*; jdm Vorwürfe machen faire des reproches à qn; sich *Dat* Vorwürfe machen se faire des reproches

vorwurfsvoll *adj* (*Blick*) réprobateur(-trice); (*Worte*) de reproche

Vorzeichen [ˈfoːrtsaiçən] *nt* (*Omen*) présage *m*; (*Math*) signe *m* (*plus ou moins*); (*Mus*) altération *f*

vorzeichnen *vt* (*Laufbahn, Politik*) fixer, déterminer

vorzeigen [ˈfoːrtsaigən] *vt* montrer

Vorzeit [ˈfoːrtsait] *f* passé *m* très lointain; in grauer ~ dans la nuit des temps

vorzeitig *adj* (*Tod, Altern*) prématuré(e); (*Abreise*) anticipé(e) ▷ *adv* (*siehe adj*) prématurément, plus tôt que prévu

vorziehen [ˈfoːrtsiːən] *unreg vt* tirer (en avant); (*Gardinen*) tirer; (*zuerst behandeln, abfertigen*) faire passer en premier; (*lieber haben*) préférer; (*besser behandeln*) favoriser

Vorzimmer [ˈfoːrtsɪmər] *nt* antichambre *f*; (*Büro*) réception *f*; ~dame *f* réceptionniste *f*

Vorzug [ˈfoːrtsuːk] *m* (*Vorrang*) préférence *f*; (*gute Eigenschaft*) mérite *m*, atout *m*; (*Vorteil*) avantage *m*; (*Eisenb*) train *m* supplémentaire (*qui arrive avant l'autre*); einer Sache *Dat* den ~ geben (*förmlich*) donner la préférence à *od* préférer qch; (*Vorrang geben*) privilégier qch

vorzüglich [foːrˈtsyːklɪç] *adj* excellent(e)

Vorzugs-: ~aktie *f* action *f* privilégiée; **~milch** *f* lait entier de qualité supérieure; **v~weise** *adv* de préférence; (*hauptsächlich*) principalement

Votum [ˈvoːtʊm] (**-s, Voten**) *nt* vote *m*

vulgär [vʊlˈgɛːr] *adj* vulgaire

Vulkan [vʊlˈkaːn] (**-s, -e**) *m* volcan *m*; **~ausbruch** *m* éruption *f* volcanique

vulkanisieren [vʊlkaniˈziːrən] *vt* vulcaniser

v. u. Z. *abk* (= *vor unserer Zeitrechnung*) av. J.-C.

VWL *abk* (= *Volkswirtschaftslehre*) sciences économiques

W¹, w [ve:] *nt* W, w *m;* **W wie Wilhelm** ≈ W comme William

W² *abk* (= Watt) W; (= West(en)) O

w. *abk* = **weiblich**

Waage ['va:gə] *f* balance *f;* (*Astrol*) Balance *f;* **sich** *Dat* **die ~ halten** se compenser

waag(e)recht *adj* horizontal(e)

Waagschale *f* plateau *m* de la balance; **(nicht) in die ~ fallen** (ne pas) peser dans la balance

wabb(e)lig ['vab(ə)lıç] *adj* (*Masse*) gélatineux(-euse); (*Fett*) flasque

Wabe ['va:bə] *f* rayon *m* (de miel)

Wabenhonig *m* miel *m* en rayons

wach [vax] *adj* (r)éveillé(e); (*fig*) éveillé(e); **~ werden** se réveiller

Wachablösung *f* relève *f* de la garde; (*Mensch*) relève; (*fig*) changement *m* de gouvernement

Wache *f* (*Wachdienst*) garde *f;* (*Polizeiwache*) poste *m* (de police), commissariat *m;* **~ halten** monter la garde; **~ stehen** *od* **schieben** (*umg*) être de garde

wachen *vi* veiller; **bei jdm ~** veiller qn

wachhabend *adj attrib* de garde

Wachhund *m* chien *m* de garde; (*fig*) gardien *m*

Wacholder [va'xɔldər] **(-s, -)** *m* genièvre *m*

wachrütteln ['vaxrytəln] *vt* (*Gewissen*) secouer

Wachs [vaks] **(-es, -e)** *nt* cire *f;* (*Skiwachs*) fart *m*

wachsam ['vaxza:m] *adj* vigilant(e); **W~keit** *f* vigilance *f*

wachsen *vi unreg* pousser; (*Mensch*) grandir; (*Spannung*) monter; (*Kraft, Wut, Mut*) augmenter ▷ *vt* (*Skier*) farter; (*Auto*) lustrer; **jdm gewachsen sein** pouvoir se mesurer à qn; **einer Sache** *Dat* **gewachsen sein** être à la hauteur de qch

Wachs-: ~figurenkabinett *nt* musée *m* de cire; **~papier** *nt* papier *m* sulfurisé; **~stift** *m* pastel *m* (gras)

wächst [vɛkst] *vb siehe* **wachsen**

Wachstuch ['vakstu:x] *nt* toile *f* cirée

Wachstum ['vakstu:m] *nt* croissance *f*

Wachstums-: w~fördernd *adj* (*Hormone*) de croissance; **~grenze** *f* limites *fpl* de la croissance; **w~hemmend** *adj* qui ralentit la croissance; **~rate** *f* (*Wirts*) taux *m* de croissance; **~störung** *f* trouble *m* de croissance

Wachtel ['vaxtəl] *f* caille *f*

Wächter ['vɛçtər] **(-s, -)** *m* gardien *m*

Wachtmeister *m* (*Polizist*) agent *m* (de police)

Wachtposten *m* poste *m* de garde

Wach(t)turm *m* tour *f* de guet

Wach- und Schließgesellschaft *f* société *f* de surveillance

wackelig ['vakəlıç] *adj* (*Stuhl*) bancal(e); (*Zahn*) branlant(e); (*Position*) instable; (*Unternehmen*) à l'avenir incertain; **auf wack(e)ligen Beinen stehen** ne pas bien tenir sur ses jambes

Wackelkontakt *m* faux contact *m*

wackeln *vi* (*Stuhl*) être bancal(e); (*Zahn*) bouger; (*Position*) être instable; **mit dem Kopf ~** secouer la tête; **mit dem Schwanz ~** remuer la queue; **am Tisch ~** (*umg: rütteln*) faire bouger la table; **am Tor ~** secouer la portail

wacker ['vakər] *adj* (*tapfer*) vaillant(e); (*redlich*) honnête; **sich ~ halten** (*umg*) tenir bon

Wade ['va:də] *f* mollet *m*

Waffe ['vafə] *f* arme *f;* **die ~n strecken** déposer les armes

Waffel ['vafəl] *f* gaufre *f;* (*Eiswaffel*) gaufrette *f;* (*Eistüte*) cornet *m* de glace; **~eisen** *nt* gaufrier *m*

Waffen-: ~gewalt *f:* **mit ~gewalt** par la force des armes; **~händler** *m* marchand *m* d'armes; **~lager** *nt* (*von Armee*) dépôt *m* d'armes, arsenal *m;* (*von Terroristen*) cache *f* d'armes; **~schein** *m* permis *m* de port d'armes; **~schmuggel** *m* trafic *m* d'armes; **~stillstand** *m* armistice *m*

Wagemut ['va:gəmu:t] *m* goût *m* du risque

wagen ['va:gən] *vt* oser; (*Widerspruch, Behauptung*) oser émettre; (*riskieren*) risquer ▷ *vr* oser; **sich an die Öffentlichkeit/auf die Straße ~** oser affronter le public/descendre dans la rue

Wagen ['va:gən] **(-s, -)** *m* voiture *f;* (*Eisenb*) wagon *m,* voiture; (*Schreibmaschinenwagen*) chariot *m;* **der Große/Kleine ~** (*Astron*) la Grande/Petite Ourse; **~führer (-s, -)** *m* (*bei Straßenbahn etc*) conducteur *m;* **~heber (-s, -)** *m* cric *m;* **~park** *m* parc *m* (automobile); **~rad** *nt* roue *f* de char; **~rücklauftaste** *f* (*Schreibmaschine*) touche *f* de retour (du chariot); **~wäsche** *f* lavage *m* de voitures

Waggon [va'gõ:] **(-s, -s)** *m* wagon *m*

waghalsig ['va:khalzıç] *adj* téméraire

Wagnis ['va:knıs] **(-ses, -se)** *nt* entreprise *f* hasardeuse; (*Risiko*) risque *m*

Wagon [va'gõ:] (**-s, -s**) *m siehe* **Waggon**
Wahl [va:l] *f* (*Auswahl*) choix *m*; (*Pol*) élection *f*;
  erste/zweite/dritte ~ (*Wirts*: *Qualität*) premier/
  second/troisième choix; **in die engere ~**
  kommen avoir été retenu lors d'une première
  sélection; **nach eigener ~** de son choix; **wer die**
  ~ hat, hat die Qual (*Sprichwort*) il *etc* a l'embarras
  du choix; **die ~ fiel auf ihn** le choix s'est porté
  sur lui; **sich zur ~ stellen** poser sa candidature;
  ~alter *nt* majorité *f* électorale
wählbar *adj* éligible
wahl-: **~berechtigt** *adj* qui a le droit de vote;
  W~beteiligung *f* participation *f* au vote;
  W~bezirk *m* circonscription *f* électorale
wählen ['vɛ:lən] *vt* (*aussuchen*) choisir; (*Pol*) élire;
  (*Tel*) composer ▷ *vi* choisir; (*bei Wahl*) voter
Wähler, in (**-s, -**) *m(f)* électeur(-trice) *m/f*; **w~isch**
  adj exigeant(e), difficile; **~schaft** *f* électorat *m*
Wahl-: **~fach** *nt* matière *f* à option; **w~frei** *adj*
  facultatif(-ive), à option; **w~freier Zugriff**
  (*Comput*) accès *m* aléatoire; **~gang** *m* tour *m* de
  scrutin; **~geschenk** *nt* mesure *f* démagogique
  (*prise pendant une campagne électorale*); **~heimat** *f*
  patrie *f* d'adoption; **~helfer** *m* (*im Wahlkampf*)
  agent *m* électoral; (*bei der Wahl*) scrutateur *m*;
  ~kabine *f* isoloir *m*; **~kampf** *m* campagne *f*
  électorale; **~kreis** *m* circonscription *f* électorale;
  ~liste *f* liste *f* électorale; **~lokal** *nt* bureau *m* de
  vote; **w~los** *adv* au hasard; (*nicht wählerisch*) sans
  discernement ▷ *adj* aléatoire; **~recht** *nt* droit *m*
  de vote; **allgemeines ~recht** suffrage *m*
  universel; **das aktive ~recht** le droit de vote;
  das passive ~recht l'éligibilité *f*
Wählscheibe *f* (*Tel*) cadran *m*
Wahl-: **~schein** *m* = carte *f* d'électeur; **~spruch** *m*
  slogan *m*; **~urne** *f* urne *f*; **w~weise** *adv* au choix;
  w~weise Gemüse oder Salat légume ou salade
  au choix
Wahn [va:n] (**-(e)s**) *m* (*Einbildung*) illusion *f*
wähnen ['vɛ:nən] (*geh*) *vt* s'imaginer
Wahn-: **~sinn** *m* folie *f*; **w~sinnig** *adj* fou (folle)
  ▷ *adv* (*umg*: *sehr*) vachement; **w~witzig** *adj* fou
  (folle) ▷ *adv* terriblement
wahr [va:r] *adj* vrai(e); **nicht ~?** n'est-ce pas?;
  etw ~ machen réaliser qch; **da ist (et)was W~es**
  dran ça n'est pas faux
wahren *vt* (*Rechte*) défendre; **seine Würde ~**
  rester digne; **den Schein ~** sauver les apparences
während ['vɛ:rən] *vi* durer
während *präp* +*Gen* pendant ▷ *konj* pendant que;
  (*wohingegen*) alors que, tandis que; **~dessen** *adv*
  pendant ce temps, entre-temps
wahr-: **~haben** *vt*: **etw nicht ~haben wollen** ne
  pas vouloir admettre qch; **~haft** *adv* vraiment;
  ~haftig *adj* sincère ▷ *adv* vraiment; **W~heit** *f*
  vérité *f*; **die W~heit sagen** dire la vérité; **in**
  W~heit en vérité; **~heitsgetreu** *adj* (*Bericht*)
  véridique, exact(e); (*Darstellung*) fidèle
wahrnehmen *vt unreg* (*Geräusch*) percevoir;
  (*Veränderung etc*) s'apercevoir de, remarquer;
  (*Termin, Frist*) respecter; (*Gelegenheit*) saisir,
  profiter de; (*Interessen*) représenter

Wahrnehmung *f* (*Sinneswahrnehmung*) perception *f*
wahr-: **~sagen** *vi* prédire l'avenir, dire la bonne
  aventure; **W~sager, in** (**-s, -**) *m(f)* voyant(e) *m/f*
  (*extralucide*); **W~sagung** *f* prédiction *f*;
  ~scheinlich [va:r'ʃaınlıç] *adj* probable; (*Täter*)
  présumé(e) ▷ *adv* probablement;
  W~scheinlichkeit *f* probabilité *f*, vraisemblance
  f; **aller W~scheinlichkeit nach** selon toute
  vraisemblance
Währung ['vɛ:rʊŋ] *f* monnaie *f*
Währungs-: **~einheit** *f* monnaie *f*; **~politik** *f*
  politique *f* monétaire; **~raum** *m* zone *f*
  monétaire; **~reserven** *pl* fonds *m* de réserve;
  ~union *f* union *f* monétaire
Wahrzeichen *nt* emblème *m*
Waise ['vaızə] *f* orphelin(e) *m/f*
Waisen-: **~haus** *nt* orphelinat *m*; **~knabe** *m*:
  gegen dich ist er ein ~knabe (*umg*) il ne t'arrive
  pas à la cheville; **~rente** *f* allocation *f* d'orphelin
Wal [va:l] (**-(e)s, -e**) *m* baleine *f*
Wald [valt] (**-(e)s, -̈er**) *m* forêt *f*; **er sieht den ~**
  vor (lauter) Bäumen nicht l'arbre lui cache la
  forêt; **~arbeiter** *m* ouvrier *m* forestier, employé *m*
  des Eaux et Forêts; **~brand** *m* feu *m* de forêt
Wäldchen ['vɛltçən] *nt* bois *m*
Waldhorn *nt* cor *m* de chasse
waldig ['valdıç] *adj* boisé(e)
Wald-: **~lauf** *m* course *f* en forêt; **~lehrpfad** *m*
  sentier forestier éducatif; **~meister** *m* (*Bot*) aspérule *f*
Waldorfsalat *m* (*Koch*) salade de céleri, pommes et noix
  à la mayonnaise
Waldorfschule *f* école anthroposophique
Waldsterben *nt* dépérissement *m* des forêts
Wald-und-Wiesen- (*umg*) in zW quelconque
Waldweg *m* chemin *m* forestier
Wales [weılz] (**-**) *nt* le pays de Galles
Walfang ['va:lfaŋ] *m* pêche *f* à la baleine
Walfisch ['valfıʃ] (**-(e)s, -e**) *m* baleine *f*
Waliser, in [va'li:zər(ın)] (**-s, -**) *m(f)* Gallois(e) *m/f*
walisisch *adj* gallois(e)
Walkie-Talkie ['wɔ:kı'tɔ:kı] (**-(s), -s**) *nt* talkie-
  walkie *m*
Walkman® ['wɔ:kman] (**-s, -s**) *m* baladeur *m*
Wall [val] (**-(e)s, -̈e**) *m* remblai *m*
Wallach ['valax] (**-(e)s, -e**) *m* (*cheval m*) hongre *m*
wallen ['valən] *vi* (*Flüssigkeit*) bouillonner
Wall-: **w~fahren** *vi* faire un pèlerinage;
  ~fahrer, in *m(f)* pèlerin(e) *m(f)*; **~fahrt** *f*
  pèlerinage *m*
Wallis ['valıs] (**-**) *nt* Valais *m*
Wallone, -in [va'lo:nə] (**-n, -n**) *m(f)* Wallon(ne)
  m/f
Walnuss ['valnʊs] *f* noix *f*
Walross ['valrɔs] *nt* morse *m*
walten ['valtən] (*geh*) *vi*: **Vernunft ~ lassen** faire
  preuve de bon sens
Walzblech (**-(e)s**) *nt* tôle *f* laminée
Walze ['valtsə] *f* cylindre *m*; (*Gerät*) rouleau *m*;
  (*Fahrzeug*) rouleau compresseur
walzen *vt* (*Boden*) cylindrer; (*Blech*) laminer
wälzen ['vɛltsən] *vt* rouler; (*Bücher*) compulser;
  (*Probleme*) ruminer ▷ *vr* (*sich vorwärtsschieben*)

avancer; (vor Schmerzen) se tordre; (im Bett) se tourner et se retourner

Walzer ['valtsər] (**-s, -**) m valse f

Wälzer ['vɛltsər] (**-s, -**) (umg) m pavé m

Walzwerk ['valtsvɛrk] nt (Maschine) laminoir m; (Betrieb) usine f de laminage

Wammerl ['vamərl] (**-s, -(n)**) nt ≈ tendrons mpl de veau

wand etc [vant] vb siehe **winden**

Wand (**-, ̈e**) f paroi f; (von Haus, außen, fig) mur m; **in den eigenen vier Wänden** chez soi; **weiß wie die** ~ blanc comme un linge; **jdn an die ~ spielen** éclipser qn; (Sport) écraser qn

Wandel ['vandəl] (**-s**) m changement m; ~**anleihe** f emprunt m convertible; **w~bar** adj changeant(e); ~**halle** f (grand) hall m; (im Parlament) couloirs mpl

wandeln vt transformer, changer ▷ vr changer ▷ vi (geh: gehen) déambuler

Wander-: ~**ausstellung** f exposition f itinérante; ~**bühne** f théâtre m ambulant

Wanderer, -in (**-s, -**) m(f) randonneur(-euse) m/f

Wanderkarte f carte f d'état-major

Wanderlied nt chanson f de marche

wandern vi faire une randonnée; (Blick, Gedanken) errer; (Tiere) migrer; (umg: in den Papierkorb) aller

Wanderpreis m coupe f (d'un challenge)

Wanderschaft f: **auf ~ sein** être en voyage, rouler sa bosse (umg)

Wanderung f randonnée f; (von Tieren, Völkern) migration f

Wanderweg m chemin m (de randonnée)

Wandgemälde nt peinture f murale

Wandlung f transformation f; (Rel) transsubstantiation f

Wand-: ~**malerei** f peinture f murale; ~**schirm** m paravent m; ~**schrank** m placard m

wandte etc ['vantə] vb siehe **wenden**

Wand-: ~**teppich** m tapisserie f; ~**uhr** f pendule f; ~**verkleidung** f revêtement m (mural); ~**zeitung** f panneau m d'affichage

Wange ['vaŋə] f joue f

wankelmütig ['vaŋkəlmy:tɪç] (pej) adj versatile

wanken ['vankən] vi (schwanken, auch fig) chanceler; (unsicher sein) être indécis(e), hésiter; (sich bewegen) tituber

wann [van] adv quand; ~ **auch immer** n'importe quand; **seit ~?** depuis quand?

Wanne ['vanə] f (Badewanne) baignoire f; (Ölwanne) cuve f; (Trog) auge f

Wanze ['vantsə] f (Zool) punaise f; (Abhörgerät) micro m caché

Wappen ['vapən] (**-s, -**) nt blason m, armoiries fpl; ~**kunde** f héraldique f

wappnen vr: **sich mit Geduld ~** s'armer de patience; **gewappnet sein** (fig) être paré(e)

war etc [va:r] vb siehe **sein**

warb etc [varp] vb siehe **werben**

Ware ['va:rə] f marchandise f

wäre etc ['vɛ:rə] vb siehe **sein**

Waren-: ~**begleitschein** m (für Zoll) bordereau m de déclaration en douane; ~**haus** nt grand magasin m; ~**korb** m (in Statistik) panier m de la ménagère; ~**lager** nt entrepôt m; ~**muster** nt, ~**probe** f échantillon m; ~**sendung** f échantillon m de marchandises; ~**test** m test m; ~**zeichen** nt: **(eingetragenes)** ~**zeichen** marque f déposée

warf etc [varf] vb siehe **werfen**

warm [varm] adj chaud(e); (herzlich) chaleureux(-euse); (umg: homosexuell) pédé; ~**e Miete** loyer m chauffage compris; **mir ist ~** j'ai chaud; ~ **laufen** (Aut) chauffer; **sich ~ laufen** (Sport) s'échauffer; **mit jdm ~ werden** (umg) se lier d'amitié avec qn; **mit etw ~ werden** s'habituer à qch; siehe auch **warmhalten**

Wärme ['vɛrmə] f chaleur f; **10 Grad ~** 10 degrés au-dessus de zéro; ~**gewitter** nt orage m; ~**isolierung** f isolation f thermique; ~**lehre** f science f thermique; ~**leiter** m conducteur m de chaleur

wärmen vt chauffer, réchauffer ▷ vr se réchauffer ▷ vi (Ofen) chauffer; (Kleidung) tenir chaud

Wärme-: ~**pumpe** f thermopompe f; ~**quelle** f source f de chaleur; ~**technik** f technique f de la chaleur

Wärmflasche f bouillotte f

Warm-: ~**front** f front m chaud; **w~halten** unreg vt: **sich** Dat **jdn w~halten** (umg) chercher à rester dans les petits papiers de qn; **w~herzig** adj chaleureux(-euse); ~**wasserbereiter** m chauffe-eau m inv

Warn-: ~**anlage** f dispositif m d'alarme, avertisseur m; ~**blinkanlage** f (Aut) feux mpl de détresse; ~**dreieck** nt (Aut) triangle m de présignalisation od de détresse

warnen ['varnən] vt: ~ **(vor)** mettre en garde (contre)

Warn-: ~**lampe** f voyant m (lumineux); ~**streik** m grève f d'avertissement; ~**system** nt système m d'alarme

Warnung f avertissement m, mise f en garde

Warschau ['varʃau] nt Varsovie; ~**er Pakt** m pacte m de Varsovie

Warte f poste m d'observation; (fig) point m de vue; ~**häuschen** nt (an Bushaltestelle) abribus m; ~**liste** f liste f d'attente

warten ['vartən] vi: ~ **(auf** +Akk) attendre ▷ vt (Auto, Maschine) entretenir; **auf sich ~ lassen** se faire attendre; **warte mal!** attends!; **bitte ~!** (am Telefon) ne quittez pas!

Wärter, in ['vɛrtər(ɪn)] (**-s, -**) m(f) gardien(ne) m/f

Warteraum m, **Wartesaal** m, **Wartezimmer** nt salle f d'attente

Wartung f (von Maschine, Auto) entretien m; ~ **und Instandhaltung** entretien; **w~frei** adj ne nécessitant pas d'entretien

warum [va'rʊm] adv pourquoi; ~ **nicht?** pourquoi pas?; ~ **nicht gleich so!** il fallait commencer par là!

Warze ['vartsə] f verrue f

Warzenschwein nt (Zool) phacochère m

was [vas] pron (interrogativ) (qu'est-ce que; (: indirekt) ce que; (: nach präp) quoi; (relativ) qui;

(*umg: etwas*) quelque chose; **~?** quoi?; **~ hat er gesagt?** qu'a-t-il dit?; **~ will er?** que veut-il?; **ich weiß, ~ er gesagt hat** je sais ce qu'il a dit; **~ kostet das?** combien ça coûte?; **~ für (ein)** quel genre de; **~ denn?** quoi donc?; **ach ~!** (*umg*) mais non!; **na so ~!** (*umg*) ça alors!

wasch-: **~aktiv** *adj* détergent(e); **W~anlage** *f* (*für Erz, Kohle etc*) laverie *f*; (*für Autos*) station *f* de lavage; **~bar** *adj* lavable; **W~bär** *m* raton *m* laveur; **W~becken** *nt* lavabo *m*; **W~benzin** *nt* benzine *f*

Wäsche ['vɛʃə] *f* linge *m*; (*Bettwäsche*) draps *mpl*; **dumm aus der ~ gucken** (*umg*) faire une drôle de tête; **~beutel** *m* sac *m* à linge

waschecht *adj* (*Stoff*) qui résiste au lavage; (*Farbe*) grand teint *unver*; (*umg: einer*) pur sang *unver*

Wäsche-: **~klammer** *f* pince *f* à linge; **~korb** *m* panier *m* à linge; **~leine** *f* corde *f* à linge

waschen ['vaʃən] *unreg vt* laver ▷ *vi* faire la lessive ▷ *vr* se laver; **sich** *Dat* **die Hände ~** se laver les mains; **eine Strafe, die sich gewaschen hat** une sacrée punition

Wäscherei [vɛʃə'raɪ] *f* blanchisserie *f*

Wäscheschleuder *f* essoreuse *f*

Wäschespinne *f* séchoir *m* parapluie

Wasch-: **~gang** *m* cycle *m* de lavage; **~gelegenheit** *f* endroit *m* où se laver; **~küche** *f* buanderie *f*; **~lappen** *m* gant *m* de toilette; (*umg*) lavette *f*; **~maschine** *f* machine *f* à laver, lave-linge *m inv*; **w~maschinenfest** *adj* pouvant être lavé(e) à la machine; **~mittel** *nt* lessive *f*; **~programm** *nt* programme *m* de lavage; **~pulver** *nt* lessive *f* (en poudre), poudre *f* de lavage; **~raum** *m* cabinet *m* de toilette, lavabos *mpl*; **~salon** *m* laverie *f* automatique; **~straße** *f* (*für Autos*) tunnel *m* de lavage

wäscht *etc* [vɛʃt] *vb siehe* **waschen**

Waschtisch *m* table *f* de toilette; **~zettel** *m* (*Buch*) (texte *m* de) présentation *f*

Washington ['wɔʃɪŋtən] *nt* Washington

Wasser ['vasər] (**-s**, **-** *od* ⁇) *nt* eau *f*; (*Parfüm*) eau *f* de Cologne; **dort wird auch nur mit ~ gekocht** (*fig*) après tout, ils se lèvent le matin comme tout le monde; **ins ~ fallen** (*fig*) tomber à l'eau; **mit allen ~n gewaschen sein** (*umg*) connaître toutes les combines; **das ~ steht ihm bis zum Hals** (*fig*) il est dans le pétrin; **jdm das ~ abgraben** (*fig*) couper l'herbe sous le pied de qn; **~ abstoßend** hydrofuge; **w~arm** *adj* aride; **~ball** *m* (*Spiel*) water-polo *m*; (*Ball*) ballon *m* de plage

Wässerchen *nt*: **er sieht aus, als ob er kein ~ trüben könnte** (*umg*) on lui donnerait le bon Dieu sans confession

wasser-: **~dicht** *adj* étanche, imperméable; **W~fall** *m* cascade *f*, chute *f* d'eau; **W~farbe** *f* couleur *f* pour aquarelle; **~gekühlt** *adj* (*Aut*) à refroidissement par eau; **W~graben** *m* (*Sport*) brook *m*; (*um Burg*) douves *fpl*; **W~hahn** *m* robinet *m*; **W~huhn** *nt* poule *f* d'eau

wässerig ['vɛsərɪç] *adj siehe* **wässrig**

Wasser-: **~kasten** *m* (*am WC*) réservoir *m*; **~kessel** *m* bouilloire *f*; **~kraftwerk** *nt* centrale *f*

hydro-électrique; **~leitung** *f* conduite *f* d'eau; (*Anlagen*) tuyauterie *f*; **~mann** *m* (*Astrol*) Verseau *m*; **~melone** *f* pastèque *f*

wässern ['vɛsərn] *vt* (*Pflanzen*) arroser; (*Koch*) faire tremper ▷ *vi* (*Augen*) larmoyer; (*Wunde*) suinter

Wasser-: **~pflanze** *f* plante *f* aquatique; **~ratte** *f* rat *m* d'eau; (*umg: hum*) personne qui adore nager; **~scheide** *f* ligne *f* de partage des eaux; **w~scheu** *adj* qui a peur de l'eau; **~schi** *nt* = **Wasserski**; **~schloss** *nt* château *m* (entouré d'un fossé); **~schutzpolizei** *f* (*auf Flüssen*) police *f* fluviale; (*im Hafen*) police du port; (*auf der See*) police maritime; **~ski** *nt* ski *m* nautique; **~spiegel** *m* (*Oberfläche*) surface *f* de l'eau; (*Wasserstand*) niveau *m* d'eau; **~spiele** *pl* jeux *mpl* d'eaux; **~spülung** *f* chasse *f* d'eau; **~stand** *m* niveau *m* d'eau; **~stoff** *m* hydrogène *m*; **~stoffbombe** *f* bombe *f* H *od* à hydrogène; **~turm** *m* château *m* d'eau; **~verbrauch** *m* consommation *f* d'eau; **~waage** *f* niveau *m* (à bulle d'air); **~werfer** *m* canon *m* à eau; **~werk** *nt* station *f* hydraulique; **~zeichen** *nt* filigrane *m*

wässrig ['vɛsrɪç] *adj* (*Suppe*) trop dilué(e); (*Frucht*) sans goût; (*Farbe*) délavé(e)

waten ['va:tən] *vi* patauger

watscheln ['va:tʃəln] *vi* se dandiner

Watt¹ [vat] (**-(e)s**, **-en**) *nt* (*Geog*) laisse *f*

Watt² [vat] (**-s**, **-**) *nt* (*Elek*) watt *m*

Watte *f* ouate *f*, coton *m* (hydrophile)

Wattenmeer (**-(e)s**) *nt* mer qui forme des laisses

Wattestäbchen *nt* coton-tige® *m*

wattieren [va'ti:rən] *vt* (*Schultern*) rembourrer; **wattierte Jacke** veste *f* ouatinée; **wattierter Umschlag** enveloppe *f* matelassée

WC *nt abk* (= *Wasserklosett*) W.-C. *mpl*

WDR (**-**) *m abk* (= *Westdeutscher Rundfunk*) radio ouest-allemande

Web [vɛp] *nt*: **das (World Wide) ~** le Web

Webcam ['vɛpkɛm] *f* webcam *f*

weben ['ve:bən] *vt* tisser

Weber, in (**-s**, **-**) *m(f)* tisserand(e) *m/f*

Weberei [ve:bə'raɪ] *f* atelier *m* de tissage

Website ['vɛpsaɪt] *f* (*Comput*) site *m* Web

Webstuhl ['ve:pʃtu:l] *m* métier *m* à tisser

Wechsel ['vɛksəl] (**-s**, **-**) *m* changement *m*; (*Geldwechsel*) change *m*; (*Schuldschein*) lettre *f* de change; **~bäder** *pl* douche *f* écossaise; **~beziehung** *f* corrélation *f*; **~geld** *nt* monnaie *f*; **w~haft** *adj* variable; **~jahre** *pl* ménopause *f sg*; **in die ~jahre kommen** atteindre l'âge de la ménopause; **~kurs** *m* taux *m* de change

wechseln *vt* changer de; (*austauschen*) échanger; (*Geld*) changer; (*Kleingeld geben*) rendre la monnaie de ▷ *vi* changer; (*einander ablösen*) se relayer; (*Geld wechseln*) rendre la monnaie

wechselnd *adj* changeant(e), variable

Wechsel-: **~rahmen** *m* passe-partout *m inv* (*cadre*); **w~seitig** *adj* mutuel(le); **~sprechanlage** *f* interphone *m*; **~strom** *m* (*Elek*) courant *m* alternatif; **~stube** *f* bureau *m* de change; **w~weise** *adv* (*abwechselnd*) alternativement;

~wirkung f interaction f
Weckdienst m (per Telefon) service m du réveil (téléphonique)
wecken ['vɛkən] vt réveiller; (fig: Bedarf, Interesse) susciter; (: Erinnerungen) réveiller
Wecker (-s, -) m réveil m, réveille-matin m inv; **jdm auf den ~ fallen** (umg) taper sur les nerfs de qn
Weckglas® nt bocal m à confitures
Weckruf m (Tel) réveil m téléphonique
wedeln ['ve:dəln] vi (Ski) godiller; **(mit dem Schwanz)** ~ remuer la queue; **mit einem Fächer** ~ agiter un éventail
weder ['ve:dər] konj: ~ ... **noch ...** ni ... ni ...
weg [vɛk] adv: ~ **sein** être parti(e), ne plus être là; **er war schon** ~ il était déjà parti; **nichts wie** od **nur ~ hier!** filons!, fichons le camp!; **Hände** od **Finger ~!** n'y touche(z) pas!; ~ **damit!** (mit Schere etc) enlève-moi ça!; **über etw** Akk ~ **sein** avoir surmonté qch
Weg [ve:k] (-(e)s, -e) m chemin m; (Pfad auch) sentier m; (Mittel) moyen m; **auf dem ~ nach Linz habe ich meinen Hut verloren** j'ai perdu mon chapeau en me rendant à Linz; **sich auf den ~ machen** se mettre en route; **jdm nicht über den ~ trauen** se méfier de qn; **jdm aus dem ~ gehen** éviter qn; **jdm Steine in den ~ legen** (fig) mettre des bâtons dans les roues à qn; **auf dem besten ~ sein, etw zu tun** être bien parti(e) pour faire qch; **etw in die ~e leiten** mettre qch en route; **~bereiter** (-s, -) m précurseur m, pionnier m
wegbleiben unreg vi (fernbleiben) ne pas od plus venir; (Satz, Wort) être omis(e); **mir bleibt die Spucke weg** (umg) je ne sais plus quoi dire
wegen ['ve:gən] präp +Gen (umg) à cause de; (bezüglich) pour; **von ~!** (umg) pas du tout!
weg-: **~essen** unreg vt: **jdm den Kuchen ~essen** manger le gâteau de qn; **~fahren** unreg vi partir; **W~fahrsperre** f (Aut): **(elektronische) W~fahrsperre** antidémarrage m (électronique); **~fallen** unreg vi être supprimé(e) od annulé(e); **etw ~fallen lassen** supprimer od annuler qch; **~gehen** unreg vi partir; (Kopfschmerzen) disparaître; **~hören** vi ne pas écouter; **~kommen** unreg vi (verloren gehen) disparaître; (fortkommen) partir; **bei etw gut/schlecht ~kommen** (umg) bien/ne pas bien se tirer de qch; **~lassen** unreg vt (gehen lassen) laisser partir; (streichen) supprimer; **~laufen** unreg vi partir en courant, se sauver; **das läuft (dir) nicht ~** (fig: hum) ça peut attendre; **~legen** vt poser; **~machen** vt (umg: Flecken) enlever ▷ vr (verschwinden) ficher le camp, se tirer; **~müssen** unreg (umg) vi devoir partir; **~nehmen** unreg vt (beseitigen) enlever; (Eigentum, Zeit, Platz) prendre; (Licht, Sonne) cacher; **~räumen** vt ranger; **~schaffen** vt enlever; **~schließen** unreg (umg) vt mettre sous clé; **~schnappen** (umg) vt: **jdm etw ~schnappen** souffler qch à qn; **jdm die Freundin ~schnappen** souffler l'amie de qn; **~stecken** vt cacher; (umg: verkraften) encaisser; **~treten** unreg vi: **~treten!** (Mil) rompez!; **geistig**

~getreten sein (umg) être dans les nuages; **~tun** unreg vt (aufräumen) ranger; (wegwerfen) jeter
wegweisend ['ve:gvaɪzənt] adj: **eine ~e Tat** un exemple à suivre
Wegweiser ['ve:gvaɪzər] (-s, -) m poteau m indicateur; (Buch etc) guide m
Wegwerf- ['vɛkvɛrf] in zW jetable, à jeter
weg-: **~werfen** unreg vt jeter; **~werfend** adv dédaigneux(-euse), méprisant(e); **W~werfgesellschaft** (pej) f société f de consommation (où l'on jette au lieu de réparer); **~wollen** unreg vi vouloir partir; **~ziehen** unreg vi (umziehen) partir
weh [ve:] adj (Finger) qui fait mal, douloureux(-euse); **ihm ist ~ ums Herz** il a le cœur gros; **o ~!** oh là là!; siehe auch **wehtun**
Wehe f (Geburtswehe) contraction f; (Schneewehe) congère f; **in den ~n liegen** accoucher
weh(e) interj: **weh(e), wenn du ...** gare à toi si tu ...
wehen vt (Staub) soulever ▷ vi (Wind) souffler; (Fahne) flotter
weh-: **~klagen** vi se lamenter; **~leidig** (pej) adj (Mensch) douillet(te); (jammernd) pleurnichard(e); **W~mut** f mélancolie f; **~mütig** adj mélancolique
Wehr¹ [ve:r] (-(e)s, -e) nt digue f
Wehr² [ve:r] (-, -en) f: **sich zur ~ setzen** se défendre
Wehrdienst m service m militaire; voir article

◉ **WEHRDIENST**

◉
◉ Wehrdienst désigne le service militaire
◉ obligatoire en Allemagne. Tous les hommes
◉ de plus de 18 ans reçoivent une convocation et
◉ tous ceux déclarés aptes au service doivent
◉ passer neuf mois dans la Bundeswehr. Les
◉ objecteurs de conscience ont la possibilité de
◉ choisir le Zivildienst.

wehrdienstpflichtig adj assujetti(e) au service militaire od national, appelé(e)
Wehrdienstverweigerer m objecteur m de conscience
wehren vr se défendre; **sich gegen einen Plan ~** s'opposer à un projet
wehr-: **~los** adj sans défense; **jdm ~los ausgeliefert sein** être à la merci de qn; **W~macht** f (Hist) Wehrmacht f; **W~pflicht** f service m militaire obligatoire; **~pflichtig** adj assujetti(e) au service militaire od national; **W~übung** f exercice m pour réservistes
wehtun unreg vi faire mal; **jdm ~** faire mal à qn; **sich** Dat ~ se faire mal
Wehwehchen (umg) nt bobo m
Weib [vaɪp] (-(e)s, -er) nt (veraltend: Ehefrau) femme f; (pej) garce f; (umg) nana f
Weibchen nt (Zool) femelle f
Weiberheld (pej) m don Juan m
weibisch ['vaɪbɪʃ] (pej) adj efféminé(e)
weiblich adj féminin(e); (Tier, Blüte) femelle

weich [vaiç] *adj* mou(molle), souple; *(Sessel, Bett etc)* moelleux(-euse); *(Haut, Pelz, Stoff)* doux (douce); *(Kern, Herz, Gemüse etc)* tendre; *(Ei)* à la coque; **~e Währung** monnaie f faible; **~ ~ werden** *(umg: nachgeben)* céder

Weiche f *(Eisenb)* aiguillage m; **die ~n stellen** actionner l'aiguillage; *(fig)* préparer le terrain

weichen¹ *vt (Wäsche etc)* faire tremper ▷ *vi* tremper

weichen² *unreg vi* +Dat *(Platz machen)* céder la place (à); *(Spannung etc)* diminuer, baisser; **nicht von jdm** *od* **jds Seite ~** ne pas quitter qn d'une semelle

Weichenwärter m aiguilleur m

Weich-: **~heit** f *(siehe adj)* mollesse f, souplesse f; moelleux m; douceur f; tendreté f; **w~herzig** *adj* au cœur tendre; **~käse** m fromage m à pâte molle; **w~lich** *adj* mou(molle); **~ling** *(pej)* m faible m; **~macher** m plastifiant m; **~spüler** m adoucissant m (textile); **~tier** *nt* mollusque m

Weide ['vaidə] f *(Baum)* saule m; *(Wiese)* pâturage m

weiden *vi* paître ▷ *vr:* **sich an etw** *Dat* ~ se repaître de qch

Weidenkätzchen *nt* chaton m (de saule)

weidlich ['vaitliç] *adv* largement, beaucoup; **etw ~ ausnutzen** profiter pleinement de qch; **jdn ~ ausnützen** exploiter qn

weigern ['vaigərn] *vr* refuser

Weigerung ['vaigərʊŋ] f refus m

Weihe ['vaiə] f *(von Kirche)* consécration f; *(Priesterweihe)* ordination f

weihen *vt (Priester)* ordonner; *(Gebäude)* consacrer; *(Kerze)* bénir; *(widmen)* vouer; **dem Untergang geweiht** voué(e) à la ruine

Weiher (-s, -) m étang m

Weihnacht ['vainaxt] (-) f Noël m

Weihnachten (-) *nt* Noël m; **fröhliche** *od* **frohe** *od* **gesegnete ~!** joyeux Noël!

weihnachten *vi unpers:* **es weihnachtet sehr** *(poetisch)* Noël approche; *(ironisch)* ça sent Noël

weihnachtlich *adj* de Noël

Weihnachts-: **~abend** m réveillon m de Noël; **~baum** m arbre m de Noël; **~geld** *nt* gratification f de fin d'année; **~geschenk** *nt* cadeau m de Noël; **~lied** *nt* chant m de Noël; **~mann** m père m Noël

Weihnachtsmarkt m marché m de Noël; *voir article*

◉ **WEIHNACHTSMARKT**
◉
◉ *Weihnachtsmarkt* est un marché de Noël qui se
◉ tient dans la plupart des grandes villes
◉ d'Allemagne. Les gens y trouvent cadeaux,
◉ jouets et décorations de Noël dans une
◉ ambiance de fête. On y déguste également
◉ nourriture et boisson typiques de la période
◉ de Noël, tels que pain d'épice et vin chaud.

Weihnachtstag m jour m de Noël; **der zweite Weihnachtstag** *le lendemain de Noël*, le 26 décembre

Weihnachtszeit f époque f de Noël

Weihrauch m encens m

Weihwasser *nt* eau f bénite

weil [vail] *konj* parce que

Weile ['vailə] (-) f moment m; **nach einer ~** au bout d'un moment; **vor einer ~** il y a un certain temps

Weiler ['vailər] (-s, -) m hameau m

Weimarer Republik ['vaimarər repu'bli:k] f République f de Weimar

Wein [vain] (-(e)s, -e) m vin m; *(Pflanze)* vigne f; *(Beeren)* raisin m; **jdm reinen ~ einschenken** *(fig)* parler franchement à qn; **~bau** m viticulture f; **~bauer** m vigneron m, viticulteur m; **~beere** f *(Bot)* (grain m de) raisin m; **~berg** m vignoble m, vigne f; **~bergschnecke** f escargot m de Bourgogne; **~brand** m eau-de-vie f

weinen *vi* pleurer; **das ist zum W~** c'est triste à pleurer

weinerlich *adj (Stimme)* larmoyant(e)

Wein-: **~gegend** f région f viticole; **~geist** m esprit-de-vin m; **~glas** *nt* verre m à vin; **~gut** *nt* domaine m viticole; **~jahr** *nt:* **ein gutes/ schlechtes ~jahr** une bonne/mauvaise année pour le vin; **~karte** f carte f des vins

Weinkrampf m crise f de larmes

Wein-: **~lese** f vendanges fpl; **~lokal** *nt* taverne f; **~probe** f dégustation f de vins; **~rebe** f vigne f; **w~rot** *adj* bordeaux *unver*; **~schaum(soße)** m(f) = sabayon m; **w~selig** *adj* pompette; **~stein** m tartre m; **~stock** m pied m de vigne; **~stube** f taverne f; **~traube** f *(Bot)* raisin m

Weise f *(Art)* façon f, manière f; *(Mus)* air m; **auf diese ~** de cette façon *od* manière, comme ça

weise ['vaizə] *adj* sage

Weise, r f(m) sage m

weisen *unreg vt (Weg)* indiquer ▷ *vi (deuten):* **auf jdn/etw ~** désigner qn/qch; **etw (weit) von sich ~** *(fig)* rejeter qch (complètement)

Weisheit ['vaishait] f sagesse f; **mit seiner ~ am Ende sein** être au bout de son latin

Weisheitszahn m dent f de sagesse

weismachen ['vaismaxən] *vt* faire croire; **das kannst du mir nicht ~** à d'autres!

weiß¹ [vais] *vb siehe* **wissen**

weiß² *adj* blanc (blanche)

Weissager ['vaisza:gər] m devin m

Weiß-: **~bier** *nt* bière blonde de froment; **~blech** *nt* fer-blanc m; **~brot** *nt* pain m blanc; **~buch** *nt* (Pol) livre m blanc

Weiße f *(Blässe)* pâleur f; **Berliner ~ (mit Schuss)** bière blonde de Berlin (avec du sirop de framboises)

Weiße, r (-n, -n) f(m) *(Mensch)* blanc (blanche) m(f)

weißen *vt* blanchir (à la chaux)

Weiß-: **~glut** f incandescence f; **jdn bis zur ~glut bringen** *(umg)* faire voir rouge à qn; **~gold** *nt* or m blanc; **~herbst** m rosé m; **~kohl** m chou m blanc; **~macher** m *(in Waschmittel)* agent m blanchissant; **~russland** *nt* la Russie blanche, la Biélorussie

weißt [vaist] *vb siehe* **wissen**

Weiß-: **~waren** pl linge msg; **~wein** m vin m

427

blanc; **~wurst** f saucisse f de veau
Weisung ['vaɪzʊŋ] f directives fpl, instructions fpl
weisungsgemäß adv conformément aux
  instructions; ~ **handeln** suivre les instructions
weit [vaɪt] adj (breit, auch Begriff) large; (Meer, Welt)
  vaste; (lang: Entfernung, Reise) long (longue),
  grand(e); (Unterschied) grand(e) ▷ adv loin;
  München ist 20 km ~ entfernt Munich est à 20
  km; **in ~er Ferne** au loin; **bis dahin ist es noch**
  ~ c'est encore loin; **von W~em** de loin; **bei**
  W~em de loin; ~ **und breit** alentour; ~ **blickend**
  = weitblickend; ~ **hergeholt** tiré(e) par les
  cheveux; ~ **gefehlt!** tu n'y es pas du tout!; **es so ~**
  bringen, dass ... en arriver à ce que...; **das geht**
  zu ~ c'en est trop; ~ **entfernt sein** être très loin;
  ~ **fortgeschritten** très avancé(e); ~ **reichend**
  = weitreichend; ~ **verbreitet** très répandu(e);
  ~ **verzweigt = weitverzweigt**; ~ab adv: ~**ab von**
  loin de; **~aus** adv de loin; **W~blick** m (fig) flair m;
  ~blickend adj qui voit loin, qui a du flair
Weite f (Durchmesser, Breite) largeur f; (Raum)
  étendue f; (Entfernung: Sport) distance f
weiten vt élargir ▷ vr (Pupille) se dilater; (Horizont)
  s'élargir
weiter ['vaɪtər] adj (siehe weit) plus large; plus
  long (longue), plus grand(e); (zusätzlich)
  supplémentaire, complémentaire ▷ adv plus
  loin; (außerdem) autrement, par ailleurs; **haben**
  Sie noch ~e Fragen? avez-vous d'autres
  questions?; **etw ~ tun** continuer de faire qch;
  und so ~ et ainsi de suite, et cetera; ~ **so!**
  continue(z)!; **wenn es ~ nichts ist!** si ce n'est
  que ça!, bien sûr!; **das hat ~ nichts zu sagen** ça
  ne veut rien dire; ~ **nichts/niemand** rien/
  personne d'autre; **~arbeiten** vi continuer de
  travailler; **~bilden** vr se recycler, suivre une
  formation (professionnelle) complémentaire;
  W~bildung f recyclage m, formation f
  (professionnelle) complémentaire
Weitere, s nt: **alles ~** tout le reste; **~s erfahren**
  Sie ... pour de plus amples détails, veuillez vous
  adresser ...; **bis auf ~s** jusqu'à nouvel ordre;
  ohne ~s sans problème
weiter-: ~empfehlen unreg vt recommander (à
  d'autres); **~erzählen** vt (Geheimnis) répéter;
  W~fahrt f suite f du voyage; **W~flug** m suite f du
  vol; „**Passagiere zum W~flug nach Paris**" "les
  passagers qui continuent sur Paris"; **~führen** vi
  (Straße) continuer ▷ vt (fortsetzen) continuer,
  poursuivre; **~führend** adj (Schule) secondaire;
  ~gehen unreg vi continuer son chemin, ne pas
  s'arrêter; (Leben) continuer; (Diskussion) se
  poursuivre; **~hin** adv (immer noch) toujours;
  (außerdem) en outre; **~hin alles Gute!** bonne
  continuation!; **~kommen** unreg vi avancer;
  ~leiten vt (Post) faire suivre; (Anfrage)
  transmettre; **~machen** (umg) vt, vi continuer;
  ~reisen vi poursuivre son voyage; **~sagen** vt:
  nicht ~sagen! motus (et bouche cousue); **~sehen**
  unreg vi aviser; **~verarbeiten** vt transformer;
  ~verarbeitende Industrie industrie f de
  transformation; **~verkaufen** vt revendre;

~wissen unreg vi: **nicht (mehr) ~wissen** ne plus
  savoir que faire
weit-: ~gehend adj (Unabhängigkeit) large;
  (Verständnis) grand(e) ▷ adv largement; **~her** adv:
  von ~her de loin; **~hin** adv (sichtbar, hörbar) de
  loin; (weitgehend) dans une large mesure; **~läufig**
  adj (Gebäude) vaste; (Erklärung) détaillé(e);
  (Verwandter) éloigné(e); **~reichend** adj (Mil) à
  longue portée; (fig: umfangreich) large, étendu(e);
  ~schweifig adj (Erzählung) prolixe; **~sichtig** adj
  (Med) presbyte; (fig) qui voit loin; **W~sprung** m
  saut m en longueur; **~verbreitet** adj très
  répandu(e); **eine ~verbreitete Ansicht** une
  opinion largement répandue; **eine ~verbreitete**
  Krankheit une véritable épidémie; **~verzweigt**
  adj attrib (Straßensystem) très étendu(e), très
  développé(e); **W~winkelobjektiv** nt objectif m
  grand angle
Weizen ['vaɪtsən] (-s, -) m blé m; **~bier** nt bière à
  base de froment; **~keime** pl germes mpl de blé

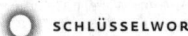 SCHLÜSSELWORT

welche, r, s pron **1** (interrogativ) lequel (laquelle);
  (: pl) lesquels (lesquelles); **welcher/welche von**
  beiden? lequel (laquelle) des deux?; **welchen/**
  welche hast du genommen? lequel (laquelle)
  as-tu pris?; **welch ein Pech!** quelle malchance!;
  welch eine schöne Kirche! quelle belle église!;
  welche Freude! quel plaisir!
  2 (unbestimmt): **es soll ja welche geben die ...** il
  paraît qu'il y a des gens qui ...; **ich habe welche**
  j'en ai; **haben Sie noch welche?** vous en avez?
  3 (relativ: Subjekt) qui; (: Akkusativ) que; (: Dativ) à
  qui; (: bei Sachen) auquel (à laquelle)

welk [vɛlk] adj (Blume, Haut) flétri(e)
welken vi se faner
Wellblech nt tôle f ondulée
Welle ['vɛlə] f vague f; (Tech) onde f; (von
  Leserbriefen) avalanche f; (hohe) **~n schlagen** (fig)
  faire beaucoup de bruit; **grüne ~** (im Verkehr) feux
  de signalisation bien synchronisés
Wellen-: ~bad nt piscine f à vagues; **~bereich** m
  gamme f de fréquence; **~gang** m: **starker ~gang**
  fortes vagues fpl; **~länge** f longueur f d'onde;
  mit jdm auf einer ~länge sein (umg) être sur la
  même longueur d'onde que qn; **~linie** f ligne f
  ondulée; **~sittich** m perruche f
Wellfleisch ['vɛlflaɪʃ] nt poitrine f de porc bouillie
wellig adj ondulé(e)
Wellington nt Wellington
Wellness ['vɛlnɛs] (-) f bien-être m
Wellpappe f carton m ondulé
Welpe ['vɛlpə] m (von Hund) chiot m; (von Wolf)
  louveteau m; (von Fuchs) renardeau m
Welt [vɛlt] f monde m; **die Neue ~** le Nouveau
  Monde; **die Dritte ~** le Tiers-Monde; **auf die** od
  zur ~ kommen venir au monde; **etw aus der ~**
  schaffen se débarrasser de qch; **in alle ~**
  partout; **vor aller ~** devant tout le monde; **~all**
  nt univers m; **~anschauung** f vision f du monde,

philosophie f; **~bank** f Banque f mondiale;
w~bekannt adj connu(e) dans le monde entier;
w~berühmt adj de renommée internationale;
w~bewegend adj révolutionnaire; **~bild** nt
vision f du monde
Weltenbummler, in m(f) globe-trotter m
Weltergewicht ['vɛltərɡəvɪçt] nt poids m mi-
moyen
welt-: **~fremd** adj sauvage; **W~gesundheits-
organisation** f Organisation f mondiale de la
santé; **~gewandt** adj à l'aise en société;
W~klasse f: **W~klasse sein** être de haut
niveau; **W~krieg** m guerre f mondiale; **der
Erste/Zweite W~krieg** la Première/Deuxième
guerre mondiale; **~lich** adj (Freuden) de ce monde;
(Gesinnung) matérialiste; (Bauwerk) profane;
W~literatur f littérature f mondiale; **W~macht**
f grande puissance f; **~männisch** adj (Auftreten)
d'homme du monde; **W~meister, in** m(f)
champion(ne) m/f du monde; **W~meisterschaft**
f championnat m du monde; (Fussball) coupe f du
monde; **~offen** adj (Mensch) ouvert(e); **W~rang**
m: **von W~rang** de renommée mondiale;
W~raum m espace m; **W~raumforschung** f
recherche f spatiale; **W~raumstation** f station f
spatiale; **W~reich** nt empire m; **W~reise** f tour m
du monde; **W~ruf** m renommée f mondiale;
W~sicherheitsrat m Conseil m de sécurité (des
Nations unies); **W~stadt** f métropole f;
W~untergang m fin f du monde; **~weit** adj
international(e); **W~wirtschaftskrise** f crise f
économique mondiale; **W~wunder** nt: **die
sieben W~wunder** les sept merveilles fpl du
monde; **W~zeituhr** f horloge f de temps universel
wem [ve:m] pron (Dat) à qui
wen [ve:n] pron (Akk: interrogativ) qui; (: relativ) celui
(celle) que
Wende ['vɛndə] f tournant m; (Segeln, Schwimmen)
virage m; **die ~** (Pol) la réunification; **~hammer**
m endroit où faire demi-tour dans un cul-de-sac; **~kreis**
m (Geog) tropique m; (Aut) rayon m de braquage
Wendeltreppe f escalier m en colimaçon
wenden unreg vt (Kopf, Seite) tourner; (Pfannkuchen,
Kleidungsstück etc) retourner; (Boot) faire virer de
bord ▷ vr (Glück) tourner ▷ vi faire demi-tour;
(mit Boot) virer de bord; **das Auto ~** faire demi-
tour (en voiture); **bitte ~!** tournez, s'il vous plaît,
T.S.V.P.; **sich an jdn ~** s'adresser à qn; **sich
gegen jdn/etw ~** s'attaquer à qn/qch
Wendepunkt m tournant m
wendig adj maniable; (geistig) habile
Wendung f (Biegung) tournant m; (Redewendung)
tournure f
wenig ['ve:nɪç] adj (nicht viel) peu de; (ein paar)
quelques ▷ adv peu; **er hat zu ~ Geld** il n'a pas
assez d'argent; **ich habe ein Exemplar zu ~** il
me manque un exemplaire; **~e** pl peu de gens; **in
~en Tagen** dans quelques jours
weniger adj moins de ▷ adv moins ▷ konj (minus)
moins
Wenigkeit f: **meine ~** (umg) mon humble
personne

wenigste, r, s adj moindre; **am ~n** le moins
wenigstens adv au moins

 SCHLÜSSELWORT

wenn [vɛn] konj (falls, bei Wünschen) si; (zeitlich)
quand; **wenn auch** ... même si ...; **selbst wenn**
... même si ...; **es ist, als wenn** ... c'est comme si
...; **wenn ich doch** ... si seulement je ...; **immer
wenn** ... chaque fois que ...; **außer wenn** ... sauf
quand ...; **wenn wir erst die neue Wohnung
haben** quand nous aurons notre nouvel
appartement

wennschon (umg) adv: **(na) ~!** et alors?; **~,
dennschon!** tant qu'à faire!
wer [ve:r] pron qui; **in ihrem Dorf ist sie ~** (umg)
dans son village, c'est quelqu'un
Werbe-: **~agentur** f agence f de publicité;
~aktion f campagne f publicitaire; **~antwort** f
carte-réponse f publicitaire; **~fernsehen** nt
publicité f à la télévision; **~film** m film m
publicitaire; **~geschenk** nt cadeau m
publicitaire; **~grafiker, in** m(f)
dessinateur(-trice) m/f publicitaire; **~kampagne**
f campagne f publicitaire
werben ['vɛrbən] unreg vt (Kunden) prospecter;
(Mitglied) recruter ▷ vi faire de la publicité; **um
etw ~** essayer d'obtenir qch; **um eine Frau ~**
faire la cour à une femme; **um Wähler ~** essayer
d'obtenir des voix; **für eine Firma/ein Produkt
~** faire de la publicité pour une entreprise/un
produit; **für eine Partei/einen Kandidaten ~**
faire campagne pour un parti/candidat
Werbe-: **~slogan** m slogan m publicitaire; **~spot**
m spot m publicitaire; **~texter** m rédacteur m
publicitaire; **~trommel** f: **die ~trommel
rühren** (umg) faire du battage od de la pub;
w~wirksam adj efficace (sur le plan publicitaire)
Werbung f publicité f; (von Mitgliedern)
recrutement m; (um Frau) cour f
Werdegang ['ve:rdəɡaŋ] m (Laufbahn) parcours m;
(beruflich) carrière f

 SCHLÜSSELWORT

werden ['ve:rdən] (pt wurde, pp geworden od (bei
Passiv) worden) vi devenir; **rot werden** rougir;
zu Eis werden geler; **die Fotos sind gut
geworden** les photos sont réussies; **was willst
du (mal) werden?** qu'est-ce que tu veux faire
quand tu seras grand(e)?; **was ist aus ihm
geworden?** qu'est-il devenu?; **aus ihr wird nie
etwas** elle n'arrivera jamais à rien; **es ist nichts
geworden** ça n'a rien donné; **das ist gut
geworden** ça a bien réussi; **es wird Nacht** la
nuit tombe; **es wird Tag** le jour se lève; **mir
wird kalt** je commence à avoir froid; **mir wird
schlecht** j'ai me sens mal; **Erster werden** être
(classé) premier; **das muss anders werden** il
faut que ça change; **es wird bald ein Jahr, dass
...** il y a bientôt une année que ...; **er wird bald**

429

40 il va bientôt avoir 40 ans
▷ *Hilfsverb* **1** (*Futur*): **er wird es tun** il va le faire;
es wird gleich regnen il va bientôt pleuvoir
2 (*Konjunktiv*): **ich würde weniger essen** je
mangerais moins; **ich würde das nicht so
machen** je ne le ferais pas comme ça, je m'y
prendrais autrement; **er würde gern ...** il
aimerait bien ...; **ich würde lieber ...** je
préférerais ...
3 (*Vermutung*): **sie wird (wohl) in der Küche sein**
elle est sans doute à la cuisine
4 (*Passiv*): **gebraucht werden** être utilisé(e),
servir; **mir wurde gesagt, dass ...** on m'a dit
que ...; **es wurde viel gelacht** on a beaucoup ri

werdend *adj*: **~e Mutter** future mère *f*
werfen ['vɛrfən] *unreg vt* (*Ball etc*) lancer, jeter;
(*Junge*) accoucher de; (*Schatten*) jeter ▷ *vi* (*Tier*)
mettre bas; **„nicht ~" "**fragile"; **einen (kurzen)
Blick auf etw ~** jeter un regard (rapide) sur qch
Werft [vɛrft] (**-, -en**) *f* chantier *m* naval
Werk [vɛrk] (**-(e)s, -e**) *nt* (*Buch, Tätigkeit etc*) œuvre
f; (*Fabrik*) usine *f*; (*Mechanismus*) mécanisme *m*;
das ist sein ~ c'est son œuvre; **ab ~** (*Wirts*) départ
usine; **ans ~ gehen** se mettre à l'ouvrage; **~bank**
f établi *m*
werkeln ['vɛrkəln] (*umg*) *vi* bricoler
Werken (**-s**) *nt* (*Sch*) travaux *mpl* manuels
Werk-: **~halle** *f* atelier *m*; **~statt** (**-, -stätten**) *f*
atelier *m*; (*Aut*) garage *m*; **~stoff** *m* matière *f*
première, matériau *m*; **~stück** *nt* pièce *f* à usiner;
~student *m* étudiant qui travaille pour financer ses
études; **~tag** *m* jour *m* ouvrable; **w~tags** *adv* les
jours ouvrables; **w~tätig** *adj* (*Bevölkerung*)
actif(-ive); **~zeug** *nt* outil *m*; (*Gesamtheit von
Werkzeugen*) outils *mpl*; **~zeugkasten** *m* boîte *f* à
outils; **~zeugmaschine** *f* machine-outil *f*;
~zeugschrank *m* armoire *f* à outils
Wermut ['veːrmuːt] (**-(e)s**) *m* (*Wein*) vermouth *m*
Wert [veːrt] (**-(e)s, -e**) *m* valeur *f*; **~ legen auf** +*Akk*
tenir à; **es hat doch keinen ~** ça ne sert à rien;
im ~e von d'une valeur de; **bleibende ~e** valeurs
fpl durables; **w~** *adj* (*geschätzt*) cher (chère),
honorable; **w~e Anwesende** Mesdames et
Messieurs; **etw w~ sein** valoir qch; **das ist es/er
mir w~** je trouve que ça/qu'il en vaut la peine;
dein Rat ist mir viel w~ ton conseil m'est très
précieux; **~arbeit** *f* travail *m* de qualité;
w~beständig *adj* de valeur stable
werten *vt* (*beurteilen*) juger; (*Sport*: *als gültig werten*)
compter; **~ als** considérer comme
Wert-: **~gegenstand** *m* objet *m* de valeur; **w~los**
adj sans valeur; (*Information*) sans intérêt, inutile;
~losigkeit *f* (*siehe adj*) absence *f* de valeur;
inutilité *f*; **~maßstab** *m* critère *m* (d'évaluation),
mesure *f*; **~minderung** *f* dépréciation *f*; **~papier**
nt valeur *f*, titre *m*; **~sendung** *f* envoi *m* avec
valeur déclarée; **~steigerung** *f* augmentation *f*
de valeur
Wertung *f* (*beim Sport*) nombre *m* de points
Wert-: **~urteil** *nt* jugement *m* de valeur; **w~voll**
adj précieux(-euse); **~zuwachs** *m* augmentation

f de valeur, plus-value *f*
Wesen ['veːzən] (**-s, -**) *nt* (*Geschöpf*) être *m*; (*Natur,
Charakter*) nature *f*
Wesensart *f* nature *f*
wesentlich *adj* (*ausschlaggebend*) essentiel(le);
(*beträchtlich*) considérable ▷ *adv* (*sehr*) nettement,
beaucoup; **im W~en** (*in erster Linie*) en premier
lieu; (*im Grunde*) en gros, au fond
weshalb [vɛs'halp] *adv* pourquoi
Wespe ['vɛspə] *f* guêpe *f*
Wespenstich *m* piqûre *f* de guêpe
wessen ['vɛsən] *pron* (*Gen*) de qui, dont
Wessi [wesi] *m abk voir article*

⊙ **WESSI**
⊙
⊙ *Wessi* est un terme familier et souvent
⊙ irrespectueux désignant un Allemand de
⊙ l'ancienne RFA. L'expression « Besserwessi »
⊙ désigne un Allemand de l'Ouest qui croit tout
⊙ savoir sur tout.

West-: **~berlin** *nt* Berlin-Ouest; **w~deutsch** *adj*
ouest-allemand(e), d'Allemagne de l'Ouest;
~deutsche, r *f(m)* Allemand(e) *m/f* de l'Ouest;
~deutschland *nt* l'Allemagne *f* de l'Ouest
Weste ['vɛstə] *f* (*von Anzug*) gilet *m*; (*Wollweste*)
cardigan *m*; **eine reine ~ haben** (*fig*) n'avoir rien
à se reprocher
Westen (**-s**) *m* ouest *m*; **der Wilde ~** le Far-West
Westentasche *f*: **etw wie seine ~ kennen** (*umg*)
connaître qch comme sa poche
Western ['vɛstərn] (**-(s), -**) *m* western *m*
Westeuropa *nt* l'Europe *f* de l'Ouest
westeuropäisch ['vɛstɔʏro'peːɪʃ] *adj* d'Europe de
l'Ouest; **~e Zeit** heure *f* de Greenwich
Westfale [vɛst'faːlə] *m* Westphalien *m*
Westfalen *nt* la Westphalie
Westfälin *f* Westphalienne *f*
westfälisch *adj* westphalien(ne)
Westindien ['vɛstɪndiən] (**-s**) *nt* les Antilles *fpl*
westindisch *adj* antillais(e); **die W~en Inseln** les
Antilles *fpl*
west-: **~lich** *adj* occidental(e) ▷ *adv* à la manière
occidentale ▷ *präp* +*Gen* à l'ouest de; **W~mächte**
pl: **die W~mächte** les puissances *fpl*
occidentales; **W~mark** (*umg*) *f* mark de l'ancienne
RFA; **~wärts** *adv* vers l'ouest; **W~wind** *m* vent *m*
d'ouest
weswegen [vɛs've:gən] *adv* pourquoi
wett [vɛt] *adj*: **mit jdm ~ sein** être quitte envers
qn; **W~bewerb** *m* concours *m*; (*Konkurrenz: kein pl*)
concurrence *f*
Wettbewerbsbeschränkung *f* atteinte *f* à la
libre concurrence
wettbewerbsfähig *adj* compétitif(-ive)
Wette *f* pari *m*; **um die ~ laufen** *od* **fahren** faire
la course; **um die ~ schreien** crier à qui mieux
mieux
Wetteifer *m* esprit *m* de compétition
wetteifern *vi untr*: **mit jdm um etw ~** rivaliser
avec qn pour obtenir qch; **miteinander ~** être en

compétition; **sie wetteiferten um das Geld** ils se disputaient l'argent

wetten ['vɛtən] *vt, vi* parier; **mit jdm um etw ~** parier qch avec qn; **auf ein Pferd ~** miser sur un cheval; **so haben wir nicht gewettet!** ce n'est pas ce qui était convenu!

Wetter ['vɛtər] (**-s, -**) *nt* temps *m* (qu'il fait); **es ist schönes ~** il fait beau; **~amt** *nt* service *m* météorologique; **~aussichten** *pl* prévisions *fpl* météorologiques; **~bericht** *m* bulletin *m* de la météo; **~dienst** *m* service *m* météorologique; **w~fest** *adj* (*Kleidung*) solide et imperméable; **w~fühlig** *adj* sensible aux changements de temps; **~karte** *f* carte *f* météorologique; **~lage** *f* situation *f* météorologique; **~leuchten** *nt* éclairs *mpl* de chaleur

wettern ['vɛtərn] (*umg*) *vi* tempêter

Wetter-: **~satellit** *m* satellite *m* météorologique; **~sturz** *m* brusque chute *f* de température; **~umschlag** *m* (brusque) changement *m* de temps; **~vorhersage** *f* prévisions *fpl* météorologiques; **~warte** *f* station *f* météorologique; **w~wendisch** *adj* versatile

Wett-: **~kampf** *m* compétition *f*; **~lauf** *m* course *f*; **ein ~lauf mit der Zeit** une course contre la montre; **w~laufen** *unreg vi* (*nur infin*) participer à une course; **w~machen** (*umg*) *vt* (*Fehler*) réparer; (*Verlust*) compenser; **~rüsten** *nt* course *f* aux armements; **~streit** *m* compétition *f*

wetzen ['vɛtsən] *vt* (*Messer*) aiguiser ▷ *vi* (*umg: rennen*) filer

WEU *abk* (*Pol: = Westeuropäische Union*) U.E.O. *f*

WEZ *abk* (*= westeuropäische Zeit*) heure *f* de Greenwich

WG *abk* = **Wohngemeinschaft**

Whisky ['vɪski] (**-s, -s**) *m* whisky *m*

WHO (**-**) *f abk* (*= World Health Organisation*) OMS *f*

wich *etc* [vɪç] *vb siehe* **weichen**

wichsen ['vɪksən] *vt* (*Schuhe*) cirer ▷ *vi* (*umg!: onanieren*) se branler (*umg!*)

Wicht [vɪçt] (**-(e)s, -e**) *m* (*Kobold*) gnome *m*, lutin *m*; (*Kind*) (petit) bonhomme *m*; (*pej*) type *m*

wichtig *adj* important(e); **sich selbst** (**zu**) **~nehmen** se prendre (trop) au sérieux; **etw** (**zu**) **~nehmen** prendre qch (trop) à cœur; **W~keit** *f* importance *f*; **~machen** *vr*: **sich** *Akk* **~machen** faire l'important(e); **W~tuer, in** (*pej*) *m(f)* personne *f* qui se prend au sérieux

Wicke ['vɪkə] *f* (*Bot*) vesce *f*; (: *Gartenwicke*) pois *m* de senteur

Wickel (**-s, -**) *m* (*Med: Umschlag*) compresse *f*; (*Lockenwickel*) bigoudi *m*; **jdn am** *od* **beim ~nehmen** prendre qn au collet

wickeln ['vɪkəln] *vt* (*schlingen*) enrouler; (*Wolle*) rouler en pelote; (*Baby*) langer; (*Haar*) se mettre des bigoudis dans; **jdn/etw in etw** *Akk* **~envelopper** qn/qch dans qch; **etw um etw ~enrouler** qch autour de qch

Wickelrock *m* jupe *f* portefeuille

Wickeltisch *m* table *f* à langer

Widder ['vɪdər] (**-s, -**) *m* (*Zool*) bélier *m*; (*Astrol*) Bélier *m*

wider ['vi:dər] *präp +Akk* contre

widerfahren *unreg vi untr* (*unpers: geh*): **jdm ~** advenir à qn

Widerhaken ['vi:dərha:kən] *m* crochet *m*

Widerhall ['vi:dərhal] *m* écho *m*; (**bei jdm**) **~finden** (*Interesse*) rencontrer un écho favorable (chez qn); (**bei jdm**) **keinen ~finden** rester sans écho (de la part de qn)

widerlegen *vt untr* réfuter

widerlich ['vi:dərlɪç] (*pej*) *adj* (*Kerl*) abject(e); (*Geruch*) infect(e), nauséabond(e); (*Anblick*) repoussant(e), répugnant(e); **W~keit** *f* (*siehe adj*) caractère *m* abject/infect/repoussant

widerrechtlich *adj* contraire à la loi, illégal(e)

Widerrede *f* contradiction *f*; **keine ~!** pas de discussion!

Widerruf ['vi:dərru:f] *m* (*von Aussage*) rétractation *f*; **bis auf ~** jusqu'à nouvel ordre

widerrufen *unreg vt untr* (*Aussage, Geständnis*) retirer, revenir sur; (*Befehl, Anordnung*) annuler

Widersacher, in ['vi:dərzaxər(ɪn)] (**-s, -**) *m(f)* adversaire *m/f*

widersetzen *vr untr* s'opposer; **sich einem Befehl ~** s'opposer à un ordre; **sich der Polizei ~** refuser d'obéir à la police

widerspenstig ['vi:dərʃpɛnstɪç] *adj* récalcitrant(e), rebelle; **W~keit** *f* caractère *m* rebelle *od* récalcitrant

widerspiegeln ['vi:dərʃpi:gəln] *vt* (*Entwicklung, Erscheinung*) refléter ▷ *vr* se refléter

widersprechen *unreg vi untr*: **jdm/einer Sache ~** contredire qn/qch

widersprechend *adj* (*Tatsachen*) contradictoire

Widerspruch ['vi:dərʃprʊx] *m* contradiction *f*; (*Protest*) protestation *f*

widersprüchlich ['vi:dərʃprʏçlɪç] *adj* (*Aussagen*) contradictoire

widerspruchslos *adj* (*Gehorsam*) absolu(e) ▷ *adv* sans discussion

Widerstand ['vi:dərʃtant] *m* résistance *f*; **jdm/einer Sache ~ leisten** opposer de la résistance à qn/qch

Widerstands-: **~bewegung** *f* mouvement *m* de résistance; **w~fähig** *adj* résistant(e); **w~los** *adj* sans résistance

widerstehen *unreg vi untr*: **jdm/einer Versuchung ~** résister à qn/une tentation

widerstreben *vi untr* (+*Dat*): **es widerstrebt mir, so etwas zu tun** c'est contre ma nature de faire une chose pareille; **es widerstrebt meinen Prinzipien, so etwas zu tun** c'est contraire à mes principes de faire une chose pareille

widerstrebend *adj* (*widerwillig*) peu enthousiaste; (*gegensätzlich*) contradictoire ▷ *adv* à contrecœur

Wider-: **~streit** *m* conflit *m*; **w~wärtig** (*pej*) *adj* épouvantable; **~wille** *m* (*Abscheu*) dégoût *m*; **~wille gegen** (*Abneigung*) aversion *f* pour; **etw mit ~willen tun** faire qch à son corps défendant *od* à contrecœur; **w~willig** *adj* (*Zustimmung, Respekt*) accordé(e) à contrecœur ▷ *adv* (*ungern*) à contrecœur; **~worte** *pl* protestation *fsg*

widmen ['vɪtmən] vt (Buch) dédier; (Zeit) consacrer; (Aufmerksamkeit) prêter ▷ vr se consacrer
Widmung f dédicace f
widrig ['vi:drɪç] adj (Umstände) adverse

 SCHLÜSSELWORT

wie [vi:] adv **1** (in Fragen) comment; **wie schreibt man das?** comment ça s'écrit?; **wie groß?** de quelle grandeur od taille?; **wie groß ist er?** combien mesure-t-il?; **wie schnell?** à quelle vitesse?; **wie wärs mit einem Whisky?** que diriez-vous d'un whisky?; **wie heißt du?** comment t'appelles-tu?; **wie nennt man das?** comment ça s'appelle?; **wie ist er?** comment est-il?; **wie spät ist es?** quelle heure est-il?; **wie viel** combien de; **wie viel Personen?** combien de personnes?; **wie viel kostet das?** combien ça coute?; **wie viel Uhr ist es?** quelle heure est-il?; **wie bitte?** comment?

2 (in Ausrufen): **wie gut du das kannst!** tu le fais vraiment bien!; **wie schrecklich!** c'est affreux!; **wie schön das ist!** comme od que c'est beau!; **wie schön sie ist!** comme elle od qu'elle est belle!; **und wie!** et comment!

3 (relativ): **die Art, wie sie das macht** la manière dont elle s'y prend

▷ konj **1** (bei Vergleichen): **so schön wie ...** aussi beau (belle) que ...; **wie du** comme toi; **wie eine Nachtigall singen** chanter comme un rossignol; **wie ich schon sagte** comme je l'ai dit, je disais donc; **ganz wie Sie wünschen, mein Herr!** comme vous voudrez, Monsieur!; **wie (zum Beispiel)** comme (par exemple); **wie immer** comme toujours

2 (zeitlich): **wie er das hörte, ging er** en entendant cela, il est parti

3 (Art und Weise): **sie sagte mir, wie man das macht** elle m'a dit comment le faire; **er fragte mich, wie es mir ging** il m'a demandé comment j'allais; **er fragte mich, wie spät es war** il m'a demandé l'heure

4 (bei Verben der Gefühlsempfindung): **er hörte, wie der Regen fiel** il entendait la pluie tomber

wieder ['vi:dər] adv de od à nouveau; **~ gesund sein** être guéri(e); **gehst du schon ~?** tu repars déjà?; **~ ein(e)** encore un(e); **~ finden, ~ gutmachen** etc **= wiederfinden, wiedergutmachen** etc; **sie hat ~ nicht angerufen** elle a encore oublié d'appeler; **nie ~** plus jamais; **das ist auch ~ wahr** oui, c'est vrai; **W~aufbau** m reconstruction f; **~aufbereiten** vt retraiter, recycler; **W~aufbereitungsanlage** f usine f de retraitement; **~aufnehmen** unreg vt reprendre; (Gedanken) reprendre le fil de; (Jur: Verfahren) rouvrir; **~aufrollen** vt (Fall, Prozess) rouvrir; **~beleben** vt réanimer; **~bringen** unreg vt rapporter; **~erkennen** unreg vt reconnaître; **W~erstattung** f remboursement m; **~finden** unreg vt retrouver

Wiedergabe f (Bericht) compte rendu m; (Übersetzung) traduction f; (Darbietung, Aufführung) interprétation f; (Reproduktion) reproduction f; (Rückgabe) restitution f
wieder-: **~geben** unreg vt (zurückgeben) rendre; (erzählen) décrire, raconter; (übersetzen) traduire; (Gefühle) exprimer; **W~geburt** f réincarnation f; **~gutmachen** vt réparer; **W~gutmachung** f (Geldbetrag) indemnité f; **~herstellen** vt (Mensch) guérir; (Ordnung) rétablir; (Frieden, Ruhe) ramener; **sobald er** od **seine Gesundheit ~hergestellt ist** dès qu'il sera rétabli; (Comput) restaurer
wiederholen vt untr (Worte) répéter; (Kurs) redoubler; (Sendung) rediffuser; (Lernstoff) réviser, revoir
wiederholt adj répété(e), réitéré(e); **zum ~en Male** une nouvelle fois; **Wiederholung** f répétition f
Wieder-: **~hören** nt: **auf ~hören** (Tel) au revoir; **w~käuen** vt, vi ruminer; **~kaufsrecht** nt droit m de rachat od de réméré; **~kehr** f retour m; (von Vorfall) répétition f; **w~kehren** vi revenir; (Motiv) se répéter; **w~sehen** unreg vt revoir; **~sehen (-s, -)** nt retrouvailles fpl; **auf ~sehen!** au revoir!; **~sehen feiern** fêter ses etc retrouvailles; **w~um** adv (wieder) de od à nouveau; (seinerseits etc) de son etc côté; (andererseits) par contre; **w~vereinigen** vt réunir; (Pol) réunifier; **sich w~vereinigen** être réuni(e); **~vereinigung** f (Pol) réunification f; **~verkäufer** m revendeur m; **~wahl** f réélection f
Wiege ['vi:gə] f berceau m
wiegen¹ vt (schaukeln: Kind, Boot) bercer; (Kopf) dodeliner de
wiegen² unreg vt, vi peser; **schwer ~** (Argument) avoir beaucoup de poids; (Irrtum) être lourd(e) de conséquences
Wiegenlied nt berceuse f
wiehern ['vi:ərn] vi (Pferd) hennir
Wien [vi:n] **(-s)** nt Vienne; **~er (-s, -)** m Viennois m ▷ adj attrib viennois(e); **~er Schnitzel** escalope f (de veau) panée; **~er Würstchen ≈** saucisse f de Francfort; **~erin** f Viennoise f
wies etc [vi:s] vb siehe **weisen**
Wiese ['vi:zə] f pré m
Wiesel ['vi:zəl] **(-s, -)** nt belette f; **schnell** od **flink wie ein ~** rapide comme l'éclair
wieso [vi:'zo:] adv pourquoi
wie viel [vi:'fi:l] adj siehe **wie**; **wievielmal** adv combien de fois
wievielte, r, s adj: **zum ~n Mal?** pour la combientième fois?; **den W~n haben wir heute?** le combien sommes-nous?; **an ~r Stelle?** combientième?
wieweit [vi:'vait] adv jusqu'où
Wikinger ['vi:kɪŋər] **(-s, -)** m Viking m
wild [vɪlt] adj sauvage; (Volk) primitif(-ive); (wütend) furieux(-euse); (Taxis) clandestin(e), sans autorisation; **~ auf jdn/etw sein** être fou (folle) de qn/qch; **~ entschlossen** (umg) farouchement résolu(e); **halb so ~** (umg) pas grave

Wild (-(e)s) *nt* gibier *m*; **~bahn** *f*: **in freier ~bahn**
à l'état sauvage; **~dieb** *m* braconnier *m*
Wilde, r *f(m)* sauvage *m/f*
wildern ['vɪldərn] *vi* braconner
Wild-: **~fang** *m* (*Kind*) petit diable *m*; **w~fremd**
(*umg*) *adj* complètement inconnu(e); **~heit** *f*
caractère *m* sauvage; **~leder** *nt* daim *m*
Wildnis (-, -**se**) *f* région *f* sauvage
Wild-: **~park** *m* réserve *f* naturelle (*de protection du
gibier*); **~schwein** *nt* sanglier *m*; **~wechsel** *m*
passée *f* de gibier; „**~wechsel**" "attention,
passage de gibier!"; **~westroman** *m* épopée *f* du
Far-West
will [vɪl] *vb siehe* **wollen**
Wille ['vɪlə] (-**ns, -n**) *m* volonté *f*; **aus freiem ~n**
de son *etc* plein gré; **jdm seinen ~n lassen**
laisser qn agir à sa guise; **seinen eigenen ~n
haben** savoir ce que l'on veut; **der Letzte ~** les
dernières volontés
willen *präp* +*Gen*: **um ... ~** pour l'amour de ...
willenlos *adj* sans volonté
willens (*geh*) *adj*: **~ sein, etw zu tun** être
déterminé(e) à faire qch
Willensfreiheit *f* libre arbitre *m*
willensstark *adj* qui a de la volonté *od* du
caractère
willentlich ['vɪləntlɪç] *adj* délibéré(e)
willig *adj* de bonne volonté, bien disposé(e)
willkommen [vɪl'kɔmən] *adj* bienvenu(e);
(**herzlich**) **~!** bienvenue!; **jdn ~ heißen**
souhaiter la bienvenue à qn; **W~** (-**s, -**) *nt*
bienvenue *f*
willkürlich *adj* (*zufällig: Auswahl*) arbitraire;
(*gewollt*) délibéré(e)
willst [vɪlst] *vb siehe* **wollen**
wimmeln ['vɪməln] *vi* fourmiller; **~ von**
fourmiller de
wimmern ['vɪmərn] *vi* gémir, geindre
Wimpel ['vɪmpəl] (-**s, -**) *m* fanion *m*
Wimper ['vɪmpər] (-, -**n**) *f* cil *m*; **ohne mit der ~
zu zucken** sans sourciller
Wimperntusche *f* mascara *m*
Wind [vɪnt] (-(e)**s, -e**) *m* vent *m*; **in alle ~e** aux
quatre vents; **das Fähnchen nach dem ~
hängen** avoir une attitude opportuniste; **etw in
den ~ schlagen** faire fi de qch; **um etw viel ~
machen** (*umg*) faire beaucoup de bruit autour de
qch; **~ machen** (*umg*) faire de l'esbroufe; **~beutel**
m (*Koch*) ≈ chou *m* à la crème; **~bruch** *m* *dégâts
causés par le vent dans une forêt*
Winde ['vɪndə] *f* (*Tech*) treuil *m*; (*Bot*) volubilis *m*,
liseron *m*
Windel ['vɪndəl] *f* couche *f* (*de bébé*)
windelweich *adj*: **jdn ~ schlagen** (*umg*) mettre qn
en bouillie
winden¹ ['vɪndən] *vi unpers*: **es windet** il vente
winden² ['vɪndən] *unreg vt* enrouler; (*Kranz*)
tresser ▷ *vr* (*Weg*) serpenter; (*Pflanze*) s'enrouler;
(*Person: vor Schmerz*) se tordre; (*: vor Verlegenheit etc*)
se tortiller; (*fig: ausweichen*) chercher des excuses;
er hat es mir aus der Hand gewunden il me l'a
arraché(e) des mains

Windenergie *f* énergie *f* éolienne
Windeseile *f*: **in** *od* **mit ~** à toute allure
Windhose *f* tourbillon *m*
Windhund *m* (*Zool*) lévrier *m*; (*pej: Mensch*)
écervelé *m*
windig ['vɪndɪç] *adj* de vent; (*pej: umg: Bursche*)
louche
Wind-: **~jacke** *f* anorak *m*, K-way® *m*; **~kanal** *m*
(*Tech*) tunnel *m* aérodynamique; **~kraftanlage** *f*
centrale *f* éolienne; **~licht** *nt* lampe-tempête *f*;
~mühle *f* moulin *m* à vent; **gegen ~mühlen
kämpfen** se battre contre des moulins à vents
Windpocken *pl* varicelle *f sg*
Wind-: **~rose** *f* rose *f* des vents; **~sack** *m* manche
f à air; **~schatten** *m* côté *m* à l'abri du vent; (*von
Fahrzeugen*) sillage *m*; **w~schnitig** *adj*
aérodynamique; **~schutzscheibe** *f* pare-brise *m*
inv; **~stärke** *f* force *f* du vent; **w~still** *adj* (*Tag*)
sans vent; (*Platz*) à l'abri du vent; **~stille** *f* calme
m plat; **~stoß** *m* coup *m* de vent; **~surfing** *nt*
planche *f* à voile
Windung *f* (*von Weg*) tournant *m*; (*von Fluss*)
méandre *m*; (*von Spule*) spire *f*; (*von Schraube*) pas *m*
(de vis)
Wink [vɪŋk] (-(e)**s, -e**) *m* (*mit Kopf*) signe *m* (de la
tête); (*mit Hand*) signe *m* (de la main); (*fig: Tipp,
Hinweis*) conseil *m*; **ein ~ mit dem Zaunpfahl**
une allusion à peine voilée
Winkel ['vɪŋkəl] (-**s, -**) *m* (*Ecke*) coin *m*; (*Math*)
angle *m*; (*Gerät*) équerre *f*; **toter ~** angle mort;
~messer *m* rapporteur *m*; **~zug** *m* (*gen pl*): **~züge
machen** chercher des faux-fuyants
winken ['vɪŋkən] *vi* faire signe (de la main); (*fig:
Gelegenheit*) être en vue ▷ *vt*: **jdn zu sich ~** faire
signe à qn d'approcher; **einem Taxi ~** héler un
taxi; **dem Kellner ~** faire un signe au garçon;
dem Sieger winkt eine Reise nach Italien le
gagnant se verra offrir un voyage en Italie
winseln ['vɪnzəln] *vi* (*Hund*) geindre
Winter ['vɪntər] (-**s, -**) *m* hiver *m*; **w~fest** *adj*
(*Kleidung*) chaud(e); (*Pflanze*) qui résiste au gel;
~garten *m* jardin *m* d'hiver; **w~lich** *adj*
hivernal(e); **~reifen** *m* pneu-neige *m*; **~schlaf** *m*
hibernation *f*; **~schlussverkauf** *m* soldes *mpl* de
printemps; **~spiele** *pl*: **Olympische ~spiele** Jeux
mpl olympiques d'hiver; **~sport** *m* sport *m*
d'hiver
Winzer ['vɪntsər] (-**s, -**) *m* vigneron *m*, viticulteur
m; **~genossenschaft** *f* coopérative *f* viticole
winzig ['vɪntsɪç] *adj* minuscule
Wipfel ['vɪpfəl] (-**s, -**) *m* cime *f*
Wippe ['vɪpə] *f* balançoire *f* (*bascule*)
wippen ['vɪpən] *vi* (*auf und ab*) sauter; (*auf Wippe*)
se balancer
wir [viːr] (*Akk, Dat* **uns**) *pron* nous; **~ alle** nous tous
Wirbel ['vɪrbəl] (-**s, -**) *m* (*Anat*) vertèbre *f*; (*von Haar*)
épi *m*; (*in Wasser, Trubel*) tourbillon *m*; (*Aufsehen*)
remous *mpl*; **~ um jdn/etw machen** (*umg*) faire
beaucoup de bruit autour de qn/qch
wirbellos *adj* invertébré(e)
wirbeln *vi* tourbillonner
Wirbel-: **~säule** *f* colonne *f* vertébrale; **~sturm** *m*

cyclone m; **~tiere** pl vertébrés mpl; **~wind** m tourbillon m de vent

wirbt etc [vɪrpt] vb siehe **werben**

wird [vɪrt] vb siehe **werden**

wirft etc [vɪrft] vb siehe **werfen**

wirken ['vɪrkən] vi (tätig sein) agir; (erfolgreich sein, Wirkung haben) être efficace, agir; (erscheinen) avoir l'air ▷ vt: **Wunder** ~ être très efficace; **etw auf sich** Akk ~ **lassen** s'imprégner de qch

wirklich ['vɪrklɪç] adj vrai(e) ▷ adv vraiment; **W~keit** f réalité f; **~keitsgetreu** adj conforme à la réalité

wirksam ['vɪrkzaːm] adj efficace; ~ **werden** (gelten) entrer en vigueur; **W~keit** f efficacité f

Wirkstoff m agent m

Wirkung ['vɪrkʊŋ] f effet m; **mit ~ vom 1. Juni** à compter du 1er juin

Wirkungs-: ~bereich m rayon m d'action; (von Mensch) sphère f d'influence; **w~los** adj inefficace, sans effet; **w~los bleiben** rester sans effet; **w~voll** adj efficace

wirr [vɪr] adj (Haar) emmêlé(e); (unklar) confus(e); **jdn ~ machen** embrouiller les idées de qn

Wirren pl troubles mpl

Wirrwarr ['vɪrvar] (-s) m chaos m, confusion f; (von Stimmen) brouhaha m; (von Fäden, Haaren etc) enchevêtrement m

Wirsing(kohl) ['vɪrzɪŋ(koːl)] (-s) m chou m frisé

wirst [vɪrst] vb siehe **werden**

Wirt, in ['vɪrt(ɪn)] (-(e)s, -e) m(f) (von Gaststätte) patron(ne) m/f

Wirtschaft ['vɪrtʃaft] f (Gaststätte) café m; (Wirts) économie f; (Haushalt) ménage m; (umg: Durcheinander) pagaille f; **w~en** vi: **gut** od **sparsam/schlecht w~en können** être économe/ panier percé ▷ vt: **eine Firma in den Ruin w~en** couler une entreprise; **~er** m (auf Gutshof) exploitant m; **~erin** f (im Haushalt) gouvernante f; **w~lich** adj économique; (Notlage) financier(-ière); **~lichkeit** f rentabilité f

Wirtschafts-: ~abkommen nt accord m économique; **~geld** nt argent m du ménage; **~gemeinschaft** f communauté f économique; **~geografie** f géographie f économique; **~hilfe** f aide f économique; **~jahr** nt exercice m; **~krise** f crise f économique; **~minister** m ministre m de l'Économie; **~ordnung** f système m od ordre m économique; **~politik** f politique f économique; **w~politisch** adj de politique économique; **~prüfer** m vérificateur m des comptes; **~spionage** f espionnage m économique; **~wissenschaft** f science f économique; **~wunder** (umg) nt miracle m économique; **~zweig** m secteur m de l'économie

Wirtshaus nt auberge f

Wirtsleute pl (in Gaststätte) patrons mpl; (Vermieter) couple msg de logeurs

Wisch [vɪʃ] (-(e)s, -e) (pej: umg) m papelard m

wischen vt (Boden) laver; (Staub) essuyer, enlever; (Augen) s'essuyer; **Staub ~** faire la poussière

Wischer (-s, -) m (Aut) essuie-glace m inv

Wischiwaschi [vɪʃiˈvaʃiː] (-s) (pej: umg) nt blablabla m

Wisent ['viːzɛnt] (-s, -e) m bison m

WiSO abk (= Wirtschafts- und Sozialwissenschaften) sciences fpl économiques et sociales

wispern ['vɪspərn] vt, vi chuchoter

Wiss. abk = **Wissenschaft**

wiss. abk = **wissenschaftlich**

Wissbegier(de) ['vɪsbəgiːr(də)] f soif f d'apprendre

wissbegierig adj (Kind) avide d'apprendre, curieux(-euse); (Fragen) empreint(e) de curiosité

wissen ['vɪsən] unreg vt savoir; (kennen: Weg, Lösung, Mittel etc) connaître; **von jdm/einer Sache nichts ~ wollen** ne pas vouloir entendre parler de qn/qch; **man kann nie ~** on ne sait jamais; **gewusst wie/wo!** (umg) le tout, c'est de savoir comment/où!; **was weiß ich!** (umg) qu'est-ce que j'en sais!; **ich weiß seine Adresse nicht mehr** je ne me souviens plus de son adresse; **weißt du schon das Neueste?** tu connais la dernière?; **W~** (-s) nt savoir m, connaissances fpl; **meines W~s ...** à ma connaissance, ...; **nach bestem W~ und Ge~** à ma connaissance; **etw gegen (sein) besseres W~ tun** faire qch contre sa conviction intime

Wissenschaft ['vɪsənʃaft] f science f

Wissenschaftler, in (-s, -) m(f) scientifique m/f; (Geisteswissenschaftler) universitaire m/f

wissenschaftlich adj scientifique; **W~er Assistent** assistant m

wissenswert adj digne d'intérêt

wissentlich adj voulu(e), délibéré(e) ▷ adv en toute connaissance de cause

wittern ['vɪtərn] vt (Spur, Gefahr) flairer

Witterung f (Wetterlage) temps m; (Geruch) fumet m; **der ~ ausgesetzt sein** être exposé aux éléments; **die ~ aufnehmen** flairer le vent

Witwe ['vɪtvə] f veuve f; **grüne ~** (hum) femme f esseulée (dont le mari est absent pendant la journée)

Witz [vɪts] (-es, -e) m histoire f (drôle); **der ~ an der Sache ist, dass ...** l'intérêt de la chose, c'est que ...; **~blatt** nt journal m humoristique; **~bold** (-(e)s, -e) m plaisantin m

witzeln vi plaisanter

witzig adj drôle

witzlos (umg) adj (unsinnig) sans intérêt

WM (-) f abk = **Weltmeisterschaft**

wo [voː] adv où; (umg: irgendwo) quelque part ▷ konj (da) puisque; **im Augenblick, wo ...** au moment où ...; **die Zeit, wo ...** l'époque où ...

woanders [voːˈlandərs] adv ailleurs, autre part

wob etc [voːp] vb siehe **weben**

wobei [voːˈbaɪ] adv (relativ) à l'occasion de quoi; (interrogativ) à quelle occasion, comment; **die Untersuchung ~ festgestellt wurde, dass** l'analyse qui a montré que; **~ mir gerade einfällt ...** ce qui me rappelle ...

Woche ['vɔxə] f semaine f

Wochen-: ~ende nt week-end m; **~endhaus** nt maison f de campagne, résidence f secondaire; **~karte** f abonnement m hebdomadaire; **w~lang**

adj qui dure des semaines ▷ *adv* pendant plusieurs semaines; **~markt** *m* marché *m*; **~schau** *f* actualités *fpl* de la semaine; **~tag** *m* jour *m* de la semaine

wöchentlich ['vœçəntlıç] *adj* hebdomadaire ▷ *adv* toutes les semaines

wochenweise *adv* certaines semaines; *(bezahlt werden)* à la semaine

Wochenzeitung *f* hebdomadaire *m*

Wöchnerin ['vœçnərın] *f* accouchée *f*

Wodka ['vɔtka] **(-s, -s)** *m* vodka *f*

wo-: **~durch** *adv (relativ)* grâce à *od* à cause de quoi; *(interrogativ)* comment; **sie stritten sich, ~durch uns der ganze Abend verdorben wurde** ils(elles) se sont disputés(-ées), ce qui nous a gâché toute notre soirée; **~für** *adv (relativ)* pour quoi, pour lequel (laquelle); *(warum)* pourquoi, *(interrogativ)* pour quoi; **~für interessiert er sich?** qu'est-ce qui l'intéresse?

wog *etc* ['vo:k] *vb siehe* **wiegen**

Woge ['vo:gə] *f* vague *f*

wogegen [vo'ge:gən] *adv (relativ, interrogativ)* contre quoi

wogen *vi (Meer)* être houleux(-euse)

woher *adv (interrogativ)* d'où; **~ kommt es eigentlich, dass …?** au fait, comment se fait-il que …?

wohin *adv (interrogativ, relativ)* où; **~ man auch schaut** où l'on regarde; **~ damit?** *(umg)* qu'est-ce que j'en fais?

wohingegen *konj* alors que, tandis que

⊙ SCHLÜSSELWORT

wohl [vo:l] *adv* **1: bei dem Gedanken ist mir nicht wohl** rien que d'y penser, ça me rend malade; **wohl oder übel** bon gré mal gré; **wohl gemeint** = **wohlgemeint**; **sich wohl fühlen** *siehe* **wohlfühlen**

2 *(gründlich)*: **etw wohl überlegen** bien réfléchir à qch; **ich habe es mir wohl überlegt** c'est tout réfléchi

3 *(wahrscheinlich)* probablement; *(gewiss)* sûrement; *(vielleicht)* sans doute; *(etwa)* à peu près; *(durchaus)* bien, tout à fait; **sie ist wohl zu Hause** elle est sans doute chez elle; **das ist doch wohl ein Witz** *od* **nicht dein Ernst!** tu plaisantes!; **das mag wohl sein** c'est possible; **ob das wohl stimmt?** je me demande si c'est vrai; **er weiß das wohl** il le sait sans doute; *siehe auch* **wohltun**

Wohl (-(e)s) *nt:* **das öffentliche** *od* **allgemeine ~** le bien public; **das eigene ~** son propre bien-être; **das ~ seiner Kinder** le bien-être de ses enfants; **zum ~!** à la tienne *od* vôtre!

wohl-: **~auf** *adv:* **~auf sein** bien se porter; **W~befinden** *nt* bien-être *m*; **W~behagen** *nt* sensation *f* de bien-être; **~behalten** *adj* sain(e) et sauf (sauve); *(Gegenstand)* intact(e); **W~ergehen** *nt* santé *f*; **W~fahrt** *f (Fürsorge)* aide *f* sociale; **die W~fahrt der Menschen** le bien de l'humanité;

W~fahrtsmarke *f* timbre *m* de bienfaisance; **W~fahrtsstaat** *m* État-providence *m*; **~fühlen** *vr* se sentir bien; **W~gefallen** *nt:* **sich in W~gefallen auflösen** *(hum: Gegenstand)* tomber en morceaux; *(Problem)* finir par s'arranger; **~gemeint** *adj* bien intentionné(e); **~gemerkt** *adv* bien entendu; **~habend** *adj* aisé(e)

wohlig *adj* agréable

wohl-: **~klingend** *adj (Stimme)* mélodieux(-euse); **~meinend** *adj (Mensch)* bien intentionné(e), bienveillant(e); **~schmeckend** *adj* savoureux(-euse); **W~stand** *m* aisance *f*; **im W~stand leben** vivre dans l'aisance; **W~standsgesellschaft** *f* société *f* d'abondance; **W~tat** *f (Genuß)* plaisir *m*; *(Gefallen)* bienfait *m*, faveur *f*; **W~täter, in** *m(f)* bienfaiteur(-trice) *m(f)*; **~tätig** *adj (Verein)* de bienfaisance; **W~tätigkeits-** in *zW* de bienfaisance; **~tuend** *adj* qui fait du bien; **~tun** *unreg vi:* **jdm ~tun** faire du bien à qn; **~verdient** *adj* (bien) mérité(e); **~weislich** *adv* sciemment; **W~wollen** *nt* bienveillance *f*; **~wollend** *adj* bienveillant(e)

Wohnanlage *f* ensemble *m* immobilier

Wohnblock (-s, -s) *m* immeuble *m*

wohnen ['vo:nən] *vi* habiter

Wohn-: **~geld** *nt* allocation *f* (de logement); **~gemeinschaft** *f* communauté *f*; **„~gemeinschaft gesucht"** "cherche chambre dans communauté"; **w~haft** *adj* domicilié(e); **~heim** *nt (für Studenten)* foyer *m* (d'étudiants); *(für Senioren)* maison *f* (de retraite); *(für Arbeiter etc)* foyer; **~küche** *f* cuisine *f* (servant aussi de salle à manger et de living); **w~lich** *adj* confortable; **~mobil** *nt* camping-car *m*; **~ort** *m* domicile *m*; **~raum** *m* *(Zimmer)* pièce *f*; *(Wohnfläche)* espace *m* habitable; **~sitz** *m* domicile *m*; **ohne festen ~sitz** sans domicile fixe; **erster/zweiter ~sitz** résidence *f* principale/secondaire

Wohnung *f (Etagenwohnung)* appartement *m*; *(Unterkunft)* logis *m*

Wohnungs-: **~amt** *nt* office *m* du logement; **~markt** *m* marché *m* du logement; **~not** *f* crise *f* du logement

Wohn-: **~viertel** *nt* quartier *m* résidentiel; **~wagen** *m* caravane *f*; **~zimmer** *nt* (salle *f* de) séjour *m*, living *m*

Wok [vɔk] **(-, -s)** *m* wok *m*

wölben ['vœlbən] *vt* voûter ▷ *vr (Brücke)* être voûté(e)

Wölbung *f* voûte *f*

Wolf [vɔlf] **(-(e)s, ̈e)** *m (Zool)* loup *m*; *(Tech)* déchiqueteuse *f*; *(umg: Fleischwolf)* hachoir *m*

Wölfin ['vœlfın] *f* louve *f*

Wölfling (-s, -e) *m (Pfadfinder)* louveteau *m*

Wolke ['vɔlkə] *f* nuage *m*; **aus allen ~n fallen** tomber des nues

Wolken-: **~bruch** *m* pluie *f* torrentielle; **~kratzer** *m* gratte-ciel *m inv*; **w~los** *adj* sans nuage

wolkig ['vɔlkıç] *adj (Himmel)* nuageux(-euse)

Wolle ['vɔlə] *f* laine *f*; **sich (mit jdm) in die ~ kriegen** *(umg)* se chamailler (avec qn)

SCHLÜSSELWORT

wollen¹ ['vɔlən] (*pt* **wollte**) (*pp* **gewollt** *od* (*als Hilfsverb*) **wollen**) *vt, vi* vouloir; **ich will nach Hause** je veux rentrer à la maison; **er will nicht** il ne veut pas, il refuse; **etw lieber wollen** préférer qch; **wenn du willst** si tu veux; **ganz wie du willst!** comme tu voudras!; **das hab ich nicht gewollt** ce n'était pas mon intention; **ich weiß nicht, was er will** je ne sais *od* comprends pas ce qu'il veut
▷ *Hilfsverb* **1** (*Absicht haben*): **wolltest du gehen/ etw sagen?** tu voulais partir/dire qch?; **ich wollte gerade bei dir anrufen** j'allais justement te téléphoner; **etw gerade tun wollen** être sur le point de faire qch
2 (*müssen*): **so ein Schritt will gut überlegt sein** il faut réfléchir soigneusement avant de prendre une décision pareille
3 (*sollen*): **das will nichts heißen** ça ne veut rien dire
4 (*in Wunsch*): **ich wollte, ich wäre ...** j'aimerais être ...; **wollen Sie bitte Platz nehmen!** veuillez prendre place!

wollen² ['vɔlən] *adj* en laine
wollig *adj* laineux(-euse)
Wollsachen *pl* lainages *mpl*
wollüstig ['vɔlʏstɪç] *adj* (*sinnlich*) voluptueux(-euse); (*lüstern*) lascif(-ive)
wo-: **~mit** *adv* (*relativ*) avec quoi, avec lequel(laquelle); (*interrogativ*) avec quoi; **~mit kann ich dienen?** qu'y a-t-il pour votre service?; **~möglich** *adv* peut-être; **~nach** *adv* (*relativ: demzufolge*) selon lequel (laquelle); (*interrogativ*) selon quoi; **~nach suchst du?** que cherches-tu?
Wonne ['vɔnə] *f* délice *m*, volupté *f*
woran [vo'ran] *adv* (*relativ*) auquel(à laquelle); (*interrogativ*) à quoi; **~ liegt das?** comment cela se fait-il?
worauf [vo'rauf] *adv* (*relativ*) sur lequel(laquelle); (*: zeitlich*) sur quoi; (*interrogativ*) sur quoi; **~ du dich verlassen kannst** ça, tu peux y compter; **~ wartest du?** qu'attends-tu?; **~hin** *adv* (*relativ*) après quoi, sur quoi
woraus [vo'raus] *adv* (*relativ*) duquel(de laquelle); (*interrogativ*) de quoi
worin [vo'rɪn] *adv* (*relativ: örtlich*) dans lequel(laquelle); (*interrogativ*) en quoi; **etwas, ~ sie sich unterscheiden** un point sur lequel ils/ elles diffèrent
Workshop (**-s, -s**) *m* atelier *m*, workshop *m*
Wort [vɔrt] (**-(e)s, ̈-er** *od* **-e**) *nt* mot *m*; **jdn beim ~ nehmen** prendre qn au mot; **ein ernstes ~ mit jdm reden** prendre qn à part pour lui parler sérieusement, parler de quelque chose d'important avec qn; **~ halten** tenir parole; **mit anderen ~en** autrement dit; **jdm aufs ~ gehorchen** obéir à qn au doigt et à l'œil; **zu ~ kommen** arriver à prendre la parole; **nicht zu ~ kommen** ne pas pouvoir placer un (seul) mot; **jdm das ~ erteilen** donner la parole à qn; **mir**

fehlen die ~e je ne sais pas que dire; **jdm ins ~ fallen** interrompre qn; **~art** *f* catégorie *f* grammaticale; **w~brüchig** *adj* qui manque à sa parole
Wörtchen *nt*: **da habe ich wohl ein ~ mitzureden** (*umg*) j'ai mon mot à dire là-dessus
Wörterbuch ['vœrtərbuːx] *nt* dictionnaire *m*
Wort-: **~fetzen** *pl* bribes *fpl* de conversation; **~führer** *m* porte-parole *m inv*; **w~getreu** *adj* (*Wiedergabe*) fidèle; (*Übersetzung*) mot à mot, littéral(e); **w~karg** *adj* laconique; **~laut** *m* teneur *f*; **im ~laut** textuellement
wörtlich ['vœrtlɪç] *adj* (*Übersetzung*) mot à mot, littéral(e); **die ~e Rede** le discours direct; **etw ~ nehmen** prendre qch au pied de la lettre
Wort-: **w~los** *adj* muet(te); **~meldung** *f*: **wenn es keine weiteren ~meldungen gibt** si personne d'autre ne désire prendre la parole; **w~reich** *adj* (*Rede, Erklärung*) verbeux(-euse); **~schatz** *m* vocabulaire *m*; **~spiel** *nt* jeu *m* de mots; **~wechsel** *m* échange *m* verbal; **w~wörtlich** *adj* textuel(le) ▷ *adv* littéralement
worüber [vo'ry:bər] *adv* (*relativ*) sur lequel(laquelle); (*interrogativ*) sur quoi
worum [vo'rum] *adv* (*relativ*) autour duquel (de laquelle); (*interrogativ*) autour de quoi; (*: Thema etc*) de quoi; **~ handelt es sich denn?** de quoi s'agit-il?
worunter [vo'runtər] *adv* (*relativ*) sous lequel(laquelle); (*interrogativ*) sous quoi; **ich weiß nicht, ~ er leidet** je ne sais pas de quoi il souffre
wo-: **~von** *adv* (*relativ*) dont; (*interrogativ*) de quoi; **~vor** *adv* (*relativ*) devant lequel(laquelle); (*interrogativ*) devant quoi; **~vor fürchtest du dich?** de quoi as-tu peur?; **~zu** *adv* (*relativ*) pour lequel(laquelle); (*interrogativ*) pour quoi; (*warum*) pourquoi; **ein Thema, ~zu ich nichts sagen möchte** un sujet sur lequel je préfère ne pas me prononcer; **~zu soll das gut sein?** à quoi cela servirait-il?
Wrack [vrak] (**-(e)s, -s**) *nt* épave *f*
wrang *etc* [vraŋ] *vb siehe* **wringen**
wringen ['vrɪŋən] *unreg vt* (*Wäsche etc*) tordre, essorer
WS *abk* = **Wintersemester**
WSV *abk* = **Winterschlussverkauf**
WTO *f abk* (= *World Trade Organization*) OMC *f*
Wucher ['vuːxər] (**-s**) *m* usure *f*; **~er** (**-s, -**) *m*, **~in** *f* usurier(-ière) *m/f*; **w~isch** (*pej*) *adj* (*Forderung*) excessif(-ive); (*Preis*) exorbitant(e)
wuchern *vi* (*Pflanzen*) proliférer; **mit etw ~** utiliser qch pour faire de l'usure
Wucherpreis (*pej*) *m* prix *m* exorbitant
Wucherung *f* (*Med*) excroissance *f*, grosseur *f*
wuchs *etc* [vuːks] *vb siehe* **wachsen**
Wuchs (**-es**) *m* (*Wachstum*) croissance *f*; (*Statur*) stature *f*
Wucht [vuxt] (**-**) *f* (*Heftigkeit*) force *f*; **eine ~ sein** (*umg*) être formidable
wuchtig *adj* (*Gestalt*) massif(-ive); (*Schlag*) violent(e)

wühlen ['vy:lən] *vi (Tier)* fouir ▷ *vt* creuser; **in etw ~** *(umg)* fouiller dans qch

Wühlmaus *f* campagnol *m*

Wühltisch *(umg) m (im Kaufhaus)* table *des bonnes affaires*

Wulst [vʊlst] **(-es, ̈-e)** *m* renflement *m*; *(an Wunde)* boursouflure *f*

wulstig *adj (Narbe)* boursouflé(e); *(Rand)* renflé(e); *(Lippen)* charnu(e)

wund [vʊnt] *adj (Haut)* écorché(e), à vif; **sich** *Dat* **die Füße ~ laufen** s'écorcher les pieds en marchant; **sich ~ liegen** attraper des escarres; **ein ~er Punkt** un point sensible; **W~brand** *m* gangrène *f*

Wunde ['vʊndə] *f* plaie *f*, blessure *f*; **alte ~n wieder aufreißen** rouvrir une plaie

Wunder ['vʊndər] **(-s, -)** *nt* miracle *m*; **sein blaues ~ erleben** *(umg)* avoir une mauvaise surprise; **er glaubt er sei ~ wer** il ne se prend pas pour n'importe qui; **er glaubt er sei ~ wie klug** il se croit vraiment d'une intelligence supérieure; **sie bildet sich ~ was ein** elle est très imbue de sa personne; **w~bar** *adj (Rettung)* miraculeux(-euse); *(herrlich)* merveilleux(-euse); **~kerze** *f* cierge *m* magique; **~kind** *nt* enfant *m* prodige; **w~lich** *adj* bizarre

wundern *vr*: **sich ~ über** *+Akk* s'étonner de ▷ *vt* étonner

wunder-: **~schön** *adj* merveilleux(-euse); **W~tüte** *f* pochette-surprise *f*; **~voll** *adj* merveilleux(-euse)

Wund-: **~fieber (-s)** *nt* fièvre *f* traumatique; **~salbe** *f* pommade *f*; **~starrkrampf** ['vʊntʃtarkrampf] *m* tétanos *m*

Wunsch [vʊnʃ] **(-(e)s, ̈-e)** *m* souhait *m*, désir *m*; **haben Sie (sonst) noch einen ~?** *(beim Einkauf etc)* ce sera tout?, et avec ça?; **mit den besten Wünschen, Ihr ...** *(Briefschluss)* meilleures salutations ...; **auf jds (ausdrücklichen) ~ hin** à la demande (expresse) de qn; **herzliche** *od* **alle guten Wünsche zum Geburtstag!** meilleurs vœux pour ton anniversaire!, bon anniversaire!; **~denken** *nt*: **das ist ~denken** il *etc* prend ses désirs pour la réalité

Wünschelrute ['vʏnʃəlru:tə] *f* baguette *f* de sourcier

wünschen ['vʏnʃən] *vt* souhaiter, désirer ▷ *vi*: **zu ~ übrig lassen** laisser à désirer; **nichts zu ~ übrig lassen** être parfait(e); **sich** *Dat* **etw ~** désirer (avoir) qch; **was wünschst du dir?** *(als Geschenk)* qu'est-ce qui te ferait plaisir?; **jdm etw ~** souhaiter qch à qn; **was ~ Sie?** *(in Geschäft)* que désirez-vous?; *(in Restaurant)* qu'avez-vous choisi?

wünschenswert *adj* souhaitable

wunsch-: **~gemäß** *adv* selon sa *etc* demande; **W~kind** *nt* enfant *m* désiré; **W~konzert** *nt (Rundf)* concert *m* à la carte *(de morceaux demandés par les auditeurs)*; **~los** *adj* sans désir; **~los glücklich** parfaitement heureux; **W~traum** *m* rêve *m* (qui ne se réalise pas); **W~zettel** *m* liste *f* de souhaits

wurde *etc* ['vʊrdə] *vb siehe* **werden**

Würde ['vʏrdə] *f* dignité *f*; **unter aller ~ sein** être au-dessous de tout; **das ist unter meiner ~** c'est indigne de moi

Würdenträger (-s, -) *(geh) m* dignitaire *m*

würdevoll *adj* digne

würdig ['vʏrdıç] *adj* digne; **jds/einer Sache ~ sein** être digne de qn/qch

würdigen ['vʏrdıgən] *vt (Verdienst)* reconnaître; **etw zu ~ wissen** savoir apprécier qch; **jdn keines Blickes ~** ne pas daigner regarder qn

Würdigung *f* hommage *m*

Wurf [vʊrf] **(-s, ̈-e)** *m* lancement *m*, jet *m*; *(Junge)* portée *f*

Würfel ['vʏrfəl] **(-s, -)** *m (für Spiele)* dé *m*; *(Math)* cube *m*; **die ~ sind gefallen** les dés sont jetés; **~becher** *m* cornet *m* à dés

würfeln *vi* jeter les dés ▷ *vt (mit dem Würfel werfen)* faire; *(in Würfel schneiden)* couper en dés

Würfelspiel *nt* jeu *m* de dés

Würfelzucker *m* sucre *m* en morceaux

Wurf-: **~geschoss** *nt* projectile *m*; **~sendung** *f* publicité *f* par courrier individuel; **~taubenschießen** *nt* tir *m* aux pigeons

würgen ['vʏrgən] *vt (Menschen)* étrangler ▷ *vi (beim Erbrechen)* avoir des haut-le-cœur; *(mühsam schlucken)*: **~ an** *+Dat* avoir du mal à avaler; **mit Hängen und W~** à grand-peine

Wurm [vʊrm] **(-(e)s, ̈-er)** *m* ver *m*; **da steckt der ~ drin** *(umg)* il y a quelque chose qui cloche là-dedans; *(verdächtig)* c'est louche

wurmen *(umg) vt* turlupiner

Wurmfortsatz *m (Anat)* appendice *m*

wurmig *adj* véreux(-euse)

Wurmkur *f* traitement *m* vermifuge

wurmstichig *adj (Holz)* vermoulu(e); *(Obst)* véreux(-euse)

Wurst [vʊrst] **(-, ̈-e)** *f* saucisse *f*; *(getrocknet)* saucisson *m*; **das ist mir ~!** *(umg)* je m'en fiche!; **jetzt geht es um die ~** *(fig: umg)* c'est maintenant que ça va se décider

Würstchen ['vʏrstçən] *nt* saucisse *f*; *(umg: pej: Mensch)* petit mec *m*; **~bude** *f*, **~stand** *m* marchand *m* de saucisses

Wurstsalat *m* salade *de saucisse froide ravigote*

Württemberg ['vʏrtəmbɛrk] *nt* le Wurtemberg

Würze ['vʏrtsə] *f* épice *f*

Wurzel ['vʊrtsəl] **(-, -n)** *f* racine *f*; **~n schlagen** s'enraciner; *(fig)* s'incruster; **die ~ aus 4 ist 2** la racine carrée de 4 est 2

wurzeln *vi*: **in etw ~** avoir ses racines dans qch

würzen *vt* épicer, assaisonner; *(fig)* donner du piquant à

würzig *adj* savoureux(-euse); *(scharf gewürzt)* épicé(e)

wusch *etc* [vu:ʃ] *vb siehe* **waschen**

wusste *etc* ['vʊstə] *vb siehe* **wissen**

Wust [vʊst] **(-(e)s)** *m (umg: Durcheinander)* fouillis *m*; *(Menge)* masse *f*

wüst [vy:st] *adj (roh: Kerl)* rustre; *(sehr unordentlich: Haar)* hirsute; *(ausschweifend)* déchaîné(e); *(öde)* désert(e); *(umg: heftig)* terrible ▷ *adv*: **jdn ~ beschimpfen** traiter qn de tous les noms; **~ aussehen** ne pas être présentable

Wüste *f* désert *m*; **jdn in die ~ schicken** (*fig*) mettre qn à la porte

Wüstling ['vy:stlɪŋ] (*pej*) *m* débauché *m*

Wut [vu:t] (-) *f* colère *f*, fureur *f*; **eine ~ auf jdn/etw haben** être en colère contre qn/qch; **seine ~ an jdn/etw auslassen** passer sa colère sur qn/qch; **~anfall** *m* accès *m* de colère

wüten ['vy:tən] *vi* tempêter; (*Wind*) souffler en tempête; (*See*) être démonté(e)

wütend *adj* furieux(-euse); **~ sein/werden** être/se mettre en colère

WWW *nt abk* = *World Wide Web*; **das ~** le Web

Wz. *abk* = **Warenzeichen**

X, x [ɪks] *nt* X, x *m*; **X wie Xanthippe** ≈ X comme Xavier; **jdm ein X für ein U vormachen** mener qn en bateau; **seine X Freundinnen** ses innombrables petites amies

X-Beine ['ɪksbaɪnə] *pl* jambes *fpl* cagneuses

x-beliebig [ɪksbə'li:bɪç] *adj* n'importe quel(le)

Xerografie [kserogra'fi:] *f* photocopie *f*

xerokopieren [kseroko'pi:rən] *vt* photocopier

x-fach ['ɪksfax] *adj*: **die ~e Menge** n fois cette quantité, n fois plus ▷ *adv*: **ein ~ erprobtes Mittel** un moyen largement éprouvé

x-mal ['ɪksma:l] *adv* n fois

x-te ['ɪkstə] *adj* (*Math*) nième, énième; **zum ~n Male** (*umg*) pour la nième *od* énième fois

Xylofon, Xylophon [ksylo'fo:n] (**-s, -e**) *nt* xylophone *m*

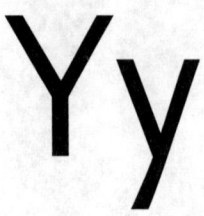

Yy

Y, y ['ʏpsilɔn] *nt* Y, y *m*; **Y wie Ypsilon** ≈ Y comme Yvonne

Yen [jɛn] **(-(s), -(s))** *m* yen *m*

Yeti ['jeːti] **(-s, -s)** *m* (*Zool*) yéti *m*

Yoga ['joːga] **(-(s))** *m od nt* yoga *m*

Ypsilon ['ʏpsɪlɔn] **(-(s), -s)** *nt* i *m* grec

Zz

Z, z [tsɛt] *nt* Z, z *m*; **Z wie Zacharias** ≈ Z comme Zoé
Zack [tsak] *m* (*umg*): **auf ~ sein** être rapide et efficace
Zacke ['tsakə] *f* (*von Stern*) branche *f*; (*von Krone*) pointe *f*; (*Bergzacke*) pic *m*, dent *f*; (*von Gabel, Kamm*) dent
zackig ['tsakıç] *adj* (*Felsen*) qui présente des aspérités; (*umg: Bursche*) fringant(e); (*Musik, Tempo*) vif (vive)
zaghaft ['tsa:khaft] *adj* (*Mensch, Blick, Geste etc*) hésitant(e)
Zaghaftigkeit *f* indécision *f*
zäh [tsɛː] *adj* (*Fleisch*) coriace; (*Leder*) solide; (*Teig*) épais(se); (*Flüssigkeit*) visqueux(-euse); (*Mensch*) résistant(e); (*Verhandlungen*) acharné(e); (*schleppend*) pénible; **~flüssig** *adj* (*Öl, Masse*) visqueux(-euse); (*Verkehr*) qui avance au ralenti
Zähigkeit *f* (*Widerstandsfähigkeit*) résistance *f*; (*Beharrlichkeit*) endurance *f*
Zahl [tsa:l] (-, -en) *f* nombre *m*; **in den roten ~en sein** avoir un découvert
zahlbar *adj* payable
zahlen *vt, vi* payer; **~ bitte!** l'addition, s'il vous plaît!
zählen ['tsɛ:lən] *vi, vt* compter; **~ zu** (*gehören*) compter parmi; **auf jdn/etw ~** compter sur qn/qch; **seine Tage sind gezählt** ses jours sont comptés
Zahlen-: **~angabe** *f*: **ich kann keine genauen ~angaben machen** je ne peux pas donner de chiffres précis; **~kombination** *f* combinaison *f* de chiffres; **z~mäßig** *adj* en nombre; **~schloss** *nt* serrure *f* à combinaison; **~system** *nt* numérotation *f*
Zahler (-s, -) *m* payeur *m*
Zähler (-s, -) *m* (*Tech*) compteur *m*; (*Math*) numérateur *m*; **~stand** *m* chiffre *m* au compteur; **den ~stand ablesen** relever le compteur
Zahl-: **~grenze** *f* (*bei Verkehrsmittel*) limite *f* de zone; **~karte** *f* mandat-carte *m*; **z~los** *adj* innombrable; **~meister** *m* (*Naut*) commissaire *m* du bord; **z~reich** *adj* nombreux(-euse), innombrable; **wir bitten um z~reiches Erscheinen** venez nombreux; **~tag** *m* jour *m* de paie

Zahlung *f* paiement *m*; **etw in ~ geben** obtenir une reprise sur qch; **etw in ~ nehmen** reprendre qch
Zahlungs-: **~anweisung** *f* ordre *m* de virement; **~aufforderung** *f* demande *f* de paiement; **~bedingungen** *pl* modalités *fpl* de paiement; **z~fähig** *adj* solvable; **z~kräftig** (*umg*) *adj* aisé(e); **~mittel** *nt* mode *m* de paiement; (*Münzen, Banknoten*) monnaie *f*; **~rückstände** *pl* arriérés *mpl*; **z~unfähig** *adj* insolvable
Zählwerk *nt* compteur *m*
Zahlwort *nt* (*adjectif m*) numéral *m*
zahm [tsa:m] *adj* (*Tier*) apprivoisé(e); (*brav*) sage
zähmen ['tsɛ:mən] *vt* (*Tier*) apprivoiser; (*Ungeduld*) dompter, maîtriser
Zahn [tsa:n] (-(e)s, ¨e) *m* dent *f*; **meine dritten Zähne** (*umg*) mon dentier; **jdm auf den ~ fühlen** (*fig*) cuisiner qn; **die Zähne zusammenbeißen** (*umg*) serrer les dents; **der ~ der Zeit** (*umg*) les outrages *mpl* du temps; **~arzt, Zahnärztin** *m(f)* dentiste *m/f*; **~belag** *m* plaque *f* (dentaire); **~bürste** *f* brosse *f* à dents; **~creme** *f* (pâte *f*) dentifrice *m*
zähneknirschend ['tsɛ:nəknırʃənt] *adv* en grinçant des dents
zahnen *vi* faire ses dents
Zahn-: **~ersatz** *m* fausse dent *f*, prothèse *f* dentaire; **~fäule** (-) *f* carie *f*; **~fleisch** *nt* gencive(s) *f(pl)*; **auf dem ~fleisch gehen** (*umg*) être au bout du rouleau; **~fleischschwund** *m* parodontose *f*; **~klinik** *f* clinique *f* dentaire; **z~los** *adj* sans dents; **~medizin** *f* médecine *f* dentaire; **~pasta, ~paste** *f* (pâte *f*) dentifrice *m*; **~rad** *nt* (*Tech*) roue *f* dentée; **~radbahn** *f* chemin *m* de fer à crémaillère; **~schmelz** *m* émail *m* (*des dents*); **~schmerzen** *pl* maux *mpl* de dents; **~seide** *f* fil *m* dentaire; **~spange** *f* appareil *m* (*pour redresser les dents*); **~stein** *m* tartre *m*; **~stocher** (-s, -) *m* cure-dents *m*; **~techniker, in** *m(f)* prothésiste *m/f* (dentaire); **~weh** *nt* mal *m* aux dents
Zaire [za'iːr] (-s) *nt* le Zaïre
Zange ['tsaŋə] *f* pince *f*; (*Beißzange*) tenailles *fpl*; (*Zool*) pinces *fpl*; (*Geburtszange*) forceps *m*; **jdn in die ~ nehmen** forcer la main à qn
Zangengeburt *f* naissance *f* au forceps

zanken ['tsaŋkən] vi se disputer ▷ vr: **sich mit jdm ~** se disputer avec qn
zänkisch ['tsɛŋkıʃ] adj querelleur(-euse)
Zäpfchen ['tsɛpfçən] nt (Anat) luette f; (Med) suppositoire m
Zapfen (-s, -) m (Tannenzapfen) pomme f de pin; (Eiszapfen) glaçon m
zapfen ['tsapfən] vt (Bier, Wein) tirer; (Benzin) prendre
Zapfenstreich m (Mil: Signal) retraite f; (hum) extinction f des feux
Zapfsäule f pompe f à essence
zappelig ['tsapəlıç] adj agité(e)
zappeln ['tsapəln] vi (Kind) remuer, gigoter; (Fisch) frétiller; **jdn ~ lassen** (umg) laisser qn dans l'incertitude, laisser mariner qn
zappen ['tsapən] vi (TV) zapper
Zar, in [tsa:r(ın)] (-s, -en) m(f) tsar(ine) m/f
zart [tsa:rt] adj (Haut, Töne) doux (douce); (Farben) pâle, délicat(e); (Berührung) léger(-ère), doux (douce); (Gesichtszüge, Stoff, Hände) fin(e); (Pflanze, Blüten) délicat(e); (Braten) tendre; (empfindsam) sensible; (schwächlich) fragile
zartbesaitet ['tsa:rtbəzaıtət] adj hypersensible; **zartbitter** adj (Schokolade) à croquer; **Zartgefühl** nt tact m; **Zartheit** f douceur f
zärtlich ['tsɛːrtlıç] adj tendre; **Z~keit** f tendresse f; **Zärtlichkeiten** pl (Worte) mots mpl tendres
Zäsur [tsɛ'zu:r] f (Mus) césure f; (fig: Einschnitt) tournant m
Zauber ['tsaubər] (-s, -) m '(Magie) magie f; (Zauberbann, fig: Reiz) charme m; **fauler ~** (umg: pej) attrape-nigaud m
Zauberei [tsaubə'raı] f (kein pl: Magie) magie f; (Trick) tour m de passe-passe
Zauberer, -in (-s, -) m(f) (im Märchen) enchanteur(-teresse) m/f; (Zauberkünstler) magicien(ne), prestidigitateur(-trice) m/f
zauber-: **~haft** adj merveilleux(-euse); **Z~kasten** m jeu m du petit magicien; **Z~künstler** m prestidigitateur m; **Z~kunststück** nt tour m de passe-passe
zaubern vi avoir des pouvoirs magiques; (Kunststücke vorführen) faire des tours de passe-passe; **etw aus etw ~** tirer qch de qch
Zauberspruch m formule f magique
Zauberstab m baguette f magique
zaudern ['tsaudərn] vi hésiter
Zaum [tsaum] (-(e)s, Zäume) m bride f; **sich im ~ halten** se retenir; **etw im ~ halten** maîtriser qch
Zaun [tsaun] (-(e)s, Zäune) m clôture f; **etw vom ~(e) brechen** (fig) provoquer qch; **~gast** m curieux m; **~könig** m (Zool) roitelet m; **~pfahl** m: **ein Wink mit dem ~pfahl** une allusion très peu subtile
z. B. abk (= zum Beispiel) par ex.
z. d. A. abk (= zu den Akten) à classer
ZDF (-) abk (= Zweites Deutsches Fernsehen) deuxième chaîne publique (de télévision)
Zebra ['tse:bra] (-s, -s) nt zèbre m; **~streifen** m passage m clouté

Zeche ['tsɛçə] f (Rechnung) addition f; (Bergbau) mine f
zechen vi boire
Zechprellerei [tsɛçprɛlə'raı] f grivèlerie f
Zecke ['tsɛkə] f (Zool) tique f
Zeder ['tse:dər] f (Bot) cèdre m
Zeh [tse:] (-s, -en) m, **Zehe** [tse:ə] ▷ f (von Mensch) orteil m, doigt m de pied; (von Tier) doigt; (Knoblauchzeh) gousse f
Zehenspitze f: **auf ~n** sur la pointe des pieds
zehn [tse:n] num dix
Zehner ['tse:nər] m (umg: Zehnmarkschein) billet f de dix marks; (Math) dizaine f; **~karte** f (für Bus etc) = carnet m de dix tickets; (für Schwimmbad etc) = abonnement m pour dix entrées; **~packung** f paquet m de dix
Zehnfingersystem nt dactylographie f au toucher
Zehnkampf m décathlon m
zehnte, r, s adj dixième
Zehntel (-s, -) nt dixième m
zehren ['tse:rən] vi: **an jdm/etw ~** (schwächen) user qn/qch
Zeichen ['tsaıçən] (-s, -) nt signe m; (Schild) écriteau m; (Symbol) symbole m; **jdm ein ~ geben** faire signe à qn; **unser/Ihr ~** (Wirts) notre/votre référence; **~block** m bloc m à dessin; **~code** m (Comput) code m de caractères; **~erklärung** f légende f; **~folge** f (Comput) chaîne f de caractères; **~satz** m (Comput) jeu m de caractères; **~setzung** f ponctuation f; **~sprache** f langage m des signes; **~trickfilm** m dessin m animé
zeichnen vi dessiner ▷ vt dessiner; (Skizze) faire; (kennzeichnen) marquer; (unterzeichnen) signer; **für etw ~** (verantwortlich sein) être responsable de qch; **eine Anleihe ~** souscrire à un emprunt
Zeichner, in (-s, -) m(f) dessinateur(-trice) m/f; **technische(r) ~(in)** dessinateur(-trice) industriel(le)
Zeichnung f dessin m; **eine Aktie zur ~ auflegen** mettre une action en circulation
zeichnungsberechtigt adj qui a la signature (sociale)
Zeigefinger m index m
zeigen ['tsaıgən] vt montrer; (Freude, Gefühle) exprimer; (Interesse) manifester ▷ vi: **~ auf** +Akk indiquer ▷ vr se montrer; **sich dankbar ~** se montrer reconnaissant(e); **das wird sich ~** on verra; **es zeigte sich, dass ...** il s'est avéré que ...; **dem werd ichs (aber) ~!** (umg) je lui apprendrai!
Zeiger (-s, -) m aiguille f
Zeigestock m baguette f
Zeile ['tsaılə] f (von Text) ligne f; (Häuserzeile) rangée f; **zwischen den ~n lesen** lire entre les lignes
Zeilen-: **~abstand** m interligne m; **~umbruch** m (Comput) retour m à la ligne automatique
zeit [tsaıt] präp +Gen: **~ meines Lebens** toute ma vie; **das werde ich ~ meines Lebens nicht vergessen** je ne l'oublierai pas tant que je vivrai
Zeit (-, -en) f (kein pl) temps m; (Uhrzeit) heure f; (Augenblick) moment m; (Epoche) époque f; **das hat**

~! ce n'est pas pressé!; **eine Stunde ~ haben** avoir une heure; **von ~ zu ~** de temps en temps; **mit der ~** avec le temps; **zur rechten ~** au bon moment; **die ganze ~** tout le temps; **in nächster** *od* **in der nächsten ~** prochainement; **in letzter ~** ces derniers temps; **eine ~ lang** pendant un certain temps; **sich** *Dat* **für jdn/etw ~ nehmen** consacrer du temps à qn/qch; **jdm ~ lassen** ne pas bousculer qn; **sich** *Dat* **~ lassen** prendre son temps; **~ raubend = zeitraubend; ein Vertrag auf ~** un contrat à durée déterminée; **nach ~ bezahlt werden** être payé(e) à l'heure; **mit der ~ gehen** être de son temps; **ach du liebe ~!** mon Dieu!; *siehe auch* **zurzeit; ~alter** *nt* ère *f*; **~ansage** *f* (*Rundf*) heure *f* exacte; (*Tel*) horloge *f* parlante; **~arbeit** *f* travail *m* temporaire; **~aufwand** *m* temps *m*; **etw unter** *od* **mit großem ~aufwand fertig machen** passer beaucoup de temps à terminer qch; **das lohnt den ~aufwand nicht** ça prendrait trop de temps; **~bombe** *f* bombe *f* à retardement; **~druck** *m*: **unter ~druck stehen/arbeiten** être/travailler sous pression; **~geist** *m* esprit *m* (d'une *od* de l'époque); **z~gemäß** *adj* moderne; **~genosse** *m* contemporain(e) *m/f*; **z~genössisch** *adj* contemporain(e); **~geschäft** *nt* marché *m* à terme

zeitig *adv* tôt

Zeit-: **~karte** *f* (carte *f* d')abonnement *m*; **z~lebens** *adv* toute ma/sa *etc* vie; **z~lich** *adj* (*Reihenfolge*) chronologique ▷ *adv* (*ordnen*) par ordre chronologique; **etw z~lich nicht schaffen** ne pas avoir le temps de faire qch; **das ist z~lich begrenzt** c'est limité(e) dans le temps; **~lohn** *m* paiement *m* à l'heure, salaire *m* horaire; **z~los** *adj* éternel(le); (*Stil, Kleidung*) indémodable, classique; **~lupe** *f* ralenti *m*; **~lupentempo** *nt*: **im ~lupentempo** au ralenti; **~not** *f*: **in ~not geraten** se trouver à court de temps; **~plan** *m* programme *m*, calendrier *m*; **~punkt** *m* moment *m*; **zu diesem ~punkt** en ce moment; **auf einen späteren ~punkt verschieben** remettre à plus tard; **~raffer** (**-s**) *m* accéléré *m*; **z~raubend** *adj* qui prend du *od* beaucoup de temps; **~raum** *m* période *f*; **~rechnung** *f* ère *f*; **vor/nach unserer ~rechnung** avant/après J.-C.; **~schrift** *f* (*Illustrierte*) magazine *m*; (*wissenschaftlich etc*) revue *f*; **~tafel** *f* tableau *m* chronologique

Zeitung *f* journal *m*

Zeitungs-: **~anzeige** *f* annonce *f* (dans le *od* un journal); **~ausschnitt** *m* coupure *f* de journal; **~beilage** *f* supplément *m* (à un journal); **~papier** *nt* papier *m* journal; **~wissenschaft** *f* étude *f* des médias

Zeit-: **~verschwendung** *f* perte *f* de temps; **~vertreib** *m* passe-temps *m inv*; **etw zum ~vertreib tun** faire qch pour passer le temps; **z~weilig** *adj* momentané(e), temporaire ▷ *adv* momentanément; **z~weise** *adv* par moments, de temps en temps; **~wert** *m* (*von Gegenstand*) valeur *f* actuelle; **~wort** *nt* verbe *m*; **~zeichen** *nt* (*Rundf*) top *m*; **~zone** *f* fuseau *m* horaire; **~zünder**

m détonateur *m* à retardement

zelebrieren [tsele'bri:rən] *vt* célébrer

Zelle ['tsɛlə] *f* cellule *f*; (*Telefonzelle*) cabine *f*

Zellforschung *f* cytologie *f*

Zellkern *m* noyau *m* de la *od* d'une cellule

Zellophan [tsɛlo'fa:n] (**-s**) *nt* cellophane® *f*

Zellstoff *m* cellulose *f*

Zellteilung *f* division *f* de la cellule

Zelluloid [tsɛlu'lɔyt] (**-(e)s**) *nt* celluloïd *m*

Zellwolle ['tsɛlvɔlə] *f* viscose *f*

Zelt [tsɛlt] (**-(e)s, -e**) *nt* tente *f*; **seine ~e aufschlagen** s'installer; **seine ~e abbrechen** lever le camp; (*fig*) vi camper; **~lager** *nt* campement *m*; **~platz** *m* (terrain *m* de) camping *m*

Zement [tse'mɛnt] (**-(e)s, -e**) *m* ciment *m*

zementieren [tsemen'ti:rən] *vt* cimenter

Zenit [tse'ni:t] (**-(e)s**) *m* zénith *m*; (*fig*) apogée *f*

zensieren [tsɛn'zi:rən] *vt* (*Film, Zeitung*) censurer; (*Sch*) marquer

Zensur [tsɛn'zu:r] *f* (*von Film etc*) censure *f*; (*Sch: Benotung*) note *f*

Zensus ['tsɛnzʊs] (**-, -**) *m* recensement *m*

Zentimeter [tsɛnti'me:tər] *m od nt* centimètre *m*; **~maß** *nt* centimètre *m* (*règle*)

Zentner ['tsɛntnər] (**-s, -**) *m* 50 kilos

zentral [tsɛn'tra:l] *adj* central(e); (*Bedeutung*) primordial(e); (*Figur*) principal(e)

Zentrale *f* (von Bank, Partei, Konzern) siège *m*; (*Tel*) central *m*; (*fig: Mittelpunkt*) point *m* de rencontre

Zentraleinheit *f* unité *f* centrale

Zentralheizung *f* chauffage *m* central

Zentralisation [tsɛntralizatsi'o:n] *f* centralisation *f*

zentralisieren [tsɛntrali'zi:rən] *vt* centraliser

Zentral-: **~nervensystem** *nt* système *m* nerveux central; **~verriegelung** *f* (*Aut*) verrouillage *m* central (des portières); **~verwaltung** *f* administration *f* centrale, siège *m*

Zentrifugalkraft [tsɛntrifu'ga:lkraft] *f* force *f* centrifuge

Zentrifuge [tsɛntri'fu:gə] *f* essoreuse *f*

Zentrum ['tsɛntrʊm] (**-s, Zentren**) *nt* centre *m*

Zepter ['tsɛptər] (**-s, -**) *nt od m* sceptre *m*

zerbeißen [tsɛr'baɪsən] *unreg vt* (*Nüsse etc*) broyer avec les dents, croquer

zerbrechen *unreg vt* casser ▷ *vi* (*Glas, Geschirr*) se casser; **ihre Freundschaft ist zerbrochen** ils/elles se sont brouillés(-ées); **daran ist ihre Ehe zerbrochen** c'est ce qui a désuni leur ménage

zerbrechlich *adj* cassable, fragile

zerbröckeln [tsɛr'brœkəln] *vt, vi* (*Mauerwerk*) s'effriter

zerdrücken *vt* écraser; (*Kartoffeln*) réduire en purée

Zeremonie [tseremo'ni:] *f* cérémonie *f*

Zeremoniell [tseremoni'ɛl] (**-s, -e**) *nt* cérémonial *m*

zerfahren *adj* (*Mensch*) très agité(e)

Zerfall (**-(e)s**) *m* (*von Kultur*) déclin *m*; (*von Gesundheit*) détérioration *f*; (*Phys*) fission *f*; **z~en** *unreg vi* (*Gebäude etc*) tomber en ruine; (*Phys*:

443

Atomkern) subir une fission; (*sich gliedern*) se décomposer

zerfetzen [tsɛrˈfɛtsən] *vt* déchirer, déchiqueter

zerfleischen [tsɛrˈflaɪʃən] *vt* déchiqueter

zerfließen *unreg vi* (*Eis, Butter*) fondre

zerfressen *unreg vt* ronger

zergehen *unreg vi* fondre

zerkleinern [tsɛrˈklaɪnərn] *vt* (*in Stücke*) réduire en morceaux, hacher

zerklüftet [tsɛrˈklʏftət] *adj*: **tief ~es Gestein** des roches dentelées

zerknirscht [tsɛrˈknɪrʃt] *adj* contrit(e)

zerknittern [tsɛrˈknɪtərn] *vt* froisser

zerknüllen [tsɛrˈknʏlən] *vt* réduire en boule, chiffonner

zerkratzen [tsɛrˈkratsən] *vt* (*Haut, Möbel*) égratigner

zerlaufen *unreg vi* fondre

zerlegbar [tsɛrˈleːkbaːr] *adj* démontable

zerlegen *vt* (*Motor, Schrank etc*) démonter; (*Fleisch, Geflügel etc*) découper; (*Satz*) analyser

zerlumpt [tsɛrˈlʊmpt] *adj* déguenillé(e)

zermalmen [tsɛrˈmalmən] *vt* écraser

zermürben [tsɛrˈmʏrbən] *vt* (*Mensch*) anéantir; **~d** épuisant(e)

zerpflücken *vt* déchirer (en petits morceaux); (*fig*) démolir

zerplatzen *vi* (*Ballon*) éclater; (*Blase*) crever

zerquetschen *vt* écraser

Zerrbild [ˈtsɛrbɪlt] *nt* image *f* déformée

zerreden *vt* (*Problem, Thema*) rabâcher

zerreiben *unreg vt* réduire en poudre

zerreißen *unreg vt* déchirer ▷ *vi* (*Seil*) casser ▷ *vr*: **er zerreißt sich förmlich** il se met en quatre; **ich könnte mich ~!** (*umg: vor Wut*) je suis fou(folle) de rage!

Zerreißprobe *f* (*Tech*) test *m* d'endurance; (*fig*) épreuve *f*

zerren [ˈtsɛrən] *vt* traîner ▷ *vi*: **~ an** +*Dat* tirer sur; **sich** *Dat* **einen Muskel/eine Sehne ~** se claquer un muscle/un tendon

zerrinnen *unreg vi* (*Zeit*) passer; (*Traum*) s'évanouir; (*Geld*) disparaître, fondre (comme neige au soleil)

zerrissen [tsɛrˈrɪsən] *adj* déchiré(e) ▷ *pp von* **zerreißen**; **Z~heit** *f* (*Pol*) désunion *f*; (*innere*) nature *f* tourmentée

Zerrspiegel [ˈtsɛrʃpiːɡəl] *m* glace *f* déformante

Zerrung *f* (*Med*) claquage *m*

zerrütten [tsɛrˈrʏtən] *vt* (*Gesundheit*) miner; (*Land*) ruiner; (*Nerven*) mettre à rude épreuve

zerrüttet *adj* (*Ehe*) brisé(e); (*Nerven*) à bout; (*Gesundheit*) miné(e)

Zerrüttungsprinzip *nt* (*Ehescheidung*) caractère intolérable du maintien de la vie commune

zerschellen [tsɛrˈʃɛlən] *vi*: **an etw** *Dat* **~** s'écraser contre qch

zerschlagen *unreg vt* casser; (*mit Gewalt*) casser, fracasser; (*fig: Opposition*) briser; (: *Vereinigung*) briser, rompre ▷ *vr* (*Pläne etc*) échouer ▷ *adj*: **sich ~ fühlen** être épuisé(e)

zerschleißen [tsɛrˈʃlaɪsən] *unreg vt* user ▷ *vi* s'user

zerschmelzen *unreg vi* fondre

zerschmettern *vt* fracasser ▷ *vi* se fracasser

zerschneiden *unreg vt* couper en morceaux, découper

zersetzen *vt* (*Metall etc*) attaquer; (*fig: Moral etc*) miner ▷ *vr* se décomposer

zersetzend *adj* (*Schriften, Kritik*) subversif(-ive)

zersplittern [tsɛrˈʃplɪtərn] *vi* (*Knochen*) se briser; (*Holz*) se fendre en éclats; (*Glas*) voler en éclats

zerspringen *unreg vi* (*Glas, Spiegel*) se fracasser; **mir zerspringt fast der Kopf** ma tête est près d'éclater

zerstampfen [tsɛrˈʃtampfən] *vt* (*Kartoffeln*) réduire en purée; (*Gewürze*) écraser, broyer

zerstäuben [tsɛrˈʃtɔʏbən] *vt* pulvériser

Zerstäuber (**-s, -**) *m* vaporisateur *m*

zerstechen [tsɛrˈʃtɛçən] *unreg vt* couvrir de piqûres; **zerstochene Venen** des veines couvertes de piqûres

zerstören *vt* détruire

Zerstörer (**-s, -**) *m* (*Naut*) contre-torpilleur *m*, destroyer *m*

Zerstörung *f* destruction *f*

Zerstörungswut *f* destructivité *f*

zerstoßen *unreg vt* piler

zerstreiten *unreg vr* se disputer, se brouiller

zerstreuen *vt* éparpiller; (*Zweifel, Verdacht*) lever; (*Menschenmenge*) disperser ▷ *vr* (*sich verteilen*) se disperser; (*sich unterhalten*) se distraire; (*sich ablenken*) se changer les idées

zerstreut *adj* (*Mensch*) distrait(e)

Zerstreutheit *f* distraction *f*

Zerstreuung *f* (*Zeitvertreib*) distraction *f*

zerstritten *adj*: **mit jdm ~ sein** être brouillé(e) avec qn

zerstückeln [tsɛrˈʃtʏkəln] *vt* couper en morceaux

zerteilen *vt* diviser; (*zerschneiden*) couper ▷ *vr* (*Wolken, Nebel*) se dissiper

Zertifikat [tsɛrtifiˈkaːt] (**-(e)s, -e**) *nt* certificat *m*; (*Investmentzertifikat*) certificat d'investissement

zertreten *unreg vt* écraser

zertrümmern [tsɛrˈtrʏmərn] *vt* (*Fensterscheibe, Möbel*) fracasser; (*Gebäude etc*) détruire

Zervelat(wurst) [tsɛrvəˈlaːt(vʊrst)] *f* cervelas *m*

zerwühlen *vt* (*Bett*) mettre sens dessus dessous; (*Garten, Haare*) ébouriffer

Zerwürfnis [tsɛrˈvʏrfnɪs] (**-ses, -se**) *nt* brouille *f*

zerzausen [tsɛrˈtsaʊzən] *vt* (*Haar*) ébouriffer

zetern [ˈtseːtərn] (*pej*) *vi* vociférer; (*keifen*) maugréer

Zettel [ˈtsɛtəl] (**-s, -**) *m* billet *m*; (*umg: Formular*) bulletin *m*; **~kasten** *m* fichier *m*

Zeug [tsɔʏk] (**-(e)s, -e**) (*umg*) *nt* affaires *fpl*; **dummes ~** bêtises *fpl*; **das ~ haben zu etw** (*umg*) avoir l'étoffe de qch, être capable de faire qch; **sich ins ~ legen** (*umg*) travailler d'arrache-pied; **rennen, was das ~ hält** (*umg*) courir à toutes jambes; **jdm am ~ flicken** (*umg: nachsagen*) dire du mal de qn

Zeuge, -in [ˈtsɔʏɡə] (**-n, -n**) *m(f)* témoin *m*

zeugen *vt* (*Kind*) procréer ▷ *vi* (*vor Gericht*) témoigner; **das zeugt von ...** c'est signe de ...

Zeugenaussage f témoignage m
Zeugenstand m barre f (des témoins)
Zeugin f siehe **Zeuge**
Zeugnis ['tsɔʏɡnɪs] (-ses, -se) nt (amtlich, ärztlich) certificat m; (Sch) bulletin m (scolaire); (Referenz, Arbeitszeugnis) références fpl; (Aussage) témoignage m; **von etw ~ ablegen** od **geben** témoigner de qch
Zeugung ['tsɔʏɡʊŋ] f procréation f
zeugungsfähig adj fertile
zeugungsunfähig adj stérile
ZH abk = **Zentralheizung**
z. H., z. Hd. abk (= zu Händen) à l'attention de
Zicke ['tsɪkə] (umg: pej) f (Frau) chameau m
Zicken ['tsɪkən] pl: ~ **machen** faire des histoires
zickig adj (albern) niais(e); (prüde) prude
Zickzack ['tsɪktsak] (-(e)s, -e) m zigzag m
Ziege ['tsi:ɡə] f chèvre f; (pej: umg: Frau) chameau m
Ziegel ['tsi:ɡəl] (-s, -) m brique f; (Dachziegel) tuile f
Ziegelei [tsi:ɡə'laɪ] f briqueterie f
Ziegelstein m brique f
Ziegen-: ~**bock** m bouc m; ~**käse** m fromage m de chèvre; ~**leder** nt chevreau m; ~**peter** (umg) m oreillons mpl
Ziehbrunnen m puits m
ziehen ['tsi:ən] unreg vt tirer; (Zahn) arracher; (Splitter, Fäden) enlever; (dehnen) étirer; (Pflanzen) faire pousser; (Math: Wurzel) extraire ▷ vi (zerren) tirer; (umziehen) déménager; (wandern) aller; (Wolke) passer; (Motor, Auto) accélérer; (Tee) infuser; (umg: Produkt, Film) avoir du succès ▷ vi unpers: **es zieht** il y a un courant d'air ▷ vr (Gummi etc) s'étirer; (Grenze etc) s'étendre; **etw nach sich ~** (Folgen haben) entraîner qch; **Gesichter ~** faire des grimaces; **zu jdm ~** emménager avec qn, aller habiter avec qn; **an einer Zigarette etc ~** tirer sur une cigarette etc; **mir ziehts (im Rücken)** j'ai mal aux reins; **jds Aufmerksamkeit auf sich ~** attirer l'attention de qn; **etw ins Lächerliche ~** tourner qch en ridicule; ~ **nach** déménager à; **so was zieht bei mir nicht** (umg) ça ne marche pas avec moi; ~**der Schmerz** tiraillement m; **sich (in die Länge) ~** tirer en longueur; **Z~** (-s, -) nt (Schmerz) tiraillement m
Ziehharmonika ['tsi:harmo:nika] (-, -s) f accordéon m
Ziehung ['tsi:ʊŋ] f (Losziehung) tirage m (au sort)
Ziel [tsi:l] (-(e)s, -e) nt but m; (Mil) cible f; **über das ~ hinausschießen** (fig: umg) dépasser les bornes; **am ~ sein** être arrivé(e); (fig) avoir atteint son but; **jdm ein ~ stecken** od **setzen** fixer un objectif à qn; **sich ein ~ setzen** od **stecken** se donner un objectif; **z~bewusst** adv: **z~bewusst handeln** aller droit au but; **z~en** vi viser; **z~en auf** +Akk viser
Ziel-: ~**fernrohr** nt lunette f de visée; ~**foto** nt photo-finish f; ~**gruppe** f groupe m cible; ~**linie** f (Sport) ligne f d'arrivée; **z~los** adj sans but; ~**ort** m destination f; ~**richter** m juge m à l'arrivée; ~**scheibe** f cible f; **z~strebig** adj qui a de la suite dans les idées

ziemen ['tsi:mən] (geh) vr unpers: **das ziemt sich nicht** ce n'est pas convenable
ziemlich ['tsi:mlɪç] adj (beträchtlich) considérable ▷ adv plutôt; (fast) plus ou moins; ~ **lange** assez longtemps
zieren ['tsi:rən] (pej) vr faire des façons
Zierfisch m poisson m d'aquarium
Zierleiste f moulure f
zierlich adj (Mensch) gracile, menu(e); (Gegenstand) menu(e); (Schrift) fin(e); **Z~keit** f gracilité f
Zierpflanze f plante f ornementale
Ziffer ['tsɪfər] (-, -n) f chiffre m; **römische/arabische ~n** chiffres mpl romains/arabes; **Absatz 12, ~ 3** paragraphe 12, article 3; ~**blatt** nt cadran m
zig [tsɪk] (umg) adj je ne sais combien de
Zigarette [tsiga'rɛtə] f cigarette f
Zigaretten-: ~**automat** m distributeur m de cigarettes; ~**kippe** f mégot m; ~**papier** nt papier m à cigarettes; ~**pause** (umg) f petite pause f (pour fumer une cigarette); ~**schachtel** f paquet m de cigarettes; ~**spitze** f fume-cigarette m
Zigarillo [tsiga'rɪlo] (-s, -s) nt od m cigarillo m
Zigarre [tsi'garə] f cigare m
Zigeuner, in [tsi'ɡɔʏnər(ɪn)] (-s, -) m(f) gitan(e) m/f; ~**leben** nt (unstetes Leben) vie f de bohème; ~**schnitzel** nt (Koch) escalope de porc avec une sauce aux poivrons et aux tomates; ~**sprache** f langue f tsigane, romani m
Zikade [tsi'ka:də] f cigale f
Zimbabwe [tsɪm'babue] (-s) nt le Zimbabwe
Zimmer ['tsɪmər] (-s, -) nt chambre f; „~ **frei**" "chambres à louer"; ~**antenne** f antenne f intérieure; ~**decke** f plafond m; ~**lautstärke** f: **das Radio auf ~lautstärke drehen** baisser la radio (pour ne pas déranger les voisins); ~**mädchen** nt femme f de chambre; ~**mann** (pl -**leute**) m charpentier m
zimmern vt faire
Zimmer-: ~**nachweis** m (Service) service chargé de trouver des chambres d'hôtel pour les touristes; ~**pflanze** f plante f d'appartement; ~**vermittlung** f service m du logement
zimperlich ['tsɪmpərlɪç] adj douillet(te); (prüde) bégueule
Zimt [tsɪmt] (-(e)s, -e) m cannelle f; ~**stange** f bâton m de cannelle
Zink ['tsɪŋk] (-(e)s) nt zinc m
Zinke f (Gabelzinke, Kammzinke) dent f
zinken vt (Karten) maquiller
Zinksalbe f pommade f à l'oxyde de zinc
Zinn [tsɪn] (-(e)s) nt étain m; (in Zinnwaren) fer-blanc m
zinnoberrot [tsɪ'no:bərrot] adj vermillon unver
Zinnsoldat m soldat m de plomb
Zinnwaren pl étains mpl
Zins [tsɪns] (-es, -en) m intérêt m; (Österr, Schweiz: pl Zinse: Miete) loyer m
Zinseszins m intérêts mpl composés
Zins-: ~**fuß** m taux m d'intérêt; **z~günstig** adj à taux favorable; **z~los** adj sans intérêts; ~**satz** m taux m d'intérêt

Zionismus [tsio'nɪsmʊs] *m* sionisme *m*
Zionist (**-en, -en**) *m* sioniste *m*
Zipfel ['tsɪpfəl] (**-s, -**) *m* (*von Tuch, Taschentuch, Tischdecke*) coin *m*; (*Hemdzipfel, Schürzenzipfel*) pan *m*; (*von Wurst*) bout *m*; **~mütze** *f* bonnet *m*
zirka ['tsɪrka] *adv* environ
Zirkel ['tsɪrkəl] (**-s, -**) *m* (*von Personen*) cercle *m*; (*Math: Gerät*) compas *m*; **~kasten** *m* boîte *f* à compas
zirkulieren [tsɪrku'liːrən] *vi* circuler
Zirkus ['tsɪrkʊs] (**-, -se**) *m* cirque *m*
zirpen ['tsɪrpən] *vi* (*Grille*) chanter
Zirrhose [tsɪ'roːzə] *f* cirrhose *f*
zischeln ['tsɪʃəln] *vt* marmonner
zischen ['tsɪʃən] *vi* (*Schlange, Mensch, Publikum*) siffler; (*Wasser*) grésiller; (*Limonade, Fett*) pétiller ▷ *vt* (*sagen*) siffler (entre ses dents)
Zitat [tsi'taːt] (**-(e)s, -e**) *nt* citation *f*
Zither ['tsɪtər] (**-, -n**) *f* cithare *f*
zitieren [tsi'tiːrən] *vt* citer; (*vorladen, rufen*): **~ vor** +*Akk* convoquer devant
Zitronat [tsitro'naːt] (**-(e)s, -e**) *nt* écorce *f* de citron confite
Zitrone [tsi'troːnə] *f* citron *m*
Zitronen-: **~limonade** *f* limonade *f*; **~saft** *m* jus *m* de citron, citron *m* pressé; **~säure** *f* acide *m* citrique; **~schale** *f* écorce *f* od zeste *m* de citron; **~scheibe** *f* tranche *f* de citron
zitt(e)rig ['tsɪt(ə)rɪç] *adj* tremblotant(e)
zittern ['tsɪtərn] *vi* trembler; **vor etw/jdm ~** (*umg: Angst haben*) trembler devant qch/qn; **mir ~ die Knie** j'ai les genoux tremblants
Zitze [tsɪtsə] *f* tétine *f*
Zivi ['tsivi] (**-s, -s**) (*umg*) *m abk* (= *Zivildienstleistender*) objecteur de conscience qui effectue son service civil
zivil [tsi'viːl] *adj* civil(e); (*umg: gemäßigt*) honnête ▷ *adv* civilement; **~e Kleidung tragen** être en civil; **~er Ungehorsam** résistance *f* passive; **Z~** (**-s**) *nt* civil *m*; **Z~ tragen** s'habiller od se mettre en civil; **Z~bevölkerung** *f* population *f* civile; **Z~courage** *f*: **Z~courage haben** avoir le courage de ses opinions
Zivildienst *m* service *m* civil; *voir article*

 ZIVILDIENST

En Allemagne les objecteurs de conscience au
service militaire peuvent faire neuf mois de
Zivildienst ou de travaux d'intérêts général. Le
service est généralement effectué dans un
hôpital ou dans une maison de retraite.
Beaucoup de jeunes Allemands choisissent
cette alternative au *Wehrdienst*.

Zivildienstleistende, r *m* objecteur *m* de conscience (*effectuant son service civil*)
Zivilisation [tsivilizatsi'oːn] *f* civilisation *f*
Zivilisationskrankheit *f* maux *mpl* de civilisation
zivilisieren [tsivili'ziːrən] *vt* civiliser
zivilisiert *adj* civilisé(e)

Zivilist [tsivi'lɪst] *m* civil *m*
Zivilprozess *m* action *f* civile
Zivilrecht *nt* droit *m* civil
ZK (**-s, -s**) *nt abk* (= *Zentralkomitee*) comité *m* central
Zobel ['tsoːbəl] (**-s, -**) *m* zibeline *f*
Zofe ['tsoːfə] *f* (*von Königin*) demoiselle *f* d'honneur; (*Theat*) soubrette *f*
zog *etc* [tsoːk] *vb siehe* **ziehen**
zögern ['tsøːgərn] *vi* hésiter
Zölibat [tsøli'baːt] (**-(e)s, -e**) *nt od m* célibat *m*
Zoll¹ [tsɔl] (**-(e)s, ¨e**) *m* (*Behörde*) douane *f*; (*Abgabe*) (droit *m* de) douane
Zoll² [tsɔl] (**-(e)s, -**) *m* (*Maß*) pouce *m* (*mesure*)
Zoll-: **~abfertigung** *f* formalités *fpl* de douane; **~amt** *nt* (bureaux *mpl* de) douane *f*; **~beamte, r** *m* douanier *m*
zollen *vt*: **jdm Achtung/Beifall ~** respecter/ applaudir qn
Zoll-: **~erklärung** *f* déclaration *f* en douane; **z~frei** *adj* exempté(e) od franc(franche) de douane; **~kontrolle** *f* contrôle *m* douanier
Zöllner ['tsœlnər] (**-s, -**) (*umg*) *m* douanier *m*
zoll-: **~pflichtig** *adj* soumis(e) à des droits de douane, à dédouaner; **Z~stelle** *f* poste *m* de douane; **Z~stock** *m* mètre *m* (pliant)
Zone ['tsoːnə] *f* zone *f*; **die ~** (*umg*) l'ancienne RDA
Zoo [tsoː] (**-s, -s**) *m* jardin *m* zoologique, zoo *m*; **~geschäft** *nt*, **~handlung** *f* boutique *f* d'animaux
Zoologe, -in [tsoo'loːgə] (**-n, -n**) *m(f)* zoologue *m/f*
Zoologie *f* zoologie *f*
Zoologin *f siehe* **Zoologe**
zoologisch *adj* zoologique
Zoom [zuːm] (**-s, -s**) *nt* zoom *m*
Zopf [tsɔpf] (**-(e)s, ¨e**) *m* (*Haarzopf*) tresse *f*, natte *f*; (*Koch*) pain *ou* gâteau fait de rubans de pâte tressés, tresse; **ein alter ~** (*pej: Brauch*) une coutume dépassée
Zorn [tsɔrn] (**-(e)s**) *m* colère *f*
zornig *adj* (*Mensch*) en colère, furieux(-euse); (*Worte*) de colère, furieux(-euse); (*Blick*) courroucé(e)
Zote ['tsoːtə] *f* plaisanterie *f* grossière
zottig ['tsɔtɪç] *adj* (*Fell*) épais(se), broussailleux(-euse)
ZPO *abk* (= *Zivilprozessordnung*) ≈ code *m* de procédure civile
z. T. *abk* = **zum Teil**

● **SCHLÜSSELWORT**

zu [tsuː] *präp* +*Dat* **1** (*örtlich*): **zum Bahnhof/Arzt gehen** aller à la gare/chez le médecin; **zur Schule/Kirche gehen** aller à l'école/l'église; **sollen wir zu euch gehen?** on va chez vous?; **zum Gebirge hin** vers la montagne; **zum Fenster herein** par la fenêtre; **zu meiner Linken** à ma gauche; **bis zu** jusqu'à; **darf ich mich zu Ihnen setzen?** je peux m'asseoir à côté de *od* avec vous?

2 (*zeitlich*): **zu Ostern** à Pâques; **bis zum 1. Mai** jusqu'au 1er mai; (*nicht später als*) d'ici au 1er mai;

zum 1. Mai kündigen donner sa démission pour le 1er mai; **zu meiner Zeit** de mon temps **3** (*Zusatz*): **zu Fisch trinkt man Weißwein** avec le poisson, on boit du vin blanc; **Bemerkungen zu einer Rede machen** faire des commentaires sur un discours; **er muss immer zu allem seine Bemerkungen machen** il faut toujours qu'il mette son grain de sel; **zu dem kommt noch, dass ...** à cela s'ajoute que ...
4 (*Zweck*) pour; **Wasser zum Waschen** de l'eau pour se laver; **das ist doch nur zu seinem Besten** c'est pour son bien; **zu seiner Entschuldigung** comme excuse
5 (*als*): **jdn zum Vorbild haben** prendre qn pour modèle, prendre exemple sur qn; **jdn zum Vorsitzenden wählen** élire qn président
6 (*Anlass*): **ein Geschenk zum Geburtstag** un cadeau d'anniversaire; **herzlichen Glückwunsch zum Geburtstag!** bon anniversaire!; **jdm zu etw gratulieren** présenter ses meilleurs vœux à qn à l'occasion de qch
7 (*Veränderung*): **zu etw werden** devenir qch; **jdn zu etw machen** faire qch de qn; **zu Asche verbrennen** être réduit(e) en cendres
8 (*mit Zahlen*): **3 zu 2** (*Sport*) 3 à 2; **das Stück zu 2 Euro** 2 euros pièce; **zum ersten/dritten Mal** pour la première/troisième fois
9: **zu meiner Freude** à ma grande joie; **zum Glück** heureusement; **zu Fuß** à pied; **es ist zum Weinen** c'est triste à pleurer; **zum Scherz** pour rire; **zum Beispiel** par exemple; **zur Probe, zur Ansicht** à l'essai
▷ *konj* pour; **um besser sehen zu können** pour mieux voir; **ohne es zu wissen** sans le savoir; **noch zu bezahlende Rechnungen** factures à payer
▷ *adv* **1** (*allzu*) trop; **zu klein/dick** trop petit(e)/gros(se); **zu sehr** trop; **zu viel** trop (de); **viel zu viel** beaucoup trop; **da krieg ich zu viel** (*umg*) c'est un comble; **zu wenig** trop peu (de)
2 (*örtlich*) vers; **er kam auf mich zu** il est venu vers moi
3 (*geschlossen*): **zu sein** être fermé(e); **„auf/zu"** (*Wasserhahn*) "ouvert/fermé"; **(mach die) Tür zu!** ferme la porte!
4 (*umg*): **nur zu!** continue(z)!; **mach zu!** plus vite!

zuallererst *adv* avant tout
zuallerletzt *adv* en tout dernier
zubauen ['tsu:bauən] *vt* (*Lücke*) combler; (*Platz*) construire sur
Zubehör ['tsu:bəhøːr] (**-(e)s, -e**) *nt* équipement *m*
zubekommen ['tsu:bəkɔmən] *unreg* (*umg*) *vt* (*Tür, Verschluss*) arriver à fermer
Zuber ['tsu:bər] (**-s, -**) *m* baquet *m*
zubereiten ['tsu:bəraɪtən] *vt* préparer
zubilligen ['tsu:bɪlɪgən] *vt*: **jdm etw ~** accorder qch à qn
zubinden ['tsu:bɪndən] *unreg vt* (*Schuh*) lacer; (*Sack*) fermer, ficeler

zubleiben ['tsu:blaɪbən] *unreg* (*umg*) *vi* rester fermé(e)
zubringen ['tsu:brɪŋən] *unreg vt* (*Zeit*) passer; (*umg: zubekommen*) arriver à fermer
Zubringer (**-s, -**) *m* (*Straße*) (route f d')accès *m*; (*: von Autobahn*) bretelle f; (*Verkehrsmittel*) navette f; **~(bus)** *m* (autobus *m* qui fait la) navette f; **~straße** f (route f d')accès *m*; (*von Autobahn*) bretelle f
Zucchini [tsʊ'kiːni:] *pl* courgettes *fpl*
Zucht [tsʊxt] (**-, -en**) f (*von Tieren*) élevage *m*; (*von Pflanzen*) culture f; (*Rasse*) souche f; (*Disziplin*) discipline f; **jdn in ~ halten** tenir la bride haute à qn
züchten ['tsʏçtən] *vt* (*Tiere*) élever; (*Pflanzen*) cultiver
Züchter, in (**-s, -**) *m(f)* (*von Tieren*) éleveur(-euse) *m/f*; (*von Pflanzen*) cultivateur(-trice) *m/f*
Zuchthaus *nt* (*Gebäude*) pénitencier *m*; (*Strafe*) prison f
züchtig ['tsʏçtɪç] *adj* (*Mensch, Benehmen*) bien élevé(e); (*Kleidung*) décent(e)
züchtigen ['tsʏçtɪgən] *vt* infliger un châtiment corporel à, corriger
Züchtigung f châtiment *m*, correction f; **körperliche ~** châtiment corporel, correction
Zuchtperle f perle f de culture
Züchtung f (*Zuchtart, Sorte: von Tier*) espèce f, type *m*; (*: von Pflanze*) variété f
zucken ['tsʊkən] *vi* (*vor Nervosität*) avoir un mouvement convulsif; (*: Körperteil*) se contracter; (*vor Schreck*) tressaillir; (*aufleuchten: Flammen*) luire brièvement ▷ *vt*: **die Achseln** *od* **Schultern ~** hausser les épaules; **ein Schmerz zuckte mir durch den ganzen Körper** la douleur m'a transpercé(e); **Blitze zuckten** il y avait des éclairs
zücken ['tsʏkən] *vt* (*Schwert*) brandir; (*Geldbeutel, Kamera*) sortir
Zucker ['tsʊkər] (**-s, -**) *m* sucre *m*; (*umg: Zuckerkrankheit*) diabète *m*; **~ haben** (*umg*) être diabétique; **~dose** f sucrier *m*; **~erbse** f pois *m* mange-tout; **~guss** *m* glaçage *m*; **~hut** *m* pain *m* de sucre; **z~krank** *adj* diabétique; **~krankheit** f diabète *m*; **~lecken** *nt*: **das ist kein ~lecken** (*umg*) ce n'est pas une partie de plaisir
zuckern *vt* sucrer
Zucker-: **~rohr** *nt* canne f à sucre; **~rübe** f betterave f sucrière; **~spiegel** *m* (taux *m* de) glycémie f; **z~süß** *adj* très doux(douce); (*pej: Lächeln*) mielleux(-euse); **~watte** f barbe f à papa; **~zange** f pince f à sucre
Zuckung f contraction f, crispation f; (*leicht*) tic *m*
zudecken ['tsu:dɛkən] *vt* couvrir; (*im Bett*) border
zudem [tsu'de:m] *adv* en outre, de plus
zudrehen ['tsu:dre:ən] *vt* (*Heizung*) éteindre; (*Wasserhahn*) fermer; **jdm den Rücken ~** tourner le dos à qn
zudringlich ['tsu:drɪŋlɪç] *adj* pressant(e), envahissant(e); **~ werden** (*zu einer Frau*) faire des avances; **Z~keit** f (*zu einer Frau*) attitude f pressante, avances *fpl*

447

zudrücken ['tsu:drykən] vt fermer (en poussant); **jdm die Kehle ~** étrangler qn; **ein Auge ~** fermer les yeux

zueinander [tsuɪaɪ'nandər] adv l'un(e) avec l'autre; **sie passen ~** ils(elles) vont bien ensemble

zuerkennen ['tsu:ɪɛrkɛnən] unreg vt: **jdm etw ~** accorder qch à qn

zuerst [tsu'le:rst] adv d'abord; (als Erste(r)) le(la) premier(-ère), en premier; (anfangs auch) d'abord

Zufahrt ['tsu:fa:rt] f accès m

Zufahrtsstraße f (route f d')accès m; (von Autobahn etc) bretelle f

Zufall ['tsu:fal] m hasard m; **durch ~** par hasard; **so ein ~!** quel heureux hasard!

zufallen unreg vi se fermer; **jdm ~** (Anteil, Aufgabe) échoir à qn

zufällig ['tsu:fɛlɪç] adj fortuite(e) ▷ adv par hasard

zufassen ['tsu:fasən] vi (zugreifen) le(la) saisir, s'en emparer; (schnell handeln) ne pas hésiter

zufliegen ['tsu:fli:gən] unreg vi: **„Kanarienvogel zugeflogen"** "trouvé canari"; **ihm fliegt alles nur so zu** c'est un petit génie

Zuflucht ['tsu:flʊxt] f refuge m; (Ort) refuge, abri m; **zu etw ~ nehmen** (fig) se réfugier dans qch

Zufluss ['tsu:flʊs] m (Zufließen) afflux m, arrivée f; (Geog) affluent m; (von Waren, Kapital) afflux

zufolge [tsu'fɔlgə] präp +Dat selon; **dem Bericht ~** selon le rapport

zufrieden [tsu'fri:dən] adj satisfait(e); (Mensch auch) content(e); **er ist mit nichts ~** il n'est jamais content; **mit etw ganz/sehr ~ sein** être satisfait(e)/enchanté(e) de qch

zufrieden-: **~geben** unreg vr se déclarer od être satisfait(e); **Z~heit** f satisfaction f; **zu meiner großen Z~heit** à ma grande satisfaction; **~lassen** unreg vt: **lass mich damit ~!** (umg) fichemoi la paix avec ça!; **~stellen** vt satisfaire; **~stellend** adj satisfaisant(e)

zufrieren ['tsu:fri:rən] unreg vi geler

zufügen ['tsu:fy:gən] vt (dazutun) ajouter; **jdm etw ~** (Leid) infliger qch à qn

Zufuhr ['tsu:fu:r] (-, -en) f (von Benzin zum Motor) arrivée f; (von Lebensmittel etc) approvisionnement m

zuführen ['tsu:fy:rən] vt amener; (versorgen mit) fournir ▷ vi: **auf etw** Akk **~** mener à qch; **jdn seiner gerechten Strafe ~** infliger à qn la punition qu'il/elle mérite

Zug [tsu:k] (-(e)s, ̈-e) m (Eisenb) train m; (Luftzug) courant m d'air; (Gesichtszug, Schriftzug, Charakterzug) trait m; (Klingelzug, Hebel) poignée f; (Schach etc) coup m; (Atemzug) souffle m; (Prozession) procession f; (von Vögeln) vol m, volée f; (Mil) section f; **einen ~ an einer Zigarette machen** tirer sur une cigarette; **einen ~ aus der Flasche tun** boire une gorgée à même la bouteille; **etw in vollen Zügen genießen** se délecter de qch; **in den letzten Zügen liegen** (umg) être sur son lit de mort; **im ~(e)** +Gen (im Verlauf) au cours de; **in einem ~** d'un trait; **~ um ~** (fig) pas à pas, progressivement; **zum ~(e) kommen** (umg) avoir son mot à dire; **etw in groben Zügen**

darstellen od **umreißen** faire une description générale de qch

Zugabe ['tsu:ga:bə] f (Vorgang) ajout m; (in Konzert etc) bis m

Zugabteil nt compartiment m

Zugang ['tsu:gaŋ] m accès m; (Hinzukommenes) nouvelle acquisition f; (Person) arrivée f, nouveau(nouvelle); **„~ verboten"** "accès interdit"

zugänglich ['tsu:gɛŋlɪç] adj accessible; (Mensch) d'abord facile, ouvert(e); **für die Öffentlichkeit** od **öffentlich ~** ouvert(e) à tous od au public

Zugbegleiter m contrôleur(-euse) m/f; (Fahrplan) (indicateur m) horaire m (donnant les correspondances du train dans lequel il est distribué)

Zugbrücke f pont m ferroviaire

zugeben ['tsu:ge:bən] unreg vt (beifügen) ajouter; (gestehen) avouer, admettre; **zugegeben** admettons-le, il est vrai que

zugegebenermaßen ['tsu:gəge:bənər'ma:sən] adv de son/mon etc propre aveu

zugegen [tsu'ge:gən] (geh) adv: **~ sein** être présent(e)

zugehen ['tsu:ge:ən] unreg vi (umg: schließen) fermer; (+Dat: Brief, Bescheid) parvenir (à) ▷ vi impers: **es geht dort seltsam zu** il s'y passe des choses étranges; **es geht dort lustig zu** ils(elles) s'amusent comme des fous(folles); **hier geht es nicht mit rechten Dingen zu** ça sent le roussi; **er geht schon auf die siebzig zu** il va vers ses soixante-dix ans; **auf jdn/etw ~** se diriger vers qn/qch; **aufs Ende ~** toucher à sa fin

Zugehfrau ['tsu:ge:frau] f femme f de ménage

zugehören ['tsu:gəhø:rən] vi +Dat appartenir à

Zugehörigkeit ['tsu:gəhø:rɪçkaɪt] f: **~ zu** appartenance f à

zugeknöpft ['tsu:gəknœpft] (umg) adj (Mensch, Gesichtsausdruck) fermé(e)

Zügel ['tsy:gəl] (-s, -) m rêne f; **die ~ locker lassen** lâcher la bride

zugelassen ['tsu:gəlasən] adj (erlaubt) permis(e); (Heilpraktiker) agréé(e); (Kfz) immatriculé(e)

zügellos adj débridé(e), déchaîné(e); (sexuell) débauché(e)

Zügellosigkeit f manque m de retenue

zügeln vt maîtriser

zugesellen vr: **sich jdm ~** se joindre à qn

Zugeständnis ['tsu:gəʃtɛntnɪs] nt concession f; **~se machen** faire des concessions

zugestehen unreg vt accorder

zugetan ['tsu:gəta:n] adj: **jdm/einer Sache ~ sein** avoir un faible pour qn/qch

Zugewinn (-(e)s) m gain m

Zugführer m (Eisenb) chef m de train; (Mil) adjudant m

zugig adj (Raum) plein(e) de courants d'air

zügig ['tsy:gɪç] adj rapide ▷ adv rapidement

zugkräftig adj (Werbeteil, Titel) accrocheur(-euse); (Schauspieler) qui attire les foules

zugleich ['tsu:glaɪç] adv (zur gleichen Zeit) en même temps, simultanément; (ebenso) également, aussi

Zugluft f courant m d'air
Zugmaschine f tracteur m
zugreifen ['tsu:graɪfən] unreg vi (schnell nehmen)
le(la) saisir; (Angebot, Gelegenheit) sauter dessus;
(beim Essen) se servir; (mithelfen) faire sa part de
travail
Zugriff ['tsu:grɪf] m (Comput) accès m; **sich dem ~
der Polizei entziehen** échapper à la police
zugrunde, zu Grunde [tsu'grʊndə] adv: **~ gehen**
disparaître; (sterben) périr; **er wird daran nicht
~ gehen** il n'en mourra pas; (finanziell) ça ne va
pas le ruiner; **etw einer Sache** Dat **~ legen**
fonder qch sur qch; **einer Sache** Dat **~ liegen**
être à la base de qch; **~ richten** perdre
Zugschaffner m contrôleur(-euse) m/f
zugunsten, zu Gunsten [tsu'gʊnstən] präp+Gen
od Dat en faveur de
zugutehalten [tsu'gu:təhaltən] unreg vt: **jdm
etw ~** retenir qch en faveur de qn; **jdm ~, dass er
etw getan hat** tenir compte du fait que qn a fait
qch
zugutekommen [tsu'gu:təkɔmən] unreg vi: **jdm
~** être utile à qn
Zug-: **~verbindung** f correspondance f; **~vogel** m
oiseau m migrateur; **~zwang** m: **unter ~zwang
stehen** (fig) être obligé(e) d'agir
zuhaben ['tsu:ha:bən] unreg (umg) vi être fermé(e)
zuhalten ['tsu:haltən] unreg vt (nicht öffnen) garder
fermé(e); (festhalten) bloquer ▷ vi: **auf jdn/etw ~**
se diriger vers qn/qch; **sich** Dat **die Nase ~** se
boucher le nez; **sich** Dat **den Mund ~** mettre sa
main devant sa bouche; **sich die Augen ~** se
mettre les mains devant les yeux; **jdm die Nase
~** boucher le nez de qn; **jdm den Mund ~** plaquer
sa main sur la bouche de qn; **jdm die Augen ~**
empêcher qn de regarder (en lui mettant les
mains devant les yeux)
Zuhälter ['tsu:hɛltər] (**-s, -**) m souteneur m
Zuhause (-) nt chez-soi m inv; **mein ~** mon chez-
moi
zuhause adv à la maison; siehe auch **Haus**
zuheilen ['tsu:haɪlən] vi (Wunde) se cicatriser,
guérir
Zuhilfenahme [tsu'hɪlfəna:mə] f: **unter ~ von** à
l'aide de, en se servant de
zuhören ['tsu:hø:rən] vi (+Dat) écouter
Zuhörer, in (**-s, -**) m(f) auditeur(-trice) m/f;
~schaft f auditeurs mpl
zujubeln ['tsu:ju:bəln] vi: **jdm ~** acclamer qn
Zukauf ['tsu:kauf] m (von Wertpapieren) achat m
supplémentaire
zukehren ['tsu:ke:rən] vt (zuwenden) tourner
zuklappen ['tsu:klapən] vt (Buch, Deckel) fermer
(d'un coup sec) ▷ vi se fermer (bruyamment)
zukleben ['tsu:kle:bən] vt (Briefumschlag) coller
zukneifen ['tsu:knaɪfən] vt (Augen) fermer,
plisser; (Mund) pincer
zuknöpfen ['tsu:knœpfən] vt boutonner
zukommen ['tsu:kɔmən] unreg vi: **auf jdn ~** se
diriger vers qn; (Aufgabe, Verantwortung) incomber
à qn; **jdm ~** (zustehen) revenir à qn; (gebühren) être
dû(due) à qn; **diesem Treffen kommt große**

Bedeutung zu cette rencontre est d'une
importance primordiale; **jdm etw ~ lassen**
accorder qch à qn; **die Dinge auf sich** Akk **~
lassen** attendre de voir l'évolution de la
situation; **wir werden in dieser Sache auf Sie ~**
nous prendrons contact avec vous en temps utile
Zukunft ['tsu:kʊnft] (**-, Zukünfte**) f avenir m;
(Gram) futur m; **in ~** à l'avenir; **ein Beruf mit/
ohne ~** un métier d'avenir/sans perspectives
d'avenir
zukünftig ['tsu:kʏnftɪç] adj futur(e) ▷ adv à
l'avenir; **mein ~er Mann** mon futur mari
Zukunfts-: **~aussichten** pl perspectives fpl
d'avenir; **~musik** (umg) f paroles fpl en l'air;
z~trächtig adj plein(e) d'avenir,
prometteur(-euse); **z~weisend** adj de pointe
Zulage ['tsu:la:gə] f (Gehaltszulage) augmentation f
zulande [tsu'landə] adv siehe **Land**
zulangen ['tsu:laŋən] (umg) vi (sich nehmen) se
servir
zulassen ['tsu:lasən] unreg vt (tolerieren, erlauben)
permettre; (Fahrzeug) délivrer la vignette pour;
(Arzt) inscrire à l'ordre des médecins; (umg: nicht
öffnen) laisser fermé(e); **jdn zu etw ~** admettre qn
à qch
zulässig ['tsu:lɛsɪç] adj autorisé(e); **~e
Höchstgeschwindigkeit** vitesse f maximale
(autorisée); **etw ist rechtlich (nicht) ~** qch est
(il)légal(e)
Zulassung f (amtlich) autorisation f; (von Kfz)
permis m; (als praktizierender Arzt) inscription f à
l'ordre des médecins; (als Anwalt) inscription au
barreau
Zulassungspapier nt (von Auto) ≈ carte f grise
zulasten, zu Lasten [tsu'lastən] präp+Gen à la
charge de; **~ von** à la charge de; **die Kosten
gehen ~ des Käufers** les frais sont à la charge de
l'acheteur
Zulauf m: **großen ~ haben** (Geschäft) avoir
beaucoup de clients; (Arzt) avoir une vaste
clientèle; (Veranstaltung) avoir beaucoup de succès
zulaufen ['tsu:laufən] unreg vi: **auf jdn/etw ~**
(Mensch) se diriger vers qn/qch; **auf etw ~** (Straße)
mener à qch; **jdm ~** (Tier) être recueilli(e) par qn;
spitz ~ être pointu(e), se terminer en pointe
zulegen ['tsu:le:gən] vt (dazugeben) ajouter; (Geld)
donner une contribution de; **sich** Dat **etw ~**
acquérir qch; **Tempo ~** accélérer
zuleide, zu Leide [tsu'laɪdə] adv: **jdm etwas ~
tun** nuire à qn
zuleiten ['tsu:laɪtən] vt (Wasser, Strom) fournir;
(Geldbetrag) donner; (schicken) faire parvenir
Zuleitung f (Leitung) conduite f
zuletzt [tsu'lɛtst] adv (an letzter Stelle) en dernier;
(als Letzte(r)) en dernier, le(la) dernier(-ière); (zum
letzten Mal) la dernière fois; (schließlich)
finalement; **wir bleiben bis ~** nous allons rester
jusqu'à la fin; **nicht ~ wegen** en particulier à
cause de
zuliebe [tsu'li:bə] adv: **jdm ~** pour faire plaisir à qn
Zulieferbetrieb ['tsu:li:fərbətri:p] m, **Zulieferer**
(**-s, -**) ▷ m (Wirts) fournisseur m

zum [tsʊm] = **zu dem**

zumachen ['tsuːmaxən] vt (schließen) fermer; (zuknöpfen) boutonner ▷ vi (Laden) fermer

zumal [tsuˈmaːl] konj d'autant plus que

zumeist [tsuˈmaɪst] adv la plupart du temps

zumessen ['tsuːmɛsən] unreg vt (Zeit, Bedeutung) accorder

zumindest [tsuˈmɪndəst] adv du moins

zumutbar ['tsuːmuːtbaːr] adj acceptable

zumute, zu Mute [tsuˈmuːtə] adv: **mir ist wohl ~** je me sens bien; (bei Angelegenheit) je suis à l'aise

zumuten ['tsuːmuːtən] vt: **jdm etw ~** demander qch à qn; **sich Dat zu viel ~** se surmener

Zumutung f demande f exagérée; **eine ~ sein** être un comble; **so eine ~!** quel culot!

zunächst [tsuˈnɛːçst] adv (am Anfang, zuerst) tout d'abord; (vorerst) pour l'instant; **~ einmal** tout d'abord, en premier lieu

zunageln ['tsuːnaːgəln] vt (Fenster, Kiste etc) clouer

zunähen ['tsuːnɛːən] vt coudre

Zunahme ['tsuːnaːmə] f augmentation f

Zuname ['tsuːnaːmə] m nom m de famille

zünden ['tsʏndən] vi (Feuer, fig) prendre ▷ vt (Bombe) faire exploser; (Rakete) tirer; **bei jdm ~** (begeistern) produire son effet sur qn; **der Motor zündet nicht** il y a du retard à l'allumage; **endlich hats auch bei dir gezündet!** tu as enfin pigé!

zündend adj (Musik) entraînant(e); (Rede) qui soulève l'enthousiasme

Zünder (-s, -) m (Tech, Mil) détonateur m

Zünd-: ~flamme f veilleuse f; **~holz** nt allumette f; **~kabel** nt câble m d'allumage; **~kerze** f (Aut) bougie f; **~schloss** nt (Aut) contact m; **~schlüssel** m clé f de contact; **~schnur** f mèche f; **~stoff** m carburant m; (fig) matière f incendiaire

Zündung f (Aut) allumage m

Zündverteiler m distributeur m

zunehmen ['tsuːneːmən] unreg vi augmenter; (dicker werden) prendre du poids; (Mond) croître ▷ vt (Kilos) prendre; (Maschen) augmenter de

zunehmend adj croissant(e); (Mond) qui croît ▷ adv de plus en plus; **in ~em Maße** de plus en plus; **mit ~em Alter** avec l'âge

zuneigen ['tsuːnaɪgən] vi +Dat: **jdm zugeneigt sein** avoir un faible pour qn; **sich dem Ende ~** toucher à sa fin; **der Auffassung ~, dass** avoir tendance à croire que

Zuneigung f affection f

Zunft [tsʊnft] (-, ¨e) f corporation f

zünftig ['tsʏnftɪç] adj (ordentlich, gehörig) bon(bonne)

Zunge ['tsʊŋə] f langue f; (Fisch) sole f; **böse ~n behaupten, ...** d'après les mauvaises langues, ...; **etw auf der ~ haben** avoir qch sur le bout de la langue

züngeln ['tsʏŋəln] vi (Flammen) s'élancer, jaillir

Zungenbrecher m phrase très difficile à prononcer

Zünglein ['tsʏŋlaɪn] nt: **das ~ an der Waage sein** (fig) faire pencher la balance

zunichtemachen [tsuˈnɪçtəmaxən] vt anéantir

zunichtewerden [tsuˈnɪçtəveːrdən] unreg vi être réduit(e) à néant

zunutze, zu Nutze [tsuˈnʊtsə] adv: **sich Dat etw ~ machen** tirer profit de qch, se servir de qch

zuoberst [tsuˈloːbərst] adv (tout) en haut

zuordnen ['tsuːlɔrdnən] vt +Dat attribuer (à)

zupacken ['tsuːpakən] vi (greifen) s'en emparer; (umg: bei Arbeit) bosser dur; **(mit) ~** mettre la main à la pâte

zupfen ['tsʊpfən] vt (Fäden) tirer; (Augenbrauen) s'épiler; (Gitarre) jouer de ▷ vi: **an etw Dat ~** tirer qch

zur [tsuːr] = **zu der** (auf Namensschildern): „**Gasthof/Hotel ~ Post**" "Auberge/Hôtel de la Poste"

zurande, zu Rande [tsuˈrandə] adv: **mit etw (nicht) ~ kommen** (ne pas) venir à bout de qch; **mit jdm (nicht) ~ kommen** (ne pas) savoir comment s'y prendre avec qn

zurate, zu Rate [tsuˈraːtə] adv: **jdn ~ ziehen** demander conseil à qn; **etw ~ ziehen** consulter qch

zuraten ['tsuːraːtən] unreg vi: **jdm ~, etw zu tun** conseiller à qn de faire qch

zurechnungsfähig ['tsuːrɛçnʊŋsfɛːɪç] adj (Jur) sain(e) d'esprit; (fig) sain(e) de corps et d'esprit; **Z~keit** f (Jur) responsabilité f

zurecht-: ~biegen unreg vt redresser; (umg: in Ordnung bringen) arranger; **~finden** unreg vr s'y retrouver; (im Leben) se débrouiller; **~kommen** unreg vi (rechtzeitig kommen) arriver à temps; (schaffen) se débrouiller; (finanziell) arriver à joindre les deux bouts; **~legen** vt préparer; **~machen** (umg) vt préparer ▷ vr se préparer; (schminken) se maquiller; **~weisen** unreg vt remettre à sa place; **Z~weisung** f réprimande f

zureden ['tsuːreːdən] vi +Dat (ermutigen) encourager; (überreden) convaincre

zureiten ['tsuːraɪtən] unreg vt (Pferd) dresser

Zürich ['tsyːrɪç] (-s) nt Zurich

zurichten ['tsuːrɪçtən] vt (vorbereiten) préparer; (beschädigen) abîmer; (verletzen) maltraiter

zurück [tsuˈrʏk] adv (nach rückwärts) en arrière; (im Rückstand) en retard; **wir fuhren nach Paris/ nach Hause ~** nous sommes retournés à Paris/ rentrés à la maison; **~!** arrière!; **Köln hin und ~** un aller-retour od aller et retour pour Cologne; **~behalten** unreg vt garder; (Schäden, Schock) subir; **~bekommen** unreg vt obtenir en retour; **Sie bekommen noch 50 Cents ~** je vous dois encore 50 cents; **er bekam seinen Brief ~** sa lettre lui a été retournée; **~bezahlen** vt rembourser; **~bleiben** unreg vi rester; (nicht nachkommen) rester en arrière; (in Entwicklung) avoir du retard; **~blicken** vi: **auf etw Akk ~blicken** regarder qch derrière soi, se tourner pour regarder qch; (auf die Vergangenheit) évoquer qch; **~bringen** unreg vt rapporter; **~datieren** vt (Rechnung) antidater; **~drängen** vt (Gefühle) réprimer; (Feind) repousser; **~drehen** vt: **den Knopf für die Lautstärke ~drehen** (tourner le bouton pour) baisser le volume; **die Zeit ~drehen** revenir en arrière; **~erobern** vt reconquérir; **~erstatten** vt rembourser; **~fahren** *unreg vi* retourner; *(vor Schreck)* faire un bond en arrière ▷ *vt (jdn)* ramener; **~fallen** *unreg vi (nach hinten)* tomber en arrière; *(in Wettkampf, Leistung)* prendre du retard; *(in Laster)* retomber; **~fallen an** +*Akk (an Besitzer)* revenir à; **das fällt auf uns** *Akk* ~ ça va retomber sur nous; **~finden** *unreg vi* retrouver son chemin ▷ *vt (Weg)* retrouver; **zu jdm ~finden** se réconcilier avec qn; **~fordern** *vt* réclamer; **~führen** *unreg vt* ramener; **etw auf etw** *Akk* **~führen** *(Ursachen erkennen)* mettre qch sur le compte de qch, attribuer qch à qch; *(zurückverfolgen)* faire remonter qch à qch; **~geben** *unreg vt* rendre ▷ *vi (antworten)* répliquer; **~geblieben** *adj (geistig)* arriéré(e); **~gehen** *unreg vi (an Ort)* retourner; *(nachlassen)* baisser; *(zeitlich):* **~gehen auf** +*Akk* remonter à; **Waren/ein Essen ~gehen lassen** renvoyer des marchandises/un plat; **~gezogen** *adj* retiré(e), solitaire; **~greifen** *unreg vi:* ~**greifen auf** +*Akk* avoir recours à; *(zeitlich)* revenir à; *(auf Reserven)* avoir recours à, entamer; **~halten** *unreg vt (Gegenstand)* garder; *(Mensch)* retenir; *(Tränen, Bemerkung)* réprimer, contenir ▷ *vr (reserviert sein)* être réservé(e); *(sich beherrschen)* se retenir; *(im Hintergrund bleiben)* se tenir sur la réserve; **~haltend** *adj (bescheiden)* réservé(e); *(kühl)* peu enthousiaste; **Z~haltung** *f* réserve *f*; **~holen** *vt (Comput: Daten)* récupérer; **~kehren** *vi* retourner; **~kommen** *unreg vi* revenir; *(nach Hause)* rentrer; **auf jdn ~kommen** faire appel à qn; **auf etw** *acc* **~kommen** revenir à qch; **~lassen** *unreg vt (Habe)* laisser; **~legen** *vt (an Platz)* remettre; *(Kopf)* rejeter en arrière; *(Geld)* mettre de côté; *(Karten)* réserver; *(Strecke)* parcourir ▷ *vr* s'enfoncer; **~liegen** *unreg vi:* **das liegt eine Woche** ~ ça remonte à la semaine passée; **~nehmen** *unreg vt* reprendre; *(Bemerkung)* retirer; **~reichen** *vi:* ~**reichen bis** remonter à; **~rufen** *unreg vt (Person)* rappeler ▷ *vi (umg: wieder anrufen)* rappeler; **sich** *Dat* **etw ins Gedächtnis ~rufen** se remémorer qch; **~schalten** *vi (Aut)* rétrograder; **~schicken** *vt* renvoyer; **~schlagen** *unreg vi* rendre la pareille ▷ *vt (Kragen, Bettdecke)* remonter; *(Gegner)* repousser; **~schrauben** *vt:* **seine Ansprüche ~schrauben** devenir moins exigeant(e); **~schrecken** *vi:* **vor jdm/etw ~schrecken** avoir peur de qn/qch; **vor nichts ~schrecken** n'avoir peur de rien; **~setzen** *vt (nach hinten)* reculer; *(an vorigen Platz)* remettre; *(benachteiligen)* désavantager ▷ *vi (mit Fahrzeug)* reculer; **~stecken** *vt (an vorigen Platz)* remettre ▷ *vi (fig)* en rabattre; **~stehen** *unreg vi:* **hinter jdm ~stehen** être en retard sur qn; **~stellen** *vt (an Platz; aufschieben)* remettre; *(Lautstärke, Heizung)* baisser; *(Uhr)* retarder; *(von Militär)* mettre en sursis; *(von Schule)* retarder la scolarisation de; *(Ware)* mettre de côté; **persönliche Interessen hinter etw** *Dat* **~stellen** mettre qch avant son intérêt personnel ▷ *vi (Aut)* reculer; **~stoßen** *unreg vt (nach hinten)* repousser ▷ *vi (Aut)* reculer; **~stufen** *vt* rétrograder; **~treten** *unreg vi (nach hinten)* reculer; *(von Amt)* démissionner; *(von einem Vertrag etc)* se

rétracter; *(weniger wichtig sein)* être en déclin; **bitte von der Bahnsteigkante ~treten!** éloignez-vous de la bordure du quai, s'il vous plaît!; **~verfolgen** *vt (fig)* faire remonter à; **~versetzen** *vt:* **in etw** *Akk* **~versetzen** ramener à ▷ *vr:* **sich in eine Zeit ~versetzen** revenir en pensée à une époque; **~weichen** *unreg vi* reculer; **vor etw** *Dat* **~weichen** reculer devant qch; **~weisen** *unreg vt (Antrag)* refuser; *(an der Grenze)* refouler; *(Bewerber)* refuser; *(Vorwurf, Behauptung)* rejeter; **~werfen** *unreg vt (Kopf)* rejeter (en arrière); *(Ball)* renvoyer; *(Strahlen)* réfléchir; *(Schall)* répercuter; *(Feind)* repousser; *(wirtschaftlich):* **~werfen um** retarder de; **~zahlen** *vt* rembourser; **~ziehen** *unreg vt (Hand, Angebot etc)* retirer; *(Person)* ramener ▷ *vr (an früheren Wohnort)* retourner ▷ *vr* se retirer

Zuruf ['tsu:ru:f] *m* cri *m*; **auf ~ gehorchen** répondre à l'appel

zurzeit [tsʊr'tsait] *adv* en ce moment

zus. *abk* = **zusammen; zusätzlich**

Zusage ['tsu:za:gə] *f* accord *m*; *(von Einladung etc)* acceptation *f*; **z~n** *vt (Hilfe, Job)* accorder ▷ *vi (bei Einladung, Stelle)* accepter; **jdm etw auf den Kopf z~n** *(umg)* dire qch à qn sans détour; **jdm z~n** *(gefallen)* plaire à qn

zusammen [tsu'zamən] *adv* ensemble; *(insgesamt)* en tout; **Z~arbeit** *f* coopération *f*, collaboration *f*; **~arbeiten** *vi* collaborer; **Z~ballung** *f (von Macht etc)* accumulation *f*; **~bauen** *vt* construire; **~beißen** *unreg vt (Zähne)* serrer; **~bleiben** *unreg vi* rester ensemble; **~brauen** *(umg)* concocter ▷ *vr* se préparer; **~brechen** *unreg vi (einstürzen: Gebäude, System)* s'écrouler; *(Mensch)* s'effondrer; *(Verkehr)* être immobilisé(e); **~bringen** *unreg vt* rassembler; *(umg: Gedicht)* arriver à sortir; *(: Sätze)* arriver à aligner; **Z~bruch** *m (Nervenzusammenbruch)* dépression *f* (nerveuse); *(von Firma; Wirts, Pol)* effondrement *m*; *(von Verhandlungen)* rupture *f*; **~fahren** *unreg vi (Fahrzeug)* entrer en collision; *(zusammenzucken, erschrecken)* tressaillir; **~fallen** *unreg vi (einstürzen)* s'écrouler; *(Feiertage, Ereignisse)* coïncider, tomber en même temps; **~fassen** *vt (Bericht, Rede)* résumer; *(vereinigen)* réunir, rassembler; **~fassend** *adj* récapitulatif(-ive) ▷ *adv* en résumé; **Z~fassung** *f* résumé *m*; **Z~fassung** *f* résumé *m*; **~finden** *vr (sich zusammenschließen)* se réunir; **~fließen** *unreg vi* se rencontrer, confluer; **Z~fluss** *m* confluent *m*; **~fügen** *vt* joindre; **~führen** *vt* réunir ▷ *vi (Wege)* se rencontrer; **~gehen** *unreg vi (sich vereinigen)* fusionner; *(zusammenfassen)* aller ensemble; **~gehören** *vi (Menschen)* aller (bien) ensemble; *(als Paar)* être fait(e) l'un(e) pour l'autre; **~gesetzt** *adj (Wort)* composé(e); **~gewürfelt** *adj* disparate; **~halten** *unreg vi (Teile)* tenir ensemble; *(Menschen)* se serrer les coudes ▷ *vt (Gruppe)* assurer la cohésion de; *(Geld)* garder; **Z~hang** *m* rapport *m*; **aus dem Z~hang** hors du contexte; **etw aus dem Z~hang reißen** tirer qch de son contexte; **im Z~hang mit etw stehen** être en rapport avec qch, être lié(e) à qch;

~hängen *unreg vi* (*Teile*) tenir ensemble; (*Ursachen*) être lié(e); **das hängt damit ~, dass ...** c'est dû au fait que ...; **~hängend** *adj* (*Erzählung*) cohérent(e); **~hang(s)los** *adj* décousu(e); **~klappbar** *adj* pliable, pliant(e); **~klappen** *vt* (*Messer*) fermer ▷ *vi* (*umg: Mensch*) s'écrouler; **~kommen** *unreg vi* (*sich treffen*) se réunir; (*sich ansammeln: Geld*) être réuni(e); (*sich ereignen*) se produire (en même temps); **Z~kunft** (**-**, **-künfte**) *f* réunion *f*; **~laufen** *unreg vi* (*Menschen*) se rassembler; (*Farben*) se mélanger; (*Straßen, Flüsse etc*) se rencontrer; **~legen** *vt* mettre ensemble; (*falten*) plier; (*verbinden*) réunir; (*Termine, Fest*) combiner; (*Geld*) rassembler; **~nehmen** *unreg vt* rassembler ▷ *vr* (*sich zusammenreißen*) se ressaisir; **alles ~genommen** en tout; **~passen** *vi* aller (bien) ensemble; **Z~prall** *m* collision *f*; (*fig*) heurt *m*; **~prallen** *vi* entrer en collision, se heurter; **~reimen** (*umg*) *vt*: **das kann ich mir nicht ~reimen** ça me dépasse; **~reißen** *unreg* (*umg*) *vr* se ressaisir; **~rufen** *unreg vt* réunir; (*Parlament etc*) convoquer; **~schlagen** *unreg vt* (*umg: Mensch*) tabasser; (: *Dinge*) démolir; **die Hände über dem Kopf ~schlagen** lever les bras au ciel; **die Hacken ~schlagen** claquer des talons; **~schließen** *unreg vr* se réunir; (*Firmen*) fusionner; **Z~schluss** *m* fusion *f*; **~schmelzen** *unreg vi* fondre; (*Anzahl, Geld, Vorräte*) diminuer rapidement; **~schrecken** *unreg vi* tressaillir; **~schreiben** *unreg vt* (*Wort*) écrire en un seul mot; (*umg: Bericht*) rédiger; **~schrumpfen** *vi* diminuer; **Z~sein** (**-s**) *nt* réunion *f* de gens; **~setzen** *vt* (*Puzzle, Teile*) assembler ▷ *vr*: **sich aus etw ~setzen** être composé(e) de qch; **sich auf ein Glas Wein ~setzen** se retrouver pour boire un verre; **Z~setzung** *f* composition *f*; **Z~spiel** *nt* (*gegenseitig*) interaction *f*; (*von Orchester etc*) jeu *m*; **~stellen** *vt* (*Tische etc*) mettre ensemble; (*Rede, Menü*) composer; (*Ausstellung*) monter; (*Liste*) établir; **Z~stellung** *f* (*Übersicht*) résumé *m*; (*Vorgang*) sélection *f*; **Z~stoß** *m* (*von Fahrzeugen*) collision *f*; (*von Demonstranten*) confrontation *f*; **~stoßen** *unreg vi* (*Fahrzeuge*) entrer en collision, se heurter; (*Demonstranten*) se trouver face à face; **~strömen** *vi* (*Menschen*) se rassembler; **~tragen** *unreg vt* rassembler; **~treffen** *unreg vi* (*Ereignisse*) coïncider; **mit jdm ~treffen** rencontrer qn; **Z~treffen** *nt* rencontre *f*; (*Zufall*) coïncidence *f*; (*von Umständen*) concours *m*; **~treten** *unreg vi* se réunir; **~tun** *unreg vt* (*umg*) réunir ▷ *vr* s'allier; **~wachsen** *unreg vi* se joindre; **~wirken** *vi* concourir; **~zählen** *vt* additionner; **~ziehen** *unreg vt* (*Schlinge*) serrer, resserrer; (*Loch*) réparer; (*vereinigen*) rassembler; (*addieren*) additionner ▷ *vi*: **mit jdm ~ziehen** emménager avec qn ▷ *vr* (*schrumpfen*) se contracter; (*Gewitter*) se préparer; (*Wolken*) s'amonceler; **~zucken** *vi* tressaillir

Zusatz ['tsu:zats] *m* (*Vorgang*) ajout *m*; (*Nachtrag*) appendice *m*; **~antrag** *m* (*Pol*) amendement *m*; **~gerät** *m* accessoire *m*

zusätzlich ['tsu:zɛtslɪç] *adj* supplémentaire ▷ *adv* en plus

Zusatzmittel *nt* additif *m*

Zusatzzahl *f* (*beim Lotto*) numéro *m* supplémentaire

zuschauen ['tsu:ʃaʊən] *vi* regarder

Zuschauer, in (**-s, -**) *m(f)* spectateur(-trice) *m/f*; **Zuschauer** *pl* (*Theat, Film*) spectateurs *mpl*; (*TV*) téléspectateurs *mpl*

zuschicken ['tsu:ʃɪkən] *vt*: **jdm etw ~** faire parvenir qch à qn, envoyer qch à qn

zuschießen ['tsu:ʃi:sən] *unreg vt* (*umg: Geld*) donner ▷ *vi*: **~ auf** +*Akk* se diriger vers

Zuschlag ['tsu:ʃla:k] *m* (*Eisenb, Post*) supplément *m*; (*für Arbeit*) prime *f*

zuschlagen ['tsu:ʃla:gən] *unreg vt* (*Tür*) claquer; (*Buch*) fermer d'un coup sec; (*bei Auktion*) attribuer ▷ *vi* (*Fenster, Tür*) claquer; (*Mensch*) frapper; (*umg: bei günstigem Angebot*) saisir l'occasion; **jdm den Ball ~** envoyer la balle à qn

zuschlag-: ~frei *adj* (*Eisenb*) sans supplément; **Z~karte** *f* (*Eisenb*) supplément *m*; **~pflichtig** *adj* (*Zug*) avec supplément

zuschließen ['tsu:ʃli:sən] *unreg vt* (*Tür*) fermer à clé

zuschmieren ['tsu:ʃmi:rən] *vt* (*umg: Löcher*) colmater

zuschneiden ['tsu:ʃnaɪdən] *unreg vt* couper; **auf etw** *Akk* **zugeschnitten sein** être conçu(e) spécialement pour qch

zuschnüren ['tsu:ʃny:rən] *vt* (*Paket*) ficeler; (*Schuhe*) lacer; **die Angst schnürte ihm die Kehle zu** (*fig*) il avait la gorge serrée par l'angoisse

zuschrauben ['tsu:ʃraʊbən] *vt* visser le couvercle de

zuschreiben ['tsu:ʃraɪbən] *unreg vt*: **jdm etw ~** attribuer qch à qn; (*Geld*) virer qch sur le compte de qn; **das hast du dir selbst zu~** tu l'auras cherché

Zuschrift ['tsu:ʃrɪft] *f* lettre *f* (*de lecteur ou d'auditeur*); (*auf Annonce*) réponse *f*

zuschulden, zu Schulden [tsu'ʃʊldən] *adv*: **sich** *Dat* **etwas ~ kommen lassen** se rendre coupable d'une faute, avoir quelque chose sur la conscience

Zuschuss ['tsu:ʃʊs] *m* subvention *f*; (*nicht amtlich*) contribution *f*

Zuschussbetrieb *m* entreprise *f* subventionnée

zuschütten ['tsu:ʃʏtən] *vt* boucher

zusehen ['tsu:ze:ən] *unreg vi* (+*Dat*) (*zuschauen*) regarder; **~, dass** (*dafür sorgen*) veiller à ce que; **ich kann nicht einfach ~, wie das geschieht** (*dulden*) je ne peux pas regarder ça sans rien faire

zusehends *adv* à vue d'œil

zu sein ['tsu:zaɪn] *unreg vi* siehe **zu**

zusenden ['tsu:zɛndən] *unreg vt*: **jdm etw ~** faire parvenir qch à qn, envoyer qch à qn

zusetzen ['tsu:zɛtsən] *vt* (*beifügen*) ajouter ▷ *vi* (*geldlich*) payer; **jdm ~** (*belästigen*) attaquer qn; (*Krankheit*) affaiblir qn; (*unter Druck setzen*) presser qn; (*schwer treffen*) abattre qn

zusichern ['tsu:zɪçərn] *vt*: **jdm etw ~** promettre qch à qn, assurer qn de qch

Zusicherung f promesse f, assurance f
zusperren ['tsuː:ʃpɛrən] vt fermer à clé
zuspielen ['tsuː:ʃpiːlən] vt: **jdm etw ~** (Ball) passer qch à qn; (Information, Gerüchte) communiquer qch à qn
zuspitzen ['tsuː:ʃpɪtsən] vt (Pfeil) aiguiser ▷ vr (Lage) s'aggraver
zusprechen ['tsuː:ʃprɛçən] unreg vt (zuerkennen): **jdm etw ~** (Vertrag, Preis) accorder qch à qn ▷ vi: **jdm gut ~** essayer de convaincre qn; **dem Essen ~** (umg) manger de bon appétit; **dem Wein ~** (umg) faire honneur au vin
Zuspruch ['tsuː:ʃprʊx] m paroles fpl d'encouragement; (geistlich): **~ finden** avoir du succès
Zustand ['tsuː:ʃtant] m état m; (Lage) situation f; **Zustände** pl (Verhältnisse) conditions fpl; **Zustände bekommen** od **kriegen** (umg) se mettre dans tous ses états
zustande, zu Stande [tsuː:ʃtandə] adv: **etw ~ bringen** réussir à obtenir qch; **~ kommen** (Veranstaltung, Fest) avoir lieu; (Geschäft, Vertrag) être conclu(e)
zuständig ['tsuː:ʃtɛndɪç] adj (Behörde, Person, Abteilung) responsable, compétent(e); **Z~keit** f responsabilité f, compétence f; **Z~keitsbereich** m compétence f
zustehen ['tsuː:ʃteːən] unreg vi: **etw steht jdm zu** qn a droit à qch
zusteigen ['tsuː:ʃtaɪɡən] unreg vi monter; **noch jemand zugestiegen?** (im Zug: nach dem Bahnhof X) les billets de X, s'il vous plaît
zustellen ['tsuː:ʃtɛlən] vt (versperren) bloquer; (Post etc) distribuer
Zustellgebühr f affranchissement m
Zustellung f (von Post) distribution f; (Jur) notification f
zusteuern ['tsuː:ʃtɔyərn] vi: **auf etw** Akk **~** se diriger vers qch; (beim Gespräch) amener la conversation sur qch ▷ vt (beitragen) donner
zustimmen ['tsuː:ʃtɪmən] vi +Dat être d'accord (avec)
Zustimmung f accord m; **allgemeine ~ finden** être bien reçu(e) partout
zustoßen ['tsuː:ʃtoːsən] unreg vi (mit Messer) donner des coups de couteau ▷ vt (Tür etc) fermer d'un coup de pied; **jdm ~** arriver à qn
Zustrom ['tsuː:ʃtroːm] m (Menschenmenge, Met) afflux m; (von Flüssigkeit, Gasen etc) arrivée f; **großen/geringen ~ haben** avoir beaucoup/peu de succès
zustürzen ['tsuː:ʃtʏrtsən] vi: **auf jdn/etw ~** se précipiter sur qn/qch
zutage, zu Tage [tsuː:taːɡə] adv: **~ bringen** exposer; **~ treten** od **kommen** apparaître, se manifester
Zutaten ['tsuː:taːtən] pl ingrédients mpl
zuteilen ['tsuː:taɪlən] vt attribuer
zuteilwerden [tsuː:taɪlveːrdən] (geh) unreg vi: **jdm ~** (Ehre, Glück) revenir à qn; (Unrecht) s'abattre sur qn
zutiefst [tsuː:tiːfst] adv profondément
zutragen ['tsuː:traːɡən] unreg vt: **jdm etw ~**

(Klatsch, Gerüchte) rapporter qch à qn ▷ vr advenir, se produire
zuträglich ['tsuː:trɛːklɪç] adj: **jdm ~ sein** être bon(bonne) pour qn
zutrauen ['tsuː:trauən] vt: **jdm etw ~** (Aufgabe, Tat) confier qch à qn; **sich** Dat **etw ~** se sentir capable de (faire) qch; **sich** Dat **nichts ~** manquer de confiance en soi; **jdm viel/wenig ~** avoir/ne pas avoir une haute opinion de qn; **Z~ (-s)** nt confiance f; **zu jdm Z~ fassen** faire de plus en plus confiance à qn
zutraulich adj (Hund) affectueux(-euse); (Kind) confiant(e), qui n'est pas timide; **Z~keit** f nature f confiante
zutreffen ['tsuː:trɛfən] unreg vi (Bericht) être exact(e); (Beschreibung) correspondre; (Feststellung) être juste; (Regel) être valable; **~ auf** +Akk od **für** s'appliquer à
zutreffend adj (richtig) judicieux(-euse); **Z~es bitte unterstreichen** veuillez souligner la mention correspondante
zutrinken ['tsuː:trɪŋkən] unreg vi: **jdm ~** boire à la santé de qn
Zutritt ['tsuː:trɪt] m accès m, entrée f; **~ verboten!** défense d'entrer!, entrée interdite!
zutun ['tsuː:tuːn] unreg vt (schließen) fermer
Zutun (-s) nt: **ohne mein/sein ~** sans que j'y sois/qu'il y soit pour rien
zuungunsten, zu Ungunsten [tsuːˈʊnɡʊnstən] präp +Gen od Dat au détriment de
zuunterst [tsuːˈʊntərst] adv tout en bas
zuverlässig ['tsuː:fɛrlɛsɪç] adj (Mensch) digne de confiance; (Nachrichtenquelle) sûr(e); (Auto) fiable; (Arbeiter) sérieux(-euse); **Z~keit** f fiabilité f
Zuversicht ['tsuː:fɛrzɪçt] (-) f confiance f; **z~lich** adj confiant(e), optimiste; **~lichkeit** f confiance f, optimisme m
zu viel [tsuːˈfiːl] adj siehe **zu**
zuvor [tsuːˈfoːr] adv auparavant
zuvorderst [tsuːˈfɔrdərst] adv tout devant
zuvorkommen unreg vi +Dat devancer; (einer Gefahr) prévenir
zuvorkommend adj prévenant(e)
Zuwachs ['tsuː:vaks] (-es) m accroissement m; **sie haben ~ bekommen** (umg) la famille s'est agrandie
zuwachsen unreg vi (Wunde) se cicatriser, guérir; (Weg) être envahi(e) par la végétation
Zuwachsrate f taux m de croissance
zuwandern ['tsuː:vandərn] vi immigrer, arriver
zuwege, zu Wege [tsuːˈveːɡə] adv: **etw ~ bringen** arriver à faire qch, obtenir qch
zuweilen [tsuːˈvaɪlən] adv de temps en temps, parfois
zuweisen ['tsuː:vaɪzən] unreg vt: **jdm etw ~** attribuer qch à qn
zuwenden ['tsuː:vɛndən] unreg vt (Gesicht, Rücken) tourner ▷ vr: **sich jdm ~** se tourner vers qn; (widmen) s'occuper de qn; **sich etw** Dat **~** se tourner vers qch; (sich widmen) se consacrer à qch; **jdm seine Aufmerksamkeit ~** accorder son attention à qn

Zuwendung f (finanziell) don m
zu wenig [tsu'veːnɪç] adj siehe **zu**
zuwerfen ['tsuːvɛrfən] unreg vt (Tür) claquer; **jdm etw ~** lancer qch à qn
zuwider [tsu'viːdər] adv: **jdm ~ sein** dégoûter qn ▷ präp +Dat contre; **~handeln** vi +Dat aller à l'encontre de; (einem Gesetz) contrevenir à; **Z~handlung** f infraction f; **~laufen** unreg vi aller à l'encontre de
zuz. abk (= zuzüglich) plus
zuzahlen ['tsuːtsaːlən] vt: **10 Euro ~** payer 10 euros de plus
zuziehen ['tsuːtsiːən] unreg vt (Vorhang) tirer; (Knoten etc) serrer; (Arzt, Experten) consulter ▷ vi (hierherziehen) arriver; **sich** Dat **etw ~** (Krankheit) contracter qch; (Zorn) s'attirer qch; **sich** Dat **eine Verletzung ~** (förmlich) se blesser
Zuzug ['tsuːtsuk] (-(e)s) m (Zustrom) afflux m; (von Familie etc) arrivée f
zuzüglich ['tsuːtsyːklɪç] präp +Gen plus
zuzwinkern ['tsuːtsvɪnkərn] vi: **jdm ~** faire un clin d'œil à qn
zwang etc [tsvaŋ] vb siehe **zwingen**
Zwang (-(e)s, ¨e) m force f; **gesellschaftliche Zwänge** les contraintes fpl sociales; **tu dir keinen ~ an** (umg) ne te force pas; **es besteht kein ~ etwas zu kaufen** il n'y a pas d'obligation d'achat
zwängen ['tsvɛŋən] vt forcer
zwang-: **~haft** adj (Psych) compulsif(-ive) ▷ adv compulsivement; **~los** adj (Gespräch) informel(le), à bâtons rompus; (Zusammenkunft) informel(le); (Kleidung, Arbeitsweise) décontracté(e); **Z~losigkeit** f caractère m informel
Zwangs-: **~abgabe** f (Wirts) impôt m supplémentaire; **~arbeit** f travaux mpl forcés; **z~ernähren** vt nourrir de force; **~jacke** f camisole f de force; **~lage** f situation f difficile; **z~läufig** adj inévitable; **~maßnahme** f (Pol) sanction f; **~vollstreckung** f (Jur) exécution f forcée; **~vorstellung** f (Psych) obsession f; **z~weise** adv d'office
zwanzig ['tsvantsɪç] num vingt
zwanzigste, r, s adj vingtième
zwar [tsvaːr] adv: **das ist ~ traurig, aber ...** bien que ce soit triste, ..., c'est (vraiment) triste, mais ...; **er ist tatsächlich gekommen, und ~ am Sonntag** il est vraiment venu, dimanche; **er fuhr sofort hin, und ~ so schnell, dass ...** il y est allé tout de suite, et si vite que ...
Zweck [tsvɛk] (-(e)s, -e) m but m; (Sinn) sens m; **~bau** m bâtiment m fonctionnel od utilitaire; **z~dienlich** adj (nützlich) utile; **z~dienliche Hinweise** tous renseignements utiles
Zwecke f (Reißzwecke, Heftzwecke) punaise f
zweck-: **~entfremden** vt untr détourner de son usage; **Z~entfremdung** f détournement m; **~entsprechend** adj approprié(e) ▷ adv d'une manière appropriée; **~frei** adj (Forschung) pur(e); **~los** adj inutile; **~mäßig** adj pratique ▷ adv d'une manière pratique

zwecks präp +Gen en vue de
zweckwidrig adj mauvais(e)
zwei [tsvaɪ] num deux; **Z~bettzimmer** nt chambre f à deux lits; **~deutig** adj à double sens, ambigu(ë); (unanständig) à double sens, osé(e); **Z~drittelmehrheit** f (Parl) majorité f des deux tiers; **~eiig** adj: **~eiige Zwillinge** des faux jumeaux mpl
zweierlei ['tsvaɪərlaɪ] adj: **~ Brot/Stoff** deux sortes de pain/tissu; **~ zu tun haben** avoir deux choses (différentes) à faire; **das sind ~ Sachen** ce sont deux choses différentes
zweifach adj double
Zweifel ['tsvaɪfəl] (-s, -) m doute m; **ich bin mir darüber im ~** j'hésite; **z~haft** adj douteux(-euse); **z~los** adv indubitablement
zweifeln vi: **an jdm/etw ~** douter de qn/qch
Zweifelsfall m: **im ~** en cas de doute
zweifelsfrei adv sans l'ombre d'un doute
Zweig [tsvaɪk] (-(e)s, -e) m (von Baum) petite branche f; (von Familie, Unterabteilung) branche; **auf keinen grünen ~ kommen** n'arriver à rien; **~geschäft** nt succursale f
zweigleisig ['tsvaɪglaɪzɪç] adj (Bahnlinie) à deux voies ▷ adv: **~ fahren** (fig) se réserver une issue de secours
Zweigstelle f succursale f
zwei-: **~hundert** num deux cents; **~mal** adv deux fois; **das lasse ich mir nicht ~mal sagen** je ne me le ferai pas dire deux fois; **~motorig** adj bimoteur; **Z~reiher** (-s, -) m (Anzug) complet à veste croisée; **Z~samkeit** f vie f à deux; **~schneidig** adj à double tranchant; **Z~sitzer** m (Aut) voiture f à deux places; **~sprachig** adj bilingue; **~spurig** adj à deux voies; **~stellig** adj (Zahl) de od à deux chiffres; **~stimmig** adj à deux voix; **~stimmig singen** chanter en chœur
zweit adv: **zu ~** à deux; **wir sind zu ~** nous sommes deux
Zweitaktmotor m moteur m à deux temps
zweitausend num deux mille
zweitbeste, r, s adj second(e); **das ist nur die ~ Lösung** ce n'est pas la meilleure solution, mais presque; **der ~ Schüler** le second de (sa) classe
zweite, r, s adj deuxième, second(e); **Bürger ~r Klasse** déshérité m; **etw aus ~r Hand wissen** avoir entendu dire qch; **etw aus ~r Hand kaufen** acheter qch d'occasion
zweiteilig adj (Fernsehfilm) en deux parties; (Kleidung) deux-pièces
zweitens adv deuxièmement
zweit-: **Z~frisur** f perruque f; **~größte, r, s** adj deuxième od second(e) (par ordre de grandeur); **~klassig** adj de deuxième classe; **~letzte, r, s** adj avant-dernier(-ère); **~rangig** adj (Qualität) de second choix; (nicht so wichtig) secondaire; **Z~schlüssel** m deuxième clé f; **Z~stimme** f (Pol) seconde voix f, second suffrage m (allant aux partis plutôt qu'aux candidats)
zweitürig ['tsvaɪtyːrɪç] adj à deux portes; (Auto) deux-portes

Zweitwagen *m* seconde voiture *f*
Zweitwohnung *f* résidence *f* secondaire
zweizeilig *adj* de deux lignes; **~er Abstand**
double interligne *m*
Zwerchfell ['tsvɛrçfɛl] *nt* diaphragme *m*
Zwerg, in [tsverk, 'tsvɛrgɪn] (-(e)s, -e) *m(f)*
nain(e) *m/f*; *(fig: pej)* nabot *m*; **~schule** *f* école *f* de
village *(où plusieurs degrés sont enseignés dans une même
classe)*
Zwetsch(g)e *f* prune *f*, quetsche *f*
Zwickel ['tsvɪkəl] (-s, -) *m* (Strumpfhosenzwickel)
entre-jambes *m inv*
zwicken ['tsvɪkən] *vt* pincer ▷ *vi* (Kleidungsstück)
pincer, serrer
Zwickmühle ['tsvɪkmyːlə] *f*: **in einer ~ sitzen**
être dans une situation sans issue, être coincé(e)
Zwieback ['tsviːbak] (-(e)s, -e od -bäcke) *m*
≈ biscotte *f*
Zwiebel ['tsviːbəl] *f* oignon *m*; (Blumenzwiebel)
oignon, bulbe *m*; **~kuchen** *m* tarte *f* aux oignons;
~turm *m* clocher *m* à dôme bulbeux
Zwie-: ~gespräch *nt* dialogue *m*; **~licht** *nt*
pénombre *f*; **ins ~licht geraten sein** *(fig)* s'être
discrédité(e); **z~lichtig** *adj* (suspekt) louche;
~spalt *m* conflit *m* intérieur; (zwischen Menschen)
conflit; **z~spältig** *adj* (Gefühle) contradictoire;
(Charakter) plein(e) de contradictions; **~tracht** *f*
discorde *f*
Zwilling ['tsvɪlɪŋ] (-s, -e) *m* jumeau(-elle) *m/f*;
Zwillinge *pl* (Astrol) Gémeaux *mpl*
zwingen ['tsvɪŋən] *unreg vt* forcer ▷ *vr* se forcer;
jdn zu etw ~ forcer qn à faire qch
zwingend *adj* (Grund etc) contraignant(e); (Schluss)
inévitable; (Beweis) concluant(e)
Zwinger (-s, -) *m* (für Hunde) chenil *m*
zwinkern ['tsvɪŋkərn] *vi* cligner des yeux;
(absichtlich) faire un clin od des clins d'œil
Zwirn [tsvɪrn] (-(e)s, -e) *m* fil *m*
zwischen ['tsvɪʃən] *präp +Akk, +Dat* entre; (mitten
in, mitten unter) parmi, au milieu de; **Z~aufenthalt**
m escale *f*; **Z~bemerkung** *f* remarque *f* (faite) en
passant; **Z~bilanz** *f* bilan *m* intermédiaire;
~blenden *vt* (TV) insérer; **Z~decke** *f* (in Gebäude)
faux plafond *m*; **Z~ding** (umg) *nt* mélange *m*;
Z~dividende *f* dividende *m* intérimaire; **~durch**
adv (zeitlich) entre-temps; (räumlich) par endroits,
ici et là; **Z~ergebnis** *nt* résultat *m* provisoire;
Z~fall *m* incident *m*; **~finanzieren** *vt untr*
accorder un crédit relais à; **Z~finanzierung** *f*
crédit *m* relais; **Z~frage** *f* question *f*; **Z~gas** *nt*:
Z~gas geben faire un double débrayage;

Z~größe *f* taille *f* intermédiaire; (für Schuhe)
demi-pointure *f*; **Z~handel** *m* commerce *m* de
demi-gros; **Z~händler** *m* intermédiaire *m*,
revendeur *m*; **Z~hoch** *nt* (Met) ligne *f* de haute
pression; **Z~lagerung** *f* entreposage *m*; **~landen**
vi faire escale; **Z~landung** *f* escale *f*; **Z~lösung** *f*
solution *f* intermédiaire; **Z~mahlzeit** *f* collation
f; (am Nachmittag) goûter *m*; **~menschlich** *adj*
(Beziehungen) entre les gens; **Z~produkt** *nt* (Wirts)
produit *m* intermédiaire; **Z~prüfung** *f* examen
m intermédiaire; **Z~raum** *m* espace *m*; **Z~ruf** *m*
interruption *f*; **Zwischenrufe** *pl* (bei Reden etc)
interpellations *fpl*; **Z~saison** *f* mi-saison *f*;
Z~spiel *nt* intermède *m*; (Mus) interlude *m*;
~staatlich *adj* (international) international(e);
Z~stecker *m* adapt(at)eur *m*; **Z~stück** *nt* raccord
m; **Z~summe** *f* total *m* partiel, sous-total *m*;
Z~tür *f* porte *f* de communication; **Z~wand** *f*
cloison *f*; **Z~zeit** *f* intervalle *m*; (Sport) mi-temps *f*
inv; **in der Z~zeit** entre-temps; **Z~zeugnis** *nt*
(Sch) bulletin *m* trimestriel; **Z~zins** *m* intérêt *m*
intérimaire
Zwist [tsvɪst] (-es, -e) *m* conflit *m*
zwitschern ['tsvɪtʃərn] *vi* (Vögel) pépier,
gazouiller; **einen ~** (umg) boire un coup
Zwitter ['tsvɪtər] (-s, -) *m* hermaphrodite *m*
zwo [tsvoː] *num* deux
zwölf [tsvœlf] *num* douze; **~ Uhr mittags/nachts**
midi/minuit; **fünf Minuten vor ~** *(fig)* moins
cinq
Zwölffingerdarm (-(e)s) *m* duodénum *m*
zwölfte, r, s *adj* douzième
Zyankali [tsyaːn'kaːli] (-s) *nt* cyanure *m* de
potassium
Zyklon [tsy'kloːn] (-s, -e) *m* cyclone *m*
Zyklus ['tsyːklʊs] (-, Zyklen) *m* cycle *m*; (von
Bildern) série *f*
Zylinder [tsi'lɪndər] (-s, -) *m* cylindre *m*; (Hut)
haut-de-forme *m*; **z~förmig** *adj* cylindrique
Zyniker, in ['tsyːnikər(ɪn)] (-s, -) *m(f)* personne *f*
cynique, cynique *m/f*
zynisch ['tsyːnɪʃ] *adj* cynique
Zynismus ['tsyːnɪsmʊs] *m* cynisme *m*
Zypern ['tsyːpərn] (-s) *nt* Chypre *f*
Zypresse [tsy'prɛsə] *f* cyprès *m*
Zypr(i)er, in ['tsyːpr(i)ər(ɪn)] (-s, -), **Zypriot, in**
[tsyprɪ'oːt(ɪn)] (-en, -en) *m(f)* Cypriote *m/f*
zypriotisch, zyprisch *adj* cypriote
Zyste ['tsystə] *f* (Med) kyste *m*
zz., zzt., z. Zt. *abk* = **zurzeit**
zzgl. *abk* = **zuzüglich**

L'allemand en situation

Französisch aktiv

Collaborateurs/Mitarbeiter

Rose Rociola   Monika Hofmann
Laure Klemm

Coordination/Koordination

Isobel Gordon

Einleitung

Das Ziel des Teils **Französisch aktiv** ist es, Ihnen zu helfen, sich einfach aber korrekt in fließendem Französisch auszudrücken. Die deutschen Beispiele berücksichtigen dabei selbstverständlich die neuen deutschen Rechtschreibregeln.

Der Abschnitt **Satzbausteine** enthält Hunderte von Beispielsätzen, deren Kernstücke übersetzt sind und die dadurch eine wertvolle Hilfe bei der Formulierung eigener Sätze darstellen.

Der Korrespondenzteil liefert Ihnen Modelle für den persönlichen Briefwechsel, die Geschäftskorrespondenz, für Bewerbungen und Lebensläufe. Er zeigt Ihnen an Beispielen, wie man einen Brief beginnt und beendet oder wie man einen Briefumschlag gestaltet. Er enthält zudem Fußnoten, mit deren Hilfe Sie die Modelle an Ihre eigenen Bedürfnisse anpassen können.

Beispiele für die Fax- und E-Mail-Korrespondenz sowie alle Ausdrücke und Formeln, die Sie kennen sollten, wenn Sie telefonieren wollen, sind in einem eigenen Abschnitt zusammengefasst.

Wir hoffen, dass der Anhang **Französisch aktiv** Ihnen eine wertvolle und nützliche Hilfe sein wird und in Verbindung mit dem Wörterbuch dazu beiträgt, Ihr Verständnis des Französischen zu verbessern und Ihre Freude an dieser Fremdsprache zu erhöhen.

Inhalt

Introduction

L'allemand en situation a pour objectif de vous aider à vous exprimer en allemand, dans un style simple et naturel.

Dans le **Mémo des tournures essentielles**, vous trouverez des centaines d'expressions allemandes de base, qui vous permettront de construire vos propres phrases dans toutes sortes de contextes.

La partie correspondance contient des modèles de lettres de tous genres, dont vous pourrez vous inspirer pour rédiger à votre tour vos lettres, que ce soit dans un contexte privé ou professionnel. Si vous êtes à la recherche d'un travail, vous y trouverez également des exemples de curriculum vitæ et de lettres de candidature. Pour vous permettre d'adapter ces modèles à vos besoins, nous vous donnons en outre une liste des formules de politesse employées en début et en fin de lettre.

La dernière partie est consacrée à la communication par télécopie, par courrier électronique et par téléphone, et comprend une liste des expressions de base les plus couramment utilisées au téléphone.

Il va sans dire que **L'allemand en situation** suit les nouvelles règles orthographiques en vigueur en Allemagne.

L'allemand en situation, complément indispensable de votre dictionnaire, vous permettra de vous exprimer avec aisance dans toutes les situations.

Table des matières

Vorlieben und Abneigungen

Vorlieben ausdrücken

J'aime les gâteaux.	Ich ... gern ...
J'aime que les choses soient à leur place.	Ich habe es gern, wenn ...
J'ai bien aimé le film.	... hat mir gut gefallen.
J'adore sortir en boîte.	Ich ... sehr gerne ...
Ce que je préfère chez Laurent, c'est son enthousiasme.	Was mir ... am besten gefällt ...
Ce que j'aime par-dessus tout, c'est son sourire.	Nichts mag ich lieber als ...
La visite des vignobles **m'a beaucoup plu**.	... hat mir sehr gefallen.
J'ai un faible pour le chocolat.	Ich habe eine Schwäche für ...
Rien ne vaut un bon café.	Es geht nichts über ...
Rien de tel qu'un bon bain chaud !	Es geht doch nichts über ...
Le couscous est **mon** plat **favori**.	... ist mein Lieblings...
La lecture est **une de mes** activités **préférées**.	... eine meiner Lieblings...
Cela ne me déplaît pas de sortir seule.	Ich ... ganz gerne ...

Abneigungen ausdrücken

Je n'aime pas le poisson.	Ich mag keinen ...
Je n'aime pas beaucoup parler en public.	Ich ... nicht gern ...
Je ne l'**aime pas du tout**.	Ich mag ... überhaupt nicht.
Cette idée **ne m'emballe pas**.	Ich kann nicht sagen, dass mir ... besonders gefällt.
Je déteste la chimie.	Ich hasse ...
J'ai horreur du sport.	Ich hasse ...
Je ne supporte pas qu'on me mente.	Ich kann es nicht ausstehen, wenn ...
Sa façon d'agir **ne me plaît pas du tout**.	... gefällt mir überhaupt nicht.
Ce que je déteste le plus, c'est le repassage.	Am meisten hasse ich ...

Ausdrücken, was man bevorzugt

Je préfère le rock **à** la musique classique.	... gefällt mir besser als ...
Je préférerais vivre à Paris.	Ich würde lieber ...
J'aimerais mieux mourir de faim **que de** lui demander un service.	Ich würde lieber ... als ...

Gleichgültigkeit ausdrücken

Ça m'est égal.	Das ist mir egal.
Je n'ai pas de préférence.	Ich habe keine bestimmte Vorliebe.
C'est comme vous voudrez.	Ganz wie Sie wünschen.
Cela n'a aucune importance.	Das macht überhaupt nichts.
Peu importe.	Das kommt aufs Gleiche hinaus.

Vorlieben erfragen

Est-ce que vous aimez les frites ?	Mögen Sie ...
Est-ce que vous aimez faire la cuisine ?	... Sie gern?
Est-ce que cela vous plaît de vivre en ville ?	... Sie gerne ...
Qu'est-ce que vous préférez : la mer ou la montagne ?	Mögen Sie lieber ... oder ...
Vous préférez lequel, le rouge ou le noir ?	Was mögen Sie lieber ...
Est-ce que vous préférez vivre à la campagne ou en ville ?	... Sie lieber ...
Qu'est-ce que vous aimez le plus à la télévision ?	Was gefällt Ihnen ... am besten?

Meinungen

Meinungen erfragen

Qu'en pensez-vous ?	Was halten Sie davon?
Que pensez-vous de sa façon d'agir ?	Was halten Sie von ...
Je voudrais savoir ce que vous pensez de son travail.	Ich würde gerne wissen, was Sie von ... halten.
J'aimerais connaître votre avis sur ce problème.	Ich würde gerne Ihre Meinung zu ... hören.
Est-ce que vous pourriez me donner votre opinion sur cette émission ?	Bitte sagen Sie mir, was Sie von ... halten.
Quelle est votre opinion sur la peine de mort ?	Was ist Ihre Meinung zur ...
À votre avis, hommes et femmes sont-ils égaux ?	... Ihrer Meinung nach ...
Selon vous, faut-il donner plus de liberté aux jeunes ?	... Ihrer Ansicht nach ...

Seine Meinung sagen

Vous avez raison.	Sie haben recht.
Il a tort.	Er hat unrecht.
Il a eu tort de démissionner.	Es war falsch von ihm ...
Je pense que ce sera possible.	Ich denke ...
Je crois que c'est un peu prématuré.	Ich glaube ...
Je trouve que c'est normal.	Ich finde ...
Personnellement, je pense que c'est trop cher.	Ich persönlich glaube, dass ...
Il me semble que vous vous trompez.	Mir scheint, dass ...
J'ai l'impression que ses parents ne la comprennent pas.	Ich habe den Eindruck, dass ...
Je suis certain qu'il est tout à fait sincère.	Ich bin (mir) sicher, dass ...
Je suis sûr que Marc va gagner.	Ich bin (mir) sicher, dass ...
Je suis persuadé qu'il y a d'autres solutions.	Ich bin überzeugt davon, dass ...
À mon avis, il n'a pas changé.	Meiner Meinung nach ...
D'après moi, il a fait une erreur.	Aus meiner Sicht ...
Selon moi, c'est impossible.	Meiner Meinung nach ...

Keine Meinung zum Ausdruck bringen

Ça dépend.	Das kommt darauf an.
Tout dépend de ce que vous entendez par là.	Das hängt davon ab, was Sie darunter verstehen.
Je ne peux pas me prononcer.	Dazu kann ich mich nicht äußern.
Je n'ai pas d'opinion bien précise à ce sujet.	Ich habe keine feste Meinung zu diesem Thema.
Je ne me suis jamais posé la question.	Darüber habe ich noch nie nachgedacht.

Zustimmung und Übereinstimmung

Je trouve que c'est une excellente idée.	Ich denke, das ist eine hervorragende Idee.
Quelle bonne idée !	Was für eine gute Idee!
J'ai beaucoup apprécié son article.	... hat mir sehr gefallen.

C'est une très bonne chose.	Das ist eine sehr gute Sache.
Je trouve que vous avez raison de vous méfier.	Ich glaube, Sie haben recht, wenn ...
Les journaux ont raison de publier ces informations.	... zu Recht ...
Vous avez bien fait de laisser vos bagages à la consigne.	Sie hatten recht ...
Vous n'avez pas tort de critiquer le gouvernement.	Sie haben durchaus recht ...
Je partage cette opinion.	Ich teile diese Ansicht.
Je partage votre inquiétude.	Ich teile Ihre ...
Nous sommes favorables à la création d'emplois.	Wir befürworten ...
Nous sommes en faveur d'une Europe unie.	Wir sind für ...
Il est exact que c'est un risque à prendre.	Es ist richtig, dass ...
Il est vrai que cette erreur aurait pu être évitée.	Es stimmt, dass ...
Je suis d'accord avec vous.	Ich stimme Ihnen zu.
Je suis entièrement d'accord avec toi.	Ich bin ganz deiner Meinung.

Ablehnung und Widerspruch

Je trouve qu'il a eu tort d'emprunter autant d'argent.	Ich denke, es war falsch von ihm ...
Il est dommage qu'il ait réagi ainsi.	Es ist schade, dass ...
Il est regrettable qu'ils ne nous aient pas prévenus.	Es ist bedauernswert, dass ...
Cette idée me déplaît profondément.	... gefällt mir überhaupt nicht.
Je ne supporte pas le mensonge.	Ich kann ... nicht ausstehen.
Nous sommes contre la chasse.	Wir sind gegen ...
Je refuse cette solution.	Ich lehne ... ab.
Je suis opposé à toute forme de censure.	Ich bin gegen ...
Je ne partage pas ce point de vue.	Ich teile diesen Standpunkt nicht.
Je suis déçu par son attitude.	... enttäuscht mich.
Je suis profondément déçu.	Ich bin zutiefst enttäuscht.
Tu n'aurais pas dû lui parler sur ce ton.	Du hättest nicht ... sollen.
Nous ne pouvons accepter de voir la situation se dégrader.	Wir können es nicht akzeptieren, dass ...
De quel droit agit-il de la sorte ?	Mit welchem Recht ...

Je ne suis pas d'accord.	Ich bin anderer Meinung.
Nous ne sommes pas d'accord avec eux.	Wir stimmen ... nicht zu.
Je ne suis absolument pas d'accord avec ce qu'il a dit.	Ich bin überhaupt nicht einverstanden mit ...
C'est faux de dire que cette erreur était inévitable.	Es wäre falsch zu behaupten, dass ...
Vous vous trompez !	Sie täuschen sich!

Entschuldigungen

Sich entschuldigen

Excusez-moi.	Verzeihung.
Excusez-moi de vous déranger.	Bitte entschuldigen Sie die Störung!
Oh, pardon ! J'ai dû faire un faux numéro.	Oh, Entschuldigung!
Je suis désolé de vous avoir réveillé.	Es tut mir leid, wenn ...
Je suis désolé pour tout ce qui s'est passé.	... tut mir sehr leid.
Je vous prie de m'excuser.	Ich bitte um Entschuldigung.
Nous prions nos lecteurs de bien vouloir excuser cette omission.	Wir möchten ... um Entschuldigung bitten.

Verantwortung eingestehen

C'est (de) ma faute : j'aurais dû partir plus tôt.	Das ist meine Schuld, ich hätte ... sollen.
Je n'aurais pas dû me moquer d'elle.	Ich hätte ... nicht ... dürfen.
Nous avons eu tort de ne pas vérifier cette information.	Es war unser Fehler, dass ... nicht ...
J'assume seul l'entière responsabilité de cette erreur.	Ich übernehme die volle Verantwortung für ...
Si seulement j'avais préparé ma leçon !	Wenn ich doch bloß ...

Verantwortung ablehnen

Ce n'est pas (de) ma faute.	Das ist nicht meine Schuld.
Ce n'est pas (de) ma faute si nous sommes en retard.	Ich kann nichts dafür, wenn ...
Je ne l'ai pas fait exprès.	Ich habe das nicht mit Absicht getan.

Je ne pouvais pas faire autrement.	Ich hatte keine andere Wahl.
J'avais pourtant cru comprendre que je pouvais me garer là.	Das muss ich falsch verstanden haben, ich dachte, dass ...
J'avais cru bien faire en le prévenant.	Ich dachte, es wäre richtig ...

Bedauern ausdrücken

Je regrette, mais ce n'est pas possible.	Es tut mir leid, aber ...
Je suis désolé, mais je ne peux pas vous aider.	Es tut mir leid, aber ...
Il nous est malheureusement impossible d'accéder à votre demande.	Leider können wir ... nicht ...

Erklärungen

Ursachen

Je n'ai rien acheté **parce que** je n'ai pas d'argent.	... weil ...
Je suis arrivé en retard **à cause des** embouteillages.	... wegen ...
Puisque tu insistes, je rentre dans une semaine.	Wenn ...
Comme j'habitais près de la bibliothèque, j'y allais souvent.	Da ...
J'ai réussi à m'en sortir **grâce au** soutien de mes amis.	Dank ...
Je ne pourrai pas venir **car** je n'ai pas fini.	... da ...
Vu la situation actuelle, nous ne pouvons pas nous prononcer.	In Anbetracht ...
Étant donné la crise, il est difficile de trouver du travail.	In Anbetracht ...
C'est une rupture d'essieu **qui a provoqué** le déraillement.	... hat ... verursacht.
Le théâtre va fermer **faute de** moyens.	... mangels ...
Il a donné sa démission **pour des raisons de** santé.	... aus ... Gründen ...
Le projet a été abandonné **en raison de** problèmes juridiques.	... aufgrund von ...
Le malaise des enseignants **est lié à** la difficulté de leur métier.	... hängt zusammen mit ...
Le problème vient de ce que les gens ont peur des ordinateurs.	Das Problem liegt darin, dass ...

Le ralentissement des exportations **provient de** la chute de la demande européenne.	... liegt an ...
La haine **résulte de** l'incompréhension.	... ist das Ergebnis von ...

Folgen

Je dois partir ce soir. Je ne pourrai **donc** pas venir avec vous.	... daher...
La distribution a été améliorée, **de telle sorte que** les lecteurs trouveront leur journal plus tôt.	... so dass ...
Le cidre nouveau est très peu fermenté et **par conséquent** très peu alcoolisé.	... folglich ...
Ce manque de concertation **a eu pour conséquence** une duplication inutile de nos efforts.	... hat zu ... geführt.
Voilà pourquoi on s'en souvient.	Deshalb ...

Vergleiche

On peut comparer la télévision **à** une drogue.	... kann mit ... verglichen werden.
C'est une très belle performance **que l'on peut comparer à** celle des meilleurs athlètes.	... die man mit ... vergleichen kann.
Le Centre Pompidou **est souvent comparé à** un paquebot.	... wird oft mit ... verglichen.
Le bruit **était comparable à** celui d'une moto dépourvue de silencieux.	... war vergleichbar mit ...
L'Afrique reste un continent sous-peuplé **comparé à** l'Asie.	Verglichen mit ...
Par comparaison avec l'Islande, l'Irlande a un climat tropical.	Im Vergleich zu ...
Les investissements publicitaires ont connu une légère progression **par rapport à** l'année dernière.	... im Vergleich zu ...
Cette histoire **ressemble à** un conte de fées.	... ist wie ...
Il adorait cette campagne qui **lui rappelait** l'Irlande.	... ihn an ... erinnerte.
Des taux de chômage effrayants, **rappelant ceux** des années 30.	... die an die ... erinnern.
Il me fait penser à mon frère.	Er erinnert mich an ...
Le surf des neiges **est l'équivalent** sur neige **de** la planche à roulettes.	... ist wie ...
Cette somme **correspond à** six mois de salaire.	... entspricht ...

C'est la même chose.	Das ist das Gleiche.
Cela revient au même.	Das kommt auf das Gleiche hinaus.
Ce disque n'est ni meilleur ni moins bon que les autres.	... ist weder besser noch schlechter als ...

Unterschiede hervorheben

Aucune catastrophe ne peut être comparée à celle de Tchernobyl.	Keine ... ist vergleichbar mit ...
On ne peut pas comparer les usines modernes à celles où travaillaient nos grands-parents.	... kann man nicht mit ... vergleichen.
Les actions de ce groupe n'ont rien de comparable avec les agissements des terroristes.	... stehen in keinem Vergleich zu ...
Sa démarche le différencie de son frère.	... unterscheidet ...
L'histoire des États-Unis ne ressemble en rien à la nôtre.	... lässt sich in keiner Weise mit ... vergleichen.
Il y a des événements bien plus tragiques que de perdre une finale de Coupe d'Europe.	Es gibt Schlimmeres, als ...
Le gruyère est meilleur que le comté.	... ist besser als ...
Son deuxième film est moins réussi que le premier.	... ist nicht so ... wie
L'espérance de vie des femmes est de 81 ans, tandis que celle des hommes est de 72 ans.	... während ...
Alors que la consommation de vin et de bière diminue, l'eau minérale est un marché en expansion.	Während ...

Bitten und Angebote

Bitten

Je voudrais trois tartelettes.	Ich möchte ...
Je voudrais connaître les horaires des trains pour Lille.	Ich ... gern ...
Pourriez-vous nous donner un coup de main ?	Könnten Sie ...
Est-ce que vous pouvez annoncer la bonne nouvelle à Éliane ?	Können Sie ... bitte ...
Est-ce que vous pourriez venir me chercher ?	Könnten Sie ... bitte ...
Sois gentille, fais un saut chez le boulanger.	Sei so lieb und ...
Auriez-vous l'amabilité de m'indiquer la sortie ?	Könnten Sie ... bitte ...
Auriez-vous la gentillesse de nous donner la recette ?	Könnten Sie ... bitte ...

Auriez-vous l'obligeance de me garder ma place ?	Würden Sie bitte so freundlich sein und ...
Puis-je vous demander de m'accorder un instant ?	Hätten Sie bitte ...
Merci de bien vouloir patienter.	Bitte ...
Est-ce que cela vous dérangerait d'ouvrir la fenêtre ?	Würde es Ihnen etwas ausmachen ...
Je vous serais reconnaissant de me prévenir dès que possible.	Ich wäre Ihnen dankbar, wenn Sie ...
Je vous serais reconnaissant de bien vouloir me communiquer votre décision d'ici vendredi.	Ich wäre Ihnen dankbar, wenn Sie ...

Angebote

Je peux passer vous prendre, **si** vous voulez.	Ich kann ... wenn ...
Je pourrais vous accompagner.	Ich könnte ...
Ça te dirait, une glace ?	Möchtest du ...
Ça vous dirait d'aller faire un tour ?	Hätten Sie Lust darauf, ...
Que diriez-vous d'une balade en forêt ?	Wie wäre es mit ...
Est-ce que vous voulez que j'aille chercher votre voiture ?	Soll ...
Est-ce que vous voulez dîner avec nous un soir ?	Möchten Sie ...

Ratschläge und Vorschläge

Um Rat fragen

À ma place, que feriez-vous ?	Was würden Sie an meiner Stelle tun?
Quel est votre avis sur la question ?	Was ist Ihre Meinung zu dieser Frage?
Qu'est-ce que vous me conseillez, les Baléares ou les Canaries ?	Würden Sie mir zu ... oder ... raten?
Que me conseillez-vous de faire ?	Was würden Sie mir raten?
Parmi les excursions à faire, **laquelle nous conseilleriez-vous** ?	Zu welchem ... würden Sie mir raten?
Quelle stratégie **proposez-vous** ?	Welche ... würden Sie vorschlagen?
Que proposez-vous pour réduire la pollution ?	Was sollte Ihrer Meinung nach getan werden, um ...
Qu'est-ce que vous proposez contre le chômage ?	Wie würden Sie das Problem der ... lösen?

Rat geben

À votre place, je me méfierais.
Si j'étais toi, je ne dirais rien.
Je peux vous donner un conseil : achetez votre
billet à l'avance.
Un conseil : lisez le mode d'emploi.
Un bon conseil : n'attendez pas le dernier moment
pour faire votre réservation.
Vous devriez voir un spécialiste.
Vous feriez bien de consulter un avocat.
Vous feriez mieux d'acheter une nouvelle voiture.
Vous pourriez peut-être demander à quelqu'un de
vous le traduire.
Vous pourriez montrer un peu plus de
compréhension.
Pourquoi ne pas lui téléphoner ?
Il faudrait peut-être essayer autre chose.
Et si on allait au cinéma ?
Je vous propose le 3 mars à 10 h 30.
Il vaudrait mieux lui offrir de l'argent qu'un bijou.
Il serait préférable d'attendre le résultat.

An Ihrer Stelle ...
Ich an deiner Stelle ...
Wenn ich Ihnen einen Rat
geben darf ...
Ein Hinweis ...
Ein nützlicher Tipp ...

Sie sollten ...
Sie sollten ...
Sie würden besser ...
Sie könnten vielleicht ...

Sie könnten ...

Warum ... nicht (einfach) ...
Vielleicht wäre es besser ...
Sollen wir ...
Ich schlage ... vor.
Es wäre vielleicht besser ...
Es wäre besser ...

Warnende Hinweise

Je vous préviens, je ne me laisserai pas faire.
Je te préviens que ça ne sera pas facile.

N'oubliez pas de conserver le double de votre
déclaration d'impôts.
Méfiez-vous des apparences.

Surtout, n'y allez jamais le samedi.
Si tu ne viens pas, tu risques de le regretter.

Ich warne Sie ...
Ich sollte dich besser
warnen, dass ...
Vergessen Sie nicht ...

Lassen Sie sich nicht von ...
täuschen.
... auf keinen Fall ...
... vielleicht ...

Absichten und Vorhaben

Nach Absichten fragen

Qu'est-ce que vous allez faire ?
Qu'est-ce que tu vas faire si tu rates ton examen ?
Qu'allez-vous faire en rentrant? Avez-vous des
projets ?

Was wollen Sie tun?
Was machst du, wenn ...
Was wollen Sie tun ... Haben
Sie schon etwas geplant?

Quels sont vos projets ?	Was haben Sie vor?
Est-ce que tu comptes passer tes vacances ici ?	Hast du vor ...
Vous comptez rester longtemps ?	Wollen Sie ...
Que comptez-vous faire de votre collection ?	Was wollen Sie mit ... machen?
Comment comptez-vous faire ?	Wie wollen Sie es machen?
Tu as l'intention de passer des concours ?	Beabsichtigst du ...
Songez-vous à refaire un film en Europe ?	Haben Sie vor ...

Absichten ausdrücken

Je comptais m'envoler pour Ajaccio le 8 juillet.	Ich hatte vor ...
Elle prévoit de voyager pendant un an.	Sie beabsichtigt ...
Il est prévu de construire un nouveau stade.	Es soll ...
Ils envisagent d'avoir plusieurs enfants.	Sie wollen ...
Cette banque **a l'intention de** fermer un grand nombre de succursales.	... beabsichtigt ...
Je songe à abandonner la politique.	Ich trage mich mit dem Gedanken ...
J'ai décidé de changer de carrière.	Ich habe beschlossen ...
Je suis décidée à arrêter de fumer.	Ich bin entschlossen ...
Je me suis décidée à y aller.	Ich habe mich entschlossen ...
C'est décidé, nous partons à la campagne.	Es steht fest ...
Il n'a jamais été dans nos intentions de lui cacher la vérité.	Es lag nie in unserer Absicht ...
Il n'est pas question pour moi **de** renoncer à ce projet.	Es kommt ... nicht in Frage ...

Wünsche

Je veux faire du cinéma.	Ich möchte ...
Je voudrais savoir jouer aussi bien que lui.	Ich würde gerne ...
J'aimerais faire du deltaplane.	Ich würde gerne ...
J'aimerais que mes photos soient publiées dans la presse.	Ich würde ... gerne ...
J'aurais aimé avoir un frère.	Ich hätte gern ...
Lionel **voulait à tout prix** partir le soir même.	... wollte unbedingt ...
Nous souhaitons préserver notre indépendance.	Wir wollen ...
J'espère avoir des enfants.	Ich hoffe, dass ...
Nous espérons que les enfants regarderont cette émission avec leurs parents.	Wir hoffen, dass ...

Vous rêvez de faire le tour du monde ? — Sie träumen davon ...
Mon rêve serait d'avoir une grande maison. — Mein Traum wäre es ...

Verpflichtung

Il faut que je me trouve un logement. — Ich muss ...
Il faut absolument qu'on se revoie avant le 23 ! — Wir müssen ... unbedingt ...

Si vous allez en Pologne, vous devez venir nous voir. — ... müssen Sie ...
Les auteurs du détournement ont exigé que l'avion reparte vers New York. — ... verlangten, dass ...
Ça me force à faire de l'exercice. — ... zwingt mich dazu ...
Une violente crise d'asthme m'a obligé à consulter un médecin. — ... musste ich ...
Je suis obligé de partir. — Ich muss ...
Il est obligé de travailler, il n'a pas le choix. — Er muss ... er hat keine andere Wahl.

On ne peut pas faire autrement que d'accepter. — Es bleibt uns nichts anderes übrig, als ...

L'école est obligatoire jusqu'à seize ans. — ... ist Pflicht ...
Il est indispensable de voyager pour comprendre les autres. — Es ist unbedingt notwendig ...

Erlaubnis

Um Erlaubnis bitten
Je peux téléphoner ? — Könnte ich (mal) ...
Je peux vous demander quelque chose ? — Darf ich ...
Est-ce que je peux passer vous dire un petit bonjour tout à l'heure ? — Kann ich ...
Ça ne vous dérange pas si j'arrive en avance ? — Macht es Ihnen etwas aus, wenn ...
Ça ne vous dérange pas que je fume ? — Stört es Sie, wenn ...
Est-ce que ça vous dérange si j'ouvre la fenêtre ? — Stört es Sie, wenn ...
Vous permettez, Madame, que je regarde ce qu'il y a dans votre sac ? — Dürfte ich bitte ...

Erlaubnis erteilen

(Vous) faites comme vous voulez.	Machen Sie, was Sie wollen.
Allez-y !	Nur zu!
Je n'y vois pas d'inconvénient.	Ich habe nichts dagegen.
Vous avez le droit de porter plainte.	Sie können …

Verbote

Je te défends de sortir !	Ich verbiete dir …
C'est défendu.	Das ist verboten.
Il est interdit de fumer dans les toilettes.	… ist … verboten.
Le travail des enfants est formellement interdit par une convention de l'ONU.	… verbietet … eindeutig.
Défense d'entrer.	Zutritt verboten.
Stationnement interdit.	Parken verboten.
Interdiction de stationner.	Parken verboten.
C'est interdit.	Das ist nicht erlaubt.
Elle interdit à ses enfants d'ouvrir la porte.	Sie verbietet … zu …
Tu n'as pas le droit.	Das darfst du nicht.
On n'avait pas le droit de manger ni de boire pendant le service.	Wir durften … nicht …
Il n'en est pas question.	Das kommt gar nicht in Frage.

Gewissheit, Wahrscheinlichkeit und Möglichkeit

Gewissheit

Il est certain qu'il y aura des problèmes.	… mit Sicherheit …
Il ne fait aucun doute que ce produit connaîtra un réel succès.	Es besteht kein Zweifel daran, dass …
Il est évident qu'il traverse une période difficile.	Es ist offensichtich, dass …
C'est de toute évidence la seule chose à faire.	… ganz offensichtlich …
Il est indéniable qu'il a eu tort d'agir ainsi.	Es lässt sich nicht leugnen, dass …
Je suis sûre que mon frère te plaira.	Ich bin sicher, dass …
Je suis sûr de gagner.	Ich bin sicher, dass …
Je suis certain que nous sommes sur la bonne voie.	Ich bin ganz sicher, dass …
J'ai la certitude qu'en travaillant avec lui, je ne m'ennuierai pas.	Ich bin sicher, dass …
Je suis persuadé qu'il y a d'autres solutions.	Ich bin überzeugt davon, dass …

Wahrscheinlichkeit

Il est probable que le prix du pétrole va continuer d'augmenter.	... wahrscheinlich ...
Le taux d'inflation dépassera **très probablement** les 10%.	... höchstwahrscheinlich ...
80% des problèmes de peau sont **sans doute** d'origine psychique.	... zweifellos ...
Ils avaient **sans doute** raison.	... zweifellos ...
Les travaux **devraient** débuter au mois d'avril.	... müssten ...
Il se pourrait bien qu'ils cherchent à tester nos réactions.	Es ist ganz gut möglich, dass ...
On dirait que tout lui est égal.	Man könnte meinen, dass ...
Il a dû oublier d'ouvrir les fenêtres.	Er muss ... haben ...

Möglichkeit

C'est possible.	Das ist möglich.
Il est possible que cela coûte plus cher.	Das könnte ...
Il n'est pas impossible qu'il soit parti à Paris.	Es kann sein, dass ...
Il se pourrait que l'Amérique ait été découverte par des Chinois.	... könnte ...
Il se peut que ce virus soit particulièrement virulent.	... könnte ...
En quelques mois tout **peut** changer.	... kann ...
Il a **peut-être** mal compris.	... vielleicht ...
Peut-être que je me trompe.	Vielleicht ...

Zweifel, Unwahrscheinlichkeit und Unmöglichkeit

Zweifel

Je ne suis pas sûr que ce soit utile.	Ich bin nicht sicher, dass ...
Je ne suis pas sûre d'y arriver.	Ich bin (mir) nicht sicher, ob ...
Je ne suis pas certain d'avoir raison.	Ich bin (mir) nicht sicher, ob ...
Il n'est pas certain que cela soit une bonne idée.	... nicht unbedingt ...
Il n'est pas certain qu'un vaccin puisse être mis au point.	Es ist nicht sicher, dass ...
Je me demande si nous avons fait beaucoup de progrès dans ce domaine.	Ich frage mich, ob ...

Est-ce sage ? **J'en doute.**	Ich zweifle daran.
Il se mit à **douter de** la compétence de son médecin.	... zu zweifeln.
Je doute fort qu'il accepte de rester inactif.	Ich bezweifle sehr, dass ...
On ne sait pas exactement ce qui s'est passé.	Man weiß nicht genau ...

Unwahrscheinlichkeit

Il **ne** changera **probablement pas** d'avis.	... wahrscheinlich nicht ...
Il **est peu probable qu'**il reste encore des places.	Es ist unwahrscheinlich, dass ...
Ça m'étonnerait qu'ils aient ta pointure.	Es würde mich wundern, wenn ...
Il serait étonnant que tout se passe conformément aux prévisions.	Es wäre erstaunlich, wenn ...
Nous ne risquons pas de nous ennuyer.	Wir werden ... sicher nicht ...
Elles ne risquent pas d'avoir le prix Nobel d'économie.	Es ist höchst unwahrscheinlich, dass sie ...
Il y a peu de chances que le taux de croissance dépasse 1,5 %.	... wahrscheinlich nicht ...

Unmöglichkeit

C'est impossible.	Das ist unmöglich.
Il n'est pas possible qu'il n'y ait rien à faire.	Es kann doch nicht sein, dass ...
Il est impossible que ces renseignements soient faux.	... können unmöglich ...
Il n'y a aucune chance qu'ils viennent à notre secours.	... ganz bestimmt nicht ...

Grüsse

Bonjour !	Guten Tag!
Bonsoir !	Guten Abend!
Salut !	Hallo!
Comment allez-vous ?	Wie geht es Ihnen?
Comment ça va ?	Wie gehts?

Wie man darauf antwortet

Très bien, merci, et vous ?	Gut, danke. Und Ihnen?
Ça va, et toi ?	Mir gehts gut. Und dir?
Super bien !	Prima!
On fait aller.	Es geht.
Couci-couça.	Es geht so.

Jemanden vorstellen

Je vous présente Charles.	Das ist ...
Je vous présente mon amie.	Das ist meine ...
Marc ; Laurent.	Das ist Marc, das ist Laurent.
Je ne crois pas que vous vous connaissiez.	Ich glaube nicht, dass Sie sich kennen.

Wie man darauf antwortet

Enchanté.	Sehr erfreut.
Enchanté *oder* Ravi de faire votre connaissance.	Ich freue mich, Ihre Bekanntschaft zu machen.
Salut, moi c'est Dominique.	Hallo, ich bin ...

Abschied nehmen

Au revoir !	Auf Wiedersehen!
Bonne nuit !	Gute Nacht!
Salut !	Tschüs!
Ciao !	Ciao!
À bientôt !	Bis bald!
À demain !	Bis morgen!
À la semaine prochaine !	Bis nächste Woche!
À jeudi !	Bis Donnerstag!

Glückwünsche

Bon anniversaire !	Herzlichen Glückwunsch zum Geburtstag!
Joyeux Noël !	Frohe Weihnachten!
Bonne année !	Ein frohes neues Jahr!
Félicitations !	Herzlichen Glückwunsch!
Bon voyage !	Gute Reise!
Bonne chance !	Viel Glück!
Bienvenue !	Herzlich willkommen!
Bon appétit !	Guten Appetit!
Amusez-vous bien !	Viel Spaß!
(À votre) santé !	Auf Ihr Wohl!
Tchin-tchin !	Prost!

Korrespondenz

Einen Briefumschlag adressieren

Vorderseite

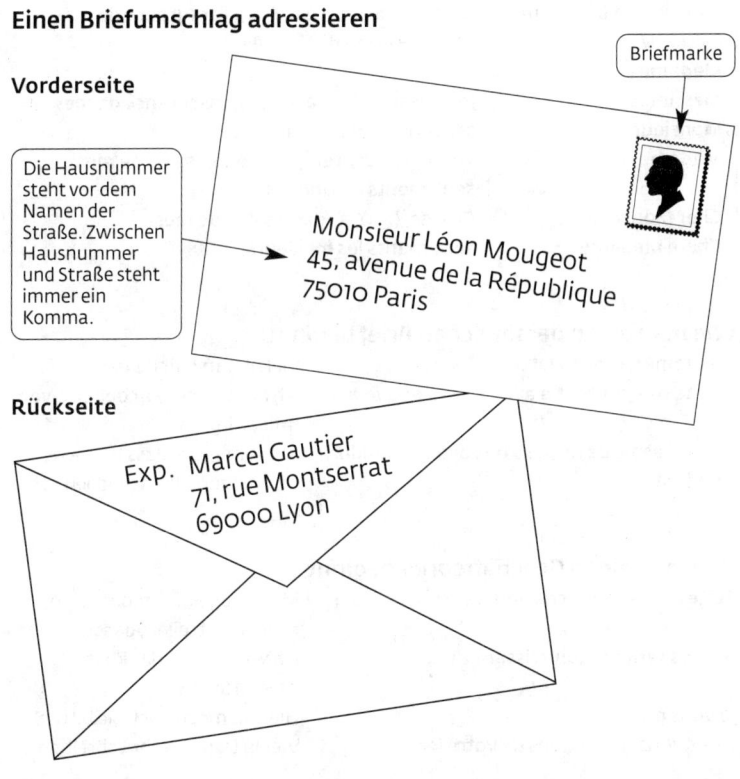

Die Hausnummer steht vor dem Namen der Straße. Zwischen Hausnummer und Straße steht immer ein Komma.

Briefmarke

Monsieur Léon Mougeot
45, avenue de la République
75010 Paris

Rückseite

Exp. Marcel Gautier
71, rue Montserrat
69000 Lyon

Häufige Abkürzungen in Adressen

av. = avenue	Exp. = expéditeur	pas. = passage
bd = boulevard	fg = faubourg	pl. = place

Briefanfang und Briefschluss
Persönliche Briefe

Cher Monsieur	Je vous envoie mes bien amicales pensées *(sehr förmlich)*
Chers Jean et Sylvie	Bien amicalement
Chère tante Laure	Je t'embrasse bien affectueusement
Mon cher Laurent	Grosses bises *(sehr umgangssprachlich)*

Geschäftsbriefe

Monsieur le Directeur (oder le Maire etc) Madame le Directeur	Je vous prie d'agréer, (. . .), l'assurance de ma considération distinguée
Messieurs Monsieur Madame	Je vous prie d'agréer, (. . .), l'assurance de mes sentiments distingués oder Veuillez accepter, (. . .), l'expression de mes sentiments distingués
Cher Monsieur Chère Madame	Croyez, (. . .), à l'expression de mes sentiments les meilleurs

Wie man einen persönlichen Brief beginnt

Je te remercie de ta lettre ...	Vielen Dank für deinen Brief ...
J'ai été très content d'avoir de tes nouvelles.	Ich habe mich sehr gefreut, von dir zu hören.
Je suis désolé de ne pas vous avoir répondu plus vite.	Es tut mir leid, dass ich nicht früher zurückgeschrieben habe.

Wie man einen Geschäftsbrief beginnt

Suite à ... je vous écris pour ...	Mit Bezug auf ... möchte ich Ihnen mitteilen, dass ...
Je vous serais reconnaissant de ...	Ich wäre Ihnen dankbar, wenn Sie ...
Je vous prie de ...	Hiermit möchte ich Sie bitten, ...
Nous vous remercions de votre lettre ...	Vielen Dank für Ihr Schreiben ...

Wie man einen persönlichen Brief beendet

Transmettez mes amitiés à ...	Viele Grüße an ...
Dis bonjour à ... de ma part.	Grüße ... von mir.
... t'embrasse ...	... grüßt dich herzlich ...
Embrasse ... pour moi.	Grüße ... ganz herzlich von mir.

Wie man einen Geschäftsbrief beendet

Dans l'attente de votre réponse ...	In Erwartung Ihrer Antwort ...
Je demeure à votre entière disposition pour toute information complémentaire.	Für weitere Auskünfte stehe ich Ihnen jederzeit gerne zur Verfügung.
Je vous remercie dès à présent de ...	Ich danke Ihnen im Voraus für ...

Danksagung

Name und Adresse des Absenders.

Orts- und Datumsangabe. Der Artikel **le** entspricht dem deutschen „den".

Anne et Cyrille Legendre
25, rue des Grillons
69000 LYON

Lyon, le 24 octobre 2007

Chers oncle et tante,

Le grand jour, c'était il y a presqu'un mois déjà ...
Ce fut une merveilleuse fête et nous étions très heureux de vous avoir parmi nous.

Nous tenons à vous remercier chaleureusement de votre gentil cadeau et nous vous inviterons bientôt pour inaugurer ce superbe service à raclette comme il se doit.

Vous trouverez aussi ci-joint une photo-souvenir.

Nous vous embrassons tous les deux,

Anne et Cyrille

Andere Grußformeln, siehe S. 21.

Hotelreservierung

Name und Adresse des Empfängers sind eingerückt.

Jeanne Judon
89, bd des Tertres
75008 PARIS

Hôtel Renoir
15, rue de Beaumanoir
59000 LILLE

Paris, le 3 novembre 2007

Andere Anrede- und Grußformeln siehe S. 22.

Madame ou Monsieur,

Me rendant à Lille le mois prochain à l'occasion du Salon de l'esthétique, j'aimerais réserver une chambre avec salle de bains pour deux nuits le mercredi 5 et le jeudi 13 décembre 2007.

Je vous saurais gré de me communiquer vos tarifs et de me confirmer que vous avez bien une chambre libre à cette époque.

Je vous prie de croire, Madame, Monsieur, à l'assurance de mes sentiments distingués.

Jeanne Judon

Reklamation

M et Mme DAUNAY
La Longue Haie
35135 CHANTEPIE

Hôtel "Au Bon Accueil "
17, rue Nationale
86000 POITIERS

Chantepie, le 29 décembre 2007

Madame, Monsieur,

Andere
Anrede- und
Grußformeln
siehe S. 22.

Mon mari et moi avons passé la nuit du 23 décembre dans votre hôtel, où nous avions préalablement réservé une chambre. Nous tenons à vous faire savoir que nous avons été très déçus par vos services, en particulier par le bruit – nous avons pourtant demandé une chambre calme – et l'impossibilité de se faire servir un petit déjeuner avant notre départ à 6 h 30.

Cet arrêt dans votre hôtel qui devait nous permettre de nous reposer au cours d'un long voyage en voiture n'a fait que nous fatiguer davantage. Sachez que nous prendrons bien soin de déconseiller votre établissement à nos amis.

Je vous prie d'agréer, Madame, Monsieur, mes salutations distinguées.

H Daunay

Lebenslauf

In Kanada benutzt man stattdessen **courriel**.

CURRICULUM VITÆ

LEGUEN Maxime
29, rue de Vannes
35000 RENNES
Tél : 56 02 71 28
Adresse électronique : mleguen@agriventes.com.fr

29 ans
célibataire
nationalité française

EXPÉRIENCE PROFESSIONNELLE

Du 10.3.05 à ce jour :   Adjointe du directeur à l'exportation,
Agriventes, Rennes

Du 8.10.03 au 30.1.05 :   Secrétaire de direction,
France-Exportations, Cognac

DIPLÔMES

2003 :   Diplôme de secrétaire bilingue, délivré par l'École de
commerce de Poitiers

2002 :   Licence de langues étrangères appliquées (anglais et russe),
Université de Poitiers – plusieurs mentions

1998 :   Baccalauréat (langues) – mention assez bien

AUTRES RENSEIGNEMENTS

Langues étrangères : anglais et russe (courant), allemand (bonnes connaissances)

Stage d'information dans le cadre de la formation continue, 2005

Permis de conduire

Nombreux voyages en Europe et aux États-Unis

Ein französischer Lebenslauf beginnt mit der Berufspraxis und beschreibt dann rückblickend in chronologischer Reihenfolge die Berufs- und Ausbildungsschritte.

Für deutsche Diplome können folgende Ausdrücke verwendet werden: **équivalence licence de lettres (Diplom- oder Magisterprüfung)** etc.

Bewerbung

Benutzen Sie diese Form, wenn Sie an eine Firma schreiben. Falls Sie an eine Person in einer bestimmten Stellung schreiben, können Sie folgende Formel verwenden:
Monsieur (oder **Madame**) **le Directeur des ressources humaines**
Société GERBAULT etc.
Die Anredeformel kann dann lauten:
Monsieur le Directeur des ressources humaines
Wenn Sie den Namen des Empfängers kennen:
Monsieur Alain Dupont
Directeur des ressources humaines
Société GERBAULT etc.
Anredeformel:
Monsieur,

Maxime LEGUEN
29, rue de Vannes
35000 RENNES

Service du Personnel
Société GERBAULT
85, bd de la Liberté
35000 RENNES

Rennes, le 12 juillet 2007

Madame, Monsieur,

Votre annonce parue dans le Monde du 8 juillet concernant un poste d'assistante de direction dans votre service Import-Export m'a particulièrement intéressée.

Mon expérience de quatre ans en tant qu'assistante de direction dans le service d'exportation d'une petite entreprise m'a permis d'acquérir un sens des responsabilités ainsi qu'une grande capacité d'adaptation. Le poste que vous proposez m'intéresse tout particulièrement car j'aimerais beaucoup pouvoir utiliser ma connaissance de la langue et de la culture russe dans le cadre de mon travail.

Je me tiens à votre disposition pour vous apporter de plus amples renseignements sur ma formation et mon expérience.

Je vous prie, Madame, Monsieur, de bien vouloir agréer mes salutations distinguées.

Maxime Leguen

Maxime Leguen

P.J. : CV

= pièces jointes. Anlagen.

Einladung zum vorstellungsgesräch

SOCIÉTÉ GERBAULT

85, bd de la Liberté
35000 RENNES
TÉLÉPHONE : 02 99 45 32 88 • TÉLÉCOPIE : 02 99 45 32 90

Maxime LEGUEN
29, rue de Vannes
35000 RENNES

Rennes, le 19 juillet

Madame,

Votre candidature au poste d'assistante de direction au sein de notre Compagnie a retenu notre attention.

Nous vous proposons, dans le but de faire plus ample connaissance de part et d'autre, de rencontrer :

Monsieur LAURENT

notre Directeur Régional, le 26 juillet prochain, à 9 h, à l'adresse suivante :

2, bd de Lattre de Tassigny
35000 RENNES

Si cette date ne vous convenait pas, vous seriez aimable d'avertir notre secrétariat (Tél : 02 99 45 32 88) afin de convenir d'un autre rendez-vous.

Nous vous prions de croire, Madame, à l'expression de nos sentiments distingués.

Jean Minet

Jean Minet

> Andere Anrede- und Grußformeln siehe S. 22.

Telefax

France-Sanitaires S.A.

55, rue de Strasbourg
75012 Paris
Téléphone : 01 63 13 84 20
Télécopie : 01 63 13 84 32

TELECOPIE

À : Mme Robin

Date : le 7 janvier 2007

De : M. Edmond
Service clientèle

Nombre de pages à suivre : 1

Réf. : Devis pour installation salle de bains.

Madame,

Suite à notre visite d'avant-hier, veuillez trouver ci-joint notre devis pour l'installation d'une salle de bains dans votre appartement. Les prix comprennent la fourniture du matériel ainsi que la main d'oeuvre.

Dans l'attente de votre réponse, je vous prie, Madame, d'agréer l'expression de mes meilleurs sentiments,

Y. Edmond

E-Mail

E-Mails senden

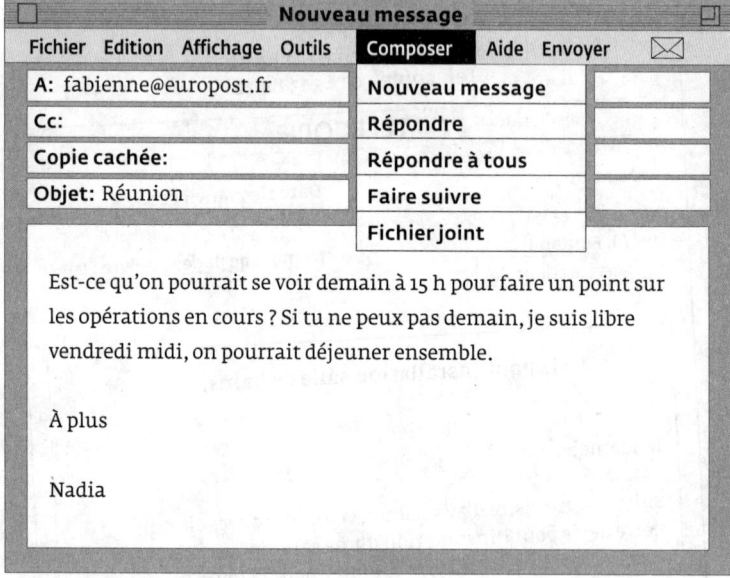

Fichier	Datei
Édition	Bearbeiten
Affichage	Ansicht
Outils	Extras
Composer	Verfassen
Aide	Hilfe
Envoyer	Senden
Nouveau message	Nachricht erstellen
Répondre	Antworten

E-Mail

E-Mails bekommen

Wenn Sie jemandem Ihre E-Mail-Adresse auf Französisch mitteilen wollen, sagen Sie: "**fabienne arrobas europost point fr**".

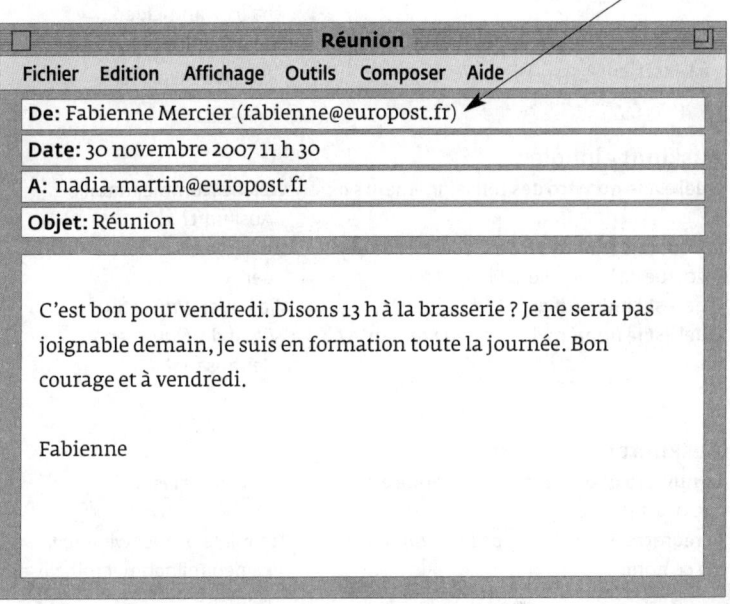

Réunion	
Fichier Edition Affichage Outils Composer Aide	

De: Fabienne Mercier (fabienne@europost.fr)

Date: 30 novembre 2007 11 h 30

A: nadia.martin@europost.fr

Objet: Réunion

C'est bon pour vendredi. Disons 13 h à la brasserie ? Je ne serai pas joignable demain, je suis en formation toute la journée. Bon courage et à vendredi.

Fabienne

Répondre à tous	Allen antworten
Faire suivre	Weiterleiten
Fichier joint	Anlage
À	An
Cc	Cc
Copie cachée	Bcc
Objet	Betreff
De	Von
Date	Datum

Telefonieren

Verschiedene Arten von Anrufen

Communication locale/interurbaine.	Ortsgespräch/Ferngespräch.
Je voudrais appeler l'étranger.	Ich möchte ins Ausland anrufen.
Je voudrais appeler Londres en PCV.	Ich möchte ein R-Gespräch nach … anmelden.
Comment est-ce que je peux téléphoner à l'extérieur ?	Wie bekomme ich den Amtston?

Auskunft einholen

Quel est le numéro des renseignements ?	Welche Nummer hat die Auskunft?
Je voudrais le numéro de la société Europost, 20, rue de la Marelle, à Pierrefitte.	Ich hätte gern die Nummer der …
Quel est l'indicatif de la Martinique ?	Was ist die Vorwahl von …
Quel est le numéro de l'horloge parlante ?	Wie ist die Nummer der Zeitansage?

Auskunft bekommen

Le numéro que vous avez demandé est le 01 40 32 37 12.	Die Nummer ist …
Je regrette, mais il n'y a pas d'abonné à ce nom.	Tut mir leid, aber wir haben keinen Teilnehmer mit diesem Namen.
Le numéro que vous avez demandé est sur liste rouge.	Das ist leider eine Geheimnummer.

Der Teilnehmer antwortet

Je voudrais parler à oder Pourrais-je parler à M. Wolff, s'il vous plaît ?	Ich würde gerne mit oder Kann ich bitte mit … sprechen.
Pourriez-vous me passer le docteur Brun, s'il vous plaît ?	Können Sie mich bitte mit … verbinden?
Pourriez-vous me passer le poste 52 64, s'il vous plaît ?	Können Sie mich bitte mit Apparat … verbinden?
Je rappellerai dans une demi-heure.	Ich rufe in … noch einmal an.
Pourriez-vous lui demander de me rappeler à son retour ?	Könnten Sie ihn bitten, mich zurückzurufen, wenn er wiederkommt?

Die Zentrale antwortet

C'est de la part de qui ?	Wer ist am Apparat, bitte? *oder* Wer spricht bitte?
Je vous le passe.	Ich verbinde Sie.
J'ai un appel de Tokyo **pour** Mme Dupont.	Ich habe einen Anruf aus … für …
J'ai Mlle Martin **en ligne.**	… für Sie.
Le docteur Robert **est en ligne, vous patientez ?**	… spricht gerade, wollen Sie einen Moment warten?
Ne quittez pas.	Bitte bleiben Sie am Apparat.
Ça ne répond pas.	Es meldet sich niemand.
Voulez-vous laisser un message ?	Wollen Sie eine Nachricht hinterlassen?

Ansagen

Le numéro de votre correspondant n'est plus attribué. Veuillez consulter l'annuaire ou votre centre de renseignements.	Kein Anschluss unter dieser Nummer. Bitte rufen Sie die Auskunft an!
Le numéro de votre correspondant a changé. Veuillez composer désormais le 33 42 21 70.	Dieser Teilnehmer hat eine neue Nummer. Bitte wählen Sie die …
Par suite de l'encombrement des lignes, votre appel ne peut aboutir. Veuillez rappeler ultérieurement.	Alle Leitungen sind besetzt. Bitte rufen Sie später noch einmal an.
Bonjour, vous êtes en communication avec le service des ventes. **Veuillez patienter, nous allons donner suite à votre appel dans quelques instants.**	Guten Tag, Sie sind verbunden mit … Bitte haben Sie einen Moment Geduld!
Bonjour, vous êtes bien chez M. et Mme Martin. **Laissez un message après le bip sonore et nous vous rappellerons dès notre retour.** Merci.	Guten Tag! Hier ist der Anrufbeantworter von … Bitte hinterlassen Sie eine Nachricht nach dem Pfeifton, wir rufen Sie später zurück …

Sich am Telefon melden

Allô, c'est Anne **à l'appareil.**	Hallo, … am Apparat.
C'est moi *oder* lui-même (*oder* elle-même).	Am Apparat!
Qui est à l'appareil ?	Wer ist am Apparat?

Bei Schwierigkeiten

Je n'arrive pas à avoir le numéro.	Ich komme nicht durch.
Leur téléphone est en dérangement.	Ihr Telefon ist gestört.
Nous avons été coupés.	Wir sind unterbrochen worden.
J'ai dû faire un faux numéro.	Ich muss mich verwählt haben.
Il y a quelqu'un d'autre sur la ligne.	Da ist noch jemand in der Leitung.
La ligne est très mauvaise.	Die Verbindung ist sehr schlecht.

Goûts et préférences

Pour dire ce que l'on aime

Ich esse **gern** Kuchen.	J'aime bien …
Ich **habe es gern**, wenn alles ordentlich und gepflegt ist.	J'aime …
Der Film **hat mir gut gefallen**.	J'ai bien aimé …
Ich gehe **sehr gerne** in die Disko.	J'adore …
Der Ausflug in die Weinberge **hat mir sehr gefallen**.	… m'a beaucoup plu.
Ich **schätze es sehr, wenn** Leute ihr Versprechen halten.	J'apprécie beaucoup que …
Nichts mag ich lieber, als abends mit meinen Freunden auszugehen.	Ce que j'aime par-dessus tout, c'est …
An einem heißen Tag **geht doch nichts über** ein großes Glas kaltes Wasser.	Rien ne vaut …
Meine Lieblingsgruppe ist U2.	… mon … préféré.
Was mir an ihr **am besten gefällt**, ist ihr Charme.	Ce que je préfère …

Pour dire ce que l'on n'aime pas

Ich **mag keinen** Fisch.	Je n'aime pas …
Ich arbeite **nicht gern** im Garten.	Je n'aime pas …
Ich **hasse** Spinnen.	J'ai horreur des …
Ich **kann** Rote Bete **absolut nicht ausstehen**.	Je déteste …
Ich **kann es nicht leiden, wenn** man mich anlügt.	Je ne supporte pas que …
Seine Einstellung **gefällt mir überhaupt nicht**.	… ne me plaît pas du tout.
Am meisten hasse ich es, im Regen auf den Bus warten zu müssen.	Ce que je déteste le plus, c'est de …
Ich **kann nicht sagen, dass mir** diese Idee **besonders gefällt**.	… ne m'emballe pas.

Préférences

Ich **würde lieber** in Bern wohnen.	Je préférerais …
Ich **würde** jetzt **lieber nicht** darüber sprechen.	Je préférerais ne pas …
Es wäre mir lieber, wenn Sie am Montag kämen.	Je préférerais que vous …
Ich **mag** Rotwein **lieber als** Weißwein.	Je préfère … à …
Das blaue Kleid **gefällt mir besser als** das rote.	… me plaît davantage que …
14 Uhr **würde mir besser passen**.	… me conviendrait mieux.

Indifférence

Das **interessiert mich nicht im Geringsten.**	... ne m'intéresse absolument pas.
Ich habe keine bestimmte Vorliebe.	Je n'ai pas de préférence.
Das macht überhaupt nichts.	Cela n'a aucune importance.
Das ist mir vollkommen egal.	Ça m'est complètement égal.
Mir ist alles recht.	Tout me va.

Comment demander à quelqu'un ce qu'il aime

Mögen Sie Pommes frites?	Est-ce que vous aimez ...
Kochen **Sie gerne?**	Est-ce que vous aimez ...
Würden Sie gerne nach Kreta fahren?	Est-ce que vous aimeriez ...
Was gefällt Ihnen an ihm am besten?	Qu'est-ce que vous aimez le plus chez ...
Wohnen Sie lieber in der Stadt oder auf dem Lande?	Est-ce que vous préférez vivre ...
Was mögen Sie lieber: Popmusik oder klassische Musik?	Qu'est-ce que vous préférez ...
Welcher der beiden Vorschläge **ist Ihnen lieber?**	Quelle ... préférez-vous ?

Opinion

Comment demander l'avis de quelqu'un

Was halten Sie davon?	Qu'en pensez-vous ?
Wie denken Sie über Ehescheidung?	Que pensez-vous du ...
Was halten Sie von solch einem Benehmen?	Que pensez-vous de ...
Wie sehen Sie Deutschlands Chancen, die Weltmeisterschaft zu gewinnen?	Quelle est votre opinion sur ...
Was ist Ihre Meinung zum Verhältniswahlsystem?	Quel est votre avis sur ...
Es würde mich interessieren, was Ihre persönliche Meinung zu diesem Thema **ist.**	J'aimerais connaître votre avis sur ...
Ich würde gerne Ihre Meinung zu diesem Thema **hören.**	J'aimerais connaître votre avis sur ...
Ich würde gerne wissen, was Sie von seinem Aufsatz **halten.**	Je voudrais savoir ce que vous pensez de ...
Sollten junge Leute **Ihrer Meinung nach** mehr Freiheiten haben?	À votre avis ...

Comment donner son avis

Sie haben recht.	Vous avez raison.
Er hat unrecht.	Il a tort.
Es war falsch von ihm, zurückzutreten.	Il a eu tort de ...
Ich bin (mir) sicher, dass er lügt.	Je suis certain que ...
Ich bin überzeugt davon, dass es noch eine andere Lösung gibt.	Je suis persuadé que ...
Ich denke, das sollte möglich sein.	Je pense que ...
Ich glaube, das ist ein bisschen voreilig.	Je crois que ...
Ich meine, das ist doch nur natürlich.	Je trouve que ...
Meiner Meinung nach hat er sich nicht verändert.	À mon avis ...
Ich bin der Meinung, dass die Waljagd verboten werden sollte.	Je trouve que ...
Aus meiner Sicht hat er einen Fehler gemacht.	Selon moi ...
Ich persönlich glaube, dass Frauen gute Ingenieure sind.	Personnellement, je pense que ...
Ich habe den Eindruck, dass ihre Eltern sie nicht verstehen.	J'ai l'impression que ...

Comment éviter de donner son avis

Ich habe keine feste Meinung zu diesem Thema.	Je n'ai pas d'avis sur ...
Darüber habe ich noch nie nachgedacht.	Je ne me suis jamais posé la question.
Das hängt davon ab, was Sie darunter **verstehen.**	Tout dépend de ce que vous entendez par ...
Ich kann mich zu diesem Thema **nicht äußern.**	Je ne dispose pas d'éléments suffisants pour m'exprimer sur ...
Ich möchte mich lieber nicht zu dieser Angelegenheit **äußern.**	Je préférerais ne pas m'exprimer sur ...

Approbation et accord

Ich denke, das ist eine hervorragende Idee.	Je trouve que c'est une excellente idée.
Was für eine gute Idee!	Quelle bonne idée !
Du hattest recht, einfach nur mit dem Rucksack loszufahren.	Tu as bien fait de ...
Sein Aufsatz über Rassismus **hat mich sehr beeindruckt.**	... m'a beaucoup impressionné.

Ich glaube, Sie haben recht, wenn Sie ihm gegenüber misstrauisch sind.	Je trouve que vous avez raison de ...
Das ist eine sehr gute Sache.	C'est une très bonne chose.
Sie haben durchaus recht, die Regierung zu kritisieren.	Vous avez tout à fait raison de ...
Ich teile diese Ansicht.	Je partage cette opinion.
Ich teile Ihre Befürchtungen hinsichtlich der Verbreitung von Aids.	Je partage ...
Wir befürworten die Arbeitsbeschaffungsmaßnahmen.	Nous approuvons ...
Wir sind für ein vereintes Europa.	Nous sommes en faveur de ...
Viele Leute glauben berechtigterweise, dass gute Qualifikationen wichtig sind.	... estiment à juste titre que ...
Ich stimme Ihnen zu.	Je suis d'accord avec vous.
Ich bin ganz Ihrer Meinung.	Je suis entièrement d'accord avec vous.
Es stimmt, dass sieben Kinder bei dem Bombenanschlag unverletzt geblieben sind.	Il est vrai que ...

Désapprobation et désaccord

Diese Idee gefällt mir überhaupt nicht.	... me déplaît profondément.
Ich kann Lügen nicht ausstehen.	Je ne supporte pas ...
Wir sind gegen Fanatismus und Intoleranz.	Nous sommes contre ...
Ich bin dagegen, dass sich Krankenschwestern einem Aidstest unterziehen müssen.	Je suis opposé au fait que ...
Ich denke, es war falsch von ihm, sich Geld von seiner Tante zu leihen.	Je trouve qu'il a eu tort de ...
Du hättest nicht so mit ihm reden sollen.	Tu n'aurais pas dû ...
Seine Einstellung zu seinem Studium enttäuscht mich.	Je suis déçu par ...
Du enttäuschst mich.	Tu me déçois.
Ich bin zutiefst enttäuscht.	Je suis profondément déçu.
Es ist schade, dass er so schlechte Manieren hat.	Il est dommage que ...
Es ist bedauernswert, dass keine Lösung gefunden wurde.	Il est regrettable que ...

Sie haben unrecht!	Vous avez tort !
Ich bin anderer Meinung.	Je ne suis pas d'accord.
Ich stimme Ihnen nicht zu.	Je ne suis pas d'accord avec vous.
Ich lehne nukleare Experimente **ab.**	Je suis contre ...
Ich bin mit dem, was er sagt, **überhaupt nicht einverstanden.**	Je ne suis absolument pas d'accord avec ...
Es wäre falsch zu behaupten, die Verkehrsprobleme ließen sich durch höhere Benzinpreise lösen.	Il est faux de dire que ...
Ich teile den Standpunkt der Euroskeptiker **nicht.**	Je ne partage pas le point de vue des ...

Excuses

Pour s'excuser

Verzeihung.	Pardon.
Oh, Entschuldigung! Ich muss mich verwählt haben.	Oh, excusez-moi !
Es tut mir schrecklich leid, dass ich am Freitag nicht kommen kann.	Je suis vraiment désolée de ...
Es tut mir leid, wenn ich Sie geweckt habe.	Je suis désolé de ...
Das tut mir alles schrecklich leid.	Je suis profondément désolé.
Ich bitte um Entschuldigung.	Je vous prie de m'excuser.
Wir möchten unsere Leser **um Entschuldigung bitten.**	Nous prions ... de bien vouloir accepter nos excuses.

En assumant la responsabilité de ce qui s'est passé

Das ist meine Schuld, ich hätte eher kommen **sollen.**	C'est (de) ma faute : j'aurais dû ...
Ich hätte sie **nicht** schlagen **dürfen.**	Je n'aurais pas dû ...
Ich übernehme die volle Verantwortung für das, was ich getan habe.	J'assume l'entière responsabilité de ...
Ich gebe zu, dass es mein Fehler war.	J'admets que ...
Wenn ich doch bloß Jura statt Sprachen studiert **hätte!**	Si seulement j'avais ...

En niant toute responsabilité

Das ist nicht meine Schuld.
Ich kann nichts dafür, wenn wir zu spät kommen.

Ich habe das nicht mit Absicht getan.
Ich hatte keine Wahl. Ich musste ihnen sagen, was wirklich passiert ist.
Ich dachte, es wäre richtig, die Spende abzulehnen.

Ce n'est pas (de) ma faute.
Ce n'est pas (de) ma faute si …

Je ne l'ai pas fait exprès.
Je n'ai pas eu le choix.
J'ai dû …
J'avais cru bien faire en …

En exprimant ses regrets

Es tut mir leid, aber ich kann nun am Freitag doch nicht kommen.
Ich verstehe Ihre Enttäuschung, **aber wir können** Ihren Antrag **nicht** genehmigen.
Leider können wir Ihnen die gewünschten Informationen **nicht** geben.

Je regrette, mais …

Je comprends … mais nous ne pouvons pas …

Il nous est malheureusement impossible de …

Zu unserem Bedauern ist es uns nicht möglich, Ihren Artikel zu veröffentlichen.
Der Präsident **bedauert zutiefst**, nicht an dem Empfang teilnehmen zu können.

Nous regrettons de …

… regrette profondément de …

Explications

Causes

Ich habe mich **wegen** des dichten Verkehrs verspätet.
Dank der Großzügigkeit der Mitglieder kann der Klub ein neues Klubhaus bauen lassen.
Ich kann keine Kleidung kaufen, **weil** ich kein Geld habe.
Ich blieb fünf Jahre in der Schweiz, **da** es mir dort gefallen hat.
In Anbetracht seines Interesses für Architektur überrascht es mich nicht, dass er Barcelona besuchen möchte.
In Anbetracht der Tatsache, dass die Regierung kein Geld hat, ist eine Erhöhung des Kindergelds nicht zu erwarten.

… à cause des …

… grâce à …

… parce que …

… car …

Vu …

Étant donné que …

Ein geplatzer Reifen **hat** den Unfall **verursacht**.	... a été provoqué par ...
Er trat **aus** gesundheitlichen **Gründen** zurück.	... pour raisons de ...
Der Jugendklub wird **wegen** fehlender finanzieller Mittel geschlossen.	... à cause de ...
Der Zug hat sich **aufgrund von** Gleisbauarbeiten verspätet.	... en raison des ...
Die Unzufriedenheit unter Lehrern **wird mit** dem Fehlen finanzieller Mittel für Lehrmaterialien **in Verbindung gebracht**.	... est liée à ...
Das Problem liegt darin, dass die Leute Angst vor Computern haben.	Le problème vient de ce que ...
Der Rückgang des Exportgeschäfts **ist das Ergebnis** der sinkenden Nachfrage auf dem europäischen Markt.	... résulte d'un ...
Hass **hat seine Ursache in** fehlendem Verständnis.	... est dû à ...

Conséquences

Ich muss heute Abend abreisen, **daher** kann ich Sie am Sonnabend nicht begleiten.	... c'est pourquoi ...
Eine weitere Lawine **ließ** die Zahl der Todesopfer auf 118 steigen.	... a porté ...
Der Vertrieb ist verbessert worden, **sodass** die Leser ihre Zeitungen jetzt früher bekommen.	... de sorte que ...
Dieser neue Cidre gärt nur kurze Zeit. **Folglich** ist der Alkoholgehalt sehr gering.	Par conséquent ...
Fehlende Absprache **hat dazu geführt, dass** viel Zeit verschwendet wurde.	... a fait que ...
Deshalb kann man sich den Namen so leicht merken.	C'est la raison pour laquelle ...

Comparaisons

Da er nicht sehr groß ist, **vergleichen ihn** die Leute **mit** Napoleon.	... on le compare à ...
Fernsehen **kann mit** einer Droge **verglichen werden**.	On peut comparer ... à ...
Das Haus sah aus, **als ob** es einstürzen würde.	On aurait dit que ...
Der Umriss von Italien **wird oft mit** einem Stiefel **verglichen**.	... est souvent comparé à ...

Das Geräusch **war vergleichbar mit** dem Hupen eines Autos.	... était comparable à ...
Mein Kollege **ist wie** ein Vater zu mir.	... est (comme) ...
Er **erinnert mich an** den Bruder meines Vaters.	... me rappelle ...
Sie **erinnert an** eine altmodische Schullehrerin.	... fait penser à ...
Das Fernsehen **ist das** moderne **Äquivalent zum** römischen Zirkus.	... est l'équivalent ... du ...
1000 Schweizer Franken **entsprechen** 635 Euro.	... équivalent à ...
Diese Summe **entspricht** sechs Monatsmieten.	... correspond à ...
Eine Crêpe **ist dasselbe wie** ein dünner Pfannkuchen.	... est la même chose que ...
Das läuft auf dasselbe hinaus, was die Kalorien angeht.	Ça revient au même ...

Pour souligner une différence

Im Vergleich zu Asien ist Afrika immer noch unterbevölkert.	Comparée à ...
Verglichen mit Schiller hat er wenig geschrieben.	... en comparaison de ...
Thailand und Malaysia **können sich nicht mit** China **vergleichen.**	On ne peut pas comparer ... à ...
Mein alter Sessel war **in keiner Hinsicht so** bequem **wie** mein neuer.	... est beaucoup moins ... que ...
Die Qualität der Berichterstattung in der lokalen und der überregionalen Presse **lässt sich nicht vergleichen.**	... ne sont pas comparables.
Im Vergleich zum Vorjahr sind die Investitionen leicht gestiegen.	... par rapport à ...
Gesättigte und ungesättigte Fette **unterscheiden sich in** ihrer chemischen Zusammensetzung.	... se distinguent par ...
Die heutigen Essgewohnheiten **ähneln kaum mehr** denen vor 100 Jahren.	... n'ont plus grand-chose à voir avec ...
Gruyère **eignet sich besser** für Fondues **als** Edamer.	... convient mieux ... que ...
Der australische Kontinent ist **nicht so** dicht bevölkert **wie** Europa.	... moins ... que ...
Die Lebenserwartung von Frauen beträgt 81 Jahre, **während** die der Männer 72 nicht übersteigt.	... tandis que ...
Während der Verbrauch von Fleisch sinkt, befindet sich die vegetarische Lebensweise auf dem Vormarsch.	Alors que ...

Demandes et propositions

Demandes

Ich möchte drei Obsttorten.	Je voudrais ...
Ich möchte noch ein Bier.	Encore une ...
Ich wüsste **gern** den aktuellen Wechselkurs.	Je voudrais ...
Kannst du mir helfen, diesen Tisch zu tragen?	Peux-tu ...
Könnten Sie uns bitte helfen?	Pourriez-vous ...
Können Sie mir **bitte** sagen, wie spät es ist?	Pourriez-vous ... s'il vous plaît ?
Könntest du bitte mein Kleid aus der Reinigung holen?	Est-ce que tu pourrais ...
Sei so lieb und gehe für mich zum Bäcker.	Sois gentille ...
Würden Sie bitte so freundlich sein und meinen Platz für mich freihalten?	Auriez-vous l'obligeance de ...
Könnten Sie mir **bitte** den Ausgang zeigen?	Pourriez-vous ... s'il vous plaît ?
Hätten Sie vielleicht ein paar Minuten Zeit?	Est-ce que vous auriez ...
Würde es Ihnen etwas ausmachen, das Fenster zu öffnen?	Est-ce que cela vous dérangerait de ...
Haben Sie etwas dagegen, wenn ich das Fenster öffne?	Est-ce que cela vous dérange si ...
Stört es Sie, wenn ich rauche?	Ça vous dérange si ...
Ich wäre Ihnen dankbar, wenn Sie meinen Brief ungekürzt veröffentlichen würden.	Je vous serais reconnaissant de bien vouloir ...
Ich wäre Ihnen sehr zu Dank verpflichtet, wenn Sie in dieser Angelegenheit äußerste Diskretion wahren könnten.	Je vous serais très obligée de ...

Propositions

Ich kann dich abholen, **wenn du willst.**	Je peux ... si tu veux.
Ich könnte Sie begleiten.	Je pourrais ...
Möchtest du etwas Eis zum Nachtisch?	Veux-tu ...
Hast du Lust auf ein Bier?	Ça te dirait ...
Wie wäre es mit einer Partie Schach?	Que diriez-vous de ...
Was halten Sie davon, das Weiße Haus zu besuchen?	Est-ce que ... vous tente ?
Wir wären sehr erfreut, wenn Sie uns nächsten Sommer besuchen würden.	Nous serions très heureux que ...
Soll ich dein Auto abholen?	Est-ce que tu veux que ...
Möchten Sie mit mir ins Kino gehen?	Est-ce que vous voulez ...
Wie wäre es mit dem 3. März um 10.30 Uhr?	Qu'est-ce que tu dirais du ...

Conseils et suggestions

Comment demander conseil

Was würden Sie an meiner Stelle tun?	À ma place, que feriez-vous ?
Würden Sie mir zu dem Armband oder dem Ring raten?	Qu'est-ce que vous me conseillez ...
Wozu würden Sie mir raten?	Que me conseillez-vous ?
Was würden Sie mir raten?	Qu'est-ce que vous me conseillez de faire ?
Wir würden gerne ein paar Obstbäume pflanzen, was würden Sie empfehlen?	Qu'est-ce que vous nous recommandez ?
Welche Vorgehensweise würden Sie vorschlagen?	Quelle ... recommandez-vous ?
Was sollte Ihrer Meinung nach getan werden, um ein faires Verhandlungsergebnis zu erreichen?	Que faudrait-il faire, d'après vous, pour ...
Wie würden Sie das Problem der Arbeitslosigkeit lösen?	Quelles sont vos solutions pour ...

Comment donner un conseil

Wenn ich Ihnen einen Rat geben dürfte: Bewahren Sie Ihre Wertsachen an einem sicheren Ort auf.	Si je peux vous donner un conseil ...
Ein Hinweis: Lesen Sie die Gebrauchsanweisung aufmerksam durch.	Un conseil ...
Ein nützlicher Tipp: Gießen Sie Ihre Zimmerpflanzen alle zwei Wochen mit Düngemittel.	Un bon conseil ...
An Ihrer Stelle wäre ich vorsichtig.	À votre place ...
Wenn ich du wäre und im Lotto gewonnen hätte, würde ich einen roten BMW kaufen.	À ta place ...
Warum rufst du ihn **nicht (einfach)** an?	Pourquoi ne pas (tout simplement) ...
Sie sollten einen Spezialisten aufsuchen.	Vous devriez ...
Sie sollten besser selbst mit dem Professor sprechen.	Vous feriez mieux de ...
Du könntest (vielleicht) versuchen, ein bisschen mehr Verständnis zu zeigen.	Tu pourrais (peut-être) ...
Es wäre besser, die Ergebnisse des Referendums abzuwarten.	Il serait préférable de ...
Sie wären gut beraten, die Konditionen des Vertrages vorerst geheim zu halten.	Vous feriez mieux de ...
Sie wären schlecht beraten, jetzt klein beizugeben.	Vous seriez mal avisé de ...

Mises en garde

Was auch immer Sie tun, trinken Sie **nicht** zu viel Wein.

Nehmen Sie sich vor Angeboten **in Acht**, die extrem hohe Renditen versprechen.

Wenn Sie keinen Verbandskasten dabeihaben, **laufen Sie Gefahr**, ein Bußgeld zu zahlen.

Ich warne dich, ich werde mich rächen.

Vergessen Sie nicht, eine Kopie Ihres Steuerbescheides beizulegen.

Surtout, ne ... pas ...

Méfiez-vous de ...

Si ... vous risquez de ...

Je te préviens ...

N'oubliez pas de ...

Intentions et souhaits

Pour demander à quelqu'un ce qu'il compte faire

Was beabsichtigen Sie zu tun?

Was haben Sie vor?

Was wollen Sie tun, wenn Sie zurückkommen? **Haben Sie schon etwas geplant?**

Was willst du tun? Willst du etwa sechs Monate warten?

Was machst du, wenn du durch die Prüfung fällst?

Wollen Sie lange bleiben?

Was wollen Sie mit Ihrer Sammlung **machen?**

Wollen Sie zum Zirkus gehen?

Haben Sie vor, einen weiteren Film in Europa zu drehen?

Qu'est-ce que vous avez l'intention de faire ?

Quels sont vos projets ?

Qu'est-ce que vous allez faire ... Avez-vous déjà des projets ?

Qu'est-ce que tu vas faire ?

Vous comptez ...

Que comptez-vous faire de ...

Est-ce que vous avez l'intention de ...

Avez-vous prévu de ...

Pour dire ce qu'on a l'intention de faire

Wir haben uns vorgenommen, mehr als einhunderttausend CDs zu verkaufen.

Ich hatte vor, am 8. Juli nach Ajaccio zu fliegen.

Die Bank **beabsichtigt**, mehr als 100 Filialen zu schließen.

Ich trage mich mit dem Gedanken, die Politik aufzugeben.

Nous prévoyons de ...

Je comptais ...

... a l'intention de ...

Je songe à ...

Sie spielt mit dem Gedanken, ihre Karriere aufzugeben und ein Kind zu bekommen.	Elle envisage de ...
Ich habe beschlossen, die Scheidung einzureichen.	J'ai décidé de ...
Ich habe mich entschlossen, mit dem Rauchen aufzuhören.	Je suis décidée à ...
Es steht fest, ich gebe die Schauspielerei auf.	C'est décidé ...
Wir haben uns fest vorgenommen, den Titel erfolgreich zu verteidigen.	Nous sommes fermement décidés à ...

Souhaits

Ich hätte jetzt Lust auf eine Partie Schach.	Je ferais bien ...
Ich möchte gern drachenfliegen.	J'aimerais bien ...
Ich würde meine Fotos **gerne** veröffentlichen lassen.	J'aimerais que ...
Ich wäre gern früher geboren worden.	J'aurais aimé ...
Ich hätte gern einen Bruder gehabt.	J'aurais aimé ...
Ich hoffe, eines Tages einmal nach Australien reisen zu können.	J'espère ...
Ich träume davon, ein großes Haus zu besitzen.	Mon rêve serait de ...
Wir hoffen, dass die Kinder dieses Programm gemeinsam mit ihren Eltern ansehen.	Nous espérons que ...
Es wäre wünschenswert, den Umbau der Heizungsanlage noch vor Wintereinbruch abzuschließen.	Il serait souhaitable que ...
Wir wollen uns unsere Unabhängigkeit bewahren.	Nous souhaitons ...
Peter **wollte** sich **unbedingt** seinen Kindheitstraum erfüllen und fliegen lernen.	... voulait à tout prix ...

Obligation

Ich muss Arbeit finden.	Il faut que ...
Der Schulbesuch **ist Pflicht.**	... est obligatoire.
Der Minister **bestand darauf, dass** sein Leibwächter mit ihm in einem Raum schlief.	... exigeait que ...
Die Entführer **verlangten, dass** das Flugzeug nach New York weiterfliegen solle.	... ont exigé que ...
Wegen eines schweren Asthmaanfalls **musste ich** in Bern Zwischenstation machen und den Arzt aufsuchen.	... m'a obligé à ...
Als ich klein war, **hat** meine Mutter **mich gezwungen**, Spinat zu essen.	... me forçait à ...

Sie sind dazu verpflichtet, alle Verkehrsunfälle der Polizei zu melden.	Vous êtes tenus de ...
Wann immer man aus dem Haus geht, **muss man** sich einen Weg zwischen den parkenden Autos bahnen.	... on est obligé de ...
Er war gezwungen, seine Eltern um Geld zu bitten.	Il a été forcé de ...
Es ist unbedingt notwendig, sich über die Berufschancen im Klaren zu sein, bevor man einen Studiengang wählt.	Il est indispensable de ...
Es bleibt dir nichts anderes übrig, als Nein zu sagen.	Il ne te reste plus qu'à ...
In armen Ländern **müssen** viele Kinder arbeiten, **sie haben keine andere Wahl.**	... sont obligés de ... ils n'ont pas le choix.
Wenn Sie das Land verlassen wollen, **müssen Sie** im Besitz eines gültigen Passes sein.	... vous devez ...
Wenn sich die Besitzer der Hunde nicht melden, **werden wir** die Tiere einschläfern **müssen.**	... nous nous verrons dans l'obligation de ...

Permission

Comment demander la permission de faire quelque chose

Könnte ich bitte mal telefonieren?	Puis-je ... s'il vous plaît ?
Darf ich Sie etwas fragen?	Puis-je ...
Kann ich nachher auf einen kurzen Plausch vorbeikommen?	Est-ce que je peux ...
Dürfte ich bitte in Ihre Strandtasche schauen?	Vous permettez ...
Macht es Ihnen etwas aus, wenn ich etwas später komme?	Cela vous dérange si ...
Stört es Sie, wenn ich rauche?	Ça vous dérange que ...
Haben Sie etwas dagegen, wenn ich Ihren Namen in meinem Artikel verwende?	Voyez-vous un inconvénient à ce que ...
Mit Ihrer Erlaubnis würde ich gerne einige Änderungen am Gebäudegrundriss vornehmen.	Si vous le permettez, j'aimerais ...

Autorisation

Geschichtsstudenten **dürfen** das Archiv besuchen.	... ont le droit de ...
Sie haben meine Erlaubnis, die nötigen Änderungen vorzunehmen.	Vous avez mon accord pour ...
Sie sind bevollmächtigt, alle notwendigen Maßnahmen zum Schutz der Passagiere zu ergreifen.	Vous avez l'autorisation de ...

Sie gestatteten den Alten, Frauen und Kindern, das entführte Flugzeug zu verlassen. Ils ont autorisé ...

Ich habe nichts dagegen. Je n'y vois pas d'inconvénient.

Ich habe keinerlei Einwände dagegen, dass Sie mich in Ihrem Artikel zitieren. Je ne vois aucune objection à ce que ...

Défense

Ich verbiete dir, das Zimmer zu verlassen. Je t'interdis de ...

Das ist nicht gestattet. C'est défendu.

Zutritt verboten. Défense d'entrer.

Auf der Toilette **ist** das Rauchen **(streng) verboten.** Il est (strictement) interdit de ...

Die UN-Konvention über die Rechte der Kinder **verbietet** Kinderarbeit **eindeutig.** ... interdit formellement ...

Sie dürfen im Hörsaal **nicht** rauchen. Il est interdit de ...

Geh' nicht aus dem Haus. Ne sors pas de la maison.

Das kommt gar nicht in Frage. Il n'en est pas question.

Ein Vorgesetzter **ist nicht berechtigt**, die E-Mails seiner Mitarbeiter zu lesen. ... n'a pas le droit de ...

Sie dürfen sich **auf gar keinen Fall** in der Nähe des neuen Forschungslabors aufhalten. Vous ne devez sous aucun prétexte ...

Certitude, probabilité et possibilité

Certitude

Es ist offensichtlich, dass dieser Schauspieler nicht gut mit Kindern arbeiten kann. Il est évident que ...

Es lässt sich nicht leugnen, dass sich das Klima erheblich verändert hat. Il est indéniable que ...

Kalorienarme Kuchen werden **ohne Zweifel** ein Renner werden. Il ne fait aucun doute que ...

Es lässt sich nicht bestreiten, dass die Arbeitslosenzahlen in dieser Region sehr hoch sind. Il est incontestable que ...

Du wirst meinen Bruder **bestimmt** mögen. Je suis sûre que ...

Ich bin sicher, dass ich gewinnen werde. Je suis sûr de ...

Ich bin ganz sicher, dass wir auf dem richtigen Wege sind. Je suis certain que ...

Gewiss wird mir die Arbeit hier gefallen. Je suis certain que ...

Ich bin überzeugt davon, **dass** es noch andere Lösungen gibt.	Je suis persuadé que ...
Ich versichere Ihnen, dass wir das Problem bis morgen früh gelöst haben.	Je vous promets que ...

Probabilité

Die Wirtschaftskrise wird sich **wahrscheinlich** auf die Arbeitschancen junger Leute auswirken.	Il est probable que ...
Die Inflationsrate wird **höchstwahrscheinlich** 5 % überschreiten.	... très probablement ...
Sie hatten **zweifellos** recht.	... sans doute ...
Zweifellos wird sich die wirtschaftliche Lage noch verschlechtern.	... c'est indéniable.
Er muss vergessen **haben**, das Fenster zu öffnen.	Il a dû ...
Die Bauarbeiten **sollen** im April beginnen.	... devraient ...
Es ist ganz gut möglich, dass sie nur mal sehen wollen, wie wir reagieren.	Il se pourrait bien que ...
Es sieht nach Regen **aus.**	On dirait que ...

Possibilité

Das ist möglich.	C'est possible.
Es besteht die Möglichkeit, dass uns die Konkurrenz zuvorgekommen ist.	Il est possible que ...
Es sollte doch möglich sein festzustellen, wer diese Tat verübt hat.	Il devrait pourtant être possible de ...
Möglicherweise hat er eine unheilbare Krankheit.	Il est peut-être ...
Vielleicht habe ich unrecht.	Peut-être que ...
In ein paar Monaten **kann** sich schon alles verändert haben.	Il se peut que ...
Das Virus **könnte** hochinfektiös sein.	Il se pourrait que ...
Es könnte sein, dass es nicht sofort zum Friedensschluss kommen wird.	Il se pourrait que ...
Es ist gut möglich, dass Amerika in Wirklichkeit von den Chinesen entdeckt wurde.	Il est fort possible que ...

Incertitude, improbabilité et impossibilité

Incertitude

Ich bin nicht überzeugt, dass diese Methode funktioniert.	Je ne suis pas persuadée que ...
Ich frage mich, ob wir auf diesem Gebiet große Fortschritte gemacht haben.	Je me demande si ...
Vielleicht sollte ich meine Hilfe anbieten?	... peut-être ...
Er begann, an der Kompetenz seines Arztes **zu zweifeln.**	... à douter de ...
Ich bezweifle (sehr), dass er sich an das Leben in Afrika gewöhnen wird.	Je doute (fort) que ...
Ich bin (mir) nicht sicher, ob das eine gute Idee ist.	Je ne suis pas sûr que ...
Es gibt keine Garantie dafür, dass ein Impfstoff entwickelt werden kann.	Il n'est pas certain que ...
Wir wissen noch nicht genau, wie wir das Wohnzimmer tapezieren wollen.	Nous ne savons pas encore exactement ...
Niemand kann mit Sicherheit sagen, wie sich ein Kind entwickeln wird.	Personne ne peut dire avec certitude ...

Improbabilité

Es würde mich wundern, wenn sie Ihre Größe hätten.	Cela m'étonnerait que ...
Wir werden uns wahrscheinlich nicht langweilen.	Nous ne risquons pas de ...
Es ist höchst unwahrscheinlich, dass sie den Nobelpreis für Physik erhalten werden.	Il y a très peu de chances qu'elles ...
Er wird seine Meinung **wahrscheinlich nicht** ändern.	... ne ... probablement pas ...
Der Zinssatz wird 1,5% **wahrscheinlich nicht** überschreiten.	Il y a peu de chances que ...
Es ist (höchst) unwahrscheinlich, dass Tausende Touristen eine Fahrradfabrik besichtigen wollen.	Il est peu probable ou très improbable que ...
Es wäre erstaunlich, wenn alles nach Plan laufen würde.	Il serait étonnant que ...

Impossibilité

Das ist unmöglich.	C'est impossible.
Es ist mir nicht möglich, mehr als 50 Euro zu spenden.	Je ne peux pas ...

Diese Information **kann unter keinen Umständen** falsch sein.	Il est absolument impossible que ...
Sie werden uns **ganz bestimmt nicht** zu Hilfe kommen.	Il n'y a aucune chance que ...
Ich kann unmöglich Frank einladen und seine Frau nicht.	Je ne peux vraiment pas ...
Eine solche Lösung **kommt überhaupt nicht in Frage.**	... est exclue.

Salutations

Guten Tag!	Bonjour !
Guten Abend!	Bonsoir !
Hallo!	Salut !
Wie geht es Ihnen?	Comment allez-vous ?
Na, wie gehts?	Alors, comment ça va ?

Réponses

Gut, danke. Und Ihnen?	Bien, merci. Et vous ?
Mir gehts gut. Und dir?	Ça va bien. Et toi ?
Prima!	Super !
Es geht so.	Ça peut aller.

Présentations

Das ist Charles.	Voici ...
Das ist meine Freundin.	Voici ...
Ich glaube nicht, dass Sie sich kennen.	Je ne crois pas que vous vous connaissiez.

Une fois qu'on a été présenté

Sehr erfreut.	Enchanté.
Ich freue mich, Ihre Bekanntschaft zu machen.	Je suis enchanté de faire votre connaissance.
Hallo, ich bin Dominique.	Salut, moi c'est ...

Pour prendre congé

Auf Wiedersehen!	Au revoir !
Gute Nacht!	Bonne nuit !
Tschüs!	Salut !
Ciao!	Ciao !
Bis bald!	À bientôt !
Bis morgen!	À demain !
Bis nächste Woche!	À la semaine prochaine !
Machs gut!	Bonne continuation !

Vœux et félicitations

Herzlichen Glückwunsch zum Geburtstag!	Joyeux anniversaire !
Ich gratuliere!	Félicitations !
Frohe Weihnachten!	Joyeux Noël !
Ein frohes neues Jahr!	Bonne année !
Herzlichen Glückwunsch!	Meilleurs vœux !
Alles Gute!	Tous mes (etc) vœux !
Gute Reise!	Bon voyage !
Viel Glück!	Bonne chance !
Herzlich willkommen!	Bienvenue !
Viel Spaß!	Amuse-toi bien !
Auf Ihr Wohl!	À la vôtre !
Prost!	Santé !

Correspondance

La rédaction de l'addresse

Au recto

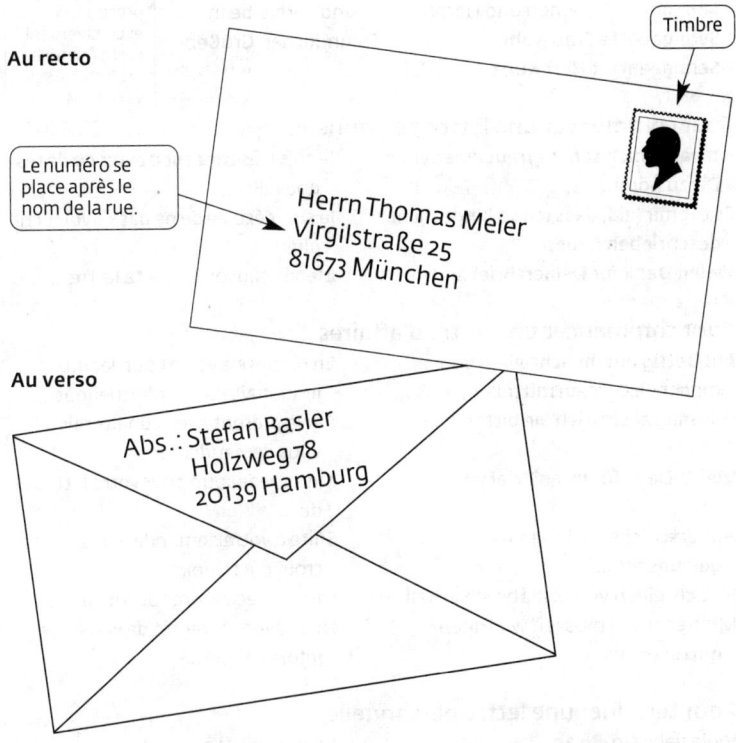

Timbre

Le numéro se place après le nom de la rue.

Herrn Thomas Meier
Virgilstraße 25
81673 München

Au verso

Abs.: Stefan Basler
Holzweg 78
20139 Hamburg

Abréviations couramment employées dans les adresses

Abs. = Absender **Nr. = Nummer** **Str. = Straße**

Les formes d'adresse et les formules de politesse

Dans les lettres personnelles

Liebe Freunde	**Mit den besten Grüßen** (*soutenu*)
Lieber Peter	**Viele Grüße**
Liebe Oma, lieber Opa	**Herzliche Grüße von eurem**
Lieber Vati	**Viele liebe Grüße**
Hallo Kerstin	**Bis bald** (*très familier*)

Dans les lettres d'affaires

Sehr geehrter Herr Professor	Mit freundlichen Grüßen
Sehr geehrte Damen und Herren	... und verbleibe mit
Sehr geehrte Frau Kühn	freundlichen Grüßen.
Sehr geehrter Herr Kunz	

> Dans les lettres commerciales en allemand, on utilise presque exclusivement cette formule ou l'une de ses variantes.

Pour commencer une lettre personnelle

Ich habe mich sehr gefreut, wieder von Dir zu hören.	Je suis très content d'avoir eu de tes nouvelles.
Es tut mir leid, dass ich so lange nicht geschrieben habe.	Je suis désolée de ne pas t'avoir écrit plus tôt.
Vielen Dank für Deinen Brief ...	Merci beaucoup pour ta lettre ...

Pour commencer une lettre d'affaires

Mit Bezug auf Ihr Schreiben vom ... möchte ich Ihnen mitteilen, dass ...	En réponse à votre courrier du ..., je souhaite vous informer que ...
Hiermit möchte ich Sie bitten, ...	Par la présente, je souhaiterais vous demander ...
Vielen Dank für Ihren Brief vom ...	Merci beaucoup pour votre lettre du ...
Anbei schicke ich Ihnen wie gewünscht ...	Suite à votre demande, vous trouverez ci-joint ...
Ihr Schreiben vom ... habe ich erhalten.	J'ai bien reçu votre courrier du ...
Mit Bedauern müssen wir Ihnen mitteilen, dass ...	Nous avons le regret de vous informer que ...

Pour terminer une lettre personnelle

Viele liebe Grüße an ...	Grosses bises à ...
... lässt ganz herzlich grüßen.	... t'embrasse.
Grüße auch ... von mir.	Transmets mes amitiés à ...
Ich wünsche Dir alles Gute und würde mich freuen, bald wieder von dir zu hören.	Je te souhaite une bonne continuation et espère avoir bientôt de tes nouvelles.

Pour terminer une lettre d'affaires

Ich bedanke mich im Voraus für ...	D'avance, je vous remercie de ...
Für weitere Auskünfte stehe ich Ihnen jederzeit gerne zur Verfügung.	Je reste à votre disposition pour tout renseignement complémentaire.
In Erwartung Ihrer Antwort ...	Dans l'attente de votre réponse ...

Lettre de remerciement

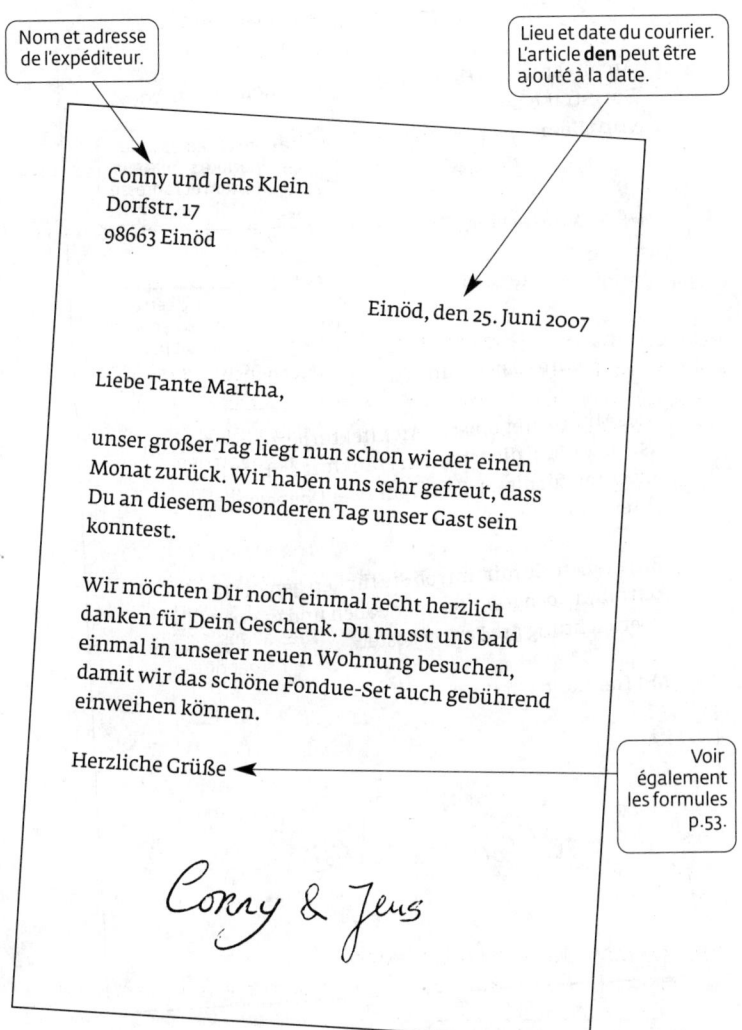

Nom et adresse de l'expéditeur.

Lieu et date du courrier. L'article **den** peut être ajouté à la date.

Conny und Jens Klein
Dorfstr. 17
98663 Einöd

Einöd, den 25. Juni 2007

Liebe Tante Martha,

unser großer Tag liegt nun schon wieder einen Monat zurück. Wir haben uns sehr gefreut, dass Du an diesem besonderen Tag unser Gast sein konntest.

Wir möchten Dir noch einmal recht herzlich danken für Dein Geschenk. Du musst uns bald einmal in unserer neuen Wohnung besuchen, damit wir das schöne Fondue-Set auch gebührend einweihen können.

Herzliche Grüße

Voir également les formules p.53.

Conny & Jens

Pour réserver une chambre d'hotel

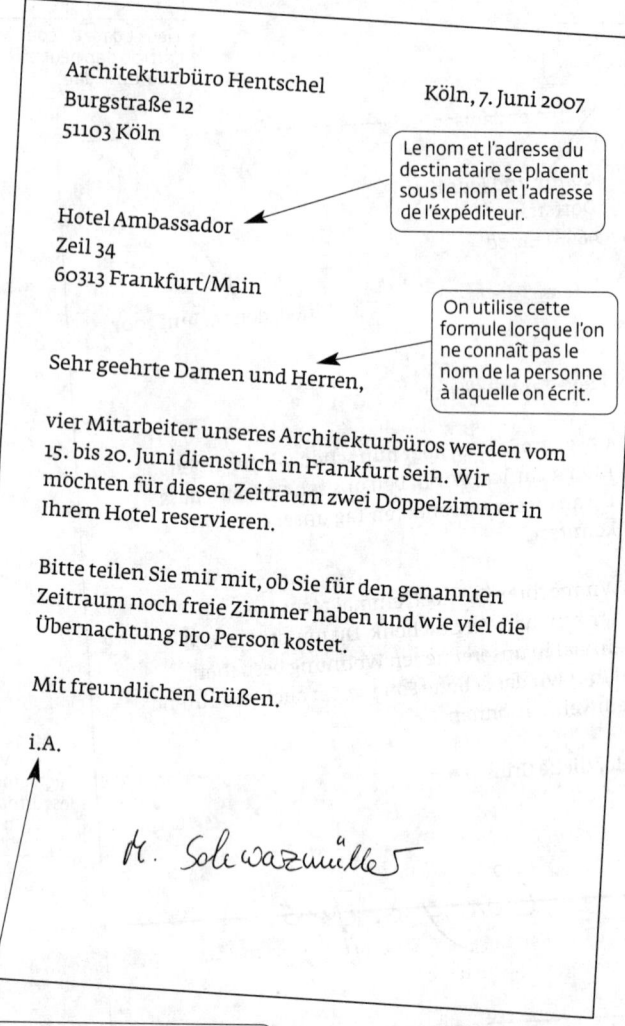

Architekturbüro Hentschel
Burgstraße 12
51103 Köln

Köln, 7. Juni 2007

> Le nom et l'adresse du destinataire se placent sous le nom et l'adresse de l'éxpéditeur.

Hotel Ambassador
Zeil 34
60313 Frankfurt/Main

> On utilise cette formule lorsque l'on ne connaît pas le nom de la personne à laquelle on écrit.

Sehr geehrte Damen und Herren,

vier Mitarbeiter unseres Architekturbüros werden vom 15. bis 20. Juni dienstlich in Frankfurt sein. Wir möchten für diesen Zeitraum zwei Doppelzimmer in Ihrem Hotel reservieren.

Bitte teilen Sie mir mit, ob Sie für den genannten Zeitraum noch freie Zimmer haben und wie viel die Übernachtung pro Person kostet.

Mit freundlichen Grüßen.

i.A.

M. Schwazmüller

> **= im Auftrag.** Cette abréviation est utilisée dans les lettres commerciales pour indiquer que la personne qui a signé la lettre écrit pour le compte d'une société.

Lettre de réclamation

On utilise cette formule lorsque l'on ne connaît pas le nom de la personne à laquelle on écrit. Voir également les formules p.54.

Nikolaus von Samson-Hohensterna
Flehbachmühlenweg 18
51109 Köln

Hotel Ambassador
Zeil 34
60313 Frankfurt/Main

Köln, den 22. Juni 2007

Sehr geehrte Damen und Herren,

ich war vom 15. bis 20. Juni zusammen mit drei Kollegen Gast in Ihrem Hotel und muss Ihnen mitteilen, dass uns der Aufenthalt in Ihrem Haus in vielerlei Hinsicht nicht gefallen hat.

Die Empfangschefin an der Rezeption bediente uns erst nach 15 Minuten Wartezeit, denn sie musste scheinbar erst ein persönliches Telefonat beenden. Danach stellten wir fest, dass uns noch keine Zimmer zugeteilt worden waren, obwohl unsere Firma bereits sieben Tage zuvor eine Reservierung gemacht hatte. Dies konnte erst nach weiteren 30 Minuten erledigt werden. Zu unserem Ärger mussten wir feststellen, dass die Zimmer noch nicht sauber gemacht worden waren.

Was Ihr Personal betrifft, so mussten wir leider erkennen, dass die meisten Ihrer Angestellten den Gästen nicht gerade mit der für ein 4-Sterne-Hotel angemessenen Aufmerksamkeit und Höflichkeit entgegentreten, ja dass sie im Gegenteil sogar unwillig auf kleine Bitten reagieren.

Ich kann Ihnen mitteilen, dass unsere Firma in Zukunft nicht mehr in Ihrem Hotel buchen wird.

Mit freundlichen Grüßen

N. von Samson - Hohensterna

Architekt

Curriculum Vitæ

Un CV allemand commence par les études primaires et secondaires, puis énumère par ordre croissant les autres formations suivies et l'expérience professionnelle.

LEBENSLAUF

PERSÖNLICHE DATEN:

Fehrmann, Dorothee
Genthiner Str. 22
10786 Berlin
Tel: 030/855 452   Fax: 030/855 453
E-Mail-Adresse: Fehrmann@t-online.de
geb. am 17.11.1978 in Berlin
ledig

SCHULAUSBILDUNG:
1985-1989
1989-1998

Grundschule Charlottenburg 11
Schiller-Gymnasium Berlin-Spandau

HOCHSCHULAUSBILDUNG:
10/1998-4/2003

Johannes-Gutenberg-Universität Mainz
Studium in der Fachrichtung Diplom-
Übersetzer für Englisch und Spanisch

AUSLANDSAUFENTHALTE:
10/2000-2/2001
3/2001-7/2001

University of Westminster, London
Universidad de Salamanca, Spanien

BERUFSPRAXIS:
5/2003-5/2005

Fremdsprachenkorrespondentin
Dr. Seeberger & Partner GmbH,
Management Consulting, München

seit 6/05

Übersetzerin
Hega Fremdsprachen-Service GmbH,
Berlin

BESONDERE KENNTNISSE:

EDV-Kenntnisse (Textverarbeitung,
Präsentationsprogramme)
gute polnische Sprachkenntnisse

Berlin, 3. Mai 2007

Dorothee Fehrmann

Un CV allemand doit finir par l'indication du lieu et de la date et être signé.

Si vous avez des diplômes français et que vous vous portez candidat à un poste dans un pays germanophone, il est conseillé d'utiliser une formule telle que **entspricht der Diplom- oder Magisterprüfung (Licence)**. Si vous vous portez candidat à un poste en Allemagne, vous devez joindre les photocopies de tous vos diplômes à votre CV.

Lettre de candidature

Il convient d'utiliser cette formule si vous écrivez à une société ou à une personne dont vous ne connaissez pas le nom. Si vous connaissez le nom de la personne à laquelle vous écrivez, il est conseillé d'utiliser la formule suivante :
An Frau Christine Dembinski
Personaldirektor
Europäisches Patentamt etc.
et de commencer la lettre par :
Sehr geehrte Frau Dembinski,

Dorothee Fehrmann
Genthiner Str. 22
10786 Berlin
Tel: 030/855 452
Fax: 030/855 453

Référence du courrier.
Vous pouvez indiquer à cet endroit l'objet du courrier et/ou la référence à l'annonce concernée, aux courriers antérieurs, etc.

Europäisches Patentamt
Personalabteilung
Hänflingweg 23
80973 München

Berlin, den 3. Mai 2007

Ihr Stellenangebot in der Süddeutschen Zeitung vom 3. Mai 2007

Sehr geehrte Damen und Herren,

die von Ihnen ausgeschriebene Stelle als technische Übersetzerin interessiert mich sehr, deshalb möchte ich mich bei Ihnen bewerben. Ich bin sicher, dass ich Ihre Anforderungen erfülle.

Ich arbeite seit sechs Jahren als Übersetzerin in der Hega Fremdsprachen-Service GmbH in Berlin. Meine Aufgaben umfassen Übersetzungen sowohl allgemeinen als auch technischen Inhalts. Außerdem dolmetsche ich bei Geschäftstreffen unserer Kunden sowie bei Gerichtsverhandlungen am Landgericht Spandau.

Ich bin vom Landgericht als beeidigte Übersetzerin und Dolmetscherin für Englisch und Spanisch bestellt.

Ich interessiere mich besonders für diese Stelle, weil ich mich sehr gerne auf technische Übersetzungen spezialisieren möchte. Über die Möglichkeit, mein Können in einer Probeübersetzung unter Beweis zu stellen, würde ich mich sehr freuen.

Mit freundlichen Grüßen

Dorothee Fehrmann

Anlagen
Lebenslauf mit Foto
Zeugniskopien

Il est conseillé d'ajouter cette mention si vous joignez des documents à votre courrier, tels que CV et photocopies de diplômes.

Pour proposer un entretien

Europäisches Patentamt
Hänflingweg 23 • 80973 München
Telefon: 089/433 4274 • Telefax: 089/433 4271
E-Mail: personal@patentamt.de

Frau
Dorothee Fehrmann
Genthiner Str. 22
10786 Berlin

> Référence à la lettre
> de candidature reçue.

München, den 10. Mai 2007

Ihre Bewerbung vom 3. Mai 2007

> Si le nom du destinataire
> est connu, il y a lieu de
> l'utiliser dans l'intitulé.

Sehr geehrte Frau Fehrmann,

vielen Dank für Ihre Bewerbung auf die von uns
ausgeschriebene Stelle als technische Übersetzerin.

Ihre Bewerbung interessiert uns sehr. Deshalb möchten
wir Sie zu einem Vorstellungsgespräch einladen und dafür
ein Treffen mit unserem Herrn Seidel am Montag, dem 13.
Juli 2007 um 14.00 Uhr vorschlagen. Das Gespräch wird in
unseren Büros im Hänflingweg 23 in München stattfinden.

Sollte Ihnen der vorgeschlagene Zeitpunkt nicht passen,
melden Sie sich bitte bei Frau Nelkenbrecher (089/433 4265)
zur Vereinbarung eines neuen Termins.

Die Fahrtkosten für eine Bahnfahrt 2. Klasse nach und von
München werden wir Ihnen unter Vorlage der Fahrkarte
erstatten.

Mit freundlichen Grüßen

T. Dembinski
Personaldirektor

Télécopie

Otto Hübner Glas GmbH

Talbacher Straße 125
D-44137 Dortmund
Tel: ++49/231/851-4642
Tel: ++49/231/851-4643
E-Mail: auftrug@huebner-glas.com

TELEFAX

An : Frau Ursula Hartmann
    Restaurant Zum Ochsen, Dortmund

Datum : 01.06.2007

Fax-Nr : 0231/226689

Seiten : 1

Von : Stefan Schlüter
    Auftragsabwicklung

Sehr geehrte Frau Hartmann,

ich beziehe mich auf Ihre Bestellung vom 3. Februar 2007 und muss Ihnen leider mitteilen, dass die Gläser (Bestell-Nr. 012 456), die Sie bei uns bestellt haben, zur Zeit vergriffen sind und erst ab Mitte Juli wieder lieferbar sein werden. Bitte teilen Sie mir mit, ob dieser Termin für Sie akzeptabel ist. Den genauen Liefertermin werden wir Ihnen dann mitteilen.

Mit freundlichen Grüßen

i. A.

Stefan Schlüter

Courrier électronique

Envoyer des messages

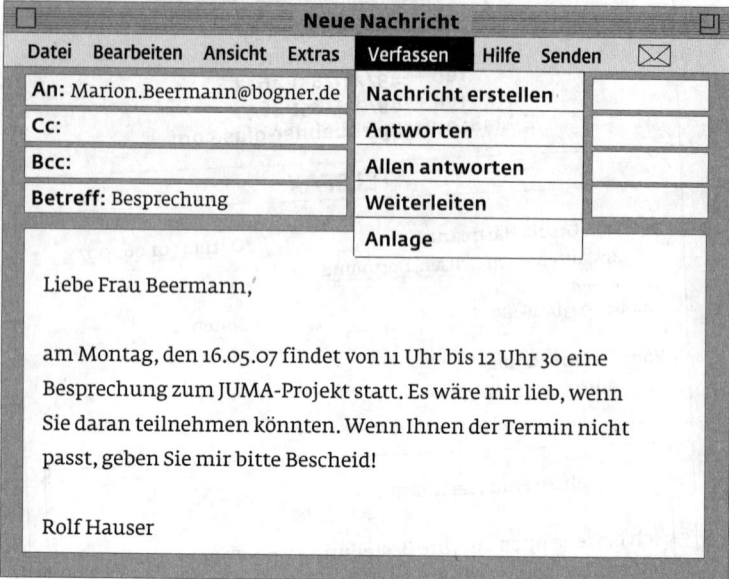

Neue Nachricht	Nouveau message
Datei	Fichier
Bearbeiten	Édition
Ansicht	Affichage
Extras	Outils
Verfassen	Composer
Hilfe	Aide
Senden	Envoyer
Nachricht erstellen	Nouveau message
Antworten	Répondre

Courrier électronique

Recevoir des messages

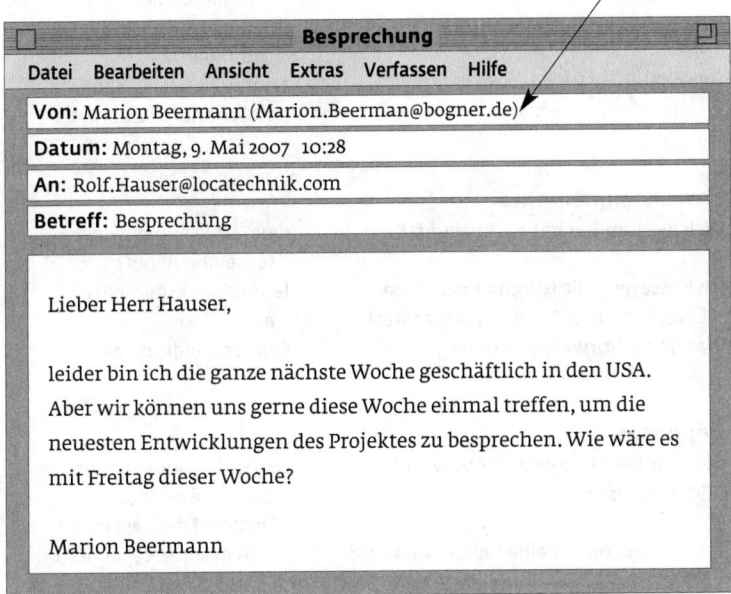

En allemand, l'adresse électronique s'énonce de la manière suivante : **"Marion Punkt Beermann at Bogner Punkt de"**.

Besprechung

Datei Bearbeiten Ansicht Extras Verfassen Hilfe

Von: Marion Beermann (Marion.Beerman@bogner.de)

Datum: Montag, 9. Mai 2007 10:28

An: Rolf.Hauser@locatechnik.com

Betreff: Besprechung

Lieber Herr Hauser,

leider bin ich die ganze nächste Woche geschäftlich in den USA. Aber wir können uns gerne diese Woche einmal treffen, um die neuesten Entwicklungen des Projektes zu besprechen. Wie wäre es mit Freitag dieser Woche?

Marion Beermann

Allen antworten	Répondre à tous
Weiterleiten	Faire suivre
Anlage	Fichier joint
An	À
Cc	Cc
Bcc	Copie cachée
Betreff	Objet
Von	De
Datum	Date

Téléphone

Les différents types de communication

Es ist ein Ortsgespräch/ein Ferngespräch/ein Auslandsgespräch.	C'est une communication locale/interurbaine/internationale.
Ich möchte ins Ausland anrufen.	Je souhaiterais appeler l'étranger.
Wie bekomme ich den Amtston?	Comment fait-on pour téléphoner à l'extérieur ?

Les renseignements

Welche Nummer hat die Auskunft?	Quel est le numéro des renseignements ?
Ich hätte gern die Nummer der Firma Europost, Breite Straße 54 in Frankfurt.	Je voudrais le numéro de ... à ...
Was ist die Vorwahl von Leipzig?	Quel est l'indicatif de ...

Réponses

Die Nummer ist 123056, die Vorwahl von Frankfurt ist 069.	Le numéro que vous avez demandé est le ..., l'indicatif de ... est le ...
Tut mir leid, das ist eine Geheimnummer.	Je suis désolée, ce numéro est sur la liste rouge.
Wir haben keinen Teilnehmer mit diesem Namen.	Nous n'avons pas d'abonné sous ce nom.

Lorsque l'abonné répond

Spreche ich mit Herrn Lambert?	Je suis bien chez ...
Bin ich mit dem Apparat von Herrn Lambert verbunden?	Je suis bien en communication avec ...
Kann ich bitte mit Herrn Schmiedel sprechen?	Pourrais-je parler à ...
Können Sie mich bitte zu Herrn Dr. Graupner durchstellen?	Pouvez-vous me passer ...
Können Sie mich bitte mit Apparat 516 verbinden?	Pouvez-vous me passer le poste ...
Ich versuche es später noch einmal.	Je réessaierai plus tard.

Könnten Sie ihn bitten, mich zurückzurufen, wenn er wiederkommt?

Pourriez-vous lui demander de me rappeler dès son retour ?

Könnten Sie ihr ausrichten, dass Karin angerufen hat?

Pourriez-vous lui dire que … a appelé ?

Au standard

Wen darf ich melden?

C'est de la part de qui ?

Bitte bleiben Sie am Apparat.

Ne quittez pas.

Ich verbinde Sie.

Je vous le passe.

Ein Gespräch aus Tokio **für Frau Böhme.**

Un appel de … pour …

Frau Fehrmann **für Sie.**

Je vous passe …

Herr Dr. Schwendt **spricht gerade auf der anderen Leitung. Möchten Sie einen Moment warten?**

… est en ligne pour le moment. Voulez-vous patienter ?

Es meldet sich niemand.

Ça ne répond pas.

Möchten Sie eine Nachricht hinterlassen?

Voulez-vous laisser un message ?

Messages enregistrés

Hier ist der Anrufbeantworter von Thomas Meier.

Vous êtes bien chez …

Leider bin ich nicht zu Hause, aber Sie können mir eine Nachricht hinterlassen. Bitte sprechen Sie nach dem Signalton.

Je suis malheureusement absent pour le moment, mais vous pouvez me laisser un message après le signal sonore.

Kein Anschluss unter dieser Nummer!

Il n'y a pas d'abonné au numéro que vous avez demandé.

Guten Tag. Sie sind verbunden mit der Verkaufsabteilung der Firma Nagel GmbH. **Bitte haben Sie einen Augenblick Geduld!**

Bonjour. Vous êtes en relation avec le … Merci de bien vouloir patienter !

Guten Tag! Hier ist der Anrufbeantworter vom Salon Luise. Unsere Öffnungszeiten sind montags bis freitags von 9 bis 18 Uhr. Bitte hinterlassen Sie Ihren Namen und Ihre Telefonnummer, wir rufen Sie zurück.

Bonjour ! Vous êtes en relation avec le répondeur du … Nous sommes ouverts du lundi au vendredi de 9h00 à 18h00. Merci de nous laisser votre nom et votre numéro de téléphone. Nous vous rappellerons.

Pour répondre au téléphone

Thomas Meier!

Am Apparat!

Wer ist am Apparat?

Thomas Meier !

C'est lui-même !

Qui est à l'appareil ?

En cas de difficulté

Es ist besetzt.

Ich komme nicht durch.

C'est occupé.

Je n'arrive pas à obtenir la communication.

Das Telefon ist gestört.

Wir sind unterbrochen worden.

Ich muss mich verwählt haben.

Die Verbindung ist sehr schlecht.

La ligne est en dérangement.

Nous avons été coupés.

J'ai dû faire un faux numéro.

La ligne est très mauvaise.